beck-online
DIE DATENBANK

Engl, Formularbuch Umwandlungen 5. Auflage
Freischaltung der Online-Version

Sehr geehrter Leser,
sehr geehrte Leserin,

als Käufer dieses Buches können Sie auch auf die **elektronische Version** des Formularbuchs in beck-online.DIE DATENBANK und auf die in den Erläuterungen zitierten Gesetzestexte, Urteile und Erlasse zugreifen.

Sämtliche **Formulartexte** können Sie mit Hilfe der elektronischen Version problemlos in ein Textverarbeitungsprogramm übernehmen und dort für Ihre individuelle Fallgestaltung anpassen oder erweitern.

Nutzen Sie die elektronische Version und profitieren Sie von den dort enthaltenen zusätzlichen Materialien und den komfortablen Recherchemöglichkeiten von beck-online.

Und so geht's:

1. Rufen Sie die Internetadresse www.freischaltung.beck.de auf.
2. Geben Sie Ihren persönlichen Freischaltcode (s. unten) ein und folgen Sie den Anweisungen auf dem Bildschirm.
3. Ihre Zugangsdaten, mit denen Sie sich unter www.beck-online.de einloggen können, erhalten Sie umgehend per E-Mail. Wenn Sie bereits beck-online-Kunde sind, wird die neue Auflage *Engl, Formularbuch Umwandlungen* Ihrem Konto einfach zugeschaltet.
4. Sie können nun mit Ihrem **Benutzernamen** und Ihrem **Passwort** von jedem beliebigen PC auf die Online-Version des Formularbuchs zugreifen.

Ihr Freischaltcode: FORMU-TKV48-QAAFV-A6GAM

✓ 21.9.20 Mö

Ihren Online-Zugang können Sie bis zum Erscheinen der 6. Auflage dieses Buches nutzen.

Formularbuch
Umwandlungen

Formularbuch Umwandlungen

Gesellschaftsrecht · Steuern
Handelsbilanz · Arbeitsrecht
Kostenrecht

Verschmelzung · Spaltung · Realteilung
Ausgliederung/Einbringung/Tausch
Formwechsel

Herausgegeben von

Dipl.-Kfm. Richard L. Engl

Bearbeitet von

Ann-Charlotte Ebener, Rechtsanwältin in Frankfurt/Main;
Dipl.-Kfm. Richard L. Engl, Steuerberater in München;
Dr. Thomas Fox, Rechtsanwalt und Steuerberater in München;
Dr. Kai Greve, Rechtsanwalt in Hamburg;
Prof. Dr. Hagen Hasselbrink, Rechtsanwalt und Notar in Berlin
Martin Kraus, Rechtsanwalt in München;
Dipl.-Kfm. Thomas Krempl, Rechtsanwalt und Steuerberater in München;
Dr. Maximilian Oehlschlägel, Rechtsanwalt in Hamburg;
Dr. Michael Traßl, Rechtsanwalt in München

5., neubearbeitete Auflage
2020

C.H.BECK

www.beck.de

ISBN 978 3 406 73734 3

Wilhelmstraße 9, 80801 München
Satz: Druckerei C. H. Beck Nördlingen
Druck und Bindung: Beltz Bad Langensalza GmbH
Neustädter Straße 1–4, 99947 Bad Langensalza
Umschlaggestaltung: Druckerei C. H. Beck Nördlingen

Gedruckt auf säurefreiem, alterungsbeständigem Papier
(hergestellt aus chlorfrei gebleichtem Zellstoff)

Vorwort

Knapp drei Jahre nach dem Erscheinen der letzten Auflage liegt nunmehr endlich die 5. Auflage unseres von der Praxis allseits gelobten Werks vor. Höchste Zeit, denn die Vorauflage war schon seit einiger Zeit vergriffen.

Das Formular-Handbuch umfasst in fünf Kapiteln die im Wirtschaftsleben am häufigsten vorkommenden Arten inländischer Umwandlungen: Verschmelzung, Spaltung, Realteilung, Ausgliederung/Einbringung/Tausch und Formwechsel. Diese Umstrukturierungen werden für die gängigsten Rechtsformen AG, AG & Co. KG, GmbH, GmbH & Co. KG, OHG und PartG anhand von 28 Formularen dargestellt. Jedes Formular enthält alle Muster, die für die jeweilige Umstrukturierung typischerweise vorzubereiten bzw. zu beachten sind: Verträge, Gesellschafterbeschlüsse, Schreiben an Betriebsräte, Registeranmeldungen, Kosten usw.

Die 5. Auflage hat den Stand 1. November 2019. Bezüglich der auf das erste Halbjahr 2020 verschobenen Verschärfung der Grunderwerbsteuer u.a. bei sog. Share-Deals wurde auf den Stand der BR-Drs. 355/19 vom September 2019 abgestellt (s. Formular D. 1 Rn. 70ff.). Alle Verträge und Formulierungshilfen wurden gründlich überarbeitet und ergänzt. Die seit der letzten Auflage im Jahr 2017 erfolgten Gesetzesänderungen (u.a. durch das Zweite Finanzmarktnovellierungsgesetz, das Gesetz zum Bürokratieabbau und zur Förderung der Transparenz bei Genossenschaften, das Vierte Gesetz zur Änderung des Umwandlungsgesetzes, das Jahressteuergesetz 2018 (u.a. Änderung des § 8c KStG) und das Brexit-Steuerbegleitgesetz) sind komplett berücksichtigt.

In der vorliegenden 5. Auflage hat unser bewährtes Autorenteam Verstärkung bekommen. *Herr Dr. Maximilian Oehlschlägel,* Rechtsanwalt in Hamburg, ist nun gemeinsam mit *Herrn Dr. Kai Greve* für die Formulare D. 1, D. 3 und E. 1 bis E. 4 zuständig. Dem bewährten Konzept bleiben wir treu: Jeder Autor zeichnet wie bereits in den Vorauflagen, für die von ihm bearbeiteten Formulare hinsichtlich der Probleme des Gesellschaftsrechts, des Umwandlungsrechts und des Handels- und Zivilrechts selbst verantwortlich. Um jedoch eine einheitliche Meinung zu den formularübergreifenden Problemen sicherzustellen, oblag die Verantwortung für die Bereiche Arbeitsrecht, Bilanzrecht, Ertragsteuern, Grunderwerbsteuer, Umsatzsteuer und Kostenrecht – formularübergreifend – jeweils einem Autor:

- *Arbeitsrecht* (Individual- und Kollektivarbeitsrecht):
  Rechtsanwältin *Ann-Charlotte Ebener*
- *Bilanzrecht* (Handels- und Steuerbilanzrecht):
  Steuerberater *Richard L. Engl*
- *Ertragsteuern* (Schwerpunkt Umwandlungssteuerrecht):
  Steuerberater *Richard L. Engl*
- *Grunderwerbsteuer:* Rechtsanwalt *Dr. Kai Greve*
- *Umsatzsteuer:* Rechtsanwalt *Martin Kraus*
- *Kostenrecht* (Schwerpunkt Notar- und Registergebühren):
  Rechtsanwalt *Prof. Dr. Hagen Hasselbrink*

Bei der Konzeption des Formularbuchs stand die Zielgruppe der Rechtsanwälte, Steuerberater, Wirtschaftsprüfer und Notare im Vordergrund. Deshalb wurde dem Werk keine systematische Gliederung zugrunde gelegt, sondern jeweils eine fallbezogene Konzeption gewählt.

Aus Vereinfachungs- und Umfangsgründen wurde bei allen Formularen ausschließlich die männliche Anrede gewählt.

Wie bereits bei der 4. Auflage kann jeder Käufer des Buchs auf die elektronische Version des Formularbuchs und auf die in den Erläuterungen zitierten Gesetzestexte,

Urteile und Verwaltungsanweisungen in beck-online zugreifen. Von dort können Sie sämtliche Formulare problemlos in ein Textverarbeitungsprogramm übernehmen und Ihrer individuellen Fallgestaltung angepassen. Zugang zum Online-Modul erhalten Sie über den im Buch abgedruckten Freischaltcode. Erläuterungen zur Freischaltung und Ihren persönlichen Freischaltcode finden Sie auf einer Extra-Seite unmittelbar vor der Titelseite des Buches.

Herrn *Michael Müller* als zuständigem Lektor gilt unser Dank dafür, dass er die Autoren bei der Erstellung und Überarbeitung ihrer Manuskripte motiviert und unterstützt hat.

Es gibt kein Werk, das nicht auch verbessert werden könnte. Dies gilt besonders für ein Handbuch auf dem Gebiet des sehr schwierigen Umwandlungsrechts und Umwandlungssteuerrechts. Anregungen aus dem Kreis der Nutzer unseres Werks sind uns deshalb willkommen.

München, im Dezember 2019 *Herausgeber und Verfasser*

Hinweis: Die Formularmustertexte wurden mit größtmöglicher Sorgfalt erstellt. Da jedoch andere Rechtsansichten und Fehler des Autors oder des Verlages niemals ganz ausgeschlossen werden können, erhebt keine der in den Mustertexten enthaltenen Formulierungen Anspruch auf uneingeschränkte Rechtsgültigkeit. Der Verlag und die Autoren übernehmen daher keine Haftung für den Inhalt der Mustertexte.

Bearbeiterverzeichnis

Ann-Charlotte Ebener	Arbeitsrechtliche Anmerkungen u. a. in den Formularen A. 1 Rz. 150 bis 256; B. 1 Rz. 176 bis 205; B. 2 Rz. 71 bis 89; D. 2 Rz. 59–75
Dipl.-Kfm. Richard L. Engl	C. Realteilung von Personengesellschaften (Formulare C. 1–C. 3)
Dr. Thomas Fox	D. Ausgliederung, Einbringung, Tausch (Formulare D. 4–D. 8)
Dr. Kai Greve/ Dr. Maximilian Oehlschlägel	D. Ausgliederung, Einbringung, Tausch (Formular D. 1, D. 3) E. Formwechsel (Formulare E. 1–E. 4)
Martin Kraus	A. Verschmelzung (Formulare A. 1, A. 2, A. 4, A. 10) D. Ausgliederung, Einbringung, Tausch (Formular D. 2)
Dipl.-Kfm. Thomas Krempl	B. Spaltung von Kapitalgesellschaften (Formulare B. 1, B. 2, B. 3)
Prof. Dr. Hagen Hasselbrink	B. Spaltung von Kapitalgesellschaften (Formulare B. 1, B. 2, B. 3)
Dr. Michael Traßl	A. Verschmelzung (Formulare A. 3, A. 5–A. 9)

Inhaltsübersicht

Teil E. Formwechsel

Inhaltsverzeichnis

(In *kursiver Schrift* ist der jeweilige Autor genannt)

Teil B. Spaltung von Kapitalgesellschaften

Teil E. Formwechsel

Abkürzungs- und Literaturverzeichnis

aA	anderer Ansicht
aaO	am angegebenen Ort
ABl.	Amtsblatt
Abs.	Absatz
Abschn.	Abschnitt
Abt.	Abteilung
AcP	Archiv für die civilistische Praxis (Zeitschrift)
ADS	Adler/Düring/Schmaltz, Rechnungslegung nach Internationalen Standards, 7. Aufl. 2011
AdV	Aussetzung der Vollziehung
aE	am Ende
AEAO	Anwendungserlass zur Abgabenordnung
AEUV	Vertrag über die Arbeitsweise der Europäischen Union
aF	alte Fassung
AfA	Absetzung für Abnutzung
AG	Aktiengesellschaft; Die Aktiengesellschaft (Zeitschrift); Amtsgericht
AIFM-StAnpG	AIFM-Steuer-Anpassungsgesetz v. 18.12.2013 (BGBl. I 2013, 4316)
AK	Anschaffungskosten
Aktienrechtsnovelle 2016	Gesetz zur Änderung des Aktiengesetzes (Aktienrechtsnovelle 2016) v. 22.12.2015 (BGBl. I 2015, 2565)
AktG	Aktiengesetz
Alt.	Alternative
aM	anderer Meinung
AmtshilfeRLUmsG	Amtshilferichtlinie-Umsetzungsgesetz v. 26.6.2013 (BGBl. I 2013, 1809)
Anh.	Anhang
Anm.	Anmerkung
Anti-BEPS-Gesetz	Gesetz zur Umsetzung der EU-Amtshilferichtlinie und vom weiteren Maßnahmen gegen Gewinnkürzungen und -verlagerungen v. 20.12.2016 (BGBl. I 2016, 3000)
AO	Abgabenordnung
AP	Arbeitsrechtliche Praxis, Nachschlagewerk des Bundesarbeitsgerichts
AR	Aufsichtsrat
ArEV	Arbeitsentgeltverordnung
Art.	Artikel
AStG	Außensteuergesetz
Aufl.	Auflage
AuslInvG	Auslandsinvestmentgesetz
AVG	Angestelltenversicherungsgesetz
BAG	Bundesarbeitsgericht
BAGE	Entscheidungen des Bundesarbeitsgerichts
Bamberger/Roth/*Bearbeiter*	Bamberger/Roth/Hau/Poseck, BGB,
BAnz	Bundesanzeiger
BAV	Bundesaufsichtsamt für das Versicherungswesen
BaWü.	Baden-Württemberg
Bay.	Bayern
BayObLG	Bayerisches Oberstes Landesgericht
BB	Der Betriebs-Berater (Zeitschrift)
Bordewin/Brandt/*Bearbeiter*	Bordewin/Brandt, Einkommensteuergesetz (Loseblatt)
BB-Spezial	Beilage zu Betriebs-Berater (Zeitschrift)
BBG	Bundesbeamtengesetz
BBiG	Berufsbildungsgesetz

BC	Zeitschrift für Bilanzierung, Rechnungswesen und Controlling (Zeitschrift)
BDS/*Bearbeiter*	Bormann/Diehn/Sommerfeldt, Gerichts- und Notarkostengesetz (GNotKG) 3. Aufl. 2019
BeBiKo/*Bearbeiter*	Beck'scher Bilanz-Kommentar, 11. Aufl. 2018
Beck GmbH-HB/*Bearbeiter*	Beck'sches Handbuch der GmbH – Gesellschaftsrecht, Steuerrecht, 5. Aufl. 2014
BeckOK	Beck'scher Online-Kommentar
BeckOK AO	Pfirrmann/Rosenke/Wagner, Beck'scher Online-Kommentar Abgabenordnung
BeckOK ErbStG	Erkis/Thonemann-Micker, Beck'scher Online-Kommentar Erbschaftsteuergesetz
BeckOK EStG	Kirchhof/Kulosa/Ratschow, Beck'scher Online-Kommentar Einkommensteuergesetz
BeckOK InvStG	Bödecker/Ernst/Hartmann, Beck'scher Online-Kommentar Investmentsteuergesetz
BeckOK InvStG 2004	Bödecker/Ernst/Hartmann, Beck'scher Online-Kommentar Investmentsteuergesetz 2004
BeckOK KStG	Micker/Pohl, Beck'scher Online-Kommentar Körperschaftsteuergesetz
BeckOK UmwStG	Dürrschmidt/Mückl/Weggenmann, Beck'scher Online-Kommentar Umwandlungsteuergesetz
BeckOK UStG	Weymüller, Beck'scher Online-Kommentar Umsatzsteuergesetz
BeckOK VwGO	Posser/Wolff, Beck'scher Online-Kommentar VwGO
BeckOK KostR	Dörndorfer/Neie/Wendtland/Gerlach, Beck'scher Online-Kommentar Kostenrecht
Beck PersGes-HB/*Bearbeiter*	Beck'sches Handbuch der Personengesellschaften, 4. Aufl. 2014
BeckRS	Rechtsprechung in beck-online
Beck StB-Handbuch/*Bearbeiter*	Beck'sches Steuerberater-Handbuch 2019/2020
BeckVerw	Verwaltungsanweisungen in beck-online
BEEG	Gesetz zum Elterngeld und zur Elternzeit (Bundeselterngeld- und Elternzeitgesetz)
Beisel/Klumpp/*Bearbeiter*	Beisel/Klumpp, Der Unternehmenskauf, 7. Aufl. 2016
BeitrRLUmsG	Beitreibungsrichtlinie-Umsetzungsgesetz v. 7.12.2011 (BGBl. I 2011, 2592)
BetrAV	Mitteilungsblatt der Arbeitsgem. für betriebl. Altersversorgung
BetrAVG	Gesetz zur Verbesserung der betrieblichen Altersversorgung (= Betriebsrentengesetz)
BetrVG	Betriebsverfassungsgesetz
BeurkG	Beurkundungsgesetz
BewDV	Durchführungsverordnung zum Bewertungsgesetz
BewG	Bewertungsgesetz
BewRGr	Bewertungsrichtlinien Grundvermögen
BfA	Bundesversicherungsanstalt für Angestellte
BfF	Bundesamt für Finanzen (ab 1.1.2006 s. BZSt)
BFH	Bundesfinanzhof
BFHE	Sammlung der Entscheidungen des Bundesfinanzhofs
BFHEntlG	Gesetz zur Entlastung des Bundesfinanzhofs
BFH/NV	Sammlung amtlich nicht veröffentlichter Entscheidungen des BFH (Zeitschrift)
BGB	Bürgerliches Gesetzbuch
BGBl. I, II	Bundesgesetzblatt Teile I und II (Jahr und Seite)
BGH	Bundesgerichtshof
BGHSt	Entscheidungen des Bundesgerichtshofs in Strafsachen
BGHZ	Entscheidungen des Bundesgerichtshofs in Zivilsachen
BH/*Bearbeiter*, GmbHG	Baumbach/Hueck, GmbH-Gesetz, 22. Aufl. 2019
BH/*Bearbeiter*, HGB	Baumbach/Hopt, Handelsgesetzbuch, 38. Aufl. 2018
BilMoG	Gesetz zur Modernisierung des Bilanzrechts (Bilanzrechtsmodernisierungsgesetz) v. 26.5.2009 (BGBl. I 2009, 1102)

BilRuG	Bilanzrichtlinie-Umsetzungsgesetz v. 17.7.2015 (BGBl. I 2015, 1245)
Binz/Sorg	Binz/Sorg, Die GmbH & Co. KG, 12. Aufl. 2018
BiRiLiG	Bilanzrichtlinien-Gesetz v. 19.12.1985 (BGBl. 1985 I S. 2355)
BKGG	Bundeskindergeldgesetz
Blaurock/*Bearbeiter*	Blaurock, Handbuch Stille Gesellschaft, 9. Aufl. 2019
Blümich/*Bearbeiter*	Blümich, Kommentar zum Einkommensteuergesetz, Körperschaftsteuergesetz, Gewerbesteuergesetz und Nebengesetzen (Loseblatt)
Blumenberg/Schäfer	Blumenberg/Schäfer, Das SEStEG, 2007
BMF	Bundesministerium der Finanzen
BMJ	Bundesministerium der Justiz
BNotO	Bundesnotarordnung
BB/Bearbeiter	Bordewin/Brandt, Einkommensteuergesetz (Loseblatt)
BDS/*Bearbeiter*	Bormann/Diehn/Sommerfeldt, Gesetz über Kosten der freiwilligen Gerichtsbarkeit für Gerichte und Notare: GNotKG, 3. Aufl. 2019
Boruttau/*Bearbeiter*	Boruttau, Kommentar zum Grunderwerbsteuergesetz, 19. Aufl. 2019
BpO	Betriebsprüfungsordnung
BR	Bundesrat
BRAGO	Bundesrechtsanwaltsgebührenordnung
BRAK-Mitt.	Mitteilungen der Bundesrechtsanwaltskammer
BRAO	Bundesrechtsanwaltsordnung
Brexit-StGB	Brexit-Steuerbegleitgesetz vom 25.3.2019 (BGBl. I 2019, 357)
BR-Drs.	Bundesrats-Drucksache
BReg.	Bundesregierung
BSG	Bundessozialgericht
bspw.	beispielsweise
BStBl. I, II, III	Bundessteuerblatt Teile I, II, III (Jahr und Seite)
BT	Bundestag
BT-Drs.	Bundestags-Drucksache
Buchst.	Buchstabe
Bunjes/*Bearbeiter*	Bunjes, Kommentar zum Umsatzsteuergesetz, 18. Aufl. 2019
BUrlG	Bundesurlaubsgesetz
BV	Berechnungsverordnung
BVerfG	Bundesverfassungsgericht
BVerfGE	Entscheidungen des Bundesverfassungsgerichts
BVerwG	Bundesverwaltungsgericht
BVerwGE	Entscheidungen des Bundesverwaltungsgerichts
BZRG	Bundeszentralregistergesetz
BZSt	Bundeszentralamt für Steuern
bzgl.	bezüglich
bzw.	beziehungsweise
CKSS/*Bearbeiter*	Carlé/Korn/Stahl/Strahl Umwandlungen – Der neue Umwandlungsteuer-Erlass 2. Aufl. 2012
DB	Der Betrieb (Zeitschrift)
DBA	Doppelbesteuerungsabkommen
D'dorf	Düsseldorf
ders.	derselbe
dh.	das heißt
dies.	dieselben(n)
DJZ	Deutsche Juristenzeitung
DM	Deutsche Mark
DNotZ	Deutsche Notar-Zeitschrift
DPM/*Bearbeiter*	Dötsch/Pung/Möhlenbrock, Die Körperschaftsteuer, Kommentar (Loseblatt)
DRiG	Deutsches Richtergesetz
DrittelbG	Drittelbeteiligungsgesetz

Drs.	Drucksache
DStJG, Bd.	Deutsche Steuerjuristische Gesellschaft, Band
DStR	Deutsches Steuerrecht (Zeitschrift)
DStRE	Deutsches Steuerrecht Entscheidungsdienst (Zeitschrift)
DStZ	Deutsche Steuerzeitung
DV, DVO	Durchführungs-Verordnung
EBJS/*Bearbeiter*	Ebenroth/Boujong/Joost/Strohn, Handelsgesetzbuch, 3. Aufl. 2015
EFG	Entscheidungen der Finanzgerichte (Zeitschrift)
EG	Europäische Gemeinschaft(en)
EGAO	Einführungsgesetz zur AO
EGBGB	Einführungsgesetz zum Bürgerlichen Gesetzbuch
EGGVG	Einführungsgesetz zum Gerichtsverfassungsgesetz
EGHGB	Einführungsgesetz zum Handelsgesetzbuch
Einl.	Einleitung
EK	Eigenkapital
Emmerich/Habersack/*Bearbeiter*	Emmerich/Habersack, Aktien- und GmbH-Konzernrecht, 9. Aufl. 2019
ErbbauVO	Verordnung über das Erbbaurecht
ErbSt-AnpG	Gesetz zur Anpassung des ErbStG an die Rechtsprechung des BVerfG vom 4.11.2016 (BGBl. I 2016, 2464)
ErbStG	Erbschaftsteuer- und Schenkungsteuergesetz
ErbStH	Erbschaftsteuer-Hinweise
ErbStR	Erbschaftsteuer-Richtlinien
ErbStRG	Gesetz zur Reform des Erbschaftsteuer- und Bewertungsrechts (Erbschaftsteuerreformgesetz)
ErfK/*Bearbeiter*	Erfurter Kommentar zum Arbeitsrecht, 20. Aufl. 2020
Erl.	Erlass
Erman/*Bearbeiter*	Erman, BGB, 15. Aufl. 2017
ESt	Einkommensteuer
EStB	Der Ertrag-Steuer-Berater (Zeitschrift)
EStDV	Einkommensteuer-Durchführungsverordnung
EStG	Einkommensteuergesetz
EStH	Einkommensteuer-Hinweise
EStR	Einkommensteuer-Richtlinien
etc.	et cetera
EU	Europäische Union
EuGH	Europäischer Gerichtshof
EuGHE	Entscheidungen des Europäischen Gerichtshofs
EURLUmsG	Richtlinien-Umsetzungsgesetz v. 9.12.2004
EuZW	Europäische Zeitschrift für Wirtschaftsrecht
e. V.	eingetragener Verein
EVertr.	Einigungsvertrag
evtl.	eventuell
EWG	Europäische Wirtschaftsgemeinschaft
EWIR	Entscheidungen zum Wirtschaftsrecht (Entscheidungssammlung)
EWIV	Europäische Wirtschaftliche Interessenvereinigung
EWIVG	EWIV-Ausführungsgesetz
EWS	Europäisches Währungssystem
Eylmann/Vaasen/*Bearbeiter*	Eylmann/Vaasen, Bundesnotarordnung, Beurkundungsgesetz, 4. Aufl. 2016
f., ff.	folgend, fortfolgend
FA, FÄ	Finanzamt, Finanzämter
FG	Finanzgericht
FGO	Finanzgerichtsordnung
FGOÄndG	FGO-Änderungsgesetz

FGS/BDI	Flick/Gocke/Schaumburg/BDI, Der Umwandlungssteuererlass 2011 (Online-Produkt)
FinVerw.	Finanzverwaltung
Fitting	Fitting/Engels/Schmidt/Trebinger/Linsenmaier, Betriebsverfassungsgesetz, 29. Aufl. 2018
FM	Finanzministerium
FMBl.	Finanzministerialblatt
Fn.	Fußnote
FördG	Fördergebietsgesetz
FormB RS/*Bearbeiter*	Formularbuch Recht und Steuern, 9. Aufl. 2018
FR	Finanz-Rundschau (Zeitschrift)
FRL	EG-Fusions-Richtlinie (RL 2009/133/EG v. 19.10.2009
Frotscher/Drüen/*Bearbeiter*	Frotscher/Drüen/*Bearbeiter*, Kommentar zum Körperschaft-, Gewerbe- und Umwandlungssteuergesetz (Loseblatt)
FS	Festschrift
FS Gosch	Nationale und internationale Unternehmensbesteuerung in der Rechtsordnung; Festschrift für Dietmar Gosch zum Ausscheiden aus dem Richteramt, München 2016
FS Bezzenberger	Festschrift für Gerold Bezzenberger zum 70. Geburtstag, Berlin/New York 2000
FS W. Müller	Gesellschaftsrecht, Rechnungslegung, Steuerrecht, Festschrift für Welf Müller zum 65. Geburtstag, München 2001
FS Rädler	Steuerrecht und Europäische Integration, Festschrift für Albert J. Rädler zum 65. Geburtstag, München 1999
FS Spiegelberger	Festschrift für Sebastian Spiegelberger zum 70. Geburtstag 2009
FS Widmann	Festschrift für Siegfried Widmann zum 65. Geburtstag, Bonn/Berlin 2000
FVG	Gesetz über die Finanzverwaltung
GAV	Gewinnabführungsvertrag
GB	Grundbuch
GBl.	Gesetzblatt
GBO	Grundbuchordnung
GbR	Gesellschaft des bürgerlichen Rechts
gem.	gemäß
GenG	Genossenschaftsgesetz
GewO	Gewerbeordnung
GewSt	Gewerbesteuer
GewStDV	Gewerbesteuer-Durchführungsverordnung
GewStG	Gewerbesteuergesetz
GewStR	Gewerbesteuer-Richtlinien
GG	Grundgesetz
ggf.	gegebenenfalls
GKG	Gerichtskostengesetz
glA	gleicher Ansicht
Glanegger/Güroff/*Bearbeiter*	Glanegger/Güroff, GewStG, 9. Aufl. 2017
GmbH	Gesellschaft mit beschränkter Haftung
GmbHG	Gesetz betreffend die Gesellschaft mit beschränkter Haftung
GmbHR	GmbH-Rundschau (Zeitschrift)
GmbH-Stb	GmbH-Steuerberater (Zeitschrift)
GmS-OGB	Gemeinsamer Senat der obersten Gerichtshöfe des Bundes
GoB	Grundsätze ordnungsmäßiger Buchführung
Gräber/*Bearbeiter*	Gräber, Finanzgerichtsordnung, 9. Aufl. 2019
grds.	grundsätzlich
GrESt-Erl.	Gleichlautende Ländererlasse v. 2.12.1999, BStBl. I 1999 S. 991
GrEStG	Grunderwerbsteuergesetz
GrS	Großer Senat
GrSt.	Grundsteuer
GStB	Gestaltende Steuerberatung (Zeitschrift)

GüKG	Güterkraftverkehrsgesetz
Gürsching/Stenger/ *Bearbeiter*	Gürsching/Stenger, Bewertungsrecht – BewG, ErbStG (Loseblatt)
GuV-Rechnung	Gewinn- und Verlustrechnung
GVBl., GVOBl.	Gesetz- und Verordnungsblatt
GVG	Gerichtsverfassungsgesetz
GWB	Gesetz gegen Wettbewerbsbeschränkungen
Hachenburg/Ulmer/*Bearbeiter*	Hachenburg/Ulmer, Kommentar zum Gesetz betreffend die Gesellschaften mit beschränkter Haftung, Reprint 2015
HAG	Heimarbeitergesetz
HandwO	Handwerksordnung
Hartmann/Touissant	Hartmann/Touissant , Kostenrecht, 49. Aufl. 2019
Haritz/Benkert/*Bearbeiter*	Haritz/Benkert, Umwandlungsteuergesetz, 2. Aufl. *(ab 3. Aufl. HM/ab 5. Aufl. HMB)*
HBeglG 2004	Haushaltsbegleitgesetz 2004 v. 29.12.2003
HdJ/*Bearbeiter*	Schulze-Osterloh/Hennrichs/Wüstemann (Hrsg.), Handbuch des Jahresabschlusses (Loseblatt)
HdR	Handwörterbuch des Rechnungswesens
Henssler/Strohn/*Bearbeiter*	Henssler/Strohn, Gesellschaftsrecht, 4. Aufl. 2019
Herzig-Organschaft/ *Bearbeiter*	Herzig (Hrsg.), Organschaft, Festgabe für Jochen Thiel, Stuttgart 2003
Hess., hess.	Hessen, hessisch
Hesselmann/*Bearbeiter*	Hesselmann/Tillmann/Mueller-Thuns, Handbuch GmbH & Co.KG, 22. Aufl. 2020
HFA	Hauptfachausschuss des Instituts der Wirtschaftsprüfer in Deutschland
HFR	Höchstrichterliche Finanzrechtsprechung (Zeitschrift)
HGB	Handelsgesetzbuch
HGB-Großkomm./*Bearbeiter*	Staub, Handelsgesetzbuch Großkommentar, 5. Aufl. 2011 ff.
HHR/*Bearbeiter*	Herrmann/Heuer/Raupach, Kommentar zur Einkommensteuer und Körperschaftsteuer (Loseblatt)
HHSp/*Bearbeiter*	Hübschmann/Hepp/Spitaler, Kommentar zur Abgabenordnung und Finanzgerichtsordnung (Loseblatt)
hL	herrschende Lehre
hM	herrschende Meinung
HM/*Bearbeiter*	Haritz/Menner, Umwandlungsteuergesetz, Kommentar, 4. Aufl. 2015 *(ab 5. Aufl. HMB)*
HMB/*Bearbeiter*	Haritz/Menner/Bilitewski, Umwandlungsteuergesetz, Kommentar, 5. Aufl. 2019
HOAI	Verordnung über die Honorare für Architekten- und Ingenieurleistungene
Hölters/*Bearbeiter*	Hölters (Hrsg.), Handbuch Unternehmenskauf, 9. Aufl. 2019
Hopt, Formular/*Bearbeiter*	Hopt, Vertrags- und Formularbuch zum Handels-, Gesellschafts- und Bankrecht, 4. Aufl. 2013
HR	Handelsregister
HRA	Handelsregister (Einzelkaufleute, Personengesellschaften)
HRB	Handelsregister (Kapitalgesellschaften)
HRegGebV	Handelsregistergebührenverordnung
Hrsg., hrsg.	Herausgeber, herausgegeben
HRV	Handelsregisterverfügung
HS	Halbsatz
Hüffer/Koch/*Bearbeiter*	Hüffer/Koch, Kommentar zum Aktiengesetz, 13. Aufl. 2018
idF	in der Fassung
idR	in der Regel
IDW	Institut der Wirtschaftsprüfer
iE	im Einzelnen

IHK .... Industrie- und Handelskammer
iHd./iHv. .... in Höhe des/in Höhe von
INF .... Die Information über Steuer und Wirtschaft (Zeitschrift)
insb. .... insbesondere
InsO .... Insolvenzordnung
InstFSt. .... Institut Finanzen und Steuern
InvStG .... Investmentsteuergesetz
InvZulG .... Investitionszulagengesetz
iSd./iSv. .... im Sinne des/im Sinne von
ISR .... Internationale Steuerrundschau (Zeitschrift)
IStR .... Internationales Steuerrecht (Zeitschrift)
iVm. .... in Verbindung mit
iÜ .... im Übrigen
IWB .... Internationale Wirtschaftsbriefe

JbFfSt. .... Jahrbuch der Fachanwälte für Steuerrecht
JDStJG .... Jahrbuch der Deutschen Steuerjuristischen Gesellschaft e. V., s. DStJG
JStG .... Jahressteuergesetz
jurisPR-SteuerR .... juris PraxisReport Steuerrecht, Online-Zeitschrift
JW .... Juristische Wochenschrift
JZ .... Juristenzeitung

KAGG .... Gesetz über Kapitalanlagegesellschaften
Kallmeyer/*Bearbeiter* .... Kallmeyer, Umwandlungsgesetz, 6. Aufl. 2017
KapCoRiLiG .... Kapitalgesellschaften- und Co-Richtlinie-Gesetz
KapErhG .... Kapitalerhöhungsgesetz
KapErhStG .... Kapitalerhöhungssteuergesetz
Kapp/Ebeling/*Bearbeiter* .... Kapp/Ebeling, Kommentar zum Erbschaftsteuer- und Schenkungsteuergesetz (Loseblatt)
KapVerm. .... Kapitalvermögen
Kfz. .... Kraftfahrzeug
KG .... Kammergericht; Kommanditgesellschaft
KGaA .... Kommanditgesellschaft auf Aktien
Kirchhof/*Bearbeiter* .... Kirchhof, EStG-Kommentar, 18. Aufl. 2019
Kj. .... Kalenderjahr
KKRD .... Koller/Kindler/Roth/Drüen, Handelsgesetzbuch, 9. Aufl. 2019
Klein/*Bearbeiter* .... Klein, Kommentar zur Abgabenordnung, 14. Aufl. 2018
Knobbe-Keuk .... Knobbe-Keuk, Bilanz- und Unternehmenssteuerrecht, 9. Aufl. 1993
Kölner Komm./*Bearbeiter* .... Kölner Kommentar zum Aktiengesetz, herausgegeben von Zöllner, 3. Aufl. 2009 ff.
Koenig/*Bearbeiter* .... Koenig, Kommentar zur Abgabenordnung, 3. Aufl. 2014
Korb II-Gesetz .... Gesetz zur Umsetzung der Protokollerklärung der Bundesregierung zum StVergAbG v. 22.12.2003
Korintenberg/*Bearbeiter* .... Korintenberg, Gerichts- und Notarkostengesetz, 20. Aufl. 2017
KÖSDI .... Kölner Steuerdialog (Zeitschrift)
KostO .... Kostenordnung
KostVerz. .... Kostenverzeichnis
KroatienAnpG .... Gesetz zur Anpassung des nationalen Steuerrechts an den Beitritt Kroatiens zur EU und zur Änderung weiterer steuerlicher Vorschriften v. 25.7.2014 (BGBl. I S. 1266)
KSchG .... Kündigungsschutzgesetz
K. Schmidt .... Schmidt, Gesellschaftsrecht, 4. Aufl. 2002
KSM/*Bearbeiter* .... Kirchhof/Söhn/Mellinghoff, Einkommensteuergesetz (Loseblatt)
KSt .... Körperschaftsteuer
KStDV .... Körperschaftsteuer-Durchführungsverordnung
KStG .... Körperschaftsteuergesetz

KStR	Körperschaftsteuer-Richtlinien
KPW/Bearbeiter	Küting/Pfitzer/Weber, Handbuch der Rechnungslegung – Einzelabschluss (Loseblatt)
KWG	Gesetz über das Kreditwesen
Lademann/*Bearbeiter*	Lademann, UmwStG, 2. Aufl. 2016
LAG	Lastenausgleichsgesetz
LBP/*Bearbeiter*	Littmann/Bitz/Pust, Das Einkommensteuerrecht, Kommentar (Loseblatt)
LEXinform	Steuerrechtsdatenbank der DATEV
lfd.	laufend(e)
LFG	Lohnfortzahlungsgesetz
LG	Landgericht
Limmer/*Bearbeiter*	Limmer (Hrsg.), Handbuch der Unternehmensumwandlung, 6. Aufl. 2019
lit.	litera (= Buchstabe)
LM	Nachschlagewerk des Bundesgerichtshofs. Entscheidungen in Zivilsachen
LSG	Landessozialgericht
LStDV	Lohnsteuer-Durchführungsverordnung
LStR	Lohnsteuer-Richtlinien
LSW	Lexikon des Steuer- und Wirtschaftsrechts
lt.	laut
LuF	Land- und Forstwirtschaft
Lutter	Lutter (Hrsg.), Kölner Umwandlungsrechtstage, 1995
Lutter/*Bearbeiter,* UmwG	Lutter (Hrsg.), Kommentar zum UmwG Bd. 1 und 2, 6. Aufl. 2019
Lutter/Hommelhoff/*Bearbeiter*	Lutter/Hommelhoff, Kommentar zum GmbH-Gesetz, 20. Aufl. 2019
maW	mit anderen Worten
MDR	Monatsschrift für Deutsches Recht
mE	meines Erachtens
MHH	Meincke/Hannes/Holtz, Kommentar zum Erbschaftsteuer- und Schenkungsteuergesetz, 17. Aufl. 2018
MHLS/*Bearbeiter*	Michalski/Heidinger/Leible/Schmidt, Kommentar zum Gesetz betreffend die Gesellschaften mit beschränkter Haftung (GmbH-Gesetz), 3. Aufl. 2017
MinBl.	Ministerialblatt
MitbestG	Mitbestimmungsgesetz
MitBestErgG	Mitbestimmungsergänzungsgesetz
MittBayNot.	Mitteilungen der Bayerischen Notarkammer
MoMiG	Gesetz zur Modernisierung des GmbH-Rechts und zur Bekämpfung von Missbräuchen
MontanMitbestG	Montan-Mitbestimmungsgesetz
Münchener Vertragshandbuch/*Bearbeiter,* GesR	Münchener Vertragshandbuch, Bd. 1 Gesellschaftsrecht
MünchHdb/*Bearbeiter,* GesR I	Münchener Handbuch des Gesellschaftsrechts, Bd. 1
MünchHdb/*Bearbeiter,* GesR II	Münchener Handbuch des Gesellschaftsrechts, Bd. 2
MünchHdb/*Bearbeiter,* GesR III	Münchener Handbuch des Gesellschaftsrechts, Bd. 3 GmbH
MünchKomm/*Bearbeiter,* AktG	Münchener Kommentar zum Aktiengesetz
MünchKomm/*Bearbeiter,* BGB	Münchener Kommentar zum Bürgerlichen Gesetzbuch
MünchKomm/*Bearbeiter,* GmbHG	Münchener Kommentar zum GmbH-GesetzMünchKomm/
Bearbeiter, HGB	Münchener Kommentar zum HandelsgesetzbuchMünchKomm/

Bearbeiter, ZPO .... Münchener Kommentar zur Zivilprozessordnung
MuSchG .... Mutterschutzgesetz
mwN .... mit weiteren Nachweisen
MwStSystRL .... Mehrwertsteuersystem-Richtlinie (RL 2006/112/EG v. 28.11.2006)
MZK .... Modernisierter Zollkodex (VO 450/2008/EG v. 23.4.2008, EU ABl. Nr. L 145 S. 1)

Nds. .... Niedersachsen, niedersächsisch
nF .... neue Fassung
NJW .... Neue Juristische Wochenschrift
NJW-RR .... NJW-Rechtsprechungsreport
Nr. .... Nummer, Nummern
nrkr. .... nicht rechtskräftig
NRW .... Nordrhein-Westfalen
NZG .... Neue Zeitschrift für Gesellschaftsrecht (Zeitschrift)
nv. .... nicht veröffentlicht
NWB .... Neue Wirtschaftsbriefe

oä. .... oder ähnlich
OFD .... Oberfinanzdirektion
OG .... Organgesellschaft
o. g. .... oben genannt
OHG .... Offene Handelsgesellschaft
OLG .... Oberlandesgericht
OT .... Organträger
OVG .... Oberverwaltungsgericht
OWiG .... Gesetz über Ordnungswidrigkeiten

p. a. .... per annum
Pahlke/*Bearbeiter* .... Pahlke, Kommentar zum Grunderwerbsteuergesetz, 6. Aufl. 2018
Palandt/*Bearbeiter* .... Palandt, Bürgerliches Gesetzbuch, 78. Aufl. 2019
ParteiG .... Parteiengesetz
PartG .... Partnerschaftsgesellschaft
PartGG .... Gesetz über Partnerschaftsgesellschaften Angehöriger Freier Berufe
PBefG .... Personenbeförderungsgesetz
Pkw .... Personenkraftwagen
ProdHaftG .... Produkthaftungsgesetz
PRV .... Partnerschaftsregisterverordnung
PSV .... Pensionssicherungsverein
PublG .... Publizitätsgesetz

RAO .... Reichsabgabenordnung
Rau/Dürrwächter/*Bearbeiter* Rau/Dürrwächter, UStG-Kommentar (Loseblatt)
Realteilungs-Erl. .... BMF-Schreiben v. 28.2.2006, BStBl. I 2006 S. 228
RegE (Begr.) .... Regierungsentwurf (Begründung)
Reichert, GmbH & Co. KG .. Reichert, GmbH & Co. KG, 7. Aufl. 2015
Rev. .... Revision
RFHE .... Entscheidungen des Reichsfinanzhofs
RG .... Reichsgericht
RGBl. .... Reichsgesetzblatt
RGRK .... Reichgerichtsräte-Kommentar zum BGB, 12. Aufl. 1974 ff.
RGZ .... Entscheidungen des Reichsgerichts in Zivilsachen
RHL/*Bearbeiter* .... Rödder/Herlinghaus/van Lishaut, Umwandlungssteuergesetz, 3. Aufl. 2019
RHN/*Bearbeiter* .... Rödder/Herlinghaus/Neumann, Körperschaftsteuergesetz, 2015
RhPf. .... Rheinland-Pfalz
Richardi/*Bearbeiter* .... Richardi, Betriebsverfassungsgesetz, 16. Aufl. 2018
RIW .... Recht der Internationalen Wirtschaft (bis 1974 AWD)

rkr.	rechtskräftig
Rn.	Randnummer
ROH	Renner/Otto/Heinze, Leipziger Gerichts- und Notarkostenkommentar, 2. Aufl. 2016
Rössler/Troll	Rössler/Troll, Kommentar zum Bewertungsgesetz (Loseblatt)
Roth/Altmeppen	Roth/Altmeppen, Kommentar zum GmbHG, 9. Aufl. 2019
Rowedder/*Bearbeiter*	Rowedder/Schmidt-Leithoff, GmbHG, 6. Aufl. 2017
RPflG	Rechtspflegergesetz
RS HFA 41	Stellungnahme 41 des HFA des IDW zu Zweifelsfragen bei Formwechsel, IDW-FN 2012/10 S. 539
RS HFA 42	Stellungnahme 42 des HFA des IDW zu Zweifelsfragen bei Verschmelzungen, IDW-FN 2012/12 S. 701
RS HFA 43	Stellungnahme 43 des HFA des IDW zu Zweifelsfragen bei Spaltungen, IDW-FN 2012/12 S. 714
Rspr.	Rechtsprechung
RVO	Rechtsverordnung
RWH	Röhricht/Graf von Westphahlen/Haas, HGB, Kommentar zu Handelsstand, Handelsgesellschaften, Handelsgeschäften, besonderen Handelsverträgen und internationalem Vertragsrecht (ohne Bilanz-, Transport- und Seerecht), 5. Aufl. 2019
RWP	Rechts- und Wirtschaftspraxis, Blattei-Handbuch (Zeitschrift)
s.	siehe
S.	Seite
SBB/*Bearbeiter*	Sagasser/Bula/Brünger (Hrsg.), Umwandlungen, 5. Aufl. 2017
Schaub, FB/*Bearbeiter*	Schaub/Schrader/Straube/Vogelsang, Arbeitsrechtliches Formular- und Verfahrenshandbuch, 13. Aufl. 2019
Schaub, HB/*Bearbeiter*	Schaub, Arbeitsrechts-Handbuch, 18. Aufl. 2019
SchlHol.	Schleswig-Holstein
Schmidt/*Bearbeiter*	L. Schmidt, Kommentar zum Einkommensteuergesetz, 38. Aufl. 2019
Schmitt/Schloßmacher	Schmitt/Schloßmacher, Umwandlungssteuererlass 2011, München, 2012
Scholz/*Bearbeiter*	Scholz, Kommentar zum GmbH-Gesetz, 12. Aufl. 2018
Schöner/Stöber	Schöner/Stöber, Grundbuchrecht, 15. Aufl. 2012
SchwbG	Gesetz zur Sicherung der Eingliederung Schwerbehinderter in Arbeit, Beruf und Gesellschaft (Schwerbehindertengesetz)
Schwedhelm	Schwedhelm, Die Unternehmensumwandlung, 9. Aufl. 2019
SEStEG	Gesetz über steuerliche Begleitmaßnahmen zur Einführung der Europäischen Gesellschaft ... v. 7.12.2006 (BGBl. I 2006, 2782, ber. 2007, 68)
SG	Sozialgericht
SGB I	Sozialgesetzbuch, 1. Buch, Allgemeiner Teil
SGB IV	Sozialgesetzbuch, 4. Buch, Gemeinsame Vorschriften über die Sozialversicherung
SHS/*Bearbeiter*	Schmitt/Hörtnagl/Stratz, Umwandlungsgesetz, Umwandlungssteuergesetz, 8. Aufl. 2018
s. o.	siehe oben
SoBV	Sonderbetriebsvermögen
Sölch/Ringleb/*Bearbeiter*	Sölch/Ringleb, Umsatzsteuergesetz (Loseblatt)
sog.	sogenannte(r)
SolZG	Solidaritätszuschlagsgesetz
SozPlG	Gesetz über den Sozialplan im Insolvenzverfahren
Sp.	Spalte
Spindler/Stilz/*Bearbeiter*	Spindler/Stilz, Kommentar zum Aktiengesetz Bd. 1 und 2, 4. Aufl. 2019
SpruchG	Spruchverfahrensneuordnungsgesetz
SpTrUG	Gesetz über die Spaltung der von der Treuhandanstalt verwalteten Unternehmen

SRS/*Bearbeiter* .... Schneider/Ruoff/Sistermann, Umwandlungssteuer-Erlass 2011, 2012
SSt/*Bearbeiter* .... Semler/Stengel, Umwandlungsgesetz, 4. Aufl. 2017
StÄndG .... Steueränderungsgesetz
Staudinger/*Bearbeiter* .... Staudinger, Kommentar zum Bürgerlichen Gesetzbuch
StB .... Der Steuerberater (Zeitschrift)
StBerG .... Gesetz über die Rechtsverhältnisse der Steuerberater und Steuerbevollmächtigten (Steuerberatungsgesetz)
StBereinG .... Steuerbereinigungsgesetz
Stbg. .... Die Steuerberatung (Zeitschrift)
StBGebV .... Steuerberatergebührenverordnung
StbJb. .... Steuerberater-Jahrbuch
StBKongRep. .... Steuerberaterkongreß-Report
StBp. .... Steuerliche Betriebsprüfung (Zeitschrift)
StEK .... Steuererlasse in Karteiform, herausgegeben von Felix/Carlé
StEntlG 1999 ff. .... Steuerentlastungsgesetz 1999/2000/2002 v. 24.3.1999 (BStBl. I 1999, 402)
Steufa .... Steuerfahndung
Steuk .... Steuerrecht kurzgefaßt (Zeitschrift)
StGB .... Strafgesetzbuch
StPO .... Strafprozessordnung
str. .... strittig
Streck/*Bearbeiter* .... Streck, Körperschaftsteuergesetz, 9. Aufl. 2018
st. Rspr. .... ständige Rechtsprechung
StSenkG .... Steuersenkungsgesetz
StuW .... Steuer und Wirtschaft (Zeitschrift)
StVereinfG 2011 .... Steuervereinfachungsgesetz 2011 v. 1. 11. 2011 (BGBl. I 2011, 2131)
StVergAbG .... Steuervergünstigungsabbaugesetz v. 16.5.2003 (BGBl. I 2003, 660)
StVj. .... Steuerliche Vierteljahresschrift
s. u. .... siehe unten
SvEV .... Sozialversicherungsentgeltverordnung
SWI .... Steuer und Wirtschaft International (Zeitschrift)

TGJG/*Bearbeiter* .... Troll/Gebel/Jülicher/Gottschalk, Erbschaftsteuer- und Schenkungsteuergesetz, Kommentar (Loseblatt)
Thomas/Putzo .... Thomas/Putzo, ZPO, 40. Aufl. 2019
Tipke .... Tipke/Lang, Steuerrecht, 23. Aufl. 2018
Tipke/Kruse/*Bearbeiter* .... Tipke/Kruse, Kommentar zur Abgaben- und Finanzgerichtsordnung (Loseblatt)
TVG .... Tarifvertragsgesetz

u. a. .... unter anderem
uam. .... und andere(s) mehr
u. Ä. .... und Ähnliches
Ubg .... Die Unternehmensbesteuerung (Zeitschrift)
uE .... unseres Erachtens
UBH/*Bearbeiter* .... Ulmer/Brandner/Hensen, AGB-Recht, 12. Aufl. 2016
UmwÄndG .... Gesetz zur Änderung des Umwandlungsgesetzes
UmwG .... Umwandlungsgesetz
UmwSt-Erl. 1998 .... BMF-Schreiben v. 25.3.1998, BStBl. I 1998, 268
UmwSt-Erl. 2003 .... BMF-Schreiben v. 16.12.2003, BStBl. I 2003, 786
UmwSt-Erl. 2011 .... BMF-Schreiben v. 11.11.2011, BStBl. I 2011, 1314
UmwStG 1995 .... Umwandlungssteuergesetz aF
UmwStG 2006 .... Umwandlungssteuergesetz idF des SEStEG
UntStFG .... Unternehmenssteuerfortentwicklungsgesetz v. 20.12.2001 (BGBl. I 2001, 3858)
UntStRefG 2008 .... Unternehmensteuerreformgesetz 2008 v. 14.8.2007 (BGBl. I 2007, 1912)

UntStReisekÄndG	Gesetz zur Änderung und Vereinfachung der Unternehmensbesteuerung und des steuerlichen Reisekostenrechts v. 20.2.2013 (BGBl. I 2013, 285)
unstr.	unstreitig
UR	Umsatzsteuer-Rundschau (Zeitschrift)
UrhG	Urheberrechtsgesetz
USt	Umsatzsteuer
UStAE	Umsatzsteuer-Anwendungserlass
UStB	USt-Berater (Zeitschrift)
UStDV	Umsatzsteuer-Durchführungsverordnung
UStG	Umsatzsteuergesetz
usw.	und so weiter
uU	unter Umständen
UVR	Umsatzsteuer- und Verkehrsteuerrecht (Zeitschrift)
UWG	Gesetz gegen den unlauteren Wettbewerb
v.	von, vom
VAG	Gesetz über die Beaufsichtigung privater Versicherungsunternehmen (Versicherungsaufsichtsgesetz)
vEK	verwendbares Eigenkapital
Verf.	Verfasser
VergVO	Vergütungsverordnung
VerlagsG	Verlagsgesetz
VermBDV	Verordnung zur Durchführung des Vermögensbildungsgesetzes
VermBG	Vermögensbildungsgesetz
VersG	Versicherungsgesetz
VersStG	Versicherungsteuergesetz
Vfg.	Verfügung
vGA	verdeckte Gewinnausschüttung
VGH	Verwaltungsgerichtshof
vgl.	vergleiche
vH	vom Hundert
VHG	Gesetz über die richterliche Vertragshilfe
VO	Verordnung
Vogel/Lehner/*Bearbeiter*	Vogel/Lehner, DBA, 6. Aufl. 2015
VollstrA	Vollstreckungsanweisung
VSF	Vorschriftensammlung der Bundesfinanzverwaltung
vT	von Tausend
VuV	Vermietung und Verpachtung
VVaG	Versicherungsverein auf Gegenseitigkeit
VVG	Versicherungsvertragsgesetz
VwGO	Verwaltungsgerichtsordnung
VwZG	Verwaltungszustellungsgesetz
VZ	Veranlagungszeitraum
WachstBeschlG	Wachstumsbeschleunigungsgesetz v. 22.12.2009 (BGBl. I 2009, 3950)
WFD Sonderbilanzen	Winkeljohann/Förschle/Deubert, Sonderbilanzen, 5. Aufl. 2016
WEG	Wohnungseigentumsgesetz
WG	Wechselgesetz; Wirtschaftsgut
WGB	Wohnungsgrundbuch
WHSS/*Bearbeiter*	Willemsen/Hohenstatt/Schweibert/Seibt, Umstrukturierung und Übertragung von Unternehmen, 5. Aufl. 2016
Windbichler	Windbichler, Gesellschaftsrecht, 24. Aufl. 2017
wistra	Zeitschrift für Wirtschaft, Steuer, Strafrecht
Witte/*Bearbeiter*	Witte, Zollkodex der Union (UZK), 7. Aufl. 2018
Wj.	Wirtschaftsjahr
WKSchG	Wohnraumkündigungsschutzgesetz
WM/*Bearbeiter*	Widmann/Mayer, Umwandlungsrecht, Kommentar (Loseblatt)

WoBauG .... Wohnungsbaugesetz
WoBindG .... Wohnungsbindungsgesetz
WoPG .... Wohnungsbauprämiengesetz
WpflG .... Wehrpflichtgesetz
WPg .... Die Wirtschaftsprüfung (Zeitschrift)
WPH I .... Wirtschaftsprüfer-Handbuch, Band I, 14. Aufl. 2012
WPH II .... Wirtschaftsprüfer-Handbuch, Band II, 14. Aufl. 2014
WPO .... Wirtschaftsprüferordnung
WStDV .... Wechselsteuerdurchführungsverordnung

zB .... zum Beispiel
ZfB .... Zeitschrift für Betriebswirtschaft
ZfbF .... Zeitschrift für betriebswirtschaftliche Forschung
ZfV .... Zeitschrift für Versicherungswesen
ZfZ .... Zeitschrift für Zölle und Gebrauchsteuern
ZG .... Zollgesetz
ZgK .... Zeitschrift für das gesamte Kreditwesen
ZGR .... Zeitschrift für Unternehmens- und Gesellschaftsrecht
ZHR .... Zeitschrift für das gesamte Handels- und Wirtschaftsrecht
Ziff. .... Ziffer
ZIP .... Zeitschrift für Wirtschaftsrecht und Insolvenzpraxis
ZK-DVO .... Zollkodex-Durchführungsverordnung (EG-VO Nr. 2454/93)
Zöller/*Bearbeiter* .... Zöller, Kommentar zur ZPO, 32. Aufl. 2018
ZPO .... Zivilprozessordnung
zT .... zum Teil
zust. .... zustimmend
ZVG .... Gesetz über die Zwangsversteigerung und Zwangsverwaltung
zz. .... zurzeit
zzgl. .... zuzüglich

Teil A. Verschmelzung

Übersicht

A. 1 Verschmelzung einer 100%igen Tochter-GmbH auf ihre Mutter-GmbH

Gliederung

A. Vertragsformulare

A.1.1. Notarurkunde (Verschmelzungsvertrag und Gesellschafterbeschlüsse)[265]

URNr. ......
vom ......

Verhandelt zu ...... am ......:[266] Vor mir, ..., Notar, erschienen[266 f.]

1.

1. Herr ......
   geboren am ......
   geschäftsansässig in ......
   dem Notar persönlich bekannt,[268]
   hier nicht im eigenen Namen handelnd, sondern für die Tochter-GmbH mit dem Sitz in ......, eingetragen im Handelsregister des Amtsgerichts ...... unter HRB ...... Geschäftsadresse: ......[269]
   Aufgrund des am ...... eingesehenen elektronischen Handelsregisters des Amtsgerichts ...... bescheinige ich, dass dort unter HRB ...... die

   Tochter-GmbH

   mit dem Sitz in ...... eingetragen und Herr ...... in seiner Eigenschaft als alleiniger einzelvertretungsberechtigter Geschäftsführer zur Vertretung der Gesellschaft berechtigt ist.[271 f.]
2. Herr ......
   geboren am ......
   geschäftsansässig in ......
   dem Notar persönlich bekannt,
   hier nicht im eigenen Namen handelnd, sondern für die Mutter-GmbH mit dem Sitz in ......, eingetragen im Handelsregister des Amtsgerichts ...... unter HRB ...... Geschäftsadresse: ......
   Aufgrund des am ...... eingesehenen elektronischen Handelsregisters des Amtsgerichts ...... bescheinige ich, dass dort unter HRB ...... die

   Mutter-GmbH

   mit dem Sitz in ...... eingetragen und Herr ...... in seiner Eigenschaft als alleiniger einzelvertretungsberechtigter Geschäftsführer zur Vertretung der Gesellschaft berechtigt ist.
3. Herr ......
   geboren am ......
   geschäftsansässig in ......
   dem Notar persönlich bekannt,
   hier nicht im eigenen Namen handelnd, sondern für die Großmutter-GmbH[270] mit dem Sitz in ......, eingetragen im Handelsregister des Amtsgerichts ...... unter HRB ...... Geschäftsadresse: ......
   Aufgrund des am ...... eingesehenen elektronischen Handelsregisters des Amtsgerichts ...... bescheinige ich, dass dort unter HRB ...... die

   Großmutter-GmbH

   mit dem Sitz in ...... eingetragen und Herr ...... in seiner Eigenschaft als alleiniger einzelvertretungsberechtigter Geschäftsführer zur Vertretung der Gesellschaft berechtigt ist.

Die Erschienenen erklären, dass weder der Notar selbst noch sein Sozius in der Sache, die im Nachfolgenden beurkundet wird, vorbefasst iSv. § 3 Abs. 1 Nr. 7 BeurkG sind.[272] Auf Ansuchen der Erschienenen beurkunde ich die vor mir abgegebenen Erklärungen wie folgt:[273]

1. Verschmelzungsvertrag[274]

Präambel[275 f.]

An der
Tochter-GmbH
mit dem Sitz in ......,
eingetragen im Handelsregister des Amtsgerichts ...... unter HRB ......,
deren Stammkapital ...... EUR
beträgt, ist beteiligt die

Mutter-GmbH

mit dem Sitz in ......,
eingetragen im Handelsregister des Amtsgerichts ...... unter HRB ......,
mit drei Geschäftsanteilen im Nennbetrag von ...... EUR
...... EUR
...... EUR

Nach Angaben der Vertretenen zu 2) als Gesellschafterin der Vertretenen zu 1) sind die Einlagen und ein etwaiges Aufgeld auf die Geschäftsanteile in voller Höhe einbezahlt. Sonderrechte iSv. §§ 23 und 50 Abs. 2 UmwG bestehen bei der übertragenden Gesellschaft nicht.

Die Vertretene zu 2) beabsichtigt, das Vermögen der Vertretenen zu 1) im Wege der Verschmelzung aufzunehmen.

Dies vorausgeschickt, vereinbaren die Vertretenen zu 1) und 2), was folgt:

§ 1 Vermögensübertragung, Verschmelzungsstichtag und Schlussbilanz[277 ff.]

(1) Die Tochter-GmbH mit dem Sitz in ......, eingetragen im Handelsregister des Amtsgerichts ...... unter HRB ...... (im Folgenden „T-GmbH") als übertragender Rechtsträger überträgt ihr Vermögen als Ganzes mit allen Rechten und Pflichten unter Auflösung ohne Abwicklung auf die Mutter-GmbH mit dem Sitz in ......, eingetragen im Handelsregister des Amtsgerichts ...... unter HRB ...... (im Folgenden „M-GmbH") als übernehmender Rechtsträger ohne Gewährung von Gesellschaftsrechten gemäß § 2 Nr. 1, §§ 46 ff. UmwG (Verschmelzung durch Aufnahme).

(2) Die Übernahme des Vermögens der T-GmbH erfolgt im Innenverhältnis mit Wirkung zum 1.1.01, 0:00 Uhr (Verschmelzungsstichtag). Von diesem Zeitpunkt an gelten alle Handlungen und Geschäfte der T-GmbH als für Rechnung der M-GmbH vorgenommen.

(3) Der Verschmelzung wird die Bilanz aus dem mit dem uneingeschränkten Bestätigungsvermerk des Wirtschaftsprüfers ...... in ...... versehenen Jahresabschluss der T-GmbH zum 31.12.00 als Schlussbilanz zugrunde gelegt.

§ 2 Gegenleistung[280]

Die Übertragung des Vermögens der T-GmbH auf die M-GmbH erfolgt ohne Gegenleistung. Denn die übernehmende M-GmbH darf zur Durchführung der Verschmelzung ihr Stammkapital gemäß § 54 Abs. 1 Satz 1 Nr. 1 UmwG nicht erhöhen, da sie

alle Geschäftsanteile der übertragenden T-GmbH innehat. Somit entfallen die Angaben über den Umtausch der Anteile (§ 5 Abs. 1 Nr. 2 bis 5 UmwG) gemäß § 5 Abs. 2 UmwG.

§ 3 Sonderrechte[281]

Die übernehmende M-GmbH gewährt einzelnen Anteilsinhabern sowie den Inhabern besonderer Rechte iSv. § 5 Abs. 1 Nr. 7 UmwG weder Rechte, noch sind für diese Personen Maßnahmen vorgesehen.

§ 4 Besondere Vorteile[282]

Keinem Mitglied eines Vertretungsorgans oder eines Aufsichtsorgans der an der Verschmelzung beteiligten Rechtsträger, keinem geschäftsführenden Gesellschafter, keinem Abschlussprüfer oder Verschmelzungsprüfer werden besondere Vorteile iSv. § 5 Abs. 1 Nr. 8 UmwG gewährt.

§ 5 Folgen der Verschmelzung für die Arbeitnehmer und ihre Vertretungen[283 ff.]

(1) Bei dem übernehmenden Rechtsträger, der M-GmbH, sind bislang keine Arbeitnehmer beschäftigt.

(2) Auf Grund der Verschmelzung gehen die Betriebe A und B des übertragenden Rechtsträgers, der T-GmbH, auf die M-GmbH über, die gemäß § 613a BGB mit allen Rechten und Pflichten unter Anrechnung der bei der T-GmbH verbrachten Vordienstzeiten in die Arbeitsverhältnisse der bei der T-GmbH beschäftigten Arbeitnehmer eintritt. Die im Unternehmen der T-GmbH bislang auf Grund des Tarifvertrages ...... (Flächentarifvertrag) geregelten Arbeitsbedingungen werden Inhalt des Arbeitsverhältnisses, da die M-GmbH nicht tarifgebunden ist. Sie dürfen vor Ablauf eines Jahres nicht zu Lasten der Arbeitnehmer geändert werden, es sei denn die Arbeitsbedingungen werden vorher durch einen anderen Tarifvertrag oder eine andere Betriebsvereinbarung geregelt. § 613a BGB gilt nicht für die Ansprüche auf betriebliche Altersversorgung der ehemals bei der T-GmbH beschäftigten Arbeitnehmer im Ruhestand.

(3) Die Arbeitnehmer können dem Übergang ihrer Arbeitsverhältnisse nicht widersprechen, da die T-GmbH mit Wirksamwerden der Verschmelzung erlischt.

(4) Die in den Betrieben A und B der T-GmbH errichteten Betriebsräte bleiben nach dem Wirksamwerden der Verschmelzung vorerst unverändert im Amt. Der bei der T-GmbH errichtete Gesamtbetriebsrat entfällt mit dem Wirksamwerden der Verschmelzung. Mit Wirksamwerden der Verschmelzung ist ein neuer Gesamtbetriebsrat bei der M-GmbH zu errichten. Betriebsvereinbarungen gelten kollektivrechtlich weiter. Die in Gesamtbetriebsvereinbarungen geregelten Rechte und Pflichten bleiben als solche bestehen.

(5) Mitbestimmungsrechtliche Änderungen ergeben sich nicht, da die maßgeblichen Schwellenwerte nicht erreicht werden. Die T-GmbH unterlag mit weniger als 500 Arbeitnehmern nicht der Mitbestimmung nach dem DrittelbG. Bei der M-GmbH sind bislang keine Arbeitnehmer beschäftigt.

(6) Die M-GmbH beabsichtigt, zukünftig die Betriebe A und B am Ort des bisherigen Betriebs A zusammenzulegen, indem der bisherige Betrieb B in den Betrieb A eingegliedert wird. Hierdurch wird es zu personellen Veränderungen in Form von Versetzungen kommen. Weitere personelle Veränderungen, insbesondere betriebsbedingte Kündigungen, sind nicht geplant. Wenn die Eingliederung des Betriebs B in den Betrieb A erfolgt ist, wird das Amt des bisherigen Betriebsrats B enden. Diesem wird ggf. ein Restmandat nach Maßgabe der gesetzlichen Bestimmungen (§ 21b BetrVG) zustehen. Der Betriebsrat A wird im Amt bleiben. Wegen der Änderung der Anzahl der

wahlberechtigten Arbeitnehmer nach der Eingliederung des Betriebs B in den Betrieb A werden Neuwahlen für einen Betriebsrat durchgeführt werden. Die Voraussetzungen für die Bildung eines Gesamtbetriebsrats werden nach der Eingliederung des Betriebs B in den Betrieb A entfallen.

§ 6 Sonstiges[290 ff.]

(1) Die Firma der übernehmenden M-GmbH wird unverändert fortgeführt.

(2) Die Geschäftsführung der übernehmenden M-GmbH ändert sich nicht.

(3) Die übertragende T-GmbH hat keinen Grundbesitz.

2. Gesellschafterbeschluss der übernehmenden Gesellschaft über die Zustimmung zur Verschmelzung und Verzichtserklärungen[293 ff.]

Sodann erklärt der Erschienene zu 3) was folgt:

I. Die von ihm vertretene
Großmutter-GmbH (im Folgenden „G-GmbH")
mit dem Sitz in ......,
eingetragen im Handelsregister des Amtsgerichts ...... unter HRB ......,
hält alle Geschäftsanteile im Nominalbetrag von insgesamt ...... EUR
an der

Mutter-GmbH

mit dem Sitz in ......,
eingetragen im Handelsregister des Amtsgerichts ...... unter HRB ....
Nach Angaben der Vertretenen zu 3) als Gesellschafterin der Vertretenen zu 2) sind die Einlagen und ein etwaiges Aufgeld auf die Geschäftsanteile der Vertretenen zu 2) in voller Höhe einbezahlt.

II. Unter Verzicht auf die Einhaltung aller durch Gesetz und durch Gesellschaftsvertrag für die Einberufung, Vorbereitung und Durchführung von Gesellschafterversammlungen vorgesehenen Form- und Fristvorschriften wird hiermit eine Gesellschafterversammlung der M-GmbH abgehalten. Auf die Übersendung des Entwurfs des Verschmelzungsvertrages zusammen mit der Einberufung der Gesellschafterversammlung gem. § 47 UmwG wurde verzichtet. Dieser Verzicht wird hiermit noch einmal ausdrücklich bestätigt. Auf die Auslegung der Jahresabschlüsse und der Lageberichte der an der Verschmelzung beteiligten Rechtsträger M-GmbH und T-GmbH für die letzten drei Geschäftsjahre zur Einsicht durch die Gesellschafter in den Geschäftsräumen der Gesellschaften ab dem Zeitpunkt der Einberufung der Gesellschafterversammlung und in der heutigen Gesellschafterversammlung gem. § 49 UmwG wurde verzichtet. Dieser Verzicht wird hiermit noch einmal ausdrücklich bestätigt.
Für die M-GmbH wird hiermit einstimmig und ohne Enthaltungen was folgt beschlossen:
Dem Verschmelzungsvertrag zwischen der Tochter-GmbH mit dem Sitz in ...... (eingetragen im Handelsregister des Amtsgerichts ...... unter HRB ......) vom heutigen Tage (URNr. ...... des Notars ...... in ......) und der Mutter-GmbH mit dem Sitz in ...... (eingetragen im Handelsregister des Amtsgerichts ...... unter HRB ......) wird zugestimmt. Der Verschmelzungsvertrag ist in Teil 1 dieser Urkunde enthalten.
Weitere Beschlüsse werden in dieser Gesellschafterversammlung nicht gefasst. Damit ist diese Gesellschafterversammlung beendet.

III. Auf das Recht, den vorstehenden Gesellschafterbeschluss anzufechten und gegen dessen Wirksamkeit Klage zu erheben, wird hiermit ausdrücklich verzichtet. Auf einen Verschmelzungsbericht, eine Verschmelzungsprüfung und einen Verschmelzungsprüfungsbericht wird, soweit er nicht schon auf Grund des Anteilsbesitzes des übernehmenden Rechtsträgers entbehrlich ist, hiermit ausdrücklich verzichtet (§ 8 Abs. 3 Satz 1, § 9 Abs. 2 und 3, § 12 Abs. 3, § 48 Satz 1 UmwG).

3. Gesellschafterbeschluss der übertragenden Gesellschaft über die Zustimmung zur Verschmelzung und Verzichtserklärungen[297 f.]

Sodann erklärt der Erschienene zu 2) was folgt:

I. Die von ihm vertretene
Mutter-GmbH (im Folgenden „M-GmbH")
mit dem Sitz in ......,
eingetragen im Handelsregister des Amtsgerichts ...... unter HRB ......,
hält alle Geschäftsanteile im Nominalbetrag von insgesamt ...... EUR
an der

Tochter-GmbH

mit dem Sitz in ......,
eingetragen im Handelsregister des Amtsgerichts ...... unter HRB ....
Nach Angaben der Vertretenen zu 2) als Gesellschafterin der Vertretenen zu 1) sind die Einlagen und ein etwaiges Aufgeld auf die Geschäftsanteile der Vertretenen zu 2) in voller Höhe einbezahlt.

II. Unter Verzicht auf die Einhaltung aller durch Gesetz oder durch Gesellschaftsvertrag für die Einberufung, Vorbereitung und Durchführung von Gesellschafterversammlungen vorgesehenen Form- und Fristvorschriften wird hiermit eine Gesellschafterversammlung der T-GmbH abgehalten. Auf die Übersendung des Entwurfs des Verschmelzungsvertrages zusammen mit der Einberufung der Gesellschafterversammlung gem. § 47 UmwG wurde verzichtet. Dieser Verzicht wird hiermit noch einmal ausdrücklich bestätigt. Auf die Auslegung der Jahresabschlüsse und der Lageberichte der an der Verschmelzung beteiligten Rechtsträger M-GmbH und T-GmbH für die letzten drei Geschäftsjahre zur Einsicht durch die Gesellschafter in den Geschäftsräumen der Gesellschaften ab dem Zeitpunkt der Einberufung der Gesellschafterversammlung und in der heutigen Gesellschafterversammlung gem. § 49 UmwG wurde verzichtet. Dieser Verzicht wird hiermit noch einmal ausdrücklich bestätigt.
Für die T-GmbH wird hiermit einstimmig und ohne Enthaltungen was folgt beschlossen:
Dem Verschmelzungsvertrag zwischen der Tochter-GmbH mit dem Sitz in ...... (eingetragen im Handelsregister des Amtsgerichts ...... unter HRB ......) vom heutigen Tage (URNr. ...... des Notars ...... in ......) und der Mutter-GmbH mit dem Sitz in ...... (eingetragen im Handelsregister des Amtsgerichts ...... unter HRB ......) wird zugestimmt. Der Verschmelzungsvertrag ist unter Teil 1 dieser Urkunde enthalten.
Weitere Beschlüsse werden in der Gesellschafterversammlung nicht gefasst.
Damit ist diese Gesellschafterversammlung beendet.

III. Auf das Recht, den vorstehenden Gesellschafterbeschluss anzufechten und gegen dessen Wirksamkeit Klage zu erheben, wird hiermit ausdrücklich verzichtet. Auf einen Verschmelzungsbericht, eine Verschmelzungsprüfung und einen Verschmelzungsprüfungsbericht wird, soweit er nicht schon auf Grund des Anteilsbesitzes des übernehmenden Rechtsträgers entbehrlich ist, hiermit ausdrücklich verzichtet (§ 8 Abs. 3 Satz 1, § 9 Abs. 2 und 3, § 12 Abs. 3, § 48 Satz 1 UmwG).

4. Kosten, Hinweise und Abschriften[298]

I. Alle durch diese Urkunde und ihren Vollzug entstehenden Kosten, Gebühren und Steuern trägt die übernehmende M-GmbH.

II. Der Notar belehrte die Beteiligten über den weiteren Verfahrensablauf bis zum Wirksamwerden der Verschmelzung und wies auf den Zeitpunkt des Wirksamwerdens und die Rechtsfolgen der Verschmelzung hin, insbesondere auch darauf, dass den Gläubigern der an der Verschmelzung beteiligten Rechtsträger auf Anmeldung und Glaubhaftmachung von Forderungen nach Maßgabe des § 22 UmwG Sicherheit zu leisten ist.
Der Notar belehrte die Beteiligten ferner über die Unwiderruflichkeit der Verzichtserklärungen und über deren Wirkungen sowie darüber, dass durch diese Erklärungen die Ausübung von Gesellschafterrechten bei der vorstehenden Verschmelzung beeinträchtigt werden kann.

III. Von dieser Urkunde erhalten
Ausfertigungen
- das Registergericht des Sitzes des übernehmenden Rechtsträgers
- das Registergericht des Sitzes des übertragenden Rechtsträgers

beglaubigte Abschriften
- die T-GmbH
- die M-GmbH
- die G-GmbH
- Finanzamt für Körperschaften

einfache Abschrift
- Rechtsanwalt ……
- *[Finanzamt – Grunderwerbsteuerstelle]*

Vorgelesen vom Notar, von den Beteiligten genehmigt und eigenhändig unterschrieben.

Schreiben an die Betriebsräte[299 ff.]

A.1.2. Schreiben an den Betriebsrat des Betriebs A der Tochter-GmbH

Mutter-GmbH[300]
[Adresse]

Tochter-GmbH
[Adresse]

An den Betriebsrat des Betriebs A der Tochter-GmbH[301]
Herrn ……
– Vorsitzender des Betriebsrats –
– gegen Empfangsbestätigung –[302]

……………………………., den ……….

Bevorstehende Verschmelzung der Tochter-GmbH auf die Mutter-GmbH
Übersendung des Entwurfs des Verschmelzungsvertrages gem. § 5 Abs. 3 UmwG

Sehr geehrter Herr ……,

in den voraussichtlich am …… stattfindenden Gesellschafterversammlungen der Tochter-GmbH und der Mutter-GmbH ist beabsichtigt, dem beigefügten Entwurf des Verschmelzungsvertrages zwischen der Tochter-GmbH als übertragender Gesellschaft und der Mutter-GmbH als übernehmender Gesellschaft zuzustimmen und den Verschmelzungsvertrag in notariell beurkundeter Form abzuschließen.

Wir übermitteln Ihnen hiermit den Entwurf des Verschmelzungsvertrages in der Anlage zu diesem Schreiben gem. § 5 Abs. 3 UmwG.

Wir bitten, den Erhalt dieses Schreibens und der Anlage auf den beigefügten zwei Kopien zu quittieren, auf die Einhaltung der Monatsfrist des § 5 Abs. 3 UmwG zu verzichten und die unterschriebenen Kopien an die Geschäftsführung der übernehmenden Mutter-GmbH als Empfangsnachweis (Anlage zu den Handelsregisteranmeldungen gem. § 17 Abs. 1, § 16 UmwG) zu retournieren.

..	**..**
Mutter-GmbH	**Tochter-GmbH**
Geschäftsführer	**Geschäftsführer**

EMPFANGSBESTÄTIGUNG[304]

Hiermit bestätige ich für den Betriebsrat des Betriebs A der Tochter-GmbH den Erhalt dieses Schreibens nebst dem als Anlage beigefügten Entwurf des Verschmelzungsvertrages am heutigen Tag.

................................, den ....
Vorsitzender des Betriebsrats des Betriebs A der
Tochter-GmbH in ......

VERZICHTSERKLÄRUNG[305]

Hiermit erkläre ich für den Betriebsrat des Betriebs A der Tochter-GmbH den Verzicht auf die Einhaltung der Monatsfrist des § 5 Abs. 3 UmwG.

................................, den ....
Vorsitzender des Betriebsrats des
Betriebs A der Tochter-GmbH in ......

A.1.3. Schreiben an den Betriebsrat des Betriebs B der Tochter-GmbH

Entsprechend dem Wortlaut von → Form. A.1.2.

A.1.4. Schreiben an den Gesamtbetriebsrat der Betriebe der Tochter-GmbH

Mutter-GmbH[300]	**Tochter-GmbH**
[Adresse]	***[Adresse]***

An den Gesamtbetriebsrat
der Betriebe der Tochter-GmbH
Herrn ......
– Vorsitzender des Gesamtbetriebsrats –
– gegen Empfangsbestätigung –[302]

................................, den ....

Bevorstehende Verschmelzung der Tochter-GmbH auf die Mutter-GmbH

Übersendung des Entwurfs des Verschmelzungsvertrages gem. § 5 Abs. 3 UmwG
Sehr geehrter Herr ......,

in den voraussichtlich am ...... stattfindenden Gesellschafterversammlungen der Tochter-GmbH und der Mutter-GmbH ist beabsichtigt, dem beigefügten Entwurf des Verschmelzungsvertrages zwischen der Tochter-GmbH als übertragender Gesellschaft und der Mutter-GmbH als übernehmender Gesellschaft zuzustimmen und den Verschmelzungsvertrag in notariell beurkundeter Form abzuschließen.

Wir übermitteln Ihnen hiermit den Entwurf des Verschmelzungsvertrages in der Anlage zu diesem Schreiben gem. § 5 Abs. 3 UmwG.

Wir bitten, den Erhalt dieses Schreibens und der Anlage auf den beigefügten zwei Kopien zu quittieren, auf die Einhaltung der Monatsfrist des § 5 Abs. 3 UmwG zu verzichten und die unterschriebenen Kopien an die Geschäftsführung der übernehmenden Mutter-GmbH als Empfangsnachweis (Anlage zu den Handelsregisteranmeldungen gem. § 17 Abs. 1, § 16 UmwG) zu retournieren.

....	....
Mutter-GmbH	Tochter-GmbH
Geschäftsführer	Geschäftsführer

EMPFANGSBESTÄTIGUNG[304]

Hiermit bestätige ich für den Gesamtbetriebsrat der Betriebe der Tochter-GmbH den Erhalt dieses Schreibens nebst dem als Anlage beigefügten Entwurf des Verschmelzungsvertrages am heutigen Tag.

.............................., den ....
Vorsitzender des Gesamtbetriebsrats
der Betriebe der Tochter-GmbH in ......

VERZICHTSERKLÄRUNG[305]

Hiermit erkläre ich für den Gesamtbetriebsrat der Betriebe der Tochter-GmbH den Verzicht auf die Einhaltung der Monatsfrist des § 5 Abs. 3 UmwG.

.............................., den ....
Vorsitzender des Gesamtbetriebsrats
der Betriebe der Tochter-GmbH in ......

Anmeldungen zu den Handelsregistern[306 ff.]

A.1.5. Anmeldung zum Handelsregister der übertragenden Gesellschaft

URNr. ......
vom ......

Amtsgericht ......
– Handelsregister –
......
......

..............................., den ....

Tochter-GmbH
HRB ......

I. Als alleiniger und einzelvertretungsberechtigter Geschäftsführer der Mutter-GmbH mit dem Sitz in ......, eingetragen im Handelsregister des Amtsgerichts ...... unter HRB ......, melde ich gem. § 16 Abs. 1 Satz 2 UmwG für die Tochter-GmbH mit dem Sitz in ......, zur Eintragung in das Handelsregister an:[306]

Die Tochter-GmbH ist auf Grund des Verschmelzungsvertrages, des Beschlusses der Gesellschafterversammlung der Mutter-GmbH und des Beschlusses der Gesellschafterversammlung der Tochter-GmbH vom ...... auf die Mutter-GmbH mit dem Sitz in ......, eingetragen im Handelsregister des Amtsgerichts ...... unter HRB ......, durch Aufnahme verschmolzen.[307]

II. Als Anlagen überreiche ich:[308]

1. Ausfertigung der URNr....... des Notars ...... in ...... vom ......, darin enthalten:
   - der Verschmelzungsvertrag,
   - die Niederschrift über die Gesellschafterversammlung der Mutter-GmbH mit dem Beschluss über die Zustimmung zum Verschmelzungsvertrag und über die Verzichtserklärungen (insbesondere auf Klage) der Großmutter-GmbH,
   - die Niederschrift über die Gesellschafterversammlung der Tochter-GmbH mit dem Beschluss über die Zustimmung zum Verschmelzungsvertrag und über die Verzichtserklärungen (insbesondere auf Klage) der Mutter-GmbH.
2. Schlussbilanz der Tochter-GmbH auf einen nicht mehr als acht Monate vor der Anmeldung liegenden Stichtag, nämlich zum 31.12.00.
3. Empfangsbestätigungen vom ...... als Nachweis über die rechtzeitige Zuleitung des Entwurfs des Verschmelzungsvertrages an die Betriebsräte der Betriebe A und B und an den Gesamtbetriebsrat der Betriebe der T-GmbH.

III. Ich erkläre gemäß § 16 Abs. 2 Satz 2 letzter Halbsatz UmwG:[309]
Eine Klage gegen die Wirksamkeit des Verschmelzungsbeschlusses ist ausgeschlossen. In der unter Ziffer II. 1 eingereichten Niederschrift wurden entsprechende Verzichtserklärungen abgegeben.

IV. Ich weise auf Folgendes hin:[310 ff.]

1. Bei der Mutter-GmbH besteht kein Betriebsrat. Daher entfällt die Einreichung einer Empfangsbestätigung als Nachweis über die rechtzeitige Zuleitung des Entwurfs des Verschmelzungsvertrages.
2. Ein Verschmelzungsbericht ist gemäß § 8 Abs. 3 Satz 1 Alt. 2 UmwG nicht erforderlich. Darüber hinaus wurde auf einen Verschmelzungsbericht verzichtet. Daher entfällt die Einreichung eines Verschmelzungsberichts.
3. Eine Prüfung der Verschmelzung ist gemäß § 8 Abs. 3 Satz 1 Alt. 2, § 9 Abs. 3 UmwG nicht erforderlich. Ein Prüfungsbericht ist gemäß § 12 Abs. 3, § 8 Abs. 3 Satz 1 Alt. 2 UmwG nicht erforderlich. Darüber hinaus wurde die Verschmelzungsprüfung nicht gemäß § 48 Satz 1 UmwG verlangt und auf Verschmelzungsprüfung und Verschmelzungsprüfungsbericht verzichtet. Daher entfällt die Einreichung des Verschmelzungsprüfungsberichts.

V. Hiermit bevollmächtige ich Herrn ...... jederzeit widerruflich und dem Handelsregister gegenüber unbeschränkt, alle Anmeldungen zum Handelsregister vorzunehmen, die im Zuge der Handelsregistereintragung der Tatsachen, die hier angemeldet und aus den dieser Anmeldung beigefügten Unterlagen ersichtlich sind, erforderlich und zweckmäßig sind.

Nach Vollzug des Antrags auf Eintragung der Verschmelzung bitte ich um Eintragungsnachricht an die Gesellschaft und an den beglaubigenden Notar sowie um Übermittlung von drei beglaubigten Handelsregisterauszügen an die Gesellschaft und einem beglaubigten Handelsregisterauszug an den beglaubigenden Notar.[313 f.]

.............................., den ....

....

Geschäftsführer Mutter-GmbH

[Unterschriftsbeglaubigung]

A.1.6. Anmeldung zum Handelsregister der übernehmenden Gesellschaft[315 ff.]

URNr. ......
vom ......

Amtsgericht ......
– Handelsregister –
......

................................, den ....

Mutter-GmbH
HRB ......

I. Als alleiniger und einzelvertretungsberechtigter Geschäftsführer der Mutter-GmbH mit dem Sitz in ......, eingetragen im Handelsregister des Amtsgerichts ...... unter HRB ......, melde ich zur Eintragung in das Handelsregister an:[316]
Die Tochter-GmbH mit dem Sitz in ......, eingetragen im Handelsregister des Amtsgerichts ...... unter HRB ......, ist auf Grund des Verschmelzungsvertrages, des Beschlusses der Gesellschafterversammlung der Mutter-GmbH und des Beschlusses der Gesellschafterversammlung der Tochter-GmbH vom ...... auf die Mutter-GmbH durch Aufnahme verschmolzen.

II. Als Anlagen überreiche ich:[317]
1. Ausfertigung der URNr ...... des Notars ...... in ...... vom ......, darin enthalten:
   - der Verschmelzungsvertrag,
   - die Niederschrift über die Gesellschafterversammlung der Mutter-GmbH mit dem Beschluss über die Zustimmung zum Verschmelzungsvertrag und über die Verzichtserklärungen (insbesondere auf Klage) der Großmutter-GmbH,
   - die Niederschrift über die Gesellschafterversammlung der Tochter-GmbH mit dem Beschluss über die Zustimmung zum Verschmelzungsvertrag und über die Verzichtserklärungen (insbesondere auf Klage) der Mutter-GmbH.
2. Empfangsbestätigungen vom ...... als Nachweis über die rechtzeitige Zuleitung des Entwurfs des Verschmelzungsvertrages an die Betriebsräte der Betriebe A und B und an den Gesamtbetriebsrat der Betriebe der T-GmbH.

III. Ich erkläre gemäß § 16 Abs. 2 Satz 2 letzter Halbsatz UmwG:[318]
Eine Klage gegen die Wirksamkeit des Verschmelzungsbeschlusses ist ausgeschlossen. In der unter Ziffer II. 1 eingereichten Niederschrift wurden entsprechende Verzichtserklärungen abgegeben.

IV. Ich weise auf Folgendes hin:[319 ff.]
1. Bei der Mutter-GmbH besteht kein Betriebsrat. Daher entfällt die Einreichung einer Empfangsbestätigung als Nachweis über die rechtzeitige Zuleitung des Entwurfs des Verschmelzungsvertrages.
2. Ein Verschmelzungsbericht ist gemäß § 8 Abs. 3 Satz 1 Alt. 2 UmwG nicht erforderlich. Darüber hinaus wurde auf einen Verschmelzungsbericht verzichtet. Daher entfällt die Einreichung eines Verschmelzungsberichts.
3. Eine Prüfung der Verschmelzung ist gemäß § 8 Abs. 3 Satz 1 Alt. 2, § 9 Abs. 3 UmwG nicht erforderlich. Ein Prüfungsbericht ist gemäß § 12 Abs. 3, § 8 Abs. 3 Satz 1 Alt. 2 UmwG nicht erforderlich. Darüber hinaus wurde die Ver-

schmelzungsprüfung nicht gemäß § 48 Satz 1 UmwG verlangt und auf Verschmelzungsprüfung und Verschmelzungsprüfungsbericht verzichtet. Daher entfällt die Einreichung des Verschmelzungsprüfungsberichts.

4. **Eine Kapitalerhöhung bei der Mutter-GmbH ist gemäß § 54 Abs. 1 Satz 1 Nr. 1 UmwG ausgeschlossen, weil die Mutter-GmbH alle Anteile der übertragenden Tochter-GmbH innehat. Die Gesellschafter der Mutter-GmbH und ihre Geschäftsanteile sind unverändert.**
5. **Der Gesellschaftsvertrag der Mutter-GmbH wurde nicht geändert. Daher entfällt die Einreichung des vollständigen Wortlauts des Gesellschaftsvertrags mit Bestätigungsvermerk gemäß § 54 Abs. 1 Satz 2 GmbHG.**

V. Hiermit bevollmächtige ich Herrn ...... jederzeit widerruflich und dem Handelsregister gegenüber unbeschränkt, alle Anmeldungen zum Handelsregister vorzunehmen, die im Zuge der Handelsregistereintragung der Tatsachen, die hier angemeldet und aus den dieser Anmeldung beigefügten Unterlagen ersichtlich sind, erforderlich und zweckmäßig sind.
Nach Vollzug des Antrags auf Eintragung der Verschmelzung bitte ich um Eintragungsnachricht an die Gesellschaft und an den beglaubigenden Notar sowie um Übermittlung von drei beglaubigten Handelsregisterauszügen an die Gesellschaft und einem beglaubigten Handelsregisterauszug an den beglaubigenden Notar.

..............................., den ....

..
Geschäftsführer Mutter-GmbH
[Unterschriftsbeglaubigung]

→

B. Grundsätzliche Anmerkungen

I. Sachverhalt

Die (inländische) Mutter-GmbH (M-GmbH) hält alle drei Geschäftsanteile an der 1
(inländischen) Tochter-GmbH (T-GmbH). Das Vermögen der T-GmbH soll als Ganzes auf die M-GmbH im Wege der Verschmelzung durch Aufnahme übergehen.

Wirtschaftsjahr beider Gesellschaften ist das Kalenderjahr. Die Verschmelzung soll im Innenverhältnis zum 1.1.01, 0:00 Uhr (Verschmelzungsstichtag) als vorgenommen gelten. Die (steuerlichen) Buchwerte der T-GmbH sollen von der M-GmbH fortgeführt werden.

Bei der M-GmbH werden keine Arbeitnehmer beschäftigt. Die T-GmbH beschäftigt weniger als 500 Arbeitnehmer in zwei Betrieben A und B mit Betriebsräten und einem Gesamtbetriebsrat. Im Anschluss an die Verschmelzung soll der Betrieb B in den Betrieb A eingegliedert werden.

Firma und Geschäftsführung der M-GmbH sollen durch die Verschmelzung nicht berührt werden.
Alleinige Gesellschafterin der M-GmbH ist die Großmutter-GmbH (G-GmbH). Sie hält den einzigen Geschäftsanteil an der M-GmbH.

Die beteiligten Gesellschafter verzichten auf die Einberufung der Gesellschafterversammlung (§ 47, § 49 Abs. 1 UmwG), auf die Zuleitung des (Entwurfs des) Verschmelzungsvertrages als Anlage hierzu (§ 47 UmwG) und auf die Auslegung der Jahresabschlüsse und der Lageberichte der an der Verschmelzung beteiligten Rechtsträger für die letzten drei Geschäftsjahre zur Einsicht der Gesellschafter (§ 49 Abs. 2 UmwG).

Die Gesellschafter verzichten ferner auf das Anfechtungsrecht bzw. erklären den Klageverzicht gemäß § 14 UmwG bezüglich der Wirksamkeit der Zustimmungsbeschlüsse zum Verschmelzungsvertrag.

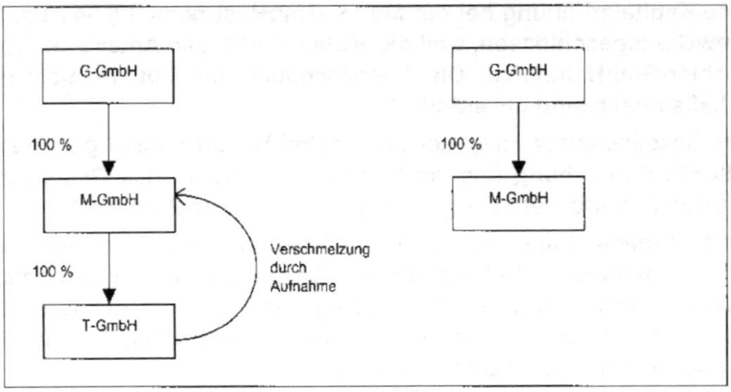

Graphische Darstellung des Sachverhalts vor und nach der Verschmelzung

II. Ablaufplan

2 Der **Ablauf einer Konzernverschmelzung** orientiert sich in der Praxis an den Umständen des Einzelfalls. Generelle Aussagen sind schon deshalb nur eingeschränkt zu treffen, da der Ablauf maßgeblich davon abhängt, ob der Vorgang schon vor oder erst nach dem Verschmelzungsstichtag beginnt, ob die Beteiligten und insbesondere die Betriebsräte auf Informationsrechte und sonstige Formalitäten verzichten oder nicht und in welchem Zeitpunkt das Konzernverhältnis zustande kommt (etwa durch Übertragung von Minderheitsanteilen).

3 Ausgangspunkt bei der Erstellung eines Ablaufschemas ist immer der Verschmelzungsstichtag bzw. der vorhergehende Tag, auf den die Schlussbilanz gem. § 17 Abs. 2 Satz 1 UmwG aufgestellt wird (Stichtag der Schlussbilanz). Denn die Anmeldung der Verschmelzung zu den Handelsregistern der beteiligten Rechtsträger muss spätestens acht Monate nach dem Stichtag der Schlussbilanz erfolgen (§ 17 Abs. 2 Satz 4 UmwG).

4 Im Folgenden werden die **einzelnen Schritte der Konzernverschmelzung** unter Beachtung der gesetzlich vorgegebenen Fristen beschrieben. In der Praxis empfiehlt es sich, die Zeiten und Fristen etwas großzügiger zu bemessen, um das Verfahren nicht zu gefährden, falls unvorhergesehene oder unbeeinflussbare Verzögerungen auftreten sollten.

1. Erstellung des Entwurfs des Verschmelzungsvertrages; Abstimmung des Entwurfs mit dem beurkundenden Notar.
2. Zuleitung des Entwurfs des Verschmelzungsvertrages an die zuständigen Betriebsräte der beteiligten Rechtsträger gemäß § 5 Abs. 3 UmwG (→ Rn. 232ff.); Bestätigung des Empfangs (→ Rn. 243); eventuell Verzicht auf die Monatsfrist des § 5 Abs. 3 UmwG (→ Rn. 250).
3. Frühestens einen Monat nach der Zuleitung an die Betriebsräte, falls nicht auf die Monatsfrist des § 5 Abs. 3 UmwG verzichtet wurde: Beurkundung des Verschmelzungsvertrages, soweit nicht bereits im Vorhinein geschehen; Gesellschafterbeschlüsse der beteiligten Rechtsträger; Verzichtserklärungen der Gesellschafter.
4. Erstellung/Prüfung Schlussbilanz, sofern nicht schon vorher erfolgt.
5. Anmeldung der Verschmelzung zu den Handelsregistern der beteiligten Rechtsträger.

In der Praxis hängt der beschriebene Ablauf einer Konzernverschmelzung maßgeblich davon ab, ob die **Betriebsräte** auf die Einhaltung der Monatsfrist des § 5 Abs. 3 UmwG verzichten oder nicht (→ Rn. 250). Ist Verschmelzungsstichtag der 1.1.01 („01" hier nur „Zähl-Jahr"), muss die Verschmelzung spätestens am 31.8.01 zu den Handelsregistern der beteiligten Rechtsträger angemeldet werden. Findet an diesem Tag auch die Beurkundung des Verschmelzungsvertrages und der Gesellschafterbeschlüsse statt, muss den Betriebsräten spätestens am 30.7.01 der Entwurf des Verschmelzungsvertrages nach § 5 Abs. 3 UmwG zugeleitet worden sein. Ist dies ein Sonntag, Feiertag oder Sonnabend, hat die Zuleitung am Werktag davor zu erfolgen. Kommt es im Zuge der Verschmelzung zu weiteren Maßnahmen mit betriebsverfassungsrechtlichen Konsequenzen, kann wie im vorliegenden Fall einer Betriebsänderung des Betriebs B zusätzlich die Verhandlung eines Interessenausgleichs und Sozialplans nach den §§ 111ff. BetrVG erforderlich werden. In diesem Fall muss die Zuleitung des Verschmelzungsvertrages an die Betriebsräte bereits wegen der sehr früh entstehenden **Informationspflichten des § 111 BetrVG** („rechtzeitig") und der langen Dauer eines Interessensausgleichsverfahrens (idR mehrere Monate) erheblich früher erfolgen; vgl. → Rn. 158ff. 5

Verschmelzungsberichte der übertragenden und der übernehmenden Gesellschaft nach § 8 Abs. 1 und 2 UmwG entfallen gemäß § 8 Abs. 3 Satz 1 Alt. 2 UmwG. Die **Verschmelzungsprüfung** nach §§ 9 bis 11 UmwG und der **Bericht über die Verschmelzungsprüfung** nach § 12 UmwG entfallen gemäß § 9 Abs. 2, § 12 Abs. 3 iVm. § 8 Abs. 3 Satz 1 Alt. 2 UmwG. 6

Durch den **Verzicht auf das Anfechtungsrecht** bzw. den **Klageverzicht gemäß § 14 UmwG** ist vor der Anmeldung zum Handelsregister die einmonatige Klagefrist nach § 14 UmwG nicht einzuhalten, um die Negativerklärung des § 16 Abs. 2 Satz 1 UmwG abgeben zu können. Diese Erklärung kann auch nachgereicht werden (BGH v. 2.7.1990, II ZB 1/90, WM 1990, 1372, 1373). Denn die Eintragung in das Handelsregister erfolgt nur, wenn feststeht, dass die Verschmelzungsbeschlüsse nicht mehr angreifbar sind, § 16 Abs. 2 Satz 2 UmwG („Registersperre"). Da für die Anfechtung bzw. Klageerhebung nach § 14 UmwG eine Monatsfrist gilt, wird die Eintragung der Verschmelzung in das Handelsregister nur vor Ablauf dieser Frist verfügt, wenn ein entsprechender Verzicht erklärt wurde. Vgl. hierzu auch OLG Hamburg v. 20.8.2003, 11 W 39/03, NZG 2003, 981; BGH v. 5.10.2006, III ZR 283/05, NZG 2006, 956. 7

Die **Eintragung** der Verschmelzung in das Register der übertragenden Gesellschaft gemäß § 19 Abs. 1 UmwG ist für sich genommen lediglich vorbereitender Art. Die Eintragung der Verschmelzung in das Register der übernehmenden Gesellschaft gemäß § 20 Abs. 1 UmwG ist konstitutiv. 8

III. Wirtschaftliche Vertragsziele

Primäres wirtschaftliches Vertragsziel der Verschmelzung einer 100%igen Tochtergesellschaft auf ihre Muttergesellschaft ist die Übertragung aller Aktiva und Passiva der Tochtergesellschaft auf die Muttergesellschaft. Die übernommenen Aktiva und Passiva sind bei der Muttergesellschaft zu bilanzieren. Gleichzeitig entfällt in der Bilanz der Muttergesellschaft der Ansatz der Beteiligung an der Tochtergesellschaft, weil die Tochtergesellschaft ohne Abwicklung im Zeitpunkt des Wirksamwerdens der Verschmelzung erlischt. Kraft gesetzlicher Anordnung im UmwG gehen die Aktiva und Passiva im Wege der **Gesamtrechtsnachfolge** auf die übernehmende Muttergesellschaft über, ohne dass Dritte diesen Übergang beeinflussen können – im Gegensatz zur Übertragung von Aktiva und Passiva im Wege der Singularsukzession („asset deal"). Die Verschmelzung zieht ferner keine gesonderte Auflösung und Löschung der übertragenden Gesellschaft nach sich, die bei der Singularübertragung regelmäßig erforderlich ist. Schließlich begünstigt das UmwStG die Verschmelzung insofern, als die über- 9 nehmende Gesellschaft, die übernommenen Aktiva und Passiva in ihrer Rechnungslegung auf Antrag der übertragenden Gesellschaft (§ 11 Abs. 2 UmwStG) zu Buchwerten fortführen kann (→ Rn. 79).

Diese Transaktionsmöglichkeit führt dazu, dass die Verschmelzung einer 100%igen Tochter-GmbH auf ihre Mutter-GmbH („upstream merger") in der Praxis häufig vorkommt. Insbesondere in Konzern- und Holdingstrukturen finden solche Verschmelzungen statt. Die **Motive** hierfür sind unterschiedlich:

10 In Konzernstrukturen dient eine Verschmelzung von Tochter- auf Muttergesellschaft der **Straffung der Organisations- und Führungsstruktur** mit dem Ziel der **Senkung der Verwaltungskosten** (Overhead-Kosten). Betriebsverfassungsrechtlich können freilich dabei Nachteile entstehen, etwa wenn dies im Einzelfall zur Bildung eines Gesamtbetriebsrats oder Konzernbetriebsrats führt.

11 Sinnvoll können Verschmelzungen von Tochter- auf Muttergesellschaften auch zur **Stärkung der Finanzierungsstruktur** sein. Bei Inbound-Transaktionen übernimmt ein ausländischer Investor Gesellschaften im Inland durch ein sog. Akquisitionsvehikel. Dabei handelt es sich in der Regel um eine inländische Tochtergesellschaft eines ausländischen Unternehmens, die als Holdinggesellschaft die Zielgesellschaften erwirbt. Oft werden Finanzierungsdarlehen für den Investor bzw. das Akquisitionsvehikel durch Aktiva der Zielgesellschaften besichert. Dabei kann es zu Problemen im Zusammenhang mit der Grenze der Stammkapitalbindung des § 30 Abs. 1 GmbHG kommen, wenn das Eigenkapital des Akquisitionsvehikels zu gering ist. In solchen Fällen kann es empfehlenswert sein, die Zielgesellschaften im Anschluss an die Akquisition auf das Akquisitionsvehikel zu verschmelzen.

12 Aus ertragsteuerlicher Sicht ist eine Verschmelzung allein aus dem Grund der Realisierung eines steuerlichen **Verschmelzungsgewinns** nur dann sinnvoll, wenn der Unterschiedsbetrag zwischen dem Buchwert der Beteiligung der Muttergesellschaft an der Tochtergesellschaft und dem Wert, mit dem die übergegangenen Wirtschaftsgüter übernommen werden – sog. stille Reserven –, nicht wegen einer früheren steuerlich wirksamen Teilwertabschreibung oder einer Übertragung stiller Reserven nach § 6b EStG gemäß § 4 Abs. 1 Satz 2 iVm. § 12 Abs. 1 Satz 2 UmwStG voll steuerpflichtig (§ 8b Abs. 2 Sätze 4 und 5 KStG iVm. § 4 Abs. 1 Satz 3, § 12 Abs. 1 Satz 2 UmwStG) zu korrigieren ist. Zur Ermittlung des steuerlichen Übertragungsgewinns im Falle der Verschmelzung der Organ(tochter)gesellschaft auf deren Organträgern (Muttergesellschaft) siehe BFH v. 26.9.2018, I R 16/16, DStR 2019, 682: u.a. keine Anwendung des pauschalen Betriebsausgaben-Abzugsverbots des § 8b Abs. 3 Satz 1 KStG (entgegen UmwSt-Erl.-2011, BMF v. 11.11.2011, BStBl. I 2011, 1314, Tz. 12.07).

13 Ein anderer Grund für die Verschmelzung einer Tochter- auf die Muttergesellschaft ist die sog. **geräuschlose Liquidation.** Um eine öffentlichkeitswirksame Liquidation zu vermeiden, kann die Gesellschaft auf die Muttergesellschaft verschmolzen werden.

14 Während bei der Optimierung der Finanzierungsstruktur stille Reserven durch einen möglichen Verschmelzungsgewinn aufgelöst werden und dadurch den gewünschten Effekt verstärken, kann die Muttergesellschaft verrechenbare Verluste, verbleibende Verlustvorträge oder vom übertragenden Rechtsträger nicht ausgeglichene negative Einkünfte, einen Zinsvortrag nach § 4h Abs. 1 Satz 5 EStG und einen EBITDA-Vortrag nach § 4h Abs. 1 Satz 3 EStG der Tochtergesellschaft nicht mehr nutzen (§ 4 Abs. 2 Satz 2 iVm. § 12 Abs. 3 HS 2 UmwStG; zur alten Rechtslage bis zum 13.12.2006 vgl. 1. Auflage Form. A. 1 Rn. 100ff.).

15 In einem vom BGH entschiedenen Fall hatte ein Steuerberater die Auswirkungen einer Verschmelzung auf Verlustvorträge nach dem damals geltenden Recht falsch beurteilt und wurde zur Haftung herangezogen (BGH v. 5.12.1996, IX ZR 61/96, AG 1997, 229). Der Fall zeigt, dass die Ziele und Auswirkungen einer Verschmelzung sorgfältig zu prüfen und im Auge zu behalten sind.

IV. Zivil-, Handels- und Gesellschaftsrecht

Die Verschmelzung ist diejenige Form einer Umwandlung, bei der im Wege der Gesamtrechtsnachfolge das Vermögen des übertragenden Rechtsträgers als Ganzes *uno actu* unter Auflösung ohne Abwicklung des übertragenden Rechtsträgers auf den übernehmenden Rechtsträger übergeht. Der übernehmende Rechtsträger kann bereits bestehen (Verschmelzung durch Aufnahme) oder neu gegründet werden (Verschmelzung durch Neugründung). Da der übertragende Rechtsträger erlischt und die Anteile daran untergehen, erhalten in der Regel die Anteilsinhaber des übertragenden Rechtsträgers Anteile oder Mitgliedschaften am übernehmenden oder neuen Rechtsträger. In dem, diesem Formular zugrunde liegenden Fall der Verschmelzung der 100%igen Tochter-GmbH auf die Mutter-GmbH ist die Gewährung von Anteilen jedoch gesetzlich ausgeschlossen (§ 54 Abs. 1 Satz 1 Nr. 1 UmwG, → Rn. 32). In anderen Fällen darf die übernehmende Gesellschaft aber von der Gewährung von Geschäftsanteilen absehen, wenn alle Anteilsinhaber des übertragenden Rechtsträgers darauf verzichten und dies notariell beurkundet wurde (§ 54 Abs. 1 Satz 3 UmwG, vgl. hierzu die kritische Stellungnahme von *Mayer/Weiler* DB 2007, 1235, 1238). 16

1. Verschmelzungsvertrag

Das Erfordernis eines Verschmelzungsvertrages folgt aus § 4 Abs. 1 Satz 1 UmwG. 17
Danach schließen die Vertretungsorgane der an der Verschmelzung beteiligten Rechtsträger einen Verschmelzungsvertrag. Der **Mindestinhalt** des Verschmelzungsvertrages richtet sich bei Verschmelzung zweier GmbHs nach § 5 Abs. 1 Nr. 1 bis 9, § 46 UmwG. Darüber hinaus kann der Vertrag weitere Regelungen enthalten, die nicht oder nur mittelbar in Zusammenhang mit der Verschmelzung stehen. Dazu zählen zB Änderungen in der Geschäftsführung und der Firma sowie Regelungen über die Kostentragung und Kündigungsrechte.

Nicht selten erfolgt der Abschluss des Verschmelzungsvertrages unter bestimmten 18
– aufschiebenden oder auflösenden – Bedingungen. Ein Verschmelzungsvertrag kann beispielsweise unter die aufschiebende Bedingung gestellt werden, dass das Konzernverhältnis hergestellt wird, sei es durch Einzelübertragung von restlichen Anteilen bis zur Beschlussfassung, sei es bei einer **Kettenumwandlung,** zB durch Ausgliederung von Anteilen nach dem UmwG. Im ersten Fall muss die Bedingung bis zur Beschlussfassung eingetreten sein. Im zweiten Fall ist eine Beschlussfassung bereits möglich, wobei hier eine klarstellende Formulierung in einer Präambel erforderlich ist (vgl. *MünchHdb/D. Mayer/Weiler GesR III* § 73 Rn. 191 ff.). Dabei handelt es sich um eine sog. Registerbedingung, die erst nach Anmeldung eintritt und bei der dennoch eine Verschmelzung zum gewünschten Stichtag erfolgt, wenn die Anmeldung innerhalb der Acht-Monatsfrist erfolgt.

Ebenfalls mit einer sog. Registerbedingung wird bei einer **Kettenverschmelzung** 19
gearbeitet. Wird beispielsweise die Tochtergesellschaft zunächst auf die Muttergesellschaft verschmolzen und diese zum selben Verschmelzungsstichtag auf die Großmuttergesellschaft, wird die zweite Verschmelzung unter die aufschiebende Bedingung der Eintragung der ersten Verschmelzung in das Handelsregister gestellt (dazu → Form. A. 10).

Der Verschmelzungsvertrag ist jeweils von den **Geschäftsführern** in vertretungsbe- 20
rechtigter Anzahl zu unterzeichnen. Die alleinige Vertretung durch Prokuristen genügt nicht, da der Abschluss eines Verschmelzungsvertrages nicht in den Kompetenzbereich der Prokura nach § 49 Abs. 1 HGB fällt (vgl. SHS/*Stratz* UmwG § 4 Rn. 14). Im Fall der **unechten Gesamtvertretung** kann aber der Geschäftsführer mit einem Prokuristen handeln (vgl. SHS/*Stratz* aaO). **§ 181 BGB** ist insbesondere in Konzernkonstella-

tionen zu beachten bzw. erfordert eine entsprechende **Befreiung.** Aus der Satzung können sich Mitwirkungserfordernisse ohne Außenwirkung weiterer Organe ergeben wie die Zustimmung eines Beirats. In § 13 Abs. 1 UmwG ist der **Beschluss der Gesellschafterversammlung** als **Wirksamkeitserfordernis** statuiert (vgl. BH/*Zöllner/Noack* GmbHG § 46 Rn. 75).

21 Nach § 6 UmwG muss der **Verschmelzungsvertrag notariell beurkundet** werden. Nach überwiegender Ansicht reicht die Beurkundung vor einem ausländischen Notar nicht aus (statt vieler Rowedder/*Schnorbus* GmbHG § 53 Rn. 59 mwN; zu österr. Notar AG Kiel v. 17.3.1997, 4 GnR 433, MittBayNot 1997, 116; **beachte aber:** nach zwei jüngeren Entscheidungen des Kammergerichts zu Auslandsverschmelzungen können solche auch zulässig und wirksam sein: zu Schweizer Notar mit Sitz im Kanton Bern: KG v. 24.1.2018, 22 W 25/16, NJW 2018, 1828; zu Schweizer Notar mit Sitz im Kanton Basel-Stadt: KG v. 26.7.2018, 22 W 2/18, DStR 2018, 2533 (m. Anm. *Heinze*); kritisch hierzu ausführlich *Stelmaszczyk* RNotZ 2019, 177; iE vgl. → Form. B.1 Rn. 333 ff.). Die Auslandsbeurkundung hat aufgrund der Geschäftswertbegrenzung in § 107 Abs. 1 GNotKG auf 10 Mio. EUR an praktischer Relevanz eingebüßt. Der Mangel der notariellen Beurkundung des Verschmelzungsvertrages und gegebenenfalls erforderlicher Zustimmungs- oder Vertretungserklärungen einzelner Anteilsinhaber wird mit der Eintragung der Verschmelzung in das Register des Sitzes des übernehmenden Rechtsträgers nach § 20 Abs. 1 Nr. 4 UmwG geheilt. **Nicht beurkundungsbedürftig** ist eine **Spezial- oder Generalvollmacht,** die zum Abschluss des Verschmelzungsvertrages berechtigt (vgl. SHS/*Stratz* UmwG § 4 Rn. 15).

22–24 *einstweilen frei*

a) Verschmelzungsfähige Rechtsträger

25 Nach § 3 Abs. 1 Nr. 2 UmwG können an Verschmelzungen als übertragende, übernehmende oder neue Rechtsträger Kapitalgesellschaften (Gesellschaften mit beschränkter Haftung, Aktiengesellschaften, Kommanditgesellschaften auf Aktien) beteiligt sein.

26 Nach § 3 Abs. 4 UmwG kann die Verschmelzung sowohl unter gleichzeitiger Beteiligung von Rechtsträgern derselben Rechtsform als auch von Rechtsträgern unterschiedlicher Rechtsform erfolgen, soweit nicht etwas anderes bestimmt ist.

27 Das Gesetz geht davon aus, dass Verschmelzungen grundsätzlich nur zwischen **bereits bestehenden** Rechtsträgern erfolgen können. Daher kann eine **GmbH im Gründungsstadium** nicht verschmolzen werden. Gleichwohl ist es möglich, den Verschmelzungsvertrag bereits zu schließen und die Zustimmungsbeschlüsse zu fassen, allerdings jeweils aufschiebend bedingt durch die Eintragung der GmbH in das Handelsregister am Sitz der Gesellschaft (Kallmeyer/*Marsch-Barner* UmwG § 3 Rn. 10; SHS/*Stratz* UmwG § 3 Rn. 23).

28 Als Ausnahme hierzu können nach § 3 Abs. 3 UmwG an der Verschmelzung als übertragende Rechtsträger auch **aufgelöste Rechtsträger** beteiligt sein, wenn die Fortsetzung dieser Rechtsträger beschlossen werden könnte. Die Fortsetzung einer aufgelösten GmbH ist möglich, sofern mit der Verteilung des Gesellschaftsvermögens noch nicht begonnen wurde, ein Überschuldungsstatus ergibt, dass das Gesellschaftsvermögen mindestens die Schulden der Gesellschaft deckt, und die Gesellschaft noch nicht durch Beendigung erloschen ist. Für die Fortsetzung ist ein Fortsetzungsbeschluss der Gesellschafter mit der für den Auflösungsbeschluss nach § 60 Abs. 1 Nr. 2 GmbHG erforderlichen Dreiviertel-Mehrheit notwendig, sofern nicht gesellschaftsvertraglich eine höhere Mehrheit vorgesehen ist, vgl. § 274 Abs. 1 Satz 2 und 3 AktG. In Ausnahmefällen ist die Fortsetzung allerdings unzulässig (vgl. hierzu BH/*Haas,* GmbHG § 60 Rn. 91 ff.).

29, 30 *einstweilen frei*

b) Vertragsgegenstand

Der Vertragsgegenstand einer Verschmelzung folgt aus § 2 iVm. § 1 Abs. 1 Nr. 1 UmwG. Danach können Rechtsträger mit Sitz im Inland unter Auflösung ohne Abwicklung im Wege der **Aufnahme** durch Übertragung des Vermögens eines oder mehrerer Rechtsträger (übertragende Rechtsträger) als Ganzes auf einen anderen bestehenden Rechtsträger (übernehmender Rechtsträger) gegen Gewährung von Anteilen oder Mitgliedschaften des übernehmenden Rechtsträgers an die Anteilsinhaber der übertragenden Rechtsträger verschmolzen werden. Das Erlöschen des übertragenden Rechtsträgers nach Abschluss des Verschmelzungsvorgangs folgt aus § 20 Abs. 1 Nr. 2 UmwG. § 2 UmwG stellt klar, dass dazu eine Abwicklung nicht erfolgt. **31**

Da die Anteilsinhaber des übertragenden Rechtsträgers idR am übernehmenden Rechtsträger als **Gegenleistung** beteiligt werden müssen, erfolgt beim übernehmenden Rechtsträger idR eine Kapitalerhöhung. Dies ist nach § 54 Abs. 1 Satz 1 Nr. 1 UmwG im vorliegenden Fall ausgeschlossen, da der übernehmende Rechtsträger alleiniger Gesellschafter des übertragenden Rechtsträgers ist. Denn die M-GmbH hält alle Geschäftsanteile an der T-GmbH. **32**

Im Rahmen der Anteilsgewährung stellt sich auch die Frage der Verschmelzung unter der Beteiligung **überschuldeter Rechtsträger,** die im Gesetz nicht geregelt ist. **33**

Ausgeschlossen ist die **Verschmelzung eines wirtschaftlich überschuldeten Rechtsträgers auf einen wirtschaftlich „gesunden" Rechtsträger,** wenn der Verschmelzungsvorgang mit einer Kapitalerhöhung verbunden ist. Grund hierfür ist die Einhaltung der Vorschriften über die Kapitalaufbringung beim übernehmenden Rechtsträger. Danach muss das Vermögen, das auf die übernehmende Gesellschaft übertragen wird, mindestens den Nominalbetrag der Kapitalerhöhung bei der übernehmenden Gesellschaft erreichen. Im Falle der rechnerischen Überschuldung des übertragenden Rechtsträgers ist diese Deckung des Nominalbetrags der Kapitalerhöhung nicht gegeben. Eine Kapitalerhöhung beim übernehmenden Rechtsträger wäre unzulässig, da ein Verstoß gegen das Verbot der sog. Unterpari-Emission vorläge (vgl. SHS/*Stratz* UmwG § 55 Rn. 20 ff.). **34**

Rechtlich zulässig ist grundsätzlich die **Verschmelzung einer überschuldeten 100%igen Tochter-GmbH auf die „gesunde" Mutter-GmbH,** da nach § 54 Abs. 1 Satz 1 Nr. 1 UmwG eine Kapitalerhöhung bei der übernehmenden Gesellschaft ausgeschlossen ist. § 54 Abs. 1 Satz 1 Nr. 1 UmwG nimmt damit nur das Ergebnis vorweg, welches auch ohne diese Vorschrift entstünde: Die ausgegebenen Anteile würden durch Konfusion erlöschen, da anteilsgewährende und anteilserhaltende Gesellschaft die Mutter-GmbH ist. Allerdings muss bis zum Zeitpunkt des Wirksamwerdens der Verschmelzung der übernehmende Rechtsträger alle Anteile an dem übertragenden Rechtsträger innehaben (vgl. zum Ganzen auch MünchHdb/D. *Mayer/Weiler,* GesR III § 73 Rn. 71 ff.) **35**

Der umgekehrte Weg, eine **Verschmelzung der „gesunden" auf die überschuldete GmbH,** ist jedenfalls rechtlich zulässig. Allerdings müssen in der Regel vertragliche Ausgleichsregelungen dafür gefunden werden, dass der Wert der Anteile an der überschuldeten GmbH durch die Übertragung des Vermögens der „gesunden" GmbH ohne Gegenleistung steigt. **36**

einstweilen frei **37, 38**

c) Verschmelzungsstichtag

Nach § 5 Abs. 1 Nr. 6 UmwG muss der Verschmelzungsvertrag den Zeitpunkt enthalten, von dem an die Handlungen des übertragenden Rechtsträgers als für Rechnung des übernehmenden Rechtsträgers vorgenommen gelten **(Verschmelzungsstichtag).** Das Gesetz enthält keine weiteren Regelungen zum Verschmelzungsstichtag. Seine Funktion indessen ist vielfältig: Ab dem Verschmelzungsstichtag führt der übertragende Rechtsträger die Geschäfte für Rechnung des übernehmenden Rechtsträgers fort und muss bis zur Eintragung der Verschmelzung in das Handelsregister weiterhin seinen gesetzlichen und nicht dispositiven Pflichten zur Buchführung und zur Aufstellung des Jahresabschlusses nachkommen. **39**

Durch die Festlegung des Verschmelzungsstichtags wird auch der Stichtag der Schlussbilanz des § 17 Abs. 2 UmwG definiert. Denn der **Stichtag der Schlussbi-** **40**

lanz geht **zwingend** dem im Verschmelzungsvertrag vereinbarten Verschmelzungsstichtag **unmittelbar voran** (vgl. statt vieler SHS/*Hörtnagl* UmwG § 17 Rn. 37; teilweise aA WM/*Widmann* UmwG § 24 Rn. 64f.: in der Praxis der Regelfall, aber – ohne Nennung einer Begründung – nicht zwingend).

41 **Mittelbar** wirkt sich die Festlegung des Verschmelzungsstichtags auf den **steuerlichen Übertragungsstichtag** iSv. § 2 Abs. 1 Satz 1 UmwStG dadurch aus, dass der steuerliche Übertragungsstichtag **im Ablauf des Stichtags der Bilanz** besteht, die dem Vermögensübergang zugrunde liegt.

42 Die hM in der Literatur vertritt die Auffassung, dass das Gesetz die Festlegung eines **Verschmelzungsstichtags** innerhalb eines Kalendertages nicht verbietet (vgl. SHS/*Hörtnagl* UmwStG § 2 Rn. 24; SHS/*Stratz* UmwG § 5 Rn. 73ff.). Dafür spricht schon der Wortlaut des § 5 Abs. 1 Nr. 6 UmwG („Zeitpunkt"). Die FinVerw. ist der Auffassung, dass der handelsrechtliche Verschmelzungsstichtag nicht identisch mit dem steuerlichen Übertragungsstichtag gemäß § 2 Abs. 1 Satz 1 UmwStG sei und der übertragende Rechtsträger auf den **Schluss des Tages,** der dem handelsrechtlichen Verschmelzungsstichtag vorangeht, eine **Schlussbilanz** aufzustellen hat (vgl. UmwSt-Erl. 2011, BMF v. 11.11.2011, BStBl. I 2011, 1314, Tz. 02.02); der **steuerliche Übertragungsstichtag** sei der Tag, auf den der übertragende Rechtsträger die Schlussbilanz aufzustellen habe, während handelsrechtlicher Verschmelzungsstichtag erst der folgende Tag sein könne. Die Wahl eines anderen steuerlichen Übertragungsstichtags sei nicht möglich (UmwSt-Erl. 1998, BMF v. 25.3.1998, BStBl. I 1998, 268, Tz. 02.03). Aus diesem Grund ist es in der Praxis empfehlenswert, den Verschmelzungsstichtag auf den Beginn eines Tages zu legen, so dass entsprechend der Auffassung der FinVerw. die Schlussbilanz auf den davor liegenden Tag aufgestellt werden kann.

43 Ferner kann der Verschmelzungsstichtag nicht länger als **acht Monate vor der Anmeldung zu den Handelsregistern** liegen (arg. e § 17 Abs. 2 Satz 4 UmwG). Eine weitere Einschränkung der freien Bestimmbarkeit des Verschmelzungsstichtags ergibt sich in der Praxis daraus, dass aus **Kostengründen** als Schlussbilanz oft die Bilanz aus dem **Jahresabschluss** des übertragenden Rechtsträgers verwendet wird.

44 **Unabhängig** ist der Verschmelzungsstichtag jedoch vom **Zeitpunkt der Eintragung** der Verschmelzung in das Register des Sitzes des übernehmenden Rechtsträgers, in dem das Vermögen des übertragenden Rechtsträgers einschließlich der Verbindlichkeiten auf den übernehmenden Rechtsträger übergeht (§ 20 Abs. 1 Nr. 1 UmwG).

2. Verschmelzungsbeschluss

45 Nach § 13 Abs. 1 Satz 1 UmwG wird der Verschmelzungsvertrag nur wirksam, wenn ihm die Anteilsinhaber der beteiligten Rechtsträger durch Beschluss (Verschmelzungsbeschluss) zustimmen. Nach § 13 Abs. 1 Satz 2 UmwG kann der Beschluss nur in einer **Versammlung** der Anteilsinhaber gefasst werden. Umlaufbeschlüsse sind folglich unzulässig. Zur Einberufung der Gesellschafterversammlung enthält der allgemeine Teil des Verschmelzungsrechts keine Regelungen. Die Einberufungsform- und -fristvorschriften sind somit dem Gesellschaftsvertrag bzw. dem Gesellschaftsrecht zu entnehmen. Für die GmbH haben die Geschäftsführer in der Einberufung der Gesellschafterversammlung, die gemäß § 13 Abs. 1 UmwG über die Zustimmung zum Verschmelzungsvertrag beschließen soll, nach § 49 Abs. 1 UmwG die Verschmelzung als **Gegenstand der Beschlussfassung anzukündigen.** Dahinter steht auch die Pflicht, in der Einberufung (und nicht in separaten Schreiben) über die Grundzüge der Verschmelzung zu informieren. In der Regel wird der Entwurf des Verschmelzungsvertrages als Anhang zum entspr. Tagesordnungspunkt abgedruckt, weil damit gleichzeitig die Pflicht aus § 47 UmwG erfüllt wird (aA WM/*Mayer* UmwG § 49 Rn. 6:

Vertrag muss grds. nicht beigelegt werden). Vielfach sind weitere Tagesordnungspunkte wie Verzichtserklärungen, Firmenänderung, Geschäftsführerbestellung etc. zu ergänzen.

Spätestens zusammen mit der Einberufung der Gesellschafterversammlung, die gemäß § 13 Abs. 1 UmwG über die Zustimmung beschließen soll, sind nach **§ 47 UmwG** der Verschmelzungsvertrag oder sein Entwurf und der Verschmelzungsbericht den Gesellschaftern zu übersenden. Nach § 48 UmwG können die Gesellschafter dann binnen einer Woche die Prüfung des Verschmelzungsvertrages oder dessen Entwurfs verlangen. Von der Einberufung an sind nach **§ 49 Abs. 2 UmwG** in dem Geschäftsraum der Gesellschaft die Jahresabschlüsse und die Lageberichte der an der Verschmelzung beteiligten Rechtsträger für die letzten drei Geschäftsjahre zur Einsicht durch die Gesellschafter auszulegen. Wird gegen diese Informationspflichten verstoßen, kann dies die Anfechtbarkeit des Verschmelzungsbeschlusses begründen. 46

Auf die Übersendung des Verschmelzungsvertrages oder seines Entwurfs und des Verschmelzungsberichts nach § 47 UmwG kann durch eine entspr. Erklärung aller Anteilseigner **verzichtet** werden. Gleiches gilt für die Auslegung der Jahresabschlüsse und der Lageberichte nach § 49 Abs. 2 UmwG (vgl. WM/*Mayer* UmwG § 49 Rn. 20). Sofern *Mayer* den Verzicht auf §§ 47, 49 Abs. 2 UmwG bereits von einem allgemeinen Verzicht auf alle gesetzlichen Formvorschriften und Fristen im Rahmen einer Vollversammlung erfasst sieht, ist eine grds. erforderliche Differenzierung zwischen Form- und Fristvorschriften im Zusammenhang mit der Einberufung, Einladung und Durchführung einer Gesellschafterversammlung einerseits und von (formellen) Informationspflichten im Rahmen eines Verschmelzungsvorgangs andererseits nicht eingehalten. Gleichwohl ist der Ansicht von *Mayer* aufgrund der Tatsache, dass sich der Verzichtswille der Anteilsinhaber im Zweifel auch auf die Formalien des UmwG bezieht, und aufgrund der größeren Praxistauglichkeit zuzustimmen. Ein ausdrücklicher Bezug wie vorliegend auf §§ 47, 49 UmwG ist empfehlenswert. 47

Nach § 50 Abs. 1 Satz 1 UmwG bedarf der Verschmelzungsbeschluss einer **Mehrheit von mindestens drei Vierteln der abgegebenen Stimmen.** Nach § 50 Abs. 1 Satz 2 UmwG kann der Gesellschaftsvertrag eine größere Mehrheit und weitere Erfordernisse bestimmen. Eine solche Bestimmung des Gesellschaftsvertrags muss den Fall der Verschmelzung oder Umwandlung nicht notwendigerweise ausdrücklich einschließen. Statuiert eine Bestimmung des Gesellschaftsvertrags eine größere Mehrheit bzw. weitere Erfordernisse für den Fall der Änderung des Gesellschaftsvertrags, ist diese Bestimmung auch für den Fall der Verschmelzung bzw. Umwandlung einschlägig. Denn die Auswirkungen einer Verschmelzung sind mit denen einer Änderung des Gesellschaftsvertrags vergleichbar (vgl. SHS/*Stratz* UmwG § 50 Rn. 7; SBB/*Sagasser/Luke* § 9 Rn. 285). 48

Weitere Zustimmungserfordernisse müssen im Rahmen der § 13 Abs. 2, § 50 Abs. 2, § 51 UmwG beachtet werden.

In der Praxis wird nicht lediglich der **Anfechtungsverzicht,** sondern auch der **Verzicht auf die Klage gegen die Wirksamkeit** nach § 14 UmwG im Zustimmungsbeschluss mitbeurkundet. Dies beschleunigt das Verfahren, weil die einmonatige Anfechtungs- bzw. Klagefrist vor der Anmeldung zum Handelsregister nicht abgewartet werden muss (→ Rn. 7). Würde dagegen nur auf die „Anfechtung" verzichtet, wäre gleichwohl noch eine Feststellungsklage auf Nichtigkeit möglich und damit die Wartefrist gerade nicht verkürzt. 49

Der Geschäftsführer kann in diesem Fall die Erklärung gemäß § 16 Abs. 2 UmwG abgeben, dass die Zustimmungsbeschlüsse nicht angefochten worden sind bzw. gegen diese keine Klage erhoben worden ist.

Nach § 13 Abs. 3 Satz 1 UmwG müssen der Verschmelzungsbeschluss und die nach dem UmwG erforderlichen Zustimmungserklärungen einzelner Anteilsinhaber einschließlich der erforderlichen Zustimmungserklärungen nicht erschienener Anteilsinhaber **notariell beurkundet** werden. Nach § 13 Abs. 3 Satz 2 UmwG ist der Vertrag oder sein Entwurf dem Beschluss als **Anlage** beizufügen. Nach § 13 Abs. 3 Satz 3 UmwG hat auf Verlangen der Rechtsträger jedem Anteilsinhaber auf dessen Kosten unverzüglich eine Abschrift des Vertrags oder seines Entwurfs und der Niederschrift des Beschlusses zu erteilen.

50–52 *einstweilen frei*

3. Handelsregisteranmeldung der Verschmelzung

53 Nach § 16 Abs. 1 UmwG haben die Vertretungsorgane jedes der an der Verschmelzung beteiligten Rechtsträgers die Verschmelzung zur Eintragung in das Register des Sitzes des Rechtsträgers anzumelden. § 16 Abs. 1 Satz 2 UmwG berechtigt das Vertretungsorgan des **übernehmenden** Rechtsträgers, die Verschmelzung auch zur Eintragung in das Register des Sitzes des **übertragenden** Rechtsträgers anzumelden. Die Reihenfolge der Anmeldungen ist nicht vorgeschrieben. Lediglich die **Eintragung** erfolgt in der gesetzlich vorgeschriebenen Reihenfolge nach § 19 Abs. 1 UmwG (erst Eintragung in das Handelsregister des übertragenden Rechtsträgers). Inhalt der Anmeldung ist zunächst die Verschmelzung an sich, also die Übernahme des Vermögens des übertragenden Rechtsträgers als Ganzes durch den übernehmenden Rechtsträger. Ferner haben nach § 16 Abs. 2 UmwG die Vertretungsorgane bei der Anmeldung zu **erklären,** dass eine Klage gegen die Wirksamkeit eines Verschmelzungsbeschlusses nicht oder nicht fristgerecht erhoben oder eine solche Klage rechtskräftig abgewiesen oder zurückgenommen worden ist. Liegt diese Erklärung nicht vor, so darf die Verschmelzung nicht eingetragen werden, es sei denn, dass die klageberechtigten Anteilsinhaber durch notariell beurkundete Verzichtserklärungen auf die Klage gegen die Wirksamkeit des Verschmelzungsbeschlusses verzichten, § 16 Abs. 2 Satz 2 UmwG. Erfolgt ein solcher Klageverzicht nicht, empfiehlt es sich, die Anfechtungsfrist von einem Monat bis zur Anmeldung abzuwarten, um nicht die **Registersperre** nach § 16 Abs. 2 Satz 2 UmwG auszulösen.

Nach § 16 Abs. 3 UmwG kann ein Rechtsträger, gegen dessen Verschmelzungsbeschluss Klage erhoben wurde, bei dem zuständigen Prozessgericht einen Beschluss mit der Feststellung erwirken, dass die anhängige Klage der Wirksamkeit der Eintragung nicht entgegensteht. Ein solcher Beschluss kann ergehen, wenn die Klage gegen die Wirksamkeit des Verschmelzungsbeschlusses unzulässig oder offensichtlich unbegründet ist bzw. wenn das Verschmelzungsinteresse der Gesellschaften im Vergleich zur möglichen Rechtsverletzung des Klägers vorrangig erscheint. Unbegründet ist die Klage insbesondere dann, wenn sie rechtsmissbräuchlich ist (zum Ganzen: *WM/Fronhöfer* UmwG § 16 Rn. 138ff.). Ein solcher Beschluss soll durch das Gericht innerhalb von drei Monaten nach Antragstellung erfolgen (§ 16 Abs. 3 Satz 4 UmwG). Ergänzend haben bei der Beteiligung einer GmbH nach § 52 Satz 1 UmwG die Vertretungsorgane der an der Verschmelzung beteiligten Rechtsträger im Falle des § 51 Abs. 1 UmwG auch zu erklären, dass dem Verschmelzungsbeschluss jedes übertragenden Rechtsträgers alle bei der Beschlussfassung anwesenden Anteilsinhaber dieses Rechtsträgers und auch die nicht erschienenen Gesellschafter dieser Gesellschaft zugestimmt haben.

54 Der Anmeldung der Verschmelzung zweier GmbHs sind die folgenden, in § 17 und § 52 UmwG genannten Anlagen – soweit einschlägig – beizufügen:
- der Verschmelzungsvertrag,
- die Niederschriften der Verschmelzungsbeschlüsse,
- die nach dem UmwG erforderlichen Zustimmungserklärungen einzelner Anteilsinhaber einschließlich der Zustimmungserklärungen nicht erschienener Anteilsinhaber,
- der Verschmelzungsbericht bzw. die Verzichtserklärung nach § 8 Abs. 3 UmwG,
- der Prüfungsbericht bzw. die Verzichtserklärung nach § 8 Abs. 3, § 9 Abs. 3 UmwG,

– ein Nachweis über die rechtzeitige Zuleitung des Verschmelzungsvertrages oder seines Entwurfs an den zuständigen Betriebsrat bzw. dessen Verzicht auf die Einhaltung der Monatsfrist des § 5 Abs. 3 UmwG,
– die Genehmigungsurkunde, wenn die Verschmelzung einer staatlichen Genehmigung bedarf,
– die Schlussbilanz des übertragenden Rechtsträgers bei der Anmeldung zum Register des übertragenden Rechtsträgers.

Alle diese Anlagen können **nachgereicht** werden, soweit vor dem Ablauf der Acht-Monats-Frist des § 17 Abs. 2 Satz 4 UmwG die Beschlüsse wirksam gefasst, der Verschmelzungsvertrag wirksam geschlossen und die Schlussbilanz aufgestellt wurden (vgl. Kallmeyer/*Lanfermann* UmwG § 17 Rn. 8). Erst auf erfolgloses Anfordern unter Fristsetzung durch den Registerrichter kann die Anmeldung als unzulässig zurückgewiesen werden. **55**

Nach § 12 Abs. 1 HGB bedarf die Anmeldung der elektronischen **öffentlich beglaubigten Form.** Der Notar ist verpflichtet, das regelmäßig in Schriftform gehaltene Ausgangsdokument in ein elektronisches Format umzuwandeln, einen Beglaubigungsvermerk hinzuzufügen und mit seiner elektronischen Signatur nach dem Signaturgesetz (ein einfaches elektronisches Zeugnis iSd. § 39a BeurkG genügt) zu versehen (zum Ganzen: *Liebscher/Scharff* NJW 2006, 3745, 3747; *Jeep/Wiedemann* NJW 2007, 2439). **56**

Nach § 12 Abs. 2 Satz 1 HGB sind für das Handelsregister relevante Dokumente ebenfalls in elektronischer Form einzureichen. Die „elektronische Form" muss eine Ablage der Aufzeichnung im Registergericht in unveränderter Form ermöglichen (§ 47 Abs. 1 Satz 2 HRV), so dass sich praktisch eine „elektronische Fotokopie" durch eine Übertragung im PDF- oder TIF-Format empfiehlt (*Sikora/Schwab* MittBayNot 2007, 1).

einstweilen frei **57, 58**

4. Eintragung und Bekanntmachung der Verschmelzung

Die **Eintragung** und die Bekanntmachung der Verschmelzung erfolgen nach § 19 UmwG. Grundsätzlich darf die Verschmelzung in das Register des Sitzes des übernehmenden Rechtsträgers erst eingetragen werden, nachdem sie im Register des Sitzes des übertragenden Rechtsträgers eingetragen worden ist. Zuständig ist für die Eintragung bei einer Kapitalgesellschaft der Richter gemäß § 17 Nr. 1 Buchst. c RPflG. Der Prüfungsumfang des Richters umfasst die Einhaltung der Formalien der Anmeldung, der gesetzlichen Mindestanforderungen an den Verschmelzungsvertrag und der gesetzlichen Anforderungen an die Verschmelzungsbeschlüsse. **59**

Aufgrund der Ergänzung von § 19 Abs. 1 Satz 2 UmwG durch das Zweite Gesetz zur Änderung des UmwG v. 19.4.2007 (BGBl. I 2007, 542) um einen letzten Halbsatz („... sofern die Eintragungen in den Registern aller beteiligten Rechtsträger nicht am selben Tag erfolgen") können sich Registergerichte abstimmen und taggleiche Eintragungen der Verschmelzungen vornehmen (vgl. SHS/*Stratz* UmwG § 19 Rn. 6; WM/*Fronhöfer* UmwG § 19 Rn. 46). **60**

Die **Bekanntmachung** ist für die Wirkung der Eintragung unerheblich. **61**

einstweilen frei **62**

5. Rechtsfolgen und weitere gesetzliche Regelungen

Die **Rechtsfolgen der Eintragung** ergeben sich aus § 20 UmwG. Nach § 20 Abs. 1 Nr. 1 UmwG geht im Zeitpunkt der Eintragung der Verschmelzung in das Register des Sitzes des übernehmenden Rechtsträgers das Vermögen des übertragenden Rechtsträgers einschließlich der Verbindlichkeiten auf den übernehmenden Rechtsträger über. Nach § 20 Abs. 1 Nr. 2 UmwG erlischt der übertragende Rechtsträger. **63**

Einer besonderen Löschung bedarf es nicht. Nach § 20 Abs. 1 Nr. 3 UmwG werden die Anteilsinhaber des übertragenden Rechtsträgers Anteilsinhaber des übernehmenden Rechtsträgers. Nach § 20 Abs. 1 Nr. 4 UmwG wird der Mangel der notariellen Beurkundung des Verschmelzungsvertrages und ggf. erforderlicher Zustimmungs- oder Verzichtserklärungen einzelner Anteilsinhaber geheilt. Nach § 20 Abs. 2 UmwG lassen Mängel der Verschmelzung die Wirkungen der Eintragung nach Abs. 1 unberührt. Damit werden nicht nur Beurkundungsmängel mit der Eintragung geheilt, sondern sämtliche im Verschmelzungsverfahren aufgetretenen Mängel (vgl. OLG Frankfurt v. 22.10.2002, 20 W 299/02, NZG 2003, 236, 237 mwN).

64 **Gegenseitige Verträge** zwischen den beteiligten Rechtsträgern einer Verschmelzung erlöschen durch **Konfusion.** § 21 UmwG regelt die Folgen einer Verschmelzung für gegenseitige Verträge der beteiligten Rechtsträger **im Verhältnis zu Dritten.** § 22 UmwG gewährt Gläubigern der beteiligten Rechtsträger die Möglichkeit, **Sicherheitsleistung** anzumelden, wenn sie glaubhaft machen, dass durch die Verschmelzung die Erfüllung ihrer Forderung gefährdet wird. Für Inhaber von Sonderrechten sieht § 23 UmwG eine Übergangsregelung vor.

65, 66 *einstweilen frei*

V. Handelsbilanzrecht

1. Schlussbilanz des übertragenden Rechtsträgers

67 Nach § 17 Abs. 2 Satz 1 UmwG ist der Anmeldung zum Handelsregister des Sitzes des übertragenden Rechtsträgers eine Bilanz des übertragenden Rechtsträgers beizufügen **(Schlussbilanz).** Nach § 17 Abs. 2 Satz 2 UmwG gelten für diese Bilanz die Vorschriften über die Jahresbilanz und deren Prüfung entsprechend. Allerdings braucht sie nach § 17 Abs. 2 Satz 3 UmwG nicht bekannt gemacht zu werden. Nach § 17 Abs. 2 Satz 4 UmwG darf das Registergericht die Verschmelzung nur eintragen, wenn die Bilanz auf einen höchstens acht Monate vor der Anmeldung liegenden Stichtag aufgestellt worden ist.

68 Die Schlussbilanz ist nach den handelsbilanziellen Vorschriften eine Bilanz iSv. §§ 242 ff. HGB. Nach dem Wortlaut von § 17 Abs. 2 Satz 1 UmwG ist allerdings lediglich die Bilanz beizufügen, nicht jedoch ein vollständiger Jahresabschluss bestehend aus Bilanz, Gewinn- und Verlustrechnung und Anhang. In der Praxis wird allerdings in der Regel der Jahresabschluss eingereicht. Denn sog. **Wahlpflichtangaben,** die wahlweise entweder in der Bilanz oder im Anhang aufgeführt werden können, müssen bei bloßer Einreichung der Bilanz in dieser gemacht oder nach Art eines Anhangs ergänzt werden (vgl. RS HFA 42 Tz. 7; SHS/*Hörtnagl* UmwG § 17 Rn. 14; Kallmeyer/*Lanfermann* UmwG § 17 Rn. 20). Aus der Verweisung auf die Vorschriften über die Jahresbilanz folgt, dass die Schlussbilanz vom jeweils zuständigen Organ aufzustellen und festzustellen ist, wie es sich aus den rechtsformspezifischen Regelungen ergibt. Entsprechend § 245 HGB ist die Schlussbilanz zu unterzeichnen. Nach § 17 Abs. 2 Satz 3 UmwG bedarf es einer Bekanntmachung der Schlussbilanz nicht. Das **Prüfungserfordernis** richtet sich ebenfalls nach den rechtsformspezifischen Regelungen und den Vorschriften für bestimmte Geschäftszweige, etwa nach § 316 Abs. 1 HGB iVm. § 267 HGB, §§ 340k, 341k HGB und nach §§ 1, 6 PublG. Der Inhalt des Prüfungsberichts richtet sich nach § 321 HGB.

69 Durch den Verweis auf die Vorschriften der Jahresbilanz gelten die allgemeinen Ansatzvorschriften der §§ 246 bis 251, 274, 330 HGB. Ferner gilt das Anschaffungskostenprinzip des § 253 HGB. Wertobergrenze sind die Anschaffungskosten oder Herstellungskosten vermindert um die zwischenzeitlichen Abschreibungen. Zuschreibungen sind nur nach den allgemeinen Vorschriften, insbesondere nach § 253 Abs. 5 HGB zulässig. Es gelten die allgemeinen Bewertungsgrundsätze des § 252 HGB. Damit ist grundsätzlich von der Fortführung der Unternehmenstätigkeit auszugehen, § 252 Abs. 1 Nr. 2 HGB. Aller-

dings ist die Aufstellung einer Schlussbilanz nach § 17 Abs. 2 UmwG ein begründeter Ausnahmefall iSv. § 252 Abs. 2 HGB, um vom Grundsatz der Bewertungsstetigkeit nach § 252 Abs. 1 Nr. 6 HGB abzuweichen (RS HFA 42 Tz. 17). Diese Grundsätze gelten gleichermaßen sowohl für den Fall, dass die Schlussbilanz mit dem Jahresabschluss des letzten Geschäftsjahres zusammenfällt, als auch für den Fall, dass die Schlussbilanz auf einen Tag innerhalb des laufenden Geschäftsjahres aufgestellt wird.

einstweilen frei **70, 71**

2. Bilanzierung beim übernehmenden Rechtsträger

Der übernehmende Rechtsträger hat keine spezielle Übernahmebilanz zu erstellen, da **72** die Übernahme der einzelnen Wirtschaftsgüter aus dem Verschmelzungsvorgang als laufender Geschäftsvorfall zu behandeln ist (vgl. SHS/*Hörtnagl* UmwG § 24 Rn. 4). Es liegt ein entgeltliches Anschaffungsgeschäft vor (vgl. SHS/*Hörtnagl* UmwG § 24 Rn. 10).

Grundsätzlich werden die übergegangenen Wirtschaftsgüter nach dem Anschaf- **73** fungswertprinzip des § 253 Abs. 1 HGB bilanziert, wobei sich die **Anschaffungskosten** durch die Gegenleistung bestimmen. Dies gilt als tauschähnlicher Vorgang auch bei der Verschmelzung einer 100%igen Tochtergesellschaft auf ihre Muttergesellschaft, obwohl es nicht zu einer Anteilsgewährung kommt (vgl. RS HFA 42 Tz. 45 ff.).

In Durchbrechung dieses Prinzips gewährt § 24 UmwG ein **Wahlrecht,** wonach in den Jahresbilanzen des übernehmenden Rechtsträgers als Anschaffungskosten im Sinne des § 253 Abs. 1 HGB auch die in der **Schlussbilanz** eines übertragenden Rechtsträgers angesetzten Werte angesetzt werden können **(Buchwertverknüpfung)** (hM, vgl. nur RS HFA 42 Tz. 34, 60 ff.; SBB/*Bula/Thees* § 10 Rn. 87 ff.: Buchwert; aA SHS/*Hörtnagl* UmwG § 24 Rn. 44: Zeitwert).

Das Wahlrecht kann nur einheitlich und durch das zur Feststellung des Jahresabschlusses berufene Organ der Gesellschaft ausgeübt werden.

Ein Umwandlungsverlust ist im Fall der Verschmelzung der 100%igen Tochter- auf **74** die Muttergesellschaft als außerordentlicher Aufwand über die Gewinn- und Verlustrechnung zu erfassen. Ein Umwandlungsgewinn ist als außerordentlicher Ertrag über die Gewinn- und Verlustrechnung zu erfassen (vgl. RS HFA 42 Tz. 32, da Verschmelzung laufender Geschäftsvorfall ist).

einstweilen frei **75–77**

VI. Ertragsteuern

Ziel des UmwStG soll die Beseitigung möglicher steuerlicher Hemmnisse von Um- **78** wandlungen sein, um eine Umstrukturierung von Unternehmen insb. ohne Aufdeckung und Versteuerung der sog. stillen Reserven zu begünstigen (vgl. BT-Drs. 12/7263 S. 1).

Um in den Anwendungsbereich des UmwStG zu fallen, müssen gem. § 1 Abs. 2 UmwStG im Fall der Verschmelzung nach den §§ 2 ff. UmwG sowohl der übertragende wie auch der übernehmende Rechtsträger nach dem Recht eines EU- oder EWR-Staates gegründet sein und sich der Ort der Geschäftsleitung beider Rechtsträger im Hoheitsgebiet dieser Staaten befinden. Vorliegend ist für die Verschmelzung einer 100%igen Tochter-GmbH auf ihre Mutter-GmbH neben den in § 1 UmwStG normierten Anwendungsvoraussetzungen und der in § 2 UmwStG geregelten steuerlichen Rückwirkung nur der dritte Teil des UmwStG (dh. §§ 11–13 UmwStG) sowie der fünfte Teil des UmwStG (§ 19 UmwStG) einschlägig.

Hinsichtlich der Ertragsteuern sind bei der Verschmelzung einer 100%-igen Tochter-Kapitalgesellschaft auf ihre Mutter-Kapitalgesellschaft (upstream merger) zwei Ebenen zu unterscheiden:
– die Besteuerung der übertragenden Gesellschaft (§ 11 UmwStG; → Rn. 83 ff.)
– die Besteuerung der übernehmenden Gesellschaft (§ 12 UmwStG; → Rn. 89 ff.)

Die Besteuerung der Gesellschafter der übertragenden Gesellschaft (§ 13 UmwStG) ist hier nicht einschlägig, da diese mit der übernehmenden Mutter-Gesellschaft zusammenfällt (→ Rn. 115).

79 Der übernehmende Rechtsträger übernimmt in seiner Steuerbilanz zwingend die Werte der steuerlichen Schlussbilanz des übertragenden Rechtsträgers (sog. **zwingende Wertverknüpfung**). In der steuerlichen Schlussbilanz muss der übertragende Rechtsträger die übergehenden Wirtschaftsgüter idR. mit dem gemeinen Wert, kann auf Antrag und unter den Voraussetzungen des § 11 Abs. 2 UmwStG (→ Rn. 84) diese aber auch mit dem Buchwert oder einem Zwischenwert, ansetzen. Die Besteuerung der stillen Reserven im Rahmen einer Verschmelzung wird durch die Wahl des Ansatzes der Buchwerte in der steuerlichen Schlussbilanz des übertragenden Rechtsträgers vermieden (zu den Voraussetzungen → Rn. 84). Der gemeine Wert bestimmt sich nach § 9 Abs. 2 BewG durch den Preis, der im gewöhnlichen Geschäftsverkehr nach der Beschaffenheit des Wirtschaftsgutes bei einer Veräußerung zu erzielen wäre. Dabei sind alle Umstände, die den Preis beeinflussen, zu berücksichtigen.

Die früher von der Finanzverwaltung vertretene und seitens der Literatur heftig kritisierte Ansicht, nach welcher in der steuerlichen Übertragungsbilanz nur die in der handelsrechtlichen Schlussbilanz zulässigen Werte angesetzt werden durften (vgl. dazu die 1. Auflage Form. A.1 Rn. 85), ist durch das UmwStG 2006 und die darin vollzogene **Aufgabe des Maßgeblichkeitsprinzips** zugunsten einer insofern autonomen Steuerbilanz (Blümich/*Klingberg* UmwStG 2006 § 11 Rn. 21 ff.; *Damas* DStZ 2007, 129, 130; *Dötsch/Pung* DB 2006, 2074, 2713) gegenstandslos geworden.

80 Nach § 2 Abs. 1 Satz 1 UmwStG sind das Einkommen und das Vermögen der übertragenden und der übernehmenden Körperschaft so zu ermitteln, als ob das Vermögen der übertragenden Körperschaft mit **Ablauf des Stichtags** der Bilanz, die dem Vermögensübergang zugrunde liegt **(steuerlicher Übertragungsstichtag),** auf die übernehmende Körperschaft übergegangen wäre. Nach § 2 Abs. 1 Satz 2 UmwStG gilt das Gleiche für die Ermittlung der Bemessungsgrundlagen bei der Gewerbesteuer. Da die **Schlussbilanz** des übertragenden Rechtsträgers gem. § 17 Abs. 2 Satz 4 UmwG auf einen Stichtag aufgestellt werden muss, der höchstens acht Monate vor dem Tag der Anmeldung der Verschmelzung zu den Registern liegt, wird der steuerliche Übertragungsstichtag maßgeblich durch den **zivilrechtlichen Umwandlungsstichtag,** der auf den Stichtag der Schlussbilanz folgt (→ Rn. 42), bestimmt. Die Rückbeziehung, die steuerlich eine gesetzliche Ausnahme darstellt, fingiert einen steuerlichen Übertragungsstichtag aus praktischen Gründen, da der Zeitpunkt der Eintragung der Verschmelzung in die Register nicht beeinflusst werden kann. Umgekehrt kann durch die Wahl des Verschmelzungsstichtags beeinflusst werden, in welchem Veranlagungszeitraum sich eine Verschmelzung steuerlich auswirkt (vgl. hierzu auch → Rn. 39 ff.).

81, 82 *einstweilen frei*

1. Gewinn der übertragenden Körperschaft

83 Grundsätzlich ist für den steuerpflichtigen Gewinn nach § 8 Abs. 1 KStG iVm. § 5 Abs. 1 Satz 1 EStG (für GewSt iVm. § 7 Satz 1 GewStG) bei der Gewinnermittlung für den Schluss des Wirtschaftsjahres das Betriebsvermögen anzusetzen, das nach den handelsrechtlichen Grundsätzen ordnungsmäßiger Buchführung auszuweisen ist. Nach § 5 Abs. 1 Satz 2 EStG sind steuerliche Wahlrechte bei der Gewinnermittlung in Übereinstimmung mit der handelsrechtlichen Jahresbilanz auszuüben. Das UmwStG eröffnet jedoch die Möglichkeit, die Werte der steuerlichen Schlussbilanz abweichend von der handelsrechtlichen Schlussbilanz zu bestimmen. Der Maßgeblichkeitsgrundsatz gilt hier nicht (→ Rn. 79).

84 Regelmäßig sind nach § 11 Abs. 1 UmwStG bei einer Verschmelzung auf eine andere Körperschaft die übergehenden Wirtschaftsgüter, einschließlich nicht entgeltlich erworbener oder selbst geschaffener immaterieller Wirtschaftsgüter, in der Schlussbilanz mit ihrem **gemeinen Wert** anzusetzen.

Nach § 11 Abs. 2 Satz 1 UmwStG können allerdings auf Antrag die übergehenden Wirtschaftsgüter auch mit dem **Buchwert** oder **einem Zwischenwert** in die Schlussbilanz aufgenommen werden, wenn:

1. sichergestellt ist, dass die in dem übergegangenen Vermögen enthaltenen stillen Reserven und die daraus erzielten Erträge später bei der übernehmenden Körperschaft der Besteuerung mit Körperschaftsteuer unterliegen, und
2. das deutsches Besteuerungsrecht hinsichtlich der Besteuerung des Gewinns aus der Veräußerung der übertragenen Wirtschaftsgüter bei der übernehmenden Körperschaft nicht ausgeschlossen oder beschränkt wird und
3. eine Gegenleistung nicht gewährt wird oder in Gesellschaftsrechten besteht (vgl. hierzu UmwSt-Erl. 2011, BMF v. 11.11.2011, BStBl. I 2011, 1314 Tz. 11.05 ff.).

Zu der Frage, in welchen Fällen eine Buchwertfortführung aufgrund des Ausschlusses oder der Einschränkung des deutschen Besteuerungsrechts nicht möglich ist, vgl. DPM/*Möhlenbrock/Pung* UmwStG § 3 Rn. 50 ff.

Der **Antrag** ist spätestens bis zur erstmaligen Einreichung der steuerlichen Schlussbilanz bei dem für die Besteuerung des übertragenden Rechtsträgers zuständigen Finanzamt zu stellen (§ 11 Abs. 3, § 3 Abs. 2 Satz 2 UmwStG; UmwSt-Erl. 2011, BMF v. 11.11.2011, BStBl. I 2011, 1314 Tz. 11.12; *Damas* DStZ 2007, 129, 130; *Schaflitzl/Widmayer* BB Special 2006 Nr. 8, 36, 40). Die Antragstellung kann nur einheitlich für sämtliche Wirtschaftsgüter der Körperschaft erfolgen (UmwSt-Erl. 2011, BMF v. 11.11.2011, BStBl. I 2011, 1314 Tz. 11.06, 03.13). Der Antrag wird spätestens konkludent durch das Einreichen der steuerlichen Schlussbilanz der übertragenden Körperschaft im Rahmen der Steuererklärung gestellt (vgl. BT-Drs. 16/2710, 37). Eine nachfolgende Änderung des Antrags im Wege einer Bilanzänderung ist nach Verwaltungs- und Rechtsprechungsauffassung nicht möglich (vgl. UmwSt-Erl. 2011, BMF v. 11.11.2011, BStBl. I 2011, 1314 Tz. 11.12, 03.01, 03.27 ff.). 85

Abweichend von den Bestimmungen des UmwStG, des § 6 Abs. 3 oder des § 6 Abs. 5 EStG sind gemäß § 50i Abs. 2 EStG Sachgesamtheiten bei Umwandlung, Einbringung, Strukturwandel und unentgeltlicher Übertragung eines Mitunternehmeranteils oder die unentgeltliche Übertragung einzelner Wirtschaftsgüter mit dem gemeinen Wert anzusetzen, wenn die Sachgesamtheit Wirtschaftsgüter oder Anteile im Sinne des § 50i Abs. 1 EStG enthält oder solche Wirtschaftsgüter oder Anteile nach § 6 Abs. 5 EStG übertragen werden; die Ansässigkeit des Stpfl. in einem DBA-Staat ist nicht Voraussetzung (vgl. BMF v. 21.12.2015, BStBl. I 2016, 7 zur Anwendung des § 50i Abs. 2 EStG; i. E. → Form. A.3 Rn. 113a ff.).

Es ist zu beachten, dass **Verlustvorträge** der übertragenden Gesellschaft durch die Verschmelzung, anders als nach altem UmwStG (vgl. die 1. Auflage Form. A. 1 Rn. 100 ff.), nach § 4 Abs. 2 Satz 2 iVm. § 12 Abs. 3 HS 2 UmwStG untergehen. Dies gilt auch für einen Zinsvortrag iSv. § 4h Abs. 1 Satz 5 EStG im Rahmen der Anwendung der sog. „Zinsschranke"; → Rn. 98 und iE → Form. A.3 Rn. 101 ff. Es empfiehlt sich daher die anteilige Realisierung in Höhe der Verlustvorträge durch den Ansatz von Zwischenwerten. Allerdings müssen dabei die Folgen der Mindestbesteuerung nach § 10d Abs. 2 EStG berücksichtigt werden. 86

Die Voraussetzungen der sog. Buchwertfortführung des § 11 Abs. 2 UmwStG liegen in dem, diesem Formular zu Grunde liegenden Fall jedenfalls dann vor, wenn die beiden beteiligten inländischen GmbHs nur über inländische Betriebsstätten verfügen und die übernehmende GmbH nicht nach einer der in § 5 KStG genannten Alternativen (in Frage kommt hier in erster Linie die Steuerbefreiung gemeinnütziger Körperschaften nach § 5 Abs. 1 Nr. 9 KStG) von der Körperschaftsteuer befreit ist. Ein Verstoß gegen die in § 11 Abs. 2 Nr. 2 UmwStG genannte Voraussetzung, dass das deutsche Besteuerungsrecht eines Gewinns aus einer späteren Veräußerung der Wirt- 87 schaftsgüter nicht ausgeschlossen oder beschränkt werden darf, könnte sich hingegen dann ergeben, wenn eine in Deutschland unbeschränkt körperschaftsteuerpflichtige GmbH auf eine Kapitalgesellschaft verschmolzen wird, deren Sitz und Ort der Geschäftsleitung sich in einem EU- oder EWR-Staat befindet und die deutsche GmbH über eine Betriebsstätte in einem Staat verfügt, mit dem Deutschland kein Doppelbesteuerungsabkommen abgeschlossen hat. In diesem Fall würde das deutsche Besteuerungsrecht hinsichtlich der Erfassung eines Gewinns aus der Veräußerung der in der ausländischen Betriebsstätte erfassten Wirtschaftsgüter zukünftig ausgeschlossen und eine Buchwertfortführung wäre insofern nicht möglich.

Auch die dritte Voraussetzung der Buchwertfortführung liegt vor, da mangels Gewährung von Anteilen gar keine Gegenleistung gewährt wird. Es ist jedoch zu beachten, dass gem. § 11 Abs. 2 Satz 1 UmwStG unbedingt ein entsprechender Antrag bei dem für den übertragenden Rechtsträger zuständigen Finanzamt spätestens mit Einreichung der steuerlichen Schlussbilanz zu stellen ist (→ Rn. 85).

88 Werden die Wirtschaftsgüter in der Schlussbilanz gem. § 11 Abs. 1 UmwStG mit dem (höheren) gemeinen Wert oder gem. § 11 Abs. 2 Satz 1 UmwStG mit einem Zwischenwert angesetzt, entsteht mit Ablauf des steuerlichen Verschmelzungsstichtags ein **Übertragungsgewinn.** Dieser unterliegt der Körperschaftsteuer nach dem KStG und der Gewerbesteuer nach § 19 Abs. 1 UmwStG. Soweit der Übertragungsgewinn aus der Aufstockung des Wertes für Anteile an anderen Kapitalgesellschaften herrührt, kann sich aus § 8b Abs. 2 und 3 KStG eine 95%-ige Steuerfreiheit ergeben (vgl. SHS/*Schmitt* UmwStG § 11 Rn. 154).

2. Gewinn der übernehmenden Körperschaft

89 Nach § 12 Abs. 1 Satz 1 UmwStG hat die übernehmende Körperschaft die auf sie übergegangenen Wirtschaftsgüter mit den in der steuerlichen Schlussbilanz der übertragenden Körperschaft enthaltenen Werten zu übernehmen (zwingende Wertverknüpfung mit der steuerlichen Schlussbilanz der übertragenden Gesellschaft; § 12 Abs. 1 Satz 1 UmwStG). Vorliegend hat die M-GmbH die in der steuerlichen Schlussbilanz der T-GmbH angesetzten Werte in ihrer Steuerbilanz fortzuführen.

a) Verschmelzungsgewinn/-verlust

90 Während der Beteiligungsansatz der T-GmbH in der Bilanz der M-GmbH entfällt, übernimmt die M-GmbH in ihrer Bilanz alle Aktiva und Passiva der T-GmbH. Ist der **Unterschiedsbetrag** zwischen dem Wert, mit dem die übergegangenen Wirtschaftsgüter zu übernehmen sind, und dem Buchwert der Anteile an der übertragenden Körperschaft **positiv,** ergibt sich ein **Übernahmegewinn;** ist der Unterschiedsbetrag **negativ,** ergibt sich ein **Übernahmeverlust.**

91 Nach § 12 Abs. 2 Satz 1 UmwStG bleibt bei der Ermittlung des Gewinns der übernehmenden Körperschaft ein Gewinn oder ein Verlust in Höhe dieses Unterschiedsbetrags außer Ansatz. Daraus folgt, dass ein **Übernahmegewinn** grundsätzlich *steuerfrei* ist (§ 12 Abs. 2 Satz 1 UmwStG); dies gilt nach § 19 Abs. 1 UmwStG auch für die **Gewerbesteuer.** Soweit die übernehmende Körperschaft aber an der übertragenden Körperschaft beteiligt war – im vorliegenden Formular also zu 100% –, gelten jedoch 5% des Übernahmegewinns als nicht abzugsfähige Betriebsausgabe (§ 8b Abs. 3 Satz 1 KStG iVm. § 12 Abs. 2 Satz 2 UmwStG), dh. im Ergebnis ist der Übernahmegewinn insoweit zu **5 % steuerpflichtig.** Jedoch ist der Wert der Anteile an der T-GmbH zur Ermittlung des Übernahmeergebnisses nach § 12 Abs. 1 Satz 2 iVm. § 4 Abs. 1 Sätze 2 und 3 UmwStG um in früheren Jahren vorgenommene, steuerlich wirksame Teilwertabschreibungen oder um eine nach § 6b EStG übertragene Rücklage ergebniswirksam zu erhöhen, allerdings nur bis maximal zum gemeinen Wert der Beteiligung (sog. **erweiterte Wertaufholung – Beteiligungskorrekturgewinn**). Auf diesen Gewinn ist § 8b Abs. 2

Sätze 4 und 5 KStG anzuwenden (vgl. § 4 Abs. 1 Satz 3 iVm. § 12 Abs. 1 Satz 2 UmwStG), so dass dieser **in vollem Umfang steuerpflichtig** ist (UmwSt-Erl. 2011, BMF v. 11.11.2011, BStBl. I 2011, 1314 Tz. 12.03, 04.06 ff.). Zur Ermittlung des steuerlichen Übertragungsgewinns im Falle der Verschmelzung der Organ(tochter)gesellschaft auf deren Organträgern (Muttergesellschaft) siehe BFH v. 26.9.2018, I R 16/16, DStR 2019, 682: u.a. keine Anwendung des pauschalen Betriebsausgaben-Abzugsverbots des § 8b Abs. 3 Satz 1 KStG (entgegen UmwSt-Erl.-2011, BMF v. 11.11.2011, BStBl. I 2011, 1314, Tz. 12.07).

Setzt die übertragende Körperschaft in ihrer steuerlichen Schlussbilanz die gemeinen **92** Werte oder Zwischenwerte an, erhöht sich dadurch der Übernahmegewinn. Insoweit bietet das Wahlrecht zum Buch- oder Zwischenwert Spielraum für eine Gestaltung des Übernahmegewinns für den übernehmenden Rechtsträger (Blümich/*Klingberg* UmwStG 2006 § 11 Rn. 23).

Entsteht durch die Verschmelzung ein **Übernahmeverlust,** bleibt dieser außer An- **93** satz (§ 12 Abs. 2 Satz 1 UmwStG – regelungsgleich zu § 8b Abs. 3 Satz 3 KStG); dies gilt nach § 19 Abs. 1 UmwStG auch für die Gewerbesteuer.
Hat die übernehmende Körperschaft Anteile an der übertragenden Körperschaft nach dem steuerlichen Übertragungsstichtag angeschafft oder findet sie den Anteilseigner ab, so ist nach § 12 Abs. 2 Satz 3 UmwStG iVm. § 5 Abs. 1 UmwStG ihr Gewinn so zu ermitteln, als hätte sie die Anteile am steuerlichen Übertragungsstichtag angeschafft.

einstweilen frei **94, 95**

b) Übernahmegewinn zweiter Stufe

Nicht nur durch einen Unterschiedsbetrag zwischen dem Buchwert der Beteiligung **96** und dem Wert, zu dem die übergegangenen Wirtschaftsgüter übernommen wurden (§ 12 Abs. 2 Satz 1 UmwStG), kann ein Übernahmegewinn entstehen. Ein **sog. Übernahmegewinn zweiter Stufe** entsteht, wenn sich Forderungen und Verbindlichkeiten zwischen übertragendem und übernehmendem Rechtsträger vereinigen und die bilanzierten Werte auf Grund des Imparitätsprinzips voneinander abweichen. Nach § 12 Abs. 4 UmwStG gilt § 6 UmwStG sinngemäß für den Teil des Gewinns aus der Vereinigung von Forderungen und Verbindlichkeiten, der der Beteiligung der übernehmenden Körperschaft am Kapital der übertragenen Körperschaft entspricht. Erhöht sich der Gewinn der übernehmenden Körperschaft dadurch, dass der Vermögensübergang zum Erlöschen von Forderungen und Verbindlichkeiten zwischen der übertragenden Körperschaft und der übernehmenden Körperschaft oder zur Auflösung von Rückstellungen führt, so darf die übernehmende Körperschaft insoweit eine den steuerlichen Gewinn mindernde Rücklage bilden. Die Rücklage ist in den auf ihre Bildung folgenden drei Wirtschaftsjahren mit mindestens je einem Drittel gewinnerhöhend aufzulösen. Damit unterliegt dieser Übernahmegewinn zweiter Stufe zwar grds. der Körperschaftsteuer und Gewerbesteuer bei der übernehmenden Gesellschaft. Sie hat allerdings die Möglichkeit, über den Weg einer gewinnmindernden Rücklage diesen Gewinn auf die folgenden drei Wirtschaftsjahre zu verteilen **(Steuerstundung).** Zu der in der Praxis bei späteren Umstrukturierungen zu berücksichtigenden **Missbrauchsklausel** des § 6 Abs. 3 UmwStG vgl. UmwSt-Erl. 2011, BMF v. 11.11.2011, BStBl. I 2011, 1314 Tz. 06.09 ff.

c) Steuerrechtliche Rechtsnachfolge

Nach § 12 Abs. 3 HS 1 UmwStG tritt die übernehmende Körperschaft in die steuerli- **97** che Rechtsstellung der übertragenden Körperschaft ein, insb. bzgl. der Bewertung der übernommenen **Wirtschaftsgüter,** der AfA und der den steuerlichen Gewinn mindernden Rücklagen. Nach § 12 Abs. 3 HS 2 iVm. § 4 Abs. 2 Satz 3 UmwStG ist der Zeitraum der Zugehörigkeit zum Betriebsvermögen der übertragenden Körperschaft der übernehmenden Körperschaft anzurechnen, wenn die Dauer der Zugehörigkeit eines Wirtschaftsguts zum Betriebsvermögen für die Besteuerung bedeutsam ist (zB § 6b EStG). Sind die übergegangenen Wirtschaftsgüter in der steuerlichen Schlussbilanz der übertragenden Körperschaft mit einem über dem Buchwert liegenden Wert angesetzt, sind nach § 12 Abs. 3 HS 2 UmwStG iVm. § 4 Abs. 3 UmwStG die **AfA** bei der übernehmenden Körperschaft in den Fällen des § 7 Abs. 4 Satz 1 und Abs. 5 EStG nach der bisherigen Bemessungsgrundlage, in allen anderen Fällen nach dem Buchwert, jeweils vermehrt um den Unterschiedsbetrag zwischen dem Buchwert der einzelnen Wirtschaftsgüter und dem Wert, mit dem die Körperschaft die Wirtschaftsgüter in der steuerlichen Schlussbilanz angesetzt hat, zu bemessen; allerdings ist die restliche Nutzungsdauer neu zu schätzen (BFH v. 29.11.2007, IV R 73/02, DStR 2008, 611).

Der Eintritt in die steuerliche Rechtsstellung galt faktisch bis 2016 auch für die ratierliche Auszahlung des **KSt-Guthabens** gem. § 37 KStG bzw. der zu zahlenden **KSt-Erhöhung** gem. § 38 KStG der übertragenden Gesellschaft.

98 Gemäß § 12 Abs. 3 iVm. § 4 Abs. 2 Satz 2 UmwStG gehen verrechenbare Verluste, verbleibende Verlustvorträge oder vom übertragenden Rechtsträger nicht ausgeglichene negative Einkünfte, ein Zinsvortrag nach § 4h Abs. 1 Satz 5 EStG und ein EBITDA-Vortrag nach § 4h Abs. 1 Satz 3 EStG nicht auf die übernehmende Körperschaft über, → Form. A.3 Rn. 101 ff.

99–111 *einstweilen frei*

d) Einlagekonto

112 Als **Grundsatz** gilt: Hinsichtlich des steuerlichen Einlagekontos iSv. § 27 Abs. 1 Satz 1, § 39 KStG gilt nach § 29 Abs. 1 KStG das Nennkapital der übertragenden Kapitalgesellschaft als in vollem Umfang nach § 28 Abs. 2 Satz 1 KStG herabgesetzt (vgl. UmwSt-Erl. 2011, BMF v. 11.11.2011, BStBl. I 2011, 1314 Tz. K.01, K.03). Danach wird zunächst der Sonderausweis iSv. § 28 Abs. 1 Satz 3 KStG zum Schluss des vorangegangenen Wirtschaftsjahres gemindert; ein übersteigender Betrag ist dem steuerlichen Einlagekonto gutzuschreiben, soweit die Einlage in das Nennkapital geleistet ist (vgl. generell zur Anwendung der §§ 27 und 28 KStG BMF v. 4.6.2003, BStBl. I 2003, 366 Tz. 37 ff. und den UmwSt-Erl. 2011, BMF v. 11.11.2011, BStBl. I 2011, 1314 Tz. K.01, K.03 ff.). Anschließend ist nach § 29 Abs. 2 Satz 1 KStG dieser Bestand des steuerlichen Einlagekontos der übertragenden Gesellschaft dem steuerlichen Einlagekonto der übernehmenden Körperschaft hinzuzurechnen. Jedoch unterbleibt eine Hinzurechnung des Bestands des steuerlichen Einlagekontos im Verhältnis des Anteils des Übernehmers an dem übertragenen Rechtsträger nach § 29 Abs. 2 Satz 2 KStG (vgl. UmwSt-Erl. 2011, BMF v. 11.11.2011, BStBl. I 2011, 1314 Tz. K. 10 mit Beispiel). Der Bestand des Einlagekontos des Übernehmers mindert sich anteilig im Verhältnis des Anteils des übertragenen Rechtsträgers am Übernehmer nach § 29 Abs. 2 Satz 3 KStG. Anschließend ist nach § 29 Abs. 4 KStG für die Anpassung des Nennkapitals der umwandlungsbeteiligten Kapitalgesellschaften § 28 Abs. 1 und 3 KStG anzuwenden.

113 **Im vorliegenden Fall:** Bei der Verschmelzung der Tochter- auf ihre Muttergesellschaft unterbleibt die Hinzurechnung des steuerlichen Einlagekontos der Tochter nach § 29 Abs. 2 Satz 2 KStG, dh. beim steuerlichen Einlagekonto der Muttergesellschaft ändert sich nichts (vgl. DPM/*Dötsch* KStG § 29 Rn. 22).

114 *einstweilen frei*

3. Besteuerung der Gesellschafter der übertragenden Körperschaft (hier = übernehmende Körperschaft)

115 In der Steuerbilanz der M-GmbH tritt an die Stelle des Anteils der Muttergesellschaft an der Tochtergesellschaft das steuerliche Betriebsvermögen der Tochtergesellschaft → Rn. 89.

116, 117 *einstweilen frei*

VII. Verkehrssteuern

1. Umsatzsteuer

118 Bei der Verschmelzung der Tochter- auf die Muttergesellschaft fällt **keine Umsatzsteuer** an, denn es liegt (nach wohl h. M.) eine nach § 1 Abs. 1a UStG nicht steuerbare Geschäftsveräußerung im Ganzen vor (→ Rn. 120; vgl. Sölch/Ringleb/*Oelmaier* UStG § 1 Rn. 196; Bunjes/*Robisch* UStG § 1 Rn. 136). Nach aA (vgl. *Stadie* UStG § 1 Rn. 138 ff.) liegt im Falle der Verschmelzung keine Geschäftsveräußerung und damit bereits kein steuerbarer Leistungsaustausch vor, da mit ihrer Wirksamkeit (Eintragung in das Handelsregister) das Vermögen der übertragenden Gesellschaft einschließlich der Verbindlichkeiten kraft gesetzlicher Anordnung und damit im Wege der Gesamtrechtsnachfolge übergeht. Unabhängig davon führt nach § 2 Abs. 2 Nr. 2 UStG in vielen Fällen schon die zwischen Mutter- und Tochtergesellschaft häufig bestehende umsatzsteuerliche Organschaft zu diesem Ergebnis (→ Rn. 122). Im Wege der Gesamtrechtsnachfolge tritt die M-GmbH jedenfalls in die umsatzsteuerrechtliche Stellung der T-GmbH ein → Rn. 134 ff.).

119 *einstweilen frei*

a) Steuerpflicht des übertragenden Rechtsträgers

120 Ein Leistungsaustausch iSd. § 1 Abs. 1a Satz 1 UStG ist **nicht steuerbar,** wenn er im Rahmen einer **Geschäftsveräußerung im Ganzen** an einen **anderen Unternehmer** für dessen **Unternehmen** ausgeführt wird. Eine Geschäftsveräußerung im Ganzen in diesem Sinne liegt nach § 1 Abs. 1a Satz 2 UStG vor, wenn ein Unternehmen oder ein in der Gliederung eines Unternehmens gesondert geführter Betrieb im Ganzen entgeltlich oder unentgeltlich übereignet oder in eine Gesellschaft eingebracht wird. Dies trifft idR bei jeder Verschmelzung zu. Ist der **übernehmende** Rechtsträger **kein Unternehmer** iSv. § 2 UStG, kann § 1 Abs. 1a UStG nicht eingreifen. Eine Vermögensübertragung auf einen Nichtunternehmer ist daher nach der Auffassung, die einen Leistungsaustausch annimmt, gemäß § 1 Abs. 1 Nr. 1 UStG steuerbar, es sei denn, dass der Nichtunternehmer mit dem bzw. durch den Erwerb erstmals unternehmerisch tätig wird.

121 Nach UStAE 1.5 Abs. 1 liegt eine **Geschäftsveräußerung im Ganzen** vor, wenn die wesentlichen Grundlagen eines Unternehmens oder eines gesondert geführten Betriebs an einen Unternehmer für dessen Unternehmen übertragen werden. Dies gilt auch dann, wenn der Erwerber mit dem Erwerb des Unternehmens oder des gesondert geführten Betriebs seine unternehmerische Tätigkeit beginnt (vgl. UStAE 2.6 Abs. 1) oder diese nach dem Erwerb in veränderter Form fortführt. Welche die wesentlichen Grundlagen sind, richtet sich nach den tatsächlichen Verhältnissen im Zeitpunkt der Übereignung (BFH v. 25.11.1965, V 173/63 U, BStBl. III 1966, 333). Ein in der Gliederung eines Unternehmens gesondert geführter Betrieb liegt nach der Rspr. dann vor, wenn dieser Betrieb vom Erwerber als selbständiges wirtschaftliches Unternehmen fortgeführt werden kann (BFH v. 19.12.2012, XI R 38/10, BStBl. II 2013. 1053). Nicht entscheidend ist, dass bereits im übertragenden Unternehmen ein (organisatorisch) selbständiger Unternehmensteil bestand. Soweit einkommensteuerrechtlich eine Teilbetriebsveräußerung angenommen wird (vgl. EStR 16 Abs. 3), kann umsatzsteuerrechtlich von der Veräußerung eines gesondert geführten Betriebs ausgegangen werden.

122 Keine USt. fällt an, wenn übertragender und übernehmender Rechtsträger eine umsatzsteuerliche **Organschaft** bilden, weil kein Unternehmerwechsel vorliegt. Es fehlt an der selbstständigen Ausübung der Tätigkeit der Organgesellschaft, so dass der Umwandlungsvorgang eine nichtsteuerbare Innenleistung darstellt. Nach § 2 Abs. 2 Nr. 2 Satz 1 UStG liegt eine umsatzsteuerliche Organschaft vor, wenn eine juristische Person nach dem Gesamtbild der tatsächlichen Verhältnisse finanziell, wirtschaftlich und organisatorisch in das Unternehmen des Organträgers eingegliedert ist. Insoweit unterscheidet sich die umsatzsteuerliche von der körperschaftsteuerlichen und gewerbesteuerlichen Organschaft.

123 Keine Geschäftsveräußerung im Ganzen stellt dagegen der **Formwechsel** dar. Der Formwechsel führt nicht zu einem Vermögensübergang; vielmehr bleibt die Identität des Rechtsträgers bestehen. Daher fehlt es bereits an einem Umsatz. Der Formwechsel ist somit stets umsatzsteuerlich unbeachtlich (vgl. Erläuterungen zu Formularen E. 1 bis E. 4, zB → Form. E.1 Rn. 33.

124 Bei der **Aufspaltung, Abspaltung** und **Ausgliederung** hingegen liegt eine Nicht-Steuerbarkeit vorbehaltlich des Eingreifens anderer Befreiungsvorschriften nur vor, wenn ein Teilbetrieb bzw. ein in der Gliederung eines Unternehmens gesondert geführter Betrieb im Ganzen übertragen wird (instruktiv BFH v. 3.12.2015, V R 36/13, DStR 2016, 236; *Bunjes* UStG § 1 Rn. 75). In der Praxis greift diese Regelung nur, wenn bereits vor der Aufspaltung bzw. Abspaltung zwei gesondert geführte Betriebe beim übertragenden Rechtsträger existierten. Mangels gesetzlicher Anordnung trifft die Teilbetriebs-Regelung nur auf den Teilbetrieb iSv. § 15 Abs. 1 Satz 2 UmwStG zu, nicht aber auf den in § 15 Abs. 1 Satz 3 UmwStG einem Teilbetrieb gleichgestellten Mitunternehmeranteil und auch nicht auf die das gesamte Nennkapital umfassende Beteiligung an einer Kapitalgesellschaft.

125 Diese Grundsätze gelten für die Einbringung, die Realteilung und den Tausch entsprechend. Die Übertragung von Vermögen im Wege der **Einbringung** ist also dann nicht umsatzsteuerbar gem. § 1 Abs. 1a UStG, wenn ein in der Gliederung eines Unternehmens gesondert geführter Betrieb im Ganzen übertragen wird (hierzu → Form. D.5 Rn. 196 f.).

126 Ebenfalls nicht steuerbar ist eine Vermögensübertragung im Wege der **Realteilung,** wenn von der Teilung nur in der Gliederung des Unternehmens gesondert geführte Betriebe gem. § 1 Abs. 1a UStG erfasst werden (hierzu → Form. C.1 Rn. 67 ff.).

127 Nach dem Wortlaut des § 1 Abs. 1a UStG ist diese Regelung auch auf den **Tausch** anzuwenden, da eine Geschäftsveräußerung unabhängig von der Qualität der Gegenleistung vorliegt. Wird also ein in der Gliederung des Unternehmens gesondert geführter Betrieb im Wege des Tausches veräußert, liegt ein nicht-steuerbarer Umsatz vor. Beim **Tausch von Anteilen** greift § 4 Nr. 8 Buchst. f UStG (hierzu → Form. D. Rn. 30 ff.).

b) Steuerpflicht des übernehmenden Rechtsträgers

128 Beim übernehmenden Rechtsträger fällt in der Regel bei Umwandlungsvorgängen keine Umsatzsteuer an. Bilden übertragender und übernehmender Rechtsträger eine umsatzsteuerliche **Organschaft,** kann eine Umsatzsteuerpflicht mangels Unternehmerwechsel nicht entstehen. Beim **Formwechsel** beruht dies darauf, dass der Rechtsträger identisch bleibt. Bei der **Verschmelzung** werden umsatzsteuerliche Leistungen iSv. § 1 Abs. 1 Nr. 1 UStG weder an den übertragenden Rechtsträger noch an dessen Gesellschafter ausgeführt. Ist der übernehmende Rechtsträger alleiniger Gesellschafter des übertragenen Rechtsträgers, wird keine umsatzsteuerliche Leistung erbracht, weil Leistungserbringer und Leistungsempfänger ein und dieselbe Person, nämlich der übernehmende Rechtsträger sind. Ist der übernehmende Rechtsträger nicht Gesellschafter des übertragenden Rechtsträgers, liegt auch keine umsatzsteuerliche Leistung vor, da die neu geschaffenen Gesellschaftsrechte originär in der Person des Gesellschafters des übertragenden Rechtsträgers entstehen. Nicht geklärt ist die Frage, ob eine Umsatzsteuerpflicht besteht, wenn der übernehmende Rechtsträger eigene Gesellschaftsanteile hält und diese den Anteilsinhabern der übertragenden Rechtsträger gewährt (vgl. *Reiß* UR 1996, 357, 371). Dies kann jedoch wegen der Steuerbefreiung des § 4 Nr. 8 Buchst. f UStG offen bleiben.

129 Diese Grundsätze gelten für die **Aufspaltung** entsprechend, weil der übertragende Rechtsträger wie bei der Verschmelzung erlischt. Bei der **Abspaltung, Ausgliederung** und **Einbringung** stellt die Gewährung von Gesellschaftsrechten einen steuerbaren, aber nach § 4 Nr. 8 Buchst. f UStG steuerbefreiten Umsatz dar.

130 Beim **Tausch** stellt sich die Frage, ob für den „Gegentausch" selbst die Ausnahmeregelung des § 1 Abs. 1a UStG vorliegt. Beim **Tausch von Anteilen** greift § 4 Nr. 8 Buchst. f UStG. Hat der übernehmende Gesellschafter die Gesellschaftsanteile im Betriebsvermögen gehalten, liegen bei der **Realteilung** keine stpfl. Umsätze des übernehmenden Gesellschafters vor, da die Aufgabe der Gesellschaftsanteile nach § 4 Nr. 8 Buchst. f UStG steuerfrei ist.

131–133 *einstweilen frei*

c) Auswirkungen

Findet in den Fällen des § 1 Abs. 1a UStG eine **(partielle) Gesamtrechtsnachfolge** statt, tritt der übernehmende Rechtsträger in die Rechtsstellung des übertragenden Rechtsträgers ein, soweit die Vermögensübertragung reicht. Die materiellrechtlichen und verfahrensrechtlichen umsatzsteuerlichen Bindungen treten unabhängig davon ein, ob § 1 Abs. 1a UStG Anwendung findet oder nicht. Erfolgt die partielle Gesamtrechtsnachfolge bei mehreren übernehmenden Rechtsträgern wie bei der **Aufspaltung,** sind diese nach §§ 44, 45 AO als Gesamtschuldner zu behandeln. 134

Erfolgt in den Fällen des § 1 Abs. 1a UStG keine (partielle) Gesamtrechtsnachfolge, greift gem. § 1 Abs. 1a Satz 3 UStG die **umsatzsteuerliche Sonderrechtsnachfolge.** Diese Vorschrift ordnet an, dass der erwerbende Unternehmer verfahrensrechtlich an die Stelle des Veräußerers tritt.

Beide Formen der Rechtsnachfolge gelten auch für den **Vorsteuerabzug:** Vom übertragenden Rechtsträger bezogene Leistungen vor Eintragung der Umwandlung ins Handelsregister berechtigen den übernehmenden Rechtsträger zum Vorsteuerabzug, wenn nach der Eintragung die Voraussetzungen des Vorsteuerabzugs nach § 15 UStG eintreten. 135

Folge der (partiellen) Gesamtrechtsnachfolge ist auch, dass der für die **Vorsteuerberichtigung** nach § 15a UStG maßgebliche Berichtigungszeitraum vom übernehmenden Rechtsträger gem. § 15a Abs. 10 UStG fortzuführen ist. Die Geschäftsveräußerung an sich löst allerdings keine Vorsteuerberichtigung aus (OFD Karlsruhe v. 28.4.2000, DStR 2000, 878, 879). Der übernehmende Rechtsträger muss einen vom übertragenden Rechtsträger zunächst vorgenommenen Vorsteuerabzug berichtigen, wenn beim übernehmenden Rechtsträger eine Änderung der Verhältnisse eintritt, die den Vorsteuerabzug ausschließt. Dies gilt insb. für die Wirtschaftsgüter des einkommensteuerrechtlichen Anlagevermögens (UStAE 15a.1 Abs. 2; WM/*Knoll* Anh. 11 Rn. 70). Ebenso ist eine Vorsteuerberichtigung auch bei Wirtschaftsgütern des Umlaufvermögens vorzunehmen, wenn die tatsächliche Verwendung des übernehmenden Rechträgers von der beabsichtigten des übertragenden Rechtsträgers abweicht (§ 15a Abs. 2 UStG). Vgl. zum Ganzen WM/*Knoll* Anh. 11 Rn. 69ff. 136

Liegt **keine Geschäftsveräußerung** iSv. § 1 Abs. 1a Satz 2 UStG vor, fällt also vorbehaltlich der anderen Ausnahmen Umsatzsteuer an, kommt es auch nicht zur umsatzsteuerrechtlichen Sonderrechtsnachfolge gem. § 1 Abs. 1a Satz 3 UStG. Da – außer bei der Aufspaltung – der übertragende Rechtsträger bestehen bleibt, gehen auf den übernehmenden Rechtsträger weder materiell-rechtliche umsatzsteuerliche Bindungen hinsichtlich der übernommenen Vermögensgegenstände über (zB auch bzgl. § 15a UStG) noch stellt sich die Frage nach einem Übergang verfahrensrechtlicher Bindungen (zB bzgl. einer Option). Allerdings steht dem übernehmenden Rechtsträger der Vorsteuerabzug unter Beachtung der normalen Regelungen zu. Hierzu hat der übertragende Rechtsträger eine entsprechende Rechnung mit offenem Steuerausweis zu erteilen. Davon zu unterscheiden ist die umsatzsteuerrechtliche Einzel- oder Sonderrechtsnachfolge bei der Abspaltung; in diesem Fall findet lediglich hinsichtlich der übertragenen Gegenstände eine Sonder- oder Einzelrechtsnachfolge des übernehmenden Rechtsträgers in das umsatzsteuerrechtliche Steuerschuldverhältnis des übertragenden Rechtsträgers statt (vgl. zum Ganzen WM/*Knoll* Anh. 11 Rn. 74ff. 137

Ist die Umwandlung zwar in Ermangelung der Voraussetzung des § 1 Abs. 1a UStG steuerbar, greifen aber die **Steuerbefreiungstatbestände** nach § 4 Nr. 8 Buchst. b, c, e, f, g und Nr. 9 Buchst. a UStG, kann es sinnvoll sein, durch eine **Option** gem. § 9 UStG auf die Steuerbefreiung zu verzichten, um Nachteile beim Vorsteuerabzug zu vermeiden, wenn der übernehmende Gesellschafter voll vorsteuerabzugsberechtigt ist. 138

Beratungsleistungen im Zusammenhang mit der Umwandlung berechtigen zum Vorsteuerabzug, auch wenn der Umwandlungsvorgang selbst nicht umsatzsteuerbar ist 139 (vgl. SBB/*Schlösser* § 11 Rn. 895). Es liegt weder ein Fall des § 15 Abs. 1a und 1b UStG noch ein Ausschluss nach § 15 Abs. 2 UStG vor, weil der Umwandlungsvorgang im Fall des § 1 Abs. 1a UStG nicht **steuerfrei,** sondern nicht **steuerbar** ist.

140 Die Rückwirkung für Ertragsteuern im Rahmen des UmwStG gilt nicht für die USt. Umsatzsteuerliche Auswirkungen ergeben sich erst ab der **Eintragung** der Umwandlung im Handelsregister. Bis dahin sind noch vom übertragenden Rechtsträger Umsatzsteuererklärungen abzugeben. Für die Zurechnung der Umsätze und Erklärung der USt. kommt es darauf an, ob der Umsatz vor oder nach der Eintragung in das Handelsregister erbracht wird. Entsprechendes gilt für den Vorsteuerabzug (vgl. *Rau/Dürrwächter* § 1 UStG Rn. 1351 ff.).

141, 142 *einstweilen frei*

2. Grunderwerbsteuer

143 Gemäß § 6a GrEStG sind Konzernumstrukturierungen von der Grunderwerbsteuer befreit, wenn an dem Umwandlungsvorgang ausschließlich entweder das herrschende Unternehmen und eine von diesem abhängige Gesellschaft oder mehrere von dem herrschenden Unternehmen abhängige Gesellschaften beteiligt sind. Der BFH hat gleichwohl mit BFH v. 30.5.2017, II R 62/14, DStR 2017, 1324, dem EuGH die Frage zur Vorabentscheidung vorgelegt, ob in der Grunderwerbsteuerbefreiung eine verbotene Beihilfe i. S. d. Art. 107 AEUV vorliegt; neues Az. BFH II R 18/19 nach dem EuGH-Urteil v. 19.12.2018 C-374/17, DStR 2019, 49 – *A-Brauerei.* Siehe hierzu weiterführend → Form. D.1 Rn. 66 ff.

144 Die Beteiligung des herrschenden Unternehmens am Kapital einer abhängigen Gesellschaft muss mittelbar oder unmittelbar mindestens 95% betragen. Zudem besteht eine **Vorbehaltens- und eine Nachbehaltensfrist von jeweils fünf Jahren** (zum Ganzen ausführlich *Gottwald* DNotZ 2012, 99). Zur geplanten Reform des GrEStG vgl. → Form. D.1 Rn. 70 ff.

145 Erfolgt eine Verschmelzung einer Tochtergesellschaft auf ihre Muttergesellschaft (Up Stream Merger) und hat die Tochtergesellschaft Grundeigentum, so entsteht bei Einhaltung der soeben dargestellten Voraussetzungen keine Grunderwerbsteuer. Werden die engen Voraussetzungen für die Steuervergünstigung bei Umstrukturierungen im Konzern gemäß § 6a GrEStG nicht erfüllt, wird die Verschmelzung als Erwerbsvorgang gemäß § 1 Abs. 1 Nr. 3 Satz 1 GrEStG qualifiziert.

146–149 *einstweilen frei*

VIII. Arbeitsrecht

1. Darstellung der Arbeitnehmerfolgen im Verschmelzungsvertrag

150 Der gesellschaftsrechtliche Vorgang der Unternehmensumwandlung erfordert eine genaue Betrachtung der hiermit verbundenen arbeitsrechtlichen Konsequenzen. Gem. **§ 5 Abs. 1 Nr. 9 UmwG** muss der Verschmelzungsvertrag – entsprechendes sehen die Parallelvorschriften in § 126 Abs. 1 Nr. 11 UmwG für die Spaltung und § 194 Abs. 1 Nr. 7 UmwG für den Formwechsel vor – zwingend die **Angabe der Folgen der Verschmelzung für die Arbeitnehmer und ihre Vertretungen sowie die insoweit vorgesehenen Maßnahmen** enthalten. Diese **beschreibende Darstellung** (vgl. *Willemsen* NZA 1996, 791, 796; *Bungert* DB 1997, 2209 f.) setzt eine umfassende Vorprüfung der individual- und kollektivarbeitsrechtlichen Folgen der Verschmelzung seitens der beteiligten Rechtsträger voraus.

2. Verhältnis zu sonstigen arbeitsrechtlichen Informationsrechten

151 Mit den Informationspflichten nach § 5 Abs. 1 Nr. 9 UmwG können gleichzeitig **sonstige Informations- und Beteiligungsrechte** der Arbeitnehmer und ihrer Ver-

tretungen aufgrund arbeitsrechtlicher Bestimmungen außerhalb des UmwG einhergehen. Die aus dem UmwG folgenden Rechte der Arbeitnehmer und ihrer Vertretungen **stehen selbstständig neben** solchen aus anderen arbeitsrechtlichen Gesetzen.

a) Unterrichtungspflicht nach § 613a Abs. 5 BGB

§ 613a Abs. 5 BGB regelt die **Unterrichtungspflicht** des Arbeitgebers gegen- **152**
über dem Arbeitnehmer im Fall eines Betriebsübergangs. Nach § 324 UmwG bleiben **§ 613a Abs. 1, 4 bis 6 BGB** durch die Wirkungen der Eintragung einer Verschmelzung, Spaltung oder Vermögensübertragung unberührt (→ Rn. 167).

§ 613a Abs. 5 BGB verpflichtet den bisherigen und den neuen Betriebsinhaber, die **153**
von dem Betriebsübergang betroffenen Arbeitnehmer über **Zeitpunkt** und **Grund des Übergangs,** die **rechtlichen, wirtschaftlichen und sozialen Folgen** des Übergangs sowie über die für die Arbeitnehmer **in Aussicht genommenen Maßnahmen** zu informieren. Das entspricht den Vorgaben der europäischen Betriebsübergangsrichtlinie (konsolidierte Neufassung: RL (EG) Nr. 2001/23 v. 12.3.2001, ABl. EG Nr. L 082 S. 16).

Die Unterrichtungspflicht gilt gegenüber allen von einem Betriebsübergang betroffenen Arbeitnehmern **unabhängig** von der **Größe des Betriebes** und unabhängig davon, ob auch der **Betriebsrat** wegen des Betriebsübergangs beteiligt werden muss oder ein solcher überhaupt besteht (*Grobys* BB 2002, 726 mwN). Der Umfang der Unterrichtungspflicht orientiert sich an ihrem Zweck, den betroffenen Arbeitnehmern eine ausreichende Wissensgrundlage für die Ausübung oder Nichtausübung ihres Widerspruchsrechts zu verschaffen (BT-Drs. 14/7760, 19; BAG v. 13.7.2006, 8 AZR 305/05, NZA 2006, 1268; BAG v. 14.12.2006, 8 AZR 763/05, NZA 2007, 682; BAG v. 15.12.2016, 8 AZR 612/15, NZA 2017, 783). Ob eine Unterrichtungspflicht auch dann besteht, wenn mit der Rechtsprechung des BAG (v. 21.2.2008, 8 AZR 157/07, NZA 2008, 815, 818 s. auch → Rn. 178) anzunehmen ist, dass ein Widerspruchsrecht nicht besteht, sofern der bisherige Betriebsinhaber umwandlungsbedingt erlischt, ist höchstrichterlich noch nicht geklärt. Dagegen spricht, dass die Unterrichtungspflicht teleologisch auf das Widerspruchsrecht nach § 613a Abs. 6 BGB ausgerichtet ist (BAG v. 15.12.2016, 8 AZR 612/15, NZA 2017, 783). Jedenfalls bis zu einer höchstrichterlichen Klärung der Frage sollte die Unterrichtung auch in den Fällen erfolgen, in denen ein Widerspruchsrecht nicht besteht (vgl. auch *Otto/Mückl* BB 2011, 1978). Der **Betriebsübernehmer** muss mit Firmenbezeichnung und Anschrift genannt werden, so dass er **identifizierbar** ist (BAG v. 13.7.2006, 8 AZR 305/05, NZA 2006, 1268; zu den Anforderungen an die Bezeichnung der GmbH in Gründung als Betriebsübernehmer s. BAG v. 21.8.2008, 8 AZR 407/07, NZA-RR 2009, 62 und BAG v. 23.7.2009, 8 AZR 538/08, NZA 2010, 89). Der **Gegenstand** des Betriebsübergangs ist zu benennen – zB „Geschäftsbereich xy", „Betrieb am Standort x".

Als **Grund** für den Betriebsübergang ist in erster Linie der **Rechtsgrund** für den Betriebsübergang (Veräußerung durch Verkauf, Verpachtung, Umwandlung) zu bezeichnen. Die bislang umstrittene Frage, ob auch über die zum Betriebsübergang führenden **unternehmerischen Erwägungen** zu informieren ist, hat das BAG zwischenzeitlich dahingehend beantwortet, dass jedenfalls die unternehmerischen Gesichtspunkte **schlagwortartig** zu bezeichnen sind, die sich im Falle eines Widerspruchs auf den Arbeitsplatz auswirken können. Ausreichend ist der Hinweis zB auf die Fremdvergabe von Dienstleistungen an den Übernehmer aus wirtschaftlichen Gründen und den hiermit verbundenen Arbeitsplatzwegfall beim Veräußerer (BAG v. 13.7.2006, 8 AZR 305/05, NZA 2006, 1268 und v. 14.12.2006, 8 AZR 763/05, NZA 2007, 682).

Die **rechtlichen Folgen** eines Betriebsübergangs betreffen nach der Gesetzesbegründung vor allem das Weiterbestehen oder die Änderung der wesentlichen Arbeitsbedingungen und die Verteilung der Haftung des bisherigen Arbeitgebers und des neuen

Inhabers für noch nicht erfüllte Verpflichtungen gegenüber dem Arbeitnehmer. Zu den darzustellenden unmittelbaren rechtlichen Folgen zählen der Hinweis auf den Eintritt des Übernehmers in die Rechte und Pflichten aus dem Arbeitsverhältnis kraft Gesetzes, die Gesamtschuldnerschaft zwischen Veräußerer und Übernehmer, die anteilige Haftungsverteilung nach § 613a Abs. 2 BGB, ggf. die kündigungsrechtliche Situation und die Fortgeltung oder Ablösung tariflicher Normen. Im Fall der Fortwirkung ist klarzustellen, ob diese kollektivrechtlich oder individualrechtlich erfolgt (BAG v. 13.7.2006, 8 AZR 305/05, NZA 2006, 1268; BAG v. 14.12.2006, 8 AZR 763/05, NZA 2007, 682; BAG v. 27.11.2008, 8 AZR 174/07, NZA 2009, 552; BAG v. 22.1.2009, NZA 2009, 547). Ggf. ist auch über die mittelbaren Folgen des Betriebsübergangs bei Ausübung des Widerspruchsrechts (insb. betriebsbedingte Kündigung infolge Arbeitsplatzwegfalls beim Veräußerer) zu informieren. Im Rahmen der Belehrungspflicht über soziale und wirtschaftliche Folgen des Betriebsübergangs kann im Einzelfall eine Belehrung über das Bestehen von Sozialplanansprüchen bei Ausübung des Widerspruchsrechts und nachfolgender betriebsbedingter Kündigung (BAG v. 13.7.2006, 8 AZR 305/05, NZA 2006, 1268) oder eine Ausnahme des neuen Inhabers von der Sozialplanpflicht nach § 112a Abs. 2 1 BetrVG (BAG v. 15.12.2016, 8 AZR 612/15, NZA 2017, 783) erforderlich sein. In der Regel besteht keine Verpflichtung, die Arbeitnehmer im Einzelnen über die wirtschaftliche und finanzielle Lage des neuen Inhabers zu unterrichten. Anders ist dies, wenn die wirtschaftliche Notlage offensichtlich ist (zB bereits eingeleitetes Insolvenzverfahren – BAG v. 15.12.2016, 8 AZR 612/15, aaO).

Zu den hinsichtlich der Arbeitnehmer **in Aussicht genommenen Maßnahmen** sollen nach der Gesetzesbegründung zB die notwendige Weiterbildung im Zusammenhang mit geplanten Produktionsumstellungen oder Umstrukturierungen und andere Maßnahmen, die die berufliche Entwicklung der Arbeitnehmer betreffen, gehören (BT-Drs. 14/7760, S. 19). Die Maßnahmen müssen zumindest das Stadium konkreter Planung erreicht haben, um eine Unterrichtungspflicht auszulösen.

154 Nach den Anforderungen der Rspr. des BAG müssen die erteilten rechtlichen Hinweise präzise und juristisch fehlerfrei sein. Bei komplexen Rechtsfragen ist die Vermittlung rechtlich vertretbarer Positionen nach angemessener Prüfung, ggf. unter Einholung von Rechtsrat, nicht als fehlerhaft anzusehen (BAG v. 14.12.2006, 8 AZR 763/05 NZA 2007, 682; BAG v. 13.7.2006, 8 AZR 303/05, NZA 2006, 1268, 1273; BAG v. 22.1.2009, NZA 2009, 547). Wird diesen Anforderungen nicht hinreichend Rechnung getragen, wirkt die Belehrung nach der Rechtsprechung des BAG nicht fristauslösend. Eine reine Wiederholung des Gesetzeswortlauts ist nicht ausreichend, erforderlich ist eine konkrete, betriebsbezogene Darstellung in einer auch für juristische Laien möglichst verständlichen Sprache (BAG v. 14.12.2006, 8 AZR 763/05, NZA 2007, 682; ErfK/*Preis* BGB § 613a Rn. 86). Unschädlich ist die Verwendung eines gleichlautenden Standardschreibens für alle betroffenen Arbeitnehmer, soweit Besonderheiten einzelner Arbeitsverhältnisse ausreichend berücksichtigt werden (BAG v. 13.7.2006, 8 AZR 305/05, NZA 2006, 1268 und v. 13.7.2006, 8 AZR 303/05, NZA 2006, 1273), Die Unterrichtung hat in **Textform** (§ 126b BGB) zu erfolgen. Ausreichend ist ein gedruckter Text ohne Unterschriftserfordernis, zB Kopien, Telefax oder E-Mail. Solange eine Unterrichtung der Arbeitnehmer nach § 613a Abs. 5 BGB nicht oder nicht fehlerfrei erfolgt ist, beginnt die Monatsfrist des § 613a Abs. 6 BGB zur Ausübung des Widerspruchsrechts des Arbeitnehmers gegen den Übergang seines Arbeitsverhältnisses (siehe hierzu iE → Rn. 177) nicht zu laufen (BT-Drs. 14/7760, S. 19; BAG v. 27.1.2011, 8 AZR 326/09, NZA 2011, 1162; BAG v. 15.12.2016, 8 AZR 612/15, NZA 2017, 783). Eine unvollständige Unterrichtung kann auch nach dem Betriebsübergang durch eine ausdrückliche ergänzende Unterrichtung in der gebotenen Form vervollständigt werden, um so den Fristlauf in Gang zu setzen; auch kann eine ursprünglich fehlerhafte Unterrichung bei Änderung der tatsächlichen Umstände geheilt werden (BAG v. 15.12.2016, 8 AZR 612/15, aaO).

b) Anhörungs- und Unterrichtungspflichten nach dem BetrVG

Die betriebsverfassungsrechtlichen Unterrichtungs- und Beteiligungsrechte werden durch die Informationsrechte der Arbeitnehmervertretungen nach dem UmwG lediglich flankiert und bestehen unabhängig von den umwandlungsrechtlichen Pflichten. (*Joost* ZIP 1995, 976, 977; *Willemsen* NZA 1996, 791, 796, 798; Kallmeyer/*Willemsen* UmwG § 5Rn. 48, UmwG vor § 322 Rn. 1). Vorgänge auf Unternehmensebene sind losgelöst von möglichen Veränderungen der Betriebsstruktur im Sinne des Betriebsverfassungsrechts zu betrachten. **155**

aa) Informationsrechte nach BetrVG

Gem. **§ 80 Abs. 2 Satz 1, 2. HS. BetrVG** ist der Betriebsrat im Sinne eines **allgemeinen Informationsrechts** zur Durchführung seiner Aufgaben nach dem BetrVG rechtzeitig und umfassend vom Arbeitgeber zu unterrichten. Zu den betriebsverfassungsrechtlichen Aufgaben des Betriebsrats gehören nicht nur die allgemeinen Aufgaben nach § 80 Abs. 1 BetrVG, sondern darüber hinaus sämtliche betriebsverfassungsrechtlichen Mitbestimmungs- und Beteiligungsrechte (*Fitting* BetrVG § 80 Rn. 51). Nach § 80 Abs. 2 Satz 2 BetrVG sind dem Betriebsrat auf Verlangen jederzeit die zur Durchführung seiner Aufgaben erforderlichen Unterlagen zur Verfügung zu stellen. Die allgemeinen Informationsrechte des Betriebsrats nach § 80 Abs. 2 Satz 2 BetrVG stehen selbstständig neben den speziellen betriebsverfassungsrechtlichen Informationspflichten des Arbeitgebers nach §§ 106, 111 BetrVG (vgl. BAG v. 5.2.1991, 1 ABR 24/90, DB 1991, 1382; v. 20. 1. 2000, 2 ABR 19/99, ZTR 2001, 89; *Fitting* BetrVG § 80 Rn. 48; aA ErfK/*Kania* BetrVG § 80 Rn. 17). **156**

In allen Unternehmen mit in der Regel mehr als 100 ständig beschäftigten Arbeitnehmern ist ein **Wirtschaftsausschuss** zu bilden. Der Wirtschaftsausschuss hat die Aufgabe, die wirtschaftlichen Angelegenheiten mit dem Unternehmer zu beraten und den Betriebsrat darüber zu unterrichten. Er hat aber kein Mitbestimmungsrecht. **§ 106 Abs. 2 BetrVG** verpflichtet den Arbeitgeber, den Wirtschaftsausschuss **rechtzeitig und umfassend** über die **wirtschaftlichen Angelegenheiten** des Unternehmens unter Vorlage der erforderlichen Unterlagen zu unterrichten, soweit dadurch nicht die Betriebs- und Geschäftsgeheimnisse des Unternehmens gefährdet werden, sowie die sich daraus ergebenden Auswirkungen auf die Personalplanung darzustellen (vgl. iE *Fitting* BetrVG § 106 Rn. 28ff.; BAG v. 22.1.1991, 1 ABR 38/89, DB 1991, 1176f.; v. 17.9.1991, 1 ABR 74/90, DB 1992, 435f.). Zu den wirtschaftlichen Angelegenheiten gehören gem. **§ 106 Abs. 3 Nr. 8 BetrVG** unter anderem der **Zusammenschluss oder die Spaltung von Unternehmen oder Betrieben.** Gem. § 106 Abs. 3 Nr. 8 BetrVG besteht daher im Falle der Unternehmensumstrukturierung nach dem UmwG wie auch bei außerhalb des UmwG durchzuführenden Zusammenschlüssen und Spaltungen von Unternehmen oder Betrieben im Wege der Einzelrechtsnachfolge eine Pflicht zur Information des Wirtschaftsausschusses (*Fitting* BetrVG § 106 Rn. 69; ErfK/*Kania* BetrVG § 106 Rn. 15; *Kreßel* BB 1995, 925). **157**

Gem. **§ 111 Satz 1 BetrVG** hat in Unternehmen mit in der Regel mehr als 20 wahlberechtigten Arbeitnehmern der Unternehmer den Betriebsrat über geplante **Betriebsänderungen,** die wesentliche Nachteile für die Belegschaft oder erhebliche Teile der Belegschaft zur Folge haben können, rechtzeitig und umfassend zu unterrichten und mit dem Betriebsrat zu beraten. **§ 111 Satz 3 Nr. 3 BetrVG** bestimmt, dass der **Zusammenschluss** mit anderen Betrieben oder die **Spaltung von Betrieben** (nicht Unternehmen!) als Betriebsänderung im Sinne des § 111 Satz 1 BetrVG gilt. Verschmelzung und Spaltung von Unternehmen nach dem UmwG können, müssen aber nicht, mit Zusammenschlüssen und Spaltungen auf der betrieblichen Ebene einhergehen. Die **Unterrichtung** nach § 111 Satz 1 BetrVG muss **umfassend** sein. Der Unternehmer muss die wirtschaftlichen und sozialen Gründe, die nach seiner Auffassung **158** für die Betriebsänderung sprechen, darlegen. Die Unterrichtung hat so umfänglich zu erfolgen, dass sich der Betriebsrat ein vollständiges Bild von der geplanten Umstrukturierungsmaßnahme machen kann (*Fitting* BetrVG § 111 Rn. 111).

159, 160 *einstweilen frei*

bb) Zeitpunkt der Unterrichtung

161 Die betriebsverfassungsrechtlichen Regelungen sehen keinen festen Informationszeitpunkt vor, sondern lediglich eine **rechtzeitige** Unterrichtung.

Die Unterrichtung nach **§ 80 Abs. 2 Satz 1, HS. 1 BetrVG** erfolgt rechtzeitig, wenn dem **Betriebsrat** die **Gelegenheit** eingeräumt wird, sich **mit der Angelegenheit zu befassen;** er darf nicht vor vollendete Tatsachen gestellt werden. Die Unterrichtung hat daher **noch im Planungsstadium** zu erfolgen (vgl. *Fitting* BetrVG § 80 Rn. 55; BAG v. 27.6.1989, 1 ABR 19/88, NZA 1989, 929).

162 Die Unterrichtung des Wirtschaftsausschusses nach **§ 106 Abs. 2 BetrVG** muss erfolgen, bevor **eine abschließende Entscheidung** gefallen ist. Sie hat so frühzeitig zu erfolgen, dass die Angelegenheit mit dem Unternehmer noch in einer Sitzung des Wirtschaftsausschusses beraten werden und der Betriebsrat von dem Ergebnis unterrichtet werden kann (vgl. § 106 Abs. 1 Satz 2, 108 Abs. 4 BetrVG). Schon der Entschluss zur Planung soll Unterrichtungspflichten auslösen können (vgl. *Fitting* BetrVG § 106 Rn. 30; ErfK/*Kania* BetrVG § 106 Rn. 4).

163 Auch die Einbeziehung des Betriebsrats gem. **§ 111 Satz 1 BetrVG** muss zu einem Zeitpunkt erfolgen, in welchem **über die Betriebsänderung noch keine abschließenden Entscheidungen** gefallen sind. Vorüberlegungen sind allerdings noch nicht beratungspflichtig. Die Unterrichtung erfolgt somit rechtzeitig, wenn einerseits eine konkretisierte Planung vorliegt, die **praktische Umsetzung der Maßnahme aber noch nicht erfolgt** ist. Der Beteiligungsanspruch des Betriebsrats nach § 111 BetrVG soll ihm ermöglichen, auf das Ob und Wie der Umsetzung der Betriebsänderung Einfluss zu nehmen (vgl. *Fitting* BetrVG § 111 Rn. 107; ErfK/*Kania* BetrVG § 111 Rn. 20; BAG v. 20.11.2001, 1 AZR 97/01, NZA 2002, 992 ff.).

164, 165 *einstweilen frei*

3. Arbeitsrechtliche Folgen der Verschmelzung

166 Die arbeitsrechtlichen Folgen der Verschmelzung bestimmen sich in materiellrechtlicher Hinsicht nach den arbeitsrechtlichen Sonderregelungen der §§ 322 bis 325 UmwG sowie den sonstigen arbeitsrechtlichen Vorschriften außerhalb des UmwG.

a) Übergang der Arbeitsverhältnisse

167 Der **Übergang der Arbeitsverhältnisse** auf den neuen Rechtsträger in Folge der Verschmelzung vollzieht sich im Fall eines mit der Verschmelzung regelmäßig einhergehenden **Betriebsübergangs** nach **§ 324 UmwG iVm. § 613a Abs. 1 BGB.** § 324 UmwG enthält eine **Rechtsgrundverweisung** auf § 613a Abs. 1 und 4 bis 6 BGB. Die Voraussetzungen eines Betriebsübergangs sind daher **eigenständig zu prüfen** (BAG v. 6.10.2005, 2 AZR 316/04, NZA 2006, 990; BAG v. 25.5.2000, 8 AZR 416/99, NZA 2000, 1115). Wird – zB bei Schließung aller Betriebe des übertragenden Rechtsträgers vor Vollzug der Verschmelzung – ausnahmsweise kein Betrieb oder Betriebsteil übertragen, kommt § 613a BGB nicht zur Anwendung (BAG v. 6.10. 2005, 2 AZR 316/04, aaO). Die wegen der Schließung ausgesprochenen Kündigungen sind nicht nach § 613a Abs. 4 BGB unwirksam (BAG v. 6.10.2005, 2 AZR 316/04, aaO). Der Übergang von Arbeitsverhältnissen kann sich in diesem Fall nur einzelvertraglich oder „rein umwandlungsrechtlich" im Wege der Gesamtrechtsnachfolge vollziehen. Ob hierfür die Zustimmung der betroffenen Arbeitnehmer erforderlich ist, insbesondere wenn der übertragende Rechtsträger – wie bei Verschmelzung,

Aufspaltung und Vermögensvollübertragung – erlischt, war umstritten (grundsätzlich zum Eingriff in das Grundrecht auf freie Arbeitsplatzwahl durch Gesamtrechtsnachfolge in der Arbeitgeberstellung: BVerfG v. 25.1.2011, 1 BvR 1741/09, NZA 2011, 400; s. auch Kallmeyer/*Willemsen* UmwG § 324 Rn. 57; für die Erforderlichkeit der Zustimmung WHSS/*Willemsen* B. Rn. 93; verneinend in Fällen, in denen der bisherige Rechtsträger durch gesellschaftsrechtliche Verschmelzung erlischt offenbar noch BAG v. 21.2.2008, 8 AZR 157/07, NZA 2008, 815). Das BAG hat nunmehr zutreffend klargestellt, dass der Übergang von Arbeitsverhältnissen im Wege der (partiellen) Gesamtrechtsnachfolge der Zustimmung des betroffenen Arbeitnehmers bedarf (BAG v. 19.10.2017, 8 AZR 63/16, NZA 2018, 370; iE auch → Form. B. 1 Rn. 186, mwN).

§ 613a BGB setzt den Übergang eines Betriebes oder Betriebsteils auf einen anderen **168** Inhaber voraus. Anknüpfungspunkt ist der tatsächliche Vorgang des Betriebsinhaberwechsels. Dieser fällt regelmäßig mit dem Zeitpunkt der Eintragung der Verschmelzung zusammen. Der umwandlungsrechtliche Übertragungsakt und der Zeitpunkt, zu dem Arbeitsverhältnisse nach § 613a BGB übergehen, können jedoch auch auseinanderfallen. Entscheidend ist der tatsächliche Übergang der „betrieblichen Leitungsmacht" (vgl. Kallmeyer/*Willemsen* UmwG § 324 Rn. 13–15).

§ 613a BGB enthält **keine eigenständige Definition des Betriebsbegriffs.** Da **169** die Regelung der Umsetzung der europäischen Betriebsübergangsrichtlinie aus dem Jahr 1977 (konsolidierte Neufassung: RL (EG) Nr. 2001/23 v. 12. 3. 2001, ABl. EG Nr. L 082 S. 16) dient, muss ihre Auslegung den Anforderungen der Richtlinie entsprechen **(„richtlinienkonforme Auslegung").** Nach Art. 1 Abs. 1 Buchst. b der Richtlinie 2001/23/EG gilt als Betriebsübergang im Sinne der Richtlinie: „... der Übergang einer ihre Identität bewahrenden wirtschaftlichen Einheit im Sinne einer organisierten Zusammenfassung von Ressourcen zur Verfolgung einer wirtschaftlichen Haupt- oder Nebentätigkeit."

Nicht ausreichend ist nach der Rspr. des EuGH und des BAG die bloße Fortführung einer Tätigkeit (Funktionsnachfolge) ohne Übernahme einer „wirtschaftlichen Einheit" im o. g. Sinn (grundlegend EuGH v. 11.3.1997, Rs. C-13/95, DB 1997, 628 – „Süzen"; BAG v. 22.1.1998, 1 ABR 38/89, NZA 1998, 638; BAG v. 27.1.2011, 8 AZR 326/09, NZA 2011, 1162). Erforderlich ist die tatsächliche Fortführung der wirtschaftlichen Einheit, die bloße Möglichkeit hierzu genügt nicht (BAG v. 18.3.1999, NZA 1999, 704; BAG v. 27.1.2011, 8 AZR 326/09, aaO). Der identitätswahrende Übergang einer organisatorisch verfestigten wirtschaftlichen Einheit ist im Rahmen einer wertenden **Gesamtbetrachtung** zu prüfen, die je nach Art des Unternehmens insb. die folgenden, in der Rechtsprechung des EuGH entwickelten **Kriterien** einzubeziehen und zu gewichten hat (vgl. EuGH v. 11.3.1997, Rs. C-13/95, DB 1997, 628 – „Süzen"):

- Art des Betriebs/Unternehmens
- etwaiger Übergang der materiellen Betriebsmittel
- Wert der immateriellen Aktiva zur Zeit des Übergangs (Kundenstamm o. ä.)
- etwaige Übernahme der Hauptbelegschaft durch Erwerber
- etwaiger Übergang der Kundschaft
- Grad der Ähnlichkeit der vor und nach dem Übergang verrichteten Tätigkeiten
- Dauer einer etwaigen Unterbrechung

In der Rspr. des BAG hat sich eine umfangreiche Kasuistik herausgebildet. Im Kern prüft das BAG anhand der dargestellten Kriterien stets, ob die vorhandene **Arbeitsorganisation** vom Betriebserwerber fortgeführt wird (vgl. BAG v. 24.8.2006, 8 AZR 317/05, NZA 2007, 1287 (Tz. 55); BAG v. 6.4.2006, 8 AZR 249/04, NZA 2006, 1039, Tz. 26: „ins gemachte Bett legen"). Der EuGH betont demgegenüber in seiner Rspr., dass nicht die Beibehaltung der konkreten Organisation der verschiedenen übertragenen Produktionsfaktoren durch den Unternehmer entscheidend sei, sondern die Beibehaltung der **„funktionellen Verknüpfung"** der übertragenen Faktoren

(EuGH v. 12.2.2009, Rs. C-466/07, NZA 2009, 251 – „Klarenberg"). Auch nach dieser Entscheidung des EuGH fordert das BAG die Übertragung einer vorhandenen selbständig abtrennbaren organisatorischen Einheit, lässt es aber ausreichen, wenn diese ihre organisatorische Selbständigkeit beim Erwerber nicht vollständig bewahre, soweit dieser die funktionelle Verknüpfung der übertragenen Faktoren beibehalte und sich zunutze mache, um derselben oder einer gleichartigen wirtschaftlichen Tätigkeit nachzugehen (BAG v. 27.1.2011, 8 AZR 326/09, NZA 2011, 1162; BAG v. 13.10.2011, 8 AZR 455/10, NZA 2012, 504). Mit einer **Verschmelzung** wird **regelmäßig** ein **Betriebsübergang** einhergehen, da der bisherige Rechtsträger erlischt und die Weiterführung der vorhandenen organisatorischen Strukturen regelmäßig der wirtschaftlichen Zielsetzung der Verschmelzung entspricht (Kallmeyer/*Willemsen* UmwG § 324 Rn. 10).

170 Unmittelbare Rechtsfolge des § 613a BGB ist der **Übergang der Arbeitsverhältnisse** mit allen Rechten und Pflichten auf den Betriebserwerber kraft Gesetzes. Es gehen die Arbeitsverhältnisse über, die dem Betrieb oder Betriebsteil **zuzuordnen** sind. Für die Zuordnung des Arbeitnehmers ist darauf abzustellen, ob er in den übergegangenen Betrieb oder Betriebsteil **tatsächlich eingegliedert** war (BAG v. 24.8.06, 8 AZR 556/05, DB 2006, 2818). Der übernehmende Rechtsträger hat keine Auswahlmöglichkeiten hinsichtlich der zu übernehmenden Arbeitnehmer des Betriebs. § 323 Abs. 2 UmwG ermöglicht Arbeitgeber und Betriebsrat nur in Fällen, in denen zweifelhaft ist, welchem Betrieb oder Betriebsteil bestimmte Arbeitnehmer zuzuordnen sind, dies in einem freiwilligen Interessenausgleich zu regeln; nicht möglich ist es, Arbeitnehmer, die eindeutig dem übergehenden Betrieb angehören, unabhängig von § 613a BGB „frei" zuzuordnen (so auch Kallmeyer/*Willemsen* UmwG § 324 Rn. 52f.; Lutter/*Joost* UmwG § 323 Rn. 31ff.; *Wlotzke* DB 1995, 40, 45). § 323 Abs. 2 UmwG ergänzt § 613a BGB und ermöglicht eine weitgehend „gerichtsfeste" Zuordnung der Arbeitsverhältnisse, die nur auf grobe Fehlerhaftigkeit überprüft werden kann. Vollzieht sich der Übergang der Arbeitsverhältnisse nicht nach § 613a BGB, weil keine wirtschaftliche Einheit identitätswahrend übertragen wird, so ist die Zuordnung grob fehlerhaft iSv § 323 Abs. 2 UmwG und damit unverbindlich (BAG v. 19.10.2017, 8 AZR 63/16, NZA 2018, 370). Die Betriebsparteien haben nicht die Rechtsmacht, Arbeitnehmer in einem Interessenausgleich einer nicht übergangsfähigen wirtschaftlichen Einheit zuzuordnen (BAG v. 19.10.2017, 8 AZR 63/16, aaO). Die Anstellungsverhältnisse von **Organen** des übertragenden Rechtsträgers gehen nicht gem. § 613a BGB über. § 613a BGB erfasst nur Arbeitsverhältnisse (BAG v. 13.2.2003, 8 AZR 654/01, NZA 2003, 552).

171 Beim Betriebsveräußerer **kollektivrechtlich** (durch Betriebsvereinbarung oder Tarifvertrag) **geregelte Arbeitsbedingungen** werden gem. § 613a Abs. 1 Satz 2 BGB nach dem Betriebsübergang zum Inhalt des Arbeitsverhältnisses und gelten so individualrechtlich weiter, soweit nicht die Voraussetzungen der kollektivrechtlichen Fortgeltung erfüllt sind oder der gleiche Regelungsgegenstand im Betrieb des Erwerbers durch einen anderen Tarifvertrag oder eine andere Betriebsvereinbarung geregelt wird (§ 613a Abs. 1 Satz 3 BGB). § 613a Abs. 1 Satz 2 BGB hat bloße **Auffangwirkung** (vgl. BAG v. 27.7.1994, 7 ABR 37/93, NZA 1995, 222, 225; BAG v. 21.2.2001, 4 AZR 18/00, NZA 2001, 1318ff.; BAG v. 11.5.2005, 4 AZR 315/04, NZA 2005, 1362ff.).

172 **Betriebsvereinbarungen** gelten kollektivrechtlich weiter, wenn der Betrieb als Ganzes übertragen wird, da hier die Identität des Betriebs durch die Verschmelzung nicht berührt wird (vgl. BAG v. 27.7.1994, 7 ABR 37/93, NZA 1995, 222, 225; *Engelmeyer* DB 1996, 2542, 2543). Werden mehrere Betriebe übernommen, gelten Gesamtbetriebsvereinbarungen als solche fort. Für die Änderung oder Kündigung ist der beim Erwerberunternehmen gebildete Gesamtbetriebsrat zuständig (BAG v. 18.9.2002, 1 ABR 54/01, NZA 2003, 670ff.; v. 29.7.2003, 3 AZR 630/02, AP § 1 BetrAVG Ablösung Nr. 45).

Da die **Verbandszugehörigkeit** des bisherigen Arbeitgebers nicht gemäß § 20 UmwG auf den neuen Rechtsträger übergeht (BAG v. 13.7.1994, 4 AZR 555/93, NZA 1995, 479; *Düwell* NZA 1996, 393, 394) kommen für das Schicksal der bisherigen Geltung eines **Flächentarifvertrags** folgende Alternativen in Betracht: 173

– Ist der übernehmende Rechtsträger/neue Arbeitgeber Mitglied desselben Verbandes, so tritt keine Änderung in der kollektivrechtlichen Tarifgeltung ein. Gleiches gilt, wenn der Tarifvertrag gem. § 5 TVG für allgemeinverbindlich erklärt worden ist.
– Gehört der übernehmende Rechtsträger/neue Arbeitgeber einem anderen Verband an, so gilt der mit diesem Verband geschlossene Tarifvertrag (§ 613a Abs. 1 Satz 3 BGB), allerdings nur, soweit eine beiderseitige Tarifbindung besteht, die betroffenen Arbeitnehmer also ihrerseits an diesen Tarifvertrag gebunden sind (BAG v. 21.2. 2001, 4 AZR 18/00, NZA 2001, 1318 ff.). Weiter muss der beim übernehmenden Rechtsträger geltende Tarifvertrag denselben Regelungsgegenstand betreffen oder es muss dem Tarifvertrag zu entnehmen sein, dass er die vertraglich fortgeltenden Tarifregelungen insgesamt ablösen soll (BAG v. 22.1.2003, 10 AZR 227/02, NZA 2003, 879). Soweit dies nicht der Fall ist, gelten die bisherigen Tarifregelungen individualrechtlich fort, § 613a Abs. 1 Satz 2 BGB.
– Unterliegen der übernehmende Rechtsträger und/oder die betroffenen Arbeitnehmer keiner Tarifbindung gelten die Rechte und Pflichten aus dem bisherige Tarifvertrag individualrechtlich fort, § 613a Abs. 1 Satz 2 BGB.

In einen **Firmentarifvertrag** tritt der übernehmende Rechtsträger bei einer Verschmelzung hingegen im Wege der Gesamtrechtsfolge gemäß § 20 Abs. 1 Nr. 1 UmwG ein (BAG v. 24.6.1998, 4 AZR 208/97, NZA 1998, 1346; BAG v. 29.8.2001, 4 AZR 332/00, NZA 2002, 513; BAG v. 4.7.2007, 4 AZR 491/06, NZA 2008, 307; BAG v. 21.11.2012, 4 AZR 85/11, NZA 2013, 512; BAG v. 15.6.2016 – 4 AZR 805/14, NZA 2017, 326; *Bachner* NJW 1995, 2881, 2882). Bei einer Spaltung ist aufgrund der lediglich partiellen Gesamtrechtsnachfolge im Spaltungs- und Übernahmevertrag festzulegen, welcher der beiden Rechtsträger in die Rechtsstellung als Vertragspartei des Firmentarifvertrags eintritt; fehlt eine Regelung, verbleibt der bisherige Rechtsträger in dieser Rechtsstellung (BAG v. 21.11.2012, 4 AZR 85/11, NZA 2013, 512). Teilweise wird allerdings vertreten, dass eine kollektiv-rechtliche Fortgeltung im Wege der Gesamtrechtsnachfolge generell nicht in Betracht komme, wenn der aufnehmende Rechtsträger bereits Arbeitnehmer beschäftige, da eine Geltung des Firmentarifvertrags gegen deren Willen nicht möglich sei (LAG Baden-Württemberg v. 21.12.2010, 6 Sa 90/10, BeckRS 2011, 68378 mit Verweis auf ErfK/*Preis* BGB § 613a Rn. 186). Richtigerweise kann die Universalsukzession des aufnehmenden Rechtsträgers aber weder davon abhängig sein, ob dieser Arbeitnehmer beschäftigt, noch davon, ob das aufnehmende Unternehmen seinerseits tarifgebunden ist. Dies ist vielmehr eine **Frage der „Erstreckung" des Geltungsbereichs** (so zutreffend BAG v. 4.7.2007, 4 AZR 491/06, NZA 2008, 307, mwN; BAG v. 21.11.2012, 4 AZR 85/11, NZA 2013, 512). Inwieweit der Firmentarifvertrag nach der Verschmelzung auch für Arbeitnehmer des übernehmenden Rechtsträgers gilt, ist im Einzelfall zu prüfen (BAG v. 21.11.2012, 4 AZR 85/11, NZA 2013, 512). Hierfür bedarf es der Auslegung des Geltungsbereichs des Firmentarifvertrags (LAG Baden-Württemberg v. 29.9.2014, 9 Sa 19/14, BeckRS 2015, 65311). War der Tarifvertrag ohne Einschränkung für alle tarifgebundenen Arbeitsverhältnis des übertragenden Rechtsträgers vereinbart, gilt er auch für alle tarifgebundenen Arbeitsverhältnisse des aufnehmenden Rechtsträgers (BAG v. 15.6.2016 – 4 AZR 805/14, NZA 2017, 326). Entsprechendes gilt für den umgekehrten Fall der Frage der Erstreckung eines beim aufnehmenden Rechtsträger geltenden Firmentarifvertrags auf Arbeitnehmer des übertragenden Rechtsträgers. (vgl. ausführlich zur Problematik WHSS/*Hohenstatt* E. Rn. 106; Staudinger/*Annuß* BGB § 613a Rn. 254; LAG Nürnberg v. 13.4.2010, 6 Sa 9/10, BeckRS 2011, 65305; LAG Baden-Württemberg v. 27.9.2010, 4 TaBV 2/10, BeckRS 2010, 75067; BAG v. 15.6.2016, 4 AZR 805/14, NZA 2017, 326). 174

175 § 613a Abs. 1 Satz 2 BGB sieht vor, dass die in das Individualarbeitsrecht transformierten Rechte und Pflichten aus einer Betriebsvereinbarung oder einem Tarifvertrag vor Ablauf eines Jahres nicht zum Nachteil des Arbeitnehmers abgeändert werden können **(Veränderungssperre).** Dies gilt jedoch nicht uneingeschränkt: Die einjährige Veränderungssperre gilt nicht für eine zur Zeit des Betriebsübergangs bereits nachwirkende Tarifnorm (§ 4 Abs. 5 TVG; BAG v. 1.8.2001, 4 AZR 82/00, NZA 2002, 42). Gleiches gilt für eine zeitlich befristete Betriebsvereinbarung, die vor Ablauf der Veränderungssperre geendet hätte (WHSS/*Hohenstatt* E. Rn. 41). Die individualrechtlich fortgeltenden Betriebsvereinbarungen und Tarifnomen können iÜ ohne weiteres *kollektivrechtlich* abgelöst werden (BAG v. 21.2.2001, 4 AZR 18/00, BB 2001, 1847; BAG v. 14.8.2001, 1 AZR 619/00, BB 2002, 413, 415).

176 Der Ausspruch von **Kündigungen** „wegen" des Betriebsübergangs ist unwirksam. Das Recht zur Kündigung des Arbeitsverhältnisses aus anderen Gründen bleibt unberührt (§ 613a Abs. 4 BGB). Die Kündigung ist unwirksam, wenn der Betriebsübergang Beweggrund der Kündigung ist, sie also wesentlich durch den Betriebsinhaberwechsel motiviert ist. Das ist nicht der Fall, wenn es neben dem Betriebsübergang einen sachlichen Grund gibt, der aus sich heraus die Kündigung rechtfertigt (BAG v. 3.9.1998, 8 AZR 306/97, NZA 1999, 147; BAG v. 18.7.1996, 8 AZR 127/94, NZA 1997, 148). Unwirksam sind darüber hinaus Vereinbarungen zwischen Betriebserwerber und Arbeitnehmer, die die **Kontinuität** des Arbeitsverhältnisses beseitigen. In die Zukunft wirkende **inhaltsändernde Abreden,** soweit sie nicht der Veränderungssperre unterliegen, bedürfen keines sachlichen Grundes (BAG v. 7.11.2007, 5 AZR 1007/06, ZIP 2008, 286; anders noch BAG v. 18.8.2005, 8 AZR 523/04, NZA 2006, 145; aA LAG Bremen v. 30.3.2006, 3 s.a. 204/05, NZA-RR 2006,458: nur bei freiwilligen Leistungen Verschlechterung zulässig).

177 Gem. **§ 613a Abs. 6 BGB** kann der betroffene Arbeitnehmer dem Übergang seines Arbeitsverhältnisses auf den neuen Betriebsinhaber **widersprechen.** Widerspricht der Arbeitnehmer, geht das Arbeitsverhältnis grundsätzlich nicht auf den neuen Betriebsinhaber über, sondern besteht mit dem bisherigen Arbeitgeber weiter. Der Verbleib beim bisherigen Arbeitgeber ist für den Arbeitnehmer allerdings mit dem Risiko verbunden, den Arbeitsplatz zu verlieren, wenn er im Unternehmen nicht weiter beschäftigt werden kann. § 613a Abs. 6 BGB räumt dem Arbeitnehmer eine **Widerspruchsfrist** von einem Monat ein. Sie beginnt, wenn der Arbeitnehmer entsprechend der ebenfalls neu eingefügten Unterrichtungspflicht nach § 613a Abs. 5 BGB vom bisherigen oder vom neuen Arbeitgeber vollständig über den Betriebsübergang unterrichtet worden ist (s. hierzu iE →Rn. 152ff.). Der Arbeitnehmer kann den Widerspruch wahlweise gegenüber dem bisherigen Arbeitgeber oder dem neuen Betriebsinhaber erklären. Das Widerspruchsrecht nach § 613a Abs. 6 BGB muss **schriftlich** ausgeübt werden. Der Widerspruch wirkt, soweit er nach dem Betriebsübergang ausgeübt wird, auf den Zeitpunkt des Betriebsübergangs zurück (BAG v. 13.7.2006, 8 AZR 305/05, NZA 2006, 1268; BAG v. 14.12.2006, 8 AZR 763/05, NZA 2007, 682). Binnen gleicher Frist ist nach der Rechtsprechung des BAG ein – gesetzlich nicht geregeltes – Fortsetzungsverlangen gegenüber dem Betriebserwerber geltend zu machen (BAG v. 27.1.2011, 8 AZR 326/09, NZA 2011, 1162). Solange eine Unterrichtung der Arbeitnehmer nach § 613a Abs. 5 BGB nicht oder nicht fehlerfrei erfolgt ist, beginnt die Monatsfrist des § 613a Abs. 6 BGB nicht zu laufen (BT-Drs. 14/7760, S. 19; BAG v. 27.11.2008, 8 AZR 174/07, NZA 2009, 552; BAG v. 27.1.2011, 8 AZR 326/69, NZA 2011, 1162 mwN). Der Arbeitnehmer kann allerdings das Widerspruchsrecht (und entsprechend das Fortsetzungsverlangen) nach Treu und Glauben verwirken (§ 242 BGB). Maßgeblich sind die Umstände des Einzelfalles; eine feste Frist, nach der Verwirkung eingewandt werden kann, ist abzulehnen (vgl. BAG v. 27.11.2008, 8 AZR 174/07, NZA 2009, 552). Folgen mehrere Betriebsübergänge aufeinander, so erlischt das Widerspruchsrecht gegen den vorangegangenen Betriebsübergang aber unabhängig davon, ob die Unterrichtung ansonsten ordnungsgemäß war, wenn

der Arbeitnehmer über den letzten und den vorangegangenen Betriebsübergang jeweils jedenfalls die „grundlegenden Informationen“ über Zeitpunkt, Gegenstand und Betriebsübernehmer erhalten hat und die Monatsfrist noch vor dem weiteren Betriebsübergang abläuft (iE BAG v. 19.11.2015, 8 AZR 773/14, NZA 2016, 647).

Die Ausübung des Widerspruchsrechts nach § 324 UmwG, § 613a Abs. 6 BGB mit dem **Ziel der Fortsetzung des Arbeitsverhältnisses** mit dem übertragenden Rechtsträger/Betriebsveräußerer läuft im Fall der Verschmelzung leer, da bei der Verschmelzung der übertragende Rechtsträger erlischt. Die Möglichkeit des Widerspruchs besteht daher nicht (ebenso bereits RegE (Begr.), BT-Drs. 14/7760, S. 20; *Kreßel* BB 1995, 925, 930; *Wlotzke* DB 1995, 40, 43: kein Widerspruchsrecht). Die Rechtswirkung eines gleichwohl erklärten Widerspruchs des Arbeitnehmers ist umstritten. Das BAG hat nun klargestellt, dass dieser nicht zwangsläufig als Kündigung zu verstehen ist. Es muss vielmehr im Einzelfall geprüft werden, ob die Erklärung eine Umdeutung in eine Kündigung oder einen anderen Beendigungstatbestand zulässt (BAG v. 21.2.2008, 8 AZR 157/07, NZA 2008, 815). Ein Widerspruch lässt das übergegangene Arbeitsverhältnis daher unberührt, soweit keine Umdeutung möglich ist. Die wohl hM ging vor der Entscheidung davon aus, dass dem Widerspruch des Arbeitnehmers die Wirkung eines einseitigen, sofortigen **Lösungsrechts** zukäme (ArbG Münster v. 14.4.2000, 3 Ga 13/00, NZA-RR 2000, 467 ff.; *Grobys* BB 2002, 726, 730; *Rieble* NZA 2004, 3, 5; LAG BaWü v. 31.1.2007, 22 Sa 5/06, BeckRS 2007, 43838; ähnlich *Boecken* ZIP 1994, 1087, 1092: „Erlöschen“ des Arbeitsverhältnisses). Nach zutreffender Auffassung tritt an die Stelle des Widerspruchsrechts das **Recht zur fristlosen Kündigung** gegenüber dem übernehmenden Rechtsträger (ebenso *Bachner* NJW 1995, 2881, 2882; *Kreßel* BB 1995, 925, 930; Kallmeyer/*Willemsen* UmwG § 324 Rn. 44; WHSS/*Willemsen* G. Rn. 159; *Graef* NZA 2006, 1078 ff.; BAG v. 18.12.2008, 8 AZR 660/07, AP BGB § 613a Nr. 366). 178

§ 613a Abs. 2 BGB regelt grundsätzlich eine **gesamtschuldnerische Haftungsverteilung** zwischen Betriebsveräußerer und Betriebserwerber im Fall eines Betriebsübergangs. Der Betriebserwerber haftet für vor dem Betriebsübergang entstandene und fällig gewordene Ansprüche gesamtschuldnerisch mit dem Betriebsveräußerer. Für in der Vergangenheit entstandene und nach dem Betriebsübergang vor Ablauf eines Jahres fällig werdende Ansprüche haftet der Betriebsveräußerer allerdings nur anteilig entsprechend dem im Übergangszeitpunkt abgelaufenen Teil ihres Bemessungszeitraums (vgl. BAG v. 14.12.2006, 8 AZR 763/05, NZA 2007, 682). 179

Für den Fall eines mit einer **Verschmelzung** einhergehenden Betriebsübergangs stellt **§ 613a Abs. 3 BGB** klar, dass § 613a Abs. 2 BGB nicht gilt, da der übertragende Rechtsträger und Betriebsveräußerer mit Wirksamwerden der Verschmelzung erlischt. Eine gesamtschuldnerische Haftung kommt nicht in Betracht. Der aufnehmende Rechtsträger haftet aufgrund der nach § 20 UmwG eintretenden Gesamtrechtsnachfolge allein für vor dem Betriebsübergang entstandene Ansprüche. 180

b) Folgen für die kündigungsrechtliche Stellung des Arbeitnehmers

Die kündigungsrechtliche Stellung des Arbeitnehmers bleibt bei einer Verschmelzung unberührt. 181

§ 323 UmwG, der die befristete Erhaltung der kündigungsrechtlichen Stellung der von einer Spaltung oder Teilübertragung betroffenen Arbeitnehmer regelt, findet auf die **Verschmelzung keine Anwendung.** Eine **analoge Anwendung** auf andere als die genannten Umwandlungsfälle ist **abzulehnen** (hM – vgl. Kallmeyer/*Willemsen* UmwG § 323 Rn. 19 mwN, ausdrücklich nur zum Betriebsübergang im Wege der Einzelrechtsnachfolge: BAG v. 15.2.2007, 8 AZR 397/06, NZA 2007, 739). 182

c) Betriebsverfassungsrechtliche Folgen

Die Verschmelzung führt unmittelbar nur zu Veränderungen der rechtlichen Unternehmensstruktur, denn Gegenstand der Verschmelzung ist das Unternehmen iSd. 183

Rechtsträgers, nicht der Betrieb im Unternehmen als organisatorische Einheit, innerhalb derer ein Arbeitgeber allein oder mit seinen Arbeitnehmern mit Hilfe von sächlichen und immateriellen Mitteln bestimmte arbeitstechnische Zwecke fortgesetzt verfolgt (zum Betriebsbegriff: *Fitting* BetrVG § 1 Rn. 63 mwN). Mit der Verschmelzung können, müssen jedoch nicht zwingend Veränderungen auf der (tatsächlichen) betrieblichen Ebene einhergehen.

aa) Bestand des Betriebsrats, Übergangsmandat und Restmandat

184 Der Bestand des Betriebsrats ist stets an die Existenz des Betriebs geknüpft. Änderungen der betrieblichen Strukturen können zum Ende des Betriebs und damit grds. auch des Betriebsrats führen, wenn der bisherige Betrieb durch Stilllegung, Aufspaltung oder Zusammenlegung seine Identität verliert (*Fitting* BetrVG § 21a Rn. 1; WHSS/*Hohenstatt* D. Rn. 51, 64 ff.).

185 Werden die bisherigen Betriebe von übertragendem und übernehmendem Rechtsträger nach einer Verschmelzung **weiterhin eigenständig** geführt, so findet zwar im bisherigen Betrieb des übernommenen Rechtsträgers ein Arbeitgeberwechsel (nach § 613a BGB) statt, die **Identität des Betriebs** bleibt jedoch **erhalten.** Ein im Betrieb des übertragenden Rechtsträgers gewählter **Betriebsrat** bleibt **unverändert** bis zum Ende seiner Amtszeit **im Amt.**

186 Findet im Zusammenhang mit der Verschmelzung eine Zusammenlegung von Betrieben oder Betriebsteilen statt, so ist die Eingliederung eines Betriebs(teils) in einen aufnehmenden Betrieb von dem Zusammenschluss zu einem neuen einheitlichen Betrieb abzugrenzen. Im Falle der Eingliederung endet der eingegliederte Betrieb, während der aufnehmende Betrieb seine Identität bewahrt und fortgesetzt wird. Dem gegenüber entsteht ein neuer einheitlicher Betrieb aus den bisherigen Betrieben oder Betriebsteilen, wenn die organisatorische Zusammenfassung verschiedener Betriebe eine neue Betriebsidentität hervorbringt.

187 Die **Kriterien** für die Abgrenzung der **Eingliederung** unter identitätswahrender Fortsetzung des aufnehmenden Betriebs von der Errichtung eines neuen Betriebs im Zuge einer Zusammenlegung verschiedener Betriebe entsprechen im Wesentlichen denen eines Betriebsübergangs (vgl. *Fitting* BetrVG § 21a Rn. 11a, 7). Für eine Eingliederung spricht die Verlegung eines Betriebes an den **Ort der bisherigen Betriebsstätte** des „aufnehmenden" Betriebs, das **zahlenmäßige Übergewicht der Belegschaft** des „aufnehmenden" Betriebs, die Beibehaltung der bisherigen **Arbeitsorganisation** und der bisherigen Strukturen für die **Ausübung der personellen Leitungsmacht,** insb. der unveränderten Besetzung der wesentlichen **Führungspositionen** (weitere Kriterien bei WHSS/*Hohenstatt* D. Rn. 68 ff.; *Linsenmaier* RdA 2017, 128).

188 Findet der Zusammenschluss in der Weise statt, dass ein Betrieb oder Betriebsteil in einen anderen Betrieb „eingegliedert" wird, so endet die Amtszeit des im eingegliederten Betrieb gewählten Betriebsrats mit Vollzug der Eingliederung. Der Betriebsrat im aufnehmenden Betrieb, dessen Identität fortbesteht, bleibt im Amt und repräsentiert die Arbeitnehmer des eingegliederten Betriebs mit. Ein Übergangsmandat entsteht nicht (insoweit unstreitig, siehe *Fitting* BetrVG § 21a Rn. 12). Neuwahlen sind ggf. einzuleiten, wenn sich aufgrund der Eingliederung die Zahl der Arbeitnehmer im Betrieb so verändert, dass die zahlenmäßigen Voraussetzungen für eine Neuwahl des § 13 Abs. 2 Nr. 1 BetrVG erfüllt werden.

189 Führt der Zusammenschluss mehrerer Betriebe dazu, dass ein **neuer Betrieb** entsteht, endet grundsätzlich die Amtszeit der Betriebsräte der untergehenden Ausgangsbetriebe. Um einen „betriebsratslosen" Zustand bis zur Durchführung von Neuwahlen zu vermeiden, sieht § 21a BetrVG ein allgemeines **Übergangsmandat** des Betriebsrats bei betrieblichen Umstrukturierungen vor.

190 Gem. § 21a Abs. 2 Satz 1 BetrVG entsteht ein **zeitlich befristetes** Übergangsmandat. Für eine Dauer von maximal sechs Monaten ab dem Wirksamwerden der Zusammenlegung führt der Betriebsrat das Betriebsratsamt als „Vollmandat", dh. inhaltlich dem „normalen" Betriebsratsamt entsprechend, allerdings verbunden mit der gesetzlichen Auflage der unverzüglichen Vorbereitung von Neuwahlen, weiter (*Fitting* BetrVG § 21a Rn. 20f.). Das Übergangsmandat wird nach § 21a Abs. 2 Satz 1 BetrVG von dem Betriebsrat wahrgenommen, dem der Teil des neuen Betriebs mit der größten Arbeitnehmerzahl zuzuordnen ist.

Eine **Regelungslücke** besteht, wenn nicht alle bisherigen Betriebe oder Betriebsteile, **191** die zu dem **neuen Betrieb** zusammengefasst wurden, durch einen Betriebsrat repräsentiert waren. In diesem Fall erstreckt sich das Übergangsmandat des Betriebsrats des nach der Arbeitnehmerzahl größten Betriebs oder -teils dennoch auf den gesamten Betrieb (*Fitting* BetrVG § 21a Rn. 19; ErfK/*Koch* BetrVG § 21a Rn. 4, 7). Ist gerade der nach der Zahl der Arbeitnehmer größte Betriebsteil nicht durch einen Betriebsrat repräsentiert, so ist das Übergangsmandat bei dem Betriebsrat des nach der Zahl der Arbeitnehmer nächstgrößeren Betriebs anzusiedeln (*Fitting* BetrVG § 21a Rn. 19; Kallmeyer/*Willemsen* UmwG vor § 322 Rn. 32, WHSS/*Hohenstatt* D. Rn. 87f., aA *Rieble* NZA 2002, 233, 238: Übergangsmandat entfällt insgesamt). Die auftretenden Defizite hinsichtlich der „demokratischen Legitimation" des Übergangsmandats sind in seinem Wesen angelegt und nach dem Willen des Gesetzgebers für eine befristete Zeit hinzunehmen.

Im Fall der **Eingliederung** eines Betriebs ist ein Übergangsmandat nach § 21a **192** BetrVG demgegenüber abzulehnen, wenn lediglich im eingegliederten Betrieb ein Betriebsrat existiert, nicht aber im aufnehmenden Betrieb. Die Amtszeit des Betriebsrats des eingegliederten Betriebs endet auch hier mit dem Vollzug der Eingliederung. Die Annahme eines Übergangsmandats des Betriebsrats des eingegliederten Betriebs würde den Fortbestand der Identität des betriebsratslosen aufnehmenden Betriebs ignorieren (ebenso WHSS/*Hohenstatt* D. Rn. 65, 83ff., wohl auch *Rieble* NZA 2002, 233, 237; *Löwisch/Schmidt-Kessel* BB 2001, 2162, 2164, LAG Hessen v. 6.5.2004, 9 TaBVGa 61/04, BeckRS 2004 30450086). Obwohl aus Sicht des aufnehmenden Betriebs keine seine Identität berührende betriebliche Umstrukturierung stattfindet, würde den Arbeitnehmern im Zuge der Ausübung des Übergangsmandats die Durchführung von Neuwahlen „aufgedrängt". Der Gesetzeszweck der Vermeidung betriebsratsloser Zeiten „in der Übergangsphase" nach einer betrieblichen Umstrukturierung (vgl. RegE (Begr.), BT-Drs. 14/5741, S. 39) ist anders als bei der Errichtung eines *neuen* Betriebs nicht betroffen (**aA die wohl hM:** *Fitting* BetrVG § 21a Rn. 11a; ErfK/*Koch* BetrVG § 21a Rn. 3; *Linsenmaier* RdA 2017, 128).

Führt die Stilllegung, der Zusammenschluss oder die Spaltung von Betrieben im **193** Zusammenhang mit umwandlungsrechtlichen Vorgängen zum Untergang eines Betriebs/Betriebsteils, so sieht § 21b BetrVG neben dem zeitlich befristeten Übergangsmandat ein zeitlich unbefristetes **Restmandat** des bisherigen Betriebsrats vor (*Fitting* BetrVG § 21a Rn. 28f, § 21b Rn 13). Ein Restmandat entsteht in allen Fällen, in denen die Auflösung der betrieblichen Organisation die Amtszeit des Betriebsrats vorzeitig beendet. Das Restmandat ist kein Vollmandat. Es ist beschränkt auf die Aufgaben des Betriebsrats, die sich im Zusammenhang mit der Auflösung der Betriebsorganisation stellen. Es soll lediglich gewährleisten, dass die zur Abwicklung der Auflösung erforderlichen Regelungen ungeachtet der Beendigung der Amtszeit noch getroffen werden können (*Fitting* BetrVG § 21b Rn. 16).

einstweilen frei **194, 195**

bb) Gesamtbetriebsrat und Konzernbetriebsrat

Fortbestand, Zusammensetzung und Wegfall des bei einem oder beiden beteiligten **196** Rechtsträgern errichteten Gesamt- oder gar Konzernbetriebsrats im Fall der Verschmelzung richten sich nach den allgemeinen betriebsverfassungsrechtlichen Regeln der §§ 47, 54 BetrVG. Ein Übergangsmandat iSd. § 21a BetrVG entsteht nicht (*Rieble* NZA 2002, 233, 240).

197 Gem. **§ 47 Abs. 1 BetrVG** ist ein **Gesamtbetriebsrat** zu errichten, wenn innerhalb eines Unternehmens mehrere Betriebe mit Betriebsrat bestehen. Der Gesamtbetriebsrat besteht aus von den Einzelbetriebsräten entsandten Mitgliedern. Er wird als „Dauereinrichtung" gebildet, ist also an eine Amtszeit nicht gebunden. Infolge der Verschmelzung erlischt ein bei dem übertragenden Rechtsträger errichteter Gesamtbetriebsrat mit dem Erlöschen des Rechtsträgers. Gleichzeitig ist unter der Voraussetzung der Beibehaltung der betrieblichen Strukturen bei dem übernehmenden Rechtsträger ein Gesamtbetriebsrat entweder neu zu errichten oder es ändert sich seine Zusammensetzung, wenn neue Mitglieder hinzukommen. Ändern sich die betrieblichen Strukturen, so wirkt sich dies entsprechend auf das Schicksal des bei dem übernehmenden Rechtsträger bestehenden Gesamtbetriebsrats aus (s. Beispiele bei WHSS/*Hohenstatt* D. Rn. 99ff.).

198 Für einen Konzern kann unter den Voraussetzungen des **§ 54 BetrVG** ein **Konzernbetriebsrat** durch Beschlüsse der einzelnen Gesamtbetriebsräte freiwillig errichtet werden. Aufgrund einer Verschmelzung kann erstmalig die Möglichkeit zur Bildung eines Konzernbetriebsrats entstehen (vgl. Beispiele bei WHSS/*Hohenstatt* D. Rn. 123ff.).

cc) Wirtschaftsausschuss

199 In allen Unternehmen mit mindestens 100 Arbeitnehmern ist ein Wirtschaftsausschuss zu bilden (§ 106 BetrVG). Die Verschmelzung kann dazu führen, dass erstmals die Voraussetzungen für die Bildung eines Wirtschaftsausschusses erfüllt werden.

dd) Sprecherausschuss

200 Die Bildung eines Sprecherausschusses setzt die Beschäftigung von mindestens zehn leitenden Angestellten im Betrieb voraus. Gem. § 20 SprAuG kann ein Unternehmenssprecherausschuss gebildet werden, wenn zwar nicht im einzelnen Betrieb, aber im Unternehmen mit mehreren Betrieben zehn leitende Angestellte beschäftigt sind. Die Verschmelzung kann dazu führen, dass die entsprechenden Zahlenwerte erreicht werden.

d) Folgen für die Unternehmensmitbestimmung

201 Die Verschmelzung führt mit ihrem Wirksamwerden zum Erlöschen des übertragenden Rechtsträgers und damit zum Wegfall eines etwaigen mitbestimmten Aufsichtsrats im übertragenden Unternehmen. Sie kann zu einem Zuwachs an Mitbestimmungsrechten in den Unternehmensorganen des übernehmenden Rechtsträgers führen, sofern infolge der Verschmelzung die zahlenmäßigen Voraussetzungen für die Mitbestimmung im Unternehmen erreicht werden und der übernehmende Rechtsträger eine der in den **Mitbestimmungsgesetzen** genannten Rechtsformen aufweist.

Für die Anwendung des **Mitbestimmungsgesetzes** ist eine Beschäftigung von idR mehr als 2000 Arbeitnehmern erforderlich (§ 1 MitbestG). Das **Montan-Mitbestimmungsgesetz** verlangt eine Beschäftigung von in der Regel mehr als 1000 Arbeitnehmern (§ 1 Abs. 2 MontanMitbestG). Die Mitbestimmung nach dem **Drittelbeteiligungsgesetz** (DrittelbG), das die Regelungen des mit seiner Einführung außer Kraft getretenen BetrVG 1952 in redaktionell neuer Fassung fortführt, erfordert grundsätzlich die Beschäftigung von idR mehr als 500 Arbeitnehmern bei einer der in § 1 Abs. 1 DrittelbG genannten Gesellschaftsformen (AG, KGaA, GmbH, VVaG oder Genossenschaft; § 1 Abs. 1 Nr. 1–5 DrittelbG). Handelt es sich bei dem übernehmenden Rechtsträger um eine AG oder KGaA, die vor dem 1.8.1994 gegründet wurde und keine Familiengesellschaft ist, so unterliegt sie gem. § 1 Abs. 1 Nr. 1 Satz 2–3, § 1 Abs. 1 Nr. 2 Satz 2 DrittelbG auch bei Beschäftigung von weniger als 500 Arbeitnehmern der Mitbestimmung. Unter bestimmten Voraussetzungen werden die Arbeitnehmer im Konzern dem herrschenden Unternehmen zugerechnet (§ 5 MitbestG, § 1 Abs. 4 MontanMitbestG, § 2 DrittelbG).

§ 325 Abs. 1 UmwG, der die befristete Beibehaltung des bisherigen Mitbestimmungsstatuts beim **übertragenden Rechtsträger** bei Spaltungen oder Teilübertragungen regelt, ist auf die Verschmelzung nicht anwendbar. **202**

Bei **grenzüberschreitenden Verschmelzungen,** bei denen mindestens eine der beteiligten Gesellschaften dem Recht eines der Mitgliedsstaaten der EU oder des EWR unterliegt, gelten die Regelungen des am 29.12.2006 in Kraft getretenen Gesetzes über die Mitbestimmung der Arbeitnehmer bei einer grenzüberschreitenden Verschmelzung **(MgVG).** Der Anwendungsbereich ist – alternativ – eröffnet, wenn **(1)** die aus der grenzüberschreitenden Verschmelzung hervorgehende Gesellschaft ihren Sitz im Inland hat oder wenn **(2)** Arbeitnehmer der aus einer grenzüberschreitenden Verschmelzung hervorgehenden Gesellschaft im Inland beschäftigt sind, oder **(3)** es sich um inländische beteiligte Gesellschaften, betroffene Tochtergesellschaften und betroffene Betriebe handelt (§ 3 Abs. 1 MgVG). Die Regelungen des MgVG bezwecken die Erhaltung bzw. Sicherung der Mitbestimmungsrechte der Arbeitnehmer bei grenzüberschreitenden Verschmelzungen (vgl. zum Anwendungsbereich und zu den im MgVG vorgesehenen Mitbestimmungsverfahren u. a. *Krause/Janko* BB 2007, 2194 ff.; *Lunk/Hinrichs* NZA 2007, 773 ff.; *Wisskirchen/Bissels/Dannhorn* DB 2007, 2258, 2263). Gilt für die betroffenen Arbeitsverträge deutsches Recht, so ist die Frage, ob mit einer grenzüberschreitenden Verschmelzung ein Betriebsübergang einher geht, im Übrigen nach § 613a BGB zu beurteilen (BAG v. 26.5.2011, 8 AZR 37/10, NZA 2011, 1143). **203**

Auch bei den verschiedenen Gründungsformen für eine **Europäische Gesellschaft (SE)** – societas europaea – verfolgt das Gesetz über die Beteiligung der Arbeitnehmer in einer Europäischen Gesellschaft **(SEBG)** als wesentliches Grundprinzip das Ziel, die bestehenden Mitbestimmungsrechte der Arbeitnehmer zu erhalten. Gleichwohl wird die Gründung einer SE als Mittel zur Flexibilisierung der Modalitäten der Mitbestimmung insbesondere durch die Möglichkeit der Verkleinerung eines bestehenden Aufsichtsrats gesehen. Weiter kann durch Gründung einer SE vor Überschreitung der maßgeblichen Zahl für die erstmalige Errichtung eines mitbestimmten Aufsichtsrats nach dem DrittelbG oder der Schwelle von 2000 Arbeitnehmern für die Errichtung eines paritätisch mitbestimmten Aufsichtsrats nach dem MitbestG die bislang geltende Mitbestimmungsfreiheit bzw. das Mitbestimmungsniveau nach dem DrittelbG bewahrt werden, auch wenn der maßgebliche Schwellenwert überschritten wird. Bei Gründung einer SE durch Umwandlung bleibt gem. § 35Abs. 1 SEBG die Regelung zur Mitbestimmung erhalten, die in der Gesellschaft vor der Umwandlung bestanden hat. Nach Umwandlung in eine SE finden das DrittelbG und das MitbestG keine Anwendung mehr. Die Unternehmensmitbestimmung in den Organgen ist gem. § 47 Abs. 1 Nr. 1 SEBGB abschließend im SEBG geregelt (weiterführend u. a. *Ege/Grzimek/Schwarzfischer* DB 2011, 1205; *Müller-Bonnani/Müntefering* BB 2009, 1699; *Ziegler/Gey* BB 2009, 1750; OLG Frankfurt v. 27.8.2018, 21 W 29/18, NZG 2018, 1254). **204**

einstweilen frei **205**

4. Reichweite der Darstellung im Verschmelzungsvertrag

Die erforderliche Reichweite der Darstellung der im Einzelfall möglicherweise äußerst komplexen arbeitsrechtlichen Folgen im Verschmelzungsvertrag ist umstritten. Die in der Literatur vertretenen Meinungen reichen von der Auffassung, es reichten pauschale Angaben zu den unmittelbaren Folgen der Verschmelzung in Form einer katalogartigen Aufzählung (so etwa *Gaul* DB 1995, 2265, 2266; *Müller* DB 1997, 713, 714; *Kreßel* BB 1995, 925, 926) bis zu der Meinung, im Verschmelzungsvertrag müssten auch detaillierte Angaben in Bezug auf lediglich mittelbare personelle und organisatorische Folgewirkungen gemacht werden (so etwa *Wlotzke* DB 1995, 40, 45; *Bachner* **206**

NJW 1995, 2881, 2886; wohl auch OLG Düsseldorf v. 15.5.1998, 3 Wx 156/98, NZA 1998, 766, 767).

207 Die Brisanz des Streits liegt darin, dass das Registergericht die Eintragung der Verschmelzung wegen ungenügender Angaben iSv. § 5 Abs. 1 Nr. 9 UmwG in dem gemäß § 17 UmwG der Anmeldung beizufügenden Verschmelzungsvertrag möglicherweise ablehnen kann (→ Rn. 227).

a) Unmittelbare Folgen der Verschmelzung

208 Zu den anzugebenden Folgen gehören jedenfalls die **unmittelbar** im Zusammenhang mit der Verschmelzung eintretenden **rechtlichen Folgen.** In individualarbeitsrechtlicher Hinsicht sind dies bei Vorliegen der Voraussetzungen eines Betriebsübergangs insb. die oben dargestellten Rechtsfolgen des **Übergangs von Arbeitsverhältnissen** im Rahmen von § 613a BGB iVm. § 324 UmwG (vgl. *Joost* ZIP 1995, 976, 979; *Willemsen* RdA 1998, 23, 27).

209 Ebenso sind die ggf. im Zusammenhang mit einem Betriebsübergang oder einer Eingliederung in einen bestehenden Betrieb eintretenden kollektivrechtlichen Folgen, zB der **Fortbestand oder Wegfall einer bestehenden Tarifbindung** oder der Weitergeltung oder Beendigung der Geltung von **Betriebsvereinbarungen** anzugeben. Darzustellen sind weiter die Rechtsfolgen von betriebsorganisatorischen Änderungen in unmittelbarem Sachzusammenhang mit der Verschmelzung wie zB der Wegfall der **Betriebsratsfähigkeit** eines Betriebs, der Fortfall oder die Errichtung des **Gesamtbetriebsrats** bzw. **Konzernbetriebsrats.** Zu den Pflichtangaben gehören auch Änderungen des **Mitbestimmungsstatuts.**

210, 211 *einstweilen frei*

b) Mittelbare Folgen der Verschmelzung

212 Darzustellen sind die **wesentlichen** mittelbaren Folgen der Verschmelzung, soweit eine **konkrete Planung** existiert (*Joost* ZIP 1995, 976, 986; *Hjort* NJW 1999, 750, 754; iE auch Kallmeyer/*Willemsen* UmwG § 5 Rn. 55; noch weitergehend wohl OLG Düsseldorf v. 15.5.1998, 3 Wx 156/98, NZA 1998, 766, 767; **aA** *Drygala* ZIP 1996, 1366; *Lutter/Drygala* UmwG § 5 Rn. 87ff.).

213 Eine Verpflichtung zur Darstellung der wesentlichen mittelbaren Folgen wird überwiegend aus dem Schutzzweck der Verpflichtung zur Angabe der arbeitsrechtlichen Folgen gemäß § 5 Abs. 1 Nr. 9 UmwG iVm. der Zuleitungsverpflichtung nach § 5 Abs. 3 UmwG abgeleitet. Zweck der Regelung ist nach der Gesetzesbegründung, „insb. den Arbeitnehmervertretungen … eine frühzeitige Information über die Verschmelzung und die durch sie bewirkten Folgen für die Arbeitnehmer zur Verfügung" zu stellen, „um bereits im Vorfeld des Verschmelzungsvorgangs seine möglichst sozialverträgliche Durchführung zu erleichtern." (RegE (Begr.) BT-Drs. 12/6699, S. 83). Die Arbeitnehmervertretungen sollen durch die Einbindung in den Verschmelzungsvorgang vor dem Zeitpunkt der Versammlung der Anteilseigner die Möglichkeit erhalten, Einwendungen geltend zu machen, um auf etwaige Änderungen, zumindest hinsichtlich der Folgen für die Arbeitnehmer und ihre Vertretungen sowie der insoweit vorgesehenen Maßnahmen, hinzuwirken (Kallmeyer/*Willemsen* UmwG § 5 Rn. 74).

214 *einstweilen frei*

215 Die Darstellung von erst **mittelbar** aufgrund geplanter betriebsorganisatorischer Änderungen eintretender Folgen der Verschmelzung im Verschmelzungsvertrag setzt voraus, dass diese Maßnahmen zumindest das Stadium einer **konkreten Planung** erreicht haben (vgl. entsprechend zur Unterrichtungspflicht nach § 613a BGB: BAG v. 14.12.2006, 8 AZR 763/05, NJW 2007, 2134; v. 13.7.2006, 8 AZR 303/05, NJW 2007, 244; v. 13.7.2006, 8 AZR 305/05, NJW 2007, 246). Eine Beschränkung auf die **wesentlichen** und **konkret geplanten** mittelbaren Folgen und Maßnahmen trägt den Bedenken Rechnung, der Umfang der mittelbaren Folgen sei tendenziell nicht abzusehen und führe zur Aufnahme bloßer Floskeln (so *Drygala* ZIP 1996, 1365, 1367).

Eine Darstellung jedenfalls der wesentlichen mittelbaren Folgen empfiehlt sich letztlich, um Risiken bei der Umwandlung – im Hinblick auf die Ablehnung der Eintragung durch den zuständigen Registerrichter – auszuschließen. In der Literatur wird zT empfohlen, bereits im Vorfeld der Umwandlung möglichst einen Interessenausgleich mit dem Betriebsrat über die mittelbaren Folgen zu erzielen, in dem die Arbeitnehmerbelange umfassend berücksichtigt sind. Im Rahmen der Darstellung der arbeitsrechtlichen Folgen nach dem UmwG kann dann vollumfänglich auf den Inhalt der erzielten Einigung verwiesen werden (insoweit zustimmend Lutter/*Drygala* UmwG § 5 Rn. 77; Kallmeyer/*Willemsen* UmwG § 5 Rn. 55).

Als mittelbare Folgen in Betracht zu ziehen sind zB: **216**

- geplanter **Personalabbau** infolge der Zusammenlegung oder Stilllegung von Betrieben oder Betriebsteilen nach der Verschmelzung,
- **Versetzungen** (fachlich/örtlich) infolge von **Organisationsänderungen oder Verlegung von Betriebsstätten.**

einstweilen frei **217, 218**

Ob unter den umwandlungsrechtlichen Folgenbegriff darüber hinaus nicht nur die rechtlichen und organisatorischen Folgen und Maßnahmen, sondern auch deren sonstige **tatsächlichen Auswirkungen** fallen, ist streitig. Zu den tatsächlichen Auswirkungen auf Arbeitnehmerseite, deren notwendige Angabe erörtert wird, gehören zB verlängerte Anfahrtswege oder der Wegfall der Möglichkeit zur Nutzung öffentlicher Verkehrsmittel bei einer mit der Umwandlung verbundenen Betriebsstättenverlegung (*Joost* ZIP 1995, 976, 979; *Engelmeyer* DB 1996, 2542; *Bachner* NJW 1995, 2881, 2886). Eine derart weitgehende Informationspflicht würde zu ausufernden Darstellungen im Verschmelzungsvertrag führen (anders zT 1. Auflage A. 1 Rn. 212). Darzustellen ist daher ggf. eine konkret geplante oder beschlossene Betriebsstättenverlegung, nicht aber die hiermit ersichtlich einhergehende Folge eines veränderten Anfahrtsweges. **219**

c) Insoweit vorgesehene Maßnahmen

Soweit neben den Folgen der Verschmelzung für die Arbeitnehmer und ihre Vertretungen nach § 5 Abs. 1 Nr. 9 UmwG auch die **„insoweit vorgesehenen Maßnahmen“** anzugeben sind, sind hierunter die oben als mittelbare Folgen mit behandelten konkret geplanten oder beschlossenen **Maßnahmen der Folgenbewältigung** zu verstehen, also solche, mit denen nach Auffassung der Unternehmensleitung der beteiligten Rechtsträger auf die rechtlichen und organisatorischen Auswirkungen der Verschmelzung reagiert werden soll (vgl. Kallmeyer/*Willemsen* UmwG § 5 Rn. 50f.; *Joost* ZIP 1995, 976, 979; *Engelmeyer* DB 1996, 2542, 2543). „Vorgesehen“ sind solche Maßnahmen frühestens dann, wenn sie ein Stadium **konkreter Planung** erreicht haben (ebenso BAG v. 13.7.2006, 8 AZR 303/05, NJW 2007, 246 zur Unterrichtungspflicht nach § 613a BGB; Kallmeyer/*Willemsen* UmwG § 5 Rn. 55). **220**

d) Anforderungen an die inhaltliche Darstellung

§ 5 Abs. 1 Nr. 9 UmwG enthält keine Vorgaben für die inhaltliche Darstellung der arbeitsrechtlichen Folgen. Angesichts der komplexen, vielfach umstrittenen materiellrechtlichen Fragen kann eine in alle Einzelheiten gehende erschöpfende Darstellung aller denkbaren arbeitsrechtlichen Folgen der Umwandlung nicht verlangt werden (so auch *Bungert* DB 1997, 2209, 2211; Kallmeyer/*Willemsen* UmwG § 5 Rn. 54). Unter Berücksichtigung von Sinn und Zweck der Vorschrift erfordert die Erfüllung der in § 5 Abs. 1 Nr. 9 UmwG geforderten Darlegungspflicht als Mindestinhalt jedoch eine **221**

Aufzählung der konkreten unmittelbaren und der wesentlichen mittelbaren Auswirkungen der Umwandlung aus Sicht der Vertragsparteien, gleich ob diese vorteilhaft oder nachteilig sind (so auch *Bungert* DB 1997, 2209, 2210f.; *Joost* ZIP 1995, 976, 984).

222 Mit vagen Eventualausführungen im Umwandlungsvertrag vermag das Informationsinteresse des Betriebsrats und der Belegschaft ebenso wenig befriedigt werden wie mit der bloßen Bezugnahme auf gesetzliche Vorschriften (OLG Düsseldorf v. 15.5.1998, 3 Wx 156/98, NZA 1998, 766). Den Anforderungen an die Angabenpflicht wird auch dann nicht genüge getan, wenn in dem Vertrag die Erklärung erfolgt, die Umwandlung habe individualarbeitsrechtlich keine Nachteile für die Arbeitnehmer der beteiligten Gesellschaften. Nach dem Gesetzeswortlaut sind zu den *Folgen,* und nicht etwa lediglich zu eventuell auftretenden *Nachteilen,* für die Belegschaft Angaben zu machen (OLG Düsseldorf v. 15.5.1998, 3 Wx 16/98, aaO).

223 Der Verschmelzungsvertrag hat nach teilweise von den Registergerichten vertretener Auffassung auch Angaben zu solchen Folgen zu enthalten, die durch die Verschmelzung nicht eintreten (so insb. OLG Düsseldorf v. 15.5.1998, 3 Wx 156/98, NZA 1998, 766). Ob und in welchem Umfang klarstellende Hinweise darauf, dass in einzelnen Bereichen infolge der Verschmelzung keine Änderungen eintreten **(„Negativerklärungen")**, tatsächlich erforderlich ist, um dem Informationsinteresse der Arbeitnehmer und ihrer Vertretungen zu genügen, hängt vom Einzelfall ab. Um die Eintragung der Verschmelzung nicht zu gefährden, sollte in der Praxis vorsorglich das Fehlen von arbeitsrechtlichen Folgen in einzelnen Bereichen ausdrücklich mit in die Angaben aufgenommen werden (ebenso Kallmeyer/*Willemsen* UmwG § 5 Rn. 59; vgl. auch OLG Düsseldorf v. 30.3.2009, 3 Wx 248/08, ZIP 2009, 918, zur parallelen Problematik der Eintragung einer SE: Erklärung, dass bei den beteiligten Rechtsträgern keine Arbeitnehmer beschäftigt werden, überwindet das ansonsten bestehende Eintragungshindernis des fehlenden Nachweises der Arbeitnehmerbeteiligung).

Danach können ggf. ausdrückliche Erklärungen zu treffen sein hinsichtlich des **Fehlens von Auswirkungen** der Verschmelzung zB auf:

- den Fortbestand des Betriebsrats und die Geltung von Betriebsvereinbarungen im Betrieb des übertragenden Rechtsträgers,
- die Arbeitsverhältnisse der Arbeitnehmer des aufnehmenden Rechtsträgers,
- die Tarifzuständigkeit,
- das Mitbestimmungsstatut.

224 *einstweilen frei*

225 Die arbeitsrechtlichen Pflichtangaben im Verschmelzungsvertrag müssen sich auf die arbeitsrechtlichen Folgen und in Aussicht genommenen Maßnahmen sowohl bei dem aufnehmenden wie auch bei dem übertragenden Rechtsträger erstrecken.

226 Um ein völliges Ausufern der Angabe arbeitsrechtlicher Folgen gem. § 5 Abs. 1 Nr. 9 UmwG zu vermeiden, ist jedoch nicht jede personelle Maßnahme – unabhängig von der Zahl der betroffenen Arbeitnehmer – im Verschmelzungsvertrag aufzuführen. Personelle Maßnahmen, die nur einzelne Arbeitnehmer betreffen, sind nicht anzugeben. Zur Bestimmung der **„Erheblichkeitsgrenzen"** bietet sich eine Anlehnung an die in § 17 Abs. 1 KSchG (Anzeigepflicht bei Massenentlassungen) normierten Zahlenwerte an (*Drygala* ZIP 1996, 1365, 1370).

e) Überprüfbarkeit unrichtiger/unvollständiger Angaben

227 Eine **Überprüfung** der Angaben über die Folgen der Verschmelzung gemäß § 5 Abs. 1 Nr. 9 UmwG ist dem zuständigen **Registergericht** nur eingeschränkt erlaubt. Ausgehend von der Aufgabe des Registergerichts, zu prüfen, ob die Umwandlung den gesetzlichen Vorschriften entspricht, obliegt dem Registergericht zunächst ein **formelles Prüfungsrecht.** Die Reichweite der Berechtigung oder Verpflichtung zur materiellen Prüfung der Angaben im Sinne einer Schlüssigkeitsprüfung ist umstritten. Nach zutreffender Auffassung besteht grundsätzlich kein materiell-rechtliches Prüfungsrecht hinsichtlich der arbeitsrechtlichen Angaben (ebenso *Melchior* GmbHR 1996, 833, 835; *Mayer* DB 1995, 861, 864; Lutter/*Decher* UmwG § 194 Rn. 33; Kallmeyer/*Willemsen* UmwG § 5 Rn. 58; *Willemsen* NZA 1996, 791, 796; OLG Düsseldorf v. 15.5.1998, 3 Wx 156/98, NZA 1998, 766, 767). Die Eintragung der Verschmelzung kann aber bei offensichtlicher Unrichtigkeit und/oder Unvollständigkeit abgelehnt werden. Dies ist der Fall, wenn der Verschmelzungsvertrag die aus Sicht der beteiligten Rechtsträger zu beachtenden Kernfragen in arbeitsrechtlicher Hinsicht **in keiner Weise nachvollziehbar** wiedergibt, zB eine bloße Bezugnahme auf gesetzliche Vorschriften enthält (vgl. insoweit OLG Düsseldorf v. 15.5.1998, aaO), diese **vollständig fehlen oder so offenkundig unrichtig sind, dass dies** deren **vollständigen Fehlen gleichkommt** (*Bungert* DB 1997, 2209, 2211; *Engelmeyer* DB 1996, 2542, 2544; *Joost* ZIP 1995, 976, 986; ähnlich OLG Frankfurt v. 25.6.2003, 20 W 137/02, GmbHR 2003, 1274 zum Fehlen der Vermögensaufstellung bei formwechselnder Umwandlung; für weitergehende materiell-rechtliche Prüfungsrechte dagegen OLG Naumburg v. 12.2. 1997, 10 Wx 1/97, NJW-RR 1998, 178).

Unvollständige oder unrichtige Angaben im Verschmelzungsvertrag ermöglichen dem Betriebsrat nicht, den Vollzug der Verschmelzung durch Erlass einer **einstweiligen Verfügung beim Arbeitsgericht** zu stoppen. Eine Überlagerung des Umwandlungsrechts durch das Betriebsverfassungsrecht findet nicht statt. Ein Veto- oder Blockaderecht des Betriebsrats gegen die Verschmelzung als solche ist im UmwG nicht vorgesehen (iE *Willemsen* NZA 1996,791, 798; **aA** *Bachner* NJW 1995, 2881, 2886).

Unabhängig von der Frage, ob die Unvollständigkeit oder Unrichtigkeit der arbeits- **228** rechtlichen Angaben im Verschmelzungsvertrag die **Anfechtbarkeit des Verschmelzungsbeschlusses** in gesellschaftsrechtlicher Hinsicht begründet (hierzu u.a. *Bayer* ZIP 1997, 1613, 1618; *Bungert* DB 1997, 2209, 2212f.), **fehlt** es insoweit jedenfalls an der **Anfechtungsbefugnis der Arbeitnehmer oder des Betriebsrats** (so auch OLG Naumburg v. 6.2.1997, 7 U 236/96, DB 1997, 466, 467; *Bungert* DB 1997, 2209, 2212; Lutter/*Drygala* UmwG § 5 Rn. 114). Eine Erweiterung der gesellschaftsrechtlichen Anfechtungsmöglichkeiten kann den – insoweit systemwidrig – in das UmwG eingefügten arbeitsrechtlichen Informationsrechten gemäß § 5 Abs. 1 Nr. 9 iVm. Abs. 3 UmwG nicht entnommen werden (*Bayer* ZIP 1997, 1613, 1618).

einstweilen frei **229, 230**

5. „Checkliste"

Darzustellen sind: **231**

- der **Übergang von Arbeitsverhältnissen** insb. deren Übergang gem. § 324 UmwG iVm. § 613a Abs. 1 BGB,
- die Folgen der evtl. Ausübung des **Widerspruchsrechts** gegen den Übergang der Arbeitsverhältnisse (hierzu → Rn. 178),
- die Rechtsfolgen des Übergangs, insb. betreffend die Anerkennung von **Dienstzeiten** sowie die **Besitzstandswahrung** hinsichtlich der Arbeitsvertragsbedingungen, ggf. zur Fortgeltung einer **betrieblichen Altersversorgung,**
- der Eintritt in Versorgungsanwartschaften bzw. -ansprüche ausgeschiedener Arbeitnehmer aufgrund der Gesamtrechtsnachfolge (§ 20 UmwG),
- Auswirkungen der Verschmelzung auf den **Kündigungsschutz,**
- die Auswirkungen der Verschmelzung auf die Weitergeltung von **Verbands- und/ oder Firmentarifverträgen,** ggf. auf einen etwa eintretenden **Tarifwechsel;**
- die Folgen für evtl. bestehende **Betriebsvereinbarungen** (entsprechend für Gesamt- und Konzernbetriebsvereinbarungen),
- **konkret geplante betriebsorganisatorische Änderungen,** zB Spaltung oder Zusammenfassung, Stilllegung oder Eingliederung von Betrieben oder Betriebsteilen,

- **konkret geplante Personalreduzierung/Versetzungen** als mittelbare Folge der Umstrukturierung,
- bei geplanten Betriebsänderungen: Hinweis auf **Interessenausgleich und Sozialplan,** sonstige Maßnahmen zum **Ausgleich von Nachteilen** wie zB Umschulungen, Weiterbildung etc.),
- **Auswirkungen für** den **Bestand** der **Arbeitnehmervertretungen** (Betriebsräte, Gesamtbetriebsrat, Konzernbetriebsrat und Wirtschaftsausschuss; ggf. Sprecherausschuss),
- Auswirkungen auf den Bestand eines evtl. **Europäischen Betriebsrats,**
- evtl. Auswirkungen auf die **Unternehmensmitbestimmung,**
- klarstellende **Negativerklärungen**

(vgl. hierzu auch die Checkliste bei Kallmeyer/*Willemsen* UmwG § 5 Rn. 60a).

6. Zuleitung an den Betriebsrat

232 Der Verschmelzungsvertrag ist gemäß **§ 5 Abs. 3 UmwG** im Original oder als Entwurf spätestens einen Monat vor dem Tag der Zustimmungsbeschlüsse der beteiligten Rechtsträger dem zuständigen **Betriebsrat** jedes Rechtsträgers **zuzuleiten.** Zuzuleiten ist der gesamte Vertrag, nicht nur die Angaben zu den Arbeitnehmerfolgen (allgA ErfK/*Oetker* § 5 UmwG Rn. 9). § 5 Abs. 3 UmwG soll gewährleisten, dass die Betriebsräte durch die Einbindung in den Umwandlungsvorgang vor dem Zeitpunkt der Versammlung der Anteilseigner die Möglichkeit erhalten, Einwendungen geltend zu machen sowie auf etwaige Änderungen hinzuwirken (vgl. Kallmeyer/*Willemsen* UmwG § 5 Rn. 74).

a) Frist

233 Der Verschmelzungsvertrag ist **spätestens einen Monat vor dem Tag der Versammlung** der Anteilsinhaber jedes beteiligen Rechtsträgers, die über die Zustimmung zu dem Vertrag beschließen soll, dem zuständigen Betriebsrat dieses Rechtsträgers zuzuleiten. Die **Berechnung** der Monatsfrist erfolgt „rückwärts" gemäß den §§ 186ff. BGB. Nach zutreffender Ansicht ist der Tag der Versammlung als auslösendes Ereignis entscheidend; dieser Tag ist gemäß § 187 Abs. 1 BGB nicht mitzuzählen (vgl. Lutter/*Drygala* UmwG § 5 Rn. 108; Beispiel bei Kallmeyer/*Willemsen* § 5 UmwG Rn. 77). Zur Fristwahrung erforderlich ist der rechtzeitige Zugang bei dem zuständigen Betriebsrat.

Die **fristgemäße Zuleitung** ist bei der Anmeldung einer Verschmelzung zum Registergericht gemäß § 17 Abs. 1 UmwG, **nachzuweisen** und somit **Eintragungsvoraussetzung.** Ohne diesen Nachweis kann das Registergericht die Umwandlung nicht eintragen; die Umwandlung wird nicht wirksam (vgl. Lutter/*Drygala* UmwG § 5 Rn. 150).

234 Soll die Beschlussfassung der Anteilseigner der beteiligten Rechtsträger vor Abschluss des Verschmelzungsvertrages erfolgen, muss sein **Entwurf** dem zuständigen Betriebsrat des Rechtsträgers zugeleitet werden (vgl. §§ 5 Abs. 3, 13 Abs. 3 Satz 2, 2. Alternative, 4 Abs. 2 UmwG).

235 Die Vorlagepflicht gegenüber den Betriebsräten der beteiligten Rechtsträger erstreckt sich auf den **gesamten Vertrag** und nicht nur auf die arbeitsrechtlichen Angaben der Umwandlung (vgl. Kallmeyer/*Willemsen* UmwG § 5 Rn. 74).

b) Zuständiger Betriebsrat

236 Gemäß § 5 Abs. 3 UmwG ist der Vertrag bzw. dessen Entwurf dem **„zuständigen Betriebsrat"** jedes beteiligten Rechtsträgers zuzuleiten. Die betriebsverfassungsrechtliche Zuständigkeit richtet sich nach den §§ 50, 58 BetrVG (vgl. RegE (Begr.) BT-

Drs. 12/6699, S. 83). Die Zuleitung an einen nicht zuständigen Betriebsrat erfüllt das Zuleitungserfordernis nicht und kann sich daher als Eintragungshindernis erweisen (vgl. Kallmeyer/*Willemsen* UmwG § 5 Rn. 76).

Bei einer Verschmelzung sind grundsätzlich die Betriebsräte aller Betriebe der beteiligten Rechtsträger, regelmäßig also mehrere Betriebsräte zuständig (Lutter/*Drygala* UmwG § 5 Rn. 1044; Kallmeyer/*Willemsen* UmwG § 5 Rn. 76). Ist bei einem Unternehmen, das aus mehreren Betrieben iSd. BetrVG besteht, ein Gesamtbetriebsrat errichtet, so ist dieser nach § 50 Abs. 1 BetrVG zuständig, da die Verschmelzung ein unternehmensbezogener Vorgang ist (Kallmeyer/*Willemsen* UmwG § 5 Rn. 76; Lutter/*Drygala* UmwG § 5 Rn. 144). Dies gilt auch bei einer Verschmelzung zweier Gesellschaften innerhalb einer Unternehmensgruppe. Der Konzernbetriebsrat ist nicht zuständig, denn er ist kein Betriebsrat eines umwandlungsbeteiligten Rechtsträgers (*Willemsen* RdA 1998, 23, 32; Kallmeyer/*Willemsen* UmwG § 5 Rn. 76; **aA** offenbar der Rechtsausschuss des BT, vgl. BT-Drs. 12/7850 zu § 5 Abs. 3 UmwG: Gesamtbetriebsrat oder Konzernbetriebsrat). 237

Bei Zuständigkeitszweifeln sollte vorsorglich eine Übersendung des Vertrags bzw. Entwurfs an alle möglicherweise zuständigen Betriebsräte erfolgen, um Risiken im Hinblick auf eine Ablehnung der Eintragung der Umwandlung durch den Registerrichter (vgl. § 17 Abs. 1 UmwG) bereits im Vorfeld zu vermeiden (Kallmeyer/*Willemsen* UmwG § 5 Rn. 76; *Wlotzke* DB 1995, 40, 45; *Kreßel* BB 1995, 925). 238

einstweilen frei 239, 240

Die Zuleitung erfolgt über den Betriebsratsvorsitzenden, bzw. bei dessen Verhinderung über seinen Stellvertreter (vgl. § 26 Abs. 2 Satz 2 BetrVG). Dies gilt für den Gesamtbetriebsrat nach § 51 Abs. 1 BetrVG und für den Konzernbetriebsrat nach § 59 Abs. 1 BetrVG entsprechend. 241

c) Nachweis der rechtzeitigen Zuleitung

Nach § 17 Abs. 1 UmwG ist der **Nachweis** über die rechtzeitige Zuleitung des Verschmelzungsvertrages oder seines Entwurfs an den zuständigen Betriebsrat zwingende Anlage der Anmeldung zur Eintragung in das Register, andernfalls darf der Registerrichter die Verschmelzung nicht eintragen. 242

In der Praxis zu empfehlen ist der Nachweis der rechtzeitigen Zuleitung durch Vorlage einer **schriftlichen Empfangsbestätigung** des Betriebsrats (RegE (Begr.) BT-Drs. 12/6699 S. 90; *Joost* ZIP 1995, 976, 986). Der Nachweis ist zweckmäßigerweise zu führen über den **Gegenstand und Zeitpunkt** der Zuleitung, über den **Zuleitungsadressaten** sowie seine **Zuständigkeit** (vgl. *Melchior* GmbHR 1996, 833, 837). Die Empfangsbestätigung sollte daher regelmäßig folgende Angaben enthalten: 243

- Bezeichnung des Umwandlungsvertrags (Datum, Notar, Urkundsrollen-Nummer); bei Zuleitung des Entwurfs Bezeichnung durch Bezugnahme auf das Zuleitungsschreiben,
- Art des Umwandlungsvorgangs und Firma der beteiligten Gesellschaften mit Sitz,
- Unterschrift und Datumsangabe des die Empfangsbestätigung ausstellenden Betriebsrats (im Zweifel des Vorsitzenden) mit Angabe seiner Amtsstellung.

(Vgl. *Melchior* GmbHR 1996, 833, 837).

Fehlt bei der Anmeldung ein geeigneter Nachweis über die rechtzeitige Zuleitung des Umwandlungsvertrages oder seines Entwurfs an den zuständigen Betriebsrat, kann der **Mangel** bis zur Eintragung der Umwandlung im Register **behoben** werden (vgl. § 19 Abs. 1 Satz 2 UmwG). Das Registergericht hat, durch Zwischenverfügung unter Fristsetzung den Vertretungsorganen Gelegenheit geben (vgl. § 26 Satz 2 HRV), die Unterlage über den Nachweis der rechtzeitigen Zuleitung nachzureichen (Lutter/*Bork* UmwG § 17 Rn. 2; Kallmeyer/*Zimmermann* UmwG § 17 Rn. 7). 244

einstweilen frei 245, 246

7. Nachträgliche Änderungen

247 Wird der Verschmelzungsvertrag, nachdem er dem Betriebsrat in seiner ursprünglichen Fassung vorgelegen hat, durch Nachtragsurkunden geändert, so ist deren Zuleitung an den Betriebsrat erforderlich. Dem Betriebsrat ist alles, was Gegenstand der Anmeldung zur Eintragung sein muss und soll, zuzuleiten (OLG Naumburg v. 17.3.2003, 7 Wx 6/02, BB 2003, 2756). Dies gilt nach richtiger Ansicht des OLG Naumburg für alle Änderungen; zwischen wichtigen und unwichtigen Bestandteilen der Urkunde kann im registerrechtlichen Prüfungsverfahren nicht unterschieden werden (OLG Naumburg v. 17.3.2003 aaO, **aA** – nur bei für die Arbeitnehmer und ihre Vertretungen wesentlichen Änderungen – noch *Engl FB Umwandlungen* 1. Aufl. A. 1 Rn. 247; *Müller* DB 1997, 713, 714; OLG Naumburg v. 6.2.1997, 7 U 236/96, DB 1997, 466, 467; einschränkend Kallmeyer/*Willemsen* § 5 UmwG Rn. 78 mwN: nur Änderungen, welche die Interessen der Arbeitnehmer und ihrer Vertretungen berühren können). Die Monatsfrist wird neu ausgelöst, der Betriebsrat kann aber auf ihre Einhaltung verzichten (vgl. Rn. 249 f.).

248 *einstweilen frei*

8. Verzicht

a) Verzicht auf die Zuleitung

249 Ein **genereller Verzicht** des Betriebsrats auf sein Informationsrecht nach § 5 Abs. 1 Nr. 9 UmwG ist **nicht möglich** (ebenso OLG Naumburg v. 17.3.2003, 7 Wx 6/02, BB 2003, 2756; Kallmeyer/*Willemsen* § 5 UmwG Rn. 77b; *Willemsen* RdA 1998, 23 (33); zweifelnd *Müller* DB 1997, 713, 717, Fn. 59). Eine Übertragung der Anwendung gesellschaftsrechtlicher Rechtsgedanken, wonach Verletzungen von Informations- und Teilnahmerechten heilbar und verzichtbar sind, auf arbeitsrechtliche Beteiligungsrechte kommt nicht in Betracht, selbst wenn diese – wie in § 5 Abs. 1 Nr. 9 UmwG – im gesellschaftsrechtlichen Kontext stehen (**aA** LG Stuttgart v. 11.4.2000, 4 KfH T 17 u. 18/99, GmbHR 2000, 622).

b) Verzicht auf die Einhaltung der Monatsfrist

250 Zulässig ist ein Verzicht des Betriebsrats auf die Einhaltung der Monatsfrist. Verzichtet wird lediglich auf die Einhaltung der Rechtzeitigkeit der Zuleitung. Die Verzichtserklärung des Betriebrats hat zur Dokumentation gegenüber dem Registergericht schriftlich zu erfolgen (OLG Naumburg v. 17.3.2003, 7 Wx 6/02, BB 2003, 2756; *Stohlmeier* BB 1999, 1394, 1397; Lutter/*Drygala* UmwG § 5 Rn. 148; im Ergebnis auch LG Stuttgart v. 11.4.2000, 4 KfH T 17 u. 18/99, GmbHR 2000, 622). Die vom Gesetzgeber bezweckte Sicherung des sozialen Friedens (RegE (Begr.) BT-Drs. 12/6699, S. 83) wird bereits erreicht, wenn der Vertrag bzw. sein Entwurf als solcher zugeleitet ist. Der Betriebsrat kann entscheiden, ob er die Frist für die Ermittlung und Prüfung der arbeitsrechtlichen Folgen der Umwandlung ausschöpfen will oder nicht (vgl. OLG Naumburg v. 17.3.2007, aaO; *Willemsen* RdA 1998, 23, 33; *Müller* DB 1997, 713, 717).

251 *einstweilen frei*

9. Unternehmen ohne Betriebsrat

a) Keine Zuleitungsverpflichtung

252 Gibt es bei den oder bei einem der beteiligten Rechtsträger keinen Betriebsrat, entfällt mangels Adressaten das Zuleitungserfordernis nach § 5 Abs. 3 UmwG sowie der Nachweis über die rechtzeitige Zuleitung des Verschmelzungsvertrages bzw. seines Entwurfs. Eine Zuleitungsverpflichtung kann ausnahmsweise nachträglich entstehen, wenn erst innerhalb der Monatsfrist des § 5 Abs. 3 UmwG ein Betriebsrat errichtet wird; in diesem – praktisch zu vernachlässigenden – Fall entsteht die Zuleitungsver-

pflichtung erst mit der rechtswirksamen Errichtung des Betriebsrats, richtigerweise kann die Einhaltung der Monatsfrist jedoch nicht verlangt werden.

Um Hindernisse bei der Eintragung auszuschließen, sollte das Fehlen eines Betriebsrats durch schriftliche Erklärung dokumentiert werden (Kallmeyer/*Willemsen* UmwG § 5 Rn. 79; zu weitgehend AG Duisburg v. 4.1.1996, 23 HRB 4942, 5935, GmbHR 1996, 372: eidesstattliche Versicherung). **253**

b) Keine Entbehrlichkeit der arbeitsrechtlichen Angaben

Besteht bei keinem der an der Umwandlung beteiligten Rechtsträger ein Betriebsrat, entfällt lediglich die Zuleitungsverpflichtung nach § 5 Abs. 3 UmwG. Die Pflicht zur Aufnahme arbeitsrechtlicher Angaben in dem Verschmelzungsvertrag bzw. dem entsprechenden Entwurf bleibt bestehen (ebenso Lutter/*Drygala* UmwG § 5 Rn. 107; *Stohlmeier* BB 1999, 1394, 1396; *Engelmeyer* DB 1996, 2542, 2544; *Müller* DB 1997, 713, 716; *Willemsen* RdA 1998, 23, 32; *Trölitzsch* Anmerkung zu LG Stuttgart v. 11.12.1995, 4 KfH T 22/95, WiB 1996, 994; *ders.* Anmerkung zu LG Stuttgart v. 29.3.1996, 4 KfH T 1/96, WiB 1997, S. 32; aA *Joost* ZIP 1995, 976, 985). Die in § 5 Abs. 1 UmwG aufgeführten Angaben müssen im Vertrag bzw. seinem Entwurf zwingend enthalten sein („… muss mindestens …"). Die Angaben nach § 5 Abs. 1 Nr. 9 UmwG sind auch bei Fehlen eines Betriebsrats nicht entbehrlich, da die Verschmelzung die Interessen der Arbeitnehmer in den an der Verschmelzung beteiligten Rechtsträgern unmittelbar berührt (vgl. *Stohlmeier* BB 1999, 1394, 1395). Die Arbeitnehmer können den Verschmelzungsvertrag auf dem Weg des Einsichtsrechts nach § 9 Abs. 1 HGB beim Handelsregister einsehen. **254**

einstweilen frei **255, 256**

IX. Kartellrechtliche Hinweise

Eine Verschmelzung unterliegt der Zusammenschlusskontrolle der §§ 35 ff. GWB, wenn die an der Verschmelzung beteiligten Unternehmen im letzten Geschäftsjahr vor der Verschmelzung weltweit Umsatzerlöse von insgesamt mindestens EUR 500 Mio. und mindestens ein beteiligtes Unternehmen im Inland Umsatzerlöse von mehr als EUR 25 Mio. sowie ein anderes beteiligtes Unternehmen Umsatzerlöse von mehr als EUR 5 Mio. erzielt haben. Das Bundeskartellamt kann eine solche anmeldepflichtige Verschmelzung untersagen, sofern zu erwarten ist, dass durch sie eine marktbeherrschende Stellung begründet oder verstärkt wird. Trifft dies zu, sind die dagegen verstoßenden Rechtsgeschäfte unwirksam, § 41 Abs. 1 Satz 2 GWB. Daher stehen solche Verschmelzungsverträge immer unter der aufschiebenden Bedingung der kartellrechtlichen Genehmigung. Das Bundeskartellamt entscheidet binnen einer Frist von einem Monat nach Anmeldung, ob es in das Hauptprüfverfahren einsteigt (Vorprüfverfahren, sog. „erste Phase"), § 40 Abs. 1 Satz 1 GWB. Sofern das Bundeskartellamt wettbewerbsrechtliche Probleme in der geplanten Verschmelzung sieht, die nicht innerhalb des Vorprüfverfahrens ausgeräumt werden können, wird das förmliche Hauptprüfverfahren eingeleitet (sog. „zweite Phase"), das ab Anmeldung insgesamt vier Monate dauern kann. Entscheidet das Bundeskartellamt nicht innerhalb von vier Monaten nach Eingang der vollständigen Anmeldung, gilt der Zusammenschluss als freigegeben (§ 40 Abs. 2 Satz 2 GWB). **257**

einstweilen frei **258**

X. Kosten und Gebühren

1. Reformiertes Kostenrecht/GNotKG

Sämtliche Notarkosten richten sich nach dem am 1.8.2013 in Kraft getretenen Gerichts- und Notarkostengesetz (GNotKG) v. 23.7.2013 (BGBl. I 2013, 2586), welches **259** die bis dahin geltende Kostenordnung (KostO) vollständig ersetzt hat (ausführlich *Sikora/Tiedtke* NJW 2013, 2310; *Pfeiffer* NZG 2013, 244). Hierdurch sollen die Notargebühren vereinfacht und modernisiert werden. Zugleich beinhalten die Berechnungsvorschriften eine Gebührensteigerung (ca. 10 bis 20% mehr im Vergleich zu den Kosten unter Geltung der KostO), die sich insbesondere bei umwandlungsrechtlichen Vorgängen in vereinzelt deutlich erhöhten Notarkosten bemerkbar macht. Nach § 107 Abs. 1 GNotKG wird der Mindestgeschäftswert von 25 000.– EUR auf 30 000.– EUR erhöht und außerdem der Höchstwert von 5 Mio. EUR auf nunmehr 10 Mio. EUR angehoben. So fallen zB bei der Beurkundung einer Verschmelzung mit einem Geschäftswert von 10 Mio. EUR geschätzte Mehrkosten iHv. ca. 7700.– EUR an. Dies wird mit dem erhöhten Haftungsrisiko des Notars sowie der größeren Komplexität von umwandlungsrechtlichen Vorgängen im gesellschaftsrechtlichen Notariat begründet (Begr. RegE, BT-Drs. 17/11471 S. 209, 283).

2. Notargebühren

260 Die Berechnung der Notargebühren erfolgt durch die (1) Ermittlung des Geschäftswerts der Beurkundung (vgl. § 3 Abs. 1 GNotKG) sowie (2) Festlegung der für den ermittelten Geschäftswert anfallenden Kosten der jeweiligen Gebührenvorschrift ausweislich des Kostenverzeichnisses gemäß Anlage 1 zu § 3 Abs. 2 GNotKG iVm. Tabelle B.

a) Verschmelzungsvertrag und Zustimmungsbeschlüsse

261 Die Notargebühren für die Beurkundung des Abschlusses des **Verschmelzungsvertrages** richten sich nach §§ 97, 107 GNotKG. Da die Anteilsinhaber des übertragenden Rechtsträgers grds. als Gegenleistung für die Übertragung des Vermögens neue Anteile an dem übernehmenden Rechtsträger erhalten, liegt ein sog. Austauschvertrag iSv. § 97 Abs. 3 GNotKG vor (BeckOK KostR/*Gläser* GNotKG § 97 Rn. 22; BayObLG v. 12.3.1975, 3 Z BR 144/74, DNotZ 1975, 676; v. 29.7.1992, 3 Z BR 83/92, DNotZ 1993, 273, unter Geltung der damaligen KostO), für den eine doppelte Gebühr (2,0) nach Nr. 21100 des Kostenverzeichnisses (KV) anfällt. Die **Bemessungsgrundlage** für den Geschäftswert der Urkunde ist nach § 97 Abs. 1, 3 GNotKG der Gegenstandswert des Verschmelzungsvertrages, d. h. der höhere Wert aus Gegenleistung (Anteile am übernehmenden Rechtsträger) und übertragenem Aktivvermögen (BeckOK KostR/*Neie* GNotKG § 107 Rn. 38). Da bei der vorliegenden Verschmelzung eine Kapitalerhöhung des übernehmenden Rechtsträgers nach § 54 Abs. 1 Satz 1 Nr. 1 UmwG unzulässig ist, kann denknotwendig nur das übertragene Aktivvermögen Bemessungsgrundlage sein (BDS/*Bormann* GNotKG § 107 Rn. 34; Renner/Otto/Heinze/*Heinze* GNotKG § 107 Rn. 10d). Die Berechnung erfolgt dabei auf Grundlage der nach § 17 Abs. 2 UmwG zum Handelsregister einzureichenden Verschmelzungsbilanz, jedoch ohne Abzug von Schulden (§ 38 Satz 1 GNotKG, vgl. hierzu BayObLG v. 23.4.1999, 3 Z BR 19/99, NJW-RR 1999, 1373; BayObLG v. 19.3.1997, 3 Z BR 283/96, MittBayNot 1997, 252; OLG Karlsruhe v. 30.1.2001, 11 Wx 59/00, ZNotP 2002, 121 zur KostO). Das Aktivvermögen wird um nicht durch Eigenkapital gedeckte Fehlbeträge vermindert; im Gegenzug erhöhen stille Reserven das Aktivvermögen der Tochter-GmbH (§ 46 Abs. 1 GNotKG; *Diehn/Volpert,* Praxis des Notarkostenrechts, Rn. 2549 ff.).

Die in der Bilanz enthaltenen Bilanzpositionen hat der Notar daraufhin zu untersuchen, ob kostenrechtlich ggf. ein anderer Wert anzusetzen ist; anderenfalls kann ein Verstoß gegen das Verbot der Gebührenvereinbarung nach § 125 GNotKG vorliegen (Korintenberg/*Tiedtke* GNotKG § 107 Rn. 41). Dabei ist insbesondere bei bilanziertem Grundbesitz nicht der Buch-, sondern der Verkehrswert anzusetzen. Allerdings ist der Notar nicht verpflichtet, eine weitergehende Berichtigung der Bilanz hinsichtlich der Aufdeckung sonstiger stiller Reserven vorzunehmen, zumal ihm hierzu oftmals die erforderlichen Informationen bzw. betriebswirtschaftlichen Kenntnisse fehlen dürften.

Übersteigt das so berechnete Aktivvermögen den Betrag von 10 Mio. EUR, dann berechnen sich die Notarkosten ausschließlich aus diesem Höchstwert (§ 107 Abs. 1 GNotKG, in Abweichung vom sonst für Beurkundungen geltenden Höchstwert von 60 Mio. EUR, vgl. § 35 Abs. 2 GNotKG).

War die Muttergesellschaft vor der Verschmelzung Inhaberin von Forderungen gegenüber der Tochtergesellschaft (etwa aus Gesellschafterdarlehen, gestundeten Gewinnauszahlungsansprüchen oder vergleichbaren Instrumenten der Konzerninnenfinanzierung), fallen diese im Rahmen der Verschmelzung zwar weg, mindern jedoch nicht das Aktivvermögen als Berechnungsgrundlage (OLG Düsseldorf v. 2.7.1998, 10 W 5898, MittBayNot 1998, 464; Korintenberg/*Tiedtke* GNotKG § 107 Rn. 41).

Die Mitbeurkundung der erforderlichen Zustimmungsbeschlüsse nach § 13 Abs. 1 UmwG in der Tochter- sowie der Muttergesellschaft ist nach § 110 Nr. 1 GNotKG gegenstandsverschieden zum Verschmelzungsvertrag, so dass diese nach §§ 97, 108 Abs. 1 GNotKG für die Notarkostenberechnung gesondert zu berücksichtigen sind. Gemäß § 108 Abs. 3 S. 1 GNotKG ist der Geschäftswert der Zustimmungsbeschlüsse der Wert des Vermögens des übertragenden Rechtsträgers, höchstens jedoch 5 Mio. EUR (§ 108 Abs. 5 GNotKG), auch wenn mehrere Beschlüsse mit verschiedenem Gegenstand in einem Beurkundungsverfahren zusammengefasst werden. Die Zustimmungsbeschlüsse untereinander haben nach § 109 Abs. 2 Satz 1 Nr. 4 Buchst. g GNotKG jedoch denselben Gegenstand, da sie sich auf einen identischen Beschlussgegenstand (Zustimmung zum Abschluss des Verschmelzungsvertrages) beziehen. Entsprechend ist auch bei der Mitbeurkundung beider Zustimmungsbeschlüsse der Geschäftswert nach § 108 Abs. 1 GNotKG nur einmal anzusetzen. Es empfiehlt sich daher und wegen der Degression der Kostentabelle, sowohl den Verschmelzungsvertrag als auch die beiden Zustimmungsbeschlüsse – wie vorliegend – in einer Urkunde zusammenzufassen. Werden die Zustimmungsbeschlüsse in getrennten Urkunden notariell aufgenommen, so kann hierin eine unrichtige Sachbehandlung nach § 21 GNotKG liegen, zB wenn die Zustimmungsbeschlüsse bzw. Verzichtserklärungen ohne sachliche Gründe oder ausdrückliches Verlangen der Beteiligten vom Notar in separaten Urkunden aufgenommen werden (OLG Zweibrücken v. 17.9.2002, 3 W 74/02, ZNotP 2002, 450; BDS/*Bormann* GNotkG § 107 Rn. 36; *Korintenberg/Tiedtke* GNotKG § 107 Rn. 45). Anderes kann gelten, wenn die Beteiligten (zB durch ihre rechtlichen oder steuerlichen Berater) aufgrund ihrer Sachkunde die Entwürfe selbst gefertigt und dies nicht dem Notar überlassen haben (LG Düsseldorf v. 23.7.2003, 19 T 73/03, JurBüro 2004, 98; Korintenberg/*Tiedtke* GNotKG § 107 Rn. 45). Gleichwohl wird auch in letzteren Fällen ein kurzer Hinweis des Notars auf die kostenrechtlichen Auswirkungen der Getrenntbeurkundung angezeigt sein. Eine Getrenntbeurkundung kann allerdings angezeigt sein, wenn die Muttergesellschaft Minderheitsgesellschafter hat, die ggf. gegen die Verschmelzung stimmen werden. Handelt es sich nicht um eine reine Konzernverschmelzung ohne Konfliktpotential, dann ist eine Getrenntbeurkundung regelmäßig keine unrichtige Sachbehandlung.

Grundsätzlich können im Rahmen der notariellen Abwicklung des Verschmel- **262**
zungsvorgangs noch sog. **Vollzugs- und/oder Betreuungsgebühren** entstehen. Die Vollzugsgebühr beträgt eine halbe Gebühr (0,5) und berechnet sich aus dem Geschäftswert des Beurkundungsverfahrens. Welche Tätigkeiten eine gesonderte Vollzugsgebühr des Notars auslösen, ergibt sich aus Vorbem. 2.2.1.1 des Kostenverzeichnisses, also insbesondere Erstellung von Übernehmerlisten (§ 57 Abs. 3 Satz 2 GmbHG) bzw. Gesellschafterlisten (§ 40 Abs. 2 GmbHG) bei verschmelzungsbedingten Kapitalerhöhungen (vgl. Nr. 22113 des Kostenverzeichnisses), wobei die Vollzugsgebühr nur einmal anfällt (§ 93 Abs. 1 GNotKG) und auf 250 EUR je Liste gedeckelt ist. Eine Vollzugsgebühr kann auch entstehen, wenn eine Partei vollmachtlos vertreten ist und der No-

tar den Eingang der entsprechenden Genehmigungserklärung und damit das Wirksamwerden des Verschmelzungsvorgangs überwacht (Abs. 1 Nr. 5 der Vorbem. 2.2.1.1 des Kostenverzeichnisses). Eine Betreuungsgebühr kann ebenfalls im Rahmen von verschmelzungsbedingten Kapitalerhöhungen entstehen, etwa wenn der Notar die nach § 40 Abs. 2 Satz 2 GmbHG erforderliche Bescheinigung unter der Gesellschafterliste des übernehmenden Rechtsträgers nach Wirksamwerden der Verschmelzung nebst kombinierter Kapitalerhöhung erstellt (Nr. 6 der Nr. 22200 des Kostenverzeichnisses).

Im Fall des vorliegenden Formulars A.1 entstehen mangels Kapitalerhöhung (Kapitalerhöhungsverbot) und Veränderung der Beteiligungsstruktur beim übernehmenden Rechtsträger weder eine Vollzugs- noch eine Betreuungsgebühr.

Neben den eigentlichen Beurkundungsgebühren werden durch den Notar **Auslagen** in Rechnung gestellt, die sich im Einzelnen aus den Nr. 32000ff. des Kostenverzeichnisses je nach Anfall ergeben, also insbesondere aus Nr. 32001 (Dokumentenpauschale für das Anfertigen von Kopien/Ausdrucken von 0,50/0,15 EUR je Seite), aus Nr. 32005 (Auslagenpauschale von 20 EUR für Post- und Telekommunikationsleistungen) sowie aus Nr. 32011 (Auslagen Handelsregistereinsichten von je 4,50 EUR). Auf die Gesamtbeurkundungskosten nebst Auslagen fallen dann 19% USt an (vgl. Nr. 32014 des Kostenverzeichnisses).

b) Handelsregisteranmeldungen

263 **Beglaubigt** der Notar lediglich die Unterschriften der Geschäftsführer der Tochter- sowie der Mutter-GmbH unter ihm zur Verfügung gestellten **Fremdentwürfen,** erhält er eine Gebühr von 0,2, mindestens jedoch 20 EUR und höchstens 70 EUR nach Nr. 25100 des Kostenverzeichnisses. Der Geschäftswert der Handelsregisteranmeldungen wird nach §§ 121, 105 GNotKG ermittelt. Da vorliegend kein bestimmter Geldbetrag, etwa ein Kapitalerhöhungsbetrag, in das Handelsregister einzutragen ist (vgl. § 105 Abs. 1 GNotKG), liegt eine Anmeldung mit unbestimmtem Geldwert nach § 105 Abs. 4 Nr. 1 GNotKG vor. Entsprechend ist der Geschäftswert ein Prozent des Stammkapitals der betreffenden Gesellschaft, mindestens jedoch 30000 EUR; die 0,2 Gebühr aus diesem Geschäftswert beträgt 25 EUR.

Zudem erhält der Notar nach Nr. 22114 des Kostenverzeichnisses (elektronischer Vollzug und Erstellung von sog. XML-Strukturdaten) eine zusätzliche Gebühr in Höhe von 0,3, maximal jedoch 250 EUR, für die elektronische Einreichung der Handelsregisteranmeldung nebst Anlagen zum Registergericht. Des Weiteren fällt eine Vollzugsgebühr nach Nr. 22124 des Kostenverzeichnisses von 20 EUR für die Einreichung der Handelsregisteranmeldung an. Hinzu kommen Auslagen nach Nr. 3200ff. des Kostenverzeichnisses und 19% USt (Nr. 32014).

Erstellt der **Notar selbst** die **Entwürfe** der Handelsregisteranmeldungen für die Tochter- und die Mutter-GmbH, berechnen sich die Notargebühren nach Nr. 24102 des Kostenverzeichnisses. Hiernach fällt eine Rahmengebühr von 0,3 bis 0,5, bei einer (vollständigen) Entwurfserstellung eine Gebühr von 0,5, mindestens jedoch 30 EUR an. Der Geschäftswert berechnet sich wiederum aus §§ 119, 105 GNotKG. Bei beiden Anmeldungen handelt es sich vorliegend um solche ohne bestimmten Geldwert, so dass der Geschäftswert wiederum nach § 105 Abs. 2, Abs. 4 Nr. 1 GNotKG ein Prozent des Stammkapitals der betreffenden Gesellschaft, mindestens jedoch 30000 EUR beträgt. Die Gebühr beträgt in letzterem Fall 62,50 EUR. Zudem erhält der Notar nach Nr. 22114 des Kostenverzeichnisses (elektronischer Vollzug und Erstellung von sog. XML-Strukturdaten) eine zusätzliche Gebühr in Höhe von 0,3, maximal jedoch 250 EUR, für die elektronische Einreichung der Handelsregisteranmeldung nebst Anlagen zum Registergericht. Der Geschäftswert bestimmt sich aus § 112 GNotKG; die so ermittelte Gebühr beträgt 37,50 EUR. Neben den beiden vorgenannten Gebühren sind wiederum Auslagen nach Nr. 3200ff. und 19% USt (Nr. 32014) zu zahlen.

3. Handelsregistergebühren

Die Eintragungsgebühren richten sich nach der Verordnung über Gebühren in Handels-, Partnerschafts- und Genossenschaftsregistersachen (Handelsregistergebührenverordnung, HRegGebV), die auf der Ermächtigungsgrundlage in § 58 GNotKG beruht. Bei den Gebühren handelt es sich um sog. aufwandsbezogene Gebühren, die dem sog. Gebührenverzeichnis als Anlage zu § 1 Satz 1 HRegGebV v. 30.9.2004, BGBl. I 2004, 2562 entnommen werden können. **264**

Die **Handelsregistereintragung** kostet sowohl bei der übertragenden als auch der übernehmenden GmbH je 240 EUR (Gebührenverzeichnis Nr. 2402, 2403).

C. Einzelerläuterungen

I. Notarurkunde (Verschmelzungsvertrag und Gesellschafterbeschlüsse)

Vorliegend enthält die Notarurkunde sowohl den Verschmelzungsvertrag als auch die Zustimmungsbeschlüsse des übertragenden und des übernehmenden Rechtsträgers der Verschmelzung. Grund hierfür ist das Bestreben, die Notargebühren für die Beurkundung des Verschmelzungsvertrages und der Zustimmungsbeschlüsse zu minimieren. Werden die Zustimmungsbeschlüsse beider beteiligten Rechtsträger zusammen beurkundet, fällt wegen Gegenstandsgleichheit nur eine Gebühr an, § 109 Abs. 2 Satz 1 Nr. 4 Buchst. g GNotKG. Werden die Zustimmungsbeschlüsse zusammen mit dem Verschmelzungsvertrag in einer Urkunde gefasst, so sind die Zustimmungsbeschlüsse aufgrund der Gegenstandsverschiedenheit zum Verschmelzungsvertrag gemäß § 110 Nr. 1 GNotKG für die Notarkostenberechnung nach §§ 97, 108 Abs. 1 GNotKG gesondert zu berücksichtigen; jedoch wird in der Praxis bei Konzernverschmelzungen die vorliegende **Kombination** des Verschmelzungsvertrages und der Zustimmungsbeschlüsse in einer Notarurkunde aufgrund der Degression der Kostentabelle vorgenommen. **265**

Zum Rubrum:

Das Rubrum beginnt mit der Angabe des **Datums** und des **Orts** der Niederschrift. **266**
Nach § 9 Abs. 2 BeurkG soll die Niederschrift **Ort und Tag der Verhandlung** enthalten. Das Formular erfüllt damit die Erfordernisse dieser gesetzlichen Sollvorschrift, deren Nichtbeachtung nicht zur Unwirksamkeit der Beurkundung führt (*Eylmann/Vaasen* BeurkG § 9 Rn. 26). Die Angabe der Straße und Hausnummer ist nach dem Gesetzeswortlaut nicht erforderlich (*Eylmann/Vaasen* BeurkG § 9 Rn. 26), aber üblich.

Ferner enthält das Rubrum den Namen des Notars. Nach § 9 Abs. 1 Satz 1 Nr. 1 BeurkG muss die Niederschrift die **Bezeichnung des Notars** enthalten; zu ausländischem Notar → Form. B.1 Rn. 333ff. Die Nichtbeachtung dieser zwingenden Vorschrift führt zur Nichtigkeit der Beurkundung (*Eylmann/Vaasen* BeurkG § 9 Rn. 2).

Ferner enthält das Rubrum die Daten der Erschienenen zu 1) bis 3). Nach § 9 Abs. 1 Satz 1 Nr. 1 BeurkG muss die Niederschrift die **Bezeichnung der Beteiligten** enthalten. Beteiligte sind nicht die materiell-rechtlichen Vertragsparteien, vorliegend also die Vertretenen zu 1) bis 3), sondern die **formell** Beteiligten im Sinne von § 6 Abs. 2 BeurkG. Danach sind an der Beurkundung beteiligt die **Erschienenen,** deren im eigenen oder fremden Namen abgegebene Erklärungen beurkundet werden sollen.

Die **Feststellung der Beteiligten** ist in § 10 BeurkG geregelt. Nach § 10 Abs. 2 BeurkG soll in der Niederschrift die Person der Beteiligten so genau bezeichnet werden, dass Zweifel und Verwechslungen ausgeschlossen sind. Die Art und Weise der Bezeichnung ist damit nicht geregelt. Folglich liegt es grundsätzlich im Ermessen des **267** beurkundenden Notars, wie er der Pflicht nachkommt, Zweifel und Verwechslungen bei den Beteiligten auszuschließen. § 26 Abs. 2 DONot, die freilich keine gesetzliche Vorschrift ist, aber zur Auslegung des § 10 BeurkG heranzuziehen ist, verlangt, dass bei der Bezeichnung natürlicher Personen neben **Name** und **Vorname** der **Wohnort** und die **Wohnung,** bei verheirateten oder verheiratet gewesenen Personen auch der **Geburtsname** beizufügen ist. Ferner soll der **Geburtstag** der Beteiligten angegeben werden, wenn Beurkundungen zur Eintragung in Grundbücher, Vereins- und Güterrechtsregister führen und dieser ohne weiteres zuverlässig festgestellt werden kann.

Dem folgt auch das Formular, das die Angabe des Vornamens und des Nachnamens sowie das Datum des Geburtstags und – da es um eine geschäftliche Angelegenheit geht – die **Geschäftsanschrift** anstelle der Wohnanschrift angibt. Die Angabe des **Berufs** ist im Formular deswegen nicht vorgeschlagen, weil der Notar diese Angabe ohnehin nicht zuverlässig überprüfen kann. Auch das Handelsrechtsreformgesetz vom 22.6.1998 wurde dahingehend geändert, dass in das Handelsregister nicht mehr der Beruf, sondern das Geburtsdatum einzutragen ist (§ 40 HRV). Daher sieht das Formular von der Angabe des Berufs ab (in der Münchener Registerpraxis beispielweise ist die Angabe des Berufs teilweise noch üblich). Unabhängig davon kann es im Einzelfall zweckmäßig sein, weitere Angaben, wie etwa die **Staatsangehörigkeit** zur näheren Bezeichnung der Beteiligten anzugeben.

268 Ferner enthält das Rubrum die Angabe, dass der Erschienene dem Notar persönlich bekannt ist. Nach § 10 Abs. 3 Satz 1 BeurkG soll sich aus der Niederschrift ergeben, ob der Notar die Beteiligten kennt oder wie er sich **Gewissheit über die Person** verschafft hat. Kann sich der Notar diese Gewissheit nicht verschaffen, wird aber gleichwohl die Aufnahme der Niederschrift verlangt, so soll nach § 10 Abs. 3 Satz 2 BeurkG der Notar dies in der Niederschrift unter Anführung des Sachverhalts angeben. Vorliegend geht das Formular davon aus, dass der jeweils Erschienene dem Notar persönlich bekannt ist und erfüllt damit das Sollerfordernis des § 10 Abs. 3 Satz 1 Alt. 1 BeurkG. **Kenntnis** von der erschienenen Person liegt vor, wenn der Notar die Identität des Beteiligten auf Grund früherer Vorbefassungen oder sonstiger Umstände zuverlässig kennt, wobei auch die einmalige Vorbefassung genügen kann (vgl. zum Ganzen *Eylmann/Vaasen* BeurkG § 10 Rn. 8).

269 Ferner enthält das Rubrum die Angabe, dass der jeweilige Erschienene nicht im eigenen Namen handelt sondern für eine Gesellschaft, die mit Sitz, Registergericht, Handelsregisternummer und Geschäftsanschrift angegeben ist. Diese Angabe gehört nicht mehr zur Bezeichnung des formell Beteiligten, sondern bereits zum Erklärungsinhalt der Urkunde. Gleichwohl ist es auch hier die Pflicht des Notars, die **jeweils materiell Vertretenen** genau zu bestimmen. Dementsprechend nennt das Formular die Firma, den Sitz, das Registergericht, die Handelsregisternummer und die Geschäftsadresse der Vertretenen.

270 Das Rubrum dieser Notarurkunde enthält nicht nur die Vertretenen zu 1) und 2) als Parteien des Verschmelzungsvertrages, also den übertragenden und den übernehmenden Rechtsträger, sondern auch die Vertretene zu 3) als Gesellschafter des übernehmenden Rechtsträgers, der in der Urkunde sodann – wie auch der übernehmende Rechtsträger als Gesellschafter des übertragenden Rechtsträgers – den Gesellschafterbeschluss fasst.

271 Ferner enthält das Rubrum die **Vertretungsbescheinigungen.** Nach § 12 Satz 1 BeurkG sollen vorgelegte Vollmachten und Ausweise über die Berechtigung eines gesetzlichen Vertreters der Niederschrift in Urschrift oder in beglaubigter Abschrift beigefügt werden. Ergibt sich die Vertretungsberechtigung aus einer Eintragung im Handelsregister oder in einem ähnlichen Register, so genügt nach § 12 Satz 2 BeurkG die Bescheinigung des Notars nach § 21 der BNotO. In § 21 Abs. 1 Satz 1 Nr. 1 BNotO sind Notare für Bescheinigungen über eine Vertretungsberechtigung zuständig, wenn sich diese Umstände aus einer Eintragung im Handelsregister oder in einem ähnlichen Register ergeben. Nach § 21 Abs. 1 Satz 2 BNotO hat die Bescheinigung die gleiche Beweiskraft wie ein Zeugnis des Registergerichts.

Der **Inhalt** der Vertretungsbescheinigung richtet sich nach § 21 Abs. 2 BNotO. Danach darf der Notar die Bescheinigung nur ausstellen, wenn er sich zuvor über die Eintragung Gewissheit verschafft hat, die auf Einsichtnahme in das Register oder in eine beglaubigte Abschrift hiervon beruhen muss. Er hat den Tag der Einsichtnahme in das Register oder den Tag der Ausstellung der Abschrift in der Bescheinigung anzugeben. Die Vertretungsbescheinigung erfolgt idR im Rubrum, sie kann auch gesondert erteilt werden.

Das Rubrum enthält ferner die Erklärungen der Erschienenen, dass weder der Notar selbst noch sein Sozius in der Sache, die im Nachfolgenden beurkundet wird, **vorbefasst** iSv. § 3 Abs. 1 Nr. 7 BeurkG sind. Nach § 3 Abs. 1 Nr. 7 BeurkG soll ein Notar an einer Beurkundung nicht mitwirken, wenn es sich um Angelegenheiten einer Person handelt, für die der Notar außerhalb seiner Amtstätigkeit oder Angelegenheiten einer Person iSd. Nr. 4 (dh. einer Person, mit der sich der Notar zur gemeinsamen Berufsausübung verbunden oder mit der er gemeinsame Geschäftsräume hat) oder außerhalb ihrer Amtstätigkeit in derselben Angelegenheit bereits tätig war oder ist. Eine Ausnahme ist gegeben, wenn diese Tätigkeit im Auftrag aller Personen ausgeübt wurde, die an der Beurkundung beteiligt sein sollen. Handelt es sich um eine Angelegenheit mehrerer Personen und ist der Notar früher in dieser Angelegenheit als gesetzlicher Vertreter oder Bevollmächtigter tätig gewesen, oder ist er für eine dieser Personen in anderer Sache als Bevollmächtigter tätig, so soll er nach § 3 Abs. 2 Satz 1 BeurkG vor der Beurkundung darauf hinweisen und fragen, ob er die Beurkundung gleichwohl vornehmen soll. Nach § 3 Abs. 2 Satz 2 BeurkG soll er in der Urkunde vermerken, dass dies geschehen ist. **272**

Hier liegt keine Vorbefassung in der genannten Art vor. Gleichwohl hat es sich eingebürgert, den entsprechenden Vertragstext, der auf der 1998 in das BeurkG aufgenommenen Regelung beruht, nicht nur zu vermerken, wenn die Vorbefassung positiv gegeben ist, sondern auch festzuhalten, wenn diese nicht erfüllt ist.

Das Rubrum schließt damit, dass der Notar auf Ansuchen der Erschienenen die vor ihm gegebenen Erklärungen wie folgt beurkundet. Nach § 9 Abs. 1 Satz 1 Nr. 2 BeurkG muss die Niederschrift die **Erklärungen der Beteiligten** enthalten. **273**

1. Verschmelzungsvertrag

Vorliegend schließen die M-GmbH und die T-GmbH den Verschmelzungsvertrag. Die Parteien werden jeweils durch ihre einzelvertretungsberechtigten Geschäftsführer vertreten. **274**

Der **Mindestinhalt** eines Verschmelzungsvertrages für die Verschmelzung zur Aufnahme einer 100%igen Tochtergesellschaft ergibt sich aus § 5 Abs. 1 und 2 und § 46 UmwG.

Zur Präambel:

In der gesetzlich nicht erforderlichen Präambel sind die materiell beteiligten Vertragsparteien des Verschmelzungsvertrages genau mit ihrer Firma, ihrem Sitz, dem Registergericht, der Handelsregisternummer und ihrem Stammkapital bezeichnet. Um den **Sachstand** festzustellen, ist das jeweilige Stammkapital und die Beteiligung der Mutter-GmbH an der Tochter-GmbH mit der Anzahl der Geschäftsanteile und deren Nominalbetrag aufgeführt. **275**

Ferner enthält die Präambel die Angabe, dass die Einlagen und ein etwaiges Aufgeld auf die Geschäftsanteile der Tochter-GmbH in voller Höhe einbezahlt sind. Grund hierfür ist folgender:

Ist an der Verschmelzung eine GmbH, auf deren Geschäftsanteile nicht alle zu leistenden Einlagen in voller Höhe bewirkt sind, als **übernehmender** Rechtsträger beteiligt, so bedarf der Verschmelzungsbeschluss des **übertragenden** Rechtsträgers nach § 51 Abs. 1 Satz 1 UmwG der Zustimmung **aller** bei der Beschlussfassung **anwesenden** Anteilsinhaber dieses Rechtsträgers. Ist der **übertragende** Rechtsträger wiederum eine GmbH, so bedarf der Verschmelzungsbeschluss nach § 51 Abs. 1 Satz 2 UmwG auch der Zustimmung der **nicht erschienenen** Gesellschafter. Wird also eine GmbH auf eine GmbH, auf deren Geschäftsanteile nicht alle zu leistenden Einlagen in voller Höhe bewirkt sind, verschmolzen, bedarf der Verschmelzungsbeschluss der übertragenden GmbH der Zustimmung aller – auch der nicht erschienenen – Gesellschafter. In diesem Fall statuiert § 51 Abs. 1 Satz 1 und Satz 2 UmwG also ein Einstimmigkeitserfordernis für den Zustimmungsbeschluss der übertragenden GmbH. Bei den Zustimmungserklärungen von nicht erschienenen Gesellschaftern nach § 51 Abs. 1 Satz 2 UmwG handelt es sich um Zustimmungserklärungen iSv. § 13 Abs. 3 Satz 1 letzter Satzteil UmwG, die notariell beurkundet werden müssen. Solange diese Zustimmungserklärungen nicht vorliegen, sind der Verschmelzungsbeschluss und der Verschmelzungsvertrag schwebend unwirksam (vgl. SHS/*Stratz* UmwG § 51 Rn. 6). Wird die Zustimmung auch nur von einem der Zustimmungsberechtigten verweigert, führt dies zur endgültigen Unwirksamkeit des Verschmelzungsbeschlusses (vgl. SHS/*Winter* UmwG § 13 Rn. 66). Dies ist ein Eintragungshindernis; erfolgt die Eintragung im Handelsregister dennoch, bleibt der Mangel der Verschmelzung gemäß § 20 Abs. 2 UmwG in Bezug auf die Wirkungen der Eintragung jedoch ohne Folgen.

276 Nach § 51 Abs. 1 Satz 3 UmwG bedarf eine Verschmelzung, bei der eine GmbH, auf deren Geschäftsanteil nicht alle zu leistenden Einlagen in voller Höhe bewirkt sind, als übertragender Rechtsträger an einer Verschmelzung teilnimmt, der Zustimmung aller Gesellschafter der **übernehmenden** GmbH (so nun richtig im Anschluss an die hM in der Literatur, vgl. WM/*Mayer* UmwG § 51 Rn. 22ff., auch das 2. UmwÄndG).

Vor diesem Hintergrund hat die in der Präambel genannte Angabe den Zweck, die Zustimmungserfordernisse bereits im Verschmelzungsvertrag dahingehend zu klären, dass vorliegend eine Zustimmung aller anwesenden/nicht erschienenen Gesellschafter nicht erforderlich ist, weil die Einlage und etwaiges Aufgeld auf die Geschäftsanteile in voller Höhe einbezahlt sind. Obgleich diese Feststellung grundsätzlich den Zustimmungsbeschluss tangiert (und dort auch wiederholt wird), hat es sich eingebürgert, diese Feststellung bereits in der Präambel bzw. im Verschmelzungsvertrag zu treffen. Dies dient auch der Information der Gesellschafter, wenn der Verschmelzungsvertrag vorab nach § 47 UmwG übersandt wird. Gleichwohl ist diese Angabe im Verschmelzungsvertrag nicht zwingend.

Ferner stellt die Präambel fest, dass **Sonderrechte** iSv. §§ 23 und 50 Abs. 2 UmwG der übertragenden GmbH nicht bestehen, um so von vornherein klarzustellen, dass die korrespondierenden weiteren Erfordernisse an den Zustimmungsbeschluss der übertragenden GmbH nicht erfüllt werden müssen.

Abschließend stellt die Präambel den beabsichtigten Transaktionsvorgang dar und verweist auf die dann folgende Vereinbarung.

In der Praxis kann es insb. bei Unternehmensumstrukturierungen, die in mehreren Phasen oder Schritten ablaufen, empfehlenswert sein, die wirtschaftlichen Hintergründe und einzelnen Phasen und Schritte, die oft in einem Zeitpunkt zusammenfallen, in die Präambel aufzunehmen.

Zu § 1: Vermögensübertragung, Verschmelzungsstichtag und Schlussbilanz

277 **Abs. 1** enthält die in § 5 Abs. 1 Nr. 1 und 2 UmwG geforderten Mindestangaben:
– die Firma der an der Verschmelzung beteiligten Rechtsträger,
– der Sitz der an der Verschmelzung beteiligten Rechtsträger,

– die Vereinbarung über die Übertragung des Vermögens jedes übertragenden Rechtsträgers als Ganzes; da im vorliegenden Fall eine Gegenleistung nicht erfolgt, entfällt die Vereinbarung gegen Gewährung von Anteilen an dem übernehmenden Rechtsträger. Der Vertragswortlaut orientiert sich am Wortlaut der zitierten Normen.

Abs. 2 Satz 1 enthält die in § 5 Abs. 1 Nr. 6 UmwG geforderte Angabe über den Zeitpunkt, von dem an die Handlungen der übertragenden Rechtsträger als für Rechnung des übernehmenden Rechtsträgers vorgenommen gelten (Verschmelzungsstichtag). Nach der gesetzlichen Regelung des § 20 Abs. 1 Nr. 1 UmwG geht das Vermögen des übertragenen Rechtsträger einschließlich der Verbindlichkeiten erst mit der Eintragung der Verschmelzung in das Register des Sitzes des übernehmenden Rechtsträgers auf den übernehmenden Rechtsträger über. Diese dingliche Wirkung ist nicht dispositiv. Allerdings können abweichend von dieser dinglichen Regelung die Parteien im Innenverhältnis als schuldrechtliche Abrede einen davon abweichenden Verschmelzungsstichtag vereinbaren. **278**

Abs. 2 Satz 2 orientiert sich am Wortlaut von § 5 Abs. 1 Nr. 6 UmwG.

Abs. 3 enthält die rechtlich nicht erforderliche Angabe über die nach § 17 Abs. 2 UmwG der Anmeldung zum Register des Sitzes des übertragenen Rechtsträgers beizufügenden Bilanz des übertragenen Rechtsträgers (Schlussbilanz). Es hat sich jedoch in der Praxis eingebürgert, diese Klausel der Klarstellung halber in den Vertrag aufzunehmen. **279**

Oft findet sich die Angabe, dass die M-GmbH in der Schlussbilanz der T-GmbH angesetzte Werte der übergehenden Aktiva und Passiva in ihrer Rechnungslegung fortführt. Diese Angabe ist rechtlich nicht erforderlich und schränkt im Zweifel den Gestaltungsspielraum iSd. § 24 UmwG (→ Rn. 72ff.) ein.

Zu § 2: Gegenleistung

§ 2 enthält die nach § 5 Abs. 2, Abs. 1 Nr. 2 UmwG erforderlichen Angaben darüber, dass eine Gewährung von Anteilen an dem übernehmenden Rechtsträger nicht erfolgt. Es wird auf das Verbot der Erhöhung des Stammkapitals nach § 54 Abs. 1 Satz 1 Nr. 1 UmwG verwiesen. Satz 3 enthält die klarstellende Aussage, warum der Verschmelzungsvertrag die in § 5 Abs. 1 Nr. 2 bis 5 UmwG geforderten Angaben nicht enthält. **280**

Zu § 3: Sonderrechte

§ 3 stellt im Hinblick auf die nach § 5 Abs. 1 Nr. 7 UmwG erforderlichen Angaben über Rechte, die der übernehmende Rechtsträger einzelnen Anteilsinhabern sowie den Inhabern besonderer Rechte iSv. § 5 Abs. 1 Nr. 7 UmwG gewährt, oder die für diese Person vorgesehenen Maßnahmen klar, dass solche Gewährungen bzw. Maßnahmen nicht getroffen wurden. Da das Gesetz eine vertragliche Offenlegung nur im Falle des Zutreffens vorschreibt, ist die Klarstellung für den Negativfall nicht zwingend. Gleichwohl dient sie als Nachweis für die Vollständigkeit der vertraglichen Regelungen. **281**

Zu § 4: Besondere Vorteile

§ 4 stellt im Hinblick auf die nach § 5 Abs. 1 Nr. 8 UmwG erforderlichen Angaben zu jedem besonderen Vorteil, der einem Mitglied eines Vertretungsorgans oder eines Aufsichtsorgans oder an der Verschmelzung beteiligten Rechtsträger, einem geschäftsführenden Gesellschafter, einem Partner, einem Abschlussprüfer oder einem Verschmelzungsprüfer gewährt wird, klar, dass solche Gewährungen bzw. Maßnahmen nicht getroffen wurden. Da das Gesetz eine vertragliche Offenlegung nur im Falle des Zutreffens vorschreibt, ist die Klarstellung für den Negativfall nicht zwingend. Gleichwohl dient sie als Nachweis für die Vollständigkeit der vertraglichen Regelungen. **282**

Vorliegend sind nur die für die Rechtsform der beiden beteiligten Rechtsträger einschlägigen Personen des § 5 Abs. 1 Nr. 8 UmwG aufgeführt.

Zu § 5: Folgen der Verschmelzung für die Arbeitnehmer und ihre Vertretungen

283 Die Folgen der Verschmelzung für die Arbeitnehmer und ihre Vertretungen müssen zwingend im Verschmelzungsvertrag dargelegt werden, § 5 Abs. 1 Nr. 9 UmwG. Ihr Fehlen ist ein Eintragungshindernis. Dem trägt § 5 des Verschmelzungsvertrages Rechnung.

284 **Abs. 1** dient der Klarstellung.

285 **Abs. 2** konkretisiert die nach §§ 324 UmwG, 613a BGB eintretenden **Rechtsfolgen** eines Betriebsübergangs.

286 **Abs. 3** enthält einen Hinweis auf die in § 613a Abs. 5 BGB gesetzlich verankerte **Unterrichtungspflicht** des Arbeitgebers und das in § 613a Abs. 6 BGB geregelte **Widerspruchsrecht** des Arbeitnehmers. Ein Widerspruchsrecht besteht nach aktueller Rspr. nach einer Verschmelzung nicht, da das Arbeitsverhältnis mit dem bisherigen, erloschenen Arbeitgeber nicht fortgesetzt werden kann. IE → Rn. 178.

287 **Abs. 4** beschreibt die für die **Arbeitnehmervertretungen** unmittelbar auf Grund des mit der Verschmelzung einhergehenden Betriebsübergangs eintretenden Folgen. Da der Bestand der Betriebe A und B von der Verschmelzung nicht unmittelbar berührt wird, bleiben die jeweiligen Betriebsräte zunächst im Amt. Der beim übertragenden Rechtsträger existierende Gesamtbetriebsrat entfällt mit Wirksamwerden der Verschmelzung, da der Bestand des Gesamtbetriebsrats jeweils vom Bestand des Unternehmens abhängig ist und das übertragende Unternehmen untergeht. Bei dem übernehmenden Rechtsträger ist erstmalig ein Gesamtbetriebsrat zu bilden, da dieser zwei Betriebe mit Betriebsrat übernimmt.

288 **Abs. 5** enthält einen Hinweis darauf, dass **mitbestimmungsrechtliche Änderungen** nicht eintreten, da nach überwiegender Auffassung die umfassende Darstellung der Arbeitnehmerfolgen im Verschmelzungsvertrag auch die Beschreibung der Folgen verlangt, die **nicht** eintreten.

289 **Abs. 6** nimmt Stellung zu den sog. **mittelbaren Folgen** der Verschmelzung. Diese sollten vorsorglich mit dargestellt werden, um die Eintragung der Verschmelzung nicht zu gefährden. Siehe im Einzelnen → Rn. 212 ff.

Hier werden durch die beabsichtigte Eingliederung des Betriebs B in den Betrieb A insbesondere betriebsverfassungsrechtliche Folgen eintreten, die in den Grundzügen beschrieben werden. Durch die nach der Verschmelzung zu einem späteren Zeitpunkt geplante Eingliederung des Betriebs B in den Betrieb A wird der Betrieb B seine Identität verlieren und das Amt des Betriebsrats B wird mit erfolgter Eingliederung enden. Dem Betriebsrat des eingegliederten Betriebs wird nur ein Restmandat nach § 21b BetrVG zustehen, hingegen kein Übergangsmandat gem. § 21a BetrVG, da die Identität des eingegliederten Betriebs A und damit dessen Betriebsrats erhalten bleibt. Ein betriebsratsloser Zustand, den § 21a BetrVG verhindern will, droht deshalb nicht. Personelle Veränderungen treten insbesondere auf Grund der notwendigen Versetzung der Arbeitnehmer des Betriebs B ein.

Zu § 6: Sonstiges

290 **Abs. 1** enthält keine rechtlich erforderliche, aber der Klarstellung halber empfehlenswerte Regelung zur **Firmierung des übernehmenden Rechtsträgers.**

Im Rahmen der Gesamtrechtsnachfolge gehen nach § 20 Abs. 1 Nr. 1 UmwG grundsätzlich auch die Immaterialgüter auf den übernehmenden Rechtsträger über. Nicht gehen jedoch Namen und Firmen über, weil sie mit dem Rechtsträger verbunden sind, der nach § 20 Abs. 1 Nr. 2 UmwG erlischt. Aus diesem Grund gestattet § 18

Abs. 1 UmwG die Fortführung des Namens oder der Firma des übertragenden Rechtsträgers. Nach § 18 Abs. 1 UmwG darf der übernehmende Rechtsträger die Firma des übertragenden Rechtsträgers, dessen Handelsgeschäft er durch die Verschmelzung erwirbt, mit oder ohne Beifügung eines das Nachfolgeverhältnis andeutenden Zusatzes fortführen.

Voraussetzung für die Gestattung ist also der Erwerb des Handelsgeschäfts vom übertragenden Rechtsträger durch die Verschmelzung. Die Fortführung der Firma oder des Namens ist nur gestattet, wenn die Firma oder der Name bisher berechtigt geführt wurden (WM/*Vollrath* UmwG § 18 Rn. 14). Wichtig ist jedoch, dass die Firma nicht nur erworben, sondern auch fortgeführt wird, wie es sich aus § 22 HGB ergibt.

Strittig ist auch, ob der übertragende Rechtsträger, wie der Spezialfall des § 18 Abs. 2 UmwG bestätigt, in die Fortführung einwilligen muss. Es wird mit dem Gedanken der Gesamtrechtsnachfolge argumentiert, dass die Rechtshandlungen der Beteiligten grundsätzlich auch die Einwilligung in die Firmenfortführung enthalten (WM/*Vollrath* UmwG § 18 Rn. 18).

Ist am übertragenden Rechtsträger eine natürliche Person beteiligt, die an dem übernehmenden Rechtsträger nicht beteiligt wird, so darf nach § 18 Abs. 2 UmwG der übernehmende Rechtsträger den Namen dieses Anteilsinhabers nur dann in der nach § 18 Abs. 1 UmwG fortgeführten oder in der neugebildeten Firma verwenden, wenn der betroffene Anteilsinhaber oder dessen Erben ausdrücklich in die Verwendung einwilligen.

Vorliegend wird die Firma der übernehmenden Gesellschaft unverändert fortgeführt. Soll die Firma des übernehmenden Rechtsträgers geändert werden, müsste § 6 Abs. 1 lauten:

„Die Firma des übernehmenden Rechtsträgers wird geändert in ‚MutterTochter-GmbH'"

Gesellschaftsrechtlich bedarf die Firmenänderung einer Änderung des Gesellschaftsvertrags.

Dieser vom Zustimmungsbeschluss nach § 13 UmwG unabhängige Gesellschafterbeschluss kann allerdings zusammen mit den Zustimmungsbeschlüssen gefasst werden.

Unabhängig von der Möglichkeit der Firmenfortführung unter den Voraussetzungen des § 18 UmwG ist die **Neubildung** einer Firma nach dem HGB und den einzelgesellschaftsrechtlichen Regelungen möglich.

Abs. 2 dient der Klarstellung für das Handelsregister. **291**

Abs. 3 dient der Klarstellung für das Finanzamt für Grunderwerbsteuer. **292**

2. Gesellschafterbeschluss der übernehmenden Gesellschaft über die Zustimmung zur Verschmelzung und Verzichtserklärungen

Wie unter → Rn. 45 ff. angemerkt, bedarf der Verschmelzungsvertrag nach § 13 **293** Abs. 1 UmwG zu seiner Wirksamkeit eines **Zustimmungsbeschlusses** (Verschmelzungsbeschluss) der Anteilsinhaber der beteiligten Rechtsträger.

Zu Ziffer I:

Ziffer I. enthält den sogenannten **Sachstand.** In ihm sind die Gesellschafter und die **294** Gesellschaft, für die die Versammlung abgehalten wird, genau bezeichnet. Die Nennung der Anteile ist auch erforderlich, um verschmelzungsrechtlich klarzustellen, dass weitere Anteile oder besondere Anteile oder Anteilsinhaber besonderer Rechte nicht existieren. Der Hinweis, dass die Einlagen und ein etwaiges Aufgeld auf die Geschäftsanteile in voller Höhe einbezahlt sind, ist wegen des Mehrheitserfordernisses des § 51 Abs. 1 UmwG notwendig.

Zu Ziffer II:

295 Ziffer II. enthält die Niederschrift über die Gesellschafterversammlung an sich. Einleitend wird unter Verzicht auf die durch gesetzliche oder gesellschaftsvertragliche Regelungen vorgesehenen Form- und Fristvorschriften die Gesellschafterversammlung eröffnet. *Mayer* sieht von diesem globalen Verzicht auch die Informationsrechte nach § 47 und § 49 Abs. 2 UmwG erfasst, wenn alle Anteilseigner zustimmen (WM/*Mayer* UmwG § 49 Rn. 20). Vorliegend enthalten die folgenden zwei Sätze ausdrückliche Erklärungen über den Verzicht auf die Rechte aus § 47 und § 49 Abs. 2 UmwG. In vielen Musterformularen folgen diese Erklärungen nach dem Zustimmungsbeschluss in der Form, dass sie schon vom textlichen Aufbau her als weitere Beschlüsse anzusehen sind. Richtigerweise handelt es sich dabei aber **nicht um Beschlüsse der Gesellschafterversammlung,** sondern um **Erklärungen der Gesellschafter** außerhalb der Beschlussfassung. Aus diesem Grund sind die entsprechenden Verzichtserklärungen vorab aufgenommen.

Sodann folgt die Feststellung, dass der nachfolgende Beschluss der Gesellschafterversammlung einstimmig erfolgt.

Textlich eingerückt folgt der Verschmelzungsbeschluss nach § 13 Abs. 1 Satz 2 UmwG. Der nachfolgende Satz entspricht dem Erfordernis des § 13 Abs. 3 Satz 2 UmwG, wonach der Vertrag oder sein Entwurf dem Beschluss als Anlage beizufügen ist. Da der Verschmelzungsvertrag bereits vor dem Beschluss in derselben Urkunde enthalten ist, ist dieses Erfordernis „bereits mehr als erfüllt", was hiermit festgehalten wird. Es ist üblich, diesen Hinweis an den eigentlichen Beschluss anzufügen.

Der Zustimmungsbeschluss bedarf der notariellen Beurkundung nach § 13 Abs. 3 Satz 1 UmwG.

Abschließend wird festgestellt, dass weitere Beschlüsse nicht gefasst wurden und die Gesellschafterversammlung damit beendet ist.

Zu Ziffer III:

296 Ziffer III. enthält die Verzichtserklärung der Gesellschafterin G-GmbH auf die Anfechtung des Verschmelzungsbeschlusses in Ziffer II. und auf eine etwaige Erhebung einer Klage nach § 14 UmwG gegen seine Wirksamkeit. Damit wird gleichzeitig die Möglichkeit eröffnet, nach § 16 Abs. 2 Satz 1 UmwG sofort die Verschmelzung zu den Registern anzumelden, ohne die Klagefrist von einem Monat abwarten zu müssen („Registersperre").

Dieser Klageverzicht bedarf nach § 16 Abs. 2 Satz 2 UmwG der ausdrücklichen Verzichtserklärung in Form der notariellen Beurkundung (§ 128 BGB). Viele Musterformulare verorten diese Verzichtserklärung ebenfalls innerhalb der Beschlüsse der Gesellschafterversammlung. Anfechtungsberechtigt bzw. aktivlegitimiert ist aber nicht die Gesellschafterversammlung, sondern der einzelne Gesellschafter. Aus diesem Grund wird dieser Verzicht hier außerhalb der Gesellschafterversammlung erklärt.

Ferner enthält Ziffer III. Verzichtserklärungen über die Erstellung des Verschmelzungsprüfberichts, die Durchführung einer Verschmelzungsprüfung und die Erstellung eines Prüfberichts, § 8 Abs. 3 Satz 1, § 9 Abs. 2 und 3, § 12 Abs. 3, § 48 Satz 1 UmwG. Dieser Verzicht ist rechtlich nicht erforderlich, weil Verschmelzungsbericht, -prüfung und -prüfungsbericht wegen der 100%-igen Beteiligung der Mutter- an der Tochtergesellschaft gem. § 8 Abs. 3 Satz 1 HS 2, § 9 Abs. 2 und 3, § 12 Abs. 3 UmwG entfällt. Gleichwohl hat sich der Verzicht in der Praxis eingebürgert, weil er eine Arbeitshilfe für das Registergericht ist.

3. Gesellschafterbeschluss der übertragenden Gesellschaft über die Zustimmung zur Verschmelzung und Verzichtserklärungen

297 Für den Gesellschafterbeschluss der Tochter-GmbH gelten die vorstehenden Anmerkungen zum Gesellschafterbeschluss und zur Verzichtserklärung der Mutter-GmbH (→ Rn. 45 ff., → Rn. 293 ff.) entsprechend.

4. Kosten, Hinweise und Abschriften

Die Kostenregelung hinsichtlich des Verschmelzungsvertrags und der Verschmelzungsbeschlüsse folgt der wirtschaflichen Lastentragung iE durch den übernehmenden Rechtsträger. **298**

Die übrigen Erfordernisse richten sich nach dem BeurkG und den allgemeinen Anforderungen der Notarpraxis, insbesondere die Belehrungs- und Hinweispflichten des Notars nach §§ 17ff. BeurkG und die Feststellung des Vorlesens, Genehmigens und Unterschreibens nach § 13 BeurkG (vgl. auch sog. Schlussvermerk nach § 13 Abs. 1 Satz 2 BeurkG).

Es folgen die Unterschriften der Erschienenen und des Notars mit Stempel.

II. Schreiben an die Betriebsräte

Existiert **kein Betriebsrat,** entfällt das Erfordernis des § 5 Abs. 3 UmwG. In der Anmeldung der Verschmelzung zum Handelsregister ist allerdings in Form einer Negativerklärung darauf hinzuweisen. **299**

Zum Briefkopf:

Nach § 5 Abs. 3 UmwG ist der Verschmelzungsvertrag oder sein Entwurf dem zuständigen Betriebsrat jedes beteiligten Rechtsträgers zuzuleiten. Damit ist keine Aussage über den Absender getroffen. Da es aber Angelegenheit der Geschäftsführung der beteiligten Rechtsträger ist, den Betriebsrat über Vorgänge im Betrieb zu informieren, ist es Aufgabe der Geschäftsführer der beteiligten Rechtsträger, die Zuleitung vorzunehmen. Deshalb ist der an der Verschmelzung beteiligte Rechtsträger, vertreten durch die Geschäftsführung, als Absender im Briefkopf genannt. Es hat sich eingebürgert, dass alle beteiligten Rechtsträger gemeinsam den Betriebsrat informieren. Daher sind **beide** an der Verschmelzung beteiligten Rechtsträger im Briefkopf aufgeführt, auch wenn bei der Mutter-GmbH kein Betriebsrat besteht. **300**

Zum Adressaten:

Nach § 5 Abs. 3 UmwG hat die Zuleitung an den „zuständigen" Betriebsrat zu erfolgen. Die Zuständigkeit richtet sich nach den betriebsverfassungsrechtlichen Regelungen. Vorliegend hat die T-GmbH zwei Betriebsräte und einen Gesamtbetriebsrat. Adressat ist aus praktischen Gründen jeweils der Vorsitzende des Betriebsrats in Vertretung sämtlicher Mitglieder, bei Verhinderung dessen Stellvertreter (§ 26 Abs. 2 Satz 2 BetrVG). In der Praxis ist auf die Zuständigkeit von Gesamt- und Konzernbetriebsräten zu achten. **301**

Zur Zustellungsart:

Nach § 17 Abs. 1 UmwG ist der Anmeldung der Verschmelzung zum Handelsregister der Nachweis der Rechtzeitigkeit (Monatsfrist des § 5 Abs. 3 UmwG) der Zuleitung an den Betriebsrat beizufügen. Daraus ist ersichtlich, dass schon zu Beweiszwecken eine gesicherte Möglichkeit der Kenntnisnahme erfolgen sollte. Daher wird vorliegend die Zustellung gegen die – unten angehängte – **Empfangsbestätigung** empfohlen. **302**

Zum Text der Schreiben:

Zunächst enthält das Schreiben, das gemeinsam vom übertragenden und vom übernehmenden Rechtsträger abgesendet wird, die nach § 5 Abs. 3 UmwG erforderliche Information des Betriebsrats und den Hinweis auf den Entwurf des Verschmelzungs- **303** vertrages in der Anlage hierzu. Die Entgegennahme des Schreibens nebst dem damit zugeleiteten Entwurf des Verschmelzungsvertrages wird auf der beigehefteten Empfangsbestätigung quittiert. Da der Verzicht auf die Einhaltung der Monatsfrist des § 5 Abs. 3 UmwG unabhängig von der Bestätigung der Zuleitung ist und dadurch auch zeitlich nach der Empfangsbestätigung unterzeichnet werden kann, ist die entsprechende Verzichtserklärung von der Empfangsbestätigung getrennt.

In der Praxis werden diese Schreiben bereits mit den Ausfertigungen dem Betriebsratsvorsitzenden übergeben, der die entsprechenden Doppel zugleich unterschrieben retourniert. Da nach § 17 Abs. 1 UmwG in das Register jedes beteiligten Rechtsträgers der Nachweis der Zuleitung an den Betriebsrat als Anlage im Original eingereicht werden muss, muss der Betriebsratsvorsitzende die entsprechende Anzahl – vorliegend also zwei – quittieren.

Da im vorliegenden Muster der Geschäftsführer der übernehmenden Mutter-GmbH gemäß § 16 Abs. 1 Satz 2 UmwG die Anmeldung der Verschmelzung auch zum Register des übertragenden Rechtsträgers vornimmt, wurde die Zurückleitung der unterschriebenen Empfangsbestätigungen/Verzichtserklärungen an die Mutter-GmbH erbeten.

Zur Empfangsbestätigung:

304 Das Empfangsbekenntnis enthält die Bestätigung des Zuleitungsschreibens nebst dem Verschmelzungsvertrag im Entwurf und nimmt auf den Tag der Zuleitung noch im Text Bezug. Dadurch ist ein genannter Nachweis der Zuleitung gegenüber dem Registergericht bei der Anmeldung möglich.

Zur Verzichtserklärung:

305 Die Verzichtserklärung enthält lediglich den Verzicht auf die **Einhaltung** der Monatsfrist. Ein Verzicht auf die Zuleitung gemäß § 5 Abs. 3 UmwG ist nicht möglich. Die Erklärung ist im Rahmen der vom Betriebsrat gefassten Beschlüsse vom Betriebsratsvorsitzenden, bei Verhinderung von dessen Stellvertreter, abzugeben (§ 26 Abs. 2 Satz 1 BetrVG).

III. Anmeldungen zu den Handelsregistern

1. Anmeldung zum Handelsregister der übertragenden Gesellschaft

306 Die Anmeldung zum Handelsregister der Tochter-GmbH wird zwar idR von ihrem alleinigen und einzelvertretungsberechtigten Geschäftsführer als Vertretungsorgan dem Handelsregister am Sitz der Tochter-GmbH angemeldet, § 16 Abs. 1 Satz 1 UmwG. Nach § 16 Abs. 1 Satz 2 UmwG ist jedoch die Anmeldung durch den Geschäftsführer der Mutter-GmbH ebenfalls möglich und hier so vorgesehen (wegen Erleichterungen der Nachweise → Rn. 303 aE).

Zu Ziffer I:

307 Ziffer I enthält die Anmeldung des Verschmelzungsvorgangs an sich, der sich aus § 2 UmwG ergibt. Die Anmeldung orientiert sich dabei am Gesetzestext.

Zu Ziffer II:

308 Ziffer II enthält die Aufstellung der zu überreichenden Anlagen. Als Anlagen zur Anmeldung sind gemäß § 17 Abs. 1 UmwG in Ausfertigung der Verschmelzungsvertrag, die Niederschriften der Verschmelzungsbeschlüsse und ein Nachweis über die rechtzeitige Zuleitung des Verschmelzungsvertrages oder seines Entwurfs an die zu-

ständigen Betriebsräte beizufügen. Zusätzlich wird die nach § 17 Abs. 2 UmwG erforderliche Schlussbilanz der übertragenden Tochter-GmbH als Anlage eingereicht, wobei als Arbeitshilfe für das Registergericht auf die Acht-Monats-Frist hingewiesen wird.

Zu Ziffer III:

Ziffer III enthält die nach § 16 Abs. 2 Satz 2 HS 2 UmwG erforderliche Negativerklärung. **309**

Nach § 16 Abs. 2 Satz 1 UmwG haben die Vertretungsorgane bei der Anmeldung zu erklären, dass eine Klage gegen die Wirksamkeit eines Verschmelzungsbeschlusses nicht oder nicht fristgemäß erhoben oder eine solche Klage rechtskräftig abgewiesen oder zurückgenommen worden ist. Liegt diese Erklärung nicht vor, so darf die Verschmelzung nach § 16 Abs. 2 Satz 2 HS 1 UmwG nicht eingetragen werden, es sei denn, dass die klageberechtigten Anteilsinhaber durch notariell beurkundete Verzichtserklärung auf die Klage gegen die Wirksamkeit des Verschmelzungsbeschlusses verzichten, vgl. § 16 Abs. 2 Satz 2 HS 2 UmwG. Vorliegend sind solche Verzichte erklärt worden.

Zu Ziffer IV:

Ziffer IV. 1 enthält den Hinweis, dass bei der Mutter-GmbH kein Betriebsrat bestand. Damit wird erklärt, warum es bei der Mutter-GmbH keine nach § 5 Abs. 3 UmwG erforderliche Zuleitung an den Betriebsrat gab und nur ein Zuleitungsnachweis an den Betriebsrat der Tochter-GmbH beigelegt ist. **310**

Ziffer IV. 2 enthält den Hinweis auf die Entbehrlichkeit des Verschmelzungsberichts bei der Verschmelzung einer 100%igen Tochtergesellschaft auf ihre Muttergesellschaft. **311**

Ziffer IV. 3 enthält den Hinweis auf die Entbehrlichkeit der Prüfung der Verschmelzung und des Prüfungsberichts und, dass eine Verschmelzungsprüfung gemäß § 48 Abs. 1 UmwG nicht verlangt wurde, sowie auf die vorsorglich erklärten Verzichte. **312**

Zu Ziffer V:

Ziffer V enthält eine übliche Handelsregistervollmacht und die Bitte um Eintragungsnachricht mit Überlassung der entsprechenden Unterlagen. **313**

Die Anmeldung muss gemäß § 12 HGB öffentlich beglaubigt werden. **314**

2. Anmeldung zum Handelsregister der übernehmenden Gesellschaft

Die Anmeldung zum Handelsregister der Mutter-GmbH wird vom alleinigen und einzelvertretungsberechtigten Geschäftsführer der Mutter-GmbH als Vertretungsorgan dem Handelsregister am Sitz der Mutter-GmbH angemeldet, § 16 Abs. 1 Satz 1 UmwG. **315**

Die Anmeldung enthält im Vergleich zur Anmeldung der Tochter-GmbH (→ Rn. 306 ff.) folgende inhaltliche Änderungen:

Zu Ziffer I:

Keine Abweichungen zu → Rn. 307. **316**

Zu Ziffer II:

Die Schlussbilanz der Tochter-GmbH wird hier nicht beigefügt. **317**

Zu Ziffer III:

Keine Abweichungen zu → Rn. 309 f. **318**

Zu Ziffer IV:

319 Ziffern IV. 1 bis 3 enthalten Hinweise, warum weitere nach § 17 Abs. 1 UmwG prinzipiell erforderliche Anlagen nicht eingereicht werden.

320 Ziffer IV. 4 enthält den Hinweis auf das Verbot der Kapitalerhöhung bei der übernehmenden M-GmbH und die damit verbundene Hinfälligkeit der Einreichung einer geänderten Gesellschafterliste gemäß § 40 Abs. 1 Satz 1, Abs. 2 GmbHG.

321 Ziffer IV. 5 enthält den Hinweis, dass die Satzung der übernehmenden Gesellschaft nicht geändert wurde und daher die Einreichung des vollständigen Wortlauts des Gesellschaftervertrags mit Bestätigungsvermerk gemäß § 54 Abs. 1 Satz 2 GmbHG entfällt.

Zu Ziffer V:

322 Keine Abweichung zu → Rn. 313f.

A. 2 Verschmelzung einer 100%igen Tochter-GmbH auf ihre Mutter-AG

Gliederung

A. Vertragsformulare

A.2.1. Notarurkunde (Verschmelzungsvertrag)[127 ff.]

URNr. ......
vom ......

Verhandelt zu ...... am ......:[127] **Vor mir, ..., Notar, erschienen**

1. **Herr ......**

   geboren am ......

   geschäftsansässig in ......

   dem Notar persönlich bekannt,

   hier nicht im eigenen Namen handelnd, sondern für die Tochter-GmbH mit dem Sitz in ......, eingetragen im Handelsregister des Amtsgerichts ...... unter HRB ......

   Geschäftsadresse: ......

   Aufgrund des am ...... eingesehenen Handelsregisters des Amtsgerichts ...... bescheinige ich, dass dort unter HRB ...... die

   Tochter-GmbH

   mit dem Sitz in ...... eingetragen und Herr ...... in seiner Eigenschaft als alleiniger einzelvertretungsberechtigter und von den Beschränkungen des § 181 BGB befreiter Geschäftsführer zur Vertretung der Gesellschaft berechtigt ist.

2. **Herr ......**

   geboren am ......

   geschäftsansässig in ......

   dem Notar persönlich bekannt,

   hier nicht im eigenen Namen handelnd, sondern für die Mutter-AG mit dem Sitz in ......, eingetragen im Handelsregister des Amtsgerichts ...... unter HRB ......

   Geschäftsadresse: ......

   Aufgrund des am ...... eingesehenen Handelsregisters des Amtsgerichts ...... bescheinige ich, dass dort unter HRB ...... die

   Mutter-AG

   mit dem Sitz in ...... eingetragen und Herr ...... in seiner Eigenschaft als alleiniger, einzelvertretungsberechtigter und von den Beschränkungen des § 181 BGB befreiter Vorstand zur Vertretung der Gesellschaft berechtigt ist.

Die Erschienenen erklären, dass weder der Notar selbst noch sein Sozius in der Sache, die im Nachfolgenden beurkundet wird, vorbefasst iSv. § 3 Abs. 1 Nr. 7 BeurkG sind. Auf Ansuchen der Erschienenen beurkunde ich die vor mir abgegebenen Erklärungen wie folgt:

1. Verschmelzungsvertrag[128 ff.]

Präambel[129]

An der
Tochter-GmbH
mit dem Sitz in ......,
eingetragen im Handelsregister des Amtsgerichts ...... unter HRB ......,
deren Stammkapital ...... EUR
beträgt, ist beteiligt die

Mutter-AG

mit dem Sitz in ......,
eingetragen im Handelsregister des Amtsgerichts ...... unter HRB ......,
mit drei Geschäftsanteilen im Nennbetrag von
...... EUR
...... EUR
...... EUR

Nach Angaben der Vertretenen zu 2) als Gesellschafterin der Vertretenen zu 1) sind die Einlagen und ein etwaiges Aufgeld auf die Geschäftsanteile in voller Höhe einbezahlt.

Sonderrechte iSv. §§ 23 und 50 Abs. 2 UmwG bestehen bei der Tochter-GmbH nicht.

Die Vertretene zu 2) wünscht, das Vermögen der Vertretenen zu 1) im Wege der Verschmelzung aufzunehmen.

Dies vorausgeschickt, vereinbaren die Vertretenen zu 1) und 2), was folgt:

§ 1 Vermögensübertragung, Verschmelzungsstichtag und Schlussbilanz[130 ff.]

(1) Die Tochter-GmbH mit dem Sitz in ......, eingetragen im Handelsregister des Amtsgerichts ...... unter HRB ...... (im Folgenden „T-GmbH"), als übertragender Rechtsträger überträgt ihr Vermögen als Ganzes mit allen Rechten und Pflichten unter Auflösung ohne Abwicklung auf die Mutter-AG mit dem Sitz in ......, eingetragen im Handelsregister des Amtsgerichts ...... unter HRB ...... (im Folgenden „M-AG"), als übernehmender Rechtsträger ohne Gewährung von Gesellschaftsrechten gemäß § 2 Nr. 1, §§ 62, 68 Abs. 1 Nr. 1 iVm. §§ 46 ff. UmwG (Verschmelzung durch Aufnahme).

(2) Die Übernahme des Vermögens der T-GmbH erfolgt im Innenverhältnis mit Wirkung zum 1.1.01, 0:00 Uhr (Verschmelzungsstichtag). Von diesem Zeitpunkt an gelten alle Handlungen und Geschäfte der T-GmbH als für Rechnung der M-AG vorgenommen.

(3) Der Verschmelzung wird die Bilanz aus dem mit dem uneingeschränkten Bestätigungsvermerk des Wirtschaftsprüfers ...... in ...... versehenen Jahresabschluss der T-GmbH zum 31.12.00 als Schlussbilanz zugrunde gelegt.

§ 2 Gegenleistung[134]

Die Übertragung des Vermögens der T-GmbH auf die M-AG erfolgt ohne Gegenleistung. Denn die übernehmende M-AG darf zur Durchführung der Verschmelzung ihr

Grundkapital gemäß § 68 Abs. 1 Satz 1 Nr. 1 UmwG nicht erhöhen, da sie alle Geschäftsanteile der übertragenden T-GmbH innehat. Somit entfallen die Angaben über den Umtausch der Anteile (§ 5 Abs. 1 Nr. 2 bis 5 UmwG) gemäß § 5 Abs. 2 UmwG.

§ 3 Sonderrechte[136]

Die übernehmende M-AG gewährt einzelnen Anteilsinhabern sowie den Inhabern besonderer Rechte iSv. § 5 Abs. 1 Nr. 7 UmwG weder Rechte, noch sind für diese Personen Maßnahmen vorgesehen.

§ 4 Besondere Vorteile[138]

Keinem Mitglied eines Vertretungsorgans oder eines Aufsichtsorgans der an der Verschmelzung beteiligten Rechtsträger, keinem geschäftsführenden Gesellschafter, keinem Abschlussprüfer oder Verschmelzungsprüfer werden besondere Vorteile gewährt.

§ 5 Folgen der Verschmelzung für die Arbeitnehmer und ihre Vertretungen[140 ff.]

(1) Für die bei dem übernehmenden Rechtsträger, der M-AG, in dessen einzigen Betrieb C beschäftigten Arbeitnehmer ändert sich der Inhalt ihres Arbeitsverhältnisses auf Grund der Verschmelzung nicht.

(2) Auf Grund der Verschmelzung gehen die Betriebe A und B des übertragenden Rechtsträgers, der T-GmbH, auf die M-AG über, die gemäß § 613a BGB mit allen Rechten und Pflichten unter Anrechnung der bei der T-GmbH verbrachten Vordienstzeiten in die Arbeitsverhältnisse der bei der T-GmbH beschäftigten Arbeitnehmer eintritt. Die im Unternehmen der T-GmbH bislang auf Grund des Firmentarifvertrags ...... geregelten Arbeitsbedingungen gelten weiter, da die M-AG in den Tarifvertrag auf Arbeitgeberseite eintritt. § 613a BGB gilt nicht für die Ansprüche auf betriebliche Altersversorgung der ehemals bei der T-GmbH beschäftigten Arbeitnehmer im Ruhestand.

(3) Die Arbeitnehmer der T-GmbH können dem Übergang ihrer Arbeitsverhältnisse nicht widersprechen, da die T-GmbH mit Wirksamwerden der Verschmelzung erlischt.

(4) Die in den Betrieben A und B der T-GmbH errichteten Betriebsräte bleiben nach dem Wirksamwerden der Verschmelzung vorerst unverändert im Amt. Der bei der T-GmbH errichtete Gesamtbetriebsrat entfällt mit Wirksamwerden der Verschmelzung. Mit Wirksamwerden der Verschmelzung ist ein neuer Gesamtbetriebsrat bei der M-AG zu errichten. Betriebsvereinbarungen gelten kollektivrechtlich weiter. Die in Gesamtbetriebsvereinbarungen geregelten Rechte und Pflichten bleiben als solche bestehen.

(5) Auf Grund der Verschmelzung wird die M-AG mitbestimmungspflichtig nach § 1 Abs. 1 Nr. 1 DrittelbG da sie erstmalig mehr als 500 Arbeitnehmer beschäftigen wird. Es ist ein nach den Bestimmungen des DrittelbG zusammengesetzter Aufsichtsrat zu bilden.

(6) Die M-AG beabsichtigt, zukünftig die Betriebe A und B am Ort des bisherigen Betriebs A zusammenzulegen, indem der bisherige Betrieb B in den Betrieb A eingegliedert wird. Hierdurch wird es zu personellen Veränderungen in Form von Versetzungen kommen. Weitere personelle Veränderungen, insbesondere betriebsbedingte Kündigungen, sind nicht geplant. Wenn die Eingliederung des Betriebs B in den Betrieb A erfolgt ist, wird das Amt des bisherigen Betriebsrats B enden. Diesem wird ggf. ein Restmandat nach Maßgabe der gesetzlichen Bestimmungen (§ 21b BetrVG) zustehen. Der Betriebsrat A wird im Amt bleiben. Wegen der Änderung der Anzahl der wahlberechtigten Arbeitnehmer werden Neuwahlen für einen Betriebsrat durchgeführt werden. Mitglieder in den Gesamtbetriebsrat werden nur noch die Betriebsräte A und C entsenden.

§ 6 Sonstiges[147 ff.]

(1) Die Firma der übernehmenden M-AG wird unverändert fortgeführt.

(2) Der Vorstand in der übernehmenden M-AG ändert sich nicht.

(3) Die übertragende T-GmbH hat keinen Grundbesitz.

2. Kosten, Hinweise und Abschriften[160]

I. Alle durch diese Urkunde und ihren Vollzug entstehenden Kosten, Gebühren und Steuern trägt die übernehmende M-AG.

II. Der Notar belehrte die Beteiligten über den weiteren Verfahrensablauf bis zum Wirksamwerden der Verschmelzung, weist auf den Zeitpunkt des Wirksamwerdens und die Rechtsfolgen der Verschmelzung hin, insbesondere auch darauf, dass den Gläubigern der an der Verschmelzung beteiligten Rechtsträger auf Anmeldung und Glaubhaftmachung von Forderungen nach Maßgabe des § 22 UmwG Sicherheit zu leisten ist.

III. Von dieser Urkunde erhalten

Ausfertigungen

- das Registergericht des Sitzes des übertragenden Rechtsträgers
- das Registergericht des Sitzes des übernehmenden Rechtsträgers

Beglaubigte Abschriften

- die T-GmbH
- die M-AG

Einfache Abschrift

- Rechtsanwalt ......
- *[Finanzamt – Grunderwerbsteuerstelle]*

Vorgelesen vom Notar, von den Beteiligten genehmigt und eigenhändig unterschrieben:

A.2.2. Schreiben an das Handelsregister der übernehmenden Gesellschaft[164]

Mutter-AG
......

An das
Amtsgericht ......
– Handelsregister –
......

......

Mutter-AG mit Sitz in ......, HRB ......

Unsere Gesellschaft beabsichtigt, im Wege der Verschmelzung zur Aufnahme das Vermögen der Tochter-GmbH mit dem Sitz in ......, eingetragen im Handelsregister des Amtsgerichts ...... unter HRB ...... als Ganzes unter Auflösung ohne Abwicklung zu übernehmen.

Als alleiniger und einzelvertretungsberechtigter Vorstand der M-AG mit dem Sitz in ...... reiche ich hiermit gemäß § 62 Abs. 3 Satz 2 UmwG und § 61 Satz 1 UmwG den Verschmelzungsvertrag zwischen der Tochter-GmbH mit dem Sitz in ......, eingetra-

gen im Handelsregister des Amtsgerichts ...... unter HRB ...... als übertragender Gesellschaft und der Mutter-AG als übernehmender Gesellschaft ein und bitte hiermit um Bekanntmachung nach § 62 Abs. 3 Satz 2 HS 2 iVm. § 61 Satz 2 UmwG.

................................, den ....

....
Mutter-AG
Der Vorstand

A.2.3. Bekanntmachung eines Hinweises der übernehmenden Gesellschaft gemäß § 62 Abs. 3 Satz 2 UmwG[166]

Mutter-AG
...... *[Sitz]*

Bekanntmachung eines Hinweises über die bevorstehende Verschmelzung der Tochter-GmbH mit der Mutter-GmbH gemäß § 62 Abs. 3 Satz 2 UmwG

Die Mutter-AG beabsichtigt, im Wege der Verschmelzung das Vermögen ihrer 100%igen Tochter-GmbH mit Sitz in ...... als Ganzes ohne deren Abwicklung gemäß § 2 Nr. 1, §§ 60 ff., 68 Abs. 1 Nr. 1 iVm. §§ 46 ff. UmwG aufzunehmen. Da das Stammkapital der Tochter-GmbH als übertragender Gesellschaft vollständig von der Mutter-AG als übernehmender Gesellschaft gehalten wird, ist ein Beschluss der Hauptversammlung der Mutter-AG über die Zustimmung zum Verschmelzungsvertrag mit der Tochter-GmbH nicht erforderlich (§ 62 Abs. 1 Satz 1 UmwG). Somit ist auch die Einberufung einer Hauptversammlung der Mutter-AG zur Beschlussfassung über die Verschmelzung nicht erforderlich. Aus dem gleichen Grund bedarf es auch keines Verschmelzungsberichts, keiner Verschmelzungsprüfung und keines Verschmelzungsprüfungsberichts, § 8 Abs. 3 Satz 1 HS 2, § 9 Abs. 2 und 3, § 12 Abs. 3, § 60 Abs. 1 UmwG.

Mangels anderweitiger Mehrheitserfordernisse in der Satzung unserer Gesellschaft können Aktionäre der Mutter-AG, deren Anteile zusammen den zwanzigsten Teil des Grundkapitals der Mutter-AG erreichen, jedoch gemäß § 62 Abs. 2 UmwG die Einberufung einer Hauptversammlung verlangen, in der über die Zustimmung zu der beabsichtigten Verschmelzung beschlossen wird.

Ein Beschluss der Gesellschafterversammlung der Tochter-GmbH über die Zustimmung zum Verschmelzungsvertrag mit der Mutter-AG ist entbehrlich, da der Mutter-AG sämtliche Geschäftsanteile an der Tochter-GmbH gehören, § 62 Abs. 4 Satz 1 UmwG.

Ab ...... *[dem Tag des Abschlusses des Verschmelzungsvertrages]* liegen für die Dauer eines Monats in den Geschäftsräumen der Mutter-AG, ..., der Verschmelzungsvertrag sowie die Jahresabschlüsse und Lageberichte der letzten drei Geschäftsjahre der Mutter-AG und der Tochter-GmbH zur Einsicht der Aktionäre der Mutter-AG aus. Auf Verlangen erhält jeder Aktionär der Mutter-AG unverzüglich und kostenlos eine Abschrift – auf Verlangen auch elektronisch – dieser Unterlagen.

................................, den ....

....
Mutter-AG
Der Vorstand

Schreiben an die Betriebsräte

A.2.4. Schreiben an den Betriebsrat C der Mutter-AG

Mutter-AG[169] **Tochter-GmbH**[169]

…… **……**

An den
Betriebsrat des Betriebs C der Mutter-AG
Herrn ……
– Vorsitzender des Betriebsrats –[170]
– gegen Empfangsbestätigung –[171]

…………………………., den ……….

Bevorstehende Verschmelzung der Tochter-GmbH auf die Mutter-AG

Übersendung des Entwurfs des Verschmelzungsvertrages gemäß § 62 Abs. 4 Satz 4 iVm. § 5 Abs. 3 UmwG

Sehr geehrter Herr ……,[172]

wir übermitteln Ihnen hiermit den Entwurf des zwischen der Tochter-GmbH und der Mutter-AG abzuschließenden Verschmelzungsvertrages in der Anlage zu diesem Schreiben gemäß § 62 Abs. 4 Satz 4 iVm. § 5 Abs. 3 UmwG.

Wir bitten hiermit, den Erhalt dieses Schreibens und der Anlage auf den beigefügten zwei Kopien zu quittieren, auf die Einhaltung der Monatsfrist des § 62 Abs. 4 Satz 4 iVm. § 5 Abs. 3 UmwG zu verzichten und die unterschriebenen Kopien an den Vorstand der übernehmenden Mutter-AG als Empfangsnachweis (Anlage zu den Handelsregisteranmeldungen gemäß § 17 Abs. 1, § 16 UmwG) zu retournieren.

………………………………………	**………………………………………**
Mutter-AG	**Tochter-GmbH**
Der Vorstand	**Geschäftsführer**

Anlagen:

EMPFANGSBESTÄTIGUNG[173]

Hiermit bestätige ich für den Betriebsrat des Betriebs C der Mutter-AG den Erhalt dieses Schreibens nebst dem als Anlage beigefügten Entwurf des Verschmelzungsvertrags am heutigen Tag.

…………………………, den ……….

………………………………………
Vorsitzender des Betriebsrats des
Betriebs C der Mutter-AG in ……

VERZICHTSERKLÄRUNG[174]

Hiermit erkläre ich für den Betriebsrat des Betriebs C der Mutter-AG den Verzicht auf die Einhaltung der Monatsfrist des § 62 Abs. 4 Satz 4 iVm. § 5 Abs. 3 UmwG.

..............................., den ....

....
Vorsitzender des Betriebsrats des
Betriebs C der Mutter-AG in ......

A.2.5. Schreiben an den Betriebsrat A der Tochter-GmbH

Mutter-AG ...... Tochter-GmbH ......

An den
Betriebsrat des Betriebs A der Tochter-GmbH
Herrn ......
– Vorsitzender des Betriebsrats –
– gegen Empfangsbestätigung –

..............................., den ....

Bevorstehende Verschmelzung der Tochter-GmbH auf die Mutter-AG
Übersendung des Entwurfs des Verschmelzungsvertrages gemäß § 62 Abs. 4 Satz 4 iVm. § 5 Abs. 3 UmwG

Sehr geehrter Herr ......,
wir übermitteln Ihnen hiermit den Entwurf des zwischen der Tochter-GmbH und der Mutter-AG abzuschließenden Verschmelzungsvertrages in der Anlage zu diesem Schreiben gemäß § 62 Abs. 4 Satz 4 iVm. § 5 Abs. 3 UmwG.
Wir bitten hiermit, den Erhalt dieses Schreibens und der Anlage auf den beigefügten zwei Kopien zu quittieren, auf die Einhaltung der Monatsfrist des § 62 Abs. 4 Satz 4 iVm. § 5 Abs. 3 UmwG zu verzichten und die unterschriebenen Kopien an den Vorstand der übernehmenden Mutter-AG als Empfangsnachweis (Anlage zu den Handelsregisteranmeldungen gemäß § 17 Abs. 1, § 16 UmwG) zu retournieren.

....
Mutter-AG Tochter-GmbH
Der Vorstand Geschäftsführer

Anlagen:

EMPFANGSBESTÄTIGUNG

Hiermit bestätige ich für den Betriebsrat des Betriebs A der Tochter-GmbH den Erhalt dieses Schreibens nebst dem als Anlage beigefügten Entwurf des Verschmelzungsvertrags am heutigen Tag.

..............................., den ....

....
Vorsitzender des Betriebsrats des
Betriebs A der Tochter-GmbH in ......

VERZICHTSERKLÄRUNG

Hiermit erkläre ich für den Betriebsrat des Betriebs A der Tochter-GmbH den Verzicht auf die Einhaltung der Monatsfrist des § 62 Abs. 4 Satz 4 iVm. § 5 Abs. 3 UmwG.

................................, den ....

..
Vorsitzender des Betriebsrats des
Betriebs A der Tochter-GmbH in ......

A.2.6. Schreiben an den Betriebsrat B der Tochter-GmbH

[Wortlaut entspr. → Form. A.2.5]

A.2.7. Schreiben an den Gesamtbetriebsrat der Tochter-GmbH

Mutter-AG **Tochter-GmbH**
...... **......**

An den
Gesamtbetriebsrat der Betriebe der Tochter-GmbH
Herrn ......
– Vorsitzender des Gesamtbetriebsrats –
– gegen Empfangsbestätigung –

................................, den ....

Bevorstehende Verschmelzung der Tochter-GmbH auf die Mutter-AG
Übersendung des Entwurfs des Verschmelzungsvertrages gemäß § 62 Abs. 4 Satz 4 iVm. § 5 Abs. 3 UmwG

Sehr geehrter Herr ......,
wir übermitteln Ihnen hiermit den Entwurf des zwischen der Tochter-GmbH und der Mutter-AG abzuschließenden Verschmelzungsvertrages in der Anlage zu diesem Schreiben gemäß § 62 Abs. 4 Satz 4 iVm. § 5 Abs. 3 UmwG.
Wir bitten hiermit, den Erhalt dieses Schreibens und der Anlage auf den beigefügten zwei Kopien zu quittieren, auf die Einhaltung der Monatsfrist des § 62 Abs. 4 Satz 4 iVm. § 5 Abs. 3 UmwG zu verzichten und die unterschriebenen Kopien an den Vorstand der übernehmenden Mutter-AG als Empfangsnachweis (Anlage zu den Handelsregisteranmeldungen gemäß § 17 Abs. 1, § 16 UmwG) zu retournieren.

.. **..**
Mutter-AG **Tochter-GmbH**
Der Vorstand **Geschäftsführer**

Anlagen:

EMPFANGSBESTÄTIGUNG

Hiermit bestätige ich für den Gesamtbetriebsrat der Betriebe der Tochter-GmbH den Erhalt dieses Schreibens nebst dem als Anlage beigefügten Entwurf des Verschmelzungsvertrags am heutigen Tag.

................................, den ....

..
Vorsitzender des Gesamtbetriebsrats der
Betriebe der Tochter-GmbH in ......

VERZICHTSERKLÄRUNG

Hiermit erkläre ich für den Gesamtbetriebsrat der Betriebe der Tochter-GmbH den Verzicht auf die Einhaltung der Monatsfrist des § 62 Abs. 4 Satz 4 iVm. § 5 Abs. 3 UmwG.

................................, den ....

..
Vorsitzender des Gesamtbetriebsrats der
Betriebe der Tochter-GmbH in ......

Anmeldungen zu den Handelsregistern

A.2.8. Anmeldung zum Handelsregister der übertragenden Gesellschaft

URNr. ......
vom ......

Amtsgericht ......
– Handelsregister –
......
......

................................, den ....

Tochter-GmbH
HRB ......

I. Als alleiniger Vorstand der übernehmenden Mutter-AG mit dem Sitz in ......, eingetragen im Handelsregister des Amtsgerichts ...... unter HRB ..... melde ich für die übertragende Tochter-GmbH mit dem Sitz in ......, eingetragen im Handelsregister des Amtsgerichts ...... unter HRB ......, gemäß § 16 Abs. 1 Satz 2 UmwG zur Eintragung in das Handelsregister an:

Die Tochter-GmbH ist auf Grund des Verschmelzungsvertrages vom ...... auf die Mutter-AG mit dem Sitz in ......, eingetragen im Handelsregister des Amtsgerichts ...... unter HRB ...... durch Aufnahme verschmolzen.[177]

II. Als Anlagen überreiche ich:[178]

1. Ausfertigung der URNr ...... des Notars ...... in ...... vom ......, darin enthalten:
   – der Verschmelzungsvertrag.

2. Die vom alleinigen Geschäftsführer unterzeichnete Schlussbilanz der Tochter-GmbH auf einen nicht mehr als acht Monate vor der Anmeldung liegenden Stichtag, nämlich zum 31.12.00;

3. Empfangsbestätigungen vom ...... als Nachweis über die rechtzeitige Zuleitung des Entwurfs des Verschmelzungsvertrages an den Betriebsrat des Betriebs C der Mutter-AG, an den Gesamtbetriebsrat der Betriebe der Tochter-GmbH und an die Betriebsräte der Betriebe A und B bei der Tochter-GmbH bzw. Verzichtserklärungen darüber;
4. einen Auszug aus dem Bundesanzeiger vom ......, der die Bekanntmachung eines Hinweises des Vorstands der Mutter-AG auf die bevorstehende Verschmelzung mit der Tochter-GmbH nebst Hinweis der Aktionäre auf deren Recht aus § 62 Abs. 2 UmwG enthält.

III.

1. Eine Hauptversammlung der Mutter-AG als übernehmender Rechtsträger wurde mit Rücksicht darauf, dass 100 % des Stammkapitals der übertragenden Gesellschaft von dem übernehmenden Rechtsträger gehalten werden, nicht abgehalten, § 62 UmwG. Die Aktionäre der Mutter-AG wurden durch Bekanntmachung in den Gesellschaftsblättern auf ihr Recht, nach § 62 Abs. 2 UmwG die Einberufung einer Hauptversammlung verlangen zu können, hingewiesen.

   Ich erkläre gemäß § 62 Abs. 3 Satz 5 UmwG: Ein Antrag gemäß § 62 Abs. 2 UmwG wurde nicht gestellt. Eine Beschlussfassung der Hauptversammlung der übernehmenden Mutter-AG gemäß § 62 Abs. 1 UmwG ist daher nicht erforderlich.[179]
2. Ein Verschmelzungsbeschluss bei der übertragenden Tochter-GmbH war gemäß § 62 Abs. 4 Satz 1 UmwG entbehrlich.

IV. Ich weise auf Folgendes hin:[180]

1. Ein Verschmelzungsbericht ist gemäß § 8 Abs. 3 Satz 1 Alt. 2 UmwG nicht erforderlich. Daher entfällt die Einreichung eines Verschmelzungsberichts.
2. Eine Prüfung der Verschmelzung ist gemäß § 9 Abs. 3, § 8 Abs. 3 Satz 1 Alt. 2 UmwG nicht erforderlich. Ein Prüfungsbericht ist gemäß § 12 Abs. 3, § 8 Abs. 3 Satz 1 Alt. 2 UmwG nicht erforderlich. Darüber hinaus wurde die Verschmelzungsprüfung nicht gemäß § 48 Satz 1 UmwG verlangt. Daher entfällt die Einreichung eines Prüfungsberichts.

V. Hiermit bevollmächtige ich Herrn ...... jederzeit widerruflich und dem Handelsregister gegenüber unbeschränkt, alle Anmeldungen zum Handelsregister vorzunehmen, die im Zuge der Handelsregistereintragung der Tatsachen, die hier angemeldet und aus den dieser Anmeldung beigefügten Unterlagen ersichtlich sind, erforderlich und zweckmäßig sind.

Nach Vollzug des Antrags auf Eintragung der Verschmelzung bitte ich um Eintragungsnachricht an die Gesellschaft und an den beglaubigenden Notar sowie um Übermittlung von drei beglaubigten Handelsregisterauszügen an die Gesellschaft und eines beglaubigten Handelsregisterauszugs an den beglaubigenden Notar.[181]

................................, den ....

....

Mutter-AG
Der Vorstand

A.2.9. Anmeldung zum Handelsregister der übernehmenden Gesellschaft

URNr. ......
vom ......
Amtsgericht ......
– Handelsregister –
......
......

..............................., den ....

Mutter-AG
HRB ......

I. Als alleiniger und einzelvertretungsberechtigter Vorstand der Mutter-AG mit dem Sitz in ......, eingetragen im Handelsregister des Amtsgerichts ...... unter HRB ......, melde ich zur Eintragung in das Handelsregister an:

Die Tochter-GmbH mit dem Sitz in ......, eingetragen im Handelsregister des Amtsgerichts ...... unter HRB ......, ist auf Grund des Verschmelzungsvertrages vom ...... auf die Mutter-AG durch Aufnahme verschmolzen.[184]

II. Als Anlagen überreiche ich:[185]

1. **Ausfertigung der URNr ...... des Notars ...... in ...... vom ......, darin enthalten:**
   - **der Verschmelzungsvertrag.**
2. **Empfangsbestätigungen vom ...... als Nachweis über die rechtzeitige Zuleitung des Entwurfs des Verschmelzungsvertrages an den Betriebsrat des Betriebs C der Mutter-AG, an den Gesamtbetriebsrat der Betriebe der Tochter-GmbH und an die Betriebsräte der Betriebe A und B bei der Tochter-GmbH bzw. Verzichtserklärungen darüber;**
3. **einen Ausdruck aus dem Bundesanzeiger vom ......, sowie dem ...... *[ggf. weitere Gesellschaftsblätter gem. Satzung]* welche(r) die Bekanntmachung eines Hinweises des Vorstands der Mutter-AG auf die bevorstehende Verschmelzung mit der Tochter-GmbH nebst Hinweis der Aktionäre auf deren Recht aus § 62 Abs. 2 UmwG enthält.**

III.

1. **Eine Hauptversammlung unserer Gesellschaft als übernehmender Rechtsträger wurde mit Rücksicht darauf, dass 100 % des Stammkapitals der übertragenden Gesellschaft von unserer Gesellschaft gehalten werden, nicht abgehalten, § 62 UmwG. Die Aktionäre der Gesellschaft wurden durch Bekanntmachung in den Gesellschaftsblättern auf ihr Recht, nach § 62 Abs. 2 UmwG die Einberufung einer Hauptversammlung verlangen zu können, hingewiesen.**

   Ich erkläre gemäß § 62 Abs. 3 Satz 5 UmwG: Ein Antrag gemäß § 62 Abs. 2 UmwG wurde nicht gestellt. Eine Beschlussfassung der Hauptversammlung der übernehmenden Mutter-AG gemäß § 62 Abs. 1 UmwG ist daher nicht erforderlich.[186]
2. **Ein Verschmelzungsbeschluss bei der übertragenden Tochter-GmbH war gemäß § 62 Abs. 4 Satz 1 UmwG entbehrlich.**

IV. Ich weise auf Folgendes hin:[187]

1. **Ein Verschmelzungsbericht ist gemäß § 8 Abs. 3 Satz 1 Alt. 2 UmwG nicht erforderlich. Daher entfällt die Einreichung eines Verschmelzungsberichts.**

2. **Eine Prüfung der Verschmelzung ist gemäß § 9 Abs. 3, § 8 Abs. 3 Satz 1 Alt. 2 UmwG nicht erforderlich. Ein Prüfungsbericht ist gemäß § 12 Abs. 3, § 8 Abs. 3 Satz 1 Alt. 2 UmwG nicht erforderlich. Darüber hinaus wurde die Verschmelzungsprüfung nicht gemäß § 48 Satz 1 UmwG verlangt. Daher entfällt die Einreichung eines Prüfungsberichts.**
3. **Eine Kapitalerhöhung bei der Mutter-AG ist gemäß § 68 Abs. 1 Satz 1 Nr. 1 UmwG ausgeschlossen, weil die Mutter-AG alle Anteile der übertragenden Tochter-GmbH innehat. Die Aktionäre der Mutter-AG und ihre Aktien sind unverändert.**
4. **Die Satzung der Mutter-AG wurde nicht geändert. Daher entfällt die Einreichung des vollständigen Wortlauts der Satzung mit Bestätigungsvermerk gemäß § 181 Abs. 1 Satz 2 AktG.**

V. Hiermit bevollmächtige ich Herrn ...... jederzeit widerruflich und dem Handelsregister gegenüber unbeschränkt, alle Anmeldungen zum Handelsregister vorzunehmen, die im Zuge der Handelsregistereintragung der Tatsachen, die hier angemeldet und aus den dieser Anmeldung beigefügten Unterlagen ersichtlich sind, erforderlich und zweckmäßig sind.

Nach Vollzug des Antrags auf Eintragung der Verschmelzung bitte ich um Eintragungsnachricht an die Gesellschaft und an den beglaubigenden Notar sowie um Übermittlung von drei beglaubigten Handelsregisterauszügen an die Gesellschaft und eines beglaubigten Handelsregisterauszugs an den beglaubigenden Notar.

................................, den ....

...
Mutter-AG
Der Vorstand

B. Grundsätzliche Anmerkungen

I. Sachverhalt

Die (inländische) Mutter-AG (M-AG) ist eine nicht börsennotierte Aktiengesellschaft, deren Aktien von diversen bekannten Aktionären gehalten werden. Sie hält alle drei Geschäftsanteile an der (ebenso inländischen) Tochter-GmbH (T-GmbH). Das Vermögen der T-GmbH soll als Ganzes auf die M-AG im Wege der Verschmelzung durch Aufnahme übergehen. 1

Wirtschaftsjahr beider Gesellschaften ist das Kalenderjahr. Die Verschmelzung soll im Innenverhältnis zum 1.1.01, 0:00 Uhr (Verschmelzungsstichtag) als vorgenommen gelten.

Bei der M-AG sind weniger als 500 Arbeitnehmer beschäftigt. Es existiert ein Betrieb C mit Betriebsrat. Bei der T-GmbH bestehen die Betriebe A und B mit jeweiligem Betriebsrat und ein Gesamtbetriebsrat. Im Anschluss an die Verschmelzung werden bei der M-AG über 500 Arbeitnehmer beschäftigt werden. Der Betrieb B soll in den Betrieb A eingegliedert werden.

Firma und Vorstand der M-AG sollen durch die Verschmelzung unverändert bleiben.

Die Einberufung einer Hauptversammlung der M-AG gem. § 62 Abs. 2 UmwG wird nicht verlangt (vgl. → Form. A.2.3 sowie die Anmerkungen in → Rn. 8 und → Rn. 39 ff.).

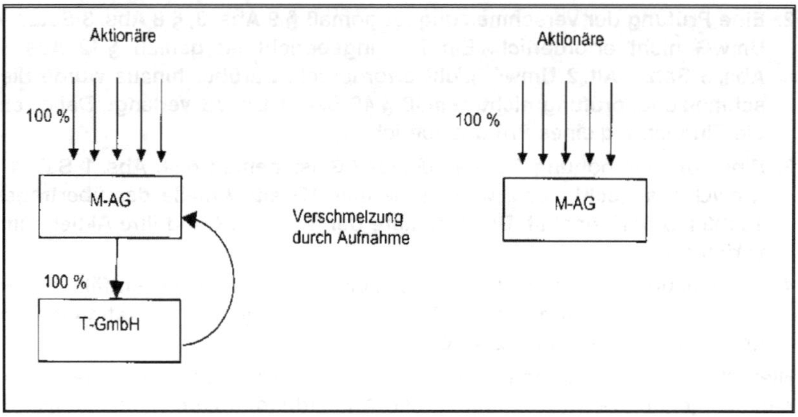

Graphische Darstellung des Sachverhalts vor und nach der Verschmelzung

II. Ablaufplan

2 Der **Ablauf einer Verschmelzung** orientiert sich an den Umständen des Einzelfalls. Generelle Aussagen sind schon deshalb nur eingeschränkt zu treffen, da der Ablauf in der Praxis maßgeblich davon abhängt, ob der Vorgang schon vor oder erst nach dem Verschmelzungsstichtag beginnt, ob die Beteiligten und insbesondere die Betriebsräte auf Informationsrechte und sonstige Formalitäten verzichten oder nicht, und in welchem Zeitpunkt das Konzernverhältnis (bei einer Aktiengesellschaft wie hier der M-AG mindestens 90% des Stammkapitals der T-GmbH) zustande kommt (etwa durch Übertragung von Minderheitsanteilen).

3 Ausgangspunkt bei der Erstellung eines Ablaufplans ist immer der Verschmelzungsstichtag bzw. der vorhergehende Tag, auf den die Schlussbilanz gemäß § 17 Abs. 2 Satz 1 UmwG aufgestellt wird (Stichtag der Schlussbilanz). Denn die Anmeldung der Verschmelzung zu den Handelsregistern der beteiligten Rechtsträger hat spätestens acht Monate nach dem Stichtag der Aufstellung der Schlussbilanz zu erfolgen (§ 17 Abs. 2 Satz 4 UmwG).

4 Soll der letzte ordentliche Jahresabschluss der übertragenden Gesellschaft zugleich als Schlussbilanz verwendet werden, wird in der Praxis bei Verschmelzungen unter Beteiligung von Aktiengesellschaften leicht übersehen, dass die Acht-Monats-Frist des § 17 Abs. 2 Satz 4 UmwG nicht ausgeschöpft werden kann, ohne eine **Zwischenbilanz nach § 63 Abs. 1 Nr. 3 UmwG** aufstellen zu müssen. Danach ist, falls sich der letzte Jahresabschluss auf ein Geschäftsjahr bezieht, das mehr als sechs Monate vor dem Abschluss des Verschmelzungsvertrages oder der Aufstellung des Entwurfs abgelaufen ist, im Geschäftsraum der Aktiengesellschaft (zur Einsicht der Aktionäre) eine Bilanz auf einen Stichtag auszulegen, der nicht vor dem ersten Tag des dritten Monats liegt, der dem Abschluss oder der Aufstellung vorausgeht (Zwischenbilanz). Die Notwendigkeit der Aufstellung der Zwischenbilanz entfällt, wenn alle Anteilseigner der beteiligten Rechtsträger durch notariell beurkundete Erklärung hierauf verzichten (vgl. § 63 Abs. 2 Satz 5, § 8 Abs. 3 Satz 1 Alt. 1, Satz 2 UmwG) oder wenn die Gesellschaft seit dem letzten Jahresabschluss einen Halbjahresfinanzbericht gemäß § 115 WpHG veröffentlicht hat (vgl. § 63 Abs. 2 Satz 6 UmwG). Für die Aufstellung der Zwischenbilanz sieht § 63 Abs. 2 UmwG besondere Vorschriften und teilweise Erleichterungen vor. Eine Gewinn- und Verlustrechnung und ein Lagebericht sind nicht erforderlich. Die Erforderlichkeit eines Anhangs wird von der hM in der Literatur abgelehnt (vgl. SHS/*Stratz* UmwG § 63 Rn. 5). Da § 63 Abs. 1 Nr. 3 UmwG auch nur die Aufstel-

lung eines Entwurfs des Verschmelzungsvertrages innerhalb der Sechsmonatsfrist ausreichen lässt, sollte diese Aufstellung in zeitkritischen Fällen nachweisbar dokumentiert werden. Strittig für die Festlegung des Zeitpunkts der Aufstellung ist, ob bereits die inhaltliche Einigung über den Entwurf zwischen den beteiligten Rechtsträgern ausreicht oder ob ein mit Datumsangabe paraphierter Entwurfstext vorliegen muss (so Kallmeyer/*Marsch-Barner* UmwG § 63 Rn. 6). In der Praxis ist bei der Planung der besseren Feststellbarkeit im Nachhinein wegen die zweite Alternative oder die rechtzeitige Einreichung des Formulars A.2.3 (→ Form. A.2.3) beim Register – also innerhalb von sechs Monaten – zu empfehlen.

Im Folgenden werden die einzelnen Schritte der Konzernverschmelzung unter Beachtung der gesetzlich vorgegebenen Fristen beschrieben. Es empfiehlt sich, die Zeiten und Fristen etwas großzügiger zu bemessen, um das Verfahren nicht zu gefährden, falls unvorhergesehene oder unbeeinflussbare Verzögerungen auftreten. 5

1. Erstellung des *Entwurfs* des Verschmelzungsvertrages; Abstimmung des Entwurfs mit dem beurkundenden Notar.
2. *Beurkundung* des Verschmelzungsvertrages.
3. Nach Abschluss des Verschmelzungsvertrages müssen folgende Schritte erfolgen:
   a) *Zuleitung* des (Entwurfs des) Verschmelzungsvertrages an die zuständigen *Betriebsräte* der beteiligten Rechtsträger gemäß § 62 Abs. 4 Satz 4 iVm. § 5 Abs. 3 UmwG, wobei die Zuleitung bei wortgetreuer Auslegung des § 62 Abs. 4 Satz 4 UmwG **spätestens** am Tag der Beurkundung des Verschmelzungsvertrages erfolgen muss (vgl. *Mayer* NZG 2012, 561); Bestätigung des Empfangs; eventuell Verzicht auf die Monatsfrist des § 62 Abs. 4 Satz 4 iVm. § 5 Abs. 3 UmwG.
   b) *Auslegung* der in § 63 Abs. 1 UmwG bezeichneten Unterlagen (Verschmelzungsvertrag, Jahresabschlüsse und Lageberichte der an der Verschmelzung beteiligten Rechtsträger für die letzten drei Geschäftsjahre, ggf. Zwischenbilanz) im Geschäftsraum der übernehmenden Gesellschaft zur Einsicht der Aktionäre (§ 62 Abs. 3 Satz 1 UmwG).
   c) *Bekanntmachung* eines Hinweises des Vorstands der übernehmenden Gesellschaft auf die bevorstehende Verschmelzung in den Gesellschaftsblättern der übernehmenden Gesellschaft (§ 62 Abs. 3 Satz 2 UmwG; darin Hinweis der Aktionäre auf ihr Recht nach § 62 Abs. 2 UmwG).
   d) *Einreichung* des Verschmelzungsvertrages oder seines Entwurfs zum Register der übernehmenden Gesellschaft; das Gericht hat in den für die Bekanntmachung seiner Eintragungen bestimmten Blättern (§ 10 HGB) einen Hinweis darauf bekannt zu machen, dass der Vertrag oder sein Entwurf zum Handelsregister eingereicht worden ist (§ 62 Abs. 3 Satz 2 und 3 UmwG).
4. Auf Verlangen ist jedem Aktionär der übernehmenden Gesellschaft unverzüglich und kostenlos eine *Abschrift* der in § 63 Abs. 1 UmwG bezeichneten Unterlagen zu erteilen, und zwar auf Verlangen auch elektronisch (§ 62 Abs. 3 Satz 6 f. UmwG).
5. *Anmeldung* der Verschmelzung *zu den Handelsregistern* der beteiligten Rechtsträger; der Anmeldung der Verschmelzung zur Eintragung in das Handelsregister ist der Nachweis der Bekanntmachung nach § 62 Abs. 3 Satz 2 UmwG beizufügen (§ 62 Abs. 3 Satz 4 UmwG). Der Vorstand hat bei der Anmeldung zu erklären, ob ein Antrag nach § 62 Abs. 2 gestellt worden ist (§ 62 Abs. 3 Satz 5 UmwG).
6. *Eintragung* der Verschmelzung (§§ 19, 20 UmwG).

Ist ein Verschmelzungsbeschluss der übertragenden Gesellschaft – wie im vorliegenden Fall – entbehrlich, so ist die Verpflichtung zur Zuleitung des Verschmelzungsvertrages an die Betriebsräte *spätestens* am Tag der Beurkundung des Verschmelzungsvertrages zu erfüllen, § 62 Abs. 4 UmwG. Dies bedeutet, dass nach notarieller Beurkundung der Antrag auf Eintragung der Verschmelzung erst gestellt werden kann, wenn die Gesellschaft eine Empfangsquittung des Betriebsrats vorlegt, aus der sich er- 6 gibt, dass der Betriebsrat den Vertrag einen Monat vor Antragstellung erhalten hat. Der Zeitpunkt der Beurkundung des Vertrags muss ebenfalls mindestens einen Monat zurückliegen (vgl. *Heckschen* NJW 2011, 2390). Die Eintragungsfähigkeit der Verschmelzung kann durch den nach herrschender Meinung zulässigen Verzicht des Betriebsrats auf die Einhaltung der Monatsfrist beschleunigt werden (vgl. *Heckschen* NJW 2011, 2390; Kallmeyer/*Marsch-Barner* UmwG § 62 Rn. 32). Siehe iÜ → Form. A.1 Rn. 250. In der Praxis ist zu empfehlen, stets einen Entwurf des Verschmelzungsvertrages aufzustellen und dem jeweiligen Betriebsrat vorab zuzuleiten (vgl. *Mayer,* NZG 2012, 561).

7 Kommt es im Zuge der Verschmelzung zu Maßnahmen mit betriebsverfassungsrechtlichen Konsequenzen, kann wie im vorliegenden Fall einer Betriebsänderung des Betriebs B der T-GmbH zusätzlich die Vereinbarung eines Interessenausgleichs und Sozialplans nach den §§ 111ff. BetrVG erforderlich werden. In diesem Fall muss die Zuleitung des Verschmelzungsvertrages an die Betriebsräte bereits wegen der sehr früh entstehenden Informationspflichten des § 111 BetrVG („rechtzeitig") und der langen Dauer eines Interessenausgleichsverfahrens (idR mehrere Monate) erheblich früher erfolgen.

8 Die Einberufung einer Hauptversammlung ist unter Beachtung des Verfahrens nach § 62 UmwG nicht erforderlich, weil die M-AG mehr als 90% des Stammkapitals der T-GmbH hält und die Aktionäre ihr Recht nach § 62 Abs. 2 UmwG nicht geltend machen. Ein Beschluss der Hauptversammlung der übernehmenden Gesellschaft ist daher nicht erforderlich. Ebenso ist ein Verschmelzungsbeschluss der Gesellschafterversammlung der übertragenden Tochter-GmbH nach § 62 Abs. 4 Satz 1 UmwG entbehrlich, da sich sämtliche Anteile der Tochter-GmbH in der Hand der Mutter-AG befinden.

9 Das Verfahren nach § 62 UmwG ist lediglich eine **Wahlmöglichkeit.** Selbstverständlich kann auch eine **Hauptversammlung** abgehalten werden. Dies wird in der Praxis häufig bei Aktiengesellschaften mit kleinerem Aktionärskreis oder einem einzigen Aktionär gemacht, wenn die Verschmelzung, ohne die Fristen des § 62 UmwG einzuhalten, im Wege einer Vollversammlung unter dem üblichen Verzicht auf Form- und Fristvorschriften erfolgen kann. Auch wenn keine Vollversammlung zustande kommt, empfiehlt es sich aus Kostengründen, den Zustimmungsbeschluss innerhalb der ordentlichen Hauptversammlung zu fassen (die nach § 120 Abs. 1 Satz 1, § 175 Abs. 1 Satz 2 AktG wie bei § 17 Abs. 2 Satz 4 UmwG innerhalb der ersten acht Monate eines Geschäftsjahres stattfinden muss), wenn die Hauptversammlung den Höchstwert von 5 Mio. EUR (§ 108 Abs. 5 GNotKG) übersteigen sollte. In diesen Fällen ist die Einreichung nach § 61 Satz 1 UmwG allerdings auch nicht entbehrlich, sondern hat vor der Einberufung der Hauptversammlung stattzufinden. Da man selten vorhersehen kann, ob ein Verlangen nach § 62 Abs. 2 UmwG gestellt wird, ist das vorliegende Einreichungsschreiben auch für den Fall der ordentlichen Hauptversammlung formuliert worden, § 61 Satz 1 UmwG.

10 **Verschmelzungsberichte** der übertragenden und der übernehmenden Gesellschaft nach § 8 Abs. 1 und 2 UmwG entfallen gemäß § 8 Abs. 3 Satz 1 Alt. 2 UmwG. Die **Verschmelzungsprüfung** nach §§ 9 bis 11 UmwG und der **Bericht über die Verschmelzungsprüfung** nach § 12 UmwG entfallen gemäß § 9 Abs. 2, § 12 Abs. 3 iVm. § 8 Abs. 3 Satz 1 Alt. 2 UmwG.

11 *einstweilen frei*

12 Die **Eintragung** der Verschmelzung in das Register der übertragenden Gesellschaft gemäß § 19 Abs. 1 UmwG ist für sich genommen lediglich vorbereitender Art. Die Eintragung der Verschmelzung in das Register der übernehmenden Gesellschaft ist gemäß § 20 Abs. 1 UmwG konstitutiv.

13–15 *einstweilen frei*

III. Wirtschaftliche Vertragsziele

Primäres wirtschaftliches Vertragsziel der Verschmelzung einer 100%igen Tochtergesellschaft auf ihre Muttergesellschaft ist die Übertragung aller Aktiva und Passiva der Tochtergesellschaft auf die Muttergesellschaft. Die übernommenen Aktiva und Passiva sind bei der Muttergesellschaft zu bilanzieren. Gleichzeitig entfällt in der Bilanz der Muttergesellschaft der Ansatz der Beteiligung an der Tochtergesellschaft, weil die Tochtergesellschaft ohne Abwicklung im Zeitpunkt des Wirksamwerdens der Verschmelzung erlischt. **16**

Die **Motive** einer solchen Verschmelzung sind unterschiedlich. Vgl. hierzu → Form. A.1 Rn. 9 ff. **17**

einstweilen frei **18, 19**

IV. Zivil-, Handels- und Gesellschaftsrecht

Die nachfolgenden Ausführungen verstehen sich als Ergänzungen, wenn und soweit der vorliegende Formularfall vom Fall der Konzernverschmelzung im GmbH-Konzern (→ Form. A.1 Rn. 16 f.) abweicht. **20**

einstweilen frei **21, 22**

1. Verschmelzungsvertrag

Das Erfordernis eines Verschmelzungsvertrages folgt aus § 4 Abs. 1 Satz 1 UmwG. Danach schließen die Vertretungsorgane der an der Verschmelzung beteiligten Rechtsträger einen Verschmelzungsvertrag. Der **Mindestinhalt** des Verschmelzungsvertrages richtet sich nach dem Katalog in § 5 Abs. 1 Nr. 1–9, §§ 46, 62 ff. UmwG. **23**

Vorliegend schließen die M-AG und die T-GmbH den Verschmelzungsvertrag. Die Parteien werden jeweils durch ihre einzelvertretungsberechtigten Organe, die M-AG durch ihren Vorstand gemäß § 78 Abs. 1 AktG und die T-GmbH durch den Geschäftsführer gemäß § 35 Abs. 1 GmbHG vertreten. **24**

Nach § 6 UmwG muss der Verschmelzungsvertrag **notariell beurkundet** werden. Nicht beurkundungsbedürftig ist eine Spezial- oder Generalvollmacht zum Abschluss des Verschmelzungsvertrages (SHS/*Stratz* UmwG § 4 Rn. 15). **25**

einstweilen frei **26, 27**

a) Verschmelzungsfähige Rechtsträger

Die T-GmbH als Gesellschaft mit beschränkter Haftung und die M-AG als Aktiengesellschaft sind nach § 3 Abs. 1 Nr. 2 UmwG verschmelzungsfähige Rechtsträger. Nach § 3 Abs. 4 UmwG kann die Verschmelzung auch von Rechtsträgern mit unterschiedlichen Rechtsformen erfolgen. Zur Verschmelzung unter Beteiligung von Rechtsträgern im Gründungsstadium, von aufgelösten oder überschuldeten Rechtsträgern → Form. A.1 Rn. 24 ff. **28**

einstweilen frei **29**

b) Vertragsgegenstand

Der Vertragsgegenstand einer Verschmelzung folgt aus § 2 iVm. § 1 Abs. 1 Nr. 1 UmwG. Bei der Erfassung des Vertragsgegenstands ist der Grundsatz zu berücksichtigen, dass die Anteilsinhaber des übertragenden Rechtsträgers als Gegenleistung für die Vermögensübertragung am übernehmenden Rechtsträger beteiligt werden und daher bei diesem Rechtsträger in der Regel eine Kapitalerhöhung erfolgt (vgl. auch § 5 Abs. 1 Nr. 2 bis 5, Abs. 2 UmwG). Dies ist vorliegend nach § 68 Abs. 1 Satz 1 Nr. 1 **30**

UmwG ausgeschlossen, da die M-AG als übernehmender Rechtsträger alle Geschäftsanteile an der T-GmbH als übertragendem Rechtsträger hält.

31 *einstweilen frei*

c) Verschmelzungsstichtag

32 Nach § 5 Abs. 1 Nr. 6 UmwG muss der Verschmelzungsvertrag den Zeitpunkt enthalten, von dem an die Handlungen des übertragenden Rechtsträgers als für Rechnung des übernehmenden Rechtsträgers vorgenommen gelten **(Verschmelzungsstichtag).** Der Stichtag der Schlussbilanz geht zwingend dem im Verschmelzungsvertrag vereinbarten Verschmelzungsstichtag unmittelbar voran (vgl. SHS/*Hörtnagl* UmwG § 17 Rn. 37; zu Einzelheiten → Form. A.1 Rn. 39 ff.).

33–38 *einstweilen frei*

2. Verfahren bei Beteiligung einer Aktiengesellschaft als übernehmender Gesellschaft

39 Erfolgt eine Verschmelzung unter Beteiligung von Aktiengesellschaften, sind grds. die §§ 60 bis 76 UmwG einschlägig. Lediglich im Falle einer Verschmelzung durch Aufnahme wie im vorliegenden Fall sind nur die §§ 60 bis 72 UmwG zu beachten. Darin sind besondere Regelungen zur Verschmelzungsprüfung (§ 60 UmwG), zum Verschmelzungsbeschluss (§§ 61 bis 65 UmwG) und zur Kapitalerhöhung (§§ 66 bis 69 UmwG) sowie zum Anteilstausch (§§ 71, 72 UmwG) und zum Schadensersatzanspruch nach § 26 UmwG (§ 70 UmwG) enthalten.

a) Auslegung der in § 63 Abs. 1 UmwG bezeichneten Unterlagen

40 Gem. § 62 Abs. 3 Satz 1 UmwG sind einen Monat vor der Gesellschafterversammlung oder der Hauptversammlung der übertragenden Gesellschaft, die gemäß § 13 Abs. 1 UmwG die Zustimmung zum Verschmelzungsvertrag beschließen soll, in dem Geschäftsraum der übernehmenden Gesellschaft zur Einsicht der Aktionäre die in § 63 Abs. 1 UmwG bezeichneten Unterlagen auszulegen. Befindet sich (wie hier) das gesamte Stamm- oder Grundkapital der übertragenden Gesellschaft in der Hand der übernehmenden Aktiengesellschaft, so ist ein Verschmelzungsbeschluss des Anteilsinhabers der übertragenden Gesellschaft nicht erforderlich (vgl. § 62 Abs. 4 Satz 1 UmwG). Die Pflicht zur Auslegung gem. § 62 Abs. 3 Satz 1 UmwG ist dann nach Abschluss des Verschmelzungsvertrages für die Dauer eines Monats zu erfüllen, § 63 Abs. 4 Satz 3 UmwG.

Gem. § 63 Abs. 1 UmwG sind auszulegen

- der Verschmelzungsvertrag oder sein Entwurf,
- die Jahresabschlüsse und die Lageberichte der an der Verschmelzung beteiligten Rechtsträger für die letzten drei Geschäftsjahre bzw., falls sich der letzte Jahresabschluss auf ein Geschäftsjahr bezieht, das mehr als sechs Monate vor dem Abschluss des Verschmelzungsvertrages oder der Aufstellung des Entwurfs abgelaufen ist, eine Bilanz auf einen Stichtag, der nicht vor dem ersten Tag des dritten Monats liegt, der dem Abschluss oder der Aufstellung vorausgeht (Zwischenbilanz); die Zwischenbilanz ist entbehrlich, wenn alle Anteilseigner der beteiligten Rechtsträger hierauf durch notariell beurkundete Erklärung verzichten oder wenn die Gesellschaft seit dem letzten Jahresabschluss einen Halbjahresfinanzbericht gemäß § 115 WpHG veröffentlicht hat (vgl. § 63 Abs. 2 Satz 5 und 6 UmwG),
- die nach § 8 UmwG erstatteten Verschmelzungsberichte (vorliegend entbehrlich gemäß § 8 Abs. 3 Satz 1 Alt. 2 UmwG) und
- die nach § 60 UmwG iVm. § 12 UmwG erstatteten Prüfungsberichte.

Erfolgt die Auslegung der Unterlagen überhaupt nicht oder verspätet, ist der Beschluss **anfechtbar.** Die Erfüllung der Informationspflichten des § 62 Abs. 3 UmwG sowie die Erbringung des Nachweises nach § 62 Abs. 3 Satz 4 UmwG und die Erklärung nach § 62 Abs. 3 Satz 5 UmwG sind Eintragungsvoraussetzungen für die Verschmelzung (WM/*Rieger* UmwG § 62 Rn. 50).

b) Bekanntmachung des Vorstands

Gem. § 62 Abs. 3 Satz 2 HS 1 Alt. 1 UmwG hat der Vorstand gleichzeitig mit der Auslegung die bevorstehende Verschmelzung in den Gesellschaftsblättern der übernehmenden Gesellschaft bekanntzumachen. Gem. § 62 Abs. 3 Satz 3 UmwG sind die Aktionäre darin auf ihr Recht nach § 62 Abs. 2 UmwG hinzuweisen. Diese Bekanntmachung ist dem Aktionärsschutz entsprechend zu veröffentlichen. Erfolgt die Bekanntmachung zusammen mit anderen Bekanntmachungen, hat ein Hinweis auf die bevorstehende Verschmelzung in der Überschrift zu erfolgen (vgl. WM/*Rieger* UmwG § 62 Rn. 38). Es ist üblich, in der Bekanntmachung des Vorstands auch auf die Auslegung gem. § 62 Abs. 3 Satz 1 UmwG und auf die Erteilung von Abschriften gem. § 62 Abs. 3 Satz 6 UmwG hinzuweisen. **41**

Da die Bekanntmachung in den Gesellschaftsblättern erfolgen muss, ist sie in jedem Fall gem. § 25 Abs. 1 AktG im Bundesanzeiger zu veröffentlichen. Die Gesellschaftsblätter dürfen **nicht** mit den Veröffentlichungsmedien des § 61 Satz 2 UmwG verwechselt werden. Dabei handelt es sich um die für die Bekanntmachung der Eintragung des zuständigen elektronischen Handelsregisters bestimmten Blätter (→ Rn. 48 ff.). **42**

Es sind die Besonderheiten des elektronischen **Bundesanzeigers,** der den gedruckten Bundesanzeiger zum 1.4.2012 gänzlich abgelöst hat, zu berücksichtigen. Anträge und aktuelle Formhinweise finden sich unter www.bundesanzeiger.de (vgl. auch § 25 Satz 1 AktG). **43**

Sind zusätzlich zur Bekanntmachung im Bundesanzeiger in der Satzung weitere Bekanntmachungsorgane statuiert, erfolgt die Bekanntmachung nur dann fristgerecht, wenn sie in allen Gesellschaftsblättern fristgerecht erschienen ist. **44**

Da nach § 62 Abs. 3 Satz 4 UmwG der Anmeldung der Verschmelzung zur Eintragung in das Handelsregister der Nachweis der Bekanntmachung beizufügen ist, empfiehlt es sich, einen Ausdruck bereit zu halten. **45**

einstweilen frei **46, 47**

c) Einreichung des Verschmelzungsvertrages zum Handelsregister

Nach § 62 Abs. 3 Satz 2 HS 1 Alt. 2 UmwG ist gleichzeitig mit der Auslegung der in § 63 Abs. 1 UmwG bezeichneten Unterlagen der Verschmelzungsvertrag zum Register einzureichen. Das Gericht hat gemäß § 62 Abs. 3 Satz 2 HS 2, § 61 Satz 2 UmwG in dem für die Bekanntmachung seiner Eintragungen bestimmten elektronischen Informations- und Kommunikationssysteme (§ 10 HGB) einen Hinweis darauf bekannt zu machen, dass der Vertrag beim Handelsregister eingereicht worden ist. Dies dient der Information des Rechtsverkehrs, dass der Wortlaut des Verschmelzungsvertrages im Handelsregister eingesehen werden kann (abzurufen unter www.handelsregister.de). Erfolgt diese Einreichung nicht, wird die Verschmelzung nicht in das Handelsregister eingetragen. **48**

Die elektronische **Form** ist für die Einreichung zu beachten (→ Form. A.1 Rn. 56 mwN sowie *Jeep/Wiedemann* NJW 2007, 2439 ff.). **49**

einstweilen frei **50, 51**

d) Abschrifterteilung

Nach § 62 Abs. 3 Satz 6 UmwG ist auf Verlangen jedem Aktionär der übernehmenden Gesellschaft unverzüglich und kostenlos eine Abschrift der in § 63 Abs. 1 UmwG bezeichneten Unterlagen zu erteilen. **52**

e) Zurverfügungstellen auf Internetseite

53 Die Verpflichtung zur Auslegung der in § 63 Abs. 1 UmwG bezeichneten Unterlagen sowie die Verpflichtung, jedem Aktionär eine Abschrift dieser Unterlagen zuzuleiten, enfällt gemäß § 62 Abs. 3 Satz 8 UmwG, wenn diese Unterlagen von der Einberufung der Hauptversammlung an über die Internetseite der Gesellschaft zugänglich sind.

3. Handelsregisteranmeldung der Verschmelzung

54 Nach § 16 Abs. 1 UmwG haben die Vertretungsorgane jedes der an der Verschmelzung beteiligten Rechtsträgers die Verschmelzung zur Eintragung in das Register des Sitzes des Rechtsträgers anzumelden. Die Verschmelzung ist sowohl zum Handelsregister des übertragenden als auch zum Handelsregister des aufnehmenden Rechtsträgers anzumelden, § 16 UmwG (siehe → Form. A.2.8 und → Form. A.2.9). § 16 Abs. 1 Satz 2 UmwG berechtigt das Vertretungsorgan des **übernehmenden** Rechtsträgers, die Verschmelzung auch zur Eintragung in das Register des Sitzes des **übertragenden** Rechtsträgers anzumelden. Eine Erklärung des oder der Vertretungsorgane bei der Anmeldung, dass eine Klage gegen die Wirksamkeit eines Verschmelzungsbeschlusses nicht oder nicht fristgerecht erhoben oder eine solche Klage rechtskräftig abgewiesen oder zurückgenommen worden ist (§ 16 Abs. 2 Satz 1 UmwG) bzw. eine Verzichtserklärung nach § 16 Abs. 2 Satz 2 UmwG vorliegt, ist hier nicht erforderlich, weil ein Gesellschafter- bzw. Hauptversammlungsbeschluss gar nicht erfolgte. Daher muss auch nicht die Monatsfrist abgewartet werden, um die **Registersperre** nach § 16 Abs. 2 Satz 2 UmwG zu verhindern. Es genügt, in der Anmeldung darauf hinzuweisen, dass ein Gesellschafter- bzw. Hauptversammlungsbeschluss nicht erfolgte. Dies korrespondiert mit der weiteren **Erklärungspflicht nach § 62 Abs. 3 Satz 5 UmwG,** wonach der Vorstand bei der Anmeldung zu erklären hat, ob ein Antrag nach § 62 Abs. 2 UmwG gestellt worden ist.

55 Der Anmeldung der Verschmelzung zur Eintragung in das Handelsregister ist ferner nach § 62 Abs. 3 Satz 4 UmwG der Nachweis der Bekanntmachung des Vorstands mit dem Hinweis auf die Verschmelzung in den Gesellschaftsblättern beizufügen (vgl. auch → Rn. 45). Unklar ist, ob dieser Nachweis beiden Anmeldungen oder nur der Anmeldung zum Handelsregister der übernehmenden Aktiengesellschaft beizufügen ist. Es empfiehlt sich daher, die Bekanntmachung sowohl der Anmeldung zum Handelsregister der übernehmenden wie auch der übertragenden Gesellschaft beizufügen.

56 Im Übrigen wird auf → Form. A.1 Rn. 53 ff. verwiesen.

57, 58 *einstweilen frei*

4. Eintragung und Bekanntmachung der Verschmelzung

59 Die Eintragung und die Bekanntmachung der Verschmelzung erfolgen nach § 19 UmwG. Die Verschmelzung ist zunächst im Handelsregister der übertragenden und sodann im Handelsregister der übernehmenden Gesellschaft einzutragen, § 19 Abs. 1 UmwG; iÜ → Form. A.1 Rn. 59 ff.

60 *einstweilen frei*

5. Rechtsfolgen und weitere gesetzliche Regelungen

61 Die **Rechtsfolgen der Eintragung** ergeben sich aus § 20 UmwG. Mit Eintragung der Verschmelzung im Handelsregister der übernehmenden Gesellschaft wird die Verschmelzung wirksam, § 20 UmwG. Es wird auf → Form. A.1 Rn. 63 ff. verwiesen.

62, 63 *einstweilen frei*

V. Handelsbilanzrecht

1. Schlussbilanz des übertragenden Rechtsträgers

Nach § 17 Abs. 2 Satz 1 UmwG ist der Anmeldung zum Handelsregister des Sitzes des übertragenden Rechtsträgers eine Bilanz des übertragenden Rechtsträgers beizufügen **(Schlussbilanz).** Nach § 17 Abs. 2 Satz 2 UmwG gelten für diese Bilanz die Vorschriften über die Jahresbilanz und deren Prüfung entsprechend. Allerdings braucht sie nach § 17 Abs. 2 Satz 3 UmwG nicht bekannt gemacht zu werden. Nach § 17 Abs. 2 Satz 4 UmwG darf das Registergericht die Verschmelzung nur eintragen, wenn die Bilanz auf einen höchstens acht Monate vor der Anmeldung liegenden Stichtag aufgestellt worden ist. Die Zwischenbilanz (→ Rn. 4 und → Rn. 40) ändert hieran nichts; denn eine Zwischenbilanz ist nur zu Informationszwecken zu erstellen, falls sich der letzte Jahresabschluss auf ein Geschäftsjahr bezieht, das mehr als sechs Monate vor dem Abschluss des Verschmelzungsvertrages oder Aufstellung des Entwurfs abgelaufen ist. **64**

Die Schlussbilanz ist nach den handelsbilanziellen Vorschriften eine Bilanz iSv. §§ 242ff. HGB. Nach dem Wortlaut von § 17 Abs. 2 Satz 1 UmwG ist allerdings lediglich die Bilanz beizufügen, nicht jedoch ein vollständiger Jahresabschluss bestehend aus Bilanz, Gewinn- und Verlustrechnung und Anhang. In der Praxis wird allerdings in der Regel der Jahresabschluss eingereicht. Denn sog. **Wahlpflichtangaben,** die wahlweise entweder in der Bilanz oder im Anhang aufgeführt werden können, müssen, wenn nur die Bilanz eingereicht wird, in dieser gemacht oder nach Art eines Anhangs ergänzt worden sein (vgl. RS HFA 42 Tz. 7; SHS/*Hörtnagl* UmwG § 17 Rn. 14; Kallmeyer/*Lanfermann* UmwG § 17 Rn. 20). Aus der Verweisung auf die Vorschriften über die Jahresbilanz folgt, dass die Schlussbilanz vom jeweils zuständigen Organ so aufzustellen und festzustellen ist, wie es sich aus den rechtsformspezifischen Regelungen ergibt. Entsprechend § 245 HGB ist die Schlussbilanz zu unterzeichnen. Nach § 17 Abs. 2 Satz 3 UmwG bedarf es einer Bekanntmachung der Schlussbilanz nicht. Das **Prüfungserfordernis** richtet sich ebenfalls nach den rechtsformspezifischen Regelungen und den Vorschriften für bestimmte Geschäftszweige, etwa nach § 316 Abs. 1 HGB iVm. § 267 HGB, §§ 340k, 341k HGB und nach §§ 1, 6 PublG. Der Inhalt des Prüfungsberichts richtet sich nach § 321 HGB. **65**

Durch den Verweis auf die Vorschriften der Jahresbilanz gelten die allgemeinen Ansatzvorschriften der §§ 246 bis 251, 274, 330 HGB. Ferner gilt das Anschaffungskostenprinzip des § 253 HGB. Wertobergrenze sind die Anschaffungskosten oder Herstellungskosten vermindert um die zwischenzeitlichen Abschreibungen. Zuschreibungen sind nur nach den allgemeinen Vorschriften, insb. nach § 253 Abs. 5 HGB zulässig. Es gelten die allgemeinen Bewertungsgrundsätze des § 252 HGB. Damit ist grds. von der Fortführung der Unternehmenstätigkeit auszugehen, § 252 Abs. 1 Nr. 2 HGB. Allerdings ist die Aufstellung der Schlussbilanz ein begründeter Ausnahmefall iSv. § 252 Abs. 2 HGB, um vom Grundsatz der Bewertungsstetigkeit nach § 252 Abs. 1 Nr. 6 HGB abzuweichen (RS HFA 42 Tz. 17). Diese Grundsätze gelten unabhängig davon, ob die Schlussbilanz mit dem Jahresabschluss des letzten Geschäftsjahres zusammenfällt oder nicht. **66**

einstweilen frei **67, 68**

2. Bilanzierung beim übernehmenden Rechtsträger

Der übernehmende Rechtsträger hat keine spezielle Übernahmebilanz zu erstellen, da die Übernahme der einzelnen Wirtschaftsgüter aus dem Verschmelzungsvorgang als laufender Geschäftsvorfall zu behandeln ist (vgl. SHS/*Hörtnagl* UmwG § 24 **69**

Rn. 4). Es liegt ein entgeltliches Anschaffungsgeschäft vor (vgl. SHS/*Hörtnagl* UmwG § 24 Rn. 10).

70 Grundsätzlich werden die übergegangenen Wirtschaftsgüter nach dem Anschaffungswertprinzip des § 253 Abs. 1 HGB bilanziert, wobei sich die **Anschaffungskosten** durch die Gegenleistung bestimmen. Dies gilt als tauschähnlicher Vorgang auch bei der Verschmelzung einer 100%igen Tochtergesellschaft auf ihre Muttergesellschaft, obwohl es nicht zu einer Anteilsgewährung kommt (RS HFA 42 Tz. 45ff.).

In Durchbrechung dieses Prinzips gewährt § 24 UmwG ein **Wahlrecht,** wonach in der Handelsbilanz des übernehmenden Rechtsträgers als Anschaffungskosten iSd. § 253 Abs. 1 HGB auch die in der **Schlussbilanz** eines übertragenden Rechtsträgers aufgeführten Werte angesetzt werden können (hM, vgl. nur RS HFA 42 Tz. 34, 57ff.; aA SHS/*Hörtnagl* UmwStG § 24 Rn. 44: Zeitwert; SBB/*Bula/Pernegger* § 10 Rn. 159ff.: Buchwert). Das Wahlrecht kann nur einheitlich ausgeübt werden.

71 Die Ausübung des Wahlrechts erfolgt nach h.M. im Rahmen des laufenden Jahresabschlusses und durch das zur Feststellung des Jahresabschlusses berufene Organ der Gesellschaft. *H.-J. Priester* (AG 2019, 640) sieht hierin aber einen Gegenstand des Verschmelzungsvertrags, welcher zumindest bei einer AG als Übernehmerin der Kompetenz der HV vorbehalten sei.

72 Ein Umwandlungsverlust ist im Falle der Verschmelzung der Tochter auf die Muttergesellschaft als außerordentlicher Aufwand; ein Umwandlungsgewinn hingegen als außerordentlicher Ertrag über die Gewinn- und Verlustrechnung zu erfassen (vgl. RS HFA 42 Tz. 32, weil laufender Geschäftsvorfall).

73, 74 *einstweilen frei*

VI. Ertragsteuern

75 Ziel des UmwStG soll die Beseitigung möglicher steuerlicher Hemmnisse von Umwandlungen sein, um eine Umstrukturierung von Unternehmen insb. ohne Aufdeckung und Versteuerung der sog. stillen Reserven zu begünstigen (vgl. BT-Drs. 12/7263 S. 1).

Um in den Anwendungsbereich des UmwStG zu fallen, müssen gem. § 1 Abs. 2 UmwStG im Fall der Verschmelzung nach §§ 2ff. sowohl der übertragende wie auch der übernehmende Rechtsträger nach dem Recht eines EU- oder EWR-Staates gegründet sein und sich der Ort der Geschäftsleitung beider Rechtsträger im Hoheitsgebiet dieser Staaten befinden. Vorliegend sind für die Verschmelzung einer GmbH auf ihre Mutter-AG neben den in § 1 UmwStG normierten Anwendungsvoraussetzungen und der in § 2 UmwStG geregelten steuerlichen Rückwirkung nur der dritte Teil des UmwStG (dh. §§ 11–13 UmwStG) sowie der fünfte Teil des UmwStG (§ 19 UmwStG) einschlägig.

76 Der übernehmende Rechtsträger hat in seiner Steuerbilanz die Werte der steuerlichen Schlussbilanz des übertragenden Rechtsträgers zu übernehmen (sog. **zwingende Wertverknüpfung**). In der steuerlichen Schlussbilanz kann der übertragende Rechtsträger die übergehenden Wirtschaftsgüter mit dem **gemeinen Wert,** auf Antrag und unter den Vorraussetzungen des § 11 Abs. 2 UmwStG (s. → Rn. 81) auch mit dem **Buch- oder Zwischenwert** ansetzen (vgl. zur alten Rechtslage für Anmeldungen vor dem 12.12.2006 *Engl FB Umwandlungen* 1. Auflage Form. A. 1 Rn. 79). Der gemeine Wert bestimmt sich nach § 9 BewG durch den Preis, der im gewöhnlichen Geschäftsverkehr nach der Beschaffenheit des Wirtschaftsgutes bei einer Veräußerung zu erzielen wäre. Dabei sind alle Umstände, die den Preis beeinflussen, zu berücksichtigen.

77 Die früher von der Finanzverwaltung vertretene und seitens der Literatur heftig kritisierte Ansicht, nach welcher in der steuerlichen Übertragungsbilanz nur die in der handelsrechtlichen Schlussbilanz zulässigen Werte angesetzt werden durften (vgl. dazu die 1. Auflage Form. A. 1 Rn. 85), ist durch die Neufassung und der darin vollzogenen **Aufgabe des Maßgeblichkeitsprinzips** zugunsten einer autonomen Steuerbilanz (Blümich/*Klingberg* UmwStG 2006 § 11 Rn. 4, 21ff.; *Damas* DStZ 2007, 129, 130; *Dötsch/Pung* DB 2006, 2074, 2713) gegenstandslos geworden.

Nach § 2 Abs. 1 Satz 1 UmwStG sind das Einkommen und das Vermögen der übertragenden und der übernehmenden Körperschaft so zu ermitteln, als ob das Vermögen der Körperschaft mit **Ablauf des Stichtages** der Bilanz, die dem Vermögensübergang zugrunde liegt **(steuerlicher Übertragungsstichtag),** auf die übernehmende Körperschaft übergegangen wäre. Nach § 2 Abs. 1 Satz 2 UmwStG gilt das Gleiche für die Ermittlung der Bemessungsgrundlagen bei der Gewerbesteuer. Da die **Schlussbilanz** des übertragenden Rechtsträgers gem. § 17 Abs. 2 Satz 4 UmwG auf einen Stichtag aufgestellt werden muss, der höchstens acht Monate vor dem Tag der Anmeldung der Verschmelzung zu den Registern liegt, wird der steuerliche Übertragungsstichtag maßgeblich durch den **zivilrechtlichen Umwandlungsstichtag** (→ Rn. 32) bestimmt, der dem Stichtag der Schlussbilanz folgt. Die Rückbeziehung, die steuerlich eine gesetzliche Ausnahme darstellt, fingiert einen steuerlichen Übertragungsstichtag aus praktischen Gründen, da der Zeitpunkt der Eintragung der Verschmelzung in die Register nicht beeinflusst werden kann. Umgekehrt kann durch die Wahl des Verschmelzungsstichtages beeinflusst werden, in welchem Veranlagungszeitraum sich eine Verschmelzung steuerlich auswirkt. **78**

einstweilen frei **79**

1. Gewinn der übertragenden Körperschaft

Grundsätzlich ist für den körperschaftsteuerpflichtigen Gewinn nach § 8 Abs. 1 KStG iVm. § 5 Abs. 1 Satz 1 EStG bei der Gewinnermittlung für den Schluss des Wirtschaftsjahres das Betriebsvermögen anzusetzen, das nach den handelsrechtlichen Grundsätzen ordnungsmäßiger Buchführung auszuweisen ist. Nach § 5 Abs. 1 Satz 2 EStG sind steuerliche Wahlrechte bei der Gewinnermittlung in Übereinstimmung mit der handelsrechtlichen Jahresbilanz auszuüben. Das UmwStG eröffnet jedoch die Möglichkeit, die Werte der steuerlichen Schlussbilanz abweichend von der handelsrechtlichen Schlussbilanz zu bestimmen. Der Maßgeblichkeitsgrundsatz gilt hier nicht (→ Rn. 77). **80**

Regelmäßig sind nach § 11 Abs. 1 UmwStG bei einer Verschmelzung auf eine andere Körperschaft die übergehenden Wirtschaftsgüter, einschließlich nicht entgeltlich erworbener oder selbst geschaffener immaterieller Wirtschaftsgüter, in der Schlussbilanz mit ihrem **gemeinen Wert** anzusetzen. **81**

Nach § 11 Abs. 2 Satz 1 UmwStG können allerdings **auf Antrag** die übergehenden Wirtschaftsgüter auch mit dem **Buchwert** oder **einem Zwischenwert** in die Schlussbilanz aufgenommen werden, wenn:

1. sichergestellt ist, dass die in dem übergegangenen Vermögen enthaltenen stillen Reserven und die daraus erzielten Erträge später bei der übernehmenden Körperschaft der Besteuerung mit Körperschaftsteuer unterliegen und
2. das deutsche Besteuerungsrecht hinsichtlich der Besteuerung des Gewinns aus der Veräußerung der übertragenden Wirtschaftsgüter bei der übernehmenden Körperschaft nicht ausgeschlossen oder beschränkt wird und
3. eine Gegenleistung nicht gewährt wird oder in Gesellschaftsrechten besteht (vgl. hierzu UmwSt-Erl. 2011, BMF v. 11.11.2011, BStBl. I 2011, 1314 Tz. 11.05ff.).

Zu der Frage, in welchen Fällen eine Buchwertfortführung aufgrund des Ausschlusses oder der Einschränkung des deutschen Besteuerungsrechts nicht möglich ist, vgl. DPM/*Möhlenbrock/Pung* UmwStG § 3 Rn. 89ff.

Der **Antrag** ist spätestens bis zur erstmaligen Abgabe der steuerlichen Schlussbilanz bei dem für die Besteuerung zuständigen Finanzamt einzureichen (§ 11 Abs. 3, § 3 Abs. 2 Satz 2 UmwStG; UmwSt-Erl. 2011, BMF v. 11.11.2011, BStBl. I 2011, 1314 **82**

Tz. 11.12; *Damas* DStZ 2007, 129, 130; *Schaflitzl/Widmayer* BB-Special 2006 Nr. 8, S. 36, 40). Die Antragstellung kann nur einheitlich für sämtliche Wirtschaftsgüter der Körperschaft erfolgen (UmwSt-Erl. 2011, BMF v. 11.11.2011, BStBl. I 2011, 1314 Tz. 11.06, 03.13). Der Antrag wird spätestens konkludent durch das Einreichen der steuerlichen Schlussbilanz der übertragenden Körperschaft im Rahmen der Steuererklärung gestellt (vgl. BT-Drs. 16/2710 S. 37). Eine nachfolgende Änderung des Antrags im Wege einer Bilanzänderung ist nach Verwaltungs- und Rechtsprechungsauffassung nicht möglich (vgl. UmwSt-Erl. 2011, BMF v. 11.11.2011, BStBl. I 2011, 1314 Tz. 11.12, 03.01, 03.27 ff.).

Abweichend von den Bestimmungen des UmwStG, des § 6 Abs. 3 oder des § 6 Abs. 5 EStG sind gemäß § 50i Abs. 2 EStG Sachgesamtheiten bei Umwandlung, Einbringung, Strukturwandel und unentgeltlicher Übertragung eines Mitunternehmeranteils oder die unentgeltliche Übertragung einzelner Wirtschaftsgüter mit dem gemeinen Wert anzusetzen, wenn die Sachgesamtheit Wirtschaftsgüter oder Anteile iSd. § 50i Abs. 1 EStG enthält oder solche Wirtschaftsgüter oder Anteile nach § 6 Abs. 5 EStG übertragen werden; die Ansässigkeit des Stpfl. in einem DBA-Staat ist nicht Voraussetzung (vgl. BMF v. 21.12.2015, BStBl. I 2016, 7 zur Anwendung des § 50i Abs. 2 EStG, → Form. A.3 Rn. 113a ff.).

83 Es ist zu beachten, dass **Verlustvorträge** der übertragenden Gesellschaft durch die Verschmelzung (anders als nach altem Recht, vgl. 1. Auflage Form. A. 1 Rn. 100 ff.). nach § 12 Abs. 3 HS 2 iVm. § 4 Abs. 2 Satz 2 UmwStG untergehen. Dies gilt auch für einen Zinsvortrag iSv. § 4h Abs. 1 Satz 5 EStG im Rahmen der Anwendung der „Zinsschranke", → Rn. 98 und iE → Form. A.3 Rn. 101 ff. Es empfiehlt sich daher die anteilige Realisierung iH der Verlustvorträge durch den Ansatz von Zwischenwerten. Allerdings müssen dabei die Folgen der Mindestbesteuerung nach § 10d Abs. 2 EStG sowie ggf. unterschiedliche Verlustvorträge für die Einkommensteuer/Körperschaftsteuer einerseits und für Gewerbesteuer andererseits berücksichtigt werden.

84 Die Voraussetzungen der sog. Buchwertfortführung des § 11 Abs. 2 UmwStG (Rn. 81) liegen in dem Fall des vorliegenden Formulars jedenfalls dann vor, wenn die beiden beteiligten inländischen GmbHs nur über inländische Betriebsstätten verfügen und die übernehmende GmbH nicht nach einer der in § 5 KStG genannten Alternativen (in Frage kommt hier in erster Linie die Steuerbefreiung gemeinnütziger Körperschaften nach § 5 Abs. 1 Nr. 9 KStG) von der Körperschaftsteuer befreit ist. Ein Verstoß gegen die in § 11 Abs. 2 Nr. 2 UmwStG genannte Voraussetzung, dass das deutsche Besteuerungsrecht eines Gewinns aus einer späteren Veräußerung der Wirtschaftsgüter nicht ausgeschlossen oder beschränkt werden darf, könnte sich hingegen dann ergeben, wenn eine in Deutschland unbeschränkt körperschaftsteuerpflichtige GmbH auf eine Kapitalgesellschaft verschmolzen wird, deren Sitz und Ort der Geschäftsleitung sich in einem EU- oder EWR-Staat befindet und die deutsche GmbH über eine Betriebsstätte in einem Staat verfügt, mit dem Deutschland kein Doppelbesteuerungsabkommen abgeschlossen hat. In diesem Fall würde das deutsche Besteuerungsrecht hinsichtlich der Erfassung eines Gewinns aus der Veräußerung der in der ausländischen Betriebsstätte erfassten Wirtschaftsgüter zukünftig ausgeschlossen und eine Buchwertfortführung wäre insofern nicht möglich.

Auch die dritte Voraussetzung der Buchwertfortführung liegt vor, da mangels Gewährung von Aktien an der M-AG gar keine Gegenleistung gewährt wird.

85 Es ist jedoch zu beachten, dass gem. § 11 Abs. 2 Satz 1 UmwStG unbedingt ein entsprechender Antrag beim zuständigen Finanzamt vor erstmaliger Einreichung der Schlussbilanz zu stellen ist.

86 Bei einem Ansatz über den bisherigen Buchwerten entsteht mit Ablauf des steuerlichen Verschmelzungsstichtags ein **Übertragungsgewinn.** Dieser unterliegt der Körperschaftsteuer nach dem KStG und der Gewerbesteuer nach § 19 Abs. 1 UmwStG. Soweit der Übertragungsgewinn aus der Aufstockung des Wertes für Anteile an anderen Kapitalgesellschaften herrührt, kann sich aus § 8b Abs. 2 und 3 KStG eine 95%-ige Steuerfreiheit ergeben (vgl. SHS/*Schmitt* UmwStG § 11 Rn. 154).

2. Gewinn der übernehmenden Körperschaft

Nach § 12 Abs. 1 Satz 1 UmwStG hat die übernehmende Körperschaft die auf sie übergegangenen Wirtschaftsgüter mit dem in der steuerlichen Schlussbilanz der übertragenden Körperschaft enthaltenen Wert zu übernehmen (zwingende Wertverknüpfung mit der steuerlichen Schlussbilanz der übertragenden Gesellschaft; § 12 Abs. 1 Satz 1 UmwStG). Vorliegend hat die M-AG die in der steuerlichen Schlussbilanz der T-GmbH angesetzten Werte in ihrer Steuerbilanz fortzuführen. 87

einstweilen frei 88

a) Verschmelzungsgewinn/-verlust

Während der Beteiligungsansatz der T-GmbH in der Bilanz der M-AG entfällt, übernimmt die M-AG in ihre Bilanz alle Aktiva und Passiva der T-GmbH. Ist der **Unterschiedsbetrag** zwischen dem Wert, mit dem die übergegangenen Wirtschaftsgüter zu übernehmen sind, und dem Buchwert der Anteile an der übertragenden Körperschaft **positiv,** ergibt sich ein **Übernahmegewinn;** ist der Unterschiedsbetrag **negativ,** ergibt sich ein **Übernahmeverlust.** 89

Nach § 12 Abs. 2 Satz 1 UmwStG bleibt bei der Ermittlung des Gewinns der übernehmenden Körperschaft ein Gewinn oder ein Verlust in Höhe dieses Unterschiedsbetrages außer Ansatz. Daraus folgt, dass ein **Übernahmegewinn** grds. steuerfrei ist (§ 8b Abs. 2 Satz 2 und 3 KStG i.V.m. § 12 Abs. 2 UmwStG); dies gilt nach § 19 Abs. 1 UmwStG auch für die **Gewerbesteuer.** Soweit die übernehmende Körperschaft aber an der übertragenden Körperschaft beteiligt war – im vorliegenden Formular also zu 100% –, gelten jedoch 5% des Übernahmegewinns als nicht abzugsfähige Betriebsausgabe (§ 8b Abs. 3 Satz 1 KStG iVm. § 12 Abs. 2 Satz 2 UmwStG), dh. im Ergebnis ist der Übernahmegewinn insoweit zu **5% steuerpflichtig.** Siehe aber zur Ermittlung des steuerlichen Übertragungsgewinns im Falle der Verschmelzung der Organ(tochter)gesellschaft auf deren Organträgern (Muttergesellschaft) BFH v. 26.9.2018, I R 16/16, DStR 2019, 682: u.a. keine Anwendung des pauschalen Betriebsausgaben-Abzugsverbots des § 8b Abs. 3 Satz 1 KStG (entgegen UmwSt-Erl.-2011, BMF v. 11.11.2011, BStBl. I 2011, 1314, Tz. 12.07). Jedoch ist der Wert der Anteile an der T-GmbH zur Ermittlung des Übernahmeergebnisses nach § 12 Abs. 1 Satz 2 iVm. § 4 Abs. 1 Sätze 2 und 3 UmwStG um in früheren Jahren vorgenommene, steuerlich wirksame Teilwertabschreibungen oder um eine nach § 6b EStG übertragene Rücklage ergebniswirksam zu erhöhen, allerdings nur bis maximal zum gemeinen Wert der Beteiligung (sog. **erweiterte Wertaufholung – Beteiligungskorrekturgewinn**). Auf diesen Gewinn ist § 8b Abs. 2 Sätze 4 und 5 KStG anzuwenden (vgl. § 4 Abs. 1 Satz 3 iVm. § 12 Abs. 1 Satz 2 UmwStG); dieser ist **in vollem Umfang steuerpflichtig** (UmwSt-Erl. 2011, BMF v. 11.11.2011, BStBl. I 2011, 1314 Tz. 12.03, 04.06ff.). 90

Setzt die übertragende Körperschaft in ihrer steuerlichen Schlussbilanz die gemeinen Werte oder Zwischenwerte an, erhöht sich dadurch der Übernahmegewinn im Vergleich zum Ansatz mit dem Buchwert. Insoweit bietet das Wahlrecht Spielraum für eine Gestaltung des Übernahmegewinns beim übernehmenden Rechtsträger (Blümich/*Klingberg* UmwStG 2006 § 11 Rn. 23). 91

Entsteht durch die Verschmelzung ein **Übernahmeverlust,** bleibt dieser – ebenso wie ein Übernahmegewinn – außer Ansatz (§ 12 Abs. 2 Satz 1 UmwStG – regelungsgleich zu § 8b Abs. 3 Satz 3 KStG). Dies gilt nach § 19 Abs. 1 UmwStG auch für die GewSt. 92

Hat die übernehmende Körperschaft Anteile an der übertragenden Körperschaft nach dem steuerlichen Übertragungsstichtag angeschafft oder findet sie den Anteilseig- 93 ner ab, so ist nach § 12 Abs. 2 Satz 3 UmwStG iVm. § 5 Abs. 1 UmwStG ihr Gewinn so zu ermitteln, als hätte sie die Anteile am steuerlichen Übertragungsstichtag angeschafft.

b) Übernahmegewinn zweiter Stufe

94 Ein Übernahmegewinn entsteht nicht nur durch einen Unterschiedsbetrag zwischen dem Buchwert der Beteiligung und dem Wert, zu dem die übergegangenen Wirtschaftsgüter übernommen wurden (§ 12 Abs. 2 Satz 1 UmwStG). Darüber hinaus entsteht ein **sog. Übernahmegewinn zweiter Stufe,** wenn sich Forderungen und Verbindlichkeiten zwischen übertragendem und übernehmendem Rechtsträger vereinigen und die bilanzierten Werte auf Grund des Imparitätsprinzips voneinander abweichen. Nach § 12 Abs. 4 UmwStG gilt § 6 Abs. 1 und 2 UmwStG sinngemäß für den Teil des Gewinns aus der Vereinigung von Forderungen und Verbindlichkeiten, welcher der Beteiligung der übernehmenden Körperschaft am Kapital der übertragenen Körperschaft entspricht. Erhöht sich der Gewinn der übernehmenden Körperschaft dadurch, dass der Vermögensübergang zum Erlöschen von Forderungen und Verbindlichkeiten zwischen der übertragenden Körperschaft und der übernehmenden Körperschaft oder zur Auflösung von Rückstellungen führt, so darf die übernehmende Körperschaft insoweit eine den steuerlichen Gewinn mindernde Rücklage bilden. Diese Rücklage ist in den auf ihre Bildung folgenden drei Wirtschaftsjahren mit mindestens je einem Drittel gewinnerhöhend aufzulösen. Damit unterliegt dieser Übernahmegewinn zweiter Stufe zwar grds. der Körperschaftsteuer und Gewerbesteuer bei der übernehmenden Gesellschaft. Sie hat allerdings die Möglichkeit, über den Weg einer gewinnmindernden Rücklage diesen Gewinn auf die folgenden drei Wirtschaftsjahre zu verteilen **(Steuerstundung).** Zur in der Praxis bei späteren Umstrukturierungen zu berücksichtigenden **Missbrauchsklausel** des § 6 Abs. 3 UmwStG vgl. UmwSt-Erl. 2011, BMF v. 11.11.2011, BStBl. I 2011, 1314 Tz. 06.09 ff.

95 *einstwilen frei*

c) Steuerliche Rechtsnachfolge

96 Nach § 12 Abs. 3 HS 1 UmwStG tritt die übernehmende Körperschaft in die steuerliche Rechtsstellung der übertragenden Körperschaft ein, insb. bzgl. der Bewertung der übernommenen **Wirtschaftsgüter,** der AfA und der den steuerlichen Gewinn mindernden Rücklagen. Nach § 12 Abs. 3 HS 2 UmwStG iVm. § 4 Abs. 2 Satz 3 UmwStG ist der Zeitraum der Zugehörigkeit zum Betriebsvermögen der übertragenden Körperschaft der übernehmenden Körperschaft anzurechnen, wenn die Dauer der Zugehörigkeit eines Wirtschaftsguts zum Betriebsvermögen für die Besteuerung bedeutsam ist. Sind die übergegangenen Wirtschaftsgüter in der steuerlichen Schlussbilanz der übertragenden Körperschaft mit einem über dem Buchwert liegenden Wert angesetzt, sind nach § 12 Abs. 3 HS 2 UmwStG iVm. § 4 Abs. 3 UmwStG die AfA bei der übernehmenden Körperschaft in den Fällen des § 7 Abs. 4 Satz 1 und Abs. 5 des EStG nach der bisherigen Bemessungsgrundlage, in allen anderen Fällen nach dem Buchwert, jeweils vermehrt um den Unterschiedsbetrag zwischen dem Buchwert der einzelnen Wirtschaftsgüter und dem Wert, mit dem die Körperschaft die Wirtschaftsgüter in der steuerlichen Schlussbilanz angesetzt hat, zu bemessen; allerdings ist die Restnutzungsdauer neu zu schätzen (BFH v. 29.11.2007, IV R 73/02, DStR 2008, 611).

97 Der Eintritt in die steuerliche Rechtsstellung (→ Rn. 96) galt faktisch bis 2016 auch für die ratierliche Auszahlung des **KSt-Guthabens** gem. § 37 KStG bzw. die ratierlich zu bezahlende **KSt-Erhöhung** gem. § 38 KStG der übertragenden Gesellschaft.

98 Gemäß § 12 Abs. 3 iVm. § 4 Abs. 2 Satz 2 UmwStG gehen verrechenbare Verluste, verbleibende **Verlustvorträge,** ein Zinsvortrag nach § 4h Abs. 1 Satz 5 EStG und ein

EBITDA-Vortrag nach § 4h Abs. 1 Satz 3 EStG nicht (mehr) auf die übernehmende Körperschaft über (→ Form. A.3 Rn. 101 ff.).

einstweilen frei **99–101**

d) Einlagekonto

Bei der Verschmelzung der Tochter- auf ihre Muttergesellschaft unterbleibt die Hinzurechnung des steuerlichen Einlagekontos der Tochter nach § 29 Abs. 2 Satz 2 KStG, dh. beim steuerlichen Einlagekonto der Muttergesellschaft ändert sich nichts (vgl. DPM/*Dötsch* KStG § 29 Rn. 22). **102**

Hinsichtlich des steuerlichen Einlagekontos iSv. § 27 Abs. 1 Satz 1, § 39 KStG gilt § 29 Abs. 1 KStG, vgl. im Allgemeinen → Form. A.1 Rn. 112. **103**

einstweilen frei **104**

3. Besteuerung der Gesellschafter der übertragenden Körperschaft (hier = übernehmende Körperschaft)

In der Steuerbilanz der M-AG tritt an die Stelle des Anteils der Muttergesellschaft an der Tochtergesellschaft das steuerliche Betriebsvermögen der Tochtergesellschaft. **105**

einstweilen frei **106, 107**

VII. Verkehrssteuern

1. Umsatzsteuer

Vorliegend fällt für den Verschmelzungsvorgang **keine Umsatzsteuer** an, denn es liegt (nach wohl hM) eine nach § 1 Abs. 1a UStG nicht steuerbare Geschäftsveräußerung im Ganzen vor (vgl. Sölch/Ringleb/*Oelmaier* UStG § 1 Rn. 196; Bunjes/*Robisch* UStG § 1 Rn. 136). Nach aA (vgl. *Stadie* UStG § 1 Rn. 138 ff.) liegt im Falle der Verschmelzung keine Geschäftsveräußerung und damit bereits kein steuerbarer Leistungsaustausch vor, da mit der Eintragung in das Handelsregister das Vermögen der übertragenden Gesellschaft einschließlich der Verbindlichkeiten kraft gesetzlicher Anordnung und damit im Wege der Gesamtrechtsnachfolge übergeht. Häufig führt schon die zwischen Mutter- und Tochtergesellschaft idR bestehende umsatzsteuerliche Organschaft iSd. § 2 Abs. 2 Nr. 2 Satz 1 UStG zu diesem Ergebnis. Im Wege der Gesamtrechtsnachfolge tritt die M-AG in die umsatzsteuerrechtliche Stellung der T-GmbH ein. Zu Einzelheiten vgl. → Form. A.1 Rn. 118 ff. **108**

einstweilen frei **109**

2. Grunderwerbsteuer

Wird eine Tochtergesellschaft auf die Muttergesellschaft verschmolzen und hat die Tochtergesellschaft Grundeigentum, entsteht gem. § 1 Abs. 1 Nr. 3 Satz 1 GrEStG Grunderwerbsteuer, es sei denn die Voraussetzungen für die Steuervergünstigung bei Konzernumstrukturierung gem. § 6a GrEStG werden erfüllt (siehe → Form. D.1 Rn. 66 ff.). **110**

einstweilen frei **111**

VIII. Arbeitsrecht

Die Darlegung der **Folgen der Verschmelzung für die Arbeitnehmer und ihre Vertretungen und der diesbezüglich vorgesehenen Maßnahmen** ist gem. § 5 Abs. 1 Nr. 9 UmwG zwingender Bestandteil des Verschmelzungsvertrages. Darzulegen sind die unmittelbaren individual- und kollektivarbeitsrechtlichen sowie die **112** wesentlichen mittelbaren Folgen der Verschmelzung; s. iE die „Checkliste" unter → Form. A.1 Rn. 231. Ein pauschaler Verweis auf die gesetzlichen Vorschriften, etwa auf § 613a BGB und die Bestimmungen des UmwG genügt nicht (OLG Düsseldorf v. 15.3.1998, 3 Wx 156/98, NJW-RR 1999, 188f.). Genügt der Verschmelzungsvertrag diesen Anforderungen nicht, hat das Handelsregister die Eintragung der Verschmelzung abzulehnen (OLG Düsseldorf v. 15.3.1998, 3 Wx 156/98, aaO). Daneben besteht gem. **§ 613a Abs. 5 BGB** die Verpflichtung, die Arbeitnehmer gesondert nicht nur über die rechtlichen, sondern auch über die sie betreffenden **wirtschaftlichen und sozialen Folgen** des Betriebsübergangs zu informieren. Die Nichteinhaltung dieser Informationsverpflichtung hat grundsätzlich zur Folge, dass die in **§ 613a Abs. 6 BGB** normierte Frist von einem Monat für die Ausübung des Rechts der betroffenen Arbeitnehmer, dem Übergang ihres Arbeitsverhältnisses zu widersprechen (iE → Form. A.1 Rn. 152f.), nicht zu laufen beginnt. Gleiches gilt für eine **unvollständige oder unrichtige Unterrichtung** (BAG v. 13.7.2006, 8 AZR 305/05, NZA 2006, 1268; v. 14.12.2006, 8 AZR 763/05, NZA 2007, 682; v. 15.12.2016, 8 AZR 612/15, NZA 2017, 783). Allerdings hat das BAG klargestellt, dass ein Widerspruchsrecht nach einer Verschmelzung nicht besteht, da das Arbeitsverhältnis mit dem bisherigen, erloschenen Arbeitgeber nicht fortgesetzt werden kann. Dies ist auch nicht zwangsläufig als Kündigung zu verstehen, wenn die Erklärung nicht auch eine Umdeutung in eine Kündigung oder einen anderen Beendigungstatbestand zulässt (BAG v. 21.2.2008, 8 AZR 157/07, NZA 2008, 815, 818). Ein erklärter Widerspruch lässt das übergegangene Arbeitsverhältnis daher grundsätzlich unberührt (iE → Form. A.1 Rn. 178, → Verschmelzungsvertrag § 5 Abs. 3 sowie → Rn. 143). Der Arbeitnehmer muss daher grundsätzlich eine außerordentliche Kündigung erklären, wenn er sich vom Arbeitsverhältnis lösen will (Kallmeyer/*Willemsen* UmwG § 324 Rn. 44). Bezüglich der Einzelheiten wird auf **§ 5 des Verschmelzungsvertrages** und die Anmerkungen hierzu (→ Rn. 140ff.) verwiesen.

Siehe iÜ die grundsätzlichen Anmerkungen zum Arbeitsrecht in → Form. A.1 Rn. 150ff.

Zu beachten sind im vorliegenden Fall einer reinen Konzernverschmelzung die Besonderheiten, die sich nach § 62 Abs. 4 Satz 4 UmwG für die Frage, zu welchem Zeitpunkt gemäß § 5 Abs. 3 UmwG die Zuleitung des Vertrags an den Betriebsrat zu erfolgen hat, ergeben: Bei wortlautgetreuer Auslegung von § 62 Abs. 4 Satz 3 u. 4 UmwG muss der Verschmelzungsvertrag **spätestens** am Tag seiner Beurkundung an den Betriebsrat zugeleitet werden. Um praktischen Schwierigkeiten der Gewährleistung der fristgerechten Übergabe des beurkundeten Vertrags zu begegnen, ist zu empfehlen, stets einen Entwurf des Verschmelzungsvertrags aufzustellen und dem Betriebsrat diesen Entwurf **vorab** zuzuleiten. Der Übergang eines Entwurfs dürfte auch im Falle der Konzernverschmelzung – wie auch sonst nach § 5 Abs. 3 UmwG – fristwahrend sein (vgl. *Mayer* NZG 2012, 561). Nach ganz herrschender Meinung kann der Betriebsrat zudem auf die Einhaltung der Monatsfrist verzichten (iÜ → Form. A.1 Rn. 250).

113–116 *einstweilen frei*

IX. Kartellrechtliche Hinweise

117 Eine Verschmelzung unterliegt der Zusammenschlusskontrolle der §§ 35ff. GWB, wenn die an der Verschmelzung beteiligten Unternehmen im letzten Geschäftsjahr vor der Verschmelzung weltweit Umsatzerlöse von insgesamt mindestens EUR 500 Mio. und mindestens ein beteiligtes Unternehmen im Inland Umsatzerlöse von mehr als EUR 25 Mio. sowie ein anderes beteiligtes Unternehmen Umsatzerlöse von mehr als EUR 5 Mio. erzielt haben. Das Bundeskartellamt kann eine solche anmeldepflichtige

Verschmelzung untersagen, sofern zu erwarten ist, dass durch sie eine marktbeherrschende Stellung begründet oder verstärkt wird. Trifft dies zu, sind die dagegen verstoßenden Rechtsgeschäfte unwirksam, § 41 Abs. 1 Satz 2 GWB. Daher stehen solche Verschmelzungsverträge immer unter der aufschiebenden Bedingung der kartellrechtlichen Genehmigung. Das Bundeskartellamt entscheidet binnen einer Frist von einem Monat nach Anmeldung, ob es in das Hauptprüfverfahren einsteigt (Vorprüfverfahren, sog. „erste Phase"), § 40 Abs. 1 Satz 1 GWB. Sofern das Bundeskartellamt wettbewerbsrechtliche Probleme in der geplanten Verschmelzung sieht, die nicht innerhalb des Vorprüfverfahrens ausgeräumt werden können, wird das förmliche Hauptprüfverfahren eingeleitet (sog. „zweite Phase"), das ab Anmeldung insgesamt vier Monate dauern kann. Entscheidet das Bundeskartellamt nicht innerhalb von vier Monaten nach Eingang der vollständigen Anmeldung, gilt der Zusammenschluss als freigegeben (§ 40 Abs. 2 Satz 2 GWB).

einstweilen frei **118**

X. Kosten und Gebühren

Vgl. zum reformierten Kostenrecht (GNotKG) die Anmerkungen in Formular A.1 (→ Form. A.1 Rn. 259).

1. Notargebühren

a) Verschmelzungsvertrag

Die Notargebühren für die Beurkundung des Abschlusses des **Verschmelzungsvertrages** richten sich nach §§ 97, 107 GNotKG (→ Form. A.1 Rn. 261). **119**

In der vorliegenden Konzernkonstellation sind keine Verschmelzungsbeschlüsse zu fassen (§ 62 Abs. 1, 4 UmwG), so dass – neben den Kosten der Beurkundung des Verschmelzungsvertrages – keine weiteren Notarkosten anfallen (zu den notariellen Kosten bei Beurkundung von Verschmelzungsbeschlüssen vgl. die Ausführungen in → Form. A.1 Rn. 260). **120**

Für die Mitbeurkundung von Verzichtserklärungen auf die Erstellung eines Verschmelzungsberichts (§ 8 Abs. 3 UmwG), auf die Verschmelzungsprüfung bzw. die Erstellung eines Verschmelzungsprüfungsberichts (§§ 9 Abs. 3, 12 Abs. 3 UmwG) (dazu Renner/Otto/Heinze/*Heinze* GNotKG § 107 Rn. 72) und auf die Auslegung von Unterlagen in den Geschäftsräumen der beteiligten Gesellschaften fallen keine zusätzlichen Gebühren an, da sämtliche dieser Verzichtserklärungen gegenstandsgleich nach § 109 Abs. 1 GNotKG sind (BDS/*Bormann* GNotKG § 109 Rn. 35; OLG Hamm v. 6.12.2001, 15 W 314/01, MittBayNot 2002, 210 zur KostO). **121**

Es können grundsätzlich Vollzugs- oder Betreuungsgebühren zusätzlich zu den Beurkundungsgebühren entstehen (vgl. → Form. A.1 Rn. 262). Im Fall des vorliegenden Formulars A.2 entstehen mangels Kapitalerhöhung (Kapitalerhöhungsverbot) oder Veränderung der Beteiligungsstruktur beim übernehmenden Rechtsträger weder eine Vollzugs- noch eine Betreuungsgebühr.

Zusätzlich werden durch den Notar Auslagen in Rechnung gestellt (vgl. → Form. A.1 Rn. 262 aE).

b) Handelsregisteranmeldungen

Beglaubigt der Notar lediglich die Unterschriften des anmeldenden Vorstands der Mutter-AG unter ihm zur Verfügung gestellten **Fremdentwürfen,** erhält er eine Gebühr von 0,2, mindestens jedoch 20 EUR und höchstens 70 EUR nach Nr. 25100 des Kostenverzeichnisses. Der Geschäftswert der Handelsregisteranmeldungen wird nach §§ 121, 105 GNotKG ermittelt. Da vorliegend kein bestimmter Geldbetrag, etwa ein **122**

Kapitalerhöhungsbetrag, in das Handelsregister einzutragen ist (vgl. § 105 Abs. 1 GNotKG), liegt eine Anmeldung mit unbestimmtem Geldwert nach § 105 Abs. 4 Nr. 1 GNotKG vor. Entsprechend ist der Geschäftswert ein Prozent des Stammkapitals der betreffenden Gesellschaft, mindestens jedoch 30000 EUR; die 0,2 Gebühr aus diesem Geschäftswert beträgt 25 EUR. Zudem erhält der Notar nach Nr. 22114 des Kostenverzeichnisses (elektronischer Vollzug und Erstellung von sog. XML-Strukturdaten) eine zusätzliche Gebühr in Höhe von 0,3, maximal jedoch 250 EUR, für die elektronische Einreichung der Handelsregisteranmeldung nebst Anlagen zum Registergericht. Des Weiteren fällt eine Vollzugsgebühr nach Nr. 22124 des Kostenverzeichnisses von 20 EUR für die Einreichung der Handelsregisteranmeldung an. Hinzu kommen Auslagen nach Nr. 3200 ff. des Kostenverzeichnisses und 19% USt (Nr. 32014).

123 **Erstellt** der **Notar selbst** die **Entwürfe** der Handelsregisteranmeldungen für die Tochter-GmbH und die Mutter-AG, berechnen sich die Notargebühren nach Nr. 24102 des Kostenverzeichnisses. Hiernach fällt eine Rahmengebühr von 0,3 bis 0,5, bei einer (vollständigen) Entwurfserstellung eine Gebühr von 0,5, mindestens jedoch 30 EUR an. Der Geschäftswert berechnet sich wiederum nach §§ 119, 105 GNotKG. Bei beiden Anmeldungen handelt es sich vorliegend um solche ohne bestimmten Geldwert, so dass der Geschäftswert wiederum nach § 105 Abs. 2, Abs. 4 Nr. 1 GNotKG ein Prozent des Stammkapitals der betreffenden Gesellschaft, mindestens jedoch 30000 EUR beträgt. Die Gebühr beläuft sich in letzterem Fall auf 62,50 EUR. Zudem erhält der Notar nach Nr. 22114 des Kostenverzeichnisses (elektronischer Vollzug und Erstellung von sog. XML-Strukturdaten) eine zusätzliche Gebühr in Höhe von 0,3, maximal jedoch 250 EUR, für die elektronische Einreichung der Handelsregisteranmeldung nebst Anlagen zum Registergericht. Der Geschäftswert bestimmt sich aus § 112 GNotKG; die so ermittelte Gebühr beträgt 37,50 EUR. Neben den beiden vorgenannten Gebühren sind wiederum Auslagen nach Nr. 3200 ff. und 19% USt. (Nr. 32014) zu zahlen.

2. Handelsregistergebühren

124 Die Eintragungsgebühren richten sich nach der Verordnung über Gebühren in Handels-, Partnerschafts- und Genossenschaftsregistersachen (Handelsregistergebührenverordnung, HRegGebV), die auf der Ermächtigungsgrundlage in § 58 GNotKG beruht. Bei den Gebühren handelt es sich um sog. aufwandsbezogene Gebühren, die dem sog. Gebührenverzeichnis als Anlage zu § 1 Satz 1 HRegGebV v. 30.9.2004, BGBl. I 2004, 2562 entnommen werden können.

125 Die **Handelsregistereintragung** kostet sowohl bei der übertragenden GmbH als auch der übernehmenden AG je 240 EUR (Gebührenverzeichnis Nr. 2402, 2403).

126 *einstweilen frei*

C. Einzelerläuterungen

I. Notarurkunde

Zum Rubrum:

127 Vgl. → Form. A.1 Rn. 266 ff.

1. Verschmelzungsvertrag

128 Vorliegend schließen die M-AG und die T-GmbH den Verschmelzungsvertrag. Die Parteien werden jeweils durch ihre einzelvertretungsberechtigten Organe vertreten.

Der **Mindestinhalt** eines Verschmelzungsvertrages für die Verschmelzung durch Aufnahme einer 100%igen Tochtergesellschaft ergibt sich aus § 5 Abs. 1 und 2 und § 46 UmwG iVm. §§ 61ff. UmwG.

Zur Präambel:

In der gesetzlich nicht erforderlichen Präambel sind die materiell beteiligten Vertragsparteien des Verschmelzungsvertrages genau mit Firma, Sitz, Registergericht, Handelsregisternummer und Stammkapital bzw. Grundkapital bezeichnet. Um den **Sachstand** festzustellen, sind Grundkapital der M-AG, Stammkapital der T-GmbH und die Beteiligung der M-AG an der T-GmbH mit der Anzahl der Geschäftsanteile und deren Nominalbetrag aufgeführt. Vgl. iÜ → Form. A.1 Rn. 117ff. **129**

In der Praxis ist es insb. bei Unternehmensrestrukturierungen, die in mehreren Phasen oder Schritten ablaufen, empfehlenswert, die wirtschaftlichen Hintergründe und einzelnen Phasen und Schritte, die oft in einem Zeitpunkt zusammenfallen (Kettenumwandlung), in die Präambel aufzunehmen.

Zu § 1: Vermögensübertragung, Verschmelzungsstichtag und Schlussbilanz

Abs. 1 enthält die in § 5 Abs. 1 Nr. 1 und 2 UmwG geforderten Mindestangaben: **130**
- die Firma der an der Verschmelzung beteiligten Rechtsträger,
- der Sitz der an der Verschmelzung beteiligten Rechtsträger, sowie
- die Vereinbarung über die Übertragung des Vermögens jedes übertragenden Rechtsträgers als Ganzes. Da im vorliegenden Fall eine Gegenleistung nicht gewährt wird, entfällt die Vereinbarung gegen Gewährung von Anteilen an dem übernehmenden Rechtsträger. Der Vertragswortlaut orientiert sich am Wortlaut der zitierten Normen.

Abs. 2 Satz 1 enthält die in § 5 Abs. 1 Nr. 6 UmwG geforderte Angabe über den Zeitpunkt, von dem an die Handlungen der übertragenden Rechtsträger als für Rechnung des übernehmenden Rechtsträgers vorgenommen gelten **(Verschmelzungsstichtag).** Nach § 20 Abs. 1 Nr. 1 UmwG geht das Vermögen des übertragenden Rechtsträgers einschließlich der Verbindlichkeiten erst mit der Eintragung der Verschmelzung in das Register des Sitzes des übernehmenden Rechtsträgers auf den übernehmenden Rechtsträger über. Diese dingliche Wirkung ist nicht dispositiv. Allerdings können abweichend von dieser dinglichen Regelung die Parteien im Innenverhältnis als schuldrechtliche Abrede einen davon abweichenden Verschmelzungsstichtag vereinbaren. **131**

Abs. 2 Satz 2 orientiert sich am Wortlaut von § 5 Abs. 1 Nr. 6 UmwG.

Abs. 3 enthält die rechtlich nicht erforderliche Angabe über die nach § 17 Abs. 2 UmwG der Anmeldung zum Register des Sitzes des übertragenden Rechtsträgers beizufügende Bilanz des übertragenden Rechtsträgers **(Schlussbilanz).** Es hat sich jedoch in der Praxis eingebürgert, diese Klausel der Klarstellung halber in den Vertrag aufzunehmen. **132**

Oft findet sich die Angabe, dass die M-AG die in der Schlussbilanz der T-GmbH angesetzten Buchwerte der übergehenden Aktiva und Passiva in ihrer Rechnungslegung fortführt. Diese Angabe ist rechtlich nicht erforderlich und schränkt im Zweifel den Gestaltungsspielraum iSd § 24 UmwG ein; → Form. A.1 Rn. 72ff.

einstweilen frei **133**

Zu § 2: Gegenleistung

§ 2 enthält die nach § 5 Abs. 2, Abs. 1 Nr. 2 UmwG erforderlichen Angaben darüber, dass eine Gewährung von Anteilen an dem übernehmenden Rechtsträger nicht erfolgt. Es wird auf das Verbot der Erhöhung des Stammkapitals nach § 68 Abs. 1 **134**

Satz 1 Nr. 1 UmwG verwiesen. Satz 3 enthält die klarstellende Aussage, warum der Verschmelzungsvertrag die in § 5 Abs. 1 Nr. 2 bis 5 UmwG erforderlichen Angaben nicht enthält.

135 *einstweilen frei*

Zu § 3: Sonderrechte

136 § 3 stellt im Hinblick auf die nach § 5 Abs. 1 Nr. 7 UmwG erforderlichen Angaben über Rechte, die der übernehmende Rechtsträger einzelnen Anteilsinhabern sowie den Inhabern besonderer Rechte iSv. § 5 Abs. 1 Nr. 7 UmwG gewährt, oder die für diese Personen vorgesehenen Maßnahmen klar, dass solche Gewährungen bzw. Maßnahmen nicht getroffen wurden. Da das Gesetz eine vertragliche Offenlegung nur im Falle des Zutreffens vorschreibt, ist die Klarstellung für den Negativfall nicht zwingend. Gleichwohl dient sie als Nachweis für die Vollständigkeit der vertraglichen Regelungen.

137 *einstweilen frei*

Zu § 4: Besondere Vorteile

138 § 4 stellt im Hinblick auf die nach § 5 Abs. 1 Nr. 8 UmwG erforderlichen Angaben zu jedem besonderen Vorteil, der einem Mitglied eines Vertretungsorgans oder eines Aufsichtsorgans der an der Verschmelzung beteiligten Rechtsträger, einem geschäftsführenden Gesellschafter, einem Partner, einem Abschlussprüfer oder einem Verschmelzungsprüfer gewährt wird, klar, dass solche Gewährungen bzw. Maßnahmen nicht getroffen wurden. Da das Gesetz eine vertragliche Offenlegung nur im Falle des Zutreffens vorschreibt, ist die Klarstellung für den Negativfall nicht zwingend. Gleichwohl dient sie als Nachweis für die Vollständigkeit der vertraglichen Regelungen.

Vorliegend sind nur die für die Rechtsform der beiden beteiligten Rechtsträger einschlägigen Personen des § 5 Abs. 1 Nr. 8 UmwG aufgeführt.

139 *einstweilen frei*

Zu § 5: Folgen der Verschmelzung für die Arbeitnehmer und ihre Vertretungen

140 Die Folgen der Verschmelzung für die Arbeitnehmer und ihre Vertretungen müssen zwingend im Verschmelzungsvertrag dargelegt werden, § 5 Abs. 1 Nr. 9 UmwG. Ihr Fehlen ist ein Eintragungshindernis. Dem trägt § 5 des Verschmelzungsvertrages Rechnung.

141 **Abs. 1** dient der Klarstellung. Dabei wurde zugrunde gelegt, dass der für die Arbeitnehmer der übernommenen Betriebe A und B geltende Firmentarifvertrag wegen seines eingeschränkten betrieblichen Anwendungsbereichs sich nicht auf die Arbeitnehmer des Betriebs A erstreckt. Der jeweilige Geltungsbereich ist im Einzelfall zu prüfen, s. iE → Form. A.1 Rn. 174.

142 **Abs. 2** konkretisiert die nach §§ 324 UmwG, 613a BGB eintretenden **Rechtsfolgen** eines Betriebsübergangs.

143 **Abs. 3** enthält einen Hinweis auf die in § 613a Abs. 5 BGB gesetzlich verankerte **Unterrichtungspflicht** des Arbeitgebers und das in § 613a Abs. 6 BGB geregelte **Widerspruchsrecht** des Arbnehmers. Ein Widerspruchsrecht besteht jedoch nach aktueller Rspr. im Falle einer Verschmelzung nicht, da das Arbeitsverhältnis mit dem bisherigen, erloschenen Arbeitgeber nicht fortgesetzt werden kann. S. iE → Form. A.1 Rn. 178.

144 **Abs. 4** beschreibt die für die **Arbeitnehmervertretungen** unmittelbar auf Grund des mit der Verschmelzung einhergehenden Betriebsübergangs eintretenden Folgen.

Da der Bestand der Betriebe A und B von der Verschmelzung nicht unmittelbar berührt wird, bleiben die jeweiligen Betriebsräte zunächst im Amt. Der beim übertragenden Rechtsträger existierende Gesamtbetriebsrat entfällt mit Wirksamwerden der Verschmelzung, da der Bestand des Gesamtbetriebsrats jeweils vom Bestand des Unternehmens abhängig ist und das übertragende Unternehmen untergeht. Bei dem übernehmenden Rechtsträger ist erstmalig ein Gesamtbetriebsrat zu bilden, da das Unternehmen nunmehr drei Betriebe aufweist, in denen Einzelbetriebsräte bestehen.

Abs. 5 enthält einen Hinweis darauf, dass **mitbestimmungsrechtliche Ände-** 145
rungen eintreten.

Abs. 6 nimmt Stellung zu den sog. **mittelbaren Folgen** der Verschmelzung. Diese 146
sollten vorsorglich mit dargestellt werden, um die Eintragung der Verschmelzung nicht zu gefährden. S. iE → Form. A.1 Rn. 212ff.

Hier werden durch die beabsichtigte Eingliederung des Betriebs B in den Betrieb A insb. betriebsverfassungsrechtliche Folgen eintreten, die in den Grundzügen beschrieben werden. Durch die nach der Verschmelzung zu einem späteren Zeitpunkt geplante Eingliederung des Betriebs B in den Bertrieb A wird der Betrieb B seine Identität verlieren und das Amt des Betriebsrats B wird nach erfolgter Eingliederung enden. Dem Betriebsrat des eingegliederten Betriebs wird nur ein Restmandat nach § 21b BetrVG zustehen, hingegen kein Übergangsmandat gem. § 21a BetrVG, da die Identität des eingegliederten Betriebs A und damit dessen Betriebsrat erhalten bleibt. Ein betriebsratsloser Zustand, den § 21a BetrVG verhindern will, droht deshalb nicht. Personelle Veränderungen treten insb. auf Grund der notwendigen Versetzung der Arbeitnehmer des Betriebs B ein.

Zu § 6: Sonstiges

Abs. 1 enthält keine rechtlich erforderliche, aber der Klarstellung halber empfeh- 147
lenswerte Regelung zur **Firmierung des übernehmenden Rechtsträgers.**

Im Rahmen der Gesamtrechtsnachfolge gehen nach § 20 Abs. 1 Nr. 1 UmwG grds. auch die Immaterialgüter auf den übernehmenden Rechtsträger über. Namen und Firmen gehen jedoch nicht über, weil sie mit dem Rechtsträger verbunden sind, der nach § 20 Abs. 1 Nr. 2 UmwG erlischt. Aus diesem Grund gestattet § 18 Abs. 1 UmwG die Fortführung des Namens oder der Firma des übertragenden Rechtsträgers. Nach § 18 Abs. 1 UmwG darf der übernehmende Rechtsträger die Firma des übertragenden Rechtsträgers, dessen Handelsgeschäft er durch die Verschmelzung erwirbt, mit oder ohne Beifügung eines das Nachfolgeverhältnis andeutenden Zusatzes fortführen.

Voraussetzung für die Gestattung ist also der Erwerb des Handelsgeschäfts vom übertragenden Rechtsträger durch die Verschmelzung. Die Fortführung der Firma oder des Namens ist nur gestattet, wenn die Firma oder der Name bisher berechtigt geführt wurden (WM/*Vollrath* UmwG § 18 Rn. 14). Wichtig ist jedoch, dass die Firma nicht nur erworben, sondern auch fortgeführt wird, wie es sich aus § 22 HGB ergibt.

Strittig ist auch, ob der übertragende Rechtsträger, wie der Spezialfall des § 18 148
Abs. 2 UmwG bestätigt, in die Fortführung einwilligen muss. Es wird mit dem Gedanken der Gesamtrechtsnachfolge argumentiert, dass die Rechtshandlungen der Beteiligten grundsätzlich auch die Einwilligung in die Firmenfortführung enthalten (WM/*Vollrath* UmwG § 18 Rn. 18).

Ist am übertragenden Rechtsträger eine natürliche Person beteiligt, die an dem 149
übernehmenden Rechtsträger nicht beteiligt wird, so darf nach § 18 Abs. 2 UmwG der übernehmende Rechtsträger den Namen dieses Anteilsinhabers nur dann in der nach § 18 Abs. 1 UmwG fortgeführten oder in der neugebildeten Firma verwenden, wenn der betroffene Anteilsinhaber oder dessen Erben ausdrücklich in die Verwendung einwilligen.

150 Vorliegend wird die Firma der übernehmenden Gesellschaft unverändert fortgeführt. Soll die Firma des übernehmenden Rechtsträgers geändert werden, müsste § 6 Abs. 1 lauten:

„Die Firma der Mutter-AG wird geändert in ‚MutterTochter-AG'"

Gesellschaftsrechtlich bedarf die Firmenänderung einer Änderung des Gesellschaftsvertrags.

Dieser vom Zustimmungsbeschluss nach § 13 UmwG unabhängige Gesellschafterbeschluss kann allerdings zusammen mit den anderen Zustimmungsbeschlüssen gefasst werden.

151 Unabhängig von der Möglichkeit der Firmenfortführung unter den Voraussetzungen des § 18 UmwG ist die **Neubildung** einer Firma nach dem HGB und den einzelgesellschaftsrechtlichen Regelungen möglich.

152 **Abs. 2** dient der Klarstellung für das Handelsregister.

153 **Abs. 3** dient der Klarstellung für das Finanzamt für Grunderwerbsteuer.

154–159 *einstweilen frei*

2. Kosten, Hinweise und Abschriften

160 Die Kostenregelung hinsichtlich des Verschmelzungsvertrages folgt der wirtschaftlichen Lastentragung durch den übernehmenden Rechtsträger.
Die übrigen Erfordernisse richten sich nach dem BeurkG und den allgemeinen Anforderungen der Notarpraxis, insb. die Belehrungs- und Hinweispflichten des Notars nach §§ 17 ff. BeurkG und die Feststellung des Vorlesens, Genehmigens und Unterschreibens nach § 13 BeurkG (vgl. auch sog. Schlussvermerk nach § 13 Abs. 1 Satz 2 BeurkG).

Es folgen die Unterschriften der Erschienenen und des Notars mit Stempel.

161–163 *einstweilen frei*

II. Schreiben an das Handelsregister der übernehmenden Gesellschaft

164 Das Schreiben des Vorstands der M-AG als übernehmende Gesellschaft erfolgt zur Erfüllung der Einreichungspflicht gem. § 62 Abs. 3 Satz 2 UmwG und enthält den Hinweis auf die Pflicht des Handelsregisters, den Verschmelzungsvertrag gem. § 62 Abs. 3 Satz 2 HS 2 iVm. § 61 Satz 2 UmwG in den für die Eintragung des Gerichts bestimmten Blättern, dem Bundesanzeiger, (§ 10 HGB) bekannt zu machen. Der Text des Schreibens ist so gefasst, dass er auch der Einreichungspflicht des § 61 Satz 1 UmwG genügt und wegen Datumsangabe auch die Sechs-Monatsfrist zur Vermeidung einer Zwischenbilanz erfüllt.

Dem Schreiben beizufügen ist selbstverständlich der Verschmelzungsvertrag.

165 *einstweilen frei*

III. Hinweis der übernehmenden Gesellschaft gem. § 62 Abs. 3 Satz 2 UmwG (Bekanntmachung)

166 Der Hinweis erfolgt zur Erfüllung der Pflicht des Vorstands der übernehmenden Gesellschaft nach § 62 Abs. 3 Satz 2 UmwG.

In **Abs. 1** der Bekanntmachung wird die Verschmelzung und ihre Auswirkung vorgestellt.

In **Abs. 2** der Bekanntmachung erfolgt der Hinweis auf das Recht der Aktionäre, nach § 62 Abs. 2 UmwG die Einberufung einer Hauptversammlung zu verlangen. Eingangs wird klargestellt, dass anderweitige Satzungsbestimmungen iSv. § 62 Abs. 2 Satz 2 UmwG nicht bestehen.

In **Abs. 3** der Bekanntmachung wird auf das Recht der Aktionäre hingewiesen, die in §§ 63 Abs. 1, 62 Abs. 3 Satz 1 UmwG bezeichneten Unterlagen zu verlangen. Dieser Hinweis ist gesetzlich nicht erforderlich.

einstweilen frei **167, 168**

IV. Schreiben an die Betriebsräte

Zum Briefkopf:

Nach § 5 Abs. 3 UmwG ist der Verschmelzungsvertrag oder sein Entwurf dem zuständigen Betriebsrat jedes beteiligten Rechtsträgers zuzuleiten. Damit ist keine Aussage über den Absender getroffen. Da es aber Angelegenheit der Geschäftsführung der beteiligten Rechtsträger ist, den Betriebsrat über Vorgänge im Betrieb zu informieren (vgl. auch § 111 Satz 1 BetrVG), ist es Aufgabe der Geschäftsführer der beteiligten Rechtsträger, die Zuleitung vorzunehmen. Deshalb ist der an der Verschmelzung beteiligte Rechtsträger, vertreten durch die Geschäftsführung bzw. Vorstand, als Absender im Briefkopf genannt. Es hat sich eingebürgert, dass alle beteiligten Rechtsträger gemeinsam den Betriebsrat informieren. Daher sind beide an der Verschmelzung beteiligten Rechtsträger im Briefkopf aufgeführt. **169**

Zum Adressaten:

Nach § 5 Abs. 3 UmwG hat die Zuleitung an den „zuständigen" Betriebsrat zu erfolgen. Die Zuständigkeit richtet sich nach den betriebsverfassungsrechtlichen Regelungen. Vorliegend hat die T-GmbH zwei Betriebsräte und einen Gesamtbetriebsrat, die M-AG einen Betriebsrat. Adressat ist jeweils der Vorsitzende des Betriebsrats. **170**

Zur Zustellungsart:

Nach § 17 Abs. 1 UmwG ist der Anmeldung der Verschmelzung zum Handelsregister der Nachweis der Rechtzeitigkeit (Monatsfrist des § 5 Abs. 3 UmwG iVm. § 62 Abs. 4 Satz 4 UmwG; zur Berechnung → Rn. 6 u. → Rn. 112) der Zuleitung zum Betriebsrat beizufügen. Daraus ist ersichtlich, dass schon zu Beweiszwecken eine gesicherte Möglichkeit der Kenntnisnahme erfolgen sollte. Daher wird vorliegend die Zustellung gegen die – unten angehängte – **Empfangsbestätigung** empfohlen. **171**

Zum Text des Schreibens:

Zunächst enthält das Schreiben, das gemeinsam vom übertragenden und vom übernehmenden Rechtsträger abgesendet wird, die nach § 5 Abs. 3 UmwG erforderliche Information des Betriebsrats und den Hinweis auf den Entwurf des Verschmelzungsvertrages in der Anlage hierzu. Die Entgegennahme des Schreibens nebst dem damit zugeleiteten Entwurf des Verschmelzungsvertrages wird auf der beigehefteten Empfangsbestätigung quittiert. Da der Verzicht auf die Einhaltung der Monatsfrist des § 5 Abs. 3 UmwG iVm. § 62 Abs. 4 Satz 4 UmwG unabhängig von der Bestätigung der Zuleitung ist und dadurch auch zeitlich nach der Empfangsbestätigung unterzeichnet werden kann, ist die entsprechende Verzichtserklärung von der Empfangsbestätigung getrennt. **172**

In der Praxis werden diese Schreiben bereits mit den Ausfertigungen dem Betriebsratsvorsitzenden übergeben, der die entsprechenden Doppel zugleich unterschrieben retourniert. Da nach § 17 Abs. 1 UmwG in das Register jedes beteiligten Rechtsträgers der Nachweis der Zuleitung an den Betriebsrat als Anlage im Original eingereicht werden muss, muss der Betriebsratsvorsitzende die entsprechende Anzahl – vorliegend also jeweils zwei – quittieren.

Da im vorliegenden Formular der Alleinvorstand der übernehmenden Mutter-AG gemäß § 16 Abs. 1 Satz 2 UmwG die Anmeldung der Verschmelzung auch zum Register des übertragenden Rechtsträgers vornimmt, wurde die Zurückleitung der unterschriebenen Empfangsbestätigungen/Verzichtserklärungen an die Mutter-AG erbeten.

Zur Empfangsbestätigung:

173 Das Empfangsbekenntnis enthält die Bestätigung des Zuleitungsschreibens nebst dem Verschmelzungsvertrag im Entwurf und nimmt auf den Tag der Zuleitung im Text Bezug. Dadurch ist ein genannter Nachweis der Zuleitung gegenüber dem Registergericht bei der Anmeldung möglich.

Zur Verzichtserklärung:

174 Die Verzichtserklärung enthält lediglich den Verzicht auf die **Einhaltung** der Monatsfrist. Ein Verzicht auf die Zuleitung gemäß § 5 Abs. 3 UmwG iVm. § 62 Abs. 4 Satz 4 UmwG ist nicht möglich. Vgl. iÜ → Form. A.1 Rn. 250 und → Form. A.1 Rn. 305.

175, 176 *einstweilen frei*

V. Anmeldungen zu den Handelsregistern

1. Handelsregisteranmeldung der übertragenden Gesellschaft

Zu Ziffer I:

177 Ziffer I. enthält die Anmeldung des Verschmelzungsvorgangs an sich, der sich aus § 2 UmwG ergibt. Die Anmeldung orientiert sich dabei am Gesetzestext.

Die Anmeldung zum Handelsregister der T-GmbH wird zwar idR von ihrem alleinigen und einzelvertretungsberechtigten Geschäftsführer als Vertretungsorgan dem Handelsregister am Sitz der T-GmbH angemeldet, § 16 Abs. 1 Satz 1 UmwG. Nach § 16 Abs. 1 Satz 2 UmwG ist jedoch auch die Anmeldung durch den Vorstand der M-AG möglich und hier wegen der erleichterten Nachweise der Betriebsratsschreiben (s. → Rn. 172 aE) vorgesehen.

Zu Ziffer II:

178 Ziffer II. enthält die Aufzählung der zu überreichenden Anlagen. Als Anlagen zur Anmeldung sind gemäß § 17 Abs. 1 UmwG in Ausfertigung der Verschmelzungsvertrag und ein Nachweis über die rechtzeitige Zuleitung des Verschmelzungsvertrages oder seines Entwurfs an die zuständigen Betriebsräte beizufügen. Zusätzlich wird die nach § 17 Abs. 2 UmwG erforderliche Schlussbilanz der übertragenden Tochter-GmbH als Anlage eingereicht, wobei als Arbeitshilfe für das Registergericht auf die Acht-Monatsfrist hingewiesen wird.

Zur Sicherheit sollte auch bei der T-GmbH ein Ausdruck aus dem Bundesanzeiger beigefügt werden, auch wenn das Gesetz in § 62 Abs. 3 Satz 4 UmwG dies nur für die Handelsregisteranmeldung der M-AG vorsieht.

Zu Ziffer III:

179 **Ziffer III. 1** enthält einen Hinweis auf das Verfahren nach § 62 UmwG und die nach § 62 Abs. 3 Satz 5 UmwG erforderliche Erklärung, ob das Recht nach § 62 Abs. 2 UmwG ausgeübt wurde.

Zu Ziffer IV:

Ziffer IV enthält Hinweise, warum weitere nach § 17 Abs. 1 UmwG prinzipiell erforderliche Anlagen nicht eingereicht werden. **180**

Ziffer IV. 1 enthält den Hinweis auf die Entbehrlichkeit des Verschmelzungsberichts bei der Verschmelzung einer 100%igen Tochtergesellschaft auf ihre Muttergesellschaft.

Ziffer IV. 2 enthält den Hinweis auf die Entbehrlichkeit der Prüfung der Verschmelzung und des Prüfungsberichts und dass eine Verschmelzungsprüfung gemäß § 48 Abs. 1 UmwG nicht verlangt wurde.

Zu Ziffer V:

Darin sind eine übliche Handelsregistervollmacht und die Bitte um Eintragungsnachricht mit Überlassung der entspr. Unterlagen enthalten. **181**

Die Anmeldung muss gemäß § 12 HGB öffentlich beglaubigt werden.

einstweilen frei **182**

2. Handelsregisteranmeldung der übernehmenden Gesellschaft

Die Anmeldung zum Handelsregister der M-AG wird vom alleinigen und einzelvertretungsberechtigten Vorstand der M-AG als Vertretungsorgan dem Handelsregister am Sitz der M-AG angemeldet, § 16 Abs. 1 Satz 1 UmwG. **183**

Die Anmeldung enthält im Vergleich zur Anmeldung der T-GmbH (→ Form. A.2.8) folgende inhaltliche Abweichungen:

Zu Ziffer I:

Keine Abweichungen zu → Rn. 177 f. **184**

Zu Ziffer II:

Ergänzend ist ein Ausdruck aus dem Bundesanzeiger über die Bekanntmachung des Vorstands einzureichen, § 62 Abs. 3 Satz 4 UmwG. **185**

Zu Ziffer III:

Keine Abweichungen zu → Rn. 179 ff. **186**

Zu Ziffer IV:

Zusätzlich ist erforderlich: **187**

Ziffer IV. 3 enthält den Hinweis auf das Verbot der Kapitalerhöhung bei der übernehmenden M-AG.

Ziffer IV. 4 enthält den Hinweis, dass die Satzung der übernehmenden Gesellschaft nicht geändert wurde und daher die Einreichung des vollständigen Wortlauts der Satzung mit Bestätigungsvermerk gemäß § 181 Abs. 1 Satz 2 AktG entfällt.

Zu Ziffer V: **188**

Keine Abweichungen zu → Rn. 181 f.

A. 3 Verschmelzung Mutter-GmbH auf Tochter-GmbH

Gliederung

A. Vertragsformulare

Notarurkunden

A.3.1. Verschmelzungsvertrag mit Zustimmungsbeschlüssen und Verzichtserklärungen[177]

URNr. ......

Heute, den ......
erschienen vor mir, ...,
Notar[177] mit dem Amtssitz in ......,

in meinen Amtsräumen in ......

Herr K, ... *[Beruf],* geboren am ......, wohnhaft ...... *[Adresse];*

Herr G, ... *[Beruf],* geboren am ......, wohnhaft ...... *[Adresse];*

Herr A, ... *[Beruf]*, geboren am ......, wohnhaft ...... *[Adresse]*;

Herr B, ... *[Beruf]*, geboren am ......, wohnhaft ...... *[Adresse]*;

Herr C, ... *[Beruf]*, geboren am ......, wohnhaft ...... *[Adresse]*.

Die Erschienenen erklären, dass weder der Notar noch sein Sozius in der Sache, die im Nachfolgenden beurkundet wird, vorbefasst iSv. § 3 Abs. 1 Nr. 7 BeurkG sind.

Sodann erklärten die Erschienenen das Folgende:

A. Vertretungsverhältnisse

(1) Herr K erklärte, hier nicht in eigenem Namen zu handeln, sondern für die Firma ...... GmbH *[Mutter]* mit Sitz in ......, ... *[Anschrift]*, eingetragen im Handelsregister des Amtsgerichts ...... unter HRB ......
als deren einzeln vertretungsberechtigter Geschäftsführer.

(2) Die Herren A, B und C erklärten, hier in eigenem Namen zu handeln

(3) Herr G erklärte, hier nicht in eigenem Namen zu handeln, sondern für die Firma ...... GmbH *[Tochter]* mit Sitz in ......, ... *[Anschrift]*, eingetragen im Handelsregister des Amtsgerichts ...... unter HRB ......, als deren einzelvertretungsberechtigter Geschäftsführer.

(4) Hierzu bescheinige ich, Notar, auf Grund am ... erfolgter Online-Einsichtnahme in das elektronische Handelsregister

- des Amtsgerichts ...... zu HRB ......, dass die vorgenannte ...... GmbH *[Mutter]* dort eingetragen ist und von Herrn K als einzelvertretungsberechtigtem Geschäftsführer vertreten wird,
- des Amtsgerichts ......, HRB ......, dass die vorgenannte ...... GmbH *[Tochter]* dort eingetragen ist und durch Herrn G als einzelvertretungsberechtigtem Geschäftsführer vertreten wird.

B. Beteiligungsverhältnisse

(1) Am Stammkapital in Höhe von 500 000.– EUR (in Worten: fünfhunderttausend Euro) der ...... GmbH *[Tochter]* sind beteiligt:

a) die ...... GmbH *[Mutter]* mit einem Geschäftsanteil zu 400 000.– EUR (Geschäftsanteil Nr. 1);

b) Herr C mit einem Geschäftsanteil zu 100 000.– EUR (Geschäftsanteil Nr. 2);

welche sie jeweils bei Gründung der ...... GmbH [Tochter] übernommen haben.

Sämtliche Geschäftsanteile sind voll einbezahlt.

(2) Am Stammkapital in Höhe von 1 000 000.– EUR (in Worten: eine Million Euro) der ...... GmbH *[Mutter]* sind beteiligt:

a) Herr A mit einem Geschäftsanteil von 750 000.– EUR (in Worten: siebenhundertfünfzigtausend Euro);

b) Herr B mit einem Geschäftsanteil von 250 000.– EUR (in Worten: zweihundertfünfzigtausend Euro).

C. Vorhaben

Die ...... GmbH *[Mutter]* soll auf die ...... GmbH *[Tochter]* verschmolzen werden.

Hierzu werden der nachfolgende Verschmelzungsvertrag abgeschlossen sowie die nachfolgenden Beschlüsse gefasst und Erklärungen abgegeben.[177]

D. Verschmelzungsvertrag

Die ...... GmbH *[Mutter]* und die ...... GmbH *[Tochter]* schließen hiermit den als Anlage A beigefügten Verschmelzungsvertrag ab.

E. Zustimmungsbeschluss der Gesellschafter der ...... GmbH *[Mutter]*

Herr A und Herr B halten hiermit eine Gesellschafterversammlung der ...... GmbH *[Mutter]* ab[36] *und* beschließen hiermit unter Verzicht auf sämtliche Form- und Fristvorschriften für die Einberufung und Abhaltung einer Gesellschafterversammlung der ...... GmbH *[Mutter]* einstimmig was folgt:
Dem Abschluss des dieser Urkunde als Anlage A beigefügten Verschmelzungsvertrages zwischen der ...... GmbH *[Mutter]* als übertragender Gesellschaft und der ...... GmbH *[Tochter],* Sitz ......, HRB ......, Amtsgericht ......, als übernehmender Gesellschaft wird hiermit zugestimmt.

F. Beschlüsse der Gesellschafter der ...... GmbH *[Tochter]*

Die ...... GmbH *[Mutter]* und Herr C halten hiermit eine Gesellschafterversammlung der ...... GmbH *[Tochter]* ab[36] und beschließen hiermit unter Verzicht auf sämtliche gesetzlichen und gesellschaftsvertraglichen Erfordernisse betreffend die Einberufung und Abhaltung von Gesellschafterversammlungen der ...... GmbH *[Tochter]* was folgt:

(1) Dem Abschluss des dieser Urkunde als Anlage A beigefügten Verschmelzungsvertrages zwischen der ...... GmbH *[Mutter],* Sitz ......, HRB ......, Amtsgericht ......, als übertragender Gesellschaft und der ...... GmbH *[Tochter]* als übernehmender Gesellschaft wird hiermit zugestimmt.

(2) Zur Durchführung der Verschmelzung wird das Stammkapital der ...... GmbH *[Tochter]* von derzeit 500 000.– EUR um 100 000.– EUR (in Worten: einhunderttausend Euro) auf sodann 600 000.– EUR (in Worten: sechshunderttausend Euro) erhöht, und zwar durch Ausgabe zweier neuer Geschäftsanteile wie folgt:

a) eines Geschäftsanteils im Nennbetrag von 75 000.– EUR an Herrn A (Geschäftsanteil Nr. 3); und
b) eines Geschäftsanteils im Nennbetrag von 25 000.– EUR an Herrn B (Geschäftsanteil Nr. 4).

Die Einlage auf die neu ausgegebenen Geschäftsanteile wird als Sacheinlage dadurch geleistet, dass die ...... GmbH *[Mutter]* mit dem Sitz in ...... HRB ...... im Wege der Verschmelzung durch Aufnahme gemäß dem dieser Urkunde als Anlage A beigefügten Verschmelzungsvertrag auf die Gesellschaft als Übernehmerin verschmolzen wird.

Die neuen Geschäftsanteile sind ab dem Verschmelzungsstichtag gemäß § 3 Abs. 1 des dieser Urkunde als Anlage A beigefügten Verschmelzungsvertrages gewinnberechtigt.

(3) § ...... (Stammkapital) des Gesellschaftsvertrags der ...... GmbH *[Tochter]* wird wie folgt neu gefasst:

„§ ...... Stammkapital

Das Stammkapital beträgt 600 000.– EUR (in Worten: sechshunderttausend Euro).“

G. Verzichte und Erklärungen

Herr A und Herr B verzichten hiermit auf eine Klage gegen die Wirksamkeit des vorstehenden Beschlusses der Gesellschafter der ...... GmbH *[Mutter],* auf die Erstattung eines Verschmelzungsberichtes sowie auf alle sonstigen Förmlichkeiten, auf die von Gesetzes wegen verzichtet werden kann.

Die ...... GmbH *[Mutter]* und Herr C verzichten hiermit auf eine Klage gegen die Wirksamkeit des vorstehenden Beschlusses der Gesellschafter der ...... GmbH *[Tochter],* auf die Erstattung eines Verschmelzungsberichtes sowie auf alle sonstigen Förmlichkeiten, auf die von Gesetzes wegen verzichtet werden kann.

Herr A, Herr B, die ...... GmbH *[Mutter]* und Herr C erklären hiermit, dass eine Verschmelzungsprüfung nicht verlangt wird (§ 48 S. 1, 9 Abs. 1 UmwG).

Die ...... GmbH *[Mutter]* hat keinen Grundbesitz.

H. Ausfertigungen

Von dieser Urkunde erhalten:

Ausfertigungen:

– die ...... GmbH *[Mutter]*

– die ...... GmbH *[Tochter]*

– die Gesellschafter der ...... GmbH *[Mutter]*

– Herr C

beglaubigte Abschriften (in elektronischer Form):

– das Amtsgericht ...... als Registergericht der übertragenden Gesellschaft

– das Amtsgericht ...... als Registergericht der übernehmenden Gesellschaft

beglaubigte Abschriften:

– das für die ...... GmbH *[Mutter]* zuständige Finanzamt (§ 54 Abs. 1 Satz 1 EStDV)[33]

– das für die ...... GmbH *[Tochter]* zuständige Finanzamt (§ 54 Abs. 1 Satz 1 EStDV).[33]

I. Kosten

Die Kosten dieser Urkunde trägt die ...... GmbH *[Tochter]*.

J. Belehrungen

Der Notar belehrte die Erschienenen über den weiteren Verfahrensgang, die Wirkungen der Verschmelzung sowie die Unwiderruflichkeit der abgegebenen Verzichtserklärungen.

Diese Niederschrift nebst Anlage A wurde den Erschienenen vom Notar vorgelesen, von ihnen genehmigt und von ihnen und dem Notar eigenhändig wie folgt unterschrieben:

....	....
[Unterschrift K]	***[Unterschrift C]***
....	....
[Unterschrift A]	***[Unterschrift G]***
....	....
[Unterschrift B]	***[Unterschrift Notar]***

A.3.2. Verschmelzungsvertrag[180]

zwischen der

...... GmbH *[Mutter]* mit dem Sitz in ......, HRB ......, Amtsgericht ......, als übertragender Gesellschaft

– nachfolgend: Überträgerin –

und

...... GmbH *[Tochter]* mit dem Sitz in ......, HRB ......, Amtsgericht ......, als übernehmender Gesellschaft

– nachfolgend: Übernehmerin –

§ 1 Vermögensübertragung[180]

Die Überträgerin überträgt ihr Vermögen als Ganzes mit allen Rechten und Pflichten unter Auflösung ohne Abwicklung im Wege der Verschmelzung durch Aufnahme gegen Gewährung von Gesellschaftsrechten (Geschäftsanteilen) der Übernehmerin an die Gesellschafter der Überträgerin auf die Übernehmerin.

§ 2 Gegenleistung, Umtauschverhältnis, Kapitalerhöhung

(1) Die Übernehmerin gewährt jeder Person, die im Zeitpunkt des Wirksamwerdens der Verschmelzung mit Eintragung der Verschmelzung im Handelsregister der Über-

nehmerin Gesellschafter der Überträgerin ist, als Gegenleistung für die Übertragung des Vermögens der Überträgerin kostenfrei Geschäftsanteile an der Übernehmerin, und zwar 1.– EUR Stammkapital an der Übernehmerin für je 2.– EUR Stammkapital an der Überträgerin (Umtauschverhältnis).[188]

(2) Im Einzelnen werden daher gewährt:

a) Herrn A für seinen bisherigen Geschäftsanteil an der Überträgerin im Nennbetrag von 750 000.– EUR Geschäftsanteile an der Übernehmerin im Nennbetrag von insgesamt 375 000.– EUR;

b) Herrn B für seinen bisherigen Geschäftsanteil an der Überträgerin im Nennbetrag von 250 000.– EUR Geschäftsanteile an der Übernehmerin im Nennbetrag von insgesamt 125 000.– EUR.

(3) Die Anteilsgewährung erfolgt durch Übertragung des bisher von der Überträgerin gehaltenen Geschäftsanteils an der Übernehmerin gemäß § 20 Abs. 1 Nr. 3 Satz 1 UmwG im Nennbetrag von 400 000.– EUR (Geschäftsanteil Nr. 1) sowie ergänzend durch Gewährung neuer Geschäftsanteile im Nennbetrag von insgesamt 100 000.– EUR[182] jeweils an die Gesellschafter der übertragenden Gesellschaft im Verhältnis entsprechend ihrer bisherigen Beteiligung an der übertragenden Gesellschaft.

(4) Zu diesem Zweck erfolgt eine Teilung des Geschäftsanteils der Überträgerin an der Übernehmerin im Nennbetrag von 400 000.– EUR (bisheriger Geschäftsanteil Nr. 1) in zwei neue Geschäftsanteile, und zwar in

a) einen neuen Geschäftsanteil im Nennbetrag von 300 000.– EUR (Geschäftsanteil Nr. 1.1), der auf Herrn A übergeht, und in

b) einen weiteren neuen Geschäftsanteil im Nennbetrag von 100 000.– EUR (Geschäftsanteil Nr. 1.2), der auf Herrn B übergeht.

(5) Zur Durchführung der Verschmelzung wird die Übernehmerin ihr Stammkapital von bisher 500 000.– EUR (in Worten: fünfhunderttausend Euro) um 100 000.– EUR (in Worten: einhunderttausend Euro) auf 600 000.– EUR (in Worten: sechshunderttausend Euro) erhöhen,[182, 185–188] und zwar durch Bildung

a) eines Geschäftsanteils im Nennbetrag von 75 000.– EUR (Geschäftsanteil Nr. 3), der an Herrn A gewährt wird, und

b) eines weiteren Geschäftsanteils im Nennbetrag von 25 000.– EUR (Geschäftsanteil Nr. 4), der an Herrn B gewährt wird.

(6) Die vorstehend in Abs. 4 und Abs. 5 bezeichneten neuen Geschäftsanteile werden wie folgt gewährt:[189]

a) Herrn A für seinen Geschäftsanteil an der Überträgerin im Nennbetrag von 750 000.– EUR der vorstehend in Abs. 4 Buchst. a) bezeichnete Geschäftsanteil an der Übernehmerin im Nennbetrag von 300 000.– EUR (Geschäftsanteil Nr. 1.1) sowie der vorstehend in Abs. 5 Buchst. a) bezeichnete neue Geschäftsanteil an der Übernehmerin im Nennbetrag von 75 000.– EUR (Geschäftsanteil Nr. 3);

b) Herrn B für seinen Geschäftsanteil an der Überträgerin im Nennbetrag von 250 000.– EUR der vorstehend in Abs. 4 Buchst. b) bezeichnete Geschäftsanteil an der Übernehmerin im Nennbetrag von 100 000.– EUR (Geschäftsanteil Nr. 1.2) sowie der vorstehend in Abs. 5 Buchst. b) bezeichnete neue Geschäftsanteil an der Übernehmerin im Nennbetrag von 25 000.– EUR (Geschäftsanteil Nr. 4).

(7) Die gemäß Abs. 6 gewährten Anteile sind mit Wirkung ab dem Verschmelzungsstichtag (§ 3 Abs. 1) gewinnberechtigt.[183]

§ 3 Verschmelzungsstichtag, handelsrechtliche Bilanzierung

(1) Die Übernahme des Vermögens der Überträgerin erfolgt im Innenverhältnis mit Wirkung ab dem Beginn des 1.1.01 (Verschmelzungsstichtag).[191] Von diesem Zeit-

punkt an gelten alle Handlungen und Geschäfte der Übertrágerin als für Rechnung der Übernehmerin vorgenommen.

(2) Der Verschmelzung wird die von der Gesellschafterversammlung der Überträgerin festgestellte und mit einem uneingeschränkten Bestätigungsvermerk der ...... GmbH Wirtschaftsprüfungsgesellschaft versehene Bilanz der Überträgerin zum 31.12.00 als Schlussbilanz zugrunde gelegt.[192, 193]

(3) Das im Rahmen der Verschmelzung auf die Übernehmerin übergehende Vermögen wird in die handelsrechtliche Rechnungslegung der Übernehmerin mit den jeweiligen Zeitwerten übernommen, § 255 Abs. 1 HGB iVm. § 24 UmwG.[195]

§ 4 Keine besonderen Rechte

Besondere Rechte iSv. § 5 Abs. 1 Nr. 7 UmwG bestanden bei der Überträgerin nicht. Besondere Rechte werden an Anteilsinhaber im Rahmen der Verschmelzung nicht gewährt.

§ 5 Keine besonderen Vorteile

Besondere Vorteile an Mitglieder von Vertretungs- oder Aufsichtsorganen der an der Verschmelzung beteiligten Rechtsträger, an geschäftsführende Gesellschafter, Abschlussprüfer oder Verschmelzungsprüfer werden nicht gewährt (§ 5 Abs. 1 Nr. 8 UmwG).

§ 6 Folgen der Verschmelzung für Arbeitnehmer und ihre Vertretungen[197]

(1) Die Übernehmerin tritt in die Rechte und Pflichten aus den im Zeitpunkt der Eintragung der Verschmelzung im Register des Sitzes der Übernehmerin bestehenden Arbeitsverhältnissen der Überträgerin ein. Für die Arbeitnehmer, deren Arbeitsverhältnisse auf die Übernehmerin übergehen, gelten für die Anwendung aller von der Dienstzeit abhängigen Regelungen die bei der Überträgerin erreichten Dienstzeiten als bei der Übernehmerin verbrachte Dienstzeiten.[198]

(2) Den Arbeitnehmern der Überträgerin steht gegen den Übergang ihrer Arbeitsverhältnisse ein Widerspruchsrecht nicht zu, da die Überträgerin mit dem Wirksamwerden der Verschmelzung erlischt.[199]

(3) Auf die Rechte und Pflichten aus den Arbeitsverhältnissen der bei der Übernehmerin beschäftigten Arbeitnehmer hat die Verschmelzung keine Auswirkung.[200]

(4) Die Kündigung des Arbeitsverhältnisses eines Arbeitnehmers durch die Überträgerin oder durch die Übernehmerin wegen des Übergangs ist unwirksam; das Recht zur Kündigung des Arbeitsverhältnisses aus anderen Gründen bleibt unberührt.[201]

(5) Die Übernehmerin gehört ebenso wie die Überträgerin keinem Arbeitgeberverband an. Eine Fortgeltung tarifvertraglicher Regelungen kommt daher nicht in Betracht. Der Beitritt der Übernehmerin in einen Arbeitgeberverband ist nicht beabsichtigt.[202]

(6) Der Betriebsrat der Überträgerin sowie der Betriebsrat der Übernehmerin bleiben im Amt, da die Identität der jeweiligen Betriebe durch die Verschmelzung nicht geändert wird. Es ist darüber hinaus ein Gesamtbetriebsrat zu bilden, in welchen die Betriebsräte der Überträgerin und der Übernehmerin Mitglieder entsenden.[203]

(7) Die bestehenden Betriebsvereinbarungen der Überträgerin gelten nach § 77 Abs. 4 BetrVG kollektivrechtlich mit der Übernehmerin als Vertragspartei weiter, da durch die Verschmelzung die Identität der jeweiligen Betriebe nicht geändert wird. Die bei der Übernehmerin bestehenden Betriebsvereinbarungen bleiben durch die Verschmelzung unberührt.[203]

(8) Mitbestimmungsrechtliche Änderungen ergeben sich nicht, da auch nach der Verschmelzung die gesetzlichen Voraussetzungen für die Mitbestimmung der Arbeitnehmer nicht erfüllt sind.

(9) Betriebsänderungen sowie personelle Veränderungen als Folge der Verschmelzung sind nicht geplant.[204]

§ 7 Wirksamwerden

Die Verschmelzung wird mit ihrer Eintragung im Handelsregister des Sitzes der Übernehmerin wirksam (§ 20 Abs. 1 UmwG).

Schreiben und Berichte

A.3.3. Schreiben an den Betriebsrat der Tochter-GmbH[206]

...... GmbH *[Tochter]*
– Geschäftsführung –

................................, den ....

An den Betriebsrat[207, 210] der ...... GmbH *[Tochter]*
z. Hd. des Vorsitzenden
– durch Boten gegen Empfangsbekenntnis –

Verschmelzung der ...... GmbH *[Mutter]* auf die ...... GmbH *[Tochter]*

Sehr geehrte Damen und Herren,

es ist beabsichtigt, die ...... GmbH *[Mutter]* als übertragende Gesellschaft im Wege der Verschmelzung durch Aufnahme auf die ...... GmbH *[Tochter]* als übernehmende Gesellschaft zu verschmelzen. Hierzu haben die Geschäftsführung der ...... GmbH *[Mutter]* sowie die Geschäftsführung der ...... GmbH *[Tochter]* den Entwurf eines Verschmelzungsvertrages aufgestellt. Dieser wird Ihnen hiermit als Anlage zu diesem Schreiben gemäß § 5 Abs. 3 UmwG in Kopie zugeleitet.[211] Bitte quittieren Sie den Erhalt des Entwurfes des Verschmelzungsvertrages durch Gegenzeichnung der beigefügten Empfangsbestätigung.

Mit freundlichen Grüßen
...... GmbH *[Tochter]*

..
[Unterschrift des Geschäftsführers]

Empfangsbestätigung:
Der Erhalt des vorstehenden Schreibens im Original sowie des als Anlage in Kopie beigefügten Entwurfes des Verschmelzungsvertrages wird hiermit zum Zwecke des Nachweises der rechtzeitigen Zuleitung des Entwurfes des Verschmelzungsvertrages gemäß § 17 Abs. 1 UmwG bestätigt.[209]

................................, den ....

Für den Betriebsrat:

..
[Unterschrift des Vorsitzenden]

A.3.4. Schreiben an den Betriebsrat der Mutter-GmbH[206]

...... GmbH *[Mutter]*
– Geschäftsführung –

..............................., den ....

An den
Betriebsrat[207, 210] der ...... GmbH *[Mutter]*
z. Hd. des Vorsitzenden
– durch Boten gegen Empfangsbekenntnis –

Verschmelzung der ...... GmbH *[Mutter]* auf die ...... GmbH *[Tochter]*

Sehr geehrte Damen und Herren,

es ist beabsichtigt, die ...... GmbH *[Mutter]* als übertragende Gesellschaft im Wege der Verschmelzung durch Aufnahme auf die ...... GmbH *[Tochter]* als übernehmende Gesellschaft zu verschmelzen. Hierzu haben die Geschäftsführung der ...... GmbH *[Mutter]* sowie die Geschäftsführung der ...... GmbH *[Tochter]* den Entwurf eines Verschmelzungsvertrages aufgestellt. Dieser wird Ihnen hiermit als Anlage zu diesem Schreiben gemäß § 5 Abs. 3 UmwG in Kopie zugeleitet.[211] Bitte quittieren Sie den Enhalt des Entwurfes des Verschmelzungsvertrages durch Gegenzeichnung der beigefügten Empfangsbestätigung.

Mit freundlichen Grüßen

...... GmbH *[Mutter]*

....
[Unterschrift des Geschäftsführers]

Empfangsbestätigung:

Der Erhalt des vorstehenden Schreibens im Original sowie des als Anlage in Kopie beigefügten Entwurfes des Verschmelzungsvertrages wird hiermit zum Zwecke des Nachweises der rechtzeitigen Zuleitung des Entwurfes des Verschmelzungsvertrages gemäß § 17 Abs. 1 UmwG bestätigt.[209]

..............................., den ....

Für den Betriebsrat:

....
[Unterschrift des Vorsitzenden]

Handelsregisteranmeldungen[213, 213a]

A.3.5. Handelsregisteranmeldung der Überträgerin

An das
Amtsgericht ......
– Registergericht –
...... *[Straße]*
...... *[PLZ]* ...... *[Stadt]*

HRB ...... – ...... GmbH *[Mutter]*

In der Anlage überreiche ich, der unterzeichnete einzeln vertretungsberechtigte Geschäftsführer der ...... GmbH *[Mutter]:*

1. Notarielle Urkunde vom ......, URNr. ...... des Notars ...... in ......, welche enthält:
   a) in Abschnitt D mit Anlage A den Verschmelzungsvertrag betreffend die Verschmelzung der ...... GmbH *[Mutter]* auf die ...... GmbH *[Tochter];*
   b) in Abschnitt E die Zustimmung der Gesellschafterversammlung der ...... GmbH *[Mutter]* zu dem vorstehend genannten Verschmelzungsvertrag;
   c) in Abschnitt F die Zustimmung der Gesellschafterversammlung der ...... GmbH [Tochter] zu dem vorstehend genannten Verschmelzungsvertrag;
   d) in Abschnitt G die Verzichte der Gesellschafter der ...... GmbH *[Mutter]* und der Gesellschafter der ...... GmbH *[Tochter]* auf die Erstattung eines Verschmelzungsberichtes und auf eine Klage gegen die Wirksamkeit der vorbezeichneten Beschlüsse sowie die Erklärung, dass eine Verschmelzungsprüfung nicht verlangt wird (§ 48 S. 1, 9 Abs. 1 UmwG);
2. Empfangsbekenntnis über die Zuleitung des Entwurfs des Verschmelzungsvertrages an den Betriebsrat der ...... *[Mutter];*
3. Empfangsbekenntnis über die Zuleitung des Entwurfs des Verschmelzungsvertrages an den Betriebsrat der ...... GmbH *[Tochter];*
4. die von der ...... GmbH Wirtschaftsprüfungsgesellschaft geprüfte und mit einem uneingeschränkten Bestätigungsvermerk versehene Schlussbilanz der ...... GmbH *[Mutter]* per 31.12.00.

Zur Eintragung in das Handelsregister melde ich an:

Die ...... GmbH *[Mutter]* als übertragende Gesellschaft ist auf Grund des Verschmelzungsvertrages vom ......, des Beschlusses der Gesellschafterversammlung der ...... GmbH *[Mutter]* vom ...... und des Beschlusses der Gesellschafterversammlung der ...... GmbH *[Tochter]* vom ...... mit der ...... GmbH *[Tochter],* HRB ......, Amtsgericht ...... als übernehmender Gesellschaft durch Aufnahme unter Auflösung ohne Abwicklung verschmolzen.

Es wird unter Bezugnahme auf Abschnitt G der zu Ziff. 1 vorgelegten Urkunde erklärt, dass im Hinblick auf die dort abgegebenen Verzichtserklärungen eine Negativerklärung nach § 16 Abs. 2 Satz 1 UmwG entbehrlich ist.

Nach Vollzug wird um Eintragungsnachricht und Übermittlung je eines beglaubigten Handelsregisterauszuges an die Gesellschaft und den beglaubigenden Notar gebeten.

................................, den ....

....

[Unterschrift des Geschäftsführers der ...... GmbH [Mutter]]

....

[Beglaubigungsvermerk]

A.3.6. Handelsregisteranmeldung der Übernehmerin[213, 213a]

An das
Amtsgericht ......
– Registergericht –
...... *[Straße]*
...... *[PLZ]* ...... *[Stadt]*

HRB ...... – ...... GmbH *[Tochter]*

In der Anlage überreiche ich, der unterzeichnete alleinige Geschäftsführer der ...... GmbH *[Tochter]:*

1. Notarielle Urkunde vom ......, URNr. ...... des Notars ...... in ......, welche enthält:
   a) in Abschnitt D mit Anlage A den Verschmelzungsvertrag betreffend die Verschmelzung der ...... GmbH *[Mutter]* auf die ...... GmbH *[Tochter]*;
   b) in Abschnitt E die Zustimmung der Gesellschafterversammlung der ...... GmbH *[Mutter]* zu dem vorstehend genannten Verschmelzungsvertrag;
   c) in Abschnitt F die Zustimmung der Gesellschafterversammlung der ...... GmbH *[Tochter]* zu dem vorstehend genannten Verschmelzungsvertrag;
   d) in Abschnitt G die Verzichte der Gesellschafter der ...... GmbH *[Tochter]* und der Gesellschafter der ...... GmbH *[Mutter]* auf die Erstattung eines Verschmelzungsberichtes und auf eine Klage gegen die Wirksamkeit der vorbezeichneten Beschlüsse sowie die Erklärung, dass eine Verschmelzungsprüfung nicht verlangt wird (§ 48 S. 1, 9 Abs. 1 UmwG);
2. Empfangsbekenntnis über die Zuleitung des Entwurfs des Verschmelzungsvertrages an den Betriebsrat der ...... GmbH *[Mutter]*;
3. Empfangsbekenntnis über die Zuleitung des Entwurfs des Verschmelzungsvertrages an den Betriebsrat der ...... GmbH *[Tochter]*;
4. Liste der Personen, welche die neuen Geschäftsanteile übernommen haben, § 57 Abs. 3 Nr. 2 GmbHG;
5. den von der ...... GmbH Wirtschaftsprüfungsgesellschaft geprüften und mit einem uneingeschränkten Bestätigungsvermerk versehenen Jahresabschluss der ...... GmbH *[Mutter]* per 31.12.00 zum Nachweis der Werthaltigkeit der Sacheinlage[28, 43.]

Zur Eintragung in das Handelsregister melde ich an:

Die ...... GmbH *[Mutter]*, HRB ......, Amtsgericht ......, als übertragende Gesellschaft ist auf Grund des Verschmelzungsvertrages vom ......, des Beschlusses der Gesellschafterversammlung der ...... GmbH *[Mutter]* vom ...... und des Beschlusses der Gesellschafterversammlung der ...... GmbH *[Tochter]* vom ...... mit der ...... GmbH *[Tochter]* als übernehmender Gesellschaft durch Aufnahme unter Auflösung ohne Abwicklung verschmolzen.

Das Stammkapital ist zum Zwecke der Durchführung der Verschmelzung von 500 000.– EUR um 100 000.– EUR auf 600 000.– EUR erhöht worden. § ...... des Gesellschaftsvertrages ist entsprechend geändert.

Im Hinblick auf §§ 19 Abs. 1, 53 UmwG wird gebeten, zunächst nur die Kapitalerhöhung einzutragen. Zur Vervollständigung wird sodann ein beglaubigter Handelsregisterauszug der ...... GmbH *[Mutter]* nachgereicht, aus dem sich ergibt, dass die Verschmelzung in das Handelsregister des Sitzes der ...... GmbH *[Mutter]* eingetragen ist.

Es wird unter Bezugnahme auf Abschnitt G der zu Ziff. 1 vorgelegten Urkunde erklärt, dass im Hinblick auf die dort abgegebenen Verzichtserklärungen eine Negativerklärung nach § 16 Abs. 2 Satz 1 UmwG entbehrlich ist.

Nach Vollzug wird um Eintragungsnachricht an die Gesellschaft und den beglaubigenden Notar und Übermittlung von drei beglaubigten Handelsregisterauszügen an die Gesellschaft und eines beglaubigten Handelsregisterauszuges an den beglaubigenden Notar gebeten.

..............................., den ....

....

[Unterschrift des Geschäftsführers der ...... GmbH [Tochter]]

....

[Beglaubigungsvermerk]

A.3.7. Liste der Übernehmer, § 57 Abs. 3 Nr. 2 GmbHG[213]

Liste gemäß § 57 Abs. 3 Nr. 2 GmbHG der Personen, die bei der im Zuge der Verschmelzung der ...... GmbH *[Mutter]* auf die ...... GmbH *[Tochter]* durchgeführten Kapitalerhöhung bei der ...... GmbH *[Tochter]* mit dem Sitz in ......, HRB ......, gemäß Urkunde des Notars ...... (URNr. ......) neue Geschäftsanteile übernommen haben

Übernehmer	Übernommene neue Geschäftsanteile	
	Laufende Nr.	Nennbetrag
Herr ...... *[Vorname]* A, geb. am ......, ... *[Wohnort]*	3	75 000.– EUR
Herr ...... *[Vorname]* B, geb. am ......, ... *[Wohnort]*	4	25 000.– EUR
Summe		100 000.– EUR

.... , den ....

....
[Unterschriften sämtlicher Geschäftsführer der Übernehmerin]

A.3.8. Gesellschafterliste[213a]

Liste der Gesellschafter der ...... GmbH *[Tochter]* mit dem Sitz in ......, HRB ......, Amtsgericht ......

Gesellschafter	Geschäftsanteile			Gesamtumfang der Beteiligung, § 40 Abs. 1 S. 3 GmbHG*	Veränderungen
	Laufende Nr.	Nennbetrag	Vermittelte prozentuale Beteiligung, § 40 Abs. 1 S. 1 GmbHG*		
Herr ...... *[Vorname]* A, geb. am ......, ... *[Wohnort]*	1.1	300 000.– EUR	50 %	62,5 %	Durch Teilung von Nr. 1 und Anteilsübergang gemäß § 5 Abs. 1 Nr. 4, § 20 Abs. 1 Nr. 2 UmwG
	3	75 000.– EUR	12,5 %		Durch Kapitalerhöhung iSd. § 55 UmwG im Wege der Ausgabe neuer Anteile

Gesellschafter	Geschäftsanteile			Gesamtumfang der Beteiligung, § 40 Abs. 1 S. 3 GmbHG*	Veränderungen
	Laufende Nr.	Nennbetrag	Vermittelte prozentuale Beteiligung, § 40 Abs. 1 S. 1 GmbHG*		
Herr …… *[Vorname]* B, geb. am ……, …… *[Wohnort]*	1.2	100 000.– EUR	16,7 %	20,8 %	Durch Teilung von Nr. 1 und Anteilsübergang gemäß § 5 Abs. 1 Nr. 4, § 20 Abs. 1 Nr. 2 UmwG
	4	25 000.– EUR	4,2 %		Durch Kapitalerhöhung iSd. § 55 UmwG im Wege der Ausgabe neuer Anteile
Herr …… *[Vorname]* C, geb. am ……, …… *[Wohnort]*	2	100 000.– EUR	16,7 %	16,7 %	
Stammkapital		600 000.– EUR			

* Prozentangaben sind gemäß § 4 Abs. 1 Satz 1, Abs. 2 Satz 2 GesLV nach dem kaufmännischen Prinzip auf eine Nachkommastelle gerundet.

Gemäß § 40 Abs. 2 GmbHG bescheinige ich, Notar, dass die geänderten Eintragungen in der Liste den Veränderungen auf Grund der Verschmelzung gemäß meiner Urkunde vom …… *[Datum],* URNr. ……, entsprechen und die übrigen Eintragungen mit dem Inhalt der zuletzt im Handelsregister aufgenommenen Liste übereinstimmen.

……………………………, den ……….

…………………………………………………

[Unterschrift Notar]

B. Grundsätzliche Anmerkungen

I. Sachverhalt

1 Der Eigenkapitalwert (Equity Value) der Tochter-GmbH beträgt 10 Mio EUR, der Eigenkapitalwert (Equity Value) der Mutter-GmbH (einschließlich der 80%-Beteiligung an der Tochter-GmbH) ebenfalls 10 Mio EUR. Das handels- und steuerbilanzielle Eigenkapital der Tochter-GmbH zum Verschmelzungsstichtag beträgt 1 Mio. EUR (Stammkapital 500 000.– EUR, Kapitalrücklage 500 000.– EUR), das

der Mutter-GmbH gemäß testiertem Jahresabschluss zum 31.12.00 10 Mio. EUR (Stammkapital 1 Mio. EUR, Kapitalrücklage 9 Mio. EUR); der Buchwertansatz der Beteiligung der Mutter-GmbH an der Tochter-GmbH entspricht dem Zeitwert dieser Beteiligung (8 Mio. EUR); Teilwertabschreibungen auf die Beteiligung wurden nicht vorgenommen. Die Tochter-GmbH hat wertvollen Grundbesitz und körperschaft- sowie gewerbesteuerliche Verlustvorträge. Sämtliche Beteiligte sind Steuerinländer.

Zu Beteiligungsverhältnissen und Vorhaben iÜ → Form. A.3.1 Abschn. A und B. 2

II. Ablaufplan

3

Maßnahme	Rechtsgrundlage	Erforderlichkeit	Zuständigkeit	Frühester Termin	Spätester Termin	Formular
Beauftragung Wirtschaftsprüfer mit Ermittlung des Umtauschverhältnisses		Nicht notwendig, da wegen Einigkeit über Verkehrswerte für die Verschmelzung auf 80%-Tochter das Umtauschverhältnis feststeht	./.	so früh wie möglich		
Ermittlung Umtauschverhältnis	§ 5 Abs. 1 Nr. 3 UmwG	Ja (Einvernehmen erforderlich)	Parteien		vor Aufstellung Entwurf Verschmelzungsvertrag	
Bestellung Verschmelzungsprüfer übertragende Gesellschaft	§§ 48, 10 UmwG	Nein, da kein Gesellschafter die Prüfung verlangt hat, § 48 S. 1 UmwG	./.	./.		
Bestellung Verschmelzungsprüfer übernehmende Gesellschaft	§§ 48, 10 UmwG	Nein, da kein Gesellschafter die Prüfung verlangt hat, § 48 S. 1 UmwG	./.	./.		
Aufstellung Entwurf Verschmelzungsvertrag	§ 4 Abs. 2, § 5 UmwG	Ja, wenn Beurkundung erst nach Verschmelzungsbeschlüssen erfolgen soll, § 4 Abs. 2 UmwG, oder wenn für Zuleitung an Betriebsrat erforderlich	Geschäftsführung übertragende Gesellschaft, Geschäftsführung übernehmende Gesellschaft	so früh wie möglich	vor Ablauf der Zuleitungsfrist für den Betriebsrat	Form. A.3.1
Verschmelzungsberichte	§ 8 UmwG	Nein, wenn Gesellschafter auf Erstattung verzichten, § 8 Abs. 3 UmwG	./.			
Verschmelzungsprüfungsberichte	§ 12 UmwG	Nein, wenn keine Prüfung verlangt wird, § 48 S. 1 UmwG	./.	./.	./.	
Auslegung Jahresabschlüsse mit Lageberichten der Letzten drei Jahre in den Geschäftsräumen der beteiligten GmbHs	§ 49 Abs. 2 UmwG	Entbehrlich, wenn nicht mit Rüge durch einzelne Gesellschafter zu rechnen ist oder wenn voraussichtlich alle Gesellschafter auf diese Förmlichkeiten verzichten	Geschäftsführung übertragende GmbH, Geschäftsführung übernehmende GmbH	bei Vorliegen der Unterlagen	vor Ladung der Gesellschafterversammlung	
Ladung Gesellschafterversammlungen beteiligte GmbHs	§§ 49, 50 GmbHG, Satzung	Entbehrlich, wenn nicht mit Rüge durch einzelne Gesellschafter zu rechnen ist oder wenn voraussichtlich alle Gesellschafter auf diese Förmlichkeiten verzichten	Geschäftsführungen übertragende und übernehmende GmbH	bei Vorliegen der auszulegenden bzw. zu übersendenden Unterlagen (Jahresabschlüsse mit Lageberichten der Letzten drei Jahre, Verschmelzungsvertrag bzw. Entwurf, Verschmelzungsbericht)	gemäß Satzung, Wochenfrist des § 51 Abs. 1 Satz 1 GmbHG dürfte regelmäßig nicht ausreichen	

Maßnahme	Rechtsgrundlage	Erforderlichkeit	Zuständigkeit	Frühester Termin	Spätester Termin	Formular
Zuleitung des Verschmelzungsvertragsentwurfs an die Betriebsräte	§ 5 Abs. 3 UmwG	Ja	Geschäftsführung übertragende GmbH, Geschäftsführung übernehmende GmbH	nach Aufstellung des Entwurfs des Verschmelzungsvertrages	Jeweils einen Monat vor dem Tage der Gesellschafterversammlung des jeweiligen Rechtsträgers, § 5 Abs. 3 UmwG	→ Form. A.3.3, Form. A.3.4
Zustimmungsbeschluss übertragende Mutter-GmbH	§§ 13, 50, 51 UmwG	Ja	Notar, Gesellschafter	gemäß Ladung		→ Form. A.3.1 Abschn. E
Zustimmungsbeschluss übernehmende Tochter-GmbH	§§ 13, 50, 51 UmwG	Ja	Gesellschafter, Notar	gemäß Ladung		→ Form. A.3.1 Abschn. F
Abschluss Verschmelzungsvertrag	§ 6 UmwG	Ja	Notar, Geschäftsführung übertragende GmbH, Geschäftsführung übernehmende GmbH	Nach Aufstellung Entwurf Verschmelzungsvertrag	Vor Einreichung der Handelsregisteranmeldungen	→ Form. A.3.1 Abschn. D
Handelsregisteranmeldung übertragende Mutter-GmbH	§§ 16, 17 UmwG	Ja	Notar, Geschäftsführung übertragende GmbH	Nach Ablauf der einmonatigen Anfechtungsfrist, §§ 14 Abs. 1, 16 Abs. 2 Satz 1 UmwG oder Klageverzicht sämtlicher Gesellschafter, § 16 Abs. 2 Satz 2 UmwG	Acht Monate nach dem Verschmelzungsstichtag, § 17 Abs. 2 Satz 4 UmwG	→ Form A.3.5
Handelsregisteranmeldung übernehmende Tochter-GmbH	§§ 16, 17 UmwG	Ja	Notar, Ge schäftsführung übernehmende GmbH	Nach Ablauf der einmonatigen Anfechtungsfrist, §§ 14 Abs. 1, 16 Abs. 2 Satz 1 UmwG oder Klageverzicht sämtlicher Gesellschafter, § 16 Abs. 2 Satz 2 UmwG	Acht Monate nach dem Verschmelzungsstichtag, § 17 Abs. 2 Satz 4 UmwG	→ Form. A.3.6
Werthaltigkeitsbestätigung wegen Kapitalerhöhung	§§ 57 a, 9 c GmbHG	ja, wenn Zweifel bestehen können, dass Wert des übergehenden Vermögens den Nennbetrag der Kapitalerhöhung erreicht	von der Geschäftsführung der Übernehmerin zu beauftragende Wirschaftsprüfungsgesellschaft		kann ggf. auch noch nach Ablauf der Achtmonatsfrist gemäß § 17 Abs. 2 Satz 4 UmwG nachgereicht werden	
Eintragung Verschmelzung Handelsregister übertragende Mutter-GmbH	§ 19 UmwG	Ja	Handelsregister der übertragenden GmbH			
Eintragung Kapitalerhöhung	§ 53 GmbHG	Ja, wenn die übernehmende GmbH zur Durchführung der Verschmelzung ihr Stammkapital erhöht	Handelsregister der übernehmenden GmbH		Vor Eintragung der Verschmelzung im HR der übernehmenden GmbH (→ Rz 46)	
Eintragung Verschmelzung Handelsregister übernehmende Tochter-GmbH	§ 19 UmwG	Ja	Handelsregister der übernehmenden GmbH	frühestens nach Eintragung der Verschmelzung im Register der übertragenden Gesellschaft sowie der Kapitalerhöhung,, falls nicht taggleicher Eintrag (→ Rz 46)		
Einreichung aktualisierte Gesellschafterliste der Übernehmerin	§ 40 Abs. 1, 2 GmbHG	Ja	Verschmelzung beurkundender Notar	Unverzüglich nach Eintragung im Register der übernehmenden Gesellschaft		

III. Umwandlungsziele

1. Allgemeine Umwandlungsziele der Verschmelzung

Die möglichen Umwandlungsziele einer Mutter-Kapitalgesellschaft auf eine Tochter-Kapitalgesellschaft (Down Stream Merger) unterscheiden sich im Prinzip nicht von denen eines Up Stream Mergers (→ Form. A. 1 Rn. 9 ff.). Insbesondere können zB die Straffung der Führungs- und Organisationsstruktur, die Senkung der Verwaltungskosten oder die Besicherung eines Akquisitionsdarlehens durch Wirtschaftsgüter der Zielgesellschaft (ohne Behinderung durch § 30 GmbHG) auch einem Down Stream Merger als Motive zugrundeliegen. 4

Im Folgenden wird nur auf solche besonderen Gesichtspunkte eingegangen, die im Einzelfall für (oder gegen) die Wahl des Down Stream Mergers anstelle des Up Stream Mergers sprechen können. 5

einstweilen frei 6

2. Rechtliche Gesichtspunkte

Für die Wahl des Down Stream Mergers können rechtliche Gesichtspunkte sprechen. So mag die Tochter über eine erhaltenswerte Börsennotierung oder über andere personenbezogene öffentlich-rechtliche Zulassungen oder Genehmigungen verfügen, die im Falle einer Verschmelzung nicht oder nicht ohne weiteres auf die Übernehmerin übergehen (mehr zu dieser Thematik bei → Rn. 47b). 7

3. Handelsbilanzielle Gesichtspunkte

Handelsbilanziell kann sich beim Down Stream Merger ein Vermögensabgang ergeben, wenn der Wert, mit dem die auf die Tochtergesellschaft übergehenden Aktiva bei dieser anzusetzen sind, geringer als die übergehenden Verbindlichkeiten ist (→ Rn. 68 ff.). Im Einzelfall kann dies zur Unzulässigkeit des Down Stream Mergers gemäß §§ 30, 31 GmbH führen, wenn die bei der Tochter eintretende bilanzielle Vermögensminderung nicht aus freiem Eigenkapital in mindestens entspr. Höhe finanziert werden kann und sich anhand vorsichtiger Schätzung der Zeitwerte auch keine stillen Reserven mindestens in Höhe des Fehlbetrages ergeben (→ Rn. 81). 8

Die Anteilsinhaber der Muttergesellschaft haben bzgl. des Ansatzes der ihnen gewährten Anteile an der übernehmenden Tochter-GmbH in ihrer handelsrechtlichen Rechnungslegung nach allgemeinen Tauschgrundsätzen ein Wahlrecht zwischen dem Buch- und dem Zeitwert der hingegebenen Mutter-Anteile oder einem dazwischen liegenden erfolgsneutralen Zwischenwert (→ Rn. 89 f.). Daher bietet der Down Stream Merger den Anteilsinhabern der übertragenden Muttergesellschaft die Möglichkeit einer handelsbilanziellen Aufdeckung der in ihren Anteilen liegenden stillen Reserven bei gleichzeitiger steuerlicher Buchwertfortführung, wenn ein Antrag gemäß § 13 Abs. 2 UmwStG gestellt werden kann (→ Rn. 90). 9

einstweilen frei 10

4. Besondere steuerliche Umwandlungsziele

Die Verschmelzung einer Mutter-Kapitalgesellschaft auf eine Tochter-Kapitalgesellschaft kann – wie zB im Formularfall – zur Vermeidung der **Grunderwerbsteuer** auf **Grundbesitz der Tochter** geboten sein. Die engen Voraussetzungen, unter denen § 6a GrEStG konzerninterne Umwandlungen von der Grunderwerbsteuer freistellt (→ Rn. 155), sind häufig nicht erfüllt. 11

Während bei der Up-Stream-Verschmelzung gemäß § 12 Abs. 2 Satz 2 UmwStG in Verbindung mit **§ 8b Abs. 3 KStG 5 %** des auf die von der Übernehmerin an der 12

Tochtergesellschaft gehaltenen Anteile entfallenden Verschmelzungsgewinns als **nicht-abziehbare Betriebsausgaben** gelten und somit zu versteuern sind, wird diese Fiktion bei der Downstream-Verschmelzung regelmäßig vermieden, soweit nicht der (seltene) Fall einer Überkreuzbeteiligung vorliegt (→ Rn. 127).

13 Ein Motiv für die Wahl des Down Stream Mergers kann wegen des Untergangs der Verlustvorträge der Überträgerin bei der Verschmelzung (§ 12 Abs. 3 HS 2, § 4 Abs. 2 Satz 2 UmwStG, → Rn. 119) die Rettung von Verlustvorträgen der Tochter sein (zur Anwendung von § 8c KStG in diesen Fällen allerdings → Rn. 121).

14 Gegenüber dem Up Stream Merger hat der Down Stream Merger uU den Nachteil, dass ein sog. **Übernahmefolgegewinn,** der sich infolge imparitätischen Ansatzes von Forderungen bei Mutter und Tochter bzw. durch die Auflösung von Rückstellungen infolge der Verschmelzung ergibt, nicht (oder nur in geringerem Umfang) durch Bildung einer Rücklage nach §§ 12 Abs. 4 Satz 2, 6 Abs. 1 UmwStG steuerlich neutralisiert werden kann: Gemäß § 12 Abs. 4 UmwStG kann die Rücklage nämlich nur insoweit gebildet werden, als die übernehmende Kapitalgesellschaft an der übertragenden beteiligt ist, was beim Down Stream Merger naturgemäß nicht (oder jedenfalls nur in geringerem Umfang als beim Up Stream Merger) der Fall ist (→ Rn. 129f.).

15, 16 *einstweilen frei*

IV. Zivil-, Handels- und Gesellschaftsrecht

1. Zulässigkeit

17 Der Down Stream Merger einer Mutter-Kapitalgesellschaft auf ihre Tochter-Kapitalgesellschaft wird im Grundsatz nunmehr einhellig für zulässig gehalten (s. etwa WM/*Mayer* UmwG § 5 Rn. 37 mwN). Auch das Gesetz geht in § 54 Abs. 1 Satz 1 Nr. 3, Satz 2 Nr. 2 UmwG implizit von seiner Zulässigkeit aus.

18 Allerdings kann § 30 GmbHG der Verschmelzung entgegenstehen, wenn per Saldo negatives Vermögen auf die Tochter übergeht (WM/*Mayer* § 5 UmwG Rz. 40.1; *Lutter/Priester* § 24 UmwG Rz. 62; **aA** WM/*Widmann* § 24 UmwG Rz. 388 FN 4; offen gelassen von BGH v. 6.11.2018, II ZR 199/17, DStR 2019, 340 Tz. 34 mwN. zum Streitstand), was etwa nach fremdfinanziertem Erwerb der Beteiligung an der Tochter ein realistisches Szenario ist: Insbesondere müssen die Anteile an der Tochter bei der Bewertung außer Acht bleiben. Denn der bei voll einbezahlten Anteilen gemäß § 54 Abs. 1 S. 2 Nr. 2 UmwG implizit als möglich anerkannte Übergang auf die Tochter als eigene Anteile (→ Rn. 20ff.) ist gemäß § 33 Abs. 2 Satz 1 GmbHG nur dann zulässig, wenn eine Rücklage iSd. § 272 HGB gebildet werden könnte (so zutr. Kallmeyer/*Kocher* § 54 UmwG Rz. 16); die Gegenauffassung (WM/*Widmann* § 24 UmwG Rz. 388) wonach § 33 Abs. 2 GmbHG nicht für den Erwerb im Wege der Gesamtrechtsnachfolge gelte, findet im Wortlaut der Vorschrift keine Stütze. Eine Aufdeckung stiller Reserven in dem außerhalb der Anteile an der Tochter etwa vorhandenen Vermögen der Mutter wird zwar in § 24 UmwG implizit („auch") als zulässig anerkannt (→ Rn. 74ff.). Führt die Verschmelzung aber auch nach deren Hebung noch zu einer Unterbilanz bei der übernehmenden Tochter-GmbH (oder zu deren Vertiefung), ist sie gemäß § 30 GmbHG unzulässig (zutr. Kallmeyer/*Kocher* § 54 UmwG Rz. 16; **aA** WM/*Widmann* § 24 UmwG Rz. 388 Fn 4). Dies gilt selbst dann, wenn die Unterbilanz durch stille Reserven im Vermögen der Tochter (z.B. Firmenwert) gedeckt ist: Im Rahmen von § 30 GmbHG gilt nach mittlerweile st. Rspr. eine rein handelsbilanzielle Betrachtungsweise (BGH v. 26.6.2018, II ZR 65/16, DStR 2018, 1999; v. 5.4.2011, II ZR 263/08, DStR 2011, 1188; v. 29.9.2008, II ZR 234/07, DStR 2008, 2378, 2380); daran ändert auch die Verschmelzung nichts: § 24 UmwG gilt nur für das übergehende Vermögen des übertragenden Rechtsträgers; die Vorschrift gestattet nicht die Neubewertung des (Alt)Vermögens des übernehmenden Rechtsträgers (Lutter/

Priester § 24 UmwG Rz. 5; *ders.* in FS Spiegelberger 2009, 890, 894f.; SSt/*Moszka* § 24 Rz. 2).

Steuerlich liegt bei einem Verstoß gegen § 30 GmbHG eine **verdeckte Gewinnausschüttung** vor (OFD Hannover v. 5.1.2007, DB 2007, 428; zu verdeckten Ausschüttungen aus zivilrechtlicher Sicht siehe auch *Zacher* DStR 1994, 138 mwN.).

Möglich ist grundsätzlich auch die Verschmelzung von Unternehmergesellschaften 19 (haftungsbeschränkt) (UG) im Sinne des durch das MoMiG v. 23.10.2008 (BGBl. I 2008, 2026) eingeführten § 5a GmbHG. Die UG ist GmbH und als solche umwandlungsfähig (LH/*Kleindiek* GmbHG § 5a Rn. 4). Soll allerdings im Zuge der Verschmelzung bei der Übernehmerin eine Kapitalerhöhung stattfinden (zur Zulässigkeit → Rn. 27), sollte nach einer verbreiteten, auch von einigen Registergerichten vertretenen Auffassung die UG als übernehmender Rechtsträger zumindest bei einem Stammkapital unter 25 000.– EUR wegen des für sie geltenden Verbots der Sachkapitalerhöhung (§ 5a Abs. 2 Satz 2 GmbHG), das solange gelte, wie das eingetragene und einbezahlte Stammkapital geringer als 25 000 EUR sei (OLG München v. 23.9.2010, 31 Wx 149/10, NJW 2011, 464), ausscheiden (vgl. *Ries* AnwBl 2011, 13, 14; *Heckschen* DStR 2009, 166, 172). Nach der Gegenauffassung (LH/*Kleindiek* GmbHG § 5a Rn. 33; SSt/*Stengel* UmwG § 3 Rn. 20a) soll hingegen das Verbot der Sachkapitalerhöhung (§ 5a Abs. 2 Satz 2 GmbHG) nicht für eine Kapitalerhöhung gelten, durch die das Mindestkapital von 25 000.– EUR erreicht oder überschritten wird; anderenfalls würden die UG und ihre Gesellschafter in Ansehung von Sachkapitalerhöhungen schlechter gestellt als die Gründer einer GmbH bei der Sachgründung. Der BGH hat sich der letztgenannten Auffassung angeschlossen (BGH v. 19.4.2011, II ZB 25/10, NJW 2011, 1881). Die Verschmelzung auf eine ihr Stammkapital im Zuge der Verschmelzung erhöhende UG ist somit zulässig, wenn das Stammkapital nach dieser Kapitalerhöhung mindestens 25 000.– EUR erreicht.

Aufgelöste Rechtsträger können gemäß § 3 Abs. 3 UmwG als **übertragende** 19a **Rechtsträger** an der Verschmelzung beteiligt sein, wenn ihre Fortsetzung beschlossen werden könnte, woran es für die AG gemäß § 274 Abs. 1 Satz 1 AktG und für die GmbH nach wohl hM in entsprechender Anwendung dieser Vorschrift (OLG Düsseldorf v. 13.7.1979, 3 W 140/79, juris Tz. 20; Lutter/*Drygalla* UmwG § 3 Rn. 25; Kallmeyer/*Marsch-Barner* UmwG § 3 Rn. 23) fehlt, wenn bereits mit der Verteilung des Vermögens unter die Gesellschafter begonnen worden ist. Hingegen soll nach ganz hM die Verschmelzung auf einen aufgelösten Rechtsträger unzulässig sein, § 3 Abs. 3 UmwG e contrario (OLG Naumburg v. 12.2.1997, 10 Wx 1/97, GmbHR 1997, 1152; Lutter/*Drygalla* UmwG § 3 Rn. 31; **aA** Kallmeyer/*Marsch-Barner* UmwG § 3 Rn. 26f.).

Auch **insolvente Rechtsträger** können nunmehr jedenfalls als **übertragende** 19b **Rechtsträger** grundsätzlich an der Verschmelzung beteiligt sein, weil gemäß § 225a Abs. 3 InsO idF des Gesetzes zur weiteren Erleichterung der Sanierung von Unternehmen v. 13.12.2011, BGBl. I 2011, 2582 („ESUG"), die Fortsetzung der Gesellschaft als Regelung im Insolvenzplan enthalten sein kann (*Lutter/Drygalla* UmwG § 3 Rn. 25). Hingegen soll der Verschmelzung auf einen insolventen Rechtsträger auch nach Inkrafttreten des ESUG der § 3 Abs. 3 UmwG entgegenstehen, wonach aufgelöste Rechtsträger an einer Verschmelzung nur als übertragende Rechtsträger beteiligt sein könnten (OLG Brandenburg v. 27.1.2015, 7 W 118/14, NZG 2015, 884; **aA** Kallmeyer/*Marsch-Barner* UmwG § 3 Rn. 26f.).

2. Anteilsgewährung, Umtauschverhältnis, Zuzahlungen

a) Allgemeines

Gemäß § 54 Abs. 1 Satz 2 Nr. 2 UmwG besteht, sofern die von der Mutter-GmbH 20 an der Tochter-GmbH gehaltenen Geschäftsanteile voll einbezahlt sind, ein Wahlrecht, den Gesellschaftern der Mutter-GmbH entweder nur die bisher von der Mutter gehaltenen Tochter-Anteile („Altanteile") oder zusätzlich oder auch stattdessen neue im Rahmen einer Kapitalerhöhung geschaffene Anteile („Neuanteile") zu gewähren. Stattdessen oder daneben kann die Tochter den Gesellschaftern der Mutter auch eigene, bisher von der Tochter gehaltene Anteile gewähren, § 54 Abs. 1 Satz 2 Nr. 1 UmwG (Kallmeyer/*Kallmeyer* UmwG § 54 Rn. 11).

21 Soweit die von der Mutter-GmbH gehaltenen Anteile an der Tochter-GmbH nicht voll einbezahlt sind, ist die Kapitalerhöhung hingegen unzulässig, § 54 Abs. 1 Satz 1 Nr. 3 UmwG.

22 *einstweilen frei*

b) Gewährung von Altanteilen

23 Soweit den Mutter-Gesellschaftern die bisher von der Mutter gehaltenen Anteile an der Tochter-GmbH gewährt werden, gehen diese nach nunmehr hM unmittelbar, dh. **ohne Durchgangserwerb** der Tochter-GmbH, kraft Gesetzes gemäß § 20 Abs. 1 Nr. 3 UmwG auf die Mutter-Gesellschafter über (BFH 28.10.2009, I R 4/09, BStBl II 2011, 315; IDW RS HFA 42 Tz. 47; gl. A. UmwSt-Erl. 2011, BMF v. 11.11.2011; BStBl. I 2011, 1314 Tz. 11.18; WM/*Mayer* UmwG § 5 Rn. 38; Kallmeyer/*Marsch-Barner* UmwG § 5 Rn. 71; *a. A.* noch HB/*Benkert* vor §§ 11–13 Rz. 12; nunmehr offen lassend HMB/*Bärwaldt* UmwStG § 11 Rn. 66). Zum Ansatz der Anteile an der Tochter-GmbH in der steuerlichen Schlussbilanz der übertragenden Mutter gemäß § 11 Abs. 2 Satz 2 UmwStG siehe → Rn. 100 ff. sowie insbes. → Rn. 100b.

24 *einstweilen frei*

25 Sofern (wie im Formularfall) im Rahmen des Anteilserwerbs eine Geschäftsanteilsteilung erforderlich ist, bedarf diese nach Streichung des § 17 GmbHG durch das MoMiG v. 23.10.2008 (BGBl. I 2008, 2026) nicht mehr der Genehmigung der Gesellschaft, wohl aber nach wie vor gemäß § 46 Nr. 4 GmbHG der Zustimmung der Gesellschafterversammlung.

c) Gewährung von Neuanteilen im Rahmen einer Kapitalerhöhung

26 Wie sich im Gegenschluss aus § 54 Abs. 1 Satz 2 Nr. 2 UmwG ergibt, können den Gesellschaftern der übertragenden Mutter-GmbH anstelle der Anteile der Mutter an der Tochter-GmbH oder neben diesen auch neue, im Rahmen einer **Kapitalerhöhung** geschaffene Geschäftsanteile gewährt werden, soweit die von der Mutter-GmbH an der Tochter-GmbH gehaltenen Geschäftsanteile voll einbezahlt sind (WM/*Mayer* UmwG § 5 Rn. 39). Dies wird regelmäßig wirtschaftlich notwendig sein, wenn die Mutter neben den Anteilen an der Tochter noch anderes eigenes positives Nettovermögen hat und (wie im Formularfall) auch außenstehende Gesellschafter an der Tochter-GmbH beteiligt sind, die Gewährung der von der Mutter gehaltenen Anteile im Hinblick auf den durch die Verschmelzung bei der Tochter eintretenden Wertzuwachs also keine wertmäßig ausreichende Gegenleistung für die Mutter-Gesellschafter darstellt. Gemäß § 54 Abs. 3 Satz 1 UmwG idF des MoMiG müssen die gewährten Stammeinlagen nurmehr auf volle Euro lauten; das Erfordernis der Teilbarkeit durch 10 ist ebenso entfallen wie der Mindestbetrag von 50.– EUR.

27 Soweit wegen der Gewährung neuer Anteile im Rahmen der Kapitalerhöhung die (voll einbezahlten) Anteile der Mutter an der Tochter-GmbH nicht den Gesellschaftern der Mutter-GmbH zugewiesen werden, gehen sie im Rahmen der Verschmelzung auf die Tochter-GmbH über und werden somit **eigene Anteile.** Ein solches Vorgehen ist gemäß § 33 GmbHG nur dann möglich, wenn die Anteile voll einbezahlt sind (§ 33 Abs. 1 GmbHG) und die Tochter-GmbH eine „fiktive" **Rücklage** in Höhe der Aufwendungen für den Erwerb dieser Anteile bilden **könnte,** ohne das Stammkapital oder eine satzungsmäßige Rücklage anzugreifen. Diese Rücklage ist „fiktiv" deshalb, weil sie nach der Neuregelung der bilanziellen Behandlung des Erwerbs eigener Anteile durch das BilMoG v. 25.5.2009 (BGBl. I 2009, 1102) nicht mehr tatsächlich zu bilden ist: Stattdessen ist der Nennwert dieser Anteile gemäß § 272 Abs. 1a Satz 1 HGB idF des BilMoG offen von dem Posten „Gezeichnetes Kapital" abzusetzen; ein etwa übersteigender Wert ist gemäß § 272 Abs. 1a Satz 2 HGB mit den freien Rücklagen zu verrechnen (→ Rn. 87).

Wegen des Verbots der **Unterpari-Emission** muss der (Zeit-)Wert des im Rahmen 28 der Verschmelzung auf die Tochter-GmbH übergehenden Vermögens ohne auf die Tochter-GmbH übergehende eigene Anteile, soweit er anteilig auf die Kapitalerhöhung (und nicht auf die bisher von der Mutter gehaltenen, auf die Gesellschafter der Mutter übergehenden Altanteile) entfällt, mindestens den Nennbetrag der Kapitalerhöhung decken; sofern diese Deckung nicht bereits durch eine handelsrechtliche Schlussbilanz der Mutter-GmbH nachgewiesen wird (zur diesbzgl. Funktion der handelsrechtlichen Schlussbilanz s. WM/*Widmann* UmwG § 24 Rn. 175), ist dies durch entspr. WP-Bestätigung (Werthaltigkeitsbestätigung) nachzuweisen (→ Rn. 43). Im Formularfall ist eine solche gesonderte Bestätigung nicht erforderlich, da dem Betrag der Kapitalerhöhung von 100 000.– EUR ausweislich des testierten handelsrechtlichen Jahresabschlusses der Mutter-GmbH ein buchmäßiges Eigenkapital der übertragenden Mutter-GmbH von 10 Mio EUR. ./. 8 Mio. EUR Anteile an der Tochter = 2 Mio. EUR gegenübersteht, wovon 100 000,– EUR/500 000,– EUR = 20%, mithin also 400 000,– EUR auf die Kapitalerhöhung entfallen, und der testierte Jahresabschluss als Werthaltigkeitsnachweis zum Handelsregister der Übernehmerin mit eingereicht wird (→ Form. A.3.6).

einstweilen frei 29

d) Zuzahlungen

Neben den Anteilen an der Tochter-GmbH können für die Gesellschafter der über- 30 tragenden Mutter-GmbH auch bare Zuzahlungen von bis zu 10% des Nennbetrags der ihnen gewährten Geschäftsanteile festgesetzt werden, § 54 Abs. 4 UmwG. Die 10%-Beschränkung gilt trotz ihrer systematischen Stellung erst recht auch dann, wenn die gewährten Anteile im Wege einer Kapitalerhöhung ausgegeben werden (WM/*Mayer* UmwG § 54 Rn. 55). In den Fällen der Verbesserung des Umtauschverhältnisses gemäß § 15 UmwG können die Zuzahlungen hingegen die 10%-Grenze überschreiten, § 15 Abs. 1 Satz 1 HS 2 UmwG. Zur steuerlichen Behandlung dieser Zuzahlungen → Rn. 113.

einstweilen frei 31

3. Erforderliche Rechtsakte

a) Verschmelzungsvertrag

Die Verschmelzung bedarf eines von dem übertragenden und dem aufnehmenden 32 Rechtsträger in notariell beurkundeter Form abzuschließenden **Verschmelzungsvertrages,** §§ 4 Abs. 1, 6 UmwG (→ Form. A.3.2 sowie → Rn. 177 ff.).

Der beurkundende Notar ist gemäß § 54 Abs. 1 und 2 EStDV verpflichtet, den für die 33 an der Verschmelzung beteiligten Körperschaften zuständigen Finanzämtern (§ 20 AO) innerhalb von zwei Wochen ab Beurkundung eine beglaubigte Abschrift der Urkunde zu übersenden (zu den Anzeigepflichten des Notars siehe auch z. B. Merkblatt des LfSt Bayern v. 1.1.2018, abrufbar unter www.finanzamt.bayern.de/Informationen/Steuerinfos/Steuerarten/Grunderwerbsteuer).

b) Zuleitung an die Betriebsräte

Der Verschmelzungsvertrag oder sein Entwurf ist jeweils einen Monat vor der je- 34 weiligen Versammlung der Anteilsinhaber, welche über die Zustimmung zu dem Verschmelzungsvertrag beschließt, dem zuständigen **Betriebsrat zuzuleiten,** § 5 Abs. 3 UmwG (→ Form. A.3.3 und → Form. A.3.4 sowie → Rn. 206 ff.).

35 *einstweilen frei*

c) Verschmelzungsbeschlüsse, Kapitalerhöhungsbeschluss

36 Die **Anteilsinhaber** der beiden beteiligten Rechtsträger müssen dem Verschmelzungsvertrag durch notariell beurkundeten **Beschluss** zustimmen, § 13 Abs. 1 UmwG (→ Form. A.3.1 Abschn. E und F). Der Beschluss ist zwingend in einer Versammlung zu fassen (§ 13 Abs. 1 S. 2 UmwG); eine Beschlussfassung außerhalb einer Versammlung, z.B. im schriftlichen Umlaufverfahren (§ 48 Abs. 2 GmbHG), ist nicht ausreichend (SSt/*Gehling* § 13 UmwG Rz. 14; Lutter/*Drygalla* § 13 UmwG Rz. 9). Es genügt ein Wahrnehmungsprotokoll nach §§ 36, 37 BeurkG, **wenn** in dem Protokoll **keine Verzichtserklärungen** nach §§ 8 Abs. 4 Nr. 1, 9 Abs. 3, 12 Abs. 3 oder auf Klage gegen die Wirksamkeit der Beschlüsse nach § 16 Abs. 2 UmwG enthalten sind; diese Verzichtserklärungen bedürfen der für die Beurkundung von Willenserklärungen vorgeschriebenen Form der Niederschrift (§§ 8 ff. BeurkG).

37 Der Beschluss bedarf bei **GmbH** einer Mehrheit von mindestens **75 %** der abgegebenen Stimmen, sofern nicht der Gesellschaftsvertrag bzw. die Satzung eine höhere Mehrheit oder weitere Erfordernisse vorsieht, § 50 Abs. 1 UmwG.

38 Entsprechendes gilt gemäß § 53 Abs. 2 GmbHG für den gemäß § 53 Abs. 1 GmbHG erforderlichen Kapitalerhöhungsbeschluss der (Alt)Gesellschafter der übernehmenden GmbH, von dem § 55 UmwG nicht befreit (Kallmeyer/*Kallmeyer* UmwG § 55 Rn. 4; SSt/*Reichert* UmwG § 55 Rn. 3 mwN). Die Angabe des Gegenstands der Sacheinlage ist entbehrlich, da sich dieser aus dem Verschmelzungsvertrag ergibt (hM vgl. SSt/*Reichert* UmwG § 55 Rn. 7).

d) Verschmelzungsbericht und -prüfung

39 Grundsätzlich haben die Organe der beteiligten Rechtsträger einen schriftlichen **Verschmelzungsbericht** zu erstellen, § 8 UmwG. Der **Verschmelzungsbericht** ist bei notariell beurkundetem **Verzicht** aller Anteilsinhaber aller beteiligten Rechtsträger oder dann entbehrlich, wenn sich **alle Anteile** des übertragenden Rechtsträgers in der Hand des übernehmenden Rechtsträgers befinden, § 8 Abs. 4 UmwG.

40 Der **Verschmelzungsvertrag** ist bei Beteiligung von GmbHs nur (vom gerichtlich bestellten Prüfer) **zu prüfen,** soweit einer der Gesellschafter dies innerhalb von einer Woche nach Erhalt des Verschmelzungsvertrages oder seines Entwurfs sowie des Verschmelzungsberichts verlangt, § 48 UmwG; die Prüfung durch einen gemeinsamen Prüfer auf gemeinsamen Antrag der Geschäftsführungen der beteiligten Rechtsträger ist möglich, § 10 Abs. 1 Satz 2 UmwG. Die Prüfer haben einen schriftlichen Prüfungsbericht zu erstatten, § 121 Abs. 1 Satz 1 UmwG, ggf. auch gemeinsam, § 12 Abs. 1 Satz 2 UmwG.

41 *einstweilen frei*

e) Sachkapitalerhöhungsbericht erforderlich?/Werthaltigkeitsbestätigung

42 Da es sich bei einer im Rahmen einer Verschmelzung durchgeführten Kapitalerhöhung um eine Sachkapitalerhöhung handelt und § 55 Abs. 1 UmwG nicht von der Einhaltung der §§ 55 Abs. 4, 5 Abs. 4 GmbHG befreit, stellt sich die bekannte Streitfrage, ob wie bei der Sachgründung auch bei der Sachkapitalerhöhung ein **(Sachkapitalerhöhungs-)Bericht** in entsprechender Anwendung von § 5 Abs. 4 GmbHG erforderlich ist. Nach hM ist bei einer Sachkapitalerhöhung ein solcher Bericht nicht generell erforderlich, da die §§ 55 Abs. 4, 56 Abs. 2, 57 Abs. 3 GmbH nicht auf den Sachgründungsbericht gemäß § 5 Abs. 4 GmbHG verweisen; jedoch kann das Registergericht gemäß §§ 57a, 9c GmbHG, im Einzelfall einen solchen Bericht oder eine

Werthaltigkeitsbestätigung fordern, wenn dies zur Prüfung der Vollwertigkeit der Sacheinlage erforderlich ist (OLG Köln v. 13.2.1996, 3 U 98/95, NJW-RR 1996, 1250; offengelassen von BayObLG v. 12.11.1994, 3 Z BR 276/94, NJW 1995, 1971; LH/*Lutter* GmbHG § 56 Rn. 7; aA OLG Stuttgart v. 19.1.1982, 8 W 295/81, GmbHR 1982, 109ff.; Scholz/*Priester* GmbHG § 56 Rn. 89ff., jeweils mwN).

Jedoch sollte – um entspr. Rückfragen des Registergerichts vorzubeugen – jedenfalls dann eine **Werthaltigkeitsbestätigung** einer Wirtschaftsprüfungsgesellschaft vorgelegt werden, wenn der Nennbetrag der Kapitalerhöhung höher ist als das bilanzielle Eigenkapital der übertragenden Gesellschaft gemäß deren Schlussbilanz. Im Formularfall werden angesichts des im testierten Jahresabschluss der übertragenden Mutter-Gesellschaft ausgewiesenen Eigenkapitals, welches sich nach Abzug der nicht auf die übernehmende Tochter übergehenden Beteiligung an der Tochter auf 2 Mio. EUR beläuft (bilanzielles Eigenkapital 10 Mio. EUR abzüglich 8 Mio. EUR Buchwert der Beteiligung an der übernehmenden Tochter-GmbH) keine Zweifel bestehen, dass der Nennbetrag der Kapitalerhöhung von 100000.– EUR gedeckt ist: Von dem auf die Tochter übergehenden buchmäßigen Eigenkapital (2 Mio. EUR) entfällt $^1/_5$ (100000.– EUR Nennbetrag der Kapitalerhöhung/500000.– EUR Summe der Nennbeträge der dafür gewährten Geschäftsanteile), mithin also 400.000,- EUR auf die Kapitalerhöhung. Daher ist lediglich die Vorlage des testierten Jahresabschlusses vorgesehen (→ Form. A.3.6 Ziff. 5 „zum Nachweis“) und wird auf die Beibringung einer gesonderten Werthaltigkeitsbestätigung verzichtet. Sollte das Registergericht gleichwohl auf einer Werthaltigkeitsbestätigung bestehen (wozu es allerdings berechtigt wäre), wäre eine solche noch nachzureichen. 43

Zu einer kritischen Werthaltigkeitsprüfung durch das Registergericht in den durch § 9c GmbHG vorgegebenen Grenzen besteht nicht zuletzt auch deshalb Anlass, weil der BGH entgegen der wohl h.M. im Schrifttum (Kallmeyer/*Kallmeyer/Kocher* § 55 UmwG Rz. 13; SSt/*Reichert* § 55 UmwG Rz. 11 mwN. zum Streitstand) eine Differenzhaftung der Gesellschafter der an der Verschmelzung beteiligten Rechtsträger gemäß § 55, § 56 Abs. 2, § 9 GmbHG bei Überbewertung des Vermögens des übertragenden Rechtsträgers verneint (BGH v. 6.11.2018, II ZR 199/17, DStR 2019, 340, Tz. 11ff.; zu diesem Urteil siehe auch *König* NJW 2019, 595; *Kocher* BB 2019, 212; *Otto-Gräbener* GWR 2019,43; *Heckschen* EWiR 2019, 101; *ders.* NZG 2019, 561); nach Ansicht des BGH kommt eine Haftung der Gesellschafter nur unter den (engen) Voraussetzungen einer vorsätzlichen sittenwidrigen Schädigung (§ 826 BGB) wegen existenzvernichtenden Eingriffs in Betracht (BGH v. 6.11.2018, II ZR 199/17, aaO Tz. 25ff.). 44

f) Handelsregisteranmeldungen, Eintragung, Gesellschafterliste

Die Verschmelzung ist sowohl zum **Handelsregister** des übertragenden als auch zum Handelsregister des aufnehmenden Rechtsträgers anzumelden, § 16 UmwG (→ Form. A.3.5 und → Form. A.3.6 sowie → Rn. 213ff.). 45

Die Verschmelzung ist zunächst im Handelsregister der übertragenden und sodann im Handelsregister der übernehmenden Gesellschaft einzutragen, § 19 Abs. 1 UmwG. Mit Eintragung der Verschmelzung im Handelsregister der übernehmenden Gesellschaft wird die Verschmelzung wirksam, § 20 UmwG. Gemäß § 53 UmwG muss vor der Eintragung der Verschmelzung die Kapitalerhöhung im Handelsregister eingetragen sein. Da die Verschmelzung erst mit Eintragung im Handelsregister der Übernehmerin wirksam wird (§§ 19 Abs. 1, 20 Abs. 1 UmwG), reicht es aus, wenn die Kapitalerhöhung zu diesem Zeitpunkt eingetragen ist; die Eintragung der Verschmelzung im Handelsregister der Überträgerin kann hingegen schon vor der Eintragung der Kapitalerhöhung erfolgen (*Kallmeyer/Kallmeyer* UmwG § 53 Rn. 18; WM/*Mayer* UmwG § 53 UmwG Rn. 7). Die Praxis verfährt gleichwohl überwiegend nach der Reihen- 46 folge (1) Eintragung Kapitalerhöhung, (2) Eintragung Verschmelzung bei der übertragenden Gesellschaft, (3) Eintragung Verschmelzung bei der übernehmenden Gesellschaft.

Infolge der Ergänzung des § 19 Abs. 1 S. 2 UmwG um einen letzten Halbsatz („… sofern die Eintragungen in den Registern aller beteiligten Rechtsträger nicht am selben Tag erfolgen") durch das Zweite Gesetz zur Änderung des UmwG v. 19.4.2007 (BGBl. I 2007, 542) können sich die Registergerichte abstimmen und taggleiche Eintragungen der Verschmelzungen vornehmen.

47 Der Handelsregisteranmeldung der Übernehmerin ist nach § 52 UmwG idF des Dritten UmwÄndG v. 11.7.2011 (BGBl. I 2011, 1338) **keine** berichtigte **Gesellschafterliste** mehr beizufügen, da dies gemäß § 40 Abs. 2 GmbHG nunmehr Sache des beurkundenden Notars ist (→ Rn. 213 und → Form. A.3.8), die dieser nach Wirksamwerden der Verschmelzung, also nach Eintragung im Handelsregister der Übernehmerin, zu erfüllen hat.

47a Mit Wirksamwerden der Verschmelzung erlöschen die übertragenden Rechtsträger (§ 20 Abs. 1 Nr. 2 UmwG) und ihr Vermögen geht einschließlich der Verbindlichkeiten auf die Übernehmerin über, § 20 Abs. 1 Nr. 1 UmwG (Gesamtrechtsnachfolge). Der Übergang kraft gesetzlich angeordneter Gesamtrechtsnachfolge erstreckt sich auch auf Verträge und sonstige Rechtspositionen und Verpflichtungen (zum Forderungsübergang trotz rechtsgeschäftlichen Abtretungsverbots OLG Düsseldorf v. 25.11.2015, 21 U 172/12, ZIP 2015, 1289, Rev. BGH VII ZR 298/14). Eine Ausnahme gilt lediglich für **höchstpersönliche Rechte und Pflichten** (BGH v. 21.2.2014, V ZR 164/13, NJW 2014, 1447 Tz. 17); die Anforderungen an die Höchstpersönlichkeit sind jedoch hoch: So begründen zB der Verwaltervertrag, den eine als WEG-Verwalter tätige Überträgerin mit einer Wohnungseigentümergemeinschaft abgeschlossen hat, sowie ihre Bestellung zur Verwalterin der Wohnungseigentümergemeinschaft jedenfalls dann keine dergestalt höchstpersönlichen Rechte und Verpflichtungen, wenn es sich bei der Überträgerin um eine Kapitalgesellschaft handelt (BGH v. 21.2.2014 V ZR 164/13, NJW 2014, 1447 Tz. 16ff.; aA OLG München v. 31.1. 2014, 34 Wx 469/13, GmbHR 2014, 657, für Abspaltung; s. hierzu *Heckschen* GmbHR 2015, 897, 908f.); allenfalls eine fristlose Kündigung aus wichtigem Grund gemäß § 314 Abs. 1 BGB kommt in Betracht, wobei jedoch die Verschmelzung als solche noch keinen wichtigen Grund darstellt (BGH v. 21.2.2014, V ZR 164/13, NJW 2014, 1447 Tz. 28).

47b Da der Geltungsbereich des § 20 Abs. 1 Nr. 1 UmwG sich nicht auf das Zivilrecht beschränkt, ist im Grundsatz anerkannt, dass auch öffentlich-rechtliche Konzessionen, Genehmigungen, Erlaubnisse und Rechtspositionen nicht von vornherein aus der in § 20 Abs. 1 Nr. 1 UmwG vorgesehenen Gesamtrechtsnachfolge auf den übernehmenden Rechtsträger ausgenommen werden können (Henssler/Strohn/Heidinger UmwG § 20 Rn. 36; WM/Vossius UmwG § 20 Rn. 248; Lutter/Grunewald,UmwG § 20 Rn. 13; Heckschen ZIP 2014, 1605, 1606). Es stellt sich jedoch stets die Frage, inwieweit solche Erlaubnisse im vorgenannten Sinne höchstpersönlicher Natur sind und daher nicht von der in § 20 Abs. 1 Nr. 1 UmwG angeordneten Gesamtrechtsnachfolge umfasst sind. Im Grundsatz wird hier zwischen sog. sachbezogenen Genehmigungen (zB Baugenehmigung) und personenbezogenen Genehmigungen unterschieden (Heckschen ZIP 2014, 1605, 1606). Erstere sollen aufgrund ihres Bezugs zu einzelnen, konkreten Vermögensgegenständen übergehen. Letztere sollen hingegen im Falle einer Umwandlung automatisch gegenstandslos werden und somit erlöschen (s. OVG Münster v. 25.9.2013, 13 A 2039/12, BeckRS 2013, 56520). Die Rechtsnachfolgefähigkeit eines öffentlichen Rechts richtet sich danach, in welchem Maß dieses durch das einschlägige materielle Recht sachlich oder persönlich bestimmt wird. Je stärker der Personenbezug des öffentlichen Rechts ist, desto eher ist von einer fehlenden Rechtsnachfolgefähigkeit auszugehen (BVerwG v. 9.5.2017, 13 A 1035/15, BVerwGE 152,

87–101, Tz. 17). Die Abgrenzung kann im Einzelfall schwierig sein: So soll etwa ein sich aus dem Telekommunikationsgesetz ergebendes (öffentlich-rechtliches) Wegerecht höchstpersönlicher Natur sein und daher im Falle einer Umwandlung entfallen (OVG Münster v. 27.2.2013, 13 A 2661/11, DÖV 2013, 529, bestätigt durch BVerwG v. 9.5.2017, 13 A 1035/15, aaO). Umgekehrt sollen personenbezogene Genehmigungen teilweise im Wege der Umwandlung übergehen können, wenn der Gesetzgeber für den Todesfall die vorläufige Fortgeltung der Genehmigung zugunsten der Erben vorgesehen (s. etwa § 8 Abs. 1 GüKG, § 19 Abs. 1 PBefG) und damit zu erkennen gegeben hat, dass er von der Möglichkeit einer Gesamtrechtsnachfolge ausgegangen ist (s. Heckschen ZIP 2014, 1605, 1611 mwN).

V. Handelsbilanzrecht

1. Verschmelzungsstichtag

Verschmelzungsstichtag ist derjenige Zeitpunkt, ab welchem die Geschäfte des übertragenden Rechtsträgers mit Eintragung der Verschmelzung als **für Rechnung** des übernehmenden Rechtsträgers vorgenommen **gelten,** ihm also – unter der Voraussetzung der Eintragung der Verschmelzung – wirtschaftlich zugerechnet werden. Die Festlegung des Verschmelzungsstichtages ist zwingender Bestandteil des Verschmelzungsvertrages, § 5 Abs. 1 Nr. 6 UmwG. Vom Verschmelzungsstichtag sind zu unterscheiden: 48

- der **Stichtag** der **Schlussbilanz** des übertragenden Rechtsträgers, § 17 Abs. 2 Satz 1 UmwG; dieser geht nach h. M. dem Verschmelzungsstichtag zwingend unmittelbar voran (dazu → Rn. 60 ff.);
- der Zeitpunkt der Gewinnberechtigung der im Rahmen der Verschmelzung ausgegebenen Anteile, § 5 Abs. 1 Nr. 5 UmwG (→ Form. A.3.2 § 2 Abs. 7 sowie → Rn. 183);
- der Zeitpunkt der dinglichen Wirksamkeit der Verschmelzung, welche erst mit Eintragung im Handelsregister der übernehmenden Gesellschaft eintritt, § 20 Abs. 1 UmwG;
- der Zeitpunkt des Übergangs des wirtschaftlichen Eigentums an dem Vermögen des übertragenden Rechtsträgers, dh. der Zeitpunkt, ab welchem der übernehmende Rechtsträger Vermögen und Aufwendungen/Erträge des übertragenden Rechtsträgers in seine Rechnungslegung zu übernehmen hat (→ Rn. 50 ff.);
- der steuerliche Übertragungsstichtag als ertragsteuerlicher Zeitpunkt des Vermögensübergangs; dieser ist **zwingend** mit dem Stichtag der Schlussbilanz des übertragenden Rechtsträgers iSd. § 17 Abs. 2 Sätze 1 und 4 UmwG identisch, § 2 Abs. 1 UmwStG (BFH v. 17.1.2018, I R 27/16, BStBl II 2018, 449, Tz. 17).

einstweilen frei 49

2. Vermögens- und Ertragszuordnung vor Eintragung

a) Abbildung beim übernehmenden Rechtsträger

Die Vermögensgegenstände des übertragenden Rechtsträgers gehen zwar mit **dinglicher Wirkung** erst im Zeitpunkt der Eintragung der Verschmelzung im Handelsregister der übernehmenden GmbH über, § 20 Abs. 1 Nr. 1 UmwG. Gleichwohl müssen sie bei der Übernehmerin eingebucht werden, sobald **das wirtschaftliche Eigentum** an ihnen übergegangen ist (RS HFA 42 Tz. 29). Ab diesem Zeitpunkt entstehen aus dem übergegangenen Vermögen Aufwendungen und Erträge des übernehmenden Rechtsträgers (RS HFA 42 Tz. 31). Liegt der (bereits erfolgte) Übergang des wirtschaftlichen Eigentums nach dem Verschmelzungsstichtag, kann der übernehmende Rechtsträger das Vermögen des übertragenden Rechtsträgers gleichwohl aus 50

Vereinfachungsgründen schon nach den Verhältnissen am Verschmelzungsstichtag einbuchen und die seit dem Verschmelzungsstichtag eingetretenen Veränderungen (Aufwendungen und Erträge) wie eigene Geschäftsvorfälle abbilden (RS HFA 42 Tz. 31).

51 Vom Übergang des wirtschaftlichen Eigentums soll bei kumulativem Vorliegen der folgenden Voraussetzungen auszugehen sein (RS HFA 42 Tz. 29):

- formwirksamer Abschluss des Verschmelzungsvertrages und Vorliegen der Zustimmungsbeschlüsse sowie der erforderlichen Zustimmungserklärungen;
- Verschmelzungsstichtag liegt vor dem Abschlussstichtag oder fällt mit ihm zusammen;
- die Verschmelzung ist entweder bis zur Beendigung der Aufstellung des Abschlusses eingetragen oder die Eintragung muss mit an Sicherheit grenzender Wahrscheinlichkeit zu erwarten sein. Hiervon kann jedenfalls bei Verschmelzung einer 100%-Tochter auf ihre Mutter regelmäßig ausgegangen werden (RS HFA 42 Tz. 29);
- es ist faktisch oder durch eine entspr. Regelung im Verschmelzungsvertrag sichergestellt, dass der übertragende Rechtsträger nur im Rahmen eines ordnungsmäßigen Geschäftsganges oder mit Einwilligung des übernehmenden Rechtsträgers über die Vermögensgegenstände verfügt.

52 Die vorstehenden Grundsätze gelten auch für die Bilanzierung der Verbindlichkeiten des übertragenden Rechtsträgers, d. h. diese sind ab Übergang des wirtschaftlichen Eigentums beim übernehmenden Rechtsträger zu bilanzieren, sei es unmittelbar oder als Ausgleichsverpflichtung (RS HFA 42 Tz. 30).

53 Ist zum Abschlussstichtag das wirtschaftliche Eigentum noch nicht übergegangen, scheidet eine Einbuchung des Vermögens sowie des Gewinns des übertragenden Rechtsträgers im Abschluss des übernehmenden Rechtsträgers hingegen aus; auch die Bildung einer Rückstellung für einen vom übertragenden Rechtsträger bis zum Abschlussstichtag erwirtschafteten Fehlbetrag kommt nicht in Betracht: Der noch fehlende Verschmelzungsvertrag bzw. die noch fehlenden Zustimmungsbeschlüsse sind kein wertaufhellendes, sondern ein wertbegründendes Ereignis (RS HFA 42 Tz. 29 erster Bullet zweiter Absatz sowie Tz. 31; anders noch *IDW* HFA 2/1997 Tz. 22).

b) Abbildung beim übertragenden Rechtsträger

54 Im Falle eines vor dem Abschlussstichtag erfolgten Übergangs des wirtschaftlichen Eigentums darf der übertragende Rechtsträger in seinem Jahresabschluss die im Zuge der Verschmelzung auf den übernehmenden Rechtsträger übergehenden Vermögensgegenstände und Verbindlichkeiten sowie die ab diesem Zeitpunkt angefallenen Aufwendungen und Erträge nicht mehr ausweisen, auch wenn die Verschmelzung am Abschlussstichtag noch nicht eingetragen ist (RS HFA 42 Tz. 29–31).

55 Soweit die bis zum Übergang des wirtschaftlichen Eigentums anfallenden Aufwendungen und Erträge des übertragenden Rechtsträgers noch bei diesem zu erfassen sind, muss im Abschluss des übertragenden Rechtsträgers erläutert werden, dass in der Zeit nach dem Verschmelzungsstichtag erwirtschaftete **Erträge** für Rechnung des übernehmenden Rechtsträgers erwirtschaftet wurden und deshalb nicht für eine Ausschüttung zur Verfügung stehen. Diese Erläuterung wird regelmäßig im Anhang (§ 264 Abs. 2 Satz 2 HGB) bzw. bei Kleinstkapitalgesellschaften, die von der Erleichterung gemäß § 264 Abs. 1 Satz 5 HGB Gebrauch machen, unter der Bilanz zu machen sein, § 264 Abs. 2 Satz 3 HGB; die Bildung einer Rückstellung für den für fremde Rechnung erwirtschafteten Gewinn soll jedenfalls dann ausscheiden, wenn das wirtschaftliche Eigentum am Abschlussstichtag noch nicht übergegangen ist (RS HFA 42 Tz. 31).

56–59 *einstweilen frei*

3. Handelsbilanzielle Auswirkungen bei Überträgerin

a) Schlussbilanz

Die übertragende Kapitalgesellschaft hat eine handelsrechtliche **Schlussbilanz** zu erstellen, § 17 Abs. 2 Satz 1 UmwG, deren Stichtag höchstens acht Monate vor dem Zeitpunkt der Anmeldung der Verschmelzung zum Handelsregister liegen darf, § 17 Abs. 2 Satz 4 UmwG; somit ist es im Regelfall möglich, auf die Bilanz des letzten Jahresabschlusses zurückzugreifen. 60

Nach Ansicht der FinVerw. (UmwSt-Erl. 2011, BMF v. 11.11.2011, BStBl. I 2011, 1314 Tz. 02.02), welcher ein Teil des gesellschaftsrechtlichen Schrifttums folgt (SSt/*Schröer* § 5 UmwG Rz. 54; SHS/*Hörtnagel* § 17 UmwG Rz. 37), soll der **Stichtag** der **Schlussbilanz** dem **Verschmelzungsstichtag** zwingend unmittelbar vorangehen: Wenn Verschmelzungsstichtag zB der 1. Januar ist, müsste demzufolge Bilanzstichtag der Schlussbilanz iSd. § 17 Abs. 2 Satz 1 UmwG und damit auch steuerlicher Übertragungsstichtag iSd. § 2 Abs. 1 Satz 1 UmwStG der 31. Dezember des vorausgehenden Jahres sein (UmwSt-Erl. 2011, BMF v. 11.11.2011, BStBl. I 2011, 1314 Tz. 02.02).

Nach der Gegenauffassung soll der Verschmelzungsstichtag hingegen nicht zwingend mit dem Stichtag der Schlussbilanz i. S. v. § 17 Abs. 2 Satz 1 UmwG zusammenhängen, sondern grundsätzlich frei gewählt werden können (Kallmeyer/*Müller* UmwG § 5 Rz. 34 und § 17 Rn. 14; WM/*Mayer* UmwG § 5 Rn. 160; WM/*Widmann* § 24 UmwG Rz. 64). Somit könnte zB ein variabler Verschmelzungsstichtag für den Fall von Verzögerungen im Eintragungsverfahren vereinbart werden, ohne dass bei Verschiebung des Stichtags dem Handelsregister notwendigerweise auch eine neue Schlussbilanz iSd. § 17 Abs. 2 Satz 1 UmwG nachzureichen wäre (vgl. Kallmeyer/*Müller* § 5 UmwG Rn. 36), oder im Falle der verfristeten Anmeldung eine neue, auf einen späteren Stichtag erstellte Schlussbilanz eingereicht werden, ohne dass auch der im Verschmelzungsvertrag festgesetzte Verschmelzungsstichtag geändert werden müsste (WM/*Mayer* UmwG § 5 Rn. 160).

Das Institut der Wirtschaftsprüfer nimmt in seiner Verlautbarung IDW RS HFA 42 (IDW Fachnachrichten Nr. 12/2012 S. 701 ff. Tz. 11) zu der Streitfrage nicht eindeutig Stellung (siehe einerseits das Beispiel in Tz. 11 Sätze 2 und 3, andererseits die Einschränkung „i. d. R." in Tz. 11 Satz 1). Die Gestaltungspraxis ist jedenfalls gut beraten, die Zulässigkeit eines vom Schlussbilanzstichtag abgekoppelten Verschmelzungsstichtags bei Bedarf vorab mit dem Handelsregister abzuklären.

Auf die Schlussbilanz finden die Vorschriften über die Jahresbilanz entspr. Anwendung, § 17 Abs. 2 Satz 2 UmwG. Dies bedeutet ua., dass die Schlussbilanz entsprechend § 245 Satz 2 HGB von allen Organmitgliedern, bei der GmbH also von allen Geschäftsführern, zu unterzeichnen ist (Kallmeyer/*Zimmermann* UmwG § 17 Rn. 4; EBJS/*Wiedmann* HGB § 245 Rn. 8). Auch ist so zu bilanzieren, als ob es sich um eine aus Anlass eines Jahresabschlusses aufgestellte Bilanz handeln würde. Insb. ist eine **Buchwertaufstockung** grds. nur im Rahmen der **handelsrechtlichen Wertaufholungsmöglichkeiten** zulässig. **Zuschreibungen** sind **geboten,** wenn die Gründe weggefallen sind, die zu außerplanmäßigen Abschreibungen geführt haben, § 253 Abs. 5 Satz 1 HGB (RS HFA 42 Tz. 15). Auch der Grundsatz der Bewertungsstetigkeit gemäß § 252 Abs. 1 Nr. 6 HGB ist zu beachten (RS HFA 42 Tz. 17). Allerdings kann die Tatsache der bevorstehenden Verschmelzung eine begründete Ausnahme für die Abweichung von der Bewertungsstetigkeit iSv. § 252 Abs. 2 HGB darstellen, etwa wenn gemäß § 24 UmwG Buchwertfortführung gewählt wird und die bei der übernehmenden Gesellschaft geltenden Bewertungsmethoden bereits in der Schlussbilanz berücksichtigt werden sollen (RS HFA 42 Tz. 17). Auch kann auf die Durchführung einer Inventur verzichtet werden, wenn sichergestellt ist, dass der Bestand der Vermögensgegenstände nach Art, Menge und Wert auch ohne körperliche Bestandsaufnahme auf den Stichtag der Schlussbilanz festgestellt werden kann (RS HFA 42 Tz. 14). 61

Im Rückwirkungszeitraum, dh. nach dem Verschmelzungsstichtag, aber vor Wirksamwerden der Verschmelzung beschlossene Kapitalerhöhungen und Gewinnausschüttungen wirken sich **nicht** auf die handelsrechtliche Schlussbilanz aus, sondern sind als Erhöhung bzw. Minderung des übergehenden Reinvermögens erfolgsneutral in der Bilanz des übernehmenden Rechtsträgers zu berücksichtigen (RS HFA 42 Tz. 18f.); dasselbe gilt für verschmelzungsbedingte Ertragsteuern (RS HFA 42 Tz. 20). Dies weicht zT von der Handhabung in der steuerlichen Schlussbilanz der Überträgerin ab, in welcher für im Rückwirkungszeitraum beschlossene Ausschüttungen grundsätzlich ein passiver Korrekturposten zu bilden (→ Rn. 98) und eine auf einen etwa anfallenden steuerlichen Übertragungsgewinn anfallende Ertragsteuerbelastung zurückzustellen ist (→ Rn. 102).

Bei prüfungspflichtigen Gesellschaften ist die Schlussbilanz zu prüfen, § 17 Abs. 2 Satz 2 UmwG, § 316 HGB, der **Bestätigungsvermerk** ist mit **einzureichen** (RS HFA 42 Tz. 7). § 17 Abs. 2 Satz 2 UmwG meint die Prüfung durch einen **Abschlussprüfer;** aus der Vorschrift kann nicht abgeleitet werden, dass die Schlussbilanz bei Existenz eines **Aufsichtsrate**s auch durch diesen zu prüfen wäre (RS HFA 42 Tz. 13).

62 Einzureichen ist nach überwiegender Auffassung lediglich eine **Bilanz;** weder die Gewinn- und Verlustrechnung noch der Anhang müssen beigefügt werden (RS HFA 42 Tz. 7). So genannte **Wahlpflichtangaben,** dh. Angaben, die wahlweise in der Bilanz oder im Anhang gemacht werden können (zB Haftungsverhältnisse iSd. §§ 251, 268 Abs. 7 HGB), müssen aber entweder aus der Bilanz ersichtlich sein oder nach Art eines Anhangs ergänzt werden (RS HFA 42 Tz. 7).

63 Ob die Bilanz festgestellt sein muss, ist streitig (zum Meinungsstand SHS/*Hörtnagl* UmwG § 17 Rn. 18; dagegen: RS HFA 42 Tz. 13; Kallmeyer/*Müller* UmwG § 17 Rn. 19 mwN; dafür: WM/*Widmann* UmwG § 24 Rn. 51). In der Praxis wird diese Rechtsfrage jedoch selten auftauchen, da in der Regel als Schlussbilanz der ordnungsgemäß festgestellte letzte reguläre Jahresabschluss verwendet wird. Eine Offenlegung nach den §§ 325ff. HGB ist nicht erforderlich (RS HFA 42 Tz. 13).

64, 65 *einstweilen frei*

b) Fortdauer der Buchführungspflicht bis zur Eintragung

66 Die **Buchführungspflicht** der übertragenden Mutter-GmbH **erlischt** (erst) mit dinglicher Wirksamkeit der Verschmelzung, dh. **mit Eintragung** im Handelsregister des übernehmenden Rechtsträgers; sie geht nicht auf die Organe der neugegründeten Gesellschaft über (RS HFA 42 Tz. 22f.). Bis dahin muss der übertragende Rechtsträger seiner Buchführungspflicht nachkommen sowie insb. innerhalb der gesetzlichen Fristen seine Jahresabschlüsse aufstellen (RS HFA 42 Tz. 22; WM/*Mayer* UmwG § 5 Rn. 153). Ein gesonderter Abschluss auf den Zeitpunkt des Erlöschens der Überträgerin (durch Handelsregistereintragung) ist nicht aufzustellen (RS HFA 42 Tz. 24).

67 *einstweilen frei*

4. Handelsbilanzielle Behandlung bei der Übernehmerin

a) Allgemeines

68 Bei der übernehmenden Tochter-GmbH wird der durch die Verschmelzung eintretende Vermögensübergang als laufender Geschäftsvorfall in der Buchführung berücksichtigt, und zwar bei **Übergang des wirtschaftlichen Eigentums** (→ Rn. 50ff.).

69 Bei der Behandlung des übergehenden Vermögens in ihrer Rechnungslegung hat die übernehmende Tochter-GmbH nach § 24 UmwG ein **Wahlrecht** zwischen der nach § 24 UmwG alternativ („auch") für zulässig erklärten Übernahme der Buchwerte gemäß Schlussbilanz als (fiktive) Anschaffungskosten **(Buchwertverknüpfung)** und der von § 24 UmwG als zulässig vorausgesetzten Regel-Abbildung nach dem allgemeinen **Anschaffungskostenprinzip,** § 255 Abs. 1 HGB. Dieses Recht ist im Rahmen der Auf- und Feststellung desjenigen Jahresabschlusses des übernehmenden

Rechtsträgers auszuüben, in welchem die Verschmelzung erstmalig berücksichtigt wird (RS HFA 42 Tz. 33, 35). Das Wahlrecht kann nur einheitlich für das gesamte übergehende Vermögen eines übertragenden Rechtsträgers ausgeübt werden (Kallmeyer/*Müller* UmwG § 24 Rn. 17). Hingegen kann das Wahlrecht bei der gleichzeitigen Verschmelzung mehrerer übertragender Rechtsträger von der Übernehmerin für jeden übertragenden Rechtsträger gesondert ausgeübt werden (RS HFA 42 Tz. 35; Kallmeyer/*Müller* UmwG § 24 Rn. 16; Lutter/*Priester* UmwG § 24 Rn. 77; *Roos* StuB 2013, 652).

einstweilen frei 70

b) Buchwertverknüpfung, § 24 UmwG

Gemäß § 24 UmwG kann die übernehmende Tochter-Kapitalgesellschaft in ihrer Rechnungslegung als Anschaffungskosten die **Buchwerte** der Vermögensgegenstände des übergehenden Vermögens **gemäß Schlussbilanz** der Mutter-Kapitalgesellschaft ansetzen (sog. Buchwertverknüpfung). 71

Bei Wahl der Buchwertverknüpfung dürfen die Verschmelzungskosten nicht als Anschaffungsnebenkosten hinzuaktiviert werden (RS HFA 42 Tz. 62). **Steuerbilanziell** behandelt hiervon abweichend die Finanzverwaltung auch bei Buchwertfortführung **objektbezogene Kosten** als aktivierungspflichtige **Anschaffungsnebenkosten;** dies betrifft insbesondere Grunderwerbsteuer auf zum Vermögen der Überträgerin gehörende Grundstücke (§ 1 Abs. 1 Nr. 3 GrEStG), nicht hingegen solche infolge verschmelzungsbedingt eintretender Vereinigung oder Übertragung von mindestens 95 % der Anteile an einer Gesellschaft, zu deren Vermögen ein inländisches Grundstück gehört, § 1 Abs. 3 GrEStG (→ Rn. 124 f.; allgemein zur Grunderwerbsteuer bei Umwandlungen → Form. D.1 Rn. 66 ff.). Handelsbilanziell ist die Aktivierung von Grunderwerbsteuer bei Wahl der Buchwertverknüpfung nicht zulässig (RS HFA 42 Tz. 62; SSt/*Moszka* UmwG § 24 Rn. 56 aE). 72

Von der übertragenden Gesellschaft selbstgeschaffene immaterielle Wirtschaftsgüter sind nur dann zu aktivieren, wenn sie bereits gemäß § 248 Abs. 2 HGB MoMiG v. 25.5.2009, BGBl. I 2009, 1102 bei einer Überträgerin aktiviert waren (RS HFA 42 Tz. 65). Eine Bindung an die Ansatz- und Bewertungsmethoden der Überträgerin gemäß §§ 246 Abs. 3 Satz 1, 252 Abs. 1 Nr. 6 HGB besteht aber nicht (RS HFA 42 Tz. 60). Aktive und passive latente Steuern sind nach den Verhältnissen bei der Übernehmerin zu bilanzieren und zu bewerten, soweit die Unterschiede zwischen dem handels- und dem steuerrechtlichen Wertansatz fortbestehen (RS HFA 42 Tz. 61).

Die Buchwerte aus der Schlussbilanz der Überträgerin dürfen nicht überschritten werden, auch soweit diese auf einer außerplanmäßigen Abschreibung beruhen (RS HFA 42 Tz. 64).

Ein Verschmelzungsverlust durch Wegfall von Anteilen der übernehmenden Gesellschaft an der übertragenden Gesellschaft kann sich (außer im seltenen Fall einer Überkreuzbeteiligung) beim Down Stream Merger nicht ergeben. Zur Behandlung eines per Saldo (Vermögensgegenstände abzüglich Schulden) negativen Vermögens → Rn. 18 und → Rn. 81. 73

c) Anschaffungskostenprinzip, § 255 Abs. 1 HGB

Bei Wahl des vom Gesetz alternativ („kann") für zulässig erklärten Anschaffungskostenprinzips werden die übergehenden Vermögensgegenstände in der Rechnungslegung des übernehmenden Rechtsträgers – wie bei anderen entgeltlichen Anschaffungsgeschäften auch – mit dem Wert der **Gegenleistung** zzgl. etwaiger **Anschaffungsnebenkosten** (insb. Transaktionskosten) angesetzt, §§ 253 Abs. 1, 255 Abs. 1 HGB (RS HFA 42 Tz. 41 ff.). 74

Bei der Ermittlung der Anschaffungskosten des auf die Tochter übergehenden Vermögens kann nicht auf die den Gesellschaftern der Mutter gewährten Anteile der Mutter an der Tochter-GmbH abgestellt werden: Diese gehen nämlich ohne Durch- 75 gangserwerb der Tochter unmittelbar auf die Mutter-Gesellschafter über (→ Rn. 23); eine Ein- und Ausbuchung dieser Anteile bei der Tochter scheidet daher aus (*IDW* HFA 2/1997 Tz. 32212). Vielmehr sind die Anschaffungskosten des übergehenden Vermögens nach den vorsichtig geschätzten Zeitwerten zu bemessen (RS HFA 42 Tz. 47; aA noch *IDW* HFA 2/1997 Tz. 32212: Abzustellen sei auf den Wert der im Rahmen der Verschmelzung untergehenden Anteile an der Mutter).

76 Soweit bei der Verschmelzung neue, im Rahmen einer **Kapitalerhöhung** geschaffene Anteile ausgegeben werden (was – wie der Formularfall zeigt – auch beim Down Stream Merger vorkommen kann), richten sich die Anschaffungskosten für das übergehende Vermögen nach dem Ausgabebetrag der für sie ausgegebenen Anteile zuzüglich etwaiger barer Zuzahlungen (vgl. RS HFA 42 Tz. 42ff.): (1) Wird ein beziffertes Agio festgesetzt, so ist der Ausgabebetrag (Nennbetrag bzw geringster Ausgabebetrag plus Agio) maßgeblich (vgl. RS HFA 42 Tz. 43 bullet 1). (2) Wird bestimmt, dass die Differenz zwischen Zeitwert des übergehenden Vermögens und Nennbetrag bzw. geringstem Ausgabebetrag der ausgegebenen Anteile in die Kapitalrücklage einzustellen ist (unbeziffertes Agio), bestimmt die Summe aus dem Nennbetrag bzw. geringsten Ausgabebetrag der ausgegebenen Anteile und dem diesen Betrag übersteigenden Teil des Zeitwerts des übergehenden Vermögens die Anschaffungskosten (vgl. RS HFA 42 Tz. 43 bullet 2). (3) Bei Fehlen einer Festlegung ist durch Auslegung zu ermitteln, ob die Anschaffungskosten durch den Nennbetrag bzw. geringsten Ausgabebetrag der neuen Anteile bestimmt sind oder ob ein Agio in Höhe des diesen Betrag übersteigenden Teils des Zeitwerts des übergehenden Vermögens in die Kapitalrücklage mit der Folge entsprechend höherer Anschaffungskosten einzustellen ist (RS HFA 42 Tz. 43 bullet 3). Höchstgrenze des Ausgabebetrages sind in jedem Fall die Zeitwerte des übergehenden Vermögens (RS HFA 42 Tz. 42).

Gibt die Übernehmerin anstelle neuer, im Rahmen einer Kapitalerhöhung geschaffener Anteile eigene (alte) Anteile aus (was möglich ist, → Rn. 23), so ist dies nach Neuregelung der bilanziellen Behandlung eigener Anteile durch das BilMoG v. 25.9.2009 (BGBl. I 2009, 1102) nunmehr ähnlich einer Kapitalerhöhung zu behandeln (RS HFA 42 Tz. 53).

77 Wenn (wie im Formularfall) ein Mischfall (Kapitalerhöhung und Wegfall der Beteiligung) vorliegt, erfolgt die Abbildung als Kombination einer Verschmelzung mit und ohne Kapitalerhöhung (so für den Fall der Aufwärtsverschmelzung RS HFA 42 Tz. 54f.).

78 Soweit die Tochter nach dem Anschaffungskostenprinzip über den Wertansätzen in der Schlussbilanz der übertragenden Mutter-Kapitalgesellschaft liegende Werte ansetzt, führt dies nach Aufgabe der von der Finanzverwaltung zum UmwStG 1995 vertretenen Auffassung von der sog. hinkenden Maßgeblichkeit nicht länger zu Mehrsteuern (→ Rn. 111).

79 Die nach den vorstehenden Grundsätzen ermittelten Anschaffungskosten sind auf die vorhandenen materiellen und (ggf. auch selbstgeschaffenen) immateriellen Wirtschaftsgüter und Schulden des übertragenden Rechtsträgers bis zu deren Zeitwerten zu verteilen; hierbei ist ein „sachgerechtes Verfahren" anzuwenden, welches nach § 284 Abs. 2 Nr. 1 HGB im Anhang zu erläutern ist (RS HFA 42 Tz. 56); das im Steuerrecht geltende Gebot der gleichmäßigen Aufstockung gilt jedoch nicht (Kallmeyer/*Müller* UmwG § 24 Rn. 29). Das Wahlrecht bezüglich der Bilanzierung selbstgeschaffener immaterielle Wirtschaftsgüter gem. § 248 Abs. 2 HGB idF des BilMoG v. 25.5. 2009 (BGBl. I 2009, 1102) **greift nicht** ein, da ein entgeltlicher Anschaffungsvorgang vorliegt (RS HFA 42 Tz. 36). Ein verbleibender Betrag ist als **Geschäfts- bzw. Firmenwert** iSv. § 246 Abs. 1 Satz 4 HGB zu aktivieren (RS HFA 42 Tz. 58); anders als vor Inkrafttreten des BilMoG vom 25.5.2009, BGBl. I S. 1102 besteht kein Wahlrecht mehr, den verbleibenden Betrag stattdessen als Aufwand zu verrechnen (RS HFA 42 Tz. 58; zum nach früherer Rechtslage bestehenden Wahlrecht siehe *IDW* HFA 2/1997 Tz. 3222). Eine etwaige temporäre Differenz zwischen dem handels- und steuerrechtlichen Geschäfts- bzw. Firmenwertansatz kann wegen des Residualcharakters des Firmenwerts bei der Ermittlung latenter Steuern nach der Gesamtdifferenzbetrachtung

(§ 274 Abs. 1 Sätze 1 und 2 HGB) außer Acht gelassen werden (RS HFA 42 Tz. 59). Ein bei der Überträgerin bereits vorhandener Geschäfts- bzw. Firmenwert ist bei der Übernehmerin nicht mehr gesondert auszuweisen, sondern geht in dem anlässlich des Vermögensübergangs zu ermittelnden Geschäfts- bzw. Firmenwert auf (RS HFA 42 Tz. 36). Dasselbe gilt für bei der Überträgerin bilanzierte aktive oder passive latente Steuern; insoweit ist von der Übernehmerin selbst zu prüfen, ob aktive oder passive latente Steuern anzusetzen sind (RS HFA 42 Tz. 39).

d) Abbildung des verschmelzungsbedingten Vermögenszugangs bzw. -abgangs auf der Kapitalseite

Erfolgt die Abwärts-Verschmelzung (wie im Regelfall) ohne Kapitalerhöhung und ohne Ausgabe eigener (alter) Anteile durch die Übernehmerin, kann die verschmelzungsbedingte Vermögensmehrung wegen der Veranlassung aus dem Gesellschaftsverhältnis nicht als Ertrag behandelt werden, sondern ist gemäß § 272 Abs. 2 Nr. 4 HGB in die Kapitalrücklage einzustellen (RS HFA 42 Tz. 48 und Tz. 74). **80**

Ist umgekehrt der Wert, welcher für die übergehenden Vermögensgegenstände angesetzt wird, niedriger als der Wert, mit dem die übergehenden Verbindlichkeiten angesetzt werden, ist der negative Saldo außerhalb der Gewinn- und Verlustrechnung unmittelbar mit frei verfügbaren Eigenkapitalanteilen zu verrechnen (RS HFA 42 Tz. 49 und Tz. 74). Die Grenze stellt bei einer GmbH als übernehmendem Rechtsträger § 30 GmbHG dar (→ Rn. 18). **81**

Sofern im Rahmen der Verschmelzung neue, durch Kapitalerhöhung geschaffene Geschäftsanteile – ggf. in Kombination mit bisher von der Übernehmerin gehaltenen eigenen Anteilen – an die Gesellschafter der Mutter-GmbH ausgegeben werden, ist der den Nennbetrag der Kapitalerhöhung übersteigende verschmelzungsbedingte Vermögenszuwachs – ggf. abzüglich des „fiktiv" in die Rücklage für eigene Anteile einzustellenden Betrags (→ Rn. 26 und → Rn. 87) – gemäß § 272 Abs. 2 Nr. 1 HGB in der **Kapitalrücklage** auszuweisen (RS HFA 42 Tz. 43 und Tz. 68). **82**

Im umgekehrten Fall, wenn bei Wahl der Buchwertfortführung das übernommene Reinvermögen niedriger ist als der Ausgabebetrag der Anteile, ist der sich ergebende Unterschiedsbetrag als Verschmelzungsverlust sofort aufwandswirksam zu erfassen (RS HFA 42 Tz. 70). Eine unzulässige **Unterpariemission** liegt vor, wenn auch unter Berücksichtigung stiller Reserven der Nennbetrag der ausgegebenen neuen Geschäftsanteile nicht unwesentlich unterschritten wird, § 5 Abs. 4 Satz 2, § 8 Abs. 1 Nr. 5, § 9c Abs. 1 Satz 2 GmbHG. Ob eine Unterschreitung des Nennbetrags bei Wahl der Buchwertverknüpfung gemäß § 24 UmwG (→ Rn. 68 ff.) wenigstens dann zulässig ist, wenn genügend stille Reserven zur Deckung des Differenzbetrages vorhanden sind, ist streitig (bejahend WM/*Widmann* UmwG § 24 Rn. 324 ff., 331; verneinend Kallmeyer/*Müller* UmwG § 24 Rn. 52).

Im Formularfall (→ Rn. 1 f.) liegt ein Mischfall im Sinne von RS HFA 42 Tz. 54 f. vor, der bei Ansatz nach dem Anschaffungskostenprinzip, § 255 HGB, in der handelsrechtlichen Rechnungslegung der Übernehmerin wie folgt abzubilden ist: **83**

Zeitwerte aktive und passive Einzelwirtschaftsgüter der Mutter (vorsichtig geschätzt):	10 000 000,– EUR	
./. Anteile an Tochter	./. 8 000 000,– EUR	
Zugang bei der Tochter:	2 000 000,– EUR	
1. Anteilig auf Kapitalerhöhung entfallend (100 000,– EUR von 500 000,– EUR Gesamtnennbetrag der dafür gewährten Geschäftsanteile = 1/5):		400 000,– EUR
./. Nennbetrag der ausgegebenen Anteile		./. 100 000,– EUR
Einstellung in Kapitalrücklage § 272 Abs. 2 Nr. 1 HGB		300 000,– EUR
2. Rest (4/5): Kapitalrücklage, § 272 Abs. 2 Nr. 4 HGB		1 700 000,– EUR

Das Eigenkapital der übernehmenden GmbH erhöht sich per Saldo um 100 000,– EUR Stammkapitalerhöhung plus 300 000,– EUR Einstellung in Kapitalrücklage (§ 272 Abs. 2 Nr. 1 HGB) plus 1 700 000,– EUR Einstellung in Kapitalrücklage § 272 Abs. 2 Nr. 4 HGB = 2 000 000,– EUR.

84, 85 *einstweilen frei*

e) Bilanzielle Behandlung der Anteile der Mutter-GmbH an der Tochter-GmbH

86 Soweit die Anteile der Mutter-GmbH an der Tochter-GmbH den Gesellschaftern der Mutter-GmbH gewährt werden, findet **kein Durchgangserwerb** der Tochter bzgl. dieser Anteile statt (→ Rn. 23); daher gehen diese Anteile auch nicht als Zu- und Abgang in die Buchführung der Tochter-GmbH ein (RS HFA 42 Tz. 47).

87 Soweit diese Anteile hingegen wegen einer statt dessen erfolgenden Kapitalerhöhung (zur Zulässigkeit → Rn. 26) nicht den Gesellschaftern der Mutter-GmbH gewährt werden, sondern auf die Tochter-Gesellschaft übergehen (was gemäß § 54 Abs. 1 Satz 1 Nr. 3 UmwG, § 33 Abs. 1 GmbHG allerdings nur bei voll einbezahlten Anteilen möglich ist), sind diese von der Übernehmerin als eigene Anteile gemäß § 272 Abs. 1a HGB idF des BilMoG v. 25.5.2009 (BGBl. I 2009, 1102), mit dem Nennbetrag vom gezeichneten Kapital abzusetzen; ein etwa übersteigender Wert ist gemäß § 272 Abs. 1a Satz 2 HGB mit den freien Rücklagen zu verrechnen.

88 *einstweilen frei*

5. Auswirkungen Gesellschafter der Mutter-GmbH

89 Die Gewährung von Anteilen der Tochter-GmbH an die Gesellschafter der übertragenden Mutter-GmbH stellt sich für diese handelsbilanziell als **Tausch** dar (RS HFA 42 Tz. 77). Soweit die Gesellschafter ihre Anteile bilanzieren, können sie dementspr. nach allgemeinen Tauschgrundsätzen die ihnen gewährten Anteile an der Tochter-GmbH in ihrer handelsrechtlichen Buchführung **wahlweise** wie folgt ansetzen (RS HFA 42 Tz. 77 iVm. Tz. 46; WM/*Widmann* UmwG § 24 Rn. 547):

- zum **Buchwert** der untergehenden Anteile;
- zum **Zeitwert** der untergehenden Anteile;
- zu einem zwischen den vorgenannten Werten liegenden erfolgsneutralen **Zwischenwert,** dh. dem Buchwert der bisherigen Anteile an der Mutter zuzüglich einer etwaigen Ertragsteuerbelastung (RS HFA 42 Tz. 77 iVm. Tz. 46);

jeweils abzüglich etwaiger barer Zuzahlungen (WM/*Widmann* UmwG § 24 Rn. 547).

Bezüglich des Zeitpunktes der Buchung des Tauschvorgangs dürfte es sachgerecht sein, an den Zeitpunkt des Übergangs des wirtschaftlichen Eigentums an den Vermögensgegenständen und Schulden auf den übernehmenden Rechtsträger anzuknüpfen (RS HFA 42 Tz. 79). Siehe hierzu → Rn. 51.

90 Dieses handelsbilanzielle Wahlrecht besteht unabhängig vom Ansatz in der Steuerbilanz, wo auf Grund des gemäß § 13 Abs. 2 UmwStG eingeräumten antragsgebundenen Wahlrechts entweder der gemeine Wert der Anteile an der Mutter-GmbH (§ 13 Abs. 1 UmwStG) oder auf Antrag deren Buchwert (§ 13 Abs. 2 UmwStG) angesetzt werden kann (→ Rn. 137 f.).

91 Bei Ansatz der Anteile an der Übernehmerin mit dem (höheren) Zeitwert der untergehenden Anteile und gleichzeitigem steuerlichem Ansatz der Buchwerte oder von Zwischenwerten (§ 13 Abs. 2 UmwStG) werden mit Rücksicht auf die dadurch begründete Differenz zwischen (höheren) handelsrechtlichen und (niedrigeren) steuerlichen Wertansätzen latente Steuern zu passivieren sein, § 274 Abs. 1 Sätze 1 und 3 HGB. Allerdings gleicht sich die Differenz erst im Falle einer Veräußerung aus (wenn es nicht vorher zu einer Wertberichtigung auf den handelsrechtlichen Bilanzansatz

kommt); der Passivposten ist daher nur zu bilden, soweit diese bei Kapitalgesellschaften z.B. nach § 8b Abs. 2, 3 KStG (zu 5%) oder § 8b Abs. 7, 8 KStG bzw. bei natürlichen Personen nach § 3 Nr. 40 Buchst. a oder b EStG steuerpflichtig ist; im Übrigen ist die Differenz permanent.

einstweilen frei **92, 93**

VI. Ertragsteuerrecht

1. Allgemeines

Zur Anwendbarkeit des UmwStG siehe § 1 Abs. 1 und 2 UmwStG sowie → Form.A.6 Rn. 83. Außerhalb des Anwendungsbereichs des UmwStG ist unter den Voraussetzungen des § 12 Abs. 2 KStG ebenfalls eine Buchwertfortführung möglich. **94**

Für die Ertragsbesteuerung sind bei der (Abwärts-)Verschmelzung einer Mutter-Kapitalgesellschaft auf ihre Tochter-Kapitalgesellschaft (Down Stream Merger) – wie bei jeder Verschmelzung zweier Kapitalgesellschaften – drei Ebenen zu unterscheiden:

– die Besteuerung der übertragenden Gesellschaft (§ 11 UmwStG)
– die Besteuerung der übernehmenden Gesellschaft (§ 12 UmwStG)
– die Besteuerung der Gesellschafter der übertragenden Gesellschaft (§ 13 UmwStG).

Die Anwendbarkeit der §§ 11–13 UmwStG auf den Down Stream Merger, die nach Auffassung der FinVerw. zum UmwStG 1995 nur im Billigkeitswege zu gewähren war (vgl. UmwSt-Erl. 1998, BMF v. 11.11.2011, BStBl. I 1998, 268, Tz. 11.24ff.), ist nunmehr in § 11 Abs. 2 Satz 2 UmwStG (→ Rn. 114) implizit anerkannt und daher vorbehaltslos zu bejahen (siehe UmwSt-Erl. 2011, BMF v. 11.11.2011, BStBl. I 2011, 1314 Tz. 11.01), → Rn. 104ff.

Gemäß § 19 UmwStG gelten die nachstehend dargestellten in den §§ 11–13 UmwStG geregelten Rechtsfolgen der Verschmelzung auch für Zwecke der **Gewerbesteuer.** Zur streitigen Geltung von § 2 Abs. 4 UmwStG → Rn. 98c. **95**

einstweilen frei **96**

2. Steuerliche Rückbeziehung

Gemäß § 2 Abs. 1 UmwStG sind Einkommen und Vermögen der übertragenden und der übernehmenden Körperschaft (aber nicht das ihrer Gesellschafter, vgl. → Rn. 137 aE) so zu ermitteln, als ob der im Rahmen der Verschmelzung erfolgende Vermögensübergang von der übertragenden auf die übernehmende Körperschaft mit Ablauf des **steuerlichen Übertragungsstichtages** stattgefunden hätte. Der steuerliche Übertragungsstichtag ist gemäß § 2 Abs. 1 Satz 1 UmwStG mit dem Bilanzstichtag der handelsrechtlichen Schlussbilanz des übertragenden Rechtsträgers **identisch** (BFH v. 17.1.2018, I R 27/16, BStBl II 2018, 449, Tz. 17), welcher nach Auffassung der FinVerw. zwingend dem handelsrechtlichen Verschmelzungsstichtag unmittelbar vorausgeht (UmwSt-Erl. 2011, BMF v. 11.11.2011; BStBl. I 2011, 1314 Tz. 02.02; → Rn. 60f.). **97**

Anders als bei der Einbringung in eine Kapitalgesellschaft gem. § 20 Abs. 5 und 6 UmwStG (→ Form. A.8 Rn. 95) oder in eine Personengesellschaft gem. §§ 24 Abs. 4 HS 2, 20 Abs. 5 und 6 UmwStG (→ Form. A.9 Rn. 92) besteht gemäß § 2 Abs. 1 UmwStG keine Wahlmöglichkeit, einen von der Schlussbilanz abweichenden Übertragungsstichtag zu wählen (UmwSt-Erl. 2011, BMF v. 11.11.2011; BStBl. I 2011, 1314 Tz. 02.03). Dies bedeutet, dass die ertragsteuerlichen Folgen der Verschmelzung auf Ebene der beteiligten Körperschaften bei einem Umwandlungsstichtag 1.1.01 noch im VZ 00 eintreten (UmwSt-Erl. 2011, BMF v. 11.11.2011, BStBl. I 2011, 1314 Tz. 02.02 und Tz. 02.04). Dies gilt selbst dann, wenn die übernehmende Körperschaft am steuerlichen Übertragungsstichtag noch gar nicht existent war; auch in diesem Falle ist für diese für den VZ, in welchen der steuerliche Übertragungsstichtag fällt, eine Steuerveranlagung durchzuführen (UmwSt-Erl. 2011, BMF v. 11.11.2011, BStBl. I 2011, 1314 Tz. 02.11). Der Eintritt der Wirksamkeit einer Umwandlung, deren steuerliche Wirkungen nach § 2 Abs. 1 UmwStG zurückbezogen werden, stellt ein rückwirkendes Ereignis iSd. § 175 Abs. 1 Satz 1 Nr. 2 AO dar (UmwSt-Erl. 2011 BMF v. 11.11.2011, BStBl. I 2011, 1314 Tz. 02.16 und Tz. 11.02 iVm. Tz. 03.03).

Der Zeitpunkt des Vermögensübergangs auf die Übernehmerin fällt nach alledem nicht nur mit dem Stichtag der steuerlichen Schlussbilanz, sondern auch mit dem Ende des regulären Wirtschaftsjahres bzw. – falls ausnahmsweise ein vor Ablauf des regulären Wirtschaftsjahres liegender Verschmelzungsstichtag/steuerlicher Übertragungsstichtag gewählt wird – mit dem Ende des dadurch entstehenden Rumpfwirtschaftsjahres (BFH v. 21.12.2005, I R 66/05, BStBl II 2006, 469, Tz. 16) der Überträgerin zusammen. Daraus folgt u.a., dass eine bei der Überträgerin gebildete Rücklage nach § 6b Abs. 3 EStG, die ohne die Verschmelzung zu diesem Zeitpunkt gemäß § 6b Abs. 3 Satz 5 (1. Hs.) EStG aufzulösen gewesen wäre, noch auf die Übernehmerin übergeht und, wenn bei dieser ein Reinvestitionsobjekt vorhanden ist, auf dieses übertragen werden kann (FG Münster v. 17.9.2018, 13 K 2082/15, BB 2019, 560, Rev. BFH XI R 39/18; **aA** FG Bln-Bdbg. v. 5.3.2019, 6 K 6071/18, EFG 2019, 739, Rev. BFH I R 20/19).

98 Nach dem steuerlichen Übertragungsstichtag, aber vor Eintragung im Handelsregister (sog. **Rückwirkungszeitraum**) beschlossene Ausschüttungen des übertragenden Rechtsträgers bleiben abweichend von der früheren Verwaltungspraxis (UmwSt-Erl. 1998, BMF v. 25.3.1998, BStBl. I 1998, 268 Tz. 02.29) steuerlich Ausschüttungen der übertragenden Kapitalgesellschaft (UmwSt-Erl. 2011, BMF v. 11.11.2011, BStBl. I 2011, 1314 Tz. 02.34). Für sie ist in der Schlussbilanz der Überträgerin ein passiver Korrekturposten zu bilden (UmwSt-Erl. 2011, BMF v. 11.11.2011, BStBl. I 2011, 1314 Tz. 02.34). Aus Vereinfachungsgründen kann die Abwicklung der Ausschüttung aber auch durch die Übernehmerin erfolgen, wenn die Verpflichtung zum Einbehalt und zur Abführung der Kapitalertragsteuer nach §§ 43ff. EStG hierdurch nicht beeinträchtigt wird (UmwSt-Erl. 2011, BMF v. 11.11.2011, BStBl. I 2011, 1314 Tz. 02.34). Letzteres dürfte bei grenzüberschreitender Hinausverschmelzung der Fall sein, evtl. aber auch bei Verschmelzung auf eine Gesellschaft mit einem steuerlichen Einlagekonto, das als für die Ausschüttung verwendet gelten würde, so dass der Kapitalertragsteuereinbehalt gemäß §§ 43 Abs. 1 Nr. 1, 20 Abs. 1 Nr. 1 Satz 3 EStG entfallen würde (*Schumacher/Neitz-Hackstein* Ubg 2011, 413).

98a § 2 Abs. 4 Satz 2 UmwStG ordnet in Ansehung etwaiger im **Rückwirkungszeitraum** von der Überträgerin erwirtschafteter **Verluste** die **entsprechende Anwendung** von § 2 Abs. 4 Satz 1 UmwStG an. Diese Vorschrift setzt nach ganz hM voraus, dass es im Rückwirkungszeitraum zu einem verlustschädlichen Anteilserwerb oder einem anderen verlustschädlichen Ereignis iSv. § 8c KStG kommt, und schließt für diesen Fall sowohl den Ausgleich als auch die Verrechnung eines Übertragungsgewinns mit nicht ausgeglichenen negativen Einkünften, Verlustvorträgen und anderen gleichstehenden Rechtspositionen der Überträgerin aus (siehe dazu iE → Rn. 101a). Die Finanzverwaltung entnimmt dem Verweis auf § 2 Abs. 4 Satz 1 UmwStG, dass von der Überträgerin im **Rückwirkungszeitraum** bis zu einem **verlustschädlichen Ereignis** iSv. § 8c KStG erwirtschaftete Verluste nicht mit Gewinnen des **übernehmenden Rechtsträgers** verrechnet werden können (UmwSt-Erl. 2011, BMF v. 11.11.2011, BStBl. I 2011, 1314 Tz. 02.40; siehe auch das in FM Brandenburg v. 17.3.2015, BeckVerw 313155 unter Ziff. 2.3.1 gebildete Beispiel; glA RHL/*van Lishaut* UmwStG § 2 Rn. 179; DPM/*Dötsch/Werner* UmwStG § 2 Rn. 110f.). Diese Auslegung wird in der Literatur (*Sistermann/Brinkmann* DStR 2008, 2455, 2457; *Schumacher/Neitz-Hackstein* Ubg 2011, 413) unter Hinweis darauf kritisiert, dass § 2 Abs. 4 Satz 1 UmwStG den Verlustausgleich bzw. die Verlustverrechnung nur mit einem beim **übertragen-**

den Rechtsträger anfallenden (Übertragungs)Gewinn ausschließe, der Wortlaut von § 2 Abs. 4 Sätze 1 und 2 UmwStG einen Ausschluss der Verrechnung mit Gewinnen des **übernehmenden Rechtsträgers** also nicht hergebe. Weil aber § 2 Abs. 4 Satz 2 UmwStG lediglich eine „entsprechende" Anwendung des § 2 Abs. 4 Satz 1 UmwStG anordnet, dürfte diese Kritik im Ergebnis nicht durchgreifen.

Erwirtschaftet die Überträgerin im Rückwirkungszeitraum positive Einkünfte, können diese nach Maßgabe von § 2 Abs. 4 Satz 3 UmwStG idF des Amtshilferichtlinie-Umsetzungsgesetzes v. 26.6.2013 (BGBl. I 2013, 1809) weder mit verrechenbaren Verlusten der Übernehmerin noch mit deren verbleibenden Verlustvorträgen, nicht ausgeglichenen negativen Einkünften oder Zinsvorträgen nach § 4h Abs. 1 Satz 5 EStG ausgeglichen oder verrechnet werden. Ist die Übernehmerin Organgesellschaft, erstreckt sich dieses Ausgleichs- und Verrechnungsverbot auch auf die Verlustvorträge usw. des Organträgers, § 2 Abs. 4 Satz 4 UmwStG. Da § 2 Abs. 4 Satz 3 UmwStG im Gegensatz zu § 2 Abs. 4 Sätze 1 und 2 kein verlustschädliches Ereignis iSv. § 8c KStG voraussetzt (*Böttcher* NWB 2014, 3146, 3150), gilt die Vorschrift auch dann, wenn die Überträgerin keine Kapitalgesellschaft ist. **98b**

Ziel des Gesetzgebers war die Verhinderung von Gestaltungen, durch die unter Nutzung der achtmonatigen steuerlichen Rückwirkung bei Umwandlungen und Einbringungen die Besteuerung von Gewinnen bei Gesellschaften mit hohen stillen Reserven (zB Flugzeugleasinggesellschaften) durch die Verrechnung mit steuerlichen Verlusten einer anderen Gesellschaft vermieden werden konnte (BR-Drs. 302/1/12 S. 105). Deckte die übertragende Gesellschaft ihre stillen Reserven auf, indem sie im Rückwirkungszeitraum die mit stillen Reserven behafteten Wirtschaftsgüter an Dritte verkaufte, lag ein laufender Gewinn vor, welcher aufgrund der Rückwirkungsfiktion als solcher der übernehmenden Verlustgesellschaft galt und daher mit deren laufenden Verlusten ausgeglichen sowie vorbehaltlich der Mindestbesteuerung (§ 10d Abs. 2 EStG, § 10a Satz 1 GewStG) auch mit deren Verlustvorträgen verrechnet werden konnte (HMB/*Slabon* UmwStG § 2 Rn. 113).

§ 2 Abs. 4 Sätze 3–5 UmwStG finden keine Anwendung, wenn die Überträgerin und die Übernehmerin vor Ablauf des steuerlichen Übertragungsstichtages verbundene Unternehmen iSv. § 271 Abs. 2 HGB waren, § 2 Abs. 4 Satz 6 UmwStG idF des Amtshilferichtlinie-Umsetzungsgesetzes v. 26.6.2013. Ebenfalls nicht von der Vorschrift umfasst sind der Ausgleich und die Verrechnung von Gewinnen, die nach dem Wirksamwerden der Umwandlung im (ehemaligen) Unternehmen der Überträgerin erwirtschaftet werden (*Böttcher* NWB 2014, 3146 Beispiel Nr. 3).

Die Anwendung der Vorschrift erfordert ggf. die Aufstellung einer steuerlichen Zwischenbilanz des übertragenden Rechtsträgers auf den Zeitpunkt des zivilrechtlichen Wirksamwerdens der Umwandlung (*Neumann-Tomm* DB 2014, 2617, 2618; *Böttcher* NWB 2014, 3146, 3151).

Die FinVerw. geht von uneingeschränkter Anwendbarkeit des § 2 Abs. 4 UmwStG für Zwecke der **Gewerbesteuer** aus (UmwSt-Erl. 2011, BMF v. 11.11.2011, BStBl. I 2011, 1314 Tz. 18.02). In Teilen der Literatur wird hingegen differenziert: § 2 Abs. 4 Satz 1 UmwStG gelte mangels Erwähnung von § 10a GewStG nicht, während § 2 Abs. 4 Satz 2 UmwStG anwendbar sei (WM/*Widmann* § 2 Rn. R 127 ff; die Anwendbarkeit für § 2 Abs. 4 Satz 2 UmwStG ebenfalls bejahend, für Satz 1 iVm. § 10a GewStG hingegen zurückhaltender [„gut vertretbar"] RHL/*van Lishaut* § 2 Rn. 184 ff.; in vollem Umfang der FinVerw. folgend hingegen noch RHL/*van Lishaut* 2. Aufl. § 2 Rn. 120; generell gegen die Anwendbarkeit von § 2 Abs. 4 UmwStG im Bereich der Gewerbesteuer *Viebrock/Loose* DStR 2013, 1366). **98c**

3. Besteuerung der übertragenden Gesellschaft

a) Grundsatz: Ansatz des gemeinen Wertes, § 11 Abs. 1 UmwStG

Anders als unter dem UmwStG 1995 sind die übergehenden Wirtschaftsgüter in der für die Steuerfolgen des Down Stream Mergers auf Ebene der übertragenden Mutter- **99**

Kapitalgesellschaft maßgeblichen **steuerlichen Schlussbilanz** der Überträgerin grundsätzlich mit dem **gemeinen Wert** iSv. § 9 BewG anzusetzen, § 11 Abs. 1 Satz 1 UmwStG, wenn nicht nach § 11 Abs. 2 UmwStG zulässigerweise der Ansatz von Buch- oder Zwischenwerten beantragt wird. Die Finanzverwaltung verlangt gemäß § 11 Abs. 1 Satz 1 UmwStG grundsätzlich immer, also auch bei Ansatz des gemeinen Wertes, eine – von der Steuerbilanz iSd. § 4 Abs. 1, § 5 Abs. 1 EStG zu unterscheidende – gesonderte Schlussbilanz (UmwSt-Erl. 2011, BMF v. 11.11.2011, BStBl. I 2011, 1314 Tz. 11.02 iVm. Tz. 03.01). § 5b EStG (Elektronische Übermittlung) gilt für diese Schlussbilanz entsprechend (UmwSt-Erl. 2011, BMF v. 11.11.2011, BStBl. I 2011, 1314 Tz. 11.03 iVm. Tz. 03.04).

Bei Ansatz des gemeinen Wertes in der steuerlichen Schlussbilanz ist das übergehende Unternehmen als Sachgesamtheit gemäß § 109 Abs. 1 Satz 2, § 11 Abs. 2 BewG anhand eines allgemein anerkannten ertragswert- oder zahlungsstromorientierten Verfahrens zu bewerten (UmwSt-Erl. 2011, BMF v. 11.11.2011, BStBl. I 2011, 1314 Tz. 11.04 iVm. Tz. 03.07); dies sind im Regelfall die Verfahren, die in der einschlägigen Stellungnahme des *IDW* über die Grundsätze zur Durchführung von Unternehmensbewertungen (*IDW* S 1 v. 2.4.2008, WPg Supplement 3/2008, S. 68ff., FN-*IDW* 7/2008, S. 271ff.) beschrieben sind (*Bogenschütz* Ubg 2011, 399). In der endgültigen Fassung des UmwSt-Erl 2011 wurde klargestellt, dass über § 11 Abs. 2 Satz 4 BewG auch das vereinfachte Ertragswertverfahren anwendbar ist (s. den Hinweis in UmwSt-Erl. 2011, BMF v. 11.11.2011, BStBl. I 2011, 1314 Tz. 03.07 auf BMF v. 22.9.2011, BStBl. I 2011, 859 und die Gleichl. Ländererlasse v. 17.5.2011, BStBl. I 2011, 606 zur Anwendung der §§ 11, 95 bis 109 und 199ff. BewG idF des ErbStRG). Der wie vorstehend ermittelte gemeine Wert ist analog § 6 Abs. 1 Nr. 7 EStG auf die einzelnen Wirtschaftsgüter zu verteilen (UmwSt-Erl. 2011, BMF v. 11.11.2011, BStBl. I 2011, 1314 Tz. 11.04 iVm. Tz. 03.09).

99a Bei dieser Verteilung ist auch ein Geschäfts- oder Firmenwert anzusetzen (UmwSt-Erl. 2011, BMF v. 11.11.2011; BStBl. I 2011, 1314 Tz. 11.03 iVm. Tz. 03.05).

99b Steuerbilanzielle Ansatzverbote (zB gem. § 5 EStG) gelten nach Ansicht der Finanzverwaltung nicht (UmwSt-Erl. 2011, BMF v. 11.11.2011, BStBl. I 2011, 1314 Tz. 11.03 iVm. Tz. 03.06), dh. auch sog. **„stille Lasten"** (umfassend diesem Thema speziell bzgl. Umwandlungsvorgängen *Widmann,* FS Haarmann, S. 1013ff. sowie → Rn. 120ff.) sind grundsätzlich aufzudecken (zur Ausnahme für **Pensionsrückstellungen** → Rn. 99c). Dem wird entgegengehalten, dass der Wortlaut des § 11 Abs. 1 UmwStG nur vom Ansatz nicht entgeltlich erworbener und selbst geschaffener **immaterieller Wirtschaftsgüter** spricht, während unter bilanzsteuerliche Passivierungsverbote fallende Passiva nicht erwähnt werden (*Rödder* DStR 2011, 1059, 1061; *Schumacher/Neitz-Hackstein* Ubg 2011, 409); auf Basis dieser Auffassung wären stille Lasten nur im Firmenwert zu berücksichtigen; bei den Geschäftswert übersteigenden stillen Lasten käme die Passivierung und Übernahme eines **„Bad Will"** in Betracht (*Rödder* DStR 2011, 1059, 1061; *Schumacher/Neitz-Hackstein* Ubg 2011, 409).

Der steuerliche Aufwand, der sich auf Basis der Auffassung der Finanzverwaltung aus dem Ansatz der unter bilanzsteuerliche Passivierungsverbote fallenden Passiva mit dem gemeinen Wert ergibt, kann gemäß § 4f Satz 1 EStG idF des **AIFM-StAnpG** v. 18.12.2013 (BGBl. I 2013, 4316) grundsätzlich nurmehr über 15 Jahre verteilt geltend gemacht werden (hierzu sowie zu den Ausnahmen und der Behandlung beim Erwerber gemäß § 5 Abs. 7 EStG zusammenfassend → Rn. 120ff.).

99c Für die Bewertung von Pensionsrückstellungen gilt gemäß § 11 Abs. 1 Satz 2 UmwStG allerdings stets § 6a EStG. Die Finanzverwaltung versteht dies so, dass „stille Lasten" in den Pensionsrückstellungen bei der Ermittlung des gemeinen Wertes nicht anzusetzen sind (UmwSt-Erl. 2011, BMF v. 11.11.2011, BStBl. I 2011, 1314 Tz. 11.04 iVm. Tz. 03.08). Dies führt zu einem über dem Verkehrswert liegenden gemeinen Wert und damit zu einer verfassungsrechtlich problematischen **Übermaß-**

besteuerung (*Rödder* DStR 2011, 1061). Bewertungstechnisch wird man bei der Ermittlung des gemeinen Wertes in einem ersten Schritt den Equity Value vor Pensionsaufwand zu ermitteln und sodann in einem zweiten Schritt die Pensionsrückstellungen mit dem Wert gemäß § 6a EStG abzuziehen haben (*Bogenschütz* Ubg 2011, 399).

Der Ansatz einer Rückstellung für Grunderwerbsteuer scheidet in jedem Fall aus, auch soweit die Grunderwerbsteuer nach den getroffenen Vereinbarungen von der Überträgerin übernommen wird (UmwSt-Erl. 2011, BMF v. 11.11.2011, BStBl. I 2011, 1314 Tz. 11.03 iVm. Tz. 03.05). Zur Behandlung der Grunderwerbsteuer bei der Übernehmerin als Anschaffungsnebenkosten → Rn. 124. **99d**

b) Antragsgebundenes Wahlrecht gemäß § 11 Abs. 2 UmwStG

Unter den Voraussetzungen des § 11 Abs. 2 UmwStG kann **(steuerrechtliches Wahlrecht)** die übertragende Körperschaft die übergehenden Wirtschaftsgüter auf Antrag auch mit dem Buchwert oder Zwischenwerten ansetzen. Dies ist nur möglich, **soweit** die folgenden drei (→ Rn. 100a bis 100c) Voraussetzungen **kumulativ** erfüllt sind: **100**

(a) Die Besteuerung der übergehenden Wirtschaftsgüter mit Körperschaftsteuer ist bei der übernehmenden Gesellschaft sichergestellt (§ 11 Abs. 2 Satz 1 Nr. 1 UmwStG). Damit wird verhindert, dass Wirtschaftsgüter ohne Aufdeckung der stillen Reserven in den steuerbefreiten Bereich einer Körperschaft übertragen werden (UmwSt-Erl. 2011, BMF v. 11.11.2011, BStBl. I 2011, 1314 Tz. 11.07), was zB im Hinblick auf steuerbefreite REITS iSd. Gesetzes zur Schaffung deutscher Immobilien-Aktiengesellschaften mit börsennotierten Anteilen (v. 28.5.07, BGBl. I 07, 914) von Bedeutung ist (*Benecke/Schnitger* IStR 2007, 22). Bei Verschmelzung auf eine **Organgesellschaft** iSd. §§ 14, 17 KStG ist die Besteuerung mit Körperschaftsteuer nach Ansicht der Finanzverwaltung nur sichergestellt, soweit das **zugerechnete Einkommen** der Besteuerung mit **Körperschaftsteuer** unterliegt, nicht hingegen insoweit, als eine Besteuerung mit Einkommensteuer stattfindet, wenn also zB an der Organträger-Personengesellschaft natürliche Personen beteiligt sind: In solchen Fällen sollen die übergehenden Wirtschaftsgüter nur aus **Billigkeitsgründen** und nur dann einheitlich mit dem Buchwert angesetzt werden können, wenn sich alle an der Verschmelzung Beteiligten (übertragender Rechtsträger, übernehmender Rechtsträger und Anteilseigner des übertragenden und übernehmenden Rechtsträgers) übereinstimmend schriftlich damit einverstanden erklären, dass auf die aus der Verschmelzung resultierenden Mehrabführungen (§ 14 Abs. 3 Satz 1 KStG anzuwenden ist (UmwSt-Erl. 2011, BMF v. 11.11.2011, BStBl. I 2011, 1314 Tz. 11.07; aA *Rödder* DStR 2011, 1059, 1062 f.). **100a**

(b) Das deutsche Besteuerungsrecht bzgl. des Gewinns aus der Veräußerung der übertragenen Wirtschaftsgüter ist bei der Übernehmerin weder ausgeschlossen noch beschränkt, § 11 Abs. 2 Satz 1 Nr. 2 UmwStG. Siehe hierzu im Einzelnen → Form. A.8 Rn. 116c. Nach im Schrifttum (RHL/*Rödder* UmwStG § 11 Rn. 256 ff.; *Rödder* DStR 2011, 1059, 1064 f.; *Schumacher/Neitz-Hackstein* Ubg 2011, 412; *Kessler/Philipp* DB 2011, 1658; **aA** DPM/*Dötsch/Stimpel* UmwStG § 11 Rn. 92) überwiegend kritisierter, nunmehr jedoch vom **BFH** (v. 30.5.2018, I R 31/16, BStBl II 2019, 136) bestätigter Ansicht der **Finanzverwaltung** soll diese Regelung beim **Down-Stream-Merger** in modifizierter Form auf die bislang von der übertragenden Mutter gehaltenen **Anteile an der übernehmenden Tochter** anzuwenden sein: Diese Anteile gehen nicht – auch **nicht** im Wege des **Durchgangserwerbs** – auf die Übernehmerin, sondern direkt auf die Anteilsinhaber der Überträgerin über (UmwSt-Erl. 2011, BMF v. 11.11.2011, BStBl. I 2011, 1314 Tz. 11.18). Abzustellen sei daher bei der Anwendung von § 11 Abs. 2 Satz 1 Nr. 2 UmwStG insoweit auf einen Ausschluss oder eine Beschränkung des deutschen Besteuerungsrechts nicht bei der Übernehmerin, sondern bei den Gesellschaftern der Überträgerin (UmwSt-Erl. 2011, BMF v. 11.11.2011; **100b**

BStBl. I 2011, 1314 Tz. 11.19). Damit ist ein Buchwertansatz der Anteile an der Übernehmerin bei der Überträgerin insoweit ausgeschlossen, als die Anteile an der Übernehmerin auf Steuerausländer übergehen, bei denen das deutsche Besteuerungsrecht für Gewinne aus der Veräußerung dieser Anteile durch DBA ausgeschlossen oder eingeschränkt ist (BFH v. 30.5.2018, I R 31/16, BStBl II 2019, 136), wobei auf den resultierenden Gewinn § 8b Abs. 2, 3 und ggf. 7 KStG anwendbar ist (BFH v. 30.5. 2018, I R 31/16, BStBl II 2019, 136, Tz. 14 und Tz. 41; *Kessler/Philipp* DB 2011, 1658). Immerhin sieht die Finanzverwaltung in Bezug auf die Anteile an der Übernehmerin von einer Prüfung des § 11 Abs. 2 Satz 1 Nr. 1 UmwStG ab, so dass ein Buchwertansatz auch insoweit möglich ist, als die Anteile auf steuerinländische natürliche Personen übergehen (so interpretieren jedenfalls *Kessler/Philipp* DB 2011, 1658, 1659ff. die Nichterwähnung von § 11 Abs. 2 Satz 2 Nr. 1 UmwStG in UmwSt-Erl. 2011, BMF v. 11.11.2011, BStBl. I 2011, 1314 Tz. 11.19).

100c (c) Es wird gar keine Gegenleistung oder es werden nur Gesellschaftsrechte als Gegenleistung gewährt (§ 11 Abs. 2 Nr. 3 UmwStG). Hierzu → Rn. 113.

100d Maßgeblich für die Beurteilung der og. Voraussetzungen sind die Verhältnisse am steuerlichen Übertragungsstichtag (UmwSt-Erl. 2011, BMF v. 11.11.2011, BStBl. I 2011, 1314 Tz. 11.05).

100e Liegt der Buchwert der übergehenden Wirtschaftsgüter als Gesamtheit wegen sog. **„stiller Lasten“,** die sich aus steuerlichen Ansatzverboten (zB **Verbot** der Bildung von **Drohverlustrückstellungen** gemäß § 5 Abs. 4a EStG) ergeben können, über dem gemeinen Wert iSv. § 11 Abs. 1 UmwStG (zur Aufdeckung stiller Lasten bereits → Rn. 99b und → Rn. 120ff; zur abweichenden Behandlung von Pensionsrückstellungen → Rn. 99c), soll wegen der einschränkenden Formulierung in § 11 Abs. 2 UmwStG („höchstens jedoch mit dem Wert nach Abs. 1“) nach Ansicht der Finanzverwaltung ein Buchwertansatz ausscheiden (UmwSt-Erl. 2011, BMF v. 11.11.2011, BStBl. I 2011, 1314 Tz. 11.06 iVm. Tz. 03.12 iVm. Tz. 01.57; kritisch unter Hinweis auf die Gesetzesbegründung *Schumacher/Neitz-Hackstein* Ubg 2011, 411: Einschränkung beziehe sich nur auf den unmittelbar vorangehenden „höheren Wert“). In diesen Fällen wäre dann konsequenterweise zwingend der **niedrigere gemeine Wert** anzusetzen (*Bogenschütz* Ubg 2011, 397). Dadurch ergäbe sich ein **Übertragungsverlust,** der – falls er nicht mit positiven Einkünften der Überträgerin verrechnet werden kann – gemäß §§ 12 Abs. 3, 4 Abs. 2 Satz 2 UmwStG im Zuge der Verschmelzung verloren gehen würde (zu möglicher Abhilfe bei Bestehen einer ertragsteuerlichen Organschaft → Rn. 102), wenn und soweit der aus der Aufdeckung der stillen Lasten herrührende Aufwand nicht gemäß § 4f Abs. 1 Sätze 1 oder 2 EStG idF des **AIFM-StAnpG** v. 18.12.2013 (BGBl. I 2013, 4316) zwingend über die folgenden 14 Jahre zu verteilen ist (dazu → Rn. 120ff.).

Ein unter dem Buchwert liegender gemeiner Wert einzelner Wirtschaftsgüter hindert hingegen, solange der gemeine Wert der Sachgesamtheit nicht unter dem Buchwert liegt, den Ansatz des Buchwertes nicht (*Rödder* DStR 2011, 1059, 1061 Fn. 4).

100f Ob die Ausübung des antragsgebundenen Wahlrechts gemäß § 11 Abs. 2 UmwStG außerdem noch gemäß § 5 Abs. 1 Satz 2 EStG die Aufnahme in das durch BilMoG v. 25.5.2009 (BGBl. I 2009, 1102) eingeführte besondere, laufend zu führende Verzeichnis (zu diesem siehe BMF v. 12.3.2010, BStBl. I 2010, 239, Tz. 19ff.) voraussetzt, ist im UmwSt-Erl. 2011 nicht ausdrücklich geregelt; richtigerweise dürfte die Frage zu verneinen sein (glA *Rödder* DStR 2011, 1059, 1060; *Schumacher/Neitz-Hackstein* Ubg 2011, 410), da die umwandlungsteuerlichen Transparenzvorschriften, namentlich das Erfordernis der gesonderten Schlussbilanz, insoweit eine speziellere Regelung darstellen und der von § 5 Abs. 1 Satz 2 EStG vorausgesetzte Maßgeblichkeitsgrundsatz bei Umwandlungen sowieso nicht gilt (→ Rn. 110f.).

100g Das Wahlrecht kann für alle übergehenden Wirtschaftsgüter nur **einheitlich** ausgeübt werden (UmwSt-Erl. 2011, BMF v. 11.11.2011, BStBl. I 2011, 1314 Tz. 11.06 und Tz. 11.12 iVm. Tz. 03.13 und Tz. 03.28).

Der Antrag ist gemäß § 11 Abs. 3, § 3 Abs. 2 Satz 2 UmwStG bei dem für die übertragende Körperschaft zuständigen Finanzamt zu stellen (UmwSt-Erl. 2011, BMF v. 11.11.2011, BStBl. I 2011, 1314 Tz. 11.12 iVm. Tz. 03.27); falls – wie im Regelfall – die Verschmelzung zum Zeitpunkt der Antragstellung bereits durch Eintragung im Handelsregister der übernehmenden Gesellschaft wirksam geworden ist, erfolgt die Antragstellung durch die übernehmende Gesellschaft als Rechtsnachfolgerin gem. § 20 Abs. 1 Nr. 1 UmwG iVm. § 45 AO (UmwSt-Erl. 2011, BMF v. 11.11.2011; BStBl. I 2011, 1314 Tz. 11.12 iVm. Tz. 03.28). Die Verschmelzung führt zu einem Zuständigkeitswechsel iSv. § 26 Abs. 1 AO (*Schumacher/Neitz-Hackstein* Ubg 2011, 412 unter Hinweis auf FinMin NRW v. 13.6.2008, DB 2008, 1888). Der Antrag ist **bedingungsfeindlich** (UmwSt-Erl. 2011, BMF v. 11.11.2011, BStBl. I 2011, 1314 Tz. 11.12 iVm. Tz. 03.29), kann also zB nicht von der Höhe eines Verlustvortrages abhängig gemacht werden (*Bogenschütz* Ubg 2011, 401), und **unwiderruflich** (UmwSt-Erl. 2011, BMF v. 11.11.2011, BStBl. I 2011, 1314 Tz. 11.12 iVm. Tz. 03.29; aA *Schumacher/Neitz-Hackstein* Ubg 2011, 412: Änderung bis zur Einreichung der steuerlichen Schlussbilanz möglich).

Spätester Zeitpunkt für die Stellung eines Antrages ist gemäß § 11 Abs. 3, § 3 **100h**
Abs. 2 Satz 2 UmwStG die erstmalige Abgabe der steuerlichen Schlussbilanz bei dem für die Besteuerung der übertragenden Gesellschaft zuständigen Finanzamt. Anders als bei der Einbringung (→Form. A.8 Rn. 117a; → Form. A.9 Rn. 113a) verlangt die FinVerw. gemäß § 11 Abs. 1 UmwStG grundsätzlich immer eine – von der **Steuerbilanz** iSd. § 4 Abs. 1, § 5 Abs. 1 EStG zu unterscheidende – gesonderte **Schlussbilanz.** Nur wenn die Steuerbilanz der Schlussbilanz entspricht, also bei Buchwertansatz gemäß § 11 Abs. 2 UmwStG, genügt die **ausdrückliche** Erklärung, dass die Steuerbilanz gleichzeitig steuerliche Schlussbilanz sein soll; in dieser Erklärung liegt dann gleichzeitig ein konkludenter Antrag gemäß § 11 Abs. 2 Satz 2 UmwStG auf Buchwertfortführung (UmwSt-Erl. 2011, BMF v. 11.11.2011, BStBl. I 2011, 1314 Tz. 11.02 iVm. Tz. 03.01). Daraus, dass diese Erklärung „ausdrücklich" sein muss, wird man schließen müssen, dass die FinVerw. die bloße Einreichung der Steuerbilanz nach § 4 Abs. 1, § 5 Abs. 1 EStG ohne entsprechende Erklärung, dass diese auch „Schlussbilanz" iSv. § 11 UmwStG sein solle, womöglich nicht mehr als konkludenten Antrag auf Ansatz eines unter dem gemeinen Wert liegenden Wertes anerkennen wird (kritisch *Rödder* DStR 2011, 1059, 1060). Dies wirft dann die weitere, im UmwSt-Erl. 2011 nicht geklärte Frage auf, wie lange ein solcher Antrag noch nachgeholt werden kann. Richtigerweise dürfte die Nachholung solange noch möglich sein, wie die entsprechenden Veranlagungszeiträume noch offen sind (*Bogenschütz* Ubg 2011, 401; Blümich/*Klingberg* UmwStG 2006 § 11 Rn. 37).

c) Zwischenwertansatz – Verlustnutzung

Die Wahl eines über dem Buchwert liegenden Wertes (sog. Zwischenwert) gemäß **101**
§ 11 Abs. 2 Satz 1 (2. Alt.) UmwStG kann Sinn machen, wenn die übertragende Kapitalgesellschaft über **steuerliche Verlustvorträge** verfügt, da diese im Rahmen der Verschmelzung **untergehen** würden (→ Rn. 119). Allerdings ist die durch § 10d Abs. 2 EStG idF des Korb II-Gesetzes v. 22.12.2003 (BGBl. I 2003, 2840) sowie durch § 10a Satz 2 GewStG idF des GewStÄndG 2003 v. 23.12.2003 (BGBl. I 2003, 2922) mit Wirkung ab VZ/EZ 2004 eingeführte Beschränkung der Verrechnung von Verlustvorträgen , die sog. **Mindestbesteuerung,** zu beachten. Zur Ausnutzung von Verlustvorträgen empfiehlt sich regelmäßig ein Ansatz von **Zwischenwerten,** da diese nicht nur durch einen Prozentsatz, sondern auch unter Angabe absoluter Beträge konkretisiert werden können (UmwSt-Erl. 2011, BMF v. 11.11.2011; BStBl. I 2011, 1314 Tz. 11.12 iVm. Tz. 03.29), was die Steuerplanung erleichtert (*Bogenschütz* Ubg 2011, 401; *Schumacher/Neitz-Hackstein* Ubg 2011, 412).

101a Der Ausgleich bzw. die Verrechnung von verrechenbaren Verlusten, **Verlustvorträgen** und **nicht ausgeglichenen negativen Einkünften** ebenso wie eines Zinsvortrags nach § 4h Abs. 1 Satz 5 EStG und eines EBITDA-Vortrags nach § 4h Abs. 1 Satz 3 der übertragenden Kapitalgesellschaft mit dem durch einen Ansatz über dem Buchwert entstehenden **Übertragungsgewinn** (→ Rn. 102) ist gemäß § 2 Abs. 4 Satz 1 UmwStG nur insoweit zulässig, als dies auch ohne die Rückwirkung gemäß § 2 Abs. 1, 2 UmwStG möglich wäre. Nach ganz hM greift diese Ausgleichs- bzw. Verrechnungsbeschränkung nur dann ein, wenn **(ungeschriebenes Tatbestandsmerkmal)** im Rückwirkungszeitraum, also zwischen dem steuerlichen Übertragungsstichtag und dem Wirksamwerden der Verschmelzung, ein verlustschädlicher Anteilserwerb oder ein anderes Ereignis eintritt, welches gemäß **§ 8c Abs. 1 Satz 1 KStG** zum Untergang dieser Verluste führen würde (s. etwa WM/*Widmann* UmwStG § 2 Rn. R 120.9; RHL/*van Lishaut* UmwStG § 2 Rn. 179; HMB/*Slabon* UmwStG § 2 Rn. 110; *Rödder/Schönfeld* DStR 2009, 560, 562; *Viebrock/Loose* DStR 2013, 1364; ebenso FM Brandenburg v. 17.3.2015, BeckVerw 313155, unter Ziff. 2.2; zweifelnd hingegen *Böttcher* NWB 2014, 3146); dies folge aus der Anwendungsregelung des § 27 Abs. 9 UmwStG, die ausdrücklich an einen schädlichen Beteiligungserwerb oder ein anderes die Verlustnutzung **ausschließendes** Ereignis anknüpft (*Rödder/Schönfeld* DStR 2009, 560, 562), und aus dem in der Gesetzesbegründung zum Ausdruck gekommenen Normzweck (*Viebrock/Loose* DStR 2013, 1364): Die Rückwirkungsfiktion des § 2 Abs. 1 UmwStG solle nicht dazu genutzt werden können, durch entsprechende Wahl des Übertragungsstichtages zur Realisierung eines Übertragungsgewinns auf einen Zeitpunkt „zurückzuspringen", der vor dem gemäß § 8c KStG für die Verlustnutzung schädlichen Beteiligungserwerb liegt (BT-Drs. 16/11108, S. 33). Ob die Auffassung, dass § 2 Abs. 4 Satz 1 UmwStG ein im Rückwirkungszeitraum eintretendes verlustschädliches Ereignis iSv. § 8c KStG voraussetze, von der Finanzverwaltung geteilt wird, ist allerdings nicht völlig klar. Der Umwandlungssteuererlass nennt § 8c KStG lediglich beispielhaft (UmwSt-Erl. 2011, BMF v. 11.11.2011, BStBl. I 2011, 1314 Tz. 02.39). Ob die Auffassung des FM Brandenburg v. 17.3.2015, BeckVerw 313155, unter Ziff. 2.2, ein verlustschädliches Ereignis iSv. § 8c KStG sei erforderlich, bundeseinheitlich abgestimmt ist, ist dem Erlass nicht zu entnehmen (*Böttcher* NWB 2014, 3146).

Würde man § 2 Abs. 4 Satz 1 UmwStG entgegen der hM streng nach dem Wortlaut anwenden und daher kein „verlustschädliches Ereignis" als ungeschriebenes Tatbestandsmerkmal verlangen, wäre die Vorschrift zB auch insoweit anwendbar, als ohne steuerliche Rückverlagerung des Übertragungsgewinns dessen Verrechnung mit einem im Wirtschaftsjahr des steuerlichen Übertragungsstichtags angefallenen Verlust an § 10d Abs. 2 EStG scheitern würde (*Rödder/Schönfeld* DStR 2009, 560, 562 Fall 2; *Böttcher* NWB 2014, 3146 Beispiel 1).

Darauf, ob das verlustschädliche Ereignis im Rückwirkungszeitraum vor oder nach der Fassung der Umwandlungsbeschlüsse eintritt, kommt es jedenfalls nicht an (UmwSt-Erl. 2011, BMF v. 11.11.2011, BStBl. I 2011, 1314 Tz. 02.39).

Die Bedeutung des § 2 Abs. 4 Satz 1 UmwStG wird allerdings durch die mit WachstBeschlG v. 22.12.2009, BGBl. I 2009, 3950, aufgenommene Verschonungsregelung in Höhe der im Inland steuerpflichtigen stillen Reserven in § 8c Abs. 1 Satz 5 KStG relativiert (*Böttcher* NWB 2014, 3146). Einen Anwendungsbereich behält § 2 Abs. 4 Satz 1 UmwStG freilich insoweit, als im Wege einer anderen ebenfalls rückwirkenden Umwandlung auf die Überträgerin übergegangene stille Reserven gemäß § 8c Abs. 1 Satz 8 KStG von der Verschonungsregelung des § 8c Abs. 1 Satz 5 KStG ausgenommen sind (RHL/*van Lishaut* UmwStG § 2 Rn. 176), oder wenn sich die am steuerlichen Übertragungsstichtag vorhandenen stillen Reserven im Rückwirkungszeitraum vor dem verlustschädlichen Ereignis verringern (s. etwa das in FM Brandenburg v. 17.3.2015, BeckVerw 313155, unter Ziff. 2.2 gebildete Beispiel).

Zur streitigen Frage, ob § 2 Abs. 4 Satz 1 UmwStG auch für **gewerbesteuerliche Verluste** gilt, → Rn. 98c.

Beim Zwischenwertansatz sind die in den einzelnen Wirtschaftsgütern – einschließlich der nicht entgeltlich erworbenen und selbstgeschaffenen immateriellen Wirtschaftsgüter sowie des Firmenwerts – ruhenden stillen Reserven um einen **einheitlichen Prozentsatz** aufzulösen (UmwSt-Erl. 2011, BMF v. 11.11.2011, BStBl. I 2011, 1314 Tz. 11.10f. iVm. Tz. 03.23 und Tz. 03.25). **101b**

Nach Ansicht der FinVerw. sollen bei der Aufstockung um den einheitlichen Prozentsatz mit Ausnahme der Pensionrückstellungen (→ Rn 99c) auch die sog. **„stillen Lasten“,** zB eine bislang gemäß § 5 Abs. 4a EStG nicht passivierte Drohverlustrückstellung, einzubeziehen sein (UmwSt-Erl. 2011, BMF v. 11.11.2011, BStBl. I 2011, 1314, Tz. 11.11 iVm. Tz. 03.25; dazu → Rn. 99b, → Rn. 100e sowie → Rn. 120ff.). **101c**

d) Übertragungsgewinn bzw. Übertragungsverlust

Bei Ansatz eines über den steuerlichen Buchwerten liegenden Wertes (gemeiner Wert oder Zwischenwerte) ergibt sich bei der übertragenden Körperschaft ein **Übertragungsgewinn,** der der **Körperschaftsteuer und** gemäß § 19 Abs. 1 UmwStG auch der **Gewerbeertragsteuer** unterliegt (DPM/*Dötsch/Stimpel* UmwStG § 11 Rn. 119); die resultierende Ertragsteuerbelastung ist in der steuerlichen Schlussbilanz zurückzustellen. Soweit der Übertragungsgewinn auf **Anteile an Kapitalgesellschaften** entfällt, ist er gemäß § 8b Abs. 2, 3 Satz 1 KStG zu 95% von der KSt befreit (Rückausnahme § 8b Abs. 7 und 8 KStG). Die FinVerw. bejaht die Anwendbarkeit von § 8b Abs. 2 KStG im Rahmen von Übertragungsgewinnen iSv. §§ 11, 15 UmwStG (BMF v. 28.4.2003, BStBl. I 2003, 292 Tz. 23). **102**

Ist wegen eines infolge „stiller Lasten“ unter dem Buchwert liegenden gemeinen Werts zwingend der **niedrigere gemeine Wert** anzusetzen (→ Rn. 100e), ergibt sich ein **Übertragungsverlust,** der – falls er nicht mit positiven Einkünften der Überträgerin verrechnet werden kann – gemäß § 12 Abs. 3, § 4 Abs. 2 Satz 2 UmwStG im Zuge der Verschmelzung untergeht. Dies gilt nach Ansicht der Finanzverwaltung selbst dann, wenn die übertragende Kapitalgesellschaft **Organgesellschaft** ist, denn der **Übertragungsverlust** soll nach Ansicht der Finanzverwaltung nicht der Ergebnisabführung unterliegen (UmwSt-Erl. 2011, BMF v. 11.11.2011, BStBl. I 2011, 1314 Tz. Org. 27). Es kann sich in solchen Fällen daher anbieten, den Betrieb vor der Verschmelzung im Rahmen einer noch bestehenden Organschaft zu veräußern, was aber wegen KStH 61 nur sukzessive erfolgen darf (*Bogenschütz* Ubg 2011, 399).

Daneben kann durch die Aufstockung bei der übernehmenden Kapitalgesellschaft ein gemäß § 12 Abs. 2 Satz 1 UmwStG grundsätzlich steuerfreier, im – beim Downstream Merger aber nur im seltenen Fall einer Überkreuzbeteiligung relevanten – Fall einer Beteiligung der Übernehmerin an der Überträgerin hingegen gemäß § 12 Abs. 2 Satz 2 UmwStG iVm. § 8b Abs. 3 KStG zu 5% steuerpflichtiger Übernahmegewinn entstehen oder sich erhöhen (→ Rn. 123). **103**

e) Anwendbarkeit der §§ 11ff. UmwStG beim Down Stream Merger

Die unter dem UmwStG 1995 umstrittene Anwendbarkeit der §§ 11ff. UmwStG ist unter dem UmwStG 2006 anerkannt (s. DPM/*Dötsch/Stimpel* UmwStG Vor §§ 11–13 Rn. 34 mwN). Indem nunmehr die Rückgängigmachung von Teilwertabschreibungen auf die von der Überträgerin an der Übernehmerin gehaltenen Anteile ausdrücklich geregelt ist (§ 11 Abs. 2 Satz 2 UmwStG), hat der Gesetzgeber die Anwendbarkeit der §§ 11–13 UmwStG auf den Down Stream Merger implizit anerkannt; mit Inkrafttreten des UmwStG 2006 ist die frühere Verwaltungsauffassung (→ Rn. 105), die die Anwendbarkeit lediglich aus Billigkeitsgründen und auf gesonderten Antrag bejahte, somit obsolet geworden (s. nunmehr ausdrücklich UmwSt-Erl. 2011, BMF v. 11.11. **104**

2011, BStBl. I 2011, 1314 Tz. 11.01; DPM/*Dötsch/Stimpel* UmwStG Vor §§ 11–13 Rn. 34; Blümich/*Klingberg* UmwStG 2006 § 11 Rn. 6; RHL/*Rödder* UmwStG § 11 Rn. 406).

105 Unter dem UmwStG 1995 hielt die FinVerw. die §§ 11–13 UmwStG im Ausgangspunkt **nicht** für unmittelbar auf den Down Stream Merger **anwendbar,** bejahte aber aus **Billigkeitsgründen** eine entspr. Anwendung, wenn alle an der Umwandlung Beteiligten durch übereinstimmenden **Antrag** die Anwendung der §§ 11–13 UmwStG **insgesamt** beantragten (UmwSt-Erl. 1998, BMF v. 25.3. 1998, BStBl. I 1998, 268 Tz. 11.24 ff.). Wurde der Antrag nicht gestellt, so sollen nach Auffassung der FinVerw. die in dem übertragenen Vermögen ruhenden stillen Reserven bei der Muttergesellschaft aufzulösen sein (UmwSt-Erl. 1998, aaO Tz. 11.29). Die §§ 11–13 UmwStG sollten also nach Auffassung der FinVerw. nur im **„Gesamtpaket"** zu haben sein. Dieses „Gesamtpaket" beinhaltete nach Verwaltungsmeinung (s. etwa *Dötsch* UmwStG nF Vor §§ 11–13 Rn. 19 ff.; *Rödder/Wochinger* FR 1999 1, 9 ff.) u. a. auch die **Hinzurechnungsbesteuerung** gemäß § 12 Abs. 2 Satz 2 UmwStG 1995 zB bei vorausgegangenen steuerwirksamen Teilwertabschreibungen auf die Geschäftsanteile an der Tochter-Kapitalgesellschaft. Die Ansicht der Finanzverwaltung wurde in der Literatur (s. zB Haritz/Benkert/*Bärwaldt* 2. Auflage § 11 Rn. 17 mwN) abgelehnt. Auch die Rspr. hat sich ihr nicht angeschlossen (FG Münster v. 20. 5. 2005, 9 K 3656/03 K, EFG 2005, 1561).

106–109 *einstweilen frei*

f) Keine Maßgeblichkeit der Handelsbilanz

110 Da es sich bei dem Wahlrecht nach § 11 Abs. 2 UmwStG um eine eigenständige steuerliche Ansatz- und Bewertungsvorschrift handelt (vgl. UmwSt-Erl. 2011, BMF v. 11.11.2011, BStBl. I 2011, 1314 Tz. 11.03 und Tz. 03.04), ist der Buchwertansatz auch dann zulässig, wenn die übernehmende Körperschaft in Ausübung ihres in § 24 UmwG vorausgesetzten Wahlrechtes in ihrem handelsrechtlichen Jahresabschluss die übergehenden Vermögensgegenstände zu einem über den Buchwerten laut steuerlicher Schlussbilanz liegenden Wert ansetzt (UmwSt-Erl. 2011, BMF v. 11.11.2011, BStBl. I 2011, 1314 Tz. 11.05 – **keine „diagonale Maßgeblichkeit"**).

Eine Bindung an die Wertansätze in der handelsrechtlichen Schlussbilanz bestand entgegen der Ansicht der Finanzverwaltung schon unter Geltung des UmwStG 1995 nicht (BFH v. 5.7.2007, I R 97/06, BStBl. II 2008, 650, DStR 2007, 1767 entgegen UmwSt-Erl. 1998, BMF v. 25.3.1998, BStBl. I 1998, 268 Tz. 03.01 und Tz. 11.01); unter dem UmwStG 2006 ist die Ansicht der Finanzverwaltung endgültig obsolet, da der Gesetzgeber in § 11 Abs. 1 Satz 1 UmwStG ausdrücklich die Zulässigkeit des Ansatzes auch von nicht entgeltlich erworbenen oder selbstgeschaffenen immateriellen Wirtschaftsgütern mit dem gemeinen Wert erwähnt, sich also von der Maßgeblichkeit der handelsrechtlichen Schlussbilanz, in welcher diese Wirtschaftsgüter wegen § 248 Abs. 2 HGB früher überhaupt nicht und seit Inkrafttreten des BilMoG mit Einschränkungen angesetzt werden dürfen, verabschiedet hat.

111 Auch von der von ihr noch unter der Geltung des UmwStG 1995 vertretenen Ansicht, wonach eine Aufstockung der handelsrechtlichen Wertansätze nach § 24 UmwG zu einer Wertaufholung in der nächsten Steuerbilanz der übernehmenden Körperschaft und damit ggf. zu Mehrsteuern führen sollte (UmwSt-Erl. 1998, BMF v. 25.3.1998, BStBl. I 1998, 268 Tz. 11.02 und Tz. 03.02 – sog. **„hinkende oder phasenverschobene" Maßgeblichkeit**) hat sich die Finanzverwaltung nunmehr verabschiedet: (vgl. UmwSt-Erl. 2011, BMF v. 11.11.2011, BStBl. I 2011, 1314 Tz. 12.02 iVm. Tz. 04.04; zustimmend *Rödder* DStR 2011, 1059, 1060; DPM/*Dötsch* UmwStG § 12 Rn. 18; für Beibehaltung der „hinkenden Maßgeblichkeit" hingegen noch DPPM/*Dötsch* 6. Auflage 2007 UmwStG § 11 Tz. 11 und UmwStG § 12 Rn. 7).

112 *einstweilen frei*

g) Zuzahlungen und andere Gegenleistungen

113 Wenn und soweit die übernehmende Tochter-Kapitalgesellschaft an die Anteilsinhaber der übertragenden Mutter-Kapitalgesellschaft zusätzlich zur Anteilsgewährung noch **Zuzahlungen** leistet (→ Rn 30), sind die übergehenden Wirtschaftsgüter inso-

weit mit dem Wert der gewährten Gegenleistung anzusetzen, § 11 Abs. 2 Satz 1 Nr. 3 UmwStG. Es erfolgt also, wie bei § 3 Abs. 2 Satz 1 Nr. 3 UmwStG, eine **anteilige** („soweit") **Aufdeckung der stillen Reserven** (HMB/*Bärwaldt* UmwStG § 11 Rn. 60). Die Rechtslage ist insoweit also anders als bei der **Einbringung,** wo gemäß § 20 Abs. 2 Satz 4 UmwStG bzw. § 24 Abs. 2 Satz 2 Nr. 2 UmwStG jeweils idF des StÄndG 2015 sonstige Gegenleistungen bis zur Höhe von 25% des Buchwertes bzw. absolut 500 000 EUR des eingebrachten Betriebsvermögens buchwertfortführungsunschädlich sind → Form. A.8 Rn. 116e und → Form. A.9 Rn. 108c). Gegenleistungen iSv. § 11 Abs. 2 Satz 1 Nr. 3 UmwStG sind etwa bare Zuzahlungen wie zB ein Spitzenausgleich oder die Einräumung von Gesellschafterdarlehen (UmwSt-Erl. 1998, BMF v. 25.3.1998, BStBl. I 1998, 268 Tz. 11.05; DPM/*Möhlenbrock/Pung* UmwStG § 3 Rn. 121). Den **Barausgleich** gem. § 29 UmwG behandelt die Finanzverwaltung hingegen nicht als andere Gegenleistung (UmwSt-Erl. 2011, BMF v. 11.11.2011, BStBl. I 2011, 1314 Tz. 11.10 iVm. Tz. 03.22; DPM/*Möhlenbrock/Pung* UmwStG § 3 Rn. 124). Zur Behandlung von anderen Gegenleistungen sowie des Barausgleichs auf Gesellschafterebene → Rn. 151.

Die bei Gewährung einer nicht in Gesellschaftsrechten bestehenden Gegenleistung vorzunehmende anteilige Aufstockung in der steuerlichen Schlussbilanz der übertragenden Kapitalgesellschaft erfolgt nach Ansicht der Finanzverwaltung nunmehr für alle aktiven und passiven Wirtschaftsgüter einschließlich des Firmenwertes gleichmäßig durch Multiplikation **der stillen Reserven** bzw. **stillen Lasten** mit demjenigen Prozentsatz, welcher dem Verhältnis des Werts der Gegenleistung zum gemeinen Wert iSv. § 3 Abs. 1 UmwStG entspricht (UmwSt-Erl. 2011, BMF v. 11.11.2011, BStBl. I 2011, 1314 Tz. 11.10 iVm. Tz. 03.23 mit Beispiel; DPM/*Dötsch/Stimpel* UmwStG § 11 Rn. 107 sowie DPM/*Möhlenbrock/Pung* UmwStG § 3 Rn. 123). Der entstehende Gewinn unterliegt nach allgemeinen Grundsätzen der Körperschaft- und Gewerbesteuer (→ Rn. 102). Zur steuerlichen Behandlung der Zuzahlungen bei den Gesellschaftern der Überträgerin → Rn. 151 ff.

h) Kein Ausschluss des antragsgebundenen Wahlrechts durch § 50i Abs. 2 EStG

Das antragsgebundene Wahlrecht gemäß § 11 Abs. 2 UmwStG war nach dem Wortlaut des § 50i Abs. 2 Satz 1 EStG idF KroatienAnpG v. 25.7.2014 (BGBl. I 2014, 1266) für **Sachgesamtheiten** iSd. § 50i Abs. 1 EStG ausgeschlossen. Dazu gehörten Personengesellschaften iSv. § 15 Abs. 3 EStG (gewerblich infizierte oder geprägte Personengesellschaften – § 50i Abs. 1 Satz 1 EStG idF KroatienAnpG) sowie Besitzgesellschaften/Besitzunternehmen einer Betriebsaufspaltung (§ 50i Abs. 1 Satz 4 EStG idF KroatienAnpG), in deren Betriebsvermögen vor dem 29.6.2013 Wirtschaftsgüter oder Anteile iSd. § 17 EStG übertragen oder überführt worden waren, sowie Personengesellschaften iSd. § 15 Abs. 3 EStG, die aus einer vor diesem Stichtag erfolgten Einbringung originär gewerblicher Einkunftsquellen iSd. § 15 Abs. 1 Nr. 1 oder 2 EStG in eine Kapitalgesellschaft nach § 20 UmwStG hervorgegangen waren (§ 50i Abs. 1 Satz 2 EStG idF KroatienAnpG); einzige weitere Voraussetzung war jeweils nur, dass bei der Übertragung, Überführung oder Einbringung eine Besteuerung der stillen Reserven unterblieben war. Vom zwingenden Ansatz des gemeinen Werts sollte nach Ansicht der FinVerw. selbst in reinen Inlandsfällen, in denen eine Gefährdung des deutschen Besteuerungsrechts durch die Umwandlung ausgeschlossen war, nur aus Gründen sachlicher **Unbilligkeit** auf übereinstimmenden Antrag der Überträgerin und der Übernehmerin abgesehen werden (BMF v. 21.12.2015, BStBl I 2016, 7 Tz. 2.1.3). **113a**

Nach der rückwirkenden **Korrektur** dieser vom Gesetzgeber selbst als „überschießend" erkannten Regelung (BR-Drs. 406/16 (B) S. 9) durch das Anti-BEPS-Gesetz v. 20.12.2016 (BGBl. I 2016, 3000) greift § 50i Abs. 2 EStG **nurmehr** im Rahmen von **113b**

Einbringungen iSd. **§ 20 UmwStG** ein, und auch dies nur dann, wenn das deutsche **Besteuerungsrecht** hinsichtlich des Gewinns aus der Veräußerung der im Zuge der Einbringung erhaltenen Anteile oder der mit diesen in Zusammenhang stehenden Anteile iSv § 22 Abs. 7 UmwStG ausgeschlossen oder beschränkt ist (→ Form. A.8 Rn. 132); für das antragsgebundene Wahlrecht gemäß § 11 Abs. 2 UmwStG spielt die Vorschrift keine Rolle mehr (*Ditz/Quilitzsch* DStR 2017, 281; *Liekenbrock* DStR 2016, 2609). BMF v. 21.12.2015, BStBl. I 2106, 7, wonach es für den Erhalt dieses Wahlrechts eines Billigkeitsantrages bedurfte (→ Rn. 113a), wurde aufgehoben (BMF v. 5.1.2017, BStBl. I 2017, 32).

i) Rückgängigmachung von Teilwertabschreibungen usw., § 11 Abs. 2 Satz 2, 3 UmwStG

114 Soweit die Mutter-GmbH auf die Anteile an der Tochter-GmbH **steuerwirksam** Teilwertabschreibungen oder Abzüge gemäß § 6b EStG oder ähnliche Abzüge vorgenommen hat (was letztmalig im VZ 2000 möglich war), sind diese von der Übertragerin maximal bis zum gemeinen Wert rückgängig zu machen, § 11 Abs. 2 Satz 2 UmwStG. Wegen des für vorgenommene Teilwertabschreibungen gem. § 6 Abs. 1 Nr. 1 Satz 4, Nr. 2 Satz 3 EStG ohnehin bestehenden Wertaufholungsgebots hat die Vorschrift insbesondere dann Bedeutung, wenn der steuerliche Übertragungsstichtag vom Steuerbilanzstichtag abweicht (vgl. Beispiel c) in RHL/*van Lishaut* § 4 UmwStG Rz. 62); fallen beide Stichtage zusammen, ist vorrangig § 6 Abs. 1 Nr. 2 Satz 3 iVm. Nr. 1 Satz 4 EStG anzuwenden (UmwSt-Erl. 2011, BMF v. 11.11.2011, BStBl. I 2011, 1314 Tz. 11.17; RHL/*Rödder* § 11 UmwStG Rz. 404; RHL/*van Lishaut* § 4 UmwStG Rz. 62; zu § 12 Abs. 1 Satz 2 UmwStG → Rn. 122). Der resultierende Ertrag ist gemäß § 11 Abs. 2 Satz 3 UmwStG iVm. § 8b Abs. 2 Sätze 4 und 5 KStG bei der übertragenden Mutter-Körperschaft voll steuerpflichtig (UmwSt-Erl. 2011, BMF v. 11.11.2011, BStBl. I 2011, 1314 Tz. 11.17). Die auch zu § 8b Abs. 2 Satz 4 KStG streitige Frage, ob bei unter den Anschaffungskosten liegendem gemeinem Wert vorrangig die steuerwirksam vorgenommenen Teilwertabschreibungen (steuerpflichtig) oder die steuerunwirksam vorgenommenen Teilwertabschreibungen (steuerneutral) rückgängig zu machen sind (für ersteres OFD Münster v. 23.2.2005, DB 2005, 470; OFD Koblenz v. 18.9.2006, DStR 2006, 2033; für letzteres BFH v. 19.8.2009, I R 2/09, BStBl. II 2010, 760; *Förster/Felchner* DB 2006, 1072), entscheidet die Finanzverwaltung für § 11 Abs. 2 Satz 2 UmwStG – wie auch zu § 4 Abs. 1 Satz 2 UmwStG – im fiskalischen Interesse (UmwSt-Erl. 2011, BMF v. 11.11.2011, BStBl. I 2011, 1314 Tz. 11.17; s. auch Tz. 04.07 aE; kritisch *Schumacher/Neitz-Hackstein* Ubg 2011, 412).

4. Besteuerung der übernehmenden Gesellschaft

a) Ansatz der übergehenden Wirtschaftsgüter, steuerliche Rechtsnachfolge, Verlustvorträge der Überträgerin

115 Die im Rahmen der Verschmelzung auf die Tochter-Kapitalgesellschaft übergehenden Wirtschaftsgüter sind von dieser mit den Werten der Schlussbilanz der übertragenden Gesellschaft anzusetzen, §§ 12 Abs. 1 Satz 1 UmwStG **(zwingende Wertverknüpfung).**

116, 117 *einstweilen frei*

118 Aufgrund der in §§ 12 Abs. 3, 4 Abs. 2 Satz 1 UmwStG angeordneten **steuerlichen Rechtsnachfolge** rückt die übernehmende Tochter-GmbH – insb. bzgl. der Bewertung der übernommenen Wirtschaftsgüter, der AfA und etwaiger den steuerlichen Gewinn mindernder Rücklagen – in die diesbzgl. Rechtsposition der Mutter-GmbH ein. Dies gilt nicht nur bei Ansatz des Buchwertes (§ 11 Abs. 2 S. 1 1. Alt. UmwStG), sondern auch bei Ansatz des gemeinen Wertes oder von Zwischenwerten

(UmwSt-Erl. 2011, BMF v. 11.11.2011, BStBl. I 2011, 1314 Tz. 12.04 iVm. Tz. 04.10). Für Zwecke von § 6b EStG und § 7g EStG stellt der Vermögensübergang keine begünstigte Anschaffung dar (UmwSt-Erl. 2011, BMF v. 11.11.2011, BStBl. I 2011, 1314 Tz. 12.04 iVm. Tz. 04.14). Zu den weiteren Einzelheiten s. UmwSt-Erl. 2011, BMF v. 11.11.2011, BStBl. I 2011, 1314 Tz. 12.04 iVm. Tz. 04.09–Tz. 04.17.

Ein **Firmenwert** ist gemäß § 7 Abs. 1 Satz 3 EStG über **15 Jahre** abzuschreiben, beginnend mit dem steuerlichen **Übertragungsstichtag;** dies soll nach Ansicht der Finanzverwaltung nicht nur für den erstmalig in der Schlussbilanz angesetzten originären Firmenwert gelten, sondern auch für einen bereits zuvor bei der Überträgerin bilanzierten **(derivativ erworbenen) Firmenwert** (UmwSt-Erl. 2011, BMF v. 11.11.2011, BStBl. I 2011, 1314 Tz. 12.04 iVm. Tz. 04.10).

Die steuerliche Rechtsnachfolge gilt gemäß §§ 12 Abs. 3, 4 Abs. 2 Satz 3 UmwStG auch im Hinblick auf steuerlich relevante Besitzzeiten (UmwSt-Erl. 2011, BMF v. 11.11.2011, BStBl. I 2011, 1314 Tz. 12.04 iVm. Tz. 04.15), zB die siebenjährigen Sperrfristen für die Veräußerung **erhaltener Anteile** gemäß § 22 Abs. 1 Satz 1 UmwStG bzw. für die Veräußerung eingebrachter Anteile gemäß § 22 Abs. 2 Satz 1 UmwStG.

Gemäß §§ 12 Abs. 3 HS 2, 4 Abs. 2 Satz 2 UmwStG gehen allerdings – anders als gemäß § 12 Abs. 2 Satz 2 UmwStG 1995 – folgende steuerlichen Rechtspositionen der Überträgerin **nicht** auf die übernehmende Personengesellschaft über: **119**

- **verrechenbare Verluste** (zB gem. § 15a Abs. 2, 15b Abs. 2 Satz 2 EStG);
- **verbleibende Verlustvorträge** (§ 10d Abs. 4, 2a Abs. 1 Satz 5, 15 Abs. 4 EStG)
- **nicht ausgeglichene negative Einkünfte;** damit sind die Verluste des Geschäftsjahres der Übertragung gemeint (DPM/*Pung/Werner* UmwStG § 4 Rn. 25). Hierunter fällt auch ein etwaiger **Übertragungsverlust,** der sich aus dem zwingenden Ansatz des unter dem Buchwert liegenden gemeinen Wertes ergibt (→ Rn. 102 sowie *Bogenschütz* Ubg 2011, 399); Verluste im Übergangszeitraum können hingegen richtigerweise nicht betroffen sein, da es sich hierbei gemäß § 2 Abs. 1 und 2 UmwStG bereits um Verluste der Übernehmerin handelt (DPM/*Pung/Werner* UmwStG § 4 Rn. 25);
- ein **Zinsvortrag** nach § 4h Abs. 1 Satz 2 EStG;
- ein **EBITDA-Vortrag** nach § 4h Abs. 1 Satz 3 EStG;
- gemäß § 19 Abs. 2 UmwStG der **vortragsfähige gewerbesteuerliche Fehlbetrag (§ 10a GewStG)**; Gleiches dürfte auch für den gewerbesteuerlichen Fehlbetrag des **laufenden Erhebungszeitraums** gelten, obwohl dieser – anders als in § 18 Abs. 1 Satz 2 UmwStG für den Fall des Vermögensübergangs auf eine Personengesellschaft (→ Form. A.6 Rn. 101 und → Form A.7 Rn. 145) in § 19 Abs. 2 UmwStG nicht ausdrücklich erwähnt ist (RHL/*Trossen* § 19 Rz. 32; SHS/*Schmitt* § 19 UmwStG Rz. 17).

b) Ansatz der übergehenden Wirtschaftsgüter in der Folgebilanz der Übernehmerin

Wurden von der übertragenden Kapitalgesellschaft im Zuge des Ansatzes eines über dem Buchwert liegenden Wertes gemäß § 11 Abs. 1 oder 2 UmwStG sog. **„stille Lasten"** aufgedeckt, deren Ansatz in einer Steuerbilanz grundsätzlich nicht zulässig ist (zB **Drohverlustrückstellungen** gemäß § 5 Abs. 4a EStG, → Rn. 99b, → Rn. 100e und → Rn. 101c; **nicht jedoch Pensionsrückstellungen,** § 11 Abs. 1 Satz 2 UmwStG, → Rn. 99c), so ist gemäß § 4f Abs. 1 Sätze 1 und 2 EStG der aus der Übertragung von Verpflichtungen, die beim ursprünglich Verpflichteten Ansatzverboten, -beschränkungen oder Bewertungsvorbehalten unterlegen haben, in Höhe der aufgedeckten stillen Lasten entstehende Aufwand nicht sofort in voller Höhe, sondern nur gleichmäßig verteilt im Wirtschaftsjahr der Schuldübernahme und den nachfolgenden 14 Jahren als Betriebsausgabe abziehbar. **120**

120a Ohne Wahlrecht zwingend sofort zu berücksichtigen ist der steuerliche Aufwand des Veräußerers nur bei kleinen und mittleren Betrieben iSv. § 7g Abs. 1 Satz 2 Nr. 1 Buchst. a bis c EStG, beim Wechsel eines Arbeitnehmers zu einem neuen Arbeitgeber unter Mitnahme seiner erworbenen Pensionsansprüche und des Weiteren auch dann, wenn die Schuldübernahme im Rahmen einer **Veräußerung** oder **Aufgabe** des **ganzen Betriebes** oder des **gesamten Mitunternehmeranteils** iSd. §§ 14, 16 Abs. 1, 3 und 3a EStG sowie des § 18 Abs. 3 EStG erfolgt, § 4f Abs. 1 Satz 3 EStG.

120b, 120c *einstweilen frei*

120d Parallel dazu, aber unabhängig davon, ob der Aufwand aus der Aufdeckung der stillen Lasten beim Überträger gemäß § 4f Abs. 1 Sätze 1 und 2 EStG über 15 Jahre verteilt oder gemäß § 4f Abs. 1 Satz 3 EStG sofort abziehbar ist (*Benz/Placke* DStR 2013, 2653, 2657), hat der Erwerber die betreffenden Verpflichtungen gemäß § 5 Abs. 7 Satz 1 EStG idF des AIFM-StAnpG zu den auf die Übernahme folgenden Bilanzstichtagen so zu bilanzieren, wie sie beim ursprünglich Verpflichteten ohne Übernahme zu bilanzieren gewesen wären, dh. die Aufdeckung der stillen Lasten wird rückgängig gemacht.

120e Immerhin gewährt der Gesetzgeber dem Erwerber insoweit eine Erleichterung, als dieser in Höhe von $^{14}/_{15}$ des sich daraus ergebenden Ertrages eine gewinnmindernde Rücklage bilden darf (aber nicht muss), die in den folgenden 14 Wirtschaftsjahren jeweils mit mindestens $^{1}/_{14}$ (§ 5 Abs. 7 Satz 5 EStG idF des AIFM-StAnpG), im Falle des vorzeitigen Wegfalls der zugrundeliegenden Verpflichtung in der dann noch bestehenden Höhe hingegen sofort (§ 5 Abs. 7 Satz 6 EStG idF des AIFM-StAnpG) gewinnerhöhend aufzulösen ist.

120f Die Erleichterung für den Erwerber geht freilich regelmäßig – wenn auch wegen der Ausnahmeregelungen in § 4f Abs. 1 Satz 3 EStG (→ Rn. 120a) nicht notwendigerweise – mit einer Belastung des Veräußerers durch die Streckung der Abziehbarkeit des Aufwands aus der Aufdeckung der stillen Lasten in gleicher Höhe einher (→ Rn. 120); durch die gesetzliche Regelung wird also im Ergebnis die Aufdeckung der stillen Lasten zumindest im Regelfall wieder rückgängig gemacht.

120g Nach ganz überwiegender Auffassung sollen die Regelungen in § 4f EStG (Aufwandsverteilung beim Überträger über 15 Jahre) und in § 5 Abs. 7 EStG (Rückgängigmachung der Aufdeckung der stillen Lasten beim Erwerber) zwar grundsätzlich auch bei Umwandlungsvorgängen Anwendung finden (*Widmann,* FS Haarmann, S. 1013, 1020; *Benz/Placke* DStR 2013, 2653, 2656, jeweils unter Hinweis auf die Gesetzesbegründung BT-Drs. 18/68 S. 73; im Ausgangspunkt auch Blümich/*Krumm* § 4f EStG Rn. 34; HHR/*Schober* EStG § 4f Rn. 16; aA mit beachtlichen Gründen RHL/*Herlinghaus* § 20 UmwStG Rz. 253; *Adrian/Fey* StuB 2014, 53, 57: UmwStG sei Spezialregelung zu §§ 4f, 5 Abs. 7 EStG).

Unterschiedliche Auffassungen werden jedoch zu der Frage vertreten, ob und ggf. inwieweit bei Umwandlungsvorgängen die in § 4f Abs. 1 Satz 3 (1. Hs.) EStG statuierte Ausnahmeregelung für die **Veräußerung** oder **Aufgabe** des **ganzen Betriebes** oder des **gesamten Mitunternehmeranteils** (→ Rn. 120c) eingreift:

Nach einer Auffassung soll diese Ausnahmeregelung bei Umwandlungsvorgängen nach dem UmwStG schlechthin unanwendbar sein, weil der Gesetzgeber (BT-Drs. 18/68 S. 73) solche vom Anwendungsbereich des § 4f Abs. 1 Satz 3 (1. Hs.) EStG generell habe ausnehmen wollen (so wohl *Benz/Placke* DStR 2013, 2653, 2656).

Dem wird – im Grundsatz zu Recht – entgegengehalten, dass eine entsprechende Intention des Gesetzgebers in dieser Allgemeinheit im Gesetzeswortlaut keinen hinreichenden Niederschlag gefunden habe (HHR/*Schober* EStG § 4f Rn. 16; Blümich/*Krumm* EStG § 4f Rn. 34). Jedoch entfernt sich die Gegenauffassung ihrerseits zu weit von der Gesetzesbegründung, soweit sie umgekehrt die Mehrzahl der Umwandlungsfälle als Veräußerungen iSv. § 4f Abs. 1 Satz 3 (1. Hs.) EStG ansehen und daher von einer Aufwandsverteilung absehen will, weil auch die Finanzverwaltung (UmwSt-Erl.

2011, BMF v. 11.11.2011, BStBl. I 2011, 1314 Tz. 00.02; → Rn. 120) Umwandlungen regelmäßig als Veräußerungs- bzw. Anschaffungsvorgänge einordne (HHR/*Schober* EStG § 4f Rn. 16): Diese Sichtweise verkennt, dass der Gesetzgeber des § 4f Abs. 1 Satz 3 (1. Hs.) EStG ausweislich der Gesetzesbegründung offenkundig einen engeren Veräußerungsbegriff vor Augen gehabt hat als die Finanzverwaltung in UmwSt-Erl. 2011, BMF v. 11.11.2011, BStBl. I 2011, 1314 Tz. 00.02, was in Form des expliziten Verweises auf die § 14, § 16 Abs. 1, 3 und 3a, § 18 Abs. 3 EStG letztlich auch hinreichenden Niederschlag im Gesetzestext gefunden hat.

Zu folgen ist daher einer differenzierenden Auffassung (grundlegend *Widmann,* FS Haarmann, S. 1013; iE wohl auch Blümich/*Krumm* EStG § 4f Rn. 34), die der Gesetzesbegründung in eingeschränktem Umfang Geltung verschaffen will, nämlich in erster Linie bei Verschmelzungen und Formwechseln von Körperschaften nach dem 2. und 3. Teil des UmwStG (*Widmann,* FS Haarmann aaO unter Ziff. 3.1, S. 1019 ff. und Ziff. 3.2, S. 1025 f.) sowie bei Auf- und Abspaltungen nach dem 4. Teil des UmwStG (*Widmann,* FS Haarmann aaO unter Ziff. 3.3, S. 1026 und Ziff. 3.4, S. 1027): In diesen Fallgruppen kann im Einklang mit der Gesetzesbegründung eine Aufwandsverteilung allenfalls gemäß § 4f Abs. 1 Satz 3, 2. Hs. (2. Var.) EStG unterbleiben, also wenn die Überträgerin ein kleines oder mittleres Unternehmen iSv. § 7g Abs. 1 Satz 2 Nr. 1 Buchst. a bis c EStG ist (*Widmann,* FS Haarmann aaO unter Ziff. 3.1.2, S. 1021). Bei der **Einbringung** eines ganzen Betriebs oder eines ganzen Mitunternehmeranteils iSd. 6. oder 7. Teils des UmwStG ist der Aufwand hingegen nur dann gemäß § 4f Abs. 1 Sätze 1 und 2 EStG zu verteilen, wenn der Vorgang zu **Zwischenwerten** stattfindet (so wohl *Widmann,* FS Haarmann, Ziff. 3.5.2.1.2 S. 1032 unter „Lösung 2“ sowie Ziff. 3.6. S. 1047; wohl auch Blümich/*Krumm* EStG § 4f Rn. 34); unterbleiben muss gemäß § 4f Abs. 1 Satz 3 (1. Hs.) EStG eine Aufwandsverteilung hingegen bei Einbringungen unter Ansatz des **gemeinen Wertes,** da es sich bei diesen der Sache nach um entgeltliche Veräußerungen gemäß §§ 14, 16 Abs. 1, 3 und 3a bzw. § 18 Abs. 3 EStG handelt (*Widmann,* FS Haarmann, Ziff. 3.5.2.1.2 S. 1032 unter „Lösung 2“ sowie Ziff. 3.6. S. 1047; ähnlich Blümich/*Krumm* EStG § 4f Rn. 34).

Die FinVerw. hat zur Frage der Anwendbarkeit der Ausnahmeregelung für Betriebs- **120h**
veräußerungen (§ 4f Abs. 1 Satz 3 Hs. 1 EStG) in BMF v. 30.11.2017, DStR 2017, 2666 zu §§ 4f, 5 Abs. 7 EStG nicht direkt Stellung bezogen. Immerhin wird die Anwendbarkeit der Ausnahmeregelung des § 4f Abs. 1 Satz 4 EStG bei Unwandlungen und Einbringungen von Teilbetrieben nach dem UmwStG bejaht (BMF v. 30.11.2017, aaO Tz. 19 letzter Satz): Somit gilt für diese in gleicher Weise wie für Teilbetriebsveräußerungen das Abzugsverbot des Satzes 1 nur, soweit der Aufwand aus der Übertragung der Verpflichtung einen Veräußerungs- oder Aufgabeverlust herbeiführt oder erhöht.

Eine Aufwandsverteilung unterbleibt gemäß § 4f Abs. 1 Satz 3, 2. Hs. (2. Alt) EStG jedenfalls dann, wenn die Überträgerin die Größenmerkmale des § 7g Abs. 1 Satz 2 Nr. 1 Buchst. a bis c EStG nicht überschreitet (→ Rn. 120c). Die Anwendung des § 4f Abs. 1 Satz 3, 2. Hs. (2. Alt) EStG kann sich in bestimmten Konstellationen auch nachteilig auswirken, nämlich dann, wenn und soweit durch den Anfall des gesamten Aufwands aus der Aufdeckung der stillen Lasten zum Verschmelzungsstichtag ein nicht anderweitig ausgleichbarer Übertragungsverlust entsteht oder sicht erhöht, der gemäß §§ 12 Abs. 3, 4 Abs. 2 Satz 2 UmwStG im Zuge der Verschmelzung verloren geht (→ Rn. 100e).

Unabhängig von der Behandlung bei der Überträgerin entsteht infolge der von § 5 **120i**
Abs. 7 Satz 1 EStG angeordneten „Wiederherstellung“ der stillen Lasten zum nächsten Abschlussstichtag bei der Übernehmerin ein Ertrag, den diese aber zu $^{14}/_{15}$ durch Bildung einer Rücklage ausgleichen kann, die sodann in den folgenden 14 Jahren zu jeweils mindestens $^{1}/_{14}$ gewinnerhöhend wieder aufzulösen ist, § 5 Abs. 7 Satz 5 EStG (→ Rn. 120d und → Rn. 120e).

c) Verlustvorträge der Übernehmerin

121 Die Umwandlung auf eine Verlustgesellschaft kann einen **einer Anteilsübertragung „vergleichbaren Sachverhalt“** iSv § 8c Abs. 1 Satz 2 KStG darstellen und somit zum Untergang der Verlustvorträge der Übernehmerin führen, wenn es dadurch zu einem Übergang von Anteilen oder Stimmrechten iSd. § 8c Abs. 1 Satz 1 KStG auf einen Erwerber oder diesem nahe stehende Personen iSv. § 8c Abs. 1 Sätze 1 und 2 KStG kommt (UmwSt-Erl. 1998, BMF v. 25.3.1998, BStBl. I 1998, 268 Tz. 11.30; BMF v. 4.7.2008, BStBl. I 2008, 736; BMF v. 16.4.1999, BStBl. I 1999, 455 Tz. 28; bestätigt durch BFH v. 20.6.2011, I B 108/10, GmbHR 2011, 1111). Seit der anteilige Wegfall des Verlustvortrags bei Übertragung von mehr als 25% der Anteile oder Stimmrechte gemäß § 8c Satz 1 KStG idF. des UntStReformG 2008 v. 14.8.2007 (BGBl I 2007, 1912) und nachfolgenden Fassungen für VZ vor dem 1.1.2016 (Inkrafttreten des § 8d KStG idF. des G. v. 20.12.2016, BGBl I 2016, 2998, (fortführungsgebundener Verlustvortrag) vom BVerfG für mit Art. 3 Abs. 1 GG unvereinbar erklärt und sodann mit Gesetz v. 11.12.2018 (BGBl I 2018, 2338) auch für VZ nach 2015 abgeschafft worden ist, kann jedoch nurmehr die Übertragung von mehr als 50% der Anteile oder Stimmrechte gemäß § 8c Abs. 1 Satz 1 KStG zum (dann aber vollständigen) Untergang der Verlustvorträge führen.

Danach sind im Formularfall infolge der Verschmelzung gemäß § 8c Abs. 1 Satz 1 KStG die Verlustvorträge der Tochter zu 100% nicht mehr abziehbar, weil im Zuge der Verschmelzung der A (Gesellschafter der übertragenden GmbH) 62,5% der Anteile (→ Form. A. 3.8) an der aufnehmenden GmbH (Verlustgesellschaft) von der im Zuge der Verschmelzung erlöschenden Mutter erwirbt (zur Unanwendbarkeit der Konzernklausel im Formularfall → Rn. 121d-f).

Auf Vorlage des FG Hamburg (v. 29.8.2017, 2 K 245/17, DStR 2017, 2377) ist jedoch auch gegen § 8c Satz 2 des KStG idF des UntStReformG 2008 (nunmehr § 8c Abs. 1 Satz 1 KStG) ein Normenkontrollverfahren vor dem BVerfG anhängig (BVerfG 2 BvL 19/17; siehe auch BFH v. 11.7.2018, XI R 33/16, BStBl II 2019, 258, Tz. 49).

121a Die mit WachstBeschlG v. 22.12.2009 (BGBl I 2009, 3950) erstmals eingeführte und durch das StÄndG 2015 v. 2.11.2015 (BGBl I 2015, 1834) neu gefasste **Konzernklausel** des § 8c Abs. 1 Satz 4 KStG, die auch bei Abwärtsverschmelzungen zu prüfen ist (BFH v. 20.6.2011, I B 108/10, BFH/NV 2011, 1924 obiter), greift in folgenden Fällen ein: Gemäß § 8c Abs. 1 Satz 4 Nr. 1 oder 2 KStG dann, wenn die **Konzernspitze Anteile** erwirbt (Nr. 1) oder veräußert (Nr. 2) **und** an dem anderen an der Übertragung beteiligten Rechtsträger, d.h. im Falle des § 8c Abs. 1 Satz 4 Nr. 1 KStG am Veräußerer bzw. im Falle des § 8c Abs. 1 Satz 4 Nr. 2 KStG am Erwerber, ausschließlich die **Konzernspitze** zu **100%** umittelbar oder mittelbar beteiligt ist, also keine konzernfremden Personen. § 8c Abs. 1 Satz 4 Nr. 3 KStG regelt die Fälle der Übertragung zwischen konzernangehörigen Rechtsträgern und verlangt in diesem Fall, dass sowohl am übertragenden Rechtsträger als auch am erwerbenden Rechtsträger nur die **Konzernspitze** unmittelbar oder mittelbar zu 100% beteiligt ist; während für § 8c Abs. 1 Satz 4 Nr. 1 und 2 KStG eine Beteiligung konzernfremder Personen an der erwerbenden bzw. übertragenden Konzernspitze selbst unschädlich ist, schadet also bei § 8c Abs. 1 Satz 4 Nr. 3 KStG jedwede Beteiligung **konzernfremder Personen** sowohl beim übertragenden als auch beim erwerbenden Rechtsträger (vgl. Entwurf des BMF-Schreibens v. 15.4.2014 zur Anwendung des § 8c KStG unter Berücksichtigung der Konzernklausel idF des WachstBeschlG, BB 2014, 1046, Tz. 45). Dieselbe Person im vorgenannten Sinne **(Konzernspitze)** kann nach Neufassung des § 8c Abs. 1 Satz 5 KStG durch das StÄndG 2015 v. 2.11.2015 (BGBl. I 2015, 1864) auch eine Personengesellschaft sein (aA zum früheren Recht die FinVerw.: siehe Entwurf eines BMF-Schreibens v. 15.4.2014, BB 2014, 1046 zur Anwendung des § 8c

KStG unter Berücksichtigung der Konzernklausel idF des WachstBeschlG v. 22.12. 2009, Tz. 41). Die Neufassung des § 8c Abs. 1 Satz 5 KStG durch StÄndG 2015 ist rückwirkend auf den Zeitpunkt der Einführung der Konzernklausel durch das Wachst-BeschlG v. 22.12.2009 (BGBl. I 2009, 3950) in Kraft getreten (§ 34 Abs. 6 KStG idF des StÄndG 2015).

Bei einer **Downstream-Verschmelzung** zweier Kapitalgesellschaften ist (anteils)**übertragender Rechtsträger** iSv. § 8c Abs. 1 Satz 4 KStG die umwandlungs-(steuer)rechtlich übertragende Kapitalgesellschaft; insoweit besteht Gleichlauf zwischen Umwandlungsrecht und § 8c KStG. **Erwerbender Rechtsträger** iSv. § 8c Abs. 1 Satz 4 KStG ist jedoch der bzw. die Gesellschafter der übertragenden Kapitalgesellschaft, auf den bzw. die die bislang von der Überträgerin gehaltenen Anteile an der übernehmenden (Verlust)Kapitalgesellschaft ohne Durchgangserwerb (→ Rn. 23) übergehen; insoweit besteht also **kein Gleichlauf** zwischen **Umwandlungsrecht** und **§ 8c KStG** (Entwurf des BMF-Schreibens v. 15.4.2014, BB 2014, 1046, zu § 8c KStG, Tz. 45). **121b**

Bei der Abwärtsverschmelzung kann sowohl § 8c Abs. 1 Satz 4 Nr. 1 KStG als auch § 8c Abs. 1 Satz 4 Nr. 3 KStG anwendbar sein; der Fall des § 8c Abs. 1 Satz 4 Nr. 2 KStG, dass die Überträgerin 100% der Anteile an ihren Gesellschaftern hält, ist allenfalls theoretisch denkbar (zur analogen Anwendbarkeit von § 33 GmbHG siehe etwa MüKo GmbHG/*Löwisch* § 33 GmbHG Rz. 161). **121c**

§ 8c Abs. 1 Satz 4 Nr. 1 KStG ist bei der Verschmelzung einer Tochter- auf eine (Verlust)Enkelgesellschaft anwendbar, wenn die Tochter als Überträgerin iSd. § 8c Abs. 1 Satz 4 Nr. 1 KStG keine konzernfremden Gesellschafter hat; konzernfremde Gesellschafter an der Enkelin sind hingegen unschädlich (vgl. Entwurf BMF-Schreiben v. 15.4.2014, BB 2014, 1046, zu § 8c KStG, Tz. 44). **121d**

§ 8c Abs. 1 Satz 4 Nr. 3 KStG ist bei der Verschmelzung einer Enkelgesellschaft auf eine Urenkel-Gesellschaft anwendbar, wenn weder die Enkelgesellschaft als Überträgerin noch die Tochtergesellschaft als Erwerberin iSd. § 8c Abs. 1 Satz 4 Nr. 3 KStG konzernfremde Gesellschafter hat. **121e**

Bei der **Abwärtsverschmelzung** der Konzernspitze auf eine Tochter-Verlustgesellschaft ist hingegen zu differenzieren: **121f**

Sind die Anteile an der Konzernspitze so verteilt, dass unter Einbeziehung nahestehender Personen kein Gesellschafter (auch keine Gruppe mit gleichgerichteten Interessen iSd. § 8c Abs. 1 Satz 2 KStG) mehr als 50% der Anteile an der Tochter erwirbt (unter Berücksichtigung etwaiger innerhalb der Fünf-Jahresfrist iSd. § 8c Abs. 1 Satz 1 KStG erworbener Direktbeteiligungen an der Tochter), ist die Verschmelzung für die Verluste der Tochter unschädlich, weil § 8c Abs. 1 Satz 1 KStG tatbestandlich nicht erfüllt ist: Es werden nicht mehr als 50% der Anteile an der Tochter an **einen** Erwerber iSd. § 8c Abs. 1 Satz 1 KStG übertragen.

Hält hingegen eine Person iSd. § 8c Abs. 1 Satz 1 KStG (wie im Formularfall der A) so viele Anteile an der Konzernspitze (aber nicht alle), dass mehr als 50% der Anteile an der Verlusttochter-GmbH auf sie übergehen, ist § 8c Abs. 1 Satz 1 KStG tatbestandlich erfüllt. Die Konzernklausel (§ 8c Abs. 1 Satz 4 KStG) greift dann nicht, weil an der Konzernobergesellschaft als übertragendem Rechtsträger iSd. § 8c Abs. 1 Satz 4 Nr. 1 und 3 KStG neben dem Erwerber iSd. § 8c Abs. 1 Satz 1 KStG auch außenstehende Gesellschafter beteiligt sind.

Wäre indes im Formularfall an der übertragenden GmbH lediglich der A zu dann 100% beteiligt, würde er die Anteile an der Verlustgesellschaft selbst als **Konzernspitze** erwerben, so dass § 8c Abs. 1 Satz 4 Nr. 1 KStG anwendbar wäre; dass an der (Verlust) Tochter-GmbH auch der C beteiligt ist, ist unschädlich (→ Rn. 121d). Dasselbe würde gelten, wenn anstelle von A und B eine (auch gewerblich geprägte oder gar vermögensverwaltende, s. *Ritzer/Stangl* DStR 2015, 850) Personenhandelsgesellschaft einziger Gesellschafter der übertragenden GmbH wäre.

d) Beteiligungskorrekturgewinn

122 Soweit die übernehmende Gesellschaft Anteile an der Überträgerin hält (was beim Down Stream Merger allerdings nur im seltenen Fall der Überkreuzbeteiligung der Fall ist), sind auf diese Anteile steuerwirksam vorgenommene Teilwertabschreibungen sowie Abzüge gemäß § 6b EStG und ähnliche Abzüge gemäß §§ 12 Abs. 1 Satz 2, 4 Abs. 1 Satz 2 UmwStG rückgängig zu machen (sog. **Beteiligungskorrekturgewinn** oder erweiterte Wertaufholung); anders als nach § 12 Abs. 2 Satz 2 UmwStG 1995 ist die Hinzurechnung allerdings nur bis zum **gemeinen Wert** der Anteile möglich. Liegt der gemeine Wert unter dem Buchwert, sind die Anteile hingegen auf den gemeinen Wert abzustocken (BFH v. 30.7.2014, I R 58/12, BStBl II 2015, 199, Tz. 15). Wegen des für vorgenommene Teilwertabschreibungen gem. § 6 Abs. 1 Nr. 1 Satz 4, Nr. 2 Satz 3 EStG ohnehin bestehenden Wertaufholungsgebots hat die Vorschrift insbesondere dann Bedeutung, wenn der steuerliche Übertragungsstichtag vom Steuerbilanzstichtag abweicht (vgl. das Beispiel c in RHL/*van Lishaut* § 4 UmwStG Rz. 62); fallen beide Stichtage zusammen, ist vorrangig § 6 Abs. 1 Nr. 2 Satz 3 iVm. Nr. 1 Satz 4 EStG anzuwenden (RHL/*Rödder* § 12 UmwStG Rz. 200; RHL/*van Lishaut* § 4 UmwStG Rz. 62; für die Parallelregelung in § 11 Abs. 2 Satz 2 UmwStG auch UmwSt-Erl. 2011, BMF v. 11.11.2011, BStBl. I 2011, 1314 Tz. 11.17; zu § 11 Abs. 2 Satz 2 UmwStG → Rn. 112).

Die auch zu § 8b Abs. 2 Satz 4 KStG streitige Frage, ob bei unter den Anschaffungskosten liegendem gemeinem Wert vorrangig die steuerwirksam vorgenommenen Teilwertabschreibungen (steuerpflichtig) oder die steuerunwirksam vorgenommenen Teilwertabschreibungen (steuerneutral) rückgängig zu machen sind (für ersteres OFD Münster v. 23.2.2005, DB 2005, 470; OFD Koblenz v. 18.9.2006, DStR 2006, 2033; für Letzteres BFH v. 19.8.2009, I R 2/09, BStBl. II 2010, 760; *Förster/Felchner* DB 2006, 1072), entscheidet die Finanzverwaltung für § 12 Abs. 1 Satz 2 iVm. § 4 Abs. 1 Satz 2 UmwStG im fiskalischen Interesse (UmwSt-Erl. 2011, BMF v. 11.11.2011, BStBl. I 2011, 1314 Tz. 12.03 iVm. Tz. 04.07 aE).

Der **Beteiligungskorrekturgewinn** ist dem Gewinn der Übernehmerin außerbilanziell hinzuzurechnen und wird damit nicht Bestandteil des Übernahmegewinns (DPM/*Dötsch/Stimpel* UmwStG § 12 Rn. 34); er ist – anders als der **Übernahmegewinn** – gemäß §§ 12 Abs. 1 Satz 2, 4 Abs. 1 Satz 3 UmwStG in Verbindung mit § 8b Abs. 2 Sätze 4 und 5 KStG **voll steuerpflichtig** (UmwSt-Erl. 2011, BMF v. 11.11.2011, BStBl. I 2011, 1314 Tz. 12.03 iVm. Tz. 04.08).

Der Verlust aus einer Abstockung auf den niedrigeren gemeinen Wert (sog. **Beteiligungskorrekturverlust,** siehe BFH v. 30.7.2014, I R 58/12, BStBl II 2015, 199, Tz. 15) ist nur in den Sonderfällen des § 8b Abs. 7, 8 KStG (Anteile im Handelsbestand von Kredit- und Finanzdienstleistungsinstituten sowie Anteile, die den Kapitalanlagen von Lebens- und Krankenversicherungsunternehmen zuzurechnen sind) steuerwirksam, ansonsten hingegen nicht, § 8b Abs. 3 S. 3 KStG (BFH v. 30.7.2014, I R 58/12, aaO Tz. 18).

e) Übernahmegewinn/-verlust, Kosten des Vermögensübergangs

123 Bei der Übernehmerin bleibt ein Übernahmegewinn bzw. ein Übernahmeverlust in Höhe der Differenz zwischen dem Buchwert der Anteile und dem Wert, mit dem die übergegangenen Wirtschaftsgüter gemäß § 12 Abs. 1 Satz 1 UmwStG zu übernehmen sind, sowie abzüglich der Kosten für den Vermögensübergang außer Ansatz, § 12 Abs. 2 Satz 1 UmwStG.

Eine verschmelzungsbedingte **Vermögensmehrung** bleibt daher bei der **Gewinnermittlung** grundsätzlich ebenso **außer Ansatz** wie eine verschmelzungsbedingte **Vermögensminderung.** Dies gilt nach der vom BFH bestätigten Auffassung der FinVerw. auch dann, wenn – wie etwa bei der typischen Seitwärts- oder Abwärtsverschmelzung – die Übernehmerin nicht an der Überträgerin beteiligt ist (UmwSt-Erl. 2011, BMF v. 11.11.2011, BStBl. I 2011, 1314 Tz. 12.05; BFH v. 9.1.2013, I R 24/12, BStBl II 2018, 509; **a. A.** HMB/*Wisniewski* UmwStG § 12 Rn. 41; RHL/*Rödder* UmwStG § 12 Rn. 255; *Hahn* Juris-PR SteuerR 28/2013 Anm. 4: Steuerfreiheit ergebe sich aus Einlagegrundsätzen; der FinVerw. iE zustimmend DPM/*Dötsch/Stimpel* UmwStG § 12 Rn. 52).

Von Bedeutung ist dies für die Kosten des Vermögensübergangs, die auf Basis der Ansicht der FinVerw. stets gemäß § 12 Abs. 2 Satz 1 UmwStG in die Ermittlung des Übernahmeergebnisses eingehen und daher ohne steuerliche Auswirkung bleiben (s. UmwSt-Erl. 2011, BMF v. 11.11.2011, BStBl. I 2011, 1314 Tz. 12.05 iVm. Tz. 04.34; BFH v. 9.1.2013, I R 24/12, BStBl II 2018, 509; s. auch *Schumacher/Neitz-Hackstein* Ubg 2011, 414). Unter den „Kosten für den Vermögensübergang" versteht die FinVerw. zum einen die nicht objektbezogenen Kosten der Übernehmerin (zB Notarkosten), darüber hinaus in Abkehr von der früheren Praxis (UmwSt-Erl. 1998, BMF v. 25.3.1998, BStBl. I 1998, 268, Tz. 03.13) gemäß UmwSt-Erl. 2011 aber auch die **nicht objektbezogenen** Kosten der Überträgerin, soweit sie nach dem steuerlichen Übertragungsstichtag entstehen (UmwSt-Erl. 2011, BMF v. 11.11.2011, BStBl. I 2011, 1314 Tz. 12.05 iVm. Tz. 04.34; **aA** wohl DPM/*Möhlenbrock/Pung* UmwStG § 3 Rn. 153: sofort abziehbare Betriebsausgaben der Überträgerin). Die **objektbezogenen Kosten** (zB Grunderwerbsteuer auf zum Betriebsvermögen der Überträgerin gehörenden Grundbesitz) sollen hingegen, da es sich bei Umwandlungen generell um Anschaffungsgeschäfte handele (siehe UmwSt-Erl. 2011, BMF v. 11.11.2011, BStBl. I 2011, 1314 Tz. 00.02), als Anschaffungsnebenkosten zu aktivieren sein, und zwar auch insoweit, als die beteiligten Rechtsträger vereinbart haben, dass diese durch die übertragende Körperschaft zu tragen sind (UmwSt-Erl. 2011, BMF v. 11.11.2011, BStBl. I 2011, 1314 Tz. 04.34 unter Hinweis auf BMF v. 18.1.2010, BStBl. I 2010, 70 sowie auf BFH v. 15.10.1997, I R 22/96, BStBl II 1998, 168). **124**

Weder um aktivierungspflichtige Anschaffungsnebenkosten noch um „Kosten für den Vermögensübergang" iSd. § 12 Abs. 2 Satz 1 UmwStG ohne steuerliche Auswirkung handelt es sich hingegen bei der **Grunderwerbsteuer** infolge verschmelzungsbedingt eintretender Vereinigung oder Übertragung von mindestens 95% der Anteile an einer Gesellschaft, zu deren Vermögen ein inländisches Grundstück gehört, § 1 Abs. 3 GrEStG (BFH v. 20.4.2011, I R 2/10, BStBl II 2011, 761; FG Sachsen v. 23.1.2017, 6 K 1187/16, DStRE 2017, 596f.; BMF v. 11.11.2011, BStBl. I 2011, 1314 Tz. 12.05 iVm. Tz. 04.34): Diese Steuerbelastung mindert als Betriebsausgabe das steuerliche Ergebnis (FG Sachsen v. 23.1.2017, 6 K 1187/16, a. a. O.). Dasselbe gilt für (nur) mittelbar durch die Umwandlung verursachte Kosten wie z. B. IT-Integrationskosten (*Holle/Weiss* DStR 2018, 167). **125**

einstweilen frei **126**

Aufgrund des Verweises in § 12 Abs. 2 Satz 2 UmwStG auf § 8b KStG, der bei einer Abwärtsverschmelzung aber nur in den (seltenen) Fällen der Überkreuzbeteiligung relevant wird, gelten gemäß § 8b Abs. 3 KStG **5 %** des Übernahmegewinns, soweit er auf die Anteile der Übernehmerin an der Überträgerin entfällt, als **nichtabziehbare Betriebsausgaben;** der Verweis schließt auch § 8b Abs. 7 und Abs. 8 KStG mit ein, so dass in den dort geregelten Sonderfällen (Anteile im Handelsbestand von Kredit- und Finanzdienstleistungsinstituten sowie den Kapitalanlagen von Lebens- und Krankenversicherungsunternehmen zuzurechnende Anteile) der auf solche Anteile der Übernehmerin an der Überträgerin entfallende Übernahmegewinn voll steuerpflichtig ist (BFH v. 30.7.2014, I R 58/12, BStBl II 2015, 199, Tz. 25). Ein Übernahmeverlust ist hingegen, da § 12 Abs. 2 Satz 2 UmwStG nur für den „Gewinn" auf § 8b KStG verweist, in jedem Fall nicht abziehbar (UmwSt-Erl. 2011, BMF v. 11.11.2011, BStBl. I 2011, 1314 Tz. 12.06; bestätigt durch BFH v. 30.7.2014, I R 58/12, BStBl II 2015, 199). **127**

einstweilen frei. **128**

f) Übernahmefolgegewinn

129 Entsteht aus der Konfusion von Forderungen und Verbindlichkeiten zwischen übertragender Mutter-Kapitalgesellschaft und übernehmender Tochter-Kapitalgesellschaft ein Gewinn (auf Grund **imparitätischen Ansatzes von Forderungen** oder der Auflösung von **Rückstellungen**), so entsteht ein sog. **Übernahmefolgegewinn** iSv. § 12 Abs. 4 iVm. § 6 Abs. 1 UmwStG bei der übernehmenden Tochter-Kapitalgesellschaft.

130 Dieser Übernahmefolgegewinn kann beim Down Stream Merger **nicht** (oder nur in geringerem Umfang als beim Up Stream Merger) durch eine **steuerfreie Rücklage** gemäß § 6 Abs. 1 Satz 1 UmwStG neutralisiert werden, da die Rücklage gemäß § 12 Abs. 4 UmwStG nur insoweit gebildet werden kann, als die übernehmende Kapitalgesellschaft an der übertragenden beteiligt ist, was beim Down Stream Merger naturgemäß gar nicht bzw. nur teilweise im Falle einer (seltenen) Überkreuzbeteiligung der Fall ist.

131 *einstweilen frei*

g) Anpassung steuerliches Einlagekonto

132 Für die steuerlichen **Einlagekonten** der beteiligten Gesellschaften (§ 27 KStG) gilt gemäß § 29 Abs. 1 und 2 KStG Folgendes (s. iE BMF v. 16.12.2003, BStBl. I 2003, 786, Tz. 29 ff.):

- Die Einlagekonten beider Gesellschaften werden zunächst gemäß § 29 Abs. 1, 28 Abs. 2 KStG um das jeweils fiktiv auf 0 herabgesetzte Stammkapital der jeweiligen Gesellschaft (nach Abzug des aus umgewandelten Gewinnrücklagen bestehenden Sonderausweises gemäß §§ 28 Abs. 1 Satz 3, Abs. 3 KStG) erhöht **(Schritt 1);**
- soweit die übertragende Mutter-Kapitalgesellschaft an der übernehmenden Tochter-Kapitalgesellschaft beteiligt ist, erfolgt eine **anteilige Minderung** des sich nach Erhöhung um das Stammkapital gemäß Schritt 1 ergebenden **Einlagekontos** der **übernehmenden Tochter-Kapitalgesellschaft,** § 29 Abs. 2 Satz 3 KStG (**Schritt 2**), dh. im „Normalfall" des Down Stream Mergers einer Mutter-Kapitalgesellschaft auf ihre 100%-**Tochterkapitalgesellschaft** erfolgt eine Kürzung des Einlagekontos der Tochter-Kapitalgesellschaft auf null;
- soweit (ausnahmsweise) auch die Übernehmerin an der Überträgerin beteiligt ist, wird der sich nach Hinzurechnung gemäß Schritt 1 bei der **Überträgerin** ergebende Betrag entsprechend der **Beteiligung** der Übernehmerin an der Überträgerin anteilig gekürzt **(Schritt 3),** § 29 Abs. 2 Satz 2 UmwStG;
- die sich ergebenden Beträge der Einlagekonten werden zusammengerechnet, § 29 Abs. 2 Satz 1 KStG **(Schritt 4);**
- das in Schritt 1 fiktiv auf Null herabgesetzte Stammkapital wird gemäß §§ 29 Abs. 4, 28 Abs. 1 KStG ebenso fiktiv auf den Stand nach Verschmelzung erhöht, wobei hierfür gemäß § 28 Abs. 1 KStG zunächst das sich nach Schritt 4 ergebende Einlagekonto und erst dann die sonstigen Rücklagen umgewandelt werden **(Schritt 5).**

133–135 *einstweilen frei*

5. Besteuerung der Gesellschafter der Überträgerin, § 13 UmwStG

a) Anwendungsbereich von § 13 UmwStG

136 Die §§ 11–13 UmwStG 2006 sind auf den Down Stream Merger unmittelbar und nicht nur im Billigkeitswege anwendbar (s. UmwSt-Erl. 2011, BMF v. 11.11.2011, BStBl. I 2011, 1314 Tz. 13.01 iVm. Tz. 11.19 sowie → Rn. 104 ff.). Auch auf Ebene der Gesellschafter der übertragenden Körperschaft bedarf es daher für die Anwendung des § 13 UmwStG keines Billigkeitsantrages der Beteiligten mehr (UmwSt-Erl. 2011, BMF v. 11.11.2011, BStBl. I 2011, 1314 Tz. 13.01 iVm. Tz. 11.19 sowie DPM/*Dötsch/Werner* UmwStG § 13 Rn. 7).

§ 13 UmwStG gilt grundsätzlich nur für Anteile im Betriebsvermögen, für Anteile im Privatvermögen hingegen nur insoweit, als es sich um solche iSv. § 17 EStG handelt. Für alle übrigen Anteile im Privatvermögen trifft § 20 Abs. 4a Sätze 1 und 2 EStG eine Sonderregelung (UmwSt-Erl. 2011, BMF v. 11.11.2011, BStBl. I 2011, 1314 Tz. 13.01): Danach treten unter entsprechenden Voraussetzungen, wie § 13 Abs. 2 Satz 1 UmwStG sie für das antragsgebundene Wahlrecht zur Buchwert- bzw. Anschaffungskostenfortführung gemäß § 13 Abs. 2 UmwStG vorsieht, die gewährten Anteile an der Übernehmerin an die Stelle der bisher an der Überträgerin gehaltenen Anteile, § 20 Abs. 4a Satz 1 EStG **(„Fußstapfentheorie").** Dies gilt jedoch nicht für eine zusätzlich zu den Anteilen gewährte weitere Gegenleistung (z.B. bare Zuzahlungen); diese sind nach § 20 Abs. 4a Satz 2 iVm. Abs. 1 Nr. 1 EStG als Kapitalertrag zu versteuern.

§ 13 UmwStG gilt außerdem nicht, soweit es infolge der Verschmelzung zwischen den Anteilsinhabern der beteiligten Rechtsträger zu Wertverschiebungen kommt: Insoweit kann eine verdeckte Zuwendung zwischen den beteiligten Anteilsinhabern bzw. bei Wertverschiebungen zulasten bzw. zugunsten einer Kapitalgesellschaft eine verdeckte Gewinnausschüttung bzw. eine verdeckte Einlage vorliegen (UmwSt-Erl. 2011, BMF v. 11.11.2011, BStBl. I 2011, 1314 Tz. 13.01). Da Gegenstand der verdeckten Gewinnausschüttung bzw. verdeckten Einlage Anteile an Kapitalgesellschaften sind, ist auf einen dadurch beim Anteilseigner realisierten Gewinn § 8b KStG, das Teileinkünfteverfahren oder die Abgeltungsteuer anwendbar (*Schumacher/Neitz-Hackstein* Ubg 2011, 414).

b) Veräußerungsfiktion zum gemeinen Wert, § 13 Abs. 1 UmwStG

Grundsätzlich gelten die Anteile an der übertragenden Körperschaft als zum gemeinen Wert veräußert und die an ihre Stelle tretenden Anteile als mit diesem Wert angeschafft, § 13 Abs. 1 UmwStG (UmwSt-Erl. 2011, BMF v. 11.11.2011, BStBl. I 2011, 1314 Tz. 13.05). Die Steuerfolgen der fiktiven Veräußerung sind dieselben wie bei einer tatsächlichen Veräußerung (DPM/*Dötsch*/*Werner* UmwStG § 13 Rn. 22), dh. die Steuerfolgen richten sich bei Körperschaften nach § 8b Abs. 2, 3 KStG (95%-ige Steuerbefreiung des Veräußerungsgewinns) bzw. bei natürlichen Personen mit Anteilen im Betriebsvermögen sowie mit Anteilen iSv. § 17 EStG nach dem Teileinkünfteverfahren (§ 3 Nr. 40 Buchst. a, b oder c, § 3c Abs. 2 EStG). **137**

Die fiktive Veräußerung erfolgt im Zeitpunkt der zivilrechtlichen Wirksamkeit der Verschmelzung, d.h. mit Eintragung im Handelsregister der Übernehmerin, § 20 Abs. 1 Nr. 3 UmwG; die Rückwirkungsfiktion des § 2 Abs. 1 UmwStG gilt nicht (UmwSt-Erl. 2011 BMF v. 11.11.2011, BStBl. I 2011, 1314 Tz. 13.06), denn sie beschränkt sich auf das auf die Übernehmerin übergehende Vermögen der Überträgerin (BFH v. 17.1.2018, I R 27/16, BStBl II 2018, 449, Tz. 17 zu § 2 Abs. 1 UmwStG 1995).

c) Ansatz des Buchwertes bzw. der Anschaffungskosten, § 13 Abs. 2 UmwStG

Die Anteile an der übernehmenden Gesellschaft können auf Antrag anstatt zum gemeinen Wert mit dem Buchwert bzw. (bei Anteilen im Privatvermögen) mit den Anschaffungskosten der Anteile an der übertragenden Körperschaft angesetzt werden (§ 13 Abs. 2 Satz 1, 3 UmwStG), wenn **138**

– das deutsche Besteuerungsrecht bezüglich des Gewinns aus der Veräußerung der Anteile an der übernehmenden Körperschaft nicht ausgeschlossen wird (Nr. 1); **oder**
– die Fortführung der Buchwerte bzw. Anschaffungskosten gemäß Art. 8 der Fusionsrichtlinie geboten ist (Nr. 2).

§ 13 Abs. 2 Satz 1 Nr. 2 UmwStG ist nur in den Fällen relevant, in denen das anwendbare DBA (ausnahmsweise) das Besteuerungsrecht für die Anteile an der übernehmenden

Kapitalgesellschaft nicht dem Wohnsitzstaat des Gesellschafters, sondern dem Ansässigkeitsstaat der (übernehmenden) Kapitalgesellschaft zuordnet (DPM/*Dötsch/Werner* UmwStG § 13 Rn. 51). Für diesen Fall verlangt Nr. 2 im Anwendungsbereich der Fusionsrichtlinie, also bei Verschmelzung unter Beteiligung von EU-Kapitalgesellschaften, nicht hingegen bei EWR-Verschmelzungen (DPM/*Dötsch/Werner* § 13 UmwStG Rn. 50), die steuerneutrale Fortführung der Buchwerte bzw. Anschaffungskosten. In diesem Fall ist die spätere Veräußerung der erworbenen Anteile an der übernehmenden Gesellschaft ungeachtet der entgegenstehenden Bestimmungen des DBA gemäß § 13 Abs. 2 Nr. 2 HS 2 UmwStG in gleicher Weise steuerpflichtig, wie es die Veräußerung der Anteile an der übertragenden Gesellschaft gewesen wäre; die Veräußerungsersatztatbestände des § 15 Abs. 1a Satz 2 EStG gelten entsprechend (§ 13 Abs. 2 Nr. 2 Satz 2 UmwStG).

Das antragsabhängige Wahlrecht, die Buchwerte bzw. Anschaffungskosten der Anteile an der übertragenden Körperschaft fortzuführen, gilt unabhängig von der Ausübung bzw. Ausübbarkeit des Wahlrechts bezüglich der übergehenden Wirtschaftsgüter gemäß § 11 Abs. 1, 2 UmwStG (UmwSt-Erl. 2011, BMF v. 11.11.2011, BStBl. I 2011, 1314 Tz. 13.08; DPM/*Dötsch/Werner* UmwStG § 13 Rn. 3). Die Möglichkeit, Zwischenwerte anzusetzen, besteht nicht (UmwSt-Erl. 2011, BMF v. 11.11.2011, BStBl. I 2011, 1314 Tz. 13.10).

d) „Fußstapfentheorie" bei Buchwertansatz, § 13 Abs. 2 Satz 2 UmwStG

139 Gemäß § 13 Abs. 2 Satz 2 UmwStG 2006 treten bei der Buchwert- bzw. Anschaffungskostenfortführung die den Gesellschaftern der Überträgerin gewährten Anteile an der Übernehmerin steuerlich an die Stelle der Anteile an der Überträgerin. Diese umfassende generalklauselartige Regelung der sog. **„Fußstapfentheorie"** tritt an die Stelle der punktuellen Regelung in § 13 Abs. 2–4 UmwStG 1995. Im Einzelnen bedeutet dies Folgendes:

140 Soweit die Anteile an der übertragenden Mutter-GmbH im Betriebsvermögen gehalten werden, geht eine Wertaufholungspflicht gemäß § 6 Abs. 1 Nr. 1 Satz 4 EStG wegen einer diesbzgl. in früheren Jahren vorgenommene Teilwertabschreibung auf die im Rahmen der Verschmelzung gewährten Anteile an der übernehmenden Tochter-GmbH über (UmwSt-Erl. 2011, BMF v. 11.11.2011, BStBl. I 2011, 1314 Tz. 13.11; Blümich/*Klingberg* § 13 UmwStG 2006 Rn. 38; DPM/*Dötsch/Werner* § 13 UmwStG Rn. 56). Zu § 13 UmwStG 1995 war diese Frage streitig (bejahend BMF v. 16.12.2003, BStBl. I 2003, 286, Tz. 16; verneinend HB/*Bärwaldt* 2. Aufl. § 13 UmwStG Rn. 23).

141 Soweit es sich bei den im Privatvermögen gehaltenen Anteilen an der übertragenden Mutter-Kapitalgesellschaft um solche gemäß § 17 EStG (mehr als 1%) handelt, gelten auch die an ihrer Stelle gewährten Anteile an der übernehmenden Tochter-Kapitalgesellschaft als Anteile iSv. § 17 EStG, selbst wenn sie die 1%-Grenze unterschreiten (sog. **„verschmelzungsgeborene Anteile"**, UmwSt-Erl. 2011, BMF v. 11.11.2011, BStBl. I 2011, 1314 Tz. 13.11). Dies gilt allerdings nur für solche Anteile an der Übernehmerin, die als Entschädigung für nach § 17 EStG qualifizierte Anteile an der Überträgerin gewährt wurden (UmwSt-Erl. 2011, BMF v. 11.11.2011, BStBl. I 2011, 1314 Tz. 13.11; HB/*Bärwaldt* 2. Aufl. UmwStG § 13 Rn. 30). Auch eine bereits vorher begründete Eigenschaft als verschmelzungsgeborener Anteil geht nach § 13 Abs. 2 Satz 2 UmwStG auf die für die Anteile an der Überträgerin gewährten Anteile an der Übernehmerin über (UmwSt-Erl. 2011, BMF v. 11.11.2011, BStBl. I 2011, 1314 Tz. 13.11).

142 Die Einschränkung der Veräußerungsgewinnbefreiung gemäß § 8b Abs. 2 Satz 4 und 5 KStG sowie des Teileinkünfteverfahrens gemäß § 3 Nr. 40 Satz 1 Buchstabe a Sätze 2 und 3 EStG bei vorausgegangenen steuerwirksamen Teilwertabschreibungen sowie Abzügen nach § 6b EStG geht ebenfalls auf die im Rahmen der Verschmelzung gewährten Anteile über (UmwSt-Erl. 2011, BMF v. 11.11.2011, BStBl. I 2011, 1314 Tz. 13.11).

einstweilen frei **143–145**

Die Verschmelzung bleibt auch für die Inhaber „erhaltener Anteile" iSv. § 22 Abs. 1 UmwStG bzw. für „eingebrachte Anteile" iSv. § 22 Abs. 2 UmwStG steuerneutral. Die ihnen im Gegenzug gewährten Anteile an der Tochter-GmbH gelten ihrerseits als erhaltene Anteile (UmwSt-Erl. 2011, BMF v. 11.11.2011, BStBl. I 2011, 1314 Tz. 13.11; vgl. dazu auch DPM/*Dötsch/Werner* UmwStG § 13 Rn. 56). **146**

Die Verschmelzung löst keinen rückwirkenden Einbringungsgewinn II aus; die Sieben-Jahresfristen gemäß § 22 Abs. 1 Satz 1 und Abs. 2 Satz 1 UmwStG laufen weiter (DPM/*Dötsch/Werner* UmwStG § 13 Rn. 56). Auch im Übrigen werden Besitzzeiten angerechnet, etwa gemäß § 9 Nr. 2a, 7 GewStG für das gewerbesteuerliche Schachtelprivileg oder gemäß § 6b Abs. 10 EStG für die Übertragung einer §-6b-Rücklage (UmwSt-Erl. 2011, BMF v. 11.11.2011, BStBl. I 2011, 1314 Tz. 13.11). **147**

Auch soweit Anteile an der Überträgerin gemäß § 50i Abs. 1 EStG verstrickt sind (→ Rn. 138a ff.), setzt sich diese Verstrickung an den im Zuge der Verschmelzung an deren Stelle tretenden Anteilen an der Übernehmerin fort (*Bron* DStR 2014, 1849, 1853). **148**

einstweilen frei **149–150**

e) Andere Gegenleistungen

Kein Fall des § 13 UmwStG liegt vor, soweit die übernehmende Körperschaft gemäß § 29 UmwG an ausscheidende Gesellschafter der Überträgerin einen Barausgleich zahlt: Die ausscheidenden Anteilsinhaber veräußern ihre Anteile nach den allgemeinen Grundsätzen (UmwSt-Erl. 2011, BMF v. 11.11.2011, BStBl. I 2011, 1314 Tz. 13.02): Die Steuerfolgen richten sich bei Körperschaften nach § 8b Abs. 2, 3 KStG (95%-ige Steuerbefreiung des Veräußerungsgewinns) bzw. bei natürlichen Personen mit Anteilen im Betriebsvermögen sowie mit Anteilen iSv. § 17 EStG nach dem Teileinkünfteverfahren (§§ 3 Nr. 40 Buchstabe a, b oder c, 3c Abs. 2 EStG). **151**

Soweit die Anteilsinhaber der übertragenden Gesellschaft neben den Anteilen an der Tochtergesellschaft zusätzlich bare Zuzahlungen (zB Spitzenausgleich) erhalten, ist der Vorgang anteilig als Veräußerung mit den soeben dargestellten Steuerfolgen und nur im übrigen nach § 13 UmwStG zu beurteilen (UmwSt-Erl. 2011, BMF v. 11.11.2011, BStBl. I 2011, 1314 Tz. 13.02); bei der Ermittlung des Veräußerungsgewinns sind der Zuzahlung die anteiligen Anschaffungskosten der Anteile gegenüberzustellen (UmwSt-Erl. 2011, BMF v. 11.11.2011, BStBl. I 2011, 1314 Tz. 13.02).

Bei Anteilen im Privatvermögen, die keine Anteile iSv. § 17 EStG sind und auf die § 13 UmwStG daher nicht anwendbar ist (→ Rn. 136), unterliegt ein von der Übernehmerin nach § 29 UmwG gezahlter Barausgleich gemäß § 20 Abs. 2 Nr. 1 EStG iVm. § 32d EStG der Abgeltungsteuer. Für Zuzahlungen (zB Spitzenausgleich) gilt gemäß § 20 Abs. 4a Satz 2 EStG dasselbe. **152**

Daneben führen Zuzahlungen auf Ebene der übertragenden Kapitalgesellschaft zu einer anteiligen Aufdeckung stiller Reserven bei der übertragenden Kapitalgesellschaft und damit insoweit zu einem dort steuerpflichtigen Ertrag (→ Rn. 113). **153**

einstweilen frei **154**

VII. Verkehrsteuern, Schenkungsteuer

1. Grunderwerbsteuer

Die Verschmelzung löst, soweit zum Vermögen der übertragenden Mutter-Kapitalgesellschaft Grundstücke gehören, Grunderwerbsteuer aus, § 1 Abs. 1 Nr. 3 GrEStG. **155**

Gleiches gilt grds., wenn einer von der übertragenden Mutter-Kapitalgesellschaft unmittelbar oder mittelbar zu mehr als 95% gehaltenen Personen- oder Kapitalgesellschaft ein Grundstück gehört, § 1 Abs. 2a, Abs. 3 GrEStG. Bemessungsgrundlage ist gemäß § 8 Abs. 2 Satz 1 Nr. 2 bzw. Nr. 3 GrEStG der Grundbesitzwert gemäß § 152 Abs. 1 BewG iVm. § 157 Abs. 1 bis 3 BewG (→ Form. D.1 Rn. 73 zu der Änderung durch das StÄndG 2015 v. 2.11.2015 (BGBl. I 2015, 1834)). Die Grunderwerbsteuerfreistellung für konzerninterne Umwandlungen gemäß § 6a GrEStG greift erst, wenn das herrschende Unternehmen mindestens seit fünf Jahren vor der Umwandlung und für fünf Jahre danach ununterbrochen zu mindestens 95% an der abhängigen Gesellschaft unmittelbar oder mittelbar oder teils unmittelbar und teils mittelbar ununterbrochen beteiligt ist, § 6a Satz 4 GrEStG. Vgl. ausführlich zur Grunderwerbsteuer und den bevorstehenden Änderungen → Form. D.1 Rn. 66 ff.

2. Umsatzsteuer

156 Die Verschmelzung einer Kapitalgesellschaft auf eine andere Kapitalgesellschaft ist nicht steuerbar, § 1 Abs. 1a UStG. Die übernehmende Kapitalgesellschaft tritt in die umsatzsteuerliche Rechtsposition der übertragenden Kapitalgesellschaft ein (zB auch im Hinblick auf die Fristen für die Berichtigung des Vorsteuerabzuges iSv. § 15a UStG).

3. Schenkungsteuer

157 Umwandlungen im Allgemeinen und Verschmelzungen von Kapitalgesellschaften zur Aufnahme im Besonderen können auch **schenkungsteuerlich** relevant sein, soweit im Rahmen der Umwandlung ein **unausgewogener Leistungsaustausch** stattfindet (vgl. Gleichlautende Ländererlasse v. 20.4.2018, BStBl I 2018, 632, Tz. 2.2.1 und 2.2.2). Dabei sind **zwei Fallgruppen** zu unterscheiden:

157a Besteht der unausgewogene Leistungsaustausch darin, dass den Gesellschaftern der Überträgerin eine den **Wert** der Überträgerin **übersteigende Beteiligung** gewährt wird (Fälle von Tz. 2.2.1 der Gleichlautenden Ländererlasse v. 20.4.2018, BStBl. I 2018, 632), kann der Vorgang als freigebige Zuwendung der Gesellschafter der Übernehmerin an die Gesellschafter der Überträgerin gemäß § 7 Abs. 1 Nr. 1 ErbStG der Schenkungsteuer unterliegen (Gleichlautende Ländererlasse v. 20.4.2018, BStBl. I 2018, 632, Tz. 2.2.1; BFH v. 27.8.2014, II R 43/12, BStBl. II 2015, 241, für Kapitalerhöhung). Zuwendungsgegenstand sind in diesem Fall die den Gesellschaftern der Überträgerin gewährten Beteiligungen; dass diese erst mit Eintragung im Handelsregister neu entstehen und von den Neugesellschaftern originär erworben werden, ist unerheblich (Gleichlautende Ländererlasse v. 20.4.2018, BStBl. I 2018, 632, Tz 2.1.4 Satz 1; BFH v. 27.8.2014, II R 43/12, BStBl. II 2015, 241, Tz. 63 jeweils zur Kapitalerhöhung). Die **Einlage** der Neugesellschafter, im Falle der Verschmelzung einer Kapitalgesellschaft auf eine andere Kapitalgesellschaft also das Vermögen der Überträgerin, stellt keine teilweise Gegenleistung, sondern **Erwerbsaufwand** gemäß § 1 Abs. 2 iVm. § 10 Abs. 5 Nr. 3 ErbStG dar (BFH v. 20.12.2000, IV R 42/99, BStBl. II 2001, 454; BFH v. 27.8.2014, II R 43/12, BStBl. II 2015, 241, Tz. 50; ebenso Gleichlautende Ländererlasse v. 20.4.2018, BStBl. I 2018, 632, Tz 2.1.4 Satz 2).

157b Bleibt umgekehrt der Wert der den Gesellschaftern der Überträgerin gewährten Beteiligung an der Übernehmerin hinter dem Wert der Überträgerin zurück (Fälle von Tz. 2.2.2 der Gleichlautenden Ländererlasse v. 14.3.2012 (BStBl. I 2012, 331), ist dies nach ständiger BFH-Rechtsprechung keine freigebige Zuwendung iSv. § 7 Abs. 1 Nr. 1 ErbStG der Gesellschafter der Überträgerin an die Gesellschafter der Übernehmerin: Die durch den Vorgang eintretende Werterhöhung der Anteile der (Alt)Gesellschafter der Übernehmerin ergebe sich aus deren Gesellschafterstellung und beruhe auf dieser (BFH v. 19.6.1996, II R 83/92, BStBl. II 1996, 616, Tz. 17; BFH v. 25.10.

1995, II R 67/93, BStBl. II 1996, 160; BFH v. 9.12.2009, II R 28/08, BStBl. II 2010, 566, Tz. 10; Gleichlautende Ländererlasse v. 20.4.2018, BStBl. I 2018, 632, Tz 2.2.2). Jedoch kann gemäß dem durch das BeitrRLUmsG v. 7.12.2011, BGBl. I 2011, 2592, eingeführten **§ 7 Abs. 8 Satz 1 ErbStG** für Erwerbe, die nach dem 13.12.2011 stattfinden, eine steuerbare Schenkung an die Gesellschafter der Übernehmerin zu **fingieren** sein (Gleichlautende Ländererlasse v. 20.4.2018, BStBl. I 2018, 632, Tz 2.2.2); **Zuwendende** sind in diesem Fall die **Gesellschafter** der Überträgerin, denen die hinter dem Wert der Überträgerin zurückbleibenden Beteiligungen gewährt werden (*H.-U. Viskorf* ZEV 2014, 633, 634). Gegenstand der Zuwendung ist nach der Sichtweise der Finanzverwaltung in den Fällen des § 7 Abs. 8 Satz 1 ErbStG nicht die Leistung des Zuwendenden iSv. § 7 Abs. 8 Satz 1 ErbStG, sondern die Werterhöhung der Anteile an der die Leistung erhaltenden Kapitalgesellschaft (Gleichlautende Ländererlasse v. 20.4.2018, BStBl. I 2018, 632, Tz 3.4.1 Satz 1 und Tz. 3.5; zu den Konsequenzen für die Steuervergünstigungen gemäß §§ 13a ff. ErbStG → Rn. 157h).

Soweit zu den Gesellschaftern der an der Verschmelzung beteiligten Kapitalgesell- **157c** schaften **Personengesellschaften** gehören, sind wegen deren **schenkungsteuerlicher Transparenz** Zuwendende bzw. Begünstigte die hinter der Personengesellschaft stehenden natürlichen oder juristischen Personen (BFH v. 14.9.1994, II R 95/92, BStBl. II 1995, 81; Gleichlautende Ländererlasse v. 20.4.2018, BStBl. I 2018, 632, Tz. 3.2; *H.-U. Viskorf* ZEV 2014, 633, 634). **Kapitalgesellschaften** können hingegen selbst Zuwendende sein (Gleichlautende Ländererlasse v. 20.4.2018, BStBl. I 2018, 632, Tz. 3.2); zur Bestimmung der Steuerklasse ist dann das persönliche Verhältnis der Erwerber zu derjenigen unmittelbar oder mittelbar an der Kapitalgesellschaft beteiligten natürlichen Person oder Stiftung zugrunde zu legen, durch die die Zuwendung veranlasst ist, **§ 15 Abs. 4 Satz 1 ErbStG.** Prinzipiell kommen Kapitalgesellschaften – wie auch andere juristische Personen – auch als Begünstigte einer Schenkung in Betracht (*H.-U. Viskorf* ZEV 2014, 633, 634). Jedoch hat dann regelmäßig § 7 Abs. 8 Satz 1 ErbStG (Fiktion einer Zuwendung an deren Gesellschafter), der auch auf Leistungen gesellschaftsfremder Dritter anwendbar sein kann (Gleichlautende Ländererlasse v. 20.4.2018, BStBl. I 2018, 632, Tz. 3.2), Vorrang (Gleichlautende Ländererlasse v. 20.4.2018, BStBl. I 2018, 632, Tz. 1.4 Satz 1). Hingegen liegt eine freigebige Zuwendung gemäß § 7 Abs. 1 Nr. 1 ErbStG an die Kapitalgesellschaft und kein Fall des § 7 Abs. 8 ErbStG vor, wenn die Leistung von einem nicht an der Kapitalgesellschaft Beteiligten stammt und auf eine unmittelbare Bereicherung der Kapitalgesellschaft abzielt (Gleichlautende Ländererlasse v. 20.4.2018, BStBl. I 2018, 632,Tz. 3.2 letzter Satz). Sind Kapitalgesellschaften sowohl als Zuwendende als auch auf Erwerberseite beteiligt, scheidet eine Schenkung insoweit aus, als an diesen unmittelbar oder mittelbar dieselben Gesellschafter zu gleichen Anteilen beteiligt sind, **§ 7 Abs. 8 Satz 2 ErbStG.**

Ob ein schenkungsteuerlich relevanter **unausgewogener Leistungsaustausch** **157d** vorliegt, beurteilt sich ausschließlich nach bürgerlich-rechtlichen Bewertungsgrundsätzen (BFH v. 27.8.2014, II R 43/12, BStBl. II 2015, 241, Tz. 46): Sowohl der Verkehrswert des auf die Übernehmerin übergehenden Vermögens als auch der Verkehrswert der dafür gewährten Beteiligung werden gemäß § 9 Abs. 1 Satz 2 BewG durch den Preis bestimmt, der im gewöhnlichen Geschäftsverkehr nach der Beschaffenheit des neuen Anteils bei einer Veräußerung zu erzielen wäre (*H.-U. Viskorf* ZEV 2014, 633, 635; BFH v. 27.8.2014, II R 43/12 BStBl. II 2015, 241, Tz. 46). Bei der Feststellung des Werts sind mit Ausnahme ungewöhnlicher oder persönlicher Verhältnisse alle Umstände zu berücksichtigen, die den Preis beeinflussen können, § 9 Abs. 2 Sätze 2 und 3, Abs. 3 BewG (BFH v. 27.8.2014, II R 43/12, BStBl. II 2015, 241, Tz 46). Auf typisierende Steuerwerte wie zB das vereinfachte Ertragswertverfahren (§§ 199 ff BewG) kann nicht zurückgegriffen werden (BFH v. 24.11.2005, II R 11/04, BFH/NV 2006, 744; BFH v. 27.8.2014, II R 43/12, BStBl II 2015, 241, Tz. 47, jeweils zum sog. *Stuttgarter Verfahren*). Die steuerrechtlichen Bewertungsvorschriften sind erst im Rahmen der Ermittlung der Bereicherung iSd. § 10 ErbStG anzuwenden (BFH v. 27.8.2014, II R 43/12, BStBl. II 2015, 241, Tz. 47 ff.). **Bewertungsstichtag** ist der Zeitpunkt der Eintragung der Umwandlung in das Handelsregister der Übernehmerin, da die Schenkungsteuer gemäß § 9 Abs. 1 Nr. 2 ErbStG zu diesem Zeitpunkt entsteht (*H.-U. Viskorf* ZEV 2014, 633, 635; BFH v. 27.8.2014, II R 42/12 BFH/NV 2015, 1079, Tz. 46 für die Kapitalerhöhung).

157e Ob eine **Leistung** iSv. **§ 7 Abs. 8 ErbStG** vorliegt (Fälle von Tz. 2.2.2 der Gleichlautenden Ländererlasse v. 20.4.2018, BStBl. I 2018, 632,), ist im Rahmen einer **Gesamtbetrachtung** festzustellen, bei der nicht nur die Leistungen der anderen Gesellschafter an die Gesellschaft, sondern auch Leistungen der Gesellschafter untereinander zu berücksichtigen sind, durch die die Werterhöhung ggf. ausgeglichen wird (Gleichlautende Ländererlasse v. 20.4.2018, BStBl. I 2018, 632, Tz. 3.3.3 und 3.3.4).

157f In **subjektiver Hinsicht** ist für § 7 Abs. 1 Nr. 1 ErbStG erforderlich, dass die Beteiligten mit dem Willen zur Freigebigkeit gehandelt haben (BFH II R 43/12 v. 27.8.2014, BStBl. II 2015, 241, Tz. 51). Ihnen muss bekannt gewesen sein, dass zwischen dem Wert der gewährten neuen Beteiligung und dem Wert der zu leistenden Einlage eine erhebliche prozentuale Abweichung besteht, wobei es freilich auf die Kenntnis des genauen Ausmaßes dieser Abweichung nicht ankommt (BFH II R 43/12 v. 27.8.2014, BStBl. II 2015, 241, Tz. 51). Bei einem **auffallenden Missverhältnis** zwischen dem bei verständiger und den Umständen nach vertretbarer Beurteilung zugrunde zu legenden Verkehrswert der neuen Anteile und den von den Neugesellschaftern zu leistenden Einlagen muss nach der Lebenserfahrung zunächst davon ausgegangen werden, dass die Gesellschafter dieses Missverhältnis erkannt haben. In einem solchen Fall muss derjenige, der behauptet, zumindest dem Zuwendenden sei das auffallend grobe Missverhältnis nicht bekannt gewesen, dies durch konkreten Vortrag entkräften (BFH II R 41/08 v. 15.12.2010, BStBl. II 2011, 363, Tz. 13; BFH II R 43/12 v. 27.8.2014, BStBl. II 2015, 241, Tz. 52). Entsprechendes gilt für § 7 Abs. 8 ErbStG (Gleichlautende Ländererlasse v. 20.4.2018, BStBl. I 2018, 632, Tz. 3.4.3). Die FinVerw. geht von einem auffälligen Missverhältnis bereits bei einer **Wertdifferenz** von mindestens **20 %** aus (Gleichlautende Ländererlasse v. 20.4.2018, BStBl. I 2018, 632, Tz. 3.4.3; BFH v. 5.7.2018, II B 122/17, BStBl II 2018, 660, Tz. 14). In diesem Fall wird auch eine die Anwendung von § 7 Abs. 8 Satz 1 ErbStG ausschließende Ausgewogenheit der Gesellschafterbeiträge regelmäßig nicht zu belegen sein (Gleichlautende Ländererlasse v. 20.4.2018, BStBl. I 2018, 632, Tz. 3.4.3).

157g Die Ermittlung der **Bereicherung,** die gemäß § 10 Abs. 1 Satz 1 ErbStG für die Bemessung der Schenkungsteuer maßgeblich ist, richtet sich gemäß § 12 Abs. 1 und 2 ErbStG nach § 11 BewG, wenn Gegenstand der Zuwendung iSv. § 7 Abs. 1 Nr. 1 ErbStG eine die Einlage wertmäßig **übersteigende Beteiligung** ist (Fälle von Tz. 2.2.1 des Gleichlautende Ländererlasse v. 20.4.2018, BStBl. I 2018, 632); im Falle einer nicht börsennotierten Kapitalgesellschaft ist somit § 11 Abs. 2 BewG maßgeblich (BFH II R 43/12 v. 27.8.2014, BStBl. II 2015, 241, Tz. 57 f.). Dasselbe soll nach Auffassung der Finanzverwaltung auch für die Bereicherung durch Werterhöhung der Anteile in den Fällen des § 7 Abs. 8 ErbStG gelten (Gleichlautende Ländererlasse v. 20.4.2018, BStBl. I 2018, 632,Tz. 3.4.1).

157h Auf gemäß § 7 Abs. 1 Nr. 1 ErbStG schenkungsteuerbare Umwandlungen (Fälle von Tz. 2.2.1 des Gleichlautende Ländererlasse v. 20.4.2018, BStBl. I 2018, 632) sollen die Steuervergünstigungen gemäß §§ 13a, 13b ErbStG Anwendung finden können, da Zuwendungsgegenstand hier die den Neugesellschaftern der Übernehmerin gewährten Anteile sind (*H.-U. Viskorf* ZEV 2014, 633, 636; BFH v. 27.8.2014, II R 43/12, BStBl. II 2015, 241, Tz. 61 ff. für Kapitalerhöhung). Dabei kommt es darauf an, ob Altgesellschafter vor der Umwandlung jeweils allein unmittelbar am Grund- bzw. Stammkapital der kapitalerhöhenden Gesellschaft zu mehr als 25 % beteiligt waren (BFH v. 27.8.2014, II R 43/12, BStBl. II 2015, 241, Tz. 63) oder ob diese Schwelle wenigstens gemeinsam unter

Zuhilfenahme einer Poolvereinbarung iSv. § 13b Abs. 1 Nr. 3 Satz 2 ErbStG überschritten wird (*H.-U. Viskorf* ZEV 2014, 633, 636).

Hingegen sollen bei fiktiven Zuwendungen gemäß § 7 Abs. 8 ErbStG (Fälle von Tz. 2.2.2 des Gleichlautenden Erlasses v. 14.3.2012, BStBl. I 2012, 331) die §§ 13a, 13b ErbStG nach Auffassung der Finanzverwaltung generell unanwendbar sein, weil § 13b Abs. 1 Nr. 3 ErbStG zwar die **Gewährung** von Anteilen an Kapitalgesellschaften durch einen zu mehr als 25% beteiligten Schenker, nicht jedoch die **Werterhöhung** von Anteilen an Kapitalgesellschaften begünstige (Gleichlautende Ländererlasse v. 20.4.2018, BStBl. I 2018, 632,Tz. 3.5). Es sind jedoch Zweifel angebracht, ob diese Sichtweise zutrifft, wenn – wie bei der Verschmelzung einer Kapitalgesellschaft auf eine andere Kapitalgesellschaft regelmäßig der Fall – Gegenstand der Leistung iSv. § 7 Abs. 8 Satz 1 ErbStG ein Gewerbebetrieb iSv. § 13b Abs. 1 Nr. 2 ErbStG ist (für die Anwendbarkeit von §§ 13a ff. ErbStG in diesem Fall Kapp/Ebeling/*Geck* ErbStG § 13 Rn. 234; siehe auch Eingabe der Bundessteuerberaterkammer vom 4.7.2012 an das BMF zu den Gleichlautenden Ländererlassen v. 14.3.2012, BStBl. I 2012, 331).

VIII. Arbeitsrecht

S. zunächst die grds. Anm. zum Arbeitsrecht bei → Form. A. 1 Rn. 150 ff. **158**

Die Darlegung der **Folgen der Verschmelzung für die Arbeitnehmer und ihre** **159** **Vertretungen und die diesbzgl. vorgesehenen Maßnahmen** ist gemäß § 5 Abs. 1 Nr. 9 UmwG zwingender Bestandteil des Verschmelzungsvertrages. Die individual- und kollektivarbeitsrechtlichen Folgen der Verschmelzung sind iE umfassend darzulegen; ein pauschaler Verweis auf § 613a BGB und die Bestimmungen des UmwG genügt nicht (OLG Düsseldorf v. 15.3.1998, 3 Wx 156/98, NJW-RR 1999, 188). Genügt der Verschmelzungsvertrag diesen Anforderungen nicht, hat das Handelsregister die Eintragung der Verschmelzung abzulehnen (OLG Düsseldorf v. 15.3.1998, 3 Wx 156/98, aaO).

Daneben besteht gem. **§ 613a Abs. 5 BGB** die Verpflichtung, die Arbeitnehmer **160** nicht nur über die rechtlichen, sondern auch über die sie betreffenden **wirtschaftlichen und sozialen Folgen** des Betriebsübergangs zu informieren; die Nichteinhaltung dieser Informationsverpflichtung hat grundsätzlich zur Folge, dass die in § 613a Abs. 6 BGB normierte Frist von einem Monat für die Ausübung des Rechts der betroffenen Arbeitnehmer, dem Übergang ihres Arbeitsverhältnisses zu widersprechen (iE → Form. A.1 Rn. 152 f.), nicht zu laufen beginnt. Gleiches gilt für eine **unvollständige oder unrichtige Unterrichtung** (BAG v. 13.7.2006, 8 AZR 305/05, NZA 2006, 1268; BAG v. 14.12.2006, 8 AZR 763/05, NZA 2007, 682; BAG v. 15.12.2016, 8 AZR 612/15 NZA 2017, 783). Allerdings hat das BAG klargestellt, dass ein Widerspruchsrecht nach einer Verschmelzung nicht besteht, da das Arbeitsverhältnis mit dem bisherigen, erloschenen Arbeitgeber nicht fortgesetzt werden kann. Dieser ist auch nicht zwangsläufig als Kündigung zu verstehen, wenn die Erklärung nicht auch eine Umdeutung zur Kündigung oder einem anderen Beendigungstatbestand zulässt (BAG v. 21.2.2008, 8 AZR 157/07, NZA 2008, 815). Ein erklärter Widerspruch lässt das übergegangene Arbeitsverhältnis daher grundsätzlich unberührt (siehe auch → Form. A.1 Rn. 178; → Form. A.3.2 § 6 Abs. 2 sowie → Rn. 199).

Ob und inwieweit sich die Ergänzung von § 613a BGB auch auf die – bislang streitige – **161** Frage auswirkt, ob die mittelbaren (wirtschaftlichen und sozialen) Folgen der Verschmelzung gemäß § 5 Abs. 1 Nr. 9 UmwG **auch im Verschmelzungsvertrag** zu erläutern sind (s. WM/*Mayer* UmwG § 5 Rn. 183 mwN; Lutter/*Drygalla* UmwG § 5 Rn. 103 ff., jeweils mwN zum Streitstand), **bleibt abzuwarten.** Es empfiehlt sich, vorsorglich auch insoweit Angaben zu machen (→ Form. A.3.2 § 6 Abs. 9 und → Rn. 204 ff.).

Bzgl. der Einzelheiten wird auf → Form. A.3.2 § 6 sowie → Rn. 197 ff. verwiesen. **162**

einstweilen frei **163**

IX. Kosten

1. Beurkundung des Verschmelzungsvertrags

164 Die Notargebühren für die Beurkundung des Abschlusses des **Verschmelzungsvertrages** richten sich nach §§ 97, 107 GNotKG (→ Form. A.1 Rn. 261). Vgl. zum reformierten Kostenrecht (GNotKG) → Form. A.1 Rn. 259.

Bei dem vorliegenden Down Stream Merger ist Bemessungsgrundlage für die notariellen Gebühren entweder das Aktivvermögen der übertragenden Mutter-GmbH (ohne Schuldenabzug) oder aber, sofern die gewährten Geschäftsanteile an der Tochter-GmbH an die Gesellschafter der Mutter-GmbH einen höheren Wert aufweisen, letzterer Wert (Korintenberg/*Tiedtke* GNotKG § 107 Rn. 41). Der Unternehmenswert (Equity Value) der zu verschmelzenden Mutter-GmbH beträgt vorliegend 10 Mio. EUR, wobei darin die 80%-Beteiligung an der Tochter-GmbH enthalten ist. Für die notarielle Kostenberechnung ist gleichwohl der Wert von 10 Mio. EUR maßgeblich, da dieser in der Mutter-GmbH verkörperte Beteiligungswert im Rahmen der Verschmelzung auf die Tochter-GmbH zwar durch Konfusion wegfällt, das Aktivvermögen der Mutter-GmbH aufgrund der Schlussbilanz als Berechnungsgrundlage jedoch nicht mindert (OLG Düsseldorf v. 2.7.1998, 10 W 58/98, MittBayNot 1998, 464; Korintenberg/*Tiedtke* GNotKG § 107 Rn. 41 aE). Zu weiteren Details der Berechnung des Gegenstandswerts vgl. → Form. A.1 Rn. 259 und 261.

165 *einstweilen frei*

2. Zustimmungsbeschlüsse, Kapitalerhöhungsbeschluss

166 Die Mitbeurkundung der Zustimmungsbeschlüsse nach § 13 Abs. 1 UmwG in Mutter- bzw. Tochter-GmbH ist nach § 110 Nr. 1 GNotKG gegenstandsverschieden zum Verschmelzungsvertrag, so dass diese nach §§ 97, 108 Abs. 1 GNotKG für die Notarkostenberechnung gesondert zu berücksichtigen sind. Die Zustimmungsbeschlüsse in Mutter-GmbH und Tochter-GmbH sind untereinander allerdings gegenstandsgleich, vgl. § 109 Abs. 2 Nr. 4 Buchst. g GNotKG. Gemäß § 108 Abs. 3 Satz 1 GNotKG ist der Geschäftswert der Zustimmungsbeschlüsse der Wert des Vermögens des übertragenden Rechtsträgers, höchstens jedoch 5 Mio. EUR (§ 108 Abs. 5 GNotKG), auch wenn mehrere Beschlüsse mit verschiedenem Gegenstand in einem Beurkundungsverfahren zusammengefasst werden. Es empfiehlt sich wegen der Degression der Kostentabelle, auch den Verschmelzungsvertrag und die Zustimmungsbeschlüsse – wie vorliegend – in einer Urkunde zusammenzufassen.

167 Gegenstandsverschieden nach § 86 Abs. 2 GNotKG ist allerdings der Kapitalerhöhungsbeschluss bei der aufnehmenden Tochter-GmbH, so dass der Nennbetrag der Kapitalerhöhung (100 000 EUR) zu dem Wert des Verschmelzungsbeschlusses hinzuzurechnen ist (§ 35 Abs. 1 GNotKG, vgl. Korintenberg/*Tiedtke* GNotKG § 108 Rn. 85).

168 *einstweilen frei*

3. Verzichtserklärungen, Vollzugs- und Betreuungsgebühren, Auslagen

169 Für die Mitbeurkundung von Verzichtserklärungen auf die Erstellung eines Verschmelzungsberichts (§ 8 Abs. 3 UmwG), auf die Verschmelzungsprüfung bzw. die Erstellung eines Verschmelzungsprüfungsberichts (§§ 9 Abs. 3, 12 Abs. 3 UmwG) (dazu Renner/Otto/Heinze/*Heinze,* GNotKG, § 107 Rn. 72) und auf die Auslegung von Unterlagen in den Geschäftsräumen der beteiligten Gesellschaften fallen keine zusätzlichen Gebühren an, da sämtliche dieser Verzichtserklärungen gegenstandsgleich nach § 109 Abs. 1 GNotKG sind (BDS/*Bormann* GNotKG § 109 Rn. 35; OLG Hamm v. 6.12.2001, 15 W 314/01, MittBayNot 2002, 210 zur KostO). Nicht gegenstandsgleich und damit gesondert zu bewerten soll die ebenfalls im Formular enthaltene Verzichts-

erklärung auf die Anfechtung des jeweiligen Verschmelzungsbeschlusses nach § 16 Abs. 2 UmwG sein. Für die Bewertung dieser Verzichtserklärung soll ein Teilwert von 10% des übergehenden Aktivvermögens zugrunde zu legen sein (Renner/ Otto/Heinze/*Heinze* GNotKG § 107 Rn. 73).

Es können grundsätzlich Vollzugs- oder Betreuungsgebühren zusätzlich zu den Beurkundungsgebühren entstehen (vgl. → Form. A.1 Rn. 262). Im vorliegenden Form. A.3 entstehen sowohl die Vollzugsgebühr für die Erstellung der Gesellschafterliste durch den beurkundenden Notar (Nr. 22113 des Kostenverzeichnisses), höchstens 250 EUR, sowie eine Betreuungsgebühr nach Nr. 6 zur Nr. 22200 des Kostenverzeichnisses für die Erstellung der Bescheinigung nach § 40 Abs. 2 Satz 2 GmbHG. Fertigt der Notar auch die Übernehmerliste im Rahmen der Kapitalerhöhung, so fällt hierfür grundsätzlich ebenfalls eine Vollzugsgebühr an; nach § 93 Abs. 1 GNotKG wird diese jedoch nur einmal erhoben und neben der Vollzugsgebühr für die Erstellung der Gesellschafterliste nicht gesondert in Ansatz gebracht; nach Nr. 22113 des Kostenverzeichnisses ist die Vollzugsgebühr dann auf 500 EUR beschränkt (*Felix* RNotZ 2018, 378, 387). **170**

Zusätzlich werden durch den Notar noch Auslagen in Rechnung gestellt (vgl. → Form. A.1 Rn. 262). **171**

einstweilen frei **172**

4. Handelsregisteranmeldung

Beglaubigt der Notar lediglich die Unterschriften der anmeldenden Geschäftsführer von Mutter-GmbH und Tochter-GmbH unter ihm zur Verfügung gestellten **Fremdentwürfen,** dann erhält er hierfür eine Gebühr von 0,2, mindestens jedoch 20 EUR und höchstens 70 EUR nach Nr. 25100 des Kostenverzeichnisses. Der Geschäftswert der Handelsregisteranmeldungen wird nach §§ 121, 105 GNotKG ermittelt. Bei der Mutter-GmbH handelt es sich um eine Anmeldung mit unbestimmtem Geldwert nach § 105 Abs. 4 Nr. 1 GNotKG. Entsprechend ist der Geschäftswert ein Prozent des Stammkapitals der betreffenden Gesellschaft, mindestens jedoch 30 000 EUR; die 0,2 Gebühr aus diesem Geschäftswert beträgt 25 EUR. Bei der übernehmenden Tochter-GmbH ist der Anmeldegegenstand der Verschmelzung ein solcher mit unbestimmtem Geldwert nach § 105 Abs. 4 Nr. 1 GNotKG. Die Anmeldung der Kapitalerhöhung ist jedoch ein gesonderter Gegenstand, so dass der Nennbetrag der Kapitalerhöhung hinzuzurechnen ist (§ 105 Abs. 1 Satz 1 Nr. 3, § 35 Abs. 1 GNotKG), mindestens aber nochmals 30 000 EUR (§ 105 Abs. 1 Satz 2 GNotKG). **173**

Zudem erhält der Notar nach Nr. 22114 des Kostenverzeichnisses (elektronischer Vollzug und Erstellung von sog. XML-Strukturdaten) noch eine zusätzliche Gebühr in Höhe von 0,3, maximal jedoch 250 EUR, für die elektronische Einreichung der Handelsregisteranmeldung nebst Anlagen zum Registergericht. Des Weiteren fällt noch eine Vollzugsgebühr nach Nr. 22124 des Kostenverzeichnisses von 20 EUR für die Einreichung der Handelsregisteranmeldung an. Hinzu kommen Auslagen nach Nr. 3200 ff. des Kostenverzeichnisses und 19% USt (Nr. 32014 des Kostenverzeichnisses). **174**

Erstellt der **Notar selbst** die **Entwürfe** der Handelsregisteranmeldungen für die Mutter-GmbH und die Tochter-GmbH, so berechnen sich die Notargebühren nach Nr. 24102 des Kostenverzeichnisses. Hiernach fällt eine Rahmengebühr von 0,3 bis 0,5, bei einer (vollständigen) Entwurfserstellung eine Gebühr von 0,5, mindestens jedoch 30 EUR, an. Der Geschäftswert berechnet sich wiederum aus §§ 119, 105 GNotKG (vgl. Rn. 173). Zudem erhält der Notar nach Nr. 22114 des Kostenverzeichnisses (elektronischer Vollzug und Erstellung von sog. XML-Strukturdaten) noch eine zusätzliche Gebühr in Höhe von 0,3, maximal jedoch 250 EUR, für die elektronische Einreichung der Handelsregisteranmeldung nebst Anlagen zum Registergericht. Neben den beiden vorgenannten Gebühren sind wiederum Auslagen nach Nr. 3200 ff. und 19% USt (Nr. 32014 des Kostenverzeichnisses) zu zahlen.

5. Handelsregistereintragung

175 Die Eintragungsgebühren richten sich nach der Verordnung über Gebühren in Handels-, Partnerschafts- und Genossenschaftsregistersachen (Handelsregistergebührenverordnung, HRegGebV), die auf der Ermächtigungsgrundlage in § 58 GNotKG beruht. Bei den Gebühren handelt es sich um sog. aufwandsbezogene Gebühren, die dem sog. Gebührenverzeichnis als Anlage zu § 1 Satz 1 HRegGebV v. 30.9.2004 (BGBl. I 2004, 2562) entnommen werden können.

Die **Handelsregistereintragung** kostet sowohl bei der übertragenden als auch der übernehmenden GmbH je 240 EUR (Gebührenverzeichnis Nr. 2402, 2403).

176 *einstweilen frei*

C. Einzelerläuterungen

I. Notarurkunden

1. Verschmelzungsvertrag mit Zustimmungsbeschlüssen und Verzichtserklärungen

177 Verschmelzungsvertrag, Verschmelzungsbeschlüsse sowie Verzichte auf Verschmelzungsbericht und Klage gegen die Wirksamkeit der Verschmelzungsbeschlüsse sind **notariell zu beurkunden,** §§ 6, 13 Abs. 3 Satz 1, UmwG. Erforderlich ist im Regelfall die Beurkundung durch einen deutschen Notar; die Beurkundung durch einen ausländischen Notar kann allenfalls dann genügen, wenn sie der Beurkundung durch einen deutschen Notar gleichwertig ist, was z.B. für die Beurkundung durch Notare im Schweizer Kanton Basel-Stadt bejaht worden ist (vgl. KG v. 26.7.2018, 22 W 2/18, DStR 2018, 2533; s. iE → Form B.1 Rn. 333ff.).

178 Da im Formularfall eine einvernehmliche Verschmelzung vorliegt, werden sämtliche Erklärungen aus Kostengründen gemeinsam in einer Urkunde beurkundet. Dadurch fällt u.a. die Gebühr für die Verschmelzungsbeschlüsse nur einmal an (→ Rn. 167); außerdem werden Verzichtserklärungen wegen Gegenstandsgleichheit mit dem Verschmelzungsvertrag nicht in Ansatz gebracht (→ Rn. 171).

179 *einstweilen frei*

2. Verschmelzungsvertrag

Zu § 1: Vermögensübertragung

180 § 1 enthält die nach § 5 Abs. 1 Nr. 2 UmwG erforderliche Vereinbarung über die **Übertragung** des Vermögens der übertragenden GmbH als Ganzes gegen Gewährung von Anteilen an der übernehmenden GmbH.

181 *einstweilen frei*

Zu § 2: Gegenleistung, Umtauschverhältnis, Kapitalerhöhung

182 **Abs. 1** definiert entspr. den Anforderungen in § 5 Abs. 1 Nr. 3 UmwG das Umtauschverhältnis.

183 **Abs. 7** (Zeitpunkt des Beginns der **Gewinnberechtigung**) enthält eine gemäß § 5 Abs. 1 Nr. 5 UmwG erforderliche Angabe. Als Zeitpunkt, ab welchem die Anteile gewinnberechtigt sind, wird meist der **Verschmelzungsstichtag** gewählt. Handelsrechtlich ist dies nicht zwingend. Jedoch wird steuerlich das Vermögen der übernehmenden Gesellschaft zwingend ab dem steuerlichen Übernahmestichtag zugerechnet, dh. ab dem Zeitpunkt der Schlussbilanz der übertragenden Gesellschaft, § 2 Abs. 1 Satz 1 UmwStG.

184 *einstweilen frei*

Da die Tochter-GmbH durch die Verschmelzung einen Netto-Vermögenszuwachs von 2 Mio. EUR erfährt (Eigenkapitalwert der Mutter-GmbH 10 Mio. EUR ./. Wert der Beteiligung der Mutter-GmbH an der Tochter-GmbH (10 Mio. EUR × $^4/_5$ = 8 Mio. EUR), muss eine Kapitalerhöhung zugunsten der Gesellschafter der Mutter-GmbH durchgeführt werden, um zu verhindern, dass dem außenstehenden C durch die Verschmelzung ein ungerechtfertigter Vermögensvorteil zuwächst. Für die Ermittlung der Kapitalerhöhung wird diese zu der Summe aus bisherigem Stammkapital der Tochter (StK) und Kapitalerhöhung (KErh) ins Verhältnis gesetzt. Dieses Verhältnis entspricht dem Verhältnis, in welchem der Verkehrswert der neu ausgegebenen Anteile zum Verkehrswert der aufnehmenden Gesellschaft **nach** Verschmelzung (W_{AnV}) steht. Der Verkehrswert der neu ausgegebenen Anteile muss dem bei der Tochter-GmbH eintretenden Vermögenszuwachs (δ W) entsprechen. 185

Es ergibt sich also folgende Gleichung: 186

$$\frac{\text{KErh}}{\text{StK} + \text{KErh}} = \frac{\delta \text{W}}{\text{W}_{\text{AnV}}}$$

Setzt man die Zahlen aus dem Formularfall (→ Rn. 1 f.) in diese Formel ein, so ergibt sich Folgendes:

$$\frac{\text{KErh}}{500\,000\text{ €} + \text{KErh}} = \frac{2\text{ Mio. €}}{12\text{ Mio. €}} = \frac{1}{6}$$

Löst man die vorstehende Gleichung nach KErh auf, so ergibt sich Folgendes:

$$\text{KErh} = \frac{1}{6} \times (500\,000\text{ €} + \text{KErh})$$

$$\frac{5}{6}\text{ KErh} = \frac{1}{6} \times 500\,000\text{ €}$$

$$\text{KErh} = \frac{1}{5} \times 500\,000\text{ €} = 100\,000\text{ €}$$

einstweilen frei 187

Das **Umtauschverhältnis** gemäß **§ 2 Abs. 1** ergibt sich, indem man die Summe aus den bislang von der Mutter-GmbH gehaltenen, an deren Gesellschafter ausgekehrten „Altanteilen“ (400 000 EUR) und den im Rahmen der Kapitalerhöhung geschaffenen „Neuanteilen“ (100 000 EUR), dh. zusammen 500 000 EUR, durch den Nennbetrag der Geschäftsanteile teilt, welche die Empfänger an der übertragenden Mutter-GmbH hielten (1 000 000 EUR). Daraus folgt im Formularfall, dass für jeden Euro Stammkapital an der übertragenden GmbH 0,50 EUR Stammkapital an der übernehmenden GmbH gewährt werden. Ausgedrückt in vollen Eurobeträgen (§ 54 Abs. 3 S. 1 HS 2 UmwG, § 55 Abs. 4, § 5 Abs. 2 Satz 1 GmbHG) sind dies ein EUR Stammkapital an der übernehmenden Tochter-Gesellschaft pro zwei EUR Stammkapital an der Überträgerin. 188

Abs. 6 regelt die Einzelheiten der Anteilsgewährung, § 5 Abs. 1 Nr. 4 UmwG. 189

einstweilen frei 190

Zu § 3: Verschmelzungsstichtag

Abs. 1 (Verschmelzungsstichtag) ist gemäß § 5 Abs. 1 Nr. 6 UmwG zwingender Bestandteil des Verschmelzungsvertrages. Der Verschmelzungsstichtag bezeichnet den Zeitpunkt, ab welchem die Geschäftsvorfälle des übertragenden Rechtsträgers in der Rechnungslegung des übernehmenden Rechtsträgers zu erfassen sind. 191

Abs. 2 (Handelsrechtliche Schlussbilanz) ist kein zwingender Bestandteil des Verschmelzungsvertrages: § 5 Abs. 1 Nr. 5 und Nr. 6 UmwG fordern Festlegungen im 192

Verschmelzungsvertrag nur für den Gewinnberechtigungszeitpunkt sowie den Verschmelzungsstichtag. Gleichwohl ist eine Regelung bzgl. der handelsrechtlichen Schlussbilanz zweckmäßig.

193 Da streitig ist, ob die Schlussbilanz festgestellt sein muss (→ Rn. 63), sieht das Formular vorsorglich die Feststellung der Schlussbilanz vor.

194 *einstweilen frei*

195 **Abs. 3** (Wertansätze in der Rechnungslegung der übernehmenden Gesellschaft) ist ebenfalls kein zwingender, aber ein zweckmäßiger Bestandteil des Verschmelzungsvertrages. Im Formular wird der Ansatz des übergehenden Vermögens nach dem **Anschaffungskostenprinzip** gewählt, § 255 Abs. 1 HGB iVm. § 24 UmwG (→ Rn. 69 ff.), was zu einer Buchwertaufstockung führt. Nach Auffassung der FinVerw. zum UmwG 1995 sollte allerdings eine erfolgswirksame Wertaufholung in der korrespondierenden Steuerbilanz des übernehmenden Rechtsträgers zur Folge haben („phasenverschobene" oder „hinkende" Maßgeblichkeit, → Rn. 116); diese Auffassung hat sich allerdings mit dem UmwStG 2006 erledigt (→ Rn. 111 mwN).

196 *einstweilen frei*

Zu § 6: Folgen der Verschmelzung für Arbeitnehmer und ihre Vertretungen

197 Die Darlegung der Folgen der Verschmelzung für die Arbeitnehmer und ihre Vertretungen sowie die insoweit vorgesehenen Maßnahmen sind zwingender Bestandteil des Verschmelzungsvertrages, § 5 Abs. 1 Nr. 9 UmwG, ihr Fehlen ein Eintragungshindernis.

198 **Abs. 1** beschreibt und konkretisiert die gesetzliche Regelung in § 324 UmwG iVm. § 613a Abs. 1 Satz 1 BGB.

199 **Abs. 2** trägt dem in § 613a Abs. 5 und 6 BGB gesetzlich geregelten Widerspruchsrecht des Arbeitnehmers Rechnung. Ein Widerspruchsrecht besteht nach aktueller Rspr. nach einer Verschmelzung nicht, da das Arbeitsverhältnis mit dem bisherigen, erloschenen Arbeitgeber nicht fortgesetzt werden kann. IE → Form. A.1 Rn. 178.

200 **Abs. 3** enthält die ebenfalls erforderliche Beschreibung der Folgen der Verschmelzung für die Arbeitnehmer des übernehmenden Unternehmens.

201 **Abs. 4** legt das **Kündigungsverbot** gemäß § 613a Abs. 4 BGB dar.

202 **Abs. 5** nimmt zu der Auswirkung der Verschmelzung auf tarifvertragliche Normen Stellung.

203 **Abs. 6 und Abs. 7** beschreiben die Auswirkungen auf die **betriebsverfassungsrechtlichen Strukturen** der betroffenen Unternehmen. Die Betriebsräte bleiben bei einer Verschmelzung zunächst im Amt, da die Identität der Betriebe durch eine Verschmelzung nicht unmittelbar geändert wird. Sofern im übernehmenden Unternehmen ein Gesamtbetriebsrat noch nicht besteht, ist er erstmalig zu errichten, § 47 Abs. 1 BetrVG. Die Betriebsvereinbarungen gelten ebenfalls kollektivrechtlich fort, da die betrieblichen Strukturen durch die Verschmelzung als solche nicht geändert werden.

204 **Abs. 9** nimmt zu den mittelbaren Folgen der Verschmelzung Stellung. Die Frage, ob und inwieweit bzw. wie detailliert eine Darstellung auch der **mittelbaren Folgen** der Verschmelzung nach § 5 Abs. 1 Nr. 9 UmwG erforderlich ist, ist heftig umstritten (s. WM/*Mayer* UmwG § 5 Rn. 183 mwN; Lutter/*Drygalla* UmwG § 5 Rn. 103 ff. mwN). Der Streit kann jedoch dahinstehen, wenn (wie im Formularfall) keine mittelbaren Folgen geplant sind.

205 *einstweilen frei*

II. Schreiben an die Betriebsräte

206 Die Notwendigkeit der **Zuleitung** des Verschmelzungsvertrages oder seines Entwurfs an die **Betriebsräte der beteiligten Rechtsträger** spätestens einen Monat vor den Verschmelzungsbeschlüssen ergibt sich aus § 5 Abs. 3 UmwG; die Zuleitung ist dem Handelsregister gemäß § 17 Abs. 1 UmwG nachzuweisen. Der Nachweis erfolgt am einfachsten durch Empfangsbekenntnis (so auch das Formular).

Im Falle des Bestehens eines **Gesamtbetriebsrates** ist bei einer Verschmelzung zumindest bei der übertragenden Gesellschaft dieser zuständig, da die Angelegenheit notwendigerweise das gesamte Unternehmen betrifft, § 50 BetrVG; ob dies auch auf Seiten der übernehmenden Gesellschaft zutrifft, ist weniger klar. Ebenso ist unklar und streitig, ob im Falle des Bestehens eines **Konzernbetriebsrates** auch diesem der Verschmelzungsvertrag zuzuleiten ist (differenzierend WM/*Mayer* UmwG § 5 Rn. 254). Wird der Verschmelzungsvertrag nur dem unzuständigen Betriebsrat zugeleitet, stellt dies ein Eintragungshindernis dar. Es empfiehlt sich daher, den Verschmelzungsvertrag – falls tunlich – im Interesse der Rechtssicherheit sämtlichen auch nur möglicherweise in Betracht kommenden Betriebsräten sämtlicher beteiligter Rechtsträger einschließlich etwaiger Gesamt- und Konzernbetriebsräte zuzuleiten (Kallmeyer/*Willemsen* UmwG § 5 Rn. 76). **207**

einstweilen frei **208**

Auf die Einhaltung der Monatsfrist soll verzichtet werden können (WM/*Mayer* UmwG § 5 Rn. 259; Kallmeyer/*Willemsen* UmwG § 5 Rn. 77b), nicht dagegen auf die Zuleitung an sich (Kallmeyer/*Willemsen* aaO; aA WM/*Mayer* aaO). **209**

Fehlt ein Betriebsrat, entfällt die Zuleitungspflicht gemäß § 5 Abs. 3 UmwG (WM/*Mayer* UmwG § 5 Rn. 263; Kallmeyer/*Willemsen* UmwG § 5 Rn. 79). **210**

Im Falle von **Änderungen** des Verschmelzungsvertrages nach Zuleitung an den Betriebsrat soll dieser nur dann **erneut** dem Betriebsrat zuzuleiten sein, wenn die Änderungen in irgendeiner Form auf die Rechtsverhältnisse der Arbeitnehmer und ihrer Vertretungen Auswirkung haben können (OLG Naumburg v. 6.2.1997, 7 U 236/96, DB 1997, 466). **211**

einstweilen frei **212**

III. Handelsregisteranmeldungen, Gesellschafterliste, Transparenzregister

Die Anmeldung bei der übertragenden Gesellschaft hat durch Geschäftsführer in **vertretungsberechtigender Anzahl** zu erfolgen (Kallmeyer/*Zimmermann* UmwG § 16 Rn. 4). Die Unterschriften sind öffentlich zu beglaubigen, § 12 HGB. Im Falle einer grds. zulässigen **Bevollmächtigung** zur Anmeldung müssen auch die Unterschriften unter der Vollmacht notariell beglaubigt werden, § 12 Abs. 2 HGB. Die Handelsregisteranmeldung bei der aufnehmenden Kapitalgesellschaft ist, da sie eine Kapitalerhöhung beinhaltet, von sämtlichen Geschäftsführern zu unterzeichnen, §§ 57 Abs. 1, 78 GmbHG, § 55 Abs. 1 UmwG; eine Bevollmächtigung ist ausgeschlossen. Der Anmeldung ist gemäß §§ 55 Abs. 2 UmwG, 57 Abs. 3 Nr. 2 GmbHG auch eine Liste der Übernehmer der neuen Geschäftsanteile beizufügen (→ Form. A.3.7). Wegen des Nachweises der Werthaltigkeit der Sacheinlage wird die Schlussbilanz der Überträgerin (freiwillig) mit eingereicht (→ Rn. 28, → Rn. 43). Die Handelsregisteranmeldungen sind elektronisch in öffentlich beglaubigter Form einzureichen, § 12 Abs. 1 S. 1 HGB (iE → Form. A.1 Rn. 56 sowie *Jeep/Wiedemann* NJW 2007, 2439). **213**

Der Handelsregisteranmeldung der Übernehmerin ist nach § 52 UmwG idF des 3. UmwÄndG v. 11.7.2011 (BGBl. I 2011, 1338) **keine** berichtigte **Gesellschafterliste** mehr beizufügen. Erstellung und Einreichung der Gesellschafterliste ist gemäß § 40 Abs. 2 GmbH idF des MoMiG v. 23.10.2008 (BGBl. I 2008, 2026) nunmehr Sache des die Umwandlung beurkundenden Notars (→ Form. A.3.8); dieser hat die Gesellschafterliste mit seiner Bescheinigung gemäß § 40 Abs. 2 GmbHG erst einzureichen, wenn die Umwandlung (durch Eintragung im Handelsregister der Übernehmerin) wirksam geworden ist. In der Gesellschafterliste sind Name, Vorname, Geburtsdatum **213a** und Wohnort der Gesellschafter (bzw. bei Gesellschaften Firma, Sitz, Registergericht und HR-Nummer) sowie für jeden Gesellschafter die Nennbeträge und laufenden Nummern der von ihnen übernommenen Geschäftsanteile und seit Änderung von § 40 Abs. 1 GmbHG durch Gesetz zur Umsetzung der 4. EU-Geldwäscherichtlinie v. 23.6.2017 (BGBl. I 2017, 1822) die durch den jeweiligen Geschäftsanteil vermittelte jeweilige prozentuale Beteiligung am Stammkapital anzugeben, § 40 Abs. 1 Satz 1 GmbHG; hält ein Gesellschafter mehr als einen Geschäftsanteil, ist nunmehr auch der Gesamtumfang seiner Beteiligung am Stammkapital in Prozent gesondert anzugeben, § 40 Abs. 1 Satz 3 GmbHG idF des Gesetzes v. 23.6.2017, aaO. Aufgrund der Verordnungsermächtigung gemäß § 40 Abs. 4 GmbHG idF. des Gesetzes v. 23.6.2017, aaO hat das Bundesministerium der Justiz und für Verbraucherschutz die Verordnung über die Ausgestaltung der Gesellschafterliste (BGBl I 2018, 870 -GesLV) erlassen, die zum 1.7.2018 in Kraft getreten ist (zur GesLV s. *Frank/Schaub* DStR 2018, 1822; *Miller* NJW 2018, 2518). Seither sind für die Nummerierung von Geschäftsanteilen zwingend ganze arabische Zahlen zu verwenden, § 1 Abs. 1 Satz 1 GesLV, und zwar entweder in Form von Einzelnummern oder (wahlweise) in den durch die GesLV zugelassenenen Fällen, namentlich bei Anteilsteilungen, stattdessen in dezimaler Gliederung unter Verwendung sog. Abschnittsnummern (zB 1.1), § 1 Abs. 1 S. 1, Abs. 3 S. 3 GesLV (vgl. auch schon OLG Thüringen v. 22.3.2010, 6 W 110/10, DNotZ 2010, 873). Prozentangaben dürfen auf eine Dezimalstelle entweder kaufmännisch gerundet oder durch Weglassen von Nachkommastellen gekürzt werden, § 4 Abs. 1 S. 1 und S. 3 GesLV; der Gesamtumfang der Beteiligung eines Gesellschafters, der mehrere Geschäftsanteile hält (§ 40 Abs. 1 S. 3 GmbHG), ist anhand ungerundeter und ungekürzter Einzelbeteiligungen zu errechnen, erst danach darf auf eine Dezimalstelle gerundet oder gekürzt werden, § 4 Abs. 2 GesLV.

Eine Veränderungsspalte, aus welcher sich die bisherige Nummer ergibt, ist nur im Falle der Einreichung einer sog. Bereinigungsliste zur Verhinderung oder Beseitigung der Unübersichtlichkeit der Nummerierung erforderlich, § 1 Abs. 4, § 2 Abs. 1 und 2 GesLV, iÜ (in den in § 2 Abs. 3 GesLV genannten Fällen) immerhin erwünscht, s. § 2 Abs. 1 und 3 GesLV („sollte“). Bislang ungeklärt ist, ob Voreintragungen in der Veränderungsspalte solange fortgeführt werden können oder müssen, bis sie durch eine andere Eintragung für diesen Anteil ersetzt werden (im letztgenannten Sinne etwa *Miller* NJW 2018, 2518, 2521; **aA** zutreffend *Frank/Schaub* DStR 2018, 1822, 1823). Jedenfalls bei der Gründung muss die Gesellschafterliste mangels „Veränderung“ noch keine Veränderungsspalte enthalten (*Frank/Schaub* DStR 2018, 1822, 1823 unter Hinweis auf BR-Drs. 105/18 S. 9 unten).

In Form. A.3.8 wird sowohl von der Möglichkeit der Verwendung von Abschnittsnummern als auch bezüglich der Geschäftsanteile Nr. 1.1, 1.2, 3 und 4 von der in § 2 Abs. 3 Nr. 1, 4 und 7 GesLV vorgesehenen Möglichkeit Gebrauch gemacht, in einer Veränderungsspalte zusätzliche Angaben zu den im Vergleich mit der zuletzt aufgenommenen Gesellschafterliste eingetretenen Veränderungen zu machen. Bezüglich des Geschäftsanteils Nr. 2 sind hingegen keine Angaben in die Veränderungsspalte aufzunehmen, da dieser von Herrn C bei Gründung der Gesellschaft übernommen wurde und seither keine Veränderung iSv § 2 Abs. 3 GesLV erfahren hat (→ Form, A 3.1 Abschnitt B (1))

213b Eine Umwandlung sollte stets auch Anlass für die Prüfung sein, ob diese eine – gemäß § 56 Abs. 1 Nr. 53 GWG bußgeldbewehrte – Pflicht zur Mitteilung des **wirtschaftlich Berechtigten** an das Transparenzregister auslöst oder eine solche Mitteilungspflicht womöglich sogar unabhängig von der Umwandlung besteht. Ist nämlich eine **natürliche Person** wirtschaftlich Berechtigter iSv § 19 Abs. 2 S. 1, § 3 Abs. 1 und 2 GWG, weil sie unmittelbar oder mittelbar mehr als 25% der Kapitalanteile oder Stimmrechte einer juristischen Person oder eingetragenen Personengesellschaft hält (§ 3 Abs. 2 Satz 1 Nr. 1 oder 2 GWG) oder auf vergleichbare Weise Kontrolle ausübt

(§ 3 Abs. 2 Satz 1 Nr. 3 GWG), hat die juristische Person oder eingetragene Personengesellschaft grundsätzlich gemäß § 19 Abs. 1 GWG Vor- und Nachnamen, Geburtsdatum und Wohnort des wirtschaftlich Berechtigten sowie nach näherer Maßgabe von § 19 Abs. 2 GWG Art und Umfang seines wirtschaftlichen Interesses dem Transparenzregister mitzuteilen, § 20 Abs. 1 GWG. Gemäß § 20 Abs. 2 GWG gilt diese Verpflichtung jedoch als erfüllt, wenn die vorgenannten Angaben bereits in einem der in § 20 Abs. 2 GWG genannten Register, zB dem Handelsregister, elektronisch abrufbar sind. Dass diese Mitteilungsfiktion auch im Falle der die Angaben gemäß § 40 GmbHG enthaltenden Gesellschafterliste greift, folgt aus dem Verweis in § 20 Abs. 2 Nr. 1, § 22 Abs. 1 Satz 1 Nr. 4 GWG auf § 40 GmbHG (*Frank/Schaub* DStR 2018, 1822). Soweit die Mitteilungsfiktion hingegen nicht anwendbar ist, etwa bei Beteiligung ausländischer Kapitalgesellschaften, deren Gesellschafter naturgemäß nicht aus den in § 20 Abs. 2 GWG genannten deutschen Registern ersichtlich sind, hat die juristische Person oder eingetragene Personengesellschaft, an welcher die Wirtschaftliche Berechtigung besteht, die entsprechenden Informationen gemäß § 20 Abs. 1 Satz 1 GWG einzuholen, aufzubewahren, auf aktuellem Stand zu halten und dem Transparenzregister unverzüglich auf elektronischem Wege mitzuteilen. Nur wenn auch nach Durchführung umfassender Prüfungen keine natürliche Person als wirtschaftlich Berechtigter ermittelt werden kann, gelten regelmäßig die gesetzlichen Vertreter der juristischen Person oder eingetragenen Personengesellschaft als wirtschaftlich Berechtigte, § 3 Abs. 2 S. 5 GWG, mit der Folge des Eingreifens der Mitteilungsfiktion, soweit – wie regelmäßig – die sie betreffenden Informationen iSv § 19 Abs. 1 GWG in einem der in § 20 Abs. 2 GWG genannten Register (zB Handelsregister) elektronisch abrufbar sind.

A. 4 Verschmelzung zweier Schwester-GmbHs

Gliederung

A. Vertragsformulare

A.4.1. Notarurkunde (Verschmelzungsvertrag und Gesellschafterbeschlüsse)[127]

URNr. ......
vom ......

Verhandelt zu ...... am ......:[128]
Vor mir, ..., Notar, erschienen

1. **Herr ......**
   geboren am ......
   geschäftsansässig in ......
   dem Notar persönlich bekannt,
   hier nicht im eigenen Namen handelnd, sondern für die A-GmbH mit dem Sitz in ......, eingetragen im Handelsregister des Amtsgerichts ...... unter HRB ......
   Geschäftsadresse: ......
   Auf Grund des am ...... eingesehenen Handelsregisters beim Amtsgericht ...... bescheinige ich, dass dort unter HRB ...... die

   A-GmbH

   mit dem Sitz in ...... eingetragen und Herr ...... in seiner Eigenschaft als alleiniger einzelvertretungsberechtigter Geschäftsführer zur Vertretung der Gesellschaft berechtigt ist.
2. **Herr ......**
   geboren am ......
   geschäftsansässig in ......
   dem Notar persönlich bekannt,
   hier nicht im eigenen Namen handelnd, sondern für die B-GmbH mit dem Sitz in ......, eingetragen im Handelsregister des Amtsgerichts ...... unter HRB ......
   Geschäftsadresse: ......
   Auf Grund des am ...... eingesehenen elektronischen Handelsregisters bescheinige ich, dass dort unter HRB ...... die

   B-GmbH

   mit dem Sitz in ...... eingetragen und Herr ...... in seiner Eigenschaft als alleiniger einzelvertretungsberechtigter Geschäftsführer zur Vertretung der Gesellschaft berechtigt ist.
3. **Herr ......**
   geboren am ......
   geschäftsansässig in ......
   dem Notar persönlich bekannt,
   hier nicht im eigenen Namen handelnd, sondern für die Mutter-GmbH mit dem Sitz in ......, eingetragen im Handelsregister des Amtsgerichts ...... unter HRB ......
   Geschäftsadresse: ......

Auf Grund des am ...... eingesehenen elektronischen Handelsregisters bescheinige ich, dass dort unter HRB ...... die

M-GmbH

mit dem Sitz in ...... eingetragen und Herr ...... in seiner Eigenschaft als alleiniger einzelvertretungsberechtigter Geschäftsführer zur Vertretung der Gesellschaft berechtigt ist.

Die Erschienenen erklären, dass weder der Notar selbst noch sein Sozius in der Sache, die im Nachfolgenden beurkundet wird, vorbefasst iSv. § 3 Abs. 1 Nr. 7 BeurkG sind. Auf Ansuchen der Erschienenen beurkunde ich die vor mir abgegebenen Erklärungen wie folgt:

1. Verschmelzungsvertrag[129 f.]

Präambel[131 f.]

An der
A-GmbH
mit dem Sitz in ......,
eingetragen im Handelsregister des Amtsgerichts ...... unter HRB ......,
deren Stammkapital ...... EUR
beträgt, sind beteiligt: die

Mutter-GmbH

mit dem Sitz in ......,
eingetragen im Handelsregister des Amtsgerichts ...... unter HRB ......,
mit einem Geschäftsanteil (lfd. Nr. 1) im Nennbetrag von ...... EUR

Nach Angaben der Vertretenen zu 3) als Gesellschafterin der Vertretenen zu 1) sind die Einlage und ein etwaiges Aufgeld auf den Geschäftsanteil in voller Höhe einbezahlt.

An der
B-GmbH
mit dem Sitz in ......,
eingetragen im Handelsregister des Amtsgerichts ...... unter HRB ......,
deren Stammkapital ...... EUR
beträgt, ist beteiligt: die

Mutter-GmbH

mit dem Sitz in ......,
eingetragen im Handelsregister des Amtsgerichts ...... unter HRB ......,
mit einem Geschäftsanteil (lfd. Nr. 1) im Nennbetrag von ...... EUR

Nach Angaben der Vertretenen zu 3) als Gesellschafterin der Vertretenen zu 2) sind die Einlage und ein etwaiges Aufgeld auf den Geschäftsanteil in voller Höhe einbezahlt.

Die Vertretene zu 2) wünscht, das Vermögen der Vertretenen zu 1) im Wege der Verschmelzung aufzunehmen.

Sonderrechte iSv. § 23 und § 50 Abs. 2 UmwG bestehen bei der Vertretenen zu 1) nicht.

Dies vorausgeschickt, vereinbaren die Vertretenen zu 1) und 2), was folgt:

§ 1 Vermögensübertragung, Verschmelzungsstichtag und Schlussbilanz[134 ff.]

(1) Die A-GmbH mit dem Sitz in ......, eingetragen im Handelsregister des Amtsgerichts ...... unter HRB ...... (im Folgenden „A-GmbH") als übertragender Rechtsträger überträgt ihr Vermögen als Ganzes mit allen Rechten und Pflichten unter Auflösung ohne Abwicklung auf die B-GmbH mit dem Sitz in ......, eingetragen im Handelsregister des Amtsgerichts ...... unter HRB ...... (im Folgenden „B-GmbH") als übernehmender Rechtsträger gegen Gewährung von Anteilen an der B-GmbH an die Anteilsinhaberin der A-GmbH gemäß § 2 Nr. 1, §§ 46 ff. UmwG (Verschmelzung durch Aufnahme).

(2) Die Übernahme des Vermögens der A-GmbH erfolgt im Innenverhältnis mit Wirkung zum 1.1.01, 0:00 Uhr (Verschmelzungsstichtag). Von diesem Zeitpunkt an gelten alle Handlungen und Geschäfte der A-GmbH als für Rechnung der B-GmbH vorgenommen.

(3) Der Verschmelzung wird die Bilanz aus dem mit dem uneingeschränkten Bestätigungsvermerk des Wirtschaftsprüfers ...... in ...... versehenen Jahresabschluss der A-GmbH zum 31.12.00 als Schlussbilanz zugrunde gelegt.

§ 2 Gegenleistung[138 ff.]

(1) Die Übertragung des Vermögens der A-GmbH auf die B-GmbH erfolgt gegen Gewährung von Gesellschaftsrechten an der B-GmbH an die M-GmbH mit dem Sitz in ......, eingetragen im Handelsregister des Amtsgerichts ...... unter HRB ...... als Anteilsinhaberin der A-GmbH als Gegenleistung für die Übertragung des Vermögens der A-GmbH. Hierzu erhält die M-GmbH einen neuen Geschäftsanteil an der B-GmbH im Nominalbetrag von ...... EUR, der durch die Erhöhung des Stammkapitals der B-GmbH neu geschaffen wird.

(2) Zur Durchführung der Verschmelzung wird die B-GmbH ihr Stammkapital von bislang ...... EUR um ...... EUR auf ...... EUR durch Bildung eines neuen Geschäftsanteils im Nominalbetrag von ...... EUR erhöhen. Dieser Geschäftsanteil gewährt ab dem 1.1.01 einen Anspruch auf einen Anteil am Bilanzgewinn. Dieser Geschäftsanteil ist der M-GmbH kostenfrei zu gewähren.

(3) Bare Zuzahlungen werden nicht geleistet.

§ 3 Sonderrechte[142]

Die übernehmende B-GmbH gewährt einzelnen Anteilsinhabern sowie den Inhabern besondere Rechte im Sinne von § 5 Abs. 1 Nr. 7 UmwG weder Rechte, noch sind für diese Personen Maßnahmen vorgesehen.

§ 4 Besondere Vorteile[143 f.]

Keinem Mitglied eines Vertretungsorgans oder eines Aufsichtsorgans der an der Verschmelzung beteiligten Rechtsträger, keinem geschäftsführenden Gesellschafter, keinem Abschlussprüfer oder Verschmelzungsprüfer werden besondere Vorteile gewährt.

§ 5 Folgen der Verschmelzung für die Arbeitnehmer und ihre Vertretungen[145 ff.]

(1) Für die bei dem übernehmenden Rechtsträger, der B-GmbH, in dessen einzigen Betrieb C beschäftigten Arbeitnehmer ändert sich der Inhalt ihres Arbeitsverhältnisses nicht.

(2) Auf Grund der Verschmelzung gehen die Betriebe A und B des übertragenden Rechtsträgers, der A-GmbH, auf die B-GmbH über, die gemäß § 613a BGB, § 324 UmwG mit allen Rechten und Pflichten unter Anrechnung der bei der A-GmbH verbrachten Vordienstzeiten in die Arbeitsverhältnisse der bei der A-GmbH beschäftigten Arbeitnehmer eintritt. Die im Unternehmen der A-GmbH bislang auf Grund des Tarif-

vertrags ...... (Flächentarifvertrag) geregelten Arbeitsbedingungen gelten weiter, da die B-GmbH Mitglied des selben Arbeitgeberverbands ist. § 613a BGB gilt nicht für die Ansprüche auf betriebliche Altersversorgung ehemals bei der A-GmbH beschäftigter Arbeitnehmer im Ruhestand.

(3) Die Arbeitnehmer der A-GmbH können dem Übergang ihrer Arbeitsverhältnisse nicht widersprechen, da die A-GmbH mit Wirksamwerden der Verschmelzung erlischt.

(4) Die in den Betrieben A und B der A-GmbH errichteten Betriebsräte bleiben zunächst unverändert im Amt. Der dort errichtete Gesamtbetriebsrat entfällt. Mit Wirksamwerden der Verschmelzung ist ein neuer Gesamtbetriebsrat der B-GmbH zu errichten, in den auch der Betriebsrat des Betriebs C Mitglieder entsenden wird. Betriebsvereinbarungen gelten kollektivrechtlich weiter. Die in Gesamtbetriebsvereinbarungen geregelten Rechte und Pflichten bleiben als solche bestehen.

(5) Auf Grund der Verschmelzung wird die B-GmbH mitbestimmungspflichtig nach § 1 Abs. 1 Nr. 3 DrittelbG, da sie erstmalig mehr als 500 Arbeitnehmer beschäftigen wird. Es ist ein nach den Bestimmungen des DrittelbG zusammengesetzter Aufsichtsrat zu bilden.

(6) Die B-GmbH beabsichtigt, zukünftig die Betriebe A und B am Ort des bisherigen Betriebs A zusammenzulegen, indem der bisherige Betrieb B in den Betrieb A eingegliedert wird. Hierdurch wird es zu personellen Veränderungen in Form von Versetzungen kommen. Weitere personelle Veränderungen, insbesondere betriebsbedingte Kündigungen, sind nicht geplant. Durch die Eingliederung des Betriebs B wird das Amt des bisherigen Betriebsrats B enden. Diesem steht ggf. ein Restmandat nach Maßgabe der gesetzlichen Bestimmungen (§ 21b BetrVG) zu. Betriebsrat A bleibt im Amt. Wegen der Änderung der Anzahl wahlberechtigter Arbeitnehmer sind jedoch Neuwahlen durchzuführen. Mitglieder in den Gesamtbetriebsrat entsenden nur noch die Betriebsräte A und C.

§ 6 Sonstiges[153 ff.]

(1) Die Firma der übernehmenden B-GmbH wird unverändert fortgeführt.

(2) Die Geschäftsführung in der übernehmenden B-GmbH ändert sich nicht.

(3) Die übertragende A-GmbH hat keinen Grundbesitz.

2. Gesellschafterbeschluss der übertragenden Gesellschaft über die Zustimmung zur Verschmelzung und Verzichtserklärung[163 ff.]

Sodann erklärt der Erschienene zu 3) zu Protokoll was folgt:

I. Die von ihm vertretene

Mutter-GmbH (im Folgenden „M-GmbH")

mit dem Sitz in ......,

eingetragen im Handelsregister des Amtsgerichts ...... unter HRB ......,

hält den einzigen Geschäftsanteil im Nominalbetrag von ...... EUR

an der

A-GmbH

mit dem Sitz in ......,

eingetragen im Handelsregister des Amtsgerichts ...... unter HRB ......

Nach Angaben der Vertretenen zu 3) als Gesellschafterin der Vertretenen zu 1) sind die Einlage und ein etwaiges Aufgeld auf den Geschäftsanteil in voller Höhe einbezahlt.

II. Unter Verzicht auf die Einhaltung aller durch Gesetz oder durch Gesellschaftsvertrag für die Einberufung, Vorbereitung und Durchführung von Gesellschafterversammlungen vorgesehenen Form- und Fristvorschriften wird hiermit eine Gesellschafterversammlung der A-GmbH abgehalten. Auf die Versendung des Entwurfs des Verschmelzungsvertrages zusammen mit der Einberufung der Gesellschafterversammlung gem. § 47 UmwG wurde verzichtet. Dieser Verzicht wird hiermit noch einmal ausdrücklich bestätigt. Auf die Auslegung der Jahresabschlüsse und der Lageberichte der an der Verschmelzung beteiligten Rechtsträger A-GmbH und B-GmbH für die letzten drei Geschäftsjahre zur Einsicht durch die Gesellschafter in den Geschäftsräumen der Gesellschaften ab dem Zeitpunkt der Einberufung der Gesellschafterversammlung und in der heutigen Gesellschafterversammlung gemäß § 49 UmwG wurde verzichtet. Dieser Verzicht wird hiermit noch einmal ausdrücklich bestätigt.

Für die A-GmbH wird hiermit einstimmig und ohne Enthaltungen was folgt beschlossen:

Dem Verschmelzungsvertrag zwischen der A-GmbH mit dem Sitz in ...... (eingetragen im Handelsregister des Amtsgerichts ...... unter HRB ......) vom heutigen Tage (URNr. ...... des Notars ...... in ......) und der B-GmbH mit dem Sitz in ...... (eingetragen im Handelsregister des Amtsgerichts ...... unter HRB ......) wird zugestimmt. Der Verschmelzungsvertrag ist in Teil 1. dieser Urkunde enthalten.

Weitere Beschlüsse werden in dieser Gesellschafterversammlung nicht gefasst.

Damit ist diese Gesellschafterversammlung beendet.

III. Auf das Recht, den vorstehenden Gesellschafterbeschluss anzufechten und gegen die Wirksamkeit des Verschmelzungsbeschlusses in Ziff. II Klage zu erheben, wird hiermit ausdrücklich verzichtet.

Auf die Erstellung eines Verschmelzungsberichts im Sinne von § 8 Abs. 1 UmwG wurde gemäß § 8 Abs. 3 Satz 1 HS 1 UmwG verzichtet. Dieser Verzicht wird hiermit noch einmal ausdrücklich bestätigt. Die Prüfung des Verschmelzungsvertrags oder seines Entwurfs gemäß § 48, §§ 9 ff. UmwG wurde bisher nicht verlangt. Darauf wurde gemäß § 9 Abs. 3, § 8 Abs. 3 Satz 1 HS 1 UmwG verzichtet. Dieser Verzicht wird hiermit noch einmal ausdrücklich bestätigt. Ebenso wurde auf die Vorlage eines Verschmelzungsprüfungsberichts verzichtet (§ 12 Abs. 3, § 8 Abs. 3 Satz 1 HS 1 UmwG). Dieser Verzicht wird hiermit noch einmal ausdrücklich bestätigt.

3. Gesellschafterbeschluss der übernehmenden Gesellschaft über die Kapitalerhöhung und die Zustimmung zur Verschmelzung und Verzichtserklärung[167]

Sodann erklärt der Erschienene zu 3) zu Protokoll was folgt:

I. Die von ihm vertretene

Mutter-GmbH (im Folgenden „M-GmbH“)

mit dem Sitz in ......,

eingetragen im Handelsregister des Amtsgerichts ...... unter HRB ......,

hält den einzigen Geschäftsanteil (lfd. Nr. 1) im Nominalbetrag von ...... EUR an der

B-GmbH

mit dem Sitz in ......,

eingetragen im Handelsregister des Amtsgerichts ...... unter HRB ......

Nach Angaben der Vertretenen zu 3) als Gesellschafterin der Vertretenen zu 2) sind die Einlage und ein etwaiges Aufgeld auf den Geschäftsanteil in voller Höhe einbezahlt.

II. Unter Verzicht auf die Einhaltung aller durch Gesetz oder durch Gesellschaftsvertrag für die Einberufung, Vorbereitung und Durchführung von Gesellschafterversammlungen vorgesehenen Form- und Fristvorschriften wird hiermit eine Gesellschafterversammlung der B-GmbH abgehalten. Auf die Versendung des Entwurfs des Verschmelzungsvertrages zusammen mit der Einberufung der Gesellschafterversammlung gem. § 47 UmwG wurde verzichtet. Dieser Verzicht wird hiermit noch einmal ausdrücklich bestätigt. Auf die Auslegung der Jahresabschlüsse und der Lageberichte der an der Verschmelzung beteiligten Rechtsträger B-GmbH und A-GmbH für die letzten drei Geschäftsjahre zur Einsicht durch die Gesellschafter in den Geschäftsräumen der Gesellschaften ab dem Zeitpunkt der Einberufung der Gesellschafterversammlung und in der heutigen Gesellschafterversammlung gemäß § 49 UmwG wurde verzichtet. Dieser Verzicht wird hiermit noch einmal ausdrücklich bestätigt.

Für die B-GmbH wird hiermit einstimmig und ohne Enthaltungen was folgt beschlossen:

1. Zur Durchführung der Verschmelzung zwischen der A-GmbH und der B-GmbH wird das Stammkapital der B-GmbH von ...... EUR um ...... EUR auf ...... EUR durch Bildung eines neuen Geschäftsanteils (lfd. Nr. 2) im Nominalbetrag von ...... EUR erhöht. Dieser Geschäftsanteil gewährt ab dem 1.1.01 einen Anspruch auf einen Anteil am Bilanzgewinn. Dieser wird zum Nennwert ausgegeben und ist als Gegenleistung für die Übertragung des Vermögens der A-GmbH im Wege der Verschmelzung auf die B-GmbH der M-GmbH als Anteilsinhaberin der A-GmbH kostenfrei zu gewähren. Soweit das Reinvermögen der übertragenden A-GmbH den Nennwert des neu ausgegebenen Geschäftsanteils mit der lfd. Nr. 2 übersteigt, ist der Mehrbetrag in der Kapitalrücklage bei der übernehmenden B-GmbH einzustellen.
2. § 3 des Gesellschaftsvertrags der B-GmbH wird geändert und wie folgt neu gefasst:

   „§ 3 Stammkapital

   (1) Das Stammkapital beträgt ...... EUR und ist in einen Geschäftsanteil im Nennbetrag von ...... EUR, der die lfd. Nr. 1 erhält, und in einen Geschäftsanteil im Nennbetrag von ...... EUR, der die lfd. Nr. 2 erhält, eingeteilt.

   (2) An dem Stammkapital ist allein beteiligt:

   M-GmbH mit dem Sitz in ......

   mit einem Geschäftsanteil im Nennbetrag von ...... EUR (lfd. Nr. 1),

   und einem Geschäftsanteil im Nennbetrag von ...... EUR (lfd. Nr. 2)

   (3) Die bei Gründung übernommene Stammeinlage wurde vom Gründungsgesellschafter in bar eingezahlt. Auf die anlässlich der Verschmelzung mit der A-GmbH durch Kapitalerhöhung ausgegebene Stammeinlage wurde eine Sacheinlage geleistet, die in der Übertragung des Vermögens der A-GmbH als Ganzes auf die B-GmbH durch die Mutter-GmbH mit dem Sitz in ...... im Wege der Verschmelzung durch Aufnahme nach näherer Maßgabe des Verschmelzungsvertrags vom ...... (URNr. des Notars ...... in ......) bestand."
3. Dem Verschmelzungsvertrag zwischen der A-GmbH mit dem Sitz in ...... (eingetragen im Handelsregister des Amtsgerichts ...... unter HRB ......) und der B-GmbH mit dem Sitz in ...... (eingetragen im Handelsregister des Amtsgerichts ...... unter HRB ......) vom heutigen Tage (URNr. ...... des Notars ......

in ......) wird zugestimmt. Der Verschmelzungsvertrag ist in Teil 1 dieser Urkunde enthalten.

Weitere Beschlüsse werden in dieser Gesellschafterversammlung nicht gefasst.

Damit ist diese Gesellschafterversammlung beendet.

III. Auf das Recht, die vorstehenden Gesellschafterbeschlüsse anzufechten und gegen die Wirksamkeit des Verschmelzungsbeschlusses in Ziff. II. 3. Klage zu erheben, wird hiermit ausdrücklich verzichtet.

Auf die Erstellung eines Verschmelzungsberichts iSv. § 8 Abs. 1 UmwG wurde gemäß § 8 Abs. 3 Satz 1 HS 1 UmwG verzichtet. Dieser Verzicht wird hiermit noch einmal ausdrücklich bestätigt. Die Prüfung des Verschmelzungsvertrags oder seines Entwurfs gemäß § 48, §§ 9ff. UmwG wurde bisher nicht verlangt. Darauf wurde gemäß § 9 Abs. 3, § 8 Abs. 3 Satz 1 HS 1 UmwG verzichtet. Dieser Verzicht wird hiermit noch einmal ausdrücklich bestätigt. Ebenso wurde auf die Vorlage eines Verschmelzungsprüfungsberichts verzichtet (§ 12 Abs. 3, § 8 Abs. 3 Satz 1 HS 1 UmwG). Dieser Verzicht wird hiermit noch einmal ausdrücklich bestätigt.

4. Kosten, Hinweise und Abschriften[168]

I. Alle durch diese Urkunde und ihren Vollzug entstehenden Kosten, Gebühren und Steuern trägt die übernehmende B-GmbH.

II. Der Notar belehrte die Beteiligten über den weiteren Verfahrensablauf bis zum Wirksamwerden der Verschmelzung, weist auf den Zeitpunkt des Wirksamwerdens und die Rechtsfolgen der Verschmelzung hin, insbesondere auch darauf, dass den Gläubigern der an der Verschmelzung beteiligten Rechtsträger auf Anmeldung und Glaubhaftmachung von Forderungen nach Maßgabe des § 22 UmwG Sicherheit zu leisten ist.

Der Notar belehrte die Beteiligten ferner über die Unwiderruflichkeit der Verzichtserklärungen und über deren Wirkungen sowie darüber, dass durch diese Erklärungen die Ausübung von Gesellschafterrechten bei der bevorstehenden Verschmelzung beeinträchtigt werden kann.

III. Von dieser Urkunde erhalten

Ausfertigungen
- die A-GmbH
- die B-GmbH
- die M-GmbH

Beglaubigte Abschriften (in elektronischer Form)
- das Registergericht des Sitzes des übertragenden Rechtsträgers
- das Registergericht des Sitzes des übernehmenden Rechtsträgers

Einfache Abschrift
- Rechtsanwalt ......
- *[Finanzamt – Grunderwerbsteuerstelle]*

Vorgelesen vom Notar, von den Beteiligten genehmigt und eigenhändig unterschrieben:

....

[Unterschriften]

Schreiben an die Betriebsräte

A.4.2. Schreiben an den Betriebsrat des Betriebs A der A-GmbH

A-GmbH[170] **B-GmbH**
[Adresse] ***[Adresse]***

An den
Betriebsrat des Betriebs A der A-GmbH[171]
Herrn ......
– Vorsitzender des Betriebsrats –
– gegen Empfangsbestätigung –[172]

................................, den ....

Betreff: Bevorstehende Verschmelzung der A-GmbH auf die B-GmbH Übersendung des Entwurfs des Verschmelzungsvertrags gem. § 5 Abs. 3 UmwG

Sehr geehrter Herr ......,
in den voraussichtlich am ...... stattfindenden Gesellschafterversammlungen der A-GmbH und der B-GmbH ist beabsichtigt, dem beigefügten Entwurf des Verschmelzungsvertrags zwischen der A-GmbH als übertragender Gesellschaft und der B-GmbH als übernehmender Gesellschaft zuzustimmen und den Verschmelzungsvertrag in notariell beurkundeter Form abzuschließen.
Wir übermitteln Ihnen hiermit den Entwurf des Verschmelzungsvertrags in der Anlage zu diesem Schreiben gem. § 5 Abs. 3 UmwG.
Wir bitten, den Erhalt dieses Schreibens und der Anlage auf den beigefügten zwei Kopien zu quittieren, auf die Einhaltung der Monatsfrist des § 5 Abs. 3 UmwG zu verzichten und die unterschriebenen Kopien an die Geschäftsführung der übernehmenden B-GmbH als Empfangsnachweis (Anlage zu den Handelsregisteranmeldungen gem. § 17 Abs. 1, § 16 UmwG) zu retournieren.

.. ....
A-GmbH Geschäftsführer B-GmbH Geschäftsführer

Anlagen:

EMPFANGSBESTÄTIGUNG[174]

Hiermit bestätige ich für den Betriebsrat des Betriebs A der A-GmbH den Erhalt dieses Schreibens nebst dem als Anlage beigefügten Entwurf des Verschmelzungsvertrags am heutigen Tag.

.............................., den ....

..
Vorsitzender des Betriebsrats des
Betriebs A der A-GmbH in ......

VERZICHTSERKLÄRUNG[175]

Hiermit erkläre ich für den Betriebsrat des Betriebs A der A-GmbH den Verzicht auf die Einhaltung der Monatsfrist des § 5 Abs. 3 UmwG.

.............................., den ....

...
Vorsitzender des Betriebsrats des
Betriebs A der A-GmbH in ......

A.4.3. Schreiben an den Betriebsrat des Betriebs B der A-GmbH

[entsprechend dem Wortlaut des → Form. A.4 2.]

A.4.4. Schreiben an den Gesamtbetriebsrat der Betriebe der A-GmbH

A-GmbH **B-GmbH**
[Adresse] ***[Adresse]***

An den Gesamtbetriebsrat
der Betriebe der A-GmbH
Herrn ......
– Vorsitzender des Gesamtbetriebsrats –
– gegen Empfangsbestätigung –

.............................., den ....

Betreff: Bevorstehende Verschmelzung der A-GmbH auf die B-GmbH
Übersendung des Entwurfs des Verschmelzungsvertrags gem. § 5 Abs. 3 UmwG

Sehr geehrter Herr ......,

in den voraussichtlich am ...... stattfindenden Gesellschafterversammlungen der A-GmbH und der B-GmbH ist beabsichtigt, dem beigefügten Entwurf des Verschmelzungsvertrags zwischen der A-GmbH als übertragender Gesellschaft und der B-GmbH als übernehmender Gesellschaft zuzustimmen und den Verschmelzungsvertrag in notariell beurkundeter Form abzuschließen.

Wir übermitteln Ihnen hiermit den Entwurf des Verschmelzungsvertrags in der Anlage zu diesem Schreiben gem. § 5 Abs. 3 UmwG.

Wir bitten, den Erhalt dieses Schreibens und der Anlage auf den beigefügten zwei Kopien zu quittieren, auf die Einhaltung der Monatsfrist des § 5 Abs. 3 UmwG zu verzichten und die unterschriebenen Kopien an die Geschäftsführung der übernehmenden B-GmbH als Empfangsnachweis (Anlage zu den Handelsregisteranmeldungen gem. § 17 Abs. 1, § 16 UmwG) zu retournieren.

... **...**
A-GmbH Geschäftsführer **B-GmbH Geschäftsführer**

Anlagen:

EMPFANGSBESTÄTIGUNG

Hiermit bestätige ich für den Gesamtbetriebsrat der Betriebe der A-GmbH den Erhalt dieses Schreibens nebst dem als Anlage beigefügten Entwurf des Verschmelzungsvertrags am heutigen Tag.

.............................., den ....

..
Vorsitzender des Gesamtbetriebsrats der
Betriebe der A-GmbH in ......

VERZICHTSERKLÄRUNG

Hiermit erkläre ich für den Gesamtbetriebsrat der Betriebe der A-GmbH den Verzicht auf die Einhaltung der Monatsfrist des § 5 Abs. 3 UmwG.

.............................., den ....

..
Vorsitzender des Gesamtbetriebsrats der
Betriebe der A-GmbH in ......

A.4.5. Schreiben an den Betriebsrat des Betriebs C der B-GmbH

A-GmbH
[Adresse]

B-GmbH
[Adresse]

An den Betriebsrat
des Betriebs C der B-GmbH
Herrn ......
– Vorsitzender des Betriebsrats –
– gegen Empfangsbestätigung –

.................................., den ....

Betreff: Bevorstehende Verschmelzung der A-GmbH auf die B-GmbH
Übersendung des Entwurfs des Verschmelzungsvertrags gem. § 5 Abs. 3 UmwG

Sehr geehrter Herr ......,

in den voraussichtlich am ...... stattfindenden Gesellschafterversammlungen der A-GmbH und der B-GmbH ist beabsichtigt, dem beigefügten Entwurf des Verschmelzungsvertrags zwischen der A-GmbH als übertragender Gesellschaft und der B-GmbH als übernehmender Gesellschaft zuzustimmen und den Verschmelzungsvertrag in notariell beurkundeter Form abzuschließen.

Wir übermitteln Ihnen hiermit den Entwurf des Verschmelzungsvertrags in der Anlage zu diesem Schreiben gem. § 5 Abs. 3 UmwG.

Wir bitten, den Erhalt dieses Schreibens und der Anlage auf den beigefügten zwei Kopien zu quittieren, auf die Einhaltung der Monatsfrist des § 5 Abs. 3 UmwG zu verzichten und die unterschriebenen Kopien an die Geschäftsführung der übernehmenden B-GmbH als Empfangsnachweis (Anlage zu den Handelsregisteranmeldungen gem. § 17 Abs. 1, § 16 UmwG) zu retournieren.

.. **..**
A-GmbH Geschäftsführer **B-GmbH Geschäftsführer**

Anlagen:

EMPFANGSBESTÄTIGUNG

Hiermit bestätige ich für den Betriebsrat des Betriebs C der B-GmbH den Erhalt dieses Schreibens nebst dem als Anlage beigefügten Entwurf des Verschmelzungsvertrags am heutigen Tag.

……………………………, den ……….

……………………………………………
Vorsitzender des Betriebsrats des
Betriebs C der B-GmbH in ……

VERZICHTSERKLÄRUNG

Hiermit erkläre ich für den Betriebsrat des Betriebs C der B-GmbH den Verzicht auf die Einhaltung der Monatsfrist des § 5 Abs. 3 UmwG.

……………………………, den ……….

……………………………………………
Vorsitzender des Betriebsrats des
Betriebs C der B-GmbH in ……

Anmeldungen zu den Handelsregistern[177]

A.4.6. Anmeldung zum Handelsregister der übertragenden Gesellschaft

URNr. ……
vom ……

Amtsgericht ……
– Handelsregister –
……

……………………………., den ……….

A-GmbH

HRB ……

I. Als alleiniger und einzelvertretungsberechtigter Geschäftsführer der übernehmenden B-GmbH mit dem Sitz in …… melde ich zur Eintragung in das Handelsregister an:[177]

Die A-GmbH ist auf Grund des Verschmelzungsvertrags, des Beschlusses der Gesellschafterversammlung der B-GmbH und des Beschlusses der Gesellschafterversammlung der A-GmbH vom …… auf die B-GmbH mit dem Sitz in ……, eingetragen im Handelsregister des Amtsgerichts …… unter HRB …… durch Aufnahme verschmolzen.

II. Als Anlagen überreiche ich:[178]

1. Beglaubigte Abschrift (in elektronischer Form) der URNr. …… des Notars …… in …… vom ……, darin enthalten:

– der Verschmelzungsvertrag,
– die Niederschrift über die Gesellschafterversammlung der A-GmbH mit dem Zustimmungsbeschluss zum Verschmelzungsvertrag und über die Verzichtserklärungen der M-GmbH,
– die Niederschrift über die Gesellschafterversammlung der B-GmbH mit dem Beschluss zur Kapitalerhöhung des Kapitals der B-GmbH und dem Zu-

stimmungsbeschluss zum Verschmelzungsvertrag und über die Verzichtserklärungen der M-GmbH.

2. Empfangsbestätigung vom ...... als Nachweis über die rechtzeitige Zuleitung des Entwurfs des Verschmelzungsvertrags an den Betriebsrat der Betriebe A und B und an den Gesamtbetriebsrat der A-GmbH sowie an den Betriebsrat des Betriebs C der B-GmbH.
3. Schlussbilanz der A-GmbH auf einen nicht mehr als acht Monate vor der Anmeldung liegenden Stichtag, nämlich zum 31.12.00.

III. Ich erkläre gemäß § 16 Abs. 2 Satz 2 letzter HS UmwG:[179]

Eine Klage gegen die Wirksamkeit des Verschmelzungsbeschlusses ist ausgeschlossen. In der unter Ziffer II. 1 eingereichten Niederschrift wurden entsprechende Verzichtserklärungen abgegeben.

IV. Ich versichere:[180]

1. Auf die Erstellung eines Verschmelzungsberichts hat die M-GmbH gemäß § 8 Abs. 3 Satz 1 Alt. 1 UmwG als Gesellschafterin der beteiligten Rechtsträger verzichtet. Daher entfällt die Einreichung eines Verschmelzungsberichts.
2. Die Verschmelzungsprüfung wurde nicht gemäß § 48 Satz 1 UmwG verlangt. Ferner wurde auf einen Verschmelzungsprüfungsbericht verzichtet (§ 12 Abs. 3, § 8 Abs. 3 Satz 1 HS 1 UmwG). Auf die Prüfung hat die M-GmbH als Anteilsinhaber der an der Verschmelzung beteiligten Rechtsträger gemäß § 9 Abs. 3, § 8 Abs. 3 Satz 1 Alt. 1 UmwG verzichtet. Daher entfällt die Einreichung eines Prüfungsberichts.

V. Hiermit bevollmächtige ich Herrn ...... jederzeit widerruflich und dem Handelsregister gegenüber unbeschränkt, alle Anmeldungen zum Handelsregister vorzunehmen, die im Zuge der Handelsregistereintragung der Tatsachen, die hier angemeldet und aus den dieser Anmeldung beigefügten Unterlagen ersichtlich sind, erforderlich und zweckmäßig sind.

Nach Vollzug des Antrags auf Eintragung der Verschmelzung bitte ich um Eintragungsnachricht an die Gesellschaft und an den beglaubigenden Notar sowie um Übermittlung von drei beglaubigten Handelsregisterauszügen an die Gesellschaft und einen beglaubigten Handelsregisterauszug an den beglaubigenden Notar.[181]

.............................., den ....

....

B-GmbH Geschäftsführer

A.4.7. Anmeldung zum Handelsregister der übernehmenden Gesellschaft[182]

URNr. ......
vom ......

Amtsgericht ......
– Handelsregister –
......

.............................., den ....

B-GmbH
HRB ......

I. Als alleiniger und einzelvertretungsberechtigter Geschäftsführer der B-GmbH mit dem Sitz in ......, eingetragen im Handelsregister des Amtsgerichts ...... unter HRB ......, melde ich zur Eintragung in das Handelsregister an:[183]

1. Das Stammkapital der B-GmbH ist zum Zwecke der Durchführung der Verschmelzung der A-GmbH mit dem Sitz in ……, eingetragen im Handelsregister des Amtsgerichts …… unter HRB ……, durch Beschluss der Gesellschafterversammlung vom …… von …… EUR um …… EUR auf …… EUR erhöht worden. Der Gesellschaftsvertrag ist in § 3 nach Maßgabe der überreichten Niederschrift geändert worden. Der unterzeichnete Geschäftsführer versichert, dass die auf den neu ausgegebenen Geschäftsanteil zu leistende Sacheinlage durch die Verschmelzung zur Aufnahme erbracht wird und der Gegenstand der Sacheinlage sich mit der Eintragung der Verschmelzung in das Handelsregister unserer Gesellschaft in der freien Verfügung der Geschäftsführung unserer Gesellschaft befindet.
2. Die A-GmbH mit dem Sitz in ……, eingetragen im Handelsregister des Amtsgerichts …… unter HRB …… ist auf Grund des Verschmelzungsvertrags, des Beschlusses der Gesellschafterversammlung der B-GmbH und des Beschlusses der Gesellschafterversammlung der A-GmbH vom …… auf die A-GmbH durch Aufnahme verschmolzen.

   Wir bitten wegen § 53 UmwG zunächst nur um Vollzug der Eintragung der Kapitalerhöhung nach Ziffer 1. Erst nach Mitteilung der Eintragungsverfügung bei der übertragenden A-GmbH bitten wir um Vollzug der Eintragung der Verschmelzung nach Ziffer 2.

II. Als Anlagen überreiche ich:[184]

1. Beglaubigte Abschrift (in elektronischer Form) der URNr. …… des Notars …… in …… vom ……, darin enthalten:
   - der Verschmelzungsvertrag,
   - die Niederschrift über die Gesellschafterversammlung der A-GmbH mit dem Zustimmungsbeschluss zum Verschmelzungsvertrag und über die Verzichtserklärungen der M-GmbH,
   - die Niederschrift über die Gesellschafterversammlung der B-GmbH mit dem Beschluss zur Kapitalerhöhung des Kapitals der B-GmbH und dem Zustimmungsbeschluss zum Verschmelzungsvertrag und über die Verzichtserklärungen der M-GmbH.
2. Empfangsbestätigung vom …… als Nachweis über die rechtzeitige Zuleitung des Entwurfs des Verschmelzungsvertrags an den Betriebsrat der Betriebe A und B und an den Gesamtbetriebsrat der A-GmbH sowie an den Betriebsrat des Betriebs C der B-GmbH.
3. Liste der Übernehmer gemäß § 55 Abs. 2 UmwG, § 57 Abs. 3 Nr. 2 GmbH.
4. Vollständiger Wortlaut des Gesellschaftsvertrags der B-GmbH mit der Bescheinigung des Notars gemäß § 54 Abs. 1 Satz 2 GmbHG in elektronisch beglaubigter Abschrift.
5. Ggf. Sachkapitalerhöhungsbericht.
6. Ggf. Unterlagen über die Werthaltigkeit des im Wege der Verschmelzung zur Aufnahme übertragenen Vermögens.

III. Ich erkläre gemäß § 16 Abs. 2 Satz 2 letzter HS UmwG:

Eine Klage gegen die Wirksamkeit des Verschmelzungsbeschlusses ist ausgeschlossen. In der unter Ziffer II. 1 eingereichten Niederschrift wurden entsprechende Verzichtserklärungen abgegeben.

IV. Ich versichere:

1. Auf die Erstellung eines Verschmelzungsberichts hat die M-GmbH gemäß § 8 Abs. 3 Satz 1 Alt. 1 UmwG als Gesellschafterin der beteiligten Rechtsträger verzichtet. Daher entfällt die Einreichung eines Verschmelzungsberichts.

2. Die Verschmelzungsprüfung wurde nicht gemäß § 48 Satz 1 UmwG verlangt. Auf die Prüfung und damit auf den Prüfungsbericht hat die M-GmbH als Anteilsinhaber der an der Verschmelzung beteiligten Rechtsträger gemäß § 9 Abs. 3, § 8 Abs. 3 Satz 1 Alt. 1 UmwG verzichtet. Ebenso wurde auf die Vorlage eines Verschmelzungsprüfungsberichts verzichtet (§ 12 Abs. 3, § 8 Abs. 3 Satz 1 HS 1 UmwG). Daher entfällt die Einreichung eines Verschmelzungsprüfungsberichts.

V. Hiermit bevollmächtige ich Herrn …… jederzeit widerruflich und dem Handelsregister gegenüber unbeschränkt, alle Anmeldungen zum Handelsregister vorzunehmen, die im Zuge der Handelsregistereintragung der Tatsachen, die hier angemeldet und aus den dieser Anmeldung beigefügten Unterlagen ersichtlich sind, erforderlich und zweckmäßig sind.

Nach Vollzug des Antrags auf Eintragung der Verschmelzung bitte ich um Eintragungsnachricht an die Gesellschaft und an den beglaubigenden Notar sowie um Übermittlung von drei beglaubigten Handelsregisterauszügen an die Gesellschaft und einen beglaubigten Handelsregisterauszug an den beglaubigenden Notar.

…………………………, den ……….

……………………………………………

B-GmbH Geschäftsführer

B. Grundsätzliche Anmerkungen

I. Sachverhalt

1 Die (inländische) Mutter-GmbH (M-GmbH) hält jeweils den einzigen Geschäftsanteil an der (inländischen) A-GmbH und an der (inländischen) B-GmbH. Das Vermögen der A-GmbH soll als Ganzes auf die B-GmbH im Wege der Verschmelzung durch Aufnahme übergehen.

Wirtschaftsjahr der A-GmbH und der B-GmbH ist das Kalenderjahr. Die Verschmelzung soll im Innenverhältnis zum 1.1.01, 0:00 Uhr (Verschmelzungsstichtag) als vorgenommen gelten (Jahresangaben dienen nur als Zähljahre, d.h. Jahr 00 = Vorjahr bzw. Jahr 01 = lfd. Jahr).

Bei der A-GmbH und der B-GmbH werden jeweils weniger als 500 Arbeitnehmer beschäftigt. Die A-GmbH hat Betriebe mit jeweils einem Betriebsrat in A und B; für die Betriebe in A und B besteht darüber hinaus ein Gesamtbetriebsrat. Die B-GmbH hat einen Betrieb in C mit einem Betriebsrat.

Firma und Geschäftsführung der B-GmbH sollen durch die Verschmelzung nicht berührt werden.

Auf die Einberufung zur Gesellschafterversammlung der A-GmbH und der B-GmbH (§§ 47, 49 Abs. 1 UmwG), auf die Zuleitung des (Entwurfs des) Verschmelzungsvertrags als Anlage hierzu (§ 47 UmwG) und auf die Auslegung der Jahresabschlüsse und der Lageberichte der bei der Verschmelzung beteiligten Rechtsträger für die letzten drei Geschäftsjahre zur Einsicht der Gesellschafter in den Geschäftsräumen der A-GmbH und der B-GmbH (§ 49 Abs. 2 UmwG) wird verzichtet. Verzichtet wird ferner auf das Anfechtungsrecht bzw. wird der Klageverzicht gem. § 14 UmwG bzgl. des Zustimmungsbeschlusses zum Verschmelzungsvertrag erklärt.

Verzichtet wird auch auf Verschmelzungsberichte der übertragenden und übernehmenden Gesellschaft nach § 8 Abs. 1 und 2 UmwG gem. § 8 Abs. 3 Satz 1 Alt. 1 UmwG. Die Prüfung gem. § 48 UmwG wird nicht verlangt. Verzichtet wird ferner auf die Verschmelzungsprüfung gem. §§ 9 bis 11 UmwG und auf den Bericht über die Verschmelzungsprüfung nach § 12 UmwG gem. § 9 Abs. 2, § 12 Abs. 3 iVm. § 8 Abs. 3 Satz 1 Alt. 1 UmwG.

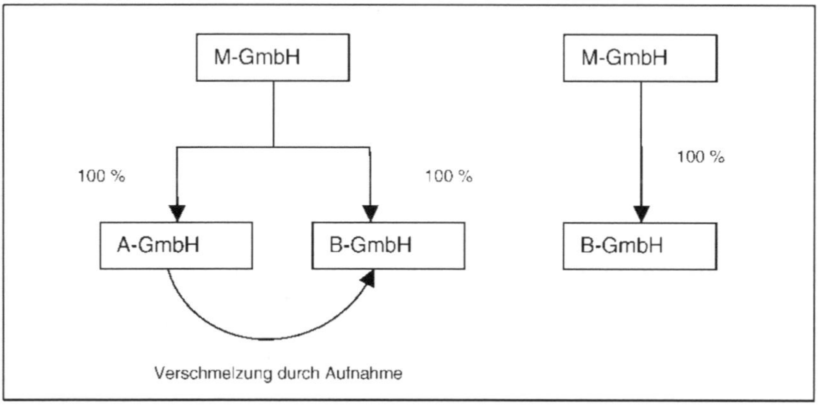

Graphische Darstellung des Sachverhalts vor und nach der Verschmelzung

II. Ablaufplan

Der **Ablauf einer Verschmelzung** orientiert sich an den Umständen des Einzelfalls. Generelle Aussagen sind schon deshalb nur einschränkend möglich, da der Ablauf maßgeblich davon abhängt, ob der Vorgang schon vor oder erst nach dem Verschmelzungsstichtag beginnt und ob die Beteiligten auf Informationsrechte und sonstige Formalitäten verzichten oder nicht. **2**

Ausgangspunkt bei der Erstellung eines Ablaufplans ist immer der Verschmelzungsstichtag bzw. der Stichtag der Aufstellung der Schlussbilanz. Denn die Anmeldung der Verschmelzung zu den Handelsregistern der beteiligten Rechtsträger hat innerhalb von acht Monaten nach dem Stichtag der Schlussbilanz zu erfolgen (§ 17 Abs. 2 Satz 4 UmwG). **3**

Im Folgenden werden die einzelnen Schritte der Verschmelzung unter Beachtung der gesetzlich vorgegebenen Fristen beschrieben. In der Praxis empfiehlt es sich, die Zeiten und Fristen etwas großzügiger zu bemessen, um das Verfahren nicht zu gefährden, falls unvorhergesehene oder unbeeinflussbare Verzögerungen auftreten. **4**

1. Erstellung des **Entwurfs** des Verschmelzungsvertrags; Abstimmung des Entwurfs mit dem beurkundenden Notar.
2. Mindestens einen Monat vor dem Tage der Gesellschafterversammlung der A-GmbH und der B-GmbH: **Zuleitung** des Entwurfs des Verschmelzungsvertrags an die zuständigen **Betriebsräte** der beteiligten Rechtsträger gem. § 5 Abs. 3 UmwG; Bestätigung des Empfangs; evtl. Verzicht auf die Monatsfrist des § 5 Abs. 3 UmwG.
3. **Beurkundung** des Verschmelzungsvertrags, soweit nicht bereits im Vorhinein geschehen; Gesellschafterbeschlüsse der beteiligten Rechtsträger über die Kapitalerhöhung (sofern nicht Verzicht auf Kapitalerhöhung, → Rn. 23) und Verschmelzung (§§ 13, 50 UmwG); Verzichtserklärungen.
4. **Anmeldung** der Verschmelzung zu den **Handelsregistern** der beteiligten Rechtsträger.
5. **Eintragung** der **Kapitalerhöhung** bei der B-GmbH; Eintragungen der Verschmelzung (§§ 19, 20 UmwG).

In der Praxis hängt der beschriebene Ablauf einer Verschmelzung maßgeblich davon ab, ob der **Betriebsrat** auf die Einhaltung der **Monatsfrist** des § 5 Abs. 3 UmwG **5** verzichtet oder nicht. Ist Verschmelzungsstichtag der 1.1.01, muss die Verschmelzung spätestens am 31.8.01 zu den Handelsregistern der beteiligten Rechtsträger angemeldet werden. Findet an diesem Tag auch die Beurkundung des Verschmelzungsvertrags und der Gesellschafterbeschlüsse statt, muss dem Betriebsrat spätestens am 30.7.01 der Entwurf des Verschmelzungsvertrags nach § 5 Abs. 3 UmwG zugeleitet worden sein. Ist dies ein Sonntag, Feiertag oder Sonnabend, hat die Zuleitung davor zu erfolgen.

6 Kommt es im Zuge der Verschmelzung zu weiteren Maßnahmen mit betriebsverfassungsrechtlichen Konsequenzen, kann im Fall einer Betriebsänderung zusätzlich die Verhandlung eines Interessenausgleichs und Sozialplans nach §§ 111 ff. BetrVG erforderlich werden. In diesem Fall muss die Zuleitung des Verschmelzungsvertrags an den Betriebsrat bereits wegen der sehr früh entstehenden **Informationspflichten des § 111 S. 1 BetrVG** („rechtzeitig") und der langen Dauer eines Interessensausgleichsverfahrens (idR mehrere Monate) erheblich früher erfolgen (vgl. → Form. A.1 Rn. 158 ff.).

7 **Verschmelzungsberichte,** die Prüfung der Verschmelzung und der Bericht über die Prüfung sind vorliegend wegen des erklärten Verzichts nicht erforderlich. Durch den **Verzicht auf das Anfechtungsrecht** bzw. den **Klageverzicht gem. § 14 UmwG** ist vor der Anmeldung zum Handelsregister die einmonatige Klagefrist nach § 14 UmwG nicht einzuhalten, um die Negativerklärung des § 16 Abs. 2 Satz 1 UmwG abgeben zu können. Diese Erklärung kann auch nachgereicht werden (BGH v. 2.7.1990, II ZB 1/90, WM 1990, 1372, 1373). Die Eintragung in das Handelsregister erfolgt nur, wenn feststeht, dass die Verschmelzungsbeschlüsse nicht mehr angreifbar sind, § 16 Abs. 2 Satz 2 UmwG **(„Registersperre").** Da für die Anfechtung bzw. für die Klageerhebung nach § 14 UmwG eine Monatsfrist gilt, wird die Eintragung der Verschmelzung in das Handelsregister nur vor Ablauf dieser Frist verfügt, wenn ein entspr. Verzicht erklärt wurde.

8 Die **Eintragung** der Verschmelzung in das Register der übertragenden Gesellschaft gem. § 19 Abs. 1 UmwG ist lediglich vorbereitender Art. Die Eintragung der Verschmelzung in das Register der übernehmenden Gesellschaft gem. § 20 Abs. 1 UmwG ist konstitutiv.

9, 10 *einstweilen frei*

III. Wirtschaftliche Vertragsziele

11 Primäres wirtschaftliches Vertragsziel der Verschmelzung zweier Schwester-GmbHs ist die Übertragung aller Aktiva und Passiva der einen Schwestergesellschaft auf die andere. Die übernommenen Aktiva und Passiva sind bei der übernehmenden Schwestergesellschaft zu bilanzieren. Kraft gesetzlicher Anordnung gehen die Aktiva und Passiva im Wege der **Gesamtrechtsnachfolge** auf die übernehmende andere Tochtergesellschaft über, ohne dass Dritte diesen Übergang beeinflussen können – im Gegensatz etwa zur Übertragung von Aktiva und Passiva im Wege der Singularsukzession („asset deal"). Die Verschmelzung zieht ferner keine Auflösung und Löschung der übertragenden Gesellschaft nach sich, was bei der Singularübertragung regelmäßig erforderlich ist.

Gleichzeitig entfällt in der Bilanz der Muttergesellschaft der Ansatz der Beteiligung an der übertragenden Tochtergesellschaft, weil diese Tochtergesellschaft ohne Abwicklung im Zeitpunkt des Wirksamwerdens der Verschmelzung erlischt. Allerdings ist der Ansatz der Beteiligung an der übernehmenden Tochtergesellschaft in der Bilanz der Muttergesellschaft zu erhöhen, auch wenn – was nach dem Zweiten Gesetz zur Änderung des UmwG v. 19.4.2007 (BGBl. I 2007, 542) zulässig ist – keine Kapitalerhöhung erfolgt; vgl. → Rn. 23, → Rn. 65).

12 Die **Motive** einer solchen Verschmelzung sind unterschiedlich. Sie dient einmal der Straffung der Organisations- und Führungsstruktur im Konzern. Eine Senkung der

Verwaltungskosten ist in der Regel die Folge. Motiv kann auch die sog. geräuschlose Liquidation der übertragenden Gesellschaft sein. Eine Verschmelzung kann bei der übernehmenden Gesellschaft zu einer Verstärkung der Eigenkapitalausstattung führen.

Sind andere Gründe nicht maßgeblich, orientiert sich die Gestaltung der Verschmelzung in der Praxis an steuerlichen und kostenmäßigen Konsequenzen. Als übertragende Gesellschaft wird dann in der Regel diejenige gewählt, die weniger Grundbesitz hält oder die geringere Bilanzsumme ausweist. **13**

einstweilen frei **14–16**

IV. Zivil-, Handels- und Gesellschaftsrecht

1. Verschmelzungsvertrag

Das Erfordernis eines Verschmelzungsvertrags folgt aus § 4 Abs. 1 Satz 1 UmwG. **17**
Danach schließen die Vertretungsorgane der an der Verschmelzung beteiligten Rechtsträger einen Verschmelzungsvertrag. Der **Mindestinhalt** des Verschmelzungsvertrages richtet sich nach dem Katalog in § 5 Abs. 1 Nr. 1 bis 9, § 46 UmwG.

Nach § 6 UmwG muss der Verschmelzungsvertrag **notariell beurkundet** werden. **18**
Nicht beurkundungsbedürftig ist eine Spezial- oder Generalvollmacht zum Abschluss des Verschmelzungsvertrags (vgl. SHS/*Stratz* UmwG § 4 Rn. 15).

Im Folgenden werden überwiegend die Besonderheiten der Verschmelzung von **19**
Schwestergesellschaften dargestellt; iÜ wird auf → Form. A.1 Rn. 17 ff. verwiesen.

a) Verschmelzungsfähige Rechtsträger

Die A-GmbH und die B-GmbH als Gesellschaften mit beschränkter Haftung sind **20**
nach § 3 Abs. 1 Nr. 2 UmwG verschmelzungsfähige Rechtsträger. Zur Verschmelzung unter Beteiligung von Rechtsträgern im Gründungsstadium, von aufgelösten oder überschuldeten Rechtsträgern vgl. → Form. A.1 Rn. 27 f. und → Form. A.1 Rn. 33 ff.

einstweilen frei **21**

b) Vertragsgegenstand

Der Vertragsgegenstand einer Verschmelzung folgt aus § 2 iVm. § 1 Abs. 1 Nr. 1 **22**
UmwG. Bei der Erfassung des Vertragsgegenstands ist neben der Übertragung des Vermögens des übertragenden Rechtsträgers die Beteiligung der Anteilsinhaber des übertragenden Rechtsträgers am übernehmenden Rechtsträger als Gegenleistung für die Vermögensübertragung zu vereinbaren. Zur Gewährung der Anteile erfolgt beim übernehmenden Rechtsträger in der Regel eine Kapitalerhöhung (vgl. auch § 5 Abs. 1 Nr. 2 bis 5, Abs. 2 UmwG sowie → Form. A.1 Rn. 31 ff.).

Eine **Kapitalerhöhung** ist im vorliegenden Fall der Verschmelzung von zwei **23**
Schwestergesellschaften (anders als im Fall der Verschmelzung einer Tochter- auf ihre Muttergesellschaft) gesetzlich nicht ausgeschlossen (vgl. § 54 Abs. 1 Satz 1 Nr. 1 UmwG und → Rn. 38 ff.), aber auch nicht mehr zwingend **(Wahlrecht).** Denn durch die seit dem 25.4.2007 geltende und nach der Gesetzesbegründung insb. für die Verschmelzung von Schwestergesellschaften innerhalb eines Konzerns geschaffene Regelung des § 54 Abs. 1 Satz 3 UmwG darf die übernehmende Gesellschaft nun von der Gewährung von Geschäftsanteilen absehen, wenn alle Anteilsinhaber des übertragenden Rechtsträgers darauf verzichten. Die Verzichtserklärungen sind notariell zu beurkunden (kritisch zum Ganzen aufgrund des verschlechterten Gläubigerschutzes: *Mayer/Weiler* DB 2007, 1235, 1238). In der Praxis hat sich der Verzicht auf die Kapitalerhöhung weitgehend durchgesetzt.

einstweilen frei **24, 25**

c) Verschmelzungsstichtag

26 Nach § 5 Abs. 1 Nr. 6 UmwG muss der Verschmelzungsvertrag den Zeitpunkt enthalten, von dem an die Handlungen des übertragenden Rechtsträgers als für Rechnung des übernehmenden Rechtsträgers vorgenommen gelten **(Verschmelzungsstichtag).** Der Stichtag der Schlussbilanz geht zwingend dem im Verschmelzungsvertrag vereinbarten Verschmelzungsstichtag unmittelbar voran (vgl. SHS/*Hörtnagel* UmwG § 17 Rn. 37). Vgl. iÜ → Form. A.1 Rn. 40.

27 *einstweilen frei*

2. Verschmelzungsbeschluss

28 Nach § 13 Abs. 1 Satz 1 UmwG wird der Verschmelzungsvertrag nur wirksam, wenn ihm die Anteilsinhaber der beteiligten Rechtsträger durch Beschluss (Verschmelzungsbeschluss) zustimmen. Nach § 13 Abs. 1 Satz 2 UmwG kann der Beschluss nur in einer Versammlung der Anteilsinhaber gefasst werden. Zur Ladung der **Gesellschafterversammlung** enthalten die Allgemeinen Vorschriften des Verschmelzungsrechts keine Regelungen. Die Ladungsform- und -fristvorschriften sind somit den Gesellschaftsverträgen bzw. dem GmbHG zu entnehmen.

29 Nach § 49 Abs. 1 UmwG haben die Geschäftsführer in der Einberufung der Gesellschafterversammlung, die gem. § 13 UmwG über die Zustimmung zum Verschmelzungsvertrag beschließen soll, die Verschmelzung als Gegenstand der Beschlussfassung anzukündigen. In der Praxis sind vielfach weitere Tagesordnungspunkte wie Verzichtserklärungen, Firmenänderung oder Geschäftsführerbestellung zu ergänzen.

30 Spätestens zusammen mit der Einberufung der Gesellschafterversammlung, die gem. § 13 Abs. 1 UmwG über die Zustimmung beschließen soll, sind nach § 47 UmwG der Verschmelzungsvertrag oder sein Entwurf und der Verschmelzungsbericht den Gesellschaftern zu übersenden. Nach § 48 UmwG können die Gesellschafter dann binnen einer Woche die Prüfung des Verschmelzungsvertrages oder dessen Entwurfs verlangen. Von der Einberufung an sind nach § 49 Abs. 2 UmwG in dem Geschäftsraum der Gesellschaft die Jahresabschlüsse und die Lageberichte der an der Verschmelzung beteiligten Rechtsträger für die letzten drei Geschäftsjahre zur Einsicht durch die Gesellschafter **auszulegen.** Wird gegen diese Informationspflichten verstoßen, kann dies die Anfechtbarkeit des Verschmelzungsbeschlusses begründen.

31 Auf die vorgenannten Formalitäten gem. § 47 und § 49 Abs. 2 UmwG kann einvernehmlich verzichtet werden.

32 Nach § 50 Abs. 1 UmwG bedarf der Verschmelzungsbeschluss der Gesellschafterversammlung einer **Mehrheit** von mindestens $^3/_4$ der abgegebenen Stimmen. Nach § 50 Abs. 1 Satz 2 UmwG kann der Gesellschaftervertrag eine größere Mehrheit und weitere Erfordernisse bestimmen. Eine solche Bestimmung des Gesellschaftsvertrags muss nicht notwendigerweise ausdrücklich den Fall der Verschmelzung oder Umwandlung einschließen. Statuiert eine Bestimmung des Gesellschaftsvertrags eine größere Mehrheit bzw. weitere Erfordernisse für den Fall der Änderung des Gesellschaftsvertrags, ist diese Bestimmung auch für den Fall der Verschmelzung bzw. der Umwandlung einschlägig. Denn die Auswirkungen einer Verschmelzung sind mit denen einer Satzungsänderung vergleichbar (vgl. SHS/*Stratz* UmwG § 50 Rn. 7; aA SBB/*Sagasser/Luke* § 9 Rn. 299).

33 Weitere Erfordernisse müssen im Rahmen des § 13 Abs. 2, § 15 Abs. 2 und § 51 UmwG beachtet werden.

34 In der Praxis wird der Anfechtungsverzicht und der Verzicht auf die Klage nach § 14 UmwG nach dem Zustimmungsbeschluss mitbeurkundet. Dadurch beschleunigt man das Verfahren, weil die einmonatige Anfechtungs- bzw. Klagefrist vor der Anmeldung zum Handelsregister nicht abgewartet werden muss. Der Geschäftsführer kann in diesem Fall die Erklärung gem. § 16 Abs. 2 UmwG abgeben, dass die Zu-

stimmungsbeschlüsse nicht angefochten bzw. keine Klage gegen deren Wirksamkeit erhoben worden ist.

Nach § 13 Abs. 3 Satz 1 UmwG müssen der Verschmelzungsbeschluss und die erforderlichen Zustimmungserklärungen einzelner Anteilsinhaber **notariell beurkundet** werden. Nach § 13 Abs. 3 Satz 2 UmwG ist der Vertrag oder sein Entwurf dem Beschluss als Anlage beizufügen. Nach § 13 Abs. 3 Satz 3 UmwG hat auf Verlangen der Rechtsträger jedem Anteilsinhaber auf dessen Kosten unverzüglich eine Abschrift des Verschmelzungsvertrags oder seines Entwurfs und der Niederschrift des Beschlusses zu erteilen. **35**

einstweilen frei **36, 37**

3. Kapitalerhöhung

Die Beteiligung der Anteilsinhaber der übertragenden Gesellschaft an der übernehmenden Gesellschaft wird regelmäßig durch eine Kapitalerhöhung sichergestellt (zur Ausnahme s. → Rn. 23). Hierfür gelten die Regelungen der §§ 55 ff. GmbHG, modifiziert durch die **Erleichterungen** in den §§ 51 bis 55 UmwG, wonach § 55 Abs. 1, § 56a, § 57 Abs. 2 und 3 Nr. 1 GmbHG nicht anzuwenden sind. Insbesondere ist eine Übernahmeerklärung nicht erforderlich. **38**

Grundsätzlich sind die **Kapitalerhöhungsverbote** des § 54 Abs. 1 Satz 1 UmwG zu beachten und die **Kapitalerhöhungswahlrechte** des § 54 Abs. 1 Satz 2 UmwG anwendbar (vgl. zu den Verzichtsmöglichkeiten → Rn. 23). Die Kapitalerhöhung ist demnach nur eine Möglichkeit, die im Rahmen der Verschmelzung zu gewährenden Anteile zu schaffen, falls diese nicht gem. § 54 Abs. 1 Satz 2 Nr. 1 und 2 UmwG gewährt werden können oder sollen. **39**

Da der **Beschluss über die Kapitalerhöhung** den Gesellschaftsvertrag der übernehmenden Gesellschaft ändert, bedarf es gem. § 53 GmbHG mindestens der Mehrheit von $^3/_4$ der abgegebenen Stimmen. Ggf. weitere Abstimmungserfordernisse und Regelungen im Gesellschaftsvertrag sind zu beachten. § 51 UmwG gilt nicht für den Beschluss der Kapitalerhöhung. Gemäß § 53 Abs. 2 Satz 1 GmbHG ist der Beschluss notariell zu beurkunden. Der Beschluss ist nicht in dem Zustimmungsbeschluss nach § 13 UmwG enthalten, sondern muss gesondert gefasst werden, wenngleich er in der Versammlung gem. § 13 Abs. 1 Satz 2 UmwG gefasst werden kann. **40**

In der Praxis ist es empfehlenswert, bei höheren Beträgen der Kapitalerhöhung einen Sachkapitalerhöhungsbericht sowie eine Werthaltigkeitsbestätigung für die Deckung des Nominalbetrags der Kapitalerhöhung zum Handelsregister einzureichen, da das Registergericht dann uU auf eigene Wertermittlungsmaßnahmen verzichtet und das Eintragungsverfahren dadurch erheblich beschleunigt werden kann. **41**

Lautet das Stammkapital der übernehmenden Gesellschaft noch nicht in Euro, wird die Kapitalerhöhung wegen des Verstoßes gegen § 5 Abs. 2 Satz 1 GmbHG iVm. § 55 Abs. 1 UmwG nicht in das Handelsregister eingetragen. Daher ist zwingend vor der Kapitalerhöhung zur Durchführung der Verschmelzung eine **Euro-Umstellung** und Glättung durch Aufstockung der Gesellschaftsanteile im Wege der Kapitalerhöhung zu beschließen. Für diese Kapitalerhöhung gelten die Erleichterungen des UmwG nicht, insb. bedarf es einer Übernahmeerklärung in Ansehung der Aufstockungsbeträge. **42**

Die Kapitalerhöhung im Rahmen der Verschmelzung ist aufschiebend bedingt auf die Eintragung der Kapitalerhöhung im Rahmen der Euro-Umstellung zu beschließen. In der Handelsregisteranmeldung beider Kapitalerhöhungen sollte der Vollzug der zweiten Kapitalerhöhung aufschiebend bedingt auf den Vollzug der ersten Kapitalerhöhung beantragt oder zumindest auf die aufschiebende Bedingung hingewiesen werden. Da es sich um zwei getrennte Kapitalerhöhungen handelt, müssen – anders als es in der Praxis oft geschieht – auch zwei geänderte Satzungswortlaute mit Satzungsbeschlüssen gem. § 54 GmbHG vorgelegt werden. **43**

einstweilen frei **44**

4. Handelsregisteranmeldung der Verschmelzung

45 Nach § 16 Abs. 1 UmwG haben die Vertretungsorgane jedes der an der Verschmelzung beteiligten Rechtsträger die Verschmelzung zur Eintragung in das Register des Sitzes des Rechtsträgers anzumelden. § 16 Abs. 1 Satz 2 UmwG berechtigt das Vertretungsorgan des **übernehmenden** Rechtsträgers, die Verschmelzung auch zur Eintragung in das Handelsregister des Sitzes des **übertragenden** Rechtsträgers anzumelden. Nach § 16 Abs. 2 UmwG haben die Vertretungsorgane bei der Anmeldung **zu erklären,** dass eine Klage gegen die Wirksamkeit eines Verschmelzungsbeschlusses nicht oder nicht fristgerecht erhoben oder eine solche Klage rechtskräftig abgewiesen oder zurückgenommen worden ist. Vorliegend hat die M-GmbH als Anteilsinhaberin der A-GmbH und der B-GmbH auf die Klage gegen die Wirksamkeit des Verschmelzungsbeschlusses verzichtet, § 16 Abs. 2 Satz 2 UmwG. Daher muss auch nicht ein Monat abgewartet werden, um die **Registersperre** nach § 16 Abs. 2 Satz 2 UmwG zu verhindern. Es genügt, in der Anmeldung auf den Verzicht der M-GmbH als Gesellschafter der A-GmbH und der B-GmbH hinzuweisen.

46 Nach § 16 Abs. 3 UmwG ist es einem Rechtsträger, gegen dessen Verschmelzungsbeschluss Klage erhoben wurde, ebenso möglich, einen Beschluss mit der Feststellung, dass die anhängige Klage der Wirksamkeit der Eintragung nicht entgegensteht, bei dem zuständigen Prozessgerichts zu erwirken. Ein solcher Beschluss kann ergehen, wenn die Klage gegen die Wirksamkeit des Verschmelzungsbeschlusses unzulässig oder offensichtlich unbegründet ist bzw. wenn das Verschmelzungsinteresse der Gesellschaften im Vergleich zur möglichen Rechtsverletzung des Klägers vorrangig erscheint. Unbegründet ist die Klage insbesondere dann, wenn sie rechtsmissbräuchlich ist (zum Ganzen: WM/*Fronhöfer* UmwG § 16 Rn. 138ff.). Ein solcher Beschluss soll durch das Gericht innerhalb von drei Monaten nach Antragstellung erfolgen (§ 16 Abs. 3 Satz 5 UmwG).

47 Der Anmeldung der Verschmelzung zweier GmbH sind die folgenden in § 17 und § 52 UmwG genannten Anlagen – soweit einschlägig – beizufügen:
- der Verschmelzungsvertrag,
- die Niederschrift der Verschmelzungsbeschlüsse,
- die nach dem UmwG erforderlichen Zustimmungserklärungen einzelner Anteilsinhaber einschließlich der Zustimmungserklärung nicht erschienender Anteilsinhaber,
- der Verschmelzungsbericht bzw. die Verzichtserklärung nach § 8 Abs. 3 UmwG,
- der Prüfungsbericht bzw. die Verzichtserklärung nach § 8 Abs. 3, § 9 Abs. 3 UmwG,
- ein Nachweis über die rechtzeitige Zuleitung des Verschmelzungsvertrags oder seines Entwurfs an den zuständigen Betriebsrat bzw. dessen Verzicht auf die Einhaltung der Monatsfrist des § 5 Abs. 3 UmwG,
- die Genehmigungsurkunde, wenn die Verschmelzung einer staatlichen Genehmigung bedarf, sowie
- die Schlussbilanz des übertragenden Rechtsträgers bei der Anmeldung zum Register des übertragenden Rechtsträgers.

48 Alle diese Anlagen können nachgereicht werden, soweit vor dem Ablauf der Acht-Monats-Frist des § 17 Abs. 2 Satz 4 UmwG die Beschlüsse wirksam gefasst, der Verschmelzungsvertrag wirksam geschlossen und die Schlussbilanz aufgestellt wurden (vgl. Kallmeyer/*Lanfermann* UmwG § 17 Rn. 8). Erst auf erfolgloses Anfordern unter Fristsetzung des Registerrichters kann die Anmeldung als unzulässig zurückgewiesen werden.

49 Nach § 12 Abs. 1 HGB erfolgt die Anmeldung elektronisch in **öffentlich beglaubigter Form.** Der Notar ist verpflichtet, das regelmäßig in Schriftform gehaltene Ausgangsdokument in ein elektronisches Format umzuwandeln, einen Beglaubigungsvermerk hinzuzufügen und mit seiner elektronischen Signatur nach dem SignaturG (ein einfaches elektronisches Zeugnis iSd. § 39a BeurkG genügt) zu versehen (zum Ganzen: KKRM/*Roth* § 12 Rn. 8; *Liebscher/Scharff* NJW 2006, 3745, 3747).

Nach § 12 Abs. 2 Satz 1 HGB sind für das Handelsregister relevante Dokumente ebenfalls in elektronischer Form einzureichen. Die „elektronische Form" muss eine Ablage der Aufzeichnung im Registergericht in unveränderter Form ermöglichen (§ 47 Abs. 1 S. 2 HRV), so dass sich praktisch eine „elektronische Fotokopie" durch eine Übertragung im PDF- oder TIF-Format empfiehlt (*Sikora/Schwab* MittBayNot 2007, 1).

einstweilen frei **50, 51**

5. Eintragung und Bekanntmachung der Verschmelzung

Die **Eintragung** und die Bekanntmachung der Verschmelzung erfolgen nach § 19 UmwG. **52**

Vor der Eintragung der Verschmelzung hat die Eintragung der Kapitalerhöhung bei der übernehmenden Gesellschaft zu erfolgen, worauf in der Anmeldung zum Handelsregister des Sitzes der übernehmenden Gesellschaft hingewiesen wird. Ist die Eintragung der Kapitalerhöhung erfolgt, wird die Verschmelzung in das Register des Sitzes der übertragenden Gesellschaft eingetragen. Erst dann wird die Verschmelzung in das Register des Sitzes der übernehmenden Gesellschaft eingetragen. Zuständig für die Eintragung bei einer Kapitalgesellschaft ist der Richter gem. § 17 Nr. 1 Buchst. c RpflegerG. Der Prüfungsumfang des Richters erfasst die Einhaltung der Formalien der Anmeldung, der gesetzlichen Mindestanforderungen an den Verschmelzungsvertrag und der gesetzlichen Anforderungen an die Verschmelzungsbeschlüsse. **53**

Die **Bekanntmachung** ist für die Wirkung der Eintragung unerheblich. **54**

einstweilen frei **55**

6. Rechtsfolgen und weitere gesetzliche Regelungen

Die **Rechtsfolgen der Eintragung** ergeben sich aus § 20 UmwG. **Gegenseitige Verträge** zwischen den beteiligten Rechtsträgern einer Verschmelzung erlöschen durch **Konfusion.** § 21 UmwG regelt die Folgen einer Verschmelzung für gegenseitige Verträge der beteiligten Rechtsträger **im Verhältnis zu Dritten.** § 22 UmwG gewährt Gläubigern der beteiligten Rechtsträger die Möglichkeit **Sicherheitsleistungen** anzumelden, wenn die Glaubhaftmachung gelingt, dass durch die Verschmelzung die Erfüllung ihrer Forderung gefährdet wird. Für Inhaber von Sonderrechten sieht § 23 UmwG eine Übergangsregelung vor. **56**

einstweilen frei **57, 58**

V. Handelsbilanzrecht

1. Schlussbilanz des übertragenden Rechtsträgers

Nach § 17 Abs. 2 Satz 1 UmwG ist der Anmeldung zum Handelsregister des Sitzes des übertragenden Rechtsträgers eine Bilanz des übertragenden Rechtsträgers beizufügen **(Schlussbilanz).** Nach § 17 Abs. 2 Satz 2 UmwG gelten für diese Bilanz die Vorschriften über die Jahresbilanz und deren Prüfung entsprechend. Allerdings braucht sie nach § 17 Abs. 2 Satz 3 UmwG nicht bekannt gemacht zu werden. Nach § 17 Abs. 2 Satz 4 UmwG darf das Registergericht die Verschmelzung nur eintragen, wenn die Bilanz auf einen höchstens acht Monate vor der Anmeldung liegenden Stichtag aufgestellt worden ist. **59**

Die Schlussbilanz ist nach den handelsbilanziellen Vorschriften Teil des Jahresabschlusses iSv. §§ 242 ff. HGB. Nach dem Wortlaut des § 17 Abs. 2 Satz 1 UmwG ist hingegen lediglich die Bilanz beizufügen, nicht jedoch ein vollständiger Jahresabschluss bestehend aus Bilanz, Gewinn- und Verlustrechnung und Anhang. In der Praxis wird allerdings in der Regel der **Jahresabschluss** eingereicht. Denn sog. **Wahlpflichtan-** **60**

gaben, die wahlweise entweder in der Bilanz oder im Anhang aufgeführt werden können, müssen, wenn nur die Bilanz eingereicht wird, in dieser gemacht oder nach Art eines Anhangs ergänzt worden sein (vgl. RS HFA 42 Tz. 7; SHS/*Hörtnagl* UmwG § 17 Rn. 14; Kallmeyer/*Lanfermann* UmwG § 17 Rn. 20). Aus der Verweisung auf die Vorschriften über die Jahresbilanz folgt, dass die Schlussbilanz vom jeweils zuständigen Organ aufzustellen und festzustellen ist, wie es sich aus den rechtsformspezifischen Regelungen ergibt. Entsprechend § 245 HGB ist die Schlussbilanz zu unterzeichnen. Nach § 17 Abs. 2 Satz 3 UmwG bedarf es einer Bekanntmachung der Schlussbilanz nicht. Das Prüfungserfordernis richtet sich ebenfalls nach den rechtsformspezifischen Regelungen und den Vorschriften für bestimmte Geschäftszweige, etwa nach § 316 Abs. 1 HGB iVm. § 267 HGB, §§ 340k, 341k HGB und nach §§ 1, 6 PublG. Der Inhalt des Prüfungsberichts richtet sich nach § 321 HGB.

61 Durch den **Verweis** auf die **Vorschriften der Jahresbilanz** gelten die allgemeinen Ansatzvorschriften der §§ 246 bis 251, 274, 330 HGB. Ferner gilt das Anschaffungskostenprinzip des § 253 HGB. Wertobergrenze sind die Anschaffungskosten oder Herstellungskosten vermindert um die zwischenzeitlichen Abschreibungen. Zuschreibungen sind nur nach den allgemeinen Vorschriften, insb. nach § 253 Abs. 5 HGB zulässig. Es gelten die allgemeinen Bewertungsgrundsätze des § 252 HGB. Damit ist grundsätzlich von der Fortführung der Unternehmenstätigkeit auszugehen, § 252 Abs. 1 Nr. 2 HGB. Allerdings ist die Aufstellung einer Schlussbilanz nach § 17 Abs. 2 UmwG ein begründeter Ausnahmefall iSv. § 252 Abs. 2 HGB, um vom Grundsatz der Bewertungsstetigkeit nach § 252 Abs. 1 Nr. 6 HGB abzuweichen (RS HFA 42 Tz. 17). Diese Grundsätze gelten unabhängig davon, ob die Schlussbilanz mit dem Jahresabschluss des letzten Geschäftsjahres zusammenfällt oder nicht.

62 *einstweilen frei*

2. Bilanzierung beim übernehmenden Rechtsträger

63 Der übernehmende Rechtsträger hat **keine spezielle Übernahmebilanz** zu erstellen, da die Übernahme der einzelnen Wirtschaftsgüter aus dem Verschmelzungsvorgang als laufender Geschäftsvorfall zu behandeln ist (vgl. SHS/*Hörtnagl* UmwG § 24 Rn. 4); es liegt insoweit ein entgeltliches Anschaffungsgeschäft vor (vgl. SHS/*Hörtnagl* UmwG § 24 Rn. 10).

64 Grundsätzlich werden die übergegangenen Wirtschaftsgüter nach dem Anschaffungswertprinzip des § 253 Abs. 1 HGB bilanziert, wobei sich die **Anschaffungskosten** durch die Gegenleistung bestimmen. Als Gegenleistung für den Erwerb des Vermögens der A-GmbH gewährt die B-GmbH als übernehmende Gesellschaft entweder neue Anteile, ggf. unter Leistung barer Zuzahlungen, oder gibt eigene Anteile an die M-GmbH als Gesellschafterin der übertragenden A-GmbH hin. Das übernommene Vermögen ist beim übernehmenden Rechtsträger aktivierungsfähig, sobald die Ansatzvoraussetzungen des § 246 Abs. 1 HGB erfüllt sind. Das **Aktivierungsverbot** des § 248 Abs. 2 HGB für immaterielle Vermögensgegenstände des Anlagevermögens **gilt nicht,** weil die übernehmende Gesellschaft alle Vermögensgegenstände des übertragenden Rechtsträgers entgeltlich erwirbt, auch wenn sie vom übertragenden Rechtsträger selbst erstellt worden sind. Auf eine Bildung von Rückstellungen für übergegangene Pensionsverpflichtungen kann nicht unter Hinweis auf Art. 28 Abs. 1 EGHGB verzichtet werden (vgl. RS HFA 42 Tz. 37). Der **Wertansatz zu Anschaffungskosten** beruht auf den allgemeinen Grundsätzen des § 255 HGB. Zu unterscheiden sind folgende Fälle (vgl. RS HFA 42 mit Überblick in Tz. 4, und hier gem. Tz 43 entspr. Tz. 36ff.):

- Erfolgt die Kapitalerhöhung unter gleichzeitiger Festsetzung eines Agios, sind die Anschaffungskosten durch den Ausgabebetrag der Anteile und das Aufgeld bestimmt.

– Wird bestimmt, dass eine Differenz zwischen dem Zeitwert des übernommenen Vermögens und der Nominalkapitalerhöhung in die Kapitalrücklage eingestellt werden kann, bilden die Nominalkapitalerhöhung und die entspr. Rücklagendotierung die Anschaffungskosten.
– Wird nur der Betrag der Nominalkapitalerhöhung durch den Beschluss festgelegt, ist durch Auslegung zu ermitteln, ob die Anschaffungskosten durch den Nominalbetrag bestimmt sind oder ob ein Agio bis zur Höhe des Zeitwerts der Sacheinlagen mit der Folge höherer Anschaffungskosten in die Kapitalrücklage eingestellt werden darf.

Erfolgt – anders als im vorliegenden Fall – **keine Kapitalerhöhung,** sondern wird die Anteilsgewährung mit vor der Verschmelzung bereits vorhandenen, eigenen Anteilen erfüllt, ist die durch Verrechnung mit der freien Rücklage gem. § 272 Abs. 1a HGB erfolgte Absetzung vom gezeichneten Kapital wieder rückgängig zu machen (§ 272 Abs. 1b HGB). **65**

Erfolgt – anders als im vorliegenden Fall – wegen der Neufassung des § 54 Abs. 1 UmwG (s. → Rn. 23) **keine Kapitalerhöhung,** sollten im Ergebnis aus einer gedanklichen Zerlegung in einen Einlagevorgang der Anteile an der Überträgerin mit anschließender up-stream Verschmelzung die gleichen Bilanzierungsfolgen (s. → Rn. 64 und → Rn. 66) erzielbar sein (vgl. RHL/*Rödder* Anh. 2 Rn. 22; RS HFA 42 Tz. 45 ff.).

In Durchbrechung des Anschaffungskostenprinzips gewährt § 24 UmwG ein **Wahlrecht,** wonach in den Jahresbilanzen des übernehmenden Rechtsträgers als Anschaffungskosten iSd. § 253 Abs. 1 HGB auch die in der Schlussbilanz eines übertragenden Rechtsträgers angesetzten Werte übernommen werden können (RS HFA 42 Tz. 60 ff.). **66**

Das Wahlrecht kann nur einheitlich und durch das zur Feststellung des Jahresabschlusses berufene Organ der Gesellschaft ausgeübt werden. **67**

Ist das übergehende Reinvermögen zu Buchwerten höher als der Ausgabebetrag der Anteile, ist der übersteigende Betrag bei erfolgter Kapitalerhöhung als **Kapitalrücklage** gemäß § 272 Abs. 2 Nr. 1 HGB auszuweisen, bzw. bei Verzicht auf Kapitalerhöhung gemäß § 272 Abs. 2 Nr. 4 HGB auszuweisen (vgl. RS HFA 42 Tz. 68 f.). Übersteigt der Ausgabebetrag der Anteile das übergehende Reinvermögen zu Buchwerten, so entsteht ein sofort aufwandswirksam zu behandelnder Verschmelzungsverlust, der als außerordentlicher Aufwand über die Gewinn- und Verlustrechnung zu erfassen ist. Dieser kann nicht durch Ansatz eines Aktivpostens (Geschäfts- oder Firmenwert) ausgeglichen oder mit den Rücklagen verrechnet werden (vgl. RS HFA 42 Tz. 70). **68**

einstweilen frei **69, 70**

3. Bilanzierung bei der M-GmbH

In der Bilanz der M-GmbH entfällt der Beteiligungsansatz der A-GmbH mit Wirksamwerden der Verschmelzung. Die M-GmbH „tauscht" ihren untergehenden Anteil an der A-GmbH in einen weiteren Anteil an der B-GmbH. Auf diesen **Aktivtausch** sind die Grundsätze der Bilanzierung von Tauschgeschäften anwendbar. Möglich ist der Ansatz mit dem Buchwert der Anteile an der A-GmbH, mit dem Zeitwert des Anteils an der A-GmbH oder mit dem Buchwert der Anteile an der A-GmbH zzgl. der durch den Tausch ausgelösten Ertragsteuerbelastung (*ADS* HGB § 255 Rn. 89 ff.; *Winnefeld,* Bilanzhandbuch, 5. Aufl. Kap. E Rn. 510 ff.; RS HFA 42 Tz. 77 ff.; **aA** SHS/*Hörtnagl* UmwG § 24 Rn. 100 f. maßgeblich ist der Zeitwert der übernommenen Anteile am übernehmenden Rechtsträger). **71**

Erfolgt – anders als im vorliegenden Fall – aufgrund § 54 Abs. 1 Satz 3 UmwG (→ Rn. 23) **keine Kapitalerhöhung,** sollten im Ergebnis die gleichen Bilanzierungsfolgen erzielbar sein (vgl. RHL/*Rödder* Anh. 2 Rn. 25). **72**

einstweilen frei **73**

VI. Ertragsteuern

74 Ziel des UmwStG soll die Beseitigung möglicher steuerlicher Hemmnisse von Umwandlungen sein, um eine Umstrukturierung von Unternehmen insb. ohne Aufdeckung und Versteuerung der sog. stillen Reserven zu begünstigen (vgl. BT-Drs. 12/7263 S. 1).

75 Um in den Anwendungsbereich des UmwStG zu fallen, müssen gem. § 1 Abs. 2 UmwStG im Fall der Verschmelzung nach den §§ 2ff. UmwG sowohl der übertragende wie auch der übernehmende Rechtsträger nach dem Recht eines EU- oder EWR-Staates gegründet sein und sich der Ort der Geschäftsleitung beider Rechtsträger im Hoheitsgebiet dieser Staaten befinden.

76 Vorliegend sind für die Verschmelzung zweier Schwester-GmbHs neben den in § 1 UmwStG normierten Anwendungsvoraussetzungen und der in § 2 UmwStG geregelten steuerlichen Rückwirkung nur der dritte und fünfte Teil des UmwStG (dh. §§ 11–13, 18–19 UmwStG) einschlägig.

77 Die Besteuerung der stillen Reserven im Rahmen einer Verschmelzung wird dadurch vermieden, dass der übertragende Rechtsträger in seiner steuerlichen Schlussbilanz unter bestimmten Voraussetzungen (→ Rn. 82) die Buchwerte ansetzt und der übernehmende Rechtsträger diese fortführt (sog. **Buchwertfortführung**). In der steuerlichen Schlussbilanz kann der übertragende Rechtsträger die übergehenden Wirtschaftsgüter mit dem **gemeinen Wert,** auf Antrag und unter den Voraussetzungen des § 11 Abs. 2 UmwStG auch mit dem **Buchwert oder einem Zwischenwert** ansetzen. Der gemeine Wert bestimmt sich nach § 9 Abs. 2 BewG durch den Preis, der im gewöhnlichen Geschäftsverkehr nach der Beschaffenheit des Wirtschaftsgutes bei einer Veräußerung zu erzielen wäre. Dabei sind alle Umstände, die den Preis beeinflussen, zu berücksichtigen.

78 Die früher von der Finanzverwaltung vertretene und seitens der Literatur heftig kritisierte Ansicht, nach welcher in der steuerlichen Übertragungsbilanz nur die in der handelsrechtlichen Schlussbilanz zulässigen Werte angesetzt werden durften, ist durch **Aufgabe des Maßgeblichkeitsprinzips** zugunsten einer diesbezüglich autonomen Steuerbilanz (Blümich/*Klingberg* UmwStG 2006 § 11 Rn. 4, 21ff.; *Damas* DStZ 2007, 129, 130) obsolet geworden.

79 Nach § 2 Abs. 1 Satz 1 UmwStG sind das Einkommen und das Vermögen der übertragenden und der übernehmenden Körperschaft so zu ermitteln, als ob das Vermögen der Körperschaft mit Ablauf des Stichtags der Bilanz, die dem Vermögensübergang zugrunde liegt **(steuerlicher Übertragungsstichtag),** auf die übernehmende Körperschaft übergegangen wäre. Nach § 2 Abs. 1 Satz 2 UmwStG gilt das Gleiche für die Ermittlung der Bemessungsgrundlagen bei der GewSt. Da die Schlussbilanz des übertragenden Rechtsträgers gem. § 17 Abs. 2 Satz 4 UmwG auf einen Stichtag aufgestellt werden muss, der höchstens acht Monate vor dem Tag der Anmeldung der Verschmelzung zu den Registern liegt, wird der steuerliche Übertragungsstichtag maßgeblich durch den zivilrechtlichen Umwandlungsstichtag, der dem Stichtag der Schlussbilanz folgt, bestimmt. Die Rückbeziehung, die steuerlich eine gesetzliche Ausnahme darstellt, fingiert einen steuerlichen Übertragungsstichtag aus praktischen Gründen, da der Zeitpunkt der Eintragung der Verschmelzung in die Register nicht beeinflusst werden kann. Umgekehrt kann durch die Wahl des Verschmelzungsstichtags beeinflusst werden, in welchem Veranlagungszeitraum eine Verschmelzung stattfindet.

80 *einstweilen frei*

1. Gewinn der übertragenden Körperschaft

81 Grundsätzlich ist für den körperschaftsteuerpflichtigen Gewinn nach § 8 Abs. 1 KStG iVm. § 5 Abs. 1 Satz 1 EStG bei der Gewinnermittlung für den Schluss des

Wirtschaftsjahrs das Betriebsvermögen anzusetzen, das nach den handelsrechtlichen Grundsätzen ordnungsmäßiger Buchführung auszuweisen ist. Nach § 5 Abs. 1 Satz 2 EStG sind steuerliche **Wahlrechte** bei der Gewinnermittlung in Übereinstimmung mit der handelsrechtlichen Jahresbilanz auszuüben. Das UmwStG eröffnet jedoch die Möglichkeit, die Werte der steuerlichen Schlussbilanz abweichend von der handelsrechtlichen Schlussbilanz zu bestimmen.

Grundsätzlich sind bei der übertragenden Körperschaft nach § 11 Abs. 1 UmwStG bei einer Verschmelzung auf eine andere Körperschaft die übergehenden Wirtschaftsgüter, einschließlich nicht entgeltlich erworbener oder selbst geschaffener immaterieller Wirtschaftsgüter, in der Schlussbilanz mit ihrem **gemeinen Wert** anzusetzen. 82

Nach § 11 Abs. 2 Satz 1 UmwStG können allerdings **auf Antrag** die übergehenden Wirtschaftsgüter auch mit dem **Buchwert** oder einem **höheren Zwischenwert,** in die Schlussbilanz aufgenommen werden, wenn:

1. sichergestellt ist, dass die in dem übergegangenen Vermögen enthaltenen stillen Reserven und die daraus erzielten Erträge später bei der übernehmenden Körperschaft der Besteuerung mit Körperschaftsteuer unterliegen, und
2. das deutsche Besteuerungsrecht hinsichtlich der Besteuerung des Gewinns aus der Veräußerung der übertragenen Wirtschaftsgüter bei der übernehmenden Körperschaft nicht ausgeschlossen oder beschränkt wird und ferner
3. eine Gegenleistung nicht gewährt wird oder in Gesellschaftsrechten besteht (vgl. hierzu UmwSt-Erl. 2011, BMF v. 11.11.2011, BStBl. I 2011, 1314 Tz. 11.05 ff.).

Zu der Frage, in welchen Fällen eine Buchwertfortführung aufgrund des Ausschlusses oder der Einschränkung des deutschen Besteuerungsrechts nicht möglich ist, vgl. DPM/*Möhlenbrock/Pung* UmwStG § 3 Rn. 89 ff.

Der **Antrag** ist spätestens bis zur erstmaligen Abgabe der steuerlichen Schlussbilanz bei dem für die Besteuerung zuständigen Finanzamt einzureichen (§ 11 Abs. 3, § 3 Abs. 2 Satz 2 UmwStG; UmwSt-Erl. 2011, BMF v. 11.11.2011, BStBl. I 2011, 1314, Tz. 11.12; *Damas* DStZ 2007, 129, 130; *Schaflitzl/Widmayer* BB Special 2006 Nr. 8 S. 36, 40). Die Antragstellung kann nur einheitlich für sämtliche Wirtschaftsgüter der Körperschaft erfolgen. Der Antrag wird spätestens konkludent durch das Einreichen der steuerlichen Schlussbilanz der übertragenden Körperschaft im Rahmen der Steuererklärung gestellt (vgl. BT-Drs. 16/2710, S. 37). Eine nachfolgende Änderung des Antrags im Wege einer Bilanzänderung ist nach Verwaltungs- und Rechtsprechungsauffassung nicht möglich (vgl. UmwSt-Erl. 2011, BMF v. 11.11.2011, BStBl. I 2011, 1314 Tz. 11.12, 03.01, 03.27 ff.). 83

Es ist zu beachten, dass diverse **Verlustvorträge** der übertragenden Gesellschaft (ua. auch EBITDA-Vortrag, → Rn. 100) durch die Verschmelzung nach § 12 Abs. 3 iVm. § 4 Abs. 2 Satz 2 UmwStG untergehen. Dies gilt auch für einen Zinsvortrag iSv. § 4h Abs. 1 Satz 5 EStG im Rahmen der Anwendung der sog. „Zinsschranke", iE → Form. A.3 Rn. 101 ff. Es empfiehlt sich daher die anteilige Realisierung in Höhe der Verlustvorträge durch den Ansatz von Zwischenwerten. Allerdings müssen dabei die Folgen der Mindestbesteuerung nach § 10d Abs. 2 EStG sowie ggf. unterschiedliche Verlustvorträge für die Einkommenssteuer/Körperschaftssteuer einerseits und für die Gewerbesteuer andererseits berücksichtigt werden. 84

Die Voraussetzungen der sog. **Buchwertfortführung** des § 11 Abs. 2 UmwStG sind in dem dem vorliegenden Formular zu Grunde liegenden Fall jedenfalls dann erfüllt, wenn die beiden beteiligten inländischen GmbHs nur über inländische Betriebsstätten verfügen und die übernehmende GmbH nicht nach einer der in § 5 KStG genannten Alternativen (in Frage kommt hier in erster Linie die Steuerbefreiung gemeinnütziger Körperschaften nach § 5 Abs. 1 Nr. 9 KStG) von der Körperschaftsteuer befreit ist. Ein Verstoß gegen die in § 11 Abs. 2 Nr. 2 genannte Voraussetzung, dass das deutsche Besteuerungsrecht eines Gewinns aus einer späteren Veräußerung der Wirtschaftsgüter nicht ausgeschlossen oder beschränkt werden darf, könnte 85 sich hingegen dann ergeben, wenn eine in Deutschland unbeschränkt körperschaftsteuerpflichtige GmbH auf eine Kapitalgesellschaft verschmolzen wird, deren Sitz und Ort der Geschäftsleitung sich in einem EU- oder EWR-Staat befindet und die deutsche GmbH über eine Betriebsstätte in einem Staat verfügt, mit dem Deutschland kein Doppelbesteuerungsabkommen abgeschlossen hat. In diesem Fall würde das deutsche Besteuerungsrecht hinsichtlich der Erfassung eines Gewinns aus der Veräußerung der in der ausländischen Betriebsstätte erfassten Wirtschaftsgüter zukünftig ausgeschlossen und eine Buchwertfortführung wäre insofern nicht möglich.

Auch die dritte Voraussetzung der Buchwertfortführung liegt vor, da die Gegenleistung nur in Gesellschaftsrechten besteht (bzw. wenn keine Kapitalerhöhung erfolgt – → Rn. 23 – eine Gegenleistung gar nicht gewährt wird). Werden neben Gesellschaftsrechten auch andere Gegenleistungen wie zB bare Zuzahlungen an die Gesellschafter des übertragenden Rechtsträgers erbracht, ist nur eine anteilige Anwendung des § 11 Abs. 2 UmwStG möglich (Wortlaut „soweit"). Zu Einzelheiten vgl. HM/*Bärwaldt* UmwStG § 11 Rn. 52f. und SHS/*Schmitt* UmwStG § 11 Rn. 135ff.

86 Es ist jedoch zu beachten, dass gem. § 11 Abs. 2 Satz 1 UmwStG unbedingt ein entsprechender Antrag beim zuständigen Finanzamt spätestens mit erstmaliger Einreichung der steuerlichen Schlussbilanz zu stellen ist.

87 Werden die Wirtschaftsgüter in der Schlussbilanz gem. § 11 Abs. 1 UmwStG mit dem (höheren) gemeinen Wert oder gem. § 11 Abs. 2 Satz 1 UmwStG mit einem Zwischenwert angesetzt, entsteht mit Ablauf des steuerlichen Verschmelzungsstichtags ein **Übertragungsgewinn.** Dieser unterliegt der Körperschaftsteuer nach dem KStG und der Gewerbesteuer nach § 19 Abs. 1 UmwStG. Soweit der Übertragungsgewinn aus der Aufstockung des Wertes für Anteile an anderen Kapitalgesellschaften herrührt, kann sich aus § 8b Abs. 2 und 3 KStG eine 95%ige Steuerfreiheit ergeben (vgl. SHS/*Schmitt* UmwStG § 11 Rn. 154).

88, 89 *einstweilen frei*

2. Gewinn der übernehmenden Körperschaft

90 Nach § 12 Abs. 1 Satz 1 UmwStG hat die übernehmende Körperschaft die auf sie übergegangenen Wirtschaftsgüter mit dem in der steuerlichen Schlussbilanz der übertragenden Körperschaft enthaltenen Wert zu übernehmen (Bindung an die steuerliche Schlussbilanz der übertragenden Gesellschaft; § 12 Abs. 1 Satz 1 UmwStG). Vorliegend hat die B-GmbH folglich die in der steuerlichen Schlussbilanz der A-GmbH angesetzten Werte in ihrer Steuerbilanz fortzuführen.

91 *einstweilen frei*

a) Verschmelzungsgewinn/-verlust

92 Bereits handelsbilanziell tritt ein Übernahmegewinn/-verlust vorliegend nicht ein, weil die übernehmende B-GmbH an der übertragenden A-GmbH nicht beteiligt ist. Die übergegangenen Wirtschaftsgüter sind gesellschaftsrechtlich als Einlage zu behandeln, für die der neue Anteil an der B-GmbH gewährt wird (str.; wie hier HM/*Wisniewski* UmwStG § 12 Rn. 40; SBB/*Schlösser* § 11 Rn. 248f.; **aA** BFH v. 9.1.2013, I R 24/12, BFH/NV 2013, 881 und FinVerw in UmwSt-Erl. 2011, BMF v. 11.11.2011, BStBl. I 2011, 1314 Tz. 12.05). Die steuerfreie Einlage gilt auch, wenn auf eine Kapitalerhöhung verzichtet wird (→ Rn. 23). Da bereits handelsrechtlich ein Verschmelzungsgewinn oder -verlust nicht entsteht, läuft § 12 Abs. 2 Satz 1 UmwStG leer. Nach DPM/*Dötsch/Stimpel* UmwStG § 12 Rn. 52ff. müsste die Differenz zwischen Nominalbetrag des neuen Geschäftsanteils und dem Wert der übergehenden Wirtschaftsgüter als sog. steuerfreier Agio-Gewinn Teil des steuerfreien Übernahmegewinns sein, weil sich konsequenterweise auf Seiten der M-GmbH die Anschaffungskosten erhöhen würden.

93–96 *einstweilen frei*

b) Übernahmegewinn zweiter Stufe

Ein sog. Übernahmegewinn zweiter Stufe entsteht, wenn sich Forderungen und Verbindlichkeiten zwischen dem übertragenden und dem übernehmenden Rechtsträger vereinigen, und die bilanzierten Werte auf Grund des Imparitätsprinzips voneinander abweichen. Die Vergünstigung des § 6 Abs. 1 Satz 1 und Abs. 2 UmwStG gilt bei der vorliegenden Verschmelzung zweier Schwestergesellschaften nicht, weil die übernehmende B-GmbH an der übertragenden A-GmbH **nicht beteiligt** ist. Dies wird aber in § 12 Abs. 4 Satz 2 UmwStG vorausgesetzt. 97

c) Steuerrechtliche Rechtsnachfolge

Nach § 12 Abs. 3 HS 1 UmwStG tritt die übernehmende Körperschaft in die steuerliche Rechtsstellung der übertragenden Körperschaft ein, insb. bzgl. der Bewertung der übernommenen **Wirtschaftsgüter,** der AfA und der den steuerlichen Gewinn mindernden Rücklagen. Nach § 12 Abs. 3 HS 2 UmwStG iVm. § 4 Abs. 2 Satz 3 UmwStG ist der Zeitraum der Zugehörigkeit zum Betriebsvermögen der übertragenden Körperschaft der übernehmenden Körperschaft anzurechnen, wenn die Dauer der Zugehörigkeit eines Wirtschaftsguts zum Betriebsvermögen für die Besteuerung bedeutsam ist. Sind die übergegangenen Wirtschaftsgüter in der steuerlichen Schlussbilanz der übertragenden Körperschaft mit einem über dem Buchwert liegenden Wert angesetzt, sind nach § 12 Abs. 3 HS 2 UmwStG iVm. § 4 Abs. 3 UmwStG die AfA bei der übernehmenden Körperschaft in den Fällen des § 7 Abs. 4 Satz 1 und Abs. 5 EStG nach der bisherigen Bemessungsgrundlage, in allen anderen Fällen nach dem Buchwert, jeweils vermehrt um den Unterschiedsbetrag zwischen dem Buchwert der einzelnen Wirtschaftsgüter und dem Wert, mit dem die Körperschaft die Wirtschaftsgüter in der steuerlichen Schlussbilanz angesetzt hat, zu bemessen; die Restnutzungsdauer ist neu zu schätzen (BFH v. 29.11.2007, DStR 2008, 611). 98

Der Eintritt in die steuerliche Rechtsstellung galt faktisch bis 2016 auch für die ratierliche Auszahlung des **KSt-Guthabens** gem. § 37 KStG bzw. die ratierlich geschuldete **KSt-Erhöhung** gem. § 38 KStG der übertragenden Gesellschaft. 99

Gemäß § 12 Abs. 3 iVm. § 4 Abs. 2 Satz 2 UmwStG gehen verrechenbare Verluste, verbleibende **Verlustvorträge** oder vom übertragenden Rechtsträger nicht ausgeglichene negative Einkünfte, ein Zinsvortrag nach § 4h Abs. 1 Satz 5 EStG und ein EBITDA-Vortrag nach § 4h Abs. 1 Satz 3 EStG **nicht** auf die übernehmende Körperschaft über → Form. A.3 Rn. 101ff.). 100

einstweilen frei 101–103

d) Einlagekonto

Bei der Verschmelzung von reinen Schwestergesellschaften ist im Ergebnis das steuerliche Einlagekonto der übertragenden Körperschaft (A-GmbH) dem der übernehmenden Körperschaft (B-GmbH) zuzurechnen. § 29 Abs 2 Satz 3 KStG greift mangels Beteiligung der B-GmbH an der A-GmbH nicht. 104

Grundsatz (auch in anderen Fällen): Hinsichtlich des steuerlichen **Einlagekontos** iSv. § 27 Abs. 1 Satz 1, § 39 KStG gilt nach § 29 Abs. 1 KStG das **Nennkapital** der übertragenden Körperschaft als in vollem Umfang nach § 28 Abs. 2 Satz 1 KStG herabgesetzt. Danach wird zunächst der Sonderausweis zum Schluss des vorangegangenen Wirtschaftsjahrs gemindert; ein übersteigender Betrag ist dem steuerlichen Einlagekonto gutzuschreiben, soweit die Einlage in das Nennkapital geleistet ist (vgl. generell zur Anwendung der §§ 27 und 28 KStG: BMF v. 4.6.2003, BStBl. I 2003, 366 Tz. 37ff.; UmwSt-Erl. 2011, BMF v. 11.11.2011, BStBl. I 2011, 1314 Tz. K 0.3ff.). Anschließend ist nach § 29 Abs. 2 Satz 1 KStG dieser Bestand des steuerlichen Einlagekontos der übertragenden Körperschaft dem steuerlichen Einlagekonto der übernehmenden Körperschaft hinzuzurechnen. Sodann ist gemäß § 29 Abs. 4 KStG für die Anpassung des Nennkapitals der umwandlungsbeteiligten Körperschaften § 28 Abs. 1 und 3 KStG anzuwenden. Demzufolge mindert sich gem. §§ 29 Abs. 4 iVm. 28 Abs. 1 KStG – wie im Fall einer Kapi- 105 talerhöhung aus Rücklagen – das steuerliche Einlagekonto der Übernehmerin um den Betrag, um den diese ihr Nennkapital zur Gewährung der Gesellschaftsrechte zwecks Durchführung der Verschmelzung erhöht hat. Schließlich mindert sich gem. §§ 29 Abs. 4 iVm. 28 Abs. 3 KStG ein bei der Übernehmerin bestehender Sonderausweis iSv. § 28 Abs. 1 Satz 3 KStG um den Betrag des noch vorhandenen steuerlichen Einlagekontos bis auf Null; das steuerliche Einlagekonto vermindert sich entsprechend.

3. Besteuerung der Gesellschafter der übertragenden Körperschaft

106 Nach § 13 Abs. 1 UmwStG gelten die Anteile an der übertragenden Körperschaft grundsätzlich als zum gemeinen Wert veräußert und die an ihre Stelle tretenden Anteile als zu diesem Wert angeschafft; daraus ergäbe sich eine **Gewinnrealisierung** bei der M-GmbH.

107 Allerdings lässt sich im vorliegenden Fall der reinen Inlandsverschmelzung auf Antrag gem. § 13 Abs. 2 UmwStG die Verschmelzung für die M-GmbH **steuerneutral** gestalten, indem diese den bisherigen Buchwert ihrer Anteile an der A-GmbH auf die Anteile an der B-GmbH überträgt. Dies sollte im Ergebnis auch bei Verzicht auf Kapitalerhöhung gelten (UmwSt-Erl. 2011, BMF v. 11.11.2011, BStBl. I 2011, 1314 Tz. 13.09). Dabei treten die Anteile an der B-GmbH an die Stelle der Anteile an der A-GmbH (§ 13 Abs. 2 Satz 2 UmwStG); dies führt nach dem SEStEG v. 7.12.2006 (BGBl. I 2006, 2782) dazu, dass in früheren Jahren steuerlich wirksam vorgenommene Teilwertabschreibungen oder Übertragungen nach § 6b EStG als auf die B-GmbH vorgenommen gelten, d. h. insoweit die Begünstigung des § 8b Abs. 2 Satz 1 KStG bei Veräußerung nicht greift, bzw. bei einer späteren Verschmelzung der B-GmbH auf die M-GmbH aufgrund der **erweiterten Wertaufholung** insoweit ein Übernahmegewinn nach § 8b Abs. 2 Satz 4 und 5 KStG (gem. § 4 Abs. 1 Satz 3 iVm. § 12 Abs. 1 Satz 2 UmwStG) in vollem Umfang steuerpflichtig ist.

VII. Verkehrssteuern

1. Umsatzsteuer

108 Vorliegend fällt für den Verschmelzungsvorgang keine Umsatzsteuer an, denn es liegt (nach wohl hM) eine nach § 1 Abs. 1a UStG nicht steuerbare Geschäftsveräußerung im Ganzen vor (→ Form. A.1 Rn. 120; vgl. Sölch/Ringleb/*Oelmaier* UStG § 1 Rn. 196; Bunjes/*Robisch* UStG § 1 Rn. 136). Nach aA (vgl. *Stadie* UStG § 1 Rn. 138 ff.) liegt im Falle der Verschmelzung keine Geschäftsveräußerung und damit bereits kein steuerbarer Leistungsaustausch vor, da mit der Eintragung in das Handelsregister das Vermögen der übertragenden Gesellschaft einschließlich der Verbindlichkeiten kraft gesetzlicher Anordnung und damit im Wege der Gesamtrechtsnachfolge übergeht. Zu Einzelheiten → Form. A.1 Rn. 118 ff.

109 *einstweilen frei*

2. Grunderwerbsteuer

110 Bei der Verschmelzung zweier Schwester-GmbHs entsteht bei Einhaltung der in → Form. D.1 Rn. 66 ff. dargestellten Voraussetzungen keine Grunderwerbsteuer. Werden die engen Voraussetzungen für die Steuervergünstigung bei Umstrukturierung im Konzern gemäß § 6a GrEStG nicht erfüllt, wird die Verschmelzung als Erwerbsvorgang gemäß § 1 Abs. 1 Nr. 3 Satz 1 GrEStG qualifiziert.

111 *einstweilen frei*

VIII. Arbeitsrecht

112 Die Darlegung der **Folgen der Verschmelzung für die Arbeitnehmer und ihre Vertretungen und die diesbzgl. vorgesehenen Maßnahmen** ist gem. § 5 Abs. 1

Nr. 9 UmwG zwingender Bestandteil des Verschmelzungsvertrags. Es sind die unmittelbaren individual- und kollektivarbeitsrechtlichen sowie die wesentlichen mittelbaren Folgen der Verschmelzung darzulegen; s. iE die „Checkliste" unter → Form. A.1 Rn. 231. Ein pauschaler Verweis auf die gesetzlichen Vorschriften, etwa auf § 613a BGB und die Bestimmungen des UmwG genügt nicht (OLG Düsseldorf v. 15.3.1998, 3 Wx 156/98, NJW-RR 1999, 188f.). Genügt der Verschmelzungsvertrag diesen Anforderungen nicht, hat das Handelsregister die Eintragung der Verschmelzung abzulehnen (OLG Düsseldorf v. 15.3.1998, 3 Wx 156/98, aaO). Daneben besteht gem. § 613a Abs. 5 BGB die Verpflichtung, die Arbeitnehmer gesondert nicht nur über die rechtlichen, sondern auch über die sie betreffenden wirtschaftlichen und sozialen Folgen des Betriebsübergangs zu informieren. Die Nichteinhaltung dieser Informationsverpflichtung hat grundsätzlich zur Folge, dass die in **§ 613a Abs. 6 BGB** normierte Frist von einem Monat für die Ausübung des Rechts der betroffenen Arbeitnehmer, dem Übergang ihres Arbeitsverhältnisses zu widersprechen (s. iE → Form. A.1 Rn. 152f.), nicht zu laufen beginnt. Gleiches gilt für eine unvollständige oder unrichtige **Unterrichtung** (BAG v. 13.7.2006, 8 AZR 305/05, NZA 2006, 1268; BAG v. 14.12.2006, 8 AZR 763/05, NZA 2007, 682, BAG v. 15.12.2016, 8 AZR 612/15, NZA 2017, 783). Allerdings hat das BAG klargestellt, dass ein Widerspruchsrecht nach einer Verschmelzung nicht besteht, da das Arbeitsverhältnis mit dem bisherigen, erloschenen Arbeitgeber nicht fortgesetzt werden kann. Ein dennoch erklärter Widerspruch ist auch nicht zwangsläufig als Kündigung zu verstehen, wenn die Erklärung nicht auch eine Umdeutung in eine Kündigung oder einen anderen Beendigungstatbestand zulässt (BAG v. 21.2.2008, 8 AZR 157/07, NZA 2008, 815). Ein erklärter Widerspruch lässt das übergegangene Arbeitsverhältnis daher grundsätzlich unberührt (iE → Form. A.1 Rn. 178, Verschmelzungsvertrag § 5 Abs. 3 sowie → Form. A.1 Rn. 148). Bzgl. der Einzelheiten wird auf § 5 des Verschmelzungsvertrags und die Anmerkungen hierzu (→ Rn. 140ff.) verwiesen.

S. iÜ die grundsätzlichen Anmerkungen zum Arbeitsrecht in → Form. A.1 Rn. 150ff. **113**

einstweilen frei **114, 115**

IX. Kartellrechtliche Hinweise

Eine Verschmelzung unterliegt der **Zusammenschlusskontrolle** der §§ 35ff. GWB, wenn die an der Verschmelzung beteiligten Unternehmen im letzten Geschäftsjahr vor der Verschmelzung weltweit Umsatzerlöse von insgesamt mindestens EUR 500 Mio. und mindestens ein beteiligtes Unternehmen im Inland Umsatzerlöse von mehr als EUR 25 Mio. sowie ein anderes beteiligtes Unternehmen Umsatzerlöse von mehr als EUR 5 Mio. erzielt haben. Das Bundeskartellamt kann eine solche anmeldepflichtige Verschmelzung untersagen, sofern zu erwarten ist, dass durch sie eine marktbeherrschende Stellung begründet oder verstärkt wird. Trifft dies zu, sind die dagegen verstoßenden Rechtsgeschäfte unwirksam, § 41 Abs. 1 Satz 2 GWB. Daher stehen solche Verschmelzungsverträge immer unter der aufschiebenden Bedingung der kartellrechtlichen Genehmigung. Das Bundeskartellamt entscheidet binnen einer Frist von einem Monat nach Anmeldung, ob es in das Hauptprüfverfahren einsteigt (Vorprüfverfahren, sog. „erste Phase"), § 40 Abs. 1 Satz 1 GWB. Sofern das Bundeskartellamt wettbewerbsrechtliche Probleme in der geplanten Verschmelzung sieht, die nicht innerhalb des Vorprüfverfahrens ausgeräumt werden können, wird das förmliche Hauptprüfverfahren eingeleitet (sog. „zweite Phase"), das ab Anmeldung insgesamt vier Monate dauern kann. Entscheidet das Bundeskartellamt nicht innerhalb von vier Monaten nach Eingang der vollständigen Anmeldung, gilt der Zusammenschluss als freigegeben (§ 40 Abs. 2 Satz 2 GWB). **116**

einstweilen frei **117**

X. Kosten und Gebühren

1. Beurkundung des Verschmelzungsvertrages

118 Die Notargebühren für die Beurkundung des Abschlusses des **Verschmelzungsvertrages** richten sich nach §§ 97, 107 GNotKG (→ Form. A.1 Rn. 261). Vgl. zum reformierten Kostenrecht (GNotKG) → Form. A.1 Rn. 259.

119 Die Notargebühren für die Beurkundung des Abschlusses des **Verschmelzungsvertrages** richten sich nach §§ 97, 107 GNotKG. Zur Wertberechnung ist das Aktivvermögen des übertragenden Rechtsträgers zugrunde zu legen. Die Berechnung erfolgt dabei auf Grundlage der Verschmelzungsbilanz, jedoch ohne Abzug von Schulden (§ 38 Satz 1 GNotKG, vgl. hierzu BayObLG v. 23.4.1999, 3 Z BR 19/99, NJW-RR 1999, 1373; BayObLG v. 19.3.1997, 3 Z BR 283/96, MittBayNot 1997, 252; OLG Karlsruhe v. 30.1.2001, 11 Wx 59/00, ZNotP 2002, 121 zur KostO). Das Aktivvermögen wird um nicht durch Eigenkapital gedeckte Fehlbeträge vermindert; im Gegenzug erhöhen stille Reserven das Aktivvermögen der übertragenden GmbH (§ 46 Abs. 1 GNotKG; *Diehn/Volpert,* Praxis des Notarkostenrechts, Rn. 2549ff.). Die Berechnung des Aktivvermögens erfolgt dabei auf der Basis der mit zum Handelsregister einzureichenden Verschmelzungsbilanz nach § 17 Abs. 2 UmwG, wobei der anzusetzende Höchstwert auf 10 Mio. EUR beschränkt ist (§ 107 Abs. 1 GNotKG). Zu weiteren Details der Berechnung des Gegenstandswerts → Form. A.1 Rn. 261.

2. Zustimmungsbeschlüsse

120 Die **Mitbeurkundung der Zustimmungsbeschlüsse** nach § 13 Abs. 1 UmwG übertragendener und übernehmender GmbH ist nach § 110 Nr. 1 GNotKG gegenstandsverschieden zum Verschmelzungsvertrag, so dass diese nach §§ 97, 108 Abs. 1 GNotKG für die Notarkostenberechnung gesondert zu berücksichtigen sind. Gemäß § 108 Abs. 3 S. 1 GNotKG ist der Geschäftswert der Zustimmungsbeschlüsse der Wert des Vermögens des übertragenden Rechtsträgers, höchstens jedoch 5 Mio. EUR (§ 108 Abs. 5 GNotKG), auch auch wenn mehrere Beschlüsse mit verschiedenem Gegenstand in einem Beurkundungsverfahren zusammengefasst werden. Es empfiehlt sich aufgrund der Degression der Kostentabelle dennoch, den Verschmelzungsvertrag und die Zustimmungsbeschlüsse – wie vorliegend – in einer Urkunde zusammenzufassen. Die Zustimmungsbeschlüsse in übertragender GmbH sowie übernehmender GmbH sind untereinander allerdings gegenstandsgleich, vgl. § 109 Abs. 2 Nr. 4 Buchst. g GNotKG.

121 Gegenstandsverschieden nach § 86 Abs. 2 GNotKG ist allerdings der Kapitalerhöhungsbeschluss bei der aufnehmenden B-GmbH, so dass der Nennbetrag der Kapitalerhöhung zu dem Wert des Verschmelzungsbeschlusses hinzuzurechnen ist (§ 35 Abs. 1 GNotKG, vgl. Korintenberg/*Tiedtke* GNotKG § 108 Rn. 85); allerdings kann auf eine Kapitalerhöhung der übernehmenden B-GmbH im Rahmen der Verschmelzung nach § 54 Abs. 1 Satz 3 UmwG auch verzichtet werden, so dass die entsprechenden Zusatzkosten nicht anfielen. Die Änderung des Gesellschaftsvertrages zur Durchführung der Kapitalerhöhung (Stammkapitalziffer, Einlagen) wird nach § 109 Abs. 2 Satz 1 Nr. 4 Buchst. b GNotKG nicht gesondert in Ansatz gebracht.

3. Verzichtserklärungen

122 Für die Mitbeurkundung von Verzichtserklärungen auf die Erstellung eines Verschmelzungsberichts (§ 8 Abs. 3 UmwG), auf die Verschmelzungsprüfung bzw. die Erstellung eines Verschmelzungsprüfungsberichts (§ 9 Abs. 3, § 12 Abs. 3 UmwG) (dazu Renner/Otto/Heinze/*Heinze* GNotKG § 107 Rn. 72) und auf die Auslegung von Unterlagen in den Geschäftsräumen der beteiligten Gesellschaften fallen keine zusätz-

lichen Gebühren an, da sämtliche dieser Verzichtserklärungen gegenstandsgleich nach § 109 Abs. 1 GNotKG sind (BDS/*Bormann* GNotKG § 109 Rn. 35; OLG Hamm v. 6.12.2001, 15 W 314/01, MittBayNot 2002, 210 zur KostO). Nicht gegenstandsgleich und damit gesondert zu bewerten soll die ebenfalls im Formular enthaltene Verzichtserklärung auf die Anfechtung des jeweiligen Verschmelzungsbeschlusses nach § 16 Abs. 2 UmwG sein. Für die Bewertung dieser Verzichtserklärung soll ein Teilwert von 10% des übergehenden Aktivvermögens zugrunde zu legen sein (Renner/Otto/Heinze/*Heinze* GNotKG § 107 Rn. 73).

Es können grundsätzlich Vollzugs- oder Betreuungsgebühren zusätzlich zu den Be- **123** urkundungsgebühren entstehen (→ Form. A.1 Rn. 262). Im vorliegenden Muster A.4 entstehen sowohl die Vollzugsgebühr für die Erstellung der Gesellschafterliste durch den beurkundenden Notar (Nr. 22113 des Kostenverzeichnisses), höchstens 250 EUR, sowie eine Betreuungsgebühr nach Nr. 6 zur Nr. 22200 des Kostenverzeichnisses für die Erstellung der Bescheinigung nach § 40 Abs. 2 Satz 2 GmbHG. Fertigt der Notar auch die Übernehmerliste im Rahmen der Kapitalerhöhung, so fällt hierfür grundsätzlich ebenfalls eine Vollzugsgebühr an; nach § 93 Abs. 1 GNotKG wird diese jedoch nur einmal erhoben und neben der Vollzugsgebühr für die Erstellung der Gesellschafterliste nicht gesondert in Ansatz gebracht; nach Nr. 22113 des Kostenverzeichnisses ist die Vollzugsgebühr dann auf 500 EUR beschränkt (*Felix* RNotZ 2018, 378, 387).

Zusätzlich werden durch den Notar Auslagen in Rechnung gestellt (→ Form. A.1 Rn. 262 aE).

4. Handelsregisteranmeldung

Beglaubigt der Notar lediglich die Unterschriften der anmeldenden Geschäfts- **124** führer der beiden Schwester-GmbH unter ihm zur Verfügung gestellten **Fremdentwürfen,** dann erhält er hierfür eine Gebühr von 0,2, mindestens jedoch 20 EUR und höchstens 70 EUR, nach Nr. 25100 des Kostenverzeichnisses. Der Geschäftswert der Handelsregisteranmeldungen wird nach §§ 121, 105 GNotKG ermittelt. Bei der A-GmbH handelt es sich um eine Anmeldung mit unbestimmtem Geldwert nach § 105 Abs. 4 Nr. 1 GNotKG. Entsprechend ist der Geschäftswert ein Prozent des Stammkapitals der A-GmbH, mindestens jedoch 30 000 EUR; die 0,2 Gebühr aus diesem Geschäftswert beträgt 25 EUR. Bei der übernehmenden B-GmbH ist der Anmeldegegenstand der Verschmelzung ein solcher mit unbestimmtem Geldwert nach § 105 Abs. 4 Nr. 1 GNotKG. Die Anmeldung der Kapitalerhöhung ist jedoch ein gesonderter Gegenstand, so dass der Nennbetrag der Kapitalerhöhung hinzuzurechnen ist (§ 105 Abs. 1 Satz 1 Nr. 3, § 35 Abs. 1 GNotKG), mindestens aber nochmals 30 000 EUR (§ 105 Abs. 1 Satz 2 GNotKG).

Zudem erhält der Notar nach Nr. 22114 des Kostenverzeichnisses (elektronischer Vollzug und Erstellung von sog. XML-Strukturdaten) eine zusätzliche Gebühr in Höhe von 0,3, maximal jedoch 250 EUR, für die elektronische Einreichung der Handelsregisteranmeldung nebst Anlagen zum Registergericht. Des Weiteren fällt eine Vollzugsgebühr nach Nr. 22124 des Kostenverzeichnisses von 20 EUR für die Einreichung der Handelsregisteranmeldung an. Hinzu kommen Auslagen nach Nr. 3200 ff. des Kostenverzeichnisses und 19% USt (Nr. 32014 des Kostenverzeichnisses).

Erstellt der **Notar selbst** die **Entwürfe** der Handelsregisteranmeldungen für die **125** A-GmbH und die B-GmbH, berechnen sich die Notargebühren nach Nr. 24102 des Kostenverzeichnisses. Hiernach fällt eine Rahmengebühr von 0,3 bis 0,5, bei einer (vollständigen) Entwurfserstellung eine Gebühr von 0,5, mindestens jedoch 30 EUR an. Der Geschäftswert berechnet sich wiederum nach §§ 119, 105 GNotKG (→ Rn. 124). Zudem erhält der Notar nach Nr. 22114 des Kostenverzeichnisses (elektronischer Vollzug und Erstellung von sog. XML-Strukturdaten) eine zusätzliche Gebühr in Höhe von 0,3, maximal jedoch 250 EUR, für die elektronische Einreichung der Handelsregisteranmeldung nebst Anlagen zum Registergericht. Neben den beiden vorgenannten Gebühren sind wiederum Auslagen nach Nr. 3200ff. und 19% USt (Nr. 32014 des Kostenverzeichnisses) zu zahlen.

5. Handelsregistereintragung

126 Die Eintragungsgebühren richten sich nach der Verordnung über Gebühren in Handels-, Partnerschafts- und Genossenschaftsregistersachen (Handelsregistergebührenverordnung, HRegGebV), die auf der Ermächtigungsgrundlage in § 58 GNotKG beruht. Bei den Gebühren handelt es sich um sog. aufwandsbezogene Gebühren, die dem sog. Gebührenverzeichnis als Anlage zu § 1 Satz 1 HRegGebV v. 30.9.2004, BGBl. I 2004, 2562 entnommen werden können.

Die **Handelsregistereintragung** kostet sowohl bei der übertragenden als auch bei der übernehmenden GmbH (jeweils) 240 EUR (Gebührenverzeichnis Nr. 2402, 2403).

C. Einzelerläuterungen

I. Notarurkunde

127 Vorliegend enthält die Notarurkunde sowohl den Verschmelzungsvertrag als auch die Zustimmungsbeschlüsse der an der Verschmelzung beteiligten Rechtsträger. Werden die Zustimmungsbeschlüsse beider beteiligten Rechtsträger zusammen beurkundet, fällt wegen Gegenstandsgleichheit nur eine Gebühr an, § 109 Abs. 2 Satz 1 Nr. 4 Buchst. g GNotKG. Werden die Zustimmungsbeschlüsse zusammen mit dem Verschmelzungsvertrag in einer Urkunde gefasst, so sind die Zustimmungsbeschlüsse aufgrund der Gegenstandsverschiedenheit zum Verschmelzungsvertrag gemäß § 110 Nr. 1 GNotKG für die Notarkostenberechnung nach §§ 97, 108 Abs. 1 GNotKG gesondert zu berücksichtigen; jedoch wird in der Praxis bei Konzernverschmelzungen die vorliegende Kombination des Verschmelzungsvertrags und des Zustimmungsbeschlusses nebst weiteren Erklärungen in einer Notarurkunde aufgrund der Degression der Kostentabelle vorgenommen, soweit dies tatsächlich möglich ist.

Zum Rubrum:

128 → Form. A.1 Rn. 266ff.

1. Verschmelzungsvertrag

129 Vorliegend schließen die A-GmbH und die B-GmbH den Verschmelzungsvertrag. Die Parteien werden jeweils durch ihre einzelvertretungsberechtigten Organe vertreten.

130 Der Mindestinhalt eines Verschmelzungsvertrags für die Verschmelzung zur Aufnahme einer Schwestergesellschaft ergibt sich aus § 5 Abs. 1 und 2 iVm. §§ 46ff. UmwG.

Zur Präambel:

131 In der gesetzlich nicht erforderlichen Präambel sind die materiell beteiligten Vertragsparteien des Verschmelzungsvertrags genau mit Firma, Sitz, Registergericht, Handelsregisternummer und Stammkapital bezeichnet. Um den Sachstand festzustellen, sind Stammkapital der A-GmbH und B-GmbH und die Beteiligung der M-GmbH an der A-GmbH und der B-GmbH mit Anzahl der Geschäftsanteile und deren Nominalbeträge aufgeführt. Vgl. iÜ → Form. A.1 Rn. 275f.

In der Praxis ist es insb. bei Unternehmensrestrukturierungen, die in mehren Phasen oder Schritten ablaufen, empfehlenswert, die wirtschaftlichen Hintergründe und die einzelnen Phasen und Schritte, die oft in einem Zeitpunkt zusammenfallen **(Kettenumwandlung)** in die Präambel aufzunehmen. **132**

einstweilen frei **133**

Zu § 1: Vermögensübertragung, Verschmelzungsstichtag und Schlussbilanz

Abs. 1 enthält die in § 5 Abs. 1 Nr. 1 und 2 UmwG geforderten Mindestangaben: **134**
- die Firma der an der Verschmelzung beteiligten Rechtsträger
- der Sitz der an der Verschmelzung beteiligten Rechtsträger
- die Vereinbarung über die Übertragung des Vermögens des übertragenden Rechtsträgers als Ganzes gegen die Gewährung eines neuen Geschäftsanteils am übernehmenden Rechtsträger. Der Vertragswortlaut orientiert sich am Wortlaut der zitierten Normen; zum Verzicht auf die Kapitalerhöhung vgl. → Rn. 23.

Abs. 2 Satz 1 enthält die in § 5 Abs. 1 Nr. 6 UmwG geforderte Angabe über den Zeitpunkt, von dem an die Handlungen der übertragenden Rechtsträger als für Rechnung des übernehmenden Rechtsträgers vorgenommen gelten **(Verschmelzungsstichtag).** Nach § 20 Abs. 1 Nr. 1 UmwG geht das Vermögen des übertragenden Rechtsträgers einschließlich der Verbindlichkeiten erst mit der Eintragung der Verschmelzung in das Register des Sitzes des übernehmenden Rechtsträgers auf den übernehmenden Rechtsträger über. Diese dingliche Wirkung ist nicht dispositiv. Allerdings können abweichend von dieser dinglichen Regelung die Parteien im Innenverhältnis als schuldrechtliche Abrede einen davon abweichenden Verschmelzungsstichtag vereinbaren. **135**

Abs. 2 Satz 2 orientiert sich am Wortlaut von § 5 Abs. 1 Nr. 6 UmwG. **136**

Abs. 3 enthält die rechtlich nicht erforderliche Angabe über die nach § 17 Abs. 2 UmwG der Anmeldung zum Register des Sitzes des übertragenden Rechtsträgers beizufügenden Bilanz des übertragenden Rechtsträgers **(Schlussbilanz).** Es hat sich jedoch in der Praxis eingebürgert, diese Klausel der Klarstellung halber in den Vertrag aufzunehmen. **137**

Oft findet sich die Angabe, dass die B-GmbH die in der Schlussbilanz der A-GmbH angesetzten Buchwerte der übergehenden Aktiva und Passiva in ihrer Rechnungslegung fortführt. Diese Angabe ist rechtlich nicht erforderlich und schränkt im Zweifel den Gestaltungsspielraum iSd. § 24 UmwG ein.

Zu § 2: Gegenleistung

§ 2 enthält die nach § 5 Abs. 1 Nr. 2 UmwG erforderlichen Angaben über die Gewährung von Anteilen an dem übernehmenden Rechtsträger. **138**

Abs. 1 Satz 1 wiederholt die in § 5 Abs. 1 Nr. 2 UmwG genannte Anteilsgewährung. **139**

Abs. 1 Satz 2 enthält das nach § 5 Abs. 1 Nr. 3 UmwG erforderliche Umtauschverhältnis.

Abs. 2 Satz 1 enthält die nach § 5 Abs. 1 Nr. 4 UmwG erforderlichen Einzelheiten für die Übertragung der Anteile am übernehmenden Rechtsträger. **140**

Abs. 2 Satz 2 enthält den nach § 5 Abs. 1 Nr. 5 UmwG erforderlichen Zeitpunkt der Beteiligung am Bilanzgewinn.

Abs. 2 Satz 3 enthält wieder Einzelheiten für die Übertragung der Anteile nach § 5 Abs. 1 Nr. 4 UmwG.

Abs. 3 enthält die Klarstellung, dass bare Zuzahlungen iSd. § 5 Abs. 1 Nr. 3 UmwG nicht gewährt werden. **141**

Zu § 3: Sonderrechte

§ 3 stellt im Hinblick auf die nach § 5 Abs. 1 Nr. 7 UmwG erforderlichen Angaben über Rechte, die der übernehmende Rechtsträger einzelnen Anteilsinhabern sowie **142** den Inhabern besonderer Rechte iSv. § 5 Abs. 1 Nr. 7 UmwG gewährt, oder die für diese Person vorgesehenen Maßnahmen klar, dass solche Gewährungen bzw. Maßnahmen nicht getroffen wurden. Da das Gesetz eine vertragliche Offenlegung nur im Falle des Zutreffens vorschreibt, ist die Klarstellung für den Negativfall nicht zwingend. Gleichwohl dient sie als Nachweis für die Vollständigkeit der vertraglichen Regelungen.

Zu § 4: Besondere Vorteile

143 § 4 stellt im Hinblick auf die nach § 5 Abs. 1 Nr. 8 UmwG erforderlichen Angaben zu jedem besonderen Vorteil, der einem Mitglied eines Vertretungsorgans oder eines Aufsichtsorgans oder an der Verschmelzung beteiligten Rechtsträger, einem geschäftsführenden Gesellschafter, einem Partner, einem Abschlussprüfer oder einem Verschmelzungsprüfer gewährt wird, klar, dass solche Gewährungen bzw. Maßnahmen nicht getroffen wurden. Da das Gesetz eine vertragliche Offenlegung nur im Falle des Zutreffens vorschreibt, ist die Klarstellung für den Negativfall nicht zwingend. Gleichwohl dient sie als Nachweis für die Vollständigkeit der vertraglichen Regelungen.

144 Vorliegend sind nur die für die Rechtsform der beiden beteiligten Gesellschaften einschlägigen Personen des § 5 Abs. 1 Nr. 8 UmwG aufgeführt.

Zu § 5: Folgen der Verschmelzung für die Arbeitnehmer und ihre Vertretungen

145 Die Folgen der Verschmelzung für die Arbeitnehmer und ihre Vertretungen müssen zwingend im Verschmelzungsvertrag dargelegt werden, § 5 Abs. 1 Nr. 9 UmwG. Ihr Fehlen ist ein Eintragungshindernis.

146 **Abs. 1** dient der Klarstellung.

147 **Abs. 2 Satz 2** konkretisiert die nach 613a BGB, § 324 UmwG eintretenden Rechtsfolgen eines Betriebsübergangs.

148 **Abs. 3** enthält einen Hinweis auf die in § 613a Abs. 5 BGB gesetzlich verankerte Unterrichtungspflicht des Arbeitgebers und das in § 613a Abs. 6 BGB geregelte Widerspruchsrecht des Arbeitnehmers. Ein Widerspruchsrecht besteht nach aktueller Rspr. nach einer Verschmelzung jedoch nicht, da das Arbeitsverhältnis mit dem bisherigen, erloschenen Arbeitgeber nicht fortgesetzt werden kann. IE s. hierzu → Form. A.1 Rn. 178.

149 **Abs. 4** beschreibt die für die Arbeitnehmervertretung unmittelbar eintretenden Folgen auf Grund des mit der Verschmelzung einhergehenden Betriebsübergangs. Der beim übertragenden Rechtsträger existierende Gesamtbetriebsrat entfällt mit Wirksamwerden der Verschmelzung, da der Bestand des Gesamtbetriebsrats jeweils vom Bestand des Unternehmens abhängig ist und das übertragende Unternehmen untergeht. Bei dem übernehmenden Rechtsträger ist erstmalig ein Gesamtbetriebsrat zu bilden, da das Unternehmen nunmehr drei Betriebe aufweist, in denen Einzelbetriebsräte bestehen.

150 **Abs. 5** enthält, wie von § 5 Abs. 1 Nr. 9 UmwG gefordert, einen Hinweis darauf, dass mitbestimmungsrechtliche Änderungen eintreten.

151 **Abs. 6** nimmt Stellung zu den sog. mittelbaren Folgen der Verschmelzung. Diese sollten vorsorglich mit dargestellt werden, um die Eintragung der Verschmelzung nicht zu gefährden. S. iE → Form. A.1 Rn. 212ff.

Hier werden durch die beabsichtigte Eingliederung des Betriebs B in den Betrieb A insb. betriebsverfassungsrechtliche Folgen eintreten, die in den Grundzügen beschrieben werden. Personelle Veränderungen treten insb. auf Grund der notwendigen Versetzung der Arbeitnehmer des Betriebs B ein.

152 *einstweilen frei*

Zu § 6: Sonstiges

Abs. 1 enthält keine rechtlich erforderliche, aber wegen der klarstellenden Wirkung empfehlenswerte Regelung zur Firmierung des übernehmenden Rechtsträgers. **153**

Im Rahmen der Gesamtrechtsnachfolge gehen nach § 20 Abs. 1 Nr. 1 UmwG grundsätzlich auch die Immaterialgüter auf den übernehmenden Rechtsträger über. Dies gilt jedoch nicht für Namen und Firmen, weil sie mit dem Rechtsträger verbunden sind, der nach § 20 Abs. 1 Nr. 2 UmwG erlischt. Aus diesem Grund gestattet § 18 Abs. 1 UmwG abweichend hiervon die Fortführung des Namens oder der Firma des übertragenden Rechtsträgers. Nach § 18 Abs. 1 UmwG darf der übernehmende Rechtsträger die Firma des übertragenden Rechtsträgers, dessen Handelsgeschäft er durch die Verschmelzung erwirbt, mit oder ohne Beifügung eines Zusatzes, der das Nachfolgeverhältnis andeutet, fortführen. **154**

Voraussetzung für die Gestattung ist also der Erwerb des Handelsgeschäfts vom übertragenden Rechtsträger durch die Verschmelzung. Die Fortführung der Firma oder des Namens ist nur gestattet, wenn die Firma oder der Name bisher berechtigt geführt wurden (WM/*Vollrath* UmwG § 18 Rn. 14). Wichtig ist jedoch, dass die Firma nicht nur erworben, sondern auch fortgeführt wird, wie es sich aus § 22 HGB ergibt. **155**

Strittig ist auch, ob der übertragende Rechtsträger, wie der Spezialfall des § 18 Abs. 2 UmwG bestätigt, in die Fortführung einwilligen muss. Es wird mit dem Gedanken der Gesamtrechtsnachfolge argumentiert, dass die Rechtshandlungen der Beteiligten grundsätzlich auch die Einwilligung in die Firmenfortführung enthalten (WM/*Vollrath* UmwG § 18 Rn. 18). **156**

Ist am übertragenden Rechtsträger eine natürliche Person beteiligt, die an dem übernehmenden Rechtsträger nicht beteiligt wird, so darf nach § 18 Abs. 2 UmwG der übernehmende Rechtsträger den Namen dieses Anteilsinhabers nur dann in der nach § 18 Abs. 1 UmwG fortgeführten oder in der neugebildeten Firma verwenden, wenn der betroffene Anteilsinhaber oder dessen Erben ausdrücklich in die Verwendung einwilligen. **157**

Vorliegend wird die Firma der übernehmenden Gesellschaft unverändert fortgeführt. Soll die Firma des übernehmenden Rechtsträgers geändert werden, müsste § 6 Abs. 1 lauten: **158**

„Die Firma der B-GmbH wird geändert in „AB-GmbH"

Gesellschaftsrechtlich bedarf die Firmenänderung einer Änderung des Gesellschaftsvertrags.

Dieser vom Zustimmungsbeschluss nach § 13 UmwG unabhängige Gesellschafterbeschluss kann allerdings zusammen mit den Zustimmungsbeschlüssen gefasst werden. **159**

Unabhängig von der Möglichkeit der Firmenfortführung unter den Voraussetzungen des § 18 UmwG ist die Neubildung einer Firma nach dem HGB und den einzelgesellschaftsrechtlichen Regelungen möglich. **160**

Abs. 2 dient der Klarstellung für das Handelsregister. **161**

Abs. 3 dient der Klarstellung für das FA für Grunderwerbsteuer. **162**

2. Gesellschafterbeschluss der übertragenden Gesellschaft über die Zustimmung zur Verschmelzung und Verzichtserklärung

Wie unter → Rn. 18 angemerkt, bedarf der Verschmelzungsvertrag nach § 13 Abs. 1 Satz 1 UmwG zu seiner Wirksamkeit eines Zustimmungsbeschlusses (Verschmelzungsbeschluss) der Anteilsinhaber der beteiligten Gesellschaften. Der Zustimmungsbeschluss bedarf der notariellen Beurkundung nach § 13 Abs. 3 Satz 1 UmwG. **163**

Zu Ziffer I:

Ziffer I enthält den sog. **Sachstand.** In ihm sind die Gesellschafterin und die Gesellschaft, für die die Versammlung abgehalten wird, genau bezeichnet. Die Nennung **164** der Anteile ist auch erforderlich, um verschmelzungsrechtlich klarzustellen, dass weitere Anteile oder besondere Anteile oder Anteilsinhaber besonderer Rechte nicht existieren. Der Hinweis, dass die Einlagen und ein etwaiges Aufgeld auf die Geschäftsanteile in voller Höhe einbezahlt sind, ist wegen des Mehrheitserfordernisses des § 51 Abs. 1 UmwG notwendig.

Zu Ziffer II:

165 Ziffer II enthält die **Niederschrift über die Gesellschafterversammlung** an sich. Einleitend wird unter Verzicht auf die durch gesetzliche oder gesellschaftsvertragliche Regelungen vorgesehenen Form- und Fristvorschriften die Gesellschafterversammlung eröffnet. *Mayer* sieht von diesem globalen Verzicht auch die Informationsrechte nach § 47 und § 49 Abs. 2 UmwG erfasst, wenn alle Anteilseigner zustimmen (WM/*Mayer* UmwG § 49 Rn. 20). Gleichwohl ist es mE empfehlenswert, die in den folgenden vier Sätzen enthaltenen ausdrückliche Erklärungen über den Verzicht auf die Rechte aus § 47 und § 49 Abs. 2 UmwG zu dokumentieren. In vielen Musterformularen folgen diese Erklärungen nach dem Zustimmungsbeschluss in der Form, dass sie schon vom textlichen Aufbau her als weitere Gesellschafterbeschlüsse anzusehen sind. Richtigerweise handelt es sich dabei aber nicht um Beschlüsse der Gesellschafterversammlung, sondern um Erklärungen der Gesellschafter außerhalb der Beschlussfassung. Aus diesem Grund sind die entsprechenden Verzichtserklärungen vorab aufgenommen.

Sodann folgt die Feststellung, dass der nachfolgende Beschluss der Gesellschafterversammlung einstimmig erfolgt.

Textlich eingerückt folgt der Verschmelzungsbeschluss nach § 13 Abs. 1 Satz 2 UmwG. Der nachfolgende Satz entspricht dem Erfordernis des § 13 Abs. 3 Satz 2 UmwG, wonach der Vertrag oder sein Entwurf dem Beschluss als Anlage beizufügen ist. Da der Verschmelzungsvertrag bereits vor dem Beschluss in derselben Urkunde enthalten ist, ist dieses Erfordernis „bereits mehr als erfüllt", was hiermit festgehalten wird. Es ist üblich, diesen Hinweis an den eigentlichen Beschluss anzufügen.

Abschließend wird festgestellt, dass weitere Beschlüsse nicht gefasst wurden und die Gesellschafterversammlung damit beendet ist.

Zu Ziffer III:

166 Ziffer III enthält die **Verzichtserklärung** der Gesellschafterin M-GmbH **auf die Anfechtung des Verschmelzungsbeschlusses** in Ziffer II und auf eine etwaige **Erhebung einer Klage nach § 14 UmwG** gegen seine Wirksamkeit. Damit wird gleichzeitig die Möglichkeit eröffnet, nach § 16 Abs. 2 Satz 1 UmwG sofort die Verschmelzung zu den Registern anzumelden, ohne die Klagefrist von einem Monat abwarten zu müssen („Registersperre"). Dieser Klageverzicht bedarf nach § 16 Abs. 2 Satz 2 UmwG der ausdrücklichen Verzichtserklärung in Form der notariellen Beurkundung (§ 128 BGB).

Ziffer III enthält ferner die **Verzichtserklärungen** der Gesellschafterin M-GmbH **auf die Erstellung eines Verschmelzungsberichts** iSv. § 8 Abs. 1 UmwG, die Prüfung des Verschmelzungsvertrags oder seines Entwurfs und eines Prüfungsberichts gem. § 48, §§ 9 ff. UmwG (Erklärungen nach § 8 Abs. 3 Satz 1 HS 1, § 9 Abs. 3, § 12 Abs. 3 UmwG). Diese Erklärungen bedürfen der notariellen Beurkundung.

Viele Musterformulare verorten diese Verzichtserklärungen – mE unzutreffend – ebenfalls innerhalb der Beschlüsse der Gesellschafterversammlung. Anfechtungsberechtigt bzw. aktivlegitimiert und zum Verzicht berechtigt ist aber nicht die Gesellschafterversammlung, sondern der einzelne Gesellschafter. Aus diesem Grund werden diese Verzichtserklärungen hier außerhalb der Gesellschafterversammlung erklärt.

3. Gesellschafterbeschluss der übernehmenden Gesellschaft über die Kapitalerhöhung und die Zustimmung zur Verschmelzung und Verzichtserklärung

Die Erläuterungen in → Rn. 163 ff. gelten auch hier. Zusätzlich wird der Beschluss über die Kapitalerhöhung der übernehmenden B-GmbH gefasst (zum Verzicht → Rn. 23). Der Beschluss enthält den Zweck der Kapitalerhöhung, den Nominalbetrag der Kapitalerhöhung, den Zeitpunkt des Anspruchs auf einen Anteil am Bilanzgewinn und die Einzelheiten der Übertragung des neuen Geschäftsanteils sowie der Leistung seiner Stammeinlage. **167**

Entsprechend folgt ein Beschluss über die Änderung des Gesellschaftsvertrags der B-GmbH, weil sich das Stammkapital um den Betrag der Kapitalerhöhung erhöht hat. Da die Stammeinlage des neuen Geschäftsanteils nicht in bar erbracht wird, wird die Leistung der Sacheinlage definiert; dies ist allerdings deklaratorisch und nicht zwingend. Erst anschließend erfolgt der Verschmelzungsbeschluss.

4. Kosten, Hinweise und Abschriften

Die **Kostenregelung** hinsichtlich des Verschmelzungsvertrags und der Verschmelzungsbeschlüsse ist **frei vereinbar.** Hier trägt die übernehmende Gesellschaft die Kosten. **168**

Die übrigen Erfordernisse richten sich nach dem BeurkG und den allgemeinen Anforderungen der Notarpraxis, insb. die Mitteilungs- und Hinweispflichten des Notars nach §§ 17 ff. BeurkG und die Feststellung des Vorlesens, Genehmigens und Unterschreibens nach § 13 BeurkG (vgl. sog. Schlussvermerk nach § 13 Abs. 1 Satz 2 BeurkG).

Es folgen die Unterschriften der Erschienenen und des Notars mit Stempel.

einstweilen frei **169**

II. Schreiben an den Betriebsrat

Zum Briefkopf:

Nach § 5 Abs. 3 UmwG ist der Verschmelzungsvertrag oder sein Entwurf dem zuständigen Betriebsrat jedes beteiligten Rechtsträgers zuzuleiten. Damit ist keine Aussage über den Absender getroffen. Da es aber Angelegenheit der Geschäftsführung der beteiligten Rechtsträger ist, den Betriebsrat über Vorgänge im Betrieb zu informieren, ist es Aufgabe der Geschäftsführer der beteiligten Rechtsträger, die Zuleitung vorzunehmen. Deshalb ist der an der Verschmelzung beteiligte Rechtsträger, vertreten durch die Geschäftsführung, als Absender im Briefkopf genannt. Es ist üblich, dass alle beteiligten Rechtsträger gemeinsam den oder die Betriebsräte informieren. Daher sind beide an der Verschmelzung beteiligten Rechtsträger jeweils im Briefkopf aufgeführt. **170**

Zum Adressaten:

Nach § 5 Abs. 3 UmwG hat die Zuleitung an den „zuständigen" Betriebsrat zu erfolgen. Die Zuständigkeit richtet sich nach den betriebsverfassungsrechtlichen Regelungen. Vorliegend haben sowohl die A-GmbH als auch die B-GmbH einen bzw. mehrere Betriebsräte. Zusätzlich existiert bei der A-GmbH ein Gesamtbetriebsrat. Adressat ist der jeweilige Vorsitzende des Betriebsrats bzw. der Gesamtbetriebsratsvorsitzende. **171**

Zur Zustellungsart:

Nach § 17 Abs. 1 UmwG ist der Anmeldung der Verschmelzung zum Handelsregister der Nachweis der Rechtzeitigkeit (Monatsfrist des § 5 Abs. 3 UmwG) der Zuleitung zum Betriebsrat beizufügen. Daraus ist ersichtlich, dass schon zu Beweiszwecken **172** eine gesicherte Möglichkeit der Kenntnisnahme erfolgen sollte. Daher wird vorliegend die Zustellung gegen die als Anlage angehängte Empfangsbestätigung empfohlen.

Zum Text des Schreibens:

173 Zunächst enthalten die Schreiben, die gemeinsam vom übertragenden und vom übernehmenden Rechtsträger abgesendet werden, die nach § 5 Abs. 3 UmwG erforderliche Information des Betriebsrats und den Hinweis auf den Entwurf des Verschmelzungsvertrags in der Anlage hierzu. Die Entgegennahme des Schreibens nebst dem damit zugeleiteten Entwurf des Verschmelzungsvertrags wird auf der beigehefteten Empfangsbestätigung quittiert. Da der Verzicht auf die Einhaltung der Monatsfrist des § 5 Abs. 3 UmwG unabhängig von der Bestätigung der Zuleitung ist und dadurch auch zeitlich nach der Empfangsbestätigung unterzeichnet werden kann, ist die entsprechende Verzichtserklärung von der Empfangsbestätigung getrennt.

In der Praxis werden diese Schreiben bereits mit den Ausfertigungen dem jeweiligen Betriebsratsvorsitzenden übergeben, der die entsprechenden Doppel zugleich unterschrieben retourniert. Da nach § 17 Abs. 1 UmwG in das Register jedes beteiligten Rechtsträgers der Nachweis der Zuleitung an den Betriebsrat als Anlage im Original eingereicht werden muss, muss der Betriebsratsvorsitzende die entsprechende Anzahl – vorliegend also jeweils zwei – quittieren.

Weil im vorliegenden Muster der Geschäftsführer der übernehmenden B-GmbH gemäß § 16 Abs. 1 Satz 2 UmwG die Anmeldung der Verschmelzung auch zum Register des übertragenden Rechtsträgers vornimmt, wurde die Zurückleitung der unterschriebenen Empfangsbestätigungen/Verzichtserklärungen an die B-GmbH erbeten.

Zur Empfangsbestätigung:

174 Das Empfangsbekenntnis enthält die Bestätigung des Zuleitungsschreibens nebst Verschmelzungsvertrag im Entwurf und nimmt auf den Tag der Zuleitung noch im Text Bezug. Dadurch ist der Nachweis der Zuleitung gegenüber dem Registergericht bei der Anmeldung möglich.

Zur Verzichtserklärung:

175 Die Verzichtserklärung enthält lediglich den Verzicht auf die Einhaltung der Monatsfrist. Ein Verzicht auf die Zuleitung gemäß § 5 Abs. 3 UmwG ist nicht möglich.

176 *einstweilen frei*

III. Anmeldungen zu den Handelsregistern

1. Anmeldung zum Handelsregister der übertragenden Gesellschaft

Zu Ziffer I:

177 Ziffer I enthält die Anmeldung des Verschmelzungsvorgangs an sich, der sich aus § 2 UmwG ergibt. Die Anmeldung orientiert sich dabei am Gesetzestext.

Die Anmeldung zum Handelsregister der A-GmbH wird vom alleinigen und einzelvertretungsberechtigten Geschäftsführer der übernehmenden B-GmbH zum Handelsregister am Sitz der A-GmbH angemeldet, § 16 Abs. 1 Satz 2 UmwG. Nach § 16 Abs. 1 Satz 1 UmwG ist auch die Anmeldung durch den Geschäftsführer der A-GmbH möglich.

Zu Ziffer II:

178 Ziffer II enthält die Aufzählung der zu überreichenden Anlagen. Als Anlagen zur Anmeldung sind gemäß § 17 Abs. 1 UmwG in Ausfertigung der Verschmelzungsver-

trag, die Niederschriften der Verschmelzungsbeschlüsse einschließlich des Beschlusses über die Kapitalerhöhung bei der B-GmbH nebst Verzichtserklärungen und ein Nachweis über die rechtzeitige Zuleitung des Verschmelzungsvertrags oder seines Entwurfs an den zuständigen Betriebsrat beizufügen. Zusätzlich wird die nach § 17 Abs. 2 UmwG erforderliche Schlussbilanz der übertragenden A-GmbH als Anlage eingereicht, wobei als Arbeitshilfe für das Registergericht auf die Acht-Monatsfrist hingewiesen wird.

Zu Ziffer III:

Ziffer III enthält die nach § 16 Abs. 2 Satz 2 letzter HS UmwG erforderliche Negativerklärung. **179**

Nach § 16 Abs. 2 Satz 1 UmwG haben die Vertretungsorgane bei der Anmeldung zu erklären, dass eine Klage gegen die Wirksamkeit eines Verschmelzungsbeschlusses nicht oder nicht fristgemäß erhoben oder eine solche Klage rechtskräftig abgewiesen oder zurückgenommen worden ist. Liegt diese Erklärung nicht vor, so darf die Verschmelzung nach § 16 Abs. 2 Satz 2 HS 1 UmwG nicht eingetragen werden, es sei denn, dass die klageberechtigten Anteilsinhaber durch notariell beurkundete Verzichtserklärung auf die Klage gegen die Wirksamkeit des Verschmelzungsbeschlusses verzichten, vgl. § 16 Abs. 2 Satz 2 HS 2 UmwG. Vorliegend sind solche Verzichte erklärt worden.

Zu Ziffer IV:

Ziffer IV enthält Hinweise, warum weitere nach § 17 Abs. 1 UmwG prinzipiell erforderliche Anlagen nicht eingereicht werden. **180**

Ziffer IV. 1 enthält den Hinweis auf die Entbehrlichkeit des Verschmelzungsberichts wegen des Verzichts der M-GmbH.

Ziffer IV. 2 enthält die Hinweise auf die Entbehrlichkeit der Prüfung der Verschmelzung und des Prüfungsberichts wegen der entsprechenden Verzichtserklärung der M-GmbH und darauf, dass eine Verschmelzungsprüfung gemäß § 48 Abs. 1 UmwG nicht verlangt wurde.

Zu Ziffer V:

Darin ist eine übliche Handelsregistervollmacht und die Bitte um Eintragungsnachricht mit Überlassung der entsprechenden Unterlagen enthalten. **181**

Die Anmeldung muss gemäß § 12 HGB öffentlich beglaubigt werden.

2. Anmeldung zum Handelsregister der übernehmenden Gesellschaft

Die Anmeldung zum Handelsregister der übernehmenden Gesellschaft wird vom alleinigen und einzelvertretungsberechtigten Geschäftsführer der übernehmenden Gesellschaft als Vertretungsorgan dem Handelsregister am Sitz der übernehmenden Gesellschaft angemeldet, § 16 Abs. 1 Satz 1 UmwG. Die Anmeldung enthält im Vergleich zur Anmeldung der übertragenden Gesellschaft folgende inhaltliche Abweichungen: **182**

Zu Ziffer I:

Vor der Anmeldung des Verschmelzungsvorgangs ist die Kapitalerhöhung anzumelden (zum Verzicht → Rn. 23). Erst wenn diese eingetragen ist, kann die Verschmelzung eingetragen werden. Entsprechend wird Teilvollzug in der dargelegten Form beantragt. **183**

Zu Ziffer II:

184 Ergänzend sind auf Grund der Kapitalerhöhung der neue Wortlaut des Gesellschaftsvertrags der B-GmbH mit Bestätigungsvermerk gem. § 54 Abs. 1 Satz 2 GmbHG sowie die Liste der Übernehmer gemäß § 55 Abs. 2 UmwG, § 57 Abs. 3 Nr. 2 GmbHG einzureichen.

In der Praxis werden – soweit erforderlich – Werthaltigkeitsbescheinigungen zum Nachweis der Deckung des Betrags der Kapitalerhöhung vorgelegt.

Im Falle des Verzichts auf eine Kapitalerhöhung sind die diesbezüglichen Angaben und einzureichenden Unterlagen nicht erforderlich.

A. 5 Verschmelzung zweier AGs auf AG durch Neugründung

Gliederung

A. Vertragsformulare

Notarurkunden

A.5.1. Verschmelzungsvertrag, Bestellung des Aufsichtsrats, Bestellung der Abschlussprüfer[137]

URNr. ……

Heute,[138] den ……, erschienen vor mir, ……, Notar mit dem Amtssitz in ……, in meinen Amtsräumen in ……

1. Herr K, …… *[Beruf],* geboren am ……, wohnhaft ……;

2. Herr L, …… *[Beruf],* geboren am ……, wohnhaft ……;

3. Herr G, …… *[Beruf],* geboren am ……, wohnhaft ……;

4. Herr H, …… *[Beruf],* geboren am ……, wohnhaft …….

Herr K und Herr L erklärten, hier nicht in eigenem Namen handeln zu wollen, sondern als gemeinsam vertretungsberechtigte Mitglieder des Vorstands der

A-AG

mit Sitz in ……, Geschäftsanschrift ……, eingetragen im Handelsregister des Amtsgerichts …… unter HRB ……

Die Herren G und H erklärten, hier nicht in eigenem Namen zu handeln, sondern als gemeinsam vertretungsberechtigte Mitglieder des Vorstands der Firma

B-AG

mit Sitz in ……, Geschäftsanschrift ……, eingetragen im Handelsregister des Amtsgerichts …… unter HRB ……

Hierzu bescheinige ich, Notar, auf Grund am … erfolgter Online-Einsichtnahme in das elektronische Handelsregister des Amtsgerichts …… zu HRB ……, dass die vorgenannte A-AG dort eingetragen und die Herren K und L als Vorstandsmitglieder gemeinsam zu deren Vertretung berechtigt sind, sowie auf Grund am … erfolgter On-

line-Einsichtnahme in das elektronische Handelsregister des Amtsgerichts ...... zu HRB ......, dass die vorgenannte B-AG dort eingetragen ist und durch die Herren G und H als gemeinsam vertretungsberechtigte Vorstandsmitglieder vertreten wird.

Die Erschienenen erklären, dass weder der Notar noch sein Sozius in der Sache, die im Nachfolgenden beurkundet wird, vorbefasst iSv. § 3 Abs. 1 Nr. 7 BeurkG sind oder waren.

Auf Ansuchen der Erschienenen beurkunde ich die vor mir abgegebenen Erklärungen wie folgt:

I. Verschmelzungsvertrag[139]

Präambel[140]

Die

A-AG

mit dem Sitz in ......,

eingetragen im Handelsregister des Amtsgerichts ...... unter HRB ......,

hat ein Grundkapital von ...... EUR, welches eingeteilt ist in ...... auf den Namen lautende Stückaktien.

Die

B-AG

mit dem Sitz in ......,

eingetragen im Handelsregister des Amtsgerichts ...... unter HRB ......,

hat ein Grundkapital von ...... EUR, welches eingeteilt ist in ...... auf den Namen lautende Stückaktien.

Beide Gesellschaften sind seit mehr als zwei Jahren im Handelsregister eingetragen. Die Verschmelzung ist daher gemäß § 76 Abs. 1 UmwG zulässig.

Die A-AG und die B-AG (nachfolgend gemeinsam auch die „Überträgerinnen") wünschen, ihre Vermögen jeweils im Wege der Verschmelzung zur Neugründung auf die neu zu gründende C-AG zu übertragen und zusammenzulegen.

Dies vorausgeschickt, vereinbaren die A-AG und die B-AG, was folgt:

§ 1 Vermögensübertragung[141]

Die A-AG mit dem Sitz in ......, eingetragen im Handelsregister des Amtsgerichts ...... unter HRB ...... (im Folgenden „A-AG") und die B-AG mit dem Sitz in ......, eingetragen im Handelsregister des Amtsgerichts ...... unter HRB ...... (im Folgenden „B-AG") als übertragende Rechtsträger übertragen jeweils ihre Vermögen als Ganzes mit allen Rechten und Pflichten unter Auflösung ohne Abwicklung gemäß § 2 Nr. 2 UmwG auf die C-AG als einen neuen, von ihnen dadurch gegründeten Rechtsträger gegen Gewährung von Anteilen des neuen Rechtsträgers an die Anteilsinhaber der übertragenden Rechtsträger (Verschmelzung durch Neugründung).

§ 2 Gegenleistung

(1) Die übernehmende C-AG gewährt mit Wirksamwerden der Verschmelzung den Aktionären der A-AG und der B-AG kostenfrei folgende Gegenleistungen für die Vermögensübertragung:[142]

Jeder Aktionär der A-AG erhält für eine auf den Namen lautende Stückaktie dieser Gesellschaft, die jeweils einen rechnerischen Anteil am Grundkapital der A-AG von (hier und im weiteren auf fünf Nach-Kommastellen) verkürzt ...... EUR ausmacht, je eine auf den Namen lautende Stückaktie der C-AG in Form von Stammaktien, die jeweils einen rechnerischen Anteil am Grundkapital der C-AG von verkürzt ...... EUR ausmachen *[sowie eine bare Zuzahlung von ...... EUR je so gewährter Aktie der C-AG].*

Jeder Aktionär der B-AG erhält für eine auf den Namen lautende Stückaktie dieser Gesellschaft, die jeweils einen rechnerischen Anteil am Grundkapital der B-AG von verkürzt ...... EUR ausmacht, je zwei auf den Namen lautende Stückaktien der C-AG in Form von Stammaktien, die jeweils einen rechnerischen Anteil am Grundkapital der C-AG von verkürzt ...... EUR ausmachen *[sowie eine bare Zuzahlung von ...... EUR je so gewährter Aktie der C-AG].*

(2) Die von der C-AG gem. Abs. 1 zu gewährenden Anteile sind ab dem 1.1.01 gewinnberechtigt.[142a]

(3) Falls das zuständige Gericht auf Antrag eines Aktionärs der A-AG oder der B-AG rechtskräftig einen Ausgleich durch bare Zuzahlung wegen eines unzureichenden Umtauschverhältnisses anordnet, wird die C-AG eine entsprechende Zuzahlung auch den Aktionären der A-AG bzw. der B-AG gewähren, die keinen Antrag nach § 15 Abs. 1 UmwG gestellt haben. Das Gleiche gilt, wenn sich die C-AG freiwillig oder in einem Vergleich gegenüber einem Aktionär der A-AG oder der B-AG zu einem Ausgleich durch bare Zuzahlung verpflichtet. Diese Verpflichtung der C-AG bezieht sich jeweils nur auf die Aktionäre derjenigen übertragenden Gesellschaft, aus deren Kreis der antragstellende Aktionär stammt. Ein solcher Ausgleich durch bare Zuzahlung der C-AG auf Grund rechtskräftiger gerichtlicher, freiwilliger oder vergleichsweiser Verpflichtung hat auf das Umtauschverhältnis, auf einen Ausgleich durch bare Zuzahlung und auf das Rechtsverhältnis gegenüber den Aktionären der anderen übertragenden Gesellschaft keinen Einfluss.[142b]

§ 3 Treuhänder[143]

(1) Die A-AG und die B-AG bestellen gem. § 71 Abs. 1, § 73 UmwG als gemeinsamen Treuhänder für den Empfang der zu gewährenden Aktien *[und der in § 2 Abs. 1 dieses Vertrags festgesetzten Zuzahlung]* sowie eventuell des Ausgleichs durch bare Zuzahlung gem. § 2 Abs. 3 dieses Vertrags den ......, ...

(2) Die A-AG und die B-AG werden dem Treuhänder vor der Eintragung der Verschmelzung in die für die A-AG und die B-AG jeweils zuständigen Handelsregister die Globalurkunde, die die zu gewährenden Aktien verbrieft, *[und die festgesetzten baren Zuzahlungen]* mit der Anweisung übergeben, den Erhalt den für die A-AG und die B-AG sowie für die Eintragung der C-AG zuständigen Registergerichten anzuzeigen und nach Eintragung der C-AG in das zuständige Handelsregister den Aktionären der A-AG und der B-AG Zug um Zug gegen Aushändigung ihrer Aktien der A-AG bzw. der B-AG den mittelbaren Mitbesitz an der hinterlegten Globalurkunde einzuräumen *[sowie die festgesetzten baren Zuzahlungen zu übergeben].*

§ 4 Feststellung der Satzung der C-AG, Übernahme der Aktien

(1) Für die durch Neugründung entstehende C-AG wird die in der Anlage I zu diesem Vertrag beigefügte Satzung festgestellt. Das Grundkapital der C-AG beträgt ...... EUR.[144]

(2) In die Satzung der neu gegründeten C-AG sind die Festsetzungen über Sondervorteile, Gründungsaufwand, Sacheinlagen und Sachübernahmen, soweit solche in den Satzungen der übertragenden A-AG und B-AG enthalten waren, übernommen worden, soweit sie nach § 26 Abs. 4 und 5 AktG, § 74 Satz 2 UmwG noch übernommen werden mussten.[144a]

(3) Die A-AG und die B-AG als Gründer übernehmen jeweils die für die Verschmelzung zu gewährenden Aktien für ihre jeweiligen Aktionäre mit der Maßgabe, dass das

Recht auf Bezug der Aktien des neuen Rechtsträgers den Aktionären der vormaligen A-AG und der vormaligen B-AG unmittelbar zusteht und der mittelbare Besitz an der für die neuen Aktien ausgegebenen Globalurkunde dem Treuhänder zu verschaffen ist, der diesen mittelbaren Besitz den berechtigten Aktionären, die die Aktien mit Eintragung der Verschmelzung im Handelsregister kraft Gesetzes erwerben (§ 20 Abs. 1 Nr. 3 UmwG), gegen Rückgabe der kraftlos gewordenen Stücke *[sowie unter Auskehrung einer dem Aktionär zustehenden baren Zuzahlung]* nach Maßgabe von § 3 Abs. 2 dieses Vertrages einzuräumen hat.[144b]

§ 5 Verschmelzungsstichtag, Schlussbilanzen

(1) Die Übernahme der Vermögen der Überträgerinnen auf die Neugesellschaft erfolgt im Innenverhältnis mit Wirkung ab dem Beginn des 1.1.01 (Verschmelzungsstichtag). Von diesem Zeitpunkt an gelten alle Handlungen und Geschäfte der Überträgerinnen als für Rechnung der Neugesellschaft vorgenommen.[145]

(2) Der Verschmelzung werden die Bilanz des vom Vorstand aufgestellten und vom Aufsichtsrat der A-AG gebilligten und damit festgestellten und mit einem uneingeschränkten Bestätigungsvermerk der XY-AG Wirtschaftsprüfungsgesellschaft versehenen Jahresabschlusses der A-AG zum 31.12.00 sowie die Bilanz des vom Vorstand aufgestellten und vom Aufsichtsrat der B-AG gebilligten und damit festgestellten und mit einem uneingeschränkten Bestätigungsvermerk der XY-AG Wirtschaftsprüfungsgesellschaft versehenen Jahresabschlusses der B-AG zum 31.12.00 als Schlussbilanzen zugrunde gelegt.[145a]

§ 6 Sonderrechte[146]

Besondere Rechte im Sinne von § 5 Abs. 1 Nr. 7, § 23 UmwG bestehen weder in der A-AG noch in der B-AG. Die übernehmende C-AG gewährt daher auch keine Rechte an einzelne Aktionäre oder Inhaber besonderer Rechte iSd. § 5 Abs. 1 Nr. 7 UmwG, und es sind diesbezüglich auch keine besonderen Maßnahmen vorgesehen.

§ 7 Besondere Vorteile

(1) Keinem Mitglied eines Vertretungs- oder Aufsichtsorgans der an der Verschmelzung beteiligten Rechtsträger, keinem geschäftsführenden Gesellschafter, keinem Abschlussprüfer oder Verschmelzungsprüfer werden vorbehaltlich Abs. 2 besondere Vorteile iVm. § 5 Abs. 1 Nr. 8 UmwG gewährt.[147]

(2) Herr E (zurzeit noch Vorstandsmitglied der A-AG) wird zum 30.6.01 aus dem Vorstand der A-AG ausscheiden und eine Überbrückungsleistung wegen seines vorzeitigen Eintritts in den Ruhestand von ...... EUR erhalten. Herr F (zurzeit noch Vorstandsmitglied der B-AG) scheidet mit Wirksamwerden der Verschmelzung aus dem Vorstand der B-AG aus. Er erhält zum Ausscheidungszeitpunkt die Vergütungsleistungen für die restliche Laufzeit seines Anstellungsvertrags in Form einer Abfindung abgegolten.[147a]

§ 8 Folgen der Verschmelzung für die Arbeitnehmer und ihre Vertretungen[148]

(1) Die C-AG tritt in die Rechte und Pflichten aus den im Zeitpunkt der Eintragung der Verschmelzung im Register des Sitzes der C-AG bestehenden Arbeitsverhältnissen der Überträgerinnen ein. Für die Arbeitnehmer der Überträgerinnen, deren Arbeitsverhältnisse auf die C-AG übergehen, gelten für die Anwendung aller von der Dienstzeit abhängigen Regelungen die bei der jeweiligen Überträgerin erreichten Dienstzeiten als bei der C-AG verbrachte Dienstzeiten.[148a]

(2) Den Arbeitnehmern der Überträgerinnen steht gegen den Übergang ihrer Arbeitsverhältnisse ein Widerspruchsrecht nicht zu, da die Überträgerinnen mit dem Wirksamwerden der Verschmelzung erlöschen.[148b]

(3) Die Kündigung des Arbeitsverhältnisses eines Arbeitnehmers durch die Überträgerin, mit welcher das Arbeitsverhältnis bis dahin bestand, oder durch die C-AG wegen des Übergangs ist unwirksam; das Recht zur Kündigung des Arbeitsverhältnisses aus anderen Gründen bleibt unberührt.[148c]

(4) Die C-AG wird keinem Arbeitgeberverband angehören. Eine kollektivrechtliche Fortgeltung tarifvertraglicher Regelungen kommt daher nicht in Betracht. Soweit die Rechte und Pflichten aus den in Abs. 1 bezeichneten Arbeitsverhältnissen durch Rechtsnormen eines Tarifvertrages geregelt sind, werden sie stattdessen Inhalt der Arbeitsverhältnisse zwischen der C-AG und den betreffenden Arbeitnehmern; solche Rechte und Pflichten dürfen nicht vor Ablauf eines Jahres nach dem Zeitpunkt der Eintragung der Verschmelzung im Register des Sitzes der C-AG zum Nachteil der Arbeitnehmer geändert werden. Der Beitritt der C-AG in einen Arbeitgeberverband ist nicht beabsichtigt.[148d]

(5) Die Ämter der Mitglieder der bei jeder der Überträgerinnen bestehenden Gesamtbetriebsräte erlöschen, ebenso das Amt des Wirtschaftsausschusses des bei der B-AG bestehenden Wirtschaftsausschusses. Die bestehenbleibenden Betriebsräte der Überträgerinnen entsenden künftig Mitglieder in den bei der C-AG zu errichtenden Gesamtbetriebsrat. Über die Zusammensetzung des Wirtschaftsausschusses der C-AG entscheidet der neu zu bildende Gesamtbetriebsrat der C-AG.[148e]

(6) Die bestehenden Betriebsvereinbarungen der Überträgerinnen gelten nach § 77 Abs. 4 BetrVG kollektivrechtlich mit der C-AG als Vertragspartei weiter, da durch die Verschmelzung die Identität der jeweiligen Betriebe zunächst nicht geändert wird.[148e]

(7) Mit dem Wirksamwerden der Verschmelzung enden die Mandate aller Mitglieder der jeweils nach den Bestimmungen des MitbestG 1976 zusammengesetzten Aufsichtsräte der Überträgerinnen. Nach dem Übergang ihrer Arbeitsverhältnisse auf die C-AG sind die Arbeitnehmer der Überträgerinnen bei den nächsten Wahlen zum Aufsichtsrat der C-AG, der gemäß den auf ihn anwendbaren Bestimmungen des Mitbestimmungsgesetzes 1976 zusammengesetzt sein wird, aktiv und passiv wahlberechtigt.[148f]

(8) Es ist vorgesehen, die Hauptverwaltung sowie den Betrieb der A-AG am Standort A mit der Hauptverwaltung und dem Betrieb der B-AG in B zusammenzulegen und den vorgenannten Standort A der A-AG zu schließen. Weitere Betriebsänderungen sind derzeit nicht geplant.

Nach Maßgabe der gesetzlichen Regelungen ist sodann für den Betrieb in B ein neuer Betriebsrat zu bilden. Aus den o. g. Betriebsänderungen werden sich personelle Veränderungen (Versetzungen, Umgruppierungen und Zuweisungen neuer Arbeitsplätze) sowohl bei den Arbeitnehmern der Hauptverwaltung und des Betriebes der Überträgerin in A als auch bei den Arbeitnehmern der Hauptverwaltung und des Betriebes der B-AG in B ergeben. Auch ist nach derzeitigem Planungsstand mit ca. ...... betriebsbedingten Kündigungen in den vorgenannten Hauptverwaltungen und Betrieben zu rechnen. Hierüber werden zu gegebener Zeit Verhandlungen mit dem Gesamtbetriebsrat aufgenommen.[148g]

§ 9 Zusammenschlusskontrolle[149]

(1) Der in diesem Vertrag vorgesehene Zusammenschluss bedarf der Anmeldung beim Bundeskartellamt. Der Zusammenschluss wird erst vollzogen und am Vollzug dieses Zusammenschlusses wird erst mitgewirkt, insbesondere die Verschmelzung erst zum Handelsregister angemeldet, wenn

a) die Frist des § 40 Abs. 1 Satz 1 GWB verstrichen ist, ohne dass das Bundeskartellamt der A-AG oder der B-AG innerhalb einer Frist von einem Monat seit Eingang der vollständigen Anmeldung mitteilt, dass es in die Prüfung des Zusammenschlusses (Hauptprüfverfahren) eingetreten ist oder

b) die Frist zu § 40 Abs. 2 Satz 2 GWB abgelaufen ist, ohne dass die Voraussetzungen des § 40 Abs. 2 Satz 4 GWB vorliegen oder

c) das Bundeskartellamt der A-AG oder der B-AG mitteilt, dass die Voraussetzungen für eine Untersagung des Zusammenschlussvorhabens nicht vorliegen.[149a]

(2) Die Parteien werden gemeinsam alle Anstrengungen unternehmen, die Anmeldung ordnungsgemäß und unverzüglich vorzunehmen, und insbesondere alle für die Anmeldung sowie im Anmeldeverfahren erforderlichen Informationen erteilen, um die Genehmigung zu erhalten. Der freiwilligen Fristverlängerung in Zusammenhang mit dem vorbezeichneten Verfahren soll nur in beiderseitigem Einvernehmen der Parteien zugestimmt werden. Jede Partei ist berechtigt, einer tageweisen Verlängerung zuzustimmen, sofern sie dies für zweckmäßig erachtet und die Zustimmung der anderen Partei nicht rechtzeitig eingeholt werden kann. Wenn und sobald die Voraussetzung für den Vollzug dieses Vertrages gemäß Abs. 1 eingetreten ist, werden sich die Parteien dies gegenseitig schriftlich bestätigen.[149b]

(3) Sofern das Zusammenschlussvorhaben vom Bundeskartellamt untersagt wird, ist jede Partei berechtigt, von diesem Vertrag innerhalb von 20 Tagen nach Untersagung durch schriftliche Erklärung zurückzutreten; die zurücktretende Partei wird sich vor der Erklärung des Rücktritts mit der anderen Partei ins Benehmen setzen. Sofern ein solcher Rücktritt nicht erfolgt, werden die Parteien die Untersagung in der erforderlichen Weise anfechten. Sofern dies erfolglos ist oder insbesondere die Untersagung ganz oder teilweise bestätigt wird, ist wiederum jede Partei zum Rücktritt von diesem Vertrag in der in Satz 1 bestimmten Weise berechtigt.[149c]

(4) Erfolgt die Freigabe nur unter Bedingungen und Auflagen, ist die Partei, die von der jeweiligen Bedingung oder Auflage betroffen ist, berechtigt, von diesem Vertrag nach Maßgabe des Abs. 3 in entsprechender Weise zurückzutreten.[149d]

§ 10 Weitere Bedingungen[150]

Der Verschmelzungsvertrag wird nur wirksam, wenn ihm die Anteilsinhaber der A-AG und der B-AG durch Beschluss der jeweiligen Hauptversammlung (Verschmelzungsbeschluss) zustimmen. Die Hauptversammlungen werden erst einberufen werden, wenn der Zusammenschluss nach § 9 dieses Vertrags durchgeführt werden kann oder sonst unbedenklich ist.

§ 11 Rücktritt[151]

Jede der Überträgerinnen ist berechtigt, von diesem Vertrag zurückzutreten, wenn die Verschmelzung nicht bis spätestens zum 31.12.02 im Handelsregister des Sitzes der Neugesellschaft eingetragen ist. Die Kosten dieser Urkunde und des sonstigen Verschmelzungsverfahrens bis zum Rücktritt werden im Falle des Rücktritts von den Überträgerinnen zu gleichen Teilen getragen.

§ 12 Sonstiges

Die übertragende A-AG hat Grundbesitz.[152]

§ 13 Schlussbestimmungen[153]

(1) Gerichtsstand und Erfüllungsort ist ……

(2) Mündliche Nebenabreden sind nicht getroffen.

(3) Sollten eine oder mehrere Bestimmungen dieses Vertrags ganz oder teilweise unwirksam sein oder sich als undurchführbar erweisen, so wird die Wirksamkeit des Vertrags im Übrigen hiervon nicht berührt. Anstelle der ganz oder teilweise unwirksamen oder undurchführbaren Bestimmungen tritt eine wirksame Bestimmung, die dem wirtschaftlich gewollten Zweck entspricht und dem Inhalt der zu ersetzenden Bestimmung möglichst nahe kommt. Dies gilt entsprechend, wenn sich herausstellt, dass der Vertrag Regelungslücken enthält.

II. Bestellung des Aufsichtsrats der C-AG[154]

Vorbehaltlich der Zustimmungen der Hauptversammlungen der A-AG und der B-AG werden zu Mitgliedern des ersten Aufsichtsrats der C-AG bestellt:

1. ......
2. ......
3. ......
4. ......
5. ......
6. ......

Die Bestellung erfolgt für die Zeit bis zur Beendigung der Hauptversammlung, die über die Entlastung für das am 31.12.01 endende Rumpfgeschäftsjahr zu beschließen hat. Danach bestimmen sich Wahl und Zusammensetzung des Aufsichtsrats nach den gesetzlichen Vorschriften (§ 30 Abs. 2 und 3 AktG, § 36 Abs. 2 UmwG).

III. Bestellung des Abschlussprüfers der C-AG[155]

Zum Abschlussprüfer der C-AG für das erste, am 31.12.01 endende Rumpfgeschäftsjahr wird der Wirtschaftsprüfer ...... bestellt.

IV. Kosten,[156] Abschriften

Die durch Abschluss dieses Vertrages und seiner Ausführung entstehenden Kosten trägt, mit Ausnahme der Kosten der Hauptversammlung der A-AG und der B-AG, die über die Verschmelzung beschließen, die C-AG, im Falle des Nichtzustandekommens die A-AG und die B-AG je zur Hälfte.

Von dieser Urkunde erhalten

Ausfertigungen

1. die A-AG,
2. die B-AG,
3. die C-AG,

beglaubigte Abschriften (in elektronischer Form):

4. das Amtsgericht – Registergericht – der A-AG,
5. das Amtsgericht – Registergericht – der B-AG,
6. das Amtsgericht – Registergericht – der C-AG,

beglaubigte Abschriften:

7. das für die A-AG zuständige Finanzamt (§ 54 Abs. 1 Satz 1 EStDV),[13a]
8. das für die B-AG zuständige Finanzamt (§ 54 Abs. 1 Satz 1 EStDV),[13a]
9. das für die C-AG zuständige Finanzamt (§ 54 Abs. 1 Satz 1 EStDV),[13a]

einfache Abschriften:

10. das Finanzamt – Grundwerbsteuerstelle –,
11. Rechtsanwalt ......

je eine.

V. Belehrungen

Die Beteiligten bestätigen, vom Notar hingewiesen worden zu sein

1. auf den Zeitpunkt des Wirksamwerdens der Verschmelzung (Eintragung im Handelsregister der durch die Verschmelzung neugegründeten C-AG), der die Eintra-

gung der Verschmelzung im Register der übertragenden Rechtsträger vorauszugehen hat (§§ 73, 36, 37, 19 UmwG),

2. **darauf, dass die Urkunde über den Verschmelzungsvertrag die getroffenen Bestimmungen vollständig und richtig enthalten muss, damit die Wirksamkeit des Verschmelzungsvertrags gewährleistet ist (§ 6 UmwG, §§ 125, 117 BGB),**
3. **auf die gesamtschuldnerische Haftung der Vertragsteile für die durch diesen Vertrag ausgelösten Kosten, Gebühren und Steuern,**
4. **auf die Fortdauer der Haftung der übertragenen Vermögen für Verbindlichkeiten und Betriebsteuern und den Anspruch der Gläubiger auf Sicherstellung nach § 22 UmwG,**
5. **darauf, dass der Übergang des Grundbesitzes durch Verschmelzung Grunderwerbsteuer auslösen kann,**
6. **auf die Erfordernisse des Verschmelzungsberichts, der Verschmelzungsprüfung und des Verschmelzungsprüfungsberichts, der Einreichung des Verschmelzungsvertrags oder seines Entwurfs beim Registergericht, der vorgeschriebenen Auslegung vor und während der Hauptversammlungen,**
7. **auf das Erfordernis der Grundbuchberichtigung nach Eintragung der Verschmelzung und der hierzu erforderlichen Unbedenklichkeitsbescheinigung,**
8. **auf die Notwendigkeit der Anmeldung zu den Handelsregistern, für die hinsichtlich der C-AG auch die besonderen Vorschriften des Aktiengesetzes zu beachten sind.**

Diese Niederschrift nebst Anlage wurde den Erschienenen vom Notar vorgelesen, von ihnen genehmigt und von ihnen und vom Notar eigenhändig wie folgt unterschrieben:

....
[Unterschrift Erschienener zu 1)]

....
[Unterschrift Erschienener zu 3)]

....
[Unterschrift Erschienener zu 2)]

....
[Unterschrift Erschienener zu 4)]

....
[Unterschrift Notar]

A.5.2. Satzung der Neugesellschaft[157] (Anlage I zu § 4 Abs. 1 des Verschmelzungsvertrags)

§ 1 Firma, Sitz, Geschäftsjahr

(1) Die Firma der Gesellschaft lautet: C-AG.

(2) Der Sitz der Gesellschaft ist ......

(3) Das Geschäftsjahr ist das Kalenderjahr.

§ 2 Gegenstand des Unternehmens

(1) Der Gegenstand des Unternehmens ist ......

(2) Die Gesellschaft ist zu allen nicht erlaubnispflichtigen Geschäften und Maßnahmen berechtigt, die unmittelbar oder mittelbar dem Gegenstand des Unternehmens zu dienen geeignet sind. Sie ist insbesondere berechtigt, im In- und Ausland Zweigniederlassungen zu errichten, sich an anderen Unternehmen gleicher oder verwandter Art im In- und Ausland zu beteiligen sowie solche Unternehmen zu erwerben, zu gründen und für eigene oder fremde Rechnung zu führen.

§ 3 Grundkapital

(1) Das Grundkapital der Gesellschaft beträgt ...... EUR (in Worten: Euro ......) und ist eingeteilt in ...... Stückaktien ohne Nennbetrag.

(2) Die Aktien lauten auf den Namen.

(3) Das Grundkapital wird durch Sacheinlagen erbracht, indem die A-AG mit Sitz in ...... sowie die B-AG mit Sitz in ...... jeweils ihre Vermögen als Ganzes mit allen Rechten und Pflichten unter Auflösung ohne Abwicklung gemäß § 2 Nr. 2 UmwG auf die Gesellschaft als neuen, von ihnen dadurch gegründeten Rechtsträger gegen Gewährung von Anteilen der Gesellschaft an die Anteilsinhaber der übertragenden Rechtsträger übertragen (Verschmelzung durch Neugründung).

(4) Die Ausgabe von stimmrechtslosen Vorzugsaktien ist zulässig.

(5) Der Anspruch des Aktionärs auf Verbriefung seines Anteils ist ausgeschlossen.

(6) Der Vorstand ist ermächtigt, das Grundkapital in der Zeit bis zum ...... mit Zustimmung des Aufsichtsrats einmalig oder mehrmals um insgesamt bis zu ...... EUR durch Ausgabe neuer Stammaktien gegen Bar- oder Sacheinlagen zu erhöhen (genehmigtes Kapital). Der Vorstand ist berechtigt, mit Zustimmung des Aufsichtsrats über den Ausschluss des Bezugsrechts zu entscheiden, wenn die Kapitalerhöhung gegen Sacheinlagen erfolgt und Unternehmen oder Beteiligungen an Unternehmen eingebracht werden sollen.

§ 4 Vorstand

(1) Der Vorstand der Gesellschaft besteht aus mindestens zwei Mitgliedern. Die Zahl der Mitglieder wird vom Aufsichtsrat festgelegt. Die gesetzlichen Vorschriften über die Bestellung eines Arbeitsdirektors bleiben unberührt.

(2) Die Gesellschaft wird durch zwei Vorstandsmitglieder oder durch ein Vorstandsmitglied in Gemeinschaft mit einem Prokuristen vertreten. Ist nur ein Vorstandsmitglied bestellt, vertritt dieses die Gesellschaft allein.
Der Aufsichtsrat kann Mitglieder des Vorstands – außer im Anwendungsbereich des § 112 AktG – von den Bestimmungen des § 181 BGB befreien sowie Alleinvertretungsbefugnis erteilen.

(3) Der Vorstand fasst seine Beschlüsse mit Stimmenmehrheit.

(4) Der Erlass einer Geschäftsordnung für den Vorstand ist Sache des Aufsichtsrats.

§ 5 Aufsichtsrat

(1) Der Aufsichtsrat besteht aus zwölf Mitgliedern, und zwar aus sechs Mitgliedern, die von der Hauptversammlung gewählt werden, und sechs Mitgliedern, deren Wahl sich nach dem Mitbestimmungsgesetz 1976 richtet.

(2) Soweit die Hauptversammlung nicht bei der Wahl für einzelne der von ihr zu wählenden Mitglieder oder für den Gesamtaufsichtsrat einen kürzeren Zeitraum beschließt, werden die Aufsichtsratsmitglieder für die Zeit bis zur Beendigung der Hauptversammlung gewählt, die über ihre Entlastung für das vierte Geschäftsjahr nach dem Beginn der Amtszeit beschließt. Das Geschäftsjahr, in dem die Amtszeit beginnt, wird nicht mitgerechnet. Die Wahl des Nachfolgers eines vor Ablauf der Amtszeit ausgeschiedenen Mitgliedes erfolgt für den Rest der Amtszeit des ausgeschiedenen Mitgliedes.

(3) Die Mitglieder des Aufsichtsrats können ihr Amt durch eine an den Vorsitzenden des Aufsichtsrats oder an den Vorstand zu richtende schriftliche Erklärung unter Einhaltung einer Frist von vier Wochen niederlegen.

(4) Der Aufsichtsrat wählt nach Maßgabe des § 27 Abs. 1 und 2 MitbestG 1976 im Anschluss an die Hauptversammlung, in der die von der Hauptversammlung zu wäh-

lenden Aufsichtsratsmitglieder gewählt worden sind, in einer ohne besondere Einberufung stattfindenden Sitzung aus seiner Mitte einen Vorsitzenden und einen Stellvertreter für die in Abs. 2 Satz 1 bestimmte Amtszeit. Unmittelbar nach der Wahl des Vorsitzenden und seines Stellvertreters bildet der Aufsichtsrat zur Wahrnehmung der in § 31 Abs. 3 MitbestG 1976 bezeichneten Aufgabe einen Ausschuss, dem der Vorsitzende, sein Stellvertreter sowie je ein von den Mitgliedern der Arbeitnehmer und von den Mitgliedern der Anteilseigner mit der Mehrheit der abgegebenen Stimmen gewähltes Mitglied angehören.

(5) Die Sitzungen des Aufsichtsrats werden durch den Vorsitzenden mit einer Frist von 14 Tagen schriftlich einberufen. In dringenden Fällen kann der Vorsitzende die Frist abkürzen und mündlich, telefonisch, fernschriftlich, telegrafisch oder durch Telefax einberufen.

(6) Außerhalb von Sitzungen sind schriftliche, telegrafische oder fernschriftliche Beschlussfassungen zulässig, wenn kein Mitglied diesem Verfahren innerhalb einer vom Vorsitzenden bestimmten angemessenen Frist widerspricht. Satz 1 gilt entsprechend für Beschlussfassungen per Telefax.

(7) Der Aufsichtsrat ist nur beschlussfähig, wenn alle Mitglieder unter der zuletzt bekannt gegebenen Anschrift eingeladen sind und mindestens die Hälfte der Mitglieder, aus denen er insgesamt zu bestehen hat, an der Beschlussfassung teilnimmt; § 108 Abs. 2 Satz 4 AktG ist anzuwenden. Die Beschlüsse bedürfen der Mehrheit der abgegebenen Stimmen, soweit nicht in den §§ 27, 29 Abs. 2, 31 und 32 MitbestG 1976 etwas Abweichendes geregelt ist.

(8) Der Vorsitzende ist ermächtigt, im Namen des Aufsichtsrats die zur Durchführung der Beschlüsse des Aufsichtsrats und seiner Ausschüsse erforderlichen Willenserklärungen abzugeben.

(9) Der Aufsichtsrat ist im Einvernehmen mit dem Vorstand zu Satzungsänderungen ermächtigt, die nur die Formulierung betreffen. Einer Beschlussfassung der Hauptversammlung bedarf es insoweit nicht.

(10) Der Aufsichtsrat kann in der Geschäftsordnung für den Vorstand oder durch Beschluss anordnen, dass bestimmte Arten von Geschäften seiner Zustimmung bedürfen. Der Aufsichtsrat kann den Katalog der zustimmungspflichtigen Geschäfte jederzeit ändern. Er kann seine Zustimmung allgemein oder im Einzelfall erteilen.

(11) Die Vergütung des Aufsichtsrats wird von der Hauptversammlung festgelegt.

§ 6 Hauptversammlung

(1) Die Hauptversammlung findet am Sitz der Gesellschaft oder an einem deutschen Börsenplatz statt.

(2) Sie wird vom Vorstand unter Einhaltung der gesetzlichen Vorschriften einberufen.

(3) Zur Teilnahme an der Hauptversammlung ist jeder Aktionär berechtigt.

(4) Den Vorsitz in der Hauptversammlung führt der Vorsitzende des Aufsichtsrats. Im Falle seiner Verhinderung bestimmt er ein anderes Aufsichtsratsmitglied, das diese Aufgabe wahrnimmt. Ist der Vorsitzende verhindert und hat er niemanden zu seinem Vertreter bestimmt, so leitet die Hauptversammlung ein von den Anteilseignervertretern im Aufsichtsrat gewähltes Aufsichtsratsmitglied.

(5) Der Vorsitzende leitet die Versammlung. Er bestimmt die Reihenfolge, in der die Gegenstände der Tagesordnung verhandelt werden, sowie Art und Reihenfolge der Abstimmungen.

(6) Jede Aktie gewährt in der Hauptversammlung eine Stimme. Den Vorzugsaktionären steht kein Stimmrecht zu. Soweit jedoch den Vorzugsaktionären nach dem Gesetz ein Stimmrecht zwingend zusteht, gewährt jede Vorzugsaktie eine Stimme.

(7) Die Beschlüsse der Hauptversammlung werden, soweit nicht zwingende gesetzliche Vorschriften entgegenstehen, mit einfacher Mehrheit der abgegebenen Stimmen und, sofern das Gesetz außer Stimmenmehrheit eine Kapitalmehrheit vorschreibt, mit der einfachen Mehrheit des bei der Beschlussfassung vertretenen Grundkapitals gefasst.

§ 7 Jahresabschluss, Gewinnverwendung

(1) Der Vorstand hat in den ersten drei Monaten des Geschäftsjahres den Jahresabschluss sowie den Lagebericht für das vergangene Geschäftsjahr aufzustellen und dem Aufsichtsrat vorzulegen. Dieser erteilt dem Abschlussprüfer unverzüglich den Prüfungsauftrag für den Jahresabschluss. Nach Eingang des Prüfungsberichtes beim Aufsichtsrat sind der Jahresabschluss, der Lagebericht, der Prüfungsbericht und der Vorschlag für die Verwendung des Bilanzgewinns unverzüglich den anderen Aufsichtsratsmitgliedern zwecks Prüfung vorzulegen.

(2) Nach Eingang des Berichts des Aufsichtsrats über das Ergebnis seiner Prüfung hat der Vorstand unverzüglich die ordentliche Hauptversammlung einzuberufen, die innerhalb der ersten acht Monate eines jeden Geschäftsjahrs stattzufinden hat. Sie beschließt über die Entlastung des Vorstands und des Aufsichtsrats sowie über die Verwendung des Bilanzgewinns und wählt, soweit erforderlich, den Abschlussprüfer.

§ 8 Bekanntmachungen

Bekanntmachungen der Gesellschaft erfolgen ausschließlich im Bundesanzeiger.

§ 9 Gründungsaufwand

Die durch die Errichtung der Gesellschaft entstehenden Kosten (Notar, Kosten der Handelsregistereintragung, Veröffentlichung, anwaltliche und steuerliche Beratung, Kosten der Gründungsprüfung) übernimmt die Gesellschaft bis zur Höhe von ...... EUR.

§ 10 Teilnichtigkeit

Sollten einzelne Bestimmungen dieser Satzung nichtig oder unwirksam sein oder werden, so wird die Gültigkeit der Satzung im Übrigen hiervon nicht berührt. Die ungültige Bestimmung soll durch eine solche ersetzt werden, die dieser in ihrem wirtschaftlichen Sinngehalt entspricht.

A.5.3. Zustimmungsbeschluss der Hauptversammlung der A-AG[158]

Geschehen am ......

in ......, ... *[genaue Bezeichnung der Räumlichkeiten, zB Messehalle]*, ... *[Anschrift]*

Der unterzeichnete Notar C
mit dem Amtssitz in ......,

begab sich heute auf Ersuchen des Vorstands der A-AG

in die ...... *[genaue Bezeichnung der Räumlichkeiten, zB Messehalle]*, ... *[Straßenanschrift]*, in ......

Dort nahm er die Niederschrift über die dorthin für ...... Uhr einberufene außerordentliche Hauptversammlung

der

A-AG

mit dem Sitz in ...... auf.

Der Notar traf an:

I. vom Aufsichtsrat, dem die folgenden Mitglieder angehören:

1. Herrn ...... (Vorsitzender)
2. Herrn ...... (Stellvertretender Vorsitzender)
3. Herrn ......
4. Herrn ......
5. Herrn ......
6. Herrn ......
7. Herrn ......
8. Herrn ......
9. Herrn ......
10. Herrn ......
11. Herrn ......
12. Herrn ......

– die zu 1. bis 12. Genannten –

II. vom Vorstand, dem die folgenden Mitglieder angehören:

1. Herrn K ......
2. Herrn L ......
3. Herrn E ......

– die zu 1. bis 3. Genannten –

III. die in dem als Anlage 1 beigefügten Teilnehmerverzeichnis aufgeführten Aktionäre und Aktionärsvertreter.

Der Vorsitzende des Aufsichtsrats, Herr ......, übernahm den Vorsitz. Die Versammlung wurde von ihm um ...... Uhr eröffnet.

Der Vorsitzende des Aufsichtsrats stellte fest: Die Einberufung der Hauptversammlung mit Tagesordnung wurde im Bundesanzeiger am ...... sowie in der ......-Zeitung vom ...... bekannt gemacht. Ein Auszug aus dem Bundesanzeiger vom ......, wo die Einberufung der heutigen Hauptversammlung auf S....... veröffentlicht ist, sowie ein Belegexemplar der ......-Zeitung vom ......, wo die Einberufung der heutigen Hauptversammlung auf S. ...... veröffentlicht ist, lagen vor. Die Veröffentlichungen sind dieser Niederschrift als Anlage 2 und Anlage 3 beigefügt.

DerVorsitzende stellte weiter fest, dass die in § 125 AktG vorgesehenen Mitteilungen durch den Vorstand form- und fristgerecht verteilt wurden und Ergänzungsanträge zur Tagesordnung nicht zugegangen seien.

Die Bekanntmachung im Bundesanzeiger enthält folgende Tagesordnung:

1. Zustimmung zur Verschmelzung der A-AG und der B-AG zur Neugründung der C-AG sowie zur Satzung der neugegründeten C-AG;
2. Zustimmung zur Bestellung der Herren ......, ..., ..., ..., ..., und ...... zu Mitgliedern des ersten Aufsichtsrats der C-AG.

   Der Vorsitzende unterzeichnete das Verzeichnis der erschienenen und vertretenen Aktionäre. Das Teilnehmerverzeichnis wurde vor der Abstimmung während der gesamten Dauer der Hauptversammlung zur Einsicht für alle Teilnehmer ausgelegt. Das Teilnehmerverzeichnis ist dieser Niederschrift als Anlage 1 beigefügt. Die in ihm aufgeführten Aktionäre und Aktionärsvertreter haben ihre Berechtigung zur Teilnahme und Ausübung des Stimmrechts ordnungsgemäß nachgewiesen.

Anhand des von ihm unterzeichneten und vor der ersten Abstimmung zur Einsicht für die Versammlungsteilnehmer ausgelegten Verzeichnisses der erschienenen und vertretenen Aktionäre stellte der Vorsitzende fest, dass vom Grundkapital von ...... EUR, von insgesamt ...... Millionen Aktien und ebenso vielen Stimmen insgesamt ...... Aktien und ebenso viele Stimmen, die einen anteiligen Betrag des Grundkapitals von ...... EUR vertreten, mithin ...... Prozent der Aktien und Stimmen anwesend bzw. vertreten sind.

Der Vorsitzende bestimmte sodann zum Abstimmungsverfahren, dass die Abstimmung durch Handaufheben erfolgt und dass zunächst die Nein-Stimmen und dann die Stimmenthaltungen aufgerufen werden; daraufhin wird nach der Differenzmethode anhand des Verzeichnisses der erschienenen Aktionäre und Aktionärsvertreter das Abstimmungsergebnis ermittelt. Dementsprechend zählt jede Stimme, soweit sie nicht bei Aufruf der Nein-Stimmen oder Enthaltungen durch Handaufheben abgegeben wird, als Ja-Stimme. Die Stimmen können nur im Versammlungssaal abgegeben werden; es erfolgt eine laufende Präsenzkontrolle.

Sodann wurde die Tagesordnung in der Reihenfolge der Einberufung erledigt wie folgt:

Tagesordnungspunkt 1

Beschlussfassung über die Zustimmung zur Verschmelzung der A-AG und der B-AG zur Neugründung der C-AG sowie über Zustimmung zur Satzung der C-AG

Der Vorsitzende traf zunächst folgende Feststellungen:

Der Entwurf des Verschmelzungsvertrages betreffend die Verschmelzung der A-AG und der B-AG zur Neugründung der C-AG, der gemeinsame Verschmelzungsbericht des Vorstands der A-AG und der B-AG, die Jahresabschlüsse und Lageberichte der letzten drei Jahre der vorgenannten Gesellschaften und der gemeinsame Prüfungsbericht der auf gemeinsamen Antrag der Vorstände beider Gesellschaften bestellten Verschmelzungsprüfer für die A-AG und die B-AG haben von der Einberufung der Hauptversammlung an in den Geschäftsräumen der A-AG zur Einsicht der Aktionäre ausgelegen. Sie liegen auch in der heutigen Hauptversammlung aus. Vorstand und Aufsichtsrat schlagen vor, der Verschmelzung zuzustimmen und den Vorstand zu ermächtigen, Einzelheiten festzulegen und Maßnahmen zu ergreifen, die zur Durchführung der Verschmelzung erforderlich sind.

Der Vorsitzende bat sodann den Vorstand, die vorgeschlagene Verschmelzung zu erläutern. Das Vorstandsmitglied Herr ...... erläuterte diesem Ersuchen gemäß den Verschmelzungsvertrag mündlich und gab auch Auskunft über die für die Verschmelzung wesentlichen Angelegenheiten der anderen beteiligten Rechtsträger. Der Wortlaut seines Vortrags ist dieser Niederschrift als Anlage 4 beigeheftet.

Nachdem auf Nachfrage keine weiteren Wortmeldungen erfolgten, schloss der Vorsitzende die Diskussion zu diesem Tagesordnungspunkt.

Der Vorsitzende wies darauf hin, dass der Beschluss zu Tagesordnungspunkt 1 einer qualifizierten Mehrheit von mindestens 75% des bei der Beschlussfassung vertretenen Grundkapitals bedarf, da die Satzung eine größere Kapitalmehrheit und weitere Erfordernisse nicht vorschreibt.

Sodann stellte der Vorsitzende fest, dass von dem Grundkapital der Gesellschaft von ...... EUR, das in ...... auf den Namen lautende Stückaktien eingeteilt ist, in der heutigen Hauptversammlung unverändert ...... Stückaktien mit einem anteiligen Betrag des Grundkapitals von ...... EUR und ebenso vielen Stimmen vertreten sind und die Versammlung damit beschlussfähig ist. Er bat um Abstimmung über den Antrag des Vorstands und des Aufsichtsrats, der Verschmelzung der A-AG und der B-AG zur Neugründung der C-AG sowie der Satzung der C-AG zuzustimmen und den Vorstand zu ermächtigen, Einzelheiten festzulegen und Maßnahmen zu ergreifen, die zur Durchführung der Verschmelzung erforderlich sind.

Die Abstimmung ergab
...... Ja-Stimmen
...... Nein-Stimmen
...... Enthaltungen

Der Vorsitzende gab das Ergebnis der Abstimmung bekannt. Er stellte fest, dass der beantragte Beschluss mit dem genannten Abstimmungsergebnis und damit der erforderlichen Mehrheit im Wege der Abstimmung durch Handaufheben zustande gekommen ist, und verkündete den gefassten Beschluss.

Ein Widerspruch zur Niederschrift wurde von keinem der anwesenden Aktionäre oder Aktionärsvertreter erklärt.

Der Vorsitzende stellte sodann den zweiten Tagesordnungspunkt wie folgt zur Diskussion und Beschlussfassung:

Tagesordnungspunkt 2
Beschlussfassung über die Zustimmung zur Bestellung der Mitglieder des ersten Aufsichtsrats der C-AG

Er traf zunächst folgende Feststellungen:

Die Vorstände der A-AG und der B-AG beabsichtigen, die folgenden Herren zu ersten Mitgliedern des Aufsichtsrats der C-AG für die Zeit bis zur Beendigung der Hauptversammlung, die über die Entlastung für das am 31.12.01 endende Rumpfgeschäftsjahr beschließt, zu bestellen

Herrn ...... *[Name]*, ... *[Wohnort]*
Herrn ...... *[Name]*, ... *[Wohnort]*
Herrn ...... *[Name]*, ... *[Wohnort]*
Herrn ...... *[Name]*, ... *[Wohnort]*
Herrn ...... *[Name]*, ... *[Wohnort]* und
Herrn ...... *[Name]*, ... *[Wohnort]*

Nachdem auf Nachfrage keine weiteren Wortmeldungen erfolgten, schloss der Vorsitzende die Diskussion zu diesem Punkt.

Sodann stellte der Vorsitzende fest, dass die Präsenz unverändert geblieben ist. Er bat die Aktionäre um Stimmabgabe zu dem Antrag der Verwaltung, der Bestellung der Herren ......, ..., ..., ..., ... und ...... zu Aufsichtsräten der durch die Verschmelzung entstehenden C-AG zuzustimmen.

Die Abstimmung ergab:
...... Ja-Stimmen
...... Enthaltungen
...... Nein-Stimmen

Der Vorsitzende gab das Ergebnis der Abstimmung bekannt. Er fragte die zu der Hauptversammlung erschienenen Herren ......, ob sie die Wahl annehmen, was von diesen bejaht wurde. Er gab bekannt, dass die übrigen Herren ihm bereits vor der Wahl erklärt haben, dass sie im Fall ihrer Wahl diese annehmen werden. Er stellte fest, dass mit dem genannten Abstimmungsergebnis der Antrag der Verwaltung, der beabsichtigten Bestellung der Mitglieder des ersten Aufsichtsrats zuzustimmen, im Wege der Abstimmung durch Handaufheben angenommen ist, und verkündete den gefassten Beschluss.

Ein Widerspruch zur Niederschrift wurde von keinem der anwesenden Aktionäre oder Aktionärsvertreter erklärt.

Nachdem sich auf Nachfrage des Vorsitzenden kein Teilnehmer mehr zu Wort meldete, schloss der Vorsitzende die Versammlung um ...... Uhr.

Diese Niederschrift wurde von dem Notar ...... am ...... im Anschluss an die Versammlung errichtet.

Hierüber Niederschrift:

...

[Unterschrift]

A.5.4. Zustimmungsbeschluss der Hauptversammlung der B-AG[159]

[Wortlaut entsprechend dem Formular A.5.3]

Antrag und Schreiben

A.5.5. Antrag auf Bestellung eines gemeinsamen Verschmelzungsprüfers[161]

A-AG
– Vorstand –

B-AG
– Vorstand –

An das
Landgericht
– Kammer für Handelssachen –

Bestellung eines gemeinsamen Verschmelzungsprüfers (§ 10 Abs. 2, § 306 Abs. 3, § 307 Abs. 1 UmwG) in Sachen HRB ...... und HRB ......

Wir beabsichtigen, unsere Gesellschaften durch Verschmelzung durch Neugründung nach § 2 Nr. 2, §§ 73 ff. UmwG auf die dadurch entstehende C-AG zu verschmelzen. Gemäß § 10 Abs. 1 UmwG beantragen wir die Bestellung eines gemeinsamen Verschmelzungsprüfers. Als Verschmelzungsprüfer wird die XYZ-GmbH Wirtschaftsprüfungsgesellschaft in ...... vorgeschlagen, die sich zur Übernahme des Amtes bereit erklärt hat.

...
A-AG
(Vorstand)

...
B-AG
(Vorstand)

A.5.6. Schreiben an die Betriebsräte der A-AG

A-AG[163]
– Vorstand –

B-AG[163]
– Vorstand –

......, den ......

An den Gesamtbetriebsrat der A-AG[164]
z. Hd. des Vorsitzenden
– durch Boten gegen Empfangsbekenntnis –

An den Betriebsrat der A-AG – Betrieb A[164]
z. Hd. des Vorsitzenden
– durch Boten gegen Empfangsbekenntnis –

Betreff: Verschmelzung der A-AG mit der B-AG zur Neugründung der C-AG

Sehr geehrte Damen und Herren,

es ist beabsichtigt, die A-AG und die B-AG gemäß § 2 Nr. 2 UmwG zur Neugründung der C-AG zu verschmelzen. Hierzu haben der Vorstand der A-AG sowie der Vorstand

der B-AG den Entwurf eines Verschmelzungsvertrages aufgestellt. Dieser wird Ihnen hiermit als Anlage zu diesem Schreiben gemäß § 36 Abs. 1, § 5 Abs. 3 UmwG in Kopie zugeleitet. Bitte quittieren Sie den Erhalt des Entwurfs des Verschmelzungsvertrags durch Gegenzeichnung der beigefügten Empfangsbestätigung.[166]

Mit freundlichen Grüßen

.. ....

A-AG B-AG

[Unterschriften Vorstandsmitglieder in vertretungsberechtigender Anzahl]

Empfangsbestätigung:[165, 167]

Der Erhalt des vorstehenden Schreibens im Original sowie des als Anlage beigefügten Entwurfs des Verschmelzungsvertrages in Kopie wird hiermit zum Zwecke des Nachweises der rechtzeitigen Zuleitung des Entwurfs des Verschmelzungsvertrages gemäß § 36 Abs. 1, § 17 Abs. 1 UmwG bestätigt.

..............................., den ....

(Für den Gesamtbetriebsrat:)

..

[Unterschrift des Vorsitzenden]

..............................., den ....

(Für den Betriebsrat des Betriebs A:)

..

[Unterschrift des Vorsitzenden]

Verzichtserklärung:[168]

Hiermit verzichten wir auf die Einhaltung der Monatsfrist gem. § 5 Abs. 3 UmwG.

..............................., den ....

(Für den Gesamtbetriebsrat:)

..

[Unterschrift des Vorsitzenden]

A.5.7. Schreiben an die Betriebsräte der B-AG[169]

[Wortlaut entsprechend dem Formular A.5.6]

Anmeldung zu den Handelsregistern

A.5.8. Anmeldung zum Handelsregister der A-AG

An das
Amtsgericht ......
– Registergericht –
[Adresse]

HRB ...... – A-AG

In der Anlage überreichen wir, die unterzeichneten gemeinsam vertretungsberechtigten Vorstandsmitglieder der A-AG:

I.[172]

1. **Elektronisch beglaubigte Abschrift des Verschmelzungsvertrages vom ......, URNr. ...... des Notars ...... in ...... mit der Feststellung der Satzung der C-AG, der Bestellung der Mitglieder des ersten Aufsichtsrats der C-AG und der Bestellung des Abschlussprüfers der C-AG [sowie den Schlussbilanzen der übertragenden Rechtsträger, die zugleich als Verschmelzungsbilanzen zugrunde gelegt werden];**
2. **Elektronisch beglaubigte Abschrift der Niederschrift über die Hauptversammlung der A-AG vom ...... mit dem Beschluss der Hauptversammlung über die Zustimmung zu dem vorstehend genannten Verschmelzungsvertrag, zu der Satzung der C-AG und zu der Bestellung des ersten Aufsichtsrats der C-AG;**
3. **Elektronisch beglaubigte Abschrift der Niederschrift über die Hauptversammlung der B-AG vom ...... mit dem Beschluss der Hauptversammlung über die Zustimmung zu dem vorstehend genannten Verschmelzungsvertrag, zu der Satzung der C-AG und zu der Bestellung des ersten Aufsichtsrats der C-AG;**
4. **den gemeinsamen Verschmelzungsbericht des Vorstands der A-AG und des Vorstands der B-AG vom ......;**
5. **den gemeinsamen Prüfungsbericht der Verschmelzungsprüfer für die A-AG und die B-AG vom ......;**
6. **Empfangsbekenntnisse über die Zuleitung des Entwurfs des Verschmelzungsvertrags an die Betriebsräte der A-AG;**
7. **Empfangsbekenntnisse über die Zuleitung des Entwurfs des Verschmelzungsvertrags an die Betriebsräte der B-AG;**
8. **Schlussbilanz der A-AG per 31.12.00 [unnötig, wenn dem Verschmelzungsvertrag beigeheftet].**

II.[173]

Wir erklären, dass eine Klage gegen die Wirksamkeit des Verschmelzungsbeschlusses der A-AG und der B-AG nicht erhoben worden ist.

III.[174]

Die Anzeige des Treuhänders, dass er im Besitz der zu gewährenden Aktien [und der im Verschmelzungsvertrag festgesetzten baren Zuzahlungen] ist, wird dem Registergericht unmittelbar vom Treuhänder übermittelt.

IV.[175]

Zur Eintragung in das Handelsregister melden wir an:

Die A-AG, HRB ......, Amtsgericht ......, als übertragende Gesellschaft ist auf Grund des Verschmelzungsvertrags vom ......, des Beschlusses der Hauptversammlung der A-AG vom ...... und des Beschlusses der Hauptversammlung der B-AG vom ...... zusammen mit der B-AG als weitere übertragende Gesellschaft zur Neugründung der C-AG mit Sitz in ...... gemäß § 2 Nr. 2 UmwG verschmolzen.

V.

Nach Vollzug wird um Eintragungsnachricht an die Gesellschaft und den beglaubigenden Notar und Übermittlung von drei beglaubigten Handelsregisterauszügen an die Gesellschaft und eines beglaubigten Handelsregisterauszuges an den beglaubigenden Notar gebeten.

.............................., den ....

..
[Unterschriften vom Vorstand der A-AG in vertretungsberechtigender Anzahl]

A.5.9. Anmeldung zum Handelsregister der B-AG[176]

[Wortlaut entsprechend Formular A.5.8]

A.5.10. Anmeldung zum Handelsregister der C-AG

An das
Amtsgericht ……
– Registergericht –
[Adresse]

I.[178]

In der Anlage überreichen wir,

- **die unterzeichneten jeweils gemeinsam vertretungsberechtigten Vorstandsmitglieder der sich gemäß § 2 Nr. 2 UmwG zur Neugründung verschmelzenden A-AG mit Sitz in …… und B-AG mit Sitz in ……,**
- **die A-AG und die B-AG als Gründer,**
- **die Mitglieder des Vorstands der durch Verschmelzung neugegründeten C-AG und**
- **die Mitglieder des Aufsichtsrats der C-AG:**

1. **Elektronisch beglaubigte Abschrift des Verschmelzungsvertrages vom ……, URNr. …… des Notars …… in …… mit der Feststellung der Satzung der C-AG, der Bestellung der Mitglieder des ersten Aufsichtsrats der C-AG und der Bestellung des Abschlussprüfers der C-AG [und den der Verschmelzung zugrunde gelegten Schlussbilanzen der übertragenden Rechtsträger];**
2. **Elektronisch beglaubigte Abschrift der Niederschrift über die außerordentliche Hauptversammlung der A-AG vom …… mit dem Beschluss der Hauptversammlung über die Zustimmung zu dem vorstehend genannten Verschmelzungsvertrag, zur Satzung der C-AG und zu der Bestellung des ersten Aufsichtsrats der C-AG;**
3. **Elektronisch beglaubigte Abschrift der Niederschrift über die außerordentliche Hauptversammlung der B-AG vom …… mit dem Beschluss der Hauptversammlung über die Zustimmung zu dem vorstehend genannten Verschmelzungsvertrag, zur Satzung der C-AG und zu der Bestellung des ersten Aufsichtsrats der C-AG;**
4. **den gemeinsamen Verschmelzungsbericht des Vorstands der A-AG und des Vorstands der B-AG vom ……;**
5. **den gemeinsamen Prüfungsbericht des Verschmelzungsprüfers für die A-AG und die B-AG;**
6. **Empfangsbekenntnisse über die Zuleitung des Entwurfs des Verschmelzungsvertrags an die Betriebsräte der A-AG;**
7. **Empfangsbekenntnisse über die Zuleitung des Entwurfs des Verschmelzungsvertrags an die Betriebsräte der B-AG;**
8. **Anzeige des Treuhänders über den Besitz an den zu gewährenden Aktien;**
9. **Elektronisch beglaubigte Handelsregisterauszüge der A-AG und der B-AG, aus denen sich ergibt, dass jede dieser Gesellschaften bereits zwei Jahre im Handelsregister eingetragen ist und die Verschmelzung in das Register dieser Gesellschaften als der übertragenden Gesellschaften eingetragen ist;**

10. **Niederschrift über die Bestellung des Vorstands;**
11. **Gründungsbericht der Mitglieder des Vorstands und des Aufsichtsrats und Gründungsprüfungsbericht (§ 144 UmwG, §§ 32, 33 Abs. 2 AktG)**
12. **Berechnung des Gründungsaufwands, § 37 AktG, § 36 Abs. 2 UmwG.**

II.[179]

Wir erklären, dass eine Klage gegen die Wirksamkeit des Verschmelzungsbeschlusses der A-AG oder der B-AG nicht erhoben worden ist.

III.[180]

Wir melden die C-AG zur Eintragung in das Handelsregister an.

Als Gründer gelten die A-AG mit dem Sitz in ...... und die B-AG mit dem Sitz in ...... (§ 36 Abs. 2 UmwG).

Mitglieder des ersten Aufsichtsrats sind:

Herr ...... *[Name]*, ... *[Beruf]*, ... *[Wohnort]*
Herr ...... *[Name]*, ... *[Beruf]*, ... *[Wohnort]*
Herr ...... *[Name]*, ... *[Beruf]*, ... *[Wohnort]*
Herr ...... *[Name]*, ... *[Beruf]*, ... *[Wohnort]*
Herr ...... *[Name]*, ... *[Beruf]*, ... *[Wohnort]*
Herr ...... *[Name]*, ... *[Beruf]*, ... *[Wohnort]*

Mitglieder des Vorstands sind:

Herr ...... *[Name]*, ... *[Wohnort]*, geboren am ......
Herr ...... *[Name]*, ... *[Wohnort]*, geboren am ......
Herr ...... *[Name]*, ... *[Wohnort]*, geboren am ......
Herr ...... *[Name]*, ... *[Wohnort]*, geboren am ......
Herr ...... *[Name]*, ... *[Wohnort]*, geboren am ......

Die Gesellschaft wird durch zwei Mitglieder des Vorstands oder durch ein Mitglied des Vorstands in Gemeinschaft mit einem Prokuristen vertreten. Ist nur ein Mitglied des Vorstands im Amt, vertritt er die Gesellschaft allein. Die Zahl der Vorstandsmitglieder bestimmt der Aufsichtsrat.

Jedes der Vorstandsmitglieder versichert was folgt:

Es liegen keine Umstände vor, die unserer Bestellung nach § 76 Abs. 3 Satz 2 Nr. 2 und 3, Satz 3 AktG entgegenstehen. Weder ist einem von uns durch gerichtliches Urteil oder durch vollziehbare Entscheidung einer Verwaltungsbehörde die Ausübung eines Berufs, Berufszweiges, Gewerbes oder Gewerbezweiges untersagt worden, noch ist einer von uns im Inland wegen einer der nachgenannten Straftaten oder im Ausland wegen einer vergleichbaren Straftat verurteilt worden:

- **nach den §§ 283 bis 283d StGB (Insolvenzstraftaten);**
- **nach den §§ 263 bis 264a StGB (Betrug, Computerbetrug, Subventionsbetrug, Kapitalanlagebetrug) oder nach den §§ 265b bis 266a StGB (Kreditbetrug, Untreue, Vorenthalten und Veruntreuen von Arbeitsentgelt) zu einer Freiheitsstrafe von mindestens einem Jahr,**
- **wegen Unterlassens der Stellung des Antrages auf Eröffnung des Insolvenzverfahrens (Insolvenzverschleppung),**
- **wegen falscher Angaben nach § 82 GmbHG oder § 399 AktG,**
- **wegen unrichtiger Darstellung nach § 400 AktG, § 331 HGB, § 313 UmwG oder § 17 des Publizitätsgesetzes.**

Wir sind über unsere unbeschränkte Auskunftspflicht gegenüber dem Gericht durch den Notar ...... belehrt worden. Der Notar hat uns auf die Haftung für falsche Angaben gem. §§ 46, 48 AktG und die Strafdrohung des § 399 AktG hingewiesen.

Die Geschäftsräume der C-AG befinden sich in …… *[Ort]*, …… *[Straße]*.

Auf das Grundkapital der Gesellschaft sind ausschließlich Sacheinlagen *[und bare Zuzahlungen von …… EUR]* zu leisten. Die Sacheinlagen bestehen in der Übertragung des Vermögens der A-AG und B-AG durch Verschmelzung zur Neugründung auf die C-AG. Es wird versichert, dass die Sacheinlagen *[und die baren Zuzahlungen]* geleistet sind und mit der Eintragung der C-AG als des neuen Rechtsträgers in deren Handelsregister zur freien Verfügung des Vorstands der C-AG stehen. Damit sind die Voraussetzungen der §§ 73, 36 Abs. 2 UmwG, § 36 Abs. 2, § 36a AktG erfüllt.

Vollzugsmitteilung wird auch an den beglaubigenden Notar erbeten. Ferner wird um Übersendung eines beglaubigten Auszugs aus dem Handelsregister für die Gesellschaft auf deren Kosten und an deren Anschrift gebeten.

……………………………, den ……….

………………………………………………

A-AG als Gründer

[Unterschriften von Vorstandsmitgliedern der A-AG in vertretungsberechtigender Anzahl]

………………………………………………

B-AG als Gründer

[Unterschriften von Vorstandsmitgliedern der B-AG in vertretungsberechtigender Anzahl]

[alle Vorstandsmitglieder der A-AG]

[alle Vorstandsmitglieder der B-AG]

[alle Vorstandsmitglieder der C-AG]

[alle Aufsichtsratsmitglieder der C-AG]

(§§ 73, 36 Abs. 2 UmwG, § 36 Abs. 1 AktG)

[Beglaubigungsvermerk]

A.5.11. Aufsichtsratsbeschluss über die Bestellung der Vorstandsmitglieder[181]

Die laut Verschmelzungsvertrag sowie den Verschmelzungsbeschlüssen der A-AG und B-AG vom …… (URNr. …… sowie URNr. …… und URNr. …… des Notars …… in ……) bestellten Mitglieder des Aufsichtsrats treten nach Annahme ihrer Bestellung zu ihrer ersten Sitzung zusammen und fassen folgende Beschlüsse:

1. **Zum ersten Vorsitzenden des Aufsichtsrats wird Herr ……, zu seinem Stellvertreter Herr …… gewählt. Beide erklären die Annahme ihrer Wahl.**
2. **Zu ordentlichen Vorstandsmitgliedern der Gesellschaft werden für die Dauer von fünf Jahren die Herren ……, ……, ……, ……, …… bestellt. Sie vertreten die Gesellschaft jeweils gemeinsam mit einem weiteren Vorstandsmitglied oder einem Prokuristen. Sie sind von den Bestimmungen des § 181 BGB nicht befreit.**
3. **Der Vorsitzende des Aufsichtsrats wird ermächtigt, die vom Aufsichtsrat beschlossenen Anstellungsverträge mit den Vorstandsmitgliedern zu schließen.**
4. **Die Vorstandsmitglieder ……, ……, ……, ……, …… erklären, dass sie die Bestellung zum Vorstandsmitglied annehmen.**

……………………………, den ……….

………………………………………………

[…… als Aufsichtsratsvorsitzender]

A.5.12. Verschmelzungsbericht[182]

Gemeinsamer Bericht des Vorstands der A-AG und des Vorstands der B-AG über die Verschmelzung der A-AG und der B-AG zur Neugründung der C-AG

1. Vorbemerkungen

   Die Vorstände der A-AG und der B-AG haben Ende des Jahres 00 gemeinsam und in Abstimmung mit den Aufsichtsräten geprüft, ob und – falls ja – welche Vorteile eine Verschmelzung der beiden Gesellschaften mit sich bringt. Sie haben eine Verschmelzung im Prinzip positiv beurteilt. Geplant ist die Verschmelzung der A-AG und der B-AG auf eine neugegründete Aktiengesellschaft, die C-AG. Die Vorstände haben sich auf einen gemeinsamen Entwurf eines Verschmelzungsvertrags geeinigt, der den jeweiligen Betriebsräten zugeleitet und bei den zuständigen Handelsregistern eingereicht wurde, den Hauptversammlungen der beiden Gesellschaften zur Zustimmung vorgelegt und voraussichtlich am ...... 01 notariell beurkundet werden soll. Der nachfolgende Verschmelzungsbericht erläutert die wirtschaftlichen Gründe, die rechtlichen Schritte und den Entwurf des Verschmelzungsvertrags, insbesondere die Umtauschverhältnisse der Anteile.

   Zum Zweck der Ermittlung der angemessenen Umtauschverhältnisse haben die Vorstände der beiden Gesellschaften die ...... Wirtschaftsprüfungsgesellschaft in ...... mit der Feststellung der Unternehmenswerte der beiden Gesellschaften beauftragt. Über die Verfahren und Annahmen, die diesen Werten zugrunde liegen, und über die Ableitung des Umtauschverhältnisses wird nachfolgend ebenfalls berichtet.

   Am ...... 01 hat das Landgericht ...... auf gemeinsamen Antrag der Vorstände der beiden Gesellschaften die XYZ-Wirtschaftsprüfungsgesellschaft in ...... zum gemeinsamen Verschmelzungsprüfer gem. § 60 Abs. 3, § 73 UmwG bestellt, der über das Ergebnis seiner Prüfung des Entwurfs des Verschmelzungsvertrags schriftlich berichten wird.

   Der Entwurf des Verschmelzungsvertrages wird der Hauptversammlung der A-AG am ...... 01 und der Hauptversammlung der B-AG am ...... 01 zur Zustimmung vorgelegt.

2. Die an der Verschmelzung beteiligten Unternehmen
   - 2.1. A-AG ......
   - 2.2. B-AG ......

3. Wirtschaftliche Gründe der Verschmelzung
   - 3.1. Wirtschaftliche Ausgangslage ......
   - 3.2. Marktpositionen der Gesellschaften ......
   - 3.3. Wesentliche Vorteile einer Verschmelzung
   - 3.4. Soziale Aspekte der Verschmelzung
   - 3.5. Alternativen zur Verschmelzung
   - 3.6. Kosten der Verschmelzung

4. Bilanzielle, finanzielle, gesellschaftsrechtliche und steuerrechtliche Auswirkungen der Verschmelzung
   - 4.1. Bilanzielle Folgen
   - 4.2. Finanzielle Folgen
   - 4.3. Gesellschaftsrechtliche Folgen
   - 4.4. Steuerrechtliche Folgen
     - 4.4.1. Für die an der Verschmelzung beteiligten Gesellschaften
     - 4.4.2. Für die Aktionäre der an der Verschmelzung beteiligten Gesellschaften

5. Angabe über alle für die Verschmelzung wesentlichen Angelegenheiten der anderen verbundenen Unternehmen
6. Erläuterungen des Entwurfs des Verschmelzungsvertrags
7. Umtauschverhältnisse
   7.1. Allgemeines
   7.2. Bewertungsgrundsätze und -methoden
   7.3. Ermittlung des Unternehmenswerts der A-AG
   7.4. Ermittlung des Unternehmenswerts der B-AG
   7.5. Ableitung der Umtauschverhältnisse

A.5.13. Verschmelzungsprüfungsbericht[183]

Prüfungsbericht gem. § 12 UmwG aus Anlass der Verschmelzung der A-AG und der B-AG auf die C-AG

1. Auftrag und Auftragsdurchführung

Auf gemeinsamen Antrag der Vorstände der A-AG und der B-AG wurden wir durch das Landgericht[184] ......, Kammer für Handelssachen mit Beschluss vom ...... 01 (Az.: ......) zum gemeinsamen Verschmelzungsprüfer für die an der Verschmelzung beteiligten Gesellschaften bestellt, § 10 Abs. 1 UmwG. Gegenstand der Prüfung gem. § 9 Abs. 1 UmwG war der als Anlage 1 beigefügte paraphierte Entwurf des Verschmelzungsvertrags vom ...... zwischen der A-AG und B-AG (nachstehend „Vertragsentwurf").

Nach dem Vertragsentwurf beabsichtigen die A-AG und die B-AG die Verschmelzung der Gesellschaften gem. § 2 Nr. 2 UmwG auf die C-AG im Wege der Verschmelzung durch Neugründung. Die Verschmelzung soll durch Übertragung der Vermögen der A-AG und der B-AG als übertragende Gesellschaften als Ganzes auf die C-AG als übernehmende Gesellschaft gegen Gewährung von Aktien an die Aktionäre der A-AG und der B-AG als übertragende Gesellschaften erfolgen. Die Übernahme der Vermögen soll im Innenverhältnis mit Wirkung zum 1.1.01 erfolgen. Vom 1.1.01 an gelten alle Handlungen und Geschäfte jeweils der A-AG und der B-AG als für Rechnung der C-AG vorgenommen (nachstehend „Verschmelzungsstichtag").

Der Entwurf des Verschmelzungsvertrages soll der Hauptversammlung der A-AG am ...... 01 und der Hauptversammlung der B-AG am ...... 01 zur Beschlussfassung vorgelegt werden.

Die Verschmelzungsprüfung umfasst insbesondere die im Vertragsentwurf vereinbarten Umtauschverhältnisse, wie sie im gemeinsamen Verschmelzungsbericht der Vorstände der A-AG und der B-AG über die Zusammenführung der A-AG und der B-AG rechtlich und wirtschaftlich begründet werden, § 8 UmwG.

Den Verschmelzungsprüfern standen insbesondere folgende Unterlagen zur Verfügung:

- Memorandum of Understanding zwischen A-AG und B-AG vom ......
- Vertragsentwurf vom ......; vorläufige Fassungen lagen zu früheren Zeitpunkten vor
- der gemeinsame Verschmelzungsbericht der Vorstände der A-AG und der B-AG zur Verschmelzung der A-AG und der B-AG vom ......; vorläufige Fassungen lagen zu früheren Zeitpunkten vor
- Gutachten des Wirtschaftsprüfers ...... in ...... vom ...... zur Ermittlung der Unternehmenswerte der A-AG und B-AG auf den ......
- Jahresabschlüsse und Berichte über die Prüfung der Jahresabschlüsse und Lageberichte der A-AG und der B-AG für die Geschäftsjahre 96, 97, 98, 99 und 00
- Unternehmensplanung der A-AG und der B-AG für die Jahre 01 bis 05

Ferner haben wir in die umfangreichen Arbeitspapiere des mit der Erstellung der Gutachten zu den Unternehmenswerten der A-AG und der B-AG beauftragten vorher erwähnten Wirtschaftsprüfers ...... in ...... Einsicht genommen.

Unserer Prüfung haben wir die einschlägigen Stellungnahmen des Hauptfachausschusses des Instituts der Wirtschaftsprüfer in Deutschland e. V., Düsseldorf, HFA 6/1988 zur Verschmelzungsprüfung nach § 340b Abs. 3 AktG aF (gilt entsprechend für die Prüfung gemäß §§ 9–12 UmwG) und *IDW*-Grundsätze zur Durchführung von Unternehmensbewertungen (*IDW* S. 1) mit aktuellem Stand vom 2.4.2008, FN-*IDW* 2008, S. 271 ff.), das WP Handbuch 2008 sowie die „Fragen und Antworten zur praktischen Anwendung des *IDW* Standards: Grundsätze zur Durchführung von Unternehmensbewertungen (*IDW* S. 1 idF 2008) vom 19.12.2011, FN-*IDW* 2012, S. 323 ff., zugrunde gelegt. Alle erbetenen Aufklärungen und Nachweise wurden von den Vorständen der A-AG und der B-AG und dem Gutachter über die Unternehmenswerte bereitwillig erbracht. Die Vorstände der A-AG und der B-AG haben erklärt, dass sämtliche sachverhaltsrelevanten Informationen und Dokumente zugänglich gemacht wurden.

Wir haben die Verschmelzungsprüfung in den Monaten ...... 01 in den Geschäftsräumen der beiden Gesellschaften sowie in unseren Geschäftsräumen in ...... durchgeführt.

Wesentliche Veränderungen in der Vermögens-, Finanz- und Ertragslage der Unternehmen in der Zeit zwischen dem Abschluss der Verschmelzungsprüfung am ...... 01 und dem voraussichtlichen Zeitpunkt der Beschlussfassung der Hauptversammlung der A-AG am ...... und der B-AG am ...... über den Verschmelzungsvertrag werden nachträglich zu berücksichtigen sein.

Für die Durchführung des Auftrags und unsere Verantwortlichkeit sind, auch im Verhältnis zu Dritten, die als Anlage beigefügten Allgemeinen Auftragsbedingungen für Wirtschaftsprüfer und Wirtschaftsprüfungsgesellschaften in der Fassung vom 1.1. 2002 maßgebend. Für unsere Verantwortlichkeit gegenüber den an der Verschmelzung beteiligten Gesellschaften und ihren Aktionären gilt § 11 Abs. 2 UmwG iVm. § 323 HGB. Sofern in diesen gesetzlichen Vorschriften eine Haftungshöchstsumme nicht festgelegt ist, bestimmt sich diese nach Nr. 9 der vorbenannten Allgemeinen Auftragsbedingungen. Im Verhältnis zu Dritten sind Nr. 1 Abs. 2 und Nr. 9 der vorbenannten Allgemeinen Auftragsbedingungen maßgebend.

2. Art und Umfang der Verschmelzungsprüfung gem. § 9 UmwG

Die Verschmelzung zweier Aktiengesellschaften unterliegt der gesetzlichen Pflicht der Verschmelzungsprüfung, auf die nur verzichtet werden kann, wenn alle Anteilseigner diesem Verzicht zustimmen (§§ 9, 60, 73 UmwG). Ein solcher Verzicht ist nicht erfolgt.

Die Verschmelzungsprüfung erstreckt sich gem. § 9 Abs. 1, § 12 Abs. 2, § 60 Abs. 1, § 73 UmwG auf die Prüfung der Vollständigkeit und Richtigkeit der im Verschmelzungsvertrag enthaltenen Angaben, insbesondere auf die Angemessenheit der vorgeschlagenen Umtauschverhältnisse.

a) Verschmelzungsvertrag

Im Rahmen der Verschmelzungsprüfung gem. § 9 UmwG sind Pflichtangaben gemäß § 5 Abs. 1 UmwG im Verschmelzungsvertrag auf Vollständigkeit und Richtigkeit zu prüfen.

Nach § 12 Abs. 2 UmwG hat der Verschmelzungsprüfer im Prüfbericht zu erklären, ob das vorgeschlagene Umtauschverhältnis der Anteile und ggf. die Höhe der baren Zuzahlung als Gegenwert angemessen ist. Dabei hat der Verschmelzungsprüfer zu prüfen und anzugeben:

- nach welchen Methoden das vorgeschlagene Umtauschverhältnis ermittelt worden ist;
- aus welchen Gründen die Anwendung dieser Methoden angemessen ist;
- welches Umtauschverhältnis oder welcher Gegenwert sich bei der Anwendung verschiedener Methoden, sofern mehrere angewandt worden sind, jeweils ergeben würde; zugleich ist darzulegen, welches Gewicht den verschiedenen Methoden bei der Bestimmung des vorgeschlagenen Umtauschverhältnisses oder des Gegenwerts und der ihnen zugrunde liegenden Werte beigemessen worden ist und welche besonderen Schwierigkeiten bei der Bewertung der Gesellschaften aufgetreten sind.

b) Verschmelzungsbericht

Die Vorstände der an der Verschmelzung beteiligten Gesellschaften haben nach § 8 Abs. 1 UmwG einen ausführlichen schriftlichen Bericht zu erstatten, in dem die Verschmelzung, der Entwurf des Verschmelzungsvertrages im Einzelnen und insbesondere das Umtauschverhältnis der Aktien rechtlich und wirtschaftlich erläutert und begründet werden. Auf besondere Schwierigkeiten bei der Bewertung sowie auf die Folgen für die Beteiligung der Aktionäre ist hinzuweisen. Sofern an einer Verschmelzung verbundene Unternehmen beteiligt sind, so sind in diesem Bericht auch Angaben über die für die Verschmelzung wesentlichen Angelegenheiten der anderen verbundenen Unternehmen zu machen.
Die Vorstände der A-AG und der B-AG haben von der Möglichkeit Gebrauch gemacht, einen gemeinsamen Verschmelzungsbericht zu erstatten.

c) Verschmelzungsprüfungsbericht

Als Verschmelzungsprüfer berichten wir gem. § 12 UmwG schriftlich über das Ergebnis unserer nach den Berufsgrundsätzen durchgeführten Prüfungen.

3. Prüfung des Entwurfs des Verschmelzungsvertrags gem. § 9 UmwG

a) Vollständigkeit und Richtigkeit des Vertragsentwurfs

Den Vertragsentwurf haben wir gem. § 9 Abs. 1, § 60 Abs. 1, § 73 UmwG geprüft. Wir stellten dabei fest, dass der Vertragsentwurf die in § 5 Abs. 1 UmwG vorgeschriebenen Regelungen vollständig enthält und damit den gesetzlichen Anforderungen entspricht. Die im Vertragsentwurf enthaltenen Angaben sind richtig. Zu diesem Ergebnis kommen wir, da die in § 5 Abs. 1 UmwG genannten Anforderungen in dem Vertragsentwurf wie folgt geregelt sind:

……

Aufgrund der Prüfung kommen wir zu dem Ergebnis, dass der Entwurf des Verschmelzungsvertrages die vorgeschriebenen Angaben vollständig und richtig enthält und damit den gesetzlichen Vorschriften entspricht.

b) Angemessenheit der Bewertungsmethode

……

c) Ableitung der Umtauschverhältnisse

……

4. Prüfungsfeststellungen im Einzelnen

a) Bewertungsobjekte

……

b) einheitliche Bewertungsmethoden

……

c) einheitlicher Bewertungsstichtag

……

d) einheitliches Bewertungsverfahren

……

5. Angemessenheit der Umtauschverhältnisse

......

6. Erklärung zur Angemessenheit der vorgeschlagenen Umtauschverhältnisse gem. § 12 Abs. 2 UmwG

Nach unseren Feststellungen sind die in § 2 des Entwurfs des Verschmelzungsvertrages vorgeschlagenen Umtauschverhältnisse, wonach ......

......

auf der Grundlage der Unternehmenswerte zum ...... angemessen.

................................, den ....

Einreichung des Entwurfs des Verschmelzungsvertrages zum Handelsregister

A.5.14. Einreichung zum Handelsregister der A-AG[185]

A-AG
– Vorstand –

................................, den ....

An das
Amtsgericht A
– Registergericht –
...... *[Adresse]*

A-AG, HRB ...... – Verschmelzung der A-AG und der B-AG auf die C-AG

In der Anlage überreichen wir gemäß § 61 Satz 1, § 73 AktG den Entwurf eines Verschmelzungsvertrages zwischen der A-AG und der B-AG zur Neugründung der C-AG, der von dem Vorstand der A-AG sowie dem Vorstand der B-AG am ...... aufgestellt wurde. Wir bitten um Bekanntmachung gem. § 61 Satz 2 UmwG, § 10 HGB.

....
[Unterschriften der Vorstandsmitglieder der A-AG in vertretungsberechtigender Anzahl]

Anlage: Paraphierter Entwurf des Verschmelzungsvertrages

A.5.15. Einreichung zum Handelsregister der B-AG[186]

[Wortlaut entsprechend Formular A.5.14]

Ladungen

A.5.16. Ladung zur Hauptversammlung der A-AG[189]

Einladung zur Hauptversammlung
A-AG
...... *[Sitz]*

Hiermit laden wir unsere Aktionäre zu der außerordentlichen Hauptversammlung am ...... *[Wochentag]*, ... *[Datum]*, ... *[Uhrzeit]*, in der ...... *[genaue Bezeichnung des Versammlungsortes, zB Messehalle]* in ...... *[Adresse]*, ein.

Sollte die Tagesordnung an diesem Tag nicht abschließend behandelt werden können, wird die Hauptversammlung am ...... *[darauf folgender Wochentag]*, ... *[Datum]*, ... *[Uhrzeit]*, an gleicher Stelle fortgesetzt.

Tagesordnung

1. Zustimmung zu dem Verschmelzungsvertrag zwischen der A-AG und der B-AG zur Neugründung der C-AG sowie zur Satzung der C-AG

Der Vorstand wird ermächtigt, die Einzelheiten festzulegen und Maßnahmen zu ergreifen, die zur Durchführung der Verschmelzung erforderlich sind.

Der Vorstand der A-AG und der Vorstand der B-AG haben am ...... den Entwurf eines Verschmelzungsvertrages aufgestellt und beabsichtigen, diesen Verschmelzungsvertrag unter dem Vorbehalt der Zustimmung der Hauptversammlung der A-AG sowie der Hauptversammlung der B-AG abzuschließen.

Der Entwurf des Verschmelzungsvertrages hat den folgenden Inhalt:

[wörtliche Wiedergabe aller Bestimmungen des Verschmelzungsvertrags]

Die dem Entwurf des Verschmelzungsvertrages als Anlage beigefügte Satzung der neugegründeten C-AG hat den folgenden Wortlaut:

[wörtliche Wiedergabe aller Bestimmungen der Satzung]

Der Entwurf des Verschmelzungsvertrages nebst Anlage wurde am ...... zum Handelsregister des Sitzes der A-AG eingereicht und liegt zusammen mit den Jahresabschlüssen und Lageberichten der an der geplanten Verschmelzung beteiligten Gesellschaften für die letzten drei Geschäftsjahre, dem gemeinsamen Verschmelzungsbericht des Vorstands der A-AG und des Vorstands der B-AG und dem gemeinsamen Prüfungsbericht des Verschmelzungsprüfers für die A-AG und die B-AG, der ...... AG Wirtschaftsprüfungsgesellschaft, in unseren Geschäftsräumen in ...... *[genaue Adresse]* zur Einsicht der Aktionäre aus. Auf Verlangen ist jedem Aktionär unverzüglich und kostenlos eine Abschrift der vorbezeichneten Unterlagen zu erteilen.

Vorstand und Aufsichtsrat schlagen vor, dem Entwurf des Verschmelzungsvertrages sowie der Satzung der neugegründeten C-AG zuzustimmen und den Vorstand zu ermächtigen, Einzelheiten festzulegen und Maßnahmen zu ergreifen, die zur Durchführung der Verschmelzung erforderlich sind.

2. Zustimmung zur Bestellung des ersten Aufsichtsrats der C-AG

Die A-AG und die B-AG – vertreten durch ihre Vorstände – beabsichtigen, gemäß § 36 Abs. 2 UmwG, § 31 Abs. 1 AktG für die Zeit bis zur Beendigung der Hauptversammlung, die über die Entlastung für das am 31.12.01 endende Rumpfgeschäftsjahr zu beschließen hat, die folgenden Personen als ersten Aufsichtsrat der C-AG zu bestellen:

Herrn ......, ... *[Beruf]*, ... *[Wohnort]*
Herrn ......, ... *[Beruf]*, ... *[Wohnort]*
Herrn ......, ... *[Beruf]*, ... *[Wohnort]*
Herrn ......, ... *[Beruf]*, ... *[Wohnort]*
Herrn ......, ... *[Beruf]*, ... *[Wohnort]*
Herrn ......, ... *[Beruf]*, ... *[Wohnort]*

Die Bestellung bedarf gemäß § 76 Abs. 2 Satz 2 UmwG der Zustimmung der Hauptversammlungen der A-AG und der B-AG.

Vorstand und Aufsichtsrat schlagen vor, der Bestellung der vorgenannten Personen zum ersten Aufsichtsrats der C-AG zuzustimmen.

Zur Ausübung des Stimmrechts in der Hauptversammlung sind gemäß § ...... der Satzung diejenigen Aktionäre berechtigt, die sich vor Ablauf des *[Datum]* bei der

A-AG …… *[Adresse], Telefax: …………., E-mail: ………….* schriftlich oder in Textform in deutscher oder englischer Sprache anmelden. [189a]

In der Hauptversammlung kann das Stimmrecht durch einen Bevollmächtigten ausgeübt werden. Soweit die Vollmacht nicht einem Kreditinstitut oder einem gleichgestellten Institut, einer Aktionärsvereinigung oder einer nach § 135 Abs. 9 AktG gleichgestellten Person erteilt wird, bedürfen die Vollmacht, ihr Widerruf und der Nachweis der Bevollmächtigung gegenüber der Gesellschaft der Textform. Für den Nachweis der Bevollmächtigung genügt die elektronische Übermittlung an die vorstehend genannte E-mail-Adresse.[189a]

…………………………, den ……….

……………………………………………

[A-AG Der Vorstand]

A.5.17. Ladung zur Hauptversammlung der B-AG[190]

[Wortlaut entsprechend Formular A.5.16]

A.5.18. Gründungsprüfungsbericht des Vorstands und des Aufsichtsrats der C-AG[191]

Als Mitglieder des ersten Vorstands der C-AG haben wir, ……, und als Mitglieder des ersten Aufsichtsrats der C-AG haben wir, ……, den Hergang der Verschmelzung der A-AG und der B-AG auf die neu gegründete C-AG geprüft und berichten darüber wie folgt:

1. Mit notarieller Urkunde vom …… (URNr. …… des Notars …… in ……) wurde die Verschmelzung gem. § 2 Nr. 2 UmwG der A-AG und der B-AG auf die C-AG durch Neugründung vereinbart und als Bestandteil des Verschmelzungsvertrages die Satzung der C-AG festgestellt. Die Hauptversammlungen der A-AG bzw. der B-AG haben am …… bzw. …… die Verschmelzung beschlossen. Die Mitglieder des ersten Aufsichtsrats und der Abschlussprüfer für das erste Rumpfgeschäftsjahr der C-AG wurden bestellt. Die Aktien wurden an einen Treuhänder übergeben.
2. Mit dem gemeinsamen Bericht der A-AG und der B-AG über die Verschmelzung der beiden Gesellschaften auf die C-AG zur Neugründung vom …… haben die Vorstände der A-AG und der B-AG, die damit als Gründer der C-AG gelten, über den Hergang der Verschmelzung berichtet.
3. Mit Beschluss vom …… haben die Mitglieder des ersten Aufsichtsrats die Mitglieder des Vorstands bestellt.
4. Uns lagen ferner folgende Unterlagen vor:
   a) Jahresabschlüsse (Bilanzen, Gewinn- und Verlustrechnung und Anhang) und Prüfungsberichte über die Jahresabschlüsse und die Lageberichte der A-AG und der B-AG zum 31.12.96, 97, 98, 99 und 00
   b) kurzfristige Erfolgsrechnungen der A-AG und der B-AG
   c) Aufstellung der Anschaffungs- und Herstellungskosten aller von der A-AG und der B-AG in den beiden letzten Jahren vor der Beurkundung des Verschmelzungsvertrags angeschafften oder hergestellten Vermögensgegenstände
   d) gemeinsamer Verschmelzungsbericht der Vorstände der A-AG und der B-AG mit Vermögensaufstellung

e) Verschmelzungsprüfungsbericht des Wirtschaftsprüfers ...... in ......
f) Unternehmensbewertungen der A-AG und der B-AG des Wirtschaftsprüfers ......

5. Der sich aus den vorgenannten Urkunden ergebende Hergang der Verschmelzung entspricht nach unserer Prüfung den gesetzlichen Vorschriften. Insbesondere haben wir festgestellt, dass
   a) die Angaben der Gründe für die Übernahme der Aktien über die Einlagen auf das Grundkapital und für die Festsetzungen nach den §§ 26 und 27 AktG richtig und vollständig sind;
   b) der Wert der Sacheinlagen den geringsten Ausgabebetrag der dafür zu gewährenden Aktien erreicht.

   Dies ergibt sich insbesondere daraus, dass die Bewertung des Vermögens der Gesellschaften, mit dem der Nennbetrag der Aktien gedeckt werden soll, zu Buchwerten gemäß den geprüften und mit uneingeschränkten Bestätigungsvermerken versehenen Jahresabschlüssen der A-AG und der B-AG per 31.12.00 (Anlagen I und II) erfolgte, die den Grundsätzen ordnungsgemäßer Buchführung entsprechen, und darüber hinaus beweiskräftige Anhaltspunkte dafür bestehen, dass in diesen Wertansätzen stille Reserven vorhanden sind. Dies ergibt sich aus folgenden Umständen:
   - den immateriellen Vermögensgegenständen (Konzessionen, gewerbliche Schutzrechte, Geschäfts- und Firmenwerte usw.) der A-AG und der B-AG ...... *[nähere Angaben zu den stillen Reserven, zB auch zu den Bewertungsgrenzen des § 253 HGB];*
   - den Sachanlagen (Grundstücke, grundstücksgleiche Rechte, Bauten, technische Anlagen und Maschinen sowie maschinelle Anlagen usw.) der Gesellschaft ...... *[nähere Angaben zu stillen Reserven];*
   - dem Umlaufvermögen (Vorräte, Forderungen, Wertpapiere usw.) der Gesellschaft ...... *[nähere Angaben zu stillen Reserven].*
   - Die bilanzierten Passivposten sind vollständig und ausreichend und enthalten keine Überbewertung iSv. § 256 Abs. 5 Satz 2 AktG. Für die von der Gesellschaft eingegangenen Rentenverpflichtungen wurden Rückstellungen in Höhe des versicherungsmathematischen Werts der Zusagen gebildet, wie sich aus dem diesem Bericht als Anlage III beigefügten Gutachten vom ...... ergibt. Nicht bilanzierte Risiken sind uns nicht bekannt. Eventualverbindlichkeiten sind vollständig vermerkt.
   - Der Verschmelzung sind keine Rechtsgeschäfte vorangegangen, deren Zweck darauf gerichtet war, dass der Leistungsgegenstand zur Deckung der Sacheinlagen bei der AG verwendet wird. Die Vermögensgegenstände, die die Sacheinlageleistung bei der AG darstellen, wurden im Rahmen des laufenden Geschäftsbetriebs der A-AG und der B-AG geschaffen oder erworben.
   - Als Anlage IV übergeben wir eine Aufstellung, aus der sich die Anschaffungs- und Herstellungskosten für die von der A-AG und der B-AG in den letzten beiden Jahren vor der Beurkundung des Verschmelzungsvertrages angeschafften oder hergestellten Vermögensgegenstände ergeben.
   - Zum Nachweis der operativen Erträge der A-AG und der B-AG in den letzten beiden Geschäftsjahren beziehen wir uns auf die Anlagen I und II und übergeben als Anlagen V und VI noch die Jahresabschlüsse (Bilanz, Gewinn- und Verlustrechnung und Anhang) der A-AG und der B-AG für das Jahr ...... Daraus ergibt sich, dass in dem Geschäftsjahr ...... nach Steuer ein Jahresüberschuss von EUR ...... und in dem Geschäftsjahr ...... nach Steuer ein Jahresüberschuss von EUR ...... erzielt wurde. Eine Verlustvortrag existiert nicht. Rückstellungen sind in dem erforderlichen Umfang gebildet worden.

6. **Der in den vorgelegten Unterlagen kommentierte positive Geschäftsverlauf kann auch für die Zukunft nachhaltig erwartet werden ...... *[nähere Angaben zur Umsatzentwicklung, Auftragsbestand, Investitionsvolumen usw.]* Aus der Relation zwischen den in der Vergangenheit erzielten Erträgen zum bilanzierten Eigenkapital, das zum ...... anzusetzen ist, lässt sich ein erheblicher good will der C-AG ableiten.**
Die Geschäftsentwicklung in der Zeit seit dem Stichtag des Jahresabschlusses zum ...... bis zur Erstellung dieses Gründungsprüfungsberichts verlief positiv. Hierzu übergebe ich als Anlage VII die kurzfristige Erfolgsrechnung der A-AG und der B-AG zum ......, aus der sich ...... *[nähere Angaben]* ergeben.
Herr Wirtschaftsprüfer ...... hat in den als Anlage VIII beigefügten Erläuterungen zum Jahresabschluss ...... und zur kurzfristigen Erfolgsrechnung zum ...... zu einzelnen den Vermögenswerten bestimmten Bilanzansätzen und zur Geschäftsentwicklung des laufenden Geschäftsjahres Stellung genommen. Wir nehmen hierauf Bezug.
Aufgrund dieser Tatsachen stellen wir fest, dass der Wert des Reinvermögens (Überschuss der Aktiva über die Passiva) der A-AG und der B-AG dem Grundkapital der künftigen C-AG, das durch diesen Wert gedeckt werden soll, mindestens voll entspricht.
7. **Im Zuge der Verschmelzung wurden keine Aktien für Rechnungen von Mitgliedern des Vorstands oder des Aufsichtsrats übernommen. Keinem Mitglied des Vorstands oder des Aufsichtsrats wurde für die Verschmelzung oder die Vorbereitung der Verschmelzung eine Entschädigung oder Belohnung ausgesprochen.**

................................, den ....

...
[Unterschrift]

B. Grundsätzliche Anmerkungen

I. Sachverhalt

Die A-AG und die B-AG sind nicht börsennotierte Aktiengesellschaften, deren Aktien im Streubesitz sind. Das Vermögen der A-AG und das Vermögen der B-AG sollen jeweils als Ganzes auf die C-AG im Wege der Verschmelzung durch Neugründung übergehen. 1

Wirtschaftsjahr beider Gesellschaften ist das Kalenderjahr. Die Verschmelzung soll im Innenverhältnis zum 1.1.01, 0:00 Uhr stattfinden.

Bei der A-AG und der B-AG bestehen jeweils mehrere Betriebe mit Betriebsräten und Gesamtbetriebsräten. Bei der B-AG besteht ein Wirtschaftsausschuss. Die Aufsichtsräte unterliegen den Regelungen des MitbestG 1976.

Herr E, Mitglied des Vorstandes der A-AG, wird zum 30.6.01 aus dem Vorstand ausscheiden und eine Überbrückungsleistung erhalten. Herr F, Mitglied des Vorstands der B-AG, scheidet mit Wirksamwerden der Verschmelzung aus dem Vorstand aus und erhält eine Abfindung.

Die Schwellenwerte von § 35 Abs. 1 GWB werden überschritten.

II. Ablaufplan Verschmelzung zweier Aktiengesellschaften zur Neugründung einer Aktiengesellschaft

2

Maßnahme	Rechtsgrundlage	Erforderlichkeit	Zuständigkeit	Frühester Termin	Spätester Termin	Formular
Beauftragung Wirtschaftsprüfer mit Ermittlung des Umtauschverhältnisses		Ja	Vorstände der übertragenden AGs	so früh wie möglich		
Ermittlung des Umtauschverhältnisses	§ 36 Abs. 1, § 5 Abs. 1 Nr. 3 UmwG	Ja	Wirtschaftsprüfer		vor Aufstellung Entwurf Verschmelzungsvertrag	
Bestellung des Verschmelzungsprüfers für die AG 1	§ 36 Abs. 1, §§ 60, 10 UmwG	Ja, da Verzicht aller Anteilsinhaber gemäß § 9 Abs. 3, § 8 Abs. 3 UmwG unpraktikabel ist	Vorstand oder auf Antrag des Vorstands das Gericht	so früh wie möglich		→ Form. A.5.5
Bestellung des Verschmelzungsprüfers für die AG 2	§ 36 Abs. 1, §§ 60, 10 UmwG	Ja, da Verzicht aller Anteilsinhaber gemäß § 9 Abs. 3, § 8 Abs. 3 UmwG unpraktikabel ist	Vorstand oder auf Antrag des Vorstands das Gericht	so früh wie möglich		→ Form. A.5.5
Aufstellung des Entwurfs des Verschmelzungsvertrags und der Satzung der neuen AG	§ 36 Abs. 1, § 4 Abs. 2, §§ 5, 37 UmwG	Ja, wenn Beurkundung erst nach Verschmelzungsbeschlüssen erfolgen soll, § 4 Abs. 2 UmwG, oder wenn für Zuleitung an Betriebsrat erforderlich	Vorstände übertragender AGs	so früh wie möglich: falls Aufstellung später als 6 Monate nach Schluss des letzten Geschäftsjahres erfolgt, wird bei Beteiligung von AG Zwischenbilanz erforderlich, § 63 Abs. 1 Nr. 3 UmwG	vor Fertigstellung der Verschmelzungsberichte	→ Form. A.5.1
Verschmelzungsberichte (ggf. gemeinsam)	§ 36 Abs. 1, § 8 UmwG	Ja, hier gemeinsamer Bericht, § 8 Abs. 1 Satz 1 (2. HS) UmwG	Vorstände übertragender AGs	so früh wie möglich	vor Auslegung der Unterlagen in den Geschäftsräumen der übertragenden AGs gemäß § 63 UmwG	→ Form. A.5.12
Verschmelzungsprüfungsberichte (ggf. gemeinsam)	§ 36 Abs. 1, § 12 UmwG	Ja, hier gemeinsamer Bericht, § 12 Abs. 1 Satz 2 UmwG	Verschmelzungsprüfer	so früh wie möglich	vor Auslegung der Unterlagen in den Geschäftsräumen der übertragenden AG gemäß § 63 UmwG	→ Form. A.5.13
Gründungsprüfung neue AG	§ 75 Abs. 1, §§ 73, 36 Abs. 2 UmwG, § 33 Abs. 1 AktG	Ja	Alle Mitglieder des Vorstands und des AR der neuen AG	so früh wie möglich	vor Anmeldung der neuen AG zum Handelsregister	
Gründungsprüfungsbericht neue AG	§ 75 Abs. 1, §§ 73, 36 Abs. 2 UmwG, § 33 Abs. 1, § 37 Abs. 4 Nr. 4 AktG	Ja	Alle Mitglieder des Vorstands und des AR der neuen AG	so früh wie möglich	vor Anmeldung der neuen AG zum Handelsregister	→ Form. A.5.18
Auslegung der Verschmelzungs unterlagen in den Geschäftsräumen der übertragenden AG	§ 36 Abs. 1, § 63 UmwG	Ja	Vorstände der übertragenden AGs	bei Vorliegen der vollständigen Verschmelzungsunterlagen	vor Ladung der HV der übertragenden AG	
Einreichung des Verschmelzungsvertrags bzw. dessen Entwurf bei den Handelsregistern der übertragenden AGs	§ 36 Abs. 1, § 61 UmwG	Ja	Vorstände der übertragenden AGs	nach Aufstellung des Entwurfs des Verschmelzungsvertrags	am Tag vor der Einberufung der Hauptversammlung der übertragenden AG	→ Form. A.5.14, → Form. A.5.15

Maßnahme	Rechts- grundlage	Erforderlichkeit	Zuständig- keit	Frühester Termin	Spätester Termin	Formular
Ladung Hauptversammlung übertragende AGs	§§ 121 ff. AktG	Ja	Vorstände der übertragenden AGs	bei Vorliegen der vollständigen Verschmelzungsunterlagen	einen Monat vor dem Tage der Versammlung, § 123 AktG	→ Form. A.5.16, → Form. A.5.17
Zuleitung des Verschmelzungsvertragsentwurfs an die Betriebsräte	§ 36 Abs. 1, § 5 Abs. 3 UmwG	Ja	Vorstände der übertragenden AGs	nach Aufstellung des Entwurfs des Verschmelzungsvertrags	einen Monat vor dem Tage der frühesten Versammlung, § 5 Abs. 3 UmwG	→ Form. A.5.6, → Form. A.5.7
Mitteilung der Einberufung der Hauptversammlung an im Aktienregister eingetragene Aktonäre (§ 125 Abs. 2 AktG), weitere in § 125 Abs. 1 AktG genannte Beteiligte und auf Verlangen an AR-Mitglieder, § 125 Abs. 3 AktG	§ 125 AktG	Ja	Vorstände der übertragenden AGs	**Aktionäre:** Unverzüglich ab dem 14. Tag vor der Hauptversammlung oder auf Verlangen. **AR-Mitglieder:** Unverzüglich auf Verlangen. **In § 125 Abs. 1 AktG genannte Beteiligte:** 21 Tage vor der Hauptversammlung; Tag der Mitteilung wird nicht mitgerechnet.		
Gegenanträge von Aktionären den in § 125 Abs. 1–3 AktG genannten Berechtigten zugänglich machen	§ 126 AktG	Nach Maßgabe von § 126 AktG	Vorstände der übertragenden AGs	Unverzüglich nach fristgemäßem Zugang des Gegenantrags		
Hauptversammlungen der übertragenden AGs	§ 36 Abs. 1, §§ 13, 64, 65 UmwG	Ja	Vorstände, Aufsichtsräte, Notar, Aktionäre	gemäß Ladung		→ Form. A.5.3, → Form. A.5.4
Abschluss des Verschmelzungsvertrags	§ 36 Abs. 1, § 6 UmwG	Ja	Notar, Vorstände der übertragenden AGs	Nach Aufstellung des Entwurfs des Verschmelzungsvertrags	Vor Einreichung der Handelsregisteranmeldungen	→ Form. A.5.1
Anmeldung zum Bundeskartellamt	§ 39 GWB	nach Maßgabe von § 35 GWB	Vorstände der übertragenden AGs	Nach Abschluss des Verschmelzungsvertrags (oder ggf. dessen Entwurf)		
Handelsregisteranmeldungen der übertragenden AGs	§ 38 Abs. 1, §§ 16, 17 UmwG	Ja	Notar, Vorstände der übertragenden AGs	Nach Abschluss des Verschmelzungsvertrags und Vorliegen der Verschmelzungsbeschlüsse; die Negativerklärung kann ggf. nach Ablauf der einmonatigen Anfechtungsfrist, § 14 Abs. 1, § 16 Abs. 2 Satz 1 UmwG oder Verzicht sämtlicher Aktionäre auf die Anfechtung, § 16 Abs. 2 Satz 2 UmwG nachgereicht werden	Acht Monate nach dem Verschmelzungsstichtag, § 17 Abs. 2 Satz 4 UmwG	→ Form. A.5.8, → Form. A.5.9
Handelsregisteranmeldung der neuen AG	§ 38 Abs. 2 UmwG		Notar, Vorstände der übertragenden AGs; sämtliche Vorstände der neuen AG, sämtliche Aufsichtsratsmitglieder der neuen AG			→ Form. A.5.10
Eintragung der Verschmelzung im Handelsregister der übertragenden AGs	§ 36 Abs. 1, § 19 UmwG	Ja	Handelsregister der übertragenden AGs			
Eintragung der Verschmelzung im Handelsregister der neuen AG	§ 36 Abs. 1, § 19 UmwG	Ja	Handelsregister der neuen AG			

III. Wirtschaftliche Vertragsziele

1. Wirtschaftliche Umwandlungsziele

3 Primäres wirtschaftliches Vertragsziel der Verschmelzung zweier Aktiengesellschaften auf eine Aktiengesellschaft durch Neugründung ist die Übertragung aller Aktiva und Passiva der übertragenden Gesellschaften auf eine dadurch neu gegründete Zielgesellschaft. Kraft gesetzlicher Anordnung im UmwG gehen die Aktiva und Passiva im Wege der Gesamtrechtsnachfolge auf die Zielgesellschaft über, ohne dass Dritte diesen Übergang beeinflussen können.

4 **Betriebswirtschaftlich** versprechen sich Unternehmen durch Fusionen Synergieeffekte sowohl auf der Umsatzseite als auch auf der Kostenseite. Dies beginnt bei Rationalisierungsmaßnahmen in der Fertigung und hört bei der effektiveren Nutzung der Overhead-Kosten auf. Fusionen können andererseits auch regional diversifizierte Unternehmen zusammenführen und über Marktpräsenz und Größeneffekte Synergien freisetzen. Verschmelzungen haben gegenüber Akquisitionen den grundsätzlichen Vorteil, dass die Gegenleistungen zwingend in Aktien erbracht werden. Als Alternative kommt die Übernahme nach dem WpÜG in Betracht, die aber unter bestimmten Voraussetzungen eine zwingende Barabfindung vorsieht. Verschmelzungen von zwei Aktiengesellschaften auf eine Aktiengesellschaft durch Neugründung werden nicht zuletzt deswegen gewählt, weil sich die Vorstände der übertragenden Aktiengesellschaft nicht auf eine Verschmelzung durch Aufnahme einigen können. So bildet die Verschmelzung durch Neugründung die technische Basis eines *merger of equals,* die in der Praxis gleichwohl auch durch eine Verschmelzung durch Aufnahme durchgeführt werden kann; dies bietet sich insbesondere dann an, wenn eine Verschmelzung durch Neugründung eine hohe Steuerbelastung durch Grunderwerbsteuer nach sich zieht. Bei nicht börsennotierten Aktiengesellschaften findet man die Verschmelzung durch Neugründung insbesondere in den Fällen, in denen den übertragenden Rechtsträgern gesellschaftsrechtliche Risiken anhaften, die – eventuell vor einem Börsengang oder einem Verkauf – durch die Wirkungen der Eintragung der Verschmelzung auf einen neu gegründeten Rechtsträger untergehen können. Eine Verschmelzung zur Neugründung ist auch nützlich, wenn das Grundkapital und damit die Eigenkapitalbasis der Gesellschaften durch entsprechende Steigerung des Grundkapitals der neu gegründeten Aktiengesellschaft gegenüber der Summe der Grundkapitalia der übertragenden Aktiengesellschaften erhöht werden kann, ohne in die Gefahr der Unterpariemission zu gelangen. Dies ist insbesondere für die Fusion von Kreditinstituten interessant, die einerseits durch Verschmelzungen eine wettbewerbsfähige Bilanzsumme und andererseits betriebswirtschaftlich und auf Grund des *risk managements* und der Vorgaben des Basel-III-Rahmenwerkes eine entsprechende Eigenkapitalquote aufweisen müssen.

2. Gesellschaftsrechtliche Umwandlungsziele und -gesichtspunkte

5 Gesellschaftsrechtlich kann eine Verschmelzung zur Neugründung anstelle einer Verschmelzung zur Aufnahme insbesondere bei der Verschmelzung zweier börsennotierter Aktiengesellschaften (oder nicht-börsennotierter Aktiengesellschaften mit hohem Streubesitz) sinnvoll sein. Bei beiden übertragenden Aktiengesellschaften kann das Umtauschverhältnis nur im Spruchverfahren angegriffen werden, § 14 Abs. 2, § 36 Abs. 1 Satz 1 UmwG. Bei der Verschmelzung zur Aufnahme gilt dies hingegen nur für die übertragende AG. Eine entsprechende Anwendung von § 14 Abs. 2, § 15 UmwG zu Lasten der Aktionäre der übernehmenden Gesellschaft ist ausgeschlossen (BGH v. 2.7.1990, II ZB 1/90, BGHZ 112, 9, 19 zu § 352c AktG aF). Zu beachten ist, dass die Aktien von nach dem 30.12.2015 neu gegründeten Aktiengesellschaften gemäß § 10 Abs. 1 Satz 1 AktG idF des Gesetzes zur Änderung des Aktiengesetzes v.

22.12.2015, BGBl. I 2015, 2565 (**„Aktienrechtsnovelle 2016“) zwingend** auf den **Namen** lauten müssen, wenn nicht die Ausnahmeregelung in § 10 Abs. 1 Satz 2 Nr. 1 AktG (Gesellschaft ist börsennotiert) oder in § 10 Abs. 1 Satz 2 Nr. 2 AktG (Ausschluss des Anspruchs auf Einzelverbriefung durch die Satzung in Verbindung mit Hinterlegung der Sammelurkunde bei einer Wertpapiersammelbank iSv. § 1 Abs. 3 Satz 1 des Depotgesetzes oder einem vergleichbaren ausländischen Verwahrer) erfüllt sind. Sollen die Aktien unter Inanspruchnahme des **Bestandsschutzes** für Altgesellschaften gemäß § 26h Abs. 1 EGAktG idF der Aktienrechtsnovelle 2016 (vergl. *Ihrig/Wandt* BB 2016, 1, 6) nach der Verschmelzung als Inhaberaktien weiterbestehen, muss also die Verschmelzung zur Aufnahme auf eine Übernehmerin mit Inhaberaktien gewählt werden, deren Satzung vor dem 31.12.2015 notariell festgestellt wurde.

einstweilen frei 6

3. Handelsbilanzielle Gesichtspunkte

Die § 24 UmwG, § 255 Abs. 1 HGB gestatten (wahlweise) anstelle der in § 24 UmwG für zulässig erklärten Buchwertverknüpfung auch den Ansatz der übergehenden Rechtsgüter der beiden Überträgerinnen beim neugegründeten Rechtsträger nach dem Anschaffungskostenprinzip, dh. eine **Aufdeckung stiller Reserven** in der **Handelsbilanz** des neugegründeten Rechtsträgers; bei der Verschmelzung zur Aufnahme könnten hingegen nur die stillen Reserven in der Überträgerin nach § 24 UmwG aufgedeckt werden. Die handelsrechtliche Aufdeckung führt ertragsteuerlich nicht zwingend zu Mehrsteuern, da die FinVerw. ihre zum UmwStG 1995 vertretene Auffassung von der sog. „hinkenden Maßgeblichkeit der Handelsbilanz für die Steuerbilanz“ zum UmwStG 2006 aufgegeben hat (→ Rn. 92). Die Möglichkeit der Aufdeckung der stillen Reserven in beiden an der Verschmelzung beteiligten Rechtsträgern eröffnet daher erhebliche bilanzpolitische Gestaltungsspielräume insbesondere zur Stärkung des Eigenkapitals (*Roos* StuB 2013, 652 und → Rn. 65 ff.). 7

4. Steuerliche Umwandlungsziele, Kosten

Steuerlich kann die Verschmelzung zweier Kapitalgesellschaften zur Neugründung eine Alternative zum upstream merger darstellen, wenn sich bei diesem ein Verschmelzungsgewinn ergäbe, dessen 5%-ige Besteuerung gemäß § 12 Abs. 2 Satz 2 UmwStG, § 8b Abs. 3 Satz 1 KStG vermieden werden soll. Allerdings muss damit gerechnet werden, dass die FinanzVerw. § 12 Abs. 2 Satz 2 UmwStG gleichwohl anwendet, soweit die eine Überträgerin an der anderen oder beide wechselseitig aneinander beteiligt sind (→ Rn. 100 f.). 8

Außerdem kann die Verschmelzung zweier Kapitalgesellschaften zur Neugründung ein (allerdings von der Finanzverwaltung wohl nicht akzeptierter) Weg sein, um die Hinzurechnung eines sog. Beteiligungskorrekturgewinnes (jetzt **erweiterte Wertaufholung**) gemäß §§ 12 Abs. 1 Satz 2, 4 Abs. 1 Sätze 2 und 3 UmwStG wegen Teilwertabschreibungen, die in früheren Jahren auf von einer Überträgerin an der anderen gehaltene Anteile vorgenommen wurden, zu vermeiden (→ Rn. 101). 9

Ungeeignet ist die Verschmelzung zur Neugründung hingegen, wenn bei einer oder beiden der **übertragenden** Gesellschaften erhebliche **Verlustvorträge** bestehen: Diese gehen bei der Verschmelzung zur Neugründung nämlich gemäß § 12 Abs. 3 HS 2, § 4 Abs. 2 Satz 2 UmwStG unter (→ Rn. 114). In solchen Fällen ist es uU sinnvoller, zur Aufnahme auf die Verlustgesellschaft (bzw. auf diejenige Gesellschaft mit den höheren Verlusten) zu verschmelzen. 10

Grunderwerbsteuerlich kann die Verschmelzung zur Neugründung, wenn eine der beiden Überträgerinnen über Grundbesitz verfügt, gegenüber der Verschmelzung zur Aufnahme nachteilig sein: Während bei der Verschmelzung zur Aufnahme die Grunderwerbsteuer uU durch Wahl der Verschmelzungsrichtung vermieden werden kann, führt die Verschmelzung zur Neugründung im Regelfall stets zur Grunderwerbsteuerpflicht. Die engen Voraussetzungen, unter denen § 6a GrEStG konzerninterne Umwandlungen von der Grunderwerbsteuer freistellt (→ Rn. 205), sind häufig nicht erfüllt. Auch kostenrechtlich ist die Verschmelzung zur Neugründung gegenüber der Verschmelzung zur Aufnahme nachteilig, da in diesem Fall die Kosten nach den Bilanzsummen aller sich verschmelzenden Rechtsträger berechnet werden (→ Rn. 130).

IV. Zivil-, Handels- und Gesellschaftsrecht

1. Allgemeines

11 Das UmwG lässt die Verschmelzung bestehender Rechtsträger sowohl durch **Aufnahme** auf einen bereits bestehenden Rechtsträger (§ 2 Nr. 1, §§ 4 ff. UmwG) als auch durch **Neugründung** durch Übertragung des Vermögens mindestens zweier verschmolzener Rechtsträger auf einen dadurch neu gegründeten Rechtsträger (§ 2 Nr. 2, §§ 36 ff. UmwG) zu. Dem Formular liegt eine Verschmelzung zweier Gesellschaften zur Neugründung zugrunde.

11a **Aufgelöste Rechtsträger** können gemäß § 3 Abs. 3 UmwG als **übertragende Rechtsträger** an der Verschmelzung beteiligt sein, wenn ihre Fortsetzung beschlossen werden könnte, woran es für die Aktiengesellschaft gemäß § 274 Abs. 1 Satz 1 AktG fehlt, wenn bereits mit der Verteilung des Vermögens unter die Gesellschafter begonnen worden ist.

11b Auch **insolvente Rechtsträger** können nunmehr zumindest als **übertragende Rechtsträger** grundsätzlich an der Verschmelzung beteiligt sein, weil gemäß § 225a Abs. 3 InsO idF des Gesetzes zur weiteren Erleichterung der Sanierung von Unternehmen v. 13.12.2011, BGBl. I 2011, 2582 („ESUG"), die Fortsetzung der Gesellschaft als Regelung im Insolvenzplan enthalten sein kann (Lutter/*Drygalla* UmwG § 3 Rn. 25).

12 Für die Verschmelzung von zwei Aktiengesellschaften auf eine Aktiengesellschaft durch Neugründung gelten die § 2 Nr. 2, §§ 36 ff., 73 ff. UmwG. Dabei verweist § 36 Abs. 1 Satz 1 UmwG auf die allgemeinen Vorschriften der Verschmelzung durch Aufnahme mit leichten Modifikationen. § 36 Abs. 2 UmwG erklärt die Gründungsvorschriften der §§ 23 ff. AktG für anwendbar. § 73 UmwG verweist im Wesentlichen auf die entsprechende Anwendbarkeit der besonderen Vorschriften über die Verschmelzung unter Beteiligung von Aktiengesellschaften durch Aufnahme (§§ 60 ff. UmwG).

2. Verschmelzungsvertrag

13 Die Verschmelzung bedarf eines von den übertragenden Rechtsträgern in notariell beurkundeter Form abzuschließenden Verschmelzungsvertrages, § 4 Abs. 1 Satz 1, §§ 6, 36 Abs. 1 Satz 2 UmwG. Erforderlich ist im Regelfall die Beurkundung durch einen deutschen Notar; die Beurkundung durch einen ausländischen Notar kann allenfalls dann genügen, wenn sie der Beurkundung durch einen deutschen Notar gleichwertig ist, was zB für die Beurkundung durch Notare im Schweizer Kanton Basel-Stadt bejaht worden ist (vergl. KG v. 26.7.2018, 22 W 2/18, DStR 2018, 2533; S. iE → Form. B.1 Rn. 333 ff.).

Vorliegend schließen die A-AG und die B-AG den Verschmelzungsvertrag. Die Parteien werden jeweils durch ihre gemeinsam vertretungsberechtigten Mitglieder des Vorstands gemäß § 78 Abs. 1 und 2 AktG vertreten.

Der **Mindestinhalt** des Verschmelzungsvertrags richtet sich nach dem Katalog in § 5 Abs. 1 Nr. 1 bis 9, § 36 Abs. 1 Satz 1, §§ 37, 74 UmwG.

13a Der beurkundende Notar ist gemäß § 54 Abs. 1 und 2 EStDV verpflichtet, den für die an der Verschmelzung beteiligten Körperschaften zuständigen Finanzämtern (§ 20

AO) innerhalb von zwei Wochen ab Beurkundung eine beglaubigte Abschrift der Urkunde zu übersenden (zu den Anzeigepflichten des Notars s. auch z.B. Merkblatt des LfSt Bayern v. 1.1.2018 unter www.finanzamt.bayern.de/Informationen/Steuerinfos/Steuerarten/Grunderwerbsteuer).

a) Umtauschverhältnis und bare Zuzahlung

Gem. § 5 Abs. 1 Nr. 3, § 36 Abs. 1 UmwG sind das Umtauschverhältnis der Anteile, die Höhe der baren Zuzahlung und Angaben über die Mitgliedschaft bei dem neuen Rechtsträger anzugeben. 14

aa) Anteilsgewährung

Die Verschmelzung erfolgt gemäß § 2 UmwG zwingend gegen **Gewährung von Anteilen** an dem neu gegründeten Rechtsträger an die Gesellschafter der übertragenden Rechtsträger. 15

Aufgrund der im Rahmen der Verschmelzung durch Neugründung zwingenden Pflicht zur Anteilsgewährung ist die Verschmelzung durch Neugründung nicht die geeignete Umwandlungsform, wenn einzelne Gesellschafter der übertragenden Gesellschaft nicht an der neu gegründeten Gesellschaft beteiligt sein sollen. Als Alternative hierfür kommt die (nichtverhältniswahrende) **Spaltung** in Betracht, § 123 Abs. 1 und 2 UmwG.

bb) Umtauschverhältnis

Die Ermittlung und Festlegung des Umtauschverhältnisses einer Verschmelzung durch Neugründung ist naturgemäß der Schwerpunkt der Fusionsverhandlungen. Gleichzeitig trägt das Umtauschverhältnis alle kontrovers zu diskutierenden Problematiken einer Unternehmensbewertung in sich, da sich das Umtauschverhältnis aus der Relation der Unternehmenswerte der übertragenden Rechtsträger ergibt. Vor diesem Hintergrund soll gemäß § 12 Abs. 2 Satz 1 UmwG der Prüfungsbericht mit einer Erklärung darüber abschließen, ob diese vorgeschlagenen Umtauschverhältnisse „angemessen" sind. Da es für diese Umtauschverhältnisse primär auf die Relation der Unternehmenswerte zueinander ankommt, müssen die Unternehmensbewertungen weitgehend auf simultaner Grundlage erfolgen. Sie müssen folglich vom selben Bewertungsstichtag ausgehen, dieselbe Bewertungsmethode anwenden und innerhalb der Bewertungsmethode ähnliche, wenn nicht dieselben Prämissen setzen und die entsprechenden objektiven Parameter wie zB den Kapitalisierungszinssatz zugrunde legen. 16

(1) Bewertungsstichtag. Der maßgebliche Bewertungsstichtag ist gesetzlich nicht geregelt. Im – vorliegend nicht einschlägigen – Fall eines Abfindungsangebots iSd. § 29 UmwG ist gem. § 30 Abs. 1 Satz 1 UmwG der Zeitpunkt der Beschlussfassung über die Verschmelzung maßgebend. Daraus folgt im Umkehrschluss, dass der Bewertungsstichtag mangels gesetzlicher Regelung grundsätzlich frei vereinbart werden kann. Das BVerfG hat gegen den Verschmelzungsstichtag als maßgeblichen Bewertungsstichtag nichts eingewendet (BVerfG v. 25.7.2003, 1 BvR 234/01, NZG 2003, 1016). Darüber hinaus diskutiert die Literatur als maßgebende Bewertungsstichtage neben dem Verschmelzungsstichtag, den Tag des Abschlusses des Verschmelzungsvertrags, den Tag des Verschmelzungsbeschlusses oder den Tag des Wirksamwerdens der Verschmelzung durch die Eintragung in das Handelsregister. Rechtlich erfolgt der Anteilstausch im Zeitpunkt des Wirksamwerdens der Verschmelzung mit der Eintragung des neu gegründeten Rechtsträgers. Es wäre daher konsequent, diesen Zeitpunkt für die Bewertung der übertragenden Rechtsträger heranzuziehen Diese rein rechtlich zwingende Konsequenz ist in der Praxis nicht gangbar. Denn bereits der Verschmelzungsvertrag muss das Umtauschverhältnis und eine entsprechende bare Zuzahlung definieren, so dass eine abstrakte Festlegung des Umtauschverhältnisses ungeachtet aller anderen Gründe, die dagegen sprechen, ausscheidet. Abgesehen davon ist der Zeit- 17 punkt der Eintragung im Vorhinein – trotz aller Absprachen mit den zuständigen Registergerichten – nicht exakt bestimmbar. Auch das Gesetz sieht in § 15 UmwG ein Verfahren zur Korrektur des Umtauschverhältnisses vor, das den Aktionären die Möglichkeit eröffnet, das Umtauschverhältnis zu verbessern, wenn sich zwischen Bewertungsstichtag und Anteilstausch Veränderungen bei den Unternehmenswerten ergeben. Als Bewertungsstichtag scheint auch der Tag der Zustimmungsbeschlüsse nicht praktikabel. Denn in der Praxis liegen zwischen Einberufung und Abhaltung einer Hauptversammlung in der Regel in etwa sechs Wochen. Auch müssen bei der Einberufung die Unternehmensbewertungen und entsprechenden Prüfungen und Prüfungsberichte vorliegen. Empfehlenswert als maßgeblicher Bewertungsstichtag sind uE entweder der Verschmelzungsstichtag oder der Tag der Feststellung des Entwurfs des Verschmelzungsvertrages/Abschluss des Verschmelzungsvertrages. Welcher Tag von beiden im Einzelfall von den Parteien genommen wird, hängt von einer Abwägung des Bewertungsaufwands einerseits und von dem Absehen von möglichen Bewertungsveränderungen in der Zwischenzeit ab.

18 *einstweilen frei*

19 **(2) Bewertungsmethoden. (a) Empirischer Unternehmenswert.** Für die Bewertung zur Festlegung eines Umtauschverhältnisses kann als empirischer Unternehmenswert eines börsennotierten Unternehmens der **Börsenwert** des Unternehmens in Frage kommen. Wenngleich allgemein bekannt ist, dass der Börsenwert eines Unternehmens nicht dem Unternehmenswert entsprechen muss, hat doch das BVerfG einen Beschluss des BayObLG bestätigt (BVerfG v. 30.5.2007, 1 BvR 1267/06 ua., NJW 2007, 3266), wonach eine Abfindung des Minderheitsaktionärs gemäß §§ 304, 305 AktG mindestens dem Börsenkurs der Aktie entsprechen muss. Da das BVerfG vor dem Hintergrund von Art. 14 Abs. 1 GG darauf abstellt, dass der betroffene Aktionär den entsprechenden Börsenkurs bei einer Desinvestition über den Kapitalmarkt erreicht hätte, muss auch bei der Ermittlung der für das Umtauschverhältnis maßgeblichen Verkehrswerte ein existierender Börsenkurs berücksichtigt werden. Es sind allerdings Fälle denkbar, in denen eine hinter dem Börsenkurs zurückbleibende Barabfindung angemessen ist, zB bei Marktenge. Die Darlegungs- und Beweislast liegt insoweit jedoch beim abfindungsverpflichteten Unternehmen (BVerfG v. 27.4.1999, 1 BvR 1613/94, NJW 1999, 3769, 3772).

Gleichwohl ist umstritten, ob auf einen **Mittelkurs,** etwa der letzten drei bis sechs Monate vor dem Bewertungsstichtag, oder auf einen **Stichtagskurs** am Bewertungsstichtag abzustellen ist. Um rein anlegerverursachte Börsenkursbewegungen, die in der Regel nicht ausbleiben, auszuschließen, dürfte auf einen Mittelkurs abzustellen sein. Für das im Falle des **Delistings** als Reaktion auf die „FRoSTA"-Entscheidung des BGH (BGH v. 8.10.2013, II ZB 26/12, DStR 2013, 2526) nunmehr in § 39 Abs. 2 Satz 3 Nr. 1 BörsG idF des Umsetzungsgesetzes zur Transparenzrichtlinie-Änderungsrichtlinie v. 20.11.2015 (BGBl. I 2015, 2029) vorgesehene **Pflicht-Abfindungsangebot** (→ Form. A.7 Rn. 13) schreibt § 39 Abs. 3 Satz 2 BörsG den gewichteten durchschnittlichen inländischen Börsenkurs der Wertpapiere während der letzten sechs Monate vor der Veröffentlichung als Bewertungsuntergrenze fest.

20 Allerdings soll es nach einer Entscheidung des BayObLG v. 18.12.2002, 3 Z BR 116/00, AG 2003, 569, 570ff. zur „HypoVereinsbank" bei einer Verschmelzung zweier nicht voneinander abhängiger Aktiengesellschaften („merger of equals") verfassungsrechtlich nicht geboten sein, dem Verhältnis der Börsenwerte beider Unternehmen zueinander ausschlaggebende Bedeutung beizumessen. Dies wird in Fällen der Verschmelzung zur Neugründung, die häufig „mergers of equals" sind, zu beachten sein.

21 **(b) Rechnerische Bewertungsmethoden.** Die hM ermittelt den Unternehmenswert anhand der sog. **Ertragswertmethode** (vgl. *WPH II* 2008 Teil A Rn. 1ff., 222ff.; *Piltz,* Die Unternehmensbewertung der Rechtsprechung, 4. Auflage 2001,

18ff.). Die Ertragswertmethode geht von der Prämisse aus, dass sich der Wert eines Unternehmens durch künftig entnehmbare Gewinne darstellt. Dabei wird auf Grund einer **Vergangenheitsanalyse** die wirtschaftliche Entwicklung per **Zukunftsprognose** ermittelt. Maßgebend in der Praxis sind die Rechnungsgrundsätze des Instituts der Wirtschaftsprüfer *(IDW)*. Der Hauptfachausschuss hat Grundsätze, die die letzten zwanzig Jahre geprägt haben, gebildet (*IDW* HFA 2/83, Wpg 1983, 468), und in der Folgezeit durch die Grundsätze zur Unternehmensbewertung im Familien- und Erbrecht (*IDW* HFA 2/95, Wpg 1995, 522) und durch die Grundsätze zur Besonderheit der Bewertung kleinerer und mittlerer Unternehmen (*IDW* HFA 6/97, Wpg 1998, 26) sowie durch die Ausführungen im *WPH II* 2008 Abschnitt A ergänzt. Zusammengefasst wurden sie vom Hauptfachausschuss in dem am 28.6.2000 beschlossenen Standard zur Bewertung von Unternehmen, kurz unter „Standard S 1“ bekannt (abgedruckt in *IDW*-Fachnachrichten 8/2000, S. 415–441). Der „Standard S 1“ wurde im Jahr 2005 überarbeitet (WPg 2005, 1303ff.) Im Ergebnis wurde dabei die Bewertungsmethodik mehr auf den Kapitalmarkt und die Kapitalmarktmodelle ausgerichtet (zu den einzelnen Änderungen vgl. *WPH II* 2008 Teil A, Rn. 2). Zuletzt ist im Jahr 2008 eine weitere Neufassung veröffentlicht worden (WPg Supplement 3/2008). Die Ertragswertmethode wurde mehrheitlich von den Gerichten herangezogen (vgl. zB BGH v. 4.3.1998, II ZB 5/97, BGHZ 138, 136, zB BGH v. 24.5.1993, II ZR 36/92, WM 1993, 1412, BayObLG v. 18.12.2002, 3 Z BR 116/00, AG 2003, 569, 570; OLG Düsseldorf v. 2.4.1998, 19 W 3/93, WM 1998, 2058).

Betriebswirtschaftlich ist auch das **Discounted-Cash-Flow-Verfahren** (DCF-Methode) zur Ermittlung des Verkehrswerts anerkannt (siehe etwa BGH v. 29.9.2015, II ZB 23/14, DStR 2016, 424, Tz. 33 – Spruchverfahren nach einem sog. „Squeeze-Out“ gemäß §§ 327aff. AktG). Ungeeignet hingegen ist das **Substanzwertverfahren,** das **Stuttgarter Verfahren** oder das **Buchwertverfahren,** die alle nicht die Verkehrswerte widerspiegeln. Vereinzelt wird in der Rechtsprechung diskutiert, dass der **Liquidationswert** maßgeblich sei, wenn er den Ertragswert übersteigt (BayObLG v. 31. 5. 1995, 3 Z BR 67/89, NJW-RR 1997, 34). Diese betriebswirtschaftlich anerkannte Meinung ist vom BGH jedoch bislang nicht verfolgt worden. Soweit ersichtlich hat der BGH im Zusammenhang mit Bewertungen von Unternehmen für pflichtteils- und familienrechtliche Ansprüche den Liquidationswert nur dann zu Grunde gelegt, wenn tatsächlich eine Liquidation des Unternehmens beabsichtigt war (vgl. BGH v. 1.7.1982, IX ZR 34/81, NJW 1982, 2441). Es ist derzeit davon auszugehen, dass der BGH dies auch im Rahmen einer Bewertung zur Ermittlung eines Umtauschverhältnisses annimmt, weil auch hier die Liquidationsabsicht nicht gegeben ist. 22

Ertragswertmethoden gehen grundsätzlich davon aus, dass alle Gegenstände des Anlage- und Umlaufvermögens betriebsnotwendig sind. Sind sie nicht für die Erzielung des prognostizierten Unternehmensertrags erforderlich, handelt es sich um **nicht betriebsnotwendiges Vermögen,** das gesondert zu bewerten ist, weil es den Ertragswert des Unternehmens nicht beeinflusst (vgl. auch *IDW* S 1, Tz. 59ff.). Das BayObLG hat hierzu entschieden, dass es sich bei der Unterscheidung zwischen betriebsnotwendigem und nicht betriebsnotwendigem Vermögen um eine Rechtsfrage handelt (BayObLG v. 19.10.1995, 3 Z BR 17/90, AG 1996, 127 „Paulaner-Entscheidung“). Für das nicht betriebsnotwendige Vermögen gilt der Verkehrswert, wobei strittig ist, ob Veräußerungskosten und latente Ertragssteuern in Abzug zu bringen sind (dafür OLG Düsseldorf v. 19.10.1999, 19 W 1/96 AktE, NZG 2000, 693; BGH v. 17.3.1982, IVa ZR 27/81, BB 1982, 887 [nur dafür, wenn Verkauf konkret geplant]). 23

(3) Behandlung von Synergieeffekten. Für die Ermittlung des Unternehmenswerts zur Festlegung des Umtauschverhältnisses sind die Unternehmen der übertragenden Rechtsträger auf einer **stand-alone-Basis** zu bewerten. 24

Strittig ist die Behandlung der **Synergieeffekte** der Verschmelzung. Die Rechtsprechung hat bei Barabfindungen nach §§ 304, 305 AktG die Berücksichtigung von 25

Synergieeffekten generell abgelehnt. Die Literatur ist sich uneins. Bei der Barabfindung ausscheidender Anteilseigner sollen Synergieeffekte berücksichtigt werden, weil der ausscheidende Anteilseigner die Chance abgeben muss, an den künftigen Synergieeffekten zu partizipieren. Für die Ermittlung des Umtauschverhältnisses sollen die Synergieeffekte gar nicht oder nur berücksichtigt werden, wenn es sich um lediglich unechte Synergien handelt, die mit jedem beliebigen Verschmelzungspartner problemlos erzielt würden (vgl. *IDW* S 1, Rn. 43).

26 Die Einbeziehung von Synergieeffekten abzulehnen, kann zu einer möglichen Benachteiligung der Aktionäre führen, deren Gesellschaft deutlichere Vorteile erzielen kann. Insofern unterscheiden sich der Kaufpreis für ein Unternehmen beim Akquisitionsmodell und beim Verschmelzungsmodell nicht. Ferner würde es eine Besserstellung des Aktionärs, der gegen eine Barabfindung ausscheidet, bedeuten. Eine Aufteilung der Synergien auf die zu bewertenden Rechtsträger ist in der Regel kaum möglich, weil ein bestimmter Synergieerfolg für einen übertragenden Rechtsträger vielleicht gerade deswegen so ausfällt, weil der andere übertragende Rechtsträger komplementär dazu ist. Insofern leuchtet es ein, mit der Auffassung des *IDW* dahingehend zu differenzieren und nur solche Synergieeffekte zu berücksichtigen, die mit jedem beliebigen Verschmelzungspartner erzielbar wären. Denkbar sind hier Größeneffekte beim cash-management, beim Einkauf, bei der Kapitalausstattung und durch Abstoßen von Randaktivitäten, die nicht zum Kerngeschäft des Unternehmens zählen. Dabei ist im Bewertungsrecht allerdings die sog. **Wurzeltheorie** zu beachten, wonach diese Maßnahmen bereits am Bewertungsstichtag konkret eingeleitet sein müssen.

27 **(4) Ableitung des Umtauschverhältnisses.** Nach Feststellung der Unternehmenswerte müssen diese im Verhältnis zum jeweiligen Grundkapital des übertragenden Rechtsträgers in Relation zum Grundkapital des neu zu gründenden Rechtsträgers gesetzt werden. Der innere Wert, den dann eine Aktie repräsentiert, im Verhältnis zum inneren Wert einer Aktie am neu zu gründenden Rechtsträger ergibt das Umtauschverhältnis.

cc) Bare Zuzahlung nach Ableitung des Umtauschverhältnisses

28 Verbleibende Spitzenbeträge können in Form von baren Zuzahlungen ausgeglichen werden, die gemäß § 68 Abs. 3, § 73 UmwG den zehnten Teil des Grundkapitals der neugegründeten Gesellschaft nicht übersteigen dürfen. Ein Verstoß hiergegen führt gem. § 134 BGB zur Nichtigkeit (vgl. SHS/*Westerburg* UmwG § 68 Rn. 17). Die bare Zuzahlung ist hingegen nicht schon dann zu gewähren, wenn das vertragliche Umtauschverhältnis zwei oder mehr Aktien der übertragenden Aktiengesellschaft gegen eine Aktie der übernehmenden Gesellschaft vorsieht.

b) Einzelheiten für die Übertragung der Anteile/Erwerb der Mitgliedschaften

29 Gem. § 5 Abs. 1 Nr. 4, § 36 Abs. 1 UmwG sind im Verschmelzungsvertrag Einzelheiten für die Übertragung der Anteile der übertragenden Rechtsträger und über den Erwerb der Mitgliedschaft beim neu gegründeten Rechtsträger erforderlich. Vorliegend hat der Verschmelzungsvertrag den Treuhänder, der gem. § 71 Abs. 1, § 73 UmwG für die Empfangnahme der zu gewährenden Anteile und baren Zuzahlungen zu bestellen ist, zu enthalten. Wenn, wie stets bei einer Verschmelzung zur Neugründung, mehrere übertragende Rechtsträger vorhanden sind, können diese einen gemeinsamen Treuhänder bestellen (Kallmeyer/*Marsch-Barner* UmwG § 71 Rn. 2). Das Rechtsverhältnis zu dem Treuhänder wird in einem separaten Treuhandvertrag geregelt, der die Pflichten sowohl gegenüber den übertragenden Rechtsträgern wie auch gegenüber dem neu gegründeten Rechtsträger und den beteiligten Aktionären definiert. Er regelt ferner die Kosten der Anteilsübertragung.

c) Gewinnberechtigung

Nach § 5 Abs. 1 Nr. 5, § 36 Abs. 1 UmwG muss der Verschmelzungsvertrag den Zeitpunkt enthalten, von dem an die Anteile am neu gegründeten Rechtsträger einen Anspruch auf den Bilanzgewinn gewähren, sowie alle Besonderheiten in Bezug auf diesen Anspruch. Dieser Zeitpunkt ist demnach frei vereinbar und bietet die Möglichkeit, bewertungsimmanente Nachteile in Bezug auf das Umtauschverhältnis zu kompensieren. Es ist allerdings empfehlenswert, die Gewinnberechtigung ab dem Verschmelzungsstichtag festzulegen. Handelsrechtlich hat der neu gegründete Rechtsträger idR ab Eintragung ein Rumpfgeschäftsjahr. Zur Frage, auf welchen Stichtag die Eröffnungsbilanz des neugegründeten Rechtsträgers zu erstellen ist → Rn. 61 ff. Steuerlich wird der (zurückliegende) Stichtag der Schlussbilanzen gem. § 2 Abs. 1 Satz 1 UmwStG zugrunde gelegt (→ Rn. 84). **30**

d) Verschmelzungsstichtag

Nach § 5 Abs. 1 Nr. 6, § 36 Abs. 1 UmwG muss der Verschmelzungsvertrag den Zeitpunkt enthalten, von dem an die Handlungen der übertragenden Rechtsträger als für Rechnung des neu gegründeten Rechtsträgers vorgenommen gelten (Verschmelzungsstichtag). Der Stichtag der Schlussbilanz der übertragenden Rechtsträger geht dem im Verschmelzungsvertrag vereinbarten Verschmelzungsstichtag unmittelbar voran (iE vgl. → Rn. 55 sowie → A. 1 Rn. 30 ff.). **31**

e) Besondere Vorteile

Nach § 5 Abs. 1 Nr. 8, § 36 Abs. 1 UmwG sind Vorteile für die an der Verschmelzung beteiligten Mitglieder von Vertretungsorganen, Aufsichtsorganen, Abschlussprüfer oder Verschmelzungsprüfer zu nennen. Klassischer Fall bei der Verschmelzung durch Neugründung sind Vereinbarungen mit ausscheidenden Vorstandsmitgliedern, die im Vorstand der neu zu gründenden Gesellschaft nicht mehr vertreten sind. **32**

f) Feststellung der Satzung

Gem. § 37 UmwG muss im Verschmelzungsvertrag die Satzung des neuen Rechtsträgers festgestellt werden. Dies geschieht regelmäßig beurkundungstechnisch durch Verweis auf eine Anlage, die Teil der notariellen Urkunde iSv. § 13 BeurkG wird. **33**

g) Weiterer Inhalt

Über § 36 Abs. 1 Satz 1 UmwG gilt § 29 UmwG (Abfindungsangebot) auch bei der Verschmelzung zur Neugründung mit der Maßgabe, dass an die Stelle des übernehmenden der neue Rechtsträger gilt. Mithin muss der Verschmelzungsvertrag in bestimmten Fällen den Anteilsinhabern der übertragenden Rechtsträger, die gegen den Verschmelzungsbeschluss Widerspruch zur Niederschrift erklärt haben, eine angemessene Barabfindung anbieten. Dies ist namentlich der Fall, soweit der neu gegründete Rechtsträger (anders als im Formularfall) eine andere Rechtsform hat als die übertragenden Rechtsträger (§ 29 Abs. 1 Satz 1 UmwG iVm. § 36 Abs. 1 Satz 1 (1. Var.) UmwG), soweit zwar die übertragenden, nicht aber der neu gegründete Rechtsträger börsennotiert sind (§ 29 Abs. 1 Satz 1 UmwG iVm. § 36 Abs. 1 Satz 1 (2. Var.) UmwG) oder soweit die Anteile an dem neu gegründeten Rechtsträger Verfügungsbeschränkungen unterliegen (§ 29 Abs. 1 Satz 1 UmwG iVm. § 36 Abs. 1 Satz 2 UmwG). Letzteres wäre im Formularfall beispielsweise dann zu bejahen, wenn die Satzung der C-AG eine (bei **Namensaktien** gemäß § 68 Abs. 2 AktG zulässige) **Vinkulierung** vorsehen würde. **34**

Darüber hinaus können die Parteien weitere vertragliche Abreden treffen. Dazu zählen in der Regel Bestimmungen über das Verfahren zur Anmeldung zum Bundes- **34a** kartellamt und anderen Kartellbehörden (→ Form. A.5.1 § 9) sowie Bedingungen und Rücktrittsrechte (→ Form. A.5.1 § 11).

3. Verschmelzungsbeschlüsse

35 Der Verschmelzungsvertrag wird nur wirksam, wenn ihm die Anteilsinhaber der übertragenden Rechtsträger durch Beschluss (Verschmelzungsbeschluss) zustimmen (§ 13 Abs. 1 Satz 1 UmwG, § 36 Abs. 1 UmwG).

36 Der Beschluss der Hauptversammlung bedarf einer **Mehrheit von mindestens 75 %** der abgegebenen Stimmen bzw. des bei der Beschlussfassung vertretenen Grundkapitals, sofern nicht die betreffende Satzung eine höhere Mehrheit oder weitere Erfordernisse vorsieht, § 50 Abs. 1, § 65 Abs. 1, § 73 UmwG; er ist notariell zu beurkunden, § 13 Abs. 1 Satz 1 UmwG, § 130 Abs. 1 Sätze 1 und 3 AktG (zur Beurkundung durch einen ausländischen Notar siehe → Rn. 13 sowie iE → Form. B.1 Rn. 333ff.).

4. Einreichung des Verschmelzungsvertrags zum Handelsregister

37 Nach § 61 Satz 1, § 73 UmwG ist der Verschmelzungsvertrag oder sein Entwurf vor der Einberufung der Hauptversammlung, die gemäß § 13 Abs. 1 UmwG über die Zustimmung zur Verschmelzung beschließen soll, zum Register einzureichen. Das Gericht hat gem. § 61 Satz 2, § 73 UmwG in den für die Bekanntmachung seiner Eintragungen bestimmten Blättern (§ 10 HGB) einen Hinweis darauf bekannt zu machen, dass der Vertrag oder sein Entwurf beim Handelsregister eingereicht worden ist. Eine besondere Form ist für die Einreichung nicht vorgeschrieben. Erfolgt diese Einreichung nicht oder nicht rechtzeitig, wird die Verschmelzung nicht in das Handelsregister eingetragen.

5. Auslegung und Abschrifterteilung gemäß § 63 UmwG

38 Von der Einberufung der Hauptversammlung an, die gem. § 13 Abs. 1 UmwG über die Zustimmung zum Verschmelzungsvertrag beschließen soll, sind gem. § 63 Abs. 1, § 73 UmwG im Geschäftsraum der Gesellschaft zur Einsicht der Aktionäre die in § 63 Abs. 1 UmwG bezeichneten Unterlagen auszulegen, dh.
- der Verschmelzungsvertrag oder sein Entwurf,
- die Jahresabschlüsse und die Jahresberichte der an der Verschmelzung beteiligten Rechtsträger für die letzten drei Geschäftsjahre bzw., falls sich der letzte Jahresabschluss auf ein Geschäftsjahr bezieht, das mehr als sechs Monate vor dem Abschluss des Verschmelzungsvertrags oder der Aufstellung des Entwurfs abgelaufen ist, eine Bilanz auf einen Stichtag, der nicht vor dem ersten Tag des dritten Monats liegt, der dem Abschluss oder der Aufstellung vorausgeht (Zwischenbilanz, hierzu → Rn. 80f.),
- die nach § 8 UmwG erstatteten Verschmelzungsberichte und
- die nach § 12 UmwG erstatteten Prüfungsberichte.

39 Erfolgt die Auslegung der Unterlagen überhaupt nicht oder verspätet, ist der Beschluss **anfechtbar.** In der Praxis wird häufig das Erfordernis der Vorlage einer Zwischenbilanz übersehen. Ähnliche Probleme gibt es bei einer Verzögerung der Drucklegung der Berichte und Jahresabschlüsse. Hier ist eine enge Abstimmung der Investor-Relation- und Public-Relation-Abteilungen erforderlich. Nach § 73 Abs. 3 iVm. § 63 Abs. 3 UmwG ist auf Verlangen jedem Aktionär unverzüglich und kostenlos eine **Abschrift** der in § 63 Abs. 1 UmwG bezeichneten Unterlagen zu erteilen. Die Unterlagen können gemäß § 63 Abs. 3 Satz 2 UmwG idF des 3. UmwÄndG v. 11.7.2011 (BGBl. I 2011, 1338) auch im Wege elektronischer Kommunikation (E-Mail) übermittelt werden, wenn der Aktionär zuvor hierzu seine Einwilligung erteilt hat. Nach § 63 Abs. 4 UmwG entfallen die Verpflichtungen zur Auslegung und zur Abschriftenerteilung, wenn die in Abs. 1 bezeichneten Unterlagen für denselben Zeitraum über die Internetseite der Gesellschaft zugänglich sind.

6. Verschmelzungsbericht und -prüfung, Nachinformationspflicht

Die Vorstände der beteiligten Aktiengesellschaften haben einen schriftlichen Verschmelzungsbericht zu erstellen, §§ 8, 36 Abs. 1 UmwG. 40

Die Verschmelzung ist bei Beteiligung von Aktiengesellschaften durch Verschmelzungsprüfer zu prüfen, §§ 9, 60, 73 UmwG. Die Prüfung durch einen gemeinsamen Prüfer ist bei Beteiligung von mehreren Aktiengesellschaften nur durch einen auf gemeinsamen Antrag der Vorstände gerichtlich bestellten Prüfer möglich, § 10 Abs. 1 Satz 2 UmwG. Die Prüfer haben einen schriftlichen Prüfungsbericht zu erstatten, ggf. auch gemeinsam, §§ 12, 36 Abs. 1 UmwG. 41

Entbehrlich sind Bericht und/oder Prüfung bei der Verschmelzung zur Neugründung nur bei notariell beurkundetem **Verzicht** aller Anteilsinhaber aller beteiligten Rechtsträger, § 8 Abs. 3, § 9 Abs. 3 UmwG.

Desweiteren haben gemäß § 64 Abs. 1 Sätze 2–4 UmwG idF des 3. UmwÄndG v. 11.7.2011 (BGBl. I 2011, 1338) entsprechend der bislang gemäß § 143 UmwG aF nur für die Spaltung unter Beteiligung von Aktiengesellschaften und KGaAs geltenden Regelung die Vertretungsorgane jedes an der Verschmelzung beteiligten Rechtsträgers dessen jeweilige Anteilsinhaber über jede wesentliche Veränderung des Vermögens des Rechtsträgers zu unterrichten, die zwischen dem Abschluss des Verschmelzungsvertrages bzw. der Aufstellung von dessen Entwurf und der Fassung des Zustimmungsbeschlusses eingetreten ist (sog. **Nachinformationspflicht**). Gemäß § 64 Abs. 1 Satz 3 UmwG idF des 3. UmwÄndG v. 11.7.2011, aaO. sind auch die Vertretungsorgane des bzw. der anderen beteiligten Rechtsträger zu unterrichten, die dann ihrerseits die Anteilsinhaber des jeweils von ihnen vertretenen Rechtsträgers zu informieren haben. Wesentlich iSd. vorgenannten Vorschrift sind solche Veränderungen, die eine Verschiebung des Umtauschverhältnisses oder eine Änderung der Abfindung (§ 29 UmwG) besorgen lassen, und zwar unabhängig davon, ob sie bei dem übertragenden oder dem übernehmenden Rechtsträger eingetreten sind (*Wagner* DStR 2010, 1629). Die Information kann nach hM mündlich in der Versammlung erfolgen, die über die Zustimmung beschließen soll (*Wagner* DStR 2010, 1629; WM/*Rieger* UmwG § 143 Rn. 6). Nach anderer Ansicht soll zumindest bei Publikumsgesellschaften eine Information im Vorfeld der Versammlung über die Internet-Seiten der beteiligten Rechtsträger erforderlich sein (siehe Handelsrechtsausschuss des Deutschen Anwaltvereins, Stellungnahme 23/2010 vom Mai 2010, Tz. 2, abrufbar über www.anwaltsverein.de). 42

Weiterhin **nicht gesetzlich geregelt** ist die Frage, ob über eine infolge der Veräußerung erforderlich werdende Änderung des Verschmelzungsvertrages (zB des Umtauschverhältnisses) noch in der bereits einberufenen Versammlung Beschluss gefasst werden kann oder eine erneute Einberufung erforderlich ist (siehe Handelsrechtsausschuss des Deutschen Anwaltvereins, Stellungnahme 23/2010 vom Mai 2010, Tz. 3, abrufbar über www.anwaltsverein.de). Richtigerweise dürfte grundsätzlich eine Beschlussfassung in der bereits einberufenen Versammlung möglich sein, da die Nachinformationspflicht anderenfalls nur dann Bedeutung hätte, wenn zwar eine (oder mehrere) wesentliche Vermögensänderungen eingetreten sind, diese aber insgesamt ohne Auswirkung auf das Umtauschverhältnis bleiben, was nur höchst selten der Fall sein dürfte (*Wagner* DStR 2010, 1629). Bei der Verschmelzung zur Neugründung wird die Problematik allerdings dadurch entschärft, dass hier wegen § 243 Abs. 4 Satz 2 AktG, § 14 Abs. 2, § 32 UmwG eine Anfechtung des Zustimmungsbeschlusses nicht auf eine fehlerhafte (wohl aber auf eine gänzlich unterbliebene) Nachinformation gestützt werden kann; die Anteilsinhaber der Überträgerin sind insoweit auf die gerichtliche Nachprüfung der Angemessenheit gemäß §§ 15, 34 UmwG verwiesen (*Wagner* DStR 2010, 1629). In Betracht kommt jedoch auch in diesen Fällen eine Strafbarkeit der Vertretungsorgane nach § 313 Abs. 1 Nr. 1 UmwG (*Wagner* DStR 2010, 1629).

Auch auf die Nachinformation kann gemäß § 64 Abs. 1 Satz 4 UmwG iVm. § 8 Abs. 3 UmwG idF des 3. UmwÄndG v. 11.7.2011 (BGBl I 2011, 1338) durch **notariell zu beurkundende** Erklärungen aller Anteilsinhaber aller beteiligten Rechtsträger **verzichtet** werden.

7. Gründungsprüfung

43 Da auf die Neugründung neben den umwandlungsrechtlichen Vorschriften auch die Gründungsvorschriften der für den neugegründeten Rechtsträger gewählten Rechtsform Anwendung finden, § 36 Abs. 2 Satz 1 UmwG, müssen die Vorstandsmitglieder sowie die Mitglieder des Aufsichtsrats eine **Gründungsprüfung** durchführen, § 33 Abs. 1 AktG. Der zu erstellende **Bericht über die Gründungsprüfung** ist der Anmeldung zum Handelsregister beizufügen, § 37 Abs. 4 Nr. 4 AktG.

44 Der Erstellung eines **Gründungsberichts** bedarf es, soweit (wie im Formularfall) nur Kapitalgesellschaften als übertragende Rechtsträger an der Verschmelzung beteiligt sind, ebenso wenig wie einer **Gründungsprüfung durch externe Gründungsprüfer,** § 75 Abs. 2 UmwG.

8. Handelsregisteranmeldungen, Eintragung

45 Die Verschmelzung ist zum **Handelsregister** der übertragenden Rechtsträger anzumelden, § 38 Abs. 1 UmwG. Daneben ist der neue Rechtsträger durch die übertragenden Rechtsträger bei dem für diesen zuständigem Handelsregister anzumelden, § 38 Abs. 2 UmwG. Die Handelsregisteranmeldungen sind elektronisch in öffentlich beglaubigter Form einzureichen, § 12 Abs. 1 Satz 1 HGB (iE → A. 1 Rn. 56 sowie *Jeep/Wiedemann* NJW 2007, 2439).

45a Die Registergerichte am Sitz der übertragenden Rechtsträger sind für die Prüfung der Verschmelzung zuständig, während die Prüfung der Neugründung (§ 38 AktG) ausschließlich Sache des Registergerichts am Sitz des neuen Rechtsträgers ist (SSt/*Schwanna* § 38 Rz. 9f.). Zu einer kritischen Werthaltigkeitsprüfung durch das Registergericht in den durch § 38 AktG vorgegebenen Grenzen besteht nicht zuletzt auch deshalb Anlass, weil eine verschuldensunabhängige **Differenzhaftung** der Aktionäre der an der Verschmelzung beteiligten Rechtsträger bei Überbewertung des Vermögens der übertragenden Rechtsträger nicht in Betracht kommt (BGH v. 12.3.2007, II ZR 302/05, DStR 2007, 1049 Tz. 11ff.; dazu siehe auch *König* NJW 2019, 595; *Kocher* BB 2019, 212; *Otto-Gräbener* GWR 2019,43; *Heckschen* EWiR 2019, 101; *ders.* NZG 2019, 561); ein Durchgriff auf die Aktionäre kommt demnach nur unter dem Gesichtspunkt des existenzvernichtenden Eingriffs unter den (engen) Voraussetzungen einer vorsätzlichen sittenwidrigen Schädigung (§ 826 BGB) in Betracht (vgl. BGH v. 6.11.2018, II ZR 199/17, DStR 2019, 340, Tz. 11ff. für Verschmelzung zweier GmbH zu Aufnahme).

46 Die Verschmelzung ist zunächst in den Registern am Sitz der übertragenden Rechtsträger einzutragen, danach erfolgt die Eintragung im Register am Sitz des neuen Rechtsträgers, § 36 Abs. 1 Satz 2, § 19 Abs. 1 Satz 1 UmwG; die Eintragung im Handelsregister der übertragenden Rechtsträger erfolgt mit dem Vermerk, dass die Verschmelzung erst mit Eintragung des neu gegründeten Rechtsträgers wirksam wird, § 36 Abs. 1 Satz 2, § 19 Abs. 1 Satz 2 UmwG. Mit Wirksamwerden der Verschmelzung durch deren Eintragung im Handelsregister des neuen Rechtsträgers (§ 36 Abs. 1 Satz 2, § 20 Abs. 1 UmwG) erlöschen die übertragenden Rechtsträger (§ 20 Abs. 1 Nr. 2 UmwG) und geht ihr Vermögen einschließlich der Verbindlichkeiten auf den neuen Rechtsträger über, § 36 Abs. 1 Satz 2, § 20 Abs. 1 Nr. 1 UmwG (Gesamtrechtsnachfolge). Der Übergang kraft gesetzlich angeordneter Gesamtrechtsnachfolge erstreckt sich auch auf Verträge und sonstige Rechtspositionen und Verpflichtungen (zum Forderungsübergang trotz rechtsgeschäftlichen Abtretungsverbots OLG Düssel-

dorf v. 25.11.2015, 21 U 172/12, ZIP 2015, 1289, nicht rkr.). Eine Ausnahme gilt lediglich für **höchstpersönliche Rechte und Pflichten** (BGH v. 21.2.2014, V ZR 164/13, NJW 2014, 1447 Tz. 17); die Anforderungen an die Höchstpersönlichkeit sind jedoch hoch: So begründen zB der Verwaltervertrag, den eine als WEG-Verwalter tätige Überträgerin mit einer Wohnungseigentümergemeinschaft abgeschlossen hat, sowie ihre Bestellung zur Verwalterin der Wohnungseigentümergemeinschaft jedenfalls dann keine dergestalt höchstpersönlichen Rechte und Verpflichtungen, wenn es sich bei der Überträgerin um eine Kapitalgesellschaft handelt (BGH v. 21.2.2014, V ZR 164/13, NJW 2014, 1447, Tz. 16ff.; **aA** OLG München v. 31.1.2014, 34 Wx 469/13, GmbHR 2014, 657, für Abspaltung; s. hierzu *Heckschen* GmbHR 2015, 897, 908f); allenfalls eine fristlose Kündigung aus wichtigem Grund gemäß § 314 Abs. 1 BGB kommt in Betracht, wobei jedoch die Verschmelzung als solche noch keinen wichtigen Grund darstellt (BGH v. 21.2.2014, V ZR 164/13, NJW 2014, 1447, Tz. 28).

Da der Geltungsbereich des § 20 Abs. 1 Nr. 1 UmwG sich nicht auf das Zivilrecht **46a** beschränkt, ist im Grundsatz anerkannt, dass auch **öffentlich-rechtliche** Konzessionen, Genehmigungen, Erlaubnisse und Rechtspositionen nicht von vornherein aus der in § 20 Abs. 1 Nr. 1 UmwG vorgesehenen Gesamtrechtsnachfolge auf den übernehmenden Rechtsträger ausgenommen werde können (Henssler/Strohn/*Heidinger* UmwG § 20 Rn. 36; WM/*Vossius* UmwG § 20 Rn. 248; Lutter/*Grunewald* UmwG § 20 Rn. 13; *Heckschen* ZIP 2014, 1605, 1606). Es stellt sich jedoch stets die Frage, inwieweit solche Erlaubnisse im vorgenannten Sinne **höchstpersönlicher Natur** sind und daher nicht von der in § 20 Abs. 1 Nr. 1 UmwG angeordneten Gesamtrechtsnachfolge umfasst sind. Im Grundsatz wird hier zwischen sog. sachbezogenen Genehmigungen (zB Baugenehmigung) und personenbezogenen Genehmigungen unterschieden (*Heckschen* ZIP 2014, 1605, 1606). Erstere sollen aufgrund ihres Bezugs zu einzelnen, konkreten Vermögensgegenständen übergehen. Letztere sollen hingegen im Falle einer Umwandlung automatisch gegenstandslos werden und somit erlöschen (siehe OVG Münster v. 25.9.2013, 13 A 2039/12, GesR 2014, 38). Die Abgrenzung kann im Einzelfall schwierig sein: So soll etwa ein sich aus dem Telekommunikationsgesetz ergebendes (öffentlich-rechtliches) Wegerecht höchstpersönlicher Natur sein und daher im Falle einer Umwandlung entfallen (OVG Münster v. 27.2.2013, 13 A 2661/11, DÖV 2013, 529). Umgekehrt sollen personenbezogene Genehmigungen teilweise im Wege der Umwandlung übergehen können, wenn der Gesetzgeber für den Todesfall die vorläufige Fortgeltung der Genehmigung zugunsten der Erben vorgesehen (siehe etwa § 8 Abs. 1 GüKG, § 19 Abs. 1 PBefG) und damit zu erkennen gegeben hat, dass er von der Möglichkeit einer Gesamtrechtsnachfolge ausgegangen ist (siehe *Heckschen* ZIP 2014, 1605, 1611 mwN.).

9. Beschlussanfechtung

a) Anfechtungsfrist und Anfechtungsgründe

Klagen gegen die Wirksamkeit von **Verschmelzungsbeschlüssen** müssen binnen **47** eines Monats nach der Beschlussfassung erhoben werden, § 14 Abs. 1 UmwG.

Die Anfechtung des Verschmelzungsbeschlusses der übertragenden Rechtsträger **48** kann **nicht** auf die **Unangemessenheit** des Umtauschverhältnisses oder einer ggf. nach § 29 UmwG anzubietenden Barabfindung gestützt werden, § 14 Abs. 2, § 32 UmwG; insoweit hat es mit dem stattdessen vorgesehenen Spruchstellenverfahren gem. §§ 15, 34 UmwG, §§ 1ff. SpruchG sein Bewenden. Gleiches gilt, soweit die betroffenen Anteilsinhaber die Verletzung von Informations-, Auskunfts- und Berichtspflichten im Zusammenhang mit der anzubietenden Barabfindung geltend machen (BGH v. 18.12.2000, II ZR 1/99, DB 2001, 319 und v. 29.1.2001, II ZR 368/99, DB 2001, 471). Auf die Verletzung derartiger Verpflichtungen im Zusammenhang mit dem Umtauschverhältnis (zB fehlerhafte Erläuterung des Umtauschverhältnisses im Verschmelzungsbericht) dürfte diese Rechtsprechung hingegen wohl nicht übertragbar sein.

b) Registersperre

49 Die Verschmelzung wird vom Handelsregister grundsätzlich nur dann eingetragen, wenn eine **Klage** gegen die Wirksamkeit des Verschmelzungsbeschlusses entweder innerhalb der Monatsfrist **nicht erhoben,** rechtskräftig **abgewiesen** oder **zurückgenommen** worden ist und die Vertretungsorgane dies bei der Handelsregisteranmeldung erklären, § 36 Abs. 1, § 16 Abs. 2 UmwG.

c) Überwindung durch Antrag gemäß § 16 Abs. 3 UmwG

50 Es liegt auf der Hand, dass eine Anfechtungsklage die Eintragung der Verschmelzung ganz erheblich verzögern, wenn nicht sogar verhindern kann. Um **Missbrauch** zu verhindern, wurde dem Registergericht mit § 36 Abs. 1, § 16 Abs. 3 UmwG die Möglichkeit eröffnet, unter bestimmten Voraussetzungen die Verschmelzung **trotz anhängiger Anfechtungsklagen einzutragen.** Durch Ergänzung des § 16 Abs. 3 UmwG im 2. UmwÄndG v. 19.4.2007 (BGBl. I 2007, 542) wurde das Freigabeverfahren beschleunigt; der Beschluss soll innerhalb von drei Monaten ergehen und eine Beschwerde dagegen ist ausgeschlossen (vgl. Kallmeyer/*Marsch-Barner* UmwG § 16 Rn. 48, 50; *Heckschen* DNotZ 2007, 444, 446f.). Dies ist auf Antrag des Rechtsträgers, gegen dessen Beschluss sich die Klage richtet, in den folgenden Fällen möglich (§ 16 Abs. 3 Satz 3 UmwG):

- bei **Unzulässigkeit** der Anfechtungsklage(n) (§ 16 Abs. 3 Satz 3 Nr. 1 Alt. 1 UmwG); oder
- bei offensichtlicher Unbegründetheit der Anfechtungsklage(n) (§ 16 Abs. 3 Satz 3 Nr. 1 Alt. 2 UmwG); oder
- wenn der Kläger nicht binnen einer Woche nach Zustellung des Antrags durch Urkunden nachgewiesen hat, dass er seit Bekanntmachung der Einberufung einen anteiligen Betrag von mindestens 1 000 EUR hält (§ 16 Abs. 3 Satz 3 Nr. 2 UmwG); oder
- wenn das alsbaldige Wirksamwerden der Verschmelzung vorrangig erscheint, weil die vom Antragsteller dargelegten wesentlichen Nachteile für die an der Verschmelzung beteiligten Rechtsträger und ihre Anteilsinhaber nach freier Überzeugung des Gerichts die Nachteile für den Antragsgegner überwiegen, es sei denn, es liegt eine besondere Schwere des Rechtsverstoßes vor (§ 16 Abs. 3 Satz 3 Nr. 3 UmwG).

51 Für das sog. „Bagatellquorum" gemäß § 16 Abs. 3 Satz 3 Nr. 2 ist es erforderlich, dass der Aktionär die Aktien im erforderlichen Umfang zum Zeitpunkt der Bekanntmachung der Einladung zur Hauptversammlung tatsächlich hält; § 67 Abs. 2 AktG gilt nicht. Bei Namensaktien kommt es auf den Eintragszeitpunkt im Aktienregister daher nicht an (OLG München v. 10.4.2013, 7 AktG 1/13, BeckRS 2013, 07419, LS Nr. 1).

Zuständig ist ein Senat des OLG, in dessen Bezirk die Gesellschaft ihren Sitz hat, § 16 Abs. 3 Satz 7 UmwG. Die Entscheidung kann in dringenden Fällen ohne mündliche Verhandlung und „soll" spätestens drei Monate nach Antragstellung ergehen; Verzögerungen sind durch (unanfechtbaren) Beschluss zu begründen, § 16 Abs. 3 Sätze 4 und 5 UmwG.

Überwunden ist die Registersperre erst mit Rechtskraft des Beschlusses des Oberlandesgerichts nach § 16 Abs. 3 Satz 1 UmwG. Der Beschluss ist unanfechtbar, § 16 Abs. 3 Satz 9 UmwG. Vgl. zum Ganzen zB *Heckschen* DNotZ 2007, 444, 445.

Stellt sich später heraus, dass die Klage begründet war, kann der Kläger nur Schadensersatz, nicht jedoch Rückgängigmachung der Verschmelzung verlangen, § 16 Abs. 3 Satz 10 UmwG.

V. Handelsbilanzrecht

1. Verschmelzungsstichtag

Verschmelzungsstichtag ist derjenige Zeitpunkt, ab welchem die Geschäfte der übertragenden Rechtsträger mit Eintragung der Verschmelzung als **für Rechnung** des neugegründeten Rechtsträgers vorgenommen **gelten,** ihm also – unter der Voraussetzung der Eintragung der Verschmelzung – wirtschaftlich zugerechnet werden. Die Festlegung des Verschmelzungsstichtages ist zwingender Bestandteil des Verschmelzungsvertrags, § 5 Abs. 1 Nr. 6, § 36 Abs. 1, § 24 UmwG. Vom Verschmelzungsstichtag sind zu unterscheiden: 52
- der **Stichtag** der **Schlussbilanzen** der übertragenden Rechtsträger, § 17 Abs. 2 Satz 4, § 36 Abs. 1 UmwG; dieser geht nach h. M. dem Verschmelzungsstichtag zwingend unmittelbar voran (→ Rn. 55);
- der Zeitpunkt der Gewinnberechtigung der im Rahmen der Verschmelzung ausgegebenen Anteile, §§ 5 Abs. 1 Nr. 5, 36 Abs. 1 UmwG;
- der Zeitpunkt der **dinglichen Wirksamkeit** der Verschmelzung, welche erst mit Eintragung im Handelsregister der neugegründeten Gesellschaft eintritt, § 20 Abs. 1, § 36 Abs. 1 Satz 2 UmwG;
- der Zeitpunkt des **Übergangs des wirtschaftlichen Eigentums** an dem Vermögen der übertragenden Rechtsträger, dh. der Zeitpunkt, ab welchem der neugegründete Rechtsträger Vermögen und Aufwendungen/Erträge der übertragenden Rechtsträger in seine Rechnungslegung zu übernehmen hat;
- der **steuerliche Übertragungsstichtag** als ertragsteuerlicher Zeitpunkt des Vermögensübergangs; dieser ist **zwingend** mit dem Stichtag der Schlussbilanzen der übertragenden Rechtsträger iSd. § 17 Abs. 2 Sätze 1 und 4, § 36 Abs. 1 Satz 1 UmwG identisch, § 2 Abs. 1 UmwStG (BFH v. 17.1.2018, I R 27/16, BStBl II 2018, 449, Tz. 17).

2. Zuordnung von Vermögen und Aufwendungen/Erträgen vor Wirksamwerden der Verschmelzung

Ob die bei der Verschmelzung durch Aufnahme geltenden Grundsätze betreffend die Zuordnung von Vermögen und Aufwendungen/Erträgen beim übernehmenden Rechtsträger vor Wirksamwerden der Verschmelzung (s. RS HFA 42 Tz. 27 ff.) auch auf die **Verschmelzung zur Neugründung** angewendet werden können, ist fraglich. UE ist dies nur dann zu bejahen, wenn die neugegründete Gesellschaft unter Inkaufnahme der persönlichen Haftung der handelnden Organe (§ 41 AktG) bereits vor Wirksamwerden der Verschmelzung den Geschäftsbetrieb aufnimmt und damit gemäß § 242 Abs. 1 HGB ihre Buchführungspflicht begründet. In diesem Fall sind die für die Verschmelzung zur Aufnahme entwickelten Grundsätze auf die Verschmelzung zur Neugründung entsprechend anzuwenden, d. h. die neugegründete, noch nicht im Handelsregister eingetragene **Vorgesellschaft** muss die Vermögensgegenstände und Verbindlichkeiten der übertragenden Gesellschaften bei sich bilanzieren, wenn und sobald das wirtschaftliche Eigentum an diesen übergegangen ist (zu den Voraussetzungen und Folgen des Übergangs des wirtschaftlichen Eigentums → Form. A.3 Rn. 51 ff.). 53

Unabhängig davon müssen allerdings die übertragenden Rechtsträger vor Wirksamwerden der Verschmelzung in ihren jeweiligen Abschlüssen verdeutlichen, dass die in der Zeit zwischen dem Verschmelzungsstichtag und dem Abschlussstichtag erwirtschafteten Erträge für Rechnung des neugegründeten Rechtsträgers erwirtschaftet werden. Diese Erläuterung wird regelmäßig im **Anhang** (§ 264 Abs. 2 Satz 2 HGB) bzw. bei Kleinstkapitalgesellschaften, die von der Erleichterung gemäß § 264 Abs. 1 54

Satz 5 HGB Gebrauch machen, unter der Bilanz zu machen sein, § 264 Abs. 2 Satz 3 HGB; die Bildung einer **Rückstellung** für den für fremde Rechnung erwirtschafteten Gewinn soll jedenfalls dann **ausscheiden,** wenn das wirtschaftliche Eigentum am Abschlussstichtag noch nicht übergegangen ist: Der noch fehlende Verschmelzungsvertrag bzw. die noch fehlenden Zustimmungsbeschlüsse sind kein wertaufhellendes, sondern ein wertbegründendes Ereignis (RS HFA 42 Tz. 29 erster Bullet zweiter Absatz sowie Tz. 31; anders noch *IDW* HFA 2/1997 Tz. 22).

3. Auswirkungen auf die Buchführung bei den übertragenden Rechtsträgern

a) Schlussbilanz

55 Die übertragenden Gesellschaften haben jeweils eine handelsrechtliche **Schlussbilanz** zu erstellen, § 17 Abs. 2 Satz 1, § 36 Abs. 1 UmwG, deren Stichtag höchstens acht Monate vor dem Zeitpunkt der Anmeldung der Verschmelzung zum Handelsregister liegen darf, § 17 Abs. 2 Satz 4 UmwG; somit ist es im Regelfall möglich, auf die Bilanz des letzten Jahresabschlusses zurückzugreifen. Bei der Verschmelzung zur Neugründung sind also stets mindestens zwei Schlussbilanzen zu erstellen.

Nach Ansicht der FinVerw. (UmwSt-Erl. 2011, BMF v. 11.11.2011; BStBl. I 2011, 1314 Tz. 02.02), welcher ein Teil des gesellschaftsrechtlichen Schrifttums folgt (SSt/*Schröer* § 5 UmwG Rz. 54; SHS/*Hörtnagel* § 17 UmwG Rz. 37), soll der **Stichtag** der **Schlussbilanz** dem **Verschmelzungsstichtag** zwingend unmittelbar vorangehen: Wenn Verschmelzungsstichtag z.B der 1. Januar ist, müsste demzufolge Bilanzstichtag der Schlussbilanz iSd. § 17 Abs. 2 Satz 1 UmwG und damit auch steuerlicher Übertragungsstichtag iSd. § 2 Abs. 1 Satz 1 UmwStG der 31. Dezember des vorausgehenden Jahres sein (UmwSt-Erl. 2011, BMF v. 11.11.2011; BStBl. I 2011, 1314 Tz. 02.02).

Nach der **Gegenauffassung** soll der Verschmelzungsstichtag hingegen nicht zwingend mit dem Stichtag der Schlussbilanz im Sinne von § 17 Abs. 2 Satz 1 UmwG zusammenhängen, sondern grundsätzlich frei gewählt werden können (Kallmeyer/*Müller* UmwG § 5 Rz. 34 und § 17 Rn. 14; WM/*Mayer* UmwG § 5 Rn. 160; WM/*Widmann* § 24 UmwG Rz. 64). Somit könnte z. B. ein variabler Verschmelzungsstichtag für den Fall von Verzögerungen im Eintragungsverfahren vereinbart werden, ohne dass bei Verschiebung des Stichtags dem Handelsregister notwendigerweise auch eine neue Schlussbilanz iSd. § 17 Abs. 2 Satz 1 UmwG nachzureichen wäre (vgl. Kallmeyer/*Müller* § 5 UmwG Rz. 36), oder im Falle der verfristeten Anmeldung eine neue, auf einen späteren Stichtag erstellte Schlussbilanz eingereicht werden, ohne dass auch der im Verschmelzungsvertrag festgesetzte Verschmelzungsstichtag geändert werden müsste (WM/*Mayer* UmwG § 5 Rn. 160).

Das Institut der Wirtschaftsprüfer nimmt in seiner Verlautbarung IDW RS HFA 42 (IDW Fachnachrichten Nr. 12/2012 S. 701 ff. Tz. 11) zu der Streitfrage nicht eindeutig Stellung (s. einerseits das Beispiel in Tz. 11 Sätze 2 und 3, andererseits die Einschränkung „i. d. R." in Tz. 11 Satz 1). Die Gestaltungspraxis ist jedenfalls gut beraten, die Zulässigkeit eines vom Schlussbilanzstichtag abgekoppelten Verschmelzungsstichtags bei Bedarf vorab mit dem Handelsregister abzuklären.

56 Auf die Schlussbilanzen finden die Vorschriften über die Jahresbilanz entsprechende Anwendung, § 17 Abs. 2 Satz 2, § 36 Abs. 1 UmwG. Dies bedeutet ua., dass die Schlussbilanz entsprechend § 245 Satz 2 HGB von allen Organmitgliedern, bei der AG also von allen Vorstandsmitgliedern, zu unterzeichnen ist (Kallmeyer/*Zimmermann* UmwG § 17 Rn. 4; EBJS/*Wiedmann* HGB § 245 Rn. 8). Auch ist so zu bilanzieren, als ob es sich um aus Anlass eines Jahresabschlusses aufgestellte Bilanzen handelt. Insbesondere ist eine **Buchwertaufstockung** grundsätzlich nur im Rahmen der **handelsrechtlichen Wertaufholungsmöglichkeiten** zulässig. **Zuschreibungen** sind **geboten,** wenn die Gründe weggefallen sind, die zu außerplanmäßigen Abschreibungen

geführt haben, § 253 Abs. 5 Satz 1 HGB (RS HFA 42 Tz. 15). Auch der Grundsatz der Bewertungsstetigkeit gem. § 252 Abs. 1 Nr. 6 HGB ist zu beachten (RS HFA 42 Tz. 17). Allerdings kann die Tatsache der bevorstehenden Verschmelzung eine begründete Ausnahme für die Abweichung von der Bewertungsstetigkeit iSv. § 252 Abs. 2 HGB darstellen, etwa wenn gem. § 24 UmwG Buchwertfortführung gewählt wird und die bei der neugegründeten Gesellschaft künftig geltenden Bewertungsmethoden bereits in der Schlussbilanz berücksichtigt werden sollen (RS HFA 42 Tz. 17). Auch kann auf die Durchführung einer Inventur verzichtet werden, wenn sichergestellt ist, dass der Bestand der Vermögensgegenstände nach Art, Menge und Wert auch ohne körperliche Bestandsaufnahme auf den Stichtag der Schlussbilanz festgestellt werden kann (RS HFA 42 Tz. 14).

Im Rückwirkungszeitraum, d.h. nach dem Verschmelzungsstichtag, aber vor Wirksamwerden der Verschmelzung beschlossene Kapitalerhöhungen und Gewinnausschüttungen wirken sich **nicht** auf die handelsrechtliche Schlussbilanz aus, sondern sind als Erhöhung bzw. Minderung des übergehenden Reinvermögens erfolgsneutral in der Bilanz des übernehmenden bzw. neugegründeten Rechtsträgers zu berücksichtigen (RS HFA 42 Tz. 18f.); dasselbe gilt für verschmelzungsbedingte Ertragsteuern (RS HFA 42 Tz. 20). Dies weicht zT von der Handhabung in der steuerlichen Schlussbilanz der Überträgerin ab, in welcher für im Rückwirkungszeitraum beschlossene Ausschüttungen grundsätzlich ein passiver Korrekturposten zu bilden (→ Rn. 86) und eine auf einen etwa anfallenden steuerlichen Übertragungsgewinn anfallende Ertragsteuerbelastung zurückzustellen ist (→ Rn. 91).

Bei **prüfungspflichtigen Gesellschaften** ist die Schlussbilanz zu **prüfen,** § 17 Abs. 2 Satz 2, § 36 Abs. 1 UmwG; dabei ist der **Bestätigungsvermerk** mit **einzureichen** (RS HFA 42 Tz. 7). § 17 Abs. 2 Satz 2 UmwG meint die Prüfung durch einen **Abschlussprüfer;** aus der Vorschrift kann nicht abgeleitet werden, dass die Schlussbilanz bei Existenz eines **Aufsichtsrates** auch durch diesen zu prüfen wäre (RS HFA 42 Tz. 13).

Einzureichen ist nach überwiegender Auffassung lediglich eine **Bilanz;** weder die Gewinn- und Verlustrechnung noch der Anhang müssen beigefügt werden (ebenso RS HFA 42 Tz. 7). So genannte **Wahlpflichtangaben,** dh. Angaben, die wahlweise in der Bilanz oder im Anhang gemacht werden können (zB Haftungsverhältnisse iSd. §§ 251, 268 Abs. 7 HGB), müssen aber entweder aus der Bilanz ersichtlich sein oder nach Art eines Anhangs ergänzt werden (RS HFA 42 Tz. 7). **57**

Ob die Bilanz **festgestellt** sein muss, ist streitig (zum Meinungsstand SHS/*Hörtnagl* UmwG § 17 Rn. 18; dagegen: RS HFA 42 Tz. 13; Kallmeyer/*Müller* UmwG § 17 Rn. 18 mwN; dafür: WM/*Widmann* UmwG § 24 Rn. 51). In der Praxis wird diese Rechtsfrage jedoch selten auftauchen, da in der Regel als Schlussbilanz der ordnungsgemäß festgestellte letzte reguläre Jahresabschluss verwendet wird. Eine Offenlegung nach den §§ 325ff. HGB ist nicht erforderlich (RS HFA 42 Tz. 13). **58**

b) Fortdauer der Buchführungspflicht bis zur Eintragung

Die **Buchführungspflicht** der übertragenden Rechtsträger **erlischt** (erst) mit dinglicher Wirksamkeit der Verschmelzung, dh. **mit Eintragung** im Handelsregister des neugegründeten Rechtsträgers; sie geht nicht auf die neugegründete Gesellschaft über (RS HFA 42 Tz. 22f.). Bis dahin aber müssen die übertragenden Rechtsträger ihren Buchführungspflichten nachkommen sowie insbesondere innerhalb der gesetzlichen Fristen Jahresabschlüsse aufstellen (RS HFA 42 Tz. 22; WM/*Mayer* UmwG § 5 Rn. 153). Ein gesonderter Abschluss auf den Zeitpunkt des Erlöschens der Überträgerinnen (durch Handelsregistereintragung) ist nicht aufzustellen (RS HFA 42 Tz. 24). **59**

einstweilen frei **60**

4. Handelsbilanzielle Behandlung beim neugegründeten Rechtsträger

a) Eröffnungsbilanz

61 Beim neugegründeten Rechtsträger ist der durch die Verschmelzung eintretende Vermögensübergang in der gem. § 242 HGB zu erstellenden Eröffnungsbilanz abzubilden (RS HFA 42 Tz. 40; WM/*Widmann* UmwG § 24 Rn. 219).

62 Unsicherheit besteht in der Frage, auf welchen Stichtag die Eröffnungsbilanz zu erstellen ist. Nach einer Auffassung soll der Stichtag der Eröffnungsbilanz mit dem Verschmelzungsstichtag identisch sein (Lutter/*Priester* UmwG § 24 Rn. 22; ebenso SSt/*Moszka* UmwG § 24 Rn. 18). Nach anderer Auffassung soll die Eröffnungsbilanz auf den Zeitpunkt des Übergangs des wirtschaftlichen Eigentums aufzustellen sein, wenn der neugegründete Rechtsträger (freilich unter Inkaufnahme persönlicher Haftung der gesetzlichen Vertreter) im Wirtschaftsverkehr in eigenem Namen auftritt (→ Rn. 53), ansonsten auf den Zeitpunkt des Wirksamwerdens der Verschmelzung durch Eintragung im Handelsregister der Übernehmerin (Kallmeyer/*Müller* UmwG § 24 Rn. 56). Schließlich lässt sich auch ein Wahlrecht des neugegründeten Rechtsträgers vertreten (in diesem Sinne RS HFA 42 Tz. 40).

63 Richtigerweise muss als Stichtag der Eröffnungsbilanz der Verschmelzungsstichtag auch dann zulässig sein, wenn zu diesem Zeitpunkt das wirtschaftliche Eigentum an dem Vermögen der übertragenden Rechtsträger noch nicht übergegangen ist. Wenn nämlich anerkanntermaßen bei der Verschmelzung zur Aufnahme das übergehende Vermögen aus Vereinfachungsgründen auch dann per Verschmelzungsstichtag eingebucht werden kann, wenn das wirtschaftliche Eigentum zu diesem Zeitpunkt noch nicht übergegangen ist (RS HFA 42 Tz. 29), muss Gleiches auch für die Verschmelzung zur Neugründung gelten (glA RS HFA 42 Tz. 40).

64 Zwar dürfte auch ein späterer Stichtag (zB Zeitpunkt der Eintragung ins Handelsregister) für die Eröffnungsbilanz zulässig sein (so jedenfalls RS HFA 42 Tz. 40), aus praktischen Gründen aber wohl nur selten gewählt werden.

b) Wahlrecht zwischen Buchwertverknüpfung und Anschaffungskostenprinzip

65 Bei der Behandlung des übergehenden Vermögens hat der neugegründete Rechtsträger gem. §§ 24, 36 Abs. 1 UmwG ein **Wahlrecht** zwischen der alternativ („auch") für zulässig erklärten Übernahme der Buchwerte gem. Schlussbilanz als (fiktive) Anschaffungskosten **(Buchwertverknüpfung)** und der von § 24 UmwG als zulässig vorausgesetzten Regel-Abbildung nach dem allgemeinen **Anschaffungskostenprinzip,** § 255 Abs. 1 HGB.

66 Während bei der Verschmelzung zur Aufnahme das Wahlrecht im Rahmen des ersten auf den Übergang des wirtschaftlichen Eigentums folgenden Jahresabschlusses des übernehmenden Rechtsträgers auszuüben ist (RS HFA 42 Tz. 34), wird es bei der Verschmelzung zur Neugründung bereits in der Eröffnungsbilanz gem. § 242 Abs. 1 HGB auszuüben sein (SSt/*Moszka* UmwG § 24 Rn. 18).

67 Das Wahlrecht kann nur einheitlich für das gesamte übergehende Vermögen eines übertragenden Rechtsträgers ausgeübt werden (RS HFA 42 Tz. 34; Kallmeyer/*Müller* UmwG § 24 Rn. 17); hingegen ist es zulässig, das Wahlrecht für jeden der übertragenden Rechtsträger unterschiedlich auszuüben (RS HFA 42 Tz. 35; Kallmeyer/*Müller* UmwG § 24 Rn. 16; Lutter/*Priester* UmwG § 24 Rn. 77; *Roos* StuB 2013, 652), also für den einen übertragenden Rechtsträger die Buchwertverknüpfung und für den anderen übertragenden Rechtsträger die Bilanzierung nach dem Anschaffungskostenprinzip zu wählen.

67a Die Ausübung des Wahlrechts erfolgt nach h.M. durch die zur Auf- und Feststellung des Jahresabschlusses nach den allgemeinen Regelungen berufenen Organe der

Übernehmerin, bei der Aktiengesellschaft also grundsätzlich im Zusammenwirken von Vorstand und Aufsichtsrat und nur ausnahmsweise unter Einbeziehung der Hauptversammlung, §§ 171–173 AktG (hM: *SHS/Hörtnagel* § 24 UmwG Rz. 86; *Kallmeyer/Lanfermann* § 24 Rz. 17; *SSt/Moszka* § 24 Rz. 68ff.). Da bei der Verschmelzung zur Neugründung das übergehende Vermögen bereits in der Eröffnungsbilanz des neugegründeten Rechtsträgers zu erfassen und konsequenterweise auch das Wahlrecht gemäß § 24 UmwG bereits bei deren Aufstellung auszuüben sein wird (→ Rn. 66), dürfte hier der für die Aufstellung der Eröffnungsbilanz zuständige Vorstand (eine Feststellung der Eröffnungsbilanz sieht das Gesetz nicht vor) grundsätzlich auch für die Ausübung des Wahlrechts nach § 24 UmwG allein zuständig sein, sofern nicht eine Zustimmung durch den Aufsichtsrat nach Maßgabe von § 111 Abs. 4 S. 2 AktG erforderlich ist. Nach einer in der Literatur vertretenen Auffassung soll allerdings bei der Aktiengesellschaft als übernehmendem bzw. neugegründetem Rechtsträger die Wahlrechtsausübung stets in die Zuständigkeit der Hauptversammlung fallen; dies folge aus deren zwingender Zuständigkeit für die Zustimmung zum Verschmelzungsvertrag, § 13 Abs. 1 UmwG (*Priester* AG 2019, 640ff.; *Lutter/Priester* 5. Aufl. 2014, § 24 Rz. 79f.). Dagegen spricht aber, dass die Ausübung des Wahlrechts in dem Katalog der zwingenden Bestandteile des Verschmelzungsvertrages gemäß § 5 Abs. 1 UmwG nicht genannt ist und die §§ 60ff. UmwG insoweit keine rechtsformspezifische Sonderregelung treffen, die Wahlrechtsausübung nach § 24 UmwG also auch bei der Aktiengesellschaft nur fakultativer Bestandteil des Verschmelzungsvertrages ist. Wenn der Verschmelzungsvertrag insoweit zulässigerweise keine Festlegung trifft, sollte es somit auch für Aktiengesellschaften mit der zutreffenden h.M. bei der allgemeinen Zuständigkeitsregelung verbleiben. Allenfalls in seltenen Ausnahmefällen mag in Anlehnung an die „Holzmüller"-Entscheidung des BGH (v. 25.2.1982, II ZR 174/80, BGHZ 83, 122–144) eine ungeschriebene Zuständigkeit der Hauptversammlung vorstellbar sein (*SSt/Moszka* § 24 Rz. 70).

c) Buchwertverknüpfung, §§ 24, 36 Abs. 1 UmwG

Gem. §§ 24, 36 Abs. 1 UmwG kann der neugegründete Rechtsträger in seiner Rechnungslegung, also in der Eröffnungsbilanz (→ Rn. 66), als Anschaffungskosten die **Buchwerte** der Vermögensgegenstände des übergehenden Vermögens gemäß **Schlussbilanzen** der übertragenden Rechtsträger ansetzen (sog. Buchwertverknüpfung). Bei Wahl der Buchwertverknüpfung können die Verschmelzungskosten nicht als Anschaffungsnebenkosten aktiviert werden (RS HFA 42 Tz. 62). **Steuerbilanziell** behandelt hiervon abweichend die Finanzverwaltung auch bei Buchwertfortführung **objektbezogene Kosten** als aktivierungspflichtige **Anschaffungsnebenkosten;** dies betrifft insbesondere Grunderwerbsteuer auf zum Vermögen der Überträgerinnen gehörende Grundstücke (§ 1 Abs. 1 Nr. 3 GrEStG), nicht hingegen solche infolge verschmelzungsbedingt eintretender Vereinigung oder Übertragung von mindestens 95% der Anteile an einer Gesellschaft, zu deren Vermögen ein inländisches Grundstück gehört, § 1 Abs. 3 GrEStG (→ Rn. 101a; allgemein zur Grunderwerbsteuer bei Umwandlungen → Form. D.1 Rn. 66ff.). Handelsbilanziell ist die Aktivierung von Grunderwerbsteuer bei Wahl der Buchwertverknüpfung nicht zulässig (RS HFA 42 Tz. 62; SSt/*Moszka* UmwG § 24 Rn. 56 aE). 68

Von einer Überträgerin selbstgeschaffene immaterielle Wirtschaftsgüter sind nur dann zu aktivieren, wenn sie bereits gemäß § 248 Abs. 2 HGB idF des BilMoG v. 25.5.2009, BGBl. I 2009, 1102, bei der Überträgerin aktiviert waren (RS HFA 42 Tz. 65). Eine Bindung an die Ansatz- und Bewertungsmethoden der Überträgerinnen gemäß § 246 Abs. 3 Satz 1, § 252 Abs. 1 Nr. 6 HGB besteht aber nicht (RS HFA 42 Tz. 60). Aktive und passive latente Steuern sind nach den Verhältnissen bei der Übernehmerin nur zu bilanzieren und zu bewerten, soweit die Unterschiede zwischen dem handels- und dem steuerrechtlichen Wertansatz fortbestehen (RS HFA 42 Tz. 61).

Die Buchwerte aus der Schlussbilanz der Überträgerinnen dürfen nicht überschritten werden, auch soweit diese auf einer außerplanmäßigen Abschreibung beruhen (RS HFA 42 Tz. 64).

69 Soweit einer der übertragenden Rechtsträger am anderen oder beide wechselseitig aneinander beteiligt sind, führt die Verschmelzung zum Wegfall dieser Beteiligungen. Hierbei handelt es sich zwar nicht um einen Verschmelzungsverlust im technischen Sinne, weil die Beteiligungen ja den übertragenden und nicht dem neugegründeten Rechtsträger zustehen; gleichwohl erfolgt insoweit eine „Vernichtung" von Buchwerten.

d) Anschaffungskostenprinzip, § 255 Abs. 1 HGB

70 Nicht zuletzt um einen Verschmelzungsverlust bzw. bei der Verschmelzung zur Neugründung eine solche „Vernichtung" von Buchwerten zu vermeiden, räumt das Gesetz der Übernehmerin das **Wahlrecht** ein, das übergehende Vermögen in ihrer Rechnungslegung nach dem **Anschaffungskostenprinzip** (§ 253 Abs. 1, § 255 Abs. 1 HGB) abzubilden. Diese Möglichkeit wird in §§ 24, 36 Abs. 1 UmwG zwar nicht ausdrücklich geregelt, aber implizit vorausgesetzt, wenn es heißt, es könnten als Anschaffungskosten „auch" die Buchwerte fortgeführt werden.

71 Bei Wahl des Anschaffungskostenprinzips werden die übergehenden Vermögensgegenstände in der Rechnungslegung der Übernehmerin – wie bei anderen entgeltlichen Anschaffungsgeschäften auch – mit dem Wert der **Gegenleistung** zuzüglich etwaiger **Anschaffungsnebenkosten** (insb. Transaktionskosten) angesetzt, § 255 Abs. 1 HGB (RS HFA 42 Tz. 36 ff.).

72 Der Wert der Gegenleistung soll sich bei einer Verschmelzung mit **Kapitalerhöhung** sowie bei einer Verschmelzung zur **Neugründung,** die immer wie eine Verschmelzung mit Kapitalerhöhung zu behandeln ist (RS HFA 42 Tz. 41; *Roos* StuB 2013, 652), durch den Ausgabebetrag der für die übergehenden Wirtschaftsgüter ausgegebenen Anteile zuzüglich etwaiger barer Zuzahlungen bestimmen (RS HFA 42 Tz. 41 ff.), wobei Obergrenze die jeweiligen Zeitwerte sind (RS HFA 42 Tz. 42): **(1)** Wird ein beziffertes Agio festgesetzt, so ist der Ausgabebetrag (Nennbetrag bzw. geringster Ausgabebetrag plus Agio) maßgeblich (RS HFA 42 Tz. 43 1. Alt.). **(2)** Wird bestimmt, dass die Differenz zwischen Zeitwert des übergehenden Vermögens und Nennbetrag bzw. geringsten Ausgabebetrag der ausgegebenen Anteile in die Kapitalrücklage einzustellen ist (unbeziffertes Agio), bestimmt die Summe aus dem Nennbetrag bzw. geringsten Ausgabebetrag der ausgegebenen Anteile und dem diesen Betrag übersteigenden Teil des Zeitwerts des übergehenden Vermögens die Anschaffungskosten (RS HFA 42 Tz. 43 2. Alt.). **(3)** Bei Fehlen einer Festlegung ist durch Auslegung zu ermitteln, ob die Anschaffungskosten durch den Nennbetrag bzw. geringsten Ausgabebetrag der neuen Anteile bestimmt sind oder ob ein Agio in Höhe des diesen Betrag übersteigenden Teils des Zeitwerts des übergehenden Vermögens in die Kapitalrücklage mit der Folge entsprechend höherer Anschaffungskosten einzustellen ist (RS HFA 42 Tz. 43 3. Alt.). Höchstgrenze des Ausgabebetrages sind in jedem Fall die Zeitwerte des übergehenden Vermögens (RS HFA 42 Tz. 42).

Soweit die neu gegründete Gesellschaft nach dem Anschaffungskostenprinzip über den Wertansätzen in der Schlussbilanz der Überträgerinnen liegende Werte ansetzt, führt dies nach Aufgabe der von der Finanzverwaltung zum UmwStG 1995 vertretenen Auffassung von der sog. hinkenden Maßgeblichkeit nicht länger zu Mehrsteuern (→ Rn. 92).

73 Die dergestalt ermittelten Anschaffungskosten sind auf die vorhandenen materiellen und (ggf. auch selbstgeschaffenen) immateriellen Wirtschaftsgüter der übertragenden Rechtsträger bis zu deren Zeitwerten zu verteilen; hierbei ist ein „sachgerechtes Verfahren" anzuwenden, welches nach § 284 Abs. 2 Nr. 1 HGB im Anhang zu erläutern ist (RS HFA 42 Tz. 56); das im Steuerrecht geltende Gebot der gleichmäßigen Auf-

stockung gilt jedoch nicht (Kallmeyer/*Müller* UmwG § 24 Rn. 29). Das Wahlrecht bezüglich der Bilanzierung selbstgeschaffener immaterielle Wirtschaftsgüter gem. § 248 Abs. 2 HGB idF des BilMoG v. 25.5.2009, BGBl. I 2009, 1102 **greift nicht** ein, da ein entgeltlicher Anschaffungsvorgang vorliegt (RS HFA 42 Tz. 36).

Ein verbleibender Betrag ist als **Geschäfts- bzw. Firmenwert** iSv. § 246 Abs. 1 Satz 4 HGB zu aktivieren (RS HFA 42 Tz. 58); anders als vor Inkrafttreten des Gesetzes vom 25.5.2009, BGBl. I 2009, 1102 (BilMoG) besteht kein Wahlrecht mehr, den verbleibenden Betrag stattdessen als Aufwand zu verrechnen (RS HFA 42 Tz. 58; zum nach früherer Rechtslage bestehenden Wahlrecht siehe *IDW* HFA 2/1997 Tz. 3222). Eine etwaige temporäre Differenz zwischen dem handels- und steuerrechtlichen Geschäfts- bzw. Firmenwertansatz kann wegen des Residualcharakters des Firmenwerts bei der Ermittlung latenter Steuern nach der Gesamtdifferenzbetrachtung (§ 274 Abs. 1 Sätze 1 und 2 HGB) außer Acht gelassen werden (RS HFA 42 Tz. 59). Ein bei einer Überträgerin bereits vorhandener Geschäfts- bzw. Firmenwert ist bei der Übernehmerin nicht mehr gesondert auszuweisen, sondern geht in dem anlässlich des Vermögensübergangs zu ermittelnden Geschäfts- bzw. Firmenwert auf (RS HFA 42 Tz. 36). Dasselbe gilt für bei der Überträgerin bilanzierte aktive oder passive latente Steuern; insoweit ist von der Übernehmerin selbst zu prüfen, ob aktive oder passive latente Steuern anzusetzen sind (RS HFA 42 Tz. 39). **74**

einstweilen frei **75**

e) Abbildung des verschmelzungsbedingten Vermögenszugangs bzw. -abgangs auf der Kapitalseite

Der den Ausgabebetrag (Nennbetrag zuzüglich etwaiger festgesetzter Zuzahlungen) der ausgegebenen neuen Anteile übersteigende Vermögenszugang ist bei einer Kapitalgesellschaft als übernehmendem Rechtsträger zwingend in die Kapitalrücklage zu buchen, § 272 Abs. 2 Nr. 1 HGB (RS HFA 42 Tz. 43 und Tz. 68). Im umgekehrten Fall, wenn bei Wahl der Buchwertfortführung das übernommene Reinvermögen niedriger ist als der Ausgabebetrag der Anteile, ist der sich ergebende Unterschiedsbetrag als Verschmelzungsverlust sofort aufwandswirksam zu erfassen (RS HFA 42 Tz. 70). **76**

Eine unzulässige Unterpariemission liegt vor, wenn auch unter Berücksichtigung stiller Reserven der Ausgabebetrag nicht unwesentlich unterschritten wird, § 34 Abs. 1 Nr. 2, § 38 Abs. 2 Satz 2 AktG. Ob eine Unterschreitung der Stammkapitalziffer bei Wahl der Buchwertverknüpfung gemäß § 24 UmwG (→ Rn. 68 ff.) wenigstens dann zulässig ist, wenn genügend stille Reserven zur Deckung des Differenzbetrages vorhanden sind, ist streitig (bejahend WM/*Widmann* UmwG § 24 Rn. 324 ff., 331; verneinend Kallmeyer/*Müller* UmwG § 24 Rn. 52).

5. Handelsbilanzielle Auswirkungen bei den Gesellschaftern der übertragenden Aktiengesellschaften

Die Gewährung von Anteilen der neu gegründeten Gesellschaft an die Aktionäre der übertragenden Aktiengesellschaft stellt sich für diese handelsbilanziell als **Tausch** dar (RS HFA 42 Tz. 77 iVm. Tz. 46). Soweit die Gesellschafter der übertragenden Gesellschaft ihre Anteile bilanzieren, können sie dementsprechend nach allgemeinen Tauschgrundsätzen die ihnen gewährten Aktien in ihrer handelsrechtlichen Buchführung wahlweise wie folgt ansetzen (RS HFA 42 Tz. 77 und 46; WM/*Widmann* UmwG § 24 Rn. 547; ohne Begründung aA SBB/*Bula/Pernegger* § 10 Rn. 316): **77**
- zum Buchwert der untergehenden Anteile;
- zum Zeitwert der untergehenden Anteile;
- zu einem zwischen den vorgenannten Werten liegenden erfolgsneutralen (Zwischen-)Wert, dh. zum Buchwert der untergehenden Anteile zuzüglich einer etwa dadurch ausgelösten Ertragsteuerbelastung (RS HFA 42 Tz. 77, 46),

in allen vorgenannten Fällen jeweils abzüglich etwaiger barer Zuzahlungen (WM/*Widmann* UmwStG § 24 Rn. 547).

Bezüglich des Zeitpunktes der Buchung des Tauschvorgangs dürfte es sachgerecht sein, an den Zeitpunkt des Übergangs des wirtschaftlichen Eigentums an den Vermögensgegenständen und Schulden auf den übernehmenden Rechtsträger anzuknüpfen (RS HFA 42 Tz. 79). Bei einer Verschmelzung zur Neugründung dürfte dies in aller Regel der Zeitpunkt sein, zu welchem die Verschmelzung handelsrechtlich wirksam wird (→ Rn. 53).

78 Bei Ansatz der Anteile an der Übernehmerin mit dem (höheren) Zeitwert der untergehenden Anteile und gleichzeitigem steuerlichem Ansatz der Buchwerte oder von Zwischenwerten (§ 13 Abs. 2 UmwStG) werden mit Rücksicht auf die dadurch begründete Differenz zwischen (höheren) handelsrechtlichen und (niedrigeren) steuerlichen Wertansätzen latente Steuern zu passivieren sein, § 274 Abs. 1 Sätze 1 und 3 HGB. Allerdings gleicht sich die Differenz erst im Falle einer Veräußerung aus (wenn es nicht vorher zu einer Wertberichtigung auf den handelsrechtlichen Bilanzansatz kommt); der Passivposten ist daher nur zu bilden, soweit diese bei Kapitalgesellschaften zB nach § 8b Abs. 2, 3 KStG (zu 5%) oder § 8b Abs. 7,8 KStG bzw. bei natürlichen Personen nach § 3 Nr. 40 Buchst. a oder b EStG stpfl. ist; iÜ ist die Differenz permanent.

79 *einstweilen frei*

6. Erfordernis einer Zwischenbilanz bei Beteiligung von Aktiengesellschaften

80 Soweit an der Verschmelzung eine Aktiengesellschaft beteiligt ist (gleichgültig ob als übertragende, übernehmende oder neugegründete Gesellschaft), muss eine **Zwischenbilanz** erstellt werden, wenn seit dem Stichtag des letzten Jahresabschlusses bis zur Aufstellung des Entwurfes oder bis zum Abschluss des Verschmelzungsvertrags mehr als sechs Monate vergangen sind, § 63 Abs. 1 Nr. 3, § 73 UmwG. Zu erstellen ist die Zwischenbilanz nur für die beteiligte Aktiengesellschaft bzw. KGaA, nicht hingegen auch für andere beteiligte Rechtsträger (Kallmeyer/*Müller* UmwG § 63 Rn. 5; zweifelnd *Wagner* DStR 2010, 1629). Die Zwischenbilanz ist auf einen Stichtag zu erstellen, der nicht vor dem ersten Tag des dritten Monats liegt, welcher der Aufstellung des Entwurfs oder dem Abschluss des Verschmelzungsvertrags vorangeht, §§ 63 Abs. 1 Nr. 3, 73 UmwG. Als Zeitpunkt der Aufstellung des Entwurfs des Verschmelzungsvertrags wird man den Zeitpunkt der Unterzeichnung bzw. Paraphierung durch die Organe der Vertragsparteien anzusehen haben (Kallmeyer/*Müller* UmwG § 63 Rn. 6). Die Zwischenbilanz ist spätestens ab dem Zeitpunkt der **Einberufung** der Hauptversammlung der Aktiengesellschaft in den Geschäftsräumen der Gesellschaft **auszulegen,** § 63 Abs. 1 Nr. 3 UmwG, soweit sie nicht gemäß Abs. 4 über die Internetseite der Gesellschaft zugänglich ist.

Die **Zwischenbilanz** ist nach den Vorschriften aufzustellen, die auf die letzte Jahresbilanz angewendet worden sind, § 63 Abs. 2 Satz 1 UmwG; § 63 Abs. 2 Sätze 2 ff UmwG sehen gewisse Erleichterungen vor. Eine Prüfung ist nicht erforderlich (*Lutter/Grunewald* § 63 UmwG Rz. 8; SSt/*Diekmann* § 63 Rz. 18).

Eine Gewinn- und Verlustrechnung, ein Anhang und ein Lagebericht müssen weder aufgestellt noch ausgelegt werden (Kallmeyer/*Müller* UmwG § 63 Rn. 7). Jedoch wird für so genannte **Wahlpflichtangaben,** dh. Angaben, die wahlweise in der Bilanz oder im Anhang gemacht werden können (zB Haftungsverhältnisse iSd. §§ 251, 268 Abs. 7 HGB), nichts Anderes gelten können als für die **Schlussbilanz,** dh. sie müssen entweder aus der Bilanz ersichtlich sein oder nach Art eines Anhangs ergänzt werden (so für die Schlussbilanz RS HFA 42 Tz. 8).

81 Die Zwischenbilanz ist gemäß § 63 Abs. 2 Satz 6 UmwG idF des 3. UmwÄndG v. 11.7.2011 (BGBl I 2011, 1338) entbehrlich, wenn die Aktiengesellschaft einen Halbjahresfinanzbericht gemäß § 37w WpHG veröffentlich hat. Außerdem kann auf die Zwischenbilanz gemäß § 63 Abs. 2 Satz 5, § 8 Abs. 3 Satz 1 1. Alt. und Satz 2 UmwG idF des 3. UmwÄndG v. 11.7.2011, aaO durch notariell beurkundete Erklärung aller Anteilsinhaber aller beteiligten Rechtsträger verzichtet werden.

VI. Ertragsteuerrecht

1. Allgemeines

Zur Anwendbarkeit des UmwStG s. § 1 Abs. 1 und 2 UmwStG sowie → Form. A.6 Rn. 83. Außerhalb des Anwendungsbereichs des UmwStG ist unter den Voraussetzungen des § 12 Abs. 2 KStG ebenfalls Buchwertfortführung möglich. 82

Für die Ertragsbesteuerung sind bei der Verschmelzung zweier Kapitalgesellschaften zur Neugründung (wie bei der Verschmelzung bestehender Kapitalgesellschaften) drei Ebenen zu unterscheiden:
– die Besteuerung der übertragenden Gesellschaften (§ 11 UmwStG)
– die Besteuerung der neugegründeten Gesellschaften (§ 12 UmwStG)
– die Besteuerung der Gesellschafter der übertragenden Gesellschaften (§ 13 UmwStG).

Gem. § 19 UmwStG gelten die – nachstehend dargestellten – und in den §§ 11–13 UmwStG geregelten Rechtsfolgen der Verschmelzung auch für Zwecke der **Gewerbesteuer.** Zur str. Geltung von § 2 Abs. 4 UmwStG → Rn. 86c. 83

2. Steuerliche Rückbeziehung, steuerlicher Übertragungsstichtag

Gem. § 2 Abs. 1 UmwStG sind Einkommen und Vermögen der übertragenden Kapitalgesellschaften (aber nicht das ihrer Gesellschafter, → Rn. 108 aE) sowie der neugegründeten Kapitalgesellschaft (auch für Zwecke der GewSt.) so zu ermitteln, als ob der im Rahmen der Verschmelzung erfolgende Vermögensübergang von den übertragenden Körperschaften auf die neugegründete Kapitalgesellschaft am **steuerlichen Übertragungsstichtag** stattgefunden hätte. Der steuerliche Übertragungsstichtag ist gemäß § 2 Abs. 1 Satz 1 UmwStG mit dem Ablauf des Bilanzstichtages der handelsrechtlichen Schlussbilanz **identisch** (BFH v. 17.1.2018, I R 27/16, BStBl. II 2018, 449, Tz. 17 zu § 2 Abs. 1 UmwStG 1995), welcher nach Auffassung der FinVerw. zwingend dem handelsrechtlichen Verschmelzungsstichtag unmittelbar vorausgeht (UmwSt-Erl. 2011, aaO, Tz. 02.02 und → Rn. 55). Anders als bei der Einbringung gem. § 20 Abs. 6 UmwStG besteht gemäß § 2 Abs. 1 UmwStG keine Wahlmöglichkeit, einen von der Schlussbilanz abweichenden Übertragungsstichtag zu wählen (UmwSt-Erl. 2011, BMF v. 11.11.2011, BStBl. I 2011, 1314 Tz. 02.03). Dies bedeutet, dass die ertragsteuerlichen Folgen der Verschmelzung bei einem Umwandlungsstichtag 1.1.02 noch im VZ 01 eintreten (UmwSt-Erl. 2011 BMF v. 11.11.2011, BStBl. I 2011, 1314 Tz. 02.02 und Tz. 02.04). 84

Obwohl die neugegründete Kapitalgesellschaft am Umwandlungsstichtag noch gar nicht existiert, ist für sie gleichwohl eine Steuerveranlagung für den VZ durchzuführen, in den der steuerliche Übertragungsstichtag fällt (UmwSt-Erl. 2011 BMF v. 11.11.2011, BStBl. I 2011, 1314 Tz. 02.11; HMB/*Slabon* UmwStG § 2 Rn. 35). Der Eintritt der Wirksamkeit einer Umwandlung, deren steuerliche Wirkungen nach § 2 UmwStG zurückbezogen werden, stellt ein rückwirkendes Ereignis iSd. § 175 Abs. 1 Satz 1 Nr. 2 AO dar (UmwSt-Erl. 2011 BMF v. 11.11.2011, BStBl. I 2011, 1314 Tz. 02.16 und Tz. 11.02 iVm.Tz. 03.03). 85

Der Zeitpunkt des Vermögensübergangs auf die Ubernehmerin fällt nach alledem nicht nur mit dem Stichtag der steuerlichen Schlussbilanz, sondern auch mit dem Ende des regulären Wirtschaftsjahres bzw. – falls ausnahmsweise ein vor Ablauf des regulären Wirtschaftsjahres liegender Verschmelzungsstichtag/steuerlicher Übertragungsstichtag gewählt wird – mit dem Ende des dadurch entstehenden Rumpfwirtschaftsjahres (BFH v. 21.12.2005, I R 66/05, BStBl II 2006, 469, Tz. 16) der Überträgerin zusammen. Daraus folgt u.a., dass eine bei der Überträgerin gebildete Rücklage nach § 6b Abs. 3 EStG, die ohne die Verschmelzung zu diesem Zeitpunkt gemäß § 6b Abs. 3 Satz 5 (1. Hs.) EStG aufzulösen gewesen wäre, noch auf die Übernehmerin übergeht und, wenn bei dieser ein Reinvestitionsobjekt vorhanden ist, auf dieses übertragen werden kann (FG Münster v. 17.9.2018, 13 K 2082/15, BB 2019, 560f., Rev. BFH XI R 39/18; **aA** FG Bln-Bdbg v. 5.3.2019, 6 K 6071/18, EFG 2019, 739–741, Rev. BFH I R 20/19).

86 Nach dem steuerlichen Übertragungsstichtag, aber vor Eintragung im Handelsregister (sog. Rückwirkungszeitraum) beschlossene Ausschüttungen der übertragenden Rechtsträger bleiben abweichend von der früheren Verwaltungspraxis (UmwSt-Erl. 1998, BStBl. I 1998, 268 Tz. 02.29) steuerlich Ausschüttungen der übertragenden Kapitalgesellschaften (UmwSt-Erl. 2011, BMF v. 11.11.2011, BStBl. I 2011, 1314 Tz. 02.34). Für sie ist in der Schlussbilanz der Überträgerin ein passiver Korrekturposten zu bilden (UmwSt-Erl. 2011 BMF v. 11.11.2011, BStBl. I 2011, 1314 Tz. 02.34; zur – abweichenden – Behandlung in der handelsrechtlichen Schlussbilanz → Rn. 56). Aus Vereinfachungsgründen kann die Abwicklung der Ausschüttung aber auch durch die Übernehmerin erfolgen, wenn die Verpflichtung zum Einbehalt und zur Abführung der Kapitalertragsteuer nach §§ 43ff. EStG hierdurch nicht beeinträchtigt wird (UmwSt-Erl. 2011 BMF v. 11.11.2011, BStBl. I 2011, 1314 Tz. 02.34). Letzteres dürfte zB bei grenzüberschreitender Hinausverschmelzung der Fall sein (*Schumacher/Neitz-Hackstein* Ubg 2011, 413).

86a § 2 Abs. 4 Satz 2 UmwStG ordnet in Ansehung etwaiger im **Rückwirkungszeitraum** von der Überträgerin erwirtschafteter **Verluste** die **entsprechende Anwendung** von § 2 Abs. 4 Satz 1 UmwStG an. Die letztgenannte Vorschrift setzt nach ganz hM voraus, dass es im Rückwirkungszeitraum zu einem verlustschädlichen Anteilserwerb oder einem anderen verlustschädlichen Ereignis isV. § 8c KStG kommt, und schließt für diesen Fall sowohl den Ausgleich als auch die Verrechnung eines Übertragungsgewinns mit nicht ausgeglichenen negativen Einkünften, Verlustvorträgen und anderen gleichstehenden Rechtspositionen der Überträgerin aus (iE → Rn. 90a). Bei der Verschmelzung von Kapitalgesellschaften zur Aufnahme entnimmt die Finanzverwaltung dem Verweis auf § 2 Abs. 4 Satz 1 UmwStG, dass von der Überträgerin im **Rückwirkungszeitraum** bis zu einem **verlustschädlichen Ereignis** iSv. § 8c KStG erwirtschaftete Verluste nicht mit Gewinnen des **übernehmenden Rechtsträgers** verrechnet werden können (UmwSt-Erl. 2011 BMF v. 11.11.2011, BStBl. I 2011, 1314 Tz. 02.40; siehe auch das in FM Brandenburg v. 17.3.2015, BeckVerw 313155 unter Ziff. 2.3.1 gebildete Beispiel; glA RHL/*van Lishaut* UmwStG § 2 Rn. 170; DPM/*Dötsch/Werner* UmwStG § 2 Rn. 110f.). Dementsprechend ist damit zu rechnen, dass die Finanzverwaltung bei der **Verschmelzung** zweier Kapitalgesellschaften **zur Neugründung** ein Ausgleichs- und Verrechnungsverbot für die im Rückwirkungszeitraum bis zu einem verlustschädlichen Ereignis (§ 8c KStG) erwirtschafteten Verluste eines übertragenden Rechtsträgers mit den Gewinnen des **anderen übertragenden Rechtsträgers** annehmen wird.

86b § 2 Abs. 4 Satz 3 UmwStG idF des Amtshilferichtlinie-Umsetzungsgesetzes v. 26.6.2013 (BGBl. I 2013, 1809), wonach im Rückwirkungszeitraum von einem übertragenden Rechtsträger erwirtschaftete Gewinne weder mit verrechenbaren Verlusten des **übernehmenden** Rechtsträgers noch mit dessen verbleibenden Verlustvorträgen, nicht ausgeglichenen negativen Einkünften oder Zinsvorträgen nach § 4h Abs. 1 Satz 5 EStG ausgeglichen oder verrechnet werden können, hat bei der Verschmelzung zur Neugründung keinen Anwendungsbereich, weil es bei dieser keinen übernehmenden Rechtsträger gibt, § 36 Abs. 1 Satz 2 UmwG. Wegen der zu bejahenden Anwendbarkeit des § 2 Abs. 4 Satz 2 UmwStG auf die Verschmelzung zweier Kapitalgesellschaften zur Neugründung (→ Rn. 98a) können die im Rückwirkungszeitraum erwirtschafteten Gewinne einer Überträgerin gleichwohl nicht mit ebenfalls im Rückwirkungszeitraum erwirtschafteten Verlusten der anderen Überträgerin ausgeglichen werden. Eine Verrechnung mit Verlustvorträgen der anderen Überträgerin scheitert bereits daran, dass diese gemäß § 12 Abs. 3 HS 2, § 4 Abs. 2 Satz 2 UmwStG untergehen (→ Rn. 98).

Die FinVerw. geht von uneingeschränkter Anwendbarkeit des § 2 Abs. 4 UmwStG für Zwecke der **Gewerbesteuer** aus (UmwSt-Erl. 2011, BMF v. 11.11.2011, BStBl. I 2011, 1314 Tz. 18.02). In Teilen der Literatur wird hingegen differenziert: § 2 Abs. 4 Satz 1 UmwStG gelte mangels Erwähnung von § 10a GewStG nicht, während § 2 Abs. 4 Satz 2 UmwStG anwendbar sei (WM/*Widmann* § 2 Rn. R 127 ff; die Anwendbarkeit für § 2 Abs. 4 Satz 2 UmwStG ebenfalls bejahend, für Satz 1 iVm. § 10a GewStG hingegen zurückhaltender [„gut vertretbar"] RHL/*van Lishaut* § 2 Rn. 184–186; in vollem Umfang der FinVerw. folgend hingegen noch RHL/*van Lishaut* 2. Aufl. § 2 Rn. 120; generell gegen die Anwendbarkeit von § 2 Abs. 4 UmwStG im Bereich der Gewerbesteuer *Viebrock/Loose* DStR 2013, 1366). 86c

3. Besteuerung der übertragenden Kapitalgesellschaften

a) Grundsatz: Ansatz des gemeinen Wertes, § 11 Abs. 1 UmwStG

Anders als nach dem UmwStG 1995 sind die übergehenden Wirtschaftsgüter in der Schlussbilanz der Überträgerinnen grundsätzlich mit dem **gemeinen Wert** iSv. § 9 BewG anzusetzen, wenn nicht nach § 11 Abs. 2 UmwStG zulässigerweise der Ansatz von Buch- oder Zwischenwerten beantragt wird, § 11 Abs. 1 Satz 1 UmwStG 2006. Die Finanzverwaltung verlangt gemäß § 11 Abs. 1 Satz 1 UmwStG grundsätzlich immer, also auch bei Ansatz des gemeinen Wertes, eine – von der Steuerbilanz iSd. § 4 Abs. l, § 5 Abs. 1 EStG zu unterscheidende – gesonderte Schlussbilanz (UmwSt-Erl. 2011, BMF v. 11.11.2011, BStBl. I 2011, 1314 Tz. 11.02 iVm. Tz. 03.01). § 5b EStG (Elektronische Übermittlung) gilt für diese Schlussbilanz entsprechend (UmwSt-Erl. 2011, BMF v. 11.11.2011, BStBl. I 2011, 1314 Tz. 11.03 iVm. Tz. 03.04). 87

Bei Ansatz des gemeinen Wertes ist das übergehende Unternehmen als Sachgesamtheit gemäß § 109 Abs. 1 Satz 2, § 11 Abs. 2 BewG anhand eines allgemein anerkannten ertragswert- oder zahlungsstromorientierten Verfahrens zu bewerten (UmwSt-Erl. 2011, BMF v. 11.11.2011, BStBl. I 2011, 1314 Tz. 11.04 iVm. Tz. 03.07); dies sind im Regelfall die Verfahren, die in der einschlägigen Stellungnahme des *IDW* über die Grundsätze zur Durchführung von Unternehmensbewertungen (*IDW* S 1 v. 2.4.2008, WPg Supplement 3/2008, S. 68 ff., *FN-IDW* 7/2008, S. 271 ff.) beschrieben sind (*Bogenschütz* Ubg 2011, 399). In der endgültigen Fassung des UmwSt-Erl. 2011 ist nunmehr klargestellt, dass über § 11 Abs. 2 Satz 4 BewG auch das vereinfachte Ertragswertverfahren anwendbar ist (s. den Hinweis in UmwSt-Erl. 2011, BMF v. 11.11.2011, BStBl. I 2011, 1314 Tz. 03.07 auf BMF v. 22.9.2011, BStBl. I 2011, 859 und die Gleichl. Ländererlasse v. 17.5.2011 (BStBl. I 2011, 606) zur Anwendung der §§ 11, 95 bis 109 und 199 ff. BewG idF des ErbStRG 2009). Der wie vorstehend ermittelte gemeine Wert ist analog § 6 Abs. 1 Nr. 7 EStG auf die einzelnen Wirtschaftsgüter zu verteilen (UmwSt-Erl. 2011, BMF v. 11.11.2011, BStBl. I 2011, 1314 Tz. 11.04 iVm. Tz. 03.09).

Bei dieser Verteilung ist auch ein Geschäfts- oder Firmenwert anzusetzen (UmwSt-Erl. 2011, BMF v. 11.11.2011, BStBl. I 2011, 1314 Tz. 11.03 iVm. Tz. 03.05). 87a

Steuerbilanzielle Ansatzverbote (zB gem. § 5 EStG) gelten nach Ansicht der FinVerw. nicht (UmwSt-Erl. 2011, BMF v. 11.11.2011, BStBl. I 2011, 1314 Tz. 11.03 iVm. Tz. 03.06), dh. auch sog. **„stille Lasten"** (umfassend diesem Thema speziell bzgl. Umwandlungsvorgängen *Widmann,* FS Haarmann, S. 1013 ff. sowie → Rn. 99 ff.) sind grundsätzlich aufzudecken (zur Ausnahme für **Pensionsrückstellungen** → Rn. 87c). Dem wird entgegengehalten, dass der Wortlaut des § 11 Abs. 1 UmwStG nur vom Ansatz 87b nicht entgeltlich erworbener und selbst geschaffener **immaterieller Wirtschaftsgüter** spricht, während unter bilanzsteuerliche Passivierungsverbote fallende Passiva nicht erwähnt werden (*Rödder* DStR 2011, 1059, 1061; *Schumacher/Neitz-Hackstein* Ubg 2011, 409); auf Basis dieser Auffassung wären stille Lasten nur im Firmenwert zu berücksichtigen; bei den Geschäftswert übersteigenden stillen Lasten käme die Passivierung und Übernahme eines **„Bad Will"** in Betracht (*Rödder* DStR 2011, 1059, 1061; *Schumacher/Neitz-Hackstein* Ubg 2011, 409).

Der sich auf Basis der Auffassung der Finanzverwaltung aus dem Ansatz der unter bilanzsteuerliche Passivierungsverbote fallenden Passiva ergebende steuerliche Aufwand kann allerdings gemäß § 4f Satz 1 EStG idF des **AIFM-StAnpG** v. 18.12.2013 (BGBl I 2013, 4316) grundsätzlich nur über 15 Jahre verteilt geltend gemacht werden (iE → Rn. 99a).

87c Für die Bewertung von Pensionsrückstellungen gilt gemäß § 3 Abs. 1 Satz 2 UmwStG allerdings stets § 6a EStG. Die Finanzverwaltung versteht dies so, dass „stille Lasten" in den Pensionsrückstellungen bei der Ermittlung des gemeinen Wertes nicht anzusetzen sind (UmwSt-Erl. 2011, BMF v. 11.11.2011, BStBl. I 2011, 1314 Tz. 11.04 iVm. Tz. 03.08). Dies führt zu einem über dem Verkehrswert liegenden gemeinen Wert und damit zu einer verfassungsrechtlich problematischen **Übermaßbesteuerung** (*Rödder* DStR 2011, 1061). Bewertungstechnisch wird man bei der Ermittlung des gemeinen Wertes in einem ersten Schritt den Equity Value vor Pensionsaufwand zu ermitteln und sodann in einem zweiten Schritt die Pensionsrückstellungen mit dem Wert gemäß § 6a EStG abzuziehen haben (*Bogenschütz* Ubg 2011, 399).

87d Der Ansatz einer Rückstellung für Grunderwerbsteuer scheidet in jedem Fall aus, auch soweit die Grunderwerbsteuer nach den getroffenen Vereinbarungen von der Überträgerin übernommen wird (UmwSt-Erl. 2011, BMF v. 11.11.2011, BStBl. I 2011, 1314 Tz. 11.03 iVm. Tz. 03.05; zur Behandlung der Grunderwerbsteuer bei der Übernehmerin als Anschaffungsnebenkosten → Rn. 100).

b) Antragsgebundenes Wahlrecht gemäß § 11 Abs. 2 UmwStG

88 Unter den Voraussetzungen des § 11 Abs. 2 UmwStG kann **(steuerrechtliches Wahlrecht)** die übertragende Körperschaft die übergehenden Wirtschaftsgüter auf Antrag auch mit dem Buchwert oder Zwischenwerten ansetzen. Dies ist nur möglich, **soweit** die folgenden drei (s. Buchst. (a) bis (c)) Voraussetzungen **kumulativ** erfüllt sind:

- **(a)** Die Besteuerung der übergehenden Wirtschaftsgüter bei der neugegründeten Gesellschaft mit Körperschaftsteuer ist sichergestellt (§ 11 Abs. 2 Satz 1 Nr. 1 UmwStG). Damit wird verhindert, dass Wirtschaftsgüter ohne Aufdeckung der stillen Reserven in den steuerbefreiten Bereich einer Körperschaft übertragen werden (UmwSt-Erl. 2011, BMF v. 11.11.2011, BStBl. I 2011, 1314 Tz. 11.07), was zB im Hinblick auf steuerbefreite REITs iSd. Gesetzes zur Schaffung deutscher Immobilien-Aktiengesellschaften mit börsennotierten Anteilen v. 28.5.2007 (BGBl. I 2007, 914) von Bedeutung ist (*Benecke/Schnitger* IStR 2007, 22);
- **(b)** Das deutsche Besteuerungsrecht bezüglich des Gewinns aus der Veräußerung der übertragenen Wirtschaftsgüter bei der Übernehmerin wird weder ausgeschlossen noch beschränkt, § 11 Abs. 2 Satz 1 Nr. 2 UmwStG.
- **(c)** Es werden keine oder nur Gesellschaftsrechte als Gegenleistung gewährt (§ 11 Abs. 2 Nr. 3 UmwStG); hierzu → Rn. 94.

Maßgeblich für die Beurteilung der og. Voraussetzungen sind die Verhältnisse am steuerlichen Übertragungsstichtag (UmwSt-Erl. 2011, BMF v. 11.11.2011, BStBl. I 2011, 1314 Tz. 11.05). Das Wahlrecht kann für alle übergehenden Wirtschaftsgüter nur **einheitlich** ausgeübt werden (UmwSt-Erl. 2011, BMF v. 11.11.2011, BStBl. I 2011, 1314 Tz. 11.06 und Tz. 11.12 iVm. Tz. 03.13 und Tz. 03.28). Eine Verpflichtung, das Wahlrecht für beide Gesellschaften einheitlich auszuüben, dürfte hingegen zu verneinen sein (so auch die handelsbilanzielle Praxis, → Rn. 67).

Liegt der Buchwert der übergehenden Wirtschaftsgüter als Gesamtheit wegen sog. „stiller Lasten", die sich etwa aus steuerlichen Ansatzverboten (zB. Verbot der Bildung von Drohverlustrückstellungen gemäß § 5 Abs. 4a EStG) ergeben können, über dem gemeinen Wert iSv. § 11 Abs. 1 UmwStG (zur Aufdeckung stiller Lasten bereits → Rn. 87b und → Rn. 99 ff.; zur abweichenden Behandlung von Pensionsrückstellungen → Rn. 87c), soll wegen der einschränkenden Formulierung in § 11 Abs. 2 UmwStG („höchstens jedoch mit dem Wert nach Abs. 1") nach Ansicht der Finanzverwaltung ein Buchwertansatz ausscheiden (UmwSt-Erl. 2011, BMF v. 11.11.2011, BStBl. I 2011, 1314 Tz. 11.06 iVm. Tz. 03.12 iVm. Tz. 01.57; kritisch unter Hinweis auf die Gesetzesbegründung *Schumacher/Neitz-Hackstein* Ubg 2011, 411: Die Einschränkung beziehe sich nur auf den unmittelbar vorangehenden „höheren Wert"). In diesen Fällen wäre dann konsequenterweise zwingend der niedrigere gemeine Wert anzusetzen (*Bogenschütz* Ubg 2011, 397). Dadurch ergäbe sich ein Übertragungsverlust, der – falls er nicht mit positiven Einkünften der Überträgerin verrechnet werden kann – gemäß § 12 Abs. 3, § 4 Abs. 2 Satz 2 UmwStG im Zuge der Verschmelzung verloren gehen würde (zu möglicher Abhilfe bei Bestehen einer ertragsteuerlichen Organschaft → Rn. 91), wenn und soweit der aus der Aufdeckung der stillen Lasten herrührende Aufwand nicht gemäß § 4f Abs. 1 Sätze 1 oder 2 EStG idF des **AIFM-StAnpG** v. 18.12.2013 (BGBl. I 2013, 4316) zwingend über die folgenden 14 Jahre zu verteilen ist (dazu → Rn. 99 ff.). 89

Ein unter dem Buchwert liegender gemeiner Wert einzelner Wirtschaftsgüter hindert hingegen, solange der gemeine Wert der Sachgesamtheit nicht unter dem Buchwert liegt, den Ansatz des Buchwertes nicht (*Rödder* DStR 2011, 1059, 1061 FN 4).

Ob die Ausübung des antragsgebundenen Wahlrechts gemäß § 11 Abs. 2 UmwStG außerdem noch gemäß § 5 Abs. 1 Satz 2 EStG die Aufnahme in das durch **BilMoG** v. 26.5.2009 (BGBl. I 2009, 1102) eingeführte besondere, laufend zu führende **Verzeichnis** (zu diesem siehe BMF v. 12.3.2010, BStBl I 2010, 239, DStR 2010, 601 Tz. 19 ff.) voraussetzt, ist im UmwSt-Erl. 2011 nicht ausdrücklich geregelt; richtigerweise dürfte die Frage zu verneinen sein (glA *Rödder* DStR 2011, 1059, 1060; *Schumacher/Neitz-Hackstein* Ubg 2011, 410), da die umwandlungsteuerlichen Transparenzvorschriften, namentlich das Erfordernis der gesonderten Schlussbilanz, insoweit eine speziellere Regelung darstellen und der von § 5 Abs. 1 Satz 2 EStG vorausgesetzte Maßgeblichkeitsgrundsatz bei Umwandlungen ohnehin nicht gilt (→ Rn. 92 f.). 89a

Das Wahlrecht kann für alle übergehenden Wirtschaftsgüter nur **einheitlich** ausgeübt werden (UmwSt-Erl. 2011, BMF v. 11.11.2011; BStBl. I 2011, 1314 Tz. 11.06 und Tz. 11.12 iVm. Tz. 03.13 und Tz. 03.28). 89b

Der Antrag ist gemäß § 11 Abs. 3, § 3 Abs. 2 Satz 2 UmwStG bei dem für die übertragende Körperschaft zuständigen Finanzamt zu stellen (UmwSt-Erl. 2011, BMF v. 11.11.2011, BStBl. I 2011, 1314 Tz. 11.12 iVm. Tz. 03.27); falls – wie im Regelfall – die Verschmelzung zum Zeitpunkt der Antragstellung bereits durch Eintragung im Handelsregister der übernehmenden Gesellschaft wirksam geworden ist, erfolgt die Antragstellung durch die übernehmende bzw. neugegründete Gesellschaft als Rechtsnachfolgerin gem. § 20 Abs. 1 Nr. 1 UmwG iVm. § 45 AO (UmwSt-Erl. 2011, BMF v. 11.11.2011, BStBl. I 2011, 1314 Tz. 11.12 iVm. Tz. 03.28). Die Verschmelzung führt zu einem Zuständigkeitswechsel iSv. § 26 Abs. 1 AO (*Schumacher/Neitz-Hackstein* Ubg 2011, 412 unter Hinweis auf FinMin NRW v. 13.6.2008, DB 2008, 1888). Der Antrag ist **bedingungsfeindlich** (UmwSt-Erl. 2011, BMF v. 11.11.2011, BStBl. I 2011, 1314 Tz. 11.12 iVm. Tz. 03.29), kann also zB nicht von der Höhe eines Verlustvortrages abhängig gemacht werden (*Bogenschütz* Ubg 2011, 401), und **unwiderruflich** (UmwSt-Erl. 2011, BMF v. 11.11.2011, BStBl. I 2011, 1314 Tz. 11.12 iVm. Tz. 03.29; aA *Schumacher/Neitz-Hackstein* Ubg 2011, 412: Änderung bis zur Einreichung der steuerlichen Schlussbilanz möglich).

89c Spätester Zeitpunkt für die Stellung eines Antrages ist gemäß § 11 Abs. 3, § 3 Abs. 2 Satz 2 UmwStG die erstmalige Abgabe der steuerlichen Schlussbilanz bei dem für die Besteuerung der übernehmenden Gesellschaft zuständigen Finanzamt. Anders als bei der Einbringung (→ Form. A.8 Rn. 117a; → Form. A.9 Rn. 113a) verlangt die Finanzverwaltung gemäß § 11 Abs. 1 UmwStG grundsätzlich immer eine – von der **Steuerbilanz** iSd. § 4 Abs. 1, § 5 Abs. 1 EStG zu unterscheidende – gesonderte **Schlussbilanz.** Nur wenn die Steuerbilanz der Schlussbilanz entspricht, also bei Buchwertansatz gemäß § 11 Abs. 2 UmwStG, genügt die **ausdrückliche** Erklärung, dass die Steuerbilanz gleichzeitig steuerliche Schlussbilanz sein soll; in dieser Erklärung liegt dann gleichzeitig ein konkludenter Antrag gemäß § 11 Abs. 2 Satz 2 UmwStG auf Buchwertfortführung (UmwSt-Erl. 2011, BMF v. 11.11.2011, BStBl. I 2011, 1314 Tz. 11.02 iVm. Tz. 03.01). Daraus, dass diese Erklärung „ausdrücklich" sein muss, wird man schließen müssen, dass die Finanzverwaltung künftig die bloße Einreichung der Steuerbilanz nach § 4 Abs. 1, § 5 Abs. 1 EStG ohne entsprechende Erklärung, dass diese auch „Schlussbilanz" iSv. § 11 UmwStG sein solle, womöglich nicht mehr als konkludenten Antrag auf Ansatz eines unter dem gemeinen Wert liegenden Wertes anerkennen wird (kritisch *Rödder* DStR 2011, 1059, 1060). Dies wirft dann die weitere, im UmwSt-Erl. 2011 nicht geklärte Frage auf, wie lange ein solcher Antrag noch nachgeholt werden kann. Richtigerweise dürfte die Nachholung solange noch möglich sein, wie die entsprechenden Veranlagungszeiträume noch offen sind (*Bogenschütz* Ubg 2011, 401; Blümich/*Klingberg* UmwStG 2006 § 11 Rn. 37).

c) Zwischenwertansatz – Verlustnutzung

90 Die Wahl eines über dem Buchwert liegenden Wertes (sog. **Zwischenwert**) gemäß § 11 Abs. 2 Satz 1 (2. Alt.) UmwStG kann sinnvoll sein, wenn die übertragende Kapitalgesellschaft über **steuerliche Verlustvorträge** verfügt, da diese im Rahmen der Verschmelzung **untergehen** würden (→ Rn. 98). Allerdings ist die gemäß § 10d Abs. 2 EStG sowie gemäß § 10a Satz 2 GewStG bestehende Beschränkung der Verrechnung von Verlustvorträgen, die sog. **Mindestbesteuerung,** zu beachten. Zur Ausnutzung von Verlustvorträgen empfiehlt sich regelmäßig ein Ansatz von **Zwischenwerten,** da diese nicht nur durch einen Prozentsatz, sondern auch unter Angabe absoluter Beträge konkretisiert werden können (UmwSt-Erl. 2011, BMF v. 11.11. 2011, BStBl. I 2011, 1314 Tz. 11.12 iVm. Tz. 03.29), was die Steuerplanung erleichtert (*Bogenschütz* Ubg 2011, 401; *Schumacher/Neitz-Hackstein* Ubg 2011, 412).

90a Der Ausgleich bzw. die Verrechnung von verrechenbaren Verlusten, **Verlustvorträgen** und **nicht ausgeglichenen negativen Einkünften** ebenso wie eines Zinsvortrags nach § 4h Absatz 1 Satz 5 EStG und eines EBITDA-Vortrags nach § 4h Absatz 1 Satz 3 EStG der übertragenden Kapitalgesellschaft mit dem durch einen Ansatz über dem Buchwert entstehenden **Übertragungsgewinn** (→ Rn. 91) ist gemäß § 2 Abs. 4 Satz 1 UmwStG nur insoweit zulässig, als dies auch ohne die Rückwirkung gemäß § 2 Abs. 1, 2 UmwStG möglich wäre. Nach ganz hM greift diese Ausgleichs- bzw. Verrechnungsbeschränkung nur dann ein, wenn **(ungeschriebenes Tatbestandsmerkmal)** im Rückwirkungszeitraum, also zwischen dem steuerlichen Übertragungsstichtag und dem Wirksamwerden der Verschmelzung, ein verlustschädlicher Anteilserwerb oder ein anderes Ereignis eintritt, welches gemäß **§ 8c Abs. 1 Satz 1 KStG** zum Untergang dieser Verluste führen würde (s. etwa WM/*Widmann* UmwStG § 2 Rn. R 120.9; RHL/*van Lishaut* UmwStG § 2 Rn. 179; HMB/*Slabon* UmwStG § 2 Rn. 110; *Rödder/Schönfeld* DStR 2009, 560, 562; *Viebrock/Loose* DStR 2013, 1364; ebenso FM Brandenburg v. 17.3.2015, BeckVerw 313155 unter Ziff. 2.2; zweifelnd hingegen *Böttcher* NWB 2014, 3146); dies folge aus der Anwendungsregelung des § 27 Abs. 9 UmwStG, die ausdrücklich an einen schädlichen Beteiligungserwerb oder ein anderes die Verlustnutzung **ausschließendes** Ereignis anknüpft (*Rödder/Schönfeld* DStR 2009,

560, 562), und aus dem in der Gesetzesbegründung zum Ausdruck gekommenen Normzweck (*Viebrock/Loose* DStR 2013, 1364): Die Rückwirkungsfiktion des § 2 Abs. 1 UmwStG solle nicht dazu genutzt werden können, durch entsprechende Wahl des Übertragungsstichtages zur Realisierung eines Übertragungsgewinns auf einen Zeitpunkt „zurückzuspringen“, der vor dem gemäß § 8c KStG für die Verlustnutzung schädlichen Beteiligungserwerb liegt (BT-Drs. 16/11108, S. 33). Ob die Auffassung, dass § 2 Abs. 4 Satz 1 UmwStG ein im Rückwirkungszeitraum eintretendes verlustschädliches Ereignis iSv. § 8c KStG voraussetze, von der Finanzverwaltung geteilt wird, ist allerdings nicht völlig klar. Der UmwSt-Erl. 2011 (BMF v. 11.11.2011, BStBl. I 2011, 1314 Tz. 02.39) nennt § 8c KStG lediglich beispielhaft . Ob die Auffassung des FM Brandenburg (v. 17.3.2015, BeckVerw 313155 unter Ziff. 2.2), ein verlustschädliches Ereignis iSv. § 8c KStG sei erforderlich, bundeseinheitlich abgestimmt ist, ist dem Erlass nicht zu entnehmen (*Böttcher* NWB 2014, 3146).

Würde man § 2 Abs. 4 Satz 1 UmwStG entgegen der hM streng nach dem Wortlaut anwenden und daher kein „verlustschädliches Ereignis“ als ungeschriebenes Tatbestandsmerkmal verlangen, wäre die Vorschrift zB. auch insoweit anwendbar, als ohne steuerliche Rückverlagerung des Übertragungsgewinns dessen Verrechnung mit einem im Wirtschaftsjahr des steuerlichen Übertragungsstichtags angefallenen Verlust an § 10d Abs. 2 EStG scheitern würde (*Rödder/Schönfeld* DStR 2009, 560, 562 Fall 2; *Böttcher* NWB 2014, 3146 Beispiel 1).

Darauf, ob das verlustschädliche Ereignis im Rückwirkungszeitraum vor oder nach der Fassung der Umwandlungsbeschlüsse eintritt, kommt es jedenfalls nicht an (UmwSt-Erl. 2011, BMF v. 11.11.2011, BStBl. I 2011, 1314 Tz. 02.39).

Die Bedeutung des § 2 Abs. 4 Satz 1 UmwStG wird allerdings durch die mit WachstBeschlG v. 22.12.2009, BGBl. I 2009, 3950, aufgenommene Verschonungsregelung in Höhe der im Inland stpfl. stillen Reserven in § 8c Abs. 1 Satz 5 KStG relativiert (*Böttcher* NWB 2014, 3146). Einen Anwendungsbereich behält § 2 Abs. 4 Satz 1 UmwStG freilich insoweit, als im Wege einer anderen ebenfalls rückwirkenden Umwandlung auf die Überträgerin übergegangene stille Reserven gemäß § 8c Abs. 1 Satz 8 KStG von der Verschonungsregelung des § 8c Abs. 1 Satz 5 KStG ausgenommen sind (RHL/*van Lishaut* UmwStG § 2 Rn. 176), oder wenn sich die am steuerlichen Übertragungsstichtag vorhandenen stillen Reserven im Rückwirkungszeitraum vor dem verlustschädlichen Ereignis verringern (s. etwa das in FM Brandenburg v. 17.3.2015, BeckVerw 313155 unter Ziff. 2.2 gebildete Beispiel).

Zur streitigen Frage, ob § 2 Abs. 4 Satz 1 UmwStG auch für **gewerbesteuerliche Verluste** gilt, → Rn. 86c.

Beim Zwischenwertansatz sind die in den einzelnen Wirtschaftsgütern – einschließ- **91**
lich der nicht entgeltlich erworbenen und selbstgeschaffenen immateriellen Wirtschaftsgüter sowie des Firmenwerts – ruhenden stillen Reserven um einen **einheitlichen Prozentsatz** aufzulösen (UmwSt-Erl. 2011, BMF v. 11.11.2011, BStBl. I 2011, 1314 Tz. 11.10f. iVm. Tz. 03.23 und Tz. 03.25).

Nach Ansicht der Finanzverwaltung sollen bei der Aufstockung um den einheitli- **91a**
chen Prozentsatz mit Ausnahme der Pensionsrückstellungen (→ Rn. 87c) auch die sog. **„stillen Lasten“**, zB eine bislang gemäß § 5 Abs. 4a EStG nicht passivierte Drohverlustrückstellung, einzubeziehen sein (UmwSt-Erl. 2011, BStBl. I 2011, 1314 Tz. 11.11 iVm. Tz. 03.25; aA *Rödder* DStR 2011, 1059, 1061; dazu → Rn. 87b, → Rn. 89 sowie→ Rn. 99ff.).

d) Übertragungsgewinn bzw. Übertragungsverlust

Bei Ansatz eines über den steuerlichen Buchwerten liegenden Wertes (gemeiner Wert **91b**
oder Zwischenwert) ergibt sich bei der betroffenen übertragenden Körperschaft ein **Übertragungsgewinn,** der der **Körperschaftsteuer und** gemäß § 19 Abs. 1 UmwStG auch der **Gewerbesteuer** unterliegt (DPM/*Dötsch/Stimpel* UmwStG § 11 Rn. 119); die

resultierende Ertragsteuerbelastung ist in der steuerlichen Schlussbilanz zurückzustellen. Soweit der Übertragungsgewinn auf Anteile an Kapitalgesellschaften entfällt, ist er gemäß § 8b Abs. 2, 3 KStG iE zu 95% von der Körperschaftsteuer befreit (BMF v. 28.4.2003, BStBl. I 2003, 292 Tz. 23) (Rückausnahme § 8b Abs. 7 und 8 KStG).

Ist wegen eines infolge „stiller Lasten" unter dem Buchwert liegenden gemeinen Werts zwingend der **niedrigere gemeine Wert** anzusetzen (→ Rn. 89), ergibt sich ein **Übertragungsverlust,** der – falls er nicht mit positiven Einkünften der Überträgerin verrechnet werden kann – gemäß § 12 Abs. 3, § 4 Abs. 2 Satz 2 UmwStG im Zuge der Verschmelzung untergeht. Dies gilt nach Ansicht der Finanzverwaltung selbst dann, wenn die übertragende Kapitalgesellschaft **Organgesellschaft** ist, denn der **Übertragungsverlust** soll nach Ansicht der Finanzverwaltung nicht der Ergebnisabführung unterliegen (UmwSt-Erl. 2011, BMF v. 11.11.2011, BStBl. I 2011, 1314 Tz. Org. 27). Es kann sich in solchen Fällen daher anbieten, den Betrieb vor der Verschmelzung im Rahmen einer noch bestehenden Organschaft zu veräußern, was aber wegen KStH 61 nur sukzessive erfolgen darf (*Bogenschütz* Ubg 2011, 399).

e) Keine Maßgeblichkeit der Handelsbilanz

92 Da es sich bei dem Wahlrecht nach § 11 Abs. 2 UmwStG um eine eigenständige steuerliche Ansatz- und Bewertungsvorschrift handelt (vgl. UmwSt-Erl. 2011, BMF v. 11.11.2011, BStBl. I 2011, 1314 Tz. 11.03 und Tz. 03.04), ist der Buchwertansatz auch dann zulässig, wenn die übernehmende Körperschaft in Ausübung ihres in § 24 UmwG vorausgesetzten Wahlrechtes in ihrem Jahresabschluss die übergehenden Vermögensgegenstände zu einem über den Buchwerten liegenden Wert ansetzt (UmwSt-Erl. 2011, BMF v. 11.11.2011, BStBl. I 2011, 1314 Tz. 11.05 – **keine „diagonale Maßgeblichkeit"**).

Eine Bindung an die Wertansätze in der handelsrechtlichen Schlussbilanz bestand entgegen der Ansicht der Finanzverwaltung schon während der Geltung des UmwStG 1995 nicht (BFH v. 5.7.2007, I R 97/06, BStBl. II 2008, 650 entgegen UmwSt-Erl. 1998, BStBl. I 1998, 268 Tz. 03.01 und Tz. 11.01); seit Inkrafttreten des UmwStG 2006 ist die Ansicht der Finanzverwaltung endgültig obsolet, da der Gesetzgeber in § 11 Abs. 1 Satz 1 UmwStG 2006 ausdrücklich die Zulässigkeit des Ansatzes auch von nicht entgeltlich erworbenen oder selbstgeschaffenen immateriellen Wirtschaftsgütern mit dem gemeinen Wert erwähnt, sich also von der Maßgeblichkeit der handelsrechtlichen Schlussbilanz, in welcher diese Wirtschaftsgüter wegen § 248 Abs. 2 HGB früher überhaupt nicht und seit Inkrafttreten des BilMoG mit Einschränkungen angesetzt werden dürfen, verabschiedet hat.

Auch von der von ihr noch unter der Geltung des UmwStG 1995 vertretenen Ansicht, wonach eine Aufstockung der handelsrechtlichen Wertansätze nach § 24 UmwG zu einer Wertaufholung in der nächsten Steuerbilanz der übernehmenden Körperschaft und damit ggf. zu Mehrsteuern führen sollte (UmwSt-Erl. 1998, BMF v. 25.3.1998, BStBl. I 1998, 268 Tz. 11.02 und Tz. 03.02 – sog. **„hinkende oder phasenverschobene" Maßgeblichkeit**) hat sich die Finanzverwaltung nunmehr verabschiedet: (vgl. UmwSt-Erl. 2011, BMF v. 11.11.2011, BStBl. I 2011, 1314 Tz. 12.02 iVm. Tz. 04.04; zustimmend *Rödder* DStR 2011, 1059, 1060; DPM/*Dötsch* UmwStG § 12 Rn. 18; für Beibehaltung der „hinkenden Maßgeblichkeit" hingegen noch DPPM/*Dötsch* 6. Auflage 2007 UmwStG § 11 Rn. 11.

93 *einstweilen frei*

f) Zuzahlungen und andere Gegenleistungen

94 Wenn und soweit im Rahmen der Verschmelzung an die Anteilsinhaber einer der übertragenden Kapitalgesellschaften zusätzlich zur Anteilsgewährung noch **Zuzahlungen** geleistet werden, sind die übergehenden Wirtschaftsgüter von der betrof-

fenen übertragenden Kapitalgesellschaft insoweit mit dem Wert der gewährten Gegenleistung anzusetzen, § 11 Abs. 2 Satz 1 Nr. 3 UmwStG. Es erfolgt also, wie bei § 3 Abs. 2 Nr. 3 UmwStG, eine **anteilige** („soweit") **Aufdeckung der stillen Reserven** (HMB/*Bärwaldt* UmwStG § 11 Rn. 60). Die Rechtslage ist insoweit also anders als bei der **Einbringung,** wo gemäß § 20 Abs. 2 Satz 4 UmwStG bzw. § 24 Abs. 2 Satz 2 Nr. 2 UmwStG jeweils idF StÄndG 2015 sonstige Gegenleistungen bis zur Höhe von 25% des Buchwertes bzw. absolut TEUR 500 des eingebrachten Betriebsvermögens buchwertfortführungsunschädlich sind (→ Form. A.8 Rn. 116e und → Form. A.9 Rn. 108c). Gegenleistungen iSv. § 11 Abs. 2 Satz 1 Nr. 3 UmwStG sind etwa bare Zuzahlungen wie zB ein Spitzenausgleich oder die Einräumung von Gesellschafterdarlehen (UmwSt-Erl. 1998, BStBl. I 1998, 268 Tz. 11.05; DPM/*Dötsch/Möhlenbrock* UmwStG § 3 Rn. 121). Den **Barausgleich** gem. § 29 UmwG behandelt die Finanzverwaltung hingegen nicht als andere Gegenleistung (UmwSt-Erl. 2011, BMF v. 11.11.2011, BStBl. I 2011, 1314 Tz. 11.10 iVm. Tz. 03.22; DPM/*Möhlenbrock/Pung* UmwStG § 3 Rn. 124). Zur Behandlung von anderen Gegenleistungen sowie des Barausgleichs auf Gesellschafterebene → Rn. 116.

Die bei Gewährung einer nicht in Gesellschaftsrechten bestehenden Gegenleistung vorzunehmende anteilige Aufstockung in der steuerlichen Schlussbilanz der übertragenden Kapitalgesellschaften erfolgt nach Ansicht der Finanzverwaltung nunmehr für alle aktiven und passiven Wirtschaftsgüter einschließlich des Firmenwertes gleichmäßig durch Multiplikation **der stillen Reserven** bzw. **stillen Lasten** mit demjenigen Prozentsatz, welcher dem Verhältnis des Werts der Gegenleistung zum gemeinen Wert iSv. § 3 Abs. 1 UmwStG entspricht (UmwSt-Erl. 2011, BMF v. 11.11.2011, BStBl. I 2011, 1314 Tz. 11.10 iVm. Tz. 03.23 mit Beispiel; DPM/*Dötsch/Stimpel* UmwStG § 11 Rn. 107 sowie DPM/*Möhlenbrock/Pung* § 3 UmwStG Rn. 12). Zur steuerlichen Behandlung der Zuzahlungen bei den Gesellschaftern der Überträgerin → Rn. 116.

g) Kein Ausschluss des antragsgebundenen Wahlrechts durch § 50i Abs. 2 EStG

Das antragsgebundene Wahlrecht nach § 11 Abs. 2 UmwStG war nach dem Wortlaut des § 50i Abs. 2 Satz 1 EStG idF des KroatienAnpG v. 25.7.2014 (BGBl. I 2014, 1266) für **Sachgesamtheiten** iSd. § 50i Abs. 1 EStG ausgeschlossen. Dazu gehörten Personengesellschaften iSv. § 15 Abs. 3 EStG (gewerblich infizierte oder geprägte Personengesellschaften – § 50i Abs. 1 Satz 1 EStG idF KroatienAnpG) sowie Besitzgesellschaften/Besitzunternehmen einer Betriebsaufspaltung (§ 50i Abs. 1 Satz 4 EStG idF KroatienAnpG), in deren Betriebsvermögen vor dem 29.6.2013 Wirtschaftsgüter oder Anteile iSd. § 17 EStG übertragen oder überführt worden waren, sowie Personengesellschaften iSd. § 15 Abs. 3 EStG, die aus einer vor diesem Stichtag erfolgten Einbringung originär gewerblicher Einkunftsquellen iSd. § 15 Abs. 1 Nr. 1 oder 2 EStG in eine Kapitalgesellschaft nach § 20 UmwStG hervorgegangen waren (§ 50i Abs. 1 Satz 2 EStG idF KroatienAnpG); einzige weitere Voraussetzung war jeweils nur, dass bei der Übertragung, Überführung oder Einbringung eine Besteuerung der stillen Reserven unterblieben war. Vom zwingenden Ansatz des gemeinen Werts sollte nach Ansicht der FinVerw. selbst in reinen Inlandsfällen, in denen eine Gefährdung des deutschen Besteuerungsrechts durch die Umwandlung ausgeschlossen war, nur aus Gründen sachlicher **Unbilligkeit** auf übereinstimmenden Antrag der Überträgerin und der Übernehmerin abgesehen werden (BMF v. 21.12.2015, BStBl I 2016, 7 Tz. 2.1.3). 95

Nach der rückwirkenden **Korrektur** dieser vom Gesetzgeber selbst als „überschießend" erkannten Regelung (BR-Drs. 406/16 (B) S. 9) durch Anti-BEPS-Gesetz v. 20.12.2016 (BGBl. I 2016, 3000 – sog. Anti-BEPS-Gesetz) greift § 50i Abs. 2 EStG **nurmehr** im Rahmen von **Einbringungen** iSd. **§ 20 UmwStG** ein, und auch dies nur dann, wenn das deutsche **Besteuerungsrecht** hinsichtlich des Gewinns aus der 95a

Veräußerung der im Zuge der Einbringung erhaltenen Anteile oder der mit diesen in Zusammenhang stehenden Anteile iSv. § 22 Abs. 7 UmwStG ausgeschlossen oder beschränkt ist (→ Form. A.8 Rn. 132); für das antragsgebundene Wahlrecht gemäß § 11 Abs. 2 UmwStG spielt die Vorschrift keine Rolle mehr (*Ditz/Quilitzsch* DStR 2017, 281; *Liekenbrock* DStR 2016, 2609). BMF v. 21.12.2015, BStBl. I 2016, 7 wonach es für den Erhalt dieses Wahlrechts eines Billigkeitsantrages bedurfte (→ Rn. 95), wurde aufgehoben (BMF v. 5.1.2017, BStBl. I 2017, 32).

4. Besteuerung der neugegründeten Gesellschaft

a) Ansatz der übergehenden Wirtschaftsgüter, steuerliche Rechtsnachfolge, Verlustvorträge der Überträgerinnen

96 Die im Rahmen der Verschmelzung auf die neugegründete Kapitalgesellschaft übergehenden Wirtschaftsgüter sind von dieser mit den Werten der Schlussbilanz der übertragenden Gesellschaften anzusetzen, § 12 Abs. 1 Satz 1, § 4 Abs. 1 UmwStG **(zwingende Wertverknüpfung).**

97 Aufgrund der in § 12 Abs. 3, § 4 Abs. 2 Satz 1 UmwStG angeordneten **steuerlichen Rechtsnachfolge** rückt die neugegründete Kapitalgesellschaft – insb. bzgl. der Bewertung der übernommenen Wirtschaftsgüter, der AfA und etwaiger den steuerlichen Gewinn mindernder Rücklagen – in die diesbzgl. Rechtspositionen der übertragenden Gesellschaften ein. Dies gilt nicht nur bei Ansatz des Buchwertes (§ 11 Abs. 2 S. 1 1. Alt. UmwStG), sondern auch bei Ansatz des gemeinen Wertes oder von Zwischenwerten (UmwSt-Erl. 2011, BMF v. 11.11.2011, BStBl. I 2011, 1314 Tz. 12.04 iVm. Tz. 04.10). Für Zwecke von § 6b EStG und § 7g EStG stellt der Vermögensübergang keine begünstigte Anschaffung dar (UmwSt-Erl. 2011, BMF v. 11.11.2011, BStBl. I 2011, 1314 Tz. 12.04 iVm. Tz. 04.14). Zu den weiteren Einzelheiten siehe UmwSt-Erl. 2011, BMF v. 11.11.2011, BStBl. I 2011, 1314 Tz. 12.04 iVm. Tz. 04.09 – Tz. 04.17.

Ein **Firmenwert** ist gemäß § 7 Abs. 1 Satz 3 EStG über **15 Jahre** abzuschreiben, beginnend mit dem steuerlichen **Übertragungsstichtag;** dies soll nach Ansicht der Finanzverwaltung nicht nur für den erstmalig in der Schlussbilanz angesetzten originären Firmenwert gelten, sondern auch für einen bereits zuvor bei der Überträgerin bilanzierten **(derivativ erworbenen) Firmenwert** (UmwSt-Erl. 2011, BMF v. 11.11.2011, BStBl. I 2011, 1314 Tz. 12.04 iVm. Tz. 04.10).

Die steuerrechtliche Rechtsnachfolge gilt gem. § 12 Abs. 4 HS 2, § 4 Abs. 2 Satz 3 UmwStG auch im Hinblick auf steuerlich relevante Besitzzeiten (UmwSt-Erl. 2011, BMF v. 11.11.2011, BStBl. I 2011, 1314 Tz. 12.04 iVm. Tz. 04.15), zB für die siebenjährigen Sperrfristen für die Veräußerung **erhaltener Anteile** gemäß § 22 Abs. 1 Satz 1 UmwStG bzw. für die Veräußerung eingebrachter Anteile gemäß § 22 Abs. 2 Satz 1 UmwStG;

98 Gemäß § 12 Abs. 3 HS 2, § 4 Abs. 2 Satz 2 UmwStG gehen allerdings – anders als gemäß § 12 Abs. 2 Satz 2 UmwStG 1995 – die folgenden steuerlichen Rechtspositionen der Überträgerin **nicht** auf die neugegründete Kapitalgesellschaft über:

- **verrechenbare Verluste** (zB. gem. § 15a Abs. 2, 15b Abs. 2 Satz 2 EStG);
- **verbleibende Verlustvorträge** (§ 10d Abs. 4, § 2a Abs. 1 Satz 5, § 15 Abs. 4 EStG);
- **nicht ausgeglichene negative Einkünfte;** damit sind die Verluste des Geschäftsjahres der Übertragung bis zum steuerlichen Übertragungsstichtag gemeint (DPM/*Pung/Werner* UmwStG § 4 Rn. 25). Hierunter fällt auch ein etwaiger **Übertragungsverlust,** der sich aus dem zwingenden Ansatz des unter dem Buchwert liegenden gemeinen Wertes ergibt (→ Rn. 91 sowie *Bogenschütz* Ubg 2011, 399); Verluste im Übergangszeitraum können hingegen richtigerweise nicht betroffen sein, da

es sich hierbei gemäß § 2 Abs. 1 und 2 UmwStG bereits um Verluste der Übernehmerin handelt (DPM/*Pung/Werner* UmwStG § 4 Rn. 25);
- ein **Zinsvortrag** nach § 4h Abs. 1 Satz 2 EStG;
- ein **EBITDA-Vortrag** nach § 4h Abs. 1 Satz 3 EStG;
- gemäß § 19 Abs. 2 UmwStG der **vortragsfähige gewerbesteuerliche Fehlbetrag (§ 10a GewStG)**; Gleiches dürfte auch für den gewerbesteuerlichen Fehlbetrag des **laufenden Erhebungszeitraums** gelten, obwohl dieser – anders als in § 18 Abs. 1 Satz 2 UmwStG für den Fall des Vermögensübergangs auf eine Personengesellschaft (→ Form. A.6 Rn. 101 und → Form A.7 Rn. 145) in § 19 Abs. 2 UmwStG nicht ausdrücklich erwähnt ist (RHL/*Trossen* § 19 Rz. 31; SHS/*Schmitt* § 19 UmwStG Rz. 17).

b) Ansatz der übergehenden Wirtschaftsgüter in der Folgebilanz der neugegründeten Kapitalgesellschaft

Wurden von einer übertragenden Kapitalgesellschaft im Zuge des Ansatzes eines über dem Buchwert liegenden Wertes gemäß § 11 Abs. 1 oder 2 UmwStG sog. **„stille Lasten"** aufgedeckt, deren Ansatz in einer Steuerbilanz grundsätzlich nicht zulässig ist (zB **Drohverlustrückstellungen** gemäß § 5 Abs. 4a EStG; → Rn. 87b, → Rn. 89 und → Rn. 91a; **nicht jedoch Pensionsrückstellungen,** § 11 Abs. 1 Satz 2 UmwStG, → Rn. 87c), so ist gemäß § 4f Abs. 1 Sätze 1 und 2 EStG der aus der Übertragung von Verpflichtungen, die beim ursprünglich Verpflichteten Ansatzverboten, -beschränkungen oder Bewertungsvorbehalten unterlegen haben, in Höhe der aufgedeckten stillen Lasten entstehende Aufwand nicht sofort in voller Höhe, sondern nur gleichmäßig verteilt im Wirtschaftsjahr der Schuldübernahme und den nachfolgenden 14 Jahren als Betriebsausgabe abziehbar. **99**

einstweilen frei **99a, 99b**

Ohne Wahlrecht zwingend sofort zu berücksichtigen, ist der steuerliche Aufwand des Veräußerers nur bei kleinen und mittleren Betrieben iSv. § 7g Abs. 1 Satz 2 Nr. 1 Buchst. a bis c EStG, beim Wechsel eines Arbeitnehmers zu einem neuen Arbeitgeber unter Mitnahme seiner erworbenen Pensionsansprüche und des Weiteren auch dann, wenn die Schuldübernahme im Rahmen einer **Veräußerung** oder **Aufgabe** des **ganzen Betriebes** oder des **gesamten Mitunternehmeranteils** iSd. §§ 14, 16 Abs. 1, 3 und 3a sowie des § 18 Abs. 3 erfolgt, § 4f Satz 3 EStG. **99c**

Parallel dazu, aber unabhängig davon, ob der Aufwand aus der Aufdeckung der stillen Lasten beim Überträger gemäß § 4f Abs. 1 Sätze 1 und 2 EStG über 15 Jahre verteilt oder gemäß § 4f Abs. 1 Satz 3 EStG sofort abziehbar ist (*Benz/Placke* DStR 2013, 2653, 2657), hat der Erwerber die betreffenden Verpflichtungen gemäß § 5 Abs. 7 Satz 1 EStG idF des AIFM-StAnpG v. 18.12.2013 (BGBl. I 2013, 4316) zu den auf die Übernahme folgenden Bilanzstichtagen so zu bilanzieren, wie sie beim ursprünglich Verpflichteten ohne Übernahme zu bilanzieren gewesen wären, d.h. die Aufdeckung der stillen Lasten wird rückgängig gemacht. **99d**

Immerhin gewährt der Gesetzgeber dem Erwerber insoweit eine Erleichterung, als dieser in Höhe von $^{14}/_{15}$ des sich daraus ergebenden Ertrages eine gewinnmindernde Rücklage bilden darf (aber nicht muss), die in den folgenden 14 Wirtschaftsjahren jeweils mit mindestens $^{1}/_{14}$ (§ 5 Abs. 7 Satz 5 EStG idF des AIFM-StAnpG), im Falle des vorzeitigen Wegfalls der zugrundeliegenden Verpflichtung in der dann noch bestehenden Höhe hingegen sofort (§ 5 Abs. 7 Satz 6 EStG idF des AIFM-StAnpG) gewinnerhöhend aufzulösen ist. **99e**

Die Erleichterung für den Erwerber geht freilich regelmäßig – wenn auch wegen der Ausnahmeregelungen in § 4f Abs. 1 Satz 3 EStG (→ Rn. 99c) nicht notwendigerweise – mit einer Belastung des Veräußerers durch die Streckung der Abziehbarkeit des Aufwands aus der Aufdeckung der stillen Lasten in gleicher Höhe einher (→ Rn. 99b); **99f** durch die gesetzliche Regelung wird also im Ergebnis die Aufdeckung der stillen Lasten zumindest im Regelfall wieder rückgängig gemacht.

99g Nach ganz überwiegender Auffassung sollen die Regelungen in § 4f EStG (Aufwandsverteilung beim Überträger über 15 Jahre) und in § 5 Abs. 7 EStG (Rückgängigmachung der Aufdeckung der stillen Lasten beim Erwerber) zwar grundsätzlich auch bei Umwandlungsvorgängen Anwendung finden (*Widmann,* FS Haarmann, S. 1013 ff., 1020; *Benz/Placke* DStR 2013, 2653, 2656, jeweils unter Hinweis auf die Gesetzesbegründung BT-Drs. 18/68 S. 73; im Ausgangspunkt auch Blümich/*Krumm* EStG § 4f Rn. 34; HHR/*Schober* EStG § 4f Rn. 16; aA mit beachtlichen Gründen RHL/*Herlinghaus* § 20 UmwStG Rz. 253; *Adrian/Fey* StuB 2014, 53, 57: UmwStG sei Spezialregelung zu §§ 4f, 5 Abs. 7 EStG).

Unterschiedliche Auffassungen werden jedoch zu der Frage vertreten, ob und ggf. inwieweit bei Umwandlungsvorgängen die in § 4f Abs. 1 Satz 3 (1. Hs.) EStG statuierte Ausnahmeregelung für die **Veräußerung** oder **Aufgabe** des **ganzen Betriebes** oder des **gesamten Mitunternehmeranteils** (→ Rn. 99c) eingreift:

Nach einer Auffassung soll diese Ausnahmeregelung bei Umwandlungsvorgängen nach dem UmwStG schlechthin unanwendbar sein, weil der Gesetzgeber (BT-Drs. 18/68 S. 73) solche vom Anwendungsbereich des § 4f Abs. 1 Satz 3 (1. Hs.) EStG generell habe ausnehmen wollen (so wohl *Benz/Placke* DStR 2013, 2653, 2656).

Dem wird – im Grundsatz zu Recht – entgegengehalten, dass eine entsprechende Intention des Gesetzgebers in dieser Allgemeinheit im Gesetzeswortlaut keinen hinreichenden Niederschlag gefunden habe (HHR/*Schober* EStG § 4f Rn. 16; Blümich/*Krumm* EStG § 4f Rn. 34). Jedoch entfernt sich die Gegenauffassung ihrerseits zu weit von der Gesetzesbegründung, soweit sie umgekehrt die Mehrzahl der Umwandlungsfälle als Veräußerungen iSv. § 4f Abs. 1 Satz 3 (1. Hs.) EStG ansehen und daher von einer Aufwandsverteilung absehen will, weil auch die Finanzverwaltung (UmwSt-Erl. 2011, BMF v. 11.11.2011, BStBl. I 2011, 1314 Tz. 00.02; → Rn. 120) Umwandlungen regelmäßig als Veräußerungs- bzw. Anschaffungsvorgänge einordne (HHR/*Schober* EStG § 4f Rn. 16): Diese Sichtweise verkennt, dass der Gesetzgeber des § 4f Abs. 1 Satz 3 (1. Hs.) EStG ausweislich der Gesetzesbegründung offenkundig einen engeren Veräußerungsbegriff vor Augen gehabt hat als die Finanzverwaltung in UmwSt-Erl. 2011, BMF v. 11.11.2011, BStBl. I 2011, 1314 Tz. 00.02, was in Form des expliziten Verweises auf die § 14, § 16 Abs. 1, 3 und 3a, § 18 Abs. 3 EStG letztlich auch hinreichenden Niederschlag im Gesetzestext gefunden hat.

Zu folgen ist daher einer differenzierenden Auffassung (grundlegend *Widmann* FS Haarmann, S. 1013 ff.; iE wohl auch Blümich/*Krumm* EStG § 4f Rn. 34), die der Gesetzesbegründung in eingeschränktem Umfang Geltung verschaffen will, nämlich in erster Linie bei Verschmelzungen und Formwechseln von Körperschaften nach dem 2. und 3. Teil des UmwStG (*Widmann,* FS Haarmann aaO unter Ziff. 3.1, S. 1019 ff. und Ziff. 3.2, S. 1025 f.) sowie bei Auf- und Abspaltungen nach dem 4. Teil des UmwStG (*Widmann,* FS°Haarmann aaO unter Ziff. 3.3, S. 1026 und Ziff. 3.4, S. 1027): In diesen Fallgruppen kann im Einklang mit der Gesetzesbegründung eine Aufwandsverteilung allenfalls gemäß § 4f Abs. 1 Satz 3, 2. Hs. (2. Var.) EStG unterbleiben, also wenn die Überträgerin ein kleines oder mittleres Unternehmen iSv. § 7g Abs. 1 Satz 2 Nr. 1 Buchst. a bis c EStG ist (*Widmann,* FS Haarmann aaO unter Ziff. 3.1.2, S. 1021). Bei der **Einbringung** eines ganzen Betriebs oder eines ganzen Mitunternehmeranteils im Sinne des 6. oder 7. Teils des UmwStG ist der Aufwand hingegen nur dann gemäß § 4f Abs. 1 Sätze 1 und 2 EStG zu verteilen, wenn der Vorgang zu **Zwischenwerten** stattfindet (so wohl *Widmann,* FS Haarmann, Ziff. 3.5.2.1.2 S. 1032 unter „Lösung 2" sowie Ziff. 3.6. S. 1047; wohl auch Blümich/*Krumm* EStG § 4f Rn. 34); unterbleiben muss gemäß § 4f Abs. 1 Satz 3 (1. Hs.) EStG eine Aufwandsverteilung hingegen bei Einbringungen unter Ansatz des **gemeinen Wertes,** da es sich bei diesen der Sache nach um entgeltliche Veräußerungen gemäß §§ 14, 16 Absatz 1,

3 und 3a bzw. § 18 Absatz 3 EStG handelt (*Widmann,* FS Haarmann, Ziff. 3.5.2.1.2 S. 1032 unter „Lösung 2“ sowie Ziff. 3.6. S. 1047; ähnlich Blümich/*Krumm* EStG § 4f Rn. 34).

Die FinVerw. hat zur Frage der **Anwendbarkeit der Ausnahmeregelung für Betriebsveräußerungen** (§ 4f Abs. 1 Satz 3 1. Hs. EStG) in BMF v. 30.11.2017, DStR 2017, 2666) zu §§ 4f, 5 Abs. 7 EStG) nicht direkt Stellung bezogen. Immerhin wird die Anwendbarkeit der Ausnahmeregelung des § 4f Abs. 1 Satz 4 EStG bei Umwandlungen und Einbringungen von Teilbetrieben nach dem UmwStG bejaht (BMF v. 30.11.2017, DStR 2017, 2666 Tz. 19 letzter Satz): Somit gilt für diese in gleicher Weise wie für Teilbetriebsveräußerungen das Abzugsverbot des Satzes 1 nur, soweit der Aufwand aus der Übertragung der Verpflichtung einen Veräußerungs- oder Aufgabeverlust herbeiführt oder erhöht. 99h

Eine Aufwandsverteilung unterbleibt gemäß § 4f Abs. 1 Satz 3, 2. Hs. (2. Alt) EStG jedenfalls dann, wenn die Überträgerin die Größenmerkmale des § 7g Absatz 1 Satz 2 Nummer 1 Buchst. a bis c EStG nicht überschreitet (→ Rn. 99c). Die Anwendung des § 4f Abs. 1 Satz 3, 2. Hs. (2. Alt) EStG kann sich in bestimmten Konstellationen auch nachteilig auswirken, nämlich dann, wenn und soweit durch den Anfall des gesamten Aufwands aus der Aufdeckung der stillen Lasten zum Verschmelzungsstichtag ein nicht anderweitig ausgleichbarer Übertragungsverlust entsteht oder sich erhöht, der gemäß §§ 12 Abs. 3, 4 Abs. 2 Satz 2 UmwStG im Zuge der Verschmelzung verloren geht (→ Rn. 89).

Unabhängig von der Behandlung bei der Überträgerin entsteht infolge der von § 5 Abs. 7 Satz 1 EStG angeordneten „Wiederherstellung“ der stillen Lasten zum nächsten Abschlussstichtag bei der Übernehmerin ein Ertrag, den diese aber zu $^{14}/_{15}$ durch Bildung einer Rücklage ausgleichen kann, die sodann in den folgenden 14 Jahren zu jeweils mindestens $^{1}/_{14}$ gewinnerhöhend wieder aufzulösen ist, § 5 Abs. 7 Satz 5 EStG (→ Rn. 99d und → Rn. 99e). 99i

c) Beteiligungskorrekturgewinn/-verlust, § 12 Abs. 1 Satz 2, § 4 Abs. 1 Satz 2 und 3 UmwStG (sog. Erweiterte Wertaufholung)

Soweit eine der übertragenden Gesellschaften an der anderen beteiligt ist (oder beide wechselseitig aneinander) und auf diese Beteiligung steuerwirksam eine sog. **Teilwertabschreibung** vorgenommen hat (was letztmalig im VZ 2000 möglich war), stellt sich die Frage, ob insoweit gem. § 12 Abs. 1 Satz 2, § 4 Abs. 1 Satz 2 und 3 UmwStG eine außerbilanzielle Hinzurechnung zum Gewinn der neugegründeten Kapitalgesellschaft (sog. Hinzurechnungsbesteuerung, Beteiligungskorrektur, bzw. nunmehr **„erweiterte Wertaufholung“**) vorzunehmen ist. Dann wäre der Wert der Anteile an den Überträgerinnen zur Ermittlung des Übernahmeergebnisses nach § 12 Abs. 1 Satz 2 iVm. § 4 Abs. 1 S 2 und 3 UmwStG um in früheren Jahren steuerlich wirksame Teilwertabschreibungen oder eine Rücklagenübertragung nach § 6b EStG zu erhöhen, allerdings nur bis maximal zum gemeinen Wert (sog. erweiterte Wertaufholung). Liegt der gemeine Wert unter dem Buchwert, wären die Anteile hingegen auf den gemeinen Wert abzustocken (BFH v. 30.7.2014, I R 58/12, BStBl. II 2015, 199, Tz. 15). Wegen des für vorgenommene Teilwertabschreibungen gem. § 6 Abs. 1 Nr. 1 Satz 4, Nr. 2 Satz 3 EStG ohnehin bestehenden Wertaufholungsgebots hat die Vorschrift insbesondere dann Bedeutung, wenn der steuerliche Übertragungsstichtag vom Steuerbilanzstichtag abweicht (vgl. das Beispiel c in RHL/*van Lishaut* § 4 UmwStG Rz. 62); fallen beide Stichtag zusammen, ist vorrangig § 6 Abs. 1 Nr. 2 Satz 3 iVm. Nr. 1 Satz 4 EStG anzuwenden (RHL/*Rödder* § 12 UmwStG Rz. 200; RHL/*van Lishaut* § 4 UmwStG Rz 62; für die Parallelregelung in § 11 Abs. 2 Satz 2 UmwStG auch UmwSt-Erl. 2011, BMF v. 11.11.2011, BStBl. I 2011, 1314 Tz. 11.17). 100

Auf den Gewinn aus der erweiterten Wertaufholung wäre § 8b Abs. 2 Satz 4 und 5 KStG anzuwenden (vgl. § 4 Abs. 1 Satz 3 iVm. § 12 Abs. 1 Satz 2 UmwStG), so dass dieser in vollem Umfang steuerpflichtig wäre. Der Verlust aus einer Abstockung auf den niedrigeren gemeinen Wert (sog. **Beteiligungskorrekturverlust,** siehe BFH v. 30.7.2014, I R 58/12, BStBl. II 2015, 199, juris Tz. 15) wäre nur in den Sonderfällen des § 8b Abs. 7, 8 KStG (Anteile im Handelsbestand von Kredit- und Finanzdienstleistungsinstituten sowie Anteile, die den Kapitalanlagen von Lebens- und Krankenversicherungsunternehmen zuzurechnen sind) steuerwirksam, ansonsten hingegen nicht, § 8b Abs. 3 S. 3 KStG (BFH v. 30.7.2014, I R 58/12, BStBl. II 2015, 199, juris Tz. 18).

100a Da § 4 Abs. 1 Satz 2 UmwStG voraussetzt, dass die Übernehmerin Anteile an der Überträgerin hält, liegt dessen Anwendung auf die Verschmelzung zur Neugründung allerdings die Annahme zugrunde, dass die neugegründete Kapitalgesellschaft zunächst (für eine juristische Sekunde) die Beteiligung der einen Überträgerin an der anderen und erst danach das Vermögen der anderen Überträgerin erwirbt (in diesem Sinne WM/*Schießl* UmwStG § 12 Rn. 53). Verneint man diesen Durchgangserwerb, kann eine Hinzurechnungsbesteuerung gem. § 12 Abs. 1 Satz 2 UmwStG bei einer Verschmelzung zur Neugründung nicht stattfinden (so HB/*Bärwaldt* 2. Aufl. vor §§ 11–13 Rn. 5 mwN). Der UmwSt-Erl. 2011 nimmt zu dieser Frage nicht ausdrücklich Stellung (UmwSt-Erl. 2011, BMF v. 11.11.2011, BStBl. I 2011, 1314 Tz. 12.05). Man wird allerdings annehmen müssen, dass die Finanzverwaltung – uE unzutreffenderweise – auf die Beteiligung der einen verschmelzungsbeteiligten Gesellschaft an der anderen eine erweiterte Wertaufholung vornehmen wird.

d) Übernahmegewinn/-verlust, Kosten des Vermögensübergangs

101 Gemäß § 12 Abs. 2 Satz 1 UmwStG bleibt bei der Übernehmerin ein Übernahmegewinn bzw. ein Übernahmeverlust in Höhe der Differenz zwischen dem Buchwert der Anteile und dem Wert, mit dem die übergegangenen Wirtschaftsgüter gemäß § 12 Abs. 1 Satz 1 UmwStG zu übernehmen sind, sowie abzüglich der Kosten für den Vermögensübergang außer Ansatz, § 12 Abs. 2 Satz 1 UmwStG. Eine verschmelzungsbedingte **Vermögensmehrung** bleibt daher bei der **Gewinnermittlung** grundsätzlich ebenso **außer Ansatz** wie eine verschmelzungsbedingte **Vermögensminderung.**

Dies gilt nach der vom BFH bestätigten Auffassung der FinVerw. auch dann, wenn – wie etwa bei der typischen Seitwärts- oder Abwärtsverschmelzung – die Übernehmerin nicht an der Überträgerin beteiligt ist (UmwSt-Erl. 2011, BMF v. 11.11.2011, BStBl. I 2011, 1314 Tz. 12.05; BFH v. 9.1.2013, I R 24/12, BStBl II 2018, 509; **aA** HMB/*Wisniewski* UmwStG § 12 Rn. 41; RHL/*Rödder* UmwStG § 12 Rn. 255; *Hahn* Juris-PR SteuerR 28/2013 Anm. 4: Steuerfreiheit ergebe sich aus Einlagegrundsätzen; der Finanzverwaltung iE zustimmend DPM/*Dötsch/Stimpel* UmwStG § 12 Rn. 52). Es muss daher davon ausgegangen werden, dass die FinVerw. auch bei der Verschmelzung zur Neugründung ohne Rücksicht auf eine Beteiligung der beteiligten Körperschaften untereinander ein Übernahmeergebnis gemäß § 12 Abs. 2 Satz 1 UmwStG ermitteln wird. Der Übernahmegewinn ist außerhalb der Steuerbilanz zu korrigieren (UmwSt-Erl. 2011, BMF v. 11.11.2011, BStBl. I 2011, 1314 Tz. 12.05); eine Erfassung des Übernahmegewinns im steuerlichen Einlagekonto (§ 27 KStG) scheidet auf Basis der Verwaltungsauffassung aus.

101a Von Bedeutung ist dies für die Kosten des Vermögensübergangs, die auf Basis der Ansicht der Finanzverwaltung stets gemäß § 12 Abs. 2 Satz 1 UmwStG in die Ermittlung des Übernahmeergebnisses eingehen und daher ohne steuerliche Auswirkung bleiben (s. UmwSt-Erl. 2011, BMF v. 11.11.2011, BStBl. I 2011, 1314 Tz. 12.05 iVm. Tz. 04.34; BFH v. 9.1.2013, I R 24/12, BStBl II 2018, 509; s. auch *Schumacher/Neitz-Hackstein*

Ubg 2011, 414). Unter den „Kosten für den Vermögensübergang" versteht die Finanzverwaltung zum einen die nicht objektbezogenen Kosten der Übernehmerin (zB Notarkosten), darüber hinaus in Abkehr von der früheren Praxis (UmwSt-Erl. 1998, BStBl. I 1998, 268, Tz. 03.13) gemäß UmwSt-Erl. 2011 aber auch die **nicht objektbezogenen** Kosten der Überträgerin, soweit sie nach dem steuerlichen Übertragungsstichtag entstehen (UmwSt-Erl. 2011, BMF v. 11.11.2011, BStBl. I 2011, 1314 Tz. 12.05 iVm. Tz. 04.34; **aA** wohl DPM/*Möhlenbrock/Pung* UmwStG § 3 Rn. 153: sofort abziehbare Betriebsausgaben der Überträgerin). Die **objektbezogenen Kosten** (zB Grunderwerbsteuer auf zum Betriebsvermögen der Überträgerin gehörenden Grundbesitz) sollen hingegen, da es sich bei Umwandlungen generell um Anschaffungsgeschäfte handele (s. UmwSt-Erl. 2011, BMF v. 11.11.2011, BStBl. I 2011, 1314 Tz. 00.02), als Anschaffungsnebenkosten zu aktivieren sein, und zwar auch insoweit, als die beteiligten Rechtsträger vereinbart haben, dass diese durch die übertragende Körperschaft zu tragen sind (UmwSt-Erl. 2011, BMF v. 11.11.2011, BStBl. I 2011, 1314 Tz. 04.34 unter Hinweis auf BMF v. 18.1.2010, BStBl. I 2010, 70). Weder um aktivierungspflichtige Anschaffungsnebenkosten noch um „Kosten für den Vermögensübergang" iSd. § 12 Abs. 2 Satz 1 UmwStG ohne steuerliche Auswirkung handelt es sich hingegen bei der Grunderwerbsteuer infolge verschmelzungsbedingt eintretender Vereinigung oder Übertragung von mindestens 95% der Anteile an einer Gesellschaft, zu deren Vermögen ein inländisches Grundstück gehört, § 1 Abs. 3 GrEStG (BFH v. 20.04.2011, I R 2/10, BStBl II 2011, 761; FG SAchsen v. 23.1.2017, 6 K 1187/16, DStRE 2017, 596f.; BMF v. 11.11.2011, BStBl. I 2011, 1314 Tz. 12.05 iVm. Tz. 04.34): Diese Steuerbelastung mindert als Betriebsausgabe das steuerliche Ergebnis (FG Sachsen v. 23.1.2017, 6 K 1187/16, DStRE 2017, 596f.). Dasselbe gilt für (nur) mittelbar durch die Umwandlung verursachte Kosten wie z.B. IT-Integrationskosten (*Holle/Weiss* DStR 2018, 167).

Aufgrund des Verweises in § 12 Abs. 2 Satz 2 UmwStG auf § 8b KStG gelten gemäß **101b** § 8b Abs. 3 KStG **5 %** des Übernahmegewinns, soweit er auf die Anteile der Übernehmerin an der Überträgerin entfällt, als **nicht abziehbare Betriebsausgaben;** der Verweis schließt auch § 8b Abs. 7 und Abs. 8 KStG mit ein, so dass in den dort geregelten Sonderfällen (Anteile im Handelsbestand von Kredit- und Finanzdienstleistungsinstituten sowie den Kapitalanlagen von Lebens- und Krankenversicherungsunternehmen zuzurechnende Anteile) der auf die Anteile der Übernehmerin an der Überträgerin entfallende Übernahmegewinn voll steuerpflichtig ist (BFH v. 30.7.2014, I R 58/12, BStBl II 2015, 199, Tz. 25). Ein Übernahmeverlust ist hingegen, da § 12 Abs. 2 Satz 2 UmwStG nur für den „Gewinn" auf § 8b KStG verweist, in jedem Fall nichtabziehbar (UmwSt-Erl. 2011, BMF v. 11.11.2011, BStBl. I 2011, 1314 Tz. 12.06).

Da § 12 Abs. 2 Satz 2 UmwStG, ebenso wie § 4 Abs. 1 Satz 2 UmwStG (→ Rn. 100b) von der Übernehmerin an der Überträgerin gehaltene Anteile voraussetzt, kommt die Anwendung dieser Bestimmung auf die Verschmelzung zur Neugründung nur unter der Annahme in Betracht, dass die neugegründete Kapitalgesellschaft zunächst (für eine juristische Sekunde) die Beteiligung der einen Überträgerin an der anderen und erst danach das Vermögen der anderen Überträgerin erwirbt (in diesem Sinne WM/*Schießl* UmwStG § 12 Rn. 53). Verneint man diesen Durchgangserwerb, ist § 12 Abs. 2 Satz 2 UmwStG bei einer Verschmelzung zur Neugründung nicht anwendbar. Der UmwSt-Erl. 2011 nimmt zu dieser Frage nicht ausdrücklich Stellung. Man wird allerdings annehmen müssen, dass die Finanzverwaltung – uE unzutreffenderweise – auf den Übernahmegewinn, soweit er auf die Beteiligung der einen verschmelzungsbeteiligten Gesellschaft an der anderen entfällt, § 8b KStG anwenden wird.

e) Übernahmefolgegewinn

Entsteht aus der Konfusion von Forderungen und Verbindlichkeiten zwischen den **102** übertragenden Kapitalgesellschaften ein Gewinn (auf Grund **imparitätischen Ansat-**

zes von Forderungen oder der Auflösung von **Rückstellungen**), so entsteht ein sog. **Übernahmefolgegewinn** iSv. § 12 Abs. 4 iVm. § 6 Abs. 1 UmwStG. Dieser ist – zumindest wenn man auf Basis der Verwaltungsauffassung die Anwendung der Einlagegrundsätze bei der Verschmelzung zur Neugründung ablehnt – grundsätzlich voll steuerpflichtig (DPM/*Dötsch/Stimpel* UmwStG § 12 Rn. 82).

Der Übernahmefolgegewinn kann gemäß § 12 Abs. 4 UmwStG nur insoweit durch eine **steuerfreie Rücklage** gemäß § 6 Abs. 1 Satz 1 UmwStG neutralisiert werden, als die übernehmende Kapitalgesellschaft an der übertragenden beteiligt ist. Dies kommt bei der Verschmelzung zur Neugründung allenfalls insoweit in Betracht, als eine beteiligte Gesellschaft an der anderen oder beide wechselseitig aneinander beteiligt sind, und man annimmt, dass diese Beteiligten im Rahmen der Verschmelzung zunächst für eine juristische Sekunde auf die neugegründete Körperschaft übergehen (→ Rn. 100f.). Nur in diesem Sinne ist bei der Verschmelzung zur Neugründung die für die Begünstigung der § 12 Abs. 4 iVm. § 6 UmwStG erforderliche Beteiligung der Übernehmerin an der oder den Überträgerinnen denkbar.

103, 104 *einstweilen frei*

f) Einlagekonto

105 Als **Grundsatz** gilt: Für die steuerlichen Einlagekonten der übertragenden Kapitalgesellschaften (§ 27 KStG) gilt gem. § 29 Abs. 1 und 2 KStG Folgendes (s. iE BMF v. 16.12.2003, BStBl. I 2003, 786 Tz. 29ff.):

- Die Einlagekonten der übertragenden Kapitalgesellschaften werden zunächst gem. § 29 Abs. 1, § 28 Abs. 2 KStG um das fiktiv auf Null herabgesetzte jeweilige Stammkapital (nach Abzug des aus umgewandelten Gewinnrücklagen bestehenden Sonderausweises gem. § 28 Abs. 1 Satz 3, Abs. 3 KStG) erhöht (Schritt 1);
- sodann sind die so erhöhten Einlagekonten der übertragenden Gesellschaften zusammenzurechnen, § 29 Abs. 2 Satz 1 KStG (2. Schritt); soweit eine der übertragenden Kapitalgesellschaften an der anderen beteiligt ist, kommt eine entsprechende Anwendung der anteiligen Kürzung gem. § 29 Abs. 2 Sätze 2 und 3 UmwStG wegen des Analogieverbots uE nicht in Betracht, denn beide beteiligten Rechtsträger sind Überträger, keine ist „Übernehmer" iSv. § 29 Abs. 2 Sätze 2 und 3 UmwStG.

106 Im **vorliegenden Fall** bedeutet das: Das Grund- bzw. Stammkapital der neugegründeten Kapitalgesellschaft speist sich gem. § 29 Abs. 4, § 28 Abs. 1 Satz 1 KStG vorrangig aus den – nach den vorstehenden Regeln zusammengerechneten – Rücklagekonten der Überträgerinnen.

5. Besteuerung der Gesellschafter der übertragenden Gesellschaften, § 13 UmwStG

a) Anwendungsbereich des § 13 UmwStG

107 § 13 UmwStG gilt grundsätzlich nur für Anteile im Betriebsvermögen, für Anteile im Privatvermögen hingegen nur insoweit, als es sich um solche iSv. § 17 EStG handelt. Für alle übrigen Anteile trifft § 20 Abs. 4a Sätze 1 und 2 EStG nunmehr eine Sonderregelung (UmwSt-Erl. 2011, BMF v. 11.11.2011, BStBl. I 2011, 1314 Tz. 13.01): Danach treten unter entsprechenden Voraussetzungen, wie § 13 Abs. 2 Satz 1 UmwStG sie für das antragsgebundene Wahlrecht zur Buchwert- bzw. Anschaffungskostenfortführung gemäß § 13 Abs. 2 UmwStG vorsieht, die gewährten Anteile an der Übernehmerin an die Stelle der bisher an der Überträgerin gehaltenen Anteile, § 20 Abs. 4a Satz 1 EStG **(„Fußstapfentheorie").** Dies gilt jedoch nicht für eine zusätzlich zu den Anteilen gewährte weitere Gegenleistung (z.B. bare Zuzahlungen); diese sind nach § 20 Abs. 4a Satz 2 iVm. Abs. 1 Nr. 1 EStG als Kapitalertrag zu versteuern.

§ 13 UmwStG gilt außerdem nicht, soweit es infolge der Verschmelzung zwischen den Anteilsinhabern der beteiligten Rechtsträger zu Wertverschiebungen kommt: Insoweit kann eine verdeckte Zuwendung zwischen den beteiligten Anteilsinhabern bzw. bei Wertverschiebungen zulasten bzw. zugunsten einer Kapitalgesellschaft eine verdeckte Gewinnausschüttung bzw. eine verdeckte Einlage vorliegen (UmwSt-Erl. 2011, BMF v. 11.11.2011, BStBl. I 2011, 1314 Tz. 13.01). Da Gegenstand der verdeckten Gewinnausschüttung bzw. verdeckten Einlage Anteile an Kapitalgesellschaften sind, ist auf einen dadurch beim Anteilseigner realisierten Gewinn § 8b KStG, das Teileinkünfteverfahren oder die Abgeltungsteuer anwendbar (*Schumacher/Neitz-Hackstein* Ubg 2011, 414).

b) Veräußerungsfiktion zum gemeinen Wert, § 13 Abs. 1 UmwStG

Grundsätzlich gelten die Anteile an den übertragenden Körperschaften als zum gemeinen Wert veräußert und die an ihre Stelle tretenden Anteile an der neugegründeten Körperschaft als mit diesem Wert angeschafft, § 13 Abs. 1 UmwStG (UmwSt-Erl. 2011, BMF v. 11.11.2011, BStBl. I 2011, 1314 Tz. 13.05). Die Steuerfolgen der fiktiven Veräußerung sind dieselben wie bei einer tatsächlichen Veräußerung (DPM/*Dötsch/Werner* UmwStG § 13 Rn. 22), dh. die Steuerfolgen richten sich bei Körperschaften nach § 8b Abs. 2, 3 KStG (95%-ige Steuerbefreiung des Veräußerungsgewinns) bzw. bei natürlichen Personen mit Anteilen im Betriebsvermögen sowie mit Anteilen iSv. § 17 EStG nach dem Teileinkünfteverfahren (§ 3 Nr. 40 Buchst. a, b oder c, § 3c Abs. 2 EStG). **108**

Die fiktive Veräußerung erfolgt im Zeitpunkt der zivilrechtlichen Wirksamkeit der Verschmelzung, dh. mit Eintragung im Handelsregister der Übernehmerin, § 20 Abs. 1 Nr. 3 UmwG; die Rückwirkungsfiktion des § 2 Abs. 1 UmwStG gilt nicht (UmwSt-Erl. 2011, BMF v. 11.11.2011, BStBl. I 2011, 1314 Tz. 13.06), denn sie beschränkt sich auf das auf die Übernehmerin übergehende Vermögen der Überträgerin (BFH v. 17.1.2018, I R 27/16, BStBl II 2018, 449, Tz. 17 zu § 2 Abs. 1 UmwStG 1995).

c) Ansatz des Buchwertes bzw. der Anschaffungskosten, § 13 Abs. 2 UmwStG

Die Anteile an der neugegründeten Gesellschaft können auf Antrag anstatt zum gemeinen Wert mit dem Buchwert bzw. (bei Anteilen im Privatvermögen) mit den Anschaffungskosten der Anteile an der übertragenden Körperschaft angesetzt werden (§ 13 Abs. 2 Satz 1, 3 UmwStG), wenn **109**

- das deutsche Besteuerungsrecht bzgl. des Gewinns aus der Veräußerung der Anteile an der neugegründeten Körperschaft nicht ausgeschlossen wird (Nr. 1); **oder**
- die Fortführung der Buchwerte bzw. Anschaffungskosten gemäß Art. 8 der Fusionsrichtlinie geboten ist (Nr. 2). § 13 Abs. 2 Satz 1 Nr. 2 UmwStG ist nur in den Fällen relevant, in denen das anwendbare DBA das Besteuerungsrecht für die Anteile an der neugegründeten Kapitalgesellschaft nicht dem Wohnsitzstaat des Gesellschafters, sondern dem Ansässigkeitsstaat der (übernehmenden) Kapitalgesellschaft zuordnet (vgl. DPM/*Dötsch/Werner* UmwStG § 13 Rn. 51). Für diesen Fall verlangt Nr. 2 im Anwendungsbereich der Fusionsrichtlinie, also bei Verschmelzung unter Beteiligung von EU-Kapitalgesellschaften, nicht hingegen bei EWR-Verschmelzungen (DPM/*Dötsch/Werner* UmwStG § 13 Rn. 50), die steuerneutrale Fortführung der Buchwerte bzw. Anschaffungskosten. In diesem Fall ist die spätere Veräußerung der erworbenen Anteile an der neugegründeten Gesellschaft ungeachtet der entgegenstehenden Bestimmungen des DBA gemäß § 13 Abs. 2 Nr. 2 HS 2 UmwStG in gleicher Weise steuerpflichtig, wie es die Veräußerung der Anteile an der übertragenden Gesellschaft gewesen wäre; die Veräußerungsersatztatbestände des § 15 Abs. 1a Satz 2 EStG gelten entsprechend (§ 13 Abs. 2 Nr. 2 Satz 2 UmwStG).

Das antragsabhängige Wahlrecht, die Buchwerte bzw. Anschaffungskosten der Anteile an der übertragenden Körperschaft fortzuführen, gilt unabhängig von der Ausübung bzw. Ausübbarkeit des Wahlrechts bzgl. der übergehenden Wirtschaftsgüter gemäß § 11 Abs. 1, 2 UmwStG (UmwSt-Erl. 2011, BMF v. 11.11.2011, BStBl. I 2011, 1314 Tz. 13.08; DPM/*Dötsch/Werner* UmwStG § 13 Rn. 3). Die Möglichkeit Zwischenwerte anzusetzen, besteht nicht (UmwSt-Erl. 2011, BMF v. 11.11.2011, BStBl. I 2011, 1314 Tz. 13.10) .

d) „Fußstapfentheorie" bei Buchwertansatz, § 13 Abs. 2 Satz 2 UmwStG

110 Gemäß § 13 Abs. 2 Satz 2 UmwStG treten bei der Buchwert- bzw. Anschaffungskostenfortführung die den Gesellschaftern der Überträgerinnen gewährten Anteile an der neugegründeten Gesellschaft steuerlich an die Stelle der Anteile an der Überträgerin. Diese umfassende generalklauselartige Regelung der sog. „Fußstapfentheorie" tritt an die Stelle der punktuellen Regelung in § 13 Abs. 2–4 UmwStG 1995. IE bedeutet dies Folgendes:

111 Soweit die Anteile an den übertragenden Kapitalgesellschaften im Betriebsvermögen gehalten werden, geht eine Wertaufholungspflicht gem. § 6 Abs. 1 Nr. 1 Satz 4 EStG wegen einer diesbezüglich in früheren Jahren vorgenommenen Teilwertabschreibung auf die im Rahmen der Verschmelzung gewährten Anteile an der neugegründeten Kapitalgesellschaft über (UmwSt-Erl. 2011, BMF v. 11.11.2011, BStBl. I 2011, 1314 Tz. 13.11; Blümich/*Klingberg* UmwStG 2006 § 13 Rn. 38; DPM/*Dötsch/Werner* UmwStG § 13 Rn. 28).

Zu § 13 UmwStG 1995 war diese Frage streitig und dürfte zu verneinen gewesen sein, denn § 13 Abs. 1 UmwStG fingierte den Buchwert der hingegebenen Anteile als Anschaffungskosten, und für eine Wertaufholung über die Anschaffungskosten hinaus ergab weder § 6 Abs. 1 Nr. 1 Satz 4 EStG noch § 13 Abs. 1 UmwStG eine Rechtsgrundlage (HB/*Bärwaldt* 2. Aufl. § 13 Rn. 23; **aA** BMF v. 16.12.2003, BStBl. I 2003, 286, Tz. 16).

112 Soweit es sich bei im Privatvermögen gehaltenen Anteilen an den übertragenden Kapitalgesellschaften um solche gem. **§ 17 EStG** ($\geq$ **1 %**) handelt, gelten auch die an ihrer Stelle gewährten Anteile an der neugegründeten Kapitalgesellschaft als Anteile iSv. § 17 EStG, selbst wenn sie die 1-Prozent-Grenze unterschreiten (sog. „verschmelzungsgeborene Anteile", UmwSt-Erl. 2011, BMF v. 11.11.2011, BStBl. I 2011, 1314 Tz. 13.11). Dies gilt allerdings nur für solche Anteile, die für unter § 17 EStG fallende Anteile gewährt wurden (UmwSt-Erl. 2011, BMF v. 11.11.2011, BStBl. I 2011, 1314 Tz. 13.11; HB/*Bärwaldt* 2. Aufl. § 13 Rn. 30). Auch eine bereits vorher begründete Eigenschaft als verschmelzungsgeborene Anteile geht nach § 13 Abs. 2 Satz 2 UmwStG auf die für die Anteile an der Überträgerin gewährten Anteile an der Übernehmerin über (UmwSt-Erl. 2011, BMF v. 11.11.2011, BStBl. I 2011, 1314 Tz. 13.11).

113 Die Einschränkung der Veräußerungsgewinnbefreiung gemäß § 8b Abs. 2 Sätze 4 und 5 KStG sowie des Teileinkünfteverfahrens gemäß § 3 Nr. 40 Satz 1 Buchst. a Sätze 2 und 3 EStG bei vorausgegangenen steuerwirksamen Teilwertabschreibungen sowie Abzügen nach § 6b EStG geht ebenfalls auf die im Rahmen der Verschmelzung gewährten Anteile über (UmwSt-Erl. 2011, BMF v. 11.11.2011, BStBl. I 2011, 1314 Tz. 13.11).

114 Die Verschmelzung bleibt auch für die Inhaber **„erhaltener Anteile"** iSv. § 22 Abs. 1 UmwStG bzw. für **„eingebrachte Anteile"** iSv. § 22 Abs. 2 UmwStG an den übertragenden Kapitalgesellschaften steuerneutral. Die ihnen im Gegenzug gewährten Anteile an der neugegründeten Kapitalgesellschaft gelten ihrerseits als erhaltene Anteile (UmwSt-Erl. 2011, BMF v. 11.11.2011, BStBl. I 2011, 1314 Tz. 13.11; DPM/*Dötsch/Werner* UmwStG § 13 Rn. 56). Die Verschmelzung löst keinen rückwirkenden Einbringungsgewinn aus; die Sieben-Jahresfristen gemäß § 22 Abs. 1 Satz 1 und Abs. 2 Satz 1 laufen weiter (DPM/*Dötsch/Werner* UmwStG § 13 Rn. 56). Auch im Übrigen werden

Besitzzeiten angerechnet, etwa gemäß § 9 Nr. 2a, 7 GewStG für das gewerbesteuerliche Schachtelprivileg oder gemäß § 6b Abs. 10 EStG für die Übertragung einer § 6b-Rücklage (UmwSt-Erl. 2011, BMF v. 11.11.2011, BStBl. I 2011, 1314 Tz. 13.11).

Einstweilen frei **115**

e) Andere Gegenleistungen

Kein Fall des § 13 UmwStG liegt vor, soweit die neugegründete Körperschaft gemäß § 29 UmwG an ausscheidende Gesellschafter der Überträgerin einen Barausgleich zahlt: Die ausscheidenden Anteilsinhaber veräußern ihre Anteile nach den allgemeinen Grundsätzen (UmwSt-Erl. 2011, BMF v. 11.11.2011, BStBl. I 2011, 1314 Tz. 13.02): Die Steuerfolgen richten sich bei Körperschaften nach § 8b Abs. 2, 3 KStG (95%-ige Steuerbefreiung des Veräußerungsgewinns) bzw. bei natürlichen Personen mit Anteilen im Betriebsvermögen sowie mit Anteilen iSv. § 17 EStG nach dem Teileinkünfteverfahren (§ 3 Nr. 40 Buchstabe a, b oder c, § 3c Abs. 2 EStG). **116**

Soweit die Anteilsinhaber der übertragenden Gesellschaften neben den Anteilen an der neugegründeten Kapitalgesellschaft zusätzlich bare Zuzahlungen (zB Spitzenausgleich) erhalten, ist der Vorgang anteilig als Veräußerung mit den soeben dargestellten Steuerfolgen und nur im Übrigen nach § 13 UmwStG zu beurteilen (UmwSt-Erl. 2011, BMF v. 11.11.2011, BStBl. I 2011, 1314 Tz. 13.02); bei der Ermittlung des Veräußerungsgewinns sind der Zuzahlung die anteiligen Anschaffungskosten der Anteile gegenüberzustellen (UmwSt-Erl. 2011, BMF v. 11.11.2011, BStBl. I 2011, 1314 Tz. 13.02).

Bei Anteilen im Privatvermögen, die keine Anteile iSv. § 17 EStG sind und auf die § 13 UmwStG daher nicht anwendbar ist (→ Rn. 107), unterliegt ein von der neugegründeten Körperschaft nach § 29 UmwG gezahlter Barausgleich gemäß § 20 Abs. 2 Nr. 1 EStG iVm. § 32d EStG der Abgeltungsteuer. Für Zuzahlungen (zB Spitzenausgleich) gilt gemäß § 20 Abs. 4a Satz 2 EStG dasselbe. **117**

VII. Verkehrsteuern, Schenkungsteuer

1. Grunderwerbsteuer

Die Verschmelzung löst, soweit zum Vermögen der übertragenden Kapitalgesellschaften Grundstücke gehören, Grunderwerbsteuer aus, § 1 Abs. 1 Nr. 3 GrEStG. Gleiches gilt grundsätzlich, wenn einer von einer übertragenden Kapitalgesellschaft unmittelbar oder mittelbar zu mehr als 95% gehaltenen Personen- oder Kapitalgesellschaft ein Grundstück gehört, § 1 Abs. 2a, Abs. 3 GrEStG. Bemessungsgrundlage ist gem. § 8 Abs. 2 Satz 1 Nr. 2 bzw. Nr. 3 GrEStG der Grundbesitzwert gem. § 138 Abs. 2, 3 BewG. Die Grunderwerbsteuerfreistellung für konzerninterne Umwandlungen gemäß § 6a GrEStG greift erst, wenn das herrschende Unternehmen seit fünf Jahren vor der Umwandlung und für fünf Jahre nach der Umwandlung ununterbrochen zu mindestens 95% unmittelbar oder mittelbar an den abhängigen übertragenden Gesellschaften beteiligt ist, § 6a Satz 4 GrEStG. Vgl. ausführlich zur Grunderwerbsteuer und den bevorstehenden Änderungen → Form. D.1 Rn. 66 ff. **118**

2. Umsatzsteuer

Bei der Verschmelzung zweier Kapitalgesellschaften zur Neugründung fällt keine Umsatzsteuer an, da es nach neuerer Auffassung bereits an einem Leistungsaustausch fehlt bzw. nach anderer Ansicht in diesen Fällen § 1 Abs. 1a UStG eingreift. Die neugegründete Kapitalgesellschaft tritt in die umsatzsteuerliche Rechtsposition der übertragenden Kapitalgesellschaften ein (zB auch im Hinblick auf die Fristen für die Berichtigung des Vorsteuerabzuges iSv. § 15a UStG); → Form. A. 1 Rn. 136. **119**

3. Schenkungsteuer

119a Verschmelzungen von Kapitalgesellschaften können auch **schenkungsteuerlich** relevant sein, soweit im Rahmen der Verschmelzung ein **unausgewogener Leistungsaustausch** stattfindet (vgl. Gleichl. Ländererlasse v. 20.4.2018, BStBl I 2018, 632, Tz. 2.2.1 und 2.2.2). Dies kann auch bei Verschmelzungen zur Neugründung der Fall sein:

119b Wird den Gesellschaftern einer der Überträgerinnen eine den **Wert** dieser Überträgerin **übersteigende Beteiligung** gewährt, kann der Vorgang als freigebige Zuwendung an die Gesellschafter dieser dadurch überbewerteten Überträgerin gemäß § 7 Abs. 1 Nr. 1 ErbStG durch die Gesellschafter der anderen, unterbewerteten Überträgerin der Schenkungsteuer unterliegen (Gleichl. Ländererlasse v. 20.4.2018, BStBl I 2018, 632 Tz. 2.2.1 für Verschmelzung zur Aufnahme; BFH v. 27.8.2014, II R 43/12, BStBl. II 2015, 241, für Kapitalerhöhung). Zuwendungsgegenstand sind in diesem Fall die den Gesellschaftern der überbewerteten Überträgerin gewährten Beteiligungen; dass diese erst mit Eintragung im Handelsregister neu entstehen und von den Neugesellschaftern originär erworben werden, ist unerheblich (BFH v. 27.8.2014, II R 43/12, BStBl. II 2015, 241, Tz. 63 zur Kapitalerhöhung). Die **Einlage** der Neugesellschafter, im Falle der Verschmelzung zweier Kapitalgesellschaften also das Vermögen der überbewerteten Überträgerin, stellt keine teilweise Gegenleistung, sondern **Erwerbsaufwand** gemäß § 1 Abs. 2 i.V.m. § 10 Abs. 5 Nr. 3 ErbStG dar (BFH v. 20.12.2000, IV R 42/99, BStBl. II 2003, 67; BFH v. 27.8.2014, II R 43/12, BStBl. II 2015, 241, Tz. 50; ebenso Gleichl. Ländererlasse v. 20.4.2018, BStBl I 2018, 632 Tz 2.1.4 Satz 2 für Verschmelzung zur Aufnahme).

119c Soweit zu den Gesellschaftern der an der Verschmelzung beteiligten Kapitalgesellschaften **Personengesellschaften** gehören, sind wegen deren **schenkungsteuerlicher Transparenz** Zuwendende bzw. Begünstigte die hinter der Personengesellschaft stehenden natürlichen oder juristischen Personen (BFH v. 14.9.1994, II R 95/92, BStBl. II 1995, 81; Gleichl. Ländererlasse v. 20.4.2018, BStBl. I 2018, 632 Tz. 3.2; *H.-U. Viskorf* ZEV 2014, 633, 634). **Kapitalgesellschaften** können hingegen selbst Zuwendende sein (Gleichl. Ländererlasse v. 20.4.2018, BStBl. I 2018, 632 Tz. 3.2); zur Bestimmung der Steuerklasse ist dann das persönliche Verhältnis der Erwerber zu derjenigen unmittelbar oder mittelbar an der Kapitalgesellschaft beteiligten natürlichen Person oder Stiftung zugrunde zu legen, durch die die Zuwendung veranlasst ist, **§ 15 Abs. 4 Satz 1 ErbStG.** Prinzipiell kommen Kapitalgesellschaften – wie auch andere juristische Personen – auch als Begünstigte einer Schenkung in Betracht (*H.-U. Viskorf* ZEV 2014, 633, 634). Jedoch hat dann regelmäßig § 7 Abs. 8 Satz 1 ErbStG (Fiktion einer Zuwendung an deren Gesellschafter), der auch auf Leistungen gesellschaftsfremder Dritter anwendbar sein kann (Gleichl. Ländererlasse v. 20.4.2018, BStBl. I 2018, 632, Tz. 3.2), Vorrang (Gleichl. Ländererlasse v. 20.4.2018, BStBl. I 2018, 632Tz. 1.4 Satz 1). Hingegen liegt eine freigebige Zuwendung gemäß § 7 Abs. 1 Nr. 1 ErbStG an die Kapitalgesellschaft und kein Fall des § 7 Abs. 8 ErbStG vor, wenn die Leistung von einem nicht an der Kapitalgesellschaft Beteiligten stammt und auf eine unmittelbare Bereicherung der Kapitalgesellschaft abzielt (Gleichl. Ländererlasse v. 20.4.2018, BStBl. I 2018, 632 Tz. 3.2 letzter Satz). Sind Kapitalgesellschaften sowohl als Zuwendende als auch auf Erwerberseite beteiligt, scheidet eine Schenkung insoweit aus, als an diesen unmittelbar oder mittelbar dieselben Gesellschafter zu gleichen Anteilen beteiligt sind, **§ 7 Abs. 8 Satz 2 ErbStG.**

119d Ob ein schenkungsteuerlich relevanter **unausgewogener Leistungsaustausch** vorliegt, beurteilt sich ausschließlich nach bürgerlich-rechtlichen Bewertungsgrundsätzen (BFH v. 27.8.2014, II R 43/12, BStBl. II 2015, 241, Tz. 46): Sowohl der Verkehrswert des auf die Übernehmerin übergehenden Vermögens als auch der Verkehrswert der dafür gewährten Beteiligung an der neugegründeten Kapitalgesellschaft werden gemäß § 9 Abs. 1 Satz 2 BewG durch den Preis bestimmt, der im gewöhnlichen Geschäftsverkehr nach der Beschaffenheit des neuen Anteils bei einer Veräußerung zu erzielen wäre (*H.-U. Viskorf* ZEV 2014, 633, 635; BFH v. 27.8.2014, II R 43/12, BStBl. II 2015, 241, Tz. 46). Bei der Feststellung des Werts sind mit Ausnahme ungewöhnlicher oder persönlicher Verhältnisse alle Umstände zu berücksichtigen, die den Preis beeinflussen können, § 9 Abs. 2 Sätze 2 und 3, Abs. 3 BewG (BFH v. 27.8.2014, II R 43/12, BStBl. II 2015, 241, Tz. 46). Auf typisierende Steuerwerte wie zB. das vereinfachte Ertragswertverfahren (§§ 199 ff. BewG) kann nicht zurückgegriffen werden (BFH v. 24.11.2005, II R 11/04, BFH/NV 2006, 744; BFH v. 27.8.2014, II R 43/12, BStBl II 2015, 241, Tz. 47, jeweils zum sog. *Stuttgarter Verfahren*). Die steuerrechtlichen Bewertungsvorschriften sind erst im Rahmen der Ermittlung der Bereicherung i. S. des § 10 ErbStG anzuwenden (BFH v. 27.8.2014, II R 43/12, BStBl. II 2015, 241, Tz. 47 ff.). **Bewertungsstichtag** ist der Zeitpunkt der Eintragung der neugegründeten Kapitalgesellschaft in das Handelsregister, da die Schenkungsteuer gemäß § 9 Abs. 1 Nr. 2 ErbStG zu diesem Zeitpunkt entsteht (*H.-U. Viskorf* ZEV 2014, 633, 635; BFH v. 27.8.2014, II R 42/12, BFH/NV 2015, 1079, Tz. 46 für die Kapitalerhöhung).

In **subjektiver Hinsicht** ist für § 7 Abs. 1 Nr. 1 ErbStG erforderlich, dass die Beteiligten mit dem Willen zur Freigebigkeit gehandelt haben (BFH v. 27.8.2014, II R 43/12, BStBl. II 2015, 241, Tz. 51). Ihnen muss bekannt gewesen sein, dass zwischen dem Wert der gewährten neuen Beteiligung und dem Wert der zu leistenden Einlage eine erhebliche prozentuale Abweichung besteht, wobei es freilich auf die Kenntnis des genauen Ausmaßes dieser Abweichung nicht ankommt (BFH v. 27.8.2014, II R 43/12, BStBl. II 2015, 241, Tz. 51). Bei einem **auffallenden Missverhältnis** zwischen dem bei verständiger und den Umständen nach vertretbarer Beurteilung zugrunde zu legenden Verkehrswert der neuen Anteile und den von den Neugesellschaftern zu leistenden Einlagen muss nach der Lebenserfahrung zunächst davon ausgegangen werden, dass die Gesellschafter dieses Missverhältnis erkannt haben. In einem solchen Fall muss derjenige, der behauptet, zumindest dem Zuwendenden sei das auffallend grobe Missverhältnis nicht bekannt gewesen, dies durch konkreten Vortrag entkräften (BFH v. 15.12.2010, II R 41/08, BStBl. II 2011, 363, Tz. 13; BFH v. 27.8.2014, II R 43/12 BStBl. II 2015, 241, Tz. 52). Die Finanzverwaltung geht von einem auffälligen Missverhältnis bereits bei einer **Wertdifferenz** von mindestens **20 %** aus (Gleichl. Ländererlasse v. 20.4.2018, BStBl. I 2018, 632 Tz. 3.4.3; BFH v. 5.7.2018, II B 122/17, BStBl. II 2018, 660, Tz. 14). **119e**

Die Ermittlung der **Bereicherung,** die gemäß § 10 Abs. 1 Satz 1 ErbStG für die Bemessung der Schenkungsteuer maßgeblich ist, richtet sich, wenn Gegenstand der Zuwendung iSv. § 7 Abs. 1 Nr. 1 ErbStG eine die Einlage wertmäßig **übersteigende Beteiligung** ist, gemäß § 12 Abs. 1 und 2 ErbStG nach § 11 BewG; im Falle einer nicht börsennotierten Kapitalgesellschaft ist somit § 11 Abs. 2 BewG maßgeblich (BFH v. 27.8.2014, II R 43/12, BStBl. II 2015, 241, Tz. 57 f.). **119f**

Auf gemäß § 7 Abs. 1 Nr. 1 ErbStG schenkungsteuerbare Verschmelzungen von Kapitalgesellschaften sollen die Steuervergünstigungen gemäß §§ 13a, 13b ErbStG zwar grundsätzlich Anwendung finden können, da Zuwendungsgegenstand die den Neugesellschaftern gewährten Anteile sind (*H.-U. Viskorf* ZEV 2014, 633, 636; BFH v. 27.8.2014, II R 43/12, BStBl. II 2015, 241, Tz. 61 ff. für Kapitalerhöhung). § 13b Abs. 1 Nr. 3 ErbStG setzt aber voraus, dass der Zuwendende an der Kapitalgesellschaft („… dieser Gesellschaft …"), deren Anteile zugewendet werden und gemäß § 13b Abs. 1 Nr. 3 ErbStG Gegenstand der Begünstigung sind, vor der Zuwendung zu mehr als 25 % beteiligt war. Dieses Erfordernis kann bei einer Verschmelzung zur Neugründung jedenfalls dem Wortlaut nach nicht erfüllt werden, weil die Zuwendenden ihre Anteile gleichzeitig mit den Zuwendungsempfängern durch Eintragung der neugegründeten Gesellschaft im Handelsregister erwerben (§ 36 Abs. 1 Satz 2, Abs. 1 Satz 1, **119g**

§ 20 Abs. 1 Nr. 3 UmwG). Es steht daher zu befürchten, dass die Finanzverwaltung bei schenkungsteuerrelevanten Verschmelzungen zur Neugründung die Anwendbarkeit der §§ 13a, 13b ErbStG verneinen wird.

VIII. Arbeitsrecht

120 Siehe zunächst die grundsätzlichen Ausführungen zum Arbeitsrecht in → Form. A. 1 Rn. 150ff.

121 Die Darlegung der **Folgen der Verschmelzung für die Arbeitnehmer und ihre Vertretungen und die diesbezüglich vorgesehenen Maßnahmen** ist gem. § 5 Abs. 1 Nr. 9 UmwG zwingender Bestandteil des Verschmelzungsvertrags. Die individual- und kollektivarbeitsrechtlichen Folgen der Verschmelzung sind iE umfassend darzulegen; ein pauschaler Verweis auf § 613a BGB und die Bestimmungen des UmwG genügt nicht (OLG Düsseldorf v. 15.3.1998, 3 Wx 156/98, NJW-RR 1999, 188f.). Genügt der Verschmelzungsvertrag diesen Anforderungen nicht, hat das Handelsregister die Eintragung der Verschmelzung abzulehnen (OLG Düsseldorf v. 15.3.1998, 3 Wx 156/98, aaO).

122 Daneben besteht gem. **§ 613a Abs. 5 BGB** die Verpflichtung, die Arbeitnehmer nicht nur über die rechtlichen, sondern auch über die sie betreffenden **wirtschaftlichen und sozialen Folgen** des Betriebsübergangs zu informieren; die Nichteinhaltung dieser Informationsverpflichtung hat grundsätzlich zur Folge, dass die in **§ 613a Abs. 6 BGB** normierte Frist von einem Monat für die Ausübung des Rechts der betroffenen Arbeitnehmer, dem Übergang ihres Arbeitsverhältnisses zu widersprechen (iE → Form. A. 1 Rn. 152f.), nicht zu laufen beginnt. Gleiches gilt für eine **unvollständige oder unrichtige Unterrichtung** (BAG v. 13.7.2006, 8 AZR 305/05, NZA 2006, 1268; v. 14.12.2006, 8 AZR 763/05, NZA 2007, 682; BAG v. 15.12. 2016, 8 AZR 612/15 NZA 2017, 783, 790). Allerdings hat das BAG klargestellt, dass ein **Widerspruchsrecht** nach einer Verschmelzung nicht besteht, da das Arbeitsverhältnis mit dem bisherigen, erloschenen Arbeitgeber nicht fortgesetzt werden kann. Dieser ist auch nicht zwangsläufig als Kündigung zu verstehen, wenn die Erklärung nicht auch eine Umdeutung zur Kündigung oder einem anderen Beendigungstatbestand zulässt (BAG v. 21.2.2008, 8 AZR 157/07, NZA 2008, 815). Ein erklärter Widerspruch lässt das übergegangene Arbeitsverhältnis daher grundsätzlich unberührt (iE → Form. A. 1 Rn. 178, → Form. A.5.1 1 § 8 Abs. 2 sowie → Rn. 148).

123 Der Arbeitnehmer muss daher grundsätzlich eine außerordentliche Kündigung erklären, wenn er sich vom Arbeitsverhältnis lösen will (Kallmeyer/*Willemsen* UmwG § 324 Rn. 44).

124 *einstweilen frei*

IX. Kartellrechtliche Hinweise

125 Eine Verschmelzung ist ein **Zusammenschluss** iSv. § 37 Abs. 1 Nr. 1 GWB. Sofern (wie im Formularfall) die Umsatzschwellen des § 35 Abs. 1 GWB überschritten sind und nicht die Zuständigkeit der EU-Kommission gem. der VO 139/2004 v. 20.1.2004, EUABl. Nr. L 024 v. 29.1.2004 S. 1ff., begründet ist, muss die geplante Verschmelzung daher beim Bundeskartellamt angemeldet werden.

126 Innerhalb von einem Monat nach Eingang der vollständigen Anmeldung muss das Bundeskartellamt mitteilen, ob es in eine Prüfung des Zusammenschlusses eintritt, ansonsten gilt der Zusammenschluss als freigegeben, § 40 Abs. 1 Satz 1 GWB.

127 Erfolgt die Mitteilung fristgemäß, muss grundsätzlich innerhalb einer weiteren Frist von vier Monaten eine Sachentscheidung (Untersagung oder Freigabe) ergehen, § 40 Abs. 2 GWB, wenn nicht die anmeldenden Unternehmen einer Fristverlängerung zustimmen oder sonstige in § 40 Abs. 2 GWB genannte Fristverlängerungsgründe vorliegen. Bei nicht fristgemäßer Entscheidung gilt der Zusammenschluss wiederum als freigegeben.

Während der Schwebezeit darf der Zusammenschluss nicht vollzogen werden **(Vollzugsverbot),** § 41 Abs. 1 GWB. Vollzug soll grundsätzlich mit Abschluss des Verschmelzungsvertrags und Fassung der Verschmelzungsbeschlüsse der beteiligten Rechtsträger vorliegen (SBB/*Maier* § 7 Rn. 48). Dies kann allerdings zu Schwierigkeiten führen, weil einerseits der Zeitpunkt der Freigabe durch das Bundeskartellamt nicht vorhersehbar ist, andererseits die Zustimmungsbeschlüsse einer erheblichen Vorlaufzeit bedürfen, insbesondere wenn es sich – wie im vorliegenden Fall – um eine Aktiengesellschaft mit Streubesitz handelt. Dieses Problem kann durch eine Kartellklausel im Verschmelzungsvertrag, wonach der Vertrag erst bei Vorliegen der kartellrechtlichen Voraussetzungen vollzogen und insbesondere zum Handelsregister angemeldet werden kann, gelöst werden. **128**

Allerdings muss die Kartellklausel auch tatsächlich respektiert werden, dh. es dürfen keine Maßnahmen im Vorgriff auf die Verschmelzung erfolgen (zB „faktische" Übernahme der Kontrolle, Übernahme der Buchführung etc.). **129**

X. Kosten

1. Beurkundung des Verschmelzungsvertrages

Die Notargebühren für die Beurkundung des Abschlusses des **Verschmelzungsvertrages** richten sich nach §§ 97, 107 GNotKG (→ Form. A.1 Rn. 261). Vgl. zum reformierten Kostenrecht (GNotKG) → Form. A.1 Rn. 259. **130**

Zur Wertberechnung ist bei einer Verschmelzung zur Neugründung das kumulierte Aktivvermögen beider übertragender AG zugrunde zu legen (BDS/*Bormann* GNotKG § 107 Rn. 45; *Diehn/Volpert,* Praxis des Notarkostenrechts, Rn. 2556). Die Berechnung erfolgt dabei auf Grundlage der jeweiligen Verschmelzungsbilanz der beiden übertragenden AG nach § 17 Abs. 2 UmwG, jedoch ohne Abzug von Schulden (§ 38 Satz 1 GNotKG, vgl. hierzu BayObLG v. 23.4.1999, 3 Z BR 19/99, NJW-RR 1999, 1373; BayObLG v. 19.3.1997, 3 Z BR 283/96, MittBayNot 1997, 252; OLG Karlsruhe v. 30.1.2001, 11 Wx 59/00, ZNotP 2002, 121 zur KostO). Das Aktivvermögen wird um nicht durch Eigenkapital gedeckte Fehlbeträge vermindert; im Gegenzug erhöhen stille Reserven das Aktivvermögen der beiden übertragenden AG (§ 46 Abs. 1 GNotKG; *Diehn/Volpert,* Praxis des Notarkostenrechts, Rn. 2549 ff.). Der anzusetzende Höchstwert (kumuliert für beide AG) ist auf 10 Mio. EUR beschränkt (§ 107 Abs. 1 GNotKG). Zu weiteren Details der Berechnung des Gegenstandswerts vgl. → Form. A.1 Rn. 261. Die Feststellung der Satzung der C-AG ist gegenstandsgleich zum Verschmelzungsvertrag iSd. § 109 Abs. 1 GNotKG (Korintenberg/Diehn/*Diehn* GNotKG § 109 Rn. 224). Die Bestellung des ersten Aufsichtsrats der C-AG bzw. des ersten Abschlussprüfers erfolgt durch Beschluss und ist zur eigentlichen Neugründungsverhandlung gegenstandsverschieden (§ 110 Nr. 1 GNotKG). Es handelt sich auch insoweit um Beschlüsse mit unbestimmtem Geschäftswert (§§ 108 Abs. 1 Satz 1, 105 Abs. 4 Nr. 1 GNotKG). Für die Bestellung sind jeweils 30 000 EUR als Geschäftswert anzusetzen.

2. Zustimmungsbeschlüsse

Die Hauptversammlungsbeschlüsse der A-AG und der B-AG sind zu gesonderter Urkunde zu beurkunden (im Regelfall Tatsachenbeurkundung nach §§ 36 ff. BeurkG im Gegensatz zur Beurkundung des Verschmelzungsvertrages als Beurkundung von Willenserklärungen nach §§ 9 ff. BeurkG). Die Beurkundung der zustimmenden Hauptversammlungsbeschlüsse nach § 13 Abs. 1 UmwG in den beiden übertragenden **131**

AG ist nach § 110 Nr. 1 GNotKG gegenstandsverschieden zum Verschmelzungsvertrag, so dass diese nach §§ 97, 108 Abs. 1 GNotKG für die Notarkostenberechnung gesondert zu berücksichtigen sind. Gemäß § 108 Abs. 3 S. 1 GNotKG ist der Geschäftswert der Hauptversammlungsbeschlüsse jeweils der Wert des Vermögens des übertragenden Rechtsträgers, höchstens jedoch 5 Mio. EUR (§ 108 Abs. 5 GNotKG). Die Hauptversammlungsbeschlüsse in der A-AG und der B-AG sind auch untereinander gegenstandsverschieden und mithin jeweils separat in Ansatz zu bringen (Korintenberg/*Tiedtke* GNotKG § 108 Rn. 86). Die Zustimmung der Aktionäre erfolgt im Hinblick auf das jeweilige Vermögen jedes einzelnen Rechtsträgers (LG Dresden v. 29.8.2007, 3 T 964/05, NotBZ 2007, 457). Der Geschäftswert des jeweiligen Beschlusses errechnet sich nach dem jeweiligen Aktivvermögen der A-AG und der B-AG und nicht aus dem (kumulierten) Gesamtwert, da die Aktionäre nur der jeweiligen Vermögensübertragung zustimmen (Korintenberg/*Tiedtke* GNotKG § 108 Rn. 88).

3. Verzichte, Vollzugs- und Betreuungsgebühren, Auslagen

132 Für die Mitbeurkundung von Verzichtserklärungen auf die Erstellung eines Verschmelzungsberichts (§ 8 Abs. 3 UmwG), auf die Verschmelzungsprüfung bzw. die Erstellung eines Verschmelzungsprüfungsberichts (§§ 9 Abs. 3, 12 Abs. 3 UmwG) (dazu Renner/Otto/Heinze/*Heinze* GNotKG § 107 Rn. 72) und auf die Auslegung von Unterlagen in den Geschäftsräumen der beteiligten Gesellschaften fallen keine zusätzlichen Gebühren an, da sämtliche dieser Verzichtserklärungen gegenstandsgleich nach § 109 Abs. 1 GNotKG mit dem Verschmelzungsvertrag sind (BDS/*Bormann* GNotKG § 109 Rn. 35; OLG Hamm v. 6.12.2001, 15 W 314/01, MittBayNot 2002, 210 zur KostO). Nicht gegenstandsgleich und damit gesondert zu bewerten soll die ebenfalls im Formular enthaltene Verzichtserklärung auf die Anfechtung des jeweiligen Verschmelzungsbeschlusses nach § 16 Abs. 2 UmwG sein. Für die Bewertung dieser Verzichtserklärung soll ein Teilwert von 10% des übergehenden Aktivvermögens zugrunde zu legen sein (Renner/Otto/Heinze/*Heinze* GNotKG § 107 Rn. 73).

133 Es können grundsätzlich Vollzugs- oder Betreuungsgebühren zusätzlich zu den Beurkundungsgebühren entstehen (→ Form. A.1 Rn. 262). Im vorliegenden Formular entstehen sowohl die Vollzugsgebühr für die Erstellung der Gesellschafterliste durch den beurkundenden Notar (Nr. 22113 des Kostenverzeichnisses), höchstens 250 EUR, sowie eine Betreuungsgebühr nach Nr. 6 zur Nr. 22200 des Kostenverzeichnisses für die Erstellung der Bescheinigung nach § 40 Abs. 2 Satz 2 GmbHG.

Zusätzlich werden durch den Notar noch Auslagen in Rechnung gestellt (vgl. → Form. A.1 Rn. 262).

4. Handelsregisteranmeldung

134 **Beglaubigt** der Notar lediglich die Unterschriften der anmeldenden Vorstände der beiden übertragenden bzw. der neu zu gründenden AG unter ihm zur Verfügung gestellten **Fremdentwürfen,** dann erhält er hierfür eine Gebühr von 0,2, mindestens jedoch 20 EUR und höchstens 70 EUR, nach Nr. 25100 des Kostenverzeichnisses. Der Geschäftswert der Handelsregisteranmeldungen wird nach §§ 121, 105 GNotKG ermittelt. Bei den Anmeldungen handelt es sich jeweils um eine Anmeldung mit unbestimmtem Geldwert nach § 105 Abs. 4 Nr. 1 GNotKG. Entsprechend ist der Geschäftswert ein Prozent des Grundkapitals der jeweiligen AG, mindestens jedoch 30 000 EUR; die 0,2 Gebühr aus diesem Geschäftswert beträgt 25 EUR.

Zudem erhält der Notar nach Nr. 22114 des Kostenverzeichnisses (elektronischer Vollzug und Erstellung von sog. XML-Strukturdaten) noch eine zusätzliche Gebühr in Höhe von 0,3, maximal jedoch 250 EUR, für die elektronische Einreichung der Handelsregisteranmeldung nebst Anlagen zum Registergericht. Des Weiteren fällt noch eine Vollzugsgebühr nach Nr. 22124 des Kostenverzeichnisses von 20 EUR für die

Einreichung der Handelsregisteranmeldung an. Hinzu kommen Auslagen nach Nr. 3200ff. des Kostenverzeichnisses und 19% USt. (Nr. 32014).

Erstellt der **Notar** selbst die **Entwürfe** der Handelsregisteranmeldungen, so berechnen sich die Notargebühren nach Nr. 24102 des Kostenverzeichnisses. Hiernach fällt eine Rahmengebühr von 0,3 bis 0,5, bei einer (vollständigen) Entwurfserstellung eine Gebühr von 0,5, mindestens jedoch 30 EUR an. Der Geschäftswert berechnet sich wiederum aus §§ 119, 105 GNotKG (vgl. die vorstehenden Ausführungen). Zudem erhält der Notar nach Nr. 22114 des Kostenverzeichnisses (elektronischer Vollzug und Erstellung von sog. XML-Strukturdaten) noch eine zusätzliche Gebühr in Höhe von 0,3, maximal jedoch 250 EUR, für die elektronische Einreichung der Handelsregisteranmeldung nebst Anlagen zum Registergericht. Neben den beiden vorgenannten Gebühren sind wiederum Auslagen nach Nr. 3200ff. und 19% USt (Nr. 32014) zu zahlen.

5. Handelsregistereintragung

Die Eintragungsgebühren richten sich nach der Verordnung über Gebühren in Han- **135**
dels-, Partnerschafts- und Genossenschaftsregistersachen (Handelsregistergebührenverordnung, HRegGebV), die auf der Ermächtigungsgrundlage in § 58 GNotKG beruht. Bei den Gebühren handelt es sich um sog. aufwandsbezogene Gebühren, die dem sog. Gebührenverzeichnis als Anlage zu § 1 Satz 1 HRegGebV v. 30.9.2004, BGBl. I 2004, 2562 entnommen werden können.

Die **Handelsregistereintragungen** kosten bei der A-AG und der B-AG je 240 EUR (Gebührenverzeichnis Nr. 2402) sowie bei der C-AG 660 EUR (Gebührenverzeichnis Nr. 2105).

einstweilen frei **136**

C. Einzelerläuterungen

I. Notarurkunden

1. Verschmelzungsvertrag, Bestellung des Aufsichtsrats, Bestellung der Abschlussprüfer

Vorliegend enthält die erste Notarurkunde sowohl den Verschmelzungsvertrag als **137**
auch die Bestellung des Aufsichtsrats der durch die Verschmelzung neugegründeten Aktiengesellschaft sowie die Bestellung der Abschlussprüfer der neugegründeten Aktiengesellschaft für das erste Geschäftsjahr.

Zum Rubrum:

→ A. 1 Rn. 115ff. **138**

Zu Ziffer I: Verschmelzungsvertrag

Vorliegend schließen die A-AG und die B-AG den Verschmelzungsvertrag. Die Par- **139**
teien werden jeweils durch ihre gesamtvertretungsberechtigten Vorstandsmitglieder vertreten.

Der **Mindestinhalt** eines Verschmelzungsvertrags für die Verschmelzung zur Neugründung ergibt sich aus § 5 Abs. 1 und 2 iVm. §§ 61ff., 73ff. UmwG.

Zur Präambel:

In der gesetzlich nicht erforderlichen Präambel sind die materiell beteiligten Ver- **140**
tragsparteien des Verschmelzungsvertrag genau mit Firma, Sitz, Registergericht, Han-

delsregisternummer und Grundkapital bezeichnet. Um den **Sachstand** festzustellen, sind Grundkapital der A-AG und der B-AG mit Anzahl der Stückaktien aufgeführt.

Zu § 1: Vermögensübertragung

141 § 1 enthält die in § 5 Abs. 1 Nr. 1 und 2, § 36 Abs. 1 UmwG geforderten Mindestangaben wie Firma und Sitz der an der Verschmelzung beteiligten Rechtsträger sowie die Vereinbarung über die Übertragung des Vermögens jedes übertragenden Rechtsträgers als Ganzes gegen Gewährung von Anteilen des neuen Rechtsträgers an die Anteilsinhaber der übertragenden Rechtsträger gem. § 2 Nr. 2, § 36 Abs. 1 UmwG. Der Vertragswortlaut orientiert sich am Wortlaut der zitierten Normen.

Zu § 2: Gegenleistung

142 **Abs. 1** enthält die nach § 5 Abs. 1 Nr. 2 und 3, § 36 Abs. 1 UmwG erforderlichen Angaben über die Gewährung von Anteilen am neuen Rechtsträger und über das Umtauschverhältnis der Anteile und gegebenenfalls die Höhe der baren Zuzahlungen. Da Abs. 1 auch bestimmt, dass die Gewährung kostenfrei erfolgt, findet sich auch eine nach § 5 Abs. 1 Nr. 4, § 36 Abs. 1 UmwG erforderliche Angabe über die Einzelheiten für die Übertragung der Anteile des neuen Rechtsträgers. Zur Berechnung der Verkehrswerte als Grundlage für die Berechnung des Umtauschverhältnisses → Rn. 16ff.

142a **Abs. 2** enthält die nach § 5 Abs. 1 Nr. 5, § 36 Abs. 1 UmwG erforderliche Angabe über den Zeitpunkt, von dem an die Aktien der C-AG Teilhabe am Bilanzgewinn gewähren.

142b **Abs. 3** ist rechtlich nicht erforderlich und vereinbart die Gleichstellung von Aktionären desselben übertragenden Rechtsträgers im Falle der Verbesserung des Anteilsverhältnisses. Die Zweckmäßigkeit einer solchen Vereinbarung ergibt sich daraus, dass sich bei Fehlen dieser Vereinbarung Aktionäre geradezu gezwungen sehen, sich an einem anhängigen Spruchstellenverfahren zur Verbesserung des Umtauschverhältnisses gem. §§ 15, 36 Abs. 1 UmwG, §§ 1ff. SpruchG zu beteiligen, um sich die Teilhabe in einer sich etwaig aus diesem Verfahren ergebenden Besserstellung zu sichern. Für den Fall der gerichtlichen Entscheidung ist diese Vereinbarung deklaratorisch, weil dies im Spruchstellenverfahren auch zu Gunsten der nicht verfahrensbeteiligten Aktionäre gilt, § 13 SpruchG. Konstitutive Wirkung hat diese Vereinbarung allerdings bei einer außergerichtlichen Aufbesserung des Umtauschverhältnisses für die Aktionäre des betroffenen übertragenden Rechtsträgers. Rechtstechnisch stellt dies einen echten Vertrag zu Gunsten Dritter dar. Abschließend wird klargestellt, dass die Aufbesserung des Umtauschverhältnisses zu Gunsten der Aktionäre des einen übertragenden Rechtsträgers keine Konsequenz auf das Umtauschverhältnis und die Rechte der Aktionäre des anderen übertragenden Rechtsträgers hat.

Zu § 3: Treuhänder

143 § 3 regelt weitere nach § 5 Abs. 1 Nr. 4, § 36 Abs. 1 UmwG erforderliche Angaben über Einzelheiten des Erwerbs der Mitgliedschaften bei dem neuen Rechtsträger.

Abs. 1 regelt die gem. §§ 71ff. UmwG erforderliche Bestellung eines Treuhänders für den Empfang der im Vertrag festgelegten Gegenleistung. Im vorliegenden Fall wird für beide Überträgerinnen derselbe Treuhänder bestellt, was zulässig ist (→ Rn. 29).

Abs. 2 regelt die näheren Modalitäten der Empfangnahme der Gegenleistung, insbesondere der Übergabe der Globalurkunde.

Das Rechtsverhältnis mit dem Treuhänder wird in einem separaten Treuhandvertrag geregelt, den die übertragenden Gesellschaften mit dem Treuhänder abschließen. Darin ist insbesondere die Pflicht des Treuhänders aufzunehmen, nach Inbesitznahme der Aktien und baren Zuzahlungen dem Gericht dies anzuzeigen, damit die Verschmelzung eingetragen werden kann, § 71 Abs. 1 Satz 2 UmwG.

Zu § 4: Feststellung der Satzung der C-AG, Übernahme der Aktien

Abs. 1 enthält die Feststellung der Satzung der durch die Verschmelzung neu gegründeten C-AG, die dem Vertrag als Anlage beigefügt ist, § 37 UmwG. Die Angabe des Grundkapitals der C-AG ist hier nur deklaratorisch. **144**

Abs. 2 stellt klar, dass in der Satzung der neugegründeten C-AG die nach § 74 Satz 1 UmwG und § 26 Abs. 4 und 5 AktG, § 74 Satz 3 UmwG zu übernehmenden Angaben enthalten sind. Diese Klarstellung ist in der Praxis als Arbeitshilfe nicht zuletzt für das Handelsregister hilfreich. **144a**

Abs. 3 enthält die gem. § 29 AktG, § 36 Abs. 2 UmwG erforderliche Übernahme der Aktien der C-AG durch die Gründer. Abweichend von § 28 AktG, § 36 Abs. 2 Satz 1 UmwG sind bei einer Verschmelzung durch Neugründung einer Aktiengesellschaft die Gründer die übertragenden Gesellschaften und nicht deren Aktionäre, § 36 Abs. 2 Satz 2 UmwG. Diese haben daher die nach § 29 AktG erforderliche Übernahmeerklärung abzugeben. Da die Aktionäre der übertragenden Rechtsträger nach § 20 Abs. 3 UmwG die Aktien an der C-AG kraft Gesetz erwerben, macht eine Übernahmeerklärung nach § 29 AktG wenig Sinn und sollte daher *de lege ferenda* aus der Pauschalverweisung in § 36 Abs. 2 Satz 1 UmwG herausgenommen werden. Der Vertragstext hat die Übernahmeerklärung der Gründer daher modifiziert. **144b**

Zu § 5: Verschmelzungsstichtag, Schlussbilanzen

Abs. 1 Satz 1 enthält die in § 5 Abs. 1 Nr. 6, § 36 Abs. 1 UmwG geforderte Angabe über den Zeitpunkt, von dem an die Handlungen der übertragenden Rechtsträger als für Rechnung des neu gegründeten Rechtsträgers vorgenommen gelten (Verschmelzungsstichtag). Der Verschmelzungsstichtag darf nicht mit dem Zeitpunkt der dinglichen Wirksamkeit der Verschmelzung verwechselt werden: Nach § 20 Abs. 1 Nr. 1, § 36 Abs. 1 UmwG geht das Vermögen der übertragenden Rechtsträger einschließlich der Verbindlichkeiten erst mit der Eintragung der Verschmelzung in das Register des Sitzes des neuen Rechtsträgers auf den neuen Rechtsträger über. Diese dingliche Wirkung ist nicht dispositiv. **Abs. 1 Satz 2** orientiert sich am Wortlaut von § 5 Abs. 1 Nr. 6, § 36 Abs. 1 UmwG. **145**

Abs. 2 enthält die rechtlich nicht erforderliche Angabe über die nach § 17 Abs. 2 UmwG der Anmeldung zu den Registern der Sitze der übertragenden Rechtsträger beizufügenden Bilanzen der übertragenden Rechtsträger (Schlussbilanzen). Es hat sich jedoch in der Praxis eingebürgert, diese Klausel der Klarstellung halber in den Vertrag aufzunehmen, falls handelsrechtlich die Buchwerte gem. § 24 UmwG bei der Übernehmerin angesetzt werden sollen (konkludente Ausübung des Wahlrechts). **145a**

Oft findet sich die Angabe, dass die C-AG die in den Schlussbilanzen der übertragenden Rechtsträger angesetzten Buchwerte der übergehenden Aktiva und Passiva in ihrer Rechnungslegung fortführt oder aber die Anschaffungskosten gem. § 255 Abs. 1 HGB iVm. § 24 UmwG ansetzt. Diese Angaben sind rechtlich nicht erforderlich und schränken den späteren Gestaltungsspielraum ein (da konkludente Wahlrechtsausübung).

Zu § 6: Sonderrechte

§ 6 stellt im Hinblick auf die nach § 5 Abs. 1 Nr. 7, § 36 Abs. 1 UmwG erforderlichen Angaben über Rechte, die der neue Rechtsträger einzelnen Anteilsinhabern sowie den Inhabern besonderer Rechte iSv. § 5 Abs. 1 Nr. 7 UmwG gewährt, oder die für diese Personen vorgesehene Maßnahmen klar, dass solche Gewährungen bzw. Maßnahmen nicht getroffen wurden. Das Gesetz schreibt eine vertragliche Offenlegung nur in dem Falle des Zutreffens vor. Obwohl vorliegend Sonderrechte iSv. §§ 23, 36 Abs. 1 UmwG nicht bestehen, ist die Klarstellung als Negativanzeige sinnvoll. Sie dient als Nachweis für die Vollständigkeit der vertraglichen Regelungen. **146**

Zu § 7: Besondere Vorteile

147 **Abs. 1** stellt vorbehaltlich Abs. 2 im Hinblick auf die nach § 5 Abs. 1 Nr. 8, § 36 Abs. 1 UmwG erforderlichen Angaben zu jedem besonderen Vorteil, der einem Mitglied eines Vertretungsorgans oder eines Aufsichtsorgans der an der Verschmelzung beteiligten Rechtsträger, einem geschäftsführenden Gesellschafter, einem Abschlussprüfer oder einem Verschmelzungsprüfer gewährt wird, klar, dass solche Gewährungen bzw. Maßnahmen nicht getroffen wurden. Vorliegend sind nur die für die Rechtsform der beiden beteiligten Rechtsträger einschlägigen Personen des § 5 Abs. 1 Nr. 8 UmwG aufgeführt.

147a **Abs. 2** enthält besondere Vorteile eines Mitglieds eines Vertretungsorgans der beiden übertragenden Rechtsträger. Auch die Auszahlung der noch offenen Vergütung eines befristeten Vorstandsanstellungsvertrags in Form einer Abfindung bedeutet einen besonderen Vorteil, weil die Auszahlung vor Fälligkeit erfolgt. Aufzunehmen sind auch Angaben, ob Mitglieder des Vorstands oder des Aufsichtsrats einer der übertragenden Gesellschaften im entsprechenden Organ der neugegründeten Gesellschaft wiederum vertreten sind, auch wenn diese Zusagen für den neuen Rechtsträger nicht verbindlich sind (vgl. SHS/*Stratz* UmwG § 5 Rn. 85).

Werden besondere Vorteile nicht angegeben, darf das Registergericht die Verschmelzung nicht eintragen. Darüber hinaus wird vertreten, dass die Zusage nicht bindend ist (vgl. *Kall*meyer/*Marsch-Barner* UmwG § 5 Rn. 46a, Fn. 1 mwN).

Zu § 8: Folgen der Verschmelzung für die Arbeitnehmer und ihre Vertretungen

148 Die Darlegung der Folgen der Verschmelzung für die Arbeitnehmer und ihre Vertretungen sowie die insoweit vorgesehenen Maßnahmen sind zwingender Bestandteil des Verschmelzungsvertrags, § 5 Abs. 1 Nr. 9 UmwG, ihr Fehlen ein Eintragungshindernis.

148a **Abs. 1** beschreibt und konkretisiert die gesetzliche Regelung in § 324 UmwG iVm. § 613a Abs. 1 Satz 1 BGB.

148b **Abs. 2** trägt dem in § 613a Abs. 5 und 6 BGB geregelten Widerspruchsrecht des Arbeitnehmers Rechnung. Ein Widerspruchsrecht besteht nach aktueller Rspr. nach einer Verschmelzung nicht, da das Arbeitsverhältnis mit dem bisherigen, erloschenen Arbeitgeber nicht fortgesetzt werden kann. iE → Form. A. 1 Rn. 178.

148c **Abs. 3** legt das **Kündigungsverbot** gem. § 613a Abs. 4 BGB dar.

148d **Abs. 4** beschreibt die Rechtsfolge der Verschmelzung für die bei der übertragenden Gesellschaft geltenden tarifvertraglichen Normen (**individualvertragliche Fortgeltung** gem. § 613a Abs. 1 Satz 2 BGB), wenn das neugegründete Unternehmen nicht tarifgebunden ist. Gehört das neugegründete Unternehmen einem anderen Arbeitgeberverband an, so gelten gem. § 613a Abs. 1 Satz 3 BGB vorrangig die Tarifverträge dieses Arbeitgeberverbandes **kollektivrechtlich** auch für die Arbeitnehmer des übertragenden Unternehmens; soweit die Tarifverträge des Arbeitgeberverbandes des neugegründeten Unternehmens allerdings **Lücken** enthalten, sind diese durch **individualvertragliche Fortgeltung** der bei der übertragenden Gesellschaft bestehenden Tarifvertragsnormen gem. § 613a Abs. 1 Satz 2 BGB zu schließen (WM/*Vossius* UmwG § 20 Rn. 143). Die kollektivrechtliche Ablösung findet nur statt, soweit die bei dem aufnehmenden Unternehmen geltenden Tarifverträge denselben Regelungsgegenstand betreffen oder dem Tarifvertrag zu entnehmen ist, dass er die vertraglich fortgeltenden Tarifregelungen insgesamt ablösen sollte (BAG v. 22.1.2003, 10 AZR 227/02, NZA 2003, 879). Gehören übertragendes und neugegründetes Unternehmen hingegen demselben Arbeitgeberverband an, gelten die von diesem abgeschlossenen Arbeitsverhältnisse kollektivrechtlich auch für die Arbeitnehmer des übertragenden Unternehmens weiter, der individualrechtlichen Fortgeltung gem. § 613a Abs. 1 Satz 2 BGB bedarf es in diesem Fall nicht.

Abs. 5 und **Abs. 6** beschreiben die Auswirkungen auf die **betriebsverfassungsrechtlichen Strukturen** der betroffenen Unternehmen. Die Betriebsräte bleiben bei einer Verschmelzung zunächst im Amt, da die Identität der Betriebe durch eine Verschmelzung nicht unmittelbar geändert wird. Der Gesamtbetriebsrat des übertragenden Unternehmens erlischt hingegen, da er unternehmensbezogen besteht, § 47 Abs. 1 BetrVG. An seine Stelle tritt der neu zu errichtende Gesamtbetriebsrat des neugegründeten Unternehmens, § 47 Abs. 1 BetrVG. Auch ein in einem übertragenden Unternehmen bestehender Wirtschaftsausschuss erlischt, § 106 BetrVG. Die Anzahl der Mitglieder des Wirtschaftsausschusses bei neugegründeten Unternehmen steht gem. § 107 Abs. 2 Satz 2 BetrVG im Ermessen des Gesamtbetriebsrats des neugegründeten Unternehmens. Die Betriebsvereinbarungen gelten ebenfalls kollektivrechtlich fort, da die betrieblichen Strukturen durch die Verschmelzung als solche zunächst nicht geändert werden. Dies gilt auch für Gesamtbetriebsvereinbarungen des Gesamtbetriebsrats. **148e**

Abs. 7 beschreibt, wie von § 5 Abs. 1 Nr. 9 UmwG gefordert, die Auswirkungen auf die **Mitbestimmung.** **148f**

Abs. 8 betrifft die Frage, ob und inwieweit bzw. wie detailliert eine Darstellung auch der **mittelbaren Folgen** der Verschmelzung nach § 5 Abs. 1 Nr. 9 UmwG erforderlich ist. Diese ist heftig umstritten (siehe WM/*Mayer* UmwG § 5 Rn. 183 mwN). Abs. 8 enthält vorsorglich eine Beschreibung der wesentlichen mittelbaren **Folgen der Verschmelzung** sowie den Hinweis auf deren Behandlung im Verfahren nach §§ 111 ff. BetrVG. Die Zuständigkeit des Gesamtbetriebsrats ergibt sich aus § 50 Abs. 1 BetrVG, da mehrere Betriebe betroffen sind. **148g**

Zu § 9: Zusammenschlusskontrolle

Da im Beispielfall die Umsatzschwellen des § 35 Abs. 1 GWB überschritten sind, ist gem. § 39 GWB eine Anmeldung beim **Bundeskartellamt** erforderlich. Bis zur Freigabe durch das Kartellamt darf die Verschmelzung nicht vollzogen werden, § 41 Abs. 1 GWB. Die Bestimmung in § 9 Abs. 1 des Formulars ermöglicht es, die Verschmelzungsbeschlüsse bereits vor Freigabe durch das Bundeskartellamt zu fassen. Allerdings muss das **Vollzugsverbot** auch **tatsächlich respektiert** werden, dh. es dürfen keine Maßnahmen im Vorgriff auf die Verschmelzung erfolgen (zB faktische Übernahme der Kontrolle, Übernahme der Buchführung etc.). **149**

Abs. 1 trägt dem in § 41 Abs. 1 GWB statuierten Vollzugsverbot in Zusammenschau des nach § 40 GWB möglicherweise eintretenden Verfahrens Rechnung. Das Vollzugsverbot bedeutet auch, dass eine Anmeldung der Verschmelzung zu den Handelsregistern nicht erfolgen darf. Dies bedeutet gleichzeitig, dass zeitlich die Acht-Monatsfrist der § 17 Abs. 2 Satz 4, § 36 Abs. 1 UmwG bei der Planung des Verschmelzungsvorgangs beachtet werden muss. In der Praxis bedeutet das, dass die Anmeldung des Zusammenschlussvorhabens zum Bundeskartellamt zeitlich sehr früh erfolgen muss. **149a**

Abs. 2 regelt verfahrensbezogene Vereinbarungen zwischen den Parteien bezogen auf das Anmeldeverfahren zum Bundeskartellamt. Diese individuell zu vereinbarenden Regelungen müssen jeweils darauf abgestimmt sein, in welchem Stadium sich die Anmeldung beim Bundeskartellamt befindet. **149b**

Abs. 3 regelt Rechtsfolgen für den Fall einer Untersagung des Zusammenschlussvorhabens durch das Bundeskartellamt. Auch diese Regelung ist individuell zu vereinbaren. **149c**

Abs. 4 enthält ebenfalls eine individuell zu vereinbarende Regelung für den Fall der Freigabe nur unter Bedingungen und Auflagen durch das Bundeskartellamt. **149d**

Zu § 10: Weitere Bedingungen

§ 10 Satz 1 enthält lediglich eine Klarstellung, die der Regelung nicht bedarf. Aus Kostengründen stellt § 10 Satz 2 fest, dass die Hauptversammlungen erst nach Freigabe des Zusammenschlusses durch das Bundeskartellamt stattfinden. **150**

Zu § 11: Rücktritt

151 Eine ebenfalls individuell zu vereinbarende Rücktrittsregelung wird idR dann aufgenommen, wenn die Verschmelzung nicht bis zu einem gewissen Stichtag im Handelsregister eingetragen ist. In vielen Musterformularen finden sich **variable Verschmelzungsstichtage,** die den Fall der Verzögerung der Eintragung der Verschmelzung vorwegnehmen. UE ist davon abzuraten, weil sich während der oft langen Zeitdauer die Umtauschverhältnisse der beteiligten Rechtsträger verändern und die Wahrscheinlichkeit, dass die Verschmelzung auch aus anderen Gründen nicht mehr gewollt ist, hoch ist.

Zu § 12: Sonstiges

152 § 12 dient der Klarstellung gegenüber dem Finanzamt (Grunderwerbsteuerstelle).

Zu § 13: Schlussbestimmungen

153 Die Schlussbestimmungen sind rechtlich nicht erforderlich, enthalten eine Gerichtsstands- und Erfüllungsortvereinbarung sowie eine salvatorische Klausel.

Zu II: Bestellung des Aufsichtsrats der C-AG

154 Nach §§ 30, 31 AktG, § 36 Abs. 2 UmwG haben die übertragenden Gesellschaften als Gründer die Mitglieder des ersten Aufsichtsrats des durch die Verschmelzung neugegründeten Rechtsträgers zu bestellen. Dies ist im Verschmelzungsvertrag möglich, wenn die Aktionäre der übertragenden Gesellschaften der Verschmelzung und der Feststellung der Satzung der neuen Aktiengesellschaft zugestimmt haben und dann die Feststellung der Satzung beurkundet wurde, weil beides zum Entstehen der Vor-AG erforderlich ist.

Zu III: Bestellung des Abschlussprüfers der C-AG

155 Die nach § 30 Abs. 1 Satz 1 AktG, § 36 Abs. 2 UmwG erforderliche Bestellung eines Abschlussprüfers – sofern nach § 267 HGB erforderlich – ist durch die Gründer, also die übertragenden Gesellschaften, vorzunehmen.

Zu IV: Kosten, Abschriften

156 Die Kostenregelung ist frei vereinbar.

2. Satzung der Neugesellschaft (Anlage I zu § 4 Abs. 1 des Verschmelzungsvertrags)

157 Der gesetzlich notwendige Satzungsinhalt der neu gegründeten Aktiengesellschaft bestimmt sich gem. § 36 Abs. 2 UmwG nach den Vorschriften über die Gründung gem. §§ 23 ff. AktG. Dies sind insb.
- Firma und Sitz der C-AG, § 23 Abs. 3 Nr. 1 AktG,
- der Gegenstand des Unternehmens, § 23 Abs. 3 Nr. 2 AktG,
- die Höhe des Grundkapitals, § 23 Abs. 3 Nr. 3 AktG,
- die Zerlegung des Grundkapitals nebst Nennbeträgen (falls zutreffend) und Gattung und Zahl, falls mehrere Gattungen bestehen, § 23 Abs. 3 Nr. 4 AktG,
- die Angabe der Ausstellung auf Inhaber oder auf Namen, § 23 Abs. 3 Nr. 5 AktG (zu den mit Aktienrechtsnovelle 2016 eingeführten Beschränkungen für Inhaberaktien → Rn. 5),
- die Zahl der Mitglieder des Vorstands oder die Regel, nach der diese Zahl festgestellt wird, § 23 Abs. 3 Nr. 6 AktG,

- die Bestimmungen über die Form der Bekanntmachungen der Gesellschaft, § 23 Abs. 4 AktG. Gemeint sind hier nicht die für sog. Pflichtbekanntmachungen (zB Ladungen, § 121 Abs. 4 Satz 1 AktG) vorgesehenen Gesellschaftsblätter iSv. § 25 AktG, also der Bundesanzeiger (→ Rn. 189), sondern die Publikationsorgane für nicht Kraft Gesetzes oder Satzung zwingend in den Gesellschaftsblättern mitzuteilende und sonstige freiwillige Bekanntmachungen (vgl. BT-Drs. 18/4349 S. 19) wie etwa Vierteljahresberichte (in MünchKomm/*Pentz* AktG, 4. Aufl., § 23 Rn. 151; Henssler/Strohn/*Vetter* AktG Rn. 19 zu § 23; Hüffer/*Koch* AktG Rn. 32 zu § 23).
- die Übernahme der Festsetzung über Sondervorteile, Gründungsaufwand, Sacheinlagen, die in den Satzungen der übertragenden Gesellschaften enthalten waren, § 74 Satz 1 UmwG.

3. Zustimmungsbeschluss der Hauptversammlung der A-AG

Der Zustimmungsbeschluss bedarf nach § 130 Abs. 1 Satz 1 AktG der Beurkundung **158**
in Form einer über die Verhandlung notariell aufgenommenen Niederschrift. § 130 Abs. 1 Satz 3 AktG iVm. § 65 UmwG läuft leer, weil die notarielle Beurkundung schon nach § 13 Abs. 3, § 36 Abs. 1 UmwG vorgeschrieben ist.

Das Rubrum benennt Ort und Zeit der Hauptversammlung sowie die anwesenden Mitglieder des Aufsichtsrats und Vorstands sowie die anwesenden Aktionäre und Aktionärsvertreter.

Die Niederschrift protokolliert die Übernahme des Vorsitzes der Versammlung und die Eröffnung der Versammlung durch den Versammlungsleiter. Das Protokoll enthält ferner die Feststellungen des Aufsichtsrats, zu denen die Bezugnahme auf die form- und fristgerechte Einladung und Einberufung der Hauptversammlung gehört. Hinsichtlich der Zustimmung zur Verschmelzung und zur Feststellung der Satzung der C-AG trifft der Versammlungsleiter die Feststellung, dass die in §§ 63 und 64 UmwG genannten Erfordernisse erfüllt sind. Bei der Behandlung des Tagesordnungspunkts hat der Vorstand den Verschmelzungsvertrag oder seinen Entwurf zu Beginn der Verhandlung mündlich zu erläutern. Der Beschluss bedarf nach § 65 Abs. 1 Satz 1 UmwG einer Mehrheit, die mindestens 75% des bei der Beschlussfassung vertretenen Grundkapitals umfasst, sofern die Satzung keine größere Kapitalmehrheit oder weitere Erfordernisse bestimmt. Sonderbeschlüsse sind gem. § 65 Abs. 2 UmwG erforderlich.

Die Hauptversammlung hat ferner gem. § 76 Abs. 2 Satz 2 UmwG die Zustimmung zur Bestellung des Aufsichtsrats gem. §§ 30, 31 AktG, § 36 Abs. 2 UmwG zu beschließen.

4. Zustimmungsbeschluss der Hauptversammlung der B-AG

→ Rn. 158. **159**

einstweilen frei **160**

II. Antrag und Schreiben

1. Antrag auf Bestellung eines gemeinsamen Verschmelzungsprüfers

Adressat des Antrags ist das Landgericht, in dessen Bezirk einer der übertragenden **161**
Rechtsträger seinen Sitz hat, § 10 Abs. 2 Satz 1 UmwG. Insofern besteht ein Wahlrecht, falls die übertragenden Rechtsträger in verschiedenen Gerichtsbezirken ihren Sitz haben. Ist bei dem Landgericht eine Kammer für Handelssachen gebildet, so entscheidet nach § 10 Abs. 2 Satz 2 UmwG deren Vorsitzender anstelle der Zivilkammer. Nach § 10 Abs. 5 UmwG, § 2 Abs. 4 SpruchG kann die Landesregierung die Entscheidung durch Rechtsverordnung für die Bezirke mehrere Landgerichte einem der Landgerichte übertragen, wenn dies zur Sicherung einer einheitlichen Rechtsprechung

dient; die Landesregierung kann diese Ermächtigung auch der Landesjustizverwaltung übertragen. Von dieser Konzentrationsermächtigung haben Baden-Württemberg (LG Stuttgart und LG Mannheim, abhängig vom OLG-Bezirk), Bayern (LG München I für den OLG-Bezirk München, im Übrigen LG Nürnberg), Hessen (LG Frankfurt/Main), Mecklenburg-Vorpommern (LG Rostock), Niedersachsen (LG Hannover), Nordrhein-Westfalen (LG Dortmund für OLG-Bezirk Hamm, LG Düsseldorf für OLG-Bezirk Düsseldorf und LG Köln für OLG-Bezirk Köln) und Sachsen (LG Leipzig) Gebrauch gemacht.

Antragsteller sind die Vertretungsorgane der übertragenden Rechtsträger. Die übertragenden Rechtsträger können auch einen bestimmten Prüfer als gemeinsamen Verschmelzungsprüfer zur Bestellung beantragen, §§ 60, 78, 10 Abs. 1 Satz 2 UmwG. Auf einen Vorschlag wird idR zurückgegriffen.

162 *einstweilen frei*

2. Schreiben an die Betriebsräte der A-AG

Zum Briefkopf:

163 Nach § 5 Abs. 3 UmwG ist der Verschmelzungsvertrag oder sein Entwurf dem zuständigen Betriebsrat jedes beteiligten Rechtsträgers zuzuleiten. Damit ist keine Aussage über den Absender getroffen. Da es aber Angelegenheit der Geschäftsführung der beteiligten Rechtsträger ist, den Betriebsrat über Vorgänge im Betrieb zu informierten (vgl. auch § 111 BetrVG 1952), ist es Aufgabe der Organe der beteiligten Rechtsträger, die Zuleitung vorzunehmen. Deshalb ist der an der Verschmelzung beteiligte Rechtsträger, vertreten durch deren Organe (hier Vorstände), als Absender im Briefkopf genannt. Es hat sich eingebürgert, dass alle beteiligten Rechtsträger gemeinsam den Betriebsrat informieren. Daher sind beide an der Verschmelzung beteiligten Rechtsträger im Briefkopf aufgeführt.

Zum Adressaten:

164 Nach § 5 Abs. 3 UmwG hat die Zuleitung an den „zuständigen" Betriebsrat zu erfolgen. Die Zuständigkeit richtet sich nach den betriebsverfassungsrechtlichen Regelungen. Vorliegend haben die A-AG und die B-AG jeweils einen Betriebsrat und einen Gesamtbetriebsrat.

Zur Zustellungsart:

165 Nach § 17 Abs. 1 UmwG ist der Anmeldung der Verschmelzung zum Handelsregister der Nachweis der Rechtzeitigkeit (Monatsfrist des § 5 Abs. 3 UmwG) der Zuleitung zum Betriebsrat beizufügen. Daraus ist ersichtlich, dass schon zu Beweiszwecken eine gesicherte Möglichkeit der Kenntnisnahme erfolgen sollte. Daher wird vorliegend die Zustellung gegen die – unten – angehängte **Empfangsbestätigung** empfohlen.

Zum Text des Schreibens:

166 Zunächst enthält das Schreiben, das gemeinsam vom übertragenden und vom übernehmenden Rechtsträger abgesendet wird, die nach § 5 Abs. 3 UmwG erforderliche Information des Betriebsrats und den Hinweis auf den Entwurf des Verschmelzungsvertrags in der Anlage hierzu. Die Entgegennahme des Schreibens nebst des damit zugeleiteten Entwurfs des Verschmelzungsvertrags wird auf der beigehefteten Empfangsbestätigung quittiert. Da der Verzicht auf die Einhaltung der Monatsfrist des § 5 Abs. 3 UmwG unabhängig von der Bestätigung der Zuleitung ist und dadurch auch zeitlich nach der Empfangsbestätigung unterzeichnet werden kann, ist die entsprechende Verzichtserklärung von der Empfangsbestätigung getrennt.

In der Praxis werden diese Schreiben bereits mit den Ausfertigungen dem Betriebsratsvorsitzenden übergeben, der die entsprechenden Doppel zugleich unterschrieben retourniert. Da nach § 17 Abs. 1 UmwG in das Register jeden beteiligten Rechtsträgers der Nachweis der Zuleitung an den Betriebsrat als Anlage im Original eingereicht werden muss, muss der Betriebsratsvorsitzende die entsprechende Anzahl – vorliegend also jeweils zwei – quittieren.

Zur Empfangsbestätigung:

Das Empfangsbekenntnis enthält die Bestätigung des Zuleitungsschreibens nebst des Verschmelzungsvertrages im Entwurf und nimmt auf den Tag der Zuleitung noch im Text Bezug. Dadurch ist ein genannter Nachweis der Zuleitung gegenüber dem Registergericht bei der Anmeldung möglich. **167**

Zur Verzichtserklärung:

Die Verzichtserklärung enthält lediglich den Verzicht auf die **Einhaltung** der Monatsfrist. Ein Verzicht auf die Zuleitung gemäß § 5 Abs. 3 UmwG ist nicht möglich. **168**

3. Schreiben an die Betriebsräte der B-AG

→ Rn. 163 ff. **169**

einstweilen frei **170, 171**

III. Anmeldung zu den Handelsregistern

1. Handelsregisteranmeldung der A-AG

Zu Ziffer I:

Ziffer I enthält die Aufzählung der zu überreichenden Anlagen. Als Anlagen zur Anmeldung sind gem. § 17 Abs. 1 in Ausfertigung der Verschmelzungsvertrag, die Bestellung der Mitglieder des ersten Aufsichtsrats und die Bestellung der Abschlussprüfer der C-AG, Ausfertigungen der Niederschriften über die Hauptversammlung der A-AG und der B-AG, gemeinsamer Verschmelzungsbericht, gemeinsamer Verschmelzungsprüfungsbericht, Empfangsbekenntnisse über die Zuleitung des Entwurfs des Verschmelzungsvertrags an die Betriebsräte und Schlussbilanzen der übertragenden Gesellschaft beizufügen. **172**

Zu Ziffer II:

Ziffer II enthält die nach §§ 16 Abs. 2 Satz 2 letzter HS, 36 Abs. 1 UmwG erforderliche Negativerklärung. **173**

Zu Ziffer III:

Ziffer III enthält einen Hinweis, dass die nach § 71 Abs. 1 Satz 2 UmwG erforderliche Anzeige, dass der Treuhänder im Besitz der Aktien und der im Verschmelzungsvertrag festgesetzten baren Zuzahlungen ist, unmittelbar vom Treuhänder übermittelt wird. **174**

Zu Ziffer IV:

Ziffer IV enthält die Anmeldung der Verschmelzung als solche. **175**

2. Handelsregisteranmeldung der B-AG

→ Rn. 172 ff. **176**

einstweilen frei **177**

3. Handelsregisteranmeldung der C-AG

Zu Ziffer I:

178 Ziffer I enthält zunächst die Definition der anmeldenden Personen. Dies sind die A-AG und die B-AG als Gründer gem. § 36 Abs. 2 Satz 2 UmwG sowie die Mitglieder des Vorstands der neugegründeten C-AG und die Mitglieder des Aufsichtsrats der C-AG. Ziffer I enthält ferner die Aufzählung der zu überreichenden Anlagen, dh. die Ausfertigung des Verschmelzungsvertrags mit der Feststellung der Satzung der C-AG, der Bestellung der Mitglieder des ersten Aufsichtsrats der C-AG und der Bestellung des Abschlussprüfers der C-AG, Ausfertigungen der Niederschriften über die außerordentliche Hauptversammlung der A-AG und der B-AG, gemeinsamer Verschmelzungsbericht, gemeinsamer Prüfungsbericht, Empfangsbekenntnisse an die Betriebsräte und Anzeige des Treuhänders über den Besitz der zu gewährenden Aktien gem. § 71 Abs. 1 Satz 2 UmwG. Es ist sinnvoll, dass beglaubigte Handelsregisterauszüge der übertragenden Rechtsträger beigefügt werden, um nachzuweisen, dass beide übertragenden Rechtsträger bereits länger als zwei Jahre im Handelsregister eingetragen sind, § 76 Abs. 1 UmwG. Da der Vorstand der C-AG durch den Aufsichtsrat bestellt wird, muss eine entsprechende Niederschrift über den Beschluss des Aufsichtsrats beigefügt werden.

Ferner muss der Gründungsbericht sowie ein Gründungsprüfungsbericht beigelegt werden. Abschließend muss beigefügt werden eine Berechnung des Gründungsaufwands gem. § 37 AktG, § 36 Abs. 2 UmwG.

Zu Ziffer II:

179 Ziffer II enthält die nach § 16 Abs. 2 Satz 2 letzter HS, § 36 Abs. 1 UmwG erforderliche Negativerklärung.

Zu Ziffer III:

180 Ziffer III enthält die eigentliche Anmeldung der Eintragung der C-AG. Innerhalb der Anmeldung befinden sich die Versicherungen der Vorstandsmitglieder nach § 76 Abs. 3 Satz 2 Nr. 2, 3 AktG.

IV. Aufsichtsratsbeschluss über die Bestellung der Vorstandsmitglieder

181 Da die Vorstandsmitglieder der C-AG durch den Aufsichtsrat bestellt werden, muss ein entsprechender Beschluss gefasst werden. Innerhalb dieses Beschlusses wählt zunächst der Aufsichtsrat nach Maßgabe der Satzung der C-AG seinen Vorsitzenden und dessen Stellvertreter.

V. Verschmelzungsbericht

182 Gem. § 8 Abs. 1 Satz 1 HS 2 UmwG kann ein gemeinsamer Bericht erstellt werden. Dieser ist von sämtlichen Vorstandsmitgliedern der übertragenden Gesellschaften sowie von sämtlichen Vorstandsmitgliedern der übernehmenden Gesellschaft zu unterzeichnen.

Der Verschmelzungsbericht ist gem. § 63 Abs. 1, § 64 Abs. 1 UmwG mit dem Verschmelzungsvertrag und den dort genannten weiteren Unterlagen vom Tage der Einberufung an in den Geschäftsräumen der übertragenden Aktiengesellschaft sowie während der Hauptversammlung zur Einsicht der Aktionäre auszulegen. Zu beachten ist hier erneut die Möglichkeit, die Unterlagen gemäß § 63 Abs. 4 UmwG online zu veröffentlichen. Jeder Aktionär der übertragenden Aktiengesellschaften hat auf Verlangen Anspruch auf unverzügliche kostenlose Erteilung einer Abschrift dieser Unterlagen.

Bzgl. des notwendigen Inhalts des Verschmelzungsberichts besteht nach wie vor große Unsicherheit. Angebliche Mängel des Verschmelzungsberichts waren in der Vergangenheit häufig Gegenstand von Anfechtungsklagen.

VI. Verschmelzungsprüfungsbericht

Die Verschmelzungsprüfung ist bei Beteiligung einer Aktiengesellschaft stets und nicht nur auf Verlangen eines Gesellschafters durchzuführen, § 60 UmwG. Nach § 10 Abs. 1 Satz 2 UmwG kann die Verschmelzungsprüfung durch einen gemeinsamen Verschmelzungsprüfer erfolgen. Verschmelzungsprüfer können nur Wirtschaftsprüfer und Wirtschaftsprüfungsgesellschaften sein, § 11 Abs. 1 Satz 1 UmwG, § 319 Abs. 1 HGB. Verschmelzungsprüfer kann nicht sein, wer bei der Aufstellung des Verschmelzungsvertrags sowie insbesondere bei der Ermittlung des Umtauschverhältnisses mitgewirkt hat, § 11 Abs. 1 Satz 1 UmwG, § 319 Abs. 3 Nr. 5 HGB analog. Die bloße Prüfung des Jahresabschlusses als solches ist hingegen kein Ausschlussgrund. **183**

Der Verschmelzungsprüfer ist gem. § 10 Abs. 1 Satz 1 UmwG vom zuständigen Landgericht (§ 10 Abs. 2 UmwG) auszuwählen und zu bestellen. **184**

VII. Einreichen des Entwurfs des Verschmelzungsvertrags zum Handelsregister

1. Einreichung des Vertragsentwurfs zum Handelsregister der A-AG

Das Schreiben des Vorstands der A-AG als übertragende Gesellschaft erfolgt zur Erfüllung der Einreichungspflicht gem. § 61 Satz 1 UmwG und enthält den Hinweis auf die Pflicht des Handelsregisters, den Verschmelzungsvertrag gem. § 61 Satz 2 UmwG in den für die Eintragung des Gerichts bestimmten Blättern (§ 10 HGB) bekannt zu machen. **185**

Dem Schreiben beizufügen ist selbstverständlich der **paraphierte Entwurf des Verschmelzungsvertrages.**

2. Einreichung des Vertragsentwurfs zum Handelsregister der B-AG

→ Rn. 185. **186**

einstweilen frei **187, 188**

VIII. Ladungen

1. Ladung zur Hauptversammlung der A-AG

Die Ladung der übertragenden A-AG muss mindestens 30 Tage vor der Hauptversammlung erfolgen, § 123 Abs. 1 AktG. Auf Besonderheiten nach § 123 Abs. 2 und 3 ist allerdings Acht zu geben. Erforderlich ist ferner gem. § 121 Abs. 4 AktG die Bekanntgabe in den Gesellschaftsblättern, dh. seit Neufassung des § 25 AktG durch Gesetz zur Änderung des Aktiengesetzes v. 22.12.2015, BGBl I 2015, 2565 **(„Aktienrechtsnovelle 2016")** auch bei börsennotierten Gesellschaften nurmehr im Bundesanzeiger. Soweit in bisherigen Satzungen gemäß § 25 Satz 1 AktG aF zulässigerweise auch andere Informationsmedien als Gesellschaftsblätter bezeichnet worden sind, bleiben diese Bestimmungen zwar auch ab dem 31.12.2015 wirksam; jedoch ist für einen Fristbeginn und das sonstige Eintreten von Rechtsfolgen ab dem 1.2.2016 ausschließlich die Bekanntmachung im Bundesanzeiger maßgeblich (§ 26h Abs. 3 EGAktG idF von Art. 2 der Aktienrechtsnovelle 2016). **189**

Obwohl nach § 124 Abs. 2 Satz 2 AktG nur der wesentliche Inhalt des Verschmelzungsvertrags bekannt gemacht werden muss, wird in der Praxis meist der gesamte Inhalt des Vertrags abgedruckt, um Anfechtungsrisiken zu vermeiden.

189a Hinweise auf die **Voraussetzungen der Teilnahme an der Hauptversammlung** sowie auf das Verfahren der Stimmabgabe durch Bevollmächtigten sind zwar nur bei börsennotierten Gesellschaften zwingend bereits in die Ladung aufzunehmen, § 121 Abs. 3 Satz 3 AktG. Über die Möglichkeit der Stimmrechtsausübung durch Bevollmächtigten sind aber auch in nicht börsennotierten Gesellschaften solche Aktionäre, die zu Beginn des 14. Tages vor der Versammlung in das Aktienregister eingetragen sind, in der Mitteilung nach § 125 Abs. 1 Satz 4, Abs. 2 AktG zu informieren.

2. Ladung zur Hauptversammlung der B-AG

190 → Rn. 189.

IX. Gründungsprüfungsbericht des Vorstands und des Aufsichtsrats der C-AG

191 Ein Gründungsbericht gem. § 32 AktG, § 36 Abs. 2 UmwG ist nach § 75 Abs. 2 UmwG entbehrlich.

Entbehrlich ist ferner eine **externe Gründungsprüfung** gem. § 33 Abs. 2 AktG auf Grund der Ausnahmeregelung in § 75 Abs. 2 UmwG. Nicht entbehrlich ist die **interne Gründungsprüfung** gem. § 33 Abs. 1 AktG und ein **Gründungsprüfungsbericht** gem. § 37 Abs. 4 Nr. 4 AktG. Umfang der Gründungsprüfung bestimmt sich durch § 34 AktG, Meinungsverschiedenheiten regelt § 35 AktG.

A. 6 Verschmelzung GmbH auf bestehende GmbH & Co. KG (einvernehmlich)

Gliederung

A. Vertragsformulare

Notarurkunden

A.6.1. Verschmelzungsvertrag mit Zustimmungsbeschlüssen und Verzichtserklärungen[151 ff.]

URNr. ......

Heute, den ....

erschienen vor mir, ...,

Notar[151] mit dem Amtssitz in ......,

in meinen Amtsräumen in ......

1. **Herr K, ... *[Beruf]*, geboren am ......, wohnhaft ...... *[Adresse]*;**
2. **Herr L, ... *[Beruf]*, geboren am ......, wohnhaft ...... *[Adresse]*;**
3. **Herr A, ... *[Beruf]*, geboren am ......, wohnhaft ...... *[Adresse]*;**
4. **Herr C, ... *[Beruf]*, geboren am ......, wohnhaft ...... *[Adresse]*;**
5. **Herr G, ... *[Beruf]*, geboren am ......, wohnhaft ...... *[Adresse]*.**

Die Erschienenen erklären, dass weder der Notar noch sein Sozius in der Sache, die im Nachfolgenden beurkundet wird, vorbefasst iSv. § 3 Abs. 1 Nr. 7 BeurkG sind.

Sodann erklärten die Erschienenen mit dem Ersuchen um Beurkundung das Folgende:

A. Vertretungsverhältnisse

(1) Herr K erklärte, hier nicht in eigenem Namen zu handeln, sondern für die Firma ...... GmbH *[Übertragende Gesellschaft]* mit Sitz in A, ... *[Anschrift]*, eingetragen im Handelsregister des Amtsgerichts ...... unter HRB ...... als deren einzeln vertretungsberechtigter Geschäftsführer.

(2) Herr G erklärte, hier nicht in eigenem Namen zu handeln, sondern für die Firma ...... GmbH *[Komplementärin]* mit Sitz in B, ... *[Anschrift]*, eingetragen im Handelsregister des Amtsgerichts ...... unter HRB ......, als deren einzelvertretungsberechtigter Geschäftsführer, die ...... GmbH *[Komplementärin]* wiederum handelnd sowohl in eigenem Namen als auch für die ...... GmbH & Co. KG *[Übernehmende Gesellschaft]* mit Sitz in B, ... *[Anschrift]*, eingetragen im Handelsregister des Amtsgerichts ...... unter HRA ...... als deren einzelvertretungsberechtigte und von den Beschränkungen des § 181 BGB befreite persönlich haftende Gesellschafterin.

(3) Herr A und Herr C erklärten, hier in eigenem Namen zu handeln.

(4) Herr L erklärte, hier nicht in eigenem Namen zu handeln, sondern für die Firma X GmbH mit Sitz in ......, ... *[Anschrift]*, eingetragen im Handelsregister des Amtsgerichts ...... unter HRB ......, als deren einzelvertretungsberechtigter Geschäftsführer.

(5) Hierzu bescheinige ich, Notar, auf Grund am ... erfolgter Online-Einsichtnahme in das elektronische Handelsregister

- **des Amtsgerichts ...... zu HRB ......, dass die vorgenannte ...... GmbH *[Übertragende Gesellschaft]* dort eingetragen ist und von Herr K als einzeln vertretungsberechtigtem Geschäftsführer vertreten wird,**
- **des Amtsgerichts ......, HRA ......, dass die vorgenannte ...... GmbH & Co. KG *[Übernehmende Gesellschaft]* dort eingetragen ist und durch die ...... GmbH *[Komplementärin]* als persönlich haftende Gesellschafterin vertreten wird,**
- **des Amtsgerichts ...... zu HRB ......, dass die vorgenannte ...... GmbH *[Komplementärin]* dort eingetragen ist und von Herrn G als einzelvertretungsberechtigtem Geschäftsführer vertreten wird,**
- **des Amtsgerichts ...... zu HRB ......, dass die vorgenannte X GmbH dort eingetragen ist und von Herrn L als einzelvertretungsberechtigtem Geschäftsführer vertreten wird.**

B. Beteiligungsverhältnisse

(1) Am Stammkapital in Höhe von 500 000.– EUR (in Worten: fünfhunderttausend Euro) der ...... GmbH *[Übertragende Gesellschaft]* sind beteiligt:

a) die ...... GmbH & Co. KG *[Übernehmende Gesellschaft]* mit einem Geschäftsanteil im Nennbetrag von 400 000.– EUR;

b) Herr A mit einem Geschäftsanteil im Nennbetrag von 50 000.– EUR;

c) die X GmbH mit einem Geschäftsanteil im Nennbetrag von 50 000.– EUR.

(2) Am Festkapital in Höhe von 60 000.– EUR (in Worten: sechzigtausend Euro) der ...... GmbH & Co. KG *[Übernehmende Gesellschaft]* sind beteiligt:

a) die ...... GmbH *[Komplementärin]* als persönlich haftende Gesellschafterin ohne Anteil am Festkapital;

b) Herr C mit einem Festkapitalanteil von 60 000.– EUR (in Worten: sechzigtausend Euro).

C. Vorhaben

Die ...... GmbH *[Übertragende Gesellschaft]* soll auf die ...... GmbH & Co. KG *[Übernehmende Gesellschaft]* verschmolzen werden.

Hierzu werden der nachfolgende Verschmelzungsvertrag abgeschlossen sowie die nachfolgenden Beschlüsse gefasst und Erklärungen abgegeben.[152]

D. Verschmelzungsvertrag

Die ...... GmbH *[Übertragende Gesellschaft]* und die ...... GmbH & Co. KG *[Übernehmende Gesellschaft]* schließen hiermit den als Anlage A beigefügten Verschmelzungsvertrag ab.

E. Zustimmungsbeschluss der Gesellschafter der ...... GmbH *[Übertragende Gesellschaft]*

Die ...... GmbH & Co. KG *[Übernehmende Gesellschaft],* Herr A und die X-GmbH halten hiermit eine Gesellschafterversammlung[30] der ...... GmbH *[Übertragende Gesellschaft]* ab und beschließen hiermit unter Verzicht auf sämtliche Form- und Fristvorschriften für die Einberufung und Abhaltung einer Gesellschafterversammlung einstimmig was folgt:

Dem Abschluss des dieser Urkunde als Anlage A beigefügten Verschmelzungsvertrages zwischen der ...... GmbH *[Übertragende Gesellschaft]* als übertragender Gesellschaft und der ...... GmbH & Co. KG *[Übernehmende Gesellschaft],* Sitz B, HRA ......, Amtsgericht ......, als übernehmender Gesellschaft wird hiermit zugestimmt.

F. Beschlüsse der Gesellschafter der ...... GmbH & Co. KG *[Übernehmende Gesellschaft]*

Die ...... GmbH *[Komplementärin]* und Herr C halten hiermit eine Gesellschafterversammlung[30] der ...... GmbH *[Übernehmende Gesellschaft]* ab und beschließen hiermit unter Verzicht auf sämtliche gesetzlichen und gesellschaftsvertraglichen Erfordernisse betreffend die Einberufung und Abhaltung von Gesellschafterversammlungen der ...... GmbH & Co. KG *[Übernehmende Gesellschaft]* was folgt:

(1) Dem Abschluss des dieser Urkunde als Anlage A beigefügten Verschmelzungsvertrages zwischen der GmbH *[Übertragende Gesellschaft],* Sitz A, HRB ......, Amtsgericht ......, als übertragender Gesellschaft und der ...... GmbH & Co. KG *[Übernehmende Gesellschaft]* als übernehmender Gesellschaft wird hiermit zugestimmt.

(2) Zum Zwecke der Gewährung neuer Kommanditeinlagen zur Durchführung der Verschmelzung wird das Festkapital der ...... GmbH & Co. KG *[Übernehmende Gesellschaft]* von derzeit 60 000.– EUR um 36 000.– EUR (in Worten sechsunddreißigtausend Euro) auf sodann 96 000.– EUR (in Worten: sechsundneunzigtausend Euro) erhöht, und zwar durch Gewährung von folgenden neuen Kommanditanteilen:

a) eines Kommanditanteils von 18 000.– EUR mit einer Einlage (Festkapitalanteil) von 18 000.– EUR an die X GmbH und

b) eines Kommanditanteils von 18 000.– EUR mit einer Einlage (Festkapitalanteil) von 18 000.– EUR an Herrn A.

Die neuen Kommanditanteile sind ab dem Verschmelzungsstichtag gemäß § 3 Abs. 1 des dieser Urkunde als Anlage A beigefügten Verschmelzungsvertrages gewinnberechtigt.

(3) Der Gesellschaftsvertrag der ...... GmbH & Co. KG *[Übernehmende Gesellschaft]* wird mit rechtlicher Wirkung ab Eintragung der Verschmelzung im Handelsregister der ...... GmbH & Co. KG *[Übernehmende Gesellschaft]* und mit wirtschaftlicher Wirkung ab Verschmelzungsstichtag gemäß dem als Anlage zu § 4 des Verschmelzungsvertrages beigefügten Entwurf neu gefasst.

G. Verzichte und Erklärungen

Die ...... GmbH & Co. KG *[Übernehmende Gesellschaft],* Herr A und die X-GmbH verzichten hiermit auf eine Klage gegen die Wirksamkeit des vorstehenden Beschlusses der Gesellschafter der ...... GmbH *[Übertragende Gesellschaft],* auf die Erstattung eines Verschmelzungsberichtes, auf ein Abfindungsangebot gemäß §§ 29 ff. UmwG sowie auf alle sonstigen Förmlichkeiten, auf die von Gesetzes wegen verzichtet werden kann.

Die ...... GmbH *[Komplementärin]* und Herr C verzichten hiermit auf eine Klage gegen die Wirksamkeit des vorstehenden Beschlusses der Gesellschafter der ...... GmbH & Co. *[Übernehmende Gesellschaft],* auf die Erstattung eines Verschmelzungsberichtes sowie auf alle sonstigen Förmlichkeiten, auf die von Gesetzes wegen verzichtet werden kann.

Die ...... GmbH & Co. KG *[Übernehmende Gesellschaft],* Herr A, die X-GmbH, die ...... GmbH *[Komplementärin]* und Herr C erklären, dass eine Verschmelzungsprüfung nicht verlangt wird (§§ 44 Satz 1, 48 Satz 1, 9 Abs. 1 UmwG).

H. Ausfertigungen

Von dieser Urkunde erhalten:
Ausfertigungen:
- **die ...... GmbH [Übertragende Gesellschaft]**
- **die ...... GmbH & Co. KG [Übernehmende Gesellschaft]**
- **die Gesellschafter der ...... GmbH *[Übertragende Gesellschaft]***
- **die Gesellschafter der ...... GmbH & Co. KG *[Übernehmende Gesellschaft]***

Beglaubigte Abschriften (in elektronischer Form):
- **das Amtsgericht ...... als Registergericht der übertragenden Gesellschaft**
- **das Amtsgericht ...... als Registergericht der übernehmenden Gesellschaft**

Beglaubigte Abschrift:
- **das für die ...... GmbH *[Übertragende Gesellschaft]* zuständige Finanzamt (§ 54 Abs. 1 Satz 1 EStDV).**[27]

I. Kosten

Die Kosten dieser Urkunde trägt die ...... GmbH & Co. KG *[Übernehmende Gesellschaft].*

J. Belehrungen

Der Notar belehrte die Erschienenen über den weiteren Verfahrensgang, die Wirkungen der Verschmelzung sowie die Unwiderruflichkeit der abgegebenen Verzichtserklärungen.

Im Anschluss an die vorstehenden Erklärungen erklärte der Erschienene zu 1) auf die entsprechende Frage des Notars, dass zu dem Vermögen der ...... GmbH *[Übertragende Gesellschaft]* inländischer Grundbesitz gehöre. Der Notar belehrte die Erschienenen daraufhin, dass durch den verschmelzungsbedingten Vermögensübergang das Grundbuch/die Grundbücher insoweit unrichtig werden, als die übertragende Gesellschaft als Eigentümerin eingetragen ist, und dass bei einer übertragenden Gesellschaft, zu deren Vermögen ein inländisches Grundstück gehört, die Verschmelzung Grunderwerbsteuer auslöst.

Diese Niederschrift nebst Anlage A sowie Anlage zu § 4 der Anlage A wurden den Erschienenen vom Notar vorgelesen, von ihnen genehmigt und von ihnen und dem Notar eigenhändig wie folgt unterschrieben:

[Unterschrift K]	***[Unterschrift C]***
[Unterschrift L]	***[Unterschrift G]***
[Unterschrift A]	***[Unterschrift Notar]***

A.6.2. Verschmelzungsvertrag

zwischen der

...... GmbH *[Übertragende Gesellschaft]* mit dem Sitz in ....., HRB ......, Amtsgericht ..... als übertragender Gesellschaft

– nachfolgend: Überträgerin –

und

...... GmbH & Co. KG *[Übernehmende Gesellschaft]* mit dem Sitz in ......, HRB ......, Amtsgericht ......, als übernehmender Gesellschaft

– nachfolgend: Übernehmerin –

§ 1 Vermögensübertragung[154]

Die Überträgerin überträgt ihr Vermögen als Ganzes mit allen Rechten und Pflichten unter Auflösung ohne Abwicklung im Wege der Verschmelzung durch Aufnahme gegen Gewährung von Gesellschaftsrechten (Kommanditanteilen) der Übernehmerin an die Gesellschafter der Überträgerin auf die Übernehmerin.

§ 2 Gegenleistung, Umtauschverhältnis, Kapitalerhöhung

(1) Die Übernehmerin gewährt jeder Person mit Ausnahme der Übernehmerin selbst, die im Zeitpunkt des Wirksamwerdens der Verschmelzung mit Eintragung der Verschmelzung im Handelsregister der Übernehmerin Gesellschafter der Überträgerin ist, als Gegenleistung für die Übertragung des Vermögens der Überträgerin kostenfrei eine Beteiligung als Kommanditist an der Übernehmerin mit demjenigen Festkapitalanteil, dessen Nennbetrag in Euro dem Gesamt-Nennbetrag der von ihr an der Überträgerin gehaltenen Geschäftsanteile multipliziert mit dem Faktor 0,36 entspricht (Umtauschverhältnis). Im Einzelnen werden somit Kommanditanteile an die Gesellschafter der Überträgerin wie folgt gewährt:[155, 159, 160–162]

a) der X GmbH, ... *[Sitz]* für ihren Geschäftsanteil im Nennbetrag von 50 000.– EUR ein Kommanditanteil mit einem Festkapitalanteil von 18 000.– EUR;

b) Herrn A, ... *[Wohnort]* für seinen Geschäftsanteil im Nennbetrag von 50 000.– EUR ein Kommanditanteil mit einem Festkapitalanteil von 18 000.– EUR.

(2) Die gemäß Abs. 1 gewährten Anteile sind mit Wirkung ab dem Verschmelzungsstichtag (§ 3 Abs. 1) gewinnberechtigt.[157]

(3) Zum Zwecke der Gewährung der Kommanditanteile an die Gesellschafter der Überträgerin wird die Übernehmerin ihr Festkapital von bisher 60 000.– EUR (in Worten: sechzigtausend Euro) um 36 000.– EUR (in Worten: sechsunddreißigtausend Euro) auf 96 000.– EUR (in Worten: sechsundneunzigtausend Euro) erhöhen, und zwar dadurch, dass[159, 160–162]

a) der X GmbH die Stellung einer Kommanditistin eingeräumt und für sie eine Kommanditeinlage von 18 000.– EUR festgesetzt wird;

b) Herrn A die Stellung eines Kommanditisten eingeräumt und für ihn eine Kommanditeinlage von 18 000.– EUR festgesetzt wird.

§ 3 Verschmelzungsstichtag, handels- und steuerrechtliche Bilanzierung

(1) Die Übernahme des Vermögens der Überträgerin erfolgt im Innenverhältnis mit Wirkung ab dem Beginn des 1.1.01 (Verschmelzungsstichtag). Von diesem Zeitpunkt an gelten alle Handlungen und Geschäfte der Überträgerin als für Rechnung der Übernehmerin vorgenommen.[164]

(2) Der Verschmelzung wird die von der Gesellschafterversammlung der Überträgerin festgestellte und mit einem uneingeschränkten Bestätigungsvermerk der ......

GmbH Wirtschaftsprüfungsgesellschaft versehene Bilanz der Überträgerin zum 31.12.00 als Schlussbilanz zugrunde gelegt.[166, 167]

(3) Das im Rahmen der Verschmelzung auf die Übernehmerin übergehende Vermögen wird in die handelsrechtliche Rechnungslegung der Übernehmerin mit den jeweiligen Zeitwerten übernommen, § 255 Abs. 1 HGB iVm. § 24 UmwG.[169] Soweit der anteilig auf die Erhöhung des Festkapitals entfallende Saldo des übergehenden Vermögens den Betrag der Erhöhung des Festkapitals gemäß § 2 Abs. 3 übersteigt, wird er dem gesamthänderisch gebundenen Rücklagekonto gemäß § 4 Abs. 4 des Gesellschaftsvertrages der Übernehmerin (§ 4) gutgeschrieben.[170]

(4) Die Überträgerin wird ihr Vermögen in ihrer steuerlichen Schlussbilanz mit den Buchwerten ansetzen (§ 3 Abs. 2 UmwStG).[171]

§ 4 Gesellschaftsvertrag der Übernehmerin[172]

Der Gesellschaftsvertrag der Übernehmerin wird mit rechtlicher Wirkung ab Eintragung der Verschmelzung im Handelsregister der Übernehmerin und mit wirtschaftlicher Wirkung ab Verschmelzungsstichtag gemäß Anlage zu § 4 neu gefasst.

§ 5 Keine besonderen Rechte

Besondere Rechte iSv. § 5 Abs. 1 Nr. 7 UmwG bestanden bei der Überträgerin nicht. Besondere Rechte werden an Anteilsinhaber im Rahmen der Verschmelzung nicht gewährt.

§ 6 Keine besonderen Vorteile

Besondere Vorteile an Mitglieder von Vertretungs- oder Aufsichtsorganen der an der Verschmelzung beteiligten Rechtsträger, an geschäftsführende Gesellschafter, Abschlussprüfer oder Verschmelzungsprüfer werden nicht gewährt (§ 5 Abs. 1 Nr. 8 UmwG).

§ 7 Folgen der Verschmelzung für die Arbeitnehmer und ihre Vertretungen[174]

(1) Die Übernehmerin tritt in die Rechte und Pflichten aus den im Zeitpunkt der Eintragung der Verschmelzung im Register des Sitzes der Übernehmerin bestehenden Arbeitsverhältnissen der Überträgerin ein. Für die Arbeitnehmer, deren Arbeitsverhältnisse auf die Übernehmerin übergehen, gelten für die Anwendung aller von der Dienstzeit abhängigen Regelungen die bei der Überträgerin erreichten Dienstzeiten als bei der Übernehmerin verbrachte Dienstzeiten.[175]

(2) Den Arbeitnehmern der Überträgerin steht gegen den Übergang ihrer Arbeitsverhältnisse ein Widerspruchsrecht nicht zu, da die Überträgerin mit dem Wirksamwerden der Verschmelzung erlischt.[176]

(3) Auf die Rechte und Pflichten aus den Arbeitsverhältnissen der bei der Übernehmerin beschäftigten Arbeitnehmer hat die Verschmelzung keine Auswirkung.[177]

(4) Die Kündigung des Arbeitsverhältnisses eines Arbeitnehmers durch die Überträgerin oder durch die Übernehmerin wegen des Übergangs ist unwirksam; das Recht zur Kündigung des Arbeitsverhältnisses aus anderen Gründen bleibt unberührt.[178]

(5) Die Übernehmerin gehört keinem Arbeitgeberverband an. Eine kollektivrechtliche Fortgeltung der bei der Überträgerin geltenden tarifvertraglichen Regelungen kommt daher nicht in Betracht. Soweit die Rechte und Pflichten aus den in Abs. 1 bezeichneten Arbeitsverhältnissen durch Rechtsnormen eines Tarifvertrages geregelt sind, werden sie stattdessen Inhalt der Arbeitsverhältnisse zwischen der Übernehmerin und den Arbeitnehmern der Überträgerin; solche Rechte und Pflichten dürfen nicht vor Ablauf eines Jahres nach dem Zeitpunkt der Eintragung der Verschmelzung

im Register des Sitzes der Übernehmerin zum Nachteil der Arbeitnehmer geändert werden. Der Beitritt der Übernehmerin in einen Arbeitgeberverband ist nicht beabsichtigt.[179]

(6) Der Betriebsrat der Übertrâgerin sowie der Betriebsrat der Übernehmerin bleiben im Amt, da die Identität der jeweiligen Betriebe durch die Verschmelzung zunächst nicht geändert wird (zu den beabsichtigten Änderungen s. unten § 7 Abs. 9). Es ist darüber hinaus ein Gesamtbetriebsrat zu bilden, in welchen die Betriebsräte der Übertrâgerin und der Übernehmerin Mitglieder entsenden.[180]

(7) Die bestehenden Betriebsvereinbarungen der Übertrâgerin gelten nach § 77 Abs. 4 BetrVG kollektivrechtlich mit der Übernehmerin als Vertragspartei weiter, da durch die Verschmelzung die Identität der jeweiligen Betriebe zunächst nicht geändert wird. Die bei der Übernehmerin bestehenden Betriebsvereinbarungen bleiben durch die Verschmelzung unberührt.[180]

(8) Mitbestimmungsrechtliche Änderungen ergeben sich nicht. Insbesondere wird auch nach der Verschmelzung bei der Übernehmerin die Mitarbeiterzahl des § 1 Abs. 1 Nr. 3 DrittelbG von in der Regel mehr als 500 Arbeitnehmern nicht erreicht, so dass auch nach der Verschmelzung die gesetzlichen Voraussetzungen für die Mitbestimmung der Arbeitnehmer nicht erfüllt sind.

(9) Es ist vorgesehen, die Hauptverwaltung sowie den Betrieb der Übertrâgerin am Standort A mit der Hauptverwaltung und dem Betrieb der Übernehmerin in B zusammenzulegen und den vorgenannten Standort A der Übertrâgerin zu schließen. Weitere Betriebsänderungen sind derzeit nicht geplant. Nach Maßgabe der gesetzlichen Regelungen ist sodann für den Betrieb in B ein neuer Betriebsrat zu bilden. Aus den o. g. Betriebsänderungen werden sich personelle Veränderungen (Versetzungen, Umgruppierungen und Zuweisungen neuer Arbeitsplätze) sowohl bei den Arbeitnehmern der Hauptverwaltung und des Betriebes der Übertrâgerin in A als auch bei den Arbeitnehmern der Hauptverwaltung und des Betriebes der Übernehmerin in B ergeben. Auch ist nach derzeitigem Planungsstand mit ca. ...... betriebsbedingten Kündigungen in den vorgenannten Hauptverwaltungen und Betrieben zu rechnen. Hierüber werden zu gegebener Zeit Verhandlungen mit dem neu gebildeten Gesamtbetriebsrat aufgenommen. Dabei werden die Geschäftsleitungen über die sich im Einzelnen ergebenden organisatorischen und personellen Veränderungen informieren und die Auswirkungen auf die Arbeitnehmer mit dem Ziel einer Einigung sowie unter Wahrung der Beteiligungsrechte der Arbeitnehmer mit dem vorgenannten Gremium beraten.[181]

§ 8 Wirksamwerden

Die Verschmelzung wird mit ihrer Eintragung im Handelsregister des Sitzes der Übernehmerin wirksam (§ 20 Abs. 1 UmwG).

A.6.3. Gesellschaftsvertrag[183]

§ 1 Firma und Sitz

(1) Die Gesellschaft hat die Firma ...... GmbH & Co. KG.

(2) Sitz der Gesellschaft ist ......

§ 2 Gegenstand des Unternehmens

(1) Gegenstand des Unternehmens ist ......

(2) Die Gesellschaft ist zu allen Handlungen berechtigt, welche für die Erreichung des Unternehmensgegenstands erforderlich oder zweckmäßig sind. Die Gesellschaft

darf sich insbesondere an anderen in- und ausländischen Unternehmen mit gleichem oder ähnlichem Geschäftsgegenstand beteiligen.

§ 3 Gesellschafter und Kapital

(1) Alleinige persönlich haftende Gesellschafterin ist die Firma ...... GmbH *[Komplementärin]* (nachfolgend: Komplementärin). Sie ist am Vermögen der Gesellschaft nicht beteiligt.

(2) Kommanditisten sind:

a) Herr A mit einer Kommanditeinlage von 18 000.– EUR;

b) die X GmbH mit einer Kommanditeinlage von 18 000.– EUR;

c) Herr C mit einer Kommanditeinlage von 60 000.– EUR.

(3) Die Kommanditeinlagen entsprechen stets den in das Handelsregister einzutragenden Hafteinlagen.

§ 4 Gesellschafterkonten

(1) Für jeden Gesellschafter wird ein laufendes Konto, für jeden Kommanditisten daneben ein festes Kapitalkonto geführt. Ferner führt die Gesellschaft für alle Kommanditisten gemeinsam ein Rücklagekonto sowie ein Verlustvortragskonto, an welchen die Kommanditisten im Verhältnis ihrer festen Kapitalkonten beteiligt sind.

(2) Auf dem festen Kapitalkonto wird die Kommanditeinlage als Festkapitalanteil verbucht. Das Konto ist unverzinslich.

(3) Auf dem laufenden Konto werden entnahmefähige Gewinnanteile, Entnahmen, Zinsen, der Ausgaben- und Aufwendungsersatz sowie sämtlicher sonstige Zahlungs- und Buchungsverkehr zwischen der Gesellschaft und dem jeweiligen Gesellschafter verbucht. Die laufenden Konten sind im Soll und im Haben mit 3 %-Punkten über dem Basiszinssatz gemäß § 247 BGB zu verzinsen; die Zinsberechnung erfolgt staffelmäßig. Die Zinsen werden handelsrechtlich als Aufwand bzw. Ertrag der Gesellschaft behandelt.

(4) Dem gemeinsamen Rücklagekonto werden nicht entnahmefähige Gewinnanteile sowie die Einlagen der Kommanditisten verbucht, soweit sie die Kommanditeinlage übersteigen. Das Konto ist unverzinslich.

(5) Auf dem gemeinsamen Verlustvortragskonto werden die Verluste der Gesellschaft und Gewinne aus späteren Jahren bis zum Ausgleich des Kontos verbucht. Das Konto ist unverzinslich.

(6) Weitere Gesellschafterkonten können durch Gesellschafterbeschluss eingerichtet werden.

§ 5 Ergebnisbeteiligung, Gewinnverwendung, Entnahmen vom laufenden Konto

(1) Am Gewinn und Verlust der Gesellschaft sind die Kommanditisten im Verhältnis ihrer Kapitalkonten beteiligt. Die Komplementärin ist am Gewinn und Verlust der Gesellschaft nicht beteiligt.

(2) Über die Verwendung des Jahresüberschusses beschließt die Gesellschafterversammlung. Sie kann den nach Ausgleich des Verlustvortragskontos verbleibenden Jahresüberschuss nach Abzug der gemäß Abs. 3 zu ermittelnden persönlichen Ertragsteuern auf Gesellschafterebene, dh. Einkommen- bzw. Körperschaftsteuer zuzüglich hierauf erhobener Zuschläge (derzeit Solidaritätszuschlag) sowie Kirchensteuer (soweit anwendbar), ganz oder teilweise in das Rücklagekonto einstellen.

(3) Bei der Ermittlung der persönlichen Ertragsteuern auf Gesellschafterebene ist bei natürlichen Personen der jeweils geltende einkommensteuerliche Spitzensteuersatz zugrundezulegen.

(4) Ein Guthaben auf dem laufenden Konto kann jederzeit mit einer Ankündigungsfrist von einem Monat entnommen werden; darüber hinausgehende Entnahmen bedürfen eines Gesellschafterbeschlusses.

§ 6 Geschäftsjahr und Jahresabschluss

(1) Geschäftsjahr ist das Kalenderjahr.

(2) Die Komplementärin hat innerhalb der gesetzlichen Fristen den Jahresabschluss aufzustellen und, sofern die Gesellschaft kraft Gesetzes prüfungspflichtig ist, durch einen von der Gesellschafterversammlung bestellten Wirtschaftsprüfer oder eine von dieser bestellte Wirtschaftsprüfungsgesellschaft prüfen zu lassen.

§ 7 Sonderbetriebseinnahmen und Sonderbetriebsausgaben, Sonderbetriebsvermögen

Die Kommanditisten haben spätestens drei Monate nach Ablauf eines Geschäftsjahres der Komplementärin ihre steuerlichen Sonderbetriebseinnahmen und Sonderbetriebsausgaben sowie ihr steuerliches Sonderbetriebsvermögen zum Zwecke der Aufnahme in die von der Gesellschaft abzugebenden Steuererklärungen mitzuteilen; die Komplementärin kann die Verwendung von durch sie vorgegebenen Formblättern sowie die Vorlage von Belegen verlangen.

§ 8 Geschäftsführung und Vertretung

(1) Zur Geschäftsführung und Vertretung ist nur die Komplementärin berechtigt und verpflichtet. Die Komplementärin und ihre Geschäftsführer sind für Geschäfte zwischen der Komplementärin und der Gesellschaft von den Beschränkungen des § 181 BGB befreit.

(2) Die Komplementärin führt die Geschäfte der Gesellschaft mit der Sorgfalt eines ordentlichen Kaufmanns in Übereinstimmung mit dem Gesetz, dem Gesellschaftsvertrag und den Beschlüssen der Gesellschafterversammlung.

(3) Die folgenden Geschäfte bzw. Entscheidungen bedürfen der Zustimmung der Gesellschafterversammlung:

a) Gründung, Auflösung, Erwerb oder Veräußerung von Tochter- und Enkelunternehmen, von unmittelbaren und mittelbaren Unternehmensbeteiligungen sowie Anteilsänderungen an Beteiligungen;

b) der Erwerb, die Veräußerung und die Belastung von Grundstücken, grundstücksgleichen Rechten und Rechten an Grundstücken, deren Wert 100 000.– EUR übersteigt, soweit nicht mit dem Budget bereits genehmigt;

c) das von der Geschäftsführung jährlich im Voraus aufzustellende Budget und dessen wesentliche Änderungen und der Mittelfristplan;

d) Festsetzung der Grundsätze für die Bezüge und sonstigen Vergünstigungen der Geschäftsführer der Komplementärin einschließlich der Regelung ihrer Alters-, Dienstunfähigkeits- und Hinterbliebenenversorgung;

e) die Aufnahme neuer Geschäftszweige und Aufgabe vorhandener Tätigkeitsgebiete;

f) die Aufnahme und Gewährung von Krediten sowie die Übernahme von Bürgschaften und Garantien über einen Betrag von mehr als 100 000.– EUR, soweit nicht mit dem Budget bereits genehmigt;

g) gerichtliche oder schiedsgerichtliche Rechtsstreitigkeiten von grundsätzlicher Bedeutung für die Gesellschaft;

h) Bestellung und Abberufung von Geschäftsführern der Komplementärin sowie von Prokuristen;

i) Abschluss sonstiger Dauerschuldverhältnisse, insbesondere Vertriebs- und Lizenzverträge, mit einer Laufzeit von mehr als einem Jahr;

j) sonstige Geschäfte, welche die Gesellschafterversammlung allgemein oder im Einzelfall von ihrer Zustimmung abhängig macht.

(4) Das Widerspruchsrecht der Kommanditisten gemäß § 164 HGB ist ausgeschlossen.

(5) Die Komplementärin ist verpflichtet, die Gesellschafter über alle wichtigen Vorkommnisse unaufgefordert zu unterrichten.

(6) Die Komplementärin hat Anspruch auf Ersatz ihrer sämtlichen im Zusammenhang mit ihrer Komplementärstellung stehenden Auslagen einschließlich der Gehälter und sonstigen Aufwendungen für ihre Geschäftsführer. Darüber hinaus hat die Komplementärin Anspruch auf eine Haftungsvergütung in Höhe von 3% ihres bilanziellen Eigenkapitals p.a., höchstens jedoch 10000.– EUR p.a. Die zu zahlenden Beträge sind handelsrechtlich als Aufwand der Gesellschaft zu behandeln.

§ 9 Gesellschafterversammlungen

(1) Gesellschafterversammlungen werden von der Komplementärin einberufen. Aus wichtigem Grund können Kommanditisten, die zusammen 5% des Festkapitals repräsentieren, die Einberufung einer außerordentlichen Gesellschafterversammlung verlangen.

(2) Gesellschafterversammlungen finden am Sitz der Gesellschaft statt.

(3) Den Vorsitz in der Gesellschafterversammlung führt ein Geschäftsführer der Komplementärin.

(4) Kommanditisten können sich vertreten lassen; der Vertreter hat der Komplementärin schriftliche Vollmacht bzw. gleichstehenden schriftlichen Nachweis (zB Testamentsvollstreckerzeugnis, bei Organen und Prokuristen Handelsregisterauszug) vorzulegen. Kommanditisten bzw. deren Vertreter können sich auch durch einen von Berufs wegen zur Verschwiegenheit verpflichteten Berater begleiten lassen.

(5) Alljährlich findet eine ordentliche Gesellschafterversammlung statt. Die Gesellschafterversammlung hat spätestens innerhalb von acht Monaten nach Ablauf eines Geschäftsjahres stattzufinden.

(6) Über die Verhandlungen der Gesellschafterversammlung ist ein Protokoll anzufertigen, in das neben Ort und Tag der Versammlung die Teilnehmer, die Gegenstände der Tagesordnung, die wesentlichen Inhalte der Verhandlung sowie die Beschlüsse der Gesellschafter sowie Art und Ergebnis der Abstimmung aufzunehmen sind. Das Protokoll ist vom Vorsitzenden der Gesellschafterversammlung zu unterzeichnen. Das Protokoll ist innerhalb von zwei Wochen nach der Gesellschafterversammlung an die Gesellschafter zu versenden. Einwendungen gegen die Richtigkeit des Protokolls müssen innerhalb einer Frist von acht Wochen nach Abhaltung der Gesellschafterversammlung gegenüber der Komplementärin schriftlich geltend gemacht werden.

§ 10 Zuständigkeit der Gesellschafterversammlung

Die Gesellschafterversammlung ist zusätzlich zu den sonstigen in diesem Gesellschaftsvertrag oder zwingend kraft Gesetzes vorgesehenen Fällen in den folgenden Angelegenheiten zuständig:

a) Änderung des Gesellschaftsvertrages sowie alle weiteren Geschäfte, welche die Grundlagen der Gesellschaft betreffen (einschließlich Änderungen des Festkapitals und Aufnahme neuer Gesellschafter);
b) Abschluss von Unternehmensverträgen, auf welche die §§ 293ff. AktG analog anwendbar sind;
c) Unwandlungen nach dem Umwandlungsgesetz, an welchen die Gesellschaft als übertragende, umgewandelte oder aufnehmende Gesellschaft beteiligt ist;
d) Bestellung des Abschlussprüfers für den Jahresabschluss;
e) Entlastung der Komplementärin und der Geschäftsführer der Komplementärin;
f) Auflösung der Gesellschaft;

g) Feststellung des Jahresabschlusses;
h) Entscheidung über die Ergebnisverwendung.

§ 11 Gesellschafterbeschlüsse

(1) Gesellschafterbeschlüsse werden in Gesellschafterversammlungen gefasst.

(2) Die Gesellschafter beschließen mit einfacher Mehrheit der abgegebenen Stimmen, soweit nicht kraft Gesetzes zwingend oder in diesem Gesellschaftsvertrag eine andere Mehrheit vorgeschrieben ist; je 1.– EUR Festkapitalanteil gewähren eine Stimme. Die Komplementärin hat kein Stimmrecht.

(3) Ein Kommanditist, welcher durch die Beschlussfassung entlastet oder von einer Verbindlichkeit befreit werden soll, hat hierbei kein Stimmrecht und darf ein solches auch nicht als Vertreter eines anderen ausüben. Dasselbe gilt von einer Beschlussfassung, welche die Geltendmachung eines Anspruchs oder die Einleitung oder Erledigung eines Rechtsstreits gegenüber diesem Kommanditisten betrifft. Im Übrigen ist das Stimmrecht in eigenen Angelegenheiten nicht ausgeschlossen.

(4) Ein Gesellschafter, dessen Ausschließung beschlossen wurde (§ 15), hat kein Stimmrecht.

(5) Über die folgenden Angelegenheiten beschließt die Gesellschafterversammlung mit einer Mehrheit von mindestens drei Vierteln der abgegebenen Stimmen, sofern und soweit nicht kraft Gesetzes zwingend eine andere Mehrheit vorgeschrieben ist:
a) Aufnahme neuer Gesellschafter;
b) sonstige Änderungen des Gesellschaftsvertrages;
c) Abweichungen vom Gesellschaftsvertrag im Einzelfall;
d) Umwandlungsbeschlüsse nach dem Umwandlungsgesetz;
e) Liquidation der Gesellschaft;
f) Abschluss von Unternehmensverträgen, auf welche die §§ 291 ff. AktG analog anwendbar sind;
g) Zuweisung von mehr als 20% des nach Ausgleich eines Verlustvortragskontos sowie nach Abzug der persönlichen Ertragsteuern verbleibenden Jahresüberschusses in das Rücklagenkonto.

(6) Die Erhöhung und Herabsetzung von Kommanditeinlagen bedarf eines mit allen in der Gesellschaft vorhandenen Stimmen zustandegekommenen Gesellschafterbeschlusses.

(7) Die Unwirksamkeit eines Gesellschafterbeschlusses kann nur innerhalb von einem Monat nach Beschlussfassung durch Klage geltend gemacht werden. Die Klage ist gegen die Gesellschaft zu richten.

§ 12 Auskunfts- und Kontrollrechte der Kommanditisten

Die Komplementärin hat jedem Kommanditisten auf Verlangen unverzüglich Auskunft über die Angelegenheiten der Gesellschaft zu geben und die Einsicht der Bücher und Schriften zu gestatten. § 51a GmbHG gilt entsprechend.

§ 13 Ausscheiden von Gesellschaftern

(1) Scheidet ein Gesellschafter aus der Gesellschaft aus, so wird die Gesellschaft von den verbleibenden Gesellschaftern unter der bisherigen Firma fortgesetzt. Würde infolge des Ausscheidens nur noch ein Gesellschafter verbleiben, so hat dieser das Recht, das Vermögen der Gesellschaft ohne Liquidation mit allen Aktiven und Passiven unter Fortführung der Firma zu übernehmen, indem er die Übernahme gegenüber dem oder den anderen Gesellschaftern innerhalb von einem Monat nach dem Ereignis, welches das Ausscheiden zur Folge hätte, schriftlich erklärt. Wird die Übernahme nicht oder nicht form- und fristgemäß erklärt, so verbleiben der oder die anderen Gesellschafter in der Gesellschaft; die Gesellschaft ist aufgelöst.

(2) Im Falle des Ausscheidens der Komplementärin sind die Kommanditisten verpflichtet, unverzüglich eine juristische Person mit entsprechender Satzung zu gründen und sie oder einen oder mehrere hierzu bereite Kommanditisten als Komplementärin aufzunehmen. Geschieht dies nicht innerhalb eines Monats ab dem Ausscheiden, ist die Gesellschaft aufgelöst.

(3) Ausscheidende Gesellschafter können für Schulden der Gesellschaft keine Sicherheitsleistung verlangen und Befreiung erst und insoweit, als sie von Gläubigern in Anspruch genommen werden.

§ 14 Ausschließung der Komplementärin

Die Komplementärin scheidet aus der Gesellschaft aus, wenn dies von der Gesellschafterversammlung beschlossen wird.

§ 15 Ausschließung von Kommanditisten

(1) Ein Kommanditist kann aus wichtigem Grund aus der Gesellschaft ausgeschlossen werden. Die Wirksamkeit der Ausschließung ist nicht von der Zahlung der gemäß § 16 geschuldeten Abfindung abhängig. Einer Festsetzung der Abfindung im Ausschließungsbeschluss bedarf es nicht.

(2) Die Ausschließung erfolgt durch Beschluss der Gesellschafterversammlung. Sie wird wirksam, wenn und sobald sie dem betroffenen Kommanditisten bekannt gemacht ist, und ist solange als wirksam zu behandeln, bis ihre Unwirksamkeit rechtskräftig festgestellt ist.

§ 16 Abfindung

(1) Ausscheidende Kommanditisten erhalten eine Barabfindung. Diese entspricht dem Verkehrswert des Kommanditanteils des ausscheidenden Gesellschafters. Fällt das Ausscheiden mit dem Schluss eines Geschäftsjahres zusammen, ist dieser Zeitpunkt der Stichtag für die Wertermittlung; ansonsten ist die Wertermittlung auf den Schluss des letzten im Zeitpunkt des Ausscheidens abgeschlossenen Geschäftsjahres vorzunehmen. Im Falle der Ausschließung ist die Gesellschaft nach ihrer Wahl berechtigt, als Wertermittlungsstichtag den Zeitpunkt der Fassung des Ausschließungsbeschlusses zu wählen.

(2) Fällt das Ausscheiden nicht mit dem Schluss eines Geschäftsjahres zusammen, nimmt der ausscheidende Kommanditist an dem Gewinn oder Verlust des im Zeitpunkt des Ausscheidens laufenden Geschäftsjahres nicht teil.

(3) Die Höhe der Abfindung ist durch einen von der Gesellschaft zu beauftragenden Wirtschaftsprüfer oder eine von der Gesellschaft zu beauftragende Wirtschaftsprüfungsgesellschaft zu ermitteln und dem ausscheidenden Kommanditisten bekanntzugeben.

(4) Einwendungen gegen die Höhe der Abfindung können nur innerhalb von zwei Monaten, nachdem sowohl die Ausschließung als auch die festgesetzte Abfindung dem abzufindenden Kommanditisten bekannt gegeben worden sind, durch Klage gegen die Gesellschaft geltend gemacht werden.

(5) Der Abfindungsbetrag zuzüglich eines etwaigen Guthabens bzw. abzüglich eines etwaigen Negativsaldos per Wertermittlungsstichtag auf dem laufenden Konto des betroffenen Gesellschafters wird in fünf gleichen Jahresraten, beginnend sechs Monate nach dem Ausschließungsbeschluss, fällig. Offene Beträge sind ab dem Tage des Ausschließungsbeschlusses mit x% über dem Basiszinssatz gem. § 247 BGB p.a. zu verzinsen; zusammen mit einer Rate werden jeweils die bis dahin angefallenen Zinsen fällig.

(6) Sollte die Zahlung der Abfindung oder einer Rate – ggf. unter Berücksichtigung der anderen ausscheidenden Kommanditisten zu zahlenden Abfindung – nicht ohne schweren Schaden für die Gesellschaft möglich sein, so braucht die Gesellschaft nur zumutbare Zahlungen zu leisten. Über deren Höhe entscheidet ein auf Antrag eines Beteiligten vom Vorstand des Instituts der Wirtschaftsprüfer *(IDW)* in Düsseldorf zu ernennender Wirtschaftsprüfer oder eine vom Vorstand des Instituts der Wirtschaftsprüfer *(IDW)* in Düsseldorf zu ernennende Wirtschaftsprüfungsgesellschaft als Schiedsgutachter.

(7) Sicherheitsleistung für die Abfindung kann nicht verlangt werden.

§ 17 Verfügung über Kommanditanteile, Vererblichkeit

(1) Verfügungen über Kommanditanteile bedürfen zu ihrer Wirksamkeit der Zustimmung der Gesellschafterversammlung.

(2) Einer Verfügung steht die Eingehung eines Treuhandverhältnisses oder eines solchen Rechtsverhältnisses gleich, durch welches sich der Gesellschafter hinsichtlich der Ausübung der Gesellschaftsrechte aus seinem Gesellschaftsanteil an die Zustimmung oder Mitwirkung eines Dritten bindet.

(3) Kommanditanteile sind vererblich. Soweit beim Erbgang Kommanditanteile von weniger als einem Euro entstehen, kann das Stimmrecht nur einheitlich durch einen gemeinsamen Bevollmächtigten ausgeübt werden.

§ 18 Dauer, Kündigung, Liquidation der Gesellschaft

(1) Die Gesellschaft besteht auf unbestimmte Zeit.

(2) Jeder Gesellschafter kann die Gesellschaft durch Brief an die Komplementärin unter Einhaltung einer dreimonatigen Frist auf den Schluss eines Geschäftsjahres kündigen, frühestens jedoch zum …… *[Datum]*. Das Recht zur vorzeitigen Kündigung aus wichtigem Grund bleibt unberührt.

(3) Im Fall der Kündigung scheidet der kündigende Gesellschafter zum Zeitpunkt des Wirksamwerdens der Kündigung aus der Gesellschaft aus.

(4) Im Falle der Auflösung wird die Gesellschaft liquidiert, wenn nicht die Gesellschafter mit einer Mehrheit von drei Vierteln der abgegebenen Stimmen eine andere Art der Auseinandersetzung (zB Realteilung) beschließen. Im Falle der Liquidation ist die Komplementärin zur alleinigen Liquidatorin bestellt. Am Liquidationserlös sind die Kommanditisten entsprechend ihrer Beteiligung am Festkapital beteiligt.

§ 19 Schlussbestimmungen

(1) Sollte eine Bestimmung dieses Vertrages oder eine künftig in ihn aufgenommene Bestimmung ganz oder teilweise unwirksam oder undurchführbar sein oder werden, soll hierdurch die Gültigkeit der übrigen Bestimmungen nicht berührt werden. Anstelle der unwirksamen oder undurchführbaren Bestimmung soll eine angemessene Regelung gelten, welche, soweit rechtlich zulässig, dem am nächsten kommt, was die Vertragschließenden gewollt haben oder nach dem Sinn und Zweck des Vertrages gewollt hätten, falls sie den Punkt bedacht hätten.

(2) Der vorstehende Absatz gilt entsprechend im Fall von Lücken.

(3) Alle das Gesellschaftsverhältnis betreffenden Vereinbarungen zwischen Gesellschaftern oder zwischen der Gesellschaft und Gesellschaftern bedürfen zu ihrer Wirksamkeit der Schriftform, soweit nicht kraft Gesetzes notarielle Beurkundung erforderlich ist. Dies gilt auch für einen Verzicht auf das Erfordernis der Schriftform.

Schreiben und Berichte

A.6.4. Schreiben an den Betriebsrat der Übernehmerin[185]

...... GmbH & Co. KG *[Übernehmende Gesellschaft]*
– Geschäftsführung –

..............................., den ....

An den Betriebsrat[186, 189] der ...... GmbH & Co. KG *[Übernehmende Gesellschaft]*
z. Hd. des Vorsitzenden
– durch Boten gegen Empfangsbekenntnis –

Verschmelzung der ...... GmbH *[Übertragende Gesellschaft]* auf die ...... GmbH & Co.KG *[Übernehmende Gesellschaft]*

Sehr geehrte Damen und Herren,

es ist beabsichtigt, die ...... GmbH *[Übertragende Gesellschaft]* als übertragende Gesellschaft im Wege der Verschmelzung durch Aufnahme auf die ...... GmbH & Co. KG *[Übernehmende Gesellschaft]* als übernehmende Gesellschaft zu verschmelzen. Hierzu haben die Geschäftsführung der ...... GmbH *[Übertragende Gesellschaft]* sowie die Geschäftsführung der ...... GmbH & Co. KG *[Übernehmende Gesellschaft]* den Entwurf eines Verschmelzungsvertrages aufgestellt. Dieser wird Ihnen hiermit als Anlage zu diesem Schreiben gemäß § 5 Abs. 3 UmwG in Kopie zugeleitet.[190] Bitte quittieren Sie den Erhalt des Entwurfes des Verschmelzungsvertrages durch Gegenzeichnung der beigefügten Empfangsbestätigung.

Mit freundlichen Grüssen
...... GmbH & Co. KG *[Übernehmende Gesellschaft]*

....
[Unterschriften des Geschäftsführers der Komplementärin]

Empfangsbestätigung:

Der Erhalt des vorstehenden Schreibens im Original sowie des als Anlage in Kopie beigefügten Entwurfes des Verschmelzungsvertrages wird hiermit zum Zwecke des Nachweises der rechtzeitigen[188] Zuleitung des Entwurfes des Verschmelzungsvertrages gemäß § 17 Abs. 1 UmwG bestätigt.

..............................., den ....

Für den Betriebsrat:

....
[Unterschrift des Vorsitzenden]

A.6.5. Schreiben an den Betriebsrat der Überträgerin[185]

...... GmbH *[Übertragende Gesellschaft]*
– Geschäftsführung –

..............................., den ....

An den
Betriebsrat[186, 189] der ...... GmbH *[Übertragende Gesellschaft]*
z. Hd. des Vorsitzenden
– durch Boten gegen Empfangsbekenntnis –

Verschmelzung der ...... GmbH *[Übertragende Gesellschaft]* auf die ...... GmbH & Co. KG *[Übernehmende Gesellschaft]*

Sehr geehrte Damen und Herren,

es ist beabsichtigt, die ...... GmbH *[Übertragende Gesellschaft]* als übertragende Gesellschaft im Wege der Verschmelzung durch Aufnahme auf die ...... GmbH & Co. KG *[Übernehmende Gesellschaft]* als übernehmende Gesellschaft zu verschmelzen. Hierzu haben die Geschäftsführung der ...... GmbH *[Übertragende Gesellschaft]* sowie die Geschäftsführung der ...... GmbH & Co. KG *[Übernehmende Gesellschaft]* den Entwurf eines Verschmelzungsvertrages aufgestellt. Dieser wird Ihnen hiermit als Anlage zu diesem Schreiben gemäß § 5 Abs. 3 UmwG in Kopie zugeleitet. [188] Bitte quittieren Sie den Erhalt des Entwurfes des Verschmelzungsvertrages durch Gegenzeichnung der beigefügten Empfangsbestätigung.

Mit freundlichen Grüßen

...... GmbH *[Übertragende Gesellschaft]*

..
[Unterschrift des Geschäftsführers]

Empfangsbestätigung:

Der Erhalt des vorstehenden Schreibens im Original sowie des als Anlage in Kopie beigefügten Entwurfes des Verschmelzungsvertrages wird hiermit zum Zwecke des Nachweises der rechtzeitigen[188] Zuleitung des Entwurfes des Verschmelzungsvertrages gemäß § 17 Abs. 1 UmwG bestätigt.

................................, den ....

Für den Betriebsrat:

..
[Unterschrift des Vorsitzenden]

Handelsregisteranmeldungen

A.6.6. Handelsregisteranmeldung Überträgerin[192]

An das
Amtsgericht ......
– Registergericht –
...... *[Straße]*
...... *[PLZ]* ...... *[Stadt]*

HRB ...... – ...... GmbH *[Übertragende Gesellschaft]*

In der Anlage überreiche ich, der unterzeichnete einzelvertretungsberechtigte Geschäftsführer der ...... GmbH *[Übertragende Gesellschaft]:*

1. **Notarielle Urkunde vom ......, URNr. ...... des Notars ...... in ......, welche enthält:**
   a) **in Abschnitt D mit Anlage A den Verschmelzungsvertrag betreffend die Verschmelzung der ...... GmbH *[Übertragende Gesellschaft]* auf die ...... GmbH & Co. KG *[Übernehmende Gesellschaft];***
   b) **in Abschnitt E die Zustimmung der Gesellschafterversammlung der ...... GmbH *[Übertragende Gesellschaft]* zu dem vorstehend genannten Verschmelzungsvertrag;**

c) in Abschnitt F die Beschlüsse der Gesellschafterversammlung der ...... GmbH & Co. KG *[Übernehmende Gesellschaft]* über die Zustimmung zu dem vorstehend genannten Verschmelzungsvertrag sowie Erhöhung des Festkapitals der ...... GmbH & Co. KG *[Übernehmende Gesellschaft]* nebst Gewährung neuer Kommanditeinlagen;

d) in Abschnitt G die Verzichte der Gesellschafter der ...... GmbH & Co. KG *[Übernehmende Gesellschaft]* und der Gesellschafter der ...... GmbH *[Übertragende Gesellschaft]* auf die Erstattung eines Verschmelzungsberichtes, auf ein Abfindungsangebot gemäß § 29 UmwG und eine Klage gegen die Wirksamkeit der vorbezeichneten Beschlüsse sowie die Erklärung, dass eine Verschmelzungsprüfung nicht verlangt wird (§§ 44 Satz 1, 48 Satz 1, 9 Abs. 1 UmwG);

2. Empfangsbekenntnis über die Zuleitung des Entwurfs des Verschmelzungsvertrages an den Betriebsrat der ...... GmbH *[Übertragende Gesellschaft];*

3. Empfangsbekenntnis über die Zuleitung des Entwurfs des Verschmelzungsvertrages an den Betriebsrat der ...... GmbH & Co. KG *[Übernehmende Gesellschaft];*

4. die Schlussbilanz der ...... GmbH *[Übertragende Gesellschaft]* per 31.12.00.

Zur Eintragung in das Handelsregister melde ich an:

Die ...... GmbH *[Übertragende Gesellschaft]* als übertragende Gesellschaft ist auf Grund des Verschmelzungsvertrages vom ......, des Beschlusses der Gesellschafterversammlung der ...... GmbH *[Übertragende Gesellschaft]* vom ...... und des Beschlusses der Gesellschafterversammlung der ...... GmbH & Co. KG *[Übernehmende Gesellschaft]* vom ...... mit der ...... GmbH & Co. KG *[Übernehmende Gesellschaft]* als übernehmender Gesellschaft, HRA ......, Amtsgericht ......, durch Aufnahme unter Auflösung ohne Abwicklung verschmolzen.

Es wird unter Bezugnahme auf Abschnitt G der zu Ziff. 1 vorgelegten Urkunde erklärt, dass im Hinblick auf die dort abgegebenen Verzichtserklärungen eine Negativerklärung nach § 16 Abs. 2 Satz 1 UmwG entbehrlich ist.

Nach Vollzug wird um Eintragungsnachricht und Übermittlung je eines beglaubigten Handelsregisterauszuges an die Gesellschaft und den beglaubigenden Notar gebeten.

................................, den ....

....

[Unterschrift des Geschäftsführers]

[Beglaubigungsvermerk][195]

A.6.7. Handelsregisteranmeldung Übernehmerin[194]

An das
Amtsgericht ......
– Registergericht –
...... *[Straße]*
...... *[PLZ]* ...... *[Stadt]*

HRA ...... – ...... GmbH & Co. KG *[Übernehmende Gesellschaft]*

In der Anlage überreiche ich, der unterzeichnete einzelvertretungsberechtigte Geschäftsführer der ...... GmbH *[Komplementärin]* in ihrer Eigenschaft als allein vertretungsberechtigte persönlich haftende Gesellschafterin[194] der ...... GmbH & Co. KG *[Übernehmende Gesellschaft]:*

1. Notarielle Urkunde vom ......, URNr. ...... des Notars ...... in ......, welche enthält:

a) in Abschnitt D mit Anlage A den Verschmelzungsvertrag betreffend die Verschmelzung der ...... GmbH *[Übertragende Gesellschaft]* auf die ...... GmbH & Co. KG *[Übernehmende Gesellschaft];*

b) in Abschnitt E die Zustimmung der Gesellschafterversammlung der ...... GmbH *[Übertragende Gesellschaft]* zu dem vorstehend genannten Verschmelzungsvertrag;

c) in Abschnitt F die Beschlüsse der Gesellschafterversammlung der ...... GmbH & Co. KG *[Übernehmende Gesellschaft]* über die Zustimmung zu dem vorstehend genannten Verschmelzungsvertrag sowie betreffend die Erhöhung des Festkapitals der ...... GmbH & Co. KG *[Übernehmende Gesellschaft]* nebst Gewährung neuer Kommanditanlagen;

d) in Abschnitt G die Verzichte der Gesellschafter der ...... GmbH & Co. KG *[Übernehmende Gesellschaft]* und der Gesellschafter der ...... GmbH *[Übertragende Gesellschaft]* auf die Erstattung eines Verschmelzungsberichtes, auf ein Abfindungsangebot gemäß § 29 UmwG und eine Klage gegen die Wirksamkeit der vorbezeichneten Beschlüsse sowie die Erklärung, dass eine Verschmelzungsprüfung nicht verlangt wird (§§ 44 Satz 1, 48 Satz 1, 9 Abs. 1 UmwG);

2. Empfangsbekenntnis über die Zuleitung des Entwurfs des Verschmelzungsvertrages an den Betriebsrat der ...... GmbH *[Übertragende Gesellschaft];*

3. Empfangsbekenntnis über die Zuleitung des Entwurfs des Verschmelzungsvertrages an den Betriebsrat der ...... GmbH & Co. KG *[Übernehmende Gesellschaft];*

Zur Eintragung in das Handelsregister melde ich an:

Die ...... GmbH *[Übertragende Gesellschaft],* HRB ......, Amtsgericht ......, als übertragende Gesellschaft ist auf Grund des Verschmelzungsvertrages vom ......, des Beschlusses der Gesellschafterversammlung der ...... GmbH *[Übertragende Gesellschaft]* vom ...... und des Beschlusses der Gesellschafterversammlung der ...... GmbH & Co. KG *[Übernehmende Gesellschaft]* vom ...... mit der ...... GmbH & Co. KG *[Übernehmende Gesellschaft]* als übernehmender Gesellschaft durch Aufnahme unter Auflösung ohne Abwicklung verschmolzen.

Zum Zwecke der Durchführung der Verschmelzung und in Erfüllung der Anteilsgewährungspflicht sind als Kommanditisten in die Gesellschaft eingetreten:

a) die X GmbH mit einer Einlage von 18 000.– EUR;

b) Herr A mit einer Einlage von 18 000.– EUR.

Es wird unter Bezugnahme auf Abschnitt G der zu Ziff. 1 vorgelegten Urkunde erklärt, dass im Hinblick auf die dort abgegebenen Verzichtserklärungen eine Negativerklärung nach § 16 Abs. 2 Satz 1 UmwG entbehrlich ist.

Nach Vollzug wird um Eintragungsnachricht an die Gesellschaft und den beglaubigenden Notar und Übermittlung von drei beglaubigten Handelsregisterauszügen an die Gesellschaft und eines beglaubigten Handelsregisterauszuges an den beglaubigenden Notar gebeten.

................................, den ....

...

[Unterschrift des Geschäftsführers der Komplementärin]

***[Beglaubigungsvermerk]*[195]**

B. Grundsätzliche Anmerkungen

I. Sachverhalt

Zum 31.12.00 beträgt das handels- und steuerrechtliches Eigenkapital der übertragenden GmbH 600000.– EUR (Stammkapital 500000.– EUR, Gewinnrücklage 100000.– EUR), während sich ihr Eigenkapitalwert (Equity Value) auf 3000000.– EUR beläuft. Der Saldo der Zeitwerte der aktiven und passiven Wirtschaftsgüter der übertragenden GmbH beträgt 2500000.– EUR; der nicht bilanzierte Firmenwert beläuft sich auf 500000.– EUR. 1

80% des Stammkapitals der übertragenden GmbH werden von der übernehmenden GmbH & Co. KG gehalten, erworben im Jahre 01 kurz vor dem Abschluss des Verschmelzungsvertrages durch fremdfinanzierten Anteilskauf für – einschließlich Anschaffungsnebenkosten – 2400000.– EUR. A und die X-GmbH haben ihre je 10% ausmachende Beteiligung an der übertragenden GmbH jeweils bei Gründung sechs Jahre vor dem 31.12.00 erworben. Die Anschaffungskosten von A und der X-GmbH für ihre Beteiligungen entsprechen jeweils dem Nennwert. 2

Das handelsrechtliche Eigenkapital der übernehmenden Gesellschaft beträgt zum 31.12.00 200000.– EUR, davon 60000.– EUR als Festkapital und weitere 140000.– EUR als Rücklagen. Stille Reserven sind im Vermögen der übernehmenden Gesellschaft in Höhe von 800000.– EUR vorhanden; der Eigenkapitalwert (Equity Value) der übernehmenden Gesellschaft (einschließlich der Beteiligung an der übertragenden Gesellschaft sowie deren Refinanzierung) beträgt somit 1000000.– EUR.

An Kosten (Notar, Berater, Register) sind im Rahmen der Verschmelzung bei der Übernehmerin und der Überträgerin insgesamt 20000.– EUR angefallen, und zwar sämtlich im Jahre 01.

S. iÜ → Form. A.6.1 Abschn. B und C. 3

einstweilen frei 4

II. Ablaufplan

5

Maßnahme	Rechtsgrundlage	Erforderlichkeit	Zuständigkeit	Frühester Termin	Spätester Termin	Formular
Beauftragung Wirtschaftsprüfer mit Ermittlung des Umtauschverhältnisses		Nicht notwendig, wenn sich die Parteien auch so über das Umtauschverhältnis einig sind, aber ggf. zweckmäßig	Geschäftsführung übertragende Gesellschaft, Geschäftsführung übernehmende Gesellschaft	so früh wie möglich		
Ermittlung Umtauschverhältnis	§ 5 Abs. 1 Nr. 3 UmwG	Ja	Wirtschaftsprüfer oder Parteien		vor Aufstellung Entwurf Verschmelzungsvertrag	
Bestellung Verschmelzungsprüfer übertragende Gesellschaft	§§ 48, 10 UmwG	Nein, da kein Gesellschafter die Prüfung verlangt hat, § 48 Satz 1 UmwG	./.	./.		
Bestellung Verschmelzungsprüfer übernehmende Gesellschaft	§§ 44, 10 UmwG	Nein, da hier keine Prüfung verlangt wird, § 44 Satz 1 UmwG	./.	./.		
Aufstellung Entwurf Verschmelzungsvertrag	§§ 4 Abs. 2, 5 UmwG	Ja, wenn Beurkundung erst nach Verschmelzungsbeschlüssen erfolgen soll, § 4 Abs. 2 UmwG, oder wenn für Zuleitung an Betriebsrat erforderlich	Geschäftsführung übertragenden Gesellschaft, Geschäftsführung übernehmende Gesellschaft	so früh wie möglich	vor Ablauf der Zuleitungsfrist für den Betriebsrat	→ Form. A.6.1 Abschn. D

Maßnahme	Rechts-grundlage	Erforderlichkeit	Zuständigkeit	Frühester Termin	Spätester Termin	Formular
Verschmelzungsberichte	§ 8 UmwG	Nein, wenn Gesellschafter auf Erstattung verzichten, § 8 Abs. 3 UmwG	./.			
Verschmelzungsprüfungsberichte	§ 12 UmwG	Nein, wenn keine Prüfung verlangt wird, §§ 44 Satz 1, 48 Satz 1 UmwG	./.	./.	./.	
Auslegung Jahresabschlüsse und Lageberichte der letzten drei Geschäftsjahre in den Geschäftsräumen der übertragenden GmbH	§ 49 Abs. 2 UmwG	Nur entbehrlich, wenn nicht mit Rüge durch einzelne Gesellschafter zu rechnen ist oder wenn Gesellschafter auf Einhaltung der Förmlichkeiten verzichten	Geschäftsführung übertragende Gesellschaft	bei Vorliegen der vollständigen Unterlagen	vor Ladung der GV der übertragenden GmbH	
Übersendung Verschmelzungsvertrag bzw. -entwurf und Verschmelzungsbericht an Gesellschafter der übertragenden GmbH	§ 47 UmwG	Nur entbehrlich, wenn nicht mit Rüge durch einzelne Gesellschafter zu rechnen ist oder wenn Gesellschafter auf Einhaltung der Förmlichkeiten verzichten	Geschäftsführung der übertragenden Gesellschaft	bei Vorliegen der vollständigen Unterlagen	zusammen mit Ladung Gesellschafterversammlung wg. Verschmelzungsbeschluss, § 47 UmwG	
Übersendung Verschmelzungsvertrag bzw. -entwurf und Verschmelzungsbericht an Gesellschafter der übernehmenden Personengesellschaft	§ 42 UmwG	Nur entbehrlich, wenn nicht mit Rüge durch einzelne Gesellschafter zu rechnen ist oder wenn Gesellschafter auf Einhaltung der Förmlichkeiten verzichten	Geschäftsführung der übernehmenden Personengesellschaft	bei Vorliegen der vollständigen Unterlagen	zusammen mit Ladung Gesellschafterversammlung wg. Verschmelzungsbeschluss, § 42 UmwG	
Ladung Gesellschafterversammlung übertragende Gesellschaft	§§ 49, 50 GmbHG, Satzung	Entbehrlich, wenn nicht mit Rüge durch einzelne Gesellschafter zu rechnen ist oder wenn Gesellschafter auf Einhaltung der Förmlichkeiten verzichten	Geschäftsführung übertragende Gesellschaft	bei Vorliegen der vollständigen Unterlagen	gemäß Satzung, Wochenfrist des § 51 Abs. 1 Satz 1 GmbHG dürfte aber regelmäßig nicht ausreichen.	
Zuleitung des Verschmelzungsvertragsentwurfs an die Betriebsräte	§ 5 Abs. 3 UmwG	Ja	Geschäftsführung übertragende Gesellschaft, Geschäftsführung übernehmende Personengesellschaft	nach Aufstellung des Entwurfs des Verschmelzungsvertrages	einen Monat vor dem Tage der Versammlung des jeweiligen Rechtsträgers, § 5 Abs. 3 UmwG	→ Form. A.6.4 und → Form. A.6.5
Einberufung Gesellschafterversammlung übernehmende Personengesellschaft	§ 42 UmwG	Entbehrlich, wenn nicht mit Rüge durch einzelne Gesellschafter zu rechnen ist	Gemäß Gesellschaftsvertrag übernehmende Personengesellschaft	gemäß Gesellschaftsvertrag der übernehmenden Personengesellschaft		
Zustimmungsbeschluss übertragende Gesellschaft	§§ 13, 50, 51 UmwG	Ja	Gesellschafter, Notar	gemäß Ladung		→ Form A.6.1 Abschn. E
Zustimmungsbeschluss und Kapitalerhöhungsbeschluss übernehmende Personengesellschaft	§§ 13, 43 UmwG	Ja	Gesellschafter, Notar	gemäß Ladung		→ Form. A.6.1 Abschn. F
Abschluss Verschmelzungsvertrag	§ 6 UmwG	Ja	Notar, Geschäftsführung übertragende GmbH, Geschäftsfüh-	Nach Aufstellung Entwurf Verschmelzungsvertrag	Vor Einreichung der Handelsregisteranmeldungen	→ Form. A.6.6 Abschn. D

Maßnahme	Rechtsgrundlage	Erforderlichkeit	Zuständigkeit	Frühester Termin	Spätester Termin	Formular
			rung übernehmende Personengesellschaft			
Handelsregisteranmeldung übertragende Gesellschaft	§§ 16, 17 UmwG	Ja	Notar, Geschäftsführung übertragende GmbH	Nach Ablauf der einmonatigen Anfechtungsfrist, §§ 14 Abs. 1, 16 Abs. 2 Satz 1 UmwG oder Klageverzicht sämtlicher Gesellschafter, § 16 Abs. 2 Satz 2 UmwG	Acht Monate nach dem Verschmelzungsstichtag, § 17 Abs. 2 Satz 4 UmwG	→ Form. A.6.6
Handelsregisteranmeldung übernehmende Personengesellschaft	§§ 16, 17 UmwG	Ja	Notar, Geschäftsführung übernehmende Personengesellschaft	Nach Ablauf der einmonatigen Anfechtungsfrist, §§ 14 Abs. 1, 16 Abs. 2 Satz 1 UmwG oder Klageverzicht sämtlicher Gesellschafter, § 16 Abs. 2 Satz 2 UmwG	Acht Monate nach dem Verschmelzungsstichtag, § 17 Abs. 2 Satz 4 UmwG	→ Form. A.6.7
Eintragung der Verschmelzung im Handelsregister der übertragenden Gesellschaft	§ 19 UmwG	Ja	Handelsregister der übertragenden GmbH			
Eintragung der Verschmelzung im Handelsregister der übernehmenden Personengesellschaft	§ 19 UmwG	Ja	Handelsregister der übernehmenden Personengesellschaft	frühestens nach Eintragung im Register der übertragenden Gesellschaft, soweit nicht taggleich (→ Rn. 41)		

III. Umwandlungsziele

1. Steuerliche Umwandlungsziele

Die Verschmelzung einer Kapitalgesellschaft auf eine Personengesellschaft ist häufig durch steuerliche Überlegungen bestimmt: 6

- Bei Personengesellschaften mit **natürlichen Personen** als Anteilseignern ist die **Gesamtsteuerbelastung** (Einmalbesteuerung auf Anteilseignerebene zum laufenden Einkommensteuersatz (einschließlich sog. Reichensteuer bis zu 45%) plus Solidaritätszuschlag von 5,5% auf die Einkommensteuer, Anrechnung der auf Gesellschaftsebene anfallenden Gewerbesteuer gemäß § 35 EStG) bei geringer Thesaurierungsquote und hohen Gewerbesteuerhebesätzen auch nach den Änderungen durch das UntStRefG 2008 v. 14.8.2007 (BGBl. I 2007, 1912) immer noch **günstiger** als bei einer Kapitalgesellschaft (15% Körperschaftsteuer plus Solidaritätszuschlag plus nicht abziehbare Gewerbesteuer auf Gesellschaftsebene plus Besteuerung zum Teileinkünfteverfahren bzw. zum 25%-igen Abgeltungsteuersatz auf der Gesellschafterebene). Der Vorteil der Kapitalgesellschaft bei hoher Thesaurierungsquote wird durch die seit VZ 2008 natürlichen Personen (Einzelunternehmern sowie Mitunternehmern mit einer Gewinnbeteiligung von mehr als 10% oder mehr als 10000.– EUR) auf Antrag zu gewährende Besteuerung thesaurierter Gewinne mit einem ermäßigten Steuersatz von 28,25% nach § 34a EStG abgemildert.
- Die Personengesellschaft lässt (in den Grenzen des § 15a EStG) eine **unmittelbare Verlustverrechnung** für Einkommen- bzw. Körperschaftsteuerzwecke zu; bei Kapitalgesellschaften kommt dies nur unter den Voraussetzungen einer Organschaft und bei Inkaufnahme eines Haftungsverbundes gemäß §§ 302, 303 AktG durch den hierfür erforderlichen Ergebnisabführungsvertrag in Betracht, §§ 14, 17 KStG.

– natürliche Personen als Gesellschafter können für Veräußerungsgewinne unter den besonderen Voraussetzungen des § 34 Abs. 3 EStG (Vollendung des 55. Lebensjahres bzw. dauernde Berufsunfähigkeit im sozialversicherungsrechtlichen Sinne) einmal im Leben den **ermäßigten Steuersatz** (seit VZ 2004 56% des durchschnittlichen Steuersatzes, § 34 Abs. 3 EStG idF des HBeglG 2004 v. 29.12.2003, BGBl. I 2003, 3076) auf den 5 Mio. EUR nicht übersteigenden Teil dieser Gewinne wählen.

7 Durch eine Verschmelzung einer Tochter-Kapitalgesellschaft auf ihre Mutter-Personengesellschaft wird ferner vermieden, dass die im Zusammenhang mit der Beteiligung stehenden Betriebsausgaben (im Formularfall insb. die Refinanzierungszinsen, vgl. → Rn. 1 und → Rn. 10) gemäß § 3c Abs. 2 EStG ab VZ 2009 nur zu 60% abgezogen werden können bzw. (soweit an der Personengesellschaft Kapitalgesellschaften beteiligt sind) **5%** der Dividenden gemäß § 8b Abs. 5 Satz 1, Abs. 6 Satz 1 KStG als **nichtabziehbare Ausgaben fingiert** werden und damit zu versteuern sind. Dasselbe Ergebnis kann aber auch durch die Begründung einer **Organschaft** erreicht werden (hM, s. etwa *Rödder/Schumacher* DStR 2002, 1163 mwN; Blümich/*Erhard* EStG § 3c Rn. 71 „Organschaft"; aA *Thiel* DB 2002, 1340); auf diesem Wege können im Falle einer späteren Veräußerung der Tochter-Kapitalgesellschaft auch die Steuerbegünstigungen gemäß § 3 Nr. 40 Satz 1 Buchst. b EStG (seit VZ 2009 Teileinkünfteverfahren) bzw. § 8b Abs. 2, 3 KStG (95%-Steuerbefreiung), gemäß § 3 Nr. 40 Satz 1 Buchst. b Satz 1 Alt. 2 EStG, § 8b Abs. 2 Satz 2 KStG weiter in Anspruch genommen werden.

8 Die früher bestehenden Unterschiede in der **erbschaft- und schenkungsteuerlichen Bewertung,** die dazu führten, dass Betriebsvermögen in der Rechtsform einer Personengesellschaft regelmäßig günstiger vererbt und verschenkt werden konnte als Anteile an Kapitalgesellschaften (→ *Engl FB Umwandlungen* 4. Aufl. Form. A.6 Rn. 8) sind durch das ErbStRG v. 24.12.2008 (BGBl. I 2008, 3018), idF des Gesetzes v. 22.12.2009 (BGBl. I 2009, 3950) weitestgehend entfallen (→ Rn. 8b), woran sich auch nach den Änderungen durch das ErbStAnpG v. 4.11.2016 (BGBl. I 2016, 2464) an die Rechtsprechung des Bundesverfassungsgerichts (BVerfG v. 17.12.2014, 1 BvL 21/12, BStBl. II 2015, 50) nichts Grundlegendes geändert hat:

8a Leitlinie des Bewertungsrechts für Zwecke der Erbschaftsteuer ist seit dem Systemwechsel durch das ErbStRG v. 24.12.2008 (BGBl. I 2008, 3018) sowohl bei Anteilen an Personengesellschaften als auch bei solchen an Kapitalgesellschaften der gemeine Wert, § 12 Abs. 1, 5 ErbStG idF ErbStAnpG, §§ 109 Abs. 2, 97, 11 Abs. 2 BewG. Dieser ist, wenn weniger als ein Jahr zurückliegende **Referenzverkäufe** nicht vorliegen, unter Berücksichtigung der Ertragsaussichten der Gesellschaft oder einer anderen anerkannten, auch im gewöhnlichen Geschäftsverkehr für nichtsteuerliche Zwecke üblichen Methode zu ermitteln. Herangezogen werden können insbesondere die Verfahren, die in der einschlägigen Stellungnahme des IDW über die Grundsätze zur Durchführung von Unternehmensbewertungen (*IDW* S 1 v. 2.4.2008, WPg Supplement 3/2008, S. 68ff., FN-IDW 7/2008, S. 271ff.) beschrieben sind; das früher maßgebliche sog. *„Stuttgarter Verfahren"* findet keine Anwendung mehr. Gemäß § 11 Abs. 2 Satz 4 BewG kann der Steuerpflichtige nach seiner Wahl auch auf das **vereinfachte Ertragswertverfahren** gemäß §§ 199ff. BewG zurückgreifen. Siehe auch Erbschaftsteuer-Richtlinien 2011 v. 19.12.2011 (BStBl. I 2011, Sondernr. 1 S. 2 sowie *Kohl/König* DStR 2019, 1502).

8b Seit dem Systemwechsel durch das ErbStRG besteht der wesentliche **Unterschied** zwischen Anteilen an Kapitalgesellschaften und solchen an Personengesellschaften iSd. § 15 Abs. 1 Satz 1 Nr. 2 und Abs. 3 oder § 18 Abs. 4 S. 2 EStG nurmehr darin, dass die **Begünstigungen für Betriebsvermögen** gemäß §§ 13a ErbStGff. (→ Rn. 8cff.) auf Anteile an Kapitalgesellschaften nur ab einer **Mindestbeteiligung** des Schenkers oder Erblassers von mehr als 25% in gleicher Weise wie bei Betriebsvermögen Anwendung finden können (§ 13b Abs. 1 Nr. 3 Satz 1 ErbStG idF ErbStAnpG). Auf diese Mindestbeteiligung angerechnet werden neben den Anteilen, die dem Erblasser oder Schenker unmittelbar zuzurechnen sind, ggf. auch Anteile weiterer Gesellschafter, wenn der Erblasser oder Schenker und die weiteren Gesellschafter untereinander verpflichtet sind, über die Anteile nur einheitlich zu verfügen oder diese ausschließlich auf andere derselben Verpflichtung unterliegende Anteilseigner zu übertragen und das Stimmrecht gegenüber nichtgebundenen Gesellschaftern einheitlich auszuüben (§ 13b Abs. 1 Nr. 3 Satz 2 ErbStG idF ErbStAnpG). Ist der Abschluss einer dafür regelmäßig erforderlichen **„Poolvereinbarung"** (s. dazu etwa *Klein-Wiele* NZG 2018, 1401 mwN) nicht möglich oder nicht erwünscht, kann dies Anlass für die Umwandlung einer Kapitalgesellschaft in eine GmbH & Co. KG sein.

Die Begünstigung erfolgt im sog. **„Grundmodell"** durch einen **Verschonungsabschlag** von 85% (§ 13a Abs. 1 Satz 1 ErbStG idF. ErbStAnpG) sowie einen gleitenden **Abzugsbetrag** von bis zu 150 000.– EUR (§ 13a Abs. 2 ErbStG idF ErbStAnpG) auf die restlichen 15%. Erforderlich ist dafür die Einhaltung einer bestimmten **Lohnsumme** über die Dauer von **fünf Jahren** (sog. „Lohnsummenfrist"), bei deren Nichteinhaltung sich der Verschonungsabschlag anteilig ermäßigt, (§ 13a Abs. 3 und 4 ErbStG idF. ErbStAnpG); sowohl der Verschonungsabschlag als auch der Abzugsbetrag entfallen bei Veräußerungen und bestimmten anderen gleichgestellten Tatbeständen innerhalb einer **Behaltensfrist** von fünf Jahren rückwirkend, § 13a Abs. 6 ErbStG idF ErbStAnpG. Anstelle des „Grundmodells" kann sich der Erwerber mit unwiderruflicher Erklärung auch für das sog. **„Optionsmodell"** entscheiden, in welchem der Verschonungsabschlag unter strengeren Voraussetzungen (höhere Lohnsumme, Lohnsummen- und Behaltensfrist von sieben Jahren, Verwaltungsvermögensanteil maximal 20%) sogar 100% beträgt, § 13a Abs. 10 ErbStG idF. ErbStAnpG. Für Kleinunternehmen mit maximal fünf Beschäftigten entfällt die Lohnsummenregelung vollständig, § 13a Abs. 3 Satz 3 ErbStG idF. ErbStAnpG; bei bis zu 15 Beschäftigten gelten ermäßigte Lohnsummen, § 13a Abs. 3 S. 4 ErbStG idF ErbStAnpG. 8c

Sogenanntes **Verwaltungsvermögen** (§ 13b Abs. 4 ErbStG idF. ErbStAnpG), das seit der Änderung durch das ErbStAnpG in Beteiligungsstrukturen konsolidiert ermittelt wird (§ 13b Abs. 9 ErbStG idF. ErbStAnpG), ist insoweit nicht begünstigt, als es 10% des gemeinen Wertes des Betriebsvermögens ohne Verwaltungsvermögen („unschädliches Verwaltungsvermögen") übersteigt, § 13b Abs. 2, 7 ErbStG idF ErbStAnpG; nicht zum „unschädlichen Verwaltungsvermögen" gehört das von jeglicher Begünstigung ausgenommene sog. **„junge Verwaltungsvermögen",** das in einem Zeitraum von zwei Jahren vor der maßgeblichen Übertragung in das Betriebsvermögen eingelegt wurde, § 13b Abs. 7 Satz 2 ErbStG idF. ErbStAnpG. Jegliche Begünstigung entfällt ab einer Verwaltungsvermögensquote von 90%, § 13b Abs. 2 Satz 2 ErbStG idF ErbStAnpG. Bei Erwerben von Todes wegen entfällt unter bestimmten Voraussetzungen die Zurechnung von Vermögensgegenständen zum Verwaltungsvermögen, soweit diese innerhalb von zwei Jahren nach dem Erbfall in das geerbte begünstigungsfähige Vermögen investiert werden, § 13b Abs. 5 ErbStG idF ErbStAnpG. 8d

Für **Großerwerbe** gilt seit der Änderung durch das ErbStAnpG eine **Begünstigungsgrenze** von **26 Mio. EUR.** Wird diese unter Einbeziehung sämtlicher Vorerwerbe begünstigten Vermögens von derselben Person innerhalb der letzten 10 Jahre (§ 13c Abs. 2 ErbStG idF. ErbStAnpG) überschritten, hat der Erwerber ein **antragsgebundenes Wahlrecht:** Er kann zwischen einem um 1%-Punkt je volle EUR 750 000 des übersteigenden Wertes **abschmelzenden,** ab einem Wert von **EUR 90 Mio.** auch im Optionsmodell vollständig entfallenden **Verschonungsabschlag,** §§ 13a Abs. 1 Satz 1, 13c Abs. 1 Abs. 1 ErbStG idF. ErbStAnpG, oder einer **Verschonungsbedarfsprüfung** wählen, § 28a Abs. 1 ErbStG idF. ErbStAnpG: 8e

Im letzteren Fall ist die Steuer unter bestimmten Voraussetzungen (u. a. Einhaltung siebenjähriger Lohnsummen- und Behaltensfristen, Schädlichkeit weiterer Erwerbe innerhalb von zehn Jahren, § 28a Abs. 4 ErbStG idF ErbStAnpG) zu erlassen, soweit der Erwerber nachweist, dass er zur Begleichung der Steuer aus seinem verfügbaren Vermögen nicht in der Lage ist; verfügbares Vermögen ist gemäß der Legaldefinition in § 28a Abs. 2 ErbStG idF. ErbStAnpG die Hälfte des nicht begünstigten Vermögens des Erwerbers einschließlich des erworbenen, § 28a Abs. 2 ErbStG idF ErbStAnpG. Bei Erwerben von Todes wegen ist die auf begünstigtes Vermögen entfallende Steuer unter der Voraussetzung der Einhaltung der Lohnsummen- und Behaltensfristen (§ 28a Abs. 1 Sätze 5 und 6 ErbStG idF. ErbStAnpG) auf Antrag für bis zu sieben Jahre zu stunden, § 28 Abs. 1 Satz 1 ErbStG idF. ErbStAnpG, dies allerdings nur in Ansehung des ersten Jahresbetrages zinslos, § 28 Abs. 1 Sätze 2 und 3 ErbStG idF ErbStAnpG.

8f Im Falle **gesellschaftsvertraglicher Entnahme-, Verfügungs- und Abfindungsbeschränkungen** ist – freilich unter engen Voraussetzungen und nur bei Gesellschaftsanteilen, nicht hingegen bei Einzelunternehmen – ein dem Verhältnis der Abfindungsminderung zum gemeinen Wert entsprechender, höchstens 30% betragender Vorweg-(Bewertungs)Abschlag vorgesehen, § 13a Abs. 9 ErbStG idF ErbStAnpG.

8g Eine weitere bewertungsrechtliche Erleichterung für den Stpfl. bedeutet die Absenkung des Kapitalisierungsfaktors im vereinfachten Ertragswertverfahren (§ 203 BewG) von früher 17,8571 auf nurmehr 13,75, der für alle Erwerbe nach dem 31.12.2015 gilt (Art. 2 Nr. 2 ErbStAnpG) und vom BMF durch Rechtsverordnung mit Zustimmung des Bundesrates an die Entwicklung der Zinsstrukturdaten anzupassen ist (§ 203 Abs. 2 BewG idF ErbStAnpG).

8h Die **Begrenzung** auf den Tarif der Steuerklasse I für Erwerber der Steuerklassen II und III wurde mit leichten Modifikationen beibehalten, § 19a ErbStG idF ErbStAnpG.

8i Seitens der FinVerw. liegen nunmehr **Koordinierte Ländererlasse** v. 22.6.2017 (BStBl. I 2017, 902) betr. Anwendung der geänderten Vorschriften des ErbStG vor (zum bayerischen „Sonderweg" siehe LfSt Bayern v. 14.11.2017, DStR 2017, 2554).

9 Gegenüber dem Formwechsel hat die **Verschmelzung** allerdings den Nachteil, dass sie **nicht grunderwerbsteuerneutral** ist. Die engen Voraussetzungen, unter denen § 6a GrEStG konzerninterne Umwandlungen von der Grunderwerbsteuer freistellt (→ Rn. 125), sind häufig nicht erfüllt.

2. Gesellschaftsrechtliche Umwandlungsziele

10 Nach Unternehmenskäufen wird die Zielgesellschaft häufig auch deshalb auf die Erwerbergesellschaft verschmolzen, damit die Refinanzierungszinsen abzugsfähig sind und die Wirtschaftsgüter der Zielgesellschaft ohne Beschränkung durch Kapitalerhaltungsvorschriften (§§ 30, 31 GmbHG bzw. § 57 AktG), die über die Komplementär-GmbH auch auf die GmbH & Co. KG anwendbar sind (BGH v. 29.3.1973, II ZR 25/70, BGHZ 60, 324; *Scholz/H. P. Westermann* GmbHG § 30 Rn. 38ff.; *Michalski/Hedinger* § 30 GmbHG Rn. 100ff.), zur **Besicherung** einer von der Erwerbergesellschaft aufgenommenen **Akquisitionsfinanzierung** eingesetzt werden können. Ob und inwieweit sich an der Anwendbarkeit des § 30 Abs. 1 Satz 1 GmbHG auf derartige Upstream-Besicherungen für den Fall des Bestehens eines vollwertigen Rückgriffsanspruches durch die mit MoMiG v. 23.10.2008 (BGBl. I 2008, 2026) eingeführte Ausnahme in § 30 Abs. 1 Satz 2 Alt. 2 GmbHG etwas geändert hat, ist umstritten (verneinend etwa LH/*Hommelhoff* GmbHG § 30 Rn. 34ff.; aA MünchKomm/*Ekkenga* GmbHG § 30 Rn. 141 jeweils mwN).

11 Daneben hat die Verschmelzung eine Vereinfachung der rechtlichen Struktur zur Folge.

12 *einstweilen frei*

3. Handelsbilanzielle Gesichtspunkte

13 Bei einer Verschmelzung entsteht – im Gegensatz zum Formwechsel – ein Aufwand durch **verschmelzungsbedingten Wegfall von Anteilen** an der übertragenden Gesellschaft, soweit die übernehmende Gesellschaft an der übertragenden Gesellschaft beteiligt ist (iE → Rn. 65). Dieser Aufwand führt ggf. zu einem **Verschmelzungsverlust,** soweit er nicht durch den verschmelzungsbedingten Zugang der Wirtschaftsgüter des übertragenden Rechtsträgers ausgeglichen wird.

Daher gestatten §§ 24 UmwG, 255 Abs. 1 HGB (wahlweise) anstellte der Buchwertverknüpfung auch einen Ansatz der übergehenden Rechtsgüter beim aufnehmenden Rechtsträger nach dem **Anschaffungskostenprinzip,** dh. eine **Aufdeckung stiller Reserven** in der **Handelsbilanz** des übernehmenden Rechtsträgers, wodurch die Vermeidung des Verschmelzungsverlustes ermöglicht wird (iE → Rn. 62 ff.). Nach Inkrafttreten des UmwStG 2006 führt dies nicht mehr zu Mehrsteuern durch die von der Finanzverwaltung zum UmwStG 1995 noch vertretene sog. „hinkende Maßgeblichkeit der Handelsbilanz für die Steuerbilanz" (→ Rn. 91).

Auf Ebene der außenstehenden Anteilsinhaber der übertragenden Gesellschaft stellt sich die Verschmelzung als Tausch dar. Sie haben daher bzgl. des Ansatzes der ihnen gewährten Anteile an der übernehmenden Personengesellschaft in ihrer **Handelsbilanz** ein **Wahlrecht** zwischen dem **Buchwert** und dem **Zeitwert** der hingegebenen Anteile oder einem dazwischen liegenden erfolgsneutralen **Zwischenwert** (→ Rn. 80 ff.). **14**

einstweilen frei **15**

4. Vermeidung der Mitbestimmung

Ein Beweggrund für die Umwandlung in eine Personengesellschaft kann auch die Mitbestimmung der Arbeitnehmer im Aufsichtsrat nach §§ 4 ff. DrittelbG sein, die nur bei Aktiengesellschaften und GmbHs mit 500 oder mehr Beschäftigten, nicht hingegen bei Personengesellschaften eingreift; bei diesen wird die Mitbestimmung erst wieder ab einer Beschäftigtenzahl von 2000 relevant, wenn es sich um eine Kommanditgesellschaft handelt und an ihr eine deutsche Kapitalgesellschaft als persönlich haftende Gesellschafterin beteiligt ist, § 4 MitbestG 1976. **16**

einstweilen frei **17**

IV. Zivil-, Handels- und Gesellschaftsrecht

1. Allgemeines

Das UmwG lässt die Verschmelzung bestehender Rechtsträger sowohl durch **Aufnahme** (§§ 2 Nr. 1, 4 ff. UmwG) auf einen bestehenden Rechtsträger als auch durch **Neugründung** durch Übertragung des Vermögens zweier oder mehrerer zu verschmelzender Rechtsträger auf einen dadurch gegründeten neuen Rechtsträger (§§ 2 Nr. 2, 36 ff. UmwG) zu. Dem vorliegenden Formular liegt eine Verschmelzung durch Aufnahme zugrunde. **18**

Die Verschmelzung auf eine Personengesellschaft ist nur mit einer **Personenhandelsgesellschaft** oder einer **Partnerschaftsgesellschaft** als übernehmendem Rechtsträger möglich; die Verschmelzung auf eine **Gesellschaft bürgerlichen Rechts** ist angesichts der abschließenden Aufzählung in § 3 Abs. 1 und Abs. 2 Nr. 2 UmwG nicht zulässig (Kallmeyer/*Marsch-Barner* UmwG § 3 Rn. 5, 7); insoweit bietet sich jedoch gemäß § 191 Abs. 2 Nr. 1 UmwG der Formwechsel als Alternative an. **19**

Aufgelöste Rechtsträger können gemäß § 3 Abs. 3 UmwG als **übertragende Rechtsträger** an der Verschmelzung beteiligt sein, wenn ihre Fortsetzung beschlossen werden könnte, woran es für die Aktiengesellschaft gemäß § 274 Abs. 1 Satz 1 AktG und für die GmbH nach wohl hM in entsprechender Anwendung dieser Vorschrift (OLG Düsseldorf v. 13.7.1979, 3 W 139/79, BeckRS 1979, 01310 Tz. 20; Lutter/*Drygalla* UmwG § 3 Rn. 25; Kallmeyer/*Marsch-Barner* UmwG § 3 Rn. 23) fehlt, **19a**

wenn bereits mit der Verteilung des Vermögens unter die Gesellschafter begonnen worden ist. Hingegen soll nach ganz hM die Verschmelzung auf einen aufgelösten Rechtsträger unzulässig sein, § 3 Abs. 3 UmwG e contrario (OLG Naumburg v. 12.2. 1997, 10 Wx 1/97, GmbHR 1997, 1152; Lutter/*Drygalla* UmwG § 3 Rn. 31; aA Kallmeyer/*Marsch-Barner* UmwG § 3 Rn. 26f.).

19b Auch **insolvente Rechtsträger** können nunmehr jedenfalls als **übertragende Rechtsträger** grundsätzlich an der Verschmelzung beteiligt sein, weil gemäß § 225a Abs. 3 InsO idF des Gesetzes zur weiteren Erleichterung der Sanierung von Unternehmen v. 13.12.2011, BGBl. I 2011, 2582 („ESUG“), die Fortsetzung der Gesellschaft als Regelung im Insolvenzplan enthalten sein kann (Lutter/*Drygalla* UmwG § 3 Rn. 25). Hingegen soll der Verschmelzung auf einen insolventen Rechtsträger auch nach Inkrafttreten des ESUG § 3 Abs. 3 UmwG entgegenstehen, wonach aufgelöste Rechtsträger an einer Verschmelzung nur als übertragende Rechtsträger beteiligt sein könnten (OLG Brandenburg v. 27.1.2015, 7 W 118/14, NZG 2015, 884; **aA** Kallmeyer/*Marsch-Barner* UmwG § 3 Rn. 26f.).

20 Die dem Formularfall zugrundeliegende Verschmelzung einer Kapitalgesellschaft auf eine Personenhandelsgesellschaft kann u. a. zur eleganten liquidationslosen Beendigung einer „Einpersonen“-GmbH & Co. KG genutzt werden, indem die Komplementär-GmbH auf ihre KG verschmolzen wird. Hat die GmbH & Co. KG nur einen Kommanditisten, der gleichzeitig auch alleiniger Gesellschafter der Komplementär-GmbH ist, erlischt durch die Verschmelzung nicht nur die Komplementär-GmbH, sondern eine „juristische Sekunde“ später auch die GmbH & Co. KG, denn diese hat mit Wirksamwerden der Verschmelzung nurmehr einen Gesellschafter, nämlich ihren (ehemaligen) Kommanditisten. Auf diesen geht dann das Vermögen der GmbH & Co. KG (und damit auch etwaiges ehemaliges Vermögen der Komplementär-GmbH) im Wege der Anwachsung über. Nach Ansicht des **OLG Hamm** soll allerdings eine solche Verschmelzung **unzulässig** sein, denn das UmwG setze den Fortbestand des übernehmenden Rechtsträgers voraus, woran es hier bei der übernehmenden GmbH & Co. KG wegen des Erlöschens der Komplementär-GmbH fehle (OLG Hamm v. 24.6.2010, 15 Wx 360/09, DNotZ 2011, 230; aA WM/*Mayer* UmwG § 5 Rn. 24.11; ebenfalls ablehnend DNotI-Gutachten abgedruckt in DNotI-Report 11/2011, S. 81ff.).

2. Anteilsgewährung

21 Die Verschmelzung erfolgt gemäß § 2 UmwG grds. gegen **Gewährung von Anteilen** an der aufnehmenden Personengesellschaft an die Gesellschafter der übertragenden GmbH.

22 Eine Anteilsgewährung erfolgt jedoch nicht, soweit die **Anteile** an der übertragenden Gesellschaft von der **aufnehmenden Gesellschaft gehalten** werden: Dies folgt aus § 20 Abs. 1 Nr. 3 Satz 1 HS 2 UmwG sowie aus dem Grundsatz, dass eine Personengesellschaft nicht an sich selbst beteiligt sein kann. Im vorliegenden Formular werden daher Kommanditanteile an der aufnehmenden GmbH & Co. KG nur der X-GmbH und dem A, nicht jedoch auch der aufnehmenden GmbH & Co. KG selbst gewährt (→ Form. A.6.2 § 2 Abs. 1).

23 *einstweilen frei*

3. Abfindungsangebot

24 Grundsätzlich ist bei einer Verschmelzung einer Kapitalgesellschaft auf eine Personengesellschaft (sog. Mischverschmelzung) gemäß § 29 UmwG ein Abfindungsangebot an die Anteilsinhaber der übertragenden Gesellschaft in den Verschmelzungsvertrag aufzunehmen. Das **Fehlen** des Abfindungsangebotes stellt grds. ein **Eintragungshindernis** für die Verschmelzung dar (WM/*Wälzholz* UmwG § 29 Rn. 59; aA Kallmeyer/*Marsch-*

Barner UmwG § 29 Rn. 16 unter Hinweis auf § 32 UmwG). Gleichwohl muss das Abfindungsangebot analog §§ 30 Abs. 2 Satz 2, 12 Abs. 3, 8 Abs. 3 Satz 1 UmwG **entbehrlich** sein, wenn sämtliche Anteilsinhaber des übertragenden Rechtsträgers ausdrücklich und in notariell beurkundeter Form auf ein solches Angebot verzichten (WM/*Wälzholz* UmwG § 29 Rn. 53; Kallmeyer/*Marsch-Barner* UmwG § 29 Rn. 17). Da im → Form. A.6.1 Abschn. G derartige **Verzichtserklärungen** der Gesellschafter der übertragenden Gesellschaft vorgesehen sind, wurde im → Form. A.6.2 auf die Aufnahme eines Abfindungsangebotes verzichtet.

einstweilen frei 25

4. Erforderliche Rechtsakte

a) Verschmelzungsvertrag

Die Verschmelzung bedarf eines von dem übertragenden und dem aufnehmenden Rechtsträger in notariell beurkundeter Form abzuschließenden **Verschmelzungsvertrages,** §§ 4 Abs. 1, 6 UmwG (→ Form. A.6.2 sowie → Rn. 151 ff.). Erforderlich ist im Regelfall die Beurkundung durch einen deutschen Notar; die Beurkundung durch einen ausländischen Notar kann allenfalls dann genügen, wenn sie der Beurkundung durch einen deutschen Notar gleichwertig ist, was z. B. für die Beurkundung durch Notare im Schweizer Kanton Basel-Stadt bejaht worden ist (vgl. KG v. 26.7.2018, 22 W 2/18, DStR 2018, 2533; s. iE → Form B.1 Rn. 333 ff.). 26

Der beurkundende Notar ist gemäß § 54 Abs. 1 und 2 EStDV verpflichtet, dem für die an der Verschmelzung beteiligte Körperschaft zuständigen Finanzamt (§ 20 AO) innerhalb von zwei Wochen ab Beurkundung eine **beglaubigte Abschrift der Urkunde** zu übersenden (zu den Anzeigepflichten des Notars siehe auch zB des Merkblatt des LfSt Bayern v. 1.1.2018 unter www.finanzamt.bayern.de/Informationen/Steuerinfos/Steuerarten/Grunderwerbsteuer). 27

b) Zuleitung an die Betriebsräte

Der Verschmelzungsvertrag oder sein Entwurf ist jeweils einen Monat vor der jeweiligen Versammlung der Anteilsinhaber, welche über die Zustimmung zu dem Verschmelzungsvertrag beschließt, dem zuständigen **Betriebsrat zuzuleiten,** § 5 Abs. 3 UmwG (→ Form. A.6.4 und → Form. A.6.5 sowie → Rn. 185 ff.). 28

einstweilen frei 29

c) Verschmelzungsbeschlüsse

Die **Anteilsinhaber** der beiden beteiligten Rechtsträger müssen dem Verschmelzungsvertrag durch notariell beurkundeten **Beschluss** zustimmen, § 13 Abs. 1 UmwG (→ Form. A.6.11 Abschn. E und F). Der Beschluss ist zwingend in einer Versammlung zu fassen (§ 13 Abs. 1 Satz 2 UmwG); eine Beschlussfassung außerhalb einer Versammlung, zB im schriftlichen Umlaufverfahren (§ 48 Abs. 2 GmbHG), ist nicht ausreichend (SSt/*Gehling* § 13 UmwG Rz. 14; Lutter/*Drygalla* § 13 UmwG Rz. 9). 30

Der Beschluss bedarf bei **GmbHs** einer Mehrheit von mindestens **75 %** der abgegebenen Stimmen bzw. des bei der Beschlussfassung vertretenen Stammkapitals, sofern nicht der Gesellschaftsvertrag bzw. die Satzung eine höhere Mehrheit oder weitere Erfordernisse vorsieht, §§ 50 Abs. 1, 53 Abs. 2 GmbHG. 31

einstweilen frei 32

Bei **Personengesellschaften** ist grds. **Zustimmung aller** (auch der nicht erschienenen) Gesellschafter notwendig, § 43 Abs. 1 UmwG, sofern nicht der Gesellschaftsvertrag qualifizierte Mehrheitsentscheidung (mindestens 75% der abgegebenen Stimmen) vorsieht, § 43 Abs. 2 Satz 1 und 2 UmwG. 33

34 Widerspricht ein persönlich haftender Gesellschafter der Verschmelzung, so ist ihm die Rechtsstellung eines Kommanditisten einzuräumen, um die Verschmelzung durchführen zu können (§ 43 Abs. 2 Satz 3 HS 2 UmwG).

35 In jedem Fall ist die Zustimmung derjenigen Gesellschafter der übertragenden Kapitalgesellschaft erforderlich, die in der übernehmenden Personengesellschaft die Stellung eines **persönlich haftenden Gesellschafters** eingeräumt bekommen, § 40 Abs. 2 UmwG. Die Umwandlung einer Kapitalgesellschaft in eine OHG bedarf daher in jedem Falle der Zustimmung aller Gesellschafter der übertragenden Kapitalgesellschaft (außer ggf. der Zustimmung des persönlich haftenden Gesellschafters einer übertragenden KGaA, da dieser bereits persönlich haftet; widerspricht er der Verschmelzung, so muss ihm die Stellung eines Kommanditisten eingeräumt werden, § 43 Abs. 2 Satz 3 HS 1 UmwG, die Rechtsform der oHG ist dann nicht möglich).

36 *einstweilen frei*

d) Verschmelzungsbericht und -prüfung

37 Grundsätzlich haben die Organe der beteiligten Rechtsträger einen schriftlichen **Verschmelzungsbericht** zu erstellen, § 8 UmwG. Der **Verschmelzungsbericht** ist bei (nach §§ 8ff. BeurkG) notariell beurkundetem **Verzicht** aller Anteilsinhaber aller beteiligten Rechtsträger oder dann entbehrlich, wenn sich **alle Anteile** des übertragenden Rechtsträgers in der Hand des übernehmenden Rechtsträgers befinden, §§ 8 Abs. 4, 9 Abs. 3 UmwG.

38 Die **Verschmelzung** ist bei Beteiligung von GmbHs und Personengesellschaf-ten nur **zu prüfen,** soweit ein Mehrheitsbeschluss möglich ist und einer der Gesellschafter dies innerhalb von einer Woche nach Erhalt des Verschmelzungsvertrages oder seines Entwurfs sowie des Verschmelzungsberichts verlangt, §§ 44, 48 UmwG; die Prüfung durch einen gemeinsamen Prüfer ist möglich, § 10 Abs. 1 Satz 2 UmwG. Die Prüfer haben einen schriftlichen Prüfungsbericht zu erstatten, ggf. auch gemeinsam, § 12 UmwG.

39 *einstweilen frei*

e) Handelsregisteranmeldungen, -eintragungen

40 Die Verschmelzung ist sowohl zum **Handelsregister** des übertragenden als auch zum Handelsregister des aufnehmenden Rechtsträgers anzumelden, § 16 UmwG (→ Form. A.6.6 und → Form. A.6.7 sowie → Rn. 192ff.).

41 Die Verschmelzung ist zunächst im Handelsregister der übertragenden und sodann im Handelsregister der übernehmenden Gesellschaft einzutragen, § 19 Abs. 1 Satz 1 UmwG. Die Notwendigkeit eines Hinweises bei der Eintragung im Handelsregister des übertragenden Rechtsträgers, dass die Verschmelzung erst mit der Eintragung im Handelsregister des übernehmenden Rechtsträgers wirksam wird, entfällt nunmehr, wenn die Eintragungen taggleich erfolgen, § 19 Abs. 1 S. 2 UmwG. Mit Eintragung der Verschmelzung im Handelsregister der übernehmenden Gesellschaft wird die Verschmelzung wirksam, § 20 UmwG.

42 Die Handelsregisteranmeldung ist elektronisch einzureichen, § 12 Abs. 1 S. 1 HGB (iE → A. 1 Rn. 56 sowie *Jeep/Wiedemann* NJW 2007, 2439).

42a Mit Wirksamwerden der Verschmelzung erlöschen die übertragenden Rechtsträger (§ 20 Abs. 1 Nr. 2 UmwG) und geht ihr Vermögen einschließlich der Verbindlichkeiten auf die Übernehmerin über, § 20 Abs. 1 Nr. 1 UmwG (Gesamtrechtsnachfolge). Der Übergang kraft gesetzlich angeordneter Gesamtrechtsnachfolge erstreckt sich auch auf Verträge und sonstige Rechtspositionen und Verpflichtungen (→ Form. A.3 Rn. 47a mwN). Eine Ausnahme gilt lediglich für **höchstpersönliche Rechte und Pflichten** (BGH v. 21.2.2014, V ZR 164/13, NJW 2014, 1447, Tz. 17); die Anforderungen an die Höchstpersönlichkeit sind jedoch hoch: So begründen zB der Verwaltervertrag, den eine als WEG-Verwalter tätige Überträgerin mit einer Wohnungseigentümergemeinschaft abgeschlossen hat, sowie ihre Bestellung zur Verwalterin der Wohnungseigentümergemeinschaft jedenfalls dann keine dergestalt höchstpersönlichen Rechte und Verpflichtungen, wenn es sich bei der Überträgerin um eine Kapitalgesellschaft handelt (BGH v. 21.2.2014, V ZR 164/13, NJW 2014, 1447, Tz. 16ff.; aA OLG München v. 31.1.2014, 34 Wx 469/13, GmbHR 2014, 657, für Abspaltung; s. hierzu *Heckschen* GmbHR 2015, 897, 908f); allenfalls eine fristlose Kündigung aus wichtigem Grund gemäß § 314 Abs. 1 BGB kommt in Betracht, wobei jedoch die Verschmelzung als solche noch keinen wichtigen Grund darstellt (BGH v. 21.2.2014, V ZR 164/13, NJW 2014, 1447, Tz. 28).

Da der Geltungsbereich des § 20 Abs. 1 Nr. 1 UmwG sich nicht auf das Zivilrecht **42b** beschränkt, ist im Grundsatz anerkannt, dass auch **öffentlich-rechtliche** Konzessionen, Genehmigungen, Erlaubnisse und Rechtspositionen nicht von vornherein aus der in § 20 Abs. 1 Nr. 1 UmwG vorgesehenen Gesamtrechtsnachfolge auf den übernehmenden Rechtsträger ausgenommen werde können (Henssler/Strohn/*Heidinger* UmwG § 20 Rn. 36; WM/*Vossius* UmwG § 20 Rn. 248; Lutter/*Grunewald* UmwG § 20 Rn. 13; *Heckschen* ZIP 2014, 1605, 1606). Es stellt sich jedoch stets die Frage, inwieweit solche Erlaubnisse im vorgenannten Sinne **höchstpersönlicher Natur** sind und daher nicht von der in § 20 Abs. 1 Nr. 1 UmwG angeordneten Gesamtrechtsnachfolge umfasst sind. Im Grundsatz wird hier zwischen sog. sachbezogenen Genehmigungen (zB Baugenehmigung) und personenbezogenen Genehmigungen unterschieden (*Heckschen* ZIP 2014, 1605, 1606). Erstere sollen aufgrund ihres Bezugs zu einzelnen, konkreten Vermögensgegenständen übergehen. Letztere sollen hingegen im Falle einer Umwandlung automatisch gegenstandslos werden und somit erlöschen (siehe OVG Münster v. 25.9.2013, 13 A 2039/12, GesR 2014, 38). Die Abgrenzung kann im Einzelfall schwierig sein: So soll etwa ein sich aus dem Telekommunikationsgesetz ergebendes (öffentlich-rechtliches) Wegerecht höchstpersönlicher Natur sein und daher im Falle einer Umwandlung entfallen (OVG Münster v. 27.2.2013, 13 A 2661/11, DÖV 2013, 529). Umgekehrt sollen personenbezogene Genehmigungen teilweise im Wege der Umwandlung übergehen können, wenn der Gesetzgeber für den Todesfall die vorläufige Fortgeltung der Genehmigung zugunsten der Erben vorgesehen (s. etwa § 8 Abs. 1 GüKG, § 19 Abs. 1 PBefG) und damit zu erkennen gegeben hat, dass er von der Möglichkeit einer Gesamtrechtsnachfolge ausgegangen ist (s. *Heckschen* ZIP 2014, 1605, 1611 mwN).

V. Handelsbilanzrecht

1. Verschmelzungsstichtag

Verschmelzungsstichtag ist derjenige Zeitpunkt, ab welchem die Geschäfte des über- **43** tragenden Rechtsträgers mit Eintragung der Verschmelzung als **für Rechnung** des übernehmenden Rechtsträgers vorgenommen **gelten,** ihm also – unter der Voraussetzung der Eintragung der Verschmelzung – wirtschaftlich zugerechnet werden. Die Festlegung des Verschmelzungsstichtages ist zwingender Bestandteil des Verschmelzungsvertrages, § 5 Abs. 1 Nr. 6 UmwG. Vom Verschmelzungsstichtag sind zu unterscheiden:

- der **Stichtag** der **Schlussbilanz** des übertragenden Rechtsträgers, § 17 Abs. 2 Satz 1 UmwG; dieser geht nach h.M. dem Verschmelzungsstichtag zwingend unmittelbar voran (dazu → Rn. 55ff.);
- der Zeitpunkt der Gewinnberechtigung der im Rahmen der Verschmelzung ausgegebenen Anteile, § 5 Abs. 1 Nr. 5 UmwG (→ Form. A.6.2 § 2 Abs. 2 sowie → Rn. 157);

– der Zeitpunkt der dinglichen Wirksamkeit der Verschmelzung, welche erst mit Eintragung im Handelsregister der übernehmenden Gesellschaft eintritt, § 20 Abs. 1 UmwG;
– der Zeitpunkt des Übergangs des wirtschaftlichen Eigentums an dem Vermögen des übertragenden Rechtsträgers, dh. der Zeitpunkt, ab welchem der übernehmende Rechtsträger Vermögen und Aufwendungen/Erträge des übertragenden Rechtsträgers in seine Rechnungslegung zu übernehmen hat (→ Rn. 45 ff.);
– der steuerliche Übertragungsstichtag als ertragsteuerlicher Zeitpunkt des Vermögensübergangs; dieser ist **zwingend** mit dem Stichtag der Schlussbilanz des übertragenden Rechtsträgers iSd. § 17 Abs. 2 Sätze 1 und 4 UmwG identisch, § 2 Abs. 1 UmwStG (→ Rn. 84 ff.).

44 *einstweilen frei*

2. Vermögens- und Ertragszuordnung vor Eintragung

a) Abbildung beim übernehmenden Rechtsträger

45 Die Vermögensgegenstände des übertragenden Rechtsträgers gehen zwar mit **dinglicher Wirkung** erst im Zeitpunkt der Eintragung der Verschmelzung im Handelsregister der übernehmenden Personengesellschaft über, § 20 Abs. 1 Nr. 1 UmwG. Gleichwohl müssen sie bei der Übernehmerin eingebucht werden, sobald **das wirtschaftliche Eigentum** an ihnen übergegangen ist (RS HFA 42 Tz. 29). Ab diesem Zeitpunkt entstehen aus dem übergegangenen Vermögen Aufwendungen und Erträge des übernehmenden Rechtsträgers (RS HFA 42 Tz. 31). Liegt der (bereits erfolgte) Übergang des wirtschaftlichen Eigentums nach dem Verschmelzungsstichtag, kann der übernehmende Rechtsträger das Vermögen des übertragenden Rechtsträgers gleichwohl aus Vereinfachungsgründen schon nach den Verhältnissen am Verschmelzungsstichtag einbuchen und die seit dem Verschmelzungsstichtag eingetretenen Veränderungen (Aufwendungen und Erträge) wie eigene Geschäftsvorfälle abbilden (RS HFA 42 Tz. 31).

46 Vom Übergang des wirtschaftlichen Eigentums soll bei kumulativem Vorliegen der folgenden Voraussetzungen auszugehen sein (RS HFA 42 Tz. 29):
– formwirksamer Abschluss des Verschmelzungsvertrages und Vorliegen der Zustimmungsbeschlüsse sowie der erforderlichen Zustimmungserklärungen;
– der Verschmelzungsstichtag liegt vor dem Abschlussstichtag oder fällt mit ihm zusammen;
– die Verschmelzung ist entweder bis zur Beendigung der Aufstellung des Abschlusses eingetragen oder die Eintragung muss mit an Sicherheit grenzender Wahrscheinlichkeit zu erwarten sein. Hiervon kann jedenfalls bei Verschmelzung einer 100%-Tochter auf ihre Mutter regelmäßig ausgegangen werden (RS HFA 42 Tz. 29);
– es ist faktisch oder durch eine entsprechende Regelung im Verschmelzungsvertrag sichergestellt, dass der übertragende Rechtsträger nur im Rahmen eines ordnungsmäßigen Geschäftsganges oder mit Einwilligung des übernehmenden Rechtsträgers über die Vermögensgegenstände verfügt.

47 Die vorstehenden Grundsätze gelten auch für die Bilanzierung der Verbindlichkeiten des übertragenden Rechtsträgers, dh. diese sind ab Übergang des wirtschaftlichen Eigentums beim übernehmenden Rechtsträger zu bilanzieren, sei es unmittelbar oder als Ausgleichsverpflichtung (RS HFA 42 Tz. 30).

48 Ist zum Abschlussstichtag das wirtschaftliche Eigentum noch nicht übergegangen, scheidet eine Einbuchung des Vermögens sowie des Gewinns des übertragenden Rechtsträgers im Abschluss des übernehmenden Rechtsträgers hingegen aus; auch die Bildung einer Rückstellung für einen vom übertragenden Rechtsträger bis zum Abschlussstichtag erwirtschafteten Fehlbetrag kommt nicht in Betracht: Der noch fehlende Verschmelzungsvertrag bzw. die noch fehlenden Zustimmungsbeschlüsse sind kein wertaufhellendes, sondern ein wertbegründendes Ereignis (RS HFA 42 Tz. 29 erster Bullet zweiter Absatz sowie Tz. 31; anders noch *IDW* HFA 2/1997 Tz. 22).

b) Abbildung beim übertragenden Rechtsträger

Im Falle eines **vor dem Abschlussstichtag erfolgten Übergangs** des wirtschaftlichen Eigentums darf der übertragende Rechtsträger in seinem Jahresabschluss die im Zuge der Verschmelzung auf den übernehmenden Rechtsträger übergehenden Vermögensgegenstände und Verbindlichkeiten sowie die ab diesem Zeitpunkt angefallenen Aufwendungen und Erträge nicht mehr ausweisen, auch wenn die Verschmelzung am Abschlussstichtag noch nicht eingetragen ist (RS HFA 42 Tz. 29–31). **49**

Soweit die bis zum Übergang des wirtschaftlichen Eigentums anfallenden Aufwendungen und Erträge des übertragenden Rechtsträgers noch bei diesem zu erfassen sind, muss im Abschluss des übertragenden Rechtsträgers erläutert werden, dass in der Zeit nach dem Verschmelzungsstichtag erwirtschaftete **Erträge** für Rechnung des übernehmenden Rechtsträgers erwirtschaftet wurden und deshalb nicht für eine Ausschüttung zur Verfügung stehen. Diese Erläuterung wird regelmäßig im **Anhang** (§ 264 Abs. 2 Satz 2 HGB) bzw. bei Kleinstkapitalgesellschaften, die von der Erleichterung gemäß § 264 Abs. 1 Satz 5 HGB Gebrauch machen, unter der Bilanz zu machen sein, § 264 Abs. 2 Satz 3 HGB; die Bildung einer **Rückstellung** für den für fremde Rechnung erwirtschafteten Gewinn soll jedenfalls dann **ausscheiden,** wenn das wirtschaftliche Eigentum am Abschlussstichtag noch nicht übergegangen ist (RS HFA 42 Tz. 31). **50**

einstweilen frei **51–54**

3. Handelsbilanzielle Auswirkungen bei der Überträgerin

a) Schlussbilanz

Die übertragende Kapitalgesellschaft hat eine handelsrechtliche **Schlussbilanz** zu erstellen, § 17 Abs. 2 Satz 1 UmwG, deren Stichtag höchstens acht Monate vor dem Zeitpunkt der Anmeldung der Verschmelzung zum Handelsregister liegen darf, § 17 Abs. 2 Satz 4 UmwG; somit ist es im Regelfall möglich, auf die Bilanz des letzten Jahresabschlusses zurückzugreifen. **55**

Nach Ansicht der FinVerw. (UmwSt-Erl. 2011, BMF v. 11.11.2011; BStBl. I 2011, 1314 Tz. 02.02), welcher ein Teil des gesellschaftsrechtlichen Schrifttums folgt (SSt/*Schröer* § 5 UmwG Rz. 54; SHS/*Hörtnagel* § 17 UmwG Rz. 37), soll der **Stichtag** der **Schlussbilanz** dem **Verschmelzungsstichtag** zwingend unmittelbar vorangehen: Wenn Verschmelzungsstichtag z.B der 1. Januar ist, müsste demzufolge Bilanzstichtag der Schlussbilanz iSd. § 17 Abs. 2 Satz 1 UmwG und damit auch steuerlicher Übertragungsstichtag iSd. § 2 Abs. 1 Satz 1 UmwStG der 31. Dezember des vorausgehenden Jahres sein (UmwSt-Erl. 2011, BMF v. 11.11.2011, BStBl. I 2011, 1314 Tz. 02.02).

Nach der **Gegenauffassung** soll der Verschmelzungsstichtag hingegen nicht zwingend mit dem Stichtag der Schlussbilanz iSv. § 17 Abs. 2 Satz 1 UmwG zusammenhängen, sondern grundsätzlich frei gewählt werden können (Kallmeyer/*Müller* UmwG § 5 Rz. 34 und § 17 Rn. 14; WM/*Mayer* UmwG § 5 Rn. 160; WM/*Widmann* § 24 UmwG Rz. 64). Somit könnte zB ein variabler Verschmelzungsstichtag für den Fall von Verzögerungen im Eintragungsverfahren vereinbart werden, ohne dass bei Verschiebung des Stichtags dem Handelsregister notwendigerweise auch eine neue Schlussbilanz iSd. § 17 Abs. 2 Satz 1 UmwG nachzureichen wäre (vgl. Kallmeyer/*Müller* § 5 UmwG Rz. 36), oder im Falle der verfristeten Anmeldung eine neue, auf einen späteren Stichtag erstellte Schlussbilanz eingereicht werden, ohne dass auch der im Verschmelzungsvertrag festgesetzte Verschmelzungsstichtag geändert werden müsste (WM/*Mayer* UmwG § 5 Rn. 160).

Das Institut der Wirtschaftsprüfer nimmt in seiner Verlautbarung IDW RS HFA 42 (IDW Fachnachrichten Nr. 12/2012 S. 701 ff. Tz. 11) zu der Streitfrage nicht eindeutig Stellung (siehe einerseits das Beispiel in Tz. 11 Sätze 2 und 3, andererseits die Einschränkung „i. d. R." in Tz. 11 Satz 1). Die Gestaltungspraxis ist jedenfalls gut beraten, die Zulässigkeit eines vom Schlussbilanzstichtag abgekoppelten Verschmelzungsstichtags bei Bedarf vorab mit dem Handelsregister abzuklären.

56 Auf die Schlussbilanz finden die Vorschriften über die Jahresbilanz entsprechende Anwendung, § 17 Abs. 2 Satz 2 UmwG. Dies bedeutet u. a., dass die Schlussbilanz entsprechend § 245 Satz 2 HGB von allen Organmitgliedern, bei der GmbH also von allen Geschäftsführern, zu unterzeichnen ist (Kallmeyer/*Zimmermann* UmwG § 17 Rn. 4; EBJS/*Wiedmann* HGB § 245 Rn. 8). Auch ist so zu bilanzieren, als ob es sich um eine aus Anlass eines Jahresabschlusses aufgestellte Bilanz handeln würde. Insbesondere ist eine **Buchwertaufstockung** grds. nur im Rahmen der **handelsrechtlichen Wertaufholungsmöglichkeiten** zulässig. **Zuschreibungen** sind **geboten,** wenn die Gründe weggefallen sind, die zu außerplanmäßigen Abschreibungen geführt haben, § 253 Abs. 5 Satz 1 HGB (RS HFA 42 Tz. 15). Auch der Grundsatz der Bewertungsstetigkeit gemäß § 252 Abs. 1 Nr. 6 HGB ist zu beachten (RS HFA 42 Tz. 16). Allerdings kann die Tatsache der bevorstehenden Verschmelzung eine begründete Ausnahme für die Abweichung von der Bewertungsstetigkeit iSv. § 252 Abs. 2 HGB darstellen, etwa wenn gemäß § 24 UmwG Buchwertfortführung gewählt wird und die bei der übernehmenden Gesellschaft geltenden Bewertungsmethoden bereits in der Schlussbilanz berücksichtigt werden sollen (RS HFA 42 Tz. 17). Auch kann auf die Durchführung einer Inventur verzichtet werden, wenn sichergestellt ist, dass der Bestand der Vermögensgegenstände nach Art, Menge und Wert auch ohne körperliche Bestandsaufnahme auf den Stichtag der Schlussbilanz festgestellt werden kann (RS HFA 42 Tz. 14).

56a Im Rückwirkungszeitraum, dh. nach dem Verschmelzungsstichtag, aber vor Wirksamwerden der Verschmelzung beschlossene Kapitalerhöhungen und Gewinnausschüttungen wirken sich **nicht** auf die handelsrechtliche Schlussbilanz aus, sondern sind als Erhöhung bzw. Minderung des übergehenden Reinvermögens erfolgsneutral in der Bilanz des übernehmenden Rechtsträgers zu berücksichtigen (RS HFA 42 Tz. 18 f.); dasselbe gilt für verschmelzungsbedingte Ertragsteuern (RS HFA 42 Tz. 20). Dies weicht zT von der Handhabung in der steuerlichen Schlussbilanz der Überträgerin ab, in welcher für im Rückwirkungszeitraum beschlossene Ausschüttungen grundsätzlich ein passiver Korrekturposten zu bilden (→ Rn. 86) und eine auf einen etwa anfallenden steuerlichen Übertragungsgewinn anfallende Ertragsteuerbelastung zurückzustellen ist (→ Rn. 96).

Bei prüfungspflichtigen Gesellschaften ist die Schlussbilanz zu prüfen, §§ 17 Abs. 2 Satz 2 UmwG, 316 HGB, der **Bestätigungsvermerk** ist mit **einzureichen** (RS HFA 42 Tz. 7). § 17 Abs. 2 Satz 2 UmwG meint die Prüfung durch einen **Abschlussprüfer;** aus der Vorschrift kann nicht abgeleitet werden, dass die Schlussbilanz bei Existenz eines **Aufsichtsrates** auch durch diesen zu prüfen wäre (RS HFA 42 Tz. 13).

57 Einzureichen ist nach überwiegender Auffassung lediglich eine **Bilanz;** weder die Gewinn- und Verlustrechnung noch der Anhang müssen beigefügt werden (RS HFA 42 Tz. 7). So genannte **Wahlpflichtangaben,** dh. Angaben, die wahlweise in der Bilanz oder im Anhang gemacht werden können (zB Haftungsverhältnisse iSd. §§ 251, 268 Abs. 7 HGB), müssen aber entweder aus der Bilanz ersichtlich sein oder nach Art eines Anhangs ergänzt werden (RS HFA 42 Tz. 7).

Ob die Bilanz **festgestellt** sein muss, ist streitig (zum Meinungsstand SHS/*Hörtnagl* UmwG § 17 Rn. 18; dagegen: RS HFA 42 Tz. 13; Kallmeyer/*Müller* UmwG § 17 Rn. 18 mwN; dafür: WM/*Widmann* UmwG § 24 Rn. 51). In der Praxis wird diese Rechtsfrage jedoch selten auftauchen, da in der Regel als Schlussbilanz der ordnungsgemäß festgestellte letzte reguläre Jahresabschluss verwendet wird. Eine Offenlegung nach den §§ 325 ff. HGB ist nicht erforderlich (RS HFA 42 Tz. 13).

58 *einstweilen frei*

b) Fortdauer der Buchführungspflicht bis zur Eintragung

Die **Buchführungspflicht** des übertragenden Rechtsträgers **erlischt** (erst) mit dinglicher Wirksamkeit der Verschmelzung, dh. **mit Eintragung** im Handelsregister des übernehmenden Rechtsträgers; sie geht nicht auf die Organe der neugegründeten Gesellschaft über (RS HFA 42 Tz. 22f.). Bis dahin muss der übertragende Rechtsträger seiner Buchführungspflicht nachkommen sowie insb. innerhalb der gesetzlichen Fristen seine Jahresabschlüsse aufstellen (RS HFA 42 Tz. 22; WM/*Mayer* UmwG § 5 Rn. 153). Ein gesonderter Abschluss auf den Zeitpunkt des Erlöschens der Überträgerin (durch Handelsregistereintragung) ist nicht aufzustellen (RS HFA 42 Tz. 24). **59**

einstweilen frei **60**

4. Handelsbilanzielle Behandlung bei der Übernehmerin

a) Allgemeines

Beim aufnehmenden Rechtsträger wird der durch die Verschmelzung eintretende Vermögensübergang als laufender Geschäftsvorfall in der Buchführung berücksichtigt, und zwar bei **Übergang des wirtschaftlichen Eigentums** (→ Rn. 46). **61**

Bei der Behandlung des übergehenden Vermögens in seiner Rechnungslegung hat der übernehmende Rechtsträger gemäß § 24 UmwG ein **Wahlrecht** zwischen der gemäß § 24 UmwG alternativ („auch") für zulässig erklärten Übernahme der Buchwerte gemäß Schlussbilanz als Anschaffungskosten **(Buchwertverknüpfung)** und der von § 24 UmwG als zulässig vorausgesetzten Regel-Abbildung nach dem allgemeinen **Anschaffungskostenprinzip,** § 255 Abs. 1 HGB. Dieses Recht ist im Rahmen der Auf- und Feststellung desjenigen Jahresabschlusses des übernehmenden Rechtsträgers auszuüben, in welchem die Verschmelzung erstmalig berücksichtigt wird (RS HFA 42 Tz. 33, 35). Das Wahlrecht kann nur einheitlich für das gesamte übergehende Vermögen eines übertragenden Rechtsträgers ausgeübt werden (Kallmeyer/*Müller* UmwG § 24 Rn. 17). Hingegen kann das Wahlrecht bei der gleichzeitigen Verschmelzung mehrerer übertragender Rechtsträger von der Übernehmerin für jeden übertragenden Rechtsträger gesondert ausgeübt werden (RS HFA 42 Tz. 35; Kallmeyer/*Müller* UmwG § 24 Rn. 16; Lutter/*Priester* UmwG § 24 Rn. 77; *Roos* StuB 2013, 652). **62**

einstweilen frei **63**

b) Buchwertverknüpfung, § 24 UmwG

Gemäß § 24 UmwG kann der übernehmende Rechtsträger in seiner Rechnungslegung als Anschaffungskosten die **Buchwerte** der Vermögensgegenstände des übergehenden Vermögens **gemäß Schlussbilanz** des übertragenden Rechtsträgers ansetzen (sog. Buchwertverknüpfung). Bei Wahl der Buchwertverknüpfung dürfen die Verschmelzungskosten nicht als Anschaffungsnebenkosten hinzuaktiviert werden (RS HFA 42 Tz. 62). **Steuerbilanziell** behandelt hiervon abweichend die Finanzverwaltung auch bei Buchwertfortführung **objektbezogene Kosten** als aktivierungspflichtige **Anschaffungsnebenkosten;** dies betrifft insbes. Grunderwerbsteuer auf zum Vermögen der Übertrágerin gehörende Grundstücke (§ 1 Abs. 1 Nr. 3 GrEStG), nicht hingegen solche infolge verschmelzungsbedingt eintretender Vereinigung oder Übertragung von mindestens 95% der Anteile an einer Gesellschaft, zu deren Vermögen ein inländisches Grundstück gehört, § 1 Abs. 3 GrEStG (→ Rn. 111b; allgemein zur Grunderwerbsteuer bei Umwandlungen → Form. D.1 Rn. 66f.). Handelsbilanziell ist die Aktivierung von Grunderwerbsteuer bei Wahl der Buchwertverknüpfung nicht zulässig (RS HFA 42 Tz. 62; SSt/*Moszka* UmwG § 24 Rn. 56 aE). **64**

Von der übertragenden Gesellschaft selbstgeschaffene immaterielle Wirtschaftsgüter sind nur dann zu aktivieren, wenn sie bereits gemäß § 248 Abs. 2 HGB idF des MoMiG v. 25.5.2009, BGBl. I 2009, 1102 bei einer Übertrágerin aktiviert waren (RS

HFA 42 Tz. 65). Eine Bindung an die Ansatz- und Bewertungsmethoden der Überträgerin gemäß §§ 246 Abs. 3 Satz 1, 252 Abs. 1 Nr. 6 HGB besteht aber nicht (RS HFA 42 Tz. 60). Aktive und passive latente Steuern sind nach den Verhältnissen bei der Übernehmerin zu bilanzieren und zu bewerten, soweit die Unterschiede zwischen dem handels- und dem steuerrechtlichen Wertansatz fortbestehen (RS HFA 42 Tz. 61). Die Buchwerte aus der Schlussbilanz der Überträgerin dürfen nicht überschritten werden, auch soweit diese auf einer außerplanmäßigen Abschreibung beruhen (RS HFA 42 Tz. 64).

65 Bei Wahl der Buchwertverknüpfung kommt es, soweit der übernehmende Rechtsträger am übertragenden Rechtsträger beteiligt ist, beim übernehmenden Rechtsträger durch den verschmelzungsbedingten Wegfall der Anteile am übertragenden Rechtsträger handelsrechtlich zu einem **Aufwand** in Höhe des bisherigen Buchwerts dieser Anteile. Soweit dieser nicht durch den Ertrag aus dem Zugang des übergehenden Nettovermögens ausgeglichen wird, entsteht dem übernehmenden Rechtsträger ein Verlust (sog. **Verschmelzungsverlust**), im umgekehrten Fall ein **(Verschmelzungs)Gewinn** (RS HFA 42 Tz. 72).

Der Verschmelzungsverlust würde sich, wenn in Abwandlung des Formularfalls (→ Rn. 1–4) die Übernehmerin zu 100% an der Überträgerin beteiligt wäre, wie folgt berechnen (zur Berechnung mit außenstehenden Gesellschaftern siehe sinngemäß → Rn. 79):

Übergehendes Eigenkapital der übertragenden GmbH	600 000.– EUR
Wegfall der Beteiligung an der übertragenden GmbH	– 2 400 000.– EUR
Verschmelzungsverlust	– 1 800 000.– EUR

Das handelsrechtliche Eigenkapital der übernehmenden GmbH & Co. KG (bisher 200 000.– EUR) würde dadurch negativ (– 1,6 Mio. EUR).

66 *einstweilen frei*

c) Anschaffungskostenprinzip, § 255 Abs. 1 HGB

67 Nicht zuletzt zur Vermeidung von Verschmelzungsverlusten und der damit verbundenen Reduzierung des für Ausschüttungen verfügbaren Eigenkapitals der übernehmenden Gesellschaft räumt das Gesetz der übernehmenden Gesellschaft das **Wahlrecht** ein, anstelle der in § 24 UmwG eröffneten Buchwertverknüpfung das übergehende Vermögen in ihrer Rechnungslegung nach dem **Anschaffungskostenprinzip** (§§ 253 Abs. 1, 255 Abs. 1 HGB) abzubilden. Diese Möglichkeit wird in § 24 UmwG zwar nicht ausdrücklich geregelt, aber implizit vorausgesetzt, wenn es heißt, der übernehmende Rechtsträger könne als Anschaffungskosten „auch" die Buchwerte übernehmen.

68 Bei Wahl des Anschaffungskostenprinzips werden die übergehenden Vermögensgegenstände in der Rechnungslegung des übernehmenden Rechtsträgers – wie bei anderen entgeltlichen Anschaffungsgeschäften auch – mit dem Wert der **Gegenleistung** zzgl. etwaiger **Anschaffungsnebenkosten** (insb. Transaktionskosten) angesetzt, § 255 Abs. 1 HGB (RS HFA 42 Tz. 41 ff.).

69 *einstweilen frei*

70 Der Wert der Gegenleistung soll sich bei einer **Verschmelzung** auf eine Personengesellschaft **mit Kapitalerhöhung** nach Ansicht des *IDW* nach den Pflichteinlagen der für sie ausgegebenen Anteile zuzüglich einer ggf. vereinbarten Rücklagendotierung (§ 264c Abs. 2 Satz 1 II. HGB) sowie zuzüglich etwaiger barer Zuzahlungen richten (vgl. RS HFA 42 Tz. 44): (1) Wird die Höhe der Rücklagendotierung iSv. § 264c Abs. 2 Satz 1 II. HGB betragsmäßig festgesetzt (beziffertes Agio), so ist die Summe aus Pflichteinlagen und Rücklagendotierung maßgeblich (vgl. RS HFA 42 Tz. 43 Alt. 1 und Tz. 44). (2) Wird bestimmt, dass die Differenz zwischen Zeitwert des übergehenden Vermögens und den auf die ausgegebenen Anteile zu leistenden

Pflichteinlagen in die Rücklagen iSv. § 264c Abs. 2 Satz 1 II. HGB einzustellen ist (unbeziffertes Agio), bestimmt die Summe aus den Pflichteinlagen und dem die Pflichteinlagen übersteigenden Teil des Zeitwertes des übergehenden Vermögens die Anschaffungskosten (vgl. RS HFA 42 Tz. 43 Alt. 2 und Tz. 44). (3) Bei Fehlen einer Festlegung ist durch Auslegung zu ermitteln, ob die Anschaffungskosten durch die Pflichteinlagen bestimmt sind oder ob ein Agio in Höhe des die Pflichteinlagen übersteigenden Teils des Zeitwerts des übergehenden Vermögens in die Rücklagen (§ 264c Abs. 2 Satz 1 II. HGB) mit der Folge entsprechend höherer Anschaffungskosten einzustellen ist (RS HFA 42 Tz. 43 Alt. 3 und Tz. 44). Höchstgrenze des Ausgabebetrages sind in jedem Fall die Zeitwerte des übergehenden Vermögens (RS HFA 42 Tz. 42).

Bei der Verschmelzung ohne Kapitalerhöhung, dh. gegen Wegfall der Beteiligung, liegt ein tauschähnlicher Vorgang vor; der übernehmende Rechtsträger hat daher die Wahl zwischen (1) dem Buchwert der untergehenden Anteile, (2) dem Zeitwert dieser Anteile oder (3) einem **ergebnisneutralen Zwischenwert,** dh. dem Buchwert der untergehenden Anteile zuzüglich einer etwaigen Ertragsteuerbelastung daraus (RS HFA 42 Tz. 46).

Wenn (wie im Formularfall) ein Mischfall (Kapitalerhöhung und Wegfall der Beteiligung) vorliegt, erfolgt die Abbildung als Kombination einer Verschmelzung mit und ohne Kapitalerhöhung; sofern die untergehenden Anteile bei der Ermittlung der Anschaffungskosten mit dem (höheren) Zeitwert angesetzt werden, führt dies infolge der Aufdeckung stiller Reserven in den untergehenden Anteilen zu einem Ertrag (RS HFA 42 Tz. 54 und Tz. 55 sowie Tz. 46. Nach Aufgabe der von der FinVerw. zum UmwStG 1995 vertretenen Auffassung von der sog. hinkenden Maßgeblichkeit führt dies nicht zwingend zu Mehrsteuern (→ Rn. 91).

Die dergestalt ermittelten Anschaffungskosten sind auf die vorhandenen materiellen und (ggf. auch selbstgeschaffenen) immateriellen Wirtschaftsgüter des übertragenden Rechtsträgers bis zu deren Zeitwerten zu verteilen; hierbei ist ein „sachgerechtes Verfahren" anzuwenden, welches nach § 284 Abs. 2 Nr. 1 HGB im Anhang zu erläutern ist (RS HFA 42 Tz. 56); das im Steuerrecht geltende Gebot der gleichmäßigen Aufstockung gilt jedoch nicht (Kallmeyer/*Müller* UmwG § 24 Rn. 29). Das Wahlrecht bezüglich der Bilanzierung selbstgeschaffener immaterieller Wirtschaftsgüter gemäß § 248 Abs. 2 HGB idF des BilMoG v. 25.5.2009, BGBl. I 2009, 1102, **greift nicht** ein, da ein entgeltlicher Anschaffungsvorgang vorliegt (RS HFA 42 Tz. 36). 71

Ein verbleibender Betrag ist als **Geschäfts- bzw. Firmenwert** iSv. § 246 Abs. 1 Satz 4 HGB zu aktivieren (RS HFA 42 Tz. 58); anders als vor Inkrafttreten des BilMoG v. 25.5.2009, aaO besteht kein Wahlrecht mehr, den verbleibenden Betrag stattdessen als Aufwand zu verrechnen (RS HFA 42 Tz. 58; zum nach früherer Rechtslage bestehenden Wahlrecht siehe *IDW* HFA 2/1997 Tz. 3222). Eine etwaige temporäre Differenz zwischen dem handels- und steuerrechtlichen Geschäfts- bzw. Firmenwertansatz kann wegen des Residualcharakters des Firmenwerts bei der Ermittlung latenter Steuern nach der Gesamtdifferenzbetrachtung (§ 274 Abs. 1 Sätze 1 und 2 HGB) außer Acht gelassen werden (RS HFA 42 Tz. 59). Ein bei der Überträgerin bereits vorhandener Geschäfts- bzw. Firmenwert ist bei der Übernehmerin nicht mehr gesondert auszuweisen, sondern geht in dem anlässlich des Vermögensübergangs zu ermittelnden Geschäfts- bzw. Firmenwert auf (RS HFA 42 Tz. 36). Dasselbe gilt für bei der Überträgerin bilanzierte aktive oder passive latente Steuern; insoweit ist von der Übernehmerin selbst zu prüfen, ob aktive oder passive latente Steuern anzusetzen sind (RS HFA 42 Tz. 39).

einstweilen frei 72, 73

d) Abbildung des verschmelzungsbedingten Vermögenszugangs bzw. -abgangs auf der Kapitalseite

Erfolgt die Verschmelzung mit Kapitalerhöhung (Erhöhung der Pflichteinlagen) bei der übernehmenden Personengesellschaft, wird ein die Pflichteinlagen übersteigender 74

Betrag in die Rücklagen nach § 264c Abs. 2 Satz 1 II. HGB einzustellen sein bzw. eine beteiligungsproportionale Zuschreibung zu den Kapitalanteilen aller Anteilsinhaber erfolgen müssen. Da die Höhe barer Zuzahlungen iSv. § 5 Abs. 1 Nr. 3 UmwG bei Personenhandelsgesellschaften nicht begrenzt ist, ist im Verschmelzungsvertrag eine Regelung vorzusehen, die bestimmt, wie der übersteigende Betrag zu behandeln ist (RS HFA 42 Tz. 44 und Tz. 69). Im umgekehrten Fall, wenn bei Wahl der Buchwertfortführung das übernommene Reinvermögen niedriger ist als die Pflichteinlage, was anders als bei Kapitalgesellschaften (→ Form. A.3 Rn. 18 und Rn. 81; → Form. A.5 Rn. 76) keinen rechtlichen Bedenken begegnet (bei den als Kommanditisten eintretenden Gesellschaftern der Überträgerin allerdings zur persönlichen Haftung in Höhe eines nicht durch stille Reserven im übergehenden Vermögen gedeckten Differenzbetrages zu ihren in das Handelsregister einzutragenden Hafteinlagen führen kann, § 171 Abs. 1 HGB), ist der sich ergebende Unterschiedsbetrag als Verschmelzungsverlust sofort aufwandswirksam zu erfassen (RS HFA 42 Tz. 70).

75 Steuerlich ist zu beachten, dass eine Verbuchung des überschießenden Betrages als Fremdkapital (zB auf Darlehens-, Verrechnungs- oder Privatkonten) eine sonstige Gegenleistung darstellt, die gemäß § 3 Abs. 2 Nr. 3 UmwStG zwingend eine entsprechende Aufstockung des Wertes des übergehenden Vermögens in der steuerlichen Schlussbilanz der Überträgerin mit der Folge eines steuerpflichtigen Übertragungsgewinns nach sich zieht (→ Rn. 90d).

76 *einstweilen frei*

77 Anders ist die Handhabung hingegen, soweit die Verschmelzung **ohne Ausgabe von Anteilen** erfolgt: Bei Wahl des Anschaffungskostenprinzips (§ 24 UmwG iVm. §§ 253 Abs. 1, 255 Abs. 1 HGB) stellt sich diese als tauschähnlicher Vorgang (übergehendes Vermögen gegen untergehende Anteile an der Überträgerin) dar. Es können wahlweise angesetzt werden: (1) Der Buchwert der untergehenden Anteile der Übernehmerin an der Überträgerin; (2) der Zeitwert dieser Anteile; oder (3) ein erfolgsneutraler Zwischenwert, dh. Buchwert der Anteile an der Überträgerin zuzüglich einer etwaigen Ertragsteuerbelastung (RS HFA 42 Tz. 45). Die Differenz zwischen dem verschmelzungsbedingten Vermögenszugang und dem Buchwert der untergehenden bzw. hingegebenen Anteile ist als Ertrag (Verschmelzungsgewinn) bzw. Aufwand (Verschmelzungsverlust) über die **GuV-Rechnung** zu verbuchen (RS HFA 42 Tz. 46 und Tz. 72).

78 In **Mischfällen,** dh. wenn sowohl neue, im Rahmen einer Kapitalerhöhung geschaffene Anteile ausgegeben als auch Anteile der aufnehmenden an der übertragenden Gesellschaft untergehen, erfolgt eine **Aufteilung** der Differenz entspr. der Beteiligung des übernehmenden Rechtsträgers an dem übertragenden Rechtsträger (RS HFA 42 Tz. 54f. für den Fall der Bewertung nach dem Anschaffungskostenprinzip und RS HFA 42 Tz. 76 für den Fall der Buchwertverknüpfung).

79 Im Formularfall (→ Rn. 1–4) liegt ein Mischfall vor, der bei Bilanzierung nach dem Anschaffungskostenprinzip (→ Rn. 67 ff.) in der handelsrechtlichen Rechnungslegung der Übernehmerin wie folgt abgebildet wird:

Saldo Zeitwerte aktive und passive Einzelwirtschaftsgüter	2 500 000.– EUR	
Firmenwert	500 000.– EUR	
Summe Zugang	3 000 000.– EUR	
1. Anteilig auf untergehende Beteiligung (80 %) entfallend:		2 400 000.– EUR
Ausbuchung Beteiligung an der übertragenden Gesellschaft		./. 2 400 000.– EUR
Erfolgsauswirkung:		0.– EUR

2. Anteilig auf Kapitalerhöhung entfallend (20%):		600 000.– EUR
./. Nennbetrag der ausgegebenen Anteile		./. 36 000.– EUR
Einstellung in Rücklagekonto, § 264c Abs. 2 Satz 1 II. HGB iVm. § 4 Abs. 4 des Gesellschaftsvertrags (→ Form. A.6.3)		564 000.– EUR

Durch den Ansatz zu Zeitwerten wird also ein Verschmelzungsverlust vermieden; das Eigenkapital der übernehmenden GmbH & Co. KG erhöht sich per Saldo um 36 000.– EUR Festkapitalerhöhung plus 564 000.– EUR Einstellung in Rücklagekonto = 600 000.– EUR.

5. Auswirkungen für außenstehende Gesellschafter

Die Gewährung von Anteilen der übernehmenden Personengesellschaft an die außenstehenden Gesellschafter der übertragenden GmbH stellt sich für diese handelsbilanziell als **Tausch** dar (RS HFA 42 Tz. 77 und Tz. 46). Soweit die Gesellschafter der übertragenden Gesellschaft ihre Anteile bilanzieren, können sie dementsprechend nach allgemeinen Tauschgrundsätzen die ihnen gewährten Personengesellschaftsanteile in ihrer handelsrechtlichen Buchführung wahlweise wie folgt ansetzen (RS HFA 42 Tz. 77 iVm. Tz. 46; WM/*Widmann* UmwG § 24 Rn. 547; ohne Begründung **aA** SBB/*Bula/Pernegger* § 10 Rn. 316): 80
- zum **Buchwert** der untergehenden Anteile;
- zum **Zeitwert** der untergehenden Anteile;
- zu einem zwischen den vorgenannten Werten liegenden erfolgsneutralen **Zwischenwert,** d.h. dem Buchwert der bisherigen Anteile an der übertragenden (Tochter-)GmbH zuzüglich einer etwaigen Ertragsteuerbelastung (RS HFA 42 Tz. 77 iVm. Tz. 46);

jeweils abzüglich etwaiger barer Zuzahlungen (WM/*Widmann* UmwStG § 24 Rn. 547).

Bezüglich des Zeitpunktes der Buchung des Tauschvorgangs dürfte es sachgerecht sein, an den Zeitpunkt des Übergangs des wirtschaftlichen Eigentums an den Vermögensgegenständen und Schulden auf den übernehmenden Rechtsträger anzuknüpfen (RS HFA 42 Tz. 79; → Rn. 46.

Bei Ansatz der Anteile an der Übernehmerin mit dem (höheren) Zeitwert der untergehenden Anteile und gleichzeitigem steuerlichem Ansatz der Buchwerte oder von Zwischenwerten (§ 3 Abs. 2 UmwStG) werden mit Rücksicht auf die dadurch begründete Differenz zwischen (höheren) handelsrechtlichen und (niedrigeren) steuerlichen Wertansätzen, die sich spätestes im Falle einer Veräußerung abbaut, latente Steuern zu passivieren sein, § 274 Abs. 1 Sätze 1 und 3 HGB. 81

einstweilen frei 82

VI. Ertragsteuerrecht

1. Anwendbarkeit des UmwStG

Damit auf die Verschmelzung zweier Rechtsträger der zweite Teil des UmwStG (§§ 3ff. UmwStG) anwendbar ist, muss gemäß § 1 Abs. 1 Satz 1 Nr. 1 UmwStG eine Verschmelzung einer Körperschaft nach dem UmwG oder ein vergleichbarer ausländischer Vorgang oder die Verschmelzung zur Gründung einer SE/SCE vorliegen. Nach Ansicht der Finanzverwaltung muss ein ausländischem Recht unterliegender Vorgang, um den Vergleichbarkeitstest des § 1 Abs. 1 Nr. 1 UmwStG zu bestehen, neben der 83

Umwandlungsfähigkeit der beteiligten Rechtsträger, die anhand eines Rechtstypenvergleichs mit den nach UmwG zulässigen Rechtsträgern zu prüfen ist (UmwSt-Erl. 2011 BMF v. 11.11.2011, BStBl. I 2011, 1314 Tz. 01.26ff., Tz. 01.27), als weitere Voraussetzung folgende **Strukturmerkmale einer Verschmelzung** aufweisen (UmwSt-Erl. 2011 BMF v. 11.11.2011, BStBl. I 2011, 1314 Tz. 01.30):

– die Übertragung des gesamten Aktiv- und Passivvermögens eines übertragenden Rechtsträgers oder mehrerer übertragender Rechtsträger auf einen übernehmenden Rechtsträger:
– aufgrund eines Rechtsgeschäfts,
– kraft Gesetzes,
– gegen Gewährung von Anteilen am übernehmenden Rechtsträger an die Anteilsinhaber des übertragenden Rechtsträgers,
– unter Auflösung ohne Abwicklung des übertragenden Rechtsträgers oder der übertragenden Rechtsträger.

Schädlich wären etwa Umwandlungen nach den Bestimmungen eines Landes, das nur Einzelrechtsnachfolge vorsieht (UmwSt-Erl. 2011 BMF v. 11.11.2011, BStBl. I 2011, 1314 Tz. 01.31; kritisch *Bogenschütz* Ubg 2011, 396). Ebenso schädlich wäre nach Ansicht der Verwaltung die Vereinbarung von Zuzahlungen an die Anteilsinhaber, die die in §§ 54 Abs. 4, 68 Abs. 3 UmwG festgelegte Grenze von 10% übersteigen (UmwSt-Erl. 2011 BMF v. 11.11.2011, BStBl. I 2011, 1314 Tz. 01.25). Insoweit besteht ein erlassinterner Widerspruch zu Tz. 01.40, wonach die Vergleichbarkeit nur dann ausgeschlossen sein soll, wenn die 10%-Grenze deutlich überschritten ist (*Schaden/Zipfel* BB 2011 Special 1, 2). Da der Typenvergleich sich auf die konkrete ausländische Umwandlung und nicht auf das abstrakte ausländische Umwandlungsrecht bezieht (UmwSt-Erl. 2011 BMF v. 11.11.2011, BStBl. I 2011, 1314 Tz. 01.25), ist es aber jedenfalls unschädlich, wenn das ausländische Recht auch höhere Zuzahlungen zulässt, wenn nur die 10%-Grenze des deutschen Rechts eingehalten ist (UmwSt-Erl. 2011 BMF v. 11.11.2011, BStBl. I 2011, 1314 Tz. 01.25).

Des Weiteren muss es sich gemäß § 1 Abs. 2 Satz 1 UmwStG bei dem übertragenden Rechtsträger um einen nach den Rechtsvorschriften eines Mitgliedsstaates der Europäischen Union oder eines EWR-Staates gegründeten Rechtsträger mit Sitz **und** Ort der Geschäftsleitung in einem EU- oder EWR-Staat (§ 1 Abs. 2 Satz 1 Nr. 1 UmwStG) und beim übernehmenden Rechtsträger entweder ebenfalls um einen solchen Rechtsträger iSv. § 1 Abs. 2 Satz 1 Nr. 1 UmwStG oder um eine steuerlich im EU/EWR-Raum ansässige natürliche Person handeln, § 1 Abs. 2 Satz 1 Nr. 2 UmwStG. Die unter dem UmwStG 1995 noch geltende Beschränkung auf rein innerdeutsche Verschmelzungen ist also entfallen; stattdessen muss es sich um eine **innerhalb des EU/EWR-Raums** stattfindende **Verschmelzung** handeln.

Maßgeblich für die Erfüllung der Voraussetzungen des § 1 UmwStG für die Anwendbarkeit des UmwStG sind jeweils die Verhältnisse am steuerlichen Übertragungsstichtag (UmwSt-Erl. 2011 BMF v. 11.11.2011, BStBl. I 2011, 1314 Tz. 01.52). Falls die übernehmende Personengesellschaft zu diesem Zeitpunkt noch nicht bestanden hat, sind insoweit die Verhältnisse bei Gründung maßgeblich (UmwSt-Erl. 2011 BMF v. 11.11.2011, BStBl. I 2011, 1314 Tz. 01.52).

Nicht in diesen so definierten Anwendungsbereichs fallende Verschmelzungen, etwa die Verschmelzung einer deutschen GmbH auf einen Rechtsträger mit gesellschaftsvertraglichem Sitz in Deutschland, Ort der Geschäftsleitung jedoch außerhalb des EU/EWR-Raums (zB in der Schweiz), mögen zwar nach UmwG durchführbar sein:

Für die Anwendbarkeit des UmwG soll lediglich der Satzungssitz aller beteiligten Rechtsträger in Deutschland liegen müssen (Kallmeyer/*Kallmeyer* UmwG § 1 Rn. 2f.). Selbst wenn man zusätzlich für die kollisionsrechtliche Anwendbarkeit des deutschen UmwG (als Teil des deutschen Gesellschaftsrechts) nach der im Gesellschaftsrecht grundsätzlich weiterhin geltenden **Sitztheorie** auch fordern würde, dass auch der effektive Verwaltungssitz in Deutschland liegen müsse (so noch Kallmeyer/*Kallmeyer* 3. Auflage (2006) UmwG § 1 Rn. 11), wird häufig ein außerhalb Deutschlands liegender Verwaltungssitz für die deutschen Registergerichte nicht erkennbar sein und die Eintragung der Umwandlung im Handelsregister daher de facto nicht hindern, zumal gemäß §§ 5, 37 Abs. 3 Nr. 2 AktG, §§ 4a, 8 Abs. 4 Nr. 1 GmbHG idF MoMiG v. 23.10.2008 (BGBl. I 2008, 2026) zumindest bei AGs und GmbHs mittlerweile die Angabe eines inländischen Satzungssitzes sowie einer inländische Geschäftsanschrift genügen.

Gleichwohl unterliegt eine solche Verschmelzung wegen des fehlenden **Orts der Verwaltung** im EU/EWR-Raum gemäß § 1 Abs. 2 Nr. 1 UmwStG nicht den besonderen Bestimmungen der §§ 3ff. UmwStG. Stattdessen gelten die Vorschriften der Liquidationsbesteuerung (§ 11 KStG); eine Buchwertfortführung ist nicht möglich.

Zu beachten ist auch, dass sich die Finanzverwaltung trotz erfolgter Eintragung der Verschmelzung und damit gemäß § 20 Abs. 2 UmwG erfolgender Heilung etwaiger Mängel die Prüfung auf „gravierende rechtliche Mängel" vorbehält (UmwSt-Erl. 2011 BMF v. 11.11.2011, BStBl. I 2011, 1314 Tz. 01.06; kritisch *Schaden/Zipfel* BB 2011 Special 1, 1).

2. Steuerliche Rückbeziehung

Gemäß § 2 Abs. 1 UmwStG sind Einkommen und Vermögen der übertragenden GmbH sowie der übernehmenden Personengesellschaft (auch für Zwecke der Gewerbesteuer) so zu ermitteln, als ob der im Rahmen der Verschmelzung erfolgende Vermögensübergang von der übertragenden Körperschaft auf die aufnehmende Personengesellschaft mit Ablauf des **steuerlichen Übertragungsstichtages** stattgefunden hätte. **84**

Der steuerliche Übertragungsstichtag ist mit dem Bilanzstichtag der handelsrechtlichen Schlussbilanz **identisch,** § 2 Abs. 1 Satz 1 UmwStG(BFH v. 17.1.2018, I R 27/16, BStBl II 2018, 449, Tz. 17 zu § 2 Abs. 1 UmwStG 1995), welcher nach Auffassung der FinVerw. zwingend dem handelsrechtlichen Verschmelzungsstichtag unmittelbar vorausgeht (UmwSt-Erl. 2011 BMF v. 11.11.2011, BStBl. I 2011, 1314 Tz. 02.02; → Rn 55ff.). Dies bedeutet, dass die ertragsteuerlichen Folgen der Verschmelzung bei einem Umwandlungsstichtag 1.1.01 noch im VZ 00 eintreten (UmwSt-Erl. 2011 BMF v. 11.11.2011, BStBl. I 2011, 1314 Tz. 02.02 und Tz. 02.04).

Dies gilt selbst dann, wenn die übernehmende Personengesellschaft am steuerlichen Übertragungsstichtag **noch gar nicht existent** war; auch in diesem Falle ist für diese für den VZ, in welchen der steuerliche Übertragungsstichtag fällt, eine Steuerveranlagung durchzuführen (UmwSt-Erl. 2011, BMF v. 11.11.2011; BStBl. I 2011, 1314 Tz. 02.11). Der Eintritt der Wirksamkeit einer Umwandlung, deren steuerliche Wirkungen nach § 2 Abs. 1 UmwStG zurückbezogen werden, stellt ein rückwirkendes Ereignis iSd. § 175 Abs. 1 Satz 1 Nr. 2 AO dar (UmwSt-Erl. 2011 BMF v. 11.11. 2011, BStBl. I 2011, 1314 Tz. 02.16 und Tz. 03.03). Anders als bei Einbringung in eine Kapitalgesellschaft gem. § 20 Abs. 5 und 6 UmwStG (→ Form. A.8 Rn. 95) oder in eine Personengesellschaft gem. §§ 24 Abs. 4 HS 2, 20 Abs. 5 und 6 UmwStG (→ Form. A.9 Rn. 92) besteht gemäß § 2 Abs. 1 UmwStG keine Wahlmöglichkeit, einen von der Schlussbilanz abweichenden Übertragungsstichtag zu wählen (UmwSt-Erl. 2011 BMF v. 11.11.2011, BStBl. I 2011, 1314 Tz. 02.03).

Der Zeitpunkt des Vermögensübergangs auf die Übernehmerin fällt nach alledem nicht nur mit dem Stichtag der steuerlichen Schlussbilanz, sondern auch mit dem Ende des regulären Wirtschaftsjahres bzw. – falls ausnahmsweise ein vor Ablauf des regulären Wirtschaftsjahres liegender Verschmelzungsstichtag/steuerlicher Übertragungsstichtag gewählt wird – mit dem Ende des dadurch entstehenden Rumpfwirtschafts- **85** jahres (BFH v. 21.12.2005, I R 66/05, BStBl II 2006, 469, Tz. 16) der Überträgerin zusammen. Daraus folgt u. a., dass eine bei der Überträgerin gebildete Rücklage nach § 6b Abs. 3 EStG, die ohne die Verschmelzung zu diesem Zeitpunkt gemäß § 6b Abs. 3 Satz 5 (1. Hs.) EStG aufzulösen gewesen wäre, noch auf die Übernehmerin übergeht und, wenn bei dieser ein Reinvestitionsobjekt vorhanden ist, auf dieses übertragen werden kann (FG Münster v. 17.9.2018, 13 K 2082/15, BB 2019, 560, Rev. BFH XI R 39/18; **aA** FG Berlin-Brandenburg v. 5.3.2019, 6 K 6071/18, EFG 2019, 739 ff., Rev. BFH I R 20/19).

86 Im Fall der Verschmelzung einer Kapitalgesellschaft auf eine Personengesellschaft bleiben nach dem **steuerlichen Übertragungsstichtag,** aber vor Eintragung im Handelsregister (sog. Rückwirkungszeitraum) beschlossene **Ausschüttungen** des übertragenden Rechtsträgers auch nach Eintragung der Verschmelzung abweichend von der früheren Verwaltungspraxis (UmwSt-Erl. 1998 BMF v. 25.3.1998, BStBl. I 1998, 268 Tz. 02.29) steuerlich Ausschüttungen der Kapitalgesellschaft (UmwSt-Erl. 2011 BMF v. 11.11.2011, BStBl. I 2011, 1314 Tz. 02.31). Für sie ist in der Schlussbilanz der Überträgerin ein passiver Korrekturposten zu bilden, welcher die Ausgangsgröße für die Berechnung der offenen Rücklagen iSv. § 7 UmwStG mindert (UmwSt-Erl. 2011 BMF v. 11.11.2011, BStBl. I 2011, 1314 Tz. 02.31). Zur abweichenden handelsbilanziellen Behandlung → Rn. 56.

86a § 2 Abs. 4 Satz 2 UmwStG ordnet in Ansehung etwaiger im **Rückwirkungszeitraum** von der Überträgerin erwirtschafteter **Verluste** die **entsprechende Anwendung** von § 2 Abs. 4 Satz 1 UmwStG an. Die letztgenannte Vorschrift setzt nach ganz hM voraus, dass es im Rückwirkungszeitraum zu einem verlustschädlichen Anteilserwerb oder einem anderen verlustschädlichen Ereignis iSv. § 8c KStG kommt, und schließt für diesen Fall sowohl den Ausgleich als auch die Verrechnung eines Übertragungsgewinns mit nicht ausgeglichenen negativen Einkünften, Verlustvorträgen und anderen gleichstehenden Rechtspositionen der Überträgerin aus (im einzelnen → Rn. 93a). Die FinVerw. entnimmt dem Verweis auf § 2 Abs. 4 Satz 1 UmwStG, dass von der Überträgerin im **Rückwirkungszeitraum** bis zu einem **verlustschädlichen Ereignis** iSv. § 8c KStG erwirtschaftete Verluste nicht mit Gewinnen des **übernehmenden Rechtsträgers** verrechnet werden können (UmwSt-Erl. 2011 BMF v. 11.11.2011, BStBl. I 2011, 1314 Tz. 02.40; s. auch das in FM Brandenburg v. 17.3.2015, BeckVerw 313155 unter Ziff. 2.3.1 gebildete Beispiel; glA RHL/*van Lishaut* UmwStG § 2 Rn. 170; DPM/*Dötsch/Werner* UmwStG § 2 Rn. 110 f.). Diese Auslegung wird in der Literatur (*Sistermann/Brinkmann* DStR 2008, 2455, 2457; *Schumacher/Neitz-Hackstein* Ubg 2011, 413) unter Hinweis darauf kritisiert, dass § 2 Abs. 4 Satz 1 UmwStG den Verlustausgleich bzw. die Verlustverrechnung nur mit einem beim **übertragenden Rechtsträger** anfallenden (Übertragungs)Gewinn ausschließe, der Wortlaut von § 2 Abs. 4 Sätze 1 und 2 UmwStG einen Ausschluss der Verrechnung mit Gewinnen des **übernehmenden Rechtsträgers** also nicht hergebe. Weil aber § 2 Abs. 4 Satz 2 UmwStG lediglich eine „entsprechende" Anwendung des § 2 Abs. 4 Satz 1 UmwStG anordnet, dürfte diese Kritik im Ergebnis nicht durchgreifen.

86b Erwirtschaftet die Überträgerin im Rückwirkungszeitraum positive Einkünfte, können diese nach Maßgabe von § 2 Abs. 4 Satz 3 UmwStG idF des Amtshilferichtlinie-Umsetzungsgesetzes v. 26.6.2013 (BGBl. I 2013, 1809) weder mit verrechenbaren Verlusten der Übernehmerin noch mit deren verbleibenden Verlustvorträgen, nicht ausgeglichenen negativen Einkünften oder Zinsvorträgen nach § 4h Abs. 1 Satz 5 EStG ausgeglichen oder verrechnet werden. Wenn – wie im Formularfall – Übernehmerin eine Personengesellschaft ist, gilt dies gemäß § 2 Abs. 4 Satz 5 UmwStG auch für die Verrechnung mit eigenen Verlusten der Gesellschafter der übernehmenden Personengesellschaft (s. WM/*Widmann* UmwStG § 2 Rn. R 158 mit Beispiel). Da § 2 Abs. 4 Satz 3 UmwStG im Gegensatz zu § 2 Abs. 4 Sätze 1 und 2 UmwStG kein verlustschädliches Ereignis iSv. § 8c KStG voraussetzt (*Böttcher* NWB 2014, 3146, 3150), gilt die Vorschrift auch dann, wenn die Überträgerin keine Kapitalgesellschaft ist.

Ziel des Gesetzgebers war die Verhinderung von Gestaltungen, durch die unter Nutzung der achtmonatigen steuerlichen Rückwirkung bei Umwandlungen und Einbringungen die Besteuerung von Gewinnen bei Gesellschaften mit hohen stillen Reserven (zB Flugzeugleasinggesellschaften) durch die Verrechnung mit steuerlichen Verlusten einer anderen Gesellschaft vermieden werden konnte (BR-Drs. 302/1/12 S. 105). Deckte die übertragende Gesellschaft ihre stillen Reserven auf, indem sie im Rückwirkungszeitraum die mit den stillen Reserven behafteten Wirtschaftsgüter an Dritte verkaufte, lag ein laufender Gewinn vor, welcher aufgrund der Rückwirkungsfiktion als solcher der übernehmenden Verlustgesellschaft galt und daher mit deren laufenden Verlusten ausgeglichen sowie vorbehaltlich der Mindestbesteuerung (§ 10d Abs. 2 EStG, § 10a Satz 1 GewStG) auch mit deren Verlustvorträgen verrechnet werden konnte (HMB/*Slabon* UmwStG § 2 Rn. 113).

§ 2 Abs. 4 Sätze 3–5 finden keine Anwendung, wenn die Überträgerin und die Übernehmerin vor Ablauf des steuerlichen Übertragungsstichtages verbundene Unternehmen iSv. § 271 Abs. 2 HGB waren (§ 2 Abs. 4 Satz 6 UmwStG idF des Amtshilferichtlinie-Umsetzungsgesetzes vom 26.6.2013). Ebenfalls nicht von der Vorschrift umfasst sind der Ausgleich und die Verrechnung von Gewinnen, die nach dem Wirksamwerden der Umwandlung im (ehemaligen) Unternehmen der Überträgerin erwirtschaftet werden (*Böttcher* NWB 2014, 3146 Beispiel Nr. 3).

Die Anwendung der Vorschrift erfordert ggf. die Aufstellung einer steuerlichen Zwischenbilanz des übertragenden Rechtsträgers auf den Zeitpunkt des zivilrechtlichen Wirksamwerdens der Umwandlung (*Neumann-Tomm* DB 2014, 2617, 2618; *Böttcher* NWB 2014, 3146, 3151).

Die FinVerw. geht von uneingeschränkter Anwendbarkeit des § 2 Abs. 4 UmwStG **86c** für Zwecke der **Gewerbesteuer** aus (UmwSt-Erl. 2011, BMF v. 11.11.2011, BStBl. I 2011, 1314 Tz. 18.02). In Teilen der Literatur wird hingegen differenziert: § 2 Abs. 4 Satz 1 UmwStG gelte mangels Erwähnung von § 10a GewStG nicht, während § 2 Abs. 4 Satz 2 UmwStG anwendbar sei (WM/*Widmann* § 2 Rn. R 127ff; die Anwendbarkeit für § 2 Abs. 4 Satz 2 UmwStG ebenfalls bejahend, für Satz 1 iVm. § 10a GewStG hingegen zurückhaltender [„gut vertretbar"] RHL/*van Lishaut* § 2 Rn. 184-186; in vollem Umfang der FinVerw. folgend hingegen noch RHL/*van Lishaut* 2. Aufl. § 2 Rn. 120; generell gegen die Anwendbarkeit von § 2 Abs. 4 UmwStG im Bereich der Gewerbesteuer *Viebrock/Loose* DStR 2013, 1366).

War die übernehmende Personengesellschaft bzw. einer ihrer Gesellschafter am **87** Umwandlungsstichtag noch gar nicht existent (zB im Falle der Neugründung), so ist für diese gleichwohl eine Steuerveranlagung für den VZ durchzuführen, in den der steuerliche Übertragungsstichtag fällt (UmwSt-Erl. 2011 BMF v. 11.11.2011, BStBl. I 2011, 1314 Tz. 02.11).

Nach dem steuerlichen Übertragungsstichtag von der Übernehmerin angeschaffte **88** Anteile gelten gemäß § 5 Abs. 1 UmwStG für Zwecke der Ermittlung des Übernahmegewinns als am steuerlichen Übertragungsstichtag angeschafft (UmwSt-Erl. 2011 BMF v. 11.11.2011, BStBl. I 2011, 1314 Tz. 02.22). Diese Rückwirkungsfiktion gilt auch für Anteile iSv. § 5 Abs. 2 und 3 UmwStG bzw. § 27 Abs. 3 Nr. 1 UmwStG (UmwSt-Erl. 2011 BMF v. 11.11.2011, BStBl. I 2011, 1314 Tz. 02.21; DPM/*Pung* UmwStG § 5 Rn. 22).

3. Besteuerung der übertragenden Kapitalgesellschaft

a) Grundsatz: Ansatz des gemeinen Wertes, § 3 Abs. 1 UmwStG

Anders als während der Geltung des UmwStG 1995 sind die übergehenden Wirt- **89** schaftsgüter in der Schlussbilanz der übertragenden Kapitalgesellschaft grundsätzlich mit dem **gemeinen Wert** iSv. § 9 BewG anzusetzen, § 3 Abs. 1 Satz 1 UmwStG, wenn nicht nach § 3 Abs. 2 UmwStG zulässigerweise der Ansatz von Buch- oder

Zwischenwerten beantragt wird. Die FinVerw. verlangt gemäß § 3 Abs. 1 UmwStG grundsätzlich immer, also auch bei Ansatz des gemeinen Wertes, eine – von der Steuerbilanz iSd. § 4 Abs. 1, § 5 Abs. 1 EStG zu unterscheidende – gesonderte Schlussbilanz (UmwSt-Erl. 2011 BMF v. 11.11.2011; BStBl. I 2011, 1314 Tz. 03.01); zur Erklärung bei Buchwertansatz → Rn. 90i. § 5b EStG (Elektronische Übermittlung) gilt für die Schlussbilanz entsprechend (UmwSt-Erl. 2011 BMF v. 11.11.2011, BStBl. I 2011, 1314 Tz. 03.04).

Bei Ansatz des gemeinen Wertes ist das übergehende Unternehmen als Sachgesamtheit gemäß § 109 Abs. 1 Satz 2, § 11 Abs. 2 BewG anhand eines allgemein anerkannten ertragswert- oder zahlungsstromorientierten Verfahrens zu bewerten (UmwSt-Erl. 2011 BMF v. 11.11.2011, BStBl. I 2011, 1314 Tz. 03.07); dies sind im Regelfall die Verfahren, die in der einschlägigen Stellungnahme des *IDW* über die Grundsätze zur Durchführung von Unternehmensbewertungen (*IDW* S 1 v. 2.4.2008, WPg Supplement 3/2008, S. 68 ff., FN-*IDW* 7/2008, S. 271 ff.) beschrieben sind (*Bogenschütz* Ubg 2011, 399). In der endgültigen Fassung des UmwSt-Erl 2011 ist nunmehr klargestellt, dass über § 11 Abs. 2 Satz 4 BewG auch das vereinfachte Ertragswertverfahren anwendbar ist (s. den Hinweis in UmwSt-Erl. 2011 BMF v. 11.11.2011, BStBl. I 2011, 1314 Tz. 03.07 auf BMF v. 22.9.2011, BStBl. I 2011, 859 und die ErbStR 2011. Der wie vorstehend ermittelte gemeine Wert ist analog § 6 Abs. 1 Nr. 7 EStG auf die einzelnen Wirtschaftsgüter zu verteilen (UmwSt-Erl. 2011 BMF v. 11.11.2011, BStBl. I 2011, 1314 Tz. 03.09).

89a Bei dieser Verteilung ist auch ein Geschäfts- oder Firmenwert anzusetzen (UmwSt-Erl. 2011 BMF v. 11.11.2011, BStBl. I 2011, 1314 Tz. 03.05).

89b Steuerbilanzielle Ansatzverbote (zB gem. § 5 EStG) gelten nach Ansicht der Finanzverwaltung nicht (UmwSt-Erl. 2011 BMF v. 11.11.2011, BStBl. I 2011, 1314 Tz. 03.06), dh. auch sog. **„stille Lasten“** (umfassend diesem Thema speziell bzgl. Umwandlungsvorgängen *Widmann,* FS Haarmann, S. 1013 ff. sowie → Rn. 102 ff.) sind grundsätzlich aufzudecken (zur Ausnahme für **Pensionsrückstellungen** → Rn. 89c). Dem wird entgegengehalten, dass der Wortlaut des § 3 Abs. 1 UmwStG nur vom Ansatz nicht entgeltlich erworbener und selbst geschaffener **immaterieller Wirtschaftsgüter** spricht, während unter bilanzsteuerliche Passivierungsverbote fallende Passiva nicht erwähnt werden (*Rödder* DStR 2011, 1059, 1061; *Schumacher/Neitz-Hackstein* Ubg 2011, 409); auf Basis dieser Auffassung wären stille Lasten nur im Firmenwert zu berücksichtigen; bei den Geschäftswert übersteigenden stillen Lasten käme die Passivierung und Übernahme eines **„Bad Will“** in Betracht (*Rödder* DStR 2011, 1059, 1061; *Schumacher/Neitz-Hackstein* Ubg 2011, 409).

Der sich auf Basis der Auffassung der FinVerw. aus dem Ansatz der unter bilanzsteuerliche Passivierungsverbote fallenden Passiva ergebende steuerliche Aufwand kann allerdings gemäß § 4f Satz 1 EStG idF des **AIFM-StAnpG** v. 18.12.2013 (BGBl. I 2013, 4316) grundsätzlich nur über 15 Jahre verteilt geltend gemacht werden (siehe iE → Rn. 102 ff.).

89c Für die Bewertung von Pensionsrückstellungen gilt gemäß § 3 Abs. 1 Satz 2 UmwStG allerdings stets § 6a EStG, d. h. „stille Lasten“ in den Pensionsrückstellungen sind bei der Ermittlung des gemeinen Wertes nicht anzusetzen (UmwSt-Erl. 2011 BMF v. 11.11.2011, BStBl. I 2011, 1314 Tz. 03.08). Dies führt zu einem über dem Verkehrswert liegenden gemeinen Wert und damit zu einer verfassungsrechtlich problematischen **Übermaßbesteuerung** (*Rödder* DStR 2011, 1061). Bewertungstechnisch wird man bei der Ermittlung des gemeinen Wertes in einem ersten Schritt den Equity Value vor Pensionsaufwand zu ermitteln und sodann in einem zweiten Schritt die Pensionsrückstellungen mit dem Wert gemäß § 6a EStG abzuziehen haben (*Bogenschütz* Ubg 2011, 399).

89d Der Ansatz einer Rückstellung für Grunderwerbsteuer scheidet in jedem Fall aus, auch soweit die Grunderwerbsteuer nach den getroffenen Vereinbarungen von der

Überträgerin übernommen wird (UmwSt-Erl. 2011 BMF v. 11.11.2011, BStBl. I 2011, 1314 Tz. 03.05). Zur Behandlung der Grunderwerbsteuer bei der Übernehmerin als Anschaffungsnebenkosten → Rn. 111.

b) Antragsgebundenes Wahlrecht gemäß § 3 Abs. 2 UmwStG

Unter den Voraussetzungen des § 3 Abs. 2 UmwStG kann **(steuerrechtliches Wahlrecht)** die übertragende Körperschaft die übergehenden Wirtschaftsgüter **auf Antrag** auch mit dem Buchwert oder Zwischenwerten ansetzen. Dies ist nur möglich, **soweit** die folgenden vier (→ Rn. 90a bis 90d) Voraussetzungen **kumulativ** erfüllt sind: 90

(a) Die übergehenden Wirtschaftsgüter werden Betriebsvermögen der übernehmenden Personengesellschaft, § 3 Abs. 2 Satz 1 Nr. 1 UmwStG. Die Verschmelzung etwa einer vermögensverwaltenden GmbH auf eine vermögensverwaltende, „gewerblich entprägte" GmbH & Co. KG (Fall des § 8 UmwStG) ist also nicht unter dem gemeinen Wert möglich. Dies gilt auch, soweit die Anteile an dieser Personengesellschaft in einem Betriebsvermögen gehalten werden (sog. „Zebragesellschaft", UmwSt-Erl. 2011 BMF v. 11.11.2011, BStBl. I 2011, 1314 Tz. 03.16), andererseits kann „Betriebsvermögen" auch ein ausländisches oder freiberufliches oder LuF-Betriebsvermögen sein (UmwSt-Erl. 2011 BMF v. 11.11.2011, BStBl. I 2011, 1314 Tz. 03.15), die Beibehaltung gewerbesteuerlicher Verstrickung ist nicht erforderlich (UmwSt-Erl. 2011 BMF v. 11.11. 2011, BStBl. I 2011, 1314 Tz. 03.17). Handelt es sich bei der übernehmenden Personengesellschaft um eine sog. Einunternehmer-Personengesellschaft, in der die Kommanditistin ihren Anteil treuhänderisch für eine Komplementärkapitalgesellschaft hält (sog. Treuhandmodell), und ändert sich daran auch im Rahmen der Verschmelzung nichts, weil die Komplementärin zugleich alleinige Gesellschafterin der Überträgerin ist, so sind die Voraussetzungen einer Buchwertfortführung gemäß § 3 Abs. 2 Satz 1 Nr. 1 UmwStG nicht erfüllt, weil die übergehenden Wirtschaftsgüter nicht Betriebsvermögen der übernehmenden Personengesellschaft werden (OFD Nds. v. 7.2.2014, DStR 2014, 533, für den Formwechsel): Deren Betriebsvermögen ist steuerlich allein der Komplementärin zuzurechnen, weil die Treuhänder-Kommanditistin kein Mitunternehmer ist (BFH v. 3.2.2010, IV R 26/07. BStBl. II 2010, 751). 90a

(b) Die spätere Besteuerung der übergehenden Wirtschaftsgüter mit ESt oder KSt ist sichergestellt (§ 3 Abs. 2 Satz 1 Nr. 1 UmwStG), was etwa bei der Beteiligung einer steuerbefreiten Körperschaft als Gesellschafter der Überträgerin oder der Übernehmerin zu verneinen sein kann (UmwSt-Erl. 2011 BMF v. 11.11.2011, BStBl. I 2011, 1314 Tz. 03.17; DPM/Pung/*Möhlenbrock* UmwStG § 3 Rn. 84f.). Eine mit der inländischen Einkommensteuer oder Körperschaftsteuer vergleichbare ausländische Steuer genügt (UmwSt-Erl. 2011 BMF v. 11.11.2011, BStBl. I 2011, 1314 Tz. 03.17). 90b

(c) Das deutsche Besteuerungsrecht bzgl. des Gewinns aus der Veräußerung dieser Wirtschaftsgüter wird weder ausgeschlossen noch beschränkt (§ 3 Abs. 2 Satz 1 Nr. 2 UmwStG). Ein (teilweiser) **Ausschluss** des deutschen Besteuerungsrechts liegt etwa vor, wenn die übertragende Kapitalgesellschaft über eine Betriebstätte in einem Nicht-DBA-Staat oder in einem DBA-Anrechnungsstaat und über beschränkt steuerpflichtige Anteilsinhaber verfügt (*Bogenschütz* Ubg 2011, 400; DPM/Pung/*Möhlenbrock* UmwStG § 3 Rn. 39a). Ein Ausschluss ist hingegen zu verneinen, wenn von vornherein kein deutsches Besteuerungsrecht bestand (UmwSt-Erl. 2011 BMF v. 11.11.2011, BStBl. I 2011, 1314 Tz. 03.19; *Bogenschütz* Ubg 2011, 400), was etwa für eine Betriebstätte in einem DBA-Staat mit Freistellungsmethode gilt (s. aber auch UmwStG § 4 Abs. 4 Satz 2 und Rn. 111). Ist die Übernehmerin eine vermögensverwaltende, (nur) gewerbliche geprägte GmbH & Co. KG (§ 15 Abs. 3 Nr. 2 Satz 1 EStG) und bleibt sie dies auch nach der Umwandlung, so wird bezüglich des Gewinns aus der Veräußerung der auf sie übergehenden Wirtschaftsgüter nach der Rspr. des BFH (Urt. 90c

v. 25.5.2011, I R 95/10, BStBl II 2014, 760), welcher die FinVerw. folgt (BMF v. 26.9.2014, BStBl I 2014, 1258, Tz. 2.2.1), bei solchen nicht unbeschränkt stpfl. Gesellschaftern, die in einem DBA-Staat ansässig sind, das deutsche Besteuerungsrecht grundsätzlich ausgeschlossen, weil gewerbliche Prägung allein keine abkommensrechtliche Betriebstätte vermittelt und auch § 50i EStG keinen Entstrickungsschutz mehr gewährt (DPM/*Möhlenbrock/Pung* UmwStG § 3 Rn. 100f.; siehe auch → Rn. 95f. und → Form A.8 Rn. 131ff.); etwas Anderes gilt nur, soweit sich das deutsche Besteuerungsrecht aus anderen DBA-Bestimmungen ergibt, z.B. bei Vermietung von im Inland belegenen Grundstücken, vgl. Art. 13 Abs. 1 iVm. Art. 6 Abs. 2 DBA-MA (DPM/*Möhlenbrock/Pung* UmwStG § 3 Rn. 100). Für nicht unbeschränkt stpfl. Gesellschafter, die in einem Nicht-DBA-Staat ansässig sind, kann hingegen eine inländische Betriebstätte iSd. § 49 Abs. 1 Nr. 2 Buchst. a EStG begründet sein, weil für § 49 Abs. 1 Nr. 2 Buchst. a EStG der inländische Betriebstättenbegriff (§ 12 AO) maßgeblich ist, den auch eine vermögensverwaltende, (nur) gewerblich geprägte GmbH & Co. KG erfüllen kann (BFH v. 29.11.2017, I R 58/15, BFH/NV 2018, 684), so dass insoweit deutsches Besteuerungsrecht iSd. § 3 Abs. 2 Satz 1 Nr. 2 UmwStG bestehen bleiben kann (DPM/*Möhlenbrock/Pung* UmwStG § 3 Rn. 100).

90d **(d)** Außer Gesellschaftsrechten wird keine andere Gegenleistung gewährt (§ 3 Abs. 2 Satz 1 Nr. 3 UmwStG). Gegenleistungen iSv. § 3 Abs. 2 Satz 1 Nr. 3 sind etwa bare Zuzahlungen oder die Einräumung von Gesellschafterdarlehen bzw. die Einräumung von Guthaben auf Konten mit Fremdkapitalcharakter, also etwa auf Darlehens- oder Verrechnungskonten (DPM/*Möhlenbrock/Pung* UmwStG § 3 Rn. 121). Zur Abgrenzung vgl. BMF v. 30.5.1997, BStBl. I 1997, 627 und BMF v. 26.7.2016, BStBl. I 2016, 684. Den Barausgleich gem. § 29 UmwG behandelt die Finanzverwaltung hingegen nicht als andere Gegenleistung (UmwSt-Erl. 2011 BMF v. 11.11.2011, BStBl. I 2011, 1314 Tz. 03.22; aA noch UmwSt-Erl. 1998 BMF v. 25.3.1998, BStBl. I 1998, 268 Tz. 11.05). Die zeitnahe Entnahme eines Guthabens auf einem (Eigen-)Kapitalkonto kann als Zuzahlung und damit Gegenleistung iSv. § 3 Abs. 2 Nr. 3 UmwStG anzusehen sein (DPM/*Möhlenbrock/Pung* UmwStG § 3 Rn. 122). Die bei Gewährung einer nicht in Gesellschaftsrechten bestehenden Gegenleistung vorzunehmende anteilige Aufstockung in der steuerlichen Schlussbilanz der übertragenden Kapitalgesellschaft erfolgt für alle aktiven und passiven Wirtschaftsgüter einschließlich des Firmenwertes gleichmäßig durch Multiplikation der stillen Reserven bzw. stillen Lasten mit demjenigen Prozentsatz, welcher dem Verhältnis des Werts der Gegenleistung zum gemeinen Wert iSv. § 3 Abs. 1 UmwStG entspricht (UmwSt-Erl. 2011 BMF v. 11.11.2011, BStBl. I 2011, 1314 Tz. 03.23 mit Beispiel; DPM/*Möhlenbrock/Pung* UmwStG § 3 Rn. 123). Es erfolgt also, wie bei § 11 Abs. 2 Nr. 3 UmwStG, stets eine **anteilige** („soweit") **Aufdeckung der stillen Reserven** (zu § 11 Abs. 2 Nr. 3 UmwStG s. HMB/*Bärwaldt* UmwStG § 11 Rn. 60). Die Rechtslage ist insoweit also anders als bei der **Einbringung,** wo gemäß § 20 Abs. 2 Satz 4 UmwStG bzw. § 24 Abs. 2 Satz 2 Nr. 2 UmwStG jeweils idF StÄndG 2015 sonstige Gegenleistungen bis zur Höhe von 25% des Buchwertes bzw. absolut 500000 EUR des eingebrachten Betriebsvermögens buchwertfortführungsunschädlich sind → Form. A.8 Rn. 116e und → Form. A.9 Rn. 108c).

90e Liegt der **Buchwert** der übergehenden Wirtschaftsgüter als **Gesamtheit** wegen sog. **„stiller Lasten"**, die sich etwa aus steuerlichen Ansatzverboten (zB Verbot der Bildung von **Drohverlustrückstellungen** gemäß § 5 Abs. 4a EStG) ergeben können, über dem gemeinen Wert iSv. § 3 Abs. 1 (zur Aufdeckung stiller Lasten bereits → Rn. 89b und → Rn. 102ff.; zur abweichenden Behandlung von Pensionsrückstellungen → Rn. 89c), soll wegen der einschränkenden Formulierung in § 3 Abs. 2 UmwStG („höchstens jedoch mit dem Wert nach Abs. 1") nach Ansicht der FinVerw. ein Buchwertansatz ausscheiden (UmwSt-Erl. 2011 BMF v. 11.11.2011, BStBl. I 2011, 1314 Tz. 03.12 iVm. Tz. 01.57; kritisch unter Hinweis auf die Gesetzesbegründung *Schumacher/Neitz-Hackstein* Ubg 2011, 411: Einschränkung beziehe sich nur auf den unmittelbar vorangehenden „höheren Wert"). In diesen Fällen wäre dann konsequenterweise zwingend der **niedrigere gemeine Wert** anzusetzen (*Bogenschütz* Ubg 2011, 397). Dadurch ergäbe sich ein **Übertragungsverlust,** der – falls er nicht mit positiven Einkünften der Überträgerin verrechnet werden kann – gemäß § 4 Abs. 2 Satz 2 UmwStG im Zuge der Verschmelzung verloren ginge (zu möglicher Abhilfe bei Bestehen einer ertragsteuerlichen Organschaft → Rn. 99), wenn und soweit der aus der Aufdeckung der stillen Lasten herrührende Aufwand nicht gemäß § 4f Abs. 1 Sätze 1 oder 2 EStG idF des **AIFM-StAnpG** v. 18.12.2013 (BGBl. I 2013, 4316) zwingend über die folgenden 14 Jahre zu verteilen ist (dazu → Rn. 102ff.).

Ein unter dem Buchwert liegender gemeiner Wert einzelner Wirtschaftsgüter hindert hingegen, solange der gemeine Wert der Sachgesamtheit nicht unter dem Buchwert liegt, den Ansatz des Buchwertes nicht (*Rödder* DStR 2011, 1059, 1061 Fn. 4).

Ob die Ausübung des antragsgebundenen Wahlrechts gemäß § 3 Abs. 2 UmwStG **90f** außerdem noch gemäß § 5 Abs. 1 Satz 2 EStG die Aufnahme in das durch **BilMoG** v. 26.5.2009, BGBl. I 2009, 1102, eingeführte besondere, laufend zu führende Verzeichnis (zu diesem siehe BMF v. 12.3.2010, BStBl. I 2010, 239 Tz. 19ff.) voraussetzt, ist im UmwSt-Erl. 2011 nicht ausdrücklich geregelt; richtigerweise dürfte die Frage zu verneinen sein (glA *Rödder* DStR 2011, 1059, 1060; *Schumacher/Neitz-Hackstein* Ubg 2011, 410), da die umwandlungsteuerlichen Transparenzvorschriften, namentlich das Erfordernis der gesonderten Schlussbilanz, insoweit eine speziellere Regelung darstellen und der von § 5 Abs. 1 Satz 2 EStG vorausgesetzte Maßgeblichkeitsgrundsatz bei Umwandlungen sowieso nicht gilt (→ Rn. 91f.).

Die Voraussetzungen des § 3 Abs. 2 Satz 1 UmwStG sind – mit Ausnahme der Be- **90g** triebsvermögenseigenschaft gemäß § 3 Abs. 2 Nr. 1 UmwStG, bei der es nach Ansicht der Verwaltung (Stichwort: „Zebragesellschaft") auf die Verhältnisse bei der übernehmenden Personengesellschaft ankommt – **gesellschafterbezogen** zu prüfen (UmwSt-Erl. 2011 BMF v. 11.11.2011, BStBl. I 2011, 1314 Tz. 03.11), so dass auch ein anteiliger Buch- oder Zwischenwertansatz zulässig sein kann, dann aber einheitlich bei allen übergehenden Wirtschaftsgütern (*Rödder/Schumacher* DStR 2006, 1525, 1530; DPM/*Möhlenbrock/Pung* UmwStG § 3 Rn. 89), etwa im obigen Beispielsfall zu § 3 Abs. 2 Nr. 2 UmwStG, soweit die übergehenden Wirtschaftsgüter der Nicht-DBA-Betriebstätte auf die inländischen Gesellschafter entfallen, die weiterhin der deutschen Besteuerung mit Anrechnung der ausländischen Steuer unterliegen.

Das Wahlrecht kann für alle übergehenden Wirtschaftsgüter nur **einheitlich** ausge- **90h** übt werden (UmwSt-Erl. 2011 BMF v. 11.11.2011, BStBl. I 2011, 1314 Tz. 03.13 und Tz. 03.28).

Der Antrag ist gemäß § 3 Abs. 2 Satz 2 UmwStG bei dem für die übertragende Körperschaft zuständigen Finanzamt zu stellen (UmwSt-Erl. 2011, BMF v. 11.11.2011, BStBl. I 2011, 1314 Tz. 03.27); falls – wie im Regelfall – die Verschmelzung zum Zeitpunkt der Antragstellung bereits durch Eintragung im Handelsregister der übernehmenden Gesellschaft wirksam geworden ist, erfolgt die Antragstellung durch die übernehmende Gesellschaft als Rechtsnachfolgerin gem. § 20 Abs. 1 Nr. 1 UmwG iVm. § 45 AO (UmwSt-Erl. 2011 BMF v. 11.11.2011, BStBl. I 2011, 1314 Tz. 03.28). Die Verschmelzung führt zu einem Zuständigkeitswechsel iSv. § 26 Abs. 1 AO (*Schumacher/Neitz-Hackstein* Ubg 2011, 412 unter Hinweis auf FinMin NRW v. 13.6.2008, DB 2008, 1888). Der Antrag ist **bedingungsfeindlich** (UmwSt-Erl. 2011 BMF v. 11.11.2011, BStBl. I 2011, 1314 Tz. 03.29), kann also zB nicht von der Höhe eines Verlustvortrages abhängig gemacht werden (*Bogenschütz* Ubg 2011, 401), und unwiderruflich (UmwSt-Erl. 2011 BMF v. 11.11.2011, BStBl. I 2011, 1314 Tz. 03.29; aA *Schumacher/Neitz-Hackstein* Ubg 2011, 412: Änderung bis zur Einreichung der steuerlichen Schlussbilanz möglich).

90i Spätester Zeitpunkt für die Stellung eines Antrages ist gemäß § 3 Abs. 2 Satz 2 UmwStG die erstmalige Abgabe der steuerlichen Schlussbilanz bei dem für die Besteuerung der übernehmenden Gesellschaft zuständigen Finanzamt. Anders als bei der Einbringung (→ Form. A.8 Rn. 117a; → Form. A.9 Rn. 113a) verlangt die Finanzverwaltung gemäß § 3 Abs. 1 UmwStG grundsätzlich immer eine – von der **Steuerbilanz** iSd. § 4 Absatz 1, § 5 Absatz 1 EStG zu unterscheidende – gesonderte **Schlussbilanz.** Nur wenn die Steuerbilanz der Schlussbilanz entspricht, also bei Buchwertansatz gemäß § 3 Abs. 2 UmwStG, genügt die **ausdrückliche** Erklärung, dass die Steuerbilanz gleichzeitig steuerliche Schlussbilanz sein soll; in dieser Erklärung liegt dann gleichzeitig ein konkludenter Antrag gemäß § 3 Abs. 2 Satz 2 UmwStG auf Buchwertfortführung (UmwSt-Erl. 2011 BMF v. 11.11.2011, BStBl. I 2011, 1314 Tz. 11.02 iVm. Tz. 03.01). Daraus, dass diese Erklärung „ausdrücklich" sein muss, wird man schließen müssen, dass die Finanzverwaltung die bloße Einreichung der Steuerbilanz nach § 4 Abs. 1, § 5 Abs. 1 EStG ohne entsprechende Erklärung, dass diese auch „Schlussbilanz" iSv. § 3 UmwStG sein solle, womöglich nicht mehr als konkludenten Antrag auf Ansatz eines unter dem gemeinen Wert liegenden Wertes anerkennen wird; lediglich bis zum 31.12.2011 sollte insoweit noch auf die Gesamtumstände des Einzelfalls abzustellen sein (UmwSt-Erl. 2011 BMF v. 11.11.2011, BStBl. I 2011, 1314 Tz. S. 02; kritisch *Rödder* DStR 2011, 1059f.; in einem vor dem 1.1.2012 verwirklichten Altfall auf die Gesamtumstände des Einzelfalls abstellend auch FG Baden-Württemberg v. 21.6.2016, 11 K 1536/14, BeckRS 2016, 95189 in LS. 5). Dies wirft dann die weitere, im UmwSt-Erl. 2011 nicht geklärte Frage auf, wie lange ein solcher Antrag noch nachgeholt werden kann. Richtigerweise dürfte die Nachholung so lange noch möglich sein, wie die entsprechenden Veranlagungszeiträume noch offen sind (*Bogenschütz* Ubg 2011, 401; Blümich/*Klingberg* UmwStG 2006 § 11 Rn. 37). Der vorsichtige Berater wird sich darauf aber nicht verlassen, sondern darauf dringen, dass das Wahlrecht – entweder durch Abgabe der ausdrücklichen Erklärung, dass die Steuerbilanz auch Schlussbilanz sein solle (= Antrag auf Buchwertfortführung), oder durch Beifügung einer gesonderten Schlussbilanz – schon bei Einreichung der regulären Steuerbilanz ausgeübt wird, um insoweit auf der sicheren Seite zu sein.

c) Keine Maßgeblichkeit der Handelsbilanz

91 Da es sich bei dem Wahlrecht nach § 3 Abs. 2 UmwStG um eine eigenständige steuerliche Ansatz- und Bewertungsvorschrift handelt (vgl. UmwSt-Erl. 2011 BMF v. 11.11.2011, BStBl. I 2011, 1314 Tz. 03.04), ist der Buchwertansatz auch dann zulässig, wenn die übernehmende Personengesellschaft in Ausübung ihres in § 24 UmwG vorausgesetzten Wahlrechtes in ihrem Jahresabschluss die übergehenden Vermögensgegenstände zu einem über den Buchwerten laut steuerlicher Schlussbilanz liegenden Wert ansetzt (UmwSt-Erl. 2011 BMF v. 11.11.2011, BStBl. I 2011, 1314 Tz. 03.10). Dies war bereits während der Geltung des UmwStG 1995 anerkannt (**keine „diagonale Maßgeblichkeit",** s. das „beredte Schweigen" in UmwSt-Erl. 1998 BMF v. 25.3.1998, BStBl. I 1998, 268 Tz. 03.03; *DPM/Möhlenbrock/Pung* UmwStG § 3 Rn. 56). Allerdings sollte während der Geltung des UmwStG 1995 nach Auffassung der Finanzverwaltung diese handelsrechtliche Aufstockung zu einer Wertaufholung in der nächsten Steuerbilanz der übernehmenden Personengesellschaft und damit ggf. zu Mehrsteuern führen (UmwSt-Erl. 1998 BMF v. 25.3.1998, BStBl. I 1998, 268 Tz. 03.02). Auch von dieser **„hinkenden oder phasenverschobenen" Maßgeblichkeit** hat sich die Finanzverwaltung im UmwSt-Erl. 2011 verabschiedet: (vgl. UmwSt-Erl. 2011 BMF v. 11.11.2011, BStBl. I 2011, 1314 Tz. 04.04; zustimmend *Rödder* DStR 2011, 1059, 1060; DPM/*Möhlenbrock/Pung* UmwStG § 3 Rn. 57, → Rn. 102).

92 *einstweilen frei*

d) Zwischenwertansatz – Verlustnutzung

Die Wahl eines über dem Buchwert und unter dem gemeinen Wert liegenden Wertes (sog. **Zwischenwert**) gemäß § 3 Abs. 2 Satz 1 (2. Alt.) UmwStG kann Sinn machen, wenn die übertragende Kapitalgesellschaft über **steuerliche Verlustvorträge** verfügt, da diese im Rahmen der Verschmelzung **untergehen** würden (→ Rn. 101). Allerdings ist die durch § 10d Abs. 2 EStG idF des Korb II-Gesetzes v. 22.12.2003 (BGBl. I 2003, 2840), sowie durch § 10a Satz 2 GewStG idF des GewStÄndG 2003 v. 23.12.2003 (BGBl. I 2003, 2922) mit Wirkung ab VZ/EZ 2004 eingeführte Beschränkung der Verrechnung von Verlustvorträgen, die sog. **Mindestbesteuerung,** zu beachten. Zur Ausnutzung von Verlustvorträgen empfiehlt sich regelmäßig ein Ansatz von **Zwischenwerten,** da diese nicht nur durch einen Prozentsatz, sondern auch unter Angabe absoluter Beträge konkretisiert werden können (UmwSt-Erl. 2011 BMF v. 11.11.2011, BStBl. I 2011, 1314 Tz. 03.29), was die Steuerplanung erleichtert (*Bogenschütz* Ubg 2011, 401; *Schumacher/Neitz-Hackstein* Ubg 2011, 412). 93

Der Ausgleich bzw. die Verrechnung von verrechenbaren Verlusten, **Verlustvorträgen** und **nicht ausgeglichenen negativen Einkünften** ebenso wie eines Zinsvortrags nach § 4h Abs. 1 Satz 5 EStG und eines EBITDA-Vortrags nach § 4h Abs. 1 Satz 3 der übertragenden Kapitalgesellschaft mit dem durch einen Ansatz über dem Buchwert entstehenden **Übertragungsgewinn** (→ Rn. 96) ist gemäß § 2 Abs. 4 Satz 1 UmwStG nur insoweit zulässig, als dies auch ohne die Rückwirkung gemäß § 2 Abs. 1, 2 UmwStG möglich wäre. Nach ganz hM greift diese Ausgleichs- bzw. Verrechnungsbeschränkung nur dann ein, wenn **(ungeschriebenes Tatbestandsmerkmal)** im Rückwirkungszeitraum, also zwischen dem steuerlichen Übertragungsstichtag und dem Wirksamwerden der Verschmelzung, ein verlustschädlicher Anteilserwerb oder ein anderes Ereignis eintritt, welches gemäß **§ 8c Abs. 1 Satz 1 KStG** zum Untergang dieser Verluste führen würde (s. etwa WM/*Widmann* UmwStG § 2 Rn. R 120.9; RHL/*van Lishaut* UmwStG § 2 Rn. 179; HMB/*Slabon* UmwStG § 2 Rn. 110; *Rödder/Schönfeld* DStR 2009, 560, 562; *Viebrock/Loose* DStR 2013, 1364; ebenso FM Brandenburg v. 17.3.2015, BeckVerw 313155 unter Ziff. 2.2; zweifelnd hingegen *Böttcher* NWB 2014, 3146); dies folge aus der Anwendungsregelung des § 27 Abs. 9 UmwStG, die ausdrücklich an einen schädlichen Beteiligungserwerb oder ein anderes die Verlustnutzung **ausschließendes** Ereignis anknüpft (*Rödder/Schönfeld* DStR 2009, 560, 562), und aus dem in der Gesetzesbegründung zum Ausdruck gekommenen Normzweck (*Viebrock/Loose* DStR 2013, 1364): Die Rückwirkungsfiktion des § 2 Abs. 1 UmwStG solle nicht dazu genutzt werden können, durch entsprechende Wahl des Übertragungsstichtages zur Realisierung eines Übertragungsgewinns auf einen Zeitpunkt „zurückzuspringen", der vor dem gemäß § 8c KStG für die Verlustnutzung schädlichen Beteiligungserwerb liegt (BT-Drs. 16/11108, S. 33). Ob die Auffassung, dass § 2 Abs. 4 Satz 1 UmwStG ein im Rückwirkungszeitraum eintretendes verlustschädliches Ereignis iSv. § 8c KStG voraussetze, von der FinVerw geteilt wird, ist allerdings nicht völlig klar. Der Umwandlungsteuererlass nennt § 8c KStG lediglich beispielhaft (UmwSt-Erl. 2011 BMF v. 11.11.2011, BStBl. I 2011, 1314 Tz. 02.39). Ob die Auffassung des FM Brandenburg, ein verlustschädliches Ereignis iSv. § 8c KStG sei erforderlich (FM Brandenburg v. 17.3.2015, BeckVerw 313155 unter Ziff. 2.2), bundeseinheitlich abgestimmt ist, ist dem Erlass nicht zu entnehmen (*Böttcher* NWB 2014, 3146). 93a

Würde man § 2 Abs. 4 Satz 1 UmwStG entgegen der hM streng nach dem Wortlaut anwenden und daher kein „verlustschädliches Ereignis" als ungeschriebenes Tatbestandsmerkmal verlangen, wäre die Vorschrift zB auch insoweit anwendbar, als ohne steuerliche Rückverlagerung des Übertragungsgewinns dessen Verrechnung mit einem im Wirtschaftsjahr des steuerlichen Übertragungsstichtags angefallenen Verlust an § 10d Abs. 2 EStG scheitern würde (*Rödder/Schönfeld* DStR 2009, 560, 562 Fall 2; *Böttcher* NWB 2014, 3146 Beispiel 1).

Darauf, ob das verlustschädliche Ereignis im Rückwirkungszeitraum vor oder nach der Fassung der Umwandlungsbeschlüsse eintritt, kommt es jedenfalls nicht an (UmwSt-Erl. 2011 BMF v. 11.11.2011, BStBl. I 2011, 1314 Tz. 02.39).

Die Bedeutung des § 2 Abs. 4 Satz 1 UmwStG wird allerdings durch die mit WachstBeschlG v. 22.12.2009, BGBl. I 3950, aufgenommene Verschonungsregelung in Höhe der im Inland steuerpflichtigen stillen Reserven in § 8c Abs. 1 Satz 5 KStG relativiert (*Böttcher* NWB 2014, 3146). Einen Anwendungsbereich behält § 2 Abs. 4 Satz 1 UmwStG freilich insoweit, als im Wege einer anderen ebenfalls rückwirkenden Umwandlung auf die Überträgerin übergegangene stille Reserven gemäß § 8c Abs. 1 Satz 8 KStG von der Verschonungsregelung des § 8c Abs. 1 Satz 5 KStG ausgenommen sind (RHL/van Lishaut UmwStG § 2 Rn. 176), oder wenn sich die am steuerlichen Übertragungsstichtag vorhandenen stillen Reserven im Rückwirkungszeitraum vor dem verlustschädlichen Ereignis verringern (s. etwa das in FM Brandenburg v. 17.3.2015, BeckVerw 313155 unter Ziff. 2.2 gebildete Beispiel).

Zur streitigen Frage, ob § 2 Abs. 4 Satz 1 UmwStG auch für **gewerbesteuerliche Verluste** gilt, → Rn. 86c.

94 Beim Zwischenwertansatz sind die in den einzelnen Wirtschaftsgütern – einschließlich der nicht entgeltlich erworbenen und selbstgeschaffenen immateriellen Wirtschaftsgüter sowie des Firmenwerts – ruhenden stillen Reserven um einen einheitlichen Prozentsatz aufzulösen (UmwSt-Erl. 2011, BMF v. 11.11.2011, BStBl. I 2011, 1314 Tz. 03.23 und Tz. 03.25).

94a Nach Ansicht der FinVerw. sollen bei der Aufstockung um den einheitlichen Prozentsatz mit Ausnahme der Pensionrückstellungen (→ Rn 89c) auch die sog. **„stillen Lasten“**, zB eine bislang gemäß § 5 Abs. 4a EStG nicht passivierte Drohverlustrückstellung, einzubeziehen sein (UmwSt-Erl. 2011 BMF v. 11.11.2011, BStBl. I 2011, 1314 Tz. 03.25; **aA** *Rödder* DStR 2011, 1059, 1061; dazu → Rn. 89b, → Rn. 90e sowie → Rn. 102ff.).

e) Kein Ausschluss des antragsgebundenen Wahlrechts durch § 50i Abs. 2 EStG

95 Das antragsgebundene Wahlrecht nach § 3 Abs. 2 UmwStG war nach dem Wortlaut von § 50i Abs. 2 Satz 1 EStG idF des KroatienAnpG v. 25.7.2014 (BGBl. I 2014, 1266) für **Sachgesamtheiten** iSd. § 50i Abs. 1 EStG ausgeschlossen. Dazu gehörten Personengesellschaften iSv. § 15 Abs. 3 EStG (gewerblich infizierte oder geprägte Personengesellschaften – § 50i Abs. 1 Satz 1 EStG idF KroatienAnpG) sowie Besitzgesellschaften/Besitzunternehmen einer Betriebsaufspaltung (§ 50i Abs. 1 Satz 4 EStG idF KroatienAnpG), in deren Betriebsvermögen vor dem 29.6.2013 Wirtschaftsgüter oder Anteile iSd. § 17 EStG übertragen oder überführt worden waren, sowie Personengesellschaften iSd. § 15 Abs. 3 EStG, die aus einer vor diesem Stichtag erfolgten Einbringung originär gewerblicher Einkunftsquellen iSd. § 15 Abs. 1 Nr. 1 oder 2 EStG in eine Kapitalgesellschaft nach § 20 UmwStG hervorgegangen waren (§ 50i Abs. 1 Satz 2 EStG idF KroatienAnpG); einzige weitere Voraussetzung war jeweils nur, dass bei der Übertragung, Überführung oder Einbringung eine Besteuerung der stillen Reserven unterblieben war. Vom zwingenden Ansatz des gemeinen Werts sollte nach Ansicht der FinVerw. selbst in reinen Inlandsfällen, in denen eine Gefährdung des deutschen Besteuerungsrechts durch die Umwandlung ausgeschlossen war, nur aus Gründen sachlicher **Unbilligkeit** auf übereinstimmenden Antrag der Überträgerin und der Übernehmerin abgesehen werden (BMF v. 21.12.2015, BStBl I 2016, 7 Tz. 2.1.3).

95a Nach der rückwirkenden **Korrektur** dieser vom Gesetzgeber selbst als „überschießend“ erkannten Regelung (BR-Drs. 406/16 (B) v. 23.9.2016, S. 9) durch das Anti-BEPS-Gesetz v. 20.12.2016, BGBl. I 2016, 3000) greift § 50i Abs. 2 EStG **nurmehr** im Rahmen von **Einbringungen** iSd. **§ 20 UmwStG** ein, und auch dies nur dann, wenn das deutsche **Besteuerungsrecht** hinsichtlich des Gewinns aus der Veräußerung der im Zuge der Einbringung erhaltenen Anteile oder der mit diesen in Zusammenhang stehenden Anteile im Sinne von § 22 Abs. 7 UmwStG ausgeschlossen oder beschränkt ist (→ Form. A.8 Rn. 132); für das antragsgebundene Wahlrecht gemäß § 3 Abs. 2 UmwStG spielt die Vorschrift keine Rolle mehr (*Ditz/Quilitzsch* DStR 2017, 281; *Liekenbrock* DStR 2016, 2609). BMF v. 21.12.2015 (BStBl. I 2016, 7), wonach es für den Erhalt dieses Wahlrechts eines Billigkeitsantrages bedurfte (→ Rn. 95), wurde aufgehoben (BMF v. 5.1.2017, BStBl. I 2017, 32).

f) Übertragungsgewinn bzw. Übertragungsverlust

Soweit nach § 3 Satz 1 UmwStG höhere Werte als die Buchwerte angesetzt werden, führt dies zur Gewinnrealisierung bei der übertragenden Kapitalgesellschaft. Dieser sog. Übertragungsgewinn unterliegt grds. der **Körperschaftsteuer,** der **Gewerbeertragsteuer** (§ 18 Abs. 1 Satz 1 UmwStG) (DPM/*Möhlenbrock/Pung* UmwStG § 3 Rn. 4) und dem Solidaritätszuschlag von 5,5% auf die KSt., soweit nicht eine Verrechnung mit noch nicht ausgeglichenen Verlustvorträgen bei der übertragenden Kapitalgesellschaft vorgenommen werden kann. **96**

Zur Frage, inwieweit der Übertragungsgewinn mit vorhandenen Verlustvorträgen und nicht ausgeglichenen negativen Einkünften der übertragenden Kapitalgesellschaft verrechnet werden kann, → Rn. 93.

Soweit der Übertragungsgewinn auf Anteile an Kapitalgesellschaften entfällt, kommt die 95%-Befreiung von der Körperschaftsteuer gemäß § 8b Abs. 2, Abs. 3 Satz 1 KStG in Betracht (Rückausnahme § 8b Abs. 7 und 8 KStG). Die FinVerw. bejaht die Anwendbarkeit von § 8b Abs. 2 KStG im Rahmen von Übertragungsgewinnen iSv. §§ 11, 15 UmwStG (BMF v. 28.4.2003, BStBl. I 2003, 292 Tz. 23). Für Übertragungsgewinne gemäß § 3 Satz 1 UmwStG wird dasselbe zu gelten haben (vgl. RHL/*Birkemeier* § 3 UmwStG Rz. 299; DPM/*Möhlenbrock/Pung* UmwStG § 3 Rn. 141).

Eine sich ergebende Steuerbelastung (Gewerbeertragsteuer, Körperschaftsteuer, Solidaritätszuschlag) vermindert als in der steuerrechtlichen Schlussbilanz anzusetzende **Rückstellung** das übergehende Vermögen (zur abweichenden Behandlung verschmelzungsbedingter Ertragsteuern in der handelsrechtlichen Schlussbilanz → Rn. 56a). **97**

einstweilen frei **98**

Ist wegen eines infolge „stiller Lasten" unter dem Buchwert liegenden gemeinen Werts zwingend der **niedrigere gemeine Wert** anzusetzen (→ Rn. 90e), ergibt sich ein **Übertragungsverlust,** der – falls er nicht mit positiven Einkünften der Überträgerin verrechnet werden kann – gemäß § 4 Abs. 2 Satz 2 UmwStG im Zuge der Verschmelzung untergeht. Dies gilt nach Ansicht der Finanzverwaltung selbst dann, wenn die übertragende Kapitalgesellschaft **Organgesellschaft** ist, denn der **Übertragungsverlust** soll nach Ansicht der Finanzverwaltung nicht der Ergebnisabführung unterliegen (UmwSt-Erl. 2011 BMF v. 11.11.2011, BStBl. I 2011, 1314 Tz. Org. 27). Es kann sich in solchen Fällen daher anbieten, den Betrieb vor der Verschmelzung im Rahmen einer noch bestehenden Organschaft zu veräußern, was aber wegen KStH 61 nur sukzessive erfolgen darf (*Bogenschütz* Ubg 2011, 399). **99**

4. Ansatz bei der Übernehmerin

a) Wertverknüpfung und steuerliche Rechtsnachfolge

Die übernehmende Personengesellschaft hat das von der Kapitalgesellschaft übernommene Betriebsvermögen mit den in deren steuerlicher Schlussbilanz ausgewiesenen Werten (§ 3 UmwStG) anzusetzen (§ 4 Abs. 1 Satz 1 UmwStG; zwingende **Wertverknüpfung,** siehe UmwSt-Erl. 2011 BMF v. 11.11.2011, BStBl. I 2011, 1314 Tz. 04.01–04.04). **100**

101 Die übernehmende Personengesellschaft tritt in die steuerliche Rechtsstellung der übertragenden Gesellschaft ein, insb. bzgl. der Bewertung der übernommenen Wirtschaftsgüter, der **Absetzungen für Abnutzung** und der den Gewinn mindernden Rücklagen (§ 4 Abs. 2 Satz 1 UmwStG; UmwSt-Erl. 2011 BMF v. 11.11.2011, BStBl. I 2011, 1314 Tz. 04.09ff.; vgl. iE WM/*Widmann* UmwStG § 4 Rn. 860ff.). Dies gilt nicht nur bei Ansatz des Buchwertes (§ 3 Abs. 2 S. 1 1. Alt. UmwStG), sondern auch bei Ansatz des gemeinen Wertes oder von Zwischenwerten (UmwSt-Erl. 2011 BMF v. 11.11.2011, BStBl. I 2011, 1314 Tz. 04.10). Für Zwecke von § 6b EStG und § 7g EStG stellt der Vermögensübergang keine begünstigte Anschaffung dar (UmwSt-Erl. 2011 BMF v. 11.11.2011, BStBl. I 2011, 1314 Tz. 04.14). Zu den weiteren Einzelheiten s. UmwSt-Erl. 2011 BMF v. 11.11.2011, BStBl. I 2011, 1314 Tz. 04.09–Tz. 04.17.

Ein **Firmenwert** ist gemäß § 7 Abs. 1 Satz 3 EStG über **15 Jahre** abzuschreiben, beginnend mit dem steuerlichen **Übertragungsstichtag;** dies soll nach Ansicht der Finanzverwaltung nicht nur für den erstmalig in der Schlussbilanz angesetzten originären Firmenwert gelten, sondern auch für einen bereits zuvor bei der Überträgerin bilanzierten **(derivativ erworbenen) Firmenwert** (UmwSt-Erl. 2011, BMF v. 11.11.2011, BStBl. I 2011, 1314 Tz. 04.10).

Die steuerliche Rechtsnachfolge gilt gemäß § 4 Abs. 2 Satz 3 UmwStG auch im Hinblick auf steuerlich relevante Besitzzeiten, zB die siebenjährigen Sperrfristen für die Veräußerung **erhaltener Anteile** gemäß § 22 Abs. 1 Satz 1 UmwStG bzw. für die Veräußerung eingebrachter Anteile gemäß § 22 Abs. 2 Satz 1 UmwStG..

101a Gemäß § 4 Abs. 2 Satz 2 UmwStG gehen die folgenden steuerlichen Rechtspositionen der Überträgerin **nicht** auf die übernehmende Personengesellschaft über:
- **verrechenbare Verluste** (zB gem. § 15a Abs. 2, 15b Abs. 2 Satz 2 EStG);
- **verbleibende Verlustvorträge** (§ 10d Abs. 4, 2a Abs. 1 Satz 5, 15 Abs. 4 EStG)
- **nicht ausgeglichene negative Einkünfte;** damit sind die Verluste des Geschäftsjahres der Übertragung gemeint (DPM/*Pung/Werner* UmwStG § 4 Rn. 25; hierunter fällt auch ein etwaiger **Übertragungsverlust,** der sich aus dem zwingenden Ansatz des unter dem Buchwert liegenden gemeinen Wertes ergibt (→ Rn. 99 sowie *Bogenschütz* Ubg 2011, 399). Verluste im Übergangszeitraum können hingegen richtigerweise nicht betroffen sein, da es sich hierbei gemäß § 2 Abs. 1 und 2 UmwStG bereits um Verluste der Übernehmerin handelt (DPM/*Pung/Werner* UmwStG § 4 Rn. 25).
- ein **Zinsvortrag** nach § 4h Abs. 1 Satz 5 EStG;
- ein **EBITDA-Vortrag** nach § 4h Abs. 1 Satz 3 EStG;
- gemäß § 18 Abs. 1 Satz 2 UmwStG der **vortragsfähige gewerbesteuerliche Fehlbetrag (§ 10a GewStG)** sowie der gewerbesteuerliche Fehlbetrag des **laufenden Erhebungszeitraums.**

b) Steuerliche Rechtsfolgen in der Folgebilanz

102 Wurden von der übertragenden Kapitalgesellschaft im Zuge des Ansatzes eines über dem Buchwert liegenden Wertes gemäß § 3 Abs. 1 oder 2 UmwStG sog. **„stille Lasten"** aufgedeckt, deren Ansatz in einer Steuerbilanz grundsätzlich nicht zulässig ist (zB **Drohverlustrückstellungen** gemäß § 5 Abs. 4a EStG; → Rn. 89b, → Rn. 90e und → Rn. 94a, wegen § 3 Abs. 1 Satz 2 UmwStG jedoch **nicht Pensionsrückstellungen** → Rn. 89c), so ist gemäß § 4f Abs. 1 Sätze 1 und 2 EStG der aus der Übertragung von Verpflichtungen, die beim ursprünglich Verpflichteten Ansatzverboten, -beschränkungen oder Bewertungsvorbehalten unterlegen haben, in Höhe der aufgedeckten stillen Lasten entstehende Aufwand nicht sofort in voller Höhe, sondern nur gleichmäßig verteilt im Wirtschaftsjahr der Schuldübernahme und den nachfolgenden 14 Jahren als Betriebsausgabe abziehbar.

102a, 102b *einstweilen frei*

Ohne Wahlrecht zwingend sofort zu berücksichtigen ist der steuerliche Aufwand des Veräußerers jedenfalls bei kleinen und mittleren Betrieben iSv. § 7g Abs. 1 Satz 2 Nr. 1 Buchst.a bis c EStG, beim Wechsel eines Arbeitnehmers zu einem neuen Arbeitgeber unter Mitnahme seiner erworbenen Pensionsansprüche und des Weiteren auch dann, wenn die Schuldübernahme im Rahmen einer **Veräußerung** oder **Aufgabe** des **ganzen Betriebes** oder des **gesamten Mitunternehmeranteils** iSd. §§ 14, 16 Abs. 1, 3 und 3a EStG sowie des § 18 Abs. 3 EStG erfolgt, § 4f Satz 3 EStG. **102c**

Parallel dazu, aber unabhängig davon, ob der Aufwand aus der Aufdeckung der stillen Lasten beim Überträger gemäß § 4f Abs. 1 Sätze 1 und 2 EStG über 15 Jahre verteilt oder gemäß § 4f Abs. 1 Satz 3 EStG sofort abziehbar ist (*Benz/Placke* DStR 2013, 2653, 2657), hat der Erwerber die betreffenden Verpflichtungen gemäß § 5 Abs. 7 Satz 1 EStG idF des AIFM-StAnpG zu den auf die Übernahme folgenden Bilanzstichtagen so zu bilanzieren, wie sie beim ursprünglich Verpflichteten ohne Übernahme zu bilanzieren gewesen wären, dh. die Aufdeckung der stillen Lasten wird rückgängig gemacht. **102d**

Immerhin gewährt der Gesetzgeber dem Erwerber insoweit eine Erleichterung, als dieser iHv. $^{14}/_{15}$ des sich daraus ergebenden Ertrages eine gewinnmindernde Rücklage bilden darf (aber nicht muss), die in den folgenden 14 Wirtschaftsjahren jeweils mit mindestens $^{1}/_{14}$ (§ 5 Abs. 7 Satz 5 EStG idF des AIFM-StAnpG), im Falle des vorzeitigen Wegfalls der zugrundeliegenden Verpflichtung in der dann noch bestehenden Höhe hingegen sofort (§ 5 Abs. 7 Satz 6 EStG idF des AIFM-StAnpG) gewinnerhöhend aufzulösen ist. **102e**

Die Erleichterung für den Erwerber geht freilich regelmäßig – wenn auch wegen der Ausnahmeregelungen in § 4f Abs. 1 Satz 3 EStG (→ Rn. 102c) nicht notwendigerweise – mit einer Belastung des Veräußerers durch die Streckung der Abziehbarkeit des Aufwands aus der Aufdeckung der stillen Lasten in gleicher Höhe einher (→ Rn. 102b); durch die gesetzliche Regelung wird also im Ergebnis die Aufdeckung der stillen Lasten zumindest im Regelfall wieder rückgängig gemacht. **102f**

Nach ganz überwiegender Auffassung sollen die Regelungen in § 4f EStG (Aufwandsverteilung beim Überträger über 15 Jahre) und in § 5 Abs. 7 EStG (Rückgängigmachung der Aufdeckung der stillen Lasten beim Erwerber) zwar grundsätzlich auch bei Umwandlungsvorgängen Anwendung finden (*Widmann,* FS Haarmann, S. 1013ff., 1020; *Benz/Placke* DStR 2013, 2653, 2656, jeweils unter Hinweis auf die Gesetzesbegründung BT-Drs. 18/68 S. 73; im Ausgangspunkt auch Blümich/*Krumm* EStG § 4f Rn. 34; HHR/*Schober* EStG § 4f Rn. 16; **aA** mit beachtlichen Gründen RHL/*Herlinghaus* § 20 UmwStG Rz. 253; *Adrian/Fey* StuB 2014, 53, 57: UmwStG sei Spezialregelung zu §§ 4f, 5 Abs. 7 EStG). **102g**

Unterschiedliche Auffassungen werden jedoch zu der Frage vertreten, ob und ggf. inwieweit bei Umwandlungsvorgängen die in § 4f Abs. 1 Satz 3 (1. Hs.) EStG statuierte Ausnahmeregelung für die **Veräußerung** oder **Aufgabe** des **ganzen Betriebes** oder des **gesamten Mitunternehmeranteils** (→ Rn. 102c) eingreift:

Nach einer Auffassung soll diese Ausnahmeregelung bei Umwandlungsvorgängen nach dem UmwStG schlechthin unanwendbar sein, weil der Gesetzgeber (BT-Drs. 18/68 S. 73) solche vom Anwendungsbereich des § 4f Abs. 1 Satz 3 (1. Hs.) EStG generell habe ausnehmen wollen (so wohl *Benz/Placke* DStR 2013, 2653, 2656).

Dem wird – im Grundsatz zu Recht – entgegengehalten, dass eine entsprechende Intention des Gesetzgebers in dieser Allgemeinheit im Gesetzeswortlaut keinen hinreichenden Niederschlag gefunden habe (*HHR*/Schober EStG § 4f Rn. 16; Blümich/*Krumm* EStG § 4f Rn. 34). Jedoch entfernt sich die Gegenauffassung ihrerseits zu weit von der Gesetzesbegründung, soweit sie umgekehrt die Mehrzahl der Umwandlungsfälle als Veräußerungen iSv. § 4f Abs. 1 Satz 3 (1. Hs.) EStG ansehen und daher von einer Aufwandsverteilung absehen will, weil auch die Finanzverwaltung (UmwSt-Erl. 2011 BMF v. 11.11.2011, BStBl. I 2011, 1314 Tz. 00.02; → Rn. 120) Umwandlungen regelmäßig als Veräußerungs- bzw. Anschaffungsvorgänge einordne (*HHR*/

Schober EStG § 4f Rn. 16): Diese Sichtweise verkennt, dass der Gesetzgeber des § 4f Abs. 1 Satz 3 (1. Hs.) EStG ausweislich der Gesetzesbegründung offenkundig einen engeren Veräußerungsbegriff vor Augen gehabt hat als die Finanzverwaltung in UmwSt-Erl. 2011 BMF v. 11.11.2011, BStBl. I 2011, 1314 Tz. 00.02, was in Form des expliziten Verweises auf die § 14, § 16 Abs. 1, 3 und 3a, § 18 Abs. 3 EStG letztlich auch hinreichenden Niederschlag im Gesetzestext gefunden hat.

Zu folgen ist daher einer differenzierenden Auffassung (grundlegend *Widmann,* FS Haarmann, S. 1013 ff.; iE wohl auch Blümich/*Krumm* EStG § 4f Rn. 34), die der Gesetzesbegründung in eingeschränktem Umfang Geltung verschaffen will, nämlich in erster Linie bei Verschmelzungen und Formwechseln von Körperschaften nach dem 2. und 3. Teil des UmwStG (*Widmann,* FS Haarmann aaO unter Ziff. 3.1, S. 1019 ff. und Ziff. 3.2, S. 1025 f.) sowie bei Auf- und Abspaltungen nach dem 4. Teil des UmwStG (*Widmann,* FS Haarmann aaO unter Ziff. 3.3, S. 1026 und Ziff. 3.4, S. 1027): In diesen Fallgruppen kann im Einklang mit der Gesetzesbegründung eine Aufwandsverteilung allenfalls gemäß § 4f Abs. 1 Satz 3, 2. Hs. (2.Alt.) EStG unterbleiben, also wenn die Überträgerin ein kleines oder mittleres Unternehmen iSv. § 7g Abs. 1 Satz 2 Nr. 1 Buchst. a bis c EStG ist (*Widmann,* FS Haarmann aaO unter Ziff. 3.1.2, S. 1021). Bei der **Einbringung** eines ganzen Betriebs oder eines ganzen Mitunternehmeranteils iSd. 6. oder 7. Teils des UmwStG ist der Aufwand hingegen nur dann gemäß § 4f Abs. 1 Sätze 1 und 2 EStG zu verteilen, wenn der Vorgang zu **Zwischenwerten** stattfindet (so wohl *Widmann,* FS Haarmann, Ziff. 3.5.2.1.2 S. 1032 unter „Lösung 2" sowie Ziff. 3.6. S. 1047; wohl auch Blümich/*Krumm* EStG § 4f Rn. 34); unterbleiben muss gemäß § 4f Abs. 1 Satz 3 (1.Hs.) EStG eine Aufwandsverteilung hingegen bei Einbringungen unter Ansatz des **gemeinen Wertes,** da es sich bei diesen der Sache nach um entgeltliche Veräußerungen gemäß §§ 14, 16 Abs. 1, 3 und 3a bzw. § 18 Abs. 3 EStG handelt (*Widmann,* FS°Haarmann, Ziff. 3.5.2.1.2 S. 1032 unter „Lösung 2" sowie Ziff. 3.6. S. 1047; ähnlich Blümich/*Krumm* EStG § 4f Rn. 34).

102h Die FinVerw. hat zur Frage der Anwendbarkeit der Ausnahmeregelung für Betriebsveräußerungen (§ 4f Abs. 1 Satz 3 Hs. 1 EStG) in BMF v. 30.11.2017 (DStR 2017, 2666) zu §§ 4f, 5 Abs. 7 EStG nicht direkt Stellung bezogen. Immerhin wird die Anwendbarkeit der Ausnahmeregelung des § 4f Abs. 1 Satz 4 EStG bei Umwandlungen und Einbringungen von Teilbetrieben nach dem UmwStG bejaht (BMF v. 30.11.2017, aaO Tz. 19 letzter Satz): Somit gilt für diese in gleicher Weise wie für Teilbetriebsveräußerungen das Abzugsverbot des Satzes 1 nur, soweit der Aufwand aus der Übertragung der Verpflichtung einen Veräußerungs- oder Aufgabeverlust herbeiführt oder erhöht.

102i Eine Aufwandsverteilung unterbleibt gemäß § 4f Abs. 1 Satz 3, 2. Hs. (2. Alt.) EStG jedenfalls dann, wenn die Überträgerin die Größenmerkmale des § 7g Abs. 1 Satz 2 Nr. 1 Buchst. a bis c EStG nicht überschreitet (→ Rn. 102c). Die Anwendung des § 4f Abs. 1 Satz 3, 2. Hs. (2. Alt) EStG kann sich in bestimmten Konstellationen auch nachteilig auswirken, nämlich dann, wenn und soweit durch den Anfall des gesamten Aufwands aus der Aufdeckung der stillen Lasten zum Verschmelzungsstichtag ein nicht anderweitig ausgleichbarer Übertragungsverlust entsteht oder sich erhöht, der gemäß § 4 Abs. 2 Satz 2 UmwStG im Zuge der Verschmelzung verloren geht (→ Rn. 90e).

102j Unabhängig von der Behandlung bei der Überträgerin entsteht infolge der von § 5 Abs. 7 Satz 1 EStG angeordneten „Wiederherstellung" der stillen Lasten zum nächsten Abschlussstichtag bei der Übernehmerin ein Ertrag, den diese aber zu $^{14}/_{15}$ durch Bildung einer Rücklage ausgleichen kann, die sodann in den folgenden 14 Jahren zu jeweils mindestens $^{1}/_{14}$ gewinnerhöhend wieder aufzulösen ist, § 5 Abs. 7 Satz 5 EStG (→ Rn. 102d und → Rn. 102e).

c) Beteiligungskorrekturgewinn

103 Noch nicht ausgeglichene Teilwertabschreibungen sowie Abzüge gemäß § 6b EStG oder ähnliche Abzüge auf die von der Übernehmerin an der Überträgerin gehaltenen

Anteile sind gemäß § 4 Abs. 1 Satz 2 UmwStG bis zur Höhe des gemeinen Wertes rückgängig zu machen, soweit sie (was letztmalig im VZ 2000 möglich war) steuerwirksam vorgenommen wurden (sog. **„Beteiligungskorrekturgewinn"**). Entsprechendes gilt gemäß § 5 Abs. 3 UmwStG für Anteile, die am steuerlichen Übertragungsstichtag vor Anwendung des § 5 UmwStG zum Betriebsvermögen eines Anteilseigners gehören (UmwSt-Erl. 2011 BMF v. 11.11.2011, BStBl. I 2011, 1314 Tz. 04.06). Wegen des für vorgenommene Teilwertabschreibungen gem. § 6 Abs. 1 Nr. 1 Satz 4, Nr. 2 Satz 3 EStG ohnehin bestehenden Wertaufholungsgebots hat die Vorschrift insbesondere dann Bedeutung, wenn der steuerliche Übertragungsstichtag vom Steuerbilanzstichtag abweicht (vgl. das Beispiel c in RHL/*van Lishaut* § 4 UmwStG Rz. 62); fallen beide Stichtag zusammen, ist vorrangig § 6 Abs. 1 Nr. 2 Satz 3 iVm. Nr. 1 Satz 4 EStG anzuwenden (UmwSt-Erl. 2011, BMF v. 11.11.2011, BStBl. I 2011, 1314 Tz. 04.07; RHL/*van Lishaut* § 4 UmwStG Rz. 62; RHL/*Rödder* § 11 UmwStG Rz. 404; zu § 12 Abs. 1 Satz 2 UmwStG → Rn. 122).

Die auch zu § 8b Abs. 2 Satz 4 KStG streitige Frage, ob bei unter den Anschaffungskosten liegendem gemeinem Wert vorrangig die steuerwirksam vorgenommenen Teilwertabschreibungen (steuerpflichtig) oder die steuerunwirksam vorgenommenen Teilwertabschreibungen (steuerneutral) rückgängig zu machen sind (für Ersteres OFD Münster v. 23.2.2005, DB 2005, 470; OFD Koblenz v. 18.9.2006, DStR 2006, 2033; für Letzteres BFH v. 19.8.2009, I R 2/09, BStBl. II 2010, 760; *Förster/Felchner* DB 2006, 1072), entscheidet die Finanzverwaltung für § 4 Abs. 1 Satz 2 UmwStG im fiskalischen Interesse (UmwSt-Erl. 2011 BMF v. 11.11.2011, BStBl. I 2011, 1314 Tz. 04.07 aE).

Der anfallende Beteiligungskorrekturgewinn ist als laufender Gewinn voll steuerpflichtig (UmwSt-Erl. 2011 BMF v. 11.11.2011, BStBl. I 2011, 1314 Tz. 04.08; DPM/*Pung/Werner* § 4 UmwStG Rn. 14), und zwar nach Ansicht der Finanzverwaltung auch insoweit, als die Anteile in früheren Jahren nur zum Teil steuerwirksam (zB anteilig nach § 3c Absatz 2 EStG) abgeschrieben worden sind (UmwSt-Erl. 2011, BMF v. 11.11.2011, BStBl. I 2011, 1314 Tz. 04.08). Im Gegenzug mindert der entsprechend erhöhte Ansatz der Anteile das Übernahmeergebnis (→ Rn. 112).

5. Ertragsteuerliche Folgen auf Gesellschafterebene

Für solche Anteilseigner der übertragenden Körperschaft, die ihre Anteile im Privatvermögen halten und nicht unter § 17 EStG fallen, ergeben sich keine grundsätzlichen Änderungen gegenüber der Rechtslage während der Geltung des UmwStG 1995: Sie haben im Rahmen der Verschmelzung die anteilig auf sie entfallenden offenen Rücklagen der übertragenden Körperschaft wie bisher gemäß § 7 UmwStG als Einnahmen aus Kapitalvermögen iSv. § 20 Abs. 1 Nr. 1 EStG zu versteuern (→ Rn. 105 f.). **104**

Anders sieht es hingegen für Gesellschafter mit Anteilen im Betriebsvermögen oder unter § 17 EStG fallenden Anteilen aus: Diese sind zwar weiterhin am Übernahmeergebnis beteiligt. Anders als bisher wird ihr Anteil an den offenen Rücklagen aber nunmehr aus dem Übernahmeergebnis eliminiert (§ 4 Abs. 5 Satz 2 UmwStG) und ihnen gemäß § 7 Satz 2 UmwStG ebenfalls als Bezüge aus Kapitalvermögen zugerechnet (→ Rn. 105).

a) Einkünfte aus Kapitalvermögen gemäß § 7 UmwStG

In Höhe der offenen Rücklagen ergeben sich nunmehr für alle Gesellschafter der übertragenden Kapitalgesellschaft, also auch für diejenigen, die an der Ermittlung eines Übernahmeergebnisses gemäß §§ 4 Abs. 4, 5 UmwStG teilnehmen (hierzu → Rn. 107 ff.), gemäß § 7 UmwStG Einkünfte aus Kapitalvermögen (Dividendeneinkünfte) iSv. § 20 Abs. 1 Nr. 1 EStG, § 7 Satz 2 UmwStG. Die solchermaßen zu Dividendeneinkünften führenden offenen Rücklagen entsprechen dem zum steuerlichen **105**

Übertragungsstichtag in der Steuerbilanz ausgewiesenen Eigenkapital abzüglich des sich nach Anwendung von § 29 Abs. 1 KStG (Hinzurechnung des Stammkapitals ohne darin als sog. Sonderausweis enthaltene Gewinnrücklagen) ergebenden steuerlichen Einlagekontos iSd. § 27 KStG. Da § 7 Satz 1 UmwStG auf das steuerbilanzielle Eigenkapital abstellt, sollten nach h.M im Schrifttum (statt Vieler Blümich/*Klingberg* § 7 UmwStG 2006 Rz 14) außerbilanziell zu bildende Abzugsbeträge wie zB der Investitionsabzugsbetrag gem. § 7g Abs. 1 EStG nicht abgezogen werden können (ebenso FG Schleswig-Holstein v. 15.9.2016, 4 K 98/15, DStRE 2017, 921; aufgehoben durch BFH v. 11.4.2019, IV R 1/17, BFH/NV 2019, 891, Anm. *Kubik* BB 2019, 1586). Der BFH ist dieser Auffassung zu Recht nicht gefolgt und hat das bilanzielle Eigenkapital iSd. § 7 Satz 1 UmwStG um den Investitionsabzugsbetrag gem. § 7g Abs. 1 EStG gemindert: Der Zweck des § 7 UmwStG bestehe darin, durch die Fiktion einer Vollausschüttung die Besteuerung der offenen Rücklagen sicherzustellen, die nach der Umwandlung in eine Personengesellschaft als deren Eigenkapital ohne Ertragsteuerbelastung entnommen werden könnten; die Vorschrift dürfe daher im Wege teleologischer Reduktion insoweit nicht angewendet werden, als die Gewinnrücklagen auch nach Umwandlung in die Personengesellschaft noch der Besteuerung unterlägen. Dies sei bei dem Investitionsabzugsbetrag gemäß § 7g Abs. 1 EStG der Fall, da dieser entweder – in Ermangelung einer Ersatzinvestition – gemäß § 7g Abs. 3 Satz 1 EStG rückwirkend noch auf Ebene der Kapitalgesellschaft rückgängig gemacht oder im Jahr der Reinvestition dem Gewinn der Personengesellschaft nach § 7g Abs. 2 Satz 1 EStG wieder hinzugerechnet werde, so dass anderenfalls die Besteuerung eines Gewinns aus einer fiktiven Totalausschüttung nach § 7 Satz 1 UmwStG in Höhe eines vor dem Umwandlungszeitpunkt in Anspruch genommenen Investitionsabzugsbetrags zu einer doppelten Besteuerung führe (BFH v. 11.4.2019, IV R 1/17, BeckRS 2019, 10976, Tz. 27ff.).

Diese Einkünfte werden bei natürlichen Personen im **Betriebsvermögen** gemäß §§ 3 Satz 1 Nr. 40 Buchst. d, Satz 2, 3c Abs. 2, 20 Abs. 8 EStG nach dem **Teileinkünfteverfahren** besteuert bzw. im **Privatvermögen** mit der 25%-igen **Abgeltungsteuer** belegt, § 32d Abs. 1 Satz 1 EStG. Zum Betriebsvermögen gehören auch solche Anteile, deren Anteilsinhaber an der Ermittlung eines Übernahmeergebnisses teilnehmen und die daher gemäß § 5 Abs. 2 UmwStG oder gemäß § 27 Abs. 3 Nr. 1 UmwStG als zum steuerlichen Übertragungsstichtag in das Betriebsvermögen der Personengesellschaft eingelegt gelten (UmwSt-Erl. 2011 BMF v. 11.11.2011, BStBl. I 2011, 1314 Tz. 07.07; DPM/*Pung/Werner* UmwStG § 7 Rn. 22; sog. **weite Einlagefiktion**).

Bei Kapitalgesellschaften greift, wenn die Beteiligung zu Beginn des Kalenderjahres unmittelbar mindestens 10 Prozent des Grund- oder Stammkapitals betragen hat, die Steuerbefreiung gemäß § 8b Abs. 1 KStG in Verbindung mit der Fiktion nichtabziehbarer Betriebsausgaben iHv. 5% dieser Einkünfte, § 8b Abs. 5 KStG (UmwSt-Erl. 2011 BMF v. 11.11.2011, BStBl. I 2011, 1314 Tz. 07.07); anderenfalls sind die Einkünfte voll steuerpflichtig, § 8b Abs. 4 Satz 1 KStG idF des Gesetzes zur Umsetzung des EuGH-Urteils vom 20.10.2011 in der Rechtssache C-284/09, v. 21.3.2013, BGBl I 13, 561.

Gewerbesteuer fällt nur bei Anteilen an, die sich bereits vor Anwendung des § 5 UmwStG in einem Betriebsvermögen befinden. Bei Anteilen iSv. § 17 EStG, die gemäß § 5 Abs. 2 UmwStG als in das Betriebsvermögen eingelegt gelten, unterliegen die Einnahmen gemäß § 7 UmwStG hingegen gemäß § 18 Abs. 2 Satz 2 UmwStG ebensowenig der Gewerbesteuer wie bei Anteilen, die nicht an der Ermittlung des Übernahmeergebnisses teilnehmen. Bei der Prüfung, ob die Voraussetzungen des gewerbesteuerlichen Schachtelprivilegs (§ 9 Nr. 2a, 7 GewStG) vorliegen, ist auf die Beteiligungsquote zu Beginn des Erhebungszeitraums bei der übernehmenden Personengesellschaft abzustellen (UmwSt-Erl. 2011, BMF v. 11.11.2011, BStBl. I 2011,

1314 Tz. 18.04), eine Besitzzurechnung für gemäß § 5 Abs. 2 und 3 UmwStG als eingelegt bzw. überführt geltende Anteile findet somit nicht statt.

Nach Auffassung der Finanzverwaltung unterliegen die Bezüge iSv. § 7 UmwStG, wenn es sich um eine inländische Überträgerin handelt, der **Kapitalertragsteuer** iHv. 25%, § 43 Abs. 1 Nr. 1 EStG (UmwSt-Erl. 2011, BMF v. 11.11.2011, BStBl. I 2011, 1314 Tz. 07.08). Diese Auffassung wird in der Gesetzesbegründung zum SEStEG ausdrücklich bestätigt (BT-Drs. 16/2710). Die Kapitalertragsteuer soll allerdings, obwohl die Bezüge iSv. § 7 UmwStG gemäß § 2 Abs. 2 UmwStG bereits am steuerlichen Übertragungsstichtag als zugeflossen gelten, abweichend von § 44 Abs. 1 Satz 2 EStG erst mit Eintragung der Verschmelzung in das Handelsregister fällig werden (UmwSt-Erl. 2011, BMF v. 11.11.2011, BStBl. I 2011, 1314 Tz. 07.08).

Ob die **Kapitalertragsteuer** bei beschränkt Steuerpflichtigen gemäß § 50 Abs. 2 Satz 1 EStG **Abgeltungswirkung** hat, ist bei solchen Anteilseignern, die an der Ermittlung des Übernahmegewinns teilnehmen, fraglich: Man könnte auch die Ansicht vertreten, dass es sich bei diesen wegen der Einlage- bzw. Überführungsfiktion des § 5 Abs. 2 und 3 um Einkünfte eines inländischen Betriebs iSv. UmwStG § 50 Abs. 2 Satz 2 Nr. 1 EStG handelt, für die die Abgeltungswirkung nicht gilt; die Frage wird vom UmwSt-Erl. 2011 nicht ausdrücklich angesprochen (zum Diskussionsstand siehe *Bogenschütz* Ubg 2011, 407 f.; Abgeltungswirkung verneinend: WM/*Widmann* UmwStG § 7 Rn. 60, 69). Die Vergünstigungen der Mutter-Tochter-Richtlinie kommen jedenfalls nicht zur Anwendung, § 43b Abs. 1 Satz 4 EStG.

Die Einkünfte aus Kapitalvermögen errechnen sich gemäß § 7 UmwStG iVm. §§ 29 Abs. 1, 28 Abs. 2 KStG für jeden Gesellschafter anteilig (dh. entspr. seiner Beteiligung an der übertragenden Kapitalgesellschaft) wie folgt: 106

- Anteil am Eigenkapital gemäß steuerlicher Schlussbilanz der übertragenden Kapitalgesellschaft;
- abzüglich des Anteils am steuerlichen Einlagekonto iSd. § 27 KStG der übertragenden Gesellschaft;
- und abzüglich des Anteils am gezeichneten Kapital, soweit dieses nicht durch Umwandlung von sonstigen (Nicht-§-27-KStG-)Rücklagen (sog. Sonderausweis) entstanden ist, §§ 29 Abs. 1, 28 Abs. 2 KStG.

Die bei der Umwandlung anfallenden Kosten (mit Ausnahme objektbezogener Kosten wie zB. Grunderwerbsteuer) der übernehmenden Personengesellschaft sowie solcher Anteilsinhaber, die gemäß § 5 UmwStG an der Ermittlung des Übernahmeergebnisses teilnehmen, sind gemäß § 4 Abs. 4 Satz 1 UmwStG in die Übermittlung des Übernahmeergebnisses einzubeziehen, spielen also im Rahmen von § 7 UmwStG keine Rolle (UmwSt-Erl. 2011 BMF v. 11.11.2011, BStBl. I 2011, 1314 Tz. 04.34); für etwaige Kosten solcher Personen, die nicht an der Ermittlung des Übernahmegewinns teilnehmen, entfällt im Rahmen der Abgeltungsteuer der Werbungskostenabzug, § 20 Abs. 9 Satz 1 EStG (UmwSt-Erl. 2011 BMF v. 11.11.2011, BStBl. I 2011, 1314 Tz. 04.35).

b) In die Ermittlung des Übernahmeergebnisses einbezogener Personenkreis, § 5 UmwStG

In die Ermittlung des Übernahmeergebnisses werden einbezogen: 107

- gemäß § 4 Abs. 4 Satz 1 UmwStG die **Gesellschafter der übernehmenden Gesellschaft,** soweit zum Gesamthands- oder Sonderbetriebsvermögen (DPM/*Pung* UmwStG § 5 Rn. 39) der übernehmenden Personengesellschaft Anteile an der übertragenden Kapitalgesellschaft gehören (UmwSt-Erl. 2011 BMF v. 11.11.2011, BStBl. I 2011, 1314 Tz. 04.18);
- gemäß § 5 Abs. 2 UmwStG solche Anteilseigner der übertragenden Gesellschaft, die an dieser im Sinne des **§ 17 EStG** beteiligt sind, § 5 Abs. 2 UmwStG (UmwSt-Erl. 2011 BMF v. 11.11.2011, BStBl. I 2011, 1314 Tz. 05.05–Tz. 05.07);

– gemäß § 5 Abs. 3 UmwStG die Anteilseigner der übertragenden Gesellschaft, die ihre **Anteile** in einem anderen **Betriebsvermögen** als dem (Gesamthands- oder Sonder-)Betriebsvermögen der übernehmenden Gesellschaft halten (UmwSt-Erl. 2011 BMF v. 11.11.2011, BStBl. I 2011, 1314 Tz. 05.08–Tz. 05.11; DPM/*Pung* UmwStG § 5 Rn. 39).

Maßgeblicher Zeitpunkt ist der **steuerliche Übertragungsstichtag.** Jedoch gelten im **Rückwirkungszeitraum angeschaffte Anteile** gemäß § 5 Abs. 1 UmwStG für Zwecke der Ermittlung des Übernahmegewinns als am steuerlichen Übertragungsstichtag angeschafft; dasselbe soll nach Ansicht der Finanzverwaltung für einen unentgeltlichen Erwerb sowie für solche Anteile gelten, die im Rückwirkungszeitraum in das Sonderbetriebsvermögen der übernehmenden Personengesellschaft gelangen (UmwSt-Erl. 2011 BMF v. 11.11.2011, BStBl. I 2011, 1314 Tz. 05.01 und Tz. 05.02). Die Rückwirkungsfiktion gilt auch für im Rückwirkungszeitraum erworbene Anteile iSv. § 5 Abs. 2 und 3 UmwStG (UmwSt-Erl. 2011 BMF v. 11.11.2011, BStBl. I 2011, 1314 Tz. 05.04; DPM/*Pung* UmwStG § 5 Rn. 22).

Die übrigen, nicht vorstehend genannten Inhaber von Anteilen an der übertragenden Gesellschaft sind nicht in die Ermittlung des Übernahmeergebnisses einbezogen. Indem die Anteile solcher Gesellschafter an der übertragenden Kapitalgesellschaft bei der Einkunftsermittlung lediglich mit ihrem Anteil an dem steuerlichen Einlagekonto (→ Rn. 106 zweiter Spiegelstrich) und dem gezeichneten Kapital (→ Rn. 106 dritter Spiegelstrich) in Abzug gebracht werden, werden in Höhe mitbezahlter (offener und stiller) **Reserven** der übertragenden Gesellschaft steuerliche **Anschaffungskosten** ohne steuerliche Wirkungen **„vernichtet“.** Insbesondere können die Anschaffungskosten der nicht an der Ermittlung des Übernahmeergebnisses teilnehmenden Gesellschafter auch nicht in positiven Ergänzungsbilanzen aktiviert werden (BFH v. 12.7.2012, IV R 39/09, BStBl. II 2012, 728, Tz. 22 zu §§ 3 ff. UmwStG 1995).

108 Damit steht der nicht in die Ermittlung des Übernahmeergebnisses einbezogene Personenkreis schlechter als die **übrigen Anteilsinhaber,** für deren Anteile nach näherer Maßgabe von § 5 UmwStG der Buchwert bzw. die Anschaffungskosten angesetzt werden und deren Anschaffungskosten (nur) in Höhe etwa mitbezahlter **stiller Reserven** der übertragenden Gesellschaft (wegen Nichtberücksichtigung eines Übernahmeverlusts gemäß § 4 Abs. 6 UmwStG) vernichtet werden (→ Rn. 111 ff., 117).

109 Es kann für die **nicht in die Ermittlung des Übernahmeergebnisses einzubeziehenden Anteilsinhaber** daher empfehlenswert sein, ihren Anteil noch vor dem **Umwandlungsstichtag** in ein **Betriebsvermögen** einzulegen. Die in diesen Fällen früher geltende **Beschränkung** des Einlagewertes auf die niedrigeren **Anschaffungskosten** gemäß § 5 Abs. 3 Satz 2 UmwStG 1995 für innerhalb der letzten fünf Jahre vor dem Übertragungsstichtag in das inländische Betriebsvermögen des Anteilseigners oder der Übernehmerin eingelegte Anteile ist in § 5 Abs. 3 UmwStG 2006 entfallen (DPM/*Pung* UmwStG § 5 Rn. 38). Allerdings ist § 42 AO zu beachten.

Durch die Veräußerung an einen in die Ermittlung des Übernahmeergebnisses einbezogenen Anteilseigner oder die Annahme des **Abfindungsangebots** gemäß § 29 UmwG kann die **Zwangsbesteuerung** der offenen Reserven hingegen nicht (mehr) vermieden werden: Zwar ist der das Abfindungsangebot annehmende Anteilsinhaber steuerlich so zu behandeln, als ob er nicht Gesellschafter der übernehmenden Personengesellschaft geworden wäre, obwohl die Annahme gesellschaftsrechtlich erst nach Eintragung der Verschmelzung möglich ist, § 31 UmwG (UmwSt-Erl. 2011 BMF v. 11.11.2011, BStBl. I 2011, 1314 Tz. 02.19); steuerlich liegt also auch im Falle der Annahme des Abfindungsangebots eine Veräußerung von Kapitalgesellschaftsanteilen vor. Diese unterliegt jedoch seit VZ 2009 der 25%-igen **Abgeltungsteuer,** § 20 Abs. 2 Nr. 1, § 43 Abs. 1 Nr. 9, Abs. 5, § 43a Abs. 1 Nr. 1 EStG.

110 Die vom Gesetzgeber vorgenommene Differenzierung zwischen wesentlich beteiligten, gemäß § 5 UmwStG in die Ermittlung des Übernahmeergebnisses einbezogenen Anteilsinhabern einerseits und von der Ermittlung des Übernahmeergebnisses ausgeschlossenen sonstigen Anteilsinhabern andererseits hat der BFH in einer noch zu §§ 3ff UmwStG 1995 ergangenen Entscheidung für verfassungsrechtlich unbedenklich gehalten: Insbesondere liege kein Verstoß gegen den allgemeinen Gleichheitssatz (Art. 3 Abs. 1 GG) vor, weil es den nicht wesentlich beteiligten Anteilsinhabern frei gestanden habe, ihre Anteile „freihändig" zur veräußern oder von dem Abfindungsangebot Gebrauch zu machen, auf welches nur mit Zustimmung aller Gesellschafter verzichtet werden könne (dazu → Rn. 24); in beiden Fällen hätten die nicht wesentlich beteiligten Anteilsinhaber sowohl die offenen als auch die stillen Reserven in ihren Anteilen (seinerzeit noch) steuerfrei realisieren können (BFH v. 12.7.2012, IV R 39/09, BStBl. II 2012, 728, Tz. 31; vgl. auch zum geltenden Recht BFH v. 22.10.2015, IV R 37/13, BFH/NV 2016, 667, Tz. 33ff.). Da jedoch mit Einführung der Abgeltungsteuer ab VZ 2009 jegliche Möglichkeit einer solchen steuerfreien Realisierung entfallen ist, stellt sich die Frage, ob die **Ungleichbehandlung** nicht wesentlich beteiligter Anteilsinhaber im Lichte des allgemeinen Gleichheitssatzes auf Basis der aktuellen Rechtslage (Abgeltungsteuer) noch verfassungsrechtlich Bestand haben kann: Die Einlage in ein Betriebsvermögen als einzig verbliebene Möglichkeit, der sofortigen Zwangsbesteuerung der offenen Reserven zu entkommen (→ Rn. 109), dürfte zumindest für Kleinanleger (nur für diese ist die Regelung nach der Absenkung der Beteiligungsgrenze des § 17 Abs. 1 EStG auf 1% durch StSenkG v. 23.10.2000 (BGBl. I 2000, 1433 überhaupt noch relevant) regelmäßig keine Alternative sein.

c) Ermittlung des Übernahmeergebnisses gemäß § 4 Abs. 4 und 5 UmwStG, Kosten des Vermögensübergangs

Für in die Ermittlung des Übernahmeergebnisses einbezogene Anteilsinhaber der übertragenden Gesellschaft sowie – soweit zum Gesamthands- oder Sonderbetriebsvermögen der übernehmenden Gesellschaft Anteile an der übertragenden Gesellschaft gehören – die Gesellschafter der aufnehmenden Gesellschaft ist **jeweils einzeln** personenbezogen (UmwSt-Erl. 2011 BMF v. 11.11.2011, BStBl. I 2011, 1314 Tz. 04.19) entsprechend ihrer unmittelbaren oder anteilig über die übernehmende Gesellschaft bestehenden **Beteiligung** an der **übertragenden Gesellschaft** ein anteiliger Übernahmegewinn oder -verlust iSv. § 4 Abs. 4 Satz 1 UmwStG wie folgt zu ermitteln **(Übernahmegewinn oder -verlust erster Stufe):** **111**

- anteiliger Wert des Betriebsvermögens der übertragenden GmbH, dh. soweit er auf den Anteil des an der Ermittlung des Übernahmegewinns teilnehmenden Gesellschafters entfällt, § 4 Abs. 4 Satz 3 UmwStG (UmwSt-Erl. 2011 BMF v. 11.11.2011, BStBl. I 2011, 1314 Tz. 04.30). Maßgeblich ist grundsätzlich der Wert gemäß steuerlicher Übertragungsbilanz. Abweichend hiervon ist, soweit für das übergehende Betriebsvermögen kein deutsches Besteuerungsrecht bei einer Veräußerung bestand (sog. „neutrales" Vermögen, zB gemäß DBA freigestellte ausländische Betriebstätte der Überträgerin), außerhalb der Steuerbilanz der gemeine Wert anzusetzen, § 4 Abs. 4 Satz 2 UmwStG (UmwSt-Erl. 2011 BMF v. 11.11.2011, BStBl. I 2011, 1314 Tz. 04.29). Durch den Ansatz des gemeinen Werts außerhalb der Steuerbilanz gemäß § 4 Abs. 4 Satz 2 UmwStG erhöht sich das Übernahmeergebnis. Zweck dieser Bestimmung ist die „Schlussbesteuerung" der in den Anteilen ruhenden stillen Reserven, soweit sie auf das nicht der deutschen Besteuerung unterfallende Betriebsvermögen entfallen (DPM/*Pung/Werner* UmwStG § 4 Rn. 59f., dort auch zur überschießenden Wirkung der Regelung in bestimmten Konstellationen); **111a**
- abzüglich der Kosten des Vermögensübergangs. Gemeint sind hier zum einen die nicht objektbezogenen Kosten des Gesellschafters (zB Notarkosten), soweit diese ihm unmittelbar oder anteilig über seine Beteiligung an der übernehmenden Personengesellschaft zuzurechnen sind; in Abkehr von der früheren Praxis (UmwSt-Erl. 1998 BMF v. 25.3.1998, BStBl. I 1998, 268, Tz. 03.13) sollen gemäß UmwSt-Erl. **111b**

2011 auch die nicht objektbezogenen Kosten der Überträgerin einzubeziehen sein, soweit sie nach dem steuerlichen Übertragungsstichtag entstehen (UmwSt-Erl. 2011 BMF v. 11.11.2011, BStBl. I 2011, 1314 Tz. 04.34; aA DPM/*Möhlenbrock/Pung* UmwStG § 3 Rn. 152: sofort abziehbare Betriebsausgaben der Überträgerin). Die objektbezogenen Kosten (zB Grunderwerbsteuer, **nicht** jedoch solche infolge einer **Anteilsvereinigung** nach § 1 Abs. 3 GrEStG, BFH v. 20.4.2011, I R 2/10, BStBl. II 2011, 761 und UmwSt-Erl. 2011, BMF v. 11.11.2011, BStBl. I 2011, 1314 Tz. 04.34) sollen hingegen, da es sich bei Umwandlungen generell um Anschaffungsgeschäfte handele (s. UmwSt-Erl. 2011 BMF v. 11.11.2011, BStBl. I 2011, 1314 Tz. 00.02), als Anschaffungsnebenkosten zu aktivieren sein, und zwar auch insoweit, als die beteiligten Rechtsträger vereinbart haben, dass diese durch die übertragende Körperschaft zu tragen sind (UmwSt-Erl. 2011 BMF v. 11.11.2011, BStBl. I 2011, 1314 Tz. 04.34 unter Hinweis auf BMF v. 18.1.2010, BStBl. I 2010, 70); und

111c – abzüglich des steuerlichen Buchwerts der Beteiligung des Gesellschafters an der übertragenden Kapitalgesellschaft per Übergangsstichtag (§ 4 Abs. 4 Satz 1 UmwStG).

112 Der steuerliche Buchwert der Beteiligung an der übertragenden Kapitalgesellschaft wird für jeden Gesellschafter gesondert in Abhängigkeit von der „Herkunft" seiner Anteile wie folgt ermittelt:

– für von der Personengesellschaft im Gesamthandsvermögen oder von deren Gesellschaftern im steuerlichen Sonderbetriebsvermögen gehaltene Anteile wird deren Buchwert unmittelbar aus deren Bilanz (einschließlich etwaiger steuerlicher Sonder- und Ergänzungsbilanzen) übernommen, § 4 Abs. 4 Satz 1 UmwStG; der Buchwert erhöht sich um gemäß § 4 Abs. 1 Satz 2 UmwStG bis zur Höhe des gemeinen Wertes steuerpflichtig rückgängig zu machende steuerwirksame **Teilwertabschreibungen** sowie **Abzüge** gemäß **§ 6b EStG** oder ähnliche Abzüge aus früheren Jahren (sog. Beteiligungskorrekturgewinn, UmwSt-Erl. 2011 BMF v. 11.11.2011, BStBl. I 2011, 1314 Tz. 04.27, → Rn. 103), was das Übernahmeergebnis verringert.
– am steuerlichen Übertragungsstichtag zu einem anderen Betriebsvermögen eines Gesellschafters der übertragenden Kapitalgesellschaft gehörende Anteile gelten auf Grund der Überführungsfiktion des § 5 Abs. 3 UmwStG zum Buchwert ebenfalls zuzüglich steuerwirksamer und noch nicht zwischenzeitlich rückgängig gemachter Teilwertabschreibungen sowie Abzüge gemäß § 6b EStG oder ähnlicher Abzüge aus früheren Jahren (Obergrenze: gemeiner Wert), § 5 Abs. 3 Satz 1 UmwStG als (fiktiv) in das Betriebsvermögen der übernehmenden Personengesellschaft überführt.
– Anteile iSv. **§ 17 Abs. 1 EStG** gelten als zum Übernahmestichtag **zu Anschaffungskosten** in das Betriebsvermögen der aufnehmenden Personengesellschaft eingelegt, § 5 Abs. 2 UmwStG.

113 Der Gesetzgeber (BT-Drs. 16/2710 Einzelanmerkung zu § 5 Abs. 3) setzt voraus, dass die **Rückgängigmachung** der Teilwertabschreibungen bzw. Abzüge gemäß § 5 Abs. 3 UmwStG bereits im **bisherigen Betriebsvermögen** steuerwirksam erfolgt; die Finanzverwaltung ist dem gefolgt (UmwSt-Erl. 2011 BMF v. 11.11.2011, BStBl. I 2011, 1314 Tz. 05.11). Dieser Vorgang unterliegt jedoch bei Anteilen in ausländischem Betriebsvermögen, auf die § 5 Abs. 3 Satz 1 UmwStG ebenfalls anwendbar ist, regelmäßig nicht der deutschen Besteuerung.

114 Ein Übernahmegewinn/Übernahmeverlust erster Stufe vermindert/erhöht sich um die gemäß § 7 UmwStG als Einnahmen aus Kapitalvermögen zu versteuernden offenen Rücklagen der Kapitalgesellschaft – sog. **Übernahmeergebnis zweiter Stufe,** § 4 Abs. 5 Satz 2 UmwStG (UmwSt-Erl. 2011 BMF v. 11.11.2011, BStBl. I 2011, 1314 Tz. 04.38).

115 Über den Übernahmegewinn bzw. Übernahmeverlust sowie seine Aufteilung auf die Gesellschafter der Übernehmerin, den Beteiligungskorrekturgewinn (UmwStG § 4 Abs. 1 Satz 2, → Rn. 103), die anteiligen Erhöhungs- und Minderungsbeträge iSd.

§ 4 Abs. 5 UmwStG sowie die Anwendung des § 4 Abs. 6 und 7 UmwStG entscheidet das Finanzamt, das für die übernehmende Personengesellschaft zuständig ist, im Rahmen der gesonderten und einheitlichen Feststellung der Einkünfte nach § 180 AO (UmwSt-Erl. 2011 BMF v. 11.11.2011, BStBl. I 2011, 1314 Tz. 04.22).

Ausländische Anteilseigner der übertragenden Körperschaft, die aufgrund der Umwandlung Mitunternehmer der Personengesellschaft werden, sind jedoch in die gesonderte und einheitliche Feststellung nach §§ 180ff. AO nur insoweit einzubeziehen, als für die Bundesrepublik Deutschland zum steuerlichen Übertragungsstichtag ein Besteuerungsrecht hinsichtlich des Gewinns aus der Veräußerung der Anteile an der Körperschaft oder der Einkünfte iSd. § 7 UmwStG bestanden hat (UmwSt-Erl. 2011 BMF v. 11.11.2011, BStBl. I 2011, 1314 Tz. 04.23). Zu verneinen ist dies bei Anteilsinhabern mit Wohnsitz im Ausland, wenn das mit dem Ansässigkeitsstaat abgeschlossene DBA das Besteuerungsrecht für Gewinne aus der Veräußerung der Beteiligung dem Ansässigkeitsstaat zuweist (s. UmwSt-Erl. 2011 BMF v. 11.11.2011, BStBl. I 2011, 1314 Tz. 04.27 Beispiel 1).

Soweit der Übernahmegewinn auf eine **Kapitalgesellschaft** usw. entfällt, ist er gemäß § 4 Abs. 7 Satz 1 UmwStG iVm. § 8b Abs. 2 KStG steuerfrei; gleichzeitig gelten 5% des Übernahmegewinns als nicht abziehbare Betriebsausgaben, § 8b Abs. 3 KStG (UmwSt-Erl. 2011 BMF v. 11.11.2011, BStBl. I 2011, 1314 Tz. 04.44). **116**

Soweit der Übernahmegewinn auf eine **natürliche Person** entfällt, ist er bei dieser bzgl. der ESt seit VZ 2009 nach dem Teileinkünfteverfahren zu erfassen, § 4 Abs. 7 Satz 2 UmwStG (UmwSt-Erl. 2011 BMF v. 11.11.2011, BStBl. I 2011, 1314 Tz. 04.45).

Soweit sich ein Übernahmeverlust ergibt, bleibt dieser steuerlich bei Kapitalgesellschaften usw. außerhalb des Anwendungsbereichs des § 8b Abs. 7, 8 Satz 1 KStG in vollem Umfang gem. § 4 Abs. 6 Satz 1 UmwStG außer Ansatz (UmwSt-Erl. 2011 BMF v. 11.11.2011, BStBl. I 2011, 1314 Tz. 04.40). Bei unter § 8b Abs. 7, 8 Satz 1 KStG fallenden Kapitalgesellschaften ist er (nur) bis zur Höhe der Bezüge iSd. § 7 UmwStG zu berücksichtigen, § 4 Abs. 6 Satz 3 UmwStG (UmwSt-Erl. 2011 BMF v. 11.11.2011, BStBl. I 2011, 1314 Tz. 04.41), in den übrigen Fällen zu 60%, höchstens jedoch iHv. 60% der Bezüge iSd. § 7 UmwStG, § 4 Abs. 6 Satz 4 UmwStG (UmwSt-Erl. 2011 BMF v. 11.11.2011, BStBl. I 2011, 1314 Tz. 04.42). In Höhe der mitbezahlten stillen Reserven werden die Anschaffungskosten also steuerlich „vernichtet“. Insbesondere können diese nach Ansicht des BFH auch nicht durch Bildung einer positiven Ergänzungsbilanz zugunsten des betroffenen Gesellschafters berücksichtigt werden, da das UmwStG keine Aufstockungsregelung mehr enthalte, wie sie § 4 Abs. 6 UmwStG 1995 noch vorgesehen habe (BFH v. 24.6.2014, VIII R 35/10, BFH/NV 2014, 1660, Tz. 19ff. zum UmwStG 2002; iE ebenso BFH v. 22.10.2015, IV R 37/13, BFH/NV 2016, 667, Tz. 32; BFH v. 28.9.2017, IV R 51/15, BFH/NV 2018, 246–249, Tz. 25). Die vom Gesetzgeber erstmals in § 4 Abs. 6 UmwStG 2002 getroffene Entscheidung, den übersteigenden Übernahmeverlust steuerlich außer Ansatz zu lassen, ist nach Auffassung des BFH als Typisierungs- und Vereinfachungsvorschrift zwar verfassungsrechtlich nicht zu beanstanden (BFH v. 5.11.2015, III R 13/13, BFH/NV 2016, 841, Tz. 55ff zu UmwStG 2002; ebenso für UmwStG 2006 BFH v. 22.10.2015, IV R 37/134, BFH/NV 2016, 667, Tz. 33ff.): Es liege zwar eine Durchbrechung des **objektiven Nettoprinzips** vor, die aber durch die Typisierungs- und Vereinfachungserwägungen des Gesetzgebers gerechtfertigt sei (BFH v. 22.10.2015, IV R 37/134, BFH/NV 2016, 667, Tz. 37ff.; BFH v. 24.6.2014, VIII R 35/10, BFH/NV 2014, 1660, Tz. 22ff.). Immerhin hält es der BFH aber (obiter) in Altfällen, in denen der Erwerb noch vor Einführung des Halbeinkünfteverfahrens stattgefunden und der Veräußerer die stillen Reserven somit voll versteuert hat, zur Vermeidung übermäßiger Besteuerung für geboten, dem Erwerber im Falle einer späteren Weiterveräußerung Billigkeitsmaßnahmen gemäß §§ 163, 227 AO zu gewähren (BFH v. **117**

24.6.2014, VIII R 35/10, BFH/NV 2014, 1660, Tz. 28; kritisch dazu *Hahn* jurisPR-SteuerR 47/2014 Anm. 7).

Gemäß § 4 Abs. 6 Satz 5 UmwStG bleibt der Übernahmeverlust auch in Höhe der Bezüge im Sinne des § 7 UmwStG außer Ansatz, soweit

- bei einer Veräußerung der Anteile der Veräußerungsverlust gemäß § 17 Abs. 2 Satz 6 UmwStG nicht zu berücksichtigen wäre (UmwSt-Erl. 2011 BMF v. 11.11. 2011, BStBl. I 2011, 1314 Tz. 04.43). Damit will der Gesetzgeber eine Umgehung der Verlustberücksichtigungsbeschränkungen des § 17 Abs. 2 Satz 6 EStG durch Umwandlung in eine Personengesellschaft verhindern;
- die Anteile an der übertragenden Körperschaft innerhalb von 5 Jahren entgeltlich erworben wurden (UmwSt-Erl. 2011 BMF v. 11.11.2011, BStBl. I 2011, 1314 Tz. 04.43). Dadurch will der Gesetzgeber verhindern, dass bei der Anschaffung der Anteile mitbezahlte stille Reserven, in deren Höhe die Anschaffungskosten bei der Verschmelzung vernichtet würden (→ Rn. 117), in offene Rücklagen umgewandelt werden (zB durch einen vorgeschalteten Asset Deal unter Ausnutzung bestehender Verlustvorträge) und die daraus im Rahmen der Umwandlung entstehenden Bezüge iSd. § 7 UmwStG durch den **Übernahmeverlust** gemäß § 4 Abs. 5 Satz 2, Abs. 6 Sätze 3 oder 4 UmwStG ausgeglichen werden (unter steuersystematischen Aspekten kritisch *Rödder/Schumacher* DStR 2006, 1525, 1532 mit dem Hinweis, dass eine ausschüttungsbedingte Teilwertabschreibung abzugsfähig bleibe).

118 Im Formularfall (→ Rn. 1) ergäbe sich für die Beteiligten **bei Fortführung der Buchwerte** daher folgendes Übernahmeergebnis:

		§ 4 Abs. 4 UmwStG	§ 5 UmwStG	
	Gesamt	C	A	X-GmbH
Betriebsvermögen gemäß steuerlicher Schlussbilanz	600 000	480 000	60 000	60 000
./. Kosten des Vermögensübergangs im Jahr 01	./. 20 000	./. 12 500	./. 3 750	./. 3 750
./. Steuerlicher Buchwert der Beteiligung an der übertragenden Gesellschaft		./. 2 400 000	./. 50 000	./. 50 000
Übernahmeergebnis erster Stufe		./. 1 932 500	6 250	6 250
./. Bezüge gemäß § 7 UmwStG	./. 100 000	./. 80 000	./. 10 000	./. 10 000
Übernahmeergebnis (Übernahmeverlust)		./. 2 012 500	./. 3 750	./. 3 750

Bei der X-GmbH bleibt der Übernahmeverlust gemäß § 4 Abs. 6 Satz 1 UmwStG außer Ansatz.

Bei A wird der Übernahmeverlust gemäß § 4 Abs. 6 Satz 4 UmwStG zu 60% berücksichtigt. § 4 Abs. 6 Satz 5 greift bei ihm nicht ein, weil er seine Beteiligung mehr als fünf Jahre vor dem steuerlichen Übertragungsstichtag erworben hat.

Der Übernahmeverlust des C ist gemäß § 4 Abs. 6 Satz 4 UmwStG iHv. 60% der Bezüge gemäß § 7 UmwStG, also iHv. 48 000.– EUR, zu berücksichtigen. Eine Anwendung des § 4 Abs. 6 Satz 6 (2. Alt.) UmwStG scheidet aus, weil die übernehmende GmbH & Co. KG ihre Beteiligung an der übertragenden Gesellschaft nicht innerhalb von fünf Jahren **vor** dem steuerlichen Übertragungsstichtag (31.12.00), sondern laut Sachverhalt (→ Rn. 2) erst in 01 erworben hat. Eine Anwendung der Vorschrift über ihren klaren Wortlaut hinaus auch auf nach dem steuerlichen Übertragungsstichtag entgeltlich erworbene Anteile dürfte am **Analogieverbot** scheitern.

d) Außerbilanzielle Hinzurechnung

118a Weder der Übernahmegewinn iSd. § 4 Abs. 4 und 7 UmwStG noch die gemäß § 7 UmwStG zu versteuernden offenen Rücklagen der übertragenden Kapitalgesellschaft erhöhen den der Besteuerung unterliegenden Gewinn im Rahmen der Gewinnermittlung nach § 4, § 5 Abs. 1 Satz 1 EStG; die Beträge sind außerbilanziell hinzuzurechnen. Daher erhöhen sie nicht den nicht entnommenen Gewinn iSd. § 34a Abs. 2

EStG und unterliegen folglich bei der Übernehmerin auch nicht der Thesaurierungsbegünstigung gemäß § 34a Abs. 1 Satz 1 EStG (FG Münster v. 28.8.2017, 3 K 1256/15F, DStRE 2018, 1172–1173, Rev. BFH IV R 13/17).

e) Forderungen der Übernehmerin und ihrer Gesellschafter gegen die Überträgerin

Bisher zum **Privatvermögen** gehörende Forderungen von Gesellschaftern der an der Verschmelzung beteiligten Rechtsträger gegen die **Überträgerin** sind mit Ablauf des steuerlichen Übertragungsstichtages als in deren **Sonderbetriebsvermögen** bei der Übernehmerin eingelegt anzusehen (RHL/*Birkemeier* UmwStG § 6 Rz. 91f.; SHS/*Schmitt* Rz. 16 zu § 6 UmwStG); entsprechendes gilt für bisher dem **Privatvermögen** zuzuordnende Forderungen des **übernehmenden Rechtsträgers,** die es dann geben kann, wenn es sich bei dem übernehmenden Rechtsträger um eine natürliche Person oder eine bisher vermögensverwaltend tätige Personengesellschaft handelt (WM/*Widmann* § 6 UmwStG Rz. 65): Auch diese Forderungen gelten als in das Betriebsvermögen des **übernehmenden Rechtsträgers** eingelegt (BFH v. 9.4.2019, X R 23/16, EFG 2016, 1571), **118b**

Befindet sich die Forderung gegen die Überträgerin in einem **anderen Betriebsvermögen,** so gilt sie als mit Ablauf des steuerlichen Übertragungsstichtages zum Buchwert in das Sonderbetriebsvermögen des Gesellschafters bei der Übernehmerin überführt, § 6 Abs. 5 Satz 2 EStG (RHL/*Birkemeier* § 6 UmwStG Rz. 92). **118c**

Die **Einlage** (→ Rz. 118b) erfolgt grundsätzlich zum Teilwert, § 6 Abs. 1 Nr. 5 Satz 1 Hs. 1 EStG (Ausnahme: → Rz. 118e); liegt dieser unter dem Nennwert, ist jedoch nach h.M. wegen des Grundsatzes der **korrespondierenden Bilanzierung** (siehe etwa BFH v. 16.3.2017, IV R 1/15, BStBl II 2017, 943; v. 26.9.1996, IV R 105/94, BStBl II 1997, 277) eine logische Sekunde nach der Einlage eine Aufstockung auf den Nennwert vorzunehmen (RHL/*Birkemeier* Rz. 91f. zu § 6 UmwStG; SHS/*Schmitt* Rz. 16f. zu § 6 UmwStG; **aA** HMB/*Werneburg* § 6 UmwStG Rz. 26), die zu einem sog. **Übernahmefolgegewinn** iSd. § 6 Abs. 2 UmwStG (→ Rz. 119ff.) führt (RHL/*Birkemeier* § 6 UmwStG Rz. 91f.; SHS/*Schmitt* § 6 UmwStG Rz. 16f.; i.E. auch WM/Widmann § 6 UmwStG Rz. 82; **aA** HMB/*Werneburg* Rz. 26 zu § 6 UmwStG). Entsprechendes gilt im Falle der Überführung einer wertberichtigten Forderung aus einem anderen Betriebsvermögen (→ Rz. 118c) in das Sonderbetriebsvermögen (RHL/*Birkemeier* § 6 UmwStGzu). **118d**

Eine **Ausnahme** gilt für iSv. § 17 EStG an der Überträgern beteiligte Gläubiger, wenn sich der Ausfall der als eingelegt geltenden wertgeminderten Forderung im Falle weiterer Zugehörigkeit zum Privatvermögen bei der Verwirklichung eines Realisationstatbestands iSd. § 17 EStG einkommensteuermindernd ausgewirkt hätte: Dann erfolgt die Einlage nicht zum (geminderten) Teilwert, sondern entsprechend den zur Einlage wertgeminderter Beteiligungen iSd. § 17 EStG im Wege teleologischer Extension des § 6 Abs. 1 Nr. 5 Buchst. b EStG entwickelten Grundsätzen mit dem Wert, mit welchem die Forderung bei einem Realisationstatbestand iSd. § 17 EStG als nachträgliche Anschaffungskosten zu berücksichtigen gewesen wäre (BFH v. 9.4.2019, X R 23/16, EFG 2016, 1571 in Fortführung von BFH v. 29.11.2017, X R 8/16, BStBl II 2018, 426), also grundsätzlich in Höhe ihres Nennwertes bzw. im Falle von in der Krise stehengelassenen Darlehen in Höhe ihres Teilwerts im Zeitpunkt des „Stehenlassens“ (vgl. BFH v. 10.11.1998, VIII R 6/96, BStBl II 1999, 348). Nach der Neuregelung des Rechts der Gesellschafterfremdfinanzierung durch MoMiG v. 23.10.2008 (BGBl. I 2008, 2026) und der damit einhergehenden Änderung der BFH-Rechtsprechung (BFH v. 11.7.2017, IX R 36/15, BStBl II 2019, 208) betrifft diese Ausnahme jedoch nurmehr „Altdarlehen“, d.h. solche Darlehen, die bis zum 27.9.2017 (Datum der Veröffentlichung des BFH-Urteils v. 11.7.2017) eigenkapitalersetzend gewährt bzw. (z.B. durch Stehenlassen in der Krise) geworden sind. **118e**

f) § 6 UmwStG

119 Entsteht aus der Konfusion von Forderungen und Verbindlichkeiten zwischen übertragender GmbH und übernehmender Personengesellschaft ein Gewinn (aufgrund **imparitätischen Ansatzes von Forderungen** oder der Auflösung von **Rückstellungen**), so entsteht ein sog. Übernahmefolgegewinn iSv. § 6 Abs. 1 UmwStG bei der übernehmenden Personengesellschaft, und zwar auch soweit, als an der Übernehmerin Gesellschafter beteiligt sind, die unter § 7 UmwStG fallen; eine sinngemäße Anwendung von § 4 Abs. 4 Satz 3 UmwStG dürfte insoweit nicht in Betracht kommen (UmwSt-Erl. 2011 BMF v. 11.11.2011, BStBl. I 2011, 1314 Tz. 06.02).

120 Ein Übernahmefolgegewinn kann in dem Wirtschaftsjahr, in das der steuerliche Übertragungsstichtag fällt, durch eine den **steuerlichen Gewinn mindernde Rücklage** neutralisiert werden; die Rücklage war vor Inkrafttreten des BilMoG v. 26.5. 2009 (BGBl. I 2009, 1102) auch in der Handelsbilanz zu bilden (UmwSt-Erl. 2011 BMF v. 11.11.2011, BStBl. I 2011, 1314 Tz. 06.03); nach Inkrafttreten des BilMoG entfällt auch eine Aufnahme in das Verzeichnis nach § 5 Abs. 1 S. 2 und 3 EStG (DPM/*Pung/Werner* UmwStG § 6 Rn. 24 mwN). Die Möglichkeit der Rücklagenbildung **entfällt** allerdings, wenn die Übernehmerin den auf sie übergegangenen Betrieb innerhalb **von fünf Jahren** nach dem steuerlichen Übertragungsstichtag in eine Kapitalgesellschaft einbringt oder ohne triftigen Grund veräußert oder aufgibt (§ 6 Abs. 3 Satz 1 UmwStG). Die Rücklage ist gem. § 6 Abs. 1 Satz 2 UmwStG in den folgenden drei Wj. gleichmäßig gewinnerhöhend aufzulösen. Der Übernahmefolgegewinn bzw. der Gewinn aus der Auflösung der Rücklage führt zu einem laufenden Gewinn, der der Gewerbesteuer und der Einkommen- oder Körperschaftsteuer unterliegt; er ist nicht Teil des Übernahmeergebnisses (UmwSt-Erl. 2011 BMF v. 11.11.2011, BStBl. I 2011, 1314 Tz. 06.02). Entsteht der Übernahmefolgegewinn durch eine Vereinigung von Forderungen und Verbindlichkeiten, soll er auch dann in voller Höhe steuerpflichtig sein, wenn sich die Forderungsabschreibung ganz oder zum Teil (zB wegen § 3c Abs. 2 EStG oder § 8b Abs. 3 Satz 4 ff. KStG) nicht ausgewirkt hat (UmwSt-Erl. 2011 BMF v. 11.11.2011, BStBl. I 2011, 1314 Tz. 06.02).

121 Entsprechendes gilt gemäß § 6 Abs. 2 Satz 1 UmwStG für den **Übernahmefolgegewinn,** welcher sich aus der nach dem Grundsatz der korrespondierenden Bilanzierung vorzunehmenden Aufstockung einer umwandlungsbedingt gemäß § 6 Abs. 1 Nr. 5 Satz 1 Hs. 1 EStG aus dem Privatvermögen eingelegten bzw. gemäß § 6 Abs. 5 Satz 2 EStG zum Buchwert aus einem anderen Betriebsvermögen überführten wertgeminderten Forderung gegen die Überträgerin ergibt (→ Rn. 118d).

6. Gewerbesteuer bei der übernehmenden Personengesellschaft

122 Der sich in Anwendung von § 4 Abs. 4 und 5 UmwStG ergebende Übernahmegewinn unterliegt bei der übernehmenden Personengesellschaft nicht der Gewerbesteuer (§ 18 Abs. 2 Satz 1 UmwStG). Jedoch unterliegt gemäß § 18 Abs. 3 Satz 1 UmwStG ein Gewinn aus der Aufgabe oder Veräußerung des Betriebs (bzw. gem. § 18 Abs. 3 Satz 2 UmwStG eines **Teilbetriebs** bzw. eines Anteils an der Personengesellschaft) der übernehmenden Personengesellschaft innerhalb einer **Sperrfrist** von fünf Jahren **nach** der Umwandlung der Gewerbesteuer. Entgegen der Rechtslage nach § 18 Abs. 4 UmwStG 1995 (s. dazu BFH v. 16.11.2005, X R 6/04, BStBl. II 2008, 62) besteht die Gewerbesteuerpflicht auch insoweit, als der Veräußerungs- bzw. Aufgabegewinn auf stille Reserven entfällt, die bereits vor der Umwandlung im Betrieb der Übernehmerin vorhanden waren, § 18 Abs. 3 Satz 1 (2. HS) UmwStG. Die Begünstigung des § 35 EStG idF des UntStFG wird nicht gewährt, § 18 Abs. 3 Satz 3 UmwStG. Als Veräußerung gilt auch die Einbringung des Betriebs oder von Mitunternehmeranteilen in eine Kapitalgesellschaft (UmwSt-Erl. 2011 BMF v. 11.11.2011, BStBl. I 2011, 1314 Tz. 18.07), und zwar gleichgültig, ob sie zum gemeinen Wert oder zu Buch- oder

Zwischenwerten erfolgt. Folglich unterliegt ein bei Zwischenwertansatz oder bei Ansatz des gemeinen Wertes entstehender Übertragungsgewinn der Besteuerung gemäß § 18 Abs. 3 UmwStG (UmwSt-Erl. 2011 BMF v. 11.11.2011, BStBl. I 2011, 1314 Tz. 18.07). Eine verdeckte Einlage in eine Kapitalgesellschaft behandelt die Finanzverwaltung als Aufgabe (UmwSt-Erl. 2011 BMF v. 11.11.2011, BStBl. I 2011, 1314 Tz. 18.08). Die Sperrfrist beginnt mit Ablauf des **steuerlichen Übertragungsstichtages** zu laufen (UmwSt-Erl. 2011 BMF v. 11.11.2011, BStBl. I 2011, 1314 Tz. 18.05 iVm. Tz. 06.10; zu § 18 Abs. 4 UmwStG 1995 s. BFH v. 26.4.2012, IV R 24/09, BStBl. II 2012, 703). Nach Auffassung des BFH soll § 18 Abs. 3 Satz 1 UmwStG auch dann eingreifen, wenn zwar der Zeitpunkt der Veräußerung mit dem steuerlichen Übertragungsstichtag zusammenfällt, die Parteien aber die Rechtswirkungen der Umwandlung, insbesondere den Übertragungsgewinn, noch dem Veräußerer zugeordnet haben; für die Erfüllung des Tatbestandsmerkmals **„nach"** genüge es, wenn die Veräußerung der Umwandlung zwar nicht zeitlich, wohl aber logisch nachfolge (BFH v. 26.4.2012, IV R 24/09, BStBl. II 2012, 703, Tz. 29).

Erfolgt die Einbringung zum Buch- oder Zwischenwert oder im Wege der Gesamtrechtsnachfolge, ist die übernehmende Gesellschaft für den Rest der noch laufenden Fünf-Jahresfrist der Geltung des § 18 Abs. 3 UmwStG unterworfen (UmwSt-Erl. 2011 BMF v. 11.11.2011, BStBl. I 2011, 1314 Tz. 18.07). Dasselbe gilt, wenn der nach § 4 UmwStG übergegangene Betrieb, Teilbetrieb oder Mitunternehmeranteil innerhalb der Fünf-Jahresfrist in Anwendung von § 6 Abs. 3 EStG unentgeltlich übertragen wird (UmwSt-Erl. 2011 BMF v. 11.11.2011, BStBl. I 2011, 1314 Tz. 18.08).

Der **Übernahmefolgegewinn** (§ 6 UmwStG) unterliegt, soweit nicht gemäß § 6 Abs. 1 Satz 1 UmwStG eine Rücklage gebildet wird, gemäß § 18 Abs. 1 UmwStG der **Gewerbesteuer;** § 18 Abs. 2 UmwStG ist nicht anwendbar (WM/*Widmann* UmwStG § 18 Rn. 105). Gleiches gilt für die sich aus der Auflösung der Rücklage ergebende Gewinnerhöhung. **123**

einstweilen frei **124**

VII. Verkehrsteuern, Schenkungsteuer

1. Grunderwerbsteuer

Die Verschmelzung löst, soweit zum Vermögen der übertragenden Kapitalgesellschaft Grundstücke gehören, Grunderwerbsteuer aus, § 1 Abs. 1 Nr. 3 GrEStG. Gleiches gilt grds., wenn einer von der übertragenden Kapitalgesellschaft unmittelbar oder mittelbar zu mehr als 95% gehaltenen Personen- oder Kapitalgesellschaft ein Grundstück gehört, § 1 Abs. 2a, Abs. 3 GrEStG. Bemessungsgrundlage ist gemäß § 8 Abs. 2 Satz 1 Nr. 2 bzw. Nr. 3 GrEStG der Grundbesitzwert gemäß § 138 Abs. 2, 3 BewG. Die Grunderwerbsteuer-Freistellung für konzerninterne Umwandlungen gemäß § 6a GrEStG greift erst, wenn das herrschende Unternehmen seit fünf Jahren vor der Umwandlung und für fünf Jahre nach der Umwandlung ununterbrochen zu mindestens 95% unmittelbar oder mittelbar an der abhängigen Gesellschaft beteiligt ist, § 6a Satz 4 GrEStG. Vgl. ausführlich zur Grunderwerbsteuer und den bevorstehenden Änderungen: → Form. D.1 Rn. 66 ff. **125**

einstweilen frei **126**

2. Umsatzsteuer

Die Verschmelzung einer Kapitalgesellschaft auf eine Personengesellschaft ist nicht steuerbar, § 1 Abs. 1a UStG. Die übernehmende Personengesellschaft tritt in die umsatzsteuerliche Rechtsposition der übertragenden Kapitalgesellschaft ein (zB auch im Hinblick auf die Fristen für die Berichtigung des Vorsteuerabzuges iSv. § 15a UStG). **127**

3. Schenkungsteuer

128 Umwandlungen im Allgemeinen und Verschmelzungen von Kapitalgesellschaften auf Personengesellschaften zur Aufnahme im Besonderen können auch **schenkungsteuerlich** relevant sein, soweit im Rahmen der Umwandlung ein **unausgewogener Leistungsaustausch** stattfindet (*H.-U. Viskorf* ZEV 2014, 633):

128a Besteht der unausgewogene Leistungsaustausch darin, dass den Gesellschaftern der übertragenden Kapitalgesellschaft eine den **Wert** der Überträgerin **übersteigende Beteiligung** an der Übernehmerin gewährt wird, kann der Vorgang als freigebige Zuwendung der Gesellschafter der Übernehmerin an die Gesellschafter der Überträgerin gemäß § 7 Abs. 1 Nr. 1 ErbStG der Schenkungsteuer unterliegen (*H.-U. Viskorf* ZEV 2014, 633; BFH v. 27.8.2014, II R 43/12, BStBl. II 2015, 241, für Kapitalerhöhung in GmbH).

128b Entsprechendes gilt, wenn umgekehrt der Wert der den Gesellschaftern der übertragenden Kapitalgesellschaft gewährten Beteiligung an der übernehmenden Personengesellschaft hinter dem Wert der Überträgerin zurückbleibt: Dieser Vorgang kann wegen der schenkungsteuerlichen Transparenz der Personengesellschaft (→ Rn. 128e) eine freigebige Zuwendung gemäß § 7 Abs. 1 Nr. 1 ErbStG der Gesellschafter der Überträgerin an die Gesellschafter der Übernehmerin darstellen (*H.-U. Viskorf* ZEV 2014, 633, 635).

128c **Zuwendungsgegenstand** sind jedenfalls im Fall einer freigebigen Zuwendung an die Gesellschafter der Überträgerin (→ Rn. 128a) die den Begünstigten gewährten Mitunternehmeranteile an der Übernehmerin; dass diese erst mit Eintragung der Verschmelzung im Handelsregister neu entstehen und von den Neugesellschaftern originär erworben werden, ist unerheblich (BFH v. 27.8.2014, II R 43/12, BStBl. II 2015, 241, Tz. 63 zur Kapitalerhöhung in der GmbH).

Unklar ist der **Gegenstand der Zuwendung** hingegen im umgekehrten Fall, wenn der Wert des im Zuge der Verschmelzung übergehenden Vermögens den Wert der dafür gewährten Mitunternehmeranteile übersteigt, also eine freigebige Zuwendung an die Gesellschafter der Übernehmerin vorliegt (→ Rn. 128b): Den Zuwendungsgegenstand lediglich in der Werterhöhung der Anteile der Übernehmerin zu sehen, wie dies die Finanzverwaltung in den Fällen des § 7 Abs. 8 ErbStG annimmt (Gleichl. Ländererlasse v. 20.4.2018, BStBl. I 2018, 632 Tz 3.4.1 Satz 1 und Tz. 3.5), verbietet sich wegen der schenkungsteuerlichen Transparenz von Personengesellschaften (→ Rn. 128e). Denkbar wäre, das übergehende Unternehmen der Überträgerin als Gegenstand der Zuwendung anzusehen. Stattdessen könnte auch auf die ertragsteuerliche Sichtweise abgestellt werden, dass eine infolge des Hinzutretens neuer Mitunternehmer erweiterte Mitunternehmerschaft als neu entstanden anzusehen ist (BFH v. 25.4.2006, VIII R 52/04, BStBl. II 2006, 847, Tz. 59; UmwSt-Erl. 2011 BMF v. 11.11.2011, BStBl. I 2011, 1314 Tz. 01.47 unter Buchst. aa 3. und 4. Alt.); überträgt man diese Sichtweise auf das Schenkungsteuerrecht, wofür immerhin spricht, dass sich die Bestimmung des schenkungsteuerlichen Zuwendungsgegenstands zumindest für Zwecke von §§ 13a ff. ErbStG nach ertragsteuerlichen Grundsätzen richtet (R E 13b.5 Abs. 3 Satz 2), sind Gegenstand der freigebigen Zuwendung an die Gesellschafter der übernehmenden Personengesellschaft Mitunternehmeranteile an der – ertrag- wie schenkungsteuerlich als neue Mitunternehmerschaft anzusehenden – Übernehmerin.

128d Die **Einlagen** der Neu-Mitunternehmer, im Falle der freigebigen Zuwendung an die Gesellschafter der Überträgerin also das Vermögen der Überträgerin und im Falle der freigebigen Zuwendung an die Gesellschafter der Übernehmerin das Vermögen der Übernehmerin, stellen keine teilweise Gegenleistung, sondern **Erwerbsaufwand** gemäß § 1 Abs. 2 iVm. § 10 Abs. 5 Nr. 3 ErbStG dar (*H.-U. Viskorf* ZEV 2014, 633, 635; BFH v. 20.12.2000, IV R 42/99, BStBl. II 2003, 67, und BFH v. 27.8.2014, II R 43/12, BStBl. II 2015, 241, Tz. 50, jeweils zur Kapitalerhöhung in der GmbH).

Soweit zu den Gesellschaftern der an der Verschmelzung beteiligten Rechtsträger **Personengesellschaften** gehören, sind wegen deren **schenkungsteuerlicher Transparenz** Zuwendende bzw. Begünstigte die hinter der Personengesellschaft stehenden natürlichen oder juristischen Personen (BFH v. 14.9.1994, II R 95/92, BStBl. II 1995, 81; Gleichl. Ländererlass v. 14.3.2012, BStBl. I 2012, 331, Tz. 3.2; *H.-U. Viskorf* ZEV 2014, 633, 634). **Kapitalgesellschaften** können hingegen selbst Zuwendende sein (Gleichl. Ländererlasse v. 20.4.2018, BStBl. I 2018, 632 Tz. 3.2); zur Bestimmung der Steuerklasse ist dann das persönliche Verhältnis der Erwerber zu derjenigen unmittelbar oder mittelbar an der Kapitalgesellschaft beteiligten natürlichen Person oder Stiftung zugrunde zu legen, durch die die Zuwendung veranlasst ist, **§ 15 Abs. 4 Satz 1 ErbStG.** Prinzipiell kommen Kapitalgesellschaften – wie auch andere juristische Personen – auch als Begünstigte einer Schenkung in Betracht (*H.-U. Viskorf* ZEV 2014, 633, 634). Jedoch hat dann regelmäßig § 7 Abs. 8 Satz 1 ErbStG (Fiktion einer Zuwendung an deren Gesellschafter), der auch auf Leistungen gesellschaftsfremder Dritter anwendbar sein kann (Gleichl. Ländererlasse v. 20.4.2018, BStBl. I 2018, 632, Tz. 3.2), Vorrang (Gleichl. Ländererlasse v. 20.4.2018, BStBl. I 2018, 632, Tz. 1.4 Satz 1). Hingegen liegt eine freigebige Zuwendung gemäß § 7 Abs. 1 Nr. 1 ErbStG an die Kapitalgesellschaft und kein Fall des § 7 Abs. 8 ErbStG vor, wenn die Leistung von einem nicht an der Kapitalgesellschaft Beteiligten stammt und auf eine unmittelbare Bereicherung der Kapitalgesellschaft abzielt (Gleichl. Ländererlasse v. 20.4.2018, BStBl. I 2018, 632, Tz. 3.2 letzter Satz). Sind Kapitalgesellschaften sowohl als Zuwendende als auch auf Erwerberseite beteiligt, scheidet eine Schenkung insoweit aus, als an diesen unmittelbar oder mittelbar dieselben Gesellschafter zu gleichen Anteilen beteiligt sind, **§ 7 Abs. 8 Satz 2 ErbStG.** **128e**

Ob ein schenkungsteuerlich relevanter **unausgewogener Leistungsaustausch** vorliegt, ist ausschließlich nach bürgerlich-rechtlichen Bewertungsgrundsätzen zu beurteilen (BFH v. 27.8.2014, II R 43/12, BStBl. II 2015, 241, Tz. 46): Die insoweit maßgeblichen Verkehrswerte der Unternehmen der beteiligten Rechtsträger werden gemäß § 9 Abs. 1 Satz 2 BewG durch den Preis bestimmt, der im gewöhnlichen Geschäftsverkehr nach der Beschaffenheit des Zuwendungsgegenstands bei einer Veräußerung zu erzielen wäre (BFH v. 27.8.2014, II R 43/12, BStBl. II 2015, 241, Tz. 46; *H.-U. Viskorf* ZEV 2014, 633, 635). Bei der Feststellung des Werts sind mit Ausnahme ungewöhnlicher oder persönlicher Verhältnisse alle Umstände zu berücksichtigen, die den Preis beeinflussen können, § 9 Abs. 2 Sätze 2 und 3, Abs. 3 BewG (BFH v. 27.8.2014, II R 43/12, BStBl. II 2015, 241, Tz. 46). Auf typisierende Steuerwerte wie z.B. das vereinfachte Ertragswertverfahren (§§ 199ff. BewG) kann nicht zurückgegriffen werden (BFH v. 24.11.2005, II R 11/04, BFH/NV 2006, 744; BFH v. 27.8.2014, II R 43/12, BStBl II 2015, 241, Tz. 47, jeweils zum sog. *Stuttgarter Verfahren*). Die steuerrechtlichen Bewertungsvorschriften sind erst im Rahmen der Ermittlung der Bereicherung iSd. § 10 ErbStG anzuwenden (BFH v. 27.8.2014, II R 43/12, BStBl. II 2015, 241, Tz. 47ff.). **Bewertungsstichtag** ist der Zeitpunkt der Eintragung der Umwandlung in das Handelsregister der Übernehmerin, da die Schenkungsteuer gemäß § 9 Abs. 1 Nr. 2 ErbStG zu diesem Zeitpunkt entsteht (*H.-U. Viskorf* ZEV 2014, 633, 635; BFH v. 27.8.2014, II R 42/12, BStBl. II 2015, 241, Tz. 46 für die Kapitalerhöhung einer GmbH). **128f**

In **subjektiver Hinsicht** ist für § 7 Abs. 1 Nr. 1 ErbStG erforderlich, dass die Beteiligten mit dem Willen zur Freigebigkeit gehandelt haben (BFH v. 27.8.2014, II R 43/12, BStBl. II 2015, 241, Tz. 51). Ihnen muss bekannt gewesen sein, dass zwischen dem Wert der gewährten neuen Beteiligung und dem Wert der zu leistenden Einlage eine erhebliche prozentuale Abweichung besteht, wobei es freilich auf die Kenntnis des genauen Ausmaßes dieser Abweichung nicht ankommt (BFH v. 27.8.2014, II R 43/12, BStBl. II 2015, 241, Tz. 51). Bei einem **auffallenden Missverhältnis** zwischen dem bei verständiger und den Umständen nach vertretbarer Beurteilung **128g** zugrunde zu legenden Verkehrswert der neuen Anteile und den von den Neugesellschaftern zu leistenden Einlagen muss nach der Lebenserfahrung zunächst davon ausgegangen werden, dass die Gesellschafter dieses Missverhältnis erkannt haben. In einem solchen Fall muss derjenige, der behauptet, zumindest dem Zuwendenden sei das auffallend grobe Missverhältnis nicht bekannt gewesen, dies durch konkreten Vortrag entkräften (BFH v. 15.12.2010, II R 41/08, BStBl. II 2011, 363, Tz. 13; BFH v. 27.8.2014, II R 43/12, BStBl. II 2015, 241, Tz. 52 für Kapitalerhöhung in GmbH). Die FinVerw. geht von einem auffälligen Mißverhältnis bereits bei einer **Wertdifferenz** von mindestens **20 %** aus (Gleichl. Ländererlasse v. 20.4.2018, BStBl. I 2018, 632 Tz. 3.4.3; BFH v. 5.7.2018, II B 122/17, BStBl II 2018, 660, Tz. 14, Tz. 3.4.3.

128h Die **Bereicherung** des Erwerbers, die gemäß § 10 Abs. 1 Satz 1 ErbStG für die Bemessung der Schenkungsteuer maßgeblich ist, bestimmt sich gemäß § 12 Abs. 1 und 5 ErbStG, §§ 97, 109 BewG nach dem gemeinen Wert, für dessen Ermittlung § 11 Abs. 2 BewG entsprechend gilt (Kapp/Ebeling/*Geck* ErbStG § 12 Rn. 265).

128i Auf gemäß § 7 Abs. 1 Nr. 1 ErbStG schenkungsteuerbare Umwandlungen können die Steuervergünstigungen gemäß §§ 13a ff. ErbStG Anwendung finden (*H.-U. Viskorf* ZEV 2014, 633, 636; BFH v. 27.8.2014, II R 43/12, BStBl. II 2015, 241, Tz. 61 ff. für Kapitalerhöhung in GmbH). Dies folgt für die Fälle der Verschmelzung einer Kapitalgesellschaft auf eine Personengesellschaft jedenfalls dann aus § 13b Abs. 1 Nr. 2 ErbStG, wenn sich der Vorgang als freigebige Zuwendung an die Gesellschafter der Überträgerin darstellt (→ Rn. 128a), da in diesem Fall Zuwendungsgegenstand die den Begünstigten gewährten Mitunternehmeranteile an der Übernehmerin sind (→ Rn. 128c). Dasselbe wird man aber auch dann anzunehmen haben, wenn umgekehrt der Wert des im Zuge der Verschmelzung übergehenden Vermögens den Wert der dafür gewährten Mitunternehmeranteile übersteigt, also eine freigebige Zuwendung an die Gesellschafter der Übernehmerin vorliegt (→ Rn. 128b): Da in diesem Fall nicht lediglich eine Werterhöhung der Anteile der Gesellschafter der übernehmenden Personengesellschaft, sondern je nach Sichtweise entweder das Unternehmen der Überträgerin oder Mitunternehmeranteile an der – ertrag- wie schenkungsteuerlich als neue Mitunternehmerschaft anzusehenden – Übernehmerin Gegenstand der Zuwendung sind (→ Rn. 128c), müsste sich auch in diesem Fall die Anwendbarkeit der §§ 13a, 13b ErbStG aus § 13b Abs. 1 Nr. 2 ErbStG ergeben.

VIII. Arbeitsrecht

129 Es wird zunächst auf die grds. Anmerkungen zum Arbeitsrecht unter → Form. A. 1 Rn. 150 ff. verwiesen.

130 Die Darlegung der **Folgen der Verschmelzung für die Arbeitnehmer und ihre Vertretungen und die diesbzgl. vorgesehenen Maßnahmen** ist gemäß § 5 Abs. 1 Nr. 9 UmwG zwingender Bestandteil des Verschmelzungsvertrages. Die individual- und kollektivarbeitsrechtlichen Folgen der Verschmelzung sind iE umfassend darzulegen; ein pauschaler Verweis auf § 613a BGB und die Bestimmungen des UmwG genügt nicht (OLG D'dorf v. 15.3.1998, 3 Wx 156/98, NJW-RR 1999, 188). Genügt der Verschmelzungsvertrag diesen Anforderungen nicht, hat das Handelsregister die Eintragung der Verschmelzung abzulehnen (OLG D'dorf v. 15.3.1998, aaO).

131 Daneben besteht gem. **§ 613a Abs. 5 BGB** die Verpflichtung, die Arbeitnehmer nicht nur über die rechtlichen, sondern auch über die sie betreffenden **wirtschaftlichen und sozialen Folgen** des Betriebsübergangs zu informieren; die Nichteinhaltung dieser Informationsverpflichtung hat grundsätzlich zur Folge, dass die in § 613a Abs. 6 BGB normierte Frist von einem Monat für die Ausübung des Rechts der betroffenen Arbeitnehmer, dem Übergang ihres Arbeitsverhältnisses zu widersprechen (iE → Form. A. 1 Rn. 152 f.), nicht zu laufen beginnt. Gleiches gilt für eine **unvoll-**

ständige oder unrichtige Unterrichtung (BAG v. 13.7.2006, 8 AZR 305/05, NZA 2006, 1268; v. 14.12.2006, 8 AZR 763/05, NZA 2007, 682, BAG v. 15.12. 2016, 8 AZR 612/15 NZA 2017, 783, 790). Allerdings hat das BAG klargestellt, dass ein Widerspruchsrecht nach einer Verschmelzung nicht besteht, da das Arbeitsverhältnis mit dem bisherigen, erlöschenen Arbeitgeber nicht fortgesetzt werden kann. Der Widerspruch ist auch nicht zwangsläufig als Kündigung zu verstehen, wenn die Erklärung nicht auch eine Umdeutung zur Kündigung oder einem anderen Beendigungstatbestand zulässt (BAG v. 21.2.2008, 8 AZR 157/07, NZA 2008, 815). Ein erklärter Widerspruch lässt das übergegangene Arbeitsverhältnis daher grundsätzlich unberührt (iE → Form. A.1 Rn. 178, → Form. A.6.2 § 7 Abs. 2 sowie → Rn. 176). Der Arbeitnehmer muss daher grundsätzlich eine außerordentliche Kündigung erklären, wenn er sich vom Arbeitsverhältnis lösen will (Kallmeyer/*Willemsen* UmwG § 324 Rn. 44).

Bzgl. der Einzelheiten wird auf → Form. A.6.1 **§ 7 des Verschmelzungsvertrages** sowie → Rn. 174ff. verwiesen. **132**

einstweilen frei **133, 134**

IX. Kosten

1. Beurkundung des Verschmelzungsvertrags

Die Notargebühren für die Beurkundung des Abschlusses des **Verschmelzungsvertrages** richten sich nach §§ 97, 107 GNotKG (→ Form. A.1 Rn. 261). Vgl. zum reformierten Kostenrecht (GNotKG) → Form. A.1 Rn. 259. **135**

Zur Wertberechnung ist das Aktivvermögen der übertragenden GmbH zugrunde zu legen. Die Berechnung erfolgt dabei auf Grundlage der Verschmelzungsbilanz, jedoch ohne Abzug von Schulden (§ 38 Satz 1 GNotKG, vgl. hierzu BayObLG v. 23.4.1999, 3 Z BR 19/99, NJW-RR 1999, 1373; BayObLG v. 19.3.1997, 3 Z BR 283/96, MittBayNot 1997, 252; OLG Karlsruhe v. 30.1.2001, 11 Wx 59/00, ZNotP 2002, 121 zur KostO). Das Aktivvermögen wird um nicht durch Eigenkapital gedeckte Fehlbeträge vermindert; im Gegenzug erhöhen stille Reserven das Aktivvermögen der übertragenden GmbH (§ 46 Abs. 1 GNotKG; *Diehn/Volpert,* Praxis des Notarkostenrechts, Rn. 2549ff.). Die Berechnung des Aktivvermögens erfolgt dabei auf der Basis der mit zum Handelsregister einzureichenden Verschmelzungsbilanz nach § 17 Abs. 2 UmwG, wobei der anzusetzende Höchstwert auf 10 Mio. EUR beschränkt ist (§ 107 Abs. 1 GNotKG). Zu weiteren Details der Berechnung des Gegenstandswerts → Form. A.1 Rn. 259 und Rn. 261.

einstweilen frei **136**

2. Zustimmungsbeschlüsse, Kapitalerhöhungsbeschluss

Die Mitbeurkundung der Zustimmungsbeschlüsse nach § 13 Abs. 1 UmwG in der übertragenden GmbH sowie der übernehmenden GmbH & Co. KG ist nach § 110 Nr. 1 GNotKG gegenstandsverschieden zum Verschmelzungsvertrag, so dass diese nach §§ 97, 108 Abs. 1 GNotKG für die Notarkostenberechnung gesondert zu berücksichtigen sind. Die Zustimmungsbeschlüsse in übertragender GmbH sowie übernehmender GmbH & Co. KG sind untereinander allerdings gegenstandsgleich, vgl. § 109 Abs. 2 Nr. 4 Buchst. g GNotKG. Gemäß § 108 Abs. 3 S. 1 GNotKG ist der Geschäftswert der Zustimmungsbeschlüsse der Wert des Vermögens des übertragenden Rechtsträgers, höchstens jedoch 5 Mio. EUR (§ 108 Abs. 5 GNotKG), auch wenn mehrere Beschlüsse mit verschiedenem Gegenstand in einem Beurkundungsverfahren zusammengefasst werden. Es empfiehlt sich daher wegen der Degression der Kostentabelle, auch den Verschmelzungsvertrag und die Zustimmungsbeschlüsse – wie vorliegend – in einer Urkunde zusammenzufassen. **137**

138 Gegenstandsverschieden nach § 86 Abs. 2 GNotKG ist allerdings der Beschluss betreffend die Erhöhung des Festkapitals bei der aufnehmenden GmbH & Co. KG, so dass der Nennbetrag der Kapitalerhöhung zu dem Wert des Verschmelzungsbeschlusses hinzuzurechnen ist (§ 35 Abs. 1 GNotKG, vgl. Korintenberg/*Tiedtke* GNotKG § 108 Rn. 85). Die Änderung des Gesellschaftsvertrages bei der aufnehmenden GmbH & Co. KG zur Durchführung der Festkapitalerhöhung (Stammkapitalziffer, Einlagen) wird nach § 109 Abs. 2 Satz 1 Nr. 4 Buchst. b GNotKG nicht gesondert in Ansatz gebracht. Die Neufassung des Gesellschaftsvertrages der aufnehmenden GmbH & Co. KG im Übrigen ist jedoch gesondert in Ansatz zu bringen, da der Gesellschaftsvertrag – anders als beim Formwechsel, vgl. § 234 UmwG – nicht zwingender Bestandteil der notariellen Urkunde ist. Gegenstandswert ist mindestens die Summe der Kommanditeinlagen, also 96000 EUR, ggf. der höhere Wert des Gesellschaftsvermögens der aufnehmenden GmbH & Co. KG nach Verschmelzung.

139, 140 *einstweilen frei*

3. Verzichte, Vollzugs- und Betreuungsgebühren, Auslagen

141 Für die Mitbeurkundung von Verzichtserklärungen auf die Erstellung eines Verschmelzungsberichts (§ 8 Abs. 3 UmwG), auf die Verschmelzungsprüfung bzw. die Erstellung eines Verschmelzungsprüfungsberichts (§ 9 Abs. 3, § 12 Abs. 3 UmwG) (dazu Renner/Otto/Heinze/*Heinze* GNotKG § 107 Rn. 72) und auf die Auslegung von Unterlagen in den Geschäftsräumen der beteiligten Gesellschaften fallen keine zusätzlichen Gebühren an, da sämtliche dieser Verzichtserklärungen gegenstandsgleich nach § 109 Abs. 1 GNotKG mit dem Verschmelzungsvertrag sind (BDS/*Bormann* GNotKG § 109 Rn. 35; OLG Hamm v. 6.12.2001, 15 W 314/01, MittBayNot 2002, 210 zur KostO). Nicht gegenstandsgleich und damit gesondert zu bewerten soll die ebenfalls im Formular enthaltene Verzichtserklärung auf die Anfechtung des jeweiligen Verschmelzungsbeschlusses nach § 16 Abs. 2 UmwG sein. Für die Bewertung dieser Verzichtserklärung soll ein Teilwert von 10% des übergehenden Aktivvermögens zugrunde zu legen sein (Renner/Otto/Heinze/*Heinze* GNotKG § 107 Rn. 73).

142 Es können grundsätzlich Vollzugs- oder Betreuungsgebühren zusätzlich zu den Beurkundungsgebühren entstehen (→ Form. A.1 Rn. 262).

143 Zusätzlich werden durch den Notar noch Auslagen in Rechnung gestellt (→ Form. A.1 Rn. 262).

144 *einstweilen frei*

4. Handelsregisteranmeldung

145 **Beglaubigt** der Notar lediglich die Unterschriften des Geschäftsführers der übertragenden GmbH bzw. der Gesellschafter der aufnehmenden GmbH & Co. KG unter ihm zur Verfügung gestellten **Fremdentwürfen,** dann erhält er hierfür eine Gebühr von 0,2, mindestens jedoch 20 EUR und höchstens 70 EUR, nach Nr. 25100 des Kostenverzeichnisses. Der Geschäftswert der Handelsregisteranmeldungen wird nach §§ 121, 105 GNotKG ermittelt. Bei der übertragenden GmbH handelt es sich um eine Anmeldung mit unbestimmtem Geldwert nach § 105 Abs. 4 Nr. 1 GNotKG. Entsprechend ist der Geschäftswert ein Prozent des Stammkapitals der übertragenden GmbH, mindestens jedoch 30000 EUR; die 0,2 Gebühr aus diesem Geschäftswert beträgt 25 EUR. Bei der übernehmenden GmbH & Co. KG ist der Anmeldegegenstand der Verschmelzung ein solcher mit unbestimmtem Geldwert nach § 105 Abs. 4 Nr. 1 GNotKG. Die Anmeldung der Festkapitalerhöhung ist jedoch ein gesonderter Gegenstand, so dass der Nennbetrag der Kapitalerhöhung hinzuzurechnen ist (§ 105 Abs. 1 Satz 1 Nr. 3, § 35 Abs. 1 GNotKG), mindestens aber nochmals 30 000 EUR (§ 105 Abs. 1 Satz 2 GNotKG).

Zudem erhält der Notar nach Nr. 22114 des Kostenverzeichnisses (elektronischer Vollzug und Erstellung von sog. XML-Strukturdaten) noch eine zusätzliche Gebühr in

Höhe von 0,3, maximal jedoch 250 EUR, für die elektronische Einreichung der Handelsregisteranmeldung nebst Anlagen zum Registergericht. Des Weiteren fällt noch eine Vollzugsgebühr nach Nr. 22124 des Kostenverzeichnisses von 20 EUR für die Einreichung der Handelsregisteranmeldung an. Hinzu kommen Auslagen nach Nr. 3200 ff. des Kostenverzeichnisses und 19% USt (Nr. 32014).

Erstellt der **Notar selbst** die **Entwürfe** der Handelsregisteranmeldungen für die übertragende GmbH und die übernehmende GmbH & Co. KG, so berechnen sich die Notargebühren nach Nr. 24102 des Kostenverzeichnisses. Hiernach fällt eine Rahmengebühr von 0,3 bis 0,5, bei einer (vollständigen) Entwurfserstellung eine Gebühr von 0,5, mindestens jedoch 30 EUR an. Der Geschäftswert berechnet sich wiederum aus §§ 119, 105 GNotKG (vgl. die vorstehenden Ausführungen). Zudem erhält der Notar nach Nr. 22114 des Kostenverzeichnisses (elektronischer Vollzug und Erstellung von sog. XML-Strukturdaten) noch eine zusätzliche Gebühr in Höhe von 0,3, maximal jedoch 250 EUR, für die elektronische Einreichung der Handelsregisteranmeldung nebst Anlagen zum Registergericht. Neben den beiden vorgenannten Gebühren sind wiederum Auslagen nach Nr. 3200 ff. und 19% USt (Nr. 32014) zu zahlen.

einstweilen frei **146**

5. Handelsregistereintragung

Die Eintragungsgebühren richten sich nach der HRegGebV, die auf der Ermächtigungsgrundlage in § 58 GNotKG beruht. Bei den Gebühren handelt es sich um sog. aufwandsbezogene Gebühren, die dem sog. Gebührenverzeichnis als Anlage zu § 1 Satz 1 HRegGebV v. 30.9.2004, BGBl. I 2004, 2562 entnommen werden können. **147**

Die **Handelsregistereintragung** kostet bei der übertragenden GmbH 240 EUR (Gebührenverzeichnis Nr. 2402) und bei der übernehmenden GmbH & Co. KG 180 EUR (Gebührenverzeichnis Nr. 1401).

einstweilen frei **148–150**

C. Einzelerläuterungen

I. Notarurkunden

1. Verschmelzungsvertrag mit Zustimmungsbeschlüssen und Verzichtserklärungen

Verschmelzungsvertrag, Verschmelzungsbeschlüsse sowie Verzichte auf Verschmelzungsbericht und Klage gegen die Wirksamkeit der Verschmelzungsbeschlüsse sind **notariell zu beurkunden,** §§ 6, 13 Abs. 3 Satz 1 UmwG. Erforderlich ist im Regelfall die Beurkundung durch einen deutschen Notar; die Beurkundung durch einen ausländischen Notar kann allenfalls dann genügen, wenn sie der Beurkundung durch einen deutschen Notar gleichwertig ist, was z.B. für die Beurkundung durch Notare im Schweizer Kanton Basel-Stadt bejaht worden ist (vgl. KG v. 26.7.2018, 22 W 2/18, DStR 2018, 2533; s. iE → Form. B.1 Rn. 333 ff.). **151**

Da im Formularfall eine einvernehmliche Verschmelzung vorliegt, werden sämtliche Erklärungen aus Kostengründen gemeinsam in einer Urkunde beurkundet. Dadurch fällt ua. die Gebühr für die Verschmelzungsbeschlüsse nur einmal an (→ Rn. 137); außerdem werden Verzichtserklärungen auf die Erstellung eines Verschmelzungsberichts, auf die Verschmelzungsprüfung bzw. die Erstellung eines Verschmelzungsprüfungsberichts und auf die Auslegung von Unterlagen in den Geschäftsräumen der beteiligten Gesellschaften wegen Gegenstandsgleichheit mit dem Verschmelzungsvertrag nicht in Ansatz gebracht (→ Rn. 141). **152**

einstweilen frei **153**

2. Verschmelzungsvertrag

Zu § 1: Vermögensübertragung

154 § 1 des Verschmelzungsvertrages enthält die nach § 5 Abs. 1 Nr. 2 UmwG erforderliche Vereinbarung über die **Übertragung** des Vermögens der übertragenden GmbH als Ganzes gegen Gewährung von Anteilen an der übernehmenden GmbH & Co. KG.

Zu § 2: Gegenleistung, Umtauschverhältnis, Kapitalerhöhung

155 **Abs. 1** des Verschmelzungsvertrages entspricht den Anforderungen in § 40 Abs. 1 UmwG, wonach im Verschmelzungsvertrag für jeden Gesellschafter bestimmt sein muss, ob ihm die Stellung eines **persönlich haftenden** Gesellschafters oder eines **Kommanditisten** eingeräumt wird; zudem muss für jeden Gesellschafter seine Einlage in der Kommanditgesellschaft festgesetzt werden, § 40 Abs. 1 Satz 2 UmwG. Die Einräumung der Stellung eines persönlich haftenden Gesellschafters bedarf der Zustimmung des betroffenen Gesellschafters der übertragenden GmbH, § 40 Abs. 2 Satz 2 UmwG.

156 *einstweilen frei*

157 **Abs. 2** des Verschmelzungsvertrages (Zeitpunkt des Beginns der **Gewinnberechtigung**) enthält eine gemäß § 5 Abs. 1 Nr. 5 UmwG erforderliche Angabe. Als Zeitpunkt, ab welchem die Anteile gewinnberechtigt sind, wird häufig der **Verschmelzungsstichtag** gewählt. Handelsrechtlich ist dies nicht zwingend. Jedoch wird steuerlich gemäß § 2 Abs. 2 UmwStG das Ergebnis der übernehmenden Personengesellschaft deren Gesellschaftern zwingend ab dem steuerlichen Übernahmestichtag zugerechnet, dh. ab dem Zeitpunkt der Schlussbilanz der übertragenden Gesellschaft, § 2 Abs. 1 Satz 1 UmwStG.

158 *einstweilen frei*

159 **Abs. 1 und 3** regeln das Umtauschverhältnis der Anteile sowie die diesbzgl. vorzunehmende Kapitalerhöhung bei der aufnehmenden Gesellschaft, § 5 Abs. 1 Nr. 3 und 4 UmwG:

160 Die **Kapitalerhöhung** bei der übernehmenden GmbH & Co. KG gemäß **§ 2 Abs. 3** errechnet sich, indem die Kapitalerhöhung (KErh) zu der Summe aus bisherigem Kommanditkapital (KK) und Kapitalerhöhung ins Verhältnis gesetzt wird. Dieses Verhältnis entspricht dem Verhältnis, in welchem der Verkehrswert der neu ausgegebenen Anteile zum Verkehrswert der aufnehmenden Gesellschaft *nach* Verschmelzung (W_{AnV}) steht. Der Verkehrswert der neu ausgegebenen Anteile muss wiederum dem Verkehrswert der von den Empfängern bislang an der übertragenden Gesellschaft gehaltenen Geschäftsanteile entsprechen. Deren Wert ergibt sich, indem man den Wert der übertragenden Gesellschaft ($W_Ü$) mit der Beteiligungsquote der Anteilsempfänger an der übertragenden Gesellschaft (Q) multipliziert.

161 Es ergibt sich also folgende Gleichung:

$$\frac{KErh}{KK + KErh} = \frac{Q \times W_Ü}{W_{AnV}}$$

Setzt man die Zahlen aus dem Formularfall (→ Rn. 1 f.) in diese Formel ein, so ergibt sich Folgendes:

$$\frac{KErh}{60\,000\text{ EUR} + KErh} = \frac{20\%\ 3\,000\,000\text{ EUR}}{1\,600\,000\text{ EUR}} = \frac{3}{8}$$

Die Beteiligungsquote Q der an der Kapitalerhöhung teilnehmenden Gesellschafter A und X GmbH der übertragenden Gesellschaft beträgt 20%.

Der Wert der aufnehmenden Gesellschaft nach Verschmelzung (W_{AnV}) von 1 600 000.– Mio. EUR ergibt sich, indem man von der Summe der Verkehrswerte beider Gesellschaften *vor* Verschmelzung

(1 Mio. EUR + 3 Mio. EUR = 4 Mio. EUR) den Wert der von der aufnehmenden Gesellschaft an der übertragenden Gesellschaft gehaltenen Anteile (80% 3 Mio. EUR = 2,4 Mio. EUR) abzieht, da diese im Rahmen der Verschmelzung untergehen.

Löst man die vorstehende Gleichung nach KErh auf, so ergibt sich folgendes

$$\text{KErh} = \frac{3}{8} \times (60\,000 \text{ EUR} + \text{KErh})$$

$$\text{KErh} = \frac{3}{8} \times 60\,000 \text{ EUR} + \frac{3}{8} \times \text{KErh}$$

$$\frac{5}{8} \text{ KErh} = \frac{3}{8} \times 60\,000 \text{ EUR}$$

$$\text{KErh} = \frac{3}{5} \times 60\,000 \text{ EUR}$$

Ergebnis: KErh = 36 000 EUR

Das **Umtauschverhältnis** gemäß **§ 2 Abs. 1** ergibt sich, indem man den Betrag der im Rahmen der Kapitalerhöhung neu auszugebenden Kommanditanteile (36 000.– EUR) durch den Nennbetrag der Geschäftsanteile teilt, welche die Empfänger an der übertragenden GmbH hielten (100 000.– EUR). Daraus folgt im Formularfall, dass für jeden Euro eines Geschäftsanteils an der übertragenden GmbH 0,36 EUR Festkapital an der übernehmenden GmbH & Co. KG gewährt werden. **162**

einstweilen frei **163**

Zu § 3: Verschmelzungsstichtag

Abs. 1 (Verschmelzungsstichtag) ist gemäß § 5 Abs. 1 Nr. 6 UmwG zwingender Bestandteil des Verschmelzungsvertrages. Der Verschmelzungsstichtag bezeichnet den Zeitpunkt, ab welchem die Geschäftsvorfälle des übertragenden Rechtsträgers in der Rechnungslegung des übernehmenden Rechtsträgers zu erfassen sind. **164**

einstweilen frei **165**

Abs. 2 (Handelsrechtliche Schlussbilanz) ist kein zwingender Bestandteil des Verschmelzungsvertrages: § 5 Abs. 1 Nr. 5 und Nr. 6 UmwG fordern Festlegungen im Verschmelzungsvertrag nur für den Gewinnberechtigungszeitpunkt sowie den Verschmelzungsstichtag. Gleichwohl ist eine Regelung bzgl. der handelsrechtlichen Schlussbilanz zweckmäßig. **166**

Da streitig ist, ob die Schlussbilanz festgestellt sein muss (→ Rn. 57), sieht das Formular vorsorglich die Feststellung der Schlussbilanz vor. **167**

einstweilen frei **168**

Abs. 3 Satz 1 (Wertansätze in der Rechnungslegung der übernehmenden Gesellschaft) ist ebenfalls kein zwingender, aber ein zweckmäßiger Bestandteil des Verschmelzungsvertrages. Um einen **Verschmelzungsverlust** zu vermeiden, wird im Formular der Ansatz des übergehenden Vermögens nach dem **Anschaffungskostenprinzip** gewählt, § 255 Abs. 1 HGB iVm. § 24 UmwG (→ Rn. 62 ff.), was zu einer Buchwertaufstockung führt. Die frühere Auffassung der FinVerw. zum UmwStG 1995, wonach dies eine erfolgswirksame Wertaufholung in der korrespondierenden Steuerbilanz des übernehmenden Rechtsträgers zur Folge haben sollte **(„phasenverschobene" oder „hinkende" Maßgeblichkeit),** ist mit der Neuregelung durch das UmwStG 2006 aufgegeben worden (→ Rn. 91). **169**

Abs. 3 Satz 2 (bilanzielle Behandlung des Differenzbetrages zwischen dem Wert des übergehenden Vermögens und dem Betrag der Kapitalerhöhung) ist ebenfalls kein zwingender, aber ein zweckmäßiger Bestandteil des Verschmelzungsvertrages: Bei ei- **170**

ner Personengesellschaft als aufnehmender Gesellschaft gibt es nicht die für GmbH und AG geltende 10%-ige Beschränkung der Höhe der baren Zuzahlungen, §§ 54 Abs. 4, 68 Abs. 3 UmwG. Daher haben die Parteien die Wahl, ob der positive Differenzbetrag als Eigenkapital (Rücklagekonto) oder Fremdkapital (Verrechnungskonto) verbucht wird (→ Rn. 74ff.). Maßgeblich sind die Parteivereinbarungen (*IDW* HFA 2/1997 Tz. 331). Das Formular entscheidet sich für die Behandlung als Eigenkapital. Dies empfiehlt sich auch deshalb, weil im Falle der Verbuchung auf einem Fremdkapitalkonto eine nicht in Gesellschafterrechten bestehende Gegenleistung vorliegt, die gemäß § 3 Abs. 2 Nr. 3 UmwStG **insoweit** die Möglichkeit des Ansatzes von Buch- oder Zwischenwerten in der steuerlichen Schlussbilanz der übertragenden GmbH ausschließt (→ Rn. 90d), was bei dieser zu einem steuerpflichtigen Übertragungsgewinn führt (→ Rn. 96).

171 **Abs. 4** (Regelung, wie die übergehenden Wirtschaftsgüter in der steuerlichen Schlussbilanz der Überträgerin anzusetzen sind) ist zwar ebenfalls nicht erforderlich, aber zweckmäßig, da ein Wertansatz über Buchwert steuerliche Folgen für die Beteiligten hat, nämlich einen Übertragungsgewinn bei der Übernehmerin (→ Rn. 96) und ein höheres Übernahmeergebnis auf Seiten der Übernehmerin sowie der außenstehenden Gesellschafter der Überträgerin (→ Rn. 111ff.).

Zu § 4: Gesellschaftsvertrag der Übernehmerin

172 **§ 4,** der die Neufassung des **Gesellschaftsvertrages** der übernehmenden GmbH & Co. KG vorsieht, ist grundsätzlich kein zwingender Bestandteil des Verschmelzungsvertrages. Häufig ist die Neufassung des Gesellschaftsvertrages jedoch Bestandteil der wirtschaftlichen Einigung zwischen den Gesellschaftern der übertragenden und der übernehmenden Gesellschaft.

173 *einstweilen frei*

Zu § 7: Folgen der Verschmelzung für Arbeitnehmer und ihre Vertretungen

174 Die Darlegung der Folgen der Verschmelzung für die Arbeitnehmer und ihre Vertretungen sowie die insoweit vorgesehenen Maßnahmen sind zwingender Bestandteil des Verschmelzungsvertrages, § 5 Abs. 1 Nr. 9 UmwG, ihr Fehlen ein Eintragungshindernis.

175 **Abs. 1** beschreibt und konkretisiert die gesetzliche Regelung in § 324 UmwG iVm. § 613a Abs. 1 Satz 1 BGB.

176 **Abs. 2** trägt dem in § 613a Abs. 5 und 6 BGB geregelten Widerspruchsrecht des Arbeitnehmers Rechnung. Ein Widerspruchsrecht besteht nach aktueller Rspr. nach einer Verschmelzung nicht, da das Arbeitsverhältnis mit dem bisherigen, erloschenen Arbeitgeber nicht fortgesetzt werden kann. IE → Form. A.1 Rn. 178.

177 **Abs. 3** enthält die ebenfalls erforderliche Beschreibung der Folgen der Verschmelzung für die Arbeitnehmer des übernehmenden Unternehmens.

178 **Abs. 4** legt das **Kündigungsverbot** gemäß § 613a Abs. 4 BGB dar.

179 **Abs. 5** beschreibt die Rechtsfolge der Verschmelzung für die bei der übertragenden Gesellschaft geltenden tarifvertraglichen Normen (**individualvertragliche Fortgeltung** gemäß § 613a Abs. 1 Satz 2 BGB), wenn das übernehmende Unternehmen nicht tarifgebunden ist. Gehört das übernehmende Unternehmen einem anderen Arbeitgeberverband an, so gelten gemäß § 613a Abs. 1 Satz 3 BGB vorrangig die Tarifverträge dieses Arbeitgeberverbandes **kollektivrechtlich** auch für die Arbeitnehmer des übertragenden Unternehmens; soweit die Tarifverträge des Arbeitgeberverbandes des aufnehmenden Unternehmens allerdings **Lücken** enthalten, sind diese durch **individualvertragliche Fortgeltung** der bei der übertragenden Gesellschaft bestehenden Tarifvertragsnormen gemäß § 613a Abs. 1 Satz 2 BGB zu schließen (WM/*Vossius*

UmwG § 20 Rn. 143). Die kollektivrechtliche Ablösung findet nur statt, soweit die bei dem aufnehmenden Unternehmen geltenden Tarifverträge denselben Regelungsgegenstand betreffen oder dem Tarifvertrag zu entnehmen ist, dass er die vertraglich fortgeltenden Tarifregelungen insgesamt ablösen sollte (BAG v. 22.1.2003, 10 AZR 227/02, NZA 2003, 879, iE auch → Form. A.1 Rn. 173). Gehören übertragendes und aufnehmendes Unternehmen hingegen demselben Arbeitgeberverband an, gelten die von diesem abgeschlossenen Arbeitsverhältnisse kollektivrechtlich auch für die Arbeitnehmer des übertragenden Unternehmens weiter; der individualrechtlichen Fortgeltung gemäß § 613a Abs. 1 Satz 2 BGB bedarf es in diesem Fall nicht.

Abs. 6 und Abs. 7 beschreiben die Auswirkungen auf die **betriebsverfassungsrechtlichen Strukturen** der betroffenen Unternehmen. Die Betriebsräte bleiben bei einer Verschmelzung zunächst im Amt, da die Identität der Betriebe durch eine Verschmelzung nicht unmittelbar geändert wird. Sofern im übernehmenden Unternehmen ein Gesamtbetriebsrat noch nicht besteht, ist er erstmalig zu errichten, § 47 Abs. 1 BetrVG. Die Betriebsvereinbarungen gelten ebenfalls kollektivrechtlich fort, da die betrieblichen Strukturen durch die Verschmelzung als solche zunächst nicht geändert werden. **180**

Abs. 9 betrifft die Frage, ob und inwieweit bzw. wie detailliert eine Darstellung auch der **mittelbaren Folgen** der Verschmelzung nach § 5 Abs. 1 Nr. 9 UmwG erforderlich ist. Diese ist heftig umstritten s. WM/*Mayer* UmwG § 5 Rn. 183 mwN; Lutter/*Drygalla* UmwG § 5 Rn. 103ff. mwN). **§ 7 Abs. 9** enthält vorsorglich eine Beschreibung der wesentlichen mittelbaren **Folgen der Verschmelzung** sowie den Hinweis auf deren Behandlung im Verfahren nach §§ 111ff. BetrVG. Die Zuständigkeit des Gesamtbetriebsrates für das Verfahren nach §§ 111ff. BetrVG ergibt sich aus § 50 Abs. 1 BetrVG, da mehrere Betriebe betroffen sind. **181**

einstweilen frei **182**

3. Gesellschaftsvertrag

Das Formular ist lediglich beispielhaft gedacht; auf eine Kommentierung iE wird verzichtet. **183**

einstweilen frei **184**

II. Schreiben an die Betriebsräte

Die Notwendigkeit der **Zuleitung** des Verschmelzungsvertrages oder seines Entwurfs an die **Betriebsräte der beteiligten Rechtsträger** spätestens einen Monat vor den Verschmelzungsbeschlüssen ergibt sich aus § 5 Abs. 3 UmwG; die Zuleitung ist dem Handelsregister gemäß § 17 Abs. 1 UmwG nachzuweisen. Der Nachweis erfolgt am einfachsten durch Empfangsbekenntnis (→ Form. A.6.4 und → Form. A.6.5). **185**

Im Falle des Bestehens eines **Gesamtbetriebsrates** ist bei einer Verschmelzung zumindest bei der übertragenden Gesellschaft dieser zuständig, da die Angelegenheit notwendigerweise das gesamte Unternehmen betrifft, § 50 BetrVG; ob dies auch auf Seiten der übernehmenden Gesellschaft zutrifft, ist weniger klar. Ebenso ist unklar und streitig, ob im Falle des Bestehens eines **Konzernbetriebsrates** auch diesem der Verschmelzungsvertrag zuzuleiten ist (differenzierend WM/*Mayer* UmwG § 5 Rn. 254). Wird der Verschmelzungsvertrag nur dem unzuständigen Betriebsrat zugeleitet, stellt dies ein Eintragungshindernis dar. Es empfiehlt sich daher, den Verschmelzungsvertrag – falls tunlich – im Interesse der Rechtssicherheit sämtlichen auch nur möglicherweise in Betracht kommenden Betriebsräten sämtlicher beteiligter Rechtsträger einschließlich etwaiger Gesamt- und Konzernbetriebsräte zuzuleiten (Kallmeyer/*Willemsen* UmwG § 5 Rn. 76). **186**

einstweilen frei **187**

188 Auf die Einhaltung der Monatsfrist soll **verzichtet** werden können (WM/*Mayer* UmwG § 5 Rn. 259; Kallmeyer/*Willemsen* UmwG § 5 Rn. 77b), nicht dagegen auf die Zuleitung an sich (Kallmeyer/*Willemsen* aaO; **aA** WM/*Mayer* aaO).

189 **Fehlt** ein Betriebsrat, **entfällt** die Zuleitungspflicht gemäß § 5 Abs. 3 UmwG (WM/*Mayer* UmwG § 5 Rn. 263; Kallmeyer/*Willemsen* UmwG § 5 Rn. 79).

190 Im Falle von **Änderungen** des Verschmelzungsvertrages nach Zuleitung an den Betriebsrat soll dieser nur dann **erneut** dem Betriebsrat zuzuleiten sein, wenn die Änderungen in irgendeiner Form auf die Rechtsverhältnisse der Arbeitnehmer und ihrer Vertretungen Auswirkung haben können (OLG Naumburg v. 6.2.1997, 7 U 236/96, DB 1997, 466).

191 *einstweilen frei*

III. Handelsregisteranmeldungen, Transparenzregister

1. Übertragende Gesellschaft

192 Die Anmeldung hat durch Geschäftsführer in **vertretungsberechtigender Anzahl** zu erfolgen (Kallmeyer/*Zimmermann* UmwG § 16 Rn. 4). Die Unterschriften sind öffentlich zu beglaubigen, § 12 HGB. Im Falle einer grundsätzlich zulässigen **Bevollmächtigung** zur Anmeldung müssen auch die Unterschriften unter der Vollmacht notariell beglaubigt werden, § 12 Abs. 2 HGB. Die Handelsregisteranmeldung ist elektronisch in öffentlich beglaubigter Form einzureichen, § 12 Abs. 1 S. 1 HGB (iE → Form. A. 1 Rn. 56ff. sowie *Jeep/Wiedemann* NJW 2007, 2439).

193 *einstweilen frei*

2. Aufnehmende Personengesellschaft

194 Anders als bei sonstigen Handelsregisteranmeldungen für Personengesellschaften (§§ 108, 161 Abs. 2 HGB) ist keine Anmeldung durch sämtliche Gesellschafter erforderlich, sondern genügt auf Grund der **Sonderregelung in § 16 UmwG** die Anmeldung durch die **vertretungsberechtigte persönlich haftende Gesellschafterin,** da auch in §§ 39ff. UmwG von diesem Grundsatz für Personengesellschaften keine Ausnahme gemacht wird (Kallmeyer/*Zimmermann* UmwG § 16 Rn. 4; SSt/*Volhard* UmwG § 16 Rn. 7 und Fn. 20; zweifelnd allerdings *Schöne* GmbHR 1995, 325, 332f.). Der ganz hM in der Literatur ist zu folgen, zumal das UmwG auch beim Formwechsel in eine Personengesellschaft gemäß § 235 Abs. 2 UmwG die Anmeldung durch das Vertretungsorgan der formwechselnden Gesellschaft genügen lässt und daher ausdrücklich den gesetzgeberischen Willen dokumentiert, den im Personengesellschaftsrecht sonst geltenden Grundsatz der Anmeldung der Personengesellschaft durch sämtliche Gesellschafter (§§ 108, 161 Abs. 2 HGB) nicht in das Umwandlungsrecht zu übernehmen.

195 Die Unterschriften sind öffentlich zu beglaubigen, § 12 HGB. Im Falle einer grds. zulässigen **Bevollmächtigung** zur Anmeldung müssen auch die Unterschriften unter der Vollmacht notariell beglaubigt werden, § 12 Abs. 2 HGB. Die Handelsregisteranmeldung ist elektronisch in öffentlich beglaubigter Form einzureichen, § 12 Abs. 1 S. 1 HGB (iE → Form. A.1 Rn. 56ff. sowie *Jeep/Wiedemann* NJW 2007, 2439).

196 Eine Umwandlung sollte stets auch Anlass für die Prüfung sein, ob diese eine – gemäß § 56 Abs. 1 Nr. 53 GWG bußgeldbewehrte – Pflicht zur Mitteilung des **Wirtschaftlich Berechtigten** an das Transparenzregister auslöst oder eine solche Mitteilungspflicht womöglich sogar unabhängig von der Umwandlung besteht. Ist nämlich eine **natürliche Person** Wirtschaftlich Berechtigter im Sinne von § 19 Abs. 2 S. 1, § 3 Abs. 1 und 2 GWG, weil sie unmittelbar oder mittelbar mehr als 25% der Kapitalanteile oder Stimmrechte einer juristischen Person oder eingetragenen Personengesellschaft hält (§ 3 Abs. 2

Satz 1 Nr. 1 oder 2 GWG) oder auf vergleichbare Weise Kontrolle ausübt (§ 3 Abs. 2 Satz 1 Nr. 3 GWG), hat die juristische Person oder eingetragene Personengesellschaft grundsätzlich gemäß § 19 Abs. 1 GWG Vor- und Nachnamen, Geburtsdatum und Wohnort des Wirtschaftlich Berechtigten sowie nach näherer Maßgabe von § 19 Abs. 2 GWG Art und Umfang seines wirtschaftlichen Interesses dem Transparenzregister mitzuteilen, § 20 Abs. 1 GWG. Gemäß § 20 Abs. 2 GWG gilt diese Verpflichtung jedoch als erfüllt, wenn die vorgenannten Angaben bereits in einem der in § 20 Abs. 2 GWG genannten Register, zB dem Handelsregister, elektronisch abrufbar sind. Dies trifft bei der Eintragung als Gesellschafter einer Personenhandelsgesellschaft in das (deutsche) Handelsregister regelmäßig zu. Soweit die Mitteilungsfiktion hingegen nicht anwendbar ist, etwa bei Beteiligung ausländischer Kapitalgesellschaften, deren Gesellschafter naturgemäß nicht aus den in § 20 Abs. 2 GWG genannten deutschen Registern ersichtlich sind, hat die juristische Person oder eingetragene Personengesellschaft, an welcher die Wirtschaftliche Berechtigung besteht, die entsprechenden Informationen gemäß § 20 Abs. 1 Satz 1 GWG einzuholen, aufzubewahren, auf aktuellem Stand zu halten und dem Transparenzregister unverzüglich auf elektronischem Wege mitzuteilen. Nur wenn auch nach Durchführung umfassender Prüfungen keine natürliche Person als Wirtschaftlich Berechtigter ermittelt werden kann, gelten regelmäßig die gesetzlichen Vertreter der juristischen Person oder eingetragenen Personengesellschaft als Wirtschaftlich Berechtigte, § 3 Abs. 2 S. 5 GWG, mit der Folge des Eingreifens der Mitteilungsfiktion, soweit – wie regelmäßig – die sie betreffenden Informationen iSv. § 19 Abs. 1 GWG in einem der in § 20 Abs. 2 GWG genannten Register (zB Handelsregister) elektronisch abrufbar sind.

A. 7 Verschmelzung AG auf bestehende GmbH & Co. KG

Gliederung

A. Vertragsformulare

Notarurkunden

A.7.1. Verschmelzungsvertrag[205 ff.]

URNr. ......

Heute, den ......

erschienen vor mir, ..., Notar[205] mit dem Amtssitz in ......,

in meinen Amtsräumen in ......

1. Herr K, ... *[Beruf],* geboren am ......, wohnhaft ......;

2. Herr L, ... *[Beruf],* geboren am ......, wohnhaft ......;

3. Herr G, ... *[Beruf],* geboren am ......, wohnhaft ......

Herr K und Herr L erklärten, hier nicht in eigenem Namen handeln zu wollen, sondern als gemeinsam vertretungsberechtigte Mitglieder des Vorstands der Firma

...... AG *[Übertragende Gesellschaft]* mit Sitz in A, ... *[Anschrift],* eingetragen im Handelsregister des Amtsgerichts ...... unter HRB ......

Herr G erklärte, hier nicht in eigenem Namen zu handeln, sondern für die Firma ...... GmbH *[Komplementärin]* mit Sitz in B, ... *[Anschrift],* eingetragen im Handelsregister des Amtsgerichts ...... unter HRB ......, als deren einzelvertretungsberechtigter Geschäftsführer, die ...... GmbH *[Komplementärin]* wiederum handelnd für die

...... GmbH & Co. KG *[Übernehmende Gesellschaft]* mit Sitz in B, ... *[Anschrift],* eingetragen im Handelsregister des Amtsgerichts ...... unter HRA ......

als deren einzelvertretungsberechtigte persönlich haftende Gesellschafterin.

Hierzu bescheinige ich, Notar, auf Grund jeweils am ... erfolgter Online-Einsichtnahme in das elektronische Handelsregister des Amtsgerichts ...... zu HRB ......, dass die vorgenannte ...... AG *[Übertragende Gesellschaft]* dort eingetragen und von den Herren K und L als gemeinsam vertretungsberechtigten Vorstandsmitgliedern vertreten wird, sowie in das elektronische Handelsregister des Amtsgerichts ...... zu HRB ......, dass die vorgenannte ...... GmbH *[Komplementärin]* dort eingetragen ist und von Herrn G als einzelvertretungsberechtigtem Geschäftsführer vertreten wird, sowie in das elektronische Handelsregister des Amtsgerichts ......, HRA ......, dass die vorgenannte ...... GmbH & Co. KG *[Übernehmende Gesellschaft]* dort eingetragen ist und durch die ...... GmbH *[Komplementärin]* als persönlich haftende Gesellschafterin vertreten wird.

Die Erschienenen erklären, dass weder der Notar noch sein Sozius in der Sache, die im Nachfolgenden beurkundet wird, vorbefasst iSv. § 3 Abs. 1 Nr. 7 BeurkG sind.

Auf Ansuchen der Erschienenen beurkunde ich die vor mir abgegebenen Erklärungen wie folgt:

I. Verschmelzungsvertrag[206–207]

zwischen der

...... AG *[Übertragende Gesellschaft]* mit dem Sitz in ......, HRB ......, Amtsgericht ......, als übertragender Gesellschaft

– nachfolgend: Überträgerin –

und

...... GmbH & Co. KG *[Übernehmende Gesellschaft]* mit dem Sitz in ......, HRA ......, Amtsgericht ......, als aufnehmender Gesellschaft

– nachfolgend: Übernehmerin –

§ 1 Vermögensübertragung[209]

Die Überträgerin überträgt ihr Vermögen als Ganzes mit allen Rechten und Pflichten unter Auflösung ohne Abwicklung im Wege der Verschmelzung durch Aufnahme gegen Gewährung von Gesellschaftsrechten (Kommanditanteilen) der Übernehmerin an ihre Aktionäre auf die Übernehmerin.

§ 2 Gegenleistung, Umtauschverhältnis, Kapitalerhöhung

(1) Die Übernehmerin gewährt jeder Person mit Ausnahme der Übernehmerin, die im Zeitpunkt des Wirksamwerdens der Verschmelzung mit Eintragung der Verschmelzung im Handelsregister der Übernehmerin Aktionär der Überträgerin ist, als Gegenleistung für die Übertragung des Vermögens der Überträgerin kostenfrei eine Beteiligung als Kommanditist an der Übernehmerin mit demjenigen Festkapitalanteil, dessen Nennbetrag in Euro sich durch Multiplikation der Anzahl der von dieser Person zu dem vorgenannten Zeitpunkt an der Überträgerin gehaltenen Stückaktien mit dem Faktor 1,8 ergibt (Umtauschverhältnis).[210, 215, 217]

(2) Die gemäß Abs. 1 gewährten Anteile sind mit Wirkung ab dem Verschmelzungsstichtag (§ 4 Abs. 1) gewinnberechtigt.[213]

(3) Falls die Übernehmerin einem Aktionär der Überträgerin eine weitere bare Zuzahlung gewährt, um eine zu niedrige Bemessung des Umtauschverhältnisses auszugleichen, wird die Übernehmerin alle übrigen Aktionäre der Überträgerin durch eine entsprechende bare Zuzahlung gleichstellen.[214]

(4) Zum Zwecke der Gewährung der Kommanditanteile an der Übernehmerin an die Aktionäre der Überträgerin wird die Übernehmerin ihr Festkapital von bisher 6 000 000.– EUR (in Worten: sechs Millionen Euro) um 3 600 000.– EUR (in Worten: drei Millionen sechshunderttausend Euro) auf 9 600 000.– EUR (in Worten: neun Millionen sechshunderttausend Euro) erhöhen,[216] und zwar dadurch, dass jeder Person mit Ausnahme der Übernehmerin, die im Zeitpunkt der Eintragung der Verschmelzung in das Handelsregister der Übernehmerin Aktionär der Überträgerin ist, die Rechtsstellung eines Kommanditisten in der Übernehmerin mit einer Pflichteinlage eingeräumt wird, deren Betrag in Euro der Anzahl der von ihm im vorgenannten Zeitpunkt an der Überträgerin gehaltenen Stückaktien multipliziert mit dem Faktor 1,8 entspricht.[215]

(5) Im Einzelnen werden nach dem derzeitigen Kenntnisstand die folgenden Kommanditeinlagen festgesetzt:

a) für die in der Anlage zu § 2 vollständig namentlich aufgeführten Aktionäre – mit Ausnahme der Übernehmerin – Kommanditanteile mit den jeweils in der Anlage zu § 2 genannten Pflichteinlagen;

b) für die der Gesellschaft unbekannten Aktionäre Kommanditeinlagen in der in der Anlage zu § 2 genannten Gesamthöhe.

Die in das Handelsregister einzutragenden Hafteinlagen der Kommanditisten entsprechen jeweils ihren Pflichteinlagen.

(6) Die Überträgerin sowie nach Eintragung der Verschmelzung die Übernehmerin werden die Anlage zu § 2 nach besten Kräften fortlaufend aktualisieren und jeweils dem Handelsregister der Überträgerin und der Übernehmerin mitteilen.[211, 218]

(7) Diejenigen Kommanditisten, die nicht bereits mit der Eintragung der Verschmelzung namentlich in das Handelsregister eingetragen werden, können das Stimmrecht

aus ihren Kommanditanteilen erst ab ihrer namentlichen Eintragung in das Handelsregister ausüben (§ 35 Satz 3 UmwG).

§ 3 Abfindungsangebot[220–223]

(1) Die Übernehmerin macht jedem Aktionär der Überträgerin, der gegen den Verschmelzungsbeschluss der Hauptversammlung der Überträgerin Widerspruch zur Niederschrift erklärt, gemäß § 29 UmwG das Angebot auf Zahlung einer Abfindung in Höhe von 30.– EUR pro von ihm gehaltener Aktie für den Fall, dass er sein Ausscheiden aus der Übernehmerin erklärt.

(2) Dem Widerspruch zur Niederschrift nach Abs. 1 steht es gleich, wenn ein nicht erschienener Aktionär der Überträgerin zu der die Zustimmung zum Verschmelzungsvertrag beschließenden Hauptversammlung der Überträgerin zu unrecht nicht zugelassen worden ist oder die Hauptversammlung der Überträgerin nicht ordnungsgemäß einberufen oder der Gegenstand der Beschlussfassung nicht ordnungsgemäß bekannt gemacht worden ist.

(3) Die Abfindung ist nach Ablauf des Tages, an dem die Eintragung der Verschmelzung in das Register des Sitzes der Übernehmerin gemäß § 19 Abs. 3 UmwG als bekannt gemacht gilt, mit jährlich zwei vom Hundert über dem jeweiligen Basiszinssatz gemäß § 247 BGB zu verzinsen.[223]

(4) Das Angebot ist befristet. Es kann nur binnen 2 Monaten nach dem Tage angenommen werden, an dem die Eintragung der Verschmelzung in das Register des Sitzes der Übernehmerin gemäß § 19 Abs. 3 UmwG als bekannt gemacht gilt oder an dem eine Entscheidung des Gerichts gemäß § 34 UmwG über die Bestimmung der Barabfindung im elektronischen Bundesanzeiger bekannt gemacht worden ist. Die Erklärung ist gegenüber der Übernehmerin abzugeben.[222]

§ 4 Verschmelzungsstichtag, handelsrechtliche Bilanzierung

(1) Die Übernahme des Vermögens der Überträgerin erfolgt im Innenverhältnis mit Wirkung ab dem Beginn des 1.1.01 (Verschmelzungsstichtag). Von diesem Zeitpunkt an gelten alle Handlungen und Geschäfte der Überträgerin als für Rechnung der Übernehmerin vorgenommen.[225, 226]

(2) Der Verschmelzung wird die vom Aufsichtsrat der Überträgerin festgestellte[228] und mit einem uneingeschränkten Bestätigungsvermerk[228] der ...... Wirtschaftsprüfungsgesellschaft versehene Bilanz der Überträgerin zum 31.12.00 als Schlussbilanz zugrunde gelegt.[227]

(3) Das im Rahmen der Verschmelzung auf die Übernehmerin übergehende Vermögen wird in die handelsrechtliche Rechnungslegung[231] der Übernehmerin mit den jeweiligen Zeitwerten übernommen, § 255 Abs. 1 HGB iVm. § 24 UmwG.[229] Soweit der anteilig auf die Erhöhung des Festkapitals entfallende Saldo des übergehenden Vermögens den Betrag der Erhöhung des Festkapitals gemäß § 2 Abs. 4 übersteigt, wird er dem gesamthänderisch gebundenen Rücklagekonto gemäß § 4 Abs. 4 des Gesellschaftsvertrages der Übernehmerin (§ 5) gutgeschrieben.[230]

§ 5 Gesellschaftsvertrag der Übernehmerin[232]

Der Gesellschaftsvertrag der Übernehmerin ist mit Wirkung ab Eintragung der Verschmelzung im Handelsregister der Übernehmerin gemäß Anlage zu § 5 neu zu fassen.

§ 6 Keine besonderen Rechte

Besondere Rechte iSv. § 5 Abs. 1 Nr. 7 UmwG bestanden bei der Überträgerin nicht. Besondere Rechte werden an Anteilsinhaber im Rahmen der Verschmelzung nicht gewährt.

§ 7 Keine besonderen Vorteile

Besondere Vorteile an Mitglieder von Vertretungs- oder Aufsichtsorganen der an der Verschmelzung beteiligten Rechtsträger, an geschäftsführende Gesellschafter, Abschlussprüfer oder Verschmelzungsprüfer werden nicht gewährt (§ 5 Abs. 1 Nr. 8 UmwG).

§ 8 Folgen der Verschmelzung für die Arbeitnehmer und ihre Vertretungen[234]

(1) Die Übernehmerin tritt in die Rechte und Pflichten aus den im Zeitpunkt der Eintragung der Verschmelzung im Register des Sitzes der Übernehmerin bestehenden Arbeitsverhältnissen der Überträgerin ein. Für die Arbeitnehmer, deren Arbeitsverhältnisse auf die Übernehmerin übergehen, gelten für die Anwendung aller von der Dienstzeit abhängigen Regelungen die bei der Überträgerin erreichten Dienstzeiten als bei der Übernehmerin erbrachte Dienstzeiten.[235]

(2) Den Arbeitnehmern der Überträgerin steht gegen den Übergang ihrer Arbeitsverhältnisse ein Widerspruchsrecht nicht zu, da die Überträgerin mit dem Wirksamwerden der Verschmelzung erlischt.[236]

(3) Arbeitnehmer der Überträgerin und der Übernehmerin, die im Zeitpunkt des Wirksamwerdens der Verschmelzung Aktien der Überträgerin halten, werden durch die Verschmelzung zu Kommanditisten und damit steuerlich zu Mitunternehmern der Übernehmerin, dh. diese Arbeitnehmer erzielen künftig Einkünfte aus Gewerbebetrieb iSv. § 15 EStG, zu denen als sog. Sonderbetriebseinnahmen auch der Arbeitslohn gehört. Die betreffenden Arbeitnehmer haben die anteilig entsprechend ihrer rechnerischen Beteiligung am Grundkapital der Überträgerin auf sie entfallenden offenen Rücklagen der Überträgerin im Sinne von § 7 UmwStG als Einkünfte aus Kapitalvermögen iSv. § 20 Abs. 1 Nr. 1 EStG zu versteuern. Diese Rechtsfolge kann durch eine Veräußerung der Anteile vor Eintragung der Verschmelzung im Handelsregister der Übernehmerin oder durch Annahme des Abfindungsangebotes gemäß § 3 dieses Verschmelzungsvertrages vermieden werden; sowohl die Veräußerung als auch die Annahme des Abfindungsangebotes können jedoch ebenfalls steuerpflichtig sein.[237]

(4) Auf die Rechte und Pflichten aus den Arbeitsverhältnissen der bei der Übernehmerin beschäftigten Arbeitnehmer hat die Verschmelzung keine Auswirkung.[238]

(5) Die Kündigung des Arbeitsverhältnisses eines Arbeitnehmers durch die Überträgerin oder durch die Übernehmerin wegen des Übergangs ist unwirksam; das Recht zur Kündigung des Arbeitsverhältnisses aus anderen Gründen bleibt unberührt.[239]

(6) Die Übernehmerin gehört keinem Arbeitgeberverband an. Eine kollektivrechtliche Fortgeltung der bei der Überträgerin geltenden tarifvertraglichen Regelungen kommt daher nicht in Betracht. Soweit die Rechte und Pflichten aus den in Abs. 1 bezeichneten Arbeitsverhältnissen durch Rechtsnormen eines Tarifvertrages geregelt sind, werden sie stattdessen Inhalt der Arbeitsverhältnisse zwischen der Übernehmerin und den Arbeitnehmern der Überträgerin; solche Rechte und Pflichten dürfen nicht vor Ablauf eines Jahres nach dem Zeitpunkt der Eintragung der Verschmelzung im Register des Sitzes der Übernehmerin zum Nachteil der Arbeitnehmer geändert werden. Der Beitritt der Übernehmerin in einen Arbeitgeberverband ist nicht beabsichtigt.[240]

(7) Die Betriebsräte der Überträgerin sowie der Übernehmerin bleiben im Amt, da die Identität der jeweiligen Betriebe durch die Verschmelzung zunächst nicht geändert wird (zu den beabsichtigten Änderungen s. unten § 8 Abs. 10). Die Ämter der Mitglieder des Gesamtbetriebsrates der Überträgerin erlöschen, ebenso das Amt des Wirtschaftsausschusses der Überträgerin. Die bestehen bleibenden Betriebsräte der Überträgerin entsenden künftig Mitglieder in den Gesamtbetriebsrat der Übernehmerin. Über eine etwaige Aufstockung der Mitgliederzahl des Wirtschaftsausschusses

der Übernehmerin entscheidet der Gesamtbetriebsrat der Übernehmerin in seiner neuen Zusammensetzung.[241]

(8) Die bestehenden Betriebsvereinbarungen der Überträgerin gelten nach § 77 Abs. 4 BetrVG kollektivrechtlich mit der Übernehmerin als Vertragspartei weiter, da durch die Verschmelzung die Identität der jeweiligen Betriebe zunächst nicht geändert wird. Die bei der Übernehmerin bestehenden Betriebsvereinbarungen bleiben durch die Verschmelzung unberührt.[241]

(9) Bei der Überträgerin besteht ein nach den Bestimmungen des DrittelbG zusammengesetzter, aus drei Mitgliedern bestehender Aufsichtsrat, der mit Wirksamwerden der Verschmelzung entfällt. Dadurch entfällt auch die Vertretung der Arbeitnehmer im Aufsichtsrat der Überträgerin gemäß §§ 4 ff. DrittelbG. Weder die Übernehmerin noch ihre Komplementärin fallen in den Anwendungsbereich mitbestimmungsrechtlicher Regelungen; insbesondere erreicht die Mitarbeiterzahl des Unternehmens der Übernehmerin auch unter Berücksichtigung der Mitarbeiter der Überträgerin nach Wirksamwerden der Verschmelzung nicht die Schwelle von 2000 Arbeitnehmern für die Anwendung des MitbestG. Bei der Übernehmerin wird lediglich ein aus fünf Mitgliedern zusammengesetzter Beirat bestehen, der von der Gesellschafterversammlung gewählt wird. Die Errichtung eines auch mit Arbeitnehmervertretern besetzten Aufsichtsrates in der Übernehmerin oder ihrer Komplementärin ist nicht geplant.[242]

(10) Es ist vorgesehen, die Hauptverwaltung sowie den Betrieb der Überträgerin am Standort A mit der Hauptverwaltung und dem Betrieb der Übernehmerin in B zusammenzulegen und den vorgenannten Standort A der Überträgerin zu schließen. Weitere Betriebsänderungen sind derzeit nicht geplant. Nach Maßgabe der gesetzlichen Regelungen ist sodann für den Betrieb in B ein neuer Betriebsrat zu bilden. Aus den o. g. Betriebsänderungen werden sich personelle Veränderungen (Versetzungen, Umgruppierungen und Zuweisungen neuer Arbeitsplätze) sowohl bei den Arbeitnehmern des der Hauptverwaltung und des Betriebes der Überträgerin in A als auch bei den Arbeitnehmern der Hauptverwaltung und des Betriebes der Übernehmerin in B ergeben. Auch ist nach derzeitigem Planungsstand mit ca. ...... betriebsbedingten Kündigungen in den vorgenannten Hauptverwaltungen und Betrieben zu rechnen. Hierüber werden zu gegebener Zeit Verhandlungen mit dem Gesamtbetriebsrat aufgenommen. Dabei werden die Geschäftsleitungen über die sich im Einzelnen ergebenden organisatorischen und personellen Veränderungen informieren und die Auswirkungen auf die Arbeitnehmer mit dem Ziel einer Einigung sowie unter Wahrung der Beteiligungsrechte der Arbeitnehmer mit dem vorgenannten Gremium beraten.[243]

§ 9 Wirksamwerden

(1) Der Verschmelzungsvertrag wird vorbehaltlich der Bestimmungen in § 10 (Fusionskontrolle) wirksam mit der Zustimmung der Hauptversammlung der Überträgerin sowie der Gesellschafterversammlung der Übernehmerin. Beide Beschlüsse bedürfen der notariellen Beurkundung.

(2) Die Verschmelzung wird mit ihrer Eintragung im Handelsregister des Sitzes der Übernehmerin wirksam (§ 20 Abs. 1 UmwG).

§ 10 Fusionskontrolle[245]

(1) Der in diesem Vertrag vorgesehene Zusammenschluss bedarf der Anmeldung beim Bundeskartellamt.

(2) Die Parteien werden unter Führung der Übernehmerin gemeinsam alle Anstrengungen unternehmen, die Anmeldung ordnungsgemäß und unverzüglich vorzunehmen, und insbesondere alle für die Anmeldung sowie im Anmeldeverfahren erforderlichen Informationen erteilen, um die Genehmigung zu erhalten.

(3) Die in diesem Vertrag vorgesehene Verschmelzung wird erst vollzogen sowie insbesondere erst dann zum Handelsregister angemeldet, wenn das Bundeskartellamt entweder

a) die in § 40 Abs. 1 und 2 GWB vorgesehenen Fristen hat verstreichen lassen, ohne die jeweils für eine Fristunterbrechung erforderlichen Erklärungen abgegeben zu haben, oder

b) der anmeldenden Partei mitteilt, dass die Voraussetzungen für eine Untersagung des Zusammenschlussvorhabens nicht vorliegen.

(4) Jeder freiwilligen Fristverlängerung (§ 40 Abs. 2 GWB) im Zusammenhang mit dem in Abs. 1 bis 3 bezeichneten Verfahren soll nur in beiderseitigem Einvernehmen der Parteien zugestimmt werden. Jede Partei ist berechtigt, einer tageweisen Verlängerung zuzustimmen, sofern sie dies für zweckmäßig erachtet und die Zustimmung der anderen Partei nicht rechtzeitig eingeholt werden kann. Wenn und sobald die Voraussetzung für den Vollzug dieses Vertrages gemäß Abs. 3 eingetreten ist, werden sich die Parteien dies gegenseitig schriftlich bestätigen.

(5) Sofern das Zusammenschlussvorhaben vom Bundeskartellamt ganz oder teilweise untersagt wird, ist jede Partei berechtigt, von diesem Vertrag innerhalb von 20 Tagen nach der Untersagung durch schriftliche Erklärung zurückzutreten; die zurücktretende Partei wird sich vor der Erklärung des Rücktritts mit der anderen Partei ins Benehmen setzen. Sofern ein solcher Rücktritt nicht erfolgt, werden die Parteien die Untersagung in der erforderlichen Weise anfechten. Sofern dies erfolglos ist oder insbesondere die Untersagung ganz oder teilweise bestätigt wird, ist wiederum jede Partei in der vorstehend bestimmten Weise berechtigt, von diesem Vertrag zurückzutreten.

§ 11 Rücktritt[247]

Sowohl die Überträgerin als auch die Übernehmerin sind berechtigt, von diesem Vertrag zurückzutreten, wenn die Verschmelzung nicht bis spätestens zum 31.12.02 im Handelsregister des Sitzes der Übernehmerin eingetragen ist.

§ 12 Kosten[249]

Die Kosten dieses Vertrages, der hierfür erforderlichen Beschlüsse der Anteilseigner sowie die Kosten des Vollzugs im Handelsregister sowie etwaige Steuern trägt die Übernehmerin. Im Falle des Scheiterns der Verschmelzung werden die Kosten hälftig geteilt, wobei jedoch die Kosten der Versammlung der Anteilseigner von der jeweiligen Partei allein getragen werden.

II. Abschriften

Von dieser Urkunde erhalten

Ausfertigungen:

1. die ..... AG *[Übertragende Gesellschaft],*
2. die ..... GmbH & Co. KG *[Übernehmende Gesellschaft],*

beglaubigte Abschriften (in elektronischer Form):

3. das Amtsgericht – Registergericht – der ..... AG *[Übertragende Gesellschaft],*
5. das Amtsgericht – Registergericht – der GmbH & Co. KG *[Übernehmende Gesellschaft],*

beglaubigte Abschriften:

6. das für die ..... AG *[Übertragende Gesellschaft]* zuständige Finanzamt (§ 54 Abs. 1 Satz 1 EStDV),[65]

einfache Abschriften:

7. das Finanzamt – Grundwerbsteuerstelle –,

je eine.

III. Grundbesitz

Die ..... AG *[Übertragende Gesellschaft]* hat keinen Grundbesitz.

IV. Hinweise des Notars

Der Notar belehrte die Erschienenen über den weiteren Verfahrensgang sowie die Wirkungen der Verschmelzung.

Diese Niederschrift nebst Anlagen wurde den Erschienenen vom Notar vorgelesen, von ihnen genehmigt und von ihnen und dem Notar eigenhändig wie folgt unterschrieben:

....

[Unterschrift K] ***[Unterschrift G]***

....

[Unterschrift L] ***[Unterschrift Notar]***

Anlage zu § 2 des Verschmelzungsvertrages:

Liste der Aktionäre der ...... AG
[Übertragende Gesellschaft]
– Kenntnisstand ...... –

Nachname bzw. Firma	Vorname bzw. Sitz	Geburtsdatum bzw. HR-Nummer	Wohnort bzw. Sitz	Aktien		
				Anzahl	%	Gewährte Kommanditeinlage (Pflicht- und Hafteinlage) in Euro
...... GmbH & Co. KG *[Übernehmerin]*		*HRA ...., Amtsgericht*	[Sitz]	*8 000 000*	80 %	0.– EUR
A	*[Vorname]*	*[Datum]*	[Wohnort]	*500 000*	5 %	900 000,– EUR
X-GmbH		*HRB ...*	[Sitz]	*1 000 000*	10 %	1 800 000,– EUR
[Name]	*[Vorname]*	*[Datum]*	*[Ort]X*	*[Anzahl]*	...%	......– EUR
[Firma]		*HR-Nr. [Nummer]*	*[Ort]*	*[Anzahl]*	...%	......– EUR
Zwischensumme				*[> 9 500 000]*	...%	......– EUR
Der Gesellschaft derzeit unbekannte Aktionäre				*[Anzahl]*	---%	*[Betrag]*
Summe				*10 000 000*	100 %	3 600 000,– EUR

A.7.2. Gesellschaftsvertrag der aufnehmenden Gesellschaft[250]

§ 1 Firma und Sitz

(1) Die Gesellschaft hat die Firma ...... GmbH & Co. KG *[Übernehmende Gesellschaft].*

(2) Sitz der Gesellschaft ist B.

§ 2 Gegenstand des Unternehmens

(1) Gegenstand des Unternehmens ist ......

(2) Die Gesellschaft ist zu allen Handlungen berechtigt, welche für die Erreichung des Unternehmensgegenstands erforderlich oder zweckmäßig sind. Die Gesellschaft darf sich insbesondere an anderen in- und ausländischen Unternehmen mit gleichem oder ähnlichem Geschäftsgegenstand beteiligen.

§ 3 Gesellschafter und Kapital

(1) Alleinige persönlich haftende Gesellschafterin ist die ...... GmbH *[Komplementärin]* (nachfolgend: Komplementärin). Sie ist am Vermögen der Gesellschaft nicht beteiligt.

(2) Namentlich bekannte Kommanditisten sind derzeit die aus der als Anlage zu diesem § 3 beigefügten Gesellschafterliste ersichtlichen Personen mit den darin genannten Kommanditeinlagen sowie weitere Personen, die der Gesellschaft derzeit nicht bekannt sind. Die Gesellschafterliste ist im Falle von Veränderungen sowie im Falle des Bekanntwerdens bislang nicht namentlich bekannter Gesellschafter durch die Komplementärin fortzuschreiben.

(3) Die Kommanditisten sind, soweit noch nicht erfolgt, verpflichtet, der Gesellschaft ihren Namen, Vornamen, Geburtsdatum, ihren Wohnort und ihre genaue Anschrift unverzüglich schriftlich mitzuteilen und die Höhe ihres Kommanditanteils nachzuweisen.

(4) Die Kommanditeinlagen entsprechen stets den in das Handelsregister einzutragenden Hafteinlagen.

§ 4 Gesellschafterkonten

(1) Für jeden Gesellschafter wird ein laufendes Konto, für jeden Kommanditisten daneben ein festes Kapitalkonto geführt. Ferner führt die Gesellschaft für alle Kommanditisten gemeinsam ein Rücklagekonto sowie ein Verlustvortragskonto, an welchen die Kommanditisten im Verhältnis ihrer festen Kapitalkonten beteiligt sind.

(2) Auf dem festen Kapitalkonto wird die Kommanditeinlage als Festkapitalanteil verbucht. Das Konto ist unverzinslich.

(3) Auf dem laufenden Konto werden entnahmefähige Gewinnanteile, Entnahmen, Zinsen, der Ausgaben- und Aufwendungsersatz sowie sämtlicher sonstige Zahlungs- und Buchungsverkehr zwischen der Gesellschaft und dem jeweiligen Gesellschafter verbucht. Die laufenden Konten sind im Soll und im Haben mit 3 %-Punkten über dem Basiszinssatz gemäß § 247 BGB zu verzinsen; die Zinsberechnung erfolgt staffelmäßig. Die Zinsen werden handelsrechtlich als Aufwand bzw. Ertrag der Gesellschaft behandelt.

(4) Dem gemeinsamen Rücklagekonto werden nicht entnahmefähige Gewinnanteile sowie die Einlagen der Kommanditisten verbucht, soweit sie die Kommanditeinlage übersteigen. Das Konto ist unverzinslich.

(5) Auf dem gemeinsamen Verlustvortragskonto werden die Verluste der Gesellschaft und Gewinne aus späteren Jahren bis zum Ausgleich des Kontos verbucht. Das Konto ist unverzinslich.

(6) Weitere Gesellschafterkonten können durch Gesellschafterbeschluss eingerichtet werden.

§ 5 Ergebnisbeteiligung, Gewinnverwendung, Entnahmen vom laufenden Konto

(1) Am Gewinn und Verlust der Gesellschaft sind die Kommanditisten im Verhältnis ihrer festen Kapitalkonten beteiligt. Die Komplementärin ist am Gewinn und Verlust der Gesellschaft nicht beteiligt.

(2) Über die Verwendung des Jahresüberschusses beschließt die Gesellschafterversammlung. Sie kann einen Betrag in Höhe von bis zu 50% des nach Ausgleich eines etwaigen Verlustvortragskontos verbleibenden Jahresüberschusses in das Rücklagekonto einstellen.

(3) Ein Guthaben auf dem laufenden Konto kann jederzeit mit einer Ankündigungsfrist von einem Monat entnommen werden; darüber hinausgehende Entnahmen bedürfen eines Gesellschafterbeschlusses.

§ 6 Geschäftsjahr und Jahresabschluss

(1) Geschäftsjahr ist das Kalenderjahr.

(2) Die Komplementärin hat innerhalb von drei Monaten nach Schluss des Geschäftsjahres den Jahresabschluss sowie – falls gesetzlich erforderlich – auch den Konzernabschluss (nachfolgend gemeinsam: Abschluss) aufzustellen und durch einen von der Gesellschafterversammlung bestellten Wirtschaftsprüfer oder eine von dieser bestellte Wirtschaftsprüfungsgesellschaft prüfen zu lassen.

(3) Der geprüfte Jahresabschluss ist unverzüglich dem Beirat zur Prüfung und Feststellung vorzulegen. Billigt der Beirat den Jahresabschluss, so ist dieser festgestellt, wenn nicht der Beirat beschließt, die Feststellung des Jahresabschlusses der Gesellschafterversammlung zu überlassen.

§ 7 Sonderbetriebseinnahmen und Sonderbetriebsausgaben, Sonderbetriebsvermögen

Die Kommanditisten haben spätestens drei Monate nach Ablauf eines Geschäftsjahres der Komplementärin ihre steuerlichen Sonderbetriebseinnahmen und Sonderbetriebsausgaben sowie ihr steuerliches Sonderbetriebsvermögen zum Zwecke der Aufnahme in die von der Gesellschaft abzugebenden Steuererklärungen mitzuteilen; die Komplementärin kann die Verwendung von durch sie vorgegebenen Formblättern sowie die Vorlage von Belegen verlangen.

§ 8 Geschäftsführung und Vertretung

(1) Zur Geschäftsführung und Vertretung ist nur die Komplementärin berechtigt und verpflichtet. Die Komplementärin und ihre Geschäftsführer sind für Geschäfte zwischen der Komplementärin und der Gesellschaft von den Beschränkungen des § 181 BGB befreit.

(2) Die Komplementärin führt die Geschäfte der Gesellschaft mit der Sorgfalt eines ordentlichen Kaufmanns in Übereinstimmung mit dem Gesetz, dem Gesellschaftsvertrag und den Beschlüssen des Beirats und der Gesellschafterversammlung.

(3) Die folgenden Geschäfte bzw. Entscheidungen bedürfen der Zustimmung des Beirats:

a) Gründung, Auflösung, Erwerb oder Veräußerung von Tochter- und Enkelunternehmen, von unmittelbaren und mittelbaren Unternehmensbeteiligungen sowie Anteilsänderungen an Beteiligungen;

b) der Erwerb, die Veräußerung und die Belastung von Grundstücken, grundstücksgleichen Rechten und Rechten an Grundstücken, deren Wert 1 000 000.– EUR übersteigt, soweit nicht mit dem Budget bereits genehmigt;

c) das von der Geschäftsführung jährlich im Voraus aufzustellende Budget und dessen wesentliche Änderungen und der Mittelfristplan;

d) die Einforderung von Einzahlungen auf die Kommanditeinlagen;

e) Festsetzung der Grundsätze für die Bezüge und sonstigen Vergünstigungen der Geschäftsführer der Komplementärin einschließlich der Regelung ihrer Alters-, Dienstunfähigkeits- und Hinterbliebenenversorgung;

f) die Aufnahme neuer Geschäftszweige und Aufgabe vorhandener Tätigkeitsgebiete;

g) die Änderung der Grundsätze der Rechnungslegung für den Einzelabschluss sowie ggf. den Konzernabschluss;

h) die Aufnahme und Gewährung von Krediten sowie die Übernahme von Bürgschaften und Garantien über einen Betrag von mehr als 1 000 000.– EUR, soweit nicht mit dem Budget bereits genehmigt;

i) gerichtliche oder schiedsgerichtliche Rechtsstreitigkeiten von grundsätzlicher Bedeutung für die Gesellschaft und/oder den Konzern;

j) Bestellung und Abberufung von Geschäftsführern der Komplementärin sowie von Prokuristen;

k) Abschluss sonstiger Dauerschuldverhältnisse, insbesondere Vertriebs- und Lizenzverträge, mit einer Laufzeit von mehr als einem Jahr, welche in der vom Beirat zu erlassenden Geschäftsordnung für die Geschäftsführung als zustimmungsbedürftig bezeichnet sind;

l) sonstige Geschäfte, welche der Beirat allgemein oder im Einzelfall von seiner Zustimmung abhängig macht.

Verweigert der Beirat seine Zustimmung, kann die Komplementärin verlangen, dass die Gesellschafterversammlung über die Erteilung der Zustimmung beschließt; der Beschluss bedarf einer Mehrheit von drei Vierteln der abgegebenen Stimmen.

(4) Das Widerspruchsrecht der Kommanditisten gemäß § 164 Satz 1 HGB ist ausgeschlossen.

(5) Die Komplementärin ist verpflichtet, den Beirat über alle wichtigen Vorkommnisse unaufgefordert zu unterrichten.

(6) Die Komplementärin hat Anspruch auf Ersatz ihrer sämtlichen im Zusammenhang mit ihrer Komplementärstellung stehenden Auslagen einschließlich der Gehälter und sonstigen Aufwendungen für ihre Geschäftsführer. Darüber hinaus hat die Komplementärin Anspruch auf eine Haftungsvergütung in Höhe von 3 % ihres bilanziellen Eigenkapitals p. a., höchstens jedoch 25 000.– EUR p. a. Die zu zahlenden Beträge sind handelsrechtlich als Aufwand der Gesellschaft zu behandeln.

§ 9 Beirat – Zusammensetzung und innere Ordnung

(1) Die Gesellschaft hat einen Beirat, welcher aus fünf Mitgliedern besteht, die von der Gesellschafterversammlung bestellt und abberufen werden. Mitglied des Beirats kann nicht sein, wer Geschäftsführer, Prokurist oder Arbeitnehmer der Gesellschaft oder ihrer Komplementärin oder einer Gesellschaft ist, an deren Kapital die Gesellschaft zu mehr als einem Viertel unmittelbar oder mittelbar beteiligt ist.

(2) Der Beirat wählt aus seiner Mitte einen Vorsitzenden und einen stellvertretenden Vorsitzenden.

(3) Die Amtszeit des ersten Beirats endet mit Ablauf der Gesellschafterversammlung, welche über die Entlastung für das dritte volle Geschäftsjahr seit seiner Bestellung beschließt. Wiederbestellung ist zulässig. Die Amtszeit endet nicht vor der Neu- oder Wiederbestellung.

(4) Die Beiratsmitglieder haben Anspruch auf Ersatz ihrer baren Auslagen. Außerdem erhält jedes Mitglied des Beirats eine Vergütung, welche durch Beschluss der Gesellschafterversammlung festgelegt wird, bis zu dieser Festlegung eine Vergütung von …… EUR p. a.

(5) Die Beiratsmitglieder sind im Umfang des § 93 Abs. 1 AktG zur Sorgfalt bei ihrer Amtsführung sowie zur Verschwiegenheit verpflichtet.

(6) Der Beirat kann sich eine Geschäftsordnung geben.

§ 10 Beirat – Aufgaben

(1) Der Beirat überwacht und berät die Komplementärin.

(2) Der Beirat kann die Bücher und Schriften der Gesellschaft sowie die Vermögensgegenstände, insbesondere die Gesellschaftskasse und die Bestände an Wertpapieren und Waren, einsehen und prüfen. Er kann damit auch einzelne Mitglieder oder für bestimmte Aufgaben besondere Sachverständige beauftragen. Er erteilt dem Abschlussprüfer den Prüfungsauftrag für den Jahres- und den Konzernabschluss.

(3) Der Beirat hat eine Gesellschafterversammlung einzuberufen, wenn das Wohl der Gesellschaft es erfordert. Für den Beschluss genügt die einfache Mehrheit.

§ 11 Beirat – Sitzungen und Beschlüsse

(1) Die Sitzungen des Beirats werden vom Vorsitzenden unter Mitteilung der Tagesordnung mit einer Frist von mindestens sieben Tagen einberufen. Die Komplementärin wird unter Einhaltung derselben Frist davon unterrichtet.

(2) Der Vorsitzende beruft eine Beiratssitzung in den folgenden Fällen ein:

a) einmal jährlich zur Feststellung des Jahresabschlusses und zur Vorbereitung der Gesellschafterversammlung;

b) wenn die Belange der Gesellschaft es erfordern;

c) wenn die Komplementärin oder zwei Beiratsmitglieder die Einberufung mit schriftlicher Begründung verlangen.

(3) Der Beirat ist beschlussfähig, wenn mehr als die Hälfte seiner Mitglieder anwesend oder durch schriftlich bevollmächtigte Beiratsmitglieder vertreten sind. Er beschließt in Sitzungen; andere Beschlussmodalitäten sind mit Einverständnis aller Beiratsmitglieder zulässig. Beschlüsse des Beirats bedürfen der einfachen Mehrheit der abgegebenen Stimmen, soweit nicht kraft Gesetzes oder in diesem Gesellschaftsvertrag zwingend eine höhere Mehrheit vorgesehen ist.

(4) Der Vorsitzende leitet die Beiratssitzungen und trägt für die Ausführung der Beiratsbeschlüsse Sorge. Erklärungen des Beirats werden durch den Vorsitzenden abgegeben, bei dessen Verhinderung durch seinen Stellvertreter.

(5) Über die Sitzungen des Beirats sind unverzüglich Niederschriften anzufertigen, die der Vorsitzende, bei dessen Verhinderung sein Stellvertreter, unterzeichnet und den Mitgliedern sowie der Komplementärin zusendet.

§ 12 Gesellschafterversammlungen

(1) Gesellschafterversammlungen werden von der Komplementärin einberufen. Aus wichtigem Grund können der Beirat oder Kommanditisten, die zusammen mindestens 5% des Festkapitals repräsentieren, die Einberufung einer außerordentlichen Gesellschafterversammlung verlangen; in gleicher Weise können Kommanditisten, die zusammen mindestens 5% des Festkapitals repräsentieren, verlangen, dass Gegenstände zur Beschlussfassung der Gesellschafterversammlung bekanntgemacht werden.

(2) Gesellschafterversammlungen werden durch einmalige Bekanntmachung im elektronischen Bundesanzeiger einberufen. Sind sämtliche Gesellschafter namentlich bekannt, kann die Gesellschafterversammlung anstelle der Bekanntmachung im elektronischen Bundesanzeiger auch mit eingeschriebenem Brief einberufen werden. Die Einberufung hat mit einer Frist von mindestens einem Monat vor dem Tage der Versammlung zu erfolgen. Die Tagesordnung ist bei der Einberufung bekanntzumachen. In Fällen, in denen Kommanditisten, die zusammen mindestens 5% des Festkapitals repräsentieren, nach der Einberufung der Gesellschafterversammlung die Bekanntmachung von Gegenständen zur Beschlussfassung der Gesellschafterver-

sammlung verlangt haben, genügt die Bekanntmachung innerhalb von zehn Tagen nach Einberufung der Gesellschafterversammlung. Zu jedem Gegenstand, über den die Gesellschafterversammlung beschließen soll, haben die Komplementärin und der Beirat, bei der Wahl von Beiratsmitgliedern und Prüfern nur der Beirat, in der Bekanntmachung Vorschläge zur Beschlussfassung zu machen.

(3) Die Komplementärin hat binnen zwölf Tagen nach der Bekanntmachung der Einberufung der Gesellschafterversammlung im elektronischen Bundesanzeiger denjenigen Gesellschaftern, von denen der Gesellschaft Name sowie entweder Postanschrift oder E-Mail-Adresse bekannt sind, die Einberufung der Gesellschafterversammlung sowie die Bekanntmachung der Tagesordnung an die ihnen bekannte Postanschrift oder E-Mail-Adresse mitzuteilen. Dieselbe Mitteilung ist solchen Gesellschaftern zu machen, für die die Gesellschaft die o. g. Informationen spätestens zwei Wochen vor der Gesellschafterversammlung erhält. Die Mitteilung ist keine Wirksamkeitsvoraussetzung für die Einberufung der Gesellschafterversammlung.

(4) Anträge von Gesellschaftern einschließlich des Namens des Gesellschafters, der Begründung und einer etwaigen Stellungnahme von Komplementärin und Beirat sind den gemäß Abs. 3 Berechtigten unter den dort genannten Voraussetzungen zugänglich zu machen, wenn der Gesellschafter spätestens zwei Wochen vor dem Tage der Gesellschafterversammlung der Gesellschaft einen Gegenantrag gegen einen Vorschlag von Komplementärin und Beirat zu einem bestimmten Punkt der Tagesordnung mit Begründung an die in der Einberufung hierfür mitgeteilte Adresse übersandt hat. Abs. 3 letzter Satz gilt entsprechend.

(5) Gesellschafterversammlungen finden am Sitz der Gesellschaft oder in einer deutschen Großstadt (mindestens 400 000 Einwohner) statt.

(6) Den Vorsitz in der Gesellschafterversammlung führt der Vorsitzende des Beirats.

(7) Kommanditisten sind zur Anwesenheit in der Gesellschafterversammlung und zur Ausübung des Stimmrechts berechtigt, wenn sie in der Gesellschafterliste oder im Handelsregister der Gesellschaft als namentlich bekannte Kommanditisten eingetragen sind und sich spätestens am siebten Tage vor der Gesellschafterversammlung bei der Gesellschaft unter der in der Einberufung hierfür mitgeteilten Adresse angemeldet haben.

(8) Kommanditisten, die zur Anwesenheit in der Gesellschafterversammlung berechtigt sind, können sich vertreten lassen; der Vertreter hat der Komplementärin schriftliche Vollmacht bzw. gleichstehenden schriftlichen Nachweis (zB Testamentsvollstreckerzeugnis, bei Organen und Prokuristen Handelsregisterauszug) vorzulegen. Kommanditisten bzw. deren Vertreter können sich auch durch einen von Berufs wegen zur Verschwiegenheit verpflichteten Berater begleiten lassen.

(9) Alljährlich findet eine ordentliche Gesellschafterversammlung statt. Die Gesellschafterversammlung hat spätestens innerhalb von acht Monaten nach Ablauf eines Geschäftsjahres stattzufinden.

(10) Über die Verhandlungen der Gesellschafterversammlung ist ein Protokoll anzufertigen, in das neben Ort und Tag der Versammlung die Teilnehmer, die Gegenstände der Tagesordnung, die wesentlichen Inhalte der Verhandlung sowie die Beschlüsse der Gesellschafter sowie Art und Ergebnis der Abstimmung aufzunehmen sind. Das Protokoll ist vom Vorsitzenden des Beirates zu unterzeichnen. Das Protokoll ist innerhalb von zwei Wochen nach der Gesellschafterversammlung für eine Dauer von vier Wochen in den Geschäftsräumen der Gesellschaft auszulegen. Einwendungen gegen die Richtigkeit des Protokolls müssen innerhalb einer Frist von acht Wochen nach Abhaltung der Gesellschafterversammlung gegenüber der Komplementärin schriftlich geltend gemacht werden. Auf Aufforderung wird einem Kommanditisten eine Abschrift des Protokolls unverzüglich zugesandt.

§ 13 Zuständigkeit der Gesellschafterversammlung

(1) Die Gesellschafterversammlung ist zusätzlich zu den sonstigen in diesem Gesellschaftsvertrag oder zwingend kraft Gesetzes vorgesehenen Fällen in den folgenden Angelegenheiten zuständig:

a) Änderung des Gesellschaftsvertrages sowie alle weiteren Geschäfte, welche die Grundlagen der Gesellschaft betreffen (einschließlich Änderungen des Festkapitals und Aufnahme neuer Gesellschafter); die Verfügung über Kommanditanteile oder Teile davon (§ 22) unterliegt nicht der Zustimmung der Gesellschafterversammlung.

b) Abschluss von Unternehmensverträgen, auf welche die §§ 293 ff. AktG analog anwendbar sind;

c) Umwandlungen nach dem UmwG, an welchen die Gesellschaft als übertragende, umgewandelte oder aufnehmende Gesellschaft beteiligt ist;

d) Wahl der Beiratsmitglieder;

e) Bestellung des Abschlussprüfers für den Jahresabschluss sowie den Konzernabschluss;

f) Entlastung der Komplementärin und der Geschäftsführer der Komplementärin sowie des Beirates;

g) Auflösung der Gesellschaft;

h) Entscheidung über die Ergebnisverwendung.

(2) Die Gesellschafterversammlung entscheidet ferner in denjenigen Angelegenheiten, welche ihr durch den Beirat oder nach Maßgabe von § 8 Abs. 3 letzter Satz dieses Gesellschaftsvertrages von der Komplementärin zur Entscheidung vorgelegt werden.

§ 14 Gesellschafterbeschlüsse

(1) Gesellschafterbeschlüsse werden in Gesellschafterversammlungen gefasst.

(2) Die Gesellschafter beschließen mit einfacher Mehrheit der abgegebenen Stimmen, soweit nicht kraft Gesetzes zwingend oder in diesem Gesellschaftsvertrag eine andere Mehrheit vorgeschrieben ist; je ein Euro Festkapitalanteil gewähren eine Stimme. Die Komplementärin hat kein Stimmrecht.

(3) Ein Kommanditist, welcher durch die Beschlussfassung entlastet oder von einer Verbindlichkeit befreit werden soll, hat hierbei kein Stimmrecht und darf ein solches auch nicht als Vertreter eines anderen ausüben. Dasselbe gilt von einer Beschlussfassung, welche die Geltendmachung eines Anspruchs oder die Einleitung oder Erledigung eines Rechtsstreits gegenüber diesem Kommanditisten betrifft. Im Übrigen ist das Stimmrecht in eigenen Angelegenheiten nicht ausgeschlossen.

(4) Ein Gesellschafter, dessen Ausschließung beschlossen wurde (§ 20), hat kein Stimmrecht.

(5) Über die folgenden Angelegenheiten beschließt die Gesellschafterversammlung mit einer Mehrheit von mindestens drei Vierteln der abgegebenen Stimmen, sofern und soweit nicht kraft Gesetzes zwingend eine andere Mehrheit vorgeschrieben ist:

a) Erhöhung und Herabsetzung der Festkapitalanteile (§ 16);

b) Aufnahme neuer Gesellschafter; die Verfügung über Kommanditanteile oder Teile davon (§ 22) unterliegt nicht der Zustimmung der Gesellschafterversammlung.

c) sonstige Änderungen des Gesellschaftsvertrages;

d) Abweichungen vom Gesellschaftsvertrag im Einzelfall;

e) Umwandlungsbeschlüsse nach dem Umwandlungsgesetz;

f) Liquidation der Gesellschaft;

g) Abschluss von Unternehmensverträgen, auf welche die §§ 291 ff. AktG analog anwendbar sind.

(6) Die Unwirksamkeit eines Gesellschafterbeschlusses kann nur innerhalb von einem Monat nach Beschlussfassung durch Klage geltend gemacht werden. Die Klage ist gegen die Gesellschaft zu richten. Zur Anfechtung sind nur diejenigen Gesellschafter berechtigt, welche gegen den ordnungsgemäß angekündigten Beschluss Widerspruch zu Protokoll erklärt haben, zu der Gesellschafterversammlung weder ordnungsgemäß geladen noch erschienen oder zu Unrecht nicht zugelassen wurden.

§ 15 Auskunfts- und Kontrollrechte der Kommanditisten

(1) Der Abschluss ist von der Einberufung der ordentlichen Gesellschafterversammlung an in den Geschäftsräumen der Gesellschaft zur Einsichtnahme durch die Kommanditisten auszulegen. Jedem Kommanditisten ist auf sein Verlangen unverzüglich eine Abschrift zu erteilen.

(2) Die Kommanditisten haben in der Gesellschafterversammlung ein Auskunftsrecht in entsprechender Anwendung von § 131 AktG. Die weitergehenden Kontrollrechte der Kommanditisten gemäß § 166 Abs. 1 HGB sind ausgeschlossen. § 166 Abs. 3 HGB bleibt unberührt.

(3) Kommanditisten, die zusammen mindestens 5 % des Festkapitals der Gesellschaft halten, haben Anspruch auf Bestellung eines Sonderprüfers durch die Gesellschafterversammlung. Die §§ 142 bis einschließlich 147 des AktG gelten sinngemäß.

(4) Die §§ 258, 260 und 315 AktG gelten sinngemäß.

§ 16 Aufnahme neuer Kommanditisten, Erhöhung von Festkapitalanteilen

(1) Die Erhöhung des Festkapitals bedarf neben dem hierfür erforderlichen Gesellschafterbeschluss einer schriftlichen, an die Gesellschaft gerichteten Zeichnungserklärung des bzw. der an der Erhöhung teilnehmenden Personen (Zeichnungsschein); dies gilt nicht bei der vollständigen oder teilweisen Umwandlung des Rücklagekontos in Festkapital.

(2) Zur Zeichnung können auch Dritte oder Gesellschafter über die ihrer Beteiligung am Festkapital entsprechende Höhe hinaus zugelassen werden, wenn dies unter den entsprechend anwendbaren zusätzlichen Voraussetzungen des § 186 Abs. 4 AktG von der Gesellschafterversammlung mit der für die Kapitalerhöhung erforderlichen Mehrheit beschlossen wird.

(3) Die Gesellschafterversammlung kann die Zulassung zur Übernahme befristen sowie von Bedingungen, Auflagen und sonstigen Maßregeln abhängig machen sowie weitere Einzelheiten regeln (zB Aufgelder, hilfsweise Zulassung anderer Personen zur Übernahme nicht gezeichneter Kommanditanteile usw.).

§ 17 Ausscheiden von Gesellschaftern

(1) Scheidet ein Gesellschafter aus der Gesellschaft aus, so wird die Gesellschaft von den verbleibenden Gesellschaftern unter der bisherigen Firma fortgesetzt. Würde infolge des Ausscheidens nur noch ein Gesellschafter verbleiben, so hat dieser das Recht, das Vermögen der Gesellschaft ohne Liquidation mit allen Aktiven und Passiven unter Fortführung der Firma zu übernehmen, indem er die Übernahme gegenüber dem oder den anderen Gesellschaftern innerhalb von einem Monat nach dem Ereignis, welches das Ausscheiden zur Folge hätte, schriftlich erklärt. Wird die Übernahme nicht oder nicht form- und fristgemäß erklärt, so verbleiben der oder die anderen Gesellschafter in der Gesellschaft; die Gesellschaft ist aufgelöst.

(2) Im Falle des Ausscheidens der Komplementärin sind die Kommanditisten verpflichtet, unverzüglich eine juristische Person mit entsprechender Satzung zu gründen und sie oder einen oder mehrere hierzu bereite Kommanditisten als Komplementärin aufzunehmen. Geschieht dies nicht innerhalb eines Monats ab dem Ausscheiden, ist die Gesellschaft aufgelöst.

(3) Ausscheidende Gesellschafter können für Schulden der Gesellschaft keine Sicherheitsleistung verlangen und Befreiung erst und insoweit, als sie von Gläubigern in Anspruch genommen werden.

§ 18 Handelsregisteranmeldungen[251]

(1) Alle Kommanditisten haben sämtliche in Angelegenheiten der Gesellschaft zu vollziehenden Handelsregisteranmeldungen nach Aufforderung der Komplementärin unter Verwendung von ihr vorgegebener Entwürfe in notariell beglaubigter oder gleichwertiger Form zu unterzeichnen. Die Kommanditisten sind berechtigt, nach ihrer Wahl stattdessen der Komplementärin in notariell beglaubigter oder gleichwertiger Form eine nur aus wichtigem Grund widerrufliche Vollmacht zur Zeichnung von jeglichen die Gesellschaft betreffenden Anmeldungen zum Handelsregister zu erteilen. Die Komplementärin kann hierfür Vollmachtsentwürfe vorgeben, zu deren Verwendung die Kommanditisten verpflichtet sind.

(2) Die Komplementärin kann ungeachtet einer bereits erteilten Vollmacht gemäß Abs. 1 Satz 2 auch verlangen, dass Kommanditisten Handelsregisteranmeldungen in öffentlich beglaubigter oder gleichwertiger Form persönlich zeichnen.

(3) Die Kosten der Vollmacht sowie der Handelsregisterzeichnungen trägt die Gesellschaft.

(4) Ein Kommanditist, der der zweimalig im elektronischen Bundesanzeiger veröffentlichten Aufforderung gemäß Abs. 1 nicht nachkommt und auch keine Vollmacht gemäß Abs. 1 Satz 2 erteilt hat, oder der der zweimalig im elektronischen Bundesanzeiger veröffentlichten Aufforderung zur persönlichen Zeichnung einer Handelsregisteranmeldung gemäß Abs. 2 nicht nachkommt, kann aus der Gesellschaft ausgeschlossen werden.

§ 19 Ausschließung der Komplementärin

Die Komplementärin scheidet aus der Gesellschaft aus, wenn dies vom Beirat aus wichtigem Grund mit einer Mehrheit von 75 % aller Stimmen beschlossen wird; ein solcher wichtiger Grund ist insbesondere grobe Pflichtverletzung oder Unfähigkeit der Komplementärin oder ihrer Geschäftsführer. Die Komplementärin scheidet außerdem aus der Gesellschaft aus, wenn dies von der Gesellschafterversammlung beschlossen wird.

§ 20 Ausschließung von Kommanditisten

(1) Ein Kommanditist kann unter den Voraussetzungen von § 18 Abs. 4 oder sonst aus wichtigem Grund aus der Gesellschaft ausgeschlossen werden. Die Wirksamkeit der Ausschließung ist nicht von der Zahlung der gemäß § 21 geschuldeten Abfindung abhängig. Einer Festsetzung der Abfindung im Ausschließungsbeschluss bedarf es nicht.

(2) Die Ausschließung erfolgt durch Beschluss der Gesellschafterversammlung. Sie wird wirksam, wenn und sobald sie dem betroffenen Kommanditisten gemäß Abs. 3 bekannt gemacht wird oder als bekannt gemacht gilt, und ist solange als wirksam zu behandeln, bis ihre Unwirksamkeit rechtskräftig festgestellt ist.

(3) Die Ausschließung gilt gegenüber dem betroffenen Gesellschafter am Tage der Veröffentlichung im elektronischen Bundesanzeiger gemäß § 24 als bekannt gege-

ben. Dies gilt nicht, wenn Name und Anschrift des betroffenen Gesellschafters der Gesellschaft bekannt sind; in diesem Fall gilt die Ausschließung spätestens zwei Tage nach Aufgabe des Bekanntgabeschreibens an den betroffenen Gesellschafter zur Post als bekannt gegeben.

§ 21 Abfindung

(1) Ausscheidende Kommanditisten erhalten eine angemessene Barabfindung. Diese entspricht dem auf den ausscheidenden Kommanditisten entsprechend seiner Beteiligung am Festkapital entfallenden Anteil am zehnfachen des durchschnittlichen Ergebnisses der gewöhnlichen Geschäftstätigkeit der Gesellschaft der zum Wertermittlungsstichtag drei letzten abgeschlossenen Geschäftsjahre der Gesellschaft, mindestens jedoch dem Buchwert des Kommanditanteils des ausscheidenden Gesellschafters am Wertermittlungsstichtag. Maßgeblich ist jeweils das gemäß den Vorschriften des Handelsgesetzbuches zu ermittelnde Ergebnis der gewöhnlichen Geschäftstätigkeit der Gesellschaft; die Ergebnisse der gewöhnlichen Geschäftstätigkeit von Gesellschaften, die bei der Aufstellung eines Konzernabschlusses der Gesellschaft in diesen einzubeziehen sind oder wären, sind zu konsolidieren. Die Gesellschaft kann nach ihrer Wahl die Abfindung anstatt nach der Regelung gemäß Satz 2 und Satz 3 nach dem Verkehrswert des Kommanditanteils des ausscheidenden Gesellschafters am Wertermittlungsstichtag bemessen. Fällt das Ausscheiden mit dem Schluss eines Geschäftsjahres zusammen, ist dieser Zeitpunkt Wertermittlungsstichtag; ansonsten ist die Wertermittlung auf den Schluss des letzten im Zeitpunkt des Ausscheidens abgeschlossenen Geschäftsjahres vorzunehmen. Im Falle der Ausschließung ist die Gesellschaft nach ihrer Wahl berechtigt, im Falle der Ermittlung des Verkehrswertes gemäß Satz 4 als Wertermittlungsstichtag den Zeitpunkt der Fassung des Ausschließungsbeschlusses zu wählen.

(2) Fällt das Ausscheiden nicht mit dem Schluss eines Geschäftsjahres zusammen, nimmt der ausscheidende Gesellschafter an dem Gewinn oder Verlust des im Zeitpunkt des Ausscheidens laufenden Geschäftsjahres sowie an zu diesem Zeitpunkt schwebenden Geschäften nicht teil.

(3) Die Höhe der Abfindung ist durch einen von der Gesellschaft zu beauftragenden Wirtschaftsprüfer oder eine von der Gesellschaft zu beauftragende Wirtschaftsprüfungsgesellschaft zu ermitteln und von der Gesellschaft dem ausscheidenden Kommanditisten bekanntzugeben. Bezüglich der Bekanntgabe gilt § 20 Abs. 3 entsprechend.

(4) Einwendungen gegen die Höhe der Abfindung können nur innerhalb von zwei Monaten, nachdem sowohl die Ausschließung als auch die festgesetzte Abfindung dem abzufindenden Kommanditisten bekannt gegeben worden sind oder gemäß Abs. 3 Satz 2 bzw. § 20 Abs. 3 als bekannt gegeben gelten, durch Klage gegen die Gesellschaft geltend gemacht werden. Ist bezüglich der Höhe der einem anderen Kommanditisten zu zahlenden, auf denselben Stichtag zu ermittelnden Abfindung ein Verfahren nach Satz 1 fristgemäß eingeleitet worden, können die Einwendungen auch noch bis zum Ablauf von zwei Monaten geltend gemacht werden, nachdem der rechtskräftige oder sonstige endgültige Abschluss des Verfahrens im elektronischen Bundesanzeiger bekannt gemacht worden ist.

(5) Der Abfindungsbetrag zuzüglich eines etwaigen Guthabens bzw. abzüglich eines etwaigen Negativsaldos per Wertermittlungsstichtag auf dem laufenden Konto des betroffenen Gesellschafters wird sechs Monate nach dem Ausschließungsbeschluss fällig. Der nach Satz 1 zu zahlende Betrag ist ab dem Tage des Ausschließungsbeschlusses mit 6% p. a. zu verzinsen; die Zinsen sind zusammen mit dem nach Satz 1 zu zahlenden Betrag fällig.

(6) Sollte die Zahlung der Abfindung – ggf. unter Berücksichtigung der anderen ausscheidenden Kommanditisten zu zahlenden Abfindung – nicht ohne schweren

Schaden für die Gesellschaft möglich sein, so braucht die Gesellschaft nur zumutbare Zahlungen zu leisten. Über deren Höhe entscheidet ein auf Antrag eines Beteiligten vom Vorstand des Instituts der Wirtschaftsprüfer *(IDW)* in Düsseldorf zu ernennender Wirtschaftsprüfer oder eine vom Vorstand des Instituts der Wirtschaftsprüfer *(IDW)* in Düsseldorf zu ernennende Wirtschaftsprüfungsgesellschaft als Schiedsgutachter.

(7) Sicherheitsleistung für die Abfindung kann nicht verlangt werden.

§ 22 Verfügung über Kommanditanteile, Vererblichkeit

(1) Verfügungen über Kommanditanteile bedürfen zu ihrer Wirksamkeit der Zustimmung der Komplementärin, die nur aus wichtigem Grund versagt werden darf.[253] Ein wichtiger Grund liegt auch in den folgenden Fällen vor:

a) wenn durch die Verfügung ein Kommanditanteil mit einem Festkapitalanteil von weniger als einem Euro entsteht; oder
b) solange der verfügende Gesellschafter die erforderliche Handelsregisteranmeldung mit der gebotenen Versicherung, dass ihm aus dem Gesellschaftsvermögen keine Abfindung gewährt worden ist, nicht persönlich gezeichnet hat.[253]

Die Zustimmung kann von der Komplementärin auch davon abhängig gemacht werden, dass die Verfügung mit Wirkung zum Ende eines Kalendermonats erfolgt.

(2) Einer Verfügung steht die Eingehung eines Treuhandverhältnisses oder eines solchen Rechtsverhältnisses gleich, durch welches sich der Gesellschafter hinsichtlich der Ausübung der Gesellschaftsrechte aus seinem Gesellschaftsanteil an die Zustimmung oder Mitwirkung eines Dritten bindet.

(3) Kommanditanteile sind vererblich. Soweit beim Erbgang Kommanditanteile von weniger als einem Euro entstehen, kann das Stimmrecht nur einheitlich durch einen gemeinsamen Bevollmächtigten ausgeübt werden.

§ 23 Dauer, Kündigung, Liquidation der Gesellschaft

(1) Die Gesellschaft besteht auf unbestimmte Zeit.

(2) Jeder Gesellschafter kann die Gesellschaft durch Brief an die Komplementärin unter Einhaltung einer dreimonatigen Frist auf den Schluss eines Geschäftsjahres kündigen. Das Recht zur vorzeitigen Kündigung aus wichtigem Grund bleibt unberührt.

(3) Im Fall der Kündigung scheidet der kündigende Gesellschafter zum Zeitpunkt des Wirksamwerdens der Kündigung aus der Gesellschaft aus.

(4) Im Falle der Auflösung wird die Gesellschaft liquidiert, wenn nicht die Gesellschafter mit einer Mehrheit von drei Vierteln der abgegebenen Stimmen eine andere Art der Auseinandersetzung (zB Realteilung) beschließen. Im Falle der Liquidation ist die Komplementärin zur alleinigen Liquidatorin bestellt. Am Liquidationserlös sind die Kommanditisten entsprechend ihrer Beteiligung am Festkapital beteiligt.

§ 24 Bekanntmachungen

Für Bekanntmachungen der Gesellschaft an ihre Kommanditisten genügt die einmalige Veröffentlichung im Bundesanzeiger. Die Bekanntmachung gilt am Tage der Veröffentlichung im Bundesanzeiger als erfolgt.

§ 25 Schlussbestimmungen

(1) Sollte eine Bestimmung dieses Vertrages oder eine künftig in ihn aufgenommene Bestimmung ganz oder teilweise unwirksam oder undurchführbar sein oder werden, soll hierdurch die Gültigkeit der übrigen Bestimmungen nicht berührt werden.

Anstelle der unwirksamen oder undurchführbaren Bestimmung soll eine angemessene Regelung gelten, welche, soweit rechtlich zulässig, dem am nächsten kommt, was die Vertragsschließenden gewollt haben oder nach dem Sinn und Zweck des Vertrages gewollt hätten, falls sie den Punkt bedacht hätten.

(2) Der vorstehende Absatz gilt entsprechend im Fall von Lücken.

(3) Alle das Gesellschaftsverhältnis betreffenden Vereinbarungen zwischen Gesellschaftern oder zwischen der Gesellschaft und Gesellschaftern bedürfen zu ihrer Wirksamkeit der Schriftform, soweit nicht kraft Gesetzes notarielle Beurkundung erforderlich ist. Dies gilt auch für einen Verzicht auf das Erfordernis der Schriftform.

Anlage zu § 3 des Gesellschaftsvertrages:

Liste der Kommanditisten der ...... GmbH & Co. KG
[Übernehmende Gesellschaft]
– Kenntnisstand ...... –

Nachname bzw. Firma	Vorname	Wohnort bzw. Sitz	Anschrift	E-Mail-Adresse	Geburtsdatum bzw. HR-Nr.	Pflicht- und Hafteinlage in Euro
B-GmbH		*[Sitz]*	*[Anschrift]*	*[e-mail-Adresse]*	HRB [Nummer], AG [Ort]	6 000 000,– EUR
A	*[Vorname]*	*[Wohnort]*	*[Anschrift]*	*[e-mail-Adresse]*	[Geburtsdatum]	900 000,– EUR
X-GmbH		*[Sitz]*	*[Anschrift]*	*[e-mail-Adresse]*	HRB [Nummer], AG [Ort]	1 800 000,– EUR
[Nachname]	*[Vorname]*	*[Wohnort]*	*[Anschrift]*	*[e-mail-Adresse]*	*[Geburtsdatum]*	*[Betrag]*
[Firma]		*[Sitz]*	*[Anschrift]*	*[e-mail-Adresse]*	HR-[Nummer], AG [Ort]	*[Betrag]*
Zwischensumme:						*[Betrag]*
Unbekannte Kommanditisten mit Einlagen von insgesamt						*[Betrag]*
Summe:						9 600 000,– EUR

A.7.3. Zustimmungsbeschluss der übertragenden Gesellschaft

Verhandelt am ......

in ......, ... *[genaue Bezeichnung der Räumlichkeiten, zB Messehalle]*, ... *[Anschrift]*

Der unterzeichnete Notar[255] C mit dem Amtssitz in ......,

begab sich heute auf Ersuchen des Vorstands der ...... AG *[Übertragende Gesellschaft]*

in die ...... *[genaue Bezeichnung der Räumlichkeiten, zB Messehalle]*, ... *[Straßenanschrift]*, in ......

Dort nahm er die Niederschrift über die
außerordentliche Hauptversammlung
der

...... AG *[Übertragende Gesellschaft]*

mit dem Sitz in A auf.

Der Notar traf an:

I. vom Aufsichtsrat, dem die folgenden Mitglieder angehören:

1. Herrn H (Vorsitzender)

2. Herrn I (Stellvertretender Vorsitzender)

3. Herrn J

– die zu I. 1. bis 3. Genannten –

II. vom Vorstand, dem die folgenden Mitglieder angehören:

1. Herrn K

2. Herrn L

3. Herrn M

– die zu II. 1. bis 3. Genannten –

III. die in dem als Anlage 1 beigefügten Teilnehmerverzeichnis aufgeführten Aktionäre und Aktionärsvertreter.[258]

Der Vorsitzende des Aufsichtsrats, Herr H, übernahm den Vorsitz. Die Versammlung wurde von ihm um ...... Uhr eröffnet.

Der Vorsitzende des Aufsichtsrates stellte fest: Die Einberufung der Hauptversammlung wurde mit Tagesordnung am ... *[Datum]* im Bundesanzeiger bekanntgemacht. Ein Ausdruck des Bundesanzeigers vom ...... ist dieser Niederschrift als Anlage 2 beigefügt.

Der Vorsitzende stellte weiter fest, dass die in § 125 AktG vorgesehenen Mitteilungen durch den Vorstand form- und fristgerecht verteilt worden und Ergänzungsanträge zur Tagesordnung nicht zugegangen seien.

Die Bekanntmachung im Bundesanzeiger enthält folgenden einzigen Tagesordnungspunkt:

Beschlussfassung über die Verschmelzung der ...... AG *[Übertragende Gesellschaft]* als übertragenden Rechtsträgers mit der ...... GmbH & Co. KG *[Übernehmende Gesellschaft]* als aufnehmendem Rechtsträger

Der Vorsitzende unterzeichnete das Verzeichnis der erschienenen oder vertretenen Aktionäre und der Aktionärsvertreter. Das Teilnehmerverzeichnis wurde vor der Abstimmung während der gesamten Dauer der Hauptversammlung zur Einsicht für alle Teilnehmer ausgelegt. Die in dem Teilnehmerverzeichnis aufgeführten Aktionäre und Aktionärsvertreter haben ihre Berechtigung zur Teilnahme und Ausübung des Stimmrechts ordnungsgemäß nachgewiesen.

Wie sich aus dem Teilnehmerverzeichnis ergibt und vom Vorsitzenden bekannt gegeben wurde, waren vom Grundkapital von insgesamt 10 Millionen Aktien und ebenso vielen Stimmen insgesamt ...... Aktien und ebenso viele Stimmen, mithin ...... Prozent der Aktien und Stimmen anwesend bzw. vertreten.

Der Vorsitzende bestimmte zum Abstimmungsverfahren, dass die Abstimmung durch Handaufheben erfolgt, dass Stimmen nur im Versammlungssaal abgegeben werden können, dass zunächst die Nein-Stimmen und sodann die Enthaltungen gezählt werden, dass sodann auf Grund der Differenzmethode anhand des Aktionärsverzeichnisses das Abstimmungsergebnis ermittelt wird und dass demzufolge jede Stimme,

soweit sie nicht bei Aufruf der Nein-Stimmen oder der Enthaltung durch Handaufheben abgegeben wird, als Ja-Stimme zählt. Es erfolgte eine laufende Präsenzkontrolle.

Der Vorsitzende stellte sodann den einzigen Tagesordnungspunkt wie folgt zur Diskussion und Beschlussfassung:

Tagesordnungspunkt

Beschlussfassung über die Verschmelzung der ...... AG *[Übertragende Gesellschaft]* als übertragenden Rechtsträgers mit der ...... GmbH & Co. KG *[Übernehmende Gesellschaft]* als aufnehmendem Rechtsträger

Er traf zunächst folgende Feststellungen:

Der Entwurf vom ...... des Verschmelzungsvertrages betreffend die Verschmelzung der ...... AG *[Übertragende Gesellschaft]* als übertragender und der ...... GmbH & Co. KG *[Übernehmende Gesellschaft]* als aufnehmender Gesellschaft, der gemeinsame Verschmelzungsbericht des Vorstands der ...... AG *[Übertragende Gesellschaft]* und der Geschäftsführung der ...... GmbH & Co. KG *[Übernehmende Gesellschaft],* die Jahresabschlüsse und Lageberichte der letzten drei Geschäftsjahre der ...... AG *[Übertragende Gesellschaft]* und der ...... GmbH & Co. KG *[Übernehmende Gesellschaft]* sowie der Prüfungsbericht der Verschmelzungsprüfer für die ...... AG *[Übertragende Gesellschaft]* haben vom ...... an in den Geschäftsräumen der ...... AG *[Übertragende Gesellschaft]* zur Einsicht der Aktionäre ausgelegen. Sie liegen auch in der Hauptverhandlung aus.

Der Vorsitzende bat sodann den Vorstand, die vorgeschlagene Verschmelzung ausführlich zu erläutern und zu begründen.

[es folgt die Wiedergabe der Redebeiträge]

Nachdem auf Nachfrage keine weiteren Wortmeldungen erfolgten, schloss der Vorsitzende die Diskussion zu diesem Punkt.

Sodann teilte der Vorsitzende mit:

Die Gesellschaft ist aufgrund der von der Rechtsprechung gestellten Anforderungen gehalten, den Verschmelzungsvertrag in der Hauptversammlung, insoweit in Abweichung von dem im elektronischen Bundesanzeiger bekanntgemachten Text, um die anlässlich der Hauptversammlung namentlich bekanntgewordenen Aktionäre und folglich künftigen Kommanditisten zu ergänzen. Diese Ergänzung muss auch diejenigen Aktionäre umfassen, die durch Annahme des Abfindungsangebotes aus der Gesellschaft ausscheiden wollen, da solche Aktionäre nach der gesetzlichen Regelung erst nach dem Wirksamwerden aus der Gesellschaft aus-scheiden.

Die Gesellschaft hat in der Einladung zu der heutigen Hauptversammlung die Aktionäre gebeten, ihren Namen, Vornamen, Geburtsdatum und Wohnort der Gesellschaft schriftlich mitzuteilen. Aus dem Teilnehmerverzeichnis zur heutigen Hauptversammlung sind weitere Aktionäre bekannt geworden. Der Verschmelzungsvertrag in seiner hier zur Abstimmung zu stellenden Fassung ist daher in der Anlage zu § 2 um die folgenden Aktionäre zu ergänzen:

[Auflistung der betreffenden Aktionäre]

Der Vorsitzende stellte sodann den in der Einladung zum einzigen Tagesordnungspunkt bekanntgemachten Beschlussvorschlag mit den in der Versammlung bekanntgegebenen Änderungen in der Anlage zu § 2 und im Übrigen unverändert zur Abstimmung.

Der Vorsitzende wies darauf hin, dass das Angebot der Gesellschaft auf Barabfindung nur von solchen Aktionären angenommen werden kann, die gemäß § 29 Abs. 1 UmwG Widerspruch zur Niederschrift erklären, wobei eine Stimmabgabe für den Ver-

waltungsvorschlag der Erklärung des Widerspruchs nicht entgegensteht. Der Widerspruch muss beim Notar eingelegt werden. Der Vorsitzende wies außerdem darauf hin, dass das Barabfindungsangebot einer Annahme durch den Aktionär gemäß § 29 UmwG bedarf. Diese erfolgt durch eine schriftliche Annahmeerklärung. Das Barabfindungsangebot kann auf diesem Wege nur innerhalb von zwei Monaten, nachdem die Eintragung der Verschmelzung beim Handelsregister des Sitzes der Übernehmerin im Bundesanzeiger und mindestens einem anderen Blatt gemäß § 19 Abs. 3 UmwG als bekanntgemacht gilt, angenommen werden. Wenn ein Antrag auf Bestimmung der Barabfindung durch das Gericht gemäß § 34 UmwG gestellt wird, kann das Angebot auch noch binnen zwei Wochen nach dem Tage angenommen werden, an dem die Entscheidung des Gerichts über die Bestimmung der Barabfindung im elektronischen Bundesanzeiger bekanntgemacht worden ist. Diejenigen Aktionäre, die das Barabfindungsangebot annehmen, scheiden aus der Gesellschaft aus.

Der Vorsitzende wies darauf hin, dass der Beschluss zu dem einzigen Tagesordnungspunkt einer qualifizierten Mehrheit von mindestens 75 % des bei der Beschlussfassung vertretenen Grundkapitals bedarf, da die Satzung eine größere Kapitalmehrheit und weitere Erfordernisse nicht bestimmt.

Sodann stellte der Vorsitzende fest, dass die Präsenz sich nicht geändert hat, und bat die Aktionäre um Stimmabgabe über den Antrag des Vorstands und des Aufsichtsrates, der Verschmelzung der …… AG *[Übertragende Gesellschaft]* auf die …… GmbH & Co. KG *[Übernehmende Gesellschaft]* zuzustimmen.

Die Hauptversammlung stimmte bei einer Präsenz von …… Aktien oder ebenso vielen Stimmen über den Vorschlag der Verwaltung wie folgt ab:

…… Nein-Stimmen
…… Enthaltungen
…… Ja-Stimmen

Der Vorsitzende gab das Ergebnis der Abstimmung bekannt. Er stellte fest, dass der Vorschlag der Verwaltung mit der erforderlichen Mehrheit von 75 % des bei der Beschlussfassung vertretenen Grundkapitals[257] im Wege der Abstimmung durch Handaufheben angenommen ist, und verkündete den gefassten Beschluss.

Herr A, …… *[Wohnort]*, geboren am …… *[Datum]*, erklärte gegen den Beschluss Widerspruch zur Niederschrift. Im übrigen wurde von keinem der anwesenden Aktionäre oder Aktionärsvertreter Widerspruch zur Niederschrift erklärt.

Nachdem sich auf Nachfrage des Vorsitzenden kein Teilnehmer mehr zu Wort meldete, schloss der Vorsitzende die Versammlung um …… Uhr.

Diese bei dem beurkundenden Notar verbleibende Niederschrift[255, 256] wurde von dem Notar wie folgt unterschrieben:

………………………………………………
[Unterschrift]

A.7.4. Zustimmungsbeschluss der Übernehmerin[260 ff.]

URNr. ……

Heute, den …………………
erschienen vor mir, N, Notar[260] mit dem Amtssitz in ……,
in meinen Amtsräumen in ……

1. **Herr C, Kaufmann, geboren am ……, wohnhaft …… *[Adresse]*;**
2. **Herr G, Kaufmann, geboren am ……, wohnhaft …… *[Adresse]*.**

Herr C erklärte, hier nicht in eigenem Namen handeln zu wollen, sondern im Namen der B GmbH mit Sitz in ……, …… *[Adresse],* eingetragen im Handelsregister des Amtsgerichts B unter HRB ……

als deren einzelvertretungsberechtigter Geschäftsführer.

Herr G erklärte, hier nicht in eigenem Namen zu handeln, sondern für die …… GmbH *[Komplementärin]* mit Sitz in ……, …… *[Adresse],* eingetragen im Handelsregister des Amtsgerichts …… unter HRB ……

als deren einzelvertretungsberechtigter Geschäftsführer.

Hierzu bescheinige ich, Notar, auf Grund Einsicht in einen beglaubigten Handelsregisterauszug des Amtsgerichts …… vom ……, HRB ……, dass die vorgenannte B GmbH dort eingetragen ist und von Herrn C als einzelvertretungsberechtigtem Geschäftsführer vertreten wird, sowie auf Grund Einsicht in einen beglaubigten Handelsregisterauszug des Amtsgerichts B vom ……, HRB ……, dass die vorgenannte …… GmbH *[Komplementärin]* dort eingetragen ist und von Herrn G als einzelvertretungsberechtigtem Geschäftsführer vertreten wird.

Die Erschienenen wiesen sich aus durch Vorlage ihrer Personalausweise. Auf Antrag der Erschienenen beurkunde ich ihren vor mir abgegebenen mündlichen Erklärungen gemäß was folgt:

A. Vorbemerkung

Im Handelsregister des Amtsgerichts B ist in Abteilung A unter HRA …… die Kommanditgesellschaft in Firma

…… GmbH & Co. KG *[Übernehmende Gesellschaft]*

mit dem Sitz in …… (nachfolgend: die Gesellschaft)

eingetragen. Das dem eingetragenen Haftkapital entsprechende Festkapital der Gesellschaft beträgt 6 000 000.– EUR (in Worten: sechs Millionen Euro).

An der Gesellschaft sind beteiligt:

a) die …… GmbH *[Komplementärin]* als persönlich haftende Gesellschafterin ohne Anteil am Festkapital
b) die B GmbH als Kommanditistin mit einer Einlage und einem Festkapitalanteil von 6 000 000.– EUR (in Worten: sechs Millionen Euro).

B. Beschlüsse

Die vorgenannten Gesellschafter der Gesellschaft halten hiermit unter Verzicht auf sämtliche Form- und Fristvorschriften für die Einberufung und Abhaltung einer Gesellschafterversammlung eine Gesellschafterversammlung[69] der Gesellschaft ab und beschließen einstimmig was folgt:

1. Dem Abschluss eines Verschmelzungsvertrages zwischen der …… AG *[Übertragende Gesellschaft],* Sitz A, HRB ……, Amtsgericht A, als übertragender Gesellschaft und der Gesellschaft als übernehmender Gesellschaft gemäß dem als Anlage beigefügten Entwurf des Verschmelzungsvertrages vom …… wird hiermit zugestimmt.
2. Zum Zwecke der Gewährung neuer Kommanditeinlagen zur Durchführung der Verschmelzung und zur Erfüllung der Anteilsgewährungspflicht wird das Festkapital der Gesellschaft von derzeit 6 000 000.– EUR um 3 600 000.– EUR (in Worten: drei Millionen sechshunderttausend Euro) auf sodann 9 600 000.– EUR (in Worten: neun Millionen sechshunderttausend Euro) erhöht, indem jeder Person mit Ausnahme der übernehmenden Gesellschaft, die im Zeitpunkt der Eintragung der Verschmelzung in das Handelsregister der Gesellschaft Aktionär der …… AG *[Übertragende Gesellschaft]* ist, die Rechtsstellung eines Kommanditisten in der übernehmenden Gesellschaft eingeräumt wird und für sie eine Kommanditeinlage

festgesetzt wird, deren Betrag in Euro der Anzahl der von ihm im vorgenannten Zeitpunkt an der ...... AG *[Übertragende Gesellschaft]* gehaltenen Stückaktien multipliziert mit dem Faktor 1,8 entspricht.

Im Einzelnen werden nach dem derzeitigen Kenntnisstand die folgenden Kommanditeinlagen festgesetzt:

a) die in der Anlage zu § 2 des Verschmelzungsvertrages genannten Kommanditeinlagen für die dort jeweils aufgeführten namentlich bekannten Aktionäre;

b) Kommanditeinlagen von insgesamt ...... EUR für die nicht in der Anlage zu § 2 des Verschmelzungsvertrages namentlich aufgeführten, der Gesellschaft unbekannten Inhaber der ...... *[Stückzahl]* auf den Namen lautenden Stückaktien mit einer rechnerischen Beteiligung am Grundkapital von jeweils einem Euro und insgesamt ...... EUR, entsprechend ....% *[höchstens 5 %]* des Grundkapitals.[262]

Die neuen Kommanditanteile sind ab dem Verschmelzungsstichtag gemäß § 4 Abs. 1 des als Anlage im Entwurf vom ...... *[Datum]* beigefügten Verschmelzungsvertrages gewinnberechtigt.

3. Der Gesellschaftsvertrag der ...... GmbH & Co. KG [Übernehmende Gesellschaft] wird mit rechtlicher Wirkung ab Eintragung der Verschmelzung im Handelsregister der ...... GmbH & Co. KG *[übernehmende Gesellschaft]* und wirtschaftlicher Wirkung ab Verschmelzungsstichtag gemäß dem als Anlage zu § 5 des als Entwurf vom ...... *[Datum]* beigefügten Verschmelzungsvertrages neu gefasst.

C. Verzichte und sonstige Erklärungen[260]

Auf das Recht zur Anfechtung der vorstehenden Beschlüsse wird ausdrücklich verzichtet. Eine Verschmelzungsprüfung wird nicht verlangt.

D. Kosten

Die Kosten dieser Urkunde trägt die Gesellschaft.

E. Hinweise

Der Notar belehrte die Erschienenen über den weiteren Verfahrensgang der Verschmelzung sowie die Unwiderruflichkeit der Verzichtserklärung gemäß vorstehendem Buchst. C und deren Wirkung.

F. Abschriften

Von dieser Urkunde erhalten

Ausfertigungen:
- die Gesellschafter
- die Gesellschaft
- die ...... AG [Übertragende Gesellschaft]

Beglaubigte Abschriften (in elektronischer Form):
- das Amtsgericht A als Registergericht der übertragenden Gesellschaft
- das Amtsgericht B als Registergericht der übernehmenden Gesellschaft

Beglaubigte Abschrift:
- das für die ...... AG *[Übertragende Gesellschaft]* zuständige Finanzamt (§ 54 Abs. 1 Satz 1 EStDV).[65]

Diese Niederschrift nebst Anlage (Verschmelzungsvertrag) einschließlich deren sämtlicher Anlagen wurden den Erschienenen vom Notar vorgelesen, von ihnen genehmigt und von ihnen und dem Notar eigenhändig wie folgt unterschrieben:

....

[Unterschrift C] *[Unterschrift Notar]*

....

[Unterschrift G]

Schreiben und Berichte

Schreiben an die Betriebsräte[264, 267]

A.7.5. Schreiben an die Betriebsräte der übernehmenden Gesellschaft

...... GmbH & Co. KG *[Übernehmende Gesellschaft]*
– Geschäftsführung –

................................, den ....

An den Gesamtbetriebsrat[265] der ...... GmbH & Co. KG *[Übernehmende Gesellschaft]*
z. Hd. des Vorsitzenden
– durch Boten gegen Empfangsbekenntnis –

An den Betriebsrat der ...... GmbH & Co. KG *[Übernehmende Gesellschaft]* – Betrieb B
z. Hd. des Vorsitzenden
– durch Boten gegen Empfangsbekenntnis –

An den Betriebsrat der ...... GmbH & Co. KG *[Übernehmende Gesellschaft]* – Betrieb E
z. Hd. des Vorsitzenden
– durch Boten gegen Empfangsbekenntnis –

An den Betriebsrat der ...... GmbH & Co. KG *[Übernehmende Gesellschaft]* – Betrieb F
z. Hd. des Vorsitzenden
– durch Boten gegen Empfangsbekenntnis –

Verschmelzung der ...... AG *[Übertragende Gesellschaft]* auf die ...... GmbH & Co. KG *[Übernehmende Gesellschaft]*

Sehr geehrte Damen und Herren,

es ist beabsichtigt, die ...... AG *[Übertragende Gesellschaft]* als übertragende Gesellschaft im Wege der Verschmelzung durch Aufnahme auf die ...... GmbH & Co. KG [Übernehmende Gesellschaft] als übernehmende Gesellschaft zu verschmelzen. Hierzu haben der Vorstand der ...... AG *[Übertragende Gesellschaft]* sowie die Geschäftsführung der ...... GmbH & Co. KG *[Übernehmende Gesellschaft]* den Entwurf eines Verschmelzungsvertrages aufgestellt. Dieser wird Ihnen hiermit als Anlage zu diesem Schreiben gemäß § 5 Abs. 3 UmwG in Kopie zugeleitet.[268] Bitte quittieren Sie den Erhalt des Entwurfes des Verschmelzungsvertrages durch Gegenzeichnung der beigefügten Empfangsbestätigung.

Mit freundlichen Grüßen
...... GmbH & Co. KG *[Übernehmende Gesellschaft]*

..
[Unterschrift des Geschäftsführers der Komplementärin]

Anlage:

Empfangsbestätigung:

Der Erhalt des vorstehenden Schreibens im Original sowie des als Anlage in Kopie beigefügten Entwurfes des Verschmelzungsvertrages wird hiermit zum Zwecke des

Nachweises der rechtzeitigen Zuleitung[266] des Entwurfes des Verschmelzungsvertrages gemäß § 17 Abs. 1 UmwG bestätigt.

................................, den ....

Für den Gesamtbetriebsrat:

..

[Unterschrift des Vorsitzenden]

................................, den ....

Für den Betriebsrat des Betriebes E:

..

[Unterschrift des Vorsitzenden]

................................, den ....

Für den Betriebsrat des Betriebes B:

..

[Unterschrift des Vorsitzenden]

................................, den ....

Für den Betriebsrat des Betriebes F:

..

[Unterschrift des Vorsitzenden]

A.7.6. Schreiben an die Betriebsräte der übertragenden Gesellschaft

...... AG *[Übertragende Gesellschaft]*
– Vorstand –

................................, den ....

An den
Gesamtbetriebsrat der ...... AG[265] *[Übertragende Gesellschaft]*
z. Hd. des Vorsitzenden
– durch Boten gegen Empfangsbekenntnis –

An den
Betriebsrat der ...... AG *[Übertragende Gesellschaft]* – Betrieb A
z. Hd. des Vorsitzenden
– durch Boten gegen Empfangsbekenntnis –

An den
Betriebsrat der ...... AG *[Übertragende Gesellschaft]* – Betrieb C
z. Hd. des Vorsitzenden
– durch Boten gegen Empfangsbekenntnis –

An den
Betriebsrat der ...... AG *[Übertragende Gesellschaft]* – Betrieb D
z. Hd. des Vorsitzenden
– durch Boten gegen Empfangsbekenntnis –

Verschmelzung der ...... AG *[Übertragende Gesellschaft]* auf die ...... GmbH & Co. KG *[Übernehmende Gesellschaft]*

Sehr geehrte Damen und Herren,

es ist beabsichtigt, die ...... AG *[Übertragende Gesellschaft]* als übertragende Gesellschaft im Wege der Verschmelzung durch Aufnahme auf die ...... GmbH & Co. KG *[Übernehmende Gesellschaft]* als übernehmende Gesellschaft zu verschmelzen. Hierzu haben der Vorstand der ...... AG *[Übertragende Gesellschaft]* sowie die Geschäftsführung der ...... GmbH & Co. KG *[Übernehmende Gesellschaft]* den Entwurf eines Verschmelzungsvertrages aufgestellt. Dieser wird Ihnen hiermit als Anlage zu diesem Schreiben gemäß § 5 Abs. 3 UmwG in Kopie zugeleitet.[268] Bitte quittieren Sie den Enthalt des Entwurfes des Verschmelzungsvertrages durch Gegenzeichnung der beigefügten Empfangsbestätigung.

Mit freundlichen Grüßen

...... AG [Übertragende Gesellschaft]

..

[Unterschriften der Vorstandsmitglieder in vertretungsberechtigender Anzahl]

Anlage:

Empfangsbestätigung:

Der Erhalt des vorstehenden Schreibens im Original sowie des als Anlage in Kopie beigefügten Entwurfes des Verschmelzungsvertrages wird hiermit zum Zwecke des Nachweises der rechtzeitigen Zuleitung[266] des Entwurfes des Verschmelzungsvertrages gemäß § 17 Abs. 1 UmwG bestätigt.

................................, den ....
Für den Gesamtbetriebsrat:

..
[Unterschrift des Vorsitzenden]

................................, den ....
Für den Betriebsrat des Betriebes A:

..
[Unterschrift des Vorsitzenden]

................................, den ....
Für den Betriebsrat des Betriebes C:

..
[Unterschrift des Vorsitzenden]

................................, den ....
Für den Betriebsrat des Betriebes D:

..
[Unterschrift des Vorsitzenden]

A.7.7. Verschmelzungsbericht[271, 272, 273]

Gemeinsamer Bericht[270]
des Vorstands der ...... AG *[Übertragende Gesellschaft]*
und der Geschäftsführung der persönlich haftenden Gesellschafterin
der ...... GmbH & Co. KG *[Übernehmende Gesellschaft]*
über
die Verschmelzung der ...... AG *[Übertragende Gesellschaft]* mit der ...... GmbH & Co. KG *[Übernehmende Gesellschaft]*

Der Vorstand der ...... AG *[Übertragende Gesellschaft]* sowie die persönlich haftende Gesellschafterin der ...... GmbH & Co. KG *[Übernehmende Gesellschaft]* haben am ...... den Entwurf eines Verschmelzungsvertrages aufgestellt. Der Entwurf des Verschmelzungsvertrages wird der außerordentlichen Hauptversammlung der ...... AG *[Übertragende Gesellschaft]* am ...... sowie der Gesellschafterversammlung der ...... GmbH & Co. KG *[Übernehmende Gesellschaft]* am ...... zur Zustimmung vorgelegt.

Der Vorstand der ...... AG *[Übertragende Gesellschaft]* hat die AB AG Wirtschaftsprüfungsgesellschaft mit der Prüfung der Verschmelzung für die ...... AG *[Übertragende Gesellschaft]* mit der Prüfung der Verschmelzung beauftragt.

Zur Unterrichtung der Aktionäre der ...... AG *[Übertragende Gesellschaft]* sowie der Gesellschafter der ...... GmbH & Co. KG *[Übernehmende Gesellschaft]* sowie zur Vorbereitung ihrer Beschlussfassung erstatten der Vorstand der ...... AG *[Übertragende Gesellschaft]* sowie die geschäftsführende Gesellschafterin der ...... GmbH & Co. KG *[Übernehmende Gesellschaft]* (letztere durch ihren Geschäftsführer) den folgenden Verschmelzungsbericht gemäß § 8 UmwG:

A. Die beteiligten Gesellschaften

I. Die ...... AG [Übertragende Gesellschaft]

1. Geschichte

2. Geschäftsfelder

3. Konzernstruktur

4. Wirtschaftliche Kennzahlen

5. **Mitarbeiter, Mitbestimmung**
6. **Organe, Aktionäre, Aktien**

II. Die …… GmbH & Co. KG [Übernehmende Gesellschaft]

[Angaben analog …… AG (Übertragende Gesellschaft)]

B. Wirtschaftliche Begründung der Verschmelzung

Für die Verschmelzung sprechen die folgenden wirtschaftlichen Gründe:

[unter Erläuterung des der Verschmelzung zugrundeliegenden wirtschaftlichen Konzepts und unter Berücksichtigung der folgenden Punkte weiter auszuführen]

C. Ablauf der geplanten Verschmelzung

[Erläuterung des zeitlichen Ablaufs der Verschmelzung wie im Ablaufplan]

D. Rechtliche Aspekte der Verschmelzung

[Erläuterung der rechtlichen, steuerlichen und bilanziellen Auswirkungen der Verschmelzung sowie der einzelnen Bestimmungen des Verschmelzungsvertrags]

E. Auswirkung der Verschmelzung auf die ausgegebenen Wertpapiere

Mit Wirksamkeit der Verschmelzung erlöschen die …… AG *[Übertragende Gesellschaft]* sowie die an der …… AG *[Übertragende Gesellschaft]* bestehenden Aktien. Die Aktionäre der …… AG *[Übertragende Gesellschaft]* werden mit Wirksamwerden der Verschmelzung Kommanditisten der …… GmbH & Co. KG *[Übernehmende Gesellschaft]*, § 20 Abs. 1 Nr. 3 UmwG. Die Kommanditanteile an der …… GmbH & Co. KG *[Übernehmende Gesellschaft]* können nicht an einer Börse gehandelt werden. Aktionäre, die der Gesellschaft unbekannt sind, können ihr Stimmrecht aus den ihnen mit Wirksamwerden der Verschmelzung zustehenden Kommanditanteilen bis zu ihrer namentlichen Eintragung in das Handelsregister nicht ausüben (§ 35 Satz 3 UmwG).

[weiter auszuführen]

F. Erläuterung des Umtauschverhältnisses

§ 2 Abs. 1 des Verschmelzungsvertrages sieht als Umtauschverhältnis vor, dass pro Aktie der …… AG *[Übertragende Gesellschaft]* eine Beteiligung von 1,80 EUR am Festkapital der …… GmbH & Co. KG *[Übernehmende Gesellschaft]* gewährt wird. Dieses Umtauschverhältnis wurde unter besonderer Berücksichtigung des Aktienkurses der …… AG *[Übertragende Gesellschaft]* wie folgt ermittelt:

[weiter auszuführen]

G. Höhe der anzubietenden Barabfindung

§ 3 Abs. 1 des Verschmelzungsvertrages bietet entsprechend den Erfordernissen in § 29 UmwG jedem Aktionär, der gegen den Verschmelzungsbeschluss der Hauptversammlung der …… AG *[Übertragende Gesellschaft]* Widerspruch zur Niederschrift erklärt, eine Abfindung von 30.– EUR pro von ihm gehaltener Aktie an. Dem Widerspruch zur Niederschrift steht es gleich, wenn ein nicht erschienener Anteilsinhaber zu Unrecht nicht zu der Hauptversammlung der …… AG *[Übertragende Gesellschaft]* zugelassen wurde oder wenn die Hauptversammlung nicht ordnungsgemäß einberufen oder der Gegenstand der Beschlussfassung nicht ordnungsgemäß zur Beschlussfassung angekündigt worden ist.

Die Abfindung gemäß § 3 des Verschmelzungsvertrages wurde unter besonderer Berücksichtigung des Aktienkurses der …… AG *[Übertragende Gesellschaft]* wie folgt ermittelt:

[weiter auszuführen]

Besondere Bewertungsschwierigkeiten

Bei der Bewertung der ...... GmbH & Co. KG *[Übernehmende Gesellschaft]* war zu berücksichtigen, dass ......

[ggf. weiter auszuführen]

.............................., den ....

Der Vorstand der ...... AG *[Übertragende Gesellschaft]*

..

[Unterschriften aller Vorstandsmitglieder]

Die Geschäftsführer der persönlich haftenden Gesellschafterin der ...... GmbH & Co. KG *[Übernehmende Gesellschaft]:*

..

[Unterschriften sämtlicher Geschäftsführer]

A.7.8. Verschmelzungsprüfungsbericht[275, 276]

Bericht
des Verschmelzungsprüfers für die ...... AG *[Übertragende Gesellschaft]*
über die Prüfung des Verschmelzungsvertrages
zwischen der ...... AG *[Übertragende Gesellschaft]* und der ...... GmbH & Co. KG
[Übernehmende Gesellschaft]

A. Prüfungsauftrag

Am ...... hat das Landgericht[280] in ... auf Antrag des Vorstands der ...... AG *[Übertragende Gesellschaft]* die ...... AG Wirtschaftsprüfungsgesellschaft[278, 279] zum Verschmelzungsprüfer betreffend die Verschmelzung der ...... AG *[Übertragende Gesellschaft]* mit der ...... GmbH & Co. KG *[Übernehmende Gesellschaft]* bestellt. Gegenstand der Prüfungen war der als Anlage 1 beigefügte paraphierte Entwurf des Verschmelzungsvertrages vom ...... Die folgenden Unterlagen haben uns vorgelegen:

- **Verschmelzungsbericht des Vorstands der ...... AG *[Übertragende Gesellschaft]* sowie der Geschäftsführung der ...... GmbH & Co. KG *[Übernehmende Gesellschaft]* vom ......;**
- **gemeinsames Gutachten der ...... Wirtschaftsprüfungsgesellschaft und der ...... Wirtschaftsprüfungsgesellschaft zur Angemessenheit des Umtauschverhältnisses vom ......;**
- **geprüfte und festgestellte Jahresabschlüsse der ...... AG *[Übertragende Gesellschaft]* sowie der ...... GmbH & Co. KG *[Übernehmende Gesellschaft]* für die Jahre 98, 99 und 00;**
- **Planungsrechnungen der ...... AG *[Übertragende Gesellschaft]* sowie der ...... GmbH & Co. KG *[Übernehmende Gesellschaft]* für die Jahre 01 bis 05;**
- **Arbeitspapiere der vorgenannten Wirtschaftsprüfungsgesellschaften.**

Während unserer Prüfung wurden uns von dem Vorstand der ...... AG *[Übertragende Gesellschaft]* sowie der Geschäftsführung der ...... GmbH & Co. KG *[Übernehmende Gesellschaft]* alle von uns erbetenen Auskünfte erteilt und zu einzelnen Fragen der Bewertung weitere Unterlagen sowie Informationen zur Verfügung gestellt.

Inhalt und Umfang unserer Prüfung ergeben sich aus §§ 9 Abs. 1, 12 und 30 Abs. 2 UmwG. Gegenstand unserer Prüfung war demgemäß neben der Prüfung der Vollständigkeit des Verschmelzungsvertrages und der Richtigkeit der darin enthaltenen Angaben insbesondere die Angemessenheit des im Verschmelzungsvertrag vorge-

sehenen Umtauschverhältnisses sowie die Angemessenheit der gemäß § 29 Abs. 1 UmwG im Verschmelzungsvertrag angebotenen Barabfindung. Den gemeinsamen Verschmelzungsbericht des Vorstands der ...... AG *[Übertragende Gesellschaft]* sowie der Geschäftsführung der ...... GmbH & Co. KG *[Übernehmende Gesellschaft]* haben wir nur insoweit geprüft, als er die Ermittlung des angemessenen Umtauschverhältnisses sowie der angemessenen Barabfindung zum Gegenstand hat.

Für die Durchführung des Auftrags und unsere Verantwortlichkeit sind, auch im Verhältnis zu Dritten, die als Anlage beigefügten Allgemeinen Auftragsbedingungen für Wirtschaftsprüfer und Wirtschaftsprüfungsgesellschaften in der Fassung vom ... [Datum] maßgebend. Für unsere Verantwortlichkeit gegenüber den an der Verschmelzung beteiligten Gesellschaften und ihren Gesellschaftern gilt § 11 Abs. 2 UmwG iVm. § 323 HGB. Soweit in diesen Gesetzen eine Haftungshöchstsumme nicht festgelegt ist, bestimmt sich diese nach Nr. ... der vorbenannten Allgemeinen Auftragsbestimmungen. Im Verhältnis zu Dritten sind Nr. ... Abs. ... und Nr. ... der vorbenannten Allgemeinen Auftragsbestimmungen maßgebend.

Wir haben unsere Arbeiten unter Beachtung der einschlägigen Stellungnahmen des Instituts der Wirtschaftsprüfer in Deutschland *(IDW)* durchgeführt, insbesondere

- *IDW* Standard: „Grundsätze zur Durchführung von Unternehmensbewertungen" (*IDW* S 1) i. d. F....;
- WP-Handbuch ....

Etwaige wesentliche Änderungen in den Wertverhältnissen der beiden Parteien, die sich zwischen dem Abschluss unserer Prüfung am ...... und der Hauptversammlung der ...... AG *[Übertragende Gesellschaft],* die am ...... über den Verschmelzungsvertrag beschließt, ereignen, sind bei der endgültigen Bemessung des Umtauschverhältnisses sowie der Barabfindung zu berücksichtigen.

B. Prüfungsergebnis

Über das Ergebnis unserer Prüfungen berichten wir wie folgt:

1. Der Entwurf des Verschmelzungsvertrages entspricht den gesetzlichen Anforderungen, insbesondere den Erfordernissen der §§ 4, 5 und 29 UmwG. Die im Entwurf des Verschmelzungsvertrages enthaltenen Angaben sind richtig.
2. Das vorgeschlagene Umtauschverhältnis sowie die angebotene Barabfindung gemäß § 29 UmwG wurden wie folgt ermittelt:

[Darlegung der Methoden gemäß § 12 Abs. 2 Nr. 1 UmwG]

Diese Methoden halten wir aus folgenden Gründen für angemessen:

[Ausführungen zur Angemessenheit der Methoden gemäß § 12 Abs. 2 Nr. 2 UmwG]

Bei der Anwendung verschiedener Methoden würden sich die folgenden Umtauschverhältnisse ergeben:

[Ausführungen zu den Ergebnissen der verschiedenen Methoden und ihrer Gewichtung gemäß § 12 Abs. 2 Nr. 3 UmwG]

C. Erklärung zur Angemessenheit des Umtauschverhältnisses

Aufgrund unserer Prüfung des Entwurfs des Verschmelzungsvertrages erklären wir abschließend gemäß § 12 Abs. 2 und § 30 Abs. 2 UmwG:

„Das im Entwurf des Verschmelzungsvertrages vom ...... vorgeschlagene Umtauschverhältnis – Gewährung von 1,80 EUR Beteiligung am Festkapital der ...... GmbH & Co. KG *[Übernehmende Gesellschaft]* pro Aktie der ...... AG *[Übertragende Gesellschaft]* – mit zeitgleicher Gewinnbeteiligung sowie die im Entwurf des Verschmel-

zungsvertrages vom ...... gemäß § 29 UmwG angebotene Barabfindung von 30.– EUR pro Aktie sind angemessen."

.... , den ....

...... AG Wirtschaftsprüfungsgesellschaft

..

[Unterschriften]

A.7.9. Ladung[282, 283]

Einladung zur Hauptversammlung
...... AG *[Übertragende Gesellschaft]*
A *[Sitz]*

Wertpapier-Kenn-Nr.: ......, ISIN: DE ......

Hiermit laden wir unsere Aktionäre zu der außerordentlichen Hauptversammlung am ...... *[Wochentag]*, ... *[Datum]*, ... *[Uhrzeit]*, in der ...... *[genaue Bezeichnung des Versammlungsortes, zB Messehalle]* in ...... *[Adresse]*, ein.

Sollte die Tagesordnung an diesem Tag nicht abschließend behandelt werden können, wird die Hauptversammlung am ...... *[darauf folgender Wochentag]*, ... *[Datum]*, ... *[Uhrzeit]*, an gleicher Stelle fortgesetzt.

Tagesordnung

Beschlussfassung über die Verschmelzung zwischen der ...... AG *[Übertragende Gesellschaft]* als übertragendem Rechtsträger und der ...... GmbH & Co. KG *[Übernehmende Gesellschaft]* als aufnehmendem Rechtsträger.

Der Vorstand der ...... AG *[Übertragende Gesellschaft]* und die Geschäftsführung der ...... GmbH & Co. KG *[Übernehmende Gesellschaft]* haben am ...... den Entwurf eines Verschmelzungsvertrages aufgestellt und beabsichtigen, diesen Verschmelzungsvertrag im Falle der Zustimmung der Hauptversammlung der ...... AG *[Übertragende Gesellschaft]* sowie der Gesellschafterversammlung der ...... GmbH & Co. KG *[Übernehmende Gesellschaft]* abzuschließen.

Der Entwurf des Verschmelzungsvertrages hat den folgenden Inhalt:[284]

[wörtliche Wiedergabe aller Bestimmungen des Verschmelzungsvertrages einschließlich Anlage zu § 5 – Gesellschaftsvertrag der aufnehmenden Gesellschaft]

Der Entwurf des Verschmelzungsvertrages wurde am ...... zum Handelsregister des Sitzes der ...... AG *[Übertragende Gesellschaft]* eingereicht und liegt zusammen mit den Jahresabschlüssen und Lageberichten der an der geplanten Verschmelzung beteiligten Gesellschaften für die letzten drei Geschäftsjahre, dem gemeinsamen Verschmelzungsbericht des Vorstands der ...... AG *[Übertragende Gesellschaft]* und der Geschäftsführung der ...... GmbH & Co. KG *[Übernehmende Gesellschaft]* und dem Prüfungsbericht des Verschmelzungsprüfers für die ...... AG *[Übertragende Gesellschaft]*, der ...... AG Wirtschaftsprüfungsgesellschaft, in unseren Geschäftsräumen in A, ... *[genaue Adresse]*, zur Einsicht der Aktionäre aus.

Vorstand und Aufsichtsrat schlagen vor, dem Entwurf des Verschmelzungsvertrages zuzustimmen.

Zur Ausübung des Stimmrechts in der Hauptversammlung sind diejenigen Aktionäre berechtigt, die sich bis spätestens am ...... *[Wochentag]*, den ...... *[Datum]*, unter Nachweis ihres Anteilsbesitzes bei der ...... AG *[Übertragende Gesellschaft]*, A, ... *[Adresse],], Telefax: ...., E-mail: ...., schriftlich oder in Textform in deutscher oder englischer Sprache* anmelden.[285]

In der Hauptversammlung kann das Stimmrecht durch einen Bevollmächtigten ausgeübt werden. Soweit die Vollmacht nicht einem Kreditinstitut oder einem gleichgestellten Institut, einer Aktionärsvereinigung oder einer nach § 135 Abs. 9 AktG gleichgestellten Person erteilt wird, bedürfen die Vollmacht, ihr Widerruf und der Nachweis der Bevollmächtigung gegenüber der Gesellschaft der Textform. Für den Nachweis der Bevollmächtigung genügt die elektronische Übermittlung an die vorstehend genannte E-mail-Adresse. [285]

Hinweise:[286] Sämtliche Aktionäre werden hiermit gebeten, zum Zwecke der o. g. Verschmelzung der Gesellschaft, z. Hd. des Vorstands, ... *[Adresse]*, Tel.: ......, Fax: ......, E-Mail: ......, – ggf. über ihr depotführendes Kreditinstitut – ihren Namen und Vornamen bzw. Firma, ihr Geburtsdatum, ihren Wohnort bzw. Sitz sowie die Anzahl der von ihnen gehaltenen Aktien anzuzeigen und durch eine von dem depotführenden Institut in Textform erstellte und in deutscher oder englischer Sprache abgefasste Bescheinigung nachzuweisen. Diese Aufforderung gilt entsprechend für Aktionäre oder künftige Aktionäre, die in der Zeit bis zur Eintragung der Verschmelzung Aktien der ...... AG *[Übertragende Gesellschaft]* erwerben bzw. verkaufen oder ihren Aktienbesitz erhöhen bzw. vermindern. Die Aktionäre können hierzu auch ein Formblatt verwenden, das die ...... AG *[Übertragende Gesellschaft]* den Aktionären zusammen mit den nach § 125 AktG über die Depotbanken zu versendenden Unterlagen übersenden wird. Das Formblatt kann auch bei der ...... AG *[Übertragende Gesellschaft]* unter der o. g. Adresse angefordert oder im Internet unter ...... *[Internetadresse]* heruntergeladen werden. Es wird darauf hingewiesen, dass Aktionäre, die der Gesellschaft unbekannt sind, ihr Stimmrecht aus den ihnen mit Wirksamwerden der Verschmelzung zustehenden Kommanditanteilen bis zu ihrer namentlichen Eintragung in das Handelsregister nicht ausüben können (§ 35 Satz 3 UmwG).

A, den ....

...... AG *[Übertragende Gesellschaft]*

....
Der Vorstand

A.7.10. Ad-Hoc-Mitteilung gemäß Art. 17 VO (EU) Nr. 596/2014 (Marktmissbrauchsverordnung)[288]

A *[Ort]*, ... *[Datum]* – ...... AG *[Übertragende Gesellschaft]* (WKN: ......, ISIN: DE ......) teilte heute mit, dass der Vorstand der ...... AG *[Übertragende Gesellschaft]* und die Geschäftsführung der ...... GmbH & Co. KG *[Übernehmende Gesellschaft]*, B *[Ort]*, eine grundsätzliche Einigung betreffend die Verschmelzung der ...... AG *[Übertragende Gesellschaft]* auf die ...... GmbH & Co. KG *[Übernehmende Gesellschaft]* erzielt haben. Die ...... GmbH & Co. KG *[Übernehmende Gesellschaft]* ist seit längerem an der ...... AG *[Übertragende Gesellschaft]* beteiligt und hat ihre Beteiligung zuletzt sukzessive auf 80% aufgestockt. Weiterhin sind an der ...... AG *[Übertragende Gesellschaft]* nach Kenntnis des Vorstands die X GmbH zu 10% sowie Herr A zu 5% beteiligt. Die restlichen Aktien (5%) befinden sich in Streubesitz. Einzelheiten der geplanten Verschmelzung, insbesondere das Umtauschverhältnis sowie die Höhe des den Aktionären zu unterbreitenden Barabfindungsangebotes, werden die von den Parteien hiermit beauftragten Wirtschaftsprüfungsgesellschaften in den nächsten Wochen ermitteln. Grund für die Verschmelzung sind einerseits das hohe Synergiepotential eines künftig gemeinsam geführten einheitlichen Unternehmens sowie andererseits der nach Auffassung des Managements beider Unternehmen seit langem unbefriedigende Kursverlauf der Aktie der ...... AG *[Übertragende Gesellschaft]*, der

nach ihrer Auffassung den wahren Wert sowie das Entwicklungspotential des Unternehmens nicht widerspiegelt. Ein erneuter Börsengang des aus der Verschmelzung hervorgehenden Unternehmens ist derzeit nicht geplant. Die Transaktion bedarf noch der Zustimmung der Hauptversammlung der …… AG *[Übertragende Gesellschaft]* sowie der Gesellschafterversammlung der …… GmbH & Co. KG *[Übernehmende Gesellschaft]* und der Freigabe durch das Bundeskartellamt.

…… AG *[Übertragende Gesellschaft]:* Abteilung Investor Relations, ……, Telefonnummer, …… *[E-Mail-Adresse].*

Handelsregisteranmeldungen

A.7.11. Einreichung des Verschmelzungsvertrags[290]

…… AG *[Übertragende Gesellschaft]*
– Vorstand –

…………………………., den ………..

An das
Amtsgericht A
– Registergericht –
…… *[Adresse]*

…… AG *[Übertragende Gesellschaft],* HRB …… – Verschmelzung der …… AG *[Übertragende Gesellschaft]* auf die …… GmbH & Co. KG *[Übernehmende Gesellschaft]*

In der Anlage überreichen wir gemäß § 61 Satz 1 UmwG den Entwurf eines Verschmelzungsvertrages zwischen der …… AG *[Übertragende Gesellschaft]* und der …… GmbH & Co. KG *[Übernehmende Gesellschaft],* der von dem Vorstand der …… AG *[Übertragende Gesellschaft]* sowie der Geschäftsführung der …… GmbH & Co. KG *[Übernehmende Gesellschaft]* am …… aufgestellt wurde.

…………………………………………….
[Unterschriften der Vorstandsmitglieder in vertretungsberechtigender Anzahl]

Anlage: Entwurf des Verschmelzungsvertrages

A.7.12. Handelsregisteranmeldung der übertragenden Gesellschaft[293, 294]

An das
Amtsgericht A
– Registergericht –
…… *[Adresse]*

HRB …… – …… AG *[Übertragende Gesellschaft]*

In der Anlage[296] überreichen wir, die unterzeichneten gemeinsam vertretungsberechtigten Mitglieder des Vorstands der …… AG *[Übertragende Gesellschaft]:*

1. **Ausfertigung des Verschmelzungsvertrages vom ……, URNr. …… des Notars …… in ……;**
2. **Ausfertigung der Niederschrift über die außerordentliche Hauptversammlung der …… AG *[Übertragende Gesellschaft]* vom …… mit dem Beschluss der Hauptversammlung über die Zustimmung zu dem vorstehend genannten Verschmelzungsvertrag;**

3. Ausfertigung der notariellen Urkunde vom ......, UR-Nr. ...... des Notars ...... in ......, welche enthält:
   a) den Beschluss der Gesellschafterversammlung der ...... GmbH & Co. KG *[Übernehmende Gesellschaft]* über die Zustimmung zu dem vorstehend genannten Verschmelzungsvertrag;
   b) den Beschluss der Gesellschafterversammlung über die Erhöhung des Festkapitals der ...... GmbH & Co. KG *[Übernehmende Gesellschaft]* sowie die Gewährung neuer Kommanditeinlagen;
   c) den Verzicht der Gesellschafter der ...... GmbH & Co. KG *[Übernehmende Gesellschaft]* auf die Anfechtung des Verschmelzungsbeschlusses;
4. Den gemeinsamen Verschmelzungsbericht des Vorstands der ...... AG *[Übertragende Gesellschaft]* und der Geschäftsführung der ...... GmbH & Co. KG *[Übernehmende Gesellschaft]* vom ......;
5. den Prüfungsbericht des Verschmelzungsprüfers für die ...... AG *[Übertragende Gesellschaft]* vom ......;
6. Empfangsbekenntnisse über die Zuleitung des Entwurfs des Verschmelzungsvertrages an die Betriebsräte der ...... AG *[Übertragende Gesellschaft];*
7. Empfangsbekenntnisse über die Zuleitung des Entwurfs des Verschmelzungsvertrages an die Betriebsräte der ...... GmbH & Co. KG *[Übernehmende Gesellschaft];*
8. die Schlussbilanz der ...... AG *[Übertragende Gesellschaft]* per 31.12.00:
9. Aktualisierte Anlage zu § 2 des Verschmelzungsvertrages (vorstehend Ziff. 1), welche die nach Abschluss des Verschmelzungsvertrages bekannt gewordenen Aktionäre (§ 35 Satz 2 UmwG) sowie seither eingetretene Veränderungen im Aktionärsbestand widerspiegelt.[61]

Wir erklären, dass eine Klage gegen die Wirksamkeit des Verschmelzungsbeschlusses der ...... AG *[Übertragende Gesellschaft]* nicht erhoben worden ist und dass die Anteilsinhaber der ...... GmbH & Co. KG *[Übernehmende Gesellschaft]* auf ihr Recht auf Anfechtung des Verschmelzungsbeschlusses der ...... GmbH & Co. KG *[Übernehmende Gesellschaft]* verzichtet haben.[295]

Zur Eintragung in das Handelsregister melden wir an:

Die ...... AG *[Übertragende Gesellschaft]* als übertragende Gesellschaft ist auf Grund des Verschmelzungsvertrages vom ......, des Beschlusses der außerordentlichen Hauptversammlung der ...... AG *[Übertragende Gesellschaft]* vom ...... und des Beschlusses der Gesellschafterversammlung der ...... GmbH & Co. KG *[Übernehmende Gesellschaft]* vom ...... mit der ...... GmbH & Co. KG *[Übernehmende Gesellschaft],* HRA ......, Amtsgericht ......, als übernehmender Gesellschaft durch Aufnahme unter Auflösung ohne Abwicklung verschmolzen.

Nach Vollzug wird um Eintragungsnachricht und Übermittlung je eines beglaubigten Handelsregisterauszuges an die Gesellschaft und den beglaubigenden Notar gebeten.

A, den ....

....

[Unterschriften von Vorstandsmitgliedern der ...... AG in vertretungsberechtigender Anzahl]

[Beglaubigungsvermerk]

A.7.13. Handelsregisteranmeldung der aufnehmenden Gesellschaft

An das
Amtsgericht ......
– Registergericht –
...... *[Adresse]*

HRA ...... – ...... GmbH & Co. KG *[Übernehmende Gesellschaft]*

In der Anlage[298] überreiche ich, der unterzeichnete einzelvertretungsberechtigte Geschäftsführer der ...... GmbH *[Komplementärin]*[297] in ihrer Eigenschaft als allein vertretungsberechtigte persönlich haftende Gesellschafterin der ...... GmbH & Co. KG *[Übernehmende Gesellschaft]:*

1. Ausfertigung des Verschmelzungsvertrages vom ......, URNr. ...... des Notars ...... in ......;
2. Ausfertigung der Niederschrift über die außerordentliche Hauptversammlung der ...... AG *[Übertragende Gesellschaft]* vom ...... mit dem Beschluss der Hauptversammlung über die Zustimmung zu dem vorstehend genannten Verschmelzungsvertrag;
3. Ausfertigung der notariellen Urkunde vom ......, URNr. ...... des Notars ...... in ......, welche enthält:
   a) den Beschluss der Gesellschafterversammlung der ...... GmbH & Co. KG *[Übernehmende Gesellschaft]* über die Zustimmung zu dem vorstehend genannten Verschmelzungsvertrag;
   b) den Beschluss der Gesellschafterversammlung über die Erhöhung des Festkapitals der ...... GmbH & Co. KG *[Übernehmende Gesellschaft]* sowie die Gewährung neuer Kommanditanlagen;
   c) den Verzicht der Gesellschafter der ...... GmbH & Co. KG *[Übernehmende Gesellschaft]* auf die Anfechtung des Verschmelzungsbeschlusses;
4. Den gemeinsamen Verschmelzungsbericht des Vorstands der ...... AG *[Übertragende Gesellschaft]* und der Geschäftsführung der ...... GmbH & Co. KG *[Übernehmende Gesellschaft]* vom ......;
5. Den Prüfungsbericht des Verschmelzungsprüfers für die ...... AG *[Übertragende Gesellschaft]* vom ......;
6. Empfangsbekenntnisse über die Zuleitung des Entwurfs des Verschmelzungsvertrages an die Betriebsräte der ...... AG *[Übertragende Gesellschaft];*
7. Empfangsbekenntnisse über die Zuleitung des Entwurfs des Verschmelzungsvertrages an die Betriebsräte der ...... GmbH & Co. KG *[Übernehmende Gesellschaft];*
8. Aktualisierte Anlage zu § 2 des Verschmelzungsvertrages (vorstehend Ziff. 1), welche die nach Abschluss des Verschmelzungsvertrages bekannt gewordenen Aktionäre (§ 35 Satz 2 UmwG) sowie seither eingetretene Veränderungen im Aktionärsbestand widerspiegelt.[61]

Ich erkläre, dass eine Klage gegen die Wirksamkeit des Verschmelzungsbeschlusses der ...... AG *[Übertragende Gesellschaft]* nicht erhoben worden ist und dass die Anteilsinhaber der ...... GmbH & Co. KG *[Übernehmende Gesellschaft]* auf ihr Recht auf Anfechtung des Verschmelzungsbeschlusses der ...... GmbH & Co. KG *[Übernehmende Gesellschaft]* verzichtet haben.[298]

Zur Eintragung in das Handelsregister melde ich an:

Die ...... AG *[Übertragende Gesellschaft]*, HRB ......, Amtsgericht ......, als übertragende Gesellschaft ist auf Grund des Verschmelzungsvertrages vom ......, des Beschlusses der außerordentlichen Hauptversammlung der ...... AG *[Übertragende*

***Gesellschaft]* vom ...... und des Beschlusses der Gesellschafterversammlung der ...... GmbH & Co. KG *[Übernehmende Gesellschaft]* vom ...... mit der ...... GmbH & Co. KG *[Übernehmende Gesellschaft]* als übernehmender Gesellschaft durch Aufnahme unter Auflösung ohne Abwicklung verschmolzen.**

Zum Zwecke der Durchführung der Verschmelzung und in Erfüllung der Anteilsgewährungspflicht sind als Kommanditisten in die Gesellschaft eingetreten:

a) die in der gemäß vorstehend Ziff. 8 aktualisierten Anlage zu § 2 des Verschmelzungsvertrages namentlich aufgeführten Personen mit den dort jeweils genannten Einlagen;

b) die nicht in der Anlage zu § 2 des Verschmelzungsvertrages namentlich aufgeführten, der Gesellschaft unbekannten Inhaber der ...... *[Stückzahl]* auf den Namen lautenden Stückaktien mit einer rechnerischen Beteiligung am Grundkapital von jeweils einem Euro und insgesamt ...... EUR, entsprechend ......% *[höchstens 5%]* des Grundkapitals, mit Einlagen von insgesamt ...... EUR.

Nach Vollzug wird um Eintragungsnachricht an die Gesellschaft und den beglaubigenden Notar und Übermittlung von drei beglaubigten Handelsregisterauszügen an die Gesellschaft und eines beglaubigten Handelsregisterauszuges an den beglaubigenden Notar gebeten.

.............................., den ....

..

[Unterschrift des Geschäftsführers der ...... GmbH (Komplementärin)]

B. Grundsätzliche Anmerkungen

I. Sachverhalt

1 Siehe zum Sachverhalt zunächst → Form. A. 7.10 (Ad-Hoc-Mitteilung). Das Grundkapital der im Freiverkehr (Open Market) der Frankfurter Wertpapierbörse notierten übertragenden AG beträgt 10 Mio. EUR und ist aufgeteilt in 10 Mio. auf den Namen lautende Stückaktien. Die Aktien sind in einer Globalurkunde verbrieft. 80% der Anteile an der Gesellschaft werden von der übernehmenden Personengesellschaft gehalten (Anschaffungskosten 190 Mio. EUR); weitere namentlich bekannte Aktionäre sind die X GmbH mit 10% und Herr A mit 5%, deren Anschaffungskosten jeweils 1.– EUR pro Aktie betragen. Die restlichen 5% befinden sich in Streubesitz. Die Inhaber der in Streubesitz befindlichen Aktien sind der Gesellschaft nur teilweise (über das Aktienregister) bekannt (siehe → Rn. 52).

2 Der Umsatz der übertragenden AG betrug 500 Mio. EUR im Jahr 00, davon 300 Mio. EUR im Inland. Der Eigenkapitalwert (Equity Value) der übertragenden AG beträgt auf Basis des durchschnittlichen Börsenkurses während der letzten sechs Monate vor Bekanntgabe des Übernahmeangebotes 300 Mio. EUR. Davon entfallen 250 Mio. EUR auf den Saldo der Zeitwerte der aktiven und passiven Wirtschaftsgüter; der Rest ist Firmenwert. Das handels- und steuerrechtliche Eigenkapital der übertragenden AG beträgt per 31.12.00 (Stichtag der Schlussbilanz gem. § 17 Abs. 2 Sätze 1 und 4 UmwG) 100 Mio. EUR (Grundkapital 10 Mio. EUR, Kapitalrücklage (steuerlich Einlagekonto gemäß § 27 KStG) 190 Mio. EUR, Verlustvortrag 100 Mio. EUR).

3 Alleiniger Kommanditist (100%) der übernehmenden KG ist die B-GmbH. Das handelsrechtliche Eigenkapital der Übernehmerin per 31.12.00 beträgt 20 Mio. EUR, davon 6 Mio. EUR als Festkapital und weitere 14 Mio. EUR als Rücklagen. Stille Reserven sind im Vermögen der übernehmenden Personengesellschaft iHv. 80 Mio. EUR vorhanden. Der Eigenkapitalwert (Equity Value) der übernehmenden

Personengesellschaft beläuft sich somit auf 100 Mio. EUR. Die übernehmende Personengesellschaft erzielte im Jahr 00 einen Umsatz von 100 Mio. EUR.

An Kosten (Notar, Berater, Register) sind im Rahmen der Verschmelzung bei der Übernehmerin und der Überträgerin im Jahre 01 insgesamt 200 000.– EUR angefallen. **4**

einstweilen frei **5**

II. Ablaufplan Verschmelzung AG auf GmbH & Co. KG

6

Maßnahme	Rechtsgrundlage	Erforderlichkeit	Zuständigkeit	Frühester Termin	Spätester Termin	Formular
Ad-Hoc-Mitteilung an die Öffentlichkeit, das Bundesaufsichtsamt für den Wertpapierhandel und die Geschäftsführung der Börse	MAR Art. 17	Ja	Vorstand übertragende AG	Nach der Entscheidung des Managements für die Verschmelzung		→ Form. A.7.10
Beauftragung von Wirtschaftsprüfern mit der Ermittlung des Umtauschverhältnisses		Ja	Vorstand der übertragenden AG, Geschäftsführung der übernehmenden Personengesellschaft	so früh wie möglich		
Ermittlung Umtauschverhältnis	§ 5 Abs. 1 Nr. 3 UmwG	Ja	Wirtschaftsprüfer		vor Aufstellung des Entwurfs des Verschmelzungsvertrags	
Bestellung Verschmelzungsprüfer für übertragende AG	§§ 60, 10 UmwG	Ja, da Verzicht aller Anteilsinhaber gemäß §§ 9 Abs. 3, 8 Abs. 3 UmwG unpraktikabel ist	Vorstand oder auf Antrag des Vorstands das Gericht, § 10 UmwG	so früh wie möglich		
Bestellung Verschmelzungsprüfer für übernehmende Personengesellschaft	§§ 44, 10 UmwG	Nein, da hier kein Verlangen vorliegt, § 44 Satz 1 UmwG	Geschäftsführung oder auf ihren Antrag das Gericht, § 10 UmwG	wenn erforderlich, dann so früh wie möglich		
Aufstellung des Entwurfs des Verschmelzungsvertrags	§ 4 Abs. 2, § 5 UmwG	Ja, wenn Beurkundung erst nach Verschmelzungsbeschlüssen erfolgen soll, § 4 Abs. 2 UmwG, oder wenn für Zuleitung an Betriebsrat erforderlich	Vorstand der übertragenden AG, Geschäftsführung der übernehmenden Personengesellschaft	so früh wie möglich: falls Aufstellung später als 6 Monate nach Schluss des letzten Geschäftsjahres erfolgt, wird bei Beteiligung von Aktiengesellschaften eine Zwischenbilanz erforderlich, § 63 Abs. 2 Nr. 3 UmwG	vor Fertigstellung der Verschmelzungsberichte	→ Form. A.7.1
Verschmelzungsbericht	§ 8 UmwG	Ja, hier aber gemeinsamer Bericht, § 8 Abs. 1 Satz 1 (2. HS) UmwG	Vorstand der übertragenden AG, Geschäftsführung der übernehmenden Personengesellschaft	so früh wie möglich	vor Auslegung der Unterlagen in den Geschäftsräumen der übertragenden AG gemäß § 63 Abs. 1 Nr. 4 UmwG	→ Form. A.7.7
Verschmelzungsprüfungsbericht	§ 12 UmwG	Ja	Verschmelzungsprüfer	so früh wie möglich	vor Auslegung der Unterlagen in den Geschäftsräumen der übertragenden AG gemäß § 63 Abs. 1 Nr. 5 UmwG	→ Form. A.7.8

Maßnahme	Rechtsgrundlage	Erforderlichkeit	Zuständigkeit	Frühester Termin	Spätester Termin	Formular
Auslegung der Verschmelzungsunterlagen in den Geschäftsräumen der übertragenden AG	§ 63 Abs. 1 UmwG	Ja	Vorstand der übertragenden AG	bei Vorliegen der vollständigen Verschmelzungsunterlagen	vor Ladung der HV der übertragenden AG	
Übersendung der Verschmelzungsunterlagen an Gesellschafter der übernehmenden Personengesellschaft	§ 42 UmwG	Entbehrlich, wenn nicht mit Rüge durch einzelne Gesellschafter zu rechnen ist	Geschäftsführung der übernehmenden Personengesellschaft	bei Vorliegen der vollständigen Verschmelzungsunterlagen	zusammen mit der Ladung Gesellschafterversammlung wg. Verschmelzungsbeschluss, § 42 UmwG	
Einreichung des Verschmelzungsvertrags bzw. von dessen Entwurf beim Handelsregister der übertragenden AG	§ 61 UmwG	Ja	Vorstand der übertragenden AG	nach Aufstellung des Entwurfs des Verschmelzungsvertrages	am Tag vor der Einberufung der Hauptversammlung der übertragenden AG	→ Form. A.7.12
Ladung zur Hauptversammlung durch übertragende AG	§§ 121 ff. AktG	Ja	Vorstand der übertragenden AG	bei Vorliegen der vollständigen Verschmelzungsunterlagen	einen Monat vor dem Tage der Versammlung, § 123 Abs. 1 AktG	→ Form. A.7.9
Zuleitung des Verschmelzungsvertragsentwurfs an die Betriebsräte	§ 5 Abs. 3 UmwG	Ja	Vorstand der übertragenden AG, Geschäftsführung der übernehmenden Personengesellschaft	nach Aufstellung des Entwurfs des Verschmelzungsvertrages	einen Monat vor dem Tage der Versammlung des jeweiligen Rechtsträgers, § 5 Abs. 3 UmwG	→ Form. A.7.5 und → Form. A.7.6
Einberufung der Gesellschafterversammlung durch übernehmende Personengesellschaft	§§ 43, 13 UmwG, Gesellschaftsvertrag	Entbehrlich, wenn nicht mit Rüge durch einzelne Gesellschafter zu rechnen ist	Gemäß Gesellschaftsvertrag übernehmende Personengesellschaft	gemäß Gesellschaftsvertrag der übernehmenden Personengesellschaft		
Mitteilung der Einberufung der Hauptversammlung an im Aktienregister eingetragene Aktonäre (§ 125 Abs. 2 AktG), weitere in § 125 Abs. 1 AktG genannte Beteiligte und auf Verlangen an AR-Mitglieder, § 125 Abs. 3 AktG	§ 125 AktG	Ja	Vorstand der übertragenden AG	**Aktionäre:** Unverzüglich ab dem 14. Tag vor der Hauptversammlung oder auf Verlangen. **AR-Mitglieder:** Unverzüglich auf Verlangen. **In § 125 Abs. 1 AktG genannte Beteiligte:** 21 Tage vor der Hauptversammlung; Tag der Mitteilung wird nicht mitgerechnet.		
Gegenanträge von Aktionären den in § 125 Abs. 1–3 AktG genannten Berechtigten zugänglich machen	§ 126 AktG	Nach Maßgabe von § 126 AktG	Vorstand der übertragenden AG	Unverzüglich nach fristgemäßem Zugang des Gegenantrags		
Hauptversammlung der übertragenden AG	§§ 13, 64, 65 UmwG, 119 AktG	Ja	Vorstand, Aufsichtsrat, Notar, Aktionäre	gemäß Ladung		→ Form. A.7.3
Gesellschafterversammlung der übernehmenden Personengesellschaft	§§ 13, 43 UmwG	Ja	Gesellschafter, Notar	gemäß Ladung		→ Form. A.7.4
Abschluss des Verschmelzungsvertrags	§§ 4, 6 UmwG	Ja	Notar, Vorstand übertragende AG, Geschäftsführung der übernehmenden Personengesellschaft	Nach Aufstellung des Entwurf des Verschmelzungsvertrags	Vor Einreichung der Handelsregisteranmeldungen	→ Form. A.7.1

Maßnahme	Rechts-grundlage	Erforderlichkeit	Zuständigkeit	Frühester Termin	Spätester Termin	Formular
Anmeldung zum Bundeskartellamt	§ 39 GWB	nach Maßgabe von § 35 GWB im vorliegenden Fall ja	Vorstand der übertragenden AG, Geschäftsführung der übernehmenden Personengesellschaft	Nach Abschluss Verschmelzungsvertrag (oder ggf. dessen Entwurf)		
Freigabe Bundeskartellamt	§ 40 GWB	nach Maßgabe von § 35 GWB, im vorliegenden Fall ja, ggf. durch Fristablauf	Bundeskartellamt			
Handelsregisteranmeldung der übertragenden AG	§§ 16, 17 UmwG	Ja	Notar, Vorstand übertragende AG	Nach Abschluss des Verschmelzungsvertrags und Vorliegen der Verschmelzungsbeschlüsse; die Negativerklärung kann ggf. nach Ablauf der einmonatigen Anfechtungsfrist, §§ 14 Abs. 1, 16 Abs. 2 Satz 1 UmwG oder dem Verzicht sämtlicher Aktionäre auf die Anfechtung, § 16 Abs. 2 Satz 2 UmwG nachgereicht werden	Acht Monate nach dem Verschmelzungsstichtag, § 17 Abs. 2 Satz 4 UmwG	→ Form. A.7.12
Handelsregisteranmeldung der übernehmenden Personengesellschaft	§§ 16, 17 UmwG	Ja	Notar, Geschäftsführung der übernehmenden Personengesellschaft	Nach Abschluss des Verschmelzungsvertrags und Vorliegen Verschmelzungsbeschlüsse; die Negativerklärung kann ggf. nach Ablauf der einmonatigen Anfechtungsfrist, §§ 14 Abs. 1, 16 Abs. 2 Satz 1 UmwG oder dem Verzicht sämtlicher Gesellschafter auf die Anfechtung, § 16 Abs. 2 Satz 2 UmwG, nachgereicht werden	Acht Monate nach dem Verschmelzungsstichtag, § 17 Abs. 2 Satz 4 UmwG	→ Form. A.7.13
Eintragung der Verschmelzung im Handelsregister der übertragenden AG	§ 19 UmwG	Ja	Handelsregister der übertragenden AG			
Eintragung der Verschmelzung im Handelsregister der übernehmenden Personengesellschaft	§ 19 UmwG	Ja	Handelsregister der übernehmenden Personengesellschaft	frühestens nach Eintragung im Register der übertragenden Gesellschaft		

III. Umwandlungsziele

1. Wirtschaftliches Umwandlungsziel: Going Private

Wenn sich der Börsenkurs einer Aktiengesellschaft auf lange Sicht nicht zufrieden stellend entwickelt oder kein ausreichend großer Streubesitz (Free Float) vorhanden ist, kann ein Rückzug von der Börse **(Going Private)** zweckmäßig sein. Dadurch können insb. die bei börsennotierten Unternehmen besonders hohen Publizitätsanforderungen vermieden und Kosten eingespart werden: 7

8 So können kleinere Unternehmen durch einen Rückzug von der Börse der bei börsennotierten Gesellschaften gemäß § 267 Abs. 3 Satz 2 HGB zwingenden Einordnung als **große Kapitalgesellschaft** entgehen und dadurch **Erleichterungen** bei der Rechnungslegung (s. etwa §§ 266 Abs. 1 Satz 3, 274a, 276, 288 HGB), Abschlussprüfung (§ 316 Abs. 1 HGB) und Publizität (§§ 325, 326, 327 HGB) in Anspruch nehmen, die das Gesetz für kleine bzw. mittelgroße Gesellschaften vorsieht.

9 Daneben können durch einen Rückzug von der Börse zB erhebliche Kosten für die Erfüllung besonderer Erfordernisse in einigen Segmenten (zB dem Prime Standard der Deutschen Börse) wie zB Quartalsberichte in deutscher und englischer Sprache, Abfassung der Ad-Hoc-Berichte auch in englischer Sprache sowie Konzernrechnungslegung nach IFRS bzw. US-GAAP **eingespart** werden.

10 Schließlich wird die bei börsennotierten Unternehmen geltende **Ad-Hoc-Publizität** vermieden, die nunmehr gemäß Art. 17 VO 596/2014/EU (sog. **Marktmissbrauchsverordnung**) selbst dann eingreift, wenn die Wertpapiere der Gesellschaft – wie im Formularfall – nur im Freiverkehr gehandelt werden, mithin also die Voraussetzungen einer Börsennotierung iSd. § 3 Abs. 2 AktG nicht erfüllt sind (→ Rn. 288).

11, 12 *einstweilen frei*

2. Wege des Going Private

13 Der Rückzug von der Börse kann im Wege des sog. Delistings, dh. eines auf Antrag der Gesellschaft durch die Zulassungsstelle der jeweiligen Börse auszusprechenden Widerrufs der Börsenzulassung erfolgen, § 39 Abs. 2 Satz 1 BörsG. Eine entspr. Anwendung der Vorschriften des UmwG auf das Delisting kommt nicht in Betracht (LG München I v. 4.11.1999, 5 HKO 10 580/99, ZIP 1999, 2017). Jedoch setzt das Delisting von Wertpapieren, die (anders als im Formularfall) zum Handel im **regulierten Markt** zugelassen sind, gemäß § 39 Abs. 2 Satz 3 Nr. 1 BörsG idF des Umsetzungsgesetzes zur Transparenzrichtlinie-Änderungsrichtlinie v. 20.11.2015 (BGBl. I 2015, 2029) zwar keinen Beschluss der Hauptversammlung, wohl aber ein Pflicht-Abfindungsangebot in Form einer Geldleistung in Euro nach näherer Maßgabe der Bestimmungen des WpÜG voraus (zu dieser Neuregelung kritisch *Goetz* BB 2015, 2691).

Mit dieser Neuregelung reagierte der Gesetzgeber auf die „FRoSTA"-Entscheidung des BGH, wonach das Delisting weder eines Beschlusses der Hauptversammlung noch eines Abfindungsangebotes der AG oder des Großaktionärs an die Minderheitsaktionäre bedürfe (BGH v. 8.11.2013, II ZB 26/12, DStR 2013, 2526): Nachdem das BVerfG entschieden hatte, dass der Schutzbereich des Eigentumsgrundrechts (Art. 14 GG) durch die mit einem Delisting einhergehende Beeinträchtigung der Verkehrsfähigkeit der Aktien grundsätzlich nicht berührt werde (BVerfG v. 11.7.2012, 1 BvR 3142/07, 1 BvR 1569/08, NVwZ 2012, 1313), hat der BGH seine frühere, auf Art. 14 GG gestützte (BGH v. 25.11.2002, II ZR 133/01, DStR 2003, 990 „Macrotron"), einen Beschluss der Hauptversammlung sowie ein Abfindungsangebot an die Minderheitsaktionäre fordernde Rechtsprechung aufgegeben (BGH v. 8.11.2013, II ZB 26/12, DStR 2013, 2526). Anhängige Anträge auf Überprüfung von noch vor der Rechtsprechungsänderung des BGH gemachten Abfindungsangeboten wurden daraufhin als unzulässig abgewiesen (OLG München v. 28.1.2015, 31 Wx 292/14, NZG 2015, 556).

14 Wenn die Börsennotierung der Aktien als Grund für die Rechtsform der AG entfällt, werden die wenig flexiblen Bestimmungen des Aktienrechts (insb. die Unabhängigkeit von Vorstand und Aufsichtsrat, Beteiligung der Arbeitnehmer im Aufsichtsrat nach DrittelbG usw.) häufig als unnötig kompliziert empfunden. In diesem Fall bietet es sich an, anstelle eines bloßen Delistings zugleich einen Wechsel in eine flexiblere Rechtsform (GmbH oder Personenhandelsgesellschaft) durch **Umwandlung** der Zielgesellschaft nach dem **Umwandlungsgesetz** vorzunehmen. Dies gilt insb. dann, wenn (wie im Ausgangsfall) auf absehbare Zeit weder ein neuer Börsengang noch ähnliche kapitalmarktnahe Finanzierungsmaßnahmen (zB eine Privatplatzierung) geplant sind. Für dieses „**kalte Delisting**" im Wege der Umwandlung in einen Rechtsträger anderer Rechtsform war ein Abfindungsangebot gemäß §§ 29, 207 UmwG seit jeher erforderlich. Der Anwendungsbereich des § 29 UmwG wurde durch § 29 Abs. 1 Satz 1 HS 1 2. Alt. UmwG idF des Zweiten Gesetzes zur Änderung des UmwG v. 19.4.2007 (BGBl. I 2007, 542) auf die Verschmelzung einer börsennotierten Aktiengesellschaft (iSd. § 3 Abs. 2 AktG, s. Lutter/*Grunewald* § 29 Rz. 3) auf eine nicht börsennotierte Aktiengesellschaft erweitert.

Eine Umwandlung nach den Vorschriften des **Umwandlungsgesetzes** hat gegenüber einem reinen Delisting den Vorteil, dass die Börsennotierung automatisch mit Wirksamwerden der Umwandlung entfällt, also **kein förmliches Widerrufsverfahren** mit Anlegerschutzprüfung (§ 39 Abs. 2 Satz 2 BörsG) und Pflichtangebot (§ 39 Abs. 2 Satz 3 Nr. 1 BörsG) stattfindet. Wenn allerdings eine Umwandlung nur durchgeführt wird, um diese Anlegerschutzbestimmungen zu umgehen, kann dies eine Treuepflichtverletzung darstellen, welche die Anfechtbarkeit des Umwandlungsbeschlusses begründet (*Steck* AG 1998, 460; OLG München v. 14.2.2001, 7 U 6019/99, ZIP 2001, 700, 703).

Mit dem 3. UmwÄndG v. 11.7.2011 (BGBl I 2011, 1338) wurde in § 62 Abs. 5 UmwG die Möglichkeit eingeführt, Minderheitsaktionäre innerhalb von drei Monaten nach Abschluss des Verschmelzungsvertrages durch Beschluss nach § 327a Abs. 1 Satz 1 AktG ohne Anteilsgewährung aus der Gesellschaft **auszuschließen (verschmelzungsspezifischer Squeeze Out);** anders als bei dem ausschließlich auf §§ 327a ff. AktG gestützten Squeeze Out, der dafür (wie bei der **Eingliederung** gemäß §§ 319 ff., 320 Abs. 1 AktG) eine Mehrheit von 95% des Grundkapitals voraussetzt, § 327 Abs. 1 Satz 1 AktG, genügen nach § 62 Abs. 5 Satz 1 UmwG 90% des Grundkapitals. Allerdings sieht das Gesetz die Möglichkeit des verschmelzungsspezifischen Squeeze Outs nur dann vor, wenn sowohl Überträgerin als auch Übernehmerin Aktiengesellschaften (oder KGaAs) sind. **15**

3. Öffentliches Übernahmeangebot

Dem Going Private vorgeschaltet wird in der Praxis häufig ein **freiwilliges öffentliches Übernahmeangebot** an die außenstehenden Aktionäre. Durch dieses versucht die Erwerbergesellschaft, als Minimalziel die Kontrolle (dh. mindestens 30% der Stimmrechte, § 29 Abs. 2 WpÜG) über die Zielgesellschaft zu erwerben. **16**

Durch das öffentliche Übernahmeangebot wird das finanzielle Risiko minimiert, im Rahmen der regelmäßig am Ende eines Going Private stehenden gesellschaftsrechtlichen Strukturmaßnahmen (Verschmelzung, Formwechsel, Unternehmensverträge, Eingliederung, Squeeze Out) in dem dort regelmäßig vorgesehenen **Spruchverfahren** (s. zB §§ 14 Abs. 2, 15 UmwG, §§ 320b Abs. 2 Satz 2, 327f. Abs. 1 Satz 2, 304 Abs. 3 Satz 3, 305 Abs. 5 Satz 2 AktG, jeweils iVm. dem SpruchG) zur Leistung einer höheren Abfindung an unzufriedene außenstehende Aktionäre verurteilt zu werden. **17**

Durch Kontrollerwerb im Rahmen eines freiwilligen öffentlichen Übernahmeangebotes entfällt überdies die Verpflichtung, gemäß §§ 35 ff. WpÜG ein sog. Pflichtangebot abzugeben, § 35 Abs. 3 WpÜG. Das freiwillige öffentliche Übernahmeangebot hat gegenüber dem Pflichtangebot insb. den Vorteil, dass es grds. unter Bedingungen abgegeben werden kann **(Konditionierbarkeit),** s. jedoch die Einschränkungen der §§ 18, 25 WpÜG. § 39 WpÜG soll trotz des verunglückten Wortlauts die Bedingungsfeindlichkeit von Pflichtangeboten normieren (KölnerKomm/*von Bülow* § 39 Rn. 45 mwN). Zu der iE umstrittenen Frage, ob und inwieweit das WpÜG und insb. die Vorschrift des § 35 WpÜG über Pflichtangebote auf Vorgänge nach dem UmwG überhaupt anwendbar sind, s. etwa MünchKomm/*Schlitt* WpÜG § 35 Rn. 122 ff.; *Heckschen/Simon* Umwandlungsrecht § 6 Rn. 1 ff.; Angerer/Geibel/Süssmann/*Angerer* **18**

WpÜG § 1 Rn. 103ff.; *Seibt/Heiser* ZHR 165 (2001), 466ff.; *Weber-Rey/Schütz* AG 2001, 325ff.; Stellungnahme des Handelsrechtsausschusses des *DAV* vom April 2001, NZG 2001, 420.

19, 20 *einstweilen frei*

4. Gesellschaftsrechtliche Umwandlungsziele und -gesichtspunkte

21 Für den Wechsel der Rechtsform im Rahmen eines Going Private stellt das Umwandlungsgesetz neben der **Verschmelzung** (§§ 2ff. UmwG) auch den **Formwechsel** (§§ 190ff. UmwG) zur Verfügung.

22 Gegenüber dem Formwechsel hat die **Verschmelzung** zB den Vorteil, dass die Wirtschaftsgüter der Zielgesellschaft ohne jede Beschränkung durch Kapitalerhaltungsvorschriften (§§ 30, 31 GmbHG bzw. 57 AktG), die über die Komplementär-GmbH auch auf die GmbH & Co. KG anwendbar sind (BGH v. 29.3.1973, II ZR 25/70, BGHZ 60, 324; Scholz/*H. P. Westermann* GmbHG § 30 Rn. 38ff.; Michalski/*Hedinger* GmbHG § 30 Rn. 100ff.), zur **Besicherung** einer von der Erwerbergesellschaft aufgenommenen **Akquisitionsfinanzierung** eingesetzt werden können. Ob und inwieweit sich an der Anwendbarkeit des § 30 Abs. 1 Satz 1 GmbH auf derartige Upstream-Besicherungen für den Fall des Bestehens eines vollwertigen Rückgriffsanspruches durch die mit dem MoMiG v. 23.10.2008 (BGBl. I 2008, 2026) eingeführte Ausnahme in § 30 Abs. 1 Satz 2 Alt. 2 GmbHG etwas geändert hat, ist umstritten (verneinend etwa LH/*Hommelhoff* § 30 Rn. 34ff.; aA MünchKomm/*Ekkenga* GmbHG § 30 Rn. 141 jeweils mwN).

23 Die im Formularfall behandelte Verschmelzung auf eine GmbH & Co. KG hatte früher gegenüber der Verschmelzung auf eine GmbH als aufnehmende Gesellschaft auch den – insb. beim Going Private relevanten – Vorteil, dass Anteile an die ehemaligen Aktionäre ohne jedwede Beschränkung durch **Mindestnennbetrags- und Teilbarkeitsvorschriften** ausgegeben werden können, wodurch ein die Liquidität belastender **Spitzenausgleich in bar** vermieden werden kann. Gemäß § 54 Abs. 3 Satz 1 UmwG sowie § 5 Abs. 2 GmbHG idF des MoMiG v. 23.10.2008 (BGBl. I 2008, 2026) müssen allerdings die gewährten Geschäftsanteile nurmehr auf volle Euro lauten; weitergehende Teilbarkeitserfordernisse entfallen ebenso wie der Mindestbetrag. Damit ist die Problematik des Spitzenausgleichs bei der Verschmelzung auf eine GmbH entschärft.

24, 25 *einstweilen frei*

5. Handelsbilanzielle Gesichtspunkte

26 Bei einer Verschmelzung entsteht – im Gegensatz zum Formwechsel – bei der übernehmenden Gesellschaft ein Aufwand durch **verschmelzungsbedingten Wegfall von Anteilen an der übertragenden Gesellschaft,** soweit die übernehmende Gesellschaft an der übertragenden Gesellschaft beteiligt ist (IE → Rn. 114). Dieser Aufwand führt ggf. zu einem **Verschmelzungsverlust,** soweit er nicht durch den verschmelzungsbedingten Zugang der Wirtschaftsgüter des übertragenden Rechtsträgers ausgeglichen wird.

Daher gestatten §§ 24 UmwG, 255 Abs. 1 HGB (wahlweise) anstellte der Buchwertverknüpfung auch einen Ansatz der übergehenden Rechtsgüter beim aufnehmenden Rechtsträger nach dem **Anschaffungskostenprinzip,** dh. eine **Aufdeckung stiller Reserven** in der **Handelsbilanz** des übernehmenden Rechtsträgers, wodurch die Vermeidung eines Umwandlungsverlustes ermöglicht wird (IE → Rn. 111ff.).

27 Die außenstehenden Anteilsinhaber der übertragenden Kapitalgesellschaft haben nach Tauschgrundsätzen bzgl. des Ansatzes der ihnen gewährten Anteile an der übernehmenden Personengesellschaft in ihrer Handelsbilanz ein **Wahlrecht** zwischen dem

Buchwert und dem **Zeitwert** der hingegebenen Anteile oder einem dazwischen liegenden erfolgsneutralen **Zwischenwert** und somit die Möglichkeit der Realisierung der stillen Reserven in ihren Anteilen (→ Rn. 126).

einstweilen frei **28, 29**

6. Steuerliche Umwandlungsziele

Durch eine Verschmelzung einer Tochter-Kapitalgesellschaft auf ihre Mutter-Personengesellschaft wird vermieden, dass die im Zusammenhang mit der Beteiligung stehenden Betriebsausgaben gemäß § 3c Abs. 2 EStG nur zu 60% abgezogen werden können bzw. (soweit an der Personengesellschaft Kapitalgesellschaften beteiligt sind) **5%** der Dividenden gemäß § 8b Abs. 5 Satz 1, Abs. 6 Satz 1 KStG als **nichtabziehbare Ausgaben fingiert** werden und damit zu versteuern sind. Dasselbe Ergebnis kann allerdings auch durch die Begründung einer **Organschaft** erreicht werden (hM, s. etwa *Rödder/Schumacher* DStR 2002, 1163 mwN; Blümich/*Erhard* EStG § 3c Rn. 81 „Organschaft"; aA *Thiel* DB 2002, 1340); auf diesem Wege können im Falle einer späteren Veräußerung der Tochter-Kapitalgesellschaft auch die Steuerbegünstigungen gemäß § 3 Nr. 40 Satz 1 Buchst. b EStG (Teileinkünfteverfahren) bzw. § 8b Abs. 2, 3 KStG (95%-Steuerbefreiung), gemäß § 3 Nr. 40 Satz 1 Buchst. b Satz 1 Alt. 2 EStG, § 8b Abs. 2 Satz 1 Alt. 2 KStG weiter in Anspruch genommen werden. **30**

einstweilen frei **31**

Die Wahl der Rechtsform der **Personengesellschaft** anstelle der Kapitalgesellschaft als aufnehmende Gesellschaft wird häufig durch folgende steuerliche Überlegungen bestimmt: **32**

– Bei Personengesellschaften mit **natürlichen Personen** als Anteilseignern ist die **Gesamtsteuerbelastung** (Einmalbesteuerung auf Anteilseignerebene zum laufenden Einkommensteuersatz (einschließlich Reichensteuer bis zu 45%) plus Solidaritätszuschlag von 5,5% auf die Einkommensteuer, Anrechnung der auf Gesellschaftsebene anfallenden Gewerbesteuer gemäß § 35 EStG) bei geringer Thesaurierungsquote und hohen Gewerbesteuerhebesätzen auch nach den Änderungen durch das UntStRefG 2008 v. 14.8.2007, BGBl. I 2007, 1912 immer noch **günstiger** als bei einer Kapitalgesellschaft (15% Körperschaftsteuer plus Gewerbesteuer auf Gesellschaftsebene plus Besteuerung zum Teileinkünfteverfahren bzw. zum 25%-igen Abgeltungsteuersatz auf der Gesellschafterebene). Der Vorteil der Kapitalgesellschaft bei hoher Thesaurierungsquote wird durch die seit VZ 2008 natürlichen Personen (Einzelunternehmern sowie Mitunternehmern mit einer Gewinnbeteiligung von mehr als 10% oder mehr als 10000.– EUR) auf Antrag zu gewährende Besteuerung thesaurierter Gewinne mit einem ermäßigten Steuersatz von 28,25% nach § 34a EStG abgemildert.

– Die Personengesellschaft lässt (in den Grenzen des § 15a EStG) eine **unmittelbare Verlustverrechnung** für Einkommen- bzw. Körperschaftsteuerzwecke (allerdings nicht für Gewerbesteuerzwecke) zu; bei Kapitalgesellschaften kommt dies nur unter den Voraussetzungen einer Organschaft und bei Inkaufnahme eines Haftungsverbundes gemäß §§ 302, 303 AktG durch den hierfür erforderlichen Ergebnisabführungsvertrag in Betracht, §§ 14, 17 KStG.

– natürliche Personen als Gesellschafter können für Veräußerungsgewinne unter den besonderen Voraussetzungen des § 34 Abs. 3 EStG (Vollendung des 55. Lebensjahres bzw. dauernde Berufsunfähigkeit im sozialversicherungsrechtlichen Sinne) einmal im Leben den **ermäßigten Steuersatz** (seit VZ 2004 56% des vollen Steuersatzes, § 34 Abs. 3 EStG idF des HBeglG 2004 v. 29.12.2003, BGBl. I 2003, 3076) auf den 5 Mio. EUR nicht übersteigenden Teil dieser Gewinne wählen.

Zur **erbschaft- und schenkungsteuerlichen** Behandlung von Personengesellschafts- und Kapitalgesellschaftsanteilen, deren Unterschiede durch das ErbStRG v. **32a**

24.12.2008 (BGBl. I 2008, 3018) weitgehend eingeebnet wurden, sowie zu den diesbezüglichen Änderungen durch das ErbStAnpG v. 4.11.2016 (BGBl. I 2016, 2464) siehe → Form A.06 Rn. 8 ff.

33 Grunderwerbsteuerlich hat die Verschmelzung gegenüber dem Formwechsel den Nachteil, dass der Grundbesitz bei der Überträgerin im Regelfall zur Grunderwerbsteuerpflicht führt. Die engen Voraussetzungen, unter denen § 6a GrEStG konzerninterne Umwandlungen von der Grunderwerbsteuer freistellt (→ Rn. 169), sind häufig nicht erfüllt.

34, 35 *einstweilen frei*

7. Vermeidung der Mitbestimmung

36 Ein Beweggrund für die Umwandlung in eine Personengesellschaft kann auch die Mitbestimmung der Arbeitnehmer im Aufsichtsrat nach DrittelbG sein, die nur bei Aktiengesellschaften und GmbHs mit 500 oder mehr Beschäftigten, nicht hingegen bei Personengesellschaften eingreift; bei diesen wird die Mitbestimmung erst wieder ab einer Beschäftigtenzahl von 2000 relevant, wenn es sich um eine Kommanditgesellschaft handelt und an ihr eine deutsche Kapitalgesellschaft als persönlich haftende Gesellschafterin beteiligt ist, § 4 MitbestG 1976. In dem zugrunde liegenden Beispielsfall entfällt dementsprechend durch die Verschmelzung auf die übernehmende Personengesellschaft die bei der übertragenden AG bestehende Mitbestimmung nach DrittelbG (s. Form. A.7.1 § 8 Abs. 9).

IV. Zivil-, Handels- und Gesellschaftsrecht

1. Allgemeines

37 Das UmwG lässt die Verschmelzung bestehender Rechtsträger sowohl durch **Aufnahme** auf einen bestehenden Rechtsträger (§§ 2 Nr. 1, 4 ff. UmwG) als auch durch **Neugründung** durch Übertragung des Vermögens zweier oder mehrerer zu verschmelzender Rechtsträger auf einen dadurch gegründeten neuen Rechtsträger (§§ 2 Nr. 2, 36 ff. UmwG) zu. Dem Formular liegt eine Verschmelzung durch Aufnahme zugrunde.

38 Die Verschmelzung auf eine Personengesellschaft ist nur mit einer **Personenhandelsgesellschaft** oder einer **Partnerschaftsgesellschaft** als übernehmendem Rechtsträger möglich; die Verschmelzung auf eine **Gesellschaft bürgerlichen Rechts** ist angesichts der abschließenden Aufzählung in § 3 Abs. 1 und Abs. 2 Nr. 2 UmwG nicht zulässig (Kallmeyer/*Marsch-Barner* UmwG § 3 Rn. 5, 7); insoweit bietet sich jedoch gemäß § 191 Abs. 2 Nr. 1 UmwG der Formwechsel als Alternative an.

38a **Aufgelöste Rechtsträger** können gemäß § 3 Abs. 3 UmwG als **übertragende Rechtsträger** an der Verschmelzung beteiligt sein, wenn ihre Fortsetzung beschlossen werden könnte, woran es für die Aktiengesellschaft gemäß § 274 Abs. 1 Satz 1 AktG fehlt, wenn bereits mit der Verteilung des Vermögens unter die Gesellschafter begonnen worden ist. Hingegen soll nach ganz hM die Verschmelzung auf einen aufgelösten Rechtsträger unzulässig sein, § 3 Abs. 3 UmwG e contrario (OLG Naumburg v. 12.2.1997, 10 Wx 1/97, GmbHR 1997, 1152; Lutter/*Drygalla* UmwG § 3 Rn. 31; Semler/Stengel/*Stengel* UmwG § 3 Rn. 46; HMB/*Stengel* Einf. A Rz. 18; **aA** Kallmeyer/*Marsch-Barner* UmwG § 3 Rn. 26 f.).

38b Auch **insolvente Rechtsträger** können nunmehr jedenfalls als **übertragende Rechtsträger** grundsätzlich an der Verschmelzung beteiligt sein, weil gemäß § 225a Abs. 3 InsO idF des Gesetzes zur weiteren Erleichterung der Sanierung von Unternehmen v. 13.12.2011, BGBl. I 2011, 2582 („ESUG“), die Fortsetzung der Gesellschaft als Regelung im Insolvenzplan enthalten sein kann (Lutter/*Drygalla* UmwG § 3

Rn. 25). Hingegen soll der Verschmelzung auf einen insolventen Rechtsträger auch nach Inkrafttreten des ESUG § 3 Abs. 3 UmwG entgegenstehen, wonach aufgelöste Rechtsträger an einer Verschmelzung nur als übertragende Rechtsträger beteiligt sein könnten (OLG Brandenburg v. 27.1.2015, 7 W 118/14, NZG 2015, 884; **aA** Kallmeyer/*Marsch-Barner* UmwG § 3 Rn. 26f.).

2. Anteilsgewährung im Rahmen der Verschmelzung

Die Verschmelzung erfolgt gemäß § 2 UmwG grds. zwingend gegen **Gewährung von Anteilen** an der aufnehmenden Gesellschaft an die Gesellschafter der übertragenden Gesellschaft. 39

Aufgrund der im Rahmen der Verschmelzung grds. zwingenden **Anteilsgewährungspflicht** ist die Verschmelzung nicht die geeignete Umwandlungsform, wenn einzelne Gesellschafter der übertragenden Gesellschaft nicht an der aufnehmenden Gesellschaft beteiligt sein sollen. Als Alternative kommt insoweit die (nichtverhältniswahrende) **Spaltung** in Betracht, § 123 Abs. 1 und 2 UmwG. 40

Nach der Rspr. des BVerfG (BVerfG. v. 27.4.1999, 1 BvR 1613/94, NJW 1999, 3769, 3771 „Altana") muss bei der Ermittlung der für das Umtauschverhältnis maßgeblichen Verkehrswerte ein existierender **Börsenkurs** berücksichtigt werden. Es sind allerdings Fälle denkbar, in denen eine hinter dem Börsenkurs zurückbleibende Barabfindung angemessen ist, zB bei „Marktenge". Die Darlegungs- und Beweislast liegt insoweit jedoch beim abfindungsverpflichteten Unternehmen (BVerfG v. 27.4.1999, 1 BvR 1613/94, aaO). Überdies soll es nach Auffassung des BayObLG bei einer Verschmelzung zweier nicht voneinander abhängiger Aktiengesellschaften („Merger of Equals") verfassungsrechtlich nicht geboten sein, dem Verhältnis der Börsenwerte beider Unternehmen zueinander ausschlaggebende Bedeutung beizumessen (BayObLG v. 18.12.2002, 3 ZBR 116/00, BB 2003, 275ff. „HypoVereinsbank"). In Fällen, in denen (wie im Formularfall) die übertragende Gesellschaft von der übernehmenden **abhängig** ist, dürfte dem Börsenkurs hingegen maßgebliche Bedeutung zukommen (*Wilsing/Kruse* DStR 2001, 991), da es in solchen Fällen an einem freien Aushandeln der Verschmelzungswertrelation durch die beteiligten Unternehmensführungen typischerweise fehlen wird. 41

Eine **Anteilsgewährung erfolgt zwingend nicht,** soweit die Anteile an der übertragenden Gesellschaft von der aufnehmenden Gesellschaft gehalten werden: Während dies für Aktiengesellschaften und GmbH als aufnehmende Gesellschaften in § 68 Abs. 1 Nr. 1 bzw. § 54 Abs. 1 Nr. 1 UmwG geregelt ist, folgt für Personengesellschaften als aufnehmende Gesellschaften gleiches aus der allgemeinen Regelung in § 20 Abs. 1 Nr. 3 Satz 1 HS 2 UmwG sowie aus dem Grundsatz, dass eine Personengesellschaft nicht an sich selbst beteiligt sein kann. Im Formular werden daher Kommanditanteile an der aufnehmenden Personengesellschaft nur der X-GmbH, dem A und den unbekannten Aktionären, nicht jedoch der übernehmenden Personengesellschaft selbst gewährt (→ Form. A. 7.1 § 2 Abs. 1 Buchst. a). 42

einstweilen frei 43, 44

3. Abfindungsangebot bei Mischverschmelzung

Wenn (wie im Formularfall) eine Verschmelzung auf einen Rechtsträger anderer Rechtsform (sog. **Mischverschmelzung**) vorliegt, muss zudem den außenstehenden Gesellschaftern der übertragenden Gesellschaft im Verschmelzungsvertrag ein (Bar-) Abfindungsangebot gemacht werden, § 29 UmwG. 45

Das Abfindungsangebot ist an diejenigen Aktionäre zu richten, die gegen den Verschmelzungsbeschluss Widerspruch zur Niederschrift eingelegt haben, § 29 Abs. 1 Satz 1 UmwG. Ob die betreffenden Aktionäre auch gegen den Verschmelzungsbeschluss gestimmt haben müssen, ist umstritten (bejahend etwa *Seibt/Heiser* ZHR 165 (2001) S. 466, 475; dagegen etwa Kallmeyer/*Marsch-Barner* § 29 Rn. 13). 46

47 Das **Fehlen** des Abfindungsangebotes stellt grds. ein **Eintragungshindernis** für die Verschmelzung dar (WM/*Wälzholz* § 29 Rn. 59; aA Kallmeyer/*Marsch-Barner* UmwG § 29 Rn. 16 unter Hinweis auf § 32 UmwG). Gleichwohl muss das Abfindungsangebot analog §§ 30 Abs. 2 Satz 2, 12 Abs. 3, 8 Abs. 3 Satz 1 UmwG **entbehrlich** sein, wenn sämtliche Anteilsinhaber des übertragenden Rechtsträgers ausdrücklich und in notariell beurkundeter Form auf ein solches Angebot verzichten (WM/*Wälzholz* § 29 Rn. 53; Kallmeyer/*Marsch-Barner* UmwG § 29 Rn. 17).

48 Das Abfindungsangebot muss „angemessen" sein; die Angemessenheit ist durch den Verschmelzungsprüfer zu prüfen; § 30 Abs. 2 UmwG. Bzgl. der Angemessenheit des Angebotes gelten die Ausführungen zum Umtauschverhältnis (→ Rn. 41) entsprechend.

49, 50 *einstweilen frei*

4. Festsetzung der Einlagen im Verschmelzungsvertrag, Problematik unbekannte Aktionäre

51 Bei der Verschmelzung auf eine Personenhandelsgesellschaft hat der **Verschmelzungsvertrag** gemäß § 40 Abs. 1 UmwG für jeden Anteilsinhaber des übertragenden Rechtsträgers die Einlage festzusetzen und zu bestimmen, ob ihm in der übernehmenden Personenhandelsgesellschaft die Rechtsstellung eines Komplementärs oder eines Kommanditisten gewährt wird. Dies erfordert, wie sich im Gegenschluss aus § 35 UmwG ergibt, grds. eine **namentliche Nennung** der Anteilsinhaber des übertragenden Rechtsträgers; für § 40 Abs. 1 UmwG dürfte insoweit nichts anderes gelten als beim Formwechsel für den etwas anders formulierten § 234 Nr. 2 UmwG. Darüber hinausgehend werden grds. die Angaben analog § 162 Abs. 1 iVm. § 106 Abs. 2 Nr. 1 HGB gefordert (BayObLG v. 5.7.1996, 3 Z BR 114/96, NJW 1997, 747, 749), dh. neben Namen, Vornamen und Wohnort seit der Neufassung des § 106 Abs. 2 HGB durch das HRefG v. 22.6.1998 (BGBl. I 1998, 1474) grds. (anstelle des nicht mehr erforderlichen Berufes) auch die Angabe des Geburtsdatums. Bei juristischen Personen sind Firma und Sitz anzugeben. Jedenfalls ist es zulässig, diese Angaben nicht unmittelbar in den Text des Verschmelzungsvertrages aufzunehmen, sondern insoweit – wie im → Form. A. 7.1 in § 2 Abs. 5 geschehen – auf eine (mitzubeurkundende) Anlage zu verweisen.

52 Eine spezifizierte Bezeichnung der Anteilsinhaber ist in aller Regel jedenfalls dann faktisch unmöglich, wenn an der Verschmelzung eine AG oder KGaA mit einem großen **unübersichtlichen Aktionärskreis,** insb. eine börsennotierte AG, als übertragende Gesellschaft beteiligt ist und diese Inhaberaktien ausgegeben hat. In diesem Fall wird regelmäßig ein Teil der Aktionäre **unbekannt** sein. Aber auch dann, wenn – wie im Formularfall – Namensaktien ausgegeben wurden, kann sich das Problem stellen, soweit das Aktienregister unrichtig oder unvollständig ist (Kallmeyer/*Marsch-Barner* § 35 UmwG Rz. 2), wozu es etwa kommen kann, wenn nur die Veräußerung ohne Mitteilung des Erwerbers gemäß § 67 Abs. 3 AktG mitgeteilt wird; in diesem Fall wird im Aktienregister ein Leerposten (sog. freier Meldebestand) vermerkt (vgl. MüKo-AktG/*Bayer* § 67 Rz. 106). § 35 Satz 1 HS 1 UmwG sieht daher für unbekannte Aktionäre vom Erfordernis der namentlichen Nennung ab, wenn die unbekannten Aktionäre stattdessen durch die Angabe des insgesamt auf sie entfallenden Teils des Grundkapitals der Gesellschaft und der auf sie nach der Verschmelzung entfallenden Anteile bezeichnet sind; auch insoweit kann auf eine Anlage zum Verschmelzungsvertrag verwiesen werden. Allerdings ist der Anteil der unbekannten Aktionäre, die auf diesem Weg bezeichnet werden können, auf maximal 5% des Grundkapitals der Aktiengesellschaft beschränkt, § 35 Satz 1 HS 2 UmwG.

53 Durch die durch das Zweite Gesetz zur Änderung des UmwG v. 19.4.2007 (BGBl. I 2007, 542) erfolgte Neufassung des § 35 UmwG wird nunmehr eine praxis-

gerechte Lösung des Problems der unbekannten Aktionäre erreicht. Die Anforderungen des § 35 UmwG in der bis dahin geltenden Fassung, die die Bezeichnung der unbekannten Aktionäre durch die Angabe ihrer Aktienurkunden vorsah, waren schwierig zu erfüllen, soweit sich die Urkunden in **Girosammelverwahrung** befinden und ihre (Mit-)Eigentümer nur teilweise bekannt sind. In diesen Fällen ist eine individuelle (nummernmäßige) Zuordnung von Aktienurkunden zu den unbekannten Aktionären unmöglich. Selbst die Zuordnung von Nummernkreisen zu den unbekannten Aktionären ist regelmäßig nicht möglich. Ein Teil der Inhaber der in Girosammelverwahrung befindlichen Aktienurkunden wird nämlich der Gesellschaft bekannt sein (zutreffend *Meyer-Landrut/Kiem* WM 1997, 1413, 1415); dies gilt jedenfalls für diejenigen Aktionäre, auf deren Namen Eintritts- und Stimmkarten für die Hauptversammlung ausgestellt worden sind (BayObLG v. 5.7.1996, 3 Z BR 114/96, NJW 1997, 747, 748). Die vorstehenden Probleme bestehen erst recht, wenn die Aktien lediglich in einer einzigen Globalurkunde verbrieft sind, wie dies heute häufig und auch im Fall des vorliegenden Formulars der Fall ist.

einstweilen frei **54–56**

Sofern mehr als 5% der Aktionäre unbekannt sind, wird nach der Neufassung des **57** § 35 UmwG ein Rückgriff auf zum alten Recht entwickelte, auf der Bezeichnung der Aktienurkunden basierende Lösungsvorschläge (s. etwa Lutter/*Happ* 2. Auflage UmwG § 234 Rn. 29) nicht mehr zulässig sein.

einstweilen frei **58–60**

Des Weiteren ist die Liste der bekannten Aktionäre **fortlaufend zu aktualisieren.** **61** Dies gilt insb. für diejenigen Aktionäre, die der Gesellschaft bekannt werden, weil ihnen Eintritts- und Stimmkarten für die den Umwandlungsbeschluss fassende Hauptversammlung ausgestellt worden sind (vgl. BayObLG v. 5.7.1996, 3 Z BR 114/96, NJW 1997, 747, 748; kritisch WM/*Wälzholz* UmwG § 35 Rn. 28; Kallmeyer/*Marsch-Barner* § 35 Rn. 4). Sollten zwischen Beurkundung von Verschmelzungsvertrag und Zustimmungsbeschlüssen und Handelsregisteranmeldung noch Veränderungen bekannt werden, muss auch den **Handelsregisteranmeldungen** eine entspr. aktualisierte Liste beigefügt werden (→ Form. A.7.12 Ziff. 9 und → Form. A.7.13 Ziff. 8). Soweit Aktionäre erst nach dem Wirksamwerden der Verschmelzung durch Eintragung im Handelsregister der übernehmenden Gesellschaft bekannt werden, ist dem Handelsregister ebenfalls jeweils eine berichtigte Liste zu übermitteln; das Handelsregister hat sodann die Handelsregistereintragung entsprechend zu berichtigen, § 35 Satz 2 UmwG.

einstweilen frei **62, 63**

5. Erforderliche Rechtsakte

a) Verschmelzungsvertrag

Die Verschmelzung bedarf eines von dem übertragenden und dem aufnehmenden **64** Rechtsträger in notariell beurkundeter Form abzuschließenden **Verschmelzungsvertrages,** §§ 4 Abs. 1, 6 UmwG (→ Form. A. 7.1 sowie → Rn. 205 ff.). Erforderlich ist im Regelfall die Beurkundung durch einen deutschen Notar; die Beurkundung durch einen ausländischen Notar kann allenfalls dann genügen, wenn sie der Beurkundung durch einen deutschen Notar gleichwertig ist, was zB für die Beurkundung durch Notare im Schweizer Kanton Basel-Stadt bejaht worden ist (vgl. KG v. 26.7.2018, 22 W 2/18, DStR 2018, 2533; s. iE → Form B.1 Rn. 333 ff.).

Der beurkundende Notar ist gemäß § 54 Abs. 1 und 2 EStDV verpflichtet, dem für die **65** an der Verschmelzung beteiligte Körperschaft zuständigen Finanzamt (§ 20 AO) innerhalb von zwei Wochen ab Beurkundung eine beglaubigte Abschrift der Urkunde zu übersenden (zu den Anzeigepflichten des Notars s. auch z.B. des Merkblatt des LfSt Bayern v. 1.1.2018, unter www.finanzamt.bayern.de/Informationen/Steuerinfos/Steuerarten/Grunderwerbsteuer).

b) Zuleitung an die Betriebsräte

66 Der Verschmelzungsvertrag oder sein Entwurf ist jeweils einen Monat vor der jeweiligen Versammlung der Anteilsinhaber, welche über die Zustimmung zu dem Verschmelzungsvertrag beschließt, dem zuständigen **Betriebsrat zuzuleiten,** § 5 Abs. 3 UmwG (→ Form. A. 7.5 und → Form. A.7.6 sowie → Rn. 264 ff.).

c) Einreichung des Entwurfs des Verschmelzungsvertrages beim Handelsregister bei Aktiengesellschaften, § 61 UmwG

67 Der **Entwurf** des **Verschmelzungsvertrages** ist bei Aktiengesellschaften zu dem für diese zuständigen **Handelsregister** einzureichen, und zwar vor der Einberufung der Hauptversammlung, die über die Zustimmung zu dem Verschmelzungsvertrag beschließen soll, § 61 UmwG (→ Form. A. 7.11).

68 *einstweilen frei*

d) Verschmelzungsbeschlüsse

69 Zudem müssen die **Anteilsinhaber** der beiden beteiligten Rechtsträger dem Verschmelzungsvertrag durch notariell beurkundeten **Beschluss** zustimmen, § 13 Abs. 1 UmwG → Form. A. 7.3 und → Form. A. 7.4 sowie → Rn. 255 ff. und → Rn. 260 ff.). Der Beschluss ist zwingend in einer Versammlung zu fassen (§ 13 Abs. 1 Satz 2 UmwG); eine Beschlussfassung außerhalb einer Versammlung, z. B. im schriftlichen Umlaufverfahren, die bei AG schon nach § 118 Abs. 1 Satz 1 AktG ausscheidet (MüKo AktG/*Kubis* § 118 AktG Rz. 32), bei der GmbH (§ 48 Abs. 2 GmbHG) oder Personengesellschaft hingegen grundsätzlich möglich wäre, ist nicht ausreichend (SSt/*Gehling* § 13 UmwG Rz. 14; Lutter/*Drygalla* § 13 UmwG Rz. 9).

70 Der Beschluss bedarf bei **GmbH** und **Aktiengesellschaften** einer Mehrheit von mindestens **75 %** der abgegebenen Stimmen bzw. des bei der Beschlussfassung vertretenen Grundkapitals, sofern nicht der Gesellschaftsvertrag bzw. die Satzung eine höhere Mehrheit oder weitere Erfordernisse vorsieht, §§ 50 Abs. 1, 65 Abs. 1 UmwG, 179 Abs. 2 AktG.

71 Bei **Personengesellschaften** ist grds. **Zustimmung aller** (auch der nicht erschienenen) Gesellschafter notwendig, § 43 Abs. 1 UmwG, sofern nicht der Gesellschaftsvertrag qualifizierte Mehrheitsentscheidung (mindestens 75% der abgegebenen Stimmen) vorsieht, § 43 Abs. 2 Satz 1 und 2 UmwG. Widerspricht ein persönlich haftender Gesellschafter der Verschmelzung, so ist ihm die Rechtsstellung eines Kommanditisten einzuräumen, um die Verschmelzung durchführen zu können (§ 43 Abs. 2 Satz 3 HS 2 UmwG).

72 In jedem Falle ist jedoch die Zustimmung derjenigen Gesellschafter der übertragenden Kapitalgesellschaft erforderlich, die in der übernehmenden Personengesellschaft die Stellung eines **persönlich haftenden Gesellschafters** eingeräumt bekommen, § 40 Abs. 2 UmwG; die Umwandlung einer Kapitalgesellschaft in eine OHG bedarf daher in jedem Falle der Zustimmung aller Gesellschafter der übertragenden Kapitalgesellschaft (außer ggf. der Zustimmung des persönlich haftenden Gesellschafters einer übertragenden KGaA, da dieser bereits persönlich haftet; widerspricht dieser der Verschmelzung, so muss ihm die Stellung eines Kommanditisten eingeräumt werden, § 43 Abs. 2 Satz 3 HS 1 UmwG, die Rechtsform der oHG ist dann nicht möglich).

73, 74 *einstweilen frei*

e) Verschmelzungsbericht und -prüfung, Nachinformationspflicht

75 Die Organe der beteiligten Rechtsträger haben einen schriftlichen **Verschmelzungsbericht** zu erstellen, § 8 UmwG (→ Form. A. 7.7 sowie → Rn. 270 ff.).

Die Verschmelzung ist bei Beteiligung von Aktiengesellschaften durch **Verschmelzungsprüfer** zu prüfen, §§ 9, 60 Abs. 1 UmwG, bei GmbH und Personengesellschaften hingegen nur, soweit ein Mehrheitsbeschluss möglich ist und einer der Gesellschafter dies innerhalb von einer Woche nach Erhalt des Verschmelzungsvertrages oder seines Entwurfs sowie des Verschmelzungsberichts verlangt, §§ 44, 48 UmwG; die Prüfung durch einen gemeinsamen Prüfer ist möglich, § 10 Abs. 1 Satz 2 UmwG, bei Beteiligung von mehreren Aktiengesellschaften allerdings nur durch einen auf gemeinsamen Antrag der Vorstände gerichtlich bestellten Prüfer, § 60 Abs. 3 UmwG. Die Prüfer haben einen schriftlichen Prüfungsbericht zu erstatten, ggf. auch gemeinsam, § 12 UmwG (→ Form. A. 7.8 und → Rn. 275 ff.). 76

Entbehrlich sind Bericht und/oder Prüfung nur bei (nach §§ 8 ff. BeurkG) notariell beurkundetem **Verzicht** aller Anteilsinhaber aller beteiligten Rechtsträger oder dann, wenn sich **alle Anteile** des übertragenden Rechtsträgers in der Hand des übernehmenden Rechtsträgers befinden, §§ 8 Abs. 3, 9 Abs. 3 UmwG. 77

Des Weiteren hat gemäß § 64 Abs. 1 Satz 2–4 UmwG idF des 3. UmwÄndG v. 11.7.2011 (BGBl I 2011, 1338) entsprechend der bislang gemäß § 143 UmwG aF nur für die Spaltung unter Beteiligung von Aktiengesellschaften und KGaAs geltenden Regelung der Vorstand der an der Verschmelzung beteiligten Aktiengesellschaft in der Hauptversammlung über jede wesentliche Veränderung des Vermögens der Aktiengesellschaft zu unterrichten, die zwischen dem Abschluss des Verschmelzungsvertrages bzw. der Aufstellung von dessen Entwurf und der Fassung des Zustimmungsbeschlusses eingetreten ist (sog. **Nachinformationspflicht**). Gemäß § 64 Abs. 1 Satz 3 UmwG sind auch die Vertretungsorgane des bzw. der anderen beteiligten Rechtsträger zu unterrichten, die dann ihrerseits die Anteilsinhaber des jeweils von ihnen vertretenen Rechtsträgers zu informieren haben. Wesentlich im Sinne der vorgenannten Vorschrift sind solche Veränderungen, die eine Verschiebung des Umtauschverhältnisses oder eine Änderung der Abfindung (§ 29 UmwG) besorgen lassen, und zwar unabhängig davon, ob sie bei dem übertragenden oder dem übernehmenden Rechtsträger eingetreten sind (*Wagner* DStR 2010, 1629). Die Information kann nach hM mündlich in der Versammlung erfolgen, die über die Zustimmung beschließen soll (*Wagner* DStR 2010, 1629; WM/*Rieger* UmwG § 143 Rn. 6). Nach anderer Ansicht soll zumindest bei Publikumsgesellschaften eine Information im Vorfeld der Versammlung über die Internet-Seiten der beteiligten Rechtsträger erforderlich sein (siehe Handelsrechtsausschuss des Deutschen Anwaltvereins, Stellungnahme 23/2010 vom Mai 2010, Tz. 2, abrufbar über www.anwaltsverein.de). 78

Weiterhin nicht gesetzlich geregelt ist die Frage, ob über eine infolge der Veräußerung erforderlich werdende Änderung des Verschmelzungsvertrages (zB des Umtauschverhältnisses) noch in der bereits einberufenen Versammlung Beschluss gefasst werden kann oder eine erneute Einberufung erforderlich ist (siehe Handelsrechtsausschuss des Deutschen Anwaltvereins, Stellungnahme 23/2010 vom Mai 2010, Tz. 3, abrufbar über www.anwaltsverein.de). Richtigerweise dürfte grundsätzlich eine Beschlussfassung in der bereits einberufenen Versammlung möglich sein, da die Nachinformationspflicht anderenfalls nur dann Bedeutung hätte, wenn zwar eine (oder mehrere) wesentliche Vermögensänderungen eingetreten sind, diese aber insgesamt ohne Auswirkung auf das Umtauschverhältnis bleiben, was nur höchst selten der Fall sein dürfte (*Wagner* DStR 2010, 1629). Bei **übertragenden Rechtsträgern** wird die Problematik allerdings dadurch entschärft, dass hier wegen § 243 Abs. 4 Satz 2 AktG, §§ 14 Abs. 2, 32 UmwG eine Anfechtung des Zustimmungsbeschlusses nicht auf eine fehlerhafte (wohl aber auf eine gänzlich unterbliebene) Nachinformation gestützt werden kann; die Anteilsinhaber der Überträgerin sind insoweit auf die gerichtliche Nachprüfung der Angemessenheit gemäß §§ 15, 34 UmwG verwiesen (*Wagner* DStR 2010, 1629). In Betracht kommt jedoch auch in diesen Fällen eine Strafbarkeit der Vertretungsorgane nach § 313 Abs. 1 Nr. 1 UmwG (*Wagner* DStR 2010, 1629).

Auch auf die Nachinformation kann gemäß § 64 Abs. 1 Satz 4, § 8 Abs. 3 Satz 1 (1. Alt.), Satz 2 UmwG durch **notariell zu beurkundende** Erklärungen aller Anteilsinhaber aller beteiligten Rechtsträger **verzichtet** werden.

f) Auslegung von Unterlagen

79 Der Verschmelzungsvertrag oder sein Entwurf, die Verschmelzungsberichte, die Verschmelzungsprüfungsberichte sowie die in § 63 Abs. 1 UmwG genannten weiteren Unterlagen vom Tage der Einberufung an in den **Geschäftsräumen** der übertragenden AG sowie in der Hauptversammlung zur Einsicht der Aktionäre **auszulegen.** Jeder Aktionär der übertragenden AG hat gemäß § 63 Abs. 3 Satz 1 UmwG auf Verlangen Anspruch auf unverzügliche kostenlose Erteilung einer Abschrift dieser Unterlagen. Die Unterlagen können gemäß § 63 Abs. 3 Satz 2 UmwG idF des 3. UmwÄndG v. 11.7.2011 (BGBl. I 2011, 1338) auch im Wege elektronischer Kommunikation (E-Mail) übermittelt werden, wenn der Aktionär zuvor hierzu seine Einwilligung erteilt hat.

g) Handelsregisteranmeldungen, Eintragung

80 Die Verschmelzung ist sowohl zum **Handelsregister** des übertragenden als auch zum Handelsregister des aufnehmenden Rechtsträgers anzumelden, § 16 UmwG (→ Form. A. 7.12 und → Form. A. 7.13 sowie → Rn. 293 ff.).

81 Die Verschmelzung ist zunächst im Handelsregister der übertragenden und sodann im Handelsregister der übernehmenden Gesellschaft einzutragen, § 19 Abs. 1 Satz 1 UmwG. Die Notwendigkeit eines Hinweises bei der Eintragung im Handelsregister des übertragenden Rechtsträgers, dass die Verschmelzung erst mit der Eintragung im Handelsregister des übernehmenden Rechtsträgers wirksam wird, entfällt nunmehr, wenn die Eintragungen taggleich erfolgen, § 19 Abs. 1 S. 2 UmwG. Mit Eintragung der Verschmelzung im Handelsregister der übernehmenden Gesellschaft wird die Verschmelzung wirksam, § 20 UmwG. Die Handelsregisteranmeldung ist elektronisch einzureichen, § 12 Abs. 1 S. 1 HGB (iE → A. 1 Rn. 56 sowie *Jeep/Wiedemann* NJW 2007, 2439).

81a Mit Wirksamwerden der Verschmelzung erlöschen die übertragenden Rechtsträger (§ 20 Abs. 1 Nr. 2 UmwG) und geht ihr Vermögen einschließlich der Verbindlichkeiten auf die Übernehmerin über, § 20 Abs. 1 Nr. 1 UmwG **(Gesamtrechtsnachfolge).** Der Übergang kraft gesetzlich angeordneter Gesamtrechtsnachfolge erstreckt sich auch auf Verträge und sonstige Rechtspositionen und Verpflichtungen (→ Form. A.3 Rn. 47a mwN). Eine Ausnahme gilt lediglich für **höchstpersönliche Rechte und Pflichten** (BGH v. 21.2.2014, V ZR 164/13, NJW 2014, 1447, Tz. 17); die Anforderungen an die Höchstpersönlichkeit sind jedoch hoch: So begründen zB der Verwaltervertrag, den eine als WEG-Verwalter tätige Überträgerin mit einer Wohnungseigentümergemeinschaft abgeschlossen hat, sowie ihre Bestellung zur Verwalterin der Wohnungseigentümergemeinschaft jedenfalls dann keine dergestalt höchstpersönlichen Rechte und Verpflichtungen, wenn es sich bei der Überträgerin um eine Kapitalgesellschaft handelt (BGH v. 21.2.2014, V ZR 164/13, NJW 2014, 1447, Tz. 16 ff.; aA OLG München v. 31.1.2014, 34 Wx 469/13, GmbHR 2014, 657, für Abspaltung; s. hierzu *Heckschen* GmbHR 2015, 897, 908 f.); allenfalls eine fristlose Kündigung aus wichtigem Grund gemäß § 314 Abs. 1 BGB kommt in Betracht, wobei jedoch die Verschmelzung als solche noch keinen wichtigen Grund darstellt (BGH v. 21.2.2014, V ZR 164/13, NJW 2014, 1447, Tz. 28).

81b Da der Geltungsbereich des § 20 Abs. 1 Nr. 1 UmwG sich nicht auf das Zivilrecht beschränkt, ist im Grundsatz anerkannt, dass auch **öffentlich-rechtliche** Konzessionen, Genehmigungen, Erlaubnisse und Rechtspositionen nicht von vornherein aus der in § 20 Abs. 1 Nr. 1 UmwG vorgesehenen Gesamtrechtsnachfolge auf den übernehmenden Rechtsträger ausgenommen werde können (Henssler/Strohn/*Heidinger* UmwG

§ 20 Rn. 36; WM/*Vossius* UmwG § 20 Rn. 248; Lutter/*Grunewald* UmwG § 20 Rn. 13; *Heckschen* ZIP 2014, 1605). Es stellt sich jedoch stets die Frage, inwieweit solche Erlaubnisse im vorgenannten Sinne **höchstpersönlicher Natur** sind und daher nicht von der in § 20 Abs. 1 Nr. 1 UmwG angeordneten Gesamtrechtsnachfolge umfasst sind. Im Grundsatz wird hier zwischen sog. sachbezogenen Genehmigungen (zB Baugenehmigung) und personenbezogenen Genehmigungen unterschieden (*Heckschen* ZIP 2014, 1605). Erstere sollen aufgrund ihres Bezugs zu einzelnen, konkreten Vermögensgegenständen übergehen. Letztere sollen hingegen im Falle einer Umwandlung automatisch gegenstandslos werden und somit erlöschen (siehe OVG Münster v. 25.9.2013; 13 A 2039/12, GesR 2014, 38). Die Abgrenzung kann im Einzelfall schwierig sein: So soll etwa ein sich aus dem Telekommunikationsgesetz ergebendes (öffentlich-rechtliches) Wegerecht höchstpersönlicher Natur sein und daher im Falle einer Umwandlung entfallen (OVG Münster v. 27.2.2013, 13 A 2661/11, DÖV 2013, 529). Umgekehrt sollen personenbezogene Genehmigungen teilweise im Wege der Umwandlung übergehen können, wenn der Gesetzgeber für den Todesfall die vorläufige Fortgeltung der Genehmigung zugunsten der Erben vorgesehen (s. etwa § 8 Abs. 1 GüKG, § 19 Abs. 1 PBefG) und damit zu erkennen gegeben hat, dass er von der Möglichkeit einer Gesamtrechtsnachfolge ausgegangen ist (siehe *Heckschen* ZIP 2014, 1605, 1611 mwN.).

6. Beschlussanfechtung

a) Anfechtungsfrist und Anfechtungsgründe

Klagen gegen die Wirksamkeit von **Verschmelzungsbeschlüssen** müssen binnen eines Monats nach der Beschlussfassung erhoben werden, § 14 Abs. 1 UmwG. **82**

Die Anfechtung des Verschmelzungsbeschlusses des übertragenden Rechtsträgers kann **nicht** auf die **Unangemessenheit** des Umtauschverhältnisses oder einer ggf. nach § 29 UmwG anzubietenden Barabfindung gestützt werden, §§ 14 Abs. 2, 32 UmwG; insoweit hat es mit dem stattdessen vorgesehenen Spruchverfahren gemäß §§ 14 Abs. 2, 15, 34 UmwG iVm. SpruchG sein Bewenden. Gleiches gilt, soweit die betroffenen Anteilsinhaber die Verletzung von Informations-, Auskunfts- und Berichtspflichten im Zusammenhang mit der anzubietenden Barabfindung geltend machen (BGH v. 18.12.2000, II ZR 1/99, DB 2001, 319 und v. 29.1.2001, II ZR 368/99, DB 2001, 471). Auf die Verletzung derartiger Verpflichtungen im Zusammenhang mit dem Umtauschverhältnis (zB fehlerhafte Erläuterung des Umtauschverhältnisses im Verschmelzungsbericht) dürfte diese Rspr. hingegen wohl nicht übertragbar sein. **83**

Nicht auf das Spruchverfahren angewiesen sind nach dem insoweit eindeutigen Wortlaut von § 14 Abs. 2 UmwG die **Anteilsinhaber des aufnehmenden Rechtsträgers;** diese können also den Verschmelzungsbeschluss des aufnehmenden Rechtsträgers auch mit der Begründung anfechten, das Umtauschverhältnis sei zugunsten der Anteilsinhaber des übertragenden Rechtsträgers zu großzügig bemessen (Kallmeyer/*Marsch-Barner* UmwG § 14 Rn. 15). Ist beim übernehmenden Rechtsträger mit Anfechtungsklagen zu rechnen, empfiehlt es sich daher, anstelle der Verschmelzung zur Aufnahme eine Verschmelzung zur Neugründung zu wählen (→ Form. A. 5); in diesem Falle fallen beide beteiligten Rechtsträger als übertragende Rechtsträger unter § 14 Abs. 2 UmwG. Dem können aber andere Erwägungen entgegenstehen, zB Grunderwerbsteuer auf die Grundstücke beider Rechtsträger anstatt nur auf die des übertragenden Rechtsträgers (vgl. → Form. D.1 Rn. 63 ff.). **84**

einstweilen frei **85, 86**

b) Registersperre

Die Verschmelzung wird vom Handelsregister grds. nur dann eingetragen, wenn eine **Klage** gegen die Wirksamkeit des Verschmelzungsbeschlusses entweder innerhalb **87** der Monatsfrist **nicht erhoben** worden ist, rechtskräftig **abgewiesen** oder **zurückgenommen** worden ist und die Vertretungsorgane dies bei der Handelsregisteranmeldung erklären, § 16 Abs. 2 UmwG.

c) Überwindung durch Antrag gemäß § 16 Abs. 3 UmwG

88 Es liegt auf der Hand, dass eine Anfechtungsklage die Eintragung der Verschmelzung ganz erheblich verzögern, wenn nicht sogar verhindern kann. Um **Missbrauch** zu verhindern, wurde mit § 16 Abs. 3 UmwG die Möglichkeit eröffnet, unter bestimmten Voraussetzungen die Eintragung der Verschmelzung **trotz anhängiger Anfechtungsklagen** herbeizuführen. Dies ist auf Antrag des Rechtsträgers, gegen dessen Beschluss sich die Klage richtet (§ 16 Abs. 3 Satz 1 UmwG), in den folgenden Fällen möglich (§ 16 Abs. 3 Satz 3 UmwG):
- bei Unzulässigkeit der Anfechtungsklage(n) (§ 16 Abs. 3 Satz 3 Nr. 1 Alt. 1) UmwG; oder
- bei offensichtlicher Unbegründetheit der Anfechtungsklage (§ 16 Abs. 3 Satz 3 Nr. 1 Alt. 2 UmwG); oder
- der Kläger nicht binnen einer Woche nach Zustellung des Antrags durch Urkunden nachgewiesen hat, dass er seit Bekanntmachung der Einberufung einen anteiligen Betrag von mindestens 1 000 EUR hält (§ 16 Abs. 3 Satz 3 Nr. 2 UmwG); oder
- das alsbaldige Wirksamwerden der Verschmelzung vorrangig erscheint, weil die vom Antragsteller dargelegten wesentlichen Nachteile für die an der Verschmelzung beteiligten Rechtsträger und ihre Anteilsinhaber nach freier Überzeugung des Gerichts die Nachteile für den Antragsgegner überwiegen, es sei denn, es liegt eine besondere Schwere des Rechtsverstoßes vor (§ 16 Abs. 3 Satz 3 Nr. 3 UmwG).

Für das sog. „Bagatellquorum" gemäß § 16 Abs. 3 Satz 3 Nr. 2 ist es erforderlich, dass der Aktionär die Aktien im erforderlichen Umfang zum Zeitpunkt der Bekanntmachung der Einladung zur Hauptversammlung tatsächlich hält; § 67 Abs. 2 AktG gilt nicht. Bei Namensaktien kommt es auf den Eintragszeitpunkt im Aktienregister daher nicht an (OLG München v. 10.4.2013, 7 AktG 1/13, NZG 2013, 622, LS Nr. 1).

Zuständig ist ein Senat des OLG, in dessen Bezirk die Gesellschaft ihren Sitz hat, § 16 Abs. 3 Satz 7 UmwG. Die Entscheidung kann in dringenden Fällen ohne mündliche Verhandlung und „soll" spätestens drei Monate nach Antragstellung ergehen; Verzögerungen sind durch (unanfechtbaren) Beschluss zu begründen, § 16 Abs. 3 Sätze 4 und 5 UmwG.

Überwunden ist die Registersperre erst mit Rechtskraft des Beschlusses des OLG nach § 16 Abs. 3 Satz 1 UmwG. Der Beschluss ist unanfechtbar, § 16 Abs. 3 Satz 9 UmwG. Vgl. zum Ganzen zB *Heckschen* DNotZ 2007, 444, 445.

89 Stellt sich später heraus, dass die Klage begründet war, kann der Kläger nur Schadensersatz, nicht jedoch Rückgängigmachung der Verschmelzung verlangen, § 16 Abs. 3 Satz 10 UmwG.

90, 91 *einstweilen frei*

V. Handelsbilanzrecht

1. Verschmelzungsstichtag

92 **Verschmelzungsstichtag** ist derjenige Zeitpunkt, ab welchem die Geschäfte des übertragenden Rechtsträgers mit Eintragung der Verschmelzung als **für Rechnung** des übernehmenden Rechtsträgers vorgenommen **gelten,** ihm also – unter der Voraussetzung der Eintragung der Verschmelzung – wirtschaftlich zugerechnet werden. Die Festlegung des Verschmelzungsstichtages ist zwingender Bestandteil des Verschmelzungsvertrages, § 5 Abs. 1 Nr. 6 UmwG. Vom Verschmelzungsstichtag sind zu unterscheiden:

- der **Stichtag** der **Schlussbilanz** des übertragenden Rechtsträgers, § 17 Abs. 2 Satz 1 UmwG; dieser geht nach h. M. dem Verschmelzungsstichtag zwingend unmittelbar voran (dazu → Rn. 104 ff.);
- der Zeitpunkt der Gewinnberechtigung der im Rahmen der Verschmelzung ausgegebenen Anteile, § 5 Abs. 1 Nr. 5 UmwG (→ Form. A. 7.1 § 2 Abs. 2 sowie → Rn. 213);
- der Zeitpunkt der dinglichen Wirksamkeit der Verschmelzung, welche erst mit Eintragung im Handelsregister der übernehmenden Gesellschaft eintritt, § 20 Abs. 1 UmwG;
- der Zeitpunkt des Übergangs des wirtschaftlichen Eigentums an dem Vermögen des übertragenden Rechtsträgers, dh. der Zeitpunkt, ab welchem der übernehmende Rechtsträger Vermögen und Aufwendungen/Erträge des übertragenden Rechtsträgers in seine Rechnungslegung zu übernehmen hat (→ Rn. 95 ff.);
- der steuerliche Übertragungsstichtag als ertragsteuerlicher Zeitpunkt des Vermögensübergangs; dieser ist **zwingend** mit dem Stichtag der Schlussbilanz des übertragenden Rechtsträgers iSd. § 17 Abs. 2 Sätze 1 und 4 UmwG identisch, § 2 Abs. 1 UmwStG (→ Rn. 133 ff.).

einstweilen frei **93, 94**

2. Vermögens- und Ertragszuordnung vor Eintragung

a) Abbildung beim übernehmenden Rechtsträger

Die Vermögensgegenstände des übertragenden Rechtsträgers gehen zwar mit **dinglicher Wirkung** erst im Zeitpunkt der Eintragung der Verschmelzung im Handelsregister der übernehmenden Personengesellschaft über, § 20 Abs. 1 Nr. 1 UmwG. Gleichwohl müssen sie bereits vor der zum Wirksamwerden der Verschmelzung führenden Eintragung im Handelsregister der aufnehmenden Gesellschaft (§ 19 Abs. 1 UmwG) bei diese eingebucht werden, sobald **das wirtschaftliche Eigentum** an ihnen auf den übernehmenden Rechtsträger übergegangen ist (RS HFA 42 Tz. 29). Ab diesem Zeitpunkt entstehen aus dem übergegangenen Vermögen Aufwendungen und Erträge des übernehmenden Rechtsträgers (RS HFA 42 Tz. 31). Liegt der (bereits erfolgte) Übergang des wirtschaftlichen Eigentums nach dem Verschmelzungsstichtag, kann der übernehmende Rechtsträger das Vermögen des übertragenden Rechtsträgers gleichwohl aus Vereinfachungsgründen schon nach den Verhältnissen am Verschmelzungsstichtag einbuchen und die seit dem Verschmelzungsstichtag eingetretenen Veränderungen (Aufwendungen und Erträge) wie eigene Geschäftsvorfälle abbilden (RS HFA 42 Tz. 31). **95**

Vom Übergang des wirtschaftlichen Eigentums soll bei kumulativem Vorliegen der folgenden Voraussetzungen auszugehen sein (RS HFA 42 Tz. 29):

- formwirksamer Abschluss des Verschmelzungsvertrages und Vorliegen der Zustimmungsbeschlüsse sowie der erforderlichen Zustimmungserklärungen;
- der Verschmelzungsstichtag liegt vor dem Abschlussstichtag oder fällt mit ihm zusammen;
- die Verschmelzung ist entweder bis zur Beendigung der Aufstellung des Abschlusses eingetragen oder die Eintragung muss mit an Sicherheit grenzender Wahrscheinlichkeit zu erwarten sein. Hiervon kann bei Verschmelzung einer 100%-Tochter auf ihre Mutter regelmäßig ausgegangen werden (RS HFA 42 Tz. 29);
- es ist faktisch oder durch eine entsprechende Regelung im Verschmelzungsvertrag sichergestellt, dass der übertragende Rechtsträger nur im Rahmen eines ordnungsmäßigen Geschäftsganges oder mit Einwilligung des übernehmenden Rechtsträgers über die Vermögensgegenstände verfügt.

Die vorstehenden Grundsätze gelten auch für die Bilanzierung der Verbindlichkeiten des übertragenden Rechtsträgers, dh. diese sind ab Übergang des wirtschaftlichen **96**

Eigentums beim übernehmenden Rechtsträger zu bilanzieren, sei es unmittelbar oder als Ausgleichsverpflichtung (RS HFA 42 Tz. 30).

97 Ist zum Abschlussstichtag das wirtschaftliche Eigentum noch nicht übergegangen, scheidet eine Einbuchung des Vermögens sowie des Gewinns des übertragenden Rechtsträgers im Abschluss des übernehmenden Rechtsträgers hingegen aus; auch die Bildung einer Rückstellung für einen vom übertragenden Rechtsträger bis zum Abschlussstichtag erwirtschafteten Fehlbetrag kommt nicht in Betracht: Der noch fehlende Verschmelzungsvertrag bzw. die noch fehlenden Zustimmungsbeschlüsse sind kein werterhellendes, sondern ein wertbegründendes Ereignis (RS HFA 42 Tz. 29 erster Bullet zweiter Absatz sowie Tz. 31; anders noch *IDW* HFA 2/1997 Tz. 22).

98 *einstweilen frei*

b) Abbildung beim übertragenden Rechtsträger

99 Im Falle eines vor dem Abschlussstichtag erfolgten Übergangs des wirtschaftlichen Eigentums darf der übertragende Rechtsträger in seinem Jahresabschluss die im Zuge der Verschmelzung auf den übernehmenden Rechtsträger übergehenden Vermögensgegenstände und Verbindlichkeiten sowie die ab diesem Zeitpunkt angefallenen Aufwendungen und Erträge nicht mehr ausweisen, auch wenn die Verschmelzung am Abschlussstichtag noch nicht eingetragen ist (RS HFA 42 Tz. 29–31).

100 Soweit die bis zum Übergang des wirtschaftlichen Eigentums anfallenden Aufwendungen und Erträge des übertragenden Rechtsträgers noch bei diesem zu erfassen sind, muss im Abschluss des übertragenden Rechtsträgers erläutert werden, dass in der Zeit nach dem Verschmelzungsstichtag erwirtschaftete **Erträge** für Rechnung des übernehmenden Rechtsträgers erwirtschaftet wurden und deshalb nicht für eine Ausschüttung zur Verfügung stehen. Diese Erläuterung wird regelmäßig im **Anhang** (§ 264 Abs. 2 Satz 2 HGB) bzw. bei Kleinstkapitalgesellschaften, die von der Erleichterung gemäß § 264 Abs. 1 Satz 5 HGB Gebrauch machen, unter der Bilanz zu machen sein, § 264 Abs. 2 Satz 3 HGB; die Bildung einer **Rückstellung** für den für fremde Rechnung erwirtschafteten Gewinn soll jedenfalls dann **ausscheiden,** wenn das wirtschaftliche Eigentum am Abschlussstichtag noch nicht übergegangen ist (RS HFA 42 Tz. 31).

101–103 *einstweilen frei*

3. Buchführung beim übertragenden Rechtsträger

a) Schlussbilanz

104 Die übertragende AG hat eine handelsrechtliche **Schlussbilanz** zu erstellen, § 17 Abs. 2 Satz 1 UmwG, deren Stichtag höchstens acht Monate vor dem Zeitpunkt der Anmeldung der Verschmelzung zum Handelsregister liegen darf, § 17 Abs. 2 Satz 4 UmwG; somit ist es im Regelfall möglich, auf die Bilanz des letzten Jahresabschlusses zurückzugreifen.

Nach Ansicht der FinVerw. (UmwSt-Erl. 2011, BMF v. 11.11.2011, BStBl. I 2011, 1314 Tz. 02.02), welcher ein Teil des gesellschaftsrechtlichen Schrifttums folgt (SSt/*Schröer* § 5 UmwG Rz. 54; SHS/*Hörtnagel* § 17 UmwG Rz. 37), soll der **Stichtag** der **Schlussbilanz** dem **Verschmelzungsstichtag** zwingend unmittelbar vorangehen: Wenn Verschmelzungsstichtag zB der 1. Januar ist, müsste demzufolge Bilanzstichtag der Schlussbilanz iSd. § 17 Abs. 2 Satz 1 UmwG und damit auch steuerlicher Übertragungsstichtag iSd. § 2 Abs. 1 Satz 1 UmwStG der 31. Dezember des vorausgehenden Jahres sein (UmwSt-Erl. 2011, BMF v. 11.11.2011, BStBl. I 2011, 1314 Tz. 02.02).

Nach der **Gegenauffassung** soll der Verschmelzungsstichtag hingegen nicht zwingend mit dem Stichtag der Schlussbilanz iSv. § 17 Abs. 2 Satz 1 UmwG zusammenhängen, sondern grundsätzlich frei gewählt werden können (Kallmeyer/*Müller* UmwG

§ 5 Rz. 34 und § 17 Rn. 14; WM/*Mayer* UmwG § 5 Rn. 160; WM/*Widmann* § 24 UmwG Rz. 64). Somit könnte zB ein variabler Verschmelzungsstichtag für den Fall von Verzögerungen im Eintragungsverfahren vereinbart werden, ohne dass bei Verschiebung des Stichtags dem Handelsregister notwendigerweise auch eine neue Schlussbilanz iSd. § 17 Abs. 2 Satz 1 UmwG nachzureichen wäre (vgl. Kallmeyer/*Müller* § 5 UmwG Rz. 36), oder im Falle der verfristeten Anmeldung eine neue, auf einen späteren Stichtag erstellte Schlussbilanz eingereicht werden, ohne dass auch der im Verschmelzungsvertrag festgesetzte Verschmelzungsstichtag geändert werden müsste (WM/*Mayer* UmwG § 5 Rn. 160).

Das Institut der Wirtschaftsprüfer nimmt in seiner Verlautbarung IDW RS HFA 42 (IDW Fachnachrichten Nr. 12/2012 S. 701 ff. Tz. 11) zu der Streitfrage nicht eindeutig Stellung (siehe einerseits das Beispiel in Tz. 11 Sätze 2 und 3, andererseits die Einschränkung „i. d. R." in Tz. 11 Satz 1). Die Gestaltungspraxis ist jedenfalls gut beraten, die Zulässigkeit eines vom Schlussbilanzstichtag abgekoppelten Verschmelzungsstichtags bei Bedarf vorab mit dem Handelsregister abzuklären.

Auf die Schlussbilanz finden die Vorschriften über die Jahresbilanz entspr. Anwendung, § 17 Abs. 2 Satz 2 UmwG. Dies bedeutet ua., dass die Schlussbilanz entsprechend § 245 Satz 2 HGB von allen Organmitgliedern, bei der AG also von allen Vorstandsmitgliedern, zu unterzeichnen ist (Kallmeyer/*Zimmermann* § 17 Rn. 4; EBJS/*Wiedmann* HGB § 245 Rn. 8). Auch ist so zu bilanzieren, als ob es sich um eine aus Anlass eines Jahresabschlusses aufgestellte Bilanz handelt. Insbesondere ist eine **Buchwertaufstockung** grds. nur im Rahmen der **handelsrechtlichen Wertaufholungsmöglichkeiten** zulässig. **Zuschreibungen** sind **geboten,** wenn die Gründe weggefallen sind, die zu außerplanmäßigen Abschreibungen geführt haben, § 253 Abs. 5 Satz 1 HGB (RS HFA 42 Tz. 15). Auch der Grundsatz der Bewertungsstetigkeit gemäß § 252 Abs. 1 Nr. 6 HGB ist zu beachten (RS HFA 42 Tz. 17). Allerdings kann die Tatsache der bevorstehenden Verschmelzung eine begründete Ausnahme für die Abweichung von der Bewertungsstetigkeit iSv. § 252 Abs. 2 HGB darstellen, etwa wenn gemäß § 24 UmwG Buchwertfortführung gewählt wird und die bei der übernehmenden Gesellschaft geltenden Bewertungsmethoden bereits in der Schlussbilanz berücksichtigt werden sollen (RS HFA 42 Tz. 17). Auch kann auf die Durchführung einer Inventur verzichtet werden, wenn sichergestellt ist, dass der Bestand der Vermögensgegenstände nach Art, Menge und Wert auch ohne körperliche Bestandsaufnahme auf den Stichtag der Schlussbilanz festgestellt werden kann (RS HFA 42 Tz. 14). **105**

Im **Rückwirkungszeitraum,** d. h. nach dem Verschmelzungsstichtag, aber vor Wirksamwerden der Verschmelzung beschlossene **Kapitalerhöhungen** und **Gewinnausschüttungen** wirken sich **nicht** auf die handelsrechtliche Schlussbilanz aus, sondern sind als Erhöhung bzw. Minderung des übergehenden Reinvermögens erfolgsneutral in der Bilanz des übernehmenden Rechtsträgers zu berücksichtigen (RS HFA 42 Tz. 18 f.); dasselbe gilt für verschmelzungsbedingte Ertragsteuern (RS HFA 42 Tz. 20). Dies weicht zT von der Handhabung in der steuerlichen Schlussbilanz der Überträgerin ab, in welcher für im Rückwirkungszeitraum beschlossene Ausschüttungen grundsätzlich ein passiver Korrekturposten zu bilden (→ Rn. 134) und eine auf einen etwa anfallenden steuerlichen Übertragungsgewinn anfallende Ertragsteuerbelastung zurückzustellen ist (→ Rn. 142). **105a**

Bei prüfungspflichtigen Gesellschaften ist die Schlussbilanz zu prüfen, §§ 17 Abs. 2 Satz 2 UmwG, 316 HGB, der **Bestätigungsvermerk** ist mit **einzureichen** (RS HFA 42 Tz. 7). § 17 Abs. 2 Satz 2 UmwG meint die Prüfung durch einen **Abschlussprüfer;** aus der Vorschrift kann nicht abgeleitet werden, dass die Schlussbilanz bei Existenz eines **Aufsichtsrates** auch durch diesen zu prüfen wäre (RS HFA 42 Tz. 13).

Einzureichen ist nach überwiegender Auffassung lediglich eine **Bilanz;** weder die Gewinn- und Verlustrechnung noch der Anhang müssen beigefügt werden (RS HFA 42 Tz. 7). So genannte **Wahlpflichtangaben,** dh. Angaben, die wahlweise in der Bi- **106** lanz oder im Anhang gemacht werden können (zB Haftungsverhältnisse iSd. §§ 251, 268 Abs. 7 HGB), müssen aber entweder aus der Bilanz ersichtlich sein oder nach Art eines Anhangs ergänzt werden (RS HFA 42 Tz. 7).

Ob die Bilanz **festgestellt** sein muss, ist streitig (zum Meinungsstand SHS/*Hörtnagl* UmwG § 17 Rn. 18; dagegen: RS HFA 42 Tz. 13; Kallmeyer/*Zimmermann* UmwG § 17 Rn. 19 mwN; dafür: WM/*Widmann* UmwG § 24 Rn. 51). In der Praxis wird diese Rechtsfrage jedoch selten auftauchen, da in der Regel als Schlussbilanz der ordnungsgemäß festgestellte letzte reguläre Jahresabschluss verwendet wird. Eine Offenlegung nach den §§ 325 ff. HGB ist nicht erforderlich (RS HFA 42 Tz. 13).

107 *einstweilen frei*

b) Fortdauer der Buchführungspflicht bis zur Eintragung

108 Die **Buchführungspflicht** des übertragenden Rechtsträgers **erlischt** (erst) mit dinglicher Wirksamkeit der Verschmelzung, dh. **mit Eintragung** im Handelsregister des übernehmenden Rechtsträgers; sie geht nicht auf die Organe der neugegründeten Gesellschaft über (RS HFA 42 Tz. 22 f.). Bis dahin muss der übertragende Rechtsträger seiner Buchführungspflicht nachkommen sowie insb. innerhalb der gesetzlichen Fristen seine Jahresabschlüsse aufstellen (IDW RS HFA 42 Tz. 22; WM/*Mayer* UmwG § 5 Rn. 153). Ein gesonderter Abschluss auf den Zeitpunkt des Erlöschens der Überträgerin (durch Handelsregistereintragung) ist nicht aufzustellen (IDW RS HFA 42 Tz. 24).

109 *einstweilen frei*

4. Handelsbilanzielle Behandlung Übernehmerin

a) Allgemeines

110 Beim aufnehmenden Rechtsträger wird der durch die Verschmelzung eintretende Vermögensübergang als **laufender Geschäftsvorfall** in der Buchführung berücksichtigt, und zwar bei **Übergang des wirtschaftlichen Eigentums** (hierzu → Rn. 95 ff.).

111 Bei der Behandlung des übergehenden Vermögens in seiner Rechnungslegung hat der übernehmende Rechtsträger gemäß § 24 UmwG ein **Wahlrecht** zwischen der gemäß § 24 UmwG alternativ („auch") für zulässig erklärten Übernahme der Buchwerte gemäß Schlussbilanz als (fiktive) Anschaffungskosten **(Buchwertverknüpfung)** und der von § 24 UmwG als zulässig vorausgesetzten Regel-Abbildung nach dem allgemeinen **Anschaffungskostenprinzip,** § 255 Abs. 1 HGB. Dieses Recht ist im Rahmen der Auf- und Feststellung desjenigen Jahresabschlusses des übernehmenden Rechtsträgers auszuüben, in welchem die Verschmelzung erstmalig berücksichtigt wird (RS HFA 42 Tz. 33, 35). Das Wahlrecht kann nur einheitlich für das gesamte übergehende Vermögen eines übertragenden Rechtsträgers ausgeübt werden (Kallmeyer/*Müller* UmwG § 24 Rn. 17). Hingegen kann das Wahlrecht bei der gleichzeitigen Verschmelzung mehrerer übertragender Rechtsträger von der Übernehmerin für jeden übertragenden Rechtsträger gesondert ausgeübt werden (IDW RS HFA 42 Tz. 35; Kallmeyer/*Müller* UmwG § 24 Rn. 16; Lutter/*Priester* UmwG § 24 Rn. 77; Roos StuB 2013, 652).

112 *einstweilen frei*

b) Buchwertverknüpfung, § 24 UmwG

113 Gemäß § 24 UmwG kann der übernehmende Rechtsträger in seiner Rechnungslegung (das Gesetz spricht untechnisch von „Jahresbilanzen") als Anschaffungskosten die **Buchwerte** der Vermögensgegenstände des übergehenden Vermögens **gemäß Schlussbilanz** des übertragenden Rechtsträgers ansetzen (sog. Buchwertverknüpfung). Bei Wahl der Buchwertverknüpfung dürfen die Verschmelzungskosten nicht als Anschaffungsnebenkosten hinzuaktiviert werden (RS HFA 42 Tz. 62). **Steuerbilanziell** behandelt hiervon abweichend die FinVerw. auch bei Buchwertfortführung **objektbezogene**

Kosten als aktivierungspflichtige **Anschaffungsnebenkosten;** dies betrifft insbesondere Grunderwerbsteuer auf zum Vermögen der Überträgerin gehörende Grundstücke (§ 1 Abs. 1 Nr. 3 GrEStG), nicht hingegen solche infolge verschmelzungsbedingt eintretender Vereinigung oder Übertragung von mindestens 95% der Anteile an einer Gesellschaft, zu deren Vermögen ein inländisches Grundstück gehört, § 1 Abs. 3 GrEStG (→ Rn. 156; allgemein zur Grunderwerbsteuer bei Umwandlungen → Form. D.1 Rn. 66f.). Handelsbilanziell ist die Aktivierung von Grunderwerbsteuer bei Wahl der Buchwertverknüpfung nicht zulässig (RS HFA 42 Tz. 62; SSt/*Moszka* UmwG § 24 Rn. 56 aE).

Von der übertragenden Gesellschaft selbstgeschaffene immaterielle Wirtschaftsgüter sind nur dann zu aktivieren, wenn sie bereits gemäß § 248 Abs. 2 HGB idF des BilMoG v. 25.5.2009, BGBl. I 2009, 1102, bei einer Überträgerin aktiviert waren (RS HFA 42 Tz. 65). Eine Bindung an die Ansatz- und Bewertungsmethoden der Überträgerin gemäß §§ 246 Abs. 3 Satz 1, 252 Abs. 1 Nr. 6 HGB besteht aber nicht (RS HFA 42 Tz. 60). Aktive und passive latente Steuern sind nach den Verhältnissen bei der Übernehmerin zu bilanzieren und zu bewerten, soweit die Unterschiede zwischen dem handels- und dem steuerrechtlichen Wertansatz fortbestehen (RS HFA 42 Tz. 61). Die Buchwerte aus der Schlussbilanz der Überträgerin dürfen nicht überschritten werden, auch soweit diese auf einer außerplanmäßigen Abschreibung beruhen (RS HFA 42 Tz. 64).

Bei Wahl der Buchwertverknüpfung kommt es, soweit der übernehmende Rechts- **114**
träger am übertragenden Rechtsträger beteiligt ist, beim übernehmenden Rechtsträger durch den verschmelzungsbedingten Wegfall der Anteile am übertragenden Rechtsträger handelsrechtlich zu einem **Aufwand** in Höhe des bisherigen Buchwerts dieser Anteile. Soweit dieser nicht durch den Ertrag aus dem Zugang des übergehenden Nettovermögens ausgeglichen wird, entsteht dem übernehmenden Rechtsträger ein Verlust **(sog. Verschmelzungsverlust),** im umgekehrten Fall ein **(Verschmelzungs)Gewinn** (RS HFA 42 Tz. 72 → Rn. 122).

Dieser Verschmelzungsverlust würde sich wie folgt berechnen (zur Berechnung bei **115**
Bilanzierung nach dem Anschaffungskostenprinzip s. sinngemäß → Rn. 125):

Übergehendes handelsbilanzielles Eigenkapital der Überträgerin	100 000 000.– EUR	
1. Anteilig auf untergehende Beteiligung (80%) entfallend:		80 000 000.– EUR
Ausbuchung Beteiligung an der übertragenden Gesellschaft		./.190 000 000.– EUR
Erfolgswirkung (vergl. RS HFA 42 Tz. 72, 76):		./. 110 000 000.– EUR
2. Anteilig auf Kapitalerhöhung entfallend (20%):		20 000 000.– EUR
./. Nennbetrag der ausgegebenen Anteile		./. 3 600 000.– EUR
Einstellung in Rücklagekonto, § 264c Abs. 2 Satz 1 II. HGB iVm. § 4 Abs. 4 des Gesellschaftsvertrags (Form. A.7.2)		16 400 000.– EUR

Das handelsrechtliche Eigenkapital der übernehmenden GmbH & Co. KG (bisher 20 000 000.– EUR) würde sich um den Saldo aus übergehendem Eigenkapital der Überträgerin (100 Mio. EUR) und Buchwert der wegfallenden Anteile (./. 190 Mio. EUR) = -90 Mio. EUR mindern und würde dadurch negativ (– 70 Mio. EUR).

c) Anschaffungskostenprinzip, § 255 Abs. 1 HGB

116 Nicht zuletzt zur Vermeidung von Verschmelzungsverlusten und der damit verbundenen Reduzierung des für Ausschüttungen verfügbaren Eigenkapitals der übernehmenden Gesellschaft räumt das Gesetz der übernehmenden Gesellschaft das **Wahlrecht** ein, anstelle der in § 24 UmwG eröffneten Buchwertverknüpfung das übergehende Vermögen in ihrer Rechnungslegung nach dem **Anschaffungskostenprinzip** (§§ 253 Abs. 1, 255 Abs. 1 HGB) abzubilden. Diese Möglichkeit wird in § 24 UmwG zwar nicht ausdrücklich geregelt, aber implizit vorausgesetzt, wenn es heißt, der übernehmende Rechtsträger könne als Anschaffungskosten „auch" die Buchwerte übernehmen.

117 Bei Wahl des Anschaffungskostenprinzips werden die übergehenden Vermögensgegenstände in der Rechnungslegung des übernehmenden Rechtsträgers – wie bei anderen entgeltlichen Anschaffungsgeschäften auch – mit dem Wert der **Gegenleistung** zzgl. etwaiger **Anschaffungsnebenkosten** (insbesondere Transaktionskosten) angesetzt, § 255 Abs. 1 HGB (RS HFA 42 Tz. 41 ff.).

118 Der Wert der Gegenleistung soll sich bei einer **Verschmelzung** auf eine Personengesellschaft **mit Kapitalerhöhung** nach Ansicht des *IDW* nach den Pflichteinlagen der für sie ausgegebenen Anteile zuzüglich einer ggf. vereinbarten Rücklagendotierung (§ 264c Abs. 2 Satz 1 II. HGB) sowie zuzüglich etwaiger barer Zuzahlungen richten (vgl. RS HFA 42 Tz. 44): (1) Wird die Höhe der Rücklagendotierung iSv. § 264c Abs. 2 Satz 1 II. HGB betragsmäßig festgesetzt (beziffertes Agio), so ist die Summe aus Pflichteinlagen und Rücklagendotierung maßgeblich (vgl. RS HFA 42 Tz. 43 Alt. 1 und Tz. 44). (2) Wird bestimmt, dass die Differenz zwischen Zeitwert des übergehenden Vermögens und den auf die ausgegebenen Anteile zu leistenden Pflichteinlagen in die Rücklagen iSv. § 264c Abs. 2 Satz 1 II. HGB einzustellen ist (unbeziffertes Agio), bestimmt die Summe aus den Pflichteinlagen und dem die Pflichteinlagen übersteigenden Teil des Zeitwertes des übergehenden Vermögens die Anschaffungskosten (vgl. RS HFA 42 Tz. 43 Alt. 2 und Tz. 44). (3) Bei Fehlen einer Festlegung ist durch Auslegung zu ermitteln, ob die Anschaffungskosten durch die Pflichteinlagen bestimmt sind oder ob ein Agio in Höhe des die Pflichteinlagen übersteigenden Teils des Zeitwerts des übergehenden Vermögens in die Rücklagen (§ 264c Abs. 2 Satz 1 II. HGB) mit der Folge entsprechend höherer Anschaffungskosten eingestellt werden kann (RS HFA 42 Tz. 43 Alt. 3 und Tz. 44. Höchstgrenze des Ausgabebetrages sind in jedem Fall die Zeitwerte des übergehenden Vermögens (RS HFA 42 Tz. 42).

Bei der Verschmelzung ohne Kapitalerhöhung, dh. gegen Wegfall der Beteiligung, liegt ein tauschähnlicher Vorgang vor; der übernehmende Rechtsträger hat daher die Wahl zwischen (1) dem Buchwert der untergehenden Anteile, (2) dem Zeitwert dieser Anteile oder (3) einem **ergebnisneutralen Zwischenwert,** dh. dem Buchwert der untergehenden Anteile zuzüglich einer etwaigen Ertragsteuerbelastung daraus (RS HFA 42 Tz. 46).

Wenn (wie im Formularfall) ein Mischfall (Kapitalerhöhung und Wegfall der Beteiligung) vorliegt, erfolgt die Abbildung als Kombination einer Verschmelzung mit und ohne Kapitalerhöhung; sofern die untergehenden Anteile bei der Ermittlung der Anschaffungskosten mit dem (höheren) Zeitwert angesetzt werden, führt dies infolge der Aufdeckung stiller Reserven in den untergehenden Anteilen zu einem Ertrag (RS HFA 42 Tz. 54 und Tz. 55 sowie Tz. 46. Nach Aufgabe der von der Finanzverwaltung zum UmwStG 1995 vertretenen Auffassung von der sog. hinkenden Maßgeblichkeit führt dies nicht zwingend zu Mehrsteuern (→ Rn. 139).

Die dergestalt ermittelten Anschaffungskosten sind auf die vorhandenen materiellen **119**
und (ggf. auch selbstgeschaffenen) immateriellen Wirtschaftsgüter des übertragenden Rechtsträgers bis zu deren Zeitwerten zu verteilen; hierbei ist ein „sachgerechtes Verfahren" anzuwenden, welches nach § 284 Abs. 2 Nr. 1 HGB im Anhang zu erläutern ist (RS HFA 42 Tz. 56); das im Steuerrecht geltende Gebot der gleichmäßigen Aufstockung gilt jedoch nicht (Kallmeyer/*Müller* UmwG § 24 Rn. 29). Das Wahlrecht bezüglich der Bilanzierung selbstgeschaffener immaterieller Wirtschaftsgüter gemäß § 248 Abs. 2 HGB idF des BilMoG v. 25.5.2009, BGBl. I 2009, 1102 **greift nicht** ein, da ein entgeltlicher Anschaffungsvorgang vorliegt (RS HFA 42 Tz. 36).

Ein verbleibender Betrag ist als **Geschäfts- bzw. Firmenwert** iSv. § 246 Abs. 1 Satz 4 HGB zu aktivieren (RS HFA 42 Tz. 58); anders als vor Inkrafttreten des BilMoG v. 25.5.2009, BGBl. I 2009, 1102, besteht kein Wahlrecht mehr, den verbleibenden Betrag stattdessen als Aufwand zu verrechnen (RS HFA 42 Tz. 58; zum nach früherer Rechtslage bestehenden Wahlrecht siehe *IDW* HFA 2/1997 Tz. 3222). Eine etwaige temporäre Differenz zwischen dem handels- und steuerrechtlichen Geschäfts- bzw. Firmenwertansatz kann wegen des Residualcharakters des Firmenwerts bei der Ermittlung latenter Steuern nach der Gesamtdifferenzbetrachtung (§ 274 Abs. 1 Sätze 1 und 2 HGB) außer Acht gelassen werden (RS HFA 42 Tz. 59). Ein bei einer Überträgerin bereits vorhandener Geschäfts- bzw. Firmenwert ist bei der Übernehmerin nicht mehr gesondert auszuweisen, sondern geht in dem anlässlich des Vermögensübergangs zu ermittelnden Geschäfts- bzw. Firmenwert auf (RS HFA 42 Tz. 36). Dasselbe gilt für bei der Überträgerin bilanzierte aktive oder passive latente Steuern; insoweit ist von der Übernehmerin selbst zu prüfen, ob aktive oder passive latente Steuern anzusetzen sind (RS HFA 42 Tz. 39).

einstweilen frei **120, 121**

d) Abbildung des verschmelzungsbedingten Vermögenszugangs bzw. -abgangs auf der Kapitalseite

Erfolgt die Verschmelzung mit **Kapitalerhöhung** (Erhöhung der Pflichteinlagen) **122**
bei der übernehmenden Personengesellschaft, wird ein die Pflichteinlagen übersteigender Betrag in die Rücklagen nach § 264c Abs. 2 Satz 1 II. HGB einzustellen sein bzw. eine beteiligungsproportionale Zuschreibung zu den Kapitalanteilen aller Anteilsinhaber erfolgen müssen. Da die Höhe barer Zuzahlungen iSv. § 5 Abs. 1 Nr. 3 UmwG bei Personenhandelsgesellschaften nicht begrenzt ist, ist im Verschmelzungsvertrag eine Regelung vorzusehen, die bestimmt, wie der übersteigende Betrag zu behandeln ist (RS HFA 42 Tz. 44 und Tz. 69). Im umgekehrten Fall, wenn bei Wahl der Buchwertfortführung das übernommene Reinvermögen niedriger ist als der Ausgabebetrag der Anteile, was anders als bei Kapitalgesellschaften (→ Form A.3 Rn. 18 und Rn. 81; → Form A.5 Rn. 76) keinen rechtlichen Bedenken begegnet (bei den als Kommanditisten eintretenden Gesellschaftern der Überträgerin allerdings zur persönlichen Haftung in Höhe eines nicht durch stille Reserven im übergehenden Vermögen gedeckten Differenzbetrages zu ihren in das Handelsregister einzutragenden Hafteinlagen führen kann, § 171 Abs. 1 HGB), ist der sich ergebende Unterschiedsbetrag als Verschmelzungsverlust sofort aufwandswirksam zu erfassen (RS HFA 42 Tz. 70).

Steuerlich ist zu beachten, dass eine Verbuchung des überschießenden Betrages als Fremdkapital (zB. auf Darlehens-, Verrechnungs- oder Privatkonten) eine sonstige Gegenleistung darstellt, die gemäß § 3 Abs. 2 Nr. 3 UmwStG zwingend eine entsprechende Aufstockung des Wertes des übergehenden Vermögens in der steuerlichen Schlussbilanz der Überträgerin mit der Folge eines steuerpflichtigen Übertragungsgewinns nach sich zieht (→ Rn. 138d, 141 f.).

123 Anders ist die Handhabung hingegen, soweit die Verschmelzung **ohne Ausgabe von Anteilen** erfolgt: Im Falle der Behandlung nach dem Anschaffungskostenprinzip (§ 24 UmwG iVm. §§ 253 Abs. 1, 255 Abs. 1 HGB) stellt sich diese insoweit als tauschähnlicher Vorgang (Übergehendes Vermögen gegen untergehende Anteile an der Überträgerin) dar. Es können wahlweise angesetzt werden: **(1)** Der Buchwert der untergehenden Anteile der Übernehmerin an der Überträgerin; **(2)** der Zeitwert dieser Anteile; oder **(3)** ein erfolgsneutraler Zwischenwert, d. h. Buchwert der Anteile an der Überträgerin zuzüglich einer etwaigen Ertragsteuerbelastung (RS HFA 42 Tz. 45). Die Differenz zwischen dem verschmelzungsbedingten Vermögenszugang und dem Buchwert der untergehenden bzw. hingegebenen Anteile ist als Ertrag (Verschmelzungsgewinn) bzw. Aufwand (Verschmelzungsverlust) über die **GuV-Rechnung** zu verbuchen (RS HFA 42 Tz. 46 und Tz. 72).

124 In **Mischfällen,** dh. wenn sowohl neue, im Rahmen einer Kapitalerhöhung geschaffene Anteile ausgegeben als auch Anteile der aufnehmenden an der übertragenden Gesellschaft untergehen, erfolgt eine **Aufteilung** der Differenz entspr. der Beteiligung des übernehmenden Rechtsträgers an dem übertragenden Rechtsträger (RS HFA 42 Tz. 54f. für den Fall der Bewertung nach dem Anschaffungskostenprinzip und RS HFA 42 Tz. 76 für den Fall der Buchwertverknüpfung).

125 Im Formularfall (→ Rn. 1ff.) liegt ein Mischfall vor, der bei Wahl des Anschaffungskostenprinzips (→ Rn. 116ff.) in der handelsrechtlichen Rechnungslegung der Übernehmerin wie folgt abgebildet wird:

Saldo Zeitwerte aktive und passive Einzelwirtschaftsgüter	250 000 000.– EUR	
Firmenwert	50 000 000.– EUR	
Summe Zugang	300 000 000.– EUR	
1. Anteilig auf untergehende Beteiligung (80%) entfallend:		240 000 000.– EUR
Ausbuchung Beteiligung an der übertragenden Gesellschaft		./.190 000 000.– EUR
Erfolgswirkung (vergl. RS HFA 42 Tz. 46 a. E.):		50 000 000.– EUR
2. Anteilig auf Kapitalerhöhung entfallend (20%):		60 000 000.– EUR
./. Nennbetrag der ausgegebenen Anteile		./. 3 600 000.– EUR
Einstellung in Rücklagekonto, § 264c Abs. 2 Satz 1 II. HGB iVm. § 4 Abs. 4 des Gesellschaftsvertrags (Form. A.7.2)		56 400 000.– EUR

Durch den Ansatz zu Zeitwerten und die damit einhergehende handelsbilanzielle Aufdeckung stiller Reserven in Höhe von 50 Mio. EUR in den von der Übernehmerin gehaltenen Anteilen an der Überträgerin wird also ein Verschmelzungsverlust vermieden; das Eigenkapital der übernehmenden GmbH & Co. KG erhöht sich um EUR 50 000 000.– EUR (Erfolgswirkung aus Zeitwertansatz der Anteile der Übernehmerin an der Überträgerin) plus 3 600 000.– EUR Festkapitalerhöhung plus 56 400 000.– EUR Einstellung in Rücklagekonto = 110 000 000.– EUR.

5. Auswirkungen bei außenstehenden Gesellschaftern der Überträgerin

Die Gewährung von Anteilen der übernehmenden Personengesellschaft an die außenstehenden Aktionäre der übertragenden Aktiengesellschaft stellt sich für diese handelsbilanziell als **Tausch** dar (RS HFA 42 Tz. 77 und 46). Soweit die Gesellschafter der übertragenden Gesellschaft ihre Anteile bilanzieren, können sie dementsprechend nach allgemeinen Tauschgrundsätzen die ihnen gewährten Personengesellschaftsanteile in ihrer handelsrechtlichen Buchführung wahlweise wie folgt ansetzen (RS HFA 42 Tz. 77 iVm. Tz. 46; WM/*Widmann* UmwG § 24 Rn. 547; ohne Begründung aA SBB/*Bula/Pernegger* § 10 Rn. 316): **126**
- zum **Buchwert** der untergehenden Anteile;
- zum **Zeitwert** der untergehenden Anteile;
- zu einem zwischen den vorgenannten Werten liegenden erfolgsneutralen **Zwischenwert,** d.h. dem Buchwert der bisherigen Anteile an der Überträgerin zuzüglich einer etwaigen Ertragsteuerbelastung (RS HFA 42 Tz. 77 iVm. Tz. 46);

jeweils abzüglich etwaiger barer Zuzahlungen (WM/*Widmann* UmwG § 24 Rn. 547).

Bezüglich des Zeitpunktes der Buchung des Tauschvorgangs dürfte es sachgerecht sein, an den Zeitpunkt des Übergangs des wirtschaftlichen Eigentums an den Vermögensgegenständen und Schulden auf den übernehmenden Rechtsträger anzuknüpfen (RS HFA 42 Tz. 79). S. hierzu → Rn. 95.

Bei Ansatz der Anteile an der Übernehmerin mit dem (höheren) Zeitwert der untergehenden Anteile und gleichzeitigem steuerlichem Ansatz der Buchwerte oder von Zwischenwerten (§ 3 Abs. 2 UmwStG) werden mit Rücksicht auf die dadurch begründete Differenz zwischen (höheren) handelsrechtlichen und (niedrigeren) steuerlichen Wertansätzen, die sich spätestes im Falle einer Veräußerung abbaut, latente Steuern zu passivieren sein, § 274 Abs. 1 Sätze 1 und 3 HGB. **127**

einstweilen frei **128, 129**

6. Erfordernis einer Zwischenbilanz bei Aktiengesellschaften

Soweit an der Verschmelzung eine Aktiengesellschaft beteiligt ist (gleichgültig ob als übertragende oder als aufnehmende Gesellschaft), muss eine **Zwischenbilanz** erstellt werden, wenn seit dem Stichtag des letzten Jahresabschlusses bis zur Aufstellung des Entwurfes oder bis zum Abschluss des Verschmelzungsvertrages mehr als sechs Monate vergangen sind, § 63 Abs. 1 Nr. 3 UmwG. Zu erstellen ist die Zwischenbilanz nur für die beteiligten Aktiengesellschaften bzw. KGaA, nicht hingegen auch für andere beteiligte Rechtsträger (Kallmeyer/*Müller* § 63 Rn. 5; zweifelnd *Wagner* DStR 2010, 1629). Die Zwischenbilanz ist auf einen Stichtag zu erstellen, der nicht vor dem ersten Tag des dritten Monats liegt, welcher der Aufstellung des Entwurfs oder dem Abschluss des Verschmelzungsvertrages vorangeht, § 63 Abs. Nr. 3 UmwG. Als Zeitpunkt der Aufstellung des Entwurfs des Verschmelzungsvertrages wird man den Zeitpunkt der Unterzeichnung bzw. Paraphierung durch die Organe der Vertragsparteien anzusehen haben (Kallmeyer/*Müller* UmwG § 63 Rn. 6). Die Zwischenbilanz ist spätestens ab dem Zeitpunkt der **Einberufung** der Hauptversammlung der Aktiengesellschaft in den Geschäftsräumen der Gesellschaft **auszulegen,** § 63 Abs. 1 Nr. 3 UmwG. **130**

Die **Zwischenbilanz** ist nach den Vorschriften aufzustellen, die auf die letzte Jahresbilanz angewendet worden sind, § 63 Abs. 2 Satz 1 UmwG; § 63 Abs. 2 Sätze 2ff. sehen gewisse Erleichterungen vor. Eine Prüfung ist nicht erforderlich (Lutter/*Grunewald* § 63 UmwG Rz. 8; SSt/*Diekmann* § 63 Rz. 18).

Eine GuV-Rechnung, ein Anhang und ein Lagebericht müssen weder aufgestellt noch ausgelegt werden (Kallmeyer/*Müller* UmwG § 63 Rn. 7). Jedoch wird für so genannte **Wahlpflichtangaben,** dh. Angaben, die wahlweise in der Bilanz oder im Anhang gemacht werden können (zB Haftungsverhältnisse iSd. §§ 251, 268 Abs. 7 HGB), nichts anderes gelten können als für die **Schlussbilanz,** dh. sie müssen entweder aus der Bilanz ersichtlich sein oder nach Art eines Anhangs ergänzt werden (so für die Schlussbilanz RS HFA 42 Tz. 8).

131 Die Zwischenbilanz ist gemäß § 63 Abs. 2 Satz 6 UmwG idF des 3. UmwÄndG v. 11.7.2011 (BGBl. I 2011, 1338) entbehrlich, wenn die Aktiengesellschaft einen Halbjahresfinanzbericht gemäß § 37w WpHG veröffentlicht hat. Außerdem kann auf die Zwischenbilanz gemäß § 63 Abs. 2 Satz 5, § 8 Abs. 4 Satz 1 Nr. 1 und Satz 2 UmwG idF des 3. UmwÄndG v. 11.7.2011 (BGBl. I 2011, 1338) durch notariell beurkundete Erklärung aller Anteilsinhaber aller beteiligten Rechtsträger verzichtet werden.

VI. Ertragsteuerrecht

1. Anwendbarkeit des UmwStG

132 Damit auf die Verschmelzung zweier Rechtsträger der zweite Teil des UmwStG (§§ 3ff. UmwStG) anwendbar ist, muss gemäß § 1 Abs. 1 Satz 1 Nr. 1 UmwStG eine Verschmelzung von Körperschaften nach dem UmwG oder ein vergleichbarer ausländischer Vorgang oder die Verschmelzung zur Gründung einer SE/SCE vorliegen. Nach Ansicht der Finanzverwaltung muss ein ausländischem Recht unterliegender Vorgang, um den Vergleichbarkeitstest des § 1 Abs. 1 Nr. 1 UmwStG zu bestehen, neben der Umwandlungsfähigkeit der beteiligten Rechtsträger, die anhand eines Rechtstypenvergleichs mit den nach UmwG zulässigen Rechtsträgern zu prüfen ist (UmwSt-Erl. 2011 BMF v. 11.11.2011, BStBl. I 2011, 1314 Tz. 01.26ff., Tz. 01.27), als weitere Voraussetzung folgende Strukturmerkmale einer Verschmelzung aufweisen (UmwSt-Erl. 2011 BMF v. 11.11.2011, BStBl. I 2011, 1314 Tz. 01.30):

- die Übertragung des gesamten Aktiv- und Passivvermögens eines übertragenden Rechtsträgers oder mehrerer übertragender Rechtsträger auf einen übernehmenden Rechtsträger:
- aufgrund eines Rechtsgeschäfts,
- kraft Gesetzes
- gegen Gewährung von Anteilen am übernehmenden Rechtsträger an die Anteilsinhaber des übertragenden Rechtsträgers,
- bei Auflösung ohne Abwicklung des übertragenden Rechtsträgers oder der übertragenden Rechtsträger.

Schädlich wären etwa Umwandlungen nach den Bestimmungen eines Landes, das nur Einzelrechtsnachfolge vorsieht (UmwSt-Erl. 2011 BMF v. 11.11.2011, BStBl. I 2011, 1314 Tz. 01.31; kritisch *Bogenschütz* Ubg 2011, 396). Ebenso schädlich wäre nach Ansicht der Verwaltung die Vereinbarung von Zuzahlungen an die Anteilsinhaber, die die in §§ 54 Abs. 4, 68 Abs. 3 UmwG festgelegte Grenze von 10% übersteigen (UmwSt-Erl. 2011 BMF v. 11.11.2011, BStBl. I 2011, 1314 Tz. 01.25). Insoweit besteht ein erlassinterner Widerspruch zu Tz. 01.40, wonach die Vergleichbarkeit nur dann ausgeschlossen sein soll, wenn die 10%-Grenze deutlich überschritten ist (*Schaden/Zipfel* BB 2011 Special 1, 2). Da der Typenvergleich sich auf die konkrete ausländische Umwandlung und nicht auf das abstrakte ausländische Umwandlungsrecht bezieht (UmwSt-Erl. 2011 BMF v. 11.11.2011, BStBl. I 2011, 1314 Tz. 01.25), ist es aber jedenfalls unschädlich, wenn das ausländische Recht auch höhere Zuzahlungen zulässt, wenn nur die 10%-Grenze des deutschen Rechts eingehalten ist (UmwSt-Erl. 2011 BMF v. 11.11.2011, BStBl. I 2011, 1314 Tz. 01.25).

Des Weiteren muss es sich gemäß § 1 Abs. 2 Satz 1 UmwStG bei dem übertragenden Rechtsträger um einen nach den Rechtsvorschriften eines Mitgliedsstaates der EU oder eines EWR-Staates gegründeten Rechtsträger mit Sitz und Ort der Geschäftsleitung in einem EU- oder EWR-Staat (§ 1 Abs. 2 Satz 1 Nr. 1 UmwStG) und beim übernehmenden Rechtsträger entweder ebenfalls um einen solchen Rechtsträger iSv. § 1 Abs. 2 Satz 1 Nr. 1 UmwStG oder um eine steuerlich im EU/EWR-Raum ansässige natürliche Person handeln, § 1 Abs. 2 Satz 1 Nr. 2 UmwStG. Die während der Geltung des UmwStG 1995 gültige Beschränkung auf rein innerdeutsche Verschmelzungen ist also entfallen; stattdessen muss es sich um eine innerhalb des EU/EWR-Raums stattfindende **Verschmelzung** handeln.

Maßgeblich für die Erfüllung der Voraussetzungen des § 1 UmwStG für die Anwendbarkeit des UmwStG sind jeweils die Verhältnisse am steuerlichen Übertragungsstichtag (UmwSt-Erl. 2011 BMF v. 11.11.2011, BStBl. I 2011, 1314 Tz. 01.52). Falls die übernehmende Personengesellschaft zu diesem Zeitpunkt noch nicht bestanden hat, sind insoweit die Verhältnisse bei Gründung maßgeblich (UmwSt-Erl. 2011 BMF v. 11.11.2011, BStBl. I 2011, 1314 Tz. 01.52).

Nicht in diesen so definierten Anwendungsbereichs fallende Verschmelzungen, etwa die Verschmelzung einer deutschen GmbH auf eine oHG oder KG mit gesellschaftsvertraglichem Sitz in Deutschland, Ort der Geschäftsleitung jedoch außerhalb des EU/EWR-Raums (zB in der Schweiz), mögen zwar nach UmwG durchführbar möglich sein: Für die Anwendbarkeit des UmwG soll lediglich der Satzungssitz aller beteiligten Rechtsträger in Deutschland liegen müssen (Kallmeyer/*Kallmeyer* UmwG § 1 Rn. 2f.). Selbst wenn man zusätzlich für die kollisionsrechtliche Anwendbarkeit des deutschen UmwG (als Teil des deutschen Gesellschaftsrechts) nach der im Gesellschaftsrecht grundsätzlich weiterhin geltenden **Sitztheorie** auch fordern würde, dass auch der effektive Verwaltungssitz in Deutschland liegen müsse (so noch Kallmeyer/*Kallmeyer* 3. Auflage (2006) § 1 Rn. 11), wird häufig ein außerhalb Deutschlands liegender Verwaltungssitz für die deutschen Registergerichte nicht erkennbar sein und die Eintragung der Umwandlung im Handelsregister daher de facto nicht hindern, zumal gemäß §§ 5, 37 Abs. 3 Nr. 2 AktG, §§ 4a, 8 Abs. 4 Nr. 1 GmbHG idF des MoMiG v. 23.10.2008 (BGBl. I 2008, 2026) zumindest bei AGs und GmbHs mittlerweile die Angabe eines inländischen Satzungssitzes sowie einer inländische Geschäftsanschrift genügen. Gleichwohl unterliegt eine solche Verschmelzung wegen des fehlenden **Orts der Verwaltung** im EU/EWR-Raum gemäß § 1 Abs. 2 Nr. 1 UmwStG nicht den besonderen Bestimmungen der §§ 3ff. UmwStG. Stattdessen gelten die Vorschriften der Liquidationsbesteuerung (§ 11 KStG); eine Buchwertfortführung ist nicht möglich.

Zu beachten ist auch, dass sich die Finanzverwaltung trotz erfolgter Eintragung der Verschmelzung und damit gemäß § 20 Abs. 2 UmwG erfolgender Heilung etwaiger Mängel die Prüfung auf „gravierende rechtliche Mängel“ vorbehält (UmwSt-Erl. 2011 BMF v. 11.11.2011, BStBl. I 2011, 1314 Tz. 01.06; kritisch *Schaden/Zipfel* BB 2011 Special 1, 1).

2. Steuerliche Rückbeziehung

Gemäß § 2 Abs. 1 UmwStG sind Einkommen und Vermögen der übertragenden GmbH sowie der übernehmenden Personengesellschaft (auch für Zwecke der Gewerbesteuer) so zu ermitteln, als ob der im Rahmen der Verschmelzung erfolgende Vermögensübergang von der übertragenden Körperschaft auf die aufnehmende Personengesellschaft mit Ablauf des **steuerlichen Übertragungsstichtages** stattgefunden hätte. **133**

Der steuerliche Übertragungsstichtag ist gemäß § 2 Abs. 1 Satz 1 UmwStGmit dem Bilanzstichtag der handelsrechtlichen Schlussbilanz des übertragenden Rechtsträgers **identisch** (BFH v. 17.1.2018, I R 27/16, BStBl II 2018, 449, Tz. 17 zu § 2 Abs. 1 UmwStG 1995), welcher nach Auffassung der FinVerw. zwingend dem handelsrechtlichen Verschmelzungsstichtag unmittelbar vorausgeht (UmwSt-Erl. 2011 BMF v. 11.11.2011, BStBl. I 2011, 1314 Tz. 02.02; → Rn. 104ff.). Dies bedeutet, dass die ertragsteuerlichen Folgen der Verschmelzung bei einem Umwandlungsstichtag 1.1.01 noch im VZ 00 eintreten (UmwSt-Erl. 2011 BMF v. 11.11.2011, BStBl. I 2011, 1314 Tz. 02.02 und Tz. 02.04). Dies gilt selbst dann, wenn die übernehmende Personengesellschaft am steuerlichen Übertragungsstichtag noch gar nicht existent war; auch in diesem Falle ist für diese für den VZ, in welchen der steuerliche Übertragungsstichtag fällt, eine Steuerveranlagung durchzuführen (UmwSt-Erl. 2011, BMF v. 11.11.2011; BStBl. I 2011, 1314 Tz. 02.11). Der Eintritt der Wirksamkeit einer Umwandlung, deren steuerliche Wirkungen nach § 2 Abs. 1 UmwStG zurückbezogen werden, stellt ein rückwirkendes Ereignis iSd. § 175 Abs. 1 Satz 1 Nr. 2 AO dar (UmwSt-Erl. 2011 BMF v. 11.11.2011, BStBl. I 2011, 1314 Tz. 02.16 und Tz. 03.03). Anders als bei Einbringung in eine Kapitalgesellschaft gem. § 20 Abs. 5 und 6 UmwStG (→ Form. A.8 Rn. 95) oder in eine Personengesellschaft gem. §§ 24 Abs. 4 HS 2, 20 Abs. 5 und 6 UmwStG (→ Form. A.9 Rn. 92) besteht gemäß § 2 Abs. 1 UmwStG keine Wahlmöglichkeit, einen von der Schlussbilanz abweichenden Übertragungsstichtag zu wählen (UmwSt-Erl. 2011 BMF v. 11.11.2011, BStBl. I 2011, 1314 Tz. 02.03).

Der Zeitpunkt des Vermögensübergangs auf die Übernehmerin fällt nach alledem nicht nur mit dem Stichtag der steuerlichen Schlussbilanz, sondern auch mit dem Ende des regulären Wirtschaftsjahres bzw. – falls ausnahmsweise ein vor Ablauf des regulären Wirtschaftsjahres liegender Verschmelzungsstichtag/steuerlicher Übertragungsstichtag gewählt wird – mit dem Ende des dadurch entstehenden Rumpfwirtschaftsjahres (BFH v. 21.12.2005, I R 66/05, BStBl II 2006, 469, Tz. 16) der Überträgerin zusammen. Daraus folgt u. a., dass eine bei der Überträgerin gebildete Rücklage nach § 6b Abs. 3 EStG, die ohne die Verschmelzung zu diesem Zeitpunkt gemäß § 6b Abs. 3 Satz 5 Hs. 1 EStG aufzulösen gewesen wäre, noch auf die Übernehmerin übergeht und, wenn bei dieser ein Reinvestitionsobjekt vorhanden ist, auf dieses übertragen werden kann (FG Münster v. 17.9.2018, 13 K 2082/15, BB 2019, 560 f., Rev. BFH XI R 39/18; **aA** FG Berlin-Brandenburg v. 5.3.2019, 6 K 6071/18, EFG 2019, 739 ff., Rev. BFH I R 20/19).

134 Im Fall der Verschmelzung einer Kapitalgesellschaft auf eine Personengesellschaft bleiben nach dem **steuerlichen Übertragungsstichtag,** aber vor Eintragung im Handelsregister (sog. Rückwirkungszeitraum) beschlossene **Ausschüttungen** des übertragenden Rechtsträgers auch nach Eintragung der Verschmelzung abweichend von der früheren Verwaltungspraxis (UmwSt-Erl. 1998, BMF v. 25.3.1998, BStBl. I 1998, 268 Tz. 02.29) steuerlich Ausschüttungen der Kapitalgesellschaft (UmwSt-Erl. 2011 BMF v. 11.11.2011, BStBl. I 2011, 1314 Tz. 02.31). Für sie ist in der Schlussbilanz der Überträgerin ein passiver Korrekturposten zu bilden, welcher die Ausgangsgröße für die Berechnung der offenen Rücklagen iSv. § 7 UmwStG mindert (UmwSt-Erl. 2011 BMF v. 11.11.2011, BStBl. I 2011, 1314 Tz. 02.31). Zur abweichenden handelsbilanziellen Behandlung → Rn. 105a.

134a § 2 Abs. 4 Satz 2 UmwStG ordnet in Ansehung etwaiger im **Rückwirkungszeitraum** von der Überträgerin erwirtschafteter **Verluste** die **entsprechende Anwendung** von § 2 Abs. 4 Satz 1 UmwStG an. Die letztgenannte Vorschrift setzt nach ganz hM voraus, dass es im Rückwirkungszeitraum zu einem verlustschädlichen Anteilserwerb oder einem anderen verlustschädlichen Ereignis iSv. § 8c KStG kommt, und schließt für diesen Fall sowohl den Ausgleich als auch die Verrechnung eines Übertragungsgewinns mit nicht ausgeglichenen negativen Einkünften, Verlustvorträgen und anderen gleichstehenden Rechtspositionen der Überträgerin aus (dazu iE → Rn. 140a). Die FinVerw. entnimmt dem Verweis auf § 2 Abs. 4 Satz 1 UmwStG, dass von der Überträgerin im **Rückwirkungszeitraum** bis zu einem **verlustschädlichen Ereignis** iSv. § 8c KStG erwirtschaftete Verluste nicht mit Gewinnen des **übernehmenden Rechtsträgers** verrechnet werden können (UmwSt-Erl. 2011 BMF v. 11.11.2011, BStBl. I 2011, 1314 Tz. 02.40; s. auch das in FM Brandenburg v. 17.3.2015, BeckVerw 313155 unter Ziff. 2.3.1 gebildete Beispiel; glA RHL/*van Lishaut* UmwStG § 2 Rn. 170; DPM/*Dötsch/Werner* UmwStG § 2 Rn. 110 f.). Diese Auslegung wird in der Literatur (*Sistermann/Brinkmann* DStR 2008, 2455, 2457; *Schumacher/Neitz-Hackstein* Ubg 2011, 413) unter Hinweis darauf kritisiert, dass § 2 Abs. 4 Satz 1 UmwStG den Verlustausgleich bzw. die Verlustverrechnung nur mit einem beim **übertragenden**

Rechtsträger anfallenden (Übertragungs)Gewinn ausschließe, der Wortlaut von § 2 Abs. 4 Sätze 1 und 2 UmwStG einen Ausschluss der Verrechnung mit Gewinnen des **übernehmenden Rechtsträgers** also nicht hergebe. Weil aber § 2 Abs. 4 Satz 2 UmwStG lediglich eine „entsprechende" Anwendung des § 2 Abs. 4 Satz 1 UmwStG anordnet, dürfte diese Kritik im Ergebnis nicht durchgreifen.

Erwirtschaftet die Überträgerin im Rückwirkungszeitraum positive Einkünfte, können diese nach Maßgabe von § 2 Abs. 4 Satz 3 UmwStG idF des Amtshilferichtlinie-Umsetzungsgesetzes v. 26.6.2013 (BGBl. I 2013, 1809) weder mit verrechenbaren Verlusten der Übernehmerin noch mit deren verbleibenden Verlustvorträgen, nicht ausgeglichenen negativen Einkünften oder Zinsvorträgen nach § 4h Abs. 1 Satz 5 EStG ausgeglichen oder verrechnet werden. Wenn – wie im Formularfall – Übernehmerin eine Personengesellschaft ist, gilt dies gemäß § 2 Abs. 4 Satz 5 UmwStG auch für die Verrechnung mit eigenen Verlusten der Gesellschafter der übernehmenden Personengesellschaft (s. WM/*Widmann* UmwStG § 2 Rn. R 158 mit Beispiel). Da § 2 Abs. 4 Satz 3 UmwStG im Gegensatz zu § 2 Abs. 4 Sätze 1 und 2 kein verlustschädliches Ereignis iSv. § 8c KStG voraussetzt (*Böttcher* NWB 2014, 3146, 3150), gilt die Vorschrift auch dann, wenn die Überträgerin keine Kapitalgesellschaft ist. **134b**

Ziel des Gesetzgebers war die Verhinderung von Gestaltungen, durch die unter Nutzung der achtmonatigen steuerlichen Rückwirkung bei Umwandlungen und Einbringungen die Besteuerung von Gewinnen bei Gesellschaften mit hohen stillen Reserven (zB Flugzeugleasinggesellschaften) durch die Verrechnung mit steuerlichen Verlusten einer anderen Gesellschaft vermieden werden konnte (BR-Drs. 302/1/12 S. 105). Deckte die übertragende Gesellschaft ihre stillen Reserven auf, indem sie im Rückwirkungszeitraum die mit den stillen Reserven behafteten Wirtschaftsgüter an Dritte verkaufte, lag ein laufender Gewinn vor, welcher aufgrund der Rückwirkungsfiktion als solcher der übernehmenden Verlustgesellschaft galt und daher mit deren laufenden Verlusten ausgeglichen sowie vorbehaltlich der Mindestbesteuerung (§ 10d Abs. 2 EStG, § 10a Satz 1 GewStG) auch mit deren Verlustvorträgen verrechnet werden konnte (HMB/*Slabon* UmwStG § 2 Rn. 113).

§ 2 Abs. 4 Sätze 3–5 UmwStG finden keine Anwendung, wenn die Überträgerin und die Übernehmerin vor Ablauf des steuerlichen Übertragungsstichtages verbundene Unternehmen iSv. § 271 Abs. 2 HGB waren, § 2 Abs. 4 Satz 6 UmwStG idF des Amtshilferichtlinie-Umsetzungsgesetzes v. 26.6.2013. Ebenfalls nicht von der Vorschrift umfasst sind der Ausgleich und die Verrechnung von Gewinnen, die nach dem Wirksamwerden der Umwandlung im (ehemaligen) Unternehmen der Überträgerin erwirtschaftet werden (*Böttcher* NWB 2014, 3146 Beispiel Nr. 3).

Die Anwendung der Vorschrift erfordert ggf. die Aufstellung einer steuerlichen Zwischenbilanz des übertragenden Rechtsträgers auf den Zeitpunkt des zivilrechtlichen Wirksamwerdens der Umwandlung (*Neumann-Tomm* DB 2014, 2617, 2618; *Böttcher* NWB 2014, 3146, 3151).

Die FinVerw. geht von uneingeschränkter Anwendbarkeit des § 2 Abs. 4 UmwStG für Zwecke der **Gewerbesteuer** aus (UmwSt-Erl. 2011, BMF v. 11.11.2011, BStBl. I 2011, 1314 Tz. 18.02). In Teilen der Literatur wird hingegen differenziert: § 2 Abs. 4 Satz 1 UmwStG gelte mangels Erwähnung von § 10a GewStG nicht, während § 2 Abs. 4 Satz 2 UmwStG anwendbar sei (WM/*Widmann* § 2 Rn. R 127ff; die Anwendbarkeit für § 2 Abs. 4 Satz 2 UmwStG ebenfalls bejahend, für Satz 1 iVm. § 10a GewStG hingegen zurückhaltender [„gut vertretbar"] RHL/*van Lishaut* § 2 Rn. 184ff.; in vollem Umfang der FinVerw. folgend hingegen noch RHL/*van Lishaut* 2. Aufl. § 2 Rn. 120; generell gegen die Anwendbarkeit von § 2 Abs. 4 UmwStG im Bereich der Gewerbesteuer *Viebrock/Loose* DStR 2013, 1366). **134c**

War die übernehmende Personengesellschaft bzw. einer ihrer Gesellschafter am Umwandlungsstichtag noch gar nicht existent (zB im Falle der Neugründung), so ist für diese gleichwohl eine Steuerveranlagung für den VZ durchzuführen, in den der steuerliche Übertragungsstichtag fällt (UmwSt-Erl. 2011 BMF v. 11.11.2011, BStBl. I 2011, 1314 Tz. 02.11). **135**

136 Nach dem steuerlichen Übertragungsstichtag von der Übernehmerin **angeschaffte Anteile** gelten gemäß § 5 Abs. 1 UmwStG für Zwecke der Ermittlung des Übernahmegewinns als am steuerlichen Übertragungsstichtag angeschafft (UmwSt-Erl. 2011 BMF v. 11.11.2011, BStBl. I 2011, 1314 Tz. 02.22). Diese Rückwirkungsfiktion gilt auch für Anteile iSv. § 5 Abs. 2 und 3 UmwStG bzw. § 27 Abs. 3 Nr. 1 UmwStG (UmwSt-Erl. 2011, BMF v. 11.11.2011, BStBl. I 2011, 1314 Tz. 02.21; DPM/*Pung* UmwStG § 5 Rn. 22).

3. Besteuerung übertragende Kapitalgesellschaft

a) Grundsatz: Ansatz des gemeinen Wertes, § 3 Abs. 1 UmwStG

137 Anders als während der Geltung des UmwStG 1995 sind die übergehenden Wirtschaftsgüter in der Schlussbilanz der übertragenden Kapitalgesellschaft grundsätzlich mit dem **gemeinen Wert** iSv. § 9 BewG anzusetzen, § 3 Abs. 1 Satz 1 UmwStG, wenn nicht nach § 3 Abs. 2 UmwStG zulässigerweise der Ansatz von Buch- oder Zwischenwerten beantragt wird. Die FinVerw. verlangt gemäß § 3 Abs. 1 UmwStG grundsätzlich immer, also auch bei Ansatz des gemeinen Wertes, eine – von der Steuerbilanz iSd. § 4 Abs. 1, § 5 Abs. 1 EStG zu unterscheidende – gesonderte Schlussbilanz (UmwSt-Erl. 2011 BMF v. 11.11.2011; BStBl. I 2011, 1314 Tz. 03.01). § 5b EStG (Elektronische Übermittlung) gilt für die Schlussbilanz entsprechend (UmwSt-Erl. 2011 BMF v. 11.11.2011, BStBl. I 2011, 1314 Tz. 03.04).

Bei Ansatz des gemeinen Wertes ist das übergehende Unternehmen als Sachgesamtheit gemäß § 109 Abs. 1 Satz 2, § 11 Abs. 2 BewG anhand eines allgemein anerkannten ertragswert- oder zahlungsstromorientierten Verfahrens zu bewerten (UmwSt-Erl. 2011 BMF v. 11.11.2011, BStBl. I 2011, 1314 Tz. 03.07); dies sind im Regelfall die Verfahren, die in der einschlägigen Stellungnahme des *IDW* über die Grundsätze zur Durchführung von Unternehmensbewertungen (*IDW* S 1 v. 2.4.2008, WPg Supplement 3/2008, S. 68 ff., *FN-IDW* 7/2008, S. 271 ff.) beschrieben sind (*Bogenschütz* Ubg 2011, 399). In der endgültigen Fassung des UmwSt-Erl 2011 ist nunmehr klargestellt, dass über § 11 Abs. 2 Satz 4 BewG auch das vereinfachte Ertragswertverfahren anwendbar ist (s. den Hinweis in UmwSt-Erl. 2011 BMF v. 11.11.2011, BStBl. I 2011, 1314 Tz. 03.07 auf BMF v. 22.9.2011, BStBl. I 2011, 859 und ErbStR 2011. Der wie vorstehend ermittelte gemeine Wert ist analog § 6 Abs. 1 Nr. 7 EStG auf die einzelnen Wirtschaftsgüter zu verteilen (UmwSt-Erl. 2011 BMF v. 11.11.2011, BStBl. I 2011, 1314 Tz. 03.09).

137a Bei dieser Verteilung ist auch ein Geschäfts- oder Firmenwert anzusetzen (UmwSt-Erl. 2011 BMF v. 11.11.2011, BStBl. I 2011, 1314 Tz. 03.05).

137b Steuerbilanzielle Ansatzverbote (zB gem. § 5 EStG) gelten nach Ansicht der Finanzverwaltung nicht (UmwSt-Erl. 2011 BMF v. 11.11.2011, BStBl. I 2011, 1314 Tz. 03.06), dh. auch sog. **„stille Lasten“** (umfassend diesem Thema speziell bzgl. Umwandlungsvorgängen *Widmann,* FS Haarmann, S. 1013 ff. sowie → Rn. 146 ff.) sind grundsätzlich aufzudecken (zur Ausnahme für **Pensionsrückstellungen** → Rn. 137c). Dem wird entgegengehalten dass der Wortlaut des § 3 Abs. 1 UmwStG nur vom Ansatz nicht entgeltlich erworbener und selbst geschaffener **immaterieller Wirtschaftsgüter** spricht, während unter bilanzsteuerliche Passivierungsverbote fallende Passiva nicht erwähnt werden (*Rödder* DStR 2011, 1059, 1061; *Schumacher/Neitz-Hackstein* Ubg 2011, 409); auf Basis dieser Auffassung wären stille Lasten nur im Firmenwert zu berücksichtigen; bei den Geschäftswert übersteigenden stillen Lasten käme die Passivierung und Übernahme eines **„Bad Will“** in Betracht (*Rödder* DStR 2011, 1059, 1061; *Schumacher/Neitz-Hackstein* Ubg 2011, 409).

Der sich auf Basis der Auffassung der FinVerw. aus dem Ansatz der unter bilanzsteuerliche Passivierungsverbote fallenden Passiva ergebende steuerliche Aufwand kann allerdings gemäß § 4f Satz 1 EStG idF des AIFM-StAnpG grundsätzlich nur über 15 Jahre verteilt geltend gemacht werden (iE → Rn. 146ff.).

137c Für die Bewertung von Pensionsrückstellungen gilt gemäß § 3 Abs. 1 Satz 2 UmwStG allerdings stets § 6a EStG, dh. „stille Lasten" in den Pensionsrückstellungen sind bei der Ermittlung des gemeinen Wertes nicht anzusetzen (UmwSt-Erl. 2011 BMF v. 11.11.2011, BStBl. I 2011, 1314 Tz. 03.08). Dies führt zu einem über dem Verkehrswert liegenden gemeinen Wert und damit zu einer verfassungsrechtlich problematischen **Übermaßbesteuerung** (*Rödder* DStR 2011, 1061). Bewertungstechnisch wird man bei der Ermittlung des gemeinen Wertes in einem ersten Schritt den Equity Value vor Pensionsaufwand zu ermitteln und sodann in einem zweiten Schritt die Pensionsrückstellungen mit dem Wert gemäß § 6a EStG abzuziehen haben (*Bogenschütz* Ubg 2011, 399).

137d Der Ansatz einer Rückstellung für Grunderwerbsteuer scheidet in jedem Fall aus, auch soweit die Grunderwerbsteuer nach den getroffenen Vereinbarungen von der Überträgerin übernommen wird (UmwSt-Erl. 2011 BMF v. 11.11.2011, BStBl. I 2011, 1314 Tz. 03.05). Zur Behandlung der Grunderwerbsteuer bei der Übernehmerin als Anschaffungsnebenkosten → Rn. 156.

b) Antragsgebundenes Wahlrecht gemäß § 3 Abs. 2 UmwStG

138 Unter den Voraussetzungen des § 3 Abs. 2 UmwStG kann **(steuerrechtliches Wahlrecht)** die übertragende Körperschaft die übergehenden Wirtschaftsgüter **auf Antrag** auch mit dem Buchwert oder Zwischenwerten ansetzen. Dies ist nur möglich, **soweit** die folgenden vier Voraussetzungen (→ Rn. 138a bis 138d) **kumulativ** erfüllt sind:

138a **(a)** Die übergehenden Wirtschaftsgüter werden Betriebsvermögen der übernehmenden Personengesellschaft, § 3 Abs. 2 Satz 1 Nr. 1 UmwStG. Die Verschmelzung etwa einer vermögensverwaltenden Kapitalgesellschaft auf eine vermögensverwaltende, „gewerblich entprägte" GmbH & Co. KG (Fall des § 8 UmwStG) ist also nicht unter dem gemeinen Wert möglich. Dies gilt auch, soweit die Anteile an dieser Personengesellschaft in einem Betriebsvermögen gehalten werden (sog. „Zebragesellschaft", UmwSt-Erl. 2011 BMF v. 11.11.2011, BStBl. I 2011, 1314 Tz. 03.16), andererseits kann „Betriebsvermögen" auch ein ausländisches oder freiberufliches oder LuF-Betriebsvermögen sein (UmwSt-Erl. 2011 BMF v. 11.11.2011, BStBl. I 2011, 1314 Tz. 03.15), die Beibehaltung gewerbesteuerlicher Verstrickung ist nicht erforderlich (UmwSt-Erl. 2011 BMF v. 11.11.2011, BStBl. I 2011, 1314 Tz. 03.17). Handelt es sich bei der übernehmenden Personengesellschaft um eine sog. Ein-Unternehmer-Personengesellschaft, in der die Kommanditistin ihren Anteil treuhänderisch für eine Komplementärkapitalgesellschaft hält (sog. Treuhandmodell), und ändert sich daran auch im Rahmen der Verschmelzung nichts, weil die Komplementärin zugleich alleinige Gesellschafterin der Überträgerin ist, so sind die Voraussetzungen einer Buchwertfortführung gemäß § 3 Abs. 2 Satz 1 Nr. 1 UmwStG nicht erfüllt, weil die übergehenden Wirtschaftsgüter nicht Betriebsvermögen der übernehmenden Personengesellschaft werden (OFD Niedersachsen v. 7.2.2014, GmbHR 2014, 504 für den Formwechsel): Deren Betriebsvermögen ist steuerlich allein der Komplementärin zuzurechnen, weil die Treuhänder-Kommanditistin kein Mitunternehmer ist (BFH v. 3.2.2010, IV R 26/07, BStBl. II 2010, 751).

138b **(b)** Die spätere Besteuerung der übergehenden Wirtschaftsgüter mit ESt oder KSt ist sichergestellt (§ 3 Abs. 2 Satz 1 Nr. 1 UmwStG), was etwa bei der Beteiligung einer steuerbefreiten Körperschaft als Gesellschafter der Überträgerin oder der Übernehmerin zu verneinen sein kann (UmwSt-Erl. 2011 BMF v. 11.11.2011, BStBl. I 2011, 1314 Tz. 03.17; DPM/*Pung*/*Möhlenbrock* UmwStG § 3 Rn. 84f.). Eine mit der inländischen Einkommensteuer oder Körperschaftsteuer vergleichbare ausländische Steuer genügt (UmwSt-Erl. 2011, BMF v. 11.11.2011, BStBl. I 2011, 1314 Tz. 03.17).

138c **(c)** Das deutsche Besteuerungsrecht bzgl. des Gewinns aus der Veräußerung dieser Wirtschaftsgüter wird weder ausgeschlossen noch beschränkt (§ 3 Abs. 2 Satz 1 Nr. 2 UmwStG). Ein (teilweiser) Ausschluss des deutschen Besteuerungsrechts liegt etwa vor, wenn die übertragende Kapitalgesellschaft über eine Betriebstätte in einem Nicht-DBA-Staat oder in einem DBA-Anrechnungsstaat und über beschränkt steuerpflichtige Anteilsinhaber verfügt (*Bogenschütz* Ubg 2011, 400; DPM/*Dötsch/Pung* UmwStG § 3 Rn. 39a). Ein Ausschluss ist hingegen zu verneinen, wenn von vornherein kein deutsches Besteuerungsrecht bestand (UmwSt-Erl. 2011 BMF v. 11.11.2011, BStBl. I 2011, 1314 Tz. 03.19; *Bogenschütz* Ubg 2011, 400), was etwa für eine Betriebstätte in einem DBA-Staat mit Freistellungsmethode gilt (s. aber auch § 4 Abs. 4 Satz 2 UmwStG und → Rn. 156). Ist die Übernehmerin eine vermögensverwaltende, (nur) gewerbliche geprägte GmbH & Co. KG (§ 15 Abs. 3 Nr. 2 Satz 1 EStG) und bleibt sie dies auch nach der Umwandlung, so wird bezüglich des Gewinns aus der Veräußerung der auf sie übergehenden Wirtschaftsgüter nach der Rspr. des BFH (Urt. v. 25.5.2011, I R 95/10, BStBl II 2014, 760), welcher die FinVerw. folgt (BMF v. 26.9.2014, BStBl I 2014, 1258, Tz. 2.2.1), bei solchen nicht unbeschränkt steuerpflichtigen Gesellschaftern, die in einem DBA-Staat ansässig sind, das deutsche Besteuerungsrecht grundsätzlich ausgeschlossen, weil gewerbliche Prägung allein keine abkommensrechtliche Betriebstätte vermittelt und auch § 50i EStG keinen Entstrickungsschutz mehr gewährt (DPM/*Möhlenbrock/Pung* UmwStG § 3 Rn. 100f.; siehe auch → Rn. 140df. und Form A.8 Rn. 131ff.); etwas Anderes gilt nur, soweit sich das deutsche Besteuerungsrecht aus anderen DBA-Bestimmungen ergibt, z.B. bei Vermietung von im Inland belegenen Grundstücken, vgl. Art. 13 Abs. 1 iVm. Art. 6 Abs. 2 DBA-MA (DPM/*Möhlenbrock/Pung* UmwStG § 3 Rn. 100). Für nicht unbeschränkt stpfl. Gesellschafter, die in einem Nicht-DBA-Staat ansässig sind, kann hingegen eine inländische Betriebstätte iSd. § 49 Abs. 1 Nr. 2 Buchst. a EStG begründet sein, weil für § 49 Abs. 1 Nr. 2 Buchst. a EStG der inländische Betriebstättenbegriff (§ 12 AO) maßgeblich ist, den auch eine vermögensverwaltende, (nur) gewerblich geprägte GmbH & Co. KG erfüllen kann (BFH v. 29.11.2017, I R 58/15, BFH/NV 2018, 684–687), so dass insoweit deutsches Besteuerungsrecht iSd. § 3 Abs. 2 Satz 1 Nr. 2 UmwStG bestehen bleiben kann (DPM/*Möhlenbrock/Pung* UmwStG § 3 Rn. 100).

138d **(d)** Außer Gesellschaftsrechten wird keine andere **Gegenleistung** gewährt (§ 3 Abs. 2 Satz 1 Nr. 3 UmwStG). Gegenleistungen iSv. § 3 Abs. 2 Satz 1 Nr. 3 sind etwa bare Zuzahlungen oder die Einräumung von Gesellschafterdarlehen bzw. die Einräumung von Guthaben auf Konten mit Fremdkapitalcharakter, also etwa auf Darlehens- oder Verrechnungskonten (DPM/*Möhlenbrock/Pung* UmwStG § 3 Rn. 121). Zur Abgrenzung vgl. BMF v. 30.5.1997, BStBl. I 1997, 627 und BMF v. 26.7.2016, BStBl. I 2016, 684 . Die zeitnahe Entnahme eines Guthabens auf einem (Eigen)Kapitalkonto kann als Zuzahlung und damit Gegenleistung im Sinne von § 3 Abs. 2 Nr. 3 UmwStG anzusehen sein (DPM/*Möhlenbrock/Pung* UmwStG § 3 Rn. 122). Den **Barausgleich** gem. § 29 UmwG behandelt die Finanzverwaltung hingegen nicht als andere Gegenleistung (UmwSt-Erl. 2011 BMF v. 11.11.2011, BStBl. I 2011, 1314 Tz. 03.22; aA noch UmwSt-Erl. 1998 BMF v. 25.3.1998, BStBl. I 1998, 268 Tz. 11.05). Die bei Gewährung einer nicht in Gesellschaftsrechten bestehenden Gegenleistung vorzunehmende anteilige Aufstockung in der steuerlichen Schlussbilanz der übertragenden Kapitalgesellschaft erfolgt für alle aktiven und passiven Wirtschaftsgüter einschließlich des Firmenwertes gleichmäßig durch Multiplikation der stillen Reserven bzw. stillen Lasten mit demjenigen Prozentsatz, welcher dem Verhältnis des Werts der Gegenleistung zum gemeinen Wert iSv. § 3 Abs. 1 UmwStG entspricht (UmwSt-Erl. 2011 BMF v. 11.11.2011, BStBl. I 2011, 1314 Tz. 03.23 mit Beispiel; DPM/*Möhlenbrock/Pung* UmwStG § 3 Rn. 123). Es erfolgt also, wie bei § 11 Abs. 2 Nr. 3 UmwStG, stets eine **anteilige** („soweit") **Aufdeckung der stillen Reserven** (zu § 11 Abs. 2 Nr. 3 UmwStG siehe HMB/*Bärwaldt* UmwStG § 11 Rn. 60). Die Rechtslage ist insoweit also anders als bei der **Einbringung,** wo gemäß § 20 Abs. 2 Satz 4 UmwStG bzw. § 24 Abs. 2 Satz 2 Nr. 2 UmwStG jeweils idF des StÄndG 2015 sonstige Gegenleistungen bis zur Höhe von 25% des Buchwertes bzw. absolut 500 000 EUR des eingebrachten Betriebsvermögens buchwertfortführungsunschädlich sind → Form. A.8 Rn. 116e und → Form. A.9 Rn. 108c).

Liegt der **Buchwert** der übergehenden Wirtschaftsgüter als **Gesamtheit** wegen sog. **„stiller Lasten",** die sich etwa aus steuerlichen Ansatzverboten (z. B. Verbot der Bildung von Drohverlustrückstellungen gemäß § 5 Abs. 4a EStG) ergeben können, über dem gemeinen Wert iSv. § 3 Abs. 1 UmwStG (zur Aufdeckung stiller Lasten bereits → Rn. 137b und → Rn. 146 ff.; zur abweichenden Behandlung von Pensionsrückstellungen → Rn. 137c), soll wegen der einschränkenden Formulierung in § 3 Abs. 2 UmwStG („höchstens jedoch mit dem Wert nach Abs. 1") nach Ansicht der FinVerw. ein Buchwertansatz ausscheiden (UmwSt-Erl. 2011 BMF v. 11.11.2011, BStBl. I 2011, 1314 Tz. 03.12 iVm. Tz. 01.57; kritisch unter Hinweis auf die Gesetzesbegründung *Schumacher/Neitz-Hackstein* Ubg 2011, 411: Einschränkung beziehe sich nur auf den unmittelbar vorangehenden „höheren Wert"). In diesen Fällen wäre dann konsequenterweise zwingend der **niedrigere gemeine Wert** anzusetzen (*Bogenschütz* Ubg 2011, 397). Dadurch ergäbe sich ein **Übertragungsverlust,** der – falls er nicht mit positiven Einkünften der Überträgerin verrechnet werden kann – gemäß § 4 Abs. 2 Satz 2 UmwStG im Zuge der Verschmelzung verloren ginge (zu möglicher Abhilfe bei Bestehen einer ertragsteuerlichen Organschaft → Rn. 142), wenn und soweit der aus der Aufdeckung der stillen Lasten herrührende Aufwand nicht gemäß § 4f Abs. 1 Sätze 1 oder 2 EStG idF des AIFM-StAnpG zwingend über die folgenden 14 Jahre zu verteilen ist (dazu → Rn. 146 ff.). **138e**

Ein unter dem Buchwert liegender gemeiner Wert einzelner Wirtschaftsgüter hindert hingegen, solange der gemeine Wert der Sachgesamtheit nicht unter dem Buchwert liegt, den Ansatz des Buchwertes nicht (*Rödder* DStR 2011, 1059, 1061 FN 4).

Ob die Ausübung des antragsgebundenen Wahlrechts gemäß § 3 Abs. 2 UmwStG außerdem noch gemäß § 5 Abs. 1 Satz 2 EStG die Aufnahme in das durch **BilMoG** v. 26.5.2009 (BGBl. I 2009, 1102) eingeführte besondere, laufend zu führende Verzeichnis (zu diesem siehe BMF v. 12.3.2010, BStBl. I 2010 239, DStR 2010, 601 Tz. 19 ff.) voraussetzt, ist im UmwSt-Erl. 2011 nicht ausdrücklich geregelt; richtigerweise dürfte die Frage zu verneinen sein (glA *Rödder* DStR 2011, 1059, 1060; *Schumacher/Neitz-Hackstein* Ubg 2011, 410), da die umwandlungsteuerlichen Transparenzvorschriften, namentlich das Erfordernis der gesonderten Schlussbilanz, insoweit eine speziellere Regelung darstellen und der von § 5 Abs. 1 Satz 2 EStG vorausgesetzte Maßgeblichkeitsgrundsatz bei Umwandlungen sowieso nicht gilt (→ Rn. 139 f.). **138f**

Die Voraussetzungen des § 3 Abs. 2 Satz 1 UmwStG sind – mit Ausnahme der Betriebsvermögenseigenschaft gemäß § 3 Abs. 2 Nr. 1 UmwStG, bei der es nach Ansicht der Verwaltung (Stichwort: „Zebragesellschaft") auf die Verhältnisse bei der übernehmenden Personengesellschaft ankommt – **gesellschafterbezogen** zu prüfen (UmwSt-Erl. 2011 BMF v. 11.11.2011, BStBl. I 2011, 1314 Tz. 03.11), so dass auch ein anteiliger Buch- oder Zwischenwertansatz zulässig sein kann, dann aber einheitlich bei allen übergehenden Wirtschaftsgütern (*Rödder/Schumacher* DStR 2006, 1525, 1530; DPM/*Dötsch/Pung* UmwStG § 3 Rn. 89), etwa im obigen Beispielsfall zu § 3 Abs. 2 Nr. 2 UmwStG (→ Rn. 138c), soweit die übergehenden Wirtschaftsgüter der Nicht-DBA-Betriebstätte auf die inländischen Gesellschafter entfallen, die weiterhin der deutschen Besteuerung mit Anrechnung der ausländischen Steuer unterliegen. **138g**

Das Wahlrecht kann für alle übergehenden Wirtschaftsgüter nur **einheitlich** ausgeübt werden (UmwSt-Erl. 2011 BMF v. 11.11.2011, BStBl. I 2011, 1314 Tz. 03.13 und Tz. 03.28). **138h**

Der Antrag ist gemäß § 3 Abs. 2 Satz 2 UmwStG bei dem für die übertragende Körperschaft zuständigen Finanzamt zu stellen (UmwSt-Erl. 2011 BMF v. 11.11.2011, **138i**

BStBl. I 2011, 1314 Tz. 03.27); falls – wie im Regelfall – die Verschmelzung zum Zeitpunkt der Antragstellung bereits durch Eintragung im Handelsregister der übernehmenden Gesellschaft wirksam geworden ist, erfolgt die Antragstellung durch die übernehmende Gesellschaft als Rechtsnachfolgerin gem. § 20 Abs. 1 Nr. 1 UmwG iVm. § 45 AO (UmwSt-Erl. 2011 BMF v. 11.11.2011, BStBl. I 2011, 1314 Tz. 03.28). Die Verschmelzung führt zu einem Zuständigkeitswechsel iSv. § 26 Abs. 1 AO (*Schumacher/Neitz-Hackstein* Ubg 2011, 412 unter Hinweis auf FinMin NRW v. 13.6.2008, DB 2008, 1888). Der Antrag ist **bedingungsfeindlich** (UmwSt-Erl. 2011 BMF v. 11.11.2011, BStBl. I 2011, 1314 Tz. 03.29), kann also zB nicht von der Höhe eines Verlustvortrages abhängig gemacht werden (*Bogenschütz* Ubg 2011, 401), und unwiderruflich (UmwSt-Erl. 2011 BMF v. 11.11.2011, BStBl. I 2011, 1314 Tz. 03.29; aA *Schumacher/Neitz-Hackstein* Ubg 2011, 412: Änderung bis zur Einreichung der steuerlichen Schlussbilanz möglich).

138j Spätester Zeitpunkt für die Stellung eines Antrages ist gemäß § 3 Abs. 2 Satz 2 UmwStG die erstmalige Abgabe der steuerlichen Schlussbilanz bei dem für die Besteuerung der übernehmenden Gesellschaft zuständigen Finanzamt. Anders als bei der Einbringung (→ Form. A.8 Rn. 117a; → Form. A.9 Rn. 113a) verlangt die Finanzverwaltung gemäß § 3 Abs. 1 UmwStG grundsätzlich immer eine – von der **Steuerbilan**z iSd. § 4 Abs. 1, § 5 Abs. 1 EStG zu unterscheidende – gesonderte **Schlussbilanz.** Nur wenn die Steuerbilanz der Schlussbilanz entspricht, also bei Buchwertansatz gemäß § 3 Abs. 2 UmwStG, genügt die **ausdrückliche** Erklärung, dass die Steuerbilanz gleichzeitig steuerliche Schlussbilanz sein soll; in dieser Erklärung liegt dann gleichzeitig ein konkludenter Antrag gemäß § 3 Abs. 2 Satz 2 UmwStG auf Buchwertfortführung (UmwSt-Erl. 2011 BMF v. 11.11.2011, BStBl. I 2011, 1314 Tz. 11.02 iVm. Tz. 03.01). Daraus, dass diese Erklärung „ausdrücklich" sein muss, wird man schließen müssen, dass die Finanzverwaltung künftig die bloße Einreichung der Steuerbilanz nach § 4 Abs. 1, § 5 Abs. 1 EStG ohne entsprechende Erklärung, dass diese auch „Schlussbilanz" iSv. § 3 UmwStG sein solle, womöglich nicht mehr als konkludenten Antrag auf Ansatz eines unter dem gemeinen Wert liegenden Wertes anerkennen wird; lediglich bis zum 31.12.2011 sollte insoweit noch auf die Gesamtumstände des Einzelfalls abzustellen sein (UmwSt-Erl. 2011 BMF v. 11.11.2011, BStBl. I 2011, 1314 Tz. S. 02; kritisch *Rödder* DStR 2011, 1059, 1060; in einem vor dem 1.1.2012 verwirklichten Altfall auf die Gesamtumstände des Einzelfalls abstellend auch FG Baden-Württemberg v. 21.6.2016, 11 K 1536/14, BeckRS 2016, 95189 in LS. 5). Dies wirft dann die weitere, im UmwSt-Erl. 2011 nicht geklärte Frage auf, wie lange ein solcher Antrag noch nachgeholt werden kann. Richtigerweise dürfte die **Nachholung** solange noch möglich sein, wie die entsprechenden Veranlagungszeiträume noch offen sind (*Bogenschütz* Ubg 2011, 401; Blümich/*Klingberg* UmwStG 2006 § 11 Rn. 37). Der vorsichtige Berater wird sich darauf aber nicht verlassen, sondern darauf dringen, dass das Wahlrecht – entweder durch Abgabe der ausdrücklichen Erklärung, dass die Steuerbilanz auch Schlussbilanz sein solle (= Antrag auf Buchwertfortführung), oder durch Beifügung einer gesonderten Schlussbilanz – schon bei Einreichung der regulären Steuerbilanz ausgeübt wird, um insoweit auf der sicheren Seite zu sein.

c) Keine Maßgeblichkeit der Handelsbilanz

139 Da es sich bei dem Wahlrecht nach § 3 Abs. 2 UmwStG um eine eigenständige steuerliche Ansatz- und Bewertungsvorschrift handelt (vgl. UmwSt-Erl. 2011 BMF v. 11.11.2011, BStBl. I 2011, 1314 Tz. 03.04), ist der Buchwertansatz auch dann zulässig, wenn die übernehmende Personengesellschaft in Ausübung ihres in § 24 UmwG vorausgesetzten Wahlrechtes in ihrem Jahresabschluss die übergehenden Vermögensgegenstände zu einem über den Buchwerten laut steuerlicher Schlussbilanz liegenden

Wert ansetzt (UmwSt-Erl. 2011 BMF v. 11.11.2011, BStBl. I 2011, 1314 Tz. 03.10). Dies war bereits während der Geltung des UmwStG 1995 anerkannt (**keine „diagonale Maßgeblichkeit“,** s. das „beredte Schweigen“ in UmwSt-Erl. 1998 BMF v. 25.3.1998, BStBl. I 1998, 268 Tz. 03.03; DPM/*Möhlenbrock/Pung* UmwStG § 3 Rn. 56). Allerdings sollte während der Geltung des UmwStG 1995 nach Auffassung der Finanzverwaltung diese handelsrechtliche Aufstockung zu einer Wertaufholung in der nächsten Steuerbilanz der übernehmenden Personengesellschaft und damit ggf. zu Mehrsteuern führen (UmwSt-Erl. 1998 BMF v. 25.3.1998, BStBl. I 1998, 268 Tz. 03.02). Auch von dieser **„hinkenden oder phasenverschobenen“ Maßgeblichkeit** hat sich die Finanzverwaltung im UmwSt-Erl. 2011 verabschiedet (vgl. UmwSt-Erl. 2011 BMF v. 11.11.2011, BStBl. I 2011, 1314 Tz. 04.04; zustimmend *Rödder* DStR 2011, 1059, 1060; DPM/*Möhlenbrock/Pung* UmwStG § 3 Rn. 57, auch → Rn. 139).

d) Zwischenwertansatz – Verlustnutzung

Die Wahl eines über dem Buchwert und unter dem gemeinen Wert liegenden Wertes (sog. **Zwischenwert**) gemäß § 3 Abs. 2 Satz 1 (2. Alt.) UmwStG kann Sinn machen, wenn – wie im Formularfall – die übertragende Kapitalgesellschaft über **steuerliche Verlustvorträge** verfügt, da diese im Rahmen der Verschmelzung **untergehen** würden. Allerdings ist die durch § 10d Abs. 2 EStG idF des Korb II-Gesetzes v. 22.12.2003 (BGBl. I 2003, 2840), sowie durch § 10a Satz 2 GewStG idF des GewStÄndG 2003 v. 23.12.2003 (BGBl. I 2003, 2922) mit Wirkung ab VZ/EZ 2004 eingeführte Beschränkung der Verrechnung von Verlustvorträgen – sog. Mindestbesteuerung – zu beachten. Zur Ausnutzung von Verlustvorträgen empfiehlt sich regelmäßig ein Ansatz von **Zwischenwerten,** da diese nicht nur durch einen Prozentsatz, sondern auch unter Angabe absoluter Beträge konkretisiert werden können (UmwSt-Erl. 2011 BMF v. 11.11.2011, BStBl. I 2011, 1314 Tz. 03.29), was die Steuerplanung erleichtert (*Bogenschütz* Ubg 2011, 401; *Schumacher/Neitz-Hackstein* Ubg 2011, 412). 140

Der Ausgleich bzw. die Verrechnung von verrechenbaren Verlusten, **Verlustvorträgen** und **nicht ausgeglichenen negativen Einkünften** ebenso wie eines Zinsvortrags nach § 4h Abs. 1 Satz 5 EStG und eines EBITDA-Vortrags nach § 4h Abs. 1 Satz 3 der übertragenden Kapitalgesellschaft mit dem durch einen Ansatz über dem Buchwert entstehenden **Übertragungsgewinn** (→ Rn. 141) ist gemäß § 2 Abs. 4 Satz 1 UmwStG nur insoweit zulässig, als dies auch ohne die Rückwirkung gemäß § 2 Abs. 1, 2 UmwStG möglich wäre. Nach ganz hM greift diese Ausgleichs- bzw. Verrechnungsbeschränkung nur dann ein, wenn **(ungeschriebenes Tatbestandsmerkmal)** im Rückwirkungszeitraum, also zwischen dem steuerlichen Übertragungsstichtag und dem Wirksamwerden der Verschmelzung, ein verlustschädlicher Anteilserwerb oder ein anderes Ereignis eintritt, welches gemäß **§ 8c Abs. 1 Satz 1 KStG** zum Untergang dieser Verluste führen würde (s. etwa WM/*Widmann* UmwStG § 2 Rn. R 120.9; RHL/*van Lishaut* UmwStG § 2 Rn. 179; HMB/*Slabon* UmwStG § 2 Rn. 110; *Rödder/Schönfeld* DStR 2009, 560, 562; *Viebrock/Loose* DStR 2013, 1364; ebenso FM Brandenburg v. 17.3.2015, BeckVerw 313155, unter Ziff. 2.2; zweifelnd hingegen *Böttcher* NWB 2014, 3146); dies folge aus der Anwendungsregelung des § 27 Abs. 9 UmwStG, die ausdrücklich an einen schädlichen Beteiligungserwerb oder ein anderes die Verlustnutzung **ausschließendes** Ereignis anknüpft (*Rödder/Schönfeld* DStR 2009, 560, 562), und aus dem in der Gesetzesbegründung zum Ausdruck gekommenen Normzweck (*Viebrock/Loose* DStR 2013, 1364): Die Rückwirkungsfiktion des § 2 Abs. 1 UmwStG solle nicht dazu genutzt werden können, durch entsprechende Wahl des Übertragungsstichtages zur Realisierung eines Übertragungsgewinns auf einen Zeitpunkt „zurückzuspringen“, der vor dem gemäß § 8c KStG für die Verlustnutzung schädlichen Beteiligungserwerb liegt (BT-Drs. 16/11108, S. 33). Ob die Auf- 140a fassung, dass § 2 Abs. 4 Satz 1 UmwStG ein im Rückwirkungszeitraum eintretendes verlustschädliches Ereignis iSv. § 8c KStG voraussetze, von der FinVerw. geteilt wird, ist allerdings nicht völlig klar. Der Umwandlungsteuererlass 2011 nennt § 8c KStG lediglich beispielhaft (BMF v. 11.11.2011, BStBl. I 2011, 1314 Tz. 02.39). Ob die Auffassung FinVerw., ein verlustschädliches Ereignis iSv. § 8c KStG sei erforderlich (FM Brandenburg v. 17.3.2015, BeckVerw 313155 unter Ziff. 2.2), bundeseinheitlich abgestimmt ist, ist dem Erlass nicht zu entnehmen.

Würde man § 2 Abs. 4 Satz 1 UmwStG entgegen der hM streng nach dem Wortlaut anwenden und daher kein „verlustschädliches Ereignis" als ungeschriebenes Tatbestandsmerkmal verlangen, wäre die Vorschrift zB auch insoweit anwendbar, als ohne steuerliche Rückverlagerung des Übertragungsgewinns dessen Verrechnung mit einem im Wirtschaftsjahr des steuerlichen Übertragungsstichtags angefallenen Verlust an § 10d Abs. 2 EStG scheitern würde (*Rödder/Schönfeld* DStR 2009, 560, 562 Fall 2; *Böttcher* NWB 2014, 3146 Beispiel 1).

Darauf, ob das verlustschädliche Ereignis im Rückwirkungszeitraum vor oder nach der Fassung der Umwandlungsbeschlüsse eintritt, kommt es jedenfalls nicht an (UmwSt-Erl 2011, BMF v. 11.11.2011, BStBl. I 2011, 1314 Tz. 02.39).

Die Bedeutung des § 2 Abs. 4 Satz 1 UmwStG wird allerdings durch die mit WachstBeschlG v. 22.12.2009, BGBl. I 3950, aufgenommene Verschonungsregelung in Höhe der im Inland steuerpflichtigen stillen Reserven in **§ 8c Abs. 1 Satz 5 KStG** relativiert (*Böttcher* NWB 2014, 3146). Einen Anwendungsbereich behält § 2 Abs. 4 Satz 1 UmwStG freilich insoweit, als im Wege einer anderen ebenfalls rückwirkenden Umwandlung auf die Überträgerin übergegangene stille Reserven gemäß § 8c Abs. 1 Satz 8 KStG von der Verschonungsregelung des § 8c Abs. 1 Satz 5 KStG ausgenommen sind (RHL/*van Lishaut* UmwStG § 2 Rn. 176), oder wenn sich die am steuerlichen Übertragungsstichtag vorhandenen stillen Reserven im Rückwirkungszeitraum vor dem verlustschädlichen Ereignis verringern (s. etwa das in FM Brandenburg v. 17.3.2015, BeckVerw 313155 unter Ziff. 2.2 gebildete Beispiel).

Zur streitigen Frage, ob § 2 Abs. 4 Satz 1 UmwStG auch für **gewerbesteuerliche Verluste** gilt, → Rn. 134c.

140b Beim Zwischenwertansatz sind die in den einzelnen Wirtschaftsgütern – einschließlich der nicht entgeltlich erworbenen und selbstgeschaffenen immateriellen Wirtschaftsgüter sowie des Firmenwerts – ruhenden stillen Reserven um einen einheitlichen Prozentsatz aufzulösen (UmwSt-Erl. 2011 BMF v. 11.11.2011, BStBl. I 2011, 1314 Tz. 03.23 und Tz. 03.25).

140c Nach Ansicht der Finanzverwaltung sollen bei der Aufstockung um den einheitlichen Prozentsatz mit Ausnahme der Pensionrückstellungen (→ Rn 137c) auch die sog. **„stillen Lasten"**, zB eine bislang gemäß § 5 Abs. 4a EStG nicht passivierte Drohverlustrückstellung, einzubeziehen sein (UmwSt-Erl. 2011, BMF v. 11.11.2011, BStBl. I 2011, 1314 Tz. 03.25; dazu → Rn. 137b, → Rn. 138e sowie → Rn. 146 ff.).

e) Kein Ausschluss des antragsgebundenen Wahlrechts gemäß § 50i Abs. 2 EStG

140d Das antragsgebundene Wahlrecht nach § 3 Abs. 2 UmwStG war nach dem Wortlaut des § 50i Abs. 2 Satz 1 EStG idF des KroatienAnpG v. 25.7.2014 (BGBl. I 2014, 1266) für **Sachgesamtheiten** iSd. § 50i Abs. 1 EStG ausgeschlossen. Dazu gehörten Personengesellschaften iSv. § 15 Abs. 3 EStG (gewerblich infizierte oder geprägte Personengesellschaften – § 50i Abs. 1 Satz 1 EStG idF KroatienAnpG) sowie Besitzgesellschaften/Besitzunternehmen einer Betriebsaufspaltung (§ 50i Abs. 1 Satz 4 EStG idF KroatienAnpG), in deren Betriebsvermögen vor dem 29.6.2013 Wirtschaftsgüter oder Anteile iSd. § 17 EStG übertragen oder überführt worden waren, sowie Personengesellschaften iSd. § 15 Abs. 3 EStG, die aus einer vor diesem Stichtag erfolgten Einbringung originär gewerblicher Einkunftsquellen iSd. § 15 Abs. 1 Nr. 1 oder 2 EStG in eine Kapitalgesellschaft nach § 20 UmwStG hervorgegangen waren (§ 50i Abs. 1 Satz 2

EStG idF KroatienAnpG); einzige weitere Voraussetzung war jeweils nur, dass bei der Übertragung, Überführung oder Einbringung eine Besteuerung der stillen Reserven unterblieben war. Vom zwingenden Ansatz des gemeinen Werts sollte nach Ansicht der FinVerw. selbst in reinen Inlandsfällen, in denen eine Gefährdung des deutschen Besteuerungsrechts durch die Umwandlung ausgeschlossen war, nur aus Gründen sachlicher **Unbilligkeit** auf übereinstimmenden Antrag der Überträgerin und der Übernehmerin abgesehen werden (BMF v. 21.12.2015, BStBl. I 2016, 7 Tz. 2.1.3).

Nach der rückwirkenden **Korrektur** dieser vom Gesetzgeber selbst als „überschießend" erkannten Regelung (BR-Drs. 406/16 (B) S. 9) durch das Anti-BEPS-Gesetz v. 20.12.2016 (BGBl. I 2016, 3000) greift § 50i Abs. 2 EStG **nurmehr** im Rahmen von **Einbringungen** iSd. **§ 20 UmwStG** ein, und auch dies nur dann, wenn das deutsche **Besteuerungsrecht** hinsichtlich des Gewinns aus der Veräußerung der im Zuge der Einbringung erhaltenen Anteile oder der mit diesen in Zusammenhang stehenden Anteile iSv. § 22 Abs. 7 UmwStG ausgeschlossen oder beschränkt ist (→ Form. A.8 Rn. 132); für das antragsgebundene Wahlrecht gemäß § 3 Abs. 2 UmwStG spielt die Vorschrift keine Rolle mehr (*Ditz/Quilitzsch* DStR 2017, 281; *Liekenbrock* DStR 2016, 2609). BMF v. 21.12.2015 (BStBl. I 2016, 7), wonach es für den Erhalt dieses Wahlrechts eines Billigkeitsantrages bedurfte (→ Rn. 140d), wurde aufgehoben (BMF v. 5.1.2017, BStBl. I 2017, 32). **140e**

f) Übertragungsgewinn bzw. Übertragungsverlust

Soweit nach § 3 Satz 1 UmwStG höhere Werte als die Buchwerte angesetzt werden, führt dies zur Gewinnrealisierung bei der übertragenden Kapitalgesellschaft. Dieser sog. **Übertragungsgewinn** unterliegt grds. der **Körperschaftsteuer,** der **Gewerbeertragsteuer** (§ 18 Abs. 1 UmwStG) (DPM/*Möhlenbrock/Pung* UmwStG § 3 Rn. 4) und dem Solidaritätszuschlag von 5,5% auf die Körperschaftsteuer, soweit nicht eine Verrechnung mit noch nicht ausgeglichenen Verlustvorträgen bei der übertragenden Kapitalgesellschaft vorgenommen werden kann. **141**

Soweit der Übertragungsgewinn auf Anteile an Kapitalgesellschaften entfällt, kommt 95%-Befreiung von der Körperschaftsteuer gemäß § 8b Abs. 2, Abs. 3 Satz 1 KStG in Betracht (Rückausnahme § 8b Abs. 7 und 8 KStG). Die FinVerw. bejaht die Anwendbarkeit von § 8b Abs. 2 KStG im Rahmen von Übertragungsgewinnen iSv. §§ 11, 15 UmwStG (BMF v. 28.4.2003, BStBl. I 2003, 292 Tz. 23). Für Übertragungsgewinne gemäß § 3 Satz 1 UmwStG wird dasselbe zu gelten haben (vgl. RHL/*Birkemeier* § 3 UmwStG Rz. 299; DPM/*Möhlenbrock/Pung* UmwStG § 3 Rn. 141). **142**

Eine sich aus dem Übertragungsgewinn ergebende **Steuerbelastung** (Gewerbeertragsteuer, Körperschaftsteuer, Solidaritätszuschlag) vermindert als in der steuerrechtlichen Schlussbilanz anzusetzende **Rückstellung** das übergehende Vermögen (zur abweichenden Behandlung verschmelzungsbedingter Ertragsteuern in der handelsrechtlichen Schlussbilanz → Rn. 105a).

Ist wegen eines infolge „stiller Lasten" unter dem Buchwert liegenden gemeinen Werts zwingend der **niedrigere gemeine Wert** anzusetzen (→ Rn. 138e), ergibt sich ein **Übertragungsverlust,** der – falls er nicht mit positiven Einkünften der Überträgerin verrechnet werden kann – gemäß § 4 Abs. 2 Satz 2 UmwStG im Zuge der Verschmelzung untergeht. Dies gilt nach Ansicht der Finanzverwaltung selbst dann, wenn die übertragende Kapitalgesellschaft **Organgesellschaft** ist, denn der **Übertragungsverlust** soll nach Ansicht der Finanzverwaltung nicht der Ergebnisabführung unterliegen (UmwSt-Erl. 2011 BMF v. 11.11.2011, BStBl. I 2011, 1314 Tz. Org. 27). Es kann sich in solchen Fällen daher anbieten, den Betrieb vor der Verschmelzung im Rahmen einer noch bestehenden Organschaft zu veräußern, was aber wegen KStH 61 nur sukzessive erfolgen darf (*Bogenschütz* Ubg 2011, 399).

einstweilen frei **143**

4. Ansatz bei der Übernehmerin

a) Wertverknüpfung und steuerliche Rechtsnachfolge

144 Die übernehmende Personengesellschaft hat das von der Kapitalgesellschaft übernommene Betriebsvermögen mit den in deren steuerlicher Schlussbilanz ausgewiesenen Werten (§ 3 UmwStG) anzusetzen (§ 4 Abs. 1 Satz 1 UmwStG; zwingende **Wertverknüpfung**).

145 Die übernehmende Personengesellschaft tritt in die steuerliche Rechtsstellung der übertragenden Gesellschaft ein, insb. bzgl. der Bewertung der übernommenen Wirtschaftsgüter, der **Absetzungen für Abnutzung** und der den Gewinn mindernden Rücklagen (§ 4 Abs. 2 Satz 1 UmwStG; UmwSt-Erl. 1998 BMF v. 25.3.1998, BStBl. I 1998, 268 Tz. 04.00ff.; vgl. zu Einzelheiten WM/*Widmann* UmwStG § 4 Rn. 860ff.).

145a Gemäß § 4 Abs. 2 Satz 2 UmwStG gehen allerdings folgende steuerlichen Rechtspositionen der Überträgerin **nicht** auf die übernehmende Personengesellschaft über:

- **verrechenbare Verluste** (zB gem. § 15a Abs. 2, 15b Abs. 2 Satz 2 EStG);
- **verbleibende Verlustvorträge** (§ 10d Abs. 4, 2a Abs. 1 Satz 5, 15 Abs. 4 EStG)
- **nicht ausgeglichene negative Einkünfte;** damit sind die Verluste des Geschäftsjahres der Übertragung gemeint (DPM/*Pung/Werner* UmwStG § 4 Rn. 25); hierunter fällt auch ein etwaiger **Übertragungsverlust,** der sich aus dem zwingenden Ansatz des unter dem Buchwert liegenden gemeinen Wertes ergibt (→ Rn. 142 sowie *Bogenschütz* Ubg 2011, 399). Verluste im Übergangszeitraum können hingegen richtigerweise nicht betroffen sein, da es sich hierbei gemäß § 2 Abs. 1 und 2 UmwStG bereits um Verluste der Übernehmerin handelt (DPM/*Pung/Werner* UmwStG § 4 Rn. 25.
- ein **Zinsvortrag** nach § 4h Abs. 1 Satz 2 EStG
- gemäß § 18 Abs. 1 Satz 2 UmwStG der **vortragsfähige gewerbesteuerliche Fehlbetrag (§ 10a GewStG)** sowie der gewerbesteuerliche Fehlbetrag des **laufenden Erhebungszeitraums.**

b) Steuerliche Rechtsfolgen in der Folgebilanz

146 Wurden von der übertragenden Kapitalgesellschaft im Zuge des Ansatzes eines über dem Buchwert liegenden Wertes gemäß § 3 Abs. 1 oder 2 UmwStG sog. **„stille Lasten"** aufgedeckt, deren Ansatz in einer Steuerbilanz grundsätzlich nicht zulässig ist (zB **Drohverlustrückstellungen** gemäß § 5 Abs. 4a EStG; → Rn. 137b, → Rn. 138e und → Rn. 140c) wegen § 3 Abs. 1 Satz 2 UmwStG jedoch **nicht Pensionsrückstellungen** → Rn. 137c), so ist gemäß § 4f Abs. 1 Sätze 1 und 2 EStG der aus der Übertragung von Verpflichtungen, die beim ursprünglich Verpflichteten Ansatzverboten, -beschränkungen oder Bewertungsvorbehalten unterlegen haben, in Höhe der aufgedeckten stillen Lasten entstehende Aufwand nicht sofort in voller Höhe, sondern nur gleichmäßig verteilt im Wirtschaftsjahr der Schuldübernahme und den nachfolgenden 14 Jahren als Betriebsausgabe abziehbar.

146a Ohne Wahlrecht zwingend sofort zu berücksichtigen ist der steuerliche Aufwand des Veräußerers nur bei kleinen und mittleren Betrieben iSv. § 7g Abs. 1 Satz 2 Nr. 1 Buchst. a bis c EStG, beim Wechsel eines Arbeitnehmers zu einem neuen Arbeitgeber unter Mitnahme seiner erworbenen Pensionsansprüche und des Weiteren auch dann, wenn die Schuldübernahme im Rahmen einer **Veräußerung** oder **Aufgabe** des **ganzen Betriebes** oder des **gesamten Mitunternehmeranteils** iSd. §§ 14, 16 Abs. 1, 3 und 3a sowie des § 18 Abs. 3 erfolgt, § 4f Satz 3 EStG.

146b Parallel dazu, aber unabhängig davon, ob der Aufwand aus der Aufdeckung der stillen Lasten beim Überträger gemäß § 4f Abs. 1 Sätze 1 und 2 EStG über 15 Jahre verteilt oder gemäß § 4f Abs. 1 Satz 3 EStG sofort abziehbar ist (*Benz/Placke* DStR 2013,

2653, 2657), hat der Erwerber die betreffenden Verpflichtungen gemäß § 5 Abs. 7 Satz 1 EStG idF des AIFM-StAnpG zu den auf die Übernahme folgenden Bilanzstichtagen so zu bilanzieren, wie sie beim ursprünglich Verpflichteten ohne Übernahme zu bilanzieren gewesen wären, dh. die Aufdeckung der stillen Lasten wird rückgängig gemacht.

Immerhin gewährt der Gesetzgeber dem Erwerber insoweit eine Erleichterung, als dieser in Höhe von $^{14}/_{15}$ des sich daraus ergebenden Ertrages eine gewinnmindernde Rücklage bilden darf (aber nicht muss), die in den folgenden 14 Wirtschaftsjahren jeweils mit mindestens $^{1}/_{14}$ (§ 5 Abs. 7 Satz 5 EStG idF des AIFM-StAnpG), im Falle des vorzeitigen Wegfalls der zugrundeliegenden Verpflichtung in der dann noch bestehenden Höhe hingegen sofort (§ 5 Abs. 7 Satz 6 EStG idF des AIFM-StAnpG) gewinnerhöhend aufzulösen ist. **146c**

Die Erleichterung für den Erwerber geht freilich regelmäßig – wenn auch wegen der Ausnahmeregelungen in § 4f Abs. 1 Satz 3 EStG (→ Rn. 146c) nicht notwendigerweise – mit einer Belastung des Veräußerers durch die Streckung der Abziehbarkeit des Aufwands aus der Aufdeckung der stillen Lasten in gleicher Höhe einher (→ Rn. 146b); durch die gesetzliche Regelung wird also im Ergebnis die Aufdeckung der stillen Lasten zumindest im Regelfall wieder rückgängig gemacht. **146d**

Nach ganz überwiegender Auffassung sollen die Regelungen in § 4f EStG (Aufwandsverteilung beim Überträger über 15 Jahre) und in § 5 Abs. 7 EStG (Rückgängigmachung der Aufdeckung der stillen Lasten beim Erwerber) zwar grundsätzlich auch bei Umwandlungsvorgängen Anwendung finden (*Widmann,* FS Haarmann, S. 1013ff, 1020; *Benz/Placke* DStR 2013, 2653, 2656, jeweils unter Hinweis auf die Gesetzesbegründung BT-Drs. 18/68 S. 73; im Ausgangspunkt auch Blümich/*Krumm* EStG § 4f Rn. 34; HHR/*Schober* EStG § 4f Rn. 16; **aA** mit beachtlichen Gründen RHL/*Herlinghaus* § 20 UmwStG Rz. 253; *Adrian/Fey* StuB 2014, 53, 57: UmwStG sei Spezialregelung zu §§ 4f, 5 Abs. 7 EStG). **146e**

Unterschiedliche Auffassungen werden jedoch zu der Frage vertreten, ob und ggf. inwieweit bei Umwandlungsvorgängen die in § 4f Abs. 1 Satz 3 (1. Hs.) EStG statuierte Ausnahmeregelung für die **Veräußerung** oder **Aufgabe** des **ganzen Betriebes** oder des **gesamten Mitunternehmeranteils** (→ Rn. 146c) eingreift:

Nach einer Auffassung soll diese Ausnahmeregelung bei Umwandlungsvorgängen nach dem UmwStG schlechthin unanwendbar sein, weil der Gesetzgeber (BT-Drs. 18/68 S. 73) solche vom Anwendungsbereich des § 4f Abs. 1 Satz 3 1. Hs. EStG generell habe ausnehmen wollen (so wohl *Benz/Placke* DStR 2013, 2653, 2656).

Dem wird – im Grundsatz zu Recht – entgegengehalten, dass eine entsprechende Intention des Gesetzgebers in dieser Allgemeinheit im **Gesetzeswortlaut** keinen hinreichenden Niederschlag gefunden habe (HHR/*Schober* EStG § 4f Rn. 16; Blümich/*Krumm* EStG § 4f Rn. 34). Jedoch entfernt sich die Gegenauffassung ihrerseits zu weit von der Gesetzesbegründung, soweit sie umgekehrt die Mehrzahl der Umwandlungsfälle als Veräußerungen iSv. § 4f Abs. 1 Satz 3 1. Hs. EStG ansehen und daher von einer Aufwandsverteilung absehen will, weil auch die FinVerw. (UmwSt-Erl. 2011 BMF v. 11.11.2011, BStBl. I 2011, 1314 Tz. 00.02; → Rn. 120) Umwandlungen regelmäßig als Veräußerungs- bzw. Anschaffungsvorgänge einordne (HHR/*Schober* EStG § 4f Rn. 16): Diese Sichtweise verkennt, dass der Gesetzgeber des § 4f Abs. 1 Satz 3 1. Hs. EStG ausweislich der Gesetzesbegründung offenkundig einen engeren Veräußerungsbegriff vor Augen gehabt hat als die Finanzverwaltung in UmwSt-Erl. 2011 BMF v. 11.11.2011, BStBl. I 2011, 1314 Tz. 00.02, was in Form des expliziten Verweises auf die § 14, § 16 Abs. 1, 3 und 3a, § 18 Abs. 3 EStG letztlich auch hinreichenden Niederschlag im Gesetzestext gefunden hat. **146f**

Zu folgen ist daher einer differenzierenden Auffassung (grundlegend *Widmann,* FS°Haarmann, S. 1013ff; iE wohl auch Blümich/*Krumm* EStG § 4f Rn. 34), die der Gesetzesbegründung in eingeschränktem Umfang Geltung verschaffen will, nämlich in erster Linie bei Verschmelzungen und Formwechseln von Körperschaften nach dem 2. und 3. Teil des UmwStG (*Widmann,* FS Haarmann aaO unter Ziff. 3.1, S. 1019ff. und Ziff. 3.2, S. 1025f.) sowie bei Auf- und Abspaltungen nach dem 4. Teil des UmwStG (*Widmann,* FS Haarmann aaO unter Ziff. 3.3, S. 1026 und Ziff. 3.4, S. 1027): In diesen Fallgruppen kann im Einklang mit der Gesetzesbegründung eine Aufwandsverteilung allenfalls gemäß § 4f Abs. 1 Satz 3, 2. Hs. 2. Alt. EStG unterbleiben, also wenn die Überträgerin ein kleines oder mittleres Unternehmen iSv. § 7g Abs. 1 Satz 2 Nr. 1 Buchst. a bis c EStG ist (*Widmann,* FS Haarmann aaO unter Ziff. 3.1.2, S. 1021). Bei der **Einbringung** eines ganzen Betriebs oder eines ganzen Mitunternehmeranteils iSd. 6. oder 7. Teils des UmwStG ist der Aufwand hingegen nur dann gemäß § 4f Abs. 1 Sätze 1 und 2 EStG zu verteilen, wenn der Vorgang zu **Zwischenwerten** stattfindet (so wohl *Widmann,* FS Haarmann, Ziff. 3.5.2.1.2 S. 1032 unter „Lösung 2" sowie Ziff. 3.6. S. 1047; wohl auch Blümich/*Krumm* EStG § 4f Rn. 34); unterbleiben muss gemäß § 4f Abs. 1 Satz 3 1. Hs. EStG eine Aufwandsverteilung hingegen bei Einbringungen unter Ansatz des **gemeinen Wertes,** da es sich bei diesen der Sache nach um entgeltliche Veräußerungen gemäß §§ 14, 16 Abs. 1, 3 und 3a bzw. § 18 Abs. 3 EStG handelt (*Widmann,* FS Haarmann, Ziff. 3.5.2.1.2 S. 1032 unter „Lösung 2" sowie Ziff. 3.6. S. 1047; ähnlich Blümich/*Krumm* EStG § 4f Rn. 34).

146g Die FinVerw. hat zur Frage der Anwendbarkeit der Ausnahmeregelung für Betriebsveräußerungen (§ 4f Abs. 1 Satz 3 Hs. 1 EStG) in BMF v. 30.11.2017 (DStR 2017, 2666) zu §§ 4f, 5 Abs. 7 EStG nicht direkt Stellung bezogen. Immerhin wird die Anwendbarkeit der Ausnahmeregelung des § 4f Abs. 1 Satz 4 EStG bei Umwandlungen und Einbringungen von Teilbetrieben nach dem UmwStG bejaht (BMF v. 30.11.2017, DStR 2017, 2666, Tz. 19 letzter Satz): Somit gilt für diese in gleicher Weise wie für Teilbetriebsveräußerungen das Abzugsverbot des Satzes 1 nur, soweit der Aufwand aus der Übertragung der Verpflichtung einen Veräußerungs- oder Aufgabeverlust herbeiführt oder erhöht.

146h Eine **Aufwandsverteilung unterbleibt** gemäß § 4f Abs. 1 Satz 3 2. Hs. 2. Alt EStG jedenfalls dann, wenn die Überträgerin die Größenmerkmale des § 7g Abs. 1 Satz 2 Nr. 1 Buchst. a bis c EStG nicht überschreitet (→ Rn. 146c). Die Anwendung des § 4f Abs. 1 Satz 3 2. Hs. 2. Alt EStG kann sich in bestimmten Konstellationen auch nachteilig auswirken, nämlich dann, wenn und soweit durch den Anfall des gesamten Aufwands aus der Aufdeckung der stillen Lasten zum Verschmelzungsstichtag ein nicht anderweitig ausgleichbarer Übertragungsverlust entsteht oder sich erhöht, der gemäß § 4 Abs. 2 Satz 2 UmwStG im Zuge der Verschmelzung verloren geht (→ Rn. 138e).

146i Unabhängig von der Behandlung bei der Überträgerin entsteht infolge der von § 5 Abs. 7 Satz 1 EStG angeordneten **„Wiederherstellung" der stillen Lasten** zum nächsten Abschlussstichtag bei der Übernehmerin ein Ertrag, den diese aber zu $^{14}/_{15}$ durch Bildung einer Rücklage ausgleichen kann, die sodann in den folgenden 14 Jahren zu jeweils mindestens $^{1}/_{14}$ gewinnerhöhend wieder aufzulösen ist, § 5 Abs. 7 Satz 5 EStG (→ Rn. 146d und → Rn 146e).

c) Beteiligungskorrekturgewinn

147 Noch nicht ausgeglichene **Teilwertabschreibungen** sowie **Abzüge** gemäß **§ 6b EStG** oder ähnliche Abzüge auf die von der Übernehmerin an der Überträgerin gehaltenen Anteile sind gemäß § 4 Abs. 1 Satz 2 UmwStG bis zur Höhe des gemeinen Wertes rückgängig zu machen, soweit sie (was letztmalig im VZ 2000 möglich war) **steuerwirksam vorgenommen** wurden (sog. **„Beteiligungskorrekturgewinn"**).

Entsprechendes gilt gemäß § 5 Abs. 3 UmwStG für Anteile, die am steuerlichen Übertragungsstichtag vor Anwendung des § 5 UmwStG zum Betriebsvermögen eines Anteilseigners gehören (UmwSt-Erl. 2011 BMF v. 11.11.2011, BStBl. I 2011, 1314 Tz. 04.06).

Wegen des für vorgenommene Teilwertabschreibungen gem. § 6 Abs. 1 Nr. 1 Satz 4, Nr. 2 Satz 3 EStG ohnehin bestehenden Wertaufholungsgebots hat die Vorschrift insbesondere dann Bedeutung, wenn der steuerliche Übertragungsstichtag vom Steuerbilanzstichtag abweicht (vergl. das Beispiel c in RHL/*van Lishaut* § 4 UmwStG Rz. 62); fallen beide Stichtag zusammen, ist vorrangig § 6 Abs. 1 Nr. 2 Satz 3 iVm. Nr. 1 Satz 4 EStG anzuwenden (UmwSt-Erl. 2011, BMF v. 11.11.2011, BStBl. I 2011, 1314 Tz. 04.07; RHL/*van Lishaut* § 4 UmwStG Rz. 62; RHL/*Rödder* § 11 UmwStG Rz. 404; zu § 12 Abs. 1 Satz 2 UmwStG → Rn. 122).

Die auch zu § 8b Abs. 2 Satz 4 KStG streitige Frage, ob bei unter den Anschaffungskosten liegendem gemeinem Wert vorrangig die steuerwirksam vorgenommenen Teilwertabschreibungen (steuerpflichtig) oder die steuerunwirksam vorgenommenen Teilwertabschreibungen (steuerneutral) rückgängig zu machen sind (für Ersteres OFD Münster v. 23.2.2005, DB 2005, 470; OFD Koblenz v.18.9.2006, DStR 2006, 2033; für Letzteres BFH v. 19.8.2009, I R 2/09, BStBl. II 2010, 760; *Förster/Felchner* DB 2006, 1072), entscheidet die Finanzverwaltung für § 4 Abs. 1 Satz 2 UmwStG im fiskalischen Interesse (UmwSt-Erl. 2011 BMF v. 11.11.2011, BStBl. I 2011, 1314 Tz. 04.07 aE).

Der anfallende Beteiligungskorrekturgewinn ist als **laufender Gewinn** voll steuerpflichtig (UmwSt-Erl. 2011 BMF v. 11.11.2011, BStBl. I 2011, 1314 Tz. 04.08; DPM/*Pung/Werner* UmwStG § 4 Rn. 14), und zwar nach Ansicht der Finanzverwaltung auch insoweit, als die Anteile in früheren Jahren nur zum Teil steuerwirksam (zB. anteilig nach § 3c Abs. 2 EStG) abgeschrieben worden sind (UmwSt-Erl. 2011 BMF v. 11.11.2011, BStBl. I 2011, 1314 Tz. 04.08). Im Gegenzug mindert der entsprechend erhöhte Ansatz der Anteile das Übernahmeergebnis (→ Rn. 156).

5. Ertragsteuerliche Folgen auf Gesellschafterebene

Für solche Anteilseigner der übertragenden Körperschaft, die ihre Anteile im Privatvermögen halten und nicht unter § 17 EStG fallen, ergeben sich keine grundsätzlichen Änderungen gegenüber der Rechtslage während der Geltung des UmwStG 1995: Sie haben im Rahmen der Verschmelzung die anteilig auf sie entfallenden offenen Rücklagen der übertragenden Körperschaft wie bisher gemäß § 7 UmwStG als Einnahmen aus Kapitalvermögen iSv. § 20 Abs. 1 Nr. 1 EStG zu versteuern (→ Rn. 149 f.). **148**

Anders sieht es hingegen für Gesellschafter mit Anteilen im Betriebsvermögen oder unter § 17 EStG fallenden Anteilen aus: Diese sind zwar weiterhin am Übernahmeergebnis beteiligt. Anders als bisher wird ihr Anteil an den offenen Rücklagen aber nunmehr aus dem Übernahmeergebnis eliminiert (§ 4 Abs. 5 Satz 2 UmwStG) und ihnen gemäß § 7 Satz 2 UmwStG ebenfalls als Bezüge aus Kapitalvermögen zugerechnet (→ Rn. 158).

a) Einkünfte aus Kapitalvermögen gemäß § 7 UmwStG

In Höhe der offenen Rücklagen ergeben sich nunmehr für alle Gesellschafter der übertragenden Kapitalgesellschaft, also auch für diejenigen, die an der Ermittlung des Übernahmeergebnisses gemäß §§ 4 Abs. 4, 5 UmwStG teilnehmen (hierzu → Rn. 151 ff.), gemäß § 7 UmwStG Einkünfte aus Kapitalvermögen **(Dividendeneinkünfte)** iSv. § 20 Abs. 1 Nr. 1 EStG, § 7 Satz 2 UmwStG. Die solchermaßen zu Dividendeneinkünften führenden offenen Rücklagen entsprechen dem zum steuerlichen Übertragungsstichtag in der Steuerbilanz ausgewiesenen Eigenkapital abzüglich des sich nach Anwendung von § 29 Abs. 1 KStG (Hinzurechnung des Stammkapitals ohne darin als sog. Sonderausweis enthaltene Gewinnrücklagen) ergebenden steuerlichen Einlagekontos iSd. § 27 KStG. Da § 7 Satz 1 UmwStG auf das steuerbilanzielle Eigenkapital abstellt, sollten nach h.M im Schrifttum (statt vieler Blümich/*Klingberg* § 7 UmwStG **149**

2006 Rz 14) außerbilanziell zu bildende Abzugsbeträge wie z.B. der Investitionsabzugsbetrag gem. § 7g Abs. 1 EStG nicht abgezogen werden können (ebenso FG Schleswig-Holstein v. 15.9.2016, 4 K 98/15, DStRE 2017, 921; aufgehoben durch BFH v. 11.4.2019, IV R 1/17, BFH/NV 2019, 891 Anm. *Kubik* BB 2019, 1586). Der BFH ist dieser Auffassung zu Recht nicht gefolgt und hat das bilanzielle Eigenkapital iSd. § 7 Satz 1 UmwStG um den Investitionsabzugsbetrag gem. § 7g Abs. 1 EStG gemindert: Der Zweck des § 7 UmwStG bestehe darin, durch die Fiktion einer Vollausschüttung die Besteuerung der offenen Rücklagen sicherzustellen, die nach der Umwandlung in eine Personengesellschaft als deren Eigenkapital ohne Ertragsteuerbelastung entnommen werden könnten; die Vorschrift dürfe daher im Wege teleologischer Reduktion insoweit nicht angewendet werden, als die Gewinnrücklagen auch nach Umwandlung in die Personengesellschaft noch der Besteuerung unterlägen. Dies sei bei dem Investitionsabzugsbetrag gemäß § 7g Abs. 1 EStG der Fall, da dieser entweder – in Ermangelung einer Ersatzinvestition – gemäß § 7g Abs. 3 Satz 1 EStG rückwirkend noch auf Ebene der Kapitalgesellschaft rückgängig gemacht oder im Jahr der Reinvestition dem Gewinn der Personengesellschaft nach § 7g Abs. 2 Satz 1 EStG wieder hinzugerechnet werde, so dass anderenfalls die Besteuerung eines Gewinns aus einer fiktiven Totalausschüttung nach § 7 Satz 1 UmwStG in Höhe eines vor dem Umwandlungszeitpunkt in Anspruch genommenen Investitionsabzugsbetrags zu einer doppelten Besteuerung führe (BFH v. 11.4.2019 IV R 1/17, BeckRS 2019, 10976, Tz. 27ff.).

Diese Einkünfte werden bei natürlichen Personen im **Betriebsvermögen** gemäß §§ 3 Satz 1 Nr. 40 Buchst. d, Satz 2, 3c Abs. 2, 20 Abs. 8 EStG nach dem **Teileinkünfteverfahren** besteuert bzw. im **Privatvermögen** mit der 25%-igen **Abgeltungsteuer** belegt, § 32d Abs. 1 Satz 1 EStG. Zum Betriebsvermögen gehören auch solche Anteile, deren Anteilsinhaber an der Ermittlung eines Übernahmeergebnisses teilnehmen und die daher gemäß § 5 Abs. 2 UmwStG als zum steuerlichen Übertragungsstichtag in das Betriebsvermögen der Personengesellschaft eingelegt gelten (UmwSt-Erl. 2011 BMF v. 11.11.2011, BStBl. I 2011, 1314 Tz. 07.07; DPM/*Pung* UmwStG § 7 Rn. 22; sog. **weite Einlagefiktion**).

Bei Kapitalgesellschaften greift, wenn die Beteiligung zu Beginn des Kalenderjahres unmittelbar mindestens 10% des Grund- oder Stammkapitals betragen hat, die Steuerbefreiung gemäß § 8b Abs. 1 KStG iVm. der Fiktion nichtabziehbarer Betriebsausgaben iHv. 5% dieser Einkünfte, § 8b Abs. 5 KStG (UmwSt-Erl. 2011 BMF v. 11.11.2011, BStBl. I 2011, 1314 Tz. 07.07); anderenfalls sind die Einkünfte voll steuerpflichtig, § 8b Abs. 4 Satz 1 KStG idF des Gesetzes v. 21.3.2013 zur Umsetzung des EuGH-Urteils vom 20.10.2011 in der Rechtssache C-284/09, BGBl. I 2013, 561.

Gewerbesteuer fällt nur bei Anteilen an, die sich bereits vor Anwendung des § 5 UmwStG in einem Betriebsvermögen befinden. Bei Anteilen iSv. § 17 EStG, die gemäß § 5 Abs. 2 UmwStG als in das Betriebsvermögen eingelegt gelten, unterliegen die Einnahmen gemäß § 7 UmwStG hingegen gemäß § 18 Abs. 2 Satz 2 UmwStG ebensowenig der Gewerbesteuer wie bei Anteilen, die nicht an der Ermittlung des Übernahmeergebnisses teilnehmen. Bei der Prüfung, ob die Voraussetzungen des gewerbesteuerlichen Schachtelprivilegs (§ 9 Nr. 2a, 7 GewStG) vorliegen, ist auf die Beteiligungsquote zu Beginn des Erhebungszeitraums bei der übernehmenden Personengesellschaft abzustellen (UmwSt-Erl. 2011 BMF v. 11.11.2011, BStBl. I 2011, 1314 Tz. 18.04), eine Besitzzurechnung für gemäß § 5 Abs. 2 und 3 UmwStG als eingelegt bzw. überführt geltende Anteile findet somit nicht statt.

Nach Auffassung der FinVerw. unterliegen die Bezüge iSv. § 7 UmwStG, wenn es sich um eine inländische Überträgerin handelt, der **Kapitalertragsteuer** iHv. 25%, § 43 Abs. 1 Nr. 1 EStG (UmwSt-Erl. 2011 BMF v. 11.11.2011, BStBl. I 2011, 1314 Tz. 07.08). Diese Auffassung wird in der Gesetzesbegründung zum SEStEG ausdrücklich bestätigt (BT-Drs. 16/2710). Die Kapitalertragsteuer soll allerdings, obwohl die

Bezüge iSv. § 7 UmwStG gemäß § 2 Abs. 2 UmwStG bereits am steuerlichen Übertragungsstichtag als zugeflossen gelten, abweichend von § 44 Abs. 1 Satz 2 EStG erst mit Eintragung der Verschmelzung in das Handelsregister fällig werden (UmwSt-Erl. 2011 BMF v. 11.11.2011, BStBl. I 2011, 1314 Tz. 07.08).

Ob die Kapitalertragsteuer bei beschränkt Steuerpflichtigen gemäß § 50 Abs. 2 Satz 1 Abgeltungswirkung hat, ist bei solchen Anteilseignern, die an der Ermittlung des Übernahmegewinns teilnehmen, fraglich: Man könnte auch die Ansicht vertreten, dass es sich bei diesen wegen der Einlage- bzw. Überführungsfiktion des § 5 Abs. 2 und 3 um Einkünfte eines inländischen Betriebs iSv. UmwStG § 50 Abs. 2 Satz 2 Nr. 1 EStG handelt, für die die Abgeltungswirkung nicht gilt; die Frage wird vom UmwSt-Erl. 2011 nicht ausdrücklich angesprochen (zum Diskussionsstand siehe *Bogenschütz* Ubg 2011, 407f.; Abgeltungswirkung verneinend: WM/*Widmann* UmwStG § 7 Rn. 60, 69). Die Vergünstigungen der Mutter-Tochter-Richtlinie kommen jedenfalls nicht zur Anwendung, § 43b Abs. 1 Satz 4 EStG.

Die Einkünfte aus Kapitalvermögen errechnen sich gemäß § 7 UmwStG iVm. **150**
§§ 29 Abs. 1, 28 Abs. 2 KStG **für jeden Gesellschafter anteilig** (dh. entspr. seiner Beteiligung an der übertragenden Kapitalgesellschaft) wie folgt:

- Anteil am Eigenkapital gemäß steuerlicher Schlussbilanz der übertragenden Kapitalgesellschaft;
- abzüglich des Anteils am steuerlichen Einlagekonto iSd. § 27 KStG der übertragenden Gesellschaft;
- und abzüglich des Anteils am gezeichneten Kapital, soweit dieses nicht durch Umwandlung von sonstigen (Nicht-§-27-KStG-)Rücklagen entstanden ist, §§ 29 Abs. 1, 28 Abs. 2 KStG.

Die bei der Umwandlung anfallenden Kosten (mit Ausnahme objektbezogener Kosten wie zB. Grunderwerbsteuer) der übernehmenden Personengesellschaft sowie solcher Anteilsinhaber, die gemäß § 5 UmwStG an der Ermittlung des Übernahmeergebnisses teilnehmen, sind gemäß § 4 Abs. 4 Satz 1 UmwStG in die Übermittlung des Übernahmeergebnisses einzubeziehen, spielen also im Rahmen von § 7 UmwStG keine Rolle (UmwSt-Erl. 2011 BMF v. 11.11.2011, BStBl. I 2011, 1314 Tz. 04.34); für etwaige Kosten solcher Personen, die nicht an der Ermittlung des Übernahmegewinns teilnehmen, entfällt im Rahmen der Abgeltungsteuer der Werbungskostenabzug, § 20 Abs. 9 Satz 1 EStG (UmwSt-Erl. 2011 BMF v. 11.11.2011, BStBl. I 2011, 1314 Tz. 04.35).

b) In die Ermittlung des Übernahmeergebnisses einbezogener Personenkreis, § 5 UmwStG

In die Ermittlung des Übernahmeergebnisses werden einbezogen: **151**

- gemäß § 4 Abs. 4 Satz 1 UmwStG die **Gesellschafter der übernehmenden Gesellschaft,** soweit zum Gesamthands- oder Sonderbetriebsvermögen (DPM/*Pung* UmwStG § 5 Rn. 39) der übernehmenden Personengesellschaft Anteile an der übertragenden Kapitalgesellschaft gehören (UmwSt-Erl. 2011 BMF v. 11.11.2011, BStBl. I 2011, 1314 Tz. 04.18);
- gemäß § 5 Abs. 2 UmwStG solche Anteilseigner der übertragenden Gesellschaft, die an dieser im Sinne des **§ 17 EStG** beteiligt sind, § 5 Abs. 2 UmwStG (UmwSt-Erl. 2011 BMF v. 11.11.2011, BStBl. I 2011, 1314 Tz. 05.05–Tz. 05.07);
- gemäß § 5 Abs. 3 UmwStG die Anteilseigner der übertragenden Gesellschaft, die ihre **Anteile** in einem anderen **Betriebsvermögen** als dem (Gesamthands- oder Sonder-)Betriebsvermögen der übernehmenden Gesellschaft halten (UmwSt-Erl. 2011 BMF v. 11.11.2011, BStBl. I 2011, 1314 Tz. 05.08–Tz. 05.11; DPM/*Pung* UmwStG § 5 Rn. 39).

Maßgeblicher Zeitpunkt ist der **steuerliche Übertragungsstichtag.** Jedoch gelten im **Rückwirkungszeitraum angeschaffte Anteile** gemäß § 5 Abs. 1 für

Zwecke der Ermittlung des Übernahmegewinns als am steuerlichen Übertragungsstichtag angeschafft; dasselbe soll nach Ansicht der Finanzverwaltung für einen unentgeltlichen Erwerb sowie für solche Anteile gelten, die im Rückwirkungszeitraum in das Sonderbetriebsvermögen der übernehmenden Personengesellschaft gelangen (UmwSt-Erl. 2011 BMF v. 11.11.2011, BStBl. I 2011, 1314 Tz. 05.01 und Tz. 05.02). Die Rückwirkungsfiktion gilt auch für im Rückwirkungszeitraum erworbene Anteile iSv. § 5 Abs. 2 und 3 UmwStG (UmwSt-Erl. 2011 BMF v. 11.11.2011, BStBl. I 2011, 1314 Tz. 05.04; DPM/*Pung* UmwStG § 5 Rn. 22).

Die übrigen, nicht vorstehend genannten Inhaber von Anteilen an der übertragenden Gesellschaft sind nicht in die Ermittlung des Übernahmeergebnisses einbezogen. Indem die Anteile solcher Gesellschafter an der übertragenden Kapitalgesellschaft bei der Einkunftsermittlung lediglich mit ihrem Anteil an dem steuerlichen Einlagekonto (→ Rn. 150 zweiter Spiegelstrich) und dem gezeichneten Kapital (→ Rn. 150 dritter Spiegelstrich) in Abzug gebracht werden, werden in Höhe mitbezahlter (offener und stiller) **Reserven** der übertragenden Gesellschaft steuerliche **Anschaffungskosten** ohne steuerliche Wirkungen **„vernichtet".** Insbesondere können die Anschaffungskosten der nicht an der Ermittlung des Übernahmeergebnisses teilnehmenden Gesellschafter auch nicht in positiven Ergänzungsbilanzen aktiviert werden (BFH v. 12.7.2012, IV R 39/09, BStBl. II 2012, 728, Tz. 22 zu §§ 3ff. UmwStG 1995).

152 Damit steht der nicht in die Ermittlung des Übernahmeergebnisses einbezogene Personenkreis schlechter als die **übrigen Anteilsinhaber,** für deren Anteile nach näherer Maßgabe von § 4 Abs. 4, § 5 UmwStG der Buchwert bzw. die Anschaffungskosten angesetzt werden und deren Anschaffungskosten (nur) in Höhe etwa mitbezahlter **stiller Reserven** der übertragenden Gesellschaft (wegen Nichtberücksichtigung eines Übernahmeverlusts gemäß § 4 Abs. 6 UmwStG) vernichtet werden (→ Rn. 156ff., → Rn. 161). Die Besserstellung der an der Ermittlung des Übernahmeergebnisses teilnehmenden Aktionäre gegenüber den übrigen Anteilsinhabern stellt keinen „Sondervorteil" dar, der die Anfechtbarkeit des Umwandlungsbeschlusses gemäß § 243 Abs. 2 AktG begründen würde. Die steuerlich notwendigen Konsequenzen, die sich mit einer Umwandlung aus der allgemeinen Steuergesetzgebung ergeben, stellen eine vom Gesetzgeber tolerierte und daher von der Minderheit hinzunehmende Rechtsfolge dar; den Aktionären, für welche die Umwandlung mit einem steuerlichen Nachteil verbunden ist, steht es frei, sich durch Annahme des Abfindungsangebotes von ihrer Beteiligung zu trennen (BGH v. 9.5.2005 II ZR 29/03, DStR 2005, 1539 für den Formwechsel).

153 Es kann für die **nicht** in die Ermittlung des **Übernahmeergebnisses** einzubeziehenden **Anteilsinhaber** daher empfehlenswert sein, ihren Anteil noch vor dem **Umwandlungsstichtag** in ein **Betriebsvermögen** einzulegen. Die in diesen Fällen früher geltende **Beschränkung** des Einlagewertes auf die niedrigeren **Anschaffungskosten** gemäß § 5 Abs. 3 Satz 2 UmwStG 1995 für innerhalb der letzten fünf Jahre vor dem Übertragungsstichtag in das inländische Betriebsvermögen des Anteilseigners oder der Übernehmerin eingelegte Anteile ist in § 5 Abs. 3 UmwStG 2006 entfallen (DPM/*Pung* UmwStG § 5 Rn. 38). Allerdings ist § 42 AO zu beachten.

Durch die Veräußerung an einen in die Ermittlung des Übernahmeergebnisses einbezogenen Anteilseigner oder die Annahme des **Abfindungsangebots** gemäß § 29 UmwG kann die **Zwangsbesteuerung** der offenen Reserven hingegen nicht (mehr) vermieden werden: Zwar ist der das Abfindungsangebot annehmende Anteilsinhaber steuerlich so zu behandeln, als ob er nicht Gesellschafter der übernehmenden Personengesellschaft geworden wäre, obwohl die Annahme gesellschaftsrechtlich erst nach Eintragung der Verschmelzung möglich ist, § 31 UmwG (UmwSt-Erl. 2011 BMF v. 11.11.2011, BStBl. I 2011, 1314 Tz. 02.19); steuerlich liegt also auch im Falle der Annahme des Abfindungsangebots eine Veräußerung von Kapitalgesellschaftsanteilen vor. Diese unterliegt jedoch seit VZ 2009 der 25%-igen **Abgeltungsteuer,** § 20 Abs. 2 Nr. 1, § 43 Abs. 1 Nr. 9, Abs. 5, § 43a Abs. 1 Nr. 1 EStG.

Die vom Gesetzgeber vorgenommene Differenzierung zwischen wesentlich beteiligten, gemäß § 5 UmwStG in die Ermittlung des Übernahmeergebnisses einbezogen Anteilsinhabern einerseits und von der Ermittlung des Übernahmeergebnisses ausgeschlossenen sonstigen Anteilsinhabern andererseits hat der BFH in einer noch zu §§ 3ff UmwStG 1995 ergangenen Entscheidung für verfassungsrechtlich unbedenklich gehalten: Insbesondere liege kein Verstoß gegen den allgemeinen Gleichheitssatz (Art. 3 Abs. 1 GG) vor, weil es den nicht wesentlich beteiligten Anteilsinhabern frei gestanden habe, ihre Anteile „freihändig" zur veräußern oder von dem Abfindungsangebot Gebrauch zu machen, auf welches nur mit Zustimmung aller Gesellschafter verzichtet werden könne (dazu → Rn. 24); in beiden Fällen hätten die nicht wesentlich beteiligten Anteilsinhaber sowohl die offenen als auch die stillen Reserven in ihren Anteilen (seinerzeit noch) steuerfrei realisieren können (BFH v. 12.7.2012, IV R 39/09, BStBl. II 2012, 728, Tz. 31; vgl. auch zum geltenden Recht BFH v. 22.10. 2015 IV R 37/13, BFH/NV 2016, 667, Tz. 33ff.). Da jedoch mit Einführung der Abgeltungsteuer ab VZ 2009 jegliche Möglichkeit einer solchen steuerfreien Realisierung entfallen ist, stellt sich die Frage, ob die **Ungleichbehandlung** nicht wesentlich beteiligter Anteilsinhaber im Lichte des allgemeinen Gleichheitssatzes auf Basis der aktuellen Rechtslage (Abgeltungsteuer) noch verfassungsrechtlich Bestand haben kann: Die Einlage in ein Betriebsvermögen als einzig verbliebene Möglichkeit, der sofortigen Zwangsbesteuerung der offenen Reserven zu entkommen (→ Rn. 153), dürfte zumindest für Kleinanleger (nur für diese ist die Regelung nach der Absenkung der Beteiligungsgrenze des § 17 Abs. 1 EStG auf 1% durch StSenkG v. 23.10.2000 (BGBl. I 2000, 1433 überhaupt noch relevant) regelmäßig keine Alternative sein. **154**

einstweilen frei **155**

c) Ermittlung des Übernahmeergebnisses gemäß § 4 Abs. 4 und Abs. 5 UmwStG, Kosten des Vermögensübergangs

Für in die Ermittlung des Übernahmeergebnisses einbezogene Anteilsinhaber der übertragenden Gesellschaft sowie – soweit zum Gesamthands- oder Sonderbetriebsvermögen der übernehmenden Gesellschaft Anteile an der übertragenden Gesellschaft gehören – die Gesellschafter der aufnehmenden Gesellschaft ist jeweils einzeln personenbezogen (UmwSt-Erl. 2011 BMF v. 11.11.2011, BStBl. I 2011, 1314 Tz. 04.19) entspr. ihrer unmittelbaren oder anteilig über die übernehmende Gesellschaft bestehenden **Beteiligung** an der **übertragenden Gesellschaft** ein anteiliger Übernahmegewinn oder -verlust iSv. § 4 Abs. 4 Satz 1 UmwStG wie folgt zu ermitteln **(Übernahmegewinn oder -verlust erster Stufe):** **156**

– anteiliger Wert des Betriebsvermögens der übertragenden Kapitalgesellschaft, d.h. soweit er auf den Anteil des an der Ermittlung des Übernahmegewinns teilnehmenden Gesellschafters entfällt, § 4 Abs. 4 Satz 3 UmwStG (UmwSt-Erl. 2011 BMF v. 11.11.2011, BStBl. I 2011, 1314 Tz. 04.30). Maßgeblich ist grundsätzlich der Wert gemäß steuerlicher Übertragungsbilanz. Abweichend hiervon ist, soweit für das übergehende Betriebsvermögen kein deutsches Besteuerungsrecht bei einer Veräußerung bestand (sog. „neutrales" Vermögen, zB gemäß DBA freigestellte ausländische Betriebstätte der Überträgerin), außerhalb der Steuerbilanz der gemeine Wert anzusetzen, § 4 Abs. 4 Satz 2 UmwStG (UmwSt-Erl. 2011 BMF v. 11.11.2011, BStBl. I 2011, 1314 Tz. 04.29). Durch den Ansatz des gemeinen Werts außerhalb der Steuerbilanz gemäß § 4 Abs. 4 Satz 2 UmwStG erhöht sich das Übernahmeergebnis. Zweck dieser Bestimmung ist die „Schlussbesteuerung" der in den Anteilen ruhenden stillen Reserven, soweit sie auf das nicht der deutschen Besteuerung unterfallende Betriebsvermögen entfallen (DPM/*Pung*/*Werner* UmwStG § 4 Rn. 59f., dort auch zur überschießenden Wirkung der Regelung in bestimmten Konstellationen); **156a**

156b – abzüglich der Kosten des Vermögensübergangs. Gemeint sind hier zum einen die nicht objektbezogenen Kosten des Gesellschafters (zB Notarkosten), soweit diese ihm unmittelbar oder anteilig über seine Beteiligung an der übernehmenden Personengesellschaft zuzurechnen sind; in Abkehr von der bisherigen Praxis (UmwSt-Erl. 1998, BStBl. I 1998, 268, Tz. 03.13) sollen gemäß UmwSt-Erl. 2011 auch die nicht objektbezogenen Kosten der Überträgerin einzubeziehen sein, soweit sie nach dem steuerlichen Übertragungsstichtag entstehen (UmwSt-Erl. 2011 BMF v. 11.11.2011, BStBl. I 2011, 1314 Tz. 04.34; aA DPM/Möhlenbrock/*Pung* UmwStG § 3 Rn. 152: sofort abziehbare Betriebsausgaben der Überträgerin). Die objektbezogenen Kosten (zB Grunderwerbsteuer, **nicht** jedoch solche infolge einer **Anteilsvereinigung** nach § 1 Abs. 3 GrEStG, BFH v. 20.4.2011, I R 2/10, BStBl. II 2011, 761 und UmwSt-Erl. 2011, BMF v. 11.11.2011, BStBl. I 2011, 1314 Tz. 04.34) sollen hingegen, da es sich bei Umwandlungen generell um Anschaffungsgeschäfte handele (s. UmwSt-Erl. 2011 BMF v. 11.11.2011, BStBl. I 2011, 1314 Tz. 00.02), als Anschaffungsnebenkosten zu aktivieren sein, und zwar auch insoweit, als die beteiligten Rechtsträger vereinbart haben, dass diese durch die übertragende Körperschaft zu tragen sind (UmwSt-Erl. 2011 BMF v. 11.11.2011, BStBl. I 2011, 1314 Tz. 04.34 unter Hinweis auf BMF v. 18.1.2010, BStBl. I 2010, 70); und

156c – abzüglich des steuerlichen Buchwerts der Beteiligung an der übertragenden Kapitalgesellschaft per Übergangsstichtag (§ 4 Abs. 4 Satz 1 UmwStG).

157 Der steuerliche Buchwert der Beteiligung an der übertragenden Kapitalgesellschaft wird für jeden Gesellschafter gesondert in Abhängigkeit von der „Herkunft" seiner Anteile wie folgt ermittelt:

- Für von der Personengesellschaft im Gesamthandsvermögen oder von deren Gesellschaftern im steuerlichen Sonderbetriebsvermögen gehaltene Anteile wird deren Buchwert unmittelbar aus deren Bilanz (einschließlich etwaiger steuerlicher Sonder- und Ergänzungsbilanzen) übernommen, § 4 Abs. 4 Satz 1 UmwStG; der Buchwert erhöht sich um gemäß § 4 Abs. 1 Satz 2 UmwStG bis zur Höhe des gemeinen Wertes steuerpflichtig rückgängig zu machende steuerwirksame **Teilwertabschreibungen** sowie **Abzüge** gemäß **§ 6b EStG** und ähnliche Abzüge aus früheren Jahren (sog. Beteiligungskorrekturgewinn, UmwSt-Erl. 2011, BMF v. 11.11.2011, BStBl. I 2011, 1314 Tz. 04.27, → Rn. 147), was das Übernahmeergebnis verringert.
- Am steuerlichen Übertragungsstichtag **zu einem anderen Betriebsvermögen** eines Gesellschafters der übertragenden Kapitalgesellschaft gehörende Anteile gelten auf Grund der Überführungsfiktion des § 5 Abs. 3 UmwStG zum Buchwert ebenfalls **zuzüglich** steuerwirksamer und noch nicht zwischenzeitlich rückgängig gemachter **Teilwertabschreibungen** sowie **Abzüge** gemäß **§ 6b EStG** oder ähnlicher Abzüge aus früheren Jahren (Obergrenze: gemeiner Wert), § 5 Abs. 3 Satz 1 UmwStG als (fiktiv) in das Betriebsvermögen der übernehmenden Personengesellschaft zum Übertragungsstichtag überführt.
- Anteile iSv. **§ 17 Abs. 1 EStG** gelten als zum Übernahmestichtag zu Anschaffungskosten in das Betriebsvermögen der aufnehmenden Personengesellschaft eingelegt, § 5 Abs. 2 UmwStG.

157a Der Gesetzgeber (BT-Drs. 16/2710, Einzelanmerkung zu § 5 Abs. 3) setzt voraus, dass die **Rückgängigmachung** der Teilwertabschreibungen bzw. Abzüge gemäß § 5 Abs. 3 UmwStG bereits im bisherigen Betriebsvermögen steuerwirksam erfolgt; die Finanzverwaltung ist dem gefolgt (UmwSt-Erl. 2011 BMF v. 11.11.2011, BStBl. I 2011, 1314 Tz. 05.11). Dieser Vorgang unterliegt jedoch bei Anteilen in ausländischem Betriebsvermögen, auf die § 5 Abs. 3 Satz 1 UmwStG ebenfalls anwendbar ist, regelmäßig nicht der deutschen Besteuerung (DPM/*Pung/Werner* UmwStG § 5 Rn. 44 f.).

158 Ein Übernahmegewinn/Übernahmeverlust erster Stufe vermindert/erhöht sich um die gemäß § 7 UmwStG als Einnahmen aus Kapitalvermögen zu versteuernden offenen Rücklagen der Kapitalgesellschaft– sog. **Übernahmeergebnis zweiter Stufe,** § 4 Abs. 5 Satz 2 UmwStG (UmwSt-Erl. 2011, BMF v. 11.11.2011, BStBl. I 2011, 1314 Tz. 04.38).

Über die auf die Mitunternehmer der übernehmenden Personengesellschaft entfal- **159**
lenden Anteile am Übernahmegewinn oder Übernahmeverlust, den Beteiligungskorrekturgewinn (UmwStG § 4 Abs. 1 Satz 2, → Rn. 147), die anteiligen Erhöhungs- und Minderungsbeträge iSd. § 4 Abs. 5 UmwStG sowie die Anwendung des § 4 Abs. 6 und 7 UmwStG entscheidet das Finanzamt, das für die übernehmende Personengesellschaft zuständig ist, im Rahmen der gesonderten und einheitlichen Feststellung der Einkünfte nach § 180 AO (UmwSt-Erl. 2011 BMF v. 11.11.2011, BStBl. I 2011, 1314 Tz. 04.22).

Ausländische Anteilseigner der übertragenden Körperschaft, die aufgrund der Umwandlung Mitunternehmer der Personengesellschaft werden, sind jedoch in die gesonderte und einheitliche Feststellung nach §§ 180ff. AO nur insoweit einzubeziehen, als für die Bundesrepublik Deutschland zum steuerlichen Übertragungsstichtag ein Besteuerungsrecht hinsichtlich des Gewinns aus der Veräußerung der Anteile an der Körperschaft oder der Einkünfte iSd. § 7 UmwStG bestanden hat (UmwSt-Erl. 2011 BMF v. 11.11.2011, BStBl. I 2011, 1314 Tz. 04.23). Zu verneinen ist dies bei Anteilsinhabern mit Wohnsitz im Ausland, wenn das mit dem Ansässigkeitsstaat abgeschlossene DBA das Besteuerungsrecht für Gewinne aus der Veräußerung der Beteiligung dem Ansässigkeitsstaat zuweist (siehe UmwSt-Erl. 2011, BMF v. 11.11.2011, BStBl. I 2011, 1314 Tz. 04.27 Beispiel 1).

Soweit der Übernahmegewinn auf eine **Kapitalgesellschaft** usw. entfällt, ist er ge- **160**
mäß § 4 Abs. 7 Satz 1 UmwStG iVm. § 8b Abs. 2 KStG steuerfrei; gleichzeitig gelten 5% des Übernahmegewinns als nicht abziehbare Betriebsausgaben, § 8b Abs. 3 KStG (UmwSt-Erl. 2011 BMF v. 11.11.2011, BStBl. I 2011, 1314 Tz. 04.44).

Soweit der Übernahmegewinn auf eine **natürliche Person** entfällt, ist er bei dieser ab VZ 2009 nach dem Teileinkünfteverfahren zu erfassen, § 4 Abs. 7 Satz 2 UmwStG nF (UmwSt-Erl. 2011 BMF v. 11.11.2011, BStBl. I 2011, 1314 Tz. 04.45).

Soweit sich ein **Übernahmeverlust** ergibt, bleibt dieser bei Kapitalgesellschaften **161**
usw. außerhalb des Anwendungsbereichs des § 8b Abs. 7, 8 Satz 1 KStG steuerlich in vollem Umfang gem. § 4 Abs. 6 Satz 1 UmwStG außer Ansatz (UmwSt-Erl. 2011 BMF v. 11.11.2011, BStBl. I 2011, 1314 Tz. 04.40). Bei unter § 8b Abs. 7, 8 Satz 1 KStG fallenden Kapitalgesellschaften ist er (nur) bis zur Höhe der Bezüge iSd. § 7 UmwStG zu berücksichtigen, § 4 Abs. 6 Satz 3 UmwStG (UmwSt-Erl. 2011 BMF v. 11.11.2011, BStBl. I 2011, 1314 Tz. 04.41), in den übrigen Fällen zur Hälfte, höchstens jedoch in Höhe der Hälfte der Bezüge iSd. § 7 UmwStG, § 4 Abs. 6 Satz 4 UmwStG (UmwSt-Erl. 2011 BMF v. 11.11.2011, BStBl. I 2011, 1314 Tz. 04.42). In Höhe der mitbezahlten stillen Reserven werden die **Anschaffungskosten** also steuerlich **„vernichtet“.** Insbesondere können diese nach Ansicht des BFH auch nicht durch Bildung einer positiven Ergänzungsbilanz zugunsten des betroffenen Gesellschafters berücksichtigt werden, da das UmwStG keine Aufstockungsregelung mehr enthalte, wie sie § 4 Abs. 6 UmwStG 1995 noch vorgesehen habe (BFH v. 24.6.2014, VIII R 35/10, BFH/NV 2014, 1660, Tz. 19ff. zum UmwStG 2002; iE ebenso BFH v. 22.10.2015, IV R 37/13, BFH/NV 2016, 667, Tz. 32; BFH v. 28.9.2017, IV R 51/15, BFH/NV 2018, 246–249, Tz. 25). Die vom Gesetzgeber erstmals in § 4 Abs. 6 UmwStG 2002 getroffene Entscheidung, den übersteigenden Übernahmeverlust steuerlich außer Ansatz zu lassen, ist nach Auffassung des BFH als Typisierungs- und Vereinfachungsvorschrift zwar verfassungsrechtlich nicht zu beanstanden (BFH v. 5.11. 2015, III R 13/13, Tz. 55ff zu UmwStG 2002; ebenso für UmwStG 2006 BFH v. 22.10.2015, IV R 37/134, BFH/NV 2016, 667, Tz. 33ff.): Es liege zwar eine Durchbrechung des **objektiven Nettoprinzips** vor, die aber durch die Typisierungs- und Vereinfachungserwägungen des Gesetzgebers gerechtfertigt sei (BFH v. 22.10.2015, IV

R 37/134, BFH/NV 2016, 667, Tz. 37ff.; BFH v. 24.6.2014, VIII R 35/10, BFH/NV 2014, 1660, Tz. 22ff.). Immerhin hält es der BFH aber (obiter) in Altfällen, in denen der Erwerb noch vor Einführung des Halbeinkünfteverfahrens stattgefunden und der Veräußerer die stillen Reserven somit voll versteuert hat, zur Vermeidung übermäßiger Besteuerung für geboten, dem Erwerber im Falle einer späteren Weiterveräußerung Billigkeitsmaßnahmen gemäß §§ 163, 227 AO zu gewähren (BFH v. 24.6.2014, VIII R 35/10, BFH/NV 2014, 1660, Tz. 28; kritisch dazu *Hahn,* jurisPR-SteuerR 47/2014 Anm. 7).

Gemäß § 4 Abs. 6 Satz 5 UmwStG bleibt der Übernahmeverlust auch in Höhe der Bezüge im Sinne des § 7 UmwStG außer Ansatz, soweit

- bei einer Veräußerung der Anteile der Veräußerungsverlust gemäß § 17 Abs. 2 Satz 6 UmwStG nicht zu berücksichtigen wäre (UmwSt-Erl. 2011, BMF v. 11.11. 2011, BStBl. I 2011, 1314 Tz. 04.43). Damit will der Gesetzgeber eine Umgehung der Verlustberücksichtigungsbeschränkungen des § 17 Abs. 2 Satz 6 EStG durch Umwandlung in eine Personengesellschaft verhindern;
- die Anteile an der übertragenden Körperschaft innerhalb von fünf Jahren entgeltlich erworben wurden (UmwSt-Erl. 2011, BMF v. 11.11.2011, BStBl. I 2011, 1314 Tz. 04.43). Dadurch will der Gesetzgeber verhindern, dass bei der Anschaffung der Anteile mitbezahlte stille Reserven, in deren Höhe die Anschaffungskosten bei der Verschmelzung vernichtet würden (→ Rn. 161), in offene Rücklagen umgewandelt werden (zB durch einen vorgeschalteten Asset Deal unter Ausnutzung bestehender Verlustvorträge) und die daraus im Rahmen der Umwandlung entstehenden Bezüge iSd. § 7 UmwStG durch den Übernahmeverlust gemäß § 4 Abs. 5 Satz 2, Abs. 6 Sätze 3 oder 4 UmwStG ausgeglichen werden (unter steuersystematischen Aspekten kritisch *Rödder/Schumacher* DStR 2006, 1525, 1532 mit dem Hinweis, dass eine ausschüttungsbedingte Teilwertabschreibung abzugsfähig bleibe).

162 Im Formularfall (→ Rn. 1) ergäbe sich für die Beteiligten daher **bei Fortführung der Buchwerte** folgendes Übernahmeergebnis, wobei unterstellt wird, dass keine der im Streubesitz gehaltenen Aktien an der Überträgerin zu einer relevanten Beteiligung im Sinne von § 17 EStG gehört, diese Aktien also nicht an der Ermittlung des Übernahmeergebnisses teilnehmen:

		§ 4 Abs. 4 UmwStG	§ 5 UmwStG	
	Gesamt	B-GmbH	A	X-GmbH
Betriebsvermögen gemäß steuerlicher Schlussbilanz	100 000 000	80 000 000	5 000 000	10 000 000
./. Kosten des Vermögensübergangs	./. 200 000	./. 125 000	./. 3 750	./. 7 500
./. Steuerlicher Buchwert der Beteiligung an der übertragenden Gesellschaft		./. 240 000 000	./. 500 000	./. 1 000 000
Übernahmeergebnis erster Stufe		./. 160 125 000	4 496 250	8 992 500
./. Bezüge gemäß § 7 UmwStG	0	./. 0	./. 0	./. 0
Übernahmeergebnis (Übernahmeverlust „./.")		./. 2 012 500	4 496 250	8 992 500

Bei der B-GmbH bleibt der **Übernahmeverlust** gemäß § 4 Abs. 6 Satz 1 UmwStG außer Ansatz. Bei der X-GmbH ist der **Übernahmegewinn** gemäß § 4 Abs. 7 Satz 1 UmwStG, § 8b Abs. 2 steuerfrei; gleichzeitig gelten 5% des Übernahmegewinns gemäß § 8b Abs. 3 KStG als nichtabziehbare Betriebsausgaben.

Bei A unterliegt der Übernahmegewinn gemäß § 4 Abs. 7 Satz 2 seit VZ 2009 der Besteuerung nach dem Teileinkünfteverfahren. Da der Besteuerung des Übernahmegewinns kein entsprechender Liquiditätszufluss gegenübersteht, kann es sich für A empfehlen, das **Barabfindungsangebot** der Gesellschaft gemäß § 29 UmwG anzunehmen (auch → Rn. 153). Dies führt nicht dazu, dass insoweit das Recht zur Buchwertfortführung gemäß § 3 Abs. 2 Nr. 3 UmwStG entfällt, im Ergebnis also Zwischenwerte angesetzt werden müssten, da die Barabfindung von der FinVerw. nicht als gemäß § 3 Abs. 2 Nr. 3 UmwStG schädliche Gegenleistung angesehen wird (→ Rn. 138c). Die Annahme des Barabfindungsangebotes unterliegt im vorliegenden Fall als Veräußerung einer relevanten Beteiligung iSv. § 17 EStG seit VZ 2009 der Besteuerung nach dem Teileinkünfteverfahren, § 3 Nr. 40 Satz 1 Buchst. a Satz 1 EStG.

Für die nicht an der Ermittlung des Übernahmeergebnisses teilnehmenden Streubesitzaktionäre führt die Verschmelzung nicht zu Einkünften aus Kapitalvermögen gemäß § 7 UmwStG, da die übertragende Aktiengesellschaft lt. Sachverhalt (→ Rn. 2) nicht über offene Rücklagen iSv. § 7 UmwStG verfügt.

d) Außerbilanzielle Hinzurechnung

Weder der Übernahmegewinn iSd. § 4 Abs. 4 und 7 UmwStG noch die gemäß § 7 UmwStG zu versteuernden offenen Rücklagen der übertragenden Kapitalgesellschaft erhöhen den der Besteuerung unterliegenden Gewinn im Rahmen der Gewinnermittlung nach § 4, § 5 Abs. 1 Satz 1 EStG; die Beträge sind außerbilanziell hinzuzurechnen. Daher erhöhen sie nicht den nicht entnommenen Gewinn iSd. § 34a Abs. 2 EStG und unterliegen folglich bei der Übernehmerin auch nicht der Thesaurierungsbegünstigung gemäß § 34a Abs. 1 Satz 1 EStG (FG Münster v. 28.8.2017, 3 K 1256/15 F, DStRE 2018, 1172–1173, Rev. BFH IV R 13/17). **162a**

e) Forderungen der Übernehmerin und ihrer Gesellschafter gegen die Überträgerin

Bisher zum **Privatvermögen** gehörende Forderungen von Gesellschaftern der an der Verschmelzung beteiligten Rechtsträger gegen die **Überträgerin** sind mit Ablauf des steuerlichen Übertragungsstichtages als in deren **Sonderbetriebsvermögen** bei der Übernehmerin eingelegt anzusehen (RHL/*Birkemeier* UmwStG § 6 Rz. 91 f.; SHS/*Schmitt* Rz. 16 zu § 6 UmwStG); entsprechendes gilt für bisher dem **Privatvermögen** zuzuordnende Forderungen des **übernehmenden Rechtsträgers,** die es dann geben kann, wenn es sich bei dem übernehmenden Rechtsträger um eine natürliche Person oder eine bisher vermögensverwaltend tätige Personengesellschaft handelt (WM/*Widmann* § 6 UmwStG Rz. 65): Auch diese Forderungen gelten als in das Betriebsvermögen des **übernehmenden Rechtsträgers** eingelegt (BFH v. 9.4.2019, X R 23/16, EFG 2016, 1571), **162b**

Befindet sich die Forderung gegen die Überträgerin in einem **anderen Betriebsvermögen,** so gilt sie als mit Ablauf des steuerlichen Übertragungsstichtages zum Buchwert in das Sonderbetriebsvermögen des Gesellschafters bei der Übernehmerin überführt, § 6 Abs. 5 Satz 2 EStG (RHL/*Birkemeier* § 6 UmwStG Rz. 92). **162c**

Die **Einlage** (→ Rz. 162b) erfolgt grundsätzlich zum Teilwert, § 6 Abs. 1 Nr. 5 Satz 1 (1. Hs.) EStG (Ausnahme: → Rz. 162e); liegt dieser unter dem Nennwert, ist jedoch nach h. M. wegen des Grundsatzes der **korrespondierenden Bilanzierung** (s. etwa BFH v. 16.3.2017, IV R 1/15, BStBl II 2017, 943; v. 26.9.1996, IV R 105/94, BStBl II 1997, 277) eine logische Sekunde nach der Einlage eine Aufstockung auf den Nennwert vorzunehmen (RHL/*Birkemeier* Rz. 91 f. zu § 6 UmwStG; SHS/*Schmitt* Rz. 16 f. zu § 6 UmwStG; **aA** HMB/*Werneburg* § 6 UmwStG Rz. 26), die zu einem sog. **Übernahmefolgegewinn** iSd. § 6 Abs. 2 UmwStG (→ Rz. 165) führt (RHL/*Birkemeier* § 6 UmwStG Rz. 91 f.; SHS/*Schmitt* § 6 UmwStG Rz. 16 f.; i. E. **162d** auch WM/Widmann § 6 UmwStG Rz. 82; **aA** HMB/*Werneburg* § 6 UmwStG Rz. 26). Entsprechendes gilt im Falle der Überführung einer wertberichtigten Forderung aus einem anderen Betriebsvermögen (→ Rz. 162c) in das Sonderbetriebsvermögen (RHL/*Birkemeier* § 6 UmwStG Rz. 94).

162e Eine **Ausnahme** gilt für iSv. § 17 EStG an der Überträgern beteiligte Gläubiger, wenn sich der Ausfall der als eingelegt geltenden wertgeminderten Forderung im Falle weiterer Zugehörigkeit zum Privatvermögen bei der Verwirklichung eines Realisationstatbestands iSd. § 17 EStG einkommensteuermindernd ausgewirkt hätte: Dann erfolgt die Einlage nicht zum (geminderten) Teilwert, sondern entsprechend den zur Einlage wertgeminderter Beteiligungen iSd. § 17 EStG im Wege teleologischer Extension des § 6 Abs. 1 Nr. 5 Buchst. b EStG entwickelten Grundsätzen mit dem Wert, mit welchem die Forderung bei einem Realisationstatbestand iSd. § 17 EStG als nachträgliche Anschaffungskosten zu berücksichtigen gewesen wäre (BFH v. 9.4.2019, X R 23/16, EFG 2016, 1571, in Fortführung von BFH v. 29.11.2017, X R 8/16, BStBl II 2018, 426), also grundsätzlich in Höhe ihres Nennwertes bzw. im Falle von in der Krise stehengelassenen Darlehen in Höhe ihres Teilwerts im Zeitpunkt des „Stehenlassens" (vgl. BFH v. 10.11.1998, VIII R 6/96, BStBl II 1999, 348). Nach der Neuregelung des Rechts der Gesellschafterfremdfinanzierung durch MoMiG v. 23.10.2008 (BGBl. I 2008, 2026) und der damit einhergehenden Änderung der BFH-Rechtsprechung (BFH v. 11.7.2017, IX R 36/15, BStBl II 2019, 208) betrifft diese Ausnahme jedoch nurmehr „Altdarlehen", dh solche Darlehen, die bis zum 27.9.2017 (Datum der Veröffentlichung des BFH-Urteils v. 11.7.2017) eigenkapitalersetzend gewährt bzw. (zB durch Stehenlassen in der Krise) geworden sind.

f) § 6 UmwStG

163 Entsteht aus der Konfusion von Forderungen und Verbindlichkeiten zwischen übertragender Kapitalgesellschaft und übernehmender Personengesellschaft ein Gewinn (auf Grund **imparitätischen Ansatzes von Forderungen** oder der Auflösung von **Rückstellungen**), so entsteht ein sog. Übernahmefolgegewinn iSv. § 6 Abs. 1 UmwStG bei der übernehmenden Personengesellschaft. Ein solcher entsteht auch insoweit, als an der Übernehmerin Gesellschafter beteiligt sind, deren Anteile an der übertragenden Kapitalgesellschaft für die Zwecke der Ermittlung des Übernahmegewinns oder Übernahmeverlusts gem. § 5 UmwStG nicht in das Betriebsvermögen der übernehmenden Personengesellschaft als eingelegt gelten (insb. Beteiligungen im Privatvermögen, die nicht Anteile iSd. § 17 Abs. 1 EStG darstellen); auch eine sinngemäße Anwendung von § 4 Abs. 4 Satz 3 UmwStG dürfte nicht in Betracht kommen (UmwSt-Erl. 2011 BMF v. 11.11.2011, BStBl. I 2011, 1314 Tz. 06.02).

164 Ein Übernahmefolgegewinn kann in dem Wj., in das der steuerliche Übertragungsstichtag fällt, durch eine den **steuerlichen Gewinn mindernde Rücklage** neutralisiert werden; die Rücklage war vor Inkrafttreten des BilMoG v. 26.5.2009 (BGBl. I 2009, 1102) auch in der Handelsbilanz zu bilden (UmwSt-Erl. 2011 BMF v. 11.11.2011, BStBl. I 2011, 1314 Tz. 06.03); nach Inkrafttreten des BilMoG entfällt auch eine Aufnahme in das Verzeichnis nach § 5 Abs. 1 S. 2 und 3 EStG (DPM/*Pung/Werner* UmwStG § 6 Rn. 24 mwN). Die Möglichkeit der Rücklagenbildung entfällt allerdings, wenn die Übernehmerin den auf sie übergegangenen Betrieb innerhalb von **fünf Jahren** nach dem steuerlichen Übertragungsstichtag in eine Kapitalgesellschaft einbringt oder ohne triftigen Grund veräußert oder aufgibt (§ 6 Abs. 3 Satz 1 UmwStG). Die Rücklage ist gem. § 6 Abs. 1 Satz 2 UmwStG in den folgenden drei Wj. gleichmäßig gewinnerhöhend aufzulösen. Der Übernahmefolgegewinn bzw. der Gewinn aus der Auflösung der Rücklage führt zu einem laufenden Gewinn, der der Gewerbesteuer und der Einkommen- oder Körperschaftsteuer unterliegt; er ist nicht Teil des Übernahmeergebnisses (UmwSt-Erl. 2011 BMF v. 11.11.2011, BStBl. I 2011,

1314 Tz. 06.02). Entsteht der Übernahmefolgegewinn durch eine Vereinigung von Forderungen und Verbindlichkeiten, soll er auch dann in voller Höhe steuerpflichtig sein, wenn sich die Forderungsabschreibung ganz oder zum Teil (zB wegen § 3c Abs. 2 EStG oder § 8b Abs. 3 Satz 4 ff. KStG) nicht ausgewirkt hat (UmwSt-Erl. 2011 BMF v. 11.11.2011, BStBl. I 2011, 1314 Tz. 06.02).

Entsprechendes gilt gemäß § 6 Abs. 2 Satz 1 UmwStG für den **Übernahmefolgegewinn,** welcher sich aus der nach dem Grundsatz der korrespondierenden Bilanzierung vorzunehmenden Aufstockung einer umwandlungsbedingt gemäß § 6 Abs. 1 Nr. 5 Satz 1 Hs. 1 EStG aus dem Privatvermögen eingelegten bzw. gemäß § 6 Abs. 5 Satz 2 EStG zum Buchwert aus einem anderen Betriebsvermögen überführten wertgeminderten Forderung gegen die Überträgerin ergibt (→ Rn. 162d). 165

6. Gewerbesteuerliche Behandlung

Der sich in Anwendung von § 4 Abs. 4 und 5 UmwStG ergebende Übernahmegewinn unterliegt bei der übernehmenden Personengesellschaft nicht der Gewerbesteuer (§ 18 Abs. 2 Satz 1 UmwStG). Jedoch unterliegt gemäß § 18 Abs. 3 Satz 1 UmwStG ein Gewinn aus der Aufgabe oder Veräußerung des Betriebs (bzw. gem. § 18 Abs. 3 Satz 2 UmwStG eines **Teilbetriebs** bzw. eines Anteils an der Personengesellschaft) der übernehmenden Personengesellschaft innerhalb einer **Sperrfrist von fünf Jahren** nach der Umwandlung der Gewerbesteuer. Entgegen der Rechtslage nach § 18 Abs. 4 UmwStG 1995 (s. dazu BFH v. 16.11.2005, X R 6/04, BStBl. II 2008, 62) besteht die Gewerbesteuerpflicht auch insoweit, als der Veräußerungs- bzw. Aufgabegewinn auf stille Reserven entfällt, die bereits vor der Umwandlung im Betrieb der Übernehmerin vorhanden waren, § 18 Abs. 3 Satz 1 2. HS UmwStG. Die Begünstigung des § 35 EStG idF des UntStFG v. 20.12.2001, BGBl. I 2001, 3858 wird nicht gewährt (§ 18 Abs. 4 Satz 3 UmwStG). Als Veräußerung gilt auch die Einbringung des Betriebs oder von Mitunternehmeranteilen in eine Kapitalgesellschaft (UmwSt-Erl. 2011 BMF v. 11.11.2011, BStBl. I 2011, 1314 Tz. 18.07), und zwar gleichgültig, ob sie zum gemeinen Wert oder zu Buch- oder Zwischenwerten erfolgt. Folglich unterliegt ein bei Zwischenwertansatz oder bei Ansatz des gemeinen Wertes entstehender Übertragungsgewinn der Besteuerung gemäß § 18 Abs. 3 UmwStG (UmwSt-Erl. 2011 BMF v. 11.11.2011, BStBl. I 2011, 1314 Tz. 18.07). Eine verdeckte Einlage in eine Kapitalgesellschaft behandelt die Finanzverwaltung als Aufgabe (UmwSt-Erl. 2011 BMF v. 11.11.2011, BStBl. I 2011, 1314 Tz. 18.08). Die Sperrfrist beginnt mit Ablauf des **steuerlichen Übertragungsstichtages** zu laufen (UmwSt-Erl. 2011 BMF v. 11.11.2011, BStBl. I 2011, 1314 Tz. 18.05 iVm. Tz. 06.10; zu § 18 Abs. 4 UmwStG 1995 s. BFH v. 26.4.2012, IV R 24/09, BStBl. II 2012, 703). Nach Auffassung des BFH soll § 18 Abs. 3 Satz 1 UmwStG auch dann eingreifen, wenn zwar der Zeitpunkt der Veräußerung mit dem steuerlichen Übertragungsstichtag zusammenfällt, die Parteien aber die Rechtswirkungen der Umwandlung, insbesondere den Übertragungsgewinn, noch dem Veräußerer zugeordnet haben; für die Erfüllung des Tatbestandsmerkmals **„nach"** genüge es, wenn die Veräußerung der Umwandlung zwar nicht zeitlich, wohl aber logisch nachfolge (BFH v. 26.4.2012, IV R 24/09, BStBl. II 2012, 703, Tz. 29). 166

Erfolgt die Einbringung zum Buch- oder Zwischenwert oder im Wege der Gesamtrechtsnachfolge, ist die übernehmende Gesellschaft für den Rest der noch laufenden Fünf-Jahresfrist der Geltung des § 18 Abs. 3 UmwStG unterworfen (UmwSt-Erl. 2011 BMF v. 11.11.2011, BStBl. I 2011, 1314 Tz. 18.07). Dasselbe gilt, wenn der nach § 4 UmwStG übergegangene Betrieb, Teilbetrieb oder Mitunternehmeranteil innerhalb der Fünf-Jahresfrist in Anwendung von § 6 Abs. 3 EStG unentgeltlich übertragen wird (UmwSt-Erl. 2011 BMF v. 11.11.2011, BStBl. I 2011, 1314 Tz. 18.08).

Der **Übernahmefolgegewinn** (§ 6 UmwStG) unterliegt, soweit nicht gemäß § 6 Abs. 1 Satz 1 UmwStG eine Rücklage gebildet wird, gemäß § 18 Abs. 1 UmwStG der 167

Gewerbesteuer; § 18 Abs. 2 UmwStG ist nicht anwendbar (WM/*Widmann* UmwStG § 18 Rn. 105). Gleiches gilt für die sich aus der Auflösung der Rücklage ergebende Gewinnerhöhung.

168 *einstweilen frei*

VII. Verkehrsteuern, Schenkungsteuer

1. Grunderwerbsteuer

169 Die Verschmelzung löst, soweit zum Vermögen der übertragenden Kapitalgesellschaft Grundstücke gehören, Grunderwerbsteuer aus, § 1 Abs. 1 Nr. 3 GrEStG. Gleiches gilt grds., wenn einer von der übertragenden Kapitalgesellschaft unmittelbar oder mittelbar zu mehr als 95% gehaltenen Personen- oder Kapitalgesellschaft ein Grundstück gehört, § 1 Abs. 2a, Abs. 3 GrEStG. Bemessungsgrundlage ist gemäß § 8 Abs. 2 Satz 1 Nr. 2 bzw. Nr. 3 GrEStG der Grundbesitzwert gemäß § 138 Abs. 2, 3 BewG. Die Grunderwerbsteuerfreistellung für konzerninterne Umwandlungen gemäß § 6a GrEStG greift erst, wenn das herrschende Unternehmen seit fünf Jahren vor der Umwandlung und für fünf Jahre nach der Umwandlung ununterbrochen zu mindestens 95% unmittelbar oder mittelbar an der abhängigen Gesellschaft beteiligt ist, § 6a Satz 4 GrEStG. Vgl. ausführlich zur Grunderwerbsteuer und den bevorstehenden Änderungen: → Form. D.1 Rn. 66 ff.

170 *einstweilen frei*

2. Umsatzsteuer

171 Die Verschmelzung einer Kapitalgesellschaft auf eine Personengesellschaft ist nicht steuerbar, § 1 Abs. 1a UStG. Die übernehmende Personengesellschaft tritt in die umsatzsteuerliche Rechtsposition der übertragenden Kapitalgesellschaft ein (zB auch im Hinblick auf die Fristen für die Berichtigung des Vorsteuerabzuges iSv. § 15a UStG).

3. Schenkungsteuer

172 Umwandlungen im Allgemeinen und Verschmelzungen von Kapitalgesellschaften auf Personengesellschaften zur Aufnahme im Besonderen können auch **schenkungsteuerlich** relevant sein, soweit im Rahmen der Umwandlung ein **unausgewogener Leistungsaustausch** stattfindet (*H.-U. Viskorf* ZEV 2014, 633):

172a Besteht der unausgewogene Leistungsaustausch darin, dass den Gesellschaftern der übertragenden Kapitalgesellschaft eine den **Wert** der Überträgerin **übersteigende Beteiligung** an der Übernehmerin gewährt wird, kann der Vorgang als freigebige Zuwendung der Gesellschafter der Übernehmerin an die Gesellschafter der Überträgerin gemäß § 7 Abs. 1 Nr. 1 ErbStG der Schenkungsteuer unterliegen (*H.-U. Viskorf* ZEV 2014, 633; BFH v. 27.8.2014, II R 43/12, BStBl. II 2015, 241, für Kapitalerhöhung in GmbH).

172b Entsprechendes gilt, wenn umgekehrt der Wert der den Gesellschaftern der übertragenden Kapitalgesellschaft gewährten Beteiligung an der übernehmenden Personengesellschaft hinter dem Wert der Überträgerin zurück bleibt: Dieser Vorgang kann wegen der schenkungsteuerlichen Transparenz der Personengesellschaft (→ Rn. 172e) eine freigebige Zuwendung gemäß § 7 Abs. 1 Nr. 1 ErbStG der Gesellschafter der Überträgerin an die Gesellschafter der Übernehmerin darstellen (*H.-U. Viskorf* ZEV 2014, 633, 635).

172c **Zuwendungsgegenstand** sind jedenfalls im Fall einer freigebigen Zuwendung an die Gesellschafter der Überträgerin (→ Rn. 172a) die den Begünstigten gewährten Mitunternehmeranteile an der Übernehmerin; dass diese erst mit Eintragung der Verschmelzung im Handelsregister neu entstehen und von den Neugesellschaftern originär erworben werden, ist unerheblich (BFH v. 27.8.2014, II R 43/12, BStBl. II 2015, 241, Tz. 63 zur Kapitalerhöhung in der GmbH).

Unklar ist der **Gegenstand der Zuwendung** hingegen im umgekehrten Fall, wenn der Wert des im Zuge der Verschmelzung übergehenden Vermögens den Wert der dafür gewährten Mitunternehmeranteile übersteigt, also eine freigebige Zuwendung an die Gesellschafter der Übernehmerin vorliegt (→ Rn. 172b): Den Zuwendungsgegenstand lediglich in der Werterhöhung der Anteile der Übernehmerin zu sehen, wie dies die FinVerw. in den Fällen des § 7 Abs. 8 ErbStG annimmt (Gleichl. Ländererlasse v. 20.4.2018, BStBl. I 2018, 632 Tz 3.4.1 Satz 1 und Tz. 3.5), verbietet sich wegen der schenkungsteuerlichen Transparenz von Personengesellschaften (→ Rn. 172e). Denkbar wäre, das übergehende Unternehmen der Überträgerin als Gegenstand der Zuwendung anzusehen. Stattdessen könnte auch auf die ertragsteuerliche Sichtweise abgestellt werden, dass eine infolge des Hinzutretens neuer Mitunternehmer erweiterte Mitunternehmerschaft als neu entstanden anzusehen ist (BFH v. 25.4.2006, VIII R 52/04, BStBl. II 2006, 847, Tz. 59; UmwSt-Erl. 2011 BMF v. 11.11.2011, BStBl. I 2011, 1314 Tz. 01.47 unter Buchst. aa 3. und 4. Alt.); überträgt man diese Sichtweise auf das Schenkungsteuerrecht, wofür immerhin spricht, dass sich die Bestimmung des schenkungsteuerlichen Zuwendungsgegenstands zumindest für Zwecke von §§ 13a, 13b ErbStG nach ertragsteuerlichen Grundsätzen richtet (ErbStR E 13b.5 Abs. 3 Satz 2), sind Gegenstand der freigebigen Zuwendung an die Gesellschafter der übernehmenden Personengesellschaft Mitunternehmeranteile an der – ertrag- wie schenkungsteuerlich als neue Mitunternehmerschaft anzusehenden – Übernehmerin.

Die **Einlagen** der Neu-Mitunternehmer, im Falle der freigebigen Zuwendung an **172d** die Gesellschafter der Überträgerin also das Vermögen der Überträgerin und im Falle der freigebigen Zuwendung an die Gesellschafter der Übernehmerin das Vermögen der Übernehmerin, stellen keine teilweise Gegenleistung, sondern **Erwerbsaufwand** gemäß § 1 Abs. 2 iVm. § 10 Abs. 5 Nr. 3 ErbStG dar (*H.-U. Viskorf* ZEV 2014, 633, 635; BFH v. 20.12.2000, IV R 42/99, BStBl. II 2003, 67, und BFH v. 27.8.2014, II R 43/12, BStBl. II 2015, 241, Tz. 50, jeweils zur Kapitalerhöhung in der GmbH).

Soweit zu den Gesellschaftern der an der Verschmelzung beteiligten Rechtsträger **172e** **Personengesellschaften** gehören, sind wegen deren **schenkungsteuerlicher Transparenz** Zuwendende bzw. Begünstigte die hinter der Personengesellschaft stehenden natürlichen oder juristischen Personen (BFH v. 14.9.1994, II R 95/92, BStBl. II 1995, 81; Gleichl. Ländererlass v. 14.3.2012, BStBl. I 2012, 331 Tz. 3.2; *H.-U. Viskorf* ZEV 2014, 633, 634). **Kapitalgesellschaften** können hingegen selbst Zuwendende sein (Gleichl. Ländererlasse v. 20.4.2018, BStBl. I 2018, 632 Tz. 3.2); zur Bestimmung der Steuerklasse ist dann das persönliche Verhältnis der Erwerber zu derjenigen unmittelbar oder mittelbar an der Kapitalgesellschaft beteiligten natürlichen Person oder Stiftung zugrunde zu legen, durch die die Zuwendung veranlasst ist, **§ 15 Abs. 4 Satz 1 ErbStG.** Prinzipiell kommen Kapitalgesellschaften – wie auch andere juristische Personen – auch als Begünstigte einer Schenkung in Betracht (*H.-U. Viskorf* ZEV 2014, 633, 634). Jedoch hat dann regelmäßig § 7 Abs. 8 Satz 1 ErbStG (Fiktion einer Zuwendung an deren Gesellschafter), der auch auf Leistungen gesellschaftsfremder Dritter anwendbar sein kann (Gleichl. Ländererlasse v. 20.4.2018, BStBl. I 2018, 632, Tz. 3.2), Vorrang (Gleichl. Ländererlass v 20.4.2018, BStBl. I 2018, 632 Tz. 1.4 Satz 1). Hingegen liegt eine freigebige Zuwendung gemäß § 7 Abs. 1 Nr. 1 ErbStG an die Kapitalgesellschaft und kein Fall des § 7 Abs. 8 ErbStG vor, wenn die Leistung von einem nicht an der Kapitalgesellschaft Beteiligten stammt und auf eine unmittelbare Bereicherung der Kapitalgesellschaft abzielt (Gleichl. Ländererlass v. 20.4.2018, BStBl. I 2018, 632 Tz. 3.2 letzter Satz). Sind Kapitalgesellschaften sowohl als Zuwendende als auch auf Erwerberseite beteiligt, scheidet eine Schenkung insoweit aus, als an diesen unmittelbar oder mittelbar dieselben Gesellschafter zu gleichen Anteilen beteiligt sind, **§ 7 Abs. 8 Satz 2 ErbStG.**

172f Ob ein schenkungsteuerlich relevanter **unausgewogener Leistungsaustausch** vorliegt, ist ausschließlich nach bürgerlich-rechtlichen Bewertungsgrundsätzen zu beurteilen (BFH v. 27.8.2014, II R 43/12, BStBl. II 2015, 241, Tz. 46): Die insoweit maßgeblichen Verkehrswerte der Unternehmen der beteiligten Rechtsträger werden gemäß § 9 Abs. 1 Satz 2 BewG durch den Preis bestimmt, der im gewöhnlichen Geschäftsverkehr nach der Beschaffenheit des Zuwendungsgegenstands bei einer Veräußerung zu erzielen wäre (BFH v. 27.8.2014, II R 43/12, BStBl. II 2015, 241, Tz. 46; *H.-U. Viskorf* ZEV 2014, 633, 635). Bei der Feststellung des Werts sind mit Ausnahme ungewöhnlicher oder persönlicher Verhältnisse alle Umstände zu berücksichtigen, die den Preis beeinflussen können, § 9 Abs. 2 Sätze 2 und 3, Abs. 3 BewG (BFH v. 27.8.2014, II R 43/12, BStBl. II 2015, 241, Tz. 46). Auf typisierende Steuerwerte wie z.B. das vereinfachte Ertragswertverfahren (§§ 199ff. BewG) kann nicht zurückgegriffen werden (BFH v. 24.11.2005, II R 11/04, BFH/NV 2006, 744; BFH v. 27.8.2014, II R 43/12, BStBl II 2015, 241, Tz. 47, jeweils zum sog. *Stuttgarter Verfahren*). Die steuerrechtlichen Bewertungsvorschriften sind erst im Rahmen der Ermittlung der Bereicherung iSd. § 10 ErbStG anzuwenden (BFH v. 27.8.2014, II R 43/12, BStBl. II 2015, 241, Tz. 47ff.). **Bewertungsstichtag** ist der Zeitpunkt der Eintragung der Umwandlung in das Handelsregister der Übernehmerin, da die Schenkungsteuer gemäß § 9 Abs. 1 Nr. 2 ErbStG zu diesem Zeitpunkt entsteht (*H.-U. Viskorf* ZEV 2014, 633, 635; BFH v. 27.8.2014, II R 42/12, BFH/NV 2015, 1079, Tz. 46 für die Kapitalerhöhung einer GmbH).

172g In **subjektiver Hinsicht** ist für § 7 Abs. 1 Nr. 1 ErbStG erforderlich, dass die Beteiligten mit dem Willen zur Freigebigkeit gehandelt haben (BFH v. 27.8.2014, II R 43/12, BStBl. II 2015, 241, Tz. 51). Ihnen muss bekannt gewesen sein, dass zwischen dem Wert der gewährten neuen Beteiligung und dem Wert der zu leistenden Einlage eine erhebliche prozentuale Abweichung besteht, wobei es freilich auf die Kenntnis des genauen Ausmaßes dieser Abweichung nicht ankommt (BFH v. 27.8.2014, II R 43/12, BStBl. II 2015, 241, Tz. 51). Bei einem **auffallenden Missverhältnis** zwischen dem bei verständiger und den Umständen nach vertretbarer Beurteilung zugrunde zu legenden Verkehrswert der neuen Anteile und den von den Neugesellschaftern zu leistenden Einlagen muss nach der Lebenserfahrung zunächst davon ausgegangen werden, dass die Gesellschafter dieses Missverhältnis erkannt haben. In einem solchen Fall muss derjenige, der behauptet, zumindest dem Zuwendenden sei das auffallend grobe Missverhältnis nicht bekannt gewesen, dies durch konkreten Vortrag entkräften (BFH v. 15.12.2010, II R 41/08, BStBl. II 2011, 363, Tz. 13; BFH v. 27.8.2014, II R 43/12, BStBl. II 2015, 241, Tz. 52 für Kapitalerhöhung in GmbH). Die FinVerw. geht von einem auffälligen Mißverhältnis bereits bei einer **Wertdifferenz** von mindestens **20%** aus (Gleichl. Ländererlasse v. 20.4.2018, BStBl. I 2018, 632 Tz. 3.4.3; BFH v. 5.7.2018, II B 122/17, BStBl II 2018, 660, Tz. 14).

172h Die **Bereicherung** des Erwerbers, die gemäß § 10 Abs. 1 Satz 1 ErbStG für die Bemessung der Schenkungsteuer maßgeblich ist, bestimmt sich gemäß § 12 Abs. 1 und 5 ErbStG, §§ 97, 109 BewG nach dem gemeinen Wert, für dessen Ermittlung § 11 Abs. 2 BewG entsprechend gilt (Kapp/Ebeling/*Geck* ErbStG § 12 Rn. 265).

172i Auf gemäß § 7 Abs. 1 Nr. 1 ErbStG schenkungsteuerbare Umwandlungen können die Steuervergünstigungen gemäß §§ 13a, 13b ErbStG Anwendung finden (*H.-U. Viskorf* ZEV 2014, 633, 636; BFH v. 27.8.2014; II R 43/12, BStBl. II 2015, 241, Tz. 61ff. für Kapitalerhöhung in GmbH). Dies folgt für die Fälle der Verschmelzung einer Kapitalgesellschaft auf eine Personengesellschaft jedenfalls dann aus § 13b Abs. 1 Nr. 2 ErbStG, wenn sich der Vorgang als freigebige Zuwendung an die Gesellschafter der Überträgerin darstellt (→ Rn. 172a), da in diesem Fall Zuwendungsgegenstand die den Begünstigten gewährten Mitunternehmeranteile an der Übernehmerin sind (→ Rn. 172c). Dasselbe wird man aber auch dann anzunehmen haben, wenn umgekehrt der Wert des im Zuge der Verschmelzung übergehenden Vermögens den Wert der dafür gewährten Mitunternehmeranteile übersteigt, also eine freigebige Zuwendung an die Gesellschafter der Übernehmerin vorliegt (→ Rn. 172b): Da in diesem Fall nicht lediglich eine Werterhöhung der Anteile der Gesellschafter der übernehmenden Personengesellschaft, sondern je nach Sichtweise entweder das Unternehmen der Überträgerin oder Mitunternehmeranteile an der – ertrag- wie schenkungsteuerlich als neue Mitunternehmerschaft anzusehenden – Übernehmerin Gegenstand der Zuwendung sind (→ Rn. 172c), müsste sich auch in diesem Fall die Anwendbarkeit der §§ 13a, 13b ErbStG aus § 13b Abs. 1 Nr. 2 ErbStG ergeben.

VIII. Arbeitsrecht

S. zunächst die grds. Anmerkungen zum Arbeitsrecht unter → Form. A.1 **173**
Rn. 150 ff.

Die Darlegung der **Folgen der Verschmelzung für die Arbeitnehmer und** **174**
ihre Vertretungen und die diesbzgl. vorgesehenen Maßnahmen ist gemäß § 5 Abs. 1 Nr. 9 UmwG zwingender Bestandteil des Verschmelzungsvertrages. Die individual- und kollektivarbeitsrechtlichen Folgen der Verschmelzung sind iE umfassend darzulegen; ein pauschaler Verweis auf § 613a BGB und die Bestimmungen des UmwG genügt nicht (OLG D'dorf v. 15.3.1998, 3 Wx 156/98, NJW-RR 1999, 188). Genügt der Verschmelzungsvertrag diesen Anforderungen nicht, hat das Handelsregister die Eintragung der Verschmelzung abzulehnen (OLG D'dorf v. 15.3.1998, aaO).

Daneben besteht gem. **§ 613a Abs. 5 BGB** die Verpflichtung, die Arbeitnehmer **175**
nicht nur über die rechtlichen, sondern auch über die sie betreffenden **wirtschaftlichen und sozialen Folgen** des Betriebsübergangs zu informieren; die Nichteinhaltung dieser Informationsverpflichtung hat grundsätzlich zur Folge, dass die in § 613a Abs. 6 BGB normierte Frist von einem Monat für die Ausübung des Rechts der betroffenen Arbeitnehmer, dem Übergang ihres Arbeitsverhältnisses zu widersprechen (iE → Form. A.1 Rn. 152 f.), nicht zu laufen beginnt. Gleiches gilt für eine **unvollständige oder unrichtige Unterrichtung** (BAG v. 13.7.2006, 8 AZR 305/05, NZA 2006, 1268; v. 14.12.2006, 8 AZR 763/05, NZA 2007, 682, BAG v. 15.12. 2016, 8 AZR 612/15, NZA 2017, 783). Allerdings hat das BAG klargestellt, dass ein Widerspruchsrecht nach einer Verschmelzung nicht besteht, da das Arbeitsverhältnis mit dem bisherigen, erloschenen Arbeitgeber nicht fortgesetzt werden kann. Der Widerspruch ist auch nicht zwangsläufig als Kündigung zu verstehen, wenn die Erklärung nicht auch eine Umdeutung zur Kündigung oder einem anderen Beendigungstatbestand zulässt (BAG v. 21.2.2008, 8 AZR 157/07, NZA 2008, 815). Ein erklärter Widerspruch lässt das übergegangene Arbeitsverhältnis daher grundsätzlich unberührt (iE → Form. A.1 Rn. 178, → Form. A.7.1 § 8 Abs. 2 sowie → Rn. 236). Der Arbeitnehmer muss daher grundsätzlich eine außerordentliche Kündigung erklären, wenn er sich vom Arbeitsverhältnis lösen will (Kallmeyer/*Willemsen* UmwG § 324 Rn. 44).

Bzgl. der Einzelheiten wird auf **§ 8 des Verschmelzungsvertrages** in **176**
→ Form. A.7.1 sowie → Rn. 234 ff. verwiesen.

einstweilen frei **177, 178**

IX. Kartellrechtliche Hinweise

Eine Verschmelzung ist ein **Zusammenschluss** iSv. § 37 Abs. 1 Nr. 1 GWB. Dass **179**
die übernehmende Gesellschaft bereits zu 80% an der übertragenden AG beteiligt ist, steht dem nicht entgegen, § 37 Abs. 2 GWB: Die Realisierung eines Vermögenserwerbs gemäß § 37 Abs. 1 Nr. 1 GWB führt wegen der damit ermöglichten unmittelbaren Verfügung über das erworbene Unternehmen stets zu einer wesentlichen Verstärkung der bestehenden Unternehmensverbindung. Sofern (wie im Formularfall) die

Umsatzschwellen des § 35 Abs. 1 GWB überschritten sind und nicht die Zuständigkeit der EU-Kommission gem. der VO (EU) Nr. 139/2004 v. 20.1.2004, ABl. EU L 24 S. 1, begründet ist, muss die geplante Verschmelzung daher beim Bundeskartellamt angemeldet werden.

Innerhalb von einem Monat nach Eingang der vollständigen Anmeldung muss das Bundeskartellamt mitteilen, ob es in eine Prüfung des Zusammenschlusses eintritt, ansonsten gilt der Zusammenschluss als freigegeben, § 40 Abs. 1 Satz 1 GWB.

Erfolgt die Mitteilung fristgemäß, muss grds. innerhalb einer weiteren Frist von vier Monaten eine Sachentscheidung (Untersagung oder Freigabe) ergehen, § 40 Abs. 2 Satz 2 GWB, wenn nicht die anmeldenden Unternehmen einer Fristverlängerung zustimmen oder sonstige in § 40 Abs. 2 Satz 4 GWB genannte Fristverlängerungsgründe vorliegen. Bei nicht fristgemäßer Entscheidung gilt der Zusammenschluss wiederum als freigegeben, § 40 Abs. 2 Satz 2 GWB.

180 Während der Schwebezeit darf der Zusammenschluss nicht vollzogen werden **(Vollzugsverbot),** § 41 Abs. 1 GWB. Untersagt ist damit der Abschluss eines unbedingten Erfüllungsgeschäftes ebenso wie tatsächliche Handlungen, die die wirtschaftlichen Wirkungen vorwegnehmen (Immenga/Mestmäcker/*Thomas,* Wettbewerbsrecht Band 2, 5. Auflage, GWB § 41 Rn. 4). Bei Umwandlungen soll Vollzug grds. mit Abschluss des Verschmelzungsvertrages und Fassung der Verschmelzungsbeschlüsse der beteiligten Rechtsträger vorliegen (SBB/*Maier* § 7 Rn. 48). Dies kann allerdings zu Schwierigkeiten führen, weil einerseits der Zeitpunkt der Freigabe durch das Bundeskartellamt nicht vorhersehbar ist, andererseits die Zustimmungsbeschlüsse einer erheblichen Vorlaufzeit bedürfen, insb. wenn es sich – wie im vorliegenden Fall – um eine börsennotierte Aktiengesellschaft handelt. Dieses Problem kann durch eine **Kartellklausel im Verschmelzungsvertrag,** wonach der Vertrag erst bei Vorliegen der kartellrechtlichen Voraussetzungen vollzogen und insb. zum Handelsregister angemeldet werden kann, gelöst werden (→ Form. A.7.1 in § 10 Abs. 3).

Allerdings muss die Kartellklausel auch tatsächlich respektiert werden, dh. es dürfen keine Maßnahmen im Vorgriff auf die Verschmelzung erfolgen (zB „faktische" Übernahme der Kontrolle, Übernahme der Buchführung etc.).

181 Ob die Genehmigung nach GWB zu den beizufügenden Urkunden nach § 17 Abs. 1 UmwG gehört, ist seit Streichung des Erfordernisses der Vorlage staatlicher Genehmigungsurkunden durch das ARUG v. 30.7.2009, BStBl. I 2009, 2479 im verneinenden Sinne geklärt (so zutreffend WM/*Fronhöfer* UmwG § 17 Rn. 34).

182 Gegen negative Entscheidungen der Kartellbehörde ist das Rechtsmittel der Beschwerde gegeben, §§ 63 ff. GWB. Diese muss innerhalb eines Monats ab Zustellung der Entscheidung bei der Behörde, deren Beschluss angefochten wird, eingelegt werden, § 66 GWB.

183 *einstweilen frei*

X. Kosten

1. Allgemeines

184 Vgl. zum reformierten Kostenrecht (GNotKG) die Anmerkungen in → Form. A.1 Rn. 259).

185–187 *einstweilen frei*

2. Beurkundung des Verschmelzungsvertrags

188 Die Notargebühren für die Beurkundung des Abschlusses des **Verschmelzungsvertrages** richten sich nach §§ 97, 107 GNotKG (vgl. die Anmerkungen in → Form. A.1 Rn. 261).

Zur **Wertberechnung** ist das Aktivvermögen der übertragenden AG zugrunde zu legen. Die Berechnung erfolgt dabei auf Grundlage der Verschmelzungsbilanz, jedoch ohne Abzug von Schulden (§ 38 Satz 1 GNotKG, vgl. hierzu BayObLG v. 23.4.1999, 3 Z BR 19/99, NJW-RR 1999, 1373; BayObLG v. 19.3.1997, 3 Z BR 283/96, MittBayNot 1997, 252; OLG Karlsruhe v. 30.1.2001, 11 Wx 59/00, ZNotP 2002, 121 zur KostO). Das Aktivvermögen wird um nicht durch Eigenkapital gedeckte Fehlbeträge vermindert; im Gegenzug erhöhen stille Reserven das Aktivvermögen der übertragenden GmbH (§ 46 Abs. 1 GNotKG; *Diehn/Volpert,* Praxis des Notarkostenrechts, Rn. 2549 ff.). Die Berechnung des Aktivvermögens erfolgt dabei auf der Basis der mit zum Handelsregister einzureichenden Verschmelzungsbilanz nach § 17 Abs. 2 UmwG. In der vorliegenden Konstellation beträgt bereits das Grundkapital der übertragenden AG 10 Mio. EUR, so dass sich aus diesem Höchstwert gemäß § 107 Abs. 1 GNotKG die notariellen Kosten berechnen. Zu weiteren Details der Berechnung des Gegenstandswerts vgl. die Anmerkungen in → Form. A.1 Rn. 259, 261). **189**

einstweilen frei **190**

3. Zustimmungsbeschlüsse, Kapitalerhöhungsbeschluss, Neufassung des Gesellschaftsvertrages

Die Beurkundung der Zustimmungsbeschlüsse nach § 13 Abs. 1 UmwG in der übertragenden AG sowie der übernehmenden GmbH & Co. KG ist nach § 110 Nr. 1 GNotKG gegenstandsverschieden zum Verschmelzungsvertrag, so dass diese nach §§ 97, 108 Abs. 1 GNotKG für die Notarkostenberechnung gesondert zu berücksichtigen sind. **191**

Die Zustimmungsbeschlüsse in übertragender AG sowie übernehmender GmbH & Co. KG sind untereinander grundsätzlich gegenstandsgleich, vgl. § 109 Abs. 2 Nr. 4 Buchst. g GNotKG. Werden jedoch – wie hier – die Zustimmungsbeschlüsse der Aktionäre der übertragenden AG und der Gesellschafter der übernehmenden GmbH & Co. KG in getrennten Urkunden beurkundet, sind diese auch jeweils gesondert in Ansatz zu bringen, § 109 Abs. 2 Nr. 4 Buchsat. g GNotKG gilt nicht (BDS/*Bormann* GNotKG § 109 Rn. 66). Der Zustimmungsbeschluss der Aktionäre der übertragenden AG erfolgt nach §§ 36 ff. BeurkG als Tatsachenbeurkundung, der Zustimmungsbeschluss der Gesellschafter der übernehmenden GmbH & Co. KG erfolgt nach §§ 9 ff. BeurkG. Für beide Beschlüsse gilt nach § 108 Abs. 3 Satz 1 GNotKG, dass der jeweilige Geschäftswert der Wert des Vermögens des übertragenden Rechtsträgers (der AG) ist, jedoch nach § 108 Abs. 5 GNotKG (jeweils) höchstens 5 Mio. EUR beträgt. **192**

Gegenstandsverschieden nach § 86 Abs. 2 GNotKG ist allerdings der Beschluss betreffend die Erhöhung des Festkapitals bei der aufnehmenden GmbH & Co. KG, so dass der Nennbetrag der Kapitalerhöhung zu dem Wert des Verschmelzungsbeschlusses hinzuzurechnen ist (§ 35 Abs. 1 GNotKG, vgl. Korintenberg/*Tiedtke* GNotKG § 108 Rn. 85). Die Änderung des Gesellschaftsvertrages bei der aufnehmenden GmbH & Co. KG zur Durchführung der Festkapitalerhöhung (Stammkapitalziffer, Einlagen) wird nach § 109 Abs. 2 Satz 1 Nr. 4 Buchst. b GNotKG nicht gesondert in Ansatz gebracht. **193**

Die Neufassung des Gesellschaftsvertrages der aufnehmenden GmbH & Co. KG im Übrigen ist jedoch gesondert in Ansatz zu bringen, da der Gesellschaftsvertrag – anders als beim Formwechsel, vgl. § 234 UmwG – nicht zwingender Bestandteil der notariellen Urkunde ist. Gegenstandswert ist mindestens die Summe der Kommanditeinlagen, also 6 Mio. EUR, ggf. der höhere Wert des Gesellschaftsvermögens der aufnehmenden GmbH & Co. KG nach Verschmelzung.

einstweilen frei **194**

4. Zustimmungs- und Verzichtserklärungen, Vollzugs- und Betreuungsgebühren, Auslagen

195 Für die Mitbeurkundung von Verzichtserklärungen auf die Erstellung eines Verschmelzungsberichts (§ 8 Abs. 3 UmwG), auf die Verschmelzungsprüfung bzw. die Erstellung eines Verschmelzungsprüfungsberichts (§§ 9 Abs. 3, 12 Abs. 3 UmwG) (dazu Renner/Otto/Heinze/*Heinze* GNotKG § 107 Rn. 72) und auf die Auslegung von Unterlagen in den Geschäftsräumen der beteiligten Gesellschaften fallen keine zusätzlichen Gebühren an, da sämtliche dieser Verzichtserklärungen gegenstandsgleich nach § 109 Abs. 1 GNotKG sind (BDS/*Bormann* GNotKG § 109 Rn. 35; OLG Hamm v. 6.12.2001, 15 W 314/01, MittBayNot. 2002, 210 zur KostO). Nicht gegenstandsgleich (und damit gebührentechnisch gesondert zu bewerten) ist die im Zustimmungsbeschluss der übernehmenden GmbH & Co. KG enthaltene Verzichtserklärung der Gesellschafter auf die Anfechtung des Verschmelzungsbeschlusses nach § 16 Abs. 2 UmwG. Für die Bewertung dieser Verzichtserklärung soll ein Teilwert von 10% des übergehenden Aktivvermögens zugrunde zu legen sein (Renner/Otto/Heinze/*Heinze* GNotKG § 107 Rn. 73).

196 Es können grundsätzlich Vollzugs- oder Betreuungsgebühren zusätzlich zu den Beurkundungsgebühren entstehen (→ Form. A.1 Rn. 262).

197 Zusätzlich werden durch den Notar noch Auslagen in Rechnung gestellt (→ Form. A.1 Rn. 262).

198 *einstweilen frei*

5. Handelsregisteranmeldung

199 **Beglaubigt** der Notar lediglich die Unterschriften der Vorstandsmitglieder der übertragenden AG bzw. der Gesellschafter der aufnehmenden GmbH & Co. KG unter ihm zur Verfügung gestellten **Fremdentwürfen,** dann erhält er hierfür eine Gebühr von 0,2, mindestens jedoch 20 EUR und höchstens 70 EUR, nach Nr. 25100 des Kostenverzeichnisses. Der Geschäftswert der Handelsregisteranmeldungen wird nach §§ 121, 105 GNotKG ermittelt. Bei der übertragenden AG handelt es sich um eine Anmeldung mit unbestimmtem Geldwert nach § 105 Abs. 4 Nr. 1 GNotKG. Entsprechend ist der Geschäftswert ein Prozent des Grundkapitals der übertragenden AG, mithin 100 000 EUR; die 0,2 Gebühr aus diesem Geschäftswert beträgt 54,60 EUR. Bei der übernehmenden GmbH & Co. KG ist der Anmeldegegenstand der Verschmelzung ein solcher mit unbestimmtem Geldwert nach § 105 Abs. 4 Nr. 1 GNotKG. Die Anmeldung der Festkapitalerhöhung ist jedoch ein gesonderter Gegenstand, so dass der Nennbetrag der Kapitalerhöhung hinzuzurechnen ist (§ 105 Abs. 1 Satz 1 Nr. 3, § 35 Abs. 1 GNotKG), mindestens aber nochmals 30 000 EUR (§ 105 Abs. 1 Satz 2 GNotKG).

Zudem erhält der Notar nach Nr. 22114 des Kostenverzeichnisses (elektronischer Vollzug und Erstellung von sog. XML-Strukturdaten) noch eine zusätzliche Gebühr in Höhe von 0,3, maximal jedoch 250 EUR, für die elektronische Einreichung der Handelsregisteranmeldung nebst Anlagen zum Registergericht. Des Weiteren fällt noch eine Vollzugsgebühr nach Nr. 22124 des Kostenverzeichnisses von 20 EUR für die Einreichung der Handelsregisteranmeldung an. Hinzu kommen Auslagen nach Nr. 3200 ff. des Kostenverzeichnisses und 19% USt (Nr. 32014).

200 **Erstellt** der **Notar selbst** die **Entwürfe** der Handelsregisteranmeldungen für die übertragende AG und die übernehmende GmbH & Co. KG, so berechnen sich die Notargebühren nach Nr. 24102 des Kostenverzeichnisses. Hiernach fällt eine Rahmengebühr von 0,3 bis 0,5, bei einer (vollständigen) Entwurfserstellung eine Gebühr von 0,5, mindestens jedoch 30 EUR an. Der Geschäftswert berechnet sich wiederum aus §§ 119, 105 GNotKG (vgl. die vorstehenden Ausführungen). Zudem erhält der Notar nach Nr. 22114 des Kostenverzeichnisses (elektronischer Vollzug und Erstellung

von sog. XML-Strukturdaten) noch eine zusätzliche Gebühr in Höhe von 0,3, maximal jedoch 250 EUR, für die elektronische Einreichung der Handelsregisteranmeldung nebst Anlagen zum Registergericht. Neben den beiden vorgenannten Gebühren sind wiederum Auslagen nach Nr. 3200 ff. und 19% USt (Nr. 32014) zu zahlen.

6. Handelsregistereintragung

Die Eintragungsgebühren richten sich nach der Verordnung über Gebühren in Handels-, Partnerschafts- und Genossenschaftsregistersachen (Handelsregistergebührenverordnung, HRegGebV), die auf der Ermächtigungsgrundlage in § 58 GNotKG beruht. Bei den Gebühren handelt es sich um sog. aufwandsbezogene Gebühren, die dem sog. Gebührenverzeichnis als Anlage zu § 1 Satz 1 HRegGebV v. 30.9.2004, BGBl. I 2004, 2562 entnommen werden können. **201**

Die **Handelsregistereintragung** kostet bei der übertragenden AG 240 EUR (Gebührenverzeichnis Nr. 2402) und bei der übernehmenden GmbH & Co. KG 180 EUR (Gebührenverzeichnis Nr. 1401). **202**

einstweilen frei **203, 204**

C. Einzelerläuterungen

I. Notarurkunden

1. Verschmelzungsvertrag

Der Verschmelzungsvertrag ist **notariell zu beurkunden,** § 6 UmwG. Erforderlich ist im Regelfall die Beurkundung durch einen deutschen Notar; die Beurkundung durch einen ausländischen Notar kann allenfalls dann genügen, wenn sie der Beurkundung durch einen deutschen Notar gleichwertig ist, was z.B. für die Beurkundung durch Notare im Schweizer Kanton Basel-Stadt bejaht worden ist (vergl. KG v. 26.7.2018, 22 W 2/18, DStR 2018, 2533; s. iE → Form. B.1 Rn. 333 ff.). **205**

Der Verschmelzungsvertrag oder sein Entwurf ist vor Einberufung der Hauptversammlung, die den Verschmelzungsbeschluss fassen soll, beim **Handelsregister** des Sitzes der übertragenden AG **einzureichen,** § 61 Satz 1 UmwG. Dies bedeutet, dass die Einreichung zum Handelsregister wegen der Frist aus § 123 Abs. 1 AktG allerspätestens einen Monat vor dem Tage der Hauptversammlung und vor dem Erscheinen der Einberufung in den Gesellschaftsblättern bzw. der Versendung der gemäß § 121 Abs. 4 Satz 1 AktG per eingeschriebenen Brief erfolgenden Ladung erfolgen muss. Ob eine Einreichung am Erscheinenstag vor Beginn des Parteiverkehrs ausreicht, ist fraglich (dafür: WM/*Rieger* UmwG § 61 Rn. 7). **206**

Außerdem ist der Verschmelzungsvertrag oder sein Entwurf einen Monat vor dem Tage der Hauptversammlung dem zuständigen **Betriebsrat** vorzulegen, § 5 Abs. 3 UmwG (→ Form. A.7.5 sowie → Rn. 264 ff.). **207**

einstweilen frei **208**

Zu § 1: Vermögensübertragung

§ 1 enthält die nach § 5 Abs. 1 Nr. 2 UmwG erforderliche Vereinbarung über die **Übertragung** des Vermögens der übertragenden AG als Ganzes gegen Gewährung von Anteilen an der übernehmenden Personengesellschaft. **209**

Zu § 2: Gegenleistung, Umtauschverhältnis, Kapitalerhöhung

Abs. 1 entspricht den Anforderungen in § 40 Abs. 1 UmwG, wonach im Verschmelzungsvertrag für jeden Aktionär bestimmt sein muss, ob ihm die Stellung eines **persönlich haftenden** Gesellschafters oder eines **Kommanditisten** eingeräumt wird; **210**

zudem muss für jeden Aktionär seine Einlage in der Kommanditgesellschaft festgesetzt werden, § 40 Abs. 1 Satz 2 UmwG. Die Einräumung der Stellung eines persönlich haftenden Gesellschafters bedarf der Zustimmung des betroffenen Aktionärs der übertragenden AG, § 40 Abs. 2 Satz 2 UmwG.

211 **Abs. 1 Buchst. a) und Abs. 5** (Nennung bekannter Aktionäre) berücksichtigt die Rspr., wonach wegen § 40 Abs. 1 UmwG bekannte Aktionäre im Verschmelzungsvertrag namentlich aufzuführen sind (s. BayObLG v. 5.7.1996, 3 Z BR 114/96, NJW 1997, 747, 749). Ob dieser Auffassung gefolgt werden kann, ist fraglich. Die Angaben im Verschmelzungsvertrag sind bei börsennotierten Aktiengesellschaften ohnehin regelmäßig unzutreffend, da sich die Verhältnisse bis zum Wirksamwerden der Verschmelzung durch Eintragung im Handelsregister der übernehmenden Gesellschaft noch durch Übertragungen ändern können; gleichwohl sollte dieser Rspr. bis zur endgültigen Klärung der Rechtslage vorsorglich entsprochen werden (so noch Kallmeyer/*Marsch-Barner* 3. Aufl. 2006, UmwG § 35 Rn. 4; aA nunmehr Kallmeyer/*Marsch-Barner* UmwG § 35 Rn. 4).

212 **Abs. 1 Buchst. b)** betrifft den Fall der **unbekannten Aktionäre.** S. zu dieser Problematik bereits → Rn. 51 ff. Seit der Neuregelung von § 35 UmwG genügt es, die unbekannten Aktionäre durch die Angabe des insgesamt auf sie entfallenden Teils des Grundkapitals der Gesellschaft und der auf sie nach der Verschmelzung entfallenden Anteile zu bezeichnen. Die nach der bisherigen Fassung von § 35 UmwG erforderliche Angabe der Aktienurkunden, die bei Girosammelverwahrung Probleme bereitet, ist daher nunmehr entbehrlich.

213 **Abs. 2** (Zeitpunkt des Beginns der **Gewinnberechtigung**) enthält eine gemäß § 5 Abs. 1 Nr. 5 UmwG erforderliche Angabe. Als Zeitpunkt, ab welchem die Anteile gewinnberechtigt sind, wird häufig der **Verschmelzungsstichtag** gewählt. Zwingend ist dies jedoch nicht. Es kann theoretisch auch ein späterer oder früherer Zeitpunkt gewählt werden. Jedoch wird, wenn – wie im Formular – die übernehmende Gesellschaft eine Personengesellschaft ist, ein vom Verschmelzungsstichtag abweichender Gewinnberechtigungszeitpunkt steuerlich nicht anerkannt: Gemäß § 2 Abs. 2 UmwStG wird das Ergebnis der übernehmenden Personengesellschaft deren Gesellschaftern zwingend ab dem steuerlichen Übernahmestichtag zugerechnet, dh. ab dem Zeitpunkt der Schlussbilanz der übertragenden Gesellschaft, § 2 Abs. 1 UmwStG.

214 **Abs. 3** (**Gleichstellung aller Aktionäre** im Falle der Verbesserung des Anteilsverhältnisses) ist nicht zwingend erforderlich, aber zweckmäßig und üblich. Die Bestimmung soll verhindern, dass sich Aktionäre gezwungen sehen, sich an einem anhängigen **Spruchverfahren** zur Verbesserung des Umtauschverhältnisses gemäß §§ 15, 305 ff. UmwG zu beteiligen, um sich die Teilhabe an einer etwaigen aus diesem Verfahren ergebenden Besserstellung zu sichern. Zwar gilt die Entscheidung des Gerichts im Spruchverfahren auch zugunsten der nicht verfahrensbeteiligten Aktionäre, § 13 SpruchG. Ob und inwieweit dies auch für eine außergerichtliche Regelung oder im Falle der Beendigung des Spruchverfahrens durch einen Vergleich gilt, ist jedoch noch nicht abschließend geklärt.

215 **Abs. 1 und 4** regelt das Umtauschverhältnis der Anteile sowie die diesbzgl. vorzunehmende Kapitalerhöhung bei der aufnehmenden Gesellschaft, § 5 Abs. 1 Nr. 3 und 4 UmwG. Hierzu auch → Rn. 41.

216 Die **Kapitalerhöhung** bei der übernehmenden Personengesellschaft gemäß **§ 2 Abs. 4** ermittelt sich, indem die Kapitalerhöhung (KErh) zu der Summe aus bisherigem Kommanditkapital (KK) und Kapitalerhöhung ins Verhältnis gesetzt wird. Dieses Verhältnis entspricht dem Verhältnis, in welchem der Verkehrswert der an die Gesellschafter der übertragenden Gesellschaft ausgegebenen Anteile zum Verkehrswert der aufnehmenden Gesellschaft **nach** Verschmelzung (W_{AnV}) steht. Der Verkehrswert der solchermaßen neu ausgegebenen Anteile muss wiederum dem Verkehrswert der von den Empfängern bislang an der übertragenden Gesellschaft gehaltenen Aktien entspre-

chen (sonst würden die Gesellschafter der übertragenden Gesellschaft benachteiligt). Der Wert dieser Aktien ergibt sich, indem man den Wert der übertragenden Gesellschaft ($W_Ü$) mit der Beteiligungsquote der Anteilsempfänger an der übertragenden Gesellschaft (Q) multipliziert.

Es ergibt sich also folgende Gleichung:

$$\frac{\text{KErh}}{\text{KK} + \text{KErh}} = \frac{Q\ W_Ü}{W_{AnV}}$$

Setzt man die Zahlen aus dem Formularfall (→ Rn. 1 bis 3) in diese Formel ein, so ergibt sich Folgendes:

$$\frac{\text{KErh}}{6\ \text{Mio. EUR} + \text{KErh}} = \frac{20\% \times 300\ \text{Mio. EUR}}{160\ \text{Mio. EUR}} = \frac{3}{8}$$

Die Beteiligungsquote Q der an der Kapitalerhöhung teilnehmenden Gesellschafter der übertragenden Gesellschaft beträgt 20%; die übernehmende Gesellschaft (Beteiligung 80%) nimmt an der Kapitalerhöhung nicht teil.

Der Wert der aufnehmenden Gesellschaft nach Verschmelzung (W_{AnV}) von 160 Mio. EUR ergibt sich, indem man von der Summe der Verkehrswerte beider Gesellschaften vor Verschmelzung (100 Mio. EUR + 300 Mio. EUR = 400 Mio. EUR) den Wert der von der aufnehmenden Gesellschaft an der übertragenden Gesellschaft gehaltenen Anteile (80% × 300 Mio. EUR = 240 Mio. EUR) abzieht, da diese Anteile im Rahmen der Verschmelzung untergehen (ebenso wären im Ergebnis Anteile der übertragenden an der aufnehmenden Gesellschaft zu behandeln).

Löst man die vorstehende Gleichung nach KErh auf, so ergibt sich Folgendes

$$\text{KErh} = \frac{3}{8} \times (6\ \text{Mio. EUR} + \text{KErh})$$

$$\text{KErh} = \frac{3}{8} \times 6\ \text{Mio. EUR} + \frac{3}{8} \times \text{KErh}$$

$$\frac{5}{8}\ \text{KErh} = \frac{3}{8} \times 6\ \text{Mio. EUR}$$

$$\text{KErh} = \frac{3}{5} \times 6\ \text{Mio. EUR}$$

Ergebnis: KErh = 3,6 Mio. EUR

Das Umtauschverhältnis gemäß **§ 2 Abs. 1** ergibt sich, indem man den Nennbetrag **217**
der im Rahmen der Kapitalerhöhung neu auszugebenden Anteile (3,6 Mio. EUR) durch die Zahl der Aktien teilt, welche die Empfänger an der übertragenden AG hielten (2 Mio.). Daraus folgt im vorliegenden Fall, dass für jede Aktie an der übertragenden AG 1,80 EUR Festkapital an der übernehmenden Personengesellschaft gewährt werden.

Abs. 5, welcher das Vorgehen und die Zuständigkeiten bei der Ermittlung der un- **218**
bekannten Aktionäre regelt, ist nicht zwingend erforderlich, aber zweckmäßig.

einstweilen frei **219**

Zu § 3: Abfindungsangebot

Die Notwendigkeit des Angebotes einer Barabfindung im Verschmelzungsvertrag **220**
ergibt sich aus § 29 Abs. 1 Satz 1 UmwG, da eine Verschmelzung auf einen Rechtsträger anderer Rechtsform (sog. **Mischverschmelzung**) vorliegt. Das Angebot ist an

diejenigen Aktionäre der übertragenden Gesellschaft zu richten, welche gegen den Verschmelzungsbeschluss Widerspruch zur Niederschrift eingelegt haben.

221 Das Angebot muss „angemessen" sein; die Angemessenheit ist durch den Verschmelzungsprüfer zu prüfen; § 30 Abs. 2 UmwG. Zur Angemessenheit auch → Rn. 41). Die Höhe des Abfindungsangebotes von 30 Euro pro Aktie im Formularfall ergibt sich durch Teilung des Verkehrswertes der übertragenden Aktiengesellschaft (300 Mio. Euro) durch die Zahl der Aktien (10 Millionen).

222 Die **Annahme** des Angebotes erfolgt durch Erklärung gegenüber dem übernehmenden Rechtsträger. Eine besondere Form ist nicht erforderlich. Die Aktienurkunden sind an die Gesellschaft zurückzugeben.

223 Die **Verzinsung** der Abfindung ergibt sich aus §§ 30 Abs. 1 Satz 2, 15 Abs. 2 UmwG.

224 *einstweilen frei*

Zu § 4: Verschmelzungsstichtag, handelsrechtliche Bilanzierung

225 **Abs. 1** (Verschmelzungsstichtag) ist gemäß § 5 Abs. 1 Nr. 6 UmwG zwingender Bestandteil des Verschmelzungsvertrages. Der Verschmelzungsstichtag bezeichnet den Zeitpunkt, ab welchem die Geschäftsvorfälle des übertragenden Rechtsträgers in der Rechnungslegung des übernehmenden Rechtsträgers zu erfassen sind.

226 Da sich der Zeitpunkt der Eintragung in das Handelsregister verzögern kann (zB durch Anfechtungsklagen), wird vielfach empfohlen, einen **variablen („rollierenden") Stichtag** vorzusehen, etwa dergestalt, dass sich der Verschmelzungsstichtag (und korrespondierend hierzu auch der Beginn der Gewinnberechtigung der im Rahmen der Verschmelzung ausgegebenen Anteile) um jeweils ein Jahr verschieben, wenn die Verschmelzung nicht bis zu einem bestimmten Zeitpunkt (etwa dem Zeitpunkt, bis zu welchem der übertragende Rechtsträger seinen nächsten Abschluss erstellen muss) eingetragen ist. Eine solche Regelung ist jedoch weder zwingend notwendig (die Verschmelzung kann selbst dann noch eingetragen werden, wenn seit dem Verschmelzungsstichtag einer oder sogar mehrere Abschlussstichtage vergangen sind) noch in jedem Falle zweckmäßig: Insb. kann sich eine Verschiebung von Verschmelzungsstichtag und Beginn der Gewinnbezugsberechtigung auf die Wertverhältnisse und daher auf das **Umtauschverhältnis** auswirken (*IDW* HFA 2/1997 Tz. 13). Das Formular sieht daher von einer solchen „rollierenden" Stichtagsregelung ab und beschränkt sich darauf, beiden Seiten ein Rücktrittsrecht zu gewähren, wenn sich die Eintragung der Verschmelzung über den 31.12.2002 hinaus verzögert (→ Form. A.7.1 § 11).

227 **Abs. 2** (Handelsrechtliche Schlussbilanz) ist kein zwingender Bestandteil des Verschmelzungsvertrages: § 5 Abs. 1 Nr. 5 und Nr. 6 UmwG fordern Festlegungen im Verschmelzungsvertrag nur für den Gewinnberechtigungszeitpunkt sowie den Verschmelzungsstichtag. Gleichwohl ist eine Regelung bzgl. der handelsrechtlichen Schlussbilanz zweckmäßig.

228 Da streitig ist, ob die Schlussbilanz festgestellt sein muss (→ Rn. 106), sieht das Formular vorsorglich die Feststellung der Schlussbilanz durch den gemäß § 172 Satz 1 AktG zuständigen Aufsichtsrat vor.

229 **Abs. 3 Satz 1** (Wertansätze in der Rechnungslegung der übernehmenden Gesellschaft) ist ebenfalls kein zwingender, aber ein zweckmäßiger Bestandteil des Verschmelzungsvertrages. Um einen **Verschmelzungsverlust** zu vermeiden, wird im Formular der Ansatz des übergehenden Vermögens nach dem **Anschaffungskostenprinzip** gewählt, § 255 Abs. 1 HGB iVm. § 24 UmwG (→ Rn. 111 ff.), was zu einer Buchwertaufstockung führt. Nach früherer Auffassung der FinVerw. zum UmwStG 1995 sollte dies allerdings eine erfolgswirksame Wertaufholung in der korrespondierenden Steuerbilanz des übernehmenden Rechtsträgers zur Folge haben (sog. phasen-

verschobene oder hinkende Maßgeblichkeit). Die Verwaltung hat diese Auffassung allerdings mit Inkrafttreten des UmwStG 2006 aufgegeben (→ Rn. 139).

Abs. 3 Satz 2 (bilanzielle Behandlung des Differenzbetrages zwischen dem Wert des übergehenden Vermögens und dem Betrag der Kapitalerhöhung) ist ebenfalls kein zwingender, aber ein zweckmäßiger Bestandteil des Verschmelzungsvertrages: Bei einer Personengesellschaft als aufnehmender Gesellschaft gibt es nicht die für Aktiengesellschaften und GmbHs geltende 10%-ige Beschränkung der Höhe der baren Zuzahlungen, §§ 54 Abs. 4, 68 Abs. 3 UmwG. Daher haben die Parteien die Wahl, ob der positive Differenzbetrag als Eigenkapital (Rücklagekonto) oder Fremdkapital (Verrechnungskonto) verbucht wird (→ Rn. 122 ff.). Maßgeblich sind die Parteivereinbarungen (*IDW* HFA 2/1997 Tz. 331). Das Formular entscheidet sich für die Behandlung als Eigenkapital. Dies empfiehlt sich auch deshalb, weil im Falle der Verbuchung auf einem Fremdkapitalkonto eine nicht in Gesellschafterrrechten bestehende Gegenleistung vorliegt, die gemäß § 3 Abs. 2 Nr. 3 UmwStG **insoweit** die Möglichkeit des Ansatzes von Buch- oder Zwischenwerten in der steuerlichen Schlussbilanz der übertragenden GmbH ausschließt (→ Rn. 138d), was bei dieser zu einem steuerpflichtigen **Übertragungsgewinn** führt (→ Rn. 141 f.). 230

Eine Regelung zur steuerrechtlichen Bilanzierung in der Schlussbilanz der übertragenden Gesellschaft ist nicht vorgesehen, da wegen der bei der übertragenden Gesellschaft vorhandenen Verlustvorträge ein Ansatz zu **Zwischenwerten** in Betracht kommt (→ Rn. 140 ff.), deren Festlegung im einzelnen sich einer Regelung im Verschmelzungsvertrag entzieht. 231

Zu § 5: Gesellschaftsvertrag der Übernehmerin

§ 5, welcher die Neufassung des Gesellschaftsvertrages der übernehmenden Personengesellschaft vorsieht, ist grundsätzlich kein zwingender Bestandteil des Verschmelzungsvertrages. Gleichwohl empfiehlt sich – zumindest bei der Verschmelzung einer börsennotierten Aktiengesellschaft auf eine Personengesellschaft – die Aufnahme in den Verschmelzungsvertrag, weil die – regelmäßig erforderliche – Neufassung des Gesellschaftsvertrages wesentliche Entscheidungsgrundlage für die Anteilsinhaber beider Rechtsträger ist. 232

einstweilen frei 233

Zu § 8: Folgen der Verschmelzung für Arbeitnehmer und ihre Vertretungen

Die Darlegung der Folgen der Verschmelzung für die Arbeitnehmer und ihre Vertretungen sowie die insoweit vorgesehenen Maßnahmen sind zwingender Bestandteil des Verschmelzungsvertrages, § 5 Abs. 1 Nr. 9 UmwG, ihr Fehlen ein Eintragungshindernis. 234

Abs. 1 beschreibt und konkretisiert die gesetzliche Regelung in § 324 UmwG iVm. § 613a Abs. 1 Satz 1 BGB. 235

Abs. 2 trägt dem in § 613a Abs. 5 und 6 BGB geregelten Widerspruchsrecht des Arbeitnehmers Rechnung. Ein Widerspruchsrecht besteht nach aktueller Rspr. nach einer Verschmelzung nicht, da das Arbeitsverhältnis mit dem bisherigen, erloschenen Arbeitgeber nicht fortgesetzt werden kann. IE → Form. A.1 Rn. 178. 236

Abs. 3 weist vorsorglich auch auf die **steuerlichen** Folgen für Arbeitnehmer-Aktionäre auf Grund der Verschmelzung hin. 237

Abs. 4 enthält die ebenfalls erforderliche Beschreibung der Folgen der Verschmelzung für die Arbeitnehmer des übernehmenden Unternehmens. 238

Abs. 5 legt das **Kündigungsverbot** gemäß § 613a Abs. 4 BGB dar. 239

Abs. 6 beschreibt die Rechtsfolgen der Verschmelzung für die bei der übertragenden Gesellschaft geltenden tarifvertraglichen Normen (**individualvertragliche Fortgeltung** gemäß § 613a Abs. 1 Satz 2 BGB), wenn das übernehmende Unternehmen 240 nicht tarifgebunden ist. Gehört das übernehmende Unternehmen einem anderen Arbeitgeberverband an, so gelten gemäß § 613a Abs. 1 Satz 3 BGB vorrangig die Tarifverträge dieses Arbeitgeberverbandes **kollektivrechtlich** auch für die Arbeitnehmer des übertragenden Unternehmens; soweit die Tarifverträge des Arbeitgeberverbandes des aufnehmenden Unternehmens allerdings **Lücken** enthalten, sind diese durch **individualvertragliche Fortgeltung** der bei der übertragenden Gesellschaft bestehenden Tarifvertragsnormen gemäß § 613a Abs. 1 Satz 2 BGB zu schließen (WM/*Vossius* UmwG § 20 Rn. 143). Die kollektivrechtliche Ablösung findet nur statt, soweit die bei dem aufnehmenden Unternehmen geltenden Tarifverträge denselben Regelungsgegenstand betreffen oder dem Tarifvertrag zu entnehmen ist, dass er die vertraglich fortgeltenden Tarifregelungen insgesamt ablösen sollte (BAG v. 22.1.2003, 10 AZR 227/02, NZA 2003, 879, iE auch → Form. A.1 Rn. 173). Gehören übertragendes und aufnehmendes Unternehmen hingegen demselben Arbeitgeberverband an, gelten die vom aufnehmenden Unternehmen abgeschlossenen Tarifverträge kollektivrechtlich auch für die Arbeitnehmer des übertragenden Unternehmens weiter; der individualrechtlichen Fortgeltung gemäß § 613a Abs. 1 Satz 2 BGB bedarf es in diesem Fall nicht.

241 **Abs. 7 und Abs. 8** beschreiben die Auswirkungen auf die **betriebsverfassungsrechtlichen Strukturen** der betroffenen Unternehmen. Die Betriebsräte bleiben bei einer Verschmelzung zunächst im Amt, da die Identität der Betriebe durch eine Verschmelzung nicht unmittelbar geändert wird. Der Gesamtbetriebsrat des übertragenden Unternehmens erlischt hingegen, da er unternehmensbezogen besteht, § 47 Abs. 1 BetrVG. An seine Stelle tritt der Gesamtbetriebsrat des übernehmenden Unternehmens, der um die Vertreter der Betriebsräte des übertragenden Unternehmens aufzustocken ist, § 47 Abs. 2 BetrVG; soweit im übernehmenden Unternehmen ein Gesamtbetriebsrat noch nicht besteht, ist er erstmalig zu errichten, § 47 Abs. 1 BetrVG. Auch der Wirtschaftsausschuss des übertragenden Unternehmens erlischt, § 106 BetrVG. Die Aufstockung des bestehenden Wirtschaftsausschusses bzw. Neueinrichtung eines Wirtschaftsausschusses beim übernehmenden Unternehmen steht gemäß § 107 Abs. 2 Satz 2 BetrVG im Ermessen des Gesamtbetriebsrates des übernehmenden Unternehmens. Die Betriebsvereinbarungen gelten ebenfalls kollektivrechtlich fort, da die betrieblichen Strukturen durch die Verschmelzung als solche zunächst nicht geändert werden; dies gilt auch für Gesamtbetriebsvereinbarungen des Gesamtbetriebsrates.

242 **Abs. 9** beschreibt, wie von § 5 Abs. 1 Nr. 9 UmwG gefordert, auch die Auswirkungen auf die **Mitbestimmung.** Im vorliegenden Fall entfällt durch die Verschmelzung die Mitbestimmung nach dem **Drittelbeteiligungsgesetz,** da dieses zwar auf Aktiengesellschaften, § 1 Abs. 1 Nr. 1 DrittelbG, und GmbH, § 1 Abs. 1 Nr. 3 DrittelbG, nicht aber auf GmbH & Co. KG anwendbar ist und die Schwelle für die Geltung des **Mitbestimmungsgesetzes** (2000 Arbeitnehmer), das gemäß § 4 MitbestG über den Umweg der Komplementär-GmbH auch auf GmbH & Co. KG Anwendung findet, nicht überschritten wird.

243 **Abs. 10** betrifft die Frage, ob und inwieweit bzw. wie detailliert eine Darstellung auch der **mittelbaren Folgen** der Verschmelzung nach § 5 Abs. 1 Nr. 9 UmwG erforderlich ist. Diese ist heftig umstritten (s. WM/*Mayer* UmwG § 5 Rn. 183 mwN; Lutter/*Drygalla* UmwG § 5 Rn. 103 ff. mwN). **§ 8 Abs. 10** enthält vorsorglich eine Beschreibung der wesentlichen mittelbaren **Folgen der Verschmelzung** sowie den Hinweis auf deren Behandlung im Verfahren nach §§ 111 ff. BetrVG. Die Zuständigkeit des Gesamtbetriebsrates für das Verfahren nach §§ 111 ff. BetrVG ergibt sich aus § 50 Abs. 1 BetrVG, da mehrere Betriebe betroffen sind.

244 *einstweilen frei*

Zu § 10: Fusionskontrolle

Da im Beispielsfall die Umsatzschwellen des § 35 Abs. 1 GWB überschritten sind, ist gemäß § 39 GWB eine Anmeldung beim **Bundeskartellamt** erforderlich. Bis zur Freigabe durch das Kartellamt darf die Verschmelzung nicht vollzogen werden, § 41 Abs. 1 GWB. Die Bestimmung in § 10 Abs. 3 des Formulars ermöglicht es, die Verschmelzungsbeschlüsse bereits vor Freigabe durch das Bundeskartellamt zu fassen. Allerdings muss das **Vollzugsverbot** auch **tatsächlich respektiert** werden, dh. es dürfen keine Maßnahmen im Vorgriff auf die Verschmelzung erfolgen (zB faktische Übernahme der Kontrolle, Übernahme der Buchführung etc.). **245**

einstweilen frei **246**

Zu § 11: Rücktritt

Wenn – wie in dem dem Formular zugrunde liegenden Fall – eine **Verzögerung** der Eintragung der Verschmelzung (zB durch Anfechtungsklagen) nicht auszuschließen ist, kann die Aufnahme einer Rücktrittsklausel für den Fall sinnvoll sein, dass sich die Eintragung über einen bestimmten Termin hinaus verzögert. Von einem – häufig empfohlenen – rollierenden Stichtag wird hingegen abgeraten (→ Rn. 226). **247**

einstweilen frei **248**

Zu § 12: Kosten

Eine Regelung ist zwar nicht erforderlich, aber zweckmäßig, insbesondere auch für den Fall des Scheiterns der Verschmelzung. **249**

2. Gesellschaftsvertrag der aufnehmenden Gesellschaft

Die Neufassung des Gesellschaftsvertrages der übernehmenden Personengesellschaft wird – zumindest bei Verschmelzung einer börsennotierten Aktiengesellschaft – regelmäßig schon deshalb erforderlich sein, weil die aufnehmende Personengesellschaft durch die Verschmelzung zu einer **Publikums-GmbH & Co. KG** wird und dadurch eine wesentliche Veränderung erfährt. **250**

Die Rechtsform der Kommanditgesellschaft ist gemäß dem gesetzgeberischen Leitbild nicht als Publikumsgesellschaft vorgesehen. So müssen etwa bestimmte die Gesellschaft betreffende **Handelsregisteranmeldungen** (Erstanmeldungen, Firmen- oder Sitzänderungen, Gesellschafterwechsel, s. §§ 106–108, 162 Abs. 3 HGB) von sämtlichen Gesellschaftern gezeichnet werden, §§ 161 Abs. 2, 108 Abs. 2 HGB, was bei einer Publikumsgesellschaft unpraktikabel ist. Das Formular löst dieses Problem in **§ 18** unter Berücksichtigung der einschlägigen Rspr. (BGH v. 9.5.2005, II ZR 29/03, DStR 2005, 1529) mit der Aufnahme einer entsprechenden Verpflichtung der Kommanditisten, entweder die jeweiligen Handelsregisteranmeldungen auf Anforderung der Gesellschaft zu zeichnen oder der Gesellschaft eine nur aus wichtigem Grund widerrufliche Generalvollmacht zur Unterzeichnung der Handelsregisteranmeldungen zu erteilen; diese Verpflichtung ist mit dem Ausschluss aus der Gesellschaft sanktioniert, § 18 Abs. 4 iVm. § 20 des Gesellschaftsvertrages, was die Rspr. ausdrücklich gebilligt hat (BGH v. 9.5.2005, II ZR 29/03, aaO). **251**

einstweilen frei **252**

Gemäß § 22 Abs. 1 des Gesellschaftsvertrages ist für Verfügungen über Kommanditanteile die **Zustimmung** der Komplementärin erforderlich. Dass § 22 Abs. 1 Buchst. b) die Zustimmung u.a. von der Mitwirkung des Zedenten bei der Handelsregisteranmeldung abhängig macht, trägt dem Umstand Rechnung, dass die von der Rspr. geforderte Versicherung des Zedenten und des persönlich haftenden Gesellschafters, dass dem abtretenden Gesellschafter keine Abfindung aus dem Gesellschaftsvermögen gewährt worden ist, **persönlich** abgegeben werden muss (vgl. OLG Olden- **253** burg v. 7.8.1990, 5 W 72/90, DB 1990, 1909). Eine Registervollmacht gemäß § 18 Abs. 1 ist insoweit nicht ausreichend.

254 *einstweilen frei*

3. Zustimmungsbeschluss der übertragenden Gesellschaft

255 Der Beschluss bedarf stets der notariellen Beurkundung, selbst wenn (bei nicht börsennotierten Aktiengesellschaften) nach § 130 Abs. 1 Satz 3 AktG eine Beurkundung unterbleiben könnte, § 13 Abs. 3 Satz 1 UmwG. Praktisch ist jedenfalls bei Publikums-Aktiengesellschaften Beurkundung nur in Form einer **Niederschrift** möglich, § 130 AktG, §§ 59, 36ff. BeurkG. Ob die Beurkundung auch nach den Regeln über die Beurkundung von **Willenserklärungen** (§§ 6ff. BeurkG) erfolgen kann (denkbar ohnehin nur bei Universalversammlungen, wenn alle anwesenden Gesellschafter zu unterschreiben bereit sind), ist wegen der speziellen Regelung in § 130 AktG fraglich (zweifelnd Kallmeyer/*Zimmermann* UmwG § 13 Rn. 37) und im Übrigen rein theoretischer Natur, da das Wahrnehmungsprotokoll nach §§ 36, 37 BeurkG jedenfalls ausreicht.

256 Etwaige **besondere Zustimmungserklärungen** (etwa wenn im Formularfall ein Aktionär persönlich haftender Gesellschafter würde, § 40 Abs. 2 Satz 2 UmwG) bedürfen hingegen der Beurkundung nach den Regeln der §§ 8ff. BeurkG für die **Beurkundung von Willenserklärungen** (Kallmeyer/*Zimmermann* UmwG § 13 Rn. 41); eine Aufnahme solcher Erklärungen in die Niederschrift nach §§ 130 AktG, 59, 36ff. UmwG reicht daher nicht aus.

257 Der Beschluss bedarf einer Mehrheit von 75% des bei der Beschlussfassung erschienenen oder vertretenen Grundkapitals, soweit nicht die Satzung der Aktiengesellschaft eine höhere Mehrheit oder weitere Erfordernisse vorsieht, § 65 UmwG.

258 Die **Bevollmächtigung** eines Vertreters bedarf gemäß § 167 Abs. 2 BGB **nicht** der **notariellen** Beurkundung (Kallmeyer/*Zimmermann* UmwG § 13 Rn. 13), nach teilweise vertretener, aber abzulehnender Auffassung aber der notariellen **Beglaubigung** (WM/*Heckschen* UmwG § 13 Rn. 113f.). Der vorsichtige Berater wird in jedem Fall diese Form empfehlen.

259 *einstweilen frei*

4. Zustimmungsbeschluss der Übernehmerin

260 Anders als der Zustimmungsbeschluss der übertragenden AG kann der Zustimmungsbeschluss der aufnehmenden Kommanditgesellschaft auch gemäß §§ 6ff. BeurkG in dem für Willenserklärungen vorgesehenen Verfahren beurkundet werden (so das Formular). Daher ist es auch möglich, den Verzicht auf die Anfechtung des Verschmelzungsbeschlusses (§ 16 Abs. 2 Satz 2 UmwG) zusammen mit dem Zustimmungsbeschluss der aufnehmenden KG zu beurkunden.

261 Zur **Bevollmächtigung** eines Vertreters → Rn. 258.

262 Die unbekannten Aktionäre sind entsprechend § 35 Satz 1 UmwG durch die Angabe des insgesamt auf sie entfallenden Teils des Grundkapitals der Gesellschaft und der auf sie nach der Verschmelzung entfallenden Anteile zu bezeichnen (→ Rn. 212).

263 *einstweilen frei*

II. Schreiben und Berichte

1. Schreiben an die Betriebsräte

264 Die Notwendigkeit der **Zuleitung** des Verschmelzungsvertrages oder seines Entwurfs an die **Betriebsräte der beteiligten Rechtsträger** spätestens einen Monat vor den Verschmelzungsbeschlüssen ergibt sich aus § 5 Abs. 3 UmwG; die Zuleitung ist

dem Handelsregister gemäß § 17 Abs. 1 UmwG nachzuweisen. Der Nachweis erfolgt am einfachsten durch Empfangsbekenntnis (so auch das Formular).

Im Falle des Bestehens eines **Gesamtbetriebsrates** (wie im Formular) ist bei einer Verschmelzung zumindest bei der übertragenden Gesellschaft dieser zuständig, da die Angelegenheit notwendigerweise das gesamte Unternehmen betrifft, § 50 BetrVG; ob dies auch auf Seiten der übernehmenden Gesellschaft zutrifft, ist weniger klar. Ebenso ist unklar und streitig, ob im Falle des Bestehens eines **Konzernbetriebsrates** auch diesem der Verschmelzungsvertrag zuzuleiten ist (differenzierend WM/*Mayer* UmwG § 5 Rn. 254). Wird der Verschmelzungsvertrag nur dem unzuständigen Betriebsrat zugeleitet, stellt dies ein Eintragungshindernis dar. Es empfiehlt sich daher, den Verschmelzungsvertrag – falls tunlich – im Interesse der Rechtssicherheit sämtlichen auch nur möglicherweise in Betracht kommenden Betriebsräten sämtlicher beteiligter Rechtsträger einschließlich etwaiger Gesamt- und Konzernbetriebsräte zuzuleiten (Kallmeyer/*Willemsen* UmwG § 5 Rn. 76). **265**

Auf die Einhaltung der Monatsfrist soll verzichtet werden können, nicht dagegen auf die Zuleitung an sich (WM/*Mayer* UmwG § 5 Rn. 259; Kallmeyer/*Willemsen* UmwG § 5 Rn. 77b). **266**

Fehlt ein Betriebsrat, entfällt die Zuleitungspflicht gemäß § 5 Abs. 3 UmwG (WM/*Mayer* UmwG § 5 Rn. 263; Kallmeyer/*Willemsen* UmwG § 5 Rn. 79). **267**

Im Falle von **Änderungen** des Verschmelzungsvertrages nach Zuleitung an den Betriebsrat soll dieser nur dann **erneut** dem Betriebsrat zuzuleiten sein, wenn die Änderungen in irgendeiner Form auf die Rechtsverhältnisse der Arbeitnehmer und ihrer Vertretungen Auswirkung haben können (OLG Naumburg v. 6.2.1997, 7 U 236/96, DB 1997, 466). **268**

einstweilen frei **269**

2. Verschmelzungsbericht

Gemäß § 8 Abs. 1 Satz 1 HS 2 UmwG kann ein **gemeinsamer Bericht** erstellt werden. Dieser ist von sämtlichen Vorstandsmitgliedern der übertragenden AG sowie von sämtlichen Geschäftsführern der persönlich haftenden Gesellschafterin der übernehmenden Personengesellschaft zu unterzeichnen. **270**

Ein **Verzicht** auf die Erstellung des Verschmelzungsberichts ist (außer im Falle der Verschmelzung einer 100%-Tochtergesellschaft) nur möglich, wenn alle Anteilsinhaber aller beteiligten Rechtsträger auf seine Erstellung verzichten, § 8 Abs. 3 UmwG. In dem dem Formular zugrunde liegenden Ausgangsfall der Verschmelzung einer **börsennotierten Aktiengesellschaft** ist ein solcher Verzicht daher **praktisch ausgeschlossen.** **271**

Der Verschmelzungsbericht ist gemäß §§ 63 Abs. 1, 64 Abs. 1 AktG zusammen mit dem Verschmelzungsprüfungsbericht, dem Verschmelzungsvertrag und den dort genannten weiteren Unterlagen vom Tage der Einberufung an in den **Geschäftsräumen** der übertragenden AG sowie in der Hauptversammlung zur Einsicht der Aktionäre **auszulegen.** Jeder Aktionär der übertragenden AG hat gemäß § 63 Abs. 3 Satz 1 UmwG auf Verlangen Anspruch auf unverzügliche kostenlose Erteilung einer Abschrift dieser Unterlagen. Die Unterlagen können gemäß § 63 Abs. 3 Satz 2 UmwG idF des 3. UmwÄndG v. 11.7.2011 (BGBl. I 2011, 1338) auch im Wege elektronischer Kommunikation (E-Mail) übermittelt werden, wenn der Aktionär zuvor hierzu seine Einwilligung erteilt hat. **272**

Bzgl. des notwendigen Inhalts des Verschmelzungsberichts besteht nach wie vor große Unsicherheit. Angebliche Mängel des Verschmelzungsberichts waren in der Vergangenheit häufig Gegenstand von **Anfechtungsklagen.** Inhaltlich ist daher bei der Abfassung des Verschmelzungsberichts im Allgemeinen sowie der Angaben zum **Umtauschverhältnis** und zur nach § 29 UmwG erforderlichen Barabfindung im Besonderen höchste Sorgfalt geboten. **273**

einstweilen frei **274**

3. Verschmelzungsprüfungsbericht

275 Die Verschmelzungsprüfung ist bei Beteiligung einer Aktiengesellschaft, anders als bei ausschließlicher Beteiligung von Personengesellschaften und/oder GmbH (§§ 44, 48 UmwG), stets und nicht nur auf Verlangen eines Gesellschafters durchzuführen, § 60 UmwG. Die Prüfung ist (außer im Fall der Verschmelzung einer 100%-Tochtergesellschaft) lediglich dann entbehrlich, wenn alle Anteilsinhaber aller beteiligten Gesellschaften auf sie verzichten, §§ 60, 9 Abs. 3, 8 Abs. 3 Satz 1 UmwG. In dem dem Formular zugrunde liegenden Ausgangsfall der Verschmelzung einer **börsennotierten Aktiengesellschaft** ist ein solcher Verzicht daher **praktisch ausgeschlossen.**

276 Bei der an der Mischverschmelzung beteiligten **Nicht-Aktiengesellschaft** beurteilt sich die Erforderlichkeit einer Prüfung nach den für diese geltenden Bestimmungen; im vorliegenden Fall ist daher gemäß § 44 UmwG eine Verschmelzungsprüfung bei der übernehmenden Personengesellschaft nur dann erforderlich, wenn ein Gesellschafter dies innerhalb einer Frist von einer Woche nach Erhalt der Verschmelzungsunterlagen (§ 42 UmwG) verlangt; ein solches Verlangen ist nicht erhoben worden.

277 Gemäß § 10 Abs. 1 S. 2 UmwG kann für mehrere oder alle beteiligten Rechtsträger ein gemeinsamer Prüfer bestellt werden.

278 Verschmelzungsprüfer können nur **Wirtschaftsprüfer und Wirtschaftsprüfungsgesellschaften** sein, bei mittelgroßen GmbH auch vereidigte Buchprüfer und Buchprüfungsgesellschaften, §§ 11 Abs. 1 Satz 1 UmwG, 319 Abs. 1 HGB. Soweit eine Prüfung des Jahresabschlusses nicht vorgeschrieben ist (zB bei kleinen GmbH, ist gemäß § 11 Abs. 1 Satz 2 UmwG die Regelung für mittelgroße Kapitalgesellschaften (§ 319 Abs. 1 Satz 2 HGB) entsprechend anzuwenden, dh. auch insoweit sind vereidigte Buchprüfer und Buchprüfungsgesellschaften zugelassen (WM/*Mayer* UmwG § 11 Rn. 6; Kallmeyer/*Müller* UmwG § 11 Rn. 2). Ob dies allerdings auch für die iSv. § 267 Abs. 1 HGB kleine AG gilt, ist unklar, da die Aktiengesellschaft in § 319 Abs. 1 Satz 2 HGB nicht genannt ist (dagegen Lutter/*Drygalla* UmwG § 11 Rn. 3; dafür Kallmeyer/*Müller* UmwG § 11 Rn. 2).

279 **Verschmelzungsprüfer** kann **nicht** sein, wer bei der Aufstellung des Verschmelzungsvertrages sowie insb. bei der Ermittlung des **Umtauschverhältnisses mitgewirkt** hat, § 11 Abs. 1 Satz 1 UmwG, § 319 Abs. 2 Nr. 5 HGB analog. Die bloße Prüfung des Jahresabschlusses als solche ist hingegen kein Ausschlussgrund.

280 Gemäß § 10 Abs. 1 UmwG wird der Verschmelzungsprüfer zwingend vom Gericht ausgewählt und bestellt. Zuständig ist gemäß § 10 Abs. 2 UmwG das Landgericht (Kammer für Handelssachen) am Sitz des übertragenden Rechtsträgers.

281 *einstweilen frei*

4. Ladung

282 Abgedruckt ist lediglich die Ladung der übertragenden AG; Form und Inhalt der Ladung der übernehmenden Personengesellschaft richten sich nach dem Gesellschaftsvertrag der Personengesellschaft; von einem Abdruck wird daher abgesehen. Auch der Ladung der aufnehmenden Personengesellschaft ist der Verschmelzungsvertrag sowie der Verschmelzungsbericht beizufügen, § 42 UmwG.

283 Die Ladung der übertragenden Aktiengesellschaft muss mindestens 30 Tage vor der Hauptversammlung erfolgen, wobei der Tag der Einberufung nicht mitzurechnen ist, § 123 Abs. 1 AktG. Erforderlich ist gemäß § 121 Abs. 3 AktG Bekanntgabe in den **Gesellschaftsblättern,** dh. nurmehr im **Bundesanzeiger,** § 25 AktG (MüKo AktG/*Kubis* § 121 Rz. 73).

284 Wenngleich nach § 124 Abs. 2 Satz 2 AktG nur der wesentliche Inhalt des Verschmelzungsvertrages bekanntgemacht werden muss, wird in der Praxis meist der **gesamte Inhalt des Vertrages** abgedruckt, um Anfechtungsrisiken zu vermeiden.

Hinweise auf die Voraussetzungen der Teilnahme an der Hauptversammlung sowie auf das Verfahren der Stimmabgabe durch Bevollmächtigten sind zwar nur bei börsennotierten Gesellschaften (§ 3 Abs. 2 AktG) zwingend bereits in die Ladung aufzunehmen, § 121 Abs. 3 Satz 3 AktG. Über die Möglichkeit der Stimmrechtsausübung durch Bevollmächtigten sind aber auch in nicht börsennotierten Gesellschaften solche Aktionäre, die zu Beginn des 14. Tages vor der Versammlung in das Aktienregister eingetragen sind, in der Mitteilung nach § 125 Abs. 1 Satz 4, Abs. 2 AktG zu informieren. **285**

Die Aufforderung an die unbekannten Aktionäre, der Gesellschaft ihren Aktienbesitz mit Namensnennung anzuzeigen, wird von der Rspr. (BayObLG v. 5.7.1996, 3 ZBR 114/96, NJW 1997, 747, 749) gefordert. **286**

einstweilen frei **287**

5. Ad-Hoc-Mitteilung

Bei börsennotierten Aktiengesellschaften ergibt sich die Notwendigkeit einer Ad-Hoc-Mitteilung bzgl. der Verschmelzung aus Art. 17 VO 596/2014/EU (sog. **Marktmissbrauchsverordnung**). Anders als die Vorgängervorschrift des § 15 WpHG gilt Art. 17 VO 596/2014/EU für alle Emittenten, die für ihre Finanzinstrumente, wozu als übertragbare Wertpapiere iSv. Art. 4 Abs. 1 Nr. 15 iVm. Anlage I Abschn. C Nr. 1 RL 2014/65/EU auch Aktien gehören, eine Zulassung zum Handel an einem geregelten Markt iSv. Art. 4 Abs. 1 Nr. 21 RL 2014/65/EU oder an einem multilateralen oder organisierten Handelssystem (MTF oder OTF) iSv. Art. 4 Abs. 1 Nr. 22 oder Nr. 23 RL 2014/65/EU beantragt oder erhalten haben. Als multilaterale Handelssysteme (MTF) im vorgenannten Sinne werden auch die privatrechtlich organisierten Freiverkehrssegmente der deutschen Wertpapierbörsen angesehen (*v. d. Linden* DStR 2016, 1036). Da die bevorstehende Verschmelzung eine kursrelevante Tatsache und damit eine gemäß Art. 17 VO 596/2014/EU der Öffentlichkeit so bald wie möglich bekannt zu gebende Insiderinformation iSv. Art. 7 Abs. 1 lit. a VO 596/2014/EU ist, greift somit auch im Formularfall die Ad-Hoc-Publizität gemäß Art. 17 VO 596/2014/EU ein, obwohl die Überträgerin nicht börsennotiert iSv. § 3 Abs. 2 AktG ist. **288**

einstweilen frei **289**

III. Handelsregisteranmeldungen

1. Einreichung des Verschmelzungsvertrags

Das Erfordernis der Einreichung des Entwurfs des Verschmelzungsvertrages zum Handelsregister der übertragenden AG ergibt sich aus § 61 AktG. **290**

einstweilen frei **291, 292**

2. Anmeldung der übertragenden Gesellschaft

Die Anmeldung hat durch Mitglieder des Vorstands in **vertretungsberechtigender Anzahl** zu erfolgen (Kallmeyer/*Zimmermann* UmwG § 16 Rn. 4). Die Unterschriften sind öffentlich zu beglaubigen, § 12 HGB. Im Falle einer grds. zulässigen **Bevollmächtigung** zur Anmeldung müssen auch die Unterschriften unter die Vollmacht notariell beglaubigt werden, § 12 Abs. 2 HGB. Die Handelsregisteranmeldung ist elektronisch in öffentlich beglaubigter Form einzureichen, § 12 Abs. 1 S. 1 HGB (iE → Form. A.1 Rn. 56 ff. sowie *Jeep/Wiedemann* NJW 2007, 2439). **293**

Die Anmeldung kann, da die Aktionäre der übertragenden AG nicht auf ihr Klagerecht gegen den Verschmelzungsbeschluss verzichtet haben, erst nach Ablauf der einmonatigen Anfechtungsfrist gemäß § 14 Abs. 1 UmwG eingereicht werden. **294**

295 Ob das Vertretungsorgan des übertragenden Rechtsträgers auch eine Negativerklärung bzgl. des Verschmelzungsbeschlusses der aufnehmenden Gesellschaft abgeben muss, ist nach dem Wortlaut von § 16 Abs. 2 Satz 1 UmwG („eines Verschmelzungsbeschlusses") unklar (dagegen Kallmeyer/*Marsch-Barner* UmwG § 16 Rn. 22). Das Formular sieht daher **Negativerklärungen** bzgl. **beider Verschmelzungsbeschlüsse** vor.

296 Zur (umstr.) Frage, ob zu den mit der Handelsregisteranmeldung einzureichenden Unterlagen auch die Genehmigung nach GWB gehört, → Rn. 181.

3. Anmeldung der aufnehmenden Gesellschaft

297 Anders als bei sonstigen Handelsregisteranmeldungen für Personengesellschaften (§§ 108, 161 Abs. 2 HGB) ist nach hM keine Anmeldung durch sämtliche Gesellschafter erforderlich, sondern genügt auf Grund der **Sonderregelung in § 16 UmwG** die Anmeldung durch die **vertretungsberechtigte persönlich haftende Gesellschafterin,** da auch in §§ 39ff. UmwG von diesem Grundsatz für Personengesellschaften keine Ausnahme gemacht wird (Kallmeyer/*Zimmermann* UmwG § 16 Rn. 4; SSt/*Volhard* UmwG § 16 Rn. 7 und Fn. 20; zweifelnd allerdings *Schöne* GmbHR 1995, 325, 332f.). Der ganz hM in der Literatur ist zu folgen, zumal das UmwG auch beim Formwechsel in eine Personengesellschaft gemäß § 235 Abs. 2 UmwG die Anmeldung durch das Vertretungsorgan der formwechselnden Gesellschaft genügen lässt und daher ausdrücklich den gesetzgeberischen Willen dokumentiert, den im Personengesellschaftsrecht sonst geltenden Grundsatz der Anmeldung durch sämtliche Gesellschafter (§§ 108, 161 Abs. 2 HGB) nicht in das Umwandlungsrecht zu übernehmen.

Die Unterschriften sind öffentlich zu beglaubigen, § 12 HGB. Zur Bevollmächtigung → Rn. 293. Die Handelsregisteranmeldung ist elektronisch in öffentlich beglaubigter Form einzureichen, § 12 Abs. 1 S. 1 HGB (iE → Form. A.1 Rn. 56 sowie *Jeep/Wiedemann* NJW 2007, 2439).

298 Zur Erforderlichkeit einer Negativerklärung bzgl. des Verschmelzungsbeschlusses der übertragenden Gesellschaft → Rn. 295. Zur (umstr.) Frage, ob zu den mit der Handelsregisteranmeldung einzureichenden Unterlagen auch die Genehmigung nach GWB gehört, → Rn. 181.

A. 8 Verschmelzung GmbH & Co. KG auf bestehende GmbH (einvernehmlich)

Gliederung

A. Vertragsformulare

Notarurkunden

A.8.1. Verschmelzungsvertrag mit Zustimmungsbeschlüssen und Verzichtserklärungen

URNr. ......

Heute, den ......
erschienen vor mir, ..., Notar[230] mit dem Amtssitz in ......,
in meinen Amtsräumen in ......

1. Herr K, ... *[Beruf]*, geboren am ......, wohnhaft ...... *[Adresse]*;
2. Herr L, ... *[Beruf]*, geboren am ......, wohnhaft ...... *[Adresse]*;
3. Herr A, ... *[Beruf]*, geboren am ......, wohnhaft ...... *[Adresse]*;
4. Herr C, ... *[Beruf]*, geboren am ......, wohnhaft ...... *[Adresse]*;
5. Herr G, ... *[Beruf]*, geboren am ......, wohnhaft ...... *[Adresse]*.

Die Erschienenen erklären, dass weder der Notar noch sein Sozius in der Sache, die im Nachfolgenden beurkundet wird, vorbefasst iSv. § 3 Abs. 1 Nr. 7 BeurkG sind.

Sodann erklärten die Erschienenen mit dem Ersuchen um Beurkundung das Folgende:

A. Vertretungsverhältnisse

(1) Herr K erklärte, hier nicht in eigenem Namen zu handeln, sondern für die Firma ...... GmbH *[Komplementär-GmbH]* mit Sitz in ......, ... *[Anschrift]*, eingetragen im Handelsregister des Amtsgerichts ...... unter HRB ......,

als deren einzelvertretungsberechtigter Geschäftsführer;

die ...... GmbH *[Komplementär-GmbH]* wiederum handelnd sowohl in eigenem Namen als auch im Namen der

...... GmbH & Co. KG *[Übertragende Gesellschaft]* mit Sitz in ......, ... *[Anschrift]*, eingetragen im Handelsregister des Amtsgerichts ...... unter HRA ......

als deren allein vertretungsberechtigte persönlich haftende Gesellschafterin.

(2) Herr G erklärte, hier nicht in eigenem Namen zu handeln, sondern für die Firma ...... GmbH *[Übernehmende Gesellschaft]* mit Sitz in ......, ... *[Anschrift]*, eingetragen im Handelsregister des Amtsgerichts ...... unter HRB ......,

als deren einzelvertretungsberechtigter Geschäftsführer,

(3) Herr A und Herr C erklärten, hier in eigenem Namen zu handeln.

(4) Herr L erklärte, hier nicht in eigenem Namen zu handeln, sondern für die Firma

X GmbH mit Sitz in ......, ... *[Anschrift]*,
eingetragen im Handelsregister des Amtsgerichts ...... unter HRB ......,

als deren einzelvertretungsberechtigter Geschäftsführer.

(5) Hierzu bescheinige ich, Notar, auf Grund am ...... erfolgter Einsichtnahme in das elektronische Handelsregister

– des Amtsgerichts ...... zu HRA ......, dass die vorgenannte ...... GmbH & Co. KG *[Übertragende Gesellschaft]* dort eingetragen ist und von der ...... GmbH *[Komplementär-GmbH]* als persönlich haftender Gesellschafterin allein vertreten wird,

- des Amtsgerichts ...... zu HRB ......, dass die vorgenannte ...... GmbH *[Komplementär-GmbH]* dort eingetragen ist und von Herrn K als einzelvertretungsberechtigtem Geschäftsführer vertreten wird,
- des Amtsgerichts ...... , HRB ......, dass die vorgenannte ...... GmbH *[Übernehmende Gesellschaft]* dort eingetragen ist und durch Herrn G als einzelvertretungsberechtigten Geschäftsführer vertreten wird,
- sowie des Amtsgerichts ...... zu HRB ......, dass die vorgenannte X GmbH dort eingetragen ist und von Herrn L als einzelvertretungsberechtigtem Geschäftsführer vertreten wird.

B. Beteiligungsverhältnisse

(1) Am Festkapital in Höhe von 200000.– EUR (in Worten: zweihunderttausend Euro) der ...... GmbH & Co. KG *[Übertragende Gesellschaft]* sind beteiligt:

a) die ...... GmbH *[Komplementär-GmbH]* als persönlich haftende Gesellschafterin ohne Beteiligung am Festkapital;
b) die ...... GmbH *[Übernehmende Gesellschaft]* als Kommanditistin mit einem Kommanditanteil im Nennbetrag von 160000.– EUR;
c) Herr A als Kommanditist mit einem Kommanditanteil im Nennbetrag von 20000.– EUR;
d) die X GmbH als Kommanditistin mit einem Kommanditanteil im Nennbetrag von 20000.– EUR.

(2) Alleiniger Gesellschafter der ...... GmbH *[Übernehmende Gesellschaft]* mit einem Stammkapital in Höhe von 900000.– EUR (in Worten: neunhunderttausend Euro) ist Herr C mit einem Geschäftsanteil von 900000.– EUR (Geschäftsanteil Nr. 1). Der Geschäftsanteil wurde von Herrn C bei Gründung der Gesellschaft übernommen und ist voll einbezahlt.

C. Vorhaben

Die ...... GmbH & Co. KG *[Übertragende Gesellschaft]* soll auf die ...... GmbH *[Übernehmende Gesellschaft]* verschmolzen werden.

Hierzu werden der nachfolgende Verschmelzungsvertrag abgeschlossen sowie die nachfolgenden Beschlüsse gefasst und Erklärungen abgegeben.[231]

D. Verschmelzungsvertrag

Die ...... GmbH & Co. KG *[Übertragende Gesellschaft]* und die ...... GmbH *[Übernehmende Gesellschaft]* schließen hiermit den als Anlage A beigefügten Verschmelzungsvertrag ab.

E. Zustimmungsbeschluss der Gesellschafter der ...... GmbH & Co. KG *[Übertragende Gesellschaft]*

Die ...... GmbH *[Übernehmende Gesellschaft]*, Herr A und die X-GmbH halten hiermit eine Gesellschafterversammlung[37] der ...... GmbH *[Übertragende Gesellschaft]* ab und beschließen hiermit unter Verzicht auf sämtliche Form- und Fristvorschriften für die Einberufung und Abhaltung einer Gesellschafterversammlung einstimmig was folgt:

Dem Abschluss des dieser Urkunde als Anlage A beigefügten Verschmelzungsvertrages zwischen der ...... GmbH & Co. KG *[Übertragende Gesellschaft]* als übertragender Gesellschaft und der ...... GmbH *[Übernehmende Gesellschaft]*, Sitz ......, HRB ......, Amtsgericht ......, als übernehmender Gesellschaft wird hiermit zugestimmt.

F. Beschlüsse der Gesellschafter der ...... GmbH *[Übernehmende Gesellschaft]*

Herr C als Gesellschafter der ...... GmbH *[Übernehmende Gesellschaft]* hält hiermit eine Gesellschafterversammlung[37] der ...... GmbH *[Übernehmende Gesellschaft]* ab und beschließt hiermit unter Verzicht aus sämtliche gesetzlichen und gesellschaftsvertraglichen Erfordernisse betreffend die Einberufung und Abhaltung von Gesellschafterversammlungen der ...... GmbH *[Übernehmende Gesellschaft]* was folgt:

(1) Dem Abschluss des dieser Urkunde als Anlage A beigefügten Verschmelzungsvertrages zwischen der ...... GmbH & Co. KG *[Übertragende Gesellschaft],* Sitz ......, HRA ......, Amtsgericht ......, als übertragender Gesellschaft und der ...... GmbH *[Übernehmende Gesellschaft]* als übernehmender Gesellschaft wird hiermit zugestimmt.

(2) Zur Durchführung der Verschmelzung wird das Stammkapital der ...... GmbH *[Übernehmende Gesellschaft]* von derzeit 900 000.– EUR um 540 000.– EUR (in Worten fünfhundertvierzigtausend Euro) auf sodann 1 440 000.– EUR (in Worten: eine Million vierhundertvierzigtausend Euro) erhöht, und zwar durch Ausgabe neuer Geschäftsanteile wie folgt:

a) eines Geschäftsanteils im Nennbetrag von 270 000.– EUR (Geschäftsanteil Nr. 2) an die X GmbH und
b) eines Geschäftsanteils im Nennbetrag von 270 000.– EUR (Geschäftsanteil Nr. 3) an Herrn A.

Die neuen Geschäftsanteile sind ab dem Verschmelzungsstichtag gemäß § 3 Abs. 1 des dieser Urkunde als Anlage A beigefügten Verschmelzungsvertrages gewinnberechtigt.

(5) § ...... (Stammkapital) des Gesellschaftsvertrags der ...... GmbH *[Übernehmende Gesellschaft]* wird wie folgt neu gefasst.

„§ ......
Stammkapital

Das Stammkapital beträgt 1 440 000.– EUR (in Worten: eine Million vierhundertvierzigtausend Euro)."

G. Verzichte und Erklärungen

Die ...... GmbH *[Übernehmende Gesellschaft],* die ...... GmbH *[Komplementärin],* Herr A und die X-GmbH verzichten hiermit auf eine Klage gegen die Wirksamkeit des vorstehenden Beschlusses der Gesellschafter der ...... GmbH & Co. KG *[Übertragende Gesellschaft],* auf die Erstattung eines Verschmelzungsberichtes, auf ein Abfindungsangebot gemäß §§ 29 ff. UmwG sowie auf alle sonstigen Förmlichkeiten, auf die von Gesetzes wegen verzichtet werden kann.

Herr C verzichtet hiermit auf eine Klage gegen die Wirksamkeit des vorstehenden Beschlusses der Gesellschafter der ...... GmbH *[Übernehmende Gesellschaft],* auf die Erstattung eines Verschmelzungsberichtes sowie auf alle sonstigen Förmlichkeiten, auf die von Gesetzes wegen verzichtet werden kann.

Die ...... GmbH *[Übernehmende Gesellschaft],* die ...... GmbH *[Komplementärin],* Herr A und die X-GmbH als die sämtlichen Gesellschafter der ...... GmbH & Co. KG *[Übertragende Gesellschaft]* verzichten hiermit gemäß § 54 Abs. 1 Satz 3 UmwG auf die Gewährung von Geschäftsanteilen an die ...... GmbH *[Komplementärin].*

Die ...... GmbH *[Übernehmende Gesellschaft],* die ...... GmbH *[Komplementärin],* Herr A, die X-GmbH und Herr C erklären, dass eine Verschmelzungsprüfung nicht verlangt wird (§§ 44 S. 1, 48 S. 1, 9 Abs. 1 UmwG).

I. Ausfertigungen

Von dieser Urkunde erhalten Ausfertigungen:
– die ...... GmbH & Co. KG *[Übertragende Gesellschaft]*
– die ...... GmbH *[Übernehmende Gesellschaft]*

– die Gesellschafter der ...... GmbH & Co. KG *[Übertragende Gesellschaft]*
– der Gesellschafter der ...... GmbH *[Übernehmende Gesellschaft]*
Beglaubigte Abschriften (in elektronischer Form):
– das Amtsgericht ...... als Registergericht der übertragenden Gesellschaft
– das Amtsgericht ...... als Registergericht der übernehmenden Gesellschaft
Beglaubigte Abschrift:
– das für die ...... GmbH *[Übernehmende Gesellschaft]* zuständige Finanzamt (§ 54 Abs. 1 EStDV) [35]

J. Kosten

Die Kosten dieser Urkunde trägt die ...... GmbH *[Übernehmende Gesellschaft].*

K. Belehrungen

Der Notar belehrte die Erschienenen über den weiteren Verfahrensgang, die Wirkungen der Verschmelzung sowie die Unwiderruflichkeit der abgegebenen Verzichtserklärungen.

Im Anschluss an die vorstehenden Erklärungen erklärte der Erschienene zu 1) auf die entsprechende Frage des Notars, dass zu dem Vermögen der ...... GmbH & Co. KG *[Übertragende Gesellschaft]* inländischer Grundbesitz gehöre. Der Notar belehrte die Erschienenen daraufhin, dass durch den verschmelzungsbedingten Vermögensübergang das Grundbuch/die Grundbücher insoweit unrichtig werden, als die übertragende Gesellschaft als Eigentümerin eingetragen ist, und dass bei einer übertragenden Gesellschaft, zu deren Vermögen ein inländisches Grundstück gehört, die Verschmelzung Grunderwerbsteuer auslöst.

Diese Niederschrift nebst Anlage A wurden den Erschienenen vom Notar vorgelesen, von ihnen genehmigt und von ihnen und dem Notar eigenhändig wie folgt unterschrieben:

....	....
[Unterschrift K]	*[Unterschrift C]*
....	....
[Unterschrift L]	*[Unterschrift G]*
....	....
[Unterschrift A]	*[Unterschrift Notar]*

Anlage A

A.8.2. Verschmelzungsvertrag

zwischen der

...... GmbH & Co. KG *[Übertragende Gesellschaft]* mit dem Sitz in ......, HRA ......, Amtsgericht ......, als übertragender Gesellschaft

– nachfolgend: Überträgerin –

und

...... GmbH *[Übernehmende Gesellschaft]* mit dem Sitz in ......, HRB ......, Amtsgericht ......, als übernehmender Gesellschaft

– nachfolgend: Übernehmerin –

§ 1 Vermögensübertragung[233]

Die Überträgerin überträgt ihr Vermögen als Ganzes mit allen Rechten und Pflichten im Wege der Verschmelzung durch Aufnahme unter Ausschluss der Abwicklung gegen Gewährung von Gesellschaftsrechten (Geschäftsanteilen) der Übernehmerin an die Gesellschafter der Überträgerin auf die Übernehmerin.

§ 2 Gegenleistung, Umtauschverhältnis, Kapitalerhöhung

(1) Die Übernehmerin gewährt denjenigen Personen mit Ausnahme der Übernehmerin, die im Zeitpunkt des Wirksamwerdens der Verschmelzung mit Eintragung der Verschmelzung im Handelsregister der Übernehmerin Gesellschafter der Überträgerin sind, als Gegenleistung für die Übertragung des Vermögens der Überträgerin kostenfrei neue Geschäftsanteile an der Übernehmerin, und zwar 27,- EUR Stammkapital an der Übernehmerin für je zwei Euro Festkapital an der Überträgerin (Umtauschverhältnis).[235]

Im Einzelnen werden den Gesellschaftern der Überträgerin somit Geschäftsanteile wie folgt gewährt:

a) der X GmbH, ... *[Sitz]* ein Geschäftsanteil im Nennbetrag von 270 000.– EUR (Geschäftsanteil Nr. 2);
b) Herrn A, ... *[Wohnort]* ein Geschäftsanteil im Nennbetrag von 270 000.– EUR (Geschäftsanteil Nr. 3).

(2) Die gemäß Abs. 1 gewährten Anteile sind mit Wirkung ab dem Verschmelzungsstichtag (§ 3 Abs. 1) gewinnberechtigt.[237]

(3) Zur Durchführung der Verschmelzung wird die Übernehmerin ihr Stammkapital von bisher 900 000.– EUR (in Worten: neunhunderttausend Euro) um 540 000.– EUR (in Worten: fünfhundertvierzigtausend Euro) auf 1 440 000.– EUR (in Worten: eine Million vierhundertvierzigtausend Euro) erhöhen, und zwar durch Bildung[236]

a) eines Geschäftsanteils im Nennbetrag von 270 000.– EUR (Geschäftsanteil Nr. 2), welcher der X GmbH gewährt wird;
b) eines weiteren Geschäftsanteils im Nennbetrag von 270 000.– EUR (Geschäftsanteil Nr. 3), welcher Herrn A gewährt wird.

Die Einlage auf die neu ausgegebenen Geschäftsanteile wird als Sacheinlage dadurch geleistet, dass die ...... GmbH & Co. KG *[Überträgerin]* mit dem Sitz in ......, HRA ...... im Wege der Verschmelzung durch Aufnahme gemäß diesem Verschmelzungsvertrag auf die Gesellschaft als Übernehmerin verschmolzen wird.

§ 3 Verschmelzungsstichtag, handels- und steuerrechtliche Bilanzierung, Nachweise für Steuerzwecke

(1) Die Übernahme des Vermögens der Überträgerin erfolgt im Innenverhältnis mit Wirkung ab dem Beginn des 1.1.01 (Verschmelzungsstichtag). Von diesem Zeitpunkt an gelten alle Handlungen und Geschäfte der Überträgerin als für Rechnung der Übernehmerin vorgenommen.[239]

(2) Der Verschmelzung wird die von der Gesellschafterversammlung der Überträgerin festgestellte[241] und mit einem uneingeschränkten Bestätigungsvermerk der ...... GmbH Wirtschaftsprüfungsgesellschaft versehene Bilanz der Überträgerin zum 31.12.00 als Schlussbilanz iSd. § 17 Abs. 2 UmwG zugrunde gelegt.[240]

(3) Das im Rahmen der Verschmelzung auf die Übernehmerin übergehende Vermögen ist in der steuerrechtlichen Rechnungslegung der Übernehmerin mit den jeweiligen Buchwerten (anteiliges Eigenkapital von X-GmbH und A gemäß steuerlicher Gesamthandsbilanz abzüglich Minderkapital gemäß negativen steuerlichen Ergänzungsbilanzen von X-GmbH und A) anzusetzen, § 20 Abs. 2 Satz 2 Alt. 1 UmwStG; die Übernehmerin ist verpflichtet, den erforderlichen Antrag gemäß § 20 Abs. 2 S. 2 und 3 UmwStG ordnungs- und fristgemäß zu stellen.[243] Als steuerlichen Übertragungsstichtag wird die Übernehmerin den Stichtag der Schlussbilanz der Überträgerin iSd. § 17 Abs. 2 UmwG bestimmen; die Übernehmerin ist verpflichtet, den Antrag gemäß

§ 20 Abs. 5 Satz 1 UmwStG ordnungs- und fristgemäß zu stellen. Die Übernehmerin ist verpflichtet, den Gesellschaftern der Überträgerin für die gemäß § 22 Abs. 3 UmwStG von ihnen zu führenden Nachweise die erforderlichen Informationen, Unterlagen, Bestätigungen und sonstigen Beweismittel rechtzeitig, spätestens aber zum 15. April eines jeden Jahres zur Verfügung zu stellen.

(4) Das im Rahmen der Verschmelzung auf die Übernehmerin übergehende Vermögen wird in der handelsrechtlichen Rechnungslegung der Übernehmerin mit den Zeitwerten angesetzt. Soweit der anteilig auf die neu ausgegebenen Geschäftsanteile entfallende Saldo der Zeitwerte des übergehenden Vermögens den Nennbetrag der hierfür im Rahmen der Verschmelzung ausgegebenen Geschäftsanteile übersteigt, ist er in die Kapitalrücklage einzustellen.[244]

§ 4 Keine besonderen Rechte

Besondere Rechte iSv. § 5 Abs. 1 Nr. 7 UmwG bestanden bei der Überträgerin nicht. Besondere Rechte werden an Anteilsinhaber im Rahmen der Verschmelzung nicht gewährt.

§ 5 Keine besonderen Vorteile

Besondere Vorteile an Mitglieder von Vertretungs- oder Aufsichtsorganen der an der Verschmelzung beteiligten Rechtsträger, an geschäftsführende Gesellschafter, Partner, Abschlussprüfer oder Verschmelzungsprüfer werden nicht gewährt (§ 5 Abs. 1 Nr. 8 UmwG).

§ 6 Folgen der Verschmelzung für Arbeitnehmer und ihre Vertretungen[245]

(1) Die Übernehmerin tritt in die Rechte und Pflichten aus den im Zeitpunkt der Eintragung der Verschmelzung im Register des Sitzes der Übernehmerin bestehenden Arbeitsverhältnissen der Überträgerin ein. Für die Arbeitnehmer, deren Arbeitsverhältnisse auf die Übernehmerin übergehen, gelten für die Anwendung aller von der Dienstzeit abhängigen Regelungen die bei der Überträgerin erreichten Dienstzeiten als bei der Übernehmerin verbrachte Dienstzeiten.[246]

(2) Den Arbeitnehmern der Überträgerin steht gegen den Übergang ihrer Arbeitsverhältnisse ein Widerspruchsrecht nicht zu, da die Überträgerin mit dem Wirksamwerden der Verschmelzung erlischt.[247]

(3) Auf die Rechte und Pflichten aus den Arbeitsverhältnissen der bei der Übernehmerin beschäftigten Arbeitnehmer hat die Verschmelzung keine Auswirkung.[248]

(4) Die Kündigung des Arbeitsverhältnisses eines Arbeitnehmers durch die Überträgerin oder durch die Übernehmerin wegen des Übergangs ist unwirksam; das Recht zur Kündigung des Arbeitsverhältnisses aus anderen Gründen bleibt unberührt.[249]

(5) Die Übernehmerin gehört keinem Arbeitgeberverband an. Eine kollektivrechtliche Fortgeltung der bei der Überträgerin geltenden tarifvertraglichen Regelungen kommt daher nicht in Betracht. Soweit die Rechte und Pflichten aus den in Abs. 1 bezeichneten Arbeitsverhältnissen durch Rechtsnormen eines Tarifvertrages geregelt sind, werden sie stattdessen Inhalt der Arbeitsverhältnisse zwischen der Übernehmerin und den Arbeitnehmern der Überträgerin; solche Rechte und Pflichten dürfen nicht vor Ablauf eines Jahres nach dem Zeitpunkt der Eintragung der Verschmelzung im Register des Sitzes der Übernehmerin zum Nachteil der Arbeitnehmer geändert werden. Der Beitritt der Übernehmerin in einen Arbeitgeberverband ist nicht beabsichtigt.[250]

(6) Die Betriebsräte der Überträgerin sowie der Betriebsrat der Übernehmerin bleiben im Amt, da die Identität der jeweiligen Betriebe durch die Verschmelzung zunächst nicht geändert wird (zu den beabsichtigten Änderungen s. unten § 6 Abs. 9). Es ist darüber hinaus ein Gesamtbetriebsrat zu bilden, in welchen die Betriebsräte der Überträgerin und der Übernehmerin Mitglieder entsenden.[251]

(7) Die bestehenden Betriebsvereinbarungen der Überträgerin gelten nach § 77 Abs. 4 BetrVG kollektivrechtlich mit der Übernehmerin als Vertragspartei weiter, da durch die Verschmelzung die Identität der jeweiligen Betriebe zunächst nicht geändert wird. Die bei der Übernehmerin bestehenden Betriebsvereinbarungen bleiben durch die Verschmelzung unberührt.[251]

(8) Mitbestimmungsrechtliche Änderungen ergeben sich nicht, da auch nach der Verschmelzung die gesetzlichen Voraussetzungen für die Mitbestimmung der Arbeitnehmer nicht erfüllt sind.

(9) Es ist vorgesehen, die Hauptverwaltung sowie den Betrieb der Überträgerin am Standort A mit der Hauptverwaltung und dem Betrieb der Übernehmerin in B zusammenzulegen und den vorgenannten Standort A der Überträgerin zu schließen. Weitere Betriebsänderungen sind derzeit nicht geplant.

Nach Maßgabe der gesetzlichen Regelungen ist sodann für den Betrieb in B ein neuer Betriebsrat zu bilden.

Aus den o. g. Betriebsänderungen werden sich personelle Veränderungen (Versetzungen, Umgruppierungen und Zuweisungen neuer Arbeitsplätze) sowohl bei den Arbeitnehmern der Hauptverwaltung und des Betriebes der Überträgerin in A als auch bei den Arbeitnehmern der Hauptverwaltung und des Betriebes der Übernehmerin in B ergeben. Auch ist nach derzeitigem Planungsstand mit ca....... betriebsbedingten Kündigungen in den vorgenannten Hauptverwaltungen und Betrieben zu rechnen. Hierüber werden zu gegebener Zeit Verhandlungen mit dem neu gebildeten Gesamtbetriebsrat aufgenommen. Dabei werden die Geschäftsleitungen über die sich im Einzelnen ergebenden organisatorischen und personellen Veränderungen informieren und die Auswirkungen auf die Arbeitnehmer mit dem Ziel einer Einigung sowie unter Wahrung der Beteiligungsrechte der Arbeitnehmer mit dem vorgenannten Gremium beraten.[252]

§ 7 Wirksamwerden

Die Verschmelzung wird mit ihrer Eintragung im Handelsregister des Sitzes der Übernehmerin wirksam (§ 20 Abs. 1 UmwG).

Schreiben und Berichte

A.8.3. Schreiben an den Betriebsrat der übernehmenden GmbH[254, 258]

...... GmbH *[Übernehmende Gesellschaft]*
– Geschäftsführung –

..............................., den ....

An den Betriebsrat[255] der ...... GmbH *[Übernehmende Gesellschaft]*
z. Hd. des Vorsitzenden
– durch Boten gegen Empfangsbekenntnis –

Betreff: Verschmelzung der ...... GmbH & Co. KG *[Übertragende Gesellschaft]* auf die ...... GmbH *[Übernehmende Gesellschaft]*

Sehr geehrte Damen und Herren,

es ist beabsichtigt, die ...... GmbH & Co. KG *[Übertragende Gesellschaft]* als übertragende Gesellschaft im Wege der Verschmelzung durch Aufnahme auf die ...... GmbH *[Übernehmende Gesellschaft]* als übernehmende Gesellschaft zu verschmelzen. Hierzu haben die Geschäftsführung der ...... GmbH & Co. KG *[Übertragende Gesellschaft]* sowie die Geschäftsführung der ...... GmbH *[Übernehmende Gesellschaft]* den Entwurf eines Verschmelzungsvertrages aufgestellt. Dieser wird Ihnen hiermit als Anlage zu diesem Schreiben gemäß § 5 Abs. 3 UmwG in Kopie zugeleitet.[259] Bitte

quittieren Sie den Erhalt des Entwurfes des Verschmelzungsvertrages durch Gegenzeichnung der beigefügten Empfangsbestätigung.

Mit freundlichen Grüßen

…… GmbH *[Übernehmende Gesellschaft]*

……………………………………………

[Unterschrift des Geschäftsführers der Übernehmerin]

Empfangsbestätigung:

Der Erhalt des vorstehenden Schreibens im Original sowie des als Anlage in Kopie beigefügten Entwurfes des Verschmelzungsvertrages wird hiermit zum Zwecke des Nachweises der rechtzeitigen Zuleitung[257] des Entwurfes des Verschmelzungsvertrages gemäß § 17 Abs. 1 UmwG bestätigt.

…………………………, den ………

Für den Betriebsrat:

……………………………………………

[Unterschrift des Vorsitzenden]

A.8.4. Schreiben an die Betriebsräte der Überträgerin[254, 258]

…… GmbH & Co. KG *[Übertragende Gesellschaft]*
– Geschäftsführung –

………………………….., den ………

An den

Betriebsrat[255] ….. der …… GmbH & Co. KG *[Übertragende Gesellschaft]* in ……

z. Hd. des Vorsitzenden

– durch Boten gegen Empfangsbekenntnis –

An den

Betriebsrat[255] ….. der …… GmbH & Co. KG *[Übertragende Gesellschaft]* in ……

z. Hd. des Vorsitzenden

– durch Boten gegen Empfangsbekenntnis –

Betreff: Verschmelzung der …… GmbH & Co. KG *[Übertragende Gesellschaft]* auf die …… GmbH *[Übernehmende Gesellschaft]*

Sehr geehrte Damen und Herren,

es ist beabsichtigt, die …… GmbH & Co. KG *[Übertragende Gesellschaft]* als übertragende Gesellschaft im Wege der Verschmelzung durch Aufnahme auf die …… GmbH *[Übernehmende Gesellschaft]* als übernehmende Gesellschaft zu verschmelzen. Hierzu haben die Geschäftsführung der …… GmbH & Co. KG *[Übertragende Gesellschaft]* sowie die Geschäftsführung der …… GmbH *[Übernehmende Gesellschaft]* den Entwurf eines Verschmelzungsvertrages aufgestellt. Dieser wird Ihnen hiermit als Anlage zu diesem Schreiben gemäß § 5 Abs. 3 UmwG in Kopie zugeleitet.[259] Bitte quittieren Sie den Enthalt des Entwurfes des Verschmelzungsvertrages durch Gegenzeichnung der beigefügten Empfangsbestätigung.

Mit freundlichen Grüßen

…… GmbH & Co. KG *[Übertragende Gesellschaft]*

……………………………………………

[Unterschrift des Geschäftsführer der Komplementärin]

Empfangsbestätigung:

Der Erhalt des vorstehenden Schreibens im Original sowie des als Anlage in Kopie beigefügten Entwurfes des Verschmelzungsvertrages wird hiermit zum Zwecke des Nachweises der rechtzeitigen Zuleitung[257] des Entwurfes des Verschmelzungsvertrages gemäß § 17 Abs. 1 UmwG bestätigt.

.............................., den ....

Für den Betriebsrat in ......:	**Für den Betriebsrat in ......:**
[Unterschrift des Vorsitzenden]	***[Unterschrift des Vorsitzenden]***

Handelsregisteranmeldungen

A.8.5. Handelsregisteranmeldung der übertragenden GmbH & Co. KG

An das

Amtsgericht ......

– Registergericht –

...... *[Adresse]*

HRA ...... – ...... GmbH & Co. KG *[Übertragende Gesellschaft]*

In der Anlage überreiche ich, der unterzeichnete einzelvertretungsberechtigte Geschäftsführer der ...... GmbH *[Komplementärin],*[261] diese wiederum handelnd als allein vertretungsberechtigte persönlich haftende Gesellschafterin der GmbH & Co. KG *[Übertragende Gesellschaft]:*

1. **Notarielle Urkunde vom ......, URNr. ...... des Notars ...... in ......, welche enthält:**
   a) **in Abschnitt D mit Anlage A den Verschmelzungsvertrag betreffend die Verschmelzung der ...... GmbH & Co. KG *[Übertragende Gesellschaft]* auf die ...... GmbH *[Übernehmende Gesellschaft];***
   b) **in Abschnitt E die Zustimmung der Gesellschafterversammlung der ...... GmbH & Co. KG *[Übertragende Gesellschaft]* zu dem vorstehend genannten Verschmelzungsvertrag;**
   c) **in Abschnitt F die Beschlüsse der Gesellschafterversammlung der ...... GmbH *[Übernehmende Gesellschaft]* über die Zustimmung zu dem vorstehend genannten Verschmelzungsvertrag sowie die Erhöhung des Stammkapitals der ...... GmbH *[Übernehmende Gesellschaft]* nebst Gewährung neuer Geschäftsanteile;**
   d) **in Abschnitt G die Verzichte des Gesellschafters der ...... GmbH *[Übernehmende Gesellschaft]* und der Gesellschafter der ...... GmbH & Co. KG *[Übertragende Gesellschaft]* auf die Erstattung eines Verschmelzungsberichtes, auf ein Abfindungsangebot gemäß § 29 UmwG, auf eine Klage gegen die Wirksamkeit der vorbezeichneten Beschlüsse sowie die Erklärung, dass eine Verschmelzungsprüfung nicht verlangt wird (§§ 44 S. 1, 48 S. 1, 54 Abs. 1 Satz 3, 9 Abs. 1 UmwG);**
2. **Empfangsbekenntnis über die Zuleitung des Entwurfs des Verschmelzungsvertrages an die Betriebsräte der ...... GmbH & Co. KG *[Übertragende Gesellschaft];***
3. **Empfangsbekenntnis über die Zuleitung des Entwurfs des Verschmelzungsvertrages an den Betriebsrat der ...... GmbH *[Übernehmende Gesellschaft];***
4. **die Schlussbilanz der ...... GmbH & Co. KG *[Übertragende Gesellschaft]* per 31.12.00.**

Zur Eintragung in das Handelsregister melde ich an:

Die ...... GmbH & Co. KG *[Übertragende Gesellschaft]* als übertragender Rechtsträger ist auf Grund des Verschmelzungsvertrages vom ......, des Beschlusses der Gesellschafterversammlung der ...... GmbH & Co. KG *[Übertragende Gesellschaft]* vom ...... und des Beschlusses der Gesellschafterversammlung der ...... GmbH *[Übernehmende Gesellschaft]* vom ...... mit der ...... GmbH *[Übernehmende Gesellschaft]* als übernehmendem Rechtsträger, HRB ......, Amtsgericht ......, durch Aufnahme unter Auflösung ohne Abwicklung verschmolzen.

Es wird unter Bezugnahme auf Abschnitt G der zu Ziff. 1 vorgelegten Urkunde erklärt, dass im Hinblick auf die dort abgegebenen Verzichtserklärungen eine Negativerklärung nach § 16 Abs. 2 Satz 1 UmwG entbehrlich ist.

Nach Vollzug wird um Eintragungsnachricht und Übermittlung je eines beglaubigten Handelsregisterauszuges an die Gesellschaft und den beglaubigenden Notar gebeten.

............................., den ....

...

[Unterschrift des Geschäftsführers der Komplementärin]

[Beglaubigungsvermerk][262]

A.8.6. Handelsregisteranmeldung der übernehmenden GmbH

An das

Amtsgericht ......

– Registergericht –

...... *[Adresse]*

HRB ...... – ...... GmbH *[Übernehmende Gesellschaft]*

In der Anlage überreichen wir, die unterzeichneten sämtlichen Geschäftsführer[263] **der ...... GmbH *[Übernehmende Gesellschaft]*:**

1. **Notarielle Urkunde vom ......, URNr. ...... des Notars ...... in ......, welche enthält:**
   a) **in Abschnitt D mit Anlage A den Verschmelzungsvertrag betreffend die Verschmelzung der ...... GmbH & Co. KG *[Übertragende Gesellschaft]* auf die ...... GmbH *[Übernehmende Gesellschaft]*;**
   b) **in Abschnitt E die Zustimmung der Gesellschafterversammlung der ...... GmbH & Co. KG *[Übertragende Gesellschaft]* zu dem vorstehend genannten Verschmelzungsvertrag;**
   c) **in Abschnitt F die Beschlüsse der Gesellschafterversammlung der ...... GmbH *[Übernehmende Gesellschaft]* über die Zustimmung zu dem vorstehend genannten Verschmelzungsvertrag sowie betreffend die Erhöhung des Stammkapitals der ...... GmbH *[Übernehmende Gesellschaft]* nebst entsprechender Änderung von § ...... des Gesellschaftsvertrages;**
   d) **in Abschnitt G die Verzichte des Gesellschafters der ...... GmbH *[Übernehmende Gesellschaft]* und der Gesellschafter der ...... GmbH & Co. KG *[Übertragende Gesellschaft]* auf die Erstattung eines Verschmelzungsberichtes, auf ein Abfindungsangebot gemäß § 29 UmwG, auf eine Klage gegen die Wirksamkeit der vorbezeichneten Beschlüsse, sowie die Verzichte sämtlicher Anteilsinhaber der Überträgerin gemäß § 54 Abs. 1 Satz 3 UmwG auf die Gewährung eines Geschäftsanteils an die ...... GmbH *[Komplementärin]* sowie die Erklärung, dass**

eine Verschmelzungsprüfung nicht verlangt wird (§§ 44 S. 1, 48 S. 1, 54 Abs. 1 Satz 3, 9 Abs. 1 UmwG);

2. **Liste der Personen, welche die neuen Geschäftsanteile übernommen haben, § 57 Abs. 3 Nr. 2 GmbHG;**[263a]
3. **Vollständigen Wortlaut des Gesellschaftsvertrages mit der Bescheinigung des Notars gemäß § 54 Abs. 1 Satz 2 HS 2 GmbHG;**
4. **Empfangsbekenntnis über die Zuleitung des Entwurfs des Verschmelzungsvertrages an die Betriebsräte der ...... GmbH & Co. KG *[Übertragende Gesellschaft];***
5. **Empfangsbekenntnis über die Zuleitung des Entwurfs des Verschmelzungsvertrages an den Betriebsrat der ...... GmbH *[Übernehmende Gesellschaft];***
6. **Bestätigung der ...... GmbH Wirtschaftsprüfungsgesellschaft, dass der Wert der im Rahmen der Verschmelzung auf die Gesellschaft erbrachten Sacheinlagen den Betrag der Kapitalerhöhung erreicht.**

Zur Eintragung in das Handelsregister melden wir an:

Die ...... GmbH & Co. KG *[Übertragende Gesellschaft],* HRA ......, Amtsgericht ......, als übertragender Rechtsträger ist auf Grund des Verschmelzungsvertrages vom ......, des Beschlusses der Gesellschafterversammlung der ...... GmbH & Co. KG *[Übertragende Gesellschaft]* vom ...... und des Beschlusses der Gesellschafterversammlung der ...... GmbH *[Übernehmende Gesellschaft]* vom ...... mit der ...... GmbH *[Übernehmende Gesellschaft]* als übernehmendem Rechtsträger durch Aufnahme unter Auflösung ohne Abwicklung verschmolzen.

Das Stammkapital ist zum Zwecke der Durchführung der Verschmelzung von 900 000.– EUR um 540 000.– EUR auf 1 440 000.– EUR erhöht worden. § ...... des Gesellschaftsvertrages ist entsprechend geändert.

Im Hinblick auf §§ 19 Abs. 1, 53 UmwG wird gebeten, zunächst nur die Kapitalerhöhung einzutragen. Zur Vervollständigung wird sodann ein beglaubigter Handelsregisterauszug der ...... GmbH & Co. KG *[übertragende Gesellschaft]* nachgereicht, aus dem sich ergibt, dass die Verschmelzung in das Handelsregister des Sitzes der ...... GmbH & Co. KG *[übertragende Gesellschaft]* eingetragen ist.

Es wird unter Bezugnahme auf Abschnitt G der zu Ziff. 1 vorgelegten Urkunde erklärt, dass im Hinblick auf die dort abgegebenen Verzichtserklärungen eine Negativerklärung nach § 16 Abs. 2 Satz 1 UmwG entbehrlich ist.

Sowohl nach Vollzug des Antrages auf Eintragung der Kapitalerhöhung als auch nach Vollzugs der Anträge auf Eintragung der Verschmelzung wird jeweils um Eintragungsnachricht an die Gesellschaft und den beglaubigenden Notar und Übermittlung von drei beglaubigten Handelsregisterauszügen an die Gesellschaft und eines beglaubigten Handelsregisterauszuges an den beglaubigenden Notar gebeten.

.... , den ....

..

[Unterschriften sämtlicher Geschäftsführer der übernehmenden Gesellschaft]

[Beglaubigungsvermerk][265]

A.8.7. Liste der Übernehmer der neuen Geschäftsanteile[264]

Verschmelzung der ...... GmbH & Co. KG *[Übertragende Gesellschaft]* auf die ...... GmbH *[Übernehmende Gesellschaft]*

Liste gemäß § 57 Abs. 3 Nr. 2 GmbHG der Personen, die bei der im Zuge der Verschmelzung der ...... GmbH & Co. KG *[Übertragende Gesellschaft]* auf die ......

GmbH *[Übernehmende Gesellschaft]* durchgeführten Kapitalerhöhung bei der GmbH *[Übernehmende Gesellschaft]* mit dem Sitz in ......, HRB ......, gemäß Urkunde des Notars ...... (URNr. ......) neue Geschäftsanteile übernommen haben

Gesellschafter	Übernommener neuer Geschäftsanteil Lfd. Nr.	Nennbetrag
X GmbH mit dem Sitz in ...... *[Sitz]*, *HRB ......, Amtsgericht ......*	**2**	**270000.– EUR**
Herrn A, geb. am ......, ... *[Wohnort]*	**3**	**270000.– EUR**
Summe		**540000.– EUR**

.............................., den ....

..

[Unterschriften sämtlicher Geschäftsführer der übernehmenden Gesellschaft]

A.8.8. Gesellschafterliste[50, 264a]

Gesellschafterliste der ...... GmbH *[Übernehmende Gesellschaft] mit dem Sitz in ......, HRB ......, Amtsgericht ......*

Gesellschafter	Geschäftsanteile			Veränderungen
	Lfd. Nr.	Nennbetrag	Vermittelte prozentuale Beteiligung, § 40 Abs. 1 S. 1 GmbHG*	
Herr C, geb. am ......, ... *[Wohnort]*	1	900000.– EUR	62,5 %	
X GmbH, mit dem Sitz in ...... *[Sitz]*, HRB ......, Amtsgericht	2	270000.– EUR	18,8 %	Durch Kapitalerhöhung iSd. § 55 UmwG im Wege der Ausgabe neuer Anteile
Herr A, geb. am ......, ... *[Wohnort]*	3	270000.– EUR	18,8 %	Durch Kapitalerhöhung iSd. § 55 UmwG im Wege der Ausgabe neuer Anteile
Stammkapital		1440000.– EUR		

* Prozentangaben sind gemäß § 4 Abs. 1 Satz 1, Abs. 2 Satz 2 GesLV nach dem kaufmännischen Prinzip auf eine Nachkommastelle gerundet.

Gemäß § 40 Abs. 2 GmbHG bescheinige ich, Notar, dass die geänderten Eintragungen in der Liste den Veränderungen auf Grund der Verschmelzung gemäß meiner Urkunde vom ...... *[Datum]*, URNr. ......, entsprechen und die übrigen Eintragungen mit dem Inhalt der zuletzt im Handelsregister aufgenommenen Liste übereinstimmen.

.............................., den ....

..

[Unterschrift Notar]

B. Grundsätzliche Anmerkungen

I. Sachverhalt

Zum Sachverhalt wird zunächst verwiesen auf → Form. A.8.1 Abschn. B und C. An der Komplementär-GmbH der Überträgerin sind die Kommanditisten in demselben Verhältnis beteiligt wie an der Kommanditgesellschaft. 1

Die Übernehmerin hat ihren Kommanditanteil von nominal 160 000.– EUR (80%) an der übertragenden Gesellschaft kurz vor Abschluss des Verschmelzungsvertrages für (einschließlich Anschaffungsnebenkosten) 2 400 000.– EUR erworben. Dies entspricht einer Bewertung von 15.– EUR pro Euro Festkapital bzw. einem Eigenkapitalwert (Equity Value) von 15 × 200 000.– Festkapital = 3 000 000.– EUR. Der Kaufpreis wurde fremdfinanziert. 2

Der Saldo der Zeitwerte der aktiven und passiven Wirtschaftsgüter der übertragenden GmbH & Co. KG (ohne Firmenwert) beträgt 2 500 000.– EUR. Der Firmenwert beläuft sich somit auf EUR 500 000.– EUR.

Das handelsrechtliche Eigenkapital der übernehmenden Gesellschaft beträgt 1 000 000.– EUR (Stammkapital 900 000.– EUR, Kapitalrücklage 100 000.– EUR). Stille Reserven sind nicht vorhanden. 3

Das Eigenkapital der übertragenden GmbH & Co. KG gemäß Handels- und Steuerbilanz beträgt 300 000.– EUR (Festkapital 200 000.– EUR, gesamthänderisch gebundene Rücklage 100 000.– EUR). In negativen steuerlichen Ergänzungsbilanzen ist für die Kommanditisten A und X-GmbH jeweils ein Minderkapital von 10 000.– EUR (dh. insgesamt ein Minderkapital von 20 000.– EUR) ausgewiesen. 4

An Kosten sind im Rahmen der Verschmelzung (Berater, Notar, Handelsregister) auf Seiten der Übernehmerin 20 000.– EUR angefallen.

II. Ablaufplan
Verschmelzung GmbH & Co. KG auf GmbH

5

Maßnahme	Rechtsgrundlage	Erforderlichkeit	Zuständigkeit	Frühester Termin	Spätester Termin	Formular
Beauftragung von Wirtschaftsprüfern mit der Ermittlung des Umtauschverhältnisses		Nicht notwendig, wenn sich die Parteien auch ohne diese Maßnahme über das Umtauschverhältnis einig sind, aber ggf. zweckmäßig	Geschäftsführung der übertragenden GmbH & Co. KG, Geschäftsführung der übernehmenden GmbH	so früh wie möglich		
Ermittlung des Umtauschverhältnisses	§ 5 Abs. 1 Nr. 3 UmwG	Ja	Wirtschaftsprüfer oder Parteien		vor Aufstellung des Entwurfs des Verschmelzungsvertrags	
Bestellung eines Verschmelzungsprüfers durch übernehmende Gesellschaft	§§ 48, 10 UmwG	Nein, da kein Gesellschafter die Prüfung verlangt hat, § 48 Satz 1 UmwG	./.	./.		
Bestellung eines Verschmelzungsprüfers durch übertragende Gesellschaft	§§ 44, 10 UmwG	Nein, da hier keine Prüfung verlangt wird, § 44 Satz 1 UmwG	./.	./.		

Maßnahme	Rechtsgrundlage	Erforderlichkeit	Zuständigkeit	Frühester Termin	Spätester Termin	Formular
Aufstellung des Entwurfs des Verschmelzungsvertrags	§ 4 Abs. 2, § 5 UmwG	Ja, wenn Beurkundung erst nach einem der Verschmelzungsbeschlüsse erfolgen soll, § 4 Abs. 2 UmwG, oder wenn für Zuleitung an Betriebsrat erforderlich	Geschäftsführung der Komplementärin der übertragenden Gesellschaft, Geschäftsführung der übernehmenden Gesellschaft	so früh wie möglich	vor Ablauf der Zuleitungsfrist für den Betriebsrat	→ Form. A.8.1
Verschmelzungsberichte	§ 8 UmwG	Nein, wenn Gesellschafter auf Erstattung verzichten, § 8 Abs. 3 UmwG	./.			
Verschmelzungsprüfungsberichte	§ 12 UmwG	Nein, da keine Prüfung verlangt wird, §§ 44 Satz 1, 48 Satz 1 UmwG	./.	./.	./.	
Auslegung der Unterlagen in den Geschäftsräumen der übernehmenden GmbH	§ 49 Abs. 2 UmwG	Entbehrlich, wenn nicht mit Rüge durch einzelne Gesellschafter zu rechnen ist oder die Gesellschafter auf die Einhaltung dieser Förmlichkeiten verzichten werden	Geschäftsführung der übernehmenden GmbH	bei Vorliegen der vollständigen Unterlagen (Jahresabschlüsse, Lageberichte für die letzten drei Geschäftsjahre)	vor Ladung zur Gesellschafterversammlung der übernehmenden GmbH	
Übersendung des Verschmelzungsvertrags bzw. des Entwurfs und des Verschmelzungsberichts an Kommanditisten der übertragenden GmbH & Co. KG	§ 42 UmwG	Entbehrlich, wenn nicht mit Rüge durch einzelne Gesellschafter zu rechnen ist oder die Gesellschafter auf die Einhaltung dieser Förmlichkeiten verzichten	Geschäftsführung der Komplementärin der übertragenden GmbH & Co. KG	bei Vorliegen der vollständigen Verschmelzungsunterlagen (Verschmelzungsvertrag bzw. Entwurf sowie ggf. Verschmelzungsbericht)	zusammen mit Ladung zur Gesellschafterversammlung wg. Verschmelzungsbeschluss, § 42 UmwG	
Ladung zur Gesellschafterversammlung der übernehmenden GmbH	§§ 49, 50 GmbHG, Satzung	Entbehrlich, wenn nicht mit Rüge durch einzelne Gesellschafter zu rechnen ist	Geschäftsführung der übernehmenden GmbH	bei Vorliegen der vollständigen Verschmelzungsunterlagen	gemäß Satzung, Wochenfrist des § 51 Abs. 1 Satz 2 GmbHG dürfte regelmäßig nicht ausreichen	
Zuleitung des Verschmelzungsvertragsentwurfs an die Betriebsräte	§ 5 Abs. 3 UmwG	Ja	Geschäftsführung der Komplementärin der übertragenden GmbH & Co. KG, Geschäftsführung der übernehmenden GmbH	nach Aufstellung des Entwurfs des Verschmelzungsvertrages	einen Monat vor dem Tage der Versammlung des jeweiligen Rechtsträgers, § 5 Abs. 3 UmwG	→ Form. A.8.3, A.8.4
Einberufung der Gesellschafterversammlung der übertragenden Personengesellschaft	§§ 42, 13 UmwG, Gesellschaftsvertrag der übertragenden GmbH & Co. KG	Entbehrlich, wenn nicht mit Rüge durch einzelne Gesellschafter zu rechnen ist	gemäß Gesellschaftsvertrag der übertragenden Personengesellschaft	gemäß Gesellschaftsvertrag der übertragenden Personengesellschaft		
Zustimmungsbeschluss der übertragenden GmbH & Co. KG	§§ 13, 43 UmwG	Ja	Gesellschafter, Notar	gemäß Ladung		→ Form. A.8.1 Abschn. F
Zustimmungsbeschluss und Kapitalerhöhungsbeschluss der übernehmenden GmbH	§§ 13, 50 UmwG	Ja	Gesellschafter, Notar	gemäß Ladung		→ Form. A.8.1 Abschn. G

Maßnahme	Rechtsgrundlage	Erforderlichkeit	Zuständigkeit	Frühester Termin	Spätester Termin	Formular
Abschluss des Verschmelzungsvertrags	§ 6 UmwG	Ja	Notar, Geschäftsführung der übertragenden GmbH & Co. KG, Geschäftsführung der übernehmenden GmbH	Nach Aufstellung des Entwurfs des Verschmelzungsvertrags	Vor Einreichung der Handelsregisteranmeldungen	→ Form. A.8.1 Abschn. D
Handelsregisteranmeldung der übertragenden GmbH & Co. KG	§§ 16, 17 UmwG	Ja	Notar, Geschäftsführung der übertragenden GmbH & Co. KG	Nach Ablauf der einmonatigen Anfechtungsfrist, §§ 14 Abs. 1, 16 Abs. 2 Satz 1 UmwG oder Klageverzicht sämtlicher Gesellschafter, § 16 Abs. 2 Satz 2 UmwG	Acht Monate nach dem Verschmelzungsstichtag, § 17 Abs. 2 Satz 4 UmwG	→ Form. A.8.5
Handelsregisteranmeldung der übernehmenden GmbH	§§ 16, 17 UmwG	Ja	Notar, sämtliche Geschäftsführer der übernehmenden GmbH, §§ 57 Abs. 1, 78 GmbHG	Nach Ablauf der einmonatigen Anfechtungsfrist, §§ 14 Abs. 1, 16 Abs. 2 Satz 1 UmwG oder Klageverzicht sämtlicher Gesellschafter, § 16 Abs. 2 Satz 2 UmwG	Acht Monate nach dem Verschmelzungsstichtag, § 17 Abs. 2 Satz 4 UmwG	→ Form. A.8.6
Werthaltigkeitsbestätigung wegen Kapitalerhöhung	§§ 57a, 9c GmbHG	Ja, wenn Zweifel bestehen können, dass Wert des übergehenden Vermögens den Nennbetrag der Kapitalerhöhung erreicht	von der Geschäftsführung der Übernehmerin zu beauftragende Wirtschaftsprüfungsgesellschaft		kann ggf. auch noch nach Ablauf der Achtmonatsfrist gemäß § 17 Abs. 2 Satz 4 UmwG nachgereicht werden	
Eintragung der Verschmelzung im Handelsregister der übertragenden GmbH & Co. KG	§ 19 UmwG	Ja	Handelsregister der übertragenden GmbH & Co. KG			
Eintragung der Verschmelzung im Handelsregister der übernehmenden GmbH	§ 19 UmwG	Ja	Handelsregister der übernehmenden GmbH	frühestens nach Eintragung im Register der übertragenden Gesellschaft		

III. Umwandlungsziele

1. Wirtschaftliche und gesellschaftsrechtliche Umwandlungsziele

Umwandlungsziel der Verschmelzung einer GmbH & Co. KG ist häufig die **Vereinfachung der rechtlichen Struktur.** 6

Haftungsbeschränkungserwägungen werden hingegen regelmäßig keinen Grund für den Weg aus der Personen- in die Kapitalgesellschaft darstellen, da sich eine Haftungsbeschränkung in der GmbH & Co. KG ebenso gut erreichen lässt wie in der GmbH. 7

Nach einer Akquisition hat die **Verschmelzung** der erworbenen GmbH & Co. KG auf die Erwerbs-GmbH allerdings den Vorteil, dass die Wirtschaftsgüter der erworbenen Gesellschaft ohne Beschränkung durch Kapitalerhaltungsvorschriften (§§ 30, 31 GmbHG), die über die Komplementär-GmbH auch auf die GmbH & Co. KG anwendbar sind (BGH v. 29.3.1973, II ZR 25/70, BGHZ 60, 324; Scholz/ 8

H. P. Westermann GmbHG § 30 Rn. 38ff.; Michalski/*Hedinger* GmbHG § 30 Rn. 100ff.), zur **Besicherung** einer von der Erwerbergesellschaft aufgenommenen **Akquisitionsfinanzierung** eingesetzt werden können: Ob und inwieweit sich an der Anwendbarkeit des § 30 Abs. 1 Satz 1 GmbH auf derartige Upstream-Besicherungen für den Fall des Bestehens eines vollwertigen Rückgriffsanspruches durch die mit dem MoMiG v. 23.10.2008 (BGBl. I 2008, 2026) eingeführte Ausnahme in § 30 Abs. 1 Satz 2 Alt. 2 GmbHG etwas geändert hat, ist umstritten (verneinend etwa LH/*Hommelhoff* GmbHG § 30 Rn. 34ff.; **aA** MünchKomm/*Ekkenga* GmbHG § 30 Rn. 141 jeweils mwN).

9 *einstweilen frei*

2. Alternativen

10 Dasselbe Ergebnis wie eine Verschmelzung lässt sich meist auch im Wege der **Anwachsung** der GmbH & Co. KG auf ihre Komplementär-GmbH (oder eine neu eingetretene Kapitalgesellschaft) erreichen, indem die Personengesellschafter ihre Anteile im Wege der Einzelrechtsnachfolge in die Kapitalgesellschaft einbringen und das Vermögen der Personengesellschaft sodann durch Anwachsung auf die Kapitalgesellschaft als einzigen verbliebenen Gesellschafter übergeht. Die Einbringung kann gegen Gewährung von Gesellschaftsrechten und damit ebenso wie die Verschmelzung gemäß §§ 20ff. UmwStG steuerneutral erfolgen (→ Rn. 97).

11 Die Umwandlung durch Verschmelzung (oder alternativ im Wege des Formwechsels gemäß §§ 190ff. UmwG) ist allerdings der einzige Weg, wenn die Umstrukturierung nicht von allen Gesellschaftern mitgetragen wird. Während nämlich ein **widersprechender Personengesellschafter** regelmäßig nicht zu einer Abtretung seines Gesellschaftsanteils an die Kapitalgesellschaft zu zwingen ist (etwas anderes könnte zB dann gelten, wenn der Gesellschaftsvertrag eine sog. „Drag-Along"-Klausel enthält), kann eine Verschmelzung in der übernehmenden GmbH und, wenn der Gesellschaftsvertrag entspr. Mehrheitsbeschlüsse zulässt, auch in der Personengesellschaft mit **qualifizierter Mehrheit** (mindestens 75% der abgegebenen Stimmen) beschlossen werden, §§ 43 Abs. 2 Satz 1 und 2, 50 Abs. 1 Satz 1 UmwG, 53 Abs. 2 GmbHG. Voraussetzung für letzteres ist allerdings, dass die Stammeinlagen bei der übernehmenden Gesellschaft voll geleistet sind; anderenfalls müssten zum Schutz vor der drohenden Ausfallhaftung nämlich alle Gesellschafter der übertragenden Gesellschaft zustimmen, § 51 Abs. 1 Satz 1 UmwG.

12 Neben der Verschmelzung kommt alternativ auch ein **Formwechsel** in die Kapitalgesellschaft gemäß §§ 190ff. UmwG in Betracht (→ Form. E.4); für diesen gelten steuerlich gemäß § 25 UmwStG ebenfalls die Vorschriften über die Einbringung gemäß §§ 20–23 UmwStG. Allerdings **entfällt** beim Formwechsel die Möglichkeit einer handelsbilanziellen **Wertaufstockung** der eingebrachten Wirtschaftsgüter gemäß § 24 UmwG, weil diese Bestimmung wegen Rechtsträgeridentität auf den Formwechsel nicht anwendbar ist (s. RS HFA 41 Tz. 5).

13 *einstweilen frei*

3. Handelsbilanzielle Gesichtspunkte

14 Handelsbilanziell ist zu beachten, dass bei einer Verschmelzung – im Gegensatz zum Formwechsel – bei der übernehmenden Gesellschaft ein Aufwand durch verschmelzungsbedingten Wegfall von Anteilen an der übertragenden Gesellschaft entsteht, soweit die übernehmende Gesellschaft an der übertragenden Gesellschaft beteiligt ist (iE → Rn. 74). Dieser Aufwand führt ggf. zu einem Verschmelzungsverlust und damit zu einer Reduzierung von Ausschüttungsvolumen, soweit er nicht durch den verschmelzungsbedingten Zugang der Wirtschaftsgüter des übertragenden Rechtsträgers ausgeglichen wird.

Allerdings gestatten §§ 24 UmwG, 255 Abs. 1 HGB (wahlweise) anstellte der Buchwertverknüpfung auch einen Ansatz der übergehenden Rechtsgüter bei der aufnehmenden Kapitalgesellschaft nach dem Anschaffungskostenprinzip, dh. eine Aufdeckung stiller Reserven in der Handelsbilanz des übernehmenden Rechtsträgers; dadurch wird die Vermeidung eines Umwandlungsverlustes ermöglicht (iE → Rn. 71 ff.). 15

einstweilen frei 16

4. Steuerliche Umwandlungsziele

Bei Familiengesellschaften mit natürlichen Personen als Gesellschaftern war bislang Beweggrund für die Umwandlung häufig die bei Gewinnthesaurierung **niedrigere ertragsteuerliche Gesamtsteuerbelastung** der Kapitalgesellschaft. Durch die natürlichen Personen als Mitunternehmern seit VZ 2008 eröffnete Möglichkeit, nicht entnommene Gewinne auf Antrag zum ermäßigten Einkommensteuersatz von 28,25% zu versteuern (§ 34a EStG), hat dieser Gesichtspunkt allerdings an Gewicht eingebüßt. 17

Bei einer auf Entnahmen ausgerichteten Gewinnverwendungspolitik ist hingegen die Personengesellschaft wegen der erneuten Belastung der Gewinnausschüttungen von Kapitalgesellschaften auf Gesellschafterebene, dh. seit VZ 2009 im Betriebsvermögen zum Teileinkünfteverfahren und im Privatvermögen durch die Abgeltungssteuer von 25% jeweils zzgl. Solidaritätszuschlag, bei hohen Gewerbesteuerhebesätzen nach wie vor günstiger als die Kapitalgesellschaft.

Die steuerliche Abzugsfähigkeit der Gehälter von Gesellschafter-Geschäftsführern und der zu ihren Gunsten gemachten Pensionszusagen und die damit verbundene Minderung der Gewerbesteuerbelastung – früher ein häufiger Grund für die Wahl der Kapitalgesellschaft – ist seit Einführung der pauschalierten Anrechung der Gewerbesteuer auf die Einkommensteuer (§ 35 EStG) nur noch bei hohem Gewerbesteuerhebesatz ein Argument für die Wahl der Kapitalgesellschaft. 18

Zur **erbschaft- und schenkungsteuerlichen** Behandlung von Personengesellschafts- und Kapitalgesellschaftsanteilen, deren Unterschiede durch das ErbStRG v. 24.12.2008 (BGBl. I 2008, 3018) weitgehend eingeebnet wurden, sowie zu den diesbezüglichen Änderungen durch das ErbStAnpG v. 4.11.2016 (BGBl. I 2016, 2464) siehe → Form A.6 Rn. 8ff.EUR 19

Im Kapitalgesellschaftskonzern hat der Wechsel in die Kapitalgesellschaft den Vorteil, dass über die gewerbesteuerliche Organschaft (§ 2 Abs. 2 GewStG) eine konzernweite Verrechnung der Gewerbeerträge erreicht werden kann, was bei der Personengesellschaft als Mitunternehmerschaft nicht möglich ist. 20

Gegenüber dem Formwechsel hat die Verschmelzung, wenn die Überträgerin über Grundbesitz verfügt, allerdings den Nachteil, dass im Regelfall Grunderwerbsteuer anfällt. Die engen Voraussetzungen, unter denen § 6a GrEStG konzerninterne Umwandlungen von der Grunderwerbsteuer freistellt (→ Rn. 205), sind häufig nicht erfüllt. 21

5. Arbeitsrechtliche Gesichtspunkte

Arbeitsrechtlich kann die Verschmelzung einer Personengesellschaft auf eine GmbH die Anwendbarkeit der Mitbestimmung der Arbeitnehmer nach dem DrittelbG (früher BetrVG 1952) zur Folge haben, die nur bei Aktiengesellschaften und GmbHs mit 500 oder mehr Beschäftigten, nicht hingegen bei Personengesellschaften eingreift. 22

IV. Zivil-, Handels- und Gesellschaftsrecht

1. Allgemeines

Das UmwG lässt die Verschmelzung bestehender Rechtsträger sowohl durch **Aufnahme** (§§ 2 Nr. 1, 4ff. UmwG) auf einen bestehenden Rechtsträger als auch durch 23

Neugründung durch Übertragung des Vermögens zweier oder mehrerer zu verschmelzender Rechtsträger auf einen dadurch gegründeten neuen Rechtsträger (§§ 2 Nr. 2, 36ff. UmwG) zu. Dem Formular liegt eine Verschmelzung durch Aufnahme zugrunde.

24 Möglich ist grundsätzlich auch die Verschmelzung auf **Unternehmergesellschaften (haftungsbeschränkt)** (UG) iSd. durch das MoMiG v. 23.10.2008 (BGBl. I 2008, 2026) eingeführten § 5a GmbHG. Die UG ist GmbH und als solche umwandlungsfähig (LH/*Kleindiek* GmbHG § 5a Rn. 4). Soll allerdings im Zuge der Verschmelzung bei der Übernehmerin eine Kapitalerhöhung stattfinden, sollte nach einer verbreiteten, auch von einigen Registergerichten vertretenen Auffassung die UG als übernehmender Rechtsträger zumindest bei einem Stammkapital unter 25 000.– EUR wegen des für sie geltenden Verbots der Sachkapitalerhöhung (§ 5a Abs. 2 Satz 2 GmbHG), das so lange gelte, wie das eingetragene und einbezahlte Stammkapital geringer als 25 000.– EUR sei (OLG München v. 23.9.2010, 31 Wx 149/10, NJW 2011, 464, II. Nr. 2. Buchst. b), ausscheiden (vgl. *Ries* AnwBl 2011, 13, 14; *Heckschen* DStR 2009, 166, 172). Nach der Gegenauffassung (LH/*Kleindiek* GmbHG § 5a Rn. 33; SSt/*Stengel,* 3. Aufl. 2012, UmwG § 3 Rn. 20a) soll hingegen das Verbot der Sachkapitalerhöhung (§ 5a Abs. 2 Satz 2 GmbHG) nicht für eine Kapitalerhöhung gelten, durch die das Mindestkapital von 25 000.– EUR erreicht oder überschritten wird; anderenfalls würden die UG und ihre Gesellschafter in Ansehung von Sachkapitalerhöhungen schlechter gestellt als die Gründer einer GmbH bei der Sachgründung. Der BGH hat sich der letztgenannten Auffassung angeschlossen (BGH v. 19.4.2011, II ZB 25/10, NJW 2011, 1881). Die Verschmelzung auf eine ihr Stammkapital im Zuge der Verschmelzung erhöhende UG ist somit zulässig, wenn das Stammkapital nach dieser Kapitalerhöhung mindestens 25 000.– EUR erreicht.

24a **Aufgelöste Rechtsträger** können gemäß § 3 Abs. 3 UmwG als **übertragende Rechtsträger** an der Verschmelzung beteiligt sein, wenn ihre Fortsetzung beschlossen werden könnte, woran es für die AG gemäß § 274 Abs. 1 Satz 1 AktG und für die GmbH nach wohl hM in entsprechender Anwendung dieser Vorschrift (OLG Düsseldorf v. 13.7.1979, 3 W 139/79, BeckRS 1979, 01310; Lutter/*Drygalla* UmwG § 3 Rn. 25; Kallmeyer/*Marsch-Barner* UmwG § 3 Rn. 23) fehlt, wenn bereits mit der Verteilung des Vermögens unter die Gesellschafter begonnen worden ist; für Personengesellschaften gibt es eine vergleichbare Einschränkung nicht (Lutter/*Drygalla* UmwG § 3 Rn. 25; WM/*Fronhöfer* UmwG § 3 Rn. 49). Hingegen soll nach ganz hM die Verschmelzung auf einen aufgelösten Rechtsträger unzulässig sein, § 3 Abs. 3 UmwG e contrario (OLG Naumburg v. 12.2.1997, 10 Wx 1/97, GmbHR 1997, 1152; Lutter/*Drygalla* UmwG § 3 Rn. 31; **aA** Kallmeyer/*Marsch-Barner* UmwG § 3 Rn. 26f.).

24b Auch **insolvente Rechtsträger** können nunmehr jedenfalls als **übertragende Rechtsträger** grundsätzlich an der Verschmelzung beteiligt sein, weil gemäß § 225a Abs. 3 InsO idF des Gesetzes zur weiteren Erleichterung der Sanierung von Unternehmen („ESUG") v. 13.12.2011, BGBl. I 2011, 2582, die Fortsetzung der Gesellschaft als Regelung im Insolvenzplan enthalten sein kann (Lutter/*Drygalla* UmwG § 3 Rn. 25). Hingegen soll der Verschmelzung auf einen insolventen Rechtsträger auch nach Inkrafttreten des ESUG § 3 Abs. 3 UmwG entgegenstehen, wonach aufgelöste Rechtsträger an einer Verschmelzung nur als übertragende Rechtsträger beteiligt sein könnten (OLG Brandenburg v. 27.1.2015, 7 W 118/14, NZG 2015, 884; **aA** Kallmeyer/*Marsch-Barner* UmwG § 3 Rn. 26f.).

2. Anteilsgewährung, Kapitalerhöhung

25 Die Verschmelzung erfolgt gemäß § 2 UmwG grds. zwingend gegen **Gewährung von Anteilen** an der aufnehmenden GmbH an die Gesellschafter der übertragenden GmbH & Co. KG. Die Anteilsgewährung muss im Wege einer Kapitalerhöhung erfol-

gen, soweit nicht einer der Ausnahmetatbestände des § 54 Abs. 1 und 2 UmwG eingreift. Gemäß § 54 Abs. 3 Satz 1 UmwG idF des MoMiG v. 23.10.2008 (BGBl. I 2008, 2026) müssen die gewährten Stammeinlagen nurmehr auf volle Euro lauten; das Erfordernis der Teilbarkeit durch 10 ist ebenso entfallen wie der Mindestbetrag von 50.– Euro.

Eine Anteilsgewährung erfolgt nicht, soweit die **Anteile** an der übertragenden Gesellschaft von der **aufnehmenden GmbH gehalten** werden, § 54 Abs. 1 Nr. 1 UmwG. Im Formular werden daher Geschäftsanteile an der aufnehmenden GmbH nur der X-GmbH und dem A, nicht jedoch auch der aufnehmenden GmbH selbst gewährt (→ Form. A.8.2 § 2 Abs. 1). 26

Ob eine Anteilsgewährung gemäß § 54 Abs. 1 Nr. 1 UmwG ausgeschlossen ist, wenn außer der am Vermögen nicht beteiligten Komplementär-GmbH nur die übernehmende GmbH an der übertragenden Personengesellschaft beteiligt ist, ist fraglich, aber letztlich zu verneinen, da es eine Einpersonen-Personengesellschaft nicht gibt, die Komplementär-GmbH also trotz ihrer fehlenden Beteiligung am Vermögen gleichwohl Gesellschafter der Personengesellschaft ist (WM/*Mayer* UmwG § 5 Rn. 24.3; **aA** Kallmeyer/*Kallmeyer/Kocher* UmwG § 54 Rn. 23); daher kann (und muss) gemäß § 2 UmwG grundsätzlich auch der Komplementär-GmbH ein Geschäftsanteil an der übernehmenden GmbH gewährt werden. Allerdings können gemäß § 54 Abs. 1 S. 3 UmwG alle Gesellschafter des übertragenden Rechtsträgers auf die Anteilsgewährung verzichten. Aufgrund dieser Bestimmung kann entgegen dem in mehrfacher Hinsicht missratenen Gesetzeswortlaut (s. etwa *Mayer/Weiler* DB 2007, 1235) des § 54 Abs. 1 Satz 3 UmwG (anstelle des Wortes „wenn" hätte der Gesetzgeber besser das Wort „soweit" verwendet) nicht nur insgesamt, sondern auch bezüglich einzelner Anteilsinhaber der Überträgerin auf die Gewährung von Geschäftsanteilen verzichtet werden (WM/*Mayer* UmwG § 5 Rn. 24. 5 iVm. § 54 Rn. 51.2). Auf die noch in der 2. Auflage empfohlene Hilfslösung, die Komplementärin einen Zwerganteil treuhänderisch erwerben und sodann nach Wirksamwerden der Verschmelzung an den Treugeber abtreten zu lassen (bis zur 2. Aufl. Formular A. 8a Abschn. E), kann daher uE verzichtet werden. 27

Wegen des Verbots der **Unterpari-Emission** muss der (Zeit)Wert des im Rahmen der Verschmelzung auf die übernehmende GmbH übergehenden Vermögens mindestens den Nennbetrag der Kapitalerhöhung decken; sofern diese Deckung nicht bereits durch eine handelsrechtliche Schlussbilanz der Überträgerin nachgewiesen wird (zur diesbzgl. Funktion der handelsrechtlichen Schlussbilanz s. WM/*Widmann* UmwG § 24 Rn. 175), ist dies durch entspr. WP-Bestätigung (Werthaltigkeitsbestätigung) nachzuweisen. Im Formularfall liegt keine Unterpariemission vor, da dem Nennbetrag der Kapitalerhöhung (540 000.– EUR) ein auf die Überträger (X GmbH und A) entfallender anteiliger Eigenkapitalwert von 3 Mio. EUR × 20% = 600 000.– EUR gegenübersteht. Allerdings muss, da das auf X GmbH und A als Übernehmer der neuen Geschäftsanteile entfallende anteilige Eigenkapital gemäß Handelsbilanz mit 300 000.– EUR × 20% = 60 000.– EUR unter dem Nennbetrag der Kapitalerhöhung liegt, der höhere Eigenkapitalwert durch Werthaltigkeitsbestätigung nachgewiesen werden (→ Rn. 45). 28

Für die Ermittlung der wirtschaftlich zutreffenden Kapitalerhöhung (KErh) ist diese zu der Summe aus bisherigem Stammkapital (StK) und Kapitalerhöhung (KErh) ins Verhältnis zu setzen. Dieses Verhältnis entspricht dem Verhältnis, in welchem der Verkehrswert der neu ausgegebenen Anteile zum Verkehrswert der aufnehmenden Gesellschaft nach Verschmelzung (W_{AnV}) steht. Der Verkehrswert der neu ausgegebenen Anteile muss wiederum dem Verkehrswert der von den Empfängern bislang an der übertragenden Gesellschaft gehaltenen Gesellschaftsanteile entsprechen. Deren Wert ergibt sich, indem man den Wert der übertragenden Gesellschaft ($W_{Ü}$) mit der Beteiligungsquote der Anteilsempfänger an der übertragenden Gesellschaft (Q) multipliziert. 29

30 Es ergibt sich also folgende Gleichung (s. auch WM/*Mayer* UmwG § 5 Rn. 113ff.):

$$\frac{\text{KErh}}{\text{StK} + \text{KErh}} = \frac{Q \times W_{Ü}}{W_{AnV}}$$

Setzt man die Zahlen aus dem Formularfall (→ Rn. 1f.) in diese Formel ein, so ergibt sich Folgendes:

$$\frac{\text{KErh}}{900\,000.\text{– EUR} + \text{KErh}} = \frac{20\,\% \times 3\,000\,000.\text{– EUR}}{1\,600\,000.\text{– EUR}} = \frac{3}{8}$$

Die Beteiligungsquote Q der an der Kapitalerhöhung teilnehmenden Gesellschafter A und X GmbH der übertragenden Gesellschaft beträgt 20%.

Der Wert der aufnehmenden Gesellschaft nach Verschmelzung (W_{AnV}) von 1 600 000.– EUR ergibt sich, indem man von der Summe der Verkehrswerte beider Gesellschaften vor Verschmelzung (1 Mio. EUR + 3 Mio. EUR = 4 Mio. EUR) den Wert des von der aufnehmenden Gesellschaft an der übertragenden Gesellschaft gehaltenen Kommanditanteils (80% × 3 Mio. EUR = 2,4 Mio. EUR) abzieht, da dieser im Rahmen der Verschmelzung untergeht.

Löst man die vorstehende Gleichung nach KErh auf, so ergibt sich folgendes Ergebnis:

$$\text{KErh} = 540\,000.\text{– EUR}$$

3. Zuzahlungen

31 Neben den Anteilen an der Übernehmerin können für die Gesellschafter der übertragenden Personengesellschaft auch bare Zuzahlungen von bis zu 10% des Nennbetrags der ihnen gewährten Geschäftsanteile festgesetzt werden, § 54 Abs. 4 UmwG. Die 10%-Beschränkung gilt trotz ihrer systematischen Stellung erst recht auch dann, wenn die gewährten Anteile im Wege einer Kapitalerhöhung ausgegeben werden (WM/*Mayer* UmwG § 54 Rn. 55). In den Fällen der Verbesserung des Umtauschverhältnisses gemäß § 15 UmwG können die Zuzahlungen hingegen die 10%-Grenze überschreiten, § 15 Abs. 1 Satz 1 HS 2 UmwStG. Zur steuerlichen Behandlung dieser Zuzahlungen → Rn. 138ff.

4. Abfindungsangebot

32 Grundsätzlich ist bei einer Verschmelzung einer Personengesellschaft auf eine Kapitalgesellschaft (sog. Mischverschmelzung) gemäß § 29 UmwG ein Abfindungsangebot an die Anteilsinhaber der übertragenden Gesellschaft in den Verschmelzungsvertrag aufzunehmen. Das **Fehlen** des Abfindungsangebotes stellt grds. ein **Eintragungshindernis** für die Verschmelzung dar (WM/*Wälzholz* UmwG § 29 Rn. 59; aA Kallmeyer/*Marsch-Barner* UmwG § 29 Rn. 16 unter Hinweis auf § 32 UmwG). Gleichwohl muss das Abfindungsangebot analog §§ 30 Abs. 2 Satz 2, 12 Abs. 3, 8 Abs. 3 Satz 1 UmwG **entbehrlich** sein, wenn sämtliche Anteilsinhaber des übertragenden Rechtsträgers ausdrücklich und in notariell beurkundeter Form auf ein solches Angebot verzichten (WM/*Wälzholz* UmwG § 29 Rn. 53; Kallmeyer/*Marsch-Barner* § 29 Rn. 17). Da im → Form. A. 8.1 in Abschn. H derartige **Verzichtserklärungen** der Gesellschafter der übertragenden Gesellschaft vorgesehen sind, wurde auf die Aufnahme eines Abfindungsangebotes verzichtet.

33 *einstweilen frei*

5. Erforderliche Rechtsakte

a) Verschmelzungsvertrag

34 Die Verschmelzung bedarf eines von dem übertragenden und dem aufnehmenden Rechtsträger in notariell beurkundeter Form abzuschließenden **Verschmelzungsver-**

trages, §§ 4 Abs. 1, 6 UmwG (→ Form. A.8.2 sowie → Rn. 230ff.). Erforderlich ist im Regelfall die Beurkundung durch einen deutschen Notar; die Beurkundung durch einen ausländischen Notar kann allenfalls dann genügen, wenn sie der Beurkundung durch einen deutschen Notar gleichwertig ist, was zB für die Beurkundung durch Notare im Schweizer Kanton Basel-Stadt bejaht worden ist (vergl. KG v. 26.7.2018, 22 W 2/18, DStR 2018, 2533; s. iE → Form. B.1 Rn. 333ff.).

Der beurkundende Notar ist gemäß § 54 Abs. 1 und 2 EStDV verpflichtet, dem für die an der Verschmelzung beteiligte Körperschaft zuständigen Finanzamt (§ 20 AO) innerhalb von zwei Wochen ab Beurkundung eine **beglaubigte Abschrift** der Urkunde zu übersenden (zu den Anzeigepflichten des Notars siehe auch zB des Merkblatt des LfSt Bayern v. 1.1.2018 (www.finanzamt.bayern.de/Informationen/Steuerinfos/Steuerarten/Grunderwerbsteuer). 35

b) Zuleitung an die Betriebsräte

Der Verschmelzungsvertrag oder sein Entwurf ist jeweils einen Monat vor der jeweiligen Versammlung der Anteilsinhaber, welche über die Zustimmung zu dem Verschmelzungsvertrag beschließt, dem zuständigen **Betriebsrat zuzuleiten,** § 5 Abs. 3 UmwG (→ Form. A.8.3 und → Form. A.8.4 sowie → Rn. 254ff.). 36

c) Verschmelzungsbeschlüsse

Die **Anteilsinhaber** der beiden beteiligten Rechtsträger müssen dem Verschmelzungsvertrag durch notariell beurkundeten **Beschluss** zustimmen, § 13 Abs. 1 Satz 1 UmwG (→ Form. A.8.1 Abschn. F und G). Der Beschluss ist zwingend in einer Versammlung zu fassen (§ 13 Abs. 1 Satz 2 UmwG); eine Beschlussfassung außerhalb einer Versammlung, zB im schriftlichen Umlaufverfahren (§ 48 Abs. 2 GmbHG), ist nicht ausreichend (SSt/*Gehling* § 13 UmwG Rz. 14; Lutter/*Drygalla* § 13 UmwG Rz. 9). Es genügt hier ein **Wahrnehmungsprotokoll** nach §§ 36, 37 BeurkG, **wenn** in dem Protokoll **keine Verzichtserklärungen** nach §§ 8 Abs. 4 Nr. 1, 9 Abs. 3, 12 Abs. 3 oder auf eine Klage gegen die Wirksamkeit der Beschlüsse nach § 16 Abs. 2 UmwG enthalten sind; im Formularfall erfolgt die Beurkundung wegen der Mitbeurkundung von Verschmelzungsvertrag, Treuhandvereinbarung und Verzichtserklärungen in derselben Urkunde nach den Regeln über die Beurkundung von Willenserklärungen (§§ 8ff. BeurkG). 37

einstweilen frei 38

Der Beschluss bedarf bei **GmbH** einer Mehrheit von mindestens **75 %** der abgegebenen Stimmen bzw. des bei der Beschlussfassung vertretenen Stammkapitals, sofern nicht der Gesellschaftsvertrag bzw. die Satzung eine höhere Mehrheit oder weitere Erfordernisse vorsieht, §§ 50 Abs. 1, 53 Abs. 2 GmbHG. 39

Bei **Personengesellschaften** ist grds. **Zustimmung aller** (auch der nicht erschienenen) Gesellschafter notwendig, § 43 Abs. 1 UmwG, sofern nicht der Gesellschaftsvertrag qualifizierte Mehrheitsentscheidung (mindestens 75% der abgegebenen Stimmen) vorsieht, § 43 Abs. 2 Satz 1 und 2 UmwG. 40

einstweilen frei 41

d) Verschmelzungsbericht und -prüfung

Grds. haben die Organe der beteiligten Rechtsträger einen schriftlichen **Verschmelzungsbericht** zu erstellen, § 8 UmwG. Der **Verschmelzungsbericht** ist bei notariell (nach §§ 8ff. BeurkG) beurkundetem **Verzicht** aller Anteilsinhaber aller beteiligten Rechtsträger oder dann entbehrlich, wenn sich **alle Anteile** des übertragenden Rechtsträgers in der Hand des übernehmenden Rechtsträgers befinden, § 8 Abs. 4 UmwG. 42

Die **Verschmelzung** ist bei Beteiligung von GmbH und Personengesellschaften nur **zu prüfen,** soweit ein Mehrheitsbeschluss möglich ist und einer der Gesellschafter 43 dies innerhalb von einer Woche nach Erhalt des Verschmelzungsvertrages oder seines Entwurfs sowie des Verschmelzungsberichts verlangt, §§ 44 Satz 1, 48 Satz 1 UmwG; die Prüfung durch einen gemeinsamen Prüfer ist möglich, § 10 Abs. 1 Satz 2 UmwG. Die Prüfer haben einen schriftlichen Prüfungsbericht zu erstatten, ggf. auch gemeinsam, § 12 UmwG.

44 *einstweilen frei*

e) Sachkapitalerhöhungsbericht erforderlich?/Werthaltigkeitsbestätigung

45 Schließlich stellt sich, da es sich bei einer im Rahmen einer Verschmelzung durchgeführten Kapitalerhöhung um eine Sachkapitalerhöhung handelt und § 55 Abs. 1 UmwG nicht von der Einhaltung der §§ 55 Abs. 4, 5 Abs. 4 GmbHG befreit, die bekannte Streitfrage, ob wie bei der Sachgründung auch bei der Sachkapitalerhöhung ein **(Sachkapitalerhöhungs-)Bericht** in entspr. Anwendung von § 5 Abs. 4 GmbHG erforderlich ist. Nach hM ist bei einer Sachkapitalerhöhung ein solcher Bericht nicht generell erforderlich, da die §§ 55 Abs. 4, 56 Abs. 2, 57 Abs. 3 GmbHG nicht auf den Sachgründungsbericht gemäß § 5 Abs. 4 GmbHG verweisen; jedoch kann das Registergericht gemäß §§ 57a, 9c GmbHG im Einzelfall einen solchen Bericht oder eine Werthaltigkeitsbestätigung fordern, wenn dies zur Prüfung der Vollwertigkeit der Sacheinlage erforderlich ist (OLG Köln v. 13.2.1996, NJW-RR 1996, 1250; offen gelassen von BayObLG v. 2.11.1994, NJW 1995, 1971; Lutter/*Hommelhoff* GmbHG § 56 Rn. 7; aA OLG Stuttgart v. 19.1.1981, 8 W 295/81, GmbHR 1982, 109ff.; Scholz/*Priester* GmbHG § 56 Rn. 89ff., jeweils mwN).

46 Jedoch sollte – um entsprechenden Rückfragen des Registergerichts vorzubeugen – jedenfalls dann eine **Werthaltigkeitsbestätigung** einer Wirtschaftsprüfungsgesellschaft vorgelegt werden, wenn der Nennbetrag der Kapitalerhöhung höher ist als das bilanzielle Eigenkapital der übertragenden Gesellschaft gemäß deren Schlussbilanz, soweit es anteilig auf die Gesellschafter entfällt, denen im Zuge der Verschmelzung neue Geschäftsanteile gewährt werden. Im Formularfall wird dementspr. mit der Handelsregisteranmeldung der übernehmenden Gesellschaft eine solche Werthaltigkeitsbescheinigung vorgelegt (→ Form A.8.6 Nr. 7), da schon das bilanzielle Eigenkapital der übertragenden Personengesellschaft gemäß Schlussbilanz (300000.– EUR) und erst recht der davon auf A und B als Erwerber der neuen Geschäftsanteile entfallende Anteil von 20% (= 60000.– EUR) niedriger ist als der Nennbetrag der (Sach-)Kapitalerhöhung (540000.– EUR) und die stillen Reserven in der übertragenden Personengesellschaft für den Registerrichter regelmäßig nicht ersichtlich sind. Für das Muster eines Sachgründungsberichtes wird auf → Form. E. 4.6 verwiesen.

47 Zu einer **kritischen Werthaltigkeitsprüfung** durch das Registergericht in den durch § 9c GmbHG vorgegebenen Grenzen besteht nicht zuletzt auch deshalb Anlass, weil der BGH entgegen der wohl h.M. im Schrifttum (Kallmeyer/*Kallmeyer/Kocher* § 55 UmwG Rz. 13; SSt/*Reichert* § 55 UmwG Rz. 11 mwN. zum Streitstand) eine Differenzhaftung der Gesellschafter der an der Verschmelzung beteiligten Rechtsträger gemäß § 55, § 56 Abs. 2, § 9 GmbHG bei Überbewertung des Vermögens des übertragenden Rechtsträgers verneint (BGH v. 6.11.2018, II ZR 199/17, DStR 2019, 340, Tz. 11ff.); nach Ansicht des BGH kommt eine Haftung der Gesellschafter nur unten den (engen) Voraussetzungen einer vorsätzlichen sittenwidrigen Schädigung (§ 826 BGB) unter dem Gesichtspunkt des existenzvernichtenden Eingriffs in Betracht (BGH v. 6.11.2018, II R 199/17, aaO Tz. 25ff.).

f) Handelsregisteranmeldungen, Eintragung, Gesellschafterliste

48 Die Verschmelzung ist sowohl zum **Handelsregister** des übertragenden als auch zum Handelsregister des aufnehmenden Rechtsträgers anzumelden, § 16 UmwG (→ Form A.8.5 und → Form. A.8.6 sowie → Rn. 261 ff.).

Gemäß § 53 UmwG ist zunächst die Kapitalerhöhung bei der übernehmenden GmbH einzutragen. Sodann ist die Verschmelzung zunächst im Handelsregister der übertragenden und danach im Handelsregister der übernehmenden Gesellschaft einzutragen, § 19 Abs. 1 S. 1 UmwG; die Notwendigkeit eines Hinweises bei der Eintragung im Handelsregister des übertragenden Rechtsträgers, dass die Verschmelzung erst mit der Eintragung im Handelsregister des übernehmenden Rechtsträgers wirksam wird, entfällt nunmehr, wenn die Eintragungen am selben Tag erfolgen, § 19 Abs. 1 S. 2 UmwG. Mit Eintragung der Verschmelzung im Handelsregister der übernehmenden Gesellschaft wird die Verschmelzung wirksam, § 20 UmwG. **49**

Die Handelsregisteranmeldung ist elektronisch einzureichen, § 12 Abs. 1 S. 1 HGB (iE → Form. A.1 Rn. 56 sowie *Jeep/Wiedemann* NJW 2007, 2439).

Die Notwendigkeit der Beifügung der Liste der Übernehmer ergibt sich aus § 57 Abs. 3 Nr. 2 GmbHG. Hingegen ist der Handelsregisteranmeldung der Übernehmerin nach § 52 UmwG idF des 3. UmwÄndG v. 11.7.2011 (BGBl. I 2011, 1338) **keine** berichtigte **Gesellschafterliste** mehr beizufügen, da dies gemäß § 40 Abs. 2 GmbHG nunmehr Sache des beurkundenden Notars ist, der diese erst nach Wirksamwerden der Verschmelzung durch Eintragung im Handelsregister der Übernehmerin einzureichen hat (→ Rn. 263 und → Form. A.8.8). **50**

Mit Wirksamwerden der Verschmelzung erlöschen die übertragenden Rechtsträger (§ 20 Abs. 1 Nr. 2 UmwG) und geht ihr Vermögen einschließlich der Verbindlichkeiten auf die Übernehmerin über, § 20 Abs. 1 Nr. 1 UmwG (Gesamtrechtsnachfolge). Der Übergang kraft gesetzlich angeordneter Gesamtrechtsnachfolge erstreckt sich auch auf Verträge und sonstige Rechtspositionen und Verpflichtungen (zum Forderungsübergang trotz rechtsgeschäftlichen Abtretungsverbots OLG Düsseldorf v. 25.11.2015, 21 U 172/12, ZIP 2015, 1289, nicht rkr.). Eine Ausnahme gilt lediglich für **höchstpersönliche Rechte und Pflichten** (BGH v. 21.2.2014, V ZR 164/13, NJW 2014, 1447, Tz. 17); die Anforderungen an die Höchstpersönlichkeit sind jedoch hoch: So begründen zB der Verwaltervertrag, den eine als WEG-Verwalter tätige Überträgerin mit einer Wohnungseigentümergemeinschaft abgeschlossen hat, sowie ihre Bestellung zur Verwalterin der Wohnungseigentümergemeinschaft jedenfalls dann keine dergestalt höchstpersönlichen Rechte und Verpflichtungen, wenn es sich bei der Überträgerin um eine Kapitalgesellschaft handelt (BGH v. 21.2.2014, V ZR 164/13, NJW 2014, 1447, Tz. 16ff.; **aA** OLG München v. 31.1.2014, 34 Wx 469/13, GmbHR 2014, 657, für Abspaltung; s. hierzu *Heckschen* GmbHR 2015, 897, 908 f.). Allenfalls eine fristlose Kündigung aus wichtigem Grund gemäß § 314 Abs. 1 BGB kommt in Betracht, wobei jedoch die Verschmelzung als solche noch keinen wichtigen Grund darstellt (BGH v. 21.2.2014, V ZR 164/13, NJW 2014, 1447, Tz. 28). Ob die Höchstpersönlichkeit des Verwaltervertrages und der Verwalterbestellung auch dann zu verneinen sind, wenn es sich bei der Überträgerin um eine Personengesellschaft handelt, hat der BGH ausdrücklich offen gelassen (BGH v. 21.2.2014, V ZR 164/13, NJW 2014, 1447, Tz. 20). **50a**

Da der Geltungsbereich des § 20 Abs. 1 Nr. 1 UmwG sich nicht auf das Zivilrecht beschränkt, ist im Grundsatz anerkannt, dass auch **öffentlich-rechtliche** Konzessionen, Genehmigungen, Erlaubnisse und Rechtspositionen nicht von vornherein aus der in § 20 Abs. 1 Nr. 1 UmwG vorgesehenen Gesamtrechtsnachfolge auf den übernehmenden Rechtsträger ausgenommen werde können (Henssler/Strohn/*Heidinger* UmwG § 20 Rn. 36; WM/*Vossius* UmwG § 20 Rn. 248; Lutter/*Grunewald* UmwG § 20 Rn. 13; *Heckschen* ZIP 2014, 1605). Es stellt sich jedoch stets die Frage, inwieweit solche Erlaubnisse im vorgenannten Sinne **höchstpersönlicher Natur** sind und daher nicht von der in § 20 Abs. 1 Nr. 1 UmwG angeordneten Gesamtrechtsnachfolge umfasst sind. Im Grundsatz wird hier zwischen sog. sachbezogenen Genehmigungen (zB Baugenehmigung) und personenbezogenen Genehmigungen unterschieden (*Heckschen* ZIP 2014, 1605). Erstere sollen aufgrund ihres Bezugs zu einzelnen, konkreten **50b**

Vermögensgegenständen übergehen. Letztere sollen hingegen im Falle einer Umwandlung automatisch gegenstandslos werden und somit erlöschen (s. OVG Münster v. 25.9.2013, 13 A 2039/12, GesR 2014, 38). Die Abgrenzung kann im Einzelfall schwierig sein: So soll etwa ein sich aus dem Telekommunikationsgesetz ergebendes (öffentlich-rechtliches) Wegerecht höchstpersönlicher Natur sein und daher im Falle einer Umwandlung entfallen (OVG Münster v. 27.2.2013, 13 A 2661/11, DÖV 2013, 529). Umgekehrt sollen personenbezogene Genehmigungen teilweise im Wege der Umwandlung übergehen können, wenn der Gesetzgeber für den Todesfall die vorläufige Fortgeltung der Genehmigung zugunsten der Erben vorgesehen (s. etwa § 8 Abs. 1 GüKG, § 19 Abs. 1 PBefG) und damit zu erkennen gegeben hat, dass er von der Möglichkeit einer Gesamtrechtsnachfolge ausgegangen ist (s. *Heckschen* ZIP 2014, 1605, 1611 mwN).

V. Handelsbilanzrecht

1. Verschmelzungsstichtag

51 **Verschmelzungsstichtag** ist derjenige Zeitpunkt, ab welchem die Geschäfte des übertragenden Rechtsträgers mit Eintragung der Verschmelzung als **für Rechnung** des übernehmenden Rechtsträgers vorgenommen **gelten,** ihm also – unter der Voraussetzung der Eintragung der Verschmelzung – wirtschaftlich zugerechnet werden. Die Festlegung des Verschmelzungsstichtages ist zwingender Bestandteil des Verschmelzungsvertrages, § 5 Abs. 1 Nr. 6 UmwG. Vom Verschmelzungsstichtag sind zu unterscheiden:

- der **Stichtag** der **Schlussbilanz** des übertragenden Rechtsträgers, § 17 Abs. 2 Satz 1 UmwG; dieser geht nach hM dem Verschmelzungsstichtag zwingend unmittelbar voran (dazu → Rn. 63 ff.);
- der Zeitpunkt der Gewinnberechtigung der im Rahmen der Verschmelzung ausgegebenen Anteile, § 5 Abs. 1 Nr. 5 UmwG (→ Form. A.8.2 § 2 Abs. 2 sowie → Rn. 237);
- der Zeitpunkt der dinglichen Wirksamkeit der Verschmelzung, welche erst mit Eintragung im Handelsregister der übernehmenden Gesellschaft eintritt, § 20 Abs. 1 UmwG;
- der Zeitpunkt des Übergangs des wirtschaftlichen Eigentums an dem Vermögen des übertragenden Rechtsträgers, dh. der Zeitpunkt, ab welchem der übernehmende Rechtsträger Vermögen und Aufwendungen/Erträge des übertragenden Rechtsträgers in seine Rechnungslegung zu übernehmen hat (→ Rn. 53 ff.);
- der steuerliche Übertragungsstichtag als ertragsteuerlicher Zeitpunkt des Vermögensübergangs; dieser ist bei der Einbringung durch Verschmelzung iSd. § 2 UmwG **wahlweise** entweder der Zeitpunkt des Übergangs des wirtschaftlichen Eigentums oder der Stichtag der Schlussbilanz des übertragenden Rechtsträgers iSd. § 17 Abs. 2 S. 1 und 4 UmwG, § 20 Abs. 5 Satz 1, Abs. 6 Satz 1 UmwStG (→ Rn. 95 ff.).

52 *einstweilen frei*

2. Vermögens- und Ertragszuordnung vor Eintragung

a) Abbildung beim übernehmenden Rechtsträger

53 Die Vermögensgegenstände des übertragenden Rechtsträgers gehen zwar mit **dinglicher Wirkung** erst im Zeitpunkt der Eintragung der Verschmelzung im Handelsregister der übernehmenden Kapitalgesellschaft über, § 20 Abs. 1 Nr. 1 UmwG. Gleichwohl müssen sie bei der Übernehmerin eingebucht werden, sobald **das wirtschaftliche Eigentum** an ihnen übergegangen ist (RS HFA 42 Tz. 29). Ab diesem

Zeitpunkt entstehen aus dem übergegangenen Vermögen Aufwendungen und Erträge des übernehmenden Rechtsträgers (RS HFA 42 Tz. 31). Liegt der (bereits erfolgte) Übergang des wirtschaftlichen Eigentums nach dem Verschmelzungsstichtag, kann der übernehmende Rechtsträger das Vermögen des übertragenden Rechtsträgers gleichwohl aus Vereinfachungsgründen schon nach den Verhältnissen am Verschmelzungsstichtag einbuchen und die seit dem Verschmelzungsstichtag eingetretenen Veränderungen (Aufwendungen und Erträge) wie eigene Geschäftsvorfälle abbilden (RS HFA 42 Tz. 31).

Vom **Übergang des wirtschaftlichen Eigentums** soll bei kumulativem Vorliegen **54**
der folgenden Voraussetzungen auszugehen sein (RS HFA 42 Tz. 29):
- formwirksamer Abschluss des Verschmelzungsvertrages und Vorliegen der Zustimmungsbeschlüsse sowie der erforderlichen Zustimmungserklärungen;
- der Verschmelzungsstichtag liegt vor dem Abschlussstichtag oder fällt mit ihm zusammen;
- die Verschmelzung ist entweder bis zur Beendigung der Aufstellung des Abschlusses eingetragen oder die Eintragung muss mit an Sicherheit grenzender Wahrscheinlichkeit zu erwarten sein. Hiervon kann jedenfalls bei Verschmelzung einer 100%-Tochter auf ihre Mutter regelmäßig ausgegangen werden (RS HFA 42 Tz. 29);
- es ist faktisch oder durch eine entspr. Regelung im Verschmelzungsvertrag sichergestellt, dass der übertragende Rechtsträger nur im Rahmen eines ordnungsmäßigen Geschäftsganges oder mit Einwilligung des übernehmenden Rechtsträgers über die Vermögensgegenstände verfügt.

Die vorstehenden Grundsätze gelten auch für die Bilanzierung der Verbindlichkei- **55**
ten des übertragenden Rechtsträgers, d.h. diese sind ab Übergang des wirtschaftlichen Eigentums beim übernehmenden Rechtsträger zu bilanzieren, sei es unmittelbar oder als Ausgleichsverpflichtung (RS HFA 42 Tz. 30).

Ist zum Abschlussstichtag das wirtschaftliche Eigentum noch nicht übergegangen, **56**
scheidet eine Einbuchung des Vermögens sowie des Gewinns des übertragenden Rechtsträgers im Abschluss des übernehmenden Rechtsträgers hingegen aus; auch die Bildung einer Rückstellung für einen vom übertragenden Rechtsträger bis zum Abschlussstichtag erwirtschafteten Fehlbetrag kommt nicht in Betracht: Der noch fehlende Verschmelzungsvertrag bzw. die noch fehlenden Zustimmungsbeschlüsse sind kein wertaufhellendes, sondern ein wertbegründendes Ereignis (RS HFA 42 Tz. 29 erster Bullet Abs. 2 sowie Tz. 31; anders noch *IDW* HFA 2/1997 Tz. 22).

b) Abbildung beim übertragenden Rechtsträger

Im Falle eines vor dem Abschlussstichtag erfolgten Übergangs des wirtschaftlichen **57**
Eigentums darf der übertragende Rechtsträger in seinem Jahresabschluss die im Zuge der Verschmelzung auf den übernehmenden Rechtsträger übergehenden Vermögensgegenstände und Verbindlichkeiten sowie die ab diesem Zeitpunkt angefallenen Aufwendungen und Erträge nicht mehr ausweisen, auch wenn die Verschmelzung am Abschlussstichtag noch nicht eingetragen ist (RS HFA 42 Tz. 29–31).

Soweit die bis zum Übergang des wirtschaftlichen Eigentums anfallenden Aufwen- **58**
dungen und Erträge des übertragenden Rechtsträgers noch bei diesem zu erfassen sind, muss im Abschluss des übertragenden Rechtsträgers erläutert werden, dass in der Zeit nach dem Verschmelzungsstichtag erwirtschaftete **Erträge** für Rechnung des übernehmenden Rechtsträgers erwirtschaftet wurden und deshalb nicht für eine Ausschüttung zur Verfügung stehen. Diese Erläuterung wird regelmäßig im **Anhang** (§ 264 Abs. 2 Satz 2 HGB) bzw. bei Kleinstkapitalgesellschaften, die von der Erleichterung gemäß § 264 Abs. 1 Satz 5 HGB Gebrauch machen, unter der Bilanz zu machen sein, § 264 Abs. 2 Satz 3 HGB; die Bildung einer **Rückstellung** für den für fremde Rechnung erwirtschafteten Gewinn soll jedenfalls dann **ausscheiden,** wenn das wirt-

schaftliche Eigentum am Abschlussstichtag noch nicht übergegangen ist (RS HFA 42 Tz. 31).

59–62 *einstweilen frei*

3. Handelsbilanzielle Auswirkungen bei der Überträgerin

a) Schlussbilanz

63 Die übertragende Personengesellschaft hat eine handelsrechtliche **Schlussbilanz** zu erstellen, § 17 Abs. 2 Satz 1 UmwG, deren Stichtag höchstens acht Monate vor dem Zeitpunkt der Anmeldung der Verschmelzung zum Handelsregister liegen darf, § 17 Abs. 2 Satz 4 UmwG; somit ist es im Regelfall möglich, auf die Bilanz des letzten Jahresabschlusses zurückzugreifen.

Nach Ansicht der FinVerw. (UmwSt-Erl. 2011, BMF v. 11.11.2011, BStBl. I 2011, 1314 Tz. 02.02), welcher ein Teil des gesellschaftsrechtlichen Schrifttums folgt (SSt/*Schröer* § 5 UmwG Rz. 54; SHS/*Hörtnagel* § 17 UmwG Rz. 37), soll der **Stichtag** der **Schlussbilanz** dem **Verschmelzungsstichtag** zwingend unmittelbar vorangehen: Wenn Verschmelzungsstichtag z.B der 1. Januar ist, müsste demzufolge Bilanzstichtag der Schlussbilanz iSd. § 17 Abs. 2 Satz 1 UmwG der 31. Dezember des vorausgehenden Jahres sein (UmwSt-Erl. 2011, BMF v. 11.11.2011, BStBl. I 2011, 1314 Tz. 02.02).

Nach der **Gegenauffassung** soll der Verschmelzungsstichtag hingegen nicht zwingend mit dem Stichtag der Schlussbilanz iSv. § 17 Abs. 2 Satz 1 UmwG zusammenhängen, sondern grundsätzlich frei gewählt werden können (Kallmeyer/*Müller* UmwG § 5 Rz. 34 und *ders.* § 17 Rn. 14; WM/*Mayer* UmwG § 5 Rn. 160; WM/*Widmann* § 24 UmwG Rz. 64). Somit könnte zB ein variabler Verschmelzungsstichtag für den Fall von Verzögerungen im Eintragungsverfahren vereinbart werden, ohne dass bei Verschiebung des Stichtags dem Handelsregister notwendigerweise auch eine neue Schlussbilanz iSd. § 17 Abs. 2 Satz 1 UmwG nachzureichen wäre (vgl. Kallmeyer/*Müller* § 5 UmwG Rz. 36), oder im Falle der verfristeten Anmeldung eine neue, auf einen späteren Stichtag erstellte Schlussbilanz eingereicht werden, ohne dass auch der im Verschmelzungsvertrag festgesetzte Verschmelzungsstichtag geändert werden müsste (WM/*Mayer* UmwG § 5 Rn. 160).

Das Institut der Wirtschaftsprüfer nimmt in seiner Verlautbarung IDW RS HFA 42 (IDW Fachnachrichten Nr. 12/2012 S. 701 ff Tz. 11) zu der Streitfrage nicht eindeutig Stellung (siehe einerseits das Beispiel in Tz. 11 Sätze 2 und 3, andererseits die Einschränkung „i. d. R." in Tz. 11 Satz 1). Die Gestaltungspraxis ist jedenfalls gut beraten, die Zulässigkeit eines vom Schlussbilanzstichtag abgekoppelten Verschmelzungsstichtags bei Bedarf vorab mit dem Handelsregister abzuklären.

64 Auf die Schlussbilanz finden die Vorschriften über die Jahresbilanz entspr. Anwendung, § 17 Abs. 2 Satz 2 UmwG. Dies bedeutet ua., dass die Schlussbilanz entsprechend § 245 Satz 2 HGB von allen Organmitgliedern, bei der GmbH & Co. KG also von der Komplementärin bzw. sämtlichen Komplementärinnen, zu unterzeichnen ist (Kallmeyer/*Zimmermann* UmwG § 17 Rn. 4; EBJS/*Wiedmann* HGB § 245 Rn. 8). Für die Vertretung der Komplementär-GmbH genügt allerdings die Unterzeichnung durch so viele Geschäftsführer, wie zur Vertretung erforderlich sind (EBJS/*Wiedmann* HGB § 245 Rn. 8). Auch ist so zu bilanzieren, als ob es sich um eine aus Anlass eines Jahresabschlusses aufgestellte Bilanz handeln würde. Insbesondere ist eine **Buchwertaufstockung** grds. nur im Rahmen der **handelsrechtlichen Wertaufholungsmöglichkeiten** zulässig. **Zuschreibungen** sind **geboten,** wenn die Gründe weggefallen sind, die zu außerplanmäßigen Abschreibungen geführt haben, § 253 Abs. 5 Satz 1 HGB (RS HFA 42 Tz. 15). Auch der Grundsatz der Bewertungsstetigkeit gemäß § 252 Abs. 1 Nr. 6 HGB ist zu beachten (RS HFA 42 Tz. 17). Allerdings kann die Tatsache der bevorstehenden Verschmelzung eine begründete Ausnahme für die Abweichung von der Bewertungsstetigkeit iSv. § 252 Abs. 2 HGB darstel-

len, etwa wenn gemäß § 24 UmwG Buchwertfortführung gewählt wird und die bei der übernehmenden Gesellschaft geltenden Bewertungsmethoden bereits in der Schlussbilanz berücksichtigt werden sollen (RS HFA 42 Tz. 17). Auch kann auf die Durchführung einer Inventur verzichtet werden, wenn sichergestellt ist, dass der Bestand der Vermögensgegenstände nach Art, Menge und Wert auch ohne körperliche Bestandsaufnahme auf den Stichtag der Schlussbilanz festgestellt werden kann (RS HFA 42 Tz. 14).

Im Rückwirkungszeitraum, dh. nach dem Verschmelzungsstichtag, aber vor Wirksamwerden der Verschmelzung beschlossene Kapitalerhöhungen und Gewinnverwendungsbeschlüsse wirken sich **nicht** auf die handelsrechtliche Schlussbilanz aus, sondern sind als Erhöhung bzw. Minderung des übergehenden Reinvermögens erfolgsneutral in der Bilanz des übernehmenden Rechtsträgers zu berücksichtigen (RS HFA 42 Tz. 18f.).

Bei prüfungspflichtigen Gesellschaften ist die Schlussbilanz zu prüfen, § 17 Abs. 2 Satz 2 UmwG, § 316 HGB, der **Bestätigungsvermerk** ist mit **einzureichen** (RS HFA 42 Tz. 7). § 17 Abs. 2 Satz 2 UmwG meint die Prüfung durch einen **Abschlussprüfer;** aus der Vorschrift kann nicht abgeleitet werden, dass die Schlussbilanz bei Existenz eines **Aufsichtsrates** auch durch diesen zu prüfen wäre (RS HFA 42 Tz. 13).

einstweilen frei 65

Einzureichen ist nach überwiegender Auffassung lediglich eine **Bilanz;** weder die Gewinn- und Verlustrechnung noch der Anhang müssen beigefügt werden (RS HFA 42 Tz. 7). So genannte **Wahlpflichtangaben,** dh. Angaben, die wahlweise in der Bilanz oder im Anhang gemacht werden können (zB Haftungsverhältnisse iSd. §§ 251, 268 Abs. 7 HGB), müssen aber entweder aus der Bilanz ersichtlich sein oder nach Art eines Anhangs ergänzt werden (RS HFA 42 Tz. 7). 66

Ob die Bilanz **festgestellt** sein muss, ist streitig (zum Meinungsstand SHS/*Hörtnagl* UmwG § 17 Rn. 18; dagegen: RS HFA 42 Tz. 13; Kallmeyer/*Müller* UmwG § 17 Rn. 18 mwN; dafür: WM/*Widmann* UmwG § 24 Rn. 51). In der Praxis wird diese Rechtsfrage jedoch selten auftauchen, da in der Regel als Schlussbilanz der ordnungsgemäß festgestellte letzte Jahresabschluss verwendet wird. Eine Offenlegung nach den §§ 325ff. HGB ist nicht erforderlich (RS HFA 42 Tz. 13).

einstweilen frei 67

b) Fortdauer der Buchführungspflicht bis zur Eintragung

Die **Buchführungspflicht** des übertragenden Rechtsträgers **erlischt** (erst) mit dinglicher Wirksamkeit der Verschmelzung, dh. **mit Eintragung** im Handelsregister des übernehmenden Rechtsträgers; sie geht nicht auf die Organe der neugegründeten Gesellschaft über (RS HFA 42 Tz. 22f.). Bis dahin muss der übertragende Rechtsträger seiner Buchführungspflicht nachkommen sowie insb. innerhalb der gesetzlichen Fristen seine Jahresabschlüsse aufstellen (RS HFA 42 Tz. 22; WM/*Mayer* UmwG § 5 Rn. 153). Ein gesonderter Abschluss auf den Zeitpunkt des Erlöschens der Überträgerin (durch Handelsregistereintragung) ist nicht aufzustellen (RS HFA 42 Tz. 24). 68

einstweilen frei 69

4. Handelsbilanzielle Behandlung bei der Übernehmerin

a) Allgemeines

Bei der aufnehmenden Kapitalgesellschaft wird der durch die Verschmelzung eintretende Vermögensübergang als laufender Geschäftsvorfall in der Buchführung berücksichtigt, und zwar bei **Übergang des wirtschaftlichen Eigentums** (→ Rn. 53ff.). 70

Bei der Behandlung des übergehenden Vermögens in seiner Rechnungslegung hat der übernehmende Rechtsträger gemäß § 24 UmwG ein **Wahlrecht** zwischen 71 der gemäß § 24 UmwG alternativ („auch") für zulässig erklärten Übernahme der Buchwerte gemäß Schlussbilanz als Anschaffungskosten **(Buchwertverknüpfung)** und der von § 24 UmwG als zulässig vorausgesetzten Regel-Abbildung nach dem allgemeinen **Anschaffungskostenprinzip,** § 255 Abs. 1 HGB. Dieses Recht ist im Rahmen der Auf- und Feststellung desjenigen Jahresabschlusses des übernehmenden Rechtsträgers auszuüben, in welchem die Verschmelzung erstmalig berücksichtigt wird (RS HFA 42 Tz. 33, 35). Das Wahlrecht kann nur einheitlich für das gesamte übergehende Vermögen eines übertragenden Rechtsträgers ausgeübt werden (Kallmeyer/*Müller* UmwG § 24 Rn. 17). Hingegen kann das Wahlrecht bei der gleichzeitigen Verschmelzung mehrerer übertragender Rechtsträger von der Übernehmerin für jeden übertragenden Rechtsträger gesondert ausgeübt werden (RS HFA 42 Tz. 35; Kallmeyer/*Müller* UmwG § 24 Rn. 16; Lutter/*Priester* UmwG § 24 Rn. 77; *Roos* StuB 2013, 652).

72 *einstweilen frei*

b) Buchwertverknüpfung, § 24 UmwG

73 Gemäß § 24 UmwG kann der übernehmende Rechtsträger in seiner Rechnungslegung als Anschaffungskosten die **Buchwerte** der Vermögensgegenstände des übergehenden Vermögens **gemäß Schlussbilanz** des übertragenden Rechtsträgers ansetzen (sog. Buchwertverknüpfung). Bei Wahl der Buchwertverknüpfung dürfen die Verschmelzungskosten nicht als Anschaffungsnebenkosten hinzuaktiviert werden (RS HFA 42 Tz. 62). **Steuerbilanziell** behandelt hiervon abweichend die FinVerw. auch bei Buchwertfortführung **objektbezogene Kosten** als aktivierungspflichtige **Anschaffungsnebenkosten;** dies betrifft insbesondere Grunderwerbsteuer auf zum Vermögen der Überträgerin gehörende Grundstücke (§ 1 Abs. 1 Nr. 3 GrEStG), nicht hingegen solche infolge verschmelzungsbedingt eintretender Vereinigung oder Übertragung von mindestens 95% der Anteile an einer Gesellschaft, zu deren Vermögen ein inländisches Grundstück gehört, § 1 Abs. 3 GrEStG (→ Rn. 166; allgemein zur Grunderwerbsteuer bei Umwandlungen → Form. D.1 Rn. 66 f.). Handelsbilanziell ist die Aktivierung von Grunderwerbsteuer bei Wahl der Buchwertverknüpfung nicht zulässig (RS HFA 42 Tz. 62; SSt/*Moszka* UmwG § 24 Rn. 56 aE).

Von der übertragenden Gesellschaft selbstgeschaffene immaterielle Wirtschaftsgüter sind nur dann zu aktivieren, wenn sie bereits gemäß § 248 Abs. 2 HGB idF des MoMiG v. 25.5.2009, BGBl. I 2009, 1102, bei einer Überträgerin aktiviert waren (RS HFA 42 Tz. 65). Eine Bindung an die Ansatz- und Bewertungsmethoden der Überträgerin gemäß §§ 246 Abs. 3 Satz 1, 252 Abs. 1 Nr. 6 HGB besteht aber nicht (RS HFA 42 Tz. 60). Aktive und passive latente Steuern sind nach den Verhältnissen bei der Übernehmerin zu bilanzieren und zu bewerten, soweit die Unterschiede zwischen dem handels- und dem steuerrechtlichen Wertansatz fortbestehen (RS HFA 42 Tz. 61). Die Buchwerte aus der Schlussbilanz der Überträgerin dürfen nicht überschritten werden, auch soweit diese auf einer außerplanmäßigen Abschreibung beruhen (RS HFA 42 Tz. 64).

74 Bei Wahl der Buchwertverknüpfung kommt es, soweit der übernehmende Rechtsträger (wie im Formularfall) am übertragenden Rechtsträger beteiligt ist, beim übernehmenden Rechtsträger durch den verschmelzungsbedingten Wegfall der Anteile am übertragenden Rechtsträger handelsrechtlich zu einem **Aufwand** in Höhe des bisherigen Buchwerts dieser Anteile. Soweit dieser nicht durch den Ertrag aus dem Zugang des übergehenden Nettovermögens ausgeglichen wird, entsteht dem übernehmenden Rechtsträger ein Verlust (sog. **Verschmelzungsverlust**), im umgekehrten Fall ein **(Verschmelzungs)-Gewinn** (RS HFA 42 Tz. 72 → Rn. 83).

Dieser Verschmelzungsverlust würde sich im Formularfall wie folgt berechnen (zur Berechnung bei Wahl des Anschaffungskostenprinzips siehe → Rn. 86):

Handelsbilanzielles Eigenkapital der Überträgerin	300 000.– EUR	
1. Anteilig auf untergehende Beteiligung (80%) entfallend:		240 000.– EUR
Ausbuchung Beteiligung an der übertragenden Gesellschaft		./. 2 400 000.– EUR
Erfolgswirkung (Verschmelzungsverlust, vgl. RS HFA 42 Tz. 72, 76):		– 2 160 000.– EUR
2. Anteilig auf Kapitalerhöhung entfallend (20%):		60 000.– EUR
./. Nennbetrag der ausgegebenen Anteile		./. 540 000.– EUR
Verschmelzungsverlust (vergl. vgl. RS HFA 42 Tz. 70, 76)		./. 480 000.– EUR
3. Verschmelzungsverlust insgesamt		– 2 640 000.– EUR

Das handelsrechtliche Eigenkapital der übernehmenden GmbH (bisher 1 Mio. EUR) würde sich dadurch um ./. 2 100 000,– EUR (Saldo aus wegfallenden Anteilen (./. 2 400 000,– EUR) und übergehendem Eigenkapital der Überträgerin (300 000,– EUR)) vermindern und würde dadurch negativ (– 1,1 Mio. EUR). Zu der Streitfrage, ob bei Wahl der Buchwertverknüpfung (§ 24 UmwG) eine Unterschreitung des Nennbetrages der ausgegebenen Geschäftsanteile zulässig ist, wenn (wie hier) genügend stille Reserven zur Abdeckung des Differenzbetrages vorhanden sind, siehe → Rn. 83.

einstweilen frei 75

c) Anschaffungskostenprinzip, § 255 Abs. 1 HGB

Nicht zuletzt zur Vermeidung von Verschmelzungsverlusten und der damit verbundenen Reduzierung des für Ausschüttungen verfügbaren Eigenkapitals der übernehmenden Gesellschaft räumt das Gesetz der übernehmenden Gesellschaft das **Wahlrecht** ein, anstelle der in § 24 UmwG eröffneten Buchwertverknüpfung das übergehende Vermögen in seiner Rechnungslegung nach dem **Anschaffungskostenprinzip** (§§ 253 Abs. 1, 255 Abs. 1 HGB) abzubilden. Diese Möglichkeit wird in § 24 UmwG zwar nicht ausdrücklich geregelt, aber implizit vorausgesetzt, wenn es heißt, der übernehmende Rechtsträger könne als Anschaffungskosten „auch" die Buchwerte übernehmen. 76

Bei Wahl des Anschaffungskostenprinzips werden die übergehenden Vermögensgegenstände in der Rechnungslegung des übernehmenden Rechtsträgers – wie bei anderen entgeltlichen Anschaffungsgeschäften auch – mit dem Wert der **Gegenleistung** zzgl. etwaiger **Anschaffungsnebenkosten** (insb. Transaktionskosten) angesetzt, § 255 Abs. 1 HGB (RS HFA 42 Tz. 41 ff.). 77

einstweilen frei 78

Der Wert der Gegenleistung soll sich bei einer Verschmelzung mit **Kapitalerhöhung** durch den Ausgabebetrag der für die übergehenden Wirtschaftsgüter ausgegebenen Anteile zuzüglich etwaiger barer Zuzahlungen bestimmen (RS HFA 42 Tz. 41 ff.), wobei Obergrenze die jeweiligen Zeitwerte sind (RS HFA 42 Tz. 42): **(1)** Wird ein Agio festgesetzt, so ist der Ausgabebetrag (Nennbetrag bzw. geringster Ausgabebetrag plus Agio) maßgeblich (RS HFA 42 Tz. 43 Alt. 1). **(2)** Wird bestimmt, dass die Differenz zwischen Zeitwert des übergehenden Vermögens und Nennbetrag bzw. geringsten Ausgabebetrag der ausgegebenen Anteile in die Kapitalrücklage einzustellen ist (unbeziffertes Agio), bestimmt die Summe aus dem Nennbetrag der ausgegebenen Anteile und dem diesen Betrag übersteigenden Teil des Zeitwerts des übergehenden Vermögens die Anschaf- 79 fungskosten (RS HFA 42 Tz. 43 Alt. 2). **(3)** Bei Fehlen einer Festlegung ist durch Auslegung zu ermitteln, ob die Anschaffungskosten durch den Nennbetrag bzw. geringsten Ausgabebetrag der neuen Anteile bestimmt sind oder ob ein Agio in Höhe des diesen Betrag übersteigenden Teils des Zeitwerts des übergehenden Vermögens in die Kapitalrücklage mit der Folge entsprechend höherer Anschaffungskosten eingestellt werden kann (RS HFA 42 Tz. 43 Alt. 3). Höchstgrenze des Ausgabebetrages sind in jedem Fall die Zeitwerte des übergehenden Vermögens (RS HFA 42 Tz. 42).

Bei der Verschmelzung ohne Kapitalerhöhung, dh. gegen Wegfall der Beteiligung, liegt ein tauschähnlicher Vorgang vor; der übernehmende Rechtsträger hat daher die Wahl zwischen **(1)** dem Buchwert der untergehenden Anteile, **(2)** dem Zeitwert dieser Anteile oder (3) einem **ergebnisneutralen Zwischenwert,** dh. dem Buchwert der untergehenden Anteile zuzüglich einer etwaigen Ertragsteuerbelastung daraus (RS HFA 42 Tz. 46).

Wenn (wie im Formularfall) ein Mischfall (Kapitalerhöhung und Wegfall der Beteiligung) vorliegt, erfolgt die Abbildung als Kombination einer Verschmelzung mit und ohne Kapitalerhöhung; sofern die untergehenden Anteile bei der Ermittlung der Anschaffungskosten mit dem (höheren) Zeitwert angesetzt werden, führt dies infolge der Aufdeckung stiller Reserven in den untergehenden Anteilen zu einem Ertrag (RS HFA 42 Tz. 54 und Tz. 55 sowie Tz. 46).

80 Die dergestalt ermittelten Anschaffungskosten sind auf die vorhandenen materiellen und (ggf. auch selbstgeschaffenen) immateriellen Wirtschaftsgüter des übertragenden Rechtsträgers bis zu deren Zeitwerten zu verteilen; hierbei ist ein „sachgerechtes Verfahren" anzuwenden, welches nach § 284 Abs. 2 Nr. 1 HGB im Anhang zu erläutern ist (RS HFA 42 Tz. 56); das im Steuerrecht geltende Gebot der gleichmäßigen Aufstockung gilt jedoch nicht (Kallmeyer/*Müller* UmwG § 24 Rn. 29). Das Wahlrecht bezüglich der Bilanzierung selbstgeschaffener immaterieller Wirtschaftsgüter gemäß § 248 Abs. 2 HGB idF. des BilMoG v. 25.5.2009, BGBl. I 2009, 1102 **greift nicht** ein, da ein entgeltlicher Anschaffungsvorgang vorliegt (RS HFA 42 Tz. 36).

81 Ein verbleibender Betrag ist als **Geschäfts- bzw. Firmenwert** iSv. § 246 Abs. 1 Satz 4 HGB zu aktivieren (RS HFA 42 Tz. 58); anders als vor Inkrafttreten des BilMoG v. 25.5.2009, BGBl. I 2009, 1102 besteht kein Wahlrecht mehr, den verbleibenden Betrag stattdessen als Aufwand zu verrechnen (RS HFA 42 Tz. 58; zum nach früherer Rechtslage bestehenden Wahlrecht siehe *IDW* HFA 2/1997 Tz. 3222). Eine etwaige temporäre Differenz zwischen dem handels- und steuerrechtlichen Geschäftsbzw. Firmenwertansatz kann wegen des Residualcharakters des Firmenwerts bei der Ermittlung latenter Steuern nach der Gesamtdifferenzbetrachtung (§ 274 Abs. 1 Sätze 1 und 2 HGB) außer Acht gelassen werden (RS HFA 42 Tz. 59). Ein bei der Überträgerin bereits vorhandener Geschäfts- bzw. Firmenwert ist bei der Übernehmerin nicht mehr gesondert auszuweisen, sondern geht in dem anlässlich des Vermögensübergangs zu ermittelnden Geschäfts- bzw. Firmenwert auf (RS HFA 42 Tz. 36). Dasselbe gilt für bei der Überträgerin bilanzierte aktive oder passive latente Steuern; insoweit ist von der Übernehmerin selbst zu prüfen, ob aktive oder passive latente Steuern anzusetzen sind (RS HFA 42 Tz. 39).

82 *einstweilen frei*

d) Abbildung des verschmelzungsbedingten Vermögenszugangs bzw. -abgangs auf der Kapitalseite

83 Der den Ausgabebetrag (Nennbetrag zuzüglich etwaiger festgesetzter Zuzahlungen) der ausgegebenen neuen Anteile übersteigende Vermögenszugang ist bei einer Kapitalgesellschaft als übernehmendem Rechtsträger in die Kapitalrücklage zu buchen, § 272 Abs. 2 Nr. 1 HGB (RS HFA 43 Tz. 42 und Tz. 68). Steuerlich würde eine Verbuchung des überschießenden Betrages als Fremdkapital (zB auf Darlehens-, Verrechnungs- oder Privatkonten) eine sonstige Gegenleistung darstellen, die eine anteilige Aufstockung des Wertes des übergehenden Vermögens in der Steuerbilanz der Übernehmerin nach sich ziehen und damit für die Einbringenden zu einem steuerpflichtigen Veräußerungserlös führen könnte, soweit die Grenzen gemäß § 20 Abs. 2 Satz 2 Nr. 4 UmwStG überschritten werden (→ Rn. 116df.).

Im umgekehrten Fall, wenn bei Wahl der Buchwertfortführung das übernommene Reinvermögen niedriger ist als der Ausgabebetrag der Anteile, ist der sich ergebende Unterschiedsbetrag als Verschmelzungsverlust sofort aufwandswirksam zu erfassen (RS HFA 42 Tz. 70). Eine unzulässige Unterpariemission liegt vor, wenn auch unter Berücksichtigung stiller Reserven der Nennbetrag der ausgegebenen Geschäftsanteile nicht unwesentlich unterschritten wird, § 5 Abs. 4 Satz 2, § 8 Abs. 1 Nr. 5, § 9c Abs. 1 Satz 2 GmbHG. Ob eine Unterschreitung des Nennbetrags bei Wahl der Buchwertverknüpfung gemäß § 24 UmwG (→ Rn. 68 ff.) wenigstens dann zulässig ist, wenn genügend stille Reserven zur Deckung des Differenzbetrages vorhanden sind, ist streitig (bejahend WM/*Widmann* UmwG § 24 Rn. 324 ff., 331; verneinend Kallmeyer/*Müller* UmwG § 24 Rn. 52).

Anders ist die Handhabung hingegen, soweit die Verschmelzung **ohne Ausgabe von Anteilen** erfolgt: In diesem Fall stellt sich die Verschmelzung bei Wahl des Anschaffungskostenprinzips (§ 24 UmwG iVm. §§ 253 Abs. 1, 255 Abs. 1 HGB) als erfolgswirksamer tauschähnlicher Vorgang (übergehendes Vermögen gegen untergehende Anteile an der Überträgerin) dar. Es können wahlweise angesetzt werden: **(1)** Der Buchwert der untergehenden Anteile der Übernehmerin an der Überträgerin; **(2)** der Zeitwert dieser Anteile; oder **(3)** ein erfolgsneutraler Zwischenwert, dh Buchwert der Anteile an der Überträgerin zuzüglich einer etwaigen Ertragsteuerbelastung (RS HFA 42 Tz. 45). Die Differenz zwischen dem verschmelzungsbedingten Vermögenszugang und dem Buchwert der untergehenden bzw. hingegebenen Anteile ist als Ertrag (Verschmelzungsgewinn) bzw. Aufwand (Verschmelzungsverlust) über die **GuV-Rechnung** zu verbuchen (RS HFA 42 Tz. 46 und Tz. 72). 84

In **Mischfällen,** dh. wenn sowohl neue, im Rahmen einer Kapitalerhöhung geschaffene Anteile ausgegeben als auch Anteile der aufnehmenden an der übertragenden Gesellschaft untergehen, erfolgt eine **Aufteilung** der Differenz entsprechend der Beteiligung des übernehmenden Rechtsträgers an dem übertragenden Rechtsträger (RS HFA 42 Tz. 54f. für den Fall der Bewertung nach dem Anschaffungskostenprinzip und Tz. 333 sowie RS HFA 42 Tz. 76 für den Fall der Buchwertverknüpfung). 85

Im Formularfall (→ Rn. 1 ff.) liegt ein Mischfall vor, der bei Ansatz nach dem Anschaffungskostenprinzip, §§ 24 UmwG, 255 HGB, in der handelsrechtlichen Rechnungslegung der Übernehmerin wie folgt abgebildet wird: 86

Saldo Zeitwerte aktive und passive Einzelwirtschaftsgüter	2 500 000.– EUR	
Firmenwert	500 000.– EUR	
Summe Zugang	3 000 000.– EUR	
1. Anteilig auf untergehende Beteiligung (80 %) entfallend:		2 400 000.– EUR
Ausbuchung Beteiligung an der übertragenden Gesellschaft		./. 2 400 000.– EUR
Erfolgswirkung (vgl. RS HFA 42 Tz. 46 a. E.):		0.– EUR
2. Anteilig auf Kapitalerhöhung entfallend (20 %):		600 000.– EUR
./. Nennbetrag der ausgegebenen Anteile		./. 540 000.– EUR
Einstellung in Kapitalrücklage		60 000.– EUR

Durch den Ansatz zu Zeitwerten wird also ein Verschmelzungsverlust vermieden; das Eigenkapital der übernehmenden GmbH erhöht sich per Saldo um 540 000.– EUR Stammkapitalerhöhung plus 60 000.– EUR Einstellung in Kapitalrücklage = 600 000.– EUR.

5. Auswirkungen für außenstehende Personengesellschafter

87 Die Gewährung von Anteilen der übernehmenden Kapitalgesellschaft an die außenstehenden Gesellschafter der übertragenden Personengesellschaft stellt sich für diese als **Tausch** dar (RS HFA 42 Tz. 77 und 46). Soweit die Gesellschafter diese Anteile bilanzieren, können sie dementspr. nach allgemeinen Tauschgrundsätzen die ihnen gewährten GmbH-Anteile in ihrer handelsrechtlichen Buchführung **wahlweise** wie folgt ansetzen (RS HFA 42 Tz. 77 iVm. Tz. 46; WM/*Widmann* UmwG § 24 Rn. 547; ohne Begründung **aA** SBB/*Bula/Pernegger* § 10 Rn. 316):
- zum **Buchwert** der untergehenden Personengesellschaftsanteile;
- zum **Zeitwert** der untergehenden Personengesellschaftsanteile;
- zu einem zwischen den vorgenannten Werten liegenden erfolgsneutralen **Zwischenwert,** d. h. dem Buchwert der bisherigen Anteile an der Mutter zuzüglich einer etwaigen Ertragsteuerbelastung (RS HFA 42 Tz. 77 iVm. Tz. 46);

jeweils abzüglich etwaiger barer Zuzahlungen (WM/*Widmann* UmwStG § 24 Rn. 547).

Bezüglich des Zeitpunktes der Buchung des Tauschvorgangs dürfte es sachgerecht sein, an den Zeitpunkt des Übergangs des wirtschaftlichen Eigentums an den Vermögensgegenständen und Schulden auf den übernehmenden Rechtsträger anzuknüpfen (RS HFA 42 Tz. 79). Hierzu → Rn. 54.

88 Dieses handelsbilanzielle Wahlrecht besteht unabhängig vom Ansatz in der Steuerbilanz, wo gemäß § 20 Abs. 3 Satz 1 UmwStG grds. (Ausnahme § 20 Abs. 3 S. 2 UmwStG) zwingend der Ansatz des eingebrachten Betriebsvermögens durch die übernehmende Kapitalgesellschaft für die Anschaffungskosten der Anteile an der Übernehmerin maßgeblich ist (WM/*Widmann* UmwStG § 20 Rn. 1163 und → Rn. 163).

89 Bei Ansatz der Anteile an der Übernehmerin mit dem (höheren) Zeitwert der untergehenden Anteile und gleichzeitigem steuerlichem Ansatz der Buchwerte oder von Zwischenwerten (§ 20 Abs. 2 Satz 2, Abs. 3 Satz 1 UmwStG) werden mit Rücksicht auf die dadurch begründete Differenz zwischen (höheren) handelsrechtlichen und (niedrigeren) steuerlichen Wertansätzen latente Steuern zu passivieren sein, § 274 Abs. 1 Sätze 1 und 3 HGB. Allerdings gleicht sich die Differenz erst im Falle einer Veräußerung aus (wenn es nicht vorher zu einer Wertberichtigung auf den handelsrechtlichen Bilanzansatz kommt); der Passivposten ist daher nur zu bilden, soweit diese bei Kapitalgesellschaften zB nach § 8b Abs. 2, 3 KStG (zu 5%) oder § 8b Abs. 7,8 KStG bzw. bei natürlichen Personen nach § 3 Nr. 40 Buchst. a oder b EStG steuerpflichtig ist; im Übrigen ist die Differenz permanent.

90, 91 *einstweilen frei*

VI. Ertragsteuerrecht

1. Überblick

92 Die Verschmelzung einer **Personenhandelsgesellschaft,** die die Voraussetzungen der §§ 15 Abs. 1 Nr. 2, Abs. 3 EStG (Mitunternehmerschaft) erfüllt, **auf eine Kapitalgesellschaft** stellt umwandlungssteuerrechtlich bei Erfüllung der nachstehend iE dargestellten Voraussetzungen (→ Rn. 101 ff.) eine **Einbringung** iSd. **§§ 20 ff. UmwStG** dar (UmwSt-Erl. 2011 BMF v. 11.11.2011, BStBl. I 2011, 1314 Tz. 01.44 Buchst. a Doppelbuchst. aa Alt. 1). Dies ist in § 1 Abs. 3 Nr. 1 Alt. 1 UmwStG („Verschmelzung von Personenhandelsgesellschaften") ausdrücklich gesetzlich geregelt.

93 *einstweilen frei*

Soweit die Voraussetzungen der §§ 20ff. UmwStG (→ Rn. 101ff.) nicht erfüllt sind (etwa weil die Einbringenden keine oder keine neuen Gesellschaftsrechte erhalten, → Rn. 112f.), richtet sich die steuerliche Behandlung der Verschmelzung bei Gewährung einer Gegenleistung nach Tauschgrundsätzen, dh. die Anschaffungskosten der Gegenleistung bemessen sich nach dem gemeinen Wert der eingebrachten Wirtschaftsgüter, § 6 Abs. 6 Satz 1 EStG, was eine **Gewinnrealisierung** zur Folge hat (s. UmwSt-Erl. 2011 BMF v. 11.11.2011, BStBl. I 2011, 1314 Tz. 20.07 iVm. Tz. 20.10). Soweit hingegen **keine Gegenleistung** gewährt wird (zB weil gemäß § 54 Abs. 1 Satz 3 UmwG auf eine Anteilsgewährung verzichtet wird und auch keine sonstige Gegenleistung vorgesehen ist), liegt regelmäßig eine **verdeckte Einlage** der dann typischerweise bereits an der Übernehmerin beteiligten Gesellschafter der Überträgerin in die übernehmende Kapitalgesellschaft vor, die gemäß § 6 Abs. 6 Satz 2 EStG zur Erhöhung der Anschaffungskosten der bereits bestehenden Beteiligung und somit iE ebenfalls zu einer **Gewinnrealisierung** führt. 94

Der anfallende Gewinn ist von den Personengesellschaftern – bei Erfüllung der Voraussetzungen des § 16 EStG im Übrigen – als Veräußerung von Mitunternehmeranteilen iSv. §§ 16 Abs. 1 Nr. 2 EStG zu versteuern, der nur bei Kapitalgesellschaften gewerbesteuerpflichtig ist (§ 7 Satz 2 Nr. 2 GewStG letzter Halbsatz) und bei natürlichen Personen ggf. auch der begünstigten Besteuerung nach § 34 EStG unterliegt. Außerhalb des Anwendungsbereiches des § 16 EStG (zB bei Zurückbehaltung wesentlicher Betriebsgrundlagen des Sonderbetriebsvermögens) ist der anfallende Gewinn als laufender Gewinn zu versteuern und geht als solcher auch in den Gewerbeertrag ein.

2. Steuerliche Rückbeziehung

Die Einbringung erfolgt steuerlich grundsätzlich zu dem Zeitpunkt, zu welchem das **wirtschaftliche Eigentum** an den eingebrachten Wirtschaftsgütern übergeht (UmwSt-Erl. 2011 BMF v. 11.11.2011, BStBl. I 2011, 1314 Tz. 20.13). Bei **Umwandlungen** ist dies spätestens mit Bewirkung der erforderlichen Handelsregistereintragungen der Fall (UmwSt-Erl. 2011 BMF v. 11.11.2011, BStBl. I 2011, 1314 Tz. 20.13). Das wirtschaftliche Eigentum kann aber auch früher übergehen; insoweit wird man auf die vom *IDW* für Zwecke der handelsbilanziellen Behandlung niedergelegten Grundsätze zurückgreifen können (→ Rn. 53f.). 95

Im Falle der Anwendbarkeit der §§ 20ff. UmwStG (dazu → Rn. 96ff.) kann der steuerliche Übertragungsstichtag der Einbringung bei einer Verschmelzung für Zwecke der Besteuerung der übertragenden Personengesellschaft und ihrer Gesellschafter sowie der übernehmenden Kapitalgesellschaft stattdessen gemäß § 20 Abs. 5 und 6 UmwStG auf Antrag wahlweise auf den **Stichtag** der **handelsrechtlichen Schlussbilanz** iSv. § 17 Abs. 2 UmwG der übertragenden Personengesellschaft zurückbezogen werden, wenn die Verschmelzung innerhalb von acht Monaten nach diesem Zeitpunkt **zum Handelsregister angemeldet** wird, § 20 Abs. 5 Satz 1, Abs. 6 Satz 1 UmwStG. Dies gilt selbst dann, wenn die übernehmende Kapitalgesellschaft an diesem Stichtag noch gar nicht existent war; auch in diesem Falle ist für diese für den VZ, in welchen der steuerliche Übertragungsstichtag fällt, eine Steuerveranlagung durchzuführen (UmwSt-Erl. 2011, BMF v. 11.11.2011; BStBl. I 2011, 1314 Tz. 20.15 iVm. Tz. 02.11). Anders als bei der Verschmelzung einer Kapitalgesellschaft auf eine andere Kapitalgesellschaft (→ Form. A.3 Rn. 97; und Form. A.5 Rn. 84) oder auf eine Personengesellschaft (→ Form. A.6 Rn. 84 und → Form A.7 Rn. 133) handelt es sich um ein steuerliches **Wahlrecht.** Antragsbefugt ist die übernehmende Kapitalgesellschaft (UmwSt-Erl. 2011 BMF v. 11.11.2011, BStBl. I 2011, 1314 Tz. 20.13), denn sie entscheidet auch über die steuerlichen Wertansätze (DPM/*Patt* UmwStG § 20 Rn. 304). Anders als das antragsgebundene Wahlrecht des § 20 Abs. 2 Satz 2 UmwStG, anstelle des gemeinen Werts Buch- oder Zwischenwerte anzusetzen (→ Rn. 117a), ist das Wahlrecht auf Rückbeziehung gemäß § 20 Abs. 5, 6 UmwStG nicht fristgebunden, kann also grundsätzlich bis zum Ende der letzten Tatsacheninstanz ausgeübt werden, was auch konkludent (zB durch rückwirkenden Ertrags- oder Vermögensansatz in der Steuererklärung) geschehen kann (BFH v. 19.12.2018, I R 1/17, DStR 2019, 1259 Rn. 15f., insoweit der Vorinstanz FG Berlin-Brandenburg v. 13.12.2016, 6 K 6243/14, DStRE 2017, 1376ff. folgend; unklar insoweit UmwSt-Erl. 2011 BMF v. 11.11.2011, BStBl. I 2011, 1314 Tz. 20.14). Ein einmal (ggf. auch konkludent) gestellter Antrag kann jedoch nicht mehr geändert werden (BFH v. 19.12.2018, I R 1/17, DStR 2019, 1259 Rn. 17 gegen die Vorinstanz FG Berlin-Brandenburg v. 13.12.2016, 6 K 6243/14, DStRE 2017, 1376ff.).

Bei Einbringungen, die nicht in den Anwendungsbereich der §§ 20ff UmwStG fallen, etwa wenn die eingebrachten aktiven und passiven Wirtschaftsgüter nicht die Voraussetzungen eines Betriebes, Teilbetriebes oder Mitunternehmeranteils erfüllen (dazu → Rn. 100ff.), besteht das Rückbeziehungswahlrecht gemäß § 20 Abs. 5 und 6 UmwStG nicht (BFH v. 12.12.2012, I R 28/11, BFH/NV 2013, 884, LS 1und Tz. 18 zu § 20 Abs. 7 und 8 UmwStG 2002). Ob sich in diesem Fall aus § 2 Abs. 1 UmwStG eine steuerliche Rückbeziehung ergibt, hat der BFH für das UmwStG 2002 verneint (BFH v. 12.12.2012, I R 28/11, BFH/NV 2013, 884, Tz. 20), für das UmwStG 2006 hingegen offen gelassen (BFH v. 12.12.2012 I R 28/11, BFH/NV 2013, 884, Tz. 16; verneinend *Neumann* DStR 2013, 2886). Selbst wenn aber eine Rückbeziehung gemäß § 20 Abs. 5 und 6 UmwStG bzw. § 2 Abs. 1 UmwStG ausscheidet, kann die Einbringung steuerlich gleichwohl bereits zum Ablauf des Stichtags der zugrundeliegenden Schlussbilanz des übertragenden Rechtsträgers wirksam werden, wenn dem übernehmenden Rechtsträger zu diesem Zeitpunkt bereits das **wirtschaftliche Eigentum** an den eingebrachten aktiven und passiven Wirtschaftsgütern iSv. § 39 Abs. 2 Nr. 1 AO zuzurechnen ist (BFH v. 12.12.2012, I R 28/11, BFH/NV 2013, 884, Tz. 16).

Der **Einbringungsgegenstand** (Betrieb, Teilbetrieb oder Mitunternehmeranteil) muss im Zeitpunkt der Verschmelzungsbeschlüsse noch bestehen; anderenfalls ist eine gemäß §§ 20 Abs. 5, 6 UmwStG rückwirkende Einbringung auf einen Einbringungsstichtag, zu welchem der Einbringungsgegenstand noch bestanden hat, nicht möglich (FG Niedersachsen v. 29.1.2019, 8 K 163/17, DStRE 2019, 893, Rev. BFH I R 13/19).

Der **übernehmende Rechtsträger** muss hingegen nicht zwingend bereits am **steuerlichen Übertragungsstichtag** bestanden haben, sondern kann auch erst im Rückwirkungszeitraum gegründet worden sein (UmwSt-Erl. 2011 BMF v. 11.11.2011, BStBl. I 2011, 1314 Tz. 01.55 iVm. Tz. 01.52 sowie Tz. 20.15 iVm. Tz. 02.11; zur übertragenden Personengesellschaft → Rn. 100). Aufgrund der **steuerlichen Rückbeziehung** sind das Einkommen und Vermögen der einbringenden Mitunternehmer sowie der übernehmenden Kapitalgesellschaft so zu ermitteln, als ob das eingebrachte Betriebsvermögen mit Ablauf des steuerlichen Übertragungsstichtages auf die übernehmende Kapitalgesellschaft übergegangen wäre, § 20 Abs. 5 Satz 1 UmwStG (UmwSt-Erl. 2011 BMF v. 11.11.2011, BStBl. I 2011, 1314 Tz. 20.15).

Der Zeitpunkt des Vermögensübergangs auf die Übernehmerin fällt nicht nur mit dem Stichtag der steuerlichen Schlussbilanz, sondern auch mit dem Ende des regulären Wirtschaftsjahres bzw. – falls ausnahmsweise ein vor Ablauf des regulären Wirtschaftsjahres liegender Verschmelzungsstichtag/steuerlicher Übertragungsstichtag gewählt wird – mit dem Ende des dadurch entstehenden Rumpfwirtschaftsjahres (BFH v. 21.12.2005, I R 66/05, BStBl II 2006, 469, Tz. 16) der Überträgerin zusammen. Daraus folgt u.a., dass eine bei der Überträgerin gebildete Rücklage nach § 6b Abs. 3 EStG, die ohne die Verschmelzung zu diesem Zeitpunkt gemäß § 6b Abs. 3 Satz 5 Hs. 1 EStG aufzulösen gewesen wäre, noch auf die Übernehmerin übergeht und, wenn bei dieser ein Reinvestitionsobjekt vorhanden ist, auf dieses übertragen werden kann (FG Münster v. 17.9.2018, 13 K 2082/15, BB 2019, 560, Rev. BFH XI R 39/18; **aA** FG Berlin-Brandenburg v. 5.3.2019, 6 K 6071/18, EFG 2019, 739, Rev. BFH I R 20/19).

Von dieser Rückwirkung gilt jedoch gemäß § 20 Abs. 5 Satz 2 UmwStG eine Ausnahme für **Entnahmen** im Rückwirkungszeitraum: Diese gelten **nicht** etwa kraft Rückwirkung als **Gewinnausschüttungen** der übernehmenden Kapitalgesellschaft, sondern **bleiben Entnahmen** aus der Personengesellschaft und mindern daher die Anschaffungskosten der dem Entnehmenden gewährten Beteiligung. Entgegen der Auffassung der FinVerw. (UmwSt-Erl. 2011 BMF v. 11.11.2011, BStBl. I 2011, 1314 Tz. 20.19; **aA** HB/*Friederichs* 2. Aufl. UmwStG § 20 Rn. 284 und HMB/*Menner* UmwStG § 20 Rn. 670) führen nach Ansicht des BFH Entnahmen im Rückwirkungszeitraum nicht zu einer zwangsweisen Aufstockung gemäß § 20 Abs. 2 Satz 2 Nr. 2 UmwStG, soweit ohne die Aufstockung der Buchwert des übergehenden Betriebsvermögens während des Rückwirkungszeitraums negativ würde; vielmehr sollen insoweit negative Anschaffungskosten für die dem Entnehmenden gewährten Anteile entstehen (BFH v. 7.3.2018, I R 12/16, DStR 2018, 1560–1563). Die Reaktion der FinVerw. auf BFH v. 7.3.2018, I R 12/16, aaO bleibt abzuwarten; bis zum Redaktionsschluss ist es jedenfalls noch nicht im BStBl. I veröffentlicht worden (s. auch *Hellmann/Krinninger* DStR 2018, 2565).

Als Entnahmen gelten auch an einen Einbringenden im Rückwirkungszeitraum gezahlte **Sondervergütungen** iSv. § 15 Abs. 1 Satz 1 Nr. 2 EStG, soweit sie die Angemessenheitsschwelle überschreiten (UmwSt-Erl. 2011 BMF v. 11.11.2011, BStBl. I 2011, 1314 Tz. 20.16). Soweit sie hingegen im Rahmen des Angemessenen liegen und auch die übrigen allgemeinen steuerlichen Anforderungen erfüllen (insb. das Erfordernis einer klaren, im Vorhinein getroffenen schriftliche Vereinbarung), werden sie auf Grund der steuerlichen Rückbeziehung der Einbringung zu Betriebsausgaben der übernehmenden Kapitalgesellschaft umqualifiziert (UmwSt-Erl. 2011 BMF v. 11.11. 2011, BStBl. I 2011, 1314 Tz. 20.16).

Die steuerliche Rückwirkung gemäß § 20 Abs. 5 Satz 1 UmwStG bedeutet allerdings **nicht,** dass **Verträge** zwischen der Kapitalgesellschaft und einem Einbringenden (zB ein Geschäftsführervertrag) auch **rückwirkend** auf den steuerlichen Übertragungsstichtag abgeschlossen werden könnten (UmwSt-Erl. 2011 BMF v. 11.11.2011, BStBl. I 2011, 1314 Tz. 20.16).

Soweit es sich bei den einbringenden Mitunternehmern der übertragenden Perso- **95a**
nengesellschaft um **Kapitalgesellschaften** handelt, ist § 2 Abs. 4 Satz 2 UmwStG zu beachten: Diese Vorschrift ordnet in Ansehung etwaiger im **Rückwirkungszeitraum,** dh. ab dem steuerlichen Übertragungsstichtag bis zum zivilrechtlichen Wirksamwerden der Verschmelzung, von der einbringenden Kapitalgesellschaft erwirtschafteter **Verluste** die **entsprechende Anwendung** von § 2 Abs. 4 Satz 1 UmwStG an. Die letztgenannte Vorschrift setzt nach ganz hM voraus, dass es im Rückwirkungszeitraum zu einem verlustschädlichen Anteilserwerb oder einem anderen verlustschädlichen Ereignis iSv. § 8c KStG kommt, und schließt für diesen Fall sowohl den Ausgleich als auch die Verrechnung eines Übertragungs- bzw. (in Einbringungsfällen) Einbringungsgewinns mit nicht ausgeglichenen negativen Einkünften, Verlustvorträgen und anderen gleichstehenden Rechtspositionen der Überträgerin bzw. des Einbringenden aus (dazu iE → Rn. 118a). Die Finanzverwaltung entnimmt dem Verweis auf § 2 Abs. 4 Satz 1 UmwStG, dass von der Überträgerin im **Rückwirkungszeitraum** bis zu einem **verlustschädlichen Ereignis** iSv. § 8c KStG erwirtschaftete Verluste nicht mit Gewinnen des **übernehmenden Rechtsträgers** verrechnet werden können (UmwSt-Erl. 2011 BMF v. 11.11.2011, BStBl. I 2011, 1314 Tz. 02.40; s. auch das in FM Brandenburg v. 17.3.2015, BeckVerw 313155, unter Ziff. 2.3.1 gebildete Beispiel; glA. RHL/*van Lishaut* UmwStG § 2 Rn. 170; DPM/*Dötsch/Werner* UmwStG § 2 Rn. 110f.). Diese Auslegung wird in der Literatur (*Sistermann/Brinkmann* DStR 2008, 2455, 2457; *Schumacher/Neitz-Hackstein* Ubg 2011, 413) unter Hinweis darauf kritisiert, dass § 2 Abs. 4 Satz 1 UmwStG den Verlustausgleich bzw. die Verlustverrechnung nur mit einem beim **übertragenden Rechtsträger** anfallenden (Übertragungs)

Gewinn ausschließe, der Wortlaut von § 2 Abs. 4 Sätze 1 und 2 UmwStG einen Ausschluss der Verrechnung mit Gewinnen des **übernehmenden Rechtsträgers** also nicht hergebe. Weil aber § 2 Abs. 4 Satz 2 UmwStG lediglich eine „entsprechende" Anwendung des § 2 Abs. 4 Satz 1 UmwStG anordnet, dürfte diese Kritik im Ergebnis nicht durchgreifen.

95b Erwirtschaftet die Überträgerin im Rückwirkungszeitraum positive Einkünfte, können diese nach Maßgabe von § 2 Abs. 4 Satz 3 UmwStG idF des Amtshilferichtlinie-Umsetzungsgesetzes v. 26.6.2013 (BGBl. I 2013, 1809), der über § 20 Abs. 6 Satz 4 UmwStG auch bei der Einbringung in eine Kapitalgesellschaft gilt (WM/*Widmann* UmwStG § 2 Rn. R 159), weder mit verrechenbaren Verlusten der Übernehmerin noch mit deren verbleibenden Verlustvorträgen, nicht ausgeglichenen negativen Einkünften oder Zinsvorträgen nach § 4h Abs. 1 Satz 5 EStG ausgeglichen oder verrechnet werden. Ist die Übernehmerin Organgesellschaft, erstreckt sich dieses Ausgleichs- und Verrechnungsverbot auch auf die Verlustvorträge usw. des Organträgers, § 2 Abs. 4 Satz 4 UmwStG. Da § 2 Abs. 4 Satz 3 UmwStG im Gegensatz zu § 2 Abs. 4 Sätze 1 und 2 kein verlustschädliches Ereignis iSv. § 8c KStG voraussetzt (*Böttcher* NWB 2014, 3146, 3150), gilt die Vorschrift auch dann, wenn die Überträgerin bzw. Einbringende keine Kapitalgesellschaft ist.

Ziel des Gesetzgebers war die Verhinderung von Gestaltungen, durch die unter Nutzung der achtmonatigen steuerlichen Rückwirkung bei Umwandlungen und Einbringungen die Besteuerung von Gewinnen bei Gesellschaften mit hohen stillen Reserven (zB Flugzeugleasinggesellschaften) durch die Verrechnung mit steuerlichen Verlusten einer anderen Gesellschaft vermieden werden konnte (BR-Drs. 302/1/12 S. 105). Deckte die übertragende Gesellschaft ihre stillen Reserven auf, indem sie im Rückwirkungszeitraum die mit stillen Reserven behafteten Wirtschaftsgüter an Dritte verkaufte, lag ein laufender Gewinn vor, welcher aufgrund der Rückwirkungsfiktion als solcher der übernehmenden Verlustgesellschaft galt und daher mit deren laufenden Verlusten ausgeglichen sowie vorbehaltlich der Mindestbesteuerung (§ 10d Abs. 2 EStG, § 10a Satz 1 GewStG) auch mit deren Verlustvorträgen verrechnet werden konnte (HMB/*Slabon* UmwStG § 2 Rn. 113).

§ 2 Abs. 4 Sätze 3–5 finden keine Anwendung, wenn übertragender und übernehmender Rechtsträger vor Ablauf des steuerlichen Übertragungsstichtages verbundene Unternehmen iSv. § 271 Abs. 2 HGB waren, § 2 Abs. 4 Satz 6 UmwStG idF des Amtshilferichtlinie-Umsetzungsgesetzes; in Einbringungsfällen iSv. § 20 Abs. 6 Satz 4 UmwStG dürfte hier auf den Einbringenden und die Übernehmerin abzustellen sein (so WM/*Widmann* UmwStG § 2 Rn. R 167; s. aber auch Rn. R 160). Ebenfalls nicht von der Vorschrift umfasst sind der Ausgleich und die Verrechnung von Gewinnen, die nach dem Wirksamwerden der Einbringung im (ehemaligen) Unternehmen der Überträgerin erwirtschaftet werden (*Böttcher* NWB 2014, 3146 Beispiel Nr. 3).

Die Anwendung der Vorschrift erfordert ggf. die Aufstellung einer steuerlichen Zwischenbilanz des übertragenden Rechtsträgers auf den Zeitpunkt des zivilrechtlichen Wirksamwerdens der Umwandlung (*Neumann-Tomm* DB 2014, 2617, 2618; *Böttcher* NWB 2014, 3146, 3151).

95c Die FinVerw. geht von uneingeschränkter Anwendbarkeit des § 2 Abs. 4 UmwStG für Zwecke der **Gewerbesteuer** aus (UmwSt-Erl. 2011, BMF v. 11.11.2011, BStBl. I 2011, 1314 Tz. 18.02). In Teilen der Literatur wird hingegen differenziert: § 2 Abs. 4 Satz 1 UmwStG gelte mangels Erwähnung von § 10a GewStG nicht, während § 2 Abs. 4 Satz 2 UmwStG anwendbar sei (WM/*Widmann* § 2 Rn. R 127 ff; die Anwendbarkeit für § 2 Abs. 4 Satz 2 UmwStG ebenfalls bejahend, für Satz 1 iVm. § 10a GewStG hingegen zurückhaltender [„gut vertretbar"] RHL/*van Lishaut* § 2 Rn. 184 ff.; in vollem Umfang der FinVerw. folgend hingegen noch RHL/*van Lishaut* 2. Aufl. § 2 Rn. 120; generell gegen die Anwendbarkeit von § 2 Abs. 4 UmwStG im Bereich der Gewerbesteuer *Viebrock/Loose* DStR 2013, 1366).

3. Voraussetzungen gem. §§ 20 ff. UmwStG

a) Aufnehmende Gesellschaft

Die §§ 20–23 UmwStG gelten nur für aufnehmende Kapitalgesellschaften und Genossenschaften; gemäß § 1 Abs. 4 Satz 1 Nr. 1, Abs. 2 Satz 1 Nr. 1 UmwStG muss es sich um eine nach den Rechtsvorschriften eines Mitgliedsstaates der EU oder eines EWR-Staates gegründete Kapitalgesellschaft oder Genossenschaft mit Sitz und Ort der Geschäftsleitung in einem dieser Staaten handeln. **96**

Bei den nach deutschem Recht gegründeten Gesellschaften können **GmbH, AG, KGaA** und die **Europäische Gesellschaft (SE),** § 1 Abs. 1 Nr. 1 KStG, sowie Genossenschaften iSv. § 1 Abs. 1 Nr. 2 KStG übernehmender Rechtsträger einer Einbringung iSd. §§ 20 ff. UmwStG sein (UmwSt-Erl. 2011 BMF v. 11.11.2011, BStBl. I 2011, 1314 Tz. 20.04 iVm. Tz. 01.54; DPM/*Patt* UmwStG § 20 Rn. 10). Die Verschmelzung einer Personengesellschaft etwa auf einen Versicherungsverein auf Gegenseitigkeit, die umwandlungsrechtlich ebenfalls zulässig wäre (s. § 3 Abs. 1 Nr. 6 UmwG), ist daher gemäß §§ 20 ff. UmwStG weiterhin nicht steuerneutral möglich (Blümich/*Nitzschke* UmwStG 2006 § 20 Rn. 67).

Die Einbringung von Personengesellschaftanteilen in eine ausländische **(EU- oder EWR-) Kapitalgesellschaft oder Genossenschaft** kann aber weiterhin **nicht** im Wege der Verschmelzung **nach dem UmwG** erfolgen: Das UmwG gilt grundsätzlich nur für Gesellschaften mit Sitz im Inland (§ 1 Abs. 1 UmwG); die nunmehr in §§ 122a ff. UmwG geregelte grenzüberschreitende Verschmelzung beschränkt sich auf die Verschmelzung von EU/EWR-Kapitalgesellschaften untereinander, § 122b UmwG. Die Einbringung von Personengesellschaftsanteilen in EU/EWR-Kapitalgesellschaften muss also im Wege der Einzelrechtsnachfolge erfolgen, was aber, wenn alle Personengesellchaftsanteile eingebracht werden, wegen der dadurch eintretenden **Anwachsung** weitestgehend zu denselben Ergebnissen zivilrechtlichen Ergebnissen führt wie eine Verschmelzung. Es ist allerdings bezweifelt worden, ob die Anwachsung überhaupt einen unter §§ 20 ff. UmwStG fallenden Vorgang darstellt. ZT wird dies mit der Begründung verneint, die Anwachsung sei ein Fall der **Gesamtrechtsnachfolge,** der aber weder unter die abschließende Aufzählung in § 1 Abs. 3 Nr. 1–3 UmwStG (Verschmelzung, Aufspaltung, Abspaltung, Ausgliederung, Formwechsel) falle noch unter § 1 Abs. 3 Nr. 4 UmwStG (Einbringung im Wege der Einzelrechtsnachfolge). Daher sei der Anwendungsbereich der §§ 20 ff. UmwStG nicht eröffnet (DPM/*Patt* UmwStG § 20 Rn. 6; aA nunmehr Blümich/*Nitzschke* UmwStG 2006 § 20 Rn. 37), mit der Konsequenz, dass **Anwachsungsfälle** unter Geltung des UmwStG 2006 **nicht mehr steuerneutral möglich** wären. Diese Ansicht ist jedoch abzulehnen. Es mag zwar richtig sein, dass der Übergang des Vermögens der Personengesellschaft sich im Falle einer Anwachsung im Wege der Gesamtrechtsnachfolge vollzieht. **Einbringungsgegenstand** bei der Anwachsung einer Personengesellschaft auf eine Kapitalgesellschaft ist jedoch nicht das Vermögen der Personengesellschaft, sondern – wie bei der Verschmelzung (zu dieser → Rn. 99) – der jeweilige **Mitunternehmeranteil** der Personengesellschafter. Deren Übertragung vollzieht sich im Wege der Einzelrechtsnachfolge, so dass der Anwendungsbereich der §§ 20 ff. UmwStG über § 1 Abs. 3 Nr. 4 UmwStG eröffnet ist. Die grundsätzliche **Anwendbarkeit der §§ 20 ff. UmwStG** auf die **Anwachsung** wird im UmwSt-Erl 2011 BMF v. 11.11.2011, BStBl. I 2011, 1314 in Tz. 01.44 unter Buchst. cc ausdrücklich anerkannt, wenn es dort heißt: „Rechtsfolge einer Einbringung eines Mitunternehmeranteils, u. a. im Wege der Einzelrechtsnachfolge kann auch eine Anwachsung (vgl. § 738 BGB, § 142 HGB) sein." Auch aaO in Tz. 20.07 wird dies implizit anerkannt, wenn die Anwendbarkeit für den Fall des Ausscheidens aller Kommanditisten aus einer GmbH & Co. KG **ohne** Gewährung neuer Anteile an der Komplementär-GmbH an die Kommanditisten verneint wird (UmwSt-Erl. 2011 BMF v. 11.11.2011, BStBl. I **97**

2011, 1314 Tz. 20.07; siehe auch *Weber/Hahne* Ubg 2011, 420, 422): Daraus ist im Gegenschluss abzuleiten, dass bei **Gewährung neuer Anteile** für die Anwachsung auch nach Ansicht der FinVerw. die Anwendung der §§ 20ff. UmwStG eröffnet ist.

b) Übertragende Gesellschaft

98 Gemäß § 1 Abs. 4 Satz 1 Nr. 2 Buchst. a Doppelbuchst aa, Abs. 2 Satz 1 Nr. 1 UmwStG muss es sich bei der übertragenden Personenhandelsgesellschaft grundsätzlich um eine nach den Rechtsvorschriften eines Mitgliedsstaates der Europäischen Union oder eines EWR-Staates gegründete Gesellschaft mit Sitz und Ort der Geschäftsleitung in einem dieser Staaten handeln; weiterhin müssen an der Personengesellschaft entweder natürliche Personen mit Wohnsitz oder gewöhnlichem Aufenthalt in einem Mitgliedstaat der EU oder des EWR oder nach dem Recht eines Mitgliedstaates der EU oder des EWR gegründete Körperschaften, Personenvereinigungen oder Vermögensmassen mit Sitz und Ort der Geschäftsleitung in einem dieser Staaten beteiligt sein, § 1 Abs. 4 Satz 1 Nr. 2 Buchst. a Doppelbuchst. aa, Abs. 2 Satz 1 Nr. 1 und Nr. 2 UmwStG (s. UmwSt-Erl. 2011 BMF v. 11.11.2011, BStBl. I 2011, 1314 Tz. 01.53); die Beteiligung an der übertragenden Personengesellschaft kann auch mittelbar über eine andere nach dem Recht eines EU- oder EWR-Staates gegründete Personengesellschaft mit Sitz in einem dieser Staaten gehalten werden, § 1 Abs. 4 Satz 1 Nr. 2 Buchst. a Doppelbuchst. aa UmwStG.

Soweit diese Erfordernisse nicht erfüllt sind, sind die §§ 20ff. UmwStG nur dann anwendbar, wenn das Besteuerungsrecht der Bundesrepublik Deutschland bezüglich des Gewinns aus der Veräußerung der von der übernehmenden Gesellschaft gewährten Anteile nicht ausgeschlossen oder beschränkt ist, § 1 Abs. 4 Satz 1 Nr. 2 Buchst. b UmwStG. Dies ist dann zu bejahen, wenn der erhaltene Anteil in einer deutschen Betriebstätte gehalten wird oder Deutschland gemäß DBA das Besteuerungsrecht für Gewinne aus der Veräußerung des Anteils zugewiesen ist (s. UmwSt-Erl. 2011 BMF v. 11.11.2011, BStBl. I 2011, 1314 Tz. 20.02 iVm. Tz. 01.53).

c) Einbringender

99 Wer **Einbringender** iSd. § 20 Abs. 1 UmwStG ist, richtet sich danach, wem die Gegenleistung, dh. die neuen Anteile, zusteht (UmwSt-Erl. 2011 BMF v. 11.11.2011, BStBl. I 2011, 1314 Tz. 20.02). Bei der Verschmelzung einer Personengesellschaft auf eine Kapitalgesellschaft sind dies die einzelnen **Mitunternehmer,** nicht die im Zug der Verschmelzung erlöschende Personengesellschaft (UmwSt-Erl. 2011 BMF v. 11.11. 2011, BStBl. I 2011, 1314 Tz. 20.03; siehe auch BFH v. 16.2.1996, I R 183/94, BStBl. II 1996, 342).

Dem steht nicht entgegen, dass § 1 Abs. 4 S. 1 Nr. 2 Buchst. a Doppelbuchst. aa UmwStG die Personengesellschaft als „einbringenden" bzw. „übertragenden Rechtsträger" bezeichnet: Den Begriff „einbringender Rechtsträger" verwendet das Gesetz nur für den Fall der Einbringung durch Einzelrechtsnachfolge; für den Fall der Verschmelzung wird hingegen der Begriff „übertragender Rechtsträger", also die Terminologie des UmwG (s. § 3 Abs. 1 UmwG), verwendet. Eine Entscheidung des Gesetzgebers, wer steuerlich als Einbringender anzusehen ist, kann aus dieser erkennbar im zivilrechtlichen Sinne verwendeten Terminologie nicht abgeleitet werden. Aus der Einbeziehung der Personengesellschafter in § 1 Abs. 4 Satz 1 Nr. 2 Buchst. a Doppelbuchst. aa UmwStG wird im Gegenteil deutlich, dass der Gesetzgeber die Personengesellschaft als transparent ansieht; dies spricht dafür, weiterhin die Personengesellschafter als Einbringende anzusehen.

Im Formularfall sind (steuerlich) Einbringende also der A und die X-GmbH als Kommanditisten der Überträgerin. Die Übernehmerin ist hingegen nicht Einbringende, da ihr keine Geschäftsanteile gewährt werden und gemäß § 54 Abs. 1 Satz 1 Nr. 1 UmwG auch nicht gewährt werden dürfen (→ Rn. 26).

d) Einbringungsgegenstand

Zulässiger Einbringungsgegenstand einer Einbringung nach § 20 Abs. 1 UmwStG kann nur ein Betrieb, ein Teilbetrieb oder ein Mitunternehmeranteil sein; die Einbringung von Anteilen an Kapitalgesellschaften oder Genossenschaften in eine Kapitalgesellschaft oder Genossenschaft ist in § 21 UmwStG gesondert geregelt. Was bei der Verschmelzung einer als Mitunternehmerschaft zu qualifizierenden Personengesellschaft auf eine GmbH eingebracht wird, ist streitig: Nach Ansicht der Finanzverwaltung ist Einbringungsgegenstand der Betrieb der verschmolzenen Personengesellschaft (UmwSt-Erl. 2011 BMF v. 11.11.2011, BStBl. I 2011, 1314 Tz. 20.05; ebenso DPM/*Patt* UmwStG § 20 Rn. 39 und § 24 Rn. 28). Nach der Gegenansicht (siehe etwa WM/*Widmann* UmwStG § 20 Rn. R 46 und Rn. 92; WM/*Fuhrmann* UmwStG § 24 Rn. 98; RHL/*Herlinghaus* § 20 UmwStG Rz. 77) werden in diesem Fall die Mitunternehmeranteile der einzelnen Mitunternehmer iSv. § 20 Abs. 1 Alt. 3 UmwStG eingebracht, da Einbringende hier die Gesellschafter (Mitunternehmer) der GmbH & Co. KG seien (s. auch Rn. 99). **100**

Die Streitfrage wirkt sich ua. bei der Frage aus, ob das antragsgebundene Wahlrecht gemäß § 20 Abs. 2 UmwStG für jeden eingebrachten Mitunternehmeranteil gesondert (glA. wohl BFH v. 13.9.2018 I R 19/16, BStBl. II 2019, 385; siehe im Einzelnen → Rn. 116i) oder nur einheitlich für den eingebrachten Betrieb ausgeübt werden kann, bei der Frage, ob die Zurückbehaltung wesentl. Betriebsgrundlagen im Sonderbetriebsvermögen die Anwendbarkeit des § 20 UmwStG für sämtliche oder nur für den zurückbehaltenden Mitunternehmer ausschließt (→ Rn. 104), bei der Anwendung der Obergrenze für buchwertfortführungsunschädliche sonstige Gegenleistungen gem. § 20 Abs. 2 Satz 2 Nr. 4 UmwStG (→ Rn. 116e) sowie bei der Anwendung von § 20 Abs. 9 UmwStG auf den Zins- und EBITDA-Vortrag der Personengesellschaft (→ Rn 180).

Die letztgenannte Auffassung, wonach Einbringungsgegenstand bei der Verschmelzung einer Personengesellschaft auf eine Kapitalgesellschaft die Mitunternehmeranteile der Personengesellschafter sind, verdient Zustimmung: Die Verschmelzung einer Personengesellschaft kann nicht anders behandelt werden als die Einbringung sämtlicher Gesellschaftsanteile durch die Gesellschafter im Wege der Einzelrechtsnachfolge gegen Gewährung von Anteilen an der Übernehmerin, die wie die Verschmelzung zum Erlöschen der Personengesellschaft unter Übergang ihres Vermögens auf die übernehmende Gesellschaft führt (erweiterte Anwachsung) und bei der Einbringungsgegenstand auch nach Ansicht der Finanzverwaltung die Mitunternehmeranteile der einbringenden Gesellschafter sind (UmwSt-Erl. 2011 BMF v. 11.11.2011, BStBl. I 2011, 1314 Tz. 01.47 Doppelbuchstabe aa zu § 24 UmwStG). Überdies lassen sich auf Basis der Ansicht der Finanzverwaltung die Fälle, in denen die Übernehmerin bereits als Mitunternehmerin an der Überträgerin beteiligt ist (im Formularfall zu 80%; → Rn. 2), nicht widerspruchsfrei lösen: In diesen Fällen ist nämlich aufgrund der Bruchteilsbetrachtung nach § 39 Abs. 2 Nr. 2 AO der Betrieb der übertragenden Personengesellschaft steuerlich bereits vor der Verschmelzung anteilig auch der Übernehmerin als Mitunternehmerin steuerlich zuzurechnen (vgl. OFD Berlin v. 19.7.2002, DStR 2002, 1811 – Fallgruppe 1). In derartigen Fällen kann also auch auf Basis der Ansicht der FinVerw. der Betrieb der Überträgerin nur anteilig (soweit er der Übernehmerin nicht bereits vor der Verschmelzung anteilig zuzurechnen ist) Einbringungsgegenstand sein; iÜ kann steuerlich keine Anschaffung vorliegen (vgl. OFD Berlin v. 19.7.2002, DStR 2002, 1811 – Fallgruppe 1) und damit auch keine Einbringung. **100a**

Im Formularfall würden der A und die X GmbH als Einbringende (→ Rn. 99) also nach der Verwaltungsauffassung den Betrieb der übertragenden GmbH & Co. KG gemeinsam, aber nur soweit er anteilig auf sie entfällt (d. h. zu 20%), nach der vorzugswürdigen Gegenauffassung hingegen ihre jeweiligen Mitunternehmeranteile an der übertragenden GmbH & Co. KG, d. h. eine Beteiligung von jeweils 10% am Festkapital, in die übernehmende GmbH einbringen.

100b Für § 20 UmwStG genügt, anders als für § 16 Abs. 1 Satz 1 Nr. 2 EStG, auch die Einbringung eines Teils eines Mitunternehmeranteils (UmwSt-Erl. 2011 BMF v. 11.11.2011, BStBl. I 2011, 1314 Tz. 24.03 iVm. Tz. 20.11).

100c Die FinVerw. ist der Ansicht, dass der **Einbringungsgegenstand,** im Formularfall also die einzubringenden **Mitunternehmeranteile,** bereits am steuerlichen Übertragungsstichtag bestanden haben muss (UmwSt-Erl. 2011 BMF v. 11.11.2011, BStBl. I 2011, 1314 Tz. 20.14 iVm. Tz. 15.04). Eine Verschmelzung auf einen vor Errichtung der Personengesellschaft liegenden steuerlichen Übertragungsstichtag erkennt die FinVerw. nicht an. Dies wirkt sich zB bei **Kettenumwandlungen** aus, etwa bei der Verschmelzung einer Personengesellschaft, die ihr Betriebsvermögen ihrerseits kurz zuvor im Wege der Verschmelzung einer Kapitalgesellschaft nach §§ 3ff. UmwStG oder einer anderen Personengesellschaft nach § 24 UmwStG zu einem vor ihrer Gründung liegenden steuerlichen Übertragungsstichtag erworben hat: Zwar wird die rückwirkende Verschmelzung auf die im Zeitpunkt des steuerlichen Übertragungsstichtags noch nicht existierende Personengesellschaft gemäß Tz. 02.11 bzw. gemäß Tz. 24.06 iVm. Tz. 20.15 iVm. Tz. 02.11 des UmwSt-Erl. 2011 BMF v. 11.11.2011, BStBl. I 2011, 1314 steuerlich noch anerkannt. Hingegen wird die FinVerw. gemäß Tz. 20.14 iVm. Tz. 15.04 dieses Erlasses für die nachfolgende Verschmelzung der Personengesellschaft auf die Kapitalgesellschaft eine Rückbeziehung der Einbringung der Mitunternehmeranteile nach §§ 20ff. UmwStG voraussichtlich frühestens auf den (späteren) Zeitpunkt anerkennen, an dem die übertragende Personengesellschaft und damit auch die in die Kapitalgesellschaft einzubringenden Mitunternehmeranteile an ihr bereits handelsrechtlich bestanden haben.

e) Einbringung sämtlicher wesentlicher Betriebsgrundlagen

101 Erforderlich für die Anwendung der §§ 20ff. UmwStG auf die Verschmelzung einer Personenhandelsgesellschaft auf eine Kapitalgesellschaft ist, dass sämtliche **wesentlichen Betriebsgrundlagen** einschließlich solcher, die zum **Sonderbetriebsvermögen** eines einbringenden Personengesellschafters gehören (zB bislang der Personengesellschaft von einem Kommanditisten mietweise überlassene Betriebsgrundstücke), mit eingebracht werden (s. UmwSt-Erl. 2011 BMF v. 11.11.2011, BStBl. I 2011, 1314 Tz. 20.10 iVm. Tz. 20.06; BFH v. 16.2.1996, I R 183/94, BStBl. II 1996, 342; BFH v. 25.11.2009, I R 72/08, BStBl. II 2010, 471), dh. auf die Kapitalgesellschaft übertragen werden; eine Überlassung zur Nutzung reicht nicht aus (UmwSt-Erl. 2011 BMF v. 11.11.2011, BStBl. I 2011, 1314 Tz. 20.10 iVm. Tz. 20.06 iVm. Tz. 15.07 unter Hinweis auf BFH v. 7.4.2010, I R 96/08, BStBl. II 2011, 467 Tz. 27; s. auch BFH v. 16.2.1996, I R 183/94, BStBl. II 1996, 342 Tz. 12; str. vgl. SBB/*Schlösser* § 11 Rn. 489; zur möglichen Europarechtswidrigkeit – Verstoß gegen Fusionsrichtlinie 90/434/EWG – dieses Erfordernisses siehe *Nitzschke* DStR 2011, 1068ff.). Eine Übertragung nur des wirtschaftlichen Eigentums an wesentlichen Betriebsgrundlagen soll hingegen „ergänzend" genügen können (UmwSt-Erl. 2011 BMF v. 11.11.2011, BStBl. I 2011, 1314 Tz. 20.10 iVm. Tz. 20.06 iVm. Tz. 15.07; offen gelassen von BFH v. 7.4. 2010, I R 96/08, BStBl. II 2011, 467 Tz. 28).

Das für die Einbringung von **Teilbetrieben** geltende, sich aus Art. 2 Buchst. c und i der Richtlinie des Rates 90/434/EWG (sog. „Fusionsrichtlinie") jetzt: EG-Fusions-RL 2009/133/EG? ergebende Erfordernis, auch solche Wirtschaftsgüter mit einzubringen, die (wie zB Forderungen und Verbindlichkeiten) zwar nicht zu den wesentlichen Betriebsgrundlagen gehören, aber dem einzubringenden Teilbetrieb gleichwohl **zuzuordnen sind** (EuGH v. 15.1.2002, Rs. C-43/00, EuZW 2002, 184 – Andersen og Jensen ApS, Tz. 25ff.), gilt nach Ansicht der Finanzverwaltung nicht für die Einbringung eines (ganzen) **Betriebes** (arg. UmwSt-Erl. 2011 BMF v. 11.11.2011, BStBl. I 2011, 1314 Tz. 20.06); für die Einbringung von Mitunternehmeranteilen kann nichts anderes gelten. Es ist daher weiterhin möglich, zB Forderungen und Verbindlichkeiten der übertragenden Personengesellschaft (etwa wegen Gewinnermittlung nach § 4 Abs. 3 EStG) zurückzubehalten, ohne die Anwendung des § 20 UmwStG zu gefährden.

Da das Sonderbetriebsvermögen von der umwandlungsrechtlichen Gesamtrechts- **102** nachfolge im Rahmen der Verschmelzung nicht umfasst ist, hat insoweit eine **gesonderte Übertragung** zu erfolgen, die aber gleichzeitig mit dem Verschmelzungsvertrag beurkundet und in dieselbe notarielle Urkunde aufgenommen werden sollte. Hierzu empfiehlt es sich, in den Gesellschafterbeschluss der übernehmenden GmbH eine gesonderte Sachkapitalerhöhung für die aus dem Sonderbetriebsvermögen übertragenen Wirtschaftsgüter vorzusehen. Des Weiteren empfiehlt es sich, einen Antrag auf steuerliche Rückwirkung der Verschmelzung gemäß § 20 Abs. 5 Satz 1, Abs. 6 Satz 1 UmwStG und ausdrücklich auch einen auf § 20 Abs. 5 Satz 1, Abs. 6 Satz 3 UmwStG gestützten Antrag für die gesonderte Übertragung aus dem Sonderbetriebsvermögen auf denselben Tag zu stellen; auf eine automatische Einbeziehung des Sonderbetriebsvermögens in die Rückwirkung gemäß § 20 Abs. 6 Satz 1 UmwStG entsprechend der Regelung für die Einbringung nach § 24 UmwStG (s. UmwSt-Erl. 2011 BMF v. 11.11.2011, BStBl. I 2011, 1314 Tz. 24.06) sollte man sich besser nicht verlassen. Werden die beiden Anträge auf steuerliche Rückwirkung nicht gestellt, kann es zu Problemen kommen, weil die Verschmelzung einerseits und die Übertragung des Sonderbetriebsvermögens andererseits möglicherweise zu unterschiedlichen Zeitpunkten wirksam werden. Zu solchen Problemen kann es auch dann kommen, wenn die Übertragung des Sonderbetriebsvermögens nicht spätestens acht Monate nach dem steuerlichen Übertragungsstichtag bewirkt (dh. das wirtschaftliche Eigentum übergegangen) ist und deshalb die Rückwirkung auf den steuerlichen Übertragungsstichtag gemäß § 20 Abs. 6 Satz 3 UmwStG versagt wird. In all diesen Fällen würde das Sonderbetriebsvermögen im Zeitpunkt der Wirksamkeit der Verschmelzung als entnommen gelten (UmwSt-Erl. 2011 BMF v. 11.11.2011, BStBl. I 2011, 1314 Tz. 20.08), es sei denn, es bleibt weiterhin Betriebsvermögen. Handelt es sich bei dem Sonderbetriebsvermögen um **wesentliche Betriebsgrundlagen,** könnte die fehlende Rückwirkung auf den steuerlichen Übertragungsstichtag die Anwendung der §§ 20 ff. UmwStG und damit ggf. die Ertragsteuerneutralität insgesamt in Frage stellen.

einstweilen frei **103**

Da Einbringende jeweils die einzelnen Mitunternehmer sind (→ Rn. 99), müsste auch **104** in Bezug auf die Übertragung aller wesentlichen Betriebsgrundlagen eine **Einzelbetrachtung** anzustellen sein, dh. die Zurückbehaltung von Sonderbetriebsvermögen ist im Hinblick auf die Anwendung der §§ 20 ff. UmwStG nur bzgl. dieses Mitunternehmers schädlich, nicht jedoch im Hinblick auf die übrigen Mitunternehmer (BFH v. 16.2.1996, I R 183/94, BStBl. II 1996, 342 Tz. 16 f.); es steht allerdings zu befürchten, dass die Finanzverwaltung, die bei der Verschmelzung einer PersGes deren Betrieb (und nicht die Mitunternehmeranteile der Gesellschafter) als Einbringungsgegenstand ansieht (→ Rn. 100), sämtlichen Einbringenden die Buchwertfortführung versagen würde.

Bei der Beurteilung der Frage, ob ein Wirtschaftsgut eine wesentliche Betriebsgrund- **105** lage darstellt, ist für Zwecke der §§ 15, 20 UmwStG – anders als bei **§ 16 EStG** – eine **funktionale,** also keine **quantitative Betrachtungsweise** vorzunehmen (s. UmwSt-Erl. 2011 BMF v. 11.11.2011, BStBl. I 2011, 1314 Tz. 20.06; DPM/*Patt* UmwStG § 20 Rn. 43 ff.); darauf, ob in dem betreffenden Wirtschaftsgut **erhebliche stille Reserven** ruhen **(quantitative Betrachtungsweise),** kommt es insoweit also nicht an.

Eine davon zu unterscheidende Frage ist, ob im Falle eines Ansatzes der übergehenden Wirtschaftsgüter mit dem gemeinen Wert zugunsten natürlicher Personen als Einbringenden die Steuervergünstigungen des § 16 Abs. 4 EStG (Freibetrag) sowie des § 34 Abs. 1 und 3 EStG (Tarifbegünstigung) anzuwenden sind; dies hängt davon ab, ob es sich bei § 20 Abs. 4 UmwStG in Ansehung des (ungeschriebenen) Tatbestandsmerkmals der „sämtlichen wesentlichen Betriebsgrundlagen" um eine Rechtsfolgen- oder eine Rechtsgrundverweisung handelt: Im letzteren Fall wäre für die Anwendbarkeit der §§ 16 Abs. 4, 34 Abs. 1 und 3 EStG zusätzlich zu prüfen, ob auch alle Wirtschaftsgüter, die erhebliche stille Reserven beinhalten und daher nach der für §§ 16, 34 EStG maßgeblichen **quantitativen Betrachtungsweise** (s. BFH v. 2.10.1997, IV R 84/96, BStBl. II 1998, 104) wesentliche Betriebsgrundlagen sind, mit eingebracht worden sind (so im Ergebnis die frühere Verwaltungsauffassung zum UmwStG 1995, s. BMF v. 16.8.2000, BStBl. I 2000, 1253). Der UmwSt-Erl 2011 äußert sich zu dieser Frage nicht (siehe UmwSt-Erl. 2011 BMF v. 11.11.2011, BStBl. I 2011, 1314 Tz. 20.27). Es kann daher nicht ausgeschlossen werden, dass die Verwaltung bei der Anwendung der §§ 16 Abs. 4, 34 Abs. 1 und 3 EStG auch im Rahmen der §§ 20ff. UmwStG an einer **quantitativen Betrachtungsweise** festhält.

106 *einstweilen frei*

107 Auch das sog. **Sonderbetriebsvermögen II,** dh. insb. der Anteil des Einbringenden an der Komplementär-GmbH, kann uU wesentliche Betriebsgrundlage sein. Beim Anteil an einer nicht am Vermögen und Ergebnis der KG beteiligten Komplementär-GmbH kann dies dann zu bejahen sein, wenn (erst) die Beteiligung an der Komplementär-GmbH den Kommanditisten in die Lage versetzt, über Fragen der laufenden Geschäftsführung der KG zu entscheiden (offen gelassen von BFH v. 25.11.2009, I R 72/08, BStBl. II 2010, 471). Dies ist etwa in dem (praktisch allerdings relativ seltenen) Fall zu bejahen, in dem ein Minderheitskommanditist an der Komplementär-GmbH mehrheitlich beteiligt ist und dort folglich seinen geschäftlichen Betätigungswillen durchsetzen kann (OFD NRW v. 21.6.2016, DB 2016, 1907 Tz. II. 1.; OFD Ffm v. 3.12.2015, DStR 2016, 676; offen gelassen von BFH v. 25.11.2009, I R 72/08, BStBl. II 2010, 471). Dasselbe soll bei einer nur aus einer Komplementär-GmbH und einem Kommanditisten bestehenden GmbH & Co. KG (OFD NRW v. 21.6.2016, DB 2016, 1907 II. 3) sowie bei einer Beteiligung der Komplementär-GmbH am Vermögen und Ergebnis der KG gelten (OFD NRW v. 21.6.2016, DB 2016, 1907). Ist hingegen ein Kommanditist zu weniger als 10% an der Komplementär-GmbH beteiligt, soll diese Beteiligung regelmäßig kein Sonderbetriebsvermögen II sein, wenn – dem gesetzlichen Regelfall entsprechend – in den Angelegenheiten der Gesellschaft die Abstimmung nach der Mehrheit der abgegebenen Stimmen erfolgt (BFH v. 16.4.2015, IV R 1/12, BStBl. II 2015, 705, Anm. *Wil* DStR 2015, 1362).

Im Formularfall sind nach den vorstehenden Grundsätzen die Beteiligungen der einbringenden Kommanditisten A und X-GmbH an der nicht am Vermögen und Ergebnis der KG beteiligten Komplementär-GmbH nicht als wesentliche Betriebsgrundlagen anzusehen: Da die Einbringenden sowohl an der Überträgerin als auch an der Komplementär-GmbH nur zu jeweils 10% beteiligt sind, versetzen ihre Beteiligungen an der Komplementär-GmbH sie mithin nicht in die Lage, über Fragen der laufenden Geschäftsführung der KG zu bestimmen. Auf die (uE zu verneinende) Frage, ob die Anteile an der Komplementärin bei der Verschmelzung einer GmbH & Co. KG überhaupt jemals als wesentliche Betriebsgrundlage behandelt werden können, weil die KG ja untergeht, die Anteile an der Komplementärin durch die Verschmelzung mithin ihre Bedeutung für die Geschäftsführung des Unternehmens verlieren, kommt es im Formularfall somit nicht an.

108 Sofern Wirtschaftsgüter, die wesentliche Betriebsgrundlagen sind, zurückbehalten werden, ist die Anwendung der §§ 20ff. UmwStG ausgeschlossen und tritt in Ansehung der auf die Übernehmerin übergehenden Wirtschaftsgüter eine steuerpflichtige Gewinnrealisierung ein (→ Rn. 94). Diese kann wegen der Neufassung von § 6 Abs. 6 EStG abweichend von UmwSt-Erl. 1998, BStBl. I 1998, 268, Tz. 20.09 **nicht mehr** nach den Grundsätzen der **Betriebsaufspaltung** vermieden werden (Schmidt/*Wacker* EStG § 15 Rn. 877). Soweit hingegen Wirtschaftsgüter zurückbehalten werden, die keine wesentlichen Betriebsgrundlagen sind, lässt dies die Anwendbarkeit der §§ 20ff. UmwStG unberührt; jedoch liegt insoweit eine **Entnahme** zum steuerlichen Übertragungsstichtag vor, es sei denn, dass die Wirtschaftsgüter weiterhin Betriebsvermögen sind (UmwSt-Erl. 2011 BMF v. 11.11.2011, BStBl. I 2011, 1314 Tz. 20.08; → Rn. 109ff.).

Ob **wesentliche Betriebsgrundlagen,** deren Einbeziehung in die Einbringung nicht gewünscht ist, im Hinblick auf die Anwendung von §§ 20, 24 UmwStG durch eine kurz vorher erfolgende **Überführung** gemäß § 6 Abs. 5 Sätze 1 und 2 EStG in ein anderes Betriebsvermögen oder durch eine **Übertragung** gegen Minderung bzw. Gewährung von Gesellschaftsrechten aus dem Gesamthandsvermögen in ein anderes Betriebsvermögen gemäß § 6 Abs. 5 Satz 3 Nr. 1 EStG bzw. aus dem Sonderbetriebsvermögen in das Gesamthandsvermögen einer anderen Mitunternehmerschaft gemäß § 6 Abs. 5 Satz 3 Nr. 2 EStG unschädlich **„verlagert"** werden können, ist weiterhin unklar: **108a**

Nach Ansicht der **Finanzverwaltung** ist bei der Prüfung, ob sämtliche wesentlichen Betriebsgrundlagen iSv. §§ 20, 24 UmwStG eingebracht bzw. iSv. § 6 Abs. 3 EStG übertragen worden sind, auch die sog. **„Gesamtplanrechtsprechung"** heranzuziehen: Der Verweis in Tz. 24.03 iVm. Tz. 20.10 auf Tz. 20.05–20.09 des UmwSt-Erl. 2011 BMF v. 11.11.2011, BStBl. I 2011, 1314 umfasst auch Tz. 20.07, wo für den Fall der Übertragung funktional wesentlicher Betriebsgrundlagen in ein anderes Betriebsvermögen in zeitlichem und wirtschaftlichem Zusammenhang mit der Einbringung eines Betriebs oder Teilbetriebs auf die sog. Gesamtplanrechtsprechung des BFH verwiesen wird (UmwSt-Erl. 2011 BMF v. 11.11.2011, BStBl. I 2011, 1314 Tz. 20.10 iVm. Tz. 20.07; zur Anwendung der Gesamtplanrechtsprechung bei § 6 Abs. 3 EStG s. auch BMF v. 3.3.2005, BStBl. I 2005, 458).

Die Gesamtplanrechtsprechung wurde von der Rechtsprechung zum Tatbestandsmerkmal der **„Außerordentlichkeit"** der Einkünfte entwickelt, die im Rahmen von Veräußerungen und Betriebsaufgaben iSv. § 16 EStG Voraussetzung für die Gewährung der Tarifbegünstigung des § 34 EStG ist: Danach ist die für die Tarifbegünstigung erforderliche zusammengeballte Aufdeckung sämtlicher stiller Reserven zu verneinen, wenn der Stpfl. zu seinem Betriebsvermögen gehörende wesentliche Betriebsgrundlagen **in zeitlichem und wirtschaftlichem Zusammenhang** zu der Veräußerung bzw. Aufgabe ohne Aufdeckung der stillen Reserven in ein anderes Betriebsvermögen überführt (BFH v. 6.9.2000, IV R 18/99, BStBl. II 2001, 229; BFH v. 6.12.2000, VIII R 21/00, BStBl. II 2003, 194; BFH v. 20.1.2005, IV R 14/03, BStBl. II 2005, 395; BFH v. 19.11.2009, IV R 89/06, BFH/NV 2010, 818; BFH v. 30.8.2012, IV R 44/10, BFH/NV 2013, 376; BFH v. 5.2.2014, X R 22/12, BStBl. II 2014, 388; BFH v. 9.12.2014, IV R 36/13, BStBl. II 2015, 529; BFH v. 17.12.2014, IV R 57/11, BStBl. II 2015, 536):

Für §§ 20, 24 UmwStG bzw. § 6 Abs. 3 EStG hat sich indes der **BFH** in nunmehr gefestigter Rechtsprechung **gegen** die entsprechende Anwendung der Gesamtplanrechtsprechung ausgesprochen: Diese leite sich aus § 34 EStG ab; sie ergebe sich nicht (auch) aus § 42 AO. Anders als bei der gemäß § 34 EStG anzustellenden Prüfung der geballten Aufdeckung sämtlicher stiller Reserven in einem einheitlichen Vorgang sei daher bei der sowohl im Rahmen von §§ 20, 24 UmwStG als auch von § 6 Abs. 3 EStG vorzunehmenden Prüfung, ob sämtliche (funktional) wesentlichen Betriebsgrundlagen mit eingebracht bzw. übertragen worden sind, keine zeitraumbezogene, sondern eine **zeitpunktbezogene** Betrachtung anzustellen: Es komme nur darauf an, dass sämtliche im Zeitpunkt der Einbringung bzw. Übertragung vorhandenen funktional wesentlichen Betriebsgrundlagen mit eingebracht bzw. übertragen werden, wobei maßgeblich der Abschluss des dinglichen Übertragungsvertrages bzw. der Zeitpunkt des Übergangs des (wirtschaftlichen) Eigentums sei (BFH v. 9.11.2011, X R 60/09, BStBl. II 2012, 638, Tz. 32). Daher sei es für die Einbringung bzw. Übertragung aller wesentlichen Betriebsgrundlagen unschädlich, wenn vor der Einbringung bzw. Übertragung, aber in engem zeitlichem Zusammenhang mit dieser, Wirtschaftsgüter, die funktional wesentliche Betriebsgrundlagen sind, in ein anderes Betriebsvermögen ausgelagert werden, sofern die Auslagerung auf Dauer erfolge und daher andere wirtschaftliche Folgen auslöse als die Einbeziehung der Wirtschaftsgüter in den Einbringungs- bzw. Übertragungsvorgang (BFH v. 25.11.2009, I R 72/08, BStBl. II 2010,

471; BFH v. 9.11.2011, X R 60/09, BStBl. II 2012, 638; BFH v. 9.12.2014, IV R 36/13, BStBl. II 2015, 529; BFH v. 2.8.2012, IV R 41/11, BFH/NV 2012, 2053, DStR 2012, 2118; BFH v. 9.12.2014, IV R 29/14, DStR 2015, 211).

In zeitlicher Hinsicht geht der IV. Senat des BFH sogar noch einen Schritt weiter: Zwar sei daran festzuhalten, dass die **taggleiche** Veräußerung wesentlicher Betriebsgrundlagen an Dritte sowie die Übertragung bzw. Überführung in ein anderes Betriebsvermögen grundsätzlich der Fortführung der Buchwerte im Rahmen der unentgeltlichen Übertragung eines Mitunternehmeranteils gemäß § 6 Abs. 3 EStG entgegenstehe (BFH v. 2.8.2012, IV R 41/11, DStR 2012, 2118, Tz. 19). Anders sei dies jedoch, wenn die Übertragung bzw. Überführung der wesentlichen Betriebsgrundlage gemäß § 6 Abs. 5 EStG zu Buchwerten stattfinde; dann sei sie in Ansehung der unentgeltlichen Übertragung des Mitunternehmeranteils selbst dann für die Buchwertfortführung gemäß § 6 Abs. 3 EStG unschädlich, wenn sie **gleichzeitig** erfolge (BFH v. 2.8.2012, IV R 41/11, DStR 2012, 211, Tz. 19). Zu § 16 Abs. 3 Satz 2 EStG (Realteilung) hat der IV. Senat dem Rechtsinstitut des Gesamtplans insgesamt eine Absage erteilt (BFH v. 16.12.2015, IV R 8/12, BStBl. II 2017, 766, Rn. 16 aE; vgl. speziell zu Folgerungen bei Einbringungen nach dem UmwStG: *Wacker* Ubg 2016, 245, 254f. in Abschnitt 3).

Die FinVerw. hat diese Rechtsprechung unter Berufung auf das Verfahren BFH I R 80/12, welches die Verschmelzung einer GmbH & Co. KG auf eine GmbH gemäß § 20 UmwStG zu Buchwerten nach vorangegangener Übertragung von Grundstücken durch die GmbH & Co. KG in das Gesamthandsvermögen einer anderen, beteiligungsidentischen Mitunternehmerschaft zum Gegenstand hat, mit einem **Nichtanwendungserlass** belegt (BMF v. 12.9.2013, BStBl. I 2013 1164). Auch in dem BFH-Verfahren I R 80/12 gehe es um die Anwendbarkeit der Gesamtplanrechtsprechung, da das Vorliegen eines Betriebs, Teilbetriebs oder Mitunternehmeranteils als Buchwertfortführungsgegenstand bei § 6 Abs. 3 EStG und §§ 20, 24 UmwStG grundsätzlich nach denselben Kriterien zu beurteilen sei. Bis zur endgültigen Klärung der Rechtsfrage bleibe es daher für unentgeltliche Übertragungen iSv. § 6 Abs. 3 EStG bei der entsprechenden Anwendung von Tz. 7 des BMF-Schreibens BMF v. 3.3.2005 (BStBl. I 2005, 458). Der BFH hat in dem Verfahren I R 80/12 bekanntlich mit Beschluss vom 10.4.2013 (BStBl. II 2013, 1004) die Rechtsfrage, ob der Ausschluss von Übertragungen zwischen beteiligungsidentischen Personengesellschaften aus dem Anwendungsbereich des § 6 Abs. 5 EStG mit dem allgemeinen Gleichheitsgrundsatz vereinbar ist, dem BVerfG vorgelegt (Az. 2 BvL 8/13; → Rn. 109c). Somit dürfte bis zur Klärung der Rechtsfrage, ob die Gesamtplanrechtsprechung im Rahmen von §§ 20, 24 UmwStG und § 6 Abs. 3 EStG anwendbar ist, noch einige Zeit ins Land gehen.

108b Hält die übertragende Personengesellschaft ihrerseits Anteile an der übernehmenden Kapitalgesellschaft, behandelt die FinVerw. deren Zurückbehaltung (zB im Wege einer durch Wirksamkeit der Verschmelzung aufschiebend bedingt erklärten Abtretung an die Kommanditisten) entgegen ihrer Auffassung zum UmwStG 1995 (UmwSt-Erl. 1998 BMF v. 25.3.1998, BStBl. I 1998, 268 Tz. 20.11) nicht mehr ohne weiteres als unschädlich; vielmehr soll von der Anwendung der Entnahmegrundsätze und – im Falle der Betriebswesentlichkeit – von der Versagung der Anwendbarkeit der §§ 20ff. UmwStG insgesamt nur dann abzusehen sein, wenn die Einbringenden einen entsprechenden – unwiderruflichen – **Antrag** stellen und sich gleichzeitig damit **einverstanden** erklären, dass die zurückbehaltenen Anteile „in vollem Umfang" als **durch eine Sacheinlage erworbene Anteile** iSv. § 22 Abs. 1 UmwStG behandelt werden (s. UmwSt-Erl. 2011 BMF v. 11.11.2011, BStBl. I 2011, 1314 Tz. 20.09). Der Antrag ist bei dem Finanzamt zu stellen, welches für den Antrag auf Buch- bzw. Zwischenwertansatz gemäß § 20 Abs. 2 Satz 2 UmwStG zuständig ist (UmwSt-Erl. 2011 BMF v. 11.11.2011, BStBl. I 2011, 1314 Tz. 20.09), also bei dem für die Besteuerung der Übernehmerin zuständigen Finanzamt.

Falls an den zurückbehaltenen Anteilen kein deutsches Besteuerungsrecht mehr besteht (etwa wenn an der Überträgerin Steuerausländer beteiligt sind), soll nach Ansicht der FinVerw. auch § 22 Abs. 1 Satz 5 HS 2 UmwStG anwendbar sein, dh. in diesem Fall umfasst der durch die spätere Veräußerung ausgelöste **Einbringungsgewinn I** auch die stillen Reserven in den **zurückbehaltenen Anteilen** (UmwSt-Erl. 2011 BMF v. 11.11.2011, BStBl. I 2011, 1314 Tz. 20.09). Infolge des dem Einbringenden von der FinVerw. abverlangten Einverständnisses mit der vollumfänglichen Anwendung des § 22 Abs. 1 UmwStG will die FinVerw. offensichtlich die Anwendung der **Veräußerungsersatztatbestände** in § 22 Abs. 1 Satz 6 UmwStG sicherstellen, was wegen der Verweisung in § 22 Abs. 1 Satz 5 HS 2 UmwStG nur auf die Sätze 1–4 des § 22 Abs. 1 UmwStG ansonsten nicht möglich wäre (vergl. DPM/*Patt* UmwStG § 22 Rn. 53a).

f) Exkurs: Steuerliche Behandlung zurückbehaltener Wirtschaftsgüter

Bleiben im Rahmen der Einbringung zurückbehaltene Wirtschaftsgüter **Betriebsvermögen,** sind gemäß § 6 Abs. 5 Satz 2 EStG bei der Überführung aus dem Sonderbetriebsvermögen in ein anderes Betriebsvermögen des Einbringenden oder in ein Sonderbetriebsvermögen desselben bei einer anderen Mitunternehmerschaft in Ansehung der zurückbehaltenen Wirtschaftsgüter zwingend die Buchwerte fortzuführen. **109**

Vorbehaltlich des § 6 Abs. 5 Sätze 4ff. EStG gilt dasselbe gemäß § 6 Abs. 5 Satz 3 Nr. 1 EStG bei der Übertragung aus dem Gesamthandsvermögen der Überträgerin in ein Betriebsvermögen des Einbringenden und gemäß § 6 Abs. 5 Satz 3 Nr. 2 Alt. 2 EStG bei der Übertragung aus dessen Sonderbetriebsvermögen in das Gesamthandsvermögen einer anderen Personengesellschaft, an der der Einbringende beteiligt ist, wenn und soweit die Übertragung **unentgeltlich** oder gegen Gewährung bzw. Minderung von **Gesellschaftsrechten** stattfindet. **109a**

Anders liegt es hingegen, wenn einzelne Wirtschaftsgüter aus **dem Gesamthandsvermögen** der Überträgerin in ein **anderes Gesamthandsvermögen** übertragen werden: Die Möglichkeit der Buchwertfortführung gemäß § 6 Abs. 5 Satz 3 EStG ist nach Auffassung der Finanzverwaltung (BMF v. 8.12.2011, BStBl. I 2011, 1279) und der Rechtsprechung (s. etwa BFH v. 25.11.2009, I R 72/08, BStBl. II 2010, 471; BFH v. 10.4.2013, I R 80/12, BStBl. II 2013, 1004) bei der Übertragung von Wirtschaftsgütern zwischen Gesamthandsvermögen von Personengesellschaften regelmäßig nicht eröffnet. **109b**

Für den Fall der Übertragung von Wirtschaftsgütern zwischen **beteiligungsidentischen Personengesellschaften** gegen Minderung bzw. Gewährung von Gesellschaftsrechten neigt der IV. Senat des BFH hingegen dazu, in Gesamtanalogie zu § 6 Abs. 5 Sätze 1 und 2 EStG die Übertragung zwingend zum Buchwert stattfinden zu lassen (BFH v. 15.4.2010, IV B 105/09, BStBl. II 2010, 971). Dem hat sich das FG Düsseldorf für den Fall der Übertragung aus dem Gesamthandsvermögen einer Mitunternehmerschaft in das Gesamthandsvermögen der Einmann-GmbH & Co. KG eines Mitunternehmers angeschlossen, und zwar unter Berufung auf eine verfassungsrechtlich gebotene Analogie zu § 6 Abs. 5 Satz 3 Nr. 1 EStG (FG Düsseldorf v. 4.12.2014, 14 K 2968/09, EFG 2015, 551 Tz. 77; glA nur im Ergebnis (Buchwertfortführung), jedoch mit anderer Begründung BFH v. 30.3.2017, IV R 11/15, BStBl. II 2019, 29, Tz. 35: Buchwertfortführung beim Ausscheiden aus Mitunternehmerschaft gegen Sachwertabfindung mit Einzelwirtschaftsgütern richte sich nach § 16 Abs. 3 S. 2 EStG, der lex specialis gegenüber § 6 Abs. 5 S. 3 EStG sei; dem folgend BMF v. 19.12.2018, BStBl. I 2019, 6 Tz.°8). Der allgemeine Gleichheitssatz (Art. 3 Abs. 1 GG) gebiete in diesen Fällen eine verfassungskonforme Auslegung, da kein Grund dafür ersichtlich sei, diese aus dem Anwendungsbereich des § 6 Abs. 5 EStG auszunehmen. Nach Auffassung des I. Senats des BFH scheidet eine Anwendung des § 6 Abs. 5 EStG im Wege **109c** verfassungskonformer Auslegung auf den nicht explizit geregelten Fall der Übertragung zwischen beteiligungsidentischen Schwester-Personengesellschaften hingegen aus (BFH v. 10.4.2013, I R 80/12, BStBl. II 2013, 1004; s. auch BFH v. 25.11.2009, I R 72/08, BStBl. II 2010, 471): Zwar sei die Versagung der Buchwertfortführung in diesen Fällen nicht mit dem **allgemeinen Gleichheitssatz** (Art. 3 Abs. 1 GG) vereinbar, weil kein sachlicher Grund dafür erkennbar sei, warum diese anders geregelt seien als die Übertragung zwischen verschiedenen Betriebsvermögen desselben Steuerpflichtigen (BFH v. 10.4.2013, I R 80/12, BStBl. II 2013, 1004, Tz. 42); eine verfassungskonforme Auslegung scheitere jedoch sowohl am eindeutigen Wortlaut des Gesetzes als auch am Willen des Gesetzgebers, der in § 6 Abs. 5 Satz 3 EStG einen abschließenden Katalog habe kodifizieren wollen (BFH v. 10.4.2013, I R 80/12, BStBl. II 2013, 1004, Tz. 52). Konsequenterweise hat der I. Senat des BFH die Frage, ob der Ausschluss der Buchwertfortführung bei Übertragungen zwischen beteiligungsidentischen Personengesellschaften gegen Art. 3 Abs. 1 GG verstößt, gemäß Art. 100 Abs. 1 GG iVm. § 80 BVerfGG dem BVerfG zur Entscheidung vorgelegt (BFH v. 10.4.2013, I R 80/12, BStBl. II 2013, 1004; Az. beim BVerfG: 2 BvL 8/13).

109d Entrichtet der einbringende Mitunternehmer ein **nicht in Gesellschaftsrechten bestehendes Entgelt** für die aus dem Gesamthandsvermögen in sein eigenes Betriebsvermögen übergehenden Wirtschaftsgüter, ist zu differenzieren:

- Entspricht das Entgelt dem Verkehrswert der zurückbehaltenen Wirtschaftsgüter, liegt (unstreitig) eine insoweit zur Aufdeckung der stillen Reserven führende Veräußerung dieser Wirtschaftsgüter vor; § 6 Abs. 5 Satz 3 EStG ist nicht anwendbar.
- Bleibt das Entgelt hinter dem Verkehrswert der auf den Einbringenden übergehenden Wirtschaftsgüter zurück, liegt eine **teilentgeltliche Übertragung** vor, zu deren Behandlung unterschiedliche Auffassungen vertreten werden:

Nach Ansicht der FinVerw. ist, wenn die Übertragung eines Einzelwirtschaftsguts iSv. § 6 Abs. 5 Satz 3 EStG teilentgeltlich erfolgt, der Vorgang in eine entgeltliche, nicht unter § 6 Abs. 5 Satz 3 EStG fallende und daher zur anteiligen Aufdeckung der stillen Reserven führende Veräußerung einerseits und in eine gemäß § 6 Abs. 5 Satz 3 EStG zu Buchwerten stattfindende Übertragung aufzuteilen. Dabei seien die Buchwerte der übertragenen Wirtschaftsgüter in Anwendung der sog. **„strengen Trennungstheorie“** nur anteilig, nämlich entsprechend dem Verhältnis des Wertes des Entgelts zu ihrem Verkehrswert, der Veräußerung zuzuordnen (BMF v. 8.12.2011, BStBl. I 2011, 1279, Tz. 15 Beispiel Nr. 2; glA BFH v. 16.6.2004, X R 34/03, BStBl. II 2005, 378; BFH v. 11.12.2001, VIII R 58/98, BStBl. II 2002, 420).

Im Gegensatz dazu wendet der IV. Senat des BFH in diesen Fällen die sog. **„modifizierte Trennungstheorie** an, indem er die Buchwerte der übergehenden Wirtschaftsgüter in voller Höhe der Veräußerung zuordnet. Somit könne es überhaupt nur insoweit zu einem Veräußerungsgewinn kommen, als das Entgelt die Buchwerte übersteige (BFH v. 19.9.2012, IV R 11/12, BFH/NV 2012, 1880, Tz. 9ff.; ebenso bereits BFH v. 21.6.2012, IV R 1/08, BFH/NV 2012, 1536, Tz. 22; ablehnend *Dötsch* juris-PR-SteuerR 49/2012 Anm. 2). Soweit das Entgelt hinter dem **Verkehrswert** zurückbleibe, erfolge die Übertragung unentgeltlich und führe daher im Anwendungsbereich des § 6 Abs. 5 Satz 3 EStG nicht zu einer Gewinnrealisierung (BFH v. 19.9.2012, IV R 11/12, BFH/NV 2012, 1880, Tz. 12ff.); außerhalb des § 6 Abs. 5 Satz 3 EStG liege hingegen eine gewinnrealisierende Entnahme vor (BFH v. 21.6.2012, IV R 1/08, BFH/NV 2012, 1536, Tz. 23ff.).

110 Der X. Senat des BFH hat in einem Fall, in dem es ebenfalls um eine **teilentgeltliche Übertragung** aus dem Besitzunternehmen einer Betriebsaufspaltung in das Gesamthandsvermögen einer Mitunternehmerschaft ging, zunächst das BMF aufgefordert, dem Verfahren beizutreten (BFH v. 19.3.2014, X R 28/12, BStBl. II 2014, 629). Das BMF hatte davor nämlich unter Berufung auf das vor dem X. Senat anhängige Verfahren auf die vorstehend dargestellte Rechtsprechung des IV. Senats des

BFH mit einem **Nichtanwendungserlass** reagiert (BMF v. 12.9.2013, BStBl. I 2013, 1164). Nach einer Divergenzanfrage beim IV. Senat wurde vom X. Senat (BFH v. 27.10.2016, X R 28/12, BStBl. II 2016, 81) die Frage der Trennungstheorie dem Großen Senat des BFH vorgelegt (GrS 1/16); allerdings haben die Verfahrensbeteiligten zwischenzeitlich nach Abhilfe durch die FinVerw. das Ausgangsverfahren für erledigt erklärt, woraufhin der X. Senat seinen Vorlagebeschluss an den Großen Senat aufgehoben und der Große Senat das Verfahren eingestellt hat (BFH v. 30.10.2018, GrS 1/16, BStBl II 2019, 70). Damit bleibt die **Trennungstheorie weiterhin strittig.**

einstweilen frei **111**

g) Gewährung neuer Anteile an der aufnehmenden Kapitalgesellschaft

Das Erfordernis der Gewährung von neuen Anteilen an der übernehmenden Kapitalgesellschaft als Voraussetzung für die Anwendung der §§ 20ff. UmwStG ist im Falle der Verschmelzung einer Personengesellschaft auf eine Kapitalgesellschaft trotz des auch gesellschaftsrechtlich (§ 2 UmwG) bestehenden Anteilsgewährungserfordernisses nicht zwangsläufig erfüllt: Steuerrechtlich müssen den einbringenden Personengesellschaftern nämlich **„neue“** Anteile, dh. im Zuge einer Neugründung oder Kapitalerhöhung entstehende Anteile (UmwSt-Erl 2011, BMF v. 11.11.2011, BStBl. I 2011, 1314 Tz. E 20.10) gewährt werden, was umwandlungsrechtlich nicht erforderlich ist. Während also umwandlungsrechtlich zB auch die Gewährung **eigener Anteile** der aufnehmenden Kapitalgesellschaft ausreichen würde, qualifizieren solche eigenen Anteile mangels „Neuheit“ nicht für die Anwendung der §§ 20ff. UmwStG (WM/*Widmann* UmwStG § 20 Rn. 456; UmwSt-Erl. 1998 BMF v. 25.3.1998, BStBl. I 1998, 268 Tz. 20.03; HMB/*Menner* UmwStG § 20 Rn. 191). Daran dürfte sich auch durch die **Neuregelung** der **handelsrechtlichen Bilanzierung** eigener Anteile durch § 272 Abs. 1a HGB idF des BilMoG v. 25.5.2009, BGBl. I 2009, 1102, wonach deren Veräußerung handelsbilanziell wie eine Kapitalerhöhung behandelt wird, angesichts des klaren Gesetzeswortlauts („neue Anteile“) nichts geändert haben (zu den steuerlichen Auswirkungen des neuen § 272 Abs. 1a HGB siehe *Bruckmeier/Zwirner/Künkele* DStR 2010, 1640). **112**

Neben den neuen Anteilen kann die aufnehmenden Kapitalgesellschaft den Gesellschaftern der übernehmenden Personengesellschaft in gewissem Umfang auch weitere Gegenleistungen gewähren (zB bare Zuzahlungen oder auch eigene Anteile), ohne dass dies der Anwendbarkeit der §§ 20ff. UmwStG entgegenstünde. Eine **Gewinnrealisierung** tritt in diesen Fällen nur ein, wenn und **soweit** der gemeine Wert der sonstigen Gegenleistung den steuerlichen Buchwert des eingebrachten Mitunternehmeranteils überschreitet, § 20 Abs. 2 Satz 4 UmwStG (UmwSt-Erl. 2011 BMF v. 11.11.2011, BStBl. I 2011, 1314 Tz. 20.19 letzter Absatz). Zur weiteren Einschränkung dieser Regelung (Begrenzung der sonstigen Gegenleistungen) durch StÄndG 2015 v. 2.11.2015 (BGBl. I 2015, 1834) → Rn. 116e. **113**

einstweilen frei **114**

4. Bewertung des eingebrachten Betriebsvermögens iSd. § 20 Abs. 2 UmwStG

a) Grundsatz: Ansatz des gemeinen Wertes, § 20 Abs. 2 Satz 1 UmwStG

Grundsätzlich hat die übernehmende Kapitalgesellschaft gemäß § 20 Abs. 2 Satz 1, UmwStG das eingebrachte Betriebsvermögen mit dem **gemeinen Wert** iSv. § 9 BewG anzusetzen, wenn nicht nach § 20 Abs. 2 Satz 2 UmwStG zulässigerweise der Ansatz von Buch- oder Zwischenwerten beantragt wird (→ Rn. 116ff.; zur Schlussbilanz → Rn. 117a). **115**

Bei Ansatz des gemeinen Wertes ist das eingebrachte Betriebsvermögen als Sachgesamtheit gemäß § 109 Abs. 1 Satz 2, § 11 Abs. 2 BewG anhand eines allgemein anerkannten ertragswert- oder zahlungsstromorientierten Verfahrens zu bewerten (UmwSt-Erl. 2011 BMF v. 11.11.2011, BStBl. I 2011, 1314 Tz. 20.17 iVm. Tz. 03.07); dies sind im Regelfall die Verfahren, die in der einschlägigen Stellungnahme des *IDW* über die Grundsätze zur Durchführung von Unternehmensbewertungen (*IDW* S 1 v. 2.4. 2008, WPg Supplement 3/2008, S. 68 ff., FN-*IDW* 7/2008, S. 271 ff.) beschrieben sind (*Bogenschütz* Ubg 2011, 399). In der endgültigen Fassung des UmwSt-Erl 2011 ist nunmehr klargestellt, dass über § 11 Abs. 2 Satz 4 BewG auch das vereinfachte Ertragswertverfahren anwendbar ist (s. den Hinweis in UmwSt-Erl. 2011 BMF v. 11.11.2011, BStBl. I 2011, 1314 Tz. 20.17 iVm. Tz. 03.07 auf BMF v. 22.9.2011, BStBl. I 2011, 859 und die ErbStR 2011. Der wie vorstehend ermittelte gemeine Wert ist analog § 6 Abs. 1 Nr. 7 EStG auf die einzelnen Wirtschaftsgüter zu verteilen (UmwSt-Erl. 2011 BMF v. 11.11.2011, BStBl. I 2011, 1314 Tz. 20.17 iVm. Tz. 03.09).

115a Bei dieser Verteilung sind auch **selbstgeschaffene** sowie **nicht entgeltlich erworbene immaterielle Wirtschaftsgüter** anzusetzen (UmwSt-Erl. 2011 BMF v. 11.11.2011, BStBl. I 2011, 1314 Tz. 20.20 iVm. Tz. 03.04). Eine entsprechende ausdrückliche Klarstellung hat der Gesetzgeber in § 20 Abs. 2 Satz 1 UmwStG – anders als in § 3 Abs. 2 Satz 1 UmwStG und § 11 Abs. 1 Satz 1 UmwStG – für entbehrlich gehalten, da die Einbringung aus Sicht der Übernehmerin seit jeher unstreitig als Anschaffungsvorgang zu werten ist (DPM/*Patt* UmwStG § 20 Rn. 200). Anzusetzen ist daher auch ein nicht entgeltlich erworbener **Geschäfts- oder Firmenwert** (UmwSt-Erl. 2011 BMF v. 11.11.2011, BStBl. I 2011, 1314 Tz. 23.17; DPM/*Patt* UmwStG § 20 Rn. 200).

115b Steuerbilanzielle Ansatzverbote (zB gem. § 5 EStG) gelten nicht (UmwSt-Erl. 2011 BMF v. 11.11.2011, BStBl. I 2011, 1314 Tz. 20.20), dh. auch sog. **„stille Lasten"** sind grundsätzlich aufzudecken (umfassend diesem Thema speziell bzgl. Umwandlungsvorgängen *Widmann,* FS Haarmann, S. 1013 ff. sowie → Rn. 167 ff.; zur Ausnahme für **Pensionsrückstellungen** → Rn. 115c); der sich daraus ergebende steuerliche Aufwand kann allerdings gemäß § 4f Abs. 1 Sätze 1 und 2 EStG idF des **AIFM-StAnpG** v. 18.12.2013 (BGBl. I 2013, 4316) uU nur über 15 Jahre verteilt geltend gemacht werden (iE → Rn. 167 ff.).

115c Für die Bewertung von Pensionsrückstellungen gilt gemäß § 20 Abs. 2 Satz 1 HS 2 UmwStG allerdings stets § 6a EStG, dh. „stille Lasten" in den Pensionsrückstellungen sind bei der Ermittlung des gemeinen Wertes nicht anzusetzen (UmwSt-Erl. 2011 BMF v. 11.11.2011, BStBl. I 2011, 1314 Tz. 20.17 iVm. Tz. 03.08). Dies führt zu einem über dem Verkehrswert liegenden gemeinen Wert und damit zu einer verfassungsrechtlich problematischen **Übermaßbesteuerung** (*Rödder* DStR 2011, 1061). Bewertungstechnisch wird man bei der Ermittlung des gemeinen Wertes in einem ersten Schritt den Equity Value vor Pensionsaufwand zu ermitteln und sodann in einem zweiten Schritt die Pensionsrückstellungen mit dem Wert gemäß § 6a EStG abzuziehen haben (*Bogenschütz* Ubg 2011, 399).

115d Soweit die Übernehmerin (wie im Formularfall) bereits **vor der Verschmelzung anteilig an dem übergehenden Betriebsvermögen beteiligt ist,** bezieht sich der Ansatz des gemeinen Werts (§ 20 Abs. 2 Satz 1 UmwStG) nur auf denjenigen Anteil des übergehenden Betriebsvermögens, welcher der Übernehmerin nicht bereits steuerlich zuzurechnen ist; iÜ. liegt keine Anschaffung und damit auch keine Einbringung vor (→ Rn. 100a). Im Formularfall wären die Buchwerte im Falle des Ansatzes des gemeinen Wertes mithin nur um 20% der stillen Reserven aufzustocken, da die Übernehmerin am übergehenden Betriebsvermögen bereits vor der Verschmelzung zu 80% beteiligt ist (→ Rn. 2 und → Rn. 100a).

b) Antragsgebundenes Wahlrecht, § 20 Abs. 2 Satz 2 UmwStG

116 Unter bestimmten Voraussetzungen kann die Übernehmerin anstelle des gemeinen Wertes auch den Buchwert oder einen zwischen Buchwert und gemeinem Wert liegenden Zwischenwert ansetzen, § 20 Abs. 2 Satz 2 UmwStG. Dies ist nur möglich, soweit die folgenden vier (→ Rn. 116a bis Rn. 116d) Voraussetzungen kumulativ erfüllt sind:

(a) Die Besteuerung des übernommenen Betriebsvermögens bei der übernehmenden Körperschaft mit Körperschaftsteuer ist sichergestellt (§ 20 Abs. 2 Satz 2 Nr. 1 UmwStG). Damit wird verhindert, dass Wirtschaftsgüter ohne Aufdeckung der stillen Reserven in den steuerbefreiten Bereich einer Körperschaft übertragen werden (UmwSt-Erl. 2011 BMF v. 11.11.2011, BStBl. I 2011, 1314 Tz. 11.07), was zB im Hinblick auf steuerbefreite REITS iSd. Gesetzes zur Schaffung deutscher Immobilien-Aktiengesellschaften mit börsennotierten Anteilen v. 28.5.2007 (BGBl. I 2007, 914) von Bedeutung ist (*Benecke/Schnitger* IStR 2007, 22). Bei Verschmelzung auf eine **Organgesellschaft** iSd. §§ 14, 17 KStG ist die Besteuerung mit Körperschaft nach Ansicht der FinVerw. nur sichergestellt, soweit das **zugerechnete Einkommen** der Besteuerung mit **Körperschaftsteuer** unterliegt, nicht hingegen insoweit, als eine Besteuerung mit Einkommensteuer stattfindet, wenn also zB an der Organträger-Personengesellschaft natürliche Personen beteiligt sind: In solchen Fällen sollen die übergehenden Wirtschaftsgüter nur aus **Billigkeitsgründen** und nur dann einheitlich mit dem Buchwert angesetzt werden können, wenn sich alle an der Einbringung Beteiligten übereinstimmend schriftlich damit einverstanden erklären, dass auf die aus der Verschmelzung resultierenden Mehrabführungen § 14 Abs. 3 Satz 1 KStG anzuwenden ist (UmwSt-Erl. 2011 BMF v. 11.11.2011, BStBl. I 2011, 1314 Tz. 20.19 iVm. Tz. 11.08; aA *Rödder* DStR 2011, 1059, 1062f.). 116a

(b) Die Passivposten des eingebrachten Betriebsvermögens (ohne Eigenkapital) **übersteigen** unter Berücksichtigung etwaiger Entnahmen im Rückwirkungszeitraum (§ 20 Abs. 5 Sätze 2 und 3 UmwStG) **nicht die Aktivposten,** § 20 Abs. 2 Satz 2 Nr. 2 UmwStG. Bei steuerbilanzieller Überschuldung ist das Betriebsvermögen daher zwingend mindestens soweit aufzustocken, dass sich Aktiva und Passiva (ohne Eigenkapital) ausgleichen (UmwSt-Erl. 2011 BMF v. 11.11.2011, BStBl. I 2011, 1314 Tz. 20.19 aE). Da bei der Verschmelzung einer Personengesellschaft auf eine Kapitalgesellschaft nicht die Personengesellschaft, sondern die Mitunternehmer als Einbringende anzusehen sind (Einzelbetrachtung, → Rn. 99), die ihre Mitunternehmeranteile an der Überträgerin (Einbringungsgegenstand) einbringen (→ Rn. 100 und → Rn. 100a), ist für die Ermittlung des Buchwertes des eingebrachten Betriebsvermögens der Stand des Kapitalkontos des jeweiligen Einbringenden in der Steuerbilanz unter Einbeziehung etwa für ihn geführter Ergänzungs- und Sonderbilanzen maßgeblich (vgl. UmwSt-Erl. 2011 BMF v. 11.11.2011, BStBl. I 2011, 1314 Tz. 20.18 iVm. Tz. 03.10). Ergibt sich hiernach bei einem Mitunternehmer ein negativer Buchwert (oder ein die ihm gewährte sonstige Gegenleistung nicht deckender Wert), kommt es insoweit auch dann zu einer Zwangsaufstockung mit Gewinnrealisierung, wenn die Kapitalkonten aller Mitunternehmer in der Summe positiv sind (bzw. die den Gesellschaftern gewährten sonstigen Gegenleistungen decken); eine Saldierung ist wegen der Einzelbetrachtung nicht möglich. Der Einbringungsgewinn kann jedoch durch eine vorherige Einlage des betroffenen Gesellschafters in Höhe seines negativen Kapitalkontos vermieden werden. Dasselbe gilt, wenn derselbe Einbringende in einem einheitlichen Vorgang mehrere Sacheinlagegegenstände einbringt (etwa im Falle der gleichzeitigen Verschmelzung zweier gesellschafteridentischer Personengesellschaften auf eine übernehmende Kapitalgesellschaft), wobei der eine Einbringungsgegenstand ein positives und der andere Einbringungsgegenstand eine negatives Kapitalkonto hat: In diesem Fall ist für jeden Einlagegegenstand eine Einzelbetrachtung vorzunehmen; das negative Eigenkapital des einen Einlagegegenstands kann nicht mit dem positiven Eigenkapital des oder der anderen Einlagegegenstände saldiert werden (BFH v. 13.9.2018, I R 19/16, DStR 2019, 321; **aA** zu § 20 Abs. 2 Satz 1 UmwStG 2002, FG Sachsen v. 28.7.2010, 2 K 322/10, EFG 2011, 2027 Tz. 16 – aus verfahrensrechtlichen Gründen aufgehoben durch BFH v. 8.6.2011, I R 79/10, BStBl. II 2012, 421, → Rn. 144). 116b

116c **(c)** Das deutsche Besteuerungsrecht bzgl. des Gewinns aus der Veräußerung des eingebrachten Betriebsvermögens bei der Übernehmerin wird weder ausgeschlossen noch beschränkt, § 20 Abs. 2 Satz 2 Nr. 3 UmwStG. Ein (teilweiser) **Ausschluss** des **deutschen Besteuerungsrechts** läge vor, wenn die aufnehmende Kapitalgesellschaft ihren Sitz im EU- oder EWR-Ausland hat und der deutsche Betrieb der übertragenden Personengesellschaft zwar eine Betriebstätte der Übernehmerin in Deutschland begründet, bestimmte Wirtschaftsgüter ihres Betriebsvermögens (zB Patente oder Lizenzen) aber künftig nicht mehr der deutschen Betriebstätte, sondern dem ausländischen Stammhaus der Übernehmerin zuzuordnen sind (vgl. UmwSt-Erl. 2011 BMF v. 11.11.2011, BStBl. I 2011, 1314 Tz. 20.19 iVm. Tz. 03.18 und Tz. 03.20): Eine **Beschränkung** des **deutschen Besteuerungsrechts** würde sich zB ergeben, wenn zum Vermögen der übertragenden Personengesellschaft gehörendes, bislang als inländisch zu qualifizierendes Vermögen infolge der Einbringung einer ausländischen Betriebstätte der übernehmenden inländischen Gesellschaft zuzuordnen wäre und die insoweit künftig anfallende ausländische Steuer nach DBA oder gemäß § 34c EStG auf die deutsche Steuer anzurechnen wäre (vgl. UmwSt-Erl. 2011 BMF v. 11.11.2011, BStBl. I 2011, 1314 Tz. 20.19 iVm. Tz. 03.18; Blümich/*Nitzschke* UmwStG 2006 § 20 Rn. 83). Diese künftig dem deutschen Besteuerungsrecht entzogenen oder nurmehr eingeschränkt unterworfenen Wirtschaftsgüter müssten dann gemäß § 20 Abs. 2 S. 1 UmwStG zwingend zum gemeinen Wert angesetzt werden; hinsichtlich der übrigen, nicht betroffenen Wirtschaftsgüter bleibt hingegen eine einheitliche Minderbewertung zulässig (DPM/*Patt* UmwStG § 20 Rn. 226).

Der während der Geltung des UmwStG 1995 bestehende Zwang zur Aufdeckung der stillen Reserven, wenn beim Einbringenden für die erhaltenen (früher einbringungsgeborenen) Anteile kein deutsches Besteuerungsrecht besteht (s. § 20 Abs. 3 UmwStG 1995), ist im neuen Recht entfallen. Wenn der Einbringende im EU/EWR-Bereich ansässig ist, wird die Besteuerung der im Einbringungszeitpunkt vorhandenen stillen Reserven über die nachträgliche Besteuerung des Einbringungsgewinns gemäß § 22 Abs. 1 UmwStG sichergestellt, falls der Einbringende seine Beteiligung innerhalb von sieben Jahren ab Einbringung veräußert (DPPM/*Patt* UmwStG § 20 Rn. 229). Nach Ablauf der sieben Jahre ist die Veräußerung hingegen ohne deutsche Besteuerung möglich. Wenn der Einbringende nicht im EU/EWR-Bereich ansässig ist, findet § 20 UmwStG gemäß § 1 Abs. 4 Nr. 2 UmwStG auf ihn von vornherein keine Anwendung; die Einbringung führt daher nach Tauschgrundsätzen zur Versteuerung der im eingebrachten Betriebsvermögen ruhenden stillen Reserven (→ Rn. 94). Eine Stundungsregelung, wie sie gemäß § 20 Abs. 6, 21 Abs. 2 Sätze 3–6 UmwStG 1995 existierte, ist nicht mehr vorgesehen. Das Gesetz sieht nur noch eine Stundung gemäß § 222 AO in Härtefällen vor (DPM/*Patt* UmwStG § 20 Rn. 263). Entfällt das deutsche Besteuerungsrecht gemäß § 20 Abs. 2 Satz 2 Nr. 3 UmwStG, weil die Wirtschaftsgüter nach der Einbringung einem Betriebsvermögen in einem anderen EU/EWR-Staat zuzuordnen sind, wird allerdings die Gewährung einer zinslosen Stundung im Umfang der Regelungen in §§ 4g, 36 Abs. 5 EStG in der Literatur für europarechtlich zwingend geboten gehalten (DPM/*Patt* § 20 UmwStG Rz. 263 mwN).

116d **(d)** Eine mit § 20 Abs. 2 Satz 2 Nr. 2 UmwStG verwandte weitere Voraussetzung für das antragsgebundene Wahlrecht hat der Gesetzgeber für den Fall normiert, dass der Buchwert des übergehenden Betriebsvermögens nicht den **gemeinen Wert** von neben den Gesellschaftsanteilen gewährten anderen Wirtschaftsgütern erreicht; in diesem Fall ist mindestens auf den Wert der sonstigen Gegenleistung aufzustocken, § 20 Abs. 2 Satz 4 UmwStG (UmwSt-Erl. 2011 BMF v. 11.11.2011, BStBl. I 2011, 1314 Tz. 20.19 aE). Zur Begrenzung durch das StÄndG 2015 v. 2.11.2015 (BGBl. I 2015, 1834) → Rn. 116e).

Aus § 20 Abs. 2 Satz 4 UmwStG ergibt sich im Umkehrschluss, dass neben den neuen Gesellschaftsanteilen grundsätzlich auch noch andere Wirtschaftsgüter wahlrechtsunschädlich gewährt werden können, soweit der gemeine Wert dieser anderen Wirtschaftsgüter den Buchwert des eingebrachten Betriebsvermögens nicht übersteigt (DPM/*Patt* UmwStG § 20 Rn. 219; Blümich/*Nitzschke* UmwStG 2006 § 20 Rn. 89).

Diese durch § 20 Abs. 2 Satz 4 UmwStG implizit eingeräumte Möglichkeit, bis zur Höhe des Buchwerts des eingebrachten Betriebsvermögens wahlrechtsunschädlich sonstige Wirtschaftsgüter als weitere Gegenleistung zu gewähren, wurde durch das StÄndG 2015 v. 2.11.2015 (BGBl. I 2015, 1834) aus Anlass der Fusion VW/Porsche rückwirkend für solche Umwandlungen und Einbringungen eingeschränkt, bei denen der Umwandlungsbeschluss bzw. Einbringungsvertrag nach dem 31.12.2014 zustandegekommen ist (§ 27 Abs. 14 UmwStG idF StÄndG 2015 – **Begrenzung sonstiger Gegenleitungen**): Gemäß dem durch die Neuregelung neu eingeführten § 20 Abs. 2 Satz 2 Nr. 4 UmwStG darf der gemeine Wert solcher sonstigen Gegenleistungen grundsätzlich 25% des Buchwertes des eingebrachten Betriebsvermögens nicht übersteigen (§ 20 Abs. 2 Satz 2 Nr. 4 Buchst. a UmwStG idF StÄndG 2015). Nur sonstige Gegenleistungen im gemeinen Wert von nicht mehr als 500 000 EUR sind weiterhin bis zur Höhe des Buchwertes des eingebrachten Betriebsvermögens wahlrechtsunschädlich zulässig (§ 20 Abs. 2 Satz 2 Nr. 4 Buchst. b UmwStG idF StÄndG 2015). Eine entsprechende Einschränkung ist in § 21 Abs. 1 Satz 2 Nr. 2 UmwStG idF StÄndG 2015 auch für den **Anteilstausch** und in § 24 Abs. 2 Satz 2 Nr. 2 UmwStG idF StÄndG 2015 auch für die Einbringung in eine Personengesellschaft geregelt (dazu → Form. A.9 Rn. 108c; zum Paradigmenwechsel instruktiv *Krüger* FR 2015, 11058 und *ders.* FR 2016, 18). **116e**

Richtigerweise wird die absolute „Freigrenze" von 500 000,– EUR für jeden Einbringungsgegenstand iSv. § 20 Abs. 1 UmwStG (Betrieb, Teilbetrieb oder Mitunternehmeranteil) gesondert in Anspruch genommen werden können (unklar *Ritzer/Stangl* DStR 2015, 849, 854: „pro Einbringungsvorgang"). Auch insoweit kommt es also darauf an, ob man bei der Verschmelzung einer Personengesellschaft den Betrieb der Personengesellschaft oder die Mitunternehmeranteile der Einbringenden als Einbringungsgegenstand ansieht (zu dieser Streitfrage → Rn. 100).

Soweit der gemeine Wert der sonstigen Gegenleistungen die durch § 20 Abs. 2 Satz 2 Nr. 4 UmwStG idF StÄndG 2015 eingeführten Grenzen übersteigt, ist das Wahlrecht des § 20 Abs. 2 Satz 2 UmwStG ausgeschlossen, dh. die übergehenden Wirtschaftsgüter sind zwingend mindestens mit dem gemeinen Wert der sonstigen Gegenleistung anzusetzen, § 20 Abs. 2 Satz 4 UmwStG. Aus der Verwendung des Wortes „soweit" in § 20 Abs. 2 Satz 2 UmwStG idF StÄndG 2015 ergibt sich in diesen Fällen die Notwendigkeit einer Aufteilung der Einbringung in einen zu Buchwerten und einen zum gemeinen Wert stattfindenden Teil; dies wird in der Gesetzesbegründung anhand eines Beispielsfalls veranschaulicht (BR-Drs. 121/15 S. 55 ff.). Keine Regelung trifft die Neuregelung zur Durchführung der Aufstockung; insoweit gelten gegenüber anderen Fällen des Zwischenwertansatzes (→ Rn. 118) keine Besonderheiten (*Ritzer/Stangl* DStR 2015, 849, 855).

Übersteigt der nach § 20 Abs. 2 Satz 2 Nr. 4 UmwStG idF StÄndG 2015 unschädliche Teil des Wertes der sonstigen Gegenleistung den anteiligen Buchwert des eingebrachten Betriebsvermögens, der auf den zu Buchwerten abgewickelten Teil der Einbringung entfällt, ergibt sich beim Einbringenden wegen der abschließenden gesetzlichen Regelung in § 20 Abs. 3 Sätze 1 und 3 UmwStG kein (Veräußerungs- oder Erwerbs)Gewinn, sondern negative Anschaffungskosten auf die als Gegenleistung gewährten Anteile, die in der Steuerbilanz durch Bildung eines passiven Ausgleichspostens abzubilden sein dürften (so *Ritzer/Stangl* DStR 2015, 849, 855).

Liegt der **Buchwert** der übergehenden Wirtschaftsgüter als **Gesamtheit** wegen sog. **„stiller Lasten"**, die sich etwa aus steuerlichen Ansatzverboten gemäß § 5 EStG (zB Verbot der Bildung von **Drohverlustrückstellungen** gemäß § 5 Abs. 4a EStG) ergeben können, über dem **gemeinen Wert** iSv. § 20 Abs. 2 Satz 1 UmwStG (zur Aufdeckung stiller Lasten bereits → Rn. 115b und → Rn. 167 ff.; zur abweichenden Behandlung von Pensionsrückstellungen → Rn. 115c), soll wegen der einschränkenden Formulierung in § 20 Abs. 2 Satz 2 UmwStG („höchstens jedoch mit dem Wert **116f** im Sinne des Satzes 1“) nach Ansicht der FinVerw. ein Buchwertansatz ausscheiden (UmwSt-Erl 2011, BMF v. 11.11.2011, BStBl. I 2011, 1314 Tz. 20.18 iVm. Tz. 03.12 iVm. Tz. 01.57; kritisch unter Hinweis auf die Gesetzesbegründung *Schumacher/Neitz-Hackstein* Ubg 2011, 411: Einschränkung beziehe sich nur auf den unmittelbar vorangehenden „höheren Wert“). In diesen Fällen wäre dann konsequenterweise zwingend der **niedrigere gemeine Wert** anzusetzen (*Bogenschütz* Ubg 2011, 397). Daraus ergäbe sich über § 20 Abs. 3 UmwStG ein **Veräußerungsverlust** beim Einbringenden, der nach allgemeinen Grundsätzen verrechenbar ist bzw. gemäß § 10d EStG vor- und rückgetragen werden kann (RHL/*Herlinghaus* UmwStG § 20 Rn. 422; DPM/*Patt* UmwStG § 20 Rn. 254 sowie → Rn. 157), wenn und soweit der aus der Aufdeckung der stillen Lasten herrührende Aufwand nicht gemäß § 4f Abs. 1 Sätze 1 oder 2 EStG idF AIFM-StAnpG v. 18.12.2013 (BGBl. I 2013, 4316) zwingend über die folgenden 14 Jahre zu verteilen ist (dazu → Rn. 167 ff.). Ein unter dem Buchwert liegender gemeiner Wert einzelner Wirtschaftsgüter hindert hingegen, solange der gemeine Wert der Sachgesamtheit nicht unter dem Buchwert liegt, den Ansatz des Buchwertes nicht (*Rödder* DStR 2011, 1059, 1061 FN 4).

116g Ob die Ausübung des antragsgebundenen Wahlrechts gemäß § 20 Abs. 2 Satz 2 UmwStG außerdem noch gemäß § 5 Abs. 1 Satz 2 EStG die Aufnahme in das durch **BilMoG** v. 26.5.2009 (BGBl. I 2009, 1102) eingeführte besondere, laufend zu führende Verzeichnis (zu diesem s. BMF v. 12.3.2010, BStBl. I 2010, 239 Tz. 19 ff.) voraussetzt, ist im UmwSt-Erl. 2011 nicht ausdrücklich geregelt; richtigerweise ist die Frage zu verneinen (glA *Rödder* DStR 2011, 1059, 1060; *Schumacher/Neitz-Hackstein* Ubg 2011, 410), da die umwandlungsteuerlichen Transparenzvorschriften, namentlich das Erfordernis der gesonderten Schlussbilanz, insoweit eine speziellere Regelung darstellen und der von § 5 Abs. 1 Satz 2 EStG vorausgesetzte Maßgeblichkeitsgrundsatz bei Umwandlungen sowieso nicht gilt (→ Rn. 129 f.).

116h Das **Wahlrecht** kann für alle übergehenden Wirtschaftsgüter **nur einheitlich** ausgeübt werden (UmwSt-Erl. 2011 BMF v. 11.11.2011, BStBl. I 2011, 1314 Tz. 20.18 iVm Tz. 03.13).

116i Auch setzt der Ansatz unter dem gemeinen Wert im Gegensatz zur Rechtslage nach UmwStG 1995 einen **Antrag** voraus, § 20 Abs. 2 Sätze 2 und 3 UmwStG. Da Einbringender nicht die Personenhandelsgesellschaft als solche, sondern jeder einzelne Mitunternehmer ist (→ Rn. 99), stellt sich die Frage, ob dieses Antrags- und Wahlrecht für jeden Gesellschafter der übertragenden Personenhandelsgesellschaft gesondert (gesellschafterbezogene Betrachtungsweise) oder für das gesamte übergehende Betriebsvermögen insgesamt nur einheitlich ausgeübt werden kann. Die Antwort hängt davon ab, was bei der Verschmelzung einer Personengesellschaft Einbringungsgegenstand ist (→ Rn. 100). Sieht man mit einer in der Literatur vertretenen Auffassung bei der Verschmelzung einer Personengesellschaft die Mitunternehmeranteile der einzelnen Personengesellschafter als Einbringungsgegenstand an (s. etwa WM/*Widmann* UmwStG § 20 Rn. R 46 und Rn. 92; WM/*Fuhrmann* UmwStG § 24 Rn. 98), liegt es nahe, eine gesonderte Ausübung des Wahlrechts für jeden einzelnen Mitunternehmeranteil für zulässig zu halten; die Voraussetzungen für die Ausübung des Wahlrechts (zB der Zwang zum Zwischenwertansatz wegen negativen Kapitalkontos gemäß § 20 Abs. 2 Satz 2 Nr. 2 UmwStG) wären demnach jeweils für jeden einbringenden Mitunternehmer gesondert zu prüfen (so konsequenterweise etwa WM/*Widmann* UmwStG § 20 Rn. R 445 und Rn. 671; ebenso HMB/*Menner* UmwStG § 20 Rn. 308; RHL/*Herlinghaus* UmwStG § 20 Rn. 72 wohl auch UmwSt-Erl. 1998 BMF v. 25.3.1998, BStBl. I 1998, 267 Tz. 20.14). Für diese Einzelbetrachtung spricht im Rückschluss auch das vom BFH (v. 13.9.2018 I R 19/16, DStR 2019, 321) unter Berufung auf die Gesetzesbegründung BT-Drs. 16/2710, 43 („hinsichtlich eines jeden Mitunternehmeranteils ein gesonderter Einbringungsvorgang“) postulierte Verbot, das negative Eigenkapital eines Einlagegegenstands mit dem positiven Eigenkapital anderer Einlagegegenstände zu saldieren

(→ Rn 116b aE). Sieht man hingegen mit der FinVerw. den Betrieb der verschmolzenen Personengesellschaft als Einbringungsgegenstand an (UmwSt-Erl. 2011 BMF v. 11.11. 2011, BStBl. I 2011, 1314 Tz. 20.18; → Rn. 100 und → Rn. 100a), ist wegen § 20 Abs. 2 Satz 1 UmwStG („einheitlich") nur eine einheitliche Ausübung zulässig.

Das Wahlrecht ist von der übernehmenden Gesellschaft durch Stellung eines Antrages bei dem für die Besteuerung der Übernehmerin örtlich zuständigen Finanzamt (UmwSt-Erl. 2011 BMF v. 11.11.2011, BStBl. I 2011, 1314 Tz. 20.21) auszuüben. Das Wahlrecht steht nach dem klaren Wortlaut des § 20 Abs. 2 Satz 2 UmwStG der übernehmenden Kapitalgesellschaft und nicht den Gesellschaftern der übertragenden Personengesellschaft zu (UmwSt-Erl. 2011 BMF v. 11.11.2011, BStBl. I 2011, 1314 Tz. 20.22); ein gesetzliches Veto- oder Mitspracherecht der Einbringenden besteht nicht (DPM/*Patt* UmwStG § 20 Rn. 209). Spätester Zeitpunkt für die Stellung eines Antrages gemäß § 20 Abs. 2 Satz 3 UmwStG ist nach dem missratenen Gesetzeswortlaut die erstmalige Abgabe der **steuerlichen Schlussbilanz** bei dem für die Besteuerung der übernehmenden Gesellschaft zuständigen Finanzamt. **117**

Unter dem Begriff **„steuerliche Schlussbilanz"** ist, anders als gemäß Tz. 03.01 und Tz. 11.02 des UmwSt-Erl. 2011 (BMF v. 11.11.2011, BStBl. I 2011, 1314) bei der Verschmelzung von Kapitalgesellschaften (→ Form. A.3 Rn. 100h; → Form. A.5 Rn. 89c; → Form. A.6 Rn. 90i; → Form. A.7 Rn. 138j), keine von der Steuerbilanz zu unterscheidende **gesonderte Schlussbilanz** zu verstehen; vielmehr handelt es sich um die nächste auf den Einbringungszeitpunkt folgende steuerliche Jahresschlussbilanz der Übernehmerin, in welcher der Einbringungsgegenstand erstmals anzusetzen ist (BFH v. 15.6.2016, I R 69/15, BStBl II 2017, 75; LfSt Bayern v. 11.11.2014, DStR 2015, 429; anders noch LfSt Bayern v. 7.7.2014, DStR 2014, 1971). Fällt der steuerliche Übertragungsstichtag mit dem Stichtag dieser Steuerbilanz zusammen, ist die Steuerbilanz für diesen Stichtag maßgebend (LfSt Bayern v. 11.11.2014, aaO). Wird bis zur Abgabe dieser Steuerbilanz, regelmäßig also bis zur Abgabe der Steuererklärung für den VZ des steuerlichen Übertragungsstichtages, kein Antrag gemäß § 20 Abs. 2 Satz 2 UmwStG auf Ansatz von Buch- oder Zwischenwerten gestellt, ist die Antragsfrist verstrichen und mithin gemäß § 20 Abs. 2 Satz 1 Hs. 1 UmwStG der gemeine Wert anzusetzen (BFH v. 15.6.2016, I R 69/15, BStBl II 2017, 75). **117a**

Der Antrag ist **bedingungsfeindlich** (UmwSt-Erl. 2011 BMF v. 11.11.2011, BStBl. I 2011, 1314 Tz. 20.21 iVm. Tz. 03.29), kann also zB nicht von der Höhe eines Verlustvortrages abhängig gemacht werden (*Bogenschütz* Ubg 2011, 401), und unwiderruflich (UmwSt-Erl. 2011 BMF v. 11.11.2011, BStBl. I 2011, 1314 Tz. 20.21 iVm. Tz. 03.29; **aA** *Schumacher/Neitz-Hackstein* Ubg 2011, 412: Änderung bis zur Einreichung der steuerlichen Schlussbilanz möglich). **117b**

c) Zwischenwertansatz – Verlustnutzung

Die Wahl eines über dem Buchwert liegenden Wertes (sog. **Zwischenwert**) gemäß § 20 Abs. 2 Satz 2 Alt. 2 UmwStG kann Sinn machen, soweit die Kommanditisten der übertragenden Personengesellschaft über **verrechenbare Verluste** (§ 15a EStG) bzw. selbst über einkommen- bzw. körperschaftsteuerliche **Verlustvorträge** verfügen: Die verrechenbaren Verluste iSv. § 15a EStG gehen durch die Verschmelzung unter (→ Rn. 180). Die einkommen- bzw. körperschaftsteuerlichen Verlustvorträge gehen zwar nicht unter, sondern verbleiben grundsätzlich bei den Einbringenden (UmwSt-Erl. 2011 BMF v. 11.11.2011, BStBl. I 2011, 1314 Tz. 20.21 iVm. Tz. 23.02), können aber grundsätzlich nicht mehr mit künftigen Gewinnen des auf die Übernehmerin übergehenden Unternehmens verrechnet werden. **118**

Allerdings ist die durch § 10d Abs. 2 EStG idF des Korb II-Gesetzes v. 22. 12. 2003 (BGBl. I 2003, 2840) mit Wirkung ab VZ 2004 eingeführte Beschränkung der Verrechnung von Verlustvorträgen, die sog. **Mindestbesteuerung,** zu beachten.

Zur Ausnutzung von Verlustvorträgen empfiehlt sich regelmäßig ein Ansatz von **Zwischenwerten,** denn die zwingend erforderliche Konkretisierung des Zwischenwertansatzes (UmwSt-Erl. 2011 BMF v. 11.11.2011, BStBl. I 2011, 1314 Tz. 20.21 iVm. Tz. 03.29) kann nicht nur durch einen Prozentsatz, sondern auch unter Angabe absoluter Beträge erfolgen (UmwSt-Erl. 2011 BMF v. 11.11.2011, BStBl. I 2011, 1314 Tz. 20.21 iVm. Tz. 03.29), was die Steuerplanung erleichtert (*Bogenschütz* Ubg 2011, 401; *Schumacher/Neitz-Hackstein* Ubg 2011, 412).

118a Soweit es sich bei den einbringenden Mitunternehmern der übertragenden Personengesellschaft (zur Person des Einbringenden → Rn. 99) um **Kapitalgesellschaften** handelt (richtigerweise jedoch nicht bei natürlichen Personen; siehe aber → Rn. 118b), ist § 2 Abs. 4 Satz 1 UmwStG, der über § 20 Abs. 6 Satz 4 UmwStG auch bei Einbringungen gilt (WM/*Widmann* UmwStG § 2 Rn. R 127.10), zu beachten: Danach ist der Ausgleich bzw. die Verrechnung von verrechenbaren Verlusten, **Verlustvorträgen** und **nicht ausgeglichenen negativen Einkünften** ebenso wie eines Zinsvortrags nach § 4h Abs. 1 Satz 5 EStG und eines EBITDA-Vortrags nach § 4h Abs. 1 Satz 3 EStG der einbringenden Kapitalgesellschaft mit dem durch einen Ansatz über dem Buchwert entstehenden **Einbringungsgewinn** (→ Rn. 144) nur insoweit zulässig, als dies auch ohne die Rückwirkung gemäß § 2 Abs. 1, 2 UmwStG möglich wäre. Nach ganz hM greift diese Ausgleichs- bzw. Verrechnungsbeschränkung nur dann ein, wenn **(ungeschriebenes Tatbestandsmerkmal)** im Rückwirkungszeitraum, also zwischen dem steuerlichen Übertragungsstichtag und dem Wirksamwerden der Verschmelzung, bei der einbringenden Kapitalgesellschaft ein verlustschädlicher Anteilserwerb oder ein anderes Ereignis eintritt, welches gemäß **§ 8c Abs. 1 Satz 1 KStG** zum Untergang dieser Verluste führen würde (siehe etwa WM/*Widmann* UmwStG § 2 Rn. R 120.9; RHL/*van Lishaut* UmwStG § 2 Rn. 179; HMB/*Slabon* UmwStG § 2 Rn. 110; *Rödder/Schönfeld* DStR 2009, 560, 562; *Viebrock/Loose* DStR 2013, 1364; ebenso FM Brandenburg v. 17.3.2015 BeckVerw 313155 unter Ziff. 2.2; zweifelnd hingegen *Böttcher* NWB 2014, 3146); dies folge aus der Anwendungsregelung des § 27 Abs. 9 UmwStG, die ausdrücklich an einen schädlichen Beteiligungserwerb oder ein anderes die Verlustnutzung **ausschließendes** Ereignis anknüpft (*Rödder/Schönfeld* DStR 2009, 560, 562), und aus dem in der Gesetzesbegründung zum Ausdruck gekommenen Normzweck (*Viebrock/Loose* DStR 2013, 1364): Die umwandlungsteuerliche Rückwirkungsfiktion solle nicht dazu genutzt werden können, durch entsprechende Wahl des Übertragungsstichtages zur Realisierung eines Übertragungsgewinns auf einen Zeitpunkt „zurückzuspringen", der vor einem gemäß § 8c KStG für die Verlustnutzung schädlichen Beteiligungserwerb liegt (BT-Drs. 16/11108, S. 33). Ob die Auffassung, dass § 2 Abs. 4 Satz 1 UmwStG ein im Rückwirkungszeitraum eintretendes verlustschädliches Ereignis iSv. § 8c KStG voraussetze, von der Finanzverwaltung geteilt wird, ist allerdings nicht völlig klar. Der Umwandlungsteuererlass nennt § 8c KStG lediglich beispielhaft (UmwSt-Erl. 2011 BMF v. 11.11.2011, BStBl. I 2011, 1314 Tz. 02.39). Ob die Auffassung des FM Brandenburg, ein verlustschädliches Ereignis iSv. § 8c KStG sei erforderlich (FM Brandenburg v. 17.3.2015, BeckVerw 313155 unter Ziff. 2.2), bundeseinheitlich abgestimmt ist, ist dem Erlass nicht zu entnehmen (*Böttcher* NWB 2014, 3146).

118b Würde man § 2 Abs. 4 Satz 1 UmwStG entgegen der hM streng nach dem Wortlaut anwenden und daher kein „verlustschädliches Ereignis" als ungeschriebenes Tatbestandsmerkmal verlangen, wäre die Vorschrift zB. auch insoweit anwendbar, als ohne steuerliche Rückverlagerung des Übertragungsgewinns dessen Verrechnung mit einem Verlustvortrag an § 10d Abs. 2 EStG scheitern würde (*Rödder/Schönfeld* DStR 2009, 560, 562 Fall 2; *Böttcher* NWB 2014, 3146 Beispiel 1). Damit würde § 2 Abs. 4 Satz 1 UmwStG im Anwendungsbereich des § 20 UmwStG auch für natürliche Personen als Einbringende gelten; dies ist jedoch aus den von der h. M. angeführten zutreffenden Erwägungen (→ Rn. 118a) abzulehnen.

Darauf, ob das verlustschädliche Ereignis im Rückwirkungszeitraum vor oder nach der Einbringung eintritt, kommt es jedenfalls nicht an (UmwSt-Erl. 2011 BMF v. 11.11.2011, BStBl. I 2011, 1314 Tz. 02.39).

Die Bedeutung des § 2 Abs. 4 Satz 1 UmwStG wird allerdings durch die mit WachstBeschlG v. 22.12.2009, BGBl. I 2009, 3950 aufgenommene Verschonungsregelung in Höhe der im Inland steuerpflichtigen stillen Reserven in § 8c Abs. 1 Satz 5 KStG relativiert (*Böttcher* NWB 2014, 3146). Einen Anwendungsbereich behält § 2 Abs. 4 Satz 1 UmwStG freilich insoweit, als im Wege einer anderen ebenfalls rückwirkenden Umwandlung auf die Überträgerin übergegangene stille Reserven gemäß § 8c Abs. 1 Satz 8 KStG von der Verschonungsregelung des § 8c Abs. 1 Satz 5 KStG ausgenommen sind (RHL/*van Lishaut* UmwStG § 2 Rn. 176), oder wenn sich die am steuerlichen Übertragungsstichtag vorhandenen stillen Reserven im Rückwirkungszeitraum vor dem verlustschädlichen Ereignis verringern (s. etwa das in FM Brandenburg v. 17.3.2015, BeckVerw 313155 unter Ziff. 2.2 gebildete Beispiel).

Zur streitigen Frage, ob § 2 Abs. 4 Satz 1 UmwStG auch für **gewerbesteuerliche Verluste** gilt, → Rn. 98c.

Beim Zwischenwertansatz sind die in den einzelnen Wirtschaftsgütern – einschließlich der nicht entgeltlich erworbenen und selbstgeschaffenen immateriellen Wirtschaftsgüter sowie des Firmenwerts – ruhenden stillen Reserven um einen **einheitlichen Prozentsatz** aufzulösen (UmwSt-Erl. 2011 BMF v. 11.11.2011, BStBl. I 2011, 1314 Tz. 23.14 iVm. Tz. 03.25). **119**

Soweit die Übernehmerin (wie im Formularfall) bereits vor der Verschmelzung anteilig an dem übergehenden Betriebsvermögen beteiligt ist, bezieht sich der Zwischenwertansatz (§ 20 Abs. 2 Satz 2 UmwStG) nur auf denjenigen Anteil des übergehenden Betriebsvermögens, welcher der Übernehmerin nicht bereits steuerlich zuzurechnen ist; iÜ liegt keine Anschaffung und damit auch keine Einbringung vor (→ Rn. 100a). Im Formularfall wäre im Falle des Zwischenwertansatzes der einheitliche Prozentsatz mithin nur auf 20% der stillen Reserven anzuwenden, da die Übernehmerin am übergehenden Betriebsvermögen bereits vor der Verschmelzung zu 80% beteiligt ist (→ Rn. 2 und → Rn. 100a). **120**

Nach Ansicht der FinVerw. sollen bei der Aufstockung um den einheitlichen Prozentsatz mit Ausnahme der Pensionrückstellungen (→ Rn. 115c) auch die sog. **„stillen Lasten"**, zB eine bislang gemäß § 5 Abs. 4a EStG nicht passivierte Drohverlustrückstellung, einzubeziehen sein (UmwSt-Erl. 2011 BMF v. 11.11.2011, BStBl. I 2011, 1314 Tz. 23.14 iVm. Tz. 03.25; → Rn. 115b, → Rn. 116f und → Rn. 167 ff.). Die Nichterwähnung der stillen Lasten in Tz. 23.14 des UmwSt-Erl. 2011 dürfte wegen des Verweises auf Tz. 03.25, wo sie ausdrücklich genannt sind, als bloßes Redaktionsversehen anzusehen sein. **121**

einstweilen frei **122–128**

d) Keine Einschränkung des Wahlrechts durch die Handelsbilanz

Die von der FinVerw. zum UmwStG 1995 vertretene Auffassung, das steuerliche Bewertungswahlrecht der aufnehmenden Gesellschaft könne wegen des Maßgeblichkeitsgrundsatzes (§ 5 Abs. 1 EStG) nur in Übereinstimmung mit der Handelsbilanz ausgeübt werden (UmwSt-Erl. 1998, BStBl. I 1998, 268 Tz. 20.26), hat sich bereits während der Geltung des UmwStG 1995 als unhaltbar erwiesen (zu § 25 UmwStG s. BFH v. 19.10.2005, I R 38/04, BStBl. II 2006, 568; zu § 11 UmwStG s. BFH v. 5.6.2007, I R 97/06, BStBl. II 2008, 650). Auf Basis des geltenden Rechts ist sie endgültig obsolet: Der Ansatz unter dem gemeinen Wert in der Steuerbilanz gemäß § 20 Abs. 2 S. 2 UmwStG ist ausweislich der Gesetzesbegründung (BT-Drs. 16/2710, Einzelbegründung zu § 20 Abs. 2 UmwStG) auch dann zulässig, wenn in der Handelsbilanz der Übernehmerin, zB in Ausübung des handelsrechtlichen Wahlrechts ge- **129** mäß § 24 UmwG, andere Werte angesetzt werden (so nunmehr auch UmwSt-Erl. 2011 BMF v. 11.11.2011, BStBl. I 2011, 1314 Tz. 20.20; DPM/*Patt* UmwStG § 20 Rn. 210; Blümich/*Nitzschke* UmwStG 2006 § 20 Rn. 90).

130 Der Ausgleichsposten, der unter Geltung des UmwStG 1995 nach Ansicht der FinVerw. zur Neutralisierung von Differenzen zwischen der Handels- und Steuerbilanz in der Steuerbilanz zu bilden war (UmwSt-Erl. 1998, BStBl. I 1998, 268 Tz. 20.27), soll weiter zu bilden sein, wenn der eingebrachte Betrieb, Teilbetrieb oder Mitunternehmeranteil mit einem niedrigeren Wert angesetzt wird als das in der Handelsbilanz ausgewiesene gezeichnete Kapital (UmwSt-Erl. 2011 BMF v. 11.11.2011, BStBl. I 2011, 1314 Tz. 20.21; glA Blümich/*Nitzschke* UmwStG 2006 § 20 Rn. 90).

e) Ausschluss des antragsgebundenen Wahlrechts durch § 50i Abs. 2 EStG?

131 Das Wahlrecht der Übernehmerin, die übergehenden Wirtschaftsgüter anstatt zum gemeinen Wert mit den Buchwerten oder mit Zwischenwerten anzusetzen, § 20 Abs. 2 Satz 2 UmwStG, war nach dem Wortlaut von § 50i Abs. 2 Satz 1 EStG idF KroatienAnpG v. 25.7.2014, BGBl. I 2014, 1266, für **Sachgesamtheiten** iSd. § 50i Abs. 1 EStG ausgeschlossen. Dazu gehörten Personengesellschaften iSv. § 15 Abs. 3 EStG (gewerblich infizierte oder geprägte Personengesellschaften – § 50i Abs. 1 Satz 1 EStG idF KroatienAnpG) sowie Besitzgesellschaften/Besitzunternehmen einer Betriebsaufspaltung (§ 50i Abs. 1 Satz 4 EStG idF KroatienAnpG), in deren Betriebsvermögen vor dem 29.6.2013 Wirtschaftsgüter oder Anteile iSd. § 17 EStG übertragen oder überführt worden waren, sowie Personengesellschaften iSd. § 15 Abs. 3 EStG, die aus einer vor diesem Stichtag erfolgten Einbringung originär gewerblicher Einkunftsquellen iSd. § 15 Abs. 1 Nr. 1 oder 2 EStG in eine Kapitalgesellschaft nach § 20 UmwStG hervorgegangen waren (§ 50i Abs. 1 Satz 2 EStG idF KroatienAnpG); einzige weitere Voraussetzung war jeweils nur, dass bei der Übertragung, Überführung oder Einbringung eine Besteuerung der stillen Reserven unterblieben war. Vom zwingenden Ansatz des gemeinen Werts sollte nach Ansicht der FinVerw. selbst in reinen Inlandsfällen, in denen eine Gefährdung des deutschen Besteuerungsrechts durch die Umwandlung ausgeschlossen war, nur aus Gründen sachlicher **Unbilligkeit** auf übereinstimmenden Antrag des Einbringenden und des übernehmenden Rechtsträgers abgesehen werden (BMF v. 21.12.2015, BStBl I 2016, 7 Tz. 2.1.1).

132 Diese vom Gesetzgeber selbst als „überschießend" erkannte Regelung (BR-Drs. 406/16 (B) S. 9) wurde durch das Anti-BEPS-Gesetz v. 20.12.2016 (BGBl. I 2016, 3000) in dreifacher Weise eingeschränkt:

- Zum einen ist nun der Anwendungsbereich von § 50i Abs. 1 EStG auf solche Fälle beschränkt, in denen ohne § 50i Abs. 1 EStG das deutsche Besteuerungsrecht bezüglich der von § 50i Abs. 1 EStG erfassten Wirtschaftsgüter und Anteile **vor dem 1.1.2017** ausgeschlossen oder beschränkt gewesen wäre (§ 50i Abs. 1 Satz 1 Nr. 3 und Satz 2 Nr. 3 EStG – sog. **„hypothetische Entstrickung"**). Reine Inlandsfälle scheiden damit bereits von vornherein aus dem Anwendungsbereich des § 50i Abs. 1 EStG – und damit auch aus dem des § 50i Abs. 2 EStG -aus (*Liekenbrock* DStR 2017, 177 f.);
- Andererseits greifen, wenn es **nach dem 31.12.2016** mangels Anwendbarkeit von § 50i Abs. 1 EStG zu einem Wegfall oder einer Beschränkung des deutschen Besteuerungsrechts an bis dahin von § 50i Abs. 1 EStG erfassten Wirtschaftsgütern und Anteilen kommt (etwa durch den Wegzug eines Gesellschafters in das DBA-Ausland oder durch mangels Sicherstellung der Besteuerung der stillen Reserven nicht mehr von § 6 Abs. 3 Satz 1 EStG erfasste unentgeltliche Anteilsübertragung auf einen DBA-Ausländer), die allgemeinen **Entstrickungsregelungen** ein, insbesondere § 4 Abs. 1 Satz 3, 4 EStG, § 12 Abs. 1 KStG (*Liekenbrock* DStR 2017, 177 f.); der bisher von § 50i Abs. 2 Satz 1 EStG idF KroatienAnpG ausgehende **Entstrickungsschutz**

ist somit ab dem 1.1.2017 entfallen (BR-Drs. 406/16(B) S. 9; *Liekenbrock* DStR 2017, 177, 179; *Ditz/Quilitzsch* DStR 2017, 281, 292).

– Der in § 50i Abs. 2 EStG angeordnete Ausschluss des Wahlrechts, die übergehenden Wirtschaftsgüter anstatt zum gemeinen Wert mit den Buchwerten oder mit Zwischenwerten anzusetzen, gilt nurmehr für **Einbringungen** iSd. **§ 20 UmwStG,** und auch dies nur, **soweit** das deutsche **Besteuerungsrecht** hinsichtlich des Gewinns aus der Veräußerung der im Zuge der Einbringung erhaltenen Anteile oder der mit diesen in Zusammenhang stehenden Anteile iSv. § 22 Abs. 7 UmwStG ausgeschlossen oder beschränkt ist (*Ditz/Quilitzsch* DStR 2017, 281; *Liekenbrock* DStR 2016, 2609); dies ist etwa der Fall, soweit die im Zuge der Einbringung ausgegebenen Anteile DBA-Ausländern zuzurechnen sind (*Liekenbrock* DStR 2017, 177, 181 Beispiel 4). BMF v. 21.12.2015, BStBl. I 2016, 7 wonach es in Fällen ohne Beeinträchtigung deutschen Besteuerungsrechts für den Erhalt des antragsgebundenen Wahlrechts aus § 20 Abs. 2 Satz 2 UmwStG eines Billigkeitsantrages bedurfte (→ Rn. 131), wurde aufgehoben (BMF v. 5.1.2017, BStBl. I 2017, 32).

einstweilen frei **133–140**

f) Ausgleich bei unterschiedlicher Realisierung

Soweit einzelne Mitunternehmer (ganz oder teilweise) gezwungen sind, stille Reserven zu realisieren oder dies freiwillig tun, ergeben sich Ausgleichsprobleme zwischen den Gesellschaftern: Diejenigen Mitunternehmer, die steuerpflichtig stille Reserven realisieren, finanzieren dadurch im Ergebnis eine Erhöhung der Abschreibungsbasis in der Kapitalgesellschaft. Die erhöhten steuerlichen Abschreibungen kommen auch den übrigen Gesellschaftern der Übernehmerin anteilig zugute. Zum Ausgleich bieten sich insb. folgende Verfahren an (s. WM/*Widmann* UmwStG § 20 Rn. 1291 ff.): **141**

– **Ausgleichszahlungen** zwischen den Gesellschaftern in Höhe des Barwerts der Steuervorteile: Derartige Zahlungen stellen aber ihrerseits die Gewährung anderer Wirtschaftsgüter iSv. § 20 Abs. 2 Satz 4 UmwStG dar und müssen daher vom Zahlungsempfänger als Erhöhung des realisierten Gewinns versteuert werden, soweit sein Kapitalkonto durch Abbuchung der Ausgleichszahlung negativ würde oder die Grenze für sonstige Gegenleistungen (→ Rn. 116e) überschritten würde.
– abweichende Gewinnverteilungsregelung bis zum Ablauf der erhöhten Abschreibung. Diese ist als solche nicht steuerpflichtig (wohl aber nach den allgemeinen Vorschriften ggf. die dem Begünstigen hieraus zufließenden Mehrgewinnausschüttungen).

In beiden Fällen sollte die entspr. Vereinbarung wegen des wirtschaftlichen Zusammenhangs im Rahmen des Verschmelzungsvertrages mitbeurkundet werden; die Gewinnverteilungsabrede bedarf zudem der Aufnahme in den Gesellschaftsvertrag. **142**

einstweilen frei **143**

5. Rechtsfolgen bei den Einbringenden, § 20 Abs. 3–4 UmwStG

a) Veräußerung, § 20 Abs. 3 Satz 1 UmwStG

Da gemäß § 20 Abs. 3 Satz 1 UmwStG der von der übernehmenden Kapitalgesellschaft angesetzte Wert des eingebrachten Betriebsvermögens für den Einbringenden als Veräußerungspreis gilt, entsteht bei den einbringenden Personengesellschaftern im Falle des Ansatzes eines über den Buchwerten ihrer steuerlichen Kapitalkonten liegenden Wertes (Teil- oder Zwischenwert) ein steuerpflichtiger Veräußerungs- bzw. Einbringungsgewinn (Veräußerung eines gesamten Mitunternehmeranteils iSv. § 16 Abs. 1 Nr. 2 EStG), im Falle eines unter dem Buchwert liegenden gemeinen Wertes durch den nach Ansicht der FinVerw. zwingenden Ansatz des niedrigeren gemeinen Wertes (→ Rn. 116) hingegen ein Veräußerungs- bzw. Einbringungsverlust. Wird später der **144** von der übernehmenden Kapitalgesellschaft angesetzte Wert im Rahmen der Besteuerung der Übernehmerin korrigiert, so ändert sich dadurch zugleich der beim Einbringenden zu berücksichtigende Veräußerungspreis (BFH v. 20.4.2011, I R 97/10, BStBl. II 2011, 815 zu § 20 Abs. 4 Satz 1 UmwStG 1995). Dafür reicht ein der Übernehmerin gegenüber ergangener Steuerbescheid, der unter Beibehaltung der von der Übernehmerin getroffenen Wertentscheidung dem Grund nach (also über den Ansatz von Buch-, Teil- oder Zwischenwerten) auf dem Ansatz anderer als von der Übernehmerin angesetzter Werte beruht, jedenfalls dann aus, wenn dieser Steuerbescheid bestandskräftig geworden ist; einer Änderung der Handels- oder Steuerbilanz bedarf es nicht (BFH v. 20.4.2011, I R 97/10, BStBl. II 2011, 815, Rn. 16f.). Handelt es sich bei der durch den Steuerbescheid bewirkten Korrektur um eine **Erhöhung** der von der übernehmenden Kapitalgesellschaft angesetzten Werte, können sich gegen den Bescheid regelmäßig nur die Einbringenden (→ Rn. 99) im Wege der Drittanfechtung zur Wehr setzen (BFH v. 13.9.2018, I R 19/16, DStR 2019, 321, Tz. 18); die übernehmende Kapitalgesellschaft hat mangels Rechtsverletzung regelmäßig keine Einspruchs- bzw. Klagebefugnis, denn das Klagebegehren würde für sie (durch eine Verminderung der AfA-Bemessungsgrundlage) zu höheren Steuern führen (BFH v. 8.6.2011, I R 79/10, BStBl. II 2012, 421).

Die steuerliche Behandlung des Einbringungsergebnisses richtet sich nach den allgemeinen Vorschriften (UmwSt-Erl. 2011 BMF v. 11.11.2011, BStBl. I 2011, 1314 Tz. 20.25). IE → Rn. 147ff., → Rn. 158ff.

Der Einbringungsgewinn ist ggf. mit laufenden Verlusten oder **verrechenbaren Verlusten** des Einbringenden in der übertragenden Kommanditgesellschaft, § 15a EStG (DPM/*Patt* UmwStG § 25 Rn. 82; *Rödder/Schumacher* DB 1998, 99 unter III 2), sowie – allerdings unter Beachtung der Mindestbesteuerung (§ 10d Abs. 2 Satz 1 EStG) – mit Verlustvorträgen des Einbringenden zu verrechnen (RHL/*Herlinghaus* UmwStG § 20 Rn. 424). Zur Einschränkung der Verrechnung bei Kapitalgesellschaften als Einbringenden gemäß § 20 Abs. 6 Satz 4, § 2 Abs. 4 Satz 1 UmwStG, wenn es im Rückwirkungszeitraum zu einem verlustschädlichen Ereignis iSv. § 8c KStG kommt, → Rn. 118a. Eine Verrechnung nach § 15a Abs. 2 Satz 1 EStG scheidet aus, soweit der Einbringungsgewinn aus der Einbringung von **Sonderbetriebsvermögen** herrührt (DPM/*Patt* UmwStG § 24 Rn. 139); § 15a Abs. 2 EStG lässt die Verrechnung nämlich nur mit Gewinnen aus der **Beteiligung an der Kommanditgesellschaft** zu, was bei Sonderbetriebseinnahmen zu verneinen ist (vgl. Schmidt/*Wacker* EStG § 15a Rn. 104).

145 Für die Ermittlung des Veräußerungsgewinns bzw. -verlusts ist ausschließlich der **tatsächliche Ansatz** der übergehenden Wirtschaftsgüter bei der **übernehmenden Kapitalgesellschaft** maßgeblich, § 20 Abs. 3 Satz 1 UmwStG; bereits durchgeführte Veranlagungen des Einbringenden sind ggf. gemäß § 175 Abs. 1 Satz 1 Nr. 2 AO zu ändern (UmwSt-Erl. 2011 BMF v. 11.11.2011, BStBl. I 2011, 1314 Tz. 20.23). Mangels eines gesetzlichen Veto- oder Mitspracherechts der Einbringenden (→ Rn. 117) empfiehlt sich, wenn ein steuerpflichtiger Veräußerungsgewinn vermieden werden soll, eine ausdrückliche Vereinbarung im Verschmelzungsvertrag, dass die übernehmende Kapitalgesellschaft die Buchwerte fortzuführen hat (→ Form. A.8.2 § 3 Abs. 3). Soweit diese schuldrechtliche Verpflichtung nicht eingehalten wird, ist dies zwar steuerlich unbeachtlich, weil für die Besteuerung ausschließlich der tatsächliche Wertansatz zugrundezulegen ist, auch wenn er von einer mit dem Einbringenden getroffenen Vereinbarung abweicht. Jedoch kann sich die übernehmende Körperschaft ggf. den ehemaligen Personengesellschaftern gegenüber schadensersatzpflichtig machen; der Verschmelzungsvertrag dürfte insoweit als Vertrag zugunsten der Personengesellschafter anzusehen sein.

146 Zum nachträglichen Einbringungsgewinn, der bei Veräußerung der erhaltenen Anteile gemäß § 22 Abs. 1 UmwStG bzw. bei Veräußerung eingebrachter Anteile gemäß § 22 Abs. 2 UmwStG entsteht (Einbringungsgewinn I bzw. II), wird auf → Rn. 193ff. verwiesen.

b) Besteuerung des Einbringungsergebnisses bei natürlichen Personen

Der **Einbringungsgewinn** unterliegt, soweit er auf natürliche Personen entfällt, als Veräußerung des gesamten Mitunternehmeranteils gemäß § 7 Satz 2 Nr. 2 GewStG und GewStR 7.1 Abs. 3 Nr. 1 **nicht** der **Gewerbesteuer.** **147**

einstweilen frei **148**

Einkommensteuerlich steht natürlichen Personen beim Ansatz des gemeinen Wertes grds. nur die wenig attraktive **Fünftelregelung** gemäß § 34 Abs. 1 EStG offen, und dies auch nur in den Fällen des § 20 Abs. 4 Satz 1 UmwStG, also dann, wenn die Übernehmerin den Ansatz des gemeinen Wertes wählt (UmwSt-Erl. 2011 BMF v. 11.11.2011, BStBl. I 2011, 1314 Tz. 20.27). **149**

einstweilen frei **150**

Ebenfalls nur bei Ansatz des gemeinen Wertes können Gesellschafter, die das 55. Lebensjahr vollendet haben oder im sozialversicherungsrechtlichen Sinne dauernd berufsunfähig sind, stattdessen gemäß § 34 Abs. 3 EStG für den Veräußerungsgewinn auch die Besteuerung zum ermäßigten Steuersatz (56% des vollen laufenden Steuersatzes) beantragen, soweit der Einbringungsgewinn den Betrag von **5 Mio. EUR** nicht übersteigt (UmwSt-Erl. 2011 BMF v. 11.11.2011, BStBl. I 2011, 1314 Tz. 20.27). **151**

Der vorgenannte Personenkreis kann daneben unter den genannten Voraussetzungen auch den **Freibetrag** gemäß § 16 Abs. 4 EStG geltend machen, § 20 Abs. 4 Satz 1 UmwStG. Sowohl der Freibetrag als auch der ermäßigte Steuersatz werden jeweils nur auf Antrag einmal im Leben gewährt. **152**

einstweilen frei **153**

Bei Zwischenwertansatz sind hingegen weder § 16 Abs. 4 EStG noch § 34 Abs. 1, 3 EStG anwendbar; dasselbe gilt im Falle der Einbringung nur eines Teils eines Mitunternehmeranteils, § 20 Abs. 4 Satz 1 HS 1 UmwStG. **154**

Der auf Anteile an Kapitalgesellschaften entfallende Teil des Einbringungsgewinns ist zudem nur insoweit durch die Fünftelregelung gemäß § 34 Abs. 1 EStG oder den ermäßigten Steuersatz gemäß § 34 Abs. 3 EStG begünstigt, als **nicht** gemäß § 3 Nr. 40 Satz 1 EStG das Teileinkünfteverfahren eingreift, § 20 Abs. 4 Satz 2 UmwStG (UmwSt-Erl. 2011, BMF v. 11.11.2011, BStBl. I 2011, 1314 Tz. 20.27). **155**

§ 34 Abs. 1, 3 EStG sind des Weiteren unanwendbar, wenn der Einbringende den Einbringungsgewinn ganz oder teilweise nach § 6b EStG (hierzu → Rn. 160f.) neutralisiert, § 34 Abs. 1 Satz 4, Abs. 3 Satz 6 EStG (UmwSt-Erl. 2011 BMF v. 11.11. 2011, BStBl. I 2011, 1314 Tz. 20.26). **156**

Ein **Einbringungsverlust,** der insb. bei einem **unter dem Buchwert** liegenden **gemeinen Wert** entstehen kann (→ Rn. 116 und → Rn. 144), ist bei dem oder den Einbringenden nach allgemeinen Grundsätzen voll bzw. – soweit er auf eingebrachte Anteile an Kapitalgesellschaften entfällt – gemäß § 3c Abs. 2 EStG zu 60% verrechenbar bzw. gemäß § 10d EStG vor- und rücktragbar (RHL/*Herlinghaus* UmwStG § 20 Rn. 422; DPM/*Patt* UmwStG § 20 Rn. 254). **157**

c) Besteuerung des Einbringungsergebnisses bei Kapitalgesellschaften

Soweit der Einbringungsgewinn auf eine Kapitalgesellschaft als Einbringenden entfällt, unterliegt er sowohl der Körperschaftsteuer als auch gemäß § 7 S. 2 Nr. 2 GewStG der Gewerbesteuer. Soweit er auf zum eingebrachten Betriebsvermögen gehörende Anteile an einer anderen Kapitalgesellschaft entfällt, ist er im Rahmen des Anwendungsbereiches von § 8b Abs. 2 KStG im Ergebnis nur zu 5% zu versteuern, § 8b Abs. 3 Satz 1 KStG (Rückausnahme § 8b Abs. 7 und 8 KStG). **158**

Ein **Einbringungsverlust** ist bei dem oder den Einbringenden nach allgemeinen Grundsätzen voll verrechenbar bzw. gemäß § 10d EStG vor- und rücktragbar (RHL/*Herlinghaus* UmwStG § 20 Rn. 422; DPM/*Patt* UmwStG § 20 Rn. 254), soweit er nicht auf Anteile an Kapitalgesellschaften entfällt und daher grundsätzlich gemäß § 8b **159**

Abs. 3 Satz 3 KStG (Rückausnahme § 8b Abs. 7 und 8 KStG) nicht zu berücksichtigen ist.

d) Begünstigung nach § 6b EStG

160 Soweit zum Anlagevermögen der übertragenden Personengesellschaft von § 6b EStG begünstigte Wirtschaftsgüter gehören (Grund und Boden, Gebäude, bei natürlichen Personen gemäß § 6b Abs. 10 EStG auch Kapitalgesellschaftsanteile), besteht die Möglichkeit zur **Neutralisierung** des auf das begünstigte Vermögen entfallenden Gewinns durch Übertragung oder Bildung einer Rücklage gemäß **§ 6b EStG** (UmwSt-Erl. 2011 BMF v. 11.11.2011, BStBl. I 2011, 1314 Tz. 20.26).

Soweit (bei natürlichen Personen als Einbringenden) der Einbringungsgewinn auf Kapitalgesellschaftsanteile entfällt, ist die Neutralisierung nur möglich, soweit der Betrag von 500 000.– EUR nicht überschritten wird (§ 6b Abs. 10 Satz 1 EStG) und **soweit** an der übertragenden Personengesellschaft nicht auch Kapitalgesellschaften beteiligt sind, § 6b Abs. 10 Satz 10 EStG.

e) Übergangsergebnis bei Gewinnermittlung nach § 4 Abs. 3 EStG

161 Ermittelt die Überträgerin ihren Gewinn nach § 4 Abs. 3 EStG (Einnahme-Überschussrechnung), ist sie so zu behandeln, als ob sie zum steuerlichen Übertragungsstichtag zur Gewinnermittlung durch Betriebsvermögensvergleich nach § 4 Abs. 1 EStG übergegangen sei (EStR 4.5 Abs. 6; zur nunmehr abweichenden Verwaltungspraxis bei Einbringungen nach § 24 UmwStG → Form. A.9 Rn. 168)

Aus diesem Übergang ergibt sich, zB durch die erforderliche Aktivierung von Forderungen, häufig per Saldo ein Gewinn. Hierbei handelt es sich um einen laufenden Gewinn des Einbringenden und nicht um einen Veräußerungsgewinn (BFH v. 23.11.1961, IV 98/60 S, BStBl. III 1962, 199). Dieser sog. **Übergangsgewinn** kann nicht nach EStR 4.6 Abs. 1 auf drei Jahre verteilt werden (vgl. EStH 4.5 Abs. 6; BFH v. 13.9.2001, IV R 13/01, BStBl. II 2002, 287). Zur Vermeidung des Übergangsgewinns kann es sich anbieten, die Forderungen zurückzubehalten; falls sie nicht ausdrücklich in das Privatvermögen entnommen werden, ordnet der BFH sie in diesem Fall weiterhin dem (zurückbehaltenen) Betriebsvermögen zu und verneint insoweit die Notwendigkeit der Aktivierung in der Übergangsbilanz (BFH v. 14.11.2007, XI R 32/06, BFH/NV 2008, 385).

f) Thesaurierte Gewinne, § 34a EStG

162 Infolge der Einbringung ist gem. § 34a Abs. 6 Satz 1 Nr. 2 EStG eine **Nachversteuerung** der **thesaurierten Gewinne** der übertragenden Personenhandelsgesellschaft vorzunehmen. Die Steuer kann auf Antrag bei begründeten Härten bis zu zehn Jahre ratierlich gestundet werden, § 34a Abs. 6 S. 2 EStG.

g) Anschaffungskosten der gewährten Anteile, § 20 Abs. 3 UmwStG

163 Die **Anschaffungskosten** der den Einbringenden **gewährten Anteile** richten sich grundsätzlich ebenfalls nach dem **Ansatz des übergehenden Betriebsvermögens** durch die Übernehmerin, § 20 Abs. 3 Satz 1 UmwStG. Etwas anderes gilt gemäß § 20 Abs. 3 Satz 2 UmwStG nur insoweit, als bzgl. des eingebrachten Betriebsvermögens (zB ausländische Betriebstätte) ein deutsches Besteuerungsrecht weder bestand noch durch die Einbringung begründet wird: In diesem Falle gilt gemäß § 20 Abs. 3 Satz 2 UmwStG unabhängig vom Ansatz des eingebrachten Vermögens bei der Übernehmerin dessen gemeiner Wert als Anschaffungskosten der dem Einbringenden gewährten Anteile. Dadurch wird **zugunsten des Steuerpflichtigen** verhindert, dass die nicht der deutschen Besteuerung unterliegenden stillen Reserven des eingebrachten

Betriebsvermögens mittelbar über die gewährten Anteile steuerverstrickt werden; dies korrespondiert mit der für den Steuerpflichtigen nachteiligen Regelung des umgekehrten Vorgangs in § 4 Abs. 4 Satz 2 UmwStG (DPM/*Patt* UmwStG § 20 Rn. 296). Soweit die Übernehmerin neben den Gesellschaftsanteilen auch andere Wirtschaftsgüter als Gegenleistung gewährt, was für die Buchwertfortführung unschädlich ist, soweit deren gemeiner Wert den Buchwert des eingebrachten Betriebsvermögens bzw. die Grenzen sonstiger Gegenleistungen nach StÄndG 2015 v. 2.11.2015 (BGBl. I 2015, 1834) (→ Rn. 116e) nicht übersteigt (arg. § 20 Abs. 2 Satz 4 UmwStG; → Rn. 113 sowie → Rn. 116d), mindern sich die Anschaffungskosten der gewährten Anteile um den gemeinen Wert der anderen Gegenleistungen, § 20 Abs. 3 Satz 3 UmwStG.

einstweilen frei **164**

6. Besteuerung der Übernehmerin, § 23 UmwStG

a) Einlage

Soweit der von der übernehmenden Kapitalgesellschaft gemäß § 20 Abs. 2 Satz 1 UmwStG angesetzte gemeine Wert (→ Rn. 115–115d) oder der gemäß § 20 Abs. 2 Sätze 2–4 UmwStG angesetzte Buch- oder Zwischenwert (→ Rn. 116–117b) des eingebrachten Betriebsvermögens den Nennbetrag des gewährten neuen Geschäftsanteils zuzüglich des gemeinen Wertes einer (etwa in Form einer Darlehensforderung) gewährten anderen Gegenleistung (*Ritzer/Stangl* DStR 2015, 849, 851 sowie → Rn. 113, 163) **übersteigt,** ist er als Einlage zu behandeln und unterliegt daher bei der übernehmenden Kapitalgesellschaft nicht der Besteuerung (Erfassung im sog. steuerlichen Einlagekonto gemäß § 27 KStG; siehe dazu instruktiv *Boorberg* DStR 2017, 1801 ff.). **165**

b) Objektbezogene Kosten als Anschaffungsnebenkosten

Objektbezogene Kosten, insb. anfallende **Grunderwerbsteuer,** sind unabhängig von der Ausübung des antragsgebundenen Wahlrechts (§ 20 Abs. 2 Satz 2 UmwStG) als **Anschaffungsnebenkosten** zu aktivieren (UmwSt-Erl. 2011 BMF v. 11.11.2011, BStBl. I 2011, 1314 Tz. 23.01; DPM/*Patt* UmwStG (SEStEG) § 20 Rn. 235); dies gilt jedoch **nicht** für die infolge einer **Anteilsvereinigung** nach § 1 Abs. 3 GrEStG entstehende Grunderwerbsteuer (BFH v. 20.4.2011, I R 2/10, BStBl. II 2011, 761 und UmwSt-Erl. 2011, BMF v. 11.11.2011, BStBl. I 2011, 1314 Tz. 23.01). **166**

c) Ansatz der übergehenden Wirtschaftsgüter in der Folgebilanz der Übernehmerin

Wurden von der Übernehmerin im Zuge des Ansatzes eines über dem Buchwert liegenden Wertes gemäß § 20 Abs. 2 Satz 1 oder Satz 2 Alt. 2 UmwStG sog. **„stille Lasten"** aufgedeckt, deren Ansatz in einer Steuerbilanz grundsätzlich nicht zulässig ist (zB **Drohverlustrückstellungen** gemäß § 5 Abs. 4a EStG; → Rn. 115b, → Rn. 116f, → Rn. 119a; **nicht jedoch Pensionsrückstellungen,** § 20 Abs. 2 Satz 1 HS 2 UmwStG, → Rn. 115c), so ist gemäß § 4f Abs. 1 Sätze 1 und 2 EStG der aus der Übertragung von Verpflichtungen, die beim ursprünglich Verpflichteten Ansatzverboten, -beschränkungen oder Bewertungsvorbehalten unterlegen haben, in Höhe der aufgedeckten stillen Lasten entstehende Aufwand nicht sofort in voller Höhe, sondern nur gleichmäßig verteilt im Wirtschaftsjahr der Schuldübernahme und den nachfolgenden 14 Jahren als Betriebsausgabe abziehbar. **167**

einstweilen frei **167a, 167b**

Ohne Wahlrecht zwingend sofort zu berücksichtigen ist der steuerliche Aufwand des Veräußerers nur bei kleinen und mittleren Betrieben iSv. § 7g Abs. 1 Satz 2 Nr. 1 Buchst. a bis c EStG, beim Wechsel eines Arbeitnehmers zu einem neuen Arbeitgeber **167c** unter Mitnahme seiner erworbenen Pensionsansprüche und des Weiteren auch dann, wenn die Schuldübernahme im Rahmen einer **Veräußerung** oder **Aufgabe** des **ganzen Betriebes** oder des **gesamten Mitunternehmeranteils** iSd. §§ 14, 16 Absatz 1, 3 und 3a EStG sowie des § 18 Abs. 3 EStG erfolgt, § 4f Satz 3 EStG.

167d Parallel dazu, aber unabhängig davon, ob der Aufwand aus der Aufdeckung der stillen Lasten beim Überträger gemäß § 4f Abs. 1 Sätze 1 und 2 EStG über 15 Jahre verteilt oder gemäß § 4f Abs. 1 Satz 3 EStG sofort abziehbar ist (*Benz/Placke* DStR 2013, 2653, 2657), hat der Erwerber die betreffenden Verpflichtungen gemäß § 5 Abs. 7 Satz 1 EStG idF AIFM-StAnpG zu den auf die Übernahme folgenden Bilanzstichtagen so zu bilanzieren, wie sie beim ursprünglich Verpflichteten ohne Übernahme zu bilanzieren gewesen wären, dh. die Aufdeckung der stillen Lasten wird rückgängig gemacht.

167e Immerhin gewährt der Gesetzgeber dem Erwerber insoweit eine **Erleichterung,** als dieser in Höhe von $^{14}/_{15}$ des sich daraus ergebenden Ertrages eine gewinnmindernde Rücklage bilden darf (aber nicht muss), die in den folgenden 14 Wirtschaftsjahren jeweils mit mindestens $^{1}/_{14}$ (§ 5 Abs. 7 Satz 5 EStG idF AIFM-StAnpG), im Falle des vorzeitigen Wegfalls der zugrundeliegenden Verpflichtung in der dann noch bestehenden Höhe hingegen sofort (§ 5 Abs. 7 Satz 6 EStG idF AIFM-StAnpG) gewinnerhöhend aufzulösen ist.

167f Die Erleichterung für den Erwerber geht freilich regelmäßig – wenn auch wegen der Ausnahmeregelungen in § 4f Abs. 1 Satz 3 EStG (→ Rn. 167c) nicht notwendigerweise – mit einer Belastung des Veräußerers durch die Streckung der Abziehbarkeit des Aufwands aus der Aufdeckung der stillen Lasten in gleicher Höhe einher (→ Rn. 167b); durch die gesetzliche Regelung wird also im Ergebnis die Aufdeckung der stillen Lasten zumindest im Regelfall wieder rückgängig gemacht.

167g Nach ganz überwiegender Auffassung sollen die Regelungen in § 4f EStG (Aufwandsverteilung beim Überträger über 15 Jahre) und in § 5 Abs. 7 EStG (Rückgängigmachung der Aufdeckung der stillen Lasten beim Erwerber) zwar grundsätzlich auch bei Umwandlungsvorgängen Anwendung finden (*Widmann,* FS Haarmann, S. 1013 ff., 1020; *Benz/Placke* DStR 2013, 2653, 2656, jeweils unter Hinweis auf die Gesetzesbegründung BT-Drs. 18/68 S. 73; im Ausgangspunkt auch Blümich/*Krumm* EStG § 4f Rn. 34; HHR/*Schober* EStG § 4f Rn. 16; aA mit beachtlichen Gründen RHL/*Herlinghaus* § 20 UmwStG Rz. 253; *Adrian/Fey* StuB 2014, 53, 57: UmwStG sei Spezialregelung zu §§ 4f, 5 Abs. 7 EStG).

Unterschiedliche Auffassungen werden jedoch zu der Frage vertreten, ob und ggf. inwieweit bei Umwandlungsvorgängen die in § 4f Abs. 1 Satz 3 HS 1 EStG statuierte Ausnahmeregelung für die **Veräußerung** oder **Aufgabe** des **ganzen Betriebes** oder des **gesamten Mitunternehmeranteils** (→ Rn. 167c) eingreift:

Nach einer Auffassung soll diese Ausnahmeregelung bei Umwandlungsvorgängen nach dem UmwStG schlechthin unanwendbar sein, weil der Gesetzgeber (BT-Drs. 18/68 S. 73) solche vom Anwendungsbereich des § 4f Abs. 1 Satz 3 HS 1 EStG generell habe ausnehmen wollen (so wohl *Benz/Placke* DStR 2013, 2653, 2656).

Dem wird – im Grundsatz zu Recht – entgegengehalten, dass eine entsprechende Intention des Gesetzgebers in dieser Allgemeinheit im Gesetzeswortlaut keinen hinreichenden Niederschlag gefunden habe (HHR/*Schober* EStG § 4f Rn. 16; Blümich/*Krumm* EStG § 4f Rn. 34). Jedoch entfernt sich die Gegenauffassung ihrerseits zu weit von der Gesetzesbegründung, soweit sie umgekehrt die Mehrzahl der Umwandlungsfälle als Veräußerungen iSv. § 4f Abs. 1 Satz 3 HS 1 EStG ansehen und daher von einer Aufwandsverteilung absehen will, weil auch die Finanzverwaltung (UmwSt-Erl. 2011, BMF v. 11.11.2011, BStBl. I 2011, 1314 Tz. 00.02; → Rn. 167) Umwandlungen regelmäßig als Veräußerungs- bzw. Anschaffungsvorgänge einordne (HHR/*Schober* EStG § 4f Rn. 16): Diese Sichtweise verkennt, dass der Gesetzgeber des § 4f Abs. 1 Satz 3 HS 1 EStG ausweislich der Gesetzesbegründung offenkundig einen engeren

Veräußerungsbegriff vor Augen gehabt hat als die FinVerw. in UmwSt-Erl. 2011, BMF v. 11.11.2011, BStBl. I 2011, 1314 Tz. 00.02, was in Form des expliziten Verweises auf die § 14, § 16 Abs. 1, 3 und 3a, § 18 Abs. 3 EStG letztlich auch hinreichenden Niederschlag im Gesetzestext gefunden hat.

Zu folgen ist daher einer differenzierenden Auffassung (grundlegend *Widmann,* FS Haarmann, S. 1013ff; iE wohl auch Blümich/*Krumm* EStG § 4f Rn. 34), die der Gesetzesbegründung in eingeschränktem Umfang Geltung verschaffen will, nämlich in erster Linie bei Verschmelzungen und Formwechseln von Körperschaften nach dem 2. und 3. Teil des UmwStG (*Widmann,* FS Haarmann, S. 1019ff. Ziff. 3.1 und S. 1025f. Ziff. 3.2) sowie bei Auf- und Abspaltungen nach dem 4. Teil des UmwStG (*Widmann,* FS Haarmann, S. 1026 Ziff. 3.3 und S. 1027 Ziff. 3.4): In diesen Fallgruppen kann im Einklang mit der Gesetzesbegründung eine Aufwandsverteilung allenfalls gemäß § 4f Abs. 1 Satz 3 HS 2 Alt. 2 EStG unterbleiben, also wenn die Überträgerin ein kleines oder mittleres Unternehmen iSv. § 7g Abs. 1 Satz 2 Nr. 1 Buchst. a bis c EStG ist (*Widmann,* FS Haarmann, S. 1021 Ziff. 3.1.2). Bei der **Einbringung** eines ganzen Betriebs oder eines ganzen Mitunternehmeranteils iSd. 6. oder 7. Teils des UmwStG ist der Aufwand hingegen nur dann gemäß § 4f Abs. 1 Sätze 1 und 2 EStG zu verteilen, wenn der Vorgang zu **Zwischenwerten** stattfindet (so wohl *Widmann,* FS Haarmann, S. 1032 Ziff. 3.5.2.1.2 „Lösung 2" sowie S. 1047 Ziff. 3.6.; wohl auch Blümich/*Krumm* EStG § 4f Rn. 34); unterbleiben muss gemäß § 4f Abs. 1 Satz 3 HS 1 EStG eine Aufwandsverteilung hingegen bei Einbringungen unter Ansatz des **gemeinen Wertes,** da es sich bei diesen der Sache nach um entgeltliche Veräußerungen gemäß §§ 14, 16 Abs. 1, 3 und 3a EStG bzw. § 18 Abs. 3 EStG handelt (*Widmann,* FS Haarmann, S. 1032 Ziff. 3.5.2.1.2 „Lösung 2" sowie S. 1047 Ziff. 3.6; ähnlich Blümich/*Krumm* EStG § 4f Rn. 34).

Die FinVerw. hat zur Frage der **Anwendbarkeit der Ausnahmeregelung für Betriebsveräußerungen** (§ 4f Abs. 1 Satz 3 Hs. 1 EStG) in BMF v. 30.11.2017, DStR 2017, 2666 zu §§ 4f, 5 Abs. 7 EStG nicht direkt Stellung bezogen. Immerhin wird die Anwendbarkeit der Ausnahmeregelung des § 4f Abs. 1 Satz 4 EStG bei Umwandlungen und Einbringungen von Teilbetrieben nach dem UmwStG bejaht (BMF v. 30.11.2017, a.a.O. Tz. 19 letzter Satz): Somit gilt für diese in gleicher Weise wie für Teilbetriebsveräußerungen das Abzugsverbot des Satzes 1 nur, soweit der Aufwand aus der Übertragung der Verpflichtung einen Veräußerungs- oder Aufgabeverlust herbeiführt oder erhöht. **167h**

Eine **Aufwandsverteilung unterbleibt** gemäß § 4f Abs. 1 Satz 3 2. Hs. 2. Alt EStG jedenfalls dann, wenn die Überträgerin die Größenmerkmale des § 7g Abs. 1 Satz 2 Nr. 1 Buchst. a bis c EStG nicht überschreitet (→ Rn. 167c). Die Anwendung des § 4f Abs. 1 Satz 3 2. Hs. 2. Alt EStG kann sich in bestimmten Konstellationen auch nachteilig auswirken, nämlich dann, wenn und soweit durch den Anfall des gesamten Aufwands aus der Aufdeckung der stillen Lasten zum Verschmelzungsstichtag ein nicht anderweitig ausgleichbarer Übertragungsverlust entsteht oder sich erhöht, der im Zuge der Verschmelzung verloren geht (→ Rn. 118 und Rn. 180ff.). **167i**

Unabhängig von der Behandlung bei den Einbringenden entsteht infolge der von § 5 Abs. 7 Satz 1 EStG angeordneten „Wiederherstellung" der stillen Lasten zum nächsten Abschlussstichtag bei der Übernehmerin ein Ertrag, den diese aber zu $^{14}/_{15}$ durch Bildung einer Rücklage ausgleichen kann, die sodann in den folgenden 14 Jahren zu jeweils mindestens $^{1}/_{14}$ gewinnerhöhend wieder aufzulösen ist, § 5 Abs. 7 Satz 5 EStG (→ Rn. 167df.). **167j**

d) Einbringungsfolgegewinn

Entsteht aus der Konfusion von Forderungen und Verbindlichkeiten zwischen übertragender Personengesellschaft und übernehmender Kapitalgesellschaft ein Ge- **168** winn (auf Grund **imparitätischen Ansatzes von Forderungen** oder der Auflösung von **Rückstellungen**), liegt ein bei der übernehmenden Kapitalgesellschaft grds. steuerpflichtiger sog. Einbringungsfolgegewinn iSv. §§ 23 Abs. 6, 6 Abs. 1 UmwStG vor.

168a Allerdings gilt nach st. Rspr. des BFH für Forderungen gegen eine Personengesellschaft, welche sich im Sonderbetriebsvermögen eines Gesellschafters befinden (zB Darlehensforderungen), anstelle des Imparitätsprinzips der sog. Grundsatz der **korrespondierenden Bilanzierung:** Danach scheidet, solange der Gläubiger Mitunternehmer ist, eine gewinnmindernde Wertberichtigung der Forderung aus; vielmehr wird der Verlust im Sonderbetriebsvermögen – ebenso wie der Verlust der Einlage in das Gesellschaftsvermögen – grundsätzlich erst beim Ausscheiden des Gesellschafters oder bei Beendigung der Gesellschaft realisiert (BFH v. 19.5.1993, I R 60/92, BStBl II 1993, 714; BFH v. 5.6.2003, IV R 36/02, BStBl II 2003, 871; BFH v. 16.3.2017, IV R 1/15, BStBl II 2017, 943). Somit wird es bei der Verschmelzung einer Personengesellschaft auf eine Kapitalgesellschaft einen Einbringungsfolgegewinn aus imparitätischem Ansatz von Forderungen gegen die Personengesellschaft nur geben können, wenn die Übernehmerin nicht an der Überträgerin beteiligt ist, die Forderung ausnahmsweise nicht dem Sonderbetriebsvermögen zuzuordnen ist, was zB bei Forderungen aus Lieferungen und Leistungen denkbar ist (vgl. BFH v. 18.7.1979, I R 38/76, BStBl. II 1979, 673), oder der Gesellschafter die Forderung unterhalb des Nennwerts angeschafft hat (zur Anschaffung unter dem Nennwert siehe BFH v. 16.3.2017, IV R 1/15, BStBl. II 2017, 943, Tz. 42 ff.).

169 Ein Einbringungsfolgegewinn kann in dem Wj., in das der steuerliche Übertragungsstichtag fällt, durch eine **steuerfreie Rücklage** neutralisiert werden, § 6 Abs. 1 S. 1 UmwStG. Die Möglichkeit der Rücklagenbildung **entfällt** allerdings gemäß § 23 Abs. 6, § 6 Abs. 3 UmwStG, wenn die Übernehmerin den auf sie übergegangenen Betrieb innerhalb **von fünf Jahren** nach dem steuerlichen Übertragungsstichtag in eine Kapitalgesellschaft einbringt oder ohne triftigen Grund veräußert oder aufgibt (UmwSt-Erl. 2011, BMF v. 11.11.2011, BStBl. I 2011, 1314 Tz. 23.04). Die Rücklage ist gem. § 6 Abs. 1 Satz 2 UmwStG in den folgenden drei Wj. mit mindestens je einem Dritter gewinnerhöhend aufzulösen; eine Verkürzung des Rückzahlungszeitraumes, zB zweimal 50%, ist möglich, arg. „mindestens" (HMB/*Haritz* UmwStG § 6 Rn. 14).

170 Der Übernahmefolgegewinn bzw. der Gewinn aus der Auflösung der Rücklage führt zu einem laufenden Gewinn, der der Gewerbesteuer und der Körperschaftsteuer unterliegt (UmwSt-Erl. 2011, BMF v. 11.11.2011, BStBl. I 2011, 1314 Tz. 06.02).

171 *einstweilen frei*

e) Eintritt in die steuerliche Rechtsstellung der übertragenden Personengesellschaft

172 Die übernehmende Kapitalgesellschaft tritt gemäß §§ 23 Abs. 1, 3 und 4 HS 2, 12 Abs. 3 HS 1 UmwStG bzgl. des eingebrachten Betriebsvermögens in die steuerliche Rechtsstellung der übertragenden Personengesellschaft ein, insb. bzgl. der Bewertung der übernommenen Wirtschaftsgüter, der **Absetzungen für Abnutzung** und der den Gewinn mindernden Rücklagen. Die übernehmende Kapitalgesellschaft ist also zB bzgl. der gewählten AfA-Methode sowie der zugrunde gelegten Nutzungsdauer an die in der Personengesellschaft getroffene Entscheidung gebunden (UmwSt-Erl. 2011, BMF v. 11.11.2011, BStBl. I 2011, 1314 Tz. 23.06).

173 Bzgl. der linearen AfA sowie der Gebäude-AfA gemäß § 7 Abs. 5 EStG erhöht sich im Falle des Ansatzes des gemeinen Wertes oder des Zwischenwertansatzes die AfA-Bemessungsgrundlage mit Wirkung ab dem steuerlichen Übertragungsstichtag jeweils um den Aufstockungsbetrag, § 23 Abs. 3 Nr. 1, Abs. 4 HS 2 UmwStG.

174 Bzgl. der degressiven AfA gemäß § 7 Abs. 2 EStG tritt mit Wirkung ab dem Übertragungsstichtag der Wertansatz in der übernehmenden Kapitalgesellschaft an die Stelle des bisherigen Buchwertes, §§ 23 Abs. 3 Nr. 2, 4 HS 2 UmwStG.

175 *einstweilen frei*

Die vorstehenden Grundsätze gelten auch beim Ansatz des gemeinen Wertes, § 23 Abs. 4 HS 2 UmwStG, und zwar gemäß Tz. 23.20 des UmwSt-Erl. 2011, BMF v. 11.11.2011, BStBl. I 2011, 1314 auch insoweit, als parallel zur Verschmelzung Wirtschaftsgüter des Sonderbetriebsvermögens im Wege der Einzelrechtsnachfolge auf die übernehmende Kapitalgesellschaft übertragen werden (→ Rn. 101 ff.). **176**

einstweilen frei **177**

f) Besitzzeitanrechnung, §§ 23 Abs. 1, 4 Abs. 2 Satz 3 UmwStG

Die Anrechnung steuerlicher Besitzzeiten gemäß § 4 Abs. 2 Satz 3 UmwStG gilt gemäß § 23 Abs. 1 UmwStG – anders als während der Geltung des UmwStG 1995 (UmwSt-Erl. 1998, BMF v. 25.3.1998, BStBl. I 1998, 268 Tz. 22.09) – nicht mehr nur im Falle der Buchwertfortführung, sondern auch beim Ansatz von Zwischenwerten (UmwSt-Erl. 2011, BMF v. 11.11.2011, BStBl. I 2011, 1314 Tz. 23.06 iVm. Tz. 04.15). **178**

einstweilen frei **179**

g) Verlustvorträge, Verrechenbare Verluste, Zinsvortrag, EBITDA-Vortrag

Den Gesellschaftern der übertragenden Personengesellschaft zustehende verbleibende Verlustabzüge gehen nicht auf die übernehmende Kapitalgesellschaft über (UmwSt-Erl. 2011, BMF v. 11.11.2011, BStBl. I 2011, 1314 Tz. 23.02; DPM/*Patt* UmwStG § 23 Rn. 37), sondern verbleiben beim Einbringenden und sind dort nach den für den Einbringenden geltenden allgemeinen Vorschriften (§§ 10d EStG, 8 Abs. 1, 8c KStG) zu behandeln (DPM/*Patt* UmwStG § 23 Rn. 37). **180**

Vortragsfähige gewerbesteuerliche Fehlbeträge iSv. § 10a GewStG der Einbringenden gehen ebenfalls nicht über, § 23 Abs. 5 UmwStG (UmwSt-Erl. 2011, BMF v. 11.11.2011, BStBl. I 2011, 1314 Tz. 23.02; DPM/*Patt* UmwStG § 23 Rn. 145). Ihr Schicksal bei den Einbringenden richtet sich nach den allgemeinen für § 10a GewStG geltenden Grundsätzen (RHL/*Ritzer* § 23 UmwStG Rz. 258; HMB/*Bilitewski* § 23 Rz. 130 ff.). Danach ist zwischen den Fehlbeträgen bei der übertragenden **Personengesellschaft** und solchen bei den **Personengesellschaftern** zu differenzieren:

Bei der Einbringung von Mitunternehmeranteilen, die bei der Verschmelzung einer Personen- auf eine Kapitalgesellschaft Einbringungsgegenstand sind (→ Rn. 100, → Rn. 100a), erlischt der vortragsfähige gewerbesteuerliche Fehlbetrag iSd. § 10a GewStG der Mitunternehmerschaft, soweit er anteilig auf den eingebrachten Mitunternehmeranteil entfällt (RHL/*Ritzer* § 23 UmwStG Rz. 260, 266, 267; HMB/*Bilitewski* § 23 UmwStG Rz. 133), bei der Verschmelzung einer Personengesellschaft auf eine nicht an ihr beteiligte Kapitalgesellschaft also zu 100%, weil sämtliche Mitunternehmeranteile eingebracht werden (gl. A. i. E. RHL/*Ritzer* § 23 UmwStG Rz. 266 f.; DPM/*Patt* § 25 UmwStG Rz. 85 – jeweils für Formwechsel). Hingegen dürfte im Formularfall, in dem nur A und X-GmbH, nicht hingegen die Übernehmerin ihre Mitunternehmeranteile einbringen (→ Rn. 99; → Rn. 100 und Rn. 100a), die gewerbesteuerlichen Fehlbeträge der Überträgerin insoweit bestehen bleiben, als sie auf die Übernehmerin entfallen, also zu 80%.

Eigene gewerbesteuerliche Fehlbeträge iSd. § 10a GewStG der einbringenden Personengesellschafter bleiben hingegen grundsätzlich bestehen (vgl. RHL/*Ritzer* § 23 UmwStG Rz. 257 ff.; HMB/*Bilitewski* § 23 UmwStG Rz. 131, 132)

Auch bei der übertragenden Personengesellschaft bestehende verrechenbare Verluste (§ 15a EStG) der Kommanditisten gehen unter, da die übertragende Kommanditgesellschaft bei der Umwandlung erlischt und somit auch die Möglichkeit verloren geht, Verluste aus der Beteiligung als Kommanditist zukünftig von Gewinnen aus der KG-Beteiligung im Sinne des § 15a Abs. 2 EStG abzuziehen (DPM/*Patt* UmwStG § 25 Rn. 82). Realisiert der Kommanditist allerdings einen Einbringungsgewinn (durch

Ansatz des gemeinen Wertes oder Zwischenwertansatz), kann ein Verlust im Sinne von § 15a EStG mit diesem Einbringungsgewinn verrechnet werden (DPM/*Patt* UmwStG § 25 Rn. 82; *Rödder/Schumacher* DB 1998, 99 unter IV 3 Buchst. a).

Dasselbe Schicksal teilen aufgrund der gesetzlichen Anordnung in § 20 Abs. 9 UmwStG der Zinsvortrag gemäß § 4h Abs. 1 S. 5 EStG sowie der EBITDA-Vortrag gemäß § 4h Abs. 1 Satz 3 EStG (UmwSt-Erl. 2011, BMF v. 11.11.2011, BStBl. I 2011, 1314 Tz. 23.02). Zwar umfasst das Tatbestandsmerkmal des „eingebrachten Betriebs" in § 20 Abs. 9 UmwStG nicht auch den Teilbetrieb bzw. Mitunternehmeranteil iSv. § 20 Abs. 1 UmwStG (so zutr. HMB/*Menner* § 20 Rn. 714). Allerdings geht bei der Verschmelzung einer Personengesellschaft letztlich doch der Betrieb der Personengesellschaft auf die Übernehmerin über; somit lässt sich der Untergang des im Betrieb der Überträgerin entstandenen Zinsvortrags/EBITDA-Vortrags jedenfalls dann begründen, wenn man mit der FinVerw. bei der Verschmelzung einer Personengesellschaft den Betrieb der Überträgerin als Einbringungsgegenstand ansieht (→ Rn. 100).

Dem Fortbestand des Zinsvortrags sowie des EBITDA-Vortrags bei den **einbringenden Personengesellschaftern** steht § 4h Abs. 5 Satz 1 EStG entgegen, wonach der Zinsvortrag bei der Betriebsveräußerung untergeht.

181 Ein bei der **übernehmenden Kapitalgesellschaft** bestehender Verlustvortrag bleibt nur unter den Voraussetzungen des § 8c KStG erhalten (UmwSt-Erl. 2011, BMF v. 11.11.2011, BStBl. I 2011, 1314 Tz. 23.03). Siehe dazu iE → Form. A. 3 Rn. 121.

182–192 *einstweilen frei*

7. Status der neuen Geschäftsanteile

a) Allgemeines

193 Die den Gesellschaftern der übertragenden Personengesellschaft gewährten Geschäftsanteile haben, soweit sie durch eine Sacheinlage zum Buch- oder Zwischenwert und damit „unter dem gemeinen Wert" (§ 22 Abs. 1 Satz 1 UmwStG) erworben wurden, als sog. **erhaltene Anteile** iSv. § 22 UmwStG einen besonderen Status:

Zum einen gelten die aufgrund einer Einbringung gemäß § 20 Abs. 1 UmwStG erhaltenen Anteile im Privatvermögen gemäß § 17 Abs. 6 EStG stets und ohne zeitliche Beschränkung als Anteile iSv. § 17 Abs. 1 EStG (UmwSt-Erl. 2011, BMF v. 11.11. 2011, BStBl. I 2011, 1314 Tz. 22.06). Daher sind **Veräußerungen** der so **erhaltenen Anteile** durch natürliche Personen im Privatvermögen wie solche im Betriebsvermögen ohne zeitliche Begrenzung stets steuerpflichtig, dh. auch dann, wenn die 1%-Schwelle nicht erreicht ist. Allerdings findet bei der Veräußerung durch natürliche Personen das Teileinkünfteverfahren Anwendung, §§ 3 Nr. 40 Buchst. a–c, 3c Abs. 2 S. 1 EStG, § 52a Abs. 3 Satz 1, Abs. 4 Satz 1 EStG. Bei Körperschaften gilt die 95%-Steuerbefreiung gemäß § 8b Abs. 2 und 3 Satz 1 KStG (Rückausnahme: § 8b Abs. 7, 8 KStG).

Zusätzlich zur Besteuerung der Veräußerung selbst löst während einer siebenjährigen „Sperrfrist" nach dem Einbringungszeitpunkt die Veräußerung der **erhaltenen Anteile** bzw. der Eintritt eines gleichgestellten Ereignisses (§ 22 Abs. 1 Satz 6 UmwStG) die rückwirkende (§ 175 Abs. 1 Nr. 2 AO) Besteuerung eines Einbringungsgewinns (Einbringungsgewinn I) aus (s. UmwSt-Erl. 2011, BMF v. 11.11.2011, BStBl. I 2011, 1314 Tz. E 20.04 und → Rn. 199). Dies gilt jedoch nicht, wenn und soweit zum eingebrachten Betriebsvermögen auch Anteile an Kapitalgesellschaften oder Genossenschaften gehören und die erhaltenen Anteile uneingeschränkt deutschem Besteuerungsrecht unterliegen; insoweit ist, wenn der Einbringende keine gem. § 8b Abs. 2 KStG begünstigte Person ist, **stattdessen** ein Einbringungsgewinn (sog. **Einbringungsgewinn II**) zu versteuern, soweit die **übernehmende Gesellschaft** die **(mit-)eingebrachten Anteile** veräußert, § 22 Abs. 1 S. 5 HS 1, Abs. 2 UmwStG

(→ Rn. 200); ist hingegen das deutsche Besteuerungsrecht bezüglich der erhaltenen Anteile ausgeschlossen oder eingeschränkt, gilt auch in Ansehung der mit eingebrachten Anteile gemäß § 22 Abs. 1 Satz 5 HS 2 UmwStG zusätzlich § 22 Abs. 1 Sätze 1–4 UmwStG, dh. in diesen Fällen ist nicht nur bei der **Veräußerung** der mit **eingebrachten Anteile** ein Einbringungsgewinn II, sondern zusätzlich auch bei der **Veräußerung** der **erhaltenen Anteile** ein Einbringungsgewinn I zu versteuern.

Der zu versteuernde Einbringungsgewinn, der für jedes seit dem steuerlichen Übertragungsstichtag bis zur Veräußerung abgelaufene Zeitjahr um $^1/_7$ **abschmilzt,** § 22 Abs. 1 Satz 3 HS 2, Abs. 2 Satz 3 HS 2 UmwStG, gilt als nachträgliche Anschaffungskosten der erhaltenen Anteile, § 22 Abs. 1 Satz 4, Abs. 2 Satz 4 UmwStG; somit werden die im Rahmen der Einbringungsgewinns zu versteuernden stillen Reserven nicht zusätzlich noch einmal im Rahmen der Veräußerung der Besteuerung unterworfen (UmwSt-Erl. 2011, BMF v. 11.11.2011, BStBl. I 2011, 1314 Tz. E 20.05). Unter bestimmten Voraussetzungen kann auch die Übernehmerin den rückwirkend versteuerten Einbringungsgewinn als Erhöhungsbetrag auf das eingebrachte Betriebsvermögen verteilen, § 23 Abs. 2 UmwStG (UmwSt-Erl. 2011, BMF v. 11.11.2011, BStBl. I 2011, 1314 Tz. E 20.05).

einstweilen frei 194

b) Veräußerung

Unter einer zum Entstehen eines rückwirkenden Einbringungsgewinns führenden 195
„Veräußerung" der erhaltenen (§ 22 Abs. 1 UmwStG) bzw. eingebrachten (§ 22 Abs. 2 UmwStG) Anteile („sperrfristbehaftete Anteile") ist die entgeltliche Übertragung des wirtschaftlichen oder (auch) rechtlichen Eigentums zu verstehen (DPM/*Patt* UmwStG § 22 Rn. 28). Insoweit gelten grundsätzlich keine Besonderheiten. Die Veräußerung (wie auch die Veräußerungsersatztatbestände) stellen im Hinblick auf die Besteuerung des Einbringenden ein zum steuerlichen Übertragungsstichtag eingetretenes rückwirkendes Ereignis dar (UmwSt-Erl. 2011, BMF v. 11.11.2011, BStBl. I 2011, 1314 Tz. 22.03).

Ist Einbringender eine **Personengesellschaft,** soll nach Ansicht der FinVerw. nicht nur die Veräußerung der erhaltenen Anteile durch die einbringende Personengesellschaft, sondern „wegen des **Transparenzprinzips**" auch die Veräußerung eines Mitunternehmeranteils an dieser Personengesellschaft durch einen Mitunternehmer als anteilige (UmwSt-Erl. 2011, BMF v. 11.11.2011, BStBl. I 2011, 1314 Tz. 22.04) Veräußerung des von der Personengesellschaft gehaltenen sperrfristbehafteten Anteils zu behandeln sein (UmwSt-Erl. 2011, BMF v. 11.11.2011, BStBl. I 2011, 1314 Tz. 22.02; kritisch *Weber/Hahne* Ubg 2011, 420, 430).

Die FinVerw. sieht entsprechend ihrer umwandlungsteuerlichen Grundkonzeption (UmwSt-Erl. 2011, BMF v. 11.11.2011, BStBl. I 2011, 1314 Tz. 00.02 und Tz. 00.03) grundsätzlich **jedwede Umwandlung und Einbringung** des Einbringenden oder der Übernehmerin sowie jede **umwandlungsbedingte Übertragung** sperrfristbehafteter Anteile als Veräußerung und damit als Anwendungsfall des § 22 Abs. 1 Satz 1, Abs. 2 Satz 1 UmwStG (UmwSt-Erl. 2011, BMF v. 11.11.011, BStBl. I 2011, 1314 Tz. 22.07 aE, Tz. 22.22). Dementsprechend soll im Falle der zu Buchwerten erfolgenden Einbringung sämtlicher Geschäftsanteile an einer (Tochter) GmbH in eine andere GmbH im Wege des qualifizierten Anteilstausches nach § 21 Abs. 1 Satz 2 UmwStG die anschließende Aufwärtsverschmelzung der Tochter auf ihre 100%-Gesellschafterin als Veräußerung der eingebrachten Anteile zu qualifizieren sein, die nach § 22 Abs. 2 Satz 1 UmwStG zur Besteuerung eines Einbringungsgewinns II führt (BFH v. 24.1.2018, I R 48/15, BStBl II 2019, 45).

Lediglich für **Einbringungen** soll dies nicht gelten, wenn der Einbringende bzw. dessen unentgeltlicher Rechtsnachfolger nachweist, dass die sperrfristbehafteten Anteile durch eine Einbringung (§ 20 Abs. 1 UmwStG) oder einen Anteilstausch (§ 21 Abs. 1

UmwStG) oder einen vergleichbaren ausländischen Vorgang iSv. § 22 Abs. 1 Satz 6 Nr. 2 UmwStG **zu Buchwerten,** dh. **ohne Aufdeckung stiller Reserven,** übertragen wurden (UmwSt-Erl. 2011, BMF v. 11.11.2011, BStBl. I 2011, 1314 Tz. 22.22).

Außerhalb dieses gesetzlich definierten Ausnahmetatbestands (etwa im Fall einer Verschmelzung der übernehmenden Kapitalgesellschaft auf eine andere Kapitalgesellschaft) will die FinVerw. Ausnahmen nur im **Billigkeitswege** auf Antrag aller an der Umwandlung beteiligten Personen zulassen, bei denen ansonsten infolge des Umwandlungsvorgangs ein **Einbringungsgewinn** zu **versteuern wäre.** Voraussetzung soll sein, dass folgende Punkte erfüllt sind (UmwSt-Erl. 2011, BMF v. 11.11.2011, BStBl. I 2011, 1314 Tz. 22.22):

– es tritt keine **steuerliche Statusverbesserung** ein (dh. die Besteuerung eines Einbringungsgewinns I bzw. II wird nicht verhindert);
– es werden keine **stillen Reserven** von den sperrfristbehafteten Anteilen auf Anteile eines Dritten **verlagert;**
– **deutsche Besteuerungsrechte** werden **nicht ausgeschlossen** oder **eingeschränkt;** und
– die Antragsteller erklären sich damit **einverstanden,** dass auf alle unmittelbaren oder mittelbaren Anteile an einer an der Umwandlung beteiligten Gesellschaft § 22 Abs. 1 und 2 UmwStG entsprechend anzuwenden ist, wobei Anteile am Einbringenden regelmäßig nicht einzubeziehen sind.

Weiterhin müsse der Sachverhalt in jeder Hinsicht mit den in § 22 Abs. 1 Satz 6 Nr. 2, 4 und 5 geregelten Ausnahmetatbeständen vergleichbar sein (UmwSt-Erl. 2011, BMF v. 11.11.2011, BStBl. I 2011, 1314 Tz. 22.23). Daran fehle es generell bei Umwandlungen, die ohne Gewährung von Anteilen an Kapitalgesellschaften erfolgen, sowie insbesondere bei Einbringungen in Personengesellschaften (UmwSt-Erl. 2011, BMF v. 11.11.2011, BStBl. I 2011, 1314 Tz. 22.23). Daher komme ein Absehen von der Anwendung des § 22 Abs. 1 Satz 1 UmwStG zwar bei der Seitwärtsverschmelzung einer einbringenden oder übernehmenden Kapitalgesellschaft in eine andere Kapitalgesellschaft zu Buchwerten (UmwSt-Erl. 2011, BMF v. 11.11.2011, BStBl. I 2011, 1314 Tz. 22.23 Beispiele 1 und 2), nicht hingegen im Falle der Seitwärtsverschmelzung auf eine Personengesellschaft (UmwSt-Erl. 2011, BMF v. 11.11.2011, BStBl. I 2011, 1314 Tz. 22.23 Abwandlung der Beispiele 1 und 2) oder bei der Upstream-Verschmelzung (UmwSt-Erl. 2011, BMF v. 11.11.2011, BStBl. I 2011, 1314 Tz. 22.23 Abwandlung der Beispiel 3) in Betracht, selbst wenn diese zu Buchwerten erfolgten. Auch bei Umwandlungen, die im Ergebnis auf eine Veräußerung des eingebrachten Vermögens hinauslaufen, wie etwa eine Spaltung zur Trennung von Gesellschafterstämmen, soll nach Ansicht der FinVerw. nicht von der Anwendung des § 22 Abs. 1 Satz 1 bzw. Abs. 2 Satz 1 UmwStG abgesehen werden können (UmwSt-Erl. 2011, BMF v. 11.11.2011, BStBl. I 2011, 1314 Tz. 22.23).

Ob die Anwendung von § 22 Abs. 1 Satz 1, Abs. 2 Satz 1 UmwStG in Umwandlungsfällen dadurch vermieden werden kann, dass die (nach Auffassung der FinVerw.) sperrfristschädliche Umwandlung (zB Verschmelzung) in Anwendung von § 2 Abs. 1 UmwStG auf einen Zeitpunkt vor dem Einbringungszeitpunkt zurückverlagert wird (bejahend *Kortendick/Peters* DStR 2014, 1578, 1582f.), ist zweifelhaft: Der BFH neigt dazu, das in den Sperrfristen des UmwStG durchgängig verwendete Wort „nach" nicht rein zeitlich, sondern (auch) „logisch" zu verstehen (BFH v. 26.4.2012, IV R 24/09, BStBl. II 2012, 703, zu § 18 Abs. 4 UmwStG 1995). Demnach könnte ein sperrfristschädliches Ereignis auch dann „nach" dem für den Fristbeginn maßgeblichen Zeitpunkt stattfinden, wenn es in Anwendung von § 2 Abs. 1 UmwStG auf einen Zeitpunkt vor dem Einbringungszeitpunkt zurückbezogen wird.

c) Ersatzrealisierungstatbestände, § 22 Abs. 1 Satz 6, Abs. 2 Satz 6 UmwStG

196 Angesichts des soeben dargestellten **generalklauselhaft** weiten Anwendungsbereichs, den die FinVerw. dem allgemeinen Veräußerungstatbestand in § 22 Abs. 1

Satz 1 UmwStG bemisst und dessen Einschränkung im Wesentlichen nur im Rahmen von Billigkeitserwägungen möglich sein soll, gewinnt der vermeintliche **Ersatzrealisierungstatbestand** des **§ 22 Abs. 1 Satz 6 Nr. 2** UmwStG (entgeltliche Übertragung) nurmehr wegen seiner in dessen zweitem Halbsatz enthaltenen **Ausnahme** („… es sei denn …") Bedeutung: Danach ist eine Anteilsübertragung bzw. Umwandlung nicht als „Veräußerung" iSv. § 22 Abs. 1 Satz 1, Abs. 2 Satz 1 UmwStG anzusehen, wenn der Einbringende nachweist, dass sie gemäß § 20 Abs. 1 UmwStG bzw. § 21 Abs. 1 UmwStG bzw. aufgrund eines vergleichbaren ausländischen Vorgangs zu Buchwerten erfolgt (UmwSt-Erl. 2011, BMF v. 11.11.2011, BStBl. I 2011, 1314 Tz. 22.23); gemäß § 22 Abs. 1 Satz 6 Nr. 2 UmwStG idF StÄndG 2015 v. 2.11.2015 (BGBl. I 2015, 1834) gehört dazu auch der Nachweis, dass im Rahmen der Einbringung keine sonstigen Gegenleistungen gewährt wurden, welche die gemäß § 20 Abs. 2 Satz 2 Nr. 4 UmwStG bzw. § 21 Abs. 1 Satz 2 Nr. 2 UmwStG idF StÄndG 2015 neu eingeführten Grenzen überschreiten (dazu → Rn. 116e).

Die Ersatzrealisierungstatbestände des § 22 Abs. 1 Satz 6 Nr. 4 und 5 UmwStG enthalten zu dieser Ausnahme wiederum einschränkende **Rückausnahmen,** bei denen es trotz einer vorausgegangenen gemäß § 22 Abs. 1 Satz 6 Nr. 2 HS 2 UmwStG zunächst unschädlichen Einbringung der sperrfristbehafteten Anteile in eine andere Kapitalgesellschaft oder Genossenschaft zu Buchwerten doch zum Entstehen eines Einbringungsgewinns kommt:

- § 22 Abs. 1 Satz 6 **Nr. 4** UmwStG hält die Sperrfristbehaftung der nach § 22 Abs. 1 Satz 6 Nr. 2 UmwStG unschädlich eingebrachten Anteile aufrecht, so dass auch die (unmittelbare oder mittelbare) Veräußerung oder nach § 22 Abs. 1 Satz 6 Nr. 1 oder 2 UmwStG gleichstehende Übertragung der weiterhin sperrfristbehafteten Anteile durch die andere Kapitalgesellschaft oder Genossenschaft als neue Anteilsinhaberin beim Einbringenden den rückwirkenden Einbringungsgewinn I oder II auslöst (UmwSt-Erl. 2011, BMF v. 11.11.2011, BStBl. I 2011, 1314 Tz. 22.25);
- § 22 Abs. 1 Satz 6 **Nr. 5** UmwStG erstreckt die Sperrfristbehaftung auf die aus der unschädlichen Einbringung hervorgehenden, dem Einbringenden im Tausch gegen die sperrfristbehafteten Anteile gewährten **neuen Anteile** (UmwSt-Erl. 2011, BMF v. 11.11.2011, BStBl. I 2011, 1314 Tz. 22.26), so dass auch deren unmittelbare Veräußerung oder nach § 22 Abs. 1 Satz 6 Nr. 1 oder 2 UmwStG gleichstehende Übertragung beim Einbringenden die rückwirkende Versteuerung des Einbringungsgewinns auslöst. Nach Ansicht der FinVerw. soll dies auch für eine Auflösung mit Abwicklung der Kapitalgesellschaft gelten, an der diese neuen Anteile bestehen, § 22 Abs. 1 Satz 6 **Nr. 3** UmwStG (UmwSt-Erl. 2011, BMF v. 11.11.2011, BStBl. I 2011, 1314 Tz. 22.26); uE ist diese Auffassung nicht vom Wortlaut des § 22 Abs. 1 Satz 6 Nr. 5 UmwStG gedeckt, da dort nur die Ersatztatbestände Nr. 1 und Nr. 2 genannt werden.

Für beide Rückausnahmen kann der Einbringende das Entstehen eines Einbringungsgewinns jeweils nur durch den **Nachweis** verhindern, dass die Anteile zu Buchwerten übertragen bzw. eingebracht wurden, § 22 Abs. 1 Satz 6 Nr. 4 und 5 (jeweils HS 2 UmwStG; nach § 22 Abs. 1 Satz 6 Nr. 4 und 5 UmwStG idF StÄndG 2015 v. 2.11.2015 (BGBl. I 2015, 1834) dazu auch der Nachweis, dass im Rahmen der Einbringung keine sonstigen Gegenleistungen gewährt wurden, welche die gemäß § 20 Abs. 2 Satz 2 Nr. 4 UmwStG bzw. § 21 Abs. 1 Satz 2 Nr. 2 UmwStG idF StÄndG 2015 neu eingeführten Grenzen überschreiten (dazu → Rn. 116e).

Neben den vorstehend bereits erwähnten Regelungen zum Anteilstausch enthält § 22 Abs. 1 Satz 6 UmwStG noch weitere Veräußerungsersatztatbestände, nämlich in Nr. 1 (unentgeltliche Übertragung auf Körperschaft oder Genossenschaft), Nr. 3 (Auflösung und Abwicklung usw. der übernehmenden Gesellschaft) und Nr. 6 (Wegfall der persönlichen Anwendungsvoraussetzungen). Diese lehnen sich mehr oder weniger eng an ihre Vorbilder in § 21 Abs. 2 Nr. 4 (verdeckte Einlage), Nr. 3 (Auflösung usw.)

bzw. Nr. 2 (Verlust des Besteuerungsrechts) des UmwStG 1995 an, erweitern diese aber zT auch:

Als Fälle der **unentgeltlichen Übertragung** der sperrfristbehafteten Anteile auf eine **Kapitalgesellschaft** oder **Genossenschaft** (§ 22 Abs. 1 Satz 6 **Nr. 1** UmwStG) nennt der UmwSt-Erl. 2011 nicht nur die verdeckte Einlage, sondern auch die verdeckte Gewinnausschüttung, die Realteilung sowie unentgeltliche Übertragungen nach § 6 Abs. 3 und 5 EStG (UmwSt-Erl. 2011, BMF v. 11.11.2011, BStBl. I 2011, 1314 Tz. 22.20). Die unentgeltliche Übertragung auf andere Erwerber, etwa **natürliche Personen,** ist hingegen **kein Fall** des § 22 Abs. 1 Satz 6 **Nr. 1** UmwStG und führt daher nicht zu einer Realisierung; jedoch tritt der unentgeltliche Erwerber in die Rechtsstellung des Zedenten ein, § 22 Abs. 6 UmwStG, dh. bei einem unentgeltlichen Erwerb vom Einbringenden treffen nunmehr den Erwerber die Nachweisobliegenheiten; auch führt nunmehr die Veräußerung oder die Verwirklichung eines Ersatzrealisierungstatbestands durch den unentgeltlichen Erwerber zur Realisierung des Einbringungsgewinns (UmwSt-Erl. 2011, BMF v. 11.11.2011, BStBl. I 2011, 1314 Tz. 22.41). Dieser fällt allerdings weiterhin beim ursprünglichen Einbringenden an (siehe das Beispiel in UmwSt-Erl. 2011, BMF v. 11.11.2011, BStBl. I 2011, 1314 Tz. 22.41).

Die **Auflösung und Abwicklung** der Kapitalgesellschaft, an der die sperrfristbehafteten Anteile bestehen (§ 22 Abs. 1 Satz 6 **Nr. 3 Alt. 1** UmwStG), löst die volle rückwirkende Einbringungsgewinnbesteuerung auf den Zeitpunkt der Schlussverteilung aus, wobei es auf die Frage, wer in diesem Zeitpunkt Gesellschafter ist, nicht ankommen soll (UmwSt-Erl. 2011, BMF v. 11.11.2011, BStBl. I 2011, 1314 Tz. 22.24). Mangels Abwicklung löst hingegen die Insolvenz keine rückwirkende Einbringungsgewinnbesteuerung aus (UmwSt-Erl. 2011, BMF v. 11.11.2011, BStBl. I 2011, 1314 Tz. 22.24). In den Fällen der **Kapitalherabsetzung** sowie der **Einlagenrückgewähr** (§ 22 Abs. 1 Satz 6 Nr. 3 Alt. 2 und 3 UmwStG) kommt es nur dann zu einer rückwirkenden Einbringungsgewinnbesteuerung, wenn der aus dem Rücklagenkonto (§ 27 KStG) ausgekehrte Betrag den Buchwert bzw. die Anschaffungskosten der sperrfristbehafteten Anteile übersteigt; im Rahmen einer anzustellenden **Günstigerrechnung** ist in diesen Fällen nur der die Anschaffungskosten bzw. den Buchwert übersteigende Betrag als Einbringungsgewinn zu versteuern, wenn er den gemäß § 22 Abs. 1 Satz 3, Abs. 2 Satz 3 UmwStG berechneten Betrag nicht übersteigt (UmwSt-Erl. 2011, BMF v. 11.11.2011, BStBl. I 2011, 1314 Tz. 22.24).

Als Fälle des § 22 Abs. 1 Satz 6 **Nr. 6** UmwStG (**Wegfall der Voraussetzungen** des § 1 Abs. 4 UmwStG) nennt der UmwSt-Erl. 2011 den Wegzug sowie die Sitzverlegung des Einbringenden oder – in den Fällen des § 22 Abs. 1 Satz 6 Nr. 4 UmwStG – der die sperrfristbehafteten Anteile übernehmenden Gesellschaft (UmwSt-Erl. 2011, BMF v. 11.11.2011, BStBl. I 2011, 1314 Tz. 22.27). Daneben soll nach Ansicht der FinVerw. auch der Wegfall der Voraussetzungen des § 1 Abs. 4 UmwStG infolge Änderung eines einschlägigen DBAs die Versteuerung des Einbringungsgewinns auslösen (UmwSt-Erl. 2011, BMF v. 11.11.2011, BStBl. I 2011, 1314 Tz. 22.27). Der durch das Brexit-StBeglG v. 25.3.2019 (BGBl. I 2019, 357) mit Wirkung ab dem 29.3.2019 eingefügte § 22 Abs. 8 UmwStG stellt klar, dass allein der Austritt des Vereinigten Königreichs Großbritannien und Nordirland aus der EU nicht dazu führt, dass die Voraussetzungen des § 1 Abs. 4 nicht mehr erfüllt sind; dies gilt allerdings nur für solche Einbringungen, bei denen im Falle der Einbringung durch Gesamtrechtsnachfolge die Beurkundung des Umwandlungsbeschlusses bzw. im Falle der Einbringung durch Einzelrechtsnachfolge der Abschluss des Einbringungsvertrages vor dem Ausscheiden des Vereinigten Königsreichs aus der EU erfolgt ist.

Die Aufzählung der Veräußerungsersatztatbestände in § 22 Abs. 1 Satz 6 UmwStG ist abschließend; die Möglichkeit einer freiwilligen Gewinnrealisierung nach Art des Entstrickungsantrages gemäß § 21 Abs. 2 Nr. 1 UmwStG 1995 besteht nicht mehr.

Weggefallen ist auch die in § 21 Abs. 2 Satz 4 UmwStG 1995 noch vorgesehene Möglichkeit der Zahlung der anfallenden Einkommen- oder Körperschaftsteuer in **jährlichen Teilbeträgen** von mindestens je einem Fünftel ohne Stundungszinsen (§ 21 Abs. 2 Satz 3 UmwStG 1995).

Gemäß § 22 Abs. 1 S. 5 HS 1, Abs. 2 S. 6 UmwStG gelten die **Veräußerungsersatztatbestände** gemäß § 22 Abs. 1 S. 6 Nr. 1–5 UmwStG in Ansehung der (mit) **eingebrachten Anteile** entsprechend und lösen daher im Falle ihrer Verwirklichung durch die übernehmende Gesellschaft einen **Einbringungsgewinn II** aus; dasselbe gilt gemäß § 22 Abs. 2 S. 6 UmwStG, wenn bei der übernehmenden Gesellschaft die Voraussetzungen des § 1 Abs. 4 UmwStG wegfallen.

d) Nachweispflichten, Veräußerungsfiktion, § 22 Abs. 3 UmwStG

Eine **„Veräußerungsfiktion"** normiert § 22 Abs. 3 Satz 2 UmwStG für den Fall der Nichterfüllung der Nachweisobliegenheiten, die § 22 Abs. 3 Satz 1 UmwStG dem Einbringenden aufbürdet: 197

Nach dieser Bestimmung hat der Einbringende für die sieben auf den steuerlichen Übertragungsstichtag folgenden Zeitjahre jeweils jährlich bis zum 31. Mai nachzuweisen, wem die sperrfristbehafteten Anteile jeweils zum Ablauf des Tages, welcher dem steuerlichen Übertragungsstichtag entspricht, zustehen. Der Nachweis hat sich jeweils auf die Anteilsberechtigung zum Ende eines einjährigen Überwachungszeitraums als Nachweisstichtag zu erstrecken (UmwSt-Erl. 2011, BMF v. 11.11.2011, BStBl. I 2011, 1314 Tz. 22.28); der erste Überwachungszeitraum beginnt am Tag nach dem steuerlichen Übertragungsstichtag und endet ein Zeitjahr nach dem steuerlichen Übertragungsstichtag (UmwSt-Erl. 2011, BMF v. 11.11.2011, BStBl. I 2011, 1314 Tz. 22.28 mit Beispiel). Der Nachweis ist bis zum auf den jeweiligen Nachweisstichtag nächstfolgenden 31. Mai zu führen (UmwSt-Erl. 2011, BMF v. 11.11.2011, BStBl. I 2011, 1314 Tz. 22.31).

Die **Nachweispflicht** bezieht sich im Falle einer Einbringung gemäß § 20 Abs. 1 UmwStG auf die erhaltenen Anteile, § 22 Abs. 3 Nr. 1 UmwStG, also auf die im Rahmen der Einbringung ausgegebenen Anteile. Soweit Anteile an Kapitalgesellschaften oder Genossenschaften (mit)eingebracht werden (§ 22 Abs. 1 Satz 5, Abs. 2 UmwStG), bezieht sich die Nachweispflicht auf die eingebrachten Anteile, § 22 Abs. 3 Nr. 2 UmwStG. Werden die sperrfristbehafteten Anteile durch eine Personengesellschaft gehalten, soll sich die Nachweisobliegenheit wegen der Schädlichkeit von Veräußerungen der an der Personengesellschaft bestehenden Mitunternehmeranteile (→ Rn. 195) auch auf diese Mitunternehmeranteile erstrecken (UmwSt-Erl. 2011, BMF v. 11.11.2011, BStBl. I 2011, 1314 Tz. 22.28). In den Mitverstrickungsfällen gemäß § 22 Abs. 7 UmwStG (Überspringen stiller Reserven → Rn. 203) erstreckt sich die Nachweispflicht auch auf die mitverstrickten Anteile, da diese ebenfalls als erhaltene bzw. eingebrachte Anteile gelten (UmwSt-Erl. 2011, BMF v. 11.11.2011, BStBl. I 2011, 1314 Tz. 22.28; DPM/*Patt* UmwStG § 22 Rn. 86, → Rn. 203).

Die Nachweispflicht gilt gemäß § 22 Abs. 3 Satz 1 Nr. 1 HS 2 und Nr. 2 HS 2 UmwStG auch für die auf den (erhaltenen bzw. eingebrachten) Anteilen **beruhenden Anteile;** damit sind die im Falle einer gemäß § 22 Abs. 1 Satz 6 Nr. 2, 4 und 5 UmwStG unschädlichen Weitereinbringung zum Buchwert ausgegebenen neuen Anteile gemeint (UmwSt-Erl. 2011, BMF v. 11.11.2011, BStBl. I 2011, 1314 Tz. 22.28). Die Nachweispflicht bezüglich der weitereingebrachten Anteile besteht daneben weiter (UmwSt-Erl. 2011, BMF v. 11.11.2011, BStBl. I 2011, 1314 Tz. 22.28; DPM/*Patt* UmwStG § 22 Rn. 86).

Die für den Fall einer (Mit-)Einbringung von Anteilen an Kapitalgesellschaften oder Genossenschaften vorgesehene Nachweispflicht gemäß § 22 Abs. 3 Nr. 2 UmwStG besteht nicht, wenn und soweit es sich bei dem Einbringenden um eine von § 8b

Abs. 2 KStG begünstigte Person handelt; die Nachweispflicht entfällt außerdem, wenn und sobald der Einbringende alle im Rahmen des Anteilstauschs erhaltenen Anteile veräußert hat. In beiden Fällen kann nämlich ein Einbringungsgewinn II nicht bzw. nicht mehr anfallen, § 22 Abs. 2 Satz 1, 5 UmwStG.

Nachzuweisen ist jeweils das zur steuerrechtlichen Zurechnung führende **wirtschaftliche Eigentum** (UmwSt-Erl. 2011, BMF v. 11.11.2011, BStBl. I 2011, 1314 Tz. 22.30), das zivilrechtliche Eigentum hingegen nur dann, wenn es auch zur steuerrechtlichen Zurechnung führt (DPM/*Patt* UmwStG § 22 Rn. 85).

Die Nachweispflicht trifft den Einbringenden bzw. im Falle der unentgeltlichen Übertragung gemäß § 22 Abs. 6 UmwStG den Rechtsnachfolger, im Falle der Mitverstrickung nach § 22 Abs. 7 UmwStG auch den (wirtschaftlichen) Anteilsinhaber der mitverstrickten Anteile (UmwSt-Erl. 2011, BMF v. 11.11.2011, BStBl. I 2011, 1314 Tz. 22.28).

198 In den Fällen des § 22 Abs. 3 Nr. 2 UmwStG (Anteilstausch) wird der Nachweis, dass die **eingebrachten Anteile** der aufnehmenden Kapitalgesellschaft zum Stichtag (steuerlich) zuzurechnen sind, laut Gesetzesbegründung regelmäßig durch eine entsprechende Bescheinigung der aufnehmenden Kapitalgesellschaft erbracht werden können (BT-Drs. 16/2710, Einzelanmerkung zu § 22 Abs. 3 UmwStG; ebenso UmwSt-Erl. 2011, BMF v. 11.11.2011, BStBl. I 2011, 1314 Tz. 22.30). Darüber, wie in den Fällen des § 22 Abs. 3 Nr. 1 UmwStG der Nachweis der Zurechnung der **erhaltenen Anteile** zu führen ist, schweigt sich die Gesetzesbegründung aus. Die FinVerw. fordert eine schriftliche Erklärung des Einbringenden (UmwSt-Erl. 2011, BMF v. 11.11.2011, BStBl. I 2011, 1314 Tz. 22.30). Daneben ist – wenn ihm die Anteile zuzurechnen sind – eine entsprechende Bestätigung der aufnehmenden Kapitalgesellschaft bzw. in allen anderen Fällen ein Nachweis, an wen und auf welche Weise die Anteile übertragen worden sind, vorzulegen (UmwSt-Erl. 2011, BMF v. 11.11.2011, BStBl. I 2011, 1314 Tz. 22.30). Auch ein Auszug aus dem Aktienregister (§ 67 AktG) oder eine Gesellschafter- bzw. Mitgliederliste (§ 40 GmbHG, § 15 Abs. 2 GenG) zum jeweiligen Nachweisstichtag (→ Rn. 197) werden als geeignete Beweismittel für den Nachweis der Gesellschafterstellung genannt (UmwSt-Erl. 2011, BMF v. 11.11.2011, BStBl. I 2011, 1314 Tz. 22.30). Die in der Gesetzesbegründung erwähnte Vorlage eines Registerauszuges ist hingegen ein taugliches Beweismittel nur zum bei Personengesellschaften als Einbringenden ergänzend erforderlichen Nachweis der Inhaberschaft an den Mitunternehmeranteilen (→ Rn. 195 und → Rn. 197), da bei Kapitalgesellschaften (anders als bei Personengesellschaften) die Anteilsinhaberschaft keinen in das Handelsregister **einzutragenden Sachverhalt** darstellt. Zuständig für die Entgegennahme des Nachweises ist, da die rückwirkende Einbringungsgewinnbesteuerung in jedem Fall beim Einbringenden eintreten, das für die Besteuerung des Einbringenden zuständige Finanzamt, das auch für die Ermittlung und Festsetzung eines rückwirkenden Einbringungsgewinns zuständig ist (UmwSt-Erl. 2011, BMF v. 11.11.2011, BStBl. I 2011, 1314 Tz. 22.29; DPM/*Patt* UmwStG § 22 Rn. 90a).

198a Bei der Frist 31. Mai handelt es sich **nicht** um eine **Ausschlussfrist** dergestalt, dass der Nachweis nach diesem Tag nicht mehr geführt werden kann. § 22 Abs. 3 Satz 2 UmwStG definiert nämlich nur den **fehlenden Nachweis,** nicht aber den **fehlenden Nachweis zum 31. Mai,** als Auslöser der Veräußerungsfiktion. Diese Auslegung wird durch die Gesetzesbegründung (BT-Drs. 16/2710, Einzelanmerkung zu § 22 Abs. 3 UmwStG) bestätigt. Die FinVerw. hat sich dieser Auffassung angeschlossen (UmwSt-Erl. 2011, BMF v. 11.11.2011, BStBl. I 2011, 1314 Tz. 22.33; aA DPM/*Patt* UmwStG § 22 Rn. 91; *Rödder/Schumacher* DStR 2007, 369, 375). Konsequenterweise kann der Nachweis auch noch später, zB im Einspruchs- oder Klageverfahren, nachgereicht werden (UmwSt-Erl. 2011, BMF v. 11.11.2011, BStBl. I 2011, 1314 Tz. 22.33, Tz. 5). Nur diese Auslegung entspricht auch der gesetzgeberischen Intention, die Beweislast auf den Einbringenden zu verlagern; diese Nachweisobliegenheit mit einer Ausschlussfrist zu sanktionieren, dürfte gegen das Übermaßverbot sowie das Gebot rechtlichen Gehörs verstoßen und somit auch verfassungsrechtlich angreifbar sein.

Wird der Nachweis nicht erbracht, gelten die von der Nachweispflicht betroffenen Anteile als zu dem in § 22 Abs. 3 Satz 2 UmwStG genannten Zeitpunkt veräußert **(Veräußerungsfiktion).** Nach Ansicht der FinVerw. soll die Veräußerungsfiktion nicht nur den Anfall eines rückwirkenden Einbringungsgewinns zum Einbringungstichtag, sondern auch eine Veräußerungsgewinnbesteuerung auf den in § 22 Abs. 3 Satz 2 UmwStG genannten Zeitpunkt, also den Beginn des jeweiligen Überwachungszeitraums, nach den allgemeinen Regeln nach sich ziehen (UmwSt-Erl. 2011, BMF v. 11.11.2011, BStBl. I 2011, 1314 Tz. 22.28 und Tz. 22.33; **aA** DPM/*Patt* UmwStG § 22 Rn. 93; *Rödder/Schumacher* DStR 2007, 369, 375).

e) Ermittlung und Besteuerung des rückwirkenden Einbringungsgewinnes

Bei der Ermittlung des **rückwirkenden Einbringungsgewinnes** sind gemäß § 22 Abs. 1 Satz 3, Abs. 2 Satz 3 UmwStG in einem ersten Rechenschritt vom **gemeinen Wert** des eingebrachten Betriebsvermögens zunächst die Kosten für den Vermögensübergang und der Wert, mit dem die übernehmende Gesellschaft das eingebrachte Betriebsvermögen angesetzt hat, abzuziehen (UmwSt-Erl. 2011, BMF v. 11.11.2011, BStBl. I 2011, 1314 Tz. 22.08). Der gemeine Wert ermittelt sich nach den Grundsätzen, die gegolten hätten, wenn der Antrag auf Ansatz eines unter dem gemeinen Wert liegenden Wertes gemäß § 20 Abs. 2 Satz 1 UmwStG nicht gestellt worden wäre (→ Rn. 115), so dass insb. auch § 6a EStG zu beachten ist (so zutr. DPM/*Patt* UmwStG § 22 Rn. 55). Obwohl insoweit grundsätzlich die FinVerw. die Beweislast trägt, kann es sich gleichwohl empfehlen, Beweisvorsorge durch Dokumentation der wertbegründenden Tatsachen zu treffen (DPM/*Patt* UmwStG § 22 Rn. 55). Abweichend von der Gewinnermittlung nach § 20 Abs. 2 Satz 1 UmwStG sind jedoch eingebrachte Anteile an Kapitalgesellschaften und Genossenschaften grundsätzlich weder bei der Ermittlung des gemeinen Wertes noch beim Abzug der Wertansätze bei der übernehmenden Gesellschaft anzusetzen, § 22 Abs. 1 Satz 5 UmwStG (UmwSt-Erl. 2011, BMF v. 11.11.2011, BStBl. I 2011, 1314 Tz. 22.08). Vom verbleibenden Betrag („Vorläufiger Einbringungsgewinn") sind für jedes volle seit dem Einbringungszeitpunkt (dh. seit dem steuerlichen Übertragungsstichtag, § 22 Abs. 6 S. 1 UmwStG) abgelaufene Zeitjahr $^1/_7$ des vorläufigen Einbringungsgewinns I abzuziehen. 199

Als **Kosten für den Vermögensübergang** iSv. § 22 Abs. 1 Satz 3 UmwStG wird man, da es um eine Gewinnermittlung beim **Einbringenden** geht, auch nur die beim Einbringenden angefallenen Kosten ansetzen können (so auch DPM/*Patt* UmwStG § 20 Rn. 54a: „Kosten der Vermögensübertragung des Einbringenden"). Nicht zu den im Rahmen der Einbringungsgewinnermittlung abziehbaren Kosten des Vermögensübergangs gehören objektbezogene Kosten wie etwa die anfallende **Grunderwerbsteuer,** auch soweit diese nach der getroffenen Vereinbarung vom Einbringenden zu tragen ist; die Grunderwerbsteuer ist bei der Übernehmerin als Anschaffungsnebenkosten zu aktivieren (UmwSt-Erl. 2011, BMF v. 11.11.2011, BStBl. I 2011, 1314 Tz. 23.01). Soweit die Kosten des Vermögensübergangs beim Einbringenden den laufenden Gewinn oder – bei Zwischenwertansatz – den Einbringungsgewinn gemindert haben, ist diese Gewinnminderung im Jahr der Einbringung rückgängig zu machen (UmwSt-Erl. 2011, BMF v. 11.11.2011, BStBl. I 2011, 1314 Tz. 22.09).

Gemäß der Ausnahmeregelung in § 22 Abs. 1 Satz 5 HS 1 UmwStG fällt ein **Einbringungsgewinn I** nach § 22 Abs. 1 Satz 1 UmwStG insoweit nicht an, als zum eingebrachten Betriebsvermögen auch Anteile an Kapitalgesellschaften oder Genossenschaften gehören und die erhaltenen Anteile uneingeschränkt deutschem Besteuerungsrecht unterliegen; innerhalb der Rechenoperation zur Ermittlung des Einbringungsgewinns I gemäß § 22 Abs. 1 S. 1 UmwStG sind also sowohl beim gemeinen

Wert des eingebrachten Betriebsvermögens als auch bei den davon abzuziehenden Wertansätzen der übernehmenden Gesellschaft die jeweiligen Beträge für die eingebrachten Anteile zu eliminieren (UmwSt-Erl. 2011, BMF v. 11.11.2011, BStBl. I 2011, 1314 Tz. 22.09; im Ergebnis ebenso DPM/*Patt* UmwStG § 22 Rn. 55f.). Dies ist konsequent, weil eine Veräußerung der erhaltenen Anteile durch den Einbringenden steuerlich nicht günstiger behandelt wird als die Veräußerung der eingebrachten Anteile: In beiden Fällen findet – deutsches Besteuerungsrecht vorausgesetzt – das Teileinkünfteverfahren bzw. die Befreiung gemäß § 8b Abs. 2 KStG Anwendung. Durch den Anteilstausch tritt also aus Sicht des Einbringenden keine steuerliche „Statusverbesserung" ein (DPM/*Patt* UmwStG § 22 Rn. 53). Nur wenn es sich beim Einbringenden um eine nicht von § 8b Abs. 2 KStG begünstigte Person handelt, erfolgt eine Besteuerung der stillen Reserven in den eingebrachten Anteilen stattdessen im Wege der rückwirkenden Besteuerung eines Einbringungsgewinns **(sog. Einbringungsgewinn II),** wenn die übernehmende Gesellschaft die **(mit)eingebrachten Anteile** veräußert, § 22 Abs. 1 S. 5 HS 1, Abs. 2 UmwStG (→ Rn. 201).

Von dieser Ausnahme sieht § 22 Abs. 1 S. 5 HS 2 UmwStG eine **„Rückausnahme"** vor, wenn bzgl. der erhaltenen Anteile kein deutsches Besteuerungsrecht besteht: Ohne diese Rückausnahme könnte der Einbringende die erhaltenen, nicht der deutschen Besteuerung unterliegenden Anteile insoweit, als sie für die eingebrachten Anteile gewährt werden, veräußern, ohne dass deutsche Steuer anfiele. Auch ein Einbringungsgewinn II könnte nach der Veräußerung wegen § 22 Abs. 2 S. 5 UmwStG nicht mehr anfallen. Um die Besteuerung der in den eingebrachten Anteilen ruhenden stillen Reserven zu sichern, ordnet § 22 Abs. 1 S. 5 HS 2 UmwStG somit bei Veräußerung der erhaltenen Anteile die Entstehung eines Einbringungsgewinns I (auch) in Ansehung der in den eingebrachten Anteilen im Einbringungszeitpunkt vorhandenen stillen Reserven an (UmwSt-Erl. 2011, BMF v. 11.11.2011, BStBl. I 2011, 1314 Tz. 22.11). Allerdings erfasst die Rückausnahme nicht die Veräußerungsersatztatbestände in § 22 Abs. 1 S. 6 UmwStG (zutreffend DPM/*Patt* UmwStG § 22 Rn. 53a); eine verdeckte Einlage der erhaltenen Anteile in eine Kapitalgesellschaft (§ 22 Abs. 1 S. 6 Nr. 1 UmwStG) würde also in Höhe der stillen Reserven der eingebrachten Anteile nicht zum Entstehen eines Einbringungsgewinnes I führen (wohl aber in Höhe der stillen Reserven des übrigen eingebrachten Betriebsvermögens).

200 Der rückwirkende Einbringungsgewinn ist im Wirtschaftsjahr der Einbringung, also in dem Wirtschaftsjahr, in welches der steuerliche Übertragungsstichtag fällt, zu versteuern, § 22 Abs. 1 Satz 1 UmwStG; die Veräußerung oder der Veräußerungsersatztatbestand gilt insoweit gemäß § 22 Abs. 1 S. 2, Abs. 2 S. 1 HS 1 UmwStG als rückwirkendes Ereignis iSv. § 175 Abs. 1 S. 1 Nr. 2 AO (UmwSt-Erl. 2011, BMF v. 11.11.2011, BStBl. I 2011, 1314 Tz. 22.03). Für die Besteuerung des rückwirkenden Einbringungsgewinns gelten grundsätzlich die Ausführungen zum Einbringungsgewinn (→ Rn. 144ff.). Allerdings finden die §§ 16 Abs. 4 und 34 EStG keine Anwendung; § 22 Abs. 1 Satz 1 HS 2 UmwStG ist insoweit lex specialis gegenüber § 20 Abs. 4 UmwStG (DPM/*Patt* UmwStG § 22 Rn. 59c). Dies stellt zumindest dann, wenn der den rückwirkenden Einbringungsgewinn auslösende Sachverhalt innerhalb des ersten Zeitjahres nach der Einbringung verwirklicht wird, eine nicht zu rechtfertigende Schlechterstellung gegenüber einer originären Einbringung zum Teilwert dar (DPM/*Patt* UmwStG § 22 Rn. 59c). Die FinVerw. will die Begünstigung der §§ 16 Abs. 4 und 34 EStG gleichwohl auch in diesem Fall versagen, lehnt also eine uE gebotene teleologische Reduktion des § 22 Abs. 1 Satz 1 HS 2 UmwStG ab (UmwSt-Erl. 2011, BMF v. 11.11.2011, BStBl. I 2011, 1314 Tz. 22.07).

201 Im Formularfall fiele somit, wenn die X-GmbH den ihr gemäß dem Verschmelzungsvertrag Formular 2 § 2 Abs. 1 Buchst. a gewährten Geschäftsanteil an der übernehmenden GmbH iHv. nominal 270000.– EUR am 1.4.03 veräußern würde, zum Einbringungsstichtag (31.12.00) folgender Einbringungsgewinn I an:

Gemeiner Wert der übergehenden Wirtschaftsgüter einschließlich Firmenwert	3 000 000.– EUR	
Davon anteilig (10%) auf X-GmbH entfallend		300 000.– EUR
./. Kosten der Einbringung (Transaktionskosten) des Einbringenden		./. 0.– EUR
./. Ansatz des eingebrachten Betriebsvermögens durch die übernehmende Gesellschaft:		
1. Kapitalkonto X-GmbH gem. steuerlicher Gesamthandsbilanz (10% von 300 000.– EUR):	./. 30 000.– EUR	
2. Minderkapital gem. neg. Ergänzungsbilanz:	10 000.– EUR	
Saldo		./. 20 000.– EUR
Vorläufiger Einbringungsgewinn I		280 000.– EUR
Abzug $^{2}/_{7}$ für zwei volle Zeitjahre nach dem Einbringungszeitpunkt 31.12.00		./. 80 000.– EUR
Einbringungsgewinn I		200 000.– EUR

Die bei der Übernehmerin angefallenen Transaktionskosten können nicht berücksichtigt werden (→ Rn. 199).

Nach Ansicht der FinVerw. soll der im Falle einer **Teilveräußerung** der erhaltenen Anteile anfallende Einbringungsgewinn I der GewSt unterliegen (UmwSt-Erl. 2011, BMF v. 11.11.2011, BStBl. I 2011, 1314 Tz. 22.07; **aA** FG Köln v. 19.7.2018, 6 K 2507/16, EFG 2018, 1730, Rev. BFH I R 26/18; *Pitzal* DStR 2018, 985; siehe auch FG Schleswig-Holstein v. 21.3.2018, 1 K 1/16, DB 2018, 1121, Rev. BFH I R 13/18: keine Gewerbesteuer auf Einbringungsgewinn II aus Weiterveräußerung mit eingebrachter Anteile des SBV II.

f) Besteuerung der Veräußerung der erhaltenen Anteile

Neben die rückwirkende Versteuerung des Einbringungsgewinns I tritt die Besteuerung der den Einbringungsgewinn I auslösenden Anteilsveräußerung oder des Ersatztatbestands, soweit insoweit deutsches Besteuerungsrecht besteht und ein Steuertatbestand erfüllt ist. Insoweit gelten grundsätzlich die allgemeinen Regelungen; die Rückwirkung gemäß § 22 Abs. 2 S. 1 HS 2 UmwStG gilt nicht. Allerdings hat der Status als „erhaltene Anteile" iSv. § 22 Abs. 1 S. 1 UmwStG zwei Besonderheiten zur Folge: 202

Zum einen gelten die aufgrund einer Einbringung gemäß § 20 Abs. 1 UmwStG erhaltenen Anteile gemäß § 17 Abs. 6 EStG stets als Anteile iSv. § 17 Abs. 1 EStG. Daher sind Veräußerungen der so **erhaltenen Anteile** durch natürliche Personen ohne zeitliche Begrenzung stets steuerpflichtig, dh. auch dann, wenn die 1%-Schwelle nicht erreicht ist.

Zum anderen gilt der Einbringungsgewinn gemäß § 22 Abs. 1 Satz 4, Abs. 2 Satz 4 UmwStG als nachträgliche Anschaffungskosten der erhaltenen Anteile; werden nicht alle erhaltenen Anteile veräußert, sind die nachträglichen Anschaffungskosten aus einem Einbringungsgewinn I nur den veräußerten Anteilen zuzuordnen (UmwSt-Erl. 2011, BMF v. 11.11.2011, BStBl. I 2011, 1314 Tz. 22.04; DPM/*Patt* UmwStG § 22 Rn. 61). Die nachträglichen Anschaffungskosten mindern so den Veräußerungsgewinn. Dadurch wird eine doppelte Besteuerung der im Zeitpunkt der Einbringung vorhandenen stillen Reserven vermieden.

Im obigen Beispiel (→ Rn. 201) erhöhen sich die Anschaffungskosten für den Geschäftsanteil der X-GmbH (18 000.– EUR nach Abzug anteiliger Verschmelzungskosten) um den durch die Anteilsveräußerung rückwirkend entstandenen Einbringungsgewinn I (200 000.– EUR) und betragen somit 218 000.– EUR.

g) Mitverstrickung

203 Im **Übergang stiller Reserven** von erhaltenen Anteilen iSd. § 22 Abs. 1 UmwStG oder von eingebrachten Anteilen iSv. § 22 Abs. 2 UmwStG bei einer Kapitalerhöhung, zB im Wege der Übernahme weiterer Anteile durch denselben Gesellschafter durch Bareinlage unter Wert, liegt kein Realisierungstatbestand; allerdings gelten auch die Anteile, auf die die stillen Reserven übergehen, in Höhe der übergegangenen stillen Reserven als erhaltene bzw. eingebrachte Anteile, § 22 Abs. 7 UmwStG (Mitverstrickung).

h) Erhöhungsbetrag, § 23 Abs. 2 UmwStG

204 Die übernehmende Kapitalgesellschaft kann **auf Antrag** die eingebrachten Wirtschaftsgüter um einen **Erhöhungsbetrag** in Höhe des **Einbringungsgewinns I** aufstocken, § 23 Abs. 2 Satz 1 HS 1 UmwStG; aus dem erforderlichen Antrag müssen Höhe und Zuordnung des Aufstockungsbetrages eindeutig erkennbar sein. Die Aufstockung ist steuerneutral, § 23 Abs. 2 Satz 1 HS 2 UmwStG; sie ist zunächst mit einem etwa gemäß Tz. 20.20 des UmwSt-Erl. 2011 aktivierten Ausgleichsposten zu verrechnen (UmwSt-Erl. 2011, BMF v. 11.11.2011, BStBl. I 2011, 1314 Tz. 23.07); im Übrigen erhöht der Erhöhungsbetrag den Steuerbilanzgewinn, was durch außerbilanzielle Kürzung zu neutralisieren ist; gleichzeitig ist der nach Ausgleich eines etwaigen Ausgleichspostens verbleibende Erhöhungsbetrag dem steuerlichen Einlagekonto (§ 27 KStG) zuzuschreiben (UmwSt-Erl. 2011, BMF v. 11.11.2011, BStBl. I 2011, 1314 Tz. 23.07; DPM/*Patt* UmwStG § 23 Rn. 128). Die Aufstockung ist erst im Wirtschaftsjahr der Veräußerung der erhaltenen Anteile zulässig; die Rückwirkung des § 22 Abs. 1 UmwStG gilt insoweit nicht, § 23 Abs. 2 Satz 1 HS 1 UmwStG (UmwSt-Erl. 2011, BMF v. 11.11.2011, BStBl. I 2011, 1314 Tz. 23.07). Die Aufstockung ist nur **insoweit** möglich, als die auf den Einbringungsgewinn entfallende Steuer bezahlt wurde und dies durch eine entsprechende Bescheinigung des für den Einbringenden zuständigen Finanzamtes (§ 22 Abs. 5 UmwStG) nachgewiesen wurde, § 23 Abs. 2 Satz 1 UmwStG. Ergibt sich beim Einbringenden, etwa wegen eines Verlustvor- oder Rücktrags, keine Steuer, gilt die Steuer mit Bekanntgabe des geänderten Verlustfeststellungsbescheids als entrichtet (UmwSt-Erl. 2011, BMF v. 11.11.2011, BStBl. I 2011, 1314 Tz. 23.12). Die Aufstockung ist gleichmäßig im Verhältnis der stillen Reserven und stillen Lasten vorzunehmen (UmwSt-Erl. 2011, BMF v. 11.11.2011, BStBl. I 2011, 1314 Tz. 23.08); sie ist ausgeschlossen, soweit das eingebrachte Betriebsvermögen nicht mehr zum Betriebsvermögen der übernehmenden Kapitalgesellschaft gehört, § 23 Abs. 2 Satz 2 UmwStG. Veräußerungen zum gemeinen Wert sind jedoch unschädlich; der auf die zum gemeinen Wert veräußerten Wirtschaftsgüter entfallende Teil des Aufstockungsbetrages stellt somit eine im Zeipunkt des schädlichen Ereibnisses sofort abziehbare Betriebsausgabe dar (UmwSt-Erl. 2011, BMF v. 11.11.2011, BStBl. I 2011, 1314 Tz. 23.09).

Entsprechendes gilt gemäß § 23 Abs. 2 Satz 3 UmwStG im Falle der Entstehung eines **Einbringungsgewinns II.** Hier sind die Anschaffungskosten der eingebrachten Anteile im Zeitpunkt der den Einbringungsgewinn auslösenden Veräußerung um den Einbringungsgewinn II zu erhöhen, **soweit** die auf den Einbringungsgewinn entfallende Steuer entrichtet wurde und dies durch Vorlage einer Bescheinigung des Finanzamtes des Einbringenden nachgewiesen wird, § 23 Abs. 2 Satz 3 iVm. Satz 1 UmwStG; dadurch verringert sich der Gewinn aus der Veräußerung der eingebrachten Anteile entsprechend (UmwSt-Erl. 2011, BMF v. 11.11.2011, BStBl. I 2011, 1314 Tz. 23.11). Dasselbe gilt im Falle einer Weitereinbringung der eingebrachten Anteile zum Buchwert auch für die auf dieser Weitereinbringung beruhenden Anteile (UmwSt-Erl. 2011, BMF v. 11.11.2011, BStBl. I 2011, 1314 Tz. 23.11); dies folgt aus der Verweisung in § 23 Abs. 2 Satz 3 HS 2 UmwStG auf § 22 Abs. 1 Satz 7 UmwStG (DPM/*Patt* UmwStG § 23 Rn. 126).

VII. Verkehrsteuern, Schenkungsteuer

1. Grunderwerbsteuer

Die Verschmelzung löst, soweit zum Vermögen der übertragenden Personengesellschaft Grundstücke gehören, Grunderwerbsteuer aus, § 1 Abs. 1 Nr. 3 GrEStG. Gleiches gilt grds., wenn einer von der übertragenden Personengesellschaft unmittelbar oder mittelbar zu mehr als 95% gehaltenen Personen- oder Kapitalgesellschaft ein Grundstück gehört, § 1 Abs. 2a, Abs. 3 GrEStG. Bemessungsgrundlage ist gemäß § 8 Abs. 2 Satz 1 Nr. 2 bzw. Nr. 3 GrEStG der Grundbesitzwert gemäß § 138 Abs. 2, 3 BewG. Die Grunderwerbsteuerfreistellung für konzerninterne Umwandlungen gemäß § 6a GrEStG greift erst, wenn das herrschende Unternehmen seit fünf Jahren vor der Umwandlung und für fünf Jahre nach der Umwandlung ununterbrochen zu mindestens 95% unmittelbar oder mittelbar an der abhängigen Gesellschaft beteiligt ist, § 6a Satz 4 GrEStG. Vgl. ausführlich zur Grunderwerbsteuer und den bevorstehenden Änderungen: → Form. D.1 Rn. 66 ff. 205

einstweilen frei 206

2. Umsatzsteuer

Die Verschmelzung einer Personengesellschaft auf eine Kapitalgesellschaft ist nicht steuerbar, § 1 Abs. 1a UStG. Die übernehmende Kapitalgesellschaft tritt in die umsatzsteuerliche Rechtsposition der übertragenden Personengesellschaft ein (zB auch im Hinblick auf die Fristen für die Berichtigung des Vorsteuerabzuges iSv. § 15a UStG). 207

3. Schenkungsteuer

Umwandlungen im Allgemeinen und Verschmelzungen von Personengesellschaften auf Kapitalgesellschaften zur Aufnahme im Besonderen können auch **schenkungsteuerlich** relevant sein, soweit im Rahmen der Umwandlung ein **unausgewogener Leistungsaustausch** stattfindet (vgl. Gleichl. Ländererlasse v. 20.4.2018, BStBl I 2018, 632, Tz. 2.2.1 und Tz. 2.2.2für Verschmelzung von KapGes. auf KapGes.). Dabei sind **zwei Fallgruppen** zu unterscheiden: 207a

Besteht der unausgewogene Leistungsaustausch darin, dass den Gesellschaftern der Überträgerin eine den **Wert** der Überträgerin **übersteigende Beteiligung** gewährt wird, kann der Vorgang als freigebige Zuwendung der Gesellschafter der Übernehmerin an die Gesellschafter der Überträgerin gemäß § 7 Abs. 1 Nr. 1 ErbStG der Schenkungsteuer unterliegen (BFH v. 27.8.2014, II R 43/12, BStBl. II 2015, 241, für Kapitalerhöhung in GmbH; Gleichl. Ländererlasse v. 20.4.2018, BStBl. I 2018, 632, Tz. 2.2.1 für Verschmelzung von KapGes. auf KapGes.). Zuwendungsgegenstand sind in diesem Fall die den Gesellschaftern der Überträgerin gewährten Beteiligungen; dass diese erst mit Eintragung im Handelsregister neu entstehen und von den Neugesellschaftern originär erworben werden, ist unerheblich (BFH v. 27.8.2014, II R 43/12, BStBl. II 2015, 241, Tz. 63 zur Kapitalerhöhung in der GmbH). Die **Einlage** der Neugesellschafter, im Falle der Verschmelzung einer Personengesellschaft auf eine Kapitalgesellschaft also das Vermögen der Überträgerin, stellt keine teilweise Gegenleistung, sondern **Erwerbsaufwand** gemäß § 1 Abs. 2 iVm. § 10 Abs. 5 Nr. 3 ErbStG dar (BFH v. 20.12.2000, IV R 42/99, BStBl. II 2003, 67; BFH v. 27.8.2014, II R 43/12, BStBl. II 2015, 241, Tz. 50; ebenso Gleichl. Ländererlasse v. 20.4.2018, BStBl. I 2018, 632, Tz 2.1.4 Satz 2 für Verschmelzung von KapGes. auf KapGes.). 207b

Bleibt umgekehrt der Wert der den Gesellschaftern der Überträgerin gewährten Beteiligung an der Übernehmerin hinter dem Wert der Überträgerin zurück, ist dies nach ständiger BFH-Rechtsprechung keine freigebige Zuwendung iSv. § 7 Abs. 1 Nr. 1 ErbStG der Gesellschafter der Überträgerin an die Gesellschafter der Überneh- 207c merin: Die durch den Vorgang eintretende Werterhöhung der Anteile der (Alt)Gesellschafter der Übernehmerin ergebe sich aus deren Gesellschafterstellung und beruhe auf dieser (BFH v. 19.6.1996, II R 83/92, BStBl. II 1996, 616, Tz. 17; BFH v. 25.10. 1995, II R 67/93, BStBl. II 1996, 160; BFH v. 9.12.2009, II R 28/08, BStBl. II 2010, 566, Tz. 10). Jedoch kann gemäß dem durch BeitrRLUmsG v. 7.12.11, BGBl. I 2011, 2592 eingeführten **§ 7 Abs. 8 Satz 1 ErbStG** für Erwerbe, die nach dem 13.12.2011 stattfinden, eine steuerbare Schenkung an die Gesellschafter der Übernehmerin zu **fingieren** sein (Gleichl. Ländererlasse v. 20.4.2018, BStBl. I 2018, 632, Tz 2.2.2, Tz. 2.2.2 für Verschmelzung von KapG auf KapG); **Zuwendende** sind in diesem Fall die **Gesellschafter** der Überträgerin, denen die hinter dem Wert der Überträgerin zurückbleibenden Beteiligungen gewährt werden (*H.-U. Viskorf* ZEV 2014, 633). Gegenstand der Zuwendung ist nach der Sichtweise der FinVerw. in den Fällen des § 7 Abs. 8 Satz 1 ErbStG nicht die Leistung des Zuwendenden iSv. § 7 Abs. 8 Satz 1 ErbStG, sondern die Werterhöhung der Anteile an der die Leistung erhaltenden Kapitalgesellschaft (Gleichl. Ländererlasse v 20.4.2018, BStBl. I 2018, 632, Tz 3.4.1 Satz 1 und Tz. 3.5; zu den Konsequenzen für die Steuervergünstigungen gemäß §§ 13a ff. ErbStG → Rn. 207i).

207d Soweit zu den Gesellschaftern der an der Verschmelzung beteiligten Rechtsträger **Personengesellschaften** gehören, sind wegen deren **schenkungsteuerlicher Transparenz** Zuwendende bzw. Begünstigte die hinter der Personengesellschaft stehenden natürlichen oder juristischen Personen (BFH v. 14.9.1994, II R 95/92, BStBl. II 1995, 81; Gleichl. Ländererlasse v. 20.4.2018, BStBl. I 2018, 632, Tz. 3.2; *H.-U. Viskorf* ZEV 2014, 633). **Kapitalgesellschaften** können hingegen selbst Zuwendende sein (Gleichl. Ländererlasse v. 20.4.2018, BStBl. I 2018, 632 Tz. 3.2); zur Bestimmung der Steuerklasse ist dann das persönliche Verhältnis der Erwerber zu derjenigen unmittelbar oder mittelbar an der Kapitalgesellschaft beteiligten natürlichen Person oder Stiftung zugrunde zu legen, durch die die Zuwendung veranlasst ist, **§ 15 Abs. 4 Satz 1 ErbStG.** Prinzipiell kommen Kapitalgesellschaften – wie auch andere juristische Personen – auch als Begünstigte einer Schenkung in Betracht (*H.-U. Viskorf* ZEV 2014, 633). Jedoch hat dann regelmäßig § 7 Abs. 8 ErbStG (Fiktion einer Zuwendung an deren Gesellschafter), der auch auf Leistungen gesellschaftsfremder Dritter anwendbar sein kann (Gleichl. Ländererlasse v. 20.4.2018, BStBl. I 2018, 632, Tz. 3.2), Vorrang (Gleichl. Ländererlasse v. 20.4.2018, BStBl. I 2018, 632, Tz. 1.4 Satz 1). Hingegen liegt eine freigebige Zuwendung gemäß § 7 Abs. 1 Nr. 1 ErbStG an die Kapitalgesellschaft und kein Fall des § 7 Abs. 8 ErbStG vor, wenn die Leistung von einem nicht an der Kapitalgesellschaft Beteiligten stammt und auf eine unmittelbare Bereicherung der Kapitalgesellschaft abzielt (Gleichl. Ländererlasse v. 20.4.2018, BStBl. I 2018, 632, Tz. 3.2 letzter Satz). Sind Kapitalgesellschaften sowohl als Zuwendende als auch auf Erwerberseite beteiligt, scheidet eine Schenkung insoweit aus, als an diesen unmittelbar oder mittelbar dieselben Gesellschafter zu gleichen Anteilen beteiligt sind, **§ 7 Abs. 8 Satz 2 ErbStG.**

207e Ob ein schenkungsteuerlich relevanter **unausgewogener Leistungsaustausch** vorliegt, beurteilt sich ausschließlich nach bürgerlich-rechtlichen Bewertungsgrundsätzen (BFH v. 27.8.2014, II R 43/12, BStBl. II 2015, 241, Tz. 46): Sowohl der Verkehrswert des auf die Übernehmerin übergehenden Vermögens als auch der Verkehrswert der dafür gewährten Beteiligung werden gemäß § 9 Abs. 1 Satz 2 BewG durch den Preis bestimmt, der im gewöhnlichen Geschäftsverkehr nach der Beschaffenheit des neuen Anteils bei einer Veräußerung zu erzielen wäre (*H.-U. Viskorf* ZEV 2014, 633, 635; BFH v. 27.8.2014, II R 43/12, BStBl. II 2015, 241 Tz. 46). Bei der Feststellung des Werts sind mit Ausnahme ungewöhnlicher oder persönlicher Verhältnisse alle Umstände zu berücksichtigen, die den Preis beeinflussen können, § 9 Abs. 2 Sätze 2 und 3, Abs. 3 BewG (BFH v. 27.8.2014, II R 43/12, BStBl. II 2015, 241 Tz. 46). Auf typisierende Steuerwerte wie zB das vereinfachte Ertragswertverfahren (§§ 199 ff.

BewG) kann nicht zurückgegriffen werden (BFH v. 24.11.2005, II R 11/04, BFH/NV 2006, 744; BFH v. 27.8.2014, II R 43/12, BStBl II 2015, 241, Tz. 47, jeweils zum sog. *Stuttgarter Verfahren*). Die steuerrechtlichen Bewertungsvorschriften sind erst im Rahmen der Ermittlung der Bereicherung iSd. § 10 ErbStG anzuwenden (BFH v. 27.8.2014, II R 43/12, BStBl. II 2015, 241, Tz. 47 ff.). **Bewertungsstichtag** ist der Zeitpunkt der Eintragung der Umwandlung in das Handelsregister der Übernehmerin, da die Schenkungsteuer gemäß § 9 Abs. 1 Nr. 2 ErbStG zu diesem Zeitpunkt entsteht (*H.-U. Viskorf* ZEV 2014, 633, 635; BFH v. 27.8.2014, II R 43/12, BStBl. II 2015, 241, Tz. 46 für die Kapitalerhöhung).

Bleibt der Wert der den Gesellschaftern der Überträgerin gewährten Beteiligung an der Übernehmerin hinter dem Wert der Überträgerin zurück (→ Rn. 207c), ist die Frage, ob eine **Leistung** iSv. **§ 7 Abs. 8 ErbStG** vorliegt, im Rahmen einer **Gesamtbetrachtung** festzustellen, bei der nicht nur die Leistungen der anderen Gesellschafter an die Gesellschaft, sondern auch Leistungen der Gesellschafter untereinander zu berücksichtigen sind, durch die die Werterhöhung ggf. ausgeglichen wird (Gleichl. Ländererlasse v. 20.4.2018, BStBl. I 2018, 632,Tz. 3.3.3 und 3.3.4). **207f**

In **subjektiver Hinsicht** ist für § 7 Abs. 1 Nr. 1 ErbStG erforderlich, dass die Beteiligten mit dem Willen zur Freigebigkeit gehandelt haben (BFH v. 27.8.2014, II R 43/12, BStBl. II 2015, 241, Tz. 51). Ihnen muss bekannt gewesen sein, dass zwischen dem Wert der gewährten neuen Beteiligung und dem Wert der zu leistenden Einlage eine erhebliche prozentuale Abweichung besteht, wobei es freilich auf die Kenntnis des genauen Ausmaßes dieser Abweichung nicht ankommt (BFH v. 27.8.2014, II R 43/12, BStBl. II 2015, 241, Tz. 51). Bei einem **auffallenden Missverhältnis** zwischen dem bei verständiger und den Umständen nach vertretbarer Beurteilung zugrunde zu legenden Verkehrswert der neuen Anteile und den von den Neugesellschaftern zu leistenden Einlagen muss nach der Lebenserfahrung zunächst davon ausgegangen werden, dass die Gesellschafter dieses Missverhältnis erkannt haben. In einem solchen Fall muss derjenige, der behauptet, zumindest dem Zuwendenden sei das auffallend grobe Missverhältnis nicht bekannt gewesen, dies durch konkreten Vortrag entkräften (BFH v. 15.12.2010, II R 41/08, BStBl. II 2011, 363, Tz. 13; BFH v. 27.8.2014, II R 43/12, BStBl. II 2015, 241, Tz. 52). Entsprechendes gilt für § 7 Abs. 8 ErbStG (Gleichl. Ländererlasse v. 20.4.2018, BStBl. I 2018, 632, Tz. 3.4.3). Die FinVerw. geht von einem auffälligen Missverhältnis bereits bei einer **Wertdifferenz** von mindestens **20%** aus (Gleichl. Ländererlasse v. 20.4.2018, BStBl. I 2018, 632, Tz. 3.4.3; BFH v. 5.7.2018, II B 122/17, BStBl II 2018, 660, Tz. 14). In diesem Fall wird auch eine die Anwendung von § 7 Abs. 8 Satz 1 ErbStG ausschließende Ausgewogenheit der Gesellschafterbeiträge regelmäßig nicht zu belegen sein (Gleichl. Ländererlasse v. 20.4.2018, BStBl. I 2018, 632, Tz. 3.4.3). **207g**

Die Ermittlung der **Bereicherung,** die gemäß § 10 Abs. 1 Satz 1 ErbStG für die Bemessung der Schenkungsteuer maßgeblich ist, richtet sich gemäß § 12 Abs. 1 und 2 ErbStG nach § 11 BewG, wenn iSv. Tz. 2.2.1 des Gleichlautenden Erlasses Gegenstand der Zuwendung iSv. § 7 Abs. 1 Nr. 1 ErbStG eine die Einlage wertmäßig **übersteigende Beteiligung** ist (→ Rn. 207b); im Falle einer nicht börsennotierten Kapitalgesellschaft ist somit § 11 Abs. 2 BewG maßgeblich (BFH v. 27.8.2014, II R 43/12, BStBl. II 2015, 241, Tz. 57 f.). Dasselbe soll nach Auffassung der Finanzverwaltung auch für die Bereicherung durch Werterhöhung der Anteile in den Fällen des § 7 Abs. 8 ErbStG gelten (Gleichl. Ländererlasse v. 20.4.2018, BStBl. I 2018, 632 Tz. 3.4.1). **207h**

Auf gemäß § 7 Abs. 1 Nr. 1 ErbStG schenkungsteuerbare Umwandlungen auf eine Kapitalgesellschaft (Fälle von Tz. 2.2.1 der Gleichl. Ländererlasse v. 20.4.2018, BStBl. I 2018, 632) sollen die Steuervergünstigungen gemäß §§ 13a, 13b ErbStG Anwendung finden können, da Zuwendungsgegenstand die den Neugesellschaftern der Übernehmerin gewährten Anteile sind (*H.-U. Viskorf* ZEV 2014, 633, 636; BFH v. 27.8.2014, II R 43/12, BStBl. II 2015, 241, Tz. 61 ff. für Kapitalerhöhung). Dabei kommt es dar- **207i** auf an, ob Altgesellschafter vor der Umwandlung jeweils allein unmittelbar am Grund- bzw. Stammkapital der kapitalerhöhenden Gesellschaft zu mehr als 25% beteiligt waren (BFH v. 27.8.2014, II R 43/12, BStBl. II 2015, 241, Tz. 63) oder ob diese Schwelle wenigstens gemeinsam unter Zuhilfenahme einer Poolvereinbarung iSv. § 13b Abs. 1 Nr. 3 Satz 2 ErbStG überschritten wird (*H.-U. Viskorf* ZEV 2014, 633, 636).

Hingegen sollen bei fiktiven Zuwendungen gemäß § 7 Abs. 8 ErbStG (→ Rn. 207c) die §§ 13a, 13b ErbStG nach Auffassung der Finanzverwaltung generell unanwendbar sein, weil § 13b Abs. 1 Nr. 3 ErbStG zwar die **Gewährung** von Anteilen an Kapitalgesellschaften durch einen zu mehr als 25% beteiligten Schenker, nicht jedoch die **Werterhöhung** von Anteilen an Kapitalgesellschaften begünstige (Gleichl. Ländererlasse v. 20.4.2018, BStBl. I 2018, 632 Tz. 3.5). Es sind jedoch Zweifel angebracht, ob diese Sichtweise zutrifft, wenn – wie bei der Verschmelzung einer Kapitalgesellschaft auf eine andere Kapitalgesellschaft regelmäßig der Fall – Gegenstand der Leistung iSv. § 7 Abs. 8 Satz 1 ErbStG ein Gewerbebetrieb iSv. § 13b Abs. 1 Nr. 2 ErbStG ist (für die Anwendbarkeit von §§ 13a ff. ErbStG in diesem Fall Kapp/Ebeling/*Geck* ErbStG § 13 Rn. 234; siehe auch Eingabe der Bundessteuerberaterkammer v. 4.7.2012 an das BMF zum Gleichlautenden Ländererlass v. 14.3.2012, BStBl. I 2012, 331).

VIII. Arbeitsrecht

208 S. zunächst die grds. Anmerkungen zum Arbeitsrecht unter → Form. A. 1 Rn. 150 ff.

209 Die Darlegung der **Folgen der Verschmelzung für die Arbeitnehmer und ihre Vertretungen und der diesbzgl. vorgesehenen Maßnahmen** ist gemäß § 5 Abs. 1 Nr. 9 UmwG zwingender Bestandteil des Verschmelzungsvertrages. Die individual- und kollektivarbeitsrechtlichen Folgen der Verschmelzung sind iE umfassend darzulegen; ein pauschaler Verweis auf § 613a BGB und die Bestimmungen des UmwG genügt nicht (OLG Düsseldorf v. 15.3.1998, 3 Wx 156/98, NJW-RR 1999, 188). Genügt der Verschmelzungsvertrag diesen Anforderungen nicht, hat das Handelsregister die Eintragung der Verschmelzung abzulehnen (OLG Düsseldorf v. 15.3. 1998, 3 Wx 156/98 aaO).

210 Daneben besteht gem. § 613a Abs. 5 BGB die Verpflichtung, die Arbeitnehmer nicht nur über die rechtlichen, sondern auch über die sie betreffenden **wirtschaftlichen und sozialen Folgen** des Betriebsübergangs zu informieren; die Nichteinhaltung dieser Informationsverpflichtung hat grundsätzlich zur Folge, dass die in § 613a Abs. 6 BGB normierte Frist von einem Monat für die Ausübung des Rechts der betroffenen Arbeitnehmer, dem Übergang ihres Arbeitsverhältnisses zu widersprechen (iE → Form. A. 1 Rn. 152 f.), nicht zu laufen beginnt. Gleiches gilt für eine **unvollständige oder unrichtige Unterrichtung** (BAG v. 13.7.2006, 8 AZR 305/05, NZA 2006, 1268; v. 14.12.2006, 8 AZR 763/05, NZA 2007, 682, BAG v. 15.12.2016, 8 AZR 612/15, NZA 2017, 783). Allerdings hat das BAG klargestellt, dass ein Widerspruchsrecht nach einer Verschmelzung nicht besteht, da das Arbeitsverhältnis mit dem bisherigen, erloschenen Arbeitgeber nicht fortgesetzt werden kann. Der Widerspruch ist auch nicht zwangsläufig als Kündigung zu verstehen, wenn die Erklärung nicht auch eine Umdeutung zur Kündigung oder einem anderen Beendigungstatbestand zulässt (BAG v. 21.2.2008, 8 AZR 157/07, NZA 2008, 815). Ein erklärter Widerspruch lässt das übergegangene Arbeitsverhältnis daher grundsätzlich unberührt (iE → Form. A. 1 Rn. 178, → Form. A.8.2 § 6 Abs. 2 sowie → Rn. 247). Der Arbeitnehmer muss daher grundsätzlich eine außerordentliche Kündigung erklären, wenn er sich vom Arbeitsverhältnis lösen will (Kallmeyer/*Willemsen* UmwG § 324 Rn. 44).

211 Bzgl. der Einzelheiten wird auf **§ 6 des Verschmelzungsvertrages** sowie → Rn. 245 ff. verwiesen.

212, 213 *einstweilen frei*

IX. Kosten

1. Beurkundung des Verschmelzungsvertrags

Die Notargebühren für die Beurkundung des Abschlusses des **Verschmelzungsvertrages** richten sich nach §§ 97, 107 GNotKG (→ Form. A.1 Rn. 261). Zum reformierten Kostenrecht (GNotKG) → Form. A.1 Rn. 259. **214**

Zur Wertberechnung ist das Aktivvermögen der übertragenden GmbH & Co. KG zugrunde zu legen. Die Berechnung erfolgt dabei auf Grundlage der Verschmelzungsbilanz, jedoch ohne Abzug von Schulden (§ 38 Satz 1 GNotKG, vgl. hierzu BayObLG v. 23.4.1999, 3 Z BR 19/99, NJW-RR 1999, 1373; BayObLG v. 19.3.1997, 3 Z BR 283/96, MittBayNot 1997, 252; OLG Karlsruhe v. 30.1.2001, 11 Wx 59/00, ZNotP 2002, 121 zur KostO). Das Aktivvermögen wird um nicht durch Eigenkapital gedeckte Fehlbeträge vermindert; im Gegenzug erhöhen stille Reserven das Aktivvermögen der übertragenden GmbH & Co. KG (§ 46 Abs. 1 GNotKG; *Diehn/Volpert,* Praxis des Notarkostenrechts, Rn. 2549ff.). Die Berechnung des Aktivvermögens erfolgt dabei auf der Basis der mit zum Handelsregister einzureichenden Verschmelzungsbilanz nach § 17 Abs. 2 UmwG, wobei der anzusetzende Höchstwert auf 10 Mio. EUR beschränkt ist (§ 107 Abs. 1 GNotKG). Zu weiteren Details der Berechnung des Gegenstandswerts → Form. A.1 Rn. 259 und Rn. 261). **215**

2. Zustimmungsbeschlüsse, Kapitalerhöhungsbeschluss

Die Mitbeurkundung der Zustimmungsbeschlüsse nach § 13 Abs. 1 UmwG in der übertragenden GmbH & Co. KG sowie der übernehmenden GmbH ist nach § 110 Nr. 1 GNotKG gegenstandsverschieden zum Verschmelzungsvertrag, so dass diese nach §§ 97, 108 Abs. 1 GNotKG für die Notarkostenberechnung gesondert zu berücksichtigen sind. Die Zustimmungsbeschlüsse in übertragender GmbH & Co. KG sowie übernehmender GmbH sind untereinander allerdings gegenstandsgleich, vgl. § 109 Abs. 2 Nr. 4 Buchst. g GNotKG. Gemäß § 108 Abs. 3 S. 1 GNotKG ist der Geschäftswert der Zustimmungsbeschlüsse der Wert des Vermögens des übertragenden Rechtsträgers, jedoch begrenzt auf den Höchstwert von 5 Mio. EUR (§ 108 Abs. 5 GNotKG), auch wenn mehrere Beschlüsse mit verschiedenem Gegenstand in einem Beurkundungsverfahren zusammengefasst werden. Es empfiehlt sich wegen der Degression der Kostentabelle, den Verschmelzungsvertrag und die Zustimmungsbeschlüsse – wie vorliegend – in einer Urkunde zusammenzufassen. **216**

Gegenstandsverschieden nach § 86 Abs. 2 GNotKG ist allerdings der Beschluss betreffend die Erhöhung des Stammkapitals bei der aufnehmenden GmbH, so dass der Nennbetrag der Kapitalerhöhung von 540 000 EUR zu dem Wert des Verschmelzungsbeschlusses hinzuzurechnen ist (§ 35 Abs. 1 GNotKG, vgl. Korintenberg/*Tiedtke* GNotKG § 108 Rn. 85). Die Änderung des Gesellschaftsvertrages bei der aufnehmenden GmbH zur Durchführung der Festkapitalerhöhung (Stammkapitalziffer, Einlagen) wird nach § 109 Abs. 2 Satz 1 Nr. 4 Buchst. b GNotKG nicht gesondert in Ansatz gebracht. **217**

einstweilen frei **218, 219**

3. Verzichte, Vollzugs- und Betreuungsgebühren, Auslagen

Für die Mitbeurkundung von Verzichtserklärungen auf die Erstellung eines Verschmelzungsberichts (§ 8 Abs. 3 UmwG), auf die Verschmelzungsprüfung bzw. die Erstellung eines Verschmelzungsprüfungsberichts (§ 9 Abs. 3, § 12 Abs. 3 UmwG) (dazu ROH/*Heinze* GNotKG § 107 Rn. 72) und auf die Auslegung von Unterlagen in den Geschäftsräumen der beteiligten Gesellschaften fallen keine zusätzlichen Gebühren an, da sämtliche dieser Verzichtserklärungen gegenstandsgleich nach § 109 Abs. 1 GNotKG **220** sind (BDS/*Bormann* GNotKG § 109 Rn. 35; OLG Hamm v. 6.12.2001, 15 W 314/01, MittBayNot 2002, 210 zur KostO). Nicht gegenstandsgleich und damit gesondert zu bewerten soll die ebenfalls im Formular enthaltene Verzichtserklärung auf die Anfechtung des jeweiligen Verschmelzungsbeschlusses nach § 16 Abs. 2 UmwG sein. Für die Bewertung dieser Verzichtserklärung soll ein Teilwert von 10% des übergehenden Aktivvermögens zugrunde zu legen sein (ROH/*Heinze* GNotKG § 107 Rn. 73).

221 Es können Vollzugs- oder Betreuungsgebühren zusätzlich zu den Beurkundungsgebühren entstehen (→ Form. A.1 Rn. 262). Im vorliegenden Muster entstehen sowohl die Vollzugsgebühr für die Erstellung der Gesellschafterliste durch den beurkundenden Notar (Nr. 22113 des Kostenverzeichnisses), höchstens 250 EUR, sowie eine Betreuungsgebühr nach Nr. 6 zur Nr. 22200 des Kostenverzeichnisses für die Erstellung der Bescheinigung nach § 40 Abs. 2 Satz 2 GmbHG. Fertigt der Notar auch die Übernehmerliste im Rahmen der Kapitalerhöhung, so fällt hierfür grundsätzlich ebenfalls eine Vollzugsgebühr an; nach § 93 Abs. 1 GNotKG wird diese jedoch nur einmal erhoben und neben der Vollzugsgebühr für die Erstellung der Gesellschafterliste nicht gesondert in Ansatz gebracht; nach Nr. 22113 des Kostenverzeichnisses ist die Vollzugsgebühr dann auf 500 EUR beschränkt.

222 Zusätzlich werden durch den Notar noch Auslagen in Rechnung gestellt (→ Form. A.1 Rn. 262).

223 *einstweilen frei*

4. Handelsregisteranmeldung

224 **Beglaubigt** der Notar lediglich die Unterschriften des Geschäftsführers der Komplementärin der übertragenden GmbH & Co. KG bzw. der Geschäftsführer der aufnehmenden GmbH unter ihm zur Verfügung gestellten **Fremdentwürfen,** dann erhält er hierfür eine Gebühr von 0,2, mindestens jedoch 20 EUR und höchstens 70 EUR nach Nr. 25100 des Kostenverzeichnisses. Der Geschäftswert der Handelsregisteranmeldungen wird nach §§ 121, 105 GNotKG ermittelt. Bei der übertragenden GmbH & Co. KG handelt es sich um eine Anmeldung mit unbestimmtem Geldwert nach § 105 Abs. 4 Nr. 1 GNotKG. Entsprechend ist der Geschäftswert ein Prozent des eingetragenen Haftkapitals der übertragenden GmbH & Co. KG, mindestens jedoch 30000 EUR; die 0,2 Gebühr aus diesem Geschäftswert beträgt 25 EUR. Bei der übernehmenden GmbH ist der Anmeldegegenstand der Verschmelzung ein solcher mit unbestimmtem Geldwert nach § 105 Abs. 4 Nr. 1 GNotKG. Die Anmeldung der Stammkapitalerhöhung ist jedoch ein gesonderter Gegenstand, so dass der Nennbetrag der Kapitalerhöhung von 540000 EUR hinzuzurechnen ist (§ 105 Abs. 1 Satz 1 Nr. 3, § 35 Abs. 1 GNotKG).

Zudem erhält der Notar nach Nr. 22114 des Kostenverzeichnisses (elektronischer Vollzug und Erstellung von sog. XML-Strukturdaten) noch eine zusätzliche Gebühr iHv. 0,3, maximal jedoch 250 EUR, für die elektronische Einreichung der Handelsregisteranmeldung nebst Anlagen zum Registergericht. Des Weiteren fällt noch eine Vollzugsgebühr nach Nr. 22124 des Kostenverzeichnisses von 20 EUR für die Einreichung der Handelsregisteranmeldung an. Hinzu kommen Auslagen nach Nr. 32000ff. des Kostenverzeichnisses und 19% USt. (Nr. 32014).

225 **Erstellt** der **Notar selbst** die **Entwürfe** der Handelsregisteranmeldungen für die übertragende GmbH & Co. KG und die übernehmende GmbH, so berechnen sich die Notargebühren nach Nr. 24102 des Kostenverzeichnisses. Hiernach fällt eine Rahmengebühr von 0,3 bis 0,5, bei einer (vollständigen) Entwurfserstellung eine Gebühr von 0,5, mindestens jedoch 30 EUR an. Der Geschäftswert berechnet sich wiederum aus §§ 119, 105 GNotKG (vgl. die vorstehenden Ausführungen). Zudem erhält der Notar nach Nr. 22114 des Kostenverzeichnisses (elektronischer Vollzug und Erstellung von sog. XML-Strukturdaten) noch eine zusätzliche Gebühr in Höhe von

0,3, maximal jedoch 250 EUR, für die elektronische Einreichung der Handelsregisteranmeldung nebst Anlagen zum Registergericht. Neben den beiden vorgenannten Gebühren sind wiederum Auslagen nach Nr. 32000ff. des Kostenverzeichnisses und 19% USt. (Nr. 32014 des Kostenverzeichnisses) zu zahlen.

5. Handelsregistereintragung

Die Eintragungsgebühren richten sich nach der HRegGebV v. 30.9.2004 (BGBl. I 2004, 2562), die auf der Ermächtigungsgrundlage in § 58 GNotKG beruht. Bei den Gebühren handelt es sich um sog. aufwandsbezogene Gebühren, die dem sog. Gebührenverzeichnis als Anlage zu § 1 Satz 1 HRegGebV entnommen werden können. **226**

Die **Handelsregistereintragung** kostet sowohl bei der übertragenden GmbH & Co. KG als auch der übernehmenden GmbH je 180 EUR (Nr. 1400, 1401 Gebührenverzeichnis). **227**

einstweilen frei **228, 229**

C. Einzelerläuterungen

I. Notarurkunden

1. Verschmelzungsvertrag mit Zustimmungsbeschlüssen und Verzichtserklärungen

Verschmelzungsvertrag, Verschmelzungsbeschlüsse sowie Verzichte auf Verschmelzungsbericht und Klage gegen die Wirksamkeit der Verschmelzungsbeschlüsse sind **notariell zu beurkunden,** §§ 6, 13 Abs. 3 Satz 1 UmwG. Erforderlich ist im Regelfall die Beurkundung durch einen deutschen Notar; die Beurkundung durch einen ausländischen Notar kann allenfalls dann genügen, wenn sie der Beurkundung durch einen deutschen Notar gleichwertig ist, was zB für die Beurkundung durch Notare im Schweizer Kanton Basel-Stadt bejaht worden ist (vgl. KG v. 26.7.2018, 22 W 2/18, DStR 2018, 2533; s. iE → Form. B.1 Rn. 333ff.). **230**

Da im Formularfall eine einvernehmliche Verschmelzung vorliegt, werden sämtliche beurkundungspflichtigen Erklärungen aus Kostengründen gemeinsam in einer Urkunde beurkundet. Dadurch fällt u.a. die Gebühr für die Verschmelzungsbeschlüsse nur einmal an (→ Rn. 216); außerdem werden Verzichtserklärungen auf die Erstellung eines Verschmelzungsberichts, auf die Verschmelzungsprüfung bzw. die Erstellung eines Verschmelzungsprüfungsberichts und auf die Auslegung von Unterlagen in den Geschäftsräumen der beteiligten Gesellschaften wegen Gegenstandsgleichheit mit dem Verschmelzungsvertrag nicht in Ansatz gebracht (→ Rn. 220). **231**

einstweilen frei **232**

2. Verschmelzungsvertrag

Zu § 1: Vermögensübertragung

§ 1 enthält die nach § 5 Abs. 1 Nr. 2 UmwG erforderliche Vereinbarung über die **Übertragung** des Vermögens der übertragenden GmbH & Co. KG als Ganzes gegen Gewährung von Anteilen an der übernehmenden GmbH. **233**

einstweilen frei **234**

Zu § 2: Gegenleistung, Umtauschverhältnis, Kapitalerhöhung

Abs. 1 definiert entspr. den Anforderungen in § 5 Abs. 1 Nr. 3 UmwG das Umtauschverhältnis. Das **Umtauschverhältnis** gemäß **§ 2 Abs. 1** ergibt sich, indem man **235**

den Betrag der im Rahmen der Kapitalerhöhung neu auszugebenden Geschäftsanteile von 540000.– EUR (zur Ermittlung dieses Betrages → Rn. 29ff.) durch den Nennbetrag der Kommanditanteile teilt, welche die Empfänger an der übertragenden GmbH & Co. KG hielten (40000.– EUR). Daraus folgt im Formularfall, dass für jeden Euro Festkapital an der übertragenden GmbH & Co. KG 13,50 EUR Stammkapital an der übernehmenden GmbH gewährt werden. Ausgedrückt in vollen Eurobeträgen (§ 54 Abs. 3 S. 1 HS 2 UmwG, § 55 Abs. 4, § 5 Abs. 2 Satz 1 GmbHG) sind dies 27,- EUR Stammkapital an der übernehmenden GmbH für je zwei Euro Festkapital an der übertragenden GmbH & Co. KG.

236 **Abs. 3** regelt die zur Gewährung der neuen Anteile vorzunehmende Kapitalerhöhung bei der aufnehmenden Gesellschaft, § 5 Abs. 1 Nr. 3 und 4 UmwG:

237 **Abs. 2** (Zeitpunkt des Beginns der **Gewinnberechtigung**) enthält eine gemäß § 5 Abs. 1 Nr. 5 UmwG erforderliche Angabe. Als Zeitpunkt, ab welchem die Anteile gewinnberechtigt sind, wird meist der **Verschmelzungsstichtag** gewählt. Handelsrechtlich ist dies nicht zwingend. Jedoch wird steuerlich das Vermögen der übernehmenden Gesellschaft ab dem steuerlichen Übernahmestichtag zugerechnet, § 20 Abs. 5 UmwStG, dh. entweder ab dem Zeitpunkt der Schlussbilanz der übertragenden Gesellschaft, § 20 Abs. 6 Satz 1 UmwStG oder ab dem Zeitpunkt des Übergangs des wirtschaftlichen Eigentums (→ Rn. 183ff.).

238 *einstweilen frei*

Zu § 3: Verschmelzungsstichtag

239 **Abs. 1** des Verschmelzungsvertrages **(Verschmelzungsstichtag)** ist gemäß § 5 Abs. 1 Nr. 6 UmwG zwingender Bestandteil des Verschmelzungsvertrages. Der Verschmelzungsstichtag bezeichnet den Zeitpunkt, **per welchem** die Geschäftsvorfälle des übertragenden Rechtsträgers in der **Rechnungslegung** des übernehmenden Rechtsträgers zu erfassen sind.

240 **Abs. 2** des Verschmelzungsvertrages **(Handelsrechtliche Schlussbilanz)** ist kein zwingender Bestandteil des Verschmelzungsvertrages: § 5 Abs. 1 Nr. 5 und Nr. 6 UmwG fordern Festlegungen im Verschmelzungsvertrag nur für den Gewinnberechtigungszeitpunkt sowie den Verschmelzungsstichtag. Gleichwohl ist eine Regelung bzgl. der handelsrechtlichen Schlussbilanz zweckmäßig.

241 Da streitig ist, ob die Schlussbilanz festgestellt sein muss (dagegen: RS HFA 42 Tz. 13; Kallmeyer/*Müller* UmwG § 17 Rn. 18 mwN; → Rn. 66), sieht das Formular vorsorglich die Feststellung der Schlussbilanz vor.

242 *einstweilen frei*

243 **Abs. 3 Satz 1** (Ansatz des übergehenden Vermögens in der Steuerbilanz der übernehmenden Gesellschaft mit den Buchwerten) ist ebenfalls kein zwingender, aber zum Schutze der einbringenden Personengesellschafter, die an die Wertansätze der übernehmenden Kapitalgesellschaft gebunden sind und einen sich daraus ergebenden Einbringungsgewinn zu versteuern haben (→ Rn. 115ff., → Rn. 145) ein empfehlenswerter Bestandteil des Verschmelzungsvertrages. Dasselbe gilt für die Verpflichtung der Übernehmerin, den Gesellschaftern der Überträgerin die zur Führung der Nachweise gemäß § 22 Abs. 3 Satz 1 UmwStG erforderlichen Unterlagen zur Verfügung zustellen (Satz 3; → Rn. 197). Soweit zum eingebrachten Betriebsvermögen Anteile an Kapitalgesellschaften gehören und die Einbringenden nicht von § 8b Abs. 2 KStG begünstigt sind, empfiehlt sich ferner die Aufnahme einer Verpflichtung der Übernehmerin, die übernommenen Anteile innerhalb der siebenjährigen Sperrfrist (§ 22 Abs. 2 S. 1 UmwStG) weder zu veräußern noch Veräußerungsersatztatbestände zu verwirklichen, da anderenfalls gemäß §§ 22 Abs. 1, Satz 5, Abs. 2 S. 1 UmwStG ein von den Einbringenden zu versteuernder Einbringungsgewinn II anfällt (→ Rn. 199ff.). Zu bedenken ist allerdings, dass diese Regelung im Falle einer späteren Insolvenz der

übernehmenden Gesellschaft als lediglich schuldrechtlicher Bestandteil des Verschmelzungsvertrages für den Insolvenzverwalter nicht bindend ist.

Sollen steuerlich die Buchwerte fortgeführt werden, ist nunmehr eine handelsbilanzielle Wertaufstockung gleichwohl ohne Einschränkungen möglich → Rn. 128ff.

Abs. 4 mit seiner Regelung zur **handelsrechtlichen Bilanzierung** der Verschmelzung in der Rechnungslegung der Übernehmerin ist ebenfalls nicht zwingend. Sollen jedoch wie im vorliegenden Fall zur Vermeidung eines handelsrechtlichen **Verschmelzungsverlusts** die Zeitwerte angesetzt werden, empfiehlt sich zwecks Vermeidung von Diskussionen mit den Abschlussprüfern eine ausdrückliche Regelung im Verschmelzungsvertrag, da sich die Bilanzierung der Verschmelzung bei der Übernehmerin nach den Festlegungen der Parteien richtet, die im Falle einer fehlenden ausdrücklichen Regelung im Wege der Auslegung zu ermitteln sind (iE → Rn. 79). **244**

Zu § 6: Folgen der Verschmelzung für Arbeitnehmer und ihre Vertretungen

Die Darlegung der Folgen der Verschmelzung für die Arbeitnehmer und ihre Vertretungen sowie die insoweit vorgesehenen Maßnahmen sind zwingender Bestandteil des Verschmelzungsvertrages, § 5 Abs. 1 Nr. 9 UmwG, ihr Fehlen ein Eintragungshindernis. **245**

Abs. 1 beschreibt und konkretisiert die gesetzliche Regelung in § 324 UmwG iVm. § 613a Abs. 1 Satz 1 BGB. **246**

Abs. 2 trägt dem in § 613a Abs. 5 und 6 BGB geregelten Widerspruchsrecht des Arbeitnehmers Rechnung. Ein Widerspruchsrecht besteht nach aktueller Rspr. nach einer Verschmelzung nicht, da das Arbeitsverhältnis mit dem bisherigen, erloschenen Arbeitgeber nicht fortgesetzt werden kann (iE → Form. A.1 Rn. 178). **247**

Abs. 3 enthält die ebenfalls erforderliche Beschreibung der Folgen der Verschmelzung für die Arbeitnehmer des übernehmenden Unternehmens. **248**

Abs. 4 legt das **Kündigungsverbot** gemäß § 613a Abs. 4 BGB dar. **249**

Abs. 5 beschreibt die Rechtsfolge der Verschmelzung für die bei der übertragenden Gesellschaft geltenden tarifvertraglichen Normen (**individualvertragliche Fortgeltung** gemäß § 613a Abs. 1 Satz 2 BGB), wenn das übernehmende Unternehmen nicht tarifgebunden ist. Gehört das übernehmende Unternehmen einem anderen Arbeitgeberverband an, so gelten gemäß § 613a Abs. 1 Satz 3 BGB vorrangig die Tarifverträge dieses Arbeitgeberverbandes **kollektivrechtlich** auch für die Arbeitnehmer des übertragenden Unternehmens; soweit die Tarifverträge des Arbeitgeberverbandes des aufnehmenden Unternehmens allerdings **Lücken** enthalten, sind diese durch **individualvertragliche Fortgeltung** der bei der übertragenden Gesellschaft bestehenden Tarifvertragsnormen gemäß § 613a Abs. 1 Satz 2 BGB zu schließen (WM/*Vossius* UmwG § 20 Rn. 143). Die kollektivrechtliche Ablösung findet nur statt, soweit die bei dem aufnehmenden Unternehmen geltenden Tarifverträge denselben Regelungsgegenstand betreffen oder dem Tarifvertrag zu entnehmen wäre, dass er die vertraglich fortgeltenden Tarifregelungen insgesamt ablösen sollte (BAG v. 22.1.2003, 10 AZR 227/02, NZA 2003, 879, iE auch → Form. A.1 Rn. 173). Gehören übertragendes und aufnehmendes Unternehmen hingegen demselben Arbeitgeberverband an, gelten die von diesem abgeschlossenen Arbeitsverhältnisse kollektivrechtlich auch für die Arbeitnehmer des übertragenden Unternehmens weiter; der individualrechtlichen Fortgeltung gemäß § 613a Abs. 1 Satz 2 BGB bedarf es in diesem Fall nicht. **250**

Abs. 6 und Abs. 7 beschreibt die Auswirkungen auf die **betriebsverfassungsrechtlichen Strukturen** der betroffenen Unternehmen. Die Betriebsräte bleiben bei einer Verschmelzung zunächst im Amt, da die Identität der Betriebe durch eine Verschmelzung nicht unmittelbar geändert wird. Sofern im übernehmenden Unternehmen ein Gesamtbetriebsrat noch nicht besteht, ist er erstmalig zu errichten, § 47 Abs. 1 BetrVG. Die Betriebsvereinbarungen gelten ebenfalls kollektivrechtlich fort, da **251**

die betrieblichen Strukturen durch die Verschmelzung als solche zunächst nicht geändert werden.

252 **Abs. 9** betrifft die Frage, ob und inwieweit bzw. wie detailliert eine Darstellung auch der **mittelbaren Folgen** der Verschmelzung nach § 5 Abs. 1 Nr. 9 UmwG erforderlich ist. Diese ist heftig umstritten (s. WM/*Mayer* UmwG § 5 Rn. 183 mwN; Lutter/*Drygalla* UmwG § 5 Rn. 103ff. mwN). **§ 6 Abs. 9** enthält vorsorglich eine Beschreibung der wesentlichen mittelbaren **Folgen der Verschmelzung** sowie den Hinweis auf deren Behandlung im Verfahren nach §§ 111ff. BetrVG. Die Zuständigkeit des Gesamtbetriebsrates für das Verfahren nach §§ 111ff. BetrVG ergibt sich aus § 50 Abs. 1 BetrVG, da mehrere Betriebe betroffen sind.

253 *einstweilen frei*

II. Schreiben an die Betriebsräte

254 Die Notwendigkeit der **Zuleitung** des Verschmelzungsvertrages oder seines Entwurfs an die **Betriebsräte der beteiligten Rechtsträger** spätestens einen Monat vor den Verschmelzungsbeschlüssen ergibt sich aus § 5 Abs. 3 UmwG; die Zuleitung ist dem Handelsregister gemäß § 17 Abs. 1 UmwG nachzuweisen. Der Nachweis erfolgt am einfachsten durch Empfangsbekenntnis (so auch das Formular).

255 Im Falle des Bestehens eines **Gesamtbetriebsrates** ist bei einer Verschmelzung zumindest bei der übertragenden Gesellschaft dieser zuständig, da die Angelegenheit notwendigerweise das gesamte Unternehmen betrifft, § 50 BetrVG; ob dies auch auf Seiten der übernehmenden Gesellschaft zutrifft, ist weniger klar. Ebenso ist unklar und streitig, ob im Falle des Bestehens eines **Konzernbetriebsrates** auch diesem der Verschmelzungsvertrag zuzuleiten ist (differenzierend WM/*Mayer* UmwG § 5 Rn. 254). Wird der Verschmelzungsvertrag nur dem unzuständigen Betriebsrat zugeleitet, stellt dies ein Eintragungshindernis dar. Es empfiehlt sich daher, den Verschmelzungsvertrag – falls tunlich – im Interesse der Rechtssicherheit sämtlichen auch nur möglicherweise in Betracht kommenden Betriebsräten sämtlicher beteiligter Rechtsträger einschließlich etwaiger Gesamt- und Konzernbetriebsräte zuzuleiten (Kallmeyer/*Willemsen* UmwG § 5 Rn. 76).

256 *einstweilen frei*

257 Auf die Einhaltung der Monatsfrist soll verzichtet werden können (WM/*Mayer* UmwG § 5 Rn. 259; Kallmeyer/*Willemsen* UmwG § 5 Rn. 77b), nicht dagegen auf die Zuleitung an sich (Kallmeyer/*Willemsen* aaO; aA WM/*Mayer* aaO).

258 Fehlt ein Betriebsrat, entfällt die Zuleitungspflicht gemäß § 5 Abs. 3 UmwG (WM/*Mayer* UmwG § 5 Rn. 263; Kallmeyer/*Willemsen* UmwG § 5 Rn. 79).

259 Im Falle von **Änderungen** des Verschmelzungsvertrages nach Zuleitung an den Betriebsrat soll dieser nur dann **erneut** dem Betriebsrat zuzuleiten sein, wenn die Änderungen in irgendeiner Form auf die Rechtsverhältnisse der Arbeitnehmer und ihrer Vertretungen Auswirkung haben können (OLG Naumburg v. 6.2.1997, 7 U 236/96, DB 1997, 466).

260 *einstweilen frei*

III. Handelsregisteranmeldungen, Gesellschafterliste, Transparenzregister

1. Übertragende Personengesellschaft

261 Anders als bei sonstigen Handelsregisteranmeldungen für Personengesellschaften (§§ 108, 161 Abs. 2 HGB) ist keine Anmeldung durch sämtliche Gesellschafter erforderlich, sondern genügt auf Grund der **Sonderregelung in § 16 UmwG** die Anmeldung durch die **vertretungsberechtigte persönlich haftende Gesellschafterin,**

da auch in §§ 39ff. UmwG von diesem Grundsatz für Personengesellschaften keine Ausnahme gemacht wird (Kallmeyer/*Zimmermann* UmwG § 16 Rn. 4). Die Anmeldung hat durch Geschäftsführer in **vertretungsberechtigender Anzahl** zu erfolgen (Kallmeyer/*Zimmermann* UmwG § 16 Rn. 4). Die Unterschriften sind öffentlich zu beglaubigen, § 12 HGB. Im Falle einer grds. zulässigen **Bevollmächtigung** zur Anmeldung müssen auch die Unterschriften unter der Vollmacht notariell beglaubigt werden, § 12 Abs. 2 HGB.

Die Handelsregisteranmeldung ist elektronisch in öffentlich beglaubigter Form ein- **262**
zureichen, § 12 Abs. 1 S. 1 HGB (iE → Form. A.1 Rn. 56 sowie *Jeep/Wiedemann* NJW 2007, 2439).

2. Aufnehmende GmbH

Da die Anmeldung eine Kapitalerhöhung beinhaltet, ist sie von sämtlichen Ge- **263**
schäftsführern zu unterzeichnen, §§ 57 Abs. 1, 78 GmbHG, § 55 Abs. 1 UmwG; eine Bevollmächtigung ist in den Fällen des § 57 Abs. 1 GmbHG ausgeschlossen, da sämtliche Geschäftsführer anzumelden haben, § 78 GmbHG (Lutter/*Hommelhoff* GmbHG § 78 Rn. 2).

Der Anmeldung ist gemäß § 55 Abs. 2 UmwG, § 57 Abs. 3 Nr. 2 GmbHG auch **264**
eine Liste der Übernehmer der neuen Geschäftsanteile beizufügen (→ Form. A.8.7). Die Handelsregisteranmeldung ist elektronisch in öffentlich beglaubigter Form einzureichen, § 12 Abs. 1 S. 1 HGB (iE → Form. A.1 Rn. 56 sowie *Jeep/Wiedemann* NJW 2007, 2439).

Der Handelsregisteranmeldung der Übernehmerin ist nach § 52 UmwG idF des **264a**
3. UmwÄndG v. 11.7.2011 (BGBl. I 2011, 1338) **keine** berichtigte **Gesellschafterliste** mehr beizufügen. Erstellung und Einreichung der Gesellschafterliste ist gemäß § 40 Abs. 2 GmbH idF des MoMiG v. 23.10.2008 (BGBl. I 2008, 2026), nunmehr Sache des die Umwandlung beurkundenden Notars (→ Form. A.8.8); dieser hat die Gesellschafterliste mit seiner Bescheinigung gemäß § 40 Abs. 2 GmbHG erst einzureichen, wenn die Umwandlung (durch Eintragung im Handelsregister der Übernehmerin) wirksam geworden ist. In der Gesellschafterliste sind Name, Vorname, Geburtsdatum und Wohnort der Gesellschafter (bzw. bei Gesellschaften Firma, Sitz, Registergericht und HR-Nummer) sowie für jeden Gesellschafter die Nennbeträge und laufenden Nummern der von ihnen übernommenen Geschäftsanteile und seit Änderung von § 40 Abs. 1 GmbHG durch Gesetz zur Umsetzung der 4. EU-Geldwäscherichtlinie v. 23.6.2017 (BGBl. I 2017, 1822) die durch den jeweiligen Geschäftsanteil vermittelte jeweilige prozentuale Beteiligung am Stammkapital anzugeben, § 40 Abs. 1 Satz 1 GmbHG; hält ein Gesellschafter mehr als einen Geschäftsanteil, ist nunmehr auch der Gesamtumfang seiner Beteiligung am Stammkapital in Prozent gesondert anzugeben, § 40 Abs. 1 Satz 3 GmbHG idF des Gesetzes v. 23.6.2017. Aufgrund der Verordnungsermächtigung gemäß § 40 Abs. 4 GmbHG idF. des Gesetzes v. 23.6.2017 hat das Bundesministerium der Justiz und für Verbraucherschutz die Verordnung über die Ausgestaltung der Gesellschafterliste (BGBl I 2018, 870 – GesLV) erlassen, die zum 1.7.2018 in Kraft getreten ist (zur GesLV siehe *Frank/Schaub* DStR 2018, 1822; *Miller* NJW 2018, 2518). Seither sind für die Nummerierung von Geschäftsanteilen zwingend ganze arabische Zahlen zu verwenden, § 1 Abs. 1 Satz 1 GesLV, und zwar entweder in Form von Einzelnummern oder (wahlweise) in den durch die GesLV zugelassenen Fällen, namentlich bei Anteilsteilungen, stattdessen in dezimaler Gliederung unter Verwendung sog. Abschnittsnummern (zB 1.1), § 1 Abs. 1 S. 1, Abs. 3 S. 3 GesLV (vgl. auch schon OLG Thüringen v. 22.3.2010, 6 W 110/10, DNotZ 2010, 873). Prozentangaben dürfen auf eine Dezimalstelle entweder kaufmännisch gerundet oder durch Weglassen von Nachkommastellen gekürzt werden, § 4 Abs. 1 S. 1 und S. 3 GesLV; der Gesamtumfang der Beteiligung eines Gesellschafters, der mehrere Ge-

schäftsanteile hält (§ 40 Abs. 1 S. 3 GmbHG), ist anhand ungerundeter und ungekürzter Einzelbeteiligungen zu errechnen, erst danach darf auf eine Dezimalstelle gerundet oder gekürzt werden, § 4 Abs. 2 GesLV.

Eine Veränderungsspalte, aus welcher sich die bisherige Nummer ergibt, ist nur im Falle der Einreichung einer sog. **Bereinigungsliste** zur Verhinderung oder Beseitigung der Unübersichtlichkeit der Nummerierung erforderlich, § 1 Abs. 4, § 2 Abs. 1 und 2 GesLV, im Übrigen (in den in § 2 Abs. 3 GesLV genannten Fällen) immerhin erwünscht, siehe § 2 Abs. 1 und 3 GesLV („sollte"). Bislang ungeklärt ist, ob Voreintragungen in der Veränderungsspalte solange fortgeführt werden können oder müssen, bis sie durch eine andere Eintragung für diesen Anteil ersetzt werden (im letztgenannten Sinne etwa *Miller* NJW 2018, 2518, 2521; **aA** zutreffend *Frank/Schaub* DStR 2018, 1822, 1823). Jedenfalls bei der Gründung muss die Gesellschafterliste mangels „Veränderung" noch keine Veränderungsspalte enthalten (*Frank/Schaub* DStR 2018, 1822, 1823 unter Hinweis auf BR-Drs. 105/18 S. 9 unten).

In Form. A.8.8 wird bezüglich der im Zuge der Verschmelzung durch Kapitalerhöhung neu geschaffenen Geschäftsanteile Nr. 2 und 3 von der in § 2 Abs. 3 Nr. 4 GesLV explizit vorgesehenen Möglichkeit Gebrauch gemacht, in einer Veränderungsspalte zusätzliche Angaben zu machen. Bezüglich des Geschäftsanteils Nr. 1 sind hingegen keine Angaben in die Veränderungsspalte aufzunehmen, da dieser von Herrn C bei Gründung der Gesellschaft übernommen wurde und seither keine Veränderung im Sinne von § 2 Abs. 3 GesLV erfahren hat (→ Form, A 8.1 Abschnitt B (2)).

265 Eine Umwandlung sollte stets auch Anlass für die Prüfung sein, ob diese eine – gemäß § 56 Abs. 1 Nr. 53 GWG bußgeldbewehrte – Pflicht zur Mitteilung des **Wirtschaftlich Berechtigten** an das Transparenzregister auslöst oder eine solche Mitteilungspflicht womöglich sogar unabhängig von der Umwandlung besteht. Ist nämlich eine **natürliche Person** Wirtschaftlich Berechtigter im Sinne von § 19 Abs. 2 S. 1, § 3 Abs. 1 und 2 GWG, weil sie unmittelbar oder mittelbar mehr als 25% der Kapitalanteile oder Stimmrechte einer juristischen Person oder eingetragenen Personengesellschaft hält (§ 3 Abs. 2 Satz 1 Nr. 1 oder 2 GWG) oder auf vergleichbare Weise Kontrolle ausübt (§ 3 Abs. 2 Satz 1 Nr. 3 GWG), hat die juristische Person oder eingetragene Personengesellschaft grundsätzlich gemäß § 19 Abs. 1 GWG Vor- und Nachnamen, Geburtsdatum und Wohnort des Wirtschaftlich Berechtigten sowie nach näherer Maßgabe von § 19 Abs. 2 GWG Art und Umfang seines wirtschaftlichen Interesses dem Transparenzregister mitzuteilen, § 20 Abs. 1 GWG. Gemäß § 20 Abs. 2 GWG gilt diese Verpflichtung jedoch als erfüllt, wenn die vorgenannten Angaben bereits in einem der in § 20 Abs. 2 GWG genannten Register, zB dem Handelsregister, elektronisch abrufbar sind. Dass diese Mitteilungsfiktion auch im Falle der die Angaben gemäß § 40 GmbHG enthaltenden Gesellschafterliste greift, folgt aus dem Verweis in § 20 Abs. 2 Nr. 1, § 22 Abs. 1 Satz 1 Nr. 4 GWG auf § 40 GmbHG (*Frank/Schaub* DStR 2018, 1822).

Soweit die **Mitteilungsfiktion** hingegen nicht anwendbar ist, etwa bei Beteiligung ausländischer Kapitalgesellschaften, deren Gesellschafter naturgemäß nicht aus den in § 20 Abs. 2 GWG genannten deutschen Registern ersichtlich sind, hat die juristische Person oder eingetragene Personengesellschaft, an welcher die Wirtschaftliche Berechtigung besteht, die entsprechenden Informationen gemäß § 20 Abs. 1 Satz 1 GWG einzuholen, aufzubewahren, auf aktuellem Stand zu halten und dem Transparenzregister unverzüglich auf elektronischem Wege mitzuteilen. Nur wenn auch nach Durchführung umfassender Prüfungen keine natürliche Person als Wirtschaftlich Berechtigter ermittelt werden kann, gelten regelmäßig die gesetzlichen Vertreter der juristischen Person oder eingetragenen Personengesellschaft als Wirtschaftlich Berechtigte, § 3 Abs. 2 S. 5 GWG, mit der Folge des Eingreifens der Mitteilungsfiktion, soweit – wie regelmäßig – die sie betreffenden Informationen im Sinne von § 19 Abs. 1 GWG in einem der in § 20 Abs. 2 GWG genannten Register (zB Handelsregister) elektronisch abrufbar sind.

A. 9 Verschmelzung GmbH & Co. KG auf bestehende GmbH & Co. KG (einvernehmlich)

Gliederung

A. Vertragsformulare

Notarurkunden

A.9.1. Verschmelzungsvertrag mit Zustimmungsbeschlüssen und Verzichtserklärungen

URNr. ......

Heute, den ......

erschienen vor mir, ...,

Notar[236] mit dem Amtssitz in ......,

in meinen Amtsräumen in ......

1. **Herr K, ... *[Beruf],* geboren am ......, wohnhaft ......*[Adresse];***
2. **Herr L, ... *[Beruf],* geboren am ......, wohnhaft ...... *[Adresse];***
3. **Herr M, ... *[Beruf],* geboren am, wohnhaft ...... *[Adresse];***
4. **Herr A, ... *[Beruf],* geboren am, wohnhaft ...... *[Adresse];***
5. **Herr B, ... *[Beruf],* geboren am, wohnhaft ...... *[Adresse];***
6. **Herr D, ... *[Beruf],* geboren am, wohnhaft ...... *[Adresse].***

Die Erschienenen erklären, dass weder der Notar noch sein Sozius in der Sache, die im Nachfolgenden beurkundet wird, vorbefasst iSv. § 3 Abs. 1 Nr. 7 BeurkG sind.

Sodann erklärten die Erschienenen mit dem Ersuchen um Beurkundung das Folgende:

A. Vertretungsverhältnisse

(1) Herr K erklärte, hier nicht in eigenem Namen zu handeln, sondern für die Firma

...... GmbH mit Sitz in A, ... *[Anschrift],* eingetragen im Handelsregister des Amtsgerichts ...... unter HRB ......, als deren einzelvertretungsberechtigter Geschäftsführer,

die ...... GmbH *[Komplementärin der Überträgerin]* wiederum handelnd sowohl in eigenem Namen als auch für die

.... GmbH & Co. KG *[übertragende Gesellschaft]* mit Sitz in A, ... *[Anschrift],* eingetragen im Handelsregister des Amtsgerichts ...... unter HRA ......

als deren einzelvertretungsberechtigte und von den Beschränkungen des § 181 BGB befreite persönlich haftende Gesellschafterin

(2) Herr L erklärte hier nicht in eigenem Namen zu handeln, sondern für die Firma

...... GmbH *[Komplementärin der Übernehmerin]* mit Sitz in......, ... *[Anschrift],* eingetragen im Handelsregister des Amtsgerichts ...... unter HRB ......, als deren einzelvertretungsberechtigter Geschäftsführer,

die ...... GmbH *[Komplementärin der Übernehmerin]* wiederum handelnd sowohl in eigenem Namen als auch für die

.... GmbH & Co. KG *[übernehmende Gesellschaft]* mit Sitz in B, ... *[Anschrift],* eingetragen im Handelsregister des Amtsgerichts ...... unter HRA ....

(3) Herr M erklärte, hier nicht in eigenem Namen zu handeln, sondern für die Firma C GmbH mit Sitz in ......, ... *[Anschrift],* eingetragen im Handelsregister des Amtsgerichts ...... unter HRB ......, als deren einzelvertretungsberechtigter Geschäftsführer.

(4) Die Herren A, B und D erklärten, hier in eigenem Namen zu handeln.

(5) Hierzu bescheinige ich, Notar, aufgrund am ...... erfolgter Online-Einsichtnahme in das elektronische Handelsregister

- des Amtsgerichts ...... zu HRA ......, dass die vorgenannte ...... GmbH & Co. KG *[Übertragende Gesellschaft]* dort eingetragen ist und durch die ...... GmbH *[Komplementärin der Überträgerin]* als persönlich haftende Gesellschafterin vertreten wird,
- des Amtsgerichts ...... zu HRB ......, dass die vorgenannte ...... GmbH *[Komplementärin der Überträgerin]* dort eingetragen ist und von Herrn K als einzelvertretungsberechtigtem Geschäftsführer vertreten wird,
- des Amtsgerichts ...... zu HRA ......, dass die vorgenannte ...... GmbH & Co. KG *[Übernehmende Gesellschaft]* dort eingetragen ist und durch die ...... GmbH *[Komplementärin der Übernehmerin]* als persönlich haftende Gesellschafterin vertreten wird,
- des Amtsgerichts ...... zu HRB ......, dass die vorgenannte ...... GmbH *[Komplementärin der Übernehmerin]* dort eingetragen ist und von Herrn L als einzelvertretungsberechtigtem Geschäftsführer vertreten wird,
- des Amtsgerichts ...... zu HRB ......, dass die vorgenannte C GmbH dort eingetragen ist und von Herrn M als einzelvertretungsberechtigtem Geschäftsführer vertreten wird,

B. Beteiligungsverhältnisse

(1) Am Festkapital in Höhe von 400000.– EUR (in Worten: vierhunderttausend Euro) der .... GmbH & Co. KG *[Übertragende Gesellschaft]* sind beteiligt:

a) die ...... GmbH *[Komplementärin der Überträgerin]* als persönlich haftende Gesellschafterin ohne Anteil am Festkapital;
b) Herr A als Kommanditist mit einem Festkapitalanteil von 200000.– EUR (in Worten: zweihunderttausend Euro);
c) Herr B als Kommanditist mit einem Festkapitalanteil von 200000.– EUR (in Worten: zweihunderttausend Euro);

(2) Am Festkapital in Höhe von 400000.– EUR (in Worten: vierhunderttausend Euro) der ...... GmbH & Co. KG *[Übernehmende Gesellschaft]* sind beteiligt:

a) die ...... GmbH *[Komplementärin der Übernehmerin]* als persönlich haftende Gesellschafterin ohne Anteil am Festkapital;
b) die C GmbH als Kommanditistin mit einem Festkapitalanteil von 320000.– EUR (in Worten: dreihundertzwanzigtausend Euro);
c) Herr D als Kommanditist mit einem Festkapitalanteil von 80000.– EUR (in Worten: achtzigtausend Euro).

(3) Am Stammkapital der ...... GmbH *[Komplementärin der Überträgerin]* in Höhe von 25000.– EUR sind beteiligt:

a) Herr A mit einem Geschäftsanteil von 12500.– EUR (Geschäftsanteil Nr. 1);
b) Herr B mit einem Geschäftsanteil von 12500.– EUR (Geschäftsanteil Nr. 2).

C. Vorhaben

Die ...... GmbH & Co. KG *[Übertragende Gesellschaft]* soll auf die ...... GmbH & Co. KG *[Übernehmende Gesellschaft]* verschmolzen werden.

Alleinige Komplementärin der ...... GmbH & Co. KG *[Übernehmende Gesellschaft]* soll künftig die ...... GmbH *[Komplementärin der Überträgerin]* sein; an ihr sollen die Kommanditisten der Überträgerin und der Übernehmerin in demselben Verhältnis beteiligt sein, in welchem sie an der ...... GmbH & Co. KG *[Übernehmende Gesellschaft]* beteiligt sind.

Hierzu werden der nachfolgende Verschmelzungsvertrag abgeschlossen sowie die nachfolgenden weiteren Vereinbarungen getroffen sowie Beschlüsse gefasst und Erklärungen abgegeben.[237]

D. Verschmelzungsvertrag

Die ...... GmbH & Co. KG *[Übertragende Gesellschaft]* und die ...... GmbH & Co. KG *[Übernehmende Gesellschaft]* schließen hiermit den als Anlage A beigefügten Verschmelzungsvertrag ab.

E. Ausscheiden der ...... GmbH *[Komplementärin der Übernehmerin]* und weitere Vereinbarungen

(1) Die ...... GmbH *[Komplementärin der Übernehmerin]* erklärt hiermit unter der aufschiebenden Bedingung der Eintragung der Verschmelzung in das Handelsregister der ...... GmbH & Co. KG *[Übernehmende Gesellschaft]* ihren Austritt aus der ...... GmbH & Co. KG *[Übernehmende Gesellschaft].* Die Herren A, B, und D sowie die ...... GmbH *[Komplementärin der Überträgerin]* und die C GmbH als die sämtlichen gegenwärtigen und künftigen Gesellschafter der ...... GmbH & Co. KG *[Übernehmende Gesellschaft]* nehmen den Austritt hiermit bereits heute an.

(2) Herr A teilt hiermit seinen Geschäftsanteil im Nennbetrag von 12500.– EUR an der ...... GmbH *[Komplementärin der Überträgerin]* (Geschäftsanteil Nr. 1) in einen neuen Geschäftsanteil zu 6250.– EUR (Geschäftsanteil Nr. 1.1), einen weiteren neuen Geschäftsanteil zu 3750.– EUR (Geschäftsanteil Nr. 1.2) und einen weiteren neuen Geschäftsanteil mit einem Nennbetrag von 2500.– EUR (Geschäftsanteil Nr. 1.3) und

a) verkauft hiermit den neuen Geschäftsanteil Nr. 1.2 im Nennbetrag von 3750.– EUR an die C GmbH und tritt diesen hiermit an die dies annehmende C GmbH ab und
b) verkauft hiermit den neuen Geschäftsanteil Nr. 1.3 im Nennbetrag von 2500.– EUR an Herrn D und tritt diesen hiermit an den dies annehmenden Herrn D ab.

Herr B verkauft hiermit aus seinem Geschäftsanteil im Nennbetrag von 12500.– EUR an der ...... GmbH *[Komplementärin der Überträgerin]* (Geschäftsanteil Nr. 2) unter Teilung desselben in einen neuen Geschäftsanteil mit einem Nennbetrag von 6250.– EUR (Geschäftsanteil Nr. 2.1) und einen weiteren neuen Geschäftsanteil mit einem Nennbetrag von 6250.– EUR (Geschäftsanteil Nr. 2.2) den letztgenannten Geschäftsanteil im Nennbetrag von 6250.– EUR an die C GmbH und tritt den verkauften Geschäftsanteil Nr. 2.2 hiermit an die dies annehmende C GmbH ab.

Die Herr D und die C GmbH nehmen den Verkauf und die Abtretung hiermit jeweils an.

(3) Sämtliche am Tage dieser Beurkundung nicht ausgeschütteten auf die verkaufen Geschäftsanteile entfallenden Gewinne sowie die Gewinne des laufenden Geschäftsjahres stehen den jeweiligen Käufern zu.

(4) Die Abtretungen stehen unter der aufschiebenden Bedingung der Eintragung der Verschmelzung im Handelsregister der ...... GmbH & Co. KG *[Übernehmende Gesellschaft].*

(5) Der Kaufpreis für die verkauften Geschäftsanteile entspricht jeweils deren Nennbetrag und ist innerhalb von einer Woche nach Eintritt der aufschiebenden Bedingung zur Zahlung durch Überweisung auf ein noch bekanntzugebendes Bankkonto des jeweiligen Verkäufers fällig. Auf Unterwerfung unter die Zwangsvollstreckung hinsichtlich des Kaufpreises wird nach Belehrung verzichtet.

(6) Herr A und Herr B stehen jeweils für die von ihnen verkauften Geschäftsanteile dafür ein, dass die Einlagen auf die von ihnen verkauften Geschäftsanteile geleistet und nicht zurückgezahlt sind, dass ihnen die verkauften Geschäftsanteile frei von Rechten Dritter zustehen und dass sie über diese Geschäftsanteile frei verfügen können. Im Übrigen erfolgt der Verkauf ohne jede Gewährleistung gleich aus welchem rechtlichen oder tatsächlichen Grund.

F. Zustimmungsbeschluss der Gesellschafter der ...... GmbH & Co. KG *[Übertragende Gesellschaft]*

Herr A, Herr B und die ...... GmbH *[Komplementärin der Überträgerin]* halten hiermit eine Gesellschafterversammlung[36] der ...... GmbH & Co. KG *[Übertragende Gesellschaft] ab* und beschließen hiermit unter Verzicht auf sämtliche Form- und Fristvorschriften für die Einberufung und Abhaltung von Gesellschafterversammlungen der ...... GmbH & Co. KG *[Übertragende Gesellschaft]* einstimmig was folgt:

Dem Abschluss des dieser Urkunde als Anlage A beigefügten Verschmelzungsvertrages zwischen der ...... GmbH & Co. KG *[Übertragende Gesellschaft]* als übertragender Gesellschaft und der ...... GmbH & Co. KG *[Übernehmende Gesellschaft],* Sitz B, HRA ......, Amtsgericht ......, als übernehmender Gesellschaft wird hiermit zugestimmt.

G. Beschlüsse der Gesellschafter der ...... GmbH & Co. KG *[Übernehmende Gesellschaft]*

Herr D, die C GmbH und die ...... GmbH *[Komplementärin der Übernehmerin]* halten hiermit eine Gesellschafterversammlung[36] der ...... GmbH & Co. KG *[Übernehmende Gesellschaft]* ab und beschließen hiermit unter Verzicht auf sämtliche gesetzlichen und gesellschaftsvertraglichen Erfordernisse betreffend die Einberufung und Abhaltung von Gesellschafterversammlungen der ...... GmbH & Co. KG *[Übernehmende Gesellschaft]* was folgt:

(1) Dem Abschluss des dieser Urkunde als Anlage A beigefügten Verschmelzungsvertrages zwischen der ...... GmbH & Co. KG *[Übertragende Gesellschaft],* Sitz A, HRA ......, Amtsgericht ......, als übertragender Gesellschaft und der ...... GmbH & Co. KG *[Übernehmende Gesellschaft]* als übernehmender Gesellschaft wird hiermit zugestimmt.

(2) Zum Zwecke der Gewährung von Gesellschaftsrechten zur Durchführung der Verschmelzung wird das Festkapital der ...... GmbH & Co. KG *[Übernehmende Gesellschaft]* von derzeit 400000.– EUR um 400000.– EUR erhöht auf sodann 800000.– EUR. Dies erfolgt durch

a) Gewährung eines Kommanditanteils mit einer Pflichteinlage von 200000.– EUR an Herrn A der dadurch als Kommanditist in die Gesellschaft eintritt;

b) Gewährung eines Kommanditanteils mit einer Pflichteinlage von 200000.– EUR an Herrn B, der dadurch als Kommanditist in die Gesellschaft eintritt.

Die neuen Kommanditanteile nehmen ab dem Verschmelzungsstichtag am Ergebnis der Gesellschaft teil.

(3) Der Gesellschaftsvertrag der ...... GmbH & Co. KG *[Übernehmende Gesellschaft]* wird mit rechtlicher Wirkung ab Eintragung der Verschmelzung im Handelsregister der ...... GmbH & Co. KG *[Übernehmende Gesellschaft]* und mit wirtschaftlicher Wirkung ab dem Verschmelzungsstichtag gemäß dem als Anlage zu § 4 des Verschmelzungsvertrages beigefügten Entwurf neu gefasst.

H. Verzichte und Erklärungen

Herr A, Herr B, und die ...... GmbH *[Komplementärin der Überträgerin]* verzichten hiermit auf eine Klage gegen die Wirksamkeit des vorstehenden Beschlusses der Gesellschafter der ...... GmbH & Co. KG *[Übertragende Gesellschaft],* auf die Erstattung eines Verschmelzungsberichtes, auf ein Abfindungsangebot gemäß §§ 29ff. UmwG sowie auf alle sonstigen Förmlichkeiten, auf die von Gesetzes wegen verzichtet werden kann.

Herr D, die C GmbH und die ...... GmbH *[Komplementärin der Übernehmerin]* verzichten hiermit auf eine Klage gegen die Wirksamkeit des vorstehenden Beschlusses der Gesellschafter der ...... GmbH & Co. *[Übernehmende Gesellschaft],* auf die Er-

stattung eines Verschmelzungsberichtes sowie auf alle sonstigen Förmlichkeiten, auf die von Gesetzes wegen verzichtet werden kann.

Die ...... GmbH *[Komplementärin der Überträgerin],* die ...... GmbH *[Komplementärin der Übernehmerin],* Herr A, Herr B, die C GmbH und Herr D erklären, dass eine Verschmelzungsprüfung nicht verlangt wird (§§ 44 S. 1, 9 Abs. 1 UmwG).

I. Ausfertigungen

Von dieser Urkunde erhalten Ausfertigungen:
- die .... GmbH & Co. KG [Übertragende Gesellschaft]
- die .... GmbH & Co. KG [Übernehmende Gesellschaft]
- die Gesellschafter der .... GmbH & Co. KG [Übertragende Gesellschaft]
- die Gesellschafter der .... GmbH & Co. KG [Übernehmende Gesellschaft]
- das Amtsgericht ...... als Registergericht der übertragenden Gesellschaft
- das Amtsgericht ...... als Registergericht der übernehmenden Gesellschaft
- das zuständige Finanzamt (§ 18 Abs. 1 GrEStG).

J. Kosten

Die Kosten dieser Urkunde trägt die ...... GmbH & Co. KG *[Übernehmende Gesellschaft].*

K. Belehrungen

Der Notar belehrte die Erschienenen über den weiteren Verfahrensgang, die Wirkungen der Verschmelzung sowie die Unwiderruflichkeit der abgegebenen Verzichtserklärungen.

Im Anschluss an die vorstehenden Erklärungen erklärte der Erschienene zu 1 auf die entsprechende Frage des Notars, dass zu dem Vermögen der ...... GmbH & Co. KG *[Übertragende Gesellschaft]* inländischer Grundbesitz gehöre. Der Notar belehrte die Erschienenen daraufhin, dass durch den verschmelzungsbedingten Vermögensübergang das Grundbuch/die Grundbücher insoweit unrichtig werden, als die übertragende Gesellschaft als Eigentümerin eingetragen ist, und dass bei einer übertragenden Gesellschaft, zu deren Vermögen ein inländisches Grundstück gehört, die Verschmelzung Grunderwerbsteuer auslöst.

Diese Niederschrift nebst Anlage A sowie Anlage zu § 4 der Anlage A wurden den Erschienenen vom Notar vorgelesen, von ihnen genehmigt und von ihnen und dem Notar eigenhändig wie folgt unterschrieben:

....
[Unterschrift K]

....
[Unterschrift L]

....
[Unterschrift M]

....
[Unterschrift A]

....
[Unterschrift B]

....
[Unterschrift D]

....
[Unterschrift Notar]

A.9.2. Verschmelzungsvertrag

zwischen der

...... GmbH & Co. KG *[Übertragende Gesellschaft]* mit dem Sitz in ...... *[A],* HRA ......, Amtsgericht ......, als übertragender Gesellschaft

– nachfolgend: Überträgerin –

und

...... GmbH & Co. KG *[Übernehmende Gesellschaft]* mit dem Sitz in ...... *[B]*, HRA ......, Amtsgericht ......, als übernehmender Gesellschaft

– nachfolgend: Übernehmerin –

§ 1 Vermögensübertragung[238]

Die Überträgerin überträgt ihr Vermögen als Ganzes mit allen Rechten und Pflichten unter Auflösung ohne Abwicklung im Wege der Verschmelzung durch Aufnahme gegen Gewährung von Gesellschaftsrechten (Kommanditanteilen) der Übernehmerin an die Gesellschafter der Überträgerin.

§ 2 Gegenleistung, Umtauschverhältnis, Kapitalerhöhung

(1) Die Übernehmerin gewährt jeder Person, die im Zeitpunkt des Wirksamwerdens der Verschmelzung mit Eintragung der Verschmelzung im Handelsregister der Übernehmerin Gesellschafter der Überträgerin ist, als Gegenleistung für die Übertragung des Vermögens der Überträgerin kostenfrei eine Beteiligung an der Übernehmerin mit demjenigen Festkapitalbetrag, der dem Festkapitalbetrag ihrer Beteiligung an der Überträgerin entspricht (Umtauschverhältnis).[239] Im Einzelnen werden somit an die Gesellschafter der Überträgerin gewährt:[240]

a) der ...... GmbH *[Komplementärin der Überträgerin]*, ... *[Sitz]* für ihre Rechtsstellung als Komplementärin der Überträgerin ohne Beteiligung am Vermögen und Ergebnis der Überträgerin die Rechtsstellung einer Komplementärin der Übernehmerin ohne Beteiligung am Vermögen und Ergebnis der Übernehmerin;
b) Herrn A für seine Beteiligung als Kommanditist an der Überträgerin mit einem Festkapitalbetrag von 200000.– EUR eine Beteiligung als Kommanditist an der Übernehmerin mit einem Festkapitalbetrag von 200000.– EUR;
c) Herrn B für seine Beteiligung als Kommanditist an der Überträgerin mit einem Festkapitalbetrag von 200000.– EUR eine Beteiligung als Kommanditist an der Übernehmerin mit einem Festkapitalbetrag von 200000.– EUR.

(2) Die gemäß Abs. 1 gewährten Anteile sind mit Wirkung ab dem Verschmelzungsstichtag (§ 3 Abs. 1) gewinnberechtigt.[242]

(3) Zur Durchführung der Verschmelzung wird die Übernehmerin die ...... GmbH *[Komplementärin der Überträgerin]* als neue persönlich haftende Gesellschafterin ohne Beteiligung an Vermögen und Ergebnis der Gesellschaft aufnehmen und ihr Festkapital von bisher 400000.– EUR um 400000.– EUR auf sodann 800000.– EUR erhöhen, und zwar dadurch, dass

a) Herr A als Kommanditist mit einer Beteiligung am Festkapital von 200000.– EUR in die Gesellschaft aufgenommen wird;
b) Herr B als Kommanditist mit einer Beteiligung am Festkapital von 200000.– EUR in die Gesellschaft aufgenommen wird.

§ 3 Verschmelzungsstichtag, handels- und steuerrechtliche Bilanzierung

(1) Die Übernahme des Vermögens der Überträgerin erfolgt im Innenverhältnis mit Wirkung ab dem Beginn des 1.1.01 (Verschmelzungsstichtag). Von diesem Zeitpunkt an gelten alle Handlungen und Geschäfte der Überträgerin als für Rechnung der Übernehmerin vorgenommen.[244]

(2) Der Verschmelzung wird die von der Gesellschafterversammlung der Überträgerin festgestellte[247] Bilanz der Überträgerin zum 31.12.00 als Schlussbilanz zugrunde gelegt.[246]

(3) Das im Rahmen der Verschmelzung auf die Übernehmerin übergehende Vermögen wird in die handelsrechtliche Rechnungslegung der Übernehmerin mit den jeweiligen Zeitwerten übernommen, § 255 Abs. 1 HGB iVm. § 24 UmwG.[249]

(4) Soweit der Saldo der Buchwerte des Vermögens der Übernehmerin zum Verschmelzungsstichtag nach Berücksichtigung des verschmelzungsbedingten Vermögenszugangs mit den Werten gemäß Abs. (3) den Betrag der Erhöhung des Festkapitals der Übernehmerin (§ 2 Abs. 3) übersteigt, wird er wie folgt auf die Kapitalkonten II in der Übernehmerin gemäß § 4 Abs. 1 und 3 des neugefassten Gesellschaftsvertrages verteilt:[250]

a) auf das Kapitalkonto II von Herrn A in Höhe seines Kapitalkontos II per Verschmelzungsstichtag in der Überträgerin zuzüglich eines Betrages von 300000.– EUR;
b) auf das Kapitalkonto II von Herrn B in Höhe seines Kapitalkontos II per Verschmelzungsstichtag in der Überträgerin zuzüglich eines Betrages von 300000.– EUR;
c) auf das Kapitalkonto II der C GmbH in Höhe ihres Kapitalkontos II per Verschmelzungsstichtag in der Übernehmerin vor Verschmelzung, zuzüglich eines Betrages von 400000.– EUR;
d) auf das Kapitalkonto II von Herrn D in Höhe seines Kapitalkontos II per Verschmelzungsstichtag in der Übernehmerin vor Verschmelzung, zuzüglich eines Betrages von 100000.– EUR.

(5) Das im Rahmen der Verschmelzung übergehende Vermögen wird in der Steuerbilanz der Übernehmerin einschließlich der Ergänzungsbilanzen ihrer Gesellschafter wie folgt angesetzt:[251]

a) Für Herrn A zu den gemeinen Werten;
b) für die Herren B und D sowie die C GmbH zu Buchwerten.

Die Übernehmerin ist verpflichtet, den hierzu erforderlichen Antrag gemäß §§ 24 Abs. 2 S. 3, 20 Abs. 2 Satz 3 UmwStG ordnungs- und fristgemäß zu stellen. Als steuerlichen Übertragungsstichtag wird die Übernehmerin den Stichtag der Schlussbilanz der Überträgerin iSd. § 17 Abs. 2 UmwG bestimmen; die Übernehmerin ist verpflichtet, den Antrag gemäß §§ 24 Abs. 4 HS 2, 20 Abs. 5 Satz 1 UmwStG ordnungs- und fristgemäß zu stellen.

§ 4 Gesellschaftsvertrag der Übernehmerin[253]

Der Gesellschaftsvertrag der Übernehmerin wird mit rechtlicher Wirkung ab Eintragung der Verschmelzung im Handelsregister der Übernehmerin und wirtschaftlicher Wirkung ab dem Verschmelzungsstichtag gemäß Anlage zu § 4 dieses Verschmelzungsvertrages neu gefasst.

§ 5 Keine besonderen Rechte

Besondere Rechte iSv. § 5 Abs. 1 Nr. 7 UmwG bestanden bei der Überträgerin nicht. Besondere Rechte werden an Anteilsinhaber im Rahmen der Verschmelzung nicht gewährt.

§ 6 Keine besonderen Vorteile

Besondere Vorteile an Mitglieder von Vertretungs- oder Aufsichtsorganen der an der Verschmelzung beteiligten Rechtsträger, an geschäftsführende Gesellschafter, Abschlussprüfer oder Verschmelzungsprüfer werden nicht gewährt (§ 5 Abs. 1 Nr. 8 UmwG).

§ 7 Folgen der Verschmelzung für Arbeitnehmer und ihre Vertretungen[255]

(1) Die Übernehmerin tritt in die Rechte und Pflichten aus den im Zeitpunkt der Eintragung der Verschmelzung im Register des Sitzes der Übernehmerin bestehenden Arbeitsverhältnissen der Überträgerin ein. Für die Arbeitnehmer, deren Arbeitsverhältnisse auf die Übernehmerin übergehen, gelten für die Anwendung aller von der Dienstzeit abhängigen Regelungen die bei der Überträgerin erreichten Dienstzeiten als bei der Übernehmerin verbrachte Dienstzeiten.[256]

(2) Die Arbeitnehmer können dem Übergang nicht widersprechen, da die Überträgerin mit Wirksamwerden der Verschmelzung erlischt.[257]

(3) Auf die Rechte und Pflichten aus den Arbeitsverhältnissen der bei der Übernehmerin beschäftigten Arbeitnehmer hat die Verschmelzung keine Auswirkung.[258]

(4) Die Kündigung des Arbeitsverhältnisses eines Arbeitnehmers durch die Überträgerin oder durch die Übernehmerin wegen des Übergangs ist unwirksam; das Recht zur Kündigung des Arbeitsverhältnisses aus anderen Gründen bleibt unberührt.[259]

(5) Die Übernehmerin gehört keinem Arbeitgeberverband an. Eine kollektivrechtliche Fortgeltung der bei der Überträgerin geltenden tarifvertraglichen Regelungen kommt daher nicht in Betracht. Soweit die Rechte und Pflichten aus den in Abs. 1 bezeichneten Arbeitsverhältnissen durch Rechtsnormen eines Tarifvertrages geregelt sind, werden sie stattdessen Inhalt der Arbeitsverhältnisse zwischen der Übernehmerin und den Arbeitnehmern der Überträgerin; solche Rechte und Pflichten dürfen nicht vor Ablauf eines Jahres nach dem Zeitpunkt der Eintragung der Verschmelzung im Register des Sitzes der Übernehmerin zum Nachteil der Arbeitnehmer geändert werden. Der Beitritt der Übernehmerin in einen Arbeitgeberverband ist nicht beabsichtigt.[260]

(6) Der Betriebsrat der Überträgerin sowie der Betriebsrat der Übernehmerin bleiben im Amt, da die Identität der jeweiligen Betriebe durch die Verschmelzung zunächst nicht geändert wird (zu den beabsichtigten Änderungen s. unten Abs. 9). Es ist darüber hinaus ein Gesamtbetriebsrat zu bilden, in welchen die Betriebsräte der Überträgerin und der Übernehmerin Mitglieder entsenden.[261]

(7) Die bestehenden Betriebsvereinbarungen der Überträgerin gelten nach § 77 Abs. 4 BetrVG kollektivrechtlich mit der Übernehmerin als Vertragspartei weiter, da durch die Verschmelzung die Identität der jeweiligen Betriebe zunächst nicht geändert wird. Die bei der Übernehmerin bestehenden Betriebsvereinbarungen bleiben durch die Verschmelzung unberührt. [261]

(8) Mitbestimmungsrechtliche Änderungen ergeben sich nicht, da auch nach der Verschmelzung die gesetzlichen Voraussetzungen für die Mitbestimmung der Arbeitnehmer nicht erfüllt sind.

(9) Es ist vorgesehen, die Hauptverwaltung sowie den Betrieb der Überträgerin am Standort A mit der Hauptverwaltung und dem Betrieb der Übernehmerin in B zusammenzulegen und den vorgenannten Standort A der Überträgerin zu schließen. Weitere Betriebsänderungen sind derzeit nicht geplant.

Nach Maßgabe der gesetzlichen Regelungen ist sodann für den Betrieb in B ein neuer Betriebsrat zu bilden.

Aus den o.g. Betriebsänderungen werden sich personelle Veränderungen (Versetzungen, Umgruppierungen und Zuweisungen neuer Arbeitsplätze) sowohl bei den Arbeitnehmern der Hauptverwaltung und des Betriebes der Überträgerin in A als auch bei den Arbeitnehmern der Hauptverwaltung und des Betriebes der Übernehmerin in B ergeben. Auch ist nach derzeitigem Planungsstand mit ca....... betriebsbedingten Kündigungen in den vorgenannten Hauptverwaltungen und Betrieben zu rechnen. Hierüber werden zu gegebener Zeit Verhandlungen mit dem neu gebildeten Gesamtbetriebsrat aufgenommen. Dabei werden die Geschäftsleitungen über die sich im Einzelnen ergebenden organisatorischen und personellen Veränderungen informieren und die Auswirkungen auf die Arbeitnehmer mit dem Ziel einer Einigung sowie unter Wahrung der Beteiligungsrechte der Arbeitnehmer mit dem vorgenannten Gremium beraten.[262]

§ 8 Wirksamwerden

Die Verschmelzung wird mit ihrer Eintragung im Handelsregister des Sitzes der Übernehmerin wirksam (§ 20 Abs. 1 UmwG).

A.9.3. Gesellschaftsvertrag[253, 264]

§ 1 Firma und Sitz

(1) Die Gesellschaft hat die Firma ...... GmbH & Co. KG.

(2) Sitz der Gesellschaft ist ....

§ 2 Gegenstand des Unternehmens

(1) Gegenstand des Unternehmens ist ......

(2) Die Gesellschaft ist zu allen Handlungen berechtigt, welche für die Erreichung des Unternehmensgegenstands erforderlich oder zweckmäßig sind. Die Gesellschaft darf sich insbesondere an anderen in- und ausländischen Unternehmen mit gleichem oder ähnlichem Geschäftsgegenstand beteiligen.

§ 3 Gesellschafter und Kapital

(1) Alleinige persönlich haftende Gesellschafterin ist die Firma ...... GmbH *[bisherige Komplementärin der Überträgerin]* (nachfolgend: Komplementärin). Sie ist am Vermögen der Gesellschaft nicht beteiligt.

(2) Kommanditisten sind:
a) Herr A mit einer Kommanditeinlage von 200000.– EUR;
b) Herr B mit einer Kommanditeinlage von 200000.– EUR;
c) die C-GmbH mit einer Kommanditeinlage von 320000.– EUR
d) Herr D mit einer Kommanditeinlage von 80000.– EUR.

(3) Die Kommanditeinlagen entsprechen stets den in das Handelsregister einzutragenden Hafteinlagen.

§ 4 Gesellschafterkonten

(1) Für jeden Gesellschafter wird ein laufendes Konto, für jeden Kommanditisten daneben ein Kapitalkonto I, ein Kapitalkonto II sowie bei Bedarf ein Verlustvortragskonto geführt.

(2) Das Kapitalkonto I ist fest; auf ihm wird die Kommanditeinlage als Festkapitalanteil verbucht. Das Konto ist unverzinslich.

(3) Auf dem Kapitalkonto II werden nicht entnehmbare Gewinnanteile sowie Einlagen verbucht. Die Kapitalkonten II sind im Soll und im Haben mit 3%-Punkten über dem Basiszinssatz gemäß § 247 BGB p.a. zu verzinsen; die Zinsberechnung erfolgt staffelmäßig. Die Zinsen werden handelsrechtlich als Aufwand bzw. Ertrag der Gesellschaft behandelt.

(4) Auf dem laufenden Konto werden entnahmefähige Gewinnanteile, Zinsen, der Ausgaben- und Aufwendungsersatz sowie sämtlicher sonstige Zahlungs- und Buchungsverkehr zwischen der Gesellschaft und dem jeweiligen Gesellschafter verbucht. Das laufende Konto ist im Soll und im Haben verzinslich; die Regelung für die Kapitalkonten II gilt entsprechend.

(5) Auf dem Verlustvortragskonto werden die Verlustanteile des Gesellschafters verbucht, ebenso Gewinnanteile aus späteren Jahren bis zum Ausgleich des Kontos. Das Konto ist unverzinslich.

(6) Weitere Gesellschafterkonten können durch Gesellschafterbeschluss eingerichtet werden.

§ 5 Ergebnisbeteiligung, Gewinnverwendung, Entnahmen

(1) Am Gewinn und Verlust der Gesellschaft sind die Kommanditisten im Verhältnis ihrer festen Kapitalkonten (Kapitalkonten I) beteiligt. Die Komplementärin ist am Gewinn und Verlust der Gesellschaft nicht beteiligt.

(2) Über die Verwendung des Jahresüberschusses beschließt die Gesellschafterversammlung. Sie kann den Jahresüberschuss nach Abzug der gemäß Abs. 3 zu ermittelnden, auf die Beteiligungen an der Gesellschaft entfallenden persönlichen Ertragsteuern, dh. Einkommen- bzw. Körperschaftsteuer zuzüglich hierauf erhobener Zuschläge (derzeit Solidaritätszuschlag) sowie Kirchensteuer (soweit anwendbar), ganz oder teilweise in die Kapitalkonten II einstellen; § 11 Abs. 5 Buchst. g bleibt unberührt.

(3) Bei der Ermittlung der auf die Beteiligung an der Gesellschaft entfallenden persönlichen Ertragsteuern ist bei natürlichen Personen der jeweils geltende einkommensteuerliche Spitzensteuersatz zugrundezulegen.

(4) Jeder Gesellschafter ist berechtigt, seine gemäß Abs. 3 zu ermittelnden persönlichen Ertragsteuern zu entnehmen.

(5) Darüber hinaus dürfen pro Geschäftsjahr insgesamt 20% des auf den Gesellschafter entfallenden, nach Abzug der persönlichen Ertragsteuern sowie Ausgleich eines etwaigen Verlustvortragskontos verbleibenden Anteils am Jahresüberschuss entnommen werden.

(6) Von der Regelung des Abs. 5 abweichende Entnahmen bedürfen eines Gesellschafterbeschlusses, ebenso Umbuchungen vom Kapitalkonto II auf das laufende Konto oder zum Zwecke des Ausgleichs des Verlustvortragskontos oder eines Jahresfehlbetrages. Der Beschluss bedarf in den Fällen des § 11 Abs. 5 Buchst. g der dort festgelegten qualifizierten Mehrheit. Wenn die Entnahme bzw. Umbuchung nicht für alle Gesellschafter entsprechend ihrer Beteiligung am Festkapital erfolgen soll, bedarf der Gesellschafterbeschluss der Stimmen aller Gesellschafter.

(7) Guthaben auf dem laufenden Konto sind auf Anforderung des betreffenden Gesellschafters innerhalb von zwei Wochen an diesen auszuzahlen; entsprechendes gilt umgekehrt auf Anforderung der Gesellschaft für einen auf dem laufenden Konto bestehenden Negativsaldo.

§ 6 Geschäftsjahr und Jahresabschluss

(1) Geschäftsjahr ist das Kalenderjahr.

(2) Die Komplementärin hat innerhalb der gesetzlichen Fristen den Jahresabschluss aufzustellen und, sofern die Gesellschaft kraft Gesetzes prüfungspflichtig ist, durch einen von der Gesellschafterversammlung bestellten Wirtschaftsprüfer oder eine von dieser bestellte Wirtschaftsprüfungsgesellschaft prüfen zu lassen.

§ 7 Sonderbetriebseinnahmen und Sonderbetriebsausgaben, Sonderbetriebsvermögen

Die Kommanditisten haben spätestens drei Monate nach Ablauf eines Geschäftsjahres der Komplementärin ihre steuerlichen Sonderbetriebseinnahmen und Sonderbetriebsausgaben sowie ihr steuerliches Sonderbetriebsvermögen zum Zwecke der Aufnahme in die von der Gesellschaft abzugebenden Steuererklärungen mitzuteilen; die Komplementärin kann die Verwendung von durch sie vorgegebenen Formblättern sowie die Vorlage von Belegen verlangen.

§ 8 Geschäftsführung und Vertretung

(1) Zur Geschäftsführung und Vertretung ist nur die Komplementärin berechtigt und verpflichtet. Die Komplementärin und ihre Geschäftsführer sind für Geschäfte zwischen der Komplementärin und der Gesellschaft von den Beschränkungen des § 181 BGB befreit.

(2) Die Komplementärin führt die Geschäfte der Gesellschaft mit der Sorgfalt eines ordentlichen Kaufmanns in Übereinstimmung mit dem Gesetz, dem Gesellschaftsvertrag und den Beschlüssen der Gesellschafterversammlung.

(3) Die folgenden Geschäfte bzw. Entscheidungen bedürfen der Zustimmung der Gesellschafterversammlung:

a) Gründung, Auflösung, Erwerb oder Veräußerung von Tochter- und Enkelunternehmen, von unmittelbaren und mittelbaren Unternehmensbeteiligungen sowie Anteilsänderungen an Beteiligungen;
b) der Erwerb, die Veräußerung und die Belastung von Grundstücken, grundstücksgleichen Rechten und Rechten an Grundstücken, deren Wert 100000.– EUR übersteigt, soweit nicht mit dem Budget bereits genehmigt;
c) das von der Geschäftsführung jährlich im Voraus aufzustellende Budget und dessen wesentliche Änderungen und der Mittelfristplan;
d) Festsetzung der Grundsätze für die Bezüge und sonstigen Vergünstigungen der Geschäftsführer der Komplementärin einschließlich der Regelung ihrer Alters-, Dienstunfähigkeits- und Hinterbliebenenversorgung;
e) die Aufnahme neuer Geschäftszweige und Aufgabe vorhandener Tätigkeitsgebiete;
f) die Aufnahme und Gewährung von Krediten sowie die Übernahme von Bürgschaften und Garantien über einen Betrag von mehr als 100000.– EUR, soweit nicht mit dem Budget bereits genehmigt;
g) gerichtliche oder schiedsgerichtliche Rechtsstreitigkeiten von grundsätzlicher Bedeutung für die Gesellschaft;
h) Bestellung und Abberufung von Geschäftsführern der Komplementärin sowie von Prokuristen;
i) Abschluss sonstiger Dauerschuldverhältnisse, insbesondere Vertriebs- und Lizenzverträge, mit einer Laufzeit von mehr als einem Jahr;
j) sonstige Geschäfte, welche die Gesellschafterversammlung allgemein oder im Einzelfall von ihrer Zustimmung abhängig macht.

(4) Das Widerspruchsrecht der Kommanditisten gemäß § 164 HGB ist ausgeschlossen.

(5) Die Komplementärin ist verpflichtet, die Gesellschafter über alle wichtigen Vorkommnisse unaufgefordert zu unterrichten.

(6) Die Komplementärin hat Anspruch auf Ersatz ihrer sämtlichen im Zusammenhang mit ihrer Komplementärstellung stehenden Auslagen einschließlich der Gehälter und sonstigen Aufwendungen für ihre Geschäftsführer. Darüber hinaus hat die Komplementärin Anspruch auf eine Haftungsvergütung in Höhe von 3% ihres bilanziellen Eigenkapitals p.a., höchstens jedoch 10000.– EUR p.a. Die zu zahlenden Beträge sind handelsrechtlich als Aufwand der Gesellschaft zu behandeln.

§ 9 Gesellschafterversammlungen

(1) Gesellschafterversammlungen werden von der Komplementärin einberufen. Aus wichtigem Grund können Kommanditisten, die zusammen 5% des Festkapitals repräsentieren, die Einberufung einer außerordentlichen Gesellschafterversammlung verlangen.

(2) Gesellschafterversammlungen finden am Sitz der Gesellschaft statt.

(3) Den Vorsitz in der Gesellschafterversammlung führt ein Geschäftsführer der Komplementärin.

(4) Kommanditisten können sich vertreten lassen; der Vertreter hat der Komplementärin schriftliche Vollmacht bzw. gleichstehenden schriftlichen Nachweis (zB Testamentsvollstreckerzeugnis, bei Organen und Prokuristen Handelsregisterauszug) vorzulegen. Kommanditisten bzw. deren Vertreter können sich auch durch einen von Berufs wegen zur Verschwiegenheit verpflichteten Berater begleiten lassen.

(5) Alljährlich findet eine ordentliche Gesellschafterversammlung statt. Die Gesellschafterversammlung hat spätestens innerhalb von acht Monaten nach Ablauf eines Geschäftsjahres stattzufinden.

(6) Über die Verhandlungen der Gesellschafterversammlung ist ein Protokoll anzufertigen, in das neben Ort und Tag der Versammlung die Teilnehmer, die Gegenstände der Tagesordnung, die wesentlichen Inhalte der Verhandlung sowie die Beschlüsse der Gesellschafter sowie Art und Ergebnis der Abstimmung aufzunehmen sind. Das Protokoll ist vom Vorsitzenden der Gesellschafterversammlung zu unterzeichnen. Das Protokoll ist innerhalb von zwei Wochen nach der Gesellschafterversammlung an die Gesellschafter zu versenden. Einwendungen gegen die Richtigkeit des Protokolls müssen innerhalb einer Frist von acht Wochen nach Abhaltung der Gesellschafterversammlung gegenüber der Komplementärin schriftlich geltend gemacht werden.

§ 10 Zuständigkeit der Gesellschafterversammlung

(1) Die Gesellschafterversammlung ist zusätzlich zu den sonstigen in diesem Gesellschaftsvertrag oder zwingend kraft Gesetzes vorgesehenen Fällen in den folgenden Angelegenheiten zuständig:

a) Änderung des Gesellschaftsvertrages sowie alle weiteren Geschäfte, welche die Grundlagen der Gesellschaft betreffen (einschließlich Änderungen des Festkapitals und Aufnahme neuer Gesellschafter);
b) Abschluss von Unternehmensverträgen, auf welche die §§ 293ff. AktG analog anwendbar sind;
c) Unwandlungen nach dem UmwG, an welchen die Gesellschaft als übertragende, umgewandelte oder aufnehmende Gesellschaft beteiligt ist;
d) Bestellung des Abschlussprüfers für den Jahresabschluss;
e) Entlastung der Komplementärin und der Geschäftsführer der Komplementärin;
f) Auflösung der Gesellschaft;
g) Feststellung des Jahresabschlusses;
h) Entscheidung über die Ergebnisverwendung.

§ 11 Gesellschafterbeschlüsse

(1) Gesellschafterbeschlüsse werden in Gesellschafterversammlungen gefasst.

(2) Die Gesellschafter beschließen mit einfacher Mehrheit der abgegebenen Stimmen, soweit nicht kraft Gesetzes zwingend oder in diesem Gesellschaftsvertrag eine andere Mehrheit vorgeschrieben ist; je 1.– EUR Festkapitalanteil gewähren eine Stimme. Die Komplementärin hat kein Stimmrecht.

(3) Ein Kommanditist, welcher durch die Beschlussfassung entlastet oder von einer Verbindlichkeit befreit werden soll, hat hierbei kein Stimmrecht und darf ein solches auch nicht als Vertreter eines anderen ausüben. Dasselbe gilt von einer Beschlussfassung, welche die Geltendmachung eines Anspruchs oder die Einleitung oder Erledigung eines Rechtsstreits gegenüber diesem Kommanditisten betrifft. Im Übrigen ist das Stimmrecht in eigenen Angelegenheiten nicht ausgeschlossen.

(4) Ein Gesellschafter, dessen Ausschließung beschlossen wurde (§ 15), hat kein Stimmrecht.

(5) Über die folgenden Angelegenheiten beschließt die Gesellschafterversammlung mit einer Mehrheit von mindestens drei Vierteln der abgegebenen Stimmen, sofern und soweit nicht kraft Gesetzes zwingend eine andere Mehrheit vorgeschrieben ist:

a) Aufnahme neuer Gesellschafter;
b) sonstige Änderungen des Gesellschaftsvertrages;
c) Abweichungen vom Gesellschaftsvertrag im Einzelfall;
d) Umwandlungen nach dem Umwandlungsgesetz;
e) Liquidation der Gesellschaft;
f) Abschluss von Unternehmensverträgen, auf welche die §§ 291ff. AktG analog anwendbar sind;

g) Zuweisung von mehr als 20% des nach Abzug der persönlichen Ertragsteuern (§ 5 Abs. 2 und 3) sowie Ausgleich eines etwaigen Verlustvortrags verbleibenden Jahresüberschusses in die Kapitalkonten II.

(6) Die Erhöhung und Herabsetzung von Kommanditeinlagen bedarf eines mit allen in der Gesellschaft vorhandenen Stimmen zustandegekommenen Gesellschafterbeschlusses.

(7) Die Unwirksamkeit eines Gesellschafterbeschlusses kann nur innerhalb von einem Monat nach Beschlussfassung durch Klage geltend gemacht werden. Die Klage ist gegen die Gesellschaft zu richten.

§ 12 Auskunfts- und Kontrollrechte der Kommanditisten

Die Komplementärin hat jedem Kommanditisten auf Verlangen unverzüglich Auskunft über die Angelegenheiten der Gesellschaft zu geben und die Einsicht der Bücher und Schriften zu gestatten. § 51a GmbHG gilt entsprechend.

§ 13 Ausscheiden von Gesellschaftern

(1) Scheidet ein Gesellschafter aus der Gesellschaft aus, so wird die Gesellschaft von den verbleibenden Gesellschaftern unter der bisherigen Firma fortgesetzt. Verbleibt nur noch ein Gesellschafter, so hat dieser das Recht, das Vermögen der Gesellschaft ohne Liquidation mit allen Aktiven und Passiven unter Fortführung der Firma zu übernehmen.

(2) Im Falle des Ausscheidens der Komplementärin sind die Kommanditisten verpflichtet, unverzüglich eine juristische Person mit entsprechender Satzung zu gründen und sie oder einen oder mehrere hierzu bereite Kommanditisten als Komplementärin aufzunehmen. Geschieht dies nicht innerhalb eines Monats ab dem Ausscheiden, ist die Gesellschaft aufgelöst.

(3) Ausscheidende Gesellschafter können für Schulden der Gesellschaft keine Sicherheitsleistung verlangen und Befreiung erst und insoweit, als sie von Gläubigern in Anspruch genommen werden.

§ 14 Ausschließung der Komplementärin

Die Komplementärin scheidet aus der Gesellschaft aus, wenn dies von der Gesellschafterversammlung beschlossen wird.

§ 15 Ausschließung von Kommanditisten

(1) Ein Kommanditist kann aus wichtigem Grund aus der Gesellschaft ausgeschlossen werden. Die Wirksamkeit der Ausschließung ist nicht von der Zahlung der gemäß § 16 geschuldeten Abfindung abhängig. Einer Festsetzung der Abfindung im Ausschließungsbeschluss bedarf es nicht.

(2) Die Ausschließung erfolgt durch Beschluss der Gesellschafterversammlung. Sie wird wirksam, wenn und sobald sie dem betroffenen Kommanditisten bekannt gemacht ist und ist solange als wirksam zu behandeln, bis ihre Unwirksamkeit rechtskräftig festgestellt ist.

§ 16 Abfindung

(1) Ausscheidende Kommanditisten erhalten eine Barabfindung. Diese entspricht dem Verkehrswert des Kommanditanteils des ausscheidenden Gesellschafters. Fällt das Ausscheiden mit dem Schluss eines Geschäftsjahres zusammen, ist dieser Zeitpunkt der Stichtag für die Wertermittlung; ansonsten ist die Wertermittlung auf den Schluss des letzten im Zeitpunkt des Ausscheidens abgeschlossenen Geschäftsjahres vorzunehmen. Im Falle der Ausschließung ist die Gesellschaft nach ihrer Wahl be-

rechtigt, als Wertermittlungsstichtag den Zeitpunkt der Fassung des Ausschließungsbeschlusses zu wählen.

(2) Fällt das Ausscheiden nicht mit dem Schluss eines Geschäftsjahres zusammen, nimmt der ausscheidende Kommanditist an dem Gewinn oder Verlust des im Zeitpunkt des Ausscheidens laufenden Geschäftsjahres nicht teil.

(3) Die Höhe der Abfindung ist durch einen von der Gesellschaft zu beauftragenden Wirtschaftsprüfer oder eine von der Gesellschaft zu beauftragende Wirtschaftsprüfungsgesellschaft zu ermitteln und dem ausscheidenden Kommanditisten bekanntzugeben.

(4) Einwendungen gegen die Höhe der Abfindung können nur innerhalb von zwei Monaten, nachdem sowohl die Ausschließung als auch die festgesetzte Abfindung dem abzufindenden Kommanditisten bekannt gegeben worden sind, durch Klage gegen die Gesellschaft geltend gemacht werden.

(5) Der Abfindungsbetrag zuzüglich eines etwaigen Guthabens bzw. abzüglich eines etwaigen Negativsaldos per Wertermittlungsstichtag auf dem laufenden Konto des betroffenen Gesellschafters wird in fünf gleichen Jahresraten, beginnend sechs Monate nach dem Ausschließungsbeschluss, fällig. Offene Beträge sind ab dem Tage des Ausschließungsbeschlusses mit 6% p.a. zu verzinsen; zusammen mit einer Rate werden jeweils die bis dahin angefallenen Zinsen fällig.

(6) Sollte die Zahlung der Abfindung oder einer Rate – ggf. unter Berücksichtigung der anderen ausscheidenden Kommanditisten zu zahlenden Abfindung – nicht ohne schweren Schaden für die Gesellschaft möglich sein, so braucht die Gesellschaft nur zumutbare Zahlungen zu leisten. Über deren Höhe entscheidet ein auf Antrag eines Beteiligten vom Vorstand des Instituts der Wirtschaftsprüfer *(IDW)* in Düsseldorf zu ernennender Wirtschaftsprüfer oder eine vom Vorstand des Instituts der Wirtschaftsprüfer *(IDW)* in Düsseldorf zu ernennende Wirtschaftsprüfungsgesellschaft als Schiedsgutachter.

(7) Sicherheitsleistung für die Abfindung kann nicht verlangt werden.

§ 17 Verfügung über Kommanditanteile, Vererblichkeit

(1) Verfügungen über Kommanditanteile bedürfen zu ihrer Wirksamkeit der Zustimmung der Gesellschafterversammlung.

(2) Einer Verfügung steht die Eingehung eines Treuhandverhältnisses oder eines solchen Rechtsverhältnisses gleich, durch welche sich der Gesellschafter hinsichtlich der Ausübung der Gesellschaftsrechte aus seinem Gesellschaftsanteil an die Zustimmung oder Mitwirkung eines Dritten bindet.

(3) Kommanditanteile sind vererblich. Soweit beim Erbgang Kommanditanteile von weniger als einem Euro entstehen, kann das Stimmrecht nur einheitlich durch einen gemeinsamen Bevollmächtigten ausgeübt werden.

§ 18 Dauer, Kündigung, Liquidation der Gesellschaft

(1) Die Gesellschaft besteht auf unbestimmte Zeit.

(2) Jeder Gesellschafter kann die Gesellschaft durch Brief an die Komplementärin unter Einhaltung einer dreimonatigen Frist auf den Schluss eines Geschäftsjahres kündigen, frühestens jedoch zum …… *[Datum].* Das Recht zur vorzeitigen Kündigung aus wichtigem Grund bleibt unberührt.

(3) Im Fall der Kündigung scheidet der kündigende Gesellschafter zum Zeitpunkt des Wirksamwerdens der Kündigung aus der Gesellschaft aus.

(4) Im Falle der Auflösung wird die Gesellschaft liquidiert, wenn nicht die Gesellschafter mit einer Mehrheit von drei Vierteln der abgegebenen Stimmen eine andere

Art der Auseinandersetzung (zB Realteilung) beschließen. Im Falle der Liquidation ist die Komplementärin zur alleinigen Liquidatorin bestellt. Am Liquidationserlös sind die Kommanditisten entsprechend ihrer Beteiligung am Festkapital beteiligt.

§ 19 Schlussbestimmungen

(1) Sollte eine Bestimmung dieses Vertrages oder eine künftig in ihn aufgenommene Bestimmung ganz oder teilweise unwirksam oder undurchführbar sein oder werden, soll hierdurch die Gültigkeit der übrigen Bestimmungen nicht berührt werden. Anstelle der unwirksamen oder undurchführbaren Bestimmung soll eine angemessene Regelung gelten, welche, soweit rechtlich zulässig, dem am nächsten kommt, was die Vertragsschließenden gewollt haben oder nach dem Sinn und Zweck des Vertrages gewollt hätten, falls sie den Punkt bedacht hätten.

(2) Der vorstehende Absatz gilt entsprechend im Fall von Lücken.

(3) Alle das Gesellschaftsverhältnis betreffenden Vereinbarungen zwischen Gesellschaftern oder zwischen der Gesellschaft und Gesellschaftern bedürfen zu ihrer Wirksamkeit der Schriftform, soweit nicht kraft Gesetzes notarielle Beurkundung erforderlich ist. Dies gilt auch für einen Verzicht auf das Erfordernis der Schriftform.

Schreiben und Berichte

A.9.4. Schreiben an den Betriebsrat der Übernehmerin[266, 270]

...... GmbH & Co. KG *[Übernehmende Gesellschaft]*

– Geschäftsführung –

......, den ......

An den Betriebsrat[267] der ...... GmbH & Co. KG *[Übernehmende Gesellschaft]*
z. Hd. des Vorsitzenden
– durch Boten gegen Empfangsbekenntnis –

Verschmelzung der ...... GmbH & Co. KG *[Übertragende Gesellschaft]* auf die ...... GmbH & Co. KG *[Übernehmende Gesellschaft]*

Sehr geehrte Damen und Herren,

es ist beabsichtigt, die ...... GmbH & Co. KG *[Übertragende Gesellschaft]* als übertragende Gesellschaft im Wege der Verschmelzung durch Aufnahme auf die ...... GmbH & Co. KG *[Übernehmende Gesellschaft]* als übernehmende Gesellschaft zu verschmelzen. Hierzu haben die Geschäftsführung der ...... GmbH & Co. KG *[Übertragende Gesellschaft]* sowie die Geschäftsführung der ...... GmbH & Co. KG *[Übernehmende Gesellschaft]* den Entwurf eines Verschmelzungsvertrages aufgestellt. Dieser wird Ihnen hiermit als Anlage zu diesem Schreiben gemäß § 5 Abs. 3 UmwG in Kopie zugeleitet.[271] Bitte quittieren Sie den Erhalt des Entwurfes des Verschmelzungsvertrages durch Gegenzeichnung der beigefügten Empfangsbestätigung.

Mit freundlichen Grüßen

....
...... GmbH & Co. KG [Übernehmende Gesellschaft]

....
[Unterschriften des Geschäftsführers der Komplementärin]

Empfangsbestätigung:

Der Erhalt des vorstehenden Schreibens im Original sowie des als Anlage in Kopie beigefügten Entwurfes des Verschmelzungsvertrages wird hiermit zum Zwecke des Nachweises der rechtzeitigen Zuleitung[269] des Entwurfes des Verschmelzungsvertrages gemäß § 17 Abs. 1 UmwG bestätigt.

..............................., den ....

Für den Betriebsrat:

..

[Unterschrift des Vorsitzenden]

A.9.5. Schreiben an den Betriebsrat der Überträgerin[266, 270]

...... GmbH & Co. KG *[Übertragende Gesellschaft]*
– Geschäftsführung –

......, den ....

An den
Betriebsrat[267] der ...... GmbH *[Übertragende Gesellschaft]*
z. Hd. des Vorsitzenden
– durch Boten gegen Empfangsbekenntnis –

Verschmelzung der ...... GmbH & Co. KG *[Übertragende Gesellschaft]* auf die B-GmbH & Co. KG *[Übernehmende Gesellschaft]*

Sehr geehrte Damen und Herren,

es ist beabsichtigt, ... GmbH & Co. KG *[Übertragende Gesellschaft]* als übertragende Gesellschaft im Wege der Verschmelzung durch Aufnahme auf die ...... GmbH & Co. KG *[Übernehmende Gesellschaft]* als übernehmende Gesellschaft zu verschmelzen. Hierzu haben die Geschäftsführung der ...... GmbH & Co. KG *[Übertragende Gesellschaft]* sowie die Geschäftsführung der ...... GmbH & Co. *[Übernehmende Gesellschaft]* den Entwurf eines Verschmelzungsvertrages aufgestellt. Dieser wird Ihnen hiermit als Anlage zu diesem Schreiben gemäß § 5 Abs. 3 UmwG in Kopie zugeleitet.[271] Bitte quittieren Sie den Enthalt des Entwurfes des Verschmelzungsvertrages durch Gegenzeichnung der beigefügten Empfangsbestätigung.

Mit freundlichen Grüßen

..

...... GmbH & Co. KG *[Übertragende Gesellschaft]*

..

[Unterschrift des Geschäftsführers]

Empfangsbestätigung:

Der Erhalt des vorstehenden Schreibens im Original sowie des als Anlage in Kopie beigefügten Entwurfes des Verschmelzungsvertrages wird hiermit zum Zwecke des Nachweises der rechtzeitigen Zuleitung[269] des Entwurfes des Verschmelzungsvertrages gemäß § 17 Abs. 1 UmwG bestätigt.

..............................., den ....

Für den Betriebsrat:

..

[Unterschrift des Vorsitzenden]

Handelsregisteranmeldungen

A.9.6. Handelsregisteranmeldung Überträgerin

An das
Amtsgericht ...... *[A]*
– Registergericht –
...... *[Straßenadresse]*
...... *[PLZ]* ...... *[Stadt]*
HRA ...... – ...... GmbH & Co. KG *[Übertragende Gesellschaft]*

In der Anlage überreiche ich, der unterzeichnete einzelvertretungsberechtigte Geschäftsführer der ...... GmbH *[Komplementärin der Überträgerin]*[273]:

1. Notarielle Urkunde vom ......, URNr ...... des Notars ...... in ......, welche enthält:
a) in Abschnitt D mit Anlage A den Verschmelzungsvertrag betreffend die Verschmelzung der ...... GmbH & Co. KG *[Übertragende Gesellschaft]* auf die ...... GmbH & Co. KG *[Übernehmende Gesellschaft];*
b) in Abschnitt F die Zustimmung der Gesellschafterversammlung der ...... GmbH & Co. KG *[Übertragende Gesellschaft]* zu dem vorstehend genannten Verschmelzungsvertrag;
c) in Abschnitt G die Beschlüsse der Gesellschafterversammlung der ...... GmbH & Co. KG *[Übernehmende Gesellschaft]* über die Zustimmung zu dem vorstehend genannten Verschmelzungsvertrag sowie Erhöhung des Festkapitals der ...... GmbH & Co. KG *[Übernehmende Gesellschaft]* nebst Gewährung neuer Kommanditanlagen;
d) in Abschnitt H die Verzichte der Gesellschafter der ...... GmbH & Co. KG *[Übernehmende Gesellschaft]* und der Gesellschafter der ...... GmbH & Co. KG *[Übertragende Gesellschaft]* auf die Erstattung eines Verschmelzungsberichtes, auf ein Abfindungsangebot gemäß § 29 UmwG und eine Klage gegen die Wirksamkeit der vorbezeichneten Beschlüsse sowie die Erklärung, dass eine Verschmelzungsprüfung nicht verlangt wird (§§ 44 S. 1, 9 Abs. 1 UmwG);

2. Empfangsbekenntnis über die Zuleitung des Entwurfs des Verschmelzungsvertrages an den Betriebsrat der ...... GmbH & Co. KG *[Übertragende Gesellschaft];*

3. Empfangsbekenntnis über die Zuleitung des Entwurfs des Verschmelzungsvertrages an den Betriebsrat der ...... GmbH & Co. KG *[Übernehmende Gesellschaft];*

4. die Schlussbilanz ...... GmbH & Co. KG *[Übertragende Gesellschaft]* per 31.12.00.

Zur Eintragung in das Handelsregister melde ich an:

Die ...... GmbH & Co. KG *[Übertragende Gesellschaft]* als übertragende Gesellschaft ist aufgrund des Verschmelzungsvertrages vom ......, des Beschlusses der Gesellschafterversammlung der ...... GmbH & Co. KG *[Übertragende Gesellschaft]* vom ...... und des Beschlusses der Gesellschafterversammlung der ...... GmbH & Co. KG *[Übernehmende Gesellschaft]* vom ...... mit der ...... GmbH & Co. KG *[Übernehmende Gesellschaft]* als übernehmender Gesellschaft, HRA ......, Amtsgericht ......, durch Aufnahme unter Auflösung ohne Abwicklung verschmolzen.

Es wird unter Bezugnahme auf Abschnitt H der zu Ziff. 1 vorgelegten Urkunde erklärt, dass im Hinblick auf die dort abgegebenen Verzichtserklärungen eine Negativerklärung nach § 16 Abs. 2 S. 1 UmwG entbehrlich ist.

Nach Vollzug wird um Eintragungsnachricht und Übermittlung je eines beglaubigten Handelsregisterauszuges an die Gesellschaft und den beglaubigenden Notar gebeten.

..............................., den ....

...
[Unterschrift des Geschäftsführers][273]
[Beglaubigungsvermerk][274]

A.9.7. Handelsregisteranmeldung Übernehmerin

An das
Amtsgericht ...... *[B]*
– Registergericht –
...... *[Straßenadresse]*
...... *[PLZ]* ...... *[Stadt]*

HRA ...... – ...... GmbH & Co. KG *[Übernehmende Gesellschaft]*

In der Anlage überreichen wir, die unterzeichneten sämtlichen Gesellschafter[276] der ...... GmbH & Co. KG *[Übernehmende Gesellschaft]:*

1. **Notarielle Urkunde vom ......, URNr ...... des Notars ...... in ......, welche enthält:**
   a) **in Abschnitt D mit Anlage A den Verschmelzungsvertrag betreffend die Verschmelzung der ...... GmbH & Co. KG *[Übertragende Gesellschaft]* auf die ...... GmbH & Co. KG *[Übernehmende Gesellschaft];***
   b) **in Abschnitt F die Zustimmung der Gesellschafterversammlung der ...... GmbH & Co. KG *[Übertragende Gesellschaft]* zu dem vorstehend genannten Verschmelzungsvertrag;**
   c) **in Abschnitt G die Beschlüsse der Gesellschafterversammlung der ...... GmbH & Co. KG *[Übernehmende Gesellschaft]* über die Zustimmung zu dem vorstehend genannten Verschmelzungsvertrag sowie betreffend die Erhöhung des Festkapitals der ...... GmbH & Co. KG *[Übernehmende Gesellschaft]* nebst Gewährung neuer Kommanditanlagen;**
   d) **in Abschnitt H die Verzichte der Gesellschafter der ...... GmbH & Co. KG *[Übernehmende Gesellschaft]* und der Gesellschafter der ...... GmbH & Co. KG *[Übertragende Gesellschaft]* auf die Erstattung eines Verschmelzungsberichtes, auf ein Abfindungsangebot gemäß § 29 UmwG und eine Klage gegen die Wirksamkeit der vorbezeichneten Beschlüsse sowie die Erklärung, dass eine Verschmelzungsprüfung nicht verlangt wird (§§ 44 S. 1, 9 Abs. 1 UmwG);**
   e) **in Abschnitt E die Vereinbarung über das Ausscheiden der ......, GmbH *[Komplementärin der Übernehmerin]* aus der Gesellschaft;**
2. **Empfangsbekenntnis über die Zuleitung des Entwurfs des Verschmelzungsvertrages an den Betriebsrat der ...... GmbH & Co. KG *[Übertragende Gesellschaft];***
3. **Empfangsbekenntnis über die Zuleitung des Entwurfs des Verschmelzungsvertrages an den Betriebsrat der ...... GmbH & Co. KG *[Übernehmende Gesellschaft].***

Zur Eintragung in das Handelsregister melden wir an:

Die ...... GmbH & Co. KG *[Übertragende Gesellschaft],* HRA ......, Amtsgericht ......, als übertragende Gesellschaft ist aufgrund des Verschmelzungsvertrages vom ......, des Beschlusses der Gesellschafterversammlung der ...... GmbH & Co. KG *[Übertragende Gesellschaft]* vom ...... und des Beschlusses der Gesellschafterversammlung der ...... GmbH & Co. KG *[Übernehmende Gesellschaft]* vom ...... mit der ...... GmbH & Co. KG *[Übernehmende Gesellschaft]* als übernehmender Gesellschaft durch Aufnahme unter Auflösung ohne Abwicklung verschmolzen.

Zum Zwecke der Durchführung der Verschmelzung und in Erfüllung der Anteilsgewährungspflicht sind

a) die ...... GmbH *[Komplementärin der Überträgerin]*, Sitz ...... *[Ort]*, HRB ......, Amtsgericht ......, als persönlich haftende Gesellschafterin;

b) Herr A *[Vorname/Nachname]*, geboren am ...... *[Datum]*, ... *[Wohnort]*, als Kommanditist mit einer Einlage von 200000.– EUR;

c) Herr B *[Vorname/Nachname]*, geboren am ...... *[Datum]*, ... *[Wohnort]*, als Kommanditist mit einer Einlage von 200000.– EUR

in die Gesellschaft eingetreten.

Die persönlich haftende Gesellschafterin ...... GmbH *[bisherige Komplementärin der Übernehmerin]* ist aus der Gesellschaft ausgeschieden.

Zur Vertretung der Gesellschaft wird angemeldet:

- **Allgemein gilt weiterhin: Jeder persönlich haftende Gesellschafter vertritt einzeln.**
- **Konkret gilt: Die ...... GmbH *[bisherige Komplementärin der Überträgerin]* vertritt die Gesellschaft einzeln; sie ist von den Beschränkungen des § 181 BGB befreit.**

Es wird unter Bezugnahme auf Abschnitt H der zu Ziff. 1 vorgelegten Urkunde erklärt, dass im Hinblick auf die dort abgegebenen Verzichtserklärungen eine Negativerklärung nach § 16 Abs. 2 S. 1 UmwG entbehrlich ist.

Nach Vollzug wird um Eintragungsnachricht an die Gesellschaft und den beglaubigenden Notar und Übermittlung von drei beglaubigten Handelsregisterauszügen an die Gesellschaft und eines beglaubigten Handelsregisterauszuges an den beglaubigenden Notar gebeten.

..............................., den ....

...... GmbH *[bisherige Komplementärin der Übernehmerin]*

..	**..**
[Unterschrift des Geschäftsführers K]	***[Unterschrift B]***
..	

...... GmbH *[bisherige Komplementärin der Überträgerin]*

..	**..**
[Unterschrift des Geschäftsführers L]	***[Unterschrift D]***
..	**..**
[Unterschrift A]	***[C GmbH]***
..	**..**
[Unterschrift des Geschäftsführers M]	***[Beglaubigungsvermerk]***[277]

B. Grundsätzliche Anmerkungen

I. Sachverhalt

Am Festkapital der Überträgerin sind die Kommanditisten A und B zu je $^1/_2$ beteiligt. Auf dem für die Beteiligung am Vermögen und Ergebnis der Gesellschaft sowie die Stimmrechte maßgebenden Kapitalkonto I (KK I) sind die Pflichteinlagen der Kommanditisten von jeweils 200000.– EUR verbucht. Daneben wird für die Kommanditisten jeweils ein Kapitalkonto II (KK II) geführt, auf welchem nicht entnahmefähige Gewinnanteile sowie Einlagen gebucht werden und welches für A per 31.12.00 1 ein Guthaben von 550000.– EUR und für B ein Guthaben von 150000.– EUR ausweist. Im Anlagevermögen der Überträgerin sind stille Reserven von 1,1 Mio. EUR vorhanden.

2 Zum Betriebsvermögen der Überträgerin gehört eine 50%-Beteiligung an der X GmbH mit einem Buchwert von 100000.– EUR sowie stillen Reserven von 50000.– EUR.

3 Im Einzelnen sehen die Handels- und Steuerbilanz der Überträgerin sowie die im Anlagevermögen vorhandenen stillen Reserven per 31.12.00 wie folgt aus:

Aktiva	Buchwert	Stille Res.			**Passiva**
Bew. AnlageV	550 000.– EUR	300 000.– EUR	KK I des A	200 000.– EUR	
GuB	100 000.– EUR	400 000.– EUR	KK I des B	200 000.– EUR	
Gebäude	100 000.– EUR	50 000.– EUR	KK II des A	550 000.– EUR	
Beteiligung	100 000.– EUR	50 000.– EUR	KK II des B	150 000.– EUR	
UmlaufV	450 000.– EUR	0.– EUR	Eigenkapital		1 100 000.– EUR
Firmenwert	0.– EUR	300 000.– EUR	Verbindlichkeiten		200 000.– EUR
Summe	1 300 000.– EUR	1 100 000.– EUR	Summe		1 300 000.– EUR

4 Am Festkapital der Übernehmerin sind die Kommanditistin C GmbH zu $^4/_5$ und der Kommanditist D zu $^1/_5$ beteiligt. Die auf dem für die Beteiligung am Vermögen und Ergebnis der Gesellschaft maßgebenden Kapitalkonto I (KK I) verbuchten Pflichteinlagen betragen für die C GmbH 320000.– EUR und für D 80000.– EUR. Daneben werden für die Kommanditisten jeweils Kapitalkonten II (KK II), auf welchen nicht entnahmefähige Gewinnanteile sowie Einlagen erfasst werden, sowie bei Bedarf Verlustvortragskonten geführt. Per 31.12.00 weist das Kapitalkonto II der C GmbH ein Guthaben von 900000.– EUR aus. Auf dem Kapitalkonto II des D ist ein Saldo von 0.– EUR sowie auf seinem Verlustvortragskonto ein Saldo von ./. 100000.– EUR ausgewiesen. Im Anlagevermögen der Übernehmerin sind stille Reserven von 1 Mio. EUR vorhanden.

5 Im Einzelnen ergibt sich für die Handels- und Steuerbilanz der Übernehmerin sowie die stillen Reserven der Übernehmerin per 31.12.00 folgendes Bild:

Aktiva	Buchwert	Stille Res.			**Passiva**
Bew. AnlageV	500 000.– EUR	0.– EUR	KK I der C GmbH	320 000.– EUR	
GuB	100 000.– EUR	400 000.– EUR	KK I des D	80 000.– EUR	
Gebäude	600 000.– EUR	300 000.– EUR	KK II der C GmbH	900 000.– EUR	
UmlaufV	800 000.– EUR	0.– EUR	KK II des D	0.– EUR	
Firmenwert	0.– EUR	300 000.– EUR	Verlustvortrags-Kto des D	– 100 000.– EUR	
			Eigenkapital		1 200 000.– EUR
			Verbindlichkeiten		800 000.– EUR
Summe	2 000 000.– EUR	1 000 000.– EUR	Summe		2 000 000.– EUR

6 Am Stammkapital der Komplementär-GmbHs der beteiligten Rechtsträger sind die jeweiligen Kommanditisten entsprechend ihrer Beteiligung am Festkapital der Kommanditgesellschaften beteiligt. Siehe zum Sachverhalt im Übrigen die Abschn. B und C in → Form. A.9.1.

7 Die Überträgerin soll auf die Übernehmerin verschmolzen werden, wobei das Verhältnis der Beteiligungen am Festkapital (KK I) von A und B zueinander und der C GmbH und des D zueinander nach der Verschmelzung gleich bleiben soll. An der künftigen Komplementär-GmbH der aus der Verschmelzung hervorgehenden Personengesellschaft sollen die Kommanditisten im Verhältnis ihrer nach Verschmelzung bestehenden Festkapitalkonten (KK I) beteiligt sein.

In der Handelsbilanz der aus der Verschmelzung hervorgehenden Gesellschaft soll das auf die Übernehmerin übergehende Vermögen der Überträgerin mit den Zeitwerten angesetzt werden. **8**

A hat das 55. Lebensjahr vollendet; die Einbringung seines Kommanditanteils in die Übernehmerin soll steuerlich zum gemeinen Wert erfolgen. Die übrigen Kommanditisten möchten ihre Anteile jeweils zu Buchwerten einbringen. **9**

Für D bestehen per 31.12.00 verrechenbare Verluste iSd. § 15a EStG iHv. 20 000.– EUR. **10**

Die Kosten der Verschmelzung (Rechtsanwälte, Notar, Steuerberater, Handelsregister) sind bei der Übernehmerin angefallen und betragen insgesamt 10 000.– EUR. **11**

einstweilen frei **12**

II. Ablaufplan

13

Maßnahme	Rechtsgrundlage	Erforderlichkeit	Zuständigkeit	Frühester Termin	Spätester Termin	Formular
Beauftragung Wirtschaftsprüfer mit Ermittlung des Umtauschverhältnisses		Nicht notwendig, wenn sich die Parteien auch so über das Umtauschverhältnis einig sind, aber ggf. zweckmäßig	Geschäftsführung übertragende Gesellschaft, Geschäftsführung übernehmende Gesellschaft	so früh wie möglich		
Ermittlung Umtauschverhältnis	§ 5 Abs. 1 Nr. 3 UmwG	ja	Wirtschaftsprüfer oder Parteien		vor Aufstellung Entwurf Verschmelzungsvertrag	
Bestellung Verschmelzungsprüfer übertragende Personengesellschaft	§§ 44, 10 UmwG	Nein, da kein Gesellschafter die Prüfung verlangt hat, § 44 Satz 1 UmwG	./.	./.		
Bestellung Verschmelzungsprüfer übernehmende Personengesellschaft	§§ 44, 10 UmwG	Nein, da hier keine Prüfung verlangt wird, § 44 Satz 1 UmwG	./.	./.		
Aufstellung Entwurf Verschmelzungsvertrag	§§ 4 Abs. 2, 5 UmwG	Ja, wenn Beurkundung erst nach Verschmelzungsbeschlüssen erfolgen soll, § 4 Abs. 2 UmwG, oder wenn für Zuleitung an Betriebsrat erforderlich	Geschäftsführung übertragende Gesellschaft, Geschäftsführung übernehmende Gesellschaft	so früh wie möglich	vor Ablauf der Zuleitungsfrist für den Betriebsrat	→ Form. A.9.1 Abschn. D
Verschmelzungsberichte	§ 8 UmwG	Nein, wenn Gesellschafter auf Erstattung verzichten, § 8 Abs. 3 UmwG	./.			
Verschmelzungsprüfungsberichte	§ 12 UmwG	Nein, wenn keine Prüfung verlangt wird, §§ 44 Satz 1, 48 Satz 1 UmwG	./.	./.	./.	
Übersendung Verschmelzungsvertrag bzw. -entwurf und Verschmelzungsbericht an Gesellschafter der übertragenden Personengesellschaft	42 UmwG	Nur entbehrlich, wenn nicht mit Rüge durch einzelne Gesellschafter zu rechnen ist oder wenn Gesellschafter auf Einhaltung der Förmlichkeiten verzichten	Geschäftsführung der übertragenden Personengesellschaft	bei Vorliegen der vollständigen Unterlagen	zusammen mit Ladung Gesellschafterversammlung wg. Verschmelzungsbeschluss, § 42 UmwG	
Übersendung Verschmelzungsvertrag bzw. -entwurf und Verschmelzungsbericht an Gesellschafter der übernehmenden Personengesellschaft	§ 42 UmwG	Nur entbehrlich, wenn nicht mit Rüge durch einzelne Gesellschafter zu rechnen ist oder wenn Gesellschafter auf Einhaltung der Förmlichkeiten verzichten	Geschäftsführung der übernehmenden Personengesellschaft	bei Vorliegen der vollständigen Unterlagen	zusammen mit Ladung Gesellschafterversammlung wg. Verschmelzungsbeschluss, § 42 UmwG	

Maßnahme	Rechtsgrundlage	Erforderlichkeit	Zuständigkeit	Frühester Termin	Spätester Termin	Formular
Einberufung Gesellschafterversammlung der übertragenden Personengesellschaft	§§ 42, 13 UmwG, Gesellschaftsvertrag der übertragenden GmbH & Co. KG	Entbehrlich, wenn nicht mit Rüge durch einzelne Gesellschafter zu rechnen ist oder wenn Gesellschafter auf Einhaltung der Förmlichkeiten verzichten	Geschäftsführung übertragende Gesellschaft	bei Vorliegen der vollständigen Unterlagen	gemäß Gesellschaftsvertrag der übertragenden	
Zuleitung des Verschmelzungsvertragsentwurfs an die Betriebsräte	§ 5 Abs. 3 UmwG	Ja	Geschäftsführung übertragende Gesellschaft, Geschäftsführung übernehmende Personengesellschaft	nach Aufstellung des Entwurfs des Verschmelzungsvertrages	einen Monat vor dem Tage der Versammlung des jeweiligen Rechtsträgers, § 5 Abs. 3 UmwG	→ Form. 8.9.4 und → Form. A.9.5
Einberufung Gesellschafterversammlung übernehmende Personengesellschaft	§ 42 UmwG	Entbehrlich, wenn nicht mit Rüge durch einzelne Gesellschafter zu rechnen ist	Gemäß Gesellschaftsvertrag übernehmende Personengesellschaft	gemäß Gesellschaftsvertrag der übernehmenden Personengesellschaft		
Zustimmungsbeschluss übertragende Personengesellschaft	§§ 13, 43 UmwG	Ja	Gesellschafter, Notar	gemäß Ladung		→ Form. A.9.1 Abschn. F
Zustimmungsbeschluss und Kapitalerhöhungsbeschluss übernehmende Personengesellschaft	§§ 13, 43 UmwG	Ja	Gesellschafter, Notar	gemäß Ladung		→ Form. A.9.1 Abschn. G
Abschluss Verschmelzungsvertrag	§ 6 UmwG	Ja	Notar, Geschäftsführung übertragende Personengesellschaft, Geschäftsführung übernehmende Personengesellschaft	Nach Aufstellung Entwurf Verschmelzungsvertrag	Vor Einreichung der Handelsregisteranmeldungen	→ Form. A.9.1 Abschn. D
Handelsregisteranmeldung übertragende Personengesellschaft	§§ 16, 17 UmwG	Ja	Notar, Geschäftsführung übertragende Personengesellschaft	Nach Ablauf der einmonatigen Anfechtungsfrist, §§ 14 Abs. 1, 16 Abs. 2 S. 1 UmwG oder Klageverzicht sämtlicher Gesellschafter, § 16 Abs. 2 S. 2 UmwG	Acht Monate nach dem Verschmelzungsstichtag, § 17 Abs. 2 S. 4 UmwG	→ Form. A.9.6
Handelsregisteranmeldung übernehmende Personengesellschaft	§§ 16, 17 UmwG	Ja	Notar, Geschäftsführung übernehmende Personengesellschaft	Nach Ablauf der einmonatigen Anfechtungsfrist, §§ 14 Abs. 1, 16 Abs. 2 S. 1 UmwG oder Klageverzicht sämtlicher Gesellschafter, § 16 Abs. 2 S. 2 UmwG	Acht Monate nach dem Verschmelzungsstichtag, § 17 Abs. 2 S. 4 UmwG	→ Form. A.9.7
Eintragung Verschmelzung Handelsregister übertragende Personengesellschaft	§ 19 UmwG	Ja	Handelsregister der übertragenden Personengesellschaft			
Eintragung Verschmelzung Handelsregister übernehmende Personengesellschaft	§ 19 UmwG	Ja	Handelsregister der übernehmenden Personengesellschaft	frühestens nach Eintragung im Register der übertragenden Gesellschaft		

III. Umwandlungsziele

1. Rechtliche Umwandlungsziele, Alternativgestaltungen

Rechtliches und wirtschaftliches Umwandlungsziel einer **Verschmelzung** zweier Personengesellschaften ist es regelmäßig, die Unternehmen der beiden Personengesellschaften zusammenzuführen: **14**

Nach einer Akquisition hat die **Verschmelzung** der erworbenen GmbH & Co. KG auf die Erwerbs-GmbH & Co. KG etwa den Vorteil, dass die Wirtschaftsgüter der erworbenen Gesellschaft ohne Beschränkung durch Kapitalerhaltungsvorschriften (§§ 30, 31 GmbHG), die über die Komplementär-GmbH auch auf die GmbH & Co. KG anwendbar sind (BGH v. 29. 3. 1973, II ZR 25/70, BGHZ 60, 324; Scholz/*H. P. Westermann* GmbHG § 30 Rn. 38 ff.; Michalski/*Hedinger* GmbHG § 30 Rn. 100 ff.), zur **Besicherung** einer von der Erwerbergesellschaft aufgenommenen **Akquisitionsfinanzierung** eingesetzt werden können: Ob und inwieweit sich an der Anwendbarkeit des § 30 Abs. 1 Satz 1 GmbH auf derartige Upstream-Besicherungen für den Fall des Bestehens eines vollwertigen Rückgriffsanspruches durch die mit dem MoMiG v. 23.10.2008 (BGBl. I 2008, 2026), eingeführte Ausnahme in § 30 Abs. 1 Satz 2 Alt. 2 GmbHG etwas geändert hat, ist umstritten (verneinend etwa LH/*Hommelhoff* § 30 Rn. 34 ff.; aA MünchKomm/*Ekkenga,* GmbHG § 30 Rn. 141 jeweils mwN).

Das Ziel der Zusammenführung kann – außer durch Verschmelzung – auch im Wege einer **Einzelrechtsnachfolge,** dh. durch die Übertragung sämtlicher aktiver und passiver Wirtschaftsgüter und Verträge der einen auf die andere Gesellschaft erreicht werden. Die Verschmelzung bietet allerdings den Vorteil, dass für den Übergang von Verbindlichkeiten und Verträgen im Regelfall nicht die Zustimmung der Gläubiger bzw. Vertragspartner benötigt wird. Dies kann alternativ auch im Wege einer Übertragung sämtlicher Kommanditanteile der Überträgerin bei gleichzeitigem Ausscheiden der am Vermögen nicht beteiligten persönlich haftenden Gesellschafterin aus der Überträgerin mit der dadurch eintretenden **Anwachsung** erreicht werden; die Anwendbarkeit des § 24 UmwStG 2006 mit der dort eröffneten Möglichkeit der steuerneutralen Buchwertfortführung auf die Anwachsung wird von der FinVerw. im UmwSt-Erl. 2011, BMF v. 11.11.2011, BStBl. I 2011, 1314, anerkannt (→ Rn. 96). Allerdings besteht beim Anwachsungsmodell nicht die Möglichkeit einer bis zu achtmonatigen Rückbeziehung der steuerlichen Wirkungen der Übertragung (→ Rn. 17 und iE → Rn. 92).

Die Verschmelzung nach dem UmwG kann aus rechtlicher Sicht außerdem dann die Gestaltung der Wahl sein, wenn damit gerechnet werden muss, dass einzelne, insgesamt zu weniger als 25% beteiligte **Minderheitsgesellschafter** der geplanten Umstrukturierung nicht zustimmen werden: Gestattet der Gesellschaftsvertrag die Verschmelzung mit einer qualifizierten Mehrheit von mindestens 75% der abgegebenen Stimmen, kann diese auch gegen die Stimmen der Minderheitsgesellschafter beschlossen werden, § 43 Abs. 2 Sätze 1 und 2 UmwG. Die für die Übertragung im Wege der Anwachsung erforderliche Abtretung aller Kommanditanteile bedarf hingegen stets der Mitwirkung sämtlicher Kommanditisten, kann also nur einvernehmlich erfolgen. **15**

2. Steuerliche Umwandlungsziele

Die Verschmelzung einer Personengesellschaft auf eine andere Personengesellschaft kann zur **Verlustnutzung** in Hinblick auf **verrechenbare Verluste** gem. § 15a EStG oder **gewerbesteuerliche Fehlbeträge** iSd. § 10a GewStG erfolgen. Allerdings hängt der Fortbestand der gewerbesteuerlichen Fehlbeträge von bestimmten Voraussetzungen (Unternehmensidentität) ab; auch kann wegen des weiteren Erfordernisses der Unternehmeridentität die Verlustnutzung zusätzlichen Einschränkungen unterliegen (iE → Rn. 191). Im Hinblick auf verrechenbare Verluste im Sinne von § 15a EStG sind **16** sowohl der Umfang ihrer Verrechenbarkeit mit den künftigen Gewinnen der Übernehmerin als auch – bei der Verschmelzung – der Übergang der bei der Überträgerin bestehenden verrechenbaren Verluste an sich umstritten (→ Rn. 186ff.).

17 Anders als bei der Übertragung durch Einzelrechtsnachfolge oder Anwachsung (UmwSt-Erl. 1998, BStBl. I 1998, 268 Tz. 24.07) ist es bei der Verschmelzung möglich, gemäß §§ 24 Abs. 4 HS 2, 20 Abs. 5 Satz 1, Abs. 6 Satz 1 UmwStG den Stichtag der handelsrechtlichen Schlussbilanz der Überträgerin (§ 17 Abs. 2 UmwG) als steuerlichen Übertragungsstichtag zu wählen und dadurch eine bis zu achtmonatige Rückbeziehung (gerechnet ab Anmeldung der Verschmelzung zum Handelsregister) der Steuerfolgen der Einbringung zu erreichen. Die Verschmelzung bietet sich daher insbesondere dann an, wenn über die Rückbeziehung bestimmte steuerliche Vorteile gesichert werden sollen, zB die Verrechnung des Einbringungsgewinnes mit einem im letzten Geschäftsjahr angefallenen Verlust, der im laufenden Geschäftsjahr wegen der Einschränkungen durch die Mindestbesteuerung (§ 10d Abs. 2 Satz 1 EStG) nur teilweise abziehbar wäre. Zwar ließ die FinVerw. in der Praxis auch bei der Einbringung im Wege der Einzelrechtsnachfolge die Wahl eines in der Vergangenheit liegenden Übertragungsstichtages zT unbeanstandet; genannt wurden hier Zeiträume von vier Wochen bis 6 Monaten (s. HB/*Schlösser* 2. Aufl. UmwStG § 24 Rn. 76). Dies sollte allerdings nur dann gelten, wenn die Rückwirkung lediglich aus technischen Vereinfachungsgründen erfolgt, nicht hingegen, wenn durch sie steuerliche Vorteile erlangt werden sollen (HB/*Schlösser* 2. Aufl. UmwStG § 24 Rn. 76). Ob die FinVerw. weiterhin so „großzügig" sein wird, ist jedoch fraglich (zweifelnd auch *Strahl* Ubg 2011, 433, 440): Im UmwSt-Erl. 2011, BMF v. 11.11.2011, BStBl. I 2011, 1314 Tz. 24.06 heißt es kurz und bündig: „Bei Vorgängen im Wege der Einzelrechtsnachfolge ist eine Rückbeziehung nicht möglich.".

3. Handelsbilanzielle Gesichtspunkte

18 Die §§ 24 UmwG, 255 Abs. 1 HGB gestatten (wahlweise) anstellte der Buchwertverknüpfung auch einen Ansatz der übergehenden Wirtschaftsgüter beim aufnehmenden Rechtsträger nach dem Anschaffungskostenprinzip, dh. eine Aufdeckung stiller Reserven in der Handelsbilanz des übernehmenden Rechtsträgers durch Ansatz der übergehenden Wirtschaftsgüter zu Zeitwerten (iE → Rn. 67ff.). Damit kann die übernehmende Gesellschaft infolge der Verschmelzung zB ein höheres Eigenkapital darstellen und damit uU ein besseres Bankenrating erzielen.

19 Ähnliches gilt auf Ebene der Anteilsinhaber der übertragenden Gesellschaft. Für diese stellt sich die Verschmelzung als Tausch dar. Sie haben daher bezüglich des Ansatzes der ihnen gewährten Anteile an der übernehmenden Personengesellschaft in ihrer Handelsbilanz ein Wahlrecht zwischen dem Buchwert und dem Zeitwert der hingegebenen Anteile oder einem erfolgsneutralen Zwischenwert (→ Rn. 88ff.). Durch den Ansatz des Zeitwertes können die Anteilsinhaber also ebenfalls ein höheres handelsrechtliches Eigenkapital darstellen.

20 *einstweilen frei*

IV. Zivil-, Handels- und Gesellschaftsrecht

1. Allgemeines

21 Das UmwG lässt die Verschmelzung bestehender Rechtsträger sowohl durch Aufnahme (§§ 2 Nr. 1, 4ff. UmwG) auf einen bestehenden Rechtsträger als auch durch Neugründung durch Übertragung des Vermögens zweier oder mehrerer zu verschmelzender Rechtsträger auf einen dadurch gegründeten neuen Rechtsträger (§§ 2 Nr. 2, 36ff. UmwG) zu. Dem Formular liegt eine Verschmelzung durch Aufnahme zugrunde.

An einer Verschmelzung zur Aufnahme können sowohl auf Seiten der Überträgerin als auch auf Seiten der Übernehmerin als uneingeschränkt verschmelzungsfähige Rechtsträger iSd. § 3 Abs. 1 Nr. 1 UmwG nur Personenhandelsgesellschaften oder Partnerschaftsgesellschaften beteiligt sein; die Verschmelzung unter Beteiligung einer Gesellschaft bürgerlichen Rechts ist angesichts der abschließenden Aufzählung in § 3 Abs. 1 und Abs. 2 Nr. 2 UmwG nicht zulässig (*Kallmeyer/Marsch-Barner* UmwG § 3 Rn. 5, 7). 22

Aufgelöste Rechtsträger können gemäß § 3 Abs. 3 UmwG als **übertragende Rechtsträger** an der Verschmelzung beteiligt sein, wenn ihre Fortsetzung beschlossen werden könnte, woran es für die AG gemäß § 274 Abs. 1 Satz 1 AktG und für die GmbH nach wohl hM in entsprechender Anwendung dieser Vorschrift (OLG Düsseldorf v. 13.7.1979, 3 W 139/79, BeckRS 1979, 01310; Lutter/*Drygalla* UmwG § 3 Rn. 25; Kallmeyer/*Marsch-Barner* UmwG § 3 Rn. 23) fehlt, wenn bereits mit der Verteilung des Vermögens unter die Gesellschafter begonnen worden ist; für Personengesellschaften gibt es eine vergleichbare Einschränkung nicht (Lutter/*Drygalla* UmwG § 3 Rn. 25; WM/*Fronhöfer* UmwG § 3 Rn. 49). Hingegen soll nach ganz hM die Verschmelzung auf einen aufgelösten Rechtsträger unzulässig sein, § 3 Abs. 3 UmwG e contrario (OLG Naumburg v. 12.2.1997, 10 Wx 1/97, GmbHR 1997, 1152; Lutter/*Drygalla* UmwG § 3 Rn. 31; aA Kallmeyer/*Marsch-Barner* UmwG § 3 Rn. 26f.). 23

Auch **insolvente Rechtsträger** können nunmehr jedenfalls als **übertragende Rechtsträger** grundsätzlich an der Verschmelzung beteiligt sein, weil gemäß § 225a Abs. 3 InsO idF des Gesetzes zur weiteren Erleichterung der Sanierung von Unternehmen v. 13.12.2011, BGBl. I 2011, 2582 („ESUG“), die Fortsetzung der Gesellschaft als Regelung im Insolvenzplan enthalten sein kann (Lutter/*Drygalla* UmwG § 3 Rn. 25). Hingegen soll der Verschmelzung auf einen insolventen Rechtsträger auch nach Inkrafttreten des ESUG § 3 Abs. 3 UmwG entgegenstehen, wonach aufgelöste Rechtsträger an einer Verschmelzung nur als übertragende Rechtsträger beteiligt sein könnten (OLG Brandenburg v. 27.1.2015, 7 W 118/14, NZG 2015, 884; aA Kallmeyer/*Marsch-Barner* UmwG § 3 Rn. 26f.). 23a

2. Anteilsgewährung an die Kommanditisten der Überträgerin

Die Verschmelzung erfolgt gemäß § 2 UmwG grundsätzlich zwingend gegen Gewährung von Anteilen an der aufnehmenden Personengesellschaft an die Gesellschafter der übertragenden Personengesellschaft. 24

Wie dieses Erfordernis bei der Verschmelzung von (anders als im Fall dieses Formulars) beteiligungsidentischen Schwestergesellschaften zu erfüllen ist, ist nicht abschließend geklärt: Eine Erhöhung der Beteiligungsquote der Gesellschafter bei der Übernehmerin scheidet hier aus (WM/*Mayer* UmwG § 5 Rn. 24.2). Richtigerweise genügt in solchen Fällen die Erhöhung des für die Gewinn- und Vermögensbeteiligung maßgeblichen Kontos (regelmäßig das Festkapitalkonto bzw. „Kapitalkonto I“) als Anteilsgewährung (WM/*Mayer* UmwG § 5 Rn. 24.2). Eine Erhöhung des für die Beteiligung an der Gesellschaft maßgeblichen Kontos wird – jedenfalls vom BFH – auch steuerlich für die Anwendbarkeit des § 24 UmwStG gefordert (iE → Rn. 105ff.). Ob gesellschaftsrechtlich auch die Gutschrift auf einem „Privatkonto“ genügt (so WM/*Mayer* UmwG § 5 Rn. 24.2), ist fraglich. Steuerlich reicht sie nach Ansicht der FinVerw. jedenfalls nicht aus, um die Anwendbarkeit des § 24 UmwStG zu begründen (UmwSt-Erl. 2011, BMF v. 11.11.2011, BStBl. I 2011, 1314 Tz. 24.07; DPM/*Patt* UmwStG (SEStEG) § 24 Rn. 60f.). Eine Erhöhung der im Handelsregister eingetragene Haftsumme des Kommanditisten muss hingegen nicht erfolgen (WM/*Mayer* UmwG § 5 Rn. 24.2), sie ist auch steuerlich nicht erforderlich. 25

Die nominelle Höhe der neu ausgegebenen Beteiligung kann von den Beteiligten zivilrechtlich frei bestimmt werden; insbesondere ist es nicht erforderlich, dass die 26

Höhe des Festkapitals der Überträgerin erreicht wird (WM/*Mayer* UmwG § 5 Rn. 46f.). Maßgeblich für das Anteilsgewährungserfordernis ist lediglich, dass durch die neu gewährte Beteiligung (auch) Stimmrechte und ein Gewinnbezugsrecht erlangt werden, was durch die Gutschrift auf dem für die Beteiligung an Vermögen und Ergebnis sowie für die Stimmrechte maßgeblichen Konto sichergestellt wird. Falls – wie im Formularfall – keine Gesellschafteridentität besteht, muss sich die Höhe der ausgegebenen Beteiligungen allerdings nach den Unternehmenswerten der Überträgerin und der Übernehmerin richten. Unschädlich ist es, wenn daneben auch eine Gutschrift auf einem gesamthänderisch gebundenen Rücklagekonto erfolgt.

3. Anteilsgewährung an die Komplementärin der Überträgerin

27 Da die Komplementärin der Überträgerin trotz ihrer regelmäßig fehlenden Beteiligung am Vermögen und Ergebnis gleichwohl Gesellschafter der übertragenden Kommanditgesellschaft ist, kann und muss auch ihr ein Gesellschaftsanteil an der übernehmenden Personengesellschaft gewährt werden (WM/*Vossius* UmwG § 40 Rn. 11.2); die Einräumung der Komplementärstellung ohne Beteiligung am Vermögen und Ergebnis reicht insoweit aus (WM/*Mayer* UmwG § 5 Rn. 24.7).

28 Die Verdoppelung der Komplementärinnen in der übernehmenden Gesellschaft kann auf verschiedene Weise verhindert werden: Möglich ist zum einen eine parallele Verschmelzung der beiden Komplementär-GmbHs (Kallmeyer/*Kallmeyer* UmwG § 40 Rn. 6), wobei sowohl eine Verschmelzung der Komplementärin der Überträgerin auf die Komplementärin der Übernehmerin als auch die umgekehrte Verschmelzungsrichtung denkbar ist. Zum anderen kann (wie im Formular vorgeschlagen) ein durch die Eintragung der Verschmelzung im Handelsregister der Übernehmerin **aufschiebend bedingtes Ausscheiden** der „überzähligen“ Komplementärin vereinbart werden. Ob es allerdings möglich ist, auf diesem Wege die Komplementärin der **Überträgerin** ausscheiden zu lassen, ist wegen der auch im Bezug auf diese bestehenden Anteilsgewährungspflicht fraglich (WM/*Mayer* UmwG § 5 Rn. 24.5). Rechtskonstruktiv problemlos möglich ist es jedoch, wie im Formular vorgeschlagen die Komplementärin der **Übernehmerin** aufschiebend bedingt durch das Wirksamwerden der Verschmelzung ausscheiden zu lassen. Da der Eintritt der Komplementärin der Überträgerin und das Ausscheiden der Komplementärin der Übernehmerin zeitgleich (mit Eintragung der Verschmelzung im Handelsregister der Übernehmerin) geschieht, ist die Übernehmerin auch nicht für eine „juristische Sekunde“ ohne Komplementärin.

4. Abfindungsangebot

29 Ein Abfindungsangebot ist gemäß § 29 Abs. 1 Satz 1 UmwG stets erforderlich im Falle der Verschmelzung auf einen Rechtsträger anderer Rechtsform. Eine solche „Mischverschmelzung“ ist auch bei der Verschmelzung von Personengesellschaften möglich, etwa bei der Verschmelzung einer oHG auf eine KG oder umgekehrt (WM/*Wälzholz* UmwG § 29 Rn. 12; Kallmeyer/*Marsch-Barner* UmwG § 29 Rn. 4). Bei einer Verschmelzung von Rechtsträgern derselben Rechtsform ist darüber hinaus gemäß § 29 Abs 1 Satz 2 UmwG ein Abfindungsangebot an die Anteilsinhaber der übertragenden Gesellschaft in den Verschmelzungsvertrag aufzunehmen, wenn die Anteile der Übernehmerin vertraglich oder gesetzlich vinkuliert sind. Mit dem Wegfall der Einschränkung auf vertragliche Verfügungsbeschränkungen begründen auch gesetzliche Verfügungsbeschränkungen, wie sie bei Personengesellschaften in Ermangelung der vertraglichen Gestattung von Verfügungen bestehen, die Notwendigkeit eines Abfindungsangebotes (Kallmeyer/*Marsch-Barner* UmwG § 29 Rn. 5). Auch das – bei Personengesellschaften die Regel bildende – gesellschaftsvertragliche Erfordernis einer Gestattung durch die Gesellschafterversammlung stellt eine Verfügungsbeschränkung iSv. § 29 Abs. 1 Satz 2 UmwG dar.

Das Fehlen des Abfindungsangebotes stellt grundsätzlich ein Eintragungshindernis für die Verschmelzung dar (WM/*Wälzholz* UmwG § 29 Rn. 59; aA Kallmeyer/*Marsch-Barner* UmwG § 29 Rn. 16). Gleichwohl muss das Abfindungsangebot analog §§ 30 Abs. 2 Satz 2, 12 Abs. 3, 8 Abs. 3 Satz 1 UmwG entbehrlich sein, wenn sämtliche Anteilsinhaber des übertragenden Rechtsträgers ausdrücklich und in notariell beurkundeter Form auf ein solches Angebot verzichten (WM/*Wälzholz* UmwG § 29 Rn. 53; Kallmeyer/*Marsch-Barner* UmwG § 29 Rn. 17). Da im → Form. A.9.1 in Abschn. H derartige Verzichtserklärungen der Gesellschafter der übertragenden Gesellschaft vorgesehen sind, wurde im Formular auf die Aufnahme eines Abfindungsangebotes verzichtet. 30

einstweilen frei 31

5. Erforderliche Rechtsakte

a) Verschmelzungsvertrag

Die Verschmelzung bedarf eines von dem übertragenden und dem aufnehmenden Rechtsträger in notariell beurkundeter Form abzuschließenden Verschmelzungsvertrages, §§ 4 Abs. 1, 6 UmwG (→ Form. A.9.1 Abschn. D und → Form. A.9.2 sowie iE → Rn. 236ff.). Erforderlich ist im Regelfall die Beurkundung durch einen deutschen Notar; die Beurkundung durch einen ausländischen Notar kann allenfalls dann genügen, wenn sie der Beurkundung durch einen deutschen Notar gleichwertig ist, was zB für die Beurkundung durch Notare im Schweizer Kanton Basel-Stadt bejaht worden ist (vgl. KG v. 26.7.2018, 22 W 2/18, DStR 2018, 2533; s. iE → Form. B.1 Rn. 333ff.). 32

einstweilen frei 33

b) Zuleitung an die Betriebsräte

Der Verschmelzungsvertrag oder sein Entwurf ist jeweils einen Monat vor der jeweiligen Versammlung der Anteilsinhaber, welche über die Zustimmung zu dem Verschmelzungsvertrag beschließt, dem zuständigen Betriebsrat zuzuleiten, § 5 Abs. 3 UmwG (→ Form. A.9.4 und → Form. A.9.5 sowie iE → Rn. 266ff.). Nachweise über die Zuleitung sind gemäß § 17 Abs. 1 UmwG der Anmeldung der Verschmelzung zum Handelsregister beizufügen. Falls weder in der übertragenden noch in der übernehmenden Gesellschaft ein Betriebsrat vorhanden ist, entfällt die Zuleitung (Kallmeyer/*Willemsen* UmwG § 5 Rn. 79). In diesem Fall genügt die schriftliche Erklärung in der Handelsregisteranmeldung, dass ein Betriebsrat nicht besteht (Kallmeyer/*Willemsen* UmwG § 5 Rn. 79). Die Forderung des AG Duisburg (Urt. v. 4.1.1996, GmbHR 1996, 372), es sei in der Regel eine eidesstattliche Versicherung vorzulegen, ist als zu weitgehend abzulehnen. 34

einstweilen frei 35

c) Verschmelzungsbeschlüsse

Die Anteilsinhaber der beiden beteiligten Rechtsträger müssen dem Verschmelzungsvertrag durch notariell beurkundeten Beschluss zustimmen, § 13 Abs. 1 UmwG (→ Form. A.9.1 Abschn. F und G). Der Beschluss ist zwingend in einer Versammlung zu fassen (§ 13 Abs. 1 Satz 2 UmwG); eine Beschlussfassung außerhalb einer Versammlung, zB im schriftlichen Umlaufverfahren, ist nicht ausreichend (SSt/*Gehling* § 13 UmwG Rz. 14; Lutter/*Drygalla* § 13 UmwG Rz. 9). Es genügt hier ein Wahrnehmungsprotokoll nach §§ 36, 37 BeurkG, wenn in dem Protokoll keine Verzichtserklärungen nach §§ 8 Abs. 4 Nr. 1, 9 Abs. 3, 12 Abs. 3 oder auf eine Klage gegen die Wirksamkeit der Beschlüsse nach § 10 Abs. 2 UmwG enthalten sind (Kallmeyer/*Zimmermann* UmwG § 13 Rn. 37); im Formularfall erfolgte die Beurkundung wegen 36 der Mitbeurkundung von Verschmelzungsvertrag und Verzichtserklärungen in derselben Urkunde nach den Regeln über die Beurkundung von Willenserklärungen (§§ 8ff. BeurkG), was ebenfalls zulässig ist (Kallmeyer/*Zimmermann* UmwG § 13 Rn. 37).

37 *einstweilen frei*

38 Bei Personengesellschaften ist grundsätzlich Zustimmung aller in der Gesellschafterversammlung vertretenen Gesellschafter notwendig, § 43 Abs. 1 UmwG, sowie auch die Zustimmung der nicht erschienenen Gesellschafter, sofern nicht der Gesellschaftsvertrag qualifizierte Mehrheitsentscheidung (mindestens 75% der abgegebenen Stimmen) vorsieht, § 43 Abs. 2 Sätze 1 und 2 UmwG.

39 Widerspricht ein persönlich haftender Gesellschafter der Verschmelzung, so ist ihm die Rechtsstellung eines Kommanditisten einzuräumen, um die Verschmelzung durchführen zu können (§ 43 Abs. 2 Satz 3 HS 2 UmwG).

40 *einstweilen frei*

d) Verschmelzungsbericht und -prüfung

41 Grundsätzlich haben die Organe der beteiligten Rechtsträger einen schriftlichen Verschmelzungsbericht zu erstellen, § 8 UmwG. Der Verschmelzungsbericht ist bei (nach §§ 8ff. BeurkG) **notariell beurkundetem Verzicht** aller Anteilsinhaber aller beteiligten Rechtsträger entbehrlich, §§ 8 Abs. 4 Nr. 1, 9 Abs. 3 UmwG; dasselbe gilt, wenn **alle Gesellschafter** zur **Geschäftsführung berechtigt** sind, § 41 UmwG. Letzteres ist nicht nur bei der oHG, sondern auch bei der KG möglich, nämlich dann, wenn sämtliche Kommanditisten kraft Gesellschaftsvertrags geschäftsführungsberechtigt sind (Kallmeyer/*Kallmeyer* UmwG § 41 Rn. 2); dass sämtliche Kommanditisten auch **Geschäftsführer** der **Komplementär-GmbH** sind, reicht hingegen **nicht** (Kallmeyer/*Kallmeyer* § 41 UmwG Rn. 2). Der Fall des § 8 Abs. 4 Nr. 2 UmwG, dass sich alle Anteile des übertragenden Rechtsträgers in der Hand des übernehmenden Rechtsträgers befinden, ist bei einer Personengesellschaft als übertragendem Rechtsträger nicht möglich, da hier immer mindestens zwei Gesellschaftsanteile bestehen.

42 Die Verschmelzung von Personengesellschaften ist nur zu prüfen, soweit ein Mehrheitsbeschluss möglich ist und einer der Gesellschafter die Prüfung innerhalb einer Woche nach Erhalt der Verschmelzungsunterlagen (Verschmelzungsvertrag bzw. dessen Entwurf sowie Verschmelzungsbericht) verlangt, § 44 Satz 1 UmwG; die Prüfung durch einen gemeinsamen Prüfer ist möglich, § 10 Abs. 1 Satz 2 UmwG. Die Prüfer haben einen schriftlichen Prüfungsbericht zu erstatten, ggf. auch gemeinsam, § 12 UmwG.

43 *einstweilen frei*

e) Handelsregisteranmeldungen, Eintragung

44 Die Verschmelzung ist sowohl zum Handelsregister des übertragenden als auch zum Handelsregister des aufnehmenden Rechtsträgers anzumelden, § 16 UmwG (→ Form. A.9.6 und → Form. A.9.7 sowie iE → Rn. 273ff.).

45 Die Verschmelzung ist zunächst im Handelsregister der übertragenden und sodann im Handelsregister der übernehmenden Gesellschaft einzutragen, § 19 Abs. 1 UmwG. Mit Eintragung der Verschmelzung im Handelsregister der übernehmenden Gesellschaft wird die Verschmelzung wirksam, § 20 UmwG. Die Notwendigkeit eines Hinweises bei der Eintragung im Handelsregister des übertragenden Rechtsträgers, dass die Verschmelzung erst mit der Eintragung im Handelsregister des übernehmenden Rechtsträgers wirksam wird, entfällt, wenn die Eintragungen am selben Tag erfolgen, § 19 Abs. 1 Satz 2 UmwG.

46 Die Handelsregisteranmeldung ist elektronisch einzureichen, § 12 Abs. 1 Satz 1 HGB (iE → A. 1 Rn. 56 sowie *Jeep/Wiedemann* NJW 2007, 2439).

Mit Wirksamwerden der Verschmelzung erlöschen die übertragenden Rechtsträger (§ 20 Abs. 1 Nr. 2 UmwG) und geht ihr Vermögen einschließlich der Verbindlichkeiten auf die Übernehmerin über, § 20 Abs. 1 Nr. 1 UmwG (Gesamtrechtsnachfolge). Der Übergang kraft gesetzlich angeordneter Gesamtrechtsnachfolge erstreckt sich auch auf Verträge und sonstige Rechtspositionen und Verpflichtungen (zum Forderungsübergang trotz rechtsgeschäftlichen Abtretungsverbots OLG Düsseldorf v. 25.11.2015, 21 U 172/12, ZIP 2015, 1289, nicht rkr.). Eine Ausnahme gilt lediglich für **höchstpersönliche Rechte und Pflichten** (BGH v. 21.2.2014, V ZR 164/13, NJW 2014, 1447 Tz. 17); die Anforderungen an die Höchstpersönlichkeit sind jedoch hoch: So begründen zB der Verwaltervertrag, den eine als WEG-Verwalter tätige Überträgerin mit einer Wohnungseigentümergemeinschaft abgeschlossen hat, sowie ihre Bestellung zur Verwalterin der Wohnungseigentümergemeinschaft jedenfalls dann keine dergestalt höchstpersönlichen Rechte und Verpflichtungen, wenn es sich bei der Überträgerin um eine Kapitalgesellschaft handelt (BGH v. 21.2.2014, V ZR 164/13, NJW 2014, 1447 Tz. 16ff.; **aA** OLG München v. 31.1.2014, 34 Wx 469/13, GmbHR 2014, 657, für Abspaltung; s. hierzu *Heckschen* GmbHR 2015, 897, 908f.). Allenfalls eine fristlose Kündigung aus wichtigem Grund gemäß § 314 Abs. 1 BGB kommt in Betracht, wobei jedoch die Verschmelzung als solche noch keinen wichtigen Grund darstellt (BGH v. 21.2.2014, V ZR 164/13, NJW 2014, 1447 Tz. 28). Ob die Höchstpersönlichkeit des Verwaltervertrages und der Verwalterbestellung auch dann zu verneinen sind, wenn es sich bei der Überträgerin um eine Personengesellschaft handelt, hat der BGH ausdrücklich offen gelassen (BGH v. 21.2.2014, V ZR 164/13, NJW 2014, 1447 Tz. 20). **46a**

Da der Geltungsbereich des § 20 Abs. 1 Nr. 1 UmwG sich nicht auf das Zivilrecht beschränkt, ist im Grundsatz anerkannt, dass auch **öffentlich-rechtliche** Konzessionen, Genehmigungen, Erlaubnisse und Rechtspositionen nicht von vornherein aus der in § 20 Abs. 1 Nr. 1 UmwG vorgesehenen Gesamtrechtsnachfolge auf den übernehmenden Rechtsträger ausgenommen werde können (Henssler/Strohn/*Heidinger* UmwG § 20 Rn. 36; WM/*Vossius* UmwG § 20 Rn. 248; Lutter/*Grunewald* UmwG § 20 Rn. 13; *Heckschen* ZIP 2014, 1605). Es stellt sich jedoch stets die Frage, inwieweit solche Erlaubnisse im vorgenannten Sinne **höchstpersönlicher Natur** sind und daher nicht von der in § 20 Abs. 1 Nr. 1 UmwG angeordneten Gesamtrechtsnachfolge umfasst sind. Im Grundsatz wird hier zwischen sog. sachbezogenen Genehmigungen (zB Baugenehmigung) und personenbezogenen Genehmigungen unterschieden (*Heckschen* ZIP 2014, 1605). Erstere sollen aufgrund ihres Bezugs zu einzelnen, konkreten Vermögensgegenständen übergehen. Letztere sollen hingegen im Falle einer Umwandlung automatisch gegenstandslos werden und somit erlöschen (siehe OVG Münster v. 25.9.2013, 13 A 2039/12, GesR 2014, 38). Die Abgrenzung kann im Einzelfall schwierig sein: So soll etwa ein sich aus dem Telekommunikationsgesetz ergebendes (öffentlich-rechtliches) Wegerecht höchstpersönlicher Natur sein und daher im Falle einer Umwandlung entfallen (OVG Münster v. 27.2.2013, 13 A 2661/11, DÖV 2013, 529). Umgekehrt sollen personenbezogene Genehmigungen teilweise im Wege der Umwandlung übergehen können, wenn der Gesetzgeber für den Todesfall die vorläufige Fortgeltung der Genehmigung zugunsten der Erben vorgesehen (s. etwa § 8 Abs. 1 GüKG, § 19 Abs. 1 PBefG) und damit zu erkennen gegeben hat, dass er von der Möglichkeit einer Gesamtrechtsnachfolge ausgegangen ist (s. *Heckschen* ZIP 2014, 1605, 1611 mwN). **46b**

V. Handelsbilanzrecht

1. Verschmelzungsstichtag

Verschmelzungsstichtag ist derjenige Zeitpunkt, ab welchem die Geschäfte des übertragenden Rechtsträgers mit Eintragung der Verschmelzung als für Rechnung des **47** übernehmenden Rechtsträgers vorgenommen gelten, ihm also – unter der Voraussetzung der Eintragung der Verschmelzung – wirtschaftlich zugerechnet werden. Die Festlegung des Verschmelzungsstichtages ist zwingender Bestandteil des Verschmelzungsvertrages, § 5 Abs. 1 Nr. 6 UmwG. Vom Verschmelzungsstichtag sind zu unterscheiden:

- der Stichtag der Schlussbilanz des übertragenden Rechtsträgers, § 17 Abs. 2 Satz 1 UmwG; dieser geht nach h.M. dem Verschmelzungsstichtag zwingend unmittelbar voran (dazu → Rn. 60ff.);
- der Zeitpunkt der Gewinnberechtigung der im Rahmen der Verschmelzung ausgegebenen Anteile, § 5 Abs. 1 Nr. 5 UmwG (→ Form. A.9.2 § 2 Abs. 2 sowie → Rn. 242);
- der Zeitpunkt der dinglichen Wirksamkeit der Verschmelzung, welche erst mit Eintragung im Handelsregister der übernehmenden Gesellschaft eintritt, § 20 Abs. 1 UmwG;
- der Zeitpunkt des Übergangs des wirtschaftlichen Eigentums an dem Vermögen des übertragenden Rechtsträgers, dh. der Zeitpunkt, ab welchem der übernehmende Rechtsträger Vermögen und Aufwendungen/Erträge des übertragenden Rechtsträgers in seine Rechnungslegung zu übernehmen hat (→ Rn. 49ff.);
- der steuerliche Übertragungsstichtag als ertragsteuerlicher Zeitpunkt des Vermögensübergangs; dieser ist bei einer Einbringung im Wege der Gesamtrechtsnachfolge (zB Verschmelzung) **wahlweise** entweder der Zeitpunkt des Übergangs des wirtschaftlichen Eigentums oder der Stichtag der Schlussbilanz des übertragenden Rechtsträgers iSd. § 17 Abs. 2 Sätze 1 und 4 UmwG, § 24 Abs. 4 HS 2 iVm. § 20 Abs. 5 Satz 1, Abs 6 Satz 1 UmwStG (→ Rn. 202ff.).

48 *einstweilen frei*

2. Vermögens- und Ertragszuordnung vor Eintragung

a) Abbildung beim übernehmenden Rechtsträger

49 Die Vermögensgegenstände des übertragenden Rechtsträgers gehen zwar mit **dinglicher Wirkung** erst im Zeitpunkt der **Eintragung der Verschmelzung** im **Handelsregister** der übernehmenden Personengesellschaft über, § 20 Abs. 1 Nr. 1 UmwG. Ist die Eintragung noch nicht erfolgt, müssen sie gleichwohl im Abschluss der Übernehmerin ausgewiesen werden, wenn das **wirtschaftliche Eigentum** an ihnen am Abschlussstichtag bereits übergegangen ist (RS HFA 42 Tz. 29). Ab dem Zeitpunkt des Übergangs des wirtschaftlichen Eigentums entstehen aus dem übergegangenen Vermögen Aufwendungen und Erträge des übernehmenden Rechtsträgers (RS HFA 42 Tz. 31). Liegt der (bereits erfolgte) Übergang des wirtschaftlichen Eigentums nach dem Verschmelzungsstichtag, kann der übernehmende Rechtsträger das Vermögen des übertragenden Rechtsträgers gleichwohl aus **Vereinfachungsgründen** schon nach den Verhältnissen am Verschmelzungsstichtag einbuchen und die seit dem Verschmelzungsstichtag eingetretenen Veränderungen (Aufwendungen und Erträge) wie eigene Geschäftsvorfälle abbilden (RS HFA 42 Tz. 31).

50 Vom Übergang des wirtschaftlichen Eigentums soll bei kumulativem Vorliegen der folgenden Voraussetzungen auszugehen sein (RS HFA 42 Tz. 29):

- formwirksamer Abschluss des Verschmelzungsvertrages und Vorliegen der Zustimmungsbeschlüsse sowie der erforderlichen Zustimmungserklärungen;
- Verschmelzungsstichtag liegt vor dem Abschlussstichtag oder fällt mit ihm zusammen;
- die Verschmelzung ist entweder bis zur Beendigung der Aufstellung des Abschlusses eingetragen oder die Eintragung muss mit an Sicherheit grenzender Wahrscheinlichkeit zu erwarten sein. Hiervon kann jedenfalls bei Verschmelzung einer 100%-Tochter auf ihre Mutter regelmäßig ausgegangen werden (RS HFA 42 Tz. 29);

– es ist faktisch oder durch eine entsprechende Regelung im Verschmelzungsvertrag sichergestellt, dass der übertragende Rechtsträger nur im Rahmen eines ordnungsmäßigen Geschäftsganges oder mit Einwilligung des übernehmenden Rechtsträgers über die Vermögensgegenstände verfügt.

Die vorstehenden Grundsätze gelten auch für die Bilanzierung der Verbindlichkeiten des übertragenden Rechtsträgers, dh. diese sind ab Übergang des wirtschaftlichen Eigentums beim übernehmenden Rechtsträger zu bilanzieren, sei es unmittelbar oder als Ausgleichsverpflichtung (RS HFA 42 Tz. 30). **51**

Ist zum Abschlussstichtag das wirtschaftliche Eigentum noch nicht übergegangen, scheidet eine Einbuchung des Vermögens sowie des Gewinns des übertragenden Rechtsträgers im Abschluss des übernehmenden Rechtsträgers hingegen aus; auch die Bildung einer Rückstellung für einen vom übertragenden Rechtsträger bis zum Abschlussstichtag erwirtschafteten Fehlbetrag kommt nicht in Betracht: Der noch fehlende Verschmelzungsvertrag bzw. die noch fehlenden Zustimmungsbeschlüsse sind kein wertaufhellendes, sondern ein wertbegründendes Ereignis (RS HFA 42 Tz. 29 erster Bullet zweiter Absatz sowie Tz. 31; anders noch *IDW* HFA 2/1997 Tz. 22). **52**

einstweilen frei **53**

b) Abbildung beim übertragenden Rechtsträger

Im Falle eines vor dem Abschlussstichtag erfolgten Übergangs des wirtschaftlichen Eigentums darf der übertragende Rechtsträger in seinem Jahresabschluss die im Zuge der Verschmelzung auf den übernehmenden Rechtsträger übergehenden Vermögensgegenstände und Verbindlichkeiten sowie die ab diesem Zeitpunkt angefallenen Aufwendungen und Erträge nicht mehr ausweisen, auch wenn die Verschmelzung am Abschlussstichtag noch nicht eingetragen ist (RS HFA 42 Tz. 29–31). **54**

Soweit die bis zum Übergang des wirtschaftlichen Eigentums anfallenden Aufwendungen und Erträge des übertragenden Rechtsträgers noch bei diesem zu erfassen sind, muss im Abschluss des übertragenden Rechtsträgers erläutert werden, dass in der Zeit nach dem Verschmelzungsstichtag erwirtschaftete **Erträge** für Rechnung des übernehmenden Rechtsträgers erwirtschaftet wurden und deshalb nicht für eine Ausschüttung zur Verfügung stehen. Diese Erläuterung wird regelmäßig im **Anhang** (§ 264 Abs. 2 Satz 2 HGB) bzw. bei Kleinstkapitalgesellschaften, die von der Erleichterung gemäß § 264 Abs. 1 Satz 5 HGB Gebrauch machen, unter der Bilanz zu machen sein, § 264 Abs. 2 Satz 3 HGB; die Bildung einer **Rückstellung** für den für fremde Rechnung erwirtschafteten Gewinn soll jedenfalls dann **ausscheiden,** wenn das wirtschaftliche Eigentum am Abschlussstichtag noch nicht übergegangen ist (RS HFA 42 Tz. 31). **55**

einstweilen frei **56–59**

3. Handelsbilanzielle Auswirkungen Überträgerin

a) Schlussbilanz

Die übertragende Kapitalgesellschaft hat eine handelsrechtliche Schlussbilanz zu erstellen, § 17 Abs. 2 Satz 1 UmwG, deren Stichtag höchstens acht Monate vor dem Zeitpunkt der Anmeldung der Verschmelzung zum Handelsregister liegen darf, § 17 Abs. 2 Satz 4 UmwG; somit ist es im Regelfall möglich, auf die Bilanz des letzten Jahresabschlusses zurückzugreifen. **60**

Nach Ansicht der FinVerw. (UmwSt-Erl. 2011, BMF v. 11.11.2011, BStBl. I 2011, 1314 Tz. 02.02), welcher ein Teil des gesellschaftsrechtlichen Schrifttums folgt (SSt/*Schröer* § 5 UmwG Rz. 54; SHS/*Hörtnagel* § 17 UmwG Rz. 37), soll der **Stichtag** der **Schlussbilanz** dem **Verschmelzungsstichtag** zwingend unmittelbar vorangehen: Wenn Verschmelzungsstichtag z.B der 1. Januar ist, müsste demzufolge Bilanzstichtag der Schlussbilanz iSd. § 17 Abs. 2 Satz 1 UmwG der 31. Dezember des vorausgehenden Jahres sein (UmwSt-Erl. 2011, BMF v. 11.11.2011, BStBl. I 2011, 1314 Tz. 02.02).

Nach der **Gegenauffassung** soll der Verschmelzungsstichtag hingegen nicht zwingend mit dem Stichtag der Schlussbilanz im Sinne von § 17 Abs. 2 Satz 1 UmwG zusammenhängen, sondern grundsätzlich frei gewählt werden können (Kallmeyer/*Müller* UmwG § 5 Rz. 34 und § 17 Rn. 14; WM/*Mayer* UmwG § 5 Rn. 160; WM/*Widmann* § 24 UmwG Rz. 64). Somit könnte zB ein variabler Verschmelzungsstichtag für den Fall von Verzögerungen im Eintragungsverfahren vereinbart werden, ohne dass bei Verschiebung des Stichtags dem Handelsregister notwendigerweise auch eine neue Schlussbilanz iSd. § 17 Abs. 2 Satz 1 UmwG nachzureichen wäre (vgl. Kallmeyer/*Müller* § 5 UmwG Rz. 36), oder im Falle der verfristeten Anmeldung eine neue, auf einen späteren Stichtag erstellte Schlussbilanz eingereicht werden, ohne dass auch der im Verschmelzungsvertrag festgesetzte Verschmelzungsstichtag geändert werden müsste (WM/*Mayer* UmwG § 5 Rn. 160).

Das Institut der Wirtschaftsprüfer nimmt in seiner Verlautbarung IDW RS HFA 42 (IDW Fachnachrichten Nr. 12/2012 S. 701 ff. Tz. 11) zu der Streitfrage nicht eindeutig Stellung (siehe einerseits das Beispiel in Tz. 11 Sätze 2 und 3, andererseits die Einschränkung „i. d. R." in Tz. 11 Satz 1). Die Gestaltungspraxis ist jedenfalls gut beraten, die Zulässigkeit eines vom Schlussbilanzstichtag abgekoppelten Verschmelzungsstichtags bei Bedarf vorab mit dem Handelsregister abzuklären.

61 Auf die Schlussbilanz finden die Vorschriften über die Jahresbilanz entsprechende Anwendung, § 17 Abs. 2 Satz 2 UmwG. Dies bedeutet ua., dass die Schlussbilanz entsprechend § 245 Satz 2 HGB von allen Organmitgliedern, bei der GmbH & Co. KG also von der Komplementärin bzw. sämtlichen Komplementärinnen, zu unterzeichnen ist (Kallmeyer/*Zimmermann* § 17 Rn. 4; EBJS/*Wiedmann* HGB § 245 Rn. 8). Für die Vertretung der Komplementär-GmbH genügt allerdings die Unterzeichnung durch so viele Geschäftsführer, wie zur Vertretung erforderlich sind (EBJS/*Wiedmann* HGB § 245 Rn. 8). Auch ist so zu bilanzieren, als ob es sich um eine aus Anlass eines Jahresabschlusses aufgestellte Bilanz handeln würde. Insbesondere ist eine Buchwertaufstockung grundsätzlich nur im Rahmen der handelsrechtlichen **Wertaufholungsmöglichkeiten** zulässig. **Zuschreibungen** sind **geboten,** wenn die Gründe weggefallen sind, die zu außerplanmäßigen Abschreibungen geführt haben, § 253 Abs. 5 Satz 1 HGB (RS HFA 42 Tz. 15). Auch der Grundsatz der Bewertungsstetigkeit gemäß § 252 Abs. 1 Nr. 6 HGB ist zu beachten (RS HFA 42 Tz. 17). Allerdings kann die Tatsache der bevorstehenden Verschmelzung eine begründete Ausnahme für die Abweichung von der Bewertungsstetigkeit iSv. § 252 Abs. 2 HGB darstellen, etwa wenn gemäß § 24 UmwG Buchwertfortführung gewählt wird und die bei der übernehmenden Gesellschaft geltenden Bewertungsmethoden bereits in der Schlussbilanz berücksichtigt werden sollen (RS HFA 42 Tz. 17).

Auch kann auf die Durchführung einer Inventur verzichtet werden, wenn sichergestellt ist, dass der Bestand der Vermögensgegenstände nach Art, Menge und Wert auch ohne körperliche Bestandsaufnahme auf den Stichtag der Schlussbilanz festgestellt werden kann (RS HFA 42 Tz. 14). Im Rückwirkungszeitraum, dh. nach dem Verschmelzungsstichtag, aber vor Wirksamwerden der Verschmelzung beschlossene Kapitalerhöhungen und Gewinnverwendungsbeschlüsse wirken sich **nicht** auf die handelsrechtliche Schlussbilanz aus, sondern sind als Erhöhung bzw. Minderung des übergehenden Reinvermögens erfolgsneutral in der Bilanz des übernehmenden Rechtsträgers zu berücksichtigen (RS HFA 42 Tz. 18 f.).

Bei prüfungspflichtigen Gesellschaften ist die Schlussbilanz zu prüfen, § 17 Abs. 2 Satz 2 UmwG, § 316 HGB, der **Bestätigungsvermerk** ist mit **einzureichen** (RS HFA 42 Tz. 7). § 17 Abs. 2 Satz 2 UmwG meint die Prüfung durch einen **Abschlussprüfer;** aus der Vorschrift kann nicht abgeleitet werden, dass die Schlussbilanz bei Existenz eines **Aufsichtsrates** auch durch diesen zu prüfen wäre (RS HFA 42 Tz. 13).

62 Einzureichen ist nach überwiegender Auffassung lediglich eine Bilanz; weder die Gewinn- und Verlustrechnung noch der Anhang müssen beigefügt werden (RS HFA

42 Tz. 7). So genannte Wahlpflichtangaben, dh. Angaben, die wahlweise in der Bilanz oder im Anhang gemacht werden können (zB Haftungsverhältnisse iSd. §§ 251, 268 Abs. 7 HGB), müssen aber entweder aus der Bilanz ersichtlich sein oder nach Art eines Anhangs ergänzt werden (RS HFA 42 Tz. 7).

Ob die Bilanz festgestellt sein muss, ist streitig (zum Meinungsstand SHS/*Hörtnagl* UmwG § 17 Rn. 18; dagegen: RS HFA 42 Tz. 13; Kallmeyer/*Müller* UmwG § 17 Rn. 17 mwN;, dafür: WM/*Widmann* UmwG § 24 Rn. 51). In der Praxis wird diese Rechtsfrage jedoch selten auftauchen, da in der Regel als Schlussbilanz der ordnungsgemäß festgestellte letzte reguläre Jahresabschluss verwendet wird. Eine Offenlegung nach den §§ 325 ff. HGB ist nicht erforderlich (RS HFA 42 Tz. 13).

einstweilen frei **63**

b) Fortdauer der Buchführungspflicht bis zur Eintragung

Die Buchführungspflicht des übertragenden Rechtsträgers erlischt (erst) mit dinglicher Wirksamkeit der Verschmelzung, dh. mit Eintragung im Handelsregister des übernehmenden Rechtsträgers; sie geht nicht auf die Organe der neugegründeten Gesellschaft über (RS HFA 42 Tz. 22 f.). Bis dahin muss der übertragende Rechtsträger seiner Buchführungspflicht nachkommen sowie insbesondere innerhalb der gesetzlichen Fristen seine Jahresabschlüsse aufstellen (RS HFA 42 Tz. 22; WM/*Mayer* UmwG § 5 Rn. 153). Ein gesonderter Abschluss auf den Zeitpunkt des Erlöschens der Überträgerin (durch Handelsregistereintragung) ist nicht aufzustellen (RS HFA 42 Tz. 24). **64**

einstweilen frei **65**

4. Handelsbilanzielle Behandlung Übernehmerin

a) Allgemeines

Beim aufnehmenden Rechtsträger wird der durch die Verschmelzung eintretende Vermögensübergang als laufender Geschäftsvorfall in der Buchführung berücksichtigt, und zwar bei Übergang des wirtschaftlichen Eigentums (→ Rn. 50); eine Bilanz der Übernehmerin auf den Zeitpunkt des Vermögensübergangs muss nicht erstellt werden (WM/*Widmann* UmwG § 24 Rn. 220). Liegt der Übergang des wirtschaftlichen Eigentums nach dem Verschmelzungsstichtag, kann die Übernehmerin das Vermögen der Überträgerin gleichwohl nach den Verhältnissen am Verschmelzungsstichtag, also rückwirkend, einbuchen und Veränderungen dieses Vermögens (Aufwendungen und Erträge) seit dem Verschmelzungsstichtag wie eigene Geschäftsvorfälle abbilden (RS HFA 42 Tz. 29). **66**

Bei der Behandlung des übergehenden Vermögens in seiner Rechnungslegung hat der übernehmende Rechtsträger gemäß § 24 UmwG ein Wahlrecht zwischen der gemäß § 24 UmwG alternativ („auch") für zulässig erklärten Übernahme der Buchwerte gemäß Schlussbilanz als Anschaffungskosten **(Buchwertverknüpfung)** und der von § 24 UmwG als zulässig vorausgesetzten Regel-Abbildung nach dem allgemeinen **Anschaffungskostenprinzip,** § 255 Abs. 1 HGB. Dieses Recht ist im Rahmen der Auf- und Feststellung desjenigen Jahresabschlusses des übernehmenden Rechtsträgers auszuüben, in welchem die Verschmelzung erstmalig berücksichtigt wird (RS HFA 42 Tz. 33, 35). Das Wahlrecht kann nur einheitlich für das gesamte übergehende Vermögen eines übertragenden Rechtsträgers ausgeübt werden (Kallmeyer/*Müller* UmwG § 24 Rn. 17). Hingegen kann das Wahlrecht bei der gleichzeitigen Verschmelzung mehrerer übertragender Rechtsträger von der Übernehmerin für jeden übertragenden Rechtsträger gesondert ausgeübt werden (RS HFA 42 Tz. 35; Kallmeyer/*Müller* UmwG § 24 Rn. 16; Lutter/*Priester* UmwG § 24 Rn. 77; *Roos* StuB 2013, 652). **67**

einstweilen frei **68**

b) Buchwertverknüpfung, § 24 UmwG

69 Gemäß § 24 UmwG kann der übernehmende Rechtsträger in seiner Rechnungslegung als Anschaffungskosten die Buchwerte der Vermögensgegenstände des übergehenden Vermögens gemäß Schlussbilanz des übertragenden Rechtsträgers ansetzen (sog. Buchwertverknüpfung). Bei Wahl der Buchwertverknüpfung dürfen die Verschmelzungskosten nicht als Anschaffungsnebenkosten hinzuaktiviert werden (RS HFA 42 Tz. 62). **Steuerbilanziell** behandelt hiervon abweichend die Finanzverwaltung auch bei Buchwertfortführung **objektbezogene Kosten** als aktivierungspflichtige **Anschaffungsnebenkosten;** dies betrifft insbesondere Grunderwerbsteuer auf zum Vermögen der Überträgerin gehörende Grundstücke (§ 1 Abs. 1 Nr. 3 GrEStG), nicht hingegen solche infolge verschmelzungsbedingt eintretender Vereinigung oder Übertragung von mindestens 95% der Anteile an einer Gesellschaft, zu deren Vermögen ein inländisches Grundstück gehört, § 1 Abs. 3 GrEStG (→ Rn. 172; allgemein zur Grunderwerbsteuer bei Umwandlungen → Form. D.1 Rn. 66 f.). Handelsbilanziell ist die Aktivierung von Grunderwerbsteuer bei Wahl der Buchwertverknüpfung nicht zulässig (RS HFA 42 Tz. 62; SSt/*Moszka* UmwG § 24 Rn. 56 aE).

Von der übertragenden Gesellschaft selbstgeschaffene immaterielle Wirtschaftsgüter sind nur dann zu aktivieren, wenn sie bereits gemäß § 248 Abs. 2 HGB idF des MoMiG v. 25.5.2009, BGBl. I 2009, 1102, bei einer Überträgerin aktiviert waren (RS HFA 42 Tz. 65). Eine Bindung an die Ansatz- und Bewertungsmethoden der Überträgerin gemäß §§ 246 Abs. 3 Satz 1, 252 Abs. 1 Nr. 6 HGB besteht aber nicht (RS HFA 42 Tz. 60). Aktive und passive latente Steuern sind nach den Verhältnissen bei der Übernehmerin zu bilanzieren und zu bewerten, soweit die Unterschiede zwischen dem handels- und dem steuerrechtlichen Wertansatz fortbestehen (RS HFA 42 Tz. 61). Die Buchwerte aus der Schlussbilanz der Überträgerin dürfen nicht überschritten werden, auch soweit diese auf einer außerplanmäßigen Abschreibung beruhen (RS HFA 42 Tz. 64).

70 Bei **Wahl der Buchwertverknüpfung** kommt es, soweit der übernehmende Rechtsträger am übertragenden Rechtsträger beteiligt ist, beim übernehmenden Rechtsträger durch den verschmelzungsbedingten Wegfall der Anteile am übertragenden Rechtsträger handelsrechtlich zu einem Aufwand in Höhe des bisherigen Buchwerts dieser Anteile. Soweit dieser nicht durch den Ertrag aus dem Zugang des übergehenden Nettovermögens ausgeglichen wird, entsteht dem übernehmenden Rechtsträger ein Verlust (sog. Verschmelzungsverlust), im umgekehrten Fall ein **(Verschmelzungs)Gewinn** (RS HFA 42 Tz. 72).

71 *einstweilen frei*

c) Anschaffungskostenprinzip, § 255 Abs. 1 HGB

72 Nicht zuletzt zur Vermeidung von Verschmelzungsverlusten und der damit verbundenen Reduzierung des für Ausschüttungen verfügbaren Eigenkapitals der übernehmenden Gesellschaft räumt das Gesetz der übernehmenden Gesellschaft das Wahlrecht ein, anstelle der in § 24 UmwG eröffneten Buchwertverknüpfung das übergehende Vermögen in seiner Rechnungslegung nach dem Anschaffungskostenprinzip (§§ 253 Abs. 1, 255 Abs. 1 HGB) abzubilden. Diese Möglichkeit wird in § 24 UmwG zwar nicht ausdrücklich geregelt, aber implizit vorausgesetzt, wenn es heißt, der übernehmende Rechtsträger könne als Anschaffungskosten „auch" die Buchwerte übernehmen.

73 Bei Wahl des Anschaffungskostenprinzips werden die übergehenden Vermögensgegenstände in der Rechnungslegung des übernehmenden Rechtsträgers – wie bei anderen entgeltlichen Anschaffungsgeschäften auch – mit dem Wert der Gegenleistung zuzüglich etwaiger Anschaffungsnebenkosten (insb. Transaktionskosten) angesetzt, § 255 Abs. 1 HGB (RS HFA 42 Tz. 41 ff.).

74 *einstweilen frei*

Der Wert der Gegenleistung soll sich bei einer **Verschmelzung** auf eine Personengesellschaft **mit Kapitalerhöhung** nach Ansicht des *IDW* nach den Pflichteinlagen der für sie ausgegebenen Anteile zuzüglich einer ggf. vereinbarten Rücklagendotierung (§ 264c Abs. 2 Satz 1 II. HGB) sowie zuzüglich etwaiger barer Zuzahlungen richten (vgl. RS HFA 42 Tz. 44): (1) Wird die Höhe der Rücklagendotierung iSv. § 264c Abs. 2 Satz 1 II. HGB betragsmäßig festgesetzt (beziffertes Agio), so ist die Summe aus Pflichteinlagen und Rücklagendotierung maßgeblich (vgl. RS HFA 42 Tz. 43 1: Alt. und Tz. 44). (2) Wird bestimmt, dass die Differenz zwischen Zeitwert des übergehenden Vermögens und den auf die ausgegebenen Anteile zu leistenden Pflichteinlagen in die Rücklagen iSv. § 264c Abs. 2 Satz 1 II. HGB einzustellen ist (unbeziffertes Agio), bestimmt die Summe aus den Pflichteinlagen und dem die Pflichteinlagen übersteigenden Teil des Zeitwertes des übergehenden Vermögens die Anschaffungskosten (vgl. RS HFA 42 Tz. 43 2. Alt. und Tz. 44). (3) Bei Fehlen einer Festlegung ist durch Auslegung zu ermitteln, ob die Anschaffungskosten durch die Pflichteinlagen bestimmt sind oder ob ein Agio in Höhe des die Pflichteinlagen übersteigenden Teils des Zeitwerts des übergehenden Vermögens in die Rücklagen (§ 264c Abs. 2 Satz 1 II. HGB) mit der Folge entsprechend höherer Anschaffungskosten eingestellt werden kann (RS HFA 42 Tz. 43) 3. Alt. und Tz. 44. Höchstgrenze des Ausgabebetrages sind in jedem Fall die Zeitwerte des übergehenden Vermögens (RS HFA 42 Tz. 42). 75

Bei der Verschmelzung ohne Kapitalerhöhung, dh. gegen Wegfall der Beteiligung, liegt ein tauschähnlicher Vorgang vor; der übernehmende Rechtsträger hat daher die Wahl zwischen **(1)** dem Buchwert der untergehenden Anteile, **(2)** dem Zeitwert dieser Anteile oder **(3)** einem **ergebnisneutralen Zwischenwert,** d.h. dem Buchwert der untergehenden Anteile zuzüglich einer etwaigen Ertragsteuerbelastung daraus (RS HFA 42 Tz. 46). 76

Wenn ein **Mischfall** (sowohl Kapitalerhöhung als auch Wegfall der Beteiligung) vorliegt, erfolgt die Abbildung als Kombination einer Verschmelzung mit und ohne Kapitalerhöhung; sofern die untergehenden Anteile bei der Ermittlung der Anschaffungskosten mit dem (höheren) Zeitwert angesetzt werden, führt dies infolge der Aufdeckung stiller Reserven in den untergehenden Anteilen zu einem Ertrag (RS HFA 42 Tz. 54 und Tz. 55 sowie Tz. 46). 77

einstweilen frei 78

Die dergestalt ermittelten **Anschaffungskosten** sind auf die vorhandenen materiellen und (ggf. auch selbstgeschaffenen) immateriellen Wirtschaftsgüter des übertragenden Rechtsträgers bis zu deren Zeitwerten zu verteilen; hierbei ist ein **„sachgerechtes Verfahren“** anzuwenden, welches nach § 284 Abs. 2 Nr. 1 HGB im Anhang zu erläutern ist (RS HFA 42 Tz. 56); das im Steuerrecht geltende **Gebot** der **gleichmäßigen Aufstockung** gilt jedoch **nicht** (Kallmeyer/*Müller* UmwG § 24 Rn. 29). Das Wahlrecht bezüglich der Bilanzierung selbstgeschaffener immaterieller Wirtschaftsgüter gemäß § 248 Abs. 2 HGB idF des BilMoG v. 25. 5. 2009, BGBl. I 2009, 1102 greift **nicht** ein, da ein entgeltlicher **Anschaffungsvorgang** vorliegt (RS HFA 42 Tz. 36). Ein verbleibender Betrag ist als Geschäfts- bzw. Firmenwert iSv. § 246 Abs. 1 Satz 4 HGB zu aktivieren (RS HFA 42 Tz. 58); anders als vor Inkrafttreten des BilMoG v. 25.5.2009, BGBl. I 2009, 1102 besteht kein Wahlrecht mehr, den verbleibenden Betrag stattdessen als Aufwand zu verrechnen (RS HFA 42 Tz. 58; zur Rechtslage vor Inkrafttreten des BilMoG s. HFA 2/1997 Tz. 3222). Eine etwaige temporäre Differenz zwischen dem handels- und steuerrechtlichen Geschäfts- bzw. Firmenwertansatz kann wegen des Residualcharakters des Firmenwerts bei der Ermittlung latenter Steuern nach der Gesamtdifferenzbetrachtung (§ 274 Abs. 1 Sätze 1 und 2 HGB) außer Acht gelassen werden (RS HFA 42 Tz. 59). Ein bei der Überträgerin bereits vorhandener Geschäfts- bzw. Firmenwert ist bei der Übernehmerin nicht mehr gesondert auszuweisen, sondern geht in dem anlässlich des Vermögensübergangs zu ermittelnden Ge- 79 schäfts- bzw. Firmenwert auf (RS HFA 42 Tz. 36). Dasselbe gilt für bei der Überträgerin bilanzierte aktive oder passive latente Steuern; insoweit ist von der Übernehmerin selbst zu prüfen, ob aktive oder passive latente Steuern anzusetzen sind (RS HFA 42 Tz. 39).

80 *einstweilen frei*

d) Abbildung des verschmelzungsbedingten Vermögenszu- bzw. -abgangs auf der Kapitalseite

81 Erfolgt die Verschmelzung mit Kapitalerhöhung (Erhöhung der Pflichteinlagen) bei der übernehmenden Personengesellschaft, wird ein die Pflichteinlagen übersteigender Betrag in die Rücklagen nach § 264c Abs. 2 Satz 1 II. HGB einzustellen sein bzw. eine beteiligungsproportionale Zuschreibung zu den Kapitalanteilen aller Anteilsinhaber erfolgen müssen. Da die Höhe barer Zuzahlungen iSv. § 5 Abs. 1 Nr. 3 UmwG bei Personenhandelsgesellschaften nicht begrenzt ist, ist im Verschmelzungsvertrag eine Regelung vorzusehen, die bestimmt, wie der übersteigende Betrag zu behandeln ist (RS HFA 42 Tz. 44 und Tz. 69). **Steuerlich** ist zu beachten, dass eine Verbuchung des überschießenden Betrages als **Fremdkapital** (zB auf Darlehens-, Verrechnungs- oder Privatkonten) eine **sonstige Gegenleistung** darstellt, die nach Ansicht der FinVerw. entgegen der Rechtsprechung des BFH (→ Rn. 108b) insoweit zur Unanwendbarkeit des § 24 UmwStG und somit zwingend zur (anteiligen) Realisierung stiller Reserven führt (→ Rn. 108). Im umgekehrten Fall, wenn bei Wahl der Buchwertfortführung das übernommene Reinvermögen niedriger ist als der Ausgabebetrag der Anteile, was anders als bei Kapitalgesellschaften (→ Form A.3 Rn. 18 und Rn. 81; → Form A.5 Rn. 76) keinen rechtlichen Bedenken begegnet (bei den als Kommanditisten eintretenden Gesellschaftern der Überträgerin allerdings zur persönlichen Haftung in Höhe eines nicht durch stille Reserven im übergehenden Vermögen gedeckten Differenzbetrages zu ihren in das Handelsregister einzutragenden Hafteinlagen führen kann, § 171 Abs. 1 HGB), ist der sich ergebende Unterschiedsbetrag als Verschmelzungsverlust sofort aufwandswirksam zu erfassen (RS HFA 42 Tz. 70).

82 Steuerlich ist zu beachten, dass eine Verbuchung des überschießenden Betrages als Fremdkapital (zB auf Darlehens-, Verrechnungs- oder Privatkonten) eine sonstige Gegenleistung darstellt, die eine anteilige Aufstockung des Wertes des übergehenden Vermögens in der Steuerbilanz der Übernehmerin nach sich ziehen und damit für die Einbringenden zu einem stpfl. Veräußerungserlös führen kann, soweit die Grenzen gemäß § 24 Abs. 2 Satz 2 Nr. 2 UmwStG überschritten werden (→ Rn. 108 ff.).

83 Anders ist die Handhabung hingegen, soweit die Verschmelzung (abweichend vom Formularfall) ohne Ausgabe von Anteilen erfolgt: Bei Wahl des Anschaffungskostenprinzips (§ 24 UmwG iVm. §§ 253 Abs. 1, 255 Abs. 1 HGB) stellt sich diese insoweit als tauschähnlicher Vorgang (übergehendes Vermögen gegen untergehende Anteile an der Überträgerin) dar. Es können wahlweise angesetzt werden: **(1)** Der Buchwert der untergehenden Anteile der Übernehmerin an der Überträgerin; **(2)** der Zeitwert dieser Anteile; oder (3) ein erfolgsneutraler Zwischenwert, dh. Buchwert der Anteile an der Überträgerin zuzüglich einer etwaigen Ertragsteuerbelastung (RS HFA 42 Tz. 46). Die Differenz zwischen dem verschmelzungsbedingten Vermögenszugang und dem Buchwert der untergehenden bzw. hingegebenen Anteile ist als Ertrag (Verschmelzungsgewinn) bzw. Aufwand (Verschmelzungsverlust) über die **GuV-Rechnung** zu verbuchen (RS HFA 42 Tz. 46 und Tz. 72).

84 In Mischfällen, dh. wenn sowohl neue, im Rahmen einer Kapitalerhöhung geschaffene Anteile ausgegeben als auch Anteile der aufnehmenden an der übertragenden Gesellschaft untergehen, erfolgt eine Aufteilung der Differenz entsprechend der Beteiligung des übernehmenden Rechtsträgers an dem übertragenden Rechtsträger (RS

HFA 42 Tz. 54f. für den Fall der Bewertung nach dem Anschaffungskostenprinzip und RS HFA 42 Tz. 76 für den Fall der Buchwertverknüpfung).

e) Handelsrechtliche Umsetzung im Formularfall

Bucht die Übernehmerin nach Übergang des wirtschaftlichen Eigentums das übergehende Vermögen nach den Verhältnissen zum **Verschmelzungsstichtag** ein (zur Zulässigkeit → Rn. 66), ergibt sich bei Wahl der **Buchwertverknüpfung (§ 24 UmwG)** folgende (fiktive) Handelsbilanz der Übernehmerin zum Verschmelzungsstichtag: **85**

Aktiva	Buchwert	Stille Res.			**Passiva**
Bew. AnlageV	1 050 000.– EUR	400 000.– EUR	KK I des A	200 000.– EUR	
GuB	200 000.– EUR	700 000.– EUR	KK I des B	200 000.– EUR	
Gebäude	700 000.– EUR	350 000.– EUR	KK I der C GmbH	320 000.– EUR	
Beteiligung	100 000.– EUR	50 000.– EUR	KK I des D	80 000.– EUR	
UmlaufV	1 250 000.– EUR	0.– EUR	KK II des A	575 000.– EUR	
Firmenwert	0.– EUR	600 000.– EUR	KK II des B	175 000.– EUR	
			KK II der C GmbH	860 000.– EUR	
			KK II des D	– 10 000.– EUR	
			Verlustvortrags-Kto des D	– 100 000.– EUR	2 300 000.– EUR
			Verbindlichkeiten		1 000 000.– EUR
Summe	3 300 000.– EUR	2 100 000.– EUR	Summe		3 300 000.– EUR

Diese Handelsbilanz ist lediglich „fiktiv", weil die Übernehmerin keine Handelsbilanz auf den Verschmelzungsstichtag zu erstellen hat, der Vermögensübergang vielmehr einen laufenden Geschäftsvorfall darstellt (→ Rn. 66).

Das Gesamt-Kapitalkonto (Kapitalkonto I plus Kapitalkonto II) von A und B hat sich durch die Verschmelzung von (vor der Verschmelzung) 750 000.– EUR für A bzw. 350 000.– EUR für B (→ Rn. 3) um jeweils 25 000.– EUR auf 775 000.– EUR für A bzw. 375 000.– EUR für B erhöht; dementsprechend haben sich das Gesamtkapitalkonto der C GmbH von 1 220 000.– EUR (→ Rn. 5) um 40 000.– EUR auf 1 180 000.– EUR und das Gesamtkapitalkonto von D (Saldo von Kapitalkonto I, Kapitalkonto II und Verlustvortragskonto) von minus 20 000.– EUR (→ Rn. 5) um 10 000.– EUR auf minus 30 000.– EUR weiter verringert. Diese „Umverteilung" erfolgt zum Ausgleich für die entsprechende Verminderung des Anteils von A und B an den stillen Reserven: Dieser hat sich durch die Verschmelzung von jeweils 550 000.– EUR (= 50% von 1,1 Mio. EUR Stille Reserven der Überträgerin) um jeweils 25 000.– EUR auf 525 000.– EUR (= 25% von 2,1 Mio. EUR stille Reserven der Übernehmerin **nach** Verschmelzung) reduziert; die Beteiligung der C GmbH und von D an den stillen Reserven hat sich dementsprechend bei der C GmbH um 40 000.– EUR und bei D um 10 000.– EUR erhöht.

Wenn die Übernehmerin die übergehenden aktiven und passiven Wirtschaftsgüter nach dem **Anschaffungskostenprinzip** nach den Verhältnissen am Verschmelzungsstichtag (zur Zulässigkeit → Rn. 66) in ihre Rechnungslegung übernimmt, ergibt sich im Formularfall folgende (fiktive) Handelsbilanz der Übernehmerin zum Verschmelzungsstichtag: **86**

Aktiva	Buchwert	Stille Res.				Passiva
Bew. AnlageV	1 350 000.– EUR	0.– EUR	KK I des A	200 000.– EUR		
GuB	600 000.– EUR	400 000.– EUR	KK I des B	200 000.– EUR		
Gebäude	750 000.– EUR	300 000.– EUR	KK I der C GmbH	320 000.– EUR		
Beteiligung	150 000.– EUR	0.– EUR	KK I des D	80 000.– EUR		
UmlaufV	1 250 000.– EUR	0.– EUR	KK II des A	850 000.– EUR		
Firmenwert	300 000.– EUR	300 000.– EUR	KK II des B	450 000.– EUR		
			KK II der C GmbH	1 300 000.– EUR		
			KK II des D	100 000.– EUR		
			Verlustvortrags-Kto. des D	– 100 000.– EUR	3 400 000.– EUR	
			Verbindlichkeiten		1 000 000.– EUR	
Summe	4 400 000.– EUR	1 000 000.– EUR	Summe		4 400 000.– EUR	

Das Kapitalkonto II von A und B erhöht sich durch die Aufstockung der übergehenden Wirtschaftsgüter auf die Zeitwerte zunächst um die in diesen Wirtschaftsgütern ruhenden stillen Reserven von 1 100 000.– EUR (→ Rn. 3), die je zur Hälfte (550 000.– EUR) auf A und B entfallen. Gleichzeitig reduziert sich durch die Verschmelzung die Beteiligung der C GmbH und von D an den stillen Reserven der Übernehmerin von bisher 1 000 000.– EUR (= stille Reserven der Übernehmerin vor Verschmelzung) auf 500 000.– EUR (50%-Beteiligung der C GmbH und von D an den stillen Reserven der Übernehmerin nach Verschmelzung in Höhe von ebenfalls 1 Mio. EUR). Zum Ausgleich sind von den Kapitalkonten II von A und B jeweils 250 000.– EUR ab – und iHv. 400 000.– EUR dem Kapitalkonto II der C GmbH und iHv. 100 000.– EUR dem Kapitalkonto II des D hinzuzubuchen.

Insgesamt errechnen sich die Kapitalkonten II der Gesellschafter in der Übernehmerin nach Verschmelzung in dieser Variante daher wie folgt:

	A	B	C GmbH	D
KK I vor Verschmelzung	200 000.– EUR	200 000.– EUR	320 000.– EUR	80 000.– EUR
KK II vor Verschmelzung	550 000.– EUR	150 000.– EUR	900 000.– EUR	0.– EUR
Summe (KK I + KK II vor Verschmelzung)	750 000.– EUR	350 000.– EUR	1 220 000.– EUR	80 000.– EUR
Aufdeckung stille Reserven	550 000.– EUR	550 000.– EUR	0.– EUR	0.– EUR
Ausgleich Stille Reserven	– 250 000.– EUR	– 250 000.– EUR	400 000.– EUR	100 000.– EUR
Zwischensaldo	1 050 000.– EUR	650 000.– EUR	1 620 000.– EUR	180 000.– EUR
./. KK I nach Verschmelzung	– 200 000.– EUR	– 200 000.– EUR	– 320 000.– EUR	– 80 000.– EUR
= KK II nach Verschmelzung	850 000.– EUR	450 000.– EUR	1 300 000.– EUR	100 000.– EUR
Veränderung KK II durch Verschmelzung	+ 300 000.– EUR	+ 300 000.– EUR	+ 400 000.– EUR	+ 100 000.– EUR

87 *einstweilen frei*

5. Auswirkungen für Gesellschafter der Überträgerin

Die Gewährung von Anteilen der übernehmenden Personengesellschaft an die Gesellschafter der übertragenden Personengesellschaft stellt sich für diese handelsbilanziell als Tausch dar (RS HFA 42 Tz. 77 und 46). Soweit die Gesellschafter der übertragenden Gesellschaft ihre Anteile bilanzieren, können sie dementsprechend nach allgemeinen Tauschgrundsätzen die ihnen gewährten Personengesellschaftsanteile in ihrer handelsrechtlichen Buchführung wahlweise wie folgt ansetzen (RS HFA 42 Tz. 77 iVm. Tz. 46; WM/*Widmann* UmwG § 24 Rn. 547; ohne Begründung **aA** SBB/*Bula/Pernegger* § 10 Rn. 316): **88**

- zum Buchwert der untergehenden Anteile;
- zum Zeitwert der untergehenden Anteile;
- zu einem zwischen den vorgenannten Werten liegenden erfolgsneutralen Zwischenwert, dh. dem Buchwert der untergehenden Anteile zuzüglich einer etwaigen Ertragsteuerbelastung (RS HFA 42 Tz. 77 iVm. Tz. 46)

jeweils abzüglich etwaiger barer Zuzahlungen (WM/*Widmann* UmwG § 24 Rn. 547).

Bezüglich des Zeitpunktes der Buchung des Tauschvorgangs dürfte es sachgerecht sein, an den Zeitpunkt des Übergangs des wirtschaftlichen Eigentums an den Vermögensgegenständen und Schulden auf den übernehmenden Rechtsträger anzuknüpfen (RS HFA 42 Tz. 79). Hierzu → Rn. 50.

Bei Ansatz der Anteile an der Übernehmerin mit dem (höheren) Zeitwert der untergehenden Anteile und gleichzeitigem steuerlichem Ansatz der Buchwerte oder von Zwischenwerten (§ 24 Abs. 2 Satz 2 UmwStG) werden mit Rücksicht auf die dadurch begründete Differenz zwischen (höheren) handelsrechtlichen und (niedrigeren) steuerlichen Wertansätzen, die sich spätestes im Falle einer Veräußerung abbaut, latente Steuern zu passivieren sein, § 274 Abs. 1 Sätze 1 und 3 HGB. **89**

VI. Ertragsteuerrecht

1. Überblick

Die Verschmelzung einer **Personenhandelsgesellschaft,** die die Voraussetzungen der §§ 15 Abs. 1 Nr. 2, Abs. 3 EStG (Mitunternehmerschaft) erfüllt, auf eine andere ebenfalls diese Voraussetzungen erfüllende Personengesellschaft stellt umwandlungssteuerrechtlich bei Erfüllung der nachstehend iE dargestellten Voraussetzungen (→ Rn. 93 ff.) eine **Einbringung** iSd. **§ 24 UmwStG** dar (UmwSt-Erl. 2011, BMF v. 11.11.2011, BStBl. I 2011, 1314 Tz. 24.01 iVm. Tz. 01.47 Buchst. c Doppelbuchst. bb). Dies ist in § 1 Abs. 3 Nr. 1 Alt. 1 UmwStG („Verschmelzung von Personenhandelsgesellschaften") ausdrücklich gesetzlich geregelt. **90**

Soweit hingegen die Voraussetzungen des § 24 UmwStG (→ Rn. 93 ff.) nicht erfüllt sind, führt die Verschmelzung grundsätzlich (zur möglichen Ausnahme bei der Verschmelzung auf eine beteiligungsidentische Schwester-Personengesellschaft → Rn. 91a) zur Aufdeckung der stillen Reserven in dem übergehenden Gesamthandsvermögen der Überträgerin: Bei der Übertragung von Wirtschaftsgütern auf eine Mitunternehmerschaft handelt es sich auch dann, wenn die Übertragung (nur) gegen Gewährung (oder Erweiterung) einer Mitunternehmerstellung erfolgt, um einen tauschähnlichen Vorgang (BFH v. 24.1.2008, IV R 37/06, BStBl. II 2011, 617 Tz. 35; BFH v. 17.7.2008, I R 77/06, BStBl. II 2009, 464). Für diesen sieht § 6 Abs. 6 Satz 1 EStG im Grundsatz die **Aufdeckung der stillen Reserven** vor (WM/*Müller* Anhang 16 Rn. 61). Die Möglichkeit der Buchwertfortführung gemäß § 6 Abs. 5 Satz 3 EStG ist nach Auffassung der FinVerw. (BMF v. 8.12.2011, BStBl. I 2011, 1279) und der Rechtsprechung (siehe etwa BFH v. 25.11.2009, I R 72/08, BStBl. II 2010, 471; BFH v. 10.4.2013, I R 80/12, BStBl. II 2013, 1004) bei der Übertragung von Wirtschafts- **91** gütern zwischen Gesamthandsvermögen von Personengesellschaften regelmäßig nicht eröffnet, da dieser Fall in der abschließenden Aufzählung in § 6 Abs. 5 Satz 3 Nr. 1–3 EStG nicht erwähnt ist.

91a Für den Fall der Übertragung von Wirtschaftsgütern zwischen beteiligungsidentischen Personengesellschaften gegen Minderung bzw. Gewährung von Gesellschaftsrechten neigt der IV. Senat des BFH hingegen dazu, in Gesamtanalogie zu § 6 Abs. 5 Sätze 1 und 2 EStG die Übertragung zwingend zum Buchwert stattfinden zu lassen (BFH v. 15.4.2010, IV B 105/09, BStBl. II 2010, 971); dem hat sich das FG Düsseldorf für den Fall der Übertragung aus dem Gesamthandsvermögen einer Mitunternehmerschaft in das Gesamthandsvermögen der Einmann-GmbH & Co.KG eines Mitunternehmers angeschlossen, und zwar unter Berufung auf eine verfassungsrechtlich gebotene Analogie zu § 6 Abs. 5 Satz 3 Nr. 1 EStG (FG Düsseldorf v. 4.12.2014, 14 K 2968/09, DStRE 2016, 68 Tz. 77; glA nur im Ergebnis (Buchwertfortführung), jedoch mit anderer Begründung BFH v. 30.3.2017, IV R 11/15, BStBl. II 2019, 29, Tz. 35: Buchwertfortführung beim Ausscheiden aus Mitunternehmerschaft gegen Sachwertabfindung mit Einzelwirtschaftsgütern richte sich nach § 16 Abs. 3 S. 2 EStG, der lex specialis gegenüber § 6 Abs. 5 S. 3 EStG sei; dem folgend BMF v. 19.12.2018, BStBl. I 2019, 6 Tz. 8). Der allgemeine Gleichheitssatz (Art. 3 Abs. 1 GG) gebiete in diesen Fällen eine verfassungskonforme Auslegung, da kein Grund dafür ersichtlich sei, diese aus dem Anwendungsbereich des § 6 Abs. 5 EStG auszunehmen. Nach Auffassung des I. Senats des BFH scheidet eine Anwendung des § 6 Abs. 5 EStG im Wege verfassungskonformer Auslegung auf den nicht explizit geregelten Fall der Übertragung zwischen beteiligungsidentischen Schwester-Personengesellschaften hingegen aus (BFH v. 10.4.2013, I R 80/12, BStBl. II 2013, 1004; siehe auch BFH v. 25.11.2009, I R 72/08, BStBl. II 2010, 471): Zwar sei die Versagung der Buchwertfortführung in diesen Fällen nicht mit dem **allgemeinen Gleichheitssatz** (Art. 3 Abs. 1 GG) vereinbar, weil kein sachlicher Grund dafür erkennbar sei, warum diese anders geregelt seien als die Übertragung zwischen verschiedenen Betriebsvermögen desselben Stpfl. (BFH v. 10.4.2013, I R 80/12, BStBl. II 2013, 1004, Tz. 42); eine verfassungskonforme Auslegung scheitere jedoch sowohl am eindeutigen Wortlaut des Gesetzes als auch am Willen des Gesetzgebers, der in § 6 Abs. 5 Satz 3 EStG einen abschließenden Katalog habe kodifizieren wollen (BFH v. 10.4.2013, I R 80/12, BStBl. II 2013, 1004, Tz. 52). Konsequenterweise hat der 1. Senat des BFH die Frage, ob der Ausschluss der Buchwertfortführung bei Übertragungen zwischen beteiligungsidentischen Personengesellschaften gegen Art. 3 Abs. 1 GG verstößt, gemäß Art. 100 Abs. 1 GG iVm. § 80 BVerfGG dem BVerfG zur Entscheidung vorgelegt (BFH v. 10.4.2013, I R 80/12, BStBl. II 2013, 1004; Az. BVerfG 2 BvL 8/13).

91b Nach alledem ist die **Verschmelzung einer Personengesellschaft auf eine andere Personengesellschaft** in Ansehung des Gesamthandsvermögens der übertragenden Personengesellschaft nur nach § 24 UmwStG, nicht hingegen auch gemäß § 6 Abs. 5 EStG zu Buchwerten möglich: Steuerlich sind Einbringende und damit Überträger die Mitunternehmer der übertragenden, im Zuge der Verschmelzung untergehenden Personengesellschaft (→ Rn. 94), die in ihrer gesamthänderischen Verbundenheit Wirtschaftsgüter auf die Übernehmerin übertragen (UmwSt-Erl. 2011, BMF v. 11.11.2011, BStBl. I 2011, 1314 Tz. 24.03 iVm. Tz. 20.05; ebenso DPM/*Patt* UmwStG § 24 Rn. 28 und § 20 Rn. 39), und zwar aus dem Gesamthandsvermögen bei der übertragenden Personengesellschaft in ein anderes Gesamthandsvermögen bei der übernehmenden Personengesellschaft. Die Übertragung von Wirtschaftsgütern aus einem Gesamthandsvermögen in ein anderes Gesamthandsvermögen im Wege der Gesamtrechtsnachfolge kann für Zwecke von § 6 Abs. 5 EStG nicht anders behandelt werden als die Übertragung aus einem Gesamthandsvermögen in ein anderes im Wege der Einzelrechtsnachfolge, auf die § 6 Abs. 5 EStG – außer möglicherweise im Falle beteiligungsidentischer Schwesterpersonengesellschaften (→ Rn. 91a) – keine Anwendung findet (→ Rn. 91).

Der **anfallende Gewinn** ist bei Erfüllung der Voraussetzungen des § 16 EStG iÜ, wenn also bei natürlichen Personen als Einbringenden zB. die Anwendbarkeit des § 24 UmwStG zB daran scheitert, dass die Gegenleistung nicht als Gewährung oder Erweiterung einer Mitunternehmerstellung anzusehen ist (→ Rn. 105ff.), als Gewinn aus der Veräußerung von Mitunternehmeranteilen iSv. §§ 16 Abs. 1 Nr. 2 EStG zu versteuern. Der Gewinn ist nur bei Kapitalgesellschaften gewerbesteuerpflichtig (§ 7 Satz 2 Nr. 2 GewStG letzter HS) und unterliegt bei natürlichen Personen auch der begünstigen Besteuerung nach § 34 EStG. Außerhalb des Anwendungsbereichs des § 16 EStG (zB wenn im Zuge der Verschmelzung wesentliche Betriebsgrundlagen in das Privatvermögen entnommen oder in ein anderes Betriebsvermögen überführt werden, → Rn. 97f.) liegt ein laufender, nicht begünstigter Gewinn vor, der auch der Gewerbesteuer unterliegt. **91c**

2. Steuerliche Rückbeziehung

Die Einbringung erfolgt steuerlich grundsätzlich zu dem Zeitpunkt, zu welchem das **wirtschaftliche Eigentum** an den eingebrachten Wirtschaftsgütern übergeht (UmwSt-Erl. 2011, BMF v. 11.11.2011, BStBl. I 2011, 1314 Tz. 24.06 iVm. Tz. 20.13). Bei **Umwandlungen** ist dies spätestens mit Bewirkung der erforderlichen Handelsregistereintragungen der Fall (UmwSt-Erl. 2011, BMF v. 11.11.2011, BStBl. I 2011, 1314 Tz. 24.06 iVm. Tz. 20.13). Das wirtschaftliche Eigentum kann aber auch früher übergehen; insoweit wird man auf die vom *IDW* für Zwecke der handelsbilanziellen Behandlung entwickelten Grundsätze zurückgreifen können (→ Rn. 49f.). **92**

Im Falle der Anwendbarkeit des § 24 UmwStG (dazu sogleich → Rn. 93ff.) kann der steuerliche Übertragungsstichtag der Einbringung bei einer Verschmelzung zweier Personengesellschaften stattdessen gemäß §§ 24 Abs. 4 HS 2, 20 Abs. 5 und 6 UmwStG auf Antrag wahlweise auf den **Stichtag** der **handelsrechtlichen Schlussbilanz** iSv. § 17 Abs. 2 UmwG der übertragenden Personengesellschaft zurückbezogen werden, wenn die Verschmelzung innerhalb von acht Monaten nach diesem Zeitpunkt **zum Handelsregister angemeldet** wird, § 24 Abs. 4 HS 2 UmwStG iVm. § 20 Abs. 5 Satz 1, Abs. 6 Satz 1 UmwStG. Dies gilt selbst dann, wenn die übernehmende Personengesellschaft an diesem Stichtag noch gar nicht existent war; auch in diesem Falle ist für diese für den VZ, in welchen der steuerliche Übertragungsstichtag fällt, eine Steuerveranlagung durchzuführen (UmwSt-Erl. 2011, BMF v. 11.11.2011, BStBl. I 2011, 1314 Tz. 24.06 iVm. Tz. 20.15 iVm. Tz. 02.11). Wie bei der Einbringung in eine Kapitalgesellschaft (§ 20 UmwStG) und anders als bei der Verschmelzung einer Kapitalgesellschaft (§§ 3ff., 11ff. UmwStG; → Form. A.3 Rn. 97; Form. A.5 Rn. 84; Form. A.6 Rn. 84 und → Form A.7 Rn. 133) handelt es sich um ein steuerliches **Wahlrecht.** Antragsbefugt ist die Übernehmerin (UmwSt-Erl. 2011, BMF v. 11.11.2011, BStBl. I 2011, 1314 Tz. 24.06 iVm. Tz. 20.13), denn sie entscheidet auch über die steuerlichen Wertansätze (DPM/*Patt* UmwStG § 20 Rn. 304). Anders als das antragsgebundene Wahlrecht des § 20 Abs. 2 Satz 2 UmwStG, anstelle des gemeinen Werts Buch- oder Zwischenwerte anzusetzen (→ Rn. 113a), ist das Wahlrecht auf Rückbeziehung gemäß § 24 Abs. 4 (2. Hs.), § 20 Abs. 5, 6 UmwStG nicht fristgebunden, kann also grundsätzlich bis zum Ende der letzten Tatsacheninstanz ausgeübt werden, was auch konkludent (zB durch rückwirkenden Ertrags- oder Vermögensansatz in der Steuererklärung) geschehen kann (BFH v. 19.12.2018, I R 1/17, DStR 2019, 1259 Rn. 15f., insoweit der Vorinstanz FG Berlin-Brandenburg v. 13.12.2016, 6 K 6243/14, DStRE 2017, 1376 folgend; unklar insoweit UmwSt-Erl. 2011 BMF v. 11.11.2011, BStBl. I 2011, 1314 Tz. 20.14). Ein einmal (ggf. auch konkludent) gestellter Antrag kann jedoch nicht mehr geändert werden (BFH v. 19.12.2018, I R 1/17, DStR 2019, 1259 Rn. 17 gegen die Vorinstanz FG Berlin-Brandenburg v. 13.12.2016, 6 K 6243/14, DStRE 2017, 1376).

Der Zeitpunkt des Vermögensübergangs auf die Übernehmerin fällt nicht nur mit dem Stichtag der steuerlichen Schlussbilanz, sondern auch mit dem Ende des regulären Wirtschaftsjahres bzw. – falls ausnahmsweise ein vor Ablauf des regulären Wirtschaftsjahres liegender Verschmelzungsstichtag/steuerlicher Übertragungsstichtag gewählt wird – mit dem Ende des dadurch entstehenden Rumpfwirtschaftsjahres (BFH v. 21.12.2005, I R 66/05, BStBl II 2006, 469, Tz. 16) der Überträgerin zusammen. Daraus folgt u.a., dass eine bei der Überträgerin gebildete Rücklage nach § 6b Abs. 3 EStG, die ohne die Verschmelzung zu diesem Zeitpunkt gemäß § 6b Abs. 3 Satz 5 Hs. 1 EStG aufzulösen gewesen wäre, noch auf die Übernehmerin übergeht und, wenn bei dieser ein Reinvestitionsobjekt vorhanden ist, auf dieses übertragen werden kann (FG Münster v. 17.9.2018, 13 K 2082/15, BB 2019, 560, Rev. BFH XI R 39/18; **aA.** FG Berlin-Brandenburg v. 5.3.2019, 6 K 6071/18, EFG 2019, 739, Rev. BFH I R 20/19).

Bei Einbringungen, die nicht in den Anwendungsbereich des § 24 UmwStG fallen, etwa weil die eingebrachten aktiven und passiven Wirtschaftsgüter nicht die Voraussetzungen eines Betriebes, Teilbetriebes oder Mitunternehmeranteils erfüllen (dazu → Rn. 95 ff.), besteht das Rückbeziehungswahlrecht gemäß § 24 Abs. 4 HS 2 iVm. § 20 Abs. 5 und 6 UmwStG nicht (BFH v. 12.12.2012, I R 28/11, BFH/NV 2013, 884, LS 1 und Tz. 18 zu § 20 Abs. 7 und 8 UmwStG 2002). Ob sich in diesem Fall aus § 2 Abs. 1 UmwStG eine steuerliche Rückbeziehung ergibt, hat der BFH für das UmwStG 2002 verneint (BFH v. 12.12.2012, I R 28/11, BFH/NV 2013, 884, Tz. 20), für das UmwStG 2006 hingegen offen gelassen (BFH v. 12.12.2012, I R 28/11, BFH/NV 2013, 884, Tz. 16; verneinend *Neumann* DStR 2013, 2886). Selbst wenn aber eine Rückbeziehung gemäß § 24 Abs. 4 HS 2 iVm. § 20 Abs. 5 und 6 UmwStG bzw. § 2 Abs. 1 UmwStG ausscheidet, kann die Einbringung steuerlich trotzdem dann bereits zum Ablauf des Stichtags der zugrundeliegenden Schlussbilanz des übertragenden Rechtsträgers wirksam werden, wenn dem übernehmenden Rechtsträger zu diesem Zeitpunkt bereits das **wirtschaftliche Eigentum** an den eingebrachten aktiven und passiven Wirtschaftsgütern iSv. § 39 Abs. 2 Nr. 1 AO zuzurechnen ist (BFH v. 12.12.2012, I R 28/11, BFH/NV 2013, 884, Tz. 16).

Der Einbringungsgegenstand (Betrieb, Teilbetrieb oder Mitunternehmeranteil) muss im Zeitpunkt der Verschmelzungsbeschlüsse noch bestehen; anderenfalls ist eine gemäß § 24 Abs. 4 Hs. 2, § 20 Abs. 5, 6 UmwStG rückwirkende Einbringung auf einen Einbringungstichtag, zu welchem der Einbringungsgegenstand noch bestanden hat, nicht möglich (FG Nds. v. 29.1.2019, 8 K 163/17, DStRE 2019, 893, Rev. BFH I R 13/19).

Bei der Einbringung im Wege der **Anwachsung** besteht keine Möglichkeit der steuerlichen Rückbeziehung, da die Rückbeziehung in § 24 Abs. 4 HS 2 UmwStG nur für den Fall der **Gesamtrechtsnachfolge** zugelassen wird, die Einbringung bei der Anwachsung aber durch Abtretung der Gesellschaftsanteile, also im Wege der **Einzelrechtsnachfolge** erfolgt (UmwSt-Erl. 2011, BMF v. 11.11.2011, BStBl. I 2011, 1314 Tz. 24.06). Hingegen erstreckt die FinVerw., wenn sich die Einbringung als **Kombination** von **Gesamt- und Einzelrechtsnachfolge** darstellt (etwa im Falle der nur im Wege der Einzelrechtsnachfolge möglichen Mitübertragung von **Sonderbetriebsvermögen** auf die Übernehmerin, → Rn. 97 f.), die für die Gesamtrechtsnachfolge zulässige Rückwirkung auch auch auf die im Wege der Einzelrechtsnachfolge übertragenen Wirtschaftsgüter (UmwSt-Erl. 2011, BMF v. 11.11.2011, BStBl. I 2011, 1314 Tz. 24.06).

Die steuerliche Rückwirkung gemäß §§ 24 Abs. 4 HS 2, 20 Abs. 5 Satz 1 UmwStG bedeutet allerdings **nicht,** dass **Verträge** zwischen der übernehmenden Personengesellschaft und einem Einbringenden auch **rückwirkend** auf den steuerlichen Übertragungsstichtag abgeschlossen werden könnten (UmwSt-Erl. 2011, BMF v. 11.11.2011, BStBl. I 2011, 1314 Tz. 24.06 iVm. Tz. 20.16).

92a Soweit es sich bei den einbringenden Mitunternehmern der übertragenden Personengesellschaft um **Kapitalgesellschaften** handelt, ist § 2 Abs. 4 Satz 2 UmwStG zu beachten: Diese Vorschrift ordnet in Ansehung etwaiger im **Rückwirkungszeitraum,** dh. ab dem steuerlichen Übertragungsstichtag bis zum zivilrechtlichen Wirksamwerden der Verschmelzung, von der einbringenden Kapitalgesellschaft erwirtschafteter **Verluste** die **entsprechende Anwendung** von § 2 Abs. 4 Satz 1 UmwStG an. Die letztgenannte Vorschrift setzt nach ganz hM voraus, dass es im Rückwirkungszeitraum zu einem verlustschädlichen Anteilserwerb oder einem anderen verlustschädlichen Ereignis iSv. § 8c KStG kommt, und schließt für diesen Fall sowohl den Ausgleich als auch die Verrechnung eines Übertragungs- bzw. (in Einbringungsfällen) Einbringungsgewinns mit nicht ausgeglichenen negativen Einkünften, Verlustvorträgen und anderen gleichstehenden Rechtspositionen der Überträgerin bzw. des Einbringenden aus (dazu iE → Rn. 115a). Die FinVerw. entnimmt dem Verweis auf § 2 Abs. 4 Satz 1 UmwStG, dass von der Überträgerin im **Rückwirkungszeitraum** bis zu einem **verlustschädlichen Ereignis** iSv. § 8c KStG erwirtschaftete Verluste nicht mit Gewinnen des **übernehmenden Rechtsträgers** verrechnet werden können (UmwSt-Erl. 2011, BMF v. 11.11.2011, BStBl. I 2011, 1314 Tz. 02.40; s. auch das in FM Brandenburg v. 28.5.2014, DStR 2015, 586 unter Ziff. 2.3.1 gebildete Beispiel; glA RHL/*van Lishaut* UmwStG § 2 Rn. 170; DPM/*Dötsch/Werner* UmwStG § 2 Rn. 110f.). Diese Auslegung wird in der Literatur (*Sistermann/Brinkmann* DStR 2008, 2455, 2457; *Schumacher/Neitz-Hackstein* Ubg 2011, 413) unter Hinweis darauf kritisiert, dass § 2 Abs. 4 Satz 1 UmwStG den Verlustausgleich bzw. die Verlustverrechnung nur mit einem beim **übertragenden Rechtsträger** anfallenden (Übertragungs)Gewinn ausschließe, der Wortlaut von § 2 Abs. 4 Sätze 1 und 2 UmwStG einen Ausschluss der Verrechnung mit Gewinnen des **übernehmenden Rechtsträgers** also nicht hergebe. Weil aber § 2 Abs. 4 Satz 2 UmwStG lediglich eine „entsprechende" Anwendung des § 2 Abs. 4 Satz 1 UmwStG anordnet, dürfte diese Kritik im Ergebnis nicht durchgreifen.

Erwirtschaftet die Überträgerin im Rückwirkungszeitraum positive Einkünfte, können diese nach Maßgabe von § 2 Abs. 4 Satz 3 und 5 UmwStG idF des AmtshRLUmsG v. 26.6.2013, BGBl. I 2013, 1809, der über § 24 Abs. 4, § 20 Abs. 6 Satz 4 UmwStG auch bei der Einbringung in eine Personengesellschaft gilt (WM/*Widmann* UmwStG § 2 Rn. R 160), weder mit verrechenbaren Verlusten der Übernehmerin bzw. ihrer Mitunternehmer noch mit deren verbleibenden Verlustvorträgen, nicht ausgeglichenen negativen Einkünften oder Zinsvorträgen nach § 4h Abs. 1 Satz 5 EStG ausgeglichen oder verrechnet werden. Da § 2 Abs. 4 Satz 3 UmwStG im Gegensatz zu § 2 Abs. 4 Sätze 1 und 2 kein verlustschädliches Ereignis iSv. § 8c KStG voraussetzt (*Böttcher* NWB 2014, 3146, 3150), gilt die Vorschrift auch dann, wenn die Überträgerin bzw. Einbringende keine Kapitalgesellschaft ist. **92b**

Ziel des Gesetzgebers war die Verhinderung von Gestaltungen, durch die unter Nutzung der achtmonatigen steuerlichen Rückwirkung bei Umwandlungen und Einbringungen die Besteuerung von Gewinnen bei Gesellschaften mit hohen stillen Reserven (zB Flugzeugleasinggesellschaften) durch die Verrechnung mit steuerlichen Verlusten einer anderen Gesellschaft vermieden werden konnte (BR-Drs. 302/1/12 S. 105). Deckte die übertragende Gesellschaft ihre stillen Reserven auf, indem sie im Rückwirkungszeitraum die mit stillen Reserven behafteten Wirtschaftsgüter an Dritte verkaufte, lag ein laufender Gewinn vor, welcher aufgrund der Rückwirkungsfiktion als solcher der übernehmenden Verlustgesellschaft galt und daher mit den dortigen laufenden Verlusten ausgeglichen sowie vorbehaltlich der Mindestbesteuerung (§ 10d Abs. 2 EStG, § 10a Satz 1 GewStG) auch mit den dortigen Verlustvorträgen verrechnet werden konnte (HMB/*Slabon* UmwStG § 2 Rn. 113).

§ 2 Abs. 4 Sätze 3–5 finden keine Anwendung, wenn übertragender und übernehmender Rechtsträger vor Ablauf des steuerlichen Übertragungsstichtages verbundene Unternehmen iSv. § 271 Abs. 2 HGB waren, § 2 Abs. 4 Satz 6 UmwStG idF des AmtshRLUmsG; in Einbringungsfällen iSv. § 24 Abs. 4, § 20 Abs. 6 Satz 4 UmwStG dürfte hier auf den Einbringenden und die Übernehmerin abzustellen sein (WM/*Widmann* UmwStG § 2 Rn. R 167; s. aber auch Rn. R 160). Ebenfalls nicht von der Vorschrift umfasst sind der Ausgleich und die Verrechnung von Gewinnen, die nach dem Wirksamwerden der Einbringung im (ehemaligen) Unternehmen der Überträgerin erwirtschaftet werden (*Böttcher* NWB 2014, 3146 Beispiel Nr. 3). Die Anwendung der Vorschrift erfordert ggf. die Aufstellung einer steuerlichen Zwischenbilanz des übertragenden Rechtsträgers auf den Zeitpunkt des zivilrechtlichen Wirksamwerdens der Umwandlung (*Neumann-Tomm* DB 2014, 2617, 2618; *Böttcher* NWB 2014, 3146, 3151).

92c Die FinVerw. geht von uneingeschränkter Anwendbarkeit des § 2 Abs. 4 UmwStG für Zwecke der **Gewerbesteuer** aus (UmwSt-Erl. 2011, BMF v. 11.11.2011, BStBl. I 2011, 1314 Tz. 18.02). In Teilen der Literatur wird hingegen differenziert: § 2 Abs. 4 Satz 1 UmwStG gelte mangels Erwähnung von § 10a GewStG nicht, während § 2 Abs. 4 Satz 2 UmwStG anwendbar sei (WM/*Widmann* § 2 Rn. R 127ff.; die Anwendbarkeit für § 2 Abs. 4 Satz 2 UmwStG ebenfalls bejahend, für Satz 1 iVm. § 10a GewStG hingegen zurückhaltender [„gut vertretbar“] RHL/*van Lishaut* § 2 Rn. 184; in vollem Umfang der FinVerw. folgend hingegen noch RHL/*van Lishaut* 2. Aufl. § 2 Rn. 120; generell gegen die Anwendbarkeit von § 2 Abs. 4 UmwStG im Bereich der Gewerbesteuer *Viebrock/Loose* DStR 2013, 1366).

3. Voraussetzungen für die Anwendung des § 24 UmwStG

a) Beteiligte Gesellschaften

93 Auf Verschmelzungsvorgänge ist § 24 UmwStG gemäß § 1 Abs. 3 Nr. 1 UmwStG nur dann anwendbar, wenn ausschließlich **Personenhandelsgesellschaften** oder **Partnerschaftsgesellschaften** beteiligt sind; insoweit besteht Gleichlauf zum Gesellschaftsrecht (→ Rn. 14).

Anders als für die Anwendbarkeit des § 20 UmwStG bei der Einbringung in eine Kapitalgesellschaft ist es bei der **Verschmelzung von Personenhandelsgesellschaften** für die Anwendbarkeit des § 24 UmwStG **nicht erforderlich,** dass es sich bei den beteiligten Rechtsträgern um nach den Rechtsvorschriften eines **Mitgliedsstaates der Europäischen Union oder eines EWR-Staates** gegründete Rechtsträger mit Sitz und Ort der Geschäftsleitung in einem dieser Staaten handelt, § 1 Abs. 4 Satz 2 UmwStG. Somit können prinzipiell auch Personenhandelsgesellschaften mit Sitz in einem Drittstaat nach § 24 UmwStG untereinander oder mit einer deutschen Personenhandelsgesellschaft steuerneutral verschmelzen, wenn der Vorgang mit einer deutschen Verschmelzung vergleichbar ist (s. UmwSt-Erl. 2011, BMF v. 11.11.2011, BStBl. I 2011, 1314 Tz. 01.54 sowie Tz. 01.48 iVm. Tz. 01.20; DPM/*Möhlenbrock* UmwStG (SEStEG) § 1 Rn. 157) und die weiteren Voraussetzungen des § 24 UmwStG im Allgemeinen (→ Rn. 94ff.) und einer Buchwertfortführung gemäß § 24 Abs. 2 Satz 2 UmwStG im Besonderen erfüllt sind, insb. das deutsche Besteuerungsrecht bezüglich des eingebrachten Betriebsvermögens weder ausgeschlossen noch beschränkt wird (hierzu → Rn. 112).

b) Einbringender

94 Wer Einbringender iSd. § 24 Abs. 1 UmwStG ist, richtet sich danach, wem die Gegenleistung, dh. die von der aufnehmenden Mitunternehmerschaft ausgegebenen Gesellschaftsanteile, zusteht (vgl. UmwSt-Erl. 2011, BMF v. 11.11.2011, BStBl. I 2011, 1314 Tz. 24.03 iVm. Tz. 20.02f.). Bei der Verschmelzung einer Personengesellschaft auf eine andere Personengesellschaft sind dies auf Seiten der Überträgerin die einzelnen Mitunternehmer, nicht die im Zug der Verschmelzung erlöschende Personengesellschaft (UmwSt-Erl. 2011, BMF v. 11.11.2011, BStBl. I 2011, 1314 Tz. 24.03 iVm. Tz. 20.03; s. auch BFH v. 16.2.1996, I R 183/94, BStBl. II 1996, 342).

94a Anders als bei der Einbringung nach § 20 UmwStG im Wege der Verschmelzung einer Personengesellschaft auf eine Kapitalgesellschaft sind bei der Einbringung nach § 24 UmwStG durch Verschmelzung einer Personengesellschaft auf eine andere Personengesellschaft nicht nur die Mitunternehmer der Überträgerin, sondern auch die Mitunternehmer der Übernehmerin Einbringende, die ihre Mitunternehmeranteile an der Übernehmerin in die – wirtschaftlich betrachtet „neue" – Mitunternehmerschaft mit den Gesellschaftern der Überträgerin einbringen. Rechtsprechung und FinVerw. erkennen dies seit jeher für den Fall an, dass weitere Gesellschafter in eine bestehende Personengesellschaft gegen Geldeinlage oder Einlage anderer Wirtschaftsgüter eintreten oder ein bereits vorhandener Gesellschafter seinen Mitunternehmeranteil gegen Geldeinlage oder Einlage anderer Wirtschaftsgüter aufstockt (BFH v. 25.4.2006, VIII R 52/04, BStBl. II 2006, 847, Tz. 58f. und 61ff.; UmwSt-Erl. 2011, BMF v. 11.11.2011, BStBl. I 2011, 1314 Tz. 01.47 Buchst. aa 3. und 4. Alt.). Wenn es sich bei den Beiträgen der neuen oder aufstockenden Gesellschafter um einen Betrieb bzw. um Mitunternehmeranteile iSv. § 24 UmwStG handelt, die im Wege der Verschmelzung einer anderen Personengesellschaft in die bestehende Personengesellschaft eingebracht werden, kann nichts anderes gelten (DPM/*Patt* UmwStG § 24 Rn. 25). Im Formularfall sind (steuerlich) Einbringende also nicht nur die Komplementär-GmbH der Überträgerin (zur steuerlichen Qualifikation der typischen Komplementär-GmbH als Mitunternehmer s. etwa HHR/*Haep* EStG § 15 Rn. 373) sowie A und B als Kommanditisten der Überträgerin, sondern auch die C GmbH und der D als Kommanditisten der Übernehmerin (nicht hingegen die im Zuge der Verschmelzung ausscheidende Komplementärin der Übernehmerin, → Rn. 27f.), die ihre jeweiligen Mitunternehmeranteile in die durch die Verschmelzung entstehende wirtschaftlich „neue" Mitunternehmerschaft einbringen.

c) Einbringungsgegenstand

Zulässiger Gegenstand einer Einbringung nach § 24 UmwStG kann nur ein **Betrieb,** ein **Teilbetrieb** oder ein **Mitunternehmeranteil** sein, § 24 Abs. 1 UmwStG, nach Ansicht der FinVerw., die das insoweit anders lautende Urteil BFH v. 17.7.2008, I R 77/06, BStBl. II 2009, 464 nicht anwendet (Nichtanwendungserlass: BMF v. 20.5.2009, BStBl. I 2009, 671, entsprechend § 16 Abs. 1 Satz 1 Nr. 1 Satz 2 EStG auch die **100%-Beteiligung** an einer **Kapitalgesellschaft** (UmwSt-Erl. 2011, BMF v. 11.11.2011, BStBl. I 2011, 1314 Tz. 24.02). 95

Was bei der Verschmelzung einer als Mitunternehmerschaft zu qualifizierenden Personengesellschaft eingebracht wird, ist streitig: Nach Ansicht der FinVerw. ist Einbringungsgegenstand der Betrieb der Personengesellschaft, welcher von den einbringenden Mitunternehmern in ihrer gesamthänderischen Verbundenheit eingebracht werde (UmwSt-Erl. 2011, BMF v. 11.11.2011, BStBl. I 2011, 1314 Tz. 24.03 iVm. Tz. 20.05; ebenso DPM/*Patt* UmwStG § 24 Rn. 28 und § 20 Rn. 39). Nach der Gegenansicht (s. etwa WM/*Fuhrmann* UmwStG § 24 Rn. 98; WM/*Widmann* UmwStG § 20 Rn. R 46 und Rn. 92) werden in diesem Fall Mitunternehmeranteile iSv. § 24 Abs. 1 3. Alt. UmwStG eingebracht, da Einbringende die einzelnen **Mitunternehmer** der Überträgerin und der Übernehmerin seien, nicht hingegen die im Zug der Verschmelzung erlöschende Personengesellschaft (→ Rn. 94).

Die Streitfrage wirkt sich ua. bei der Frage aus, ob das antragsgebundene Wahlrecht gemäß § 24 Abs. 2 Satz 2 UmwStG für jeden eingebrachten Mitunternehmeranteil gesondert (für § 20 UmwStG glA. wohl BFH v. 13.9.2018 I R 19/16, BStBl. II 2019, 385 – dies sollte entsprechend für § 24 UmwStG gelten; vgl. *Riedel* GmbHR 2019, 306, 310 aE sowie im Einzelnen → Rn. 112d) oder nur einheitlich für den eingebrachten Betrieb ausgeübt werden kann, bei der Frage, ob die Zurückbehaltung wesentl. Betriebsgrundlagen im Sonderbetriebsvermögen die Anwendbarkeit des § 20 UmwStG für sämtliche oder nur für den zurückbehaltenden Mitunternehmer ausschließt (→ Rn. 104), bei der Anwendung der Obergrenze für buchwertfortführungsunschädliche sonstige Gegenleistungen gem. § 24 Abs. 2 Satz 2 Nr. 2 UmwStG (→ Rn. 108c und → Rn. 108d) sowie bei der Anwendung von § 24 Abs. 6, § 20 Abs. 9 UmwStG auf den Zins- und EBITDA-Vortrag der beteiligten Gesellschaften (→ Rn 195).

Die letztgenannte Auffassung, wonach Einbringungsgegenstand bei der Verschmelzung einer Personengesellschaft auf eine Kapitalgesellschaft die Mitunternehmeranteile der Personengesellschafter sind, verdient Zustimmung: Die Verschmelzung einer Personengesellschaft kann nicht anders behandelt werden als die Einbringung sämtlicher Gesellschaftsanteile durch die Gesellschafter im Wege der Einzelrechtsnachfolge gegen Gewährung oder Erhöhung einer Mitunternehmerstellung an der Übernehmerin, die wie die Verschmelzung zum Erlöschen der Personengesellschaft unter Übergang ihres Vermögens auf die übernehmende Gesellschaft führt (erweiterte Anwachsung) und bei der auch nach Ansicht der FinVerw. die Mitunternehmeranteile der einbringenden Gesellschafter den Einbringungsgegenstand bilden (→ Rn. 96). Außerdem ist nicht einzusehen, warum die Neugesellschafter der Übernehmerin insoweit anders behandelt werden sollten als deren Altgesellschafter, die auch nach Ansicht der FinVerw. ihre Mitunternehmeranteile – und nicht etwa den Betrieb der Übernehmerin – in die aus der Erweiterung des Gesellschafterkreises hervorgehende wirtschaftlich „neue" Personengesellschaft einbringen (siehe UmwSt-Erl. 2011, BMF v. 11.11.2011, BStBl. I 2011, 1314 Tz. 01.47 unter Buchst. aa 3. Alt.).

Für § 24 UmwStG genügt, wie bei § 20 UmwStG und anders als bei § 16 Abs. 1 Satz 1 Nr. 2 EStG, auch die Einbringung eines **Teils** eines **Mitunternehmeranteils** (UmwSt-Erl. 2011, BMF v. 11.11.2011, BStBl. I 2011, 1314 Tz. 24.03 iVm. Tz. 20.11).

Die FinVerw. ist der Ansicht, dass der **Einbringungsgegenstand,** im Formularfall also nach Auffassung der FinVerw. der **eingebrachte Betrieb** bzw. nach der Gegenansicht die einzubringenden **Mitunternehmeranteile** (siehe soeben), bereits am steuerlichen Übertragungsstichtag bestanden haben müsse (UmwSt-Erl. 2011, BMF v. 11.11.2011, BStBl. I 2011, 1314 Tz. 24.06 iVm. Tz. 20.14 iVm. Tz. 15.04). Eine Verschmelzung auf einen vor Errichtung der übertragenden Personengesellschaft liegenden steuerlichen Übertragungsstichtag erkennt die FinVerw. also nicht an. Dies wirkt sich zB bei **Kettenumwandlungen** aus, etwa bei der Verschmelzung einer Personengesellschaft, die ihr Betriebsvermögen ihrerseits kurz zuvor im Wege der Verschmelzung einer Kapitalgesellschaft nach §§ 3ff. UmwStG oder einer anderen Personengesellschaft nach § 24 UmwStG zu einem vor ihrer Gründung liegenden steuerlichen Übertragungsstichtag erworben hat. Zwar wird die erste rückwirkende Verschmelzung auf die im Zeitpunkt des steuerlichen Übertragungsstichtags noch nicht existierende Personengesellschaft gemäß Tz. 02.11 bzw. gemäß Tz. 24.06 iVm. Tz. 20.15 iVm. Tz. 02.11 des UmwSt-Erl. 2011 (BMF v. 11.11.2011, BStBl. I 2011, 1314) steuerlich noch anerkannt. Hingegen wird die FinVerw. gemäß Tz. 24.06 iVm. Tz. 20.14 iVm. Tz. 15.04 für die nachfolgende Verschmelzung der im ersten Schritt übernehmenden Personengesellschaft auf die andere Personengesellschaft eine Rückbeziehung der Einbringung der Mitunternehmeranteile an der Überträgerin nach §§ 24 Abs. 4 HS 2, 20 Abs. 5 und 6 Satz 1 UmwStG frühestens auf den (späteren) Zeitpunkt anerkennen, an dem die im ersten Schritt übernehmende und im zweiten Schritt übertragende Personengesellschaft und damit auch die einzubringenden Mitunternehmeranteile an ihr bereits handelsrechtlich bestanden haben.

d) Anwendbarkeit auf die Anwachsung

96 Im Wesentlichen dasselbe Ergebnis wie bei einer Verschmelzung (zur fehlenden Rückwirkung s. allerdings → Rn. 92) kann auch durch Einbringung sämtlicher Gesellschaftsanteile an der Überträgerin in die Übernehmerin im Wege der Einzelrechtsnachfolge erzielt werden, weil mit der dadurch eintretenden **Anwachsung** ebenfalls das gesamte Vermögen der Überträgerin auf die Übernehmerin übergeht. Es wurde allerdings bezweifelt, ob die Anwachsung überhaupt einen unter § 24 UmwStG fallenden Vorgang darstellt. ZT wird dies mit der Begründung verneint, die Anwachsung sei ein Fall der

Gesamtrechtsnachfolge, der aber weder unter die abschließende Aufzählung in § 1 Abs. 3 Nr. 1–3 UmwStG (Verschmelzung, Aufspaltung, Abspaltung, Ausgliederung, Formwechsel) falle noch unter § 1 Abs. 3 Nr. 4 UmwStG (Einbringung im Wege der Einzelrechtsnachfolge). Daher sei der Anwendungsbereich des § 24 UmwStG nicht eröffnet (DPM/*Patt* UmwStG § 24 Rn. 14: Soweit UmwSt-Erl. 2011, BMF v. 11.11. 2011, BStBl. I 2011, 1314 Tz. 01.47 Doppelbuchst. aa dem entgegenstehe, handele es sich um eine Billigkeitsregelung; s. dort aber auch ebd. Rn. 29; **aA** RHL/*Rasche* UmwStG § 24 Rn. 14), mit der Konsequenz, dass **Anwachsungsfälle** nach Inkrafttreten des UmwStG 2006 **nicht mehr steuerneutral möglich** wären. Diese Ansicht ist jedoch abzulehnen. Es mag zwar richtig sein, dass der Übergang des Vermögens der Personengesellschaft sich im Falle einer Anwachsung im Wege der Gesamtrechtsnachfolge vollzieht. **Einbringungsgegenstand** bei der Anwachsung einer Personengesellschaft auf eine andere Personengesellschaft ist jedoch nicht das Vermögen der Personengesellschaft, sondern – wie bei der Verschmelzung (zu dieser → Rn. 93) – der jeweilige **Mitunternehmeranteil** der Personengesellschafter. Deren Übertragung vollzieht sich im Wege der Einzelrechtsnachfolge, so dass der Anwendungsbereich des § 24 UmwStG über § 1 Abs. 3 Nr. 4 UmwStG eröffnet ist (so iE auch DPM/*Patt* UmwStG § 24 Rn. 29). So erkennt denn auch die FinVerw. die Anwendbarkeit des § 24 UmwStG auf die Anwachsung nunmehr ausdrücklich an und stellt gleichzeitig klar, dass es sich dabei um eine Einbringung von Mitunternehmeranteilen im Wege der Einzelrechtsnachfolge und nicht etwa um einen Fall der Gesamtrechtsnachfolge handelt (UmwSt-Erl. 2011, BMF v. 11.11.2011, BStBl. I 2011, 1314 Tz. 01.47 Doppelbuchst. aa).

e) Einbringung sämtlicher wesentlicher Betriebsgrundlagen

Erforderlich für die Anwendung des § 24 UmwStG auf die Verschmelzung zweier Personengesellschaften ist, dass sämtliche **wesentlichen Betriebsgrundlagen** einschließlich solcher, die zum **Sonderbetriebsvermögen** eines einbringenden Personengesellschafters gehören, (zB der übertragenden Personenhandelsgesellschaft von einem Kommanditisten mietweise überlassene Betriebsgrundstücke) mit eingebracht werden (UmwSt-Erl. 2011, BMF v. 11.11.2011, BStBl. I 2011, 1314 Tz. 24.03 iVm. Tz. 20.10 iVm. Tz. 20.06; BFH v. 16.2.1996, I R 183/94, BStBl. II 1996, 342); anders als bei der Einbringung in eine Kapitalgesellschaft für die Anwendbarkeit des § 20 UmwStG **genügt** es allerdings für die Anwendbarkeit des § 24 UmwStG, wenn das eingebrachte Betriebsvermögen **teilweise Sonderbetriebsvermögen** der übernehmenden Personengesellschaft wird (UmwSt-Erl. 2011, BMF v. 11.11.2011, BStBl. I 2011, 1314 Tz. 24.05), dh. der Übernehmerin vom Einbringenden zur Nutzung überlassen wird. Auch eine Übertragung nur des wirtschaftlichen Eigentums an wesentlichen Betriebsgrundlagen soll „ergänzend" genügen können (UmwSt-Erl. 2011, BMF v. 11.11.2011, BStBl. I 2011, 1314 Tz. 24.03 iVm. Tz. 20.10 iVm. Tz. 20.06 iVm. Tz. 15.07; offen gelassen von BFH v. 7.4.2010, I R 96/08, BStBl. II 2011, 467 Tz. 28). 97

Das für die Einbringung von **Teilbetrieben** geltende, sich aus Art. 2 (c) und (i) der Richtlinie des Rates 90/434/EWG (sog. „Fusionsrichtlinie") jetzt: Art. 2 Buchst. d und j RL 2009/133/EG ergebende Erfordernis, auch solche Wirtschaftsgüter mit einzubringen, die (wie zB Forderungen und Verbindlichkeiten) zwar nicht zu den wesentlichen Betriebsgrundlagen gehören, aber dem einzubringenden Teilbetrieb gleichwohl **zuzuordnen sind** (EuGH v. 15.1.2002, Rs. C-43/00 NZG 2002, 149 – Andersen og Jensen ApS, Tz. 25 ff.), gilt nach Ansicht der FinVerw. nicht für die Einbringung eines (ganzen) **Betriebes** (arg. UmwSt-Erl. 2011, BMF v. 11.11.2011, BStBl. I 2011, 1314 Tz. 20.06); für die Einbringung von Mitunternehmeranteilen kann nichts anderes gelten. Es ist daher weiterhin möglich, zB Forderungen und Verbindlichkeiten der übertragenden Personengesellschaft (etwa wegen Gewinnermittlung nach § 4 Abs, 3 EStG) zurückzubehalten, ohne die Anwendung der §§ 20, 24 UmwStG zu gefährden.

Da das **Sonderbetriebsvermögen** von der umwandlungsrechtlichen Gesamtrechtsnachfolge im Rahmen der Verschmelzung nicht umfasst ist, muss dieses – wenn es in das Gesamthandsvermögen der Übernehmerin übergehen soll – im Wege der Einzelrechtsnachfolge **gesondert übertragen** werden; diese Übertragung sollte gleichzeitig mit dem Verschmelzungsvertrag beurkundet und in dieselbe notarielle Urkunde aufgenommen werden. Die FinVerw. bezieht die im Wege der Einzelrechtsnachfolge erfolgende Übertragung des Sonderbetriebsvermögens in die für die Gesamtrechtsnachfolge geltende Rückwirkung gemäß §§ 24 Abs. 4 HS 2, 20 Abs. 5 und Abs. 6 Satz 1 UmwStG ein (UmwSt-Erl. 2011, BMF v. 11.11.2011, BStBl. I 2011, 1314 Tz. 24.06 und → Rn. 92); allerdings kann es nicht schaden, die Einbringung aus dem Sonderbetriebsvermögen ausdrücklich in den Antrag gemäß § 20 Abs. 6 Satz 1 UmwStG aufzunehmen.

98 *einstweilen frei*

99 Da Einbringende jeweils die einzelnen Mitunternehmer sind (→ Rn. 94), müsste auch in Bezug auf die Übertragung aller wesentlichen Betriebsgrundlagen eine individuelle **Einzelbetrachtung** anzustellen sein, dh. die Zurückbehaltung von wesentlichen Betriebsgrundlagen ist im Hinblick auf die Anwendung des § 24 UmwStG nur bzgl. dieses Mitunternehmers schädlich, nicht jedoch im Hinblick auf die übrigen Mitunternehmer (zu § 20 UmwStG siehe BFH v. 16.2.1996, I R 183/94, BStBl. II 1996, 342 Tz. 16f.); es steht allerdings zu befürchten, dass die FinVerw., die bei der Verschmelzung einer PersG deren Betrieb (und nicht die Mitunternehmeranteile der Gesellschafter) als Einbringungsgegenstand ansieht (→ Rn. 95), sämtlichen Einbringenden die Buchwertfortführung versagen würde, wenn die zurückbehaltene wesentl. Betriebsgrundlage nicht wenigstens Sonderbetriebsvermögen der Unternehmerin wird (→ Rn. 97).

100 Bei der Beurteilung der Frage, ob ein Wirtschaftsgut eine wesentliche Betriebsgrundlage darstellt, ist für Zwecke der §§ 15, 20, 24 UmwStG – anders als für § 16 EStG – eine rein funktionale, also nicht auch eine quantitative Betrachtungsweise vorzunehmen (s. UmwSt-Erl. 2011, BMF v. 11.11.2011, BStBl. I 2011, 1314 Tz. 24.03 iVm. Tz. 20.06; DPM/*Patt* UmwStG § 20 Rn. 43ff.); darauf, ob in dem betreffenden Wirtschaftsgut **erhebliche stille Reserven** ruhen **(quantitative Betrachtungsweise),** kommt es insoweit also nicht nicht an.

Eine davon zu unterscheidende Frage ist, ob im Falle eines Ansatzes der übergehenden Wirtschaftsgüter mit dem gemeinen Wert zugunsten natürlicher Personen als Einbringenden die Steuervergünstigungen des § 16 Abs. 4 EStG **(Freibetrag)** sowie des § 34 Abs. 1 und 3 EStG **(Tarifbegünstigung)** anzuwenden sind (zur lediglich **anteiligen** Gewährung dieser Steuerbegünstigung gemäß § 24 Abs. 3 Satz 3 UmwStG s. Rn. 153); dies hängt davon ab, ob es sich bei § 24 Abs. 3 Satz 2 UmwStG in Ansehung des (ungeschriebenen) Tatbestandsmerkmals der „sämtlichen wesentlichen Betriebsgrundlagen" um eine Rechtsfolgen- oder eine Rechtsgrundverweisung handelt: Im letzteren Fall wäre für die Anwendbarkeit der §§ 16 Abs. 4, 34 Abs. 1 und 3 EStG zusätzlich zu prüfen, ob auch alle Wirtschaftsgüter, die erhebliche stille Reserven beinhalten und daher nach der für §§ 16, 34 EStG maßgeblichen **quantitativen Betrachtungsweise** (s. BFH v. 2.10.1997, IV R 84/96, BStBl. II 1998, 104) wesentliche Betriebsgrundlagen sind, mit eingebracht worden sind (so im Ergebnis die bisherige Verwaltungsauffassung zum UmwStG 1995, s. BMF v. 16.8.2000, BStBl. I 2000, 1253). Der UmwSt-Erl 2011 äußert sich zu dieser Frage nicht (s. UmwSt-Erl. 2011, BMF v. 11.11.2011, BStBl. I 2011, 1314 Tz. 24.03 iVm. Tz. 20.27). Es kann daher nicht ausgeschlossen werden, dass die Verwaltung bei der Anwendung der §§ 16 Abs. 4, 34 Abs. 1 und 3 EStG auch im Rahmen des § 24 UmwStG an einer **quantitativen Betrachtungsweise** festhält.

101 Auch das sog. **Sonderbetriebsvermögen II,** dh. insb. der Anteil des Einbringenden an der Komplementär-GmbH, kann uU wesentliche Betriebsgrundlage sein. Beim Anteil an einer nicht am Vermögen und Ergebnis der KG beteiligten Komplementär-GmbH kann dies dann zu bejahen sein, wenn (erst) die Beteiligung an der Komplementär-GmbH den Kommanditisten in die Lage versetzt, über Fragen der laufenden Geschäftsführung der KG zu entscheiden (offen gelassen von BFH v. 25.11. 2009, I R 72/08, BStBl. II 2010, 471). Dies ist etwa in dem (praktisch allerdings relativ seltenen) Fall zu bejahen, in dem ein Minderheitskommanditist an der Komplementär-GmbH mehrheitlich beteiligt ist und dort folglich seinen geschäftlichen Betätigungswillen durchsetzen kann (OFD NRW v. 21.6.2016, DB 2016, 1907 Tz. II. 1.; OFD Frankfurt v. 3.12.2015, DStR 2016, 676 offen gelassen von BFH v. 25.11.2009, I R 72/08, BStBl. II 2010, 471). Dasselbe soll bei einer nur aus einer Komplementär-GmbH und einem Kommanditisten bestehenden GmbH & Co. KG (OFD Rheinland v. 23.3.2011, aaO Tz. II 3) sowie bei einer Beteiligung der Komplementär-GmbH am Vermögen und Ergebnis der KG gelten (OFD NRW v. 21.6.2016, DB 2016, 1907). Ist hingegen ein Kommanditist zu weniger als 10% an der Komplementär-GmbH beteiligt, soll diese Beteiligung regelmäßig kein Sonderbetriebsvermögen II sein, wenn – dem gesetzlichen Regelfall entsprechend – in den Angelegenheiten der Gesellschaft die Abstimmung nach der Mehrheit der abgegebenen Stimmen erfolgt (BFH v. 16.4.2015, IV R 1/12, BStBl. II 2015, 705; Anm. *Wil* DStR 2015, 1362).

Im Formularfall sind nach den vorstehenden Grundsätzen die Beteiligungen der einbringenden Kommanditisten A und B an der nicht am Vermögen und Ergebnis der KG beteiligten Komplementär-GmbH der Überträgerin sowie die Beteiligungen der ebenfalls einbringenden (→ Rn. 94) Kommanditisten C GmbH und D an der Übernehmerin **nicht als wesentliche Betriebsgrundlagen anzusehen:** Da A und B sowohl an der Überträgerin als auch an der Komplementär-GmbH der Überträgerin zu jeweils 50% beteiligt sind, versetzen ihre Beteiligungen an der Komplementär-GmbH sie nicht in die Lage, über Fragen der laufenden Geschäftsführung der KG zu bestimmen. Dasselbe gilt in Ansehung seiner Beteiligung an der Komplementär-GmbH der Übernehmerin für den zu 20% am Festkapital der Übernehmerin sowie am Stammkapital von deren Komplementär-GmbH beteiligten D. Auch für die zu 80% an der Übernehmerin beteiligte C GmbH gilt in Bezug auf ihre 80%-Beteiligung an der Komplementärin der Übernehmerin nichts anderes: Da die C-GmbH bereits aufgrund ihrer mehrheitlichen Beteiligung in der Kommanditgesellschaft dort ihren geschäftlichen Betätigungswillen durchsetzen kann, ist die zusätzlich bestehende mehrheitliche Beteiligung an der Komplementär-GmbH nur von untergeordneter Bedeutung und führt nicht dazu, dass diese Beteiligung als wesentliche Betriebsgrundlage angesehen werden könnte (vergl. OFD NRW v. 21.6.2016, DB 2016, 1907). Das Ausscheiden der Komplementärin der Übernehmerin im Zuge der Verschmelzung (→ Rn. 27f.) ist somit für die Anwendbarkeit des § 24 UmwStG unschädlich.

Sofern Wirtschaftsgüter zurückbehalten werden, die wesentliche Betriebsgrundlagen **102**
sind, ist die Anwendung des § 24 UmwStG ausgeschlossen und tritt hinsichtlich der auf die Übernehmerin übergehenden Wirtschaftsgüter grundsätzlich eine steuerpflichtige Gewinnrealisierung gemäß § 6 Abs. 6 Satz 1 EStG ein, die in Ansehung des Gesamthandsvermögens der Überträgerin regelmäßig nicht nach § 6 Abs. 6 Satz 4, Abs. 5 Satz 3 EStG vermieden werden kann (→ Rn. 91ff., dort auch zu möglichen Ausnahmen). Soweit hingegen Wirtschaftsgüter, die keine wesentlichen Betriebsgrundlagen sind, zurückbehalten, dh. weder Gesamthands- noch Sonderbetriebsvermögen der Übernehmerin werden, lässt dies die Anwendbarkeit des § 24 UmwStG unberührt; jedoch liegt insoweit eine **Entnahme** vor, es sei denn, dass die Wirtschaftsgüter weiter Betriebsvermögen bleiben (UmwSt-Erl. 2011, BMF v. 11.11.2011, BStBl. I 2011, 1314 Tz. 24.03 iVm. Tz. 20.08 sowie Rn. 103). Der **Entnahmegewinn** unterliegt der Einkommen- bzw. Körperschaftsteuer, der **Gewerbesteuer** hingegen nur insoweit, als auch der Einbringungsgewinn nach § 16 Abs. 2 Satz 3 EStG iVm. § 24 Abs. 3 Satz 3 UmwStG der Gewerbesteuer unterliegt (UmwSt-Erl. 2011, BMF v. 11.11. 2011, BStBl. I 2011, 1314 Tz. 24.17; RHL/*Rasche* UmwStG § 24 Rn. 133; aA DPM/*Patt* UmwStG (SEStEG) § 24 Rn. 153: generell keine Gewerbesteuerpflicht). Zur gewerbesteuerlichen Behandlung des **Einbringungsgewinns** → Rn. 152.

102a Ob **wesentliche Betriebsgrundlagen,** deren Einbeziehung in die Einbringung nicht gewünscht ist, im Hinblick auf die Anwendung von §§ 20, 24 UmwStG durch eine kurz vorher erfolgende **Überführung** gemäß § 6 Abs. 5 Sätze 1 und 2 EStG in ein anderes Betriebsvermögen oder durch eine **Übertragung** gegen Minderung bzw. Gewährung von Gesellschaftsrechten aus dem Gesamthandsvermögen in ein anderes Betriebsvermögen gemäß § 6 Abs. 5 Satz 3 Nr. 1 EStG bzw. aus dem Sonderbetriebsvermögen in das Gesamthandsvermögen einer anderen Mitunternehmerschaft gemäß § 6 Abs. 5 Satz 3 Nr. 2 EStG unschädlich **„verlagert"** werden können, ist weiterhin unklar:

Nach Ansicht der **Finanzverwaltung** ist bei der Prüfung, ob sämtliche wesentlichen Betriebsgrundlagen iSv. §§ 20, 24 UmwStG eingebracht bzw. iSv. § 6 Abs. 3 EStG übertragen worden sind, auch die sog. **„Gesamtplanrechtsprechung"** heranzuziehen: Der Verweis in Tz. 24.03 iVm. Tz. 20.10 auf Tz. 20.05–20.09 des UmwSt-Erl. 2011 (BMF v. 11.11.2011, BStBl. I 2011, 1314) umfasst auch Tz. 20.07, wo für den Fall der Übertragung funktional wesentlicher Betriebsgrundlagen in ein anderes Betriebsvermögen in zeitlichem und wirtschaftlichem Zusammenhang mit der Einbringung eines Betriebs oder Teilbetriebs auf die sog. Gesamtplanrechtsprechung des BFH verwiesen wird (UmwSt-Erl. 2011, BMF v. 11.11.2011, BStBl. I 2011, 1314 Tz. 20.10 iVm. Tz. 20.07; zur Anwendung der Gesamtplanrechtsprechung bei § 6 Abs. 3 EStG s. auch BMF v. 3.3.2005, BStBl. I 2005 458).

Die Gesamtplanrechtsprechung wurde von der Rechtsprechung zum Tatbestandsmerkmal der **„Außerordentlichkeit"** der Einkünfte entwickelt, die im Rahmen von Veräußerungen und Betriebsaufgaben iSv. § 16 EStG Voraussetzung für die Gewährung der Tarifbegünstigung des § 34 EStG ist: Danach ist die für die Tarifbegünstigung erforderliche zusammengeballte Aufdeckung sämtlicher stiller Reserven zu verneinen, wenn der Steuerpflichtige zu seinem Betriebsvermögen gehörende wesentliche Betriebsgrundlagen **in zeitlichem und wirtschaftlichem Zusammenhang** zu der Veräußerung bzw. Aufgabe ohne Aufdeckung der stillen Reserven in ein anderes Betriebsvermögen überführt (BFH v. 6.9.2000, IV R 18/99, BStBl. II 2001, 229; BFH v. 6.12.2000, VIII R 21/00, BStBl. II 2003, 194; BFH v. 20.1.2005, IV R 14/03, BStBl. II 2005, 395; BFH v. 19.11.2009, IV R 89/06, BFH/NV 2010, 818; BFH v. 30.8.2012, IV R 44/10, BFH/NV 2013, 376; BFH v. 5.2.2014, X R 22/12, BStBl. II 2014, 388; BFH v. 9.12.2014, IV R 36/13, BStBl. II 2015, 529; BFH v. 17.12.2014, IV R 57/11, BStBl. II 2015, 536):

102b Für §§ 20, 24 UmwStG bzw. § 6 Abs. 3 EStG hat sich indes der **BFH** in nunmehr gefestigter Rechtsprechung gegen die entsprechende Anwendung der Gesamtplanrechtsprechung ausgesprochen: Diese leite sich aus § 34 EStG ab; sie ergebe sich nicht (auch) aus § 42 AO. Anders als bei der gemäß § 34 EStG anzustellenden Prüfung der geballten Aufdeckung sämtlicher stiller Reserven in einem einheitlichen Vorgang sei daher bei der sowohl im Rahmen von §§ 20, 24 UmwStG als auch von § 6 Abs. 3 EStG vorzunehmenden Prüfung, ob sämtliche (funktional) wesentlichen Betriebsgrundlagen mit eingebracht bzw. übertragen worden sind, keine zeitraumbezogene, sondern eine **zeitpunktbezogene** Betrachtung anzustellen: Es komme nur darauf an, dass sämtliche im Zeitpunkt der Einbringung bzw. Übertragung vorhandenen funktional wesentlichen Betriebsgrundlagen mit eingebracht bzw. übertragen werden, wobei maßgeblich der Abschluss des dinglichen Übertragungsvertrages bzw. der Zeitpunkt des Übergangs des (wirtschaftllichen) Eigentums sei (BFH v. 9.11.2011, X R 60/09, BStBl. II 2012, 638, Tz. 32). Daher sei es für die Einbringung bzw. Übertragung aller wesentlichen Betriebsgrundlagen unschädlich, wenn vor der Einbringung bzw. Übertragung, aber in engem zeitlichem Zusammenhang mit dieser, Wirtschaftsgüter, die funktional wesentliche Betriebsgrundlagen sind, in ein anderes Betriebsvermögen ausgelagert werden, sofern die Auslagerung auf Dauer erfolge und daher andere wirtschaftliche Folgen auslöse als die Einbeziehung der Wirtschaftsgüter in den Einbringungs- bzw. Übertragungsvorgang (BFH v. 25.11.2009, I R 72/08, BStBl. II 2010, 471; BFH v. 9.11.2011, X R 60/09, BStBl. II 2012, 638; BFH v. 9.12.2014, IV R 36/13, BStBl. II 2015, 529; BFH v. 2.8.2012, IV R 41/11, DStR 2012, 2118; BFH v. 9.12.2014, IV R 29/14, DStR 2015, 211).

In zeitlicher Hinsicht geht der IV. Senat des BFH sogar noch einen Schritt weiter: Zwar sei daran festzuhalten, dass die **taggleiche** Veräußerung wesentlicher Betriebsgrundlagen an Dritte sowie die Übertragung bzw. Überführung in ein anderes Betriebsvermögen grundsätzlich der Fortführung der Buchwerte im Rahmen der unentgeltlichen Übertragung eines Mitunternehmeranteils gemäß § 6 Abs. 3 EStG entgegenstehe (BFH v. 2.8.2012, IV R 41/11, DStR 2012, 2118, Tz. 19). Anders sei dies jedoch, wenn die Übertragung bzw. Überführung der wesentlichen Betriebsgrundlage gemäß § 6 Abs. 5 EStG zu Buchwerten stattfinde; dann sei sie in Ansehung der unentgeltlichen Übertragung des Mitunternehmeranteils selbst dann für die Buchwertfortführung gemäß § 6 Abs. 3 EStG unschädlich, wenn sie **gleichzeitig** erfolge (BFH v. 2.8.2012, IV R 41/11, DStR 2012, 211, Tz. 19). Zu § 16 Abs. 3 S. 2 EStG (Realteilung) hat der IV. Senat dem Rechtsinstitut des Gesamtplans insgesamt eine Absage erteilt (BFH v. 16.12.2015, IV R 8/12, BStBl. II 2017, 766, Rn. 16 aE; vgl. speziell zu Folgerungen bei Einbringungen nach dem UmwStG: *Wacker* Ubg 2016, 245, 254f. Abschn. 3).

Die FinVerw. hat diese Rechtsprechung unter Berufung auf das Verfahren BFH I R 80/12, welches die Verschmelzung einer GmbH & Co. KG auf eine GmbH gemäß § 20 UmwStG zu Buchwerten nach vorangegangener Übertragung von Grundstücken durch die GmbH & Co. KG in das Gesamthandsvermögen einer anderen, beteiligungsidentischen Mitunternehmerschaft zum Gegenstand hat, mit einem **Nichtanwendungserlass** belegt (BMF v. 12.9.2013, BStBl. I 2013, 1164). Auch in dem BFH-Verfahren I R 80/12 gehe es um die Anwendbarkeit der Gesamtplanrechtsprechung, da das Vorliegen eines Betriebs, Teilbetriebs oder Mitunternehmeranteils als Buchwertfortführungsgegenstand bei § 6 Abs. 3 EStG und §§ 20, 24 UmwStG grundsätzlich nach denselben Kriterien zu beurteilen sei. Bis zur endgültigen Klärung der Rechtsfrage bleibe es daher für unentgeltliche Übertragungen iSv. § 6 Abs. 3 EStG bei der entsprechenden Anwendung von Tz. 7 des BMF-Schreibens v. 3.3.2005, BStBl. I 2005, 458.

Der BFH hat in dem Verfahren I R 80/12 bekanntlich mit Beschluss vom 10.4. 2013 (BStBl. II 2013, 1004) die Rechtsfrage, ob der Ausschluss von Übertragungen zwischen beteiligungsidentischen Personengesellschaften aus dem Anwendungsbereich des § 6 Abs. 5 EStG mit dem allgemeinen Gleichheitsgrundsatz vereinbar ist, **dem BVerfG vorgelegt** (Az. BVerfG 2 BvL 8/13; → Rn. 91a). Somit dürfte bis zur Klärung der Rechtsfrage, ob die Gesamtplanrechtsprechung im Rahmen von §§ 20, 24 UmwStG und § 6 Abs. 3 EStG anwendbar ist, noch einige Zeit ins Land gehen.

f) Exkurs: Steuerliche Behandlung zurückbehaltener Wirtschaftsgüter

Bleiben im Rahmen der Einbringung zurückbehaltene Wirtschaftsgüter **Betriebs- 103**
vermögen, sind gemäß § 6 Abs. 5 Satz 2 EStG bei der Überführung aus dem Sonderbetriebsvermögen in ein anderes Betriebsvermögen des Einbringenden oder in ein Sonderbetriebsvermögen desselben bei einer andereren Mitunternehmerschaft in Ansehung der zurückbehaltenen Wirtschaftsgüter zwingend die Buchwerte fortzuführen.

Vorbehaltlich der § 6 Abs. 5 Sätze 4ff. EStG gilt dasselbe gemäß § 6 Abs. 5 Satz 3 **104**
Nr. 1 EStG bei der Übertragung aus dem Gesamthandsvermögen der Überträgerin in ein Betriebsvermögen des Einbringenden und gemäß § 6 Abs. 5 Satz 3 Nr. 2 2. Alt. EStG bei der Übertragung aus dessen Sonderbetriebsvermögen in das Gesamthandsvermögen einer anderen Personengesellschaft, an der der Einbringende beteiligt ist, wenn und soweit die Übertragung **unentgeltlich** oder gegen Gewährung bzw. Minderung von **Gesellschaftsrechten** stattfindet. Hingegen ist die Buchwertfortführung

gemäß § 6 Abs. 5 EStG regelmäßig nicht eröffnet, wenn Einzelwirtschaftsgüter aus dem Gesamthandsvermögen der Überträgerin auf ein anderes Gesamthandsvermögen übertragen werden (→ Rn. 91 und zu möglichen Ausnahmen → Rn. 91a).

104a Entrichtet der einbringende Mitunternehmer ein **nicht in Gesellschaftsrechten bestehendes Entgelt** für die in sein eigenes Betriebsvermögen übergehenden Wirtschaftsgüter, ist zu differenzieren:

- Entspricht das Entgelt dem Verkehrswert der zurückbehaltenen Wirtschaftsgüter, liegt (unstreitig) eine insoweit zur Aufdeckung der stillen Reserven führende Veräußerung dieser Wirtschaftsgüter vor; § 6 Abs. 5 Satz 3 EStG ist nicht anwendbar.
- Bleibt das Entgelt hinter dem Verkehrswert der auf den Einbringenden übergehenden Wirtschaftsgüter zurück, liegt eine **teilentgeltliche Übertragung** vor, zu deren Behandlung unterschiedliche Auffassungen vertreten werden:

Nach Ansicht der FinVerw. ist, wenn die Übertragung eines Einzelwirtschaftsguts iSv. § 6 Abs. 5 Satz 3 EStG teilentgeltlich erfolgt, der Vorgang in eine entgeltliche, nicht unter § 6 Abs. 5 Satz 3 EStG fallende und daher zur anteiligen Aufdeckung der stillen Reserven führende Veräußerung einerseits und in eine gemäß § 6 Abs. 5 Satz 3 EStG zu Buchwerten stattfindende Übertragung andererseits aufzuteilen. Dabei seien die Buchwerte der übertragenen Wirtschaftsgüter in Anwendung der sog. „strengen **Trennungstheorie**" nur anteilig, nämlich entsprechend dem Verhältnis des Wertes des Entgelts zu ihrem Verkehrswert, der Veräußerung zuzuordnen (BMF v. 8.12.2011, BStBl. I 2011, 1279, Tz. 15 Beispiel Nr. 2; glA BFH v. 16.6.2004, X R 34/03, BStBl. II 2005, 378; BFH v. 11.12.2001, VIII R 58/98, BStBl. II 2002, 420).

Im Gegensatz dazu wendet der IV. Senat des BFH in diesen Fällen die sog. **„modifizierte Trennungstheorie"** an, indem er die Buchwerte der übergehenden Wirtschaftsgüter in voller Höhe der Veräußerung zuordnet. Somit könne es überhaupt nur insoweit zu einem Veräußerungsgewinn kommen, als das Entgelt die Buchwerte übersteige (BFH v. 19.9.2012, IV R 11/12, BFH/NV 2012, 1880, Tz. 9ff.; ebenso bereits BFH v. 21.6.2012, IV R 1/08, BFH/NV 2012, 1536, Tz. 22; ablehnend *Dötsch* jurisPR-SteuerR 49/2012 Anm. 2). Soweit das Entgelt hinter dem Verkehrswert zurückbleibe, erfolge die Übertragung unentgeltlich und führe daher im Anwendungsbereich des § 6 Abs. 5 Satz 3 EStG nicht zu einer Gewinnrealisierung (BFH v. 19.9.2012, IV R 11/12, BFH/NV 2012, 1880, Tz. 12ff.); außerhalb des § 6 Abs. 5 Satz 3 EStG liege hingegen eine gewinnrealisierende Entnahme vor (BFH v. 21.6.2012, IV R 1/08, BFH/NV 2012, 1536, Tz. 23ff.).

Der X. Senat des BFH hat in einem Fall, in dem es ebenfalls um eine teilentgeltliche Übertragung aus dem Besitzunternehmen einer Betriebsaufspaltung in das Gesamthandsvermögen einer Mitunternehmerschaft ging, mit Beschluss v. 19.3.2014 zunächst das BMF aufgefordert, dem Verfahren beizutreten (BFH v. 19.3.2014, X R 28/12, BStBl. II 2014, 629). Das BMF hatte davor nämlich unter Berufung auf das vor dem X. Senat anhängige Verfahren (Rev. X R 28/12) auf die vorstehend dargestellte Rechtsprechung des IV. Senats des BFH mit einem **Nichtanwendungserlass** reagiert (BMF v. 12.9.2013, BStBl. I 2013, 1164). Nach einer Divergenzanfrage beim IV. Senat wurde vom X. Senat in BFH v. 27.10.2015, X R 28/12 (BStBl. II 2016, 81), die Frage der Trennungstheorie dem Großen Senat des BFH vorgelegt (GrS 1/16); allerdings haben die Verfahrensbeteiligten zwischenzeitlich nach Abhilfe durch die FinVerw. das Ausgangsverfahren X R 28/12 für erledigt erklärt, woraufhin der X. Senat seinen Vorlagebeschluss an den Großen Senat aufgehoben und der Große Senat mit Beschluss BFH v. 30.10.2018, GrS 1/16, BStBl II 2019, 70 das Verfahren eingestellt hat). Damit bleibt die **Trennungstheorie weiterhin strittig.**

g) Einbringender wird Mitunternehmer der Übernehmerin

105 Erforderlich für die Anwendung des § 24 UmwStG ist weiter, dass der Einbringende **Mitunternehmer** der Übernehmerin wird oder zumindest seine bereits bestehende Mitunternehmerstellung erweitert wird (UmwSt-Erl. 2011, BMF v. 11.11.2011, BStBl. I 2011, 1314 Tz. 24.07).

Mitunternehmer ist, wer **Mitunternehmerinitiative** entwickeln kann und ein **Mitunternehmerrisiko** trägt (BFH v. 25.6.1984, GrS 4/82, BStBl. II 1984, 751). Dies ist im Regelfall erfüllt, wenn dem Einbringenden **Stimmrechte** sowie ein **Gewinnbezugsrecht** in der Übernehmerin gewährt werden (DPM/*Patt* UmwStG (SEStEG) § 24 Rn. 107). Auch eine Beteiligung am Vermögen wird man grundsätzlich verlangen müssen (BMF v. 26.11.2004, BStBl. I 2004, 1190; zum Sonderfall der Komplementärin s. Rn. 94).

Zu bejahen ist die Gewährung eines Mitunternehmeranteils jedenfalls dann, wenn sich das die (vermögensmäßige) Beteiligung widerspiegelnde Kapitalkonto des Einbringenden erhöht; unschädlich ist, dass dem Einbringenden daneben auch „andere Gesellschafterrechte" eingeräumt werden (UmwSt-Erl. 2011, BMF v. 11.11.2011, BStBl. I 2011, 1314 Tz. 24.07; DPM/*Patt* UmwStG (SEStEG) § 24 Rn. 108; WM/*Widmann* UmwStG 1995 § 24 Rn. 101.4). Dies ist bei den üblichen Mehrkontenmodellen jedenfalls dann der Fall, wenn eine Gutschrift auf dem festen Kapitalkonto (Kapitalkonto I) erfolgt (DPM/*Patt* UmwStG (SEStEG) § 24 Rn. 108). Die Höhe der eingeräumten Beteiligung ist unerheblich (WM/*Widmann* UmwStG 1995 § 24 Rn. 101.3). Dass der Einbringende **daneben** auch eine Gutschrift auf einem variablen, nicht für die Beteiligung maßgeblichen **Kapitalkonto II** oder auf einem gesamthänderisch gebundenen **Rücklagenkonto** erhält, ist, wenn es sich bei dem Kapitalkonto II bzw. dem gesamthänderisch gebundenen Rücklagenkonto um ein **Eigenkapitalkonto** handelt, **unschädlich** (UmwSt-Erl. 2011, BMF v. 11.11.2011, BStBl. I 2011, 1314 Tz. 24.07; DPM/*Patt* UmwStG (SEStEG) § 24 Rn. 108; BFH v. 25.4.2006, VIII R 52/04, BStBl. II 2006, 847; BFH v. 24.1.2008, IV R 37/06, BStBl. II 2011, 617 Tz. 37; zum gesamthänderisch gebundenen Rücklagenkonto auch BFH v. 17.7.2008, I R 77/06, BStBl. II 2009, 464; offen gelassen nunmehr aber in BFH v. 4.2.2016, IV R 46/12, BStBl II 2016, 607, Tz. 27 mit Darstellung der Rspr.).

Die FinVerw. ließ auch die **ausschließliche** Buchung auf dem variablen **Kapitalkonto II** genügen (UmwSt-Erl. 2011, BMF v. 11.11.2011, BStBl. I 2011, 1314 Tz. 24.07; aA BFH v. 25.4.2006, VIII R 52/04, BStBl. II 2006, 847; DPM/*Patt* UmwStG (SEStEG) § 24 Rn. 109; offen gelassen in BFH v. 24.1.2008, IV R 37/06, BStBl. II 2011, 617 Tz. 35). Insoweit übertrug die FinVerw. die in BMF v. 26.11.2004, BStBl. I 2004, 1190 und in BMF v. 11.7.2011, BStBl. I 2011,713, vertretene Auffassung, wonach für den Fall der Einbringung von **Einzelwirtschaftsgütern** eine Gewährung von Gesellschaftsrechten auch bei ausschließlicher Verbuchung auf einem Kapitalkonto II zu bejahen sei, auf § 24 UmwStG (aA DPM/*Patt* UmwStG § 24 Rn. 109). Nachdem der BFH dieser Verwaltungsauffassung ausdrücklich widersprochen hat (BFH v. 29.7.2015, IV R 15/14, BStBl. II 2016, 593; v. 4.2.2016, IV R 46/12, BStBl. II S. 607), hält die FinVerw. an ihr nicht mehr fest (BMF v. 26.7.2016, BStBl. I 2016, 684); in noch offenen Fällen wird auf gemeinsamen Antrag des Übertragenden bzw. Einbringenden und der Personengesellschaft die bisherige Verwaltungsauffassung weiter angewendet (BMF v. 26.7.2016, BStBl. I 2016, 684). Nicht ausreichend ist auch (wie schon bisher) die **ausschließliche** Buchung auf einem **gesamthänderischen Rücklagenkonto** (BMF v. 11.7.2011, BStBl. I 2011, 713, Tz. II 2b; siehe auch das „beredte Schweigen" in Tz. 24.07 des UmwSt-Erl. 2011, BMF v. 11.11.2011, BStBl. I 2011, 1314). 106

§ 24 UmwStG ist ebenfalls **nicht anwendbar,** wenn als Gegenleistung für die Einbringung **nur** ein **Konto ohne Eigenkapitalcharakter,** etwa ein Darlehens-, Verrechnungs- oder Privatkonto, des Einbringenden erhöht oder eine sonstige Darlehensforderung gewährt wird (BFH v. 29.7.2015, IV R 15/14, BFH/NV 2016, 453 zur ausschl. Gutschrift auf Kapitalkonto II; UmwSt-Erl. 2011, BMF v. 11.11.2011, BStBl. I 2011, 1314 Tz. 24.07; DPM/*Patt* UmwStG § 24 Rn. 109). Die Einräumung 107 eines Darlehens oder eines Guthabens auf einem Darlehenskonto stellt eine Gewährung anderer Wirtschaftsgüter dar, die insoweit die Anwendung des § 24 UmwStG ausschließt.

Ob ein Konto Eigen- oder Fremdkapitalcharakter hat, entscheidet sich im Regelfall danach, ob auf ihm auch Verluste verbucht werden (BMF v. 11.7.2011, BMF v. 11.11. 2011, BStBl. I 2011, 713; BMF v. 26.11.2004, BStBl. I 2008, 1190; BMF v. 30.5. 1997, BStBl. I 1997, 627, grundlegend *Huber* ZGR 1988, 1 ff.).

107a Die Formulierung in § 24 Abs. 1 UmwStG, dass der Einbringende Mitunternehmer **werden** muss, bedeutet allerdings nicht, dass ein bereits an der Übernehmerin beteiligter Einbringender nicht in den Genuss der Anwendung des § 24 UmwStG kommt: In derartigen Fällen ist, wenn die vorstehend dargelegten Voraussetzungen erfüllt sind, also sich das Guthaben des Einbringenden auf dem für die Beteiligung an Vermögen und Ergebnis sowie für die Stimmrechte maßgebenden Konto erhöht, § 24 UmwStG ebenfalls anwendbar (UmwSt-Erl. 2011, BMF v. 11.11.2011, BStBl. I 2011, 1314 Tz. 24.07; RHL/*Rasche* UmwStG § 24 Rn. 85; einschränkend DPM/*Patt* UmwStG (SEStEG) § 24 Rn. 109).

107b Entgegen der Auffassung der FinVerw. (UmwSt-Erl. 2011, BMF v. 11.11.2011, BStBl. I 2011, 1314 Tz. 01.47) scheitert die Anwendung des § 24 UmwStG auch nicht daran, dass der Einbringende im Zuge der Einbringung eines Betriebes, Teilbetriebs oder Mitunternehmeranteils nicht nur selbst einen Mitunternehmeranteil an der aus der Einbringung hervorgehenden wirtschaftlich „neuen“ Mitunternehmerschaft (→ Rn. 94a) erhält, sondern zugleich auch Dritten (zB Angehörigen) unentgeltlich Mitunternehmeranteile an dieser „neuen“ Mitunternehmerschaft zuwendet. In derartigen Fällen ist der Vorgang aufzuspalten: Soweit der Einbringende den Betrieb, Teilbetrieb oder Mitunternehmeranteil gegen Gewährung eines eigenen Mitunternehmeranteils einbringt, ist § 24 UmwStG anwendbar; soweit der Einbringende hingegen Dritten Mitunternehmeranteile zuwendet, liegt ein gesonderter Übertragungsvogang vor, auf den § 6 Abs. 3 Satz 1 HS 2 EStG anwendbar ist (BFH v. 12.10.2005, X R 35/04, BFH/NV 2006, 521; BFH v. 18.9.2013, X R 42/10, BFH/NV 2013, 2006, LS 1 entgegen UmwSt-Erl. 2011, BMF v. 11.11.2011, BStBl. I 2011, 1314 Tz. 01.47).

h) Sonstige Gegenleistungen

108 In **Mischfällen** (es werden sowohl ein **Mitunternehmeranteil** als auch ein Darlehen bzw. Guthaben auf Darlehenskonto oder eine **sonstige Gegenleistung** oder **Zuzahlung** gewährt) war nach früherer Ansicht der FinVerw., die der sog. Trennungstheorie folgte (siehe nunmehr aber → Rn. 108d), § 24 UmwStG nur insoweit anwendbar, als die Übertragung des Betriebsvermögens gegen Gewährung des Mitunternehmeranteils erfolge; iÜ liege eine **entgeltliche gewinnrealisierende Veräußerung** vor, die in Ermangelung der Anwendbarkeit des § 24 UmwStG nicht durch Bildung einer negativen Ergänzungsbilanz vermieden werden könne (UmwSt-Erl. 2011, BMF v. 11.11.2011, BStBl. I 2011, 1314 Tz. 24.07). Der nicht dem § 24 UmwStG unterfallende Anteil der Übertragung entspreche hierbei dem Verhältnis, in welchem der gemeine Wert der Gegenleistung (Darlehensforderung) zum gemeinen Wert des gesamten übertragenen Betriebsvermögens stehe (UmwSt-Erl. 2011, BMF v. 11.11. 2011, BStBl. I 2011, 1314 Tz. 24.07).

108a Die Ansicht der FinVerw. stieß in Teilen der Literatur (siehe etwa *Strahl* Ubg 2011, 433, 440; WM/*Fuhrmann* UmwStG § 24 Rn. 527, 583; der FinVerw. folgend hingegen DPPM/*Patt* UmwStG § 24 Rn. 60 und 64; anders für Einbringungen nach dem 31.12.2014 wegen des StÄndG 2015 (→ Rn. 108c) nunmehr DPM/*Patt* UmwStG § 24 Rn. 60 und Rn. 129 ff.) auf Widerspruch: Die Fälle eines Mischentgelts könnten im Rahmen von § 24 UmwStG nicht anders behandelt werden als die teilentgeltliche Übertragung einer betrieblichen Gesamtheit im Rahmen von § 16 Abs. 1 EStG, bei welcher auch die FinVerw. dem BFH folgend (BFH v. 10.7.1986, IV R 12/81, BStBl. II 1986, 811; v. 22.9.1994, IV R 61/93, BStBl. II 1995, 367) die sog. „Einheitstheorie" anwendet, wonach ein steuerpflichtiger Gewinn nur insoweit entsteht, als der Wert der Gegenleistung den steuerlichen Buchwert des veräußerten Betriebsvermögens übersteigt.

Mit Urteil BFH v. 18.9.2013 (X R 42/10, BStBl. II 2016, 639, LS 3) hatte sich der BFH auch für § 24 UmwStG der sog. Einheitstheorie angeschlossen: Bei der Einbringung eines Betriebs gegen ein sog. Mischentgelt – bestehend aus Gesellschaftsrechten und einer Darlehensforderung gegen die Personengesellschaft – werde bei Wahl der Buchwertfortführung dann kein Gewinn realisiert, wenn die **Summe** aus dem **Nominalbetrag** der **Gutschrift** auf dem **Kapitalkonto** des Einbringenden bei der Personengesellschaft und dem **gemeinen Wert** der eingeräumten **Darlehensforderung** den steuerlichen Buchwert des eingebrachten Einzelunternehmens nicht übersteige. Die Fälle eines Mischentgelts seien mit teilentgeltlichen Veräußerungen vergleichbar, weil es § 24 Abs. 2 UmwStG ermögliche, den in der Gewährung von Gesellschaftsrechten bestehenden Teil des Mischentgelts – insoweit mit der (freilich zwingenden) Regelung des § 6 Abs. 3 EStG vergleichbar – mit dem Buchwert zu bewerten (BFH v. 18.9.2013, X R 42/10, BFH/NV 2013, 2006 Tz. 46). **108b**

Diese durch die Rspr. des BFH (v. 18.9.2013, X R 42/10, BStBl II 2016, 639, LS 3) eingeräumte Möglichkeit, bis zur Höhe des Buchwerts des eingebrachten Betriebsvermögens wahlrechtsunschädlich sonstige Wirtschaftsgüter als weitere Gegenleistung zu gewähren, wird durch die Änderung von § 24 Abs. 2 Satz 2 UmwStG durch das StÄndG 2015 v. 2.11.2015 (BGBl. I 2015, 1834) implizit anerkannt (*Ritzer/Stangl* DStR 2015, 849, 858), indem die Möglichkeit, solche sonstigen Wirtschaftsgüter zu gewähren, aus aktuellem Anlass (Fusion VW/Porsche) rückwirkend für solche Umwandlungen und Einbringungen weiter eingeschränkt wird, bei denen der Umwandlungsbeschluss bzw. Einbringungsvertrag nach dem 31.12.2014 zustandegekommen ist (§ 27 Abs. 14 UmwStG idF d. StÄndG 2015): Gemäß dem durch die Neuregelung neu gefassten § 24 Abs. 2 Satz 2 UmwStG darf dann der gemeine Wert solcher sonstigen Gegenleistungen grundsätzlich 25% des Buchwertes des eingebrachten Betriebsvermögens nicht übersteigen (§ 24 Abs. 2 Satz 2 Nr. 2 Buchst. a UmwStG idF StÄndG 2015). Nur sonstige Gegenleistungen im gemeinen Wert von nicht mehr als 500 000 EUR sind weiterhin bis zur Höhe des Buchwertes des eingebrachten Betriebsvermögens wahlrechtsunschädlich zulässig (§ 24 Abs. 2 Satz 2 Nr. 2 Buchst. b UmwStG idF StÄndG 2015). Eine entsprechende Einschränkung ist in § 20 Abs. 2 Satz 2 Nr. 4 UmwStG idF des StÄndG 2015 für die Einbringung in eine Kapitalgesellschaft und in § 21 Abs. 1 Satz 2 Nr. 2 UmwStG idF StÄndG 2015 auch für den **Anteilstausch** vorgesehen (dazu → Form. A.8 Rn. 116e). **108c**

Nach der impliziten Anerkennung der sog. **Einheitstheorie** durch den Gesetzgeber wird diese nunmehr auch durch die FinVerw. angewendet, die das der Einheitstheorie folgende Urteil BFH v. 18.9.2013, X R 42/10 in BStBl. II 2016, 639 veröffentlicht hat. **108d**

Richtigerweise wird die absolute „Freigrenze" von 500 000 EUR für jeden Einbringungsgegenstand iSv. § 24 Abs. 1 UmwStG (Betrieb, Teilbetrieb oder Mitunternehmeranteil) gesondert in Anspruch genommen werden können (unklar Ritzer/Stangl DStR 2015, 849, 854: „pro Einbringungsvorgang"). Auch insoweit kommt es also darauf an, ob man bei der Verschmelzung einer Personengesellschaft den Betrieb der Personengesellschaft oder die Mitunternehmeranteile der Einbringenden als Einbringungsgegenstand ansieht (zu dieser Streitfrage vgl. *Riedel* GmbHR 2019, 306, 310 aE sowie → Rn. 95).

Soweit der gemeine Wert der sonstigen Gegenleistungen die durch § 24 Abs. 2 Satz 2 Nr. 2 UmwStG idF StÄndG 2015 eingeführten Grenzen übersteigt, ist das Wahlrecht des § 24 Abs. 2 Satz 2 UmwStG ausgeschlossen, dh. die übergehenden Wirtschaftsgüter sind zwingend mindestens mit dem gemeinen Wert der sonstigen

Gegenleistung anzusetzen, § 24 Abs. 2 Satz 3 UmwStG idF StÄndG 2015. Aus der Verwendung des Wortes „soweit" in § 24 Abs. 2 Satz 2 UmwStG idF StÄndG 2015 ergibt sich in diesen Fällen die Notwendigkeit einer Aufteilung der Einbringung in einen zu Buchwerten und einen zum gemeinen Wert stattfindenden Teil; dies wird in der Gesetzesbegründung anhand eines Beispielsfalls veranschaulicht (BR-Drs. 121/15 S. 55ff.). Keine Regelung trifft die Neuregelung zur Durchführung der Aufstockung; insoweit gelten gegenüber anderen Fällen des **Zwischenwertansatzes** (→ Rn. 115) keine Besonderheiten (*Ritzer/Stangl* DStR 2015, 849, 855).

108e Eine Anwendung der Vergünstigungen der **§§ 16 Abs. 4, 34 EStG** ist in derartigen Mischfällen (nur) dann **möglich,** wenn das eingebrachte Betriebsvermögen bei der Übernehmerin insgesamt mit dem gemeinen Wert angesetzt wird, also hinsichtlich des § 24 UmwStG unterfallenden Anteils von der Möglichkeit, den Einbringungsgewinn teilweise durch Ergänzungsbilanzen zu neutralisieren, kein Gebrauch gemacht wird (BFH v. 18.10.1999, GrS 2/98, DStR 2000, 64; UmwSt-Erl. 1998 BMF v. 25.3.1998, BStBl. I 1998, 268 Tz. 24.12a). Eine zur Anwendung der vorstehenden Grundsätze führende (verdeckte) Zuzahlung kann auch dann anzunehmen sein, wenn die Zuzahlung zunächst Betriebsvermögen der Übernehmerin wird und der einbringende Mitunternehmer diese erst später entnimmt (UmwSt-Erl. 2011, BMF v. 11.11.2011, BStBl. I 2011, 1314 Tz. 24.11).

109 Die Gewährung eines **Mischentgelts** durch die übernehmende Gesellschaft ist von den Fällen zu unterscheiden, in denen der Einbringende neben dem Mitunternehmeranteil eine **Zuzahlung** nicht von der Gesellschaft, sondern von in die Gesellschaft neu eintretenden **Dritten** erhält („Zuzahlung in das Privatvermögen") und für die der BFH an der Trennungstheorie festhält, weil sie sich in Höhe der Zuzahlung aus Sicht des Einbringenden als entgeltliche Veräußerung eines Mitunternehmeranteils darstellten (BFH v. 18.9.2013, X R 42/10, BFH/NV 2013, 2006, Tz. 49ff.; BFH v. 17.9.2014, IV R 33/11, BFH/NV 2015, 746); a.A. nach StÄndG 2015 *Nocker* DB 2016, 72.

110 *einstweilen frei*

4. Bewertung der übergehenden Wirtschaftsgüter

a) Grundsatz: Ansatz des gemeinen Wertes, § 24 Abs. 2 Satz 1 UmwStG

111 Grundsätzlich hat die übernehmende Personenhandelsgesellschaft gemäß § 24 Abs. 2 Satz 1 UmwStG das übergehende Betriebsvermögen mit dem **gemeinen Wert** iSv. § 9 BewG anzusetzen, wenn nicht nach § 24 Abs. 2 Satz 2 UmwStG zulässigerweise der Ansatz von Buch- oder Zwischenwerten beantragt wird (→ Rn. 112ff.; zur Schlussbilanz → Rn. 113a).

Bei Ansatz des gemeinen Wertes ist das übergehende Unternehmen als Sachgesamtheit gemäß § 109 Abs. 1 Satz 2, § 11 Abs. 2 BewG anhand eines allgemein anerkannten ertragswert- oder zahlungsstromorientierten Verfahrens zu bewerten (UmwStErl. 2011, BMF v. 11.11.2011, BStBl. I 2011, 1314 Tz. 24.03 iVm. Tz. 20.17 iVm. Tz. 03.07); dies sind im Regelfall die Verfahren, die in der einschlägigen Stellungnahme des *IDW* über die Grundsätze zur Durchführung von Unternehmensbewertungen (*IDW* S 1 v. 2.4.2008, WPg Supplement 3/2008, S. 68ff., FN-*IDW* 7/2008, S. 271ff.) beschrieben sind (*Bogenschütz* Ubg 2011, 399). In der endgültigen Fassung des UmwSt-Erl 2011 ist nunmehr klargestellt, dass über § 11 Abs. 2 Satz 4 BewG auch das vereinfachte Ertragswertverfahren anwendbar ist (s. den Hinweis in UmwSt-Erl. 2011, BMF v. 11.11.2011, BStBl. I 2011, 1314 Tz. 24.03 iVm. Tz. 20.17 iVm. Tz. 03.07 auf BMF v. 22.9.2011, BStBl. I 2011, 859 und die ErbStR 2011. Der wie vorstehend ermittelte gemeine Wert ist analog § 6 Abs. 1 Nr. 7 EStG auf die einzelnen Wirtschaftsgüter zu verteilen (UmwSt-Erl. 2011, BMF v. 11.11.2011, BStBl. I 2011, 1314 Tz. 24.03 iVm. Tz. 20.17 iVm. Tz. 03.09).

Bei dieser Verteilung sind auch **selbstgeschaffene** sowie **nicht entgeltlich erworbene immaterielle Wirtschaftsgüter** anzusetzen (UmwSt-Erl. 2011, BMF v. 11.11.2011, BStBl. I 2011, 1314 Tz. 24.03 iVm. Tz. 20.20 iVm. Tz. 03.04). Eine entsprechende ausdrückliche Klarstellung hat der Gesetzgeber in § 24 Abs. 2 Satz 1 UmwStG wie auch in § 20 Abs. 2 Satz 1 UmwStG – anders als in § 3 Abs. 2 Satz 1 UmwStG und § 11 Abs. 1 Satz 1 UmwStG – für entbehrlich gehalten, da die Einbringung aus Sicht der Übernehmerin seit jeher unstreitig als Anschaffungsvorgang zu werten ist (DPM/*Patt* UmwStG § 20 Rn. 200). Anzusetzen ist daher auch ein nicht entgeltlich erworbener **Geschäfts- oder Firmenwert** (UmwSt-Erl. 2011, BMF v. 11.11.2011, BStBl. I 2011, 1314 Tz. 24.03 iVm. Tz. 23.17; DPM/*Patt* UmwStG § 20 Rn. 200). **111a**

Steuerbilanzielle Ansatzverbote (zB gem. § 5 EStG) gelten beim Ansatz des gemeinen Werts nicht (UmwSt-Erl. 2011, BMF v. 11.11.2011, BStBl. I 2011, 1314 Tz. 24.03 iVm. Tz. 20.20), dh. auch sog. **„stille Lasten"** sind grundsätzlich aufzudecken (umfassend zu diesem Thema speziell bzgl. Umwandlungsvorgängen *Widmann,* FS Haarmann, S. 1013f sowie → Rn. 173ff.; zur Ausnahme für **Pensionsrückstellungen** → Rn. 111c); der sich daraus ergebende steuerliche Aufwand kann allerdings gemäß § 4f Abs. 1 Sätze 1 und 2 EStG idF des AIFM-StAnpG v. 18.12.2013 (BGBl. I 2013, 4316) uU nur über 15 Jahre verteilt geltend gemacht werden (iE → Rn. 173ff.). **111b**

Für die Bewertung von Pensionsrückstellungen gilt gemäß § 24 Abs. 1 Satz 2 UmwStG allerdings stets § 6a EStG, dh. „stille Lasten" in den Pensionsrückstellungen sind bei der Ermittlung des gemeinen Wertes nicht anzusetzen (UmwSt-Erl. 2011, BMF v. 11.11.2011, BStBl. I 2011, 1314 Tz. 24.03 iVm. Tz. 20.17 iVm. Tz. 03.08). Dies führt zu einem über dem Verkehrswert liegenden gemeinen Wert und damit zu einer verfassungsrechtlich problematischen **Übermaßbesteuerung** (*Rödder* DStR 2011, 1061). Bewertungstechnisch wird man bei der Ermittlung des gemeinen Wertes in einem ersten Schritt den Equity Value vor Pensionsaufwand zu ermitteln und sodann in einem zweiten Schritt die Pensionsrückstellungen mit dem Wert gemäß § 6a EStG abzuziehen haben (*Bogenschütz* Ubg 2011, 399). **111c**

b) Antragsgebundenes Wahlrecht, § 24 Abs. 2 Satz 2 UmwStG

Wahlweise kann die Übernehmerin anstelle des gemeinen Wertes auf Antrag auch den **Buchwert** oder einen zwischen Buchwert und gemeinem Wert liegenden **Zwischenwert** ansetzen, § 24 Abs. 2 Satz 2 UmwStG, **soweit** das deutsche Besteuerungsrecht hinsichtlich des eingebrachten Betriebsvermögens bei der Übernehmerin weder ausgeschlossen noch beschränkt wird, § 24 Abs. 2 Satz 2 HS 2 UmwStG. Ein (teilweiser) **Ausschluss** des **deutschen Besteuerungsrechts** läge vor, wenn die aufnehmende Personengesellschaft ihren Sitz im Ausland hat und der deutsche Betrieb der übertragenden Personengesellschaft zwar eine Betriebstätte der Übernehmerin in Deutschland begründet, bestimmte Wirtschaftsgüter ihres Betriebsvermögens (zB Patente oder Lizenzen) aber künftig nicht mehr der deutschen Betriebstätte, sondern dem ausländischen Stammhaus der Übernehmerin zuzuordnen sind (vgl. UmwSt-Erl. 2011, BMF v. 11.11.2011, BStBl. I 2011, 1314 Tz. 24.03 iVm. Tz. 20.19 iVm. Tz. 03.18 und Tz. 03.20): Eine **Beschränkung** des **deutschen Besteuerungsrechts** würde sich zB ergeben, wenn zum Vermögen der übertragenden Personengesellschaft gehörendes, bislang als inländisch zu qualifizierendes Vermögen in Folge der Einbringung einer ausländischen Betriebstätte der übernehmenden inländischen Personengesellschaft zuzuordnen wäre und die insoweit künftig anfallende ausländische Steuer nach DBA oder gemäß § 34c EStG auf die deutsche Steuer anzurechnen wäre (vgl. UmwSt-Erl. 2011, BMF v. 11.11.2011, BStBl. I 2011, 1314 Tz. 24.03 iVm. Tz. 20.19 iVm. Tz. 03.18; Blümich/*Nitzschke* UmwStG 2006 § 20 Rn. 84). Diese künftig dem **112** deutschen Besteuerungsrecht entzogenen oder nurmehr eingeschränkt unterworfenen Wirtschaftsgüter müssten dann gemäß § 24 Abs. 2 Satz 1 UmwStG zwingend zum gemeinen Wert angesetzt werden; hinsichtlich der übrigen, nicht betroffenen Wirtschaftsgüter bleibt hingegen eine einheitliche Minderbewertung zulässig (DPM/*Patt* UmwStG § 20 Rn. 226).

112a Liegt der **Buchwert** der übergehenden Wirtschaftsgüter als **Gesamtheit** wegen sog. **„stiller Lasten“,** die sich etwa aus steuerlichen Ansatzverboten gemäß § 5 EStG (zB Verbot der Bildung von **Drohverlustrückstellungen** gemäß § 5 Abs. 4a EStG) ergeben können, über dem **gemeinen Wert** iSv. § 24 Abs. 2 Satz 1 UmwStG (zur Aufdeckung stiller Lasten bereits → Rn. 111b und → Rn. 173 ff.; zur abweichenden Behandlung von Pensionsrückstellungen → Rn. 111c), soll wegen der einschränkenden Formulierung in § 24 Abs. 2 Satz 2 UmwStG („höchstens jedoch mit dem Wert im Sinne des Satzes 1“) nach Ansicht der FinVerw. ein Buchwertansatz ausscheiden (UmwSt-Erl. 2011, BMF v. 11.11.2011, BStBl. I 2011, 1314 Tz. 24.03 iVm. Tz. 20.18 iVm. Tz. 03.12 iVm. Tz. 01.57; kritisch unter Hinweis auf die Gesetzesbegründung *Schumacher/Neitz-Hackstein* Ubg 2011, 411: Einschränkung beziehe sich nur auf den unmittelbar vorangehenden „höheren Wert“). In diesen Fällen wäre dann konsequenterweise zwingend der **niedrigere gemeine Wert** anzusetzen (*Bogenschütz* Ubg 2011, 397). Daraus ergäbe sich über § 24 Abs. 3 UmwStG ein **Veräußerungsverlust** beim Einbringenden, der nach allgemeinen Grundsätzen verrechenbar ist bzw. gemäß § 10d EStG vor- und rückgetragen werden kann (RHL/*Herlinghaus* UmwStG § 20 Rn. 422; DPM/*Patt* UmwStG § 20 Rn. 254 sowie → Rn. 146 ff.), wenn und soweit der aus der Aufdeckung der stillen Lasten herrührende Aufwand nicht gemäß § 4f Abs. 1 Sätze 1 oder 2 EStG idF des AIFM-StAnpG v. 18.12.2013 (BGBl. I 2013, 4316) zwingend über die folgenden 14 Jahre zu verteilen ist (dazu → Rn. 173 ff.). Ein unter dem Buchwert liegender gemeiner Wert einzelner Wirtschaftsgüter hindert hingegen, solange der gemeine Wert der Sachgesamtheit nicht unter dem Buchwert liegt, den Ansatz des Buchwertes nicht (*Rödder* DStR 2011, 1059, 1061 FN 4).

112b Ob die Ausübung des antragsgebundenen Wahlrechts gemäß § 24 Abs. 2 Satz 2 UmwStG außerdem noch gemäß § 5 Abs. 1 Satz 2 EStG die Aufnahme in das durch **BilMoG** eingeführte besondere, laufend zu führende Verzeichnis (zu diesem siehe BMF v. 12.3.2010, BStBl. I 2010 239 Tz. 19 ff.) voraussetzt, ist im UmwSt-Erl. 2011 nicht ausdrücklich geregelt; richtigerweise dürfte die Frage zu verneinen sein (glA *Rödder* DStR 2011, 1059, 1060; *Schumacher/Neitz-Hackstein* Ubg 2011, 410), da die umwandlungsteuerlichen Transparenzvorschriften, namentlich das Erfordernis der gesonderten Schlussbilanz, insoweit eine speziellere Regelung darstellen und der von § 5 Abs. 1 Satz 2 EStG vorausgesetzte Maßgeblichkeitsgrundsatz bei Umwandlungen sowieso nicht gilt (→ Rn. 121 f.).

112c Das Wahlrecht kann für alle übergehenden Wirtschaftsgüter nur **einheitlich** ausgeübt werden (UmwSt-Erl. 2011, BMF v. 11.11.2011, BStBl. I 2011, 1314 Tz. 24.03 iVm. Tz. 20.18 iVm. Tz. 03.13).

112d Auch setzt der Ansatz unter dem gemeinen Wert im Gegensatz zur Rechtslage nach UmwStG 1995 nunmehr einen **Antrag** voraus, § 24 Abs. 2 Sätze 2 und 3 UmwStG. Da Einbringender nicht die Personenhandelsgesellschaft als solche, sondern jeder einzelne Mitunternehmer der Überträgerin und der Übernehmerin ist (→ Rn. 94), stellt sich die Frage, ob dieses Antrags- und Wahlrecht für jeden Gesellschafter der übertragenden Personenhandelsgesellschaft gesondert **(gesellschafterbezogene Betrachtungsweise)** oder für das gesamte übergehende Betriebsvermögen insgesamt nur einheitlich ausgeübt werden kann. Die Antwort hängt davon ab, was bei der Verschmelzung einer Personengesellschaft Einbringungsgegenstand ist (→ Rn. 95). Sieht man mit einer in der Literatur vertretenen, vorzugswürdigen Auffassung bei der Verschmelzung einer Personengesellschaft die Mitunternehmeranteile der einzelnen

Personengesellschafter als Einbringungsgegenstand an (siehe etwa WM/*Widmann* UmwStG § 20 Rn. R 46 und Rn. 92; WM/*Fuhrmann* UmwStG § 24 Rn. 98), liegt es nahe, eine gesonderte Ausübung des Wahlrechts für jeden einzelnen Mitunternehmeranteil für zulässig zu halten; die Voraussetzungen für die Ausübung des Wahlrechts wären demnach jeweils für jeden einbringenden Mitunternehmer gesondert zu prüfen (so konsequent WM/*Widmann* UmwStG § 20 Rn. R 445 und Rn. 671; ebenso HB/*Friederichs* 2. Aufl. UmwStG § 20 Rn. 172; HMB/*Menner* UmwStG § 20 Rn. 308; RHL/*Herlinghaus* UmwStG § 20 Rn. 72; wohl auch UmwSt-Erl. 1998, BMF v. 25.3.1998, BStBl. I 1998, 267 Tz. 20.14; zu § 20 UmwStG gl. A. wohl auch BFH v. 13.9.2018, I R 19/16, BStBl. II 2019, 385, unter Berufung auf die Gesetzesbegründung BT-Drs. 16/2710 S. 43 („hinsichtlich eines jeden Mitunternehmeranteils ein gesonderter Einbringungsvorgang"); dies sollte entsprechend für § 24 gelten, vgl. *Riedel* GmbHR 2019 306, 310 aE); **aA** zB SBB/*Schlösser* § 11 Rn. 484). Sieht man hingegen mit der FinVerw. den Betrieb der verschmolzenen Personengesellschaft als Einbringungsgegenstand an, der von den Mitunternehmern in ihrer gesamthänderischen Verbundenheit eingebracht wird (UmwSt-Erl. 2011, BMF v. 11.11.2011, BStBl. I 2011, 1314 Tz. 24.03 iVm. Tz. 20.05), ist wegen § 20 Abs. 2 Satz 1 UmwStG („einheitlich") nur eine einheitliche Ausübung zulässig.

Das **Wahlrecht** ist von der **übernehmenden Gesellschaft** durch Stellung eines Antrages bei dem für die Besteuerung der Übernehmerin örtlich zuständigen Finanzamt (UmwSt-Erl. 2011, BMF v. 11.11.2011, BStBl. I 2011, 1314 Tz. 24.03 iVm. Tz. 20.21) auszuüben. Das Wahlrecht steht nach dem klaren Wortlaut des § 24 Abs. 2 Satz 2 UmwStG der übernehmenden Personengesellschaft und nicht den Gesellschaftern der übertragenden Personengesellschaft zu (UmwSt-Erl. 2011, BMF v. 11.11. 2011, BStBl. I 2011, 1314 Tz. 24.03 iVm. Tz. 20.22); ein gesetzliches Veto- oder Mitspracherecht der Einbringenden besteht nicht (DPM/*Patt* UmwStG § 20 Rn. 209). Spätester Zeitpunkt für die Stellung eines Antrages gemäß §§ 24 Abs. 2 Satz 3, 20 Abs. 2 Satz 3 UmwStG ist nach dem missratenen Gesetzeswortlaut die erstmalige Abgabe der steuerlichen Schlussbilanz bei dem für die Besteuerung der übernehmenden Gesellschaft zuständigen Finanzamt. **113**

Unter dem Begriff **„steuerliche Schlussbilanz"** ist, anders als gemäß Tz. 03.01 und Tz. 11.02 des UmwSt-Erl. 2011 (BMF v. 11.11.2011, BStBl. I 2011, 1314) bei der Verschmelzung von Kapitalgesellschaften (→ Form. A.3 Rn. 100h; → Form. A.5 Rn. 89c; → Form. A.6 Rn. 90i; → Form. A.7 Rn. 138j), keine von der Steuerbilanz zu unterscheidende **gesonderte Schlussbilanz** zu verstehen; vielmehr handelt es sich um die nächste auf den Einbringungszeitpunkt folgende steuerliche Jahresschlussbilanz der Übernehmerin, in welcher der Einbringungsgegenstand erstmals anzusetzen ist (BFH v. 15.6.2016, I R 69/15, BStBl. II 2017, 75; LfSt Bayern v. 11.11.2014, DStR 2015, 429; anders noch LfSt Bayern v. 7.7.2014, DStR 2014, 1971). Fällt der steuerliche Übertragungsstichtag mit dem Stichtag dieser Steuerbilanz zusammen, ist die Steuerbilanz für diesen Stichtag maßgebend (LfSt Bayern v. 11.11.2014, DStR 2015, 429). Wird bis zur Abgabe dieser Steuerbilanz, regelmäßig also bis zur Abgabe der Steuererklärung für den VZ des steuerlichen Übertragungsstichtages, kein Antrag gemäß § 20 Abs. 2 Satz 2 UmwStG auf Ansatz von Buch- oder Zwischenwerten gestellt, ist die Antragsfrist verstrichen und mithin gemäß § 20 Abs. 2 Satz 1 Hs. 1 UmwStG der gemeine Wert anzusetzen (BFH v. 15.6.2016, I R 69/15, BStBl. II 2017, 75). **113a**

Wenn die an der Verschmelzung beteiligten Personengesellschaften ihren Gewinn gemäß § 4 Abs. 3 EStG ermitteln (was etwa bei Partnerschaftsgesellschaften der Fall sein kann) und die Übernehmerin nach dem von der FinVerw. geforderten Übergang zum Betriebsvermögensvergleich (→ Rn. 168) wieder zur Einnahmeüberschussrechnung zurückkehrt, soll der Antrag nach Ansicht der FinVerw. spätestens bis zur erstmaligen Abgabe der entsprechend EStR 4.5 Abs. 6 zu erstellenden Bilanz iSd. § 24 **113b**

Abs. 2 Satz 2 UmwStG einzureichen sein (UmwSt-Erl. 2011, BMF v. 11.11.2011, BStBl. I 2011, 1314 Tz. 24.03).

114 Der Antrag ist **bedingungsfeindlich** (UmwSt-Erl. 2011, BMF v. 11.11.2011, BStBl. I 2011, 1314 Tz. 24.03 iVm. Tz. 20.21 iVm. Tz. 03.29), kann also zB nicht von der Höhe eines Verlustvortrages abhängig gemacht werden (*Bogenschütz* Ubg 2011, 401), und unwiderruflich (UmwSt-Erl. 2011, BMF v. 11.11.2011, BStBl. I 2011, 1314 Tz. 24.03 iVm. Tz. 20.21 iVm. Tz. 03.29; aA *Schumacher/Neitz-Hackstein* Ubg 2011, 412: Änderung bis zur Einreichung der steuerlichen Schlussbilanz möglich).

c) Zwischenwertansatz – Verlustnutzung

115 Die Wahl eines über dem Buchwert liegenden Wertes (sog. **Zwischenwert**) gemäß § 24 Abs. 2 Satz 2 (2. Alt.) UmwStG kann zB dann Sinn machen, wenn die Einbringenden in der Überträgerin über **verrechenbare Verluste** (§ 15a EStG) bzw. selbst über einkommen- bzw. körperschaftsteuerliche **Verlustvorträge** verfügen: Diese gehen zwar nach hM in der Literatur nicht unter, sondern können gemäß § 15a Abs. 2 Satz 1 EStG mit Gewinnen des Einbringenden in der Übernehmerin verrechnet werden (→ Rn. 188). Allerdings ist der **Standpunkt der FinVerw.** in dieser Frage **unklar;** der UmwSt-Erl. 2011 äußert sich hierzu nicht (s. UmwSt-Erl. 2011, BMF v. 11.11.2011, BStBl. I 2011, 1314 Tz. 24.03 iVm. Tz. 23.02). Auch ist die durch § 10d Abs. 2 EStG idF des Korb II-Gesetzes mW ab VZ 2004 eingeführte Beschränkung der Verrechnung von Verlustvorträgen, die sog. **Mindestbesteuerung,** zu beachten.

Die zwingend erforderliche Konkretisierung des Zwischenwertansatzes (UmwSt-Erl. 2011, BMF v. 11.11.2011, BStBl. I 2011, 1314 Tz. 20.21 iVm. Tz. 03.29) kann nicht nur durch einen Prozentsatz, sondern auch unter Angabe absoluter Beträge erfolgen (UmwSt-Erl. 2011, BMF v. 11.11.2011, BStBl. I 2011, 1314 Tz. 24.03 iVm. Tz. 20.21 iVm. Tz. 03.29), was die Steuerplanung erleichtert (*Bogenschütz* Ubg 2011, 401; *Schumacher/Neitz-Hackstein* Ubg 2011, 412).

115a Soweit es sich bei den einbringenden Mitunternehmern der übertragenden Personengesellschaft (zur Person des Einbringenden → Rn. 94) um **Kapitalgesellschaften** handelt (richtigerweise jedoch nicht bei natürlichen Personen; siehe aber → Rn. 115b), ist § 2 Abs. 4 Satz 1 UmwStG, der über § 24 Abs. 4, § 20 Abs. 6 Satz 4 UmwStG auf Einbringungen im Wege der Gesamtechtsnachfolge entsprechend anwendbar ist, zu beachten: Danach ist der Ausgleich bzw. die Verrechnung von verrechenbaren Verlusten, **Verlustvorträgen** und **nicht ausgeglichenen negativen Einkünften** ebenso wie eines Zinsvortrags nach § 4h Abs. 1 Satz 5 EStG und eines EBITDA-Vortrags nach § 4h Abs. 1 Satz 3 EStG der einbringenden Kapitalgesellschaft mit dem durch einen Ansatz über dem Buchwert entstehenden **Einbringungsgewinn** (→ Rn. 144) nur insoweit zulässig, als dies auch ohne die Rückwirkung gemäß § 2 Abs. 1, 2 UmwStG möglich wäre. Nach ganz hM greift diese Ausgleichs- bzw. Verrechnungsbeschränkung nur dann ein, wenn **(ungeschriebenes Tatbestandsmerkmal)** im Rückwirkungszeitraum, also zwischen dem steuerlichen Übertragungsstichtag und dem Wirksamwerden der Verschmelzung, bei der einbringenden Kapitalgesellschaft ein verlustschädlicher Anteilserwerb oder ein anderes Ereignis eintritt, welches gemäß **§ 8c Abs. 1 Satz 1 KStG** zum Untergang dieser Verluste führen würde (s. etwa WM/*Widmann* UmwStG § 2 Rn. R 120.9; RHL/*van Lishaut* UmwStG § 2 Rn. 179; HMB/*Slabon* UmwStG § 2 Rn. 110; *Rödder/Schönfeld* DStR 2009, 560, 562; *Viebrock/Loose* DStR 2013, 1364; ebenso FM Brandenburg v. 17.3.2015, BeckVerw 313155 Tz. 2.2); zweifelnd hingegen *Böttcher* NWB 2014, 3146); dies folge aus der Anwendungsregelung des § 27 Abs. 9 UmwStG, die ausdrücklich an einen schädlichen Beteiligungserwerb oder ein anderes die Verlustnutzung **ausschließendes** Ereignis anknüpft (*Rödder/Schönfeld* DStR 2009, 560, 562), und aus dem in der Gesetzesbegründung zum Ausdruck gekommenen Normzweck (*Viebrock/Loose* DStR 2013, 1364): Die umwandlungsteuerliche Rückwirkungsfiktion solle nicht dazu genutzt werden können, durch entsprechende Wahl des Übertragungsstichtages zur Realisierung eines Übertragungsgewinns auf einen Zeitpunkt „zurückzuspringen“, der vor einem gemäß § 8c KStG für die Verlustnutzung schädlichen Beteiligungserwerb liegt (BT-Drs. 16/11108, S. 33). Ob die Auffassung, dass § 2 Abs. 4 Satz 1 UmwStG ein im Rückwirkungszeitraum eintretendes verlustschädliches Ereignis iSv. § 8c KStG voraussetze, von der FinVerw. geteilt wird, ist allerdings nicht völlig klar. Sie nennt § 8c KStG lediglich beispielhaft (UmwSt-Erl. 2011, BMF v. 11.11.2011, BStBl. I 2011, 1314 Tz. 02.39). Ob die Auffassung des FM Brandenburg, ein verlustschädliches Ereignis iSv. § 8c KStG sei erforderlich (FM Brandenburg v. 17.3.2015, BeckVerw 313155 Tz. 2.2), bundeseinheitlich abgestimmt ist, ist dem Erlass nicht zu entnehmen (*Böttcher* NWB 2014, 3146).

Würde man § 2 Abs. 4 Satz 1 UmwStG entgegen der hM streng nach dem Wortlaut anwenden und daher kein „verlustschädliches Ereignis“ als ungeschriebenes Tatbestandsmerkmal verlangen, wäre die Vorschrift zB auch insoweit anwendbar, als ohne steuerliche Rückverlagerung des Übertragungsgewinns dessen Verrechnung mit einem im Wirtschaftsjahr des steuerlichen Übertragungsstichtags angefallenen Verlust an § 10d Abs. 2 EStG scheitern würde (*Rödder/Schönfeld* DStR 2009, 560, 562 Fall 2; *Böttcher* NWB 2014, 3146 Beispiel 1). Damit würde § 2 Abs. 4 Satz 1 UmwStG im Anwendungsbereich des § 24 UmwStG auch für natürliche Personen als Einbringende gelten. Dies ist jedoch aus den von der h. M. angeführten zutreffenden Gründen (→ Rn. 115a) abzulehnen. **115b**

Darauf, ob das verlustschädliche Ereignis im Rückwirkungszeitraum vor oder nach der Einbringung eintritt, kommt es jedenfalls nicht an (UmwSt-Erl. 2011, BMF v. 11.11.2011, BStBl. I 2011, 1314 Tz. 02.39).

Die Bedeutung des § 2 Abs. 4 Satz 1 UmwStG wird allerdings durch die mit WachstBeschlG v. 22.12.2009, BGBl. I 2009, 3950, aufgenommene Verschonungsregelung in Höhe der im Inland steuerpflichtigen stillen Reserven in § 8c Abs. 1 Satz 5 KStG relativiert (*Böttcher* NWB 2014, 3146). Einen Anwendungsbereich behält § 2 Abs. 4 Satz 1 UmwStG freilich insoweit, als im Wege einer anderen ebenfalls rückwirkenden Umwandlung auf die Überträgerin übergegangene stille Reserven gemäß § 8c Abs. 1 Satz 8 KStG von der Verschonungsregelung des § 8c Abs. 1 Satz 5 KStG ausgenommen sind (RHL/*van Lishaut* UmwStG § 2 Rn. 176), oder wenn sich die am steuerlichen Übertragungsstichtag vorhandenen stillen Reserven im Rückwirkungszeitraum vor dem verlustschädlichen Ereignis verringern (s. etwa das in FM Brandenburg v. 17.3.2015, BeckVerw 313155 unter Ziff. 2.2 gebildete Beispiel).

Zur streitigen Frage, ob § 2 Abs. 4 Satz 1 UmwStG auch für **gewerbesteuerliche Verluste** gilt, → Rn. 92c.

Beim Zwischenwertansatz sind die in den einzelnen Wirtschaftsgütern – einschließlich der nicht entgeltlich erworbenen und selbstgeschaffenen immateriellen Wirtschaftsgüter sowie des Firmenwerts – ruhenden stillen Reserven um einen **einheitlichen Prozentsatz** aufzulösen (UmwSt-Erl. 2011, BMF v. 11.11.2011, BStBl. I 2011, 1314 Tz. 24.03 iVm. Tz. 23.14 iVm. Tz. 03.25). **116**

Nach Ansicht der FinVerw. sollen bei der Aufstockung um den einheitlichen Prozentsatz mit Ausnahme der Pensionrückstellungen (→ Rn. 111c) auch die sog. „**stillen Lasten**“, zB eine bislang gemäß § 5 Abs. 4a EStG nicht passivierte Drohverlustrückstellung, einzubeziehen sein (UmwSt-Erl. 2011, BMF v. 11.11.2011, BStBl. I 2011, 1314 Tz. 24.03 iVm. Tz. 23.14 iVm. Tz. 03.25; → Rn. 111b, → Rn. 112a und → Rn. 173 ff.). Die Nichterwähnung der stillen Lasten in Tz. 23.14 des UmwSt-Erl. 2011, BMF v. 11.11.2011, BStBl. I 2011, 1314 dürfte wegen des Verweises auf Tz. 03.25, wo sie ausdrücklich genannt sind, als bloßes Redaktionsversehen anzusehen sein. **116a**

einstweilen frei **117–120**

d) Keine Einschränkung des Wahlrechts durch die Handelsbilanz

121 Dass das **steuerliche Bewertungswahlrecht** der übernehmenden Personengesellschaft durch die Bildung negativer steuerlicher Ergänzungsbilanzen abweichend von der **Handelsbilanz** ausgeübt werden kann, war bereits in § 24 Abs. 2 Satz 1 UmwStG 1995 geregelt und daher auch allgemein anerkannt (s. nur *Rödder/Schumacher* DB 1998, 99 unter III 2); auf die Aussagen zur Maßgeblichkeit der Handelsbilanz bei der Einbringung in Kapitalgesellschaften in Tz. 20.26 des UmwSt-Erl. 1998, die bereits unter Geltung des UmwStG 1995 nicht vom Gesetz gedeckt waren (s. BFH v. 19. 10. 2005, I R 38/04, BStBl. II 2006, 568 zu § 25 UmwStG und BFH v. 5. 6. 2007, I R 97/06, DStR 2007, 1767 zu § 11 UmwStG), wurde daher schon in Tz. 24.04 des UmwSt-Erl. 1998 nicht verwiesen (s. UmwSt-Erl. 1998, BStBl. I 1998, 268 Tz. 24.04). An dieser Rechtslage hat sich durch das UmwStG 2006 nichts geändert (DPM/*Patt* UmwStG (SEStEG) § 24 Rn. 119). Im UmwSt-Erl. 2011 wird nunmehr in Tz. 20.20 für die Einbringung nach § 20 UmwStG die Nichtgeltung des Maßgeblichkeitsgrundsatzes ausdrücklich klargestellt und in Tz. 24.03 für § 24 UmwStG auf diese Regelung verwiesen (UmwSt-Erl. 2011, BMF v. 11.11.2011, BStBl. I 2011, 1314 Tz. 24.03 iVm. Tz. 20.20).

122 *einstweilen frei*

e) Keine Einschränkung des Antragsrechts bei negativem Buchwert

123 Das Recht der Übernehmerin, die **Buchwerte** des übergehenden Betriebsvermögens fortzuführen, besteht auch dann, wenn dieser Buchwert **negativ** ist; § 20 Abs. 2 Satz 2 Nr. 2 UmwStG, der bei der Einbringung von Betriebsvermögen mit negativem Buchwert in eine Kapitalgesellschaft eine zwangsweise Aufstockung vorsieht, um die Entstehung negativer Anschaffungskosten auf die gewährten Kapitalgesellschaftsanteile zu verhindern, ist im Rahmen des § 24 UmwStG **nicht analog anwendbar** (UmwSt-Erl. 2011, BMF v. 11.11.2011, BStBl. I 2011, 1314 Tz. 24.04).

f) Kein Ausschluss des antragsgebundenen Wahlrechts durch § 50i Abs. 2 EStG

124 Das Wahlrecht der Übernehmerin, die übergehenden Wirtschaftsgüter anstatt zum gemeinen Wert mit den Buchwerten oder mit Zwischenwerten anzusetzen, § 24 Abs. 2 Satz 2 UmwStG, war nach dem Wortlaut von § 50i Abs. 2 Satz 1 EStG idF des KroatienAnpG v. 25.7.2014 (BGBl. I 2014, 1266) für **Sachgesamtheiten** iSd. § 50i Abs. 1 EStG ausgeschlossen. Dazu gehörten Personengesellschaften iSv. § 15 Abs. 3 EStG (gewerblich infizierte oder geprägte Personengesellschaften – § 50i Abs. 1 Satz 1 EStG idF KroatienAnpG) sowie Besitzgesellschaften/Besitzunternehmen einer Betriebsaufspaltung (§ 50i Abs. 1 Satz 4 EStG idF KroatienAnpG), in deren Betriebsvermögen vor dem 29.6.2013 Wirtschaftsgüter oder Anteile iSd. § 17 EStG übertragen oder überführt worden waren, sowie Personengesellschaften iSd. § 15 Abs. 3 EStG, die aus einer vor diesem Stichtag erfolgten Einbringung originär gewerblicher Einkunftsquellen iSd. § 15 Abs. 1 Nr. 1 oder 2 EStG in eine Kapitalgesellschaft nach § 20 UmwStG hervorgegangen waren (§ 50i Abs. 1 Satz 2 EStG idF KroatienAnpG); einzige weitere Voraussetzung war jeweils nur, dass bei der Übertragung, Überführung oder Einbringung eine Besteuerung der stillen Reserven unterblieben war. Vom zwingenden Ansatz des gemeinen Werts sollte nach Ansicht der Finanzverwaltung selbst in reinen Inlandsfällen, in denen eine Gefährdung des deutschen Besteuerungsrechts durch die Umwandlung ausgeschlossen war, nur aus Gründen sachlicher **Unbilligkeit** auf übereinstimmenden Antrag des Einbringenden und des übernehmenden Rechtsträgers abgesehen werden (BMF v. 21.12.2015, BStBl I 2016, 7 Tz. 2.1.2).

Nach der rückwirkenden **Korrektur** dieser vom Gesetzgeber selbst als „überschießend“ erkannten Regelung (BR-Drs. 406/16 (B) S. 9) durch das Anti-BEPS-Gesetz v. 20.12.2016 (BGBl. I 2016, 3000) greift § 50i Abs. 2 EStG **nurmehr** im Rahmen von **Einbringungen** iSd. **§ 20 UmwStG** ein, und auch dies nur dann, wenn das deutsche **Besteuerungsrecht** hinsichtlich des Gewinns aus der Veräußerung der im Zuge der Einbringung erhaltenen Anteile oder der mit diesen in Zusammenhang stehenden Anteile iSv. § 22 Abs. 7 UmwStG ausgeschlossen oder beschränkt ist (→ Form. A.8 Rn. 132); für das antragsgebundene Wahlrecht gemäß § 24 Abs. 2 Satz 2 UmwStG spielt die Vorschrift keine Rolle mehr (*Ditz/Quilitzsch* DStR 2017, 281; *Liekenbrock* DStR 2016, 2609). BMF v. 21.12.2015, BStBl. I 2016, 7 wonach es für den Erhalt dieses Wahlrechts eines Billigkeitsantrages bedurfte (→ Rn. 124), wurde aufgehoben (BMF v. 5.1.2017, BStBl. I 2017, 32). 124a

g) Bilanzielle Umsetzung des Wahlrechts

Bilanziell bestehen für die Umsetzung des steuerlichen Wahlrechts – anders als bei der Einbringung in eine Kapitalgesellschaft (§ 20 UmwStG) – zwei „Stellschrauben“ (§ 24 Abs. 2 Sätze 1 und 2, Abs. 3 Satz 1 UmwStG): 125
– die steuerliche Gesamthandsbilanz der Übernehmerin; und
– die steuerlichen Ergänzungsbilanzen ihrer Gesellschafter.

Dementsprechend bestehen, wenn das übergehende Vermögen für den Einbringenden ertragsteuerneutral zu Buchwerten angesetzt werden soll, zwei grundsätzliche Möglichkeiten (vgl. UmwSt-Erl. 2011, BMF v. 11.11.2011, BStBl. I 2011, 1314 Tz. 24.14 mit Beispielen): Zum einen kann das eingebrachte Vermögen in der steuerlichen Gesamthandsbilanz der übernehmenden Personengesellschaft zu Buchwerten angesetzt werden (sog. **„Nettomethode“**). Zum anderen ist es aber auch möglich, die Werte des übergehenden Vermögens in der steuerlichen Gesamthandsbilanz aufzustocken und die Aufstockung durch Bildung einer negativen Ergänzungsbilanz zu neutralisieren (sog. **„Bruttomethode“**). Letzteres kann zweckmäßig sein, wenn auch wegen Unanwendbarkeit des Maßgeblichkeitsgrundsatzes (→ Rn. 121) nicht zwingend, wenn in der Handelsbilanz der übernehmenden Personengesellschaft die Buchwerte aufgestockt werden (zur Zulässigkeit → Rn. 72 ff.): Durch parallele Aufstockung in der steuerlichen Gesamthandsbilanz kann dann uU ein Auseinanderfallen von Handelsbilanz und steuerlicher Gesamthandsbilanz vermieden werden.

Soweit das in der steuerlichen Gesamthandsbilanz der Übernehmerin dem Einbringenden zugewiesene Eigenkapital höher ist als das Eigenkapital des von ihm eingebrachten Betriebs, Teilbetriebs oder Mitunternehmeranteils, kann unter den Voraussetzungen des § 24 Abs. 2 Satz 2 UmwStG ein Einbringungsgewinn durch Aufstellung einer sog. negativen Ergänzungsbilanz für den Einbringenden vermieden werden (so etwa in dem in UmwSt-Erl. 2011, BMF v. 11.11.2011, BStBl. I 2011, 1314 Tz. 24.14 genannten Beispiel für den A); soweit umgekehrt die Anschaffungskosten eines Mitunternehmers sein buchmäßige Eigenkapital gemäß steuerlicher Gesamthandsbilanz übersteigen, ist die Differenz als Mehrkapital in einer positiven Ergänzungsbilanz auszuweisen (so etwa in dem in UmwSt-Erl. 2011, BMF v. 11.11.2011, BStBl. I 2011, 1314 Tz. 24.14 genannten Beispiel für B). 126

Übernimmt demgemäß im Formularfall (→ Rn. 3 und → Rn. 5) die Übernehmerin entsprechend der gemäß § 24 UmwG gewählten handelsrechtlichen Behandlung (→ Form. A.9.2 § 3 Abs. 3 sowie → Rn. 86) das übergehende Vermögen auch in ihre steuerliche Gesamthandsbilanz mit den **gemeinen Werten,** ergibt sich folgende steuerliche **Gesamthandsbilanz** der Übernehmerin zum steuerlichen Übertragungsstichtag 31.12.00 (→ Rn. 86): 127

Aktiva	Buchwert	Stille Res.			**Passiva**
Bew. AnlageV	1 350 000.– EUR	0.– EUR	KK I des A	200 000.– EUR	
GuB	600 000.– EUR	400 000.– EUR	KK I des B	200 000.– EUR	
Gebäude	750 000.– EUR	300 000.– EUR	KK I der C GmbH	320 000.– EUR	
Beteiligung	150 000.– EUR	0.– EUR	KK I des D	80 000.– EUR	
UmlaufV	1 250 000.– EUR	0.– EUR	KK II des A	850 000.– EUR	
Firmenwert	300 000.– EUR	300 000.– EUR	KK II des B	450 000.– EUR	
			KK II der C GmbH	1 300 000.– EUR	
			KK II des D	100 000.– EUR	
			Verlustvortrags-Kto des D	– 100 000.– EUR	3 400 000.– EUR
			Verbindlichkeiten		1 000 000.– EUR
Summe	4 400 000.– EUR	1 000 000.– EUR	Summe		4 400 000.– EUR

128 Die in den steuerlichen Ergänzungsbilanzen entsprechend der Ausübung der Ansatzwahlrechte (→ Rn. 9) auszuweisenden Mehr- oder Minderkapitalia errechnen sich wie folgt:

	A	B	C GmbH	D
Gewählter Ansatz	Gemeiner Wert	Buchwert	Buchwert	Buchwert
KK I + KK II nach Verschmelzung	1 050 000.– EUR	650 000.– EUR	1 620 000.– EUR	180 000.– EUR
./. KK I + KK II vor Verschmelzung	./. 750 000.– EUR	./. 350 000.– EUR	./. 1 220 000.– EUR	./. 80 000.– EUR
Zwischensaldo (Mehrkapital nach Verschmelzung gemäß Gesamthandsbilanz)	300 000.– EUR	300 000.– EUR	400 000.– EUR	100 000.– EUR
./. Gewünschte Realisierung stiller Reserven	./. 550 000.– EUR	0.– EUR	0.– EUR	0.– EUR
Saldo (Differenz zur gewünschten Realisierung)	– 250 000.– EUR	300 000.– EUR	400 000.– EUR	100 000.– EUR
Positive/(negative) Ergänzungsbilanz	250 000.– EUR	(300 000.– EUR)	(400 000.– EUR)	(100 000.– EUR)

Es sind also für A, für den gemäß § 24 Abs. 2 Satz 1 UmwStG der gemeine Wert angesetzt werden soll, eine positive Ergänzungsbilanz mit einem Mehrkapital von 250 000.– EUR und für B, die C GmbH und D, für die jeweils gemäß 24 Abs. 2 Satz 2 UmwStG Buchwertfortführung beantragt werden soll, jeweils eine negative Ergänzungsbilanz mit einem Minderkapital von 300 000.– EUR, 400 000.– EUR und 100 000.– EUR zu bilden.

129 Gleichzeitig hat sich für die Gesellschafter ihre Beteiligung an den stillen Reserven wie folgt entwickelt:

		A	B	C GmbH	D
Stille Reserven nach Verschmelzung	Gesamt	1 000 000.– EUR			
	Beteiligung	25 %	25 %	40 %	10 %
	Betrag	250 000.– EUR	250 000.– EUR	400 000.– EUR	100 000.– EUR
./. Stille Reserven vor Verschmelzung (→ Rn. 3 und Rn. 5)	Gesamt	./. 1 100 000.– EUR		./. 1 000 000.– EUR	
	Beteiligung	50 %	50 %	80 %	20 %
	Betrag	./. 550 000.– EUR	./. 550 000.– EUR	./. 800 000.– EUR	./. 200 000.– EUR
Entwicklung		– 300 000.– EUR	– 300 000.– EUR	– 400 000.– EUR	– 400 000.– EUR
Davon durch Aufdeckung		550 000.– EUR	0.– EUR	0.– EUR	0.– EUR
Differenz (= verschmelzungsbedingte Verschiebung stiller Reserven):		250 000.– EUR	– 300 000.– EUR	– 400 000.– EUR	– 100 000.– EUR

Parallel hat sich das Eigenkapital der Gesellschafter wie folgt entwickelt: 130

	A	B	C GmbH	D
KK I nach Verschmelzung	200 000.– EUR	200 000.– EUR	320 000.– EUR	80 000.– EUR
KK II nach Verschmelzung	850 000.– EUR	450 000.– EUR	1 300 000.– EUR	100000.– EUR
Verlustvortrags-Kto nach Verschm.	0.– EUR	0.– EUR	0.– EUR	./. 100 000.– EUR
= EK nach Verschmelzung	1 050 000.– EUR	650 000.– EUR	1 620 000.– EUR	80 000.– EUR
./. KK I vor Verschmelzung	./. 200 000.– EUR	./. 200 000.– EUR	./. 320 000.– EUR	./. 80 000.– EUR
./. KK II vor Verschmelzung	./. 550 000.– EUR	./. 150 000.– EUR	./. 900 000.– EUR	./. 0.– EUR
./. Verlustvortrags-Kto vor Verschm.	0.– EUR	0.– EUR	0.– EUR	100 000.– EUR
Entwicklung	+ 300 000.– EUR	+ 300 000.– EUR	+ 400 000.– EUR	+ 100 000.– EUR
./. durch Aufstockung	./. 550 000.– EUR	./. 0.– EUR	./. 0.– EUR	./. 0.– EUR
Verschmelzungsbedingte Veränderung	– 250 000.– EUR	+ 300 000.– EUR	+ 400 000.– EUR	+ 100 000.– EUR

Es wird deutlich, dass das für A in seiner positiven Ergänzungsbilanz auszuweisende Mehrkapital sowie das für die übrigen Gesellschafter in ihren jeweiligen negativen Ergänzungsbilanzen auszuweisende Minderkapital

– der verschmelzungsbedingten **Verschiebung** von **stillen Reserven** hin zu A bzw. weg von B, C GmbH und D sowie
– der verschmelzungsbedingten Verminderung (bei A) bzw. Erhöhung (bei B, C GmbH und D) ihres Eigenkapitals gemäß steuerlicher Gesamthandsbilanz

entspricht.

Während A im Rahmen der Verschmelzung gemäß steuerlicher Gesamthandsbilanz Eigenkapital abgibt und sich in gleichem Umfang seine anteiligen stillen Reserven erhöhen, geben B, C GmbH und D einen Teil der in ihren bisherigen Anteilen ruhenden **stillen Reserven** ab und gewinnen dafür ebenfalls in gleichem Umfang in der steuerlichen Gesamthandsbilanz bilanzielles Eigenkapital hinzu. Um einerseits die Entstehung eines Einbringungsgewinns für B, C GmbH und D zu verhindern, andererseits aber auch die Versteuerung der veräußerten, bisher in ihren Anteilen ruhenden stillen Reserven sicherzustellen, muss für sie jeweils eine negative steuerliche Ergänzungsbilanz erstellt werden, in welcher gegenüber den Werten der übergehenden Wirtschaftsgüter gemäß steuerlicher Gesamthandsbilanz jeweils **Minderwerte** angesetzt werden. Der jeweilige Minderwert errechnet sich für jedes Wirtschaftsgut durch Multiplikation des vor der Einbringung bestehenden Anteils des Gesellschafters an den stillen Reserven dieses Wirtschaftsguts mit dem prozentualen Anteil der von ihm abgegebenen stillen Reserven (= Minderkapital) an den in seinem eingebrachten Anteil insgesamt ruhenden stillen Reserven (vgl. das **Beispiel** bei HMB/*Bär/Merkle* UmwStG § 24 Rn. 138ff., 140). 131

Für B, dessen Mitunternehmeranteil zum Buchwert eingebracht wird, ist in Höhe der von ihm abgegebenen stillen Reserven (300 000.– EUR) bzw. des ihm in der steuerlichen Gesamthandsbilanz in gleicher Höhe zugeordneten Mehrkapitals (300 000.– EUR) eine negative Ergänzungsbilanz mit einem entsprechenden Minderkapital zu bilden (→ Rn. 128). Die gesamten stillen Reserven im eingebrachten Anteil des B belaufen sich auf 550 000.– EUR (→ Rn. 129). Der Anteil der abgegebenen an den gesamten stillen Reserven des B vor Einbringung beträgt daher 300 000.– EUR/550 000.– EUR = $^{30}/_{55}$. Die Minderwerte für die von B anteilig eingebrachten Wirtschaftsgüter der Überträgerin errechnen sich daher wie folgt: 132

Wirtschaftsgut der Übernehmerin vor Verschmelzung	Stille Reserven der Überträgerin vor Verschmelzung	Davon auf B entfallend (50 %)	Faktor	Minderwert
Bew. AnlageV	300 000.– EUR	150 000.– EUR	$^{30}/_{55}$	81 818,18 EUR
GuB	400 000.– EUR	200000.– EUR	$^{30}/_{55}$	109 090,90 EUR
Gebäude	50 000.– EUR	25 000.– EUR	$^{30}/_{55}$	13 636,37 EUR
Beteiligung	50 000.– EUR	25 000.– EUR	$^{30}/_{55}$	13 636,37 EUR
UmlaufV	0.– EUR	0.– EUR	$^{30}/_{55}$	0,00 EUR
Firmenwert	300 000.– EUR	150 000.– EUR	$^{30}/_{55}$	81 818,18 EUR
Summe	1 100 000.– EUR	550 000.– EUR	$^{30}/_{55}$	300 000.– EUR

Die negative Ergänzungsbilanz für B sieht also wie folgt aus:

Aktiva			**Passiva**
		Minderwert Bew. AnlageV	81 818,18 EUR
		Minderwert GuB	109 090,91 EUR
		Minderwert Gebäude	13 636,37 EUR
		Minderwert Beteiligung	13 636,37 EUR
		Minderwert Firmenwert	81 818,18 EUR
Minderkapital	300 000.– EUR	Summe Minderwert Aktiva	300 000.– EUR

133 Für die C GmbH, deren Mitunternehmeranteil zum Buchwert eingebracht wird, ist in Höhe der von ihr abgegebenen stillen Reserven (400 000.– EUR) bzw. des ihr in der steuerlichen Gesamthandsbilanz in gleicher Höhe zugeordneten Mehrkapitals (400 000.– EUR) eine negative Ergänzungsbilanz mit einem Minderkapital in gleicher Höhe zu bilden (→ Rn. 128). Die gesamten stillen Reserven im eingebrachten Anteil der C GmbH belaufen sich auf 800 000.– EUR (→ Rn. 129). Der Anteil der abgegebenen an den gesamten stillen Reserven der C GmbH vor Einbringung beträgt daher 400 000.– EUR/800 000.– EUR = $^1/_2$. Die Minderwerte für die von der C GmbH anteilig eingebrachten, der Übernehmerin vor Verschmelzung zustehenden Wirtschaftsgüter errechnen sich daher wie folgt:

Wirtschaftsgut der Übernehmerin vor Verschmelzung	Stille Reserven der Übernehmerin vor Verschmelzung	Davon auf C GmbH entfallend (80 %)	Faktor	Minderwert
Bew. AnlageV	0.– EUR	0.– EUR	$^1/_2$	0.– EUR
GuB	400 000.– EUR	320 000.– EUR	$^1/_2$	160 000.– EUR
Gebäude	300 000.– EUR	240 000.– EUR	$^1/_2$	120 000.– EUR
UmlaufV	0.– EUR	0.– EUR	$^1/_2$	0.– EUR
Firmenwert	300 000.– EUR	240 000.– EUR	$^1/_2$	120 000.– EUR
Summe	1 000 000.– EUR	800 000.– EUR	$^1/_2$	400 000.– EUR

Die negative Ergänzungsbilanz für die C GmbH sieht daher wie folgt aus:

Aktiva			**Passiva**
		Minderwert GuB	160 000.– EUR
		Minderwert Gebäude	120 000.– EUR
		Minderwert Firmenwert	120 000.– EUR
Minderkapital	400 000.– EUR	Summe Minderwert Aktiva	400 000.– EUR

Für D, dessen Mitunternehmeranteil zum Buchwert eingebracht wird, ist in Höhe der von ihm abgegebenen stillen Reserven (100 000.– EUR) bzw. des ihm in der steuerlichen Gesamthandsbilanz in gleicher Höhe zugeordneten Mehrkapitals (100 000.– EUR) eine negative Ergänzungsbilanz mit einem Minderkapital in gleicher Höhe zu bilden (→ Rn. 128). Die gesamten stillen Reserven im eingebrachten Anteil des D belaufen sich auf 200 000.– EUR (→ Rn. 129). Der Anteil der abgegebenen an den gesamten stillen Reserven des D vor Einbringung beträgt daher 100 000.– EUR/200 000.– EUR = $^1/_2$. Die Minderwerte für die von D anteilig eingebrachten, der Übernehmerin vor Verschmelzung zustehenden Wirtschaftsgüter errechnen sich daher wie folgt: **134**

Wirtschaftsgut der Übernehmerin vor Verschmelzung	Stille Reserven der Übernehmerin vor Verschmelzung	Davon auf D entfallend (20 %)	Multiplikator	Minderwert
Bew. AnlageV	0.– EUR	0.– EUR	$^1/_2$	0.– EUR
GuB	400 000.– EUR	80 000.– EUR	$^1/_2$	40 000.– EUR
Gebäude	300 000.– EUR	60 000.– EUR	$^1/_2$	30 000.– EUR
UmlaufV	0.– EUR	0.– EUR	$^1/_2$	0.– EUR
Firmenwert	300 000.– EUR	60 000.– EUR	$^1/_2$	30 000.– EUR
Summe	1 000 000.– EUR	200 000.– EUR	$^1/_2$	100 000.– EUR

Die negative Ergänzungsbilanz für D sieht daher wie folgt aus:

Aktiva			**Passiva**
		Minderwert GuB	40 000.– EUR
		Minderwert Gebäude	30 000.– EUR
		Minderwert Firmenwert	30 000.– EUR
Minderkapital	100 000.– EUR	Summe Minderwert Aktiva	100 000.– EUR

A hat die ihm im Rahmen der Verschmelzung zuwachsenden anteiligen stillen Reserven der Wirtschaftsgüter der Übernehmerin von 250 000.– EUR (→ Rn. 129) durch Abgabe von Eigenkapital in Höhe von ebenfalls 250 000.– EUR „bezahlt" (→ Rn. 130), seinen Anteil an den in den Wirtschaftsgütern der Übernehmerin ruhenden **stillen Reserven** also in vollem Umfang entgeltlich **angeschafft;** die **Anschaffungskosten** entsprechen dem hingegebenen bilanziellen Eigenkapital. Diese Anschaffungskosten müssen durch Aktivierung entsprechender Mehrwerte für die der Übernehmerin **nach Verschmelzung** zustehenden Wirtschaftsgüter in einer Ergänzungsbilanz des A dargestellt werden. Der Mehrwert errechnet sich für jedes dieser Wirtschaftsgüter durch Multiplikation des Anteils des anschaffenden Gesellschafters an den stillen Reserven dieses Wirtschaftsguts mit dem prozentualen Anteil der auf ihn übergegangenen stillen Reserven (= Mehrkapital gemäß Ergänzungsbilanz) an den insgesamt nach Verschmelzung in seinem Anteil ruhenden stillen Reserven (s. auch das Beispiel bei HMB/*Bär/Merkle* UmwStG § 24 Rn. 138 ff., 140). **135**

Das Verhältnis zwischen den auf A übergegangenen stillen Reserven (Mehrkapital gemäß Ergänzungsbilanz = 250 000.– EUR) und den in seinem Anteil nach Verschmelzung ruhenden stillen Reserven (ebenfalls 250 000.– EUR) beträgt 1, da A im Rahmen der Verschmelzung seine gesamten bisherigen stillen Reserven aufgedeckt, seine ihm nunmehr zustehenden stillen Reserven also zu 100 % „bezahlt" hat. Die Mehrwerte für die von A anteilig angeschafften, der Übernehmerin nach Verschmelzung zustehenden Wirtschaftsgüter errechnen sich daher wie folgt:

Wirtschaftsgut der Übernehmerin nach Verschmelzung	Stille Reserven der Übernehmerin nach Verschmelzung	Davon auf A entfallend (25%)	Multiplikator	Mehrwert
Bew. AnlageV	0.– EUR	0.– EUR	1	0.– EUR
GuB	400 000.– EUR	100 000.– EUR	1	100 000.– EUR
Gebäude	300 000.– EUR	75 000.– EUR	1	75 000.– EUR
Beteiligung	0.– EUR	0.– EUR	1	0.– EUR
UmlaufV	0.– EUR	0.– EUR	1	0.– EUR
Firmenwert	300 000.– EUR	75 000.– EUR	1	75 000.– EUR
Summe	1 000 000.– EUR	250 000.– EUR	1	250 000.– EUR

Die positive Ergänzungsbilanz des A sieht also wie folgt aus:

Aktiva			**Passiva**
Mehrwert GuB	100 000.– EUR		
Mehrwert Gebäude	75 000.– EUR		
Mehrwert Firmenwert	75 000.– EUR		
Summe Mehrwert Aktiva	250 000.– EUR	Summe Mehrkapital	250 000.– EUR

136 Falls in Abwandlung des Formularfalls in der Ergänzungsbilanz von D dessen vor Verschmelzung vorhandenen stille Reserven von insgesamt 200 000 EUR (→ Rn. 129) in Höhe eines seinen verrechenbaren Verlusten (→ Rn. 10) entsprechenden Teilbetrages von 20 000.– EUR aufgedeckt werden sollen, liegt ein **Zwischenwertansatz** vor: D wandelt seine stillen Reserven zu 20 000.– EUR/200 000.– EUR = 10% in Mehrkapital um. Gemäß UmwSt-Erl. 2011, BMF v. 11.11.2011, BStBl. I 2011, 1314 Tz. 24.03 iVm. Tz. 223.14 iVm. Tz. 03.25 sind beim **Zwischenwertansatz** die in den zum eingebrachten Betriebsvermögen gehörenden aktiven und passiven Wirtschaftsgütern liegenden **stillen Reserven** und **stillen Lasten** in **Abkehr** von der gemäß UmwStG 1995 angewendeten **„Stufentheorie“** um einen **einheitlichen Prozentzsatz** aufzulösen (→ Rn. 115). Die anteiligen stillen Reserven des D in den anteilig von ihm eingebrachten Wirtschaftsgütern sind also wie folgt um 10% aufzustocken:

	Anteilige stille Reserven des D vor Verschmelzung (→ Rn. 134)	Faktor	Aufstockung	Minderwert Aktiva bei Buchwertansatz	Minderwert Aktiva bei Zwischenwertansatz
Bew. AnlageV	0.– EUR	1/10	0.– EUR	0.– EUR	0.– EUR
GuB	80 000.– EUR	1/10	8 000.– EUR	40 000.– EUR	32 000.– EUR
Gebäude	60 000.– EUR	1/10	6 000.– EUR	30 000.– EUR	24 000.– EUR
UmlaufV	0.– EUR	1/10	0.– EUR	0.– EUR	0.– EUR
Firmenwert	60 000.– EUR	1/10	6 000.– EUR	30 000.– EUR	24 000.– EUR
Summe	200 000.– EUR		20 000.– EUR	100 000.– EUR	80 000.– EUR

Es ist daher im Falle des Zwischenwertansatzes folgende negative Ergänzungsbilanz für D zu bilden:

Aktiva			**Passiva**
		Minderwert GuB	32 000.– EUR
		Minderwert Gebäude	24 000.– EUR
		Minderwert Firmenwert	24 000.– EUR
Minderkapital	80 000.– EUR	Summe Minderwert Aktiva	80 000.– EUR

h) Abwandlung des Formularfalls: Bilanzielle Umsetzung bei Buchwertfortführung in Gesamthandsbilanz

Abwandlung des Formularfalls: **137**

Alle Beteiligten bringen ihre Mitunternehmeranteile zum Buchwert ein. Auch in der steuerlichen Gesamthandsbilanz der Übernehmerin werden die übergehenden Wirtschaftsgüter mit den Buchwerten angesetzt.

In diesem Fall ergäbe sich folgende steuerliche Gesamthandsbilanz der Übernehmerin zum Übertragungsstichtag 31.12.00 (→ Rn. 85): **138**

Aktiva	Buchwert	Stille Res.			**Passiva**
Bew. AnlageV	1 050 000.– EUR	400 000.– EUR	KK I des A	200 000.– EUR	
GuB	200 000.– EUR	700 000.– EUR	KK I des B	200 000.– EUR	
Gebäude	700 000.– EUR	350 000.– EUR	KK I der C GmbH	320 000.– EUR	
Beteiligung	100 000.– EUR	50 000.– EUR	KK I des D	80 000.– EUR	
UmlaufV	1 250 000.– EUR	0.– EUR	KK II des A	575 000.– EUR	
Firmenwert	0.– EUR	600 000.– EUR	KK II des B	175 000.– EUR	
			KK II der C GmbH	860 000.– EUR	
			KK II des D	– 10 000.– EUR	
			Verlustvortrags-Kto des D	– 100 000.– EUR	2 300 000.– EUR
			Verbindlichkeiten		1 000 000.– EUR
Summe	3 300 000.– EUR	2 100 000.– EUR	Summe		3 300 000.– EUR

Die Beteiligung an den stillen Reserven sowie am Eigenkapital ändert sich durch die Verschmelzung wie folgt: **139**

		A	B	C GmbH	D
Beteiligungsquote	gesamt	25 %	25 %	40 %	10 %
Stille Reserven vor Verschmelzung	2 100 000.– EUR	550 000.– EUR	550 000.– EUR	800 000.– EUR	200 000.– EUR
Stille Reserven nach Verschmelzung	2 100 000.– EUR	525 000.– EUR	525 000.– EUR	840 000.– EUR	210 000.– EUR
Änderung	0.– EUR	– 25 000.– EUR	– 25 000.– EUR	+ 40 000.– EUR	+ 10 000.– EUR
./. KK II vor Verschmelzung	./. 1 500 000.– EUR	./. 550 000.– EUR	./. 150 000.– EUR	./. 900 000.– EUR	./. 0.– EUR
Saldo = Veränderung Eigenkapital durch Verschmelzung	0.– EUR	+ 25 000.– EUR	+ 25 000.– EUR	– 40 000.– EUR	– 10 000.– EUR

An Zeile 4 der vorstehenden Tabelle wird erkennbar, dass auch bei Buchwertfortführung **stille Reserven** verschoben werden, nämlich von A und B jeweils iHv. 25 000.– EUR. Diese stillen Reserven gehen iHv. 40 000.– EUR auf die C GmbH und iHv. 10 000.– EUR auf D über. Wie die letzte Zeile der vorstehenden Tabelle verdeutlicht, haben die C GmbH und D diese stillen Reserven durch eine entsprechende Verringerung ihres Anteils am bilanziellen Eigenkapital „bezahlt", das sich bei C um 40 000.– EUR und bei D um 10 000.– EUR reduziert hat. Grund für die Verschiebung stiller Reserven ist, dass vor der Verschmelzung die Überträgerin (1 100 000.– EUR) und die Übernehmerin (1 000 000.– EUR) über stille Reserven in unterschiedlicher Höhe verfügten.

Die Abwandlung des Formularfalls verdeutlicht, dass auch bei Buchwertfortführung und gleichzeitiger Übernahme der Buchwerte der Überträgerin in die steuerliche Gesamthandsbilanz der Übernehmerin **Ergänzungsbilanzen** zu erstellen sein können, im Formularfall wie folgt: **140**

– Bei A und B negative Ergänzungsbilanzen mit einem Minderkapital von jeweils 25 000.– EUR, um den im Tausch gegen die Minderung ihrer Beteiligung an den stillen Reserven eingetretenen Zuwachs bilanziellen Eigenkapitals zu neutralisieren und somit einerseits die Entstehung eines Einbringungsgewinns zu vermeiden, andererseits aber auch die Versteuerung der veräußerten, bisher in ihren Anteilen ruhenden stillen Reserven sicherzustellen;

- Bei C GmbH und D positive Ergänzungsbilanzen, um die sich aus der verschmelzungsbedingten Minderung ihrer Kapitalkonten ergebenden Anschaffungskosten für die Erhöhung ihrer Beteiligung an den stillen Reserven darzustellen. Das in den positiven Ergänzungsbilanzen auszuweisende Mehrkapital beträgt für die C GmbH 40 000.– EUR und für D 10 000.– EUR.

141 Der Anteil der von A und B abgegebenen stillen Reserven (= Minderkapital gemäß negativer Ergänzungsbilanz) von jeweils 25 000 EUR (→ Rn. 140) an den gesamten stillen Reserven in den von ihnen eingebrachten Anteilen (jeweils 550 000.– EUR, → Rn. 139) beträgt $^{25}/_{550} = {}^{1}/_{22}$. Die Minderwerte für die von A bzw. B anteilig eingebrachten, der Überträgerin vor Verschmelzung zustehenden Wirtschaftsgüter errechnen sich daher wie folgt:

Wirtschaftsgut der Überträgerin vor Verschmelzung	Stille Reserven der Überträgerin vor Verschmelzung	Davon auf den Einbringenden entfallend (50 %)	Multiplikator	Minderwert
Bew. AnlageV	300 000.– EUR	150 000.– EUR	$^{1}/_{22}$	6 818,18 EUR
GuB	400 000.– EUR	200 000.– EUR	$^{1}/_{22}$	9 090,91 EUR
Gebäude	50 000.– EUR	25 000.– EUR	$^{1}/_{22}$	1 136,36 EUR
Beteiligung	50 000.– EUR	25 000.– EUR	$^{1}/_{22}$	1 136,36 EUR
UmlaufV	0.– EUR	0.– EUR	$^{1}/_{22}$	0.– EUR
Firmenwert	300 000.– EUR	150 000.– EUR	$^{1}/_{22}$	6 818,18 EUR
Summe	1 100 000.– EUR	550 000.– EUR	$^{1}/_{22}$	25 000.– EUR

Die negative Ergänzungsbilanz sieht daher für A und B jeweils wie folgt aus:

Aktiva			**Passiva**
		Minderwert Bew. AnlageV	6 818,18 EUR
		Minderwert GuB	9 090,91 EUR
		Minderwert Firmenwert	1 136,36 EUR
		Minderwert Beteiligung	1 136,36 EUR
		Minderwert UmlaufV	0.– EUR
		Minderwert Firmenwert	6 818,18 EUR
Minderkapital	25 000.– EUR	Summe Minderwert Aktiva	25 000.– EUR

142 Der Anteil der auf die C GmbH übergegangenen stillen Reserven (= Mehrkapital gemäß positiver Ergänzungsbilanz) von 40 000.– EUR an den gesamten stillen Reserven in ihrem Anteil an der Übernehmerin nach Verschmelzung (840 000.– EUR, → Rn. 139) beträgt $^{40}/_{840} = {}^{1}/_{21}$. Die Mehrwerte für die von der C GmbH anteilig angeschafften, der Übernehmerin nach Verschmelzung zustehenden Wirtschaftsgüter errechnen sich daher wie folgt:

Wirtschaftsgut der Übernehmerin nach Verschmelzung	Stille Reserven der Übernehmerin nach Verschmelzung	Davon auf Einbringenden entfallend (40 %)	Multiplikator	Mehrwert
Bew. AnlageV	400 000.– EUR	160 000.– EUR	$^{1}/_{21}$	7 619,05 EUR
GuB	700 000.– EUR	280 000.– EUR	$^{1}/_{21}$	13 333,33 EUR
Gebäude	350 000.– EUR	140 000.– EUR	$^{1}/_{21}$	6 666,67 EUR
Beteiligung	50 000.– EUR	20 000.– EUR	$^{1}/_{21}$	952,38 EUR
UmlaufV	0.– EUR	0.– EUR	$^{1}/_{21}$	0.– EUR
Firmenwert	600 000.– EUR	240 000.– EUR	$^{1}/_{21}$	11 428,57 EUR
Summe	2 100 000.– EUR	840 000.– EUR	$^{1}/_{21}$	40 000.– EUR

Die positive Ergänzungsbilanz der C GmbH sieht daher wie folgt aus:

Aktiva			**Passiva**
Mehrwert Bew. AnlageV	7619,05 EUR		
Mehrwert GuB	13333,33 EUR		
Mehrwert Gebäude	6666,67 EUR		
Mehrwert Beteiligung	952,38 EUR		
Mehrwert UmlaufV	0.– EUR		
Mehrwert Firmenwert	11428,57 EUR		
Summe Mehrwert Aktiva	40000.– EUR	Summe Mehrkapital	40000.– EUR

143 Der Anteil der auf D übergegangenen stillen Reserven (10000.– EUR) an den gesamten stillen Reserven in seinem Anteil an der Übernehmerin nach Verschmelzung (210000.– EUR, → Rn. 139) beträgt $^{10}/_{210} = ^{1}/_{21}$. Die Mehrwerte für die von D anteilig angeschafften, der Übernehmerin nach Verschmelzung zustehenden Wirtschaftsgüter errechnen sich daher wie folgt:

Wirtschaftsgut der Übernehmerin nach Verschmelzung	Stille Reserven der Übernehmerin nach Verschmelzung	Davon auf Einbringenden entfallend (10%)	Multiplikator	Mehrwert
Bew. AnlageV	400000.– EUR	40000.– EUR	$^{1}/_{21}$	1904,76 EUR
GuB	700000.– EUR	70000.– EUR	$^{1}/_{21}$	3333,33 EUR
Gebäude	350000.– EUR	35000.– EUR	$^{1}/_{21}$	1666,67 EUR
Beteiligung	50000.– EUR	5000.– EUR	$^{1}/_{21}$	238,10 EUR
UmlaufV	0.– EUR	0.– EUR	$^{1}/_{21}$	·0.– EUR
Firmenwert	600000.– EUR	60000.– EUR	$^{1}/_{21}$	2857,14 EUR
Summe	2100000.– EUR	210000.– EUR	$^{1}/_{21}$	10000.– EUR

Die positive Ergänzungsbilanz des D sieht daher wie folgt aus:

Aktiva			**Passiva**
Mehrwert Bew. AnlageV	1904,76 EUR		
Mehrwert GuB	3333,33 EUR		
Mehrwert Gebäude	1666,67 EUR		
Mehrwert Beteiligung	238,10 EUR		
Mehrwert UmlaufV	0.– EUR		
Mehrwert Firmenwert	2857,14 EUR		
Summe Mehrwert Aktiva	10000.– EUR	Summe Mehrkapital	10000.– EUR

i) Fortentwicklung der Ergänzungsbilanzen

144 Die Ergänzungsbilanzen sind auch bei der künftigen Gewinnermittlung zu berücksichtigen und **korrespondierend** zur Gesamthandsbilanz **weiterzuentwickeln** (BFH v. 28.9.1995, IV R 57/94, BStBl. II 1996, 68; UmwSt-Erl. 2011, BMF v. 11.11.2011, BStBl. I 2011, 1314 Tz. 24.14). Wenn auf ein in der Gesamthandsbilanz aktiviertes Wirtschaftsgut zB AfA vorgenommen wird, ergibt sich für einen Mehr- oder Minderwert für das betreffende Wirtschaftsgut in einer Ergänzungsbilanz Folgendes:
- bei Ansatz eines Minderwertes in einer negativen Ergänzungsbilanz ein Ertrag
- bei Ansatz eines Mehrwertes in einer positiven Ergänzungsbilanz ein zusätzlicher Aufwand.

Hierbei handelt es sich jeweils um einen laufenden Ertrag (BFH v. 25.4.2006, VIII R 52/04, BStBl. II 2006, 847; UmwSt-Erl. 2011, BMF v. 11.11.2011, BStBl. I 2011, 1314 Tz. 24.14) bzw. Aufwand des Gesellschafters, für den die Ergänzungsbilanz gebildet wurde. Entsprechendes gilt für sonstige Änderungen der Ansätze in der Gesamthandsbilanz, zB Veräußerungen (BFH v. 28.9.1995, IV R 57/94, BStBl. II 1996, 68). Daran soll sich nach Ansicht der Verw. (BMF v. 19.12.2016, BStBl. I 2017, 34) durch BFH v. 20.11.2014, IV R 1/11, (BStBl. II 2017, 34) nichts geändert haben: Nach diesem Urteil soll sich zwar die AfA des Erwerbers eines Mitunternehmeranteils nach den im Zeitpunkt des Anteilserwerbs geltenden Restnutzungsdauern der anteilig erworbenen Wirtschaftsgüter bemessen, wobei dem Anteilserwerber insoweit die Abschreibungswahlrechte zustünden, die ein Einzelunternehmer in Anspruch nehmen könnte, wenn er ein entsprechendes Wirtschaftsgut im Zeitpunkt des Anteilserwerbs angeschafft hätte (BFH v. 20.11.2014, IV R 1/11, aaO Tz. 18f.). In den Fällen des § 24 UmwStG soll dies nach Ansicht der FinVerw. aber nur für die Fälle des § 24 Abs. 4, § 23 Abs. 4 Hs. 1 UmwStG gelten, also für die Einbringung zum gemeinen Wert im Wege der Einzelrechtsnachfolge; in allen anderen Fällen, also bei Ansatz von Buch- oder Zwischenwerten sowie generell im Falle der Einbringung im Wege der Gesamtrechtsnachfolge (wie zB im Formularfall durch Verschmelzung), solle es hingegen bei der Weiterentwicklung der Ergänzungsbilanzen korrespondierend zur Gesamthandsbilanz (BFH v. 28.9.1995, IV R 57/94, BStBl. II 1996, 68; UmwSt-Erl. 2011, BMF v. 11.11.2011, BStBl. I 2011, 1314 Tz. 24.14) bleiben (BMF v. 19.12.2016, BStBl. I 2017, 34 unter 2.; gl. A. *Bolk* DStR 2018, 424 unter Hinweis auf die steuerliche Rechtsnachfolge des übernehmenden Rechtsträgers gemäß § 24 Abs. 4, § 23 Abs., § 12 Abs. 3 Satz 1 UmwStG).

j) Ausgleich bei unterschiedlicher Realisierung

145 Soweit einzelne Mitunternehmer (ganz oder teilweise) gezwungen sind, stille Reserven zu realisieren, oder dies freiwillig tun, ergeben sich Ausgleichsprobleme zwischen den Gesellschaftern: Diejenigen Mitunternehmer, die steuerpflichtig stille Reserven realisieren, finanzieren dadurch im Ergebnis eine Erhöhung der gewerbesteuerlichen **Abschreibungsbasis** in der Personengesellschaft; einkommen- bzw. körperschaftsteuerlich besteht das Problem nicht, da sich insoweit die Auswirkungen der unterschiedlichen Realisierung über (positive oder negative) Ergänzungsbilanzen auf den jeweiligen Einbringenden beschränken (→ Rn. 144). **Gewerbesteuerlich** kommen die erhöhten Abschreibungen hingegen auch den übrigen Gesellschaftern anteilig zugute. Zum Ausgleich bieten sich insb. folgende Verfahren an:

- **Ausgleichszahlungen** zwischen den Gesellschaftern in Höhe des Barwerts der Steuervorteile: Derartige Ausgleichszahlungen stellen aber ihrerseits eine Zuzahlung dar und führen daher dazu, dass für den Zahlungsempfänger im Verhältnis der Zuzahlungen zum gemeinen Wert des eingebrachten Mitunternehmeranteils § 24 UmwStG unanwendbar ist und daher eine gewinnrealisierende Veräußerung vorliegt (→ Rn. 108).
- **abweichende Gewinnverteilungsregelung** bis zum Ablauf der erhöhten Abschreibung. Diese ist als solche nicht steuerpflichtig (wohl aber nach den allgemeinen Vorschriften ggf. die dem Begünstigen hieraus zugewiesenen Mehrgewinne).

In beiden Fällen sollte die entspr. Vereinbarung wegen des wirtschaftlichen Zusammenhangs im Rahmen des Verschmelzungsvertrages mitbeurkundet werden; die Gewinnverteilungsabrede bedarf zudem der Aufnahme in den Gesellschaftsvertrag. Entsprechende Gewinnverteilungsabreden sind vergleichsweise kompliziert und mit erheblichem, jährlich wiederkehrendem Rechenaufwand verbunden. Sie lohnen sich daher allenfalls in Gemeinden mit hohem gewerbesteuerlichen Hebesatz. Im Formularfall wird auf eine entsprechende Regelung verzichtet.

5. Rechtsfolgen bei den Einbringenden und der Überträgerin

a) Veräußerung, § 24 Abs. 3 Satz 1 UmwStG

146 Da gemäß § 24 Abs. 3 Satz 1 UmwStG der von der übernehmenden Personengesellschaft in ihrer Bilanz einschließlich der Ergänzungsbilanzen für ihre Gesellschafter

angesetzte Wert des eingebrachten Betriebsvermögens für den Einbringenden als **Veräußerungspreis** gilt, entsteht bei den Einbringenden im Falle des Ansatzes eines über den Buchwerten ihrer steuerlichen Kapitalkonten liegenden Wertes (Teil- oder Zwischenwert) ein der Einkommen- bzw. Körperschaftsteuer unterliegender Veräußerungs- bzw. **Einbringungsgewinn,** im Falle eines unter dem Buchwert liegenden gemeinen Wertes durch den nach Ansicht der FinVerw. zwingenden Ansatz des niedrigeren gemeinen Wertes (→ Rn. 112) hingegen ein Einbringungs- bzw. Veräußerungsverlust. Die steuerliche Behandlung des Einbringungsergebnisses richtet sich nach den allgemeinen Vorschriften (UmwSt-Erl. 2011, BMF v. 11.11.2011, BStBl. I 2011, 1314 Tz. 24.03 iVm. Tz. 20.25); → Rn. 151 ff. und Rn. 164 ff. Wird später der von der Übernehmerin angesetzte Wert im Rahmen der Besteuerung der Übernehmerin korrigiert, so ändert sich dadurch zugleich der beim Einbringenden zu berücksichtigende Veräußerungspreis (BFH v. 20.4.2011, I R 97/10, BStBl. II 2011, 815 zu § 20 Abs. 4 Satz 1 UmwStG 1995). Dafür reicht ein der Übernehmerin gegenüber ergangener Steuerbescheid, der unter Beibehaltung der von der Übernehmerin getroffenen Wertentscheidung dem Grund nach (also über den Ansatz von Buch-, Teil- oder Zwischenwerten) auf dem Ansatz anderer als von der Übernehmerin angesetzter Werte beruht, jedenfalls dann aus, wenn dieser Steuerbescheid bestandskräftig geworden ist; einer Änderung der Handels- oder Steuerbilanz bedarf es nicht (BFH v. 20.4.2011, I R 97/10, BStBl. II 2011, 815, Rn. 16 f. zu § 20 Abs. 4 Satz 1 UmwStG 1995). Handelt es sich bei der durch den Steuerbescheid bewirkten Korrektur um eine **Erhöhung** der von der Übernehmerin angesetzten Werte, können sich gegen den Bescheid regelmäßig nur die Einbringenden (→ Rn. 94) im Wege der Drittanfechtung zur Wehr setzen; die Übernehmerin hat mangels Rechtsverletzung regelmäßig keine Einspruchs- bzw. Klagebefugnis, denn das Klagebegehren würde für sie (durch eine Verminderung der AfA-Bemessungsgrundlage) zu höheren Steuern führen (BFH v. 8.6.2011, I R 79/10, BStBl. II 2012, 421).

Der Einbringungsgewinn ist ggf. mit laufenden oder **verrechenbaren Verlusten** 147
des Einbringenden in der übertragenden Kommanditgesellschaft (§ 15a EStG) (Blümich/*Nitzschke* UmwStG 2006 § 24 Rn. 49; DPM/*Patt* UmwStG (SEStEG) § 24 Rn. 139; *Rödder/Schumacher* DB 1998, 99 unter III 2) sowie – allerdings unter Beachtung der Mindestbesteuerung (§ 10d Abs. 2 Satz 1 EStG) – mit Verlustvorträgen des Einbringenden zu verrechnen (s. zu § 20 UmwStG RHL/*Herlinghaus* UmwStG § 20 Rn. 424). Zur Einschränkung der Verrechnung bei Kapitalgesellschaften als Einbringenden gemäß § 24 Abs. 4, § 20 Abs. 6 Satz 4, § 2 Abs. 4 Satz 1 UmwStG, wenn es im Rückwirkungszeitraum zu einem verlustschädlichen Ereignis iSv. § 8c KStG kommt, → Rn. 115a. Eine Verrechnung nach § 15a Abs. 2 Satz 1 EStG scheidet aus, soweit der Einbringungsgewinn aus der Einbringung von **Sonderbetriebsvermögen** herrührt (DPM/*Patt* UmwStG (SEStEG) § 24 Rn. 139); § 15a Abs. 2 EStG lässt die Verrechnung nämlich nur mit Gewinnen aus der **Beteiligung an der Kommanditgesellschaft** zu, was bei Sonderbetriebseinnahmen zu verneinen ist (vgl. Schmidt/*Wacker* EStG § 15a Rn. 104). Zum (streitigen) **Übergang** der nach einer solchen Verrechnung ggf. noch verbleibenden verrechenbaren Verluste auf die Beteiligung an der Übernehmerin → Rn. 186 ff.

einstweilen frei 148

Für die Ermittlung des Einbringungsgewinns bzw. -verlusts ist ausschließlich der 149
tatsächliche Ansatz der übergehenden Wirtschaftsgüter bei der **übernehmenden Personengesellschaft** maßgeblich, § 24 Abs. 3 Satz 1 UmwStG; bereits durchgeführte Veranlagungen des Einbringenden sind ggf. gemäß § 175 Abs. 1 Satz 1 Nr. 2 AO zu ändern (UmwSt-Erl. 2011, BMF v. 11.11.2011, BStBl. I 2011, 1314 Tz. 24.03 iVm. Tz. 20.23). Mangels eines gesetzlichen Veto- oder Mitspracherechts der Einbringenden (→ Rn. 113) empfiehlt es sich, wenn ein Veräußerungsgewinn vermieden werden soll, eine ausdrückliche Vereinbarung im Verschmelzungsvertrag, dass die Übernehmerin

die Buchwerte fortzuführen hat (→ Form. A.9.2 § 3 Abs. 4). Soweit diese schuldrechtliche Verpflichtung nicht eingehalten wird, ist dies zwar steuerlich unbeachtlich, weil für die Besteuerung ausschließlich der tatsächliche Wertansatz zugrundezulegen ist, auch wenn er von einer mit dem Einbringenden getroffenen Vereinbarung abweicht. Jedoch kann sich die übernehmende Personengesellschaft ggf. den Einbringenden gegenüber schadensersatzpflichtig machen; der Verschmelzungsvertrag dürfte insoweit als Vertrag zugunsten der Einbringenden anzusehen sein.

150 *einstweilen frei*

b) Besteuerung des Einbringungsgewinns bei natürlichen Personen

151 Der Einbringungs- bzw. Veräußerungsgewinn unterliegt, soweit er auf natürliche Personen entfällt, nach näherer Maßgabe von § 24 Abs. 3 Satz 2 UmwStG im Falle des Ansatzes des **gemeinen Wertes** mit Ansatz eines Geschäfts- bzw. Firmenwertes anteilig den einkommensteuerlichen **Vergünstigungen** der §§ 16 Abs. 4, 34 EStG. Im Falle des **Zwischenwertansatzes** können diese Vergünstigungen hingegen nicht in Anspruch genommen werden (UmwSt-Erl. 2011, BMF v. 11.11.2011, BStBl. I 2011, 1314 Tz. 24.15).

152 Des Weiteren unterliegt der Einbringungsgewinn als Veräußerung des gesamten Mitunternehmeranteils gemäß § 7 Satz 2 Nr. 2 GewStG und GewStR 7.1 Abs. 3 Nr. 1 **nicht** der **Gewerbesteuer;** dies gilt nicht nur bei Ansatz des gemeinen Wertes, sondern auch bei Ansatz von Zwischenwerten (DPM/*Patt* UmwStG (SEStEG) § 24 Rn. 152).

153 Der Einbringungsgewinn wird jedoch auch bei Ansatz des **gemeinen Wertes** als **laufender Gewinn** fingiert, soweit auf Seiten der Überträgerin und der Übernehmerin **dieselben Personen** Mitunternehmer sind, § 24 Abs. 3 Satz 3 UmwStG iVm. § 16 Abs. 2 Satz 3 EStG (UmwSt-Erl. 2011, BMF v. 11.11.2011, BStBl. I 2011, 1314 Tz. 24.16). Insoweit sind bei natürlichen Personen die §§ 16 Abs. 4, 34 EStG **unanwendbar;** außerdem soll der Gewinn, soweit er laufender Gewinn ist, nach Ansicht von Rechtsprechung und FinVerw. gemäß § 7 Satz 1 GewStG iVm. § 24 Abs. 3 Satz 3 UmwStG, § 16 Abs. 2 Satz 3 EStG der **Gewerbesteuer** unterliegen (UmwSt-Erl. 2011, BMF v. 11.11.2011, BStBl. I 2011, 1314 Tz. 24.17 unter Hinweis auf BFH v. 15. 6. 2004, VIII R 7/01, BStBl. II 2004, 754; RHL/*Rasche* UmwStG § 24 Rn. 134; aA mit beachtlichen Gründen DPM/*Patt* UmwStG (SEStEG) § 24 Rn. 153; zweifelnd auch *Rödder/Schumacher* DB 1998, 99 unter III 2).

154 Der Anteil, zu welchem der Einbringende an sich selbst veräußert und damit gemäß § 16 Abs. 2 Satz 3 EStG einen **laufenden Gewinn** erzielt, entspricht nach Ansicht der FinVerw. dem **Verhältnis** der gesamthänderischen **Beteiligung** des Einbringenden **nach** und **vor** der **Einbringung** (siehe das Beispiel in UmwSt-Erl. 2011, BMF v. 11.11.2011, BStBl. I 2011, 1314 Tz. 24.16; zustimmend WM/*Widmann* UmwStG 1995 § 24 Rn. 251.5). Im Formularfall bedeutet dies:

A ist nach der Verschmelzung an der Übernehmerin zu 200 000.– EUR/800 000.– EUR = 25% beteiligt; vor der Verschmelzung betrug seine Beteiligung an der Überträgerin 200 000.– EUR/400 000.– EUR = 50%. Der Einbringungsgewinn des A iHv. 550 000.– EUR würde nach der Verwaltungsauffassung also zu $^{25}/_{50}$ = 50% einen laufenden Gewinn und zu 50% einen begünstigen Veräußerungsgewinn im Sinne der §§ 16 Abs. 4, 34 EStG darstellen. Dies senkt die Attraktivität der steuerlichen Vergünstigungen der §§ 16 Abs. 4, 34 EStG in Einbringungsfällen erheblich.

Nach anderer Auffassung ist bei der Ermittlung des laufenden Gewinnes nur auf die Beteiligung des Einbringenden an der Übernehmerin nach Verschmelzung abzustellen (HMB/*Bär/Merkle* UmwStG § 24 Rn. 176b mwN). Danach würde A zu 25% einen laufenden Gewinn und zu 75% einen begünstigten Veräußerungsgewinn erzielen.

155 *einstweilen frei*

Einkommensteuerlich steht natürlichen Personen beim Ansatz des gemeinen Wertes grds. nur die wenig attraktive **Fünftelregelung** gemäß § 34 Abs. 1 EStG offen, § 24 Abs. 3 Satz 2 (HS 2) UmwStG. **156**

Ebenfalls nur bei Ansatz des gemeinen Wertes können Gesellschafter, die das 55. Lebensjahr vollendet haben oder im sozialversicherungsrechtlichen Sinne dauernd berufsunfähig sind, stattdessen gemäß § 34 Abs. 3 EStG für den beim Ansatz des gemeinen Wertes entstehenden Veräußerungsgewinn iSd. § 16 EStG auch die Besteuerung zum **ermäßigten Steuersatz** (seit VZ 2004 56% des vollen Steuersatzes, § 34 Abs. 3 EStG idF des HBeglG 2004 v. 29.12.2003, BGBl. I 2003, 3976) beantragen, soweit der Einbringungsgewinn den Betrag von **5 Mio. EUR** nicht übersteigt, § 24 Abs. 3 Satz 2 HS 2 UmwStG (UmwSt-Erl. 2011, BMF v. 11.11.2011, BStBl. I 2011, 1314 Tz. 24.03 iVm. Tz. 20.27). **157**

Der vorgenannte Personenkreis kann daneben unter den vorgenannten Voraussetzungen auch den **Freibetrag** gemäß § 16 Abs. 4 EStG geltend machen, § 24 Abs. 3 Satz 2 HS 1 UmwStG. Sowohl der Freibetrag als auch der ermäßigte Steuersatz werden jeweils nur auf Antrag einmal im Leben gewährt. **158**

einstweilen frei **159**

Bei **Zwischenwertansatz** sind hingegen weder § 16 Abs. 4 EStG noch § 34 Abs. 1, 3 EStG anwendbar; dasselbe gilt im Falle der Einbringung nur eines Teils eines Mitunternehmeranteils, § 24 Abs. 3 Satz 2 HS 1 UmwStG. **160**

Der auf Anteile an Kapitalgesellschaften entfallende Teil des Einbringungsgewinns ist zudem nur insoweit durch die Fünftelregelung gemäß § 34 Abs. 1 EStG oder den „ermäßigten" Steuersatz gemäß § 34 Abs. 3 EStG begünstigt, als nicht das Teileinkünfteverfahren eingreift, § 24 Abs. 3 Satz 2 HS 2 UmwStG (UmwSt-Erl. 2011, BMF v. 11.11.2011, BStBl. I 2011, 1314 Tz. 24.03 iVm. Tz. 20.25). **161**

§ 34 Abs. 1, 3 EStG sind des Weiteren unanwendbar, wenn der Einbringende den Einbringungsgewinn ganz oder teilweise nach § 6b EStG (hierzu → Rn. 166f.) neutralisiert, § 34 Abs. 1 Satz 4, Abs. 3 Satz 6 EStG (UmwSt-Erl. 2011, BMF v. 11.11.2011, BStBl. I 2011, 1314 Tz. 24.03 iVm. Tz. 20.26). **162**

Ein **Einbringungsverlust,** der insb. bei einem **unter dem Buchwert** liegenden **gemeinen Wert** entstehen kann (→ Rn. 112 und Rn. 146), ist bei dem oder den Einbringenden nach allgemeinen Grundsätzen voll bzw. – soweit er auf eingebrachte Anteile an Kapitalgesellschaften entfällt – gemäß § 3c Abs. 2 EStG zu 60% verrechenbar bzw. gemäß § 10d EStG vor- und rücktragbar (so zu § 20 UmwStG RHL/*Herlinghaus* UmwStG § 20 Rn. 422; DPM/*Patt* UmwStG § 20 Rn. 254). **163**

c) Besteuerung des Einbringungsgewinns bei Kapitalgesellschaften

Soweit der Einbringungsgewinn auf eine Kapitalgesellschaft als Einbringenden entfällt, unterliegt er sowohl der **Körperschaftsteuer** als auch gemäß § 7 Satz 2 Nr. 2 GewStG idF UntStFG v. 20.12.2001 (BGBl. I 2001, 3858) der **Gewerbesteuer.** Soweit er auf eingebrachte Anteile an einer anderen Kapitalgesellschaft entfällt, ist er im Rahmen des Anwendungsbereiches von § 8b Abs. 2 KStG im Ergebnis nur zu 5% zu versteuern, § 8b Abs. 3 Satz 1 KStG (Rückausnahme § 8b Abs. 7 und 8 KStG). **164**

Ein **Einbringungsverlust** ist bei dem oder den Einbringenden nach allgemeinen Grundsätzen voll verrechenbar bzw. gemäß § 10d EStG vor- und rücktragbar (so zu § 20 UmwStG RHL/*Herlinghaus* UmwStG § 20 Rn. 422; DPM/*Patt* UmwStG § 20 Rn. 254), soweit er nicht auf Anteile an Kapitalgesellschaften entfällt und daher grundsätzlich gemäß § 8b Abs. 3 Satz 3 KStG (Rückausnahme § 8b Abs. 7 und 8 KStG) nicht zu berücksichtigen ist. **165**

d) Begünstigung nach § 6b EStG

Soweit zum Anlagevermögen der übertragenden Personengesellschaft von § 6b EStG begünstigte Wirtschaftsgüter gehören (Grund und Boden, Gebäude, bei natürli- **166** chen Personen gemäß § 6b Abs. 10 EStG auch Kapitalgesellschaftsanteile), besteht die Möglichkeit zur **Neutralisierung** des auf das begünstigte Vermögen entfallenden Gewinns durch Übertragung oder Bildung einer Rücklage gemäß **§ 6b EStG** (UmwSt-Erl. 2011, BMF v. 11.11.2011, BStBl. I 2011, 1314 Tz. 24.03 iVm. Tz. 20.26).

167 Soweit (bei natürlichen Personen als Einbringenden) der Einbringungsgewinn auf Kapitalgesellschaftsanteile entfällt, ist die Neutralisierung nur möglich, soweit der Betrag von 500 000.– EUR nicht überschritten wird (§ 6b Abs. 10 Satz 1 EStG) und **soweit** an der übertragenden Personengesellschaft nicht auch Kapitalgesellschaften beteiligt sind, § 6b Abs. 10 Satz 10 EStG.

e) Übergangsergebnis bei Gewinnermittlung nach § 4 Abs. 3 EStG

168 Ermittelt die Überträgerin ihren Gewinn nach § 4 Abs. 3 EStG **(Einnahme-Überschussrechnung),** war sie nach Ansicht der FinVerw. bisher so zu behandeln, als ob sie zum steuerlichen Übertragungsstichtag zur Gewinnermittlung durch Betriebsvermögensvergleich nach § 4 Abs. 1 EStG übergegangen sei (EStR 4.5 Abs. 6; s. auch UmwSt-Erl. 2011, BMF v. 11.11.2011, BStBl. I 2011, 1314 Tz. 24.03). Der BFH ist demgegenüber der Ansicht, ein solcher Übergang sei bei einer Einbringung zum Buchwert nicht erforderlich (BFH v. 13.9.2001, IV R 13/01, BStBl. II 2002, 287; BFH v. 14.11.2007, XI R 32/06, BFH/NV 2008, 385. Nachdem der BFH für die Realteilung einer freiberuflichen Mitunternehmerschaft die Verpflichtung zur Erstellung einer Realteilungsbilanz nebst Übergangsgewinnermittlung verneint hat, wenn die Buchwerte fortgeführt werden und die Mitunternehmer unter Aufrechterhaltung der Gewinnermittlung durch Einnahme-Überschussrechnung ihre berufliche Tätigkeit in Einzelpraxen fortsetzen (BFH v. 11.4.2013, III R 32/12, BStBl. II 2014, 242), folgt die FinVerw. dem nunmehr unter entsprechenden Voraussetzungen, d.h. wenn **(1)** die Buchwerte fortgeführt werden und **(2)** die Übernehmerin ihren Gewinn ebenfalls zulässigerweise im Wege der Einnahme-Überschussrechnung ermittelt, auch für Einbringungen iSd. § 24 UmwStG (OFD NRW v. 9.2.2016, DStR 2016, 1031; OFD Niedersachsen v. 3.3.2017, DStR 2017, 985 – bundeseinheitlich abgestimmt; *Levedag* DStR 2017, 1233; *Urban* DStR 2017, 1248)..

Aus dem Übergang zur Gewinnermittlung durch Betriebsvermögensvergleich ergäbe sich (zB durch die erforderliche Aktivierung von Honorarforderungen) häufig per Saldo ein Gewinn. Hierbei handelt es sich um einen laufenden Gewinn des Einbringenden und nicht um einen Veräußerungsgewinn (BFH v. 23.11.1961, IV 98/60 S, BStBl. III 1962, 199). Dieser sog. **Übergangsgewinn** könnte nicht nach EStR 4.6 Abs. 1 auf drei Jahre verteilt werden (vgl. EStH 4.5 Abs. 6; BFH v. 13.9.2001, IV R 13/01, BStBl. II 2002, 287). Zur Vermeidung des Übergangsgewinns konnte es sich anbieten, die Honorarforderungen zurückzubehalten; falls sie nicht ausdrücklich in das Privatvermögen entnommen werden, ordnet der BFH sie in diesem Fall weiterhin dem (zurückbehaltenen) Betriebsvermögen zu und verneint insoweit die Notwendigkeit der Aktivierung in der Übergangsbilanz (BFH v. 14.11.2007, XI R 32/06, BFH/NV 2008, 385).

f) Thesaurierte Gewinne, § 34a EStG

169 Im Falle des Ansatzes der übergehenden Wirtschaftsgüter mit dem **gemeinen Wert** oder einem **Zwischenwert** ist gem. § 34a Abs. 6 Satz 1 Nr. 1 EStG eine **Nachversteuerung** der thesaurierten Gewinnen der übertragenden Personenhandelsgesellschaft vorzunehmen; dies folgt im Gegenschluss aus § 34a Abs. 7 Satz 2 EStG, der für den Fall der Buchwertfortführung den Übergang der für die eingebrachten Mitunternehmeranteile festgestellten nachversteuerungspflichtigen Beträge auf die hierfür gewährten Mitunternehmeranteile anordnet.

170 Die Steuer kann auf Antrag bei begründeten Härten bis zu zehn Jahre ratierlich gestundet werden, § 34a Abs. 6 Satz 2 EStG.

6. Besteuerung der Übernehmerin

a) Einlage

Der Übergang des Betriebsvermögens der Überträgerin auf die übernehmende Personengesellschaft unterliegt bei dieser bzw. ihren Gesellschaftern als Anschaffung (UmwSt-Erl. 2011, BMF v. 11.11.2011, BStBl. I 2011, 1314 Tz. 00.02) nicht der Besteuerung. **171**

b) Objektbezogene Kosten als Anschaffungsnebenkosten

Objektbezogene Kosten, insb. anfallende **Grunderwerbsteuer,** sind unabhängig von der Ausübung des antragsgebundenen Wahlrechts (§ 24 Abs. 2 Satz 2 UmwStG) als **Anschaffungsnebenkosten** zu aktivieren (UmwSt-Erl. 2011, BMF v. 11.11.2011, BStBl. I 2011, 1314 Tz. 24.03 iVm. Tz. 23.01; DPM/*Patt* UmwStG (SEStEG) § 20 Rn. 235); dies gilt jedoch **nicht** für die in Folge einer **Anteilsvereinigung** nach § 1 Abs. 3 GrEStG entstehende Grunderwerbsteuer (BFH v. 20.4.2011, I R 2/10, BStBl. II 2011, 761 und UmwSt-Erl. 2011, BMF v. 11.11.2011, BStBl. I 2011, 1314 Tz. 24.03 iVm. Tz. 23.01). **172**

c) Ansatz der übergehenden Wirtschaftsgüter in der Folgebilanz der Übernehmerin

Wurden von der Übernehmerin im Zuge des Ansatzes eines über dem Buchwert liegenden Wertes gemäß § 24 Abs. 2 Satz 1 oder Satz 2 Alt. 2 UmwStG sog. „stille Lasten" aufgedeckt, deren Ansatz in einer Steuerbilanz grundsätzlich nicht zulässig ist (zB Drohverlustrückstellungen gemäß § 5 Abs. 4a EStG; → Rn. 111b, → Rn. 112a und → Rn. 116a; nicht jedoch Pensionsrückstellungen, § 24 Abs. 2 Satz 1 2. Hs. UmwStG, → Rn. 111c), so ist gemäß § 4f Abs. 1 Sätze 1 und 2 EStG der aus der Übertragung von Verpflichtungen, die beim ursprünglich Verpflichteten Ansatzverboten, -beschränkungen oder Bewertungsvorbehalten unterlegen haben, in Höhe der aufgedeckten stillen Lasten entstehende Aufwand nicht sofort in voller Höhe, sondern nur gleichmäßig verteilt im Wirtschaftsjahr der Schuldübernahme und den nachfolgenden 14 Jahren als Betriebsausgabe abziehbar. **173**

Ohne Wahlrecht zwingend sofort zu berücksichtigen ist der steuerliche Aufwand des Veräußerers nur bei kleinen und mittleren Betrieben iSv. § 7g Abs. 1 Satz 2 Nr. 1 Buchst. a bis c EStG, beim Wechsel eines Arbeitnehmers zu einem neuen Arbeitgeber unter Mitnahme seiner erworbenen Pensionsansprüche und des Weiteren auch dann, wenn die Schuldübernahme im Rahmen einer **Veräußerung** oder **Aufgabe** des **ganzen Betriebes** oder des **gesamten Mitunternehmeranteils** iSd. §§ 14, 16 Abs. 1, 3 und 3a sowie des § 18 Abs. 3 erfolgt, § 4f Satz 3 EStG. **173a**

Parallel dazu, aber unabhängig davon, ob der Aufwand aus der Aufdeckung der stillen Lasten beim Überträger gemäß § 4f Abs. 1 Sätze 1 und 2 EStG über 15 Jahre verteilt oder gemäß § 4f Abs. 1 Satz 3 EStG sofort abziehbar ist (*Benz/Placke* DStR 2013, 2653, 2657), hat der Erwerber die betreffenden Verpflichtungen gemäß § 5 Abs. 7 Satz 1 EStG idF AIFM-StAnpG v. 18.12.2013 (BGBl. I 2013, 4316) zu den auf die Übernahme folgenden Bilanzstichtagen so zu bilanzieren, wie sie beim ursprünglich Verpflichteten ohne Übernahme zu bilanzieren gewesen wären, dh. die Aufdeckung der stillen Lasten wird rückgängig gemacht. **173b**

Immerhin gewährt der Gesetzgeber dem Erwerber insoweit eine Erleichterung, als dieser iHv. $^{14}/_{15}$ des sich daraus ergebenden Ertrages eine gewinnmindernde Rücklage bilden darf (aber nicht muss), die in den folgenden 14 Wirtschaftsjahren jeweils mit mindestens $^{1}/_{14}$ (§ 5 Abs. 7 Satz 5 EStG idF AIFM-StAnpG v. 18.12.2013 (BGBl. I 2013, 4316), im Falle des vorzeitigen Wegfalls der zugrundeliegenden Verpflichtung in **173c** der dann noch bestehenden Höhe hingegen sofort (§ 5 Abs. 7 Satz 6 EStG idF AIFM-StAnpG) gewinnerhöhend aufzulösen ist.

173d Die Erleichterung für den Erwerber geht freilich regelmäßig – wenn auch wegen der Ausnahmeregelungen in § 4f Abs. 1 Satz 3 EStG (→ Rn. 173c) nicht notwendigerweise – mit einer Belastung des Veräußerers durch die Streckung der Abziehbarkeit des Aufwands aus der Aufdeckung der stillen Lasten in gleicher Höhe einher (→ Rn. 173b); durch die gesetzliche Regelung wird also im Ergebnis die Aufdeckung der stillen Lasten zumindest im Regelfall wieder rückgängig gemacht.

173e Nach ganz überwiegender Auffassung sollen die Regelungen in § 4f EStG (Aufwandsverteilung beim Überträger über 15 Jahre) und in § 5 Abs. 7 EStG (Rückgängigmachung der Aufdeckung der stillen Lasten beim Erwerber) zwar grundsätzlich auch bei Umwandlungsvorgängen Anwendung finden (*Widmann,* FS Haarmann, S. 1013 ff., 1020; *Benz/Placke* DStR 2013, 2653, 2656, jeweils unter Hinweis auf die Gesetzesbegründung BT-Drs. 18/68 S. 73; im Ausgangspunkt auch Blümich/*Krumm* EStG § 4f Rn. 34; HHR/*Schober* EStG § 4f Rn. 16; aA mit beachtlichen Gründen RHL/*Herlinghaus* § 20 UmwStG Rz. 253; *Adrian/Fey* StuB 2014, 53, 57: UmwStG sei Spezialregelung zu §§ 4f, 5 Abs. 7 EStG).

Unterschiedliche Auffassungen werden jedoch zu der Frage vertreten, ob und ggf. inwieweit bei Umwandlungsvorgängen die in § 4f Abs. 1 Satz 3 1. Hs. EStG statuierte Ausnahmeregelung für die **Veräußerung** oder **Aufgabe** des **ganzen Betriebes** oder des **gesamten Mitunternehmeranteils** (→ Rn. 173c) eingreift:

173f Nach einer Auffassung soll diese **Ausnahmeregelung** bei Umwandlungsvorgängen nach dem UmwStG schlechthin **unanwendbar** sein, weil der Gesetzgeber (BT-Drs. 18/68 S. 73) solche vom Anwendungsbereich des § 4f Abs. 1 Satz 3 1. Hs. EStG generell habe ausnehmen wollen (so wohl *Benz/Placke* DStR 2013, 2653, 2656).

Dem wird – im Grundsatz zu Recht – entgegengehalten, dass eine entsprechende Intention des Gesetzgebers in dieser Allgemeinheit im Gesetzeswortlaut keinen hinreichenden Niederschlag gefunden habe (HHR/*Schober* EStG § 4f Rn. 16; Blümich/*Krumm* EStG § 4f Rn. 34). Jedoch entfernt sich die Gegenauffassung ihrerseits zu weit von der Gesetzesbegründung, soweit sie umgekehrt die Mehrzahl der Umwandlungsfälle als Veräußerungen iSv. § 4f Abs. 1 Satz 3 1. Hs. EStG ansehen und daher von einer Aufwandsverteilung absehen will, weil auch die FinVerw. (UmwSt-Erl. 2011, BMF v. 11.11.2011, BStBl. I 2011, 1314 Tz. 00.02; → Rn. 167) Umwandlungen regelmäßig als Veräußerungs- bzw. Anschaffungsvorgänge einordne (HHR/*Schober* EStG § 4f Rn. 16): Diese Sichtweise verkennt, dass der Gesetzgeber des § 4f Abs. 1 Satz 3 1. Hs. EStG ausweislich der Gesetzesbegründung offenkundig einen engeren Veräußerungsbegriff vor Augen gehabt hat als die FinVerw. in UmwSt-Erl. 2011, BMF v. 11.11.2011, BStBl. I 2011, 1314 Tz. 00.02, was in Form des expliziten Verweises auf die § 14, § 16 Abs. 1, 3 und 3a, § 18 Abs. 3 EStG letztlich auch hinreichenden Niederschlag im Gesetzestext gefunden hat.

173g Zu folgen ist daher einer **differenzierenden Auffassung** (grundlegend *Widmann,* FS Haarmann, S. 1013ff; iE wohl auch Blümich/*Krumm* EStG § 4f Rn. 34), die der Gesetzesbegründung in eingeschränktem Umfang Geltung verschaffen will, nämlich in erster Linie bei Verschmelzungen und Formwechseln von Körperschaften nach dem 2. und 3. Teil des UmwStG (*Widmann,* FS Haarmann aaO unter Ziff. 3.1, S. 1019 ff. und Ziff. 3.2, S. 1025 f.) sowie bei Auf- und Abspaltungen nach dem 4. Teil des UmwStG (*Widmann,* FS Haarmann aaO unter Ziff. 3.3, S. 1026 und Ziff. 3.4, S. 1027): In diesen Fallgruppen kann im Einklang mit der Gesetzesbegründung eine Aufwandsverteilung allenfalls gemäß § 4f Abs. 1 Satz 3 2. Hs. 2. Alt. EStG unterbleiben, also wenn die Überträgerin ein kleines oder mittleres Unternehmen iSv. § 7g Abs. 1 Satz 2 Nr. 1 Buchst. a bis c EStG ist (*Widmann,* FS Haarmann aaO unter Ziff. 3.1.2, S. 1021). Bei der **Einbringung** eines ganzen Betriebs oder eines ganzen Mitunternehmeranteils iSd. 6. oder 7. Teils des UmwStG ist der Aufwand hingegen nur dann gemäß § 4f Abs. 1

Sätze 1 und 2 EStG zu verteilen, wenn der Vorgang zu **Zwischenwerten** stattfindet (so wohl *Widmann,* FS Haarmann, Ziff. 3.5.2.1.2 S. 1032 unter „Lösung 2" sowie Ziff. 3.6. S. 1047; wohl auch Blümich/*Krumm* EStG § 4f Rn. 34); unterbleiben muss gemäß § 4f Abs. 1 Satz 3 1. Hs. EStG eine Aufwandsverteilung hingegen bei Einbringungen unter Ansatz des **gemeinen Wertes,** da es sich bei diesen der Sache nach um entgeltliche Veräußerungen gemäß §§ 14, 16 Abs. 1, 3 und 3a bzw. § 18 Abs. 3 EStG handelt (*Widmann,* FS Haarmann, Ziff. 3.5.2.1.2 S. 1032 unter „Lösung 2" sowie Ziff. 3.6. S. 1047; ähnlich Blümich/*Krumm* EStG § 4f Rn. 34).

Die FinVerw. hat zur Frage der **Anwendbarkeit der Ausnahmeregelung für Betriebsveräußerungen** (§ 4f Abs. 1 Satz 3 Hs. 1 EStG) in BMF v. 30.11.2017, DStR 2017, 2666 zu §§ 4f, 5 Abs. 7 EStG nicht direkt Stellung bezogen. Immerhin wird die Anwendbarkeit der Ausnahmeregelung des § 4f Abs. 1 Satz 4 EStG bei Umwandlungen und Einbringungen von Teilbetrieben nach dem UmwStG bejaht (BMF v. 30.11.2017, DStR 2017, 2666 Tz. 19 letzter Satz): Somit gilt für diese in gleicher Weise wie für Teilbetriebsveräußerungen das Abzugsverbot des Satzes 1 nur, soweit der Aufwand aus der Übertragung der Verpflichtung einen Veräußerungs- oder Aufgabeverlust herbeiführt oder erhöht. **173h**

Eine **Aufwandsverteilung unterbleibt** gemäß § 4f Abs. 1 Satz 3 2. Hs. 2. Alt EStG jedenfalls dann, wenn die Überträgerin die Größenmerkmale des § 7g Abs. 1 Satz 2 Nr. 1 Buchst. a bis c EStG nicht überschreitet (→ Rn. 167c). Die Anwendung des § 4f Abs. 1 Satz 3 2. Hs. 2. Alt EStG kann sich in bestimmten Konstellationen auch nachteilig auswirken, nämlich dann, wenn und soweit durch den Anfall des gesamten Aufwands aus der Aufdeckung der stillen Lasten zum Verschmelzungsstichtag ein nicht anderweitig ausgleichbarer Übertragungsverlust entsteht oder sich erhöht, der im Zuge der Verschmelzung verloren geht (→ Rn. 186 ff.). **173i**

Unabhängig von der Behandlung bei den Einbringenden entsteht infolge der von § 5 Abs. 7 Satz 1 EStG angeordneten „Wiederherstellung" der stillen Lasten zum nächsten Abschlussstichtag bei der Übernehmerin ein Ertrag, den diese aber zu $^{14}/_{15}$ durch Bildung einer Rücklage ausgleichen kann, die sodann in den folgenden 14 Jahren zu jeweils mindestens $^{1}/_{14}$ gewinnerhöhend wieder aufzulösen ist, § 5 Abs. 7 Satz 5 EStG (→ Rn. 173d und → Rn. 173e). **173j**

d) Einbringungsfolgegewinn

Entsteht aus der Konfusion von Forderungen und Verbindlichkeiten zwischen übertragender und übernehmender Personengesellschaft ein Gewinn (auf Grund **imparitätischen Ansatzes von Forderungen** oder der Auflösung von **Rückstellungen**), liegt ein bei der übernehmenden Personengesellschaft grds. steuerpflichtiger sog. Einbringungsfolgegewinn iSv. §§ 24 Abs. 4, 23 Abs. 6, 6 Abs. 1 UmwStG vor. **174**

Allerdings gilt nach st. Rspr. des BFH für Forderungen gegen eine Personengesellschaft, welche sich im Sonderbetriebsvermögen eines Gesellschafters befinden (zB Darlehensforderungen), anstelle des Imparitätsprinzips der sog. Grundsatz der **korrespondierenden Bilanzierung:** Danach scheidet, solange der Gläubiger Mitunternehmer ist, eine gewinnmindernde Wertberichtigung der Forderung aus; vielmehr wird der Verlust im Sonderbetriebsvermögen – ebenso wie der Verlust der Einlage in das Gesellschaftsvermögen – grundsätzlich erst beim Ausscheiden des Gesellschafters oder bei Beendigung der Gesellschaft realisiert (BFH v. 19.5.1993, I R 60/92, BStBl II 1993, 714; BFH v. 5.6.2003, IV R 36/02, BStBl II 2003, 871; BFH v. 16.3.2017, IV R 1/15, BStBl II 2017, 943). Somit wird es bei der Verschmelzung einer Personengesellschaft auf eine Kapitalgesellschaft einen Einbringungsfolgegewinn aus imparitätischem Ansatz von Forderungen gegen die Personengesellschaft nur geben können, wenn die Übernehmerin nicht an der Überträgerin beteiligt ist, die Forderung ausnahmsweise nicht dem Sonderbetriebsvermögen zuzuordnen ist, was zB bei Forderungen aus Lieferungen und Leistungen denkbar ist (vgl. BFH v. 18.7.1979, I R 38/76, BStBl II 1979, 673), oder der Gesellschafter die Forderung unterhalb des Nennwerts angeschafft hat (zur Anschaffung unter dem Nennwert siehe BFH v. 16.3.2017, IV R 1/15, BStBl II 2017, 943, Tz. 42 ff.). **174a**

175 Ein Einbringungsfolgegewinn kann in dem Wj., in das der steuerliche Übertragungsstichtag fällt, durch eine **steuerfreie Rücklage** neutralisiert werden, § 6 Abs. 1 Satz 1 UmwStG. Die Möglichkeit der Rücklagenbildung **entfällt** allerdings gemäß § 24 Abs. 4, § 23 Abs. 6, 6 Abs. 3 UmwStG, wenn die Übernehmerin den auf sie übergegangenen Betrieb innerhalb **von fünf Jahren** nach dem steuerlichen Übertragungsstichtag in eine Kapitalgesellschaft einbringt oder ohne triftigen Grund veräußert oder aufgibt (UmwSt-Erl. 2011, BMF v. 11.11.2011, BStBl. I 2011, 1314 Tz. 24.03 iVm. Tz. 23.04). Die Rücklage ist gem. § 6 Abs. 1 Satz 2 UmwStG in den folgenden drei Wj. mit mindestens je einem Dritter gewinnerhöhend aufzulösen; eine Verkürzung des Rückzahlungszeitraumes, zB zweimal 50%, ist möglich, arg. „mindestens" (HMB/*Werneburg* UmwStG § 6 Rn. 14).

176 Der **Übernahmefolgegewinn** bzw. der Gewinn aus der Auflösung der Rücklage führt zu einem **laufenden Gewinn,** der der Gewerbesteuer und der Einkommen- oder Körperschaftsteuer unterliegt (UmwSt-Erl. 2011, BMF v. 11.11.2011, BStBl. I 2011, 1314 Tz. 06.02).

177 *einstweilen frei*

e) Eintritt in die steuerliche Rechtsstellung der übertragenden Personengesellschaft

178 Die übernehmende Personengesellschaft tritt gemäß §§ 24 Abs. 4, 23 Abs. 1, 3 und 4 HS 2, 12 Abs. 3 HS 1 UmwStG bzgl. des durch die Verschmelzung übergehenden Vermögens in die steuerliche Rechtsstellung der übertragenden Personengesellschaft ein, insb. bzgl. der Bewertung der übernommenen Wirtschaftsgüter, der **Absetzungen für Abnutzung** und der den Gewinn mindernden Rücklagen. Die übernehmende Personengesellschaft ist also zB bzgl. der gewählten AfA-Methode sowie der zugrundegelegten Nutzungsdauer an die in der übertragenden Personengesellschaft getroffene Entscheidung gebunden (UmwSt-Erl. 2011, BMF v. 11.11.2011, BStBl. I 2011, 1314 Tz. 24.03 iVm. Tz. 23.06).

179 Bzgl. der linearen AfA sowie der Gebäude-AfA gemäß § 7 Abs. 5 EStG erhöht sich im Falle des Ansatzes der gemeinen Werte oder des Zwischenwertansatzes die AfA-Bemessungsgrundlage mit Wirkung ab dem steuerlichen Übertragungsstichtag jeweils um den Aufstockungsbetrag, § 24 Abs. 4, § 23 Abs. 3 Nr. 1, Abs. 4 HS 2 UmwStG.

180 Bzgl. der degressiven AfA gemäß § 7 Abs. 2 EStG tritt mit Wirkung ab dem Übertragungsstichtag der Wertansatz in der übernehmenden Personengesellschaft an die Stelle des bisherigen Buchwertes, §§ 24 Abs. 4, 23 Abs. 3 Nr. 2, 4 HS 2 UmwStG.

181 *einstweilen frei*

182 Die vorstehenden Grundsätze gelten auch beim Ansatz des gemeinen Wertes, §§ 24 Abs. 4, 23 Abs. 4 HS 2 UmwStG, und zwar gemäß Tz. 24.03 iVm. Tz. 23.20 des UmwSt-Erl. 2011 (BMF v. 11.11.2011, BStBl. I 2011, 1314) auch insoweit, als parallel zur Verschmelzung Wirtschaftsgüter des **Sonderbetriebsvermögens** im Wege der **Einzelrechtsnachfolge** auf die übernehmende Personengesellschaft übertragen werden.

183 *einstweilen frei*

f) Besitzzeitanrechnung, §§ 24 Abs. 4, 23 Abs. 1, 4 Abs. 2 Satz 3 UmwStG

184 Die Anrechnung steuerlicher Besitzzeiten gemäß § 4 Abs. 2 Satz 3 UmwStG gilt gemäß §§ 24 Abs. 4, 23 Abs. 1 UmwStG – anders als unter dem UmwStG 1995 (UmwSt-Erl. 1998, BStBl. I 1998, 268 Tz. 22.09 iVm. Tz. 24.04) – nicht mehr nur im Falle der **Buchwertfortführung,** sondern auch beim Ansatz von **Zwischenwerten** (UmwSt-Erl. 2011, BMF v. 11.11.2011, BStBl. I 2011, 1314 Tz. 24.03 iVm. Tz. 23.06 iVm. Tz. 04.15).

185 *einstweilen frei*

g) Verrechenbare Verluste, § 15a EStG

Verrechenbare Verluste der **Gesellschafter** der **Übernehmerin** iSv. **§ 15a EStG** bleiben von der Einbringung unberührt (DPM/*Patt* UmwStG § 24 Rn. 201; Schmidt/*Wacker* EStG § 15a Rn. 238). Sie können grundsätzlich weiterhin mit dem gesamten Gewinnanteil des jeweiligen Gesellschafters der Übernehmerin verrechnet werden und nicht etwa nur – gegenständlich beschränkt – von dem anteilig auf das „Altunternehmen" der Übernehmerin entfallenden Gewinnanteil (str.; wie hier *Rödder/Schumacher* DB 1998, 99 unter IV 2; Schmidt/*Wacker* § 15a EStG Rz. 238; für Beschränkung auf „Altanteile" hingegen DPM/*Patt* UmwStG § 24 Rn. 201). Eine Verrechnung mit von der Überträgerin im **Rückwirkungszeitraum** erwirtschafteten **Gewinnen** ist jedoch gemäß § 2 Abs. 4 Sätze 3 und 5 UmwStG idF AmtshilfeRLUmsG v. 26.6.2013 (BGBl. I 2013, 1809), der über § 24 Abs. 4, § 20 Abs. 6 Satz 4 UmwStG auch bei Einbringungen in Personengesellschaften gilt, ausgeschlossen (→ Rn. 92b). **186**

Bezüglich der verrechenbaren Verluste der **Gesellschafter** der **Überträgerin** iSv § 15a EStG ist die Rechtslage streitig: **187**

Grundsätzlich anerkannt ist zwar, dass im Falle des **Fortbestehens** der Kommanditgesellschaft, an der die eingebrachten Anteile bestehen, die **verrechenbaren Verluste** iSv. § 15a EStG der diese Kommanditanteile **Einbringenden** erhalten bleiben; allerdings sollen die verrechenbaren Verluste nach wohl herrschender, allerdings bestrittener Auffassung nur mit demjenigen Teil der dem Einbringenden zuzuordnenden Gewinne verrechnet werden können, der auf den eingebrachten (fortbestehenden) Kommanditanteil entfällt (WM/*Widmann* UmwStG 1995 § 24 Rn. 407; DPM/*Patt* UmwStG (SEStEG) § 24 Rn. 199; Schmidt/*Wacker* EStG § 15a Rn. 238; **aA** *Rödder/Schumacher* DB 1998, 99 unter IV 4).

Streitig ist weiterhin, ob die verrechenbaren Verluste auch dann erhalten bleiben, wenn die Personengesellschaft, an der die eingebrachten Kommanditanteile bestehen, im Rahmen der Einbringung – wie im Formularfall – durch **Verschmelzung** oder **Anwachsung** untergeht: Nach einer Auffassung sollen in solchen Fällen wegen des Erfordernisses der **Anteilsidentität** gemäß § 15a Abs. 2 EStG die verrechenbaren Verluste unabhängig vom Ansatz des übergehenden Betriebsvermögens bei der Übernehmerin komplett untergehen (WM/*Widmann* UmwStG 1995 § 24 Rn. 407 mwN). Nach der wohl herrschenden Gegenansicht bleiben die Verluste erhalten, wenn das übergehende Betriebsvermögen von der Übernehmerin zu **Buchwerten** angesetzt wird, da in diesem Fall wegen des Eintritts der Übernehmerin in die steuerliche Rechtsstellung der Überträgerin (§§ 24 Abs. 4, 23 Abs. 1, 12 Abs. 3 HS 1 UmwStG) von einer **wirtschaftlichen Identität** zwischen dem eingebrachten und dem im Gegenzug gewährten Mitunternehmeranteil auszugehen sei (DPM/*Patt* UmwStG § 24 Rn. 200; *Rödder/Schumacher* DB 1998, 99 unter IV 3 Buchst. b; ohne Einschränkung auf Buchwertfortführung Schmidt/*Wacker* EStG § 15a Rn. 238). Dieser Ansicht ist zuzustimmen. Für sie spricht neben dem Gesichtspunkt der bei Buchwertfortführung zu bejahenden steuerlichen Rechtsnachfolge insbesondere auch, dass der Untergang der verrechenbaren Verluste (§ 4 Abs. 2 Satz 2 UmwStG) in der von § 24 Abs. 4 UmwStG ausgehenden Verweisungskette gerade nicht enthalten ist. Allerdings ist der **Standpunkt der FinVerw.** in dieser Frage **unklar;** der UmwSt-Erl. 2011 äußert sich zu ihr nicht (siehe UmwSt-Erl. 2011, BMF v. 11.11.2011, BStBl. I 2011, 1314 Tz. 24.03 iVm. Tz. 23.02). Wegen der verbleibenden Unsicherheiten kann es sich daher empfehlen, den Übergang der verrechenbaren Verluste durch Einholung einer verbindlichen Auskunft abzusichern. Wird die verbindliche Auskunft nicht erteilt, kann es uU sinnvoll sein, anstelle der Buchwertfortführung einen Zwischenwertansatz zu wählen, um dadurch die verrechenbaren Verluste in Abschreibungsvolumen umzuwandeln (Beispiel → Rn. 136). **188**

Ob bei der Verschmelzung eine **Verrechnung** der Verluste mit dem **gesamten Gewinnanteil** des Einbringenden bei der Übernehmerin oder nur mit dem **anteilig** auf das **übergehende Betriebsvermögen** entfallenden Gewinnanteil stattfindet, wird **189** bislang wenig diskutiert; der Gesichtspunkt der **wirtschaftlichen Anteilsidentität** zwischen eingebrachtem und erhaltenem Mitunternehmeranteil sowie insbesondere auch **Praktikabilitätserwägungen** sprechen dafür, eine Verrechnung mit dem gesamten Gewinnanteil zuzulassen (*Rödder/Schumacher* DB 1998, 99 unter IV 4).

h) Verlustvorträge, § 10d EStG

190 Den Gesellschaftern der übertragenden Personengesellschaft zustehende verbleibende Verlustabzüge gehen nicht auf die übernehmende Kapitalgesellschaft über (UmwSt-Erl. 2011, BMF v. 11.11.2011, BStBl. I 2011, 1314 Tz. 24.03 iVm. Tz. 23.02; DPM/*Patt* UmwStG § 23 Rn. 37), sondern verbleiben bei den Einbringenden und sind dort nach den für den jeweiligen Einbringenden geltenden allgemeinen Vorschriften (§ 10d EStG, § 8 Abs. 1, 8c KStG) zu behandeln (UmwSt-Erl. 2011, BMF v. 11.11.2011, BStBl. I 2011, 1314 Tz. 24.03 iVm. Tz. 23.02; DPM/*Patt* UmwStG § 23 Rn. 37).

i) Gewerbesteuerliche Fehlbeträge, § 10a GewStG

191 Ein Übergang vortragsfähiger gewerbesteuerlicher Fehlbeträge iSv. § 10a GewStG der übertragenden Personengesellschaft ist grundsätzlich nach den allgemeinen Regeln möglich, da § 24 Abs. 4 UmwStG nicht auf § 23 Abs. 5 UmwStG verweist (RHL/Rasche UmwStG § 24 Rn. 164; DPM/Patt UmwStG (SEStEG) § 24 Rn. 202); ob die FinVerw. diese Auffassung teilt, ist allerdings nicht klar, da in Tz. 24.03 des UmwSt-Erl. 2011 pauschal auf die Tz. 23.02 und damit auch auf den dort im zweiten Absatz generell vorgesehenen Nichtübergang des vortragsfähigen Gewerbeverlusts verwiesen wird (UmwSt-Erl. 2011, BMF v. 11.11.2011, BStBl. I 2011, 1314 Tz. 24.03 iVm. Tz. 23.02). Richtigerweise dürfte damit aber nur gemeint sein, dass sich die Frage des Übergangs nach den allgemeinen Grundsätzen beurteilt (vgl. DPM/*Patt* UmwStG (SEStEG) § 24 Rn. 202).

191a Danach gehen die Fehlbeträge nur dann auf die übernehmende Personengesellschaft über, wenn **Unternehmensidentität** besteht (RHL/Rasche UmwStG § 24 Rn. 164). Diese ist zu bejahen, wenn die Tätigkeit des Betriebes der Überträgerin in wirtschaftlicher, organisatorischer und finanzieller Hinsicht fortgesetzt wird und von den übrigen Tätigkeiten der Übernehmerin abgrenzbar erkennbar bleibt (BFH v. 14.9.1993, VIII R 84/90, BStBl. II 1994, 764; RHL/Rasche UmwStG § 24 Rn. 165). Maßgeblich sind insb. die Art der Betätigung, der Kunden- und Lieferantenkreis, die Arbeitnehmerschaft, die Geschäftsleitung, die Betriebsstätten sowie der Umfang und die Zusammensetzung des Aktivvermögens (BFH v. 14.9.1993, VIII R 84/90, BStBl. II 1994, 764, aaO); dass der eingebrachte Betrieb von der Übernehmerin als Teilbetrieb iSv. § 24 UmwStG fortgeführt wird, ist nicht erforderlich (BFH v. 14.9.1993, VIII R 84/90, BStBl. II 1994, 764, aaO).

191b Nach Ansicht der FinVerw. soll es allerdings auf die **Unternehmensidentität** nicht ankommen bzw. diese stets zu verneinen sein, wenn (und soweit) eine Kapitalgesellschaft Einbringender ist, weil deren Tätigkeit gemäß § 2 Abs. 2 Satz 1 GewStG stets einen Gewerbebetrieb begründe, der Fehlbetrag also bei der Kapitalgesellschaft verbleibe und nicht auf die Personengesellschaft übergehe (FinMin NRW v. 27.1.2012, BB 2012, 884). Der BFH hat diese Verwaltungsauffassung bestätigt (BFH v. 17.1.2019, III 35/17, BStBl. II 2019, 407 gegen FG Baden-Württemberg v. 30.1.2017, 10 K 3703/14, DStRE 2018, 661). Ob dies anders zu sehen sei, wenn das Unternehmen der Kapitalgesellschaft sich fortan auf das Halten des Mitunternehmeranteils an der Personengesellschaft beschränke, hat der BFH dahinstehen lassen (BFH v. 17.1.2019, III 35/17, BStBl. II 2019, 407, Tz. 27).

191c Ist das Erfordernis der Unternehmensidentität erfüllt, können die Fehlbeträge wegen des zusätzlich bestehenden Erfordernisses der **Unternehmeridentität** allerdings nur von dem Anteil am Gewerbeertrag abgezogen werden, der nach dem Gewinnverteilungsschlüssel auf die Einbringenden entfällt (BFH v. 14.9.1993, VIII R 84/90, BStBl. II 1994, 764; BFH v. 3.5.1993, GrS 3/92, BStBl. II 1993, 616; GewStR 10a.3 Abs. 3 Nr. 5 Sätze 1 und 2; RHL/*Rasche* UmwStG § 24 Rn. 166); sind hingegen die Gesellschafter der Übernehmerin nach Einbringung mit denen der Überträgerin identisch, kommt diese Einschränkung nicht zum Tragen (BFH v. 14.9.1993, VIII R 84/90, aaO; v. 27.1.1994, IV R 137/91, BStBl. II 1994, 477).

Nach diesen Grundsätzen können somit im Formularfall gewerbesteuerliche Fehlbeträge der Überträgerin – Unternehmensidentität vorausgesetzt – von der Übernehmerin genutzt werden. Allerdings mindern die Fehlbeträge den Gewerbeertrag der Übernehmerin nur insoweit, also dieser gemäß dem gesellschaftsvertraglichen Gewinnverteilungsschlüssel auf A und B entfällt, also zu 50%; Sonderbetriebseinnahmen und -ausgaben sind zu berücksichtigen (FG Hamburg v. 24.10.1991, EFG 1992, 682; WM/*Widmann* UmwStG 1995 § 24 Rn. 408). **192**

Des Weiteren sind die seit Erhebungszeitraum 2004 geltenden Beschränkungen durch die Mindestbesteuerung (§ 10a Satz 2 GewStG) zu beachten. **193**

Die vorstehenden Grundsätze gelten für einen bei der **Übernehmerin** vorhandenen **gewerbesteuerlichen Fehlbetrag** entsprechend. Auch dieser besteht nur dann weiter, wenn **Unternehmensidentität** vorliegt (→ Rn. 191a). Außerdem kann er, soweit im Rahmen der Verschmelzung neue Gesellschafter in die Übernehmerin eintreten, nur mit demjenigen Teil des Gewerbeertrages verrechnet werden, der nach dem Gewinnverteilungsschlüssel auf die „Altgesellschafter" entfällt. **194**

j) Zinsvortrag, EBITDA-Vortrag § 4h Abs. 1 Satz 3, 5 EStG

Ein im „eingebrachten Betrieb" entstandener **Zinsvortrag** (§ 4h Abs. 1 Satz 5 EStG) sowie ein dort entstandener EBITDA-Vortrag (§ 4h Abs. 1 Satz 3 EStG) gehen im Rahmen der Einbringung nicht über (UmwSt-Erl. 2011, BMF v. 11.11.2011, BStBl. I 2011, 1314 Tz. 24.03 iVm. Tz. 23.02). Im Falle der Einbringung im Wege der Einzelrechtsnachfolge unter Ansatz des eingebrachten Betriebsvermögens mit dem gemeinen Wert folgt dies bereits aus § 4h Abs. 5 Satz 1 EStG, ansonsten aus der in § 24 Abs. 6 UmwStG gesetzlich angeordneten entsprechenden Anwendung des § 20 Abs. 9 UmwStG, der Rückausnahme zu der in § 24 Abs. 4, § 23 Abs. 1 und 4 Hs. 2, § 12 Abs. 3 Hs. 1 UmwStG angeordneten Nachfolge in die steuerliche Rechtsstellung der Überträgerin ist (RHL/*Rasche* § 24 UmwStG Rz. 184). **195**

Inwieweit dies auch bei einer Verschmelzung zweier Personengesellschaften gilt, hängt davon ab, ob das Tatbestandsmerkmal des „eingebrachten Betriebs" in § 20 Abs. 9 UmwStG auch den eingebrachten Teilbetrieb bzw. Mitunternehmeranteil umfasst. Richtigerweise ist dies zu verneinen (HMB/*Menner* § 20 Rn. 714). Allerdings gehen bei einer Verschmelzung zweier Personengesellschaften letztlich doch die Betriebe der beteiligten Personengesellschaften auf die dadurch begründete neue Mitunternehmerschaft (→ Rn. 94a) über, so dass sich der Untergang sowohl des im Betrieb der Überträgerin als auch des im Betrieb der Übernehmerin entstandenen Zinsvortrags/EBITDA-Vortrags begründen lässt, wenn man mit der FinVerw. bei der Verschmelzung zweier Personengesellschaften die Betriebe der beteiligten Rechtsträger als Einbringungsgegenstand ansieht (→ Rn. 95).

Dem Fortbestand des Zinsvortrags bei den einbringenden Personengesellschaftern steht jedenfalls § 4h Abs. 5 Satz 1 EStG entgegen (so auch RHL/*Rasche* § 24 Rn. 183).

einstweilen frei **196–201**

7. Rückwirkender Einbringungsgewinn, § 24 Abs. 5 UmwStG

§ 24 Abs. 5 UmwStG sieht für den Fall, dass Anteile im Sinne des § 8b Abs. 2 KStG von einem nicht von § 8b Abs. 2 KStG Begünstigten nach § 24 UmwStG unter dem gemeinen Wert in eine Personengesellschaft eingebracht werden, eine siebenjährige Sperrfrist analog § 22 Abs. 2 UmwStG vor: Werden innerhalb dieser Sperrfrist die eingebrachten **202**

Anteile von der Übernehmerin veräußert (oder ein Veräußerungsersatztatbestand iSv. § 22 Abs. 1 Satz 6 Nr. 1 bis Nr. 5 UmwStG verwirklicht), so fällt rückwirkend beim Einbringenden ein Einbringungsgewinn II iSv. § 22 Abs. 2 UmwStG an, **soweit** der Veräußerungsgewinn auf einen **von § 8b Abs. 2 KStG begünstigten** Mitunternehmer entfällt (UmwSt-Erl. 2011, BMF v. 11.11.2011, BStBl. I 2011, 1314 Tz. 24.19). Dies gilt auch, soweit sich die von § 8b Abs. 2 KStG begünstigte Person erst nach der Einbringung an der Übernehmerin beteiligt hat; entscheidend ist ausschließlich die Beteiligung im Zeitpunkt der Veräußerung (s. BT-Drs. 16/3369 Anmerkung zu § 24 Abs. 5 UmwStG).

203 Mit dieser Regelung soll – wie beim Anteilstausch gemäß § 22 Abs. 2 UmwStG – sichergestellt werden, dass die im Zeitpunkt der Einbringung in den eingebrachten Anteilen ruhenden **stillen Reserven** auch bei Einbringung in eine Personengesellschaft in vollem Umfang wie bisher zum Halb- bzw. Teileinkünfteverfahren steuerverstrickt bleiben. Der Anwendungsbereich des § 24 Abs. 5 KStG umfasst alle Anteile an Körperschaften, Personenvereinigungen und Vermögensmassen, deren Veräußerung unter die Befreiung gemäß § 8b Abs. 2 KStG fallen kann; insoweit handelt es sich um das Pendant zu der Regelung des § 8b Abs. 4 Nr. 2 KStG im früheren System, wonach die Steuerbefreiung des § 8b Abs. 2 KStG aF auch insoweit nicht galt, als die Anteile „mittelbar über eine Personengesellschaft" unter dem Teilwert von einer nicht durch § 8b Abs. 2 KStG begünstigten Person erworben worden sind (s. BT-Drs. 16/3369 Anmerkung zu § 24 Abs. 5 UmwStG; RHL/*Rasche* UmwStG § 24 Rn. 167).

204 So kommt es zB im Formularfall, wenn das Betriebsvermögen der Überträgerin und damit auch die 50%-Beteiligung an der X GmbH zu Buchwerten in die Übernehmerin eingebracht werden, zu einem anteiligen Übergang der am steuerlichen Übertragungsstichtag in der Beteiligung an der X-GmbH ruhenden stillen Reserven (50000.– EUR) auf die von § 8b Abs. 2 KStG begünstigte C GmbH: Diese ist vor der Verschmelzung nicht, nach der Verschmelzung zu 40% an den in der Beteiligung der Überträgerin an der X GmbH ruhenden stillen Reserven beteiligt.

Wenn nunmehr die Beteiligung an der X GmbH durch die Übernehmerin im Jahr 02 für 200000.– EUR veräußert wird, ist der auf die C GmbH entfallende Veräußerungsgewinn gemäß § 8b Abs. 2, 3, 6 KStG (zu 95%) steuerbefreit, während er bei einer Veräußerung der Beteiligung durch die Überträgerin bei A und B der Besteuerung nach dem Teileinkünfteverfahren unterlegen hätte. § 24 Abs. 5 ordnet daher an, dass bei einer Veräußerung innerhalb der siebenjährigen Sperrfrist nach dem Einbringungszeitpunkt (steuerlicher Übertragungsstichtag) ein anteiliger rückwirkender Einbringungsgewinn II entsprechend der Beteiligung des von § 8b Abs. 2 KStG begünstigten Mitunternehmers (im Formularfall also entsprechend dem 40%-Anteil der C GmbH) am Veräußerungsgewinn entsteht. Dieser rückwirkende Einbringungsgewinn II fällt bei A und B an, die ihre Mitunternehmeranteile, zu denen auch die Beteiligung an der X-GmbH gehörte, zu Buchwerten eingebracht haben.

205 Bei der Ermittlung des **rückwirkenden Einbringungsgewinnes** sind gemäß §§ 24 Abs. 5, 22 Abs. 2 Satz 3 UmwStG in einem **ersten Rechenschritt** vom anteilig auf den jeweiligen Einbringenden entfallenden gemeinen Wert der miteingebrachten Beteiligung zum steuerlichen Übertragungsstichtag (im Formularfall bei A und B jeweils 50% von 150000.– EUR = 75000.– EUR, → Rn. 138) die folgenden Positionen abzuziehen:

- der Wert, mit dem der Einbringende die „erhaltenen Anteile" angesetzt hat, §§ 24 Abs. 5, 22 Abs. 2 Satz 3 UmwStG. Hierbei ist zu berücksichtigen, dass es steuerlich Anschaffungskosten für erhaltene Personengesellschaftsanteile nicht gibt (s. § 24 Abs. 3 Satz 1 UmwStG im Vergleich zu § 20 Abs. 3 Satz 1 UmwStG). Maßgeblich dürfte der Wert sein, mit welchem die Übernehmerin die eingebrachte (anteilige) Beteiligung im Rahmen der Einbringung gemäß § 24 Abs. 2 Satz 2 UmwStG angesetzt hat (RHL/*Rasche* UmwStG § 24 Rn. 177; so wohl auch UmwSt-Erl. 2011, BMF v. 11.11.2011, BStBl. I 2011, 1314 Tz. 24.28: „anteiliger Einbringungswert iSd. § 24 Abs. 2 Satz 2 UmwStG).

In der Abwandlung des Formularfalles (→ Rn. 137) ist das anteilig auf die eingebrachte Beteiligung entfallende Kapitalkonto in der Übernehmerin für den A nach der erstgenannten Berechnungsmethode wie folgt zu ermitteln: Das steuerliche Kapitalkonto des A in der Übernehmerin beträgt 200 000.– EUR KK I plus 575 000.– EUR KK II minus 25 000.– EUR Minderkapital = 750 000.– EUR (→ Rn. 138 und → Rn. 141). Der gemeine Wert des Anteils des A an der eingebrachten Beteiligung an der X-GmbH beträgt 150 000.– EUR × 50% = 75 000.– EUR (→ Rn. 3). Der gemeine Wert des eingebrachten Mitunternehmeranteils des A an der Überträgerin beträgt 50% × 2 400 000.– EUR = 1 200 000.– EUR (→ Rn. 3). Der Anteil der Beteiligung an der X-GmbH am gemeinen Wert des eingebrachten Mitunternehmeranteils des A beträgt somit 75 000/1 200 000 = $^{3}/_{48}$. Der auf die Beteiligung des A an der X GmbH entfallende Anteil an seinem Kapitalkonto in der Übernehmerin beträgt somit 750 000.– EUR × $^{3}/_{48}$ = 46 875.– EUR.

Nach der Gegenauffassung (RHL/*Rasche* UmwStG § 24 Rn. 176) wäre auf den Ansatz der von A eingebrachten (anteiligen) Beteiligung an der X GmbH in der Übernehmerin zum Buchwert von 100 000.– EUR abzustellen, so dass sich für A und B jeweils ein Betrag von 50% × 100 000.– EUR = 50 000.– EUR ergäbe.

– Abzuziehen sind gemäß §§ 24 Abs. 5, 22 Abs. 2 Satz 3 UmwStG weiterhin die **Kosten für den Vermögensübergang,** soweit sie vom Einbringenden zu tragen sind und anteilig auf seinen Anteil an der eingebrachten Beteiligung entfallen.

In der Abwandlung des Formularfalles (→ Rn. 137) trägt A als Gesellschafter der Übernehmerin 25% der Kosten der Verschmelzung (→ Rn. 11) iHv. 10 000.– EUR = 2 500.– EUR. Davon entfallen 2 500.– EUR × $^{3}/_{48}$ = 156,25 EUR auf die anteilige Beteiligung des A an der X GmbH (s. erster Spiegelstrich).

Im ersten Rechenschritt ergibt sich also für A gemäß § 22 Abs. 2 Satz 3 UmwStG ein Betrag von 75 000.– EUR ./. 46 875.– EUR ./. 156,25 EUR = 27 968,75 EUR. Folgt man hingegen der Berechnungsmethode der FinVerw., ergibt sich im ersten Rechenschritt gemäß § 22 Abs. 2 Satz 3 UmwStG ein Betrag von 75 000.– EUR ./. 50 000.– EUR ./. 156,25 EUR = 24 843,75 EUR.

Von dem sich im ersten Rechenschritt ergebenden Betrag ist gemäß § 24 Abs. 5 **206**
UmwStG („insoweit") in einem **zweiten Rechenschritt** als „Vorläufiger Einbringungsgewinn" derjenige Anteil zu ermitteln, welcher der Beteiligung der von § 8b Abs. 2 KStG begünstigten Person am Gewinn aus der Veräußerung der Beteiligung entspricht. Fraglich ist, wie sich dieser Anteil berechnet. Denkbar wäre, streng nach dem Wortlaut des § 24 Abs. 5 UmwStG auf den Gewinnanteil im Zeitpunkt der Veräußerung abzustellen.

Der Anteil der C GmbH am Gewinn aus der Veräußerung der Beteiligung errechnet sich dann wie folgt:

	Gesamt	Anteil C GmbH
Veräußerungserlös	200 000.– EUR	80 000.– EUR
./. Buchwert gemäß steuerlicher Gesamthandsbilanz der Übernehmerin (→ Rn. 138)	./. 100 000.– EUR	./. 40 000.– EUR
./. Mehrwert gemäß positiver Ergänzungsbilanz C GmbH (→ Rn. 142)	./. 952,38 EUR	./. 952,38 EUR
./. Mehrwert gemäß positiver Ergänzungsbilanz D (→ Rn. 143)	./. 238,10 EUR	0.– EUR
+ Minderwert gemäß negativer Ergänzungsbilanz A (→ Rn. 141)	+ 1 136,36 EUR	0.– EUR
+ Minderwert gemäß negativer Ergänzungsbilanz B (→ Rn. 141)	+ 1 136,36 EUR	0.– EUR
Veräußerungsgewinn	101 082,24 EUR	39 047,62 EUR
In Prozent	100%	38,63%

Der vorläufige Einbringungsgewinn II würde also 27968,75 EUR × 38,63% = 10804,33 EUR betragen. Nach der Berechnungsmethode der FinVerw. würden sich 24843,75 EUR × 38,63% = 9597,14 EUR ergeben. Gegen diese Berechnungsmethode kann eingewendet werden, dass sich der Anteil des von § 8b Abs. 2 KStG begünstigten Mitunternehmers – und damit gemäß § 24 Abs. 5 UmwStG auch der Einbringungsgewinn II des nicht von § 8b Abs. 2 KStG begünstigten Einbringenden – auch durch erst nach dem steuerlichen Übertragungsstichtag entstandene stille Reserven erhöhe, was dem Zweck des § 22 UmwStG widerspreche, nur die Statusverbesserung für die bis zum steuerlichen Übertragungsstichtag entstandenen stillen Reserven zu besteuern (vgl. *Rödder/Schumacher* DStR 2007, 369, 376; glA wohl DPM/*Patt* UmwStG § 24 Rn. 242 mit Beispiel; RHL/*Rasche* UmwStG § 24 Rn. 167). Nach dieser Auffassung müsste bei der Berechnung des Anteils des von § 8b Abs. 2 KStG begünstigten Mitunternehmers am Veräußerungsgewinn konsequenterweise anstelle des Veräußerungserlöses der gemeine Wert der eingebrachten Beteiligung am steuerlichen Übertragungsstichtag angesetzt werden **(teleologische Reduktion).** Im Formularfall würde sich dann folgende Berechnung ergeben:

	Gesamt	Anteil C GmbH
Gemeiner Wert der 50%-Beteiligung an der X GmbH am st. Übertragungstichtag	150000.– EUR	60000.– EUR
./. Buchwert gemäß steuerlicher Gesamthandsbilanz der Übernehmerin (→ Rn. 138)	./. 100000.– EUR	./. 40000.– EUR
./. Mehrwert gemäß positiver Ergänzungsbilanz C GmbH (→ Rn. 142)	./. 952,38 EUR	./. 952,38 EUR
./. Mehrwert gemäß positiver Ergänzungsbilanz D (→ Rn. 143)	./. 238,10 EUR	0.– EUR
+ Minderwert gemäß negativer Ergänzungsbilanz A (→ Rn. 141)	+ 1136,36 EUR	0.– EUR
+ Minderwert gemäß negativer Ergänzungsbilanz B (→ Rn. 141)	+ 1136,36 EUR	0.– EUR
Veräußerungsgewinn	51082,24 EUR	19047,62 EUR
In Prozent	100%	37,29%

Der Anteil der von § 8b Abs. 2 KStG begünstigten Mitunternehmerin C GmbH würde sich also von 38,63% auf 37,29% reduzieren.

Ob die FinVerw. diesem zwar nicht vom Wortlaut, aber vom Zweck der §§ 24 Abs. 5, 22 Abs. 2 UmwStG gedeckten Berechnungsweise folgen würde, ist allerdings unklar. Der UmwSt-Erl 2011 enthält zur Berechnung des Anteils des von § 8b Abs. 2 KStG begünstigten Mitunternehmerns keine klare Festlegung. Ob die Aussage, ein Einbringungsgewinn sei nur zu ermitteln, „soweit … die bis zum Einbringungszeitpunkt entstandenen stillen Reserven der Steuerbefreiung nach § 8b Abs. 2 KStG unterliegen (= Statusverbesserung) …" (UmwSt-Erl. 2011, BMF v. 11.11.2011, BStBl. I 2011, 1314 Tz. 24.19), als Indiz verstanden werden kann, dass auch die FinVerw. zu einer teleologischen Reduktion des § 24 Abs. 5 UmwStG neigt, ist fraglich.

207 Der sich im zweiten Rechenschritt ergebende „vorläufige Einbringungsgewinn" ermäßigt sich gemäß §§ 24 Abs. 5, 22 Abs. 2 Satz 3 UmwStG in einem **dritten Rechenschritt** für jedes volle seit dem Einbringungszeitpunkt abgelaufene Zeitjahr um $^1/_7$.

Im Formularfall ist im Zeitpunkt der Veräußerung (Jahr 02) seit dem Einbringungszeitpunkt (31.12.00) ein volles Zeitjahr vergangen. Der Einbringungsgewinn II von A und B beträgt also $^6/_7$ des wie vorstehend dargestellt ermittelten „vorläufigen Einbringungsgewinns“. Er ist, da es sich um einen Einbringungsgewinn II iSv. § 22 Abs. 2 UmwStG handelt, zum Teileinkünfteverfahren zu versteuern.

Der Einbringungsgewinn II stellt gemäß § 24 Abs. 5, 22 Abs. 2 Satz 4 UmwStG **nachträgliche Anschaffungskosten** auf die „erhaltenen Anteile“ dar. Da für Personengesellschaftsanteile steuerlich keine Anschaffungskosten existieren (→ Rn. 205), ist das steuerliche Kapitalkonto des Einbringenden – wohl in der für ihn zu bildenden Ergänzungsbilanz – zu erhöhen (UmwSt-Erl. 2011, BMF v. 11.11.2011, BStBl. I 2011, 1314 Tz. 24.28; so iE wohl auch RHL/*Rasche* UmwStG § 24 Rn. 177ff.). Dabei lässt die FinVerw. offen, ob der Mehrwert zunächst vorrangig auf die (veräußerte) Beteiligung bis zu deren (anteilig) auf den Einbringenden entfallenden stillen Reserven oder gleichmäßig auf sämtliche eingebrachten Wirtschaftsgüter zu verteilen ist; richtig dürfte letztes sein. **208**

In der Abwandlung des Formularfalles (→ Rn. 137) erhöht also der Einbringungsgewinn II des A das Eigenkapital sowie die Anschaffungskosten der eingebrachten Wirtschaftsgüter in der Ergänzungsbilanz des A und vermindert damit, soweit die Aufstockung auch bei der veräußerten Beteiligung erfolgt, gleichzeitig den anteiligen Veräußerungsgewinn des A aus der Veräußerung der Beteiligung an der X GmbH.

Der Verweis in § 24 Abs. 5 UmwStG auf § 22 Abs. 5 UmwStG (Bescheinigung des für den Einbringenden zuständigen Finanzamts) (s. auch den Verweis in UmwSt-Erl. 2011, BMF v. 11.11.2011, BStBl. I 2011, 1314 Tz. 24.30 auf Tz. 22.38ff.) **läuft leer** (so auch RHL/*Rasche* UmwStG § 24 Rn. 181): Dieser Verweis macht nur im Zusammenhang mit dem Ansatz eines Erhöhungsbetrages bei der Übernehmerin in Höhe des Einbringungsgewinnes II gemäß § 23 Abs. 2 Satz 3 UmwStG Sinn; auf § 23 Abs. 2 UmwStG wird aber in § 24 Abs. 5 UmwStG nicht verwiesen. Eine nochmalige Berücksichtigung des Einbringungsgewinns II über § 23 Abs. 2 Satz 3 UmwStG neben der gemäß §§ 24 Abs. 5, 22 Abs. 2 Satz 4 UmwStG angeordneten Erhöhung des Kapitalkontos sowie der Anschaffungskosten des Einbringenden (hierzu → Rn. 208) würde zu einer „Verdoppelung“ von Anschaffungskosten bei der Übernehmerin führen (dies verkennt uE DPM/*Patt* UmwStG (SEStEG) § 24 Rn. 240). **209**

Auch der Verweis in § 24 Abs. 5 UmwStG auf die **Nachweispflichten des Einbringenden** gemäß § 22 Abs. 3 UmwStG und die dort in Satz 2 vorgesehene Veräußerungsfiktion (siehe auch UmwSt-Erl. 2011, BMF v. 11.11.2011, BStBl. I 2011, 1314 Tz. 24.29) macht wenig Sinn: Wenn die Verwirklichung einer Veräußerung oder eines Veräußerungsersatztatbestandes gemäß § 22 Abs. 1 Satz 6 Nr. 1 bis 5 UmwStG tatbestandliche Voraussetzung für die Anwendung des § 24 Abs. 5 UmwStG ist, verbleibt für die in § 22 Abs. 3 UmwStG angeordnete Veräußerungsfiktion als einzige Sanktion einer Verletzung der Nachweispflicht kein Anwendungsbereich (so zutreffend RHL/*Rasche* UmwStG § 24 Rn. 180). Beabsichtigt war offenbar, die Veräußerungsfiktion in § 22 Abs. 3 Satz 2 UmwStG als weiteren Veräußerungsersatztatbestand neben § 22 Abs. 1 Satz 6 Nr. 1 bis 5 UmwStG zu definieren. Insoweit dürfte der verunglückte Gesetzeswortlaut allerdings einer „großen berichtigenden Auslegung“ nicht zugänglich sein. **210**

einstweilen frei **211, 212**

VII. Verkehrsteuern, Schenkungsteuer

1. Grunderwerbsteuer

Die Verschmelzung löst, soweit zum Vermögen der übertragenden Personenhandelsgesellschaft Grundstücke gehören, Grunderwerbsteuer aus, § 1 Abs. 1 Nr. 3 GrEStG. Gleiches gilt grundsätzlich, wenn einer von der übertragenden Gesellschaft unmittelbar oder mittelbar zu mehr als 95% gehaltenen Personen- oder Kapitalgesellschaft ein Grundstück gehört, § 1 Abs. 2a, Abs. 3 GrEStG. Bemessungsgrundlage ist **213** gemäß § 8 Abs. 2 Satz 1 Nr. 2 bzw. Nr. 3 GrEStG der Grundbesitzwert gemäß § 138 Abs. 2, 3 BewG. Die Grunderwerbsteuerfreistellung für konzerninterne Umwandlungen gemäß § 6a GrEStG greift erst, wenn das herrschende Unternehmen seit fünf Jahren vor der Umwandlung und für fünf Jahre nach der Umwandlung ununterbrochen zu mindestens 95% unmittelbar oder mittelbar an der abhängigen Gesellschaft beteiligt ist, § 6a Satz 4 GrEStG. Ausführlich zur GrESt und den bevorstehenden Änderungen: → Form. D. 1 Rn. 66ff.

214 *einstweilen frei*

2. Umsatzsteuer

215 Die Verschmelzung einer Personenhandelsgesellschaft auf eine andere Personengesellschaft ist nicht steuerbar, § 1 Abs. 1a UStG. Die übernehmende Personengesellschaft tritt in die umsatzsteuerliche Rechtsposition der übertragenden Kapitalgesellschaft ein (zB auch im Hinblick auf die Fristen für die Berichtigung des Vorsteuerabzuges iSv. § 15a UStG).

3. Schenkungsteuer

216 Umwandlungen im Allgemeinen und Verschmelzungen von Personengesellschaften auf Personengesellschaften zur Aufnahme im Besonderen können auch **schenkungsteuerlich** relevant sein, soweit im Rahmen der Umwandlung ein **unausgewogener Leistungsaustausch** stattfindet (*H.-U. Viskorf* ZEV 2014, 633):

216a Besteht der unausgewogene Leistungsaustausch darin, dass den Gesellschaftern der übertragenden Personengesellschaft eine den **Wert** der Überträgerin **übersteigende Beteiligung** an der Übernehmerin gewährt wird, kann der Vorgang als freigebige Zuwendung der Gesellschafter der Übernehmerin an die Gesellschafter der Überträgerin gemäß § 7 Abs. 1 Nr. 1 ErbStG der Schenkungsteuer unterliegen (*H.-U. Viskorf* ZEV 2014, 633; BFH v. 27.8.2014, II R 43/12, BStBl. II 2015, 241, für Kapitalerhöhung in GmbH).

216b Entsprechendes gilt, wenn umgekehrt der Wert der den Gesellschaftern der übertragenden Personengesellschaft gewährten Beteiligung an der übernehmenden Personengesellschaft hinter dem Wert der Überträgerin zurückbleibt: Dieser Vorgang kann wegen der schenkungsteuerlichen Transparenz der Personengesellschaft (→ Rn. 216e) eine freigebige Zuwendung gemäß § 7 Abs. 1 Nr. 1 ErbStG der Gesellschafter der Überträgerin an die Gesellschafter der Übernehmerin darstellen (*H.-U. Viskorf* ZEV 2014, 633, 635).

216c **Zuwendungsgegenstand** sind jedenfalls im Fall einer freigebigen Zuwendung an die Gesellschafter der Überträgerin (→ Rn. 216a) die den Begünstigten gewährten Mitunternehmeranteile an der Übernehmerin; dass diese erst mit Eintragung der Verschmelzung im Handelsregister neu entstehen und von den Neugesellschaftern originär erworben werden, ist unerheblich (BFH v. 27.8.2014, II R 43/12, BStBl. II 2015, 241, Tz. 63 zur Kapitalerhöhung in der GmbH).

Unklar ist der **Gegenstand der Zuwendung** hingegen im umgekehrten Fall, wenn der Wert des im Zuge der Verschmelzung übergehenden Vermögens den Wert der dafür gewährten Mitunternehmeranteile übersteigt, also eine freigebige Zuwendung an die Gesellschafter der Übernehmerin vorliegt (→ Rn. 217b): Den Zuwendungsgegenstand lediglich in der Werterhöhung der Anteile der Übernehmerin zu sehen, wie dies die Finanzverwaltung in den Fällen des § 7 Abs. 8 ErbStG annimmt (Gleichlautender Erlass v. 20.4.2018, BStBl. I 2018, 632Tz 3.4.1 Satz 1 und Tz. 3.5), verbietet sich wegen der schenkungsteuerlichen Transparenz von Personengesellschaften (→ Rn. 217e). Denkbar wäre, das übergehende Unternehmen der Überträgerin als Gegenstand der Zuwendung anzusehen. Stattdessen könnte auch auf die ertragsteuerliche Sichtweise abgestellt werden, dass eine infolge des Hinzutretens neuer Mitunternehmer erweiterte Mitunternehmerschaft als neu entstanden anzusehen ist (BFH v. 25.4.2006, VIII R 52/04, BStBl. II 2006, 847, Tz. 59; UmwSt-Erl. 2011, BMF v. 11.11.2011, BStBl. I 2011, 1314 Tz. 01.47 unter Buchst. aa 3. und 4. Alt.); überträgt man diese Sichtweise auf das Schenkungsteuerrecht, wofür immerhin spricht, dass sich die Bestimmung des schenkungsteuerlichen Zuwendungsgegenstands zumindest für Zwecke von §§ 13a, 13b ErbStG nach ertragsteuerlichen Grundsätzen richtet (ErbStR E 13b.5 Abs. 3 Satz 2), sind Gegenstand der freigebigen Zuwendung an die Gesellschafter der übernehmenden Personengesellschaft Mitunternehmeranteile an der – ertrag- wie schenkungsteuerlich als neue Mitunternehmerschaft anzusehenden – Übernehmerin.

Die **Einlagen** der Neu-Mitunternehmer, im Falle der freigebigen Zuwendung an die Gesellschafter der Überträgerin also das Vermögen der Überträgerin und im Falle der freigebigen Zuwendung an die Gesellschafter der Übernehmerin das Vermögen der Übernehmerin, stellen keine teilweise Gegenleistung, sondern **Erwerbsaufwand** gemäß § 1 Abs. 2 iVm. § 10 Abs. 5 Nr. 3 ErbStG dar (*H.-U. Viskorf* ZEV 2014, 633, 635; BFH v. 20.12.2000, II R 42/99, BStBl. II 2001, 454, und BFH v. 27.8.2014, II R 43/12, BStBl. II 2015, 241, Tz. 50, jeweils zur Kapitalerhöhung in der GmbH). **216d**

Soweit zu den Gesellschaftern der an der Verschmelzung beteiligten Rechtsträger **Personengesellschaften** gehören, sind wegen deren **schenkungsteuerlicher Transparenz** Zuwendende bzw. Begünstigte die hinter der Personengesellschaft stehenden natürlichen oder juristischen Personen (Gleichlautender Ländererlass v. 14.3.2012, BStBl. I 2012, 331 Tz. 3.2; *H.-U. Viskorf* ZEV 2014, 633, 634). **Kapitalgesellschaften** können hingegen selbst Zuwendende sein (Gleichl. Ländererlasse v. 20.4.2018, BStBl. I 2018, 632 Tz. 3.2); zur Bestimmung der Steuerklasse ist dann das persönliche Verhältnis der Erwerber zu derjenigen unmittelbar oder mittelbar an der Kapitalgesellschaft beteiligten natürlichen Person oder Stiftung zugrunde zu legen, durch die die Zuwendung veranlasst ist, **§ 15 Abs. 4 Satz 1 ErbStG.** Prinzipiell kommen Kapitalgesellschaften – wie auch andere juristische Personen – auch als Begünstigte einer Schenkung in Betracht (*H.-U. Viskorf* ZEV 2014, 633, 634). Jedoch hat dann regelmäßig § 7 Abs. 8 Satz 1 ErbStG (Fiktion einer Zuwendung an deren Gesellschafter), der auch auf Leistungen gesellschaftsfremder Dritter anwendbar sein kann (Gleichl. Ländererlasse v. 20.4.2018, BStBl. I 2018, 632, Tz. 3.2), Vorrang (Gleichl. Ländererlasse v. 20.4.2018, BStBl. I 2018, 632 Tz. 1.4 Satz 1). Hingegen liegt eine freigebige Zuwendung gemäß § 7 Abs. 1 Nr. 1 ErbStG an die Kapitalgesellschaft und kein Fall des § 7 Abs. 8 ErbStG vor, wenn die Leistung von einem nicht an der Kapitalgesellschaft Beteiligten stammt und auf eine unmittelbare Bereicherung der Kapitalgesellschaft abzielt (Gleichlautender Ländererlass v. 20.4.2018, BStBl. I 2018, 632 Tz. 3.2 letzter Satz). Sind Kapitalgesellschaften sowohl als Zuwendende als auch auf Erwerberseite beteiligt, scheidet eine Schenkung insoweit aus, als an diesen unmittelbar oder mittelbar dieselben Gesellschafter zu gleichen Anteilen beteiligt sind, **§ 7 Abs. 8 Satz 2 ErbStG.** **216e**

Ob ein schenkungsteuerlich relevanter **unausgewogener Leistungsaustausch** vorliegt, beurteilt sich ausschließlich nach bürgerlich-rechtlichen Bewertungsgrundsätzen (BFH v. 27.8.2014, II R 43/12, BStBl. II 2015, 241, Tz. 46): Die insoweit maßgeblichen Verkehrswerte der Unternehmen der beteiligten Rechtsträger werden gemäß § 9 Abs. 1 Satz 2 BewG durch den Preis bestimmt, der im gewöhnlichen Geschäftsverkehr nach der Beschaffenheit des Zuwendungsgegenstands bei einer Veräußerung zu erzielen wäre (BFH v. 27.8.2014, II R 43/12, BStBl. II 2015, 241, Tz. 46; *H.-U. Viskorf* ZEV 2014, 633, 635). Bei der Feststellung des Werts sind mit Ausnahme ungewöhnlicher oder persönlicher Verhältnisse alle Umstände zu berücksichtigen, die den Preis beeinflussen können, § 9 Abs. 2 Sätze 2 und 3, Abs. 3 BewG (BFH v. 27.8.2014, II R 43/12, BStBl. II 2015, 241, Tz. 46). Auf typisierende Steuerwerte kann nicht zurückgegriffen werden (BFH v. 24.11.2005, II R 11/04, BFH/NV 2006, 744; BFH v. 27.8.2014, II R 43/12, BStBl II 2015, 241, Tz. 47, je- **216f** weils zum sog. *Stuttgarter Verfahren*). Die steuerrechtlichen Bewertungsvorschriften sind erst im Rahmen der Ermittlung der Bereicherung iSd. § 10 ErbStG anzuwenden (BFH v. 27.8.2014, II R 43/12, BStBl. II 2015, 241, Tz. 47ff.). **Bewertungsstichtag** ist der Zeitpunkt der Eintragung der Umwandlung in das Handelsregister der Übernehmerin, da die Schenkungsteuer gemäß § 9 Abs. 1 Nr. 2 ErbStG zu diesem Zeitpunkt entsteht (*H.-U. Viskorf* ZEV 2014, 633, 635; BFH v. 27.8.2014, II R 43/12, BStBl. II 2015, 241, Tz. 46 für die Kapitalerhöhung einer GmbH).

216g In **subjektiver Hinsicht** ist für § 7 Abs. 1 Nr. 1 ErbStG erforderlich, dass die Beteiligten mit dem Willen zur Freigebigkeit gehandelt haben (BFH v. 27.8.2014, II R 43/12, BStBl. II 2015, 241, Tz. 51). Ihnen muss bekannt gewesen sein, dass zwischen dem Wert der gewährten neuen Beteiligung und dem Wert der zu leistenden Einlage eine erhebliche prozentuale Abweichung besteht, wobei es freilich auf die Kenntnis des genauen Ausmaßes dieser Abweichung nicht ankommt (BFH v. 27.8.2014, II R 43/12, BStBl. II 2015, 241, Tz. 51). Bei einem **auffallenden Missverhältnis** zwischen dem bei verständiger und den Umständen nach vertretbarer Beurteilung zugrunde zu legenden Verkehrswert der neuen Anteile und den von den Neugesellschaftern zu leistenden Einlagen muss nach der Lebenserfahrung zunächst davon ausgegangen werden, dass die Gesellschafter dieses Missverhältnis erkannt haben. In einem solchen Fall muss derjenige, der behauptet, zumindest dem Zuwendenden sei das auffallend grobe Missverhältnis nicht bekannt gewesen, dies durch konkreten Vortrag entkräften (BFH v. 15.12.2010, II R 41/08, BStBl. II 2011, 363, Tz. 13; BFH v. 27.8.2014, II R 43/12, BStBl. II 2015, 241, Tz. 52 für Kapitalerhöhung in GmbH). Die Verw. geht von einem auffälligen Missverhältnis bereits bei einer **Wertdifferenz** von mindestens **20%** aus (Gleichl. Ländererlasse v. 20.4.2018, BStBl. I 2018, 632 Tz. 3.4.3; BFH v. 5.7.2018, II B 122/17, BStBl II 2018, 660, juris Tz. 14).

216h Die **Bereicherung** des Erwerbers, die gemäß § 10 Abs. 1 Satz 1 ErbStG für die Bemessung der Schenkungsteuer maßgeblich ist, bestimmt sich gemäß § 12 Abs. 1 und 5 ErbStG, §§ 97, 109 BewG nach dem gemeinen Wert, für dessen Ermittlung § 11 Abs. 2 BewG entsprechend gilt (Kapp/Ebeling/*Geck* ErbStG § 12 Rn. 265).

216i Auf gemäß § 7 Abs. 1 Nr. 1 ErbStG **schenkungsteuerbare Umwandlungen** können die Steuervergünstigungen gemäß §§ 13a, 13b ErbStG Anwendung finden (*H.-U. Viskorf* ZEV 2014, 633, 636; BFH v. 27.8.2014, II R 43/12, BStBl. II 2015, 241, Tz. 61ff. für Kapitalerhöhung in GmbH). Dies folgt für die Fälle der Verschmelzung einer Personengesellschaft auf eine Personengesellschaft jedenfalls dann aus § 13b Abs. 1 Nr. 2 ErbStG, wenn sich der Vorgang als freigebige Zuwendung an die Gesellschafter der Überträgerin darstellt (→ Rn. 172a), da in diesem Fall Zuwendungsgegenstand die den Begünstigten gewährten Mitunternehmeranteile an der Übernehmerin sind (→ Rn. 216c). Dasselbe wird man aber auch dann anzunehmen haben, wenn umgekehrt der Wert des im Zuge der Verschmelzung übergehenden Vermögens den Wert der dafür gewährten Mitunternehmeranteile übersteigt, also eine freigebige Zuwendung an die Gesellschafter der Übernehmerin vorliegt (s. Rn. 216b): Da in diesem Fall nicht lediglich eine Werterhöhung der Anteile der Gesellschafter der übernehmenden Personengesellschaft, sondern je nach Sichtweise entweder das Unternehmen der Überträgerin oder Mitunternehmeranteile an der – ertrag- wie schenkungsteuerlich als neue Mitunternehmerschaft anzusehenden – Übernehmerin Gegenstand der Zuwendung sind (→ Rn. 216c), müsste sich auch in diesem Fall die Anwendbarkeit der §§ 13a, 13b ErbStG aus § 13b Abs. 1 Nr. 2 ErbStG ergeben.

VIII. Arbeitsrecht

217 Es wird zunächst auf die grundsätzlichen Anmerkungen zum Arbeitsrecht unter → Form. A. 1, Rn. 150ff., verwiesen.

Die Darlegung der **Folgen der Verschmelzung für die Arbeitnehmer und ihre Vertretungen und die diesbzgl. vorgesehenen Maßnahmen** ist gemäß § 5 Abs. 1 Nr. 9 UmwG zwingender Bestandteil des Verschmelzungsvertrages. Die individual- und kollektivarbeitsrechtlichen Folgen der Verschmelzung sind iE umfassend darzulegen; ein pauschaler Verweis auf § 613a BGB und die Bestimmungen des UmwG genügt nicht (OLG Düsseldorf v. 15.3.1998, 3 Wx 156/98, NJW-RR 1999, 188f.). Genügt der Verschmelzungsvertrag diesen Anforderungen nicht, hat das Handelsregister die Eintragung der Verschmelzung abzulehnen (OLG Düsseldorf v. 15.3.1998, aaO). **218**

Daneben besteht nach § 613a Abs. 5 BGB die Verpflichtung, die Arbeitnehmer nicht nur über die rechtlichen, sondern auch über die sie betreffenden **wirtschaftlichen und sozialen Folgen** des Betriebsübergangs zu informieren; die Nichteinhaltung dieser Informationsverpflichtung hat grundsätzlich zur Folge, dass die in § 613a Abs. 6 BGB normierte Frist von einem Monat für die Ausübung des Rechts der betroffenen Arbeitnehmer, dem Übergang ihres Arbeitsverhältnisses zu widersprechen (iE → Form. A. 1 Rn. 152f.), nicht zu laufen beginnt. Gleiches gilt für eine **unvollständige oder unrichtige Unterrichtung** (BAG v. 13.7.2006, 8 AZR 305/05, NZA 2006, 1268; v. 14.12.2006, 8 AZR 763/05, NZA 2007, 682, BAG v. 15.12.2016, 8 AZR 612/15, NZA 2017, 783). Allerdings hat das BAG klargestellt, dass ein Widerspruchsrecht nach einer Verschmelzung nicht besteht, da das Arbeitsverhältnis mit dem bisherigen, erloschenen Arbeitgeber nicht fortgesetzt werden kann. Der Widerspruch ist auch nicht zwangsläufig als Kündigung zu verstehen, wenn die Erklärung nicht auch eine Umdeutung zur Kündigung oder einem anderen Beendigungstatbestand zulässt (BAG v. 21.2.2008, 8 AZR 157/07, NZA 2008, 815). Ein erklärter Widerspruch lässt das übergegangene Arbeitsverhältnis daher grundsätzlich unberührt (iE → Form. A. 1 Rn. 178 und → Form. A.9.2 § 7 Abs. 2 sowie → Rn. 257). Der Arbeitnehmer muss daher grundsätzlich eine außerordentliche Kündigung erklären, wenn er sich vom Arbeitsverhältnis lösen will (Kallmeyer/*Willemsen* UmwG § 324 Rn. 44). **219**

einstweilen frei **220, 221**

IX. Kosten

1. Beurkundung Verschmelzungsvertrag

Die Notargebühren für die Beurkundung des Abschlusses des **Verschmelzungsvertrages** richten sich nach §§ 97, 107 GNotKG (→ Form. A.1 Rn. 261). Vgl. zum reformierten Kostenrecht (GNotKG) (→ Form. A.1 Rn. 259). **222**

Zur **Wertberechnung** ist das Aktivvermögen der übertragenden GmbH & Co. KG zugrunde zu legen. Die Berechnung erfolgt dabei auf Grundlage der Verschmelzungsbilanz, jedoch ohne Abzug von Schulden (§ 38 Satz 1 GNotKG, vgl. hierzu BayObLG v. 23.4.1999, 3 Z BR 19/99, NJW-RR 1999, 1373; BayObLG v. 19.3.1997, 3 Z BR 283/96, MittBayNot 1997, 252; OLG Karlsruhe v. 30.1.2001, 11 Wx 59/00, ZNotP 2002, 121 zur KostO). Das Aktivvermögen wird um nicht durch Eigenkapital gedeckte Fehlbeträge vermindert; im Gegenzug erhöhen stille Reserven das Aktivvermögen der übertragenden GmbH & Co. KG (§ 46 Abs. 1 GNotKG; *Diehn/Volpert,* Praxis des Notarkostenrechts, Rn. 2549ff.). Die Berechnung des Aktivvermögens erfolgt dabei auf der Basis der mit zum Handelsregister einzureichenden Verschmelzungsbilanz nach § 17 Abs. 2 UmwG, wobei der anzusetzende Höchstwert auf 10 Mio. EUR beschränkt ist (§ 107 Abs. 1 GNotKG). Zu weiteren Details der Berechnung des Gegenstandswerts → Form. A.1 Rn. 259 und Rn. 261). **223**

2. Zustimmungsbeschlüsse, Kapitalerhöhungsbeschluss

Die Mitbeurkundung der Zustimmungsbeschlüsse nach § 13 Abs. 1 UmwG in der übertragenden GmbH & Co. KG sowie der übernehmenden GmbH & Co. KG ist **224** nach § 110 Nr. 1 GNotKG gegenstandsverschieden zum Verschmelzungsvertrag, so dass diese nach §§ 97, 108 Abs. 1 GNotKG für die Notarkostenberechnung gesondert zu berücksichtigen sind. Die Zustimmungsbeschlüsse in übertragender GmbH & Co. KG sowie übernehmender GmbH & Co. KG sind untereinander allerdings gegenstandsgleich, vgl. § 109 Abs. 2 Nr. 4 Buchst. g GNotKG. Gemäß § 108 Abs. 3 S. 1 GNotKG ist der Geschäftswert der Zustimmungsbeschlüsse der Wert des Vermögens des übertragenden Rechtsträgers, jedoch begrenzt auf den Höchstwert von 5 Mio. EUR (§ 108 Abs. 5 GNotKG), auch auch wenn mehrere Beschlüsse mit verschiedenem Gegenstand in einem Beurkundungsverfahren zusammengefasst werden. Es empfiehlt sich wegen der Degression der Kostentabelle, auch den Verschmelzungsvertrag und die Zustimmungsbeschlüsse – wie vorliegend – in einer Urkunde zusammenzufassen.

225 **Gegenstandsverschieden** nach § 86 Abs. 2 GNotKG ist allerdings der Beschluss betreffend die Erhöhung des Festkapitals bei der übernehmenden GmbH & Co. KG, so dass der Nennbetrag der Kapitalerhöhung von 400 000 EUR zu dem Wert des Verschmelzungsbeschlusses hinzuzurechnen ist (§ 35 Abs. 1 GNotKG, vgl. Korintenberg/*Tiedtke* GNotKG § 108 Rn. 85). Die Änderung des Gesellschaftsvertrages bei der übernehmenden GmbH & Co. KG zur Durchführung der Festkapitalerhöhung (Stammkapitalziffer, Einlagen) wird nach § 109 Abs. 2 Satz 1 Nr. 4 Buchst. b GNotKG nicht gesondert in Ansatz gebracht. Die Neufassung des Gesellschaftsvertrages der übernehmenden GmbH & Co. KG im Übrigen ist jedoch gesondert in Ansatz zu bringen, da der Gesellschaftsvertrag – anders als beim Formwechsel, vgl. § 234 UmwG – nicht zwingender Bestandteil der notariellen Urkunde ist. Gegenstandswert ist mindestens die Summe der Kommanditeinlagen, also 800 000 EUR, ggf. der höhere Wert des Gesellschaftsvermögens der übernehmenden GmbH & Co. KG nach Verschmelzung.

226, 227 *einstweilen frei*

3. Verzichte, Vollzugs- und Betreuungsgebühren, Auslagen

228 Für die Mitbeurkundung von Verzichtserklärungen auf die Erstellung eines Verschmelzungsberichts (§ 8 Abs. 3 UmwG), auf die Verschmelzungsprüfung bzw. die Erstellung eines Verschmelzungsprüfungsberichts (§ 9 Abs. 3, § 12 Abs. 3 UmwG) (dazu Renner/Otto/Heinze/*Heinze* GNotKG § 107 Rn. 72) und auf die Auslegung von Unterlagen in den Geschäftsräumen der beteiligten Gesellschaften fallen keine zusätzlichen Gebühren an, da sämtliche dieser Verzichtserklärungen gegenstandsgleich nach § 109 Abs. 1 GNotKG sind (BDS/*Bormann* GNotKG § 109 Rn. 35; OLG Hamm v. 6.12.2001, 15 W 314/01, MittBayNot 2002, 210 zur KostO). Nicht gegenstandsgleich (und damit gesondert zu bewerten) soll die ebenfalls im Formular enthaltene Verzichtserklärung auf die Anfechtung des jeweiligen Verschmelzungsbeschlusses nach § 16 Abs. 2 UmwG sein. Für die Bewertung dieser Verzichtserklärung soll ein Teilwert von 10% des übergehenden Aktivvermögens zugrunde zu legen sein (Renner/Otto/Heinze/*Heinze* GNotKG § 107 Rn. 73).

229 Es können Vollzugs- oder Betreuungsgebühren zusätzlich zu den Beurkundungsgebühren entstehen (→ Form. A.1 Rn. 262).

230 Zusätzlich werden durch den Notar noch Auslagen in Rechnung gestellt (→ Form.A.1 Rn. 262).

231 *einstweilen frei*

4. Handelsregisteranmeldung

232 **Beglaubigt** der Notar lediglich die Unterschriften des Geschäftsführers der Komplementärin der übertragenden GmbH & Co. KG bzw. der Gesellschafter der übernehmenden GmbH & Co. KG unter ihm zur Verfügung gestellten **Fremdentwürfen,** dann erhält er hierfür eine Gebühr von 0,2, mindestens jedoch 20 EUR und höchs-

tens 70 EUR nach Nr. 25100 des Kostenverzeichnisses. Der Geschäftswert der Handelsregisteranmeldungen wird nach §§ 121, 105 GNotKG ermittelt. Bei der übertragenden GmbH & Co. KG handelt es sich um eine Anmeldung mit unbestimmtem Geldwert nach § 105 Abs. 4 Nr. 1 GNotKG. Entsprechend ist der Geschäftswert ein Prozent des eingetragenen Haftkapitals der übertragenden GmbH & Co. KG, mindestens jedoch 30000 EUR; die 0,2 Gebühr aus diesem Geschäftswert beträgt 25 EUR. Bei der übernehmenden GmbH & Co. KG ist der Anmeldegegenstand der Verschmelzung ein solcher mit unbestimmtem Geldwert nach § 105 Abs. 4 Nr. 1 GNotKG. Die Anmeldung der Festkapitalerhöhung ist jedoch ein gesonderter Gegenstand, so dass der Nennbetrag der Kapitalerhöhung von 400000 EUR hinzuzurechnen ist (§ 105 Abs. 1 Satz 1 Nr. 3, § 35 Abs. 1 GNotKG).

Zudem erhält der Notar nach Nr. 22114 des Kostenverzeichnisses (elektronischer Vollzug und Erstellung von sog. XML-Strukturdaten) noch eine zusätzliche Gebühr in Höhe von 0,3, maximal jedoch 250 EUR, für die elektronische Einreichung der Handelsregisteranmeldung nebst Anlagen zum Registergericht. Des Weiteren fällt noch eine Vollzugsgebühr nach Nr. 22124 des Kostenverzeichnisses von 20 EUR für die Einreichung der Handelsregisteranmeldung an. Hinzu kommen Auslagen nach Nr. 32000ff. des Kostenverzeichnisses und 19% USt. (Nr. 32014 des Kostenverzeichnisses).

Erstellt der **Notar selbst** die **Entwürfe** der Handelsregisteranmeldungen für die **233** übertragende GmbH & Co. KG und die übernehmende GmbH & Co. KG, so berechnen sich die Notargebühren nach Nr. 24102 des Kostenverzeichnisses. Hiernach fällt eine Rahmengebühr von 0,3 bis 0,5, bei einer (vollständigen) Entwurfserstellung eine Gebühr von 0,5, mindestens jedoch 30 EUR an. Der Geschäftswert berechnet sich wiederum aus §§ 119, 105 GNotKG (vgl. die vorstehenden Ausführungen). Zudem erhält der Notar nach Nr. 22114 des Kostenverzeichnisses (elektronischer Vollzug und Erstellung von sog. XML-Strukturdaten) noch eine zusätzliche Gebühr in Höhe von 0,3, maximal jedoch 250 EUR, für die elektronische Einreichung der Handelsregisteranmeldung nebst Anlagen zum Registergericht. Neben den beiden vorgenannten Gebühren sind wiederum Auslagen nach Nr. 32000ff. des Kostenverzeichnisses und 19% USt. (Nr. 32014 des Kostenverzeichnisses) zu zahlen.

5. Handelsregistereintragung

Die Eintragungsgebühren richten sich nach der Verordnung über Gebühren in **234** Handels-, Partnerschafts- und Genossenschaftsregistersachen (HRegGebV v. 30.9. 2004, BGBl. I 2004, 2562), die auf der Ermächtigungsgrundlage in § 58 GNotKG beruht. Bei den Gebühren handelt es sich um sog. aufwandsbezogene Gebühren, die dem sog. Gebührenverzeichnis als Anlage zu § 1 Satz 1 HRegGebV entnommen werden können.

Die **Handelsregistereintragung** kostet sowohl bei der übertragenden GmbH & **235** Co. KG als auch der übernehmenden GmbH je 180 EUR (Gebührenverzeichnis Nr. 1400, 1401).

C. Einzelerläuterungen

I. Notarurkunden

1. Verschmelzungsvertrag mit Zustimmungsbeschlüssen und Verzichtserklärungen

Verschmelzungsvertrag, Verschmelzungsbeschlüsse sowie Verzichte auf Verschmel- **236** zungsbericht und Klage gegen die Wirksamkeit der Verschmelzungsbeschlüsse sind notariell zu beurkunden, §§ 6, 13 Abs. 3 Satz 1 UmwG. Erforderlich ist im Regelfall die Beurkundung durch einen deutschen Notar; die Beurkundung durch einen ausländischen Notar kann allenfalls dann genügen, wenn sie der Beurkundung durch einen deutschen Notar gleichwertig ist, was zB für die Beurkundung durch Notare im Schweizer Kanton Basel-Stadt bejaht worden ist (vgl. KG v. 26.7.2018, 22 W 2/18, DStR 2018, 2533; s. iE → Form.°B.1 Rn. 333ff.).

237 Da im Formularfall eine **einvernehmliche Verschmelzung** vorliegt, werden sämtliche Erklärungen aus Kostengründen gemeinsam in einer Urkunde beurkundet. Dadurch fällt ua. die Gebühr für die Verschmelzungsbeschlüsse nur einmal an (→ Rn. 224); außerdem werden Verzichtserklärungen auf die Erstellung eines Verschmelzungsberichts, auf die Verschmelzungsprüfung bzw. die Erstellung eines Verschmelzungsprüfungsberichts und auf die Auslegung von Unterlagen in den Geschäftsräumen der beteiligten Gesellschaften wegen Gegenstandsgleichheit mit dem Verschmelzungsvertrag nicht in Ansatz gebracht (→ Rn. 228).

2. Verschmelzungsvertrag

Zu § 1 Vermögensübertragung

238 § 1 des Verschmelzungsvertrages enthält die nach § 5 Abs. 1 Nr. 2 UmwG erforderliche Vereinbarung über die Übertragung des Vermögens der übertragenden GmbH & Co. KG als Ganzes gegen Gewährung von Anteilen an der übernehmenden GmbH & Co. KG.

Zu § 2 Gegenleistung, Umtauschverhältnis, Kapitalerhöhung

239 **§ 2 Abs. 1 Satz 1** regelt das Umtauschverhältnis der Anteile sowie in Verbindung mit § 2 Abs. 3 die diesbezüglich vorzunehmende Kapitalerhöhung bei der aufnehmenden Gesellschaft, § 5 Abs. 1 Nr. 3 und 4 UmwG.

240 **§ 2 Abs. 1 Satz 2** des Verschmelzungsvertrages entspricht den Anforderungen in § 40 Abs. 1 UmwG, wonach im Verschmelzungsvertrag für jeden Gesellschafter bestimmt sein muss, ob ihm die Stellung eines persönlich haftenden Gesellschafters oder eines Kommanditisten eingeräumt wird; zudem muss für jeden Gesellschafter seine Einlage in der Kommanditgesellschaft festgesetzt werden, § 40 Abs. 1 Satz 2 UmwG. Die Einräumung der Stellung eines persönlich haftenden Gesellschafters an solche Gesellschafter der Überträgerin, die für deren Verbindlichkeiten nicht als Gesamtschuldner persönlich unbeschränkt haften, bedarf der Zustimmung des betroffenen Gesellschafters der Überträgerin, § 40 Abs. 2 Satz 2 UmwG.

241 *einstweilen frei*

242 **§ 2 Abs. 2** des Verschmelzungsvertrages (Zeitpunkt des Beginns der Gewinnberechtigung) enthält eine gemäß § 5 Abs. 1 Nr. 5 UmwG erforderliche Angabe. Als Zeitpunkt, ab welchem die Anteile gewinnberechtigt sind, wird häufig der Verschmelzungsstichtag gewählt. Handelsrechtlich ist dies nicht zwingend. Jedoch wird steuerlich gemäß §§ 24 Abs. 4 HS 2, 20 Abs. 5 Satz 1 UmwStG das Ergebnis der übernehmenden Personengesellschaft deren Gesellschaftern zwingend ab dem steuerlichen Übertragungsstichtag zugerechnet, dh. entweder ab dem Zeitpunkt der Schlussbilanz der übertragenden Gesellschaft, §§ 24 Abs. 4 HS 2, 20 Abs. 6 Satz 1 UmwStG oder ab dem Zeitpunkt des Übergangs des wirtschaftlichen Eigentums.

243 *einstweilen frei*

Zu § 3 Verschmelzungsstichtag, handels- und steuerrechtliche Bilanzierung

244 **§ 3 Abs. 1** des Verschmelzungsvertrages (Verschmelzungsstichtag) ist gemäß § 5 Abs. 1 Nr. 6 UmwG zwingender Bestandteil des Verschmelzungsvertrages. Der Ver-

schmelzungsstichtag bezeichnet den Zeitpunkt, ab welchem die Geschäftsvorfälle des übertragenden Rechtsträgers in der Rechnungslegung des übernehmenden Rechtsträgers zu erfassen sind.

einstweilen frei **245**

§ 3 Abs. 2 des Verschmelzungsvertrages (Handelsrechtliche Schlussbilanz) ist kein zwingender Bestandteil des Verschmelzungsvertrages: § 5 Abs. 1 Nr. 5 und Nr. 6 UmwG fordern Festlegungen im Verschmelzungsvertrag nur für den Gewinnberechtigungszeitpunkt sowie den Verschmelzungsstichtag. Gleichwohl ist eine Regelung bezüglich der handelsrechtlichen Schlussbilanz zweckmäßig, zumal der übernehmende Rechtsträger bei Wahl der Buchwertverknüpfung über § 24 UmwG an die Werte der Schlussbilanz gebunden ist (RS HFA 42 Tz. 13). **246**

Da streitig ist, ob die Schlussbilanz festgestellt sein muss (→ Rn. 62), sieht das Formular vorsorglich die Feststellung der Schlussbilanz vor. **247**

einstweilen frei **248**

§ 3 Abs. 3 des Verschmelzungsvertrages (Wertansätze in der Rechnungslegung der übernehmenden Gesellschaft) ist ebenfalls kein zwingender, aber ein zweckmäßiger Bestandteil des Verschmelzungsvertrages. Im Formular wird der Ansatz des übergehenden Vermögens nach dem Anschaffungskostenprinzip gewählt, § 255 Abs. 1 HGB iVm. § 24 UmwG (→ Rn. 72 ff.), was zu einer Buchwertaufstockung führt. **249**

§ 3 Abs. 4 (bilanzielle Behandlung des Differenzbetrages zwischen dem Wert des übergehenden Vermögens und dem Betrag der Erhöhung des Festkapitals) ist ebenfalls kein zwingender, aber ein zum Schutz der Einbringenden zweckmäßiger Bestandteil des Verschmelzungsvertrages: Bei einer Personengesellschaft als aufnehmender Gesellschaft gibt es nicht die für GmbHs und AGs geltende 10%-ige Beschränkung der Höhe der baren Zuzahlungen, § 54 Abs. 4, § 68 Abs. 3 UmwG. Daher haben die Parteien die Wahl, ob der positive Differenzbetrag als Eigenkapital (Kapitalkonto II oder Rücklagekonto) oder Fremdkapital (Verrechnungskonto) verbucht wird (→ Rn. 81 ff.). Allerdings stellt die Verbuchung als Fremdkapital auf einem Verrechnungskonto eine Zuzahlung dar, die nach der Rechtsprechung des BFH entgegen der Auffassung der FinVerw. (→ Rn. 108) allerdings nur noch insoweit, als die **Summe** aus dem **Nominalbetrag** der **Gutschrift** auf dem **Kapitalkonto** des Einbringenden bei der übernehmenden Personengesellschaft und dem **gemeinen Wert** der eingeräumten **Darlehensforderung** den steuerlichen Buchwert des eingebrachten Mitunternehmeranteils überstieg, zur Unanwendbarkeit des § 24 UmwStG führt (→ Rn. 108 ff.; zur gesetzlichen Verschärfung durch StÄndG 2015 v. 2.11.2015 (BGBl. I 2015, 1834) → Rn. 108c). Wir haben uns im Formularfall für die Behandlung als Eigenkapital entschieden. Zur Aufteilung des die Erhöhung des Festkapitals übersteigenden Kapitals auf die Kapitalkonten II → Rn. 86. **250**

§ 3 Abs. 5 (Ansatz des übergehenden Vermögens in der Steuerbilanz der übernehmenden Gesellschaft) ist ebenfalls kein zwingender, aber zum Schutze der einbringenden Personengesellschafter, die an die Wertansätze der übernehmenden Personengesellschaft gebunden sind und einen sich daraus ergebenden Einbringungsgewinn zu versteuern haben (→ Rn. 146 ff.), ein empfehlenswerter Bestandteil des Verschmelzungsvertrages. **251**

einstweilen frei **252**

Zu § 4 Gesellschaftsvertrag der Übernehmerin

§ 4, welcher die Neufassung des Gesellschaftsvertrages der übernehmenden GmbH & Co. KG vorsieht, ist kein zwingender Bestandteil des Verschmelzungsvertrages. Häufig ist die Neufassung des Gesellschaftsvertrages jedoch Bestandteil der wirtschaftlichen Einigung zwischen den Gesellschaftern der übertragenden und der übernehmenden Gesellschaft. Gegebenenfalls ist der Zweck der übernehmenden Gesellschaft um den der übertragenden Gesellschaft zu ergänzen. **253**

einstweilen frei **254**

Zu § 7 Folgen der Verschmelzung für Arbeitnehmer und ihre Vertretungen

255 Die Darlegung der Folgen der Verschmelzung für die Arbeitnehmer und ihre Vertretungen sowie die insoweit vorgesehenen Maßnahmen sind zwingender Bestandteil des Verschmelzungsvertrages, § 5 Abs. 1 Nr. 9 UmwG, ihr Fehlen ein Eintragungshindernis.

256 **§ 7 Abs. 1** beschreibt und konkretisiert die gesetzliche Regelung in § 324 UmwG iVm. § 613a Abs. 1 Satz 1 BGB.

257 **§ 7 Abs. 2** trägt dem in § 613a Abs. 5 und 6 BGB geregelten Widerspruchsrecht des Arbeitnehmers Rechnung. Ein Widerspruchsrecht besteht nach aktueller Rspr. nach einer Verschmelzung nicht, da das Arbeitsverhältnis mit dem bisherigen erloschenen Arbeitgeber nicht fortgesetzt werden kann (iE → Form. A. 1 Rn. 178).

258 **§ 7 Abs. 3** enthält die ebenfalls erforderliche Beschreibung der Folgen der Verschmelzung für die Arbeitnehmer des übernehmenden Unternehmens.

259 **§ 7 Abs. 4** legt das Kündigungsverbot gemäß § 613a Abs. 4 BGB dar.

260 **§ 7 Abs. 5** beschreibt die Rechtsfolge der Verschmelzung für die bei der übertragenden Gesellschaft geltenden tarifvertraglichen Normen (individualvertragliche Fortgeltung gemäß § 613a Abs. 1 Satz 2 BGB), wenn das übernehmende Unternehmen nicht tarifgebunden ist. Gehört das übernehmende Unternehmen einem anderen Arbeitgeberverband an, so gelten gemäß § 613a Abs. 1 Satz 3 BGB vorrangig die Tarifverträge dieses Arbeitgeberverbandes kollektivrechtlich auch für die Arbeitnehmer des übertragenden Unternehmens; soweit die Tarifverträge des Arbeitgeberverbandes des aufnehmenden Unternehmens allerdings Lücken enthalten, sind diese durch individualvertragliche Fortgeltung der bei der übertragenden Gesellschaft bestehenden Tarifvertragsnormen gemäß § 613a Abs. 1 Satz 2 BGB zu schließen (WM/*Vossius* UmwStG § 20 Rn. 143). Gehören übertragendes und aufnehmendes Unternehmen hingegen demselben Arbeitgeberverband an, gelten die von diesem abgeschlossenen Arbeitsverhältnisse kollektivrechtlich auch für die Arbeitnehmer des übertragenden Unternehmens weiter; der individualrechtlichen Fortgeltung gemäß § 613a Abs. 1 Satz 2 BGB bedarf es in diesem Fall nicht.

261 **§ 7 Abs. 6 und Abs. 7** beschreiben die Auswirkungen auf die betriebsverfassungsrechtlichen Strukturen der betroffenen Unternehmen. Die Betriebsräte bleiben bei einer Verschmelzung zunächst im Amt, da die Identität der Betriebe durch eine Verschmelzung nicht unmittelbar geändert wird. Sofern im übernehmenden Unternehmen ein Gesamtbetriebsrat noch nicht besteht, ist er erstmalig zu errichten, § 47 Abs. 1 BetrVG. Die Betriebsvereinbarungen gelten ebenfalls kollektivrechtlich fort, da die betrieblichen Strukturen durch die Verschmelzung als solche zunächst nicht geändert werden.

262 **§ 7 Abs. 9** betrifft die Frage, ob und inwieweit bzw. wie detailliert eine Darstellung auch der mittelbaren Folgen der Verschmelzung nach § 5 Abs. 1 Nr. 9 UmwG erforderlich ist. Diese ist heftig umstritten s. WM/*Mayer* UmwG § 5 Rn. 183 mwN; Lutter/*Drygalla* UmwG § 5 Rn. 103ff. mwN). § 7 Abs. 9 enthält vorsorglich eine Beschreibung der wesentlichen mittelbaren Folgen der Verschmelzung sowie den Hinweis auf deren Behandlung im Verfahren nach §§ 111ff. BetrVG. Die Zuständigkeit des Gesamtbetriebsrates für das Verfahren nach §§ 111ff. BetrVG ergibt sich aus § 50 Abs. 1 BetrVG, da mehrere Betriebe betroffen sind.

263 *einstweilen frei*

3. Gesellschaftsvertrag Übernehmerin

264 Das Formular ist lediglich beispielhaft gedacht; auf Einzelerläuterungen wird verzichtet.

265 *einstweilen frei*

II. Schreiben an die Betriebsräte

Die Notwendigkeit der Zuleitung des Verschmelzungsvertrages oder seines Entwurfs an die Betriebsräte der beteiligten Rechtsträger spätestens einen Monat vor den Verschmelzungsbeschlüssen ergibt sich aus § 5 Abs. 3 UmwG; die Zuleitung ist dem Handelsregister gemäß § 17 Abs. 1 UmwG nachzuweisen. Der Nachweis erfolgt am einfachsten durch Empfangsbekenntnis (so auch → Form. A.9.4 und → Form. A.9.5). **266**

Im Falle des Bestehens eines Gesamtbetriebsrates ist bei einer Verschmelzung zumindest bei der übertragenden Gesellschaft dieser zuständig, da die Angelegenheit notwendigerweise das gesamte Unternehmen betrifft, § 50 BetrVG; ob dies auch auf Seiten der übernehmenden Gesellschaft zutrifft, ist weniger klar. Ebenso ist unklar und streitig, ob im Falle des Bestehens eines Konzernbetriebsrates auch diesem der Verschmelzungsvertrag zuzuleiten ist (differenzierend WM/*Mayer* UmwG § 5 Rn. 254). Wird der Verschmelzungsvertrag nur dem unzuständigen Betriebsrat zugeleitet, stellt dies ein Eintragungshindernis dar. Es empfiehlt sich daher, den Verschmelzungsvertrag – falls tunlich – im Interesse der Rechtssicherheit sämtlichen auch nur möglicherweise in Betracht kommenden Betriebsräten sämtlicher beteiligter Rechtsträger einschließlich etwaiger Gesamt- und Konzernbetriebsräte zuzuleiten (Kallmeyer/*Willemsen* UmwG § 5 Rn. 76). **267**

einstweilen frei **268**

Auf die Einhaltung der Monatsfrist soll verzichtet werden können (WM/*Mayer* UmwG § 5 Rn. 259; Kallmeyer/*Willemsen* UmwG § 5 Rn. 77b), nicht dagegen auf die Zuleitung an sich (Kallmeyer/*Willemsen* aaO; aA WM/*Mayer* aaO). **269**

Fehlt ein Betriebsrat, entfällt die Zuleitungspflicht gemäß § 5 Abs. 3 UmwG (WM/*Mayer* UmwG § 5 Rn. 263; Kallmeyer/*Willemsen* UmwG § 5 Rn. 79). **270**

Im Falle von Änderungen des Verschmelzungsvertrages nach Zuleitung an den Betriebsrat soll dieser nur dann erneut dem Betriebsrat zuzuleiten sein, wenn die Änderungen in irgendeiner Form auf die Rechtsverhältnisse der Arbeitnehmer und ihrer Vertretungen Auswirkung haben können (OLG Naumburg v. 6.2.1997, 7 U 236/96, DB 1997, 466). **271**

einstweilen frei **272**

III. Handelsregisteranmeldungen, Transparenzregister

1. Übertragende Personengesellschaft

Die Anmeldung hat durch die persönlich haftende Gesellschafterin zu erfolgen. Falls es sich um eine GmbH handelt, wird sie durch ihre Geschäftsführer in vertretungsberechtigender Anzahl vertreten (Kallmeyer/*Zimmermann* UmwG § 16 Rn. 4). Anders als bei sonstigen Handelsregisteranmeldungen für Personengesellschaften (§§ 108, 161 Abs. 2 HGB) ist grundsätzlich keine Anmeldung durch sämtliche Gesellschafter erforderlich, sondern genügt aufgrund der Sonderregelung in § 16 UmwG die Anmeldung durch die vertretungsberechtigte persönlich haftende Gesellschafterin, da auch in §§ 39ff. UmwG von diesem Grundsatz für Personengesellschaften keine Ausnahme gemacht wird (Kallmeyer/*Zimmermann* UmwG § 16 Rn. 4; SSt/*Volhard* UmwG § 16 Rn. 7 und Fn. 20; zweifelnd allerdings *Schöne* GmbHR 1995, 325, 332f.). Der ganz hM in der Literatur ist zu folgen, zumal das UmwG auch beim Formwechsel in eine Personengesellschaft gemäß § 235 Abs. 2 UmwG die Anmeldung durch das Vertretungsorgan der formwechselnden Gesellschaft genügen lässt und daher ausdrücklich den gesetzgeberischen Willen dokumentiert, den im Personengesellschaftsrecht sonst geltenden Grundsatz der Anmeldung der Personengesellschaft durch sämtliche Gesellschafter (§§ 108, 161 Abs. 2 HGB) nicht in das Umwandlungsrecht zu übernehmen. **273**

274 Die Unterschriften sind öffentlich zu beglaubigen, § 12 HGB. Im Falle einer grundsätzlich zulässigen Bevollmächtigung zur Anmeldung müssen auch die Unterschriften unter der Vollmacht notariell beglaubigt werden, § 12 Abs. 2 HGB. Die Handelsregisteranmeldung ist elektronisch in öffentlich beglaubigter Form einzureichen, § 12 Abs. 1 S. 1 HGB (iE → Form. A. 1 Rn. 56 sowie *Jeep/Wiedemann* NJW 2007, 2439).

275 *einstweilen frei*

2. Aufnehmende Personengesellschaft

276 Auch bei der Übernehmerin genügt grundsätzlich die Unterzeichnung durch die persönlich haftende Gesellschafterin. Dies gilt allerdings nur, wenn im Zusammenhang mit der Verschmelzung nicht weitere eintragungspflichtige Sachverhalte stattfinden; in diesem Fall dürfte gemäß §§ 108, 161 Abs. 2 HGB Unterzeichnung durch sämtliche Gesellschafter einschließlich der neu eintretenden erforderlich sein. Im vorliegenden Fall wird gleichzeitig mit der Anmeldung der Verschmelzung auch das Ausscheiden der bisherigen persönlich haftenden Gesellschafterin angemeldet; da dies keine zwingende Folge der Verschmelzung ist, ist vorsorglich die Unterzeichnung der Handelsregisteranmeldung durch alle Gesellschafter einschließlich der neu eintretenden sowie der ausscheidenden bisherigen persönlich haftenden Gesellschafterin vorgesehen.

277 Die Unterschriften sind öffentlich zu beglaubigen, § 12 HGB. Im Falle einer grundsätzlich zulässigen Bevollmächtigung zur Anmeldung müssen auch die Unterschriften unter der Vollmacht notariell beglaubigt werden, § 12 Abs. 2 HGB. Die Handelsregisteranmeldung ist elektronisch in öffentlich beglaubigter Form einzureichen, § 12 Abs. 1 Satz 1 HGB (iE → Form. A. 1 Rn. 56 sowie *Jeep/Wiedemann* NJW 2007, 2439).

278 Eine Umwandlung sollte stets auch Anlass für die Prüfung sein, ob diese eine – gemäß § 56 Abs. 1 Nr. 53 GWG bußgeldbewehrte – Pflicht zur Mitteilung des **Wirtschaftlich Berechtigten** an das Transparenzregister auslöst oder eine solche Mitteilungspflicht womöglich sogar unabhängig von der Umwandlung besteht. Ist nämlich eine **natürliche Person** Wirtschaftlich Berechtigter im Sinne von § 19 Abs. 2 S. 1, § 3 Abs. 1 und 2 GWG, weil sie unmittelbar oder mittelbar mehr als 25 % der Kapitalanteile oder Stimmrechte einer juristischen Person oder eingetragenen Personengesellschaft hält (§ 3 Abs. 2 Satz 1 Nr. 1 oder 2 GWG) oder auf vergleichbare Weise Kontrolle ausübt (§ 3 Abs. 2 Satz 1 Nr. 3 GWG), hat die juristische Person oder eingetragene Personengesellschaft grundsätzlich gemäß § 19 Abs. 1 GWG Vor- und Nachnamen, Geburtsdatum und Wohnort des Wirtschaftlich Berechtigten sowie nach näherer Maßgabe von § 19 Abs. 2 GWG Art und Umfang seines wirtschaftlichen Interesses dem Transparenzregister mitzuteilen, § 20 Abs. 1 GWG. Gemäß § 20 Abs. 2 GWG gilt diese Verpflichtung jedoch als erfüllt, wenn die vorgenannten Angaben bereits in einem der in § 20 Abs. 2 GWG genannten Register, zB dem Handelsregister, elektronisch abrufbar sind. Dies trifft bei der Eintragung als Gesellschafter einer Personenhandelsgesellschaft in das (deutsche) Handelsregister regelmäßig zu. Soweit die Mitteilungsfiktion hingegen nicht anwendbar ist, etwa bei Beteiligung ausländischer Kapitalgesellschaften, deren Gesellschafter naturgemäß nicht aus den in § 20 Abs. 2 GWG genannten deutschen Registern ersichtlich sind, hat die juristische Person oder eingetragene Personengesellschaft, an welcher die Wirtschaftliche Berechtigung besteht, die entsprechenden Informationen gemäß § 20 Abs. 1 Satz 1 GWG einzuholen, aufzubewahren, auf aktuellem Stand zu halten und dem Transparenzregister unverzüglich auf elektronischem Wege mitzuteilen. Nur wenn auch nach Durchführung umfassender Prüfungen keine natürliche Person als Wirtschaftlich Berechtigter ermittelt werden kann, gelten regelmäßig die gesetzlichen Vertreter der juristischen Person oder eingetragenen Personengesellschaft als Wirtschaftlich Berechtigte, § 3 Abs. 2 S. 5 GWG, mit der Folge des Eingreifens der Mitteilungsfiktion, soweit – wie regelmäßig – die sie betreffenden Informationen im Sinne von § 19 Abs. 1 GWG in einem der in § 20 Abs. 2 GWG genannten Register (zB Handelsregister) elektronisch abrufbar sind.

A. 10 Kettenverschmelzungen zweier GmbH

Gliederung

A. Vertragsformulare

Verschmelzungsvorgang D-GmbH auf B-GmbH

A.10.1. Notarurkunde der Verschmelzung von D-GmbH und B-GmbH (Verschmelzungsvertrag und Gesellschafterbeschlüsse)[57]

1. Verschmelzungsvertrag

Präambel[61]

...... *[Es wird auf → Form. A.1.1 verwiesen.]*

Es wird festgehalten, dass diese Verschmelzung als 1. Stufe einer Kettenverschmelzung erfolgt.

......

§ 1 Vermögensübertragung, Verschmelzungsstichtag und Schlussbilanz[62]

...... *[Es wird auf → Form. A.1.1 Ziff. 1 verwiesen.]*

§ 2 Gegenleistung[62]

...... *[Es wird auf → Form. A.1.1 Ziff. 1 verwiesen.]*

§ 3 Sonderrechte[62]

...... *[Es wird auf → Form. A.1.1 Ziff. 1 verwiesen.]*

§ 4 Besondere Vorteile[62]

...... *[Es wird auf → Form. A.1.1 Ziff. 1 verwiesen.]*

§ 5 Folgen der Verschmelzung für die Arbeitnehmer und ihre Vertretungen[63]

(1) Für die bei dem übernehmenden Rechtsträger, B-GmbH, in dessen einzigem Betrieb beschäftigten Arbeitnehmer ändert sich der Inhalt ihres Arbeitsverhältnisses durch die Verschmelzung der D-GmbH nicht. Jedoch ergeben sich Änderungen durch die anschließende Verschmelzung der B-GmbH auf die C-GmbH.

(2) Aufgrund der Verschmelzung der D-GmbH auf die B-GmbH geht der Betrieb des übertragenden Rechtsträgers, D-GmbH, zunächst auf die B-GmbH über, die gemäß § 613a BGB mit allen Rechten und Pflichten unter Anrechnung der bei der D-GmbH verbrachten Vordienstzeiten in die Arbeitsverhältnisse der bei der D-GmbH beschäftigten Arbeitnehmer eintritt. Im Anschluss an diese Verschmelzung wird die B-GmbH auf die C-GmbH mit dem Sitz in ...... verschmolzen werden. Dies hat zur Folge, dass nach Eintragung dieser zweiten Verschmelzung die C-GmbH gemäß § 613a BGB mit allen Rechten und Pflichten unter Anrechnung der bei der D-GmbH verbrachten Vordienstzeiten in die Arbeitsverhältnisse der bei der D-GmbH beschäftigten Arbeitnehmer eintritt. Die im Unternehmen der D-GmbH bislang auf Grund des Tarifvertrags ...... (Flächentarifvertrag) geregelten Arbeitsbedingungen gelten weiter, da die C-GmbH Mitglied desselben Arbeitgeberverbands ist. § 613a BGB gilt nicht für die Ansprüche auf betriebliche Altersversorgung ehemals bei der D-GmbH beschäftigter Arbeitnehmer im Ruhestand.

(3) Die Arbeitnehmer der D-GmbH können dem Übergang ihrer Arbeitsverhältnisse nicht widersprechen, da die D-GmbH durch die Verschmelzung erlischt.

(4) Die in den Betrieben der D-GmbH, der B-GmbH und der C-GmbH errichteten Betriebsräte bleiben zunächst unverändert im Amt. Mit Wirksamwerden der beiden Ver-

schmelzungen ist ein Gesamtbetriebsrat bei der C-GmbH zu errichten, in den auch der Betriebsrat des Betriebs der B-GmbH sowie der Betriebsrat des Betriebs der C-GmbH Mitglieder entsenden werden. Betriebsvereinbarungen gelten kollektivrechtlich weiter. Die in Gesamtbetriebsvereinbarungen geregelten Rechte und Pflichten bleiben als solche bestehen.

(5) Mitbestimmungsrechtliche Änderungen ergeben sich nicht, da die maßgeblichen Schwellenwerte bei der C-GmbH auch nach dem Wirksamwerden der beiden Verschmelzungen nicht erreicht werden. Insbesondere verfügt die C-GmbH nach Wirksamwerden der Verschmelzungen über weniger als 500 Arbeitnehmer und unterliegt damit nicht der Mitbestimmung nach dem DrittelbG.

(6) Die C-GmbH beabsichtigt, zukünftig die Betriebe der B-GmbH und der D-GmbH am Ort des bisherigen Betriebs der B-GmbH zusammenzulegen, indem der bisherige Betrieb der D-GmbH in den Betrieb der B-GmbH eingegliedert wird. Hierdurch wird es zu personellen Veränderungen in Form von Versetzungen kommen. Weitere personelle Veränderungen, insbesondere betriebsbedingte Kündigungen, sind nicht geplant. Durch die Eingliederung des Betriebs der D-GmbH wird das Amt des bisherigen Betriebsrats dieses Betriebes enden. Diesem wird ggf. ein Restmandat nach Maßgabe der gesetzlichen Bestimmungen (§ 21b BetrVG) zustehen. Der Betriebsrat der B-GmbH wird im Amt bleiben. Wegen der Änderung der Anzahl der wahlberechtigten Arbeitnehmer nach der Eingliederung des Betriebs der D-GmbH in den Betrieb der B-GmbH werden Neuwahlen für einen Betriebsrat durchgeführt werden.

§ 6 Sonstiges[64]

...... *[Es wird auf → Form. A.1.1 Ziff. 1 verwiesen.]*

2. Gesellschafterbeschluss der übernehmenden Gesellschaft über die Zustimmung zur Verschmelzung und Verzichtserklärungen[76 ff.]

I.–III. ...... *[Es wird auf → Form. A.1.1 Ziff. 2 verwiesen.]*

3. Gesellschafterbeschluss der übertragenden Gesellschaft über dieZustimmung zur Verschmelzung und Verzichtserklärungen[81 ff.]

I.–III. ...... *[Es wird auf → Form. A.1.1 Ziff. 3 verwiesen.]*

4. Kosten, Hinweise und Abschriften[85]

...... *[Es wird auf → Form. A.1.1 Ziff. 4 verwiesen.]*

A.10.2. Schreiben an die Betriebsräte[86]

...... *[Es wird auf → Form. A.1.2, → Form. A.1.3 und → Form. A.1.4 verwiesen.]*

Anmeldungen zu den Handelsregistern

A.10.3. Anmeldung zum Handelsregister der übertragenden Gesellschaft[87 f.]

I.–II. …… *[Es wird auf → Form. A.1.5 verwiesen.]*

A.10.4. Anmeldung zum Handelsregister der übernehmenden Gesellschaft[89 f.]

I.–II. …… *[Es wird auf → Form. A.1.6 verwiesen.]*

Verschmelzungsvorgang B-GmbH auf C-GmbH

A.10.5. Notarurkunde der Verschmelzung von B-GmbH und C-GmbH (Verschmelzungsvertrag und Gesellschafterbeschlüsse)

1. Verschmelzungsvertrag

Präambel[72]

…… *[Es wird auf → Form. A.4.1 verwiesen.]*

Es wird festgehalten, dass diese Verschmelzung als 2. Stufe einer Kettenverschmelzung erfolgt.

……

§ 1 Vermögensübertragung, Verschmelzungsstichtag und Schlussbilanz[73]

(1) Die B-GmbH mit dem Sitz in ……, eingetragen im Handelsregister des Amtsgerichts …… unter HRB …… (im Folgenden „B-GmbH") als übertragender Rechtsträger überträgt ihr Vermögen als Ganzes mit allen Rechten und Pflichten unter Auflösung ohne Abwicklung auf die C-GmbH mit dem Sitz in ……, eingetragen im Handelsregister des Amtsgerichts …… unter HRB …… (im Folgenden „C-GmbH") als übernehmender Rechtsträger ohne Gewährung von Gesellschaftsrechten gemäß § 2 Nr. 1, §§ 46 ff. UmwG (Verschmelzung durch Aufnahme).

(2) Die Übernahme des Vermögens der B-GmbH erfolgt im Innenverhältnis mit Wirkung zum 1.1.01, 0:00 Uhr (Verschmelzungsstichtag). Von diesem Zeitpunkt an gelten alle Handlungen und Geschäfte der B-GmbH als für Rechnung der C-GmbH vorgenommen.

(3) …… *[Es wird auf → Form. A.4.1 Ziff. 1 verwiesen.]*

(4) Dieser Verschmelzungsvertrag steht unter der aufschiebenden Bedingung der Eintragung der Verschmelzung der D-GmbH mit dem Sitz in ……, eingetragen im Handelsregister des Amtsgerichts …… unter HRB …… auf die B-GmbH mit dem Sitz in ……, eingetragen im Handelsregister des Amtsgerichts …… unter HRB ……, (URNr. ……/2001 des Notars …… in ……), die die übertragende Gesellschaft dieser zweiten Verschmelzung ist, in das Handelsregister der B-GmbH.

§ 2 Gegenleistung[75]

Da die A-GmbH sämtliche Anteile sowohl an der Übertragenden B-GmbH als auch der übernehmenden C-GmbH hält und gem. § 54 Abs. 1 Satz 3 UmwG auf die Gewäh-

rung von Geschäftsanteilen an der C-GmbH verzichtet, wird keine Gegenleistung gewährt.

§ 3 Sonderrechte[75]
...... *[Es wird auf → Form. A.4.1 Ziff. 1 verwiesen.]*

§ 4 Besondere Vorteile[75]
...... *[Es wird auf → Form. A.4.1 Ziff. 1 verwiesen.]*

§ 5 Folgen der Verschmelzung für die Arbeitnehmer und ihre Vertretungen[75]

(1) Für die bei dem übernehmenden Rechtsträger, C-GmbH, in dessen einzigem Betrieb beschäftigten Arbeitnehmer ändert sich der Inhalt ihres Arbeitsverhältnisses durch die Verschmelzung der B-GmbH nicht.

(2) Aufgrund der Verschmelzung der B-GmbH auf die C-GmbH gehen der Betrieb des übertragenden Rechtsträgers, B-GmbH, sowie der Betrieb der zuvor auf die B-GmbH verschmolzenen D-GmbH auf die C-GmbH über, die gemäß § 613a BGB mit allen Rechten und Pflichten unter Anrechnung der bei der B-GmbH verbrachten Vordienstzeiten in die Arbeitsverhältnisse der bei der B-GmbH und bei der D-GmbH beschäftigten Arbeitnehmer eintritt. Die im Unternehmen der B-GmbH bzw. im Unternehmen der D-GmbH bislang auf Grund der jeweils anwendbaren Tarifverträge ...... (Flächentarifvertrag) geregelten Arbeitsbedingungen gelten weiter, da die C-GmbH Mitglied desselben Arbeitgeberverbands ist. § 613a BGB gilt nicht für die Ansprüche auf betriebliche Altersversorgung ehemals bei der B-GmbH oder der D-GmbH beschäftigter Arbeitnehmer im Ruhestand.

(3) Die Arbeitnehmer der B-GmbH einschließlich der Arbeitnehmer der zuvor auf die B-GmbH verschmolzenen D-GmbH können dem Übergang ihrer Arbeitsverhältnisse nicht widersprechen, da die B-GmbH durch die Verschmelzung erlischt.

(4) Die in den Betrieben der D-GmbH, der B-GmbH und der C-GmbH errichteten Betriebsräte bleiben zunächst unverändert im Amt. Mit Wirksamwerden der beiden Verschmelzungen ist ein Gesamtbetriebsrat bei der C-GmbH zu errichten, in den auch der Betriebsrat des Betriebs der B-GmbH sowie der Betriebsrat des Betriebs der C-GmbH Mitglieder entsenden werden. Betriebsvereinbarungen gelten kollektivrechtlich weiter. Die in Gesamtbetriebsvereinbarungen geregelten Rechte und Pflichten bleiben als solche bestehen.

(5) Mitbestimmungsrechtliche Änderungen ergeben sich nicht, da die maßgeblichen Schwellenwerte bei der C-GmbH auch nach dem Wirksamwerden der beiden Verschmelzungen nicht erreicht werden. Insbesondere verfügt die C-GmbH nach Wirksamwerden der Verschmelzungen über weniger als 500 Arbeitnehmern und unterliegt damit nicht der Mitbestimmung nach dem DrittelbG.

(6) Die C-GmbH beabsichtigt, zukünftig die Betriebe der B-GmbH und der D-GmbH am Ort des bisherigen Betriebs der B-GmbH zusammenzulegen, indem der bisherige Betrieb der D-GmbH in den Betrieb der B-GmbH eingegliedert wird. Hierdurch wird es zu personellen Veränderungen in Form von Versetzungen kommen. Weitere personelle Veränderungen, insbesondere betriebsbedingte Kündigungen, sind nicht geplant. Durch die Eingliederung des Betriebs der D-GmbH wird das Amt des bisherigen Betriebsrats dieses Betriebes enden. Diesem wird ggf. ein Restmandat nach Maßgabe der gesetzlichen Bestimmungen (§ 21b BetrVG) zustehen. Der Betriebsrat der B-GmbH wird im Amt bleiben. Wegen der Änderung der Anzahl der wahlberechtigten Arbeitnehmer nach der Eingliederung des Betriebs der D-GmbH in den Betrieb der B-GmbH werden Neuwahlen für einen Betriebsrat durchgeführt werden.

§ 6 Sonstiges

...... *[Es wird auf → Form. A.4.1 Ziff. 1 verwiesen.]*

2. Gesellschafterbeschluss der übernehmenden Gesellschaft über die Zustimmung zur Verschmelzung und Verzichtserklärungen[76 ff.]

I. ...... *[Es wird auf → Form. A.4.1 Ziff. 2 verwiesen.]*

II. ...... *[Es wird auf → Form. A.4.1 Ziff. 2 verwiesen, allerdings mit folgender Ergänzung:]*

Für die C-GmbH wird hiermit einstimmig und ohne Enthaltungen was folgt beschlossen:

Dem Verschmelzungsvertrag zwischen der B-GmbH mit dem Sitz in ...... (eingetragen im Handelsregister des Amtsgerichts ...... unter HRB ......) vom heutigen Tage (URNr. ...... des Notars ...... in ......) und der C-GmbH mit dem Sitz in ...... (eingetragen im Handelsregister des Amtsgerichts ...... unter HRB ......) betreffend die durch vorherige Eintragung der Verschmelzung der D-GmbH, Sitz ......, HRB ......, Amtsgericht ......, auf die B-GmbH im Handelsregister der B-GmbH aufschiebend bedingte Verschmelzung der B-GmbH auf die C-GmbH wird hiermit zugestimmt. Der Verschmelzungsvertrag ist in Abschnitt I. 1. dieser Urkunde enthalten.

Weitere Beschlüsse werden in der Gesellschafterversammlung nicht gefasst.

III. ...... *[Es wird auf → Form. A.4.1 verwiesen.]*

3. Gesellschafterbeschluss der übertragenden Gesellschaft über die Zustimmung zur Verschmelzung und Verzichtserklärungen[81 ff.]

I. ...... *[Es wird auf → Form. A.4.1 Ziff. 3 verwiesen.]*

II. ...... *[Es wird auf → Form. A.4.1 Ziff. 3 verwiesen, allerdings mit folgender Ergänzung]*

Für die B-GmbH wird hiermit einstimmig und ohne Enthaltungen was folgt beschlossen:

Dem Verschmelzungsvertrag zwischen der B-GmbH mit dem Sitz in ...... (eingetragen im Handelsregister des Amtsgerichts ...... unter HRB ......) vom heutigen Tage (URNr....... des Notars ...... in ......) und der C-GmbH mit dem Sitz in ...... (eingetragen im Handelsregister des Amtsgerichts ...... unter HRB ......) betreffend die durch vorherige Eintragung der Verschmelzung der D-GmbH, Sitz ......, HRB ......, Amtsgericht ......, auf die B-GmbH im Handelsregister der B-GmbH aufschiebend bedingte Verschmelzung der B-GmbH auf die D-GmbH wird hiermit zugestimmt. Der Verschmelzungsvertrag ist unter Punkt 1. dieser Urkunde enthalten.

Auf die Gewährung von Anteilen an der übernehmenden C-GmbH und jegliche sonstige Gegenleistung wird hiermit gem. § 54 Abs. 3 Satz 3 UmwG verzichtet.

Weitere Beschlüsse werden in der Gesellschafterversammlung nicht gefasst.

A.10.6. Schreiben an die Betriebsräte[86]

...... *[Es wird auf → Form. A.4.2, → Form. A.4.3 und → Form. A.4.4 verwiesen.]*

Anmeldungen zu den Handelsregistern

A.10.7. Anmeldung zum Handelsregister der übertragenden Gesellschaft[87 f.]

I. ...... *[Es wird auf → Form. A.4.6 verwiesen.]*

Die B-GmbH ist auf Grund des Verschmelzungsvertrags, des Beschlusses der Gesellschafterversammlung der B-GmbH und des Beschlusses der Gesellschafterversammlung der C-GmbH vom ...... auf die C-GmbH mit dem Sitz in ......, eingetragen im Handelsregister des Amtsgerichts ...... unter HRB ......, verschmolzen worden.

II....... *[Es wird auf → Form. A.4.6 verwiesen.]*

A.10.8. Anmeldung zum Handelsregister der übernehmenden Gesellschaft[89 f.]

I. ...... *[Es wird auf → Form. A.4.7 verwiesen.]*

Die B-GmbH mit dem Sitz in ......, eingetragen im Handelsregister des Amtsgerichts ...... unter HRB ......, ist auf Grund des Verschmelzungsvertrags, des Beschlusses der Gesellschafterversammlung der B-GmbH und des Beschlusses der Gesellschafterversammlung der C-GmbH vom ...... auf die C-GmbH durch Aufnahme verschmolzen wurden.

Im Hinblick auf die im Verschmelzungsvertrag, § 1 Abs. 4, enthaltene aufschiebende Bedingung wird mitgeteilt, dass mit Handelsregisteranmeldungen vom heutigen Tage zu HRB des Amtsgerichts ...... sowie zu HRB des Amtsgerichts ...... die Verschmelzung der D-GmbH auf die B-GmbH angemeldet worden ist.

Es wird gebeten, die hiermit angemeldete Verschmelzung erst dann im Handelsregister der C-GmbH einzutragen, wenn die vorgenannte Verschmelzung im Handelsregister der B-GmbH eingetragen worden ist.

Einen beglaubigten Handelsregisterauszug, aus welchem sich ergibt, dass die Verschmelzung der D-GmbH auf die B-GmbH im Handelsregister der B-GmbH eingetragen worden ist, werde ich nach Erhalt unverzüglich vorlegen.

II.–IV. ...... *[Es wird auf → Form. A.4.7 verwiesen.]*

B. Grundsätzliche Anmerkungen

I. Sachverhalt

Die (inländische) A-GmbH hält alle Geschäftsanteile sowohl an der B-GmbH als auch an der C-GmbH. Die B-GmbH ist wiederum alleinige Anteilseignerin der D-GmbH. 1

Das Vermögen der D-GmbH soll als Ganzes zunächst auf die B-GmbH im Wege der Verschmelzung durch Aufnahme übergehen (sog. up-stream). In einem zweiten Schritt ist geplant, die B-GmbH auf die C-GmbH zu verschmelzen (sog. side-stream). Beide Vorgänge werden verknüpft (sog. Kettenverschmelzung).

Wirtschaftsjahr aller Gesellschaften ist das Kalenderjahr. Die Verschmelzung der D-GmbH auf die B-GmbH soll im Innenverhältnis zum 1.1.01, 0:00 Uhr (Verschmelzungsstichtag) als bewirkt gelten . Die Buchwerte der Schlussbilanz der D-GmbH sollen von der B-GmbH fortgeführt werden. Die Verschmelzung der B-GmbH auf die

C-GmbH soll im Innenverhältnis ebenso zum 1.1.01, 0:00 Uhr als bewirkt gelten. Die Buchwerte der Schlussbilanz der B-GmbH sollen ebenso von der C-GmbH fortgeführt werden. Firma und Geschäftsführung der C-GmbH sollen durch die Verschmelzung nicht berührt werden.

Die Beteiligten verfügen jeweils über einen Betrieb mit nur 30 Arbeitnehmern. Es besteht in jedem der Betriebe ein Betriebsrat.

Die beteiligten Gesellschafter verzichten auf die Einberufungen zu den Gesellschafterversammlungen (§ 47, § 49 Abs. 1 UmwG), auf die Zuleitungen der (Entwürfe der) Verschmelzungsverträge als Anlage hierzu (§ 47 UmwG) und auf die Auslegung der Jahresabschlüsse und der Lageberichte der an der Verschmelzung beteiligten Rechtsträger für die letzten drei Geschäftsjahre zur Einsicht der Gesellschafter (§ 49 Abs. 2 UmwG). Die Gesellschafter verzichten ferner auf ihre Anfechtungsrechte bzw. erklären den Klageverzicht gemäß § 14 UmwG bezüglich der Zustimmungsbeschlüsse zu den Verschmelzungsverträgen.

Verzichtet wird auch auf Verschmelzungsberichte der übertragenden und übernehmenden Gesellschaft nach § 8 Abs. 1 und 2 UmwG gem. § 8 Abs. 3 Satz 1 Alt. 1 UmwG. Die Prüfung gem. § 48 UmwG wird nicht verlangt. Verzichtet wird ferner auf die Verschmelzungsprüfung gem. §§ 9 bis 11 UmwG und auf den Bericht über die Verschmelzungsprüfung nach § 12 UmwG gem. § 9 Abs. 3, § 12 Abs. 3 iVm. § 8 Abs. 3 Satz 1 Alt. 1 UmwG.

Schließlich wird auch auf eine Kapitalerhöhung der C-GmbH im Rahmen der zweiten Verschmelzung – abweichend vom Formular A.4.1 – verzichtet (→ Form. A.4 Rn. 23).

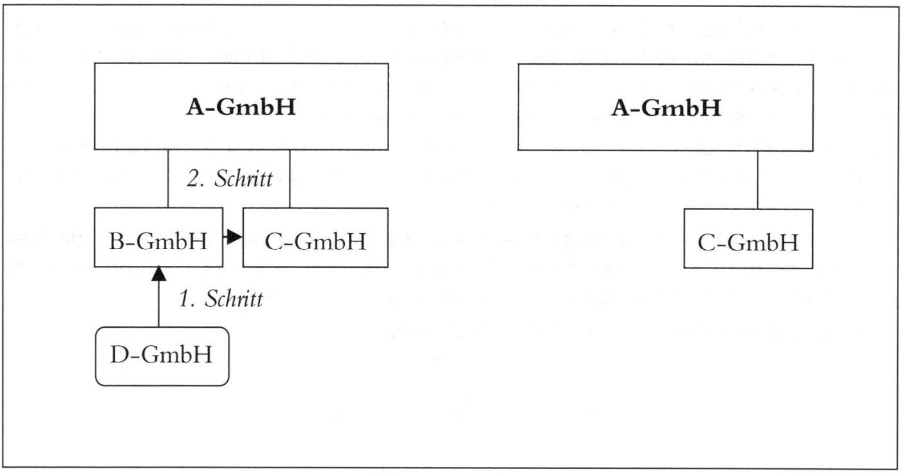

Graphische Darstellung des Sachverhalts vor und nach der Verschmelzung

II. Ablaufplan

2 Der Ablauf einer Kettenverschmelzung hängt sehr von den Umständen des Einzelfalls ab. Zu den Ablaufplänen der einzelnen Verschmelzungsvorgänge wird auf die Ausführungen in Formular A. 1. verwiesen. Grundsätzlich ist im Rahmen einer Kettenverschmelzung eine gründliche Absprache der Beteiligten notwendig, da die Acht-Monatsfrist nach § 17 Abs. 2 Satz 4 UmwG zu einem enormen Zeitdruck führt.

3 Für die Verschmelzungsverträge ist abweichend von den Ausführungen zu den Formularen A. 1–A. 9 zu beachten, dass der nachfolgende „Schwestern-Verschmel-

zungsvertrag" zwischen B-GmbH und C-GmbH („Side Stream Merger") unter der **aufschiebenden Bedingung** geschlossen wird, dass zuvor die Verschmelzung von Mutter- und Tochtergesellschaft („Up Stream Merger") zwischen D-GmbH und B-GmbH im Handelsregister der B-GmbH eingetragen worden ist.

Dass es sich bei den Verschmelzungen um aufeinanderfolgende Verschmelzungen 4
handelt, sollte der Klarheit wegen bereits in allen an der Kettenverschmelzung beteiligten Vertragspräambeln dargestellt werden.

einstweilen frei 5, 6

III. Wirtschaftliche Vertragsziele

Die **Motive** einer Kettenverschmelzung sind ganz unterschiedlicher Art und folgen 7
den Motiven der einzelnen Verschmelzungen (vgl. dazu die Einzelerläuterungen zu den Formularen A. 1 und A. 4). Sie treten in der Praxis häufig auf, da mit einem einzelnen Umwandlungsvorgang **oft noch nicht die endgültige Konzernorganisation erreicht** werden kann. Zumeist dienen sie, wie auch die einzelnen Verschmelzungen, der Straffung der Organisations- und Führungsstruktur im Konzern. Eine Senkung der Verwaltungskosten ist in der Regel die Folge. Motiv kann auch die sog. geräuschlose Liquidation der übertragenden Gesellschaft sein. Eine Verschmelzung kann bei der übernehmenden Gesellschaft zu einer Verstärkung der Eigenkapitalausstattung führen.

einstweilen frei 8, 9

IV. Zivil-, Handels- und Gesellschaftsrecht

Die nachfolgenden Ausführungen verstehen sich als Ergänzungen zu den in den 10
Formularen A. 1 und A. 4 dargelegten Verschmelzungsvorgängen. Es soll im Folgenden nur auf die Besonderheiten, welche sich aus einer Kettenverschmelzung ergeben, eingegangen werden.

Der Begriff der Kettenverschmelzung folgt keiner gesetzlichen **Definition.** Es hat 11
sich aber in der Literatur herausgebildet, dass unter einer Kettenverschmelzung eine Verschmelzung von drei oder mehr Rechtsträgern verstanden wird, wobei vor Wirksamwerden der ersten Verschmelzung der übernehmende Rechtsträger im Rahmen einer zweiten Verschmelzung als übertragender Rechtsträger einen Verschmelzungsvertrag mit einem weiteren Rechtsträger abschließt (SBB/*Sagasser/Luke* § 9 Rn. 368; zur sog. „unechten Kettenverschmelzung" ohne aufschiebende Bedingung: *Schwenn* Der Konzern 2007, 173, 174).

einstweilen frei 12

1. Anwendbares Recht

Da das Besondere einer Kettenverschmelzung gerade in der Verknüpfung mehrerer 13
aufeinanderfolgender Umwandlungen zu sehen ist, stellt sich häufig die Frage, welches Recht auf die nachgelagerte Verschmelzung anzuwenden ist. Dies kann insb. dann problematisch sein, wenn die anwendbaren Vorschriften zum Zeitpunkt der Beschlussfassung von denen des Wirksamwerdens abweichen, etwa da der vorgelagerte Umwandlungsvorgang in einer Formumwandlung bestand (zB Umwandlung AG in GmbH mit dem damit verbundenen Wegfall der besonderen, nur für die AG geltenden Normen der §§ 60 ff. UmwG). Es gilt dabei der Grundsatz, dass auf die nachgelagerte Umwandlung das **materielle Recht** anzuwenden ist, das für die Maßnahme im Zeitpunkt ihres Wirksamwerdens maßgeblich ist (*Heckschen/Simon* § 5 Kap. C Rn. 85; WM/*Mayer* UmwG § 5 Rn. 235.11). Entscheidend ist also regelmäßig die Rechtslage im Zeitpunkt der Handelsregistereintragung da mit dieser auch die Umwandlung wirksam wird.

14 Etwas anderes aber gilt für die **Formvorschriften** bezüglich der Beschlussfassung (etwa Ladung, Formen, Fristen, Stimmrechtsverbote). Auf diese sind die zum Zeitpunkt der Beschlussfassung geltenden Normen anzuwenden (WM/*Mayer* UmwG § 5 Rn. 235.12).

15 *einstweilen frei*

2. Verschmelzungsverträge

16 Zu den konkreten Anforderungen der jeweiligen Verschmelzungsverträge wird auf die Einzelerläuterungen zu den Formularen A. 1 und A. 4 verwiesen.

17 Bei der Verschmelzung von Schwestergesellschaften mit Kapitalerhöhung sind allerdings die Angaben zum Umtauschverhältnis zu beachten (vgl. dazu → Form. A.4 Rn. 23, → Form. A.4 Rn. 138 ff.). Für die Berechnung des Umtauschverhältnisses ist dabei auch ab Abschluss des Verschmelzungsvertrags auf die vorangegangene bzw. nachfolgende Verschmelzungen einzugehen, da ab diesem Zeitpunkt eine hinreichende Konkretisierung zukünftiger Erwartungen erfolgt ist (*Schwenn* Der Konzern 2007, 173, 176). Im vorliegenden Fall wird allerdings auf eine Kapitalerhöhung verzichtet (dazu → Form. A.4 Rn. 23).

18 *einstweilen frei*

a) Möglichkeit der aufschiebenden Bedingung

19 Grundsätzlich möglich ist der Abschluss eines Verschmelzungsvertrages unter einer **aufschiebenden Bedingung (§ 158 BGB).** Dies ergibt sich schon aus § 7 UmwG und ist auch durch die Rspr. anerkannt worden (OLG Hamm v. 19.12.2005, 15 W 377/05, GmbHR 2006, 255; OLG Düsseldorf v. 2.7.1998, 10 W 58/98, NJW-RR 1999, 399, 400). Die aufschiebende Bedingung besteht in der Praxis vor allem darin, dass ein vorgelagerter Verschmelzungsvertrag, an dem die nunmehr übertragende Gesellschaft als aufnehmender Rechtsträger beteiligt ist, durch Eintragung ins Handelsregister wirksam wird.

20 Eine solche aufschiebende Bedingung kann aus verschiedenen Gründen sinnvoll sein. Insbesondere empfiehlt sie sich, da mit ihr die **Vereinfachungen der Konzernkonstellation,** welche das UmwG eröffnet, genutzt werden können (ausführlich dazu: *Heckschen/Simon* § 5 Kap. C Rn. 108). Umgangen werden kann so beispielsweise die Anteilsgewährungspflicht (§ 20 Abs. 1 Nr. 3 Satz 1 Halbs. 2 UmwG) und die grundsätzlich gebotene Kapitalerhöhung bei Kapitalgesellschaften (§ 54 Abs. 1 Satz 1 Nr. 1 bzw. § 68 Abs. 1 Satz 1 Nr. 1 UmwG, vgl. auch WM/*Mayer* UmwG § 5 Rn. 235.14 f.); zur Lockerung durch das Zweite Gesetz zur Änderung des UmwG v. 19.4.2007 (BGBl. I 2007, 542) → A.4 Rn. 23, von der im vorliegenden Fall für die zweite Verschmelzung der B-GmbH auf deren Schwestergesellschaft C-GmbH Gebrauch gemacht wird. Entscheidend für eine mögliche Ausnahme von der Anteilsgewährungspflicht ist stets der Zeitpunkt des Wirksamwerdens der Verschmelzung, nicht etwa der der Anmeldung (WM/*Mayer* UmwG § 5 Rn. 235.16).

21 *einstweilen frei*

b) Verschmelzungsfähige Rechtsträger

22 Übertragungsfähig ist eine Rechtsträgerin, wenn sie eine Schlussbilanz iSd. § 17 Abs. 2 UmwG aufstellen kann. Dass sie dabei noch nicht die endgültige Gesellschaftsform für die nachgelagerte Verschmelzung besitzt, steht dem nicht entgegen. Entscheidend ist nur, dass sie bereits als Rechtssubjekt bestand (umfassend: *Heckschen/Simon* § 5 Kap. C Rn. 148 ff.; aA WM/*Mayer* UmwG § 5 Rn. 235.39 f.). Zu Einzelheiten der Vorgründungsgesellschaft vgl. A. 1 Rn. 25 ff. und zu aufgelösten aber noch nicht abgewickelten Rechtsträgern s. → Form. A.4 Rn. 28.

23 *einstweilen frei*

3. Verschmelzungsbeschlüsse

Nach § 13 Abs. 1 Satz 1 UmwG wird der Verschmelzungsvertrag nur wirksam, wenn ihm die Anteilsinhaber der beteiligten Rechtsträger durch Beschluss (Verschmelzungsbeschluss) zustimmen. Nach § 13 Abs. 1 Satz 2 UmwG kann der Beschluss nur in einer Versammlung der Anteilsinhaber gefasst werden. Es wird grundsätzlich auf → Form. A.1 Rn. 45 ff. und → Form. A.4 Rn. 28 ff. verwiesen. 24

Da sich die Verschmelzungsbeschlüsse des nachgelagerten Verschmelzungsprozesses auf den Vertragsschluss beziehen, steht insoweit die Wirksamkeit des zweiten Verschmelzungsbeschlusses mittelbar unter der aufschiebenden Bedingung des Wirksamwerdens der ersten Verschmelzung. Um einen Fall bedingter Beschlussfassung handelt es sich hierbei nicht, wenngleich auch eine „offen" bedingte Beschlussfassung in solchen Fällen überwiegend für zulässig gehalten wird (Kallmayer/*Zimmermann* UmwG § 13 Rn. 8; WM/*Mayer* UmwG § 5 Rn. 235.17 f.). Es empfiehlt sich, die aufschiebende Bedingung auch in den Protokollen festzuhalten (WM/*Mayer* UmwG § 5 Rn. 235.18). 25

Bei einer Kettenverschmelzung stellt sich die Frage der **Mitwirkungsrechte** der Gesellschafter des ersten übertragenden Rechtsträgers im Rahmen der zweiten oder der weiteren Verschmelzungen. Das Gesetz trifft dazu keine Aussage. Aus § 50 UmwG bzw. § 65 Abs. 1 UmwG ergibt sich, dass für die Beschlussfassung lediglich die zu diesem Zeitpunkt stimmberechtigten Anteilseigner in Frage kommen (SBB/*Sagasser/Luke* § 9 Rn. 369; SSt/*Schröer* UmwG § 5 Rn. 117 mwN). Dies kann sich aber – in einem vom vorliegenden Ausgangsfall abweichenden Sachverhalt – insb. für Gesellschafter der in der ersten Verschmelzung übergehenden Gesellschaft, die nach der ersten Verschmelzung über eine Sperrminorität an der zunächst aufnehmenden, später aber übergehenden Gesellschaft verfügen, als ungünstig erweisen. Diese Sperrminorität können sie nämlich durch einen weiteren Verschmelzungsbeschluss noch vor Wirksamwerden der ersten Verschmelzung wieder verlieren. 26

Fraglich ist daher, ob dieser Stimmrechtsausschluss bei gleichzeitig stattfindenden Gesellschafterbeschlüssen gilt, wenn die nachgelagerte Verschmelzung unter die aufschiebende Bedingung der Wirksamkeit der ersten Verschmelzung gestellt wird. Dagegen könnte sprechen, dass zum Zeitpunkt der Eintragung der nachgelagerten Verschmelzung durch die aufschiebende Bedingung (§ 158 Abs. 1 BGB) die erste Verschmelzung bereits wirksam geworden ist, so dass allen an der ersten Verschmelzung beteiligten Anteilseignern ein Stimmrecht zukommen muss (so WM/*Mayer* UmwG § 5 Rn. 235.20). Dieser Einwand kann letztlich aber nicht überzeugen, da **gem. § 13 Abs. 1 Satz 1 UmwG nur die Anteilsinhaber der beteiligten Rechtsträger stimmberechtigt** sind und sich die Stimmberechtigung nach Formvorschriften, welche im Zeitpunkt der Beschlussfassung gelten, richtet (so auch die hM, SBB/*Sagasser/Luke* § 9 Rn. 369 ff.; SSt/*Schröer* UmwG § 5 Rn. 117; Kallmayer/*Zimmermann* UmwG § 13 Rn. 4). Um sicher zu gehen, können die am ersten Verschmelzungsvertrag Beteiligten eine Verpflichtung in den Verschmelzungsvertrag aufnehmen, dass eine weitere Verschmelzung bis zum Wirksamwerden der Verschmelzung zu unterbleiben hat (SBB/*Sagasser/Luke* § 9 Rn. 372). 27

Unabhängig davon besteht jedoch die **Pflicht,** sämtliche an dem Verschmelzungsvorgang beteiligte Anteilseigner über die geplante zweite Verschmelzung **zu unterrichten** (SSt/*Schröer* UmwG § 5 Rn. 117 mwN). 28

einstweilen frei 29, 30

4. Handelsregisteranmeldungen der Verschmelzungen

Für die Anmeldung zum Handelsregister wird grundsätzlich auf → Form. A.1 Rn. 53 ff. für die erste Verschmelzung und → Form. A.4 Rn. 46 ff. für die zweite Verschmelzung verwiesen. Es ergibt sich aber insoweit die Besonderheit, dass bei der An- 31 meldung der zweiten Verschmelzung zum Register der übernehmenden Rechtsträgerin der Klarheit wegen auch auf die aufschiebende Bedingung des Vertrags hingewiesen werden sollte (WM/*Mayer* UmwG § 5 Rn. 235.18.). Werden Überträgerin und Übernehmerin der zweiten Verschmelzung bei unterschiedlichen Registergerichten geführt, muss gegenüber dem Registergericht der Übernehmerin zudem der Nachweis des Eintritts der aufschiebenden Bedingung geführt werden, was durch Nachreichung eines beglaubigten Handelsregisterauszuges der Überträgerin (= Übernehmerin der ersten Verschmelzung) geschehen kann.

32 *einstweilen frei*

V. Handelsbilanzrecht

33 Für die Vorgaben hinsichtlich der Handelsbilanzen ergeben sich im Rahmen einer Kettenverschmelzung grundsätzlich keine Besonderheiten. Nach § 17 Abs. 2 Satz 1 UmwG ist der Anmeldung zum Handelsregister des Sitzes des übertragenden Rechtsträgers eine Bilanz des übertragenden Rechtsträgers beizufügen **(Schlussbilanz).** Nach § 17 Abs. 2 Satz 2 UmwG gelten für diese Bilanz die Vorschriften über die Jahresbilanz und deren Prüfung entsprechend.

34 Es stellt sich jedoch die Frage, inwiefern mit der Verschmelzung verkettete Verschmelzungen berücksichtigt werden müssen. Diesem Problem kommt insbesondere dann Bedeutung zu, wenn mehrere Verschmelzungen auf einen Stichtag festgelegt werden (zur grundsätzlichen Zulässigkeit: RS HFA 42 Tz. 12; *Heckschen/Simon* § 5 Kap. C Rn. 146ff.). Der übertragende Rechtsträger der zweiten Stufe reicht in dieser Konstellation eine Schlussbilanz beim Handelsregister ein, welche die vorangegangene Verschmelzung nicht abbildet. Dies ist aber weder gesetzlich noch im Hinblick auf den Schutzzweck der Schlussbilanz zu beanstanden (umfassend dazu *Schwenn* Der Konzern 2007, 174, 178f.; s. auch RS HFA 42 Tz. 21). Die insgesamt auf den letzten übernehmenden Rechtsträger übergehenden Vermögensgegenstände und Schulden ergeben sich insofern aus den Schlussbilanzen sämtlicher übertragender Rechtsträger (s. RS HFA 42 Tz. 21).

35, 36 *einstweilen frei*

VI. Ertragsteuern

37 Im Rahmen von Kettenverschmelzungen ergeben sich im Hinblick auf die Ertragssteuern vor allem Fragen hinsichtlich des steuerlichen Übertragungsstichtages. Es besteht nämlich bei Kettenumwandlungen, die auf denselben steuerlichen Übertragungsstichtag bezogen sind, regelmäßig die Notwendigkeit, eine juristische Reihenfolge der einzelnen Umwandlungsschritte festzulegen. Fraglich ist, ob den beteiligten Rechtsträgern insoweit ein Wahlrecht zusteht oder ob sich die Reihenfolge der Handelsregisteranmeldungen für die steuerliche Abfolge der einzelnen Umwandlungen maßgeblich ist. Das Gesetz trifft diesbzgl. keinerlei Aussagen. Dennoch ist es empfehlenswert, sich an der Abfolge des zivilrechtlichen Wirksamwerdens der Verschmelzungsprozesse zu orientieren. Diese können durch Bedingungen und tatsächliche Handelsregistereintragungen entsprechend gelenkt werden (so auch *Heckschen/Simon* § 5 Kap. C Rn. 146ff.; glA RHL/*van Lishaut* UmwStG § 2 Rn. 27 mwN). Zur Problematik von Kettenverschmelzungen bei Einbringungen wegen des von der Finanzverwaltung (UmwSt-Erl. 2011, BMF v. 11.11.2011, BStBl. I 2011, 1314 Tz. 20.14 iVm. Tz. 15.04) aufgestellten Erfordernisses des Bestehens des Einbringungsgegenstands zum Übertragungsstichtag s. → Form. A8 Rn. 100 c.

38 Instruktiv *Maier/Funke* DStR 2015, 2703. Im Übrigen wird auf → Form. A.1 Rn. 78ff. und → Form. A.4 Rn. 74ff. verwiesen.

VII. Verkehrsteuern

1. Umsatzsteuer

Da bei Verschmelzungen von aktiven Gesellschaften in der Regel Geschäftsbetriebe im Ganzen iSv. § 1 Abs. 1a UStG übergehen, entfällt nach der wohl hM eine Umsatzsteuerpflicht regelmäßig mangels Steuerbarkeit (vgl. Sölch/Ringleb/*Oelmaier* UStG § 1 Rn. 196; Bunjes/*Robisch* UStG § 1 Rn. 136). Nach anderer Auffassung kommt eine Umsatzsteuerpflicht nicht in Betracht, da es bereits an einem Leistungsaustausch fehle (vgl. Rau/Dürrwächter/*Stadie* UStG § 1 Rn. 138ff.). Wegen weiterer Einzelheiten → Form. A.1 Rn. 118ff. **39**

einstweilen frei **40**

2. Grunderwerbsteuer

Bei der Kettenverschmelzung entsteht in der vorliegenoen Konzernstruktur idR keine Grunderwerbsteuer, soweit die unter → Form. A.1 Rn. 146 dargestellten engen Voraussetzungen bei jedem Verschmelzungsvorgang eingehalten werden. Werden die engen Voraussetzungen für die Steuervergünstigung bei Umstrukturierung im Konzern gemäß § 6a GrEStG nicht erfüllt, wird jede Verschmelzung, bei der diese Voraussetzungen nicht erfüllt sind, als Erwerbsvorgang gemäß § 1 Abs. 1 Nr. 3 Satz 1 GrEStG qualifiziert. Damit kann es bei einer Kettenverschmelzung auch zum mehrmaligen Anfall von Grunderwerbsteuer bzgl. des Grundbesitzes der ersten übertragenden Gesellschaft kommen. Es ist insofern die Möglichkeit zu prüfen, durch vor den Verschmelzungen stattfindende Ausgliederung auf eine Personengesellschaft, an der eine Beteiligung von weniger als 95% (bzw zukünftig 90%, vgl. → Form D.1 Rn. 70ff.) besteht, den (ggf. mehrfachen) Anfall von Grunderwerbsteuer zu vermeiden (vgl. dazu das Beispiel bei *Heckschen/Simon* § 5 Kap. C Rn. 81) oder die Grunderwerbsteuer zumindest auf einen einmaligen Anfall zu beschränken, indem der Grundbesitz vor der Wirksamkeit der Verschmelzungen auf die Zielgesellschaft veräußert wird. **41**

Im Rahmen von **Kettenumwandlungen** ist auch für den Anfall von Grunderwerbsteuer die Reihenfolge der zivilrechtlichen Wirksamkeit der einzelnen Umwandlungen entscheidend; eine Rückwirkung kommt nicht in Betracht. **42**

einstweilen frei **43, 44**

VIII. Arbeitsrecht

Die Darlegung der **Folgen der Verschmelzung für die Arbeitnehmer und ihre Vertretungen und der diesbezüglich vorgesehenen Maßnahmen** ist gemäß § 5 Abs. 1 Nr. 9 UmwG zwingender Bestandteil des Verschmelzungsvertrags. Darzulegen sind die unmittelbaren individual- und kollektivarbeitsrechtlichen sowie die wesentlichen mittelbaren Folgen der Verschmelzung; s. iE die „Checkliste" unter → Form. A.1 Rn. 231. **45**

Im Übrigen → Form. A.1 Rn. 150ff. **46**

einstweilen frei **47, 48**

IX. Kartellrechtliche Hinweise

Eine Verschmelzung unterliegt der Zusammenschlusskontrolle der §§ 35ff. GWB, wenn die an der Verschmelzung beteiligten Unternehmen im letzten Geschäftsjahr vor der Verschmelzung weltweit Umsatzerlöse von insgesamt mindestens EUR 500 Mio. **49** und mindestens ein beteiligtes Unternehmen im Inland Umsatzerlöse von mehr als EUR 25 Mio. sowie ein anderes beteiligtes Unternehmen Umsatzerlöse von mehr als EUR 5 Mio. erzielt haben. Das Bundeskartellamt kann eine solche anmeldepflichtige Verschmelzung untersagen, sofern zu erwarten ist, dass durch sie eine marktbeherrschende Stellung begründet oder verstärkt wird. Dies dürfte aber bei den, dem Formular zugrunde liegenden, reinen Konzernverschmelzungen nicht der Fall sein. Trifft dies aber zu, sind die dagegen verstoßenden Rechtsgeschäfte unwirksam, § 41 Abs. 1 Satz 2 GWB. Daher stehen solche Verschmelzungsverträge immer unter der aufschiebenden Bedingung der kartellrechtlichen Genehmigung. Das Bundeskartellamt entscheidet binnen einer Frist von einem Monat nach Anmeldung, ob es in das Hauptprüfverfahren einsteigt, § 40 Abs. 1 Satz 1 GWB.

50 *einstweilen frei*

X. Kosten und Gebühren

1. Kostenrechtliche Besonderheiten bei der Kettenverschmelzung

51 Das vorliegende Muster behandelt eine Kettenverschmelzung und insbesondere eine Kombination von → Form. A.1 (Verschmelzung Tochter-GmbH auf Mutter-GmbH) und → Form. A.4 (Verschmelzung von Schwester-GmbH). Für die notariellen Kosten kann deshalb grundsätzlich auf die dortigen Ausführungen verwiesen werden. In Abweichung vom → Form. A.4 erfolgt die zweite Verschmelzung der B-GmbH auf die C-GmbH jedoch ohne Durchführung einer Kapitalerhöhung (vgl. § 54 Abs. 1 Satz 3 UmwG), so dass beim Zustimmungsbeschluss sowie der entsprechenden Handelsregisteranmeldung diese Werte außer Ansatz bleiben.

52 Nach früher vertretener Meinung wurde eine Gegenstandsgleichheit bejaht, wenn die Verschmelzungsvorgänge zu einer Rechtseinheit verbunden seien, wenn also die eine Verschmelzung mit der anderen stehen und fallen sollte (OLG Hamm v. 18.3.2003, 15 W 268/01, MittBayNot 2004, 68, 69). Dies ist nach der Neufassung des notariellen Kostenrechts aufgrund der klaren Regelung des § 86 Abs. 2 GNotKG nicht mehr möglich, wonach mehrere Rechtsverhältnisse grundsätzlich verschiedene Beurkundungsgegenstände darstellen. Auch § 109 Abs. 1 GNotKG greift nicht ein; mehrere Verschmelzungen sind deshalb kostentechnisch verschieden anzusetzende Beurkundungsgegenstände (Bormann/Diehn/Sommerfeldt/*Bormann* GNotkG § 107 Rn. 45). Entsprechend kann auch der Höchstwert von 10 Mio. EUR sowohl für die D-GmbH als auch die B-GmbH in Ansatz gebracht werden. Dies ergibt sich vorliegend bereits daraus, dass die Verschmelzungsverträge/-beschlüsse D-GmbH auf B-GmbH sowie B-GmbH auf C-GmbH in getrennten Urkunden beurkundet wurden. Anderes ergäbe sich aber auch dann nicht, wenn beide Verschmelzungsvorgänge in einer Urkunde zusammengefasst würden; auch insoweit wären die beiden Vorgänge kostentechnisch getrennt zu bewerten (Korintenberg/*Tiedtke* GNotKG § 107 Rn. 61). Bei der Beurkundung in einer Urkunde bleibt der Degressionsvorteil der Zusammenbeurkundung allerdings erhalten, da die mehrfache Übertragung derselben Gesellschaft einen sachlichen Grund für die Zusammenbeurkundung darstellt (Korintenberg/*Tiedtke* GNotKG § 107 Rn. 61; *Diehn/Volpert,* Praxis des Notarkostenrechts Rn. 2568).

53 Für die Berechnung der Gegenstandswerte der jeweiligen Verschmelzung ist das Aktivvermögen der D-GmbH bzw. der B-GmbH im Zeitpunkt der Beurkundung maßgebend (§ 96 GNotKG). Bei der zeitlich nachfolgenden Verschmelzung der B-GmbH auf die C-GmbH wird deshalb das im Rahmen der ersten Verschmelzung D-GmbH auf B-GmbH erworbene Vermögen bei der B-GmbH nicht hinzugerechnet (sog. Vermeidung eines mehrfachen Vermögensansatzes vorausgegangener Verschmelzungen, Korintenberg/*Tiedtke* GNotKG § 107 Rn. 62).

2. Handelsregistereintragung

Die Eintragungsgebühren richten sich nach der Verordnung über Gebühren in Handels-, Partnerschafts- und Genossenschaftsregistersachen (HRegGebV v. 30.9. 2004, BGBl. I 2004, 2562), die auf der Ermächtigungsgrundlage in § 58 GNotKG beruht. Bei den Gebühren handelt es sich um sog. aufwandsbezogene Gebühren, die dem sog. Gebührenverzeichnis als Anlage zu § 1 Satz 1 HRegGebV v. 30.9.2004, BGBl. I 2004, 2562 entnommen werden können. **54**

Die **Handelsregistereintragung** kostet sowohl bei der ersten als auch bei der zweiten Verschmelzung je 240 EUR je beteiligter GmbH, also 480 EUR pro Verschmelzungsvorgang und insgesamt 960 EUR (Nr. 2402, 2403 Gebührenverzeichnis).

einstweilen frei **55, 56**

C. Einzelerläuterungen

I. Notarurkunden

1. Verschmelzungsverträge

a) Verschmelzungsvorgang D-GmbH auf B-GmbH

Vorliegend enthält die Notarurkunde sowohl den Verschmelzungsvertrag als auch die Zustimmungsbeschlüsse des übertragenden und des übernehmenden Rechtsträgers der Verschmelzung. Grund hierfür ist das Bestreben, die Notargebühren für die Beurkundung des Verschmelzungsvertrags und der Zustimmungsbeschlüsse zu minimieren. Werden die Zustimmungsbeschlüsse beider beteiligten Rechtsträger zusammen beurkundet, fällt wegen Gegenstandsgleichheit nur eine Gebühr an, § 109 Abs. 2 Satz 1 Nr. 4 Buchst. g GNotKG. Werden die Zustimmungsbeschlüsse zusammen mit dem Verschmelzungsvertrag in einer Urkunde gefasst, so sind die Zustimmungsbeschlüsse aufgrund der Gegenstandsverschiedenheit zum Verschmelzungsvertrag gemäß § 110 Nr. 1 GNotKG für die Notarkostenberechnung nach §§ 97, 108 Abs. 1 GNotKG gesondert zu berücksichtigen; jedoch wird in der Praxis bei Konzernverschmelzungen die vorliegende **Kombination** des Verschmelzungsvertrags und der Zustimmungsbeschlüsse in einer Notarurkunde aufgrund der Degression der Kostentabelle vorgenommen. **57**

Zum Rubrum:

Es wird auf → Form. A.1. 1 und die Erläuterung dazu in → Form. A.1 Rn. 266ff. verwiesen. **58**

Verschmelzungsvertrag:

Vorliegend schließen die D-GmbH und die B-GmbH den Verschmelzungsvertrag. Die Parteien werden jeweils durch ihre einzelvertretungsberechtigten Geschäftsführer vertreten. **59**

Der **Mindestinhalt** eines Verschmelzungsvertrags für die Verschmelzung zur Aufnahme einer 100%igen Tochtergesellschaft ergibt sich aus § 5 Abs. 1 und 2 und § 46 UmwG. Hierzu → Form. A.1 Rn. 17ff. **60**

Zur Präambel:

Es wird auf → Form. A. 1.1 und die Erläuterung dazu in → Form. A.1 Rn. 275ff. verwiesen. Ergänzend hierzu wird der Klarheit wegen bereits festgestellt, dass es sich bei der vorliegenden Verschmelzung um eine Verschmelzung im Rahmen einer Kettenverschmelzung handelt (→ Rn. 24). **61**

Zu §§ 1ff.: Es wird auf → Form. A. 1.1 und die Erläuterung dazu in→ Form. A.1 Rn. 277ff. verwiesen. **62**

Zu § 5: Folgen der Verschmelzung für die Arbeitnehmer und ihre Vertretung

63 Ist eine weitere Umwandlung geplant, ist dies aufgrund der Unterrichtungspflicht des § 613a BGB den Arbeitnehmern mitzuteilen, die damit verbundenen Konsequenzen für die Arbeitnehmer sind darzustellen. Zur Reichweite der Unterrichtungspflicht → Form. A.1 Rz 206ff. und → Form. A.1 Rn. 283ff.

64 **Zu § 6:** Es wird auf → Form. A. 1.1 und Form. A.1 Rn. 290ff. verwiesen.

65–69 *einstweilen frei*

b) Verschmelzungsvorgang B-GmbH auf C-GmbH

Zum Rubrum:

70 Es wird auf → Form. A.4.1 und die Erläuterung dazu in → Form. A.1 Rn. 266ff. verwiesen.

Verschmelzungsvertrag

71 Vorliegend schließen die B-GmbH und die C-GmbH den Verschmelzungsvertrag. Die Parteien werden jeweils durch ihre einzelvertretungsberechtigten Geschäftsführer vertreten.

Zur Präambel:

72 Es wird auf → Form. A. 4.1 und die Erläuterung dazu in Form. A.4 Rn. 131f. verwiesen. Ergänzend dazu wird der Klarheit wegen bereits festgestellt, dass es sich bei der vorliegenden Verschmelzung um die zweite Verschmelzung im Rahmen einer Kettenverschmelzung handelt (→ Rn. 24).

Zu § 1: Vermögensübertragung, Verschmelzungsstichtag und Schlussbilanz

73 Der **Abs. 1** enthält über die in § 5 Abs. 1 Nr. 1 und 2 UmwG geforderten Mindestangaben hinaus (vgl. dazu → Form. A.4.1 und die Erläuterung dazu in → Form. A.4 Rn. 133ff.) die aufschiebende Bedingung, wonach der vorliegende Verschmelzungsvertrag erst nach Wirksamwerden der Verschmelzung der D-GmbH auf die B-GmbH wirksam werden soll.

74 *einstweilen frei*

75 **Zu §§ 2ff.:** Es wird auf → Form. A.4.1 und → Form. A.4 Rn. 138ff. verwiesen. Abweichend vom Fall des Formulars A.4.1 wird hier aber auf eine Kapitalerhöhung verzichtet (→ A.4 Rn. 23).

2. Gesellschafterbeschluss der übernehmenden Gesellschaft über die Zustimmung zur Verschmelzung und Verzichtserklärungen

76 Der Verschmelzungsvertrag bedarf nach § 13 Abs. 1 UmwG zu seiner Wirksamkeit eines Zustimmungsbeschlusses (Verschmelzungsbeschluss) der Anteilsinhaber der beteiligten Rechtsträger.

77 **Ziffer I:** Es wird auf → Form. A.4.1 Abschn. 3 und → Form. A.4 Rn. 167ff. verwiesen.

78 **Ziffer II:** Es empfiehlt sich, im Beschluss darauf hinzuweisen, dass die Verschmelzung erst nach Wirksamwerden der Verschmelzung der D-GmbH auf die B-GmbH wirksam werden soll.

79 Darüber hinaus wird auf → Form. A.4 Rn. 28ff. verwiesen.

Ziffer III: Es wird auf die Verzichtserklärungen in → Form. A. 4.1 Abschn. 3 und → Form. A.4 Rn. 166ff. verwiesen. **80**

3. Gesellschafterbeschluss der übertragenden Gesellschaft über die Zustimmung zur Verschmelzung und Verzichtserklärungen

Ziffer I: Es wird auf → Form. A.4.1 Abschn. 2 und → Form. A.4 Rn. 164 verwiesen. **81**

Ziffer II: Es empfiehlt sich, im Beschluss darauf hinzuweisen, dass die Verschmelzung erst nach Wirksamwerden der Verschmelzung der B-GmbH auf die C-GmbH wirksam werden soll. **82**

Abweichend vom Fall des Formulars A. 4.1 wird hier aber auf die Gewährung von Anteilen und jegliche Gegenleistung verzichtet; dieser Verzicht muss von sämtlichen Gesellschaftern der übertragenden B-GmbH in notariell beurkundeter Form erfolgen (vgl. → Form. A.4 Rn. 23). Im Übrigen wird auf → Form. A.4 Rn. 165 verwiesen. **83**

Ziffer III: Es wird auf die Verzichtserklärungen im → Form. A.4.1 Abschn. 2 und die Erläuterungen dazu in → Form. A.4 Rn. 166ff. verwiesen. **84**

4. Kosten, Hinweise und Abschriften

Es wird auf → Form. A.4.1 und → Form. A.4 Rn. 168 verwiesen. **85**

II. Schreiben an die Betriebsräte

Es wird auf → Form. A.4.3 und → Form. A.4 Rn. 170ff. verwiesen. **86**

III. Anmeldungen zu den Handelsregistern

1. Anmeldung zum Handelsregister der übertragenden Gesellschaft

I. Es wird auf → Form. A.4.6 verwiesen. Davon abweichend wird auch in der Anmeldung zum Handelsregister herausgestellt, dass der Vertrag nur unter einer aufschiebenden Bedingung geschlossen wurde. **87**

II. Es wird auf → Form. A.4.6 Abschn. III.1 und → Form. A.4 Rn. 178ff. verwiesen. **88**

2. Anmeldung zum Handelsregister der übernehmenden Gesellschaft

I. Es wird auf → Form. A.4.7 Abschn. III.2 und → Form. A.4 Rn. 182f. verwiesen. Davon abweichend wird auch in der Anmeldung zum Handelsregister herausgestellt, dass der Vertrag nur unter einer aufschiebenden Bedingung geschlossen wurde. Werden Überträgerin und Übernehmerin der zweiten Verschmelzung bei unterschiedlichen Registergerichten geführt, muss gegenüber dem Registergericht der Übernehmerin zudem der Nachweis des Eintritts der aufschiebenden Bedingung geführt werden, was durch Nachreichung eines beglaubigten Handelsregisterauszuges der Überträgerin (= Übernehmerin der ersten Verschmelzung) geschehen kann. **89**

II. Es wird auf → Form. A.4.7 Abschn. III.2 und die Erläuterungen hierzu in → Form. A.4 Rn. 184 verwiesen. Abweichend hiervon ist keine Kapitalerhöhung anzumelden und der Nachweis über den notariell beurkundeten Verzicht auf die Gewährung von Anteilen und jeglicher Gegenleistung durch Hinweis auf den in der beigefügten Notarurkunde unter Abschn. I.3 enthaltenen Beschluss zu erbringen. **90**

Teil B. Spaltung von Kapitalgesellschaften

Übersicht

B. 1 Abspaltung von GmbH auf GmbH zur Neugründung

Gliederung

A. Vertragsformulare

Notarurkunden

B.1.1. Spaltungsplan[241 ff.]

UR-Nr. ...... vom ......[248]

Heute, den ......
erschien vor mir, ... Notar in ...... an meiner Amtsstelle in ......

Herr A, ... *[Geburtstag, Geburtsort]*
wohnhaft ......

Der Erschienene wies sich aus durch Vorlage seines amtlichen Lichtbildausweises.

Der Erschienene erklärte vorab, dass weder der Notar noch sein Sozius in der nachfolgend zu beurkundenden Angelegenheit iSd. § 3 Abs. 1 Nr. 7 BeurkG außerhalb ihrer Amtstätigkeit vorbefasst sind oder waren.

Der Erschienene erklärte, nicht im eigenen Namen zu handeln, sondern als einzelvertretungsberechtigter und von den Beschränkungen des § 181 BGB befreiter Geschäftsführer für die:

A-GmbH
mit Sitz in ......
eingetragen im Handelsregister des Amtsgerichts ...... unter HRB ......

Der Notar bescheinigt gemäß § 21 Abs. 1 BNotO aufgrund seiner am ...... erfolgten Einsicht in das elektronische Handelsregister der A-GmbH zu HRB ......, dass der Erschienene einzelvertretungsberechtigter und von den Beschränkungen des § 181 BGB befreiter Geschäftsführer der A-GmbH ist.

Auf Ansuchen des Erschienenen beurkunde ich die vor mir abgegebenen Erklärungen wie folgt:

Präambel[249 ff.]

(1) Die Gesellschaft unter der Firma A-GmbH (nachfolgend „Gesellschaft" oder „übertragende Gesellschaft") mit dem Sitz in ...... ist im Handelsregister des Amtsgerichts ...... unter HRB ...... eingetragen. Das Stammkapital der Gesellschaft beträgt ...... EUR. Hieran ist die B-GmbH mit dem Sitz in ......, eingetragen im Handelsregister des Amtsgerichts ...... unter HRB ...... mit Geschäftsanteilen im Nominalbetrag von ...... EUR und im Nominalbetrag von ...... EUR allein beteiligt. Die Geschäftsanteile sind nach Angaben der Beteiligten voll einbezahlt. Treuhandverhältnisse, Unterbeteiligungen oder wirtschaftlich vergleichbare Rechtsverhältnisse bestehen hinsichtlich der Geschäftsanteile nicht. Gemäß § ...... des Gesellschaftsvertrages der Gesellschaft ist deren wesentlicher Unternehmensgegenstand die Herstellung und der Vertrieb von .... Sonderrechte iSd. §§ 125 S. 1, 23 und 50 Abs. 2 UmwG bestehen bei der Gesellschaft nicht.

Der Notar hat am ... die im elektronischen Handelsregister der Gesellschaft zuletzt aufgenommene Gesellschafterliste eingesehen und bestätigt, dass darin lediglich die B-GmbH mit Geschäftsanteilen im Nominalbetrag von ...... EUR und im Nominalbetrag von ...... EUR allein beteiligt ist.

(2) Mit der nachstehenden Spaltung soll der Teilbetrieb „Vertrieb" zum Zwecke der Trennung von Produktion und Logistik einerseits und des Vertriebes andererseits von der Gesellschaft auf eine neu zu gründende GmbH abgespalten werden. Dementsprechend wird der vorgenannte Teilbetrieb als Gesamtheit von der übertragenden Gesellschaft auf die gleichzeitig neugegründete Gesellschaft mit der Firma C-GmbH mit dem Sitz in ...... unter Fortbestand der übertragenden Gesellschaft gegen Gewährung von Geschäftsanteilen an die B-GmbH als Anteilsinhaberin der übertragenden Gesellschaft abgespalten (Abspaltung zur Neugründung gemäß § 123 Abs. 2 Nr. 2 UmwG).

(3) Zwischen der B-GmbH (Organträger) und der A-GmbH (Organgesellschaft) besteht ein Beherrschungs- und Ergebnisabführungsvertrag vom ....

Spaltungsplan[241 ff.]

Das Vertretungsorgan der übertragenden Gesellschaft stellt folgenden Spaltungsplan auf:

I. Firma, Sitz der übertragenden Gesellschaft, Gesellschaftsvertrag der neuen Gesellschaft

1. An der Spaltung sind als übertragender Rechtsträger die übertragende Gesellschaft und als übernehmender Rechtsträger die durch die Abspaltung neu entstehende Gesellschaft unter der Firma

„C-GmbH"

mit dem Sitz in ......

– nachfolgend die „neue Gesellschaft" –

beteiligt.

2. Für die neue Gesellschaft wird vorbehaltlich der Genehmigung durch die Gesellschafterversammlung der übertragenden Gesellschaft der dieser Urkunde als Anlage 1 beigefügte Gesellschaftsvertrag festgestellt. Dieser wurde mitverlesen und bildet einen wesentlichen Bestandteil dieser Urkunde.[255 ff.]

II. Vermögensübertragung

1. Die übertragende Gesellschaft überträgt die nachfolgend bezeichneten Vermögensteile jeweils als Gesamtheit mit allen Rechten und Pflichten unter Fortbestand der übertragenden Gesellschaft gemäß § 123 Abs. 2 Nr. 2 UmwG auf die vorbezeichnete, durch die Spaltung entstehende neue Gesellschaft und zwar gegen Gewährung von Gesellschafterrechten an die B-GmbH als alleinige Anteilsinhaberin der übertragenden Gesellschaft.[261 f., 275]
2. Für die Übertragung der Gegenstände des Aktiv- und Passivvermögens auf die durch die Spaltung entstehende neue Gesellschaft gilt im Einzelnen:[263 ff.]
   2.1 Auf die durch die Spaltung entstehende neue Gesellschaft werden alle Aktiva übertragen, die rechtlich oder wirtschaftlich mittelbar oder unmittelbar zum Unternehmensteil „Vertrieb" gehören und in der auf den nicht mehr als acht Monate vor der Anmeldung liegenden Spaltungsstichtag, nämlich zum ...... aufgestellten Aufteilungsbilanz als auf die C-GmbH übergehend gekennzeichnet sind, sowie die nicht bilanzierungsfähigen Wirtschaftsgüter gem. Buchst. d) und g) sowie die Vertragsverhältnisse gem. Buchst. e) und f), insbesondere
   a) die dem Unternehmensteil Vertrieb zuzuordnenden Gegenstände des Anlagevermögens, insbesondere die in Anlage ...... aufgeführten Markenrechte sowie ähnliche Schutzrechte (zB Patente, Gebrauchsmuster, Urheberrechte bzw. ausschließliche oder einfache Lizenzrechte an den vorgenannten Rechten), der in der Aufteilungsbilanz aktivierte Firmenwert der A-GmbH, technische Anlagen und Maschinen im Buchwert von ...... EUR (vgl. Gliederungsziffer A. II. 2. der Aktivseite der Aufteilungsbilanz), andere Anlagen, Betriebs- und Geschäftsausstattung im Buchwert von ...... EUR, die ebenfalls dem Unternehmensteil Vertrieb zuzuordnen sind (vgl. Gliederungsziffer A. II. 3. der Aufteilungsbilanz), ferner die in der Gliederungsziffer A. III. der Aufteilungsbilanz aufgeführten Gegenstände des Finanzanlagevermögens,
   b) die dem Unternehmensteil „Vertrieb" zuzuordnenden Gegenstände des Umlaufvermögens, nämlich fertige Erzeugnisse im Wert von ...... EUR gemäß Gliederungsziffer B. I. 3. der Aktivseite der Aufteilungsbilanz und Forderungen aus Lieferungen und Leistungen gemäß Gliederungsziffer B. II. 1. der Aktivseite der Aufteilungsbilanz, Forderungen gegenüber verbundenen Unternehmen gemäß Gliederungsziffer B. II. 2. der Aktivseite der Aufteilungsbilanz, sonstige Vermögensgegenstände in Höhe von ...... EUR gemäß Gliederungsziffer B. II. 4. der Aktivseite der Aufteilungsbilanz und die Guthaben bei Kreditinstituten gemäß Gliederungsziffer B. III. der Aktivseite der Aufteilungsbilanz,
   c) der auf den Unternehmensteil „Vertrieb" entfallende Anteil der Rechnungsabgrenzungsposten der Aktivseite der Aufteilungsbilanz iHv....... EUR,
   d) sonstige dem Unternehmensteil „Vertrieb" zuzuordnende Vermögensgegenstände des Anlage- und Umlaufvermögens, soweit sie nicht bilanzierungspflichtig bzw. -fähig sind, insbesondere ...... gemäß Anlage ......,
   e) alle dem Unternehmensteil „Vertrieb" zuzuordnenden Verträge, insbesondere Nutzungs-, Pacht- und Mietverträge, Leasing- und Lieferverträge, Dienstleistungsverträge, Konzessionsverträge, Versicherungsverträge, An-

gebote und sonstige Rechtsstellungen sowie alle mit dem Geschäft des Unternehmensteils „Vertrieb" in Zusammenhang stehenden sonstigen Vermögensgegenstände (vgl. Anlage ......),

f) die in der Anlage ...... beschriebenen Arbeitsverhältnisse, die zum Unternehmensteil „Vertrieb" gehören,

g) sämtliche Rechte, Ansprüche, bewegliche und unbewegliche Sachen, die dem Unternehmensteil „Vertrieb" rechtlich und/oder wirtschaftlich zuzuordnen sind, unabhängig davon, ob die vorgenannten Vermögenspositionen bilanzierungsfähig sind.

2.2 Von der durch die Spaltung entstehenden neuen Gesellschaft C-GmbH werden diejenigen Passiva übernommen, die rechtlich oder wirtschaftlich zu dem vorstehend genannten Unternehmensteil „Vertrieb" gehören und in der zum ...... aufgestellten Aufteilungsbilanz enthalten sind, und zwar im Einzelnen

a) Sonderposten mit Rücklagenanteil in Höhe von ...... EUR gemäß Gliederungsziffer B. der Passivseite der Aufteilungsbilanz,

b) Rückstellungen für Pensionen in Höhe von ...... EUR (Gliederungsziffer B. 1. der Passivseite der Aufteilungsbilanz), Steuerrückstellungen in Höhe von ...... EUR (Gliederungsziffer B. 2. der Passivseite der Aufteilungsbilanz) und der ...... EUR betragende Teil der sonstigen Rückstellungen, der auf den Unternehmensteil „Vertrieb" entfällt (Gliederungsziffer B. 3. der Passivseite der Aufteilungsbilanz),

c) diejenigen Verbindlichkeiten, die rechtlich oder wirtschaftlich zu dem Unternehmensteil „Vertrieb" gehören, nämlich Verbindlichkeiten aus Lieferungen und Leistungen, mit einem auf den Unternehmensteil „Vertrieb" entfallenden Anteil von ...... EUR, Verbindlichkeiten gegenüber verbundenen Unternehmen mit einem auf den Unternehmensteil „Vertrieb" entfallenden Anteil von ...... EUR und sonstige Verbindlichkeiten mit einem auf den Unternehmensteil „Vertrieb" entfallenden Anteil von ...... EUR, insbesondere die Verbindlichkeiten, die in den Anlagen ...... näher bezeichnet sind.

2.3 Grundbesitz wird nicht mitübertragen.[273, 276]

2.4 Die aus der Schlussbilanz zum 31.12... der A-GmbH entwickelte Aufteilungsbilanz ist dieser Urkunde als Anlage ...... beigefügt.[268, 277]

2.5 Soweit ab dem Spaltungsstichtag gem. nachfolgender Ziffer 4.1 Gegenstände durch die übertragende Gesellschaft im Rahmen des ordnungsgemäßen Geschäftsgangs veräußert worden sind, treten die Surrogate an deren Stelle.[272, 278 ff.]

2.6 Vermögensgegenstände, Verbindlichkeiten und Arbeitsverhältnisse, die nicht in den beigefügten Anlagen ...... aufgeführt sind, gehen entsprechend der in der Präambel und in Abschnitt I Ziffern 2.1 bis 2.3 getroffenen Zuordnung auf die C-GmbH über, soweit sie dem Unternehmensteil „Vertrieb" im weitesten Sinne zuzuordnen sind. Dies gilt insbesondere für immaterielle oder bis zur Eintragung der Spaltung in das Handelsregister am Sitz der übertragenden Gesellschaft erworbene Vermögensgegenstände, begründete Arbeitsverhältnisse und entstandene Verbindlichkeiten. Soweit sich nach dem Wirksamwerden der Spaltung heute dem Grunde und der Höhe nach unbekannte und nicht absehbare Verbindlichkeiten aus Risiken der übertragenden Gesellschaft ergeben sollten, werden diese von der übertragenden Gesellschaft getragen.[280 ff.]

2.7 Kommt es zu Zweifeln hinsichtlich des Umfangs und der Zuordnung der mit dieser Urkunde übertragenen Aktiva und Passiva sowie sonstiger Vermögensgegenstände, so steht der übertragenden Gesellschaft jeweils ein Bestimmungsrecht nach billigem Ermessen gem. § 315 BGB zu.[269, 283]

2.8 Sofern als Folge der Abspaltung kein gesetzlicher Partei- bzw. Beteiligtenwechsel stattfindet, führt die übertragende Gesellschaft alle Prozessrechtsverhältnisse und alle öffentlich-rechtlichen Verfahren einschließlich verwaltungsgerichtlicher Verfahren, die dem Unternehmensteil „Vertrieb" zuzuordnen sind bzw. im Zusammenhang mit dem übergehenden Vermögen stehen, zunächst weiter, ohne dass dadurch die Übertragung von Rechten und Pflichten nach diesem Vertrag in Frage gestellt werden soll. Die Parteien werden sich in diesem Fall um einen gewillkürten Partei- bzw. Beteiligtenwechsel in diesen Verfahren bemühen. Ist ein solcher Partei- bzw. Beteiligtenwechsel nicht zu erreichen, werden sich die Parteien im Innenverhältnis so stellen, als wären die Prozessrechtsverhältnisse und alle öffentlich-rechtlichen Verfahren einschließlich verwaltungsgerichtlicher Verfahren zum Spaltungsstichtag übertragen worden. Die übertragende Gesellschaft wird die Verfahren gemäß den Vorgaben der übernehmenden Gesellschaft fortführen; die übernehmende Gesellschaft wird in diesen Fällen die übertragende Gesellschaft von sämtlichen Kosten (insbesondere solchen aus der Beauftragung von Rechtsbeiständen) freistellen.[283a]

3. Gegenleistung, Gewährung eines Geschäftsanteils

3.1 Als Gegenleistung für die vorstehende Vermögensübertragung erhält die B-GmbH kostenfrei einen Geschäftsanteil an der neu entstehenden C-GmbH in Höhe von nominal ...... EUR. Die Übertragung erfolgt zu Buchwerten. Die Differenz zwischen dem Buchwert des auf die C-GmbH übertragenen Vermögens und dem Nennbetrag des Stammkapitals der C-GmbH wird in deren (Kapital-)-Rücklagen eingestellt.[288 ff.]

3.2 Bare Zuzahlungen sind nicht zu leisten. Die gesetzliche Haftung für einen etwaigen Fehlbetrag der übernommenen Vermögensteile gegenüber dem Stammkapital bleibt unberührt.[290]

3.3 Besondere Rechte und Vorteile werden weder an die B-GmbH als Gesellschafterin der A-GmbH noch an sonstige in § 126 Abs. 1 Nrn. 7, 8 UmwG bezeichnete Personen gewährt. Auch ein Abfindungsangebot gem. §§ 125 Satz 1, 29 UmwG ist entbehrlich.[291]

3.4 Der der B-GmbH gewährte Geschäftsanteil an der C-GmbH ist ab dem Spaltungsstichtag gem. nachfolgender Ziff. 4 Abs. 1 gewinnberechtigt.[292 f.]

3.5 Da die B-GmbH alle Geschäftsanteile an der A-GmbH hält, stehen ihr auch alle Geschäftsanteile an der durch die Abspaltung entstehenden C-GmbH zu (§ 126 Abs. 1 Nr. 10 UmwG).

4. Spaltungsstichtag, Schlussbilanz[294 ff.]

4.1 Die Übertragung der in Ziff. 2 bezeichneten Vermögensgegenstände und Verbindlichkeiten der A-GmbH erfolgt im Verhältnis zwischen den beteiligten Rechtsträgern mit Wirkung zum ......, 24.00 Uhr. Ab dem folgenden Tag ......, 00.00 Uhr gelten die auf die übertragenen Vermögensgegenstände und Verbindlichkeiten bezogenen Handlungen der A-GmbH jeweils als für Rechnung der C-GmbH vorgenommen („Spaltungsstichtag", § 126 Abs. 1 Nr. 6 UmwG).

4.2 Als Schlussbilanz der Gesellschaft nach § 125 iVm. § 17 Abs. 2 UmwG wird der Abspaltung die *[von dem WP ......, ... geprüfte und testierte]* Bilanz der übertragenden Gesellschaft (A-GmbH) zum ...... zu Grunde gelegt. Auf einen Spaltungsbericht, eine Spaltungsprüfung und einen Spaltungsprüfungsbericht wird verzichtet (§§ 135, 125, 8 Abs. 3, 9 Abs. 3, 12 Abs. 3, 48 UmwG).

III. Geschäftsführerbestellung[303 ff.]

Zum ersten Geschäftsführer der C-GmbH wird bestellt:

Herr A, geboren am ......, wohnhaft in ......

Er vertritt die Gesellschaft stets einzeln und ist von den Beschränkungen des § 181 BGB befreit.

IV. Salvatorische Klausel[313 ff.]

Sollten sich einzelne Bestimmungen dieses Spaltungsplanes als unwirksam herausstellen oder undurchführbar werden oder im Einzelfall nicht anwendbar sein, so wird dadurch die Wirksamkeit des Spaltungsplanes im Übrigen nicht berührt. In einem solchen Falle ist die unwirksame oder undurchführbare oder nicht anwendbare Bestimmung durch eine solche Bestimmung zu ersetzen, welche die Beteiligten gewählt hätten, wenn sie den Fall der Unwirksamkeit oder Undurchführbarkeit bedacht und unter billiger Berücksichtigung der Interessen beider Teile gelöst hätten.

V. Folgen der Spaltung für die Arbeitnehmer und ihre Vertretungen (§ 126 Abs. 1 Nr. 11 UmwG)[316 ff.]

Die Arbeitsverhältnisse sämtlicher dem übertragenen Teilbetrieb zugehörigen Arbeitnehmer, die in der Anlage ...... bezeichnet sind, gehen auf die C-GmbH über. Diese tritt gemäß § 613a BGB mit allen Rechten und Pflichten unter Anrechnung der bei der A-GmbH verbrachten Vordienstzeiten in die Arbeitsverhältnisse ein. Auf die inhaltliche Ausgestaltung der Arbeitsverhältnisse hat die Abspaltung keine Auswirkungen. Soweit Arbeitnehmer nach § 613a BGB auf die C-GmbH übergehen, haben sie das Recht, dem Übergang zu widersprechen. Der Widerspruch ist innerhalb eines Monats nach Zugang der Unterrichtung des Arbeitnehmers über den bevorstehenden Betriebsübergang gem. § 613a Abs. 5 BGB auszuüben. Widerspricht ein Arbeitnehmer dem Übergang seines Arbeitsverhältnisses, so besteht das Arbeitsverhältnis zur A-GmbH fort. Diese kann das Arbeitsverhältnis jedoch unter den Voraussetzungen des § 1 KSchG betriebsbedingt kündigen, wenn eine Weiterbeschäftigung des dem Übergang widersprechenden Arbeitnehmers nicht möglich ist.

Es existiert bei der A-GmbH kein Betriebsrat, weshalb eine Information nach § 126 Abs. 3 UmwG entfällt. Die Voraussetzungen für die gesetzliche Mitbestimmung der Arbeitnehmer sind nicht gegeben. Veränderungen im betriebsverfassungsrechtlichen sowie im mitbestimmungsrechtlichen Bereich ergeben sich somit nicht.

VI. Sicherheitsleistung (§ 22 iVm. § 125 Abs. 1 UmwG)[319 ff.]

Den Gläubigern der an der Spaltung beteiligten Gesellschaften ist, wenn sie binnen sechs Monaten nach der Bekanntmachung der Eintragung der Spaltung in das Handelsregister des Sitzes der A-GmbH, deren Gläubiger sie sind, ihren Anspruch nach Grund und Höhe schriftlich anmelden, Sicherheit zu leisten, soweit sie nicht Befriedigung verlangen können und glaubhaft machen, dass durch die Spaltung die Erfüllung ihrer Forderungen gefährdet wird. Zur Sicherheitsleistung ist allerdings nur die an der Spaltung beteiligte Gesellschaft verpflichtet, gegen die sich der Anspruch richtet.

VII. Vollmacht[323]

Die beteiligten Rechtsträger bevollmächtigen hiermit Herrn/Frau ...... unter Befreiung von den Beschränkungen des § 181 BGB und mit dem Recht zur Erteilung von Untervollmachten, Änderungen und Ergänzungen dieses Spaltungsplanes für sie zu beschließen und zum Handelsregister anzumelden, die nach Auffassung der Bevollmächtigten zum Vollzug der Abspaltung im Handelsregister erforderlich sind.

VIII. Kosten, Abschriften[324 ff.]

Die Kosten dieser Urkunde und ihres Vollzugs sowie gegebenenfalls anfallende Verkehrsteuern trägt die C-GmbH bis zu einem Betrag in Höhe von ...... EUR (i.W....... EUR); alle darüber hinausgehenden Kosten werden von der A-GmbH getragen.

Von dieser Urkunde erhalten Ausfertigungen:

- B-GmbH als Anteilsinhaberin;
- A-GmbH als übertragende Gesellschaft;
- C-GmbH als übernehmende Gesellschaft;

und elektronisch beglaubigte Abschriften:

- das Registergericht für die A-GmbH;
- das Registergericht für die C-GmbH;

einfache Abschriften:

- Rechtsanwälte ......;
- Steuerberater ......;
- Finanzamt – Körperschaftsteuerstelle – der A-GmbH;
- Finanzamt – Körperschaftsteuerstelle – der C-GmbH.

IX. Hinweise[328]

Der Notar hat insbesondere darüber belehrt, dass

1.1 die Abspaltung erst mit der Eintragung in das Handelsregister der übertragenden Gesellschaft wirksam wird und diese Eintragung erst nach der Eintragung der neuen Gesellschaft erfolgen kann;

1.2 bei Eintragung der neuen Gesellschaft im Handelsregister der Wert des Gesellschaftsvermögens nicht niedriger sein darf als das ausgewiesene Stammkapital und dass die B-GmbH und die übertragende Gesellschaft – mit Ausnahme des übernommenen Gründungsaufwandes – für einen etwa bestehenden Fehlbetrag haften; ferner, dass der Wert des bei der übertragenden Gesellschaft verbleibenden Gesellschaftsvermögens ebenfalls nicht niedriger sein darf als dessen ausgewiesenes Stammkapital;

1.3 die Wirkungen der Eintragung nach § 131 UmwG und die Haftungsvorschriften der §§ 133 ff. UmwG mit der Eintragung in das Handelsregister der übertragenden Gesellschaft eintreten;

1.4 die kündigungsrechtliche Stellung der Arbeitnehmer sich nach § 323 UmwG sowie § 613a BGB bestimmt;

1.5 evtl. eine Schadenersatzverpflichtung der Vertretungsorgane der übertragenden Gesellschaft nach §§ 125 S. 1, 25 UmwG bestehen könne;

1.6 weitergehende Haftungsvorschriften bestehen können, insbesondere § 25 HGB (vgl. § 133 Abs. 1 Satz 2 UmwG) sowie § 75 AO;

1.7 bei der Anmeldung der Abspaltung zur Eintragung in das Handelsregister des Sitzes der übertragenden Gesellschaft von deren Geschäftsführern zu erklären ist, dass die durch Gesetz und Gesellschaftsvertrag vorgesehenen Voraussetzungen für die Gründung dieser Gesellschaft unter Berücksichtigung der Abspaltung sowohl im Zeitpunkt der Anmeldung als auch nach Wirksamwerden der Abspaltung unverändert vorliegen (vgl. § 140 UmwG);

1.8 ggf. eine Grunderwerbsteuerpflicht bei übergehendem Grundbesitz bestehen kann.

X. Anlagen

Auf die Anlage 1 (Gesellschaftsvertrag der neuen GmbH) und die hier beigehefteten Anlagen ...... wird gemäß § 9 Abs. 1 Satz 2 BeurkG verwiesen, sie wurden mitverlesen. Karten, Zeichnungen und Abbildungen wurden statt des Vorlesens zur Durchsicht vorgelegt. Auf die Anlagen ......, die nur Bilanzen, Inventare und sonstige Bestandsverzeichnisse über Sachen, Rechte und Rechtsverhältnisse enthalten, wird gemäß § 14 Abs. 1 Satz 1 BeurkG verwiesen; sie sind dieser Niederschrift beigefügt,

auf ihre Vorlesung haben die Beteiligten nach einer entsprechenden Belehrung durch den Notar verzichtet. Sie wurden den Beteiligten zur Kenntnisnahme vorgelegt, von ihnen unterschrieben und, soweit das einzelne Schriftstück aus mehreren Seiten besteht, auf jeder Seite von ihnen unterzeichnet.

Im Übrigen wurde diese Urkunde vom Notar vorgelesen und dem Erschienenen zur Durchsicht vorgelegt, von ihm genehmigt und von ihm und dem Notar eigenhändig wie folgt unterschrieben:

....	....
[Geschäftsführer A-GmbH]	***[Notar]***

B.1.2. Gesellschaftsvertrag der neuen GmbH[351 ff.]

Anlage 1 zur Urkunde des Notars
in ...... vom ...... – UR-Nr. ...... –

§ 1 Firma und Sitz[251]

(1) Die Firma der Gesellschaft lautet: C-GmbH.

(2) Die Gesellschaft hat ihren Sitz in ......

§ 2 Gegenstand des Unternehmens[352 ff.]

Gegenstand des Unternehmens ist der Vertrieb von ...... sowie alle hiermit in unmittelbarem oder mittelbarem Zusammenhang stehenden Geschäfte. Die Gesellschaft kann sich an gleichartigen Unternehmungen im In- und Ausland beteiligen und bestehende Unternehmungen erwerben.

§ 3 Stammkapital und Geldeinlage[355 ff.]

(1) Das Stammkapital beträgt ...... EUR (i. W....... EUR) und ist in einen Geschäftsanteil im Nennbetrag von ...... EUR (i. W....... EUR), der die lfd. Nr. 1 erhält, eingeteilt.

(2) Am Stammkapital ist die B-GmbH mit dem Sitz in ...... mit einem Geschäftsanteil im Nennbetrag ...... EUR (i. W....... EUR) (Nr. 1) allein beteiligt.

(3) Die Stammeinlage auf den Geschäftsanteil wird in voller Höhe durch die Übertragung des Teilbetriebes „Vertrieb“ der A-GmbH mit dem Sitz in ...... als Ganzes mit den dazugehörigen Aktiva und Passiva sowie allen Rechten und Pflichten im Wege der Abspaltung gemäß Spaltungsplan vom ...... des Notars ...... in ..... erbracht.

§ 4 Dauer der Gesellschaft[359]

Die Dauer der Gesellschaft ist unbestimmt.

§ 5 Geschäftsjahr[360]

Geschäftsjahr ist das Kalenderjahr. Das erste Geschäftsjahr beginnt mit der Eintragung der Gesellschaft in das Handelsregister und endet am darauf folgenden 31. Dezember.

§ 6 Veräußerung sowie Teilung und Zusammenlegung von Geschäftsanteilen[361 ff.]

(1) Die Veräußerung von Geschäftsanteilen bedarf zu ihrer Wirksamkeit der Zustimmung der Gesellschaft, die wiederum erst nach einem mit einfacher Mehrheit der Stimmen gefassten Gesellschafterbeschluss durch die Geschäftsführung erteilt werden darf. Die Zustimmungserklärung erfolgt schriftlich durch die Geschäftsführung.

(2) Über die Teilung und Zusammenlegung von Geschäftsanteilen entscheidet die Gesellschafterversammlung mit einfacher Mehrheit der abgegebenen Stimmen. Eine

Zusammenlegung von Geschäftsanteilen ist jedoch nur dann zulässig, wenn die Geldeinlagen auf die Geschäftsanteile vollständig erbracht sind, keine Nachschusspflichten auf die Geschäftsanteile bestehen, diese nicht unterschiedlich belastet sind und der betroffene Gesellschafter der Zusammenlegung zustimmt.

§ 7 Vertretung[364]

(1) Die Gesellschaft hat einen oder mehrere Geschäftsführer.

(2) Ist nur ein Geschäftsführer vorhanden, so vertritt dieser die Gesellschaft allein. Sind mehrere Geschäftsführer bestellt, so wird die Gesellschaft durch zwei Geschäftsführer oder durch einen Geschäftsführer zusammen mit einem Prokuristen vertreten. Die Gesellschafterversammlung kann jedoch auch in diesem Fall einem oder mehreren Geschäftsführern die Befugnis zur alleinigen Vertretung der Gesellschaft erteilen.

(3) Durch Beschluss der Gesellschafter können einzelne oder alle Geschäftsführer von den Beschränkungen des § 181 BGB befreit werden.

(4) Die vorstehenden Vertretungsregelungen gelten für die Liquidatoren der Gesellschaft entsprechend.

§ 8 Gesellschafterversammlungen[365]

(1) Eine Gesellschafterversammlung ist alljährlich innerhalb der gesetzlichen Fristen (§ 42a Abs. 2 GmbHG) abzuhalten.

(2) Die Einberufung erfolgt durch die Geschäftsführung unter Einhaltung einer Frist von mindestens zwei Wochen mittels eingeschriebenen Briefes.

(3) Die Gesellschafterversammlungen finden grundsätzlich am Sitz der Gesellschaft statt, es sei denn, die Gesellschafter verständigen sich einstimmig auf einen anderen Ort.

(4) Die Leitung der Versammlung obliegt der Geschäftsführung. Über die von der Gesellschafterversammlung gefassten Beschlüsse ist – soweit nicht notarielle Beurkundung erfolgt – eine Niederschrift aufzunehmen, welche von der Geschäftsführung zu unterzeichnen ist.

(5) Die Beschlüsse der Gesellschafter werden mit einfacher Mehrheit der abgegebenen Stimmen gefasst, soweit dieser Gesellschaftsvertrag oder das Gesetz keine höheren Mehrheiten vorschreiben. Enthaltungen gelten als nicht abgegebene Stimmen.

(6) Gesellschafterbeschlüsse können – soweit nicht Beschlüsse in einer Gesellschafterversammlung gefasst werden müssen oder notarieller Beurkundung bedürfen – auch schriftlich, per E-Mail oder Telefax sowie mündlich oder fernmündlich gefasst werden, wenn alle Gesellschafter mit dem Verfahren einverstanden sind oder sich an einer solchen Beschlussfassung beteiligen.

§ 9 Stimmrecht[370]

(1) Je 1.– EUR eines Geschäftsanteils gewähren eine Stimme.

(2) Jeder Gesellschafter kann sich in der Gesellschafterversammlung durch einen anderen Gesellschafter mit Vollmacht mindestens in Textform gemäß § 126b BGB (zB per Telefax oder E-Mail) vertreten lassen. Die Vollmacht ist der Gesellschaft in Verwahrung zu geben.

§ 10 Jahresabschluss, Gewinnverwendung[371 ff.]

(1) Die Aufstellung des Jahresabschlusses erfolgt unter Beachtung des Steuerrechts, soweit nicht zwingende Vorschriften des Handelsrechts entgegenstehen.

(2) Für die Verwendung des Ergebnisses gilt § 29 GmbHG.

(3) Die Verteilung des Gewinns erfolgt nach dem Verhältnis der Geschäftsanteile.

§ 11 Befreiung vom Wettbewerbsverbot[374]

(1) Die Gesellschafterversammlung kann Befreiung von Wettbewerbsverboten im Einzelfall oder allgemein erteilen.

(2) Die B-GmbH mit dem Sitz in ...... und Herr A als Geschäftsführer sind von jeglichem Wettbewerbsverbot befreit.

§ 12 Sonstiges[375]

(1) Die Gründungskosten werden von der Gesellschaft bis zu einem Gesamtbetrag in Höhe von ...... EUR (i. W....... EUR) getragen.

(2) Sollten einzelne Bestimmungen des Vertrages unwirksam oder undurchführbar sein, so wird dadurch die Wirksamkeit des Vertrages im Übrigen nicht berührt. In einem solchen Fall ist die unwirksame oder undurchführbare Bestimmung durch Gesellschafterbeschluss durch eine solche Bestimmung zu ersetzen, welche die Beteiligten im Zeitpunkt des Vertragsschlusses gewählt hätten, wenn sie den Fall der Unwirksamkeit oder Undurchführbarkeit bedacht und unter billiger Berücksichtigung der Interessen aller Teile gelöst hätten. Gleiches gilt im Fall einer Regelungslücke.

(3) Im Übrigen gelten die gesetzlichen Vorschriften. Zwingende gesetzliche Vorschriften gehen diesem Gesellschaftsvertrag vor.

§ 13 Bekanntmachungen[379]

Bekanntmachungen der Gesellschaft erfolgen ausschließlich im Bundesanzeiger.

B.1.3. Niederschrift über Gesellschafterversammlungen[380 ff.]

UR-Nr......./...... vom ......

Heute, den ......
erschien vor mir, ..., Notar in ...... an meiner Amtsstelle in ......:

Herr A, geb. am ......,
wohnhaft ......
Der Erschienene wies sich aus durch Vorlage seines amtlichen Lichtbildausweises.

Der Erschienene erklärte vorab, nicht nur im eigenen Namen zu handeln, sondern zugleich als einzelvertretungsberechtigter Geschäftsführer der

B-GmbH mit dem Sitz in ......
eingetragen im Handelsregister des Amtsgerichts ...... unter HRB ......
– nachfolgend „B-GmbH“ genannt.

Der Notar bescheinigt gemäß § 21 Abs. 1 BNotO aufgrund seiner am ...... erfolgten Einsicht in das elektronische Handelsregister der B-GmbH zu HRB ......, dass der Erschienene einzelvertretungsberechtigter und von den Beschränkungen des § 181 BGB befreiter Geschäftsführer der B-GmbH ist.

Der Erschienene erklärte vorab, dass weder der Notar noch sein Sozius in der nachfolgend zu beurkundenden Angelegenheit iSd. § 3 Abs. 1 Nr. 7 BeurkG außerhalb ihrer Amtstätigkeit vorbefasst sind oder waren.

Sodann erklärte der Erschienene – handelnd wie angegeben –, was folgt:

I. Vorbemerkung[389 ff.]

Die B-GmbH hält sämtliche Geschäftsanteile zu insgesamt ...... EUR (Nominalbetrag des Stammkapitals) an der A-GmbH (übertragende Gesellschaft) mit dem Sitz in ......, eingetragen im Handelsregister des Amtsgerichts ...... unter HRB ...... – nachfolgend „übertragende Gesellschaft“ oder „A-GmbH“ genannt.

Der Notar hat am ... die im elektronischen Handelsregister der übertragenden Gesellschaft zuletzt aufgenommene Gesellschafterliste eingesehen und bestätigt, dass darin lediglich die B-GmbH mit Geschäftsanteilen im Nominalbetrag von ...... EUR und im Nominalbetrag von ...... EUR allein beteiligt ist.

Mit Urkunde des Notars ...... vom heutigen Tage, UR-Nr......., hat die A-GmbH einen Spaltungsplan zur Neugründung einer Gesellschaft mit beschränkter Haftung unter der Firma C-GmbH mit dem Sitz in ...... (übernehmende Gesellschaft) aufgestellt. Alleinige Gesellschafterin der übernehmenden Gesellschaft wird die B-GmbH werden. Alleiniger Gesellschafter der B-GmbH wiederum ist Herr A.

II. Gesellschafterversammlungen, Spaltungsbeschluss

1. Die B-GmbH hält hiermit unter Verzicht auf alle durch Gesetz und Gesellschaftsvertrag vorgeschriebenen Formen und Fristen für die Einberufung und die Abhaltung einer Gesellschafterversammlung einschließlich derer nach §§ 47 ff. UmwG eine Gesellschaftervollversammlung der A-GmbH ab.

a) Die B-GmbH bestätigt zunächst, dass sie rechtzeitig vor dieser Versammlung Kenntnis vom Spaltungsplan und allen der Spaltung zugrundeliegenden Unterlagen erhalten hat.[395]

b) Die B-GmbH erklärt, von der Geschäftsleitung der übertragenden A-GmbH darüber unterrichtet worden zu sein, dass bei dieser kein Betriebsrat existiert und dass sich dementsprechend eine Zuleitung des Spaltungsplanes an den Betriebsrat erübrigt.[395]

c) Die B-GmbH stellt fest, dass eine Kapitalherabsetzung bei der A-GmbH zur Durchführung der Abspaltung nicht erforderlich ist.[395]

d) Die B-GmbH verzichtet auf die Erstattung eines Spaltungsberichts, einer Spaltungsprüfung und eines Prüfungsberichts.[396]

e) Sodann beschließt die B-GmbH einstimmig Folgendes:[397 ff.]

(1) Dem Spaltungsplan zur Urkunde des Notars ...... in ...... vom heutigen Tage, UR-Nr......., wird zugestimmt.

(2) Dem im Spaltungsplan enthaltenen Gesellschaftsvertrag wird ebenfalls mit allen Stimmen vorbehaltlos zugestimmt.

(3) Weiterhin wird den im Spaltungsplan vorgenommenen Geschäftsführerbestellungen mit allen Stimmen vorbehaltlos zugestimmt.

Eine beglaubigte Abschrift des Spaltungsplanes ist dieser Urkunde zur Information, nicht aber als Urkundsbestandteil iSd. § 9 BeurkG, als Anlage 1 beigefügt.

Weitere Beschlüsse werden nicht gefasst bzw. keine weiteren Erklärungen abgegeben. Auf eine Klage gegen die Wirksamkeit der vorstehenden Beschlüsse wird ausdrücklich verzichtet.[404a]

2. Die B-GmbH als einzige Gesellschafterin der aus der Spaltung entstehenden übernehmenden Gesellschaft, der C-GmbH, hält hiermit unter Verzicht auf alle Formen und Fristen für die Einberufung und Abhaltung eine Gesellschafterversammlung der C-GmbH ab und beschließt darin einstimmig Folgendes:
Die B-GmbH als herrschendes Unternehmen (Organträger) beabsichtigt, mit der übernehmenden Gesellschaft C-GmbH als beherrschtes Unternehmen (Organgesellschaft) einen Beherrschungs- und Ergebnisabführungsvertrag abzuschließen. Ein Entwurf dieses Beherrschungs- und Ergebnisabführungsvertrages ist der heutigen Urkunde als Anlage 2 beigefügt. Dem Abschluss dieses Vertrages wird hiermit zugestimmt.[413, 415]
Weitere Beschlüsse werden nicht gefasst bzw. keine weiteren Erklärungen abgegeben. Auf eine Klage gegen die Wirksamkeit der vorstehenden Beschlüsse wird ausdrücklich verzichtet.[404a]

3. Der Erschienene hält hiermit unter Verzicht auf alle Formen und Fristen für die Einberufung und Abhaltung eine Gesellschafterversammlung der B-GmbH ab und beschließt darin einstimmig Folgendes:
   a) Die B-GmbH als herrschendes Unternehmen (Organträger) beabsichtigt, mit der übernehmenden Gesellschaft C-GmbH als beherrschtes Unternehmen (Organgesellschaft) einen Beherrschungs- und Ergebnisabführungsvertrag abzuschließen. Ein Entwurf dieses Beherrschungs- und Ergebnisabführungsvertrages ist der heutigen Urkunde als Anlage 2 beigefügt. Dem Abschluss dieses Vertrages wird zugestimmt.[413]
   b) Der Erschienene als einziger Gesellschafter der B-GmbH sowie diese als einzige Gesellschafterin der C-GmbH verzichten hiermit jeweils auf einen Bericht über den Unternehmensvertrag gemäß § 293a Abs. 1 AktG, auf eine Prüfung des Unternehmensvertrages gemäß § 293b Abs. 1 AktG, auf die Erstellung eines Berichtes durch den Vertragsprüfer gemäß § 293e AktG sowie auf sämtliche gesetzlichen oder gesellschaftsvertraglichen Form- und Fristvorschriften bezüglich der Einberufung und Abhaltung einer Gesellschafterversammlung, insbesondere auf die Auslegung der Unterlagen gemäß § 293f AktG und einer Erläuterung gemäß § 293g AktG.[404]

   Weitere Beschlüsse werden nicht gefasst. Auf eine Klage gegen die Wirksamkeit der vorstehenden Beschlüsse wird ausdrücklich verzichtet.[404a]

III. Kosten und Abschriften[405]

Die Kosten dieser Urkunde trägt die übernehmende Gesellschaft bis zu einem Betrag in Höhe von ...... EUR (i. W....... EUR); alle darüber hinausgehenden Kosten werden von der A-GmbH getragen.

Von dieser Urkunde erhalten

Ausfertigungen:
- die Gesellschafterin,
- die übertragende Gesellschaft,
- die durch die Spaltung errichtete Gesellschaft,

beglaubigte Abschriften:
- das Registergericht für die übertragende Gesellschaft (in elektronischer Form),
- das Registergericht für die neu entstehende Gesellschaft (in elektronischer Form),
- das Finanzamt – Körperschaftsteuerstelle –,

einfache Abschriften:
- Rechtsanwälte ......
- Steuerberater ......

Diese Urkunde samt Anlagen wurde dem Erschienenen vom Notar vorgelesen, von ihm genehmigt und von ihm und dem Notar eigenhändig wie folgt unterzeichnet:

....	....
[Geschäftsführer der B-GmbH]	*[Notar]*

B.1.4. Beherrschungs- und Ergebnisabführungsvertrag[406 ff., 428]

Zwischen

der Firma B-GmbH mit Sitz in ......, eingetragen im Handelsregister des Amtsgerichts ...... unter HRB ......, vertreten durch den alleinvertretungsberechtigten und von den Beschränkungen des § 181 BGB befreiten Geschäftsführer A,

und

der Firma C-GmbH i.Gr. mit dem Sitz in ......, die im Rahmen der Abspaltung zur Neugründung aus dem Vermögen der A-GmbH mit dem Sitz in ......, Amtsgericht ......, HRB ......, neu gegründet wurde, vertreten durch den alleinvertretungsberechtigten und von den Beschränkungen des § 181 BGB befreiten Geschäftsführer A.

Präambel

Die C-GmbH wurde im Wege der Abspaltung zur Neugründung von der A-GmbH durch Übertragung des Teilbetriebes „Vertrieb" auf die C-GmbH gegründet. Abspaltungsstichtag ist der ......, 00.00 Uhr. Zwischen der A-GmbH als beherrschter Gesellschaft und der B-GmbH als herrschender Gesellschaft besteht ein Beherrschungs- und Ergebnisabführungsvertrag (der auch fortbestehen soll); ein vergleichbarer Beherrschungs- und Ergebnisabführungsvertrag soll auch zwischen der C-GmbH als abhängiger Gesellschaft und der B-GmbH abgeschlossen werden. Die B-GmbH und die C-GmbH schließen hiermit den nachfolgenden Beherrschungs- und Ergebnisabführungsvertrag ab dem Wirksamwerden der Abspaltung durch Eintragung in das Handelsregister der C-GmbH.

§ 1 Beherrschung

(1) Die C-GmbH unterstellt die Leitung ihrer Gesellschaft der B-GmbH als herrschendem Unternehmen. Die Geschäftsleitung der B-GmbH ist berechtigt, der C-GmbH allgemeine oder auf Einzelfälle bezogene Weisungen für die Leitung der Gesellschaft zu erteilen.[455]

(2) Das Weisungsrecht gilt auch für die Aufstellung des Jahresabschlusses der C-GmbH. Das Weisungsrecht des Organträgers erstreckt sich jedoch nicht auf Entscheidungen über die Fortsetzung, die Änderung oder die Beendigung dieses Vertrages.[456 f.]

§ 2 Gewinnabführung, Bildung von Rücklagen[458]

(1) Die C-GmbH verpflichtet sich, erstmals für das Geschäftsjahr der C-GmbH, in dem die Abspaltung wirksam werden wird, ihren ganzen Gewinn an die B-GmbH abzuführen. Abzuführen ist, vorbehaltlich einer Bildung oder Auflösung von Rücklagen nach Absatz 2 sowie der §§ 30, 31 GmbHG, der gesamte Jahresüberschuss im Sinne von § 301 AktG in seiner jeweils gültigen Fassung.

(2) Die C-GmbH kann Beträge aus dem Jahresüberschuss in andere Gewinnrücklagen (§ 272 Abs. 3 HGB) einstellen, sofern dies handelsrechtlich zulässig und bei vernünftiger kaufmännischer Beurteilung wirtschaftlich begründet ist. Während der Dauer dieses Vertrages gebildete Rücklagen sind auf Verlangen der B-GmbH aufzulösen und zum Ausgleich eines Jahresfehlbetrages zu verwenden oder als Gewinn abzuführen. Die Abführung von Beträgen aus der Auflösung von Kapitalrücklagen (§ 272 Abs. 2 Nr. 4 HGB) oder von vorvertraglichen Gewinnrücklagen ist ausgeschlossen.

(3) Der Anspruch auf Gewinnabführung entsteht zum Stichtag des Jahresabschlusses der C-GmbH und wird zu diesem Zeitpunkt fällig.

§ 3 Verlustübernahme[459]

Die B-GmbH verpflichtet sich gegenüber der C-GmbH zur Verlustübernahme gemäß den Vorschriften des § 302 AktG in seiner jeweils gültigen Fassung.

§ 4 Vertragsdauer[460]

(1) Der Vertrag ist auf unbestimmte Zeit geschlossen. Die Kündigung kann jedoch nur zum Ablauf eines Geschäftsjahres der C-GmbH erfolgen, frühestens jedoch nach Ablauf von fünf Jahren, dh. mit Ablauf des 31.12...

(2) Die Kündigungsfrist beträgt drei Monate.

(3) Eine Kündigung aus wichtigem Grund ohne Einhaltung einer Kündigungsfrist ist jederzeit zulässig. Ein wichtiger Grund, der sowohl die B-GmbH als auch die C-GmbH zur Kündigung berechtigt, liegt insbesondere vor, wenn die B-GmbH die Mehrheit der Stimmen in der Gesellschafterversammlung der C-GmbH verliert, die steuerlichen Voraussetzungen der finanziellen Eingliederung der C-GmbH in die B-GmbH nicht mehr vorliegen, oder im Fall der Verschmelzung, Spaltung oder Liquidation der B-GmbH oder der C-GmbH.

(4) Wird die Wirksamkeit des Vertrags oder seine ordnungsgemäße Durchführung während des Fünfjahreszeitraums gemäß Abs. 1 steuerlich nicht oder nicht vollständig anerkannt, so beginnt der Fünfjahreszeitraum entgegen Abs. 1 erst am ersten Tag des Geschäftsjahrs der C-GmbH, das auf das Jahr folgt, in dem die Voraussetzungen für die steuerliche Anerkennung der Wirksamkeit des Vertrags oder seiner ordnungsgemäßen Durchführung noch nicht vorgelegen haben.

§ 5 Wirksamwerden[461]

Der Beherrschungs- und Ergebnisabführungsvertrag wird wirksam mit seiner Eintragung im Handelsregister der C-GmbH.

§ 6 Änderungen

Änderungen und Ergänzungen des Vertrages bedürfen der Schriftform, unbeschadet der erforderlichen Zustimmung der Gesellschafterversammlung entsprechend § 295 AktG. Änderungen und Ergänzungen dieses Vertrags werden mit Eintragung im Handelsregister der C-GmbH wirksam.

Handelsregisteranmeldungen

B.1.5. Anmeldung der Abspaltung zum Handelsregister der A-GmbH[466 ff.]

UR-Nr......./...... vom ......

Amtsgericht ......
– Registergericht –

HRB ......
A-GmbH
Sitz ......
hier: Anmeldung einer Abspaltung nach §§ 123 ff. UmwG

Als alleiniger Geschäftsführer der Gesellschaft als übertragende Gesellschaft[470] überreiche ich:[472 ff.]

1. elektronisch beglaubigte Abschrift des notariell beurkundeten Spaltungsplanes zur Urkunde des Notars ...... in ...... vom ......, UR-Nr......./......;
2. elektronisch beglaubigte Abschrift des notariell beurkundeten Spaltungsbeschlusses der Gesellschafter der Gesellschaft, Urkunde des Notars ...... in ...... vom ......, UR-Nr......./......, enthaltend die notariell beurkundeten Verzichtserklärungen zum Spaltungsbericht, zur Spaltungsprüfung und zum Prüfungsbericht;
3. Schlussbilanz der A-GmbH mit dem Sitz in ...... zum Stichtag ......[473]

Zur Eintragung in das Handelsregister wird angemeldet:

Unter Fortbestand der übertragenden Gesellschaft ist ein Teil ihres Vermögens, der Teilbetrieb „Vertrieb“, als Gesamtheit im Wege der Abspaltung nach Maßgabe des

eingereichten Spaltungsplanes übertragen worden auf die neu gegründete Gesellschaft in Firma

C-GmbH mit Sitz in ......

Gem. § 140 UmwG wird erklärt, dass die durch Gesetz und Gesellschaftsvertrag vorgesehenen Voraussetzungen für die Gründung der A-GmbH als übertragende Gesellschaft auch unter Berücksichtigung der Abspaltung auf die C-GmbH sowohl im Zeitpunkt der Anmeldung als auch nach Wirksamwerden der Abspaltung unverändert vorliegen.

Gem. §§ 125, 16 Abs. 2 UmwG wird versichert, dass eine Klage gegen die Wirksamkeit des Spaltungsbeschlusses nicht erhoben worden ist und auf Grund der im Spaltungsbeschluss enthaltenen Verzichtsverklärungen aller Gesellschafter auf die Einreichung von Klagen betreffend die Wirksamkeit des Spaltungsbeschlusses auch nicht erhoben werden kann.[481]

Es wird weiterhin versichert, dass ein Betriebsrat bei der Gesellschaft nicht vorhanden ist.[477] **Die Abspaltung bedarf nicht der staatlichen Genehmigung.**

Die inländische Geschäftsanschrift der Gesellschaft (§§ 8 Abs. 4 Nr. 1, 10 Abs. 1 Satz 1 GmbHG) lautet unverändert ...... Die Lage der Geschäftsräume (§ 24 HRV) ist mit der inländischen Geschäftsanschrift identisch.

Der Unterzeichnende bevollmächtigt hiermit Herrn/Frau ...... unter Befreiung von den Beschränkungen des § 181 BGB, Änderungen und Ergänzungen dieser Registeranmeldung für ihn vorzunehmen, soweit solche Änderungen nach Auffassung des Registergerichtes, der Industrie- und Handelskammer oder aber nachträglich seitens der Gesellschaft erforderlich sind, und zum Handelsregister anzumelden. Diese Vollmachten erlöschen drei Monate nach Eintragung der beantragten Tatsachen in das Handelsregister der Gesellschaft.[482]

Um Eintragungsmitteilung wird gebeten an:
a) die Gesellschaft
b) Notar ...... in ......

................................, den ....

..
[Herr A]

UR-Nr......./......
Hiermit beglaubige ich die Echtheit der vorstehenden, vor mir vollzogenen Unterschrift am Ende der Anmeldung von

Herrn A
geb. am ......
wohnhaft in ......

Der Unterzeichnete wies sich aus durch Vorlage seines amtlichen Lichtbildausweises.

................................, den ....

..
[Notar]

B.1.6. Anmeldung der neuen GmbH (C-GmbH) zum Handelsregister[484 ff.]

UR-Nr……/…… vom ……

Amtsgericht ……
– Registergericht –[487]

Neugründung der GmbH in Firma C-GmbH mit Sitz in …… durch Abspaltung zur Neugründung in Anwendung der Vorschriften des Umwandlungsgesetzes (§ 123 Abs. 2 Nr. 2)

Als Vertretungsorgan der übertragenden Gesellschaft, der A-GmbH mit Sitz in ……, sowie als neu bestellter Geschäftsführer der im Betreff genannten GmbH[471] überreiche ich in der Anlage:[489 ff.]

1. elektronisch beglaubigte Abschrift des Spaltungsplanes zur Urkunde des Notars …… in …… vom ……, UR-Nr……, die den Gesellschaftsvertrag der neuen Gesellschaft enthält;
2. elektronisch beglaubigte Abschrift des notariell beurkundeten Spaltungsbeschlusses der Gesellschafter der übertragenden Gesellschaft, Urkunde des Notars …… in …… vom ……, UR-Nr……, enthaltend die Verzichtserklärungen nach §§ 125, 8 Abs. 3 und 12 Abs. 3 UmwG, sowie die Zustimmung der Gesellschafterversammlungen der herrschenden und beherrschten Gesellschaft zum Beherrschungs- und Gewinnabführungsvertrag;
3. die Liste der Gesellschafter der C-GmbH und der Betrag der übernommenen Geldeinlagen;[476]
4. den Sachgründungsbericht;
5. die Unterlagen über die Werthaltigkeit des im Wege der Abspaltung auf die C-GmbH übertragenen Vermögens einschließlich der „Abspaltungsbilanz";
6. elektronisch beglaubigte Abschrift des Beherrschungs- und Gewinnabführungsvertrages mit der B-GmbH mit Sitz in ……

Ich melde die neu errichtete Gesellschaft und mich als neu bestellten Geschäftsführer gemäß § 137 UmwG zur Eintragung in das Handelsregister an.[491, 493]

Ich versichere[480], dass ab der Eintragung der Spaltung im Handelsregister der übertragenden Gesellschaft das Vermögen der durch die Spaltung entstehenden Gesellschaft sich endgültig zu meiner freien Verfügung befindet.[478 ff.]

Gem. §§ 125, 16 Abs. 2 UmwG wird versichert, dass eine Klage gegen die Wirksamkeit des Spaltungsbeschlusses bei der übertragenden A-GmbH nicht erhoben worden ist und auf Grund der im Spaltungsbeschluss enthaltenen Verzichtsverklärungen aller Gesellschafter der A-GmbH auf die Einreichung von Klagen betreffend die Wirksamkeit des Spaltungsbeschlusses auch nicht erhoben werden kann.

Es wird versichert, dass ein Betriebsrat bei der übertragenden A-GmbH nicht vorhanden ist. Die Abspaltung bedarf nicht der staatlichen Genehmigung.

Die Vertretungsbefugnis in der C-GmbH ist allgemein wie folgt geregelt: Die Gesellschaft hat einen oder mehrere Geschäftsführer. Ist nur ein Geschäftsführer vorhanden, so vertritt dieser die Gesellschaft allein. Sind mehrere Geschäftsführer bestellt, so wird die Gesellschaft durch zwei Geschäftsführer oder durch einen Geschäftsführer zusammen mit einem Prokuristen vertreten.[494]

Die Gesellschafterversammlung kann einem oder mehreren Geschäftsführern bzw. Liquidatoren die Befugnis zur Einzelvertretung der Gesellschaft erteilen. Durch Beschluss der Gesellschafter können einzelne oder alle Geschäftsführer bzw. Liquidatoren von den Beschränkungen des § 181 BGB befreit werden.[494]

Der Unterzeichnende vertritt die Gesellschaft stets einzeln, auch wenn weitere Geschäftsführer bestellt sind. Er ist von den Beschränkungen des § 181 BGB befreit.[494]

....

Ich, der bestellte Geschäftsführer A, versichere in Kenntnis der Strafbarkeit wegen falscher Angaben gemäß § 82 GmbHG[493], dass

- **ich von dem Notar darüber belehrt wurde, dass ich auch dann gegenüber dem Gericht unbeschränkt auskunftspflichtig bin und sämtliche Verurteilungen anzugeben habe, wenn die Tilgung der Vorstrafen nach § 53 Abs. 1 BZRG bereits erfolgt ist oder zu erfolgen hat;**
- **mir gegenwärtig weder durch gerichtliches Urteil noch durch vollziehbare Entscheidung einer Verwaltungsbehörde die Ausübung eines Berufs, Berufszweigs, Gewerbes oder Gewerbezweigs untersagt ist;**
- **ich niemals, insbesondere nicht in den letzten fünf Jahren seit der Rechtskraft einer entsprechenden Verurteilung, rechtskräftig wegen einer Straftat nach § 15a Abs. 4 InsO (Insolvenzverschleppung); nach den §§ 283 bis 283d StGB (Bankrott, Verletzung der Buchführungspflicht, Gläubiger- oder Schuldnerbegünstigung); nach § 82 GmbHG bzw. § 399 AktG (falsche Angaben); nach den § 400 AktG, § 331 HGB, § 313 UmwG oder § 17 PublG (unrichtige Darstellung) sowie nach den §§ 263 bis 264a StGB (Betrug, Computer-, Subventions- oder Kapitalanlagebetrug) und den §§ 265b bis 266a StGB (Kreditbetrug, Untreue, Vorenthalten und Veruntreuen von Arbeitsentgelt), verurteilt worden bin, wobei mir bekannt ist, dass in die Fünfjahresfrist die Zeit nicht eingerechnet wird, in der ein Täter auf behördliche Anordnung in einer Anstalt verwahrt worden ist und mir des Weiteren bekannt ist, dass diese Ausschlussgründe ebenso für Verurteilungen im Ausland gelten, sofern die verübte Tat mit den vorgenannten Taten vergleichbar ist;**
- **ich weder ganz noch teilweise als Betreuter bei der Besorgung meiner Vermögensangelegenheiten einem Einwilligungsvorbehalt nach § 1903 BGB unterliege.**

Die inländische Geschäftsanschrift der Gesellschaft (§§ 8 Abs. 4 Nr. 1, 10 Abs. 1 Satz 1 GmbHG) lautet ...... Die Lage der Geschäftsräume (§ 24 HRV) ist mit der inländischen Geschäftsanschrift identisch.[495]

Die Gesellschaft hat des Weiteren am ...... einen Beherrschungs- und Gewinnabführungsvertrag nach § 291 Abs. 1 Satz 1 AktG (analog) mit der B-GmbH mit Sitz in ...... als herrschendem Unternehmen geschlossen. Die Gesellschafterversammlungen der beteiligten Unternehmen haben diesem Vertrag am ...... zugestimmt.

Auf die Erstellung eines Berichtes (§ 293a AktG analog) sowie die Auslegung der in § 293f AktG (analog) erwähnten Unterlagen vor und während der Gesellschafterversammlungen wurde sowohl durch die Alleingesellschafterin der Gesellschaft als auch durch den Alleingesellschafter der B-GmbH im Anschluss an die jeweiligen Gesellschafterversammlungen höchst vorsorglich verzichtet. Eine Prüfung des Ergebnisabführungsvertrages gemäß § 293b Abs. 1 AktG analog war nicht erforderlich, da sich sämtliche Geschäftsanteile der Gesellschaft in der Hand der B-GmbH befinden.

Um Eintragsmitteilung wird gebeten an:
a) die Gesellschaft,
b) Notar ......

................................, den ....

....
[Herr A]

UR-Nr......./......

Hiermit beglaubige ich die Echtheit der vorstehenden, vor mir vollzogenen Unterschrift des

Herrn A
geb. am ......
wohnhaft in ......[496]

Der Unterzeichnete wies sich durch Vorlage seines amtlichen Lichtbildausweises aus.

..............................., den ....

..
[Notar]

B.1.7. Werthaltigkeitsbescheinigung

Werthaltigkeitsbescheinigung der WP/StB ......
über die Abspaltung zur Neugründung der C-GmbH von der A-GmbH
zum 31.12....... gegen Gewährung von Gesellschaftsanteilen[511 ff.]

1. Beschreibung des Vorhabens

Mit notariellem Vertrag vom ...... wird die A-GmbH (übertragende Gesellschaft) ihren Teilbetrieb „Vertrieb" entsprechend den Vorschriften der §§ 123 f. UmwG rückwirkend zum ......, 0.00 Uhr, auf die hierdurch neu gegründete C-GmbH abspalten.
Als Gegenleistung erhält die Gesellschafterin der A-GmbH, die B-GmbH, die alleinige Gesellschafterin der A-GmbH ist, sämtliche Geschäftsanteile der neu gegründeten C-GmbH.

2. Feststellung zur Werthaltigkeit des Stammkapitals der Übernehmerin und der übertragenden Gesellschaft

Die Abspaltung zur Neugründung wird zu Buchwerten durchgeführt. Der Abspaltungsvorgang lässt sich zahlenmäßig wie folgt darstellen.

	EUR
Übergehendes Vermögen (Aktiva)	......
Zu übernehmender Sonderposten mit Rücklageanteil	./.......
Zu übernehmende Rückstellungen	./.......
Zu übernehmende Verbindlichkeiten	./.......
Übergehendes Nettovermögen	...
	...
Davon Stammkapital	./.......
Einstellung in die Kapitalrücklage	...
	...

	A-GmbH EUR	C-GmbH EUR
Eigenkapital der Teilbetriebe zum	......	......
Abzüglich gezeichnetes Kapital	./. ...	./. ...
	...	...
Verbleibende offene Rücklagen	...	...
	...	...

3. Werthaltigkeitsbestätigung

Als Abschlussprüfer der A-GmbH habe ich den Jahresabschluss per 31.12... mit einem uneingeschränkten Bestätigungsvermerk versehen. Die aus der Schlussbilanz der A-GmbH zum 31.12. .... entwickelten Teilbilanzen sind zutreffend aus der Schlussbilanz der A-GmbH zum ...... entwickelt. Die Abspaltung erfolgt zu Buchwerten.

Ferner wird bestätigt, dass die in der Abspaltungsbilanz ausgewiesene Aktiva der C-GmbH nicht überbewertet und die Passiva nicht unterbewertet sind. Die Wertansätze entsprechen den Grundsätzen ordnungsgemäßer Buchführung.

................................, den ....

..
[Wirtschaftsprüfer]

B. Grundsätzliche Anmerkungen

I. Sachverhalt

Ausgangssituation

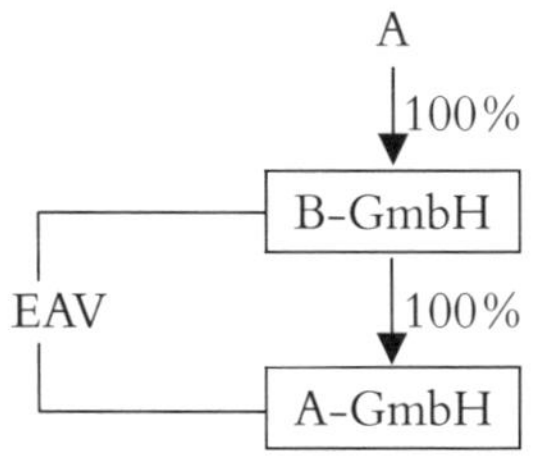

Nach Abspaltung

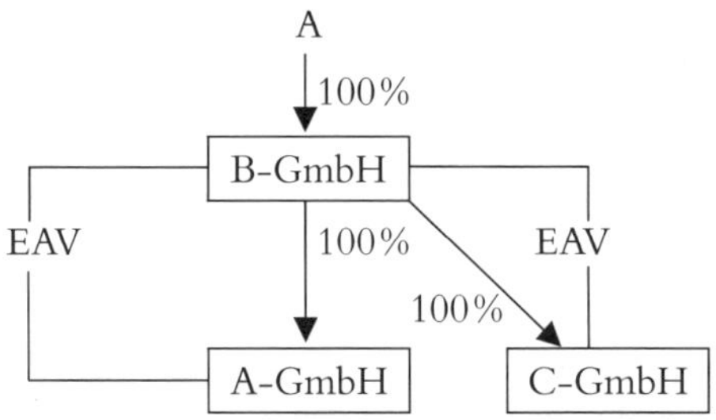

Das Formular bezweckt die rückwirkende Abspaltung des Vertriebes aus der A-GmbH auf eine neu gegründete GmbH, die C-GmbH. Der zu übertragende Unternehmensteil „Vertrieb" sowie der bei der A-GmbH verbleibende (restliche) Unternehmensteil stellen jeweils einen Teilbetrieb im steuerlichen Sinn (§ 15 Abs. 1 Satz 2 UmwStG; zum Typusbegriff des Teilbetriebs → Rn. 77) dar. „Teilbetrieb" bzw. „Unternehmensteil" werden im Formular synonym verwendet. An der übertragenden A-GmbH ist die B-GmbH mit 100% beteiligt. Alleiniger Gesellschafter der B-GmbH ist die natürliche Person A. 1

Der Ergebnisabführungsvertrag (EAV) zwischen der übertragenden A-GmbH und der B-GmbH besteht fort; ein solcher EAV soll (möglichst ohne Zäsur) auch im Verhältnis 1a zwischen der C-GmbH und der B-GmbH abgeschlossen werden. Gesellschaftsrechtlich ist dies möglich (→ Rn. 406 ff.); allerdings ist die steuerliche Anerkennung einer auf den Abspaltungsstichtag rückwirkenden Organschaft durch die Finanzverwaltung nach dem UmwSt-Erl. 2011, BMF v. 11.11.2011, BStBl. I 2011, 1314 aufgrund jüngst ablehnender steuerlicher-Rechtsprechung wohl unmöglich geworden (→ Rn. 461). Eine unstreitig auch steuerlich **lückenlose Organschaft** ließe sich aber durch folgende **Abwandlung** erreichen: Abspaltung zur Aufnahme auf eine zum Abspaltungsstichtag bereits als 100% Tochter der B-GmbH bestehende C-GmbH (quasi leere Vorrats-GmbH).

1b Bei der A-GmbH ist anlässlich der Abspaltung keine Kapitalherabsetzung notwendig, da sie über hohe Rücklagen verfügt. Schlussbilanz und Abspaltungsbilanz liegen zum Zeitpunkt der Beurkundung des Spaltungsplanes bereits vor. A ist der alleinige Geschäftsführer der B-GmbH, der A-GmbH und künftig auch der C-GmbH. Bei der A-GmbH besteht kein Betriebsrat.

II. Ablaufplan einer einvernehmlichen Spaltung zur Neugründung

2 a) Aufstellung der Schlussbilanz der übertragenden GmbH,
b) ggf. Prüfung der Schlussbilanz durch Wirtschaftsprüfer, wenn Jahresabschluss gem. § 316 Abs. 1 HGB generell prüfungspflichtig ist,
c) Ableitung der Aufteilungsbilanz aus der Schlussbilanz,
d) Erstellung des Entwurfes des Spaltungsplans,
e) ggf. Zuleitung des Entwurfes des Spaltungsplans an den Betriebsrat der übertragenden GmbH (soweit existent; nicht im hiesigen Beispielssachverhalt) spätestens einen Monat vor Fassung des Zustimmungsbeschlusses der Gesellschafterversammlung der übertragenden GmbH, falls Betriebsrat nicht auf die Monatsfrist des § 126 Abs. 3 UmwG verzichtet hat,
f) notarielle Beurkundung des Spaltungsplans und der Gründung der neuen GmbH,
g) notarielle Beurkundung der Gesellschafterbeschlüsse der beteiligten Gesellschaften,
h) Anmeldung der Abspaltung und der neuen GmbH zum jeweiligen Handelsregister der beteiligten Gesellschaften,
i) Eintragung der neu gegründeten GmbH,
j) Mitteilung der erfolgten Eintragung der neuen GmbH an das Handelsregister der übertragenden GmbH,
k) Eintragung der Abspaltung im Handelsregister der übertragenden GmbH,
l) Bekanntmachung der Eintragung der neuen GmbH und der Eintragung der Abspaltung.

Der vorstehend geschilderte Ablaufplan gilt nur, wenn sich die Gesellschafter einig sind und wenn bei der übertragenden Gesellschaft keine Kapitalherabsetzung erforderlich ist.

3 Die Reihenfolge der einzelnen Schritte kann voneinander abweichen. So könnten zB die Schritte gem. Buchst. a) bis c) der Erstellung des Entwurfes des Spaltungsplanes nachfolgen bzw. parallel durchgeführt werden. Die Reihenfolge der Schritte gem. Buchst. e) bis l) ist dagegen zwingend (jedoch Buchst. l) mit k) unter Entfall von Buchst. j) auch am selben Tag möglich, sofern mit allen Registern abgestimmt oder lediglich ein Registergericht zuständig ist, vgl. → Rn. 260 und → Rn. 467).

4 Die Schlussbilanz und die Aufteilungsbilanz müssen aber auf einen Stichtag aufgestellt worden sein, der höchstens acht Monate vor der Anmeldung beim Handelsregister liegen darf (§ 17 Abs. 2 S. 4 UmwG).

5 In der Praxis empfiehlt sich eine genaue Terminplanung in Abstimmung mit dem beurkundenden Notar und dem Wirtschaftsprüfer sowie eine möglichst frühzeitige Klärung, ob alle beteiligten Gesellschaften und Gesellschafter die vorgesehenen Verzichtserklärungen (insb. den Verzicht auf den Spaltungsbericht, die Spaltungsprüfung und den Verzicht auf Anfechtungs- und sonstige Klagerechte) abgeben.

III. Wirtschaftliche Vertragsziele

Die Abspaltung kann ein geeignetes Instrument sein 6
- zur Vorbereitung der Veräußerung von Unternehmensteilen (zu steuerlicher Einschränkung → Rn. 85 ff. und zur Absicherung → Rn. 18 ff.),
- zur Isolierung von Haftungsrisiken (zur 5-jährigen Nachhaftung → Rn. 10),
- für eine Trennung von Gesellschafterstämmen ohne Liquidation des Unternehmens (zu steuerlicher Einschränkung → Rn. 97 ff.),
- für Umstrukturierungen im Konzern,
- für die Vorbereitung einer vorweggenommenen Erbfolge.

Zu den im Einzelfall anzustellenden Leitüberlegungen vgl. WM/*Schwarz* UmwG § 123 Rn. 1 ff.; Beck GmbH-HB/*Otto/Scholz* § 14 Rn. 40 ff.

einstweilen frei **7–9**

IV. Gesellschaftsrecht

1. Allgemeines

Eine Abspaltung nach dem Umwandlungsgesetz hat den **zivilrechtlichen Vorteil,** dass die abgespaltenen Aktiva, Verbindlichkeiten und Vertragsverhältnisse „uno actu" mit der Eintragung der Spaltung im Handelsregister der übertragenden Gesellschaft auf die neue Gesellschaft übergehen, ohne dass es einer Einzelübertragung bedarf **(„partielle Gesamtrechtsnachfolge")** und ohne dass die Gläubiger zustimmen müssen. Für die vor dem Wirksamwerden der Spaltung begründeten Verbindlichkeiten der übertragenden Gesellschaft **haften** allerdings die übertragenden und übernehmenden Gesellschaften als Gesamtschuldner (§ 133 Abs. 1 UmwG). Für Verbindlichkeiten, die einem Rechtsträger nicht im Spaltungs- und Übernahmevertrag bzw. Spaltungsplan zugewiesen worden sind, haftet dieser Rechtsträger nur, wenn sie vor Ablauf von fünf Jahren nach der Abspaltung fällig sind und innerhalb dieser Frist Ansprüche gegen ihn gerichtlich geltend gemacht werden. Die Fünf-Jahresfrist beginnt mit dem Tage, an dem die Eintragung der Abspaltung in das Register des Sitzes des übertragenden Rechtsträgers bekannt gemacht wird (§ 133 Abs. 3 bis 5 UmwG). Zu beachten ist, dass eine Spaltung stets einen **Beschluss der Gesellschafter** der übertragenden und der übernehmenden Gesellschaft erfordert (§ 125 iVm. § 13 Abs. 1 UmwG). Existiert die übernehmende Gesellschaft noch nicht (Spaltung zur Neugründung), genügt der Beschluss der Gesellschafter der übertragenden Gesellschaft (vgl. BeckOGK/*Verse* UmwG § 123 Rn. 40). **10**

Bei der **Abspaltung** (§ 123 Abs. 2 UmwG) besteht die zu spaltende Kapitalgesellschaft fort, sie überträgt jedoch einen Teil ihres Vermögens auf eine oder mehrere andere Gesellschaften. Die Gesellschafter der übertragenden Kapitalgesellschaft erhalten wiederum Anteile der übernehmenden Gesellschaften. **11**

Das Handelsrecht verlangt lediglich, dass Vermögensteile abgespalten werden (anders das Steuerrecht, wonach für den Ansatz des Buchwerts oder eines Zwischenwertes für das übergehende Vermögen in der steuerlichen Schlussbilanz die Übertragung eines „Teilbetriebs" und der Verbleib eines weiteren „Teilbetriebs" beim übertragenden Unternehmen vorausgesetzt wird, vgl. § 15 Abs. 1 Satz 2 UmwStG → Rn. 72 ff.). **12**

Die Vorschrift des § 132 UmwG, die u. a. bestimmte, dass allgemeine Vorschriften, welche die Übertragbarkeit eines bestimmten Gegenstandes ausschließen oder an bestimmte Voraussetzungen knüpfen, durch die Umwandlung nicht berührt werden, wurde durch das am 25.4.2007 in Kraft getretene Zweite Gesetz zur Änderung des UmwG v. 24.4.2007 (BGBl. I 2007, 542) gestrichen. S. hierzu SBB/*Sagasser* § 18 Rn. 55; *Bayer/Schmidt* NZG 2006, 841, 845; *Kallmeyer* GmbHR 2006, 418, 421.

2. Spaltung zur Neugründung

13 Von einer **Spaltung zur Neugründung** wird gesprochen, wenn das Vermögen der übertragenden Gesellschaft auf eine im Rahmen der Spaltung neu gegründete Gesellschaft übergeht.

14 In Fällen der Spaltung zur Neugründung ist es nicht möglich, einen **Spaltungsvertrag** zu schließen, da der neue Rechtsträger erst im Rahmen der Spaltung entsteht. An die Stelle des Spaltungs- und Übernahmevertrages tritt der **Spaltungsplan** (§ 136 Satz 2 UmwG). Der Spaltungsplan ist vom Vertretungsorgan der zu spaltenden GmbH aufzustellen. Er bedarf der notariellen Form (§§ 135, 125, 6 UmwG). Auch bedarf es keines gesonderten Abschlusses eines (nachträglichen) Einbringungsvertrages oder der (erneuten) Feststellung des Gesellschaftsvertrages der neu gegründeten C-GmbH durch die Gesellschafterin B-GmbH, da diese Regelungen aufgrund der einseitigen Festlegung des Vertretungsorgans der übertragenden Gesellschaft im Spaltungsplan enthalten sind.

15 Die Spaltung zur Neugründung wird durch **folgende Grundsätze** charakterisiert (s. hierzu SSt/*Bärwaldt* UmwG § 135 Rn. 3ff.):

Bei der Abspaltung zur Neugründung sind die Gründer und die ersten Gesellschafter des übernehmenden Rechtsträgers nicht identisch. **Der übertragende Rechtsträger wird als Gründer tätig (§ 135 Abs. 2 Satz 2 UmwG),** (nur) ihn trifft folglich auch die Gründerhaftung nach §§ 9, 9a GmbHG und § 46 AktG. Die **Anteilsinhaber** des übertragenden Rechtsträgers werden die ersten **Gesellschafter der neuen Gesellschaft** (§ 131 Abs. 1 Nr. 3 UmwG).

16 Die **Gründung** des neuen Rechtsträgers erfolgt im **Spaltungsplan** (§§ 125, 136, 37 UmwG). Dies bedeutet, dass der **Gesellschaftsvertrag** des neuen Rechtsträgers im Spaltungsplan enthalten sein oder **festgestellt** werden muss (§§ 125, 136 Satz 2, 37 UmwG). Da die Spaltung zur Neugründung eine **Sachgründung** darstellt, müssen die in einen neuen Rechtsträger eingebrachten Sacheinlagen nicht nur im Spaltungsplan, sondern auch im Gesellschaftsvertrag erwähnt werden (§ 135 Abs. 2 Satz 1 UmwG iVm. § 5 Abs. 4 GmbHG). Zur Streitfrage, mit welcher Genauigkeit die Angaben über die abgespaltenen Gegenstände im Gesellschaftsvertrag der GmbH zu machen sind → Rn. 357f. Darüber hinaus sind bei der Festsetzung des Gesellschaftsvertrages einer GmbH die Vorschriften der §§ 125, 23, 57 UmwG zu beachten. Danach sind den Inhabern von Sonderrechten (§ 23 UmwG) gleichwertige Rechte zu gewähren und Festsetzungen über Sondervorteile, Gründungsaufwand, Sacheinlagen und Sachübernahmen (§ 57 UmwG) aus dem Gesellschaftsvertrag des übertragenden Gesellschafters in den Gesellschaftsvertrag des neuen Rechtsträgers zu übernehmen, falls die jeweiligen Vermögensteile auf den neuen Rechtsträger übertragen werden (*Heidenhain* NJW 1995, 2873, 2876; zur Gleichwertigkeit *Arnold/Zollner* RIW 2016, 565, 566ff.).

17 Die Gründer einer GmbH haben den **ersten Geschäftsführer** (§ 6 Abs. 2 Satz 2 GmbHG) zu bestellen. Die Bestellung erfolgt im Spaltungsplan und bedarf der Zustimmung der Gesellschafter der übertragenden GmbH (§§ 125 iVm. 59 S. 2 UmwG).

Im Rahmen der Spaltung zur Neugründung finden die Vorschriften des UmwG über eine ausgefeilte Verweisungstechnik Anwendung, so dass neben den allgemeinen Spaltungsvorschriften (vgl. §§ 123 bis 125 UmwG) auch die Vorschriften der Spaltung zur Aufnahme (§§ 126 bis 134 UmwG) sowie über § 125 UmwG die Verschmelzungsregeln anwendbar sind (vgl. SSt/*Bärwaldt* UmwG § 135 Rn. 1).

Spaltung zur Neugründung auf die Unternehmergesellschaft (haftungsbeschränkt). Aufgrund des in § 5a Abs. 2 Satz 2 GmbHG normierten Sacheinlageverbots bei der UG (haftungsbeschränkt) kann diese als Unterform der GmbH **nicht** Zielrechtsträger einer Spaltung zur Neugründung sein (BGH v. 11.4.2011, II ZB 9/10, NZG 2011, 666; *Gasteyer* NZG 2009, 1364, 1368; *Weber* BB 2009, 842, 847; *Heckschen* DStR 2009, 166, 172; BH/*Fastrich* GmbHG § 5a Rn. 17). Dies ergibt sich bereits aus dem Verweis in § 135 Abs. 2 Satz 1 UmwG, der auch auf diese GmbH-Gründungsvorschrift einschränkungslos verweist. Zudem wäre die Zulassung einer Neugründung einer UG (haftungsbeschränkt) im Wege der Abspaltung nicht mit dem Zweck der UG (haftungsbeschränkt), der Vermeidung von Bewertungs- und Kapitalaufbringungsproblemen, vereinbar (BGH v. 11.4.2011, II B 9/10 aaO; dazu auch *Gasteyer* NZG 2009, 1364, 1368).

3. Gesellschaftsrechtliche Absicherung des steuerrechtlichen Veräußerungsverbotes in § 15 Abs. 2 Sätze 2 bis 4 UmwStG

Die durch die Buchwertfortführung nach §§ 15 Abs. 1 Satz 1, 2, 11 Abs. 2 UmwStG ermöglichte Steuerneutralität der Abspaltung entfällt rückwirkend, wenn durch die Spaltung faktisch die Veräußerung des Unternehmensteils an außenstehende Personen vollzogen wird oder deren Voraussetzungen geschaffen werden (§ 15 Abs. 2 Sätze 2, 3 UmwStG). Ein solcher Fall ist nach dem Gesetz zwingend anzunehmen, wenn innerhalb einer Haltefrist von fünf Jahren eine **Veräußerung von Anteilen** an der übertragenden und/oder der übernehmenden Gesellschaft erfolgt, die mehr als 20% der vor Wirksamkeit der Spaltung bestehenden Anteile ausmachen (§ 15 Abs. 2 Satz 4 UmwStG; → Rn. 85 ff.). Ob daneben § 15 Abs. 2 Satz 3 UmwStG einen eigenständigen Anwendungsbereich hat, wurde bisher nach hM verneint, ist aber jüngst **strittig** geworden; dazu sind **zwei Revisionen anhängig** (BFH I R 27/18 und BFH I R 39/18) → Rn. 86; diese wurden durch die FinVerw. angestoßen (FM Brandenburg v. 16.7.2014, BeckVerw 288446; FinBeh. Hamburg v. 13.4.2015, DB 2015, 1134 –arg.: Tz. 15.30 des UmwSt-Erl. 2011 BMF v. 11.11.2011, BStBl. I 2011, S. 1314 sei nicht abschließend) zu diesbezüglich widersprechenden FG-Urteilen: **BFH I R 27/18:** Vorinstanz FG Berlin-Brandbenburg v. 31.5.2018, BeckRS 2018, 20207 (Anm. *Bumiller* DStRK 2019, 83) und **BFH R I 39/18:** Vorinstanz FG Hamburg v. 19.9.2018, BeckRS 2018, 31711 (Anm. *Wissing* DB 2019 273; *Weiss* StuB 2019, 158). Die Folge einer schädlichen Anteilsveräußerung ist der (rückwirkende) Ansatz des übergegangenen Vermögens mit dem gemeinen Wert (Blümich/*Klingberg,* UmwStG, § 15 Rn. 114). Im Fall dieses Formulars (siehe Sachverhalt unter A. I.). trifft diese Veräußerungsbeschränkung die B-GmbH mit ihren Anteilen an der A-GmbH und an der C-GmbH. Wäre im vorliegenden Fall die B-GmbH nicht alleinige Gesellschafterin der A-GmbH und der C-GmbH, wäre eine vertragliche Absicherung der steuerlich gebotenen Veräußerungsbeschränkung erforderlich. Da das Überschreiten der 20%-Grenze zu einer nachträglichen Besteuerung stiller Reserven auf der Ebene der abspaltenden Gesellschaft führen kann, sollten insb. vertragliche Regelungen getroffen werden, die den veräußernden Gesellschafter zum Ersatz des durch die Anteilsveräußerung entstandenen Schadens verpflichten. Zugleich ist jedoch zu bedenken, dass derartige vertragliche Gestaltungsmöglichkeiten bei der Beteiligung von Minderheitsgesellschaftern kaum durchsetzbar sein werden, so dass die 20%-Hürde zumindest faktisch zu einem Spaltungshindernis führt. 18

Es werden seit längerem verschiedene Möglichkeiten einer Vereinbarung unter den Gesellschaftern der übertragenden sowie der übernehmenden (neu gegründeten) Gesellschaft erwogen, um dieser Problematik zu begegnen (vgl. *Schwedhelm/Streck/Mack* GmbHR 1995, 100, 102; *Herzig/Förster* DB 1995, 338, 345 f.; *Thiel* DStR 1995, 237, 242). Soweit ersichtlich gehen sämtliche Formulierungsvorschläge davon aus, dass schädliche Anteilsveräußerungen nach Wirksamwerden der Spaltung nicht ohne Weiteres mit dinglicher Wirkung verhindert werden können und sehen deshalb vor, dass die den Steuerschaden auslösenden veräußernden Gesellschafter zum Ausgleich verpflichtet sind.

einstweilen frei 19

§ 15 Abs. 2 Satz 3 und 4 UmwStG dürfte daher **in der Praxis äußerst schwierig anwendbar** sein, zumal diese Regelung zur Durchführung eine fünfjährige Bindung sämtlicher im Spaltungszeitpunkt vorhandener Gesellschafter der übertragenden und/ 20 oder übernehmenden Gesellschaften verlangt, was bei Publikumsgesellschaften überhaupt nicht erfüllbar bzw. kontrollierbar sein dürfte; auch bei Kapitalgesellschaften mit einem geschlossenen Gesellschafterkreis dürfte sie nur im Rahmen von **Vinkulierungsregelungen** und schuldrechtlich vereinbarten Veräußerungssperren erfüllt werden können und müsste mit vereinbarten Veräußerungsstrafen bewehrt werden. Selbst in einem Fall der Aufspaltung einer Kapitalgesellschaft mit Übertragung der Vermögensteile auf deren Gesellschafter als bestehende, übernehmende Kapitalgesellschaften, müsste bei beiden übernehmenden Kapitalgesellschaften

- durch weitere Änderungen der Gesellschaftsverträge eine Veräußerungssperre durch Vinkulierung der Anteile an den beiden übernehmenden Gesellschaften (hier Kapitalgesellschaft und Kapitalgesellschaft) und
- darüber hinaus eine Verknüpfung der Genehmigungserklärungen mit der jeweils anderen übernehmenden Gesellschaft hergestellt werden.

21 Denkbar wäre, im Rahmen der Zustimmungsbeschlüsse der Gesellschafterversammlung der übernehmenden Rechtsträger **Vinkulierungsregelungen** einzuführen, die die Abtretung von Geschäftsanteilen an den übernehmenden Rechtsträgern innerhalb von fünf Jahren an die Zustimmung eines (für diesen Zweck bei allen übernehmenden Rechtsträgern gemeinsam eingeführten und bestellten) Beirats (zB besetzt mit Steuerabteilungsleiter) anknüpft oder auf Ebene der Gesellschafter Ausgleichszahlungen für den Fall des Verkaufs innerhalb von fünf Jahren zu vereinbaren. Derartige Ausgleichszahlungen müssten alle, dh. auch die Gesellschafter, betreffen, die noch innerhalb der 20%-Grenze veräußern, weil ansonsten die letzte Anteilsabtretung, die zum Überschreiten der 20%-Grenze insgesamt führt, die Steuerbelastung insgesamt auslösen würde und es diesem Gesellschafter nicht zugemutet werden kann, den Gesamtschaden alleine zu tragen. Denkbar wäre jedoch, im Rahmen der Zustimmungsbeschlüsse der Gesellschafterversammlung der übernehmenden Rechtsträger Gesellschaftsvertragsänderungen derart herbeizuführen, dass die Abtretbarkeit der Geschäftsanteile für fünf Jahre ausgeschlossen wird. Der Ausschluss der Abtretbarkeit ist möglich (BayObLG v. 24.11.1988, 3 Z 111/88, WM 1989, 142; Scholz/*Seibt* GmbHG § 15 Rn. 135). Die nachträgliche Erschwerung der Abtretbarkeit ist ebenfalls möglich, erfordert jedoch nach hM die Zustimmung aller Gesellschafter (Scholz/*Seibt* GmbHG § 15 Rn. 108; BH/*Hueck* GmbHG § 15 Rn. 40 mwN; Lutter/*Hommelhoff/Bayer* GmbHG § 15 Rn. 73). Im Fall der Unabtretbarkeit des Geschäftsanteils bleibt dem Gesellschafter immer noch die Möglichkeit des Austritts aus wichtigem Grund gegen Abfindung. Es kann in den Gesellschaftsvertrag aufgenommen werden, dass die fünfjährige Bindungsfrist keinen wichtigen Austrittsgrund darstellt. Eine ebenfalls gesellschaftsvertraglich aufzunehmende Abfindungsklausel kann sowohl die Höhe, die Berechnung und die Zahlungsweise der Abfindung regeln, soweit sie die Freiheit zum Austritt nicht unvertretbar beschränkt. Demnach kann hier auch aufgenommen werden, dass steuerliche Nachteile, die der Gesellschaft durch Austritt eines Gesellschafters entstehen, bei der Berechnung der Höhe der Abfindung berücksichtigungsfähig sind, soweit der Ausgleichsgedanke nicht als Vertragsstrafenregelung formuliert ist, die für den Fall des Austritts aus der Gesellschaft unzulässig wäre.

4. Rechtsfolgen der Spaltung

22 Die Eintragung der Abspaltung zeitigt folgende Rechtsfolgen:

- Das zur Übertragung bestimmte Vermögen samt Verbindlichkeiten geht auf den übernehmenden Rechtsträger über, **ohne dass** es einer **Übertragung** der einzelnen Aktiva und **ohne** dass es der **Zustimmung** der Gläubiger der übergehenden Verbindlichkeiten bedarf (§ 131 Abs. 1 Nr. 1 UmwG – Teil-Gesamtrechtsnachfolge).
- Die Anteilsinhaber des übertragenden Rechtsträgers werden entsprechend der im Spaltungsplan vorgesehenen Aufteilung **Anteilsinhaber** der beteiligten Rechtsträger (§ 131 Abs. 1 Nr. 3 Satz 1 UmwG).

– Bei der **Abspaltung zur Neugründung** entsteht die neue Gesellschaft mit der Eintragung der Spaltung in das Handelsregister der übertragenden Gesellschaft.
– Beurkundungsmängel und weitere formelle Mängel werden geheilt (§ 131 Abs. 1 Nr. 4 UmwG).
– Sonstige Mängel des Spaltungsvorganges lassen die Wirksamkeit der (Ab-)Spaltung unberührt (§ 131 Abs. 2 UmwG).

einstweilen frei **23–30**

V. Handelsbilanzrecht

1. Überblick zur Rechnungslegung

Zur Bilanzierung in Umwandlungsfällen enthält das UmwG nur zwei Hinweise, **31** und zwar **rechtsformneutral** in § 17 Abs. 2 UmwG (Schlussbilanz des übertragenden Rechtsträgers) und in § 24 UmwG (Bilanzierung beim übernehmenden Rechtsträger) im Allgemeinen Teil für Verschmelzung. Diese beiden Bestimmungen sind gem. § 125 UmwG auf die Spaltung entsprechend anzuwenden. Diese Bestimmungen des UmwG ergänzen aber nur die umfassenden Regelung zur handelsrechtlichen Rechnungslegung (ausführlich zu den handelsbilanziellen Regelungen nach HGB/IFRS: SBB/*Bula/Thees* § 19); dementsprechend hat sich der Hauptfachausschuss (HFA) des *IDW* sowohl mit den Auswirkungen der Verschmelzung (RS HFA 42) sowie den Besonderheiten der Spaltung auf die Rechnungslegung (RS HFA 43) befasst, welche in der praktischen Anwendung zu beachten sind. Für die hier behandelte Abspaltung (und die Aufspaltung → Form. B.2 Rn. 40) beschränkt sich RS HFA 43 auf deren Besonderheiten, während iÜ auf die entsprechend anzuwendenden allgemeinen Grundsätze für Verschmelzungen (RS HFA 42) verwiesen wird (daher nachfolgend Verweisungskette „RS HFA 42 Tz. x iVm. RS HFA 43 Tz. 5").

Im Überblick: zunächst die zum Register nach §§ 17 Abs. 2, 125 UmwG einzureichende sog. Schlussbilanz (→ Rn. 32ff.), die Rechnungslegung im Interimszeitpunkt (→ Rn. 42ff.) sowie die Abbildung der Spaltung beim übertragenden Rechtsträger (→ Rn. 52ff.), beim übernehmenden Rechtsträger (→ Rn. 55ff.) und bei den Anteilseignern und zwar sowohl bei Abspaltung (→ Rn. 60) als auch bei Aufspaltung (→ Form. B.2 Rn. 40).

2. Sog. Schlussbilanz für Handelsregister

a) Allgemeines

Der übertragende Rechtsträger hat der Anmeldung zum Handelsregister eine „Bi- **32** lanz" beizufügen (§§ 125, 17 Abs. 2 Satz 1 UmwG), die das Gesetz **„Schlussbilanz"** nennt (vgl. zur umwandlungsrechtlichen Schlussbilanz auch *Leuering* NJW-Spezial 2010, 719; *Heidtkamp* NZG 2013, 852). Für diese Bilanz gelten die Vorschriften über die Jahresbilanz und deren Prüfung entsprechend (§ 17 Abs. 2 Satz 2 UmwG; → Rn. 34ff.), die für den übertragenden Rechtsträger unabhängig von einer Umwandlung gelten würden; sie braucht aber nicht bekanntgemacht zu werden (§ 17 Abs. 2 Satz 3 UmwG); auch eine gesonderte Feststellung entfällt (RS HFA 42 Tz. 13 iVm. RS HFA 43 Tz. 7, 5).

b) Acht-Monats-Frist des § 17 Abs. 2 Satz 4 UmwG

Nach § 17 Abs. 2 Satz 4 UmwG darf der Stichtag der Schlussbilanz höchstens acht **33** Monate vor der Anmeldung liegen. Für die **Berechnung** der Acht-Monats-Frist gelten die §§ 186ff. BGB entsprechend (SHS/*Hörtnagl* UmwG § 17 Rn. 43). § 193 BGB ist nicht anwendbar. Die Acht-Monats-Frist ist zwingend. Selbst geringfügige Fristüberschreitungen sind schädlich (OLG Köln v. 22.6.1998, 2 Wx 34/98, GmbHR 1998, 1085, 1086; Kallmeyer/*Zimmermann* UmwG § 17 Rn. 26; SHS/*Hörtnagl* aaO mwN; **aA** LG Frankfurt v. 30.1.1998, 3–11 T 85/97, GmbHR 1998, 379, 380).

Ist, wie in der Praxis häufig, der 31.12., 24 Uhr, der Stichtag der Bilanz, so kann eine Anmeldung auf deren Grundlage somit bis zum **31.8.** des folgenden Jahres erfolgen (SSt/*Schwanna* § 17 Rn. 17).

Nach dem Wortlaut von § 17 Abs. 2 Satz 4 UmwG muss die Umwandlung innerhalb der Acht-Monats-Frist **angemeldet** werden. Noch nicht vollständig geklärt ist jedoch, welche Unterlagen mit der Anmeldung eingereicht werden müssen. Fristgerecht eingereicht werden müssen in jedem Fall: Umwandlungsvertrag, Umwandlungsbeschlüsse und sonstige Zustimmungserklärungen (SHS/*Hörtnagl* UmwG § 17 Rn. 45f. mwN). Weitere Unterlagen können hingegen nachgereicht werden, insb. die Schlussbilanz (LG Frankfurt v. 19.12.1997, 3–11 T 81/97, DB 1998, 410; OLG Jena v. 21.10.2002, 6 W 534/02, NZG 2003, 43, 45; OLG Zweibrücken v. 29.7.2002, RNotZ 2002, 516; **aA** hinsichtlich der Schlussbilanz WM/*Fronhöfer* UmwG § 17 Rn. 92; *Germann* GmbHR 1999, 591, 593; vgl. allgemein zur Frage der Korrekturmöglichkeit von Fehlern in der Umwandlungsdokumentation nach Ablauf der Frist des § 17 Abs. 2 Satz 4 UmwG: *Weiler* MittBayNot 2006, 377, sowie *Weiler* DNotZ 2007, 888). Die Anmeldung muss somit wirksam, aber noch nicht entscheidungsreif sein. Nachgereicht werden können allerdings nur solche Unterlagen, die die Wirksamkeit des Umwandlungsvorganges nicht berühren (OLG Brandenburg v. 5.2.2018, 7 W 86/17, NotBZ 2018, 381).

Die Frist bezieht sich auf die Einreichung der Schlussbilanz zum Handelsregister des übertragenden Rechtsträgers, die Anmeldung bei dem Handelsregister des übernehmenden Rechtsträgers ist nicht maßgeblich (SBB/*Bula/Thees* § 19 Rn. 7). Die Anmeldung beim **unzuständigen** Gericht soll jedenfalls dann ausreichend sein, wenn dieses den Antrag von Amts wegen an das zuständige Gericht – auch nach Fristablauf – weitergibt (SHS/*Hörtnagl* UmwG § 17 Rn. 48).

c) Entsprechende Geltung der Vorschriften über die Jahresbilanz

34 §§ 125, 17 Abs. 2 Satz 2 UmwG begründen keine eigenständige Bilanzierungspflicht (*SHS/Hörtnagl* UmwG § 17 Rn. 17 und 20). Eine Bilanzierungspflicht besteht nur dann, wenn der übertragende Rechtsträger verpflichtet ist, **regelmäßig** eine Jahresbilanz aufzustellen. Ist ein beteiligter Rechtsträger nicht buchführungs- und jahresabschlusspflichtig, so hat er seine bisherigen Rechnungsunterlagen (etwa Einnahmen-/Ausgabenrechnung oder Vermögensverzeichnis) einzureichen (Lutter/*Decher* UmwG § 17 Rn. 9).

Die Schlussbilanz ist eine Bilanz iSd. §§ 242ff. HGB. Sie ist so aufzustellen, als ob es sich um eine Jahresabschlussbilanz handeln würde (RS HFA 42 Tz. 7 iVm. RS HFA 43 Tz. 5). Allerdings kann die Aufstellung einer Schlussbilanz einen begründeten Ausnahmefall iSv. § 252 Abs. 2 HGB darstellen, der zur Durchbrechung des Grundsatzes der Bewertungsstetigkeit führt (RS HFA 42 Tz. 16 iVm. RS HFA 43 Tz. 5).

35 Der Anmeldung ist nach dem Wortlaut von § 17 Abs. 2 Satz 1 UmwG lediglich eine Bilanz beizufügen, **keine Gewinn- und Verlustrechnung** und **kein Anhang** (hM, RS HFA 42 Tz. 13 iVm. RS HFA 43 Tz. 7, 5 SHS/*Hörtnagl* UmwG § 17 Rn. 14 mwN; WM/*Fronhöfer* UmwG § 17, Rn. 68). Dies gilt auch dann, wenn als Schlussbilanz die Jahresschlussbilanz verwendet wird (RS HFA 42 Tz. 13 iVm. RS HFA 43 Tz. 7, 5). Wahlpflichtangaben, die entweder im Anhang oder in der Bilanz erfolgen können, sind bei Nichteinreichung eines Anhanges allerdings zwingend in die Bilanz aufzunehmen (RS HFA 42 Tz. 7).

Die entspr. Anwendung der Vorschriften für die Jahresbilanz nach § 17 Abs. 2 Satz 2 UmwG bedeutet für die Bewertung in der Schlussbilanz, dass die Schlussbilanz nach den **Grundsätzen ordnungsgemäßer Buchführung** aus der letzten Jahresbilanz zu entwickeln ist (RS HFA 42 Tz. 15 iVm. RS HFA 43 Tz. 5). Die Schlussbilanz kann, muss aber nicht, die letzte Jahresbilanz des übertragenden Rechtsträgers sein. In der Regel wird als Schlussbilanz eine Jahresbilanz gewählt, weil dies die Mühen und Kosten einer weiteren Bilanz vermeidet. **Zur Bilanzierung in der** Schlussbilanz auch SBB/*Bula/Thees* § 19 Rn. 24ff.

Die Erstellung einer **gesonderten Schlussbilanz** iSv. § 17 Abs. 2 Satz 1 bis 3 UmwG ist insb. dann erforderlich, wenn die Anmeldung nicht innerhalb der Frist von acht Monaten gem. § 17 Abs. 2 Satz 4 UmwG nach Erstellung der Jahresbilanz erfolgen kann. In diesem Fall ist eine Zwischenbilanz auf einen weniger als acht Monate zurückliegenden Stichtag zur Einreichung zum Handelsregister zu erstellen.

d) Feststellung

Ob die Schlussbilanz von den **Organen** festzustellen ist, die für die Feststellung des 36
regulären Jahresabschlusses zuständig sind, ist streitig (zum Meinungsstand SHS/*Hörtnagl* UmwG § 17 Rn. 18; verneinend RS HFA 42 Tz. 13 iVm. RS HFA 43 Tz. 7, 5; nach Lutter/*Decher* UmwG § 17 Rn. 10 verlangen die Registergerichte jedoch häufig die Feststellung). In der Praxis wird diese Rechtsfrage jedoch selten auftauchen, da in der Regel als Schlussbilanz die letzte reguläre Jahresbilanz verwendet wird.

e) Entsprechende Geltung der Vorschriften über die Prüfung der Schlussbilanz

Für die Prüfung der Schlussbilanz gelten die Vorschriften über die Prüfung der Jah- 37
resbilanz entsprechend (§ 17 Abs. 2 Satz 2 UmwG). Dies bedeutet, dass die Schlussbilanz auch nur dann durch einen Abschlussprüfer geprüft werden muss, wenn ein Jahresabschluss auf diesen Stichtag kraft Gesetzes (zB nach § 316 Abs. 1 HGB) prüfungspflichtig wäre (RS HFA 42 Tz. 13 iVm RS HFA 43 Tz. 7, 5). Das Muster sieht dies lediglich als Alternative vor, sofern es sich bei der abspaltenden A-GmbH nicht nur um eine kleine Kapitalgesellschaft iSv. § 267 Abs. 1 HGB handelt.

Wird die Bilanz des letzten geprüften Jahresabschlusses als Schlussbilanz verwendet, 38
bedarf es keiner gesonderten Prüfung; über das Ergebnis der regulären Prüfung ist aber entsprechend § 321 HGB schriftlich zu berichten (RS HFA 42 Tz. 8 iVm. RS HFA 43 Tz. 7, 5; SHS/*Hörtnagl* UmwG § 17 Rn. 22). Weicht der Stichtag der Schlussbilanz dagegen von dem des Jahresabschlusses ab, kann zudem ein (neuer) Bestätigungsvermerk entsprechend § 322 HGB zu erteilen sein (Kallmeyer/*Zimmermann* UmwG § 17 Rn. 39; zum Streit hinsichtlich der Rechtsfolgen im Falle seines Fehlens: SHS/*Hörtnagl* UmwG § 17, Rn. 23).

f) Bei Abspaltung Teilschlussbilanz statt Gesamtbilanz?

§ 125 Satz 1 UmwG verfügt eine entspr. Anwendung der Verschmelzungsvorschrif- 39
ten. Hieraus wird zT abgeleitet, dass bei Abspaltungen entweder nur eine **Teilschlussbilanz** aufzustellen und zum Handelsregister einzureichen sei (so WM/*Widmann* UmwG § 24 Rn. 163) oder diese noch zusätzlich zu der Gesamtschlussbilanz des übertragenden Rechtsträgers aufzustellen und zum Handelsregister einzureichen sei (dazu ausführlich SBB/*Bula/Thees* § 19 Rn. 17f.). Beide Ansichten erkennen in der Teilschlussbilanz einen hinreichenden Ausweis dafür, ob das Stammkapital der übernehmenden Gesellschaft durch hinreichendes Nettovermögen gedeckt ist. Durch die Erstellung einer (isolierten oder zusätzlichen) Teilschlussbilanz wäre jedoch der Vereinfachungsgedanke des § 17 Abs. 2 Satz 4 UmwG vereitelt, der gerade nicht die Erstellung zusätzlicher Bilanzen zur Jahresbilanz fordert. Nach hM entspricht deshalb nur

die Einreichung einer **Gesamtbilanz** des übertragenden Rechtsträgers dem Sinn und Zweck der Schlussbilanz; eine Verpflichtung zur Einreichung einer zusätzlichen Teilschlussbilanz besteht nicht (RS HFA 43 Tz. 7f; WFD/*Klingberg* Sonderbilanzen, Kap. G 300; SHS/*Hörtnagl* UmwG § 17 Rn. 51 mwN). Nach RS HFA 43 Tz. 8 soll allerdings bei einer Abspaltung der übertragende Rechtsträger anstelle einer Gesamtbilanz auch geprüfte Teilbilanzen für das zu übertragende und das zurückbleibende Vermögen beim Handelsregister einreichen „dürfen"; die vorherige **Abstimmung mit dem Registergericht** ist aber zu empfehlen (wegen fehlender Bindung an RS HFA); in der Praxis entspricht dies einer Aufsplittung der Gesamtbilanz – zB in gesonderten Spalten – in die abzuspaltenden und die zurückbleibenden Positionen, welche man ohnehin für buchhalterische Zwecke sinnvoll ist. Selbstverständlich bleibt es den beteiligten Rechtsträgern unbenommen, eine Teilschlussbilanz aus anderen Gründen aufzustellen, etwa um hierauf im Spaltungsplan Bezug zu nehmen. Im Spaltungsplan des Formulars wird auf eine sog. Aufteilungsbilanz Bezug genommen (→ Form. B.1.1 Abschnitt 2.2; dazu → Rn. 263ff.).

40, 41 *einstweilen frei*

3. Rechnungslegung und Bilanzierung zwischen Spaltungsstichtag und Eintragung (Interimszeitraum)

42 Da die Wirkungen der Umwandlung erst mit Eintragung des Spaltungsvorgangs im Register des übertragenden Rechtsträgers eintreten, besteht die handelsrechtliche Rechnungslegungspflicht des **übertragenden** Rechtsträgers **bis zur Eintragung** fort (ganz hM; RS HFA 42 Tz. 20ff. iVm. RS HFA 43 Tz. 5; SHS/*Hörtnagl* UmwG § 17 Rn. 67 mwN). Ab dem Spaltungsstichtag (§ 126 Abs. 1 Nr. 6 UmwG) gelten zwar die Handlungen des übertragenden Rechtsträgers als für Rechnung des übernehmenden Rechtsträgers vorgenommen, diese **Fiktion** wirkt sich jedoch auf die grds. Buchführungsverpflichtung des übertragenden Rechtsträgers nicht aus. Erst wenn die Umwandlung zivilrechtlich wirksam wird, ist sie in das Rechnungswesen des **übernehmenden** Rechtsträgers so zu übernehmen, als wäre das Vermögen bereits mit dem Spaltungsstichtag übergegangen und als wären die Geschäfte des übertragenden Rechtsträgers bereits **im Namen und für Rechnung** des **übernehmenden** Rechtsträgers geführt worden. Die in der Literatur häufig anzutreffende Aussage, dass mit dem Spaltungsstichtag ein „Wechsel in Rechnungslegung" eintritt, ist daher nicht zutreffend. Der übertragende Rechtsträger ist schon deswegen zu einer eigenen Buchführung verpflichtet, weil er steuerliche Pflichten zu erfüllen hat. Die in §§ 2, 20 Abs. 5 und Abs. 6 UmwStG angeordnete steuerliche Rückwirkung auf den Stichtag der Schlussbilanz gilt nur für **Ertragsteuern.** Für Verkehrsteuern, insb. für die **Umsatzsteuer** gilt sie **nicht** (Blümich/*Klingberg* § 2 UmwStG 2006 Rn. 32). Der übertragende Rechtsträger bleibt daher bis zur Eintragung der Umwandlung im Handelsregister **Unternehmen iSd. Umsatzsteuergesetzes** und muss demgemäß bis zu seinem Erlöschen Voranmeldungen und ggf. Jahreserklärungen abgeben, was eine entspr. Buchführung verlangt (SHS/*Hörtnagl* UmwG § 17 Rn. 68).

43 Die fortbestehende **Rechnungslegungspflicht** des übertragenden Rechtsträgers kann jedoch bereits vor dem zivilrechtlichen Wirksamwerden der Umwandlung durch den **übernehmenden Rechtsträger** übernommen werden, zB dadurch, dass er die Bücher des übertragenden Rechtsträgers im Auftrag führt und einen eigenständigen Buchungskreis errichtet (SHS/*Hörtnagl* UmwG § 17 Rn. 69).

44 Wegen der fortbestehenden Verpflichtung zur Rechnungslegung muss der übertragende Rechtsträger grds. **eigene Jahresabschlüsse** aufstellen, wenn zum Stichtag von regulären Jahresabschlüssen die Spaltung noch nicht eingetragen ist (RS HFA 42 Tz. 26ff. iVm. RS HFA 43 Tz. 5; SHS/*Hörtnagl* UmwG § 17 Rn. 72 mwN). Wird die Spaltung zwar nicht bis zum Ende des Geschäftsjahres, aber bis zur Aufstellung des

Jahresabschlusses durch Eintragung wirksam, entfällt die Verpflichtung zur Aufstellung des Jahresabschlusses (SHS/*Hörtnagl* aaO).

Da sich die Pflicht zur Bilanzierung von Vermögensgegenständen nicht nach dem zivilrechtlichen Eigentum, sondern nach dem **wirtschaftlichen Eigentum** richtet, kann das wirtschaftliche Eigentum im Falle der Spaltung zur Aufnahme durchaus **vor der Eintragung des Spaltungsvorganges** auf den oder die neuen Rechtsträger übergegangen sein. Nach Auffassung des *IDW* (RS HFA 42 Tz. 26ff. iVm. RS HFA 43 Tz. 5), dem die Literatur überwiegend zustimmt (Nachweise bei SHS/*Hörtnagl* UmwG § 17 Rn. 74), ist von einem Übergang des wirtschaftlichen Eigentums auf den übernehmenden Rechtsträger auszugehen, wenn kumulativ folgende Voraussetzungen zum Abschlussstichtag erfüllt sind: **45**

- Bis zum Jahresabschlussstichtag des übertragenden Rechtsträgers muss der **Spaltungsplan** formwirksam **aufgestellt** bzw. ein **Spaltungsvertrag geschlossen** worden sein und die Beschlüsse sowie die Zustimmungserklärungen der Gesellschafter müssen vorliegen.
- Der Spaltungsstichtag muss **vor dem Jahresabschlussstichtag** liegen oder mit diesem zusammenfallen.
- Die Spaltung muss bis zur Aufstellung des Jahresabschlusses des übertragenden Rechtsträgers **eingetragen** sein oder es muss mit an Sicherheit grenzender Wahrscheinlichkeit mit der konkreten Eintragung zu rechnen sein.
- Es muss (faktisch oder vertraglich) sichergestellt sein, dass der übertragende Rechtsträger nicht mehr nach eigenem Ermessen, sondern nur mit Zustimmung des übernehmenden Rechtsträgers über seine **Vermögensgegenstände verfügt.**

Ab dem Zeitpunkt, in dem alle diese Voraussetzungen erfüllt sind, hat der **übernehmende Rechtsträger** die Wirtschaftsgüter des übertragenden Rechtsträgers **zu bilanzieren.** In diesem Fall hat der übernehmende Rechtsträger auch die **Verbindlichkeiten** entweder unmittelbar oder als Ausgleichsverpflichtung zu passivieren (RS HFA 42 Tz. 26ff. iVm. RS HFA 43 Tz. 5; SHS/*Hörtnagl* UmwG § 17 Rn. 75). Der übertragende Rechtsträger kann in diesem Fall von der Passivierung absehen, wenn der übernehmende Rechtsträger vor dem Abschlussstichtag auf Grund ausdrücklicher Vereinbarung die gesamtschuldnerische Mithaftung für die Verbindlichkeiten übernommen hat (RS HFA 43 Tz. 26ff.). Dann genügt beim übertragenden Rechtsträger eine Angabe als **Haftungsverhältnis** iSv. § 251 HGB unter der Bilanz (SHS/*Hörtnagl* UmwG § 17 Rn. 75 mwN). **46**

Zur Erfolgszuordnung in der Interimszeit zwischen dem Spaltungsstichtag und der Eintragung s. RS HFA 42 Tz. 29ff. iVm. RS HFA 43 Tz. 5.

einstweilen frei **47–51**

4. Bilanzierungsfragen beim übertragenden/fortbestehenden Rechtsträger

In den Fällen der **Abspaltung,** in denen der übertragende Rechtsträger auch nach Wirksamkeit der Spaltung fortbesteht, entsteht das Problem, wie die Vermögensänderung bilanziell beim **übertragenden** Rechtsträger zu behandeln ist (zur Bilanzierung beim übernehmenden Rechtsträger → Rn. 55ff.). In den Fällen der **Abspaltung** ist die Vermögensveränderung nicht in der Schlussbilanz, sondern erst in der Bilanz des nächsten förmlichen Jahresabschlusses zu erfassen, der **dem Spaltungsstichtag folgt.** **52**

Die bilanzielle Behandlung der Spaltung beim übertragenden Rechtsträger hängt davon ab, ob es sich um einen Vorgang auf betrieblicher oder auf gesellschaftsrechtlicher Ebene handelt. Bei der **Abspaltung** handelt es sich nach hM um ein **Anschaffungs- und Veräußerungsgeschäft,** dessen Rechtsgrund im **Gesellschaftsverhältnis** begründet ist (RS HFA 43 Tz. 11; *Müller* WPg 1996, 857, 865f.; SHS/*Hörtnagl* UmwG § 17 Rn. 56, str., aA WM/*Widmann* UmwG § 24 Rn. 167). Die mit der Spaltung verbundene Vermögensmehrung (bei per Saldo negativem Abgang) oder **53**

Vermögensminderung (bei per Saldo positivem Abgang) beim übertragenden Rechtsträger ist daher nicht als Ertrag oder Aufwand in der Gewinn- und Verlustrechnung des übertragenden Rechtsträgers zu erfassen (SHS/*Hörtnagl* UmwG § 17 Rn. 56). Eine **Vermögensminderung** ist bei einer AG als **Ergebnisverwendung** gem. § 158 Abs. 1 Satz 1 AktG nach dem Posten „Jahresüberschuss/Jahresfehlbetrag" gesondert als „Vermögensminderung durch Abspaltung" auszuweisen (RS HFA 43 Tz. 12 ff.; SHS/*Hörtnagl* UmwG § 17 Rn. 57 mwN). Ein entsprechender Ausweis wird auch für andere Kapitalgesellschaften empfohlen (RS HFA 43 Tz. 13). Kann die Vermögensminderung durch Auflösung von Gewinnvorträgen und Rücklagen nicht ausgeglichen werden, ist insoweit nach Maßgabe von § 139 UmwG eine **Kapitalherabsetzung** erforderlich und in vereinfachter Form möglich.

54 Im Falle einer **Vermögensmehrung** (Abgang von negativem Buchvermögen) soll den Gesellschaftern der übertragenden Gesellschaft das Wahlrecht zustehen, ob sie den Abgang erfolgsneutral als andere Zuzahlung in die Kapitalrücklage einstellen oder als Ertrag in der Gewinn- und Verlustrechnung erfassen (SHS/*Hörtnagl* UmwG § 17 Rn. 58 mwN); nach RS HFA 43 Tz. 19 dagegen soll die **Einstellung in die Kapitalrücklage** nach § 272 Abs. 2 Nr. 4 HGB erfolgen.

5. Bilanzierung beim übernehmenden neugegründeten Rechtsträger

a) Grundsatz: Anschaffungsvorgang

55 Im vorliegenden Fall des Formulars handelt es sich um die Abspaltung zur Neugründung; daher finden grundsätzlich die Regelungen zur Sachgründung Anwendung, d.h. der Ansatz der übertragenen Vermögenswerte zum Wert der als Gegenleistung ausgegebenen Gesellschaftsrechte (Ausgabebetrag = Nominalkapital einschl. Agio), vgl. RS HFA 43 Tz. 24 iVm. RS HFA 42, Tz. 41 f.; dies ergibt sich aus dem **Anschaffungswertprinzip** gem. § 253 Abs. 1 HGB.

56 Das Wahlrecht des § 24 UmwG kommt in der Praxis dagegen bei einer Neugründung nur selten zur Anwendung. Die Vorschrift des § 24 UmwG enthält ein **Bewertungswahlrecht;** eine zwingende **Wertverknüpfung** beim Ansatz der übergehenden Vermögensgegenstände in der Handelsbilanz des übernehmenden Rechtsträgers ist nicht vorgeschrieben. Hintergrund dieser Regelung ist die Erkenntnis, dass bei zwingender Buchwertverknüpfung beim übernehmenden Rechtsträger trotz erheblicher stiller Reserven Verluste entstehen können, obwohl wirtschaftlich eine Wertminderung nicht eingetreten ist. Dies ist dann der Fall, wenn der **Nominalbetrag der als Gegenleistung hingegebenen Gesellschaftsrechte höher ist als der Buchwertsaldo der übernommenen Wirtschaftsgüter.**

57 Bei einer **Spaltung zur Neugründung** sind die übernommenen Vermögensgegenstände und Schulden nach allgemeinen Bilanzierungsvorschriften in einer **Eröffnungsbilanz** zu bilanzieren (§ 242 Abs. 1 Satz 1 HGB). Stichtag der Eröffnungsbilanz ist Spaltungsstichtag (str., zum Meinungsstand SHS/*Hörtnagl* UmwG § 24 Rn. 8 mwN).

b) Ansatz und Bewertung der übergehenden Vermögensgegenstände

58 § 24 UmwG räumt nicht nur ein Bewertungs-, sondern auch ein **Ansatzwahlrecht** ein (SHS/*Hörtnagl* UmwG § 24 Rn. 19, 62 ff.). Macht der übernehmende Rechtsträger von diesem Wahlrecht nicht Gebrauch, gelten die allgemeinen Grundsätze für entgeltliche Anschaffungsgeschäfte und zwar sowohl für den Ansatz als auch für die Bewertung. Maßgeblich sind die Vorschriften in den §§ 246 ff. HGB (vgl. dazu zB MünchKomm/*Ballwieser* HGB § 246 Rn. 10 ff.; BH/*Merkt* HGB § 246 Rn. 2 ff.). Wie die Bestimmung der Anschaffungskosten im Falle der Ausgabe neuer Anteile/Neugründung zu erfolgen hat, ist umstritten (vgl. Lutter/*Priester* UmwG § 24 Rn. 45; SHS/*Hörtnagel* UmwG § 24 Rn. 30 ff). Nach einer Ansicht soll, jedenfalls wenn das

Wahlrecht nach § 24 UmwG nicht ausdrücklich anderweitig ausgeübt wird, der Ansatz zum Zeitwert des übergehenden Vermögens erfolgen (WM/*Widmann* § 24 Rn. 364; nach SHS/*Hörtnagl* § 24 Rn. 31 sogar stets zwingender Ansatz mit dem Zeitwert; vgl. auch SSt/*Moszka* UmwG § 24 Rn. 34ff.). Nach anderer (wohl überwiegender) Ansicht stellt der Zeitwert lediglich die Obergrenze des Bewertungswahlrechtes dar (Kallmeyer/*Lanfermann* UmwG § 24 Rn. 24, 27; Lutter/*Priester* UmwG § 24 Rn. 45). Um Zweifelsfragen zu vermeiden empfiehlt sich diesbezüglich jedenfalls eine ausdrückliche Regelung.

c) Ausübung des Wahlrechts

Das Wahlrecht des § 24 steht nach dem Wortlaut von § 24 UmwG dem **übernehmenden Rechtsträger** zu. Das Wahlrecht kann nur einheitlich für das gesamte auf den übernehmenden Rechtsträger übergehende Vermögen ausgeübt werden (SHS/*Hörtnagl* UmwG § 24 Rn. 81 mwN) und wird bei der Auf- und Feststellung des Jahresabschlusses des übernehmenden Rechtsträgers ausgeübt (RS HFA 42 Tz. 35 iVm. RS HFA 43 Tz. 5, 7;). 59

6. Bilanzierung bei Anteilseignern

Im vorliegenden Fall der Abspaltung zur Neugründung vermindert sich regelmäßig der innere Wert der Anteile an der übertragenden Gesellschaft in Höhe des Wertes der neu ausgegebenen Anteile an der Übernehmerin; somit liegt auf Ebene der Anteilsinhaber wirtschaftlich ein tauschähnlicher Vorgang vor, der bilanziell bei den Gesellschaftern (hier Alleingesellschafterin B-GmbH) abzubilden ist. Es sind die allgemeinen Tauschgrundsätze anzuwenden (RS HFA 43 Tz. 32 Satz 2 iVm. RS HFA 42 Tz. 45); somit besteht grundsätzlich ein Wahlrecht, die neuen Anteile entweder in Höhe des Buchwerts des Abgangs der Beteiligung am übertragenden Rechtsträger, in Höhe deren vorsichtig bemessenen Zeitwerts oder in Höhe eines erfolgsneutralen Zwischenwerts anzusetzen. Wird – wie im vorliegenden Fall – keine Kapitalherabsetzung beim übertragenden Rechtsträger vorgenommen, so ist der Buchwert der Anteile an der Übertragerin im Verhältnis der Zeitwerte des abgespaltenen Vermögens zum ursprünglichen Vermögen des übertragenden Rechtsträgers zu mindern (RS HFA 43 Tz. 32); mit diesem Betrag können dann die Anteile am übernehmenden Rechtsträger (erfolgsneutral) eingebucht werden. 60

einstweilen frei 61–70

VI. Ertragsteuern

1. Allgemeines

Ziel ist idR eine **ertragsteuerlich neutrale** Durchführung der Abspaltung gem. § 15 UmwStG. Die **Gewinnrealisierung** gilt es bei Abspaltungen aus Kapitalgesellschaften grds. **auf drei Ebenen** zu **vermeiden:** 71

a) Bei der übertragenden Kapitalgesellschaft sind die Wirtschaftsgüter, die bei der Abspaltung auf den übernehmenden Rechtsträger übergehen grds. gem. § 15 Abs. 1 Satz 1 UmwStG iVm. § 11 Abs. 1 Satz 1 UmwStG in der Schlussbilanz der übertragenden Körperschaft mit dem gemeinen Wert anzusetzen, was zur Aufdeckung der in diesen Wirtschaftsgütern enthaltenen stillen Reserven führt. Eine steuerlich neutrale Durchführung wird nach § 15 Abs. 1 Satz 1 und 2 UmwStG nur bei Vorliegen der steuerlichen Teilbetriebsvoraussetzungen (und weiterer Voraussetzungen → Rn. 77ff.) durch entsprechende Anwendung des § 11 Abs. 2 UmwStG erreicht. Nach § 11 Abs. 2 UmwStG ist der Ansatz der zu übertragenden Wirtschaftsgüter bei 72 der übertragenden Gesellschaft zum bisherigen steuerlichen Buchwert oder zu einem Zwischenwert zulässig, wenn

- ein entsprechender **Antrag** gestellt ist,
- die spätere Besteuerung der in dem übergegangenen Vermögen enthaltenen **stillen Reserven** bei der übernehmenden Gesellschaft mit Körperschaftsteuer sichergestellt ist, § 11 Abs. 2 Satz 1 Nr. 1 UmwStG,
- das **deutsche Besteuerungsrecht** hinsichtlich des Gewinns aus der Veräußerung der übertragenen Wirtschaftsgüter bei der übernehmenden Gesellschaft nicht ausgeschlossen oder beschränkt wird, § 11 Abs. 2 Satz 1 Nr. 2 UmwStG und
- für die Übertragung keine Gegenleistung gewährt wird, § 11 Abs. 2 Satz 1 Nr. 3 UmwStG.

73 Unter den vorstehenden und weiteren steuerlichen Voraussetzungen (→ Rn. 77 ff.) besteht ein **Wahlrecht der übertragenden Kapitalgesellschaft** zum Ansatz der Buchwerte gem. § 15 Abs. 1 Satz 1 und 2 UmwStG iVm. § 11 Abs. 2 Satz 1 und 2 UmwStG. Die Ausübung erfolgt unabhängig von den Ansätzen in der Handelsbilanz – der **Maßgeblichkeitsgrundsatz** gilt insoweit nicht (vgl. SHS/*Schmitt* UmwStG § 11 Rn. 19 mwN; UmwSt-Erl. 2011 BMF v. 11.11.2011, BStBl. I 2011, 1314 Tz. 15.14 iVm. Tz. 11.05). Im Hinblick auf die Antragstellung gilt § 11 Abs. 3 UmwStG iVm. § 3 Abs. 2 Satz 2 UmwStG. Danach ist der **Antrag** zum Buchwertansatz spätestens bis zur erstmaligen Einreichung der steuerlichen Schlussbilanz bei dem für die Besteuerung der übertragenden Körperschaft zuständigen Finanzamt zu stellen. Der Antrag bedarf keiner besonderen Form, ist bedingungsfeindlich und unwiderruflich (vgl. UmwSt-Erl. 2011 BMF v. 11.11.2011, BStBl. I 2011, 1314 Tz. 15.14 iVm. Tz. 11.12 iVm. Tz. 03.29). Der Antrag ist für alle übergehenden Wirtschaftsgüter, für die die Voraussetzungen des Buchwertwahlrechts vorliegen, einheitlich zu stellen (vgl. UmwSt-Erl. 2011 BMF v. 11.11.2011, BStBl. I 2011, 1314 Tz. 15.14 iVm. Tz. 11.06 iVm. Tz. 03.13; → Rn. 102). Soll die Steuerbilanz iSd. §§ 4 Abs. 1, 5 Abs. 1 EStG zugleich die steuerliche Schlussbilanz darstellen, ist nach Auffassung der FinVerw. eine ausdrückliche dahingehende Erklärung abzugeben; die ausdrückliche Erklärung enthält nach der FinVerw. für den Regelfall einen konkludent gestellten Antrag auf Fortführung der Buchwerte (vgl. UmwSt-Erl. 2011 BMF v. 11.11.2011, BStBl. I 2011, 1314 Tz. 15.14 iVm. Tz. 11.02 iVm. Tz. 03.01 iVm. Tz. 03.29). Bei einem Zwischenwertansatz ist nach Auffassung der FinVerw. ausdrücklich anzugeben, in welcher Höhe oder zu welchem Prozentsatz die stillen Reserven aufgedeckt worden sind (vgl. UmwSt-Erl. 2011 BMF v. 11.11.2011, BStBl. I 2011, 1314 Tz. 15.14 iVm. Tz. 11.12 iVm. Tz. 03.29; weitere Einzelheiten zur Wahlrechtsausübung s. UmwSt-Erl. 2011 BMF v. 11.11.2011, BStBl. I 2011, 1314 Tz. 15.14 iVm. Tz. 11.02 iVm. Tz. 03.01 sowie Tz. 15.14 iVm. Tz. 11.12 iVm. Tz. 03.27–03.30; SHS/*Hörtnagl* UmwStG § 15 Rn. 248 ff.; RHL/*Rödder* § 11 Rn. 217 ff.; *Pyszka* DStR 2013, 693). Der durch Ansatz in der Schlussbilanz der übertragenden Gesellschaft entstehende Gewinn durch (freiwillige oder zwingende) Aufdeckung stiller Reserven unterliegt der Gewerbesteuer und der Körperschaftsteuer. Bei **Ausgleichszahlungen** (Spitzenausgleich → Rn. 102 ff.) erfolgt **insoweit** (anteilig) **zwingend** eine **Gewinnrealisierung** bei der übertragenden Gesellschaft.

74 **b) Bei der übernehmenden Kapitalgesellschaft** gilt zweierlei: Zum einen darf das deutsche Besteuerungsrecht nicht ausgeschlossen oder beschränkt werden. Eine Bedeutung hat diese Voraussetzung allerdings nur bei grenzüberschreitenden Umstrukturierungen. Zum anderen muss die zukünftige Besteuerung der in dem übergegangenen Vermögen enthaltenen stillen Reserven im Rahmen der Körperschaftsteuer sichergestellt sein (Voraussetzung gem. § 15 Abs. 1 Satz 1 und 2 UmwStG iVm. § 11 Abs. 2 Satz 1 Nr. 1 UmwStG). Dies wird grds. durch die Wertverknüpfung gem. § 15 Abs. 1 Satz 1 und 2 UmwStG iVm. § 12 Abs. 1 UmwStG iVm. §§ 11, 4 Abs. 1 Satz 2 UmwStG erreicht. Danach hat die übernehmende Kapitalgesellschaft das übergegangene Betriebsvermögen mit dem in der steuerlichen Schlussbilanz der übertragenden Körperschaft ausgewiesenen Wert zu übernehmen (sog. **zwingende steuerliche Wertverknüpfung zwischen übertragender und übernehmender Gesellschaft,** vgl. DPM/*Dötsch/Stimpel* UmwStG § 12 Rn. 14; Blümich/*Klingberg* UmwStG 2006 § 12 Rn. 18). Damit werden die stillen Reserven von der übertragenden auf die übernehmende(n) Kapitalgesellschaft(en) ohne steuerliche Gewinnrealisierung überführt und unterliegen dort später bei Realisierung der Besteuerung. Nach § 12 Abs. 2 Satz 1 UmwStG bleibt bei der übernehmenden Körperschaft ein Gewinn oder Verlust in Höhe des Unterschieds zwischen dem Buchwert der Anteile an der übertragenden Körperschaft und dem Wert, mit dem die übergegangenen Wirtschaftsgüter zu übernehmen sind, abzüglich der Kosten für den Vermögensübergang, außer Ansatz; der Gewinn ist außerhalb der Steuerbilanz entsprechend zu korrigieren (vgl. UmwSt-Erl. 2011 BMF v. 11.11.2011, BStBl. I 2011, 1314 Tz. 12.05). Dies gilt nach Auffassung der FinVerw. unabhängig davon, ob die übernehmende Körperschaft an der übertragenden Körperschaft beteiligt ist (weiterführend → Form. B.3 Rn. 30).

c) **Bei den Gesellschaftern der übertragenden Kapitalgesellschaft** liegt grds. in der Aufgabe der Anteile an der übertragenden Gesellschaft und dem Erhalt von Anteilen an der übernehmenden Gesellschaft ein **Tauschvorgang** vor, der nach § 6 Abs. 6 EStG zur Realisierung der in den Anteilen verstrickten stillen Reserven zwingen würde. Bei Anteilen im Privatvermögen, die nicht in den Anwendungsbereich des § 17 EStG fallen, wird dieser Realisierungstatbestand bei der Aufspaltung dadurch vermieden, dass gemäß § 20 Abs. 4a Satz 1 EStG die übernommenen Anteile an die Stelle der übertragenen Anteile treten (→ Rn. 107). Bei der Abspaltung gilt dies entsprechend gemäß § 20 Abs. 4a Satz 7 iVm. Satz 1 EStG (näher hierzu → Rn. 107). Bei Anteilen im Betriebsvermögen, Anteilen iSd. § 17 EStG und einbringungsgeborenen Anteilen iSd. § 21 Abs. 1 UmwStG 1995 kann die Realisierung der stillen Reserven durch die Ausübung des Buchwertwahlrechts nach § 15 Abs. 1 Satz 1 und 2 UmwStG iVm. § 13 Abs. 2 UmwStG unter bestimmten Voraussetzungen (→ Rn. 75a) vermieden werden. Anderenfalls gelten nach § 15 Abs. 1 Satz 1 und 2 UmwStG iVm. § 13 Abs. 1 UmwStG die Anteile an der übertragenden Kapitalgesellschaft als zum gemeinen Wert veräußert und die Anteile an der (oder den) übernehmenden Kapitalgesellschaft(en) als zu diesem Wert angeschafft (sog. Veräußerungs- und Anschaffungsfiktion, vgl. DPM/*Dötsch/Werner* UmwStG § 13 Rn. 21 ff.; Blümich/*Klingberg* UmwStG 2006 § 13 Rn. 28 ff.; ausführlich dazu → Rn. 107 ff.). Für die Ermittlung der dadurch entstehenden Veräußerungsgewinne gelten die allgemeinen Grundsätze (insb. § 17 EStG bzw. die allgemeinen Gewinnermittlungsvorschriften bei Anteilen im Betriebsvermögen, §§ 4, 5 EStG unter Berücksichtigung des § 8b KStG, vgl. DPM/*Dötsch/Werner* UmwStG § 13 Rn. 22; SHS/*Schmitt* UmwStG § 13 Rn. 21). **75**

Gemäß § 15 Abs. 1 Satz 1 und 2 UmwStG iVm. § 13 Abs. 2 UmwStG kann dieser Realisierungstatbestand hingegen vermieden werden. Danach können auf **Antrag** die Buchwerte der Anteile an der übertragenden Körperschaft angesetzt werden, soweit das deutsche Besteuerungsrecht hinsichtlich der Besteuerung des Gewinns aus der Veräußerung der Anteile an der übernehmenden Körperschaft nicht ausgeschlossen oder beschränkt ist. Ein Zwischenwertansatz ist nicht zulässig (vgl. UmwSt-Erl. 2011 BMF v. 11.11.2011, BStBl. I 2011, 1314 Tz. 13.10; DPM/*Dötsch/Werner* UmwStG § 13 Rn. 26; Blümich/*Klingberg* UmwStG 2006 § 13 Rn. 32); zur Ausübung des Wahlrechts s. SHS/*Schmitt* UmwStG § 13 Rn. 33 f.; bei Spaltung zu Null s. *Petersen/Ortjohann/Hinz,* BB 2016, 405). Die Anteile an der übernehmenden Körperschaft treten gem. § 13 Abs. 2 Satz 2 UmwStG in die steuerliche Rechtsposition der bisherigen Anteile ein (sog. Infizierungs- oder Fußstapfentheorie; eine Auflistung der wichtigsten damit einhergehenden Rechtsfolgen findet sich in UmwSt-Erl. 2011 BMF v. 11.11.2011, BStBl. I 2011, 1314 Tz. 13.11; s. auch DPM/*Dötsch/Werner* UmwStG **75a**

§ 13 Rn. 56; SHS/*Schmitt* UmwStG § 13 Rn. 48). Dies bedeutet insb. auch, dass etwaige frühere Teilwertabschreibungen auf die Altanteile ggf. bei den Neuanteilen steuerwirksam aufzuholen sind (sog. Infizierungstheorie, vgl. UmwSt-Erl. 2011 BMF v. 11.11.2011, BStBl. I 2011, 1314 Tz. 13.11; DPM/*Dötsch/Werner* UmwStG § 13 Rn. 55f.; SHS/*Schmitt* UmwStG § 13 Rn. 48). Nach Auffassung der FinVerw. fallen zudem die Anteile an der Übernehmerin bei einer späteren Veräußerung auch dann unter § 17 EStG (als sog. spaltungsgeborene Anteile), wenn an der übertragenden Körperschaft eine qualifizierte Beteiligung iSd. § 17 EStG vorlag, an der übernehmenden Körperschaft im Grunde aber nicht (vgl. UmwSt-Erl. 2011 BMF v. 11.11. 2011, BStBl. I 2011, 1314 Tz. 13.11; DPM/*Dötsch* UmwStG § 13 Rn. 56; SHS/*Schmitt* UmwStG § 13 Rn. 48).

75b Der Ansatz **zu den bisherigen steuerlichen Werten** sichert damit die weitere Erfassung der stillen Reserven bei späteren Realisierungstatbeständen auf der Ebene der Gesellschafter. Diese Behandlung des Anteilstauschs auf der Ebene der Gesellschafter erfolgt grds. unabhängig von der Behandlung des Vermögensübergangs bei der übertragenden und der/den übernehmenden Kapitalgesellschaft/en (vgl. UmwSt-Erl. 2011 BMF v. 11.11.2011, BStBl. I 2011, 1314 Tz. 13.08; DPM/*Dötsch/Werner* UmwStG § 13 Rn. 3; SHS/*Schmitt* UmwStG § 13 Rn. 32, 3). Bei **Nichterfüllung** der **Teilbetriebseigenschaft** hinsichtlich des abgespaltenen und des zurückbleibenden Vermögensteils (→ Rn. 77ff.) kann das Wahlrecht nach § 15 Abs. 1 Satz 1 und 2 UmwStG iVm. § 13 Abs. 2 UmwStG nicht ausgeübt werden, dh. die übergehenden Wirtschaftsgüter gelten als zum gemeinen Wert veräußert und die Anteile an der übernehmenden Körperschaft als zum gemeinen Wert angeschafft.

76 Bei Vorliegen eines **Missbrauchstatbestands** iSd. § 15 Abs. 2 UmwStG bleibt § 13 UmwStG (ebenso wie § 12 UmwStG) allerdings anwendbar. Ausgeschlossen ist nach dem Wortlaut der Vorschrift lediglich die Anwendung des § 11 Abs. 2 UmwStG, dh. das Buchwertwahlrecht in der steuerlichen Schlussbilanz der übertragenden Körperschaft (so auch UmwSt-Erl. 2011 BMF v. 11.11.2011, BStBl. I 2011, 1314 Tz. 15.21; DPM/*Dötsch/Stimpel* UmwStG § 15 Rn. 195, 203; SHS/*Hörtnagl* UmwStG § 15 Rn. 213).

2. Voraussetzungen für Erfolgsneutralität

a) Teilbetriebseigenschaft gem. § 15 Abs. 1 Satz 2 UmwStG

77 Voraussetzung für die Erfolgsneutralität sowohl auf der Ebene der übertragenden Kapitalgesellschaft als auch auf der Ebene ihrer Gesellschafter ist, dass bei einer Abspaltung die übergehenden Vermögensteile und der verbleibende Vermögensteil steuerlich jeweils die Voraussetzungen für einen sog. Teilbetrieb erfüllen. Die FinVerw. **definiert den Teilbetrieb** im UmwSt-Erl. 2011 als die Gesamtheit der in einem Unternehmensteil einer Gesellschaft vorhandenen aktiven und passiven Wirtschaftsgüter, die in organisatorischer Hinsicht einen selbstständigen Betrieb, dh. eine aus eigenen Mitteln funktionsfähige Einheit, darstellen (vgl. UmwSt-Erl. 2011 BMF v. 11.11.2011, BStBl. I 2011, 1314 Tz. 15.02). Zu einem Teilbetrieb gehören demnach – so die Definition der FinVerw. weiter – alle funktional wesentlichen Betriebsgrundlagen sowie diesem Teilbetrieb nach wirtschaftlichen Zusammenhängen zuordenbaren Wirtschaftsgüter; die Voraussetzungen eines Teilbetriebs sind nach Maßgabe der einschlägigen Rechtsprechung unter Zugrundelegung der funktionalen Betrachtungsweise aus der Perspektive des übertragenden Rechtsträgers zu beurteilen (vgl. UmwSt-Erl. 2011 BMF v. 11.11.2011, BStBl. I 2011, 1314 Tz. 15.02). Die FinVerw. folgt damit seit dem UmwSt-Erl. 2011 grundsätzlich dem Teilbetriebsbegriff der **EU-Fusionsrichtlinie** gem. Art. 2 Buchst. j RL 2009/133/EG ABl. EG Nr. L 310 S. 34 (vgl. UmwSt-Erl. 2011 BMF v. 11.11.2011, BStBl. I 2011, 1314 Tz. 15.02; zum demnach maßgeblichen Teilbetriebsbegriff nach dem UmwSt-Erl. 2011 einschließlich Kritik vgl.

auch SHS/*Hörtnagl* UmwStG § 15 Rn. 56ff.; HMB/*Asmus* UmwStG § 15 Rn. 57ff.; zu der Frage, ob ein Teilbetrieb eine urgewerbliche Tätigkeit voraussetzt, s. *Schulze zur Wiesche* StBp 2019, 110). Der **Teilbetrieb im Aufbau** stellt nach der FinVerw. keinen Teilbetrieb iSd. EU-Fusionsrichtlinie 2009/133/EG dar und wird folglich nicht als solcher anerkannt (vgl. UmwSt-Erl. 2011 BMF v. 11.11.2011, BStBl. I 2011, 1314 Tz. 15.03; SHS/*Hörtnagl* UmwStG § 15 Rn. 84; HMB/*Asmus* UmwStG § 15 Rn. 80).

einstweilen frei **78**

Als Teilbetriebe gelten nach § 15 Abs. 1 Satz 3 UmwStG auch **79**

- ein **Mitunternehmeranteil** (vgl. UmwSt-Erl. 2011 BMF v. 11.11.2011, BStBl. I 2011, 1314 Tz. 15.04; zu Einschränkung → Rn. 79a) oder
- die **100%ige Beteiligung an einer Kapitalgesellschaft** (vgl. UmwSt-Erl. 2011 BMF v. 11.11.2011, BStBl. I 2011, 1314 Tz. 15.05f.). Allerdings können Anteile an Kapitalgesellschaften auch zu den funktional wesentlichen Betriebsgrundlagen eines echten Teilbetriebes gehören mit der Folge, dass sie keinen fiktiven Teilbetrieb iSd. § 15 Abs. 1 Satz 3 UmwStG bilden und zwingend mit dem echten Teilbetrieb, dem sie zugehören, zu übertragen bzw. zurückzubehalten sind, um das Buchwertwahlrecht nicht zu verlieren (vgl. UmwSt-Erl. 2011 BMF v. 11.11.2011, BStBl. I 2011, 1314 Tz. 15.02 und Tz. 15.06; glA DPM/*Dötsch/Stimpel* UmwStG § 15 Rn. 171; WM/*Schießl* UmwStG § 15 Rn. 91; ablehnend: SHS/*Hörtnagl* UmwStG § 15 Rn. 103; HMB/*Asmus* UmwStG § 15 Rn. 114; RHL/*Schumacher* UmwStG § 15 Rn. 188; für Mitunternehmeranteile gilt diese Einschränkung hingegen nicht, vgl. UmwSt-Erl. 2011 BMF v. 11.11.2011, BStBl. I 2011, 1314 Tz. 15.04; SHS/*Hörtnagl* UmwStG § 15 Rn. 88; HMB/*Asmus* UmwStG § 15 Rn. 106; DPM/*Dötsch/Stimpel* UmwStG § 15 Rn. 171).

§ 11 Abs. 2 UmwStG (Ansatz von Buch- oder Zwischenwerten in der steuerlichen Schlussbilanz des übertragenden Rechtsträgers) ist auf den Teilbetrieb iSd. § 15 Abs. 1 Satz 3 UmwStG allerdings nur anwendbar, wenn der Mitunternehmeranteil oder die Beteiligung an einer Kapitalgesellschaft **nicht innerhalb von drei Jahren** vor dem steuerlichen Übertragungsstichtag (Spaltungsstichtag) durch Übertragung von Wirtschaftsgütern, die keinen Teilbetrieb dargestellt haben, erworben oder aufgestockt worden sind (§ 15 Abs. 2 Satz 1 UmwStG, vgl. UmwSt-Erl. 2011 BMF v. 11.11.2011, BStBl. I 2011, 1314 Tz. 15.16ff.). Nach der FinVerw. soll das Bewertungswahlrecht auch dann ausgeschlossen sein, wenn der innerhalb der letzten drei Jahre erworbene Mitunternehmeranteil oder die 100%ige Beteiligung an einer Kapitalgesellschaft zurückbehalten wird (vgl. UmwSt-Erl. 2011 BMF v. 11.11.2011, BStBl. I 2011, 1314 Tz. 15.17; zustimmend DPM/*Dötsch/Stimpel* UmwStG § 15 Rn. 184; **aA** SHS/*Hörtnagl* UmwStG § 15 Rn. 121; HMB/*Asmus* UmwStG § 15 Rn. 131f.; RHL/*Schumacher* UmwStG § 15 Rn. 215f.). **79a**

Zur **Übertragung eines Teilbetriebes** bedarf es nach der FinVerw. der Übertragung sämtlicher funktional wesentlicher Betriebsgrundlagen sowie sämtlicher nach wirtschaftlichen Zusammenhängen zuordenbarer Wirtschaftsgüter (vgl. UmwSt-Erl. 2011 BMF v. 11.11.2011, BStBl. I 2011, 1314 Tz. 15.07). Wird eine funktional wesentliche Betriebsgrundlage von mehreren Teilbetrieben eines Unternehmens genutzt, liegen keine Teilbetriebe iSd. § 15 Abs. 1 Satz 2 UmwStG vor; eine Spaltung zu Buchwerten ist in diesem Fall nicht möglich (sog. Spaltungshindernis, vgl. UmwSt-Erl. 2011 BMF v. 11.11.2011, BStBl. I 2011, 1314 Tz. 15.08). Die Mehrfachnutzung eines nach wirtschaftlichen Zusammenhängen zuzuordnenden Wirtschaftsgutes scheint die FinVerw. hingegen nicht als schädlich einzustufen (vgl. Gegenüberstellung UmwSt-Erl. 2011 BMF v. 11.11.2011, BStBl. I 2011, 1314 Tz. 15.09 zur Entwurfs-Fassung v. 9.9.2011, dort Tz. 15.08; SHS/*Hörtnagl* UmwStG § 15 Rn. 69, 79 mwN: Zuordnung idR nach dem größten Nutzungsanteil). Die Begründung des wirtschaftlichen Eigentums ist ausreichend (vgl. UmwSt-Erl. 2011 BMF v. 11.11.2011, BStBl. I 2011, 1314 Tz. 15.07; SHS/*Hörtnagl* UmwStG § 15 Rn. 73 mwN), nicht hingegen **80** die bloße Nutzungsüberlassung (vgl. UmwSt-Erl. 2011 BMF v. 11.11.2011, BStBl. I 2011, 1314 Tz. 15.07; BFH v. 7.4.2010, I R 96/08, DStR 2010, 1517; SHS/*Hörtnagl* UmwStG § 15 Rn. 73 mwN).

80a Bedingung der steuerlich neutralen Abspaltung aus Kapitalgesellschaften ist zudem, dass bei der übertragenden Gesellschaft **mindestens zwei Teilbetriebe oder fiktive Teilbetriebe** iSd. § 15 Abs. 1 Satz 3 UmwStG vorliegen, da nach dem Wortlaut des § 15 Abs. 1 Satz 2 UmwStG ein Teilbetrieb auf die Übernehmerin übergehen und ein Teilbetrieb bei der übertragenden Körperschaft verbleiben muss (sog. doppeltes Teilbetriebserfordernis, § 15 Abs. 1 Satz 2 UmwStG; daran festhaltend: FG Hessen v. 10.11. 2017, 4 K 2005/16, BeckRS 2017, 142022, NZB zurückgewiesen: BFH v. 25.9.2018, I B 11/18, BeckRS 2018, 28233). **Nicht** zu den **funktional wesentlichen Betriebsgrundlagen** gehörende Wirtschaftsgüter, zB Verbindlichkeiten, sind grds. **nach wirtschaftlichen Zusammenhängen zuzuordnen** (vgl. UmwSt-Erl. 2011 BMF v. 11.11.2011, BStBl. I 2011, 1314 Tz. 15.09). Eine Definition der „nach wirtschaftlichen Zusammenhängen zuordenbaren Wirtschaftsgüter" erfolgt im UmwSt-Erl. 2011 nicht, obgleich der Begriff ganz offenkundig auslegungsbedürftig ist. Ein Definitionsansatz findet sich bei SHS/*Hörtnagl* UmwStG § 15 Rn. 69. Es sind viele Fragen ungeklärt. Für die Praxis ist Sorgfalt bei der Vertragsgestaltung sowie eine vorherige Abstimmung mit der FinVerw. anzuraten (vgl. *Rothenfußer/Schell* GmbHR 2014, 1083). Hinsichtlich der Rechtsfolgen einer fehlerhaften Zuordnung muss damit gerechnet werden, dass das Buchwertwahlrecht nach § 11 Abs. 2, § 13 Abs. 2 UmwStG komplett versagt wird (vgl. SHS/*Hörtnagl* UmwStG § 15 Rn. 70, 108; DPM/*Dötsch/Stimpel* UmwStG § 15 Rn. 155, die sich jedoch dafür aussprechen, die o.g. Rechtsfolgen nicht undifferenziert bei jeglicher Falschzuordnung eintreten zu lassen; *Rothenfußer/Schell* GmbHR 2014, 1083). Einer **100%-Beteiligung** oder einem **Mitunternehmeranteil** können nach Ansicht der FinVerw. nur die Wirtschaftsgüter einschließlich der Schulden zugeordnet werden, die in unmittelbarem wirtschaftlichen Zusammenhang mit der Beteiligung oder dem Mitunternehmeranteil stehen (UmwSt-Erl. 2011 BMF v. 11.11.2011, BStBl. I 2011, 1314 Tz. 15.11; zustimmend RHL/*Schumacher* UmwStG § 15 Rn. 185, 192, s. aber auch *ders.* Rn. 186, 193; aA SHS/*Hörtnagl* UmwStG § 15 Rn. 96f., 102; kritisch auch HMB/*Asmus* UmwStG § 15 Rn. 105, 110f.; WM/*Schießl* UmwStG § 15 Rn. 69, 95ff.).

81 Nach dem UmwSt-Erl. 2011 müssen die Teilbetriebsvoraussetzungen **zum steuerlichen Übertragungsstichtag** vorliegen (vgl. UmwSt-Erl. 2011 BMF v. 11.11.2011, BStBl. I 2011, 1314 Tz. 15.03, Tz. 15.04 und Tz. 15.05; nach der hM im Schrifttum dagegen erst im Zeitpunkt des Spaltungsbeschlusses, s. HMB/*Asmus* UmwStG § 15 Rn. 83f.; SHS/*Hörtnagl* UmwStG § 15 Rn. 85; RHL/*Schumacher* UmwStG § 15 Rn. 169: Zeitpunkt des Wirksamwerdens der Spaltung). Grundstücke sind zivilrechtlich real bis zum Zeitpunkt des Spaltungsbeschlusses aufzuteilen (vgl. UmwSt-Erl. 2011 BMF v. 11.11.2011, BStBl. I 2011, 1314 Tz. 15.08, bei Unzumutbarkeit ggf. Billigkeitsregelung möglich). Die Zuordnung des Betriebsvermögens, das weder zu den funktional wesentlichen Betriebsgrundlagen noch zu den nach wirtschaftlichen Zusammenhängen zuordenbaren Wirtschaftsgütern gehört, kann noch bis zum Zeitpunkt des Spaltungsbeschlusses erfolgen (vgl. UmwSt-Erl. 2011 BMF v. 11.11.2011, BStBl. I 2011, 1314 Tz. 15.09). Die grundsätzliche zeitliche Rückbeziehung auf den steuerlichen Übertragungsstichtag findet weder im UmwStG noch in der EU-Fusionsrichtlinie 2009/133/EG eine Grundlage und stellt die Praxis vor erhebliche Probleme (vgl. auch HMB/*Asmus* UmwStG § 15 Rn. 83f.; SHS/*Hörtnagl* UmwStG § 15 Rn. 85f.; RHL/*Schumacher* UmwStG § 15 Rn. 169ff.). Zum Teilbetrieb im Aufbau → Rn. 77.

81a Zudem versteht die FinVerw. das doppelte Teilbetriebserfordernis dahingehend, dass sowohl das übergehende als auch das zurückbleibende Vermögen **ausschließlich aus Teilbetrieben** bestehen muss (vgl. UmwSt-Erl. 2011 BMF v. 11.11.2011, BStBl. I

2011, 1314 Tz. 15.01; vgl. dazu SHS/*Hörtnagl* UmwStG § 15 Rn. 62ff.; RHL/*Schumacher* UmwStG § 15 Rn. 131ff.; Blümich/*Klingberg* UmwStG 2006 § 15 Rn. 56ff.; *Kraft* Ubg 2019, 95; und *ders.* DStZ 2019, 261: für Entfall folgernd aus Begründung in BFH v. 25.9.2018, I B 11/18, BeckRS 2018, 28233).

b) Keine Veräußerung an außenstehende Personen im Rahmen des Vollzugs der Spaltung (§ 15 Abs. 2 Satz 2 UmwStG)

§ 15 Abs. 2 Satz 2 UmwStG versagt die Vermeidung der Gewinnrealisierung bei der übertragenden Gesellschaft durch den Ansatz der Buchwerte in deren Schlussbilanz, wenn durch die Spaltung die Veräußerung an außenstehende Personen vollzogen wird (vgl. UmwSt-Erl. 2011 BMF v. 11.11.2011, BStBl. I 2011, 1314 Tz. 15.22). Unter **außenstehenden Personen** sind solche Personen zu verstehen, die nicht bereits Gesellschafter der übertragenden Gesellschaft sind (und nicht dem Konzern der an der Spaltung beteiligten Gesellschaften angehören, vgl. UmwSt-Erl. 2011 BMF v. 11.11. 2011, BStBl. I 2011, 1314 Tz. 15.26; Blümich/*Klingberg* UmwStG § 15 Rn. 102f.; zur Anwendung des § 15 Abs. 2 Satz 2ff. UmwStG bei Konzernsachverhalten s. SHS/*Hörtnagl* UmwStG § 15 Rn. 202ff. mwN). Angesichts der vorliegenden Fallkonstellation (A als Alleingesellschafter der B-GmbH, diese wiederum als Alleingesellschafterin der zu spaltenden A-GmbH) beschränken sich die folgenden Ausführungen auf eine kurze Darstellung des Meinungsstandes zu § 15 Abs. 2 Satz 2 UmwStG. **82**

Nach der hM in der Kommentarliteratur läuft diese Vorschrift bis auf wenige Ausnahmen weitgehend ins Leere (vgl. WM/*Schießl* UmwStG § 15 Rn. 223, zu den Ausnahmen Rn. 224ff. mwN; SHS/*Hörtnagl* UmwStG § 15 Rn. 138ff. mwN; DPM/*Dötsch/Stimpel* UmwStG § 15 Rn. 261ff.; Blümich/*Klingberg* UmwStG § 15 Rn. 104; nach HMB/*Asmus* UmwStG § 15 Rn. 149 soll für den Fall des Beitritts eines neuen Gesellschafters ein eigener Anwendungsbereich möglich sein). Danach kann im Regelfall ein Vollzug der Veräußerung durch die Spaltung an außenstehende Personen zivilrechtlich nicht eintreten, denn auf Grund der Vorschriften des UmwG müssen sämtliche Gesellschafter des übertragenden Rechtsträgers mit der Spaltung auch Gesellschafter (des oder) der übernehmenden Rechtsträger(s) werden, dh. ein Zutritt außenstehender Personen durch die Spaltung ist idR gar nicht möglich. Vielmehr würde dies weitere vor- oder nachgelagerte Übertragungsakte voraussetzen. Praxisrelevanz hat diese Frage insbesondere bei Spaltungen auf eine Kapitalgesellschaft & Co. KG, wenn die (in der Regel nicht am Vermögen der KG beteiligte) Komplementärin im Zuge der Spaltung beitreten soll (vgl. HMB/*Asmus* UmwStG § 15 Rn. 147 aE; zum Beitritt im Zuge der Spaltung in gesellschaftsrechtlicher Hinsicht → Form. E. 3 Rn. 8a). **82a**

Die amtliche Gesetzesbegründung zu § 15 Abs. 3 UmwStG aF (vgl. BT-Drs. 12/6885 S. 23) geht in dem dort aufgeführten Beispiel 1 („Veräußerung durch Spaltung") davon aus, dass die Spaltung selbst eine schädliche Veräußerung begründen kann. Allerdings ergibt sich in diesem Zusammenhang der Wegfall der Erfolgsneutralität bereits aus § 15 Abs. 2 Satz 5 UmwStG (Trennung von Gesellschafterstämmen), so dass nach der hM auch hinsichtlich dieses Beispiels kein eigener Anwendungsbereich begründet werden kann (vgl. SHS/*Hörtnagl* UmwStG § 15 Rn. 144f. mwN sowie WM/*Schießl* UmwStG § 15 Rn. 229, 231ff.). **83**

einstweilen frei **84**

c) Keine Veräußerung von mehr als 20% der Anteile innerhalb von fünf Jahren nach Durchführung der Spaltung (§ 15 Abs. 2 Satz 3 und 4 UmwStG)

Als weitere Voraussetzung für die Erfolgsneutralität der Spaltung auf der Ebene der übertragenden Gesellschaft ist die **fünfjährige Veräußerungssperre** des § 15 Abs. 2 Satz 3 und 4 UmwStG nach Spaltungen zu beachten. In dieser Hinsicht **85**

– ordnet § 15 Abs. 2 Satz 3 UmwStG die Gewinnrealisierung rückwirkend an, wenn durch die Spaltung die Voraussetzungen für eine Veräußerung geschaffen werden und
– präzisiert Satz 4, dass von der Schaffung von Voraussetzungen für die Veräußerung durch die Spaltung auszugehen sei (Fiktion), wenn innerhalb von fünf Jahren nach dem steuerlichen Übertragungsstichtag Anteile an einer an der Spaltung beteiligten Körperschaft, die mehr als 20% der vor Wirksamwerden der Spaltung an der Körperschaft bestehenden Anteile ausmachen, veräußert werden (UmwSt-Erl. 2011 BMF v. 11.11.2011, BStBl. I 2011, 1314 Tz. 15.27).

86 Umstritten ist, in welchem **Verhältnis § 15 Abs. 2 Satz 2, Satz 3 und Satz 4 UmwStG zueinander** stehen (nach einer verbreiteten Meinung stellen sie einen einheitlichen Missbrauchstatbestand dar, vgl. Blümich/*Klingberg* UmwStG 2006 § 15 Rn. 106; SHS/*Hörtnagl* UmwStG § 15 Rn. 149; DPM/*Dötsch/Stimpel* UmwStG § 15 Rn. 277; RHL/*Schumacher* UmwStG § 15 Rn. 242; glA FG Berlin-Brandenburg v. 31.5.2018, 9 K 9143/16, BeckRS 2018, 20207, Rev. BFH I R 27/18; **aA** FG Hamburg v. 18.9.2018, 6 K 77/16, DStR 2019, 260, Rev. BFH I R 39/18: Satz 3 habe einen eigenständigen Anwendungsbereich und könne auch bei einer Veräußerung außerhalb des Fünfjahreszeitraums oder unter 20% zur Versagung des Buchwertwahlrechts führen, insbes. wenn die Veräußerung bereits zum Zeitpunkt der Spaltung geplant war; ähnlich WM/*Schießl* UmwStG § 15 Rn. 294; FM Brandenburg v. 16.7.2014, DStR 2014, 2180; zum Streitstand s. auch *Weiss* StuB 2019, 158; *Bumiller* NWB 2019, 1738). Durch die prozentuale Grenze soll nach der Regierungsbegründung (BT-Drs. 12/6885 S. 23 zu § 15) insbes. bei Publikumsgesellschaften vermieden werden, dass im Extremfall bereits die Veräußerung eines einzigen Anteils innerhalb von fünf Jahren nach der Spaltung zum Wegfall der Steuerneutralität der Spaltung führen würde (zu den auftretenden praktischen Problemen bei Publikumsgesellschaften vgl. DPM/*Dötsch/Stimpel* UmwStG § 15 Rn. 226; SHS/*Hörtnagl* UmwStG § 15 Rn. 177, 197). Ein **Verstoß gegen die Veräußerungssperre** in § 15 Abs. 2 Satz 3 und 4 UmwStG führt nach seinem Wortlaut dazu, dass § 11 Abs. 2 UmwStG nicht anwendbar ist, dh. insb. das Buchwertwahlrecht nicht besteht. In der Folge ist das gesamte auf den bzw. die übernehmenden Rechtsträger übergegangene Vermögen mit dem gemeinen Wert anzusetzen und zwar **rückwirkend** (dh. die Schlussbesteuerung der übertragenden Gesellschaft ist bei Eintritt dieser Voraussetzung als rückwirkendes Ereignis gem. § 175 Abs. 1 Satz 1 Nr. 2 AO zu ändern; vgl. UmwSt-Erl. 2011 BMF v. 11.11.2011, BStBl. I 2011, 1314 Tz. 15.34; so auch SHS/*Hörtnagl* UmwStG § 15 Rn. 214f.; WM/*Schießl* UmwStG § 15 Rn. 420; DPM/*Dötsch/Stimpel* UmwStG § 15 Rn. 326; Blümich/*Klingberg* UmwStG 2006 § 15 Rn. 115). Die bei dem übertragenden Rechtsträger verbleibenden Wirtschaftsgüter werden unverändert mit den Buchwerten fortgeführt (vgl. Blümich/*Klingberg* UmwStG 2006 § 15 Rn. 114). Unberührt bleibt auch die Anwendung der übrigen Vorschriften des UmwStG, insb. der §§ 2, 12 und 13 UmwStG (vgl. UmwSt-Erl. 2011 BMF v. 11.11.2011, BStBl. I 2011, 1314 Tz. 15.33). Das bedeutet insb., dass das Wahlrecht nach § 13 Abs. 2 UmwStG gleichwohl besteht.

87 Die FinVerw. sieht in der gesetzlichen Vermutung des § 15 Abs. 2 Satz 4 **UmwStG eine unwiderlegliche gesetzliche Vermutung** (vgl. UmwSt-Erl. 2011 BMF v. 11.11.2011, BStBl. I 2011, 1314 Tz. 15.27; BFH v. 3.8.2005, I R 62/04, BStBl. II 2006, 391; zustimmend DPM/*Dötsch/Stimpel* UmwStG § 15 Rn. 303; SHS/*Hörtnagl* UmwStG § 15 Rn. 151f.; aA WM/*Schießl* UmwStG § 15 Rn. 298; RHL/*Schumacher* UmwStG § 15 Rn. 245; HMB/*Asmus* UmwStG § 15 Rn. 160: richtlinienkonform als widerlegbare Vermutung auszulegen). Fraglich ist in der Tat, ob die starren Missbrauchsregelungen des § 15 Abs. 2 UmwStG mit der **EU-Fusionsrichtlinie** 2009/133/EG vereinbar sind. Zwar sieht Art. 15 Buchst. a RL 2009/133/EG (vormals Art. 11 Abs. 1 Buchst. a RL 1990/434/EWG) eine Öffnungsklausel für Missbrauchs-

fälle vor, doch ist nach der Rspr. des EuGH eine schematische, nicht auf die Umstände des Einzelfalles abstellende Missbrauchsregelung unverhältnismäßig und damit unzulässig (vgl. EuGH v. 17.7.1997, C-28/95, DB 1997, 1851, „Leur-Bloem"). Es bestehen daher erhebliche Zweifel an der Europarechtskonformität der Missbrauchsregelungen des § 15 Abs. 2 UmwStG (vgl. SHS/*Hörtnagl* UmwStG § 15 Rn. 243; Blümich/*Klingberg* UmwStG 2006 § 15 Rn. 87; DPM/*Dötsch/Stimpel* UmwStG § 15 Rn. 205, 18; auf die einzelnen Missbrauchstatbestände des Abs. 2 gesondert eingehend HMB/*Asmus* UmwStG § 15 Rn. 121 ff.).

Nach der Intention des Gesetzgebers sollen die Missbrauchsregelungen nach § 15 **87a** Abs. 2 Satz 2 bis 4 UmwStG grds. die Umgehung einer körperschaftsteuerpflichtigen Teilbetriebsveräußerung durch eine steuerneutrale Spaltung und anschließende steuerfreie bzw. steuerlich privilegierte Veräußerung von Anteilen an einer der beteiligten Körperschaften verhindern. Der Gesetzgeber dachte hierbei ursprünglich insbes. an anschließende Anteilsveräußerungen durch Steuerausländer, die nicht der inländischen Besteuerung unterliegen (vgl. BT-Drs. 12/6885 S. 23, 24). Der weite, auch reine Inlandsfälle erfassende Wortlaut des § 15 Abs. 2 Satz 2 bis 4 UmwStG fand in der Literatur daher erhebliche Kritik, die zwischenzeitlich aufgrund der steuerlichen Privilegierung von inländischen Anteilsveräußerungen durch § 8b KStG bzw. § 3 Nr. 40 EStG allerdings abgenommen hat (vgl. SHS/*Hörtnagl* UmwStG § 15 Rn. 148; HMB/*Asmus* UmwStG § 15 Rn. 161; RHL/*Schumacher* UmwStG § 15 Rn. 225 ff.).

Die **20%-Grenze bezieht sich** auf die **Gesamtheit der** vor der Spaltung vor- **88** handenen **Anteile an der übertragenden Körperschaft** (vgl. UmwSt-Erl. 2011 BMF v. 11.11.2011, BStBl. I 2011, 1314 Tz. 15.29; WM/*Schießl* UmwStG § 15 Rn. 321; SHS/*Hörtnagl* UmwStG § 15 Rn. 177; Blümich/*Klingberg* UmwStG 2006 § 15 Rn. 107; DPM/*Dötsch/Stimpel* UmwStG § 15 Rn. 305), nicht auf die Anteile an einzelnen an der Abspaltung als übernehmende Rechtsträger beteiligten Gesellschaften oder von einzelnen Gesellschaftern. Die **Veräußerungsbeschränkung bezieht sich** auf **Anteile an jeder der an der Spaltung beteiligten Gesellschaften** (dh. auch auf alte Anteile an übernehmenden bestehenden Rechtsträgern und/oder Anteile an übernehmenden neuen Rechtsträgern sowie bei der Abspaltung zusätzlich auch auf die Anteile an dem übertragenden Rechtsträger, vgl. UmwSt-Erl. 2011 BMF v. 11.11.2011, BStBl. I 2011, 1314 Tz. 15.27 mit Verweis auf BFH v. 3.8.2005, I R 62/04, BStBl. II 2006, 391; zu einer etwaigen teleologischen Reduktion betreffend Altanteile an der Übernehmerin sowie Anteile, die nach der Spaltung durch Kapitalerhöhungen oder Umwandlungen neu geschaffen wurden, vgl. RHL/*Schumacher* UmwStG § 15 Rn. 257 ff. mwN).

Fraglich ist, auf welcher **Basis** die **20%-Grenze** angewendet werden soll. Nach **89** dem Wortlaut ist von den „bestehenden Anteilen" auszugehen. Nach Ansicht der Finanzverwaltung ist die Quote entsprechend dem Verhältnis der übergehenden Vermögensteile zu dem bei der übertragenden Gesellschaft vor der Spaltung vorhandenen Vermögen aufzuteilen, wie es idR im Umtauschverhältnis der Anteile im Spaltungsplan(-vertrag) zum Ausdruck kommt. Auf die absolute Höhe des Nennkapitals der an der Spaltung beteiligten alten und neuen Gesellschafter sowie auf die Wertentwicklung der Beteiligungen kommt es nicht an (vgl. UmwSt-Erl. 2011 BMF v. 11.11.2011, BStBl. I 2011, 1314 Tz. 15.29 mit Beispielen in Tz. 15.30; DPM/*Dötsch/Stimpel* UmwStG § 15 Rn. 306 stellen auf das Verhältnis der gemeinen Werte der veräußerten Anteile zu dem gemeinen Wert der Anteile an der übertragenden Körperschaft vor der Spaltung ab; SHS/*Hörtnagl* UmwStG § 15 Rn. 183, wollen eine Aufteilung anhand des Wertverhältnisses des übergehenden und des verbleibenden (fiktiven) Teilbetriebs bezogen auf den Wert der Anteile an der übertragenden Körperschaft vor der Spaltung vornehmen; WM/*Schießl* UmwStG § 15 Rn. 326: gemeiner Wert; HMB/*Asmus* UmwStG § 15 Rn. 182: „fiktiver Verkehrswert"). Maßgeblich sind die Wertverhältnisse am steuerlichen Übertragungsstichtag (vgl. DPM/*Dötsch/Stimpel* UmwStG § 15

Rn. 309; Blümich/*Klingberg* UmwStG 2006 § 15 Rn. 107; SHS/*Hörtnagl* UmwStG § 15 Rn. 181; aA WM/*Schießl* UmwStG § 15 Rn. 328: Eintragung der Spaltung im Register des Sitzes der Überträgerin).

90 Eine **mehrfache Veräußerung desselben Anteils** unterhalb der 20%-Grenze innerhalb von fünf Jahren führt nicht zum Eingreifen der Regelung des § 15 Abs. 2 Satz 3 und 4 UmwStG (glA WM/*Schießl* UmwStG § 15 Rn. 317; HMB/*Asmus* UmwStG § 15 Rn. 184; SHS/*Hörtnagl* UmwStG § 15 Rn. 195; Blümich/*Klingberg* UmwStG 2006 § 15 Rn. 112; DPM/*Dötsch/Stimpel* UmwStG § 15 Rn. 314, 226).

d) „Schädliche" Veräußerung

91 **Begriff:** Unter **Veräußerung** in diesem Sinne ist eine entgeltliche Übertragung des wirtschaftlichen Eigentums iSd. § 39 Abs. 2 Nr. 1 Satz 1 AO zu verstehen (vgl. hierzu DPM/*Dötsch/Stimpel* UmwStG § 15 Rn. 208 ff.; SHS/*Hörtnagl* UmwStG § 15 Rn. 153; HMB/*Asmus* UmwStG § 15 Rn. 162 ff.; WM/*Schießl* UmwStG § 15 Rn. 311). Da das Gesetz in § 15 Abs. 2 Satz 2 bis 4 UmwStG von „Veräußerung" bzw. „veräußert" ausgeht, wird die (uE zutreffende) Auffassung vertreten, dass die Aufnahme eines weiteren Gesellschafters durch eine der übernehmenden Gesellschaften oder durch die übertragende Gesellschaft gegen eine vollwertige Einlage nicht den Tatbestand des § 15 Abs. 2 Satz 3 und 4 UmwStG erfüllt (vgl. WM/*Schießl* UmwStG § 15 Rn. 359 mwN; so auch zum Neueintritt von Gesellschaftern im Rahmen einer Kapitalerhöhung gegen angemessenes Aufgeld UmwSt-Erl. 2011 BMF v. 11.11.2011, BStBl. I 2011, 1314 Tz. 15.25; DPM/*Dötsch/Stimpel* UmwStG § 15 Rn. 219; Blümich/*Klingberg* UmwStG 2006 § 15 Rn. 97; SHS/*Hörtnagl* UmwStG § 15 Rn. 157; HMB/*Asmus* UmwStG § 15 Rn. 167; aA die FinVerw. in UmwSt-Erl. 2011 BMF v. 11.11.2011, BStBl. I 2011, 1314 Tz. 15.25, wenn die der Kapitalgesellschaft zugewandten Mittel (Aufgeld) innerhalb der Fünfjahresfrist an die bisherigen Anteilseigner ausgekehrt werden). Eine Veräußerung liegt auch bei Einbringung derartiger Anteile unter Buchwertfortführung gem. §§ 20 und 24 UmwStG innerhalb von fünf Jahren durch Gesellschafter der an der Spaltung beteiligten Rechtsträger vor (vgl. SHS/*Hörtnagl* UmwStG § 15 Rn. 160; DPM/*Dötsch/Stimpel* UmwStG § 15 Rn. 220; WM/*Schießl* UmwStG § 15 Rn. 371 mwN). Nach Ansicht der FinVerw. ist beim Übergang der Anteile im Rahmen einer Umwandlung oder Einbringung, zB Verschmelzung, Auf- oder Abspaltung, Formwechsel eine Veräußerung anzunehmen (vgl. UmwSt-Erl. 2011 BMF v. 11.11.2011, BStBl. I 2011, 1314 Tz. 15.24; bestätigt durch BFH v. 24.1.2018, I R 48/15, DStR 2018, 1366, für eine Aufwärtsverschmelzung nach qualifiziertem Anteilstausch gem. § 21 Abs. 1 UmwStG; SHS/*Hörtnagl* UmwStG § 15 Rn. 159 f.; DPM/*Dötsch/Stimpel* UmwStG § 15 Rn. 220; für eine differenzierende Sichtweise HMB/*Asmus* UmwStG § 15 Rn. 169). Dies soll nach UmwSt-Erl. 2011 BMF v. 11.11.2011, BStBl. I 2011, 1314 Tz. 15.24 iVm. Tz. 00.03 auch für Verschmelzungen oder Spaltungen von Anteilseignern der übertragenden Körperschaft gelten (unter Hinweis auf BFH v. 19.8.2008, IX R 71/07, BStBl. II 2009, 13; s. auch OFD Nürnberg v. 9.2.2000, DB 2000, 97; aA HMB/*Asmus* UmwStG § 15 Rn. 169).

92 Nur die Veräußerung an **„außenstehende Personen"**, dh. an Personen, die vor der Spaltung nicht Gesellschafter des übertragenden Rechtsträgers waren, ist uE für Veräußerungen gem. § 15 Abs. 2 Satz 3 und 4 iVm. Satz 2 UmwStG **schädlich** (vgl. DPM/*Dötsch/Stimpel* UmwStG § 15 Rn. 231 ff.; SHS/*Hörtnagl* UmwStG § 15 Rn. 198 ff.; Blümich/*Klingberg* UmwStG 2006 § 15 Rn. 100 ff.; auch die FinVerw., s. UmwSt-Erl. 2011 BMF v. 11.11.2011, BStBl. I 2011, 1314 Tz. 15.26; aA WM/*Schießl* UmwStG § 15 Rn. 318 ff.). Umstrukturierungen innerhalb verbundener Unternehmen iSd. § 271 Abs. 2 HGB stellen grundsätzlich keine schädliche Veräußerung dar, außer es findet im Anschluss an diese Umstrukturierung eine unmittelbare oder mittelbare Veräußerung an eine außenstehende Person statt (vgl. UmwSt-Erl. 2011

BMF v. 11.11.2011, BStBl. I 2011, 1314 Tz. 15.26). Nach der FinVerw. ist der Gesellschafterbestand zum steuerlichen Übertragungsstichtag maßgeblich; Veränderungen im Gesellschafterbestand zwischen dem steuerlichen Übertragungsstichtag und dem Zeitpunkt des Spaltungsbeschlusses (sog. Interimszeit) werden nicht berücksichtigt (vgl. UmwSt-Erl. 2011 BMF v. 11.11.2011, BStBl. I 2011, 1314 Tz. 15.26; SHS/*Hörtnagl* UmwStG § 15 Rn. 199; **aA** RHL/*Schumacher* UmwStG § 15 Rn. 229f., 266: Wirksamwerden der Spaltung).

Grundsätzlich sind auch Veräußerungen **aufgrund** einer nicht vorhersehbaren **Zwangslage** schädlich; es könnten aber Billigkeitsmaßnahmen iSd. §§ 163, 227 AO in Betracht kommen (vgl. Blümich/*Klingberg* UmwStG 2006 § 15 Rn. 113; SHS/*Hörtnagl* UmwStG § 15 Rn. 152). 93

Unentgeltliche Anteilsübertragungen (zB bei vorweggenommener Erbfolge, bei Erwerb von Todes wegen oder bei Buchwert-Realteilung einer Erbengemeinschaft, soweit diese ohne Ausgleichszahlung erfolgt) stellen ebenfalls keinen Veräußerungstatbestand iSd. § 15 Abs. 2 Satz 2 und 3 UmwStG dar (vgl. UmwSt-Erl. 2011 BMF v. 11.11.2011, BStBl. I 2011, 1314 Tz. 15.23; SHS/*Hörtnagl* UmwStG § 15 Rn. 154; Blümich/*Klingberg* UmwStG 2006 § 15 Rn. 97; WM/*Schießl* UmwStG § 15 Rn. 395ff. mwN; bei einem entgeltlichen und einem unentgeltlichen Teil ist eine Aufteilung vorzunehmen, vgl. SHS/*Hörtnagl* UmwStG § 15 Rn. 155 mwN). 94

Bei einer Abspaltung führt das Eingreifen der Vorschrift des § 15 Abs. 2 Satz 3 und 4 UmwStG (Veräußerungssperre von fünf Jahren für mehr als 20% der Anteile) nur bzgl. der im Rahmen der Abspaltung übertragenen Wirtschaftsgüter zur rückwirkenden Aufdeckung der stillen Reserven, nicht jedoch für die bei der übertragenden Gesellschaft verbleibenden Wirtschaftsgüter (vgl. UmwSt-Erl. 2011 BMF v. 11.11. 2011, BStBl. I 2011, 1314 Tz. 15.33). 95

Dies ist zutreffend, weil sich das **Wertansatzwahlrecht** des § 15 Abs. 1 Satz 1 und 2 UmwStG iVm. § 11 Abs. 2 UmwStG ausschließlich auf die übertragenen Wirtschaftsgüter bezieht und mangels eines Gewinnrealisierungstatbestands bei der Ursprungsgesellschaft die dort verbleibenden Wirtschaftsgüter ohnehin mit ihren Buchwerten fortzuführen sind (vgl. UmwSt-Erl. 2011 BMF v. 11.11.2011, BStBl. I 2011, 1314 Tz. 15.21; glA DPM/*Dötsch/Stimpel* UmwStG § 15 Rn. 325; WM/*Schießl* UmwStG § 15 Rn. 412 mwN; SHS/*Hörtnagl* UmwStG § 15 Rn. 211). 96

e) Fünfjährige Vorbesitzzeit bei Trennung von Gesellschafterstämmen

Weitere Voraussetzung für die Anwendung des § 15 Abs. 1 Satz 1 und 2 UmwStG iVm. § 11 Abs. 2 UmwStG (Ansatz des übertragenen Betriebsvermögens in der steuerlichen Schlussbilanz der übertragenden Gesellschaft mit den steuerlichen Buchwerten) ist nach § 15 Abs. 2 Satz 5 UmwStG bei der Trennung von Gesellschafterstämmen, dass die Beteiligungen an der übertragenden Kapitalgesellschaft mindestens fünf Jahre vor dem steuerlichen Übertragungsstichtag bestanden haben (sog. fünfjährige Vorbesitzzeit). Zu der Frage der Vereinbarkeit der Missbrauchsregelungen des § 15 Abs. 2 UmwStG mit der EU-Fusionsrichtlinie 2009/133/EG → Rn. 87. Streitig ist, was unter **Trennung von Gesellschafterstämmen** zu verstehen ist. Eine gesetzliche Definition existiert nicht. Begrifflich kann von einer **Trennung** nur dann gesprochen werden, wenn **eine vollständige Entflechtung** von Gesellschafterstämmen durch die Spaltung vollzogen wird (glA HMB/*Asmus* UmwStG § 15 Rn. 192; SHS/*Hörtnagl* UmwStG § 15 Rn. 233 mwN; RHL/*Schumacher* UmwStG § 15 Rn. 275f.). Nach der FinVerw. liegt eine Trennung von Gesellschafterstämmen vor, wenn im Falle der Aufspaltung an den übernehmenden Körperschaften und im Falle der Abspaltung an der übernehmenden und an der übertragenden Körperschaft nicht mehr alle Anteilsinhaber der übertragenden Körperschaft beteiligt sind (vgl. UmwSt-Erl. 2011 BMF v. 11.11.2011, BStBl. I 2011, 1314 Tz. 15.37). Nach der FinVerw. müssen also nach der 97

Spaltung an allen verbleibenden beteiligten Rechtsträgern noch alle Gesellschafter des übertragenden Rechtsträgers beteiligt sein (kritisch hierzu, da das Tatbestandsmerkmal des „Gesellschafterstammes" ignoriert werde: HMB/*Asmus* UmwStG § 15 Rn. 190 mwN; kritisch auch SHS/*Hörtnagl* UmwStG § 15 Rn. 225ff.). Nach aA kann eine Trennung bereits dann vorliegen, wenn Gesellschafterstämme an der jeweils anderen Nachfolgegesellschaft zwar noch zu einem geringen Prozentsatz beteiligt sind, dabei aber keine nennenswerten eigenen Mitwirkungs- oder Widerspruchsrechte entfalten können (vgl. WM/*Schießl* UmwStG § 15 Rn. 463 mwN; Blümich/*Klingberg* UmwStG 2006 § 15 Rn. 119). Dies ist wegen des klaren Wortlauts abzulehnen, da die Bezeichnung „Trennung" die vollständige Trennung erfordert (glA HMB/*Asmus* UmwStG § 15 Rn. 192; SHS/*Hörtnagl* UmwStG § 15 Rn. 233 mwN; RHL/*Schumacher* UmwStG § 15 Rn. 276). Dass die Voraussetzung des § 15 Abs. 2 Satz 5 UmwStG dann leicht vermieden werden kann, indem der abzuspaltende Gesellschafterstamm mit einem Zwerganteil an der Übernehmerin beteiligt bleibt, muss wegen des klaren Wortlauts des Gesetzes hingenommen werden.

98 Wie der Begriff **„Gesellschafterstämme"** auszulegen ist, ist ebenfalls unklar (nach SHS/*Hörtnagl* UmwStG § 15 Rn. 222ff. leitet sich der Begriff ausschließlich aus der Verfolgung gleichgerichteter Interessen ab; Blümich/*Klingberg* UmwStG 2006 § 15 Rn. 117 verlangt eine darüber hinausgehende Verbundenheit; DPM/*Dötsch/Stimpel* UmwStG § 15 Rn. 337 verstehen darunter eine Gruppe von Gesellschaftern, die sich entweder selbst als einander zugehörig begreifen oder von anderen als einander zugehörig angesehen werden). Der Begriff des Gesellschafterstammes ist nicht mit dem Begriff des Familienstammes gleichzusetzen (vgl. DPM/*Dötsch/Stimpel* UmwStG § 15 Rn. 337; HMB/*Asmus* UmwStG § 15 Rn. 188; aA wohl *Herzig/Förster* DB 1995, 338, 349). Ein Gesellschafterstamm kann hierbei auch eine einzelne natürliche oder juristische Person sein (vgl. DPM/*Dötsch/Stimpel* UmwStG § 15 Rn. 338f.; SHS/*Hörtnagl* UmwStG § 15 Rn. 220f.; WM/*Schießl* UmwStG § 15 Rn. 458). „Gesellschafterstämme" können daher bereits bei mindestens zwei Gesellschaftern vorliegen.

99 Aus dem Zusammenhang von § 15 Abs. 2 Satz 2 mit Satz 5 UmwStG ergibt sich uE für Beteiligungen, die im Rahmen eines **Konzerns** gehalten und ganz oder teilweise innerhalb der Fünf-Jahres-Frist von einer Konzerngesellschaft auf eine andere übertragen werden, dass hierfür die Bestimmung des § 15 Abs. 2 Satz 5 UmwStG ebenfalls nicht einschlägig ist (im Ergebnis auch SHS/*Hörtnagl* UmwStG § 15 Rn. 225ff.; RHL/*Schumacher* UmwStG § 15 Rn. 280, 273; **aA allerdings die FinVerw.,** s. UmwSt-Erl. 2011 BMF v. 11.11.2011, BStBl. I 2011, 1314 Tz. 15.37; ebenso WM/*Schießl* UmwStG § 15 Rn. 460).

Bei **Erwerb von** einem **Erblasser** innerhalb der Fünf-Jahres-Frist soll dessen Besitzzeit dem unentgeltlich erwerbenden Erben zugerechnet werden (DPM/*Dötsch/Stimpel* UmwStG § 15 Rn. 356).

f) Vermögensübergang von Körperschaften auf dem Gebiet der Europäischen Union und des Europäischen Wirtschaftsraums

100 Der Anwendungsbereich des UmwStG 2006 erstreckt sich auf das gesamte Gebiet der EU und des Europäischen Wirtschaftsraums. Demnach werden auch solche Körperschaften erfasst, die in einem (oder in verschiedenen der) Mitgliedstaat(en) der EU und des Europäischen Wirtschaftsraums ansässig sind (vgl. § 1 Abs. 2 UmwStG sowie Gesetzesbegründung zu § 1 UmwSt, BT-Drs. 16/2710 S. 35; zum persönlichen Anwendungsbereich insges. vgl. UmwSt-Erl. 2011 BMF v. 11.11.2011, BStBl. I 2011, 1314 Tz. 01.49ff.). Gesellschaftsrechtlich wird weiterhin an die Vorgaben des § 1 UmwG angeknüpft. Grenzüberschreitende Vorgänge müssen daher ihrem Wesen nach einem der Umwandlungsarten des deutschen UmwG (Verschmelzung, Spaltung, Formwechsel) entsprechen. Die Rechtsvorschriften müssen dabei nicht übereinstimmen. Die Vergleichbarkeitsprüfung umfasst vielmehr die Rechtsfolgen des Umwand-

lungsvorgangs als auch einen Typenvergleich der beteiligten Rechtsträger (vgl. zum sachlichen Anwendungsbereich insges. UmwSt-Erl. 2011 BMF v. 11.11.2011, BStBl. I 2011, 1314 Tz. 01.20ff. detailliert mit Beispielen; Gesetzesbegründung zu § 1 UmwStG, BT-Drs. 16/2710 S. 35f.; ausführlich dazu WM/*Widmann* UmwStG § 1 Rn. 17ff.).

Handelt es sich bei einem der Beteiligten um eine steuerbefreite Körperschaft ergibt **101** sich für die Anwendung des Zweiten bis Fünften Teils des UmwStG keine Besonderheit. Der Wertansatz bei einem Vermögensübergang von einer steuerbefreiten auf eine steuerpflichtige Körperschaft richtet sich grds. nach dem gemeinen Wert des übertragenen Vermögens, § 11 Abs. 1 UmwStG (zu etwaigen Sondervorschriften vgl. WM/*Widmann* UmwStG § 1 Rn. 199 mwN). Ist die übernehmende Körperschaft steuerbefreit, liegt die Voraussetzung des § 11 Abs. 2 Satz 1 Nr. 1 UmwStG, nämlich die Sicherstellung der späteren Besteuerung der stillen Reserven bei der übernehmenden Körperschaft, nicht vor. Folglich ist eine zwingende Gewinnrealisierung bei der übertragenden Körperschaft gem. § 11 Abs. 1 UmwStG vorzunehmen.

3. Ausgleichszahlungen

Soweit für den Vermögensübergang neben oder anstelle der Gewährung von Ge- **102** sellschaftsrechten Ausgleichszahlungen geleistet werden, kommt ein Ansatz des übergehenden Vermögens in der Schlussbilanz der übertragenden Körperschaft zu Buchwerten gem. § 15 Abs. 1 Satz 1 und 2 UmwStG iVm. § 11 Abs. 2 Satz 1 Nr. 3 UmwStG nicht in Betracht (vgl. UmwSt-Erl. 2011 BMF v. 11.11.2011, BStBl. I 2011, 1314Tz. 15.14 iVm. Tz. 11.05 und Tz. 11.06 iVm. Tz. 03.13 sowie Tz. 11.10 iVm. 03.21ff.). Nach der FinVerw. liegt eine **Gegenleistung** iSd. § 15 Abs. 1 Satz 1 und 2 UmwStG iVm. § 11 Abs. 2 Satz 1 Nr. 3 UmwStG **insbesondere** vor bei baren Zuzahlungen (zB Spitzenausgleich) oder Gewährung anderer Vermögenswerte (zB Darlehensforderungen) durch den übernehmenden Rechtsträger oder diesem nahe stehende Personen (vgl. UmwSt-Erl. 2011 BMF v. 11.11.2011, BStBl. I 2011, 1314 Tz. 15.14 iVm. Tz. 11.10 iVm. Tz. 03.21). Die Gewährung einer (teilweisen) Gegenleistung hat uE grds. nicht zur Folge, dass das Antragswahlrecht nach § 11 Abs. 2 Satz 1 UmwStG entfällt. Allerdings hat die Gewährung der (anteiligen) Gegenleistung zur Folge, dass die übergehenden Wirtschaftsgüter zumindest mit Zwischenwerten anzusetzen sind (so wohl auch die FinVerw., vgl. UmwSt-Erl. 2011 BMF v. 11.11.2011, BStBl. I 2011, 1314 Tz. 15.14 iVm. Tz. 11.10 iVm. 03.21ff., obgleich die Formulierung in Tz. 03.13 auch dahingehend verstanden werden könnte, dass in diesem Fall kein Antragswahlrecht besteht; zu der vorzunehmenden Aufstockung s. nachfolgend → Rn. 103).

Liegt eine Gegenleistung iSd. § 15 Abs. 1 Satz 1 und 2 UmwStG iVm. § 11 Abs. 2 **103** Satz 1 Nr. 3 UmwStG vor, sind die übergehenden materiellen und immateriellen Wirtschaftsgüter in der steuerlichen Schlussbilanz der übertragenden Körperschaft insoweit **mindestens mit dem Wert der Gegenleistung anzusetzen;** in Höhe der Differenz zwischen dem Wert der Gegenleistung und den auf die Gegenleistung entfallenden (anteiligen) Buchwerten der übergehenden Wirtschaftsgüter entsteht ein **Übertragungsgewinn,** um welchen die Wirtschaftsgüter in der steuerlichen Schlussbilanz gleichmäßig **aufzustocken** sind (UmwSt-Erl. 2011 BMF v. 11.11.2011, BStBl. I 2011, 1314 Tz. 15.14 iVm. Tz. 11.10 iVm. Tz. 03.23; DPM/*Dötsch/Stimpel* UmwStG § 11 Rn. 101, 107f.; SHS/*Schmitt* UmwStG § 11 Rn. 140). Ein **Realisierungstatbestand** ergibt sich jedoch nicht nur auf der Ebene der übertragenden Körperschaft, sondern **auch** bei **dem**/den **den Ausgleich empfangenden Gesellschafter**(n). Wird die **Ausgleichszahlung** durch die **übernehmende Körperschaft** gezahlt, liegt insoweit eine Anteilsveräußerung vor, die ggf. zu einem Veräußerungserlös führt (vgl. DPM/*Dötsch/Stimpel* UmwStG § 11 Rn. 109; auch Auffassung der Fin-

Verw., vgl. UmwSt-Erl. 2011 BMF v. 11.11.2011, BStBl. I 2011, 1314 Tz. 13.02 sowie Tz. 15.14 iVm. Tz. 11.10 iVm. Tz. 03.21). Der Veräußerungserlös ist grds. nach allgemeinen Regeln zu versteuern.

104 Bei Leistung von **Ausgleichszahlungen** durch die **übertragende Körperschaft** an ihre bisherigen Gesellschafter (zB im Rahmen einer nicht verhältniswahrenden Spaltung) kommt es nach dem Schrifttum bei den ausgleichsempfangenden Gesellschaftern jeweils nach den Umständen des Einzelfalls zu einem Erwerb eigener Anteile, einer verdeckten Gewinnausschüttung oder einer anderen Ausschüttung (vgl. SHS/*Schmitt* UmwStG § 11 Rn. 145; WM/*Schießl* UmwStG § 11 Rn. 99 mwN; so auch die frühere Auffassung der FinVerw., vgl. UmwSt-Erl. 1998, BMF v. 25.3.1998, BStBl. I 1998, 268 Tz. 11.08, im UmwSt-Erl 2011 lässt die FinVerw. dies offen; nach DPM/*Dötsch/Stimpel* UmwStG § 11 Rn. 106 ist zwischen ausscheidenden und verbleibenden Anteilseignern zu differenzieren). In diesem Fall ist nach dem Schrifttum nicht von einer Gegenleistung iSd. § 15 Abs. 1 Satz 1 und 2 UmwStG iVm. § 11 Abs. 2 Satz 1 Nr. 3 UmwStG auszugehen, denn eine solche kann demnach nur durch die übernehmende Körperschaft erbracht werden (vgl. SHS/*Schmitt* UmwStG § 11 Rn. 136; im Ergebnis auch DPM/*Dötsch/Stimpel* UmwStG § 11 Rn. 106 sowie die frühere Auffassung der FinVerw., vgl. UmwSt-Erl. 1998, BStBl. I 1998, 268 Tz. 11.05, der Wortlaut des UmwSt-Erl. 2011 lässt dies hingegen offen, vgl. UmwSt-Erl. 2011 BMF v. 11.11.2011, BStBl. I 2011, 1314 Tz. 15.14 iVm. Tz. 11.10 iVm. Tz. 03.21: „insbesondere"). Zahlungen an ausscheidende Gesellschafter aufgrund Barabfindung stellen keine Gegenleistung iSd. § 11 Abs. 2 Satz 1 Nr. 3 UmwStG dar (vgl. UmwSt-Erl. 2011 BMF v. 11.11.2011, BStBl. I 2011, 1314 Tz. 15.14 iVm. Tz. 11.10 iVm. Tz. 03.22; *SHS/Schmitt* UmwStG § 11 Rn. 138; DPM/*Dötsch/Stimpel* UmwStG § 11 Rn. 104; ausführlich und differenzierend zu den verschiedenen Konstellationen WM/*Schießl* UmwStG § 11 Rn. 85 ff.).

105 Die Herstellung der **Wertgleichheit durch Zuordnung von nicht betriebsnotwendigen Vermögensteilen** dürfte nach der von der FinVerw. im UmwSt-Erl. 2011 vertretenen Auffassung, wonach nicht funktional wesentliche Betriebsgrundlagen grds. nach wirtschaftlichen Zusammenhängen zuzuordnen sind (→ Rn. 80), nur noch sehr eingeschränkt möglich sein.

4. Beschränkt steuerpflichtige Gesellschafter

106 Ob die Gesellschafter der übertragenden Gesellschaft unbeschränkt oder nur beschränkt steuerpflichtig sind, ist für die Anwendung des § 15 UmwStG unmaßgeblich (vgl. WM/*Schießl* UmwStG § 15 Rn. 16). Zur Besteuerung der Gesellschafter der übertragenden Kapitalgesellschaft → Rn. 75 sowie → Rn. 107 ff.

5. Steuerverstrickung auf Gesellschafterebene

107 Allgemein ist für die **Steuerverstrickung der** als Gegenleistung für die Spaltung den Gesellschaftern der übertragenden Gesellschaft gewährten **Anteile an der** oder den **übernehmenden Gesellschaft**(en) zwischen Anteilen im Privatvermögen einerseits sowie Anteilen im Betriebsvermögen, Anteilen iSd. § 17 EStG und Anteilen iSd. § 21 Abs. 1 UmwStG 1995 andererseits zu unterscheiden:

Bei **Anteilen im Privatvermögen,** die nicht in den Anwendungsbereich des § 17 EStG fallen, bestehen gem. § 20 Abs. 4a S. 7 EStG zwischen Aufspaltung und Abspaltung gleichförmige Rechtsfolgen: Im Falle einer **Aufspaltung** finden § 20 Abs. 4a Satz 1 und 2 EStG Anwendung. Demnach treten die übernommenen Anteile grds. steuerneutral an die Stelle der übertragenen Anteile, wenn der Tausch der Anteile auf Grund gesellschaftsrechtlicher Maßnahmen vollzogen wird und das Recht der Bundesrepublik Deutschland hinsichtlich der Besteuerung des Gewinns aus der Veräußerung der erhaltenen Anteile nicht ausgeschlossen oder beschränkt ist. Nach § 20 Abs. 4a

Satz 7 EStG finden die Sätze 1 und 2 auf die Abspaltung entsprechende Anwendung. Die Auffassung der FinVerw. im UmwSt-Erl. 2011, wonach in Abspaltungsfällen § 20 Abs. 4a Satz 5 EStG Anwendung finden soll (vgl. UmwSt-Erl. 2011 BMF v. 11.11.2011, BStBl. I 2011, 1314 Tz. 15.12), ist damit überholt.

Die **§ 20 Abs. 4a Satz 1 und 2 bzw. Satz 7 iVm. Satz 1 und 2 EStG gehen** der Anwendung des **§ 13 UmwStG vor** (vgl. UmwSt-Erl. 2011 BMF v. 11.11.2011, BStBl. I 2011, 1314 Tz. 15.12 und 13.01; SHS/*Schmitt* UmwStG § 13 Rn. 7 mwN), dh. es besteht bei Anteilen im Privatvermögen, die nicht in den Anwendungsbereich des § 17 EStG fallen, kein Wahlrecht nach § 13 Abs. 2 EStG, sondern die Rechtsfolgen ergeben sich – ohne Wahlmöglichkeit – aus § 20 Abs. 4a Satz 1 und 2 bzw. Satz 7 iVm. Satz 1 und 2 EStG.

Bei **Anteilen im Betriebsvermögen, Anteilen iSd. § 17 EStG und einbringungsgeborenen Anteilen iSd. § 21 Abs. 1 UmwStG 1995** ist auf Grund der Anwendung der Regelungen in § 13 UmwStG (die gem. § 15 Abs. 1 Satz 1 und 2 UmwStG entsprechend auf die Spaltung anzuwenden sind) wie folgt zu unterscheiden: **108**

- Grundsätzlich gelten gem. § 13 Abs. 1 UmwStG die Anteile an der übertragenden Gesellschaft als zum **gemeinen Wert** veräußert und die an ihre Stelle tretenden Anteile an der (oder den) übernehmenden Gesellschaft(en) als zu diesem Wert angeschafft. Für die Einkünfteermittlung gelten die allgemeinen Grundsätze (insb. § 17 EStG bzw. §§ 4, 5 EStG unter Berücksichtigung des § 8b KStG und der Vorschriften der DBA).
- Auf Antrag sind gem. § 13 Abs. 2 Satz 1 UmwStG die Anteile an der übernehmenden Körperschaft mit dem **Buchwert** der Anteile an der übertragenden Körperschaft anzusetzen, wenn das deutsche Besteuerungsrecht nicht ausgeschlossen oder beschränkt wird. Die Ausübung des Buchwertwahlrecht nach § 13 Abs. 2 Satz 1 UmwStG ist unabhängig von der Ausübung des Bewertungswahlrechts nach § 11 Abs. 2 Satz 1 UmwStG auf der Ebene der übertragenden Körperschaft (vgl. UmwSt-Erl. 2011 BMF v. 11.11.2011, BStBl. I 2011, 1314 Tz. 13.08; DPM/*Dötsch/Werner* UmwStG § 13 Rn. 3; SHS/*Schmitt* UmwStG § 13 Rn. 32, 3). Gem. § 13 Abs. 2 Satz 2 UmwStG treten die Anteile an der übernehmenden Körperschaft dann unverändert in die Rechtsstellung der bisherigen Anteile ein. Etwaige frühere Teilwertabschreibungen auf die Anteile sind insofern bei den Neuanteilen ggf. wieder steuerwirksam aufzuholen (vgl. UmwSt-Erl. 2011 BMF v. 11.11.2011, BStBl. I 2011, 1314 Tz. 13.11; SHS/*Schmitt* UmwStG § 13 Rn. 35, 48; zur sog. Infizierungstheorie DPM/*Dötsch/Werner* UmwStG § 13 Rn. 55). **109**
- Gehören die Anteile an der übertragenden Körperschaft nicht zu einem Betriebsvermögen, werden die Anteile anstelle des Buchwerts mit den **Anschaffungskosten** angesetzt (§ 13 Abs. 2 Satz 3 UmwStG). Maßgeblich ist dies bei im **Privatvermögen** befindlichen (qualifizierten) **Beteiligungen iSd. § 17 Abs. 1 EStG;** iÜ ist bei Anteilen im Privatvermögen § 20 Abs. 4a Satz 1 und 2 bzw. Satz 7 iVm. Satz 1 und 2 EStG anzuwenden, → Rn. 107.
- Für eine (qualifizierte) Beteiligung iSd. § 17 Abs. 1 EStG im Privatvermögen an der übertragenden Gesellschaft, die **gegen eine nicht qualifizierte Beteiligung iSd. § 17 Abs. 1 EStG an der oder den übernehmenden Gesellschaft(en) eingetauscht** wird, gelten die eingetauschten Anteile aufgrund der Rechtstellung der bisherigen Anteile als qualifizierte Beteiligung iSd. § 17 Abs. 1 EStG (vgl. UmwSt-Erl. 2011 BMF v. 11.11.2011, BStBl. I 2011, 1314 Tz. 13.11; *SHS/Schmitt* UmwStG § 13 Rn. 48; DPM/*Dötsch/Werner* UmwStG § 13 Rn. 56); die Anschaffungskosten für die hingegebenen iSd. § 17 EStG qualifizierten Anteile an der übertragenden Gesellschaft gelten als Anschaffungskosten für den (die) eingetauschte(n) Anteil(e) an der (den) übernehmenden Gesellschaft(en); diese Anteile werden als sog. **„verschmelzungs- oder spaltungsgeborene Anteile“** bezeichnet (vgl. SBB/*Schöneberger/Bultmann* § 20 Rn. 102). **110**

111 – Nicht qualifizierte Beteiligungen iSd. § 17 Abs. 1 EStG im Privatvermögen an der übertragenden Kapitalgesellschaft, die im Zuge der Spaltung **gegen qualifizierte Beteiligungen** an der/den übernehmenden Gesellschaft(en) **eingetauscht werden,** erhalten schon dadurch den Status der qualifizierten Beteiligung iSd. § 17 Abs. 1 EStG.

112 – Eine etwaige noch vorhandene Verstrickung nach § 21 UmwStG 1995 setzt sich an den Anteilen der übernehmenden Gesellschaft fort (sog. einbringungsgeborene Anteile, vgl. UmwSt-Erl. 2011 BMF v. 11.11.2011, BStBl. I 2011, 1314 Tz. 13.11; DPM/*Dötsch/Werner* UmwStG § 13 Rn. 56).

113–114 *einstweilen frei*

115 Nicht geregelt ist in § 15 UmwStG die **Aufteilung des Buchwerts bzw. der Anschaffungskosten** von Anteilen an der übertragenden Gesellschaft, wenn wie bei einer Abspaltung der Gesellschafter Anteile an dieser Gesellschaft behält, daneben aber Anteile an einer übernehmenden Gesellschaft hinzuerwirbt; *Hörtnagl* geht in diesem Fall von dem Verhältnis der gemeinen Werte der behaltenen und der hinzuerworbenen Anteile aus (vgl. SHS/*Hörtnagl* UmwStG § 15 Rn. 291 f. mwN; HMB/*Asmus* UmwStG § 15 Rn. 222: mangels gesetzlicher Regelung auch Aufteilung nach anderen sachgerechten Bewertungskriterien möglich). Die FinVerw. geht bei der Aufteilung vom Umtauschverhältnis im Spaltungsplan, hilfsweise vom Verhältnis der gemeinen Werte der übergehenden Vermögensteile zu dem vor der Spaltung vorhandenen Vermögen aus (vgl. UmwSt-Erl. 2011 BMF v. 11.11.2011, BStBl. I 2011, 1314 Tz. 15.43; glA DPM/*Dötsch/Stimpel* UmwStG § 15 Rn. 395 ff.; WM/*Schießl* UmwStG § 15 Rn. 1146 mwN: gemeine Werte der übergehenden Vermögensteile; im Ergebnis auch: RHL/*Schumacher* UmwStG § 15 Rn. 110, 89 f.).

116 Erfolgen **bare Zuzahlungen** und befinden sich die Anteile an der Überträgerin im steuerlichen Betriebsvermögen oder stellen diese Anteile iSd. § 17 Abs. 1 EStG oder einbringungsgeborene Anteile iSd. § 21 UmwStG 1995 dar, so ist der Betrag der Zuzahlung abzüglich der anteiligen (auf die Barzahlung) entfallenden AK der untergehenden Anteile steuerpflichtig; die Buchwerte bzw. AK der neuen Anteile mindern sich entsprechend um den auf die Zuzahlung entfallenden anteiligen Buchwert der alten Anteile (vgl. zur Behandlung der Ausgleichszahlungen auf Gesellschaftsebene → Rn. 103 f.).

6. AfA nach Aufspaltung/Abspaltung bei der Übernehmerin

117 **Ansatz zu Buchwerten bei Überträgerin.** Setzt die Überträgerin das übergehende Vermögen in ihrer Schlussbilanz gem. § 15 Abs. 1 Satz 1 und 2 UmwStG iVm. § 11 Abs. 2 UmwStG mit den bisherigen **Buchwerten** an, so tritt die übernehmende Körperschaft in die steuerliche Rechtsstellung der übertragenden Körperschaft ein, insb. bzgl. der Bewertung der übernommenen Wirtschaftsgüter, der AfA und der den steuerlichen Gewinn mindernden Rücklagen (§ 15 Abs. 1 Satz 1 und 2 UmwStG iVm. § 12 Abs. 3 HS 2 UmwStG iVm.§ 4 Abs. 2 Satz 1 UmwStG).

118 Hat die übertragende Körperschaft das übergehende Betriebsvermögen in ihrer steuerlichen Schlussbilanz mit einem **über dem Buchwert (Zwischenwert oder gemeiner Wert)** liegenden Betrag angesetzt, gilt gem. § 15 Abs. 1 Satz 1 und 2 UmwStG iVm. § 12 Abs. 3 HS 2 UmwStG iVm. § 4 Abs. 3 UmwStG Folgendes:

119 – Für **Gebäudeabschreibungen** (§ 7 Abs. 4 Satz 1 und Abs. 5 EStG) nach dem Gesetzeswortlaut: Fortführung der bisherigen Bemessungsgrundlage (ohne Aufstockungsbetrag). Nach Ansicht der FinVerw. bemisst sich die AfA iSd. § 7 Abs. 4 Satz 1 und Abs. 5 EStG nach der bisherigen Bemessungsgrundlage, vermehrt um den Unterschiedsbetrag zwischen dem Buchwert der Gebäude und dem Wert, mit dem die Körperschaft die Gebäude in der steuerlichen Schlussbilanz angesetzt hat. Auf diese Bemessungsgrundlage ist nach der FinVerw. der bisherige Prozentsatz weiter anzuwenden (vgl. UmwSt-Erl. 2011 BMF v. 11.11.2011, BStBl. I 2011, 1314 Tz. 12.04 iVm. Tz. 04.10, 1. Spiegelstrich). Wird die volle Absetzung innerhalb der tatsächlichen Nutzungsdauer nicht erreicht, kann die AfA nach der Restnutzungsdauer des Gebäudes entsprechend bemessen werden (vgl. UmwSt-Erl. 2011 BMF v. 11.11.2011, BStBl. I 2011, 1314 Tz. 12.04 iVm. Tz. 04.10, 1. Spiegelstrich).

– In **allen anderen Fällen:** Nach Verwaltungsmeinung bemisst sich die AfA hier **120** nach dem Buchwert, vermehrt um den Aufstockungsbetrag, und der Restnutzungsdauer der Wirtschaftsgüter. Die Restnutzungsdauer ist in diesen Fällen nach den Verhältnissen am steuerlichen Übertragungsstichtag neu zu schätzen (vgl. UmwSt-Erl. 2011 BMF v. 11.11.2011, BStBl. I 2011, 1314 Tz. 12.04 iVm. Tz. 04.10, 2. Spiegelstrich; BFH v. 29.11.2007, IV R 73/02, BStBl. II 2007, 407; SHS/*Schmitt* UmwStG § 12 Rn. 71 sowie UmwStG § 4 Rn. 60; HMB/*Bohnhardt* UmwStG § 4 Rn. 169f.; DPM/*Pung/Werner* UmwStG § 4 Rn. 35; aA WM/*Widmann* UmwStG § 4 Rn. 878ff.: Abschreibung mit bisherigem AfA-Satz bei erhöhter Bemessungsgrundlage mit der Folge uU erheblich längerer Abschreibungsdauer). Dies gilt nach der FinVerw. auch für übergehende entgeltlich erworbene immaterielle Wirtschaftsgüter, aber nicht für einen Geschäfts- oder Firmenwert (vgl. UmwSt-Erl. 2011 BMF v. 11.11.2011, BStBl. I 2011, 1314 Tz. 12.04 iVm. Tz. 04.10, 2. Spiegelstrich). Auf den Geschäfts- oder Firmenwert ist nach der FinVerw. § 7 Abs. 1 Satz 3 EStG anzuwenden (vgl. UmwSt-Erl. 2011 BMF v. 11.11.2011, BStBl. I 2011, 1314 Tz. 12.04 iVm. Tz. 04.10, 3. Spiegelstrich).

Die jeweilige Vorbesitzzeit der übertragenden Körperschaft wird der übernehmen- **121** den Körperschaft iÜ zugerechnet (§§ 4 Abs. 2 Satz 3 iVm. 12 Abs. 3 HS 2 und 15 Abs. 1 Satz 1 und 2 UmwStG).

einstweilen frei **122**

7. Steuerliche Rückwirkung

Einkommen und Vermögen der übertragenden sowie der übernehmenden Gesell- **123** schaften sind so zu ermitteln, als wäre das Vermögen der übertragenden Körperschaft mit Ablauf des **steuerlichen Übertragungsstichtags** ganz oder teilweise auf den übernehmenden Rechtsträger übergegangen; dies gilt auch für die Gewerbesteuer. Dies ergibt sich aus § 2 Abs. 1 UmwStG. Der steuerliche Übertragungsstichtag in diesem Sinne ist der Stichtag, auf den die **Schlussbilanz der übertragenden Gesellschaft aufgestellt ist** (Übernahme der handelsrechtlichen Regelung gem. §§ 17 Abs. 2, 125 UmwG für die steuerrechtliche Rückwirkung gem. § 2 Abs. 1 UmwStG; vgl. UmwSt-Erl. 2011 BMF v. 11.11.2011, BStBl. I 2011, 1314 Tz. 02.02; DPM/*Dötsch/Werner* UmwStG § 2 Rn. 31; SHS/*Hörtnagl* UmwStG § 2 Rn. 17; WM/*Widmann* UmwStG § 2 Rn. 7). Die Wahl eines anderen steuerlichen Übertragungsstichtags ist nicht möglich. Die Schlussbilanz der übertragenden Körperschaft kann jedoch gem. § 17 Abs. 2 Satz 4 UmwG auf einen höchstens acht Monate vor der Anmeldung liegenden Stichtag aufgestellt werden, so dass folglich der steuerliche Übertragungsstichtag ebenfalls maximal acht Monate vor dem Zeitpunkt der Anmeldung der Umwandlung liegt (vgl. SHS/*Hörtnagl* UmwStG § 2 Rn. 18ff. sowie *ders.* UmwG § 17 Rn. 35ff.; WM/*Fronhöfer* UmwG § 17 Rn. 81, 87ff.; DPM/*Dötsch/Werner* UmwStG § 2 Rn. 19ff.). Der Stichtag der Schlussbilanz geht nach hM zwingend dem im Spaltungsplan bestimmten Umwandlungsstichtag unmittelbar vor (vgl. UmwSt-Erl. 2011 BMF v. 11.11.2011, BStBl. I 2011, 1314 Tz. 02.02; SHS/*Hörtnagl* UmwG § 17 Rn. 37 mwN; DPM/*Dötsch/Werner* UmwStG § 2 Rn. 31; aA WM/*Widmann* UmwStG § 2 Rn. 8). Aus Vereinfachungs- und Kostengründen wird in der Praxis als Stichtag der Schlussbilanz der übertragenden Körperschaft und damit als steuerlicher Übertragungsstichtag in aller Regel der Stichtag des letzten regulären Jahresabschlusses gewählt. Würde statt auf den gewählten Bilanzstichtag auf den Tag der Registereintragung abgestellt, müsste die übertragende Körperschaft auf diesen bzw. den vorangehenden – von ihr nicht bestimmbaren – Tag eine Schlussbilanz erstellen.

8. Verlust bzw. Verringerung von verrechenbaren Verlusten, verbleibenden Verlustvorträgen, nicht ausgeglichenen negativen Einkünften, Zinsvortrag und EBITDA-Vortrag der übertragenden Gesellschaft (Körperschaftsteuer und Gewerbesteuer)

a) Körperschaftsteuer

124 Nach § 15 Abs. 1 Satz 1 UmwStG iVm. § 12 Abs. 3 UmwStG iVm. § 4 Abs. 2 Satz 2 UmwStG gehen **verrechenbare Verluste, verbleibende Verlustvorträge, nicht ausgeglichene negative Einkünfte, ein Zinsvortrag nach § 4h Abs. 1 Satz 5 EStG sowie ein EBITDA-Vortrag nach § 4h Abs. 1 Satz 3 EStG** bei Abspaltung und Aufspaltung nicht auf den bzw. die übernehmenden Rechtsträger über. Bei der **Aufspaltung** führt dies zu einem vollständigen Verlust der genannten Verlustnutzungsmöglichkeiten sowie des Zins- und EBITDA-Vortrags nach § 4h EStG (vgl. Blümich/*Klingberg* UmwStG 2006 § 15 Rn. 125). Bei der **Abspaltung** mindern sich nach § 15 Abs. 3 UmwStG die genannten Verlustnutzungsmöglichkeiten sowie der Zins- und EBITDA-Vortrag nach § 4h EStG bei der übertragenden Körperschaft in dem Verhältnis, in dem bei Zugrundelegung des gemeinen Werts das Vermögen auf eine andere Körperschaft übergeht. Im Falle der Abspaltung bleiben demnach die genannten Posten nur insoweit erhalten, wie Vermögen bei der übertragenden Gesellschaft verbleibt. Der Maßstab für die Bestimmung des übergehenden Vermögens im Verhältnis zum Gesamtvermögen der übertragenden Gesellschaft **(Aufteilungsschlüssel)** richtet sich nach dem gemeinen Wert. Nach der FinVerw. entspricht das Verhältnis der gemeinen Werte des übergehenden und des verbleibenden Vermögens zueinander in der Regel dem Spaltungsschlüssel (vgl. UmwSt-Erl. 2011 BMF v. 11.11. 2011, BStBl. I 2011, 1314 Tz. 15.41; DPM/*Dötsch/Stimpel* UmwStG § 15 Rn. 445; s. auch SHS/*Hörtnagl* UmwStG § 15 Rn. 277; s. auch *Mylich* FR 2019, 537: § 15 Abs. 3 UmwStG sei wegen Verletzung des Prinzips der Leistungsfähigkeit (Art. 3 Abs. 1 GG) verfassungswidrig). Bei unterjähriger Abspaltung umfasst die Verringerung nach der FinVerw. auch einen auf die Zeit bis zum steuerlichen Übertragungsstichtag entfallenden laufenden Verlust (vgl. UmwSt-Erl. 2011 BMF v. 11.11.2011, BStBl. I 2011, 1314 Tz. 15.41 iVm. BMF v. 28.11.2017, BStBl. I 2017, 1645 Tz. 33 Satz 1; grds. zustimmend *Heurung/Engel/Schröder* GmbHR 2011, 617, 626; DPM/*Dötsch/ Stimpel* UmwStG § 15 Rn. 439; **aA** Blümich/*Klingberg* UmwStG 2006 § 15 Rn. 127; kritisch auch RHL/*Schumacher* UmwStG § 15 Rn. 292f.). Ein bis zu dem unterjährigen steuerlichen Übertragungsstichtag erzielter Gewinn kann entsprechend den Grundsätzen in BMF v. 28.11.2017, BStBl. I 2017, 1645 Tz. 34 mit noch nicht genutzten Verlusten verrechnet werden (vgl. UmwSt-Erl. 2011 BMF v.11.11.2011, BStBl. I 2011, 1314 Tz. 15.41 iVm. BMF v. 28.11.2017, BStBl. I 2017, 1645 Tz. 33 Satz 2). Bei einer unterjährigen Abspaltung von einem Organträger ist das bis zu diesem Zeitpunkt noch nicht zugerechnete negative Einkommen der Organgesellschaft nicht von der Kürzung nach § 15 Abs. 3 UmwStG betroffen (vgl. UmwSt-Erl. 2011 BMF v.11.11.2011, BStBl. I 2011, 1314 Tz. 15.41; vgl. auch *Krämer* EStB 2018, 139).

Es bietet sich vor diesem Hintergrund an, die Schulden (soweit wirtschaftlich und gesellschaftsrechtlich möglich) dem übergehenden Teilbetrieb zuzuordnen. Dadurch würde der gemeine Wert des übergehenden Vermögens geringer, so dass entsprechend ein höherer Anteil des Verlustvortrags bei der übertragenden Körperschaft bestehen bliebe. Allerdings ist Betriebsvermögen, das nicht zu den funktional wesentlichen Betriebsgrundlagen gehört (zB Schulden), nach Auffassung der FinVerw. grds. nach wirtschaftlichen Zusammenhängen zuzuordnen (zur Kritik auch → Rn. 80).

Handelt es sich bei der **Übernehmerin um eine Personengesellschaft** ergeben sich keine Besonderheiten, da § 16 Satz 1 UmwStG auf die entsprechende Anwendung der Vorschriften §§ 3 bis 8 und § 15 UmwStG verweist. Soweit Vermögen auf eine Personengesellschaft übergeht, vermindert sich ein Verlustvortrag des übertragenden Rechtsträgers entsprechend § 15 Abs. 3 UmwStG. **125**

In dem entgegengesetzten Fall, dass die übertragende Gesellschaft Gewinne und die übernehmende Gesellschaft Verluste erzielt, ist § 2 Abs. 4 UmwStG zu beachten. Nach § 2 Abs. 4 Satz 3 UmwStG ist der Ausgleich oder die Verrechnung von positiven Einkünften des übertragenden Rechtsträgers im Rückwirkungszeitraum mit Verlustpositionen des übernehmenden Rechtsträgers nicht zulässig. Ist die übernehmende Gesellschaft Organgesellschaft, gilt dies auch für einen Ausgleich oder eine Verrechnung beim Organträger (§ 2 Abs. 4 Satz 4 UmwStG). Ist die übernehmende Gesellschaft eine Personengesellschaft, gelten dieselben Beschränkungen für einen Ausgleich oder eine Verrechnung bei den Gesellschaftern (§ 2 Abs. 4 Satz 5 UmwStG). Zur Konzernklausel s. § 2 Abs. 4 Satz 6 UmwStG sowie insgesamt zu § 2 Abs. 4 Satz 3 bis 6: DPM/*Dötsch/Werner* UmwStG § 2 Rn. 114 ff.; *Viebock/Loose* DStR 2013, 1364; *Neumann-Tomm* DB 2014, 2617). **126**

b) Gewerbesteuer

Auch im Hinblick auf die Gewerbesteuer erfolgt eine **anteilige Verringerung der vortragsfähigen Fehlbeträge** der übertragenden Körperschaft iSd. § 10a GewStG. Geht das Vermögen der übertragenden Körperschaft auf eine andere Körperschaft über, gelten aufgrund der Verweisung des § 19 Abs. 2 UmwStG die Regelungen der § 15 Abs. 1 Satz 1 UmwStG iVm. § 12 Abs. 3 UmwStG (und damit § 4 Abs. 2 Satz 2 UmwStG) und § 15 Abs. 3 UmwStG entsprechend. In Anlehnung an die körperschaftsteuerliche Konzeption **entfallen** die im Zeitpunkt des Vermögensübergangs bzw. des steuerlichen Übertragungsstichtags noch vorhandenen gewerbesteuerlichen Verlustvorträge in dem Umfang, wie Vermögen auf die Übernehmerin übergeht. Maßgebend ist wiederum das Verhältnis des gemeinen Wertes des übergehenden Vermögens zum gemeinen Wert des Gesamtvermögens der übertragenden Körperschaft. Ein noch vorhandener Fehlbetrag iSd. § 10a GewStG kann mit einem etwaigen Übertragungsgewinn verrechnet werden (vgl. Blümich/*Klingberg* UmwStG 2006 § 19 Rn. 12). **127**

Nach einer in der Literatur vertretenen Auffassung ist § 19 Abs. 2 UmwStG lediglich deklaratorisch zu verstehen, da über die Verweisungskette von § 19 Abs. 1 UmwStG über § 15 Abs. 1 Satz 1 UmwStG iVm. § 12 Abs. 3 UmwStG zu § 4 Abs. 2 Satz 2 UmwStG bzw. zu § 15 Abs. 3 UmwStG dieselbe Aussage bereits in § 19 Abs. 1 UmwStG enthalten sei (vgl. RHL/*Trossen* UmwStG § 19 Rn. 33; SHS/*Schmitt* UmwStG § 19 Rn. 17). Jedenfalls könne § 19 Abs. 2 UmwStG nicht dahingehend verstanden werden, dass § 4 Abs. 2 Satz 2 UmwStG und § 15 Abs. 3 UmwStG nur auf die vortragsfähigen Fehlbeträge iSd. § 10a GewStG anzuwenden sei, nicht hingegen auf verrechenbare Verluste und negative Einkünfte (vgl. RHL/*Trossen* UmwStG § 19 Rn. 33; ebenso HMB/*Wisniewski* UmwStG § 19 Rn. 33; dasselbe müsste uE auch für den Zins- und EBITDA-Vortrag gelten; glA WM/*Schießl* UmwStG § 19 Rn. 61: Zinsvortrag nach § 4h EStG gehe nicht über).

9. Aufteilung des steuerlichen Einlagekontos

Ausgangspunkt ist der gesondert festgestellte (§ 27 Abs. 2 KStG) Bestand vor Abspaltung: Im Rahmen der Spaltung ist der bei der übertragenden Kapitalgesellschaft vorhandene Bestand aufzuteilen (zum Grundsatz → Rn. 129, zum Aufteilungsmaßstab → Rn. 130). **128**

Bezüglich des steuerlichen Einlagekontos gilt grundsätzlich Folgendes: zunächst ist der Bestand des steuerlichen Einlagekontos der übertragenden Gesellschaft um deren **129** bisheriges Nennkapital zu erhöhen (§§ 29 Abs. 1 iVm. 28 Abs. 2 Satz 1 KStG; ein Sonderausweis aus umgewandelten Gewinnrücklagen wird allerdings vorab dem neutralen Vermögen zugerechnet und bleibt bei der Erhöhung des steuerlichen Einlagekontos außer Ansatz). Der sich danach ergebende Betrag des steuerlichen Einlagekontos ist aufzuteilen (zum Aufteilungsmaßstab → Rn. 130) und anteilig den steuerlichen Einlagekonten der übernehmenden Körperschaften zuzurechnen (§ 29 Abs. 3 Satz 1 KStG). Ausführlich dazu DPM/*Dötsch* KStG § 29 Rn. 9ff.; UmwSt-Erl. 2011 BMF v. 11.11.2011, BStBl. I 2011, 1314 Tz.K.01ff. mit Übersicht und Rechenbeispielen. Die nachfolgende Anpassung an die Nennkapitalbeträge der Übernehmerin erfolgt schließlich entsprechend den Regelungen in § 28 Abs. 1 und 3 KStG für eine Kapitalerhöhung aus Gesellschaftsmitteln (§ 29 Abs. 4 KStG); dies führt vorrangig zur Minderung des steuerlichen Einlagekontos (§§ 28 Abs. 1 iVm. 29 Abs. 4 KStG). Zu der Behandlung von Veränderungen im steuerlichen Einlagekonto im Rückwirkungszeitraum s. *Karcher* DStR 2018, 2173.

130 Nach § 29 Abs. 3 Satz 1 KStG ergibt sich der **Aufteilungsmaßstab aus dem Verhältnis** der übergehenden Vermögensteile zu dem bei der Überträgerin vor der Spaltung bestehenden Vermögen, wie es idR in den Angaben zum Umtauschverhältnis der Anteile im Spaltungs- und Übernahmevertrag oder im Spaltungsplan zum Ausdruck kommt (§§ 126 Abs. 1 Nr. 3, 136 UmwG; vgl. UmwSt-Erl. 2011 BMF v. 11.11.2011, BStBl. I 2011, 1314 Tz.K.17). Die Ermittlung und die Aufteilung nach dem Verhältnis der gemeinen Werte gemäß § 29 Abs. 3 Satz 2 KStG ist aber dann notwendig, wenn eine nicht verhältniswahrende Spaltung durchgeführt wird oder das Umtauschverhältnis der Anteile nicht dem Verhältnis der übergehenden Vermögensteile zu dem vor der Spaltung bestehenden Vermögen entspricht (vgl. UmwSt-Erl. 2011 BMF v. 11.11.2011, BStBl. I 2011, 1314 Tz.K.17; DPM/*Dötsch* KStG § 29 Rn. 40 aE, 41).

131–150 *einstweilen frei*

VII. Verkehrsteuern

1. Umsatzsteuer

151 Bei der Abspaltung stellt die **Vermögensübertragung des übertragenden Rechtsträgers** vorbehaltlich des Eingreifens von Befreiungsvorschriften grds. eine umsatzsteuerliche Leistung iSd. § 1 Abs. 1 Nr. 1 UStG dar, wenn übertragender und übernehmender Rechtsträger nicht unselbstständige Glieder eines umsatzsteuerlichen Organkreises sind. Die Abspaltung ist aber jedenfalls dann nicht umsatzsteuerbar, wenn die Vermögensübertragung eine **Geschäftsveräußerung** iSd. § 1 Abs. 1a UStG darstellt. Eine Geschäftsveräußerung liegt dann vor, wenn ein Teilbetrieb bzw. ein in der Gliederung eines Unternehmens gesondert geführter Betrieb im Ganzen übertragen wird. In der Praxis greift diese Regelung nur, wenn bereits vor der Aufspaltung bzw. Abspaltung zwei gesondert geführte Betriebe beim übertragenden Rechtsträger existieren. Mangels gesetzlicher Anordnungen trifft diese Regelung nur auf den Teilbetrieb iSd. § 15 Abs. 1 Satz 1 und 2 UmwStG zu und nicht auf den in § 15 Abs. 1 Satz 3 UmwStG einem Teilbetrieb gleichgestellten Mitunternehmeranteil oder auf die das gesamte Nennkapital umfassende Beteiligung an einer Kapitalgesellschaft.

152 Beim **übernehmenden Rechtsträger** fällt in der Regel keine Umsatzsteuer an. Besteht zwischen übertragendem und übernehmendem Rechtsträger eine **Organschaft,** kann eine Umsatzsteuerpflicht mangels Unternehmerwechsel nicht entstehen. Im Übrigen stellt die Gewährung von Gesellschaftsrechten einen nach § 4 Nr. 8 Buchst. f UStG steuerbefreiten Umsatz dar.

153 Erfolgt in den Fällen des § 1 Abs. 1a UStG keine (partielle) Gesamtrechtsnachfolge, greift die **umsatzsteuerliche Sonderrechtsnachfolge** (§ 1 Abs. 1a Satz 3 UStG).

Diese Vorschrift ordnet an, dass der erwerbende Unternehmer verfahrensrechtlich an die Stelle des Veräußerers tritt. Zu den Auswirkungen auf den **Vorsteuerabzug** und die **Vorsteuerberichtigung** vgl. → Form. A.1 Rn. 134 ff.

Soweit im **Spaltungsvertrag** eine Aufteilung der Vermögensgegenstände gem. § 126 Abs. 1 Nr. 9 UmwG nicht vorgenommen wurde, ist anhand der Vertragsauslegung regelmäßig davon auszugehen, dass derjenige übernehmende Rechtsträger betroffen ist, dem der jeweilige Vermögensgegenstand übertragen wurde, aus dem die Leistung erbracht wurde bzw. an den sie erbracht wurde. **154**

Liegt **keine Geschäftsveräußerung** iSd. § 1 Abs. 1a Satz 2 UStG vor, kommt es auch nicht zur umsatzsteuerrechtlichen Sonderrechtsnachfolge gem. § 1 Abs. 1a Satz 3 UStG. Da der übertragende Rechtsträger bestehen bleibt, gehen auf den übernehmenden Rechtsträger weder materiellrechtliche umsatzsteuerliche Bindungen hinsichtlich der übernommenen Vermögensgegenstände über (zB auch bzgl. § 15a UStG), noch stellt sich die Frage nach einem Übergang verfahrensrechtlicher Bindungen (zB bzgl. einer Option). Allerdings steht dem übernehmenden Rechtsträger der Vorsteuerabzug unter Beachtung der normalen Regelungen zu. Hierzu hat der übertragende Rechtsträger eine entsprechende Rechnung mit offenem Steuerausweis zu erteilen. **155**

Beratungsleistungen im Zusammenhang mit der Abspaltung berechtigen zum Vorsteuerabzug, auch wenn der Umwandlungsvorgang selbst nicht der Umsatzsteuer unterliegt (vgl. EuGH v. 22.2.2001, C-408/98; DStRE 2001, 318; SBB/*Schöneberger/Bultmann* § 20 Rn. 226; ausführlich WM/*Knoll* Anh. 11 Rn. 97, 111 ff.). **156**

Die Rückwirkung für Ertragsteuern nach § 2 UmwStG gilt nicht für die Umsatzsteuer. Umsatzsteuerliche Auswirkungen ergeben sich erst ab der Eintragung der Umwandlung im Handelsregister. Bis dahin sind nur vom übertragenden Rechtsträger Umsatzsteuererklärungen abzugeben. Für die Zurechnung der Umsätze und Erklärung der Umsatzsteuer kommt es darauf an, ob der Umsatz vor oder nach der Eintragung im Handelsregister erbracht wird (vgl. SHS/*Keuthen* Teil E Rn. 12). **157**

2. Grunderwerbsteuer

Zur Grunderwerbsteuer allgemein → Form. D.1 Rn. 66 ff.; zur anstehenden Reform → Form. D.1 Rn. 70 ff.. Das Umwandlungsrecht will für Umstrukturierungen von Wirtschaftsbetrieben rechtliche und steuerrechtliche Erleichterungen schaffen. Das UmwStG bietet Möglichkeiten zur Steuervermeidung für den Bereich der Ertragsteuern, nicht jedoch für Verkehrsteuern wie Umsatz- und Grunderwerbsteuer (vgl. Boruttau/*Meßbacher-Hönsch* GrEStG § 1 Rn. 365). Diese werden auch bei Umstrukturierungen nach dem Umwandlungsrecht erhoben, wenn die entsprechenden Voraussetzungen vorliegen. **158**

Die Kostenbelastung durch die Grunderwerbsteuer kann durchaus das entscheidende Kriterium für die Wahl einer bestimmten Umwandlungsform bzw. eines bestimmten Umwandlungsweges sein, zumal wenn etwa im Rahmen einer Reorganisation eines Unternehmens möglicherweise sogar mehrere Umwandlungen und sich daraus ergebend auch eine mehrfache Übertragung von Grundstücken erforderlich sind (vgl. WM/*Pahlke* Anh. 12 Rn. 39). **159**

Die Grunderwerbsteuer als Rechtsverkehrsteuer knüpft die Besteuerung des Übergangs von inländischen Grundstücken und gleichgestellten Rechtsgütern iSd. § 2 GrEStG (vgl. WM/*Pahlke* Anh. 12 Rn. 5 ff.) bei Umwandlungen in der Regel an den Wechsel des Rechtsträgers gemäß § 1 Abs. 1 Nr. 3 GrEStG an, da dem Übergang des Eigentums im Bereich des Umwandlungsrechts in der Regel kein schuldrechtliches Verpflichtungsgeschäft hinsichtlich der Grundstücke vorausgeht (vgl. WM/*Pahlke* Anh. 12 Rn. 52). Dabei werden die Umwandlungsvorgänge, wenn es bei einer Umstrukturierung zu einem solchen Rechtsträgerwechsel kommt, als Erwerbsvorgänge qualifiziert, so dass eine Besteuerung gemäß § 1 Abs. 1 Nr. 3 GrEStG stattzufinden hat und zwar **160** in dem Umfang, in dem der Rechtsträger wechselt. Wird ganz oder zumindest zum Teil die Rechtsträgeridentität erhalten, so findet insoweit auch keine Besteuerung statt. Bzgl. der Beurteilung einer möglichen Rechtsträgeridentität ist eine wirtschaftliche Betrachtungsweise zugrunde zu legen. Gemäß § 6a GrEStG sind die durch eine Abspaltung innerhalb eines Konzerns herbeigeführten Grundstücksübergänge unter bestimmten Voraussetzungen von der Grunderwerbsteuer befreit (sog. „Konzernklausel"; weiterführend hierzu Gleichl. Ländererlass v. 19.6.2012, BStBl. I 2012, 662 – betr. Anwendung des § 6a GrEStG; Übersicht zu den strittigen Auslegungsfragen bzgl. Unternehmereigenschaft des herrschenden Unternehmens und der Vor- und Nachbehaltensfrist sowie den dazu anhängigen Revisionsverfahren zu § 6a GrEStG bei *Kittl/Lorenz* DStR 2019, 897; gem. EuGH v. 19.12.2018, C-374/17, DStR 2019, 49 stellt § 6a GrEStG keine verbotene staatliche Beihilfe dar, s. hierzu auch *Cloer/Vogel* BB 2019, 151; *Behrens* BB 2019, 360).

161 Zeitlich erfolgt die Verwirklichung des Erwerbsvorganges erst mit der Eintragung der Rechtsänderung infolge der Umwandlung in das Handelsregister (WM/*Pahlke* Anh. 12 Rn. 60). Es erfolgt weder eine Rückbeziehung auf den Gesellschafterbeschluss bzw. den Abschluss des Vertrages, noch ist eine gewillkürte Rückbeziehung, wie dies bzgl. des Umwandlungsstichtages etwa gem. § 17 Abs. 2 UmwG iVm. § 2 UmwStG zulässig ist, möglich (WM/*Pahlke* Anh. 12 Rn. 8, 60; Boruttau/*Meßbacher-Hönsch* GrEStG § 1 Rn. 365; BFH v. 15.10.1997, I R 22/96, BStBl. II 1998, 168).

162 Umwandlungen bewirken dann eine Grunderwerbsteuerpflicht, wenn bei ihrer Durchführung folgende Vermögensgegenstände ihren Rechtsträger wechseln:

- inländische Grundstücke, wobei Erbbaurechte, Gebäude auf fremdem Boden und dinglich gesicherte Sondernutzungsrechte iSd. § 15 WEG bzw. § 1010 BGB Grundstücken gleichgestellt sind – § 2 Abs. 1 und Abs. 2 GrEStG (unmittelbarer Grundstücksübergang, vgl. WM/*Pahlke* Anh. 12 Rn. 52ff.);

163 – Anteile an Personengesellschaften, zu deren Vermögen ein inländisches Grundstück gehört und bei denen sich der Gesellschafterbestand innerhalb von fünf Jahren unmittelbar oder mittelbar dergestalt ändert, dass mindestens 95% (evtl. künftig 90% innerhalb von zehn Jahren, vgl. Entwurf eines Gesetzes zur Änderung des GrEStG (BR-Drs. 355/19), s. auch *Broemel/Mörwald* DStR 2019, 1113) der Anteile auf neue Gesellschafter übergehen – § 1 Abs. 2a GrEStG (vgl. WM/*Pahlke* Anh. 12 Rn. 119ff.; Gleichl. Ländererlasse v. 12.11.2018, BStBl. I 2018, 1314; evtl. künftig entsprechende Regelung für Anteile an Kapitalgesellschaften gemäß BR-Drs. 355/19, s. oben);

164 – Anteile an Personen- und Kapitalgesellschaften, zu deren Vermögen ein inländisches Grundstück gehört und bei denen sich mindestens 95% (evtl. künftig 90%, s. → Rn. 163) der Anteile unmittelbar oder mittelbar in einer Hand vereinigen – § 1 Abs. 3 GrEStG (vgl. Gleichl. Ländererlasse v. 2.12.1999, BStBl. I 1999, 991 und Ergänzung FM. BaWü. v. 14.12.2000, DStR 2000, 430; § 1 Abs. 3 GrEStG erfasst sowohl Personen- als auch Kapitalgesellschaften, vgl. Boruttau/*Meßbacher-Hönsch* GrEStG § 1 Rn. 955, WM/*Pahlke* Anh. 12 Rn. 181; zur Frage der Übertragbarkeit der Rspr. zu § 1 Abs. 2a GrEStG s. *Rutemöller* BB 2015, 1058, 1061 mwN). § 1 Abs. 2a GrEStG geht jedoch der Anwendung des § 1 Abs. 3 GrEStG vor, dh. die Anwendung des § 1 Abs. 3 GrEStG wird durch § 1 Abs. 2a GrEStG dann ausgeschlossen, wenn nach dieser Regelung eine Steuer nicht erhoben wird (vgl. WM/*Pahlke* Anh. 12 Rn. 184; Gleichl. Ländererlasse v. 12.11.2018, BStBl. I 2018, 1314);

165 – Anteile an Personen- und Kapitalgesellschaften, zu deren Vermögen ein inländisches Grundstück gehört und bei denen sich erstmals eine wirtschaftliche Beteiligung iHv. mindestens 95% (evtl. künftig 90%, s. → Rn. 163) der Anteile unmittelbar oder mittelbar in einer Hand ergibt – § 1 Abs. 3a GrEStG (vgl. Gleichl. Ländererlasse v. 19.9.2018, BStBl. I 2018, 1078; zur Frage der Übertragbarkeit der Rspr. zu § 1 Abs. 2a GrEStG s. *Rutemöller* BB 2015, 1058, 1061 mwN). § 1 Abs. 2a und Abs. 3

GrEStG gehen der Anwendung des § 1 Abs. 3a GrEStG vor (vgl. § 1 Abs. 3a S. 1 GrEStG; Gleichl. Ländererlasse v. 19.9.2018, BStBl. I 2018, 1078).

Die Bemessungsgrundlage richtet sich in den Fällen der Umwandlung gemäß § 8 Abs. 2 Satz 1 Nr. 2 GrEStG nach den Grundbesitzwerten gem. § 151 Abs. 1 S. 1 Nr. 1 iVm. § 157 Abs. 1 bis 3 BewG (vgl. WM/*Pahlke* Anh. 12 Rn. 65). **166**

Steuerschuldner der Grunderwerbsteuer sind in den Fällen des § 1 Abs. 1 Nr. 3 GrEStG nach § 13 Nr. 2 GrEStG sowohl der bisherige Eigentümer als auch der Erwerber. In Umwandlungsfällen geht vielfach der bisherige Eigentümer als Rechtspersönlichkeit durch den Umwandlungsvorgang unter, so dass es dann bei dem Erwerber als alleinigem Steuerschuldner iSd. § 13 Nr. 2 GrEStG bleibt (vgl. WM/*Pahlke* Anh. 12 Rn. 82). **167**

Bzgl. der Steuerschulden kommt eine Haftung der gesetzlichen Vertreter iSd. § 34 AO, also der Geschäftsführer und des Vorstandes einer formwechselnden Gesellschaft, nach den §§ 69, 71 AO in Betracht (WM/*Pahlke* Anh. 12 Rn. 84). Voraussetzung ist aber bei der allgemeinen Vertreterhaftung des § 69 AO ein mindestens grob fahrlässiges Verschulden des Vertreters, eine Haftung aus § 71 AO erfordert sogar ein vorsätzliches Handeln. Dies ergibt sich bzgl. der Haftung aus § 69 AO aus dem Wortlaut der Norm, hinsichtlich der Haftung aus § 71 AO aus den tatbestandlichen Voraussetzungen einer Steuerhinterziehung bzw. Steuerhehlerei. **168**

einstweilen frei **169–175**

VIII. Arbeitsrecht

1. Darstellung der Spaltungsfolgen für die Arbeitnehmer und ihre Vertretungen

Gem. **§ 126 Abs. 1 Nr. 11** UmwG müssen im Spaltungsvertrag zwingend die Folgen der Spaltung für die Arbeitnehmer und ihre Vertretungen sowie die insoweit vorgesehenen Maßnahmen angegeben werden. Bei der Spaltung zur Neugründung tritt an die Stelle des Spaltungsvertrags der Spaltungsplan (§ 136 UmwG); für die Darstellung der Folgen für die Arbeitnehmer und ihre Vertretungen ergeben sich daraus keine Änderungen. § 126 Abs. 1 Nr. 11 UmwG stellt eine **Parallelvorschrift** zu der für die Verschmelzung geltenden Regelung des **§ 5 Abs. 1 Nr. 9 UmwG** dar. **§ 126 Abs. 3 UmwG** sieht **entsprechend** der Regelung in **§ 5 Abs. 3 UmwG** für die Verschmelzung die Zuleitung des Spaltungsvertrags oder -plans an den Betriebsrat vor. Der Spaltungs- und Übernahmevertrag/der Spaltungsplan ist spätestens einen Monat vor Beschlussfassung der Gesellschaften über die Spaltung dem jeweiligen **Betriebsrat zuzuleiten.** Die Berechnung der **Monatsfrist** richtet sich nach den allgemeinen Bestimmungen der §§ 186 ff. BGB, wobei ab dem Datum der Versammlung der Gesellschafter als fristauslösendem Ereignis zurückzurechnen ist (Kallmeyer/*Marsch-Barner* UmwG § 5 Rn. 77). Maßgeblich ist der Versammlungstermin desjenigen Rechtsträgers, für den der zuständige Betriebsrat gebildet worden ist. Der Betriebsrat kann auf die Einhaltung der Monatsfrist **verzichten** (Kallmeyer/*Marsch-Barner* UmwG § 5 Rn. 77b mwN). Wird nach der Zuleitung des Spaltungsvertrages/Spaltungsentwurfes/Spaltungsplanes an den Betriebsrat durch eine Nachtragsurkunde eine **Änderung** vorgenommen, so ist deren Zuleitung an den Betriebsrat erforderlich, auch wenn es sich um lediglich formelle oder unwesentliche Änderungen handelt. Dem Betriebsrat ist alles, was Gegenstand der Anmeldung zur Eintragung sein muss und soll, zuzuleiten (OLG Naumburg v. 17.3.2003, 7 Wx 6/02, BB 2003, 2756; einschränkend Kallmeyer/*Marsch-Barner* UmwG § 5 Rn. 78 mwN: nur Änderungen, welche die Interessen der Arbeitnehmer und ihrer Vertretungen berühren können. **176**

Hinsichtlich der Anforderungen an die Darstellung der Arbeitnehmerfolgen, des Verhältnisses zu sonstigen Informationsrechten, der Konsequenzen unrichtiger oder **177** unvollständiger Darstellung, der Zuleitung an den Betriebsrat, nachträglicher Abänderungen des Vertrags oder eines Verzichts kann auf die grds. Anmerkungen unter → Form. A.1 Rn. 150 ff. verwiesen werden. In materiell-rechtlicher Hinsicht ist auf die **„Checkliste Arbeitsrecht"** (→ Form. A.1 Rn. 231) zu verweisen.

178 Die Darstellung arbeitsrechtlicher Folgen nach § 126 Abs. 1 Nr. 11 UmwG erfordert im Rahmen der Spaltung **zusätzlich** Angaben über die **Zuordnung** von **Betrieben und Betriebsteilen** zu den übernehmenden Rechtsträgern. Dies folgt ausdrücklich aus der Regelung des **§ 126 Abs. 1 Nr. 9 UmwG,** wonach eine genaue Bezeichnung und Aufteilung der Gegenstände des Aktiv- und Passivvermögens, die an jeden der übernehmenden Rechtsträger übertragen werden, „sowie der übergehenden Betriebe und Betriebsteile unter Zuordnung zu den übernehmenden Rechtsträgern" zu erfolgen hat.

179 In diesem Zusammenhang sind auch Ausführungen darüber erforderlich, **welche Einheiten als Betrieb oder als Betriebsteil** betrachtet werden. Zu empfehlen ist die **Aufnahme von Personallisten** unter Zuordnung der Arbeitnehmer zu den übertragenen Betrieben oder Betriebsteilen. Vollzieht sich der Übergang der Arbeitsverhältnisse nach § 613a BGB, hat die Bezeichnung der übergehenden Arbeitsverhältnisse lediglich deklaratorische Bedeutung. Das Vorliegen eines Betriebsübergangs bei einer Spaltung muss eigenständig und vorrangig geprüft werden (BAG v. 19.10.2018, 8 AZR 63/16, NZA 2018, 370). Vollzieht sich der Übergang allein aufgrund des Spaltungsvertrags/-plans im Wege der Gesamtrechtsnachfolge, so müssen die Arbeitnehmer namentlich bezeichnet werden und dem Übergang zustimmen (vgl. BT-Drs. 12/6699 S. 118; Kallmeyer/*Willemsen* UmwG § 324 Rn. 57, BAG v. 19.10.2018, 8 AZR 63/16, NZA 2018, 370, iE s. Rn. 186).

2. Arbeitsrechtliche Folgen der Abspaltung

a) Übergang von Arbeitsverhältnissen

180 Die Arbeitsverhältnisse der Arbeitnehmer des abgespaltenen Teilbetriebs gehen auf den übernehmenden Rechtsträger gem. **§ 324 UmwG, § 613a BGB** über, **soweit** mit der Abspaltung ein **Betrieb- oder Betriebsteil übertragen** wird (zu den Voraussetzungen eines Betriebsübergangs vgl. → Form. A.1 Rn. 167 ff.). In Betracht kommt der Übergang von Betrieben des aufgespaltenen Rechtsträgers als Ganzes wie auch der Übergang von Betriebsteilen, zB Betriebsabteilungen. Die **Zuordnung der Arbeitsverhältnisse** richtet sich nach § 613a BGB, dh. die Arbeitsverhältnisse gehen automatisch mit dem Betrieb oder Betriebsteil über, mit dem sie funktional verbunden sind (Kallmeyer/*Willemsen* UmwG § 324 Rn. 52, *Wlotzke* DB 1995, 40, 42 f.). Die **Gestaltungsfreiheit,** die den an der Umwandlung beteiligten Rechtsträger gem. **§ 126 Abs. 1 Nr. 9 UmwG** hinsichtlich der Zuordnung von Betrieben oder Betriebsteilen zu den verschiedenen übernehmenden Rechtsträgern zukommt, bezieht sich nicht auf die Zuordnung der Arbeitnehmer zu diesen Betrieben, vielmehr wird diese **durch § 613a BGB beschränkt** (Kallmeyer/*Willemsen* UmwG § 324 Rn. 52, *Boecken* ZIP 1994, 1087, 1091, s. auch BT-Drs. 12/6699 S. 118). Die Parteien des Spaltungsvertrages müssen sich an der objektiven Zugehörigkeit der Arbeitnehmer zu den jeweils zu übertragenden Betrieben oder Betriebsteilen orientieren (BAG v. 24.5.2012, 2 AZR 250/11, BeckRS 2013, 65579). Eine **„freie" Zuordnung** von Arbeitsverhältnissen im Spaltungsvertrag bzw. -plan, welche die objektive Zuordnung zu einem bestimmten Betrieb oder Betriebsteil aufhebt, ist wegen des Vorrangs von § 613a BGB **unwirksam** (hM, vgl. BAG v. 24.5.2012, 2 AZR 250/11, BeckRS 2013, 65579; BAG v. 19.10.2017, 8 AZR 63/16, NZA 2018, 370; Kallmeyer/*Willemsen* UmwG § 324 Rn. 53, *Boecken* ZIP 1994, 1087, 1091, *Wlotzke* DB 1995, 40, 42, *Joost* ZIP 1995, 976, 980). Bei zutreffender Zuordnung hat die Bezeichnung von Arbeitsverhältnissen im Spaltungsvertrag oder -plan im Hinblick auf die Wirkungen des Betriebsübergangs lediglich deklaratorische Bedeutung.

Wenn die **Zuordnung** eines Arbeitsverhältnisses zu einem bestimmten Betrieb/Betriebsteil **unklar** oder nicht möglich ist, zB. bei Mitarbeitern einer übergeordneten Stabsabteilung oder sog. „Springern", die in mehreren Betriebsteilen eingesetzt werden, soll eine **bindende Festlegung im Spaltungsvertrag oder -plan** unter genauer Bezeichnung der Arbeitsverhältnisse in Betracht kommen (*Wlotzke* DB 1995, 40, 42, wohl auch Kallmeyer/*Willemsen* UmwG § 324 Rn. 54f.). Dagegen spricht der Vorrang von § 613a BGB. An der zwingenden Wirkung des § 613a BGB kann der Spaltungsvertrag nichts ändern (BAG v. 19.10.2017, 8 AZR 63/17, NZA 2018, 370, Lutter/*Priester* UmwG § 126 Rn 69). **181**

Besteht im Betrieb des übergehenden Rechtsträgers ein Betriebsrat, gibt **§ 323 Abs. 2 UmwG** den Betriebsparteien die Möglichkeit, in Fällen **zweifelhafter Zuordnung** im Rahmen eines freiwilligen Interessenausgleichs Festlegungen zu treffen. Die Betriebsparteien haben aber nicht die Rechtsmacht, Arbeitnehmer in einem Interessenausgleich einer nicht übergangsfähigen wirtschaftlichen Einheit zuzuordnen; findet kein Betriebsübergang statt, ist die Zuordnung im Interessenausgleich grob fehlerhaft und damit unverbindlich BAG v. 19.10.2017, 8 AZR 63/16, NZA 2018, 370); → Form. A.1 Rn. 170. **182**

Rechtsfolge des Betriebsübergangs ist der Übergang der Arbeitsverhältnisse nach § 613a BGB mit allen Rechten und Pflichten, s. iE → Form. A.1 Rn. 167ff. **183**

Der Übergang eines etwa bestehenden **Firmentarifvertrages** findet in allen Spaltungsfällen indes nur statt, soweit dies gem. § 131 Abs. 1 Nr. 1 UmwG im Spaltungsvertrag oder -plan vorgesehen ist. Die Stellung als Vertragspartner des Firmentarifvertrages kann **nur einem** der an der Spaltung beteiligten Rechtsträger zugewiesen werden, ansonsten würde die Gesamtrechtsnachfolge nach § 131 UmwG zu einer „Vervielfältigung" des Firmentarifvertrages führen (Kallmeyer/*Willemsen* UmwG § 324 Rn. 24). **184**

Gemäß **§ 613a Abs. 5 BGB** sind die von einem Betriebsübergang betroffenen Arbeitnehmer vor dem Übergang zu unterrichten (unabhängig vom Bestehen einer Arbeitnehmervertretung). IE → Form. A.1 Rn. 152ff. Der betroffene Arbeitnehmer kann dem Übergang des Arbeitsverhältnisses gem. **§ 613a Abs. 6 BGB** schriftlich widersprechen. **Widerspricht** ein Arbeitnehmer bei einer Abspaltung dem Übergang des Arbeitsverhältnisses, bleibt das Arbeitsverhältnis mit dem übertragenden Rechtsträger bestehen (*Boecken* ZIP 1994, 1087, 1092). Dem übertragenden Rechtsträger steht jedoch unter den Voraussetzungen des § 1 KSchG ein Recht zur **betriebsbedingten Kündigung** zu, wenn eine Weiterbeschäftigung des Arbeitnehmers wegen des spaltungsbedingten Betriebsübergangs ausgeschlossen ist und eine andere Weiterbeschäftigungsmöglichkeit nicht besteht (*Boecken* aaO, s. auch BAG v. 15.8.2002, 2 AZR 195/01, NZA 2003, 430). Nach neuerer Rechtsprechung ist eine **Sozialauswahl** unabhängig von den Beweggründen des widersprechenden Arbeitnehmers für seinen Widerspruch durchzuführen (BAG v. 31.5.2008, 2 AZR 276/06, NZA 2008, 33, ausführliche Darstellung bei ErfK/*Preis* § 613a Rn. 105ff.). Im Einzelfall kann die Ausübung des Widerspruchsrechts rechtsmissbräuchlich sein (vgl. BAG v. 19.2.2009, 8 AZR 176/08, NZA 2009, 1095). **185**

Der Übergang von Arbeitsverhältnissen im Zusammenhang mit einer Spaltung muss nicht zwingend nach § 613a BGB erfolgen. Während im Zusammenhang mit der Verschmelzung in aller Regel ein Betriebsübergang stattfindet, ist dies bei der Spaltung nicht unbedingt der Fall. Die Folgen der Spaltung für die Arbeitnehmer hängen davon ab, wie die am Spaltungsvertrag bzw. -plan beteiligten Rechtsträger die zu übertragenden Vermögensbestandteile strukturiert und zugeordnet haben. Werden hierbei keine Betriebe oder Betriebsteile im Sinne einer „wirtschaftlichen Einheit" übertragen, findet ein Betriebsübergang nach § 613a BGB nicht statt. Der Übergang der Arbeitsver- **186** hältnisse kann sich in diesem Fall nur **„rein spaltungsrechtlich"** im Wege der Gesamtrechtsnachfolge gem. § 131 Abs. 1 Nr. 1 UmwG entsprechend der Bezeichnung im Spaltungsvertrag vollziehen (vgl. auch *Boecken* ZIP 1994, 1087, 1091, 1092). Ob nach Wegfall des § 132 UmwG die Zustimmung der betroffenen Arbeitnehmer zur umwandlungsrechtlichen Übertragung ihres Arbeitsverhältnisses erforderlich ist, war umstritten (vgl. hierzu WHSS/*Willemsen* Kap. G Rn. 145 f.). Das BAG hat nun klargestellt, dass der Übergang von Arbeitsverhältnissen im Wege der (partiellen) Gesamtrechtsnachfolge der Zustimmung des betroffenen Arbeitnehmers bedarf. Bei fehlender Zustimmung zu einem Übergang entsprechend der Zuordnung steht dem Arbeitnehmer bei einer Aufspaltung ein Wahlrecht zu, mit welchem der neuen Rechtsträger das Arbeitsverhältnis fortgesetzt wird (BAG v. 19.10.2017, 8 AZR 63/16, NZA 2018, 370).

b) Folgen für die kündigungsrechtliche Stellung der Arbeitnehmer

187 Bei einer Abspaltung kann sich die kündigungsrechtliche Stellung des Arbeitnehmers verschlechtern, wenn der Arbeitnehmer einem Rechtsträger zugeordnet wird, bei dem zB die für den Kündigungsschutz nach dem Kündigungsschutzgesetz notwendige Zahl von mehr als zehn bzw. – für vor dem 1.1.2004 eingestellte Arbeitnehmer mit Bestandsschutz – mehr als fünf Arbeitnehmern (§ 23 Abs. 1 Satz 2 u. 3 KSchG nF) nicht mehr erreicht wird. **§ 323 UmwG** bestimmt daher, dass im Fall der Spaltung die „kündigungsrechtliche Stellung" (zum Begriff vgl. *Wlotzke* DB 1995, 40, 44, *Willemsen* NZA 1996, 791, 799 f. mwN) des Arbeitnehmers trotz des tatsächlichen Wegfalls der Voraussetzungen für **zwei Jahre erhalten** bleibt.

188 Führen an einer Spaltung beteiligte Rechtsträger nach deren Wirksamwerden gemeinsam einen Betrieb, so gilt dieser gem. § 322 UmwG in der seit dem 28.7.2001 geltenden Fassung (entspricht § 322 Abs. 2 UmwG aF) als ein Betrieb iSd. Kündigungsschutzgesetzes. Dies hat zur Folge, dass es für die Anwendbarkeit des Kündigungsschutzgesetzes auf die Gesamtzahl der Arbeitnehmer in dem Gemeinschaftsbetrieb ankommt. Im Fall des Ausspruchs einer Kündigung sind Weiterbeschäftigungsmöglichkeiten im gesamten Betrieb und nicht nur bei dem Arbeitgeber, dem der gekündigte Arbeitnehmer zugeordnet ist, zu prüfen. In die Sozialauswahl nach § 1 Abs. 3 KSchG sind alle Arbeitnehmer des Gemeinschaftsbetriebs, ungeachtet, welchem Arbeitgeber sie zuzuordnen sind, einzubeziehen (so auch *Joost* ZIP 1995, 976, 981, *Wlotzke* DB 1995, 40, 44). Diese Angaben sind gegebenenfalls in den Spaltungsvertrag mit aufzunehmen (so auch *Joost* aaO).

c) Betriebsverfassungsrechtliche Folgen

189 Infolge der Abspaltung kann, muss es aber nicht zu **Änderungen auf der betrieblichen Ebene** kommen.

190 **Keine betriebsverfassungsrechtlichen Folgen** entstehen, wenn die Abspaltung des Unternehmens den Bestand des ursprünglichen Betriebs in organisatorischer Hinsicht unberührt lässt. Es gilt gem. **§ 1 Abs. 2 Nr. 2 BetrVG** die Vermutung eines **gemeinsamen Betriebs** mehrerer Unternehmen, wenn die an der Spaltung des Unternehmens beteiligten Rechtsträger nach der Spaltung einen Betrieb ohne wesentliche organisatorische Änderungen gemeinsam weiterführen.

191 Verliert der bisherige Betrieb infolge der Abspaltung seine Identität mit der Folge, dass ein neuer Betrieb entsteht, kommt dem Betriebsrat ein befristetes **Übergangsmandat** zu. Die gespaltenen Betriebe können entweder neue eigenständige Betriebe bilden, in bestehende Betriebe eingegliedert werden (§ 21a Abs. 1 UmwG) oder mit anderen Betrieben oder Betriebsteilen zu neuen Organisationseinheiten zusammengelegt werden (§ 21a Abs. 2 UmwG). S. insoweit und zu der Entstehung eines Übergangsmandats die grds. Anmerkungen unter → Form. A.1 Rn. 190 ff. (zu § 21a BetrVG).

Eine Sonderregelung für den Fall der Spaltung eines Betriebs infolge der Spaltung des Unternehmens sieht § 325 Abs. 2 UmwG vor, der die – zeitlich unbegrenzte – Vereinbarung der Fortgeltung von betriebsverfassungsrechtlichen Rechten oder Beteiligungsrechten durch Betriebsvereinbarung oder (Firmen-)Tarifvertrag ermöglicht. Auf diesem Weg kann die Fortgeltung von auf Grund der Spaltung entfallenen Rechten und Beteiligungsrechten in allen aus der Spaltung hervorgegangenen Betrieben erreicht werden (vgl. Kallmeyer/*Willemsen* UmwG § 325 Rn. 15; *Wlotzke* DB 1995, 40, 46). Bedeutung hat die Vorschrift unter anderem für die Beibehaltung von Beteiligungsrechten, die von einer bestimmten Arbeitnehmerzahl abhängig sind (zB § 99 BetrVG – Einstellungen, Versetzungen von Arbeitnehmern). **192**

d) Folgen für die Unternehmensmitbestimmung

Wegen der möglichen Folgen der Abspaltung für die Unternehmensmitbestimmung s. zunächst unter → Form. A.1 Rn. 201 f. **193**

Insbesondere die Abspaltung und Ausgliederung von Unternehmensbereichen lassen sich gezielt einsetzen, um die zahlenmäßigen Voraussetzungen für die Mitbestimmung im Unternehmen in Wegfall zu bringen (vgl. BT-Drs. 12/7265 S. 5). **194**

§ 325 Abs. 1 UmwG sieht bei **Abspaltung** und **Ausgliederung** eine auf fünf Jahre befristete **Beibehaltung des Mitbestimmungsstatuts** beim übertragenden Rechtsträger vor, wenn die gesetzlichen Voraussetzungen der Mitbestimmung nach einem der Mitbestimmungsgesetze (MitbestG, MontanMitbestG, DrittelbG) infolge der Umwandlung entfallen. Dies gilt jedoch **nicht, wenn** die Mitbestimmung eine Mindestzahl voraussetzt und nach der Abspaltung die Zahl der Arbeitnehmer des übertragenden Rechtsträgers auf **weniger als ein Viertel** dieser Mindestzahl abgesunken ist (§ 325 Abs. 1 Satz 2 UmwG). **195**

einstweilen frei **196–205**

IX. Kosten und Gebühren, Beurkundungsgebühren

1. Beurkundungsgebühren

Bei den **notariellen** Beurkundungsgebühren sind folgende Gebühren zu unterscheiden: **206**

- Gebühren für den Spaltungsplan,
- Gebühren für die im Rahmen der Spaltung zu fassenden Beschlüsse (zB Spaltungsbeschluss),
- Gebühren für die im Rahmen der Spaltung ggf. erforderlichen oder zweckmäßigen Zustimmungs- oder Verzichtserklärungen.

a) Kosten für die Beurkundung des Spaltungsplans

Die Beurkundung des **Spaltungsplans** löst als einseitige Erklärung eine 1,0-Gebühr aus Nr. 21200 des Kostenverzeichnisses zum GNotKG aus (im Gegensatz zur Beurkundung eines Spaltungsvertrages bei Abspaltung zur Aufnahme, für dessen Beurkundung eine 2,0-Gebühr aus Nr. 21100 des Kostenverzeichnisses anfiele), mindestens jedoch 60 EUR. Der Geschäftswert beträgt nach § 107 Abs. 1 Satz 1 GNotKG mindestens 30 000 EUR, höchstens jedoch 10 Mio. EUR. **207**

Die **Bemessungsgrundlage** für den Geschäftswert der Urkunde ist nach § 97 Abs. 1, 3 GNotKG der Gegenstandswert des Spaltungsplanes. Bei der Spaltung zur Neugründung handelt es sich um einen Austauschvertrag gemäß § 97 Abs. 3 GNotKG, da den Gesellschaftern des übertragenden Rechtsträgers Anteile am im Rahmen der Spaltung neu entstehenden Rechtsträger als Gegenleistung gewährt werden; Bemessungsgrundlage für die notarielle Kostenberechnung ist daher der höhere **208**

Wert aus Gegenleistung (Anteile am übernehmenden Rechtsträger) und übertragenem Aktivvermögen (BeckOK KostR/*Neie* GNotKG § 107 Rn. 44). Regelmäßig dürfte der Wert der Gegenleistung bei einer Spaltung zur Neugründung allerdings nicht höher sein als das übertragene Aktivvermögen, so dass regelmäßig letzteres die Bemessungsgrundlage ist.

209 Das **Aktivvermögen** im kostenrechtlichen Sinne ist die Summe der Aktiva des im Rahmen der Spaltung übergehenden Vermögens (im Gegensatz zur Verschmelzung, bei der das gesamte Vermögen des übertragenden Rechtsträgers „bewegt" wird und damit auch vollständig in Ansatz zu bringen ist). Die Berechnung erfolgt auf Grundlage der Spaltungsbilanz, jedoch ohne Abzug von Schulden (§ 38 Satz 1 GNotKG, vgl. hierzu BayObLG v. 23.4.1999, 3 Z BR 19/99, NJW-RR 1999, 1373; BayObLG v. 19.3.1997, 3 Z BR 283/96, MittBayNot 1997, 252; OLG Karlsruhe v. 30.1.2001, 11 Wx 59/00, ZNotP 2002, 121 zur KostO). Das Aktivvermögen wird um nicht durch Eigenkapital gedeckte Fehlbeträge vermindert (*Diehn/Volpert,* Praxis des Notarkostenrechts, Rn. 2158); im Gegenzug erhöhen stille Reserven das Aktivvermögen der abspaltenden GmbH (§ 46 Abs. 1 GNotKG). Die in der Spaltungsbilanz enthaltenen Bilanzpositionen hat der Notar daraufhin zu untersuchen, ob kostenrechtlich ggf. ein anderer Wert anzusetzen ist; anderenfalls kann ein Verstoß gegen das Verbot der Gebührenvereinbarung nach § 125 GNotKG vorliegen (Korintenberg/*Tiedtke* GNotKG § 107 Rn. 41). Dabei ist insbesondere bei bilanziertem Grundbesitz nicht der Buch- sondern der Verkehrswert anzusetzen. Allerdings ist der Notar nicht verpflichtet, eine weitergehende Berichtigung der Bilanz hinsichtlich der Aufdeckung sonstiger stiller Reserven vorzunehmen, zumal ihm hierzu oftmals die erforderlichen Informationen bzw. betriebswirtschaftlichen Kenntnisse fehlen dürften.

b) Kosten für die Beurkundung des Zustimmungsbeschlusses zum Spaltungsplan

210 Die Beurkundung des Spaltungsbeschlusses bei der A-GmbH löst eine weitere 2,0-Gebühr nach Nr. 21100 des Kostenverzeichnisses aus, wobei mindestens 120 EUR anfallen. **Bemessungsgrundlage** ist nach § 108 Abs. 3 S. 2 GNotKG wie auch beim Spaltungsvertrag wiederum das übergehende Aktivvermögen (ohne Abzug von Verbindlichkeiten). Bei dem Zustimmungsbeschluss handelt es sich um einen Beschluss mit bestimmtem Geldwert. Der Wert beträgt nach § 108 Abs. 5 GNotKG höchstens 5 Mio. EUR, und zwar auch dann, wenn mehrere gegenstandsverschiedene Beschlüsse (also zB Neufassung des Gesellschaftsvertrages bei einem der beteiligten Rechtsträger, Geschäftsführerbestellungen oä.) in einem Beurkundungsverfahren zusammengeführt sind.

211 **Praktischer Hinweis:** Hat bei dem übertragenden Rechtsträger eine **Herabsetzung des Stammkapitals** zu erfolgen, so ist dieser Beschluss gegenstandsverschieden zu den vorgenannten Zustimmungsbeschlüssen (§ 86 Abs. 2 GNotKG). Die Werte der Beschlüsse sind zu addieren (§ 35 Abs. 1 GNotKG). Mit der Kapitalherabsetzung im Zusammenhang stehende weitere Beschlüsse (Anpassung des Gesellschaftsvertrages an die neue Stammkapitalziffer oä.) sind mit dieser gegenstandsgleich und damit nicht gesondert zu bewerten (§ 109 Abs. 2 Satz 1 Nr. 4b GNotKG).

212–220 *einstweilen frei*

c) Kosten für die Beurkundung der Zustimmungs-/Verzichtserklärungen

221 Der **Geschäftswert** von Zustimmungserklärungen beträgt nach § 98 Abs. 1 GNotKG die Hälfte des für den Spaltungsvertrag maßgeblichen Geschäftswerts. Hat der Zustimmende lediglich eine Mitberechtigung, dann entspricht der Geschäftswert dem Bruchteil, der dem Anteil des Zustimmenden am abspaltenden Rechtsträger zusteht (§ 98 Abs. 2 GNotKG). Der Geschäftswert beträgt nach § 98 Abs. 4 GNotKG maximal 1 Mio. EUR.

Der Geschäftswert von Verzichtserklärungen von bestimmten Anteilsinhabern bestimmt sich nach § 36 Abs. 1 GNotKG aus dem Wert des Anteils des Verzichtenden an dem abspaltenden Rechtsträger. Ein Anteil von 10% soll als Geschäftswert angemessen sein (*Diehn/Volpert,* Praxis des Notarkostenrechts, Rn. 2165). **222**

Werden **Zustimmungs- und Verzichtserklärungen gemeinsam** (wie vorliegend) beurkundet, so besteht Gegenstandsgleichheit nach § 109 Abs. 1 GNotKG; die Gebühr berechnet sich nur aus dem höheren Geschäftswert der Zustimmungserklärung. **223**

Bei der Beurkundung von Zustimmungs- und Verzichtserklärungen mit dem Spaltungsplan besteht nach § 109 Abs. 1 GNotKG sog. **Gegenstandsgleichheit,** da die Erklärungen der Erfüllung, Sicherung und Durchführung der Abspaltung dienen und mithin zwischen ihnen und dem Vertrag ein Abhängigkeitsverhältnis besteht (vgl. OLG Hamm v. 6.12.2001 – 15 W 314/01; *Diehn/Volpert,* Praxis des Notarkostenrechts, Rn. 2184). Werden die Erklärungen ohne sachlichen Grund nicht in den Spaltungsplan aufgenommen, dann kann eine sog. unrichtige Sachbehandlung durch den Notar vorliegen (§ 21 GNotKG), was aber im jeweiligen Einzelfall zu prüfen ist. **224**

Nicht gegenstandsgleich und damit gesondert zu bewerten soll die ebenfalls im Formular enthaltene **Verzichtserklärung** auf die Anfechtung des jeweiligen Spaltungsbeschlusses nach § 16 Abs. 2 UmwG sein. Für die Bewertung dieser Verzichtserklärung soll ein Teilwert von 10% der jeweils gehaltenen Beteiligung zugrunde zu legen sein (Renner/Otto/Heinze/*Heinze* GNotKG § 107 Rn. 73). **225**

einstweilen frei **226–230**

d) Feststellung des Gesellschaftsvertrages

Die Feststellung des Gesellschaftsvertrages der im Rahmen der Spaltung neu gegründeten C-GmbH ist gegenstandsgleich zum Spaltungsplan nach § 109 Abs. 1 GNotKG, so dass lediglich die 1,0 Gebühr nach dem Spaltungsplan erhoben wird (§ 109 Abs. 1 Satz 5 GNotKG) **231**

e) Zustimmungsbeschluss zum Abschluss des Beherrschungs- und Ergebnisabführungsvertrages

Der Zustimmungsbeschluss in der C-GmbH zum Abschluss des Beherrschungs- und Ergebnisabführungsvertrages ist **gesondert zu bewerten.** Hierfür entsteht eine 2,0 Gebühr nach Nr. 21100 des Kostenverzeichnisses. Der Geschäftswert des Zustimmungsbeschlusses ist ein solcher mit bestimmtem Geldwert, da der Beherrschungs- und Ergebnisabführungsvertrag nach § 52 GNotKG zu bewerten ist. Sofern der Beherrschungs- und Ergebnisabführungsvertrag auf unbestimmte Zeit vereinbart wird, ist der auf die ersten 10 Jahre der Laufzeit entfallende Gewinn maßgeblich (§ 52 Abs. 3 Satz 2 GNotKG). Für die Ermittlung des künftig entstehenden Jahresgewinns wird auf den Jahresgewinn der letzten Jahre vor Abschluss des Beherrschungs- und Ergebnisabführungsvertrages zurückgegriffen; bei einer neu gegründeten Gesellschaft ist ein Mindestwert von 30000 EUR nach § 108 Abs. 4 GNotKG anzusetzen. **232**

f) Weitere notarielle Kosten

Neben den eigentlichen Beurkundungsgebühren werden durch den Notar noch Auslagen in Rechnung gestellt, die sich im Einzelnen aus den Nr. 32000 ff. des Kostenverzeichnisses je nach Anfall ergeben, also insbesondere aus Nr. 32001 des Kostenverzeichnisses (Dokumentenpauschale für das Anfertigen von Kopien/Ausdrucken von 0,50/0,15 EUR je Seite), aus Nr. 32005 des Kostenverzeichnisses (Auslagenpauschale von 20 EUR für Post- und Telekommunikationsleistungen) sowie aus Nr. 32011 des Kostenverzeichnisses (Auslagen Handelsregistereinsichten von je 4,50 EUR). Auf die **233**

Gesamtbeurkundungskosten nebst Auslagen fällt dann 19% USt. an (vgl. Nr. 32014 des Kostenverzeichnisses).

234, 235 *einstweilen frei*

2. Gebühren für Handelsregisteranmeldung und -eintragung

236 Bei den Gebühren im Zusammenhang mit der Handelsregistereintragung ist zwischen der Tätigkeit des Notars im Zusammenhang mit der Anmeldung der Spaltung zum Handelsregister und den Gebühren für die Registereintragung als solcher zu unterscheiden.

a) Gebühren im Zusammenhang mit der Handelsregisteranmeldung

237 **Beglaubigt** der Notar lediglich die Unterschriften der Geschäftsführer unter ihm zur Verfügung gestellten **Fremdentwürfen,** dann erhält er hierfür eine Gebühr von 0,2, mindestens jedoch 20 EUR und höchstens 70 EUR nach Nr. 25100 des Kostenverzeichnisses. Der Geschäftswert der Handelsregisteranmeldungen wird nach §§ 121, 105 GNotKG ermittelt. Da vorliegend kein bestimmter Geldbetrag in das Handelsregister einzutragen ist (vgl. § 105 Abs. 1 GNotKG), liegt eine Anmeldung nach § 105 Abs. 4 Nr. 1 GNotKG vor. Entsprechend ist der Geschäftswert ein Prozent des Stammkapitals der betreffenden Gesellschaft, mindestens jedoch 30 000 EUR; die 0,2 Gebühr aus diesem Geschäftswert beträgt 25 EUR. Zudem erhält der Notar nach Nr. 22114 des Kostenverzeichnisses (elektronischer Vollzug und Erstellung von sog. XML-Strukturdaten) noch eine zusätzliche Gebühr in Höhe von 0,3, maximal jedoch 250 EUR, für die elektronische Einreichung der Handelsregisteranmeldung nebst Anlagen zum Registergericht. Des Weiteren fällt noch eine Vollzugsgebühr nach Nr. 22124 des Kostenverzeichnisses von 20 EUR für die Einreichung der Handelsregisteranmeldung an. Hinzu kommen Auslagen nach Nr. 3200 ff. des Kostenverzeichnisses und 19% USt. (Nr. 32014 des Kostenverzeichnisses).

238 Erstellt der **Notar** selbst die **Entwürfe** der Handelsregisteranmeldungen so berechnen sich die Notargebühren nach Nr. 24102 des Kostenverzeichnisses. Hiernach fällt eine Rahmengebühr von 0,3 bis 0,5, bei einer (vollständigen) Entwurfserstellung eine Gebühr von 0,5, mindestens jedoch 30 EUR an. Der Geschäftswert berechnet sich wiederum aus §§ 119, 105 GNotKG. Bei beiden Anmeldungen handelt es sich vorliegend um solche ohne bestimmten Geldwert, so dass der Geschäftswert wiederum nach § 105 Abs. 2, Abs. 4 Nr. 1 GNotKG ein Prozent des Stammkapitals der betreffenden Gesellschaft, mindestens jedoch 30 000 EUR beträgt. Die Gebühr beträgt in letzterem Fall 62,50 EUR. Zudem erhält der Notar nach Nr. 22114 des Kostenverzeichnisses (elektronischer Vollzug und Erstellung von sog. XML-Strukturdaten) noch eine zusätzliche Gebühr iHv. 0,3, maximal jedoch 250 EUR, für die elektronische Einreichung der Handelsregisteranmeldung nebst Anlagen zum Registergericht. Der Geschäftswert bestimmt sich aus § 112 GNotKG; die so ermittelte Gebühr beträgt 37,50 EUR. Neben den beiden vorgenannten Gebühren sind wiederum Auslagen nach Nr. 3200 ff. des Kostenverzeichnisses und 19% USt. (Nr. 32014 des Kostenverzeichnisses) zu zahlen.

b) Gebühren für die Handelsregistereintragung

239 Die Eintragungsgebühren richten sich nach der Verordnung über Gebühren in Handels-, Partnerschafts- und Genossenschaftsregistersachen (HRegGebV), die auf der Ermächtigungsgrundlage in § 58 GNotKG beruht. Bei den Gebühren handelt es sich um sog. aufwandsbezogene Gebühren, die dem sog. Gebührenverzeichnis als Anlage zu § 1 Satz 1 HRegGebV v. 30.9.2004, BGBl. I 2004, 2562 entnommen werden können.

Die **Handelsregistereintragung** kostet sowohl bei der übertragenden als auch der übernehmenden GmbH je 240 EUR (Gebührenverzeichnis Nr. 2402, 2403).

einstweilen frei **240**

C. Einzelerläuterungen

I. Notarurkunden

1. Spaltungsplan

Allgemeines

Im Falle einer **Spaltung zur Neugründung** ist es nicht möglich, einen Spaltungsvertrag zu schließen, weil der neue Rechtsträger noch nicht besteht. An die Stelle des Spaltungsvertrages tritt in diesem Fall der **Spaltungsplan** (§ 136 S. 2 UmwG). Der Spaltungsplan ist eine **einseitige, nicht empfangsbedürftige Willenserklärung** (SHS/*Hörtnagl* UmwG § 136 Rn. 3 mwN). § 126 UmwG gilt für den Spaltungsplan entsprechend (§ 135 Abs. 1 S. 1 UmwG). **241**

Die **Aufstellungskompetenz** liegt beim Vertretungsorgan des übertragenden Rechtsträgers (§ 136 S. 1 UmwG), im vorliegenden Fall bei dem Geschäftsführer der A-GmbH. Die Vollmacht zur Feststellung des Spaltunsplans bedarf entgegen dem Grundsatz der Formfreiheit von Vollmachten (vgl. § 167 Abs. 2 BGB) mindestens der notariellen Beglaubigung, da § 2 Abs. 2 GmbHG als Gründungsvorschrift Anwendung findet. **242**

Der Spaltungsplan bedarf der **notariellen Beurkundung** (§§ 136, 135 Abs. 1 Satz 1, § 125 Abs. 1 Satz 1, § 6 UmwG) und muss den Gesellschaftsvertrag des neuen Rechtsträgers feststellen oder enthalten (§ 125 Satz 1 iVm. § 37 UmwG; dies erfolgt idR im Wege der Inbezugnahme einer Anlage iSv. § 9 Abs. 1 Satz 2 BeurkG). Der Spaltungsplan wird von der Geschäftsführung der übertragenden Gesellschaft, hier der A-GmbH, beschlossen. Der Mindestinhalt ergibt sich aus § 126 Abs. 1 UmwG. Zum Spaltungsplan s. WM/*Mayer* UmwG § 136 Rn. 1 ff. **243**

Zunächst gilt es festzustellen, welche Gesellschaften und Personen **Partei des Spaltungsvertrages/-plans** sind und welche Parteien welche Beschlüsse fassen müssen. **244**

Weiterhin sind die **anwendbaren Vorschriften** aus dem „Baukastensystem" des UmwG herauszufinden. Für das vorliegende Formular sind folgende Vorschriftengruppen des **UmwG** zu beachten (zum Prüfungsschema allgemein vgl. SHS/*Hörtnagl* UmwG § 125 Rn. 6 ff.): **245**

- **Rechtsformunabhängige** Spaltungsvorschriften:
  - die allgemeinen Vorschriften des Spaltungsrechts: §§ 123 bis 137 UmwG
- **besondere** Spaltungsvorschriften:
  - die besonderen Vorschriften, die für Spaltungen von GmbHs gelten: §§ 138 bis 140 UmwG
- **rechtsformunabhängige** Vorschriften des **Verschmelzungsrechts** (über § 125 UmwG):
  - Verschmelzung zur Aufnahme: §§ 4 bis 35 UmwG
  - Verschmelzung durch Neugründung: §§ 36 bis 38 UmwG
- **besondere, rechtsformabhängige Vorschriften des Verschmelzungsrechts:**
  - Verschmelzung unter Beteiligung von GmbH: §§ 46 bis 59 UmwG

Bedenkt man, dass bei einer Umwandlung noch bestimmte Vorschriften des HGB (§§ 238 ff.) und bei einer Umwandlung zur Neugründung auch noch die Gründungsvorschriften, die für den jeweiligen neuen Rechtsträger gelten, zu beachten sind, so wird klar, dass hierauf bei jeder Umwandlung erhöhtes Augenmerk zu richten ist, da Fehler ggf. zu Eintragungshindernissen führen, die vom Registergericht angemahnt werden können und im ungünstigsten Fall nachträglich nicht mehr zu beseitigen sind. **246**

247 Zum **Ablauf der Spaltung** zur Neugründung vgl. etwa SSt/*Bärwaldt* UmwG § 135 Rn. 9ff.; BeckOGK/*Weiß* UmwG § 135 Rn. 17ff.

Der Inhalt des Spaltungsplans sollte sich soweit wie im Einzelfall erforderlich an den Vorgaben des § 126 Abs. 1 Nr. 1–11 UmwG orientieren, da hierdurch wesentliche Punkte der Inhaltsbeschreibung nicht übersehen werden können.

Zum Rubrum

248 „Rubrum" wird der Text des Spaltungsplanes bis zum Beginn der Präambel bezeichnet. Einzelheiten sind im Beurkundungsgesetz geregelt, insbesondere in den Vorschriften der §§ 8ff. BeurkG zur Beurkundung von Willenserklärungen. Die Urkunde soll enthalten: Ort und Tag der Verhandlung (§ 9 Abs. 2 BeurkG), die Bezeichnung des Notars und der Beteiligten (§ 9 Abs. 1 Nr. 1 BeurkG). Beteiligte sind nicht die materiellrechtlichen Vertragsparteien, sondern die formell Beteiligten iSv. § 6 Abs. 2 BeurkG, das sind die vor dem Notar erschienenen Personen, deren Willenserklärungen beurkundet werden sollen. Der Notar hat sich (idR durch Vorlage eines Ausweisdokumentes) Gewissheit über die Person der Beteiligten zu verschaffen (§ 10 Abs. 1 BeurkG). Nach § 10 Abs. 2 BeurkG sollen in der Niederschrift die Personen der Beteiligten so genau bezeichnet werden, dass Zweifel und Verwechslungen ausgeschlossen sind (weitere Einzelheiten zur Feststellung der Beteiligten finden sich bei → Form. A.1 Rn. 267). Die Erklärung des Erschienenen, dass weder der Notar noch sein Sozius mit der beurkundeten Angelegenheit vorbefasst waren („Vorbefassungsklausel") hat ihren Rechtsgrund in § 3 Abs. 1 S. 1 Nr. 7, Abs. 2 BeurkG und dient insb. der Vermeidung von (potenziellen) Interessenkonflikten in der Person des Notars (s. dazu etwa Beck'sches Notar-Hdb/*Sandkühler,* L.II. Rn. 73ff.). Auch wenn keine Vorbefassung vorliegt, hat es sich gleichwohl eingebürgert, eine entsprechende Negativerklärung in die Notarurkunde aufzunehmen. In der Praxis erfolgt die überwiegende Anzahl der Umwandlungsvorgänge im Rahmen von konzerninternen Umstrukturierungen ohne außenstehende Gesellschafter, so dass Interessenkonflikte selten auftreten. Schließlich enthält das Rubrum die Vertretungsbescheinigung des Notars nach § 12 Satz 2 BeurkG, § 21 Abs. 1 BNotO, da sich die Vertretungsberechtigung aus einer Eintragung im Handelsregister oder in einem ähnlichen Register ergibt. Bei Vorlage einer notariell beglaubigten Vollmacht kommt eine Vertretungsbescheinigung nach § 21 Abs. 3 BNotO in Betracht. Das Rubrum schließt damit, dass der Notar auf Ansuchen der Erschienenen die vor ihm abgegebenen Erklärungen beurkundet. Nach § 9 Abs. 1 Satz 1 Nr. 2 BeurkG muss die Niederschrift die Erklärungen der Beteiligten enthalten. Diese werden durch die abschließende Formulierung des Rubrums eingeleitet.

Zur Präambel

249 Die Präambel, die gesetzlich nicht erforderlich ist, beschreibt die beteiligten Gesellschaften und das Spaltungsvorhaben.

250 Der in Abs. 1 Satz 4 enthaltene Hinweis darauf, dass das Stammkapital der übertragenden Gesellschaft (A-GmbH) voll einbezahlt ist, hat seinen Grund in § 51 Abs. 1 Satz 1 u. 3 UmwG. Diese Vorschrift bestimmt, dass **alle** Gesellschafter einer Verschmelzung zustimmen müssen, wenn noch nicht alle Einlagen auf die Stammeinlagen der Gesellschafter der übertragenden Gesellschaft bzw. der übernehmenden Gesellschaft geleistet sind. § 51 UmwG gilt über § 125 Satz 1 UmwG auch für Spaltungen, wobei § 51 Abs. 1 Satz 3 UmwG nur für Aufspaltungen gelten soll (Kallmeyer/*Sickinger* UmwG § 125 Rn. 53). Abs. 1 Satz 4 der Präambel stellt klar, dass das Stammkapital in voller Höhe einbezahlt ist und die entsprechende Anwendung von § 51 Abs. 1 UmwG daher nicht geprüft werden muss.

Die Einsicht des Notars in die im Handelsregister aufgenommene Gesellschafterliste (Abs. 1 S. 7) ist zwar gesetzlich nicht gefordert, hat sich gleichwohl aufgrund der gestiegenen Bedeutung der Gesellschafterliste als Nachweis der Gesellschafterstellung iSv. § 16 Abs. 1 Satz 1 GmbHG als gängige Praxis bewährt.

Zu Ziff. I:

a) Firma, Sitz

In Ziff. I.1. sind entsprechend den Anforderungen des § 126 Abs. 1 Nr. 1 UmwG die an der Abspaltung beteiligten Gesellschaften mit Firma und Sitz aufgeführt. Beteiligt sind an der Abspaltung sowohl die A-GmbH als übertragender Rechtsträger als auch die C-GmbH als (zu gründender) übernehmender Rechtsträger. **251**

Wird die Firma des übertragenden Rechtsträgers anlässlich der Spaltung geändert, sind entsprechende Regelungen ergänzend im Spaltungsvertrag aufzunehmen und durch Beschlüsse umzusetzen. Eine Firmenübernahme durch die übernehmende Gesellschaft ist nach dem Wortlaut des Gesetzes unzulässig, da der die Firma führende übertragende Rechtsträger fortbesteht (vgl. § 125 Satz 1 UmwG, der § 18 UmwG bei der Abspaltung ausschließt). Dennoch wird vertreten, dass eine Firmenfortführung bei gleichzeitiger Fortführung des Handelsgeschäfts durch die übernehmende Gesellschaft entgegen § 125 Satz 1 UmwG möglich sein muss, wenn der übertragende Rechtsträger seine Firma gleichzeitig ändert (SSt/*Bärwaldt* § 135 Rn. 21 – entspräche der Praxis der Registergerichte). **252**

Die **Firma** einer **GmbH** muss die Bezeichnung „Gesellschaft mit beschränkter Haftung" oder eine allgemein verständliche Abkürzung dieser Bezeichnung enthalten (§ 4 GmbHG). **253**

Der (Satzungs-)**Sitz** einer GmbH ist gem. § 4a GmbHG der Ort im Inland, der im Gesellschaftsvertrag als statutarischer Sitz bestimmt wird. Er muss nicht mit dem tatsächlichen Verwaltungssitz übereinstimmen (BH/*Fastrich* GmbHG § 4a Rn. 4). **254**

b) Gesellschaftsvertrag der neuen Gesellschaft

Der Gesellschaftsvertrag der neu zu gründenden GmbH ist Bestandteil des Spaltungsplanes (§§ 135, 125 iVm. § 37 UmwG). Der Gesellschaftsvertrag ist daher in jedem Fall notariell zu beurkunden, und zwar unabhängig von der Rechtsform des neuen Rechtsträgers und unabhängig davon, ob der Gesellschaftsvertrag des neuen Rechtsträgers generell notariell zu beurkunden ist oder nicht. Auch wenn eine Beurkundung als Anlage möglich ist, bleibt der Gesellschaftsvertrag der neuen Gesellschaft wesentlicher Bestandteil des Spaltungsplans (SHS/*Hörtnagl* UmwG § 136 Rn. 12). **255**

c) Errichtung der neuen Gesellschaft

Auf die Gründung des neuen Rechtsträgers bzw. der neuen Rechtsträger sind die für die jeweilige Rechtsform des neuen Rechtsträgers geltenden Gründungsvorschriften anzuwenden, soweit sich aus dem Umwandlungsgesetz nichts anderes ergibt (§ 135 Abs. 2 Satz 1 UmwG). **Gründer** der neuen Gesellschaft ist im Falle der Abspaltung zur Neugründung der **übertragende Rechtsträger** (§ 135 Abs. 2 Satz 2 UmwG). Gesellschafter des neuen Rechtsträgers werden bei der Aufspaltung und Abspaltung dagegen die **Gesellschafter des übertragenden Rechtsträgers** (SHS/*Hörtnagl* UmwG § 136 Rn. 13). Gründer und Anteilsinhaber sind also – anders als bei einer Gründung außerhalb des Umwandlungsrechtes – nicht personenidentisch. **256**

Ob ein Beitritt bislang **nicht beteiligter** Gesellschafter anlässlich der Spaltung möglich ist, ist streitig (befürwortend SSt/*Bärwaldt* § 135 Rn. 18; HMB/*Asmus* UmwStG § 15 Rn. 147; **aA** SHS/*Hörtnagl* UmwG § 136 Rn. 14). Für den Formwechsel hat der BGH dies in einem obiter dictum (BGH v. 9.5.2005, II ZR 29/03, DStR 2005, 1539) bereits anerkannt. Die dagegen vorgebrachten Erwägungen, warum dieser Grundsatz nicht auch für andere Umwandlungsformen gelten solle, sind wenig **257** überzeugend (zutreffend insoweit auch *Heckschen* DB 2009, 2122, 2124). Von praktischer Relevanz ist diese Frage vor allem bei der Ab- oder Aufspaltung auf neu zu gründende Personengesellschaften, da hier regelmäßig eine bislang nicht am Vermögen beteiligte Komplementär-GmbH als Gesellschafterin aufgenommen werden soll (HMB/*Asmus* UmwStG § 15 Rn. 147). Angesichts der ungeklärten Rechtslage ist eine Vorabstimmung mit dem Registergericht empfehlenswert (*Weiler* NZG 2013, 1326, 1330).

258 Der Verweis in § 135 Abs. 2 Satz 1 UmwG auf die jeweiligen Gründungsvorschriften bedeutet im Falle einer Abspaltung auf eine neu gegründete GmbH, dass die **Gründungsvorschriften** der §§ 1 bis 11 GmbHG entsprechend **anwendbar** sind. Eine Ausnahme soll nach teilweiser Ansicht hinsichtlich § 2 Abs. 1 S 2 GmbHG insofern bestehen, als der Gesellschaftsvertrag nicht von sämtlichen (künftigen) Gesellschaftern zu unterzeichnen ist (BeckOGK/*Weiß* UmwG § 135 Rn. 46; WM/*Mayer* UmwG § 135 Rn. 31).

259 Die neue GmbH ist **errichtet,** sobald der Spaltungsplan einschließlich des Gesellschaftsvertrages der neuen GmbH formgültig aufgestellt und die erforderlichen Zustimmungsbeschlüsse und Zustimmungserklärungen vorliegen. In diesem Zeitpunkt entsteht der neue Rechtsträger als **„Vorgesellschaft“** (WM/*Mayer* UmwG § 126 Rn. 2; zur Vor-Gesellschaft vgl. BH/*Hueck*/*Fastrich* GmbHG § 11 Rn. 3, 6ff.).

d) Entstehung der neuen Gesellschaft

260 Die Spaltung zur Neugründung wird wirksam mit Eintragung der Spaltung in das Register des Sitzes des **übertragenden** Rechtsträgers (§§ 135 Abs. 1, 131 Abs. 1 UmwG). Um sicherzustellen, dass zum Zeitpunkt der Wirksamkeit der Spaltung der neue Rechtsträger bereits bei dem für ihn zuständigen Registergericht eingetragen ist, ist bei der Spaltung zur Neugründung folgende Reihenfolge der Eintragungen einzuhalten (§ 137 Abs. 3 UmwG):

- Eintragung des **neuen Rechtsträgers** in das für seinen Sitz zuständige Handelsregister. Die Eintragung wird mit dem Hinweis versehen, dass der neue Rechtsträger erst mit Eintragung der Spaltung im Register des Sitzes des übertragenden Rechtsträgers entsteht, sofern die Eintragungen in den Registern aller beteiligten Rechtsträger nicht am selben Tag erfolgen (§§ 135, 130 Abs. 1 Satz 2 UmwG).
- Eintragung der Spaltung in das **Register am Sitz des übertragenden Rechtsträgers.** Erst diese Eintragung löst die Wirksamkeit der Spaltung aus. Die Eintragung darf erst erfolgen, wenn dem Registergericht die Mitteilung vorliegt, dass der neue Rechtsträger im Handelsregister eingetragen ist.

Entgegen § 11 Abs. 1 GmbHG entsteht der übernehmenden Rechtsträger „als solcher“ erst mit dieser zweiten Eintragung (SBB/*Sagasser* UmwG § 18 Rn. 36; Lutter/*Teichmann* UmwG § 135 UmwG Rn. 3).

Zu Ziff. II.1:

261 **Konstituierendes Element** der Abspaltung zur Neugründung ist die Vereinbarung der Übertragung von Teilen des Vermögens des übertragenden Rechtsträgers **„als Gesamtheit“ gegen Gewährung von Anteilen** an dem neuen Rechtsträger (Kallmeyer/*Sickinger* UmwG § 126 Rn. 5). Sie ist notwendiger Bestandteil des Spaltungsplans. Vertragstechnisch empfiehlt es sich, den Gesetzeswortlaut in § 126 Abs. 1 Nr. 2 UmwG soweit wie möglich zu übernehmen.

262 Der **Hinweis auf die Gewährung** von Anteilen an den übernehmenden und neuen Rechtsträger **entfällt,** wenn die Anteilsgewährung verboten ist, wie bei Auf- und Abspaltung auf eine GmbH oder AG zur Aufnahme in den Fällen der §§ 54 Abs. 1 Satz 1, 68 Abs. 1 Satz 1 UmwG iVm. § 125 Satz 1 UmwG (die übernehmende Gesellschaft besitzt Anteile des übertragenden Rechtsträgers, der übertragende Rechtsträger hat eigene Anteile etc.). Die Anteilsgewährpflicht entfällt ferner bei einer Auf-

oder Abspaltung auf eine GmbH oder eine AG, wenn alle Anteilsinhaber des übertragenden Rechtsträgers zu notarieller Urkunde hierauf verzichten, §§ 54 Abs. 1 Satz 3, 64 Abs. 1 Satz 3 UmwG. Für Ausgliederungen besteht jedoch stets eine Anteilsgewährungspflicht, da § 125 Satz 1 UmwG für Ausgliederungen nicht auf die §§ 54, 68 UmwG verweist.

Zu Ziff. II.2.1 und 2.2:

a) Allgemeines

Die Bestimmungen in Ziff. II.2.1–2.6 entsprechen den Anforderungen gem. § 126 Abs. 1 Nr. 9 UmwG. Nach dieser Vorschrift hat der Spaltungsvertrag eine **genaue Bezeichnung** und Aufteilung der Gegenstände des Aktiv- und Passivvermögens zu enthalten, die an jeden der übernehmenden Rechtsträger übertragen werden. Für den Spaltungsplan gelten die Vorschriften in § 126 über § 136 UmwG entsprechend. **263**

Für die Aufteilung der Gegenstände des Aktiv- und Passivvermögens im Spaltungs- und Übernahmevertrag/Spaltungsplan gilt der **sachenrechtliche Bestimmtheitsgrundsatz** (§ 126 Abs. 2 Satz 1 UmwG). Dies bedeutet nicht, dass alle Gegenstände individuell bezeichnet werden müssen. Es genügt die **Bestimmbarkeit** (Kallmeyer/*Sickinger* UmwG § 126 Rn. 19). Gegenstände iSv. § 126 Abs. 2 UmwG können Sachen und Rechte iSv. § 90 BGB sein (SHS/*Hörtnagl* UmwG § 126 Rn. 65f.). Auf die Bilanzierungsfähigkeit kommt es nicht an (WM/*Mayer* UmwG § 126 Rn. 202). **264**

Die Kennzeichnung der übergehenden materiellen und immateriellen, bilanzierungsfähigen und nicht bilanzierungsfähigen Aktiva und Passiva muss hinreichend **klar** und **deutlich** erfolgen, damit ihre Zuordnung an die verschiedenen Rechtsträger zweifelsfrei ist und eine sichere Grundlage der kraft Gesetzes eintretenden **partielle Gesamtrechsnachfolge** gem. § 131 Abs. 1 Nr. 1 UmwG gegeben ist (SHS/*Hörtnagl* UmwG § 126 Rn. 60ff.). Der Spaltungsplan unterscheidet sich insoweit nicht von Verträgen zur Übertragung im Rahmen eines „Asset-Deal", bei dem die einzelnen Aktiva und Passiva im Wege der Einzelrechtsnachfolge übertragen werden. **265**

§ 126 Abs. 2 Satz 3 UmwG bestimmt, dass auf Urkunden wie Bilanzen und Inventare Bezug genommen werden kann, wenn deren Inhalt eine Zuweisung des einzelnen Gegenstandes ermöglicht. Die Urkunden sind dem Spaltungsplan als **Anlagen beizufügen.** **266**

Hinsichtlich der Frage, ob Bilanzen geeignet sind, die übergehenden Gegenstände zu individualisieren, ist zu **unterscheiden:** **267**
- Eine **generelle Bezugnahme** auf Bilanzen ohne weitere Konkretisierung ist **unzureichend** (WM/*Mayer* UmwG § 126 Rn. 203).
- Bei einer **Totalausgliederung** genügt die Schlussbilanz (WM/*Mayer* aaO).
- Bei Übertragung von **Betrieben** oder **Teilbetrieben** genügen in der Regel **„Spaltungsbilanzen"**, die nur den übertragenden Betrieb erfassen, wenn es möglich ist, eine Konkretisierung über Unterlagen in der Buchhaltung des übertragenden Rechtsträgers vorzunehmen (WM/*Mayer* UmwG § 126 Rn. 204; aA Kallmeyer/*Sickinger* UmwG § 126 Rn. 20; SHS/*Hörtnagl* UmwG § 126 Rn. 77; vgl. auch OLG Celle v. 5.8.2015, 9 U 22/15, ZIP 2015, 1679). **Aus der Bilanz nicht ersichtliche** Gegenstände (Arbeitsverhältnisse, Verträge, selbst geschaffene Schutzrechte etc.) müssen **gesondert** aufgeführt werden (Lutter/*Priester* UmwG § 126 UmwG Rn. 52). Es empfiehlt sich auch, die **wichtigsten Vermögensgegenstände** aufzulisten. **Grundstücke** müssen stets wie in einem Grundstückskaufvertrag individualisiert werden (§§ 126 Abs. 2 Satz 2 UmwG, 28 Satz 1 GBO).

Das vorliegende Formular macht von der Möglichkeit, auf Urkunden zu verweisen, Gebrauch. Es verweist auf die **„Aufteilungsbilanz"**, die die Schlussbilanz aufspaltet in die Bilanz des übertragenden Rechtsträgers nach Vollzug der Abspaltung und die Bilanz des neuen Rechtsträgers (Eröffnungsbilanz). Möglich wäre auch die Verwendung einer **268**

„Spaltungsteilbilanz", die nur die Bilanzzahlen des neuen Rechtsträgers enthält. Da es für den Registerrichter einfacher ist, die Einhaltung des Kapitalerhaltungsgebotes (bei der übertragenden GmbH) und des Kapitaldeckungsgebotes (bei der neuen GmbH) zu prüfen, wenn er die Bilanzzahlen der übertragenden GmbH nach Vollzug der Abspaltung nicht selbst ermitteln muss, empfiehlt es sich aus praktischen Gründen, eine „Aufteilungsbilanz" oder Spaltungsbilanz neben der Schlussbilanz iSv. § 17 Abs. 2 UmwG zum Registergericht einzureichen; verpflichtend ist dies allerdings nicht.

269 In Spaltungsfällen kann die Individualisierung wie folgt vorgenommen werden, wenn zum Zeitpunkt der **Beurkundung** des Spaltungsvertrages/-planes **noch keine Bilanzen** vorliegen:

- Für die Individualisierung werden **Listen,** Anlagenspiegel etc. verwendet **oder**
- der beurkundende Notar wird ermächtigt, vor Anmeldung der Spaltung zum Handelsregister im Rahmen einer **notariellen Eigenurkunde** (Nachtrag zur Urkunde des Spaltungsplans) festzustellen, dass die „Spaltungsbilanz" zur weiteren Konkretisierung der übertragenen Gegenstände vorliegt und dieser (Eigen-)Urkunde als Anlage beigefügt ist. In dem Spaltungsvertrag/-plan/-entwurf kann folgende Ermächtigung aufgenommen werden (vgl. WM/*Mayer* UmwG § 126 Rn. 204.1):

„Der amtierende Notar wird von den Vertragsteilen ausdrücklich ermächtigt, nach Vorliegen der Abspaltungsbilanz auf den ...... im Rahmen einer mit dieser Urkunde zu verbindenden Eigenurkunde, Feststellungen über das Vorliegen der Bilanz zum Zweck der Konkretisierung der übertragenen Aktiva und Passiva zu treffen und die Bilanz der Haupturkunde als Anlage beizufügen."

Der hierauf bezogene Urkundsnachtrag lautet dann wie folgt:

„Notarielle Eigenurkunde

Hiermit stelle ich unter Bezugnahme auf die in Ziffer ...... des Spaltungsplans enthaltene Ermächtigung fest, dass mir am ...... die Abspaltungsbilanz der ...... und die hieraus entwickelte Abspaltungsbilanz betreffend den Teilbetrieb ...... vorgelegt wurde. Diese Schlussbilanz wird hiermit als Anlage ...... der Haupturkunde beigefügt.

......, den ......"

Die notarielle Eigenurkunde sollte jedoch nur dann Anwendung finden, wenn die beteiligten Rechtsträger aufgrund eines erhöhten Zeitdrucks oder unternehmensinterner Zuordnungsprobleme nicht in der Lage sind, die Aufteilung bereits im Spaltungsplan vorzunehmen.

270 Die Beteiligten sind in der **Auswahl der übergehenden Aktiva und Passiva** grds. frei (SHS/*Hörtnagl* UmwG § 126 Rn. 64). Fraglich ist, ob einzelne **Verbindlichkeiten** zwischen übertragendem und übernehmendem Rechtsträger aufgeteilt werden können (vgl. generell zu den Anforderungen an den Bestimmtheitsgrundsatz *Thiele/König* NZG 2015, 178). Verbindlichkeiten können im Rahmen der Spaltung einem (anderen) Rechtsträger zugewiesen und damit übertragen werden, ohne dass es der Mitwirkung des Gläubigers nach §§ 414, 415 BGB bedürfte (SHS/*Hörtnagl* UmwG § 126 Rn. 64; SSt/*Schröer* UmwG § 131 Rn. 33; OLG Dresden v. 28.04. 2008, 8 U 65/08, BKR 2008, 377). Auch ein vereinbartes Abtretungsverbot steht dem nicht entgegen (BGH v. 22.9.2016, VII ZR 298/14, NJW 2017, 71).

Darüber hinaus sind Verbindlichkeiten – ihre Teilbarkeit vorausgesetzt – nach Auffassung des Schrifttums (und wohl entgegen der Vorstellung des Gesetzgebers, vgl. BT-Drs. 12/6699, 118) mittels der Spaltung aufteilbar (SSt/*Schröer* UmwG § 126 Rn. 69; BeckOGK/*Verse* UmwG § 126 Rn. 109). § 266 BGB stehe dem nicht entgegen, da keine (Teil-)Leistung erfolge (SHS/*Hörtnagl* UmwG § 131 Rn. 47).

271 „Vermögen" iSv. von § 123 UmwG sind auch **Vertragsverhältnisse.** Deshalb besteht weitgehend Einigkeit, dass z.B. Darlehens-, Miet-, Pacht-, Arbeits- und Leasingverträge, die aus einer Gesamtheit von Rechten und Pflichten bestehen, grds. im Wege der (Teil-)Gesamtrechtsnachfolge (mit)übertragen werden (WM/*Mayer* UmwG § 126 Rn. 226; Kallmeyer/*Sickinger* UmwG § 126 Rn. 25). Eine Zustimmung des Gläubigers wie bei der Einzelrechtsnachfolge gemäß § 415 BGB, etwa des Vermieters eines Gewerberaumes, entfällt (OLG Karlsruhe v. 19.8.2008, 1 U 108/08, NJW-Spezial 2008, 689). Schützen kann sich der mit dem Spaltungsvorgang konfrontierte Vertragspartner durch die Einfügung einer modifizierten „Change of Control"-Klausel im Mietvertrag, nach der ihm ein Sonderkündigungsrecht nicht nur für den Fall der Änderung in den Beteiligungsverhältnissen seines Vertragspartners, sondern auch bei dessen Umstrukturierung durch zB Verschmelzung oder Spaltung zusteht. Ist ein solches nicht vertraglich fixiert, ist streitig, ob man dieses im Wege der ergänzenden Vertragsauslegung (Analogie zu § 564 BGB bei Tod(!) des Mieters) oder einfach aufgrund der Unzumutbarkeit der Vertragsfortsetzung geltend machen kann (zu den Lösungsansätzen vgl. Limmer/*Limmer* Handbuch der Unternehmensumwandlung 6. Auflage 2019, Teil 3 Rn. 110). Enthält der Vertragstext keine (expliziten oder impliziten) Anhaltspunkte für einen derartigen Parteiwillen, ist solch eine erweiternde Vertragsauslegung jedoch abzulehnen – es verbleibt beim Grundsatz der (Teil-)Gesamtrechtsnachfolge. Zu der darüber hinausgehenden Frage der Aufspaltung eines einzelnen Vertragsverhältnisses vgl. SBB/*Sagasser* § 18 Rn. 61; SSt/*Schröer* UmwG § 126 Rn. 72; § 131 Rn. 38; *Heidenhain* NJW 1995, 2873, 2877 sowie die Fallgruppenanalyse bei *Berner/Klett* NZG 2008, 601, 603f. Nach wohl überwiegender Meinung im Schrifttum soll die Aufteilung von Vertragsverhältnissen auf mehrere Rechtsträger zulässig sein (SBB/*Sagasser* § 18 Rn. 62; SSt/*Schröer* UmwG § 131 Rn. 38; WM/*Mayer* UmwG § 126 Rn. 227). Dies umfasst grds. auch die Aufteilung von Leistung und Gegenleistung (SHS/*Hörtnagl* UmwG § 131 Rn. 52; Lutter/*Teichmann* UmwG § 131 Rn. 61).

Grenzen der Vermögenszuordnung ergeben sich aus den Vorschriften über die **272** Kapitalaufbringung (WM/*Mayer* UmwG § 126 Rn. 199). Vor allem die Streichung der §§ 131 Abs. 1 Nr. 1 Satz 2, 132 UmwG (durch das 2. UmwÄndG v. 19.4.2007 (BGBl. I 2007, 542)) spricht dafür, dass der Grundsatz der (partiellen) Gesamtrechtsnachfolge und der Spaltungsfreiheit allenfalls in wenigen Ausnahmefällen eingeschränkt werden können soll (*Berner/Klett* NZG 2008, 601, 604; eingehend zu den Einschränkungen Lutter/*Priester* UmwG § 126 UmwG Rn. 68ff.; WM/*Mayer* UmwG § 126 Rn. 176ff.). Eine faktische Einschränkung ergibt sich zudem aus den Voraussetzungen die das UmwStG an eine steuerneutrale Spaltung stellt (insb. Teilbetriebseigenschaft des übertragenen Unternehmensteils, SHS/*Hörtnagl* UmwG § 126 Rn. 64).

Für **Grundstücke und grundstücksgleiche** Rechte bestimmt § 126 Abs. 2 Satz 2 **273** UmwG, dass § 28 GBO zu beachten ist. Dies bedeutet, dass alle Vermögensgegenstände, bei denen nach Wirksamwerden der Spaltung eine Grundbuchberichtigung erforderlich ist, bereits im Spaltungs- und Übernahmevertrag/Spaltungsplan in einer Weise bezeichnet werden müssen, die auch **für die Eintragungsbewilligung geeignet** ist. Die Anforderungen hierfür ergeben sich iE aus **§ 2 Abs. 2 GBO iVm. § 6 Abs. 3a–5 Grundbuchverfügung.** Regelmäßig ist die Angabe der Gemarkung, der Band- und Blattstelle sowie der Flurstücksnummer erforderlich (BGH v. 25.1.2008, V ZR 79/07, NZG 2008, 436; vgl. aber OLG Schleswig v. 1.10.2008, DNotZ 2010, 66 zur Vereinbarkeit einer sog. „All-Klausel" mit § 126 Abs. 2 Satz 1 UmwG, § 28 GBO; dazu auch: *Blaschke* NZG 2016, 328; *Schmidt-Räntsch* ZNotP 2012, 11, 13). Ist das Grundstück oder grundstücksgleiche Recht nicht grundbuchscharf bezeichnet, so ist es nicht im Wege der Abspaltung auf die neu gegründete Gesellschaft übergegangen. Dies beruht auf dem Gedanken, dass der BGH (Urt. v. 25.1.2008, V ZR 79/07, aaO; sowie BGH v. 11.4.2008, V ZR 74/07, BeckRS 2008, 08820) in der in § 126 Abs. 2 UmwG formulierten Verpflichtung zur Beachtung des § 28 GBO keinen nur klarstellenden Hinweis auf das maßgebliche Verfahrensrecht für den Grundbuchverkehr, sondern ein **materiell-rechtliches Bestimmtheitserfordernis** sieht. Erfasse die Abspaltung mangels inhaltlicher Bestimmtheit nicht die abzuspaltenden Grundstücke, bestehe auch kein Anspruch der Parteien des Spaltungs- und Übernahmevertrags auf Grundbuchberichtigung, weil es an der dafür erforderlichen Unrichtigkeit des Grundbuchs fehle. Weniger strenge Anforderungen gelten nach dem BGH wohl für die Übertragung von Teilflächen, für die eine Bezeichnung entsprechend § 28 S. 1 GBO im Spaltungsvertrag nicht erforderlich sein soll (BGH v. 25.1.2008, V ZR 79/07, aaO, Rz. 26).

Zur Abspaltung von Dienstbarkeiten und deren grundbuchscharfer Bezeichnung s. KG v. 1.8.2014, 1 W 213/14, 1 W 214/14, RNotZ 2014, 612. Zur Teil-Ausgliederung einer Grundbuchposition (Auflassungsvormerkung) aus dem Vermögen eines Kaufmanns durch Umwidmung des Privat- ins Unternehmensvermögen s. OLG Brandenburg v. 8.8.2013, 5 W 84/13, NZG 2014, 713. Zur Zuordnung von Kassenbeständen im Rahmen eines Abspaltungsvertrages s. OLG Celle v. 5.8.2015, 9 U 22/15, NZG 2015, 1238. Zur Abspaltungsfähigkeit vergaberechtlicher Positionen s. *Bärwaldt/Hasselbrink* ZIP 2013, 1889. Zu öffentlich-rechtlichen Rechtspositionen bei Umwandlungsvorgängen s. *Heckschen* ZIP 2014, 1605. Zur Abspaltung ausländischer Vermögenspositionen s. *Fisch* NZG 2016, 448.

274 Hat sich der Eigentumsübergang im Wege der (Teil-)Gesamtrechtsnachfolge außerhalb des Grundbuches vollzogen, wird bei der Übertragung von Grundstücken und grundstücksgleichen Rechten mit Wirksamwerden der Spaltung das Grundbuch unrichtig. Es bedarf also eines Antrags auf **Grundbuchberichtigung,** der zweckmäßigerweise in den Spaltungs- und Übernahmevertrag/-plan aufgenommen wird (WM/*Mayer* UmwG § 126 Rn. 214 und SHS/*Hörtnagl* UmwG § 126 Rn. 82).

Die Abspaltung von Grundstücken führt grundsätzlich zum Anfall von Grunderwerbsteuer (→ Rn. 158ff.). Bei konzerninternen Umstrukturieren kann jedoch das Konzernprivileg nach § 6a GrEStG Anwendung finden, was bei jedem Spaltungsvorgang vorab geprüft werden sollte (vgl. dazu *Ihle* DNotZ 2010, 275; *Rödder/Schönfeld* DStR 2010, 415; zu dessen Europarechtskonformität: EuGH v. 19.12.2018, C-374/17, BeckRS 2018, 32748; s. dazu *Cloer/Vogel* BB 2019, 151 sowie → Form. D.1 Rn. 80).

Auch **(vinkulierte) Geschäftsanteile an GmbH,** die im Rahmen der Einzelrechtsnachfolge nicht ohne Zustimmung der Gesellschafterversammlung oder der übrigen Gesellschafter übergehen könnten, werden – wenn sie dem übertragenden Vermögen zuzurechnen sind – durch den umwandlungsrechtlichen Spaltungsvorgang übertragen, und zwar auch dann, wenn die gesellschaftsvertraglichen Zustimmungserfordernisse nicht eingehalten wurden (OLG Hamm v. 16.4.2014, 8 U 82/13, RNotZ 2014, 507 – kein höchstpersönliches Recht; *Blasche* RNotZ 2013, 515, 518). Gesellschaftsverträge sehen für derartige Fälle in der Praxis als Reaktion hierauf oftmals ein Einziehungsrecht der Gesellschafter vor.

b) Im Einzelnen

275 **Ziff. II.2.1** des Formulars enthält generalklauselartig die Beschreibung der Aktiva, die auf die C-GmbH übergehen sollen. Individualisiert werden die Aktiva wie folgt:
- durch die Aufteilungsbilanz iVm. bestimmten Anlagen,
- durch die Aufzählung der nicht bilanzierungsfähigen Wirtschaftsgüter in der Anlage zu Buchst. b und
- durch die in einer Anlage enthaltene Aufzählung der übergehenden Vertragsverhältnisse.

Voraussetzung für diese Verweisungstechnik ist, dass die nicht einzeln aufgeführten Aktiva über die Buchhaltung des übertragenden Unternehmens eindeutig identifiziert werden können.

In **Ziff. II.2.2** wird entsprechend für die übergehenden Passiva verfahren.

Zu Ziff. II. 2.3:

Diese Bestimmung stellt klar, dass kein **Grundbesitz** übergeht; eine Grundbuchberichtigung ist demzufolge nicht erforderlich. **276**

Zu Ziff. II.2.4:

Diese Bestimmung weist darauf hin, dass die in Ziff. 2.1 und 2.2 genannte **Aufteilungsbilanz** der Urkunde **als Anlage** beigefügt wird. **277**

Zu Ziff. II.2.5:

Aufgrund des Spaltungsvertrages können nur Gegenstände übertragen werden, die zum Zeitpunkt des Wirksamwerdens der Spaltung (Eintragung der Spaltung in das Register des übertragenden Rechtsträgers, § 131 Abs. 1 UmwG) **zum Vermögen** des übertragenden Rechtsträgers gehören (SHS/*Hörtnagl* UmwG § 131 Rn. 77). **278**

Da jedoch zwischen dem Abschluss des Spaltungsvertrages und dem Wirksamwerden der Spaltung Wochen und Monate vergehen, treten regelmäßig Veränderungen in der Zusammensetzung des Vermögens des übertragenden Rechtsträgers auf, die im Spaltungsvertrag/-plan nicht erfasst sein können. Neu hinzugekommene Gegenstände können zwar von Gattungs- und Sammelbezeichnungen erfasst sein („All-Bestimmungen") oder durch Auslegung dem übertragenden oder dem übernehmenden Rechtsträger zugeordnet werden. Sinnvollerweise sollte dieses Problem vertragstechnisch durch Auffangklauseln in Form einer „Surrogatklausel" gelöst werden, da die Gegenstände bei einer Abspaltung und bei einer Ausgliederung beim übertragenden Rechtsträger verbleiben, wenn der Spaltungsvertrag/-plan keine eindeutige Festlegung enthält. **279**

Zu Ziff. II.2.6:

Bei einer Abspaltung bleiben die im Spaltungs- und Übernahmevertrag/Spaltungsplan nicht aufgeführten Gegenstände beim übertragenden Rechtsträger soweit die Auslegung des Spaltungs- und Übernahmevertrages/Spaltungsplanes keine andere Zuordnung ergibt (SHS/*Hörtnagl* UmwG § 131 Rn. 100). **280**

Es ist daher zweckmäßig, eine gesonderte **Auffangregelung** zu formulieren, wenn dieser Grundsatz nicht oder nur eingeschränkt zum Zuge kommen soll. **281**

In Ziff. 2.6 des Formulars ist eine entsprechende **„Auffangklausel"** enthalten. Sie stellt klar, dass **alle** Aktiva und Passiva, die zu dem Unternehmensteil „Vertrieb" im weitesten Sinne gehören, auf die neu entstehende C-GmbH übergehen sollen. Solche „All-Klauseln" sind zulässig (BGH v. 8.10.2003, XII ZR 50/02, DB 2003, 2589) und sind Anhaltspunkte der nach § 131 Abs. 3 UmwG vorgehenden Auslegung. Risiken, die erst nach Wirksamkeit der Spaltung (Eintragung im Handelsregister) bekannt werden, sollen dagegen bei der übertragenden Gesellschaft verbleiben. **282**

Zu Ziff. II.2.7:

Diese Klausel dient der „Beruhigung" des Registerrichters. Sie enthält ein Bestimmungsrecht gem. § 315 BGB für den Fall, dass Zweifel an der Zuordnung einzelner Aktiva und Passiva und sonstiger Vermögensgegenstände auftauchen sollten. Ein Streit zwischen der A-GmbH und der C-GmbH kann allerdings in der Praxis nicht auftreten, weil dieser Streit durch das Weisungsrecht der gemeinsamen Gesellschafterin, der B-GmbH, geschlichtet werden kann. **283**

Zu Ziff. II.2.8:

Diese Regelung soll sicherstellen, dass auch im Falle eines rechtshängigen Verfahrens die wirtschaftlichen Folgen der streitbefangenen Forderung auf den übernehmenden Rechtsträger übergehen. Denn durch eine Abspaltung tritt im **Zivilprozess grundsätzlich kein gesetzlicher Parteiwechsel** ein. S. iE → Form. B.3 Rz. 75 ff. **283a**

Zu Ziff. II.3.1:

284 **Satz 1** dieser Bestimmung des Spaltungsplans entspricht den Anforderungen des § 126 Abs. 1 Nr. 3 u. 10 UmwG. Für jeden Anteilsinhaber des übertragenden Rechtsträgers muss der **Nennbetrag des gewährten Geschäftsanteils** angegeben werden. Die Gesellschafter sind namentlich zu nennen (WM/*Mayer* UmwG § 126 Rn. 152).

285 **Satz 2** des Formulars zeigt auf, dass der übertragende Rechtsträger, die A-GmbH, will, dass der übernehmende Rechtsträger die handelsrechtlichen Buchwerte fortführen soll. Dieser Festlegung hätte es im vorliegenden Fall nicht gebraucht, da A Geschäftsführer aller drei GmbHs ist. In anderen Konstellationen ist eine solche Festlegung jedoch sinnvoll, da das Wahlrecht gem. § 24 UmwG handelsrechtlich dem **übernehmenden Rechtsträger** zusteht (SHS/*Hörtnagl* UmwG § 24 Rn. 86) und die gewählte Bilanzierungsart Auswirkungen auf die Kapitalstruktur und das Ergebnis des übernehmenden Rechtsträgers hat.

286 Ist der Buchwert des übergehenden Vermögens höher als das hierfür gewährte Nominalkapital (wie im vorliegenden Fall), ist der überschießende Betrag **(Agio) als Kapitalrücklage gem. § 272 Abs. 2 Nr. 1 HGB** in die Bilanz des übernehmenden Rechtsträgers einzustellen (→ Rn. 55ff.; Kallmeyer/*Lanfermann* UmwG § 24 Rn. 47; SHS/*Hörtnagl* UmwG § 24 Rn. 77). Die Gewährung einer **Darlehensforderung** in Höhe des Übernahmegewinns an die Gesellschafter der übertragenden Gesellschaft ist **unzulässig** (WM/*Mayer* UmwG § 126 Rn. 142; differenzierend aber BeckOGK/*Verse* UmwG § 126 Rn. 49 mwN., iE für Zulässigkeit iHv 10% des Gesamtnennbetrags).

287 In dem Fall, der dem Formular zugrunde liegt, lag die Spaltungsbilanz zum Zeitpunkt der Beurkundung des Spaltungsplanes bereits vor. Es war daher möglich, das **Agio** zu beziffern. Liegt die Spaltungsbilanz zum Zeitpunkt der Beurkundung des Spaltungsplanes bzw. des Spaltungsvertrages/Spaltungsentwurfes noch nicht vor, ist wie folgt zu formulieren:

„Übersteigt der Wert des auf die durch die Spaltung entstehende neue Gesellschaft übertragenen Vermögens zu Buchwerten den Nennwert des Stammkapitals der Gesellschaft, wird dieser Betrag in die (Kapital-)Rücklagen bei der neu entstehenden ...... eingestellt."

288 Ist der Buchwert des übergehenden Vermögens niedriger als der Nominalbetrag des hierfür gewährten Stammkapitals **(„Fehlbetrag"),** ist streitig, welche Auswirkungen dies auf die Wahlmöglichkeit des § 24 UmwG hat. Nach der einen Auffassung ist dann die Buchwertfortführung nicht möglich, auch wenn der Zeitwert des übergehenden Vermögens ausreicht, um den Nominalbetrag des Stammkapitals der übernehmenden GmbH abzudecken. Zur Begründung wird darauf verwiesen, dass bilanziell keine „Unter-Pari-Emmission" vorgenommen werden dürfe (Kallmeyer/*Lanfermann* UmwG § 24 Rn. 18 und 52 mwN). Nach anderer Auffassung (wohl hM) verbietet der Grundsatz der (materiellen) Kapitalaufbringung nicht den Ausweis eines (bilanziellen) Umwandlungs-/Spaltungsverlustes, solange der Zeitwert des übernommenen Vermögens den Nominalbetrag des Stammkapitals abdeckt. In diesem Fall ist der Fehlbetrag über die Gewinn- und Verlustrechnung auszubuchen (Lutter/*Priester* UmwG § 24 Rn. 89; *Priester* GmbHR 1999, 1273, 1275; Hachenburg/*Ulmer* GmbHG § 5 Rn. 67; *Fenske* BB 1997, 1247; SHS/*Hörtnagl* UmwG § 24 Rn. 73; WM/*Widmann* UmwG § 24 Rn. 331 f.; HFA 43 Tz. 24 aE Fn. 7 iVm. RS HFA 42, Tz. 70: Ausbuchung über Gewinn- und Verlustrechnung ohne Ausgleich durch Ansatz eines Aktivpostens noch durch Verrechnung mit Rücklagen). Dies ist der Grund, warum in der Praxis in diesen Fällen das Wahlrecht des § 24 UmwG nicht ausgübt wird, sondern nach dem allgemeinen Anschaffungskostenprinzip (§ 253 Abs. 1, § 255 Abs. 1 HGB) zu Zeitwerten bilanziert wird (→ Rn. 55ff.).

289 Bei Buchwertfortführung ist **keine Aktivierung von Anschaffungsnebenkosten** möglich, diese sind aufwandswirksam zu verbuchen.

Zu Ziff. II.3.2:

Diese Bestimmung des Formulars stellt klar, dass keine Zuzahlung iSd. § 126 Abs. 1 Nr. 3 UmwGzu leisten ist. **290**

Zu Ziff. II.3.3:

Diese Bestimmung des Formulars lässt in Form einer „Negativerklärung" erkennen, dass weder den Gesellschaftern der A-GmbH noch Dritten besondere Vorteile und Rechte iSv. § 26 Abs. 1 Nr. 8 UmwG gewährt werden. **291**

Zu Ziff. II.3.4:

Diese Bestimmung trägt § 126 Abs. 1 Nr. 5 UmwG Rechnung. **292**

Der neue Rechtsträger entsteht mit Wirksamwerden der Spaltung, das ist der Zeitpunkt, in dem die Spaltung im Handelsregister des übertragenden Rechtsträgers eingetragen wird (§ 131 Abs. 1 Nr. 1 UmwG). In diesem Zeitpunkt würde grds. die **Gewinnberechtigung** für die neuen Anteile entstehen. Da dieser „Entstehungszeitpunkt" nicht auf das Ende eines Geschäftsjahres „gesteuert" werden kann, würde der Zeitpunkt der Gewinnberechtigung in das laufende Geschäftsjahr des übertragenden Rechtsträgers fallen. Dies kann dadurch vermieden werden, dass der Spaltungsvertrag die Gewinnberechtigung abweichend vom materiellen Recht regelt. Durch § 126 Abs. 1 Nr. 5 UmwG will der Gesetzgeber die Beteiligten zwingen, sich Gedanken über den Zeitpunkt der Gewinnberechtigung zu machen.

In der Regel wird der Beginn der Gewinnberechtigung auf den Spaltungsstichtag gem. § 126 Abs. 1 Satz 6 UmwG gelegt (so auch im Formular). Zur Zulässigkeit variabler Stichtage hinsichtlich der Gewinnteilhabe vgl. BGH, Urt. v. 4.12.2012 – II ZR 17/12. **293**

Zu Ziff. II.4.:

Der **Spaltungsstichtag** gem. § 126 Abs. 1 Nr. 6 UmwG ist der **Zeitpunkt,** von dem an die Handlungen des übertragenden Rechtsträgers als für Rechnung jedes der übernehmenden Rechtsträger vorgenommen gelten (Spaltungsstichtag, § 126 Abs. 1 Nr. 6 UmwG). Unerheblich ist, ob der übernehmende Rechtsträger bereits zu diesem Zeitpunkt rechtlich existent ist (bei der Spaltung zur Neugründung ist er dies ja gerade nicht), da es sich lediglich um eine schuldrechtliche Vereinbarung zwischen den beteiligten Rechtsträgern handelt, wie und bei welchem Rechtsträger das übergegangene Vermögen (rückbeziehend) in Ansatz zu bringen ist. Der Spaltungsstichtag ist für die Umwandlung von großer Bedeutung und muss im Zusammenhang mit anderen Stichtagen und Zeitpunkten bestimmt werden. Insbesondere geht es um die Abstimmung mit dem Stichtag der **Schlussbilanz** des übertragenden Rechtsträgers (§ 17 Abs. 2 UmwG) und um den steuerlichen Übertragungsstichtag (§ 2 Abs. 1 Satz 1 UmwStG). **294**

Klar ist das Verhältnis von dem Stichtag der Schlussbilanz und dem steuerlichen Übertragungsstichtag. Dieses Verhältnis ergibt sich aus § 2 Abs. 1 Satz 1 UmwStG, der besagt, dass der steuerliche Übertragungsstichtag identisch ist mit dem Ablauf des Stichtags der handelsrechtlichen Schlussbilanz, die der Spaltung zugrunde liegt. **295**

Streitig ist das Verhältnis zwischen Spaltungsstichtag und dem Stichtag der handelsrechtlichen Schlussbilanz. Nach Auffassung der FinVerw. ist der Stichtag der Schlussbilanz und damit auch der steuerliche Übertragungsstichtag zwingend der dem Spaltungsstichtag vorausgehende Tag (UmwSt-Erl. 2011, BMF v. 11.11.2011, BStBl. I 2011, 1314 Tz. 02.02; dies ist auch die wohl hM in der Literatur: SHS/*Hörtnagl* UmwG § 17 Rn. 37 mwN; RS HFA 43 Tz. 5 iVm. RS HFA 42 Tz. 11 „in der Regel"; SBB/*Bula/Thees* § 10 Rn. 13; Lutter/*Drygala* UmwG § 5 Rn. 74; WM/*Widmann* UmwG § 24 Rn. 64f.; aA Kallmeyer/*Marsch-Barner* UmwG § 5 Rn. 34 und *Zimmermann* § 17 UmwG Rn. 14). Die hM ist für den Verfasser eines Spaltungsplanes/Spaltungsvertrages von eminenter Bedeutung. Der Spaltungsstichtag bestimmt nicht **296** nur den Stichtag der handelsrechtlichen Schlussbilanz, sondern auch den Zeitpunkt des Eintrittes der steuerlichen Folgen der Spaltung.

297 Soll ein Teilbetrieb mit Wirkung ab dem 1. Januar auf einen anderen Rechtsträger abgespalten werden, hat dies nach herrschender Auffassung zwingend zur Folge, dass die handelsrechtliche Schlussbilanz auf den 31. Dezember aufzustellen ist und der 31. Dezember gleichzeitig der steuerrechtliche Übertragungsstichtag ist. Der Spaltungsplan sollte den Stichtag der Schlussbilanz der übertragenden Gesellschaft erwähnen. Die Praxis hat sich an der hM zu orientieren, um etwaige steuerlich nachteilige Folgen zu vermeiden. Dementsprechend raten auch die Kritiker dieser herrschenden Ansicht zur ihrer Befolgung in der Praxis (vgl. *Heidtkamp,* NZG 2013, 852, 855).

298 Sollen die steuerrechtlichen Wirkungen in das neue Kalenderjahr verlegt werden, bieten sich zwei Möglichkeiten an:

Die erste Möglichkeit besteht darin, den 2. Januar als Spaltungsstichtag zu nennen mit der Folge, dass der Stichtag der Schlussbilanz und der steuerliche Übertragungsstichtag der 1. Januar sind.

299 Die zweite Möglichkeit besteht darin, als Spaltungsstichtag den 1. Januar 00.02 Uhr zu bestimmen. In diesem Fall ist Stichtag der handelsrechtlichen Schlussbilanz der 1. Januar 00.01 Uhr. Diese Möglichkeit nutzt den Umstand aus, dass nach § 126 Abs. 1 Nr. 6 UmwG der „Spaltungsstichtag" ein **Zeitpunkt** ist, der nicht mit dem Ende eines Tages (24.00 Uhr) identisch sein muss (RS HFA 43 Tz. 5 iVm. RS HFA 42 Tz. 11 „in der Regel" lässt diese Auslegung zu; glA SHS/*Winter* UmwG § 5 Rn. 74 für den Verschmelzungsstichtag).

300 Die zweite Möglichkeit wird man nur wählen, wenn bei der von der Spaltung betroffenen Gesellschaft am 1. Januar erhebliche geschäftliche Aktivitäten zu erwarten sind, zB im Rahmen einer Kettenumwandlung, bei der mit Wirkung zum 1. Januar 00.00 Uhr Vermögen auf den übertragenden Rechtsträger übergeht, welches eine juristische Sekunde später ganz oder teilweise mit auf den durch die Spaltung neu entstehenden Rechtsträger abgespalten werden soll.

301 Nach hier vertretener Auffassung können auch variable Stichtagsregelungen vereinbart werden. Eine solche Regelung sollte jedoch nur dann in den Spaltungsplan aufgenommen werden, wenn mit Anfechtungs- oder sonstigen Klagen gegen den Spaltungsplan seitens einzelner Anteilsinhaber zu rechnen ist, nicht jedoch – wie vorliegend – bei der Abspaltung von Vermögensteilen von Ein-Personen-Gesellschaften oder bei konzerninternen Spaltungsvorgängen. Eine entsprechende Formulierung könnte in Anlehnung an eine von *Mayer* vorgeschlagene Formulierung (WM/*Mayer* UmwG § 5 Rn. 164) wie folgt lauten:

„Falls die Abspaltung nicht bis zum Ablauf des ...... in das für den übertragenden Rechtsträger zuständige Handelsregister eingetragen wird, wird abweichend von § ...... der Abspaltung die Bilanz des übertragenden Rechtsträger zum ...... als Schlussbilanz zugrunde gelegt. Die Übertragung des abgespaltenen Vermögens auf die übernehmende Gesellschaft erfolgt im Innenverhältnis mit Wirkung ab Ablauf des ...... Es gelten alle Handlungen und Geschäfte des übertragenden Rechtsträgers vom Beginn des ......, 00.00 Uhr (Spaltungsstichtag) an als für Rechnung der übernehmenden Gesellschaft vorgenommen. Bei einer weiteren Verzögerung der Eintragung über den ...... des Folgejahres hinaus, verschieben sich die Stichtage jeweils entsprechend der vorstehenden Regelung um ein Jahr. Im Falle der Verschiebung des Abspaltungsstichtages sind die Vertragsparteien verpflichtet, nachhaltige Veränderungen des dem Umtauschverhältnis zugrunde gelegten Unternehmenswertes der am Abspaltungsvorgang beteiligten Rechtsträger zu vermeiden, soweit dem nicht zwingende rechtliche Schranken entgegenstehen."

302 Der Verzicht auf Spaltungsbericht, Spaltungsprüfung und Spaltungsprüfbericht ist notariell zu beurkunden (§§ 135 Abs. 1, 125 Satz 1, 8 Abs. 3, 9 Abs. 3, 12 Abs. 3 UmwG).

Zu Ziff. III.:

Die **Bestellung von Geschäftsführern** der neuen GmbH bedarf der Zustimmung der Gesellschafter des übertragenden Rechtsträgers, § 125 Satz 1 UmwG iVm. § 59 Satz 2 UmwG. **303**

Gemäß der Verweisung in § 135 Abs. 2 Satz 1 UmwG findet das **Gründungsrecht der GmbH,** das sind die Vorschriften der §§ 1–11 GmbHG, Anwendung. § 6 Abs. 2 Satz 2 GmbHG bestimmt, dass die Geschäftsführer im **Gesellschaftsvertrag** (s. hierzu BH/*Hueck/Fastrich* GmbHG § 6 Rn. 26) oder **durch Gesellschafterbeschluss** (gem. §§ 46 Nr. 5, 47 ff. GmbHG, s. hierzu BH/*Hueck/Fastrich* GmbHG § 6 Rn. 28) bestellt werden. Üblicherweise werden Geschäftsführer in der Gründungsurkunde, nicht im Gesellschaftsvertrag selbst bestellt. Es ist daher auch möglich, die Bestellung des Geschäftsführers, wie im vorliegenden Formular, im Spaltungsplan vorzunehmen. Die Bestellung im Spaltungsplan erfolgt durch formlose Festlegung des übertragenden Rechtsträgers als Gründungsgesellschafter oder durch entsprechende Beschlussfassung. Letzterenfalls lautet die Formulierung: **304**

„Die übertragende Gesellschaft, die ...... als Gründungsgesellschafterin der neu gegründeten ...... i. Gr., hält hiermit unter Verzicht auf alle Form- und Fristvorschriften über die Einberufung und Abhaltung eine außerordentliche Gesellschafterversammlung der neu gegründeten ...... i. Gr. ab und beschließt einstimmig was folgt:

Zum ersten Geschäftsführer der ...... wird bestellt Herr A ...... geb. am ......, wohnhaft in ...... Er vertritt die Gesellschaft stets einzeln und ist von den Beschränkungen des § 181 BGB befreit.“

Bis zum Wirksamwerden der Spaltung durch Eintragung im Handelsregister verbleibt die Bestellungskompetenz beim übertragenden Rechtsträger; Gleiches gilt für etwaige vor dem Wirksamwerden erfolgende Veränderungen in der Geschäftsführung (WM/*Mayer* UmwG § 135 Rn. 50).

Außerhalb des Spaltungsplanes können auch **die Gesellschafter der Vor-GmbH** den Geschäftsführer bestellen (Kallmeyer/*Zimmermann* UmwG § 59 Rn. 6). Ein **Einmanngesellschafter** kann unter Beachtung von § 48 Abs. 3 GmbHG sich selbst bestellen (BH/*Fastrich* GmbHG § 6 Rn. 28). § 48 Abs. 3 GmbHG bestimmt, dass der Alleingesellschafter unverzüglich nach einer Beschlussfassung eine Niederschrift aufzunehmen und zu unterschreiben hat. **305**

Das Formular sieht die Bestellung durch die übertragende GmbH vor. Dies hat zur Folge, dass der Gesellschafter der künftigen C-GmbH, nämlich die B-GmbH, der Bestellung des Herrn A zum Geschäftsführer **zustimmen** muss (§ 59 Satz 2 UmwG). **306**

Die **Dauer der Bestellung** kann zeitlich befristet oder unbefristet sein. Die Möglichkeit einer aufschiebenden oder auflösenden Bedingung bei der Bestellung eines Geschäftsführers ist sehr umstritten (vgl. MHLS/*Tebben* GmbHG § 6 Rn. 42), nach der Rechtsprechung jedoch zulässig (BGH v. 24.10.2005 – II ZR 55/04, NJW-RR 2006, 182, zur auflösenden Bedingung). **307**

Die Bestellung zum Geschäftsführer muss ausdrücklich **angenommen** werden, es sei denn, ein **Gesellschaftergeschäftsführer** wird durch Gesellschafterbeschluss bestellt (LH/*Kleindiek* GmbHG § 6 Rn. 43). Die Annahmeerklärung muss der Gesellschaft, vertreten durch andere Geschäftsführer, zugehen. Ist kein weiterer Geschäftsführer bestellt, ist die Annahme gegenüber den Gesellschaftern zu erklären, wobei der einzelne Gesellschafter empfangsberechtigt sein soll (LH/*Kleindiek* GmbHG § 6 Rn. 43; MHLS/*Tebben* GmbHG § 6 Rn. 43). **308**

Das GmbHG geht grundsätzlich von einer **„Gesamtvertretung“** aus (§ 35 Abs. 2 Satz 1 GmbHG). Dies bedeutet, dass **alle** Geschäftsführer an einer Willenserklärung aktiv mitwirken müssen. In der Praxis wird Geschäftsführern idR Einzelvertretungsbefugnis erteilt oder zumindest die Vertretung durch zwei Geschäftsführer gemeinschaft- **309** lich oder aber zusammen mit etwa bestellten Prokuristen gestattet. Zur Unterscheidung zwischen echter Gesamtvertretung und unechter Gesamtvertretung vgl. LH/*Kleindiek* GmbHG § 35 Rn. 38f.

310 Für Geschäftsführer als Vertreter der GmbH gilt das **Verbot des Selbstkontrahierens** (**§ 181 BGB**). Daher kann ein Geschäftsführer kein Geschäft für die GmbH vornehmen, bei dem er zugleich auf der Gegenseite steht, es sei denn, dies dient der Erfüllung einer bereits bestehenden Verbindlichkeit (zB Gehaltsauszahlung an sich selbst) oder das Geschäft ist für die Gesellschaft rechtlich nur vorteilhaft. Bei anderen Geschäften ist die Erklärung des Geschäftsführers schwebend unwirksam und bedarf der Genehmigung durch die übrigen Geschäftsführer oder durch die Gesellschafter (im Wege eines Mehrheitsbeschlusses oder durch schlüssige Handlungen aller Gesellschafter) (LH/*Kleindiek* GmbHG § 35 Rn. 51).

311 Ist der Geschäftsführer dagegen vom Verbot des Selbstkontrahierens **befreit,** ist das In-Sich-Geschäft von Anfang an wirksam. Die Befreiung kann entweder im Gesellschaftsvertrag oder – wie regelmäßig – durch Gesellschafterbeschluss geschehen. Der Gesellschafterbeschluss bedarf einer Rechtsgrundlage im Gesellschaftsvertrag („Öffnungsklausel"). Für die Befreiung im konkreten Einzelfall soll dagegen ein einfacher Beschluss auch ohne eine solche Rechtsgrundlage ausreichend sein (*Schindeldecker* RNotZ 2015, 533, 543; OLG Nürnberg v. 5.3.2010 – 12 W 376/10, MDR 2010, 822).

312 Zur Befreiung des Gesellschaftergeschäftsführers in der **Einmann-Gesellschaft** vgl. § 35 Abs. 3 GmbHG und LH/*Kleindiek* GmbHG § 35 Rn. 53f. Zur Befreiung des Liquidators vom Verbot des Selbstkontrahierens BH/*Haas* GmbHG § 68 Rn. 5.

Zu Ziff. IV.:

313 **Salvatorische Klauseln** bestehen idR aus zwei Bestandteilen, nämlich einer **Teilnichtigkeitsklausel** und einer **Ersetzungsklausel** (zu salvatorischen Klauseln vgl. *Sommer/Weitbrecht* GmbHR 1991, 449; *Baur* FS Vieregge, 1996, 31; *Westermann* FS Philipp Möhring, 1975, 135; *Mayer-Maly* FS Flume 1978, Bd. 1, 621).

314 Salvatorische Klauseln haben ihren Grund in **§ 139 BGB.** Nach dieser Vorschrift ist bei einer Nichtigkeit eines Teiles eines Rechtsgeschäfts im Zweifel das ganze Rechtsgeschäft nichtig. Teilnichtigkeitsklauseln haben den Zweck, bei unvorhergesehener Unwirksamkeit einzelner Bestandteile des Gesellschaftsvertrages das Geschäft entsprechend den ursprünglichen Intentionen aufrecht zu erhalten. Von diesem Grundsatz macht die Rspr. eine Ausnahme nur für die Fälle, in denen der unwirksame Bestandteil von so schwerwiegender, grundsätzlicher Bedeutung für das Vertragswerk ist, dass die Aufrechterhaltung des Rechtsgeschäftes trotz salvatorischer Klausel nicht mehr vom Parteiwillen gedeckt ist (BGH v. 11.10.1995, VIII ZR 25/94, WM 1996, 22; OLG Stuttgart v. 28.10.1988, 2 U 170/87, ZIP 1989, 60; BGH v. 8.4.1976, II ZR 203/74, DB 1976, 2106, 2107; *Roth* JZ 1989, 415; aA *Westermann* FS Philipp Möhring 1975, 139; *Baur* FS Vieregge 1996, 33f.; *Mayer-Maly* FS Flume 1978, Bd. 1, 623).

315 **Ersetzungsklauseln** können unterschiedlich ausgestaltet sein. Es gibt Klauseln, die fingieren, dass diejenige Bestimmung als vereinbart gilt, die dem entspricht, was die Parteien nach Sinn und Zweck dieses Vertrages vernünftigerweise vereinbart hätten (so die Formulierung im Mustervertrag). Andere Klauseln verpflichten die Gesellschafter, die nichtige Bestimmung durch eine andere zu ersetzen.

Zu Ziff. V.:

316 Das Gesetz verlangt in § 126 Abs. 1 Nr. 11 UmwG, dass im Spaltungsvertrag/Spaltungsplan Angaben hinsichtlich der **Folgen der Spaltung für Arbeitnehmer und ihre Vertretungen** gemacht werden. § 126 Abs. 1 Nr. 11 UmwG entspricht bei Verschmelzung § 5 Abs. 1 Nr. 9 UmwG. Ihr Fehlen stellt ein Eintragungshindernis dar. Dem trägt Ziff. V. Rechnung.

Ziff. V. beschreibt die infolge der Abspaltung eines Betriebsteils hier eintretende Rechtsfolge des Übergangs der Arbeitsverhältnisse auf die neu gegründete Gesellschaft entsprechend § 613a BGB und konkretisiert die Folgen für die Arbeitnehmer. Enthalten ist ein Hinweis auf das Widerspruchsrecht der betroffenen Arbeitnehmer und die Unterrichtungspflicht des Arbeitgebers gegenüber den betroffenen Arbeitnehmern. **317**

Betriebsverfassungsrechtliche und mitbestimmungsrechtliche Folgen entstehen hier nicht, da ein Betriebsrat nicht existiert und die gesetzlichen Voraussetzungen der Unternehmensmitbestimmung nicht gegeben sind. Da nach wohl überwiegender Auffassung der Spaltungsplan auch Angaben zu den Folgen zu enthalten hat, die durch die Spaltung nicht eintreten, um so die Transparenz des Umwandlungsvorgangs zu erhöhen, wurde ein entsprechender Hinweis mit aufgenommen. **318**

Zu anderen arbeitsrechtlichen Fragen → Rn. 176 ff.

Zu Ziff. VI.:

§ 22 UmwG (über § 125 UmwG anwendbar) bestimmt, dass den Gläubigern der an der Umwandlung beteiligten Rechtsträger **Sicherheit zu leisten** ist, wenn sie nicht Befriedigung verlangen können. Dieses Recht besteht, wenn sie ihren Anspruch nach Grund und Höhe schriftlich anmelden. Die Anmeldung hat innerhalb von sechs Monaten nach dem Tag zu erfolgen, an dem die Eintragung der Umwandlung in das Register des Sitzes derjenigen Gesellschaft, deren Gläubiger sie sind, nach § 19 Abs. 3 UmwG als bekannt gemacht gilt (§ 22 Abs. 1 Satz 1 UmwG). Während bei der Verschmelzung lediglich der übernehmende Rechtsträger zur Sicherheitsleistung verpflichtet ist, ist bei der Abspaltung zur Neugründung die Vorschrift in Bezug auf die Sicherheitsleistung spaltungsbedingt anzupassen. Zwar haften nach § 133 Abs. 1 Satz 1 UmwG die an der Spaltung beteiligten Rechtsträger gesamtschuldnerisch, doch wird das Recht auf Sicherheitsleistung gemäß § 133 Abs. 1 Satz 2 UmwG dergestalt eingeschränkt, dass die Gläubiger Sicherheitsleistung nur gegenüber demjenigen Rechtsträger geltend machen können, gegen den sich der zu sichernde Anspruch richtet. Ist das Vermögen auf die neu gegründete Gesellschaft übergegangen, so ist diese zur Sicherheitsleistung verpflichtet, anderenfalls ausschließlich der übertragende Rechtsträger. Maßgeblich ist auch insoweit die Zuordnung im Spaltungsplan (*Ittner* MittRhNotK 1997, 106, 127). **319**

Dieses Recht steht den Gläubigern jedoch nur zu, wenn sie glaubhaft machen, dass durch die Umwandlung die Erfüllung ihrer Forderung gefährdet wird (§ 22 Abs. 1 Satz 2 UmwG). Zu spaltungsspezifischen Gefährdungsgründen, vgl. SSt/*Seulen* UmwG § 133 Rn. 120 ff. Die Gläubiger sind in der Bekanntmachung der jeweiligen Eintragung auf dieses Recht hinzuweisen (§ 22 Abs. 1 Satz 3 UmwG). **320**

Das Recht, Sicherheitsleistung zu verlangen, steht den Gläubigern nicht zu, die im Falle einer Insolvenz ein Recht auf bestimmte vorzugsweise Befriedigung haben (§ 22 Abs. 2 UmwG). **321**

Das Recht, Sicherheit verlangen zu können, ist eines der Mittel des Gläubigerschutzes im Umwandlungsrecht. Im Übrigen erfolgt der Gläubigerschutz durch
- die gesamtschuldnerische Haftung nach § 133 Abs. 1 Satz 1 UmwG,
- die Sicherung der Kapitalaufbringung beim übertragenden und übernehmenden Rechtsträger (dazu *Ihrig* GmbHR 1995, 622 ff.),
- Schadensersatzansprüche gem. §§ 25 ff. UmwG.

Ziff. VI. des Spaltungsplanes ist kein zwingender Bestandteil. Es ist jedoch üblich, diese Vorschrift aufzunehmen. Sie hat Hinweis- und Warnfunktion für die beteiligten Gesellschaften und ihre Anteilsinhaber. **322**

Zu Ziff. VII.:

In Ziff. VII. wird ein Beteiligter, meist der Notar selbst und/oder seine Mitarbeiter, bevollmächtigt, Änderungen und Ergänzungen des Spaltungsplanes zu beschließen und **323** anzumelden, die nach der Auffassung der Beteiligten, der Industrie- und Handelskammer und/oder des Registergerichtes zum Vollzug der Spaltung erforderlich sind. Diese **Vollmacht** erspart den Beteiligten einen weiteren Gang zum Notar, wenn zB das Registergericht Einwendungen gegen den Spaltungsplan erheben sollte.

Zu Ziff. VIII.:

324 In der Urkunde sollte geregelt werden, ob die **Kosten der Urkunde** von der übertragenden oder von der übernehmenden/neu gegründeten Gesellschaft getragen werden. Wird bestimmt, dass der **übertragende Rechtsträger** die Kosten der Spaltung trägt, so ist es nicht erforderlich, dass diese Kosten in der Schlussbilanz des übertragenden Rechtsträgers in der Form einer Rückstellung berücksichtigt werden (WM/*Mayer* UmwG § 126 Rn. 329).

325 Ist im Rahmen einer Spaltung zur Neugründung der **neu gegründete** Rechtsträger verpflichtet, die Kosten zu tragen, so ist dies im Gesellschaftsvertrag des neu gegründeten Rechtsträgers als Gründungsaufwand (analog) § 26 Abs. 2 AktG aufzunehmen (WM/*Mayer* UmwG § 126 Rn. 330). Ohne Nachfrage wird seitens des Registergerichts regelmäßig eine Übernahme der Gründungskosten in Höhe von max. 10% des Stammkapitals durch die neu gegründete GmbH akzeptiert werden (vgl. dazu auch OLG Celle v. 22.10.2014 – 9 W 124/14, ZIP 2014, 2387: Aufzehrung von 60% des Stammkapitals durch Gründungskosten ist unangemessen; abweichend bzgl. der UG [haftungsbeschränkt] KG v. 31.7.2015 – 22 W 67/14, NJW 2015, 3175). Eine starre Obergrenze ergibt sich daraus indes nicht (OLG Hamburg v. 18.3.2011 – 11 W 19/11, GmbHR 2011, 766). Im Formular trägt die C-GmbH die Kosten bis zu einem bestimmten, im konkreten Fall zu ermittelnden Betrag, darüber hinaus die A-GmbH.

326 Bei Umwandlungsvorgängen nach dem UmwG können folgende Kosten anfallen (vgl. auch WM/*Mayer* UmwG § 126 Rn. 329):
- Kosten der notariellen Beurkundung,
- Kosten für die Handelsregisteranmeldung und die Eintragung der Umwandlung,
- Kosten der eingeschalteten sonstigen Berater (Wirtschaftsprüfer/Steuerberater/Anwälte/Unternehmensberater).

Beurkundungskosten können anfallen für

327
- die Beurkundung des Spaltungsvertrages/Spaltungsplanes,
- die im Rahmen der Umwandlung zu fassenden Spaltungsbeschlüsse, Kapitalerhöhungsbeschlüsse etc.,
- die im Rahmen der Umwandlung ggf. erforderlichen oder zweckmäßigen Zustimmungs- oder Verzichtserklärungen.

Zu den einzelnen Gebühren und der Bemessungsgrundlage für diese Gebühren → Rn. 206 ff.

Zu Ziff. IX.:

328 Die in dem Formular unter Ziff. IX. aufgeführten **Hinweise** entsprechen den üblichen Hinweisen, zu denen der Notar in Spaltungsfällen gem. § 17 BeurkG verpflichtet ist.

Zu Ziff. X.:

329 § 125 Satz 1 iVm. § 6 UmwG bestimmen, dass der Spaltungs- und Übernahmevertrag notariell zu beurkunden ist. Entsprechendes gilt für den Spaltungsplan (§ 136 Satz 2 UmwG).

330 Nach § 126 Abs. 2 Satz 3 HS 2 UmwG sind **die Urkunden, auf die Bezug genommen wird** (Bilanzen, Inventare) dem Spaltungs- und Übernahmevertrag **als Anlagen** beizufügen.

Werden dem Spaltungsplan/Spaltungsvertrag Dokumente als Anlagen beigefügt, stellt sich die Frage, ob diese mit zu beurkunden sind. Die **Beurkundungspflicht** erstreckt sich grds. auf den gesamten Inhalt der Vereinbarung (BGH v. 27.4.1979, V ZR 175/77, DNotZ 1979, 480). Dies bedeutet für die Spaltung als partielle Gesamtrechtsnachfolge, dass die Anlagen beurkundet werden müssen, die die übergehenden Vermögensgegenstände individualisieren (WM/*Mayer* UmwG § 126 Rn. 211). **331**

§ 9 Abs. 1 Satz 2 BeurkG verfügt, dass Erklärungen in einem Schriftstück, auf das in der Niederschrift verwiesen und dieser beigefügt wird, als in der Niederschrift selbst enthalten gilt. Dies bedeutet, dass grundsätzlich auch die Anlagen vorgelesen und von den Beteiligten genehmigt werden müssen, sofern keine beurkundungsrechtliche Erleichterung eintritt (WM/*Mayer* UmwG § 126 Rn. 211.1). So kann nach § 14 Abs. 1 BeurkG auf die Verlesung von Bilanzen und vergleichbaren Anlagen durch die Beteiligten verzichtet werden. Dieser Verzicht ist nach § 14 Abs. 3 BeurkG in der Niederschrift **festzustellen.** Soweit das Schriftstück aus mehreren Seiten besteht, soll jede Seite von den Beteiligten **unterzeichnet** werden (§ 14 Abs. 2 Satz 1 BeurkG). Wird auf andere notarielle Urkunden verwiesen, brauchen diese ebenfalls nicht verlesen zu werden, wenn die Beteiligten erklären, dass ihnen der Inhalt der anderen Niederschrift bekannt ist und dass sie auf das Verlesen verzichten (sog. Verweisurkunde nach § 13a Abs. 1 Satz 1 BeurkG). Dies soll in der Urkunde festgestellt werden (§ 13a Abs. 1 Satz 2 BeurkG). **332**

Seit langem umstritten ist die Zulässigkeit der **Auslandsbeurkundung** von gesellschafts- und umwandlungsrechtlichen Vorgängen (Übersichten zum Streitstand etwa bei WM/*Heckschen* UmwG § 6 Rn. 56ff.; SHS/*Winter* UmwG § 6 Rn. 13ff.). **333**

Zu unterscheiden sind hierbei statutsrelevante Vorgänge, die die Verfassung der Gesellschaft berühren (wie Umwandlungen nach dem UmwG) und sonstige beurkundungspflichte Vorgänge. Jedenfalls für Erstere soll nach ganz überwiegender Meinung die Einhaltung der Ortsform nach Art. 11 Abs. 1 S. 1 2. Alt. EGBGB nicht ausreichend sein (so ausdrücklich der Gesetzgeber in BT-Drs. 10/504, S. 49; BeckOGK/*Wicke* UmwG § 6 Rn. 17, *Heckschen* DB 2018, 685 mwN). Für derartige Geschäfte kommt es daher auf die Gleichwertigkeit der Auslandsbeurkundung mit einer Beurkundung durch einen Notar in Deutschland an (vgl. BGH v. 16.2.1981 – II ZB 8/80, NJW 1981, 1160), ausgehend von den Zwecken der einschlägigen deutschen Formvorschrift (zB § 6 UmwG, *Lieder* ZIP 2018, 1517, 1522). Gleichwertig muss sowohl Stellung der Urkundsperson in der jeweiligen Rechtsordnung, als auch das Beurkundungsverfahren sein (SHS/*Winter* UmwG § 6 Rn. 13). Besondere Bedeutung soll dabei dem Bestehen einer Verlesungspflicht beizumessen sein (WM/*Heckschen* UmwG § 6 Rn. 62). **334**

Das KG bejahte in zwei jüngeren Entscheidungen die Gleichwertigkeit hinsichtlich der Beurkundung durch Schweizer Notare (KG v. 24.1.2018, 22 W 25/16, NJW 2018, 1828; v. 26.7.2018, 22 W 2/18, NZG 2018, 1195, zur Beurkundung einer Verschmelzung; anders noch in der Vorinstanz das AG Charlottenburg v. 22.01.2016, 99 AR 9466/15). Die Ansicht des KG ist in der Literatur überwiegend auf Ablehnung gestoßen (*Heckschen* DB 2018, 685, *Lieder* ZIP 2018, 1517; *Tebben* GmbHR 2018, 1190 mwN). Insbesondere verkenne das Gericht den Beurkundungszweck der **materiellen Richtigkeitsgewähr** (*Weber* MittBayNot 2018, 215, 219f.). Diese könne durch ausländische Notare, bei der gebotenen typisierenden Betrachtung, mangels Rechtskenntnis nicht gewährleistet werden (*Lieder* ZIP 2018, 1517, 1523ff.). **335**

Angesichts der Uneinheitlichkeit der Rechtsprechung und der ganz überwiegend ablehnenden Haltung des Schrifttums kann die Auslandsbeurkundung für Umwandlungsvorgänge somit derzeit – jedenfalls außerhalb des Bezirks des KG – nicht als rechtssichere Alternative angesehen werden und ist jedenfalls die Abstimmung mit dem Registergericht zu empfehlen (Henssler/Strohn/*Heidinger* UmwG § 6 Rn. 6a; SSt/*Schröer* UmwG § 6 Rn. 17). **336**

einstweilen frei **337–350**

2. Gesellschaftsvertrag der neuen GmbH

351 Der Gesellschaftsvertrag enthält mit Rücksicht darauf, dass die B-GmbH alleiniger Gesellschafter der C-GmbH ist, Bestimmungen, die nur geringfügig über den Mindestinhalt gem. § 3 Abs. 1 GmbHG hinausgehen. Insb. verzichtet das Formular auf die sonst in Gesellschaftsverträgen von Mehr-Personen-Gesellschaften gebräuchlichen Einziehungs- und Abfindungsregelungen. Diese lediglich für den Fall vorzusehen, dass künftig evtl. ein weiterer Gesellschafter Geschäftsanteile an der C-GmbH übernehmen könnte, scheint überflüssig, da zu diesem Zeitpunkt der Gesellschaftsvertrag ohnehin geändert werden wird (zB in Bezug auf Beschlussmehrheiten und evtl. Minderheitsrechte oÄ).

Zu § 1: Firma und Sitz

→ Rn. 251 ff.

Zu § 2: Gegenstand des Unternehmens

352 Der Gegenstand des Unternehmens ist nicht gleichbedeutend mit dem Gesellschaftszweck. Der Unternehmensgegenstand kennzeichnet Bereich und Art der Betätigung der Gesellschaft. Er ist vor allem für das Verhältnis der GmbH nach außen gegenüber Dritten wesentlich und muss deshalb im Gesellschaftsvertrag festgelegt und im Handelsregister eingetragen werden (§ 3 Abs. 1 Nr. 2 GmbHG).

353 **Gesellschaftszweck** ist dagegen das gemeinsame Ziel für den Zusammenschluss der Gesellschafter (BH/*Hueck/Fastrich* GmbHG § 1 Rn. 5).

354 Beide Begriffe können sich decken. Gesellschaftszweck ist der umfassendere Begriff (BH/*Hueck/Fastrich* GmbHG § 1 Rn. 5).

Zu § 3: Stammkapital und Sacheinlagen

355 Der Mindestnennbetrag für einen Geschäftsanteil beträgt 1.– EUR (§ 46 Abs. 1 Satz 3 UmwG iVm. § 5 Abs. 2 Satz 1 GmbHG). Ein Gesellschafter kann bei der Gründung grundsätzlich mehrere Geschäftsanteile mit gleichen oder sogar unterschiedlichen Nennbeträgen übernehmen (§ 5 Abs. 2 Satz 2 GmbHG). Aufgrund des sachenrechtlichen Bestimmtheitsgrundsatzes empfiehlt es sich, die Nummerierung der Geschäftsanteile nicht nur in der Gesellschafterliste (§§ 8 Abs. 1 Nr. 3, 40 Abs. 1 GmbHG) sondern – wie üblich – auch im Gesellschaftsvertrag vorzunehmen.

356 Gem. § 135 Abs. 2 Satz 1 UmwG iVm. § 5 Abs. 4 GmbHG sind der Gegenstand der Sacheinlage und der Nennbetrag der Geschäftsanteile, auf die sich die Sacheinlage bezieht, im Gesellschaftsvertrag festzulegen. Diesem Erfordernis entspricht die Formulierung in § 3 Abs. 3 des Gesellschaftsvertrages.

357 Der Gegenstand der **Sacheinlage** ist im Spaltungsplan/Spaltungsvertrag und im Gesellschaftsvertrag festzusetzen (hM; SHS/*Winter* UmwG § 36 Rn. 25; WM/*Mayer* UmwG § 36 Rn. 78). Üblicherweise wird diese Festsetzung nicht vollständig in den Gesellschaftsvertrag übernommen, sondern der Gegenstand der Sacheinlage dort nur schlagwortartig beschrieben. Fraglich ist jedoch, mit welcher Genauigkeit die Angaben im Gesellschaftsvertrag der GmbH zu machen sind, insb. die Frage, ob es genügt, auf die genaueren Angaben im Spaltungsplan/Spaltungsvertrag zu verweisen (s. dazu etwa Limmer/*Limmer,* Handbuch Unternehmungsumwandlungen, Kapitel 3, Rn. 241 ff.; BeckOGK/*Weiß* UmwG § 135 Rn. 51).

358 Die **Praxis der Registergerichte** geht dahin, die Verweisung auf den Spaltungsvertrag/Spaltungsplan zu akzeptieren.

Zu § 4: Dauer der Gesellschaft

359 Die Dauer einer GmbH ist nach dem Gesetz **unbestimmt.** Der Gesellschaftsvertrag kann eine zeitliche Beschränkung vorsehen (§ 3 Abs. 2 GmbHG); dies ist jedoch unüblich.

Zu § 5: Geschäftsjahr

Die Gesellschafter können die zeitliche Lage des Geschäftsjahres frei regeln. Fehlt im Gesellschaftsvertrag eine Regelung, dann entspricht das Geschäftsjahr dem **Kalenderjahr.** Das Geschäftsjahr ist bedeutsam im Hinblick auf die Vorschriften über die Aufstellung des Inventars und des Jahresabschlusses (§ 240 Abs. 2 Satz 1 und §§ 242f. HGB). Steuerlich entspricht dem Geschäftsjahr das Wirtschaftsjahr (§ 4a EStG). Die Umstellung des Wirtschaftsjahres auf einen vom Kalenderjahr abweichenden Zeitraum ist steuerrechtlich nur wirksam, wenn sie im **Einvernehmen** mit der FinVerw. vorgenommen wird (§ 4a Abs. 1 Nr. 2 Satz 2 EStG). Dagegen bedarf die Umstellung des Wirtschaftsjahres auf das Kalenderjahr nicht der Zustimmung der FinVerw. **360**

Zu § 6: Veräußerung, Teilung und Vererbung von Geschäftsanteilen

Geschäftsanteile sind grds. veräußerlich und vererblich (§ 15 Abs. 1 GmbHG). Die Veräußerung kann erschwert werden (§ 15 Abs. 5 GmbHG); sie kann sogar ausgeschlossen werden, obwohl das im Gesetz nicht ausdrücklich bestimmt ist. **361**

Die Vertragspraxis macht in weitem Umfang von der Möglichkeit Gebrauch, die Abtretung von Geschäftsanteilen durch entsprechende Bestimmungen im Gesellschaftsvertrag zu erschweren **(Vinkulierung).** Die häufigste Vinkulierung erfolgt in der Form eines Genehmigungsvorbehaltes entweder zu Gunsten der GmbH, zu Gunsten der Gesellschafterversammlung oder einzelner Gesellschafter, wobei die Varianten auch kombiniert werden können (so auch im Formular – Zustimmung der Gesellschaft nach einem entsprechenden Gesellschafterbeschluss). Wird die Zustimmung der Gesellschafter vorgesehen, so ist klarzustellen, ob damit ein Mehrheitsbeschluss der Gesellschafterversammlung oder die Zustimmung aller anderen Gesellschafter jeweils in einzeln zu erteilenden Erklärungen gemeint ist. Wird die Abtretung an die Zustimmung der Gesellschaft geknüpft, so wird sie von Geschäftsführern in vertretungsberechtigter Zahl durch formlose, empfangsbedürftige Willenserklärung gegenüber dem Veräußerer oder Erwerber erteilt bzw. versagt. **362**

Gemäß § 46 Nr. 4 GmbHG obliegen die Teilung und die Zusammenlegung von Geschäftsanteilen den Gesellschaftern. Seit der Geltung des GmbHG idF des MoMiG v. 23.10.2008, BGBl. I 2008, 2026 ist auch eine sog. **Vorratsteilung** von Geschäftsanteilen (etwa im Hinblick auf eine künftige Veräußerung oder die Gewährung einer Option) möglich. Insoweit sollten jedoch im Gesellschaftsvertrag die Voraussetzungen für eine Teilung sowie die Zusammenlegung vorab festgelegt werden (insb. erforderliche Beschlussmehrheiten sowie in Bezug auf die Zusammenlegung die von der Rechtsprechung hierfür geforderten Kriterien). Da § 46 Nr. 4 GmbHG dispositiv ist (BeckOK GmbHG/*Ziemons* GmbHG § 5 Rn. 72) können auch Erleichterungen (Teilung durch den Inhaber des Geschäftsanteils ohne Mitwirkung anderer Gesellschafter) vorgesehen werden. Es ist jedoch darauf zu achten, dass die Geschäftsführung von Teilungen/Zusammenlegungen von Geschäftsanteilen Kenntnis erlangt, da sie verpflichtet ist, eine entsprechend aktualisierte Gesellschafterliste zum Handelsregister einzureichen (§ 40 Abs. 1 GmbHG). **363**

Zu § 7: Vertretung

Die Formulierung entspricht den Anforderungen, die von den meisten **Registergerichten** an die Formulierung der Vertretungsbefugnis gestellt werden. Viele Registergerichte verlangen insbesondere, dass der Gesellschaftsvertrag ausdrücklich die Bestimmung enthält, dass – wenn nur ein Geschäftsführer bestellt ist – dieser die Gesellschaft alleine vertritt (eine Selbstverständlichkeit). Zur synonymen Verwendung der Begrifflichkeiten Allein- und Einzelvertretungsbefugnis vgl. BGH v. 19.3.2007, II ZB 19/06, NJW 2007, 3287. **364**

Zu § 8: Gesellschafterversammlungen

365 § 48 Abs. 1 GmbHG bestimmt, dass Beschlüsse der Gesellschaft **in Versammlungen** gefasst werden. Der Gesellschaftsvertrag kann auch Abstimmungen per Telefon oder in Schriftform (Fax, E-Mail etc.) zulassen. Die gesetzlichen Regelungen über die Einberufung einer Gesellschafterversammlung finden sich in den §§ 49 bis 51 GmbHG. Nach hM kann die Einberufung durch jeden Geschäftsführer erfolgen, gleichgültig ob er vertretungsbefugt ist oder nicht (vgl. BH/*Zöllner/Noack* GmbHG § 49 Rn. 3; BGH v. 24.3.2016 – IX ZB 32/15, NZG 2016, 552).

366 Im Gesetz ist eine **Einladungsfrist** von mindestens einer Woche vorgesehen (§ 51 Abs. 1 Satz 2 GmbHG). Diese dürfte jedoch in der Regel zu kurz sein. Aus diesem Grunde sieht das Muster eine Einladungsfrist von zwei Wochen vor.

367 Das GmbH-Gesetz enthält keine Bestimmungen über die **Leitung** von Gesellschafterversammlungen. Regelungen über die Leitung, wie sie das Formular in Abs. 4 vorsieht, sind jedoch zweckmäßig, insbesondere bei einem größeren Gesellschafterkreis.

368 Eine **Protokollierung** des Ablaufes einer Gesellschafterversammlung ist nur für Einmann-Gesellschaften vorgeschrieben (§ 48 Abs. 3 GmbHG). In anderen Fällen sind Niederschriften über die Beschlüsse nur dann erforderlich, wenn den Gesellschaftsvertrag ändernde Beschlüsse gefasst werden; diese sind notariell zu beurkunden (§ 53 Abs. 2 Satz 1 HS 1 GmbHG).

369 Bei der Regelung der Frage, welche **Mehrheiten** für Gesellschafterbeschlüsse erforderlich sind, ist darauf zu achten, dass die erforderliche Mehrheit genau definiert wird. Es kommen in Betracht:
- Mehrheit der **abgegebenen** Stimmen,
- Mehrheit der Stimmen der **anwesenden und vertretenen** Gesellschafter oder
- Mehrheit aller **vorhandenen** Stimmen.

Als Mehrheiten kommen in Betracht: **einfache** Mehrheit oder **qualifizierte** Mehrheit (zB 75 %).

Das Formular hält in § 8 Abs. 6 eine Ausnahmeregelung bereit, um der hier vorliegenden Gesellschafterstruktur (B-GmbH als Alleingesellschafterin der C-GmbH) Rechnung zu tragen. Förmliche Gesellschafterbeschlüsse sind aufgrund der Struktur als Ein-Personen-Gesellschaft nicht erforderlich. Insoweit sollte das Abstimmungsverfahren so einfach wie möglich gestaltet werden.

Zu § 9: Stimmrecht

370 Je **1.– EUR** eines Geschäftsanteils gewähren eine Stimme (§ 47 Abs. 2 GmbHG). Der Gesellschaftsvertrag kann ein anderes Maß festlegen.

Zu § 10: Jahresabschluss, Gewinnverwendung

371 Der **Jahresabschluss** besteht aus der Bilanz, der Gewinn- und Verlustrechnung sowie einem einzelne Bilanzpositionen erläuternden Anhang. Kapitalgesellschaften (nicht kleine) und die in § 264a HGB bestimmten Personengesellschaften müssen einen Lagebericht (§ 289 HGB) aufstellen (§ 264 Abs. 1 HGB). Die Bilanz ist grds. innerhalb der ersten drei Monate des Geschäftsjahres aufzustellen (§ 264 Abs. 1 Satz 3 HGB). Eine Ausnahme gilt lediglich für die sog. kleine GmbH (§§ 267 Abs. 1, 288 HGB), für die die Frist nach Maßgabe eines ordnungsgemäßen Geschäftsganges auf höchsten sechs Monate verlängert ist (§ 264 Abs. 1 Satz 4 HGB). Der Gesellschaftsvertrag kann diese Frist nicht verlängern. Der Jahresabschluss wird von der Gesellschafterversammlung festgestellt (§§ 29 Abs. 2, 46 Nr. 1 GmbHG).

372 Über die **Verwendung** des Gewinnes ist ein Beschluss erforderlich. Dieser ist innerhalb von acht Monaten, bei kleinen Gesellschaften innerhalb von elf Monaten zu fassen (§ 42a Abs. 2 GmbHG).

Die Verteilung des Gewinnes nach dem **Verhältnis** der **Geschäftsanteile** entspricht der Regelung im GmbHG (§ 29 Abs. 3 Satz 1 GmbHG). Im Gesellschaftsvertrag kann eine andere Verteilung festgesetzt werden (§ 29 Abs. 3 Satz 2 GmbHG). 373

Zu § 11: Befreiung vom Wettbewerbsverbot

Da Gesellschafter-Geschäftsführer regelmäßig einem Wettbewerbsverbot aus der gesellschaftsrechtlichen Treuepflicht unterliegen und Geschäftsführer, soweit das Interesse der Gesellschaft berührt ist, nicht zum eigenen Vorteil handeln dürfen (BGH v. 23.10.1985, VIII ZR 210/84, NJW 1986, 586), sollte im Gesellschaftsvertrag insoweit eine Formulierung aufgenommen werden. Eine Befreiung von einem solchen Wettbewerbsverbot ist zwar auch durch Beschluss mit einfacher Mehrheit zulässig, wenn die Satzung keine entsprechende Regelung enthält (vgl. BGH v. 16.2.1981, II ZR 168/79, NJW 1981, 1512f.). Erfolgt eine derartige Befreiung jedoch unentgeltlich, kann darin eine verdeckte Gewinnausschüttung liegen (vgl. Rowedder/*Schmidt-Leithoff* GmbHG § 29 Rn. 177). Ist von dem Alleingesellschafter kein Wettbewerbsverbot gewünscht, so empfiehlt es sich schon aus steuerlichen Gründen, eine pauschale Befreiung in den Gesellschaftsvertrag aufzunehmen. Für die hiesige Konstellation dürfte diese Frage allerdings eher geringe Relevanz aufweisen, da für Alleingesellschafter-Geschäftsführer (hier die B-GmbH) grds. kein Wettbewerbsverbot besteht (vgl. BGH v. 7.1.2008, II ZR 314/05, NZG 2008, 187, allerdings zu einer natürlichen Person). 374

Zu § 12: Sonstiges

Gesellschaftsverträge enthalten üblicherweise eine **salvatorische Klausel.** Aus bilanziellen Gründen ist es sinnvoll, eine Regelung über die Tragung der **Gründungskosten** aufzunehmen. 375

einstweilen frei 376–378

Zu § 13: Veröffentlichungen der Gesellschaft

Die Regelung dient lediglich der Klarstellung (vgl. § 12 Satz 1 GmbHG). Eine Festlegung im Gesellschaftsvertrag ist nur dann erforderlich, wenn weitere Blätter oder Informationsmedien Gesellschaftsblätter sein sollen (§ 12 Satz 2 GmbHG). Im Allgemeinen dürfte es vorzugswürdig sein, es bei dem Bundesanzeiger als einzigem Publikationsmedium zu belassen und ggf. zusätzliche Veröffentlichungen freiwillig vorzunehmen. Seit dem 1.4.2012 wird der Bundesanzeiger vom Bundesministerium der Justiz nur noch „elektronisch herausgegeben" (Art. 1 Nr. 8 Gesetz zur Änderung von Vorschriften über Verkündung und Bekanntmachungen v. 22.12.2011, BGBl. I 2011, 3044). Die Druckausgabe des Bundesanzeigers ist abgeschafft und die im Internet befindliche Fassung seither das einzige Medium, so dass die Formulierung im Gesellschaftsvertrag sich ausschließlich auf die Internet-Fassung bezieht und der früher gebräuchliche Zusatz „ausschließlich im elektronischen Bundesanzeiger" gestrichen werden sollte. 379

3. Niederschrift über die Gesellschafterversammlungen

Vorbereitung der Beschlussfassung

Der Spaltungsplan wird nur wirksam, wenn ihm die Anteilsinhaber des übertragenden Rechtsträgers durch **Beschluss** zustimmen. Der Beschluss kann nur in einer Versammlung der Anteilsinhaber gefasst werden (§§ 135 Abs. 1 Satz 1, 125 Satz 1, 36 Abs. 1 Satz 1, 13 UmwG). 380

Im Falle einer Abspaltung zur Neugründung ist ein Beschluss der Gesellschafter der neu gegründeten Gesellschaft nicht möglich. Es genügt in diesen Fällen ein Beschluss der **Gesellschafter der übertragenden Gesellschaft.** 381

382 Das UmwG enthält **keine abschließende** Regelung über die Formalien der Einberufung und die Durchführung der Versammlung sowie über die Vorabinformation der Anteilseigner. Das UmwG ergänzt vielmehr die durch Gesetz und/oder Gesellschaftsvertrag für die beteiligten Rechtsträger geltenden Regeln. Diese müssen stets neben dem Umwandlungsgesetz beachtet werden.

383 Die Gesellschafter können auf die Einhaltung der Vorschriften, die sich auf ihre Vorabinformation, auf die ordnungsgemäße Einladung sowie auf die Einhaltung von Formen und Fristen beziehen, verzichten. Der Verzicht ist zum Teil ausdrücklich gesetzlich geregelt (§§ 8 Abs. 3, 9 Abs. 3, 12 Abs. 3 iVm. §§ 135 Abs. 1 Satz 1, 125 Satz 1, 36 UmwG); zT ergibt sich der Verzicht aus der Natur der Vorschriften (WM/*Heckschen* UmwG § 13 Rn. 9.5).

Form und Fristen

384 Form und Frist für die Einladung zur Gesellschafterversammlung wird durch den **Gesellschaftsvertrag** der übertragenden GmbH geregelt, hilfsweise von den einschlägigen Vorschriften des GmbHG (§ 49 Abs. 1, § 51 Abs. 1 Satz 1, 2 GmbHG). Aufgrund der vorliegenden Ein-Personen-Konstellation wird insoweit durch die B-GmbH als alleinige Gesellschafterin der A-GmbH auf die Einhaltung sämtlicher Form- und Fristvorschriften verzichtet.

Unterrichtung der Gesellschafter

385 Den Gesellschaftern der übertragenden GmbH ist der Spaltungsvertrag/-entwurf/-plan und der Spaltungsbericht spätestens zusammen mit der Einberufung der Gesellschafterversammlung, die über die Zustimmung beschließen soll, **zu übersenden** (§§ 135 Abs. 1 Satz 1, 125 Satz 1 iVm. §§ 56, 47 UmwG). Die Verpflichtung aus § 47 UmwG ist dispositiv. Die Gesellschafter können hierauf **verzichten** (WM/*Mayer* UmwG § 47 Rn. 13).

386 **Verzichten** sämtliche Anteilsinhaber der GmbH im Rahmen des Spaltungsbeschlusses auf alle Formen und Fristen der Einberufung und Ankündigung, so liegt hierin auch ein **Vorwegverzicht** auf das Informationsrecht gem. § 47 UmwG (WM/*Mayer* UmwG § 47 Rn. 13). Ein ausdrücklicher Verzicht auf das Recht auf Vorabinformation gem. § 47 UmwG ist dann nicht mehr erforderlich. Der Verzicht im Rahmen des Spaltungsbeschlusses ist jedoch nur dann wirksam, wenn **alle Gesellschafter** bei der Beschlussfassung **anwesend** oder **vertreten und mit dem Verzicht einverstanden** sind (WM/*Mayer* UmwG § 47 Rn. 13).

387 An den Gesellschafter einer **Ein-Personen-Gesellschaft** müssen die in § 47 UmwG bezeichneten Unterlagen nicht übersandt werden. Die Zustimmung zum Spaltungsvertrag enthält auch den Verzicht auf die Übersendungspflicht (WM/*Mayer* UmwG § 47 Rn. 14).

Notarielle Beurkundung

388 Der Spaltungsbeschluss/-plan und die nach dem Umwandlungsgesetz erforderlichen Zustimmungserklärungen einzelner Anteilsinhaber müssen **notariell beurkundet** werden (§ 13 Abs. 3 Satz 1 UmwG). Der Vertrag oder sein Entwurf sind dem Beschluss als Anlage beizufügen (§§ 13 Abs. 3 Satz 2, 125 S. 1, 135 Abs. 1 S. 1 UmwG). Auf Verlangen hat der Rechtsträger jedem Anteilsinhaber auf dessen Kosten unverzüglich eine Abschrift des Vertrages oder seines Entwurfes und der Niederschrift des Beschlusses zu erteilen (§ 13 Abs. 3 Satz 3 UmwG).

Parteien des Spaltungsbeschlusses

389 In den Fällen der Spaltung zur Aufnahme müssen sowohl die Gesellschafter des übertragenden Rechtsträgers als auch die Gesellschafter des übernehmenden Rechtsträgers der Spaltung zustimmen.

In den Fällen der Spaltung zur Neugründung wird der Spaltungsbeschluss ausschließlich von den Gesellschaftern des übertragenden Rechtsträgers gefasst. **390**

Vorbefassungsklausel

Ein Notar soll an einer Beurkundung nicht mitwirken, wenn es sich u.a. um Angelegenheiten einer Person handelt, für die der Notar außerhalb seiner Amtstätigkeit bereits tätig war oder ist, es sei denn, diese Tätigkeit wurde im Auftrag aller Personen ausgeübt, die an der Beurkundung beteiligt sein sollen; entsprechendes gilt, wenn ein Sozius des Notars in derselben Angelegenheit bereits tätig gewesen ist (§ 3 Abs. 1 Nr. 7 BeurkG). **391**

Der Notar hat vor der Beurkundung nach einer Vorbefassung iSd. Nr. 7 zu fragen und in der Urkunde die Antwort zu vermerken (§ 3 Abs. 2 BeurkG). **392**

Der A handelt im Rahmen der Niederschrift im eigenen Namen und als einzelvertretungsberechtigter Geschäftsführer der B-GmbH. Eine entsprechende Vertretungsbescheinigung des Notars gemäß § 21 Abs. 1 BNotO ist üblich. In seiner Eigenschaft als Geschäftsführer der B-GmbH hält er eine Gesellschafterversammlung der A-GmbH ab, in der über den Spaltungsplan beschlossen wird. **393**

Im eigenen Namen wirkt der A bei der Beschlussfassung über den Beherrschungs- und Gewinnabführungsvertrag in seiner Eigenschaft als Gesellschafter der B-GmbH mit. **394**

Zu Ziff. II.1.:

In dieser Ziffer verzichtet die Gesellschafterin der A-GmbH, die B-GmbH, vertreten durch den A, auf die Einhaltung aller Formen und Fristen für die Einberufung und Abhaltung einer Gesellschafterversammlung der übertragenden A-GmbH. **395**

Ziff. II.1. a) des Formulars bezieht sich auf die Unterlagen gem. § 47 UmwG; alternativ könnte auch insoweit ein Verzicht auf die Übersendung der Unterlagen vorgesehen werden.

Zu Ziff. II.1. b):

Diese Bestimmung dient der Klarstellung.

Zu Ziff. II.1. c):

Die Klausel dient der Klarstellung (vgl. auch die nach § 140 UmwG abzugebende Versicherung im Rahmen der Registeranmeldung).

Zu Ziff. II.1. d):

Ein Spaltungsbericht ist nicht erforderlich, wenn alle Anteilsinhaber der beteiligten Rechtsträger auf seine Erstattung verzichten oder sich alle Anteile des übertragenden Rechtsträgers in der Hand des übernehmenden Rechtsträgers befinden (§§ 135 Abs. 1, 125 Satz 1, 8 Abs. 3 Satz 1 UmwG). Die Verzichtserklärungen sind notariell zu beurkunden (§§ 135 Abs. 1, 125 Satz 1, 8 Abs. 3 Satz 2 UmwG). **396**

Entsprechendes gilt für die Prüfung der Spaltung (§§ 135 Abs. 1, 125 Satz 1, 9 Abs. 3 UmwG).

Zu Ziff. II.1. e):

Der Zustimmung durch die Gesellschafter des übertragenden Rechtsträgers bedürfen im Falle der Abspaltung zur Neugründung **397**
- der Spaltungsplan,
- der im Spaltungsplan enthaltene Gesellschaftsvertrag,
- die Geschäftsführerbestellung.

Der Spaltungsplan wird nur wirksam, wenn ihm im Falle der Spaltung zur Neugründung die Anteilsinhaber des übertragenden Rechtsträgers durch Beschluss zu- **398** stimmen, wobei der Beschluss nur in einer **Versammlung** der Anteilsinhaber gefasst werden kann (§ 13 Abs. 1 iVm. § 36, § 125 Satz 1 und § 135 Abs. 1 Satz 1 UmwG). Schriftliche, telefonische, elektronische und sonstige Abstimmungsarten, die keine Versammlung der Gesellschafter erfordern sind somit nicht zulässig.

399 Der im Spaltungsplan enthaltene **Gesellschaftsvertrag** der neuen GmbH bedarf ebenfalls der ausdrücklichen Zustimmung der Gesellschafter der übertragenden Gesellschaft.

400 Schließlich ist im Spaltungsbeschluss die **Geschäftsführerbestellung,** soweit sie im Spaltungsplan bereits enthalten war, vorsorglich **zu bestätigen.**

Zu Ziff. II.2. und 3. a):

401 Dem **Beherrschungs- und Ergebnisabführungsvertrag** müssen sowohl die Gesellschafter der herrschenden Gesellschaft (die Gesellschafter der B-GmbH, das ist der A) als auch die Gesellschafter der beherrschten Gesellschaft (hier die B-GmbH in ihrer Eigenschaft als alleinige Gesellschafterin der C-GmbH) zustimmen (hM, BH/*Beurskens* GmbHG Anhang C Rn. 101ff.; *Hermanns* RNotZ 2015, 632, 633; aA etwa MüKo-AktG/*Altmeppen* AktG § 293 Rn. 103ff.). Auf Seiten der **herrschenden** Gesellschaft bedarf der Beherrschungs- und Gewinnabführungsvertrag der Zustimmung von drei Vierteln der abstimmenden Gesellschafter, aber nicht der notariellen Beurkundung (hM, BGH v. 24.10.1988, II ZB 7/88, NJW 1989, 295; vgl. auch BH/*Beurskens* GmbHG Anhang C. Rn. 110; MHLS/*Servatius* Syst. Darst. 4 Rn. 67ff.). Allerdings wird im Schrifttum die Abfassung des Beschlusses in Schriftform befürwortet (vgl. MHLS/*Servatius* Syst. Darst. 4 Rn. 72), bei Vorliegen von Verzichtserklärungen iSd. § 293a AktG analog empfiehlt sich in der Praxis die Beglaubigung. Der Beschluss der Gesellschafter der **abhängigen Gesellschaft** bedarf der **notariellen Beurkundung** (BGH v. 24.10.1988, II ZB 7/88, NJW 1989, 295) und der **Zustimmung aller Gesellschafter** (sehr strittig, so die wohl noch hM, vgl. BH/*Beurskens* GmbHG Anhang C. Rn. 106; Scholz/*Emmerich* Anhang § 13 Rn. 145f.; Ulmer/*Ulmer/Casper* § 53 Rn. 158). Der BGH hat die Frage des Mehrheitserfordernisses auf Ebene der beherrschten Gesellschaft in der o.g. Entscheidung ausdrücklich offengelassen und auch instanzgerichtliche Entscheidunen sind insoweit nicht ersichtlich, daher sollte jedenfalls aus Gründen der Rechtssicherheit die Zustimmung aller Gesellschafter eingeholt werden (so auch *Boor* RNotZ 2017, 65, 74). Anders möglicherweise jedoch in einer Entscheidung zur Beendigung eines Beherrschungs- und Gewinnabführungsvertrags (vgl. BGH v. 31.5.2011, II ZR 109/10, NZG 2011, 902, 903).

402 Obwohl der Beschluss der Gesellschafter des herrschenden Unternehmens (hier die Zustimmung des A) nicht beurkundungsbedürftig ist, wurden beide Beschlüsse in einer Urkunde zusammengefasst. Eine Erhöhung der **Beurkundungsgebühren** des Notars tritt hierdurch jedoch nicht ein, da die Gebühren nur einmal vom Wert des Gegenstandes berechnet wird, wenn in einer Verhandlung mehrere Erklärungen beurkundet werden, die **denselben Gegenstand** haben (§§ 86, 109 Abs. 2 Nr. 4 lit. g GNotKG).

403 Der **Unternehmensvertrag** selbst kann **privatschriftlich** abgeschlossen werden, er bedarf keiner besonderen Form (BH/*Beurskens* Anhang C. Rn. 102).

Zu Ziff. II.3. b):

404 Ist eine AG oder eine KGaA Organträger oder Organgesellschaft, hat nach § 293a Abs. 1 AktG ein Bericht des Vorstandes zum Unternehmensvertrag und nach § 293b AktG eine Prüfung des Unternehmensvertrages zu erfolgen. Die Anteilsinhaber können auf beides durch einstimmigen Beschluss verzichten (§ 293a Abs. 3 AktG und § 293b Abs. 2 AktG). Ob diese Vorschriften auch bei einer GmbH als Organgesellschaft gelten, ist unklar. *Koch* (in: Hüffer/Koch AktG § 293a Rn. 5f.) tritt für eine Anwendung der §§ 293aff. AktG dann ein, wenn Organträger eine AG ist.

Zum übrigen Inhalt des Beherrschungs- und Ergebnisabführungsvertrages vgl. die nachfolgenden Erläuterungen unter → Rn. 406 ff.

Zu Ziff. II.2. und 3. je aE Satz 2:

Satz 1 dient der Klarstellung. Auf die Klageerhebung gegen die Wirksamkeit des Spaltungsbeschlusses kann verzichtet werden. Insb. sollte nicht lediglich auf die „Anfechtung“ gegen den Spaltungsbeschluss verzichtet werden, da eine solche Formulierung nicht die Nichtigkeitsfeststellungsklage erfasste. **404a**

Zu Ziff. III.:

Es ist zweckmäßig, in dem Spaltungsbeschluss zu regeln, welcher Rechtsträger die **Kosten** des Spaltungsbeschlusses trägt. Die Kosten trägt auch hier die übernehmende Gesellschaft. **405**

II. Beherrschungs- und Ergebnisabführungsvertrag

1. Gesellschaftsrecht

a) Allgemeines

Beherrschungs- und Ergebnisabführungsverträge sind Unternehmensverträge (§ 291 Abs. 1 AktG). Ein **Beherrschungsvertrag** liegt vor, wenn sich ein Rechtsträger der Leitung eines anderen Unternehmens unterstellt (§ 291 Abs. 1 S. 1 AktG). Ein Gewinn- bzw. **Ergebnisabführungsvertrag** ist gegeben, wenn ein Unternehmen sich verpflichtet, seinen ganzen Gewinn an ein anderes Unternehmen abzuführen (§ 291 Abs. 1 S. 1 AktG). Beide Verträge zusammen, der Beherrschungsvertrag und der Ergebnisabführungsvertrag (zusammen auch „Organschaftsvertrag“ genannt), werden im Steuerrecht zur Erzielung von steuerlichen Vorteilen eingesetzt (vgl. §§ 14 ff. KStG, → Rn. 432). Unternehmensverträge werden von der hM als **Organisationsverträge** qualifiziert, die zu einer grundlegenden Änderung der Struktur der **abhängigen** Gesellschaft führen und mithin **satzungsändernden** Charakter haben (Hüffer/Koch/*Koch* AktG § 291 Rn. 17; LH/*Hommelhoff* GmbHG Anh. § 13 Rn. 43; BH/*Beurskens* Anhang C. Rn. 101; BGHZ 105, 325, 331). **406**

Organschaftsverträge sind auch im GmbH-Recht unstreitig zulässig, wie sich seit dem MoMiG unzweifelhaft aus dem Gesetz ergibt (§ 30 Abs. 1 S. 2 GmbHG, vgl. MHLS/*Servatius* Syst. Darst. 4 Rn. 8). Ist die GmbH beherrschtes Unternehmen, so sind die Vorschriften der §§ 291 ff. AktG nur entsprechend, mithin unter Berücksichtigung Besonderheiten der Rechtsform GmbH anwendbar (BGH v. 24.10.1988, II ZB 7/88, NJW 1989, 295). **407**

Beherrschungsvertrag: Inhalt eines Beherrschungsvertrages ist es, dass die abhängige Gesellschaft ihre Leitung einem anderen Unternehmen überträgt. Dies kann **nicht rückwirkend** geschehen, ein Beherrschungsvertrag vermag daher (anders als ein Gewinnabführungsvertrag) keine Rückwirkung zu entfalten (Hüffer/Koch/*Koch* AktG § 291 Rn. 11 mwN). Das Weisungsrecht des herrschenden Unternehmens ist ein unverzichtbares Merkmal des Beherrschungsvertrages (OLG München v. 18.7. 2012 – 7 AktG 1/12, AG 2012, 802). **408**

Ergebnisabführungsvertrag: Ein Gewinnabführungsvertrag liegt vor, wenn sich eine Gesellschaft verpflichtet, ihren ganzen Gewinn an ein anderes Unternehmen abzuführen. Die Abführungspflicht muss sich auf den **ganzen Gewinn** erstrecken. Wegen der mit der Gewinnabführung gekoppelten Verlustdeckungspflicht nach § 302 Abs. 1 AktG wird der Vertrag besser als **„Ergebnisübernahmevertrag“** bezeichnet (vgl. Hüffer/Koch/*Koch* AktG § 291 Rn. 23; KK-AktG/*Koppensteiner* § 291 Rn. 76), nicht als „Gewinnabführungsvertrag“. **409**

410 Obwohl Ergebnisabführungsverträge früher aus steuerlichen Gründen in der Regel mit Beherrschungsverträgen gekoppelt wurden (Organschaftsverträge), ist diese Koppelung gesellschaftsrechtlich nicht erforderlich. Ergebnisabführungsverträge sind gesellschaftsrechtlich und ab 1.1.2001 ertragssteuerrechtlich ohne Beherrschungsabrede möglich (Hüffer/Koch/*Koch* AktG § 291 Rn. 24; Roth/Altmeppen/*Altmeppen* Anh. § 13 Rn. 18 f.), zur KSt und GewSt s. → Rn. 432 ff.; zur USt braucht es keinen dieser Verträge → Rn. 446.

b) Form des Organschaftsvertrages

411 Ein Organschaftsvertrag erfordert grds. **Schriftform** (§ 293 Abs. 3 AktG analog, MünchHdb GesR III/*Kiefner* § 70 Rn. 5; LH/*Hommelhoff* GmbHG Anh. § 13 Rn. 50; BH/*Zöllner*/GmbHG Anhang C. Rn. 102).

412 Enthält der Vertrag ein **Umtausch- oder Abfindungsangebot,** so bedarf der Vertrag wegen § 15 Abs. 4 GmbHG der **notariellen Beurkundung** (LH/*Lutter*/*Hommelhoff* GmbHG Anh. § 13 Rn. 50).

Aus gesellschaftsrechtlicher Perspektive bedarf der Organschaftsvertrag keiner Mindestlaufzeit. **Steuerlich** wird er jedoch grds. nur anerkannt, wenn er für eine Mindestfrist von **fünf Zeitjahren** abgeschlossen und auch während der gesamten Mindestvertragslaufzeit entsprechend durchgeführt wird (§ 14 Abs. 1 Satz 1 Nr. 3 Satz 1 KStG; vgl. → Rn. 444).

c) Zustimmungsbeschlüsse/Mehrheiten/Formfragen

aa) Abhängige Gesellschaft

413 Die Gesellschafterversammlung der abhängigen Gesellschaft muss dem Beherrschungs- und Ergebnisabführungsvertrag zustimmen; dies gilt auch dann, wenn es sich bei der abhängigen Gesellschaft – wie vorliegend – um eine hundertprozentige Tochtergesellschaft handelt. Allerdings ist streitig, ob alle Gesellschafter zustimmen müssen oder ob eine Drei-Viertel-Mehrheit genügt (zum Meinungsstand s. BH/*Zöllner*/GmbHG Anhang C. Rn. 106). Nach jedenfalls im Schrifttum wohl noch **hM** ist die **Zustimmung aller Gesellschafter** erforderlich (s. o.), wobei wiederum streitig ist, ob dies durch einstimmigen Gesellschafterbeschluss oder durch Beschluss mit $^3/_4$-Mehrheit der abgegebenen Stimmen und gesonderter Zustimmung der weiteren Gesellschafter (nicht notwendig in notarieller Form) zu erfolgen hat (vgl. Emmerich/Habersack/*Emmerich* AktG § 293 Rn. 43a). Der Beschluss bedarf bei einer abhängigen GmbH der **notariellen Beurkundung** (BGH v. 24.10.1988, II ZB 7/88, BGHZ 105, 325, 342). Die wohl hM begründet dies damit, dass der Abschluss eines Beherrschungs- und Ergebnisabführungsvertrages satzungsändernden Charakter habe und mithin die §§ 53, 54 GmbHG Anwendung finden (BGH v. 24.10.1988, II ZB 7/88, aaO; BGH v. 30.1.1992, II ZB 15/91, NJW 1992, 1452; OLG Oldenburg NZG 2000, 1138, 1139; Emmerich/Habersack/*Emmerich* AktG § 293 Rn. 41).

414 **Streitig ist** ferner, ob für den Zustimmungsbeschluss § 47 Abs. 4 Satz 2 GmbHG gilt oder nicht. Nach einer Meinung ist der Vertragspartner nach § 47 Abs. 4 GmbHG **vom Stimmrecht ausgeschlossen** (BH/*Zöllner*/*Beurskens* GmbHG Anhang C. Rn. 107 mwN). Nach **aA** darf das herrschende Unternehmen **mitstimmen** (LH/*Hommelhoff* GmbHG Anh. § 13 Rn. 51 ff. u. 65 ff. mwN). Jedenfalls für die Kündigung eines Beherrschungs- und Gewinnabführungsvertrages hat sich der BGH der zweiten Auffassung angeschlossen (BGH v. 31.5.2011, II ZR 109/10, NZG 2011, 902).

Sind die beteiligten Rechtsträger nach dem Mitbestimmungsgesetz (MitbestG) mitbestimmte Gesellschaften und hält der Organträger mindestens 75 % der Geschäftsanteile an der abhängigen Gesellschaft, so ist nach § 32 MitbestG für die Zustimmung des Organträgers in der Gesellschafterversammlung der abhängigen Gesellschaft die Billigung des Aufsichtsrats des Organträgers erforderlich, wobei dieser lediglich mit den Stimmen der

Anteilseignervertreter entscheidet (§ 32 Abs. 1 Satz 2 MitbestG; dazu *Zeidler* NZG 1999, 692, 694).

Der Beherrschungs- und Ergebnisabführungsvertrag ist dem Beschluss in Anlage beizufügen (BGH v. 30.1.1992, DNotZ 1993, 176 – Siemens). Hierbei handelt es sich jedoch nicht um eine verlesungspflichtige Anlage iSv. § 9 Abs. 1 Satz 2 BeurkG, sondern lediglich um eine unechte Bezugnahme zu Beweiszwecken, die ausschließlich der zweifelsfreien Identifizierung des Vertrages dient (*Boor* RNotZ 2017, 65, 75; *Mues* RNotZ 2005, 1, 16).

bb) Organträger

Dem Beherrschungs- und Ergebnisabführungsvertrag muss die **Gesellschafterversammlung** der herrschenden Gesellschaft zustimmen, wobei der Beschluss der herrschenden Gesellschaft einer Mehrheit von mindestens drei Vierteln der bei der Beschlussfassung abgegebenen Stimmen bedarf (BGH v. 24.10.1988, II ZB 7/88, BGHZ 105, 325, 333, 336), was aus einer analogen Anwendbarkeit von § 293 Abs. 2 AktG hergeleitet wird (Hüffer/Koch/*Koch* AktG § 293 Rn. 18a). Der Beschluss bedarf **keiner notariellen Beurkundung,** anders als der Zustimmungsbeschluss der abhängigen Gesellschaft (BGH v. 24.10.1988, II ZB 7/88, BGHZ 105, 325, 337). Die – hiermit oftmals verbundenen – Verzichtserklärungen auf die Erstattung eines Berichts der Geschäftsführungsorgane betreffend den Beherrschungs- und Ergebnisabführungsvertrag bzw. eine Prüfung desselben (vgl. §§ 293a, 293b AktG) sind jedoch öffentlich (notariell) zu beglaubigen (§§ 293a Abs. 3, 293b Abs. 2 AktG), so dass der Gesellschafterbeschluss der herrschenden Gesellschaft üblicherweise mit beglaubigt wird. Zwar sollen diese Bestimmungen des AktG bei der GmbH als abhängiger Gesellschaft eigentlich keine Anwendung finden, da der Zustimmungsbeschluss einstimmig zu fassen sei und eine Berichtspflicht leerliefe (Emmerich/Habersack/*Emmerich* AktG § 293a Rn. 10ff.). Aus Vorsichtsgründen werden diese Verzichte in der Praxis jedoch immer abgegeben. 415

d) Handelsregistereintragung

aa) Bei abhängiger Gesellschaft konstitutiv

Der Beherrschungs- und Gewinnabführungsvertrag und der Zustimmungsbeschluss bedürfen der **Eintragung** in das **Handelsregister** der **abhängigen** GmbH. Die Eintragung ist konstitutiv (BGH v. 24.10.1988, II ZB 7/88, aaO, 338ff.; LH/*Hommelhoff* Anh. § 13 Rn. 61). Beizufügen sind folgende Unterlagen: **(1)** elektronisch beglaubigte Abschrift des Beherrschungs- und Ergebnisabführungsvertrages, **(2)** Zustimmungsbeschluss der abhängigen Gesellschaft und **(3)** Zustimmungsbeschluss der herrschenden Gesellschaft (*Boor* RNotZ 2017, 65, 77). 416

bb) Bei Organträger nicht erforderlich

Der Beherrschungs- und Ergebnisabführungsvertrag ist im Handelsregister, das für die herrschende Gesellschaft zuständig ist, **nicht einzutragen** (BH/*Beurskens* GmbHG Anhang C. Rn. 110). Ob die Eintragung verboten ist, ist streitig. Insoweit wird vertreten, die Eintragung sei möglich, aber nicht erforderlich (LG Düsseldorf v. 8.8.2000, RNotZ 2001, 171). Vorsichtige Stimmen raten gar regelmäßig zu einer Eintragung (*Mues* RNotZ 2005, 1, 20; so ausdrücklich auch das OLG Celle, Beschl. v. 4.6.2014 – 9 W 80/14, NZG 2015, 644 für die GmbH), gängige Praxis dürfte dies jedoch derzeit nicht sein. 417

Zu Änderung und Aufhebung von Beherrschungs- und Ergebnisabführungsverträgen Emmerich/Habersack/*Emmerich* AktG § 295 Rn. 4ff., AktG § 296 Rn. 7ff.

e) Unternehmensverträge und Spaltungen

Umstritten ist, wie sich Spaltungen auf **Unternehmensverträge** auswirken. Es ist zu unterscheiden zwischen einer Spaltung des herrschenden Unternehmens (Organträger) und einer Spaltung des beherrschten Unternehmens (Organgesellschaft). 418

einstweilen frei 419

aa) Spaltung des Organträgers

420 Ist der Organträger übertragender Rechtsträger, so kann der Unternehmensvertrag durch **Zuordnung im Spaltungsvertrag/-plan** auf ein neues herrschendes Unternehmen übertragen werden. Zwar handelt es sich aus Sicht der Organgesellschaft um die Auswechslung ihres Vertragspartners Organträger. Eine Zustimmung der Gesellschafterversammlung der Organgesellschaft ist hierfür gleichwohl nicht erforderlich, da insoweit die gesetzliche Anordnung der Gesamtrechtsnachfolge vorrangig ist (WM/*Mayer* UmwG § 126 Rn. 232; aA Lutter/*Teichmann* UmwG § 131 Rn. 57, der die Zustimmung der Gesellschafter der übernehmenden Gesellschaft im Falle der Spaltung zur Aufnahme verlangen, wobei die Zustimmung – jedenfalls bei Erwähnung des Unternehmensvertrages im Spaltungsvetrag/-plan – wohl in der Zustimmung zum Spaltungsvertrag/-plan gesehen werden könne). Allerdings kann der Organgesellschaft in diesem Fall ein außerordentliches Kündigungsrecht zustehen, wenn ihr Ausgleichsanspruch gefährdet ist oder beim Vorhandensein „außenstehender Anteilsinhaber" (HK-UmwG/*Raible* UmwG § 131 Rn. 41). Umstritten ist auch, ob eine (gesonderte) Zustimmung der Anteilsinhaber des übernehmenden Rechtsträgers erforderlich ist (dagegen: Habersack/Wicke/*Wiersch* UmwG § 131 Rn. 64; dafür: Lutter/*Priester* UmwG § 126 Rn. 65). Im Falle der Aufspaltung des Organträgers wird das Fortbestehen des Unternehmensvertrages zT problematisiert, jedenfalls soll die Aufteilung der Stellung als herrschenden Unternehmen auf mehrere der übernehmenden Rechtsträger nicht zulässig sein (vgl. MüKoAktG/*Altmeppen* AktG § 297 Rn. 127 ff.).

421–426 *einstweilen frei*

bb) Spaltung des beherrschten Unternehmens

427 Ob die Rechtsstellung als Organgesellschaft eines Unternehmensvertrages im Wege der Abspaltung übertragbar ist, ist streitig. Die wohl hM verneint dies trotz der grds. Geltung des Prinzips der Gesamtrechtsnachfolge zumindest im Falle der **Abspaltung zur Aufnahme** (SSt/*Schröer* UmwG § 126 Rn. 74; Kölner Komm./*Simon* UmwG § 131 Rn. 25; Lutter/*Priester* UmwG § 126 Rn. 65). Es könne nicht davon ausgegangen werden, dass der übernehmende Rechtsträger die Rolle des abhängigen Unternehmens übernehmen wird (aA WM/*Mayer* UmwG § 126 Rn. 233 – grds. Geltung der Gesamtrechtsnachfolge durch Zuordnung im Spaltungsvertrag/-plan).

Hiervon wird wiederum im Falle der Spaltung zur Neugründung eine Rückausnahme jedenfalls für den Fall gemacht, dass hierbei eine wirtschaftliche (Teil-)Identität zwischen abspaltendem und neugegründetem Rechtsträger bestehe (Lutter/*Teichmann* UmwG § 131 Rn. 77).

428 Im vorliegenden Fall betrifft die Abspaltung das beherrschte Unternehmen (die Organgesellschaft). Um insoweit etwaigen Unsicherheiten der Rechtslage aus dem Weg zu gehen und insb. der FinVerw. keinerlei Angriffspunkte gegen die steuerliche Wirksamkeit des Unternehmensvertrages zwischen der B-GmbH und der neuen C-GmbH zu geben, wird dem obersten Beratungsprinzip gefolgt und der **sicherste Weg** eingeschlagen. Dieser besteht darin, dass ein weiterer Beherrschungs- und Gewinnabführungsvertrag zwischen der neu gegründeten übernehmenden C-GmbH und der herrschenden B-GmbH abgeschlossen wird, der auch noch einmal gesondert zur Eintragung in das Handelsregister der C-GmbH anzumelden ist. Demgegenüber ist eine Anmeldung des Fortbestehens des Beherrschungs- und Ergebnisabführungsvertrages zum Handelsregister der A-GmbH nicht erforderlich, da dieser auch im Verhältnis B-GmbH zur A-GmbH unverändert fortgelten soll.

429–431 *einstweilen frei*

2. Steuerrecht

a) Allgemeine Voraussetzungen der Organschaft für die KSt, GewSt und USt

Die Organschaft iSd. §§ 14ff. KStG ist ein Instrument zur Beseitigung der steuerlichen Doppelbelastung der Gewinne der Muttergesellschaft und der Tochtergesellschaft mit Körperschaftsteuer und Gewerbesteuer (→ Rn. 436) sowie der Doppelbelastung durch die Umsatzsteuer (→ Rn. 437). Außerdem erlaubt die Organschaft einen **Verlustausgleich** zwischen Organgesellschaft und Organträger. Die alternative Möglichkeit, den Verlust einer Tochtergesellschaft durch Vornahme einer **Teilwertabschreibung** auf den Buchwert der Beteiligung auf der Ebene der Muttergesellschaft zu nutzen, ist gem. § 6 Abs. 1 Nr. 2 Satz 2 EStG auf **voraussichtlich dauernde Wertminderungen** beschränkt. Derartige Teilwertabschreibungen wirken sich im Falle der Veräußerung der Beteiligung gem. § 8b Abs. 3 Satz 3 KStG nicht aus. **432**

einstweilen frei **433**

Für die Begründung einer steuerlichen Organschaft wird entsprechend der Steuerart (Körperschaftsteuer, Gewerbesteuer, Umsatzsteuer) an verschiedene Voraussetzungen angeknüpft. Soll eine „Vollorganschaft" in allen drei Steuerarten angestrebt werden, sind allerdings sämtliche Eingliederungsvoraussetzungen zu erfüllen: **434**

aa) Körperschaftsteuerliche Organschaft

Für das Vorliegen einer körperschaftsteuerlichen Organschaft bedarf es eines wirksamen **Gewinnabführungsvertrages** und der **finanziellen** Eingliederung (§ 14 Abs. 1 Satz 1 Nr. 1 KStG). Gem. § 14 Abs. 1 Satz 1 Nr. 1 Satz 2 KStG sind mittelbare und unmittelbare bzw. mehrere mittelbare Beteiligungen zur Begründung der finanziellen Eingliederung heranzuziehen (sog. Addition, vgl. dazu DPM/*Dötsch/Pung* KStG § 14 Rn. 277). Eine wirtschaftliche oder organisatorische Eingliederung ist nicht erforderlich. Der Organträger muss gem. § 14 Abs. 1 Satz 1 Nr. 2 Satz 4ff. KStG im Inland eine Betriebsstätte iSd. § 12 AO haben, der die Beteiligung an der Organgesellschaft zuzuordnen ist. **435**

bb) Nach § 2 Abs. 2 GewStG ist Voraussetzung für die **gewerbesteuerliche Organschaft,** dass ein körperschaftsteuerliches Organschaftsverhältnis iSd. §§ 14ff. KStG vorliegt (vgl. Blümich/*Drüen* GewStG § 7 Rn. 96 und GewStG § 2 Rn. 129). **436**

cc) Umsatzsteuerliche Organschaft

§ 2 Abs. 2 Nr. 2 UStG bestimmt, dass die gewerbliche oder berufliche Tätigkeit nicht selbstständig ausgeübt wird, wenn eine juristische Person nach dem Gesamtbild der tatsächlichen Verhältnisse **finanziell, wirtschaftlich** und **organisatorisch** in das Unternehmen des Organträgers eingegliedert ist (Organschaft). Umsatzsteuerrechtlich kommt es **nicht** auf das Vorliegen eines **Gewinnabführungsvertrages** an. Einzelheiten s. UStAE 2.8. **437**

b) Gewinn-(Ergebnis-)abführungsvertrag

Für die **körperschaftsteuerliche** und **gewerbesteuerliche** Organschaft muss ein Ergebnisabführungsvertrag iSd. § 291 Abs. 1 AktG zwischen einem **gewerblichen** Unternehmen mit einer inländischen Betriebsstätte iSd. § 12 AO, der die Beteiligung an der Organgesellschaft zuzuordnen ist, (Organträger) und einer Kapitalgesellschaft mit Geschäftsleitung im Inland und Sitz in der EU oder einem Staat des Europäischen Wirtschaftsraums (Organgesellschaft) vorliegen (§ 14 Abs. 1 Satz 1 KStG). Darin muss sich die Organgesellschaft verpflichten, ihren gesamten Gewinn an den Organträger abzuführen, dh. die Organgesellschaft darf im Jahresabschluss keinen Bilanzgewinn mehr aufweisen; vgl. KStR 14.5 Abs. 3. Sieht der Gewinnabführungsvertrag dagegen nur eine teilweise Abführung der Gewinne vor, ist dies zwar handelsrechtlich zulässig, steuerlich ist die Organschaft dann aber nicht anzuerkennen. Das gewerbliche Unter- **438** nehmen muss alle Merkmale des § 2 Abs. 1 GewStG iVm. § 15 Abs. 2 Satz 1 EStG (Selbstständigkeit, Nachhaltigkeit, Gewinnerzielungsabsicht, Beteiligung am allgemeinen wirtschaftlichen Verkehr) aufweisen. Diese Bedingung ergibt sich bereits unabhängig der tatsächlichen Betätigung durch die bloße Rechtsform einer GmbH gem. § 2 Abs. 2 GewStG (vgl. DPM/*Dötsch/Pung* KStG § 14 Rn. 120).

c) Finanzielle Eingliederung

439 Der Organträger muss an der Organgesellschaft vom Beginn ihres Wirtschaftsjahres an ununterbrochen in einem solchen Maße beteiligt sein, dass ihm die Mehrheit der Stimmrechte zusteht (finanzielle Eingliederung, § 14 Abs. 1 Satz 1 Nr. 1 KStG). **Mittelbare Beteiligungen** sind zu berücksichtigen, wenn die Beteiligung an jeder vermittelnden Gesellschaft **die Mehrheit der Stimmrechte gewährt** (§ 14 Abs. 1 Satz 1 Nr. 1 Satz 2 KStG). Einzelheiten hierzu s. bei DPM/*Dötsch/Pung* KStG § 14 Rn. 263ff. mwN; zur – allerdings strittigen – finanziellen Eingliederung im Rückbeziehungszeitraum → Rn. 461.

440 Für die finanzielle Eingliederung kommt es auf die **Mehrheit der Stimmrechte** und nicht auf die Mehrheit der Gesellschaftsanteile an. Die Frage, ob dem Organträger die Stimmrechtsmehrheit zusteht, richtet sich nach dem einschlägigen Gesellschaftsrecht (§ 133 Abs. 1 AktG, § 47 Abs. 1 GmbHG). In der Regel reicht hierfür die **einfache Mehrheit** der Stimmen aus. Entscheidend ist nach der Rspr. des BFH, ob der Organträger in der Gesellschafterversammlung der Organgesellschaft **seinen Willen (durch Mehrheitsbeschlüsse) durchsetzen kann** (vgl. BFH v. 1.12.2010, XI R 43/08, BStBl. II 2011, 600, DStR 2011, 623 mwN). Ausreichend ist, wenn dem Organträger das wirtschaftliche Eigentum an den Anteilen iSd. § 39 Abs. 2 Nr. 1 AO zusteht, die die Stimmenmehrheit vermitteln.

441 Die finanzielle Eingliederung muss **während des gesamten Wirtschaftsjahres der Organgesellschaft bestehen.** Jede Unterbrechung der Eingliederung während des Wirtschaftsjahres ist schädlich; vgl. KStR 14.4.

Ist eine Personengesellschaft Organträger, muss die Beteiligung an der Organgesellschaft zum Gesamthandsvermögen der Personengesellschaft gehören (§ 14 Abs. 1 Satz 1 Nr. 2 Satz 3 KStG). Es genügt nicht, dass die Anteile der Organgesellschaft Sonderbetriebsvermögen einzelner Gesellschafter der Personengesellschaft sind, vgl. KStR 14.3. Zur Organschaft unter Beteiligung einer Kapitalgesellschaft, an der eine atypisch stille Beteiligung besteht, s. BMF v. 20.8.2015, DStR 2015, 1979.

d) Organträger

442 Organträger muss eine natürliche Person oder eine nicht von der Körperschaftsteuer befreite Körperschaft, Personenvereinigung oder Vermögensmasse iSd. § 1 KStG oder eine Personengesellschaft iSd. § 15 Abs. 1 Satz 1 Nr. 2 EStG sein, wenn sie eine Tätigkeit iSv. § 15 Abs. 1 Satz 1 Nr. 1 EStG ausübt (§ 14 Abs. 1 Satz 1 Nr. 2 Satz 1 und 2 KStG). Als Inlandsbezug genügt es, wenn der Organträger eine Betriebsstätte im Inland (§ 12 AO) hat und die Beteiligung an der Organgesellschaft dieser Betriebsstätte zuzuordnen ist (vgl. DPM/*Dötsch/Pung* KStG § 14 Rn. 117, 119, 180ff.; Blümich/*Krumm* KStG § 14 Rn. 70f.). Die Zuordnung zu einer Betriebsstätte im Inland iSv. § 12 AO muss während des Bestehens der Organschaft ununterbrochen gegeben sein (vgl. DPM/*Dötsch/Pung* KStG § 14 Rn. 182, 188; Blümich/*Krumm* KStG § 14 Rn. 70).

443 Personengesellschaften können nur dann Organträger sein, wenn sie selbst gewerblich tätig sind (§ 14 Abs. 1 Satz 1 Nr. 2 Satz 2 KStG iVm. § 15 Abs. 1 Satz 1 Nr. 1 EStG); eine gewerbliche Prägung iSd. § 15 Abs. 3 Nr. 2 EStG reicht nicht aus. Einzelheiten hierzu s. bei DPM/*Dötsch/Pung* KStG § 14 Rn. 145ff., sowie BMF v. 10.11. 2005, BStBl. I 2005, 1038 Tz. 15.

e) Dauer des Gewinnabführungsvertrages

Der Gewinnabführungsvertrag muss auf mindestens **fünf Zeitjahre** abgeschlossen und während seiner gesamten Geltungsdauer durchgeführt werden, § 14 Abs. 1 Satz 1 Nr. 3 Satz 1 KStG (zur Mindestlaufzeit s. auch BFH v. 12.1.2011, I R 3/10, BStBl. II 2011, 727; zur Mindestlaufzeit bei Bildung eines Rumpfgeschäftsjahres; BFH v. 13.11. 2013, I R 45/12, BStBl. II 2014, 486, DStR 2014, 643; zur Berücksichtigung des Zeitraums der umwandlungssteuerlichen Rückwirkungsfiktion (§ 2 Abs. 1 UmwStG) bei der Bemessung der Mindestlaufzeit: BFH v. 10.5.2017, I R 19/15, BStBl. II 2019, 81; **aA** wohl FinVerw: KStR 14.5 Abs. 2 Satz 2; s. auch *Adrian/Fey* DStR 2017, 2409). Das Erfordernis eines wirksamen Gewinnabführungsvertrags einschließlich der Eintragung in das Handelsregister muss spätestens bis zum Ablauf des Wirtschaftsjahres der Organgesellschaft erfüllt sein, für das der Gewinnabführungsvertrag erstmals gelten soll (vgl. § 14 Abs. 1 Satz 2 KStG; zur Mindestvertragsdauer s. auch DPM/*Dötsch/Pung* KStG § 14 Rn. 534ff.). Eine **vorzeitige Beendigung** des Vertrages durch Kündigung ist unschädlich, wenn ein wichtiger Grund die Kündigung rechtfertigt; die Spaltung der Organgesellschaft stellt idR einen wichtigen Grund dar (vgl. KStR 14.5 Abs. 6, s. auch UmwSt-Erl. 2011 BMF v. 11.11.2011, BStBl. I 2011, 1314 Tz. Org. 26). Zu beachten ist, dass das Steuerrecht zum Teil Sachverhalte als wichtigen Grund anerkennt, die zivilrechtlich nicht als wichtige Gründe iSd. § 297 Abs. 1 AktG anerkannt sind (vgl. Emmerich/Habersack/*Emmerich* AktG § 297 Rn. 15af.; zu einem Fall der Veräußerung im Konzern BFH v. 13.11.2013, I R 45/12, BStBl. II 2014, 486). Die Praxis behilft sich damit, solche steuerlich anerkannte Kündigungsgründe ausdrücklich als wichtige Gründe iSd. § 297 Abs. 1 AktG zu vereinbaren (vgl. Emmerich/Habersack/*Emmerich* AktG § 297 Rn. 15b, 17, dort auch zur Zulässigkeit solcher Vereinbarungen). Die Kündigung oder Aufhebung des Gewinnabführungsvertrages auf einen Zeitpunkt während des Wirtschaftsjahres der Organgesellschaft wirkt steuerlich auf den Beginn dieses Wirtschaftsjahres zurück (§ 14 Abs. 1 Satz 1 Nr. 3 Satz 3 KStG). Nach dem BFH führt das Nichtvorliegen von weiteren Voraussetzungen der ertragsteuerlichen Organschaft in einzelnen Jahren des Mindestzeitraums nicht zwingend zur vollständigen Versagung der Organschaft, wenn der Gewinnabführungsvertrag auf fünf Zeitjahre abgeschlossen ist und während dieser Zeit durchgehend durchgeführt wird (vgl. BFH v. 10.5.2017, I R 19/15, BStBl. II 2019, 81; BFH v. 10.5.2017, I R 51/15, BStBl. II 2018, 30; **aA** wohl FinVerw: KStR 14.5 Abs. 2 Satz 2; s. auch *Adrian/Fey* DStR 2017, 2409). 444

f) Gewinnrücklagen

Die Organgesellschaft darf Beträge aus dem Jahresüberschuss nur insoweit in die **Gewinnrücklagen** (§ 272 Abs. 3 HGB) mit Ausnahme der gesetzlichen Rücklagen einstellen, als dies bei vernünftiger kaufmännischer Beurteilung wirtschaftlich begründet ist (§ 14 Abs. 1 Satz 1 Nr. 4 KStG). 445

g) Wirtschaftliche und organisatorische Eingliederung

Für die **umsatzsteuerrechtliche** Organschaft ist weiterhin erforderlich, dass die Organgesellschaft vom Beginn ihres Wirtschaftsjahres an nach dem Gesamtbild der tatsächlichen Verhältnisse **wirtschaftlich** und **organisatorisch** in das Unternehmen des Organträgers eingegliedert ist (§ 2 Abs. 2 Nr. 2 UStG). 446

Eine **wirtschaftliche Eingliederung** liegt vor, wenn die Organgesellschaft die gewerbliche Tätigkeit des Organträgers wirtschaftlich fördert oder ergänzt. 447

Eine **organisatorische Eingliederung** liegt vor, wenn der Organträger jederzeit die tatsächliche Geschäftsführung der Organgesellschaft beeinflussen kann. Liegt ein **Beherrschungsvertrag** iSd. § 291 AktG vor, so ist die organisatorische Eingliederung gegeben (vgl. BFH v. 10.5.2017, V R 7/16, BStBl. II 2017, 1261; UStAE 2.8 Abs. 10 Satz 7). 448

h) Weitere Voraussetzungen gem. § 17 KStG

449 Weitere Voraussetzungen enthält § 17 KStG für den Fall, dass weder eine Aktiengesellschaft noch eine Kommanditgesellschaft auf Aktien, sondern eine **andere Körperschaft** (zB GmbH) **Organgesellschaft** ist. In diesem Fall ist weitere Voraussetzung, dass
- eine Gewinnabführung den in § 301 des AktG genannten Betrag nicht überschreitet und
- eine Verlustübernahme durch Verweis auf die Vorschriften des § 302 AktG in seiner jeweils gültigen Fassung vereinbart wird.

450 *einstweilen frei*

i) Rechtsfolgen der Organschaft

Liegen die Voraussetzungen einer Organschaft vor, so gilt Folgendes:

aa) Körperschaftsteuer

451 Das Einkommen der Organgesellschaft wird zunächst unabhängig vom Ergebnisabführungsvertrag nach den allgemeinen steuerlichen Vorschriften ermittelt (Organträger und Organgesellschaft sind eigenständige Steuersubjekte) und **dem Organträger zugerechnet.** Maßgeblich für die Zurechnung ist dabei das Geschäftsjahr der Organgesellschaft. **Verluste** oder Verlustvorträge, die bei der Organgesellschaft vor Abschluss des Gewinnabführungsvertrages entstanden sind (sog. vororganschaftliche Verluste), können bei der Einkommensermittlung der Organgesellschaft nicht ergebnismindernd berücksichtigt werden (Einzelheiten s. DPM/*Dötsch/Pung* KStG § 14 Rn. 699 aE; DPM/*Dötsch/Krämer* KStG § 15 Rn. 3ff. mwN). Für Zwecke der Zinsschranke gem. § 4h EStG gelten die Organschaften als ein Betrieb, so dass diese Regelung innerhalb eines Organkreises keine Anwendung findet (vgl. § 15 Satz 1 Nr. 3 KStG).

bb) Gewerbesteuer

452 Der Gewerbeertrag der Organgesellschaft wird zunächst so **ermittelt,** wie wenn sie selbst gewerbesteuerpflichtig wäre und anschließend dem Organträger **zugerechnet.** Um im Rahmen der Ermittlung doppelten Hinzurechnungen und Kürzungen zu entgehen, finden die §§ 8 und 9 GewStG keine Anwendung, soweit die in Frage stehenden Beträge bereits bei den zusammengerechneten Gewerbeerträgen berücksichtigt sind. Vororganschaftliche **Gewerbeverluste** der Organgesellschaft, die bei der Begründung der Organschaft noch nicht verbraucht sind, dürfen gem. § 10a Satz 3 GewStG nicht berücksichtigt werden; umstritten ist, ob es dabei auf den Zeitpunkt der Rechtswirksamkeit des Vertrages oder den Zeitpunkt des Vertragsschlusses ankommt (für Letzteres: Blümich/*Drüen* GewStG § 10a Rn. 94 mwN; aA BMF v. 10.11.2005, BStBl. I 2011, 1038, Tz. 25; *Dötsch/Pung* DB 2004, 151). Zur Zinsschranke vgl. → Rn. 451.

cc) Umsatzsteuer

453 Liegen die Voraussetzungen für eine Organschaft iSd. § 2 Abs. 2 Nr. 2 UStG vor, ist die Organgesellschaft kein Unternehmen im Sinne des UStG. Alle **Umsätze** der Organgesellschaften werden **dem Organträger zugerechnet,** Vorsteuern können nur vom Organträger geltend gemacht werden. Die zwischen den Organgesellschaften ausgeführten Lieferungen und Leistungen sind keine Umsätze im Sinne des UStG, sondern als nicht steuerbare Innenumsätze zu handhaben. Die an die Organgesellschaften ausgeführten Umsätze gelten als allein dem Organträger gegenüber erbracht (iE s. Sölch/Ringleb/*Treiber* UStG § 2 Rn. 260ff.).

dd) Umwandlungsteuer

454 Die Besteuerung der übergehenden Wirtschaftsgüter mit Körperschaftsteuer bei der übernehmenden Körperschaft ist nach der FinVerw. auch insoweit iSv. § 15 Abs. 1

Satz 1 und 2 UmwStG iVm. § 11 Abs. 2 Satz 1 Nr. 1 UmwStG sichergestellt und damit die entsprechende Voraussetzung für das Buchwertwahlrecht gegeben, als die übergehenden Wirtschaftsgüter wegen der organschaftlichen Zurechnung zwar nicht bei der übernehmenden Organgesellschaft, jedoch beim Organträger der Körperschaftsteuer unterliegen (vgl. UmwSt-Erl. 2011 BMF v. 11.11.2011, BStBl. I 2011, 1314 Tz. 15.14 iVm. Tz. 11.08; bei Besteuerung des so zugerechneten Einkommens mit Einkommensteuer Gewährung des Buchwertwahlrechts allerdings nur im Billigkeitswege, zum Thema s. auch DPM/*Dötsch/Stimpel* UmwStG § 11 Rn. 62 ff.; SHS/*Schmitt* UmwStG § 11 Rn. 104 mwN).

3. Im Einzelnen

Zu § 1: Beherrschung

Die Vereinbarung der Beherrschung führt zum **Übergang** des (GmbH-rechtlichen) **Weisungsrechtes** von der Gesellschafterversammlung des beherrschten Unternehmens auf die Geschäftsführung des herrschenden Unternehmens (vgl. LH/*Hommelhoff* GmbHG Anh. § 13 Rn. 46). 455

Grenzen der Leitungsmacht

- Die Leitungsmacht des herrschenden Unternehmens muss durch den Gesellschaftsvertrag der abhängigen GmbH gedeckt sein. Maßnahmen dürfen daher **nicht gegen den Unternehmensgegenstand verstoßen** (vgl. Emmerich/Habersack/*Emmerich* AktG § 308 Rn. 56a). Das **Recht zur Änderung des Gesellschaftsvertrages** steht weiterhin den Gesellschaftern der abhängigen Gesellschaft zu (vgl. BH/*Beurskens* GmbHG Anhang C. Rn. 119; vgl. Emmerich/Habersack/*Emmerich* AktG § 308 Rn. 56a mwN). 456
- Es ist der herrschenden/leitenden Gesellschaft verboten, den Bestand der abhängigen Gesellschaft unmittelbar zu **gefährden** (hM, vgl. Emmerich/Habersack/*Emmerich* AktG § 308 Rn. 61 ff.). 457
- Gesetzwidrige Weisungen sind nichtig (§ 134 BGB; MüKoAktG/*Altmeppen* AktG § 308 Rn. 101).

  Zum Problem der Rückwirkung → Rn. 461 ff.

Zu § 2: Gewinnabführung, Bildung von Rücklagen

Abs. 1 enthält die von § 14 Abs. 1 Satz 1 KStG geforderte Gewinnabführung. 458 **Abs. 2** korrespondiert mit der steuerrechtlichen Anforderung an Organschaften gem. § 14 Abs. 1 Satz 1 Nr. 4 KStG.

Zur Rücklagenbildung nach § 272 Abs. 2 Nr. 4 HGB vgl. KStR 14.5 Abs. 5 Ziff. 3.

In **Abs. 2** wird den Anforderungen in § 17 Abs. 1 Satz 2 Nr. 1 KStG Rechnung getragen (zur Begrenzung der Gewinnabführung durch § 301 AktG auf einen Höchstbetrag sowie zu den Anforderungen an die Bezugnahme auf § 301 AktG im Gewinnabführungsvertrag vgl. DPM/*Dötsch* KStG § 17 Rn. 17 ff.; zur Kürzung des Höchstbetrags um den nach § 268 Abs. 8 HGB ausschüttungsgesperrten Betrag vgl. DPM/*Dötsch* KStG § 17 Rn. 18; BMF v. 14.1.2010, BStBl. I 2010, 65, DStR 2010, 113).

Zu § 3: Verlustübernahme

Die Vorschrift korrespondiert mit den Anforderungen des § 17 Abs. 1 Satz 2 Nr. 2 459 KStG. Demnach ist für die steuerliche Anerkennung der Organschaft zwingend erforderlich, dass in dem Gewinnabführungsvertrag die Verlustübernahme durch Verweis auf die Vorschriften des § 302 AktG in seiner jeweils gültigen Fassung vereinbart wird. Ungeklärt ist, ob eine (teilweise) Wortlautwiedergabe oder ergänzende Vereinbarungen zusätzlich zu dem dynamischen Verweis schädlich sind. Aus Vorsichtsgründen ist davon abzuraten (vgl. auch Blümich/*Krumm* KStG § 17 Rn. 24; DPM/*Dötsch* KStG § 17 Rn. 28; Beck GmbH-HB/*Vogt* § 17 Rn. 108b mwN; *Scheifele/Hörner* DStR 2013, 553 mwN; *Schneider/Sommer* GmbHR 2013, 22, 29; *Brühl/Weiss* BB 2018, 94, 97 mwN; zur Übergangsregelung § 17 Abs. 2 KStG s. Blümich/*Krumm* KStG § 17 Rn. 29ff.; zum fehlenden Verweis auf § 302 Abs. 4 AktG in Altverträgen s. BFH v. 10.5.2017, I R 93/15, BStBl. II 2019, 278, DStR 2017, 2429; hierzu BMF v. 3.4.2019, BStBl. I 2019, 467: Anpassung bis 31.12.2019). Gläubiger des **Anspruches auf Verlustausgleich** ist die **abhängige** GmbH, Schuldner das herrschende Unternehmen. Inhaltlich geht der Anspruch auf Verlustübernahme grundsätzlich auf Erstattung des Jahresfehlbetrages (vgl. BH/*Beurskens* GmbHG, Anhang Konzernrecht, Rn. 121). Ein **Verzicht** auf den Ausgleich ist erst **drei Jahre nach Beendigung** des Unternehmensvertrages möglich (vgl. § 302 Abs. 3 AktG).

Zu § 4: Vertragsdauer

460 Der Vertrag kann im Laufe eines Wirtschaftsjahres der Organgesellschaft abgeschlossen werden, muss aber bis zum **Ende** des Wirtschaftsjahres im Handelsregister der abhängigen Gesellschaft **eingetragen** sein für das erstmals die Organschaft gelten soll (§ 14 Abs. 1 Satz 2 KStG). Der Vertrag muss **auf** eine Laufzeit von **mindestens fünf Zeit-Jahren** abgeschlossen werden (§ 14 Abs. 1 Satz 1 Nr. 3 KStG, auch → Rn. 444).

Zu § 5: Wirksamwerden, steuerlich strittige Rückwirkung der finanziellen Eingliederung

461 Nach § 14 Abs. 1 Satz 1 Nr. 1 KStG muss die Organgesellschaft vom Beginn ihres Wirtschaftsjahres ununterbrochen finanziell in den Organträger eingegliedert sein, dh. der Organträger muss über die Mehrheit der Stimmrechte bei der Organgesellschaft verfügen. Da im Falle der Abspaltung zur Neugründung der neue Rechtsträger erst mit der Eintragung im Handelsregister entsteht (§ 131 Abs. 1 Nr. 3 UmwG), stellt sich die Frage, ob die Organschaft rückwirkend bzw. ununterbrochen ab dem Spaltungsstichtag mit der übernehmenden Körperschaft als Organgesellschaft fortgesetzt werden kann. Nach dem UmwSt-Erl. 2011 BMF v. 11.11.2011 (BStBl. I 2011, 1314) ist eine ununterbrochene Organschaft in diesem Fall idR nicht möglich ist, da die finanzielle Eingliederung zwischen dem Organträger und dem übernehmenden Rechtsträger frühestens ab dem Zeitpunkt der Wirksamkeit der Umwandlung bestehen könne (so für die Aufspaltung in UmwSt-Erl. 2011 BMF v. 11.11.2011, BStBl. I 2011, 1314 Tz. Org. 23 iVm. Tz. Org. 21 iVm. Tz. 13.06; eine explizite Aussage für den Fall der Abspaltung enthält der Erlass nicht, doch kann die Argumentation der FinVerw. konsequent weiter gedacht für das Verhältnis des Organträgers zu dem übernehmenden Rechtsträger, auf den ein Teilbetrieb zur Neugründung abgespalten wird, nichts anderes gelten). Die FinVerw. beruft sich darauf, dass die Rückwirkung nach § 2 Abs. 1 UmwStG nicht für den Anteilseigner der übertragenden Körperschaft, dh. nicht für den Organträger, gelte (vgl. UmwSt-Erl. 2011 BMF v. 11.11.2011, BStBl. I 2011, 1314 Tz. Org. 21 iVm. Tz. 13.06; ablehnend auch FG Thüringen v. 9.10.2013, 3 K 438/09, BeckRS 2015, 95346, NZB verworfen durch BFH v. 5.11.2014, I B 34/14, BeckRS 2015, 94123; die Auffassung der FinVerw. bestätigend: BFH v. 10.5.2017, I R 19/15, BStBl. II 2019, 81 Tz. 12f. für den Fall einer Ausgliederung auf eine unterjährig gegründete und erworbene Vorrats-GmbH, vgl. hierzu *Adrian/Fey* DStR 2017, 2409). Zur Berücksichtigung von Zeiten mangelnder finanzieller Eingliederung bei der Mindestlaufzeit → Rn. 444).

462 Nach § 14 Abs. 1 Satz 2 KStG kann das Einkommen der Organgesellschaft dem Organträger erstmals für das Kalenderjahr zugerechnet werden, in dem das Wirtschaftsjahr der Organgesellschaft endet, in dem der Ergebnisabführungsvertrag zivilrechtlich wirksam wird. Danach müssen sämtliche Wirksamkeitserfordernisse (u. a. die Eintragung des Vertrages in das Handelsregister bis zum Abschluss des Wirtschaftsjahres der Organgesellschaft) erfüllt sein, für das die Folgen der steuerlichen Organschaft erstmals eintreten sollen (zB §§ 291 Abs. 1, 294 Abs. 2 AktG bzw. § 54 Abs. 3 GmbHG analog). Zivilrechtlich nichtige Verträge sind – auch wenn sie nach den Grundsätzen der fehlerhaften Gesellschaft als zivilrechtlich wirksam behandelt werden können (vgl. BGH v. 5.11. 2001, II ZR 119/00, DStR 2002, 1101) – für steuerliche Zwecke nicht anzuerkennen (vgl. BFH v. 3.9.2009, IV R 38/07, BStBl. II 2010, 60; DPM/*Dötsch/Pung* KStG § 14 Rn. 310, 312). Nach BMF v. 10.11.2005, BStBl. I 2005, 1038, Tz. 3f. ist allerdings eine **vertragliche Vereinbarung,** nach der die **Laufzeit des Ergebnisabführungsvertrages** erst in dem Wirtschaftsjahr **beginnt,** in dem der Gewinnabführungsvertrag im Handelsregister eingetragen wird, nicht zu beanstanden.

Ein – für die körperschaftsteuerliche Organschaft nicht (mehr) erforderlicher – **Beherrschungsvertrag wird** ohnehin erst mit dessen Eintragung im Handelsregister **wirksam.** **463**

einstweilen frei **464, 465**

III. Handelsregisteranmeldungen

1. Anmeldung der Abspaltung zum Handelsregister des übertragenden Rechtsträgers

a) Verfahren

Das registerrechtliche Verfahren bei der Spaltung zur Neugründung, das in § 137 UmwG geregelt wird, entspricht weitgehend demjenigen bei der Spaltung zur Aufnahme, so dass die §§ 16, 17, 19 und 38 UmwG entsprechend anwendbar sind, soweit die §§ 129, 130 und 137 UmwG keine eigenständigen Regelungen enthalten (WM/*Fronhöfer* UmwG § 137 Rn. 1, 4). **466**

Das nachfolgende Schaubild (in Anlehnung an WM/*Fronhöfer* UmwG § 137 Rn. 72) zeigt den Ablauf des Registerverfahrens bei Spaltungen. Im **Überblick** ergibt sich das folgende Bild des Registerverfahrens bei der Spaltung zur Neugründung: **467**

Maßnahmen der Verfahrensbeteiligten	Maßnahmen der Registergerichte
Anmeldung des (Abspaltung) bzw. jedes (Aufspaltung) der neuen Rechtsträger zur Eintragung in das für seinen künftigen Sitz zuständige Register (§ 137 Abs. 1 UmwG)	Prüfung der jeweiligen Anmeldung durch jedes Registergericht, bei dem eine Anmeldung erfolgt ist, unabhängig von der Prüfung der anderen Gerichte
Anmeldung der Spaltung zur Eintragung in das für den übertragenden Rechtsträger zuständige Register (§ 137 Abs. 2 UmwG)	Eintragung des (Abspaltung) bzw. jedes (Aufspaltung) der neuen Rechtsträger in das für sie jeweils zuständige Register, jeweils mit dem Vermerk, dass die Spaltung erst mit ihrer Eintragung im Register des Sitzes des übertragenden Rechtsträgers wirksam werden wird (§ 135 Abs. 1 iVm. § 130 Abs. 1 Satz 1 UmwG). Dieser Vermerk entfällt, wenn die Eintragung in den Registern aller beteiligten Rechtsträger taggleich erfolgt (§ 130 Abs. 1 Satz 2 UmwG). Zu diesem Zeit-

Maßnahmen der Verfahrensbeteiligten	**Maßnahmen der Registergerichte**
	punkt noch keine öffentliche Bekanntmachung dieser Eintragungen (§ 137 Abs. 3 Satz 3 letzter HS UmwG)
	Mitteilung jeweils des Tages jeder Eintragung von Amts wegen durch das Registergericht, welches sie jeweils vorgenommen hat, an das für den übertragenden Rechtsträger zuständige Registergericht (§ 137 Abs. 3 Satz 1 UmwG)
	Nach Eingang aller Mitteilungen: Eintragung der Spaltung in das für den übertragenden Rechtsträger zuständige Register (§ 137 Abs. 3 Satz 2 UmwG)
	Öffentliche Bekanntmachung der Eintragung durch das Gericht, welches sie vorgenommen hat (§ 125 iVm. § 19 Abs. 3 UmwG)
	Mitteilung des Tages der Eintragung von Amts wegen durch das Gericht, welches sie vorgenommen hat, an alle Registergerichte, bei denen ein neuer Rechtsträger im Register eingetragen worden ist, unter Beifügung eines Registerauszugs sowie einer beglaubigten Abschrift des Gesellschaftsvertrags, der Satzung oder des Statuts des übertragenden Rechtsträgers (§ 137 Abs. 3 Satz 2 UmwG)
	Eintragung des Zeitpunktes der Eintragung in jedem für einen neuen Rechtsträger zuständigen Register (§ 137 Abs. 3 Satz 3 UmwG)
	Öffentliche Bekanntmachung der jeweiligen Eintragung durch das jeweilige Gericht, welches sie vorgenommen hat (§ 137 Abs. 3 Satz 3 letzter HS iVm. §§ 125, 19 Abs. 3 UmwG)

468 Nach Prüfung der Anmeldung erfolgt die **Eintragung** (§ 130 UmwG).

469 Erst wenn die Spaltung im Handelsregister der **übernehmenden** Gesellschaft eingetragen ist, darf die Spaltung im Handelsregister der **übertragenden** Gesellschaft eingetragen werden. **Mit der Eintragung** im Handelsregister des **übertragenden** Rechtsträgers wird die **Spaltung wirksam** (§ 131 Abs. 1 Satz 1 UmwG). Das Handelsregister des übertragenden Rechtsträgers informiert das Handelsregister des übernehmenden Rechtsträgers (auch elektronisch möglich).

b) Anmeldeberechtigte

470 Die Anmeldung erfolgt durch das Vertretungsorgan des übertragenden Rechtsträgers (§ 137 Abs. 1, 2 UmwG). Für die Anmeldung der Spaltung im Register des Sitzes des übertragenden Rechtsträgers gilt im Grundsatz nichts anderes als bei der Spaltung zur Aufnahme. Allerdings kann § 129 UmwG, nach dem diese Anmeldung auch vom Vertretungsorgan eines übernehmenden Rechtsträgers vorgenommen werden kann, nicht anwendbar sein, da rechtlich noch kein neuer Rechtsträger existiert. Vielmehr legt § 137 Abs. 2 UmwG zur Klarstellung ausdrücklich fest, dass die Anmeldung nur durch das Vertretungsorgan des übertragenden Rechtsträgers vorgenommen werden darf. Bei der Anmeldung ist zudem die Regelung des § 378 Abs. 3 FamFG zu beachten: Danach ist jede Anmeldung zum Handelsregister zunächst durch einen (in Deutschland amtsansässigen) Notar auf ihre Eintragungsfähigkeit zu prüfen und anschließend (nur) durch einen Notar an den zuständigen Registerrichter weiterzuleiten.

Bei der übertragenden GmbH haben die Geschäftsführer zwar lediglich in **vertretungsberechtigter Anzahl** zu handeln (vgl. Wortlaut von § 129 UmwG „Vertretungsorgan"). Hat ein Geschäftsführer bei Vorhandensein mehrerer Geschäftsführer Alleinvertretungsmacht, könnte er die Anmeldung der Spaltung zumindest theoretisch auch ohne die Mitwirkung der anderen Geschäftsführer durchführen. Praktisch wird die Anmeldung aufgrund der nach § 140 UmwG erforderlichen Erklärung jedoch immer von sämtlichen Geschäftsführern vorgenommen (→ Rn. 480). **471**

c) Anlagen

Der Anmeldung sind gem. § 17 Abs. 1, Abs. 2 Satz 1 UmwG in Ausfertigung oder in öffentlich beglaubigter Abschrift oder, soweit sie nicht notariell zu beurkunden sind, in Urschrift oder Abschrift beizufügen: **472**
- der Spaltungsplan,
- der Spaltungsbeschluss des übertragenden Rechtsträgers,
- die Schlussbilanz des übertragenden Rechtsträgers etc.

Die in § 17 Abs. 1 UmwG erwähnten Anlagen sollen nach dem Wortlaut von § 17 Abs. 1 UmwG zwar gleichzeitig mit der Anmeldung eingereicht werden; geschieht dies nicht, können die Anlagen grundsätzlich nachgereicht werden (SHS/*Hörtnagl* UmwG § 17 Rn. 44f.; Kallmeyer/*Zimmermann* UmwG § 17 Rn. 8;). Jedenfalls die o.g. Mindestbestandteile der Abspaltung, die für deren Wirksamkeit maßgeblich sind, müssen nach überwiegender Ansicht fristgemäß iSd. § 17 Abs. 2 UmwG eingereicht werden (vgl. OLG Brandenburg v. 5.2.2018, 7 W 86/17, MittBayNotK 2019, 71). Um insoweit etwaige Nachfragen/Verfügungen des Registergerichts zu vermeiden, sollte der Zeitrahmen für die Spaltung jedoch so gewählt werden, dass auf diese theoretische Möglichkeit der Nachreichung von Unterlagen nicht zurückgegriffen werden muss. **473**

Die Schlussbilanz der übertragenden Gesellschaft ist nur bei dem Register am Sitz des **übertragenden** Rechtsträgers einzureichen. **474**

Auch die Schlussbilanz kann nachgereicht werden, sie muss nicht innerhalb der Acht-Monats-Frist des § 17 Abs. 2 Satz 4 UmwG bei dem zuständigen Registergericht eingereicht werden (hM SSt/*Schwanna* UmwG § 17 Rn. 20; SHS/*Hörtnagl* UmwG § 17 Rn. 46 mwN; OLG Jena v. 21.10.2002 – 6 W 534/02, NZG 2003, 43; wohl auch OLG Brandenburg v. 5.2.2018, 7 W 86/17, MittBayNotK 2019, 71; aA *Germann* GmbHR 1999, 591, 593; KG Berlin v. 22.9.1998, NJW-RR 1999, 186). **475**

Nicht zum Handelsregister der A-GmbH einzureichen ist demgegenüber eine beglaubigte Abschrift des Beherrschungs- und Gewinnabführungsvertrages (§ 294 Abs. 1 Satz 2 AktG), da dieser lediglich zwischen der B-GmbH als Gesellschafterin der übertragenden A-GmbH und der im Wege der Neugründung entstehenden C-GmbH geschlossen wird.

Die **Gesellschafterliste** ist nach § 40 Abs. 2 GmbHG durch den beteiligten Notar einzureichen. **476**

Ungeklärt ist auch weiterhin die Frage nach der Einreichungspflicht bei einer nur **mittelbaren Mitwirkung des Notars,** wenn beispielsweise zum hier auf die C-

GmbH abgespaltenen Betriebsteil auch die Beteiligung an einer weiteren GmbH gehörte. Fraglich ist dann, ob der Notar zusätzlich verpflichtet ist, eine Gesellschafterliste zum Handelsregister dieser Gesellschaft einzureichen, deren Beteiligung im Wege der Spaltung zur Neugründung mit auf den übernehmenden Rechtsträger übergegangen ist. Vgl. zu dieser Problematik OLG Hamm v. 25.9.2013, 27 W 72/13, DNotZ 2014, 539; OLG Hamm v. 16.2.2010, 15 W 322/09, NZG 2010, 475 mit Anm. *Ries* NZG 2010, 135; OLG Hamm v. 1.12.2009, 15 W 304/09, NZG 2010, 113; MüKoGmbHG/*Heidinger* GmbHG § 40 Rn. 235 ff. sowie *Ising* DNotZ 2011, 214. Hiervon wird man nur dann ausgehen können, wenn der Notar aufgrund der ihm vorliegenden Unterlagen, insb. der Anlagen zum Spaltungsplan, Kenntnis davon hat, dass zum übergehenden Vermögen auch eine Beteiligung an einer anderen GmbH gehört (vgl. *Omlor/Spies* MittBayNot 2011, 353, 360).

d) Abzugebende Erklärungen

aa) Negativerklärung bezüglich des nicht vorhandenen Betriebsrates

477 Besteht kein Betriebsrat, ist eine entsprechende Negativerklärung erforderlich. Für diese ist keine besondere Form vorgeschrieben, sie sollte aus Nachweisgründen jedoch schriftlich erfolgen (Kallmeyer/*Zimmermann* UmwG § 16 Rn. 16). Das AG Duisburg (Urteil v. 4.1.1996, 23 HRB 4942, 23 HRB 5935, GmbHR 1996, 372) verlangt eine Glaubhaftmachung durch eidesstattliche Versicherung. Diese Ansicht hat indes keine Grundlage im Gesetz und stellt eine unverhältnismäße Anforderung dar (SHS/*Hörtnagl* UmwG § 17 Rn. 6; Lutter/*Decher* UmwG § 17 Rn. 4; BeckOGK/*Rieckers/Cloppenburg* UmwG § 17 Rn. 25 m. w. N.).

bb) Erklärung gem. § 140 UmwG

478 Bei der Anmeldung der Abspaltung oder Ausgliederung zur Eintragung in das Register des Sitzes der übertragenden GmbH haben deren Geschäftsführer auch zu erklären, dass die durch Gesetz und Gesellschaftsvertrag vorgesehenen Voraussetzungen für die Gründung der übertragenden Gesellschaft unter Berücksichtigung der Abspaltung oder Ausgliederung (auch noch) im Zeitpunkt der Anmeldung vorliegen (§ 140 UmwG).

479 Eine unrichtige Erklärung gem. § 140 UmwG hinsichtlich der Deckung des Stammkapitals ist strafrechtlich bewehrt (§ 313 Abs. 2 UmwG). Die nach § 140 UmwG abzugebende Erklärung dient dem **Kapitalschutz.** Es soll gesichert werden, dass die **Kapitalausstattung** der übertragenden GmbH nach Durchführung der Abspaltung oder Ausgliederung noch die **gesetzlichen Mindestvoraussetzungen** erfüllt; eine gesonderte Prüfungspflicht des Registergerichts besteht jedoch grundsätzlich nicht, auch wenn das Gericht in Zweifelsfällen zu Nachforschungen berechtigt ist (WM/*Mayer* UmwG § 140 Rn. 15). Ist nach Durchführung der Abspaltung das Stammkapital der übertragenden GmbH nicht mehr durch das buchmäßige Nettovermögen gedeckt, ist bei der übertragenden Kapitalgesellschaft eine **Kapitalherabsetzung** vorzunehmen. Diese kann in vereinfachter Form vorgenommen werden (§ 139 Satz 1 UmwG). § 139 Satz 1 UmwG verweist in Form einer Rechtsfolgeverweisung auf die Vorschriften der §§ 58 ff. GmbHG (Kallmeyer/*Sickinger* UmwG § 139 Rn. 1; aA etwa WM/*Mayer* UmwG § 139 Rn. 9). Die Erforderlichkeit der Kapitalherabsetzung ist grundsätzlich nach dem in der Schlussbilanz auszuweisenden Eigenkapital zu beurteilen (Kallmeyer/*Sickinger* UmwG § 139 Rn. 2). Die stillen Reserven sind hierbei nicht zu berücksichtigen. § 58a Abs. 2 GmbHG ist nicht anzuwenden (Kallmeyer/*Sickinger* UmwG § 139 Rn. 2; str. aA SHS/*Hörtnagl* UmwG § 139 Rn. 9).

480 Auch über die Formulierung der Erklärung gem. § 140 UmwG besteht Streit. *Mayer* vertritt die Auffassung, dass sich die Erklärung **am Wortlaut** des § 140 UmwG auszurichten hat (WM/*Mayer* UmwG § 140 Rn. 7). Nach anderer Auffassung muss dargelegt werden, dass das Stammkapital der übertragenden GmbH auch unter Berücksichtigung des Vermögensüberganges nach Wirksamwerden der Spaltung durch das verbleibende Vermögen gedeckt ist (SHS/*Hörtnagl* UmwG § 140 Rn. 11). Das Formular folgt zur Sicherheit der wohl hM im Schrifttum, die sich auch auf die Erwägungen des Gesetzgebers stützen kann (vgl. BT-Drs. 12/6699, S. 125: „Es muss aber auch sichergestellt werden, dass das im Gesellschaftsvertrag der übertragenden GmbH vorgesehene Stammkapital, das über dem gesetzlichen Mindestkapital liegen kann, durch die Aktiva weiter gedeckt ist."). Ggfs. kann aber auch eine strikt am Gesetzeswortlaut des § 140 UmwG orientierte Formulierung ausreichend sein.

Über die Versicherung der ausreichenden Kapitaldeckung hinaus müssen nach hM **keine** weiteren Voraussetzungen der Gründung (etwa Zulässigkeit des Gesellschaftszwecks und der Firma, Mindestinhalte des Gesellschaftsvertrages, Fesetzsetzung von Sacheinlagen) in die Erklärung aufgenommen werden (SHS/*Hörtnagl* UmwG § 140 Rn. 8; BeckOGK/*Brellochs* UmwG § 140 Rn. 8; WM/*Mayer* UmwG § 140 Rn. 9).

Die Erklärung ist von **sämtlichen** Geschäftsführern der übertragenden GmbH **höchstpersönlich** abzugeben, da § 140 UmwG von „deren Geschäftsführer" und nicht wie § 129 UmwG von „Vertretungsorgan" spricht. Hierfür spricht ebenfalls die Strafbewehrung einer falschen Erklärung nach § 313 Abs. 2 UmwG (WM/*Mayer* UmwG § 140 Rn. 16, 17; Kallmeyer/*Zimmermann* UmwG § 140 Rn. 6; aA SHS/*Hörtnagl* UmwG § 140 Rn. 3). Die Erklärung bedarf **nicht** der Form der Anmeldung und kann – wenn auch in der Praxis wenig zweckmäßig – von dieser gesondert abgegeben werden (Lutter/*Priester* UmwG § 140 Rn. 11; SSt/*Reichert* UmwG § 140 Rn. 7).

cc) Erklärung gem. § 16 Abs. 2 iVm. § 125 Satz 1 UmwG

Gem. § 16 Abs. 2 UmwG, der aufgrund der Generalverweisungsnorm in § 125 **481**
Satz 1 UmwG entsprechend anwendbar ist, ist von den anmeldenden Organen des übertragenden Rechtsträgers zu erklären, dass eine Klage gegen die Wirksamkeit eines Verschmelzungsbeschlusses nicht erhoben oder eine solche Klage rechtskräftig abgewiesen oder zurückgenommen worden ist. Formuliert werden sollte der Verzicht auf sämtliche Klagen gegen den Spaltungsbeschluss, da nur diese Formulierung auch die Nichtigkeitsfeststellungsklage erfasst. Die oftmals gebräuchliche Formulierung, dass auf eine „Anfechtung des Spaltungsbeschlusses" verzichtet wurde, ist deshalb gerade nicht ausreichend (vgl. § 14 UmwG).

Wird keine Negativerklärung abgegeben, so besteht grundsätzlich eine sog. Registersperre (§§ 125, 16 Abs. 2 Satz 2 UmwG), es sei denn, diese ist ausnahmsweise nicht erforderlich (so etwa bei einem Klageverzicht der Anteilsinhaber in notariell beurkundeter Form, vgl. § 16 Abs. 2 Satz 2, HS 2 UmwG). Höchst vorsorglich kombiniert das Muster die Erklärungen dergestalt, dass einerseits der Verzicht im Anschluss an den Spaltungsplan erklärt wird und zusätzlich die Negativerklärung in der Handelsregisteranmeldung erfolgt. Zwar soll nach überwiegender Ansicht die Zustimmung aller Anteilsinhaber zum Spaltungsplan der Verzichtserklärung nach § 16 Abs. 2 UmwG gleich stehen; hierauf sollte man sich jedoch nicht verlassen, da die Klagebefugnis insb. dann fortbesteht, wenn der Anteilsinhaber erst nach der Stimmabgabe Kenntnis von einem vorhandenen Mangel erlangt (Lutter/*Decher* UmwG § 16 Rn. 23; Kölner Komm./*Simon* UmwG § 16 Rn. 43).

Die Negativerklärung muss nicht zwingend bei der Anmeldung abgegeben werden, es handelt sich um einen behebbaren Mangel, für dessen Beseitigung vom Registergericht eine Frist gesetzt werden kann (BGH v. 2.7.1990, II ZB 1/10, WM 1990, 1372, 1373; SHS/*Winter* UmwG § 16 Rn. 27).

e) Vollmachten

Die Bevollmächtigung eines Beteiligten erspart anderen Beteiligten einen weiteren **482**
Gang zum Notar, wenn das Registergericht oder die Industrie- und Handelskammer Änderungen verlangen.

f) Beglaubigungsvermerk

483 Die Anmeldung ist notariell zu beglaubigen (§ 12 Abs. 1 HGB).

2. Anmeldung des neuen Rechtsträgers zum Handelsregister

a) Verfahren, anwendbare Vorschriften

484 Das Verfahren der handelsregisterlichen Anmeldung regeln die §§ 137 Abs. 1, Abs. 3, 130 Abs. 1 iVm. 135 Abs. 1 Satz 1 und über die §§ 135, 125 S. 1, die §§ 16 Abs. 2, Abs. 3 und 17 UmwG.

485 Daneben sind die spezifischen Vorschriften anzuwenden, die für die Gründung einer Gesellschaft der betreffenden Rechtsform (§§ 135, 125 S. 1, 37 UmwG) gelten, das sind hier die §§ 6 Abs. 2, 7 und 8 GmbHG.

486 Zur Reihenfolge der Anmeldung der neuen Gesellschaft und der Abspaltung s. § 137 Abs. 3 UmwG.

b) Zuständiges Gericht

487 Zuständig ist das Amtsgericht, in dessen Bezirk die neue Gesellschaft künftig ihren Sitz haben wird (§ 137 Abs. 1 UmwG, § 7 Abs. 1 GmbHG).

c) Zuständigkeit für Anmeldung

488 Die Anmeldung erfolgt durch das Vertretungsorgan des übertragenden Rechtsträgers (§ 137 Abs. 1 u. 2 UmwG). Für die Anmeldung der Spaltung zur Eintragung im Register des Sitzes des übertragenden Rechtsträgers gilt im Grundsatz nichts anderes als bei der Spaltung zur Aufnahme. Allerdings ist § 129 UmwG, nach dem diese Anmeldung auch vom Vertretungsorgan eines übernehmenden Rechtsträgers vorgenommen werden kann, nicht anwendbar, da rechtlich noch kein neuer Rechtsträger existiert. Vielmehr legt § 137 Abs. 2 UmwG zur Klarstellung ausdrücklich fest, dass die Anmeldung nur durch das Vertretungsorgan des übertragenden Rechtsträgers vorgenommen werden darf.

Da jedoch die Geschäftsführer des im Rahmen der Abspaltung entstehenden neuen Rechtsträgers sämtliche Versicherungen/Wissenserklärungen abzugeben haben, ist deren Mitwirkung nach § 8 Abs. 2 und 3 GmbHG zwingend notwendig.

Auch hier gilt es § 378 Abs. 3 FamFG zu beachten.

d) Anlagen

Der Anmeldung sind beizufügen:

489 – die Anlagen, deren Beifügung das für die Rechtsform des angemeldeten neuen Rechtsträgers geltende Gründungsrecht für die Ersteintragung dieses Rechtsträgers im Register vorsieht (§ 36 Abs. 2 Satz 1 UmwG),
– die nach dem Umwandlungsrecht beizufügenden (Verschmelzungs-)Unterlagen (§ 36 Abs. 1 Satz 1 iVm. § 17 UmwG).

490 Im vorliegenden Fall sind vorzulegen:
– beglaubigte Abschrift des notariell beurkundeten Spaltungsplanes (§§ 125, 17 Abs. 1 UmwG),
– beglaubigte Abschrift des notariell beurkundeten Spaltungsbeschlusses (§§ 125, 17 Abs. 1 UmwG),
– ggf. Beifügung der Schlussbilanz der übertragenden A-GmbH (grundsätzlich nur bei der übertragenden A-GmbH nach §§ 125 Satz 1, 17 Abs. 2 UmwG einzureichen; jedoch kann Einreichung dem Registergericht die Überprüfung der Werthaltigkeit erleichtern, sofern in der Schlussbilanz entsprechende Werthaltigkeitsnachweise aufgenommen sind),

- (unterschriebene) Liste der Gesellschafter mit ihrem Namen, Vornamen, Geburtsdatum und Wohnort und sowie die Nennbeträge und die laufenden Nummern der von einem jeden Gesellschafter übernommenen Geschäftsanteile (§ 8 Abs. 1 Nr. 3 GmbHG),
- der Sachgründungsbericht (§ 8 Abs. 1 Nr. 4 GmbHG),
- im Falle von Sacheinlagen (wie vorliegend) Unterlagen darüber, dass der Wert der Sacheinlagen den Betrag der dafür übernommenen Stammeinlage erreicht (§ 8 Abs. 1 Nr. 5 GmbHG),
- beglaubigte Abschrift des Beherrschungs- und Gewinnabführungsvertrages (§ 294 Abs. 1 Satz 2 AktG) nebst notariell beurkundetem Zustimmungsbeschluss der C-GmbH sowie den notariell beglaubigten Verzichtserklärungen (§ 293a Abs. 3 AktG analog) des Gesellschafters A der B-GmbH sowie der B-GmbH als einzige Gesellschafterin der C-GmbH.

e) Gegenstand der Anmeldung

Gegenstand der Anmeldung ist der neue Rechtsträger, nicht die Spaltung (§ 137 Abs. 1; WM/*Fronhöfer* UmwG § 38 Rn. 19). **491**

Auch der Beherrschungs- und Gewinnabführungsvertrag ist zum Handelsregister anzumelden (§ 294 Abs. 1 Satz 1 AktG). **492**

f) Abzugebende Versicherungen

Die Anmeldung muss folgende Versicherungen enthalten:

- anstelle des Nachweises für die rechtzeitige Zuleitung des Verschmelzungsvertrages oder seines Entwurfes an den zuständigen Betriebsrat (§ 17 Abs. 1 UmwG) die Versicherung, dass kein Betriebsrat vorhanden ist (s. iE → Rn. 477 ff.), **493**
- dass sich das Vermögen der durch die Spaltung entstehenden Gesellschaft sich endgültig in der freien Verfügung der Geschäftsführer befindet (§ 8 Abs. 2 Satz 1 GmbHG),
- dass keine Umstände vorliegen, die der Bestellung des A zum Geschäftsführer nach § 6 Abs. 2 GmbHG entgegenstehen, und dass der Geschäftsführer über seine diesbezügliche unbeschränkte Auskunftspflicht gegenüber dem Gericht gem. § 53 Abs. 2 des Gesetzes über das Zentralregister und das Erziehungsregister (Bundeszentralregistergesetz – BZRG) belehrt worden ist (§ 8 Abs. 3 GmbHG) (zwar verweist § 8 Abs. 3 GmbHG gerade nicht auf § 6 Abs. 2 Satz 2 Nr. 1 GmbHG, jedoch verlangen einige Registergerichte die Abgabe solch einer Versicherung, da sie anderenfalls unter Einschaltung der Familiengerichte prüfen müssten, ob der/die bestellte/n Geschäftsführer nicht unter Betreuungsvorbehalt steht, was zu erheblichen Zeitverzögerungen führen würde); es genügte nach BGH v. 17.5.2010, II ZB 5/10 (DNotZ 2010, 930) auch die umfassende Aussage, der Geschäftsführer sei „noch nie, weder im In- noch im Ausland, wegen einer Straftat verurteilt worden". Umstritten ist, ob sich diese Versicherung auch auf die neu geschaffenen Straftatbestände der §§ 265c ff. StGB beziehen muss (OLG Oldenburg v. 8.1.2018, 12 W 126/17, DNotZ 2018, 540) oder nicht (OLG Hamm v. 27.9.2018, 27 W 93/18, DNotZ 2019, 150).

g) Vertretungsbefugnis

In der Anmeldung muss ferner angegeben sein, welche Vertretungsbefugnis die Geschäftsführer (abstrakt aufgrund der gesellschaftsvertraglichen Regelung sowie konkret aufgrund des entsprechenden Bestellungsbeschlusses) haben (§ 8 Abs. 4 GmbHG). Die Vertretungsbefugnis muss **ausdrücklich, vollständig und generell formuliert** sein (soweit sie aus dem Gesetz ableitbar ist) (BH/*Fastrich* GmbHG § 8 Rn. 19). Auch die **Befreiung vom Verbot des Selbstkontrahierens** ist eintragungspflichtig und daher in der Anmeldung anzugeben (BH/*Fastrich* aaO). **494**

h) Inländische Geschäftsanschrift

495 Gemäß § 8 Abs. 4 Nr. 1 GmbHG ist eine inländische Geschäftsanschrift der C-GmbH zwingend anzugeben.

i) Beglaubigungsvermerk

496 Die Anmeldung ist notariell zu beglaubigen (§ 12 Abs. 1 HGB).

497–510 *einstweilen frei*

IV. Werthaltigkeitsbescheinigung

1. Allgemeines

511 Das Registergericht hat anhand der eingereichten Unterlagen zu prüfen, ob das Stammkapital der neu gegründeten Gesellschaft durch das zu übertragende Vermögen gedeckt ist.

512 Als Wertnachweis ist die Schlussbilanz in Spaltungsfällen (ausgenommen im Falle einer „totalen Ausgliederung") ungeeignet, denn aus ihr kann nicht ersehen werden, ob ausreichendes Vermögen zur Deckung des Nennkapitals des neu gegründeten Rechtsträgers oder für die Aufbringung des Stammkapitals bei einem aufnehmenden Rechtsträger vorhanden ist (WM/*Mayer* UmwG § 126 Rn. 165). Als Wertnachweise wird daher empfohlen, aus der Schlussbilanz eine **„Abspaltungsbilanz"** zu entwickeln, in der die verbleibenden und die übergehenden Aktiva und Passiva verzeichnet sind (WM/*Mayer* aaO). Aus dieser Bilanz kann der Registerrichter ersehen, ob das Stammkapital der neuen GmbH durch das übertragende Vermögen gedeckt ist oder nicht.

513 Es ist üblich, einer solchen „Abspaltungsbilanz" eine **„Werthaltigkeitsbescheinigung"** eines Wirtschaftsprüfers/Steuerberaters beizufügen, aus der sich ergibt, dass die Abspaltungsbilanz aus der Schlussbilanz des übertragenden Rechtsträgers abgeleitet wurde, dass die Aktiva nicht überbewertet und die Passiva nicht unterbewertet sind und dass die Wertansätze in der Abspaltungsbilanz den Grundsätzen ordnungsgemäßer Buchführung entsprechen. Die Werthaltigkeitsbescheinigung stellt gewissermaßen die Brücke zwischen der Schlussbilanz des übertragenden Rechtsträgers und der Abspaltungsbilanz dar.

2. Im Einzelnen

514 **Ziff. 1** der Werthaltigkeitsbescheinigung enthält eine kurze Beschreibung des Spaltungsvorganges.

515 **Ziff. 2** der Werthaltigkeitsbescheinigung ermittelt zunächst das übergehende Nettovermögen und zeigt, dass nach Abzug des Stammkapitals ein Betrag verbleibt, der in die Kapitalrücklage eingestellt wird.

516 Sodann wird sowohl für die A-GmbH als auch für die C-GmbH dargestellt, dass in beiden Betrieben zum Stichtag der Schlussbilanz nach Abzug des gezeichneten Kapitals vom jeweiligen Eigenkapital noch offene Rücklagen überbleiben, so dass das Stammkapital beider Gesellschaften gedeckt ist.

517 In **Ziff. 3** bestätigt der Abschlussprüfer der A-GmbH, dass er den Jahresabschluss, aus dem er die Spaltungsbilanz entwickelt hat, mit einem uneingeschränkten Bestätigungsvermerk versehen hat.

518 Ferner bestätigt er, dass die in der Abspaltungsbilanz ausgewiesenen Aktiva der C-GmbH nicht überbewertet und die Passiva nicht unterbewertet sind und die Wertansätze den Grundsätzen ordnungsgemäßer Buchführung entsprechen.

519 Der Gründungsbericht, die Schlussbilanz des übertragenden Rechtsträgers und die Abspaltungsbilanz iVm. der Werthaltigkeitsbescheinigung ermöglichen es dem Registerrichter, die Kapitaldeckung bei der neuen GmbH und die Kapitalerhaltung bei der alten GmbH zu überprüfen.

B. 2 Nicht verhältniswahrende Aufspaltung einer GmbH auf zwei GmbH & Co. KG zur Aufnahme

Gliederung

A. Vertragsformulare

Notarurkunden

B.2.1. Aufspaltungsvertrag[91 ff.]

UR-Nr....... vom ......

Heute, den ......
erschienen vor mir, ... Notar in ...... an meiner Amtsstelle in ......

1. **Herr V, *[Geburtstag, Geburtsort], [Wohnort],***
2. **Frau M, *[Geburtstag, Geburtsort], [Wohnort].***

Der Erschienene zu 1. erklärte vorab, nicht im eigenen Namen zu handeln, sondern als einzelvertretungsberechtigter und von den Beschränkungen des § 181 BGB befreiter Geschäftsführer der A-GmbH mit dem Sitz in ......, *[inländische Geschäftsanschrift],* eingetragen im Handelsregister des Amtsgerichts ...... unter HRB ....

Der Erschienene zu 1. erklärte ferner vorab, zugleich auch als einzelvertretungsberechtigter und von den Beschränkungen des § 181 BGB befreiter Geschäftsführer der BK-GmbH mit dem Sitz in ......, *[inländische Geschäftsanschrift],* eingetragen im Handelsregister des Amtsgerichts ...... unter HRB ......, zu handeln, diese wiederum handelnd als persönlich haftende und von den Beschränkungen des § 181 BGB befreite Gesellschafterin der B-GmbH & Co. KG (im Folgenden auch „B-GmbH & Co. KG") mit dem Sitz in ......, *[inländische Geschäftsanschrift],* eingetragen im Handelsregister des Amtsgerichts ...... unter HRA ....

Die Erschienene zu 2. erklärte vorab, nicht im eigenen Namen zu handeln, sondern als einzelvertretungsberechtigte und von den Beschränkungen des § 181 BGB befreite Geschäftsführerin der A-GmbH mit dem Sitz in ......, *[inländische Geschäftsanschrift],* eingetragen im Handelsregister des Amtsgerichts ...... unter HRB ....

Die Erschienene zu 2. erklärte ferner vorab, zugleich auch als einzelvertretungsberechtigte und von den Beschränkungen des § 181 BGB befreite Geschäftsführerin der CK-GmbH mit dem Sitz in ......, *[inländische Geschäftsanschrift],* eingetragen im Handelsregister des Amtsgerichts ...... unter der Nr. HRB ......, zu handeln, diese wiederum handelnd als persönlich haftende und von den Beschränkungen des § 181 BGB befreite Gesellschafterin der C-GmbH & Co. KG mit dem Sitz in ......, *[inländische Geschäftsanschrift],* eingetragen im Handelsregister des Amtsgerichts ...... unter HRA ...... (im Folgenden auch „C-GmbH & Co. KG").

[Einfügen notarieller Vertretungsbescheinigungen nach § 21 BNotO]

Die Erschienenen wiesen sich dem Notar gegenüber durch Vorlage ihrer Personalausweise aus.

Auf Befragen des amtierenden Notars haben die Beteiligten vor der Beurkundung erklärt, dass weder er, noch der Notar, mit dem er sich zur gemeinsamen Berufsausübung verbunden hat, außerhalb ihrer Amtstätigkeit für einen Beteiligten in dieser Angelegenheit tätig waren oder sind.
Die Erschienenen baten sodann um Beurkundung des folgenden

AUFSPALTUNGSVERTRAGES

zwischen der A-GmbH als übertragendem Unternehmen,

der B-GmbH & Co. KG

sowie der C-GmbH & Co. KG als übernehmenden Unternehmen (im Folgenden zusammen „Parteien").

Präambel[94]

(1) Die A-GmbH betreibt an dem Standort X und an dem Standort Y den Handel mit Motorrädern, Fahrrädern und Zubehör. Die Parteien beabsichtigen, das Vermögen der A-GmbH im Wege der nicht-verhältniswahrenden Aufspaltung zur Aufnahme auf die B-GmbH & Co. KG und die C-GmbH & Co. KG zu übertragen und hierfür den Gesellschaftern V + VS Beteiligungen an der B-GmbH & Co. KG und den Gesellschaftern M und MT Beteiligungen an der C-GmbH & Co. KG zu gewähren.

(2) Da die Gesellschafter der A-GmbH bereits an der B-GmbH & Co. KG bzw. an der C-GmbH & Co. KG beteiligt sind, erhalten sie wegen des Verbots der Mehrfachbeteiligung an einer Personenhandelsgesellschaft keine weitere Gesellschafterstellung, sondern die Gegenleistung für das übertragende Vermögen besteht vielmehr darin, dass ihre festen Kapitalkonten jeweils erhöht werden.

A. Sachstand[95]

I. Im Handelsregister des Amtsgerichts ...... ist unter der HRB ...... die A-GmbH mit dem Sitz in ......, *[inländische Geschäftsanschrift]*, eingetragen, deren Stammkapital ...... EUR beträgt. Das Stammkapital ist in voller Höhe einbezahlt; Rückzahlungen hierauf sind nicht erfolgt.

Gesellschafter der A-GmbH sind:

Herr V
mit einem Geschäftsanteil im Nennbetrag von ...... EUR

Herr VS
mit einem Geschäftsanteil im Nennbetrag von ...... EUR

Frau M
mit einem Geschäftsanteil im Nennbetrag von ...... EUR

Frau MT
mit einem Geschäftsanteil im Nennbetrag von ...... EUR

Sonderrechte iSd. §§ 23, 50 Abs. 2 UmwG bestehen bei der A-GmbH nicht.

II. Im Handelsregister des Amtsgerichts ...... ist unter der HRA ...... die B-GmbH & Co. KG mit dem Sitz in ......, *[inländische Geschäftsanschrift]*, eingetragen. Persönlich haftende Gesellschafterin ist die BK-GmbH.

Kommanditisten sind

V mit einem Kommanditanteil iHv. nominal ...... EUR

und

VS mit einem Kommanditanteil iHv. nominal ...... EUR

III. Im Handelsregister des Amtsgerichts ...... ist unter der Nr. HRA ...... die C-GmbH & Co. KG mit dem Sitz in ......, *[inländische Geschäftsanschrift]*, eingetragen. Persönlich haftende Gesellschafterin ist die CK-GmbH.

Kommanditisten sind

die M mit einem Kommanditanteil iHv. nominal ...... EUR

und

MT mit einem Kommanditanteil iHv. nominal ...... EUR

B. Vermögensübertragung

I. Übertragung auf die B-GmbH & Co. KG

1. Die A-GmbH überträgt hiermit die nachstehend in Ziff. 2. des Vertrages näher bezeichneten Vermögensteile als Gesamtheit mit allen Rechten und Pflichten im Wege der Aufspaltung zur Aufnahme gem. §§ 123 ff. UmwG auf die B-GmbH & Co. KG.[97 ff.]
2. Auf die übernehmende Gesellschaft B-GmbH & Co. KG werden alle Aktiva und Passiva übertragen, die wirtschaftlich zu dem Betrieb der A-GmbH in X gehören, und zwar im Einzelnen:[101 ff.]
   a) Alle dem Betrieb in X zuzuordnenden Vermögensgegenstände der A-GmbH nebst dem zu diesem Betrieb gehörenden Anlage- und Umlaufvermögen sowie die immateriellen Vermögensgegenstände, wie sie sich aus der der Anlage 1 beigefügten Spaltungsbilanz[105 f.], Spalte B-GmbH & Co. KG, zum Stichtag 31.12.20.. ergeben. Übertragen werden auch sämtliche nicht bilanzierungsfähigen und -pflichtigen Vermögensgegenstände des Anlage- und Umlaufvermögens, die in der Anlage 1 nicht erfasst sind, jedoch dem Teilbetrieb in X wirtschaftlich zuzurechnen sind. Im Falle einer Veräußerung dieser Gegenstände durch die A-GmbH ab dem in Buchst. D. genannten Zeitpunkt treten ihre Surrogate an die Stelle der veräußerten Vermögensgegenstände.[110]
   b) Alle dem Betrieb in X wirtschaftlich zuzuordnenden Verträge, insbesondere Pacht-, Leasing, Liefer- und Werkverträge, Vertragsangebote, Mitgliedschaften und Forderungen, wie sie sich insbesondere aus der Anlage 2 zu dieser Niederschrift ergeben.[111]
   c) Sonstige Rechte, die dem Betrieb in X wirtschaftlich zuzuordnen sind, wie sie sich insbesondere aus der Anlage 3 ergeben.[112]
   d) Alle in dem Betrieb in X zu dem in Buchst. D. genannten Zeitpunkt bestehenden Arbeitsverhältnisse (Anlage 4). Arbeitsverhältnisse, die nicht eindeutig einem Betriebsteil zuzuordnen sind und von der übernehmenden Gesellschaft übernommen werden sollen, sind in der Anlage 4 ebenfalls aufgeführt.[113]
   e) Alle Verbindlichkeiten der A-GmbH, die dem Betrieb in X wirtschaftlich zuzuordnen sind, wie sie sich aus der Spaltungsbilanz gem. Anlage 1, Spalte B-GmbH & Co. KG, und der beigefügten Kreditorenliste (Anlage 5) ergeben. Hierzu gehören auch die unter den „sonstigen Rückstellungen" ausgewiesenen Verbindlichkeiten, sowie die dem Sonderposten mit Rücklageanteil und dem passiven Rechnungsabgrenzungsposten zugrunde liegenden wirtschaftlichen Verbindlichkeiten, die ebenfalls in der Spaltungsbilanz gem. Anlage 1, Spalte B-GmbH & Co. KG, aufgeführt sind.
   f) Alle dem Betrieb in X zuzuordnenden Pensionsverbindlichkeiten für die bereits in den Ruhestand getretenen und in der Anlage 6 abschließend aufgeführten ehemaligen Mitarbeiter der A-GmbH.
   g) Sachen, Rechte, Vertragsverhältnisse, Forderungen und Verbindlichkeiten, die nicht in den beigefügten Anlagen aufgeführt sind, soweit sie dem Betrieb in X im weitesten Sinne wirtschaftlich zuzuordnen sind; dies gilt insbesondere für die bis zur Eintragung der Spaltung in das Handelsregister erworbenen Sachen und Rechte sowie die begründeten Vertragsverhältnisse und Verbindlichkeiten.[115]

II. Übertragung auf die C-GmbH & Co. KG

1. Die A-GmbH überträgt die nachstehend in Ziff. 2. näher bezeichneten Vermögensteile als Gesamtheit mit allen Rechten und Pflichten im Wege der Aufspaltung zur Aufnahme gem. §§ 123 ff. UmwG auf die C-GmbH & Co. KG.

2. Auf die übernehmende Gesellschaft C-GmbH & Co. KG werden alle Aktiva und Passiva übertragen, die wirtschaftlich zu dem Betrieb der A-GmbH in Y gehören, und zwar im Einzelnen:
   a) Alle dem Betrieb in Y zuzuordnenden Vermögensgegenstände der A-GmbH nebst dem jeweils zu diesen Betrieben gehörenden Anlage- und Umlaufvermögen sowie immateriellen Vermögensgegenständen, wie sie sich aus der als Anlage 1 beigefügten Spaltungsbilanz, Spalte C-GmbH & Co. KG zum Stichtag 31.12.20.. ergeben. Im Falle einer Veräußerung von Gegenständen durch die A-GmbH im regelmäßigen Geschäftsverkehr seit dem in Buchst. D. genannten Zeitpunkt treten ihre Surrogate an die Stelle der veräußerten Vermögensanteile. Übertragen werden auch sämtliche nicht bilanzierungsfähigen und -pflichtigen Vermögensgegenstände des Anlage- und Umlaufvermögens, die in der vorerwähnten Anlage nicht erfasst sind und dem Betrieb in Y wirtschaftlich zuzuordnen sind.
   b) Das im Grundbuch des Amtsgerichts ...... von ...... Band ...... Blatt ...... eingetragene Erbbaurecht am Grundstück der Gemarkung ......, Flur Nr......., *[Straße], [Haus-Nr.]* zu ...... qm, eingetragen im Erbbaugrundbuch Band ......, Blatt ......[116]
   c) Alle dem Betrieb in Y wirtschaftlich zuzuordnenden Verträge, insbesondere Pacht-, Leasing-, Liefer- und Werkverträge, Vertragsangebote, Mitgliedschaften und Forderungen, wie sie sich insbesondere aus der Anlage 7 zu dieser Niederschrift ergeben.
   d) Sonstige Rechte, die dem Betrieb in Y wirtschaftlich zuzuordnen sind, wie sie sich insbesondere aus der Anlage 8 ergeben.
   e) Alle in dem Betrieb in Y zu dem in Buchst. D. genannten Zeitpunkt bestehenden Arbeitsverhältnisse (Anlage 9), soweit sich dies nicht bereits aus § 613a BGB ergibt. Arbeitsverhältnisse, die nicht eindeutig einem Betriebsteil zuzuordnen sind und von der übernehmenden Gesellschaft übernommen werden sollen, sind in der Anlage 9 ebenfalls aufgeführt.
   f) Alle Verbindlichkeiten der A-GmbH, die dem Betrieb in Y wirtschaftlich zuzuordnen sind, soweit sie sich aus der in der Anlage 10 zu dieser Niederschrift enthaltenen Kreditorenliste und der Spaltungsbilanz gem. Anlage 1, Spalte C-GmbH & Co. KG ergeben. Hierzu gehören auch die unter den „sonstigen Rückstellungen" ausgewiesenen Verbindlichkeiten sowie die dem Sonderposten mit Rücklageanteil und dem passiven Rechnungsabgrenzungsposten zugrunde liegenden wirtschaftlichen Verbindlichkeiten, die ebenfalls in der Anlage 10 und der Spaltungsbilanz gem. Anlage 1 (Spalte C-GmbH & Co. KG) aufgeführt sind.
   g) Alle dem Betrieb in Y zuzuordnenden Pensionsverbindlichkeiten für die bereits in den Ruhestand getretenen und in der Anlage 11 abschließend aufgeführten ehemaligen Mitarbeiter der A-GmbH.
   h) Sachen, Rechte, Vertragsverhältnisse, Forderungen und Verbindlichkeiten, die nicht in den beigefügten Anlagen aufgeführt sind, soweit sie dem Betrieb in Y im weitesten Sinne wirtschaftlich zuzuordnen sind, unabhängig davon, ob sie bilanzierungsfähig sind oder nicht. Dies gilt insbesondere für die bis zur Eintragung der Aufspaltung in das Handelsregister erworbenen Sachen oder Rechte und begründeten Vertragsverhältnisse und Verbindlichkeiten.

III. Freistellungsverpflichtung[117]

Wird eine übernehmende Gesellschaft als Gesamtschuldner für Verbindlichkeiten, die ihr nach diesem Vertrag im Innenverhältnis nicht zugeordnet worden sind, in Anspruch genommen (§ 133 Abs. 1, Abs. 2 Satz 1 UmwG), so ist die jeweils andere übernehmende Gesellschaft verpflichtet, die in Anspruch genommene Gesellschaft von der geltend gemachten Verbindlichkeit unverzüglich freizustellen. Die in Anspruch genommene Gesellschaft kann Ersatz der ihr durch die Inanspruchnahme entstandenen Aufwendungen in angemessenem Umfang verlangen.

IV. Bestimmungsrecht[118 f.]

Kommt es zu Zweifeln hinsichtlich des Umfangs und der Zuordnung der mit dieser Urkunde übertragenen Aktiva und Passiva sowie sonstiger Vermögensgegenstände, so steht dem Steuerberater der A-GmbH, Herrn ......, jeweils ein Bestimmungsrecht nach § 317 BGB zu. Satz 1 gilt entsprechend für die Zuordnung von Mitarbeitern.

V. Auflösung ohne Abwicklung

Die Aufspaltung erfolgt nach § 123 Abs. 1 Nr. 1 UmwG unter Auflösung des übertragenden Rechtsträgers ohne Abwicklung durch Übertragung der Vermögensteile als Gesamtheit auf die beiden bereits bestehenden Rechtsträger gegen Gewährung von Anteilen der übernehmenden Rechtsträger an die Gesellschafter des übertragenden Rechtsträgers (Aufspaltung zur Aufnahme).

C. Gegenleistungen

Gegenleistungen für die vorstehend erwähnten Vermögensübertragungen[120]

I. Bei der B-GmbH & Co. KG

1. **Wegen des Verbots der Mehrfachbeteiligung einer Person in einer Personenhandelsgesellschaft erhalten die bereits an der übernehmenden B-GmbH & Co. KG beteiligten Gesellschafter keine weitere Gesellschafterstellung, vielmehr besteht die Gegenleistung für das von der A-GmbH übertragene Vermögen darin, dass sich die in den festen Kapitalkonten der Gesellschafter ausgedrückten Beteiligungen an der B-GmbH & Co. KG erhöhen. Das Kapitalkonto des Gesellschafters V iHv. nominal ...... EUR (......%) wird um nominal ...... EUR auf ...... EUR erhöht. Das Kapitalkonto des Gesellschafters VS iHv....... EUR (......%) wird um nominal ...... EUR auf ...... EUR erhöht. Die vorgenannten Beträge des festen Kapitalkontos sind die Beträge der Einlage jedes Gesellschafters iSd. § 40 Abs. 1 Satz 2 UmwG.[121]**
2. **Die Aufspaltung erfolgt zu Buchwerten. Der Buchwert des durch die Aufspaltung übertragenen Vermögens übersteigt den Nominalbetrag der Erhöhung des Gesellschaftskapitals. Die Differenz iHv....... EUR wird in die gesamthänderisch gebundene Rücklage der B-GmbH & Co. KG eingestellt.**
3. **Die Erhöhungen der Kapitalkonten werden kostenfrei und mit Anspruch auf Beteiligung am Ergebnis in einem Ziffer 1 entsprechenden Umfang der B-GmbH & Co. KG ab dem ...... gewährt.**

II. Bei der C-GmbH & Co. KG

1. **Wegen des Verbots der Mehrfachbeteiligung einer Person in einer Personenhandelsgesellschaft erhalten die bereits an der übernehmenden C-GmbH & Co. KG beteiligten Gesellschafter keine weitere Gesellschafterstellung, vielmehr besteht die Gegenleistung für das von der A-GmbH übertragene Vermögen darin, dass sich die in den festen Kapitalkonten ausgedrückten Beteiligungen der Gesellschafter der C-GmbH & Co. KG erhöhen. Das Kapitalkonto der Gesellschafterin M iHv. nominal ...... EUR (......%) wird um nominal ...... EUR auf ...... EUR erhöht. Das Kapitalkonto der Gesellschafterin MT iHv....... EUR (......%) wird um nominal ...... EUR auf ...... EUR erhöht. Die vorgenannten Beträge des festen Kapitalkontos sind die Beträge der Einlage jedes Gesellschafters iSd. § 40 Abs. 1 Satz 2 UmwG.**
2. **Die Aufspaltung erfolgt zu Buchwerten. Der Buchwert des durch die Aufspaltung übertragenen Vermögens übersteigt den Nominalbetrag des neuen Gesellschaftskapitals. Die Differenz iHv....... EUR wird in die gesamthänderisch gebundene Rücklage der C-GmbH & Co. KG eingestellt.**

3. Die Erhöhungen der Kapitalkonten werden kostenfrei und mit Anspruch auf Beteiligung am Ergebnis in einem Ziffer 1 entsprechenden Umfang ab dem ...... gewährt.

III. Die in das Handelsregister der B-GmbH & Co. KG sowie der C-GmbH & Co. KG jeweils eingetragenen Haftsummen der Kommanditisten bleiben unverändert.[122]

IV. Die Aufspaltung erfolgt nicht verhältniswahrend, sondern so, dass die Gesellschafter V, VS und BK-GmbH allein an der B-GmbH & Co. KG, die Gesellschafter M, MT und CK-GmbH allein an der C-GmbH & Co. KG beteiligt sind (§ 128 UmwG). Der Aufspaltungsvertrag bedarf daher der Zustimmung aller Anteilsinhaber des übertragenden Rechtsträgers.[123]

V. Bare Zuzahlungen sind nicht zu leisten.[123a]

D. Spaltungsstichtag

I. Spaltungsstichtag ist der 1.1.20.., 00:00 Uhr.[124]

Der Aufspaltung wird die geprüfte Schlussbilanz der A-GmbH zum 31.12.20.. als Spaltungsbilanz (Anlage 1) zugrunde gelegt. Vom 1.1.20.. an gelten alle Handlungen und Geschäfte der A-GmbH, die das übertragene Vermögen betreffen, als für Rechnung der jeweils übernehmenden Gesellschaft vorgenommen (Spaltungsstichtag).

Besitz, Nutzen und Lasten sowie die Gefahr des zufälligen Untergangs der zu übertragenden Wirtschaftsgüter gem. Buchst. B. gehen schuldrechtlich zum Spaltungsstichtag auf die übernehmenden Gesellschaften über.

II. Die B-GmbH & Co. KG und die C-GmbH & Co. KG sind jeweils verpflichtet, sich gegenseitig sämtliche Unterlagen im Original zu übergeben, die mit Vermögensgegenständen im Zusammenhang stehen, welche der jeweils anderen Gesellschaft nach diesem Spaltungsvertrag zugeordnet wurden.

E. Folgen der Spaltung für die Arbeitnehmer[125]

Alle dem Betrieb in X zuzuordnenden Arbeitsverhältnisse gehen auf die B-GmbH & Co. KG über, alle dem Betrieb in Y zuzuordnenden Arbeitsverhältnisse gehen auf die C-GmbH & Co. KG über. Diese treten gem. § 613a BGB mit allen Rechten und Pflichten und unter Anrechnung der bei der übertragenden Gesellschaft verbrachten Vordienstzeiten in die Arbeitsverhältnisse ein. Auf die inhaltliche Ausgestaltung der Arbeitsverhältnisse hat die Aufspaltung keine Auswirkungen.

Die betroffenen Arbeitnehmer können dem Übergang des Arbeitsverhältnisses nicht wirksam widersprechen, da die A-GmbH mit dem Wirksamwerden der Aufspaltung erlischt. Ein Betriebsrat besteht weder bei der übertragenden Gesellschaft noch bei einer der übernehmenden Gesellschaften. Die Voraussetzungen für die gesetzliche Mitbestimmung der Arbeitnehmer sind nicht gegeben. Veränderungen im betriebsverfassungsrechtlichen sowie im mitbestimmungsrechtlichen Bereich ergeben sich somit nicht.

F. Besondere Rechte und Vorteile (§ 126 Abs. 1 Nr. 7, Nr. 8 UmwG)[126]

Besondere Rechte iSv. § 126 Abs. 1 Nr. 7 UmwG bestehen bei der A-GmbH nicht. Einzelnen Anteilsinhabern werden im Rahmen der Spaltung keine besonderen Rechte gewährt. Besondere Vorteile iSv. § 126 Abs. 1 Nr. 8 UmwG werden nicht eingeräumt.

G. Grundbuchberichtigung[128]

I. Die übertragende Gesellschaft und die aufnehmende Gesellschaft C-GmbH & Co. KG beantragen, die Grundbücher entsprechend dem Spaltungsvertrag zu berichtigen.

Hierzu wird dem Grundbuchamt nach Eintragung der Aufspaltung im Handelsregister der A-GmbH ein beglaubigter Handelsregisterauszug vorgelegt. Teilvollzug dieser Urkunde ist zulässig.

II. Alle Beteiligten bevollmächtigen den Notar, auch dessen Vertreter unter Befreiung von den Beschränkungen des § 181 BGB in ihrem Namen die Berichtigung der von dieser Aufspaltung betroffenen Grundbücher sowie ggf. die Identität des hier übertragenen Erbbaurechts dem Grundbuchamt gegenüber zu erklären, ferner ergänzende oder ändernde Erklärungen zu dieser Urkunde abzugeben, insbesondere soweit solche vom Grundbuchamt für die Durchführung der Grundbuchberichtigung gefordert werden. Die Beteiligten beauftragen den Notar mit der Durchführung dieser Urkunde.

Die Beteiligten bevollmächtigen ferner Frau ...... und Frau ......, Notarangestellte im Notariat ...... *[Ort],* für sich allein und unter Befreiung von den Beschränkungen § 181 BGB, die Grundbuchberichtigung zu bewilligen und zu beantragen.

H. Steuererklärungen[129]

Die Steuererklärungen für das Geschäftsjahr ....../...... der übertragenden A-GmbH werden von Wirtschaftsprüfer/Steuerberater ......, geschäftsansässig: ......, erstellt und können nur eingereicht werden, wenn diese vor Einreichung von V und M unterzeichnet worden sind. Die steuerliche Vertretung im Rahmen der Betriebsprüfung und sich evtl. anschließender Rechtsbehelfsverfahren und Finanzgerichtsverfahren erfolgt nach Abstimmung zwischen den Gesellschaftern ebenfalls durch Wirtschaftsprüfer/Steuerberater ...... Schreiben an das Finanzamt sind ebenfalls vor Absendung mit V und M abzustimmen. Beim Finanzamt wird beantragt, dass Korrespondenz gleichzeitig an V und M übersandt wird. Gespräche und sonstige Kontaktaufnahmen mit den Finanzbehörden sind ebenfalls vorher mit V und M abzustimmen. An Gesprächen mit den Finanzbehörden haben V und M bzw. jeweils ein von ihnen benannter steuerlicher Berater ein unbeschränktes Teilnahmerecht.

I. Salvatorische Klausel[130 ff.]

Sollten gegenwärtige oder zukünftige Bestimmungen dieses Vertrages ganz oder teilweise nicht rechtswirksam oder nicht durchführbar sein oder ihre Rechtswirksamkeit oder Durchführbarkeit später verlieren, so wird hierdurch die Gültigkeit der übrigen Bestimmungen dieses Vertrages nicht berührt. Das Gleiche gilt, soweit sich herausstellen sollte, dass dieser Vertrag eine Lücke enthält. Anstelle der unwirksamen oder undurchführbaren Bestimmungen oder zur Ausfüllung der Lücke soll eine angemessene Regelung gelten, die, soweit rechtlich möglich, dem am nächsten kommt, was die Vertragschließenden gewollt haben oder nach dem Sinn und Zweck des Vertrages gewollt hätten, sofern sie bei Abschluss dieses Vertrages den Punkt bedacht hätten. Dies gilt auch dann, wenn die Unwirksamkeit einer Bestimmung etwa auf einem in diesem Vertrag normierten Maß der Leistung oder Zeit (Frist, Termin) beruht; es tritt in solchen Fällen ein dem Gewollten möglichst nahekommendes rechtlich zulässiges Maß der Leistung oder Zeit (Frist, Termin) an die Stelle des Vereinbarten.

J. Kosten[133]

Die Kosten der notariellen Beurkundung dieses Vertrages sowie die durch die Abwicklung des Vertrages entstehenden Kosten und Steuern, insbesondere die Kosten der Grundbucheintragung und etwaige Umsatzsteuern sowie etwaige durch die Aufspaltung auf Ebene der A-GmbH entstehenden sonstigen Steuerzahlungen, gleichgültig wem sie in Rechnung gestellt werden, tragen die B-GmbH & Co. KG und die C-GmbH & Co. KG jeweils zur Hälfte.

K. Hinweise des Notars[134]

Der Notar hat insbesondere darüber belehrt bzw. darauf hingewiesen,

a) dass die Aufspaltung erst mit Eintragung in das Handelsregister der übertragenden Gesellschaft wirksam werden wird und diese Eintragung erst nach Eintragung der jeweiligen Aufspaltung bei den aufnehmenden Gesellschaften erfolgen kann;

b) auf die Wirkungen der Eintragung nach § 131 UmwG und auf die Haftungsvorschriften der § 133 UmwG und ggf. § 134 UmwG;

c) auf eine eventuelle Schadensersatzpflicht der Vertretungsorgane der übertragenden Gesellschaft nach §§ 125 Satz 1, 25 UmwG;

d) dass weitergehende Haftungsvorschriften bestehen können, insbesondere in den §§ 25 HGB, 75 AO (§ 133 Abs. 1 Satz 2 UmwG);

e) auf eine etwaige Grunderwerbsteuerpflicht im Hinblick auf das übertragene Erbbaurecht.

L. Registervollmachten[135]

Die Beteiligten – auch in ihrer Funktion als Gesellschafter bzw. Geschäftsführer und die am Spaltungsvorgang beteiligten Gesellschaften –

bevollmächtigen

hiermit Frau ...... und Frau ......, beide Notarangestellte im Notariat des beurkundenden Notars, und zwar jede für sich allein und unabhängig voneinander unter Befreiung von den Beschränkungen des § 181 BGB, alle Erklärungen abzugeben und alle Maßnahmen zu ergreifen, die zum Vollzug dieser Urkunde im Handelsregister nach ihrer Auffassung notwendig und/oder erforderlich sind. Die Vollmacht erstreckt sich auf jede Art der Änderung des Spaltungsvertrages und seiner Anlagen, und zwar auch nach Fassung der Spaltungsbeschlüsse. Von der vorstehenden Vollmacht darf nur vor dem amtierenden Notar oder dessen amtlich bestellten Vertretern Gebrauch gemacht werden.

M. Schlussbestimmungen[136 f.]

I. Auf die Anlagen ...... wird gemäß § 9 Abs. 1 Satz 2 BeurkG verwiesen, sie wurden mit verlesen. Karten, Zeichnungen und Abbildungen wurden statt des Vorlesens zur Durchsicht vorgelegt.

Auf die Anlagen ......, die nur Bilanzen, Inventare und sonstige Bestandsverzeichnisse über Sachen, Rechte und Rechtsverhältnisse enthalten, wird gem. § 14 Abs. 1 Satz 1 BeurkG verwiesen; sie sind dieser Niederschrift beigefügt, auf ihre Vorlesung haben die Beteiligten verzichtet. Sie wurden den Beteiligten zur Kenntnisnahme vorgelegt, von ihnen unterschrieben und, soweit das einzelne Schriftstück aus mehreren Seiten besteht, auf jeder Seite von ihnen unterzeichnet.

II. Von dieser Urkunde erhalten jeweils eine beglaubigte Abschrift:

- **die beteiligten Gesellschaften und deren Gesellschafter**
- **das Registergericht ......**
- **die betroffenen Grundbuchämter**
- **die betroffenen Finanzämter**
- **die Rechtsanwälte ......**
- **Wirtschaftsprüfer/Steuerberater Herr ......**

Diese Niederschrift wurde den Erschienenen vom Notar nebst sämtlichen verlesungspflichtigen Anlagen vorgelesen, lag ihnen nebst sämtlichen Anlagen zur Durchsicht vor, wurde von ihnen genehmigt und von ihnen und dem Notar eigenhändig wie folgt unterschrieben:

..

[Unterschriften]

B.2.2. Zustimmungsbeschlüsse[141 ff.]

UR-Nr....... vom ......

Heute, den ......
erschien vor mir, ... Notar in ...... an meiner Amtsstelle in ......

1. Herr V, geboren am ......, wohnhaft ......
2. Herr VS, geboren am ......, wohnhaft ......
3. Frau M, geboren am ......, geb......., wohnhaft ......
4. Frau MT, geboren am ......, geb......., wohnhaft ......

Der Erschienene zu 1. erklärte vorab, sowohl in eigenem Namen zu handeln als auch als alleinvertretungsberechtigter Geschäftsführer der BK-GmbH mit dem Sitz in ......, *[inländische Geschäftsanschrift],* eingetragen im Handelsregister des Amtsgerichts ...... unter HRB ......, diese wiederum handelnd im eigenen Namen und als alleinige persönlich haftende Gesellschafterin der B-GmbH & Co. KG, mit dem Sitz in ......, *[inländische Geschäftsanschrift],* eingetragen im Handelsregister des Amtsgerichts ...... unter HRA ......

Die Erschienene zu 3. erklärte vorab, sowohl im eigenen Namen zu handeln als auch als einzelvertretungsberechtigte Geschäftsführerin der CK-GmbH mit dem Sitz in ......, [inländische Geschäftsanschrift], eingetragen in das Handelsregister des Amtsgerichts ...... unter HRB ......, diese wiederum handelnd im eigenen Namen und als alleinige persönlich haftende Gesellschafterin der C-GmbH & Co. KG mit dem Sitz in ......, [inländische Geschäftsanschrift], eingetragen im Handelsregister des Amtsgerichts ...... unter HRA ....

[Einfügen notarieller Vertretungsbescheinigungen nach § 21 BNotO]

Die Beteiligten sind mir, dem beurkundenden Notar, persönlich bekannt.

Auf Befragen des amtierenden Notars haben die Beteiligten vor der Beurkundung erklärt, dass weder er, noch der Notar, mit dem er sich zur gemeinsamen Berufsausübung verbunden hat, außerhalb ihrer Amtstätigkeit für einen Beteiligten in dieser Angelegenheit tätig waren oder sind.

Auf Antrag beurkunde ich gemäß den vor mir abgegebenen Erklärungen Folgendes:

Vorbemerkung

Die Erschienenen zu 1. bis 4. sind die alleinigen Gesellschafter der A-GmbH.

Die Erschienenen zu 1. und 2. und die BK-GmbH sind zugleich alleinige Gesellschafter der B-GmbH & Co. KG.

Die Erschienenen zu 3. und 4. und die CK-GmbH sind die alleinigen Gesellschafter der C-GmbH & Co. KG.

Die Erschienenen fassen im Folgenden verschiedene Gesellschafterbeschlüsse im Hinblick auf die Aufspaltung des Geschäftsbetriebs der A-GmbH.

A. Gesellschafterbeschluss der übertragenden A-GmbH[145 ff.]

Die Gesellschafter der A-GmbH sind an dieser wie folgt beteiligt:

a) Herr V mit einem Geschäftsanteil im Nennbetrag von	...... EUR
b) Herr VS mit einem Geschäftsanteil im Nennbetrag von	...... EUR
c) Frau M mit einem Geschäftsanteil im Nennbetrag von	...... EUR
d) Herr MT mit einem Geschäftsanteil im Nennbetrag von	...... EUR

I. Die vorgenannten Gesellschafter halten hiermit unter Verzicht auf sämtliche gesetzlichen und/oder gesellschaftsvertraglichen Frist- und Formvorschriften für die Einberufung und Durchführung einer Gesellschafterversammlung eine Gesellschafterversammlung der A-GmbH ab. Die Gesellschafter verzichten auf ihr Informationsrecht gem. § 47 UmwG und auf die Vorlage und die Auslegung der in § 49 UmwG bezeichneten Unterlagen vor und während dieser Gesellschafterversammlung.

Einstimmig und ohne Stimmenthaltung wird folgender Beschluss gefasst:

Dem Aufspaltungsvertrag zwischen der A-GmbH einerseits und der B-GmbH & Co. KG und der C-GmbH & Co. KG andererseits in der Fassung, wie er sich aus der Anlage 1 ergibt, wird vorbehaltlos zugestimmt.

II. Darüber hinaus geben die Erschienenen je einzeln folgende rechtsgeschäftliche Erklärungen ab:

1. **Sämtliche Gesellschafter verzichten auf eine Prüfung der Spaltung, auf die Erstellung eines Spaltungsprüfungsberichts und auf die Erstattung eines Spaltungsberichtes.**
2. **Sämtliche Gesellschafter verzichten ausdrücklich auf die Erhebung einer Klage gegen die Wirksamkeit des vorstehenden Zustimmungsbeschlusses und sämtlicher weiter abgegebenen Erklärungen.**
3. **Sämtliche Gesellschafter des übertragenden Rechtsträgers stimmen der nicht verhältniswahrenden Zuteilung der Anteile der übernehmenden Rechtsträger an die Anteilsinhaber des übertragenden Rechtsträgers gem. § 128 UmwG zu.**

B. Gesellschafterbeschluss der B-GmbH & Co. KG als übernehmende Gesellschaft[150 ff.]

I. Unter Verzicht auf alle durch Gesetz und/oder Gesellschaftsvertrag vorgeschriebenen Formen und Fristen für die Einberufung und/oder die Durchführung einer Gesellschafterversammlung wird hiermit eine Gesellschafterversammlung der B-GmbH & Co. KG abgehalten. Die Erschienenen zu 1. und 2. und die BK-GmbH bestätigen, dass sie rechtzeitig vor dieser Versammlung Kenntnis von dem Spaltungsvertrag und allen der Spaltung zugrunde liegenden Unterlagen erhalten haben.

Einstimmig und ohne Stimmenthaltung werden folgende Beschlüsse gefasst:

1. **Dem Aufspaltungsvertrag zwischen der A-GmbH einerseits und der B-GmbH & Co. KG und der C-GmbH & Co. KG andererseits zu Urkunde des amtierenden Notars vom …… UR-Nr……., die als Anlage 1 dieser Niederschrift beigeheftet ist, wird vorbehaltlos zugestimmt.**
2. **Das Gesellschaftskapital der B-GmbH & Co. KG wird um …… EUR auf …… wie folgt erhöht:**
   a) **Das Kapitalkonto des V iHv. nominal …… EUR wird erhöht um …… EUR auf …… EUR. Die in das Handelsregister eingetragene Haftsumme bleibt unverändert.**
   b) **Das Kapitalkonto des VS iHv. nominal …… EUR wird erhöht um …… EUR auf …… EUR. Die in das Handelsregister eingetragene Haftsumme bleibt unverändert.**
   c) **Die Einlagen auf die erhöhten Kapitalkonten gem. Buchst. a) und b) werden erbracht durch das im Wege der Aufspaltung auf die B-GmbH & Co. KG übergehende Vermögen der A-GmbH. Die Differenz zwischen der Summe der Buchwerte des übergehenden Vermögens der A-GmbH in der Aufspaltungsbilanz per …… und dem Erhöhungsbetrag des Gesellschaftskapitals wird in die gesamthänderisch gebundene Rücklage eingestellt.**

II. Sodann geben alle Gesellschafter je einzeln folgende rechtsgeschäftliche Erklärungen ab:

1. **Alle Gesellschafter verzichten auf eine Prüfung der Spaltung, auf einen Spaltungsprüfungsbericht und auf die Erstattung eines Spaltungsberichtes.**
2. **Sämtliche Gesellschafter verzichten ausdrücklich auf die Erhebung einer Klage gegen die Wirksamkeit des vorstehenden Zustimmungsbeschlusses und sämtlicher weiter abgegebenen Erklärungen.**

C. Gesellschafterbeschluss der C-GmbH & Co. KG als übernehmende Gesellschaft[153, 150 ff.]

I. Unter Verzicht auf alle durch Gesetz und/oder Gesellschaftsvertrag vorgeschriebenen Formen und Fristen der Einberufung oder Durchführung einer Gesellschafterversammlung wird hiermit eine Gesellschafterversammlung der C-GmbH & Co. KG abgehalten. Die Erschienene zu 3. und die Erschienene zu 4. sowie die CK-GmbH bestätigen, dass sie rechtzeitig vor dieser Versammlung Kenntnis vom Spaltungsvertrag und allen der Spaltung zugrunde liegenden Unterlagen erhalten haben.

Einstimmig und ohne Stimmenthaltung werden die folgenden Beschlüsse gefasst:

1. **Dem Aufspaltungsvertrag zwischen der A-GmbH einerseits und der B-GmbH & Co. KG und der C-GmbH & Co. KG andererseits gemäß Urkunde des amtierenden Notars vom ......, UR-Nr......., die als Anlage 1 dieser Niederschrift beigeheftet ist, wird vorbehaltlos zugestimmt.**
2. **Das Gesellschaftskapital der C-GmbH & Co. KG wird um ...... EUR auf ...... EUR wie folgt erhöht:**
   a) **Das Kapitalkonto der M iHv. nominal ...... EUR wird um ...... EUR erhöht auf ...... EUR. Die in das Handelsregister eingetragene Haftsumme der M bleibt unverändert.**
   b) **Das Kapitalkonto der MT iHv. nominal ...... EUR wird um ...... EUR erhöht auf ...... EUR. Die in das Handelsregister eingetragene Haftsumme der MT bleibt unverändert.**
   c) **Die Einlagen auf die erhöhten Kapitalkonten gem. Buchst. a) und b) werden erbracht durch das im Wege der Aufspaltung auf die C-GmbH & Co. KG übergehende Vermögen der A-GmbH. Die Differenz zwischen der Summe der Buchwerte des übergehenden Vermögens der A-GmbH in der Aufspaltungsbilanz per ...... und dem Erhöhungsbetrag des Gesellschaftskapitals wird in die gesamthänderisch gebundene Rücklage eingestellt.**

II. Sodann geben sämtliche Gesellschafter je einzeln folgende rechtsgeschäftliche Erklärungen ab:

1. **Alle Gesellschafter verzichten auf eine Prüfung der Spaltung, auf einen Spaltungsprüfungsbericht und auf die Erstattung eines Spaltungsberichtes.**
2. **Sämtliche Gesellschafter verzichten ausdrücklich auf die Erhebung einer Klage gegen die Wirksamkeit des vorstehenden Zustimmungsbeschlusses und sämtlicher weiter abgegebenen Erklärungen.**

D. Kosten[155]

Die Kosten dieser Urkunde tragen die B-GmbH & Co. KG und die C-GmbH & Co. KG je zur Hälfte.

E. Abschriften

Von dieser Urkunde erhalten je eine beglaubigte Abschrift:

- **die beteiligten Gesellschaften A-GmbH, B-GmbH & Co. KG und C-GmbH & Co. KG**

- die beteiligten Gesellschafter
- das Registergericht ......
- die betroffenen Grundbuchämter
- das Finanzamt für Körperschaften
- die Rechtsanwälte ......
- Wirtschaftsprüfer/Steuerberater ......

F. Vollmachten[156]

Alle Urkundsbeteiligten bevollmächtigen hiermit Frau ...... und Frau ......, beide Notarangestellte an der Notarstelle ......, und zwar jede für sich allein und unter Befreiung von den Beschränkungen des § 181 BGB, Änderungen des Spaltungsbeschlusses vorzunehmen, die vom Handelsregister, dem Finanzamt oder sonstigen Behörden oder Institutionen zur Voraussetzung oder Bedingung für die Eintragung der Spaltung gemacht werden.

Diese Niederschrift wurde den Erschienenen vom Notar nebst sämtlichen verlesungspflichtigen Anlagen vorgelesen, lag ihnen nebst sämtlichen Anlagen zur Durchsicht vor, wurde von ihnen genehmigt und von ihnen und dem Notar eigenhändig wie folgt unterschrieben:

....

[Unterschriften]

Handelsregisteranmeldungen

B.2.3. Handelsregisteranmeldung der A-GmbH[161 ff.]

UR-Nr....... vom ......

An das
Amtsgericht ......
– Registergericht –

Betr.: HRB ...., A-GmbH mit Sitz in ...
hier: Anmeldung einer Aufspaltung zur Aufnahme nach den §§ 123 ff. UmwG

Wir, die jeweils einzelvertretungsberechtigten Geschäftsführer überreichen in der Anlage:

1. eine elektronisch beglaubigte Abschrift des notariell beurkundeten Aufspaltungsvertrages zur Urkunde des Notars ...... in ...... vom ......, UR-Nr.......;
2. eine elektronisch beglaubigte Abschrift der notariellen Niederschrift über die Gesellschafterversammlungen der Gesellschaft, der B-GmbH & Co. KG mit dem Sitz in ...... (HRA ......) und der C-GmbH & Co. KG mit dem Sitz in ...... (HRA ......) zur Urkunde des Notars ...... in ...... vom ...... (UR-Nr.......) enthaltend die Beschlüsse über die Zustimmung zum Aufspaltungsvertrag sowie die notariell beurkundeten Verzichtserklärungen der Gesellschafter bezüglich der Erstellung eines Spaltungsberichtes, einer Spaltungsprüfung sowie ihres Klagerechts;
3. die von sämtlichen Geschäftsführern unterzeichnete Schlussbilanz der Gesellschaft zum Stichtag 31.12.20..

Es wird versichert, dass ein Betriebsrat bei den am Spaltungsvorgang beteiligten Gesellschaften nicht vorhanden ist.

Gem. § 16 UmwG wird versichert, dass eine Klage gegen die Wirksamkeit der Aufspaltungsbeschlüsse nicht erhoben worden ist und aufgrund der in den Aufspaltungsbeschlüssen enthaltenen Verzichtserklärungen der Gesellschafter der Gesellschaft und der beiden aufnehmenden Gesellschaften auch nicht erhoben werden kann.

Zur Eintragung in das Handelsregister melden wir an:

1. Das Vermögen der Gesellschaft ist als Ganzes im Wege der Aufspaltung zur Aufnahme unter deren Auflösung ohne Abwicklung gem. §§ 123 ff., 131 Abs. 1 Nr. 1 bis 3 UmwG nach Maßgabe des eingereichten Aufspaltungsvertrages übertragen worden:
   a) auf die B-GmbH & Co. KG mit dem Sitz in ...... (HRA ......) sämtliche wirtschaftlich dem Betrieb in X zuzuordnenden Aktiva und Passiva des übertragenden Rechtsträgers;
   b) auf die C-GmbH & Co. KG mit dem Sitz in ...... (HRA ......) sämtliche wirtschaftlich dem Betrieb in Y zuzuordnenden Aktiva und Passiva des übertragenden Rechtsträgers.

   Sämtliche bei der Gesellschaft bestehenden Prokuren sind mit der Eintragung der Aufspaltung erloschen.

2. Die inländische Geschäftsanschrift der Gesellschaft ist bis zum Wirksamwerden der Aufspaltung unverändert ......; dies ist auch die Lage der Geschäftsräume iSv. § 24 HRV.

3. Die Unterzeichnenden erteilen hiermit Frau ...... und Frau ......, beide Angestellte im Notariat des beglaubigenden Notars ......, und zwar jeweils einzeln und unter Befreiung von den Beschränkungen des § 181 BGB Vollmacht, alle Erklärungen im Zuge dieser Anmeldung abzugeben, die zum Vollzug der Registeranmeldungen erforderlich sind.

................................, den ....

.. **..**

[Unterschrift V] ***[Unterschrift M]***

B.2.4. Handelsregisteranmeldung der B-GmbH & Co. KG[161 ff.]

UR-Nr....... vom ......

An das
Amtsgericht ......
– Registergericht –

Betr.: HRA ...... B-GmbH & Co. KG mit Sitz in ......
hier: Anmeldung einer Aufspaltung zur Aufnahme nach den §§ 123 ff. UmwG

Wir, die unterzeichnenden sämtlichen Gesellschafter überreichen als Anlage zu dieser Anmeldung die folgenden Dokumente:

a) eine elektronisch beglaubigte Abschrift des Aufspaltungsvertrages zur Urkunde des Notars ...... in ...... vom ......, UR-Nr.......,

b) eine elektronisch beglaubigte Abschrift der notariellen Niederschrift über die Gesellschafterversammlungen der A-GmbH, der Gesellschaft und der C-GmbH & Co. KG mit den Beschlüssen über die Zustimmung zum Aufspaltungsvertrag und den Verzichtserklärungen zur Spaltungsprüfung und zum Spaltungsbericht sowie zum Klagerecht.

Zur Eintragung in das Handelsregister melden wir an:

Auf die Gesellschaft wurden im Zuge einer Aufspaltung zur Aufnahme gem. §§ 123 ff., 131 Abs. 1 Nr. 1 bis 3 UmwG sämtliche Aktiva und Passiva übertragen, die wirtschaft-

lich dem (Teil-)Betrieb X der A-GmbH mit dem Sitz in ...... (HRB ......) in X zuzuordnen sind.

Gem. § 16 UmwG wird versichert, dass eine Klage gegen die Wirksamkeit der Aufspaltungsbeschlüsse nicht erhoben worden ist und aufgrund der in den Aufspaltungsbeschlüssen enthaltenen Verzichtserklärungen der Gesellschafter der übertragenden Gesellschaft und der beiden aufnehmenden Gesellschaften auch nicht erhoben werden kann.

Es wird versichert, dass ein Betriebsrat bei den am Spaltungsvorgang beteiligten Gesellschaften nicht vorhanden ist.

Die inländische Geschäftsanschrift (§§ 161 Abs. 2, 106 Abs. 2 Nr. 2 HGB) der Gesellschaft lautet unverändert ......; die Lage der Geschäftsräume (§ 24 HRV) ist hiermit identisch.

Hiermit erteilen wir Frau ...... und Frau ......, beide Angestellte im Notariat des beglaubigenden Notars ......, und zwar jeweils einzeln und unter Befreiung von den Beschränkungen des § 181 BGB Vollmacht, alle Erklärungen im Zuge dieser Anmeldung abzugeben, die zum Vollzug der Registeranmeldung erforderlich sind.

................................, den ....

a) Für die BK-GmbH als persönlich haftende Gesellschafterin

...

[Unterschrift V]

b) als Kommanditisten:

... **...**

[Unterschrift V] ***[Unterschrift VS]***

B.2.5. Handelsregisteranmeldung der C-GmbH & Co. KG[161 ff.]

UR-Nr....... vom ......

An das
Amtsgericht ......
– Registergericht –

Betr.: HRA ...... C-GmbH & Co. KG mit Sitz in ......
hier: Anmeldung einer Aufspaltung zur Aufnahme nach den §§ 123 ff. UmwG

Wir, die unterzeichnenden sämtlichen Gesellschafter überreichen als Anlage zu dieser Anmeldung die folgenden Dokumente:

a) eine elektronisch beglaubigte Abschrift des Aufspaltungsvertrages zur Urkunde des Notars ...... in ...... vom ......, UR-Nr....... ,

b) eine elektronisch beglaubigte Abschrift der notariellen Niederschrift über die Gesellschafterversammlungen der A-GmbH, der B-GmbH & Co. KG und der Gesellschaft mit den Beschlüssen über die Zustimmung zum Aufspaltungsvertrag und den Verzichtserklärungen zur Spaltungsprüfung und zum Spaltungsbericht sowie zum Klagerecht.

Auf die Gesellschaft wurden im Zuge einer Aufspaltung zur Aufnahme gem. §§ 123 ff., 131 Abs. 1 Nr. 1 bis 3 UmwG sämtliche Aktiva und Passiva übertragen, die wirtschaftlich dem (Teil-)Betrieb Y der A-GmbH mit dem Sitz in ...... (HRB ......) in Y zuzuordnen sind.

Gem. § 16 UmwG wird versichert, dass eine Klage gegen die Wirksamkeit der Aufspaltungsbeschlüsse nicht erhoben worden ist und aufgrund der in den Aufspaltungsbe-

schlüssen enthaltenen Verzichtserklärungen der Gesellschafter der übertragenden Gesellschaft und der beiden aufnehmenden Gesellschaften auch nicht erhoben werden kann.

Es wird versichert, dass ein Betriebsrat bei den am Spaltungsvorgang beteiligten Gesellschaften nicht vorhanden ist.

Die inländische Geschäftsanschrift (§§ 161 Abs. 2, 106 Abs. 2 Nr. 2 HGB) der Gesellschaft lautet unverändert ……; die Lage der Geschäftsräume (§ 24 HRV) ist hiermit identisch.

Hiermit erteilen wir Frau …… und Frau ……, beide Angestellte im Notariat des beglaubigenden Notars……, und zwar jeweils einzeln und unter Befreiung von den Beschränkungen des § 181 BGB Vollmacht, alle Erklärungen im Zuge dieser Anmeldung abzugeben, die zum Vollzug der Registeranmeldung erforderlich sind.

…………………………, den ……….

a) Für die CK-GmbH als persönlich haftende Gesellschafterin:

……………………………………………

[Unterschrift M]

b) als Kommanditisten:

…………………………………………… **……………………………………………**

[Unterschrift M] ***[Unterschrift MT]***

B. Grundsätzliche Anmerkungen

I. Sachverhalt

1. Ausgangslage

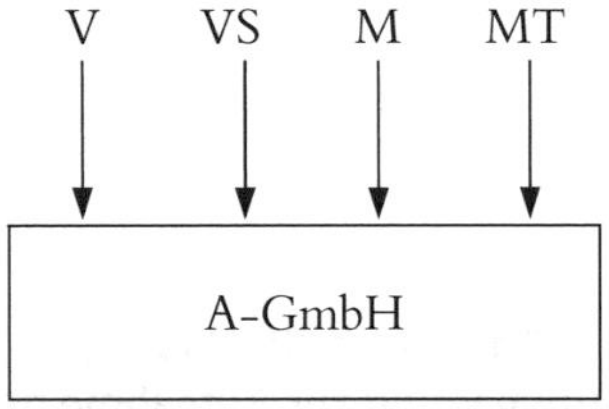

2. Zielstruktur

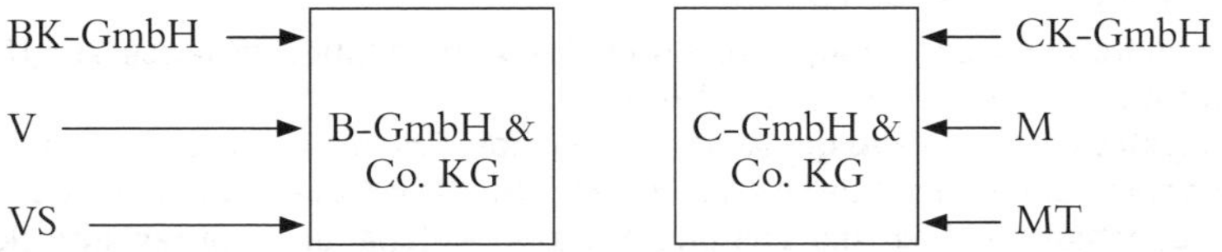

1 Das Formular bezweckt die Aufspaltung der A-GmbH auf zwei bereits bestehende GmbH & Co. KG, nämlich die B-GmbH & Co. KG und die C-GmbH & Co. KG. Die A-GmbH soll in ihre beiden Teilbetriebe in X und in Y aufgespalten werden. An diesen beiden Standorten betreibt die A-GmbH den Handel mit Motorrädern, Fahrrädern und Zubehör. Die A-GmbH verfügt über ein Erbbaurecht an einem Grundstück, welches dem Betrieb in Y dient. Die B-GmbH & Co. KG soll den Betrieb in X und die C-GmbH & Co. KG den Betrieb in Y übernehmen.

Das Geschäftsjahr der A-GmbH entspricht dem Kalenderjahr und läuft mithin vom 1. Januar bis zum 31. Dezember.

Die beiden Betriebe in X und in Y stellen Teilbetriebe im steuerlichen Sinn (§ 15 Abs. 1 Satz 2 UmwStG) dar. Zum Begriff des Teilbetriebes s. → Form. B.1 Rn. 77 ff. 2

Gesellschafter der A-GmbH sind zwei Familienstämme, nämlich der Stamm V, bestehend aus V und VS sowie der Stamm M, bestehend aus M und MT. 3

Zur Vorbereitung der Aufspaltung haben beide Familienstämme jeweils bereits eine GmbH & Co. KG gegründet, der Stamm V die B-GmbH & Co. KG und der Stamm M die C-GmbH & Co. KG. Die jeweiligen Komplementär-Gesellschaften, die BK- und die CK-GmbH sind weder an der A-GmbH, noch am Vermögen ihrer jeweiligen KG beteiligt. Zur Problematik des Identitätsgrundsatzes s. → Rn. 18. 4

Geschäftsführer der A-GmbH sind V und M, Geschäftsführer der BK-GmbH ist der V und Geschäftsführerin der CK-GmbH ist die M. Die Aufspaltung der A-GmbH soll so erfolgen, dass an der B-GmbH & Co. KG lediglich der Stamm V beteiligt ist und an der C-GmbH & Co. KG lediglich der Stamm M. Geplant ist somit eine „nicht-verhältniswahrende" Aufspaltung (→ Rn. 28 f.). 5

Für alle Gesellschafter bestehen nach den Gesellschaftsverträgen der B-GmbH & Co. KG und der C-GmbH & Co. KG jeweils feste Kapitalkonten, die Maßstab für die Ergebnisverteilung, die Stimmrechte etc. sind. Beide Gesellschaftsverträge sehen die Bildung einer gesamthänderisch gebundenen Rücklage vor, an der die jeweiligen Kommanditisten der beiden KG im Verhältnis ihrer (festen) Kapitalkonten beteiligt sind (hierzu *Sommer/Treptow/Schimpfky,* Gesellschaftsverträge der GmbH & Co. KG, 5. Aufl. 2018, C. I. § 4). 6

II. Ablaufplan einer einvernehmlichen Aufspaltung zur Aufnahme

a) Aufstellung der Schlussbilanz der übertragenden GmbH; 7
b) Ggf. Prüfung der Schlussbilanz durch Wirtschaftsprüfer, wenn Jahresabschluss generell gemäß § 316 Abs. 1 HGB prüfungspflichtig ist;
c) Ableitung der Aufspaltungsbilanz aus der Schlussbilanz;
d) Erstellung des Entwurfes des Aufspaltungsvertrages;
e) Zuleitung des Entwurfes des Aufspaltungsvertrages an den Betriebsrat der übertragenden GmbH spätestens einen Monat vor Fassung der Zustimmungsbeschlüsse der jeweiligen Gesellschafterversammlungen, falls Betriebsrat nicht auf die Monatsfrist des § 126 Abs. 3 UmwG verzichtet hat;
f) Notarielle Beurkundung des Aufspaltungsvertrages;
g) Notarielle Beurkundung der Gesellschafterbeschlüsse der beteiligten Gesellschaften;
h) Anmeldung der Aufspaltung zum jeweiligen Handelsregister der beteiligten Gesellschaften;
i) Eintragung der Aufspaltung in das Register am Sitz der übernehmenden Rechtsträger mit dem Vermerk, dass diese erst mit der Eintragung gemäß Buchst. j wirksam werden wird;
j) Eintragung der Aufspaltung im Register am Sitz des aufgespaltenen Rechtsträgers (konstitutiv, vgl. § 131 Abs. 1 UmwG);
k) Mitteilung des Tages der Eintragung der Aufspaltung vom Registergericht am Sitz des übertragenden Rechtsträgers an die Registergerichte am Sitz der übernehmenden Rechtsträger;
l) Vermerk der Aufspaltung im Register am Sitz jedes der übernehmenden Rechtsträger;
m) Bekanntmachung der Eintragung der Aufspaltung.

Nach § 130 Abs. 1 Satz 2 UmwG kann die Eintragung in den Registern aller beteiligten Rechtsträger (siehe oben Buchst. i bis l) auch am selben Tag erfolgen (vgl. → Rn. 161). Dies macht den in Buchst. i erwähnten Vermerk entbehrlich.

8 Das Formular geht davon aus, dass die Gesellschafter der übertragenden A-GmbH und die Gesellschafter der B-GmbH & Co. KG und der C-GmbH & Co. KG in vollem Umfang über die Geschäftsbetriebe der übertragenden A-GmbH **informiert** sind und daher soweit wie möglich auf Formalien und materielle Anforderungen (Informationspflichten, Spaltungsbericht, Spaltungsprüfungen, Klagerechte und dergleichen) **verzichten.**

9 In der Praxis empfiehlt sich eine genaue **Terminplanung** in Abstimmung mit dem beurkundenden Notar und dem Wirtschaftsprüfer/Steuerberater sowie eine möglichst frühzeitige Klärung, ob alle beteiligten Gesellschaften und Gesellschafter die vorgesehenen Verzichtserklärungen (insbesondere den Verzicht auf den Spaltungsbericht, die Spaltungsprüfung und den Verzicht auf Anfechtungs- und Klagerechte) abgeben.

10 Sind sich sämtliche Gesellschafter über die Aufspaltung der A-GmbH – wie vorliegend – einig, so können der Aufspaltungsvertrag und die jeweiligen Zustimmungsbeschlüsse praxisnah (bzgl. Kosten → Rn. 86f.) auch bereits **in einer Urkunde des Notars zusammengefasst werden.** Jedoch zumindest in den Fällen, in denen es außenstehende Gesellschafter gibt und die Gefahr besteht, dass diese im Klagewege gegen die Zustimmungsbeschlüsse zur Aufspaltung vorgehen, sollte einer getrennten Beurkundung des Aufspaltungsvertrages und der jeweiligen Zustimmungsbeschlüsse der Vorzug eingeräumt werden. In diesen Konstellationen ist darauf zu achten, dass erst die Zustimmungsbeschlüsse beurkundet werden, um unnötige Notarkosten für die vorherige Beurkundung des Aufspaltungsvertrages zu sparen (gemäß §§ 125 Satz 1, 13 Abs. 3 Satz 2 UmwG kann der Zustimmungsbeschluss bereits dann gefasst bzw. beurkundet werden, wenn der Aufspaltungsvertrag nur im Entwurf vorliegt).

III. Wirtschaftliche Vertragsziele

11 Die Aufspaltung kann ein geeignetes Instrument sein für:
- die Auseinandersetzung von Gesellschafterstämmen ohne Liquidation des Unternehmens,
- zur Auflösung von Konzernstrukturen sowie insb. zur Vorbereitung der Veräußerung von Unternehmensteilen,
- zur Isolierung von Haftungsrisiken (allerdings temporäre gesamtschuldnerische Haftung nach § 133 Abs. 1 UmwG),
- für die Vorbereitung einer vorweggenommenen Erbfolge,
- zur Vermeidung/Verringerung der Mitbestimmung bei den übernehmenden Rechtsträgern durch Schaffung kleinerer Einheiten bzw. Verminderung der Mitbestimmungsanforderungen,
- zur Verminderung der Publizitätspflichten durch Erreichen kleinerer Größenklassen gemäß § 267 HGB.

12–15 *einstweilen frei*

IV. Gesellschaftsrecht

1. Allgemeines

16 Im Falle einer Aufspaltung gehen die Vermögensbestandteile der sich aufspaltenden Gesellschaft im Wege einer partiellen (gegenständlich beschränkten) **Gesamtrechtsnachfolge** mit Eintragung der Aufspaltung im Register der übertragenden A-GmbH auf die B-GmbH & Co. KG und die C-GmbH & Co. KG als jeweils übernehmende Rechtsträger über (§ 131 Abs. 1 Nr. 1 UmwG). Wirtschaftlich handelt es sich also im vorliegenden Fall jeweils um **Teil**-Verschmelzungen, dh. um die Verschmelzung des Betriebsteiles X mit der B-GmbH & Co. KG und um die Verschmelzung des Be-

triebsteiles Y mit der C-GmbH & Co.KG. Da die beiden Gesellschaften, die das Vermögen der A-GmbH übernehmen, bereits bestehen, handelt es sich im vorliegenden Fall um eine **Aufspaltung zur Aufnahme** gemäß § 123 Abs. 1 Nr. 1 UmwG.

Da die übernehmenden Rechtsträger für die Verbindlichkeiten des übertragenden Rechtsträgers, die vor der Wirksamkeit der Aufspaltung begründet worden sind, für die Dauer von fünf Jahren **haften** (§ 133 Abs. 1 UmwG), ist es zweckmäßig, im Falle der Aufspaltung auf Personengesellschaften für diese die Rechtsform der GmbH & Co. KG zu wählen. Die Mit-Haftung für Versorgungsverpflichtungen aufgrund des BetrAVG (im Wesentlichen Direktzusagen, vgl. Kallmeyer/*Sickinger* UmwG § 133 Rn. 19) beträgt sogar zehn Jahre (§ 133 Abs. 3 Satz 2 UmwG). **17**

Es ist zivil- und steuerrechtlich nicht zwingend erforderlich, dass die Gesellschafter der aufnehmenden Rechtsträger am aufzuspaltenden Rechtsträger beteiligt sind. Aus §§ 123 Abs. 1 Nr. 1 und 2 und § 131 Abs. 1 Nr. 3 UmwG ergibt sich der Grundsatz, dass Anteile des übernehmenden Rechtsträgers nur an **Gesellschafter des aufzuspaltenden Rechtsträgers** gewährt werden dürfen (WM/*Mayer* UmwG § 126 Rn. 103). Im Falle einer Aufspaltung auf eine GmbH & Co. KG besteht diesbezüglich regelmäßig das Problem, dass die Komplementär-GmbH nicht Gesellschafterin der aufzuspaltenden Gesellschaft ist. Zwar wurde der Grundsatz der Identität der Gesellschafter von übertragendem und übernehmendem Rechtsträger für den Formwechsel durch den BGH zumindest gelockert (vgl. BGH v. 9.5.2005, II ZR 29/03, NZG 2005, 722), der den Beitritt eines persönlich haftenden Gesellschafters im Rahmen des Formwechsels als zulässig ansah, doch kann dies nicht ohne Weiteres mit hinreichender Rechtssicherheit auch für andere Umwandlungsvorgänge (Verschmelzungen/Spaltungen) angenommen werden (so die weiterhin hM im Schrifttum, vgl. BeckOGK/*Verse* UmwG § 126 Rn. 120 mwN). **18**

Der **Identitätsgrundsatz** sollte jedoch nicht dahingehend falsch verstanden werden, dass zwingend ein vollständiger rechtlicher Gleichlauf der Beteiligungsverhältnisse bei übertragendem und aufnehmendem Rechtsträger herzustellen ist. Jedenfalls bei einer nicht am Vermögen der KG beteiligten Komplementär-GmbH (Normalfall in der Praxis) ist nicht ersichtlich, warum diese – obwohl sie auch nach der Aufspaltung nicht am Vermögen des aufnehmenden Rechtsträgers beteiligt sein soll – „künstlich" treuhänderisch am Vermögen des aufzuspaltenden Rechtsträgers beteiligt werden sollte, nur um dem Identitätsgrundsatz dem äußeren Anschein nach zu genügen. Denn dieser soll eine wirtschaftliche Benachteiligung betroffener Gesellschafter verhindern, die jedenfalls in der hiesigen Fallkonstellation ausgeschlossen ist. Dass der Identitätsgrundsatz zumindest für nicht am Gesellschaftsvermögen beteiligte Komplementär-GmbHs aufzuweichen ist, zeigt sich auch an einer jüngeren Entscheidung des KG, wonach das Ausscheiden der nicht am Gesellschaftsvermögen beteiligten Komlementär-GmbH im Zuge des Formwechsels aus der GmbH & Co. KG in die GmbH zulässig ist (KG v. 19.12.2018, 22 W 85/18, DStR 2019, 294). Vgl. auch OLG München v. 10.7.2013, 31 Wx 131/13, DStR 2013, 2018, wonach ein Ausscheiden eines Gesellschafters im Rahmen der Spaltung als zulässig anzusehen ist. **18a**

2. Anzuwendende Vorschriften

Aufgrund der gesetzlichen Verweisungstechnik finden auf die Spaltung gemäß § 125 UmwG (vorbehaltlich der dort genannten Ausnahmen) auch die **Vorschriften über die Verschmelzung** grds. **entsprechende Anwendung,** soweit in den §§ 123ff. UmwG keine Sonderbestimmungen enthalten sind. Für die hier behandelte Aufspaltung einer GmbH zur Aufnahme durch zwei GmbH & Co. KG gelten somit gemäß § 125 Satz 1 UmwG die allgemeinen Regelungen über die Verschmelzung durch Aufnahme in den §§ 2 bis 35 UmwG und die besonderen Vorschriften für die Beteiligung von Personengesellschaften gemäß §§ 39 bis 45 UmwG. Ferner kommen die spaltungsrechtlichen Vorschriften der §§ 123 bis 134 UmwG zur Anwendung. **19**

3. Spaltungs- und Übernahmevertrag

20 Kernstück der Aufspaltung ist der Spaltungs- und Übernahmevertrag gemäß § 126 UmwG, der der **notariellen Beurkundung** bedarf (§ 6 iVm. § 125 Satz 1 UmwG). Er wird abgeschlossen zwischen dem aufzuspaltenden Rechtsträger (hier: A-GmbH) und den übernehmenden Rechtsträgern (hier: B-GmbH & Co. KG und C-GmbH & Co. KG) und zwar jeweils durch deren Organe in jeweils vertretungsberechtigter Zahl durch drei- bzw. mehrseitigen Vertrag. Der Mindestinhalt ergibt sich aus § 126 Abs. 1 UmwG. Diese Vorschrift entspricht mit Ausnahme der spaltungsspezifischen Regelungen in § 126 Abs. 1 Nr. 9 und 10 UmwG den Regelungen zum **Mindestinhalt** des Verschmelzungsvertrages gemäß § 5 Abs. 1 Nr. 1 bis 9 UmwG (SSt/*Schröer* UmwG § 126 Rn. 26ff.).

4. Anteilsgewährungspflicht

21 Bei einer Aufspaltung stellt sich die Frage, ob den Gesellschaftern des sich aufspaltenden Rechtsträgers Anteile (Aktien, Geschäfts- oder Gesellschaftsanteile) an den aufnehmenden Rechtsträgern (Grundsatz der Anteilsgewährungspflicht) zu gewähren sind, oder ob es Ausnahmen gibt.

22 Ein Spaltungs- und Übernahmevertrag, der den Gesellschaftern der oder des übertragenden Rechtsträgers **keine Anteile gewährt,** ist grds. **unwirksam** (zur Anteilsgewährungspflicht SSt/*Schröer* UmwG § 126 Rn. 29).

23 Von der Verpflichtung, an die Gesellschafter des übertragenden Rechtsträgers Anteile zu gewähren, kann nur in folgenden Fällen **abgesehen** werden (vgl. WM/*Mayer* UmwG § 126 Rn. 67.1; SSt/*Schröer* UmwG § 126 Rn. 29):

24 • Der übernehmende Rechtsträger ist Anteilsinhaber des übertragenden Rechtsträgers oder der übertragende Rechtsträger hat eigene Anteile inne (§ 131 Abs. 1 Nr. 3 UmwG).

25 • Einer Anteilsgewährung beim übernehmenden Rechtsträger stehen **zwingende gesetzliche Wertungsgrundsätze** entgegen. Dies ist u.a. im Fall einer Aufspaltung auf Personenhandelsgesellschaften als übernehmende Rechtsträger der Fall, wenn die Anteilsinhaber des übertragenden Rechtsträgers bereits als Kommanditist oder Komplementär Gesellschafter dieser Personenhandelsgesellschaften sind.

26 • Gesellschaftern, die bereits Gesellschafter einer aufnehmenden **Personengesellschaft** sind, darf wegen des **Verbots der Mehrfachbeteiligung** an einer Personenhandelsgesellschaft kein weiterer Anteil gewährt werden (WM/*Mayer* UmwG § 126 Rn. 124 und § 5 UmwG Rn. 24.2). In diesen Fällen ist auch keine Erhöhung der im Handelsregister eingetragenen Hafteinlage (Haftsumme) der einzelnen Kommanditisten erforderlich, der Ausgleich unter den Gesellschaftern kann vielmehr über eine Erhöhung der Festkapitalkonten oder über eine Buchung auf gesamthänderisch gebundene Rücklagekonten erfolgen (Lutter/*Schmidt* UmwG § 40 Rn. 15f.).

27 • Da bei einer aufnehmenden Personengesellschaft auch keine Kontrolle hinsichtlich des Werts des übertragenden Vermögens stattfindet, stehen dem Spaltungsvorgang auch bei negativem Kapital des übertragenden Rechtsträgers **keine Kapitalaufbringungs- und/oder Kapitalerhaltungsgrundsätze** entgegen. Im Hinblick auf die Regelung des § 40 Abs. 1 Satz 2 UmwG, wonach der Betrag der Einlage jedes Gesellschafters festzusetzen ist, empfiehlt es sich, die Kommanditanteile der beteiligten Kommanditisten um einen bestimmten Betrag zu erhöhen und der Komplementärin einen Kapitalanteil zu gewähren.

28 • Es findet eine **nicht verhältniswahrende** Spaltung iSv. § 128 UmwG statt. Eine **verhältniswahrende** Aufspaltung liegt vor, wenn die Anteile des übernehmenden Rechtsträgers den Anteilsinhabern des übertragenden Rechtsträgers in dem Verhältnis zugeteilt werden, das ihrer Beteiligung am übertragenden Rechtsträger ent-

spricht. Dann sind alle Anteilsinhaber des übertragenden Rechtsträgers an dem übernehmenden Rechtsträger mit der gleichen Beteiligungsquote wie bisher der übertragende Rechtsträger beteiligt (WM/*Mayer* UmwG § 128 Rn. 27).

- Es ist jedoch auch eine **nicht verhältniswahrende** Aufspaltung möglich. Mit **Zustimmung** sämtlicher Anteilsinhaber können die Anteile des übernehmenden Rechtsträgers den Anteilsinhabern des übertragenden Rechtsträgers auch in einem abweichenden Anteilsverhältnis zugeteilt werden (§ 128 Abs. 1 UmwG). Diese Vorschrift soll die Auseinandersetzung und Trennung der Gesellschaftergruppe und Familiengesellschaften ermöglichen. Hieraus wird geschlossen, dass ein Anteilsinhaber auch nur Anteile an einem der übernehmenden Rechtsträger erhalten kann, „Spaltung zu Null" (vgl. hierzu OLG München v. 10.7.2013, 31 Wx 131/13, DStR 2013, 2018; *Rubner/Fischer* NZG 2014, 761; *Weiler* NZG 2013, 1326; SBB/*Sagasser* § 18 Rn. 39f.; WM/*Mayer* UmwG § 126 Rn. 275 und UmwG § 128 Rn. 29; Lutter/*Priester* UmwG § 128 Rn. 13; Kallmeyer/*Sickinger* UmwG § 123 Rn. 5; *Walpert* WiB 1996, 44, 45). § 128 UmwG enthält mithin eine Ausnahmeregelung zum Grundsatz der Anteilsgewährungspflicht des § 123 UmwG im Interesse des Vorrangs der Privatautonomie der beteiligten Gesellschafterstämme. In diesem Zusammenhang ist insb. der Bewertungsmaßstab für die nicht verhältniswahrende Spaltung problematisch, da § 128 UmwG insoweit keine Vorgaben macht (Einzelheiten bei SBB/*Sagasser* § 18 Rn. 44ff.). 29
- Bei einem notariell beurkundeten Verzicht aller Anteilseigner auf die Gewährung von Anteilen (vgl. für die Auf- oder Abspaltung auf eine Kapitalgesellschaft § 125 Satz 1 UmwG iVm. §§ 54 Abs. 1 Satz 3, 68 Abs. 1 Satz 3 UmwG), soll dies aber ebenfalls bei Auf- oder Abspaltung auf andere Rechtsformen (insbesondere Personengesellschaften) möglich sein (SSt/*Schröer* UmwG § 126 Rn. 29).

5. Gesellschaftsrechtliche Absicherung des steuerrechtlich befristeten Veräußerungsverbotes in § 15 Abs. 2 Satz 3 und 4 UmwStG

Siehe → Form. B.1 Rn. 18ff. 30

Zur steuerrechtlichen Frage, ob die Einhaltung des Veräußerungsverbotes bei der Aufspaltung auf zwei Personengesellschaften eine der Voraussetzungen für die Erfolgsneutralität ist, → Form. B.1 Rn. 85ff.

6. Rechtsfolgen der Aufspaltung

Die übertragende Gesellschaft erlischt, ohne dass es einer Löschung im Handelsregister bedarf (§ 131 Abs. 1 Nr. 2 UmwG). Im Übrigen → Form. B.1 Rn. 22. 31

einstweilen frei 32–39

V. Handelsbilanzrecht

Durch die vorliegende Aufspaltung zur Aufnahme auf zwei (bestehende) Nachfolge-Personengesellschaften gilt grundsätzlich das in → Form. B.1 Rn. 31 bis 60 Erläuterte entsprechend. Auf die Besonderheiten wird nachfolgend kurz hingewiesen: 40

- Schlussbilanz iSd. §§ 125, 17 Abs. 2 UmwG ist natürlich hier unstreitig die Gesamtbilanz; zusätzlich können aber auch zwei Teilbilanzen eingereicht werden; → Form. B.1 Rn. 34 bis 39.
- Zur Rechnungslegung, Spaltungsstichtag und Eintragung (im Interimszeitraum) → Form. B.1 Rn. 42ff.
- Zur Bilanzierung bei den beiden übernehmenden Rechtsträgern, → Form. B.1 Rn. 55ff. mit der Besonderheit, dass jeder übernehmende Rechtsträger bei der Ausübung des Wahlrechts frei ist, dh. er kann zwischen dem Anschaffungsprinzip und der Buchwertfortführung gem. §§ 125, 24 UmwG wählen.

- Zur Bilanzierung bei den bisherigen Anteilseignern → Form. B.1 Rn. 60 mit der Besonderheit, dass jeder der bisher beteiligten Anteilseigner (sofern diese überhaupt bilanzierungspflichtig sind) bei der Ausübung des Wahlrechts für den bei ihm zu bilanzierenden Anteilstausch (Hingabe bisheriger Anteile an der A-GmbH gegen Mitgliedschaften in den Nachfolge-Personengesellschaften) nach den Tauschgrundsätzen frei ist, dh. er kann zwischen dem Buchwert, dem Zeitwert oder einem Zwischenwert wählen.

VI. Ertragsteuern

1. Allgemeines

41 Ziel ist idR auch für die Aufspaltung eine **ertragsteuerlich – soweit als möglich – neutrale** Durchführung. Auf die Aufspaltung einer inländischen Kapitalgesellschaft bzw. einer entsprechenden EU/EWR-Rechtsträgerin auf Personengesellschaften finden gemäß § 16 Satz 1 UmwStG die Regeln für die Besteuerung des Vermögensübergangs einer Kapitalgesellschaft auf eine Personengesellschaft in den §§ 3 bis 8 UmwStG entsprechend Anwendung. Zudem sind die speziellen Voraussetzungen des § 15 UmwStG (Aufspaltung auf Kapitalgesellschaften) zu beachten. Die Regelungen der §§ 3 bis 8 UmwStG sind ausführlich unter → Form. A.7 Rn. 137 ff. für die Verschmelzung einer Kapitalgesellschaft auf eine Personengesellschaft dargestellt; hierauf wird verwiesen.

Überblick: Die ertragsteuerlich weitestgehend neutrale Aufspaltung einer Kapitalgesellschaft auf Personengesellschaften ist nur unter den gleichen Teilbetriebsvoraussetzungen wie eine ertragsteuerliche neutrale Spaltung auf Körperschaften möglich (→ Rn. 42). Die Rechtsfolgen entsprechen dagegen grundsätzlich denen einer Verschmelzung einer Körperschaft auf eine Personengesellschaft (→ Rn. 43 sowie → Form. A.7 Rn. 137 ff.). Bei den Gesellschaftern der übernehmenden Personengesellschaften löst die Aufspaltung die Besteuerung nach § 7 UmwStG bzw. nach § 4 Abs. 4 ff., § 5 UmwStG aus (→ Rn. 45 ff.).

42 Im Falle einer Aufspaltung auf zwei Personengesellschaften bedeutet dies für die **Erfolgsneutralität** der Aufspaltung insb., dass gem. § 16 Satz 1 UmwStG die in § 15 Abs. 1 und Abs. 2 Satz 1 UmwStG genannte **Voraussetzung qualifizierter Teilbetriebe** erfüllt sein muss (§ 15 Abs. 1 Satz 2 UmwStG; vgl. dazu ausführlich → Form. B.1 Rn. 77 ff.) und die Missbrauchsregelungen nach § 15 Abs. 2 UmwStG nicht greifen (vgl. dazu ausführlich → Form. B.1 Rn. 82 ff.). Der UmwSt-Erl. 2011, BMF 11.11.2011 (BStBl. I 2011, 1314) enthält in Tz. 16.01 bis 16.04 nur wenige Ausführungen zur Auf- bzw. Abspaltung auf eine Personengesellschaft, namentlich zur Anwendbarkeit des § 3 Abs. 2 UmwStG, zur Frage des Verlusts bzw. der Minderung des Verlusts bzw. des Zins- und EBITDA-Vortrags iSd. § 15 Abs. 3 UmwStG sowie zum Investitionsabzugsbetrag nach § 7g EStG. Hinsichtlich des Teilbetriebsbegriffs nach § 15 Abs. 1 Satz 2 UmwStG verweist die FinVerw. im UmwSt-Erl. 2011, BMF 11.11.2011 (BStBl. I 2011, 1314) in Tz. 16.02 auf die Ausführungen in Tz. 15.02 ff.. Zudem stellt die FinVerw. im Hinblick auf die entsprechende Anwendung des § 3 Abs. 2 UmwStG klar, dass die Missbrauchsregeln nach § 15 Abs. 2 Satz 2 bis 4 UmwStG auch auf die nach der Auf- bzw. Abspaltung entstehenden Anteile an der Personengesellschaft anzuwenden sind (vgl. ebenso WM/*Schießl* UmwStG § 16 Rn. 85; SHS/*Hörtnagl* UmwStG § 16 Rn. 15; aA RHL/*Schumacher* UmwStG § 16 Rn. 20; ebenso Blümich/*Klingberg* UmwStG 2006 § 16 Rn. 21). Dies betrifft insb.: keine Veräußerung an Außenstehende (§ 15 Abs. 2 Satz 2 UmwStG; vgl. dazu und zum Begriff der Veräußerung ausführlich → Form. B.1 Rn. 91 ff. und → Form. B.1 Rn. 82 f.), keine Schaffung der Voraussetzungen für eine Veräußerung, insb. keine Veräußerung von mehr als 20% der Anteile innerhalb von fünf Jahren nach dem steuerlichen Übertragungsstichtag (§ 15 Abs. 2 Satz 3 f. UmwStG; vgl. dazu ausführlich → Form. B.1 Rn. 85 ff.) so-

wie eine Vorbesitzzeit von fünf Jahren bei Trennung von Gesellschafterstämmen (§ 15 Abs. 2 Satz 5 UmwStG; vgl. dazu ausführlich → Form. B.1 Rn. 97ff.; zur Verweisung auf § 15 UmwStG vgl. auch Blümich/*Klingberg* UmwStG 2006 § 16 Rn. 18ff., 27; RHL/*Schumacher* UmwStG § 16 Rn. 11ff.; DPM/*Dötsch* UmwStG § 16 Rn. 5ff.; SHS/*Hörtnagl* UmwStG § 16 Rn. 10ff.; WM/*Schießl* UmwStG § 16 Rn. 15ff., 78ff. mwN).

Rechtsfolgen: Soweit § 15 Abs. 1 und Abs. 2 Sätze 2ff. UmwStG ihrerseits auf die §§ 11 bis 13 UmwStG (Verschmelzung zwischen Kapitalgesellschaften) verweisen, gelten diese auf Grund der vorrangigen direkten Rechtsfolgenverweisung des § 16 Satz 1 UmwStG auf die §§ 3 bis 8 UmwStG nicht für die Aufspaltung auf Personenhandelsgesellschaften (vgl. UmwSt-Erl. 2011 BMF v. 11.11.2011, BStBl. I 2011, 1314 Tz. 16.01; glA Blümich/*Klingberg* UmwStG 2006 § 16 Rn. 18; WM/*Schießl* UmwStG § 16 Rn. 8 mwN; zu der in der Lit. diskutierten entspr. Anwendung von § 13 UmwStG bei der nichtverhältniswahrenden Abspaltung auf eine Personengesellschaft s. WM/*Schießl* UmwStG § 16 Rn. 9 mwN). Dies ist auch sachgerecht, da das übergehende Vermögen aus dem Bereich der Körperschaftsteuer in den der Einkommensteuer wechselt und damit ebenso behandelt wird wie die entsprechende Vermögensübertragung im Wege der Verschmelzung (vgl. DPM/*Dötsch* UmwStG § 16 Rn. 10). Deshalb sind auch die Rechtsfolgen des § 11 UmwStG in § 15 Abs. 2 Sätze 2ff. UmwStG (Veräußerungssperre) nicht auf die Aufspaltung auf Personengesellschaften anwendbar; vielmehr tritt dagegen an die Stelle der Nichtanwendung des § 11 Abs. 2 UmwStG die Nichtanwendung des § 3 Abs. 2 UmwStG (vgl. SHS/*Hörtnagl* UmwStG § 16 Rn. 17; WM/*Schießl* UmwStG § 16 Rn. 80). **43**

2. Besteuerung bei der übertragenden Kapitalgesellschaft

Bei der Aufspaltung auf Personenhandelsgesellschaften werden die zu übertragenden Vermögensteile in der steuerlichen Schlussbilanz der übertragenden Kapitalgesellschaft grds. mit dem gemeinen Wert angesetzt, § 3 Abs. 1 Satz 1 UmwStG. Werden die Voraussetzungen des § 15 Abs. 1, Abs. 2 Satz 1ff. UmwStG hinsichtlich des Teilbetriebserfordernisses (→ Form. B.1 Rn. 77ff.) und der Missbrauchsregelungen (→ Form. B.1 Rn. 82ff.) erfüllt, können die zu übertragenden Vermögensteile auch einheitlich mit dem bisherigen Buchwert oder einem Zwischenwert (maximal mit dem gemeinen Wert) angesetzt werden. Gem. § 3 Abs. 2 Satz 1 UmwStG ist dieser Ansatz aber nur möglich, soweit: **44**

- ein **Antrag** gestellt ist (vgl. dazu § 3 Abs. 2 Satz 2 UmwStG; zur Antragstellung → Form. B. 1 Rn. 73),
- die übertragenen Vermögensteile als **steuerliches Betriebsvermögen** fortgeführt werden und die spätere Besteuerung der in dem übergegangenen Vermögen enthaltenen **stillen Reserven** beim Übernehmenden mit Einkommensteuer oder Körperschaftsteuer sichergestellt ist (§ 3 Abs. 2 Satz 1 Nr. 1 UmwStG),
- das **deutsche Besteuerungsrecht** hinsichtlich des Gewinns aus der Veräußerung der übertragenen Wirtschaftsgüter beim Übernehmenden nicht eingeschränkt wird (§ 3 Abs. 2 Satz 1 Nr. 2 UmwStG) und
- für die Übertragung **keine Gegenleistung** gewährt wird oder die Gegenleistung nur in Gesellschaftsrechten besteht (§ 3 Abs. 2 Satz 1 Nr. 3 UmwStG).

Insofern besteht unter vorstehenden Voraussetzungen ein steuerliches Wahlrecht der übertragenden Kapitalgesellschaft. Mangels Geltung des Maßgeblichkeitsgrundsatzes kann die Ausübung unabhängig von den Ansätzen in der Handelsbilanz erfolgen. Die entsprechenden Voraussetzungen sind für jeden Mitunternehmer der übernehmenden Personengesellschaft einzeln zu prüfen (vgl. SHS/*Schmitt* UmwStG § 3 Rn. 80; DPM/*Möhlenbrock/Pung* UmwStG § 3 Rn. 50). Dies kann dazu führen, dass die Bewertung eines Wirtschaftsguts nur anteilig mit dem Buchwert, iÜ mit dem gemeinen Wert erfolgen kann, denn maßgeblich ist allein das jeweilige Besteuerungsrecht des Gesellschafters der übernehmenden Personengesellschaft (vgl. SHS/*Schmitt* § 3 UmwStG Rn. 57; DPM/*Möhlenbrock/Pung* UmwStG § 3 Rn. 50). Der Umstand, dass das Buchwertwahlrecht nur einheitlich ausgeübt werden kann, steht dem grds. nicht entgegen, vgl. UmwSt-Erl. 2011 BMF v. 11.11.2011, BStBl. I 2011, 1314 Tz. 03.13; SHS/*Schmitt* UmwStG § 3 Rn. 57 mwN; zu den Fällen der Gewährung einer (teilweisen) Gegenleistung → Form. B.1 Rn. 102 ff.).

3. Übernehmende Personenhandelsgesellschaft und deren Gesellschafter

45 Bei Umwandlungen von Kapitalgesellschaften in Personengesellschaften ist bei der Ermittlung des Übernahmeergebnisses zwischen einem „Veräußerungsteil" (bzgl. Nennkapital, Kapitalrücklagen) und einem „Dividendenteil" (bzgl. Gewinnrücklagen) zu differenzieren (→ Rn. 48; vgl. *Rödder/Schumacher* DStR 2007, 369, 372; s. auch Berechnungsschema in UmwSt-Erl. 2011 BMF v. 11.11.2011, BStBl. I 2011, 1314 Tz. 04.27). Hinsichtlich des „Veräußerungsteils" hat die übernehmende Personenhandelsgesellschaft das von der Kapitalgesellschaft übernommene Betriebsvermögen mit den in der steuerlichen Übertragungsbilanz angesetzten Werten (§ 3 UmwStG) zu übernehmen (§ 4 Abs. 1 Satz 1 UmwStG, sog. **zwingende Wertverknüpfung**). Ändern sich die Wertansätze in der Übertragungsbilanz, zB aufgrund einer Bilanzberichtigung oder einer steuerlichen Betriebsprüfung, sind die entsprechenden Werte bei der Übernehmerin nach § 175 Abs. 1 Satz 1 Nr. 2 AO zu korrigieren (vgl. DPM/*Pung/Werner* UmwStG § 4 Rn. 8). Wie bei der Verschmelzung auf eine Personenhandelsgesellschaft ist das übergehende Vermögen auf die Gesellschafter der übernehmenden Personengesellschaft nach deren Gewinn- und Verlustbeteiligung zu verteilen. Dies ist deshalb notwendig, weil der **Übernahmegewinn/-verlust** erster Stufe iSd. § 4 Abs. 4 Satz 1 UmwStG für jeden Mitunternehmer getrennt (vgl. UmwSt-Erl. 2011 BMF v. 11.11.2011, BStBl. I 2011, 1314 Tz. 04.19; SHS/*Schmitt* UmwStG § 4 Rn. 96; zur personenbezogenen Ermittlung ausführlich DPM/*Pung/Werner* UmwStG § 4 Rn. 78 ff.) wie folgt zu ermitteln und gesondert festzustellen ist:

- dem anteilig auf den Gesellschafter entfallenden Wert des Betriebsvermögens, mit dem die übergegangenen Wirtschaftsgüter zu übernehmen, dh. mit dem sie in der Schlussbilanz der übertragenden Kapitalgesellschaft enthalten sind, unabhängig des gem. § 3 UmwStG eingeräumten Wertansatzwahlrechtes (vgl. DPM/*Pung/Werner* UmwStG § 4 Rn. 45) sind gegenüberzustellen:
- die anteiligen nicht objektbezogenen **Umwandlungskosten** (die objektbezogenen Kosten des Vermögensübergangs, zB die GrESt, sind hingegen als Anschaffungsnebenkosten aktivierungspflichtig, vgl. UmwSt-Erl. 2011 BMF v. 11.11.2011, BStBl. I 2011, 1314 Tz. 04.34, die GrESt nach Anteilsvereinigung (§ 1 Abs. 3 GrEStG) infolge BFH v. 20.4.2011, I R 2/10, BStBl. II 2011, 761, NZG 2011, 794 allerdings von der Aktivierungspflicht ausnehmend; vgl. ferner DPM/*Pung/Werner* UmwStG § 4 Rn. 46 ff.; zu den Kosten für den Vermögensübergang s. auch *Holle/Weiss* DStR 2018, 167 und *dies.* DB 2018, M26; *Krohn* DB 2018, 1755) und
- der Wert der Anteile an der übertragenden Kapitalgesellschaft entsprechend der Beteiligung des jeweiligen Gesellschafters iSd. § 4 Abs. 1 und 2, § 5 Abs. 2 und 3 UmwStG. Dabei handelt es sich grds. um den **Buchwert** der Anteile iSd. § 1 Abs. 5 Nr. 4 UmwStG, ggf. erhöht um frühere steuerwirksame Teilwertabschreibungen bzw. Übertragungen nach § 6b EStG oder ähnliche Abzüge (vgl. DPM/*Pung/Werner* UmwStG § 4 Rn. 48 ff.).

46 Anteile der aufgespaltenen Kapitalgesellschaft, die sich im Betriebsvermögen eines Gesellschafters der übernehmenden Personengesellschaft befunden haben, gelten auf Grund der **Einlagefiktion** des § 5 Abs. 3 Satz 1 UmwStG grds. zum Buchwert als (fiktiv) in das Betriebsvermögen der übernehmenden Personengesellschaft zum Übertragungsstichtag eingelegt. Dieser Wert ist um steuerwirksam vorgenommene Teilwertabschreibungen aus den vorangegangenen Jahren und um Abzüge nach § 6b EStG gewinnwirksam zu erhöhen (vgl. § 5 Abs. 3 Satz 1 UmwStG; zum Einlagewert s. auch SHS/*Schmitt* UmwStG § 5 Rn. 35ff.).

Anteile, die eine qualifizierte Beteiligung iSd. § 17 Abs. 1 EStG darstellen und die **47** nicht zu einem Betriebsvermögen gehören gelten nach § 5 Abs. 2 UmwStG mit den **Anschaffungskosten** als fiktiv in die übernehmende Personenhandelsgesellschaft zum steuerlichen Übertragungsstichtag eingelegt. Dazu zählen neben dem eigentlichen Kaufpreis auch die Anschaffungsnebenkosten wie beispielsweise Vermittlungskosten oder Notargebühren. Im Falle eines unentgeltlichen Anteilserwerbs gelten gem. § 17 Abs. 2 Satz 5 EStG die Anschaffungskosten des Rechtsvorgängers (vgl. DPM/*Pung* UmwStG § 5 Rn. 31). Handelt es sich um einbringungsgeborene Anteile iSd. § 21 UmwStG 1995 ist nicht § 5 Abs. 2 UmwStG, sondern nach § 27 Abs. 3 Nr. 1 UmwStG der § 5 Abs. 4 UmwStG 1995 anzuwenden (weiterführend DPM/*Pung* UmwStG § 5 Rn. 25 aE, 51ff.).

Für **nicht iSd. § 17 EStG qualifizierte Beteiligungen des Privatvermögens** **48** enthält das UmwStG keine Einlagefiktion. Insoweit kann kein Übernahmegewinn oder Übernahmeverlust erster Stufe entstehen. Für die Besteuerung der Gesellschafter gilt § 7 UmwStG. Die offenen Rücklagen werden allen Anteilseignern entsprechend ihrer Beteiligung am Nennkapital als Einnahmen aus Kapitalvermögen iSd. § 20 Abs. 1 Nr. 1 EStG zugerechnet, unabhängig davon, ob bereits nach §§ 4, 5 UmwStG anteilig ein Übernahmeergebnis ermittelt wurde, § 7 Satz 1 und 2 UmwStG (vgl. UmwSt-Erl. 2011 BMF v. 11.11.2011, BStBl. I 2011, 1314 Tz. 07.02; DPM/*Pung/Werner* UmwStG § 7 Rn. 1; Blümich/*Schießl* UmwStG 2006 § 16 Rn. 62; SHS/*Schmitt* UmwStG § 7 Rn. 1).

Werden Anteile an der übertragenden Kapitalgesellschaft erst nach dem steuerlichen **49** Übertragungsstichtag erworben, wird auch dieser Erwerb fiktiv auf den steuerlichen Übertragungsstichtag **zurückbezogen** (§ 5 Abs. 1 UmwStG). Nach FG München v. 13.11.2018, 5 K 236/15, BeckRS 2018, 36311, Rev. BFH X R 36/18, ist das Übernahmeergebnis in diesem Fall vollständig dem Erwerber zuzurechnen.

Die übernehmende Personenhandelsgesellschaft tritt in die **steuerliche Rechtsstellung** **50** der übertragenden Gesellschaft ein, insbesondere bzgl. der Bewertung der übernommenen Wirtschaftsgüter, der AfA und der den Gewinn mindernden Rücklagen (§ 16 Satz 1 iVm. § 4 Abs. 2 Satz 1 UmwStG; vgl. UmwSt-Erl. 2011 BMF v. 11.11.2011, BStBl. I 2011, 1314 Tz. 04.09ff.; vgl. zu Einzelheiten WM/*Widmann* UmwStG § 4 Rn. 860ff.; zur Fortführung des Investitionsabzugsbetrag nach § 7g EStG vgl. UmwSt-Erl. 2011 BMF v. 11.11.2011, BStBl. I 2011, 1314 Tz. 16.04). Dies gilt unabhängig davon, ob in der steuerlichen Übertragungsbilanz die Buchwerte, Zwischenwerte oder gemeinen Werte angesetzt wurden.

4. Verluste

Verfügt die aufzuspaltende Kapitalgesellschaft über einen Verlustvortrag, stellt sich **51** die Frage, ob bei Vorliegen entsprechender stiller Reserven dieser Verlustvortrag dadurch genutzt werden soll, dass in der steuerlichen Schlussbilanz der GmbH nicht die Buchwerte, sondern Zwischenwerte oder sogar die gemeinen Werte so angesetzt werden, dass der Verlustvortrag ausgeglichen wird. Dieser Step-up würde dazu führen, dass der Verlust der übertragenden Kapitalgesellschaft unter Beachtung der Mindestbesteuerung mindestens teilweise genutzt wird und gleichzeitig ein höheres Abschreibungsvolumen bei den übernehmenden Personengesellschaften entstünde.

einstweilen frei **52, 53**

Gemäß § 16 Satz 1 iVm. § 4 Abs. 2 Satz 2 UmwStG gehen verrechenbare Verluste, **54** verbleibende Verlustvorträge, nicht ausgeglichene negative Einkünfte, ein Zinsvortrag nach § 4h Abs. 1 Satz 5 EStG sowie ein EBITDA-Vortrag nach § 4h Abs. 1 Satz 3

EStG bei Abspaltung und Aufspaltung nicht auf den bzw. die übernehmenden Rechtsträger über (→ Form. B.1 Rn. 124, Rn. 126; zu gewerbesteuerlichen Fehlbeträgen vgl. § 18 Abs. 1 UmwStG sowie UmwSt-Erl. 2011 BMF v. 11.11.2011, BStBl. I 2011, 1314 Tz. 18.02). Dies hat wie bei der Ab- bzw. Aufspaltung auf eine Körperschaft zur Folge, dass sich bei der Abspaltung die entsprechenden Beträge bei der übertragenden Körperschaft verringern und im Falle der Aufspaltung vollständig untergehen (vgl. UmwSt-Erl. 2011 BMF v. 11.11.2011, BStBl. I 2011, 1314 Tz. 16.03). Sollen die vorhandenen Verluste im Wege eines Step-up durch Ansatz des gemeinen Wertes bzw. eines Zwischenwertes in der steuerlichen Schlussbilanz der GmbH verwertet werden, ist Folgendes zu beachten: Einerseits ist die Mindestbesteuerung des § 10d Abs. 2 EStG bzw. § 10a GewStG zu berücksichtigen. Andererseits ist einzubeziehen, dass die Aufdeckung der stillen Reserven in der steuerlichen Schlussbilanz der GmbH bei den Personenhandelsgesellschaften bzw. ihren Gesellschaftern das Übernahmeergebnis gem. § 4 Abs. 4 Satz 1 UmwStG bzw. die steuerpflichtigen offenen Rücklagen gem. § 7 UmwStG erhöht (vgl. → Rn. 45 ff.; so *Förster/Felchner* DB 2006, 1072, 1073; s. auch DPM/*Pung/Werner* UmwStG § 4 Rn. 125).

5. Ausgleichszahlungen

55 Zur steuerlichen Behandlung von Ausgleichszahlungen in der steuerlichen Schlussbilanz des übertragenden Rechtsträgers und bei dem Ausgleich erhaltenden Gesellschafter, → Form. B.1 Rn. 102 ff.

6. AfA

56 Setzt die übertragende Gesellschaft das übergehende Vermögen in der Schlussbilanz mit den Buchwerten an, so tritt die übernehmende Gesellschaft in die steuerliche Rechtsstellung des übertragenden Rechtsträgers ein und führt die AfA wie bisher fort. Zu den steuerlichen Folgen, die sich ergeben, wenn die Buchwerte nicht angesetzt werden vgl. → Form. B. 1 Rn. 117 ff.

7. Steuerliche Rückwirkung

57 Einkommen und Vermögen der übertragenden sowie der übernehmenden Gesellschaften sind so zu ermitteln, als wäre das Vermögen der übertragenden Körperschaft mit Ablauf des **steuerlichen Übertragungsstichtags** ganz oder teilweise auf den übernehmenden Rechtsträger übergegangen; dies gilt auch für die Gewerbesteuer. Dies ergibt sich aus § 2 Abs. 1 UmwStG. Der steuerliche Übertragungsstichtag in diesem Sinne ist der Stichtag, auf den die handelsrechtliche (iSd. § 17 UmwG) **Schlussbilanz der übertragenden Gesellschaft aufgestellt ist** (Übernahme der handelsrechtlichen Regelung gem. §§ 17 Abs. 2, 125 UmwG für die steuerrechtliche Rückwirkung gem. § 2 Abs. 1 UmwStG; vgl. UmwSt-Erl. 2011 BMF v. 11.11.2011, BStBl. I 2011, 1314 Tz. 02.02; DPM/*Dötsch/Werner* UmwStG § 2 Rn. 31; SHS/*Hörtnagl* UmwStG § 2 Rn. 17; WM/*Widmann* UmwStG § 2 Rn. 7). Die Wahl eines anderen steuerlichen Übertragungsstichtags ist nicht möglich. Die Schlussbilanz der übertragenden Körperschaft kann jedoch gem. § 17 Abs. 2 Satz 4 UmwG auf einen höchstens acht Monate vor der Anmeldung liegenden Stichtag aufgestellt werden, so dass folglich der steuerliche Übertragungsstichtag ebenfalls maximal acht Monate vor dem Zeitpunkt der Anmeldung der Umwandlung liegt (vgl. SHS/*Hörtnagl* UmwStG § 2 Rn. 18 ff. sowie UmwG § 17 Rn. 35 ff.; WM/*Fronhöfer* UmwG § 17 Rn. 81, 87 ff.; DPM/*Dötsch/Werner* UmwStG § 2 Rn. 19 ff.). Der Stichtag der Schlussbilanz geht nach hM zwingend dem im Spaltungsplan bestimmten Umwandlungsstichtag unmittelbar vor (vgl. UmwSt-Erl. 2011 BMF v. 11.11.2011, BStBl. I 2011, 1314 Tz. 02.02; SHS/*Hörtnagl* UmwG § 17 Rn. 37 ff. mwN; DPM/*Dötsch/Werner* UmwStG § 2 Rn. 31; aA WM/

Widmann UmwStG § 2 Rn. 8). Aus Vereinfachungs- und Kostengründen wird in der Praxis als Stichtag der handelsrechtlichen (iSd. § 17 UmwG) Schlussbilanz der übertragenden Körperschaft und damit als steuerlicher Übertragungsstichtag in aller Regel der Stichtag des letzten regulären Jahresabschlusses gewählt. Würde statt auf den gewählten Bilanzstichtag auf den Tag der Registereintragung abgestellt, müsste die übertragende Körperschaft auf diesen bzw. den vorangehenden – von ihr nicht bestimmbaren – Tag eine Schlussbilanz erstellen.

8. Gewerbesteuer

Die Regelungen zur Besteuerung der übertragenden Gesellschaft und der übernehmenden Gesellschaft gelten gemäß § 18 Abs. 1 UmwStG grds. auch für die Gewerbesteuer (§ 18 Abs. 1 Satz 1 UmwStG ordnet die Geltung des § 16 UmwStG auch für die Ermittlung des Gewerbeertrags an). Allerdings wird ein dabei entstehender Übernahmegewinn bzw. Übernahmeverlust bei der Gewerbesteuer nicht erfasst (§ 18 Abs. 2 Satz 1 UmwStG; näheres dazu in Blümich/*Klingberg* UmwStG 2006 § 18 Rn. 37). **58**

Bei einer Beteiligung an der übertragenden Kapitalgesellschaft iSd. § 17 EStG sind die Bezüge gem. § 7 UmwStG (Zurechnung der offenen Rücklagen) nicht als Gewerbeertrag der übernehmenden Personengesellschaft anzusetzen (§ 18 Abs. 2 Satz 2 UmwStG). Das bedeutet, dass die im Gewerbeertrag noch enthaltenen anteiligen Bezüge des § 7 UmwStG unabhängig davon zu kürzen sind, ob die Voraussetzungen des § 9 Nr. 2a oder 7 GewStG vorliegen.

In diesem Zusammenhang ist allerdings die **Missbrauchsverhütungsvorschrift** des § 18 Abs. 3 UmwStG zu beachten, nach der ein Gewinn aus der Auflösung oder Veräußerung der übernehmenden Personengesellschaft innerhalb von fünf Jahren nach dem Vermögensübergang (ab Aufspaltungsstichtag) der Gewerbesteuer unterliegt (vgl. dazu UmwSt-Erl. 2011 BMF v. 11.11.2011, BStBl. I 2011, 1314 Tz. 18.05 ff.). Eine eigenständige Gewerbesteuerpflicht für den Veräußerungs- oder Auflösungsgewinn wird durch diese Vorschrift wegen der Regelung des § 7 Satz 2 GewStG jedoch nur für natürliche Personen als Übernehmer oder unmittelbar Beteiligte einer übernehmenden Personengesellschaft begründet (vgl. Blümich/*Klingberg* UmwStG 2006 § 18 Rn. 41). **59**

einstweilen frei **60–68**

VII. Verkehrsteuern

1. Umsatzsteuer

Bei der Aufspaltung stellt die **Vermögensübertragung des übertragenden Rechtsträgers** vorbehaltlich des Eingreifens von Befreiungsvorschriften grds. eine umsatzsteuerliche Leistung iSd. § 1 Abs. 1 Nr. 1 UStG dar, wenn übertragender und übernehmender Rechtsträger nicht unselbstständige Glieder eines umsatzsteuerlichen Organkreises sind. Die Aufspaltung ist aber jedenfalls dann nicht umsatzsteuerbar, wenn die Vermögensübertragung eine **Geschäftsveräußerung** iSd. § 1 Abs. 1a UStG darstellt. Eine Geschäftsveräußerung liegt dann vor, wenn ein Teilbetrieb bzw. ein in der Gliederung eines Unternehmens gesondert geführter Betrieb im Ganzen übertragen wird. In der Praxis greift diese Regelung nur, wenn bereits vor der Aufspaltung bzw. Abspaltung zwei gesondert geführte Betriebe bei übertragenden Rechtsträgern existieren. Mangels gesetzlicher Anordnungen trifft diese Regelung nur auf den Teilbetrieb iSd. § 15 Abs. 1 Satz 1 und 2 UmwStG zu und nicht auf den in § 15 Abs. 1 Satz 3 UmwStG einem Teilbetrieb gleichgestellten Mitunternehmeranteil oder auf die das gesamte Nennkapital umfassende Beteiligung an einer Kapitalgesellschaft. **69**

Im Übrigen → Form. B. 1 Rn. 151 ff.

2. Grunderwerbsteuer

70 Die **Grunderwerbsteuer** als Rechtsverkehrsteuer knüpft die Besteuerung des Übergangs von inländischen Grundstücken und gleichgestellten Rechtsgütern iSd. § 2 GrEStG (vgl. WM/*Pahlke* UmwStG Anh. 12 Rn. 5ff.) bei Umwandlungen in der Regel an den Wechsel des Rechtsträgers gemäß § 1 Abs. 1 Nr. 3 GrEStG an, da dem Übergang des Eigentums im Bereich des Umwandlungsrechts in der Regel kein schuldrechtliches Verpflichtungsgeschäft hinsichtlich der Grundstücke vorausgegangen ist (vgl. WM/*Pahlke* UmwStG Anh. 12 Rn. 52). Dabei werden die Umwandlungsvorgänge, wenn es bei einer Umstrukturierung zu einem solchen Rechtsträgerwechsel kommt, als Erwerbsvorgänge qualifiziert, so dass eine Besteuerung gemäß § 1 Abs. 1 Nr. 3 GrEStG stattzufinden hat und zwar in dem Umfang, in dem der Rechtsträger wechselt. Wird ganz oder zumindest zum Teil die Rechtsträgeridentität erhalten, so findet insoweit auch keine Besteuerung statt. Bezüglich der Beurteilung einer möglichen Rechtsträgeridentität ist eine wirtschaftliche Betrachtungsweise zugrunde zu legen. Gemäß § 6a GrEStG sind die durch eine Ab- oder Aufspaltung innerhalb eines Konzerns herbeigeführten Grundstücksübergänge unter bestimmten Voraussetzungen von der Grunderwerbsteuer befreit (sog. „Konzernklausel"; weiterführend → Form. B.1 Rn. 160 aE).

Zeitlich erfolgt die Verwirklichung des Erwerbsvorganges erst mit der Eintragung der Rechtsänderung infolge der Umwandlung in das Handelsregister (vgl. WM/*Pahlke* UmwStG Anh. 12 Rn. 60). Es erfolgt weder eine Rückbeziehung auf den Gesellschafterbeschluss bzw. den Abschluss des Vertrages, noch ist eine gewillkürte Rückbeziehung, wie dies bzgl. des Umwandlungsstichtages etwa gem. § 17 Abs. 2 UmwG iVm. § 2 UmwStG zulässig ist, möglich (vgl. WM/*Pahlke* UmwStG Anh. 12 Rn. 8, 60; Boruttau/*Meßbacher-Hönsch* GrEStG § 1 Rn. 365).

Im Übrigen → Form. B.1 Rn. 158ff. und → Form. D. 1 Rn. 66ff.

VIII. Arbeitsrecht

S. zunächst → Form. B.1 Rn. 176ff. und → Form. A.1 Rn. 150ff.

71 Gemäß § 126 Abs. 1 Nr. 11 UmwG müssen im Spaltungsvertrag zwingend die Folgen für die Arbeitnehmer und ihre Vertretungen sowie die insoweit vorgesehenen Maßnahmen angegeben werden.

1. Übergang der Arbeitsverhältnisse

72 Die Arbeitsverhältnisse der Arbeitnehmer des aufgespaltenen Rechtsträgers gehen auf die übernehmenden Rechtsträger gem. **§ 324 UmwG, § 613a BGB** über, **soweit** mit der Aufspaltung ein **Betrieb oder Betriebsteil übertragen** wird (zu den Voraussetzungen und Rechtsfolgen eines Betriebsübergangs vgl. → Form. A.1 Rn. 167ff.). In Betracht kommt der Übergang von Betrieben des aufgespaltenen Rechtsträgers als Ganzes wie auch der Übergang von Betriebsteilen, zB Betriebsabteilungen.

73 Die **Zuordnung der Arbeitsverhältnisse** richtet sich nach **§ 613a BGB,** nicht nach § 126 Abs. 1 Nr. 9 UmwG, dh. die Arbeitsverhältnisse gehen automatisch mit dem Betriebsteil über, mit dem sie funktional verbunden sind (Kallmeyer/*Willemsen* UmwG § 324 Rn. 52, *Wlotzke* DB 1995, 40, 42f.). Siehe iE → Form. B.1 Rn. 180.

Bei zutreffender Zuordnung zum jeweiligen Betriebsteil hat die Bezeichnung von Arbeitsverhältnissen im Spaltungsvertrag oder -plan lediglich deklaratorische Bedeutung.

74 Wenn die **Zuordnung** eines Arbeitsverhältnisses zu einem bestimmten Betrieb **unklar** oder nicht möglich ist, zB bei „Springern", die in mehreren Betriebsteilen einge-

setzt werden, soll eine **bindende Festlegung im Spaltungsvertrag oder -plan** unter genauer Bezeichnung der Arbeitsverhältnisse in Betracht kommen (*Wlotzke* DB 1995, 40, 42, wohl auch Kallmeyer/*Willemsen* UmwG § 324 Rn. 54f.). Dagegen spricht der Vorrang von § 613a BGB. An der zwingenden Wirkung des § 613a BGB kann der Spaltungsvertrag nichts ändern (BAG v. 19.10.2017, 8 AZR 63/17, NZA 2018, 370, Lutter/*Priester* UmwG § 126 Rn 69). Besteht im Betrieb des übergehenden Rechtsträgers ein Betriebsrat, gibt **§ 323 Abs. 2 UmwG** den Betriebsparteien die Möglichkeit, in Fällen **zweifelhafter Zuordnung** im Rahmen eines freiwilligen Interessenausgleichs Festlegungen zu treffen. Die Betriebsparteien haben aber nicht die Rechtsmacht, Arbeitnehmer in einem Interessenausgleich einer nicht übergangsfähigen wirtschaftlichen Einheit zuzuordnen; findet kein Betriebsübergang statt, ist die Zuordnung im Interessenausgleich grob fehlerhaft und damit unverbindlich BAG v. 19.10.2017, 8 AZR 63/16, NZA 2018, 370; → Form. A.1 Rn. 170.

Unmittelbare Rechtsfolge des § 613a BGB ist der **Übergang der Arbeitsverhältnisse** mit sämtlichen Rechten und Pflichten auf die Nachfolgegesellschaft, die den betreffenden Betrieb oder Betriebsteil übernimmt (§ 613a Abs. 1 Satz 1 BGB), s. zu den Rechtsfolgen iE → Form. A.1 Rn. 167ff. Im Übrigen sei für weitere Einzelheiten auf die einschlägige Kommentarliteratur verwiesen (vgl. nur Palandt/*Weidenkaff* BGB § 613a Rn. 5ff.). 75

Gemäß **§ 613a Abs. 5 BGB** sind die von einem Betriebsübergang betroffenen Arbeitnehmer vor dem Übergang zu unterrichten (unabhängig von dem Bestehen einer Arbeitnehmervertretung). S. iE → Form. A.1 Rn. 152ff. 76

Der betroffene Arbeitnehmer kann dem Übergang des Arbeitsverhältnisses gemäß § 613a Abs. 6 BGB schriftlich **widersprechen.** Der Widerspruch führt grds. dazu, dass der betroffene Arbeitnehmer bei dem übertragenden Rechtsträger beschäftigt bleibt. Bei der Aufspaltung ist allerdings zu beachten, dass der übertragende Rechtsträger erlischt. Das Widerspruchsrecht läuft damit ebenso wie bei der Verschmelzung im Ergebnis ins Leere. Die Rechtswirkung eines gleichwohl erklärten Widerspruchs des Arbeitnehmers ist umstritten. Das BAG hat nun klargestellt, dass dieser nicht zwangsläufig als Kündigung oder anderer Beendigungstatbestand auszulegen ist (BAG v. 21.2. 2008, 8 AZR 157/07, NZA 2008, 815). Er lässt das übergegangene Arbeitsverhältnis daher grundsätzlich unberührt. Die wohl hM ging vor der Entscheidung davon aus, dass ein Widerspruchsrecht auch in diesen Fällen besteht; die Ausübung desselben aber zu einer Beendigung des Arbeitsverhältnisses führt (vgl. *Boecken* ZIP 1994, 1087, 1092; *Bauer/Mengel* ZIP 2000, 1635, 1637; aA *Wlotzke* DB 1995, 40, 44; Kallmeyer/*Willemsen* UmwG § 324 Rn. 44: keine Umdeutung, aber Recht zur außerordentlichen Kündigung). Zu weiteren Einzelheiten s. auch → Form. A.1 Rn. 177f. 77

Werden nach dem Aufspaltungsplan keine Betriebe oder Betriebsteile im Sinne einer „organisatorischen Einheit" übertragen, findet ein Betriebsübergang nach § 613a BGB nicht statt. Der Übergang der Arbeitsverhältnisse kann sich in diesem Fall nur „rein spaltungsrechtlich" im Wege der **Gesamtrechtsnachfolge** gem. **§ 131 Abs. 1 Nr. 1 UmwG** entsprechend der Bezeichnung im Spaltungsplan vollziehen. . Der Übergang von Arbeitsverhältnissen im Wege der (partiellen) Gesamtrechtsnachfolge bedarf der **Zustimmung der betroffenen Arbeitnehmer,** s. a. → Form. B.1 Rn. 186). 78

2. Folgen für die kündigungsrechtliche Stellung der Arbeitnehmer

Bei der Aufspaltung kann sich die kündigungsrechtliche Stellung des Arbeitnehmers verschlechtern, wenn der Arbeitnehmer einem Rechtsträger zugeordnet wird, bei dem zB die für den Kündigungsschutz nach dem Kündigungsschutzgesetz notwendige Zahl von mehr als fünf bzw. – für seit dem 1.1.2004 neu eingestellte Arbeitnehmer – mehr als zehn Arbeitnehmern (§ 23 Abs. 1 Satz 2 u. 3 KSchG) nicht mehr erreicht wird. 79

§ 323 UmwG bestimmt daher, dass im Fall der Spaltung die „kündigungsrechtliche Stellung" (zum Begriff vgl. *Wlotzke* DB 1995, 40, 44, *Willemsen* NZA 1996, 791, 799f. mwN) des Arbeitnehmers trotz des tatsächlichen Wegfalls der Voraussetzungen für **zwei Jahre erhalten** bleibt.

3. Mitbestimmung

80 Wegen der möglichen Folgen der Aufspaltung für die Unternehmensmitbestimmung s. zunächst → Form. A.1 Rn. 201ff.

81 **§ 325 Abs. 1 UmwG,** der die befristete Beibehaltung des bisherigen Mitbestimmungsstatus beim übertragenden Rechtsträger regelt, ist auf die Aufspaltung **nicht anwendbar.** Die Regelung ist ausdrücklich auf die Fälle der Abspaltung und Ausgliederung beschränkt.

82, 83 *einstweilen frei*

IX. Kosten und Gebühren

1. Beurkundungsgebühren

84 Bei den **notariellen** Beurkundungsgebühren sind folgende Gebühren zu unterscheiden:
- Gebühren für den Spaltungsvertrag,
- Gebühren für die im Rahmen der Spaltung zu fassenden Beschlüsse (zB Spaltungsbeschluss),
- Gebühren für die im Rahmen der Spaltung ggf. erforderlichen oder zweckmäßigen Zustimmungs- oder Verzichtserklärungen.

a) Kosten für die Beurkundung des Spaltungsvertrages

85 Die Beurkundung des **Spaltungsvertrages** löst als mehrseitiger Vertrag eine 2,0-Gebühr aus Nr. 21100 des Kostenverzeichnisses zum GNotKG aus, mindestens jedoch 120 EUR. Der Geschäftswert beträgt nach § 107 Abs. 1 Satz 1 GNotKG mindestens 30000 EUR, höchstens jedoch 10 Mio. EUR.

Die **Bemessungsgrundlage** für den Geschäftswert der Urkunde ist nach § 97 Abs. 1, 3 GNotKG der Wert des zu beurkundenden Rechtsverhältnisses. Bei der Abspaltung zur Aufnahme handelt es sich um einen Austauschvertrag gemäß § 97 Abs. 3 GNotKG, da dem übertragenden Rechtsträger Anteile am im Rahmen der Spaltung neu entstehenden Rechtsträger als Gegenleistung gewährt werden; Bemessungsgrundlage für die notarielle Kostenberechnung ist der höhere Wert aus Gegenleistung (Anteile am übernehmenden Rechtsträger) und übertragenem Aktivvermögen (BeckOK KostR/*Neie* GNotKG § 107 Rn. 44). Regelmäßig dürfte der Wert der Gegenleistung allerdings nicht höher sein als das übertragene Aktivvermögen, so dass in den überwiegenden Fällen letzteres die Bemessungsgrundlage ist.

Das Aktivvermögen im kostenrechtlichen Sinne ist die Summe der Aktiva des im Rahmen der Spaltung übergehenden Vermögens (im Gegensatz zur Verschmelzung, bei der das gesamte Vermögen des übertragenden Rechtsträgers „bewegt" wird und damit auch vollständig in Ansatz zu bringen ist). Die Berechnung erfolgt auf Grundlage der Spaltungsbilanz, jedoch ohne Abzug von Schulden (§ 38 Satz 1 GNotKG, vgl. hierzu BayObLG v. 23.4.1999, 3 Z BR 19/99, NJW-RR 1999, 1373; BayObLG v. 19.3.1997, 3 Z BR 283/96, MittBayNot 1997, 252; OLG Karlsruhe v. 30.1.2001, 11 Wx 59/00, ZNotP 2002, 121 zur KostO). Das Aktivvermögen wird um nicht durch Eigenkapital gedeckte Fehlbeträge vermindert (*Diehn/Volpert,* Praxis des Notarkostenrechts, Rn. 2158); im Gegenzug erhöhen stille Reserven das Aktivvermögen der abspaltenden GmbH (§ 46 Abs. 1 GNotKG). Die in der Spaltungsbilanz enthaltenen Bilanzpositionen hat der Notar daraufhin zu untersuchen, ob kostenrechtlich ggf. ein anderer Wert anzusetzen ist; anderenfalls kann ein Verstoß gegen das Verbot der Gebührenvereinbarung nach § 125 GNotKG vorliegen (Korintenberg/*Tiedtke* GNotKG § 107 Rn. 41). Dabei ist insbesondere bei bilanziertem Grundbesitz nicht der Buch- sondern der Verkehrswert anzusetzen. Allerdings ist der Notar nicht verpflichtet, eine weitergehende Berichtigung der Bilanz hinsichtlich der Aufdeckung sonstiger stiller Reserven vorzunehmen, zumal ihm hierzu oftmals die erforderlichen Informationen bzw. betriebswirtschaftlichen Kenntnisse fehlen dürften.

b) Kosten für die Beurkundung der Zustimmungsbeschlüsse zum Spaltungsvertrag

Die Beurkundung des Aufspaltungsbeschlusses bei der A-GmbH löst eine weitere 2,0-Gebühr nach Nr. 21100 des Kostenverzeichnisses aus, wobei mindestens 120 EUR anfallen. Bemessungsgrundlage ist nach § 108 Abs. 3 GNotKG das übergehende Aktivvermögen (ohne Abzug von Verbindlichkeiten); da bei einer Aufspaltung – im Gegensatz zur Abspaltung und/oder Ausgliederung – das gesamte Aktivvermögen der übertragenden A-GmbH „bewegt“ wird, ist auch das gesamte Aktivvermögen Berechnungsgrundlage (vergleichbar einer Verschmelzung). Bei dem Zustimmungsbeschluss handelt es sich um einen Beschluss mit bestimmtem Geldwert. Der Wert beträgt nach § 108 Abs. 5 GNotKG höchstens 5 Mio. EUR, und zwar auch dann, wenn mehrere gegenstandsverschiedene Beschlüsse (also zB Neufassung des Gesellschaftsvertrages bei einem der beteiligten Rechtsträger, Geschäftsführerbestellungen oä.) in einem Beurkundungsverfahren zusammengeführt sind. Daraus resultiert eine **Höchstgebühr** von EUR 16 270,00. 86

Mehrere Zustimmungsbeschlüsse – hier in der B-GmbH & Co. KG bzw. der C-GmbH & Co. KG – sind gegenstandsgleich zu dem Zustimmungsbeschluss in der A-GmbH und damit nach § 109 Abs. 2 Satz 1 Nr. 4g GNotKG nicht gesondert in Ansatz zu bringen, unabhängig davon, dass verschiedene Gesellschaften betroffen sind (*Diehn/Volpert* Praxis des Notarkostenrechts, Rn. 2179).

Zustimmungsbeschlüsse und Spaltungsvertrag sind gegenstandsverschieden iSd. § 110 Nr. 1 GNotKG, doch stellt die Beteiligung derselben Personen einen sachlichen Grund iSd. § 93 Abs. 2 GNotKG für ihre gemeinsame Beurkundung dar (*Diehn/Volpert,* Praxis des Notarkostenrechts, Rn. 2176).

c) Kosten für die Beurkundung der Zustimmungs-/Verzichtserklärungen

Der Geschäftswert von Zustimmungserklärungen beträgt nach § 98 Abs. 1 GNotKG die Hälfte des für den Spaltungsvertrag maßgeblichen Geschäftswerts. Hat der Zustimmende lediglich eine Mitberechtigung, dann entspricht der Geschäftswert dem Bruchteil, der dem Anteil des Zustimmenden am abspaltenden Rechtsträger zusteht (§ 98 Abs. 2 GNotKG). Der Geschäftswert beträgt nach § 98 Abs. 4 GNotKG maximal 1 Mio. EUR. 87

Der Geschäftswert von Verzichtserklärungen von bestimmten Anteilsinhabern bestimmt sich nach § 36 Abs. 1 GNotKG aus dem Wert des Anteils des Verzichtenden an dem abspaltenden Rechtsträger. Ein Anteil von 10% soll als Geschäftswert angemessen sein (*Diehn/Volpert,* Praxis des Notarkostenrechts, Rn. 2165).

Werden **Zustimmungs- und Verzichtserklärungen** gemeinsam (wie vorliegend) beurkundet, so besteht Gegenstandsgleichheit nach § 109 Abs. 1 GNotKG (Korintenberg/*Tiedtke* GNotKG § 108 Rn. 80); die Gebühr berechnet sich nur aus dem höheren Geschäftswert der Zustimmungserklärung.

Bei der Beurkundung von Zustimmungs- und Verzichtserklärungen (iSd. § 8 Abs. 3 UmwG) mit dem Spaltungsvertrag besteht nach § 109 Abs. 1 GNotKG sog. Gegenstandsgleichheit, da die Erklärungen der Erfüllung, Sicherung und Durchführung der

Abspaltung dienen und mithin zwischen ihnen und dem Vertrag ein Abhängigkeitsverhältnis besteht (vgl. OLG Hamm v. 6.12.2001, 15 W 314/01; *Diehn/Volpert,* Praxis des Notarkostenrechts, Rn. 2184). Werden die Erklärungen ohne sachlichen Grund nicht in den Spaltungsvertrag aufgenommen, dann kann eine sog. unrichtige Sachbehandlung durch den Notar vorliegen (§ 21 GNotKG), was aber im jeweiligen Einzelfall zu prüfen ist.

Nicht gegenstandsgleich und damit gesondert zu bewerten soll die ebenfalls im Formular enthaltene Verzichtserklärung auf die Anfechtung des jeweiligen Spaltungsbeschlusses nach § 16 Abs. 2 UmwG sein. Für die Bewertung dieser Verzichtserklärung soll ein Teilwert von 10% der jeweils gehaltenen Beteiligung zugrunde zu legen sein (Renner/Otto/Heinze/*Heinze* GNotKG § 107 Rn. 73).

d) Weitere notarielle Kosten

88 Neben den eigentlichen Beurkundungsgebühren werden durch den Notar noch Auslagen in Rechnung gestellt, die sich im Einzelnen aus den Nr. 32000ff. des Kostenverzeichnisses je nach Anfall ergeben, also insbesondere aus Nr. 32001 des Kostenverzeichnisses (Dokumentenpauschale für das Anfertigen von Kopien/Ausdrucken von 0,5/0,15 EUR je Seite), aus Nr. 32005 des Kostenverzeichnisses (Auslagenpauschale von 20 EUR für Post- und Telekommunikationsleistungen) sowie aus Nr. 32011 des Kostenverzeichnisses (Auslagen Handelsregistereinsichten von je 4,50 EUR). Auf die Gesamtbeurkundungskosten nebst Auslagen fällt dann 19% USt. an (vgl. Nr. 32014 des Kostenverzeichnisses).

2. Gebühren für Handelsregisteranmeldung und -eintragung

Bei den Gebühren im Zusammenhang mit der Handelsregistereintragung ist zwischen der Tätigkeit des Notars im Zusammenhang mit der Anmeldung der Spaltung zum Handelsregister und den Gebühren für die Registereintragung als solcher zu unterscheiden.

a) Gebühren im Zusammenhang mit der Handelsregisteranmeldung

89 **Beglaubigt** der Notar lediglich die Unterschriften der Geschäftsführer unter ihm zur Verfügung gestellten **Fremdentwürfen,** dann erhält er hierfür eine Gebühr von 0,2, mindestens jedoch 20 EUR und höchstens 70 EUR nach Nr. 25100 des Kostenverzeichnisses. Der Geschäftswert der Handelsregisteranmeldungen wird nach §§ 121, 105 GNotKG ermittelt. Da vorliegend kein bestimmter Geldbetrag in das Handelsregister einzutragen ist (vgl. § 105 Abs. 1 GNotKG), liegt eine Anmeldung nach § 105 Abs. 4 Nr. 1 GNotKG vor. Entsprechend ist der Geschäftswert ein Prozent des Stammkapitals der betreffenden Gesellschaft, mindestens jedoch 30 000 EUR; die 0,2 Gebühr aus diesem Geschäftswert beträgt 25 EUR. Zudem erhält der Notar nach Nr. 22114 des Kostenverzeichnisses (elektronischer Vollzug und Erstellung von sog. XML-Strukturdaten) noch eine zusätzliche Gebühr in Höhe von 0,3, maximal jedoch 250 EUR, für die elektronische Einreichung der Handelsregisteranmeldung nebst Anlagen zum Registergericht. Des Weiteren fällt noch eine Vollzugsgebühr nach Nr. 22124 des Kostenverzeichnisses von 20 EUR für die Einreichung der Handelsregisteranmeldung an. Hinzu kommen Auslagen nach Nr. 3200ff. des Kostenverzeichnisses und 19% USt. (Nr. 32014).

Erstellt der **Notar** selbst die **Entwürfe** der Handelsregisteranmeldungen so berechnen sich die Notargebühren nach Nr. 24102 des Kostenverzeichnisses. Hiernach fällt eine Rahmengebühr von 0,3 bis 0,5, bei einer (vollständigen) Entwurfserstellung eine Gebühr von 0,5, mindestens jedoch 30 EUR an. Der Geschäftswert berechnet sich wiederum aus §§ 119, 105 GNotKG. Bei beiden Anmeldungen handelt es sich vorliegend um solche ohne bestimmten Geldwert, so dass der Geschäftswert wiederum nach § 105 Abs. 2, Abs. 4 Nr. 1 GNotKG ein Prozent des Stammkapitals der betreffenden Gesellschaft, mindestens jedoch 30 000 EUR beträgt. Die Gebühr beträgt in letzterem Fall 62,50 EUR. Zudem erhält der Notar nach Nr. 22114 des Kostenverzeichnisses (elektronischer Vollzug und Erstellung von sog. XML-Strukturdaten) noch eine zusätzliche Gebühr in Höhe von 0,3, maximal jedoch 250 EUR, für die elektronische Einreichung der Handelsregisteranmeldung nebst Anlagen zum Registergericht. Der Geschäftswert bestimmt sich aus § 112 GNotKG; die so ermittelte Gebühr beträgt 37,50 EUR. Neben den beiden vorgenannten Gebühren sind wiederum Auslagen nach Nr. 3200 ff. und 19% USt (Nr. 32014 des Kostenverzeichnisses) zu zahlen.

b) Gebühren für die Handelsregistereintragung

Die Eintragungsgebühren richten sich nach der Handelsregistergebührenverordnung (HRegGebV v. 30.9.2004, BGBl. I 2004, 2562), die auf der Ermächtigungsgrundlage in § 58 GNotKG beruht. Bei den Gebühren handelt es sich um sog. aufwandsbezogene Gebühren, die dem sog. Gebührenverzeichnis als Anlage zu § 1 Satz 1 HRegGebV entnommen werden können. **90**

Die **Handelsregistereintragung** kostet bei der übertragenden GmbH 240 EUR (Gebührenverzeichnis Nr. 2402) und bei den beiden übernehmenden GmbH & Co. KG jeweils 180 EUR (Gebührenverzeichnis Nr. 1401).

C. Einzelerläuterungen

I. Aufspaltungsvertrag

Der Mindestinhalt eines Spaltungsvertrages ergibt sich aus § 126 Abs. 1 Satz 1 UmwG. Einzelheiten s. SBB/*Sagasser* § 18 Rn. 136 ff. **91**

Zum Rubrum

„Rubrum" wird der Text des Aufspaltungsvertrages bis zum Beginn der Präambel bezeichnet. Einzelheiten sind im Beurkundungsgesetz geregelt, insb. in den Vorschriften der §§ 8 ff. BeurkG. Die Urkunde soll enthalten: Ort und Tag der Verhandlung (§ 9 Abs. 2 BeurkG), die Bezeichnung des Notars und der Beteiligten (§ 9 Abs. 1 Nr. 1 BeurkG). Beteiligte sind nicht die materiell-rechtlichen Vertragsparteien, sondern die formell Beteiligten iSv. § 6 Abs. 2 BeurkG, das sind die vor dem Notar erschienenen Personen, deren Willenserklärungen beurkundet werden sollen. Der Notar hat sich (idR durch Vorlage eines Ausweisdokumentes) Gewissheit über die Person der Beteiligten zu verschaffen (§ 10 Abs. 1 BeurkG). Nach § 10 Abs. 2 BeurkG sollen in der Niederschrift die Personen der Beteiligten so genau bezeichnet werden, dass Zweifel und Verwechslungen ausgeschlossen sind (weitere Einzelheiten zur Feststellung der Beteiligten finden sich in → Form. A. 1 Rn. 267 ff.). Die Erklärung des Erschienenen, dass weder der Notar noch sein Sozius mit der beurkundeten Angelegenheit vorbefasst waren („Vorbefassungsklausel") hat ihren Rechtsgrund in § 3 Abs. 1 Nr. 7, Abs. 2 BeurkG und dient insbes. der Vermeidung von (potenziellen) Interessenkonflikten in der Person des Notars (s. dazu etwa Beck'sches Notar-Hdb/*Sandkühler,* L. II. Rn. 73 ff.). Auch wenn keine Vorbefassung vorliegt, hat es sich gleichwohl eingebürgert, eine entsprechende Negativerklärung in die Notarurkunde aufzunehmen. In der Praxis erfolgt die überwiegende Anzahl der Umwandlungsvorgänge im Rahmen von konzerninternen Umstrukturierungen ohne außenstehende Gesellschafter, so dass Interessenkonflikte selten auftreten. **92**

Schließlich enthält das Rubrum den Hinweis, dass die Urkunde noch um die Vertretungsbescheinigung des Notars gemäß § 21 Abs. 1 BNotO zu ergänzen ist; dies ist insb. für einen zügigen handelsregisterlichen Vollzug der Aufspaltung hilfreich, da das Gericht in diesen Fällen nicht nochmals selbst die Vertretungsverhältnisse der Beteiligten prüfen muss. Handeln für die Beteiligten nicht deren Organe, so sind die Vollmachten der Erschienenen der Urkunde im Original oder in beglaubigter Abschrift beizufügen, um dem Gericht auf diesem Wege die Prüfung zu ermöglichen. Alternativ kommt bei Vorlage einer notariell beglaubigten Vollmacht eine Vertretungsbescheinigung nach § 21 Abs. 3 BNotO in Betracht. Das Rubrum schließt damit, dass der Notar auf Ansuchen der Erschienenen die vor ihm abgegebenen Erklärungen beurkundet. Nach § 9 Abs. 1 Satz 1 Nr. 2 BeurkG muss die Niederschrift die Erklärungen der Beteiligten enthalten. Diese werden durch die abschließende Formulierung des Rubrums eingeleitet.

Zu Firma und der Sitz der an der Spaltung beteiligten Rechtsträger

93 § 126 Abs. 1 Nr. 1 UmwG bestimmt, dass der Spaltungs- und Übernahmevertrag die Firma und den Sitz der an der Spaltung beteiligten Rechtsträger enthalten muss. Diesem Erfordernis genügt der Eingang des Spaltungsvertrages.

Zur Präambel

94 Die gesetzlich nicht erforderliche Präambel beschreibt das Spaltungsvorhaben. Sie kann insb. als Auslegungshilfe dienlich sein, zB wenn bei der Aufspaltung der Betriebsteile Gegenstände in den Vermögensverzeichnissen oder einer ggf. erstellten Spaltungsbilanz nicht aufgeführt sind und nach Durchführung der Aufspaltung zwischen den beiden übernehmenden Rechtsträgern streitig ist, welchem von ihnen diese „vergessenen" Gegenstände zuzuordnen sind.

Zu A. (Sachstand)

95 Hier ist zunächst die aufzuspaltende Gesellschaft beschrieben. Der Hinweis darauf, dass das Stammkapital einbezahlt ist, hat seinen Grund in § 51 Abs. 1 Sätze 1 und 3 UmwG (s. hierzu: → Form. B. 1 Rn. 250). Genau genommen ist dieser Hinweis überflüssig, weil im vorliegenden Fall im Hinblick auf die nicht -verhältniswahrende Aufspaltung der A-GmbH alle Gesellschafter der A-GmbH der Aufspaltung zustimmen müssen (§ 128 Satz 1 UmwG).

96 Die **Ziff. II und III** enthalten eine kurze Beschreibung der aufnehmenden Personenhandelsgesellschaften.

Zu B. I. (Übertragung auf die B-GmbH & Co. KG)

Zu Ziff. I. 1:

97 Konstituierendes Element einer Spaltung ist die Vereinbarung der Übertragung von Teilen des Vermögens des übertragenden Rechtsträgers „als Gesamtheit" gegen Gewährung von Anteilen an dem übernehmenden oder neuem Rechtsträger (§ 126 Abs. 1 Nr. 2 UmwG). In der Regel empfiehlt es sich, den Wortlaut des Gesetzes zu übernehmen. Zu den Einzelheiten der Vermögensübertragung vgl. → Form. B. 1 Rn. 263 ff.

98–100 *einstweilen frei*

Zu Ziff. I.2:

101 Die Bestimmungen in Ziff. I.2 entsprechen den Anforderungen des § 126 Abs. 1 Nr. 9 UmwG. Nach dieser Vorschrift hat der Spaltungsvertrag eine genaue Bezeichnung und Aufteilung der Gegenstände des Aktiv- und Passivvermögens zu enthalten, die an jeden der übernehmenden Rechtsträger übertragen werden. Im Gegensatz zur Abspaltung (vgl. → Form. B. 1) ist die Bezeichnung der übergehenden Vermögensgegenstände bei einer Aufspaltung von noch größerer Bedeutung, da der übertragende Rechtsträger mit der Eintragung der Aufspaltung in die Register der beteiligten Rechtsträger erlischt. Sind Vermögensgegenstände vergessen worden, so ist deren Zuteilung zu dem jeweils übernehmenden Rechtsträger zunächst im Wege der Auslegung vorzunehmen. Führt dies nicht weiter, so ist im Zweifel anzunehmen, dass alle bei wirtschaftlicher Betrachtungsweise einem Betriebsteil zuordenbaren Gegenstände auf diesen übergehen sollen (SSt/*Schröer* UmwG § 126 Rn. 79). Hilft auch dies nicht, so ist auf § 131 Abs. 3 UmwG zurückzugreifen. Hiernach geht der vergessene Gegenstand im Zweifel auf alle übernehmenden Rechtsträger in dem Verhältnis über, das sich aus dem Spaltungsvertrag für die Aufteilung des Überschusses auf Aktivseite ergibt; ist die Zuteilung auf mehrere übernehmende Rechtsträger nicht möglich, so ist dieser zu veräußern und der Erlös auf alle übernehmenden Rechtsträger verhältnismäßig zu dem auf sie übergegangenen Vermögen zu verteilen. Da diese Rechtsfolge regelmäßig nicht dem Willen der Beteiligten entspricht, sollte ein **Bestimmungsrecht nach § 317 BGB** für einen der Beteiligten oder eine neutrale Person (etwa den Wirtschaftsprüfer des übertragenden Rechtsträgers) in den Spaltungsvertrag aufgenommen werden.

Für die Aufteilung der Gegenstände des Aktiv- und Passivvermögens im Spaltungs- **102**
vertrag gilt der **sachenrechtliche Bestimmtheitsgrundsatz** (§ 126 Abs. 2 Satz 1 UmwG). Dies bedeutet jedoch nicht, dass alle Gegenstände individuell bezeichnet werden müssen. Es genügt die **Bestimmbarkeit** (Kallmeyer/*Sickinger* UmwG § 126 Rn. 19).

Die Kennzeichnung der übergehenden materiellen und immateriellen, bilanzie- **103**
rungsfähigen und nicht bilanzierungsfähigen Aktiva und Passiva muss hinreichend **klar und deutlich** erfolgen, damit ihre Zuordnung an die verschiedenen Rechtsträger zweifelsfrei ist und eine sichere Grundlage der kraft Gesetzes eintretenden Sonderrechtsnachfolge gemäß § 131 Abs. 1 Nr. 1 UmwG gegeben ist. Der Spaltungsvertrag unterscheidet sich insoweit nicht von Verträgen zur Übertragung im Rahmen eines „asset deals“, bei dem die einzelnen Aktiva und Passiva im Wege der Einzelrechtsnachfolge übertragen werden.

§ 126 Abs. 2 Satz 3 UmwG bestimmt, dass auf Urkunden wie Bilanzen und Inven- **104**
tare Bezug genommen werden kann, wenn deren Inhalt eine Zuweisung des einzelnen Gegenstandes ermöglicht. Die Urkunden sind dem Spaltungsvertrag als Anlagen beizufügen (Einzelheiten → Form. B. 1 Rn. 266 ff.).

Bei der Übertragung von **Betrieben oder Teilbetrieben** genügen in der Regel **105**
„Spaltungsbilanzen“, die nur den übertragenden Betrieb erfassen, wenn es möglich ist, eine Konkretisierung über Unterlagen in der Buchhaltung des übertragenden Rechtsträgers vorzunehmen (WM/*Mayer* UmwG § 126 Rn. 204; aA Kallmeyer/*Sickinger* UmwG § 126 Rn. 20; SHS/*Hörtnagl* UmwG § 126 Rn. 77; vgl. auch OLG Celle v. 5.8.2015, 9 U 22/15, ZIP 2015, 1679). Für Spaltungsbilanzen gilt § 17 Abs. 2 UmwG nicht, also weder die Acht-Monatsfrist noch die Vorschrift über die Jahresbilanz. Aus der Bilanz nicht ersichtliche Gegenstände (Arbeitsverhältnisse, Verträge, selbst geschaffene Schutzrechte etc.) müssen gesondert aufgeführt werden. Es empfiehlt sich auch, die **wichtigsten Vermögensgegenstände** aufzulisten. **Grundstücke** müssen stets wie in einem Grundstückskaufvertrag individualisiert werden (§ 126 Abs. 2 Satz 2 UmwG, § 28 Satz 1 GBO).

Das vorliegende Formular macht von der Möglichkeit, auf Urkunden zu verweisen, **106**
Gebrauch. Es verweist u. a. auf die **„Spaltungsbilanz“,** in der die Schlussbilanz der übertragenden A-GmbH („Spalte A-GmbH“) aufgespalten wird in die Vermögensgegenstände und Passiva, die auf die B-GmbH („Spalte B-GmbH & Co. KG“) überge-

hen und in die Vermögensgegenstände und Passiva, die auf die C-GmbH & Co. KG („Spalte C-GmbH & Co. KG") übergehen.

107 Die Beteiligten sind in der **Auswahl der übergehenden Aktiva und Passiva** grds. frei (Grundsatz der Spaltungsfreiheit; SHS/*Hörtnagl* UmwG § 126 Rn. 64). Nicht ausdrücklich geregelt ist, ob einzelne Verbindlichkeiten oder gar Teile davon zwischen übertragendem und übernehmenden Rechtsträgern aufgeteilt werden können (vgl. hierzu SBB/*Sagasser/Bultmann* § 18 Rn. 59ff.). Unwirksam ist insb. die Trennung von Haupt- und Nebenrechten, zB eines Hauptanspruchs und des diesen sichernden (akzessorischen) Rechts (SBB/*Sagasser/Bultmann* § 18 Rn. 52). Zur Aufteilung von Verträgen und Vertragsverhältnissen vgl. → Form. B. 1 Rn. 270f.

108 Unter steuerlichen Gesichtspunkten ist jedoch zu beachten, dass den Teilbetrieben die **wesentlichen Betriebsgrundlagen** zugeordnet werden, nicht wesentliche Betriebsgrundlagen können beliebig dem einen oder dem anderen Teilbetrieb zur Kapitalverstärkung zugeordnet werden. Dies gilt auch für Verbindlichkeiten der Kapitalgesellschaft (OFD Hannover v. 26.10.2000, GmbHR 2000, 1275).

109 Der Einleitungssatz der Ziff. 2 enthält generalklauselartig die Beschreibung der Aktiva, die auf die B-GmbH & Co. KG übergehen sollen, alle verbleibenden Aktiva gehen nach B. II.1 auf die C-GmbH & Co. KG über. Individualisiert werden diese Aktiva durch die Spaltungsbilanz sowie durch verschiedene Anlagen (s. auch → Form. B. 1 Rn. 267ff.).

110 Auf Grund des Spaltungsvertrages können nur Gegenstände übertragen werden, die zum Zeitpunkt des Wirksamwerdens der Spaltung zum **Vermögen** des übertragenden Rechtsträgers gehören. Da jedoch zwischen dem Abschluss des Spaltungsvertrages und dem Wirksamwerden der Spaltung Wochen und Monate vergehen können, treten regelmäßig **Veränderungen** in der Zusammensetzung des Vermögens des übertragenden Rechtsträgers auf, die im Spaltungsvertrag nicht erfasst sein können. Sinnvollerweise sollte dieses Problem vertragstechnisch durch Auffangklauseln in Form einer **„Surrogatsklausel"** gelöst werden, wie sie in **Buchst. a Satz 3** enthalten ist.

111 **Buchst. b** enthält eine Generalklausel hinsichtlich der dem Betrieb X zuzuordnenden Verträge und verweist im Übrigen auf die Anlage 2.

112 In **Buchst. c** werden sonstige Rechte, die dem Betrieb X zugeordnet sind, im Weg einer Generalklausel der B-GmbH & Co. KG zugewiesen, auch wenn sie nicht in der Anlage 3 enthalten sind.

113 Der Spaltungsvertrag bestimmt ferner, dass die laufenden **Arbeitsverhältnisse,** die dem Betrieb in X zuzurechnen sind, auf die B-GmbH & Co. KG übergehen **(Buchst. d),** ebenso die **Pensionsverbindlichkeiten** für bereits in den Ruhestand getretene ehemalige Mitarbeiter der A-GmbH, soweit sie dem Betrieb in X zuzuordnen sind **(Buchst. f).** Im Falle der Aufspaltung anhand von Betriebsteilen ergibt sich der Übergang von Arbeitsverhältnissen allerdings schon aus der Vorschrift des § 613a BGB, die die Zuordnungsfreiheit der beteiligten Rechtsträger einschränkt (Kallmeyer/*Willemsen* § 324 Rn. 52; s. auch § 324 UmwG).

114 In **Buchst. e** werden generalklauselartig alle Verbindlichkeiten beschrieben, die auf die B-GmbH & Co. KG übergehen sollen.

115 **Buchst. g** enthält eine **„Auffangklausel",** die klarstellt, dass „vergessene" Aktiva, Passiva, Rechtsverhältnisse etc. auf den Betrieb in X übergehen, wenn sie ihm wirtschaftlich zuzurechnen sind. Lässt sich ein Gegenstand nämlich keinem derübernehmenden Rechtsträger zuordnen (auch nicht durch Auslegung des Vertrages), würde § 131 Abs. 3 UmwG gelten (verhältnismäßige Aufteilung zwischenden übernehmenden Rechtsträgern), was betriebswirtschaftlich oftmals wenig sinnvoll ist und ggfs. die steuerliche Anerkennung als Teilbetrieb gefährden könnte.

Zu B. II.:

116 Für **Grundstücke und grundstücksgleiche Rechte** bestimmt § 126 Abs. 2 Satz 2 UmwG, dass § 28 der GBO zu beachten ist. Dies bedeutet, dass alle Vermögensgegenstände, bei denen nach Wirksamkeit der Spaltung eine Grundbuchberichtigung erforderlich ist, bereits im Spaltungsvertrag in einer Weise bezeichnet werden müssen, die auch für eine Eintragungsbewilligung erforderlich ist. Die Anforderungen hierfür ergeben sich iE aus § 2 Abs. 2 GBO iVm. § 6 Abs. 3a bis 5 Grundbuchverfügung. Regelmäßig ist die Angabe der Gemarkung, der Band- und Blattstelle sowie der Flurstücksnummer erforderlich. Ist das Grundstück oder grundstücksgleiche Recht nicht grundbuchscharf bezeichnet, so geht es nach Ansicht des BGH nicht im Wege der Aufspaltung auf die übernehmenden Rechtsträger über. Dies beruht auf dem Gedanken, dass der BGH (Urt. v. 25.1.2008, V ZR 79/07, NZG 2008, 436 und v. 11.4.2008, V ZR 74/07, BeckRS 2008, 08820) in der in § 126 Abs. 2 UmwG formulierten Verpflichtung zur Beachtung des § 28 GBO keinen nur klarstellenden Hinweis auf das maßgebliche Verfahrensrecht für den Grundbuchverkehr, sondern ein **materiell-rechtliches Bestimmtheitserfordernis** sieht. Einzelheiten → Form. B. 1 Rn. 273.

Zu B. III.:

Diese Regelung enthält eine **Freistellungsverpflichtung,** wenn einer der übernehmenden Rechtsträger, dem im Spaltungsvertrag eine Verbindlichkeit nicht zugeordnet wurde, von Gläubigern des übertragenden Rechtsträgers für diese in Anspruch genommen wird. Aufgrund der gesamtschuldnerischen Haftung im Außenverhältnis (vgl. § 133 UmwG) ist er zur Erfüllung der Verbindlichkeit verpflichtet. In diesem Fall soll jedoch im Innenverhältnis der übernehmenden Rechtsträger ausschließlich derjenige Rechtsträger haften, der die Verbindlichkeit übernommen hat; entsprechend ist dieser verpflichtet, den in Anspruch genommenen anderen übernehmenden Rechtsträger freizustellen. **117**

Zu B. IV.:

Diese Bestimmung enthält für den Fall, dass Streitigkeiten zwischen den beteiligten Gesellschaften über die Zuordnung einzelner Aktiva und Passiva entstehen, ein **Bestimmungsrecht iSv. § 317 BGB** für den Steuerberater der A-GmbH. Selbstverständlich kann insoweit auch jede andere (neutrale und sachverständige) Person hier berufen werden (zB. Wirtschaftsprüfer). **118**

Zu B. V.:

Der Abschnitt enthält klarstellend den Hinweis, dass die Aufspaltung ohne die Abwicklung des aufgespaltenen Rechtsträgers (A-GmbH) gegen Gewährung von Gesellschaftsrechten an bestehende Gesellschaften (B-GmbH & Co. KG und C-GmbH & Co. KG) erfolgt (Aufspaltung zur Aufnahme, vgl. § 131 Abs. 1 Nr. 2 UmwG). **119**

Zu C. (Gegenleistungen)

Im vorliegenden Fall ist es nicht möglich, dem § 123 Abs. 1 UmwG entsprechend auf die Gesellschafter der übertragenden A-GmbH (weitere) „Anteile" oder „Mitgliedschaften" zu übertragen (Verbot der Mehrfachbeteiligung an Personengesellschaften), weil sie bereits Gesellschafter der übernehmenden Kommanditgesellschaften sind (WM/*Mayer* UmwG § 126 Rn. 124). In solchen Fällen ist aber auch **keine Erhöhung** der im Handelsregister eingetragenen Haftsumme (§ 161 Abs. 1 Satz 1 HGB) erforderlich (WM/*Mayer* UmwG § 5 Rn. 24.2). Im Hinblick auf § 40 Abs. 1 Satz 2 UmwG, wonach der Betrag der „Einlage" jedes Gesellschafters festzusetzen ist, empfiehlt sich vielmehr eine Erhöhung der **Festkapitalkonten/Pflichteinlagen** (zum Unterschied zur Hafteinlage/Haftsumme/Vermögenseinlage s. BH/*Roth* HGB § 171 Rn. 1). Zur Frage, ob auch eine Erhöhung der „Privatkonten/Verrechnungskonten" **120** möglich ist (vgl. WM/*Mayer* UmwG § 5 Rn. 24.2; Lutter/*Schmidt* UmwG § 40 Rn. 16; Gutachten des Deutschen Notarinstituts Bd. IV, Gutachten zum Umwandlungsrecht, Nr. 18 S. 126 ff.).

Im Formular werden die auf die Personengesellschaften übergehenden Buchwerte der A-GmbH aufgeteilt. Ein Teil der Buchwerte wird dazu verwendet, das Kommanditkapital (Pflichteinlage) zu erhöhen, der überwiegende Teil wird in die gesamthänderisch gebundene Rücklage eingestellt, was in **Ziff. 2** entsprechend abgebildet wird. Es wird daher im Formular ausgeführt, dass die betreffende GmbH & Co. KG ihren Gesellschaftern als Gegenleistung für das auf die jeweilige KG entfallende Vermögen der A-GmbH (lediglich) ein höheres Kommanditkapital und einen Anteil am gesamthänderisch gebundenen Rücklagenkonto gewährt.

121 Alternativ wäre es möglich gewesen, die Verrechnungskonten der Gesellschafter der KG anteilig um die Buchwerte der A-GmbH zu erhöhen (WM/*Mayer* UmwG § 126 Rn. 124).

Ziff. 3 regelt, ab wann die „neuen“ Einlagen am Gewinn beteiligt sind. Damit wird die Anforderung an den Spaltungsvertrag gemäß § 126 Abs. 1 Nr. 5 UmwG erfüllt.

Zu C. III.:

122 Diese Regelung stellt klar, dass die in das Handelsregister eingetragenen Haftsummen der Kommanditisten unverändert bleiben. Eine Anpassung auch der Haftsummen der Kommanditisten ist jedoch selbstverständlich möglich.

Zu C. IV.:

123 Diese Bestimmung hält fest, dass die Aufspaltung nicht verhältniswahrend erfolgt, sondern so, dass beide Familienstämme nur an ihrer eigenen GmbH & Co. KG beteiligt bleiben. Der Aufspaltungsvertrag bedarf daher der Zustimmung aller Anteilseigner (§ 128 Satz 1 UmwG).

Zu C. V.:

123a Hier wird festgestellt, dass die Gesellschafter keine baren Zuzahlungen iSd. § 126 Abs. 1 Nr. 3 UmwG zu leisten haben.

Zu D. (Spaltungsstichtag)

124 Zum Spaltungsstichtag vgl. → Form. B. 1 Rn. 294 ff. Dieser wird in der Praxis bei Wj. Gleich Kj. regelmäßig der 1. Januar eines Jahres sein (damit als Schlussbilanz iSd. §°17 UmwG die Bilanz zum 31. Dezember aus dem Jahresabschlus verwendet werden kann). Als Spaltungsstichtag kann aber auch auf jedes andere Datum gewählt werden.

Zu E. (Folgen der Spaltung für die Arbeitnehmer)

125 Die Folgen der Aufspaltung für die Arbeitnehmer wurden bereits unter → Rn. 71 ff. erläutert. Im Übrigen → Form. B. 1 Rn. 176 ff. und → Form. A. 1 Rn. 150 ff.

Zu F. (Besondere Rechte und Vorteile)

126 Diese Bestimmung stellt in Form einer „Negativerklärung“ klar, dass besondere Rechte und Vorteile iSv. § 126 Abs. 1 Nr. 7 und Nr. 8 UmwG nicht bestehen bzw. gewährt werden.

127 *einstweilen frei*

Zu G. (Grundbucherklärungen)

Die Regelung ist wegen des auf die C-GmbH & Co. KG übergehenden Erbbaurechts (B.II.1.2b) erforderlich. **128**

Zu H. (Steuererklärungen)

Durch diese Klausel soll sichergestellt werden, dass beide Gesellschaftergruppen der A-GmbH Einfluss auf den Inhalt der Steuererklärungen der A-GmbH und auf die abschließende Besteuerung der A-GmbH haben. **129**

Zu I. (Salvatorische Klausel)

Salvatorische Klauseln bestehen idR aus zwei Bestandteilen, nämlich einer **Teilnichtigkeitsklausel oder Erhaltungsklausel** und einer **Ersetzungsklausel** (BGH v. 6.4.2005, XII ZR 132/03, NJW 2005, 2225, 2226). **130**

Salvatorische Klauseln haben ihren Grund in **§ 139 BGB.** Nach dieser Vorschrift ist bei einer Nichtigkeit eines Teiles eines Rechtsgeschäfts im Zweifel das ganze Rechtsgeschäft nichtig. Teilnichtigkeits- bzw. Erhaltungsklauseln haben den Zweck, bei unvorhergesehener Unwirksamkeit einzelner Regelungen der Vereinbarung das Geschäft entsprechend den ursprünglichen Intentionen aufrecht zu erhalten. Von diesem Grundsatz macht die Rspr. nur für die Fälle eine Ausnahme, in denen der unwirksame Bestandteil von so schwerwiegender, grundsätzlicher Bedeutung für das Vertragswerk ist, dass die Aufrechterhaltung des Rechtsgeschäftes trotz salvatorischer Klausel nicht mehr vom Parteiwillen gedeckt ist (BGH v. 15.3.2010, II ZR 84/09, NJW 2010, 1660, 1661; v. 11.10.1995, VIII ZR 24/94, NJW 1996, 773, 774f.; KG Berlin v. 9.10.1995, 12 U 1926/92, NJW-RR 1996, 431, 432). **131**

Ersetzungsklauseln können unterschiedlich ausgestaltet sein. Es gibt Klauseln, die fingieren, dass diejenige Bestimmung als vereinbart gilt, die dem entspricht, was die Parteien nach Sinn und Zweck dieses Vertrages vernünftigerweise vereinbart hätten (so die Formulierungen in dem Mustervertrag). Andere Klauseln verpflichten die Gesellschafter, die nichtige Bestimmung durch eine andere zu ersetzen. **132**

Zu J. (Kosten)

In der Urkunde sollte geregelt werden, welcher der beteiligten Rechtsträger die Kosten der Aufspaltung trägt. Im vorliegenden Fall wäre es unpraktisch, den sich aufspaltenden Rechtsträger, die A-GmbH, die Kosten tragen zu lassen. Daher bestimmt das Formular, dass die Kosten je zur Hälfte von den beiden übernehmenden GmbH & Co. KG getragen werden. Zu den anfallenden Kosten und ihren Bemessungsgrundlagen vgl. → Rn. 84ff., → Form. B. 1 Rn. 206ff. und allgemein → Form. A. 1 Rn. 259ff. **133**

Zu K. (Hinweise des Notars)

Die in dem Formular aufgeführten Hinweise entsprechen den üblichen Hinweisen, zu denen der Notar gem. § 17 BeurkG in Spaltungsfällen verpflichtet ist. **134**

Zu L. (Vollmacht)

Mit dieser Registervollmacht werden Mitarbeiter des beurkundenden Notars bevollmächtigt, Änderungen oder Ergänzungen des Aufspaltungsvertrages zu beschließen und anzumelden, die nach ihrer Auffassung erforderlich sind. Diese Vollmachten ersparen den Beteiligten einen weiteren Gang zum Notar, falls zB das Registergericht einzelne Bestimmungen des Aufspaltungsvertrages beanstanden oder eine Ergänzung des Aufspaltungsvertrages verlangen sollte. **135**

Zu M. Anlagen

136 **Ziff. I.** dieser Bestimmung enthält den Hinweis, dass grds. alle Anlagen, soweit diese verlesungspflichtig sind, den Beteiligten von dem Notar vorgelesen worden sind. Die Beurkundungspflicht erstreckt sich grds. auf den gesamten Inhalt der Vereinbarung (OLG Düsseldorf v. 22.6.2017, I-6 AktG 1/17, AG 2017, 900; BGH v. 27.4.1979, V ZR 175/77, DNotZ 1979, 84). Dies bedeutet für den Spaltungsvertrag, dass die Anlagen ebenfalls beurkundet werden müssen, die die übergehenden Vermögensgegenstände individualisieren (WM/*Mayer* UmwG § 126 Rn. 211). Die Anlagen müssen daher grds. vorgelesen werden (§ 13 Abs. 1 Satz 1 BeurkG). Für Bilanzen, Inventare, Nachlassverzeichnisse oder sonstige Bestandsverzeichnisse über Sachen, Rechte und Rechtsverhältnisse enthält § 14 Abs. 1 Satz 1 BeurkG eine Einschränkung der Vorlesungspflicht. Die vorgenannten Bestandsverzeichnisse müssen nicht vorgelesen werden, wenn die Beteiligten auf das Vorlesen verzichten. In der Niederschrift muss festgestellt werden, dass die Beteiligten diesen Verzicht erklärt haben und es soll festgestellt werden, dass ihnen die beigefügten Schriftstücke zur Kenntnisnahme vorgelegt worden sind (§ 14 Abs. 3 BeurkG). Die vorgelegten und nicht verlesenen Schriftstücke sollen von den Beteiligten unterschrieben werden; besteht das Schriftstück aus mehreren Seiten, soll jede Seite unterzeichnet werden (§ 14 Abs. 2 BeurkG).

137 Der Hinweis am Schluss der Urkunde, dass diese Niederschrift den Erschienenen vom Notar vorgelesen, von ihnen genehmigt und von ihnen und dem Notar eigenhändig unterschrieben wurde, entspricht den Anforderungen in § 13 Abs. 1 Satz 1 und Abs. 3 Satz 1 BeurkG. Sofern man als anwaltlicher Berater mit der Erstellung des Spaltungsvertrages betraut ist, kann man das Einfügen der notariellen Belehrungen sowie den Verlesungsvermerk selbstverständlich auch dem beurkundenden Notar überlassen und sich auf die Erstellung der materiellen Inhalte des Aufspaltungsvertrages sowie der Spaltungsbeschlüsse beschränken.

138–140 *einstweilen frei*

II. Spaltungsbeschlüsse

Zum Rubrum

141 S. Erläuterungen unter → Rn. 92.

Zu A. (Gesellschafterbeschluss der übertragenden GmbH)

Vorbereitung der Beschlussfassung

142 Der Spaltungsvertrag wird nur wirksam, wenn ihm **alle Anteilsinhaber** des übertragenden Rechtsträgers und die Anteilsinhaber der übernehmenden Personengesellschaften durch Beschluss zugestimmt haben (§§ 125 Satz 1, 13 Abs. 1 UmwG). Der Beschluss kann nur in einer **Versammlung** der Anteilsinhaber gefasst werden (§§ 125 Satz 1, 13 Abs. 1 Satz 2 UmwG). Der Beschluss bedarf der **notariellen Beurkundung** (§§ 125 Satz 1, § 13 Abs. 3 Satz 1 UmwG).

143 Soweit das Gesetz Form- und Verfahrensvorschriften zum Schutz der Anteilsinhaber der beteiligten Rechtsträger enthält, können diese hierauf durch (notariell beurkundete) Erklärungen **verzichten.** Der Verzicht ist zT ausdrücklich gesetzlich geregelt (§§ 8 Abs. 3, 9 Abs. 3, 12 Abs. 3, 125 Satz 1 UmwG), zT ergibt sich der Verzicht aus der Natur der Vorschriften (WM/*Heckschen* UmwG § 13 Rn. 9.5).

144 Den Gesellschaftern der beteiligten Rechtsträger ist der Spaltungsvertrag (oder sein Entwurf) spätestens zusammen mit der Einberufung der Gesellschafterversammlung, die über die Zustimmung beschließen soll, **zu übersenden** (§ 125 Satz 1 iVm. § 47 UmwG). Die Verpflichtung aus § 47 UmwG ist dispositiv. Die Gesellschafter können hierauf **verzichten** (WM/*Mayer* UmwG § 47 Rn. 13).

Zu A. I.:

Der Verzicht auf die Einhaltung der Form- und Fristvorschriften ist erforderlich, um die Beschlussfähigkeit der Gesellschafterversammlung herbeizuführen. Der Verzicht ist nur möglich, wenn alle Gesellschafter anwesend oder vertreten sind. Mit diesem Verzicht wird gleichzeitig auch der **Verzicht auf das Informationsrecht** der Gesellschafter gem. § 47 UmwG erklärt (WM/*Mayer* UmwG § 47 Rn. 13). Ein ausdrücklicher Verzicht ist nicht erforderlich (WM/*Mayer* aaO), wird aber im Formular vorsorglich ausgesprochen. **145**

Im Falle einer nicht verhältnismäßigen Spaltung müssen **alle Gesellschafter** der übertragenden Gesellschaft **zustimmen** (§ 128 Satz 1 UmwG). Ein einstimmiger Beschluss aller anwesenden Gesellschafter einer beschlussfähigen Gesellschafterversammlung reicht nicht aus (*WM/Mayer* UmwG § 128 Rn. 21). Es müssen auch die nicht erschienenen Gesellschafter in notarieller Form dem Spaltungsbeschluss zustimmen; die erforderliche Zustimmung ist **Wirksamkeitsvoraussetzung** für den Spaltungsvertrag (WM/*Mayer* UmwG § 128 Rn. 26). **146**

Der Beschluss kann nur in einer **Versammlung** der Gesellschafter gefasst werden. Umlaufbeschlüsse sind nicht möglich, auch wenn der Gesellschaftsvertrag der A-GmbH solche vorsehen würde (WM/*Heckschen* UmwG § 13 Rn. 41). Auf das Informationsrecht gem. § 47 UmwG und auf die Vorlage und Auslage der Unterlagen gem. § 49 Abs. 2 UmwG (Jahresabschlüsse der letzten drei Jahre etc.) kann verzichtet werden. Wird kein ausdrücklicher Verzicht ausgesprochen, wird ein Verstoß durch eine Universalversammlung der Gesellschafter, bei der kein Gesellschafter der Beschlussfassung widerspricht, geheilt (SHS/*Westerburg* UmwG § 49 Rn. 5). **147**

Zu A. II.:

Der **Verzicht** auf die Erstattung eines Spaltungsberichtes, auf die Prüfung der Spaltung und auf die Erstattung eines Spaltungsprüfungsberichtes ist zulässig (vgl. §§ 8 Abs. 3 UmwG, 9 Abs. 3 Satz 1 und § 12 Abs. 3 UmwG jeweils iVm. § 125 Satz 1 UmwG); dasselbe gilt für den Verzicht auf etwaige Klagen gegen die Zulässigkeit des Beschlusses (Kallmeyer/*Kocher* UmwG § 49 Rn. 8). **148**

Diese „Erklärungen" sind **Willenserklärungen** der einzelnen Gesellschafter, die von dem Gesellschafterbeschluss gem. Ziff. I. zu unterscheiden sind; sie werden in der Urkunde daher auch räumlich von den Beschlussfassungen gem. Ziff. I. getrennt. **149**

Zu B. (Gesellschafterbeschluss der B-GmbH & Co. KG)

Der Zustimmungsbeschluss der Gesellschafter einer Personengesellschaft bedarf ebenfalls der Stimmen aller Gesellschafter (§ 43 Abs. 1 UmwG), auch der nicht anwesenden. Der Gesellschaftsvertrag kann jedoch eine Mehrheitsentscheidung vorsehen, wobei die Mehrheit mindestens $^3/_4$ der abgegebenen Stimmen betragen muss (§ 43 Abs. 2 Satz 1 und 2 UmwG). Im Übrigen gelten die Ausführungen unter → Rn. 142 ff. entsprechend. **150**

Zusätzlich enthält der Beschluss die Erhöhung der Kapitalkonten des V und des VS. Die BK-GmbH ist dagegen auch weiterhin nicht am Gesellschaftsvermögen beteiligt. **151**

Da das Kapital nicht in Höhe der Buchwerte des übergehenden Vermögens der GmbH erhöht werden soll, bestimmt Buchst. c, dass der nicht auf die erhöhten Kapitalanteile/Kommanditanteile entfallende Betrag des Buchwertes in die gesamthänderisch gebundenen Rücklagen eingestellt wird. **152**

Zu C. (Gesellschafterbeschluss der C-GmbH & Co. KG)

Die Ausführungen unter → Rn. 150 ff. gelten entsprechend. **153**

einstweilen frei **154**

Zu D. (Kosten)

155 Es ist zweckmäßig, in dem Spaltungsbeschluss zu regeln, welcher der beteiligten Rechtsträger die Kosten des jeweiligen Spaltungsbeschlusses tragen soll. Nach dem Formular tragen die Kosten des Spaltungsbeschlusses je zur Hälfte die B-GmbH & Co. KG und die C-GmbH & Co. KG.

Zu den Kosten dieses Formularfalls → Rn. 133 und → Rn. 84 ff. sowie im Übrigen → Form. B. 1 Rn. 206 ff.

Zu E. (Vollmachten)

156 Mit den Registervollmachten werden die Mitarbeiter des beurkundenden Notars bevollmächtigt, Änderungen oder Ergänzungen der Spaltungsbeschlüsse zu beschließen und anzumelden, die nach der Auffassung des Registergerichts, der zuständigen Industrie- und Handelskammer und sonstiger Behörden zum Vollzug der Aufspaltung erforderlich sind. Diese Vollmacht erspart den Beteiligten einen weiteren Gang zum Notar, falls zB das Registergericht einzelne Bestimmungen der Spaltungsbeschlüsse beanstanden oder eine Ergänzung der Spaltungsbeschlüsse verlangen sollte.

157–160 *einstweilen frei*

III. Handelsregisteranmeldung der A-GmbH

1. Verfahren

161 Das registerrechtliche Verfahren bei der Aufspaltung entspricht weitgehend demjenigen bei der Verschmelzung, so dass die §§ 16, 17 und 19 UmwG entsprechend anwendbar sind, soweit die §§ 129 und 130 UmwG keine besonderen Regelungen enthalten (WM/*Schwarz* UmwG § 129 Rn. 1).

Das nachfolgende Schaubild (in Ablehnung an WM/*Schwarz* UmwG § 129 Rn. 3) zeigt den Ablauf des Registerverfahrens bei Spaltungen.

Im Überblick ergibt sich folgendes Bild bei der Aufspaltung zur Aufnahme:

Maßnahmen der Verfahrensbeteiligten	Maßnahmen der Registergerichte
Anmeldung der Aufspaltung zur Eintragung im Register des Sitzes des übertragenden Rechtsträgers (§ 125 Satz 1 iVm. § 16 Abs. 1 Satz 1 UmwG) entweder durch dessen Vertretungsorgan oder durch das Vertretungsorgan eines der übernehmenden Rechtsträger (§ 129 UmwG)	Prüfung der jeweiligen Registeranmeldungen durch jedes Registergericht, bei dem eine Anmeldung erfolgte, unabhängig von der Prüfung der anderen Registergerichte
Anmeldung der Aufspaltung zur Eintragung in das jeweilige Register des Sitzes jedes der übernehmenden Rechtsträger durch deren jeweiliges Vertretungsorgan (§ 125 Satz 1 iVm. § 16 Abs. 1 Satz 1 UmwG)	Eintragung der Spaltung in die für jeden übernehmenden Rechtsträger zuständigen Register, jeweils mit dem Vermerk, dass die Spaltung erst mit der Eintragung im Register des Sitzes des aufgespaltenen Rechtsträgers wirksam werden wird (§ 130 Abs. 1 UmwG). Dieser Hinweis entfällt, wenn die Eintragungen in den Registern aller beteiligten Rechtsträger taggleich erfolgt (§ 130 Abs. 1 Satz 2 UmwG)
	Öffentliche Bekanntmachung der jeweiligen Eintragung durch das jeweilige Gericht, welches sie vorgenommen hat (§ 125 Satz 1 iVm. § 19 Abs. 3 UmwG)
	Nach Kenntnisnahme sämtlicher Eintragungen in den Handelsregistern der übernehmenden Rechtsträger Eintragung der Aufspaltung im

Maßnahmen der Verfahrensbeteiligten	**Maßnahmen der Registergerichte**
	Register des Sitzes des aufgespaltenen Rechtsträgers (§ 130 Abs. 1 Satz 1 UmwG)
	Öffentliche Bekanntmachung der Eintragung im Handelsregister des aufgespaltenen Rechtsträgers (§ 125 Satz 1 iVm. § 19 Abs. 3 UmwG)
	Mitteilung der Eintragung von Amts wegen durch das Registergericht des aufgespaltenen Rechtsträgers an alle für die übernehmenden Rechtsträger zuständigen Registergerichte unter Beifügung eines Registerauszugs und einer beglaubigten Abschrift des Gesellschaftsvertrages, der Satzung oder des Statuts des übertragenden Rechtsträgers (§ 130 Abs. 2 Satz 1 UmwG)
	Eintragung des Vermerks über den Tag der Eintragung in jedem für einen übernehmenden Rechtsträger zuständigen Register (§ 130 Abs. 2 Satz 2 UmwG)

Nach der Prüfung der Anmeldung erfolgt die **Eintragung** (§ 130 UmwG).

Erst wenn die Spaltung im Handelsregister beider **übernehmenden** Rechtsträger eingetragen ist, darf die Spaltung im Handelsregister des **übertragenden** Rechtsträgers eingetragen werden. **Mit der Eintragung** im Handelsregister des übertragenden Rechtsträgers wird die **Spaltung wirksam** (§ 131 Abs. 1 Satz 1 UmwG).

2. Anmeldeberechtigte

Für die Anmeldung der Spaltung zur Eintragung in das Handelsregister sind die 162
Vertretungsorgane der beteiligten Rechtsträger zuständig (§§ 16, 17 iVm. § 125 Satz 1 UmwG). Zur Anmeldung der Aufspaltung beim Registergericht des aufzuspaltenden Rechtsträgers sind auch die Vertretungsorgane der übernehmenden Gesellschaften berechtigt (§ 129 UmwG). Gemäß § 378 FamFG ist grundsätzlich auch der Notar berechtigt, im Namen der Anmeldeberechtigten die Eintragung zu beantragen, sofern er die eintragungsrelevante Tatsache beurkundet hat (widerlegbare Vermutung der Bevollmächtigung). Dies gilt grundsätzlich auch, wenn die Urkundsbeteiligten (zB Gesellschafter) und Anmeldepflichtigen (Geschäftsführung) nicht identisch sind (Gutachten Deutsches Notarinstitut, DNotI-Report 2010, 112ff.). In der Praxis wird bei Umwandlungsvorgängen hiervon aber seltener Gebrauch gemacht werden, da die seitens der Organe der beteiligten Rechtsträger jeweils abgegebenen Erklärungen über die fehlende Klageerhebung und ggf. weitere höchstpersönliche Erklärungen der Beteiligten nicht von dem Notar abgegeben werden können (vgl. insb. zur Möglichkeit der Trennung der Anmeldung und der Abgabe höchstpersönlicher Erklärungen Gutachten Deutsches Notarinstitut, DNotI-Report 2010, 112, 113). Zu beachten ist § 378 Abs. 3 FamFG, nach dem Anmeldungen zum Handelsregister durch einen Notar auf ihre Eintragungsfähigkeit zu prüfen und an das Registergericht weiterzuleiten sind.

3. Anlagen

Der Anmeldung sind gem. §§ 125, 17 Abs. 1, Abs. 2 Satz 1 UmwG in elektroni- 163
scher Form in öffentlich beglaubigter Abschrift oder, soweit sie nicht notariell zu beurkunden sind, in Urschrift oder Abschrift beizufügen:
– der Aufspaltungsvertrag,
– die Aufspaltungsbeschlüsse,

- (ggf.) erforderliche Zustimmungs-/Verzichtserklärungen der Anteilsinhaber der beteiligten Rechtsträger,
- die Schlussbilanz des übertragenden Rechtsträgers,
- ggf. Zuleitungsschreiben an den/die beteiligten Betriebsrat/-räte (§ 126 Abs. 3 UmwG) nebst entsprechendem Zugangsnachweis bzw. etwaiger Verzichtserklärung auf die Monatsfrist.

164 Die in § 17 Abs. 1 UmwG erwähnten Anlagen sollen nach dem Wortlaut zwar gleichzeitig mit der Anmeldung eingereicht werden. Noch nicht vollständig geklärt ist jedoch, welche Unterlagen mit der Anmeldung eingereicht werden müssen. Fristgerecht eingereicht werden müssen in jedem Fall: Umwandlungsvertrag, Umwandlungsbeschlüsse und sonstige Zustimmungserklärungen (SHS/*Hörtnagl* UmwG § 17 Rn. 45f. mwN). Weitere Unterlagen können hingegen nachgereicht werden, insb. die Schlussbilanz (LG Frankfurt v. 19.12.1997, DB 1998, 410; OLG Jena v. 21.10.2002, 6 W 534/02, NZG 2003, 43, 45; OLG Saarbrücken v. 29.7.2002; RNotZ 2002, 516; wohl auch OLG Brandenburg v. 5.2.2018, 7 W 86/17, NotBZ 2018, 381; aA hinsichtlich der Schlussbilanz WM/*Fronhöfer* UmwG § 17 Rn. 92; *Germann* GmbHR 1999, 591, 593; vgl. allgemein zur Frage der Korrekturmöglichkeit von Fehlern in der Umwandlungsdokumentation nach Ablauf der Frist des § 17 Abs. 2 Satz 4 UmwG: *Weiler* MittBayNot 2006, 377 sowie *Weiler* DNotZ 2007, 888).

165 *einstweilen frei*

4. Abzugebende Erklärungen

166 Besteht bei den beteiligten Rechtsträgern kein Betriebsrat, so ist eine Zuleitung des Entwurfs des Aufspaltungsvertrages gemäß § 126 Abs. 3 UmwG schon denknotwendig ausgeschlossen. Nach wohl überwiegender Meinung soll ein Schweigen in der Anmeldung, obwohl inhaltlich zutreffend, nicht genügen (SSt/*Schröer* UmwG § 5 Rn. 148). Vielmehr sind die vertretungsberechtigten Organe verpflichtet, eine entsprechende Negativerklärung abzugeben (SSt/*Schröer* UmwG § 5 Rn. 148). Streitig ist jedoch, ob es hierbei eine eidesstattliche Versicherung in öffentlich beglaubigter Form (so AG Duisburg v. 4.1.1996, GmbHR 1996, 372) oder lediglich eine einfache schriftliche Erklärung nötig ist (so die hM, vgl. SSt/*Schröer* UmwG § 5 Rn. 148 mwN). Eine ersatzweise Zuleitung an die einzelnen Arbeitnehmer ist jedoch nicht erforderlich (Umkehrschluss zu § 122e Satz 2 UmwG als gesetzlich geregelter Ausnahmefall).

5. Erklärung gem. § 16 Abs. 2 iVm. § 125 Satz 1 UmwG

167 Gem. § 16 Abs. 2 UmwG, der auf Grund der Generalverweisungsnorm in § 125 Satz 1 UmwG entsprechend anwendbar ist, ist von den anmeldenden Organen des übertragenden Rechtsträgers zu erklären, dass eine Klage gegen die Wirksamkeit des Aufspaltungsbeschlusses nicht erhoben oder eine solche Klage rechtskräftig abgewiesen oder zurückgenommen worden ist. Diese Negativerklärung muss nicht zwingend bereits bei der Anmeldung abgegeben werden, es handelt sich um einen behebbaren Mangel, für dessen Beseitigung vom Registergericht eine Frist gesetzt werden kann (BGH v. 2.7.1990, II ZB 1/90, WM 1990, 1372, 1373; SHS/*Winter* UmwG § 16 Rn. 27). Demnach kann die Anmeldung bereits während der Klagefrist des § 14 Abs. 1 UmwG eingereicht werden.

6. Vollmachten

168 Die Bevollmächtigung von Mitarbeitern des Notars erspart den Beteiligten einen weiteren Gang zum Notar, wenn das Registergericht oder die Industrie- und Handelskammer Änderungen verlangen. In jüngster Zeit wurde die Zulässigkeit dieser Vollmachten in sehr seltenen Fällen von dem jeweils zuständigen Registergericht in Frage gestellt, da es sich bei den Mitarbeitern des Notars nicht um Personen iSv. § 10 Abs. 2 FamFG handele; überwiegend werden die Vollmachten jedoch akzeptiert, so dass diese in das Muster aufgenommen wurden.

7. Beglaubigungsvermerk

Die Anmeldung ist notariell zu beglaubigen und elektronisch durch den beglaubigenden Notar zum Handelsregister einzureichen (§ 12 Abs. 1 Satz 1 HGB). **169**

IV. Handelsregisteranmeldungen der B-GmbH & Co. KG und der C-GmbH & Co. KG

Vgl. die Erläuterungen unter → Rn. 161 ff. **170**

B. 3 Abspaltung von Enkel-GmbH auf Tochter-GmbH zur Aufnahme

Gliederung

A. Vertragsformulare

Notarurkunden

B.3.1. Abspaltungs- und Übernahmevertrag[70 ff.]

UR-Nr. ...... vom ...... [71]

Heute, den ......
erschien vor mir, ... Notar in ...... an meiner Amtsstelle in ......

1. Frau T, ... *[Geburtstag, Geburtsort]*
wohnhaft ......
2. Herr E, ... *[Geburtstag, Geburtsort]*
wohnhaft ......
3. Herr M, ... *[Geburtstag, Geburtsort]*
wohnhaft ......

Die Erschienene zu 1. erklärte vorab, nicht im eigenen Namen zu handeln, sondern als einzelvertretungsberechtigte und von den Beschränkungen des § 181 BGB befreite Geschäftsführerin der Tochter-GmbH mit dem Sitz in ......, *[inländische Geschäftsanschrift]*, eingetragen im Handelsregister des Amtsgerichts ...... unter HRB ....

Der Notar bescheinigt gemäß § 21 BNotO aufgrund seiner am ...... erfolgten Einsicht in das elektronische Handelsregister der Tochter-GmbH zu HRB ......, dass die Erschienene zu 1. einzelvertretungsberechtigte und von den Beschränkungen des § 181 BGB befreite Geschäftsführerin der Tochter-GmbH ist.

Der Erschienene zu 2. erklärte vorab, nicht im eigenen Namen zu handeln, sondern als einzelvertretungsberechtigter und von den Beschränkungen des § 181 BGB befreiter Geschäftsführer der Enkel-GmbH mit dem Sitz in ......, *[inländische Geschäftsanschrift]*, eingetragen im Handelsregister des Amtsgerichts ...... unter HRB ....

Der Notar bescheinigt gemäß § 21 BNotO aufgrund seiner am ...... erfolgten Einsicht in das elektronische Handelsregister der Enkel-GmbH zu HRB ......, dass der Erschienene einzelvertretungsberechtigter und von den Beschränkungen des § 181 BGB befreiter Geschäftsführer der Enkel-GmbH ist.

Der Erschienene zu 3. erklärte vorab, nicht im eigenen Namen zu handeln, sondern als einzelvertretungsberechtigter und von den Beschränkungen des § 181 BGB befreiter Geschäftsführer der Mutter-GmbH mit dem Sitz in ......, *[inländische Geschäftsanschrift]*, eingetragen im Handelsregister des Amtsgerichts ...... unter HRB ....

Der Notar bescheinigt gemäß § 21 BNotO aufgrund seiner am ...... erfolgten Einsicht in das elektronische Handelsregister der Mutter-GmbH zu HRB ......, dass der Erschienene einzelvertretungsberechtigter und von den Beschränkungen des § 181 BGB befreiter Geschäftsführer der Mutter-GmbH ist.

Die Erschienenen wiesen sich durch Vorlage ihres amtlichen Lichtbildausweises aus.

Die Erschienenen erklärten vorab, dass weder der Notar noch sein Sozius in der nachfolgend zu beurkundenden Angelegenheit iSd. § 3 Abs. 1 Nr. 7 BeurkG außerhalb ihrer Amtstätigkeit vorbefasst sind oder waren.

Die Erschienenen baten sodann um Beurkundung des folgenden

Abspaltungs- und Übernahmevertrages

Präambel[71]

(1) Die Gesellschaft unter der Firma Enkel-GmbH (nachfolgend „übertragende Gesellschaft“) mit dem Sitz in ...... ist im Handelsregister des Amtsgerichts ...... unter HRB ...... eingetragen. Das Stammkapital der übertragenden Gesellschaft beträgt ...... EUR. Hieran ist die Tochter-GmbH mit dem Sitz in ......, eingetragen im Handelsregister des Amtsgerichts ...... unter HRB ...... mit Geschäftsanteilen im Nominalbetrag von ...... EUR und im Nominalbetrag von ...... EUR allein beteiligt. Die Geschäftsanteile sind nach Angaben der Beteiligten voll einbezahlt. Treuhandverhältnisse, Unterbeteiligungen oder wirtschaftlich vergleichbare Rechtsverhältnisse bestehen hinsichtlich der Geschäftsanteile nicht. Sonderrechte iSd. §§ 125 S. 1, 23 und 50 Abs. 2 UmwG bestehen bei der übertragenden Gesellschaft nicht.

Der Notar hat am ... die im elektronischen Handelsregister der übertragenden Gesellschaft zuletzt aufgenommene Gesellschafterliste eingesehen und bestätigt, dass darin lediglich die Tochter-GmbH mit Geschäftsanteilen im Nominalbetrag von ...... EUR und im Nominalbetrag von ...... EUR allein beteiligt ist.

(2) Die Gesellschaft unter der Firma Tochter-GmbH (nachfolgend „übernehmende Gesellschaft“) mit dem Sitz in ...... ist im Handelsregister des Amtsgerichts ...... unter HRB ...... eingetragen. Das Stammkapital der übernehmenden Gesellschaft beträgt ...... EUR. Hieran ist die Mutter-GmbH mit dem Sitz in ......, eingetragen im Handelsregister des Amtsgerichts ...... unter HRB ...... mit Geschäftsanteilen im Nominalbetrag von ...... EUR und im Nominalbetrag von ...... EUR allein beteiligt. Die Geschäftsanteile sind nach Angaben der Beteiligten voll einbezahlt. Treuhandverhältnisse, Unterbeteiligungen oder wirtschaftlich vergleichbare Rechtsverhältnisse bestehen hinsichtlich der Geschäftsanteile nicht.

Der Notar hat am ... die im elektronischen Handelsregister der übernehmenden Gesellschaft zuletzt aufgenommene Gesellschafterliste eingesehen und bestätigt, dass darin lediglich die Mutter-GmbH mit Geschäftsanteilen im Nominalbetrag von ...... EUR und im Nominalbetrag von ...... EUR allein beteiligt ist.

(2) Die übertragende Gesellschaft unterhält die beiden Geschäftsbereiche (i) EA (Beschreibung ......) und (ii) B (Beschreibung ......). Es handelt sich hierbei um zwei organisatorisch selbstständige und für sich allein lebensfähige Einheiten der übertragenden Gesellschaft. Sie beabsichtigt nunmehr, ihren nachstehend näher bestimmten Teilbetrieb EA nach den Vorschriften der §§ 123 ff. UmwG als Gesamtheit mit allen Rechten und Pflichten (unter Fortbestand der übertragenden Gesellschaft) im Wege der Abspaltung zur Aufnahme gemäß § 123 Abs. 2 Nr. 1 UmwG auf ihre alleinige Gesellschafterin, die Tochter-GmbH als übernehmende Gesellschaft, zu übertragen.

(3) Zwischen der Enkel-GmbH (Organgesellschaft) und der Tochter-GmbH (Organträger) besteht ein Beherrschungs- und Ergebnisabführungsvertrag vom ....

Vor diesem Hintergrund treffen die Parteien folgende Vereinbarungen:

I. Abspaltung [72 f.]

Die übertragende Gesellschaft spaltet hiermit den in Abschnitt II im Detail beschriebenen Teilbetrieb EA (nachfolgend „Teilbetrieb EA“) im Wege der Abspaltung zur Aufnahme gemäß § 123 Abs. 2 Nr. 1 UmwG ab und überträgt diesen unter Fortbestand der übertragenden Gesellschaft als Gesamtheit mit allen Rechten und Pflichten gemäß den nachfolgenden Regelungen auf die übernehmende Gesellschaft.

II. Vermögensübertragung[74]

Für die Übertragung der Gegenstände des Aktiv- und Passivvermögens auf die übernehmende Gesellschaft gilt im Einzelnen:

1. **Auf die übernehmende Gesellschaft werden alle Aktiva übertragen, die rechtlich oder wirtschaftlich mittelbar oder unmittelbar zum Teilbetrieb EA gehören und in der auf den nicht mehr als acht Monate vor der Anmeldung liegenden Spaltungsstichtag, nämlich zum ...... aufgestellten Aufteilungsbilanz als auf die Tochter-GmbH übergehend gekennzeichnet sind, sowie die nicht bilanzierungsfähigen Wirtschaftsgüter gem. Buchst. d) und g) sowie die Vertragsverhältnisse gem. Buchst. e) und f), insbesondere**
   a) **die dem Teilbetrieb EA zuzuordnenden Gegenstände des Anlagevermögens, insbesondere die in Anlage ...... aufgeführten Markenrechte sowie ähnliche Schutzrechte (zB Patente, Gebrauchsmuster, Urheberrechte bzw. ausschließliche oder einfache Lizenzrechte an den vorgenannten Rechten), technische Anlagen und Maschinen im Buchwert von ...... EUR (vgl. Gliederungsziffer A. II. 2. der Aktivseite der Aufteilungsbilanz), andere Anlagen, Betriebs- und Geschäftsausstattung im Buchwert von ...... EUR, die ebenfalls dem Teilbetrieb EA zuzuordnen sind (vgl. Gliederungsziffer A. II. 3. der Aufteilungsbilanz), ferner die in der Gliederungsziffer A. III. der Aufteilungsbilanz aufgeführten Gegenstände des Finanzanlagevermögens,**
   b) **die dem Teilbetrieb EA zuzuordnenden Gegenstände des Umlaufvermögens, nämlich fertige Erzeugnisse im Wert von ...... EUR gemäß Gliederungsziffer B. I. 3. der Aktivseite der Aufteilungsbilanz und Forderungen aus Lieferungen und Leistungen gemäß Gliederungsziffer B. II. 1. der Aktivseite der Aufteilungsbilanz, Forderungen gegenüber verbundenen Unternehmen gemäß Gliederungsziffer B. II. 2. der Aktivseite der Aufteilungsbilanz, sonstige Vermögensgegenstände in Höhe von ...... EUR gemäß Gliederungsziffer B. II. 4. der Aktivseite der Aufteilungsbilanz und die Guthaben bei Kreditinstituten gemäß Gliederungsziffer B. III. der Aktivseite der Aufteilungsbilanz,**
   c) **der auf den Teilbetrieb EA entfallende Anteil der Rechnungsabgrenzungsposten der Aktivseite der Aufteilungsbilanz iHv....... EUR,**
   d) **sonstige dem Teilbetrieb EA zuzuordnende Vermögensgegenstände des Anlage- und Umlaufvermögens, soweit sie nicht bilanzierungspflichtig bzw. -fähig sind, insbesondere ...... gemäß Anlage ......,**
   e) **alle dem Teilbetrieb EA zuzuordnenden Verträge, insbesondere Nutzungs-, Pacht- und Mietverträge, Leasing- und Lieferverträge, Dienstleistungsverträge, Konzessionsverträge, Versicherungsverträge, Angebote und sonstige Rechtsstellungen sowie alle mit dem Geschäft des Teilbetriebs EA in Zusammenhang stehenden sonstigen Vermögensgegenstände (vgl. Anlage ......),**
   f) **die in der Anlage ...... beschriebenen Arbeitsverhältnisse, die zum Teilbetrieb EA gehören,**
   g) **sämtliche Rechte, Ansprüche, bewegliche und unbewegliche Sachen, die dem Teilbetrieb EA rechtlich und/oder wirtschaftlich zuzuordnen sind, unabhängig davon, ob die vorgenannten Vermögenspositionen bilanzierungsfähig sind.**

2. **Von der übernehmenden Gesellschaft werden diejenigen Passiva übernommen, die rechtlich oder wirtschaftlich zu dem vorstehend genannten Teilbetrieb EA gehören und in der zum ...... aufgestellten Aufteilungsbilanz enthalten sind, und zwar im Einzelnen**
   a) **Sonderposten mit Rücklagenanteil in Höhe von ...... EUR gemäß Gliederungsziffer B. der Passivseite der Aufteilungsbilanz,**
   b) **Rückstellungen für Pensionen in Höhe von ...... EUR (Gliederungsziffer B. 1. der Passivseite der Aufteilungsbilanz), Steuerrückstellungen in Höhe von ...... EUR (Gliederungsziffer B. 2. der Passivseite der Aufteilungsbilanz) und der ...... EUR betragende Teil der sonstigen Rückstellungen, der auf den Teilbetrieb EA entfällt (Gliederungsziffer B. 3. der Passivseite der Aufteilungsbilanz),**

c) diejenigen Verbindlichkeiten, die rechtlich oder wirtschaftlich zu dem Teilbetrieb EA gehören, nämlich Verbindlichkeiten aus Lieferungen und Leistungen, mit einem auf den Teilbetrieb EA entfallenden Anteil von ...... EUR, Verbindlichkeiten gegenüber verbundenen Unternehmen mit einem auf den Teilbetrieb EA entfallenden Anteil von ...... EUR und sonstige Verbindlichkeiten mit einem auf den Teilbetrieb EA entfallenden Anteil von ...... EUR, insbesondere die Verbindlichkeiten, die in den Anlagen ...... näher bezeichnet sind.

3. Grundbesitz wird nicht mitübertragen.

4. Die aus der Schlussbilanz zum 31.12.20..... der Enkel-GmbH entwickelte Aufteilungsbilanz ist dieser Urkunde als Anlage ...... beigefügt.

5. Soweit ab dem Spaltungsstichtag gem. nachfolgendem Abschnitt III Ziff. 1 Gegenstände durch die übertragende Gesellschaft im Rahmen des ordnungsgemäßen Geschäftsgangs veräußert worden sind, treten die Surrogate an deren Stelle.

6. Vermögensgegenstände, Verbindlichkeiten und Arbeitsverhältnisse, die nicht in den beigefügten Anlagen ...... aufgeführt sind, gehen entsprechend der in der Präambel und in Abschnitt II Ziffern 1 bis 3 getroffenen Zuordnung auf die Tochter-GmbH über, soweit sie dem Teilbetrieb EA im weitesten Sinne zuzuordnen sind. Dies gilt insbesondere für immaterielle oder bis zur Eintragung der Spaltung in das Handelsregister am Sitz der übertragenden Gesellschaft erworbene Vermögensgegenstände, begründete Arbeitsverhältnisse und entstandene Verbindlichkeiten. Soweit sich nach dem Wirksamwerden der Spaltung heute dem Grunde und der Höhe nach unbekannte und nicht absehbare Verbindlichkeiten aus Risiken der übertragenden Gesellschaft ergeben sollten, werden diese von der übertragenden Gesellschaft getragen.

7. Kommt es zu Zweifeln hinsichtlich des Umfangs und der Zuordnung der mit dieser Urkunde übertragenen Aktiva und Passiva sowie sonstiger Vermögensgegenstände, so steht der übertragenden Gesellschaft jeweils ein Bestimmungsrecht nach billigem Ermessen gem. § 315 BGB zu. Soweit bestimmte Gegenstände des Aktiv- und Passivvermögens oder sonstige Rechte und Pflichten, die nach diesem Vertrag auf die übernehmende Gesellschaft übergehen sollen, nicht oder nicht in dem vorgesehenen Umfang kraft Gesetzes mit der Eintragung der Abspaltung auf die übernehmende Gesellschaft übergehen, wird die übertragende Gesellschaft diese Gegenstände im Wege der Einzelrechtsnachfolge auf die übernehmende Gesellschaft übertragen; die Parteien werden sich bemühen – soweit erforderlich – die Zustimmung des jeweiligen Vertragspartners einzuholen. Bis zur Übertragung im Wege der Einzelrechtsnachfolge werden sich die Parteien im Innenverhältnis so stellen, wie sie stehen würden, wenn die Übertragung des jeweiligen Gegenstands auch im Außenverhältnis mit Wirkung zum Spaltungsstichtag wirksam geworden wäre.

8.[75 ff.] Sofern als Folge der Abspaltung kein gesetzlicher Partei- bzw. Beteiligtenwechsel stattfindet, führt die übertragende Gesellschaft alle Prozessrechtsverhältnisse und alle öffentlich-rechtlichen Verfahren einschließlich verwaltungsgerichtlicher Verfahren, die dem Teilbetrieb EA zuzuordnen sind bzw. im Zusammenhang mit dem übergehenden Vermögen stehen, zunächst weiter, ohne dass dadurch die Übertragung von Rechten und Pflichten nach diesem Vertrag in Frage gestellt werden soll. Die Parteien werden sich in diesem Fall um einen gewillkürten Partei- bzw. Beteiligtenwechsel in diesen Verfahren bemühen. Ist ein solcher Partei- bzw. Beteiligtenwechsel nicht zu erreichen, werden sich die Parteien im Innenverhältnis so stellen, als wären die Prozessrechtsverhältnisse und alle öffentlich-rechtlichen Verfahren einschließlich verwaltungsgerichtlicher Verfahren zum Spaltungsstichtag übertragen worden. Die übertragende Gesellschaft wird die Verfahren gemäß

den Vorgaben der übernehmenden Gesellschaft fortführen; die übernehmende Gesellschaft wird in diesen Fällen die übertragende Gesellschaft von sämtlichen Kosten (insbesondere solchen aus der Beauftragung von Rechtsbeiständen) freistellen.

III. Spaltungsstichtag, Schlussbilanz[79]

1. Die Übertragung der in Abschnitt II bezeichneten Vermögensgegenstände und Verbindlichkeiten der Enkel-GmbH erfolgt im Verhältnis zwischen den beteiligten Rechtsträgern mit Wirkung zum 31.12.20......, 24.00 Uhr. Ab dem folgenden Tag 1.1.20......, 00.00 Uhr gelten die auf die übertragenen Vermögensgegenstände und Verbindlichkeiten bezogenen Handlungen der Enkel-GmbH jeweils als für Rechnung der Tochter-GmbH vorgenommen („Spaltungsstichtag“, § 126 Abs. 1 Nr. 6 UmwG).

2. Als Schlussbilanz nach § 125 iVm. § 17 Abs. 2 UmwG wird der Abspaltung die Bilanz der übertragenden Gesellschaft (Enkel-GmbH) zum 31.12.20......, 24.00 Uhr zu Grunde gelegt. Eines Spaltungsberichts bedarf es nach §§ 127, 8 Abs. 3 Satz 1 Alt. 2 UmwG nicht. Auf eine Spaltungsprüfung und einen Spaltungsprüfungsbericht wird verzichtet (§§ 125, 9 Abs. 3, 12 Abs. 3, 48 UmwG).

IV. Keine Gewährung von Geschäftsanteilen[80 f.]

1. Der Gewährung von Geschäftsanteilen als Gegenleistung bedarf es nicht, da die Tochter-GmbH als übernehmende Gesellschaft sämtliche Geschäftsanteile an der Enkel-GmbH als übertragender Gesellschaft hält und die Abspaltung gemäß § 125 Satz 1 iVm. §§ 54 Abs. 1 Satz 1 Nr. 1 UmwG daher ohne eine Kapitalerhöhung bei der übernehmenden Tochter-GmbH stattzufinden hat. Entsprechend sind keine Angaben nach § 126 Abs. 1 Ziffern 3, 4, 5 und 10 UmwG erforderlich.

2. Auch eine sonstige Gegenleistung wird weder geschuldet noch gewährt.

V. Besondere Rechte und Vorteile/Abfindungsangebot[82]

1. Besondere Rechte im Sinne von § 126 Abs. 1 Nr. 7 UmwG bestehen weder bei der Enkel-GmbH noch bei der Tochter-GmbH. Die Tochter-GmbH gewährt auch im Rahmen der Abspaltung keine besonderen Rechte oder Maßnahmen im Sinne von § 126 Abs. 1 Nr. 7 UmwG. Besondere Vorteile im Sinne von § 126 Abs. 1 Nr. 8 UmwG werden ebenfalls niemandem gewährt.

2. Ein Abfindungsangebot ist nach den §§ 29, 125 UmwG nicht erforderlich.

VI. Folgen der Spaltung für die Arbeitnehmer und ihre Vertretungen (§ 126 Abs. 1 Nr. 11 UmwG)[83]

Die Arbeitsverhältnisse sämtlicher dem übertragenen Teilbetrieb EA zugehörigen Arbeitnehmer, die in der Anlage ...... bezeichnet sind, gehen auf die Tochter-GmbH über. Diese tritt gemäß § 613a BGB mit allen Rechten und Pflichten unter Anrechnung der bei der Enkel-GmbH verbrachten Vordienstzeiten in die Arbeitsverhältnisse ein. Auf die inhaltliche Ausgestaltung der Arbeitsverhältnisse hat die Abspaltung keine Auswirkungen. Soweit Arbeitnehmer nach § 613a BGB auf die Tochter-GmbH übergehen, haben sie das Recht, dem Übergang zu widersprechen. Der Widerspruch ist innerhalb eines Monats nach Zugang der Unterrichtung des Arbeitnehmers über den bevorstehenden Betriebsübergang gem. § 613a Abs. 5 BGB auszuüben. Widerspricht ein Arbeitnehmer dem Übergang seines Arbeitsverhältnisses, so besteht das Arbeitsverhältnis zur Enkel-GmbH fort. Diese kann das Arbeitsverhältnis jedoch unter den Voraussetzungen des § 1 KSchG betriebsbedingt kündigen, wenn eine Weiterbeschäftigung des dem Übergang widersprechenden Arbeitnehmers nicht möglich ist.

Es existiert weder bei der Enkel-GmbH noch bei der Tochter-GmbH ein Betriebsrat, eine Information nach § 126 Abs. 3 UmwG entfällt. Bei der Mutter-GmbH und bei mit ihr nach §§ 15ff. AktG verbundenen Unternehmen besteht kein Konzernbetriebsrat. Die Voraussetzungen für die gesetzliche Mitbestimmung der Arbeitnehmer sind nicht gegeben. Veränderungen im betriebsverfassungsrechtlichen sowie im mitbestimmungsrechtlichen Bereich ergeben sich somit nicht.

VII. Fortbestand des Beherrschungs- und Ergebnisabführungsvertrages[84]

Zwischen der Enkel-GmbH und der Tochter-GmbH besteht ein Beherrschungs- und Ergebnisabführungsvertrag vom ……, der im Handelsregister der Enkel-GmbH eingetragen ist. Die Parteien stellen höchst vorsorglich fest, dass der Beherrschungs- und Ergebnisabführungsvertrag nicht dem abzuspaltenden Teilbetrieb EA zuzuordnen ist und dieser auch nach der Abspaltung unverändert fort gilt. Die Parteien verzichten ebenso vorsorglich auf ein ihnen in diesem Zusammenhang ggf. zustehendes Recht zur außerordentlichen Kündigung des Beherrschungs- und Ergebnisabführungsvertrages.

VIII. Sicherheitsleistung (§ 22 iVm. § 125 Abs. 1 UmwG)[85]

Den Gläubigern der an der Spaltung beteiligten Gesellschaften ist, wenn sie binnen sechs Monaten nach der Bekanntmachung der Eintragung der Spaltung in das Handelsregister des Sitzes der Gesellschaft, deren Gläubiger sie sind, ihren Anspruch nach Grund und Höhe schriftlich anmelden, Sicherheit zu leisten, soweit sie nicht Befriedigung verlangen können und glaubhaft machen, dass durch die Spaltung die Erfüllung ihrer Forderungen gefährdet wird. Zur Sicherheitsleistung ist allerdings nur die an der Spaltung beteiligte Gesellschaft verpflichtet, gegen die sich der Anspruch richtet.

IX. Salvatorische Klausel[86]

Sollten sich einzelne Bestimmungen dieses Spaltungs- und Übernahmevertrages ganz oder teilweise als unwirksam herausstellen oder undurchführbar werden oder im Einzelfall nicht anwendbar sein, so soll dadurch die Wirksamkeit der übrigen Bestimmungen des Spaltungs- und Übernahmevertrages nicht berührt werden. In einem solchen Falle ist die unwirksame oder undurchführbare oder nicht anwendbare Bestimmung durch eine solche Bestimmung zu ersetzen, welche die Parteien gewählt hätten, wenn sie den Fall der Unwirksamkeit oder Undurchführbarkeit bedacht und unter billiger Berücksichtigung der Interessen beider Parteien gelöst hätten.

X. Kosten, Abschriften[87]

Die Kosten dieser Urkunde und ihres Vollzugs sowie gegebenenfalls anfallende Verkehrssteuern trägt die Tochter-GmbH.

Von dieser Urkunde erhalten Ausfertigungen:
- Mutter-GmbH als Anteilsinhaberin;
- Enkel-GmbH als übertragende Gesellschaft;
- Tochter-GmbH als übernehmende Gesellschaft;

und elektronisch beglaubigte Abschriften:
- das Registergericht für die Enkel-GmbH;
- das Registergericht für die Tochter-GmbH;

einfache Abschriften:
- Rechtsanwälte ……;
- Steuerberater ……;
- Finanzamt – Körperschaftsteuerstelle – der Enkel-GmbH;
- Finanzamt – Körperschaftsteuerstelle – der Tochter-GmbH.

XI. Hinweise[88]

Der Notar hat insbesondere darüber belehrt, dass

1. **die Abspaltung erst mit der Eintragung in das Handelsregister der übertragenden Gesellschaft wirksam wird und diese Eintragung erst nach der Eintragung der Abspaltung in das Handelsregister der übernehmenden Gesellschaft erfolgen kann;**
2. **der Wert des bei der übertragenden Gesellschaft verbleibenden Gesellschaftsvermögens nicht niedriger sein darf als deren ausgewiesenes Stammkapital;**
3. **die Wirkungen der Eintragung nach § 131 UmwG und die Haftungsvorschriften der §§ 133 ff. UmwG mit der Eintragung in das Handelsregister der übertragenden Gesellschaft eintreten;**
4. **die kündigungsrechtliche Stellung der Arbeitnehmer sich nach § 323 UmwG sowie § 613a BGB bestimmt;**
5. **evtl. eine Schadenersatzverpflichtung der Vertretungsorgane der übertragenden Gesellschaft nach §§ 125 S. 1, 25 UmwG bestehen könne;**
6. **weitergehende Haftungsvorschriften bestehen können, insbesondere § 25 HGB (vgl. § 133 Abs. 1 Satz 2 UmwG) sowie § 75 AO;**
7. **bei der Anmeldung der Abspaltung zur Eintragung in das Handelsregister des Sitzes der übertragenden Gesellschaft vom Vertretungsorgan zu erklären ist, dass die durch Gesetz und Gesellschaftsvertrag vorgesehenen Voraussetzungen für die Gründung dieser Gesellschaft unter Berücksichtigung der Abspaltung im Zeitpunkt der Anmeldung unverändert vorliegen (vgl. § 140 UmwG);**
8. **ggf. eine Grunderwerbsteuerpflicht bei übergehendem Grundbesitz bestehen kann.**

XII. Anlagen[89]

Auf die hier beigehefteten Anlagen ...... wird gemäß § 9 Abs. 1 Satz 2 BeurkG verwiesen, sie wurden mitverlesen. Karten, Zeichnungen und Abbildungen wurden statt des Vorlesens zur Durchsicht vorgelegt. Auf die Anlagen ......, die nur Bilanzen, Inventare und sonstige Bestandsverzeichnisse über Sachen, Rechte und Rechtsverhältnisse enthalten, wird gemäß § 14 Abs. 1 Satz 1 BeurkG verwiesen; sie sind dieser Niederschrift beigefügt, auf ihre Vorlesung haben die Beteiligten nach einer entsprechenden Belehrung durch den Notar verzichtet. Sie wurden den Beteiligten zur Kenntnisnahme vorgelegt, von ihnen unterschrieben und, soweit das einzelne Schriftstück aus mehreren Seiten besteht, auf jeder Seite von ihnen unterzeichnet.

Im Übrigen wurde diese Urkunde vom Notar vorgelesen und den Erschienenen zur Durchsicht vorgelegt, von ihnen genehmigt und von ihnen und dem Notar eigenhändig wie folgt unterschrieben:

...

[Unterschriften]

B.3.2. Niederschrift über Gesellschafterversammlungen

UR-Nr....... vom ...... [90]

Heute, den ......
erschien vor mir, ... Notar in ...... an meiner Amtsstelle in ......

1. **Frau T, ... [Geburtstag, Geburtsort]**
   wohnhaft ......
2. **Herr M, ... [Geburtstag, Geburtsort]**
   wohnhaft ......

Die Erschienene zu 1. erklärte vorab, nicht im eigenen Namen zu handeln, sondern als einzelvertretungsberechtigte und von den Beschränkungen des § 181 BGB befreite Geschäftsführerin der Tochter-GmbH mit dem Sitz in ......, *[inländische Geschäftsanschrift],* eingetragen im Handelsregister des Amtsgerichts ...... unter HRB ....

Der Notar bescheinigt gemäß § 21 BNotO aufgrund seiner am ...... erfolgten Einsicht in das elektronische Handelsregister der Tochter-GmbH zu HRB ......, dass die Erschienene zu 1. einzelvertretungsberechtigte und von den Beschränkungen des § 181 BGB befreite Geschäftsführerin der Tochter-GmbH ist.

Der Erschienene zu 2. erklärte vorab, nicht im eigenen Namen zu handeln, sondern als einzelvertretungsberechtigter und von den Beschränkungen des § 181 BGB befreiter Geschäftsführer der Mutter-GmbH mit dem Sitz in ......, *[inländische Geschäftsanschrift],* eingetragen im Handelsregister des Amtsgerichts ...... unter HRB ....

Der Notar bescheinigt gemäß § 21 BNotO aufgrund seiner am ...... erfolgten Einsicht in das elektronische Handelsregister der Mutter-GmbH zu HRB ......, dass der Erschienene einzelvertretungsberechtigter und von den Beschränkungen des § 181 BGB befreiter Geschäftsführer der Mutter-GmbH ist.

Die Erschienenen wiesen sich aus durch Vorlage ihres amtlichen Lichtbildausweises.

Die Erschienenen erklärten vorab, dass weder der Notar noch sein Sozius in der nachfolgend zu beurkundenden Angelegenheit iSd. § 3 Abs. 1 Nr. 7 BeurkG außerhalb ihrer Amtstätigkeit vorbefasst sind oder waren.

Auf Ansuchen beurkunde ich, was folgt:

I. Vorbemerkungen[90]

1. **Die Gesellschaft unter der Firma Enkel-GmbH mit dem Sitz in ...... ist im Handelsregister des Amtsgerichts ...... unter HRB ...... eingetragen. Das Stammkapital der Enkel-GmbH beträgt ...... EUR. Hieran ist die Tochter-GmbH mit dem Sitz in ......, eingetragen im Handelsregister des Amtsgerichts ...... unter HRB ...... mit Geschäftsanteilen im Nominalbetrag von ...... EUR und im Nominalbetrag von ...... EUR allein beteiligt.**
   Der Notar hat am ... die im elektronischen Handelsregister der Enkel-GmbH zuletzt aufgenommene Gesellschafterliste eingesehen und bestätigt, dass darin lediglich die Tochter-GmbH mit Geschäftsanteilen im Nominalbetrag von ...... EUR und im Nominalbetrag von ...... EUR allein beteiligt ist.
2. **Die Gesellschaft unter der Firma Tochter-GmbH mit dem Sitz in ...... ist im Handelsregister des Amtsgerichts ...... unter HRB ...... eingetragen. Das Stammkapital der Tochter-GmbH beträgt ...... EUR. Hieran ist die Mutter-GmbH mit dem Sitz in ......, eingetragen im Handelsregister des Amtsgerichts ...... unter HRB ...... mit Geschäftsanteilen im Nominalbetrag von ...... EUR und im Nominalbetrag von ...... EUR allein beteiligt. Die Geschäftsanteile sind nach Angaben der Beteiligten voll einbezahlt.**
   Der Notar hat am ... die im elektronischen Handelsregister der Tochter-GmbH zuletzt aufgenommene Gesellschafterliste eingesehen und bestätigt, dass darin lediglich die Mutter-GmbH mit Geschäftsanteilen im Nominalbetrag von ...... EUR und im Nominalbetrag von ...... EUR allein beteiligt ist.
3. **Mit Urkunde des beurkundenden Notars vom heutigen Tage (UR-Nr. ......) haben die Enkel-GmbH und die Tochter-GmbH einen Spaltungs- und Übernahmevertrag abgeschlossen, aufgrund dessen die Enkel-GmbH (als übertragender Rechtsträger) einen Teil ihres Vermögens – den selbstständigen Teilbetrieb EA – auf die Tochter-GmbH (als übernehmenden Rechtsträger) abspaltet („Spaltungs- und**

Übernahmevertrag"). Eine beglaubigte Abschrift des Spaltungs- und Übernahmevertrages ist dieser Niederschrift zur Information als Anlage ...... (nicht als Urkundebestandteil i.S.d. § 9 BeurkG) beigefügt.

II. Gesellschafterversammlung der Enkel-GmbH[91 ff.]

1. Gesellschafterversammlung, Zustimmungsbeschluss[94 f.]
Die Tochter-GmbH als alleinige Gesellschafterin der Enkel-GmbH hält hiermit unter Verzicht auf alle durch Gesetz und Gesellschaftsvertrag vorgeschriebenen Formen und Fristen für die Einberufung, Vorbereitung und die Durchführung einer Gesellschafterversammlung eine Gesellschaftervollversammlung der Enkel-GmbH ab.
Die Tochter-GmbH bestätigt zunächst, dass sie rechtzeitig vor dieser Versammlung Kenntnis vom Spaltungs- und Übernahmevertrag und allen der Spaltung zugrundeliegenden Unterlagen erhalten hat. Auf die Übersendung des Entwurfs des Vertrages zusammen mit der Einberufung der Gesellschafterversammlung gem. § 47 iVm. § 125 Satz 1 UmwG wird hiermit verzichtet. Auf die Auslegung der Jahresabschlüsse und der Lageberichte der an der Spaltung beteiligten Rechtsträger für die letzten drei Geschäftsjahre zur Einsicht durch die Gesellschafter in den Geschäftsräumen der Gesellschaften ab dem Zeitpunkt der Einberufung der Gesellschafterversammlung und in der heutigen Gesellschafterversammlung gemäß § 49 iVm. § 125 Satz 1 UmwG wird verzichtet.
Es wird beschlossen was folgt:
Dem als Anlage ...... beigefügten Spaltungs- und Übernahmevertrag wird hiermit vorbehaltlos zugestimmt.
Weitere Beschlüsse werden nicht gefasst. Die Gesellschafterversammlung ist hiermit beendet.

2. Sonstige Feststellungen, Verzichtserklärungen
2.1 Eine Kapitalherabsetzung bei der Enkel-GmbH (als übertragendem Rechtsträger) zur Durchführung der Abspaltung gemäß § 139 UmwG ist nicht erforderlich.[96]
2.2 Da die Gesellschafterin (als übernehmender Rechtsträger) sämtliche Geschäftsanteile an der Enkel-GmbH (als übertragendem Rechtsträger) hält, bedarf es keiner Gewährung von Geschäftsanteilen nach §§ 54 Abs. 1 Satz 1 Nr. 1, 125 Satz 1 UmwG und keiner Erstellung eines Spaltungsberichts i.S.d. §§ 8 Abs. 3, 127 UmwG.[97 f.]
2.3 Die Gesellschafterin verzichtet hiermit auf das Recht, eine Spaltungsprüfung gemäß §§ 48, 9 iVm. § 125 Satz 1 UmwG sowie einen Spaltungsprüfungsbericht nach §§ 48, 12, 125 Satz 1 UmwG zu verlangen und das Recht, die in Ziff. 1 genannten Beschlüsse, insbesondere den Zustimmungsbeschluss zum Spaltungs- und Übernahmevertrag, anzufechten bzw. Klage gegen die Wirksamkeit der Beschlüsse zu erheben.[99 f.]

3. Vollmacht
Der Notar wird hiermit bevollmächtigt, alle Handlungen, die für die Durchführung und Eintragung des Zustimmungsbeschlusses erforderlich oder nützlich sind, insbesondere alle Änderungen oder Ergänzungen in das Handelsregister anzumelden. Der Notar ist zur Erteilung von Untervollmachten berechtigt.

4. Durchführung
Der Notar wird mit dem Vollzug dieser Urkunde beauftragt.

Anlagen

III. Gesellschafterversammlung der Tochter-GmbH[101]

1. Gesellschafterversammlung, Zustimmungsbeschluss
Die Mutter-GmbH als alleinige Gesellschafterin der Tochter GmbH hält hiermit unter Verzicht auf alle durch Gesetz und Gesellschaftsvertrag vorgeschriebenen Formen und Fristen für die Einberufung, Vorbereitung und die Durchführung einer Gesellschafterversammlung eine Gesellschaftervollversammlung der Tochter GmbH ab.
Der Erschienene zu 2. bestätigt zunächst, dass die Mutter-GmbH rechtzeitig vor dieser Versammlung Kenntnis vom Spaltungs- und Übernahmevertrag und allen der Spaltung zugrundeliegenden Unterlagen erhalten hat. Auf die Übersendung des Entwurfs des Vertrages zusammen mit der Einberufung der Gesellschafterversammlung gem. § 47 iVm. § 125 Satz 1 UmwG wird hiermit verzichtet. Auf die Auslegung der Jahresabschlüsse und der Lageberichte der an der Spaltung beteiligten Rechtsträger für die letzten drei Geschäftsjahre zur Einsicht durch die Gesellschafter in den Geschäftsräumen der Gesellschaften ab dem Zeitpunkt der Einberufung der Gesellschafterversammlung und in der heutigen Gesellschafterversammlung gemäß § 49 iVm. § 125 Satz 1 UmwG wird verzichtet.
Es wird beschlossen was folgt:
Dem unter Abschnitt I Ziff. 3 genannten Spaltungs- und Übernahmevertrag wird hiermit vorbehaltlos zugestimmt.
Weitere Beschlüsse werden nicht gefasst. Die Gesellschafterversammlung ist hiermit beendet.
2. Feststellungen, Verzichtserklärungen
2.1 Da die Tochter-GmbH sämtliche Geschäftsanteile an der Enkel-GmbH hält, bedarf es keiner Gewährung von Geschäftsanteilen an die Tochter-GmbH nach §§ 54 Abs. 1 Satz 1 Nr. 1, 125 Satz 1 UmwG und keiner Erstellung eines Spaltungsberichts i. S. d. §§ 8 Abs. 3, 127 UmwG.
2.2 Die Mutter-GmbH verzichtet hiermit auf das Recht, eine Spaltungsprüfung gemäß §§ 48, 9 iVm. § 125 Satz 1 UmwG sowie einen Spaltungsprüfungsbericht nach §§ 48, 12, 125 Satz 1 UmwG zu verlangen und das Recht, den in Ziff. 1 genannten Zustimmungsbeschluss zum Spaltungs- und Übernahmevertrag anzufechten bzw. Klage gegen die Wirksamkeit des Beschlusses zu erheben.
3. Vollmacht
Der Notar wird hiermit bevollmächtigt, alle Handlungen, die für die Durchführung und Eintragung des Zustimmungsbeschlusses erforderlich oder nützlich sind, insbesondere alle Änderungen oder Ergänzungen in das Handelsregister anzumelden. Der Notar ist zur Erteilung von Untervollmachten berechtigt.
4. Durchführung
Der Notar wird mit dem Vollzug dieser Urkunde beauftragt.

Anlage

IV. Kosten und Abschriften

Die Kosten dieser Urkunde trägt die Tochter-GmbH.

Von dieser Urkunde erhalten

Ausfertigungen:
- die Enkel-GmbH,
- die Tochter-GmbH,
- die Mutter-GmbH,

beglaubigte Abschriften:
- **das Registergericht für die Enkel-GmbH (in elektronischer Form),**
- **das Registergericht für die Tochter-GmbH (in elektronischer Form),**
- **das Finanzamt – Körperschaftsteuerstelle –,**

einfache Abschriften:
- **Rechtsanwälte ......**
- **Steuerberater ......**

Diese Urkunde samt Anlagen wurde den Erschienenen vom Notar vorgelesen, von ihnen genehmigt und von ihnen und dem Notar eigenhändig wie folgt unterzeichnet:

...

[Unterschriften]

Handelsregisteranmeldungen[102]

B.3.3. Handelsregisteranmeldung der Enkel-GmbH

UR-Nr. ...... vom ......

An das
Amtsgericht ......
– Registergericht –

Betr.: HRB ...., Enkel-GmbH mit Sitz in ...
hier: Anmeldung einer Abspaltung zur Aufnahme nach § 123 Abs. 2 Nr. 1 UmwG

Wir, die jeweils einzelvertretungsberechtigten Geschäftsführer überreichen in der Anlage:

1. **eine elektronisch beglaubigte Abschrift des notariell beurkundeten Abspaltungs- und Übernahmevertrages zur Urkunde des Notars ...... in ...... vom ......, UR-Nr. ......;**
2. **eine elektronisch beglaubigte Abschrift der notariellen Niederschrift über die Gesellschafterversammlungen der Gesellschaft und der Tochter-GmbH mit dem Sitz in ...... (HRB ......) zur Urkunde des Notars ...... in ...... vom ...... (UR-Nr. ......) enthaltend die Beschlüsse über die Zustimmung zum Abspaltungs- und Übernahmevertrag sowie die notariell beurkundeten Verzichtserklärungen der Gesellschafter bezüglich der Erstellung eines Spaltungsberichtes, einer Spaltungsprüfung sowie ihres Klagerechts;**
3. **die von sämtlichen Geschäftsführern unterzeichnete Schlussbilanz der Gesellschaft zum Stichtag 31.12.20..**

Gem. § 140 UmwG wird erklärt, dass die durch Gesetz und Gesellschaftsvertrag vorgesehenen Voraussetzungen für die Gründung der Enkel-GmbH als übertragende Gesellschaft auch unter Berücksichtigung der Abspaltung des Teilbetriebs EA auf die Tochter-GmbH im Zeitpunkt der Anmeldung unverändert vorliegen.

Es wird darüber hinaus vorsorglich erklärt, dass eine Kapitalherabsetzung bei der Gesellschaft zur Durchführung der Abspaltung gemäß § 139 UmwG nicht erforderlich ist.

Es wird versichert, dass ein Betriebsrat bei den am Spaltungsvorgang beteiligten Gesellschaften nicht vorhanden ist.

Gem. § 16 iVm. § 125 Satz 1 UmwG wird versichert, dass weder durch die Alleingesellschafterin der Gesellschaft, noch durch die Alleingesellschafterin der Tochter-

GmbH eine Klage gegen die Wirksamkeit des jeweiligen Abspaltungsbeschlusses erhoben worden ist und auf Grund der in dem jeweiligen Abspaltungsbeschluss enthaltenen Anfechtungsverzichtserklärungen der jeweiligen Alleingesellschafterin auch nicht erhoben werden kann.

Die inländische Geschäftsanschrift der Gesellschaft (§§ 8 Abs. 4 Nr. 1, 10 Abs. 1 Satz 1 GmbHG) ist unverändert ......; dies ist auch die Lage der Geschäftsräume i. S. v. § 24 HRV.

Zur Eintragung in das Handelsregister melden wir an:

1. Unter Fortbestand der Gesellschaft als übertragender Rechtsträger ist ein Teil ihres Vermögens, der Teilbetrieb EA, als Gesamtheit im Weg der Abspaltung durch Aufnahme nach Maßgabe des eingereichten Spaltungs- und Übernahmevertrages auf ihre Alleingesellschafterin, die Tochter-GmbH mit Sitz in ...... (HRB ......) übertragen worden.
2. Die Unterzeichnenden erteilen hiermit Frau ...... und Frau ......, beide dienstansässig im Notariat des beglaubigenden Notars ......, und zwar jeweils einzeln und unter Befreiung von den Beschränkungen des § 181 BGB Vollmacht, alle Erklärungen, Bewilligungen und Anträge zur Ergänzung oder Änderung der Anmeldung abzugeben, die nach Auffassung der Bevollmächtigten zum Vollzug der Registeranmeldung erforderlich und/oder zweckmäßig sind.

.............................., den ....

....
[Unterschrift Geschäftsführer] *[Unterschrift Geschäftsführer]*

B.3.4. Handelsregisteranmeldung der Tochter-GmbH

UR-Nr. ...... vom ......

An das
Amtsgericht ......
– Registergericht –

Betr.: HRB ...., Tochter-GmbH mit Sitz in ...
hier: Anmeldung einer Abspaltung zur Aufnahme nach § 123 Abs. 2 Nr. 1 UmwG

Wir, die jeweils einzelvertretungsberechtigten Geschäftsführer überreichen in der Anlage:

1. eine elektronisch beglaubigte Abschrift des notariell beurkundeten Abspaltungs- und Übernahmevertrages zur Urkunde des Notars ...... in ...... vom ......, UR-Nr. ......;
2. eine elektronisch beglaubigte Abschrift der notariellen Niederschrift über die Gesellschafterversammlungen der Gesellschaft und der Enkel-GmbH mit dem Sitz in ...... (HRB ......) zur Urkunde des Notars ...... in ...... vom ...... (UR-Nr. ......) enthaltend die Beschlüsse über die Zustimmung zum Abspaltungs- und Übernahmevertrag sowie die notariell beurkundeten Verzichtserklärungen der Gesellschafter bezüglich der Erstellung eines Spaltungsberichtes, einer Spaltungsprüfung sowie ihres Klagerechts.

Es wird versichert, dass ein Betriebsrat bei den am Spaltungsvorgang beteiligten Gesellschaften nicht vorhanden ist.

Gem. § 16 iVm. § 125 Satz 1 UmwG wird versichert, dass weder durch die Alleingesellschafterin der Gesellschaft, noch durch die Alleingesellschafterin der Enkel-

GmbH eine Klage gegen die Wirksamkeit des jeweiligen Abspaltungsbeschlusses erhoben worden ist und auf Grund der in dem jeweiligen Abspaltungsbeschluss enthaltenen Anfechtungsverzichtserklärungen der jeweiligen Alleingesellschafterin auch nicht erhoben werden kann.

Die inländische Geschäftsanschrift der Gesellschaft (§§ 8 Abs. 4 Nr. 1, 10 Abs. 1 Satz 1 GmbHG) ist unverändert ......; dies ist auch die Lage der Geschäftsräume i. S. v. § 24 HRV.

Zur Eintragung in das Handelsregister melden wir an:

1. **Unter Fortbestand der Enkel-GmbH mit Sitz in ...... (HRB ......) als übertragender Rechtsträger ist ein Teil ihres Vermögens, der Teilbetrieb EA, als Gesamtheit im Weg der Abspaltung durch Aufnahme nach Maßgabe des eingereichten Spaltungs- und Übernahmevertrages auf die Gesellschaft, als ihre Alleingesellschafterin, die Tochter-GmbH übertragen worden.**
2. **Die Unterzeichnenden erteilen hiermit Frau ...... und Frau ......, beide dienstansässig im Notariat des beglaubigenden Notars ......, und zwar jeweils einzeln und unter Befreiung von den Beschränkungen des § 181 BGB Vollmacht, alle Erklärungen, Bewilligungen und Anträge zur Ergänzung oder Änderung der Anmeldung abzugeben, die nach Auffassung der Bevollmächtigten zum Vollzug der Registeranmeldung erforderlich und/oder zweckmäßig sind.**

................................, den ....

... **...**
[Unterschrift Geschäftsführer] ***[Unterschrift Geschäftsführer]***

B. Grundsätzliche Anmerkungen

I. Sachverhalt

Ausgangssituation

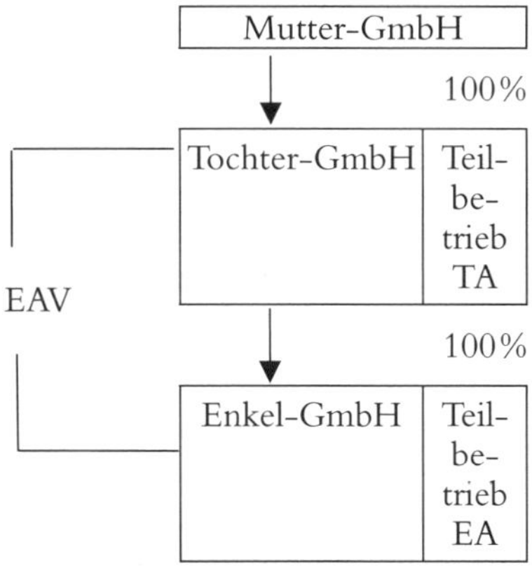

Nach Abspaltung

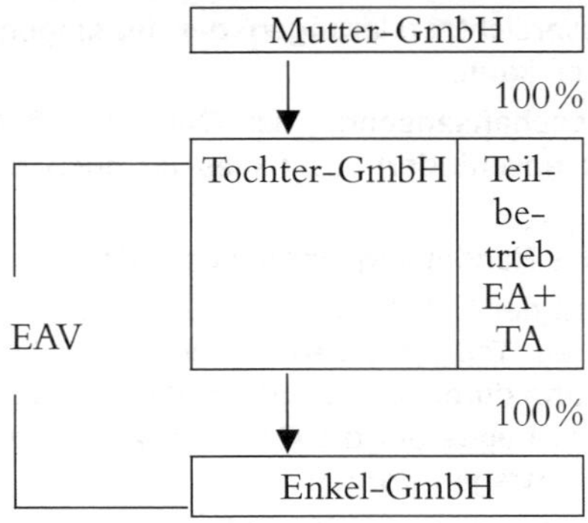

1 Das Formular bezweckt die Abspaltung des Teilbetriebs EA von der Enkel-GmbH auf die Tochter-GmbH zur Aufnahme. Die Tochter-GmbH ist die alleinige Gesellschafterin der Enkel-GmbH. Alleinige Gesellschafterin der Tochter-GmbH ist die Mutter-GmbH. Sowohl die Tochter-GmbH als auch die Enkel-GmbH führen jeweils einen Teilbetrieb A (Teilbetrieb i. S. v. § 15 Abs. 1 Satz 2 UmwStG). Diese beiden Teilbetriebe sollen nun zusammengeführt und künftig von der Tochter-GmbH als einheitliches Geschäft betrieben werden. Zu diesem Zwecke soll der Teilbetrieb EA von der Enkel-GmbH abgespalten, von der Tochter-GmbH aufgenommen und gemeinsam mit deren Teilbetrieb TA weitergeführt werden. Eine solche wirtschaftliche (direkte) Teilverschmelzung „upstream" ist zulässig. Alternative hierzu wäre die kombinierte (1) Abspaltung des Teilbetriebs EA von der Enkel-GmbH auf eine im Rahmen der Abspaltung neu zu gründende GmbH und (2) deren anschließende Verschmelzung auf die Tochter-GmbH. Abspaltung und anschließende Verschmelzung könnten dann über aufschiebende Bedingungen dergestalt miteinander gekoppelt werden, dass wirtschaftlich ein einer direkten Teilverschmelzung vergleichbares Ergebnis (Aufnahme des Teilbetriebes EA in das Vermögen der Tochter-GmbH) erreicht werden könnte. In der Alternative würde der Teilbetrieb EA dann jedoch zweifach „bewegt" werden, was einen doppelten Betriebsübergang nach § 613a BGB sowie erhöhte Notarkosten nach sich zöge. Vor diesem Hintergrund ist die direkte Teilverschmelzung der vorzugswürdigere Weg.

Die Abspaltung erfolgt ohne die Gewährung von Anteilen an der Tochter-GmbH. Die Tochter-GmbH müsste sich als Gesellschafterin der Enkel-GmbH als Gegenleistung für die Abspaltung des Teilbetriebs EA (auf sich selbst) eigene Anteile gewähren. Dies ist jedoch nach der zwingenden Regelung in § 125 Satz 1 iVm. § 54 Abs. 1 Nr. 1 UmwG unzulässig, die die Kapitalerhöhung und damit die Schaffung neuer eigener Anteile untersagt, die der Tochter-GmbH gewährt werden könnten. Sowohl die Tochter- als auch die Mutter-GmbH als jeweils alleinige Gesellschafterin der an der Abspaltung beteiligten Gesellschaften verzichten zudem auf die besonderen Förmlichkeiten für die Einberufung der Gesellschafterversammlungen (§ 47, § 49 Abs. 1 iVm. § 125 Satz 1 UmwG), auf die Zuleitung des Entwurfs des Abspaltungs- und Übernahmevertrages (§ 47 UmwG) und auf die Auslegung der Jahresabschlüsse und der Lageberichte der an der Abspaltung beteiligten Rechtsträger für die letzten drei Geschäftsjahre zur Einsicht der Gesellschafter (§ 49 Abs. 2 UmwG). Das ist hier unproblematisch zu erreichen, da letztlich alle Entscheidungsgewalt bei der Mutter-GmbH liegt und die Abspaltung damit verhältnismäßig einfach durchgeführt werden kann.

Alle beteiligten GmbHs sind kleine, nicht nach § 316 Abs. 1 HGB prüfungspflichtige Gesellschaften (§ 267 HGB). Zudem besteht bei keiner der Gesellschaften ein Betriebsrat und es wurden auch keine Tarifverträge abgeschlossen.

Bei der Enkel-GmbH ist anlässlich der Abspaltung keine Kapitalherabsetzung notwendig, da sie über ausreichend hohe Rücklagen verfügt um das Stammkapital erhalten zu können.

Der Beherrschungs- und Ergebnisabführungsvertrag zwischen Enkel-GmbH und Tochter-GmbH soll auch nach Abspaltung des Teilbetriebs EA weiterhin zwischen den beteiligten Rechtsträgern fortbestehen.

II. Ablaufplan einer einvernehmlichen Spaltung zur Aufnahme

a) Aufstellung der Schlussbilanz der übertragenden Enkel-GmbH, 2
b) ggf. Prüfung der Schlussbilanz durch Wirtschaftsprüfer, wenn Jahresabschluss gem. § 316 Abs. 1 HGB generell prüfungspflichtig ist (nicht im hiesigen Beispielssachverhalt),
c) Ableitung der Aufteilungsbilanz aus der Schlussbilanz,
d) Erstellung des Entwurfes des Spaltungs- und Übernahmevertrages,
e) ggf. Zuleitung des Entwurfes des Spaltungsplans an den Betriebsrat der übertragenden GmbH (soweit existent; nicht im hiesigen Beispielssachverhalt) spätestens einen Monat vor Fassung des Zustimmungsbeschlusses der Gesellschafterversammlung der übertragenden GmbH, falls Betriebsrat nicht auf die Monatsfrist des § 126 Abs. 3 UmwG verzichtet hat,
f) notarielle Beurkundung des Spaltungs- und Übernahmevertrages,
g) notarielle Beurkundung der Gesellschafterbeschlüsse der beteiligten Gesellschaften,
h) Anmeldung der Abspaltung und der Übernahme zum jeweiligen Handelsregister der beteiligten Gesellschaften,
i) Eintragung in das Register der übernehmenden GmbH (versehen mit einem Vorläufigkeitsvermerk, wenn die Eintragung in das Register der übertragenden GmbH nicht am selben Tag erfolgt, § 130 Abs. 1 Satz 2 UmwG),
j) Eintragung in das Register der übertragenden GmbH nach Nachweis der Eintragung bei der übernehmenden GmbH
k) Bekanntmachung der Eintragungen.

Der vorstehend geschilderte Ablaufplan gilt nur, wenn sich die Gesellschafter und Gesellschaften einig sind und wenn bei der übertragenden Gesellschaft keine Kapitalherabsetzung sowie bei der übernehmenden Gesellschaft keine Kapitalerhöhung erforderlich ist.

Die Reihenfolge der einzelnen Schritte kann voneinander abweichen. So könnten 3
zB. die Schritte gem. Buchst. a) und b) der Erstellung des Entwurfes des Spaltungs- und Übernahmevertrages nachfolgen bzw. parallel durchgeführt werden. Demgegenüber ist die Reihenfolge der Schritte e) bis k) weitgehend zwingend. Wobei die Schritte f) und g) insofern ausgetauscht werden können, dass den Gesellschaftern zunächst ein Entwurf des Spaltungs- und Übernahmevertrags zur Zustimmung vorgelegt wird, der erst danach durch die notarielle Beurkundung geschlossen wird (vgl. § 125 iVm. § 4 Abs. 2 UmwG).

Die Schlussbilanz und die Aufteilungsbilanz müssen auf einen Stichtag aufgestellt 4
worden sein, der höchstens acht Monate vor der Anmeldung zum Handelsregister liegen darf (§ 125 iVm. § 17 Abs. 2 Satz 4 UmwG).

In der Praxis empfiehlt sich eine genaue Terminplanung in Abstimmung mit dem 5
beurkundenden Notar und ggfs. dem Wirtschaftsprüfer sowie eine möglichst frühzeitige Klärung, ob alle beteiligten Gesellschaften und Gesellschafter die vorgesehenen Verzichtserklärungen (insb. den Verzicht auf den Spaltungsbericht, die Spaltungsprüfung und den Verzicht auf Anfechtungs- und sonstige Klagerechte) abgeben. Für weitere zeitliche Vorgaben für den Fall, dass bei den beteiligten Gesellschaften ein Betriebsrat besteht → Form. A.1 Rn. 5.

III. Wirtschaftliche Vertragsziele

6 Die Abspaltung zur Aufnahme auf den alleinigen Gesellschafter kann sinnvoll sein, um gleiche Teilbetriebe zwischen der Unter- und Obergesellschaft zusammenzuführen. Dies kann zB im Anschluss an den Erwerb einer Gesellschaft relevant werden und ist neben der vollständigen Verschmelzung der erworbenen Zielgesellschaft eine weitere Form der Unternehmensintegration nach einer M&A-Transaktion. Die Zusammenführung gleichartiger Teilbetriebe soll die Wettbewerbssituation verbessern, Synergien ermöglichen und allgemeine Verwaltungskosten senken (Anpassung des Finanz- und Rechnungswesens, einheitlicher Außenauftritt usw.). Aber auch außerhalb der sog. Post-Merger Integration können die vorgenannten betriebswirtschaftlichen Erwägungen es erforderlich machen, dass eine beherrschende Gesellschaft einen Unternehmenszweig bzw. Teilbetrieb der Tochtergesellschaft an sich zieht bzw. auf sich vereint.

IV. Zivil-, Handels- und Gesellschaftsrecht

1. Allgemeines

7 Zu den Grundsätzen der Abspaltung nach dem Umwandlungsgesetz → Form. B.1 Rn. 10ff.

2. Anzuwendende Vorschriften

8 Das Umwandlungsgesetz enthält für den hier vorliegenden Fall der Abspaltung zur Aufnahme unter Beteiligung von Gesellschaften mit beschränkter Haftung **eigene Vorschriften** in den §§ 126 bis 134 UmwG und den §§ 138 bis 140 UmwG. Aufgrund der gesetzlichen Verweisungstechnik finden auf die Spaltung gemäß § 125 UmwG (vorbehaltlich der dort genannten Ausnahmen) zudem die **Vorschriften über die Verschmelzung entsprechende Anwendung,** soweit in den §§ 123ff. UmwG keine Sonderbestimmungen enthalten sind. Für die hier behandelte Abspaltung gelten somit gemäß § 125 Satz 1 UmwG die allgemeinen Regelungen über die Verschmelzung durch Aufnahme in den §§ 2 bis 35 UmwG und die besonderen Vorschriften für die Beteiligung von Gesellschaften mit beschränkter Haftung bei einer Verschmelzung durch Aufnahme gemäß §§ 46 bis 55 UmwG.

3. Abspaltung zur Aufnahme

9 Bei der Abspaltung zur Aufnahme nach **§ 123 Abs. 2 Nr. 1 UmwG** überträgt der übertragende Rechtsträger lediglich einen **Teil seines Vermögens auf einen bereits bestehenden Rechtsträger.** Der übernehmende Rechtsträger muss hier also nicht erst gegründet werden. Bei dieser Art der Spaltung kann man insofern auch von einer „Teilverschmelzung" (hier „aufwärts" oder „upstream") sprechen, als das übertragende Vermögen, ähnlich einer Verschmelzung, in das Vermögen des aufnehmenden Rechtsträgers integriert wird (SHS/*Hörtnagl* UmwStG Vor. §§ 15, 16 Rn. 13). Von der Aufspaltung unterscheidet sich die Abspaltung dadurch, dass der übertragende Rechtsträger mit seinem restlichen Vermögen bestehen bleibt.

Grundsätzlich erfolgt die Vermögensübertragung nach § 123 Abs. 2 aE UmwG gegen **Gewährung von Anteilen** an die Anteilsinhaber des übertragenden Rechtsträgers durch Erhöhung des Stammkapitals des übernehmenden Rechtsträgers, wobei sich aus § 125 iVm. § 54 UmwG Ausnahmen bzw. Verzichtsmöglichkeiten ergeben.

10 Für die Abspaltung ist mit dem übernehmenden Rechtsträger ein **Spaltungs- und Übernahmevertrag** zu schließen. Der Spaltungsvertrag ist die rechtliche Grundlage

der Spaltung und legt fest, welche Teile des Vermögens genau übertragen werden sollen. Dieser Spaltungs- und Übernahmevertrag muss den inhaltlichen Vorgaben von § 126 UmwG genügen. Ein Vertrag, dem der wesentliche Inhalt nach § 126 Abs. 1 Nr. 1 bis 3 UmwG fehlt, ist nichtig (Semler/Stengel/*Schröer* UmwG § 126 Rn. 21). § 125 iVm. § 6 UmwG schreibt zudem vor, dass der Vertrag notariell zu beurkunden ist. Zum Abschluss berechtigt sind dabei gemäß § 125 UmwG iVm. § 4 Abs. 1 Satz 1 UmwG die vertretungsberechtigten Organe. Allerdings wird der Vertrag letztlich nur wirksam, wenn auch die Gesellschafter der beteiligten Rechtsträger zustimmen (§ 125 iVm. § 13 Abs. 1 UmwG). Sollten an der Spaltung mehrere übernehmende Rechtsträger beteiligt sein, so muss der Vertrag dennoch als einheitliches Vertragswerk geschlossen werden (WM/*Mayer* UmwG § 126 Rn. 8).

Nach § 127 UmwG bedarf es grundsätzlich eines **Spaltungsberichts,** sowie nach **11**
§§ 125, 9, 12, 48 UmwG der **Spaltungsprüfung** und eines **Spaltungsprüfungsberichts.** Allerdings sehen die §§ 8 Abs. 3, 9 Abs. 3 und 12 Abs. 3 UmwG eine Ausnahme bzw. Verzichtsmöglichkeiten vor.

4. Gesellschaftsrechtliche Absicherung des steuerrechtlichen Veräußerungsverbotes in § 15 Abs. 2 Sätze 2 bis 4 UmwStG

→ Form. B.1 Rn. 18. **12**

5. Rechtsfolgen der Abspaltung

Folgende Rechtsfolgen der Eintragung der Abspaltung ergeben sich aus § 131 **13**
UmwG:

- Das zur Übertragung bestimmte Vermögen (hier der Teilbetrieb EA) geht auf den aufnehmenden Rechtsträger über, ohne dass es einer Übertragung der einzelnen Aktiva und ohne dass es der Zustimmung der Gläubiger der übergehenden Verbindlichkeiten bedarf (§ 131 Abs. 1 Nr. 1 UmwG – sog. Teil-Gesamtrechtsnachfolge). Gegenstände die nicht übergehen sollen, verbleiben hingegen beim übertragenden Rechtsträger, der bei der Abspaltung mit dem restlichen Vermögen bestehen bleibt.
- Die Anteilsinhaber des übertragenden Rechtsträgers werden grundsätzlich entsprechend der im Spaltungs- und Übernahmevertrag vorgesehenen Aufteilung Anteilsinhaber der beteiligten Rechtsträger (§ 131 Abs. 1 Nr. 3 Satz 1 UmwG), sofern keine Ausnahmen nach § 125 Satz 1 iVm. § 54 UmwG einschlägig sind.
- Beurkundungsmängel werden geheilt (§ 131 Abs. 1 Nr. 4 UmwG).
- Heilung sonstiger Mängel der Spaltung (§ 131 Abs. 2 UmwG).

V. Handelsbilanzrecht

Durch die vorliegende Abspaltung zur Aufnahme auf eine bereits bestehende Kapi- **14**
talgesellschaft gilt grundsätzlich das in → Form. B.1 Rn. 31 bis 60 Erläuterte entsprechend.

Zur Bilanzierung bei dem übernehmenden Rechtsträger vgl. → Form. B.1 Rn. 55 ff., jedoch mit der Besonderheit, dass der übernehmende Rechtsträger bei der Ausübung des Wahlrechts frei ist, dh. er kann zwischen dem Anschaffungskostenprinzip und der Buchwertfortführung gemäß §§ 125, 24 UmwG wählen. Aufwendungen iSv. § 255 Abs. 1 HGB sind bei der vorliegenden Abspaltung auf den Anteilseigner (sog. up-stream Abspaltung) nicht die neu gewährten Anteile, sondern der Wertverlust der Beteiligung an dem übertragenden Rechtsträger sowie die übernommenen Verbindlichkeiten (HMB/*Werneburg* UmwStG Einf. B. Rn. 30; ebenso Lutter/*Priester/Hennrichs* UmwG § 24 Rn. 55, die hier Tauschgrundsätze anwenden wollen).

VI. Ertragsteuern

1. Allgemeines

15 Ziel ist idR die **ertragsteuerlich neutrale** Durchführung der Spaltung. Davon ist auch für den vorliegenden Fall einer Abspaltung auf die Anteilseignerin (sog. Abspaltung „upstream" oder „Aufwärtsabspaltung") auszugehen. Dabei gilt es, die **Gewinnrealisierung** grds. **auf drei Ebenen** zu **vermeiden:**

16 **a) Bei der übertragenden Kapitalgesellschaft** (vorliegend: Enkel-GmbH) ist eine steuerlich neutrale Durchführung zu Buchwerten oder der Ansatz von Zwischenwerten gemäß § 15 Abs. 1 Satz 2 UmwStG iVm. § 11 Abs. 2 UmwStG nur möglich, wenn die steuerlichen Teilbetriebsvoraussetzungen nach § 15 Abs. 1 Satz 2 und 3, Abs. 2 Satz 1 UmwStG vorliegen (→ Rn. 19), kein Missbrauchsfall i. S. v. § 15 Abs. 2 S. 2 bis 5 UmwStG gegeben ist (→ Rn. 20ff.) und die Voraussetzungen für den Buch- oder Zwischenwertansatz nach § 15 Abs. 1 Satz 2 UmwStG iVm. § 11 Abs. 2 UmwStG erfüllt sind (→ Rn. 24f.). Hinsichtlich der Missbrauchsvorschriften wird zT vertreten, dass diese bei einer Aufwärtsabspaltung mangels Missbrauchsgefahr nicht anzuwenden sind (→ Rn. 21). Im Übrigen → Form. B.1 Rn. 72f.

17 **b)** Zu den Auswirkungen **bei der übernehmenden Kapitalgesellschaft** (vorliegend: Tochter-GmbH) allgemein → Form. B.1 Rn. 74 und → Rn. 27. Für den Fall der Aufwärtsabspaltung ergeben sich bedingt durch den Umstand, dass die übernehmende Kapitalgesellschaft Anteilsinhaberin der übertragenden Kapitalgesellschaft ist, auf der Ebene der übernehmenden Kapitalgesellschaft Besonderheiten, die ggf. Auswirkungen auf deren Gewinn haben:

- Wertaufholungspflicht und ggf. Beteiligungskorrekturgewinn gem. § 15 Abs. 1 Satz 1 iVm. § 12 Abs. 1 Satz 2 iVm. § 4 Abs. 1 Satz 2 UmwStG (→ Rn. 28f.);
- Übernahmegewinn/-verlust gem. § 15 Abs. 1 Satz 1 iVm. § 12 Abs. 2 UmwStG (→ Rn. 30f.); sowie
- Übernahmefolgegewinn infolge von Konfusion und/oder Auflösung von Rücklagen (→ Rn. 32).

18 **c)** Zu den Auswirkungen **auf der Ebene der Anteilseigner der übertragenden Kapitalgesellschaft** allgemein → Form. B.1 Rn. 75ff. Bei der Aufwärtsabspaltung besteht die Besonderheit, dass die übernehmende Kapitalgesellschaft (vorliegend: Tochter-GmbH) zugleich Anteilseignerin der übertragenden Kapitalgesellschaft ist und sich auf der Ebene der Anteilseigner der übernehmenden Kapitalgesellschaft (vorliegend: Mutter-GmbH) idR keine Auswirkungen ergeben. § 13 UmwStG findet daher keine Anwendung; die Folgen auf der Ebene der übernehmenden Kapitalgesellschaft bestimmen sich ausschließlich nach § 12 UmwStG (weiterführend → Rn. 33f.).

2. Voraussetzungen für Erfolgsneutralität auf der Ebene der übertragenden Kapitalgesellschaft gem. § 15 Abs. 1 Satz 2 und 3, Abs. 2 UmwStG

a) Teilbetriebseigenschaft gem. § 15 Abs. 1 Satz 2 und 3, Abs. 2 Satz 1 UmwStG

19 Voraussetzung für die Erfolgsneutralität auf der Ebene der übertragenden Kapitalgesellschaft ist zunächst, dass bei einer Abspaltung die übergehenden Vermögensteile und die verbleibenden Vermögensteile steuerlich jeweils die Voraussetzungen für einen **Teilbetrieb** iSd. § 15 Abs. 1 Satz 2 UmwStG (→ Form. B.1 Rn. 77) und/oder einen oder mehrere **fiktive Teilbetriebe** iSd. § 15 Abs. 1 Satz 3, Abs. 2 Satz 1 UmwStG (→ Form. B.1 Rn. 79f.) darstellen. Der Teilbetrieb muss vollständig mit sämtlichen funktional wesentlichen Betriebsgrundlagen sowie sämtlichen nach wirtschaftlichen Zusammenhängen zuordenbaren Wirtschaftsgütern übertragen werden (→ Form. B.1

Rn. 80). Die Teilbetriebsvoraussetzungen müssen am steuerlichen Übertragungsstichtag erfüllt sein (→ Form. B.1 Rn. 81).

b) Kein Missbrauchsfall iSv. § 15 Abs. 2 Satz 2 bis 4 UmwStG

Nach § 15 Abs. 2 Satz 2 bis 4 UmwStG wird das Buchwertwahlrecht gem. § 11 Abs. 2 UmwStG versagt, wenn durch die Abspaltung eine **Anteilsveräußerung** (→ Form. B.1 Rn. 91 ff.) an einem der beteiligten Rechtsträger **vollzogen wird** (→ Form. B.1 Rn. 82 f.) oder die **Voraussetzungen** für eine solche Veräußerung **geschaffen** werden, insbesondere durch Veräußerung von **mehr als 20% der Anteile** an einem der beteiligten Rechtsträger innerhalb von fünf Jahren (→ Form. B.1 Rn. 85 ff.). 20

Mangels Missbrauchsgefahr ist die Anwendung der Missbrauchstatbestände gem. § 15 Abs. 2 Satz 2 bis 4 UmwStG bei der Aufwärtsabspaltung auf die alleinige Anteilseignerin und die nachfolgende Veräußerung von Anteilen an der Anteilseignerin nur schwer zu rechtfertigen. Es wird daher in der Literatur vertreten, dass dieser Fall von dem Anwendungsbereich der Norm auszunehmen sei (vgl. HMB/*Asmus* UmwStG § 15 Rn. 158; RHL/*Schumacher* UmwStG § 15 Rn. 258; SBB/*Schöneberger/Bultmann* § 20 Rn. 68; SHS/*Hörtnagl* UmwStG § 15 Rn. 196; *Löffler/Hansen* DB 2010, 1369 ff.; aA WM/*Schießl* UmwStG § 15 Rn. 344; DPM/*Dötsch/Stimpel* UmwStG § 15 Rn. 296). Die Literatur-Auffassung ist grds. überzeugend, denn der abgespaltene Teilbetrieb gehört vor und nach der Abspaltung zum Vermögen der übernehmenden Kapitalgesellschaft (vor der Abspaltung mittelbar über die Beteiligung an der Überträgerin und danach unmittelbar) und die Abspaltung erfolgt idR ohne Gewährung einer Gegenleistung (→ Rn. 25). Festzuhalten ist allerdings, dass nach dem Wortlaut der Norm auch die Aufwärtsabspaltung erfasst ist und sich die FinVerw. für eine zweckorientierte Auslegung der Missbrauchsvorschriften in der Vergangenheit wenig zugänglich gezeigt hat (siehe nur stringentes Festhalten an der Qualifizierung von § 15 Abs. 2 Satz 4 UmwStG als unwiderlegliche gesetzliche Vermutung → Form. B.1 Rn. 87 f.; stringent auch BFH v. 24.1.2018, I R 48/15, BStBl. II 2019, 45, wonach eine Aufwärtsverschmelzung ohne Anteilsgewährung eine sperrfristschädliche Veräußerung nach § 22 Abs. 2 S. 1 UmwStG darstellt, s. dazu auch *Stangl/Binder* DStR 2018, 1793; *Dreßler/Schwechel* Ubg 2018, 439). Es empfiehlt sich daher eine Abstimmung mit dem zuständigen Finanzamt. 21

c) Trennung von Gesellschafterstämmen iSv. § 15 Abs. 2 Satz 5 UmwStG

→ Form. B.1 Rn. 97 ff. 22

d) Vermögensübergang von Körperschaften auf dem Gebiet der Europäischen Union und des Europäischen Wirtschaftsraums

→ Form. B.1 Rn. 100 f. 23

3. Weitere Voraussetzungen für den Buch- oder Zwischenwertansatz in der Schlussbilanz der übertragenden Kapitalgesellschaft (§ 15 Abs. 1 Satz 1 und 2 UmwStG iVm. § 11 UmwStG)

Nach den allgemeinen Regeln kann das übergehende Vermögen auf Antrag in der Schlussbilanz der übertragenden Kapitalgesellschaft mit den Buch- oder mit Zwischenwerten angesetzt werden, wenn die weiteren Voraussetzungen nach § 15 Abs. 1 Satz 1 und 2 UmwStG iVm. § 11 Abs. 2 Satz 1 Nr. 1 bis 3 UmwStG (→ Form. B.1 Rn. 72) vorliegen. Voraussetzung für das Wahlrecht ist demnach u.a., dass **keine Gegenleistung** gewährt wird oder die **Gegenleistung nur in Gesellschaftsrechten** besteht (§ 11 Abs. 2 Satz 1 Nr. 3 UmwStG). 24

25 Im Falle der **Aufwärtsabspaltung** wird **regelmäßig keine Gegenleistung** gewährt, soweit die übernehmende Kapitalgesellschaft an der übertragenden Kapitalgesellschaft beteiligt ist (so auch nach dem Sachverhalt, der dem Formular B.3 zugrunde liegt). Gesellschaftsrechte dürfen gemäß §§ 125 Satz 1 iVm. 54 Abs. 1 Satz 1 Nr. 1 UmwG (bei der AG: iVm. § 68 Abs. 1 Satz 1 Nr. 1 UmwG) nicht gewährt werden und für sonstige Gegenleistungen (zB Spitzenausgleich, Darlehensgewährung) besteht regelmäßig keine Veranlassung, da die übernehmende Kapitalgesellschaft für den Erwerb idR nichts aufwenden muss und es bei ihr oder ihren Anteilseignern zu keiner Vermögensmehrung kommt (vgl. zur insofern vergleichbaren Aufwärtsverschmelzung: SHS/*Schmitt* UmwStG § 11 Rn. 129; RHL/*Rödder* UmwStG § 11 Rn. 300).

4. Beschränkt steuerpflichtige Gesellschafter

26 → Form. B.1 Rn. 106.

5. Steuerliche Folgen des Vermögensübergangs bei der übernehmenden Kapitalgesellschaft (§ 15 Abs. 1 Satz 1 UmwStG iVm. § 12 UmwStG)

27 Nach § 15 Abs. 1 Satz 1 UmwStG findet § 12 UmwStG auf die Abspaltung entsprechende Anwendung. § 12 UmwStG regelt die steuerlichen Folgen des Vermögensübergangs bei der übernehmenden Kapitalgesellschaft, insbesondere die **zwingende steuerliche Wertverknüpfung** und den **Eintritt in die steuerliche Rechtsstellung der übertragenden Kapitalgesellschaft** (weiterführend → Form. B.1 Rn. 74; zur AfA → Form. B.1 Rn. 117 ff.; zum anteiligen Untergang von Verlustvorträgen u. a. → Form. B.1 Rn. 124 ff.). Darüber hinaus ergeben sich bei der **Aufwärtsabspaltung** bedingt durch den Umstand, dass die übernehmende Kapitalgesellschaft Anteilsinhaberin der übertragenden Kapitalgesellschaft ist, auf der Ebene der übernehmenden Kapitalgesellschaft **Besonderheiten,** die ggf. Auswirkungen auf deren Gewinn haben:

a) Wertaufholungspflicht und Beteiligungskorrekturgewinn gem. § 15 Abs. 1 Satz 1 iVm. § 12 Abs. 1 Satz 2 iVm. § 4 Abs. 1 Satz 2 UmwStG

28 Gemäß § 15 Abs. 1 Satz 1 iVm. § 12 Abs. 1 Satz 2 iVm. § 4 Abs. 1 Satz 2 UmwStG hat die übernehmende Kapitalgesellschaft von ihr gehaltene Anteile an der übertragenden Kapitalgesellschaft zum steuerlichen Übertragungsstichtag zum Buchwert, erhöht um steuerwirksam vorgenommene Abschreibungen sowie um Abzüge nach § 6b EStG und ähnliche Abzüge, höchstens mit dem gemeinen Wert anzusetzen (vgl. SHS/*Hörtnagl* UmwStG § 15 Rn. 266; RHL/*Schumacher* UmwStG § 15 Rn. 99, s. auch UmwSt-Erl. 2011 BMF v. 11.11.2011, BStBl. I 2011, 1314 Tz. 12.03 iVm. Tz. 04.06-04.08). Dh. **frühere Wertberichtigungen** sind **rückgängig zu machen** (Einzelheiten: SHS/*Schmitt* UmwStG § 12 Rn. 14, 16 ff.; RHL/*Rödder* UmwStG § 12 Rn. 199 ff.). Insoweit erhöht sich der laufende Gewinn der übernehmenden Kapitalgesellschaft (sog. **Beteiligungskorrekturgewinn**). Der Beteiligungskorrekturgewinn gehört nicht zu dem Übernahmegewinn und unterliegt grds. ohne Privilegierung der Körperschaft- und Gewerbesteuer (vgl. UmwSt-Erl. 2011 BMF v. 11.11.2011, BStBl. I 2011, 1314 Tz. 12.03 i. V. m. Tz. 04.08; SHS/*Hörtnagl* UmwStG § 15 Rn. 266; SHS/*Schmitt* UmwStG § 12 Rn. 14, 18; RHL/*Rödder* UmwStG § 12 Rn. 210). Durch die Erhöhung des Buchwerts mindert sich das nachfolgend zu ermittelnde Übernahmeergebnis nach § 12 Abs. 2 UmwStG (→ Rn. 30 f.).

29 Bei der **Aufwärtsabspaltung** besteht (anders als bei der Aufwärtsverschmelzung) die **Besonderheit,** dass im Regelfall die Beteiligung der übernehmenden Kapitalgesellschaft an der übertragenden Kapitalgesellschaft nicht vollständig untergeht. Es besteht daher in der Literatur grds. Einverständnis, dass der **Beteiligungskorrekturgewinn** auch nur **anteilig zu ermitteln** ist (vgl. RHL/*Schumacher* UmwStG § 15

Rn. 101; DPM/*Dötsch/Stimpel* UmwStG § 15 Rn. 388; SHS/*Hörtnagl* UmwStG § 15 Rn. 267; SBB/*Schöneberger/Bultmann* § 20 Rn. 83). Hinsichtlich des **Aufteilungsmaßstabs** wird überwiegend auf das Verhältnis des gemeinen Werts der Beteiligung an der übertragenden Kapitalgesellschaft vor und nach der Spaltung abgestellt (vgl. SHS/*Hörtnagl* UmwStG § 15 Rn. 267; SBB/*Schöneberger/Bultmann* § 20 Rn. 83; dagegen *RHL/Schumacher* UmwStG § 15 Rn. 90, 101: Verhältnis der gemeinen Werte der übergehenden Vermögensteile zu dem vor der Spaltung insgesamt bei der übertragenden Kapitalgesellschaft vorhandenen Vermögen).

b) Übernahmegewinn/-verlust gem. § 15 Abs. 1 Satz 1 iVm. § 12 Abs. 2 UmwStG

Gemäß § 15 Abs. 1 Satz 1 iVm. § 12 Abs. 2 Satz 1 UmwStG bleibt ein Gewinn oder Verlust in Höhe des Unterschieds zwischen dem Buchwert der Anteile an der übertragenden Kapitalgesellschaft (nach der Wertkorrektur gem. § 12 Abs. 1 Satz 2 iVm. § 4 Abs. 1 Satz 2, 3 UmwStG → Rn. 28f.) und dem Wert, mit dem die übergegangenen Wirtschaftsgüter aus der Schlussbilanz der übertragenden Kapitalgesellschaft zu übernehmen sind, abzüglich der Kosten für den Vermögensübergang, außer Ansatz (sog. **Übernahmegewinn bzw. -verlust;** vgl. SHS/*Hörtnagl* UmwStG § 15 Rn. 268; RHL/*Schumacher* UmwStG § 15 Rn. 103; Einzelheiten zur Ermittlung des Übernahmegewinn bzw. -verlusts: SHS/*Schmitt* UmwStG § 12 Rn. 41ff.; RHL/*Rödder* UmwStG § 12 Rn. 214ff., dort jeweils auch zu der umstrittenen Frage, ob der Übernahmegewinn bzw. -verlust nur zu ermitteln ist, wenn und soweit die übernehmende Kapitalgesellschaft an der übertragenden Kapitalgesellschaft beteiligt ist oder, wie von der FinVerw. angenommen, ungeachtet einer Beteiligung der übernehmenden Kapitalgesellschaft an der übertragenden Kapitalgesellschaft, vgl. UmwSt-Erl. 2011 BMF v. 11.11.2011, BStBl. I 2011, 1314 Tz. 12.05; der Verwaltungsauffassung folgend: DPM/*Dötsch/Stimpel* UmwStG § 12 Rn. 52; BFH v. 9.1.2013, I R 24/12, DStR 2013, 582; zu den Kosten für den Vermögensübergang s. auch *Holle/Weiss* DStR 2018, 167 und *dies.* DB 2018, M26; *Krohn* DB 2018, 1755). Der Übernahmegewinn bzw. -verlust ist außerhalb der Steuerbilanz entsprechend zu korrigieren. Gemäß § 12 Abs. 2 Satz 2 UmwStG findet auf den Übernahmegewinn **§ 8b KStG Anwendung,** so dass im Ergebnis 5% des Übernahmegewinns als nicht abzugsfähige Betriebsausgaben gelten (Einzelheiten: SHS/*Schmitt* UmwStG § 12 Rn. 47ff.). 30

Bei der **Aufwärtsabspaltung** besteht (anders als bei der Aufwärtsverschmelzung) die **Besonderheit,** dass im Regelfall die Beteiligung der übernehmenden Kapitalgesellschaft an der übertragenden Kapitalgesellschaft nicht vollständig untergeht. Es besteht daher in der Literatur grds. Einverständnis, dass (neben dem Beteiligungskorrekturgewinn → Rn. 29) auch der **Übernahmegewinn bzw. -verlust** nur **anteilig zu ermitteln** ist (vgl. RHL/*Schumacher* UmwStG § 15 Rn. 103; DPM/*Dötsch/Stimpel* UmwStG § 15 Rn. 389; SHS/*Hörtnagl* UmwStG § 15 Rn. 268; SBB/*Schöneberger/Bultmann* § 20 Rn. 84). Das **Übernahmeergebnis** besteht in der Differenz zwischen dem Teil des Buchwerts der Beteiligung der übernehmenden Kapitalgesellschaft an der übertragenden Kapitalgesellschaft, um den die Beteiligung infolge der Spaltung gekürzt wird, und dem Wert, mit dem die übergehenden Wirtschaftsgüter zu übernehmen sind, abzüglich der Spaltungskosten (insoweit grds. übereinstimmend: RHL/*Schumacher* UmwStG § 15 Rn. 103; SHS/*Hörtnagl* UmwStG § 15 Rn. 268; SBB/*Schöneberger/Bultmann* § 20 Rn. 84; WM/*Schießl* UmwStG § 15 Rn. 623, 1153). Dabei wird als **Maßstab für die Kürzung des Buchwerts** überwiegend auf das Verhältnis der gemeinen Werte der übergehenden Vermögensteile zu dem gesamten Vermögen der übertragenden Kapitalgesellschaft vor der Spaltung abgestellt (vgl. UmwSt-Erl. 2011 BMF v. 11.11.2011, BStBl. I 2011, 1314 Tz. 15.43 mit Beispielfall; RHL/*Schumacher* § 15 Rn. 90, 103; SBB/*Schöneberger/Bultmann* § 20 Rn. 84; DPM/*Dötsch/Stimpel* UmwStG § 15 Rn. 389, 396f.). Zum Teil wird auch auf das Verhältnis des 31 gemeinen Werts der Beteiligung an der übertragenden Kapitalgesellschaft vor und nach der Spaltung abgestellt (vgl. SHS/*Hörtnagl* UmwStG § 15 Rn. 268; WM/*Schießl* UmwStG § 15 Rn. 623, 1153).

c) Übernahmefolgegewinn infolge von Konfusion und/oder Auflösung von Rücklagen

32 Bei der Aufwärtsabspaltung innerhalb eines Konzernverbunds wird es häufiger zur **Konfusion von Verbindlichkeiten und/oder Forderungen** sowie zur **Auflösung von Rückstellungen** aus den Rechtsbeziehungen zwischen der übertragenden und der übernehmenden Kapitalgesellschaft kommen. Hieraus kann ein **Übernahmefolgegewinn** nach § 15 Abs. 1 Satz 1 iVm. § 12 Abs. 4 iVm. § 6 UmwStG entstehen (vgl. RHL/*Schumacher* UmwStG § 15 Rn. 106; Einzelheiten: SHS/*Schmitt* UmwStG § 12 Rn. 61 ff.; RHL/*Rödder* § 12 Rn. 354 ff.). Der Übernahmefolgegewinn unterliegt grds. als laufender Gewinn ohne Privilegierung der Körperschaft- und der Gewerbesteuer (vgl. RHL/*Rödder* UmwStG § 12 Rn. 355). Soweit die übernehmende Kapitalgesellschaft an der übertragenden Kapitalgesellschaft beteiligt ist, kann die übernehmende Kapitalgesellschaft entsprechend § 12 Abs. 4 iVm. § 6 UmwStG eine den steuerlichen Gewinn mindernde Rücklage bilden, die in den drei folgenden Wirtschaftsjahren jeweils zu mindestens einem Drittel gewinnerhöhend aufzulösen ist (vgl. RHL/*Schumacher* § 15 Rn. 106 iVm. RHL/*Rödder* UmwStG § 12 Rn. 356).

6. Steuerliche Folgen auf Gesellschafterebene

33 Im Regelfall werden den Anteilseignern der übertragenden Kapitalgesellschaft als **Gegenleistung** für die Vermögensübertragung im Rahmen der Abspaltung **Anteile** an der übernehmenden Kapitalgesellschaft gewährt (s. § 123 Abs. 2 UmwG). Es stellt sich dann die Frage, wie diese neu gewährten Anteile zu **bewerten** und **steuerlich zu qualifizieren** sind und welche Auswirkungen sich auf die Beteiligung an dem übertragenden Rechtsträger ergeben. Diese Fragen **regelt für Anteile im Betriebsvermögen** grds. § 15 Abs. 1 Satz 1 und 2 iVm. **§ 13 UmwStG** (weiterführend → Form. B.1 Rn. 107 ff., dort auch zur Handhabung von Anteilen im Privatvermögen, Anteilen iSd. § 17 EStG und einbringungsgeborene Anteilen iSd. § 12 UmwStG 1995).

34 Im Falle der **Aufwärtsabspaltung findet § 13 UmwStG** dagegen **keine Anwendung,** soweit die übernehmende Kapitalgesellschaft an der übertragenden Kapitalgesellschaft beteiligt ist (vgl. UmwSt-Erl. 2011 BMF v. 11.11.2011, BStBl. I 2011, 1314 Tz. 13.01). Bei der vorliegenden Abspaltung auf die alleinige Anteilseignerin findet § 13 UmwStG mithin überhaupt keine Anwendung. Grund hierfür ist, dass die Anteilseigner der übernehmenden Kapitalgesellschaft keine Anteile an der übertragenden Kapitalgesellschaft aufgeben, keine zusätzlichen Anteile an der übernehmenden Kapitalgesellschaft erhalten und es hinsichtlich ihrer bisherigen Anteile an der übernehmenden Kapitalgesellschaft auch zu keiner Wertsteigerung kommt (vgl. RHL/*Neumann* UmwStG § 13 Rn. 20; SHS/*Schmitt* UmwStG § 13 Rn. 11; DPM/*Dötsch/Werner* UmwStG § 13 Rn. 6; WM/*Schießl* UmwStG § 15 Rn. 1057 iVm. § 13 Rn. 9). Die Auswirkungen auf die Beteiligung der übernehmenden Kapitalgesellschaft an der übertragenden Kapitalgesellschaft hingegen bestimmen sich ausschließlich nach § 12 Abs. 2 UmwStG (vgl. RHL/*Neumann* § 13 Rn. 20; SHS/*Schmitt* UmwStG § 13 Rn. 11; DPM/*Dötsch/Werner* UmwStG § 13 Rn. 6; WM/*Schießl* UmwStG § 15 Rn. 1057 iVm. § 13 Rn. 9).

7. Steuerliche Rückwirkung

35 → Form. B.1 Rn. 123

8. Aufteilung des steuerlichen Einlagekontos

Die Folgen für das steuerliche Einlagekonto der übertragenden und der übernehmenden Kapitalgesellschaft regelt § 29 Abs. 3 KStG. Im Regelfall einer Abspaltung gegen Anteilsgewährung führt die Abspaltung dazu, dass das **steuerliche Einlagekonto der übertragenden Kapitalgesellschaft** entsprechend dem nach § 29 Abs. 3 Satz 1 und 2 KStG vorgesehenen Aufteilungsmaßstab **herabgesetzt** und das **steuerliche Einlagekonto der übernehmenden Kapitalgesellschaft** entsprechend **erhöht** wird (weiterführend hierzu und zum Aufteilungsmaßstab → Form. B.1 Rn. 128 ff.). **36**

Bei der **Aufwärtsabspaltung** besteht die **Besonderheit,** dass gemäß § 29 Abs. 3 Satz 3 iVm. Abs. 2 Satz 2 KStG die **Erhöhung des steuerlichen Einlagekontos der übernehmenden Körperschaft** in dem Verhältnis, in dem die übernehmende Körperschaft an der übertragenden Körperschaft beteiligt ist, **unterbleibt.** Bei der Aufwärtsabspaltung auf die alleinige Anteilseignerin unterbleibt die Erhöhung also vollständig. Diese Regelung verhindert die Bildung von virtuellen Beständen auf dem steuerlichen Einlagekonto der übernehmenden Kapitalgesellschaft, denen keine entsprechenden Einlagen der Anteilseigner gegenüberstehen, diesen aber steuerfreie Entnahmen ermöglichen würden (vgl. DPM/*Dötsch* KStG § 29 Rn. 42 iVm. Rn. 20 ff.; SBB/*Schöneberger/Bultmann* § 20 Rn. 89; kritisch für den Fall der nichtverhältniswahrenden Aufwärtsspaltung: *Nitzschke* Ubg 2015, 54 ff.; s. auch das Berechnungsbeispiel zur Aufwärtsverschmelzung in UmwSt-Erl. 2011 BMF v. 11.11.2011, BStBl. I 2011, 1314 Tz. K.16). **37**

9. Auswirkungen der Abspaltung auf eine bestehende ertragsteuerliche Organschaft

Ein zwischen der übertragenden Körperschaft als Organgesellschaft und der übernehmenden Körperschaft als Organträger bestehender **Gewinnabführungsvertrag** iSd. § 14 Abs. 1 Satz 1 Nr. 3 KStG bleibt von der Abspaltung idR unberührt und kann fortgeführt werden (vgl. UmwSt-Erl. 2011 BMF v. 11.11.2011, BStBl. I 2011, 1314 Tz. Org. 22; DPM/*Dötsch* UmwStG Anh. 1 Rn. 17; Gosch/*Neumann* KStG § 14 Rn. 290). Insofern ergeben sich durch die hier vorliegende Situation der Aufwärtsabspaltung keine Besonderheiten. Ggf. kommt eine Kündigung des Gewinnabführungsvertrags aus wichtigem Grund in Betracht, wenn die Fortsetzung des Gewinnabführungsvertrags nach der Abspaltung wirtschaftlich und/oder rechtlich nicht zumutbar ist (vgl. DPM/*Dötsch* UmwStG Anh. 1 Rn. 20; Gosch/*Neumann* KStG § 14 Rn. 290). **38**

Die Voraussetzungen einer zwischen der übertragenden Körperschaft als Organgesellschaft und der übernehmenden Körperschaft als Organträger bestehenden **finanziellen Eingliederung** iSd. § 14 Abs. 1 Satz 1 Nr. 1 KStG werden idR auch nach der Aufwärtsabspaltung weiterhin gegeben sein, sofern sich an den Beteiligungsverhältnissen zwischen der übertragenden und der übernehmenden Körperschaft nichts ändert (s. auch Gosch/*Neumann* KStG § 14 Rn. 161c; DPM/*Dötsch* UmwStG Anh. 1 Rn. 17). Etwas anderes kann im Fall einer nichtverhältniswahrenden Aufwärtsabspaltung gelten. **39**

Ungeklärt scheinen die Auswirkungen der Aufwärtsabspaltung auf **organschaftliche Ausgleichsposten** iSd. § 14 Abs. 4 Satz 2 KStG zu sein. Nach Auffassung der FinVerw. im UmwSt-Erlass 2011 sind die Ausgleichsposten bei der Abspaltung eines Teilbetriebs der Organgesellschaft grds. nach Maßgabe der Wertverhältnisse in § 15 Abs. 3 UmwStG anteilig aufzulösen (vgl. UmwSt-Erl. 2011 BMF v. 11.11.2011, BStBl. I 2011, 1314 Tz. Org. 22; vgl. auch DPM/*Dötsch* UmwStG Anh. 1 Rn. 85). Erfolgt die Abspaltung hingegen zu Buchwerten und wird die Organschaft von der übernehmenden Körperschaft fortgesetzt, so sind die Ausgleichsposten nicht anteilig aufzulösen, sondern von der übernehmenden Körperschaft fortzuführen (vgl. UmwSt-Erl. 2011 BMF v. 11.11.2011, BStBl. I 2011, 1314 Tz. Org.22 iVm. Org. 05; zweifelnd: Gosch/*Neumann* KStG § 14 Rn. 464g; nur zT zustimmend: RHL/*Herlinghaus* Anh. 4 Rn. 71; kritisch auch: DPM/*Dötsch* UmwStG Anh. 1 Rn. 84 f.). Bei wortge- **40** treuer Anwendung der Verwaltungsauffassung wären die Ausgleichsposten daher auch in dem Fall, der dem Formular B.3 zugrunde liegt (Aufwärtsabspaltung zu Buchwerten mit Fortführung der Organschaft), nicht anteilig aufzulösen (kritisch hierzu: *Schmidtmann* DStR 2014, 405 ff.; vgl. ferner Gosch/*Neumann* KStG § 14 Rn. 464g).

VII. Verkehrsteuern

1. Umsatzsteuer

41 → Form. B.1 Rn. 151 ff.

2. Grunderwerbsteuer

42 Zur Grunderwerbsteuer allgemein → Form. D.1 Rn. 66 ff., zur anstehenden Reform → Form. D.1 Rn. 70 ff. sowie für die Abspaltung → Form. B.1 Rn. 158 ff. Bei der **Aufwärtsabspaltung** sind **im Wesentlichen** folgende Sachverhaltskonstellationen **relevant,** die eine Grunderwerbsteuerpflicht auslösen können:

43 – Zu dem Teilbetrieb, der auf die übernehmende Kapitalgesellschaft abgespalten wird, **gehört ein inländisches Grundstück** oder iSd. § 2 GrEStG gleichgestelltes Recht: Die Übertragung ist grundsätzlich grunderwerbsteuerpflichtig nach § 1 Abs. 1 Nr. 3 GrEStG. Ggf. ist die Übertragung aufgrund der Konzernklausel nach § 6a GrEStG (→ Form. B.1 Rn. 160) steuerbefreit.

44 – Zu dem Teilbetrieb, der auf die übernehmende Kapitalgesellschaft abgespalten wird, **gehört eine grundbesitzende Gesellschaft** oder die Beteiligung an einer grundbesitzenden Gesellschaft wird als fiktiver Teilbetrieb abgespalten. In diesem Fall kommt es zu einer Verkürzung der Beteiligungskette. Sofern in dieser Beteiligungskette zuvor auf mindestens einer Stufe eine Beteiligung von weniger als 95% (evtl. künftig 90%, vgl. Entwurf eines Gesetzes zur Änderung des GrEStG (BR-Drs. 355/19), s. auch *Broemel/Mörwald* DStR 2019, 1113) bestand, kann es zu einer erstmaligen unmittelbaren oder mittelbaren Anteilsvereinigung iSd. § 1 Abs. 3 GrEStG und damit zu einem steuerpflichtigen Vorgang kommen.

44a Besteht in der Beteiligungskette hingegen auf jeder Stufe eine Beteiligung von mindestens 95% (evtl. künftig 90%, s. → Rn. 44, BR-Drs. 355/19), scheidet eine Anteilsvereinigung iSd. § 1 Abs. 3 GrEStG aus, denn die Verkürzung der Beteiligungskette ist nicht nach § 1 Abs. 3 GrEStG steuerbar, wenn bei der übernehmenden Kapitalgesellschaft schon vor der Spaltung eine unmittelbare oder mittelbare Anteilsvereinigung vorlag (vgl. Pahlke/*Pahlke* GrEStG § 1 Rn. 340 mwN). Allerdings kann bei strikter Anwendung des Gesetzeswortlauts ein nach § 1 Abs. 3a GrEStG steuerbarer Vorgang vorliegen, wenn infolge der Abspaltung bei der Übernehmerin „durchgerechnet" erstmals eine wirtschaftliche Beteiligung von mindestens 95% (evtl. künftig 90%, s. → Rn. 44, BR-Drs. 355/19) gegeben ist (vgl. Gleichl. Ländererlasse v. 19.9.2018, DStR 2018, 2213, dort Beispiel 10; **aA** Pahlke/*Pahlke* GrEStG § 1 Rn. 447 sowie *ders.* in WM/*Pahlke* Anh. 12 Rn. 231.40: teleologische Reduktion des Anwendungsbereichs von § 1 Abs. 3a GrEStG; im Ergebnis auch *Wagner/Mayer* BB 2014, 279, 285 f. mwN: keine nochmalige Zurechnung eines Grundstücks nach § 1 Abs. 3a GrEStG nach einer früheren Zurechnung nach § 1 Abs. 3 GrEStG). Ggf. ist der Vorgang aufgrund der Konzernklausel nach § 6a GrEStG (→ Form. B.1 Rn. 160) steuerbefreit.

VIII. Arbeitsrecht

S. zunächst → Form. B.1 Rn. 176 ff. und → Form. A.1 Rn. 150 ff.

45 Gemäß § 126 Abs. 1 Nr. 11 UmwG müssen im Spaltungsvertrag zwingend die Folgen für die Arbeitnehmer und ihre Vertretungen sowie die insoweit vorgesehenen Maßnahmen angegeben werden.

1. Übergang der Arbeitsverhältnisse

Die Arbeitsverhältnisse der Arbeitnehmer, die dem abgespaltenen Teilbetrieb zuzuordnen sind, gehen auf den übernehmenden Rechtsträger gem. **§ 324 UmwG, § 613a BGB** über, **soweit** mit der Abspaltung ein **Betrieb oder Betriebsteil iSv. § 613a BGB übertragen** wird (zu den Voraussetzungen und Rechtsfolgen eines Betriebsübergangs vgl. → Form. A.1 Rn. 167 ff.). In Betracht kommt der Übergang von Betrieben des abspaltenden Rechtsträgers als Ganzes wie auch der Übergang von Betriebsteilen, zB Betriebsabteilungen. 46

Die **Zuordnung der Arbeitsverhältnisse** richtet sich nach **§ 613a BGB,** nicht nach § 126 Abs. 1 Nr. 9 UmwG, dh. die Arbeitsverhältnisse gehen automatisch mit dem Betrieb bzw. Betriebsteil über, mit dem sie funktional verbunden sind (Kallmeyer/*Willemsen* UmwG § 324 Rn. 52, *Wlotzke* DB 1995, 40, 42 f.). Siehe iE → Form. B.1 Rn. 180. 47

Bei zutreffender Zuordnung zum jeweiligen Betrieb oder Betriebsteil hat die Bezeichnung von Arbeitsverhältnissen in der Anlage zum Abspaltungs- und Übernahmevertrag lediglich deklaratorische Bedeutung.

Wenn die **Zuordnung** eines Arbeitsverhältnisses zu einem bestimmten Betrieb **unklar** oder nicht möglich ist, zB bei „Springern", die in mehreren Betriebsteilen eingesetzt werden, soll eine **bindende Festlegung im Spaltungs- und Übernahmevertrag** unter genauer Bezeichnung der Arbeitsverhältnisse in Betracht kommen (*Wlotzke* DB 1995, 40, 42, wohl auch Kallmeyer/*Willemsen* UmwG § 324 Rn. 54 f.). Dagegen spricht der Vorrang von § 613a BGB. An der zwingenden Wirkung des § 613a BGB kann der Spaltungsvertrag nichts ändern (BAG v. 19.10.2017, 8 AZR 63/17, NZA 2018, 370, Lutter/*Priester* UmwG § 126 Rn 69). Besteht im Betrieb des übergehenden Rechtsträgers ein Betriebsrat, gibt **§ 323 Abs. 2 UmwG** den Betriebsparteien die Möglichkeit, in Fällen **zweifelhafter Zuordnung** im Rahmen eines freiwilligen Interessenausgleichs Festlegungen zu treffen. Die Betriebsparteien haben aber nicht die Rechtsmacht, Arbeitnehmer in einem Interessenausgleich einer nicht übergangsfähigen wirtschaftlichen Einheit zuzuordnen; findet kein Betriebsübergang statt, ist die Zuordnung im Interessenausgleich grob fehlerhaft und damit unverbindlich BAG v. 19.10.2017, 8 AZR 63/16, NZA 2018, 370); → Form. A.1 Rn. 170). 48

Unmittelbare Rechtsfolge des § 613a BGB ist der **Übergang der Arbeitsverhältnisse** mit sämtlichen Rechten und Pflichten auf den übernehmenden Rechtsträger (§ 613a Abs. 1 Satz 1 BGB), s. zu den Rechtsfolgen iE → Form. A.1 Rn. 167 ff. Im Übrigen sei für weitere Einzelheiten auf die einschlägige Kommentarliteratur verwiesen (vgl. nur Palandt/*Weidenkaff* BGB § 613a Rn. 5 ff.). 49

Gemäß **§ 613a Abs. 5 BGB** sind die von einem Betriebsübergang betroffenen Arbeitnehmer vor dem Übergang zu unterrichten (unabhängig von dem Bestehen einer Arbeitnehmervertretung). S. iE → Form. A.1 Rn. 152 ff. 50

Der betroffene Arbeitnehmer kann dem Übergang des Arbeitsverhältnisses gemäß § 613a Abs. 6 BGB schriftlich **widersprechen.** Der Widerspruch führt grds. dazu, dass der betroffene Arbeitnehmer bei dem übertragenden Rechtsträger beschäftigt bleibt. Der Widerspruch ist für den Arbeitnehmer allerdings mit dem Risiko einer betriebsbedingten Kündigung verbunden, wenn er bei dem übertragenden Rechtsträger nicht weiter beschäftigt werden kann. Zu weiteren Einzelheiten → Form. B.1 Rn. 185. 51

Werden in dem Spaltungs- und Übernahmevertrag keine Betriebe oder Betriebsteile im Sinne einer „organisatorischen Einheit" übertragen, findet ein Betriebsübergang nach § 613a BGB nicht statt. Der Übergang der Arbeitsverhältnisse kann sich in diesem Fall nur „rein spaltungsrechtlich" im Wege der **Gesamtrechtsnachfolge** gem. **§ 131 Abs. 1 Nr. 1 UmwG** entsprechend der Bezeichnung im Spaltungs- und Übernahmevertrag vollziehen. Der Übergang von Arbeitsverhältnissen im Wege der 52 (partiellen) Gesamtrechtsnachfolge bedarf der **Zustimmung der betroffenen Arbeitnehmer** (zu den Einzelheiten → Form. B.1 Rn. 186).

2. Folgen für die kündigungsrechtliche Stellung der Arbeitnehmer

53 Bei der Abspaltung kann sich die kündigungsrechtliche Stellung des Arbeitnehmers verschlechtern, wenn der Arbeitnehmer einem Rechtsträger zugeordnet wird, bei dem zB die für den Kündigungsschutz nach dem Kündigungsschutzgesetz notwendige Zahl von mehr als fünf bzw. – für seit dem 1.1.2004 neu eingestellte Arbeitnehmer – mehr als zehn Arbeitnehmern (§ 23 Abs. 1 Satz 2 u. 3 KSchG) nicht mehr erreicht wird. **§ 323 UmwG** bestimmt daher, dass im Fall der Spaltung die „kündigungsrechtliche Stellung" (zum Begriff vgl. *Wlotzke* DB 1995, 40, 44, *Willemsen* NZA 1996, 791, 799f. mwN) des Arbeitnehmers trotz des tatsächlichen Wegfalls der Voraussetzungen für **zwei Jahre erhalten** bleibt.

3. Mitbestimmung

54 Wegen der möglichen Folgen der Abspaltung für die Unternehmensmitbestimmung s. zunächst → Form. A.1 Rn. 201 ff.

§ 325 Abs. 1 UmwG regelt die befristete Beibehaltung des bisherigen Mitbestimmungsstatus beim übertragenden Rechtsträger. Die Regelung ist ausdrücklich auf die Fälle der Abspaltung und Ausgliederung beschränkt.

IX. Kosten und Gebühren

1. Beurkundungsgebühren

55 Bei den **notariellen** Beurkundungsgebühren sind folgende Gebühren zu unterscheiden:
- Gebühren für den Spaltungsvertrag,
- Gebühren für die im Rahmen der Spaltung zu fassenden Beschlüsse (zB Spaltungsbeschluss),
- Gebühren für die im Rahmen der Spaltung ggf. erforderlichen oder zweckmäßigen Zustimmungs- oder Verzichtserklärungen.

a) Kosten für die Beurkundung des Spaltungsvertrages

56 Die Beurkundung des **Spaltungsvertrages** löst eine 2,0-Gebühr aus Nr. 21100 des Kostenverzeichnisses zum GNotKG aus (im Gegensatz zur Beurkundung eines Spaltungsplans, der als einseitige Erklärung lediglich eine 1,0-Gebühr aus Nr. 21200 des Kostenverzeichnisses auslöst). Der Geschäftswert beträgt nach § 107 Abs. 1 Satz 1 GNotKG mindestens 30 000 EUR, höchstens jedoch 10 Mio. EUR.

57 Die **Bemessungsgrundlage** für den Geschäftswert der Urkunde ist nach § 97 Abs. 1, 3 GNotKG die Summe der Aktiva des im Rahmen der Spaltung übergehenden Vermögens, hier des Teilbetriebs EA (im Gegensatz zur Verschmelzung, bei der das gesamte Vermögen des übertragenden Rechtsträgers „bewegt" wird und damit auch vollständig in Ansatz zu bringen ist). Die Berechnung erfolgt auf Grundlage der Abspaltungsbilanz, jedoch ohne Abzug von Schulden (§ 38 Satz 1 GNotKG, vgl. hierzu BayObLG v. 23.4.1999, 3 Z BR 19/99, NJW-RR 1999, 1373; BayObLG v. 19.3.1997, 3 Z BR 283/96, MittBayNot 1997, 252; OLG Karlsruhe v. 30.1.2001, 11 Wx 59/00, ZNotP 2002, 121 zur KostO). Das Aktivvermögen wird um nicht durch Eigenkapital gedeckte Fehlbeträge vermindert (*Diehn/Volpert,* Praxis des Notarkostenrechts, Rn. 2158); im Gegenzug erhöhen stille Reserven das Aktivvermögen der abspaltenden Enkel-GmbH (§ 46 Abs. 1 GNotKG). Die in der Spaltungsbilanz enthalte-

nen Bilanzpositionen hat der Notar daraufhin zu untersuchen, ob kostenrechtlich ggf. ein anderer Wert anzusetzen ist; anderenfalls kann ein Verstoß gegen das Verbot der Gebührenvereinbarung nach § 125 GNotKG vorliegen (Korintenberg/*Tiedtke* GNotKG § 107 Rn. 41). Dabei ist insbesondere bei bilanziertem Grundbesitz nicht der Buch- sondern der Verkehrswert anzusetzen. Allerdings ist der Notar nicht verpflichtet, eine weitergehende Berichtigung der Bilanz hinsichtlich der Aufdeckung sonstiger stiller Reserven vorzunehmen, zumal ihm hierzu oftmals die erforderlichen Informationen bzw. betriebswirtschaftlichen Kenntnisse fehlen dürften.

b) Kosten für die Beurkundung der Zustimmungsbeschlüsse zur Spaltung

Die Beurkundung des Spaltungsbeschlusses löst eine weitere 2,0-Gebühr nach Nr. 21100 des Kostenverzeichnisses aus, wobei mindestens 120 EUR anfallen. **Bemessungsgrundlage** ist nach § 108 Abs. 3 S. 2 GNotKG wie auch beim Spaltungsvertrag wiederum das übergehende Aktivvermögen (ohne Abzug von Verbindlichkeiten). Bei dem Zustimmungsbeschluss handelt es sich um einen Beschluss mit bestimmtem Geldwert. Der Wert beträgt nach § 108 Abs. 5 GNotKG höchstens 5 Mio. EUR, und zwar auch dann, wenn mehrere gegenstandsverschiedene Beschlüsse (also zB Neufassung des Gesellschaftsvertrages bei einem der beteiligten Rechtsträger, Geschäftsführerbestellungen oä.) in einem Beurkundungsverfahren zusammengeführt sind. 58

Praktischer Hinweis: Hat bei dem übertragenden Rechtsträger eine Herabsetzung des Stammkapitals zu erfolgen (im hiesigen Beispielsfall nicht), so ist dieser Beschluss gegenstandsverschieden zu den vorgenannten Zustimmungsbeschlüssen (§ 86 Abs. 2 GNotKG; vgl. Korintenberg/*Diehn* § 109 Rn. 113). Die Werte der Beschlüsse sind zu addieren (§ 35 Abs. 1 GNotKG). Mit der Kapitalherabsetzung weitere im Zusammenhang stehende Beschlüsse (Anpassung des Gesellschaftsvertrages an die neue Stammkapitalziffer oä.) sind gegenstandsgleich und damit nicht gesondert zu bewerten (§ 109 Abs. 2 Satz 1 Nr. 4b GNotKG). 59

c) Kosten für die Beurkundung der Zustimmungs-/Verzichtserklärungen

Der **Geschäftswert** von Zustimmungserklärungen beträgt nach § 98 Abs. 1 GNotKG die Hälfte des für den Spaltungsvertrag maßgeblichen Geschäftswerts. Hat der Zustimmende lediglich eine Mitberechtigung, dann entspricht der Geschäftswert dem Bruchteil, der dem Anteil des Zustimmenden am abspaltenden Rechtsträger zusteht (§ 98 Abs. 2 GNotKG). Der Geschäftswert beträgt nach § 98 Abs. 4 GNotKG maximal 1 Mio. EUR. 60

Der Geschäftswert von Verzichtserklärungen von bestimmten Anteilsinhabern bestimmt sich nach § 36 Abs. 1 GNotKG aus dem Wert des Anteils des Verzichtenden an dem abspaltenden Rechtsträger. Ein Anteil von 10% soll als Geschäftswert angemessen sein (*Diehn/Volpert,* Praxis des Notarkostenrechts, Rn. 2165).

Werden **Zustimmungs- und Verzichtserklärungen gemeinsam** (wie vorliegend) beurkundet, so besteht Gegenstandsgleichheit nach § 109 Abs. 1 GNotKG; die Gebühr berechnet sich nur aus dem höheren Geschäftswert der Zustimmungserklärung. 61

Bei der Beurkundung von Zustimmungs- und Verzichtserklärungen **mit dem Spaltungsvertrag** besteht nach § 109 Abs. 1 GNotKG sog. Gegenstandsgleichheit, da die Erklärungen der Erfüllung, Sicherung und Durchführung der Abspaltung dienen und mithin zwischen ihnen und dem Vertrag ein Abhängigkeitsverhältnis besteht. Werden die Erklärungen ohne sachlichen Grund nicht in den Spaltungsvertrag aufgenommen, dann kann eine sog. unrichtige Sachbehandlung durch den Notar vorliegen (§ 21 GNotKG), was aber im jeweiligen Einzelfall zu prüfen ist.

Nicht gegenstandsgleich und damit gesondert zu bewerten soll die ebenfalls im Formular enthaltene **Verzichtserklärung auf die Anfechtung** des jeweiligen Spal- 62 tungsbeschlusses nach § 16 Abs. 2 UmwG sein. Für die Bewertung dieser Verzichtserklärung soll ein Teilwert von 10% der jeweils gehaltenen Beteiligung zugrunde zu legen sein (Renner/Otto/Heinze/*Heinze* GNotKG § 107 Rn. 73).

63 *einstweilen frei*

d) Weitere notarielle Kosten

64 Neben den eigentlichen Beurkundungsgebühren werden durch den Notar noch **Auslagen** in Rechnung gestellt, die sich im Einzelnen aus den Nr. 32000ff. des Kostenverzeichnisses je nach Anfall ergeben, also insbesondere aus Nr. 32001 (Dokumentenpauschale für das Anfertigen von Kopien/Ausdrucken von 0,5/0,15 EUR je Seite), aus Nr. 32005 des Kostenverzeichnisses (Auslagenpauschale von 20 EUR für Post- und Telekommunikationsleistungen) sowie aus Nr. 32011 des Kostenverzeichnisses (Auslagen Handelsregistereinsichten von je 4,50 EUR). Auf die Gesamtbeurkundungskosten nebst Auslagen fällt dann 19% USt. an (vgl. Nr. 32014 des Kostenverzeichnisses).

2. Gebühren für Handelsregisteranmeldung und -eintragung

65 Bei den Gebühren im Zusammenhang mit der Handelsregistereintragung ist zwischen der Tätigkeit des Notars im Zusammenhang mit der Anmeldung der Spaltung zum Handelsregister und den Gebühren für die Registereintragung als solcher zu unterscheiden.

a) Gebühren im Zusammenhang mit der Handelsregisteranmeldung

66 **Beglaubigt** der Notar lediglich die Unterschriften der Geschäftsführer der Tochter- sowie der Enkel-GmbH unter ihm zur Verfügung gestellten **Fremdentwürfen,** dann erhält er hierfür eine Gebühr von 0,2, mindestens jedoch 20 EUR und höchstens 70 EUR nach Nr. 25100 des Kostenverzeichnisses. Der Geschäftswert der Handelsregisteranmeldungen wird nach §§ 121, 105 GNotKG ermittelt. Da vorliegend kein bestimmter Geldbetrag in das Handelsregister einzutragen ist (vgl. § 105 Abs. 1 GNotKG), liegt eine Anmeldung nach § 105 Abs. 4 Nr. 1 GNotKG vor. Entsprechend ist der Geschäftswert ein Prozent des Stammkapitals der betreffenden Gesellschaft, mindestens jedoch 30000 EUR; die 0,2 Gebühr aus diesem Geschäftswert beträgt 25 EUR. Zudem erhält der Notar nach Nr. 22114 des Kostenverzeichnisses (elektronischer Vollzug und Erstellung von sog. XML-Strukturdaten) noch eine zusätzliche Gebühr in Höhe von 0,3, maximal jedoch 250 EUR, für die elektronische Einreichung der Handelsregisteranmeldung nebst Anlagen zum Registergericht. Des Weiteren fällt noch eine Vollzugsgebühr nach Nr. 22124 des Kostenverzeichnisses von 20 EUR für die Einreichung der Handelsregisteranmeldung an. Hinzu kommen Auslagen nach Nr. 3200ff. des Kostenverzeichnisses und 19% USt. (Nr. 32014 des Kostenverzeichnisses).

67 Erstellt der **Notar selbst die Entwürfe** der Handelsregisteranmeldungen für die Tochter- und die Enkel-GmbH so berechnen sich die Notargebühren nach Nr. 24102 des Kostenverzeichnisses. Hiernach fällt eine Rahmengebühr von 0,3 bis 0,5, bei einer (vollständigen) Entwurfserstellung eine Gebühr von 0,5, mindestens jedoch 30 EUR an. Der Geschäftswert berechnet sich wiederum aus §§ 119, 105 GNotKG. Bei beiden Anmeldungen handelt es sich vorliegend um solche ohne bestimmten Geldwert, so dass der Geschäftswert wiederum nach § 105 Abs. 2, Abs. 4 Nr. 1 GNotKG ein Prozent des Stammkapitals der betreffenden Gesellschaft, mindestens jedoch 30000 EUR beträgt. Die Gebühr beträgt in letzterem Fall 62,50 EUR. Zudem erhält der Notar nach Nr. 22114 des Kostenverzeichnisses (elektronischer Vollzug und Erstellung von sog. XML-Strukturdaten) noch eine zusätzliche Gebühr in Höhe von 0,3, maximal jedoch 250 EUR, für die elektronische Einreichung der Handelsregisteranmeldung nebst Anlagen zum Registergericht. Der Geschäftswert bestimmt sich aus § 112

GNotKG; die so ermittelte Gebühr beträgt 37,50 EUR. Neben den beiden vorgenannten Gebühren sind wiederum Auslagen nach Nr. 3200 ff. des Kostenverzeichnisses und 19% USt. (Nr. 32014 des Kostenverzeichnisses) zu zahlen.

b) Gebühren für die Handelsregistereintragung

Die Eintragungsgebühren richten sich nach der Verordnung über Gebühren in Handels-, Partnerschafts- und Genossenschaftsregistersachen (Handelsregistergebührenverordnung, HRegGebV v. 30.9.2004, BGBl. I 2004, 2562), die auf der Ermächtigungsgrundlage in § 58 GNotKG beruht. Bei den Gebühren handelt es sich um sog. aufwandsbezogene Gebühren, die dem sog. Gebührenverzeichnis als Anlage zu § 1 Satz 1 HRegGebV entnommen werden können. **68**

Die **Handelsregistereintragung** kostet sowohl bei der übertragenden als auch der übernehmenden GmbH je 240 EUR (Nr. 2402, 2403 Gebührenverzeichnis). **69**

C. Einzelerläuterungen

I. Abspaltungs- und Übernahmevertrag

Der Mindestinhalt eines Spaltungsvertrags ergibt sich aus § 126 Abs. 1 Satz 1 UmwG. Zu Einzelheiten vgl. SBB/*Sagasser* § 18 Rn. 126 ff. **70**

Zu Rubrum, Firma und Sitz der an der Spaltung beteiligten Rechtsträger und der Präambel

→ Form. B.2 Rn. 92 bis 94. **71**

Zu Ziff. I.:

Die Vereinbarung der Übertragung von Teilen des Vermögens des übertragenden Rechtsträgers „als Gesamtheit" ist **konstituierendes Element** der Abspaltung zur Aufnahme und daher nach § 126 Abs. 1 Nr. 2 UmwG notwendiger Bestandteil des Spaltungs- und Übernahmevertrages (Kallmeyer/*Sickinger* UmwG § 126 Rn. 5). **72**

Die weitere Formulierung aus § 126 Abs. 1 Nr. 2 UmwG – „gegen **Gewährung von Anteilen** oder Mitgliedschaften an den übernehmenden Rechtsträgern" – **entfällt** hier hingegen. Eine Gewährung von Anteilen mittels einer Kapitalerhöhung ist im vorliegenden Fall nach §§ 54 Abs. 1 Satz 1 Nr. 1, 125 Satz 1 UmwG unzulässig, da die aufnehmende Tochter-GmbH alle Anteile der übertragenden Enkel-GmbH innehat (Kallmeyer/*Sickinger* UmwG § 126 Rn. 6) und sich die Tochter-GmbH sonst eigene Anteile gewähren müsste (WM/*Mayer* UmwG § 126 Rn. 76). **73**

Zu Ziff. II.1 bis 7.:

→ Form. B.1 Rn. 263 bis 283 entsprechend. **74**

Zu Ziff. II.8.:

Diese Regelung soll sicherstellen, dass auch im Falle eines rechtshängigen Verfahrens die wirtschaftlichen Folgen der streitbefangenen Forderung auf den übernehmenden Rechtsträger übergehen. Denn durch eine Abspaltung tritt im **Zivilprozess grundsätzlich kein gesetzlicher Parteiwechsel** ein. Ein gesetzlicher Parteiwechsel ist bei Umwandlungen nur bei Verschmelzung und Aufspaltung möglich, bei denen der übertragende Rechtsträger erlischt, also quasi „verstirbt" und damit die Folgen des § 239 ZPO eintreten (*Stöber* NZG 2006, 574). **75**

76 War der übertragende Rechtsträger zum Zeitpunkt der Abspaltung Kläger eines rechtshängigen Rechtsstreits **(Aktivprozess),** ist § 265 Abs. 2 ZPO einschlägig, wenn die Klageforderung im Spaltungsvertrag dem übernehmenden Rechtsträger zugewiesen ist und damit eine „Abtretung" im Sinne der Vorschrift vorliegt (*Stöber* NZG 2006, 574, 576; Lutter/*Schwab* UmwG § 133 Rn. 153). Dies hat zur Folge, dass sich durch die Rechtsnachfolge nichts an der Stellung der bisherigen Parteien ändert (Zöller/*Greger* ZPO § 265 Rn. 6). Allerdings fehlt dem übertragenden Rechtsträger dann die Aktivlegitimation, so dass er als gesetzlicher Prozessstandschafter nur mehr Leistung an den übernehmenden Rechtsträger verlangen kann (Zöller/*Greger* ZPO § 265 Rn. 6a). Ein Wechsel in der Partei des Klägers ist nach § 265 Abs. 2 Satz 2 ZPO nicht ohne Zustimmung des Beklagten möglich. Vor diesem Hintergrund stellt Ziff. II.8 zum einen klar, dass der übertragende Rechtsträger sich darum bemüht, die Zustimmung des Beklagten zu erlangen und zum anderen, dass die wirtschaftlichen Folgen des Prozesses in jedem Fall ab dem Spaltungsstichtag den übernehmenden Rechtsträger treffen.

77 Eine Verlagerung der wirtschaftlichen Folgen bezweckt die Regelung zudem für den Fall eines **Passivprozesses.** Hier ist § 265 Abs. 2 ZPO nach herrschender Auffassung nicht einschlägig (*Stöber* NZG 2006, 574, 575; Zöller/*Greger* ZPO § 265 Rn. 5a unter Hinweis auf BGH v. 6.12.2000, XII ZR 219/98, NJW 2001, 1217). Grund hierfür ist, dass die Verbindlichkeit durch die Haftungsregelung des § 133 Abs. 1 Satz 1, Abs. 3 UmwG trotz anderweitiger Zuweisung im Spaltungsvertrag weiterhin eine eigene Verbindlichkeit des übertragenden Rechtsträgers bleibt, er also weiterhin passivlegitimiert ist (*Stöber* NGZ 2006, 574, 575). Eine gewillkürte Parteierweiterung ist hier aber in entsprechender Anwendung von § 263 ZPO bei Einwilligung des übernehmenden Rechtsträgers oder Sachdienlichkeit möglich (Lutter/*Schwab* UmwG § 133 Rn. 159).

78 Ähnlich verhält es sich im **verwaltungsgerichtlichen Verfahren.** Im Fall der Abspaltung wird auch hier **in der Regel kein gesetzlicher Wechsel** der Beteiligten stattfinden. Ein gewillkürter Wechsel der Beteiligten wird von der Rechtsprechung aber als Klageänderung angesehen (BeckOK VwGO/*Wolff* VwGO § 91 Rn. 19; Schoch/Schneider/Bier/*Ortloff*/*Riese* VwGO § 91 Rn. 36) und setzt entweder die Einwilligung aller Beteiligten oder die Sachdienlichkeit des Wechsels voraus (BeckOK VwGO/*Wolff* VwGO § 91 Rn. 23, 25).

Zu Ziff. III.:

79 → Form. B.1 Rn. 294 bis 302 gelten entsprechend. Der Verzicht auf Spaltungsbericht, Spaltungsprüfung und Spaltungsprüfbericht richtet sich hier nach §§ 127, 125, 8 Abs. 3, 9 Abs. 3, 12 Abs. 3, 48 UmwG.

Zu Ziff. IV.:

80 Grundsätzlich besteht nach § 123 Abs. 2 aE UmwG bei der Abspaltung die Pflicht, den Anteilseignern des übertragenden Rechtsträgers im Gegenzug Anteile am übernehmenden Rechtsträger zu gewähren. Hiervon gibt es jedoch Ausnahmen. Eine davon besteht nach §§ 54 Abs. 1 Satz 1, 20 Abs. 1 Nr. 3 Satz 1 Halbsatz 2, 125 Satz 1 UmwG dann, wenn eine übernehmende GmbH Anteile an dem übertragenden Rechtsträger innehat. In diesem Fall ist eine **Kapitalerhöhung und damit die Gewährung von Anteilen ausgeschlossen,** da sich der übernehmende Rechtsträger zum einen sonst selbst verpflichten und zum anderen eigene Anteile erwerben würde (Semler/Stengel/*Reichert* UmwG § 54 Rn. 5; WM/*Mayer* UmwG § 54 Rn. 12f.). So darf in dem vorliegenden Fall der Abspaltung auf den 100%igen Anteilseigner keine Kapitalerhöhung und damit keine Anteilsgewährung stattfinden.

81 Dementsprechend muss der **Spaltungs- und Übernahmevertrag auch keine Angaben** über die genaue Ausgestaltung der Gewährung von Anteilen nach § 126 Abs. 1 Nr. 3, 4, 5 und 10 UmwG enthalten (Lutter/*Priester* UmwG § 126 Rn. 24).

Zu Ziff. V.:

Diese Bestimmung des Formulars lässt in Form einer „Negativerklärung" erkennen, dass weder den Gesellschaftern der Enkel-, noch der Tochter-GmbH besondere Rechte im Sinne von § 126 Abs. 1 Nr. 7 UmwG und auch sonst niemandem besondere Vorteile im Sinne von § 126 Abs. 1 Nr. 7 UmwG gewährt werden. 82

Zu Ziff. VI.:

→ Form. B.1 Rn. 316 bis 318. 83

Zu Ziff. VII.:

Die Formulierung soll vorsorglich klarstellen, dass der zwischen den Parteien bestehende Beherrschungs- und Ergebnisabführungsvertrag nicht dem abzuspaltenden Teilbetrieb EA zuzurechnen ist, sondern weiterhin zwischen den beteiligten Rechtsträgern fortbesteht. Da der Tochter-GmbH als Obergesellschaft aber ggf. ein Recht zur außerordentlichen Kündigung des Beherrschungs- und Ergebnisabführungsvertrages nach § 297 AktG (analog) zustehen könnte, wird klargestellt, dass ein solches nicht ausgeübt wird. 84

Zu Ziff. VIII.:

→ Form. B.1 Rn. 319 bis 322. 85

Zu Ziff. IX.:

Zur salvatorischen Klausel → Form. B.1 Rn. 313 bis 315. 86

Zu Ziff. X.:

→ Form. B.1 Rn. 324 bis 327. 87

Zu Ziff. XI.:

→ Form. B.1 Rn. 328. 88

Zu Ziff. XII.:

→ Form. B.1 Rn. 329 bis 332. 89

II. Niederschrift über die Gesellschafterversammlungen

Zum Rubrum

Erläuterungen unter → Form. B.2 Rn. 92. 90

Zu Ziff. II. (Gesellschafterversammlung der Enkel-GmbH)

Vorbereitung der Beschlussfassung

Der Spaltungs- und Übernahmevertrag wird nur wirksam, wenn ihm **alle Anteilsinhaber** des übertragenden Rechtsträgers und des übernehmenden Rechtsträgers durch Beschluss zugestimmt haben (§§ 125 Satz 1, 13 Abs. 1 UmwG). Der Beschluss kann nur in einer **Versammlung** der Anteilsinhaber gefasst werden (§§ 125 Satz 1, 13 Abs. 1 Satz 2 UmwG). Er bedarf der **notariellen Beurkundung** (§§ 125 Satz 1, § 13 Abs. 3 Satz 1 UmwG). 91

Die Gesellschafter können auf die Einhaltung der Vorschriften, die sich auf ihre Vorabinformation, die ordnungsgemäße Einladung sowie auf die Vorschriften, die sich 92 auf die Einhaltung von Formen und Fristen beziehen, **verzichten.** Der Verzicht ist zT ausdrücklich gesetzlich geregelt (§§ 8 Abs. 3, 9 Abs. 3, 12 Abs. 3, 125 Satz 1 UmwG), zT ergibt er sich aus der Natur der Vorschriften (WM/*Heckschen* UmwG § 13 Rn. 9.5).

93 Den Gesellschaftern der beteiligten Rechtsträger ist der Spaltungsvertrag spätestens zusammen mit der Einberufung der Gesellschafterversammlung, die über die Zustimmung beschließen soll, **zu übersenden** (§ 125 Satz 1 iVm. § 47 UmwG). Die Verpflichtung aus § 47 UmwG ist dispositiv. Die Gesellschafter können hierauf **verzichten** (WM/*Mayer* UmwG § 47 Rn. 13). Ebenso ist die Verpflichtung aus § 49 Abs. 2 UmwG (iVm. § 125 Satz 1 UmwG), die Jahresabschlüsse und Lageberichte der beteiligten Rechtsträger **auszulegen,** dispositiv (WM/*Mayer* UmwG § 49 Rn. 20). Wird kein ausdrücklicher Verzicht ausgesprochen, wird ein Verstoß durch eine Universalversammlung der Gesellschafter, bei der kein Gesellschafter der Beschlussfassung widerspricht, geheilt (Lutter/*Winter*/*Vetter* UmwG § 49 Rn. 15).

Zu Ziff. II.1.:

94 Der Verzicht auf die Einhaltung der Form- und Fristvorschriften ist hilfreich, um die Beschlussfähigkeit der Gesellschafterversammlung zu gewährleisten. Der Verzicht ist nur möglich, wenn alle Gesellschafter anwesend oder vertreten sind. Mit diesem Verzicht wird gleichzeitig auch der **Verzicht auf das Informationsrecht** der Gesellschafter gem. § 47 UmwG erklärt (WM/*Mayer* UmwG § 47 Rn. 13). Ein ausdrücklicher Verzicht ist nicht erforderlich (*WM/Mayer* aaO), wird im Formular aber vorsorglich ausgesprochen.

95 Ziff. II.1. enthält sodann den eigentlichen **Zustimmungsbeschluss** zum Spaltungs- und Übernahmevertrag, dessen es nach § 125 Satz 1 iVm. § 13 Abs. 1 UmwG bedarf. Der Beschluss kann nur in einer **Versammlung** der Gesellschafter gefasst werden. Umlaufbeschlüsse sind nicht möglich (WM/*Heckschen* UmwG § 13 Rn. 41). Da die Enkel-GmbH nur eine Gesellschafterin hat, stellt dies kein Problem dar.

Zu Ziff. II.2.1.:

96 Diese Bestimmung dient der Klarstellung.

Zu Ziff. II.2.2.:

Auch diese Bestimmung dient der Klarstellung:

97 Nach §§ 54 Abs. 1 Satz 1 Nr. 1, 125 Satz 1 UmwG darf bei der übernehmenden Gesellschaft **keine Kapitalerhöhung** stattfinden, soweit sie Anteile an der übertragenden Gesellschaft innehat. Vgl. hierzu die Erläuterungen zu Ziff. IV des Abspaltungs- und Übernahmevertrags → Rn. 80.

98 Aufgrund der besonderen Beteiligungsverhältnisse bedarf es auch keines **Spaltungsberichts.** Hier verweist § 127 Satz 2 UmwG auf § 8 Abs. 3 Satz 1 Alt. 2 UmwG. Danach ist ein Spaltungsbericht dann nicht erforderlich, wenn sich alle Anteile des übertragenden Rechtsträgers in der Hand des übernehmenden Rechtsträgers befinden. Also ist auch bei der Abspaltung von einer 100%igen Tochtergesellschaft (hier der Enkel-GmbH) auf ihre Muttergesellschaft ein Spaltungsbericht nach ganz überwiegender Ansicht entbehrlich (WM/*Mayer* UmwG § 127 Rn. 73; Semler/Stengel/*Gehling* UmwG § 127 Rn. 51; Kallmeyer/*Sickinger* UmwG § 127 Rn. 16).

Zu Ziff. II.2.3.:

99 Nach §§ 48, 9 iVm. § 125 Satz 1 UmwG kann ein Gesellschafter einer an der Spaltung beteiligten GmbH innerhalb von einer Woche, nachdem er die Unterlagen zur Spaltung zugeleitet bekommen hat, die **Prüfung des Spaltungsvertrags** verlangen.

Für den Fall, dass der übernehmende Rechtsträger alle Anteile an dem übertragenden Rechtsträger hält, ist eine Spaltungsprüfung eigentlich nach § 9 Abs. 2 UmwG nicht erforderlich. Allerdings nimmt § 125 Satz 1 UmwG diese Vorschrift gerade von der allgemeinen Verweisung auf die Vorschriften über die Verschmelzung aus. Da es in dieser Konstellation zu keiner Gewährung von Anteilen kommt und sich die Prüfung nach § 12 UmwG vor allem auf das Umtauschverhältnis der gewährten Anteile bezieht, wird vertreten, dass § 125 Satz 1 UmwG für die Abspaltung von der 100%igen Tochter auf die Muttergesellschaft teleologisch reduziert werden und § 9 Abs. 2 UmwG Anwendung finden sollte (v. a. WM/*Fronhöfer* UmwG § 125 Rn. 45). Vielfach wird jedoch davon ausgegangen, dass auch bei dieser besonderen Konstellation eine Spaltungsprüfung auf Verlangen eines Gesellschafters nach §§ 48, 9 UmwG erforderlich ist (Lutter/*Teichmann* UmwG § 125 Rn. 5, 7; Kallmeyer/*Sickinger* UmwG § 125 Rn. 9). Um den Ausschluss von § 9 Abs. 2 UmwG in § 125 Satz 1 UmwG abzusichern, wird § 9 Abs. 3 UmwG zudem so ausgelegt, dass er nur auf § 8 Abs. 3 Satz 1 Alt. 1 UmwG verweist, also auch über diese Verweisung die Spaltungsprüfung nicht bereits durch die Beteiligungsverhältnisse ausgeschlossen ist (Lutter/*Drygala* UmwG § 9 Rn. 21). Angesichts der unklaren Lage erscheint es daher sinnvoll, nach § 9 Abs. 3 iVm. § 8 Abs. 3 UmwG auf eine Spaltungsprüfung ausdrücklich zu verzichten. Die **Verzichtserklärung** muss nach § 8 Abs. 3 Satz 2 UmwG notariell beurkundet werden. Sie muss zudem von allen Anteilsinhabern aller beteiligten Rechtsträger in der notariellen Urkunde erklärt werden (SHS/*Winter* UmwG § 8 Rn. 36).

Auf die **Anfechtung und die Klageerhebung** gegen die Wirksamkeit des Zu- **100**
stimmungsbeschlusses zum Spaltungs- und Übernahmevertrag kann **verzichtet** werden. Insbesondere sollte nicht lediglich auf die „Anfechtung“ verzichtet werden, da eine solche Formulierung nicht die Nichtigkeitsfeststellungsklage erfasste.

Zu Ziff. III. (Gesellschafterversammlung der Tochter-GmbH)

Vergleiche hierzu die Ausführungen zur Gesellschafterversammlung der Enkel- **101**
GmbH unter → Rn. 91 ff.

III. Handelsregisteranmeldungen

Zu den Handelsregisteranmeldungen vgl. die Erläuterungen unter → Form. B.1 **102**
Rn. 466 bis 483.

Teil C. Realteilung von Personengesellschaften

Übersicht

C.1 Realteilung einer Personenhandelsgesellschaft mit Teilbetrieben durch Einzelrechtsnachfolge

Gliederung

A. Vertragsformulare

C.1.1. Auseinandersetzungsvertrag (mit Übertragung von Teilbetrieben unter Buchwertfortführung ohne Spitzenausgleich)[106]

zwischen

1. Herrn A ......, geschäftsansässig in ...... *[Adresse],*
2. Herrn B ......, geschäftsansässig in ...... *[Adresse],*

– Gesellschafter –

und

3. A & B oHG, mit Sitz in ...... *[Ort],* eingetragen im Handelsregister des Amtsgerichts ...... *[Ort]* unter HRA ......, vertreten durch Herrn A und Herrn B als deren sämtliche alleinvertretungsberechtigte, von § 181 BGB befreite Gesellschafter

– Gesellschaft –

Präambel

An der offenen Handelsgesellschaft in Firma A & B oHG mit dem Sitz in ...... *[Ort],* eingetragen im Handelsregister des Amtsgerichts ...... *[Ort]* unter HRA ......, sind die Gesellschafter wie folgt beteiligt: Herr A mit einem festen Kapitalanteil von 125 000.– EUR und Herr B mit einem festen Kapitalanteil von 125 000.– EUR. Die Gesellschaft unterhält zwei, organisatorisch selbstständige Geschäftsbereiche ...... *[Beschreibung der beiden Teilbetriebe].* Herr A und Herr B beabsichtigen die Gesellschaft zu beenden, jedoch unter Fortführung der beiden Geschäftsbereiche als Einzelunternehmen. Hierzu vereinbaren die Parteien was folgt:

§ 1 Beendigung und Realteilung der Gesellschaft[107]

Die Gesellschaft wird nach Maßgabe der folgenden Bestimmungen durch die Gesellschafter beendet und die Auseinandersetzung abweichend von §§ 145 ff. HGB bzw. §§ 730 ff. BGB im Wege der Realteilung der Gesellschaft wie folgt vereinbart:

(1) Die unter der Firma „A & B oHG“ bestehende offene Handelsgesellschaft wird zum 31.12.00 *[Datum]* beendet. Die Gesellschafter teilen das Vermögen der Gesellschaft unter Berücksichtigung ihrer Beteiligung am Vermögen nach Maßgabe der folgenden Bestimmungen auf[108]:

(2) Herr A übernimmt den Teilbetrieb ...... *[Beschreibung]* (nachfolgend „Teilbetrieb 1“), Herr B den Teilbetrieb ...... *[Beschreibung]* (nachfolgend „Teilbetrieb 2“), mit den jeweils zugehörigen Forderungen, Verbindlichkeiten und Vertragsverhältnissen einschließlich schwebender Geschäfte und halbfertiger Arbeiten im Innenverhältnis ab 1.1.01 *[Datum].*

(3) Der Realteilung wird die Schlussbilanz der A & B oHG zum 31.12.00 *[Datum]* zugrunde gelegt. Diese ist unter Fortführung der bisherigen Praxis und gemäß den Vorschriften des Gesellschaftsvertrages zu erstellen. Insbesondere ist darin keine Auflösung stiller Reserven vorzunehmen, auch der Ausweis eines originären Firmenwerts entfällt (Buchwertansatz). Die in der Schlussbilanz der A & B oHG anzusetzenden Buchwerte werden zu diesen Werten auf den Teilbetrieb 1 und den Teilbetrieb 2 aufgeteilt.

(4) Im Hinblick auf die für die steuerliche Buchwertfortführung notwendigen Kapitalkontenanpassungen in den Fortführungs-Eröffnungsbilanzen (bzw. -Einbringungsbilanzen) der Realteiler wird vereinbart, dass bereits in der Schlussbilanz die festen Kapitalkonten der beiden Gesellschafter erfolgsneutral an die Summe der Nettobuch-

werte (Aktiva ./. Verbindlichkeiten) der von jedem Gesellschafter übernommenen Teilbetriebe anzupassen sind.[109, 122]

§ 2 Buchwertfortführung; Ertragsteuern[110, 121]

(1) Die Gesellschafter sind nach § 16 Abs. 3 Satz 2 HS 2 EStG verpflichtet, die auf sie zu übertragenden Teilbetriebe jeweils als gewerbliche Einzelunternehmen mit den in der Schlussbilanz der A & B oHG einschließlich der steuerlichen Ergänzungsbilanzen auf die betreffenden Teilbetriebe entfallenden Nettobuchwerten fortzuführen.

(2) Die Gesellschafter verpflichten sich gegenseitig, keine Rechtsgeschäfte oder sonstige Handlungen vorzunehmen, welche die Steuerneutralität der Realteilung (rückwirkend) entfallen lässt. Insbesondere verpflichten sich die Gesellschafter, die gesetzlichen Vorgaben mit Bezug auf die Behaltefristen des § 16 Abs. 3 Sätze 3 und 4 EStG höchst vorsorglich für den Fall einzuhalten, dass die Finanzverwaltung von der Übertragung von Einzelwirtschaftsgütern ausgehen sollte. Soweit es nachträglich durch das Verhalten eines Gesellschafters für die hier vereinbarte Realteilung zu einem Anfallen von Steuern (Einkommen-, Gewerbesteuer) kommt, stellt dieser Gesellschafter den jeweils anderen von den anfallenden Steuern frei. Dies gilt entsprechend für alle weiteren steuerlichen Belastungen, die durch den vorstehend geregelten Ausgleich entstehen sollten. Steuerliche Vorteile sind bei dem Ausgleich zu berücksichtigen.

(3) Im Übrigen trägt jeder Gesellschafter diejenigen auf Grund der Realteilung entstehenden Steuerschulden, die in seiner Person ausgelöst werden.

§ 3 Keine Ausgleichszahlungen (Spitzenausgleich)[111]

Ausgleichszahlungen zwischen den Gesellschaftern sind nicht zu leisten, da die Parteien von der Gleichwertigkeit der beiden Teilbetriebe ausgehen. Ausgleichszahlungen werden auch insoweit ausgeschlossen, als stille Reserven in unterschiedlichem Umfang auf die einzelnen Gesellschafter übergehen. Ausgleichszahlungen sind weiter ausgeschlossen, soweit als Folge einer Änderung der in der Schlussbilanz der A & B oHG auszuweisenden Werte durch eine steuerliche Außenprüfung eine Änderung der Nettobuchwerte und eine abweichende Angleichung der Kapitalkonten erfolgt; die Gesellschafter verpflichten sich, in diesem Fall die auf Grund der Betriebsprüfung geänderten Buchwerte gem. § 175 Abs. 1 Nr. 2 AO nach den diesbezüglich entsprechend geltenden Regelungen im vorstehenden § 2 fortzuführen. Unbeachtlich sind ferner evtl. nach dem 1.1.01 *[Datum]* eintretende Forderungsausfälle sowie der nachträgliche Eingang wertberichtigter Forderungen; Entsprechendes gilt für die Auflösung von Rückstellungen.

§ 4 Durchführung der Übertragung

Zur Ausführung der beschlossenen Beendigung und Realteilung wird hiermit das Gesellschaftsvermögen gemäß den als Anlagen beigefügten Aufstellungen, in denen sämtliche materiellen und immateriellen Vermögensgegenstände, Verbindlichkeiten, Vertragsverhältnisse, schwebenden Geschäfte und halbfertigen Arbeiten usw. aufgeführt und den betreffenden Teilbetrieben zugeordnet sind, übertragen:

(1) Die Gesellschaft überträgt hiermit an Herrn A sämtliche in der Anlage 1 aufgeführten, dem Teilbetrieb 1 zugeordneten Vermögensgegenstände (Aktiva und Passiva) und Vertragsverhältnisse mit Wirkung zum 1.1.01 *[Datum];* Herr A nimmt diese Übertragungen hiermit an.

(2) Die Gesellschaft überträgt hiermit an Herrn B sämtliche in der Anlage 2 aufgeführten und dem Teilbetrieb 2 zugeordneten Vermögensgegenstände (Aktiva und Passiva) und Vertragsverhältnisse mit Wirkung zum 1.1.01 *[Datum];* Herr B nimmt diese Übertragungen hiermit an.

(3) Die Gesellschafter werden unverzüglich sämtliche zum Übergang von Rechten und zur Übernahme von Verbindlichkeiten durch den jeweiligen Gesellschafter ab 1.1.01 *[Datum]* notwendigen Zustimmungen von Vertragspartnern einholen. Solange derartige Zustimmungen nicht vorliegen, übernehmen die Gesellschafter diese Forderungen und Verbindlichkeiten im Innenverhältnis auf eigene Rechnung und verpflichten sich, sich so zu stellen, als wären die Zustimmungen erteilt. Die Gesellschafter stellen sich auf erste Anforderung gegenseitig von der Haftung für bisher gemeinschaftliche Gesellschaftsverbindlichkeiten frei.

§ 5 Arbeitsrecht[85 ff.]

Die Arbeitsverhältnisse der in den Teilbetrieben 1 und 2 beschäftigten Arbeitnehmer gehen im Wege des Betriebsteilübergangs gem. § 613a BGB mit allen Rechten und Pflichten zum Zeitpunkt der Auseinandersetzung der Gesellschaft auf den übernehmenden Gesellschafter A (Arbeitnehmer des Teilbetriebs 1) bzw. B (Arbeitnehmer des Teilbetriebs 2) über. Die Gesellschafter haben die Arbeitnehmer der Gesellschaft gemäß den Erfordernissen des § 613a Abs. 5 BGB über Zeitpunkt, Grund und Folgen des jeweiligen Übergangs sowie die etwaig geplanten Maßnahmen unterrichtet bzw. verpflichten sich hierzu, soweit eine Unterrichtung noch nicht stattgefunden hat.

§ 6 Umsatzsteuerliche Regelung[126, 66 ff.]

(1) Die Parteien gehen davon aus, dass die hier vereinbarte Realteilung in Form der Übertragung von zwei gesondert geführten Betrieben (Teilbetrieben) als Geschäftsveräußerung im Ganzen gem. § 1 Abs. 1a UStG nicht steuerbar ist, weil jeweils ein in der Gliederung des Unternehmens gesondert geführter Betrieb im Ganzen an die Herren A und B als Unternehmer für deren Unternehmen übereignet wird. Die Herren A und B treten gem. § 1 Abs. 1a Satz 3 UStG insbesondere für Zwecke der Berichtigung des Vorsteuerabzugs gem. § 15a Abs. 10 UStG für die jeweils von ihnen zu übernehmenden Gegenstände an die Stelle der aufgelösten Personengesellschaft. Für die zukünftig evtl. durchzuführenden Vorsteuerberichtigungen wegen geänderter Verwendungsverhältnisse werden folgende Angaben gemacht: …… *[Angabe nach § 15a Abs. 10 Satz 2 UStG mit Bezeichnung der Wirtschaftsgüter und des Berichtigungszeitraums].*

(2) Für den Fall, dass die Realteilung abweichend von vorstehendem Abs. 1 dennoch der Umsatzsteuer unterliegen sollte, ist die A & B oHG verpflichtet, Herrn A und Herrn B jeweils Rechnungen mit Ausweis der gesetzlichen Umsatzsteuer zu erteilen.

§ 7 Kosten[100 ff.]

Die mit dem Abschluss dieser Vereinbarung und deren Durchführung entstehenden Kosten (einschließlich Kosten der Beratung, der Aufstellung der Schlussbilanz, der Anmeldung zum Handelsregister) trägt noch die aufzulösende A & B oHG. Die Kosten sind in der Schlussbilanz auszuweisen und im Rahmen der Gewinnverteilung für das Geschäftsjahr 00 *[Jahr]* als Aufwand gemäß dem bisherigen Gewinnverteilungsschlüssel zu behandeln.

§ 8 Sonstiges/Schlussbestimmungen

(1) Die Anlagen sind Bestandteil dieses Vertrages.

(2) Änderungen oder Ergänzungen dieses Vertrages bedürfen der Schriftform, soweit nicht eine strengere Form vorgeschrieben ist. Das Erfordernis der Schriftform kann nur durch schriftliche Vereinbarung aller Vertragsparteien aufgehoben werden.

(3) Sollte eine Bestimmung dieses Vertrages oder seiner künftigen Änderungen oder Ergänzungen ganz oder teilweise unwirksam oder undurchführbar sein oder werden oder sollte sich in dem Vertrag eine Lücke herausstellen, so wird hierdurch

die Gültigkeit der übrigen Bestimmungen nicht berührt. Anstelle der unwirksamen oder undurchführbaren Bestimmung oder zur Ausfüllung der Lücke soll eine angemessene Regelung gelten, die, soweit rechtlich möglich, dem am nächsten kommt, was die Vertragsschließenden gewollt haben oder nach dem Sinn und Zweck des Vertrages gewollt haben würden, sofern sie bei Abschluss dieses Vertrages oder bei der späteren Aufnahme einer Bestimmung den Punkt bedacht hätten.

..., den ......

..

[Unterschrift A]

..................................., den ......

..

[Unterschrift B]

..., den ......

..

[Unterschrift A & B oHG]

C.1.2. Gesellschafterbeschluss[106]

Sämtliche Gesellschafter der offenen Handelsgesellschaft unter der Firma „A & B oHG" in ......, eingetragen im Handelsregister des Amtsgerichts ...... *[Ort]* unter HRA ......, treten unter Verzicht auf alle Frist- und Formvorschriften für die Einberufung und Abhaltung von Gesellschafterversammlungen zu einer Gesellschaftervollversammlung zusammen. Anwesend sind

– Herr A, geschäftsansässig in ......, mit einem festen Kapitalanteil von 125 000.– EUR

und

– Herr B, geschäftsansässig in ......, mit einem festen Kapitalanteil von 125 000.– EUR

Die Gesellschaftervollversammlung beschließt einstimmig:

> **Die unter der Firma „A & B oHG" bestehende offene Handelsgesellschaft wird zum 31.12.00 *[Datum]* beendet. Die Gesellschafter teilen das Vermögen der Gesellschaft unter Berücksichtigung ihrer Beteiligung am Vermögen nach Maßgabe des in der Anlage zu diesem Beschluss beigefügten Auseinandersetzungsvertrages auf, auf den Bezug genommen wird.**

Weitere Beschlüsse wurden nicht gefasst.

..., den ......

..

[Unterschriften]

C.1.3. Handelsregisteranmeldung[130 ff.]

An das
Amtsgericht ...... *[Ort]*
– Registergericht –

HRA-Nr. ......, „A & B oHG", mit Sitz in ...... *[Ort]*

Zur Eintragung in das Handelsregister wird hiermit angemeldet:

Die vorgenannte oHG ist mit Wirkung zum Ablauf des 31.12.00 *[Datum]* beendet, die Firma ist erloschen. Ihr Vermögen wurde durch Auseinandersetzung im Wege der Realteilung von den Gesellschaftern wie folgt übernommen:

1. **Herr A übernahm den Teilbetrieb ...... *[Beschreibung]* mit allen Aktiva und Passiva.**
2. **Herr B übernahm den Teilbetrieb ...... *[Beschreibung]* mit allen Aktiva und Passiva.**

Herr A und Herr B melden hiermit die Beendigung der A & B oHG zur Eintragung in das Handelsregister an.

Herr A führt den in der vorstehenden Ziffer 1 genannten, ihm als Abfindung zugewiesenen Teilbetrieb ...... *[Beschreibung]* als Einzelfirma mit Wirkung vom 1.1.01 *[Datum]* unter der Firma ...... weiter. Er meldet hiermit diese Firma zur Eintragung in das Handelsregister an. Sitz der Firma ist ...... *[Ort]*. Die Geschäftsräume befinden sich in ...... *[Adresse]*.

Herr B führt den in der vorstehenden Ziffer 2 genannten, ihm als Abfindung zugewiesenen Teilbetrieb ...... *[Beschreibung]* als Einzelfirma mit Wirkung vom 1.1.01 *[Datum]* unter der Firma ...... weiter. Er meldet hiermit diese Firma zur Eintragung ins Handelsregister an. Sitz der Firma ist ...... *[Ort]*. Die Geschäftsräume befinden sich in ...... *[Adresse]*.

..............................., den ....

.. ....
[Unterschrift A] ***[Unterschrift B]***

..
[Beglaubigungsvermerk]

B. Grundsätzliche Anmerkungen

I. Sachverhalt

1 Dem Formular liegt der folgende Sachverhalt zugrunde: Das bislang in Form der oHG betriebene Unternehmen, A & B oHG, mit zwei voneinander abgrenzbaren Teilbetrieben soll im Wege der Realteilung unter den Gesellschaftern A und B aufgeteilt werden. Dadurch übernehmen der Gesellschafter A den Teilbetrieb 1, der Gesellschafter B den Teilbetrieb 2 und führen diese künftig jeweils als Einzelunternehmen fort. Grafisch stellen sich der Sachverhalt und der Ablauf wie folgt dar:

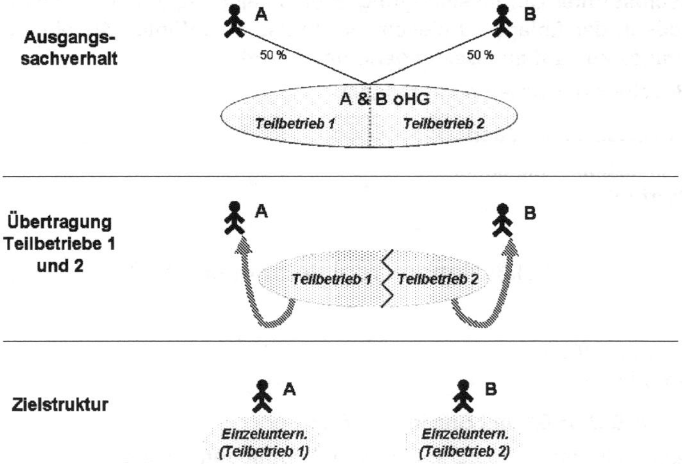

II. Wirtschaftliches Vertragsziel

2 **Ziel** der gesellschaftsrechlichen Naturalteilung (→ Rn. 7) bzw. steuerlichen Realteilung (→ Rn. 16ff.) einer Personengesellschaft ist die Beendigung derselben unter

Zuteilung jeweils bestimmter Vermögensgegenstände auf bestimmte Gesellschafter **(Auseinandersetzung),** die das wirtschaftliche Engagement der bisherigen Personengesellschaft getrennt (im Fall des Formulars als **Einzelunternehmen**) **fortführen.** Dies wird sich insbesondere dann anbieten, wenn das Unternehmen der Personengesellschaft aus Teilbetrieben besteht, die auch allein weiter bestehen können. Die Gestaltung wird in diesen Fällen regelmäßig steuerlich als Realteilung (Auseinandersetzung mit Buchwertfortführung) vorgenommen, um die ansonsten eintretende steuerpflichtige Gewinnrealisierung auf Grund Betriebsaufgabe durch die Personengesellschaft zu vermeiden.

Alternative Gestaltungen: Das mit dem Formular angestrebte Ziel, das bisher in einer Personenhandelsgesellschaft geführte gemeinsame wirtschaftliche Engagement zukünftig getrennt jeweils als Einzelunternehmen durch die bisherigen Gesellschafter fortzuführen, lässt sich auch unter Geltung des UmwG **nicht nach der Technik der Aufspaltung iSv. § 123 Abs. 1 UmwG** auf die beiden Gesellschafter A und B als jeweilige Einzelkaufleute und übernehmende Rechtsträger erreichen, weil Einzelkaufleute als übernehmende Rechtsträger nach dem Katalog des § 3 Abs. 1 UmwG, der gem. § 124 UmwG auch für die Aufspaltung maßgebend ist, nicht zugelassen sind. 3

Als **alternative** Form der Umstrukturierung könnte allerdings die **Aufspaltung** einer Personenhandelsgesellschaft in anderen als dem Formular zugrunde liegenden Fällen dann gem. § 123 Abs. 1 UmwG gestaltet werden, wenn zB 4

- die **Gesellschafter** der aufzuspaltenden Personenhandelsgesellschaft ihrerseits **eine spaltungsfähige Rechtsform** haben, also Personenhandelsgesellschaften (nicht jedoch BGB-Gesellschaften), Partnerschaftsgesellschaften (→ Form. C.2.1), EWIV oder Kapitalgesellschaften (und somit spaltungsfähige Rechtsträger iSd. § 124 UmwG) sind und auf diese als bestehende übernehmende Rechtsträger gem. § 123 Abs. 1 Nr. 1 UmwG aufgespalten wird (beachte aber bei Beteiligung von Körperschaften: die sog. „Körperschaftsklausel I" des § 16 Abs. 3 Satz 4 EStG versagt die Steuerneutralität der Realteilung, soweit Einzelwirtschaftsgüter auf Kapitalgesellschaften übergehen; → Rn. 25; die sog. „Körperschaftsklausel II" des § 16 Abs. 5 EStG beinhaltet bei Teilbetrieben eine Sieben-Jahres-Nachfrist, → Rn. 29); die vorgängige Einbringung in eine spaltungsfähige Personengesellschaft wird bei unveränderter mittelbarer Personenidentität allerdings nunmehr anerkannt (→ BMF v. 19.12.2018, BStBl. I 2019, 6 Tz. 7 gem. BFH v. 16.12.2015 IV R 8/12, BStBl. II 2017, 766) **oder**
- die Aufspaltung gem. § 123 Abs. 1 Nr. 2 UmwG **auf dadurch neu gegründete Rechtsträger** in der Rechtsform von Personenhandelsgesellschaften, Partnerschaftsgesellschaften (→ Form. C.2.1), EWIV oder Kapitalgesellschaften erfolgt (dazu Formulare zur Spaltung durch Neugründung, die entsprechend für die Aufspaltung – → Form. B.2.1 – bzw. für die Abspaltung – → Form. B.1.1 – auf Personenhandelsgesellschaften verwendet werden können; weiterführend WM/*Pupeter* Anh. 10 Rn. 119ff.).

Im Hinblick auf die nach § 6 Abs. 5 Satz 3ff. EStG bestehenden Möglichkeiten, Übertragungen von Einzelwirtschaftsgütern ohne Übernahme von Verbindlichkeiten unter Beachtung der Behaltensfrist im Bereich von Mitunternehmerschaften zu Buchwerten und damit steuerneutral durchzuführen, lässt sich das mit einer Naturalteilung verfolgte Ziel – neben der Realteilung – auch durch mehrstufige Akte erreichen (vgl. *Carlé/Bauschatz* KÖSDI 2002, 13133ff., 13139ff.); allerdings erübrigen sich manche bisher notwendige „Umwege" mit den flexibleren aktuellen Anwendungen zur steuerlichen Realteilung (→ Rn. 17ff.). 5

einstweilen frei 6

III. Zivil-, Handels- und Gesellschaftsrecht

7 Bei der sog. Realteilung einer Personengesellschaft handelt es sich um eine besondere Form der Auflösung und Beendigung einer Personengesellschaft, die gesetzlich nicht geregelt ist. Abweichend von den Regelungen in §§ 730 ff. BGB und §§ 145 ff. HGB wird **anstelle der Liquidation** des Gesellschaftsvermögens durch „Versilberung" (§ 149 HGB) die **Naturalteilung** (= handelsrechtlicher Begriff für Realteilung), dh. die Aufteilung des Gesellschaftsvermögens *in natura* auf die Gesellschafter (Realteiler) beschlossen und durchgeführt („andere Art der Auseinandersetzung" iSd. § 145 Abs. 1 HS 2 HGB; vgl. nur WM/*Pupeter* Anh. 10 Rn. 108 mwN; *Schreiber* NZG 2018, 20).

8 Zivilrechtlich erfolgt die Natural- bzw. Realteilung als **Einzelrechtsnachfolge,** also nicht im Wege der *Gesamtrechtsnachfolge* (wie etwa bei der Verschmelzung, Umwandlung/Spaltung oder der Anwachsung bei der Fortsetzung des Unternehmens mit Aktiva und Passiva durch den einzig verbleibenden Gesellschafter) oder im Wege der *partiellen Gesamtrechtsnachfolge* (wie bei Aufspaltung gem. § 123 Abs. 1, § 131 Abs. 1 Nr. 1 UmwG). Notwendig ist somit die **Einzelübertragung** sämtlicher Vermögensgegenstände, Vertragsverhältnisse, Verbindlichkeiten usw. unter Beachtung des sachenrechtlichen Bestimmtheitsgrundsatzes. Dies bedeutet, dass jeder einzelne Vermögensgegenstand, jedes Vertragsverhältnis genau bezeichnet und entsprechend den jeweils anwendbaren Vorschriften von der oHG auf den jeweils übernehmenden Gesellschafter übertragen werden muss. Dabei sind in Abhängigkeit von den übertragenen Vermögensgegenständen (ohne Anspruch auf Vollständigkeit) insbesondere folgende Aspekte zu beachten:

(1) *Grundstücks- und GmbH-Anteilsabtretungen:* notarielle Beurkundung (§ 311b Abs. 1 BGB; § 15 Abs. 3 bzw. 4 GmbHG),
(2) *Abtretung von Rechten:* Prüfung auf Übertragbarkeit (§ 399 BGB),
(3) *beabsichtigte schuldbefreiende Übertragung von Verbindlichkeiten:* Zustimmung der Gläubiger zum Schuldnerwechsel (§ 415 Abs. 1 Satz 1 BGB); soweit derartige Zustimmungen nicht erreicht werden, kann die Übernahme im Innenverhältnis vereinbart werden (vgl. die gesetzlichen Auslegungsregeln des § 415 Abs. 3 BGB).

9 Für bis zur vollständigen Beendigung der Personenhandelsgesellschaft durch diese noch begründete Verbindlichkeiten **haften** die Gesellschafter der oHG weiterhin **persönlich** gesamtschuldnerisch, § 128 HGB (Kommanditisten haften gem. § 172 Abs. 4 HGB wegen Rückgewähr von Einlagen; auch bei Aufspaltung iSv. § 123 Abs. 1 UmwG tritt gesamtschuldnerische Haftung gem. § 133 Abs. 1 UmwG ein); sachgerechter wäre eine quotale Haftung (Aufsplittung der gesamtschuldnerischen Haftung). Die **Nachhaftung** ist auf **fünf Jahre** begrenzt (§ 159 HGB), wobei die fünfjährige **Verjährungsfrist** grds. mit **Eintragung der Auflösung** der oHG in das Handelsregister zu laufen beginnt (unabhängig davon, ob und wann Gläubiger hiervon Kenntnis erlangen); für Forderungen, die nach diesem Zeitpunkt fällig werden (aber bereits vorher begründet worden waren), ist gem. § 159 Abs. 3 HGB der spätere Fälligkeitszeitpunkt für den Beginn des Fristlaufs maßgeblich. Zur **Verjährung bei Dauerschuldverhältnissen** vgl. BGH v. 19.12.1977, II ZR 202/76, BGHZ 70, 132, 135 ff.; v. 19.5.1983, II ZR 50/82, BGHZ 87, 286, 291 ff. und BH/*Roth* HGB § 128 Rn. 31 ff.

10–15 *einstweilen frei*

IV. Ertragsteuerrecht

16 **Überblick:** Für Realteilungen mit steuerlicher Wirkung nach dem 31.12.2000 (§ 52 Abs. 34 Satz 4 EStG) erfolgte durch das UntStFG die derzeit gültige Kodifizierung der steuerlichen Regelung der Realteilung in § 16 Abs. 3 S. 2ff. EStG (vorgeblich

zur Angleichung der steuerlichen Rechtsfolge – grds. Buchwertfortführung – an § 6 Abs. 5 Satz 3 bis 5 EStG). Ab 2007 ist für die Realteilung mit Zuteilung von Teilbetrieben eine Ergänzung eingeführt worden (zur sog. „Körperschaftsklausel II" des § 16 Abs. 5 EStG, → Rn. 29); diese sieht rückwirkend den Ansatz des gemeinen Wertes vor, wenn und soweit Teilbetriebe (auch 100%-Beteiligungen an Kapitalgesellschaften, § 16 Abs. 1 Nr. 1 Satz 2 EStG) übertragen werden, sich durch die Übertragung die Beteiligung einer nach § 8b Abs. 2 KStG begünstigten Körperschaft an einer anderen Körperschaft erhöht und der übernehmende Realteiler diese Beteiligung innerhalb von sieben Jahren veräußert.

Nachfolgend wird nur in Kurzform auf die derzeitige ertragsteuerliche Behandlung der Realteilungen eingegangen (vgl. hierzu ausführlich u.a. *Niehus/Wilke* Ubg 2019, 194; *Stenert* DStR 2019, 245; *Heß* BB 2019, 239; *Neufang/Schäfer* StB 2019, 167; *Gläser/Zöller* DB 2019, 692; *Siegel* FR 2019, 472; *Demuth* KÖSDI 2019, 21402; *Apitz* EStB 2019, 230 und *ders.* EStB 2019, 277; *Dorn/Müller* DStR 2019, 726; WM/*Pupeter* Anh. 10 [Stand 7/2014] Rn. 80ff. mwN; Schmidt/*Wacker* EStG § 16 Rn. 532ff. mwN).

Die folgende Darstellung berücksichtigt insbes. die jüngste Anwendung seitens der 17
FinVerw. durch **(„Realteilungs-Erlass")** BMF v. 19.12.2018, BStBl. I 2019, 6 (unter Ersatz der früheren Stellungnahmen, BMF v. 28.2.2006, BStBl. I 2006, 228 idF BMF v. 20.12.2016 BStBl. I 2017, 36). Hierin wendet die FinVerw. die neuere Rechtsprechung des BFH (→ Rn. 18ff.) unter Übernahme der begrifflichen Unterscheidung zwischen sog. **„echter" und „unechter" Realteilung** an (→ Rn. 20ff.).

Literaturhinweise hierzu insbes.: *Stenert* DStR 2019, 245; *Riedel* GmbHR 2019, 221; *Niehus/Wilke* Ubg, 2019, 194; *Dorn/Müller* DStR 2019, 726; *Gläser/Zöller* DB 2019, 692; *Heß* BB 2019, 239.

Neuerungen im Realteilungs-Erlass: . Nunmehr verlangt die FinVerwfür das 18
Vorliegen einer steuerlichen Realteilung nicht mehr in jedem Fall die rechtliche Auflösung der Mitunternehmerschaft (so noch BMF v. 20.12.2016, BStBl. I 2017, 36, Abschn. I); auch das Ausscheiden eines Mitunternehmers unter Fortbestand der Ausgangsgesellschaft wird als sog. „unechte" Realteilung anerkannt. Die FinVerw folgt damit der neueren BFH-Rechtsprechung (→ Rn. 19f.).

In der Folge ändert sie auch die Behandlung des Sonderbetriebsvermögens: Das Sonderbetriebsvermögen eines Realteilers sei nur noch dann Gegenstand der Realteilung, wenn es im Rahmen der Realteilung auf einen anderen Mitunternehmer übertragen wird (BMF v. 19.12.2018, BStBl. I 2019, 6 Tz. 5 Satz 2f.); soweit Sonderbetriebsvermögen des Realteilers diesem weiter – dann direkt – zuzurechnen ist (also lediglich ohne Rechtsträgerwechsel „überführt" wird), richtet sich die steuerliche Behandlung nach § 6 Abs. 5 S. 2 EStG. (BMF v. 19.12.2018, BStBl. I 2019, 6 Tz. 5 Satz 2f.).

„Echte" und „unechte" Realteilung sollen nunmehr grundsätzlich nach den gleichen Regeln des § 16 Abs. 3 Sätze 2ff. EStG behandelt werden (BMF v. 19.12. 2018, BStBl. I 2019, 6 Tz. 4); zu tatsächlich möglichen Ungleichbehandlungen bei Verletzung der Sperrfrist des § 16 Abs. 3 S. 3 EStG (→ Rn. 26), der Körperschaft-Klausel II des § 16 Abs. 5 EStG (→ Rn. 29) oder der Abfindung ins Privatvermögen vgl. *Stenert* DStR 2019, 245, 246, 253ff.; *Niehus/Wilke* Ubg, 2019, 194; *Dorn/Müller* DStR 2019, 726; *Gläser/Zöller* DB 2019, 692.

Anstoß des BFH zur neueren Entwicklung: BFH v. 17.9.2015, III R 49/13, 19
BStBl. II 2017, 37 hat den Anwendungsbereich der Realteilung entsprechend der Gesetzesbegründung auch auf die **Aufgabe eines Mitunternehmeranteils** erstreckt (gegen vorgeblichen „Formulierungsirrtum" der Gesetzesbegründung (BT Drs. 14/ 265, 179) gem. HHR/*Kulosa* § 16 EStG Rn. 471 aE [zB in EL 231 Stand Mai 2008] und Schmidt/*Wacker* § 16 EStG Rn. 536 mwN [zB 32. Aufl. 2012]). Dieses BFH-Urteil erging in Abstimmung mit zwei anderen Senaten (der IV. Senat hat seine Auffassung in BFH v. 4.9.2014, IV 44/134, BFH/NV 2015, 209 Rz. 23 aE aufgegeben; der VIII. Senat hat ausdrücklich zugestimmt); damit durfte diese Rechtsprechung als

gesichert gelten und wurde von der FinVerw auch bereits punktuell (für Abfindung mit Teilbetrieb oder Mitunternehmeranteil) angewendet (BMF v. 20.12.2016, BStBl. I 2017, 36, Abschn. II S. 6f.) und jetzt in BMF v. 19.12.2018, BStBl. I 2019, 6 Tz. 2 weitergehend bestätigt und auf Abfindung mit Einzelwirtschaftsgütern erweitert.

20 Die Aufgabe des Mitunternehmeranteils bei Ausscheiden gegen Sachabfindung verwirklicht sich in der Person des Realteilers und wird mit dem Begriff der sog. **„unechten" Realteilung** (BFH v. 16.3.2017 IV R 31/14, BStBl. II 2019, 24) bezeichnet. Hierunter fällt sowohl die Abfindung mit einem Teilbetrieb (betriebliche Sachgesamtheit), die Abfindung mit einem Mitunternehmeranteil oder einem Mitunternehmer (teil-)anteil (= „geborene" betriebliche Sachgesamtheit) sowie die Abfindung mit einzelnen Wirtschaftsgütern, welche keine betriebliche Sachgesamtheit darstellen (BFH v. 16.3.2017 IV R 31/14, BStBl. II 2019, 24; bejahend bisher schon *Wendt* FR 2016, 536, 539, glA. Blümich/*Ehmcke* EStG § 6 Rn. 1250; *Stenert/Wollweber* DStR 2016, 2144) → Form. C.3.1. Voraussetzung ist u. a. dass die übertragenen Wirtschaftsgüter beim ausscheidenden Gesellschafter zumindest teilweise Betriebsvermögen darstellen (BMF v. 19.12.2018, BStBl. I 2019, 6 Tz. 2). Bei der sog. „unechten" Realteilung wird die (Rest-) Gesellschaft durch die verbleibenden Gesellschafter fortgeführt.

Keinen Fall der Realteilung sieht die FinVerw. allerdings bei alleiniger Abfindung mit Geld (BMF v. 19.12.2018, BStBl. I 2019, 6 Tz. 3; kritisch *Stenert* DStR 2019, 245, 248f.) oder wenn die Abfindung vollständig dem Privatvermögen zugeordnet wird (BMF v. 19.12.2018, BStBl. I 2019, 6 Tz. 2 Satz 4; dann gem. BMF v. 19.12. 2018, BStBl. I 2019, 6 Tz. 10: Veräußerungsgewinn iSd. § 16 Abs. 2 EStG).

21 Erfolgt die Auflösung der Realteilungsgesellschaft so handelt es sich nach der neuen Terminologie um eine sog. **„echte" Realteilung;** der Tatbestand wird auf der Ebene der Gesamthand verwirklicht. Auch Überführungen ins Privatvermögen sollen dabei Entnahmen der „Realteilungsgemeinschaft" (BMF v. 19.12.2018, BStBl. I 2019, 6 Tz. 9) darstellen. Die FinVerw. erfasst nunmehr auch das Ausscheiden aus einer zweigliedrigen Personengesellschaft mit Anwachsung an den verbleibenden Gesellschafter als neutral im Rahmen der sog. „echten" Realteilung (BMF v. 19.12.2018, BStBl. I 2019, 6 Tz. 1).

22 *einstweilen frei*

1. Einkommensteuer

23 Bei einer Realteilung sind zwingend die Buchwerte anzusetzen, wenn im Zuge der Realteilung **Teilbetriebe** (einschließlich 100%-Beteiligungen an Kapitalgesellschaften), **Mitunternehmeranteile** oder **Einzelwirtschaftsgüter** in das jeweilige **Betriebsvermögen** der einzelnen Mitunternehmer (Realteiler) übertragen werden, sofern die deutsche Besteuerung der stillen Reserven sichergestellt ist (BMF v. 19.12.2018, BStBl. I 2019, 6 Tz. 15 unter Bezugnahme auf § 16 Abs. 3 Satz 2 HS 2 iVm. § 4 Abs. 1 Satz 4 EStG). Zu Einzelheiten hinsichtlich der begünstigten Übertragungsobjekte vgl. BMF v. 19.12.2018, BStBl. I 2019, 6 Tz. 5, 12. Nach BMF v. 20.12.2016, BStBl. I 2017, 36 (Abschn. I) sollte mindestens eine wesentliche Betriebsgrundlage (iS. quantitativer oder funktionaler Betrachtungsweise) weiterhin Betriebsvermögen eines Realteilers sein (aA hM s. WM/*Pupeter* Anh. 10 Rn. 168ff. mwN); dies ist nunmehr nicht mehr erforderlich (BMF v. 19.12.2018, BStBl. I 2019, 6 Tz. 8, Satz 2).

24 Allerdings erfährt die Steuerneutralität der Realteilung mit **Zuteilung von Einzelwirtschaftsgütern** drei **Einschränkungen** (sog. „Sicherungsklauseln"):

25 – Zum einen wird eine Steuerneutralität der Realteilung gem. § 16 Abs. 3 Satz 4 EStG nicht gewährt, „soweit die Einzelwirtschaftsgüter unmittelbar oder mittelbar auf eine Körperschaft, Personenvereinigung oder Vermögensmasse übertragen werden" und soweit diese Körperschaft nicht schon bisher mittelbar oder unmittelbar an dem übertragenen Wirtschaftsgut beteiligt war (zu dieser **Körperschaftsklausel I** BMF v. 19.12.2018, BStBl. I 2019, 6 Tz. 11).

- Zum anderen enthält § 16 Abs. 3 Satz 3 EStG eine **dreijährige Behaltefrist (Sperrfrist).** Nach dieser Vorschrift führt eine Veräußerung oder Entnahme bestimmter, im Rahmen der Realteilung übertragener Einzelwirtschaftsgüter (Grund und Boden, Gebäude oder andere wesentliche Betriebsgrundlagen) innerhalb von drei Jahren nach Abgabe der Steuererklärung der Mitunternehmerschaft für den VZ der Realteilung zu einer **rückwirkenden Gewinnrealisierung** zum gemeinen Wert. Diese rückwirkende Realisierung bezieht sich auf den jeweiligen Übertragungsvorgang, lässt also die Steuerneutralität der Übertragung der übrigen Wirtschaftsgüter unberührt (BMF v. 19.12.2018, BStBl. I 2019, 6 Tz. 25; *Stenert*DStR 2019, 255). Keine Anwendung findet die Sperrfrist des § 16 Abs. 3 Satz 3 EStG bei Übertragung eines Mitunternehmeranteils, eines Betriebs oder eines Teilbetriebs (BMF v. 19.12.2018, BStBl. I 2019, 6 Tz. 24) 26
- Zur sog. **„Körperschaftsklausel II“** des § 16 Abs. 5 EStG bei Zuteilung von Teilbetrieben → Rn. 29.

Die Sperrfrist des § 16 Abs. 3 Satz 3 EStG (vgl. kritisch ua WM/*Pupeter* Anh. 10 Rn. 660ff mwN) wirft einige Fragen auf: 27

Zunächst stellt sich die Frage, ob die Veräußerung oder Entnahme von **Grund und Boden** oder **Gebäuden** nur dann von der Sperrfrist gem. § 16 Abs. 3 Satz 3 EStG erfasst sind, wenn es sich bei dem veräußerten oder entnommenen Grund und Boden bzw. Gebäude um wesentliche Betriebsgrundlagen handelt, oder ob eine Veräußerung oder Entnahme dieser Wirtschaftsgüter innerhalb der Sperrfrist stets zu einer Gewinnrealisierung führt. ME ist die Norm – angesichts des Gesetzeszwecks – in ersterem Sinne auszulegen (ebenso Schmidt/*Wacker* EStG § 16 Rn. 552; *Stenert* DStR 2019, 255; **aA aber BMF** v. 19.12.2018, BStBl. I 2019, 6 Tz. 24, S. 1,2 sofern es sich nicht um Umlaufvermögen handelt).

Auslegungsbedürftig erscheint in diesem Zusammenhang auch der Begriff der **„wesentlichen Betriebsgrundlage“:** Insb. stellt sich die Frage, ob hierfür die zu der Betriebsaufgabe iSd. § 16 EStG ergangene Rspr. Anwendung findet; hiernach wäre für die Qualifikation als wesentliche Betriebsgrundlage eine **kombinierte funktional-quantitative Betrachtungsweise** zugrunde zu legen (vgl. BFH v. 2.10.1997, IV R 84/96, BStBl. II 1998, 104; Schmidt/*Wacker* EStG § 16 Rn. 552 mwN) und allein das Vorhandensein erheblicher stiller Reserven in einem Wirtschaftsgut würde zur Qualifikation als wesentliche Betriebsgrundlage führen; **so BMF** v. 19.12.2018, BStBl. I 2019, 6 Tz. 8 : *„Wesentliche Betriebsgrundlage … sind Wirtschaftsgüter, in denen erhebliche stille Reserven ruhen (quantitative Betrachtungsweise) oder Wirtschaftsgüter, die zur Erreichung des Betriebszwecks erforderlich sind und denen ein besonderes wirtschaftliches Gewicht für die Betriebsführung zukommt (funktionale Betrachtungsweise)“ (eigene Hervorhebung)* Hiergegen wenden sich zB *Rödder/Schumacher* (DStR 2002, 107): ausschlaggebend sei eine **ausschließlich funktionale Betrachtungsweise,** wonach nur funktional wesentliche Wirtschaftsgüter als wesentliche Betriebsgrundlagen iSd. § 16 Abs. 3 Satz 3 EStG qualifiziert werden könnten; dem ist mE zuzustimmen (so Kirchhof/*Seer* § 16 EStG Rn. 206 ; **aA** aber bereits BMF v. 20.12.2016, BStBl. I 2017, 36 Abschn. I). 28

Auch die Festlegung dessen, was als **schädliche Veräußerung** bzw. **Entnahme** iSd. Vorschrift zu verstehen ist, bleibt nicht frei von Zweifeln: Fraglich ist insb., ob (auf die Realteilung folgende) Übertragungen nach § 6 Abs. 5 Satz 3 EStG oder Einbringungen nach §§ 20, 24 UmwStG, die jeweils zum Buchwert durchgeführt werden, die Gewinnrealisierung auslösen. Zwar stellen derartige Übertragungen Veräußerungstatbestände dar (vgl. die gesetzliche Veräußerungsfiktion in § 20 Abs. 3 Satz 1 UmwStG und § 24 Abs. 3 Satz 1 UmwStG; s. auch BFH v. 18.10.1999, GrS 2/98, BStBl. II 2000, 123). Dennoch sind in den Fällen der Buchwert-Einbringung bzw. -Übertragung mE §§ 20, 24 UmwStG bzw. § 6 Abs. 5 Satz 3 EStG gegenüber § 16 Abs. 3 Satz 3 EStG vorrangig anzuwenden bzw. der Anwendungsbereich des § 16 Abs. 3 Satz 3 EStG teleologisch zu reduzieren (ebenso *Stenert* DStR 2019, 255; HHR/*Kulosa* EStG § 16 Rn. 261; Schmidt/*Wacker* EStG § 16 Rn. 552 mwN; *Paus* FR 2002, 866; vgl. *Engl* DStR 2002, 119, s. zum Verhältnis zwischen § 16 Abs. 3 Satz 2 ff. EStG zu § 6 Abs. 5 Satz 3 EStG *Winkemann* BB 2004, 134 mwN; **aA aber BMF** v. 19.12.2018, BStBl. I 2019, 6 Tz. 26).

Die Realteilung mit **Zuteilung von Teilbetrieben** unterliegt gleichfalls einer Missbrauchsvermeidungsklausel. Die sog. **„Körperschaftsklausel II“** (Schmidt/*Wacker* EStG § 16 Rn. 556; WM/*Pupeter* Anh. 10 Rn. 480 ff. mwN) **des § 16 Abs. 5 EStG** sieht rückwirkend den Ansatz des gemeinen Wertes vor, wenn und soweit Teilbetriebe (auch 100%-Beteiligungen an Kapitalgesellschaften, § 16 Abs. 1 Nr. 1 Satz 2 EStG; BMF v. 19.12.2018, BStBl. I 2019, 6 Tz. 6 bzw. eines ganzen Betriebs gem BMF v. 19.12. 29

2018, BStBl. I 2019, 6 Tz. 24 Satz 3f.; kritisch *Stenert* DStR 2019, 245, 255 unter Abschn. 4.3.2) übertragen werden, sich durch die Übertragung die Beteiligung einer nach § 8b Abs. 2 KStG begünstigten Körperschaft an einer anderen Körperschaft erhöht und der übernehmende Realteiler diese Beteiligung innerhalb von sieben Jahren veräußert oder nach § 22 UmwStG weiter überträgt. Der steuerpflichtige Gewinn wird allerdings (wohl) entsprechend dem System des § 22 UmwStG für jedes Jahr zwischen Realteilung und Veräußerung um ein Siebtel abgeschmolzen (glA RHL/*Rasche* 1. Aufl. 2008 Anh. 4 Rn. 140).

30 Auch **§ 16 Abs. 5 EStG** ist **nicht frei von Unklarheiten:** Dem Wortlaut nach bezieht er sich nur auf die Übertragung von Teilbetrieben, nicht jedoch von Mitunternehmeranteilen. Zwar können durch die Übertragung von Anteilen an Mitunternehmerschaften, zu deren Vermögen wiederum Kapitalgesellschaftsanteile gehören, solche Anteile auf von § 8b KStG begünstigte Personen übertragen werden, so dass der Schutzzweck wie im Falle der Übertragung von Teilbetrieben gegeben wäre. Das Verbot steuerverschärfender Analogie steht einer Anwendung des § 16 Abs. 5 EStG jedoch mE entgegen (aA Schmidt/*Wacker* EStG § 16 Rn. 556; wie hier WM/*Pupeter* Anh. 10 Rn. 490ff. mwN). Weiterhin regelt § 16 Abs. 5 EStG die Abschmelzung des (rückwirkend festgesetzten) Aufgabegewinns nicht ausdrücklich. Es wird nur auf die Definition des im Zeitablauf abschmelzenden Einbringungsgewinnes II in § 22 UmwStG verwiesen; dies ist wohl so zu verstehen, dass zur Berechnung des steuerpflichtigen Aufgabegewinns nicht der volle gemeine Wert, sondern der gemeine Wert abzüglich des Abschmelzungsbetrages anzusetzen ist (vgl. Schmidt/*Wacker* EStG § 16 Rn. 558). Ein durch § 16 Abs. 5 EStG ausgelöster Aufgabegewinn ist (abweichend von der Verteilung des Aufgabegewinns im Übrigen) nur durch die auslösende natürliche Person zu versteuern (glA Schmidt/*Wacker* EStG § 16 Rn. 558; WM/*Pupeter* Anh. 10 Rn. 538ff. mwN; aA HHR/*Kulosa* EStG § 16 Rn. 755 mit Empfehlung zur vertraglichen Regelung der dadurch ausgelösten Steuern; vgl. dazu auch → Rn. 51).

31 **Objekt der Realteilung** (sog. Realteilungsgesellschaft) kann jede Mitunternehmerschaft iSv. § 15 EStG, insb. jede Personenhandelsgesellschaft, eine Partnerschaftsgesellschaft, eine GbR, eine Erben- oder Gütergemeinschaft sowie auch eine reine Innengesellschaft (zB atypisch stille Gesellschaft) sein, sofern diese entweder gewerblich ist oder über die Verweisungsvorschriften der §§ 14, 14a EStG Einkünfte aus Land- und Forstwirtschaft oder über § 18 Abs. 3 EStG Einkünfte aus selbstständiger Arbeit vermittelt (vgl. WM/*Pupeter* Anh. 10 Rn. 95ff. mwN; Schmidt/*Wacker* EStG § 16 Rn. 538).

32 Zur sog „unechten" Realteilung mit Sachabfindung → Rn. 19f.

33 Die Frage nach der anwendbaren Norm auf die im Rahmen der Realteilung übertragen Wirtschaftgüter hat die FinVerw nunmehr zugunsten § 16 Abs. 3 S. 2 EStG entschieden (BMF v. 19.12.2018, BStBl. I 2019, Tz. 8; sie wendet damit BFH v. 30.3.2017 IV R 11/15, BStBl. II 2019, 29 an). Dies ist ggü. § 6 Abs. 5 EStG in zweifacher Hinsicht vorteilhafter: (1) Der erste Unterschied ergibt sich aus der Ausgestaltung der Sperrfrist nach § 6 Abs. 5 Satz 4 EStG gegenüber der des § 16 Abs. 3 Satz 3 EStG: Während letztere nur hinsichtlich der Veräußerung bzw. Entnahme von Einzelwirtschaftgütern wie Grund und Boden, Gebäude und anderen wesentlichen Betriebsgrundlagen eine rückwirkende Gewinnrealisierung vorsieht, gilt dies im Anwendungsbereich des § 6 Abs. 5 EStG für sämtliche veräußerten oder entnommenen Einzelwirtschaftsgüter. (2) Ein weiterer Unterschied ergibt sich hinsichtlich der Übernahme von Verbindlichkeiten im Rahmen des Ausscheidens gegen Sachwertabfindung: Eine steuerneutrale Übernahme ist nur bei Anwendung der Realteilungsvorschriften möglich; im Rahmen des § 6 Abs. 5 EStG kommt es dagegen als teilentgeltlichem Vorgang zur anteiligen Gewinnrealisierung.

34 **Spitzenausgleich als Ausgleichszahlungen auf Gesellschafterebene:** Die Leistung eines Wertausgleichs aus eigenen Mitteln eines Realteilers an einen anderen Realteiler steht der Buchwertfortführung iÜ zwar nicht entgegen (so schon BMF v. 20.12.2016, BStBl. I 2017, 36 Abschn. VI), stellt aber ein entgeltliches Geschäft dar (BMF v. 19.12.2018, BStBl. I 2019, Tz. 17). Die **Ausgleichszahlungen** auf Gesellschafterebene (wie in BFH v. 18.10.1998, GrS 2/98, DStR 2000, 64 und BFH v.

11.4.2013, III R 32/12, BStBl. II 2014, 242 dargelegt) führen aber selbst zur anteiligen Gewinnrealisierung und zwar – soweit nicht alle stillen Reserven aufgelöst werden – als laufender Gewinn für Zwecke der ESt. (BFH v. 1.12.1992, VIII R 57/90, BStBl. II 1994, 607; in diesem Sinne für die geltende Rechtslage: BMF v. 19.12.2018, BStBl. I 2019, 6, Tz. 16f.; Schmidt/*Wacker* EStG § 16 Rn. 548 mwN;) und der GewSt. (gem. § 7 Satz 2 GewStG), soweit er nicht auf eine natürliche Person als unmittelbar beteiligten Realteiler entfällt; vgl. BMF v. 19.12.2018, BStBl. I 2019, 6, Tz. 19).

Unklar bleibt weiterhin, 35

(1) in welcher **Höhe** durch den Spitzenausgleich **ein Gewinn** entsteht (BFH v. 1.12.1992, VIII R 57/90, BStBl. II 1994, 607: in voller Höhe des Spitzenausgleichs; offen gelassen in BFH v. 17.9.2015, III R 49/13, DStR 2016, 377, Rz. 61ff.; aA hM und FinVerw.: nur im Verhältnis der Ausgleichszahlung zum Wert des übernommenen Wirtschaftsgutes; vgl. BMF v. 19.12.2018, BStBl. I 2019, 6, Tz. 17 (Buchwerte sind gegenzurechnen) sowie HHR/*Kulosa* EStG § 16 Rn. 556 wegen Gleichbehandlung mit Erbauseinandersetzung und mwN; Schmidt/*Wacker* EStG § 16 Rn. 548 mwN und Berechnungsbeispiel in Tz. 52 BMF v. 14.3.2006, BStBl. I 2006, 253 idF BMF v. 27.12.2018, BStBl. I 2019, 11 zur ertragsteuerlichen Behandlung der Erbengemeinschaft und ihrer Auseinandersetzung),

(2) ob Ausgleichszahlungen unter die **Tarifbegünstigung gem. § 16 Abs. 4, § 34 EStG** fallen 36
(zur früheren Rechtslage verneinend BFH v. 1.12.1992, VIII R 57/90, BStBl. II 1994, 607; aA die FinVerw. in den Fällen, in denen Gegenstand der Realteilung jeweils Teilbetriebe waren; BMF v. 11.8.1994, BStBl. I 1994, 601); nunmehr aber generell verneinend BMF v. 19.12.2018, BStBl. I 2019, 6, Tz. 17 Satz 3; Schmidt/*Wacker* § 16 Rn. 550; differenzierend aber RHL/*Rasche* 1. Aufl. 2008 Anh. 4, Rn. 128 mit Beispielen.

Eine Gewinnrealisierung (und die mit der Vereinbarung einer Spitzenausgleichszah- 37
lung verbundenen Anwendungsprobleme) kann ggf. aber durch **Zuordnung sog. neutraler Wirtschaftsgüter** wie flüssige Mittel und Verbindlichkeiten vermieden werden (vgl. hierzu Schmidt/*Wacker* EStG § 16 Rn. 550; s *Rogall/Belz* Ubg 2017, 79). Offengelassen in BFH v. 17.9.2015, III R 49/13, BStBl. II 2017, 37 wurde ob dies auch für Einlagen bzw. Darlehensaufnahmen zur Vermeidung der Ausgleichszahlungen gilt.

Kapitalkontenanpassung (technische Umsetzung der Buchwertfortführung): 38
Nach Realteilungs-Erlass BMF v. 19.12.2018, BStBl. I 2019, 6, Tz. 22 sind entsprechend BFH v. 10.12.1991, VIII R 69/86, BStBl. II 1992, 385; v. 10.2.1972, IV 317/65, BStBl. II 1972, 419, die steuerlichen Kapitalkonten an die übernommenen Buchwerte anzupassen (bestätigt durch BFH v. 16.12.2015, IV R 8/12, BStBl. I 2019, 29, Rz. 19; vgl. hM HHR/*Kulosa* EStG § 16 Rn. 554 mwN auch zu anderen Methoden; Schmidt/*Wacker* EStG § 16 Rn. 530, 547 mwN); differenzierend in nachfolgenden Beispielen:

Beispiel: An der A&B oHG sind die beiden natürlichen Personen A und B zu jeweils 50% betei- 39
ligt. Das Gesamthandsvermögen der A&B oHG besteht lediglich aus zwei Gebäuden (Einzelwirtschaftsgüter). Gebäude 1 hat einen steuerlichen Buchwert iHv. 50 und einen gemeinen Wert iHv. 200 (stille Reserven: 150); Gebäude 2 hat einen Buchwert iHv. 150 und einen gemeinen Wert iHv. ebenfalls 200 (stille Reserven: 50). In 00 wird die A&B oHG in der Weise real geteilt, dass A das Gebäude 1 in sein Betriebsvermögen übernimmt und B das Gebäude 2 in sein Betriebsvermögen übernimmt. Innerhalb der Sperrfrist gem. § 16 Abs. 3 Satz 3 EStG idF des UntStFG – in 03 – veräußert sodann A das im Zuge der Realteilung übernommene Gebäude 1.

Die steuerliche Gesamthandsbilanz der A&B oHG (Schlussbilanz) stellt sich wie folgt dar:

Gesamthandsbilanz A&B oHG

	Buchwert	gemeiner Wert		Buchwert	Gemeiner Wert
Gebäude 1	50	200	KapKto. A	100	200
Gebäude 2	150	200	KapKto. B	100	200

Vor der Realteilung der A&B oHG sind in dem Mitunternehmeranteil des A und des B jeweils stille Reserven iHv. 100 zu berücksichtigen; anders ausgedrückt ergäbe sich im Falle einer Veräußerung der beiden Gebäude durch A&B oHG für A und B (ohne Berücksichtigung anderer Effekte) für Zwecke der Einkommensteuer jeweils ein steuerpflichtiger Gewinn iHv. jeweils 100.

40 Nach § 16 Abs. 3 Satz 2 EStG idF des UntStFG hat die A&B oHG in der Realteilungsbilanz (steuerliche Schlussbilanz) die Gebäude mit den Werten anzusetzen, die sich nach den Vorschriften über die Gewinnermittlung ergeben; die übernehmenden Mitunternehmer A und B sind an diese Werte gebunden. Offen ist, wie diese Buchwertverknüpfung technisch umzusetzen ist. Denkbar sind grds. folgende Lösungen:

41 – **Lösung 1:** A und B führen die Gebäude in ihrem eigenen Betriebsvermögen jeweils mit dem bisherigen steuerlichen Buchwert fort. A übernimmt das Gebäude 1 mit dem Buchwert iHv. 50 und B das Gebäude 2 mit dem Buchwert iHv. 150. Die Kapitalkonten von A und B in der Schlussbilanz werden entsprechend auf- bzw. abgestockt. Diese sog. **Kapitalkontenanpassungsmethode** entspricht zwar der Rspr. des BFH (vgl. zB die Urteile v. 10.12.1991, VIII R 69/86, BStBl. II 1992, 385; v. 10.2.1972, IV 317/65, BStBl. II 1972, 419) zur Rechtslage bis einschließlich 1998. Es kommt jedoch unweigerlich zu einer **interpersonellen Verlagerung** von stillen Reserven: Auf A gehen stille Reserven iHv. 150 über, während B lediglich stille Reserven iHv. 50 fortzuführen hat. Nach der Sicherungsklausel gem. § 16 Abs. 3 Satz 3 EStG idF des UntStFG würde die nachfolgende Veräußerung des Gebäudes 1 durch A dazu führen, dass rückwirkend in 00 der gemeine Wert anzusetzen ist. Es ergäbe sich ein steuerpflichtiger Übertragungsgewinn, der bei A und B (grds. entsprechend ihrer Beteiligung, dh. zu jeweils 50%) der Einkommensteuer unterläge.

42 – **Lösung 2:** A und B führen die Gebäude in ihrem eigenen Betriebsvermögen jeweils mit dem Wert ihres steuerlichen Kapitalkontos bei der A&B oHG fort. Für A ergibt sich eine steuerneutrale Aufstockung des Gebäudes 1 auf 100. B hat das Gebäude 2 mit dem (steuerneutral abgestockten) Buchwert iHv. 100 zu übernehmen. Diese Vorgehensweise entspricht der sog. **Buchwertanpassungsmethode.** Dabei tritt zwar eine Verlagerung stiller Reserven von Gebäude 2 auf Gebäude 1 ein. Es kommt jedoch zu **keiner interpersonellen Verlagerung** stiller Reserven (A und B erzielen im Falle einer späteren Veräußerung oder Entnahme jeweils einen steuerpflichtigen Gewinn iHv. 100. Dies entspricht ihrem bisherigen Anteil an den stillen Reserven des Gesamthandsvermögens). Hierfür *Siegel* FR 2019, 472.

43 – **Lösung 3:** In ihrer jeweiligen Eröffnungsbilanz setzen A und B ihre Kapitalkonten mit je 200 an. Die übernommenen Gebäude werden mit ihren (ursprünglichen) Buchwerten angesetzt; zusätzlich werden in Höhe der stillen Reserven im jeweiligen Gebäude aktive Ausgleichsposten gebildet (sog. **Ausgleichspostenmethode**): hierfür *Niehus/Wilke* Ubg 2019, 194 *de lege ferenda.* Hiernach ergibt sich für A der Ansatz des Gebäudes 1 iHv. 50 und eines aktiven Ausgleichpostens iHv. 150; B setzt das Gebäude 2 mit 150 und eines aktiven Ausgleichpostens iHv. 50 an. Auch in dieser Alternative kommt es zu einer **interpersonellen Verlagerung** von stillen Reserven; der Ansatz der Kapitalkonten entspricht dabei der handelsrechtlichen Eröffnungsbilanz, in der die tatsächlichen Werte anzusetzen sind, und berücksichtigt die Buchwertfortführung in den übertragenen Gebäuden. Wie bei der Kapitalkontenanpassung wird eine Erhöhung bzw. Vernichtung von Abschreibungsvolumen vermieden.

44 Entgegen BMF v. 19.12.2018, BStBl. I 2019, 6, Tz. 22 und der hM (Nachweise → Rn. 38) kann mE § 16 Abs. 3 Satz 2 EStG auch im Sinne einer Buchwertanpassungsmethode (Lösung 2) verstanden werden. Andernfalls käme es zu einer Ungleichbehandlung der Ausbringung von Einzelwirtschaftsgütern gem. § 6 Abs. 5 Satz 3 Nr. 1, Satz 4 EStG und der Realteilung, soweit dabei Einzelwirtschaftsgüter übertragen werden. Dies soll jedoch gerade vermieden werden (vgl. Bericht zur Fortentwicklung des UntStR, S. 4f., der von einer Anpassung der Regelungen zur Realteilung an § 6 Abs. 5 EStG spricht). Damit wäre (entgegen hM und FinVerw) mE zumindest ein Wahlrecht zu gewähren, um die interpersonelle Verlagerung stiller Reserven zu verhindern; das Wahlrecht wäre mE bei Einreichung der letzten einheitlichen Gewinnfeststellungserklärung der Personengesellschaft einschließlich der dazugehörigen Steuerbilanzen auszuüben.

45 Den Befürwortern der **Kapitalkontenanpassungsmethode** ist einzuräumen, dass es Fälle gibt, in denen eine Anpassung der Buchwerte nicht möglich ist (beispielsweise im Falle einer Realteilung, bei der einem der Realteiler lediglich Wirtschaftsgüter zugeteilt werden, die nach dem Nominalwertprinzip zu bewerten sind, wie Geldbestände, Bankguthaben; vgl. *Sauter/Heurung/Oblau* FR 2002, 1106).

In dem Fall, der dem vorliegenden Formular zugrunde liegt, werden den Realteilern jeweils Teilbetriebe zugeteilt. Mit der Erweiterung des Anwendungsbereichs des § 16 Abs. 3 Satz 2 EStG ist die **Teilbetriebseigenschaft** iSd. BFH-Rspr. zu § 16 EStG (vgl. EStR 16 Abs. 3, mit Beispielen in EStH 16 Abs. 3) allerdings **nicht Voraussetzung** für die Steuerneutralität der Realteilung. Sofern im Rahmen einer Realteilung Ausgleichszahlungen (auf Gesellschafterebene → Rn. 34) – wie im Formular vorgesehen – vermieden werden, ist der Vorgang insgesamt neutral und die Realteiler haben die bisherigen Buchwerte fortzuführen. 46

Soweit – abweichend vom Formular – auch **Mitunternehmeranteile** (seitens der Gesamthand an den Realteiler; BMF v. 19.12.2018, BStBl. I 2019, 6, Tz. 5 Satz 2) übertragen werden, ist auch die Übertragung des zugehörigen **Sonderbetriebsvermögens** notwendig, sofern der Vorgang nicht als „Zuteilung von Einzelwirtschaftsgütern" qualifiziert werden soll; das wäre im Hinblick auf die „Sicherungsklauseln" der § 16 Abs. 3 Satz 4 und 5 EStG nachteilig (→ Rn. 24 ff.). Dies ergibt sich daraus, dass der steuerrechtliche Begriff des Mitunternehmeranteils auch das jeweils dazugehörende Sonderbetriebsvermögen umfasst (ausdrücklich: BMF v. 19.12.2018, BStBl. I 2019, 6, Tz. 12 Satz 4). 47

Steuerbegünstigung gem. §§ 16, 34 EStG: Diese erfordert zumindest auf Ebene des Realteilers die Auflösung sämtlicher stiller Reserven im zugeteilten Vermögen (m. E. analog BMF v. 19.12.2018, BStBl. I 2019, 6, Tz. 28 Satz 5 für die rückwirkende Auflösung innerhalb der Sperrfrist des § 16 Abs. 3 S. 3 EStG). Diese Begünstigung sollte auch bei der Überführung aller Vermögensgegenstände in das steuerliche Privatvermögen gewährt werden (*Stenert* DStR 2019, 245, 253 f. in Abschn, 4.2.2.2). 48

Die Steuerbegünstigung wird allerdings nur gewährt, wenn die vollständige steuerliche Realisierung im Rahmen der Realteilung erfolgt; sie wurde bei Realisierung im Rahmen eines unmittelbar nachfolgenden zweiten Schrittes nämlich versagt von BFH v. 15.1.2019, VIII R 24/15, DStR 2019, 1457 (Anm. hierzu: *Gröger/Zawodsky* BB 2019, 2149; *Riedel* GmbHR 2019, 1025; *Haunhorst* DB 2019, und insbes. *Wendt* FR 2019, 768, 772 mit kritischem Hinweis auf fehlende Gesamtplanbetrachtung).

einstweilen frei 49, 50

Für die **Zuweisung des Aufgabegewinns** an die einzelnen Gesellschafter der Realteilungsgesellschaft gilt: Wenn die stillen Reserven eines Wirtschaftsgutes rückwirkend auf Grund einer **Sperrfristverletzung nach § 16 Abs. 3 Satz 3 EStG** im Rahmen der Realteilung zu versteuern sind, ist dieser Aufgabegewinn nach Auffassung der FinVerw (BMF v. 19.12.2018, BStBl. I 2019, 6, Tz. 29) entsprechend dem **allgemeinen Gewinnverteilungsschlüssel** oder entsprechend abweichender **schriftlicher Vereinbarung** allein dem Übernehmer oder den nicht-übernehmenden Realteilern zuzuweisen. Dieses Verständnis erlaubt eine sachgerechte Zuordnung des Risikos. Im Falle der **Körperschaftklauseln** (§§ 16 Abs. 3 Satz 4 und Abs. 5 EStG) liegt es nahe, den steuerpflichtigen Aufgabegewinn nur den **nicht übernehmenden Realteilern** bzw. im Falle des Abs. 5 nur den natürlichen Personen zuzuweisen, da das Überspringen stiller Reserven von diesen auf die übernehmende Körperschaft verhindert werden soll (vgl. Schmidt/*Wacker* EStG § 16 Rn. 556 zu Abs. 5, unklar in Rn. 555 zu Abs. 3 Satz 4). Wenn jedoch die **allgemeinen Voraussetzungen** der steuerneutralen Realteilung (Übernahme in ein Betriebsvermögen, Sicherstellung der Besteuerung stiller Reserven) **nicht gegeben** sind, ist es plausibel, die Aufteilung des Aufgabegewinns nach dem **allgemeinen Gewinnverteilungsschlüssel** vorzunehmen, aber **abweichende Gesellschaftervereinbarungen** zu akzeptieren. Die FinVerw hat sich hierzu im Realteilungs-Erl. (BMF v. 19.12.2018, BStBl. I 2019, 6, Tz. 29) nicht explizit geäußert, es kann jedoch angenommen werden, dass dieses, im Falle der Sperrfristverletzung geltende Verständnis hier gleichfalls zum Tragen kommen wird. Vertretbar erscheint auch, die Besteuerung der stillen Reserven demjenigen Realteiler zuzuweisen, der das Wirtschaftsgut übernimmt (so wohl Schmidt/*Wacker* EStG § 16 Rn. 551; *Dorn/Müller* DStR 2019, 726; *Gläser/Zöller* DB 2019, 692). 51

52 Die Buchwerfortführung (zur **Sicherstellung der Besteuerung**) in „anderem Betriebsvermögen des Realteilers" soll bei Einzelwirtschaftgütern nach Auffassung der FinVerw. (BMF v. 19.12.2018, BStBl. I 2019, 6, Tz. 12 Satz 6f.) nicht bei direkter Überführung in das Gesamthandsvermögen einer anderen Mitunterschaft möglich sein; unabhängig von BVerfG Az. 2 BvL 8/13 ist dies abzulehnen (HHR/*Kulosa* § 16 EStG Rn. 543; Schmidt/*Wacker* § 16 EStG Rn. 546; *Stenert* DStR 2019, 245, 251).

53 *einstweilen frei*

2. Gewerbesteuer

54 Wenn durch die **„echte" Realteilung** ein **Aufgabegewinn** – auch rückwirkend aufgrund Verletzung der Sperrfrist (→ Rz. 26) entsteht, unterliegt dieser (da Betriebsaufgabe, § 7 Satz 2 Nr. 1 GewStG) nicht der Gewerbesteuer, soweit er auf eine natürliche Person entfällt, die unmittelbar beteiligter Mitunternehmer ist (BMF v. 19.12.2018, BStBl. I 2019, 6, Tz. 17f., 30). Ein (der GewSt unterliegender) laufender Gewinn entsteht allerdings, soweit auf der Seite des Veräußerers und auf der Seite des Erwerbers dieselben Personen Unternehmer oder Mitunternehmer sind (§ 16 Abs. 3 Satz 5 EStG; GewStR 7.1 Abs. 3).

55 Bei der **„unechten" Realteilung** geht die FinVerw. zwar von einem laufenden Gewinn auf Ebene der Mitunternehmerschaft aus (BMF v. 19.12.2018, BStBl. I 2019, 6, Tz. 19ff., Tz. 31); Allerdings liegt auf der Ebene des ausscheidenden Realteilers eine Aufgabe eines Mitunternehmeranteils iSd § 7 Satz 2 Nr. 2 GewStG vor, der also doch nicht der GewSt unterliegt, soweit er auf eine natürliche Person entfällt, die unmittelbar beteiligter Mitunternehmer ist (so *Stenert* DStR 2019, 245, 257).

56 Der **Verlustabzug nach § 10a GewStG** bei Einzelunternehmen und Personengesellschaften setzt sowohl die Unternehmens- als auch die Unternehmeridentität voraus. Bei der Realteilung von Personengesellschaften besteht zwischen dem Gewerbebetrieb der Personengesellschaft und den hieraus im Wege der Realteilung hervorgegangenen Betrieben nur dann Unternehmensidentität, wenn das auf einen Gesellschafter übergehende Vermögen bei der Personengesellschaft einen Teilbetrieb gebildet hat und der diesem Teilbetrieb sachlich zuzuordnende Verlust sich ohne weiteres aus dem Rechenwerk der Personengesellschaft ergibt (vgl. BFH v. 5.9.1990, X R 20/89, BStBl. II 1991, 25; GewStR 10a.2). Sind die Voraussetzungen der Unternehmensidentität erfüllt, kann jeder Inhaber des aus der Realteilung hervorgegangenen Teilbetriebs vom Gewerbeertrag dieses Unternehmens den vortragsfähigen Fehlbetrag der Personengesellschaft nur insoweit abziehen, als ihm dieser entsprechend des Gewinnverteilungsbeschlusses im Verlustentstehungsjahr zuzurechnen war. Es kann jedoch höchstens der Teil des Fehlbetrages abgezogen werden, der dem übernommenen Teilbetrieb tatsächlich zugeordnet werden kann (vgl. GewStR 10a.3 Abs. 3 Satz 9 Nr. 7). Im Ergebnis kann es insoweit zum Verlust von Abzugspotential kommen. Dies kann durch eine verhältniswahrende Auf- bzw. Abspaltung vermieden werden.

57–59 *einstweilen frei*

3. Sonstige Folgen

60 Soweit die Voraussetzungen für die **zwingende Buchwertfortführung** nach § 16 Abs. 3 Satz 2 EStG gegeben sind, tritt der übernehmende Realteiler damit nach hM auch in vollem Umfang in die **steuerliche Rechtsposition** der bisherigen Mitunternehmerschaft ein (vgl. Schmidt/*Wacker* EStG § 16 Rn. 547 mwN).

61 Soweit es dagegen im Rahmen der Realteilung zu einer Zuteilung von Wirtschaftsgütern unter **Realisierung der stillen Reserven** (mangels Sicherstellung der Besteuerung der stillen Reserven oder wegen Eingreifen der Missbrauchsvorschriften des § 16 Abs. 3 Sätze 3 und 4, bzw. Abs. 5 EStG) kommt, ergibt sich bei dem betreffenden Realteiler insoweit ein **Anschaffungsvorgang.**

Für die Realteilung außerhalb der Regelungen der Aufspaltung nach §§ 123ff. UmwG gibt es **keine Rückwirkung** (weder handelsrechtlich noch steuerrechtlich), zur Realteilung im Wege der Aufspaltung gem. §§ 123ff. UmwG → Form. C.2 Rn. 33. **62**

einstweilen frei **63–65**

V. Verkehrsteuern

1. Umsatzsteuer

Für die umsatzsteuerliche Behandlung der Realteilung einer Personengesellschaft existiert keine spezielle gesetzliche Regelung (vgl. ausführlich *Stenert* DStR 2018, 765ff.; *Korn* KÖSDI 8/2013, 18504ff.); nach allgemeinen Grundsätzen ist entscheidend, ob **66**

- die auf den einzelnen Gesellschafter des (Ausgangs-)Unternehmens übertragenen Vermögensgegenstände bei der Personengesellschaft den (gesamten) *Betrieb* oder einen in der Gliederung des Unternehmens *gesondert geführten Betriebsteil* darstellen (→ Rn. 67ff.), oder ob
- im Rahmen der Realteilung lediglich *einzelne Wirtschaftsgüter* in das Betriebsvermögen eines Gesellschafters überführt werden (→ Rn. 76).

a) Geschäftsveräußerung im Ganzen (§ 1 Abs. 1a UStG)

Werden im Rahmen einer Realteilung ein oder mehrere (Teil-)Betriebe an die Gesellschafter des (Ausgangs-)Unternehmens übertragen, kann umsatzsteuerlich eine **nicht steuerbare** sog. **Geschäftsveräußerung im Ganzen** iSd. § 1 Abs. 1a UStG vorliegen. **67**

Hierfür ist erforderlich, dass ein Unternehmen oder ein in der Gliederung des Unternehmens **gesondert geführter Betrieb** im Ganzen entgeltlich oder unentgeltlich übereignet wird. Im Rahmen einer Realteilung einer Personengesellschaft bedeutet dies, dass der auf einen Gesellschafter übertragene Betriebsteil der Personengesellschaft einen für sich lebensfähigen Organismus gebildet haben muss, der unabhängig von den anderen Geschäften der Personengesellschaft nach Art eines selbstständigen Unternehmens betrieben worden ist und nach außen hin ein selbstständiges, in sich abgeschlossenes Wirtschaftsgebilde dargestellt hat (UStAE 1.5 Abs. 3 Satz 2). **68**

Dies setzt auch voraus, dass die **wesentlichen Grundlagen** eines Unternehmens oder eines gesondert geführten Betriebs übertragen werden, so dass es seiner Struktur, seinem Wesen und seinem Inhalt nach unverändert fortgeführt werden kann (WM/*Knoll* Anh. 11 Rn. 182 mwN; vgl. UStAE 1.5 Abs. 1 Satz 2). Nach Auffassung des BFH reicht es für das Vorliegen einer Geschäftsveräußerung im Ganzen iSd. § 1 Abs. 1a UStG aus, dass wesentliche Betriebsgrundlagen dem Übernehmer langfristig zur Nutzung überlassen werden und eine dauerhafte Fortführung des Unternehmens oder des gesondert geführten Betriebs durch den Übernehmer gewährleistet ist (BFH v. 28.11.2003, V R 3/01, BFH/NV 2003, 436; v. 4.7.2002, V R 10/01, BFH/NV 2002, 1684). Soweit die im Rahmen einer Realteilung übertragenen Betriebsteile nach einkommensteuerlichen Grundsätzen einen Teilbetrieb darstellen (vgl. EStR 16 (3)), kann auch umsatzsteuerlich von der Veräußerung eines gesondert geführten Betriebs iSd. § 1 Abs. 1a UStG ausgegangen werden (vgl. BFH v. 3.10.1984, I R 119/81, BStBl. II 1985, 245; Rau/*Dürrwächter/Niesken* UStG § 1 Rn. 971; UStAE 1.5 Abs. 3 Satz 4). Insoweit kann auf die umfangreiche Kommentierung und Rechtsprechung zum Begriff des Teilbetriebs verwiesen werden (vgl. nur Schmidt/*Wacker* EStG § 16 Rn. 140ff. mwN). **69**

Sofern im Einzelfall Zweifel hinsichtlich des Vorliegens der „Teilbetriebseigenschaft" iSd. § 1 Abs. 1a UStG bestehen, ist in der Praxis – bereits wegen der ertragsteuerlichen Bedeutung der Frage – die Stellung eines Antrags auf Erteilung einer verbindlichen Auskunft zu empfehlen. **70**

Das Vorliegen einer Geschäftsveräußerung im Ganzen setzt ferner voraus, dass die Übertragung **an einen Unternehmer** und **für dessen Unternehmen** erfolgt. Dabei **71** ist es unerheblich, ob der erwerbende Gesellschafter sein (umsatzsteuerliches) Unternehmen mit der Übertragung des gesondert geführten Betriebs erst beginnt oder eine bereits bestehende Tätigkeit in erweiterter bzw. veränderter Form fortführt (vgl. UStAE 1.5 Abs. 1 Satz 3). Nicht erforderlich ist, dass der Erwerber das Unternehmen oder den gesondert geführten Betriebsteil tatsächlich fortführt; ausreichend ist eine Zuordnung zu einem bestehenden oder einem mit dem Erwerb des Betriebs oder Teilbetriebs neu gegründeten Unternehmen (WM/*Knoll* Anh. 11 Rn. 348 mwN).

72 Die Realteilung einer Personengesellschaft kann bei dem **übernehmenden Gesellschafter** zu einer umsatzsteuerbaren Leistung führen: Die (Gegen-)Leistung des Gesellschafters für den übertragenen Betriebsteil liegt in der Rückgabe (Aufgabe) seines Gesellschaftsanteils (und ggf. in der Übernahme von Verbindlichkeiten der Personengesellschaft oder Barzahlungen durch die Gesellschafter). Diese Leistung ist allerdings nur dann umsatzsteuerbar, wenn der Gesellschafter bereits vor der Realteilung **Unternehmer** war und die Beteiligung an der Personengesellschaft als Betriebsvermögen im Rahmen eines von ihm geführten Unternehmens gehalten hat (WM/*Knoll* Anh. 11 Rn. 321 ff. mwN).

73 Soweit die Leistung des Gesellschafters in der **Rückgabe (Aufgabe) seines Gesellschaftsanteils** besteht, ist diese gem. § 4 Nr. 8 Buchst. f UStG **steuerfrei.** Zur Sicherung der Abzugsfähigkeit von Vorsteuerbeträgen, die der Beteiligung an der Personengesellschaft zuzurechnen sind (§ 15 Abs. 2 bis 4 UStG), sollte in diesen Fällen überprüft werden, durch **Option gem. § 9 UStG** auf die Steuerfreiheit zu verzichten. Dies kommt insbesondere dann in Betracht, wenn die im Zusammenhang mit der Beteiligung angefallenen Vorsteuerbeträge (etwa aus rechtlicher oder steuerlicher Beratung) nicht unerheblich sind.

74 Soweit der Gesellschafter – neben der Rückgabe seines Gesellschaftsanteils – auch **Verbindlichkeiten** der Personengesellschaft **übernimmt, Zahlungen** an die Personengesellschaft tätigt oder zugunsten der Personengesellschaft Darlehenforderungen begründet, liegt hierin **keine steuerbare Leistung** iSd. § 1 Abs. 1 Nr. 1 UStG (BFH v. 15.5.1997, V R 67/94, BStBl. II 1987, 705; WM/*Knoll* Anh. 11 Rn. 321 ff. mwN). Zur umsatzsteuerlichen Behandlung der Übernahme von Schulden der Personengesellschafter bei Letzterer s. WM/*Knoll* Anh. 11 Rn. 328 mwN: „dieser Teil der Gegenleistung des Gesellschafters ist als bloße Entgeltentrichtung nicht steuerbar".

75 Der im Rahmen einer Geschäftsveräußerung im Ganzen einen Betriebsteil übernehmende Gesellschafter tritt gem. § 1 Abs. 1a Satz 3 UStG umsatzsteuerlich an die Stelle der Personengesellschaft **(umsatzsteuerliche Sonderrechtsnachfolge).** Die Sonderrechtsnachfolge bezieht sich nach hM nur auf diejenigen materiell-rechtlichen Bindungen, die sich auf die tatsächlich auf ihn übertragenen Vermögensteile beziehen (Rau/*Dürrwächter/Stadie* UStG § 2 Rn. 603, 610 ff.; WM/*Knoll* Anh. 11 Rn. 338 ff. mwN). Insbesondere wird der **Vorsteuerberichtigungszeitraum iSd. § 15a UStG** durch die Übertragung im Rahmen der Realteilung nicht unterbrochen, sondern beim Gesellschafter unverändert fortgeführt.

b) Übertragung von Einzelwirtschaftsgütern

76 Soweit im Rahmen der Realteilung einzelne Wirtschaftsgüter auf einen Gesellschafter übertragen werden, die keinen Betrieb oder Betriebsteil iSd. § 1 Abs. 1a UStG darstellen, ist der Übertragungsvorgang bei der Personengesellschaft umsatzsteuerbar. Die Übertragung von Sachen und Rechten stellen Lieferungen und sonstige Leistungen iSd. § 1 Abs. 1 Nr. 1 UStG dar, die der Umsatzsteuer unterliegen, sofern keine Befreiungsvorschrift eingreift. Die **Gegenleistung** des Gesellschafters besteht in der **Rückgabe (Aufgabe) seines Gesellschaftsanteils** (→ Rn. 72) und ggf. in der Übernahme von Verbindlichkeiten der Personengesellschaft oder Barzahlungen durch die Gesellschafter.

77 **Bemessungsgrundlage** ist im Ergebnis der gemeine Wert der übertragenen Wirtschaftsgüter (gemeiner Wert der aufgegebenen Gesellschaftsrechte zzgl. übernommener Verbindlichkeiten = gemeiner Wert sämtlicher übergehender Vermögensgegen-

stände). Der gemeine Wert wird regelmäßig über den Buchwerten liegen, da umsatzsteuerlich auch stille Reserven und ein evtl. Firmenwert zu berücksichtigen sind.

Zu prüfen ist, ob es sich umsatzsteuerlich empfiehlt, durch **Option gem. § 9 UStG** auf Steuerbefreiungstatbestände nach § 4 Nr. 8 Buchst. b, c, e, f, g UStG sowie nach § 4 Nr. 9 Buchst. a UStG zu verzichten (zur Vermeidung von Nachteilen beim Vorsteuerabzug, insb. gem. § 15a UStG, bzw. zur Vereinfachung), soweit der übernehmende Gesellschafter voll vorsteuerabzugsberechtigt ist. Der Verzicht auf die Steuerbefreiung für Grundstückumsätze gem. § 4 Nr. 9 Buchst. a UStG ist in dem notariell zu beurkundenden (§ 311b Abs. 1 BGB) Kaufvertrag zu protokollieren, § 9 Abs. 3 Satz 2 UStG. 78

einstweilen frei 79

2. Grunderwerbsteuer

Gehört zum Vermögen der aufgelösten und real geteilten Personengesellschaft ein Grundstück, so unterliegt die Einzelrechtsübertragung des Grundstücks von der Gesamthand auf einen Gesellschafter grds. der **Grunderwerbsteuer** gem. § 1 Abs. 1 Nr. 1 GrEStG (vgl. Pahlke GrEStG § 1 Rn. 153). Die Grunderwerbsteuer entsteht in dem Zeitpunkt, in dem die rechtswirksame Verpflichtung zur Grundstücksübereignung auf einen Gesellschafter begründet wird. 80

Die Grunderwerbsteuer wird jedoch in Höhe der Beteiligungsquote des übernehmenden Gesellschafters an der Personengesellschaft im Zeitpunkt der Realteilung gem. § 6 Abs. 2 GrEStG **nicht erhoben** (beachte jedoch, dass Fünf-Jahresfristen gem. § 6 Abs. 4 GrEStG sowohl davor als auch danach zu erfüllen sind). Ferner kann die Grundstücksübertragung auf einen Gesellschafter gem. § 3 Nr. 1 GrEStG (grunderwerbsteuerlicher Wert iSd. § 8 GrEStG unter 2500,– EUR), § 3 Nr. 2 GrEStG (Grundstückserwerbe iSd. ErbStG) sowie § 3 Nr. 4 GrEStG oder § 3 Nr. 6 GrEStG **befreit** sein (vgl. WM/*Pahlke* Anh. 12 Rn. 389 mwN). 81

Bemessungsgrundlage ist gem. § 8 Abs. 2 Satz 1 Nr. 2 GrEStG der Wert des übergehenden Grundstücks, ermittelt nach den Grundsätzen der § 138 Abs. 2 oder 3 BewG (WM/*Pahlke* Anh. 12 Rn. 391 mwN). **Steuerschuldner** iSd. § 13 Nr. 2 GrEStG ist – wegen des Erlöschens der Personengesellschaft im Zuge der „echten" Realteilung – ausschließlich der das Grundstück erwerbende Gesellschafter; bei der „unechten" Realteilung haftet aber die fortbestehende Gesamthand. 82

Zu mittelbaren grunderwerbsteuerlichen Auswirkungen der Realteilung s. WM/*Pahlke* Anh. 12 Rn. 396 ff. mwN. Zur GrESt ausführlich → Form. D.1 Rn. 66 ff. 83

einstweilen frei 84

VI. Arbeitsrecht

S. zunächst → Form. B.1 Rn. 176 ff. und → Form. A.1 Rn. 150 ff. Gehen im Zuge der Realteilung Betriebe oder Betriebsteile auf die übernehmenden Gesellschafter über, sind die Rechtsfolgen eines **Betriebsübergangs nach § 613a BGB** für das einzelne Arbeitsverhältnis wie auch für die Weitergeltung bzw. Ablösung von Kollektivvereinbarungen (Betriebsvereinbarungen, Tarifverträge) zu beachten. 85

§ 613a BGB enthält **keine eigenständige Definition des Betriebsbegriffs.** Da die Regelung der Umsetzung der europäischen Betriebsübergangsrichtlinie (RL 2001/23/EG v. 12.3.2001, ABl. EG Nr. L 082, S. 16) dient, muss ihre Auslegung den Anforderungen der Richtlinie entsprechen **(„richtlinienkonforme Auslegung").** Nach Art. 1 Abs. 1 Buchst. b der Richtlinie gilt als Betriebsübergang im Sinne der Richtlinie: 86

„... der Übergang einer ihre Identität bewahrenden wirtschaftlichen Einheit im Sinne einer organisierten Zusammenfassung von Ressourcen zur Verfolgung einer wirtschaftlichen Haupt- oder Nebentätigkeit."

87 Nicht ausreichend ist nach der Rspr. des EuGH und des BAG die bloße Fortführung einer Tätigkeit (Funktionsnachfolge) ohne Übernahme einer „organisatorischen Einheit" im o. g. Sinn (EuGH v. 11.3.1997, Rs. C-13/95, NJW 1997, 2039 „Süzen"; BAG v. 22.1.1998, 8 AZR 243/95, NJW 1998, 2994 zu B. II.1 mwN). Erforderlich ist die tatsächliche Fortführung der wirtschaftlichen Einheit, die bloße Möglichkeit hierzu genügt nicht (BAG v. 18.3.1999, 8 AZR 159/98, NZA 1999, 704). So ist § 613a BGB bspw. nicht anwendbar bei *Stilllegung des Betriebs/Teilbetriebs* (Palandt/*Weidenkaff* BGB § 613a Rn. 13 mwN); iE zu den Voraussetzungen des Betriebsübergangs → Form. A.1 Rn. 169.

88 Unmittelbare Folge der Anwendbarkeit des § 613a BGB ist der **Übergang der Arbeitsverhältnisse** der in dem übergehenden Betrieb oder Betriebsteil beschäftigten Arbeitnehmer mit sämtlichen Rechten und Pflichten auf den Gesellschafter, der den betreffenden Betrieb oder Betriebsteil übernimmt (§ 613a Abs. 1 Satz 1 BGB). Besteht im Betrieb des übergehenden Rechtsträgers ein Betriebsrat, gibt **§ 323 Abs. 2 UmwG** den Betriebsparteien die Möglichkeit, in Fällen **zweifelhafter Zuordnung** (zB Springer, die in mehreren Betriebsabteilungen eingesetzt sind) im Rahmen eines freiwilligen Interessenausgleichs Festlegungen zu treffen Die Betriebsparteien haben aber nicht die Rechtsmacht, Arbeitnehmer in einem Interessenausgleich einer nicht übergangsfähigen wirtschaftlichen Einheit zuzuordnen; findet kein Betriebsübergang statt, ist die Zuordnung im Interessenausgleich grob fehlerhaft und damit unverbindlich BAG v. 19.10.2017, 8 AZR 63/16, NZA 2018, 370); → Form. A.1 Rn. 170).

89 Wichtig ist in diesem Zusammenhang die **Unterrichtungsverpflichtung gem. § 613a Abs. 5 BGB:** Diese sieht eine Unterrichtung der von einem Betriebsübergang betroffenen Arbeitnehmer zwingend vor (unabhängig von dem Bestehen einer Arbeitnehmervertretung).

Inhaltlich hat der bisherige Arbeitgeber oder der neue Inhaber vor dem Übergang den Arbeitnehmer in Textform (ausreichend ist ein gedruckter Text ohne Unterschriftserfordernis, zB Kopien, Telefax oder E-Mail) zu unterrichten über (1) **Zeitpunkt** bzw. geplanter Zeitpunkt des Übergangs, (2) **Grund** für den Übergang, (3) **rechtliche, wirtschaftliche und soziale Folgen** des Übergangs für den Arbeitnehmer und (4) hinsichtlich der Arbeitnehmer **in Aussicht genommene Maßnahmen** (vgl. iE *Gaul/Otto* DB 2002, 634 f. und 638 ff.). IE → Form. A.1 Rn. 152 ff.

90 Der betroffene Arbeitnehmer kann dem Übergang des Arbeitsverhältnisses gemäß § 613a Abs. 6 BGB **widersprechen** (vgl. *Gaul/Otto* DB 2002, 636 mwN).

91 Anforderungen hinsichtlich **Form, Inhalt** und **Frist** für den Widerspruch ergeben sich aus § 613a Abs. 6 BGB: Der Widerspruch ist in eigenhändig unterzeichneter, **schriftlicher** Form zu erklären (bloß konkludentes Handeln oder Schweigen reicht insoweit nicht) und hat den Willen zum Ausdruck zu bringen, einen Übergang des Arbeitsverhältnisses zu verhindern. Die Erklärung ist **innerhalb eines Monats** nach Zugang der Unterrichtung abzugeben.

92 Zu beachten sind in diesem Zusammenhang die Folgen einer **fehlenden bzw. fehlerhaften Unterrichtung:** Diese führt zunächst dazu, dass die einmonatige Frist nicht in Lauf gesetzt wird. Zu weiteren Einzelheiten, insbesondere sich hieraus möglicherweise ergebenden Schadenersatzansprüchen des Arbeitnehmers vgl. BAG v. 13.7.2006, 8 AZR 382/05, NZA 2006, 1406; BAG v. 24.5. 2005, 8 AZR 398/04, NZA 2005, 1302; *Gaul/Otto* DB 2002, 638 ff., Palandt/*Weidenkaff* BGB § 613a Rn. 53. → Form. A.1 Rn. 177 f.

93 Der ordnungsgemäß und fristgerecht erklärte Widerspruch führt grds. dazu, dass der betroffene Arbeitnehmer bei dem übertragenden Rechtsträger beschäftigt bleibt. In den Fällen der Realteilung ist allerdings zu beachten, dass der übertragende Rechtsträger erlischt. Das Widerspruchsrecht läuft damit im Ergebnis ins Leere (vgl. *Wlotzke* DB 1995, 40, 43; *Heinrichs* ZIP 1995, 794).

94 Nach einigen Stimmen in der Literatur ist die Ausübung des Widerrufsrechts in diesen Fällen daher nicht möglich bzw. gegenstandslos (vgl. *Wlotzke* DB 1995, 40, 43; SHS/*Hörtnagel* UmwG Vor §§ 322–325 Rn. 27 mwN). Nach früher wohl überwiegender Auffassung besteht das Recht zum Widerspruch auch in diesen Fällen; die Ausübung desselben führe aber zu einer Beendigung des Arbeitsverhältnisses (vgl. *Boecken* ZIP 1994, 1087, 1092; einschränkend *Bachner* NJW 1995, 2881, 2882; aA

Wlotzke DB 1995, 40, 44); auch → A.1 Rn. 178 und → B.2 Rn. 77; das BAG hat aber klargestellt, dass **kein Widerspruchsrecht** besteht. Ein gleichwohl erklärter Widerspruch sei nicht zwangsläufig als Kündigung oder anderer Beendigungstatbestand auszulegen (BAG v. 21.2.2008, 8 AZR 157/07, NZA 2008, 815). Er lässt das übergegangene Arbeitsverhältnis daher grundsätzlich unberührt. Der Arbeitnehmer muss daher grundsätzlich eine außerordentliche Kündigung erklären, wenn er sich vom Arbeitsverhältnis lösen will (Kallmeyer/*Willemsen* UmwG § 324 Rn. 44).

Das Arbeitsverhältnis besteht nach dem Betriebsübergang mit allen Rechten und Pflichten unter Anerkennung der Vordienstzeiten fort. Wegen der Rechtsfolgen des § 613a BGB iE auch → Form. A.1 Rn. 170ff. Im Übrigen sei für weitere Einzelheiten auf die einschlägige Kommentarliteratur verwiesen (vgl. nur Palandt/*Weidenkaff* BGB § 613a Rn. 5ff.). **95**

Ferner sind **Informations- und Beteiligungsrechte** der Arbeitnehmervertretungen zu prüfen: Auf betriebsverfassungsrechtlicher Ebene stellt sich die Frage des **Bestandes** und der Zusammensetzung von **Betriebsräten** und eines etwaigen **Übergangsmandats** nach § 21a BetrVG. Die Teilung von Unternehmen durch Ausgliederung einzelner Aktivitäten *kann* schließlich eine **sozialplanpflichtige Betriebsänderung** iSd. §§ 111ff. BetrVG darstellen. Im Einzelnen wird auf → Form. A.1 Rn. 152ff. und → Form. B.1 Rn. 180ff. verwiesen. **96**

Die arbeitsrechtlichen Sondervorschriften des Umwandlungsrechts finden keine Anwendung, da sich die Realteilung durch Einzelrechtsnachfolge außerhalb des Anwendungsbereichs des UmwG 1995 vollzieht.

einstweilen frei **97–99**

VII. Kosten und Gebühren

Auseinandersetzungsvertrag und/oder Auflösungsbeschluss: Weder der Auseinandersetzungsvertrag noch der Auflösungsbeschluss sind beurkundungs- oder beglaubigungsbedürftig. Sofern der Entwurf im Auftrag der Beteiligten gleichwohl vom Notar gefertigt wurde, erhält der Notar nach Nr. 24100 des Kostenverzeichnisses hierfür eine im (gebundenen) Ermessen des Notars stehende Gebühr im Gebührensatzrahmen von 0,5 bis 2,0, mindestens jedoch 120 EUR. Vorliegend ist ein Ansatz von 2,0 gerechtfertigt, da beide Entwürfe nicht nur einfach gelagerte Sachverhalte betreffen. **100**

Handelsregisteranmeldung und Eintragung: Der Geschäftswert für Handelsregisteranmeldungen ist in § 105 GNotKG geregelt. Unterschieden wird zwischen Anmeldungen mit und ohne bestimmten Geldwert, er beträgt jedoch in fast allen Fällen mindestens 30000 EUR (vgl. § 105 Abs. 1 Satz 2 GNotKG). Der Geschäftswert für die Anmeldung der Auflösung der OHG beträgt nach § 105 Abs. 4 Nr. 3 GNotKG 30000 EUR. Die ebenfalls enthaltene Erstanmeldung der beiden Einzelunternehmen für A und B beträgt nochmals je 30000 EUR (§ 105 Abs. 3 Nr. 1 GNotKG). Da die angemeldeten Tatsachen untereinander nach § 111 Nr. 3 GNotKG gegenstandsverschieden sind, beträgt der Geschäftswert der Anmeldung daher insgesamt 90000 EUR. Nach Nr. 21201 Nr. 5 des Kostenverzeichnisses fällt aus diesem Gegenstandswert eine Gebühr von 0,5 an (= 123,00 EUR). **101**

Beschränkt sich die Tätigkeit des Notars demgegenüber auf die reine Unterschriftsbeglaubigung unter einem Fremdentwurf, so fällt nach Nr. 25100 des Kostenverzeichnisses nur eine Gebühr von 0,2 an (= 49,20 EUR), mindestens jedoch 20 EUR und höchstens 70 EUR. Neben dem Entwurf bzw. der Beglaubigung der Handelsregisteranmeldung fallen regelmäßig noch sog. Vollzugs- und Betreuungstätigkeiten beim Notar an, die gesondert zu vergüten sind. Dies ist insbesondere die Erstellung sog. XML-Strukturdaten, die für die Anmeldung eine weitere Vollzugsgebühr von 0,3 nach Nr. 22114 des Kostenverzeichnisses begründen, maximal jedoch 250 EUR.

102 **Handelsregistereintragung:** Die Eintragungsgebühren richten sich nach der Handelsregistergebührenverordnung (HRegGebV v. 30.9.2004, BGBl. I 2004, 2562), die auf der Ermächtigungsgrundlage in § 58 GNotKG beruht. Bei den Gebühren handelt es sich um sog. aufwandsbezogene Gebühren, die dem sog. Gebührenverzeichnis als Anlage zu § 1 Satz 1 HRegGebV entnommen werden können.

Für die Eintragung der Auflösung fällt beim Register eine Gebühr iHv. 60 EUR an (Gebührenverzeichnis Nr. 1501). Für die Eintragung der Einzelkaufleute A und B fällt jeweils eine Gebühr iHv. 70 EUR an (Gebührenverzeichnis Nr. 1100), damit Gesamtgebühren von 200 EUR.

103–105 *einstweilen frei*

C. Einzelerläuterungen

I. Auseinandersetzungsvertrag

1. Zivil-, Handels- und Gesellschaftsrecht

Zu § 1: Beendigung und Realteilung der Gesellschaft

106 Die Auflösung und die Abwicklung in Abweichung von den gesetzlichen Regelungen in den §§ 145 ff. HGB bzw. §§ 730 ff. BGB bedarf, soweit hierfür im Gesellschaftsvertrag nicht ausdrücklich eine Regelung vorgesehen ist, eines **einstimmigen,** formlosen **Beschlusses** der Gesellschafter (§ 131 Abs. 1 Nr. 2 HGB; zum Erfordernis der Einstimmigkeit vgl. § 119 Abs. 1 HGB; BH/*Roth* HGB § 145 Rn. 8; zur Zulässigkeit eines Mehrheitsbeschlusses s. BH/*Roth* HGB § 119 Rn. 34). Die Vereinbarung über die Übertragung des Vermögens der oHG ist grds. formlos möglich. Gehören jedoch – abweichend von dem diesem Formular zugrunde liegenden Fall – Grundstücke oder GmbH-Anteile zum Vermögen der aufzulösenden Gesellschaft, hat die Übertragung in notariell beurkundeter Form zu erfolgen.

107 Der Auflösungsbeschluss wird grds. mit (Zugang) der letzten Stimme wirksam und führt unmittelbar dazu, dass die Gesellschaft mit dem im Beschluss genannten Zeitpunkt **aufgelöst** ist; die Eintragung ins Handelsregister hat lediglich deklaratorische Wirkung (→ Rn. 132). Mit dem Auflösungsbeschluss ist die Gesellschaft (noch) nicht beendet, sondern geht von der „werbenden" Tätigkeit in die Auseinandersetzung bzw. Abwicklung (Änderung Gesellschaftszweck) über. Die Gesellschaft ist (erst) mit dem Ende der Abwicklung (§ 155 HGB) **beendet** (zu den Begriffen vgl. BH/*Roth* HGB § 131 Rn. 2), also mit Vollzug des Auseinandersetzungsvertrags.

108 Die Zuteilung und Übertragung aller Vermögensgegenstände, Rechte und Verbindlichkeiten sowie laufender Vertragsverhältnisse der Personengesellschaft muss im Wege der Einzelrechtsnachfolge vorgenommen werden (keine Gesamtrechtsnachfolge, → Rn. 8). Dies erfordert wegen des **sachenrechtlichen Bestimmtheitsgebotes** die listenmäßige Aufführung sämtlicher Vermögensgegenstände, schwebender Vertragsverhältnisse, halbfertiger Arbeiten, Rechte, Verbindlichkeiten und Vertragsverhältnisse sowie deren Zuteilung an bestimmte Gesellschafter und rechtswirksame Übertragung auf diese. Zur Übertragung von Verbindlichkeiten und anderen Schuldverhältnissen ist die Zustimmung des jeweiligen Gläubigers im Außenverhältnis notwendig (→ Rn. 8). Im Innenverhältnis sollte regelmäßig vereinbart werden, dass der übernehmende Gesellschafter den nicht übernehmenden Gesellschafter bei einer evtl. Inanspruchnahme freizustellen hat.

Zu § 1 Abs. 4: Kapitalkontenanpassungsmethode

109 Das Formular verweist hinsichtlich der Technik der **Buchwertfortführung** auf die nach der Rspr., der Finanzverwaltung (BMF v. 19.12.2018, BStBl. I 2019, 6, Tz. 22 f.)

und der hM allein anwendbare Kapitalkontenanpassungsmethode (→ Rn. 38ff.). Die Verwendung einer der anderen in Betracht kommenden Techniken (Buchwertanpassungmethode – → Rn. 42; Ausgleichspostenmethode – → Rn. 43) wird von der FinVerw. abgelehnt werden.

Zu § 2: Buchwertfortführung; Ertragsteuern

Trotz der zwingenden steuerlichen Buchwertfortführung nach § 16 Abs. 3 Satz 2 EStG empfiehlt sich zur Klarstellung die Aufnahme einer entsprechenden Bestimmung im Auseinandersetzungsvertrag. Im Hinblick auf die Sperrfristen nach § 16 Abs. 3 Satz 3 oder Abs. 5 EStG (→ Rn. 26) sollten im Auseinandersetzungsvertrag Regelungen getroffen werden, die einen innerhalb der Sperrfrist veräußernden oder entnehmenden Realteiler zum **Ausgleich** eines hierdurch beim anderen Realteiler entstehenden Schadens (= Steuerlast) verpflichten. Allerdings wäre für die im Formular zugrunde gelegte Fallkonstellation der Realteilung durch Übertragung jeweils eines Teilbetriebs auf die Realteiler eine Regelung über den Ausgleich von steuerlichen Mehrbelastungen auf Grund der Verletzung einer Sperrfrist nicht erforderlich: Denn die Sperrfrist (und damit die nachträgliche Gewinnrealisierung) nach § 16 Abs. 3 Satz 3 HS 1 EStG greift nur in den Fällen der Realteilung, in denen bestimmte Einzelwirtschaftsgüter übertragen wurden, namentlich Grund und Boden, Gebäude und andere wesentliche Betriebsgrundlagen (vgl. LBP/*Hörger/Rapp* EStG § 16 Rn. 197w; Schmidt/*Wacker* EStG § 16 Rn. 551 und 555). Die Sperrfrist gemäß § 16 Abs. 5 EStG greift nur, soweit in den übertragenen Teilbetrieben Körperschaftsbeteiligungen enthalten wären (Sachverhaltsfrage) und der Anteil einer nach § 8b KStG begünstigten Körperschaft hieran erhöht würde, was bei den Herren A und B als Übernehmer nicht der Fall ist. **110**

Zu § 3: Keine Ausgleichszahlungen/Spitzenausgleich

Da bei späteren Änderungen der Schlussbilanzansätze, zB im Anschluss an eine steuerliche Außenprüfung, sich auch die entsprechend vom Gesellschafter fortzuführenden Buchwerte gem. § 175 Nr. 2 AO ändern und daraus evtl. (steuerpflichtige, → Rn. 34) **Ausgleichsansprüche** entstehen könnten, empfiehlt sich eine diesbzgl. Regelung in der Vereinbarung (→ Rn. 34f.; zu verschiedenen zivilrechtlichen Problemen der Spaltung von Personengesellschaften vgl. *Schulze-Osterloh* ZHR 149 (1985), 614ff.). **111**

einstweilen frei **112–120**

2. Ertragsteuerrecht

Zu §§ 1 bis 4:

Ertragsteuerlich geht das Formular davon aus, dass zum Stichtag der Realteilung zwei **Teilbetriebe** (iSv. EStR 16 (3)) bestehen und diese von jeweils einem der beiden Gesellschafter unter zwingender steuerlicher Buchwertfortführung übernommen werden. Die Realteilung wäre auch dann zu Buchwerten möglich, wenn die übertragenen Sachgesamtheiten nicht als Teilbetrieb, sondern (lediglich) als **Einzelwirtschaftsgüter** zu qualifizieren sein würden (→ Rn. 23ff.). Für diesen Fall wäre die in § 2 vorgesehene Ausgleichsregelung auf jeden Fall beizubehalten. Zur steuerlichen Behandlung der Zahlung solcher Ausgleichsverpflichtungen vgl. *Paus* FR 2002, 870f. (Besteuerung wie nachträglich vereinbarter Spitzenausgleich, dh. als laufender Gewinn). **121**

Zur Sicherstellung der künftigen Besteuerung der stillen Reserven ist die **Angleichung der Kapitalkonten** (→ Rn. 38ff.) an die von jedem Gesellschafter übernommenen Nettobuchwerte in § 1 Abs. 4 vorgesehen. Dies kann dazu führen, dass ein Gesellschafter zukünftig einen höheren Betrag an stillen Reserven zu versteuern hat als ein anderer Gesellschafter; auch die zeitliche Verteilung der Abschreibung kann **122** unterschiedlich sein und zu unterschiedlichen Barwerten der zukünftigen Steuerbelastung führen. Darüber hinaus werden regelmäßig die gemeinen Werte nicht den Buchwerten entsprechen. Diese Besonderheiten sind im Einzelfall bei der Aufteilung des Betriebsvermögens auf die einzelnen Teilbetriebe (zB durch entsprechende Zuteilung von Geld und Forderungskonten) zu berücksichtigen. Im Formular wird in § 3 ausdrücklich davon **abgesehen,** diesbzgl. **Ausgleichszahlungen** zwischen den Realteilern (Spitzenausgleich) zu vereinbaren, um damit evtl. steuerpflichtige Gewinne zu vermeiden (→ Rn. 34ff.).

123–125 *einstweilen frei*

3. Umsatzsteuer

Zu § 6: Umsatzsteuerliche Regelung

126 Bei der im Formular vorgesehenen Übertragung von zwei Teilbetrieben handelt es sich umsatzsteuerlich um die Übertragung von jeweils in der Gliederung des Unternehmens gesondert aufgeführten Betrieben im Ganzen auf die Gesellschafter (Realteiler) A und B als Unternehmer zur Fortführung in deren Unternehmen (sog. **Geschäftsveräußerung im Ganzen**). Diese Übertragungen unterliegen gem. § 1 Abs. 1a UStG nicht der Umsatzsteuer (→ Rn. 67). Da damit aber die Verpflichtung zu etwaigen zukünftigen Vorsteuerberichtigungen die jeweiligen Realteiler trifft (§ 1 Abs. 1a Satz 3 iVm. § 15a Abs. 10 UStG), ist im Formular auf diese Verpflichtung hingewiesen und vorgeschlagen, die dafür notwendigen Angaben bereits im Formular zu machen.

127–129 *einstweilen frei*

II. Handelsregisteranmeldung

130 Der Auflösungsbeschluss ist von **sämtlichen** Gesellschaftern (§ 143 Abs. 1 Satz 1 HGB) in **öffentlich beglaubigter Form** (§ 12 HGB) beim Handelsregister anzumelden. Die Angabe des Auflösungsgrunds ist nach (wohl) hM nicht zwingend erforderlich, da es an einer entsprechenden gesetzlichen Regelung fehlt; dennoch empfiehlt es sich, zur Vermeidung von Verzögerungen bei der Eintragung den **Grund der Auflösung** mit anzugeben (dies ermöglicht dem Registerrichter die Prüfung der Richtigkeit der angemeldeten Auflösung).

131 Die im Formular vorgeschlagene Handelsregisteranmeldung sieht auch die Anmeldung des **Erlöschens der Firma** der A & B oHG vor. Soweit die Firma nicht von Herrn A oder Herrn B fortgeführt wird, ist das Erlöschen der Firma **nach Vollbeendigung,** dh. nach Durchführung der Auseinandersetzung, **durch die Gesellschafter** anzumelden. Da in dem diesem Formular zugrunde liegenden Fall die Auseinandersetzung zum Zeitpunkt der Handelsregisteranmeldung bereits durchgeführt wurde, ist das Erlöschen der Firma mit der Auflösung anzumelden (§ 31 Abs. 2 HGB; BH/*Roth* HGB § 31 Rn. 6ff. mwN; BH/*Roth* HGB § 157 Rn. 2).

132 Die Anmeldung hat – auch bzgl. der Firmenlöschung – nur **deklaratorischen Charakter** (vgl. BH/*Hopt* HGB § 143 Rn. 5). Allerdings beginnt mit der Eintragung die fünfjährige **Nachhaftung** der Gesellschafter (§ 159 Abs. 1 HGB, → Rn. 9), das Eintragungsverfahren sollte daher durch die Gesellschafter zügig betrieben werden. Wenn Auflösung und Vollbeendigung zeitlich auseinanderfallen, sollte bereits die Auflösung zum Handelsregister angemeldet werden, da mit der Eintragung der Auflösung der Lauf der fünfjährigen Verjährungsfrist beginnt.

C.2 Realteilung einer Partnerschaftsgesellschaft nach UmwG (Aufspaltung) in zwei dadurch neu gegründete Partnerschaftsgesellschaften

Gliederung

A. Vertragsformulare

C.2.1. Aufspaltungsplan und -beschluss

Verhandelt zu...... *[Ort]* am...... *[Datum]:* Vor mir, ... *[Name],* Notar, erschienen

1. Herr A *[Vor- und Zuname],* Steuerberater, wohnhaft in ...... *[Adresse],*

2. Frau B *[Vor- und Zuname],* Steuerberaterin, wohnhaft in ...... *[Adresse],*

3. Herr C *[Vor- und Zuname],* Steuerberater, wohnhaft in ...... *[Adresse]* und
4. Frau D *[Vor- und Zuname],* Steuerberaterin, wohnhaft in ...... *[Adresse],*

– Gesellschafter –

dem Notar persönlich bekannt,

hier handelnd als sämtliche und zur Geschäftsführung befugte Gesellschafter der ABCD Steuerberater Partnerschaft, mit Sitz in ...... *[Ort],* eingetragen im Partnerschaftsregister des Amtsgerichts ...... *[Ort]* unter PR ......,

– übertragende Gesellschaft –.

Die Erschienenen erklären, dass weder der Notar selbst noch sein Sozius in der Sache, die im Nachfolgenden beurkundet wird, vorbefasst iSd. § 3 Abs. 1 Nr. 7 BeurkG sind. Auf Ersuchen der Erschienenen beurkunde ich die vor mir abgegebenen Erklärungen wie folgt:

Präambel

(1) An der Partnerschaftsgesellschaft unter dem Namen „ABCD Steuerberater Partnerschaft“ mit dem Sitz in ...... *[Ort],* eingetragen im Partnerschaftsregister des Amtsgerichts ...... *[Ort]* unter PR ......, sind die Gesellschafter jeweils zu gleichen Teilen beteiligt. Die Gesellschafter betreiben gemeinsam die Steuerberatung, wobei jeweils ein Gesellschafter ein Mandat federführend betreut; nur der jeweils federführende Partner haftet bezüglich der von ihm betreuten Mandate mit seinem Vermögen unbeschränkt (§ 8 Abs. 2 PartGG).

(2) Die Gesellschafter beabsichtigen die Gesellschaft aufzuspalten, und zwar unter Fortführung der jeweiligen Mandatsverhältnisse durch A & B bzw. C & D (nachfolgend genannt: „Teilpraxen“) mittels hier neu zu gründender Partnerschaftsgesellschaften. Hierzu vereinbaren die Parteien was folgt:

§ 1 Aufspaltungsplan[60]

Die Erschienenen stellen als sämtliche und zur Geschäftsführung berechtigte Gesellschafter der übertragenden Gesellschaft folgenden Spaltungsplan auf:

(1) Beteiligte Gesellschaften

a) Übertragende Gesellschaft ist die ABCD Steuerberater Partnerschaft mit Sitz in ...... *[Ort],* eingetragen im Partnerschaftsregister beim Amtsgericht ...... *[Ort]* unter PR ...... Deren sämtliche Gesellschafter sind:
   - Herr A ...... *[Vor- und Zuname],* Steuerberater, wohnhaft in ...... *[Adresse],*
   - Frau B ...... *[Vor- und Zuname],* Steuerberaterin, wohnhaft in ...... *[Adresse],*
   - Herr C ...... *[Vor- und Zuname],* Steuerberater, wohnhaft in ...... *[Adresse],*
   - Frau D ...... *[Vor- und Zuname],* Steuerberaterin, wohnhaft in ...... *[Adresse],*

b) Durch die Spaltung entstehen folgende übernehmende Gesellschaften:
   - A & B Steuerberater Partnerschaft mit Sitz in ...... *[Ort]* mit Herrn A und Frau B als sämtliche Gesellschafter (nachfolgend: A & B) und
   - C & D Steuerberater Partnerschaft mit Sitz in ...... *[Ort]* mit Herrn C und Frau D als sämtliche Gesellschafter (nachfolgend C & D).

Vorbehaltlich der Genehmigung durch die Gesellschafterversammlung (s. § 2) gelten die dieser Urkunde als Anlagen II.1 und II.2 beigefügten Gesellschaftsverträge der beiden durch die Aufspaltung entstehenden übernehmenden Gesellschaften *[vgl. Formular C. 2b].*

(2) Vermögensübertragungen[61]

a) Die übertragende Gesellschaft überträgt die nachfolgend bezeichneten Vermögensteile jeweils als Gesamtheit mit allen Rechten und Pflichten unter Auflösung der übertragenden Gesellschaft auf die vorstehend bezeichneten, durch die Aufspaltung entstehenden übernehmenden Gesellschaften, und zwar gegen Gewährung von Mitgliedschaftsrechten an bestimmte Gesellschafter der übertragenden Gesellschaft im Wege der sogenannten nicht verhältniswahrenden Aufspaltung zur Neugründung (§§ 128, 123 Abs. 1 Nr. 2 UmwG). Die Spaltung erfolgt in Anwendung der §§ 123 ff., 135 ff., 45a–45e, 39 ff. UmwG.

b) Für die Übertragung der Gegenstände des Aktiv- und Passivvermögens, die den bestehenden Teilpraxen der Partner A & B bzw. C & D zuzuordnen sind und welche auf die vorstehend bezeichneten Partnerschaften A & B bzw. C & D als übernehmende Gesellschaften übergehen, gilt Folgendes:
   - A & B übernimmt den Geschäftsbetrieb der bisher von den Gesellschaftern A und B bearbeiten Mandate und der diesen zugeordneten Mitarbeitern gemäß beiliegender Aufstellung A & B (nachfolgend „Teilpraxis A & B"),
   - C & D übernimmt den Geschäftsbetrieb der bisher von den Gesellschaftern C und D bearbeiteten Mandate und der diesen zugeordneten Mitarbeitern gemäß beiliegender Aufstellung C & D (nachfolgend „Teilpraxis C & D"),

   jeweils mit den zugehörigen Forderungen, Verbindlichkeiten und Vertragsverhältnissen einschließlich Arbeitsverhältnissen, schwebender Geschäfte und halbfertiger Arbeiten.

c) Die beiliegenden Aufstellungen A & B bzw. C & D enthalten die Zuordnung zu den jeweiligen Teilpraxen bezüglich
   aa) sämtlicher Mandate,
   bb) sämtlicher Mitarbeiter,
   cc) des gesamten Anlagevermögens,
   dd) der Betriebs- und Geschäftsausstattung,
   ee) der Bibliothek,
   ff) der immateriellen Rechte (zB Software),
   gg) des Umlaufvermögens (einschließlich Bankguthaben),
   hh) der Verbindlichkeiten und
   ii) der Miet- und Leasingverträge.

(3) Gewährung von Mitgliedschaftsrechten[62]

Als Gegenleistung für die vorstehend bezeichneten Vermögensübertragungen erhalten im Wege einer nicht entsprechend der bisherigen Beteiligung zu je 25 % an der übertragenden ABCD Steuerberater Partnerschaft verhältniswahrenden Aufteilung
- Herr A und Frau B jeweils die hälftigen Mitgliedschaftsrechte an der übernehmenden A & B Steuerberater Partnerschaft und
- Herr C und Frau D jeweils die hälftigen Mitgliedschaftsrechte an der übernehmenden C & D Steuerberater Partnerschaft.

Besondere Rechte und Vorteile für die Gesellschafter der übertragenden Gesellschaft oder sonstige in § 126 Abs. 1 Nr. 7 und 8 UmwG bezeichnete Personen wurden nicht gewährt.

(4) Zuzahlungen, Ausgleichzahlungen[62]

a) Bare Zuzahlungen oder Ausgleichszahlungen zwischen den Gesellschaftern sind nicht zu leisten, da die Parteien von der Gleichwertigkeit der beiden Geschäftsbetriebe ausgehen. Ausgleichszahlungen werden auch insoweit ausgeschlossen, als stille Reserven in unterschiedlichem Umfang auf die einzelnen Gesellschafter übergehen.

b) Ausgleichszahlungen sind weiter ausgeschlossen, soweit als Folge einer Änderung der in der Schlussbilanz der ABCD Steuerberater Partnerschaft auszuweisenden Werte durch eine steuerliche Außenprüfung eine Änderung der Nettobuchwerte und eine abweichende Angleichung der Kapitalkonten erfolgt. Die Gesellschafter verpflichten sich, in diesem Fall die auf Grund der Betriebsprüfung geänderten Buchwerte gem. § 175 Nr. 2 AO und dem nachstehenden Absatz 6 Buchst a) fortzuführen.

c) Unbeachtlich sind ferner evtl. nach dem 31.12.00 *[Datum]* eintretende Forderungsausfälle sowie der nachträgliche Eingang wertberichtigter Forderungen; Entsprechendes gilt für die Auflösung von Rückstellungen.

(5) Spaltungsstichtag und Spaltungsbilanz[63]

a) Als Spaltungsstichtag wird der 1.1.01 *[Datum]*, 0:00 Uhr, vereinbart. Besitz, Nutzen und Lasten sowie die Gefahr des zufälligen Untergangs der übertragenen Wirtschaftsgüter gehen schuldrechtlich mit Wirkung zum 1.1.01 *[Datum]*, 0:00 Uhr, auf die jeweils übernehmenden Gesellschaften über. Dinglich erfolgt der Übergang mit Eintragung der Spaltung im Partnerschaftsregister der übertragenden Gesellschaft. Handlungen der ABCD Steuerberater Partnerschaft nach dem 1.1.01 *[Datum]*, 0:00 Uhr, gelten als für Rechnung der den jeweiligen Vermögensteil übernehmenden Gesellschaft vorgenommen.
b) Der Aufspaltung wird in Ergänzung der bisherigen Einnahmen-Überschuss-Rechnung iSd. § 4 Abs. 3 EStG eine allein für Zwecke des § 17 Abs. 2 UmwG erstellte Schlussbilanz der ABCD Steuerberater Partnerschaft zum 31.12.01 *[Datum]*, zugrunde gelegt. Bei deren Erstellung sind weder stille Reserven (zB in halbfertigen Arbeiten) aufzulösen noch Forderungen oder ein Praxiswert auszuweisen (Buchwertansatz). Mit der Erstellung dieser handelsrechtlich gebotenen Schlussbilanz iSd. § 17 Abs. 2 UmwG soll ausdrücklich kein Übergang zum Bestandsvergleich iSd. § 4 Abs. 1 EStG (EStR 4.6) verbunden sein.
c) Die sich aus der Schlussbilanz iSd. Abs. 5 Buchst. b ergebenden Buchwerte werden entsprechend der in § 1 Abs. 2 vereinbarten Aufteilung den die jeweiligen Teilpraxen übernehmenden Partnern A & B bzw. C & D zugeordnet.

(6) Buchwertfortführung[64]

a) Die Gesellschafter sind bestrebt, die auf sie zu übertragenden Teilbetriebe jeweils als mit den in der Schlussbilanz der ABCD Steuerberater Partnerschaft einschließlich der steuerlichen Ergänzungsbilanzen auf die betreffenden Geschäftsbetriebe entfallenden Nettobuchwerte fortzuführen. Diese Verpflichtung ist hier von den übernehmenden Partnerschaftsgesellschaften zu erfüllen. Dies gilt auch für die nach einer Betriebsprüfung geänderten Buchwerte (s. o. Abs. 4 Buchst. b). Bei einem Verstoß gegen diese Bestimmung gilt § 1 Abs. 8 entsprechend.
b) Für steuerliche Zwecke verpflichten sich die Parteien, keinen Übergang zum Bestandsvergleich iSd. § 4 Abs. 1 EStG (EStR 4.6) für die übertragende Gesellschaft vorzunehmen und für die beiden übernehmenden Partnerschaftsgesellschaften nahtlos das Ergebnis ebenfalls im Wege der Einnahmen-Überschuss-Rechnung iSd. § 4 Abs. 3 EStG zu ermitteln. Nur dadurch entfällt der Ansatz eines Übergangsgewinns iSd. EStR 4.6 bei der übertragenden Gesellschaft.

(7) Kapitalkonten, Privatkonten[64, 70]

a) Im Hinblick auf die für die steuerliche Buchwertfortführung notwendigen Kapitalkontenanpassungen in den Fortführungs-Eröffnungsbilanzen (bzw. -Einbringungsbilanzen) der übernehmenden Partnerschaften wird vereinbart, dass bereits in der Schlussbilanz die festen Kapitalkonten der Gesellschafter erfolgsneutral an die Summe der Nettobuchwerte (Aktiva ./. Verbindlichkeiten) der von den betreffenden Gesellschaftern übernommenen Teilpraxen anzupassen sind.
b) Die auf den Privatkonten ausgewiesenen Beträge (anteiliger Jahresgewinn für das Jahr 00 *[Jahr]*) werden als solche in den übernehmenden Rechtsträgern für diese fortgeführt.

(8) Steuerneutralität, Steuerlast[70, 75]

a) Die Gesellschafter verpflichten sich gegenseitig, keine Rechtsgeschäfte oder sonstige Handlungen vorzunehmen, welche die Steuerneutralität der Aufspaltung (rückwirkend) entfallen lässt. Insbesondere verpflichten sich die Gesellschafter, die gesetzlichen Vorgaben mit Bezug auf die Behaltefristen des § 16 Abs. 3 EStG einzuhalten. Soweit es nachträglich durch das Verhalten eines Gesellschafters für die hier vereinbarte Aufspaltung zu einem Anfallen von Steuern kommt, stellt dieser Gesellschafter die jeweils anderen von den anfallenden Steuern frei. Dies gilt entsprechend für weitere steuerliche Belastungen, die durch den vorstehend geregelten Ausgleich entstehen sollten. Steuerliche Vorteile sind bei dem Ausgleich zu berücksichtigen.

b) Im Übrigen trägt jeder Gesellschafter diejenigen auf Grund der Aufspaltung entstehenden Steuerschulden, die in seiner Person ausgelöst werden.

(9) Arbeitnehmer[65]

Für die Arbeitsverhältnisse der Arbeitnehmer der übertragenden Gesellschaft gilt § 613a BGB. Ein Betriebsrat existiert nicht.

Alle gemäß beiliegender Aufstellung A & B den Gesellschaftern A und B zuzuordnenden Mitarbeiter gehen auf die Teilpraxis A & B über, alle gemäß beiliegender Aufstellung C & D den Gesellschaftern C und D zuzuordnenden Mitarbeiter gehen auf die Teilpraxis C & D über. A & B und C & D treten gem. § 613a BGB mit allen Rechten und Pflichten und unter Anrechnung der bei der übertragenden Gesellschaft verbrachten Vordienstzeiten in die Arbeitsverhältnisse ein.

Die Arbeitnehmer können dem Übergang des Arbeitsverhältnisses nicht wirksam widersprechen, da die übertragende Gesellschaft mit dem Wirksamwerden der Aufspaltung erlischt.

(10) Umsatzsteuer

a) Die Parteien gehen davon aus, dass die hier vereinbarte Aufspaltung in Form der Übertragung von zwei gesondert geführten Betrieben (Teilbetrieben) als Geschäftsveräußerung im Ganzen gem. § 1 Abs. 1a UStG nicht steuerbar ist, weil jeweils ein in der Gliederung des Unternehmens gesondert geführter Betrieb im Ganzen an die übernehmenden Gesellschaften als Unternehmer für deren Unternehmen übereignet wird.
b) Für den Fall, dass die Aufspaltung abweichend von Buchst. a dennoch der Umsatzsteuer unterliegen sollte, ist die übertragende Gesellschaft verpflichtet, den übernehmenden Gesellschaften jeweils Rechnungen mit Ausweis der gesetzlichen Umsatzsteuer zu erteilen.
c) Die übernehmenden Gesellschaften treten gem. § 1 Abs. 1a Satz 3 UStG insbesondere für Zwecke der Berichtigung des Vorsteuerabzugs gem. § 15a Abs. 10 UStG für die jeweils von ihnen zu übernehmenden Gegenstände an die Stelle der aufgespaltenen Partnerschaftsgesellschaft. Für die zukünftig evtl. durchzuführenden Vorsteuerberichtigungen wegen geänderter Verwendungsverhältnisse werden folgende Angaben gemacht: ...... *[Angabe nach § 15a Abs. 10 Satz 2 UStG mit Bezeichnung der Wirtschaftsgüter und des Berichtigungszeitraums].*

§ 2 Gesellschafterbeschlüsse[66]

Die Erschienenen halten hiermit – unter Verzicht auf alle Formen und Fristen für die Einberufung und Abhaltung – eine Gesellschafterversammlung der übertragenden Gesellschaft ab und fassen einstimmig die folgenden Beschlüsse:

– Alle Gesellschafter verzichten auf die Erstattung eines Spaltungsberichts, einer Spaltungsprüfung und auf die Erstattung eines Prüfungsberichts.
– Dem Spaltungsplan gem. § 1 dieser Urkunde wird zugestimmt.
– Den im Spaltungsplan und in den Anlagen II.1 und II.2 enthaltenen Gesellschaftsverträgen der beiden durch die Spaltung entstehenden übernehmenden Gesellschaften wird zugestimmt.

Auf eine Klage gegen die Wirksamkeit der vorstehenden Beschlüsse wird ausdrücklich verzichtet.

§ 3 Kosten und Abschriften

Die mit dem Abschluss dieser Vereinbarung und deren Durchführung entstehenden Kosten (Notarkosten, einschließlich Kosten der Beratung, der Aufstellung der Schlussbilanz, der Anmeldung zum Partnerschaftsregister) tragen die übernehmenden Gesellschaften je zur Hälfte.

Von dieser Urkunde erhalten Ausfertigungen die Gesellschafter, die übertragende und die übernehmenden Gesellschaften sowie drei beglaubigte Abschriften das Amtsgericht …… (Registergericht).

Vorgelesen vom Notar samt Anlagen, von den Beteiligten genehmigt und eigenhändig unterschrieben:

……………………………………………

[Unterschriften]

C.2.2. Gesellschaftsvertrag der A & B Steuerberater Partnerschaft

1. Steuerberater A ……

2. Steuerberaterin B ……

haben die Absicht ihre Berufe auch nach Aufspaltung der ABCD Steuerberater Partnerschaft weiterhin gemeinschaftlich im Rahmen der hiermit entstehenden A & B Steuerberater Partnerschaft auszuüben. Sie schließen daher den nachstehenden

PARTNERSCHAFTSVERTRAG[80 f.]

§ 1 Name, Sitz, Rechtsform

(1) Der Name der Partnerschaft lautet

„A & B Steuerberater Partnerschaft"

(2) Sitz der Partnerschaft ist ……

(3) Die Gesellschaft ist eine Partnerschaft iSd. §§ 1 ff. PartGG.

§ 2 Gegenstand der Partnerschaft

(1) Gegenstand der Partnerschaft ist die gemeinschaftliche Berufsausübung der Partner jeweils in ihrer Eigenschaft als Steuerberater.

(2) Die Partnerschaft ist berechtigt, alle Geschäfte und Tätigkeiten vorzunehmen, welche den Gegenstand der Partnerschaft unmittelbar oder mittelbar zu fördern geeignet sind.

§ 3 Zusammenarbeit, Mandate

(1) Die Partner widmen ihre ganze Arbeitskraft der Partnerschaft und verpflichten sich untereinander, die dieser übertragenen Mandate mit der erforderlichen Sorgfalt zu bearbeiten.

(2) Alle Mandate gehen vorbehaltlich anderweitiger gesetzlicher oder berufsrechtlicher Regelungen an die Partnerschaft. Mandate in Straf- und Bußgeldsachen werden nur von dem jeweils beauftragten einzelnen Partner übernommen. Die Partner bringen ihre bisherigen Einzelmandate und Geschäftsbeziehungen in die Partnerschaft ein. Bei solchen Mandaten und Beziehungen, die wegen fehlender Einwilligung der Mandanten und Auftraggeber nicht auf die Partnerschaft übertragen werden können, bleiben die Vertragsverhältnisse bei dem betreffenden Partner. Für das Innenverhältnis gilt, dass die Abrechnung für Rechnung der Partnerschaft erfolgt. Entsprechen-

des gilt im Fall neuer Mandate, die entgegen obiger Regel nicht an die Partnerschaft gehen.

(3) Jeder Partner entscheidet über die Annahme und Ablehnung von Mandaten selbstständig. Bei der Annahme von Mandaten sind Interessenkollisionen, berufsrechtliche Grundsätze und Standesgrundsätze durch den jeweils annehmenden Partner zu prüfen. Bei Mandaten, die aus dem Rahmen der einvernehmlich festzulegenden Geschäftspolitik der Partnerschaft herausfallen, hat sich der jeweilige Partner mit dem anderen Partner über die Mandatsannahme zu beraten.

(4) Die Partner haben sich gegenseitig über alle neuen Mandate fortlaufend zu unterrichten und sich erforderlichenfalls im Rahmen einer vertrauensvollen und kollegialen Zusammenarbeit bei der Betreuung der Mandate gemeinsam zu beraten.

(5) Bei einer Kollision voneinander abweichenden standes- und berufsrechtlichen Regelungen gelten die jeweils strengeren Regelungen, die auch von den Partnern anzuwenden sind, für welche sie an sich nicht gelten.

§ 4 Vertretung, Geschäftsführung, Partnerschaftsbeschlüsse

(1) Im Außenverhältnis ist jeder Partner in allen Angelegenheiten der Partnerschaft allein vertretungsbefugt.

(2) Bei der Erbringung der jeweiligen freiberuflichen Leistungen steht jedem Partner Alleingeschäftsführungsbefugnis zu. Außerhalb dieses Bereiches ist jeder Partner nur bei Gefahr in Verzug alleingeschäftsführungsbefugt, ansonsten ist er gesamtgeschäftsführungsbefugt.

(3) Die Gesamtgeschäftsführungsbefugnis wird durch Partnerschaftsbeschlüsse ausgeübt. Bestimmte Geschäftsbereiche, Geschäfte oder Aufgaben können einzelnen oder mehreren Partnern durch Partnerschaftsbeschluss jeweils zur gemeinsamen oder alleinigen Geschäftsführung übertragen werden.

(4) Partnerschaftsbeschlüsse werden einstimmig gefasst. Partnerschaftsbeschlüsse unterliegen der Schriftform, soweit dies gesetzlich geboten oder in diesem Partnerschaftsvertrag ausdrücklich vereinbart ist. Im Übrigen können sie mündlich gefasst werden und sollen zu Dokumentationszwecken schriftlich protokolliert werden.

§ 5 Partner, Einlagen

(1) Partner sind

- A (...... *[Vornamen und Name]*), wohnhaft ......, der in der Partnerschaft den Beruf des Steuerberaters ausübt,
- B (...... *[Vornamen und Name]*), wohnhaft ......, die in der Partnerschaft den Beruf der Steuerberaterin ausübt,

(2) Die Partner führen die von der ABCD Steuerberater Partnerschaft betriebene Teilpraxis A & B hinsichtlich des durch Aufspaltung übernommenen Vermögens in dieser übernehmenden Partnerschaft fort.

(3) Nach Abschluss dieses Vertrages anzuschaffendes Inventar wird Gesamthandsvermögen der Partnerschaft. Inventargegenstände, die ein Partner nachweislich auf eigene Kosten anschafft, sind entsprechend zu kennzeichnen; diese Gegenstände bleiben im Eigentum des betreffenden Partners, der sie aber der Partnerschaft unentgeltlich zur Mitbenutzung überlässt.

(4) Für Kraftfahrzeuge, die von der Gesellschaft angeschafft und einem Gesellschafter zur privaten Nutzung überlassen werden, trifft die Gesellschaft mit dem betreffenden Gesellschafter eine Vereinbarung über das hierfür zu entrichtende Entgelt.

§ 6 Geschäftsjahr, Gewinnermittlung, Buchführung, Rechnungsabschluss

(1) Geschäftsjahr der Partnerschaft ist das Kalenderjahr. Für den Zeitraum ab Eintragung der Partnerschaft bis zum 31.12....... *[Datum]* wird ein Rumpfgeschäftsjahr gebildet.

(2) Die Gewinnermittlung erfolgt gem. § 4 Abs. 3 EStG. Die Partner können nur einstimmig beschließen, dass die Gewinnermittlung durch Vermögensvergleich (§ 4 Abs. 1 EStG) erfolgt. Die Änderung der Gewinnermittlung ist nur zu Beginn eines Geschäftsjahres zulässig.

(3) Die Einnahmen und Ausgaben der Partnerschaft sind in einer gesonderten Buchführung laufend aufzuzeichnen. Alle Belege sind nach Maßgabe der einschlägigen Vorschriften geordnet aufzubewahren.

(4) Innerhalb von drei Monaten nach Abschluss eines jeden Geschäftsjahres ist für das abgelaufene Geschäftsjahr ein Rechnungsabschluss zu erstellen, aus dem sich der Saldo zwischen den Einnahmen und Ausgaben (Überschuss oder Verlust) ergibt. Der Rechnungsabschluss ist durch Beschluss der Partnerschaft festzustellen. Mit der Feststellung wird der Rechnungsabschluss für die Vertragschließenden untereinander verbindlich.

(5) Die vorstehende Regelung gilt entsprechend, wenn die Gewinnermittlung durch Vermögensvergleich erfolgt.

§ 7 Partnerkonten

Neben dem in § 5 Abs. 2 Satz 2 bezeichneten Einlage-/Kapitalkonto wird für jeden Partner ein Partnerkonto eingerichtet, über welches sich der Zahlungsverkehr zwischen dem Partner und der Partnerschaft vollzieht. Guthaben auf dem Partnerkonto werden mit 2 Prozentpunkten p. a. über dem jeweiligen Basiszinssatz gemäß § 247 BGB verzinst, Schulden mit 3 Prozentpunkten p. a. über diesem.

§ 8 Einnahmen

(1) Alle Einnahmen aus der Berufstätigkeit der Partner sind Einnahmen der Partnerschaft. Dies gilt auch für Einnahmen aus einer Tätigkeit als Schiedsrichter, als Testamentsvollstrecker sowie aus der Mitgliedschaft in Aufsichts-, Beiräten oder ähnlichen Einrichtungen. Gehen Zahlungen, welche die Partnerschaft betreffen, auf ein Konto eines Partners ein, so hat er sie unverzüglich auf eines der Konten der Partnerschaft zu überweisen.

(2) Zu den Betriebseinnahmen gehören nicht die Einkünfte aus schriftstellerischer oder vortragender Tätigkeit. Soweit solche Einkünfte auf dem Konto der Partnerschaft eingehen, sind sie unverzüglich auf ein privates Konto des betreffenden Partners weiterzuleiten. Durch Partnerbeschluss kann eine angemessene Anrechnung auf den Überschussanteil erfolgen, wenn der betreffende Partner die Tätigkeit iSd. Satzes 1 zu einem erheblichen Teil während der üblichen Arbeitszeit und mit Arbeitsmitteln der Partnerschaft verrichtet hat.

§ 9 Ausgaben

(1) Die durch den Betrieb der Partnerschaft veranlassten Ausgaben sind Betriebsausgaben der Partnerschaft.

(2) Zu den Betriebsausgaben der Partnerschaft gehören nicht Ausgaben, die zwar der einzelne Partner für zweckmäßig hält, die aber nicht sämtlichen Partnern zugute kommen, sowie die Umsatzsteuer auf Einkünfte, welche einem Partner allein zustehen.

(3) Reisekosten sind Betriebsausgaben. Sie werden nach Wahl der Partner mit den effektiven Aufwendungen oder den steuerlich ohne Nachweis zulässigen Sätzen abgerechnet. Bei Bahnfahrten kann die erste Wagenklasse benutzt werden; bei Flugreisen grundsätzlich die Economy-Klasse, sofern eine höhere Klasse gegenüber dem betreffenden Mandanten nicht abgerechnet werden kann.

(4) Bewirtungsspesen, die im Verkehr mit Mandanten oder Berufskollegen oder anlässlich von Tagungen entstehen, sind Betriebsausgaben.

(5) Die Kosten der beruflichen Fortbildung sind im angemessenen Umfang Betriebsausgaben. Die Einzelheiten werden durch Partnerbeschluss geregelt.

(6) Beim Nachweis der Aufwendungen, haben die betreffenden Partner dafür Sorge zu tragen, dass der Nachweis alle Angaben enthält, die nach den jeweils anwendbaren steuerlichen Vorschriften für den Betriebsausgaben- bzw. Vorsteuerabzug erforderlich sind.

§ 10 Haftpflichtversicherung, Haftung, Ausgleich im Innenverhältnis

(1) Für alle Partner und Mitarbeiter, die Berufsträger sind, werden von der Partnerschaft Berufshaftpflichtversicherungen mit Deckungssummen von ...... EUR, abgeschlossen. Die Angemessenheit der Deckungssummen wird von den Partnern jährlich überprüft.

(2) Die mit der Bearbeitung eines Mandats befassten Partner haben dafür Sorge zu tragen, dass Umfang und Inhalt ihrer Bearbeitungsbeiträge in der Handakte hinreichend dokumentiert sind, so dass eine über das Partnerschaftsvermögen hinausgehende persönliche Haftung der Partner, die nicht iSd. § 8 Abs. 2 PartGG mit der Bearbeitung des Mandats befasst waren, ausgeschlossen ist.

(3) Dem jeweils verantwortlichen Partner iSd. § 8 Abs. 2 PartGG obliegt es, namens der Partnerschaft eine Haftungsbeschränkungs- und -begrenzungsvereinbarung nach den jeweiligen berufsrechtlichen Vorgaben mit dem Mandanten zu schließen. Bei der erkennbaren Möglichkeit, dass das potentielle Schadensrisiko die Deckungssumme des Versicherungsschutzes überschreiten könnte, sind sie hierzu verpflichtet.

(4) Soweit kein Versicherungsschutz besteht, sind Schadensersatzleistungen bei leichter Fahrlässigkeit im Innenverhältnis als Betriebsausgaben der Partnerschaft zu behandeln. Bei mittlerer Fahrlässigkeit werden sie zur Hälfte als Betriebsausgaben von der Partnerschaft und im Übrigen von den jeweiligen verantwortlichen Partnern übernommen. Soweit die Partnerschaft nach vorstehenden Regelungen die Schadensersatzleistungen im Innenverhältnis übernimmt, ist die Haftung im Innenverhältnis auf das Partnerschaftsvermögen beschränkt. Schäden auf Grund von grober Fahrlässigkeit oder Vorsatz sind im Innenverhältnis von dem verursachenden Partner allein zu tragen.

§ 11 Beteiligung am Vermögen sowie am Gewinn und Verlust, Entnahmen

(1) Die Beteiligung am Vermögen der Partnerschaft entspricht der Beteiligung am Gewinn und Verlust.

(2) Die Gewinnanteile der Partner sind von Geschäftsjahr zu Geschäftsjahr variabel. Der jeweilige Gewinnanteil wird auf Basis eines Punktesystems ermittelt und entspricht dem Anteil der persönlichen Punktzahl eines Partners an der Gesamtzahl der vergebenen Punkte. Die persönliche Punktzahl eines Partners ermittelt sich wie folgt:

a) Jeweils 30 Punkte pauschal vorab.
b) A 4 Punkte und B 2 Punkte.
c) Jeweils 2 Punkte für jedes Kalenderjahr der Berufsausübung des in der Partnerschaft registrierten freien Berufs. Maximal können hierdurch 30 Punkte pro Partner zusätzlich erreicht werden. Bei Doppelzulassungen in verschiedenen Berufen zäh-

len die Punkte der jeweils längeren Zulassungszeit. Die Punkte für das erste Zulassungsjahr werden anteilig auf das jeweilige Kalenderjahr ermittelt.

d) Jeweils 4 Punkte für jede berufspezifische Zusatzqualifikation, die zur Führung eines Titels, einer Fachanwaltsbezeichnung oder Ähnlichem führt.

e) Jeweils 4 Punkte für die Übernahme der Verantwortung in den internen Bereichen Abrechnungswesen, Personal, ...

f) Jeweils 2 Punkte pro angefangene 10000.– EUR persönlich abgearbeiteten Umsatzes ab einem persönlich abgearbeiteten Jahresumsatz von ......

(3) Für den Fall, dass ein Geschäftsjahr mit einem Verlust abschließt, bemessen sich die jeweiligen Verlustanteile entsprechend Abs. 1 unter Außerachtlassung der Punkte gemäß Abs. 2 Buchst. e und f.

(4) Die Partner beschließen zu Beginn eines jeden Geschäftsjahres, welche Beträge jeder Partner unter Anrechnung auf seinen Gewinnanteil monatlich entnehmen kann (Monatsentnahme).

§ 12 Urlaub

Jedem Partner steht ein Jahresurlaub von 30 Arbeitstagen zu. Während des Urlaubs vertreten sich die Partner gegenseitig, soweit sie auf Grund ihrer berufsrechtlichen Zulassung hierzu berechtigt sind; falls im Übrigen die Terminslage keine andere Lösung zulässt, wird ein externer Vertreter bestellt.

§ 13 Krankheit

(1) Wenn im Fall von Krankheit die Arbeitskraft eines Partners ausfällt, bleibt seine Gewinnbeteiligung gemäß § 11 Abs. 2 für folgende Zeiträume unverändert:

a) Bei einer Partnerschaftszugehörigkeit bis zu zehn Jahren auf die Dauer von drei Monaten;

b) bei einer Partnerschaftszugehörigkeit über zehn Jahre auf die Dauer von sechs Monaten.

(2) Anschließend können die übrigen Partner durch Partnerbeschluss wahlweise die Gewinnbeteiligung des Ausgefallenen nach billigem Ermessen für die Restdauer des Ausfalles reduzieren oder eine Ersatzkraft unter Anrechnung auf den Gewinnanteil des Ausgefallenen beschäftigen.

(3) Für die Vertretung des erkrankten Partners gilt § 12 entsprechend.

§ 14 Schwangerschaft und Elternzeit

(1) Im Falle der Schwangerschaft ist eine Partnerin berechtigt, sechs Wochen vor dem errechneten Datum der Entbindung und acht Wochen nach der Entbindung ihre Tätigkeit für die Partnerschaft zu unterbrechen. Ihren Anspruch auf Gewinnbeteiligung gemäß § 11 Abs. 1 behält sie voll.

(2) Eltern können Elternzeit bis zur Vollendung des dritten Lebensjahres eines Kindes in sinngemäßer Anwendung des § 15 BEEG geltend machen. Der Anspruch auf Gewinnbeteiligung und Gewinnvoraus gem. § 15 ruht für die Zeit der Unterbrechung.

§ 15 Dauer der Partnerschaft, Kündigung

(1) Die Dauer der Partnerschaft ist unbestimmt. Die Partnerschaft beginnt mit ihrer Eintragung im Partnerschaftsregister.

(2) Jeder Partner kann durch gemeinsamen Beschluss aller übrigen Partner mit einer Frist von zwölf Monaten zum Ende eines Kalenderjahres aus sachlichem Grund und mit vorheriger Gelegenheit zur Anhörung von der Partnerschaft ausgeschlossen werden.

(3) Liegt in der Person eines Partners ein wichtiger Grund vor, so kann er, nachdem ihm zuvor Gelegenheit zur Stellungnahme gegeben worden ist, durch gemeinsamen schriftlichen und einstimmigen Beschluss aller übrigen Partner fristlos ausgeschlossen werden.

(4) Die ordentliche Kündigung des Partnerschaftsverhältnisses durch einen Partner ist unter Einhaltung einer Frist von 12 Monaten bis zum Ende eines Kalenderjahres – vorbehaltlich des Rechts zur fristlosen Kündigung aus wichtigem Grund – gegenüber den übrigen Partnern möglich.

(5) Jedweder Ausschluss eines Partners und jedwede Kündigung gegenüber allen Partnern hat schriftlich zu erfolgen.

§ 16 Ausscheiden, Abfindung

(1) Ein Partner, der gekündigt hat oder der ausgeschlossen wurde, scheidet mit Wirksamkeit der Kündigung oder des Ausschlusses aus der Partnerschaft aus. Entsprechendes gilt bei der Kündigung durch einen Privatgläubiger eines Partners.

(2) Bei dauernder Berufsunfähigkeit iSd. jeweiligen berufsrechtlichen Regelungen scheidet der Partner spätestens mit Erlass des Rentenbescheids oder mit Verlust der berufsrechtlichen Zulassung aus. Entsprechendes gilt für den Fall des Verlustes der berufsrechtlichen Zulassung aus anderen Gründen.

(3) Hat ein Partner das 62. Lebensjahr vollendet, so kann er im Einvernehmen mit den übrigen Partnern unter angemessener Anpassung seines Gewinnanteils seine Tätigkeit in der Partnerschaft einschränken. Zum Ende des gesetzlichen Rentenalters haben jeweils der betroffene Partner oder die Gesamtheit der übrigen Partner ein Sonderkündigungsrecht, das unter Einhaltung einer Frist von 6 Monaten ausgeübt werden kann. Mit Vollendung des 70. Lebensjahrs scheidet der Partner aus, es sei denn, es wird mit seiner Zustimmung durch Partnerschaftsbeschluss eine andere Regelung getroffen.

(4) Wird über das Vermögen eines Partners ein Insolvenzverfahren eröffnet, so scheidet er aus der Partnerschaft aus, es sei denn mit den übrigen Partnern wird eine anderweitige Vereinbarung getroffen.

(5) Die Beteiligung an der Partnerschaft ist nicht vererblich.

(6) Scheidet ein Partner nach obigen Bestimmungen oder wegen Todes aus der Partnerschaft aus, so hat dies auf den Bestand der Partnerschaft keinen Einfluss.

(7) Ausgeschiedene Partner bzw. deren Erben haben einen Abfindungsanspruch in Höhe des ihnen nach den steuerlichen Vorschriften zuzurechnenden anteiligen Verkehrswertes des Betriebsvermögens.

§ 17 Namensfortführung

Die Partner gestatten einander, ihre Namen über ihr evtl. Ausscheiden aus der Partnerschaft hinaus in dem Namen der Partnerschaft fortzuführen. Die jeweils betroffenen Partner können der Namensfortführung im Einzelfall aus wichtigem Grund widersprechen. Ein wichtiger Grund ist insbesondere eine anderweitige Tätigkeit des Ausgeschiedenen auf seinem freiberuflichen Gebiet. In der Darstellung der Partnerschaft nach Außen ist auf den Briefbögen, Broschüren u. ä. der Partnerschaft kenntlich zu machen, dass der betreffende Partner ausgeschieden ist.

§ 18 Anteilsübertragung

Die Übertragung der Beteiligung an der Partnerschaft ist mit Zustimmung aller Partner zulässig, sofern berufsrechtliche Bestimmungen nicht entgegenstehen. Sie kann nur auf solche Personen übertragen werden, welche Partner im Sinne von § 1 Abs. 1 und Abs. 2 PartGG sein können.

§ 19 Schiedsgericht

Alle Streitigkeiten aus diesem Vertrag sollen unter Ausschluss des ordentlichen Rechtsweges von einem Schiedsgericht endgültig entschieden werden. Die Schiedsvereinbarung wird in gesonderter Urkunde vereinbart, die diesem Vertrag als Anlage beigegeben ist.

§ 20 Schriftform

Änderungen dieses Vertrages bedürfen zu ihrer Wirksamkeit der Schriftform. Auch wiederholte Verstöße gegen diese Bestimmungen beseitigen nicht das Schriftformerfordernis.

§ 21 Teilnichtigkeit

Sollte eine Bestimmung dieses Vertrages nichtig, anfechtbar oder unwirksam sein, so soll die Wirksamkeit der übrigen Bestimmungen hiervon nicht berührt werden. Die angreifbare Bestimmung ist vielmehr durch eine wirksame zu ersetzen und/oder so auszulegen, dass der mit ihr erstrebte wirtschaftliche und/oder ideelle Zweck nach Möglichkeit erreicht wird.

Registeranmeldungen

C.2.3. Neuanmeldung der übernehmenden Partnerschaften beim Registergericht[85 f.]

An das
Amtsgericht …… *[Ort]*
– Registergericht –

Partnerschaftsregister: Neugründung der
- **A & B Steuerberater Partnerschaft, mit Sitz in …… *[Ort]* und**
- **C & D Steuerberater Partnerschaft, mit Sitz in …… *[Ort]***

Die ABCD Steuerberater Partnerschaft, mit Sitz in …… *[Ort],* eingetragen im Partnerschaftsregister unter Nr. …… beim Amtsgericht …… *[Ort],* vertreten durch ihre sämtlichen Gesellschafter, überreicht in der Anlage die beglaubigte Abschrift der notariellen Urkunde des Notars …… in …… vom ……, URNr. …… enthaltend den Spaltungsplan und Beschluss mit Verzichtserklärungen nach §§ 125, 8 Abs. 3, § 9 Abs. 3 und § 12 Abs. 3 UmwG. Die Schlussbilanz der übertragenden Gesellschaft wurde zum Partnerschaftsregister Nr. PR …… bei Ihnen eingereicht.

Wir erklären, dass bei der übertragenden Gesellschaft kein Betriebsrat besteht.

Wir melden die neu errichteten Gesellschaften zur Eintragung in das Partnerschaftsregister wie folgt an: Unter Anwendung des UmwG wurde die übertragende Gesellschaft ABCD Steuerberater Partnerschaft aufgespalten und ihr Vermögen wie folgt auf die neu errichteten Gesellschaften übertragen:
- **Der von den Partnern A und B geführte Geschäftsbetrieb auf die A & B Steuerberater Partnerschaft.**
- **Der von den Partnern C und D geführte Geschäftsbetrieb auf die C & D Steuerberater Partnerschaft.**

Die neu errichteten Partnerschaftsgesellschaften haben jeweils zum Gegenstand die gemeinsame Berufsausübung der Partner in ihrer Eigenschaft als Steuerberater.

Die Namen der Gesellschaften und der Gesellschafter lauten:

- A & B Steuerberater Partnerschaft: mit Herrn A *[Vor- und Zuname]*, geb. am ...... *[Datum]*, Steuerberater, wohnhaft in ...... *[Ort]* und Frau B *[Vor- und Zuname]*, geb. am ...... *[Datum]*, Steuerberaterin, wohnhaft in ...... *[Ort]*,
- C & D Steuerberater Partnerschaft: mit Herrn C *[Vor- und Zuname]*, geb. am ...... *[Datum]*, Steuerberater, wohnhaft in ...... *[Ort]* und Frau D *[Vor- und Zuname]*, geb. am ...... *[Datum]*, Steuerberaterin, wohnhaft in ...... *[Ort]*.

Die Partner sind jeweils einzeln vertretungsberechtigt.

Die Gesellschaften beginnen im Innenverhältnis mit Wirkung zum 1.1.01 *[Datum]*, im Außenverhältnis mit ihrer Eintragung im Partnerschaftsregister. Beide Gesellschaften haben ihren Sitz in ...... *[Ort]*. Die Geschäftsräume befinden sich
- für die A & B Steuerberater Partnerschaft in ...... *[Adresse]* und
- für die C & D Steuerberater Partnerschaft in ...... *[Adresse]*.

Der Anmeldung sind öffentlich beglaubigte Abschriften der Urkunden über die Zulassung der jeweiligen Partner als Steuerberater beigefügt. Die zuständige Steuerberaterkammer ist: ...... *[Adresse]*.

Wir erklären gem. §§ 125, 16 Abs. 2 Satz 2 HS 1 UmwG unter Bezug auf die im Spaltungsbeschluss abgegebenen Verzichtserklärungen sämtlicher Gesellschafter der übertragenden Gesellschaft, dass eine Klage gegen die Wirksamkeit ausgeschlossen ist und daher eine Negativerklärung nach § 16 Abs. 2 Satz 1 UmwG entbehrlich ist.

....	....	....	....
[Unterschrift A]	*[Unterschrift B]*	*[Unterschrift C]*	*[Unterschrift D]*

....

[Beglaubigungsvermerk]

C.2.4. Anmeldung der Aufspaltung beim Registergericht[85 f.]

An das
Amtsgericht ...... *[Ort]*
– Registergericht –

PR Nr. ...... ABCD Steuerberater Partnerschaft mit Sitz in ...... *[Ort]*
Hier: Anmeldung der Aufspaltung

Die ABCD Steuerberater Partnerschaft mit Sitz in ...... *[Ort]* und den Geschäftsräumen in ...... *[Adresse]* als übertragende Gesellschaft, vertreten durch ihre sämtlichen Partner, überreicht:
- beglaubigte Abschrift der notariellen Urkunde des Notars ...... in ...... vom ......, URNr. ......, enthaltend den Spaltungsplan und -beschluss mit Verzichtserklärungen nach §§ 125, 8 Abs. 3, § 9 Abs. 3 und § 12 Abs. 3 UmwG;
- die Schlussbilanz der ABCD Steuerberater Partnerschaft zum 31.12.00 *[Datum]*.

Wir erklären gem. §§ 125, 16 Abs. 2 Satz 2 HS 1 UmwG unter Bezug auf die im Spaltungsbeschluss abgegebenen Verzichtserklärungen sämtlicher Gesellschafter der übertragenden Gesellschaft, dass eine Klage gegen die Wirksamkeit ausgeschlossen ist und daher eine Negativerklärung nach § 16 Abs. 2 Satz 1 UmwG entbehrlich ist.

Wir erklären, dass bei der übertragenden Gesellschaft kein Betriebsrat besteht.

Zur Eintragung in das Partnerschaftsregister melden wir an:

Unter Anwendung des UmwG wurde die übertragende Gesellschaft ABCD Steuerberater Partnerschaft unter Auflösung aufgespalten und ihr Vermögen als Ganzes ohne Abwicklung gem. § 123 Abs. 1 Nr. 2, §§ 123 ff., 131 Abs. 1 Nr. 1, §§ 135 ff. UmwG nach Maßgabe des eingereichten Spaltungsplans wie folgt auf die neu errichteten Gesellschaften übertragen:

- **Der von den Partnern A und B geführte Geschäftsbetrieb auf die A & B Steuerberater Partnerschaft.**
- **Der von den Partnern C und D geführte Geschäftsbetrieb auf die C & D Steuerberater Partnerschaft.**

Die übertragende Gesellschaft ist damit erloschen. Sämtliche Bücher und Schriften der erloschenen Partnerschaft werden von der A & B Steuerberater Partnerschaft verwahrt.

Nach Vollzug bitten wir um Eintragungsnachricht an die Gesellschaft und an den beglaubigenden Notar sowie um die Übermittlung je eines beglaubigten Auszuges aus dem Partnerschaftsregister an die Vorgenannten.

....	....	....	....
[Unterschrift A]	***[Unterschrift B]***	***[Unterschrift C]***	***[Unterschrift D]***

....

[Beglaubigungsvermerk]

B. Grundsätzliche Anmerkungen

I. Sachverhalt

1 Das Formular geht von folgendem Sachverhalt aus: A, B, C und D, die sich zur Berufsausübung zu einer „einfachen" Partnerschaftsgesellschaft (ohne Anerkennung als „Steuerberatungsgesellschaft" und ohne Beschränkung der Berufshaftung „mbB"), der ABCD Steuerberater Partnerschaft, zusammengeschlossen hatten, beabsichtigen sich zu trennen. Hierfür soll die gemeinsame Gesellschaft im Wege einer wirtschaftlichen Realteilung derart aufgeteilt werden, dass die bislang von A und B betreuten Mandanten (Teilpraxis 1) sowie die von C und D betreuten Mandanten (Teilpraxis 2) auf zwei dadurch neu gegründete einfache Partnerschaftsgesellschaften, die A & B Steuerberater Partnerschaft mit A und B als Partner sowie der C & D Steuerberater Partnerschaft mit C und D als Partner, übertragen werden. Der Sachverhalt stellt sich grafisch wie folgt dar:

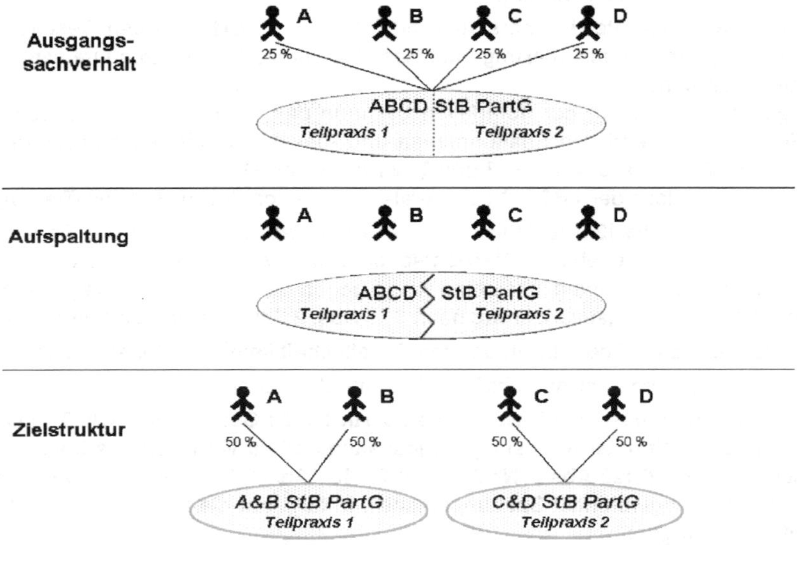

II. Wirtschaftliches Vertragsziel

Ziel der Realteilung ist die **Beendigung einer Partnerschaftsgesellschaft** unter Zuteilung jeweils bestimmter Vermögensgegenstände (aktiv und passiv) und Vertragsverhältnisse (zB Mandanten und Mitarbeiter) auf bestimmte Partner (zur Auseinandersetzung der Gesellschafter), die das wirtschaftliche Engagement der bisherigen PartG getrennt, in der Regel als Einzelunternehmen bzw. im Fall des Formulars als Freiberufler iSd. § 18 EStG aber jeweils zu Zweien verbunden in damit neu errichteten PartG, fortführen. Dies wird sich insb. dann anbieten, wenn das Unternehmen der PartG so strukturiert ist, dass die einzelnen Mandate und Mitarbeiter jeweils den betreffenden diese bearbeitenden Partnern zugewiesen sind und von diesen betreut werden (als „Teilpraxen" bzw. steuerlich **quasi „Teilbetriebe"**), so dass die einzelnen Partner bei einer Trennung diese unverändert unter ihrem eigenen Namen fortführen können und wollen; als praktische Verfeinerung könnten die Partner auch ein sog. „Vieraugen-Prinzip" („peer-review"/Doppel-Unterschrift) derart vereinbart haben, dass jeweils zwei Partner gemeinsam für ein Mandat verantwortlich zeichnen und damit mit den diesem Mandat zugeordneten Mitarbeitern ein Team bilden. 2

Steuerlich wird die Gestaltung in diesen Fällen regelmäßig als Realteilung (Auseinandersetzung in Natura mit Buchwertfortführung) vorgenommen, um die ansonsten eintretende steuerpflichtige **Gewinnrealisierung auf Grund Betriebsaufgabe** durch die PartG **zu vermeiden** (→ Form. C.1 Rn. 23ff.). **Zivilrechtlich** erfolgt die Realteilung idR als Einzelrechtsnachfolge durch Aufteilung des Gesellschaftsvermögen auf die **einzelnen** Gesellschafter (→ Form. C.1 Rn. 7ff.; *Sterzinger* NJW 2011, 3057). Eine derartige Realteilung unter Auflösung der PartG (ohne Abwicklung) würde aber im Ausgangsfall einer PartG aus vier Partnern zu folgenden **Nachteilen** führen: 3
- Jeder der vier Partner würde zunächst eine eigene StB-Praxis zu eröffnen und zu führen haben.
- Die Mandanten und Mitarbeiter müssten auf die vier Partner aufgeteilt werden; die Zustimmung der Mandanten und der Mitarbeiter müsste hierzu jeweils einzeln eingeholt werden.
- Die Überführung des Vermögens, der Rechte (zB Software und dergleichen) und evtl. Verbindlichkeiten müsste im Wege der Einzelrechtsnachfolge erfolgen; für die Übertragung von Verbindlichkeiten wäre darüber hinaus die Zustimmung der Gläubiger notwendig.

Alternativ könnten **weitere Umweggestaltungen** in Frage kommen (diese sind in Literatur idR nur **für Personenhandelsgesellschaften** – aber nicht für PartG –, diskutiert worden; vgl. *Carlé/Bauschatz* KÖSDI 2002, 13133, 13139ff. Rn. 29ff.; *Korn* KÖSDI 2017, 20357, 20369ff.); so zB: 4

(1) Vorherige **Einbringung der Mitunternehmeranteile in neue Mitunternehmerschaften** unter Anwendung von § 24 UmwStG (vgl. *Carlé/Bauschatz* KÖSDI 2002, 13133, 13139f. Rn. 29a) mit anschließender Aufspaltung auf die Zielgesellschaften (sog. Teilverschmelzungen auf Gesellschafter); abgelehnt bei Einzelübertragung (Naturalteilung statt Aufspaltung) in FG Düsseldorf v. 9.2.2012, 3 K 1348/10, DStRE 2012, 546 (s. dazu *Niehus/Wilke* FR 2012, 1093), aber nunmehr zugelassen in BFH v. 16.12.2015 IV R 8/12, BStBl. II 2017, 766 gegen Gesamtplan; in BMF v. 19.12.2018, BStBl. I 2019, 6 Tz. 7 nunmehr anerkannt (vgl. *Demuth* KÖSDI 2019, 21402, Rn. 12).

(2) Vorherige **Ausgliederung der Teil-Geschäftsbereiche in Tochter-GmbH & Co. KGs** (vgl. *Carlé/Bauschatz* KÖSDI 2002, 13133, 13140 Rn. 29b) mit anschließender Realteilung der Ausgangsgesellschaft unter Übertragung der Mitunternehmeranteile an den beiden Nachfolgegesellschaften auf die Gesellschafter.

(3) Vorherige **Überführung der beiden Teil-Geschäftsbetriebe in das jeweilige Sonderbetriebsvermögen** der Gesellschafter (vgl. *Carlé/Bauschatz* KÖSDI 2002, 1313, 13140 Rn. 29c) mit anschließender Übertragung des Sonderbetriebsvermögens in neue Mitunternehmerschaften.

5 **Zu (1) und (2):** Die Einbringung der Mitunternehmeranteile an einer PartG in eine andere PartG (s. (1)) und die Ausgliederung von zwei Teil-Praxen in zwei Tochter PartG (s. (2)) scheitern beide gesellschaftsrechtlich daran, **dass nur Berufsträger unmittelbar Partner einer PartG** werden dürfen (§ 1 Abs. 1 Satz 2 PartGG).

6 **Zu (3):** Die vorherige **Überführung in die jeweiligen Sonderbetriebsvermögen** ist **„künstlich"** und schwierig; die o.g. Nachteile zur Vollauflösung der PartG (→ Rn. 3) gelten entsprechend.

7 Vorteil der hier vorgeschlagenen **Aufspaltung** der Ausgangs-PartG auf zwei dadurch errichtete Nachfolge-PartG ist die partielle (Teil-)Gesamtrechtsnachfolge; diese Technik vermeidet sämtliche vorstehenden Nachteile. Allerdings ist nach einigen Stimmen in der Literatur (vgl. *Carlé/Bauschatz* KÖSDI 2002, 13133, 13139ff. Rn. 29ff.) noch **nicht abschließend geklärt,** ob dies **steuerlich neutral** möglich ist; In BMF v. 19.12.2018, BStBl. I 2019, 6 **(„Realteilungs-Erlass")** ist nicht eindeutig: Dort ist nach Abschnitt IV.1 Abs. 1 (Tz. 12) Sätze 6 und 7 mE nur die Übertragung in bereits bestehende Schwester-Mitunternehmerschaften ausgeschlossen, nicht jedoch die hier vorgesehene Aufspaltung auf dadurch erst errichtete Nachfolge-PartG (glA Schmidt/*Wacker* § 16 EStG Rn. 546 „eigene Stellungnahme" mwN; HHR/*Niehus/Wilke* § 6 EStG Rn. 1531 bei Personen- und Beteiligungsidentität; *Schell* BB 2006, 1026, 1027 unter IV; Blümich/*Schallmoser* § 16 EStG Rn. 404 in Abgrenzung zu § 6 Abs. 5 EStG; **aA** *Heß* DStR 2006, 777, 779 re.Sp.unten). Allerdings ist auch die BFH-Rspr. zu § 6 Abs. 5 EStG widersprüchlich (**Dissens zwischen I. und IV. Senat:** zwischen BFH v. 25.11.2009, I R 72/08, BStBl. II 2010, 471 zweiter Leitsatz gegen BFH v. 15.4.2010, IV B 105/09, BStBl. II 2010, 971, DStR 2010, 1070 mit Anm. *Wittwer,* dazu Nichtanwendungserlass BMF v. 29.10.2010, BStBl. I 2010, 1206 und BMF v. 8.12.2011, BStBl. I 2011, 1279 Tz. 18), welcher auf die Lösung durch eine Entscheidung des BVerfG (2 BvL 8/13) wartet (BFH v. 10.4.2013, I R 80/12, DStR 2013, 2158). Darüber hinaus ist mE der Gesamtvorgang unter **direkter Anwendung von § 24 UmwStG neutral** zu behandeln, s. dazu HHR/*Kulosa* EStG § 16 Rn. 548; WM/*Pupeter* Anh. 10 Rn. 1872ff.; → Rn. 23 und → Rn. 28; glA bei Teilbetrieben *Heß* DStR 2006, 777, 779 re.Sp.unten; *Stahl* DStZ 2006, 548, 552). Wegen dieser Unsicherheiten wird daher dringend die vorherige Einholung einer **verbindlichen Auskunft** beim zuständigen Finanzamt empfohlen. Wird diese verweigert, lässt sich das gewünschte Ergebnis nur durch ein **zweistufiges Vorgehen** jeweils im Wege von Einzelrechtsnachfolgen erreichen, zB:

1. **Stufe:** Realteilung der PartG mit Zuweisung aller Wirtschaftsgüter und Rechte an die vier Partner zur Bildung und Fortführung von vier Einzelpraxen (neutral gem. § 16 Abs. 3 Satz 2 EStG; hierzu → Form. C. 1.1).
2. **Stufe:** Einbringung von jeweils zwei Einzelpraxen in PartG (Sachgründung) unter Buchwert-Fortführung gem. § 24 UmwStG bzw. § 6 Abs. 5 Satz 3 EStG. Die Einbringung unter Buchwert-Fortführung ist keine schädliche Veräußerung iSd. § 16 Abs. 3 Satz 3 EStG (vgl. *Engl* DStR 2002, 119; Schmidt/*Wacker* § 16 EStG Rn. 552; **aA aber** Realteilungs-Erlass BMF v. 19.12.2018, BStBl. I 2019, 6 Tz. 26, was aber bei Vorliegen der Voraussetzungen für Teilbetriebe unschädlich ist).

8 Das (mit dem Formular gerade nicht angestrebte) Ziel, das bisher in einer PartG geführte gemeinsame wirtschaftliche Engagement zukünftig getrennt, jeweils **als Einzelpraxen** durch die bisherigen Gesellschafter fortzuführen, lässt sich dagegen auch unter Geltung des UmwG nicht nach der Technik der Aufspaltung iSv. § 123 Abs. 1 UmwG auf die vier Gesellschafter direkt als übernehmende Rechtsträger erreichen,

weil natürliche Personen als übernehmende Rechtsträger nach dem Katalog des § 3 Abs. 1 UmwG, der gem. § 124 UmwG auch für die Aufspaltung maßgebend ist, nicht zugelassen sind.

einstweilen frei **9, 10**

III. Zivil-, Handels- und Gesellschaftsrecht

1. Partnerschaftsgesellschaften

Eine PartG steht ausschließlich sog. **freien Berufen** offen; geeignete Berufsgruppen aus nicht abschließendem Katalog (§ 1 Abs. 1 Satz 1 und Abs. 2 Satz 2 PartGG; vgl. iE MünchKomm/*Schäfer* PartGG § 1 Rn. 40 ff.; Beck PersGes-HB/*Lochmann* § 20 Rn. 1 ff., 11; FormB RS/*Hund-von Hagen* A. 11.00 Rn. 3 ff. mwN) sind, zB: **11**
- Heilberufe: zB Ärzte (einschl. Zahnärzte, Tierärzte), Apotheker, Heilpraktiker, Krankengymnasten, Hebammen, Heilmasseure, Dipl. Psychologen;
- Berater-Berufe: zB Mitglieder der Rechtsanwaltskammern, Patentanwälte, Wirtschaftsprüfer, vereidigte Buchprüfer und -revisoren, Steuerberater und -bevollmächtigte;
- beratende Volks- und Betriebswirte, Ingenieure, Architekten, Handelsberichterstatter;
- Dolmetscher, Übersetzer und ähnliche Berufe.

Soweit berufsrechtlich zulässig, sind auch Kombination freier Berufe innerhalb einer PartG, zB RA, WP, StB, Anwaltsnotare (bzgl. Anwaltstätigkeit) möglich (§ 1 Abs. 3 PartGG iVm. Berufsordnungen; vgl. Beck PersGes-HB/*Lochmann* § 20 Rn. 9; FormB RS/*Hund-von Hagen* A. 11.00 Rn. 4 mwN). **12**

2. Aufspaltung nach § 123 UmwG

Eine PartG kann sowohl **übertragender als auch übernehmender Rechtsträger** sein (§ 3 Abs. 1 Nr. 1 iVm. § 124 UmwG; Beck PersGes-HB/*Wiesniewski/Bärwaldt* § 10 Rn. 434). **13**

Die Aufspaltung einer PartG auf zwei dadurch errichtete PartG bewirkt die **Auflösung** (ohne Abwicklung) der Ausgangs-PartG und den **Übergang** ihrer sämtlichen Vermögenspositionen (aktiv und passiv, → Rn. 15) im Wege der partiellen Gesamtrechtsnachfolge (→ Rn. 16) auf die Nachfolge-PartG (iE → Form. B.1 Rn. 10 und → Form. B.1 Rn. 22). **14**

Zur Zuordnung des zu übertragenden Vermögens und der Vertragsverhältnisse der Ausgangs-PartG sind – da sich vor allem die immateriellen Mandatsverhältnisse in einer Bilanz nicht widerspiegeln – wie bei einer Einzelübertragung sämtliche Vermögensgegenstände, Vertragsverhältnisse, Verbindlichkeiten usw. unter Beachtung des sachenrechtlichen Bestimmtheitsgrundsatzes aufzuführen. Dies bedeutet, dass jeder einzelne Vermögensgegenstand und jedes Vertragsverhältnis genau erfasst werden müssen. **15**

Das Vermögen geht im Wege der **partiellen Gesamtrechtsnachfolge** auf die beiden Nachfolgegesellschaften über (§ 131 Abs. 1 Nr. 1 UmwG); bzgl. der zum Stichtag begründeten Verbindlichkeiten greift allerdings eine gesamtschuldnerische Haftung gem. § 133 Abs. 1 UmwG für fünf Jahre ein. **16**

Um eine **Trennung der Gesellschafterstämme** zu erreichen, muss die Spaltung aber nicht verhältniswahrend vereinbart werden; ansonsten wären nämlich an den beiden Nachfolgegesellschaften wiederum alle vier Gesellschafter zu je einem Viertel beteiligt. Daher ist es geboten, in dem Spaltungsplan die Beteiligungen an den beiden Nachfolgegesellschaften den zwei Gesellschaftergruppen getrennt zuzuweisen. Dies ist mit Zustimmung aller Gesellschafter zulässig, § 128 UmwG. **17**

einstweilen frei **18–20**

IV. Ertragsteuerrecht

1. Einkommensteuer

a) Regelung zur Realteilung nach § 16 Abs. 3 Satz 2ff. EStG

21 Nach § 16 Abs. 3 Satz 2 EStG sind bei einer Realteilung zwingend die Buchwerte anzusetzen, wenn im Zuge der Realteilung Teilbetriebe, Mitunternehmeranteile oder Einzelwirtschaftsgüter in das jeweilige Betriebsvermögen der einzelnen Mitunternehmer (Realteiler) übertragen werden und sofern die Besteuerung der stillen Reserven sichergestellt ist. Damit können auch freiberufliche Gemeinschaftspraxen steuerlich neutral geteilt werden, selbst wenn die von den jeweiligen Partnern übernommenen Teilpraxen keine steuerlichen Teilbetriebe darstellen. Zu den Einschränkungen (sog. „Sicherungsklauseln") → Form. C.1 Rn. 23ff.

22 Objekt der Realteilung (sog. Realteilungsgesellschaft) kann auch eine PartG sein, die Einkünfte aus selbstständiger Arbeit nach § 18 EStG vermittelt (vgl. WM/*Pupeter* Anh. 10 Rn. 95ff. mwN).

23 Im vorliegenden Fall soll die PartG aber nicht dergestalt aufgelöst werden, dass die Partner selbst die Teilpraxen übernehmen und als einzelne Freiberufler fortführen; dies wäre **unmittelbar als Realteilung iSd. § 16 Abs. 3 Satz 2 EStG** anzusehen. Vielmehr soll hier eine Aufspaltung auf zwei dadurch (neu) begründete PartG erfolgen. Auch dieser Vorgang ist mE steuerlich neutral zu behandeln, da eine solche Gestaltung mE als **Einbringung von Mitunternehmeranteilen** in die neu gegründeten PartG zu qualifizieren ist und **hierauf § 24 UmwStG** anwendbar ist (vgl. WM/*Pupeter* Anh. 10 Rn. 1873ff. mwN und die Erläuterungen unter → Rn. 7 und → Rn. 28; für eine Anwendung des § 24 UmwStG auch HHR/*Kulosa* § 16 EStG Rn. 548). BFH v. 16.12.2015, IV R 8/12, BStBl. II 2017, 766) hat dies für den Fall der Realteilung mit Einzelwirtschaftsgütern bei vorheriger Einbringung der Mitunteranteile in die Ziel-Personengesellschaften als zulässig angesehen und die Figur des Gesamtplans (neben § 42 AO bzw. teleologischer Reduktion) verneint; dies wird mit BMF v. 19.12.2018, BStBl. I 2019, 6 Tz. 7 nunmehr auch von der FinVerw. anerkannt (*Demuth* KÖSDI 2019, 21402, Rn. 12).

Alternativ könnte man den Vorgang gedanklich auch wie folgt aufspalten:
- in der ersten Stufe eine Überführung in Einzelpraxen der Partner, die unmittelbar unter § 16 Abs. 3 Satz 2 EStG fallen würde, und
- in der zweiten Stufe Einbringung dieser Einzelpraxen nach § 24 UmwStG ertragsteuerneutral in die neu gegründeten PartG.

24 Durch die Aufspaltung wird lediglich zivilrechtlich der steuerlich zweistufige Vorgang im Wege der partiellen Gesamtrechtsnachfolge in einem Schritt vollzogen. Der Realteilungs-Erlass, BMF v. 19.12.2018, BStBl. I 2019, 6 ist nicht eindeutig: Dort schließen die Sätze 6 und 7 der Tz. 12 mE nur die Übertragung in bereits bestehende Schwester-Mitunternehmerschaften aus, nicht jedoch die hier vorgesehene Aufspaltung auf dadurch erst errichtete Nachfolge-PartG (vgl. die Nachweise in → Rn. 7).

Wegen dieser Unsicherheiten wird daher dringend die vorherige Einholung einer **verbindlichen Auskunft** beim zuständigen Finanzamt empfohlen. Wird diese verweigert, lässt sich das gewünschte Ergebnis nur durch ein **zweistufiges Vorgehen** jeweils im Wege von Einzelrechtsnachfolgen (→ Rn. 7; → Rn. 23 aE) erreichen.

Die glA vertreten im Ergebnis bzgl. der **Buchwertfortführung unter Anwendung von § 16 Abs. 3 Satz 2 EStG** HHR/*Kulosa* § 16 EStG Rn. 548 und Blümich/*Schallmoser* § 16 EStG Rn. 404; vgl. auch die Nachweise → Rn. 7.

25, 26 *einstweilen frei*

b) Verhältnis zu § 6 Abs. 5 Satz 3 EStG

Nach einer restriktiven Auffassung könnte die Übertragung von Einzelwirtschaftsgütern **zwischen Schwester-Personengesellschaften** nicht neutral sein, da dies in der enumerativen Aufzählung des § 6 Abs. 5 Satz 3 EStG nicht enthalten ist (Dissens zwischen I. und IV. Senat des BFH s. Nachweise → Rn. 7). Da § 16 Abs. 3 Satz 2 EStG aber insoweit eine Spezialregelung darstellt, sollte auch die Überführung in Nachfolgepersonengesellschaften im Rahmen einer Realteilung zum Buchwert möglich sein (glA Schmidt/*Wacker* § 16 EStG Rn. 546; HHR/*Kulosa* § 16 EStG Rn. 548 und Blümich/*Schallmoser* § 16 EStG Rn. 404). Die Frage nach der anwendbaren Norm auf die im Rahmen der Realteilung übertragen Wirtschaftgüter hat die FinVerw nunmehr zugunsten § 16 Abs. 3 S. 2 EStG entschieden (BMF v. 19.12.2018, BStBl. I 2019, Tz. 8; sie wendet damit BFH v. 30.3.2017 IV R 11/15, BStBl. II 2019, 29 an). 27

c) Vorrangige Anwendung von § 24 UmwStG

Da hier die Übertragung im Wege der Aufspaltung vollzogen wird, ist mE von einer vorrangigen Anwendung von § 24 UmwStG auszugehen (WM/*Pupeter* Anh. 10 Rn. 1872ff.; HHR/*Kulosa* § 16 EStG Rn. 441; *Stockem* Die Spaltung von Personengesellschaften im Ertragsteuerrecht, Düsseldorf 1996, Abschnitt B. I. S. 57ff.; glA bei Vorliegen von Teilbetrieben *Heß* DStR 2006, 777, 779 re. Sp. unten). Gegen die Anwendung des § 16 Abs. 3 Satz 2–4 EStG auch *IDW* (WPg. 2002, 1087, 1094 re. Sp. oben). 28

Die Begründung der unmittelbaren und vorrangigen Anwendung von § 24 UmwStG liegt in Folgendem: Nach der BFH-Rspr. (vgl. zB BFH v. 10.3.1998, VIII R 76/96, BStBl. II 1999, 269 unter 2. a und 2. b) aa der Gründe) ist der wirtschaftliche Gehalt der schuldrechtlichen Regelungen (hier: Umwandlungsrecht) der Besteuerung zu unterwerfen, nicht die zivilrechtlich benutzte Technik (vgl. iE WM/*Pupeter* Anh. 10 Rn. 1875ff. mwN).

Aus der hier vertretenen unmittelbaren (und der gegenüber § 16 Abs. 3 Satz 2–4 EStG und § 6 Abs. 5 EStG vorrangigen) Anwendung des § 24 UmwStG folgt u. a., dass

- ein Bewertungswahlrecht nach § 24 Abs. 2 UmwStG besteht,
- die Behaltefrist des § 16 Abs. 3 Satz 3 EStG sowie die Körperschaftsklauseln der § 16 Abs. 3 Satz 4 und Abs. 5 EStG nicht relevant sind und
- eine steuerliche Rückwirkung von bis zu acht Monaten beantragt werden kann (§ 24 Abs. 4 iVm. § 20 Abs. 5 UmwStG; → Rn. 33).

d) Ausgleichszahlungen auf Gesellschafterebene

Ausgleichszahlungen auf Gesellschafterebene sollten regelmäßig durch Zuteilung von liquiden Mitteln bzw. Verbindlichkeiten vermieden werden, weil diese – wie in BFH v. 18.10.1998, GrS 2/98 (DStR 2000, 64) dargelegt – zur Gewinnrealisierung führen würden (*Carlé/Bauschatz* KÖSDI 2002, 13143; → Form. C.1 Rn. 34ff.). 29

e) Kapitalkontenanpassung

Die steuerliche Buchwertfortführung erfordert die Anpassung der Kapitalkonten an die Buchwerte der übernommenen Wirtschaftsgüter (vgl. iE → Form. C.1 Rn. 38ff.); sofern eine unmittelbare Anwendung des § 24 UmwStG akzeptiert wird (hier vertreten in → Rn. 28), wäre – konsequenterweise – alternativ die Heranziehung von Ergänzungsbilanzen vorzugswürdig. 30

2. Sonstige Folgen

31 Soweit die Voraussetzungen für die **zwingende Buchwertfortführung** nach § 16 Abs. 3 Satz 2 EStG gegeben sind, tritt der übernehmende Realteiler damit nach hM auch in vollem Umfang in die **steuerliche Rechtsposition** der bisherigen Mitunternehmerschaft ein (Schmidt/*Wacker* EStG § 16 Rn. 547 mwN).

Ermitteln die Ausgangs-PartG und die beiden neu entstehenden PartG ihren Gewinn jeweils nach **§ 4 Abs. 3 EStG durch Überschussrechnung** und werden die Buchwerte fortgeführt, so dürften der Übergang zum Bestandsvergleich bei der Ausgangs-PartG und der nachfolgende Übergang zurück zur Überschussrechnung bei den beiden neu entstehenden PartG mE vermeidbar sein. Dies ergibt sich bei der hier vertretenen Anwendung von § 24 UmwStG unmittelbar aus BFH v. 13.9.2001, IV R 13/01, BStBl. II 2001, 287 (unter II.2 der Gründe) und BFH v. 11.4.2013, III R 32/12, BStBl. I 2014, 242; so nunmehr auch OFD Niedersachsen v. 3.3.2017, DStR 2917, 985. GlA zur Realteilung unter Buchwertfortführung Schmidt/*Loschelder* § 4 EStG Rn. 669 aE; BFH v. 17.9.2015, III R 49/13, BStBl. I 2017, 37, sofern und soweit keine Ausgleichszahlungen auf Ebene der Gesellschafter die Ermittlung eines Veräußerungsgewinns erzwingen). Die Aufstellung einer handelsrechtlichen Schlussbilanz steht dem nicht entgegen, da diese allein zur Einreichung nach § 17 UmwG beim Registergericht erfolgt und bei Personengesellschaften der Grundsatz der Maßgeblichkeit ohnehin nicht gilt. Wird gleichwohl bei der Ausgangs-PartG ein Übergang zum Bestandsvergleich verlangt, können die beiden neu entstehenden PartG gleichwohl wieder zur Überschussrechnung übergehen (WM/*Widmann* UmwStG § 24 Rn. 157.3; OFD Frankfurt v. 9.5.2001, DB 2001, 1454, 1455); die Gewinnkorrekturen gleichen sich dann betragsmäßig aus; eine Verteilung der Gewinnerhöhung ist allerdings nicht zulässig (BFH v. 13.9.2001, IV R 13/01, BStBl. II 2001, 287).

32 Soweit es im Rahmen der Realteilung zu einer Zuteilung von Wirtschaftsgütern unter **Realisierung der stillen Reserven** (mangels Sicherstellung der Besteuerung der stillen Reserven oder wegen Eingreifen der Missbrauchsvorschriften des § 16 Abs. 3 Sätze 3 und 4 EStG) kommt, ergibt sich bei dem betreffenden Realteiler ein **Anschaffungsvorgang.**

33 **Steuerbegünstigung gem. §§ 16, 34 EStG:** Diese erfordert zumindest auf Ebene des Realteilers die Auflösung sämtlicher stiller Reserven im zugeteilten Vermögen (m. E. analog BMF v. 19.12.2018, BStBl. I 2019, 6, Tz. 28 Satz 5 für die rückwirkende Auflösung innerhalb der Sperrfrist des § 16 Abs. 3 S. 3 EStG). Diese Begünstigung sollte auch bei der Überführung aller Vermögensgegenstände in das steuerliche Privatvermögen gewährt werden (*Stenert* DStR 2019, 245, 253f. in Abschn, 4.2.2.2).

Die Steuerbegünstigung wird allerdings nur gewährt, wenn die vollständige steuerliche Realisierung im Rahmen der Realteilung erfolgt; sie wurde bei Realsierung im Rahmen eines unmittelbar nachfolgenden zweiten Schrittes nämlich versagt von BFH v. 15.1.2019, VIII R 24/15, DStR 2019, 1457 (Anmerkungen hierzu: *Gröger/Zawodsky* BB 2019, 2149; *Riedel* GmbHR 2019, 1025; *Haumhorst* DB 2019, 1711 und insbes. *Wendt* FR 2019, 768, 772 mit kritischem Hinweis auf fehlende Gesamtplanbetrachtung).

34 Vorteil der Anwendung des § 24 UmwStG ist die Möglichkeit der **steuerlichen Rückwirkung** für bis zu acht Monate. Bei Realteilung im Wege der Aufspaltung gem. §§ 123ff. UmwG kann handelsrechtlich gem. § 17 Abs. 2 Satz 3 iVm. § 125 UmwG ein Stichtag angesetzt werden, der im Zeitpunkt der Anmeldung zum Handelsregister nicht länger als acht Monate zurückliegt. Auch steuerrechtlich ergibt sich für den Fall der Aufspaltung gem. § 24 Abs. 4 HS 2 UmwStG iVm. § 20 Abs. 6 Satz 2 UmwStG die entsprechende Anwendung der in § 20 Abs. 6 Satz 1 UmwStG angeordneten bis zu achtmonatigen Rückwirkung, wenn dieser Stichtag höchstens acht Monate vor der Anmeldung zum Register liegt. In diesen Fällen ist das Einkommen gem. § 20 Abs. 5 UmwStG auf Antrag so zu ermitteln, als wäre auch das eingebrachte

Betriebsvermögen mit Ablauf des steuerlichen Übertragungsstichtags auf die Übernehmerin übergegangen (allerdings nicht bzgl. Entnahmen und Einlagen, die nach dem steuerlichen Übertragungsstichtag erfolgen, vgl. § 20 Abs. 5 Satz 2 UmwStG).

einstweilen frei 35

V. Verkehrsteuern

1. Umsatzsteuer

Für die umsatzsteuerliche Behandlung der **Aufspaltung einer Personengesellschaft** ist entscheidend, 36

- ob die auf die einzelnen Nachfolgegesellschaften übertragenen Vermögensgegenstände in der Gliederung des Unternehmens gesondert geführte Betriebsteile (sog. Teilbetriebe) darstellen (→ Rn. 37 ff.) oder
- ob im Rahmen der Aufspaltung lediglich einzelne Wirtschaftsgüter übertragen werden (→ Rn. 42 ff.).

a) Geschäftsveräußerung im Ganzen (§ 1 Abs. 1a UStG)

Werden im Rahmen der Aufspaltung Teilbetriebe an die Nachfolgegesellschaften übertragen, kann umsatzsteuerlich eine **nicht steuerbare** sog. **Geschäftsveräußerung im Ganzen** iSd. § 1 Abs. 1a UStG vorliegen. 37

Hierfür ist erforderlich, dass ein Unternehmen oder ein in der Gliederung des Unternehmens **gesondert geführter Betrieb** im Ganzen entgeltlich oder unentgeltlich übereignet oder in eine Gesellschaft eingebracht wird. Der auf einen Gesellschafter übertragene Betriebsteil der Personengesellschaft muss einen für sich lebensfähigen Organismus gebildet haben, der unabhängig von den anderen Geschäften der Personengesellschaft nach Art eines selbstständigen Unternehmens betrieben worden ist und nach außen hin ein selbstständiges, in sich abgeschlossenes Wirtschaftsgebilde dargestellt hat (UStAE 1.5 Abs. 3 Satz 2). 38

Dies setzt auch voraus, dass die **wesentlichen Grundlagen** eines Unternehmens oder eines gesondert geführten Betriebs übertragen werden, so dass es seiner Struktur, seinem Wesen und seinem Inhalt nach unverändert fortgeführt werden kann (WM/*Knoll* Anh. 11 Rn. 321 ff. mwN). Nach Auffassung des BFH ist es für das Vorliegen einer Geschäftsveräußerung im Ganzen iSd. § 1 Abs. 1a UStG ausreichend, dass wesentliche Betriebsgrundlagen dem Übernehmer langfristig zur Nutzung überlassen werden und eine dauerhafte Fortführung des Unternehmens (oder des gesondert geführten Betriebes) durch den Übernehmer gewährleistet ist (BFH v. 28.11.2003, V R 3/01, BFH/NV 2003, 436; v. 4.7.2002 V R 10/01, BFH/NV 2002, 1684). Soweit die im Rahmen einer Aufspaltung übertragenen Betriebsteile nach einkommensteuerlichen Grundsätzen einen Teilbetrieb darstellen, kann auch umsatzsteuerlich von der Übertragung eines gesondert geführten Betriebs iSd. § 1 Abs. 1a UStG ausgegangen werden (vgl. BFH v. 3.10.1984, I R 119/81, BStBl. II 1985, 245; Rau/Dürrwächter/*Nieskens* § 1 UStG Rn. 971; UStAE 1.5 Abs. 3 Satz 4). Insoweit kann auf die umfangreiche Kommentierung und Rechtsprechung zum Begriff des Teilbetriebs verwiesen werden (vgl. nur Schmidt/*Wacker* § 16 EStG Rn. 140 ff. mwN). 39

Sofern im Einzelfall Zweifel hinsichtlich des Vorliegens der „Teilbetriebseigenschaft" iSd. § 1 Abs. 1a UStG bestehen, ist in der Praxis – bereits wegen der ertragsteuerlichen Bedeutung der Frage – die Stellung eines Antrags auf Erteilung einer verbindlichen Auskunft zu empfehlen.

Das Vorliegen einer Geschäftsveräußerung im Ganzen setzt ferner voraus, dass die Übertragung **an einen Unternehmer** und **für dessen Unternehmen** erfolgt. Dabei ist es unerheblich, ob der erwerbende Gesellschafter sein (umsatzsteuerliches) Unternehmen mit der Übertragung des gesondert geführten Betriebs erst beginnt oder eine bereits bestehende Tätigkeit in erweiterter bzw. veränderter Form fortführt (vgl. UStAE 1.5 Abs. 1 Satz 3). Nicht erforderlich ist, dass der Erwerber das Unternehmen oder den gesondert geführten Betriebsteil tatsächlich fortführt; ausreichend ist eine 40

Zuordnung zu einem bestehenden oder einem mit dem Erwerb des Betriebs oder Teilbetriebs neu gegründeten Unternehmen (WM/*Knoll* Anh. 11 Rn. 348 mwN).

41 Die im Rahmen einer Geschäftsveräußerung im Ganzen einen Betriebsteil übernehmende Nachfolgegesellschaft tritt gem. § 1 Abs. 1a Satz 3 UStG umsatzsteuerlich an die Stelle der aufgespaltenen Personengesellschaft **(umsatzsteuerliche Sonderrechtsnachfolge).** Die Sonderrechtsnachfolge gilt nach hM nur für diejenigen materiell-rechtlichen Bindungen, die sich auf die tatsächlich auf ihn übertragenen Vermögensteile beziehen (WM/*Knoll* Anh. 11: USt Rn. 370ff. mwN). Insbesondere wird der **Vorsteuerberichtigungszeitraum iSd. § 15a UStG** durch die Übertragung im Rahmen der Realteilung nicht unterbrochen, sondern beim Übernehmer unverändert fortgeführt.

b) Übertragung von Einzelwirtschaftsgütern

42 Soweit im Rahmen der Aufspaltung – anders als im Fall des Formulars – einzelne Wirtschaftsgüter übertragen werden, die keinen Betriebsteil iSd. § 1 Abs. 1a UStG darstellen, ist der Übertragungsvorgang bei der Personengesellschaft **umsatzsteuerbar.** Die Übertragung von Sachen und Rechten stellen Lieferungen und sonstige Leistungen iSd. § 1 Abs. 1 Nr. 1 UStG dar, die der Umsatzsteuer unterliegen, sofern keine Befreiungsvorschrift eingreift. Die **Gegenleistung** des Gesellschafters besteht in der Rückgabe (Aufgabe) seines Gesellschaftsanteils und ggf. in der Übernahme von Verbindlichkeiten der Personengesellschaft oder Barzahlungen durch die Gesellschafter. Siehe zur **Bemessungsgrundlage** und zur Möglichkeit einer **Option gem. § 9 UStG,** in diesen Fällen → Form. C.1 Rn. 77f.

43 Vgl. Zur Umsatzsteuer iÜ ausführlich → Form. A.1 Rn. 118 .ff

44, 45 *einstweilen frei*

2. Grunderwerbsteuer

46 Gehört zum Vermögen der aufgespaltenen Personengesellschaft ein Grundstück, so unterliegt die Übertragung des Grundstücks von der Gesamthand auf die Nachfolgegesellschaft grds. der **Grunderwerbsteuer** gem. § 1 Abs. 1 Nr. 1 GrEStG (vgl. Pahlke GrEStG § 1 Rn. 153).

47 Die Grunderwerbsteuer wird jedoch in Höhe der Beteiligungsquote des übernehmenden Gesellschafters an der aufgespaltenen Personengesellschaft im Zeitpunkt der Aufspaltung gem. § 6 Abs. 2 GrEStG **nicht erhoben** (beachte jedoch die Fünf-Jahresfristen gem. § 6 Abs. 4 GrEStG – davor und danach). Ferner kann die Grundstücksübertragung gem. § 3 Nr. 1 GrEStG (grunderwerbsteuerlicher Wert iSd. § 8 GrEStG unter 2 500,– EUR), § 3 Nr. 2 GrEStG (Grundstückserwerbe iSd. ErbStG) sowie § 3 Nr. 4 GrEStG oder § 3 Nr. 6 GrEStG **befreit** sein (vgl. WM/*Pahlke* Anh. 12 Rn. 389ff. mwN).

48 **Bemessungsgrundlage** ist gem. § 8 Abs. 2 Satz 1 Nr. 2 GrEStG der Wert des übergehenden Grundstücks, ermittelt nach den Grundsätzen der § 138 Abs. 2 oder 3 BewG (WM/*Pahlke* Anh. 12 Rn. 391 mwN).

49 Vgl. Zur Grunderwerbsteuer iÜ ausführlich → Form. D.1 Rn. 66ff.

VI. Arbeitsrecht

S. zunächst → Form. B.1 Rn. 176ff. und → Form. A.1 Rn. 150ff.

1. Übergang der Arbeitsverhältnisse

50 Gem. § 126 Abs. 1 Nr. 11 UmwG müssen im Spaltungsvertrag zwingend die Folgen der Spaltung für die Arbeitnehmer und ihre Vertretungen sowie die insoweit vorgesehenen Maßnahmen angegeben werden:

Die Arbeitsverhältnisse (zum Begriff s. Palandt/*Weidenkaff* BGB Einf. v. § 611 Rn. 5ff.; § 613a Rn. 5 mwN) der Arbeitnehmer des aufgespaltenen Rechtsträgers gehen auf die übernehmenden Rechtsträger gem. **§ 324 UmwG, § 613a BGB** über, soweit mit der Aufspaltung ein **Betrieb- oder Betriebsteil übertragen** wird (zu den Voraussetzungen eines Betriebsübergangs → Form. C.1 Rn. 85ff. und → Form. A. 1 Rn. 169). In Betracht kommt insbesondere der Übergang von Betriebsteilen des aufgespaltenen Rechtsträgers, wenn das Unternehmen der PartG so strukturiert ist, dass „Teilpraxen" einzelner Partner oder Gruppen von Partnern als organisatorische Untereinheiten derart abgrenzbar sind, dass die einzelnen Mandate und Mitarbeiter jeweils den betreffenden Partnern zugewiesen sind und von diesen betreut werden, so dass die einzelnen Partner sie bei einer Trennung unverändert unter ihrem eigenen Namen fortführen können.

Die **Zuordnung der Arbeitsverhältnisse** richtet sich nach **§ 613a BGB,** nicht nach § 126 Abs. 1 Nr. 9 UmwG, dh. die Arbeitsverhältnisse gehen automatisch mit dem Betriebsteil über, mit dem sie funktional verbunden sind (Kallmeyer/*Willemsen* UmwG § 324 Rn. 52; *Wlotzke* DB 1995, 40, 42f.); iE → Form. B.1 Rn. 180ff.

Die Parteien des Spaltungsvertrages müssen sich an der objektiven Zugehörigkeit der Arbeitnehmer zu den jeweils zu übertragenden Betrieben oder Betriebsteilen orientieren (BAG v. 24.5.2012, 2 AZR 250/11, BeckRS 2013, 65579). Eine **„freie" Zuordnung** von Arbeitsverhältnissen im Spaltungsvertrag bzw. -plan, welche die objektive Zuordnung zu einem bestimmten Betrieb oder Betriebsteil aufhebt, ist wegen des Vorrangs von § 613a BGB **unwirksam** (hM, vgl. BAG v. 24.5.2012 2 AZR 250/11, aaO; Kallmeyer/*Willemsen* UmwG § 324 Rn. 53; *Boecken* ZIP 1994, 1087, 1091; *Wlotzke* DB 1995, 40, 42; *Joost* ZIP 1995, 976, 980). Bei zutreffender Zuordnung zum jeweiligen Betriebsteil hat die Bezeichnung von Arbeitsverhältnissen im Spaltungsvertrag oder -plan lediglich deklaratorische Bedeutung.

Wenn die **Zuordnung** eines Arbeitsverhältnisses zu einem bestimmten Betrieb **unklar** oder nicht möglich ist, zB bei „Springern", die in mehreren Betriebsteilen eingesetzt werden, soll eine **bindende Festlegung im Spaltungsvertrag oder -plan** unter genauer Bezeichnung der Arbeitsverhältnisse in Betracht kommen (*Wlotzke* DB 1995, 40, 42; wohl auch Kallmeyer/*Willemsen* UmwG § 324 Rn. 54). Dagegen spricht der Vorrang von § 613a BGB. An der zwingenden Wirkung des § 613a BGB kann der Spaltungsvertrag nichts ändern (BAG v. 19.10.2017, 8 AZR 63/17, NZA 2018, 370, *Lutter/Priester* § 126 UmwG Rn 69; → Form. A.1 Rn. 170)

Unmittelbare Rechtsfolge des § 613a BGB ist der **Übergang der Arbeitsverhältnisse** mit sämtlichen Rechten und Pflichten auf die Nachfolgegesellschaft, die den betreffenden Betrieb oder Betriebsteil übernimmt (§ 613a Abs. 1 Satz 1 BGB), iE → Form. A.1 Rn. 167ff., → Form. B1 Rn. 180ff., → Form. B.2 Rn. 71ff. **51**

Die **Unterrichtungsverpflichtung gem. § 613a Abs. 5 BGB** sieht eine Unterrichtung der von einem Betriebsübergang betroffenen Arbeitnehmer zwingend vor (unabhängig von dem Bestehen einer Arbeitnehmervertretung). IE → Form. A.1 Rn. 152ff. **52**

Der betroffene Arbeitnehmer kann dem Übergang des Arbeitsverhältnisses gemäß § 613a Abs. 6 BGB schriftlich widersprechen. Der Widerspruch führt grds. dazu, dass der betroffene Arbeitnehmer bei dem übertragenden Rechtsträger beschäftigt bleibt. Bei der Aufspaltung ist allerdings zu beachten, dass der übertragende Rechtsträger erlischt. Das Widerspruchsrecht läuft damit im Ergebnis ins Leere. Nach bisher wohl überwiegender Auffassung besteht das Widerspruchsrecht auch in diesen Fällen; die Ausübung desselben führt aber zu einer Beendigung des Arbeitsverhältnisses (vgl. *Boecken* ZIP 1994, 1087, 1092; **aA** *Wlotzke* DB 1995, 40, 44). Zu weiteren Einzelheiten auch → Form. A.1 Rn. 178, → Form. C.1 Rn. 93f. Das BAG hat klargestellt, dass **kein Widerspruchsrecht** besteht. Ein gleichwohl erklärter Widerspruch sei nicht zwangsläufig als Kündigung oder anderer Beendigungstatbestand auszulegen

(BAG v. 21.2.2008, 8 AZR 157/07, NZA 2008, 815). Er lässt das übergegangene Arbeitsverhältnis daher grundsätzlich unberührt. Der Arbeitnehmer muss daher grundsätzlich eine außerordentliche Kündigung erklären, wenn er sich vom Arbeitsverhältnis lösen will (Kallmeyer/*Willemsen* UmwG § 324 Rn. 44).

53 Wegen der Rechtsfolgen des § 613a BGB iE auch → Form. A.1 Rn. 170ff. Im Übrigen wird wegen weiterer Einzelheiten auf die einschlägige Kommentarliteratur verwiesen (vgl. nur Palandt/*Weidenkaff* BGB § 613a Rn. 5ff.).

54 Werden nach dem Aufspaltungsplan keine Betriebe oder Betriebsteile im Sinne einer „organisatorischen Einheit" übertragen, findet ein Betriebsübergang nach § 613a BGB nicht statt. Der Übergang der Arbeitsverhältnisse kann sich in diesem Fall nur „rein spaltungsrechtlich" im Wege der **Gesamtrechtsnachfolge** gem. **§ 131 Abs. 1 Nr. 1 UmwG** entsprechend der Bezeichnung im Spaltungsplan vollziehen. Der Übergang von Arbeitsverhältnissen im Wege der (partiellen) Gesamtrechtsnachfolge bedarf der Zustimmung der betroffenen Arbeitnehmer (BAG v. 19.10.2017, 8 AZR 63/16, NZA 2018, 370;iE → Form. A.1 Rn. 167, → Form. B.1 Rn. 186).

2. Folgen für die kündigungsrechtliche Stellung der Arbeitnehmer

55 Bei der Aufspaltung insb. kleinerer PartG kann sich die kündigungsrechtliche Stellung des Arbeitnehmers verschlechtern, wenn der Arbeitnehmer einem Rechtsträger zugeordnet wird, bei dem zB die für den Kündigungsschutz nach dem Kündigungsschutzgesetz notwendige Zahl von sechs bzw. elf Arbeitnehmern (§ 23 Abs. 1 Sätze 2 und 3 KSchG) nicht mehr erreicht wird. **§ 323 UmwG** bestimmt daher, dass im Fall der Spaltung die „kündigungsrechtliche Stellung" (zum Begriff vgl. *Wlotzke* DB 1995, 40, 44; *Willemsen* NZA 1996, 791, 799f. mwN) des Arbeitnehmers trotz des tatsächlichen Wegfalls der Voraussetzungen für **zwei Jahre erhalten** bleibt.

VII. Notargebühren

56 Bei der Beurkundung des Aufspaltungsplans (Aufspaltung zur Neugründung) handelt es sich um eine einseitige Erklärung der aufzuspaltenden Partnerschaftsgesellschaft. Die Beurkundung löst dementsprechend lediglich eine 1,0-Gebühr nach Nr. 21200 des Kostenverzeichnisses, mindestens jedoch 60 EUR, aus (*Diehn/Volpert,* Praxis des Notarkostenrechts, Rn. 2145). Die **Bemessungsgrundlage** für den Geschäftswert der Urkunde ist nach § 97 Abs. 1, 3 GNotKG der Wert des zu beurkundenden Rechtsverhältnisses. Er beträgt bei der Beurkundung von Plänen und Verträgen nach dem UmwG mindestens 30000 EUR, höchstens jedoch 10 Mio. EUR (§ 107 Abs. 1 Satz 1 GNotKG). Die konkrete Bestimmung des Geschäftswerts erfolgt hier nach § 97 Abs. 1 GNotKG, da die Aufspaltung zur Neugründung ohne Gegenleistung erfolgt. Maßgebend ist der Aktivwert des insgesamt auf die beiden neu entstehenden Partnerschaftsgesellschaften aufzuspaltenden Vermögens, mithin das gesamte Aktivvermögen der ABCD Steuerberater-Partnerschaft. Ein Abzug von Verbindlichkeiten wird nicht vorgenommen (§ 38 GNotKG). Der Geschäftswert wird aufgrund der dem Partnerschaftsregister nach § 17 Abs. 2 UmwG mit einzureichenden Schlussbilanz ermittelt. Zur Berechnung des Aktivvermögens vgl. auch → Form. A.1 Rn. 261.

Für den zustimmenden Gesellschafterbeschluss der übertragenden Partnerschaftsgesellschaft fällt ferner eine 2,0-Gebühr nach Nr. 21100 des Kostenverzeichnisses an, mindestens jedoch 120 EUR. Der Höchstwert beträgt 5 Mio. EUR (§ 108 Abs. 5 GNotKG). Es handelt sich um einen Zustimmungsbeschluss mit bestimmtem Geldwert, für den wiederum das gesamte auf die beiden neugegründeten Partnerschaftsgesellschaften übergehende Vermögen maßgebliche Berechnungsgrundlage ist (vgl. § 108 Abs. 3 GNotKG).

57 *einstweilen frei*

VIII. Gebühren für die Anmeldungen zu den Partnerschaftsregistern

Bei den Gebühren im Zusammenhang mit der Eintragung zu den Partnerschaftsregistern ist zu unterscheiden zwischen den Gebühren für die Registereintragung als solcher und der Tätigkeit des Notars im Zusammenhang mit der Anmeldung der Aufspaltung zum Handelsregister.

1. Gebühren für die Registereintragung

Der Geschäftswert für die Anmeldung bei der **übertragenden Partnerschaftsgesellschaft** bestimmt sich nach § 105 Abs. 4 Nr. 3 GNotKG und ist hiernach eine Anmeldung mit unbestimmtem Geldbetrag; anzusetzen ist ein Geschäftswert von 30.000 EUR. Der Geschäftswert der jeweiligen Anmeldung der im Rahmen der Aufspaltung neu gegründeten Partnerschaftsgesellschaften ist ebenfalls ein solcher ohne bestimmten Geldbetrag und beträgt nach § 105 Abs. 3 GNotKG je Gesellschaft 45.000 EUR. 58

Welche Gebühr der Notar aus den vorgenannten Geschäftswerten nunmehr erhält, richtet sich wiederum danach, ob er lediglich die Beglaubigung unter Fremdentwürfen vornimmt oder aber die Entwürfe der Anmeldungen selbst erstellt.

Beglaubigt der Notar lediglich die Unterschriften unter ihm zur Verfügung gestellten **Fremdentwürfen,** dann erhält er hierfür eine Gebühr von 0,2, mindestens jedoch 20 EUR und höchstens 70 EUR nach Nr. 25100 des Kostenverzeichnisses aus den vorgenannten Geschäftswerten.

Erstellt der Notar selbst die **Entwürfe** der Registeranmeldungen, so berechnen sich die Notargebühren nach Nr. 24102 des Kostenverzeichnisses. Hiernach fällt eine Rahmengebühr von 0,3 bis 0,5, bei einer (vollständigen) Entwurfserstellung eine Gebühr von 0,5, mindestens jedoch 30 EUR an. Der Geschäftswert berechnet sich wiederum aus §§ 119, 105 GNotKG (vgl. die vorstehenden Ausführungen). Zudem erhält der Notar nach Nr. 22114 des Kostenverzeichnisses (elektronischer Vollzug und Erstellung von sog. XML-Strukturdaten) noch eine zusätzliche Gebühr in Höhe von 0,3, maximal jedoch 250 EUR, für die elektronische Einreichung der Registeranmeldung nebst Anlagen zum Registergericht. Neben den beiden vorgenannten Gebühren sind wiederum Auslagen nach Nr. 3200 ff. des Kostenverzeichnisses und 19% USt. (Nr. 32014 des Kostenverzeichnisses) zu zahlen.

2. Gebühren im Zusammenhang mit dem Handels-/Partnerschaftsregister

Die Eintragungsgebühren richten sich (auch für das Partnerschaftsregister) nach der Handelsregistergebührenverordnung (HRegGebV v. 30.9.2004, BGBl. I 2004, 2562, vgl. § 1 S. 1 HRegGebV), die auf der Ermächtigungsgrundlage in § 58 GNotKG beruht. Bei den Gebühren handelt es sich um sog. aufwandsbezogene Gebühren, die dem sog. Gebührenverzeichnis als Anlage zu § 1 Satz 1 HRegGebV entnommen werden können. 59

Die Eintragung der Aufspaltung im Register der übertragenden Partnerschaftsgesellschaft kostet 180 EUR (Gebührenverzeichnis Nr. 1400). Die **Eintragung** der neu gegründeten Partnerschaftsgesellschaften im jeweiligen **Register** kostet jeweils 180 EUR (Gebührenverzeichnis Nr. 1104).

C. Einzelerläuterungen

I. Aufspaltungsplan und -beschluss

1. Zivil-, Handels- und Gesellschaftsrecht

Zu § 1:

Die übertragende PartG und die beiden im Zuge der Aufspaltung entstehenden übernehmenden PartG sind jeweils mit ihrem Namen und Sitz zu bezeichnen; dane- 60 ben sind sämtliche Gesellschafter mit ihren Familiennamen und Vornamen, dem in der PartG ausgeübten Beruf und dem Wohnort anzugeben (§ 126 Abs. 1 Nr. 1 iVm. §§ 45b, 125 UmwG).

Zu § 1 Abs. 2:

61 Die **Zuteilung aller Vermögensgegenstände,** Rechte und Verbindlichkeiten, sowie laufender Vertragsverhältnisse der Personengesellschaft gem. § 126 Abs. 1 Nr. 9 UmwG erfordert wegen des sachenrechtlichen Bestimmtheitsgebots die listenmäßige Aufführung sämtlicher Vermögensgegenstände, schwebender Vertragsverhältnisse, halbfertiger Arbeiten, Rechte, Verbindlichkeiten und Vertragsverhältnisse; einen Vorschlag dazu enthalten § 1 Abs. 2 Buchst. c und die dazugehörigen Aufstellungen. Die Bezugnahme auf eine Bilanz gem. § 126 Abs. 2 UmwG hilft bzgl. der nicht bilanzierungsfähigen Rechtsverhältnisse (insb. Mandatsverhältnisse und Mitarbeiter) nicht weiter.

Zu § 1 Abs. 3 und 4:

62 Festzulegen sind nach § 126 Abs. 1 Nr. 3 und 4 UmwG die zu gewährenden **Mitgliedschaftsrechte** an den übernehmenden PartG. Ferner ist anzugeben, dass – wie im Formular – **keine weiteren Leistungen,** zB Zuzahlungen u. dergleichen vereinbart wurden.

Zu § 1 Abs. 5:

63 Zwingend anzugeben ist der **Stichtag,** von dem an die Handlungen der übertragenden PartG auf Rechnung der übernehmenden PartG als vorgenommen gelten (Spaltungsstichtag iSd. § 126 Abs. 1 Nr. 6 UmwG). Auf den davor liegenden Tag ist die gem. § 17 Abs. 2 UmwG beim Partnerschaftsregister einzureichende Schlussbilanz aufzustellen.

§ 1 Abs. 6:

64 Dieser Absatz enthält die im Innenverhältnis vereinbarte Regelung zur Fortführung der Buchwerte und zur Anpassung der **Kapitalkonten.** Trotz der zwingenden steuerlichen Buchwertfortführung nach § 16 Abs. 3 Satz 2 EStG empfiehlt sich zur Klarstellung die Aufnahme einer entspr. Bestimmung im Auseinandersetzungsvertrag. Sofern man von der Anwendbarkeit des § 24 UmwStG auf den Fall ausgeht (→ Rn. 28), ist die Buchwertfortführung ein Wahlrecht. Im Hinblick auf die (nach der hier vertretenen Auffassung – → Rn. 28 – nicht anwendbare) Sperrfrist nach § 16 Abs. 3 Satz 3 EStG (→ Form. C.1 Rn. 26) sollten im Spaltungsplan gleichwohl vorsorglich Regelungen getroffen werden, die einen innerhalb der Sperrfrist veräußernden oder entnehmenden Gesellschafter zum Ausgleich eines hierdurch beim anderen Gesellschafter entstehenden Schadens (= Steuerlast) verpflichten.

Zu § 1 Abs. 9:

65 Schließlich sind die arbeitsrechtlichen Folgen der Aufspaltung für die Arbeitnehmer anzugeben (§ 126 Abs. 1 Nr. 11 UmwG); hierzu wird in vollem Umfang auf die Regelung des § 613a BGB verwiesen.

Zu § 2:

66 Dem Spaltungsplan und den Gesellschaftsverträgen ist wegen der nicht verhältniswahrenden Aufspaltung die Zustimmung durch sämtliche Gesellschafter in notariell beurkundeter Form zu erteilen (§ 128 UmwG). Darüber hinaus empfehlen sich bei

der hier vorliegenden einstimmigen Beschlussfassung notariell beurkundete Verzichtserklärungen bzgl. der Erstattung eines Spaltungsberichts (§ 127 UmwG), der Durchführung einer Spaltungsprüfung und der Fertigung eines Prüfungsberichts sowie des Verzichts auf Klage gegen die Wirksamkeit dieser Beschlüsse.

einstweilen frei **67–69**

2. Ertragsteuerrecht

Zu §§ 1 bis 4:

Zur Sicherstellung der künftigen Besteuerung der stillen Reserven ist die Angleichung der **Kapitalkonten** (→ Rn. 30) an die von jedem Gesellschafter übernommenen Nettobuchwerte in § 1 Abs. 6 Buchst. a vorgesehen. Dies kann dazu führen, dass ein Gesellschafter zukünftig einen höheren Betrag an stillen Reserven zu versteuern hat als ein anderer Gesellschafter; auch die zeitliche Verteilung der Abschreibung kann unterschiedlich sein und zu unterschiedlichen Barwerten der zukünftigen Steuerbelastung führen. Darüber hinaus werden regelmäßig die gemeinen Werte nicht den Buchwerten entsprechen. Diese Besonderheiten sind im Einzelfall bei der Aufteilung des Betriebsvermögens auf die einzelnen Teilpraxen (zB durch entsprechende Zuteilung von Geld und Forderungskonten bzw. Verbindlichkeiten) zu berücksichtigen. Im Formular wird in § 1 Abs. 4 ausdrücklich davon abgesehen, diesbzgl. Ausgleichszahlungen (Spitzenausgleich) zu vereinbaren, um damit evtl. steuerpflichtige Gewinne zu vermeiden (→ Form. C.1 Rn. 34 ff.). **70**

einstweilen frei **71–74**

3. Umsatzsteuer

Zu § 1 Abs. 10:

Bei der im Formular vorgesehenen Übertragung von zwei Teilbetrieben handelt es sich umsatzsteuerlich um die Übertragung von jeweils in der Gliederung des Unternehmens gesondert aufgeführten Betrieben im Ganzen auf die Nachfolgegesellschaften als Unternehmer zur Fortführung in deren Unternehmen (sog. **Geschäftsveräußerung im Ganzen**). Diese Übertragungen unterliegen gem. § 1 Abs. 1a UStG nicht der Umsatzsteuer (→ Rn. 37 ff.); dem trägt die Regelung in Buchst. a Rechnung. Da damit aber die Verpflichtung zu etwaigen zukünftigen Vorsteuerberichtigungen die jeweiligen Übernehmer trifft (§ 1 Abs. 1a Satz 3 iVm. § 15a Abs. 10 UStG), wird im Formular auf diese Verpflichtung hingewiesen und vorgeschlagen, die dafür notwendigen Angaben bereits im Formular zu machen. Rein vorsorglich – für den Fall der Nichtanwendbarkeit des § 1 Abs. 1a UStG – sieht Buchst. b der vorgeschlagenen Regelung des § 1 Abs. 10 die Verpflichtung zur Rechnungstellung vor. **75**

einstweilen frei **76–79**

II. Gesellschaftsvertrag der Partnerschaftsgesellschaft

Da eine Aufspaltung zur Neugründung vorliegt, sind die Gesellschaftsverträge der Nachfolgegesellschaften dem Spaltungsplan beizufügen und durch Gesellschafterbeschluss festzustellen. **80**

Der abgedruckte Vertrag C.2.2 einer einfachen „PartG“ von StB (ohne Anerkennung als „Steuerberatungsgesellschaft“) wurde mit Genehmigung des Autors geringfügig abgeändert aus dem FormB RS/*Hund-von Hagen,* 9. Auflage 2019, Formular A. 11.00 übernommen; auf die dortigen Einzelerläuterungen (FormB RS/*Hund-von Hagen* Form. A. 11 Rn. 11 ff.) wird verwiesen. **81**

einstweilen frei **82–84**

III. Registeranmeldungen

85 Die Anmeldungen haben zum Partnerschaftsregister zu erfolgen (§ 4 Abs. 1, § 5 Abs. 2 PartGG iVm. entsprechender Anwendung von § 106 Abs. 1 und § 108 HGB).

86 Als Gründer der errichteten übernehmenden beiden PartG gilt die übertragende PartG (§ 135 Abs. 2 Satz 2 UmwG). Die übertragende PartG wird von allen Gesellschaftern gemeinschaftlich vertreten; alle Gesellschafter haben daher die Anmeldungen vorzunehmen bzgl.

- der Anmeldung der beiden errichteten übernehmenden PartG zur Eintragung (§ 137 Abs. 1 UmwG; FormB RS/*Hund-von Hagen,* aaO, Form. A. 11.00 Rn. 1 ff.) und
- der Anmeldung der Spaltung der übertragenden PartG zur Eintragung in deren Register.

C.3 Ausscheiden eines Gesellschafters aus einer Personenhandelsgesellschaft unter Sachwertabfindung (mit Einzelwirtschaftsgut) in Betriebsvermögen (Einzelrechtsnachfolge)

Gliederung

A. Vertragsformulare

C.3.1. Ausscheidensvereinbarung gegen Grundstück als Abfindung

Verhandelt zu ...... *[Ort]* am ...... *[Datum]* vor mir, ... *[Name]*, Notar erschienen

1. Herr A, geschäftsansässig in ...... *[Adresse]*,

2. Herr B, geschäftsansässig in ...... *[Adresse]*,

dem Notar persönlich bekannt,

nach ihrer Erklärung hier handelnd in eigenem Namen als sämtliche Kommanditisten der A & B GmbH & Co. KG, mit Sitz in ...... *[Ort]*, eingetragen im Handelsregister des Amtsgerichts ...... *[Ort]* unter HRA ......

Herr A handelt nach seiner Erklärung gleichzeitig auch als der einzige und von den Beschränkungen des § 181 BGB befreite und alleinvertretungsberechtigte Geschäftsführer der persönlich haftenden Gesellschafterin der A & B GmbH & Co. KG, der Komplementärin in Firma A & B Verwaltungs-GmbH, mit Sitz in ...... *[Ort]*, eingetragen im Handelsregister beim Amtsgericht ...... *[Ort]* unter HRB ......

Die Erschienenen erklären, dass weder der Notar selbst, noch sein Sozius in der Sache, die im Nachfolgenden beurkundet wird, vorbefasst iSd. § 3 Abs. 1 Nr. 7 BeurkG sind. Auf Ersuchen der Erschienenen beurkunde ich die vor mir abgegebenen Erklärungen wie folgt:

Präambel

(1) An der Kommanditgesellschaft in Firma A & B GmbH & Co. KG mit dem Sitz in ...... *[Ort],* eingetragen im Handelsregister des Amtsgerichts ...... *[Ort]* unter HRA ...... (nachfolgend auch „Gesellschaft"), sind die beiden Erschienenen zu 1 und zu 2 als Kommanditisten seit Gründung vor ...... Jahren jeweils mit einer Kommanditeinlage und einer unverändert im Handelsregister eingetragenen Haftsumme von jeweils 150 000.– EUR beteiligt; die Einlagen sind voll erbracht und wurden auch zwischenzeitlich nicht zurückbezahlt.

Die Komplementärin in Firma A & B Verwaltungs-GmbH, mit Sitz ...... *[Ort],* eingetragen im Handelsregister beim Amtsgericht ...... *[Ort]* unter HRB ...... hat keine Einlage geleistet und ist weder am Vermögen noch an den Ergebnissen der Gesellschaft beteiligt: Ihre Geschäftsanteile werden von dem Erschienenen zu 1 (Herrn A) allein gehalten.

(2) Die Gesellschaft unterhält nur einen Geschäftsbetrieb ...... *[Beschreibung].* Als Vorratsgrundstück für eine evtl. zukünftige Expansion steht in ihrem Eigentum aber seit ...... *[Datum]* das unbebaute Grundstück ...... *[grundbuchmäßige Beschreibung mit Band ......, Blatt ...... und Flur-Stück Nr. ......]* mit einem Buchwert von 160 000.– EUR und einem Verkehrswert von 200 000.– EUR; dieses Grundstück ist in den Abteilungen II und III unbelastet. Der restliche Geschäftsbetrieb hat einen Buchwert von 140 000.– EUR und einen Verkehrswert von ebenfalls 200 000.– EUR.

(3) Die Erschienenen zu 1 und 2 beabsichtigen ihr gemeinsam in der Gesellschaft betriebenes Engagement zu beenden, und zwar unter Ausscheiden des Erschienenen zu 2 (Herrn B) aus der Gesellschaft gegen Abfindung mit dem in Abs. 2 bezeichneten Grundstück (sog. Sachwertabfindung), aber unter Fortführung der Gesellschaft mit dem Erschienenen zu 1 (Herrn A) als sodann alleinigem Kommanditisten und der A & B Verwaltungs-GmbH als Komplementärin.

(4) Der Erschienene zu 2 (Herr B) wird das vorstehend bezeichnete Grundstück unverzüglich bebauen und nach Fertigstellung darauf einen eigenen Geschäftsbetrieb eröffnen und betreiben (dh. das Grundstück stellt beim Erschienenen zu 2 (Herrn B) von Anfang an notwendiges steuerliches Betriebsvermögen dar).

Hierzu vereinbaren die Parteien was folgt:

§ 1 Ausscheiden aus der Gesellschaft[40, 46]

Der Erschienene zu 2 (Herr B) scheidet aus der Gesellschaft nach Maßgabe der folgenden Bestimmungen aus, und zwar abweichend von der im Gesellschaftsvertrag vorgesehen Barabfindung *[alternativ: der dort vorgesehenen Auflösung und Abwicklung der Gesellschaft];* statt dessen wird abweichend von §§ 145 ff. HGB bzw. §§ 730 ff. BGB eine Auseinandersetzung im Wege der Sachwertabfindung wie folgt vereinbart:

(1) Aus der unter der Firma „A & B GmbH & Co. KG" bestehenden Gesellschaft scheidet der Erschienene zu 2 (Herr B) als Kommanditist zum 31.12.00 *[Datum]* aus.

(2) Als Abfindung erhält der Erschienene zu 2 (Herr B) das in der Präambel unter Abs. 2 bezeichnete Grundstück in ...... *[Beschreibung]* frei von jeglichen Belastungen in Abt. II und III und ohne Schuldübernahme im Innenverhältnis mit Übergang von Nutzen und Lasten zum 1.1.01 ...... *[Datum].*[42]

(3) Die Gesellschaft wird mit den verbleibenden Gesellschaftern, nämlich dem Erschienenen zu 1 (Herrn A) als sodann alleinigem Kommanditisten und der A & B Verwaltungs-GmbH als alleiniger Komplementärin fortgeführt.

(4) Der Auseinandersetzung wird die Bilanz der A & B GmbH & Co. KG zum 31.12.00 *[Datum]* zugrunde gelegt. Diese ist unter Fortführung der bisherigen Praxis und gemäß den Vorschriften des Gesellschaftsvertrages zu erstellen. Insbesondere ist darin keine Auflösung stiller Reserven vorzunehmen, auch der Ausweis eines Firmenwerts entfällt (Buchwertansatz). Der in der Bilanz der A & B GmbH & Co. KG anzusetzende Buchwert für das in Abs. 2 der Präambel bezeichnete Grundstück in Höhe von 160 000.– EUR wird zu diesem Wert von dem Erschienenen zu 2 (Herrn B) in dessen Eröffnungsbilanz zum 1.1.01 *[Datum]* übernommen und dort fortgeführt.

(5) Im Hinblick auf die für die steuerliche Buchwertfortführung notwendige Kapitalkontenanpassung in der Fortführungs-Eröffnungsbilanz des Erschienenen zu 2 (Herrn B) wird vereinbart, dass bereits in der Bilanz zum Ausscheidensstichtag die festen Kapitalkonten der beiden Kommanditisten von je 150 000.– EUR erfolgsneutral an die Summe der Nettobuchwerte (Aktiva ./. Verbindlichkeiten) wie folgt anzupassen sind:[42]

a) Das Kapitalkonto des Erschienenen zu 2 (Herrn B) wird von bisher 150 000.– EUR auf nunmehr 160 000.– EUR aufgestockt;

b) das Kapitalkonto des Erschienenen zu 1 (Herrn A) wird von bisher 150 000.– EUR auf sodann 140 000.– EUR abgestockt.

(6) Die auf den Privatkonten zum 31.12.00 *[Datum]* ausgewiesenen Beträge (einschl. anteiliger Jahresgewinn für das Jahr 00 *[Jahr]*) kann jeder Gesellschafter entnehmen.

(7) Die Gesellschaft, die A & B Verwaltungs-GmbH sowie der Erschienene zu 1 (Herr A) werden den Erschienenen zu 2 (Herrn B) auf erstes Anfordern von jeder Inanspruchnahme für Verbindlichkeiten der Gesellschaft freistellen.

§ 2 Buchwertfortführung; Ertragsteuern[43]

(1) Der Erschienene zu 2 (Herr B) ist nach § 16 Abs. 3 Satz 2 HS 2 EStG bzw. § 6 Abs. 5 Satz 3 EStG verpflichtet, das auf ihn zu übertragende Grundstück als notwendige Betriebsgrundlage im Rahmen seines unverzüglich zu gründenden gewerblichen Einzelunternehmens mit dem in der Bilanz der A & B GmbH & Co. KG *[ggf. einschließlich der steuerlichen Ergänzungsbilanz]* hierauf entfallenden steuerlichen Buchwert fortzuführen.

(2) Der Erschienene zu 2 (Herr B) verpflichtet sich, keine Rechtsgeschäfte oder sonstige Handlungen vorzunehmen, welche die Steuerneutralität der Sachwertabfindung (rückwirkend) entfallen lässt. Insbesondere verpflichtet sich der Erschienene zu 2 (Herr B), die gesetzlichen Vorgaben in Bezug auf die Behaltefrist des § 16 Abs. 3 Satz 3 EStG bzw. § 6 Abs. 5 Satz 4 EStG einzuhalten. Soweit es nachträglich durch das Verhalten des Erschienenen zu 2 (Herrn B) für die hier vereinbarte Sachwertabfindung zu einem Anfallen von Steuern (Einkommensteuer, Gewerbesteuer) kommt, stellt dieser den Erschienenen zu 1 (Herrn A) und die Gesellschaft von den anfallenden Steuern frei. Dies gilt entsprechend für weitere steuerlichen Belastungen, die durch den vorstehend geregelten Ausgleich entstehen sollten. Steuerliche Vorteile sind bei dem Ausgleich zu berücksichtigen.

(3) Im Übrigen trägt jeder Gesellschafter diejenigen auf Grund der Auseinandersetzung entstehenden Steuern, die in seiner Person ausgelöst werden. Dies gilt insbesondere für die Grunderwerbsteuer aus der Übertragung des in Abs. 2 der Präambel bezeichneten Grundstücks auf den Erschienenen zu 2 (Herrn B), die dieser allein trägt (nur hälftige Grunderwerbsteuer auf Grund Nichterhebung nach § 6 Abs. 2 Satz 1 GrEStG).

§ 3 Keine Ausgleichszahlungen (kein Spitzenausgleich)[44]

(1) Ausgleichszahlungen zwischen den Kommanditisten sind nicht zu leisten, da die Parteien von der Gleichwertigkeit des Grundstücks und des Restbetriebs der Gesellschaft ausgehen.

(2) Ausgleichszahlungen werden auch insoweit ausgeschlossen, als stille Reserven in unterschiedlichem Umfang auf den Erschienenen zu 2 (Herrn B) übergehen bzw. bei dem Erschienenen zu 1 (Herrn A) als Kommanditisten verbleiben.

(3) Ausgleichszahlungen sind weiter ausgeschlossen, soweit als Folge einer Änderung der in der Schlussbilanz der A & B GmbH & Co. KG ausgewiesenen Werte durch eine steuerliche Außenprüfung eine Änderung der Nettobuchwerte und eine abweichende Angleichung der Kapitalkonten erfolgt; die Gesellschafter verpflichten sich, in diesem Fall die auf Grund der Betriebsprüfung geänderten Buchwerte gem. § 175 Nr. 2 AO und des vorstehenden § 2 fortzuführen.

(4) Unbeachtlich sind ferner evtl. nach dem 31.12.00 *[Datum]* eintretende Forderungsausfälle sowie der nachträgliche Eingang wertberichtigter Forderungen bei der Gesellschaft; Entsprechendes gilt für die Auflösung von Rückstellungen.

§ 4 Durchführung der Grundstücksübertragung und Ausscheiden aus der Gesellschaft[41]

(1) Die Vertragsteile sind darüber einig, dass der vorbezeichnete Grundbesitz in das Alleineigentum des Erschienenen zu 2 (Herrn B) übergeht, und bewilligen und beantragen die Eintragung der Rechtsänderung im Grundbuch. Auf Eintragung einer Auflassungsvormerkung wird trotz Belehrung verzichtet. Der Notar wird beauftragt, den Vollzug der Handelsregisteranmeldung und der Auflassung gleichzeitig zu beantragen. Vollzugsmitteilung wird für die Beteiligten und den Notar an den Notar erbeten.

(2) Die Parteien verpflichten sich ferner, unverzüglich die Anmeldung des Ausscheidens des Erschienenen zu 2 (Herrn B) aus der Gesellschaft beim Handelsregister vor einem Notar in öffentlich beglaubigter Form vorzunehmen.

§ 5 Umsatzsteuerliche Regelung[51]

(1) Die Übertragung des in Abs. 2 der Präambel bezeichneten Grundstücks ist von der Umsatzsteuer nach § 4 Nr. 9 Buchst. a UStG befreit.

(2) Für den Fall, dass die Übertragung abweichend von § 5 Abs. 1 dennoch der Umsatzsteuer unterliegen sollte, ist die Gesellschaft verpflichtet, dem Erschienenen zu 2 (Herrn B) eine Rechnungen mit Ausweis der gesetzlichen Umsatzsteuer zu erteilen. Der Erschienene zu 2 (Herr B) verpflichtet sich die Umsatzsteuer an die Gesellschaft innerhalb von vier Wochen ab Erhalt einer ordnungsgemäßen Rechnung zu zahlen. Vorstehende Sätze 1 und 2 gelten nicht, sofern Steuerschuldner gem. § 13b Abs. 5 iVm. Abs. 2 Nr. 3 UStG der Erschienene zu 2 (Herr B) ist.

§ 6 Kosten

(1) Die mit dem Abschluss dieser Vereinbarung und deren Durchführung entstehenden Kosten (einschließlich Kosten der Beratung, der Aufstellung der Bilanz, der Übertragung des Grundstücks und der Anmeldung zum Handelsregister) trägt noch die Gesellschaft. Die Kosten sind als Rückstellungen noch in der Bilanz zum 31.12.00 *[Datum],* auszuweisen und im Rahmen der Gewinnverteilung für das Geschäftsjahr 00 *[Jahr]* als Aufwand gemäß dem bisherigen Gewinnverteilungsschlüssel zu behandeln.

(2) Abweichend von § 6 Abs. 1 trägt der Erschienene zu 2 (Herr B) eine auf Grund der Übertragung des in Abs. 2 der Präambel bezeichneten Grundstücks anfallende Grunderwerbsteuer und/oder Umsatzsteuer.

§ 7 Sonstiges/Schlussbestimmungen

(1) Änderungen oder Ergänzungen dieses Vertrages bedürfen der Schriftform, soweit nicht eine strengere Form gesetzlich zwingend vorgeschrieben ist. Das Erfordernis der Schriftform kann nur durch schriftliche Vereinbarung aller Vertragsparteien aufgehoben werden.

(2) Sollte eine Bestimmung dieses Vertrages oder seiner künftigen Änderungen oder Ergänzungen ganz oder teilweise unwirksam oder undurchführbar sein oder werden oder sollte sich in dem Vertrag eine Lücke herausstellen, so wird hierdurch die Gültigkeit der übrigen Bestimmungen nicht berührt. Anstelle der unwirksamen oder undurchführbaren Bestimmung oder zur Ausfüllung der Lücke soll eine angemessene Regelung gelten, die, soweit rechtlich möglich, dem am nächsten kommt, was die Vertragsschließenden gewollt haben oder nach dem Sinn und Zweck des Vertrages gewollt haben würden, sofern sie bei Abschluss dieses Vertrages oder bei der späteren Aufnahme einer Bestimmung den Punkt bedacht hätten.

(3) Die Vertragsteile bekennen, vom Notar hingewiesen worden zu sein

1. auf Voraussetzungen und Zeitpunkt des Eigentumsüberganges, insbesondere auf das Erfordernis der steuerlichen Unbedenklichkeitsbescheinigung, und auf das Risiko der Übertragung von Besitz oder Eigentum vor vollständigem Erhalt der Gegenleistung,
2. auf die Haftung des Vertragsbesitzes für Rückstände an öffentlichen Abgaben und Lasten sowie für Erschließungskosten,
3. auf die gesamtverbindliche Haftung der Vertragsteile für die mit diesem Vertrag verbundenen Kosten, Gebühren und Steuern,
4. darauf, dass diese Urkunde die getroffenen Vereinbarungen vollständig und richtig enthalten muss, damit die Wirksamkeit des Vertrags gewährleistet ist,
5. darauf, dass etwaige Miet- und Pachtverhältnisse durch die gegenwärtige Veräußerung nicht berührt werden,
6. auf den Vertrauenscharakter des Ausscheidens des Herrn B vor grundbuchamtlichem Vollzug und auf die Möglichkeit der Setzung von aufschiebenden Bedingungen für das Ausscheiden und anderer Sicherheiten,
7. auf die gesetzlichen und vertraglichen Gewährleistungsregelungen und auf die einschneidenden Rechtsfolgen eines etwa vereinbarten Gewährleistungsausschlusses.

Vorgelesen vom Notar, von den Beteiligten genehmigt und eigenhändig unterschrieben:

....

[Unterschriften]

C.3.2. Gesellschafterbeschluss[40]

Sämtliche Gesellschafter der Kommanditgesellschaft in Firma „A & B GmbH & Co. KG" mit Sitz in ...... *[Ort]*, eingetragen im Handelsregister des Amtsgerichts ...... *[Ort]* unter HRA ...... (Gesellschaft) treten unter Verzicht auf alle Frist- und Formvorschriften für die Einberufung und Abhaltung von Gesellschafterversammlungen zu einer Gesellschaftervollversammlung zusammen. Anwesend sind

– Herr A, geschäftsansässig in ...... *[Adresse]*, mit einer Kommanditeinlage von 150 000.– EUR,
– Herr B, geschäftsansässig in ...... *[Adresse]*, mit einer Kommanditeinlage von 150 000.– EUR.

und

– die alleinige Komplementärin, die A & B Verwaltungs-GmbH mit Sitz in ……, eingetragen im Handelsregister des Amtsgerichts …… *[Ort]* unter HRB ……, vertreten durch Herrn A als deren allein zur Vertretung berechtigter Geschäftsführer.

Die Gesellschaftervollversammlung beschließt einstimmig:

1. Der Kommanditist Herr B scheidet zum 31.12.00 *[Datum],* unter Sachwertabfindung gemäß der heute ausgefertigten Vereinbarung, auf die Bezug genommen wird und welche als Anlage zu diesem Beschluss genommen wird, als Kommanditist aus der Gesellschaft aus.

2. Die unter der Firma „A & B GmbH & Co. KG“ bestehende Kommanditgesellschaft wird ab dem 1.1.01 *[Datum]* fortgeführt, allerdings unter Ausscheiden des Herrn B und mit Herrn A als verbleibendem alleinigem Kommanditisten und der A & B Verwaltungs-GmbH als alleiniger Komplementärin.

Weitere Beschlüsse werden nicht gefasst.

…………………………, den ………

……………………………………………

[Unterschriften]

Handelsregisteranmeldungen[53 f.]

C.3.3. Handelsregisteranmeldung für GmbH & Co. KG

An das
Amtsgericht …… *[Ort]*
– Registergericht –

HRA-Nr. ……, „A & B GmbH & Co. KG“, mit Sitz in …… *[Ort]*

Zur Eintragung in das Handelsregister wird hiermit angemeldet:

Aus der vorstehend bezeichneten Gesellschaft ist mit Wirkung zum Ablauf des 31.12.00 *[Datum]* der Kommanditist Herr B …… *[Vor- und Zuname],* geb. am …… *[Datum],* wohnhaft in …… *[Adresse]* ausgeschieden. Die Gesellschaft wird mit Herrn A als alleinigem Kommanditisten und der A & B Verwaltungs-GmbH als alleiniger Komplementärin fortgeführt.

…………………………, den ………

……………………………………………

[Unterschrift A zugleich als alleinvertretungsberechtigter Geschäftsführer der Komplementärin A & B GmbH & Co. KG]

C.3.4. Handelsregisteranmeldung für Einzelunternehmen

An das
Amtsgericht …… *[Ort]*
– Registergericht –

Neueintragung der Einzelfirma „B Herstellung und Vertrieb von ……“ mit der Geschäftsniederlassung in …… *[Ort]*

Zur Eintragung in das Handelsregister wird hiermit angemeldet:

Herr B betreibt unter der Firma „B Herstellung und Vertrieb von ...... e. Kfm." ein einzelkaufmännisches Unternehmen, das die Herstellung und den Vertrieb von ...... *[Beschreibung]* zum Gegenstand hat. Das Geschäftslokal befindet sich in ...... *[Adresse].*

Das Betriebsvermögen wird im Wesentlichen dargestellt durch das dem Inhaber anlässlich seines Ausscheidens als Kommanditist aus der unter HRA ...... eingetragenen A & B GmbH & Co. KG mit dem Sitz in ...... *[Ort]* als Abfindung zugewiesene Grundstück, auf dem der Inhaber seine gewerbliche Tätigkeit als Einzelkaufmann ausübt.

Vollzugsmitteilung wird auch an den beglaubigenden Notar erbeten. Ferner wird um Übersendung eines beglaubigten Handelsregisterauszugs an die Firma auf deren Kosten und an deren Anschrift gebeten.

................................, den ....

...

[Unterschrift des B]

[Notarielle Beglaubigung der Unterschrift]

B. Grundsätzliche Anmerkungen

I. Sachverhalt

1 Dem Formular liegt folgender Sachverhalt zugrunde: Aus der A & B GmbH & Co. KG soll einer von zwei Kommanditisten (B) ausscheiden, während die Gesellschaft mit dem zweiten Kommanditisten (A) und der Komplementär-GmbH (A & B Verwaltungs GmbH) fortbesteht. Als Abfindung erhält der Ausscheidende ein Grundstück, das unmittelbar in ein Betriebsvermögen überführt wird. Grafisch stellt sich der Vorgang wie folgt dar:

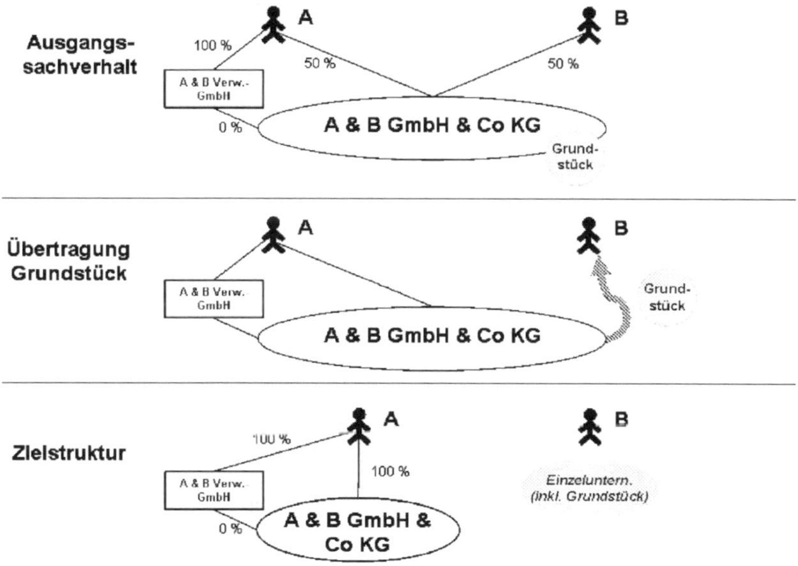

II. Wirtschaftliches Vertragsziel

2 In dem vorliegenden, dem Formular zugrunde liegenden Fall soll das bisher im Rahmen einer GmbH & Co. KG gemeinschaftlich geführte Engagement dadurch beendet werden, dass ein Gesellschafter ausscheidet und als Abfindung ein Vorratsgrundstück der KG übernimmt, mit welchem er einen eigenen Gewerbebetrieb begründet.

3 Auf Grund der Rechtsform als GmbH & Co. KG erlischt diese durch Ausscheiden des Kommanditisten B nicht, sondern wird mit dem verbleibenden Kommanditisten A und der Komplementär GmbH fortgeführt. Damit liegt keine Auflösung der GmbH & Co. KG vor, sondern aus ihr scheidet nur B aus gegen Abfindung mit einem Sachwert, nämlich einem Grundstück. Dies ist nunmehr auch nach dem aktuellen **Realteilungs-Erlass,** BMF v. 19.12.2018, BStBl. I 2019, 6 unter Tz. 2 als sog. „unechte" Realteilung; → Rn. 11 mwN) – ertragsteuerlich nach § 16 Abs. 3 Satz 2 EStG (→ Rn. 10ff.) neutral unter Buchwertfortführung für das Grundstück möglich, wenn dieses von B als Betriebsvermögen fortgeführt wird und auch nicht innerhalb von drei Jahren nach Abgabe der Steuererklärung für den VZ des Ausscheidens von B veräußert oder entnommen wird § 16 Abs. 3 Satz 3 EStG); auch bezüglich des in der A&B GmbH & Co KG verbleibenden Vermögens sollte es mE zu keiner Gewinnrealisierung kommen, so (wohl) auch: BMF v. 19.12.2018, BStBl. I 2019, 6, Tz. 25.

Alternative Gestaltungen

4 **(1)** Alternativ könnte die GmbH & Co. KG aufgelöst werden, wobei im Wege der **Realteilung** B das Grundstück und A den restlichen Geschäftsbetrieb erhalten könnte. Dies wäre entsprechend → Form. C.1.1 ebenso steuerlich neutral unter Buchwertfortführung zu gestalten. Nachteilig wären aber
– der Verlust der Haftungsbegrenzung für den Kommanditisten A und
– eine Fortführung des Geschäftsbetriebs der GmbH & Co. KG durch A als Einzelunternehmen.

5 **(2) Abspaltung auf originär gewerbliche B-GmbH & Co. KG:** Unter Fortbestand der Ausgangs-GmbH & Co. KG könnte unter Abspaltung des Grundstücks auf eine gewerbliche B-GmbH & Co. KG die Trennung analog → Form. C.2.1 als nicht verhältniswahrende Abspaltung nach § 123 Abs. 2 Nr. 1 UmwG vollzogen werden.

III. Zivil-, Handels- und Gesellschaftsrecht

6 Das Ausscheiden aus einer Personenhandelsgesellschaft gegen Abfindung mit einem Wirtschaftsgut aus dem Gesamthandsvermögen ist gesondert und einvernehmlich zu vereinbaren. Ausgeschlossen werden damit die nach Gesellschaftsverträgen geltenden Regelungen, die regelmäßig eine Abfindung mit einem Geldbetrag vorsehen.

7 Zivilrechtlich erfolgt die Übertragung des Grundstücks im Wege der **Einzelrechtsnachfolge.** Da die Verpflichtung zur Grundstücksabtretung durch Übertragung auf B und die Einigung über den Eigentumsübergang (Auflassung) der notariellen Beurkundung (§ 311b Abs. 1 BGB) bedürfen, muss bereits die Ausscheidensvereinbarung notariell beurkundet werden (da diese die Verpflichtung zur Übertragung enthält). Der Beurkundungszwang für das schuldrechtliche Geschäft erfasst alle Vereinbarungen, ohne die das gewollte Rechtsgeschäft nicht abgeschlossen worden wäre, also auch Nebenabreden, die nicht das Grundstück betreffen, aber condicio sine qua non sind.

8 Durch die Zuweisung des Grundstücks aus dem Vermögen der Gesellschaft lebt bei B die **persönliche Haftung** wieder auf, da B seine geleistete (Haft-)Einlage zurückerhält, §§ 172 Abs. 4 Satz 1, 171 Abs. 1 HGB (vgl. BH/*Roth* HGB § 172 Rn. 4). Die

Höhe seiner Haftung ist auf den Betrag seiner im Handelsregister eingetragenen **Hafteinlage** begrenzt, § 172 Abs. 1 HGB, selbst wenn die Abfindung (hier das Grundstück) einen höheren Wert haben sollte (BH/*Roth* HGB § 172 Rn. 5).

Die persönliche Nachhaftung ist **beschränkt** auf diejenigen Verbindlichkeiten der Gesellschaft, die im Zeitpunkt der Eintragung seines Ausscheidens im Handelsregister **begründet** sind, **innerhalb von fünf Jahren** nach Ausscheiden **fällig** werden und **besonders festgestellt** werden, § 160 Abs. 1 HGB (näher BH/*Roth HGB* § 160 Rn. 2). Da im Verhältnis zwischen A und B die Verbindlichkeiten der Gesellschaft nicht von B übernommen werden sollen, liegt es nahe, dass sich B von A, der Komplementärin und der Gesellschaft von einer etwaigen Inanspruchnahme **freistellen** lässt.

einstweilen frei **9**

IV. Ertragsteuerrecht

1. Einkommensteuer

Im vorliegenden Fall ist das Ausscheiden des B gegen Übertragung des Grundstücks unter Buchwertfortführung durch B ohne Gewinnrealisierung möglich, wenn B das Grundstück **10**

- in einem Betriebsvermögen fortführt (die Tatsache, dass mit dem übertragenen Wirtschaftsgut erst ein Betrieb des B begründet wird, ist unschädlich, BMF v. 19.12. 2018, BStBl. I 2019, 6, Tz. 12 Sätze 2f.; vgl. HHR/*Kulosa* EStG § 16 Rn. 547; Schmidt/*Wacker* EStG § 16 Rn. 543) und
- innerhalb von drei Jahren ab dem Zeitpunkt der Abgabe der Erklärung zur einheitlichen und gesonderten Gewinnfeststellung für das Jahr seines Ausscheidens weder veräußert noch entnimmt.

Die Rechtsfolge der Buchwertfortführung ergibt sich – gleichsinnig – sowohl aus § 6 Abs. 5 Satz 3 Nr. 1 iVm. Satz 4 EStG als auch aus § 16 Abs. 3 Satz 2 iVm. Satz 3 EStG. Für Vorrang des § 16 Abs. 3 S. 2ff. EStG aber nunmehr BMF v. 19.12.2018, BStBl. I 2019, 6, Tz. 8. Bisher konnte es an sich dahingestellt bleiben, ob das Ausscheiden gegen Sachwertabfindung steuerlich eine Realteilung darstellt oder nicht. **11**

- Unter den Begriff der **steuerrechtlichen Realteilung iSv. § 16 Abs. 3 EStG** fällt nach der amtlichen Begründung zum StEntlG 1999/2000/2002 auch das ganze oder teilweise Ausscheiden eines Mitunternehmers einer fortbestehenden Personengesellschaft, sog. Ausscheiden gegen Sachwertabfindung, vgl. dazu WM/*Pupeter* Anh. 10 Rn. 1430ff. mwN., 340–350, 560–577; glA *Mielke/Brühl* FR 2015, 1097; Blümich/*Schallmoser* § 16 EStG Rn. 391; so nunmehr als sog, „unechte" Realteilung BMF v. 19.12.2018, BStBl. I 2019, 6 Tz. 2ff. auch für Abfindungmit Einzelwirtschaftsgütern.
- Gegen einen **Vorrang von § 6 Abs. 5 Satz 3 Nr. 1 EStG** sprachen sich schon bisher aus: Kirchhof/*Seer* EStG § 16 Rn. 195; Schmidt/*Wacker* EStG § 16 Rn. 524 und 536.
- Eine zweistufige Realisierung der sog. Sachwertabfindung iSd. H 16 Abs. 9 EStH 2012 gem. dem dortigen Verweis auf BFH v. 23.11.1995, IV R 75/94 (BStBl. II 1996, 194) wird mE (seit VZ 2001) durch § 6 Abs. 5 EStG und nunmehr durch die von der FinVerw. akzeptierte **„unechte" Realteilung** mit § 16 Abs. 3 S. 2 ff. EStG verdrängt; so zur Sachwertabfindung ins Betriebsvermögen bei einer Erbengemeinschaft als „unechte" Realteilung BMF v. 14.3.2006, BStBl. I 2006, 253, Tz. 52, Beispiel 21a) idF BMF v. 27.12.2018, BStBl. I 2019, 11.

Die Anwendung von § 16 Abs. 3 Satz 2 und 3 EStG ist in folgenden Konstellationen (abweichend vom vorliegenden Sachverhalt) günstiger (ggü. § 6 Abs. 5 Satz 3 EStG): **12**

- Handelt es sich bei dem Wirtschaftsgut um **keine wesentliche Betriebsgrundlage** (dazu → Form. C.1 Rn. 27ff.), so ist eine Veräußerung oder Entnahme innerhalb der Sperrfrist unschädlich;

– wird mit dem Wirtschaftsgut auch eine **Verbindlichkeit** übernommen, liegt bei Realteilung insoweit kein teilweise entgeltlicher Vorgang vor; bei Anwendung von § 6 Abs. 5 Satz 3 EStG stellt dagegen die Schuldübernahme ein Entgelt dar, das anteilig zur Gewinnrealisierung führt.

13 Ein weiterer Vorteil der Anwendung der Regelung für eine Realteilung ergibt sich mE bei der sog. **Kapitalkontenanpassung.** Nach hM sind im Rahmen der Realteilung auch die steuerlichen Kapitalkonten an die übernommenen Buchwerte anzupassen (bestätigt durch BFH v. 16.12.2015, IV R 8/12, BStBl. II 2017, 766Rz. 19; vgl. WM/*Pupeter* Anh. 10 Rn. 1486, 1010ff. mwN); aber → C.1 Rn. 38ff., Rn. 44ff. zu der hier vertretenen abweichenden Auffassung. Dies führt im vorliegenden Fall zu Folgendem:

– B übernimmt das Grundstück mit einem Buchwert von 160000,– EUR, hat aber nur ein Kapitalkonto von 150000,– EUR; daher ist sein Kapitalkonto an den Buchwert des übernommenen Grundstücks anzupassen.
– A behält Wirtschaftsgüter mit einem Restbuchwert von netto 140000,– EUR zurück, hat aber ein Kapitalkonto von 150000,– EUR; daher ist sein Kapitalkonto an die Buchwerte der bei der Gesellschaft verbleibenden Wirtschaftsgüter anzupassen.

14 Die beiden – gegenläufigen – Anpassungen der Kapitalkonten (→ Rn. 13) sind zunächst neutral; sie führen nur dazu, dass später die Besteuerung der stillen Reserven insgesamt sichergestellt ist, allerdings mit einem Überspringen stiller Reserven von B auf A (auf Grund Abstockung dessen Kapitalkontos).

15 Die hM behandelt die Frage der Kapitalkontenanpassung im Rahmen des § 6 Abs. 5 Satz 3 EStG nicht, sondern geht – stillschweigend – lediglich von einer Buchwertfortführung aus. Dies würde unreflektiert aber zu mE nicht gerechtfertigten Folgewirkungen führen:

– Im vorliegenden Fall würde das Grundstück zum Buchwert von 160000,– EUR vom Kapitalkonto des B abzubuchen sein; da dessen Kapitalkonto aber nur 150000,– EUR beträgt, ergibt sich daraus zunächst ein negatives Kapitalkonto von 10000,– EUR. Da B aber gleichzeitig aus der Gesellschaft mit einem negativen Kapitalkonto ausscheidet ohne dieses auszugleichen, ist ihm ein Ausscheidensgewinn von 10000,– EUR zuzurechnen. Bei dem verbleibenden A stellen 10000,– EUR nachträgliche AK auf die sämtlichen Wirtschaftsgüter der Gesellschaft dar und sind seinem Kapitalkonto hinzuzurechnen.
– Wären die Zahlen leicht abgewandelt, dh. Buchwert Grundstück 150000.– EUR und Buchwert restliches Vermögen der Gesellschaft 160000,– EUR, würde sich Folgendes errechnen: B verbleibt nach Abbuchung des Grundstücks ein Kapitalkonto von 10000,– EUR, welches er nicht separat vergütet erhält; daher würde sich für B ein ihm zuzurechnender Veräußerungsverlust von 10000,– EUR ergeben. Bei A ergäben sich spiegelbildlich 10000,– EUR nachträgliche AK, die seinem Kapitalkonto hinzuzurechnen wären.

16 All diese gewinn- bzw. verlustrealisierenden Vorgänge lassen sich vermeiden, wenn man auf das Ausscheiden gegen Sachwertabfindung die Regelungen der Realteilung mit Kapitalkontenanpassung nach § 16 Abs. 3 Satz 2 EStG entsprechend anwendet (so nun auch die FinVerw. → Rn. 11 mwN).

17–19 *einstweilen frei*

2. Gewerbesteuer

20 Sofern durch die Sachwertabfindung ein **Aufgabegewinn** entsteht, unterliegt dieser als **laufender Gewinn** der GewSt, allerdings nur soweit Herr B auf der Seite des Veräußerers und auf der Seite des Erwerbers als dieselbe Person als Mitunternehmer beteiligt ist (→ Form. C.1 Rn. 54 mwN).

21 Der **Verlustabzug nach § 10a GewStG** setzt bei der GmbH & Co. KG sowohl die Unternehmens- als auch die Unternehmeridentität voraus. Auf Grund des Ausscheidens des Kommanditisten B aus der Gesellschaft entfällt zukünftig die Unternehmeridentität zur Hälfte. Das bedeutet, dass die GmbH & Co. KG ab dem 1.1.01 nur noch hälftig die gewerbesteuerlichen Verlustvorträge geltend machen kann.

22–24 *einstweilen frei*

3. Sonstige Folgen

Soweit die Voraussetzungen für die **zwingende Buchwertfortführung** nach § 16 Abs. 3 Satz 2 EStG bzw. § 6 Abs. 5 Satz 3 EStG (→ Rn. 10 ff.) gegeben sind, tritt der übernehmende Herr B bzgl. des übernommenen Grundstücks nach hM auch in vollem Umfang in die **steuerliche Rechtsposition** der bisherigen Mitunternehmerschaft ein (Schmidt/*Wacker* EStG § 16 Rn. 547). **25**

Soweit es dagegen zu einer Zuteilung von Wirtschaftsgütern unter **Realisierung der stillen Reserven** (mangels Sicherstellung der Besteuerung der stillen Reserven oder wegen Eingreifen der Missbrauchsvorschriften des § 16 Abs. 3 Sätze 3 und 4 EStG) kommt, ergibt sich bei dem übernehmenden Gesellschafter ein **Anschaffungsvorgang.** **26**

Für das Ausscheiden gegen Sachwertabfindung gibt es außerhalb der Regelungen der Abspaltung nach §§ 123 ff. UmwG **keine Rückwirkung** (weder handelsrechtlich noch steuerrechtlich). Daher muss die Ausscheidensvereinbarung zeitlich **bis zum Übertragungsstichtag** abgeschlossen werden. **27**

einstweilen frei **28, 29**

V. Verkehrsteuern

1. Umsatzsteuer

Die Übertragung des Grundstücks von der Gesellschaft auf Herrn B ist umsatzsteuerbar, aber nach § 4 Nr. 9 Buchst. a UStG wegen der gleichzeitig bestehenden Grunderwerbsteuerpflicht von der Umsatzsteuer befreit. Sofern – anders als hier zugrunde gelegt – auf die Steuerfreiheit verzichtet werden soll, ist dieser Verzicht gem. § 9 Abs. 3 Satz 2 UStG in dem notariell zu beurkundenden Übertragungsvertrag zu erklären. Die Steuerschuldnerschaft nach § 13b UStG umfasst Umsätze, die unter das GrEStG fallen (vgl. § 13b Abs. 2 Nr. 3 iVm. Abs. 5 Satz 1 UStG). Bei Grundstückslieferungen an einen Unternehmer (oder an eine juristische Person des öffentlichen Rechts) ist daher der Leistungsempfänger – nicht wie sonst meist der leistende Unternehmer – Steuerschuldner (§ 13b Abs. 5 Satz 1 UStG). Siehe hierzu auch BMF v. 31.3.2004 (BStBl. I 2004, 453) zur „Erweiterung der Steuerschuldnerschaft des Leistungsempfängers (§ 13b UStG) auf alle Umsätze, die unter das Grunderwerbsteuergesetz fallen, und auf bestimmte Bauleistungen". **30**

Vgl. Zur Umsatzsteuer iÜ ausführlich → Form. A.1 Rn. 118 .ff

2. Grunderwerbsteuer

Gehört zum Vermögen der Personengesellschaft ein Grundstück, so unterliegt die Einzelrechtsübertragung des Grundstücks von der Gesamthand auf Herrn B als ausscheidenden Gesellschafter grds. der **Grunderwerbsteuer** gem. § 1 Abs. 1 Nr. 1 GrEStG (vgl. Pahlke GrEStG § 1 Rn. 153; weiterführend → Form. D.1 Rn. 66 ff.; dort auch zur GrESt bzgl des evtl. verbleibenden GrSt wegen erstmaliger Zurechnung von mindestens 95% an Herrn A). Die Grunderwerbsteuer **entsteht** in dem Zeitpunkt, in dem die rechtswirksame Verpflichtung zur Grundstücksübereignung auf einen Gesellschafter begründet wird. **31**

Die Grunderwerbsteuer wird jedoch in Höhe der Beteiligungsquote des übernehmenden Gesellschafters an der Personengesellschaft im Zeitpunkt der Aufteilung gem. § 6 Abs. 2 GrEStG **nicht erhoben.** Danach wird in Höhe der 50%igen Beteiligungsquote des Herrn B an der GmbH & Co. KG die Grunderwerbsteuer zur Hälfte nicht erhoben, jedoch nur soweit diese Beteiligungsquote auch innerhalb der Fünf-Jahresfrist gem. § 6 Abs. 4 GrEStG bereits vor dem Zeitpunkt seines Ausscheidens bestand. **32**

Ferner kann die Grundstücksübertragung auf einen Gesellschafter gem. § 3 Nr. 1 GrEStG (grunderwerbsteuerlicher Wert iSd. § 8 GrEStG unter 2500,– EUR), § 3 **33**

Nr. 2 GrEStG (Grundstückserwerbe iSd. ErbStG) sowie § 3 Nr. 4 GrEStG oder § 3 Nr. 6 GrEStG **befreit** sein (vgl. WM/*Pahlke* Anh. 12 Rn. 389ff. mwN).

34 **Bemessungsgrundlage** ist gem. § 8 Abs. 2 Satz 1 Nr. 2 GrEStG der Wert des übergehenden Grundstücks, ermittelt nach den Grundsätzen der § 138 Abs. 2 oder 3 BewG (WM/*Pahlke* Anh. 12 Rn. 391 mwN).

35 **Steuerschuldner** iSd. § 13 Nr. 1 GrEStG sind gesamtschuldnerisch sowohl der das Grundstück erwerbende Gesellschafter Herr B als auch die übertragende GmbH & Co.KG.

Vgl. Zur Grunderwerbsteuer iÜ ausführlich → Form. D.1 Rn. 66ff.

VI. Kosten und Gebühren

36 **Ausscheidensvereinbarung:**

Die Ausscheidensvereinbarung unterfällt der Gebührenbestimmung des § 97 GNotKG. Darunter fallen insbesondere Veräußerungsvereinbarungen der Teilhabereiner Gesamthand, vorliegend das Ausscheiden eines Gesamthänders der Kommanditgesellschaft unter Fortsetzung der Kommanditgesellschaft durch die übrigen Gesellschafter (Korintenberg/*Bengel* GNotKG § 97 Rn. 68). Der Wert der Ausscheidensvereinbarung bestimmt sich entweder nach dem Wert des Anteils des ausscheidenden Gesellschafters an der Gesamthandsmasse (ohne Schuldenabzug) oder aber – sollte die ihm für sein Ausscheiden gewährte Gegenleistung höher sein – nach deren Wert (ebenfalls ohne Schuldenabzug) (vgl. Korintenberg/*Bengel* GNotKG § 97 Rn. 68 aE). Vorliegend entspricht der Verkehrswert des von dem ausscheidenden Gesellschafter B übernommenen (unbelasteten) Grundstücks dem hälftigen Verkehrswert der Kommanditgesellschaft, so dass der Betrag von 200000 EUR den Gegenstandswert der Ausscheidensvereinbarung bildet.

37 **Gesellschafterbeschluss:** Der zustimmende Gesellschafterbeschluss ist nicht beurkundungs- oder beglaubigungsbedürftig. Sofern der Entwurf im Auftrag der Beteiligten gleichwohl vom Notar gefertigt wurde, erhält der Notar nach Nr. 24100 des Kostenverzeichnisses hierfür eine im (gebundenen) Ermessen des Notars stehende Gebühr im Gebührensatzrahmen von 0,5 bis 2,0, mindestens jedoch 120 EUR. Der Gesellschafterbeschluss ist ein solcher mit bestimmtem Gegenstandswert und entspricht dem Gegenstandswert der Ausscheidensvereinbarung (= 200000 EUR).

38 Der Geschäftswert für Handelsregisteranmeldungen ist in § 105 GNotKG geregelt. Unterschieden wird zwischen Anmeldungen mit und ohne bestimmten Geldwert, er beträgt jedoch in fast allen Fällen mindestens 30000 EUR (vgl. § 105 Abs. 1 Satz 2 GNotKG). Der Geschäftswert für die Anmeldung des Ausscheidens des B aus der GmbH & Co. KG beträgt nach § 105 Abs. 4 Nr. 3 GNotKG 30000 EUR. Die Erstanmeldung des Einzelunternehmens des B beträgt nochmals 30000 EUR (§ 105 Abs. 3 Nr. 1 GNotKG). Nach Nr. 21201 Nr. 5 des Kostenverzeichnisses fällt für die beiden Handelsregisteranmeldungen damit eine Gebühr von jeweils 0,5 an (= 62,50 EUR).

Beschränkt sich die Tätigkeit des Notars demgegenüber auf die reine Unterschriftsbeglaubigung unter einem Fremdentwurf, so fällt nach Nr. 25100 des Kostenverzeichnisses jeweils nur eine Gebühr von 0,2 an (= 25,00 EUR), mindestens jedoch 20 EUR und höchstens 70 EUR. Neben dem Entwurf bzw. der Beglaubigung der Handelsregisteranmeldung fallen regelmäßig noch sog. Vollzugs- und Betreuungstätigkeiten beim Notar an, die gesondert zu vergüten sind. Dies ist insbesondere die Erstellung sog. XML-Strukturdaten, die für die Anmeldung eine weitere Vollzugsgebühr von 0,3 nach Nr. 22114 des Kostenverzeichnisses begründen, maximal jedoch 250 EUR.

39 **Handelsregistereintragung.** Die Eintragungsgebühren richten sich nach der Handelsregistergebührenverordnung (HRegGebV v. 30.9.2004, BGBl. I 2004, 2562), die auf der Ermächtigungsgrundlage in § 58 GNotKG beruht. Bei den Gebühren

handelt es sich um sog. aufwandsbezogene Gebühren, die dem sog. Gebührenverzeichnis als Anlage zu § 1 Satz 1 HRegGebV entnommen werden können.

Für die Eintragung des Ausscheidens des B aus der GmbH & Co. KG im Handelsregister fällt eine Gebühr iHv. 60 EUR an (Gebührenverzeichnis Nr. 1501). Für die Eintragung des Einzelkaufmanns B fällt eine weitere Gebühr iHv. 70 EUR an (Gebührenverzeichnis Nr. 1100).

C. Einzelerläuterungen

I. Ausscheidensvereinbarung

1. Zivil-, Handels- und Gesellschaftsrecht

Zu § 1:

Das Ausscheiden unter Sachwertabfindung in Abweichung von den gesetzlichen Regelungen in den §§ 145 ff. HGB bzw. §§ 730 ff. BGB bedarf, soweit hierfür im Gesellschaftsvertrag nicht ausdrücklich eine Regelung vorgesehen ist, eines einstimmigen, formlosen Beschlusses der Gesellschafter (§ 131 Abs. 1 Nr. 2 HGB; zum Erfordernis der Einstimmigkeit vgl. § 119 Abs. 1 HGB; BH/*Roth* HBG § 145 Rn. 8; zur Zulässigkeit eines Mehrheitsbeschlusses s. BH/*Roth* HGB § 119 Rn. 34) und zusätzlich oder ausschließlich eines Vertrages, welcher der notariellen Beurkundung bedarf (§ 311b Abs. 1, § 925 BGB). Der **Gesellschafterbeschluss** wird, wenn Grundbesitz oder GmbH-Geschäftsanteile übertragen werden sollen, regelmäßig nicht ausreichen. Die Vereinbarung über die Übertragung des Vermögens der GmbH & Co. KG ist grds. formlos möglich: Da hier jedoch ein Grundstück von der Gesellschaft auf Herrn B übertragen werden soll, haben die Verpflichtung hierzu und alle Vereinbarungen, die hierfür condicio sine qua non sind, sowie die Übertragung (Auflassung) in notariell beurkundeter Form zu erfolgen. **40**

Wenn abweichend vom Formular auch andere Vermögensgegenstände, Rechte und Verbindlichkeiten sowie laufende Vertragsverhältnisse der Personengesellschaft übertragen werden sollten, so muss dies im Wege der **Einzelrechtsnachfolge** vorgenommen werden (keine Gesamtrechtsnachfolge, → Rn. 7). Dies erfordert wegen des sachenrechtlichen Bestimmtheitsgebots die listenmäßige Aufführung sämtlicher Vermögensgegenstände, schwebender Vertragsverhältnisse, halbfertiger Arbeiten, Rechte, Verbindlichkeiten und Vertragsverhältnisse sowie deren Zuteilung an bestimmte Gesellschafter und deren rechtswirksame Übertragung auf diese. Zur Übertragung von Verbindlichkeiten und anderen **Schuldverhältnissen** ist die Zustimmung des jeweiligen Gläubigers im Außenverhältnis notwendig (→ Form. C.1 Rn. 8). Im Innenverhältnis sollte regelmäßig vereinbart werden, dass der übernehmende Gesellschafter den nicht übernehmenden Gesellschafter bei einer evtl. Inanspruchnahme freizustellen hat. **41**

Zu § 1 Abs. 5:

Es wird empfohlen die Anpassung der **Kapitalkonten** an den Buchwert der Sachwertabfindung zu vereinbaren. Zu den Einzelheiten der technischen Umsetzung der Buchwertfortführung durch die von der hM favorisierte Kapitalkontenanpassungsmethode und die hierzu bestehenden denkbaren Alternativen (→ Rn. 13 ff.; → Form. C.1 Rn. 38 ff.). **42**

Zu § 2:

Trotz der zwingenden steuerlichen Buchwertfortführung nach § 16 Abs. 3 Satz 2 bzw. § 6 Abs. 5 Satz 3 EStG empfiehlt sich zur Klarstellung die Aufnahme einer entsprechenden Bestimmung in die Ausscheidensvereinbarung. Im Hinblick auf die **43**

Sperrfristen nach § 16 Abs. 3 Satz 3 EStG bzw. § 6 Abs. 5 Satz 4 EStG (→ Rn. 10) sollte darin eine Regelung getroffen werden, die den evtl. innerhalb der **Sperrfrist** veräußernden Herrn B zum Ausgleich eines hierdurch beim verbleibenden Gesellschafter Herrn A oder der Gesellschaft entstehenden Schadens (= Steuerlast) verpflichtet.

Zu § 3:

44 Da bei späteren Änderungen der Schlussbilanzansätze, zB im Anschluss an eine steuerliche Außenprüfung, sich auch die entsprechenden vom ausscheidenden Gesellschafter B fortzuführenden Buchwerte gem. § 175 Nr. 2 AO ändern und daraus evtl. (steuerpflichtige, → Form C.1 Rn. 34) **Ausgleichsansprüche** entstehen könnten, empfiehlt sich eine diesbzgl. Regelung in der Vereinbarung.

45 *einstweilen frei*

2. Ertragsteuerrecht

Zu §§ 1 bis 4:

46 Ertragsteuerlich geht das Formular davon aus, dass von Herrn B ein einzelnes Wirtschaftsgut unter zwingender steuerlicher Buchwertfortführung übernommen wird. Dies ist nach § 16 Abs. 3 Satz 2 EStG auch dann zu Buchwerten möglich, wenn die übertragenen Sachgesamtheiten nicht als Teilbetrieb, sondern (lediglich) als **Einzelwirtschaftsgüter** zu qualifizieren sind (→ Form. C.1 Rn. 23 ff.).

47 Zur Sicherstellung der künftigen Besteuerung der stillen Reserven ist die Angleichung der Kapitalkonten (→ Rn. 13) an die von Herrn B übernommenen bzw. von Herrn A in der Gesellschaft zurückbehaltenen Nettobuchwerte in § 1 Abs. 5 vorgesehen. Dies kann dazu führen, dass ein Gesellschafter zukünftig einen höheren Betrag an stillen Reserven zu versteuern hat als ein anderer Gesellschafter; auch die zeitliche Verteilung der Abschreibung kann unterschiedlich sein und zu unterschiedlichen Barwerten der zukünftigen Steuerbelastung führen. Darüber hinaus werden regelmäßig die gemeinen Werte nicht den Buchwerten entsprechen. Diese Besonderheiten sind im Einzelfall bei der Aufteilung des Betriebsvermögens zu berücksichtigen. In diesem Formular wird in § 3 ausdrücklich davon abgesehen, diesbzgl. Ausgleichszahlungen (Spitzenausgleich) zu vereinbaren, um damit evtl. steuerpflichtige Gewinne zu vermeiden (→ Form. C.1 Rn. 34).

48–50 *einstweilen frei*

3. Umsatzsteuer

Zu § 5:

51 Für den Fall, dass die Grundstücksübertragung doch der Umsatzsteuer unterliegen sollte (zB auf Grund **Option** gem. § 9 UStG, die allerdings gem. § 9 Abs. 3 Satz 2 UStG im notariellen Übertragungsvertrag ausgeübt sein muss), wird eine Regelung getroffen. Nachdem die Option zur Steuerbefreiung im notariellen Übertragungsvertrag vorliegend nicht ausgeübt wurde und damit eine Befreiung nach § 9 UStG nicht in Betracht kommt, ist § 5 Abs. 2 rein vorsorglich (bzw. als „Merkposten") aufgenommen worden. Zur Erweiterung der Steuerschuldnerschaft gem. § 13b UStG bei Umsätzen, die dem GrEStG unterliegen, → Rn. 30.

52 *einstweilen frei*

II. Handelsregisteranmeldung

53 Das Ausscheiden eines Kommanditisten ist von **sämtlichen** Gesellschaftern (§ 143 Abs. 1 Satz 1 HGB) in **öffentlich beglaubigter Form** (§ 12 HGB) beim Handelsre-

gister anzumelden. Die Angabe des Ausscheidensgrunds ist nach (wohl) hM nicht zwingend erforderlich, da es an einer entsprechenden gesetzlichen Regelung fehlt; dennoch empfiehlt es sich, zur Vermeidung von Verzögerungen bei der Eintragung den **Grund des Ausscheidens** mit anzugeben (dies ermöglicht dem Registerrichter die Prüfung der Richtigkeit des angemeldeten Ausscheidens).

Die Anmeldung des Ausscheidens hat nur **deklaratorischen Charakter** (vgl. BH/ **54**
Roth HGB § 143 Rn. 5). Allerdings **beginnt** mit der Eintragung des Ausscheidens die **fünfjährige Nachhaftung** des Kommanditisten, § 160 Abs. 1 HGB. Die Nachhaftung ergibt sich aus der Rückzahlung der Hafteinlage durch Übertragung des Grundstücks, → Rn. 8.

Gleichzeitig wird die **neue Einzelfirma des Herrn B** durch gesonderte Anmel- **55**
dung angemeldet. Nach der Handelsregisterverfügung ist die neue Firma auf einem neuen Blatt einzutragen und eine beglaubigte Abschrift von den zu anderen Akten eingereichten Schriftstücken zu den neuen Registerakten zu nehmen (§ 8 Abs. 3 HRV); es empfiehlt sich daher immer – schon aus Gründen der Beschleunigung –, eine eigene Anmeldung für die neue Firma des B zu fertigen. Die Firma des Einzelkaufmannes hat den **Zusatz „eingetragener Kaufmann"** bzw. „eingetragene Kauffrau" oder eine Abkürzung hiervon zu enthalten, § 19 Abs. 1 Nr. 1 HGB; im Formular wird die in der Praxis übliche Abkürzung „e. Kfm." vorgeschlagen.

Teil D. Ausgliederung, Einbringung, Tausch

Übersicht

D.1 Ausgliederung Teilbetrieb von Einzelunternehmen auf GmbH (Neugründung)

Gliederung

A. Vertragsformulare
Notarurkunden

D.1.1. Ausgliederungserklärung[109]

Verhandelt am ...... in ......

Vor mir, dem unterzeichnenden Notar ...... mit Amtssitz in ......, erschien heute:

Herr B, ... [*erforderliche Angaben wie Beruf, Geburtsdatum, Anschrift (geschäftlich/privat), ausgewiesen durch Personalausweis Nr./von Person bekannt*].

Der Erschienene erklärt, dass weder der Notar noch einer seiner Sozien in der Sache, die im Nachfolgenden beurkundet wird, vorbefasst iSv. § 3 Abs. 1 Nr. 7 BeurkG sind.

Der Erschienene erklärt weiter mit dem Ersuchen um Beurkundung:

Vorbemerkung

Im Handelsregister des Amtsgerichts ...... bin ich unter HRA ...... mit meinem unter der Firma ...... betriebenen Einzelunternehmen eingetragen.[5]

Mit der nachstehenden Ausgliederung soll aus meinem vorbezeichneten Einzelunternehmen der Teilbetrieb[40] ...... mit allen Aktiva und Passiva ausgegliedert werden.

Nachfolgend gliedere ich entsprechend den §§ 152, 158 ff., 123 ff. UmwG den vorbezeichneten Teilbetrieb auf die dadurch neu gegründete A-GmbH mit Sitz in ...... aus.

Ausgliederungserklärung:[12]

Zur Ausgliederung des vorbezeichneten Teilbetriebs[7] (nachfolgend „Teilbetrieb" genannt) meines Einzelunternehmens gebe ich hiermit folgende Erklärung ab:

Ich errichte hiermit eine Gesellschaft mit beschränkter Haftung nach dem folgenden Ausgliederungsplan. Ich werde der alleinige Gesellschafter der GmbH und stelle den dieser Urkunde als Anlage ...... beigefügten Gesellschaftsvertrag[15] fest.

Ich gliedere hiermit den vorbezeichneten Teilbetrieb nach den §§ 152 ff. UmwG auf die von mir gegründete GmbH aus.

Hierzu stelle ich folgenden Ausgliederungsplan[111] auf:

1. Die Gesellschaft mit beschränkter Haftung führt die Firma A-GmbH und hat ihren Sitz in ......
2. Ich übertrage hiermit die nachfolgend bestimmten und zum Teilbetrieb gehörenden Gegenstände des Vermögens meines Einzelunternehmens, für das eine Schlussbilanz zum ...... *[Tag vor dem Ausgliederungsstichtag]* dieser Urkunde als Anlage ...... beigefügt ist,[24] jeweils als Gesamtheit mit allen Rechten und Pflichten unter Fortbestand meines Einzelunternehmens auf die neu gegründete A-GmbH gegen Gewährung von Gesellschaftsrechten an mich, Herrn B, unter Anwendung der §§ 152, 158 ff., 123 ff. UmwG.

   Für die Übertragung der Gegenstände des Aktiv- und Passivvermögens gilt im Einzelnen:

   a) auf die durch die Ausgliederung entstehende A-GmbH werden alle Aktiva übertragen, die wirtschaftlich zum Teilbetrieb gehören und die in der auf den ...... aufgestellten „Ausgliederungsbilanz", die dieser Urkunde als Anlage ...... beigefügt ist, enthalten sind. Diese ergeben sich wie folgt:

      aa) die immateriellen Vermögensgegenstände gem. Anlage ......;

bb) es wird das Grundstück ...... *[erforderliche Angaben wie Grundbuchbezirk, Grundbuchblatt, Flurstück-Nr., evtl. Belegenheitsadresse]* übertragen, sonstige Grundstücke, grundstücksgleiche Rechte und Bauten werden nicht übertragen;[66]

cc) die sonstigen Sachanlagen gem. Anlage ......;

dd) die Gegenstände des Finanzanlagevermögens gem. Anlage ......;

ee) die Gegenstände des Umlaufvermögens gem. Anlage ......;

ff) die dem Teilbetrieb zuzuordnenden Verträge, insbesondere Anstellungs-, Pacht-, Miet- und Leasingverträge, Lieferverträge und sonstigen Vermögensgegenstände gem. Anlage ......[112];

b) von der A-GmbH werden die dem Teilbetrieb wirtschaftlich zuzuordnenden Verbindlichkeiten gem. Anlage ...... übernommen;

c) die Vollmachten von Prokuristen und Handlungsbevollmächtigten, deren Arbeits- bzw. Dienstverhältnisse im Rahmen der Ausgliederung auf die A-GmbH übergehen, sind von Herrn B unverzüglich nach Errichtung dieser Urkunde zu widerrufen und werden von der Geschäftsführung der A-GmbH neu erteilt;

d) soweit ab dem Ausgliederungsstichtag noch Vermögensgegenstände, die dem Teilbetrieb zuzuordnen sind, durch Herrn B veräußert werden, treten an deren Stelle die Surrogate;

e) Vermögensgegenstände, Verbindlichkeiten und Arbeitsverhältnisse, die nicht in den Anlagen ...... aufgeführt sind, gleichwohl aber dem Teilbetrieb zuzurechnen sind, gehen auf die A-GmbH über; dies gilt auch für alle bis zur Eintragung der Ausgliederung im Handelsregister für den Teilbetrieb erworbenen Vermögensgegenstände, entstandenen Verbindlichkeiten und neu begründeten Arbeitsverhältnisse[111];

f) sollte sich auf Grund einer steuerlichen Außenprüfung oder einer sonstigen rechtskräftigen Feststellung durch die Finanzbehörden nach dem Ausgliederungsstichtag eine Steuernachforderung oder -erstattung für betriebliche Steuern (ohne Einkommensteuer) ergeben, die wirtschaftlich ganz oder teilweise dem ausgegliederten Teilbetrieb zuzurechnen ist, so gilt diese insoweit als der A-GmbH übertragen bzw. von dieser übernommen; die A-GmbH hat Herrn B von allen in diesem Zusammenhang entstehenden Kosten freizuhalten[111];

g) soweit noch laufende rechtliche Auseinandersetzungen bestehen, die wirtschaftlich der A-GmbH zuzurechnen sind, die aber von Herrn B fortzuführen sind, wird die A-GmbH Herrn B von allen sich in diesem Zusammenhang ergebenden Folgen einschließlich aller entstehenden Kosten freihalten.

Die Übertragung des auf die A-GmbH übergehenden Vermögens erfolgt gemäß § 125 Satz 1, § 24 UmwG zu den in der Schlussbilanz angesetzten Buchwerten. Soweit der Wert des übertragenen Vermögens zu Buchwerten[29] abzüglich der übergehenden Schulden den Nennbetrag des Stammkapitals der A-GmbH übersteigt, ist dieser Betrag in die Kapitalrücklage bei der A-GmbH einzustellen.

3. Als Gegenleistung für die Vermögensübertragung gem. Ziff. 2 erhalte ich, Herr B, sämtliche Geschäftsanteile an der A-GmbH im Nennwert von je 1.– EUR mit den Nr. ...... bis ......, die ab dem ...... einen Anspruch auf einen Anteil am Bilanzgewinn gewähren.[113]
Bare Zuzahlungen sind nicht zu leisten.

4. Besondere Rechte oder Vorteile sind weder mir, Herrn B, noch einer anderen der in § 126 Nr. 7 und 8 UmwG genannten Personen gewährt worden.

5. Die Ausgliederung erfolgt im Innenverhältnis mit Wirkung zum ......, 00:00 Uhr (Ausgliederungsstichtag). Von diesem Zeitpunkt an gelten die Handlungen und Geschäfte von Herrn B als für Rechnung der A-GmbH vorgenommen.[114]

6. Auf die im Teilbetrieb beschäftigten Arbeitnehmer und ihre Vertretungen wirkt sich die Ausgliederung wie folgt aus[86, 115]:
   a) Die Arbeitsverhältnisse sämtlicher dem ausgegliederten Teilbetrieb zugehörigen Arbeitnehmer, die in der Anlage ...... bezeichnet sind, gehen auf die neu gegründete Gesellschaft über. Diese tritt gemäß § 613a BGB mit allen Rechten und Pflichten unter Anrechnung der bei dem ausgliedernden Einzelkaufmann verbrachten Vordienstzeiten in die Arbeitsverhältnisse ein. Die Weisungsbefugnisse des Arbeitgebers werden nach der Ausgliederung von der Geschäftsführung der A-GmbH ausgeübt. Auf die inhaltliche Ausgestaltung der Arbeitsverhältnisse hat die Ausgliederung keine Auswirkungen.
   b) Es existieren bei dem einzelkaufmännischen Unternehmen weder Betriebsvereinbarungen noch finden Tarifverträge auf die von der Ausgliederung betroffenen Arbeitsverhältnisse Anwendung.
   c) Soweit Arbeitsverhältnisse nach § 613a BGB auf die neu gegründete Gesellschaft übergehen, haben die betroffenen Arbeitnehmer das Recht, dem Übergang zu widersprechen. Der Widerspruch ist innerhalb eines Monates nach Zugang der Unterrichtung des Arbeitnehmers über den bevorstehenden Betriebsübergang nach § 613a Abs. 5 BGB zu erklären. Widerspricht der Arbeitnehmer dem Übergang seines Arbeitsverhältnisses, so besteht das Arbeitsverhältnis bei dem ausgliedernden Unternehmen fort. Dieses kann das Arbeitsverhältnis jedoch unter den Voraussetzungen des § 1 KSchG betriebsbedingt kündigen, wenn eine Weiterbeschäftigung des dem Übergang widersprechenden Arbeitnehmers nicht möglich ist.
   d) Bei dem Einzelunternehmen existiert weder ein Betriebsrat[13] noch eine sonstige Arbeitnehmervertretung. Die Voraussetzungen für die gesetzliche Mitbestimmung der Arbeitnehmer sind nicht gegeben. Veränderungen im betriebsverfassungsrechtlichen bzw. im mitbestimmungsrechtlichen Bereich ergeben sich somit nicht.

   Für die anderen Arbeitnehmer des Einzelunternehmens ändert sich nichts.
7. Meine Verbindlichkeiten übersteigen nicht mein Vermögen.[8, 116]

Gesellschafterversammlung[117]

Herr B hält nunmehr unter Verzicht auf alle gesetzlichen und satzungsmäßigen Form- und Fristvorschriften eine Gesellschafterversammlung der neu gegründeten A-GmbH ab.

Herr B wird zum Geschäftsführer der A-GmbH bestellt. Er ist stets allein zur Vertretung der GmbH berechtigt und von den Beschränkungen des § 181 BGB befreit.

Zum Abschlussprüfer für das erste (am ...... endende) Geschäftsjahr bestelle ich die ...... Wirtschaftsprüfungs- und Steuerberatungsgesellschaft in ......

Die Kosten der Ausgliederung trägt die Gesellschaft bis zum Betrag von ...... EUR.

Die Gesellschafterversammlung wird geschlossen.

Hinweise[120]

Der Notar weist die Erschienenen auf Folgendes hin:

1. Die Ausgliederung wird erst wirksam, wenn die neu gegründete Gesellschaft mit beschränkter Haftung in dem für sie zuständigen Register eingetragen ist.
2. Der Wert des Gesellschaftsvermögens der GmbH darf bei Anmeldung der Ausgliederung nach Abzug der Schulden nicht niedriger sein als das Stammkapital der GmbH. Unabhängig hiervon haften für einen im Zeitpunkt der Eintragung beste-

henden eventuellen Fehlbetrag die Gesellschafter und der übertragende Rechtsträger gesamtschuldnerisch persönlich.

3. Ein Ausgliederungsbericht ist gem. §§ 158, 153 UmwG nicht erforderlich. Es findet bei der Ausgliederung auf eine GmbH weder eine Ausgliederungsprüfung gem. § 125 Satz 2 UmwG statt noch eine Sachgründungsprüfung gem. § 159 Abs. 2, 3 UmwG. Es bedarf lediglich des Sachgründungsberichtes nach §§ 159 Abs. 1, 58 Abs. 1 UmwG, 5 Abs. 4 GmbHG, in dem auch der Geschäftsverlauf und die Lage des ausgliedernden Rechtsträgers dazulegen sind.
4. Das Registergericht hat die Eintragung nach §§ 154, 160 Abs. 2 UmwG abzulehnen, wenn die Verbindlichkeiten des Einzelkaufmanns sein Vermögen offensichtlich übersteigen.

Von dieser Urkunde erhalten die Gesellschaft und der Gesellschafter sowie das Registergericht je eine Ausfertigung, die für die Beteiligten – Ausgliedernder und Gesellschaft – zuständigen Finanzämter (§ 54 Abs. 1 EStDV) je eine beglaubigte Abschrift.

Samt Anlagen vom Notar vorgelesen, von dem Erschienenen genehmigt und wie folgt unterschrieben:

....

[Unterschriften]

D.1.2. Gesellschaftsvertrag der A-GmbH[125]

§ 1 Firma, Sitz, Geschäftsjahr[127]

(1) Die Firma der Gesellschaft lautet: A-GmbH.

(2) Der Sitz der Gesellschaft ist ......

(3) Das Geschäftsjahr ist das Kalenderjahr.

§ 2 Gegenstand des Unternehmens[128]

(1) Der Gegenstand des Unternehmens ist ......

(2) Die Gesellschaft ist zu allen nicht erlaubnispflichtigen Geschäften und Maßnahmen berechtigt, die unmittelbar oder mittelbar dem Gegenstand des Unternehmens zu dienen geeignet sind. Sie ist insbesondere berechtigt, im In- und Ausland Zweigniederlassungen zu errichten, sich an anderen Unternehmen gleicher oder verwandter Art im In- und Ausland zu beteiligen sowie solche Unternehmen zu erwerben, zu gründen und für eigene oder fremde Rechnung zu führen.

§ 3 Bekanntmachungen[130]

Bekanntmachungen der Gesellschaft erfolgen ausschließlich im Bundesanzeiger.

§ 4 Stammkapital[131]

(1) Das Stammkapital der Gesellschaft beträgt ...... EUR (in Worten: ...... Euro). Es ist eingeteilt in ...... Geschäftsanteile zu je 1.– EUR.

(2) An dem Stammkapital sind beteiligt

Herr B mit den Geschäftsanteilen Nr. ...... bis Nr. ....

(3) Das Stammkapital wird durch Sacheinlagen erbracht, indem der Einzelkaufmann Herr B seinen Teilbetrieb ...... nach den §§ 152, 158 ff., 123 ff. UmwG auf die neu gegründete A-GmbH ausgliedert und das nach Abzug der Schulden verbleibende (freie) Vermögen des vorgenannten Teilbetriebs mindestens dem Stammkapital der

GmbH entspricht. Der Wert des Teilbetriebs wird mit ...... EUR angenommen (Annahmewert) und mit ...... EUR auf die in Geld ausgedrückte Einlageverpflichtung des Herrn B angerechnet (Verrechnungswert). Soweit der Annahmewert der Sacheinlage den Nennbetrag des Stammkapitals übersteigt, ist der überschießende Betrag in die Kapitalrücklage bei der A-GmbH einzustellen.

§ 5 Verfügung über Geschäftsanteile[132]

Die Verfügung über einen Geschäftsanteil, insbesondere die Abtretung oder Verpfändung bedarf der vorherigen Zustimmung aller anderen Gesellschafter. Die Zustimmung darf nur aus wichtigem Grund verweigert werden. Als wichtiger Grund gilt auch eine durch die Übertragung eintretende Nichtabziehbarkeit von steuerlich berücksichtigungsfähigen Verlusten, Verlustvorträgen oder Fehlbeträgen (§§ 8c KStG, 10a GewStG).

§ 6 Geschäftsführung[134]

(1) Die Gesellschaft hat einen oder mehrere Geschäftsführer. Ist nur ein Geschäftsführer bestellt, so vertritt dieser die Gesellschaft allein. Sind mehrere Geschäftsführer bestellt, so sind je zwei Geschäftsführer oder ein Geschäftsführer mit einem Prokuristen gemeinschaftlich zur Vertretung der Gesellschaft berechtigt. Einzelvertretungsbefugnis kann erteilt werden. Den Geschäftsführern kann weiter gestattet werden, bei der Vertretung der Gesellschaft zugleich in Vertretung eines Dritten und/oder in eigenem Namen zu handeln.

(2) Die Geschäftsführer führen die Geschäfte der Gesellschaft nach Maßgabe der gesetzlichen Bestimmungen, der Vorschriften dieses Gesellschaftsvertrages sowie der Beschlüsse der Gesellschafter. Sie sind gegenüber der Gesellschaft verpflichtet, die Bindungen einzuhalten, die ihnen der Anstellungsvertrag auferlegt.

§ 7 Gesellschafterversammlung[135]

(1) Beschlüsse der Gesellschafter werden in Gesellschafterversammlungen gefasst.

(2) Eine ordentliche Gesellschafterversammlung ist mindestens einmal im Jahr abzuhalten zum Zwecke der Beschlussfassung über
- **die Berichterstattung über den Verlauf des abgelaufenen Geschäftsjahres,**
- **die Feststellung des Jahresabschlusses,**
- **die Gewinnverwendung,**
- **die Entlastung der Geschäftsführer und**
- **die Wahl des Abschlussprüfers, soweit erforderlich.**

(3) Außerordentliche Gesellschafterversammlungen sind einzuberufen, wenn die Situation der Gesellschaft dies erfordert oder ein oder mehrere Gesellschafter, die zusammen über mindestens 10 % des Stammkapitals verfügen, dies verlangen. Wird dem Verlangen nicht entsprochen, so sind die Gesellschafter berechtigt, die Versammlung selbst einzuberufen; Absatz 4 gilt entsprechend.

(4) Die Einberufung einer Gesellschafterversammlung erfolgt durch die Geschäftsführung durch eingeschriebenen Brief an die Gesellschafter, der mindestens zwei Wochen vor dem Tag der Gesellschafterversammlung zur Post aufzugeben ist und die Tagesordnung enthalten muss. Für außerordentliche Gesellschafterversammlungen kann in dringenden Fällen die Einberufungsfrist auf eine Woche abgekürzt werden. In diesem Fall beginnt die Frist am zweiten Tage nach der Absendung des Einschreibens und endet am Tage vor der Versammlung.

Im Ausland ansässigen Gesellschaftern werden Ladungen zusätzlich per Telefax übermittelt, eingehend spätestens zwei Wochen vor dem Tag der Gesellschafterversammlung.

(5) Eine nicht ordnungsgemäß einberufene Gesellschafterversammlung kann Beschlüsse nur fassen, wenn sämtliche Gesellschafter vertreten sind und kein Widerspruch gegen die Beschlussfassung erhoben wird.

Wird diese Mehrheit nicht erreicht, so ist eine neue Gesellschafterversammlung mit der gleichen Tagesordnung einzuberufen, die aber nicht vor Ablauf von sieben Tagen, gerechnet vom Tage der Absendung der erneuten Einladung, und nicht später als einen Monat, gerechnet vom Tage der ersten Gesellschafterversammlung, stattfinden darf. Diese Gesellschafterversammlung ist unabhängig von den vertretenen Stimmen stets beschlussfähig, wenn in der Einladung auf diese Rechtsfolge ausdrücklich hingewiesen worden ist.

(6) Beschlüsse können auch – soweit gesetzlich zulässig – außerhalb einer Gesellschafterversammlung durch schriftliche Abstimmung gefasst werden, wenn alle Gesellschafter sich damit im Rahmen der Abstimmung schriftlich einverstanden erklärt haben.

(7) Über jede Gesellschafterversammlung hat die Geschäftsführung ein Protokoll zu erstellen, das die Namen aller anwesenden Personen, den Wortlaut der Anträge und der Beschlüsse sowie das Ergebnis der Abstimmung enthalten muss, soweit nicht durch Gesetz eine andere Form vorgeschrieben ist.

(8) Die Gesellschafter fassen ihre Beschlüsse mit einfacher Mehrheit aller vorhandenen Stimmen, soweit sich aus diesem Gesellschaftsvertrag oder aus zwingenden gesetzlichen Vorschriften nichts Anderes ergibt.

Beschlüsse über die Änderung des Gesellschaftsvertrages sowie Umwandlungen nach dem Umwandlungsgesetz bedürfen einer Mehrheit von 75 % aller vorhandenen Stimmen.

(9) Jeder Gesellschafter kann sich bei der Gesellschafterversammlung durch einen anderen Gesellschafter oder durch eine gesetzlich zur Berufsverschwiegenheit verpflichtete Person vertreten lassen. Der Vertreter muss eine schriftliche Vollmacht vorlegen.

(10) Ein Gesellschafter, der bei der Beschlussfassung anwesend war, kann Beschlüsse der Gesellschafter nur innerhalb eines Monats seit der Beschlussfassung, sonst innerhalb eines Monats nach Zustellung des Protokolls über die Gesellschafterversammlung durch Klage anfechten.

§ 8 Einziehung von Geschäftsanteilen[137]

(1) Die Gesellschaft ist befugt, den bzw. die Geschäftsanteil(e) eines Gesellschafters durch Beschluss nach §§ 34, 46 Nr. 4 GmbHG einzuziehen, wenn:

a) der Gesellschafter seine Gesellschaftspflichten grob verletzt hat;
b) der Gesellschafter ohne Zustimmung der Gesellschaft auf eigene Rechnung auf dem Gebiet der Gesellschaft tätig wird;
c) für den Gesellschafter die Betreuung angeordnet wird, sofern der Aufgabenkreis des Betreuers die Wahrnehmung der Rechte und Pflichten als Gesellschafter in der Gesellschaft ganz oder teilweise einschließt;
d) über das Vermögen des Gesellschafters das Insolvenzverfahren eröffnet und nicht innerhalb von drei Monaten seit Eröffnung eingestellt oder die Eröffnung eines solchen Verfahrens mangels Masse abgelehnt wird oder der Gesellschafter die Richtigkeit seines Vermögensverzeichnisses an Eides Statt zu versichern hat;
e) die Zwangsvollstreckung in den Geschäftsanteil betrieben und nicht binnen drei Monaten aufgehoben wird;
f) in der Person des Gesellschafters ein wichtiger Grund vorliegt, der seine Ausschließung rechtfertigen würde, insbesondere, wenn den übrigen Gesellschaftern die Fortsetzung der Gesellschaft mit dem betreffenden Gesellschafter wegen seines Verhaltens oder wegen seiner Persönlichkeit nicht mehr zumutbar ist oder

durch sein Verbleiben in der Gesellschaft der Bestand der Gesellschaft ernstlich gefährdet wäre. Die weitere Zusammenarbeit gilt insbesondere dann als unzumutbar, wenn ein Gesellschafter trotz Nachfristsetzung mit Ablehnungsandrohung Verträge zwischen ihm und der Gesellschaft nicht erfüllt;

g) der Gesellschafter Auflösungsklage erhebt oder seinen Austritt aus der Gesellschaft erklärt;

h) ein Gesellschafter, der seine Beteiligung an der Gesellschaft mit Rücksicht auf seine Tätigkeit als Geschäftsführer der Gesellschaft erworben hat, für die Gesellschaft nicht mehr tätig ist;

i) der Gesellschafter zustimmt.[138]

(2) Die Einziehung wird durch die Geschäftsführung erklärt. Sie bedarf eines Gesellschafterbeschlusses, der mit der Mehrheit von 75 % der abgegebenen Stimmen gefasst wird.[140] Dem betroffenen Gesellschafter steht bei Beschlüssen gem. Abs. 1 Buchst. a)–h) kein Stimmrecht zu. Der Einziehungsbeschluss wird mit seiner Mitteilung an den betroffenen Gesellschafter wirksam.[140]

(3) Anstelle der Einziehung können die übrigen Gesellschafter mit der durch diese Satzungsbestimmung – unter Befreiung von den Beschränkungen des § 181 BGB – erteilten Ermächtigung des betroffenen Gesellschafters oder seiner Rechtsnachfolger beschließen, dass der der Einziehung unterliegende Geschäftsanteil auf die Gesellschaft oder die Gesellschafter oder einen zu bestimmenden Gesellschafter oder Dritten übertragen wird.

(4) Beschlüsse im Sinne der Abs. 1 bis 3 können nur innerhalb von sechs Monaten nach Eintritt des Ereignisses gefasst werden, das die Einziehung gem. Abs. 1 rechtfertigt.

(5) Gesellschafter, deren Geschäftsanteile eingezogen oder gem. Abs. 3 an die Gesellschaft, Gesellschafter oder dritte Personen abgetreten werden, erhalten hierfür ein Entgelt, das dem gemeinen Wert der Geschäftsanteile iSv. § 11 Abs. 2 BewG entspricht.[139] Zahlungen durch die Gesellschaft dürfen nur aus der freien Rücklage erfolgen. Soweit dies bei Fälligkeit nicht vollständig erfolgen kann, ist die Abfindungsforderung zinslos gestundet.

Schuldner des Entgelts ist die Gesellschaft, wenn der Geschäftsanteil eingezogen oder von der Gesellschaft übernommen wird, sonst derjenige, an den der Geschäftsanteil abgetreten wird.

§ 9 Jahresabschluss, Gewinnverwendung[141]

(1) Der Jahresabschluss (Bilanz mit Gewinn- und Verlustrechnung) sowie der Lagebericht – soweit gesetzlich erforderlich – ist von der Geschäftsführung innerhalb von drei Monaten nach Ende eines jeden Geschäftsjahres aufzustellen.

(2) Der Jahresabschluss ist dem Abschlussprüfer zur Prüfung vorzulegen. Die Geschäftsführer haben den Gesellschaftern den Jahresabschluss und den Lagebericht gemeinsam mit dem schriftlichen Prüfungsbericht des Abschlussprüfers unverzüglich nach Fertigstellung mit ihren Vorschlägen zur Gewinnverwendung zur Beschlussfassung vorzulegen.

(3) Der Jahresabschluss ist entsprechend den Grundsätzen ordnungsmäßiger Buchführung so zu fertigen, dass die Handelsbilanz gleichzeitig als Steuerbilanz Verwendung finden kann. Die gesetzlichen Bestimmungen der Bilanzierung und Prüfung des Jahresabschlusses bleiben unberührt.

(4) Die Gesellschafterversammlung beschließt über die Verwendung des sich aus der Jahresbilanz ergebenden Jahresüberschusses zuzüglich eines Gewinnvortrages abzüglich eines Verlustvortrages. Sie kann Beträge in Gewinnrücklagen einstellen oder als Gewinn vortragen oder ganz oder teilweise an die Gesellschafter ausschütten.

(5) Ausgeschüttete Gewinne sind auf die Gesellschafter nach dem Verhältnis ihrer Geschäftsanteile zu verteilen.

§ 10 Gründungsaufwand[142]

Die durch die Errichtung der Gesellschaft entstehenden Kosten (Notar, Gericht, Beratung) übernimmt die Gesellschaft bis zur Höhe von 2000.– EUR.

§ 11 Teilnichtigkeit

Sollten einzelne Bestimmungen dieses Gesellschaftsvertrages nichtig oder unwirksam sein oder werden, so wird die Gültigkeit des Vertrages im Übrigen hiervon nicht berührt. Die ungültige Bestimmung soll durch eine solche ersetzt werden, die dieser in ihrem wirtschaftlichen Sinngehalt entspricht.

Berichte und Schreiben

D.1.3. Sachgründungsbericht[146]

Als Einzelunternehmer habe ich, Herr B, den Teilbetrieb ...... meines Unternehmens auf eine neu gegründete Gesellschaft mit beschränkter Haftung in Firma A-GmbH ausgegliedert. Über den Ablauf der Ausgliederung in die A-GmbH berichte ich wie folgt:

1. **Mit notarieller Urkunde vom ...... (UR-Nr. ...... des Notars ...... in ......) wurde die Ausgliederung beschlossen und als Bestandteil des Umwandlungsbeschlusses der Gesellschaftsvertrag der A-GmbH festgestellt.**
2. **Das Stammkapital der Gesellschaft beträgt ...... EUR. An dem Stammkapital sind beteiligt:**

   Herr B mit sämtlichen Geschäftsanteilen zu je 1.– EUR Nr. ...... bis ......

   Diese wurden erbracht durch Sacheinlage gem. den Festsetzungen im Gesellschaftsvertrag (§ 4 Abs. 3). Danach wird die Sacheinlage erbracht, indem der Einzelkaufmann Herr B seinen Teilbetrieb ...... nach den §§ 152, 158ff., 123ff. UmwG auf die neu gegründete A-GmbH ausgliedert und das nach Abzug der Schulden verbleibende (freie) Vermögen des vorgenannten Teilbetriebs mindestens dem Stammkapital der GmbH entspricht. Soweit der Wert der Sacheinlage den Nennbetrag des Stammkapitals übersteigt, ist der überschießende Betrag in die Kapitalrücklage bei der A-GmbH einzustellen.
3. **Zur Angemessenheit der Leistungen für die vorstehend bezeichneten Sacheinlagen sowie als Bericht über den bisherigen Geschäftsverlauf und die Lage meines Einzelunternehmens, aus dem der Teilbetrieb ...... übertragen wird, und zu den Jahresergebnissen der beiden letzten Geschäftsjahre (§ 5 Abs. 4 GmbHG) weise ich auf Folgendes hin:[148]**
   a) **Die als Anlage 1 diesem Sachgründungsbericht beigefügte „Ausgliederungsbilanz" ist eine ordentliche und nach den maßgeblichen handelsrechtlichen Vorschriften erstellte Zwischenbilanz bezogen auf den Teilbetrieb ...... Die darin ausgewiesenen Buchwerte werden von der neu gegründeten GmbH unverändert fortgeführt.**
   b) **Die für die Erbringung des Stammkapitals der neu gegründeten GmbH zugrunde gelegten Buchwerte der Aktiva des ausgegliederten Teilbetriebs ...... liegen auf Grund vorhandener stiller Reserven deutlich unter dem wirklichen Wert, so dass nach Abzug der Verbindlichkeiten der wirkliche Wert des Reinvermögens des Teilbetriebs höher ist als das übernommene Stammkapital. Dies ergibt sich aus folgenden Umständen:**

aa) Die immateriellen Vermögensgegenstände (Konzessionen, gewerbliche Schutzrechte, Geschäfts- und Firmenwerte usw.) der Gesellschaft ...... *[nähere Angaben zu stillen Reserven, zB aus den Bewertungsgrenzen des § 253 HGB].*

bb) Die Sachanlagen (Grundstücke, grundstücksgleiche Rechte, Bauten, technische Anlagen und Maschinen sowie maschinellen Anlagen usw.) der Gesellschaft ...... *[nähere Angaben zu stillen Reserven].*

cc) Das Umlaufvermögen (Vorräte, Forderungen, Wertpapiere usw.) der Gesellschaft ...... *[nähere Angaben zu stillen Reserven].*

c) Die bilanzierten Passivposten sind vollständig und ausreichend. Für die eingegangenen und dem Teilbetrieb zuzurechnenden Rentenverpflichtungen wurden Rückstellungen in Höhe des versicherungsmathematischen Wertes der Zusagen gebildet, wie sich aus dem diesem Bericht als Anlage 2 beigefügten Gutachten vom ...... ergibt. Nicht bilanzierte Risiken sind mir nicht bekannt. Eventualverbindlichkeiten sind nicht vorhanden.

d) Der Ausgliederung sind keine Rechtsgeschäfte vorangegangen, deren Zweck darauf gerichtet war, den Leistungsgegenstand zur Deckung der Sacheinlage bei der GmbH zu verwenden. Die Vermögensgegenstände, die die Sacheinlageleistung bei der GmbH darstellen, wurden im Rahmen des laufenden Geschäftsbetriebs des Teilbetriebs ...... geschaffen oder erworben.

e) Als Anlage 3 übergebe ich eine Aufstellung, aus der sich die Anschaffungs- und Herstellungskosten aller für den Teilbetrieb ...... in den beiden letzten Jahren vor der Abgabe der Ausgliederungserklärung angeschafften oder hergestellten Vermögensgegenstände ergeben.

f) Zum Nachweis der Betriebserträge des Teilbetriebs ...... in den letzten beiden Geschäftsjahren übergebe ich als Anlagen 4 und 5 die Jahresabschlüsse (Bilanz, Gewinn- und Verlustrechnung und Anhang) meines Einzelunternehmens für die Jahre ...... und ...... sowie die aus diesen abgeleiteten Jahresabschlüsse für den Teilbetrieb ...... Daraus ergibt sich, dass für den Teilbetrieb in dem Geschäftsjahr ...... nach Steuern ein Jahresüberschuss von ...... EUR und in dem Geschäftsjahr ...... nach Steuern ein Jahresüberschuss von ...... EUR erzielt wurde. Ein Verlustvortrag existiert nicht. Rückstellungen sind in dem erforderlichen Umfang gebildet worden.

g) Der in den vorgelegten Unterlagen dokumentierte positive Geschäftsverlauf kann auch für die Zukunft nachhaltig erwartet werden ...... *[nähere Angaben zu Umsatzentwicklung, Auftragsbestand, Investitionsvolumen usw.].* Aus der Relation zwischen den in der Vergangenheit erzielten Erträgen zum bilanzierten Eigenkapital, das zum ...... anzusetzen ist, lässt sich ein erheblicher good-will des Teilbetriebs ...... ableiten.[150]

h) Die Geschäftsentwicklung in der Zeit seit dem Stichtag des Jahresabschlusses zum ...... bis zur Erstellung dieses Gründungsberichtes ist positiv. Hierzu übergebe ich als Anlage 6 die kurzfristige Erfolgsrechnung zum ......, aus der sich ...... *[nähere Angaben]* ergeben.[150]

i) Herr Wirtschaftsprüfer ...... hat in den als Anlage 7 beigefügten Erläuterungen zum Jahresabschluss zum ...... und zur kurzfristigen Erfolgsrechnung zum ...... zu einzelnen den Vermögenswert bestimmenden Bilanzansätzen und zur Geschäftsentwicklung des laufenden Geschäftsjahres Stellung genommen. Hierauf nehme ich Bezug.

k) Aufgrund dieser Tatsachen stelle ich fest, dass der Wert des Reinvermögens (Überschuss der Aktiva über die Schulden) des Teilbetriebs ...... dem Stammkapital der künftigen GmbH, das durch diesen Wert gedeckt werden soll, mindestens voll entspricht.

4. Die Gesellschafter haben zum Abschlussprüfer für den ersten Jahresabschluss der A-GmbH die ...... Wirtschaftsprüfungsgesellschaft in ...... bestellt.

5. **Aus meinen Jahresabschlüssen für die beiden letzten Geschäftsjahre ergibt sich, dass die Verbindlichkeiten meines einzelkaufmännischen Unternehmens dessen Vermögen nicht übersteigen.**

....

[Ort, Datum] ***[Unterschrift Herr B]***

D.1.4. Schreiben an Betriebsrat[151]

[Ein Schreiben an den Betriebsrat ist entbehrlich, weil es weder einen Betriebsrat noch eine sonstige Arbeitnehmervertretung bei dem umzuwandelnden Einzelunternehmen gibt.]

Handelsregisteranmeldungen[155]

D.1.5. Anmeldung zum Handelsregister des ausgliedernden Kaufmanns

An das Amtsgericht ......
Handelsregister

HRA ......, Firma ...... (Einzelkaufmann Herr B)

Ich übergebe

eine Ausfertigung des notariellen Protokolls vom ...... (UR-Nr. ...... des Notars ...... in ......) mit der Erklärung über die Ausgliederung des Teilbetriebs ...... zur Neugründung einer Gesellschaft mit beschränkter Haftung (GmbH) mit

- **dem Ausgliederungsplan,**
- **dem Gesellschaftsvertrag der neuen GmbH,**
- **dem Sachgründungsbericht,**
- **der „Ausgliederungsbilanz" des Teilbetriebs,**
- **der Schlussbilanz des einzelkaufmännischen Unternehmens zum ...... *[Tag vor dem Ausgliederungsstichtag],***

sowie vorsorglich für mich eine Vermögensaufstellung

und melde – gem. §§ 160 Abs. 1, 137 Abs. 1, 130 Abs. 1 Satz 1 UmwG nach Eintragung der A-GmbH im Register – zur Eintragung an:

1. **Die Gesellschaft mit beschränkter Haftung in Firma A-GmbH ist nach §§ 152, 158 ff., 123 ff., 135 ff. UmwG im Wege der Ausgliederung des Teilbetriebs ...... als Gesellschaft mit beschränkter Haftung (GmbH) mit Sitz in ...... errichtet worden.**
2. **Es wird versichert, dass die Verbindlichkeiten des Einzelkaufmanns Herr B sein Vermögen nicht übersteigen (§§ 152 Satz 2, 160 Abs. 2 UmwG).**
3. **Die aktuelle Geschäftsanschrift lautet: ......**

....

[Ort, Datum] ***[Unterschrift Herr B]***

....

[Beglaubigungsvermerk für Unterschrift]

D.1.6. Anmeldung zum Handelsregister der übernehmenden Gesellschaft

An das Amtsgericht ......
Handelsregister

HRB neu
A-GmbH mit Sitz in ......
Neugründung durch Ausgliederung eines Teilbetriebs aus dem Unternehmen des Einzelkaufmanns Herr B (HRA ...... des Amtsgerichtes ......)

Ich übergebe

1. **eine Ausfertigung des notariellen Protokolls vom ...... (UR-Nr. ...... des Notars ...... in ......) mit der Erklärung über die Ausgliederung des Teilbetriebs ...... zur Neugründung einer Gesellschaft mit beschränkter Haftung (GmbH) mit**
   - **dem Ausgliederungsplan,**
   - **dem Gesellschaftsvertrag der neuen GmbH,**
   - **der Bestellung der Geschäftsführung,**
2. **den Sachgründungsbericht der Gesellschafter im Original,**
3. **die Werthaltigkeitsbestätigung des Wirtschaftsprüfers ......,**
4. **die Berechnung des der Gesellschaft zur Last fallenden Gründungsaufwands im Original, und zwar unter einzelner Aufführung der Vergütungen nach Art und Höhe und der Empfänger,**
5. **vorsorglich meine Vermögensaufstellung**

und melde zur Eintragung an:

1. **Die Gesellschaft in Firma A-GmbH ist errichtet worden, indem aus dem im Handelsregister des Amtsgerichts ...... unter HRA ...... eingetragenen Einzelunternehmen des Herrn B der Teilbetrieb ...... in die dadurch neu errichtete Gesellschaft im Wege der Ausgliederung zur Neugründung nach §§ 152, 158ff., 123ff., 135ff. UmwG eingebracht wurde.**
   Geschäftsführer ist:

   Herr B, geb. am ......, wohnhaft in ......

   Er vertritt die Gesellschaft stets allein. Er hat das Recht, die Gesellschaft auch bei solchen Rechtsgeschäften zu vertreten, die er mit sich selbst oder einem von ihm vertretenen Dritten abschließt.
   Die abstrakte Vertretungsbefugnis ist in dem Gesellschaftsvertrag generell wie folgt geregelt:
   „Die Gesellschaft hat einen oder mehrere Geschäftsführer. Ist nur ein Geschäftsführer bestellt, so vertritt dieser die Gesellschaft allein. Sind mehrere Geschäftsführer bestellt, so sind je zwei Geschäftsführer oder ein Geschäftsführer mit einem Prokuristen gemeinschaftlich zur Vertretung der Gesellschaft berechtigt. Einzelvertretungsbefugnis kann erteilt werden. Den Geschäftsführern kann weiter gestattet werden, bei der Vertretung der Gesellschaft zugleich in Vertretung eines Dritten und/oder in eigenem Namen zu handeln."
2. **Ich versichere, dass sich das übertragene Vermögen endgültig zur freien Verfügung des Geschäftsführers bei der A-GmbH befindet.**
3. **Ich versichere, dass der Nennbetrag des Stammkapitals der Gesellschaft nicht das nach Abzug der Schulden verbleibende Vermögen der Gesellschaft übersteigt. Das Vermögen des Teilbetriebs ist zum Umwandlungsstichtag nicht durch andere Verbindlichkeiten belastet als die, die in der Ausgliederungsbilanz zum Umwandlungsstichtag aufgeführt sind. Den seit dem Umwandlungsstichtag eingegange-**

nen Verbindlichkeiten stehen seit diesem Zeitpunkt erworbene Aktiva von höherem Wert gegenüber.

Der Geschäftsführer versichert außerdem:

Es liegen keine Umstände vor, die meiner Eigenschaft als Geschäftsführer nach § 6 Abs. 3 Satz 3 und 4 GmbHG entgegenstehen, insbesondere unterliege ich keiner Betreuung, unterliege also bei der Besorgung meiner Vermögensangelegenheiten weder ganz noch teilweise einem Einwilligungsvorbehalt nach § 1903 BGB, weiter ist mir weder durch gerichtliches Urteil noch durch vollziehbare Entscheidung einer Verwaltungsbehörde die Ausübung eines Berufs, Berufszweiges, Gewerbes oder Gewerbezweiges untersagt worden. Ich bin auch niemals im Inland wegen einer der nachgenannten Straftaten oder im Ausland wegen einer vergleichbaren Straftat verurteilt worden:

- nach den §§ 283 bis 283d des Strafgesetzbuches (Insolvenzstraftaten),
- nach den §§ 263 bis 264a des Strafgesetzbuches (Betrug, Computerbetrug, Subventionsbetrug, Kapitalanlagebetrug) oder nach den §§ 265b bis 266a des Strafgesetzbuches (Kreditbetrug, Untreue, Vorenthalten und Veruntreuen von Arbeitsentgelt) zu einer Freiheitsstrafe von mindestens einem Jahr,
- wegen Unterlassens der Stellung des Antrages auf Eröffnung des Insolvenzverfahrens (Insolvenzverschleppung),
- wegen falscher Angaben nach § 82 GmbHG oder § 399 AktG, wegen unrichtiger Darstellung nach § 400 AktG, § 331 HGB, § 313 UmwG oder § 17 PublG.

Der Notar hat mich über meine unbeschränkte Auskunftspflicht gegenüber dem Gericht belehrt.

Der Notar hat uns auf die Haftung für falsche Angaben gem. § 9a GmbHG und die Strafdrohung des § 82 GmbHG hingewiesen.

4. In dem Einzelunternehmen des Herrn B existiert weder ein Betriebsrat noch eine sonstige Arbeitnehmervertretung. Der Nachweis einer Zuleitung des Ausgliederungsplanes an den Betriebsrat entfällt daher.

   Ich erkläre hiermit, dass eine Anfechtung der Ausgliederung ausgeschlossen und daher die Mitteilung nach § 16 Abs. 2 Satz 1 UmwG entbehrlich ist.

   Hinsichtlich der weiteren Einzelheiten der Umwandlung wird Bezug genommen auf die in der überreichten Urkunde gefassten Beschlüsse und die dort enthaltenen Erklärungen, insbesondere etwaige Zustimmungs- und Verzichtserklärungen.

5. Die aktuelle Geschäftsanschrift lautet: ......

....	....
[Ort, Datum]	*[Unterschrift Herr B]*

....

[Beglaubigungsvermerk
für Unterschriften und Zeichnung]

B. Grundsätzliche Anmerkungen

I. Sachverhalt

1 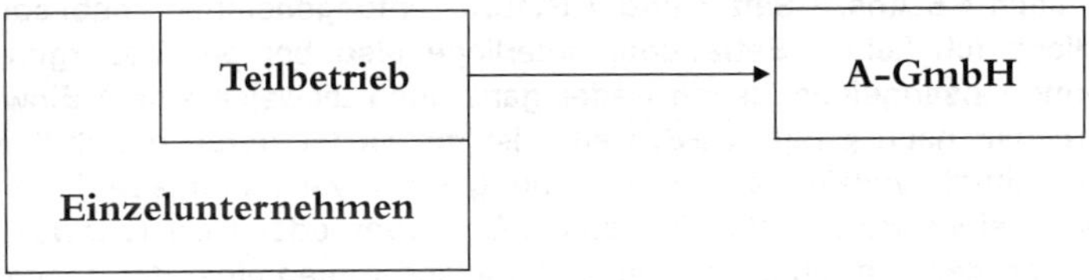

Der Sachverhalt ist einfach gelagert: ein Teilbetrieb des Einzelkaufmanns B soll in die in diesem Zusammenhang neu errichtete A-GmbH ausgegliedert werden.

II. Ablaufplan

2

Maßnahme	Rechtsgrundlage	Erforderlichkeit	Zuständigkeit	Formular
Ausgliederungserklärung und Entwurf des GmbH-Gesellschaftsvertrags	§§ 126, 136 UmwG, 2 GmbHG	Ja	Einzelkaufmann	→ Form. D.1 .1 u. → Form. D.1.2
Schreiben an Betriebsrat	§ 126 Abs. 3 UmwG	Ja, wenn vorhanden	Einzelkaufmann	
Abgabe der Ausgliederungserklärung	§ 136 UmwG	Ja	Einzelkaufmann	→ Form. D.1.1
Feststellung des Gesellschaftsvertrags	§ 2 GmbHG	Ja	Gesellschafter (= Einzelkaufmann)	→ Form. D.1.2
Erstellung des Sachgründungsberichts	§§ 138, 159 UmwG, 5 Abs. 4 GmbHG	Ja	Gesellschafter (= Einzelkaufmann)	→ Form. D.1.
Handelsregisteranmeldung	§§ 137, 158 UmwG	Ja	Gründer, Einzelkaufmann, Geschäftsführer GmbH	→ Form. D.1.5 u. → Form. D. 1.6
Eintragung im Handelsregister	§§ 137 Abs. 3, 131, 130 UmwG	Ja	Gericht	

III. Wirtschaftliche Vertragsziele

3 **Motive** und **Anlass** für eine **Ausgliederung** sind in der Praxis vielfältig. Zivilrechtlich ist die Ausgliederung, wie sich aus § 123 Abs. 3 UmwG ergibt, ein Unterfall der Spaltung. Anders jedoch als bei der Spaltung führt die Ausgliederung wirtschaftlich nicht zu einer Veränderung der Beteiligungssituation auf der Ebene der Gesellschafter bzw. des Inhabers des auszugliedernden (Teil)Betriebs, sondern aus bilanzieller Sicht nur zu einem Aktivtausch (Wirtschaftsgüter/Beteiligung) bei dem/den Ausgliedernden (SBB/*Sagasser* UmwG § 18 Rn. 16; SSt/*Schwanna* UmwG § 123 Rn. 16). **Wirtschaftliche Gründe** sind damit ebenso wie bei den anderen Spaltungsmöglichkeiten vor allem die Entflechtung und Dekonzentration von Unternehmen (SBB/*Sagasser* § 17 Rn. 4; Lutter/*Teichmann* UmwG § 123 Rn. 36; WM/*Schwarz* UmwG § 123 Rn. 1.2; SSt/*Schwanna* UmwG § 123 Rn. 7). Im Vordergrund stehen dabei in der Regel betriebswirtschaftliche Überlegungen, etwa die auch rechtlich nachvollzogene Einführung von sog. Profit Centern, die Isolierung von Haftungsrisiken auf den sie verursachenden Betriebsteil oder wie bei der Betriebsaufspaltung die Herausnahme von Vermögensgegenständen aus der Haftung (SBB/*Sagasser* § 17 Rn. 4; Lutter/*Teichmann* UmwG § 123 Rn. 36; WM/*Schwarz* UmwG § 123 Rn. 1.2; SSt/*Schwanna* UmwG § 123 Rn. 7). In Betracht kommt aber auch die angestrebte Aufteilung im

Rahmen der **familiären Unternehmensnachfolge** (Lutter/*Teichmann* UmwG § 123 Rn. 33; WM/*Schwarz* UmwG § 123 Rn. 1.2; SSt/*Schwanna* UmwG § 123 Rn. 7) oder die Vorbereitung einer Veräußerung oder zur Vorbereitung von joint ventures (SSt/*Schwanna* UmwG § 123 Rn. 7). Als spezieller Anwendungsfall zu erwähnen ist schließlich noch die Ausgliederung von Verträgen, etwa von Kreditportfolios durch Banken in Vorbereitung eines Abverkaufs an Finanzinvestoren. Hierbei will man in der Regel nutzbar machen, dass bei einer Ausgliederung grundsätzlich keine Zustimmung der Vertragspartner zur „Übertragung" erforderlich ist. § 132 UmwG, der allgemeine, eine Übertragbarkeit ausschließende oder an bestimmte Voraussetzungen knüpfende Vorschriften für „unberührt" erklärte, wurde durch das Zweite Gesetz zur Änderung des UmwG v. 19.4.2007 (BGBl. I 2007, 542) aufgehoben (kritisch hierzu *Mayer/Weiler* DB 2007, 1291 sowie statt vieler *Heckschen* GmHR 2015, 897, 904ff. mwN auch zu Bankgeheimnis und Datenschutz).

Steuerrechtliche Gründe für eine Ausgliederung können zB sein die Erlangung der erweiterten Kürzungsmöglichkeiten von Grundstücksgesellschaften bei der Gewerbesteuer, § 9 Nr. 1 Satz 2 GewStG (SBB/*Sagasser* § 17 Rn. 4) oder die Begünstigungen für Betriebsvermögen gem. §§ 13a, b ErbStG, die es auch nach den beiden Neuregelungen des ErbStG durch das ErbStRG v. 24.12.2008 (BGBl. I 2008, 3018, → Rn. 4a) und ErbStRG v. 4.11.2016 (BGBl. I 2016, 2464, → Rn. 4b) weiter gibt, wenn auch zu erheblich erschwerten Bedingungen. 4

Das BVerfG hat diese Verschonungsregelungen mit Urteil v. 17.12.2014 (1 BvL 21/12, BStBl. II 2015, 50) einschließlich der vollständigen Freistellung von der Erbschaftsteuer zwar im Grundsatz akzeptiert, wegen der konkreten, Raum für missbräuchliche Gestaltungen lassenden Ausgestaltung aber erneut wegen Verstoßes gegen Art. 3 Abs. 1 GG insgesamt für verfassungswidrig erklärt und dem Gesetzgeber zur Schaffung einer Neuregelung eine Frist bis zum 30.6.2016 gesetzt; die geltenden Regelungen blieben bis zur gesetzlichen Neuregelung in Kraft (BVerfG v. 17.12.2014, 1 BvL 21/12, aaO, Tz. 292f.). 4a

Ursprünglich strebte der Gesetzgeber eine schnelle Anpassung an. Immer wieder aber geriet der politische Prozess ins Stocken. Sogar die vom BVerfG gesetzte Reparaturfrist (30.6.2016) wurde nicht eingehalten. Schließlich einigte man sich erst im Vermittlungsverfahren auf einen Kompromiss (BR-Drs. 555/16 [B]). Das neue Gesetz wurde inzwischen als Gesetz zur Anpassung des ErbStG an die Rechtsprechung des BVerfG v. 4.11.2016 (BGBl. I 2016, 2464) verkündet und tritt rückwirkend für Steuerentstehungszeitpunkte nach dem 30.6.2016 in Kraft (§ 37 Abs. 12 ErbStG nF). Zum Inhalt der Neuregelungen iE siehe *Oppel* SteuK 2016, 469; *Viskorf/Löcherbach/Jehle* DStR 2016, 2425; ErbStR 2019 (BR-Drs. 387/19) und → Form A.8 Rn. 207a–207i. 4b

IV. Zivil-, Handels- und Gesellschaftsrecht

Die **Möglichkeiten** der **Ausgliederung** aus dem Vermögen eines Einzelkaufmanns ergeben sich aus § 152 UmwG. Ausgliederungen zur Neugründung können nach § 152 Satz 1 letzter HS UmwG nur bei Errichtung von Kapitalgesellschaften erfolgen. Hintergrund ist der dem UmwG zugrunde liegende Gedanke der Identität des Gesellschafterkreises, dass also bei einer Umwandlung, von wenigen Ausnahmen abgesehen (zB §§ 221, 240 Abs. 2 UmwG), keine neuen Gesellschafter hinzutreten sollen (vgl. Lutter/*Karollus* UmwG § 152 Rn. 31; SHS/*Hörtnagl* UmwG § 124 Rn. 45). Dies ist bei der Ausgliederung aus dem Unternehmen eines Einzelkaufmanns nur bei der Errichtung einer Einmann-Kapitalgesellschaft vorstellbar, die sowohl bei der GmbH seit 1980, § 1 GmbHG, als auch bei der AG seit 1994, § 2 AktG, zulässig ist. 5

Die Ausgliederung ist nach § 152 Satz 1 UmwG nur möglich, wenn die **Firma** des Kaufmanns **im Handelsregister eingetragen** ist. Voraussetzung für eine Eintragung in das Handelsregister ist nach §§ 1, 2 HGB die Ausübung eines Gewerbes. Anders als 6 bei Personengesellschaften, für die § 105 Abs. 2 HGB eine Ausnahmeregelung vorsieht, ist bei einer reinen Vermögensverwaltungstätigkeit eine Handelsregistereintragung bei Einzelpersonen nicht möglich (WM/*Mayer* UmwG § 152 Rn. 25; Lutter/*Karollus* UmwG § 152 Rn. 23; SHS/*Hörtnagl* § 152 UmwG Rn. 3). Die Ausgliederung steht im Gegensatz zu früher auch Einzelkaufleuten offen, deren Geschäftsbetrieb nach Art und Umfang keinen kaufmännischen Geschäftsbetrieb erfordert (WM/*Mayer* UmwG § 152 Rn. 25; Lutter/*Karollus* UmwG § 152 Rn. 23; SHS/*Hörtnagl* UmwG § 152 Rn. 3), die sich aber in das Handelsregister eintragen lassen. Die Eintragung in das Handelsregister muss nicht schon zum Zeitpunkt der Abgabe der Ausgliederungserklärung vorliegen, sondern erst bei Eintragung der Ausgliederung in das Handelsregister (WM/*Mayer* UmwG § 152 Rn. 25; Lutter/*Karollus* UmwG § 152 Rn. 24; SHS/*Hörtnagl* UmwG § 152 Rn. 9).

7 **Gegenstand der Ausgliederung** kann nach § 152 UmwG das Unternehmen des Einzelkaufmanns oder aber ein Teil dieses Unternehmens sein. Das Unternehmen ist die Sachgesamtheit von Sachen, Rechten, Verbindlichkeiten, Geschäftsbeziehungen usw., die dem kaufmännischen Betrieb des Einzelunternehmers zu dienen bestimmt sind (WM/*Mayer* UmwG § 152 Rn. 58; Lutter/*Karollus* UmwG § 152 Rn. 35, 36; SHS/*Hörtnagl* UmwG § 152 Rn. 11). Die Ausgliederung von Teilen dieser Sachgesamtheit ist ausdrücklich zulässig und zwar unabhängig davon, ob sich diese Teile im Geschäfts- oder Privatvermögen des Unternehmers befinden (WM/*Mayer* UmwG § 152 Rn. 62; Lutter/*Karollus* UmwG § 152 Rn. 41; SHS/*Hörtnagl* UmwG § 152 Rn. 22; *Schwedhelm* Rn. 177; SSt/*Seulen* UmwG § 152 Rn. 67). Spätestens durch die bloße Aufnahme eines Gegenstandes des Privatvermögens in die Aufstellung des auszugliedernden Vermögens stellt der Unternehmer die Betriebsbezogenheit dieses Gegenstandes her (Lutter/*Karollus* UmwG § 152 Rn. 41; SHS/*Hörtnagl* UmwG § 152 Rn. 22; SSt/*Seulen* UmwG § 152 Rn. 67). Eine Grenze für die Ausgliederung von Privatvermögen besteht allerdings dort, wo eine eindeutig dem Privatbereich zuzuordnende Verbindlichkeit dem auszugliedernden Unternehmen bzw. Unternehmensteil zugeordnet werden soll (Lutter/*Karollus* UmwG § 152 Rn. 41; SHS/*Hörtnagl* UmwG § 152 Rn. 23; aA SSt/*Seulen* UmwG § 152 Rn. 68). Anderer Ansicht ist inzwischen *Mayer* (WM/*Mayer* UmwG § 152 Rn. 62), der die Übertragung rein privater Verbindlichkeiten des Einzelkaufmanns im Rahmen der Ausgliederung zulassen will, weil das Spaltungsrecht dafür keine Schranken aufstelle. Bei Verbindlichkeiten höchstpersönlicher Natur, wie etwa Unterhaltsverbindlichkeiten und persönlichen Steuerpflichten, soll dies allerdings nur für bereits entstandene Verbindlichkeiten gelten, da die zukünftigen Verbindlichkeiten dieser Art wegen ihres höchstpersönlichen Charakters in der Person des Verpflichteten entstünden (WM/*Mayer* UmwG § 152 Rn. 62). Das ist inkonsequent. Mit der Entstehung einer Verbindlichkeit ändert sich nichts an ihrer Natur. Es gibt gewillkürtes Betriebsvermögen, in das aber notwendiges Privatvermögen nicht einbezogen werden kann. Richtigerweise können daher rein private Verbindlichkeiten nicht dem auszugliedernden Vermögen zugeordnet werden.

8 Eine **Ausgliederungssperre** besteht nach § 152 Satz 2 UmwG, wenn der Einzelkaufmann **überschuldet** ist. Diese Regelung dient sowohl dem Schutz der verbleibenden (Privat-)Gläubiger des Einzelkaufmanns als auch – zumindest bei Ausgliederungen zur Neugründung wie hier – der echten Kapitalaufbringung bei der Sachgründung der Kapitalgesellschaft. Die Sperre ergibt sich zum einen aus den Bestimmungen über die Ablehnung der Eintragung bei Überschuldung, §§ 154, 160 Abs. 2 UmwG, als auch aus den Konsequenzen der gesamtschuldnerischen Haftung des Einzelunternehmers und der neu gegründeten GmbH, § 133 Abs. 1 Satz 1 UmwG, die im Überschuldungsfall dazu führen würde, dass die GmbH von Anfang an bilanziell überschuldet wäre (Lutter/*Karollus* UmwG § 152 Rn. 43; SSt/*Seulen* UmwG § 152 Rn. 74). Die Gegenansicht, die auch bei einer Überschuldung des Einzelkaufmanns eine lebensfähige GmbH bei einer Ausgliederung zur Neugründung für möglich hält, weil die Über-

schuldung im privaten Bereich angesiedelt sein könnte (SHS/*Hörtnagl* UmwG § 152 Rn. 22), übersieht diese gesamtschuldnerische Haftung, die auch für die Verbindlichkeiten des Einzelkaufmanns aus dem privaten Bereich, die vor der Ausgliederung entstanden sind, gilt (Lutter/*Karollus* UmwG § 156 Rn. 11; SSt/*Seulen* UmwG § 156 Rn. 15).

Anders als bei einer AG ist bei einer GmbH keine Gründungsprüfung iSv. § 159 Abs. 2 UmwG erforderlich, weil das GmbHG eine § 33 AktG entsprechende Norm nicht kennt. Es empfiehlt sich aber zumindest in Zweifelsfällen die Aufstellung einer Vermögensübersicht des Einzelunternehmers vor der Ausgliederung, um ggf. den Nachweis führen zu können, dass keine Überschuldung vorgelegen hat. Die Formulare → D. 1.5 und → D 1.6 schlagen deshalb auch die vorsorgliche Einreichung einer Vermögensaufstellung beim Handelsregister vor. Bei der Bewertung des Gesamtvermögens, also sowohl des Unternehmens- als auch des Privatvermögens, ist unter dem Gesichtspunkt des Gläubigerschutzes von dem jeweiligen Liquidationswert, also dem Zerschlagungswert, auszugehen (WM/*Mayer* UmwG § 152 Rn. 78; Lutter/*Karollus* UmwG § 152 Rn. 46; aA SSt/*Seulen* UmwG § 152 Rn. 77; differenzierend SHS/*Hörtnagl* UmwG § 152 Rn. 27). Die zu § 64 GmbHG entwickelten Prinzipien – Fortführungswerte, im Negativfall hilfsweise die Liquidationswerte (BH/*Haas* GmbHG Vor § 64 Rn. 53 ff.) – können hier nicht angewendet werden, da im Hinblick auf die Kapitalaufbringung bei der GmbH und die Gesamtschuldnerschaft aus § 133 Abs. 1 Satz 1 UmwG nach dem Vorsichtsprinzip nur von Mindestwerten und damit den Liquidationswerten ausgegangen werden darf.

einstweilen frei 9

Die neu errichtete GmbH ist **nur eingeschränkt (Teil-)Gesamtrechtsnachfolger** des Einzelunternehmers im herkömmlichen Sinn. Zwar wird die vom Gesetzgeber geschaffene Möglichkeit der Ausgliederung von Vermögensteilen „jeweils als Gesamtheit" gem. § 123 Abs. 3 UmwG in der Literatur zutreffend als „partielle Gesamtrechtsnachfolge" bezeichnet (Lutter/*Teichmann* UmwG § 123 Rn. 7; SHS/*Hörtnagl* UmwG § 123 Rn. 6; WM/*Schwarz* UmwG § 123 Rn. 4.1.3; *K. Schmidt* AcP 191 (1991), 495; SBB/*Sagasser* § 17 Rn. 2; SSt/*Seulen* UmwG § 152 Rn. 5), dies gilt aber nicht für alle Bereiche. Bei der Ausgliederung bleibt der ausgliedernde Rechtsträger als solcher bestehen, während die „echte" Gesamtrechtsnachfolge in Fällen eintritt, in denen ein Rechtsträger untergeht. Auswirkungen hat dies bei laufenden Prozessverhältnissen. Nach Auffassung von *Vossius* kommt es entweder direkt oder in entsprechender Anwendung der §§ 239, 246 ZPO – ggf. iVm. § 155 FGO – zu einem Übergang des Prozessrechtsverhältnisses auf den übernehmenden Rechtsträger und damit einer prozessualen (partiellen) Gesamtrechtsnachfolge (WM/*Vossius* UmwG § 131 Rn. 131, 153 iVm. WM/*Vossius* UmwG § 20 Rn. 258, 275). Sowohl der BGH als auch der BFH haben in zwei Entscheidungen entgegen dieser Ansicht entschieden, dass bei der Ausgliederung die ursprüngliche Prozessposition des übertragenden Rechtsträgers erhalten bleibt, auch wenn im Innenverhältnis der übernehmende Rechtsträger die wirtschaftlichen Folgen der Prozessentscheidung zu tragen hat (BGH v. 6.12.2000, XII ZR 219/98, NJW 2001, 1217; BFH v. 7.8.2002, I R 99/00, BFH/NV 2003, 267). Die gesetzliche Regelung der gewillkürten (partiellen) Gesamtübertragung eines Vermögensteils habe rechtlich dieselben Wirkungen wie eine Einzelrechts- und nicht wie eine Gesamtrechtsnachfolge. Ein automatischer Wechsel der Prozesspartei trete daher nicht ein (BGH v. 6.12.2000, XII ZR 219/98, NJW 2001, 1217; BFH v. 7.8.2002, I R 99/00, BFH/NV 2003, 267). Dem steht auch eine frühere Entscheidung des BFH (BFH v. 27.4.1988, II R 201/84, BStBl. II 1988, 681), auf die Bezug genommen wird, nicht entgegen. Die dortige Entscheidung betraf den Fall einer Umwandlung, die mit der Vollbeendigung des umwandelnden Rechträgers verbunden war, während bei der Ausgliederung der umwandelnde Rechtsträger erhalten bleibt. Die hM folgt diesen Entscheidungen und lässt den übertragenden Rechtsträger 10 die Prozesse in Prozessstandschaft fortführen (Lutter/*Teichmann* UmwG § 131 Rn. 83ff.; SSt/*Leonard* UmwG § 131 Rn. 10). Entsprechende Regelungen bei einer Ausgliederung zur zweifelsfreien Regelung des Innenverhältnisses sind daher sinnvoll (vgl. Ausgliederungserklärung → Form. D. 1.1 Ziff. 2f, g).

11 Die auf die Ausgliederung zur Neugründung aus dem Vermögen eines Einzelkaufmanns **anzuwendenden Normen** sind relativ schwer zu ermitteln: Es sind zunächst die §§ 152, 158–160 UmwG direkt und sodann über § 158 UmwG auch die §§ 153–157 UmwG. Für die Ausgliederung (als Spezialform der Spaltung) zur Neugründung gelten sodann die §§ 123–125 UmwG und §§ 135–137 UmwG sowie wegen der Errichtung einer GmbH ergänzend die §§ 138–140 UmwG. § 135 Abs. 1 UmwG verweist weiter auf die §§ 126–134 UmwG mit Ausnahme der §§ 129 und 130 Abs. 2 UmwG. Über §§ 135 Abs. 1, 125 UmwG wird schließlich auf die Regelungen der Verschmelzung nach den §§ 2ff. UmwG verwiesen, wobei insbesondere bei der Ausgliederung wiederum hiervon diverse Ausnahmen erfolgen (vgl. WM/*Mayer* UmwG § 152 Rn. 88). Eine Prüfung der Ausgliederung entsprechend der §§ 9ff. UmwG findet nach § 125 Satz 2 UmwG ausdrücklich nicht statt. Ebenso wenig ist auf Grund der Spezialregelung des § 153 UmwG ein Ausgliederungsbericht erforderlich (WM/*Mayer* UmwG § 152 Rn. 88; Lutter/*Karollus* UmwG § 158 Rn. 7; SBB/*Sagasser* § 18 Rn. 185; SSt/*Seulen* UmwG § 158 Rn. 7). Es genügt der Sachgründungsbericht nach §§ 159 Abs. 1, 58 Abs. 1 UmwG, 5 Abs. 4 Satz 2 GmbHG sowie die Werthaltigkeitsbestätigung gem. §§ 135 Abs. 2 UmwG, 8 Abs. 1 Nr. 5 GmbHG, die üblicherweise durch einen Wirtschaftsprüfer erfolgt.

12 Die Ausgliederung aus dem Vermögen eines Einzelunternehmers erfordert, da nur eine Person beteiligt ist, keine zweiseitige Erklärung in Form eines Ausgliederungsvertrages mit anschließendem Zustimmungsbeschluss. Es genügt vielmehr die Abgabe einer **Ausgliederungserklärung** mit dem erforderlichen Inhalt – sog. Aufstellung eines **Ausgliederungsplanes** (*Schwedhelm* Rn. 197; WM/*Mayer* UmwG § 152 Rn. 89; Lutter/*Karollus* UmwG § 158 Rn. 4; SSt/*Seulen* UmwG § 158 Rn. 5). Der hierfür erforderliche Inhalt ergibt sich aus §§ 136, 126 UmwG; zusätzlich erforderlich ist noch der Gesellschaftsvertrag der neuen GmbH (→ Rn. 17). Es sind jedoch nicht alle Nummern des § 126 Abs. 1 UmwG einschlägig. Erforderlich sind:
- Angaben zum Namen bzw. der Firma und dem Sitz der beteiligten Rechtsträger gem. § 126 Abs. 1 Nr. 1 UmwG,
- die Erklärung über die Übertragung des Vermögens als Gesamtheit gegen Gewährung von Anteilen gem. § 126 Abs. 1 Nr. 2 UmwG,
- der Zeitpunkt der Gewinnbezugsberechtigung, § 126 Abs. 1 Nr. 5 UmwG, auch wenn dies bei einer Ausgliederung zur Neugründung einer Selbstverständlichkeit gleichkommt,
- die Festlegung des Ausgliederungsstichtages gem. § 126 Abs. 1 Nr. 6 UmwG,
- eine Erklärung zur eventuellen Gewährung von Sonderrechten gem. § 126 Abs. 1 Nr. 7, 8 UmwG,
- die genaue Bezeichnung der ausgegliederten Aktiva und Passiva gem. § 126 Abs. 1 Nr. 9 UmwG, wobei hierbei die Konkretisierungserfordernisse des § 126 Abs. 2 UmwG zu beachten sind, sowie
- Angaben über die Auswirkungen der Ausgliederung auf die Arbeitnehmer nach § 126 Abs. 1 Nr. 11 UmwG

(vgl. zu dem Ganzen: WM/*Mayer* UmwG § 152 Rn. 89; Lutter/*Karollus* UmwG Vor § 153 Rn. 5).

13 Ist in dem auszugliedernden Unternehmen ein **Betriebsrat** vorhanden, so ist dieser entsprechend § 126 Abs. 3 UmwG mit einer Frist von einem Monat zu unterrichten (SSt/*Seulen* UmwG § 158 Rn. 8, 9; *Schwedhelm* Rn. 199). Auf die Einhaltung der Frist kann verzichtet werden, nicht aber auf die Unterrichtung als solche (*Schwedhelm* Rn. 785 mwN; Lutter/*Karollus* UmwG § 153 Rn. 5).

Der Ausgliederungsplan bzw. die Ausgliederungserklärung bedarf nach §§ 135, 125, 6 UmwG der **notariellen Beurkundung** (WM/*Mayer* UmwG § 152 Rn. 92; Lutter/*Karollus* UmwG Vor § 153 Rn. 4; *Schwedhelm* Rn. 198). Diese erfordert die für Willenserklärungen vorgeschriebene Form (§§ 8 ff. BeurkG), das nur vom Notar unterschriebene Wahrnehmungs-(Tatsachen-)Protokoll nach §§ 36 ff. BeurkG wahrt die Form nicht. **14**

Der Ausgliederungsplan bzw. die Ausgliederungserklärung muss gem. §§ 125 Satz 1, 37 UmwG den **Gesellschaftsvertrag** der neu errichteten **GmbH** enthalten (WM/*Mayer* UmwG § 152 Rn. 89; Lutter/*Karollus* UmwG § 159 Rn. 22; SSt/*Seulen* UmwG § 160 Rn. 5; *Schwedhelm* Rn. 201). Im Übrigen gelten die Gründungsvorschriften des GmbHG, insbesondere die Notwendigkeit der Erstellung eines Sachgründungsberichtes nach § 159 Abs. 1 UmwG, § 138 UmwG, § 5 Abs. 4 GmbHG (WM/*Mayer* UmwG § 159 Rn. 4; Lutter/*Karollus* UmwG § 159 Rn. 26; SHS/*Hörtnagl* UmwG § 159 Rn. 1; SSt/*Seulen* UmwG § 160 Rn. 5) sowie die Bestellung des/der Geschäftsführer, § 6 Abs. 1 GmbHG. Im Rahmen des Sachgründungsberichtes ist über §§ 125, 58 Abs. 1 UmwG auch der Geschäftsverlauf und die Lage des Einzelkaufmanns darzulegen (WM/*Mayer* UmwG § 159 Rn. 5; Lutter/*Karollus* UmwG § 159 Rn. 26; SHS/*Hörtnagl* UmwG § 159 Rn. 3). **15**

Die **Anmeldung zum Handelsregister** ist gem. § 160 Abs. 1 UmwG von dem Einzelkaufmann und der Geschäftsführung der neuen Gesellschaft vorzunehmen (SBB/*Sagasser* § 18 Rn. 170; SSt/*Seulen* UmwG § 160 Rn. 2). In ihr ist insbesondere § 8 Abs. 1 Nr. 5 GmbHG, also der Nachweis, dass die Sacheinlage den Nennwert der dafür übernommenen Geschäftsanteile erreicht, zu beachten. **16**

Mit der **Eintragung im Handelsregister** ist die GmbH entstanden, § 11 Abs. 1 GmbHG. Nach § 131 Abs. 1 UmwG wird die Ausgliederung erst wirksam mit der Eintragung in das Handelsregister des übertragenden Rechtsträgers, hier des Einzelkaufmanns. Nach § 131 Abs. 1 Nr. 1 UmwG ist das in der Ausgliederungserklärung angegebene Vermögen zum Stichtag auf die neu errichtete Gesellschaft übergegangen. Gleichzeitig ist nach § 131 Abs. 1 Nr. 3 Satz 3 UmwG der übertragende Rechtsträger – der Einzelkaufmann – Anteilsinhaber der GmbH geworden. Die Ausgliederung ist abgeschlossen, eine **Rückabwicklung wegen** später erkannter **Mängel** ist **nicht möglich,** die Mängel werden entweder nach § 131 Abs. 1 Nr. 4 UmwG geheilt (Mängel der notariellen Beurkundung), oder aber nach § 131 Abs. 2 UmwG zwar nicht geheilt, der Betroffene aber auf Schadenersatzansprüche verwiesen (Lutter/*Teichmann* UmwG § 131 Rn. 27; WM/*Vossius* UmwG § 131 Rn. 196; SSt/*Leonard* UmwG § 131 Rn. 65; SBB/*Sagasser* § 18 Rn. 176; *Schwedhelm* Rn. 221). **17**

Die **Haftung des Einzelkaufmanns** für die vor der Ausgliederung entstandenen und übertragenen Verbindlichkeiten richtet sich nach den §§ 156, 157 UmwG. Sie bleibt grds. bestehen, ist aber zeitlich nach § 157 Abs. 1 UmwG auf fünf Jahre begrenzt (vgl. zu Einzelheiten Lutter/*Karollus* UmwG § 156 Rn. 3 ff., § 157 Rn. 1; WM/*Mayer* UmwG § 156 Rn. 5 ff.; WM/*Vossius* UmwG § 157 Rn. 25 ff.; SSt/*Seulen* UmwG § 157 Rn. 7; *Schwedhelm* Rn. 220). **18**

einstweilen frei **19–23**

V. Handelsbilanzrecht

Aus §§ 125, 17 Abs. 2 UmwG ergibt sich, dass der übertragende Rechtsträger, hier der Einzelkaufmann, eine **Schlussbilanz** auf den Ausgliederungsstichtag – § 126 Abs. 1 Nr. 6 UmwG – aufzustellen und mit der Handelsregisteranmeldung einzureichen hat, der nach § 17 Abs. 2 Satz 4 UmwG bis zu acht Monate vor der Anmeldung der Ausgliederung beim Handelsregister des übertragenden Rechtsträgers liegen darf (SBB/*Bula*/*Thees* § 19 Rn. 7, 8; SHS/*Hörtnagl* UmwG § 17 Rn. 8, 35; Lutter/*Priester* **24**

UmwG § 126 Rn. 39; vgl. zur umwandlungsrechtlichen Schlussbilanz *Leuering,* NJW-Spezial 2010, 719). Die Frist, die nach den §§ 186ff. BGB zu berechnen ist, ist zwingend. Selbst geringfügige Überschreitungen sind schädlich (OLG Köln v. 22.6.1998, 2 Wx 34/98, GmbHR 1998, 1085; Kallmeyer/*Zimmemann* UmwG § 17 Rn. 26; SHS/*Hörtnagl* UmwG § 17 Rn. 43 mwN; aA LG Frankfurt v. 30.1.1998, 3–11 T 85/97, GmbHR 1998, 379).

§ 17 Abs. 2 UmwG normiert keine eigenständige Bilanzierungspflicht. Die Norm ist rechtsformunabhängig und richtet sich nur an solche Rechtsträger, bei denen – wie hier – eine Buchführungspflicht und eine Pflicht zur regelmäßigen Aufstellung von Abschlussbilanzen besteht (SHS/*Hörtnagl* UmwG § 17 Rn. 17; SSt/*Schwanna* UmwG § 17 Rn. 15; WM/*Widmann* UmwG § 24 Rn. 34; Lutter/*Decher* UmwG § 17 Rn. 9). Zu beachten sind daher auch die umfassenden Regelungen zur handelsrechtlichen Rechnungslegung (ausführlich zu den handelsbilanziellen Regelungen nach HGB/IFRS: SBB/*Bula/Thees* § 19 Rn. 1 ff.) und die jeweiligen Stellungnahmen des Hauptfachausschusses (HFA) des *IDW* sowohl zu den Auswirkungen der Verschmelzung (RS HFA 42, der an die Stelle von *IDW* HFA 2/1997 getreten ist) sowie den Besonderheiten der Spaltung auf die Rechnungslegung (RS HFA 43, der *IDW* HFA 1/1998 ersetzt). Für die hier behandelte Ausgliederung beschränkt sich RS HFA 43 auf deren Besonderheiten, während im Übrigen auf die entsprechend anzuwendenden allgemeinen Grundsätze für Verschmelzungen (RS HFA 42) verwiesen wird (vgl. RS HFA 43 Tz. 5). Für die Schlussbilanz gelten die Vorschriften über die Jahresbilanz und die Prüfung, die für den übertragenden Rechtsträger unabhängig von einer Umwandlung gelten würden, entsprechend (§ 17 Abs. 2 Satz 2 UmwG; RS HFA 42 Tz. 13 iVm. RS HFA 43 Tz. 7, 5). Die Bilanz braucht nicht bekanntgemacht zu werden, § 17 Abs. 2 Satz 3 UmwG. Eine gesonderte Feststellung entfällt ebenfalls (RS HFA 42 Tz. 13 iVm. RS HFA 43 Tz. 7, 5).

§ 24 UmwG regelt entsprechend die Bilanzierung beim übernehmenden Rechtsträger, → Rn. 31. Die Anmeldung bei dessen Handelsregister ist für den Acht-Monats-Zeitraum unerheblich (SBB/*Bula/Thees* § 19 Rn. 7).

25 Es ist umstritten, ob die Einreichungspflicht aus § 17 Abs. 2 UmwG nur auf eine **Bilanz** abstellt oder ob daneben auch eine **Gewinn- und Verlustrechnung** und ggf. ein **Anhang** (vgl. §§ 242 Abs. 3, 264 Abs. 1 HGB) einzureichen sind (bejahend SBB/*Bula/Thees* § 19 Rn. 11f.; § 10 Rn. 33f.; WM/*Widmann* UmwG § 24 Rn. 103; verneinend Lutter/*Decher* UmwG § 17 Rn. 8; SHS/*Hörtnagl* UmwG § 17 Rn. 14; RS HFA 42 Tz. 13 iVm. RS HFA 43 Tz. 7, 5). Hintergrund ist die Frage, ob die eingereichten Unterlagen lediglich der Kapitalaufbringungskontrolle und dem Gläubigerschutz dienen sollen, oder ob zwischen dem übertragenden und dem übernehmenden Rechtsträger auch eine Vermögens- und Ergebnisabgrenzung erfolgen soll (vgl. hierzu SBB/*Bula/Thees* § 19 Rn. 12; SHS/*Hörtnagl* UmwG § 17 Rn. 11 ff.; SSt/*Schwanna* UmwG § 17 Rn. 13). Die Rspr. begnügt sich entsprechend dem Wortlaut des § 17 Abs. 2 Satz 2 UmwG mit der Einreichung der reinen Bilanz (LG Stuttgart v. 29.3.1996, DNotZ 1996, 701; LG Dresden v. 18.11.1997, GmbHR 1998, 1086). Da jedoch die Acht-Monats-Frist des § 17 Abs. 2 Satz 4 UmwG den Rückbezug auf einen ohnehin erstellten Jahresabschluss erlaubt, zu dem dann auch eine Gewinn- und Verlustrechnung und ggf. ein Anhang erstellt wurden, werden in der Praxis die ggf. erforderlichen weiteren Unterlagen ohnehin vorliegen, so dass der Meinungsstreit im Hinblick auf die Frage der entstehenden Kosten nur wenig praktische Bedeutung hat. Soweit aufgrund von Anforderungen des Registergerichts Unterlagen nachgereicht werden müssen, hat dies auf die Einhaltung der Acht-Monats-Frist keine Auswirkungen (Lutter/*Decher* UmwG § 17 Rn. 13; SHS/*Hörtnagl* UmwG § 17 Rn. 46). Auf ganz anderen Motiven beruhende Überlegungen – etwa der Wunsch, Wettbewerbern nicht unnötig viel Einblick in die wirtschaftliche Lage des Unternehmens zu gestatten – können dagegen einen erheblichen Anreiz darstellen, Gewinn- und Verlustrechnung und Anhang nicht dem Registergericht einzureichen. Es ist dann jedoch zu beachten, dass die Wahlpflichtangaben, die entweder im Anhang oder in der Bilanz erfolgen können, bei Nichteinreichung eines Anhangs in der eingereichten Schlussbilanz enthalten sein müssen (SBB/*Bula/Thees* § 19 Rn. 12; SHS/*Hörtnagl* UmwG § 17 Rn. 14; RS HFA 42 Tz. 7; Kallmeyer/*Zimmermann* UmwG § 17 Rn. 20).

Unterschiedliche Ansichten bestehen auch darüber, ob der übertragende Rechtsträger bei der Ausgliederung eine **Gesamtschlussbilanz oder** nur eine **Teilschlussbilanz** über den zu übertragenden Vermögensteil aufzustellen hat (SBB/*Bula/Thees* § 19 Rn. 13 ff.; SHS/*Hörtnagl* UmwG § 17 Rn. 50; WM/*Widmann* UmwG § 24 Rn. 163 f.; SSt/*Schwanna* UmwG § 17 Rn. 23; RS HFA 43 Tz. 9). Zum Teil wird die Ansicht vertreten, eine solche Teilschlussbilanz sei ausreichend (WM/*Widmann* UmwG § 24 Rn. 163 f.; RS HFA 43 Tz. 9; differenzierend SSt/*Schwanna* UmwG § 17 Rn. 23), nach anderer Auffassung ist die Aufstellung einer solchen Teilbilanz zwar zusätzlich zulässig, allein aber weder erforderlich noch ausreichend (SBB/*Bula/Thees* § 19 Rn. 16 ff.; SHS/*Hörtnagl* UmwG § 17 Rn. 51, 52). Zur Begründung nehmen die Vertreter der Ansicht, dass eine Teilschlussbilanz allein ausreichend sei, Bezug auf den Wortlaut des § 125 Satz 1 UmwG, wonach § 17 UmwG nur „entsprechend" anzuwenden sei. Dieser Auffassung ist zu widersprechen. § 17 Abs. 2 Satz 2 UmwG, auf den § 125 UmwG verweist, verweist seinerseits auf die handelsrechtlichen Vorschriften. Danach ist ein bilanzieller Abschluss aber immer einheitlich für das gesamte Unternehmen aufzustellen, so dass insoweit für eine nur teilweise Bilanzierung kein Raum bleibt (SBB/*Bula/Thees* § 19 Rn. 17; SHS/*Hörtnagl* UmwG § 17 Rn. 51). Bei der Ausgliederung eines Teilbetriebs durch einen Einzelkaufmann auf eine GmbH, wie hier, darf dieser zudem nicht überschuldet sein. Seine Jahresbilanz umfasst zwar nicht zwingend sein gesamtes Vermögen, aus ihr können sich aber Anhaltspunkte für Rückfragen durch das zur Prüfung verpflichtete Registergericht, §§ 152 Satz 2, 160 Abs. 2 UmwG, ergeben. 26

Gleichwohl ist bei der Ausgliederung in der Praxis aber die zusätzliche Aufstellung einer Teilbilanz über den auszugliedernden Vermögensteil durchaus sinnvoll und empfehlenswert, wohl auch üblich. Zwar ist für die Bestimmung des auszugliedernden Teils die Ausgliederungserklärung allein maßgeblich (SHS/*Hörtnagl* UmwG § 17 Rn. 52), zur Definition der ausgegliederten Gegenstände und zur Feststellung des jeweiligen Wertes aber kann dann in der Ausgliederungserklärung auf die Teilbilanz Bezug genommen werden (SBB/*Bula/Thees* § 19 Rn. 19). Außerdem kann die zusätzliche Teilbilanz ein geeigneter Nachweis dafür sein, dass der ausgegliederte Teil einen Teilbetrieb iSv. § 20 Abs. 1 UmwStG darstellt.

Nach § 17 Abs. 2 Satz 2 UmwG hat für die Schlussbilanz eine **Prüfung** stattzufinden, wenn die Jahresabschlüsse des übertragenden Rechtsträgers grds. prüfungspflichtig sind (SHS/*Hörtnagl* UmwG § 17 Rn. 20; RS HFA 42 Tz. 13 iVm. RS HFA 43 Tz. 7, 5). § 17 UmwG normiert keine eigenständige Prüfungspflicht. Eine Prüfung ist mithin gem. § 316 Abs. 1 Satz 1 HGB bei **Einzelkaufleuten,** Personengesellschaften und kleinen Kapitalgesellschaften iSv. § 267 Abs. 1 HGB **nicht** erforderlich. Das Formular geht bei der entstehenden GmbH gleichwohl von einer Prüfungspflicht aus (vgl. Beschlüsse der Gesellschafterversammlung, → Form. D. 1.1). 27

Da die Schlussbilanz in entsprechender Anwendung der Bilanzierungsvorschriften des HGB aufzustellen ist (§ 17 Abs. 2 Satz 2 UmwG), gelten hierfür auch die handelsrechtlichen **Ansatzgebote, -verbote und -wahlrechte.** So dürfen – im Gegensatz zum Steuerrecht (§ 5 Abs. 2 EStG) – in der Schlussbilanz nach § 248 Abs. 2 HGB idF des BilMoG v. 26.5.2009 (BGBl. I 2009, 1102) in dem vom Grundsatz der Ansatz-, Bewertungs- und Darstellungsstetigkeit vorgegebenen Rahmen selbstgeschaffene immaterielle Wirtschaftsgüter in gewissem Umfang aktiviert werden; ein originärer Geschäfts- oder Firmenwert kann allerdings ebenso wenig aktiviert werden wie Marken, Drucktitel, Verlagsrechte, Kundenlisten oder vergleichbare immaterielle Vermögensgegenstände (SBB/*Bula/Thees* § 19 Rn. 25; WM/*Widmann* UmwG § 24 Rn. 89; SHS/*Hörtnagl* UmwG § 17 Rn. 25 ff.; SSt/*Schwanna* UmwG § 17 Rn. 15). 28

29 Die **Bewertung der Wirtschaftsgüter** in der Schlussbilanz hat ebenfalls nach den allgemeinen handelsrechtlichen Vorschriften zu erfolgen, es ist also grds. nach dem Prinzip der Bewertungsstetigkeit nach § 252 Abs. 1 Nr. 6 HGB vorzugehen (vgl. hierzu SBB/*Bula/Thees* § 19 Rn. 26ff.; SHS/*Hörtnagl* UmwG § 17 Rn. 31ff.; Kallmeyer/*Zimmermann* UmwG § 17 Rn. 33). Grundsätzlich sind mithin die (fortgeschriebenen) Buchwerte anzusetzen.

30 Fraglich ist jedoch, ob dies im Fall der Ausgliederung entsprechend auch für den **bilanziellen Ansatz der Anteile an dem übernehmenden Rechtsträger** gilt, die der übertragende Rechtsträger erhält. Dies ist streitig und hängt vor allem davon ab, ob die Ausgliederung handelsbilanziell als Tauschgeschäft verstanden wird oder nicht (Lutter/*Priester* UmwG Anh. § 134 Rn. 8; WM/*Widmann* UmwG § 24 Rn. 169; SHS/*Hörtnagl* UmwG § 17 Rn. 59; RS HFA 43, 21; SBB/*Bula/Thees* § 19 Rn. 62ff.). Grundsätzlich erhält der übertragende Rechtsträger für den ausgegliederten Teilbetrieb Gesellschaftsrechte an dem übernehmenden Rechtsträger. Es könnte mithin ein Tausch Wirtschaftsgüter gegen Anteilsrechte vorliegen.

Hierzu werden drei im Ergebnis unterschiedliche Ansichten vertreten. Die erste Ansicht erfasst die Ausgliederung nicht als Tausch, weil es an einem Umsatzakt fehle, der übertragende Rechtsträger bleibe (mittelbar) Eigentümer der Wirtschaftsgüter; die neue Beteiligung sei in der Folgebilanz des übertragenden Rechtsträgers zwingend mit dem Buchwert anzusetzen (vgl. SBB/*Bula/Thees* § 19 Rn. 64). Die zweite Ansicht geht von einem Tausch- bzw. zumindest tauschähnlichem Vorgang aus und erlaubt daher eine Bewertung mit dem Buchwert, dem Teilwert oder einem erfolgsneutralen Zwischenwert (WM/*Widmann* UmwG § 24 Rn. 169; RS HFA 43 Tz. 21). Die dritte Ansicht geht ebenfalls von einem Tauschgeschäft aus, erlaubt aber die Bewertung der neuen Beteiligung nur zum Zeitwert, also dem (steuerlichen) Teilwert (SHS/*Hörtnagl* UmwG § 17 Rn. 60), bzw. seit dem Zweiten UmwÄndG v. 19.4.2007 (BGBl. I 2007, 428) dem gemeinen Wert.

Die dritte Ansicht vermag schon deshalb nicht zu überzeugen, weil sie die ausdrücklich vorgesehenen Wahlrechte des § 24 UmwG und des § 20 Abs. 2 Satz 2 UmwStG negiert, die den Ansatz zum Buchwert oder zu einem Zwischenwert ausdrücklich zulassen. Auch der ersten Ansicht ist nicht zu folgen. Die Ausgliederung ist als ein Tauschvorgang zu qualifizieren. In der Bilanz des übertragenden Rechtsträgers wird deutlich, dass sich Art und Charakter des zu bilanzierenden Vermögensgegenstandes verändert hat. Aus den einzelnen Gegenständen des ausgegliederten Teilbetriebes ist eine Beteiligung an einer Kapitalgesellschaft geworden. Dies entspricht einem Tauschvorgang. Ein oder mehrere Vermögensgegenstände werden durch ein oder mehrere andere Vermögensgegenstände ersetzt. Es ist daher nicht überzeugend, auf ein indirekt fortbestehendes Eigentum an den ausgegliederten Vermögenswerten abzustellen und auf die alternative Möglichkeit einer Abspaltung für den Fall, dass eine Aufstockung der Buchwerte gewünscht sei, zu verweisen. Diese Möglichkeit einer Abspaltung ist zB für den Einzelkaufmann gem. § 124 Abs. 1 HS 1 UmwG im Gegensatz zur Ausgliederung (vgl. § 124 Abs. 1 HS 2 UmwG) nicht eröffnet. Umgekehrt müsste die erste Ansicht auch bei einer Verschmelzung einer 100%igen Tochtergesellschaft auf ihre Muttergesellschaft ein Tauschgeschäft verneinen und nur einen Buchwertansatz zulassen. Zu folgen ist daher der zweiten Ansicht, die im Einklang mit den allgemeinen Grundsätzen von einem Tauschvorgang und dem folgend einem Ansatzwahlrecht zum Buchwert, Teilwert oder einem erfolgsneutralen Zwischenwert ausgeht (WM/*Widmann* UmwG § 24 Rn. 169; RS HFA 43 Tz. 21).

31 Wenn – wie hier – die Ausgliederung im Wege der Neugründung erfolgt, muss der übernehmende Rechtsträger gem. § 242 Abs. 1 HGB eine **Eröffnungsbilanz** aufstellen (SBB/*Bula/Thees* § 19 Rn. 71; SSt/*Moszka* UmwG § 24 Rn. 18; WM/*Widmann* UmwG § 24 Rn. 280). Hierbei hat er bei der Bewertung der Wirtschaftgüter **handelsrechtlich** über §§ 125, 135 UmwG das Wahlrecht nach § 24 UmwG

(SSt/*Moszka* UmwG § 24 Rn. 18; WM/*Widmann* UmwG § 24 Rn. 286). Er ist mit den Wertansätzen in der Eröffnungsbilanz grds. nicht an die Wertansätze in der Schlussbilanz gebunden (RS HFA 43 Tz. 24; SSt/*Moszka* UmwG § 24 Rn. 18; ausführlich WM/*Widmann* UmwG § 24 Rn. 290ff.), es sei denn, er hat dies im Ausgliederungsplan (wie hier → Form. D.1.1. unter Ziff. 2 aE) ausdrücklich geregelt.

Bei einem Rückbezug des Ausgliederungsstichtages besteht wegen des Wirksamwerdens der Umwandlung erst mit Eintragung in das Handelsregister des übertragenden Rechtsträgers dessen handelsrechtliche Rechnungslegungspflicht bis zur Eintragung fort (ganz hM: RS HFA 42 Tz. 22 iVm. RS HFA 43 Tz. 5; SHS/*Hörtnagl* UmwG § 17 Rn. 67 mwN). Die Rückbeziehung nach § 126 Abs. 1 Nr. 6 UmwG iVm. § 17 Abs. 2 UmwG ändert an der grds. Buchführungsverpflichtung des übertragenden Rechtsträgers nichts. Dessen Rechnungslegung ist mit dem Wirksamwerden der Ausgliederung nach § 131 Abs. 1 Nr. 1 UmwG in das Rechnungswesen des übernehmenden Rechtsträgers so zu übernehmen, als wäre das Vermögen bereits mit dem **handelsrechtlichen Ausgliederungsstichtag** übergegangen und als wären die Geschäfte (des ausgegliederten Teilbereichs) bereits im Namen und für Rechnung des übernehmenden Rechtsträgers geführt worden. Der übertragende Rechtsträger ist schon deswegen zu einer eigenen Buchführung verpflichtet, weil er steuerliche Pflichten zu erfüllen hat, zB die Pflicht, als Unternehmer iSd. UStG bis zum Wirksamwerden der Umwandlung auch für den auszugliedernden Teilbereich Voranmeldungen und ggf. Jahreserklärungen abzugeben. 32

Die in § 20 Abs. 5 und Abs. 6 UmwStG als Wahlrecht zugelassene steuerliche Rückwirkung (→ Rn. 49ff.) gilt nur für Ertragsteuern (SHS/*Hörtnagl* UmwG § 17 Rn. 68).

einstweilen frei 33–36

VI. Ertragsteuern

Das Formular geht von einem auch auf der Ebene des Gesellschafters **rein inländischen Sachverhalt** aus. Sollte bei dem Gesellschafter das Besteuerungsrecht der Bundesrepublik Deutschland eingeschränkt sein, müsste geprüft werden, ob durch die Regelung des § 1 Abs. 4 UmwStG die Anwendbarkeit des UmwStG auf diese Ausgliederung eingeschränkt oder ausgeschlossen ist (zu Einzelheiten vgl. WM/*Widmann* UmwStG § 1 Rn. 78ff.; DPM/*Möhlenbrock* UmwStG § 1 Rn. 166ff.; RHL/*Graw* § 1 Rn. 240ff.; UmwSt-Erl. 2011, BMF v. 11.11.2011, BStBl. I 2011, 1314 Tz. 01.53).

Die Umwandlung hat für den ausgegliederten Vermögensteil wegen des Wechsels der Gesellschaftsform von einem Einzelkaufmann in eine Kapitalgesellschaft einen Wechsel des Steuersubjekts zur Folge. Die unmittelbare Besteuerung des wirtschaftlichen Erfolgs geschieht nicht mehr wie bisher direkt bei dem Einzelkaufmann, sondern bei der neu errichteten Gesellschaft. 37

Steuerrechtlich ist die Ausgliederung kein Unterfall der Spaltung (→ oben Rn. 3), sondern als Einbringung anzusehen, die den Regelungen der §§ 20–23 UmwStG unterfällt, wenn ein Betrieb, ein Mitunternehmeranteil, eine die Mehrheit der Stimmrechte an einer Kapitalgesellschaft vermittelnde oder verstärkende Beteiligung oder – wie hier – ein Teilbetrieb auf eine Kapitalgesellschaft ausgegliedert wird (DPM/*Patt* UmwStG § 20 Rn. 4; SBB/*Schöneberger/Bultmann* § 20 Rn. 218; HMB/*Menner* UmwStG § 20 Rn. 44; Lutter/*Schumacher* UmwG Anh. nach § 173 Rn. 25, 16; SSt/*Moszka* UmwStG Anh. Rn. 595ff.). 38

Für die Bewertung des ausgegliederten Vermögens gilt nach § 20 Abs. 2 Satz 1 HS 1 UmwStG als **Regelfall** der **Ansatz des gemeinen Werts** (DPM/*Patt* UmwStG § 20 Rn. 190; *ders.* UmwStG Vor §§ 20–23 Rn. 9; RHL/*Herlinghaus* UmwStG § 20 Rn. 139). Nur auf Antrag, der gemäß § 20 Abs. 2 Satz 3 UmwStG 39 spätestens bis zur erstmaligen Abgabe der **steuerlichen Schlussbilanz** bei dem für die Besteuerung der übernehmenden Gesellschaft zuständigen Finanzamt, bei der hiesigen Ausgliederung also das für die Kapitalgesellschaft GmbH zuständige Finanzamt, zu stellen ist (UmwSt-Erl. 2011, BMF v. 11.11.2011, BStBl. I 2011, 1314 Tz. 20.21), kann ein anderer Wertansatz gewählt werden. Die Wahl des Wertansatzes erfolgt in der neuen Gesellschaftsform der Kapitalgesellschaft. § 20 Abs. 2 UmwStG richtet sich nur an die „übernehmende Gesellschaft". Unter dem in § 20 Abs. 2 Satz 3 UmwStG verwendeten Begriff **„steuerliche Schlussbilanz"** ist, anders als gemäß Tz. 03.01 und Tz. 11.02 des UmwSt-Erl. 2011 (BMF v. 11.11.2011, BStBl. I 2011, 1314) bei der Verschmelzung von Kapitalgesellschaften (→ Form. A.3 Rn. 100h; → Form. A.5 Rn. 89c; → Form. A.6 Rn. 90i; → Form. A.7 Rn. 138j), keine von der Steuerbilanz zu unterscheidende **gesonderte Schlussbilanz** zu verstehen; vielmehr handelt es sich um die nächste auf den Einbringungszeitpunkt folgende steuerliche Jahresschlussbilanz der Übernehmerin, in welcher der Einbringungsgegenstand erstmals anzusetzen ist (BFH v. 15.6.2016, I R 69/15, BStBl. II 2017, 75; LfSt Bayern v. 11.11.2014, DStR 2015, 429; anders noch LfSt Bayern v. 7.7.2014, DStR 2014, 1971). Der steuerliche Ansatz ist auch der Höhe nach unabhängig vom Ansatz in der handelsrechtlichen Schlussbilanz der Überträgerin (→ Rn. 24 ff.).

39a § 20 Abs. 3 UmwStG schreibt vor, dass der von der Übernehmerin für das eingebrachte Betriebsvermögen gemäß § 20 Abs. 2 UmwStG angesetzte Wert als Veräußerungspreis des „Einbringenden" gilt (DPM/*Patt* UmwStG § 20 Rn. 250; RHL/*Herlinghaus* UmwStG § 20 Rn. 188; BMF v. 11.11.2011, BStBl. I 2011, 1314 Tz. 20.18; *FGS/BDI* zu 20.18).

Damit ist eine Ausgliederung durch den Ansatz der Buchwerte steuerneutral möglich, wenn im Gegenzug gem. § 20 Abs. 1 Satz 1 UmwStG der Ausgliedernde neue Anteile an der Kapitalgesellschaft erhält (Lutter/*Schumacher* UmwG Anh. nach § 173 Rn. 25, 16; HMB/*Menner* UmwStG § 20 Rn. 180; SSt/*Moszka* UmwStG Anh. Rn. 611). Um Fällen des Missbrauchs auf Grund der zivilrechtlich gegebenen Möglichkeit, auch einzelne Vermögensgegenstände im Rahmen einer Ausgliederung zu übertragen, vorzubeugen, schreibt § 20 Abs. 1 UmwStG vor, dass der ausgegliederte Vermögensteil zumindest einen – ggf. fiktiven – Teilbetrieb bzw. einen vom Gesetz gleichbehandelten Mitunternehmeranteil oder – gemäß § 21 Abs. 1 Satz 2 UmwStG – einen die Mehrheit der Stimmrechte vermittelnden oder verstärkenden Anteil an einer Kapitalgesellschaft umfassen muss, wenn die Buchwerte angesetzt werden sollen (HMB/*Menner* UmwStG § 20 Rn. 60, 90 ff.; SBB/*Schöneberger/Bultmann* § 20 Rn. 219; Lutter/*Schumacher* UmwG Anh. nach § 173 Rn. 22; SSt/*Moszka* UmwStG Anh. Rn. 611 ff.).

40 Was genau unter dem umwandlungssteuerlichen **Begriff „Teilbetrieb"** zu verstehen ist, ist umstritten. Maßgeblich soll der Teilbetriebsbegriff der **EG-Fusionsrichtlinie** 2009/133/EG v. 19.10.2009, ABl. EU Nr. L 310 S. 34 (Art. 2 Buchst. j FRL) sein (HMB/*Asmus* UmwStG § 15 Rn. 60 ff.; HMB/*Menner* UmwStG § 20 Rn. 90). Danach ist ein Teilbetrieb „die Gesamtheit der in einem Unternehmensteil einer Gesellschaft vorhandenen aktiven und passiven WG, die in einer organisatorischen Hinsicht einen selbständigen Betrieb, d. h. eine aus eigenen Mitteln funktionsfähige Einheit, darstellen" (Art. 2 Buchst. j FRL). Versteht man diese Definition dahin, dass der Begriff der „Selbstständigkeit" nicht iSv. Abgeschlossenheit, sondern als Funktionsfähigkeit zu verstehen ist, könnte mit diesem veränderten Verständnis ein in der Vergangenheit häufig vorhandenes Umwandlungshindernis beseitigt werden. Denn nach den bis 2006 maßgeblichen Grundsätzen der FinVerw. konnten zB bei Nutzung eines Betriebsgrundstücks durch mehrere Teileinheiten diese nicht als Teilbetrieb ausgegliedert oder sonst umgewandelt werden (vgl. SBB/*Schöneberger/Bultmann* § 20 Rn. 21; SSt/*Moszka* UmwStG Anh. Rn. 463). Die FinVerw. nahm bei Grundstücken, die von mehreren Teilbetrieben genutzt werden, ein Spaltungshindernis an (UmwSt-

Erl. 1998, BStBl. I 1998, 268 Tz. 15.07). Diese starre Betrachtungsweise der FinVerw. führte im Ergebnis dazu, dass betriebswirtschaftlich sinnvolle Aufteilungen von Unternehmen aus steuerrechtlichen Gründen scheiterten.

Die FinVerw. hat im UmwSt-Erl. 2011 (BMF v. 11.11.2011, BStBl. I 2011, 1314 Tz. 15.02) den Teilbetrieb zunächst in Übereinstimmung mit Art. 2 Buchst. j FRL definiert. Sie will allerdings nicht nur die funktional wesentlichen Betriebsgrundlagen dem Teilbetrieb zurechnen, sondern zusätzlich auch alle „diesem Teilbetrieb nach wirtschaftlichen Zusammenhängen zuordenbaren Wirtschaftsgüter" (ebenso EuGH v. 15.1.2002, C-43/00, DStRE 2002, 456, Tz. 25 ff.). Damit entsteht eine erhebliche Rechtsunsicherheit. Wann ist ein Wirtschaftsgut einem Teilbetrieb nach wirtschaftlichen Zusammenhängen zuzuordnen? Der UmwSt-Erl. 2011, BMF v. 11.11.2011, BStBl. I 2011, 1314, hat hier mithin – anders als erhofft – Unklarheit und eine zusätzliche Erschwernis geschaffen.

Es kommt hinzu, dass es bislang auch keine gesicherte Rspr. des **EuGH** zum Verständnis eines **Teilbetriebs** gibt. Das bislang einzige Urteil stellt auf die Funktionsfähigkeit aus eigenen Mitteln ab und fordert, dass „die aktiven und passiven Wirtschaftsgüter eines Teilbetriebs in ihrer Gesamtheit übertragen werden" (EuGH v. 15.1.2002, Rs. C-43/00, DStRE 2002, 456). Ob dabei die Übertragung des rechtlichen oder zumindest des wirtschaftlichen Eigentums, wie dies die FinVerw. genügen lässt (UmwSt-Erl. 2011, BMF v. 11.11.2011, BStBl. I 2011, 1314 Tz. 15.07), erforderlich ist, oder ob die Einräumung eines vertraglichen Nutzungsrechts an WG, die zunächst im Eigentum des umwandelnden Rechtsträgers standen, ausreicht, ist ungeklärt. Der BFH hat in BFH v. 7.4.2010 (I R 96/08, BStBl. II 2011, 467), wenn auch noch zur Rechtslage vor dem SEStEG, ein Nutzungsrecht nicht ausreichen lassen (vgl. zu dem Ganzen: HMB/*Asmus* UmwStG § 15 Rn. 60 ff.; *FGS/BDI* zu 15.02; *FGS/BDI* zu 20.06; *Pyszka* DStR 2016, 2017). Versteht man Art. 2 Buchst. j FRL nach seinem Wortlaut, so genügt eine die Funktionsfähigkeit eines Teilbetriebs herstellende und sichernde Übertragung. Dann müsste nicht das rechtliche oder wirtschaftliche Eigentum übertragen werden, sondern es würde eine vertragliche Nutzungsberechtigung ausreichen (vgl. SBB/*Schöneberger/Bultmann* § 20 Rn. 22; SHS/*Schmitt* UmwStG § 20 Rn. 87; DPM/*Patt* UmwStG § 20 Rn. 91; ausführlich RHL/*Herlinghaus* UmwStG § 20 Rn. 58 ff., 59 f.). Die Erwägungen des EuGH in EuGH v. 10.11.2011 (Rs. C-444/10, DStR 2011, 2196) zur umsatzsteuerrechtlichen Geschäftsveräußerung im Ganzen würden, auf die Teilbetriebsübertragung angewendet, dieses Verständnis bestätigen.

Derzeit ist aufgrund einer Vorlage des BFH (Beschluss v. 10.4.2013, I R 80/12, BStBl. II 2013, 1004, Vorinstanz FG Baden-Württemberg v. 19.7.2012, 13 K 1988/09, BB 2013, 369) ein Verfahren beim BVerfG (2 BvL 8/13) anhängig zur Frage, ob § 6 Abs. 5 Satz 3 EStG idF des UntStFG v. 20.12.2001 (BGBl. I 2001, 3858) gegen Art. 3 Abs. 1 GG verstößt. Die Entscheidung ist bedeutsam auch für den Teilbetriebsbegriff des § 20 UmwStG, da nach Ansicht der FinVerw. der Begriff des Teilbetriebs für die § 6 Abs. 3 EStG, §§ 20, 24 UmwStG identisch zu beurteilen ist (BMF v. 12.9.2013, BStBl. I 2013, 1164 letzter Absatz).

In der praktischen Anwendung sollte jedoch unter Zugrundelegung von Tz. 15.02 in BMF v. 11.11.2011, BStBl. I 2011, 1314, in Zweifelsfällen durch eine vorherige Abstimmung mit der FinVerw. geklärt werden, ob ein WG nach den wirtschaftlichen Zusammenhängen einem Teilbetrieb zuzuordnen ist. Würde dies nicht mit übertragen, wäre das Wahlrecht nach § 20 Abs. 2 UmwStG ausgeschlossen.

Streitig ist der **Zeitpunkt, zu dem die Teilbetriebsvoraussetzungen vorliegen** 41
müssen. Nach der aktuellen Auffassung der FinVerw. (UmwSt-Erl. 2011, BMF v. 11.11.2011, BStBl. I 2011, 1314 Tz. 15.03) muss dies zum steuerlichen Übertragungsstichtag vorliegen. Bislang genügte es, wenn die Voraussetzungen bei Fassung des Spaltungsbeschlusses vorlagen (UmwSt-Erl. 1998, BMF v. 25.3.1998, BStBl. I 1998, 268

Tz. 15.10). Würde man der neuen Auffassung der FinVerw. folgen, wäre zB bei der gemischten Nutzung eines Grundstücks durch auszugliedernde und verbleibende Teilbetriebe, die erst in der Vorbereitung der Ausgliederung kurzfristig aufgelöst wird, eine steuerliche Rückbeziehung nicht möglich. Dies führt zu einer unnötigen Erschwerung von Umwandlungsvorgängen. Die hM in der Literatur will weiterhin die Flexibilität der Schaffung der Teilbetriebsvoraussetzungen verbunden mit der Möglichkeit der steuerlichen Rückbeziehung erhalten und folgt daher zu Recht der alten Auffassung der FinVerw. (HMB/*Asmus* UmwStG § 15 Rn. 83; DPM/*Patt* UmwStG § 20 Rn. 113; SHS/*Schmitt* UmwStG § 20 Rn. 90; RHL/*Herlinghaus* UmwStG § 20 Rn. 68; WM/*Widmann* UmwStG § 20 Rn. 80; *FGS/BDI* zu Rn. 15.03).

Bis zu klärenden Gerichtsentscheidungen sollte in der Praxis aber die Auffassung der FinVerw. beachtet werden.

42 Zum UmwStG 1995 war streitig, ob in Bezug auf die **Steuerbilanz** der aufnehmenden Kapitalgesellschaft die Wertansätze, die für die einzelnen Wirtschaftsgüter in der **Handelsbilanz** gewählt werden, **bindend** sind, oder ob ein anderer Ansatz zulässig wäre. Die **FinVerw.** berief sich auf den Maßgeblichkeitsgrundsatz aus § 5 Abs. 1 Satz 2 EStG (UmwSt-Erl. 1998, BMF v. 25.3.1998, BStBl. I 1998, 268 Tz. 20.30). Die ganz herrschende Ansicht (vgl. HMB/*Mertgen* UmwStG § 3 Rn. 73 mwN) war, ebenso wie in der 2. Auflage hier vertreten, anderer Ansicht und verwies auf die entsprechenden spezialgesetzlichen Regelungen. Der BFH hat in BFH v. 19.10.2005, I R 38/04, BStBl. II 2006, 568, ausdrücklich entgegen der Auffassung der FinVerw. bestätigt, dass trotz einer ggf. handelsrechtlich zwingend vorgeschriebenen Fortführung der Buchwerte steuerlich ein anderer Wertansatz gewählt werden kann (auch für die Verschmelzung bestätigt durch BFH v. 5.6.2007, I R 97/06, DStR 2007, 1767). Dieser Standpunkt ist von der FinVerw. ausdrücklich anerkannt worden durch BMF v. 4.7.2006 (BStBl. I 2006, 445). Damit war der Streit beendet. Zudem ergibt sich aus der Gesetzesbegründung zu § 3 UmwStG („Die Wertansätze erfolgen unabhängig von den Ansätzen in der Handelsbilanz – der Grundsatz der Maßgeblichkeit der Handelsbilanz für die Steuerbilanz gilt insoweit nicht mehr“, BT-Drs. 16/2710, 37), dass der Maßgeblichkeitsgrundsatz – zumindest im UmwStG 2006 (ab SEStEG) – nicht gelten soll (HMB/*Mertgen* UmwStG § 3 Rn. 72; *Lemaitre/Schönherr* GmbHR 2007, 173; DPM/*Pung* UmwStG § 3 Rn. 55f.; RHL/*Birkemeier* UmwStG § 3 Rn. 64). Dies ist von der FinVerw. im UmwSt-Erlass 2011 (BStBl. I 2011, 1314 Tz. 03.04, 03.06, 20.20) auch ausdrücklich anerkannt worden.

43 Dieses **Wahlrecht** wird jedoch unter bestimmten Voraussetzungen **eingeschränkt** und ein Ansatz mit dem „gemeinen Wert“ oder einem Zwischenwert zwingend vorgeschrieben. § 20 Abs. 2 Satz 2 UmwStG gewährt die Abweichung vom gemeinen Wert für das übernommene Betriebsvermögen nur „einheitlich“ und nur „soweit“ bestimmte Voraussetzungen vorliegen.

Zwingend sind mindestens Zwischenwerte anzusetzen, wenn die Buchwerte der **Passivposten** des eingebrachten Betriebsvermögens abzüglich einer neben den Gesellschaftsanteilen gewährten sonstigen Gegenleistung (§ 20 Abs. 2 Satz 4 UmwStG) den Buchwert der **Aktivposten übersteigen.** Hier sind, um die Entstehung negativer Anschaffungskosten für die gewährten Gesellschaftsanteile zu vermeiden (Blümich/*Nitzschke* UmwStG 2006 § 20 Rn. 82), die Werte der übergehenden Wirtschaftsgüter mindestens insoweit aufzustocken, dass Aktiva und Passiva ausgeglichen sind – § 20 Abs. 2 Satz 2 Nr. 2 UmwStG. Die Regelung entspricht § 20 Abs. 2 Satz 4 UmwStG 1995, da es in § 20 Abs. 2 Satz 2 UmwStG ausdrücklich „soweit“ heißt.

44 Ein **zwangsweiser Ansatz des gemeinen Wertes** hat nach § 20 Abs. 2 Satz 2 Nr. 3 UmwStG zu erfolgen, wenn die Besteuerung der stillen Reserven, die in den Buchwerten des eingebrachten Betriebsvermögens stecken, im Fall der Veräußerung dieses Betriebsvermögens durch die Übernehmerin nicht sichergestellt ist. Während § 20 Abs. 3 UmwStG 1995 auf das Besteuerungsrecht an den gewährten Gesellschaftsanteilen abstellte, ist nunmehr das Besteuerungsrecht an dem eingebrachten Betriebsvermögen maßgeblich.

Die Regelung des § 20 Abs. 2 Satz 6 UmwStG 1995, wonach die Teilwerte der einzelnen Wirtschaftsgüter nicht überschritten werden durften, findet sich seit dem SEStEG in der Einschränkung des § 20 Abs. 2 Satz 2 UmwStG, wonach höchstens der Wert „im Sinne des Satzes 1" angesetzt werden darf. Wenn der Buchwert mithin höher ist als der gemeine Wert, ist letzterer anzusetzen. Der gemeine Wert bildet die absolute Höchstgrenze (WM/*Widmann* UmwStG § 20 Rn. R 683; HMB/*Menner* UmwStG § 20 Rn. 329; SHS/*Schmitt* UmwStG § 20 Rn. 331). Dieser Ansicht schien die Formulierung in Tz. 20.23 des UmwSt-Erl. 1998 (BStBl. I 1998, 268) entgegenzustehen, wonach die Buchwerte in keinem Fall unterschritten werden dürfen. Tatsächlich ist jedoch eine ggf. vorzunehmende Teilwertabschreibung wegen voraussichtlich dauernder Wertminderung (vgl. § 6 Abs. 1 Nr. 1, 2 EStG) hier zwingend, damit die entstehende Kapitalgesellschaft in ihrer Eröffnungsbilanz nicht einen zu hohen Unternehmenswert ausweist. Insoweit ist der Teilwert der einzelnen Wirtschaftsgüter tatsächlich als ggf. die untere Buchwertgrenze durchbrechender Maximalwert zu verstehen (HMB/*Menner* UmwStG § 20 Rn. 329; DPM/*Patt* UmwStG § 20 Rn. 203; RHL/*Herlinghaus* UmwStG § 20 Rn. 162). Diese Auffassung vertritt nunmehr auch die FinVerw., wie sich im UmwSt-Erlass 2011 (BStBl. I 2011, 1314) auch durch den Verweis in Tz. 20.18 auf Tz. 03.12 ergibt (kritisch unter Hinweis auf die Gesetzesbegründung *Schumacher/Neitz-Hackstein* Ubg 2011, 411: die Einschränkung beziehe sich nur auf den unmittelbar vorangehenden „höheren Wert"). **45**

Eine weitere Notwendigkeit der Überschreitung der Buchwerte für alle eingebrachten Gegenstände ergibt sich aus § 20 Abs. 2 Satz 4 UmwStG, wenn der Einbringende – anders als hier – neben den Gesellschaftsanteilen **zusätzliche Wirtschaftsgüter als sonstige Gegenleistung** erhält, deren gemeiner Wert den Buchwert des eingebrachten Betriebsvermögens übersteigt (vgl. WM/*Widmann* UmwStG § 20 Rn. R 580ff.; SSt/*Moszka* UmwStG Anh. Rn. 293; DPM/*Patt* UmwStG § 20 Rn. 219; RHL/*Herlinghaus* UmwStG § 20 Rn. 181); in diesem Fall ist das eingebrachte Betriebsvermögen mindestens mit dem gemeinen Wert der zusätzlich gewährten Wirtschaftsgüter anzusetzen, § 20 Abs. 2 Satz 4 UmwStG. **46**

Diese durch § 20 Abs. 2 Satz 4 UmwStG implizit eingeräumte Möglichkeit, bis zur Höhe des Buchwerts des eingebrachten Betriebsvermögens wahlrechtsunschädlich sonstige Wirtschaftsgüter als weitere Gegenleistung zu gewähren, ist durch das StÄndG 2015 v. 2.11.2015 (BGBl. I 2015, 1834) aus aktuellem Anlass (Fusion VW/Porsche) rückwirkend für solche Umwandlungen und Einbringungen eingeschränkt worden, bei denen der Umwandlungsbeschluss bzw. Einbringungsvertrag nach dem 31.12.2014 zustandegekommen ist, § 27 Abs. 14 UmwStG idF des StÄndG 2015. § 20 Abs. 2 Satz 2 Nr. 4 UmwStG idF des StÄndG 2015 regelt zwei Alternativen: Der gemeine Wert solcher sonstigen Gegenleistungen darf grundsätzlich 25% des Buchwertes des eingebrachten Betriebsvermögens nicht übersteigen (§ 20 Abs. 2 Satz 2 Nr. 4 Buchst. a UmwStG idF des StÄndG 2015). Bis zu einem gemeinen Wert der sonstige Gegenleistungen von nicht mehr als 500000,– EUR sind diese bis zur Höhe des Buchwertes des eingebrachten Betriebsvermögens wahlrechtsunschädlich zulässig (§ 20 Abs. 2 Satz 2 Nr. 4 Buchst. b UmwStG idF des StÄndG 2015). **47**

Soweit der gemeine Wert der sonstigen Gegenleistungen die durch § 20 Abs. 2 Satz 2 Nr. 4 UmwStG idF des StÄndG 2015 eingeführten Grenzen übersteigt, ist das Wahlrecht des § 20 Abs. 2 Satz 2 UmwStG ausgeschlossen, dh. die weiteren übergehenden Wirtschaftsgüter sind zwingend mit dem gemeinen Wert anzusetzen. Aus der Gesetzesbegründung, die hierzu einen Beispielsfall bildet (BR-Drs. 121/15, 55ff.), ergibt sich, dass das Wort „soweit" so zu verstehen ist, dass in diesen Fällen eine Aufteilung der Einbringung in einen Teil zu Buchwerten und einen Teil zum gemeinen Wert stattzufinden hat.

48 Die Regelung des § 20 Abs. 2 Satz 2 UmwStG 1995, wonach ein **handelsbilanzrechtlicher Zwang zur Höherbewertung nicht für die Steuerbilanz maßgeblich** war (vgl. zu der früher aber sich ausdrücklich auf die Maßgeblichkeit berufenden FinVerw. UmwSt-Erl. 1998 v. 25.3.1998, BStBl. I 1998, 268 Tz. 20.27–20.29), ist in das durch das SEStEG v. 7.12.2006 (BGBl. I 2006, 2782) neu gefasste UmwStG nicht übernommen worden. Gleichwohl hat der Gesetzgeber die Maßgeblichkeit der Handelsbilanz für die Steuerbilanz ausdrücklich aufgegeben (BT-Drs. 16/2710, 69 zu § 20 Abs. 2). Die Ausübung des Wahlrechts auf Antrag nach § 20 Abs. 2 UmwStG ist mithin vollständig losgelöst von den Wertansätzen in der Handelsbilanz der (neuen) GmbH (vgl. HMB/*Menner* UmwStG § 20 Rn. 371; DPM/*Patt* UmwStG § 20 Rn. 210; *Rödder/Schuhmacher* DStR 2006, 1525; *Dötsch/Pung* DB 2006, 2763; SSt/*Moszka* UmwStG Anh. Rn. 29f.; RHL/*Herlinghaus* UmwStG § 20 Rn. 147; UmwSt-Erlass 2011, BMF v. 11.11.2011, BStBl. I 2011, 1314 Tz. 20.20; OFD Rheinland v. 15.1.2007, BB 2007, 436).

49 Als **Stichtag** für die **steuerliche Schlussbilanz** des ausgliedernden Rechtsträgers und den **steuerlichen Einbringungszeitpunkt** (§ 20 Abs. 5 und Abs. 6 UmwStG: „steuerlicher Übertragungsstichtag") des übernehmenden Rechtsträgers kommt zunächst der Tag des Wirksamwerdens der Ausgliederung, also der Tag der Eintragung der Kapitalgesellschaft in das Handelsregister (§ 11 GmbHG, § 131 Abs. 1 Nr. 3 Satz 3 UmwG) in Betracht (zum Übergang des wirtschaftlichen Eigentums HMB/*Menner* UmwStG § 20 Rn. 575f.; DPM/*Patt* UmwStG § 20 Rn. 301; SHS/*Schmitt* UmwStG § 20 Rn. 235f.).

50 Gem. § 20 Abs. 6 Sätze 1 und 2 UmwStG darf in den Fällen der Einbringung im Wege der (ggf. partiellen) Gesamtrechtsnachfolge nach dem UmwG, also durch Verschmelzung, Aufspaltung, Abspaltung oder Ausgliederung, als Stichtag auch der Tag der Schlussbilanz iSd. § 17 Abs. 2 UmwG gewählt werden, wenn dieser Stichtag höchstens acht Monate vor der Anmeldung der Umwandlung zur Eintragung in das Handelsregister liegt. Damit ist für die Ausgliederung die auch häufig praktizierte Möglichkeit gegeben, aus Kostengründen die im letzten regulären Jahresabschluss enthaltene Bilanz des Einzelkaufmanns gleichzeitig als Schlussbilanz für die Ausgliederung zu verwenden (HMB/*Menner* UmwStG § 20 Rn. 585; DPM/*Patt* § 20 Rn. 302ff.; SSt/*Moszka* UmwStG Anh. Rn. 270; SBB/*Schöneberger/Bültmann* § 20 Rn. 9 iVm. SBB/*Schlösser/Reichl/Rapp* § 11 Rn. 27f.).

50a Anders als das antragsgebundene Wahlrecht des § 20 Abs. 2 Satz 2 UmwStG, anstelle des gemeinen Werts Buch- oder Zwischenwerte anzusetzen (→ Rn. 39), ist das **Wahlrecht auf Rückbeziehung** gemäß § 20 Abs. 5, 6 UmwStG nicht fristgebunden, kann also grundsätzlich bis zum Ende der letzten Tatsacheninstanz ausgeübt werden, was auch konkludent (z.B. durch rückwirkenden Ertrags- oder Vermögensansatz in der Steuererklärung) geschehen kann (BFH v. 19.12.2018, I R 1/17, DStR 2019, 1259 Rn. 15f., insoweit der Vorinstanz FG Berlin-Brandenburg v. 13.12.2016, 6 K 6243/14, DStRE 2017, 1376 folgend; unklar insoweit UmwSt-Erl. 2011 BMF v. 11.11.2011, BStBl. I 2011, 1314 Tz. 20.14). Ein einmal (ggf. auch konkludent) gestellter Antrag kann jedoch nicht mehr geändert werden (BFH v. 19.12.2018, I R 1/17, DStR 2019, 1259 Rn. 17 gegen die Vorinstanz FG Berlin-Brandenburg v. 13.12.2016, 6 K 6243/14, DStRE 2017, 1376–1379).

51 Wird ein von dem üblichen Tag des Jahresabschlusses abweichender Stichtag gewählt, so entsteht bei dem ausgliedernden Rechtsträger kein Rumpfgeschäftsjahr, da nur ein Teilbetrieb ausgegliedert wird. Bei dem übernehmenden Rechtsträger ist das erste Geschäftsjahr dann ein Rumpfgeschäftsjahr, wenn der Zeitpunkt des Beginns des Handelsgewerbes (§ 242 Abs. 1 HGB) in den Lauf des gewählten Geschäftsjahres fällt. Da eine Neugründung erfolgt, bedarf es bei einem vom Kalenderjahr abweichenden Wirtschaftjahr nicht der Zustimmung des Finanzamtes (WM/*Widmann* UmwStG § 20 Rn. 1289, R 1225).

Auf der **Ebene des Einzelkaufmanns** bewirkt die Einbringung des Teilbetriebs in eine Kapitalgesellschaft einen Wechsel der Besteuerung der laufenden Einkünfte in Bezug auf die Einkunftsart des § 2 Abs. 1 EStG von Einkünften aus Gewerbebetrieb – § 15 Abs. 1 Nr. 1 EStG – in Einkünfte aus Kapitalvermögen – § 20 Abs. 1 Nr. 1 EStG, es sei denn die im Gegenzug gewährte Beteiligung an der Kapitalgesellschaft wird von ihm weiterhin im Betriebsvermögen gehalten; letzteres ist zwingend, wenn die Beteiligung als notwendiges Betriebsvermögen anzusehen ist (siehe dazu BFH v. 12.6.2019, X R 38/17, DStR 2019, 1619). In diesem Fall bleiben die Dividenden Einkünfte aus Gewerbebetrieb, § 20 Abs. 8 EStG, es gilt jedoch nach § 3 Nr. 40 Satz 1 Buchst. d Satz 1 iVm. § 3 Nr. 40 Satz 2 EStG das Teileinkünfteverfahren. **52**

Auf der **„Ebene des Teilbetriebs“** sind die bis zum steuerlichen Übertragungsstichtag (= Stichtag der Schlussbilanz) erzielten **laufenden Ergebnisse** noch dem Einzelkaufmann direkt zuzurechnen – § 15 Abs. 1 Nr. 1 EStG. Der sich aus der Schlussbilanz ergebende Gewinn ist bei diesem laufender Gewinn und ist nach der bis dahin üblichen Weise zu versteuern. Ab dem Ausgliederungsstichtag findet eine Besteuerung in der Kapitalgesellschaft nach den Regeln des KStG statt. Es fallen also zunächst nur bei der GmbH Ertragsteuern an, eine Besteuerung des Gesellschafters erfolgt erst nach und bei einer entsprechenden Ausschüttung und zwar nach dem Teileinkünfteverfahren – § 3 Nr. 40 EStG, also der Besteuerung von nur 60% des ausgeschütteten Betrages. Sollten die Anteile im Privatvermögen gehalten werden, unterlägen sie dann den Regeln der Abgeltungsteuer nach §§ 20 Abs. 1, 32d EStG iHv. 25%. **53**

Im Rahmen der Ausgliederung kann, wie sich aus § 20 Abs. 3, 4 UmwStG ergibt, ein **„Veräußerungsgewinn“** (Einbringungsgewinn) entstehen. Veräußerungspreis ist danach der Wert, mit dem die entstehende Kapitalgesellschaft die Aktiva und Passiva in ihrer Vermögensaufstellung ansetzt. Ein Veräußerungsgewinn liegt vor, wenn der sich hieraus ergebende Saldo von Aktiva und Passiva abzüglich der Kosten der Ausgliederung den in der Schlussbilanz des Einzelkaufmanns ermittelten Wert des Betriebsvermögens für den Teilbetrieb übersteigt (HMB/*Menner* UmwStG § 20 Rn. 473; SHS/*Schmitt* UmwStG § 20 Rn. 401; SSt/*Moszka* UmwStG Anh. Rn. 622, 322ff.; DPM/*Patt* UmwStG § 20 Rn. 250). Ein zu versteuernder Veräußerungsgewinn ist danach nur denkbar, wenn das Betriebsvermögen nicht zu Buchwerten, sondern zu einem darüber liegenden Zwischen- oder Teilwert bei der Kapitalgesellschaft angesetzt wird (SBB/ *Schöneberger/Bültmann* § 20 Rn. 220 iVm. SBB/*Schlösser/Reichl/Rapp* § 11 Rn. 672; SHS/*Schmitt* UmwStG § 20 Rn. 402). **54**

Die Besteuerung erfolgt nach den allgemeinen Vorschriften (UmwSt-Erl. 2011, BMF v. 11.11.2011, BStBl. I 2011, 1314 Tz. 20.25).

Aus dem sich aus dem Ansatz des Betriebsvermögens in der Eröffnungsbilanz ergebenden Wert des Stammkapitals ist der **Anschaffungspreis** der einzelnen Beteiligungen der Gesellschafter zu ermitteln – § 20 Abs. 3 UmwStG (SSt/*Moszka* UmwStG Anh. Rn. 622). **55**

Bei **natürlichen Personen** als Einbringenden kommen in den Fällen des § 20 Abs. 4 Satz 1 UmwStG, dh im Falle des Ansatzes des gemeinen Werts im Zuge der Ausgliederung eines Betriebs oder Teilbetriebs oder eines ganzen Mitunternehmeranteils (nicht jedoch eines Teils eines Mitunternehmeranteils) und soweit nicht bei zum eingebrachten Betriebsvermögen gehörenden Anteilen an Kapitalgesellschaften das Teileinkünfteverfahren Anwendung findet (§ 20 Abs. 4 Satz 2 UmwStG), auch § 34 Abs. 1 EStG (sog. **Fünftelregelung**) sowie unter weiteren Voraussetzungen (Vollendung des 55. Lebensjahres oder dauernde Berufsunfähigkeit im sozialversicherungsrechtlichen Sinne) auf gesonderten Antrag **einmal im Leben** § 34 Abs. 3 EStG (ermäßigter Steuersatz) und ggf. § 16 Abs. 4 EStG (abschmelzender Freibetrag) zur Anwendung (UmwSt-Erl. 2011, BMF v. 11.11.2011, BStBl. I 2011, 1314 Tz. 20.27). **Gewerbesteuer** fällt bei Einbringung eines Betriebs, Teilbetriebs oder ganzen Mitunternehmeranteils keine an (§ 7 Satz 2 Nr. 2 GewStG und GewStR 7.1 Abs. 3 Nr. 1). **55a**

55b Bei **Kapitalgesellschaften** als Einbringenden unterliegt der Einbringungsgewinn auch der **Gewerbesteuer** (§ 7 S. 2 Nr. 2 GewStG). Soweit der Einbringungsgewinn auf zum eingebrachten Betriebsvermögen gehörende Anteile an einer anderen Kapitalgesellschaft entfällt, ist er im Anwendungsbereich von § 8b Abs. 2 KStG im Ergebnis nur zu 5% zu versteuern, § 8b Abs. 3 Satz 1 KStG (Rückausnahme § 8b Abs. 7 und 8 KStG).

56 Das nach altem Recht geltende System der **einbringungsgeborenen Anteile iSd. § 21 UmwStG 1995** ist mit dem UmwStG 2006 aufgegeben worden (HMB/*Bilitewski* UmwStG § 22 Rn. 2; DPM/*Patt* UmwStG § 22 Rn. 1; WM/*Widmann* UmwStG Vor § 1 Rn. 64; ab SEStEG → Rn. 57). Einbringungsgeborene Anteile entstanden, wenn das Betriebsvermögen in der Eröffnungsbilanz nicht mit seinem Teilwert, sondern mit einem darunterliegenden Buch- oder Zwischenwert angesetzt wurde (HMB/*Menner* UmwStG § 20 Rn. 562; DPM/*Patt* UmwStG § 22 Rn. 1; SSt/*Moszka* UmwStG Anh. Rn. 623). **Beachte aber:** Noch unter dem UmwStG 1995 entstandene einbringungsgeborene Anteile behalten diese Eigenschaft weiter, § 27 Abs. 3 Nr. 3 UmwStG (HMB/*Bilitewski* UmwStG § 22 Rn. 2; DPM/*Pung* UmwStG § 27 Rn. 14ff.; UmwSt-Erl. 2011, BMF v. 11.11.2011, BStBl. I 2011, 1314 Tz. 20.38); wird dies übersehen, ist der Berater haftbar.

57 Die Sicherstellung der Besteuerungsmöglichkeit über einbringungsgeborene Anteile ist durch das System des **§ 22 UmwStG 2006** ersetzt worden. Die Regelungen der §§ 3 Nr. 40 Satz 3 und 4 EStG, 8b Abs. 4 KStG wurden aufgehoben.

Voraussetzung für die Anwendung des § 22 UmwStG ist eine Einbringung nach § 20 UmwStG zu einem Wert unterhalb des gemeinen Werts (HMB/*Bilitewski* UmwStG § 22 Rn. 10; DPM/*Patt* UmwStG § 22 Rn. 3). Sofern die Kapitalgesellschaftsanteile innerhalb von sieben Jahren nach der Einbringung veräußert werden oder innerhalb dieser Frist ein Veräußerungsersatztatbestand iSv. § 22 Abs. 1 Satz 6 UmwStG verwirklicht wird, wird der Veräußerungsgewinn nachträglich durch Ansatz des höheren gemeinen Wertes erfasst. Der so ermittelte höhere Veräußerungsgewinn ist als **„Einbringungsgewinn I"** im Jahr der Ausgliederung nachträglich und rückwirkend nach § 22 Abs. 1 Satz 1 UmwStG zu versteuern (HMB/*Bilitewski* UmwStG § 22 Rn. 92; DPM/*Patt* UmwStG § 22 Rn. 54). Der Gewinn ist jedoch gem. § 22 Abs. 1 Satz 3 UmwStG für jedes seit der Ausgliederung verstrichene Zeitjahr um ein Siebtel der Wertdifferenz zwischen dem Gewinn nach Ansatz mit dem gemeinen Wert und dem ursprünglich gewählten Ansatz zu vermindern (HMB/*Bilitewski* UmwStG § 22 Rn. 92; DPM/*Patt* UmwStG § 22 Rn. 57; WM/*Widmann* UmwStG Vor § 1 Rn. 64). Das alte System der Vollversteuerung bei Veräußerung innerhalb von sieben Jahren ist so durch ein Abschmelzungsmodell ersetzt worden.

57a Das UmwStG enthält keine Spezialregelungen zur gewerbesteuerlichen Behandlung von Einbringungsgewinnen, so dass die allgemeinen Grundsätze des Gewerbesteuerrechts gelten. Die FinVer. vertritt jedoch die Auffassung, dass ein Einbringungsgewinn I dann der **Gewerbesteuer** unterliege, wenn nicht sämtliche erhaltenen Anteile in einem Vorgang veräußert werden. Für Zwecke des § 7 Satz 2 GewStG sei dann nicht mehr von einer Veräußerung eines Betriebs, Teilbetriebs bzw. eines Mitunternehmeranteils auszugehen. Die sukzessive Veräußerung der erhaltenen Anteile führe deshalb dazu, dass der dadurch jeweils ausgelöste Einbringungsgewinn I zum Gewerbeertrag gehört (UmwSt-Erl. 2011, BMF v. 11.11.2011, BStBl. I 2011, 1314 Tz. 22.07). Im Schrifttum wird diese Auffassung kritisiert. Es sei hinsichtlich einer Gewerbesteuerpflicht ohne Belang, wenn die sperrfristbehafteten Anteile nur anteilig veräußert werden (HMB/*Bilitweski* UmwStG § 22 Rn. 122; SHS/*Schmitt* UmwStG § 22 Rn. 61a; RHL/*Stangl* UmwStG § 22 Rn. 85a). Das FG Köln hat sich jüngst dieser Kritik angeschlossen und sich gegen die Verwaltungsauffassung gestellt. Unter Verweis auf den Gesetzeswortlaut urteilte das FG Köln, dass eine sukzessive anteilige Veräußerung erhaltener Anteile durch den Einbringenden innerhalb des Siebenjahreszeitraums keine rückwirkende Gewerbesteuerpflicht begründe (FG Köln v. 19.7.2018, 6 K 2507/16, BeckRS 2018, 21814; Rev. BFH I R 26/18). Abzuwarten bleibt, wie sich der BFH positionieren wird. Siehe auch FG SchlHol. v. 21.3.2018, 1 K 1/16, DB 2018, 1121; Rev. BFH IR 13/18: keine Gewerbesteuer auf Einbringungsgewinn II aus Weiterveräußerung mit eingebrachter Anteile des SBV II).

Neu in das UmwStG aufgenommen wurde die Nachweispflicht nach **§ 22 Abs. 3 UmwStG.** Sie ist auf die Tatsache zurückzuführen, dass nunmehr auch ausländische Umwandlungen erfasst werden und damit eine Information über steuerrelevante Anteilsübertragungen innerhalb der Sieben-Jahres-Frist nicht mehr sichergestellt ist. Danach hat der „Einbringende", hier also der ausgliedernde Einzelkaufmann, jährlich spätestens zum 31. Mai dem Finanzamt nachzuweisen, wem die durch die Ausgliederung entstandenen Anteile aktuell gehören. Wird die Nachweispflicht versäumt, gilt dies als fiktive Veräußerung, die rückwirkende Besteuerung nach § 22 Abs. 1 UmwStG findet statt (HMB/*Bilitewski* UmwStG § 22 Rn. 295; DPM/*Patt* UmwStG § 22 Rn. 92). Bei der Frist bis zum 31. Mai handelt es sich nicht um eine Ausschlussfrist dergestalt, dass der Nachweis nach diesem Tag nicht mehr geführt werden kann. § 22 Abs. 3 Satz 2 UmwStG definiert nur den fehlenden Nachweis, nicht aber den fehlenden Nachweis zum 31. Mai als Auslöser der Veräußerungsfiktion. Diese Auslegung wird durch die Gesetzesbegründung (BT-Drs. 16/2710, 49) bestätigt. Die FinVerw. hebt zwar hervor, dass diese Frist nicht verlängerbar ist (UmwStErl. 2011, BMF v. 11.11.2011, BStBl. I 2011, 1314 Tz. 22.33), betont aber zugleich, dass ein verspäteter Nachweis noch berücksichtigt werden könne und hält sich damit einen gewissen Ermessensspielraum offen (UmwStErl. 2011, BMF v. 11.11.2011, BStBl. I 2011, 1314 Tz. 22.33; HMB/*Bilitewski* UmwStG § 22 Rn. 293; RHL/*Stangl* UmwStG § 22 Rn. 185; **aA** DPM/*Patt* UmwStG § 22 Rn. 91; vgl. auch *Rödder/Schumacher* DStR 2007, 375; WM/*Widmann* UmwStG § 22 Rn. 377). Der früher mögliche spätere Nachweis, zB im Einspruchs- oder Klageverfahren (s. hierzu BMF v. 4.9.2007, BStBl. I 2007, 698, Tz. 5), dürfte jedoch nicht mehr möglich sein. 58

Eine Besteuerung der stillen Reserven ohne Veräußerung nach § 22 Abs. 1 UmwStG **(Veräußerungsersatztatbestände)** erfolgt bei unentgeltlicher Übertragung der erhaltenen Anteile auf eine Kapitalgesellschaft oder Genossenschaft, § 22 Abs. 1 Satz 6 Nr. 1 UmwStG, bei einer Einbringung über dem Buchwert, § 22 Abs. 1 Satz 6 Nr. 2 UmwStG, bei Auflösung oder Kapitalrückzahlung, § 22 Abs. 1 Satz 6 Nr. 3 UmwStG, bei Buchwerteinbringung mit anschließender Anteilsveräußerung, § 22 Abs. 1 Satz 6 Nr. 4 und Nr. 5 UmwStG, und bei Verlust der Ansässigkeitsvoraussetzungen, § 22 Abs. 1 Satz 6 Nr. 6 UmwStG (UmwSt-Erl. 2011, BMF v. 11.11.2011, BStBl. I 2011, 1314 Tz. 22.18ff.). 59

Erfolgt eine Besteuerung nach § 22 Abs. 1 UmwStG, so gelten für den Gesellschafter die für die Besteuerung maßgeblichen höheren Wertansätze als **nachträgliche Anschaffungskosten,** § 22 Abs. 1 Satz 4 UmwStG. 60

Die Gesellschaft kann auf Antrag die **höheren Wertansätze als Buchwertansätze** für ihr (noch vorhandenes) Betriebsvermögen übernehmen, wenn die Steuer bezahlt und dies durch eine entsprechende Bescheinigung des für den Gesellschafter zuständigen Finanzamtes nachgewiesen wurde, § 23 Abs. 2 UmwStG.

einstweilen frei 61–65

VII. Verkehrsteuern, insbes. Grunderwerbsteuer

Im Rahmen der hier vorgesehenen Ausgliederung wird auch ein Grundstück von dem Einzelkaufmann auf die neu errichtete A-GmbH übertragen. 66

Allgemein will das Umwandlungsrecht für notwendige bzw. gewollte Umstrukturierungen von Wirtschaftsbetrieben durch die Gewährung rechtlicher Besonderheiten 67

Erleichterungen schaffen. Das UmwStG bietet deshalb Möglichkeiten zur Steuervermeidung. Regelungen gibt es allerdings nur für den Bereich der Ertragsteuern, nicht jedoch für Verkehrsteuern wie Umsatz- und Grunderwerbsteuer (WM/*Pahlke* Anh. 12 Rn. 1; Boruttau/*Meßbacher-Hönsch* GrEStG § 1 Rn. 355; UmwSt-Erl. 2011, BMF v. 11.11.2011, BStBl. I 2011, 1314 Tz. 01.01). Diese werden auch bei Umstrukturierungen nach dem Umwandlungsrecht erhoben, wenn die entsprechenden Voraussetzungen vorliegen. Die Verkehrsteuern haben daher als der möglicherweise einzige steuerliche Kostenfaktor bei der Wahl des Weges einer Umstrukturierung eine nicht zu unterschätzende wirtschaftliche Bedeutung.

68 Angesichts der hohen Grundstücks- und Gebäudewerte ist die Kostenbelastung durch die Grunderwerbsteuer möglicherweise erheblich. Nachdem im Rahmen der Föderalismusreform die Steuergesetzgebungskompetenz der Länder zum 1.9.2006 in Art. 105 Abs. 2a Satz 2 GG um die Befugnis zur Bestimmung der Steuersätze bei der GrESt erweitert worden ist, haben inzwischen die meisten Bundesländer von dieser Befugnis zum Teil mehrfach Gebrauch gemacht. Lediglich Bayern und Sachsen haben bislang nicht angekündigt, den Steuersatz über die in § 11 Abs. 1 GrEStG normierten 3,5% des Wertes nach § 8 GrEStG hinaus anzuheben. In Hamburg liegt der Steuersatz bei 4,5%, in sechs weiteren Bundesländern (Baden-Württemberg, Bremen Mecklenburg-Vorpommern, Niedersachsen, Rheinland-Pfalz und Sachsen-Anhalt) bei 5%. Bei 6% liegt der Steuersatz in Berlin und Hessen. Sogar 6,5% werden erhoben in Brandenburg, Nordrhein-Westfalen, Saarland, Schleswig-Holstein und Thüringen. Die GrESt kann daher durchaus das entscheidende Kriterium für die Wahl einer bestimmten Umwandlungsform bzw. eines bestimmten Umwandlungsweges werden, zumal wenn etwa im Rahmen einer Reorganisation eines Unternehmens möglicherweise sogar mehrere Umwandlungen und sich daraus ergebend auch eine mehrfache Übertragung von Grundstücken erforderlich sind (vgl. WM/*Pahlke* Anh. 12 Rn. 39).

69 Die **Grunderwerbsteuer** als **Rechtsverkehrsteuer** knüpft die Besteuerung des Übergangs von inländischen Grundstücken und gleichgestellten Rechtsgütern iSd. § 2 GrEStG (WM/*Pahlke* Anh. 12 Rn. 5, 5.2) bei Umwandlungen in der Regel an den Wechsel des Rechtsträgers – § 1 Abs. 1 Nr. 3 GrEStG –, da dem Übergang des Eigentums im Bereich des Umwandlungsrechts in der Regel kein schuldrechtliches Verpflichtungsgeschäft hinsichtlich der Grundstücke vorausgegangen ist (WM/*Pahlke* Anh. 12 Rn. 6, 60; Boruttau/*Meßbacher-Hönsch* GrEStG § 1 Rn. 363). Dabei werden die Umwandlungsvorgänge, wenn es bei einer Umstrukturierung zu einem solchen Rechtsträgerwechsel kommt, als Erwerbsvorgänge qualifiziert, so dass eine Besteuerung gem. § 1 Abs. 1 Nr. 3 GrEStG stattzufinden hat, und zwar in dem Umfang, in dem der Rechtsträger wechselt. Wird ganz oder zumindest zum Teil die Rechtsträgeridentität erhalten, so findet insoweit auch keine Besteuerung statt. Bzgl. der Beurteilung einer möglichen Rechtsträgeridentität ist eine wirtschaftliche Betrachtungsweise zugrunde zu legen.

70 Zeitlich erfolgt die Verwirklichung des Erwerbsvorganges erst mit der zivilrechtlichen Wirksamkeit der Umwandlung, also mit der Eintragung der Rechtsänderung in das maßgebliche Handelsregister (WM/*Pahlke* Anh. 12 Rn. 60; Boruttau/*Meßbacher-Hönsch* GrEStG § 1 Rn. 364). Es erfolgt weder eine Rückbeziehung auf den Gesellschafterbeschluss bzw. den Abschluss des Vertrages, noch ist eine gewillkürte (ertrag-)steuerliche Rückbeziehung gem. §§ 2, 20 Abs. 8, 24 Abs. 4 UmwStG möglich (WM/*Pahlke* Anh. 12 Rn. 8; Boruttau/*Meßbacher-Hönsch* GrEStG § 1 Rn. 365; BFH v. 15.10.1997, I R 22/96, BStBl. II 1998, 168). Der Gesetzgeber plant, die Grunderwerbsteuer zu reformieren und die steuerbaren Erwerbsvorgänge zu erweitern und zu verschärfen. Der Entwurf eines Gesetzes zur Änderung des Grunderwerbsteuergesetzes (BR-Drs. 355/19) enthält folgende Änderungen:

– **Verlängerung der Fristen von 5 auf 10 Jahre:** Die derzeitigen Fünfjahresfristen in den Vorschriften des Grunderwerbsteuergesetzes sollen auf zehn Jahre verlängert werden. Bislang wird bspw. Grunderwerbsteuer erhoben, wenn mindestens 95% der Anteile am Vermögen einer grundbesitzenden Personengesellschaft innerhalb von fünf Jahren auf neue Gesellschafter übergehen. Bisher waren bestimmte Share Deals derart ausgestaltet, dass in einem ersten Schritt 94,9% der Anteile am Vermögen der Personengesellschaft auf einen neuen Gesellschafter übergegangen sind und erst nach Ablauf von fünf Jahren die restlichen 5,1% auf diesen Gesellschafter übertragen wurden. Nach der Verlängerung sämtlicher Fünfjahresfristen auf 10 Jahre dürfen die restlichen 5,1% erst nach Ablauf von 10 Jahren auf diesen neuen Gesellschafter übertragen werden. Die Verlängerung der Frist auf 10 Jahre erschwert folglich u.a. solche Gestaltungen. Die Gesellschaften sind zudem innerhalb der Frist an die getroffenen Dispositionen gebunden und damit in ihrem unternehmerischen Handeln eingeschränkt.

- **Absenkung der 95%-Grenze auf 90%:** Die relevante Beteiligungshöhe wird bei sämtlichen Ergänzungstatbeständen von mindestens 95% auf mindestens 90% der Anteile abgesenkt. Bemessungsgrundlage für die Grunderwerbsteuer bleibt der gesamte Grundbesitzwert.

  Die dargestellten Änderungen werden mit hoher Wahrscheinlichkeit in absehbarer Zeit in Kraft treten. Die nachstehenden Darstellungen beziehen sich auf die derzeit absehbare Rechtslage und müssen ggf. hinsichtlich der Beteiligungsschwellen und der Haltefristen entsprechend angepasst gelesen werden.
- **Schaffung eines neuen Ergänzungstatbestandes zu § 1 Abs. 2a für Kapitalgesellschaften (neuer § 1 Abs. 2b GrEStG-E):** Nach derzeitiger Rechtslage werden Gesellschafterwechsel an grundbesitzenden Personengesellschaften iHv mindestens 95% der Anteile am Gesellschaftsvermögen innerhalb eines Zeitraums von fünf Jahren erfasst. Dabei muss kein Gesellschafter eine bestimmte Beteiligungsschwelle überschreiten. Diese Vorschrift soll auf Anteilseignerwechsel an grundbesitzenden Kapitalgesellschaften ausgedehnt und die Quote ebenfalls auf 90% festgesetzt werden. Die Maßnahme hat zum Ziel, Share Deals dadurch zu erschweren, dass ein Altgesellschafter in nennenswertem Umfang beteiligt bleiben muss. Ein kompletter Erwerb durch einen Investor und seinen „mitgebrachten" Co-Investor ist dann nicht mehr so leicht möglich.
- **Verlängerung der Vorbehaltensfrist in § 6 Abs. 4 Nr. 3 GrEStG-E auf 15 Jahre.**

Umwandlungen bewirken dann eine **Grunderwerbsteuerpflicht,** wenn bei ihrer Durchführung folgende Vermögensgegenstände ihren Rechtsträger wechseln: 71

- inländische Grundstücke und diesen gem. § 2 Abs. 1 und Abs. 2 GrEStG gleichgestellte Erbbaurechte, Gebäude auf fremdem Boden und dinglich gesicherte Sondernutzungsrechte iSv. § 15 WEG bzw. § 1010 BGB (WM/*Pahlke* Anh. 12 Rn. 5.2);
- Anteile an Personengesellschaften, zu deren Vermögen ein inländisches Grundstück gehört und bei denen sich der Gesellschafterbestand innerhalb von fünf Jahren unmittelbar oder mittelbar dergestalt ändert, dass mindestens 95% der Anteile auf neue Gesellschafter übergehen – § 1 Abs. 2a GrEStG (vgl. Gleichl. Ländererlass v. 25.2. 2010, BStBl. I 2010, 245); bei einer unmittelbaren Änderung des Gesellschafterbestandes ist dabei auf die zivilrechtliche Betrachtungsweise abzustellen, es muss ein Mitgliedschaftsrecht wirksam auf einen neuen Gesellschafter übergehen (BFH v. 29.2.2012, II R 57/09, BStBl. II 2012, 917; v. 16.1.2013, II R 66/11, BFH/NV 2013, 653; zur mittelbaren Änderung siehe Rn. 71a);
- Anteile an Personen- und Kapitalgesellschaften, zu deren Vermögen ein inländisches Grundstück gehört und bei denen sich mindestens 95% der Anteile unmittelbar oder mittelbar in einer Hand vereinigen § 1 Abs. 3 GrEStG (vgl. Gleichl. Ländererlass v. 2.11.1999, BStBl. I 1999, 991 und Ergänzung FinMin. BaWü. v. 14.2.2000, DStR 2000, 430; § 1 Abs. 3 GrEStG erfasst sowohl Personen- als auch Kapitalgesellschaften, vgl. Boruttau/*Meßbacher-Hönsch* GrEStG § 1 Rn. 955, WM/*Pahlke* Anh. 12 Rn. 181).

§ 1 Abs. 2a GrEStG geht der Anwendung des § 1 Abs. 3 GrEStG vor, dh. die Anwendung des § 1 Abs. 3 GrEStG wird durch § 1 Abs. 2a GrEStG auch dann ausgeschlossen, wenn nach dieser Regelung eine Steuer nicht erhoben wird (vgl. Gleichl. Ländererlasse v. 12.11.2018, BStBl. I 2018, 1314 Tz. 7);

– für Erwerbsvorgänge seit dem 7.6.2013 nunmehr auch der unmittelbare oder mittelbare Erwerb einer wirtschaftlichen Beteiligung von mindestens 95% an einer Gesellschaft, zu deren Vermögen ein inländisches Grundstück gehört, § 1 Abs. 3a GrEStG (vgl. Gleichl. Ländererlass v. 9.10.2013, BStBl. I 2013, 1364 und zur „kleinen Konzernklausel" des § 6a GrEStG Gleichl. Ländererlasse v. 9.10.2013, BStBl. I 2013, 1375, *Behrens* DStR 2013, 1405; *ders.* DStR 2013, 2726; *Dorn/Gahlke* DStR 2013, 2365). Mit der Einführung der wirtschaftlichen Beteiligung stellt die neue Regelung auf die unmittelbare und/oder mittelbare Beteiligung am Kapital oder am Vermögen einer Gesellschaft ab (§ 1 Abs. 3a Satz 2 GrEStG). Die sachenrechtliche Betrachtungsweise gilt bei § 1 Abs. 3a GrEStG nicht. Vielmehr sind alle Beteiligungen am Kapital oder am Vermögen einer Gesellschaft rechtsformneutral anteilig zu berücksichtigen. Für die Ermittlung der mittelbaren Beteiligung am Kapital oder am Vermögen sind die Prozentsätze zu multiplizieren, d.h. es ist unabhängig von der Gesellschaftsform durch die verschiedenen Beteiligungsebenen „durchzurechnen". Die unmittelbaren und mittelbaren Beteiligungen eines Rechtsträgers an der Gesellschaft mit inländischem Grundstück werden für die Ermittlung der maßgeblichen wirtschaftlichen Beteiligung zusammengerechnet. Hat durch einen Rechtsvorgang iSd. § 1 Abs. 3 GrEStG ein Rechtsträger insgesamt eine wirtschaftliche Beteiligung von mindestens 95% erstmals inne, ist § 1 Abs. 3a GrEStG verwirklicht (vgl. mit weiteren Details Gleichl. Ländererlasse v. 19.9.2018, BStBl. I 2018, 1056, zur Anwendung des § 1 Abs. 3a GrEStG).

71a Bei der Berechnung einer **mittelbaren Änderung des Gesellschafterbestandes** einer grundstücksbesitzenden **Personengesellschaft** nach **§ 1 Abs. 2a GrEStG** hat BFH v. 24.4.2013, II R 17/10, BStBl. II 2013, 883 (Zunächst Nichtanwendungserlass BMF v. 9.10.2013, BStBl. I 2013, 1278, nunmehr bestätigt im Gleichl. Ländererlasse v. 12.11.2018, BStBl. I 2018, 1314) entschieden, dass entgegen den entsprechenden Regelungen im Gleichl. Ländererlasse v. 25.2.2010 (BStBl. I 2010, 245 Tz. 2, 3) dies ausschließlich nach wirtschaftlichen Maßstäben zu beurteilen sei. Kapital- und Personengesellschaften seien dabei gleichermaßen als transparent zu betrachten. Erforderlich sei eine im wirtschaftlichen Ergebnis vollständige Änderung (BFH v. 24.4.2013, II R 17/10, BStBl. II 2013, 883 Rn. 24; vgl. hierzu *Loose* DB 2015, 1003). Schuldrechtliche Vereinbarungen können es rechtfertigen, einen Anteil am Gesellschaftsvermögen einer grundbesitzenden Personengesellschaft abweichend von der zivilrechtlichen Zuordnung zum (Alt-)Gesellschafter einem Dritten (fiktiver Neugesellschafter) zuzurechnen. Für die Zurechnungsentscheidung könne unter Beachtung grunderwerbsteuerrechtlicher Besonderheiten auf die Grundsätze des § 39 Abs. 2 Nr. 1 AO zurückgegriffen werden (Gleichl. Ländererlasse v. 12.11.2018, BStBl. I 2018, 1314). Der Gesetzgeber hatte zuvor auf das Urteil des BFH mit der Einfügung der Sätze 2 bis 5 in § 1 Abs. 2a GrEStG durch das StÄndG 2015 v. 2.11.2015 (BGBl. I 2015, 1834) reagiert. Danach ist bei einer an der grundstücksbesitzenden Personengesellschaft mittelbar beteiligten Personengesellschaft die relevante Änderung des Gesellschafterbestandes mittels „Durchrechnens" der prozentualen Beteiligung am Gesellschaftsvermögens zu ermitteln (§ 1 Abs. 2a Satz 3 GrEStG), bei Kapitalgesellschaften kommt es wie in § 1 Abs. 3 GrEStG auf den Übergang von mindestens 95% der Anteile auf neue Gesellschafter an (§ 1 Abs. 2a Sätze 4, 5 GrEStG). Eine mittelbare Veränderung des Gesellschafterbestandes kann auch bei der Begründung eines Treuhandverhältnisses vorliegen, etwa wenn der unmittelbar beteiligte Gesellschafter mit einem Treugeber vereinbart, den Gesellschaftsanteil treuhänderisch für diesen zu halten (BFH v. 25.11.2015, II R 18/14, DStR 2016, 242). Des Weiteren wurde jüngst seitens der FinVerw. festgehalten, dass

Beteiligungskettenverkürzungen oberhalb der unmittelbar an der grundbesitzenden Personengesellschaft beteiligten Kapitalgesellschaft unschädlich sind (vgl. Gleichl. Ländererlasse v. 12.11.2018, BStBl. I 2018, 1314 Tz. 5.2.3.1 zur Anwendung des § 1 Abs. 2a GrEStG; vgl. iÜ die anhängige Rev. BFH II R 18/17). Kritisch ist die Auffassung der FinVerw., dass bei einem Formwechsel einer an einer grundbesitzenden Personengesellschaft beteiligten GmbH ihrerseits in eine Personengesellschaft die Gesellschaft zwar die Eigenschaft als Altgesellschafter behalten soll, deren Gesellschafter aber Neugesellschafter sein sollen (vgl. Gleichl. Ländererlasse v. 12.11.2018, BStBl. I 2018, 1314 Tz. 5.2.5.2, kritisch *Behrens* BB 2019, 35).

Bezüglich der Berechnung der **95 %-Grenze** nach **§ 1 Abs. 3 GrEStG** hat der BFH **72**
in BFH v. 25.8.2010 (II R 65/08, BStBl. II 2011, 225) nunmehr klargestellt, dass die Berechnung bei einer mehrstufigen Beteiligung nicht nach der Methode des Durchrechnens vorzunehmen, sondern isoliert auf jeder Beteiligungsebene zu betrachten ist. Dies heißt, dass eine 95%ige Beteiligung an einer Tochtergesellschaft, die ihrerseits mit 95% an einer grundbesitzenden Enkelgesellschaft beteiligt ist, nicht eine grundbesitzende Beteiligung der Muttergesellschaft von 90,25% ergibt, sondern es jeweils bei einer Beteiligung von 95% verbleibt (vgl. mit weiteren Beispielen *Mayer* BB 2012, 873). Der Gesetzgeber hat hierauf mit dem durch das AmtshilfeRLUmsG v. 26.6.2013 (BGBl. I 2013, 1809) eingefügten § 1 Abs. 3a GrEStG reagiert (vgl. Rn. 71).

Bei **Personengesellschaften** ist § 1 Abs. 3 GrEStG zudem so zu verstehen, dass der „Anteil der Gesellschaft" nicht nach der vermögensmäßigen Beteiligung, sondern nach der gesamthänderischen Mitberechtigung zu bestimmen ist, so dass sich der „Anteil" nach der Zahl der Gesellschafter, auch solcher, die am Vermögen nicht beteiligt sind, bestimmt (Boruttau/*Meßbacher-Hönsch* GrEStG § 1 Rn. 996ff.; *Mayer* BB 2012, 873; Pahlke GrEStG § 1 Rn. 322). Es kommt mithin auf die zivilrechtliche Betrachtungsweise an (BFH v. 29.2.2012, II R 57/09, BStBl. II 2012, 917; v. 16.1.2013, II R 66/11, BFH/NV 2013, 653; v. 12.3.2014, II R 51/12, BFH/NV 2014, 1315; *Loose* DB 2015, 1003). Diese Sichtweise beschränkt sich aber nur auf unmittelbar grundstücksbesitzende Personengesellschaften. Sind Personengesellschaften nur mittelbar am Grundbesitz beteiligt, ist diese im Hinblick auf § 1 Abs. 3 GrEStG ebenso zu behandeln wie eine zwischengeschaltete Kapitalgesellschaft. Bei zwischengeschalteten Personengesellschaften kommt es mithin nicht auf die Beteiligung aller Gesellschafter am Gesamthandsvermögen, sondern auf ihre Beteiligung am Gesellschaftskapital an (BFH v. 27.9.2017, II R 41/15, DStR 2018, 189; BFH v. 12.3.2014, II R 51/12, BFH/NV 2014, 1315; FG Berlin-Brandenburg v. 18.6.2015, 15 K 3256/12, EFG 2015, 1623; mittlerweile bestätigt durch Gleichl. Ländererlasse v. 19.9.2018, BStBl. I 2018, 1056, zur mittelbaren Änderung des Gesellschafterbestandes einer grundbesitzenden (Personen-)Gesellschaft iSd. § 1 Abs. 3 GrEStG). Ein Anteilserwerb kann bei einer zwischengeschalteten Personengesellschaft zu einer mittelbaren Anteilsvereinigung iSv. § 1 Abs. 3 Nr. 1 und Nr. 2 GrEStG beitragen oder führen, wenn dem Erwerber nach dem Anteilserwerb mindestens 95% der Beteiligung am Gesellschaftskapital der Personengesellschaft zuzurechnen sind.

Bei der Berechnung zählen **eigene Anteile der Gesellschaft** nicht mit, so dass die Beteiligungsschwelle von 95% schon früher erreicht sein kann (st. Rspr. vgl. FG Münster v. 22.2.2011, 8 K 3034/08 GrE, EFG 2011, 1274 mwN).

Bei mehrstufigen Beteiligungen ist zudem **§ 1 Abs. 4 GrEStG** zu beachten, weil bei einer Beteiligung von über 50% bereits eine finanzielle Eingliederung zu bejahen ist, die eine der Voraussetzungen für eine grunderwerbsteuerliche Organschaft ist und daher über § 1 Abs. 4 Buchst. b GrEStG Grunderwerbsteuer auslösen kann (vgl. hierzu Boruttau/*Meßbacher-Hönsch* GrEStG § 1 Rn. 1125; Pahlke GrEStG § 1 Rn. 351ff.; *Mayer* BB 2012, 873).

Die **Bemessungsgrundlage** sollte sich, da in Fällen der Umwandlung in der Regel **73**
keine Gegenleistung für den Übergang des Grundstücks vereinbart wurde, nicht nach

dem Wert der Gegenleistung gem. § 8 Abs. 1 GrEStG richten, sondern entspr. § 8 Abs. 2 GrEStG iVm. § 138 Abs. 2 bis 4 BewG (vgl. WM/*Pahlke* Anh. 12 Rn. 65 ff.; Boruttau/*Viskorf* GrEStG § 8 Rn. 31, 62). Die danach festzustellenden Grundbesitzwerte (land- und forstwirtschaftliches Vermögen gem. §§ 138 Abs. 2, 140 ff. BewG) bzw. Grundstückswerte (übriges Grundvermögen gem. §§ 138 Abs. 3, 145 ff. BewG) wären gem. § 138 Abs. 1 BewG bezogen auf die Wertverhältnisse zum Besteuerungszeitpunkt zu ermitteln (Boruttau/*Viskorf* GrEStG § 8 Rn. 101 ff.; *Pahlke* GrEStG § 8 Rn. 73). Das BVerfG hat jedoch entschieden, dass die Regelung des § 8 Abs. 2 GrEStG über die Ersatzbemessungsgrundlage mit dem Gleichheitssatz des Art. 3 Abs. 1 GG unvereinbar ist. Eine Ersatzbemessungsgrundlage müsse Ergebnisse erzielen, die den Werten der Regelbemessungsgrundlage weitgehend angenähert seien (BVerfG v. 23.6.2015, 1 BvL 13/11, 1 BvL 14/11, DStR 2015, 1678, Rn. 50 ff. Vgl. zum Ganzen schon im Vorwege Boruttau/*Viskorf* GrEStG § 8 Rn. 14; WM/*Pahlke* Anh. 12 Rn. 65 ff.; *Mayer* BB 2012, 873; *Pahlke* GrEStG § 8 Rn. 76 ff.; die Entscheidung des BVerfG erging auf Vorlage des BFH v. 2.3.2011, II R 23/10, BStBl. II 2011, 932; BFH v. 2.3.2011, II R 64/08, BFH/NV 2011, 1009). Das BVerfG hat das bisherige Gesetz als bis zum 31.12.2008 weiter anwendbar erklärt und den Gesetzgeber verpflichtet, spätestens zum 30.6.2016 rückwirkend zum 1.1.2009 eine Neuregelung zu schaffen. Dies hat der Gesetzgeber mit dem StÄndG 2015 v. 2.11.2015 (BGBl. I 2015, 1834) getan. Statt wie bisher in § 8 Abs. 2 GrEStG auf § 138 Abs. 2 bis 4 BewG ist ab dem 1.1.2009 auf die Grundbesitzwerte nach § 152 Abs. 1 BewG iVm. § 157 Abs. 1 bis 3 BewG abzustellen und damit nicht mehr auf die „Bewertung von Grundbesitz für die Grunderwerbsteuer" (Überschrift des 4. Abschnitts im 2. Teil des BewG, §§ 138ff.), sondern auf die „Gesonderten Feststellungen" und „… Bewertung …, … für die Erbschaftsteuer …" (Überschrift des 5. Abschnitts im 2. Teil des BewG, §§ 151 ff. BewG und zu § 157 BewG). Dies mag im Ergebnis den Anforderungen des BVerfG über eine verfassungsrechtlich unbedenkliche Ersatzbemessungsgrundlage genügen, im Rahmen des BewG ist dies jedoch unsystematisch und bedarf der Nachbesserung.

74 Bei der **Wertfeststellung** ist nicht ausschließlich auf den Grundstückswert abzustellen, sondern mit den von der Rspr. des BFH entwickelten Grundsätzen des „einheitlichen Leistungsgegenstandes" (BFH v. 27.10.1999, II R 17/99, DStR 1999, 2027; BFH v. 18.10.1989, II R 85/87, BStBl. II 1990, 181) soweit erforderlich auch unter Berücksichtigung eines noch zu errichtenden Gebäudes (WM/*Pahlke* Anh. 12 Rn. 72; Boruttau/*Loose* GrEStG § 9 Rn. 150 ff.). Die Wertermittlung berücksichtigt dabei abweichend vom reinen Stichtag des Eigentumsüberganges entsprechend § 8 Abs. 2 Satz 2 GrEStG den Wert des noch zu errichtenden Gebäudes zum (späteren) Zeitpunkt der Fertigstellung (Boruttau/*Viskorf* GrEStG § 8 Rn. 141; WM/*Pahlke* Anh. 12 Rn. 72). Bei grunderwerbsteuerrelevanten Umwandlungsvorgängen werden mithin die schuldrechtlichen Verpflichtungen, die die übertragende Gesellschaft bzgl. des Grundstücks noch eingegangen ist, bei der Feststellung des Bedarfswertes mit berücksichtigt (WM/*Pahlke* Anh. 12 Rn. 73).

75 **Steuerschuldner** der Grunderwerbsteuer sind nach § 13 Nr. 2 GrEStG sowohl der bisherige Eigentümer als auch der Erwerber. In Umwandlungsfällen geht vielfach der bisherige Eigentümer als Rechtspersönlichkeit durch den Umwandlungsvorgang unter, so dass es dann bei dem Erwerber als alleinigem Steuerschuldner iSd. § 13 Nr. 2 GrEStG bleibt (vgl. WM/*Pahlke* Anh. 12 Rn. 82, 392).

76 Bzgl. der Steuerschulden kommt eine Haftung der gesetzlichen Vertreter iSd. § 34 AO, also der Geschäftsführer und des Vorstandes einer formwechselnden Gesellschaft, nach den §§ 69, 71 AO in Betracht (WM/*Pahlke* Anh. 12 Rn. 84, 392). Voraussetzung ist aber bei der allgemeinen Vertreterhaftung des § 69 AO ein mindestens grob fahrlässiges Verschulden des Vertreters; eine Haftung aus § 71 AO erfordert sogar ein vorsätzliches Handeln. Dies ergibt sich bzgl. der Haftung aus § 69 AO aus dem Wortlaut der Norm, hinsichtlich der Haftung aus § 71 AO aus den tatbestandlichen Voraussetzungen einer Steuerhinterziehung bzw. Steuerhehlerei.

Grundsätzlich ist zwischen den **verschiedenen Formen einer Umwandlung** zu unterscheiden: **77**

Beim **Formwechsel** wird lediglich die äußere Rechtsform geändert, die Identität des Rechtsträgers bleibt unberührt. Diese Form der Umwandlung ändert daher die Person des Eigentümers eines Grundstücks nicht, er tritt nach außen hin lediglich in einem anderen Kleid auf (WM/*Pahlke* Anh. 12 Rn. 10, 12; Boruttau/*Meßbacher-Hönsch* GrEStG § 1 Rn. 377ff.). Dies gilt trotz § 1 Abs. 2a GrEStG auch, wenn eine Personengesellschaft, die zu mindestens 95% an einer inländischen Grundbesitz haltenden Tochter-Personengesellschaft beteiligt ist, formwechselnd in eine Kapitalgesellschaft umgewandelt wird (WM/*Pahlke* Anh. 12 Rn. 17). Vgl. iÜ zu Grunderwerbsteuerfragen beim Formwechsel → Form. E.3 Rn. 52ff.

In allen **anderen Fällen** der Umwandlung – Verschmelzung, Spaltung und Vermögensübertragung (Ausgliederung, Einbringung, Tausch, Realteilung) – kann es schon durch den Umwandlungsvorgang zu einem **Rechtsträgerwechsel** bzgl. der betroffenen Grundstücke kommen. Der Wechsel des Rechtsträgers, des Eigentümers aber ist Anlass der Besteuerung, so dass dann Grunderwerbsteuer anfällt. Außerdem können sich in diesen Fällen mittelbare Folgen ergeben, wenn zum Vermögen einer Kapitalgesellschaft Anteile an einer grundbesitzenden Personen- oder Kapitalgesellschaft gehören (WM/*Pahlke* Anh. 12 Rn. 10, 52ff.; Boruttau/*Meßbacher-Hönsch* GrEStG § 1 Rn. 363ff.).

Die Grunderwerbsteuer knüpft an die zivilrechtlichen Gegebenheiten an, so dass die **78**
mit einem Rechtsträgerwechsel verbundene übertragende, nicht aber die nur formwechselnde Umwandlung von dem GrEStG erfasst wird (BFH v. 26.1.2000, II B 108/98, BFH/NV 2000, 1136; BFH v. 20.12.2000, II B 53/00, BFH/NV 2001, 817; WM/*Pahlke* Anh. 12 Rn. 6, 12). Kommt es daher im Rahmen einer Umwandlung notwendigerweise zu einem Rechtsträgerwechsel, sollte nach Möglichkeit eine Gestaltung gewählt werden, bei der nur so viele Wechsel eines grundbesitzenden Rechtsträgers anfallen, wie unvermeidbar sind (WM/*Pahlke* Anh. 12 Rn. 39). Würde im Rahmen einer Reorganisation die mehrfache Übertragung einzelner Grundstücke erforderlich werden, könnte die dadurch mehrfach anfallende Grunderwerbsteuer beispielsweise dadurch vermieden werden, dass eine direkte Übertragung des Grundstücks auf die Zielgesellschaft im Vorfeld erfolgt (WM/*Pahlke* Anh. 12 Rn. 39).

Die FinVerw. will nunmehr sowohl bei Einbringungsvorgängen nach den §§ 20ff. **79**
UmwStG als auch bei den sonstigen Umwandlungsvorgängen nach §§ 1–19 UmwStG eine ggf. zu zahlende **Grunderwerbsteuer als** (zu aktivierende) **Anschaffungsnebenkosten** behandeln (UmwSt-Erl. 2011, BMF v. 11.11.2011, BStBl. I 2011, 1314 Tz. 04.34, 23.01; vgl. HMB/*Menner* UmwStG § 20 Rn. 433; zur früheren Auffassung der FinVerw. vgl. UmwSt-Erl. 1998, BMF v. 25.3.1998, BStBl. I 1998, 268 Tz. 03.13, 04.43, 22.01, 24.04). Nach der neuen Ansicht handelt es sich bei der Grunderwerbsteuer um objektbezogene Kosten, die nicht sofort als Kosten der Umwandlung, also als Betriebsausgabe, abgezogen werden können. Dies ist, weil die FinVerw. Umwandlungen mit Ausnahme des Formwechsels als Anschaffungs- und Veräußerungsvorgänge versteht, konsequent. Die FinVerw. beruft sich in dem in Tz. 04.35 in Bezug genommenen BMF-Schreiben v. 18.1.2010 (BStBl. I 2010, 70) auf BFH v. 15.10.1997 (I R 22/96, BStBl. II 1998, 168) und BFH v. 17.9.2003 (I R 97/02, BStBl. II 2004, 686), die die Auffassung der FinVerw. bestätigen.

Einzige Ausnahme sind Umwandlungen, bei denen es zu einer Anteilsvereinigung iSv. § 1 Abs. 3 GrEStG kommt. Hier ist die GrESt nicht zu aktivieren, sondern kann sofort als Betriebsausgabe abgezogen werden. Insoweit folgt die FinVerw. BFH v. 20.4.2011 (I R 2/10, BStBl. II 2011, 761, vgl. UmwSt-Erl. 2011, BMF v. 11.11.2011, BStBl. I 2011, 1314 Tz. 04.34, 23.01; HMB/*Menner* UmwStG § 20 Rn. 433).

Seit 2010 gilt die Regelung des **§ 6a GrEStG,** mit der **Umstrukturierungen im** **80**
Konzern von der GrESt entlastet werden sollen (ausführlich zu den Problemen

Schwedhelm/Zapf DStR 2016, 1906, 1967). Sie wurde durch das WachstBeschlG v. 22.12.2009 (BGBl. I 2009, 3950) eingeführt. Eine allgemeine Befreiung von Konzernen von der GrESt bei Umstrukturierungen besteht nicht (st. Rspr. vgl. BFH v. 15.12. 2010, II R 45/08, BFH/NV 2011, 709). Schwierigkeiten entstehen insbesondere, weil der Begriff des „herrschenden Unternehmens" in § 6a GrEStG nicht identisch ist mit den Begriffen in § 1 Abs. 4 Nr. 2 GrEStG, sondern von der FinVerw. als Unternehmer im umsatzsteuerlichen Sinne interpretiert wird (vgl. Gleichl. Ländererlass v. 1.12.2012, BStBl. I 2012, 1321, Abschn. 2.2 zur Anwendung von § 6a GrEStG). Dies ist umstritten. Der BFH hat nunmehr wegen der Interpretationsschwierigkeiten das BMF aufgefordert, dem anhängigen Revisionsverfahren beizutreten (BFH v. 25.11.2015, II R 50/13, BFH/NV 2016, 236 mwN). BFH v. 3.5.2017 (II R 62/14, BFH/NV 2017, 1133) hat die Frage, ob es sich bei § 6a GrEStG um eine europarechtswidrige Beihilfe handelt, dem EuGH vorgelegt, der in EuGH v. 19.12.2018 (C-374/17, DStR 2019, 49) diese Frage verneint hat (vgl. hierzu *Behrens* BB 2019, 354; *Fertig* DB 2019, 25; *Closer/Vogel* BB 2019, 151). Im Rahmen der jetzt anstehenden Änderungen der Beteiligungsquoten und Haltefristen in § 1 GrEStG ist eine gleichlautende Anpassung in § 6a GrEStG vorgesehen. Dies ist zwingend erforderlich, um der Entscheidung des EuGH auch weiterhin Gültigkeit zu verschaffen, also die Verneinung des Beihilfecharakters von § 6a GrEStG sicherzustellen (vgl. die Argumentation in EuGH v. 19.12.2018, C-374/17, DStR 19, 49, Tz. 44 und 48). Neu geschaffen wurde die Vorbehaltensfrist des § 6 Abs. 4 Nr. 3 GrEStG-E, wonach sich die Vorbehaltefrist auf 15 Jahre in den Fällen verlängert, in denen eine Besteuerung nach § 1 Abs. 2a GrEStG unterblieben ist, weil weniger als 90% bzw 95% der Anteile am Gesellschaftsvermögen auf neue Gesellschafter innerhalb von fünf bzw zehn Jahren übergegangen sind und nach Ablauf dieser Frist eine grunderwerbsteuerbare Anteilsvereinigung nach § 1 Abs. 3 Nr. 1 oder Nr. 2 oder Abs. 3a GrEStG erfolgt.

Maßgeblich in § 6a GrEStG ist nach Satz 4 ausschließlich die starre Beteiligungsquote iHv. mindestens 95% (*Pahlke* GrEStG § 6a Rn. 52, FG München v. 22.10.2014, 4 K 37/12, EFG 2015, 243; Gleichl. Ländererlass v. 19.6.2012, BStBl. I 2012, 662, Ziff. 2.4). Diese muss in den fünf Jahren vor und zusätzlich in den fünf Jahren nach der Umwandlung ununterbrochen unmittelbar oder mittelbar bestanden haben (*Pahlke* GrEStG § 6a Rn. 52f.). Maßgeblich für diese doppelte Fristberechnung ist der für die (ohne die Regelung des § 6a GrEStG) Steuerentstehung maßgebliche Zeitpunkt (*Pahlke* GrEStG § 6a Rn. 77). Dies ist der Tag des Wirksamwerdens der Umwandlung, mithin der Tag der Eintragung in das (letzte) Handelsregister. Bei einer Verschmelzung muss die Beteiligungsquote bei dem übertragenden und bei dem übernehmenden Rechtsträger sowohl vor als auch nach der Verschmelzung gegeben sein (FG München v. 22.10.2014, 4 K 37/12, EFG 2015, 243; Gleichl. Ländererlass v. 19.6.2012, BStBl. I 2012, 662, Ziff. 4; **aA** *Behrens* Ubg 2010, 845). Bei einem Ausscheiden aus dem Konzern innerhalb der Nachbehaltungsfrist wird rückwirkend GrESt erhoben (*Pahlke* GrEStG § 6a Rn. 91). Es bestehen erhebliche Auslegungsprobleme, die in der Literatur streitig beantwortet werden und die auch der UmwSt-Erl. 2011, BMF v. 11.11.2011 (BStBl. I 2011, 1314) letztlich nicht befriedigend gelöst hat (vgl. hierzu nur *Rödder/Schönfeld* DStR 2010, 415; *Wischott/Adrian/Schönweiß* DStR 2011, 497; *Viskorf/Haag* DStR-Beihefter 2011, 3; *Neitz/Lange* Ubg 2010, 17; *Schaflitzl/Götz* DB 2011, 374; *Klaas/Möller* BB 2011, 407 jeweils mwN). Dies gilt zB für die Frage, ob bei einer Ausgliederung zur Neugründung Grunderwerbsteuerfreiheit nach § 6a GrEStG gewährt werden kann, obwohl die Vorbehaltefrist bei der Neugründung nicht gewahrt sein kann (verneinend Gleichl. Ländererlasse v. 19.6.2012, BStBl. I 2012, 662, Ziff. 4; bejahend FG Düsseldorf v. 7.5.2014, 7 K 281/14 GE, EFG 2014, 1424; Rev. II R 36/14; bejahend zur fehlenden Nachbehaltensfrist bei upstream-Verschmelzung FG Berlin-Brandenburg v. 1.10.2015, 15 K 3015/15, DStRE 2016, 1461, Rev. II R 53/15). Dies gilt ebenso, wenn im Rahmen eines Umwandlungsvorganges eine an dem Vorgang beteiligte Gesellschaft erlischt. Hier hat der BFH in zwei Beschlüssen das BMF aufgefordert, dem jeweiligen Revisionsverfahren beizutreten (BFH v. 25.11. 2015, II R 50/13, BFH/NV 2016, 236; BFH v. 25.11.2015, II R 36/14, BFH/NV 2016, 239).

Bei einer **Ausgliederung** werden Teilbereiche eines Unternehmens im Wege der Spaltung auf einen anderen Rechtsträger übertragen. Es kommt zu einem Rechtsträgerwechsel; grds. besteht die Gefahr, dass eine Steuerpflicht nach dem GrEStG ausgelöst werden kann. Kommt es dabei zu Grundstücksübergängen auf die Nachfolgegesellschaft, fällt Grunderwerbsteuer an (Boruttau/*Meßbacher-Hönsch* GrEStG § 1 Rn. 370; zur Verfassungsmäßigkeit FG Bremen v. 21.5.2008, 2 K 221/07 1, EFG 2008, 1480; BFH v. 9.4.2009, II B 95/08, BFH/NV 2009, 1148). Es ist allerdings GrESt nur auf die übertragenen Grundstücke zu zahlen. **81**

Vorliegend wird gem. → Form. D. 1.1 Ziff. 2a) bb) (Ausgliederungserklärung) ein Grundstück übertragen, so dass GrESt anfällt. Diese Gestaltung sollte nur erfolgen, wenn das Grundstück notwendig zum auszugliedernden Teilbetrieb gehört und zwingend dieser Teilbetrieb ausgegliedert werden muss. Eine Befreiung nach § 6a GrEStG (→ Rn. 80) ist bei Erfüllung der fünfjährigen Nachbehaltensfrist wohl möglich, obwohl aufgrund der Neugründung der übernehmenden GmbH die fünfjährige Vorbehaltensfrist nicht erfüllt ist; dies ergibt sich aus Abschn. 4, Abs. 2 Satz 2 des Gleichl. Ländererlasses v. 1.12.2012 (BStBl. I 2012, 1321 – zur Anwendung von § 6a GrEStG), weil danach „abhängige Gesellschaften, die durch einen Umwandlungsvorgang im Verbund entstanden sind" von der Vorbehaltensfrist ausgenommen sind.

Zu weiteren Einzelheiten bzgl. GrESt → Form. E.3 Rn. 52ff.

Zu verkehrsteuerlichen Problemen im Zusammenhang mit einer eventuell anfallenden **Umsatzsteuer** → Form. A.1 Rn. 118ff. **82**

einstweilen frei **83–85**

VIII. Arbeitsrecht

S. zunächst → Form. B.1 Rn. 176ff. und → Form. A.1 Rn. 150ff.

Gem. **§ 126 Abs. 1 Nr. 11 UmwG** müssen bei einer Ausgliederung zur Neugründung in der Ausgliederungserklärung zwingend die Folgen der Spaltung für die Arbeitnehmer und ihre Vertretungen sowie die insoweit vorgesehenen Maßnahmen angegeben werden. § 126 Abs. 1 Nr. 11 UmwG stellt eine Parallelvorschrift zu der für die Verschmelzung geltenden Regelung des § 5 Abs. 1 Nr. 9 UmwG dar. § 126 Abs. 3 UmwG sieht entspr. der Regelung in § 5 Abs. 3 UmwG für die Verschmelzung die Zuleitung des Entwurfs der Ausgliederungserklärung an den Betriebsrat vor. Hinsichtlich der Anforderungen an die Darstellung der Arbeitnehmerfolgen, des Verhältnisses zu sonstigen Informationsrechten, der Konsequenzen unrichtiger oder unvollständiger Darstellung, der Zuleitung an den Betriebsrat, nachträglicher Abänderungen des Vertrags oder eines Verzichts kann daher auf → Form. A.1 Rn. 150ff. verwiesen werden, in materiellrechtlicher Hinsicht auf die „Checkliste Arbeitsrecht" (→ Form. A. 1 Rn. 231). **86**

Die Darstellung arbeitsrechtlicher Folgen nach § 126 Abs. 1 Nr. 11 UmwG erfordert im Rahmen der Spaltung zusätzliche Angaben über die **Zuordnung** von **Betrieben und Betriebsteilen** zu den übernehmenden Rechtsträgern. Dies folgt ausdrücklich aus der Regelung des § 126 Abs. 1 Nr. 9 UmwG, wonach eine genaue Bezeichnung und Aufteilung der Gegenstände des Aktiv- und Passivvermögens, die an jeden der übernehmenden Rechtsträger übertragen werden, „sowie der übergehenden Betriebe und Betriebsteile unter Zuordnung zu den übernehmenden Rechtsträgern" zu erfolgen hat. **87**

In diesem Zusammenhang sind auch Ausführungen darüber erforderlich, welche Einheiten als Betrieb oder als Betriebsteil betrachtet werden. Zu empfehlen ist die **88**

Aufnahme von Personallisten unter Zuordnung der Arbeitnehmer zu den übertragenen Betrieben oder Betriebsteilen. Vollzieht sich der Übergang der Arbeitsverhältnisse nach § 613a BGB, hat die Bezeichnung der übergehenden Arbeitsverhältnisse lediglich deklaratorische Bedeutung. Vollzieht sich der Übergang allein auf Grund der Ausgliederungserklärung, so müssen die Arbeitnehmer namentlich bezeichnet werden (vgl. BT-Drs. 12/6699, 118, Kallmeyer/*Willemsen* UmwG § 324 Rn. 57).

89 Der **Übergang der Arbeitsverhältnisse** auf den übernehmenden Rechtsträger vollzieht sich nach §§ 324 UmwG, 613a BGB, soweit mit der Ausgliederung ein Betrieb oder Betriebsteil übertragen wird (zu den Voraussetzungen eines Betriebsübergangs → Form. A.1 Rn. 169). Die Zuordnung der Arbeitsverhältnisse richtet sich nach § 613a BGB, dh. die Arbeitsverhältnisse gehen automatisch mit dem Betriebsteil über, mit dem sie funktional verbunden sind (Kallmeyer/*Willemsen* UmwG § 324 Rn. 52. IE → Form. B.1 Rn. 180 ff.; *Wlotzke* DB 1995, 40, 42 f.). Die Gestaltungsfreiheit, die den an der Umwandlung beteiligten Rechtsträgern gem. § 126 Abs. 1 Nr. 9 UmwG hinsichtlich der Zuordnung von Betrieben oder Betriebsteilen zu den verschiedenen übernehmenden Rechtsträgern zukommt, bezieht sich nicht auf die Zuordnung der Arbeitnehmer zu diesen Betrieben, vielmehr wird diese durch § 613a BGB beschränkt (Kallmeyer/*Willemsen* UmwG § 324 Rn. 52; *Boecken* ZIP 1994, 1087, 1091; s. auch BT-Drs. 12/6699, 118). Eine „freie" Zuordnung von Arbeitsverhältnissen in der Ausgliederungserklärung, welche die objektive Zuordnung zu einem bestimmten Betrieb oder Betriebsteil aufhebt, ist wegen des Vorrangs von § 613a BGB unwirksam (hM, vgl. Kallmeyer/*Willemsen* UmwG § 324 Rn. 53; *Boecken* ZIP 1994, 1087, 1091; *Wlotzke* DB 1995, 40, 42; *Joost* ZIP 1995, 976, 980). Im Übrigen hat die – zutreffende – Zuordnung von Arbeitsverhältnissen in der Ausgliederungserklärung lediglich deklaratorische Bedeutung.

90 Wenn die **Zuordnung** eines Arbeitsverhältnisses zu einem bestimmten Betrieb **unklar** oder nicht möglich ist, zB bei Mitarbeitern einer übergeordneten Stabsabteilung oder sog. „Springern", die in mehreren Betriebsteilen eingesetzt werden, soll eine bindende Festlegung in der Ausgliederungserklärung unter genauer Bezeichnung der Arbeitsverhältnisse in Betracht kommen (*Wlotzke* DB 1995, 40, 42; wohl auch Kallmeyer/*Willemsen* UmwG § 324 Rn. 54 f.) Dagegen spricht der Vorrang von § 613a BGB. An der zwingenden Wirkung des § 613a BGB kann der Spaltungsvertrag nichts ändern (BAG v. 19.10.2017, 8 AZR 63/17, NZA 2018, 370, Lutter/*Priester* UmwG § 126 Rn. 69; → Form. A.1 Rn. 170).

91 Besteht im Betrieb des übergehenden Rechtsträgers ein **Betriebsrat,** gibt § 323 Abs. 2 UmwG den Betriebsparteien die Möglichkeit, in Fällen zweifelhafter Zuordnung im Rahmen eines **freiwilligen Interessenausgleichs** Festlegungen zu treffen (→ Form. A.1. Rn. 170).

92 Rechtsfolge des Betriebsübergangs ist der **Übergang** der **Arbeitsverhältnisse** nach **§ 613a BGB** mit allen Rechten und Pflichten. Widerspricht ein Arbeitnehmer bei einer Ausgliederung dem Übergang des Arbeitsverhältnisses, bleibt das Arbeitsverhältnis mit dem übertragenden Rechtsträger bestehen (*Boecken* ZIP 1994, 1087, 1092). Dem übertragenden Rechtsträger steht jedoch unter den Voraussetzungen des § 1 KSchG ein Recht zur **betriebsbedingten Kündigung** zu, wenn eine Weiterbeschäftigung des Arbeitnehmers wegen des ausgliederungsbedingten Übergangs ausgeschlossen ist und eine andere Weiterbeschäftigungsmöglichkeit nicht besteht (*Boecken* ZIP 1994, 1087, 1092; iE → Form. A.1 Rn. 177). Nach neuerer Rspr. ist eine **Sozialauswahl** unabhängig von den Beweggründen des widersprechenden Arbeitnehmers für seinen Widerspruch durchzuführen (BAG v. 31.5.2008, 2 AZR 276/06, NZA 2008, 33, ausführliche Darstellung bei ErfK/*Preis* BGB § 613a Rn. 105 ff.). Im Einzelfall kann die Ausübung des Widerspruchsrechts rechtsmissbräuchlich sein (vgl. BAG v. 19.2.2009, 8 AZR 176/08, NZA 2009, 1095).

93 Der Übergang von Arbeitsverhältnissen im Zusammenhang mit einer Ausgliederung muss nicht zwingend nach § 613a BGB erfolgen. Während im Zusammenhang mit

der Verschmelzung in aller Regel ein Betriebsübergang stattfindet, ist dies bei der Ausgliederung (analog zur Spaltung) nicht unbedingt der Fall. Die Folgen der Ausgliederung für die Arbeitnehmer hängen davon ab, wie die an der Ausgliederungserklärungserklärung beteiligten Rechtsträger die zu übertragenden Vermögensbestandteile strukturiert und zugeordnet haben. Werden hierbei keine Betriebe oder Betriebsteile im Sinne einer „wirtschaftlichen Einheit" übertragen, findet ein Betriebsübergang nach § 613a BGB nicht statt. Der Übergang der Arbeitsverhältnisse kann sich in diesem Fall nur „rein ausgliederungsbedingt" im Wege der **Gesamtrechtsnachfolge** gem. **§ 131 Abs. 1 Nr. 1 UmwG** entsprechend der Bezeichnung in der Ausgliederungserklärung vollziehen (vgl. auch *Boecken* ZIP 1994, 1087, 1091 f.). Der Übergang von Arbeitsverhältnissen im Wege der (partiellen) Gesamtrechtsnachfolge bedarf der **Zustimmung der betroffenen Arbeitnehmer** (BAG v. 19.10.2017, 8 AZR 63/16, NZA 2018, 370; iE auch → Form. B.1 Rn. 186).

Der Übergang eines etwa bestehenden **Firmentarifvertrages** findet in allen Spal- 94
tungsfällen indes nur statt, soweit dies gem. § 131 Abs. 1 Nr. 1 UmwG in der Ausgliederungserklärung vorgesehen ist. Die Stellung als Vertragspartner des Firmentarifvertrages kann nur einem der an der Spaltung beteiligten Rechtsträger zugewiesen werden, ansonsten würde die Gesamtrechtsnachfolge nach § 131 UmwG zu einer „Vervielfältigung" des Firmentarifvertrages führen (Kallmeyer/*Willemsen* UmwG § 324 Rn. 24).

Bei einer Spaltung kann sich die **kündigungsrechtliche Stellung** des Arbeitneh- 95
mers verschlechtern, wenn der Arbeitnehmer einem Rechtsträger zugeordnet wird, bei dem zB die für den Kündigungsschutz nach dem Kündigungsschutzgesetz notwendige Zahl von mehr als zehn bzw. – für vor dem 1.1.2004 eingestellte Arbeitnehmer mit Bestandsschutz – mehr als fünf Arbeitnehmern (§ 23 Abs. 1 Satz 2 und 3 KSchG nF) nicht mehr erreicht wird. § 323 UmwG bestimmt daher, dass im Fall der Spaltung die „kündigungsrechtliche Stellung" (zum Begriff vgl. *Wlotzke* DB 1995, 40, 44; *Willemsen* NZA 1996, 791, 799 f. mwN) des Arbeitnehmers trotz des tatsächlichen Wegfalls der Voraussetzungen für zwei Jahre erhalten bleibt.

Infolge der Ausgliederung kann, muss es aber nicht zu betriebsverfassungsrechtli- 96
chen Folgen auf der betrieblichen Ebene kommen:

Keine betriebsverfassungsrechtlichen Folgen entstehen, wenn die Ausgliede- 97
rung aus dem Unternehmen den Bestand des Betriebs in organisatorischer Hinsicht unberührt lässt. **§ 1 Abs. 2 BetrVG** regelt für den Fall, dass die an der Spaltung eines Unternehmens beteiligten Rechtsträger nach der Spaltung den betroffenen Betrieb ohne wesentliche organisatorische Änderungen gemeinsam weiterführen, die Vermutung eines **gemeinsamen Betriebs** der an der Spaltung beteiligten Rechtsträger. Die Regelung findet sowohl auf Spaltungen nach dem UmwG als auch im Wege der Einzelrechtsnachfolge eigenständig Anwendung.

Verliert der bisherige Betrieb infolge der Ausgliederung seine Identität mit der Fol- 98
ge, dass ein neuer Betrieb entsteht, kommt dem Betriebsrat ein befristetes **Übergangsmandat** zu. Die Ausgliederung aus dem Rechtsträger kann insbesondere zur Spaltung von Betrieben führen. Die gespaltenen Betriebe können entweder neue eigenständige Betriebe bilden oder in bestehende Betriebe eingegliedert werden (§ 21a Abs. 1 UmwG) oder mit anderen Betrieben oder Betriebsteilen zu neuen Organisationseinheiten zusammengelegt werden (§ 21a Abs. 2 UmwG). Insoweit und zu der Entstehung eines Übergangsmandats → Form. A.1 Rn. 184 ff. (zu § 21a BetrVG).

Eine Sonderregelung für den Fall der Spaltung eines Betriebs infolge der Spaltung 99
des Unternehmens sieht **§ 325 Abs. 2 UmwG** vor, der die – zeitlich unbegrenzte – **Vereinbarung der Fortgeltung von betriebsverfassungsrechtlichen Rechten oder Beteiligungsrechten** durch Betriebsvereinbarung oder (Firmen-)Tarifvertrag ermöglicht. Auf diesem Weg kann die Fortgeltung von auf Grund der Spaltung entfallenen Rechten und Beteiligungsrechten in allen aus der Spaltung hervorgegangenen

Betrieben erreicht werden (vgl. Kallmeyer/*Willemsen* UmwG § 325 Rn. 15; *Wlotzke* DB 1995, 40, 46). Bedeutung hat die Vorschrift unter anderem für die Beibehaltung von Beteiligungsrechten, die von einer bestimmten Arbeitnehmerzahl abhängig sind (zB § 99 BetrVG – Einstellungen, Versetzungen von Arbeitnehmern).

100 Wegen der möglichen Folgen der Ausgliederung für die Unternehmensmitbestimmung siehe zunächst → Form. A.1 Rn. 201.

101 **§ 325 Abs. 1 UmwG,** der die befristete Beibehaltung des bisherigen Mitbestimmungsstatuts beim **übertragenden Rechtsträger** regelt, ist bei einer Ausgliederung zu beachten. § 325 Abs. 1 UmwG regelt bei Abspaltung und Ausgliederung eine auf fünf Jahre befristete **Beibehaltung des Mitbestimmungsstatuts** beim übertragenden Rechtsträger, wenn die gesetzlichen Voraussetzungen der Mitbestimmung nach einem der Mitbestimmungsgesetze (MitbestG, MontanMitbestG, DrittelbG) infolge der Umwandlung entfallen. Dies gilt jedoch **nicht, wenn** die Mitbestimmung eine Mindestzahl von Arbeitnehmern voraussetzt und nach der Ausgliederung die Zahl der Arbeitnehmer des übertragenden Rechtsträgers auf **weniger als ein Viertel** dieser Mindestzahl abgesunken ist (§ 325 Abs. 1 Satz 2 UmwG).

IX. Kosten

102 Bei der **Beurkundung des Ausgliederungsplans** handelt es sich um eine einseitige Erklärung des den Teilbetrieb ausgliedernden Einzelkaufmanns. Die Beurkundung löst dementsprechend lediglich eine 1,0-Gebühr nach Nr. 21200 des Kostenverzeichnisses, mindestens jedoch 60 EUR, aus. Der Geschäftswert als **Bemessungsgrundlage** der Gebühr beträgt mindestens 30 000 EUR, höchstens jedoch 10 Mio. EUR (§ 107 Abs. 1 Satz 1 GNotKG). Die Bestimmung des Geschäftswerts erfolgt nach § 97 Abs. 3 GNotKG, da der Einzelunternehmer B als Gegenleistung für die Vermögensübertragung sämtliche Geschäftsanteile an der neu zu gründenden GmbH erhält (vgl. *Diehn/Volpert,* Praxis des Notarkostenrechts, Rn. 2161 f.). Maßgebend ist deshalb grundsätzlich der höhere Wert von auszugliederndem Aktivvermögen und gewährter Gegenleistung. Zur Berechnung des Aktivvermögens vgl. auch → Form. A.1 Rn. 261.

Für die Neugründung der GmbH nebst **Feststellung** des ersten **Gesellschaftsvertrages** sowie der **Bestellung** des **Geschäftsführers** fallen wegen Gegenstandsgleichheit mit dem Ausgliederungsplan keine gesonderten Gebühren an (§ 109 Abs. 1 GNotKG).

Wird der nach § 5 Abs. 4 GmbHG durch den Einzelkaufmann und künftigen Gesellschafter-Geschäftsführer zu erstellende Sachgründungsbericht auftragsgemäß vom Notar vorbereitet, entsteht hierfür eine weitere 1,0-Gebühr als sog. Entwurfsgebühr nach Nr. 24101 des Kostenverzeichnisses, die mindestens 60 EUR beträgt.

103 Der Geschäftswert für die Anmeldung bei dem ausgliedernden Einzelkaufmann bestimmt sich nach § 105 Abs. 4 Nr. 4 GNotKG und ist hiernach eine Anmeldung mit unbestimmtem Geldbetrag; anzusetzen ist ein Geschäftswert von 30 000 EUR. Der Geschäftswert der Anmeldung der im Rahmen der Ausgliederung neu gegründeten GmbH entspricht nach § 105 Abs. 1 Satz 1 Nr. 1 GNotKG dem Stammkapital der neu gegründeten Gesellschaft, mindestens jedoch 30 000 EUR (§ 105 Abs. 1 Satz 2 GNotKG).

Welche **Gebühr** der **Notar** aus den vorgenannten Geschäftswerten nunmehr erhält, richtet sich wiederum danach, ob er lediglich die Beglaubigung unter Fremdentwürfen vornimmt oder aber die Entwürfe der Anmeldungen selbst erstellt.

Beglaubigt der Notar lediglich die Unterschriften unter ihm zur Verfügung gestellten **Fremdentwürfen,** dann erhält er hierfür eine Gebühr von 0,2, mindestens jedoch 20 EUR und höchstens 70 EUR nach Nr. 25100 des Kostenverzeichnisses aus den vorgenannten Geschäftswerten.

Erstellt der Notar selbst die **Entwürfe** der Handelsregisteranmeldungen, so berechnen sich die Notargebühren nach Nr. 24102 des Kostenverzeichnisses. Hiernach fällt eine Rahmengebühr von 0,3 bis 0,5, bei einer (vollständigen) Entwurfserstellung eine Gebühr von 0,5, mindestens jedoch 30 EUR an. Der Geschäftswert berechnet sich wiederum aus §§ 119, 105 GNotKG (vgl. die vorstehenden Ausführungen). Zudem erhält der Notar nach Nr. 22114 des Kostenverzeichnisses (elektronischer Vollzug und Erstellung von sog. XML-Strukturdaten) noch eine zusätzliche Gebühr in Höhe von 0,3, maximal jedoch 250 EUR, für die elektronische Einreichung der Handelsregisteranmeldung nebst Anlagen zum Registergericht. Neben den beiden vorgenannten Gebühren sind wiederum Auslagen nach Nr. 3200 ff. des Kostenverzeichnisses und 19% USt. (Nr. 32014 des Kostenverzeichnisses) zu zahlen.

Die **Eintragungsgebühren** richten sich nach der Handelsregistergebührenverordnung (HRegGebV v. 30.9.2004, BGBl. I 2004, 2562), die auf der Ermächtigungsgrundlage in § 58 GNotKG beruht. Bei den Gebühren handelt es sich um sog. aufwandsbezogene Gebühren, die dem sog. Gebührenverzeichnis als Anlage zu § 1 Satz 1 HRegGebV entnommen werden können. **104**

Die **Eintragung** der **Ausgliederung** im Handelsregister des übertragenden Einzelkaufmanns kostet 180 EUR (Gebührenverzeichnis Nr. 1400). Die **Eintragung** der neu gegründeten **GmbH** kostet 260 EUR (Gebührenverzeichnis Nr. 2104).

einstweilen frei **105–108**

C. Einzelerläuterungen

I. Notarurkunden

1. Ausgliederungserklärung

Die Ausgliederungserklärung ist das „Herzstück" einer Ausgliederung, jedenfalls bei der Ausgliederung aus dem Vermögen eines Einzelkaufmanns, bei der ein Ausgliederungsbericht – im Gegensatz zum Sachgründungsbericht (§§ 159 UmwG, 5 Abs. 4 GmbHG) – nach §§ 158, 153 UmwG nicht erforderlich ist. Anders als zB bei der Verschmelzung einer Kapitalgesellschaft auf ihren Alleingesellschafter ist die Ausgliederungserklärung schon deshalb erforderlich, um die auszugliedernden Vermögensgegenstände hinreichend genau zu bezeichnen und so – wie hier – erforderlichenfalls, etwa für eine steuerliche Anerkennung, die Existenz eines ausgliederungsfähigen und ausgegliederten Teilbetriebs nachweisen zu können; sie ersetzt im Prinzip den nach §§ 126, 136 UmwG aufzustellenden Spaltungsplan (SBB/*Sagasser* § 18 Rn. 181; SSt/*Seulen* UmwG § 158 Rn. 5). Es ist in diesem Zusammenhang nur ein Streit um Förmlichkeiten, wenn in der Literatur die Auffassung vertreten wird, eine förmliche Ausgliederungserklärung sei nicht ausdrücklich erforderlich, es genüge die Beurkundung und Anmeldung des Ausgliederungsplans (SHS/*Hörtnagl* UmwG Vor §§ 152–160 Rn. 8; WM/*Mayer* UmwG § 152 Rn. 95; Lutter/*Karollus* UmwG § 154 Rn. 12; SSt/*Seulen* UmwG § 158 Rn. 11). Inhaltlich besteht Übereinstimmung, die auszugliedernden Vermögensgegenstände müssen bezeichnet und der Ausgliederungswille muss erkennbar werden. **109**

Ausgliederungserklärung und/oder Ausgliederungsplan müssen in der für Willenserklärungen vorgeschriebenen Form (§§ 8 ff. BeurkG) beurkundet werden. **110**

a) Ausgliederungsplan

Zu Ziff. 2:

Die Aufzählung dient der möglichst genauen Erfassung aller Vermögensgegenstände, die dem auszugliedernden Teilbetrieb zuzurechnen sind. Ergänzt wird diese Auf- **111** stellung durch die Auffangklausel gem. Buchst. e. Eine Ergänzungsklausel wie in Buchst. f vorgesehen ist erforderlich, weil die Kapitalgesellschaft auch hinsichtlich des Teilbetriebs nicht automatisch Gesamtrechtsnachfolger des Einzelkaufmanns wird (→ Rn. 61).

112 Die Übertragung von Verbindlichkeiten gem. Buchst. a Doppelbuchst. ff auf die durch die Ausgliederung entstehende GmbH bedarf nicht der Zustimmung der Gläubiger. Es handelt sich nicht um einen Vertrag iSv. § 415 BGB. Die Übertragungsmöglichkeit ohne Gläubigerzustimmung bedingt allerdings die gesamtschuldnerische Nachhaftung gem. §§ 158, 156 UmwG, die für die übertragenen Verbindlichkeiten nach § 157 Abs. 1 UmwG auf fünf Jahre begrenzt ist (SHS/*Hörtnagl* UmwG § 156 Rn. 3). Die Nachhaftungsregelung ist daher eher dem Schuldbeitritt als der Schuldübernahme vergleichbar (SSt/*Seulen* UmwG § 156 Rn. 24).

Zu Ziff. 3:

113 Die Nennung eines Datums, ab dem eine Berechtigung auf einen Gewinnanteil entsteht, erscheint überflüssig, weil dies bei einer Neugründung selbstverständlich anmutet. Gleichwohl schreibt das Gesetz die Benennung in §§ 135 Abs. 1 Satz 1, 126 Abs. 1 Nr. 5 UmwG ausdrücklich vor.

Zu Ziff. 5:

114 Der Ausgliederungsstichtag, § 126 Abs. 1 Nr. 6 UmwG, ist der Tag, ab welchem die Handlungen des übertragenden Einzelkaufmanns als für Rechnung der neugegründeten GmbH erfolgt gelten. Er ist von dem Tag zu unterscheiden, an welchem die Ausgliederung (durch Eintragung im Handelsregister des übertragenden Einzelkaufmanns, §§ 135 Abs. 1 Satz 1, 131 Abs. 1 UmwG) wirksam wird, sowie vom steuerlichen Übertragungsstichtag als ertragsteuerlichem Zeitpunkt des Vermögensübergangs (→ Rn. 50). Der Ausgliederungsstichtag kann bis zu acht Monate vor der Anmeldung der Ausgliederung zur Eintragung in das Handelsregister liegen (→ ausführlich Rn. 50 f.); in einem solchen Fall tritt die dingliche Wirksamkeit gleichwohl erst am Tag der Handelsregistereintragung ein.

Zu Ziff. 6:

115 Die Folgen der Ausgliederung für die Arbeitnehmer müssen nach § 126 Abs. 1 Nr. 11 UmwG dargestellt werden. Hierzu ausführlich → Rn. 86 ff.

Zu Ziff. 7:

116 Eine Ausgliederung ist nicht möglich, wenn die Verbindlichkeiten eines Einzelkaufmanns sein Vermögen übersteigen, vgl. §§ 152 Satz 2, 160 Abs. 2 UmwG. Die Vermögenssituation ist bei der Ausgliederung auf eine GmbH oder andere Kapitalgesellschaft anhand einer von dem Einzelkaufmann den Prüfern vorzulegenden Vermögensaufstellung zu kontrollieren, § 159 Abs. 3 UmwG (SHS/*Hörtnagl* UmwG § 159 Rn. 5). Zur Klarstellung gegenüber dem Registergericht greift Ziff. 7 diese Problematik auf.

b) Gesellschafterversammlung

117 Die Gesellschafterversammlung wird unter Verzicht auf alle Form- und Fristvorschriften abgehalten und enthält nur die Minimalanforderungen, da der ausgliedernde Einzelkaufmann auch Alleingesellschafter und Geschäftsführer der GmbH wird.

118 Die Notwendigkeit der Beschlüsse ergibt sich hinsichtlich der Bestellung des Geschäftsführers aus § 46 Nr. 5 GmbHG, hinsichtlich der Wahl der Abschlussprüfer aus § 318 Abs. 1 HGB, wenn, wie in § 318 Abs. 1 Satz 2 HGB geregelt, der Gesellschaftsvertrag nicht etwas anderes bestimmt (Scholz/*K. Schmidt* GmbHG § 46 Rn. 186; MünchKomm/*Ebke,* HGB § 318 Rn. 6; BH/*Merkt* HGB § 318 Rn. 1).

Zur Übernahme der Gründungskosten wird – anders als in § 10 des Gesellschaftsvertrages der GmbH (→ Form. D.1.2, § 10) – kein konkreter Betrag vorgeschlagen. Dies dient lediglich der Hervorhebung der Notwendigkeit der konkreten Bezifferung des Betrages in dem Gesellschaftsvertrag (→ Rn. 142). **119**

c) Hinweise

Der Hinweis Nr. 1 entspricht §§ 125, 20 UmwG, 11 GmbHG. Der Hinweis Nr. 2 ist allgemein gehalten und betrifft im vorliegenden Fall allein den Einzelkaufmann, er entspricht dem in den §§ 9, 11 GmbHG zum Ausdruck kommenden Gedanken der realen Kapitalaufbringung und der Differenzhaftung (Beck GmbH-HB/*Schwaiger* § 2 Rn. 37). Die Hinweise Nr. 3 und 4 entsprechen den in den Hinweisen angegebenen Normen. **120**

einstweilen frei **121–124**

2. Gesellschaftsvertrag der GmbH

Der vorgeschlagene Gesellschaftsvertrag der GmbH orientiert sich an den Mindestanforderungen des GmbHG und enthält darüber hinaus einige Regelungen, die in der Praxis sinnvoll erscheinen. **125**

Gem. § 2 Abs. 1 GmbHG bedarf der Gesellschaftsvertrag der notariellen Beurkundung in der für Willenserklärungen vorgeschriebenen Form (§§ 8 ff. BeurkG). **126**

Zu § 1: Firma, Sitz, Geschäftsjahr

Die Abs. 1 und 2 entsprechen den Anforderungen aus §§ 3 Abs. 1 Nr. 1, 4, 4a GmbHG. **127**

Zu § 2: Gegenstand des Unternehmens

Hier sind die Erfordernisse aus § 3 Abs. 1 Nr. 2 GmbHG geregelt. Bei Produktions- und Handelsgesellschaften sind die Art der Erzeugnisse und Waren, die hergestellt oder vertrieben werden sollen, näher anzugeben. **128**

Die Berechtigung zur Errichtung von Zweigniederlassung sowie die Beteiligung bzw. Gründung von Tochtergesellschaften sollte von Anfang an in der Satzung zugelassen werden, um Expansionen jeder Art nicht von dem bürokratischen Erfordernis einer Zustimmung der Gesellschafterversammlung abhängig zu machen. **129**

Zu § 3: Bekanntmachungen

Das GmbHG schreibt seit der Neufassung des § 12 GmbHG durch das Justizkommunikationsgesetz v. 2.3.2005 (BGBl. I 2005, 837) vor, dass öffentliche Bekanntmachungen, die durch das Gesetz oder den Gesellschaftsvertrag vorgeschrieben sind, im elektronischen Bundesanzeiger zu erfolgen haben. Durch Gesetz v. 22.12.2011 (BGBl. I 2011, 3044) ist die Printversion des Bundesanzeigers zum 31.3.2012 abgeschafft worden, so dass es seit dem 1.4.2012 den Bundesanzeiger nur noch elektronisch gibt. **130**

Daneben kann der Gesellschaftsvertrag weitere Gesellschaftsblätter, in denen ebenfalls zu veröffentlichen ist, vorsehen.

Zu § 4: Stammkapital

Die Regelungen basieren auf § 5 GmbHG. Der Mindestbetrag des Stammkapitals und der Stammeinlage jedes Gesellschafters ergibt sich aus § 5 Abs. 1 GmbHG. **131**

Zu § 5: Verfügung über Geschäftsanteile

Die Übertragung von Geschäftsanteilen kann nach § 15 Abs. 5 GmbHG an weitere Voraussetzungen als sie das Gesetz vorsieht, geknüpft werden. Dies betrifft nach dem **132** eindeutigen Wortlaut nur das Verfügungsgeschäft, die Abtretung. Schuldrechtliche Absprachen können nicht von zusätzlichen Bedingungen abhängig gemacht werden (Scholz/*Seibt* GmbHG § 15 Rn. 106; BH/*Fastrich* GmbHG § 15 Rn. 37) Das Gesetz erwähnt ausdrücklich die Möglichkeit der Zustimmungspflicht der Gesellschaft. Das Formular sieht eine noch weitergehende Verpflichtung vor, nämlich die Zustimmung aller anderen Gesellschafter. Die Notwendigkeit hierzu ergibt sich aus den steuerlichen Regelungen über den Verfall von Verlusten.

Mit dem UntStRefG 2008 v. 14.8.2007 (BGBl. I 2007, 1912) ist auch die Regelung über den sog. **Mantelkauf** geändert worden. Der neue **§ 8c KStG,** der § 8 Abs. 4 KStG aF ablöste, sah einen anteiligen oder vollständigen Verlust des Verlustvortrages einer Gesellschaft vor, wenn – vereinfacht dargestellt – innerhalb eines Zeitraumes von fünf Jahren mehr als 25% bzw. mehr als 50% übertragen werden. Seit der anteilige Wegfall des Verlustvortrags bei Übertragung von mehr als 25% der Anteile oder Stimmrechte gemäß § 8c Satz 1 KStG idF. des UntStRefG 2008 und nachfolgenden Fassungen für VZ vor dem 1.1.2016 (Inkrafttreten des § 8d KStG idF. des G. v. 20.12. 2016, BGBl. I 2016, 2998, (fortführungsgebundener Verlustvortrag)) vom BVerfG für mit Art. 3 Abs. 1 GG unvereinbar erklärt und sodann mit Gesetz v. 11.12.2018 (BGBl. I 2018, 2338) auch für VZ nach 2015 abgeschafft worden ist, kann jedoch nurmehr die Übertragung von mehr als 50% der Anteile oder Stimmrechte gemäß § 8c Abs. 1 Satz 1 KStG zum (dann aber vollständigen) Untergang der Verlustvorträge führen. Dies kann mit gravierenden Nachteilen für die Gesellschaft und die übrigen Gesellschafter verbunden sein. Nach dem Wortlaut sowohl der alten als auch der neuen Regelung werden nicht nur Verkaufsvorgänge erfasst, sondern alle Arten der Rechtsübertragung, also auch Schenkungen und Erbfälle. Das BMF hat deshalb zu § 8 Abs. 4 KStG aF in BMF v. 16.4.1999 (BStBl. I 1999, 455) klargestellt, dass sowohl entgeltliche als auch unentgeltliche Übertragungen sowie ausdrücklich auch solche im Rahmen einer vorweggenommenen Erbfolge erfasst werden. Lediglich der echte Erbfall wurde ausgenommen (vgl. BMF v. 16.4.1999 aaO Tz. 04).

Der Gesetzgeber hat im Wortlaut des § 8c KStG keine Klarstellung vorgenommen, obwohl dies tunlich gewesen wäre. Das BMF hat in dem Anwendungserlass BMF v. 4.7.2008 (BStBl. I 2008, 736) den „Erbfall einschließlich der unentgeltlichen Erbauseinandersetzung und der unentgeltlichen vorweggenommenen Erbfolge" vom Anwendungsbereich des § 8c KStG ausgenommen (vgl. BMF v. 4.7.2008, aaO Tz. 4). Ein auch nur geringes Entgelt führt nach der Auffassung des BMF zur Anwendbarkeit des § 8c KStG (BMF v. 4.7.2008, aaO Tz. 4 letzter HS). Dies führt in der Praxis zu deutlichen Ungerechtigkeiten, weil schon die Erbauseinandersetzung unter Anwendung der Ausgleichung nach § 2055 BGB zum Verlustuntergang führen kann (*Roser* DStR 2008, 1561). Konsequenterweise müsste auch die Schenkung im Wege der vorweggenommen Erbfolge unter einer Auflage schädlich sein. Solche Einengungen, nur um einem Missbrauch vorzubeugen, sind nicht sachgerecht. Eine endgültige Klarheit besteht bisher nicht.

Wegen der erheblichen Auswirkungen auf die Gesellschaft und die übrigen Gesellschafter war daher ein Verfall von Verlusten nach § 8c KStG als wichtiger Grund zur Verweigerung der Zustimmung aufzunehmen.

Entsprechendes gilt für den Verfall von Verlusten für gewerbesteuerliche Zwecke (§ 10a GewStG).

133 *einstweilen frei*

Zu § 6: Geschäftsführung

134 Die Vorschriften zur Geschäftsführung finden sich in den §§ 35ff. GmbHG. Wegen der hier vorgeschlagenen Regelungen wird insbesondere auf §§ 35 Abs. 2, 37 Abs. 1 GmbHG verwiesen.

Zu § 7: Gesellschafterversammlung

Das GmbHG sieht für die Gesellschaft nur zwei Organe vor, die Gesellschafter zur Willensbildung und die Geschäftsführer zur Handlung (Beck GmbH-HB/*Fischer/Schmidt* § 4 Rn. 1; Scholz/*Seibt* GmbHG § 48 Rn. 1). Die Willensbildung der Gesellschafter erfolgt in der Regel gem. § 48 Abs. 1 GmbHG in Versammlungen. Beschlüsse können aber, wenn nicht spezialgesetzliche Regelungen – wie für die Umwandlung § 193 Abs. 1 Satz 2 UmwG – entgegenstehen, auch außerhalb von Versammlungen gefasst werden, § 48 Abs. 2 GmbHG. **135**

Das Formular orientiert sich mit einigen Ergänzungen hinsichtlich der Einberufung und des Ablaufs der Versammlung an den §§ 49ff. GmbHG. Auf diese wird verwiesen. **136**

Zu § 8: Einziehung von Geschäftsanteilen

Regelungen über die Einziehung von Geschäftsanteilen sind gem. §§ 34, 46 Nr. 4 GmbHG zulässig. Dabei ist insbesondere § 34 Abs. 2 GmbHG zu beachten: Die Einziehung darf mithin nur erfolgen, wenn sie vor dem Zeitpunkt, in dem der Betroffene den Geschäftsanteil erworben hat, bereits zugelassen worden war. Die nachträgliche Einführung der Einziehungsmöglichkeit und die Regelung der Voraussetzungen ist möglich, allerdings bei der Zwangseinziehung mit bindender Wirkung für die bereits vorhandenen Gesellschaftsanteile nur bei einstimmiger Beschlussfassung (Scholz/*H. P. Westermann* GmbHG § 34 Rn. 21, 22; Beck GmbH-HB/*Müller/Maul* § 13 Rn. 57; MünchHdb/*Kort,* GesR III § 28 Rn. 8). **137**

Auch die freiwillige Einziehung (vgl. Abs. 1 Buchst. i), also die Einziehung mit Zustimmung des Betroffenen, muss in der Satzung zugelassen sein, weil der Anteil durch die Einziehung vollen Umfangs, also auch mit den Stimmrechten untergeht und daher sich die Beteiligungsverhältnisse verschieben. Es sind also nicht nur der Anteilsinhaber, sondern auch die übrigen Gesellschafter von den Konsequenzen betroffen (vgl. zum Ganzen Scholz/*H. P. Westermann* GmbHG § 34 Rn. 7; Beck GmbH-HB/*Müller/Maul* § 13 Rn. 57; MünchHdb/*Kort,* GesR III § 28 Rn. 5). **138**

Die Einziehung erfolgt in der Regel gegen Zahlung eines Entgelts, wobei die Regeln über die Kapitalerhaltung zu beachten sind (vgl. zu Einzelheiten Scholz/*H. P. Westermann* GmbHG § 34 § Rn. 23ff., 51ff.; BeckGmbH-HB/*Müller/Maul* § 13 Rn. 60ff., 61ff.; MünchHdb/*Kort,* GesR III § 28 Rn. 17ff., 3f.). Das Formular sieht eine Abfindung in Höhe des gemeinen Wertes iSv. § 11 Abs. 2 BewG vor. Seit der Erbschaftsteuerreform zum 1.1.2009 (ErbStRG v. 24.12.2008, BGBl. I 2008, 3018) entspricht der steuerliche Wert eines Geschäftsanteils dem gemeinen Wert, § 11 Abs. 2, § 109 Abs. 2 BewG. Liegt die zu zahlende Abfindung unterhalb dieses Wertes, wird in Höhe der Differenz eine Schenkung gem. § 7 Abs. 7 ErbStG an die übrigen Gesellschafter bzw. an den Erwerber fingiert („Als Schenkung gilt …"). Die in der Vergangenheit häufig anzutreffenden Abfindungsklauseln zum Buchwert führen daher in einer Vielzahl von Fällen zu (unfreiwilligen) Schenkungen, die, wenn es sich nicht um nahe Angehörige als Beschenkte handelt, nach der Steuerklasse III und daher mit mindestens 30% zu versteuern sind. Soll eine unter dem gemeinen Wert liegende Abfindung vereinbart werden, empfiehlt sich daher – wie in § 8 Abs. 3 des Formulars vorgeschlagen – gesellschaftsvertraglich zusätzlich zur Einziehung auch die Möglichkeit der Zwangsabtretung des der Einziehung unterliegenden Geschäftsanteils vorzusehen; für die rechtsgeschäftliche Abtretung soll § 7 Abs. 7 ErbStG entgegen der Ansicht der FinVerw. (vgl. Gleichl. Ländererlasse v. 20.4.2018, BStBl. I 2018, 632 Tz. 2.4.1 für den Fall der Übertragung auf die Gesellschaft) nicht gelten (FG München v. 5.4.2017, 4 K 711/16, DStRE 2018, 18; Rev. BFH II R 19/17 zurückgenommen). **139**

Voraussetzung für die Einziehung ist ein entsprechender Gesellschafterbeschluss mit der in dem Gesellschaftsvertrag vorgesehenen Mehrheit. Ist dort keine Regelung getroffen, genügt die einfache Mehrheit, §§ 46 Nr. 4, 47 GmbHG (Scholz/*H. P. Wester-* **140** *mann* GmbHG § 34 Rn. 42; Beck GmbH-HB/*Maul* § 13 Rn. 68). Ob der betroffene Gesellschafter an der Entscheidung mitwirken darf, ist streitig. Es empfiehlt sich daher eine klarstellende Regelung in der Satzung, wobei das Stimmrecht bei einer freiwilligen Einziehung nicht ausgeschlossen werden sollte (Scholz/*H. P. Westermann* GmbHG § 34 Rn. 43; Beck GmbH-HB/*Maul* § 13 Rn. 68, 109; MünchHdb/*Kort,* GesR III § 28 Rn. 12). Der BGH hat klargestellt, dass die Einziehung bereits mit Fassung des Einziehungsbeschlusses und dessen Mitteilung an den betroffenen Gesellschafter wirksam wird und nicht etwa von der Zahlung des Einziehungsentgelts abhängt (BGH v. 24.1.2012, II ZR 109/11, DB 2012, 504).

Zu § 9: Jahresabschluss, Gewinnverwendung

141 Die Regelungen zum Jahresabschluss und zur Gewinnverwendung finden sich in den §§ 29, 42, 42a, 46 Nr. 1 GmbHG und den §§ 264ff. HGB. Zu Abs. 1 des Formulierungsvorschlags ist auf § 264 Abs. 1 HGB zu verweisen, zu Abs. 2 auf §§ 316 HGB, 42a GmbHG.

Zu § 10: Gründungsaufwand

142 Der Gründungsaufwand ist in dem Gesellschaftsvertrag ausdrücklich festzuschreiben. Zwar enthält das GmbHG keine § 26 Abs. 2 AktG entsprechende Regelung. Es ergibt sich jedoch aus §§ 9a Abs. 1 und 2, 82 Abs. 1 Nr. 1 GmbHG, dass nach Ansicht des Gesetzgebers falsche Angaben zum Gründungsaufwand gemacht werden können. Dies aber setzt eine Bezifferung voraus, zumindest mit dem Zusatz „bis zu", wie in dem Formular vorgesehen. Es sollte daher in entsprechender Anwendung des § 26 Abs. 2 AktG eine konkrete Bezifferung erfolgen (BFH v. 11.10.1989, I R 12/87, BStBl. II 1990, 89; BFH v. 11.2.1997, I R 42/96, BFH/NV 1997, 711; Scholz/*Veil* GmbHG § 5 Rn. 113; MünchHdb/*Freitag,* GesR III § 5 Rn. 13). Nur wenn in dem Gesellschaftsvertrag ein Höchstbetrag angegeben ist, kann die GmbH diese Kosten als Betriebsausgaben abziehen (BFH v. 11.10.1989, I R 12/87, aaO; BFH v. 11.2.1997, I R 42/96, aaO; Beck GmbH-HB/*Schwaiger* § 2 Rn. 130; Scholz/*Veil* GmbHG § 5 Rn. 113). Zum Gründungsaufwand gehören auch die Kosten für das Gericht und den Notar (Beck GmbH-HB/*Schwaiger* § 2 Rn. 130; Scholz/*Veil* GmbHG § 5 Rn. 111).

143–145 *einstweilen frei*

II. Berichte und Schreiben

1. Sachgründungsbericht

146 Nach den §§ 159 Abs. 1, 58 Abs. 1 UmwG, 5 Abs. 4 Satz 2 GmbHG ist bei der Ausgliederung ein Sachgründungsbericht zu erstatten. Dieser hat nicht nur Auskunft über die Bewertung der zur Sachgründung verwendeten Vermögensgegenstände zu geben, sondern über § 5 Abs. 4 GmbHG hinaus auch den Geschäftsverlauf und die Lage des ausgliedernden Rechtsträgers, hier hinsichtlich des ausgegliederten Teilbetriebs des Einzelkaufmanns, darzulegen (SHS/*Stratz* UmwG § 58 Rn. 1; Lutter/*M. Winter/J. Vetter* UmwG § 58 Rn. 3ff.; SSt/*Seulen* UmwG § 159 Rn. 2ff.).

147 Im Sachgründungsbericht sind nach § 5 Abs. 4 Satz 2 GmbHG die wesentlichen Umstände darzulegen, von denen die Angemessenheit der Leistungen für die Sacheinlagen abhängt. Gleichzeitig sind die Jahresergebnisse der beiden letzten Geschäftsjahre beizufügen. Der Bericht ist von dem Einzelkaufmann als alleinigem Gesellschafter persönlich zu erstellen, eine Stellvertretung ist unzulässig (Scholz/*Veil* GmbHG § 5 Rn. 100 mwN).

Zu Ziff. 3.:

148 Die in Punkt b) vorgeschlagene Untergliederung orientiert sich an der Bilanzgliederung der Aktiva gem. § 266 Abs. 2 HGB, weil der Wert der Aktiva wesentlicher Faktor für die Angemessenheit der Sacheinlagen ist.

Auch die Verbindlichkeiten der Gesellschaft sind vollständig zu erfassen, § 246 Abs. 1 HGB, und korrekt zu bewerten, § 252 Abs. 1 HGB. Zur Bewertung der Rückstellungen für Rentenverpflichtungen empfiehlt sich zum Nachweis der „vernünftigen kaufmännischen Beurteilung" iSv. § 253 Abs. 1 Satz 2 HGB ein versicherungsmathematisches Gutachten (vgl. MünchKomm/*Ballwieser,* HGB § 253 Rn. 74 ff.). **149**

Die Hinweise in den Buchst. g und h sind Beispiele für wertbildende Faktoren zum tatsächlichen Vermögen der GmbH, das durch die Anteile repräsentiert wird. **150**

2. Schreiben an Betriebsrat

Ein Schreiben an den Betriebsrat ist entbehrlich, weil es weder einen Betriebsrat noch eine sonstige Arbeitnehmervertretung bei dem ausgliedernden Einzelkaufmann gibt. **151**

einstweilen frei **152–154**

III. Handelsregisteranmeldung

Die Pflicht zur Anmeldung der Ausgliederung richtet sich nach §§ 160, 137 Abs. 1, 2 UmwG, anzumelden ist also grundsätzlich sowohl bei dem Register, in das der Einzelkaufmann eingetragen ist, Abs. 2, als auch bei dem Register des neuen Rechtsträgers, Abs. 1 (Lutter/*Priester* UmwG § 137 Rn. 4; *Schwedhelm* Rn. 216). Die Anmeldung erfolgt sowohl durch den Einzelkaufmann als auch durch die Geschäftsführung der GmbH – §§ 137, 160 UmwG (*Schwedhelm* Rn. 216). Die Spezialregelung des § 160 UmwG ergänzt insoweit die allgemeinen Regeln des § 137 UmwG (vgl. hierzu WM/*Fronhöfer* UmwG § 137 Rn. 5; WM/*Mayer* UmwG § 160 Rn. 1; Lutter/*Priester* UmwG § 137 Rn. 13). **155**

Einzelheiten zu Art und Umfang der einzureichenden Unterlagen ergeben sich im Prinzip aus dem Gründungsrecht des neuen Rechtsträgers. Zum Spaltungsvorgang sind die Dokumente gem. §§ 125, 17 UmwG einzureichen, zur Gründung der GmbH die sich aus § 8 GmbHG ergebenden, speziell der Sachgründungsbericht nach § 8 Abs. 1 Nr. 5 GmbHG. Der frühere § 39 Abs. 4 GmbHG, wonach die Geschäftsführer ihre Unterschriftszeichnung zur Aufbewahrung beim Gericht einzureichen haben, ist durch Gesetz v. 10.11.2006 (BGBl. I 2006, 2553) zum 1.1.2007 aufgehoben worden. **156**

Die gem. § 159 Abs. 3 UmwG einzureichende Vermögensaufstellung soll die Prüfung nach § 159 Abs. 2 UmwG ermöglichen, sie ist also nur bei der Neugründung einer AG oder einer KGaA zwingend (SSt/*Seulen* UmwG § 159 Rn. 11). Das Formular empfiehlt gleichwohl die Einreichung einer Vermögensaufstellung, um dem Registergericht die Prüfung nach § 160 Abs. 2 UmwG zu erleichtern.

Dieser Anmeldung sind nach §§ 125, 17 UmwG die Ausgliederungserklärung und der Gesellschaftsvertrag der GmbH in einer Ausfertigung oder in öffentlich beglaubigter Abschrift der notariellen Urkunde beizufügen. Die Handelsregisteranmeldung ist elektronisch in öffentlich beglaubigter Form einzureichen, § 12 Abs. 1 Satz 1 HGB s. iE → Form. A. 1 Rn. 56 sowie *Jeep/Wiedemann* NJW 2007, 2439). **157**

Nach § 130 Abs. 1 Satz 1 UmwG darf die Eintragung der Ausgliederung im Register des Einzelkaufmanns erst erfolgen, wenn die neu errichtete A-GmbH im Handelsregister eingetragen ist. Bei gleichzeitiger Anmeldung – wie hier vorgeschlagen (vgl. dazu SBB/*Bula/Thees* § 19 Rn. 8) – sollte daher bei der Anmeldung zum Register des Einzelkaufmanns vorsichtshalber die Bedingung der Eintragung der GmbH in das Register genannt werden (SBB/*Bula/Thees* § 19 Rn. 8). **158**

D. 2 Ausgliederung Teilbetrieb aus GmbH auf GmbH & Co. KG

Gliederung

A. Vertragsformulare

Notarurkunde

D.2.1. Ausgliederungs- und Übernahmevertrag mit Gesellschafterbeschlüssen[76 f.]

URNr.: ....../......
vom ......

Verhandelt am ...... in ......,
Vor mir, dem unterzeichnenden Notar ...... mit Amtssitz in ......, erschien:

Herr A,
geboren am ......,
geschäftsansässig in ......,
dem Notar persönlich bekannt,

1. hier im eigenen Namen handelnd
   sowie
2. als alleinvertretungsberechtigter und von den Beschränkungen des § 181 BGB befreiter Geschäftsführer der A-GmbH
   mit dem Sitz in ......,
   eingetragen im Handelsregister des Amtsgerichts ...... unter HRB ......,
   Geschäftsadresse: ......
   Aufgrund des am ...... eingesehenen Handelsregisters des Amtsgerichts ...... bescheinige ich, dass dort unter HRB ...... die

   A-GmbH

   mit dem Sitz in ...... eingetragen und Herr ...... in seiner Eigenschaft als alleiniger einzelvertretungsberechtigter Geschäftsführer zur Vertretung der Gesellschaft berechtigt und von den Beschränkungen des § 181 BGB befreit ist
   und
3. als alleinvertretungsberechtigter und von den Beschränkungen des § 181 BGB befreiter Geschäftsführer der B-GmbH
   mit dem Sitz in ......,
   eingetragen im Handelsregister des Amtsgerichts ...... unter HRB ......,
   Geschäftsadresse: ......
   Auf Grund des am ...... eingesehenen Handelsregisters des Amtsgerichts ...... bescheinige ich, dass dort unter HRB ...... die

   B-GmbH

   mit dem Sitz in ...... eingetragen und Herr A in seiner Eigenschaft als alleiniger einzelvertretungsberechtigter Geschäftsführer zur Vertretung der Gesellschaft berechtigt und von den Beschränkungen des § 181 BGB ist.
   Diese handelnd für sich selbst sowie als persönlich haftende Gesellschafterin der B-GmbH & Co. KG
   mit dem Sitz in ......,
   eingetragen im Handelsregister des Amtsgerichts ...... unter HRA ......,
   Geschäftsadresse: ......,
   Aufgrund des am ...... eingesehenen Handelsregisters des Amtsgerichts ...... bescheinige ich, dass dort unter HRA ...... die

B-GmbH & Co. KG

mit dem Sitz in ...... eingetragen und die vorbenannte B-GmbH in ihrer Eigenschaft als persönlich haftende Gesellschafterin zur Vertretung der Gesellschaft berechtigt ist.

Der Erschienene erklärt, dass weder der Notar selbst, noch sein Sozius in der Sache, die im nachfolgenden beurkundet wird, vorbefasst im Sinne von § 3 Abs. 1 Nr. 7 BeurkG sind.

Auf Ansuchen des Erschienenen beurkunde ich die vor mir abgegebenen Erklärungen wie folgt:

Ausgliederungs- und Übernahmevertrag[78 ff.]

Präambel[79]

An der A-GmbH

mit dem Sitz in ......
eingetragen im Handelsregister des Amtsgerichts ...... unter HRB ......,
ist beteiligt:

der Erschienene mit einem Geschäftsanteil mit dem Nominalbetrag von 100 000.– EUR

An der B-GmbH

mit dem Sitz in ......

eingetragen im Handelsregister des Amtsgerichts ...... unter HRB ......

ist beteiligt:

die A-GmbH mit einem Geschäftsanteil mit dem Nominalbetrag von 25 000.– EUR

An der B-GmbH & Co. KG

mit dem Sitz in ......

eingetragen im Handelsregister des Amtsgerichts ...... unter HRA ......

sind beteiligt:

die B-GmbH als persönlich haftende Gesellschafterin ohne Einlagen.

mit dem Sitz in ......

eingetragen im Handelsregister des Amtsgerichts ...... unter HRB ......,

sowie als Kommanditistin mit einer Pflichteinlage und Haftsumme von 50 000.– EUR,

die A-GmbH mit dem Sitz in ......

eingetragen im Handelsregister des Amtsgerichts ...... unter HRB ......

Sonderrechte iSv. §§ 23, 50 Abs. 2 UmwG bestehen bei den beteiligten Rechtsträgern nicht.

Die A-GmbH wünscht, aus ihrem Unternehmen den Teilbetrieb ...... mit allen Aktiva und Passiva (im Folgenden „Teilbetrieb") auf die B-GmbH & Co. KG auszugliedern.

Dies vorausgeschickt, vereinbaren die A-GmbH und die B-GmbH & Co. KG, was folgt:

§ 1 Vermögensübertragung, Ausgliederungsstichtag und Ausgliederungsbilanz[80 ff.]

(1) Die A-GmbH mit dem Sitz in ......, eingetragen im Handelsregister des Amtsgerichts ...... unter HRB ...... (im Folgenden „A-GmbH") als übertragender Rechtsträger überträgt gem. § 123 Abs. 3 Nr. 1 UmwG aus ihrem Vermögen auf die B-GmbH & Co. KG mit dem Sitz in ......, eingetragen im Handelsregister des Amtsgerichts ......, unter

HRA ......, als übernehmenden Rechtsträger gegen Gewährung von Anteilen dieses Rechtsträgers an den übertragenden Rechtsträger als Gesamtheit die nachfolgend bezeichneten Vermögensgegenstände und Vertragsverhältnisse (Ausgliederung zur Aufnahme):

a) die in Anlage 1 näher bezeichneten Aktiva, die wirtschaftlich zum Teilbetrieb gehören;
b) alle sonstigen wirtschaftlich zum Teilbetrieb gehörenden und in Anlage 2 aufgeführten Vermögensgegenstände, die nicht bilanzierungspflichtig oder bilanzierungsfähig sind;
c) alle mit dem Teilbetrieb verbundenen, in Anlage 3 näher bezeichneten Verbindlichkeiten und Verpflichtungen einschließlich öffentlicher Lasten und öffentlichrechtliche Verpflichtungen und insbesondere solche Verpflichtungen und Lasten, die bis zum heutigen Tage unbekannt sind und erst in der Zukunft entstehen sollten;
d) alle dem Teilbetrieb zuzuordnenden und in Anlage 4 aufgeführten Verträge, insbesondere Miet-, Pacht-, Leasing- und Lieferverträge;
e) alle in Anlage 5 bezeichneten Arbeitsverhältnisse;
f) alle in Anlage 6 bezeichneten gewerblichen Schutzrechte und sonstigen Rechtsstellungen;
g) alle Gegenstände, die an die Stelle von solchen Gegenständen getreten sind, die seit dem Ausgliederungsstichtag gem. Abs. 2 durch die übertragende Gesellschaft im regelmäßigen Geschäftsverkehr veräußert worden sind und die gem. Buchst. a) auf die B-GmbH & Co. KG übertragen werden sollen;
h) alle Aktiva, Passiva, Arbeitsverhältnisse sowie sonstigen Rechte und Pflichten, selbst dann, wenn sie nicht in den beigefügten Anlagen aufgeführt sind, soweit sie dem Teilbetrieb der A-GmbH zuzuordnen sind, insbesondere alle bis zur Eintragung der Ausgliederung in das Handelsregister am Sitz der übertragenden Gesellschaft erworbenen Vermögensgegenstände, entstandenen Verbindlichkeiten und neu begründeten Arbeitsverhältnisse.

(2) Die Übernahme der gem. Abs. 1 bezeichneten Vermögensgegenstände erfolgt im Innenverhältnis mit Wirkung zum 1.1.01, 0:00 Uhr (Ausgliederungsstichtag). Von diesem Zeitpunkt an gelten alle Handlungen und Geschäfte der A-GmbH bezogen auf den Teilbetrieb als für Rechnung der B-GmbH & Co. KG vorgenommen.

(3) Der Ausgliederung wird die Bilanz aus dem mit einem uneingeschränkten Bestätigungsvermerk des Wirtschaftsprüfers ...... in ...... versehenen Jahresabschluss der A-GmbH zum 31.12.00 als Schlussbilanz zugrundegelegt.

§ 2 Gegenleistungen[83 f.]

(1) Als Gegenleistung für die Vermögensübertragung gem. § 1 wird das Kapitalkonto I (Pflichteinlage – bedungene Einlage) der A-GmbH bei der B-GmbH & Co. KG von 50000.– EUR um 50000.– EUR auf 100000.– EUR aufschiebend bedingt auf den Zeitpunkt der Eintragung erhöht. Übersteigt der Wert des im Rahmen der Ausgliederung auf die B-GmbH & Co. KG übertragenen Nettovermögens die Erhöhung der Pflichteinlage, wird der übersteigende Betrag dem Rücklagenkonto der A-GmbH bei der B-GmbH & Co. KG gutgeschrieben.

(2) Der Betrag der Erhöhung der Pflichteinlage ist ab dem 1.1.01 gewinnanteilsberechtigt.

§ 3 Sonderrechte[85]

Die übernehmende B-GmbH & Co. KG gewährt einzelnen Anteilsinhabern sowie den Inhabern besonderer Rechte im Sinne von § 126 Abs. 1 Nr. 7 UmwG weder Rechte, noch sind für diese Personen Maßnahmen vorgesehen.

§ 4 Besondere Vorteile[86]

Keinem Mitglied eines Vertretungsorgans oder eines Aufsichtsorgans der an der Ausgliederung beteiligten Rechtsträger, keinem geschäftsführenden Gesellschafter, keinem Abschlussprüfer oder Ausgliederungsprüfer werden besondere Vorteile im Sinne von § 126 Abs. 1 Nr. 8 UmwG gewährt.

§ 5 Folgen der Ausgliederung für die Arbeitnehmer und ihre Vertretungen[87 ff.]

(1) Die Arbeitsverhältnisse sämtlicher dem übertragenen Teilbetrieb zugehörigen Arbeitnehmer, die in der Anlage 5 bezeichnet sind, gehen auf die B-GmbH & Co. KG über. Diese tritt gemäß § 613a BGB mit allen Rechten und Pflichten unter Anrechnung der bei der übertragenden Gesellschaft verbrachten Vordienstzeiten in die Arbeitsverhältnisse ein. Auf die inhaltliche Ausgestaltung der Arbeitsverhältnisse hat die Ausgliederung keine Auswirkungen.

(2) Soweit die Arbeitsverhältnisse nach § 613a BGB übergehen, haben die Arbeitnehmer das Recht, dem Übergang zu widersprechen. Der Widerspruch ist innerhalb eines Monats nach Zugang der Unterrichtung des Arbeitnehmers über den bevorstehenden Betriebsübergang gemäß § 613a Abs. 5 BGB auszuüben. Widerspricht ein Arbeitnehmer dem Übergang seines Arbeitsverhältnisses, so besteht das Arbeitsverhältnis zur übertragenden Gesellschaft fort. Diese kann das Arbeitsverhältnis jedoch unter den Voraussetzungen des § 1 KSchG kündigen, wenn eine Weiterbeschäftigung des dem Übergang widersprechenden Arbeitnehmers nicht möglich ist.

(3) Der Betriebsrat des Teilbetriebs der A-GmbH bleibt im Amt, weil durch die Ausgliederung die Identität des Betriebs im arbeitsrechtlichen Sinn nicht geändert wird.

(4) Bei der B-GmbH & Co. KG besteht kein Betriebsrat.

§ 6 Sonstiges[92]

Mit der Übertragung der in § 1 Abs. 1 bezeichneten Gegenstände wird kein Grundbesitz übertragen.

Gesellschafterbeschluss und Verzichtserklärungen der A-GmbH[93 ff.]

Sodann erklärt der Erschienene zu Protokoll was folgt:

I.[94]

Ich halte den einzigen Geschäftsanteil im Nominalbetrag von insgesamt 100 000.– EUR an der

A-GmbH

mit dem Sitz in ……,

eingetragen im Handelsregister des Amtsgerichts ……, HRB ……

Die Einlagen und ein etwaiges Aufgeld auf den Geschäftsanteil der A-GmbH sind in voller Höhe einbezahlt und nicht durch Rückzahlungen gemindert.

II.[95]

Unter Verzicht auf die Einhaltung aller durch Gesetz und durch Gesellschaftsvertrag für die Vorbereitung, Einberufung und Abhaltung von Gesellschafterversammlungen vorgesehenen Form- und Fristvorschriften wird hiermit eine Gesellschafterversammlung der A-GmbH abgehalten.

Auf die Versendung des Entwurfs des Ausgliederungs- und Übernahmevertrages zusammen mit der Einberufung der Gesellschafterversammlung gem. §§ 47, 125 Satz 1

UmwG wurde verzichtet. Dieser Verzicht wird hiermit noch einmal ausdrücklich bestätigt.

Auf die Auslegung der Jahresabschlüsse und der Lageberichte der an der Ausgliederung beteiligten Rechtsträger A-GmbH und B-GmbH & Co. KG für die letzten drei Geschäftsjahre zur Einsicht der Gesellschafter in den Geschäftsräumen der Gesellschaften ab dem Zeitpunkt der Einberufung der Gesellschafterversammlung gem. §§ 49 Abs. 2, 125 Satz 1 UmwG wurde verzichtet. Dieser Verzicht wird hiermit noch einmal ausdrücklich bestätigt.

Für die A-GmbH wird hiermit einstimmig und ohne Enthaltungen was folgt beschlossen:

> **Dem Ausgliederungs- und Übernahmevertrag der A-GmbH mit dem Sitz in ......, eingetragen im Handelsregister des Amtsgerichts ...... unter HRB ...... vom heutigen Tage (URNr.: ...... des Notars ...... in ......) und der B-GmbH & Co. KG mit dem Sitz in ......, eingetragen im Handelsregister des Amtsgerichts ...... unter HRA ...... wird zugestimmt. Der Ausgliederungs- und Übernahmevertrag ist im Teil 1 dieser Urkunde enthalten.**

Weitere Beschlüsse wurden nicht gefasst.

Damit ist die Gesellschafterversammlung beendet.

III.[96]

Auf das Recht, den vorstehenden Beschluss anzufechten und gegen die Wirksamkeit dieses Ausgliederungsbeschlusses Klage zu erheben, wird hiermit ausdrücklich verzichtet. Auf die Erstellung eines Ausgliederungsberichts gemäß § 127 Satz 1 UmwG wird hiermit gemäß §§ 8 Abs. 3 Satz 1 Alt. 1, 127 Satz 2 UmwG verzichtet.

Gesellschaftsbeschluss und Verzichtserklärungen der B-GmbH & Co. KG[97]

Sodann erklärt der Erschienene zu Protokoll was folgt:

I.

Die von mir vertretene

B-GmbH

mit dem Sitz in ......,

eingetragen im Handelsregister des Amtsgerichts ...... unter HRB ......

ist die alleinige persönlich haftende Gesellschafterin der

B-GmbH & Co. KG

mit dem Sitz in ......,

eingetragen im Handelsregister des Amtsgerichts ...... unter HRA ...... ohne Einlage.

Die von mir vertretene

A-GmbH

mit dem Sitz in ......,

eingetragen im Handelsregister des Amtsgerichts ...... unter HRB ......,

hält das gesamte Kommanditkapital im Nominalbetrag von insgesamt 50 000.– EUR an der vorbenannten B-GmbH & Co. KG.

Die Einlagen auf den einzigen Kommanditanteil der B-GmbH & Co. KG sind in voller Höhe einbezahlt und nicht durch Rückzahlungen gemindert.

II.

Unter Verzicht auf die Einhaltung aller durch Gesetz oder durch Gesellschaftsvertrag für die Vorbereitung, Einberufung und Abhaltung von Gesellschafterversammlungen vorgesehenen Form- und Fristvorschriften wird hiermit eine Gesellschafterversammlung der B-GmbH & Co. KG abgehalten. Auf die Versendung des Entwurfs des Ausgliederungs- und Übernahmevertrages zusammen mit der Einberufung der Gesellschafterversammlungen gem. §§ 42, 125 Satz 1 UmwG wurde verzichtet. Dieser Verzicht wird hiermit noch einmal ausdrücklich bestätigt.

Für die B-GmbH & Co. KG wird hiermit einstimmig und ohne Enthaltungen was folgt beschlossen:

1. Dem Ausgliederungs- und Übernahmevertrag zwischen der A-GmbH mit dem Sitz in ......, eingetragen im Handelsregister des Amtsgerichts ...... unter HRB ...... vom heutigen Tage (URNr.: ...... des Notars ...... in ......) und der B-GmbH & Co. KG mit dem Sitz in ......, eingetragen im Handelsregister des Amtsgerichts ...... unter HRA ...... wird zugestimmt. Der Ausgliederungs- und Übernahmevertrag ist im Teil 1 dieser Urkunde enthalten.
2. Die Pflichteinlage (bedungene Einlage – nicht Haftsumme) der Kommanditistin A-GmbH (Kapitalkonto I) wird von 50000.– EUR um 50000.– EUR auf 100000.– EUR erhöht.

Weitere Beschlüsse wurden nicht gefasst.

Damit ist die Gesellschafterversammlung beendet.

III.

Auf das Recht, den vorstehenden Beschluss anzufechten und gegen die Wirksamkeit dieses Ausgliederungsbeschlusses Klage zu erheben, wird hiermit ausdrücklich verzichtet. Auf die Erstellung eines Ausgliederungsberichts gemäß § 127 Satz 1 UmwG wird hiermit gemäß §§ 8 Abs. 3 Satz 1 Alt. 1, 127 Satz 2 UmwG verzichtet.

Kosten, Hinweise und Abschriften[98]

Alle durch diese Urkunde und ihren Vollzug entstehenden Kosten, Gebühren und Steuern trägt die übernehmende B-GmbH & Co. KG.

Der Notar belehrte den Erschienenen über den weiteren Verfahrensablauf bis zum Wirksamwerden der Ausgliederung, weist auf den Zeitpunkt des Wirksamwerdens und die Rechtsfolgen der Ausgliederung hin, insbesondere auch darauf, dass den Gläubigern der an der Ausgliederung beteiligten Rechtsträger auf Anmeldung und Glaubhaftmachung von Forderungen nach Maßgabe der §§ 22, 125 Satz 1 und 133 UmwG Sicherheit zu leisten ist.

Der Notar belehrte den Erschienenen ferner über die Unwiderruflichkeit der Verzichterklärungen und über deren Wirkungen sowie darüber dass durch diese Erklärungen die Ausübung von Gesellschafterrechten bei der bevorstehenden Ausgliederung beeinträchtigt werden kann.

Von dieser Urkunde erhalten

Ausfertigungen
- die A-GmbH
- die B-GmbH & Co. KG
- Finanzämter ......

Beglaubigte Abschriften (in elektronischer Form)
- das Registergericht des Sitzes der übertragenden Gesellschaft
- das Registergericht des Sitzes der übernehmenden Gesellschaft

einfache Abschrift
- Rechtsanwalt ......

Vorgelesen vom Notar, von den Beteiligten genehmigt und von ihm und vom Notar eigenhändig unterschrieben.

....
[Unterschrift A]

Schreiben an die Betriebsräte

D.2.2. Schreiben an den Betriebsrat der A-GmbH[99]

B-GmbH & Co. KG
[Adresse]

A-GmbH
[Adresse]

An den Betriebsrat der A-GmbH
Herrn ......
– Vorsitzender des Betriebsrats –
– gegen Empfangsbestätigung –

........................., den ....

Bevorstehende Ausgliederung der A-GmbH auf die B-GmbH & Co. KG
Übersendung des Entwurfs des Ausgliederungsvertrags gem. § 126 Abs. 3 UmwG

Sehr geehrter Herr ......,

in den voraussichtlich am ...... stattfindenden Gesellschafterversammlungen der A-GmbH und der B-GmbH & Co. KG ist beabsichtigt, dem beigefügten Entwurf des Ausgliederungsvertrags zwischen der A-GmbH als übertragender Gesellschaft und der B-GmbH & Co. KG als übernehmender Gesellschaft zuzustimmen und den Ausgliederungsvertrag in notariell beurkundeter Form abzuschließen.

Wir übermitteln Ihnen hiermit den Entwurf des Ausgliederungsvertrags in der Anlage zu diesem Schreiben gem. § 126 Abs. 3 UmwG.

Wir bitten, den Erhalt dieses Schreibens und der Anlage auf den beigefügten zwei Kopien zu quittieren, auf die Einhaltung der Monatsfrist des § 126 Abs. 3 UmwG zu verzichten und die unterschriebenen Kopien an die Geschäftsführungen der Absender als Empfangsnachweis (Anlage zu den Handelsregisteranmeldungen gem. § 17 Abs. 1, § 16 UmwG) zu retournieren.

....
[B-GmbH & Co. KG ...... geschäftsführender Gesellschafter]

....
[A-GmbH ...... Geschäftsführer]

EMPFANGSBESTÄTIGUNG[103]

Hiermit bestätige ich für den Betriebsrat der A-GmbH den Erhalt dieses Schreibens nebst des als Anlage beigefügten Entwurfs des Ausgliederungsvertrags am heutigen Tag.

................................, den ....

....
[Vorsitzender des Betriebsrats der A-GmbH in ......]

VERZICHTSERKLÄRUNG[104]

Hiermit erkläre ich für den Betriebsrat der A-GmbH den Verzicht auf die Einhaltung der Monatsfrist des § 126 Abs. 3 UmwG.

..............................., den ....

..
[Vorsitzender des Betriebsrats der A-GmbH in ......]

Handelsregisteranmeldungen[106 ff.]

D.2.3. Handelsregisteranmeldung der übertragenden Gesellschaft[106 ff.]

An das Amtsgericht ......
Handelsregister

A-GmbH
HRB ......

I. Als alleiniger und einzelvertretungsberechtigter Geschäftsführer der A-GmbH mit dem Sitz in ......, eingetragen Handelsregister des Amtsgerichts ...... unter HRB ...... melde ich zur Eintragung in das Handelsregister an:[106]

Unter Fortbestand der A-GmbH ist ein Teil ihres Vermögens im Wege der Ausgliederung zur Aufnahme nach Maßgabe des Ausgliederungs- und Übernahmevertrags vom ...... (URNr. ...... des Notars ...... in ......) als Gesamtheit gemäß § 123 Abs. 3 Nr. 1 UmwG übertragen worden auf die B-GmbH & Co. KG mit dem Sitz in ......, eingetragen im Handelsregister des Amtsgerichts ...... unter HRA ...... gegen Gewährung von Anteilen dieses Rechtsträgers an den übertragenden Rechtsträger.

II. Als Anlagen überreiche ich:[107]

1. **Elektronisch beglaubigte Abschrift der URNr.: ...... des Notar ...... in ...... vom ......, darin enthalten:**
   - **Ausgliederungs- und Übernahmevertrag**
   - **die Niederschrift über die Gesellschafterversammlung der A-GmbH**
   - **die Niederschrift über die Gesellschafterversammlung der B-GmbH & Co. KG, beide enthaltend die Beschlüsse der Gesellschafterversammlungen über die Zustimmung zu der Ausgliederung und die Verzichtserklärungen.**
2. **Schlussbilanz der A-GmbH auf einen nicht mehr als acht Monate vor der Anmeldung liegenden Stichtag, nämlich zum 31.12.00.**
3. **Empfangsbestätigung vom ...... als Nachweis über die rechtzeitige Zuleitung des Entwurfs des Ausgliederungs- und Übernahmevertrags an den Betriebsrat des Betriebs der A-GmbH bzw. Verzicht des Betriebsrats der A-GmbH auf die Einhaltung der Frist des § 126 Abs. 3 UmwG.**

III. Ich erkläre gem. § 16 Abs. 2 letzter HS UmwG:[108]

Eine Klage gegen die Wirksamkeit des Ausgliederungs- und Übernahmebeschlusses ist ausgeschlossen. In der unter Ziffer II 1. eingereichten Niederschrift wurden entsprechende Verzichtserklärungen abgegeben.

IV. Ich erkläre gemäß § 140 UmwG als alleiniger Geschäftsführer:[109]

Die durch Gesetz und Gesellschaftsvertrag der Gesellschaft vorgesehenen Voraussetzungen für die Gründung der übertragenden Gesellschaft liegen unter Be-

rücksichtigung der Ausgliederung auch im Zeitpunkt der Anmeldung vor, insbesondere ist das Stammkapital der Gesellschaft nach Wirksamwerden der Ausgliederung durch das bei der Gesellschaft verbleibende Nettovermögen gedeckt.

V. Ich weise auf Folgendes hin:[110]

1. Bei der B-GmbH & Co. KG besteht kein Betriebsrat. Daher entfällt die Einreichung einer Empfangsbestätigung als Nachweis über die rechtzeitige Zuleitung des Entwurfes des Ausgliederungs- und Übernahmevertrags an einen Betriebsrat des Betriebs der B-GmbH & Co. KG.
2. Auf einen Ausgliederungsbericht gemäß § 127 Satz 1 UmwG wurde gemäß §§ 8 Abs. 3 Satz 1 Alt. 1, 127 Satz 2 UmwG verzichtet. Daher entfällt die Einreichung eines Ausgliederungsberichts.
3. Eine Prüfung der Ausgliederung ist gem. § 125 Satz 2 UmwG nicht erforderlich. Ein Prüfungsbericht ist gem. § 125 Satz 2 UmwG nicht erforderlich. Darüber hinaus wurde die Ausgliederungsprüfung nicht gem. §§ 48 Abs. 1, 125 Satz 1 UmwG verlangt. Daher entfällt die Einreichung eines Prüfungsberichts.

VI. Hiermit bevollmächtige ich Herrn ...... jederzeit widerruflich und dem Handelsregister gegenüber unbeschränkt, alle Anmeldungen zum Handelsregister vorzunehmen, die im Zuge der Handelsregistereintragung der Tatsachen, die hier angemeldet und aus denen der Anmeldung beigefügten Unterlagen ersichtlich sind, erforderlich und zweckmäßig sind.[111]

Nach Vollzug des Antrags der Eintragung der Ausgliederung bitte ich um Eintragungsnachricht an die Gesellschaft und an den beglaubigenden Notar sowie um Übermittlung von drei beglaubigten Handelsregisterauszügen an die Gesellschaften und eines beglaubigten Handelsregisterauszugs an den beglaubigenden Notar.

................................, den ....

....
[Unterschrift Geschäftsführer der A-GmbH]

D.2.4. Handelsregisteranmeldung der übernehmenden Gesellschaft[112]

An das Amtsgericht ......
Handelsregister

B-GmbH & Co. KG
HRA ......

I. Als alleiniger und einzelvertretungsberechtigter Geschäftsführer der B-GmbH mit dem Sitz in ......, eingetragen Handelsregister des Amtsgerichts ...... unter HRB ......, hier handelnd als persönlich haftende Gesellschafterin der B-GmbH & Co. KG melde ich zur Eintragung in das Handelsregister an:[113]

Unter Fortbestand der A-GmbH mit dem Sitz in ......, eingetragen im Handelsregister des Amtsgerichts ......, ist ein Teil ihres Vermögens im Wege der Ausgliederung zur Aufnahme als Gesamtheit nach Maßgabe des Ausgliederungs- und Übernahmevertrags vom ...... (URNr.: ...... des Notars ...... in ......) übertragen worden auf die B-GmbH & Co. KG mit dem Sitz in ...... gegen ...... Gewährung von Anteilen dieses Rechtsträgers an den übertragenden Rechtsträger.

II. Als Anlagen überreiche ich:[114]

1. Elektronisch beglaubigte Abschrift der URNr. ...... des Notar ...... in ...... vom ......, darin enthalten:
   – der Ausgliederungs- und Übernahmevertrag

– die Niederschrift über die Gesellschaftsversammlung der A-GmbH
– die Niederschrift über die Gesellschafterversammlung der B-GmbH & Co. KG, beide enthaltend die Beschlüsse der Gesellschafterversammlungen über die Zustimmung zu der Ausgliederung und die Verzichtserklärungen.

2. Empfangsbestätigung vom ...... als Nachweis über die rechtzeitige Zuleitung des Entwurfs des Ausgliederungs- und Übernahmevertrags an den Betriebsrat des Betriebs der A-GmbH bzw. Verzicht des Betriebsrats der A-GmbH auf die Einhaltung der Frist des § 126 Abs. 3 UmwG.

III. Ich erkläre gem. § 16 Abs. 2 letzter HS UmwG:[115]

Eine Klage gegen die Wirksamkeit des Ausgliederungs- und Übernahmebeschlusses ist ausgeschlossen. In der unter Ziffer II 1. eingereichten Niederschrift wurden entsprechende Verzichtserklärungen abgegeben.

IV. Ich weise auf Folgendes hin:[116]

1. Bei der B-GmbH & Co. KG besteht kein Betriebsrat. Daher entfällt die Einreichung einer Empfangsbestätigung als Nachweis über die rechtzeitige Zuleitung des Entwurfes des Ausgliederungs- und Übernahmevertrags an einen Betriebsrat des Betriebs der B-GmbH & Co. KG.

2. Auf einen Ausgliederungsbericht gemäß § 127 Satz 1 UmwG wurde gemäß §§ 8 Abs. 3 Satz 1 Alt. 1, 127 Satz 2 UmwG verzichtet. Daher entfällt die Einreichung eines Ausgliederungsberichts.

3. Eine Prüfung der Ausgliederung ist gem. § 125 Satz 2 UmwG nicht erforderlich. Ein Prüfungsbericht ist gem. § 125 Satz 2 UmwG nicht erforderlich. Darüber hinaus ist die Ausgliederungsprüfung nicht gem. §§ 44, 125 Satz 1 UmwG verlangt. Daher entfällt die Einreichung eines Prüfungsberichts.

V. Hiermit bevollmächtige ich Herrn ...... jederzeit widerruflich und dem Handelsregister gegenüber unbeschränkt, alle Anmeldungen zum Handelsregister vorzunehmen, die im Zuge der Handelsregistereintragung der Tatsachen, die hier angemeldet und aus denen der Anmeldung beigefügten Unterlagen ersichtlich sind, erforderlich und zweckmäßig sind.[117]

Nach Vollzug des Antrags der Eintragung der Ausgliederung bitte ich um Eintragungsnachricht an die Gesellschaft und an den beglaubigenden Notar sowie um Übermittlung von drei beglaubigten Handelsregisterauszügen an die Gesellschaften und eines beglaubigten Handelsregisterauszugs an den beglaubigenden Notar.

.............................., den ....

..
[Unterschrift Geschäftsführer der B-GmbH als persönlich haftende Gesellschafterin der B-GmbH & Co. KG]

B. Grundsätzliche Anmerkungen

I. Sachverhalt

1 A ist Alleingesellschafter mit dem einzigen Geschäftsanteil iHv. 100 000.– EUR der A-GmbH. Die A-GmbH ist Alleingesellschafterin mit dem einzigen Geschäftsanteil im Nominalbetrag von 25 000.– EUR der B-GmbH. Die B-GmbH ist persönlich haftende Gesellschafterin ohne Einlage der B-GmbH & Co. KG, deren einzige Kommanditistin wiederum die A-GmbH mit einer Pflichteinlage und Haftsumme von 50 000.– EUR ist. Ein Teilbetrieb der A-GmbH soll als Ganzes auf die B-GmbH & Co. KG im Wege der Ausgliederung durch Aufnahme übergehen.

Wirtschaftsjahr der A-GmbH und der B-GmbH & Co. KG ist das Kalenderjahr. Die Ausgliederung soll im Innenverhältnis zum 1.1.01, 0:00 Uhr stattfinden.

Sowohl bei der A-GmbH als auch bei der B-GmbH & Co. KG werden weniger als 500 Arbeitnehmer beschäftigt. Beim auszugliedernden Teilbetrieb der A-GmbH besteht ein Betriebsrat. Bei der B-GmbH & Co. KG besteht kein Betriebsrat. Bei der B-GmbH & Co. KG bestehen keine Betriebsvereinbarungen und keine tarifvertraglichen Bindungen.

Firma und Geschäftsführung der B-GmbH & Co. KG sollen durch die Ausgliederung nicht berührt werden.

Auf die Einberufung zur Gesellschafterversammlung der A-GmbH und der B-GmbH & Co. KG (§§ 49 Abs. 1, 125 Satz 1 UmwG), auf die Zuleitung des (Entwurfs des) Ausgliederungsvertrags als Anlage hierzu (§§ 47 bzw. 42, 125 Satz 1 UmwG) und auf die Auslegung der Jahresabschlüsse und der Lageberichte der an der Ausgliederung beteiligten Rechtsträger für die letzten drei Geschäftsjahre zur Einsicht der Gesellschafter in den Geschäftsräumen der A-GmbH und der B-GmbH & Co. KG (§§ 49 Abs. 2, 125 Satz 1 UmwG) wird verzichtet. Verzichtet wird ferner auf das Anfechtungsrecht bzw. wird der Klageverzicht gemäß §§ 14 Abs. 1, 16 Abs. 2 Satz 2, 125 Satz 1 UmwG bzgl. des Zustimmungsbeschlusses zum Ausgliederungsvertrag erklärt.

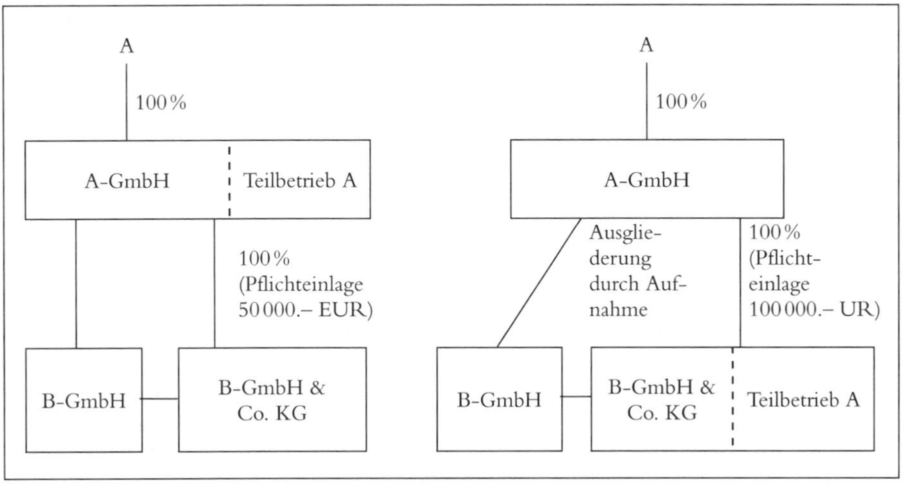

Graphische Darstellung des Sachverhalts vor und nach der Ausgliederung

II. Ablaufplan

2 Der Ablauf einer Ausgliederung orientiert sich anhand der Umstände des Einzelfalls. Generelle Aussagen sind schon deshalb nur einschränkend möglich, weil der Ablauf maßgeblich davon abhängt, ob der Vorgang schon vor oder erst nach dem Ausgliederungsstichtag beginnt und ob die Beteiligten auf Informationsrechte und sonstige Formalitäten verzichten oder nicht.

3 Ausgangspunkt bei der Erstellung eines Ablaufsplans ist immer der Ausgliederungsstichtag bzw. der davor liegende Tag, auf den die Schlussbilanz aufzustellen ist (Stichtag der Schlussbilanz; UmwSt-Erl. 2011, BMF v. 11.11.2011, BStBl. I 2011, 1314 Tz. 02.02). Denn die Anmeldung der Ausgliederung zum Handelsregister der übertragenden Gesellschaft muss spätestens acht Monate nach dem Stichtag der Schlussbilanz erfolgen (§§ 17 Abs. 2, 125 Satz 1 UmwG).

4 Im Folgenden werden die **einzelnen Schritte der Ausgliederung** unter Beachtung der gesetzlich vorgegebenen Fristen beschrieben. In der Praxis empfiehlt es sich, die Zeiten und Fristen etwas großzügiger zu bemessen, um das Verfahren nicht zu gefährden, falls unvorhergesehene oder unbeeinflussbare Verzögerungen auftreten.

1. Erstellung des Entwurfs des Ausgliederungsvertrags; Abstimmung des Entwurfs mit dem beurkundenden Notar.
2. Erstellung des Ausgliederungsberichts (falls kein Verzicht).
3. Mindestens einen Monat vor dem Tag der Gesellschafterversammlungen der A-GmbH und der B-GmbH & Co. KG: Zuleitung des Entwurfs des Ausgliederungsvertrags an die zuständigen Betriebsräte der beteiligten Rechtsträger gemäß § 126 Abs. 3 UmwG; Bestätigung des Empfangs; eventuell Verzicht auf die Monatsfrist des § 126 Abs. 3 UmwG.
4. Beurkundung des Ausgliederungsvertrags, soweit nicht bereits im Vorhinein geschehen; Gesellschafterbeschlüsse der beteiligten Rechtsträger über die Erhöhung der Pflichteinlage bei der B-GmbH & Co. KG und über die Zustimmung zur Ausgliederung; Verzichtserklärungen.
5. Erstellung/Prüfung der Schlussbilanz, sofern nicht schon vorher erfolgt.
6. Anmeldung der Ausgliederung zu den Handelsregistern der beteiligten Rechtsträger (§§ 140, 16, 125 Satz 1 UmwG).
7. Eintragung der Ausgliederung (§§ 19, 20, 125 Satz 1 UmwG).

5 In der Praxis hängt der beschriebene Ablauf einer Ausgliederung maßgeblich davon ab, ob der Betriebsrat auf die Einhaltung der Monatsfrist des § 126 Abs. 3 UmwG verzichtet oder nicht. Ist Ausgliederungsstichtag der 1.1.01, muss die Ausgliederung spätestens am 31. 8. 01 zum Handelsregister der übertragenden Gesellschaft angemeldet werden. Findet an diesem Tag auch die Beurkundung des Ausgliederungsvertrags und der Gesellschafterbeschlüsse statt, muss den Betriebsräten spätestens am 30.7.01 der Entwurf des Ausgliederungsvertrags nach § 126 Abs. 3 UmwG zugeleitet worden sein. Ist dieser Tag ein Sonntag, Feiertag oder Sonnabend, hat die Zuleitung davor zu erfolgen.

6 Kommt es im Zuge der Ausgliederung zu weiteren Maßnahmen mit betriebsverfassungsrechtlichen Konsequenzen, kann im Fall einer Betriebsänderung zusätzlich die Verhandlung eines **Interessenausgleichs** und **Sozialplans** nach §§ 111 ff. BetrVG erforderlich werden. In diesem Fall muss die Zuleitung des Ausgliederungsvertrags an den Betriebsrat bereits wegen der vorzeitig entstehenden Informationspflichten des § 111 BetrVG („rechtzeitig") und der langen Dauer eines Interessenausgleichsverfahrens (idR mehrere Monate) erheblich früher erfolgen. Darüber hinaus muss nach § 127 UmwG sowohl für die übertragende als auch für die übernehmende Gesellschaft ein Ausgliederungsbericht angefertigt werden. Dieser Bericht kann von den Organen der beteiligten Gesellschaften auch gemeinsam erstellt werden. Inhalt ist die Erläuterung der Ausgliederung als solche und der Einzelheiten des Ausgliederungsvertrags. Insbesondere sind die wirtschaftlichen Beweggründe für die Ausgliederung zu erklären. In der Praxis ist nicht von einer analogen Anwendung des § 8 Abs. 3 Satz 1 Alt. 2 UmwG für den Fall der Ausgliederung auf eine 100%-ige Tochtergesellschaft auszugehen. Eine solche sinnvolle Analogie hat sich bei den meisten Handelsregistern noch nicht durchgesetzt (entgegen der wohl überwiegenden Meinung in der Literatur SHS/*Hörtnagl* UmwG § 127 Rn. 21 mwN; WM/*Mayer* UmwG § 127 Rn. 64). Allerdings können die Gesellschafter der beteiligten Gesellschaften auf die Erstellung des Berichts verzichten (§§ 8 Abs. 3 Satz 1 HS 1, 127 Satz 2 UmwG; SHS/*Hörtnagl* UmwG § 127 Rn. 21; WM/*Mayer* UmwG § 127 Rn. 65). Nicht erforderlich ist die Prüfung der Ausgliederung und ein Bericht über die Prüfung, § 125 Satz 2 UmwG.

7 Bei Verzicht auf das Anfechtungsrecht bzw. den Klageverzicht gemäß § 14 UmwG ist vor der Anmeldung im Handelsregister die einmonatige Klagefrist nach § 14 UmwG nicht einzuhalten, um die **Negativerklärung** des § 16 Abs. 2 Satz 1 UmwG

abgegeben zu können. Diese Erklärung kann auch nachgereicht werden (BGH v. 2.7.1990, II ZB 1/90, WM 1990, 1372, 1373 für den Fall der Verschmelzung). Die Eintragung in das Handelsregister erfolgt nur, wenn feststeht, dass die Ausgliederungsbeschlüsse nicht mehr angreifbar sind, § 16 Abs. 2 Satz 2 UmwG („Registersperre"). Da für die Anfechtung bzw. für die Klageerhebung nach § 14 UmwG eine Monatsfrist gilt, wird die Eintragung der Ausgliederung in das Handelsregister nur vor Ablauf dieser Frist verfügt, wenn ein entsprechender Verzicht erklärt wurde.

Die **Eintragung** der Ausgliederung in das Register der übenehmenden Gesellschaft gemäß § 130 Abs. 1 UmwG ist lediglich vorbereitender Natur. Die Eintragung der Ausgliederung in das Register der übertragenden Gesellschaft ist gemäß § 130 Abs. 1 UmwG konstitutiv. **8**

III. Wirtschaftliche Vertragsziele

Primäres wirtschaftliches Vertragsziel der Ausgliederung eines Teilbetriebs einer Mutter-GmbH auf ihre Tochter-GmbH & Co. KG ist die Übertragung der zum Teilbetrieb gehörenden Aktiva und Passiva auf die Tochter-GmbH & Co. KG. Die übernommenen Aktiva und Passiva sind bei der übernehmenden Tochter-GmbH & Co. KG zu bilanzieren. Der Ansatz der Beteiligung an der übernehmenden Tochtergesellschaft in der Bilanz der Muttergesellschaft kann erhöht werden, weil die Beteiligung der A-GmbH an der B-GmbH & Co. KG durch die Gewährung von Gesellschaftsrechten (Erhöhung der Pflichteinlage nach hM zwingend, Erhöhung der Haftsumme optional, s. → Rn. 19) nominal zunimmt. Kraft gesetzlicher Anordnung gehen die Aktiva und Passiva des Teilbetriebs im Wege der „partiellen" Gesamtrechtsnachfolge auf die übernehmende Tochtergesellschaft über, ohne dass Dritte diesen Übergang beeinflussen können – im Gegensatz etwa zur Übertragung von Aktiva und Passiva im Wege der Singularsukzession („asset-deal"). Gleichwohl bleibt der übertragende Rechtsträger Partei eines anhängigen Zivilprozesses (vgl. BGH v. 16.12.2000, XII ZR 219/98, NJW 2001, 1217) und eines Finanzgerichtsverfahrens (vgl. BFH v. 7.8.2002, I R 99/00, GmbHR 2003, 245). **9**

Die **Motive** einer Ausgliederung wie der vorliegenden können unterschiedlich sein. Sie kann zum einen der Entflechtung und Dekonzentration von Unternehmen dienen. Im Vordergrund stehen dabei idR betriebswirtschaftliche Überlegungen, etwa die Einführung eines auch rechtlich verselbstständigten Profit-Center, die Isolierung von Haftungsrisiken auf den sie verursachenden Betriebsteil oder, wie bei der Betriebsaufspaltung, die Herausnahme von Vermögensgegenstände aus der Haftung. In Betracht kommt aber auch die angestrebte Aufteilung im Rahmen der familiären Unternehmensnachfolge. **10**

Körperschaftsteuerlich ändert sich bei der Ausgliederung auf eine Tochter-GmbH & Co. KG auf Grund der steuerlichen Transparenz der GmbH & Co. KG als Personengesellschaft bei Buchwertfortführung im Ergebnis nichts; denn, der zukünftig bei der GmbH & Co. KG anfallende Gewinn des ausgegliederten Teilbetriebs unterliegt bei der A-GmbH weiterhin der Körperschaftsteuer. Allerdings ist die GmbH & Co KG für Zwecke der Gewerbesteuer ein eigenes Steuersubjekt (→ Rn. 46). **11**

IV. Zivil-, Handels- und Gesellschaftsrecht

Vorliegend handelt es sich um die Ausgliederung eines Betriebsteils aus einer GmbH auf eine GmbH & Co. KG nach § 123 Abs. 3 Nr. 1 UmwG. Systematisch ist dies eine Art der Spaltung. Anwendbar sind vorliegend die §§ 123–125 UmwG, die Allgemeinen Vorschriften der Spaltung zur Aufnahme der §§ 126–134 UmwG und die Besonderen Vorschriften unter Beteiligung von Gesellschaften mit beschränkter Haftung der **12**

§§ 138–140 UmwG. Nach § 125 Satz 1 UmwG finden auf die Spaltung ferner die Vorschriften über die Verschmelzung der §§ 2–122 UmwG mit den vorliegend einschlägigen Ausnahmen der §§ 9 Abs. 2 und des § 62 Abs. 5 UmwG, bei Abspaltung und Ausgliederung mit Ausnahme des § 18 UmwG sowie bei Ausgliederung mit Ausnahme der §§ 14 Abs. 2, 15, 29–34, 54, 68 und 71 UmwG entsprechende Anwendung, soweit sich aus den Vorschriften der Spaltung der §§ 123–173 UmwG nichts anderes ergibt. Darüber hinaus regelt § 125 Satz 2 UmwG, dass eine Prüfung iSd. §§ 9–12 UmwG bei der Ausgliederung nicht stattfindet.

1. Ausgliederungsvertrag

13 Das Erfordernis eines Ausgliederungsvertrags folgt aus §§ 4 Abs. 1 Satz 1, 125 Satz 1 UmwG. Danach schließen die Vertretungsorgane der an der Ausgliederung beteiligten Rechtsträger einen Ausgliederungsvertrag. Der **Mindestinhalt** des Ausgliederungsvertrags richtet sich nach dem Katalog in §§ 126 Abs. 1 Nr. 1–11 (außer Nr. 3, 4, 10), 39ff., 46ff., 125 Satz 1 UmwG.

14 Nach §§ 6, 125 Satz 1 UmwG muss der Ausgliederungsvertrag **notariell beurkundet** werden. Nicht beurkundungsbedürftig ist eine Spezial- oder Generalvollmacht zum Abschluss des Ausgliederungsvertrags (vgl. SHS/*Stratz* UmwG § 4 Rn. 15).

a) Ausgliederungsfähige Rechtsträger

15 Die A-GmbH als Gesellschaft mit beschränkter Haftung nach § 125 Satz 1 iVm. § 3 Abs. 1 Nr. 2 UmwG und die B-GmbH & Co. KG als Personenhandelsgesellschaft nach § 125 Satz 1 iVm. § 3 Abs. 1 Nr. 1 UmwG sind ausgliederungsfähige Rechtsträger. Nach §§ 3 Abs. 4, 124 Abs. 2 UmwG können an der Ausgliederung zugleich Rechtsträger unterschiedlicher Rechtsformen beteiligt sein. Die B-GmbH & Co. KG muss im Zeitpunkt des Vertragsschlusses bereits bestehen, weil eine Ausgliederung auf eine Personenhandelsgesellschaft nur auf eine bereits bestehende Gesellschaft zur Aufnahme möglich ist. Nach § 3 Abs. 3, 124 Abs. 2 UmwG können bei der Ausgliederung bereits aufgelöste übertragende Rechtsträger beteiligt sein, wenn die Fortsetzung beschlossen werden könnte. Gleichwohl muss die Fortsetzung nicht tatsächlich beschlossen werden. Die Liquidation muss lediglich bis zum Ablauf der Frist des § 133 Abs. 3 UmwG hinausgeschoben werden. Ist allerdings die Fortsetzung tatsächlich gewollt, muss der Fortsetzungsbeschluss ausdrücklich gefasst werden, weil dieser im Ausgliederungsbeschluss nicht konkludent enthalten ist (vgl. SHS/*Hörtnagl* UmwG § 124 Rn. 55ff., 76).

b) Vertragsgegenstand

16 Gegenstand der Ausgliederung kann grds. ein einzelner Gegenstand (auch eine Verbindlichkeit), mehrere Gegenstände, ein Teilbetrieb oder der gesamte Betrieb (bzw. das gesamte Vermögen) der GmbH sein. Der übertragende Rechtsträger bleibt nach der Ausgliederung weiter bestehen, § 131 Abs. 1 Nr. 3 Satz 3 UmwG.

17 Die zu übertragenden Gegenstände müssen auf Grund des sachenrechtlichen Bestimmtheitsgrundsatzes genau bezeichnet werden, § 126 Abs. 1 Nr. 9, Abs. 2 UmwG. Bilanzen reichen idR nicht aus, soweit es sich nicht um eine Totalausgliederung (mit Ausnahme der Beteiligung am übernehmenden Rechtsträger) oder um eine Ausgliederung eines abgegrenzten Betriebs oder Teilbetriebs handelt, für die eine separate Rechnungslegung besteht. Grundstücke sind wegen § 28 GBO, § 126 Abs. 2 Satz 2 UmwG genau zu bezeichnen. Möglich ist auch eine Negativabgrenzung, die oft bei asset deals vorgenommen wird. *D. Mayer* (WM/*Mayer* UmwG § 126 Rn. 204.1) gibt wertvolle Hinweise, falls eine Bilanz im Zeitpunkt der Beurkundung noch nicht besteht. Einer dort beschriebenen nachträglichen Individualisierung könnte allerdings im

Einzelfall eine unzureichende Unterrichtung des Betriebsrats nach § 126 Abs. 3 UmwG entgegenstehen, wenn sich für die Arbeitnehmer wesentliche Ausgliederungsgegenstände ändern. In der Praxis werden idR Auffangklauseln **(„catch all clauses")** für nicht explizit genannte Gegenstände verwendet, ferner sog. **Surrogatsklauseln,** wonach anstelle eines bei Eintragung nicht mehr existierenden Gegenstands das jeweilige Surrogat tritt.

c) Anteilsgewährungspflicht

Auch bei der Ausgliederung von der Mutter- auf die Tochtergesellschaft besteht Anteilsgewährungspflicht, dh. dem ausgliedernden Rechtsträger müssen nach ganz hM wegen der Ausgliederung **zwingend** Anteile gewährt werden (Dogma der Anteilsgewährungspflicht, vgl. ua. SSt/*Schröer* UmwG § 126 Rn. 30 mwN). Die Anteile müssen der Art und der Höhe nach genau bezeichnet werden, § 126 Abs. 1 Nr. 2 UmwG. **18**

Die Bestimmung des § 54 Abs. 1 Satz 2 Nr. 2 UmwG, wonach auf eine Anteilsgewährung verzichtet werden kann, wenn der übertragende Rechtsträger (Muttergesellschaft) Anteile an der Tochtergesellschaft innehat, auf welche die Einlagen bereits in voller Höhe bewirkt sind, bzw. der Umstand, dass alle Anteilseigner des übertragenden Rechtsträgers zustimmen, findet wegen der Ausnahme von der Verweisung in § 125 Satz 1 UmwG keine Anwendung. Eine Ausnahme von der Anteilsgewährungspflicht ist gem. § 131 Abs. 1 Nr. 3 UmwG nur bei Auf- und Abspaltungen zugelassen, nicht aber bei Ausgliederungen (hM, vgl. WM/*Mayer* UmwG § 126 Rn. 99; aA SHS/*Hörtnagl* UmwG § 126 Rn. 47 mwN, wonach ein Verzicht auf eine Anteilsgewährung trotz Unanwendbarkeit des § 54 UmwG möglich sein soll). Damit ist mindestens ein Anteil im geringsten Nennbetrag zu gewähren. Wegen des Verbots der Mehrfachbeteiligung an einer Personengesellschaft kann kein weiterer Kommanditanteil an der B-GmbH & Co. KG gewährt werden. Es wird daher die Pflichteinlage der A-GmbH erhöht; die Erhöhung der Haftsumme ist nicht erforderlich (wäre aber möglich). **19**

Bei der Ausgliederung ist es zulässig, dass die beteiligten Rechtsträger einvernehmlich eine **nicht verhältniswahrende** Anteilsgewährung vereinbaren (WM/*Mayer* UmwG § 126 Rn. 101.1). **20**

d) Zeitpunkt der Bilanzgewinnteilhabe

Der Ausgliederungsvertrag hat den Zeitpunkt der Berechtigung der neuen Mitgliedschaft am Gewinn des übernehmenden Rechtsträgers sowie Besonderheiten in Bezug auf diesen Anspruch darzulegen (§ 126 Abs. 1 Nr. 5 UmwG). Die Problematik stellt sich hier aber nicht, da der übertragenden Gesellschaft vor und nach der Ausgliederung alle Erträge aus ihrer Kommanditistenstellung an der übernehmenden Gesellschaft zustehen. **21**

e) Ausgliederungsstichtag

Nach § 126 Abs. 1 Nr. 6 UmwG muss der Ausgliederungsvertrag den Zeitpunkt enthalten, von dem an die Handlungen des übertragenden Rechtsträgers als für Rechnung des übernehmenden Rechtsträgers vorgenommen gelten **(Ausgliederungsstichtag).** Der Stichtag der Schlussbilanz geht zwingend dem im Ausgliederungsvertrag vereinbarten Ausgliederungsstichtag unmittelbar voran (vgl. SHS/*Hörtnagl* UmwG § 126 Rn. 58 und UmwG § 17 Rn. 37; UmwSt-Erl. 2011, BMF v. 11.11.2011, BStBl. I 2011, 1314 Tz. 02.02). Dieser Stichtag kann abweichend vom Zeitpunkt der Bilanzgewinnteilhabe festgesetzt werden (vgl. SSt/*Schröer* UmwG § 126 Rn. 45 f. mwN). **22**

2. Ausgliederungsbericht

Grundsätzlich ist ein Ausgliederungsbericht iSd. § 127 Satz 1 UmwG erforderlich. **23**
§ 127 Satz 2 iVm. 8 Abs. 3 Satz 1 HS 2 UmwG wird nicht entsprechend herangezo-

gen. Allerdings haben die Gesellschafter der beteiligten Rechtsträger die Möglichkeit, auf den Bericht einvernehmlich zu verzichten.

24 Eine Ausgliederungsprüfung ist dagegen nicht erforderlich, § 125 Satz 2 UmwG; daher entfällt auch ein Bericht über die Ausgliederungsprüfung.

3. Ausgliederungsbeschlüsse

25 Anteilsinhaber des übertragenden und auch des übernehmenden Rechtträgers müssen der Ausgliederung unabhängig davon zustimmen, ob ein wesentlicher Betriebsteil ausgegliedert werden soll oder nicht (vgl. § 125 Satz 1 iVm. § 13 UmwG). Wird kein wesentlicher Betriebsteil iSd. „Holzmüller-" und „Gelatine-Rechtsprechung" (vgl. dazu ua. MünchHdb/*Bongert* GesR IV § 35 Rn. 47 ff., *Goette* AG 2006, 522; zur Beteiligungszustimmung iSd. Rspr. vgl. BGH v. 20.11.2006, I ZR 226/05, NZG 2007, 234) ausgegliedert, wäre also – ohne UmwG – die Zustimmung der Gesellschafterversammlung der Überträgerin nicht erforderlich; in diesen Fällen greift man in der Praxis auf die Ausgliederung durch einen asset deal zurück, wenn Anfechtungsrisiken eines Gesellschafterbeschlusses nicht ausgeschlossen werden können. Freilich können dann die Vorteile der Ausgliederung nach dem UmwG nicht genutzt werden.

26 Mit welchen Mehrheiten die Ausgliederungsbeschlüsse zu fassen sind, ergibt sich aus Folgendem: Bei der GmbH & Co. KG gilt § 125 Satz 1 iVm. § 43 UmwG. Demnach müssen alle Gesellschafter zustimmen. Nach § 43 Abs. 2 UmwG kann der Gesellschaftsvertrag aber auch eine Mehrheitsentscheidung mit $^3/_4$ der abgegebenen Stimmen vorsehen. Dieses Mehrheitserfordernis stellt eine **Mindestgrenze** dar. Bei der Satzungsklausel ist zudem das **Bestimmtheitserfordernis** zu beachten (vgl. näher hierzu SHS/*Stratz* UmwG § 43 Rn. 9).

27 Bei der GmbH gilt § 125 Satz 1 iVm. § 50 Abs. 1 UmwG. Demnach bedarf der Beschluss einer Mehrheit von mindestens $^3/_4$ der abgegebenen Stimmen. Der Gesellschaftsvertrag kann eine größere Mehrheit und weitere Erfordernisse bestimmen (§ 50 Abs. 1 Satz 2 UmwG), nicht aber hinter den Erfordernissen des § 50 Abs. 1 Satz 1 UmwG zurückbleiben.

28 *einstweilen frei*

4. Anmeldung zu den Handelsregistern

29 Die Anmeldung bestimmt sich nach den §§ 16, 17, 125, 129, 140 UmwG.

Die Ausgliederung ist von den vertretungsberechtigten Personen jedes beteiligten Rechtsträgers bei dem für ihn zuständigen Handelsregister zur Eintragung anzumelden (§§ 125, 16 Abs. 1 Satz 1, 129 UmwG); gem. § 129 UmwG kann der übernehmende Rechtsträger auch die Ausgliederung beim übertragenden Rechtsträger anmelden.

Nach § 12 Abs. 1 HGB bedarf die Anmeldung der elektronischen **öffentlich beglaubigten Form.** Der Notar ist verpflichtet, das regelmäßig in Schriftform gehaltene Ausgangsdokument in ein elektronisches Format umzuwandeln, einen Beglaubigungsvermerk hinzuzufügen und mit seiner elektronischen Signatur nach dem SignaturG (ein einfaches elektronisches Zeugnis iSd. § 39a BeurkG genügt) zu versehen (zum Ganzen: KKRM/*Roth* HGB § 12 Rn. 8; *Liebscher/Scharff* NJW 2006, 3745, 3747). Nach § 12 Abs. 2 Satz 1 HGB sind für das Handelsregister relevante Dokumente ebenfalls in elektronischer Form einzureichen. Die „elektronische Form" muss eine Ablage der Aufzeichnung im Registergericht in unveränderter Form ermöglichen (§ 47 Abs. 1 Satz 2 HRV), so dass sich praktisch eine „elektronische Fotokopie" durch eine Übertragung im PDF- oder TIF-Format empfiehlt (*Sikora/Schwab* MittBayNot 2007, 1).

Anzumelden ist die Ausgliederung an sich, nicht der Ausgliederungsvertrag oder der Ausgliederungsbeschluss.

30 Die Anmeldung der Ausgliederung beim übertragenden Rechtsträger muss vor Ablauf von acht Monaten seit dem Stichtag der einzureichenden Bilanz eingehen (§ 17

Abs. 2 Satz 4 UmwG). Bei Verspätung ist die Anmeldung zurückzuweisen. Es ist aber nach hM unbeachtlich, wenn bei der Anmeldung Unterlagen fehlen, die nachgereicht werden können (vgl. Lutter/*Decher* UmwG § 17 Rn. 6 mwN). Allerdings müssen zumindest der Ausgliederungsvertrag und der Ausgliederungsbeschluss bei der Anmeldung vorliegen. Die Schlussbilanz selbst kann aber nachgereicht werden, es sei denn, diese dient der Individualisierung der ausgegliederten Gegenstände und ist deswegen Teil des Ausgliederungsvertrags.

Die Anmeldung zum Handelsregister des übernehmenden Rechtsträgers ist für den 31
Acht-Monats-Zeitraum dagegen unerheblich (SBB/*Bula/Pernegger* § 10 Rn. 14).

§ 140 UmwG verlangt von **den anmeldenden Geschäftsführern der übertragenden GmbH** Angaben zur Kapitalausstattung gegenüber dem Registergericht. Diese Vorschrift dient der Kapitalerhaltung. Denn bei der Ausgliederung eines Teilbetriebs einer GmbH besteht nach Ansicht des Gesetzgebers die Gefahr, dass durch den Verlust des Teilbetriebs eine unterbilanzierte Rest-GmbH zurückbleibt. 32

Die undifferenzierte Anwendung der Vorschrift bei der Ausgliederung ist mE bedenklich. Richtigerweise ist hier zwischen der Ausgliederung zur Neugründung und derjenigen zur Aufnahme zu unterscheiden. 33

Bei der Ausgliederung zur Neugründung findet nur ein Aktivtausch statt, der keinerlei Einfluss auf die Kapitalausstattung der übertragenden Gesellschaft hat. An die Stelle des übertragenden Vermögens treten die gewährten Anteile. Die Einbeziehung der Ausgliederung zur Neugründung in den Regelungsbereich des § 140 UmwG ist mE daher nicht sinnvoll, da sich keine Kapitalerhaltungsprobleme stellen. Die Versicherung nach § 140 UmwG sollte dennoch in solchen Fällen höchstvorsorglich abgegeben werden. 34

Anders stellt sich die Rechtslage bei der Ausgliederung zur Aufnahme dar. In diesem Fall kann es zu einer Beeinträchtigung der Kapitalausstattung der GmbH kommen, wenn die für die Übertragung des Vermögens gewährten Gesellschaftsrechte zB wegen einer schlechten Vermögenslage des aufnehmenden Rechtsträgers, kein entsprechendes Äquivalent darstellen (vgl. näher WM/*Mayer* UmwG § 139 Rn. 17f. mit Beispiel). Sollte in unserem Falle die B-GmbH & Co. KG hoch verschuldet sein, so wäre die Übertragung eines Betriebsteils auf die B-GmbH & Co. KG für den auszugliedernden Betriebsteil ruinös. Der Anteil der A-GmbH am Gesellschaftsvermögen der KG müsste durch einen solchen Transfer nicht zwangsläufig wachsen (zB Überschuldung von 1 Mio. EUR, Übertragung Betriebsteil von 500000.– EUR). Andererseits kommt die Tilgung der Schulden der A-GmbH als Kommanditistin und als Gesellschafterin der persönlich haftenden Gesellschafterin B-GmbH mittelbar zu Gute, so dass man auch argumentieren könnte, dass das Vermögen effektiv gleich bleibt und es gerade nicht zu einer Beeinträchtigung der Kapitalausstattung kommt. Doch ist nicht immer gewährleistet, dass der Anspruch aus § 128 HGB wegen der Übertragung des Betriebsteils entsprechend niedriger bewertet wird. Die Gefahr einer Unterbilanz oder einer Vertiefung der Unterbilanz bei der GmbH besteht deshalb auch hier, so dass die Anwendung des § 140 UmwG gerechtfertigt ist. 35

V. Handelsbilanzrecht

1. Einreichung Schlussbilanz

Wie sich aus §§ 17 Abs. 2, 125 UmwG ergibt, hat der übertragende Rechtsträger (GmbH) eine Schlussbilanz auf den Ausgliederungsstichtag aufzustellen. Dabei ist zu beachten, dass der Stichtag der Schlussbilanz maximal bis zu acht Monate vor der Anmeldung der Ausgliederung zum Handelsregister des übertragenden Rechtsträgers liegen darf (vgl. SHS/*Hörtnagl* UmwG § 17 Rn. 8). Obwohl in § 17 Abs. 2 Satz 2 UmwG legaldefiniert, sollte der Begriff „Schlussbilanz" nicht darüber hinwegtäuschen, dass im Falle der Ausgliederung, die übertragende Gesellschaft fortbesteht. 36

37 Für die Anmeldung beim Handelsregister des übernehmenden Rechtsträgers (§§ 16 Abs. 1, 125 Satz 1 UmwG) gilt die Frist von acht Monaten dagegen nicht (SBB/*Bula/Pernegger* § 10 Rn. 14), da diese dort gar nicht einzureichen ist.

38 Unterschiedliche Ansichten bestehen auch darüber, ob der übertragende Rechtsträger bei der Ausgliederung eine **Gesamtschlussbilanz oder** nur eine **Teilschlussbilanz** über den zu übertragenden Vermögensteil aufzustellen hat (SBB/*Bula/Pernegger* § 19 Rn. 13ff., SHS/*Hörtnagl* UmwG § 17 Rn. 50; WM/*Widmann* UmwG § 24 Rn. 163f.; SSt/*Schwanna* UmwG § 17 Rn. 23; RS HFA 43 Tz. 9). Zum Teil wird die Ansicht vertreten, eine solche Teilschlussbilanz sei ausreichend (WM/*Widmann* UmwG § 24 Rn. 163f.; RS HFA 43 Tz. 9; differenzierend SSt/*Schwanna* UmwG § 17 Rn. 23), nach anderer Auffassung ist die Aufstellung einer solchen Teilbilanz zwar zusätzlich zulässig, allein aber weder erforderlich noch ausreichend (SBB/*Bula/Pernegger* § 19 Rn. 16ff., SHS/*Hörtnagl* UmwG § 17 Rn. 51, 52). Zur Begründung nehmen die Vertreter der Ansicht, dass eine Teilschlussbilanz allein ausreichend sei, Bezug auf den Wortlaut des § 125 Satz 1 UmwG, wonach § 17 UmwG nur „entsprechend" anzuwenden sei.

39 Dieser Auffassung ist zu widersprechen. § 17 Abs. 2 Satz 2 UmwG, auf den § 125 UmwG verweist, verweist seinerseits auf die handelsrechtlichen Vorschriften. Danach ist ein bilanzieller Abschluss aber immer einheitlich für das gesamte Unternehmen aufzustellen, so dass insoweit für eine nur teilweise Bilanzierung kein Raum bleibt (SBB/*Bula/Pernegger* § 19 Rn. 17, SHS/*Hörtnagl* UmwG § 17 Rn. 51).

40 Gleichwohl ist bei der Ausgliederung in der Praxis aber die zusätzliche Aufstellung einer Teilbilanz über den auszugliedernden Vermögensteil durchaus sinnvoll und empfehlenswert und wohl auch üblich. Zwar ist für die Bestimmung des auszugliedernden Teils der Ausgliederungsvertrag allein maßgeblich (SHS/*Hörtnagl* UmwG § 17 Rn. 52), zur Definition der ausgegliederten Gegenstände und zur Feststellung des jeweiligen Wertes, kann aber dann in der Ausgliederungserklärung auf die Teilbilanz Bezug genommen werden (SBB/*Bula/Pernegger* § 19 Rn. 19). Außerdem kann die zusätzliche Teilbilanz ein geeigneter Nachweis dafür sein, dass der ausgegliederte Teil einen Teilbetrieb iSv. § 24 Abs. 1 UmwStG darstellt.

2. Keine Einreichung einer Gewinn- und Verlustrechnung

41 Strittig ist, ob § 17 Abs. 2 UmwG nur die Einreichung einer Bilanz erfordert, oder ob zusätzlich auch eine Gewinn- und Verlustrechnung (ggf. mit Anhang, vgl. §§ 242 Abs. 3, 264 Abs. 1 HGB) eingereicht werden muss. Die Rspr. lässt es gemäß dem Wortlaut ausreichen, wenn nur die Bilanz eingereicht wird (vgl. LG Stuttgart v. 29.3.1996, DNotZ 1996, 701; LG Dresden v. 18.11.1997, GmbHR 1998, 1086). Bei der Einreichung der bloßen Bilanz ist aber auf deren Vollständigkeit zu achten. Die Wahlpflichtangaben, die auch im Anhang erfolgen können, müssen dann zwingend in der eingereichten Schlussbilanz enthalten sein (vgl. Kallmeyer/*Lanfermann* UmwG § 17 Rn. 20; SHS/*Hörtnagl* UmwG § 17 Rn. 14; RS HFA 43 Tz. 5 iVm. RS HFA 42 Tz. 7). Sinnvoll ist die Nichteinreichung der Gewinn- und Verlustrechnung und des entsprechenden Anhangs dann, wenn etwa der Wunsch besteht, Wettbewerbern nicht unnötig viel Einblick in die wirtschaftliche Lage des Unternehmens zu gestatten, obwohl diese nach Einführung des Gesetzes über elektronische Handelsregister und Genossenschaftsregister sowie das Unternehmensregister (EHUG) v. 10.11.2006 (BGBl. I 2006, 2553ff.) ohnehin Zugriff auf die vollständigen Jahresabschlüsse haben.

3. Bilanzierung

42 Da die handelsrechtlichen Grundsätze der Bilanzierung prinzipiell auch für die **Schlussbilanz** gelten, dürfen selbstgeschaffene immaterielle Wirtschaftsgüter oder der originäre Geschäfts- oder Firmenwert nicht aktiviert werden. Dies ergibt sich aus dem

Verweis des § 17 Abs. 2 Satz 2 UmwG auf die handelsrechtlichen Bilanzvorschriften und damit auch auf den § 248 Abs. 2 HGB.

Bei der Bilanzierung der „neuen Anteile" hat der übertragende Rechtsträger das Wahlrecht der Bewertung mit dem Buchwert, dem Zeitwert oder einem erfolgsneutralen Zwischenwert (dh. dem Buchwert zzgl. der Ertragsteuerbelastung, soweit die Ausgliederung zu einer steuerpflichtigen Gewinnrealisierung führt) (wohl hM, vgl. WM/*Widmann* UmwG § 24 Rn. 169; RS HFA 43 Tz. 21 iVm. RS HFA 42 Tz. 46). **43**

Für die Bilanzierung der übergegangenen Vermögensgegenstände und Schulden beim Übernehmer gilt das Wahlrecht des § 24 über § 125 Satz 1 UmwG (vgl. → Form. D.1 Rn. 31). **44**

VI. Ertragsteuern

1. Steuersubjekte

Körperschaftsteuer: Die Ausgliederung hat für den ausgegliederten Vermögensteil trotz des Wechsels der Gesellschaftsform von einer GmbH in eine Personenhandelsgesellschaft (GmbH & Co. KG) nicht den Wechsel des Steuersubjekts zur Folge. Die unmittelbare Besteuerung des wirtschaftlichen Erfolges tritt weiterhin bei der A-GmbH als Gesellschafterin ein, da die GmbH & Co. KG als Personenhandelsgesellschaft kein Steuersubjekt ist. Bei Einbringung zu Buchwerten ergeben sind deshalb zumindest bei der A-GmbH keine körperschaftsteuerlichen Auswirkungen. **45**

Gewerbesteuer: Da die übernehmende GmbH & Co KG gewerbesteuerlich ein eigenständiges Steuersubjekt darstellt (§ 5 Abs. 1 Satz 3 GewStG), entfällt zukünftig die Verrechnung des Ergebnisses des ausgegliederten Teilbetriebs mit dem Gewerbeertrag der übertragenden GmbH. **46**

2. Steuerrechtliche Behandlung der Ausgliederung

Steuerrechtlich ist die Ausgliederung auf eine GmbH & Co. KG (Mitunternehmerschaft) kein Unterfall der Spaltung, sondern als Einbringung iSd. **§ 24 UmwStG** zu behandeln, wenn – wie hier – ein Teilbetrieb übertragen wird. Liegt – abweichend vom Formular – kein Teilbetrieb vor, richtet sich die steuerliche Behandlung dagegen nach § 6 Abs. 5 EStG (vgl. SHS/*Schmitt* UmwStG § 24 Rn. 2, 4 11 ff.); danach ist zwar die Buchwertfortführung grds. zwingend, bei Übernahme von Verbindlichkeiten erfolgt aber eine anteilige Realsierung; ferner ist u. a. die Behaltefrist gem. § 6 Abs. 5 Satz 4 EStG zu beachten. **47**

Nach § 24 Abs. 2 UmwStG hat die übernehmende Personengesellschaft (hier die GmbH & Co. KG) ein **Wahlrecht:** sie kann das eingebrachte Betriebsvermögen mit dem gemeinen Wert oder auf Antrag und unter den Voraussetzungen des § 24 Abs. 2 Satz 2 UmwStG mit dem Buchwert oder einem höheren Wert, soweit dieser den gemeinen Wert nicht übersteigt, ansetzten. Der gemeine Wert bestimmt sich nach § 9 BewG durch den Preis, der im gewöhnlichen Geschäftsverkehr nach der Beschaffenheit des Wirtschaftsgutes bei einer Veräußerung zu erzielen wäre. Dabei sind alle Umstände, die den Preis beeinflussen, zu berücksichtigen. Für die Bewertung von Pensionsrückstellungen gilt § 6a EStG. Voraussetzung für einen Ansatz zum Buchwert oder zu einem Zwischenwert gem. § 24 Abs. 2 Satz 2 UmwStG (nF) ist, dass das Recht der Bundesrepublik Deutschland hinsichtlich der Besteuerung des eingebrachten Betriebsvermögens nicht ausgeschlossen oder beschränkt wird und der gemeine Wert von sonstigen Gegenleistungen, die neben den neuen Geschäftsanteilen gewährt werden, nicht mehr beträgt als (1) 25% des Buchwerts des eingebrachten Betriebsvermögens oder (2) 500 000.– EUR, höchstens jedoch den Buchwert des eingebrachten Betriebsvermögens. **48**

49 Die Werte der Steuerbilanz sind unabhängig von denen der Handelsbilanz zu den oben genannten Ansatzmöglichkeiten zu bilden. Die vor der Änderung des UmwStG durch das SEStEG v. 7.12.2006 (BGBl. I 2006, 2782) von der FinVerw. in anderen Fällen angenommene Maßgeblichkeit erstreckte sich nicht auf die Einbringung in eine Mitunternehmerschaft (UmwSt-Erl. 2011, BMF v. 11.11.2011, BStBl. I 2011, 1314 Tz. 24.03, 20.20; → Form. A.1 Rn. 79).

50 Rechtsfolgen: Der Ansatz bei der übernehmenden GmbH & Co. KG in deren Steuerbilanz (einschl. Ergänzungsbilanz) bestimmt für die übertragende GmbH den Veräußerungspreis (§ 24 Abs. 3 UmwStG); nur bei Fortführung der steuerlichen Buchwerte, ist die Ausgliederung bei der übertragenden GmbH also steuerlich neutral. Für die übernehmende GmbH & Co KG ergeben sich die Rechtsfolgen aus den entsprechend geltenden Regelungen für die Aufnahme durch eine Kapitalgesellschaft (§ 23 iVm. § 24 Abs. 4 UmwStG; vgl. RHL/*Rasche* UmwStG § 24 Rn. 97 ff.).

51 **Vorraussetzung** für das steuerliche Wahlrecht des § 24 Abs. 2 Satz 2 UmwStG ist, dass der ausgegliederte Vermögensteil einen **Teilbetrieb** darstellt. Als Teilbetrieb gilt nach Auffassung der FinVerw. auch eine 100% Beteiligung an einer Kapitalgesellschaft, wenn diese zum steuerlichen Übertragungsstichtag vorgelegen hat, es sei denn diese wäre funktionell einem bis zur Ausgliederung bei der übertragenden Gesellschaft bestehenden Teilbetrieb zuzuordnen (UmwSt-Erl. 2011, BMF v. 11.11.2011, BStBl. I 2011, 1314 Tz. 24.02, 15.05 f.; **aA** BFH v. 17.7.2008, I R 77/06, BStBl. II 2009, 464). Weitere Voraussetzung ist nach Auffassung der FinVerw. die **Gutschrift** der Gegenleistung **ausschließlich auf Kapitalkonten;** danach wäre die Gutschrift auf einem Darlehenskonto schädlich (vgl. RHL/*Rasche* UmwStG § 24 Rn. 62; UmwSt-Erl. 2011, BMF v. 11.11.2011, BStBl. I 2011, 1314 Tz. 24.07 mwN); zur Abgrenzung BFH v. 15.5.2008, IV R 46/05, DStR 2008, 1577; BMF v. 26.7.2016, DStR 2916, 1749. Nach einer neueren Entscheidung des BFH stellt bereits die Gutschrift auf dem Kapitalkonto II, auf dem nicht entnahmefähige Gewinne, Verluste und Rücklagen verbucht werden, keine Gewährung von Gesellschaftsrechten dar (vgl. BFH v. 29.7. 2015, IV R 15/14, DStR 2016, 217; BMF v. 26.7.2016, DStR 2916, 1749). Eine Gutschrift der Gegenleistung auf einem Darlehenskonto oder einem Kapitalkonto, das keine Gewinnbezugs- und/oder Stimmrechte vermittelt, dürfte daher nur noch bis zur Höhe der in § 24 Abs. 2 Satz 2 UmwStG (nach der Änderung durch das StÄndG 2015 v. 2.11.2015, BGBl. I 2015, 1834) genannten Grenzen steuerunschädlich sein.

52 **a)** Was genau unter dem umwandlungssteuerlichen **Begriff „Teilbetrieb"** zu verstehen ist, ist umstritten. Maßgeblich soll der Teilbetriebsbegriff in Art. 2 Buchst. j **EG-Fusionsrichtlinie** 2009/133/EG v. 19.10.2009 (FRL – ABl. EU L 310 S. 34) sein (HMB/*Asmus* UmwStG § 15 Rn. 60 ff.; HMB/*Menner* UmwStG § 20 Rn. 90; DPM/*Dötsch/Stimpel* UmwStG § 15 Rn. 99, 111). Danach ist ein Teilbetrieb „die Gesamtheit der in einem Unternehmensteil einer Gesellschaft vorhandenen aktiven und passiven Wirtschaftsgüter, die in einer organisatorischen Hinsicht einen selbständigen Betrieb, d.h. eine aus eigenen Mitteln funktionsfähige Einheit, darstellen" (Art. 2 Buchst. j FRL). Versteht man diese Definition dahin, dass der Begriff der **„Selbstständigkeit"** nicht iSv. Abgeschlossenheit, sondern als Funktionsfähigkeit zu verstehen ist, könnte mit diesem veränderten Verständnis ein in der Vergangenheit häufig vorhandenes Umwandlungshindernis beseitigt werden. Denn nach den bis 2006 maßgeblichen Grundsätzen der FinVerw. konnten zB bei Nutzung eines Betriebsgrundstücks durch mehrere Teileinheiten diese nicht als Teilbetrieb ausgegliedert oder sonst umgewandelt werden (SBB/*Sagasser/Schöneberger* § 20 Rn. 21; SSt/*Moszka* UmwStG Vorb. Rn. 463). Die FinVerw. nahm bei Grundstücken, die von mehreren Teilbetrieben genutzt werden, ein Spaltungshindernis an (UmwSt-Erl. 1998, BMF v. 25.3.1998, BStBl. I 1998, 268 Tz. 15.07). Diese starre Betrachtungsweise der FinVerw. führte im Ergebnis dazu, dass betriebswirtschaftlich sinnvolle Aufteilungen von Unternehmen aus steuerrechtlichen Gründen scheiterten.

Die FinVerw. hat im UmwSt-Erl. 2011 (BMF v. 11.11.2011, BStBl. I 2011, 1314 Tz. 15.02, 20.06, 24.03) den Teilbetrieb zunächst in Übereinstimmung mit der Art. 2 Buchst. j FRL definiert. Sie will allerdings nicht nur die funktional wesentlichen Betriebsgrundlagen dem Teilbetrieb zurechnen, sondern zusätzlich auch alle „diesem Teilbetrieb nach wirtschaftlichen Zusammenhängen zuordenbaren Wirtschaftsgüter" (ebenso EuGH v. 15.1.2002, C-43/00, DStRE 2002, 456 Tz. 25 ff.). Damit entsteht eine erhebliche Rechtsunsicherheit. Der UmwSt-Erl. 2011 (BMF v. 11.11.2011, BStBl. I 2011, 1314) hat hier, anders als erhofft, Unklarheit und eine zusätzliche Erschwernis geschaffen.

Es kommt hinzu, dass es bislang auch **keine gesicherte Rspr.** des EuGH **zum Verständnis eines Teilbetriebs** gibt. Das bislang einzige Urteil stellt auf die Funktionsfähigkeit aus eigenen Mitteln ab und fordert, dass „die aktiven und passiven Wirtschaftsgüter eines Teilbetriebs in ihrer Gesamtheit übertragen werden (EuGH v. 15.1.2002, Rs. C-43/00, DStRE 2002, 456). Ob dabei die Übertragung des rechtlichen oder zumindest des wirtschaftlichen Eigentums, wie dies die FinVerw. genügen lässt (UmwSt-Erl. 2011, BMF v. 11.11.2011, BStBl. I 2011, 1314 Tz. 15.07, 20.06, 24.03), erforderlich ist, oder ob die Einräumung eines vertraglichen Nutzungsrechts an WG, die zunächst im Eigentum des umwandelnden Rechtsträgers standen, ausreicht, ist ungeklärt. Der BFH hat in BFH v. 7.4.2010 (I R 96/08, BStBl. II 2011, 467), wenn auch noch zur Rechtslage vor dem SEStEG (Rn. 53), ein Nutzungsrecht nicht ausreichen lassen (vgl. zum Ganzen: HMB/*Asmus* UmwStG § 15 Rn. 60 ff.; DPM/*Dötsch/Stimpel* UmwStG § 15 Rn. 84 ff.; FGS/*BDI* zu 15.02; *FGS/BDI* zu 20.06). Versteht man Art. 2 Buchst. j FRL nach seinem Wortlaut, so genügt eine, die Funktionsfähigkeit eines Teilbetriebs herstellende und sichernde Übertragung. Dann müsste nicht das rechtliche oder wirtschaftliche Eigentum übertragen werden, sondern es würde eine vertragliche Nutzungsberechtigung ausreichen (vgl. SBB/*Sagasser/Schöneberger* § 20 Rn. 22; SHS/*Schmitt* UmwStG § 20 Rn. 87; DPM/*Patt* UmwStG § 20 Rn. 85; ausführlich RHL/*Herlinghaus* UmwStG § 20 Rn. 59 ff.). Die Erwägungen des EuGH in EuGH v. 10.11.2011 (C-444/10, DStR 2011, 2196) zur umsatzsteuerrechtlichen Geschäftsveräußerung im Ganzen würden, auf die Teilbetriebsübertragung angewendet, dieses Verständnis bestätigen. 53

In der praktischen Anwendung sollte jedoch unter Zugrundelegung von Tz. 15.02, 20.06, 24.03 des UmwSt-Erl. 2011 (BMF v. 11.11.2011, BStBl. I 2011, 1314) in Zweifelsfällen durch eine vorherige Abtimmung mit der FinVerw. geklärt werden, ob ein Wirtschaftsgut nach den wirtschaftlichen Zusammenhängen wesentliche Betriebsgrundlage des auszugliedernden Teilbetriebs darstellt. Würde dies nicht mit übertragen, wäre der Anwendungsbereich des § 24 UmwStG nicht eröffnet.

Derzeit ist aufgrund einer Vorlage des BFH (Beschluss v. 10.4.2013, I R 80/12, BStBl. II 2013, 1004, Vorinstanz FG Baden-Württemberg v. 19.7.2012, 13 K 1988/09, BB 2013, 369) immer noch ein Verfahren beim BVerfG (2 BvL 8/13) anhängig zur Frage, ob § 6 Abs. 5 Satz 3 EStG 1997 idF des UntStFG gegen Art. 3 Abs. 1 GG verstößt. Die Entscheidung ist bedeutsam auch für den Teilbetriebsbegriff des § 20 UmwStG, da nach Ansicht der FinVerw. der Begriff des Teilbetriebs für die § 6 Abs. 3 EStG, §§ 20, 24 UmwStG identisch zu beurteilen ist (BMF v. 12.9.2013, BStBl. I 2013, 1164 letzter Absatz).

b) Streitig ist der **Zeitpunkt, zu dem die Teilbetriebsvoraussetzungen vorliegen müssen.** Nach der aktuellen Auffassung der FinVerw. (UmwSt-Erl. 2011, BMF v. 11.11.2011, BStBl. I 2011, 1314 Tz. 20.14, 24.06) müssen diese zum steuerlichen Übertragungsstichtag vorliegen. Bislang genügte es, wenn die Voraussetzungen bei Fassung des Spaltungsbeschlusses vorlagen (UmwSt-Erl. 1998, BMF v. 25.3.1998, BStBl. I 1998, 268 Tz. 15.10). Würde man der Auffassung der FinVerw. folgen, wäre zB bei der gemischten Nutzung eines Grundstücks durch auszugliedernde und verbleibende Teilbetriebe, die erst in der Vorbereitung der Ausgliederung kurzfristig auf- 54 gelöst wird, eine steuerliche Rückbeziehung auf einen Zeitpunkt vor Auflösung der gemischten Nutzung nicht (mehr) möglich. Dies führt zu einer unnötigen Erschwerung von Umwandlungsvorgängen. Die hM in der Literatur will weiterhin die Flexibilität der Schaffung der Teilbetriebsvoraussetzungen verbunden mit der Möglichkeit der steuerlichen Rückbeziehung erhalten und folgt daher zu Recht der alten Auffassung der FinVerw. (HM/*Asmus* UmwStG § 15 Rn. 81ff.; DPM/*Patt* UmwStG § 20 Rn. 114f.; SHS/*Schmitt* UmwStG § 20 Rn. 85f.; RHL/*Herlinghaus* UmwStG § 20 Rn. 68; WM/*Widmann* UmwStG § 20 Rn. 80; *FGS/BDI* UmwSt-Erlass 2011 Rn. 15.03).

Bis zur gerichtlichen Klärung sollte in der Praxis aber die Auffassung der FinVerw. beachtet werden.

VII. Verkehrssteuern

1. Umsatzsteuer

55 Die im Zusammenhang mit einer Ausgliederung erfolgte Vermögensübertragung gegen Gewährung von Anteilen an dem übernehmenden Rechtsträger stellt nach der wohl hM eine nach § 1 Abs. 1a UStG nicht steuerbare Geschäftsveräußerung im Ganzen dar (zur Verschmelzung vgl. Sölch/Ringleb/*Oelmaier* UStG § 1 Rn. 196; Bunjes/*Robisch* UStG § 1 Rn. 74, 75). Dies erfordert die Übertragung eines in der Gliederung eines Unternehmens gesondert geführten Betriebs, der im Ganzen entgeltlich oder unentgeltlich übereignet oder in eine Gesellschaft eingebracht wird. Somit greift § 1 Abs. 1a UStG grundsätzlich ein, wenn die Kriterien eines Teilbetriebs erfüllt sind (WM/*Knoll* Anhang 11 Rn. 14f.). Dies ist im vorliegenden Beispiel der Fall (→ Rn. 48ff.). Vgl. auch → Form. D.6 Rn. 200ff. Nach anderer Auffassung kommt eine Umsatzsteuerpflicht bei Umwandlungen nicht in Betracht, da es bereits an einem Leistungsaustausch fehle (vgl. Rau/Dürrwächter/*Stadie* UStG § 1 Rn. 967, 968). Ob diese Auffassung jedenfalls in den Fällen der Ausgliederung mit der BFH-Rechtsprechung zu vereinbaren ist, erscheint fraglich (vgl. BFH v. 23.3.2005, III R 20/03, BStBl. II 2006, 432). Wegen weiterer Einzelheiten wird auf → Form. A.1 Rn. 118ff. verwiesen.

2. Grunderwerbsteuer

56 Gehört zum Teilbetrieb – anders als im vorliegenden Beispiel – auch ein Grundstück, so ist bei der Ausgliederung die Grunderwerbsteuer zu beachten: Im Grunderwerbsteuerrecht werden nämlich **Gesamthandsgemeinschaften** (also auch die GmbH & Co. KG) als **selbstständige Rechtsträger** angesehen. Daraus folgt, dass Erwerbsvorgänge zwischen ihnen und den Gesamthändern grundsätzlich der Grunderwerbsteuer unterliegen. § 5 Abs. 1 und 2 GrEStG begünstigen allerdings den Übergang von Grundstücken von Gesamthändern auf die Gesamthand, um den Besonderheiten des Gesamthandsvermögens Rechnung zu tragen (vgl. hierzu *Hoffmann* BB 2000, 2605).

57 Die Begünstigung erfolgt in der Weise, dass die Steuer in Höhe des Anteils nicht erhoben wird, zu dem der Veräußerer am Vermögen der Gesamthand beteiligt ist. Würde im vorliegenden Fall ein Grundstück auf die B-GmbH & Co KG mitausgegliedert werden, so würde grds. keine GrESt anfallen da die A-GmbH mit 100% am Vermögen der B-GmbH & Co. KG beteiligt ist (vgl. § 5 Abs. 2 GrEStG).

58 Zu beachten ist aber § 5 Abs. 3 GrEStG. Diese Vorschrift bestimmt, dass diese Begünstigung insoweit nicht gilt, als sich der Anteil des Veräußerers (hier der A-GmbH) am Vermögen der Gesamthand (der B-GmbH & Co. KG) innerhalb von fünf Jahren nach dem Übergang des Grundstücks auf die Gesamthand vermindert. Sollte die A-

GmbH nach der Ausgliederung innerhalb von fünf Jahren Anteile an der B-GmbH & Co. KG verkaufen, so löst dies – rückwirkend – die Grunderwerbsteuerpflicht aus. Dies gilt es bei der Planung zu berücksichtigen (vgl. zu der Frage, wann eine Anteilsminderung vorliegt, *Hoffmann* BB 2000, 2605 ff.).

Ergänzend könnte die Befreiung auch auf § 6a GrEStG gestützt werden, vgl. → Form. E.3 Rn. 55a, zu einer ähnlichen Konstellation → Form. D.1 Rn. 81 sowie ausführlich zur Grunderwerbsteuer → Form. D.1 Rn. 66 ff.

VIII. Arbeitsrecht

S. zunächst → Form. B.1 Rn. 176 ff. und → Form. A.1 Rn. 150 ff.

Gem. § 126 Abs. 1 Nr. 11 UmwG müssen bei einer Ausgliederung zwingend die Folgen der Ausgliederung für die Arbeitnehmer und ihre Vertretungen sowie die insoweit vorgesehenen Maßnahmen angegeben werden. 59

1. Zuleitung des Entwurfs des Ausgliederungsvertrags an den Betriebsrat

§ 126 Abs. 1 Nr. 11 UmwG stellt eine Parallelvorschrift zu der für die Verschmelzung geltenden Regelung des § 5 Abs. 1 Nr. 9 UmwG dar. § 126 Abs. 3 UmwG sieht die Zuleitung des Entwurfs des Ausgliederungsvertrags an den Betriebsrat vor. 60

Hinsichtlich der Anforderungen an die Darstellung der Folgen für die Arbeitnehmer, des Verhältnisses zu sonstigen Informationsrechten, der Konsequenzen unrichtiger oder unvollständiger Darstellung, der Zuleitung an den Betriebsrat, nachträglicher Änderungen des Vertrages oder eines Verzichts kann daher auf → Form. A.1 Rn. 150 ff., insb. auf die „Checkliste Arbeitsrecht“ (→ Form. A.1 Rn. 231) verwiesen werden. 61

Die Darstellung arbeitsrechtlicher Folgen nach § 126 Abs. 1 Nr. 11 UmwG erfordert im Rahmen der Ausgliederung **zusätzlich** Angaben über die **Zuordnung** von **Betrieben und Betriebsteilen** zu dem übernehmenden Rechtsträger. Dies folgt ausdrücklich aus der Regelung des § 126 Abs. 1 Nr. 9 UmwG, wonach eine genaue Bezeichnung und Aufteilung der Gegenstände des Aktiv- und Passivvermögens, die an den übernehmenden Rechtsträger übertragen werden, „sowie der übergehenden Betriebe und Betriebsteile unter Zuordnung zu den übernehmenden Rechtsträgern“ zu erfolgen hat. 62

In diesem Zusammenhang sind auch Ausführungen darüber erforderlich, welche Einheiten als Betrieb oder als Betriebsteil betrachtet werden. Zu empfehlen ist die **Aufnahme von Personallisten** unter Zuordnung der Arbeitnehmer zu den übertragenen Betrieben oder Betriebsteilen. Vollzieht sich der Übergang der Arbeitsverhältnisse nach § 613a BGB, hat die Bezeichnung der übergehenden Arbeitsverhältnisse lediglich deklaratorische Bedeutung. Vollzieht sich der Übergang allein auf Grund des Ausgliederungsvertrags, so müssen die Arbeitnehmer namentlich bezeichnet werden (vgl. BT-Drs. 12/6699, 118; Kallmeyer/*Willemsen* UmwG § 324 Rn. 57). 63

2. Der Übergang der Arbeitsverhältnisse

Die Arbeitsverhältnisse gehen gem. § 613a BGB, § 324 UmwG auf den übernehmenden Rechtsträger über, soweit mit der Ausgliederung ein Betrieb- oder Betriebsteil iSd. § 613a BGB übertragen wird (zu den Voraussetzungen eines Betriebsübergangs vgl. → Form. A.1 Rn. 167 ff.). 64

Die **Zuordnung der Arbeitsverhältnisse** richtet sich nach § 613a BGB, dh. die Arbeitsverhältnisse gehen automatisch mit dem Betriebsteil über, mit dem sie funktional verbunden sind (Kallmeyer/*Willemsen* UmwG § 324 Rn. 52; *Wlotzke* DB 1995, 40, 42 f.). Die Gestaltungsfreiheit, die den an der Umwandlung beteiligten Rechtsträgern gem. § 126 Abs. 1 Nr. 9 UmwG hinsichtlich der Zuordnung von Betrieben oder 65

Betriebsteilen zu den verschiedenen übernehmenden Rechtsträgern zukommt, bezieht sich nicht auf die Zuordnung der Arbeitnehmer zu diesen Betrieben, vielmehr wird diese durch § 613a BGB beschränkt (Kallmeyer/*Willemsen* UmwG § 324 Rn. 52; *Boecken* ZIP 1994, 1087, 1091; s. auch BT-Drs. 12/6699, 118). Eine „freie" Zuordnung von Arbeitsverhältnissen im Ausgliederungsvertrag, welche die objektive Zuordnung zu einem bestimmten Betrieb oder Betriebsteil aufhebt, ist wegen des Vorrangs von § 613a BGB unwirksam (hM, vgl. Kallmeyer/*Willemsen* UmwG § 324 Rn. 53; *Boecken* ZIP 1994, 1087, 1091; *Wlotzke* DB 1995, 40, 42; *Joost* ZIP 1995, 976, 980). Im Übrigen hat die – zutreffende – Zuordnung von Arbeitsverhältnissen im Ausgliederungsvertrag lediglich deklaratorische Bedeutung.

66 Wenn die **Zuordnung** eines Arbeitsverhältnisses zu einem bestimmten Betrieb **unklar** oder nicht möglich ist, zB bei Mitarbeitern einer übergeordneten Stabsabteilung oder sog. „Springern", die in mehreren Betriebsteilen eingesetzt werden, soll eine bindende Festlegung im Ausgliederungsvertrag unter genauer Bezeichnung der Arbeitsverhältnisse in Betracht kommen (*Wlotzke* DB 1995, 40, 42; wohl auch Kallmeyer/*Willemsen* UmwG § 324 Rn. 54f.). Dagegen spricht der Vorrang von § 613a BGB. An der zwingenden Wirkung des § 613a BGB kann der Spaltungsvertrag nichts ändern (BAG v. 19.10.2017, 8 AZR 63/17, NZA 2018, 370, Lutter/*Priester* UmwG § 126 Rn. 69).

67 Besteht im Betrieb des übertragenden Rechtsträgers ein **Betriebsrat,** gibt § 323 Abs. 2 UmwG den Betriebsparteien die Möglichkeit, in Fällen zweifelhafter Zuordnung im Rahmen eines **freiwilligen Interessenausgleichs** Festlegungen zu treffen (→ Form. A.1 Rn. 170).

68 Rechtsfolge des Betriebsübergangs ist der Übergang der Arbeitsverhältnisse nach § 613a BGB mit allen Rechten und Pflichten. **Widerspricht** ein Arbeitnehmer bei einer Ausgliederung dem Übergang des Arbeitsverhältnisses, bleibt das Arbeitsverhältnis mit dem übertragenden Rechtsträger bestehen (*Boecken* ZIP 1994, 1087, 1092). Dem übertragenden Rechtsträger steht jedoch unter den Voraussetzungen des § 1 KSchG ein Recht zur betriebsbedingten Kündigung zu, wenn eine Weiterbeschäftigung des Arbeitnehmers wegen des spaltungsbedingten Betriebsübergangs ausgeschlossen ist und eine andere Weiterbeschäftigungsmöglichkeit nicht besteht (*Boecken* aaO). Nach neuerer Rspr. ist eine **Sozialauswahl** unabhängig von den Beweggründen des widersprechenden Arbeitnehmers für seinen Widerspruch durchzuführen (BAG v. 31.5.2008, 2 AZR 276/06, NZA 2008, 33, ausführliche Darstellung bei ErfK/*Preis* BGB § 613a Rn. 105ff.). Im Einzelfall kann die Ausübung des Widerspruchsrechts rechtsmissbräuchlich sein (vgl. BAG v. 19.2.1009, 8 AZR 176/08, NZA 2009, 1095).

69 Der Übergang von Arbeitsverhältnissen im Zusammenhang mit einer Ausgliederung muss nicht zwingend nach § 613a BGB erfolgen. Während im Zusammenhang mit der Verschmelzung in aller Regel ein Betriebsübergang stattfindet, ist dies bei der Spaltung nicht unbedingt der Fall. Die Folgen der Spaltung für die Arbeitnehmer hängen davon ab, wie die am Ausgliederungsvertrag beteiligten Rechtsträger die zu übertragenden Vermögensbestandteile strukturiert und zugeordnet haben. Werden hierbei keine Betriebe oder Betriebsteile im Sinne einer „wirtschaftlichen Einheit" übertragen, findet ein Betriebsübergang nach § 613a BGB nicht statt. Der Übergang der Arbeitsverhältnisse kann sich in diesem Fall nur „rein spaltungsrechtlich" im Wege der **Gesamtrechtsnachfolge** gemäß **§ 131 Abs. 1 Nr. 1 UmwG** entsprechend der Bezeichnung im Ausgliederungsvertrag vollziehen (vgl. auch *Boecken* ZIP 1994, 1087, 1091, 1092). Ob nach dem Wegfall des § 132 UmwG hierfür die **Zustimmung der betroffenen Arbeitnehmer** erforderlich ist, war umstritten. Das BAG (BAG v. 19.10.2017, 8 AZR 63/16, NZA 2018, 370) hat nun klargestellt, dass der Übergang von Arbeitsverhältnissen im Wege der (partiellen) Gesamtrechtsnachfolge der Zustimmung des betroffenen Arbeitnehmers bedarf. Bei fehlender Zustimmung zu einem Übergang entsprechend der Zuordnung steht dem Arbeitnehmer bei einer Aufspaltung ein Wahlrecht zu, mit welchem der neuen Rechtsträger das Arbeitsverhältnis fortgesetzt wird (BAG v. 19.10.2017, 8 AZR 63/16, aaO; s. iE auch → Form. B.1 Rn. 186.

Der Übergang eines etwa bestehenden **Firmentarifvertrags** findet bei einer Aus- **70**
gliederung ebenso nur statt, soweit dies gem. § 131 Abs. 1 Nr. 1 UmwG im Ausgliederungsvertrag vorgesehen ist. Die Stellung als Vertragspartner des Firmentarifvertrags kann nur einem der an der Ausgliederung beteiligten Rechtsträger zugewiesen werden, ansonsten würde die Gesamtrechtsnachfolge nach § 131 UmwG zu einer „Vervielfältigung" des Firmentarifvertrags führen (Kallmeyer/*Willemsen* UmwG § 324 Rn. 24).

Bei einer Ausgliederung kann sich die **kündigungsrechtliche Stellung** des Ar- **71**
beitnehmers verschlechtern, wenn der Arbeitnehmer einem Rechtsträger zugeordnet wird, bei dem zB die für den Kündigungsschutz nach dem Kündigungsschutzgesetz notwendige Zahl von mehr als zehn bzw. – für vor dem 1.1.2004 eingestellte Arbeitnehmer – mehr als fünf Arbeitnehmern (§ 23 Abs. 1 Satz 2 u. 3 KSchG) nicht mehr erreicht wird. § 323 Abs. 1 UmwG bestimmt daher, dass im Fall der Ausgliederung die „kündigungsrechtliche Stellung" (zum Begriff vgl. *Wlotzke* DB 1995, 40, 44; *Willemsen* NZA 1996, 791, 799f. mwN) des Arbeitnehmers trotz des tatsächlichen Wegfalls der Voraussetzungen für zwei Jahre erhalten bleibt.

3. Betriebsverfassungsrechtliche Folgen

Infolge der Ausgliederung kann es, muss es aber nicht, zu **betriebsverfassungs-** **72**
rechtlichen Folgen auf der betrieblichen Ebene kommen.

Keine betriebsverfassungsrechtlichen Folgen entstehen, wenn – wie vorliegend – **73**
die Ausgliederung den Bestand des Betriebs in organisatorischer Hinsicht unberührt lässt. **§ 1 Abs. 2 BetrVG** regelt für den Fall, dass die an einer Spaltung beteiligten Rechtsträger nach der Spaltung den betroffenen Betrieb ohne wesentliche organisatorische Änderungen gemeinsam weiterführen, die Vermutung eines **gemeinsamen Betriebs.** Die Regelung findet sowohl auf Spaltungen, etc. nach dem UmwG als auch für Maßnahmen im Wege der Einzelrechtsnachfolge eigenständig Anwendung.

Bei einer Ausgliederung ist § 325 Abs. 1 UmwG zu beachten, der die befristete **74**
Beibehaltung des bisherigen Mitbestimmungsstatuts **beim übertragenden Rechtsträger** regelt.

Sollte infolge einer Ausgliederung oder Teilübertragung ein Betrieb gespalten wer- **75**
den (vgl. zur Spaltung eines Betriebs SHS/*Hörtnagl* UmwG § 321 Rn. 6f.), sieht § 325 Abs. 2 UmwG – eine Sonderregelung für den Fall vor, dass hierdurch die Rechte des Betriebsrats des aus der Spaltung hervorgegangenen Betriebes entfallen. Diese Vorschrift ermöglicht es, dass durch Tarifvertrag oder Betriebsvereinbarung die Fortgeltung der Rechte und Beteiligungsrechte des bisherigen Betriebsrats zeitlich unbefristet in allen aus der Spaltung hervorgegangenen Betrieben vereinbart werden.

IX. Kosten

1. Beurkundung des Ausgliederungs- und Übernahmevertrages

Die **Notargebühren** für die Beurkundung des Abschlusses des **Ausgliederungs-** **75a**
und Übernahmevertrages richten sich nach §§ 97, 107 GNotKG (→ Form. A.1 Rn. 260ff.). Zum reformierten Kostenrecht (GNotKG) → Form. A.1 Rn. 259.

Zur Geschäftswertberechnung ist das Aktivvermögen der übertragenden GmbH zugrunde zu legen. Die Berechnung erfolgt ohne Abzug von Schulden (§ 38 Satz 1 GNotKG, vgl. hierzu BayObLG v. 23.4.1999, 3 Z BR 19/99, NJW-RR 1999, 1373; BayObLG v. 19.3.1997, 3 Z BR 283/96, MittBayNot 1997, 252; OLG Karlsruhe v.

30.1.2001, 11 Wx 59/00, ZNotP 2002, 121 noch zur KostO). Das Aktivvermögen wird um nicht durch Eigenkapital gedeckte Fehlbeträge vermindert; im Gegenzug erhöhen stille Reserven das Aktivvermögen der übertragenden GmbH (§ 46 Abs. 1 GNotKG; *Diehn/Volpert,* Praxis des Notarkostenrechts, Rn. 2158). Die Berechnung des Aktivvermögens erfolgt auf der Basis der mit zum Handelsregister einzureichenden Schlussbilanz nach § 17 Abs. 2 UmwG bzw. einer ggf. aufzustellenden gesonderten Ausgliederungsbilanz, wobei der anzusetzende Höchstwert auf 10 Mio. EUR beschränkt ist (§ 107 Abs. 1 GNotKG). Sollte der Wert des der A-GmbH gewährten Kommanditanteils in der übernehmenden GmbH & Co. KG als Gegenleistung höher sein als der Wert des auszugliedernden Aktivvermögens, ist der Wert des Kommanditanteils der Kostenberechnung zugrunde zu legen (§ 97 Abs. 3 GNotKG). Zu weiteren Details der Berechnung des Gegenstandswerts → Form. A.1 Rn. 261.

2. Zustimmungsbeschlüsse

75b Die Mitbeurkundung der Zustimmungsbeschlüsse nach § 13 Abs. 1 UmwG in der ausgliedernden GmbH sowie der übernehmenden GmbH & Co. KG ist nach § 110 Nr. 1 GNotKG gegenstandsverschieden zum **Ausgliederungs- und Übernahmevertrag,** so dass diese nach §§ 97, 108 Abs. 1 GNotKG für die Notarkostenberechnung gesondert zu berücksichtigen sind. Gemäß § 108 Abs. 3 Satz 2 GNotKG ist der Geschäftswert der Zustimmungsbeschlüsse der Wert des übergehenden Vermögens, höchstens jedoch 5 Mio. EUR, auch wenn mehrere Beschlüsse mit verschiedenem Gegenstand in einem Beurkundungsverfahren zusammengefasst werden (§ 108 Abs. 5 GNotKG). Es empfiehlt sich, den **Ausgliederungs- und Übernahmevertrag** und die Zustimmungsbeschlüsse – wie vorliegend – in einer Urkunde zusammenzufassen. Die Zustimmungsbeschlüsse in ausgliedernder GmbH sowie übernehmender GmbH & Co. KG sind untereinander allerdings gegenstandsgleich, vgl. § 109 Abs. 2 Nr. 4 Buchst. g GNotKG.

Gegenstandsverschieden nach § 86 Abs. 2 GNotKG ist allerdings der Beschluss betreffend die Erhöhung des Festkapitals bei der aufnehmenden GmbH & Co. KG, so dass der Nennbetrag der Kapitalerhöhung zu dem Wert des Ausgliederungsbeschlusses hinzuzurechnen ist (§ 35 Abs. 1 GNotKG, vgl. Korintenberg/*Tiedtke* GNotKG § 108 Rn. 90).

3. Verzichtserklärungen

75c Für die Mitbeurkundung von Verzichtserklärungen auf die Erstellung eines Spaltungsberichts (§ 8 Abs. 3 UmwG), auf die Spaltungsprüfung bzw. die Erstellung eines Spaltungsprüfungsberichts (§§ 9 Abs. 3, 12 Abs. 3 UmwG) (dazu ROH/*Heinze* GNotKG § 107 Rn. 72) und auf die Auslegung von Unterlagen in den Geschäftsräumen der beteiligten Gesellschaften fallen keine zusätzlichen Gebühren an, da sämtliche dieser Verzichtserklärungen gegenstandsgleich nach § 109 Abs. 1 GNotKG sind (BDS/*Bormann* GNotKG § 109 Rn. 35; OLG Hamm v. 6.12.2001, 15 W 314/01, MittBayNot 2002, 210 noch zur KostO). Nicht gegenstandsgleich und damit gesondert zu bewerten soll die ebenfalls im Formular enthaltene Verzichtserklärung auf die Anfechtung des jeweiligen Ausgliederungsbeschlusses nach § 125 Satz 1, § 16 Abs. 2 UmwG sein. Für die Bewertung dieser Verzichtserklärung soll ein Teilwert von 10% des übergehenden Aktivvermögens zugrunde zu legen sein (ROH/*Heinze* GNotKG § 107 Rn. 73).

Es können grundsätzlich Vollzugs- oder Betreuungsgebühren zusätzlich zu den Beurkundungsgebühren entstehen (→ Form. A.1 Rn. 262). Zusätzlich werden durch den Notar Auslagen in Rechnung gestellt (→ Form. A.1 Rn. 262).

4. Handelsregisteranmeldung

75d **Beglaubigt** der Notar lediglich die Unterschriften des Geschäftsführers der ausgliedernden GmbH bzw. der Gesellschafter der aufnehmenden GmbH & Co. KG unter ihm zur Verfügung gestellten **Fremdentwürfen,** erhält er hierfür eine Gebühr von 0,2, mindestens jedoch 20 EUR und höchstens 70 EUR nach Nr. 25100 des Kostenverzeichnisses. Der Geschäftswert der Handelsregisteranmeldungen wird nach §§ 121, 105 GNotKG ermittelt. Bei der ausgliedernden GmbH handelt es sich um eine Anmeldung mit unbestimmtem Geldwert nach § 105 Abs. 4 Nr. 1 GNotKG. Entsprechend ist der Geschäftswert ein Prozent des Stammkapitals der ausgliedernden GmbH, mindestens jedoch 30 000 EUR; die 0,2-Gebühr aus diesem Geschäftswert beträgt 25 EUR. Bei der übernehmenden GmbH & Co. KG ist der Anmeldegegenstand der Ausgliederung ein solcher mit unbestimmtem Geldwert nach § 105 Abs. 4 Nr. 1 GNotKG. Die Anmeldung der Festkapitalerhöhung ist jedoch ein gesonderter Gegenstand, so dass der Nennbetrag der Kapitalerhöhung von 50 000 EUR hinzuzurechnen ist (§ 105 Abs. 1 Satz 1 Nr. 3, § 35 Abs. 1 GNotKG), mindestens aber nochmals 30 000 EUR (§ 105 Abs. 1 Satz 2 GNotKG).

Zudem erhält der Notar nach Nr. 22114 des Kostenverzeichnisses (elektronischer Vollzug und Erstellung von sog. XML-Strukturdaten) eine zusätzliche Gebühr in Höhe von 0,3, maximal jedoch 250 EUR, für die elektronische Einreichung der Handelsregisteranmeldung nebst Anlagen zum Registergericht. Des Weiteren fällt eine Vollzugsgebühr nach Nr. 22124 des Kostenverzeichnisses von 20 EUR für die Einreichung der Handelsregisteranmeldung an. Hinzu kommen Auslagen nach Nr. 32000 ff. des Kostenverzeichnisses und 19% USt. (Nr. 32014 des Kostenverzeichnisses).

Erstellt der **Notar selbst** die **Entwürfe** der Handelsregisteranmeldungen für die ausgliedernde GmbH und die übernehmende GmbH & Co. KG, berechnen sich die Notargebühren nach Nr. 24102 des Kostenverzeichnisses. Hiernach fällt eine Rahmengebühr von 0,3 bis 0,5, bei einer (vollständigen) Entwurfserstellung eine Gebühr von 0,5, mindestens jedoch 30 EUR an. Der Geschäftswert berechnet sich wiederum aus §§ 119, 105 GNotKG (vgl. die vorstehenden Ausführungen). Zudem erhält der Notar nach Nr. 22114 des Kostenverzeichnisses (elektronischer Vollzug und Erstellung von sog. XML-Strukturdaten) eine zusätzliche Gebühr in Höhe von 0,3, maximal jedoch 250 EUR, für die elektronische Einreichung der Handelsregisteranmeldung nebst Anlagen zum Registergericht. Neben den beiden vorgenannten Gebühren sind wiederum Auslagen nach Nr. 3200 ff. des Kostenverzeichnisses und 19% USt. (Nr. 32014 des Kostenverzeichnisses) zu zahlen.

5. Handelsregistereintragung

Die Eintragungsgebühren richten sich nach der Handelsregistergebührenverordnung (HRegGebV v. 30.9.2004, BGBl. I 2004, 2562), die auf der Ermächtigungsgrundlage in § 58 GNotKG beruht. Bei den Gebühren handelt es sich um sog. aufwandsbezogene Gebühren, die dem sog. Gebührenverzeichnis als Anlage zu § 1 Satz 1 HRegGebV entnommen werden können. **75e**

Die **Handelsregistereintragung** kostet bei der ausgliedernden GmbH 240 EUR (Gebührenverzeichnis Nr. 2402) und bei der übernehmenden GmbH & Co. KG 180 EUR (Gebührenverzeichnis Nr. 1401).

C. Einzelerläuterungen

I. Notarurkunde

Vorliegend enthält die Notarurkunde sowohl den Ausgliederungsvertrag als auch die Zustimmungsbeschlüsse der beteiligten Rechtsträger zur Ausgliederung. Werden die Zustimmungsbeschlüsse beider beteiligten Rechtsträger zusammen beurkundet, fällt wegen Gegenstandsgleichheit nur eine Gebühr an, § 109 Abs. 2 Satz 1 Nr. 4 Buchst. g **76**

GNotKG. Werden die Zustimmungsbeschlüsse zusammen mit dem Ausgliederungsvertrag in einer Urkunde gefasst, so sind die Zustimmungsbeschlüsse aufgrund der Gegenstandsverschiedenheit zum Ausgliederungsvertrag gemäß § 110 Nr. 1 GNotKG für die Notarkostenberechnung nach §§ 97, 108 Abs. 1 GNotKG gesondert zu berücksichtigen; jedoch wird in der Praxis bei Ausgliederungen im Konzern die **Kombination** des Ausgliederungsvertrags und der Zustimmungsbeschlüsse in einer Notarurkunde aufgrund der Degression der Kostentabelle vorgenommen.

Zum Rubrum:

77 Vgl. → Form. A.1 Rn. 266ff.

1. Ausgliederungs- und Übernahmevertrag

78 Vorliegend schließen die A-GmbH und die B-GmbH & Co. KG den Ausgliederungsvertrag. Die Parteien werden jeweils durch ihre einzelvertretungsberechtigten Organe vertreten, im Fall der B-GmbH & Co. KG ist dies die B-GmbH als persönlich haftende Gesellschafterin.

Der **Mindestinhalt** eines Ausgliederungsvertrags für die Ausgliederung durch Aufnahme eines Teilbetriebs auf eine 100%ige Tochtergesellschaft ergibt sich aus §§ 126 Abs. 1 Nr. 1–11 (außer Nr. 3, 4, 10), 39ff., 46ff., 125 Satz 1 UmwG.

Zur Präambel:

79 In der (gesetzlich nicht erforderlichen) Präambel sind die materiell beteiligten Vertragsparteien des Ausgliederungs- und Übernahmevertrags mit Firma, Sitz und Handelsregisternummer genau bezeichnet. Um den **Sachstand** festzustellen, sind Stammkapital der A-GmbH und der B-GmbH, Kommanditkapital der B-GmbH & Co. KG, die Beteiligung an der übertragenden A-GmbH und an der übernehmenden Tochtergesellschaft B-GmbH & Co. KG mit Anzahl der Geschäftsanteile bzw. der Gesellschaftsanteile und deren Nominalbeträge aufgeführt.

In der Praxis ist es insbesondere bei Unternehmensrestrukturierungen, die in mehreren Phasen oder Schritten ablaufen, empfehlenswert, die wirtschaftlichen Hintergründe und einzelnen Phasen und Schritte, die ggf. auf einen Zeitpunkt zusammenfallen (Kettenumwandlung), in die Präambel aufzunehmen.

Zu § 1: (Vermögensübertragung, Ausgliederungsstichtag und Ausgliederungsbilanz)

80 **Abs. 1** enthält die inhaltlichen Anforderungen nach § 126 Abs. 1 Nr. 1, 2 und 9 UmwG bzgl. Firma der an der Ausgliederung beteiligten Rechtsträger und deren Sitz sowie die Vereinbarung über die Übertragung der Teile des Vermögens als Gesamtheit gegen Gewährung von Anteilen, bzw. gegen Gutschrift auf steuerlichen Kapitalkonten (vgl. → Rn. 51). Der Vertragstext orientiert sich am Wortlaut der Normen des UmwG.

Die Aufzählung dient der möglichst genauen Erfassung aller Vermögensgegenstände bzw. Vertragsverhältnisse, die dem auszugliedernden Teilbetrieb zuzurechnen sind. Buchst. g) enthält eine Surrogationsvorschrift, die zwar nicht zwingend, aber sinnvollerweise verwendet werden sollte. Ergänzt wird diese Aufstellung durch die Auffangklausel („catch all clause") gemäß Buchst. h.

81 **Abs. 2 Satz 1** enthält die in § 126 Abs. 1 Nr. 6 UmwG geforderte Angabe über den Zeitpunkt, von dem an die Handlungen des übertragenden Rechtsträgers als für Rechnung des übernehmenden Rechtsträgers vorgenommen werden (Ausgliederungsstichtag). Nach § 131 Abs. 1 Nr. 1 UmwG geht das Vermögen des übertragenden Rechtsträgers einschließlich der Verbindlichkeiten erst mit der Eintragung der Aus-

gliederung in das Register des Sitzes des übertragenden Rechtsträgers auf den Übernehmer über. Diese dingliche Wirkung ist nicht dispositiv. Allerdings können abweichend von dieser dinglichen Regelung die Beteiligten im Innenverhältnis als schuldrechtliche Abrede einen davon abweichenden Ausgliederungsstichtag vereinbaren. Der Ausgliederungsstichtag folgt regelmäßig dem Stichtag der Schlussbilanz des übertragenden Rechtsträgers.

Abs. 2 Satz 2 orientiert sich am Wortlaut von § 126 Abs. 1 Nr. 6 UmwG.

Abs. 3 enthält die rechtlich nicht erforderliche Angabe über die nach §§ 17 Abs. 2, **82**
125 Satz 1 UmwG der Anmeldung zum Register des Sitzes des übertragenden Rechtsträgers beizufügende Bilanz des übertragenden Rechtsträgers (Schlussbilanz). Es hat sich jedoch in der Praxis eingebürgert, diese Klausel der Klarstellung halber in den Vertrag aufzunehmen.

Oft findet sich die Angabe, dass die B-GmbH & Co. KG die in der Schlussbilanz der A-GmbH angesetzten Buchwerte der übergehenden Aktiva und Passiva in ihrer Rechnungslegung fortführt. Diese Angabe ist rechtlich nicht erforderlich und schränkt im Zweifel den Gestaltungsspielraum ein.

Zu § 2: (Gegenleistung)

Abs. 1 nimmt auf die in § 126 Abs. 1 Nr. 2 UmwG geforderte Vereinbarung der **83**
Gewährung von Anteilen an dem übernehmenden Rechtsträger Bezug und definiert die zu gewährende „Mitgliedschaft" an der B-GmbH & Co. KG iVm. §§ 40 Abs. 1, 125 UmwG. Es ist nicht erforderlich, dass gleichzeitig mit der Erhöhung des Einlagenkontos der A-GmbH die Haftsumme erhöht wird.

Abs. 1 Satz 2 regelt das Schicksal eines die Erhöhung der Einlage übersteigenden Betrags der auszugliedernden Gegenstände.

Abs. 2 definiert die nach § 126 Abs. 1 Nr. 5 UmwG erforderliche Angabe des Zeit- **84**
punkts, von dem an der neue Anteil einen Anspruch auf einen Anteil am Bilanzgewinn gewährt. Weitere Besonderheiten in Bezug auf diesen Anspruch bestehen nicht.

Zu § 3: (Sonderrechte)

§ 3 stellt im Hinblick auf die nach § 126 Abs. 1 Nr. 7 UmwG erforderlichen Anga- **85**
ben über Rechte, die der übernehmende Rechtsträger einzelnen Anteilsinhabern sowie den Inhabern besonderer Rechte iSv. § 126 Abs. 1 Nr. 7 UmwG gewährt, oder die für diese Personen vorgesehenen Maßnahmen klar, dass solche Gewährungen bzw. Maßnahmen nicht getroffen wurden. Da das Gesetz eine vertragliche Offenlegung nur im Falle des Zutreffens vorschreibt, ist die Klarstellung für den Negativfall nicht zwingend. Gleichwohl dient sie als Nachweis für die Vollständigkeit der vertraglichen Regelungen.

Zu § 4: (Besondere Vorteile)

§ 4 stellt im Hinblick auf die nach § 126 Abs. 1 Nr. 8 UmwG erforderlichen An- **86**
gaben zu jedem besonderen Vorteil, der einem Mitglied eines Vertretungsorgans oder eines Aufsichtsorgans oder an der Ausgliederung beteiligten Rechtsträger, einem geschäftsführenden Gesellschafter, einem Partner, einem Abschlussprüfer oder eines Verschmelzungsprüfers gewährt wird, klar, dass solche Gewährungen bzw. Maßnahmen nicht getroffen wurden. Da das Gesetz eine vertragliche Offenlegung nur im Falle des Zutreffens vorschreibt, ist die Klarstellung für den Negativfall nicht zwingend. Gleichwohl dient sie als Nachweis für die Vollständigkeit der vertraglichen Regelungen.

Vorliegend sind nur die für die Rechtsform der beiden beteiligten Rechtsträger einschlägigen Personen des § 5 Abs. 1 Nr. 8 UmwG aufgeführt.

Zu § 5: (Folgen der Ausgliederung für die Arbeitnehmer und ihre Vertretungen)

87 Die Folgen der Ausgliederung für Arbeitnehmer und ihre Vertretungen müssen zwingend im Ausgliederungsvertrag dargelegt werden, § 126 Abs. 1 Nr. 11 UmwG. Ihr Fehlen ist ein Eintragungshindernis. Dem trägt § 5 Rechnung.

88 **Abs. 1** konkretisiert die nach § 324 UmwG und § 613a BGB eintretenden Rechtsfolgen eines Betriebsübergangs.

89 **Abs. 2** enthält einen Hinweis auf die nunmehr in § 613a Abs. 5 BGB verankerte Unterrichtungspflicht des Arbeitgebers und das in § 613a Abs. 6 BGB geregelte Widerspruchsrecht jedes Arbeitnehmers.

90 **Abs. 3** beschreibt die für die Arbeitnehmervertretung unmittelbar auf Grund des mit der Ausgliederung einhergehenden Betriebsübergangs eintretenden Folgen. Der beim übertragenden Rechtsträger existierende Betriebsrat des übergehenden Teilbetriebs der A-GmbH bleibt im Amt, weil die Ausgliederung die Identität dieses Teilbetriebs nicht berührt.

91 **Abs. 4** dient der Klarstellung, dass bei dem übernehmenden Rechtsträger keine Arbeitnehmervertretung besteht. Insoweit entfällt das Erfordernis nach § 126 Abs. 3 UmwG, den Ausgliederungsvertrag oder seinen Entwurf spätestens einen Monat vor der Gesellschafterversammlung, in der die Zustimmung beschlossen werden soll, dem Betriebsrat zuzuleiten.

Zu § 6: Sonstiges

92 § 6dient der Klarstellung, dass mangels auszugliedernden Grundbesitzes eine Grunderwerbsteuer nicht anfallen kann.

2. Gesellschafterbeschluss und Verzichtserklärungen der A-GmbH

93 Der Ausgliederungsvertrag bedarf nach §§ 13 Abs. 1, 125 Satz 1 UmwG zu seiner Wirksamkeit jeweils eines Zustimmungsbeschlusses (Ausgliederungsbeschluss) der Anteilsinhaber aller beteiligten Rechtsträger.

94 **Ziffer I** enthält den sog. **Sachstand.** In ihm sind der Gesellschafter und die Gesellschaft, für die die Versammlung abgehalten wird, genau bezeichnet. Die Nennung der Anteile ist auch erforderlich, um ausgliederungsrechtlich klarzustellen, dass weitere Anteile oder besondere Anteile oder Anteilsinhaber besonderer Rechte nicht existieren. Der Hinweis, dass die Einlagen und ein etwaiges Aufgeld auf die Geschäftsanteile in voller Höhe einbezahlt sind, ist wegen des Mehrheitserfordernisses der §§ 51 Abs. 1, 125 Satz 1 UmwG notwendig.

95 **Ziffer II** enthält die Niederschrift über die Gesellschafterversammlung an sich. Einleitend wird unter Verzicht auf die durch gesetzliche und gesellschaftsvertragliche Regelungen vorgesehene Form- und Fristvorschriften die Gesellschafterversammlung eröffnet. Der erste Absatz enthält insbesondere ausdrückliche Erklärungen über den Verzicht auf die Rechte der §§ 42, 49 Abs. 2, 125 Satz 1 UmwG. In vielen Musterformularen folgen diese Erklärungen nach dem Zustimmungsbeschluss in der Form, dass sie schon vom textlichen Aufbau her als weitere Beschlüsse anzusehen sind. Richtigerweise handelt es sich dabei **nicht um Beschlüsse der Gesellschafterversammlung,** sondern um Erklärungen der Gesellschafter außerhalb der Beschlussfassung. Aus diesem Grund sind die entsprechenden Verzichtserklärungen vorab aufgenommen.

Sodann folgt die Feststellung, dass der nachfolgende Beschluss der Gesellschafterversammlung einstimmig erfolgt.

Textlich eingerückt folgt der Ausgliederungsbeschluss nach §§ 13 Abs. 1 Satz 2, 125 Satz 1 UmwG. Der nachfolgende Satz entspricht dem Erfordernis der §§ 13 Abs. 3 Satz 2, 125 Satz 1 UmwG, wonach der Vertrag oder sein Entwurf dem Beschluss als

Anlage beizufügen ist. Da der Ausgliederungsvertrag bereits vor dem Beschluss in derselben Urkunde enthalten ist, ist dieses Erfordernis „bereits mehr als erfüllt“, was hiermit festgehalten wird. Es ist üblich, diesen Hinweis an den eigentlichen Beschluss anzufügen.

Der Zustimmungsbeschluss bedarf der notariellen Beurkundung nach §§ 13 Abs. 3 Satz 1, 125 Satz 1 UmwG.

Abschließend wird festgestellt, dass weitere Beschlüsse nicht gefasst wurden und die Gesellschafterversammlung damit beendet ist.

Ziffer III enthält die Verzichterklärung des Gesellschafters auf die Anfechtung des Ausgliederungsbeschlusses in Ziffer II und auf eine etwaige Erhebung einer Klage nach § 14 UmwG gegen seine Wirksamkeit. Damit wird gleichzeitig die Möglichkeit eröffnet, nach §§ 16 Abs. 2 Satz 1, 125 Satz 1 UmwG sofort die Ausgliederung zu den Registern anzumelden, ohne die Klagefrist von einem Monat abwarten zu müssen („Registersperre“). **96**

Dieser Klageverzicht bedarf nach § 16 Abs. 2 Satz 2 UmwG der ausdrücklichen Verzichtserklärung in Form der notariellen Beurkundung (§ 128 BGB). Viele Musterformulare verorten diese Verzichtserklärung ebenfalls innerhalb der Beschlüsse der Gesellschafterversammlung. Anfechtungsberechtigt bzw. aktiv legitimiert ist aber nicht die Gesellschafterversammlung, sondern der einzelne Gesellschafter. Aus diesem Grund wird dieser Verzicht außerhalb der Gesellschafterversammlung erklärt.

Ferner enthält Ziffer III Verzichtserklärungen über die Erstellung des Ausgliederungsberichts gemäß §§ 127 Satz 1, 8 Abs. 3 Satz 1 HS 1, 127 Satz 2 UmwG.

3. Gesellschafterbeschluss und Verzichtserklärung der B-GmbH & Co KG

Siehe hierzu → Rn. 93ff., allerdings mit folgenden Abweichungen: Anwendbar auf die Abhaltung einer Gesellschafterversammlung der B-GmbH & Co. KG sind die Vorschriften der §§ 39ff. UmwG. Entsprechend verzichten die Gesellschafter auf die Unterrichtung nach § 42 UmwG. Nach § 43 Abs. 1 UmwG ist grds. Einstimmigkeit bei der Fassung des Ausgliederungsbeschlusses erforderlich, wobei im Rahmen des § 43 Abs. 2 UmwG der Gesellschaftsvertrag für die Abstimmung in der Gesellschafterversammlung ein Quorum von mindestens $^3/_4$ der abgegebenen Stimmen vorsehen kann. **97**

4. Kosten, Hinweise und Abschriften

Die Kostenregelung hinsichtlich Ausgliederungs- und Übernahmevertrag und Ausgliederungsbeschlüsse ist frei vereinbar. Hier trägt der übernehmende Rechtsträger die Kosten. **98**

Die übrigen Erfordernisse richten sich nach dem BeurkG und den allgemeinen Anforderungen der Notarpraxis, insbesondere die Belehrungs- und Hinweispflichten des Notars und die Festlegung des Vorlesens, Genehmigens und Unterschreibens, §§ 13, 17ff. BeurkG.

Es folgen Unterschriften der Erschienenen und des Notars mit Stempel.

II. Schreiben an den Betriebsrat der A-GmbH

Zum Briefkopf:

Nach § 126 Abs. 3 UmwG ist der Ausgliederungsvertrag oder sein Entwurf dem zuständigen Betriebsrat jedes beteiligten Rechtsträgers zuzuleiten. Damit ist keine Aussage über den Absender getroffen. Da es aber Angelegenheit der Geschäftsführung der beteiligten Rechtsträger ist, den Betriebsrat über Vorgänge im Betrieb zu informieren, ist es Aufgabe der Geschäftsführer der beteiligten Rechtsträger die Zuleitung vorzunehmen. Deshalb ist der an der Verschmelzung beteiligte Rechtsträger, vertreten **99** durch die Geschäftsführung, als Absender im Briefkopf genannt. Es hat sich eingebürgert, dass alle beteiligten Rechtsträger gemeinsam den Betriebsrat informieren. Daher sind beide an der Verschmelzung beteiligten Rechtsträger im Briefkopf aufgeführt.

Zum Adressaten:

100 Nach § 126 Abs. 3 UmwG hat die Zuleitung an den „zuständigen“ Betriebsrat zu erfolgen. Die Zuständigkeit richtet sich nach den betriebsverfassungsrechtlichen Regelungen. Vorliegend hat nur die A-GmbH einen Betriebsrat. Adressat ist der Vorsitzende des Betriebsrats, bei dessen Verhinderung sein Stellvertreter (§ 26 Abs. 2 Satz 2 BetrVG).

Zur Zustellungsart:

101 Nach § 17 Abs. 1, § 125 Satz 1 UmwG ist der Anmeldung der Ausgliederung zum Handelsregister der Nachweis der Rechtzeitigkeit (Monatsfrist des § 126 Abs. 3 UmwG) der Zuleitung zum Betriebsrat beizufügen. Daraus ist ersichtlich, dass schon zu Beweiszwecken eine gesicherte Möglichkeit der Kenntnisnahme erfolgen sollte. Daher wird vorliegend die Zustellung gegen die – unten – angehängte Empfangsbestätigung empfohlen.

Zum Text des Schreibens:

102 Zunächst enthält das Schreiben, das gemeinsam vom übertragenden und vom übernehmenden Rechtsträger abgesendet wird, die nach § 126 Abs. 3 UmwG erforderliche Information des Betriebsrats und den Hinweis auf den Entwurf des Ausgliederungsvertrags in der Anlage hierzu. Die Entgegennahme des Schreibens nebst dem damit zugeleiteten Entwurf des Ausgliederungsvertrags wird auf der beigehefteten Empfangsbestätigung quittiert. Da der Verzicht auf die Einhaltung der Monatsfrist des § 126 Abs. 3 UmwG unabhängig von der Bestätigung der Zuleitung ist und dadurch auch zeitlich nach der Empfangsbestätigung unterzeichnet werden kann, ist die entsprechende Verzichtserklärung von der Empfangsbestätigung getrennt.

In der Praxis werden diese Schreiben bereits mit den Ausfertigungen dem Betriebsratsvorsitzenden übergeben, der die entsprechenden Doppel zugleich unterschrieben retourniert. Da nach § 17 Abs. 1, § 125 Satz 1 UmwG in das Register jedes beteiligten Rechtsträgers der Nachweis der Zuleitung an den Betriebsrat als Anlage im Original eingereicht werden muss, muss der Betriebsratsvorsitzende die entsprechende Anzahl – vorliegend also jeweils zwei – quittieren.

Zur Empfangsbestätigung:

103 Das Empfangsbekenntnis enthält die Bestätigung des Zuleitungsschreibens nebst Ausgliederungsvertrag im Entwurf und nimmt auf den Tag der Zuleitung noch im Text Bezug. Dadurch ist der notwendige Nachweis der Zuleitung gegenüber dem Registergericht bei der Anmeldung möglich.

Zur Verzichtserklärung:

104 Die Verzichtserklärung enthält lediglich den Verzicht auf die Einhaltung der Monatsfrist. Ein Verzicht auf die Zuleitung gemäß § 126 Abs. 3 UmwG ist nicht möglich. Die Erklärung ist im Rahmen der vom Betriebsrat gefassten Beschlüsse vom Betriebsratsvorsitzenden, bei Verhinderung von dessen Stellvertreter, abzugeben (§ 26 Abs. 2 Satz 1 BetrVG).

105 *einstweilen frei*

III. Handelsregisteranmeldungen

1. Handelsregisteranmeldung der übertragenden Gesellschaft

Ziffer I enthält die Anmeldung des Ausgliederungsvorgangs an sich, der sich aus § 123 Abs. 3 Nr. 1 UmwG ergibt. Die Anmeldung orientiert sich dabei am Gesetzestext. **106**

Die Anmeldung zum Handelsregister der A-GmbH wird von ihrem alleinigen (und daher einzeln) vertretungsberechtigten Geschäftsführer als Vertretungsorgan dem Handelsregister am Sitz der A-GmbH angemeldet, §§ 16 Abs. 1 Satz 1, 125 Satz 1 UmwG. Nach § 129 UmwG ist auch die Anmeldung durch das Vertretungsorgan der B-GmbH & Co. KG möglich.

Ziffer II enthält die Aufzählung der zu überreichenden Anlagen. Als Anlagen zur Anmeldung sind gemäß §§ 17 Abs. 1, 125 Satz 1 UmwG Ausfertigungen des Ausgliederungs- und Übernahmevertrags, Niederschriften der Ausgliederungsbeschlüsse und ein Nachweis über die rechtzeitige Zuleitung des Ausgliederungsvertrags oder seines Entwurfs an die zuständigen Betriebsräte beizufügen. Zusätzlich wird die nach § 17 Abs. 2, § 125 Satz 1 UmwG erforderliche Schlussbilanz der übertragenden A-GmbH als Anlage eingereicht, wobei als Arbeitshilfe für das Registergericht auf die Acht-Monatsfrist hingewiesen wird. **107**

Ziffer III enthält die nach § 16 Abs. 2 Satz 2 letzter HS UmwG erforderliche Negativerklärung. **108**

Nach § 16 Abs. 2 Satz 1 UmwG haben die Vertretungsorgane bei der Anmeldung zu erklären, dass eine Klage gegen die Wirksamkeit eines Ausgliederungsbeschlusses nicht oder nicht fristgemäß erhoben wurde oder eine solche Klage rechtskräftig abgewiesen oder zurückgenommen worden ist. Liegt diese Erklärung nicht vor, so darf die Ausgliederung nach § 16 Abs. 2 Satz 2 HS 1 UmwG nicht eingetragen werden, es sei denn, dass die zur Klage berechtigten Anteilsinhaber durch notariell beurkundete Verzichtserklärung auf die Klage gegen die Wirksamkeit des Ausgliederungsbeschlusses verzichten, vgl. § 16 Abs. 2 Satz 2 HS 2 UmwG. Vorliegend sind solche Verzichte erklärt worden.

Ziffer IV enthält die nach § 140 UmwG erforderliche Erklärung aller Geschäftsführer der übertragenden A-GmbH, dass die durch Gesetz und Gesellschaftsvertrag vorgesehenen Voraussetzungen für die Gründung dieser Gesellschaft unter Berücksichtigung der Ausgliederung auch im Zeitpunkt der Anmeldung noch vorliegen. Da es im Kern darum geht, dass auch nach dem Übergang des ausgegliederten Vermögens das Stammkapital der übertragenden GmbH noch gedeckt ist, ist strittig, wie individualisiert diese Erklärung sein muss. Die vorliegende Fassung orientiert sich zunächst am Gesetzestext, greift dann aber das Problem der Stammkapitaldeckung auf (vgl. SHS/*Hörtnagl* UmwG § 140 Rn. 11, 7 ff.). **109**

Ziffer V enthält Hinweise, warum weitere nach § 17 Abs. 1 UmwG prinzipiell erforderliche Anlagen nicht eingereicht werden. **110**

Ziffer V. 1 enthält den Hinweis auf die Entbehrlichkeit der Empfangsbestätigung an einen Betriebsrat der B-GmbH & Co. KG, weil ein solcher nicht besteht.

Ziffer V. 2 enthält den Hinweis auf die Entbehrlichkeit des Ausgliederungsberichts auf Grund des Verzichts.

Ziffer V. 3 enthält den Hinweis, dass eine Prüfung der Ausgliederung gesetzlich nicht erforderlich und daher die Einreichung eines Ausgliederungsprüfungsberichts nicht erfolgt ist.

Ziffer VI: Darin ist eine übliche Handelsregistervollmacht und die Bitte um Eintragungsnachricht mit Überlassung der entsprechenden Unterlagen enthalten. Die Anmeldung muss gemäß § 12 HGB öffentlich beglaubigt werden. **111**

2. Handelsregisteranmeldung der übernehmenden Gesellschaft

112 Die Anmeldung zum Handelsregister der B-GmbH & Co. KG wird vom alleinigen und einzelvertretungsberechtigten Geschäftsführer der B-GmbH, die als alleinige persönlich haftende Gesellschafterin der B-GmbH & Co. KG als Vertretungsorgan im Handelsregister am Sitz der B-GmbH & Co. KG eingetragen ist, zum Handelsregister am Sitz der B-GmbH & Co. angemeldet, § 16 Abs. 1 Satz 1 UmwG.

Die Anmeldung enthält im Vergleich zur Anmeldung der B-GmbH & Co. KG (→ Form. D.2.3) folgende inhaltliche Abweichungen bzw. Gleichlauf:

113 **Ziffer I:** Keine Abweichung zu → Form. D.2.3 Ziff. I. (→ Rn. 106).

114 *einstweilen frei*

115 **Ziffer III:** Keine Abweichung zu → Form. D.2.3 Ziff. III. (→ Rn. 108).

116 **Ziffer IV:** Keine Abweichung zu → Form. D.2.3 Ziff. V. (→ Rn. 110).

117 **Ziffer V:** Keine Abweichung zu → Form. D.2.3 Ziff. VI. (→ Rn. 111).

D. 3 Ausgliederung aus GmbH auf sog. „Treuhand-KG“ (stl. keine Mitunternehmerschaft)

Gliederung

A. Vertragsformulare
Notarurkunden

D.3.1. Gründung der B-Treuhand-GmbH[61]

Verhandelt am ...... in ......

Vor mir, dem unterzeichnenden Notar ...... mit Amtssitz in ......, erschien heute:

Herr A, ... [*erforderliche Angaben wie Beruf, Geburtsdatum, Anschrift (geschäftlich/privat), ausgewiesen durch Personalausweis Nr./von Person bekannt*], handelnd nicht für sich selbst, sondern als alleinvertretungsberechtigter und von den Beschränkungen des § 181 BGB befreiter Geschäftsführer der im Handelsregister des Amtsgerichts ...... unter HRB ...... eingetragenen A-GmbH mit Sitz in ....

Der Erschienene erklärt, dass weder der Notar noch einer seiner Sozien in der Sache, die im Nachfolgenden beurkundet wird, vorbefasst iSv. § 3 Abs. 1 Nr. 7 BeurkG sind.

Der Erschienene erklärt weiter mit dem Ersuchen um Beurkundung:

Die von dem Erschienenen vertretene A-GmbH errichtet hiermit unter der Firma

B-Treuhand-GmbH

eine Gesellschaft mit beschränkter Haftung mit dem Sitz in .... Für das Gesellschaftsverhältnis ist der in der Anlage zu diesem Protokoll beigefügte Gesellschaftsvertrag maßgebend.

Gesellschafterversammlung

Der Erschienene hält nunmehr für die von ihm vertretene A-GmbH unter Verzicht auf alle gesetzlichen oder satzungsmäßigen Form- und Fristvorschriften eine Gesellschafterversammlung der neu gegründeten B-Treuhand-GmbH ab.

Der Erschienene, Herr A, [*vorsorglich erneut Geburtsdatum und Anschrift*], wird zum Geschäftsführer bestellt. Er ist stets einzelvertretungsberechtigt und von den Beschränkungen des § 181 BGB befreit.

Zum Abschlussprüfer für das erste (am ...... endende) Geschäftsjahr bestelle ich die ...... Wirtschaftsprüfungs- und Steuerberatungsgesellschaft in ......

Die Kosten der Gründung trägt die Gesellschaft bis zum Betrag von ...... EUR.

Die Gesellschafterversammlung wird geschlossen.

Hinweise

Der Notar weist den Erschienenen auf Folgendes hin:

1. Persönlich haftet, wer vor Eintragung der Gesellschaft in ihrem Namen handelt.
2. Einzahlungen auf Geschäftsanteile müssen nach Beurkundung erfolgen, um eine tilgende Wirkung zu haben.
3. Bei Eintragung der Gesellschaft in das Handelsregister muss das eingezahlte Stammkapital voll zur freien Verfügung der Geschäftsführung vorhanden sein, wobei eine Belastung in Höhe des satzungsmäßig begrenzten Gründungsaufwands zulässig ist; jeder Gesellschafter ist ohne Beschränkung auf die Höhe seines Geschäftsanteils zur Beseitigung eines Fehlbetrages verpflichtet.

4. Geldeinlagen können nicht durch Aufrechnung oder Verrechnung mit Forderungen gegen die Gesellschaft erfüllt werden.
5. Zeitnah nach Gründung wieder an die Gesellschafter ausbezahlte Geldeinlagen sind nur dann nicht noch einmal zu erbringen, wenn stattdessen ein vollwertiger sofort fälliger Rückgewähranspruch für die Gesellschaft besteht; eine solche Vereinbarung muss in der Registeranmeldung angegeben werden.
6. Verdeckte Sacheinlagen sind nicht zulässig; als verdeckte Sacheinlagen werden auch in unmittelbarem zeitlichen Zusammenhang mit der Gründung durch die Gesellschaft von Gesellschaftern oder ihnen nahestehenden Personen bzw. Unternehmen angekaufte Gegenstände angesehen.
7. Gesellschafter können sich für falsche Angaben bei der Errichtung der Gesellschaft schadenersatzpflichtig gem. § 9a GmbHG und strafbar gem. § 82 GmbHG machen.
8. Soweit es – gleich aus welchem Grund – nicht zur Eintragung der Gesellschaft in das Handelsregister kommt, haften die Gesellschafter für die aus der aufgenommenen Geschäftstätigkeit entstandenen Verluste voll und ohne Beschränkung auf die Höhe ihres Geschäftsanteils.
9. Der Notar hat steuerlich nicht beraten und kann für steuerliche Folgen keine Gewähr übernehmen.

Von dieser Urkunde erhalten die Gesellschaft und der Gesellschafter sowie das Registergericht je eine Ausfertigung, die für die Beteiligten – Ausgliedernder und Gesellschaft – zuständigen Finanzämter (§ 54 Abs. 1 EStDV) je eine beglaubigte Abschrift.

Samt Anlage vom Notar vorgelesen, von dem Erschienenen genehmigt und wie folgt unterschrieben:

....

[Unterschriften]

D.3.2. Gesellschaftsvertrag der B-Treuhand-GmbH[62]

§ 1 Firma, Sitz, Geschäftsjahr

(1) Die Firma der Gesellschaft lautet: B-Treuhand-GmbH.

(2) Der Sitz der Gesellschaft ist ......

(3) Das Geschäftsjahr ist das Kalenderjahr.

§ 2 Gegenstand des Unternehmens

(1) Der Gegenstand des Unternehmens ist ausschließlich das treuhänderische Halten einer Kommanditbeteiligung an der C-GmbH & Co. KG für die A-GmbH.

(2) Die Gesellschaft ist zu allen nicht erlaubnispflichtigen Geschäften und Maßnahmen berechtigt, die unmittelbar oder mittelbar dem Gegenstand des Unternehmens zu dienen geeignet sind. Sie ist insbesondere berechtigt, im In- und Ausland Zweigniederlassungen zu errichten, sich an anderen Unternehmen gleicher oder verwandter Art im In- und Ausland zu beteiligen sowie solche Unternehmen zu erwerben, zu gründen und für eigene oder fremde Rechnung zu führen.

§ 3 Bekanntmachungen

Bekanntmachungen der Gesellschaft erfolgen ausschließlich im Bundesanzeiger.

§ 4 Stammkapital

(1) Das Stammkapital der Gesellschaft beträgt 25.000 EUR (in Worten: fünfundzwanzigtausend Euro). Es ist eingeteilt in 25.000 Geschäftsanteile zu je 1.– EUR (Geschäftsanteile Nr. 1 bis Nr. 25.000). Diese werden von der A-GmbH, Sitz ......, eingetragen im Handelsregister des Amtsgerichts ...... unter HRB ......, übernommen.

(2) Das Stammkapital ist in Geld zu 100 % sofort zu erbringen.

§ 5 Verfügung über Geschäftsanteile

Die Verfügung über einen Geschäftsanteil, insbesondere die Abtretung oder Verpfändung bedarf der vorherigen Zustimmung aller anderen Gesellschafter. Die Zustimmung darf nur aus wichtigem Grund verweigert werden. Als wichtiger Grund gilt auch eine durch die Übertragung eintretende Nichtabziehbarkeit von steuerlich berücksichtigungsfähigen Verlusten, Verlustvorträgen oder Fehlbeträgen (§§ 8c KStG, 10a GewStG).

§ 6 Geschäftsführung

(1) Die Gesellschaft hat einen oder mehrere Geschäftsführer. Ist nur ein Geschäftsführer bestellt, so vertritt dieser die Gesellschaft allein. Sind mehrere Geschäftsführer bestellt, so sind je zwei Geschäftsführer oder ein Geschäftsführer mit einem Prokuristen gemeinschaftlich zur Vertretung der Gesellschaft berechtigt. Einzelvertretungsbefugnis kann erteilt werden. Den Geschäftsführern kann weiter gestattet werden, bei der Vertretung der Gesellschaft zugleich in Vertretung eines Dritten und/oder in eigenem Namen zu handeln.

(2) Die Geschäftsführer führen die Geschäfte der Gesellschaft nach Maßgabe der gesetzlichen Bestimmungen, der Vorschriften dieses Gesellschaftsvertrages sowie der Beschlüsse der Gesellschafter. Sie sind gegenüber der Gesellschaft verpflichtet, die Bindungen einzuhalten, die ihnen der Anstellungsvertrag auferlegt.

§ 7 Gesellschafterversammlung

(1) Beschlüsse der Gesellschafter werden in Gesellschafterversammlungen gefasst.

(2) Eine ordentliche Gesellschafterversammlung ist mindestens einmal im Jahr abzuhalten zum Zwecke der Beschlussfassung über
- **die Berichterstattung über den Verlauf des abgelaufenen Geschäftsjahres,**
- **die Feststellung des Jahresabschlusses,**
- **die Gewinnverwendung,**
- **die Entlastung der Geschäftsführer und**
- **die Wahl des Abschlussprüfers, soweit erforderlich.**

(3) Außerordentliche Gesellschafterversammlungen sind einzuberufen, wenn die Situation der Gesellschaft dies erfordert oder ein oder mehrere Gesellschafter, die zusammen über mindestens 10 % des Stammkapitals verfügen, dies verlangen. Wird dem Verlangen nicht entsprochen, so sind die Gesellschafter berechtigt, die Versammlung selbst einzuberufen; Absatz 4 gilt entsprechend.

(4) Die Einberufung einer Gesellschafterversammlung erfolgt durch die Geschäftsführung durch eingeschriebenen Brief an die Gesellschafter, der mindestens zwei Wochen vor dem Tag der Gesellschafterversammlung zur Post aufzugeben ist und die Tagesordnung enthalten muss. Für außerordentliche Gesellschafterversammlungen kann in dringenden Fällen die Einberufungsfrist auf eine Woche abgekürzt werden. In diesem Fall beginnt die Frist am zweiten Tage nach der Absendung des Einschreibens und endet am Tage vor der Versammlung.

Im Ausland ansässigen Gesellschaftern werden Ladungen zusätzlich per Telefax übermittelt, eingehend zwei Wochen vor dem Tag der Gesellschafterversammlung.

(5) Eine nicht ordnungsgemäß einberufene Gesellschafterversammlung kann Beschlüsse nur fassen, wenn sämtliche Gesellschafter vertreten sind und kein Widerspruch gegen die Beschlussfassung erhoben wird.

Wird diese Mehrheit nicht erreicht, so ist eine neue Gesellschafterversammlung mit der gleichen Tagesordnung einzuberufen, die aber nicht vor Ablauf von sieben Tagen, gerechnet vom Tage der Absendung der erneuten Einladung, und nicht später als einen Monat, gerechnet vom Tage der ersten Gesellschafterversammlung, stattfinden darf. Diese Gesellschafterversammlung ist unabhängig von den vertretenen Stimmen stets beschlussfähig, wenn in der Einladung auf diese Rechtsfolge ausdrücklich hingewiesen worden ist.

(6) Beschlüsse können auch – soweit gesetzlich zulässig – außerhalb einer Gesellschafterversammlung durch schriftliche Abstimmung gefasst werden, wenn alle Gesellschafter sich damit im Rahmen der Abstimmung schriftlich einverstanden erklärt haben.

(7) Über jede Gesellschafterversammlung hat die Geschäftsführung ein Protokoll zu erstellen, das die Namen aller anwesenden Personen, den Wortlaut der Anträge und der Beschlüsse sowie das Ergebnis der Abstimmung enthalten muss, soweit nicht durch Gesetz eine andere Form vorgeschrieben ist.

(8) Die Gesellschafter fassen ihre Beschlüsse mit einfacher Mehrheit aller vorhandenen Stimmen, soweit sich aus diesem Gesellschaftsvertrag oder aus zwingenden gesetzlichen Vorschriften nichts Anderes ergibt.

Beschlüsse über die Änderung des Gesellschaftsvertrages sowie Umwandlungen nach dem Umwandlungsgesetz bedürfen einer Mehrheit von 75% aller vorhandenen Stimmen.

(9) Jeder Gesellschafter kann sich bei der Gesellschafterversammlung durch einen anderen Gesellschafter oder durch eine gesetzlich zur Berufsverschwiegenheit verpflichtete Person vertreten lassen. Der Vertreter muss eine schriftliche Vollmacht vorlegen.

(10) Ein Gesellschafter, der bei der Beschlussfassung anwesend war, kann Beschlüsse der Gesellschafter nur innerhalb eines Monats seit der Beschlussfassung, sonst innerhalb eines Monats nach Zustellung des Protokolls über die Gesellschafterversammlung durch Klage anfechten.

§ 8 Einziehung von Geschäftsanteilen

(1) Die Gesellschaft ist befugt, den bzw. die Geschäftsanteil(e) eines Gesellschafters durch Beschluss nach §§ 34, 46 Nr. 4 GmbHG einzuziehen, wenn:

a) der Gesellschafter seine Gesellschaftspflichten grob verletzt hat;
b) der Gesellschafter ohne Zustimmung der Gesellschaft auf eigene Rechnung auf dem Gebiet der Gesellschaft tätig wird;
c) für den Gesellschafter die Betreuung angeordnet wird, sofern der Aufgabenkreis des Betreuers die Wahrnehmung der Rechte und Pflichten als Gesellschafter in der Gesellschaft ganz oder teilweise einschließt;
d) über das Vermögen des Gesellschafters das Insolvenzverfahren eröffnet und nicht innerhalb von drei Monaten seit Eröffnung eingestellt oder die Eröffnung eines solchen Verfahrens mangels Masse abgelehnt wird oder der Gesellschafter die Richtigkeit seines Vermögensverzeichnisses an Eides Statt zu versichern hat;
e) die Zwangsvollstreckung in den Geschäftsanteil betrieben und nicht binnen drei Monaten aufgehoben wird;
f) in der Person des Gesellschafters ein wichtiger Grund vorliegt, der seine Ausschließung rechtfertigen würde, insbesondere, wenn den übrigen Gesellschaftern die Fortsetzung der Gesellschaft mit dem betreffenden Gesellschafter wegen seines Verhaltens oder wegen seiner Persönlichkeit nicht mehr zumutbar ist oder

durch sein Verbleiben in der Gesellschaft der Bestand der Gesellschaft ernstlich gefährdet wäre. Die weitere Zusammenarbeit gilt insbesondere dann als unzumutbar, wenn ein Gesellschafter trotz Nachfristsetzung mit Ablehnungsandrohung Verträge zwischen ihm und der Gesellschaft nicht erfüllt;

g) der Gesellschafter Auflösungsklage erhebt oder seinen Austritt aus der Gesellschaft erklärt;

h) ein Gesellschafter, der seine Beteiligung an der Gesellschaft mit Rücksicht auf seine Tätigkeit als Geschäftsführer der Gesellschaft erworben hat, für die Gesellschaft nicht mehr tätig ist;

i) der Gesellschafter zustimmt.

(2) Die Einziehung wird durch die Geschäftsführung erklärt. Sie bedarf eines Gesellschafterbeschlusses, der mit der Mehrheit von 75% der abgegebenen Stimmen gefasst wird. Dem betroffenen Gesellschafter steht bei Beschlüssen gem. Abs. 1 Buchst. a)–h) kein Stimmrecht zu. Der Einziehungsbeschluss wird mit seiner Mitteilung an den betroffenen Gesellschafter wirksam.

(3) Anstelle der Einziehung können die übrigen Gesellschafter mit der durch diese Satzungsbestimmung – unter Befreiung von den Beschränkungen des § 181 BGB – erteilten Ermächtigung des betroffenen Gesellschafters oder seiner Rechtsnachfolger beschließen, dass der der Einziehung unterliegende Geschäftsanteil auf die Gesellschaft oder die Gesellschafter oder einen zu bestimmenden Gesellschafter oder Dritten übertragen wird.

(4) Beschlüsse im Sinne der Abs. 1 bis 3 können nur innerhalb von sechs Monaten nach Eintritt des Ereignisses gefasst werden, das die Einziehung gem. Abs. 1 rechtfertigt.

(5) Gesellschafter, deren Geschäftsanteile eingezogen oder gem. Abs. 3 an die Gesellschaft, Gesellschafter oder dritte Personen abgetreten werden, erhalten hierfür ein Entgelt, das dem gemeinen Wert der Geschäftsanteile iSv. § 11 Abs. 2 BewG entspricht. Zahlungen durch die Gesellschaft dürfen nur aus der freien Rücklage erfolgen. Soweit dies bei Fälligkeit nicht vollständig erfolgen kann, ist die Abfindungsforderung zinslos gestundet.

Schuldner des Entgelts ist die Gesellschaft, wenn der Geschäftsanteil eingezogen oder von der Gesellschaft übernommen wird, sonst derjenige, an den der Geschäftsanteil abgetreten wird.

§ 9 Jahresabschluss, Gewinnverwendung

(1) Der Jahresabschluss (Bilanz mit Gewinn- und Verlustrechnung) sowie der Lagebericht – soweit gesetzlich erforderlich – ist von der Geschäftsführung innerhalb von drei Monaten nach Ende eines jeden Geschäftsjahres aufzustellen.

(2) Der Jahresabschluss ist dem Abschlussprüfer zur Prüfung vorzulegen. Die Geschäftsführer haben den Gesellschaftern den Jahresabschluss und den Lagebericht gemeinsam mit dem schriftlichen Prüfungsbericht des Abschlussprüfers unverzüglich nach Fertigstellung mit ihren Vorschlägen zur Gewinnverwendung zur Beschlussfassung vorzulegen.

(3) Der Jahresabschluss ist entsprechend den Grundsätzen ordnungsmäßiger Buchführung so zu fertigen, dass die Handelsbilanz gleichzeitig als Steuerbilanz Verwendung finden kann. Die gesetzlichen Bestimmungen der Bilanzierung und Prüfung des Jahresabschlusses bleiben unberührt.

(4) Die Gesellschafterversammlung beschließt über die Verwendung des sich aus der Jahresbilanz ergebenden Jahresüberschusses zuzüglich eines Gewinnvortrages abzüglich eines Verlustvortrages. Sie kann Beträge in Gewinnrücklagen einstellen oder als Gewinn vortragen oder ganz oder teilweise an die Gesellschafter ausschütten.

(5) Ausgeschüttete Gewinne sind auf die Gesellschafter nach dem Verhältnis ihrer Geschäftsanteile zu verteilen.

§ 10 Gründungsaufwand

Die durch die Errichtung der Gesellschaft entstehenden Kosten (Notar, Gericht, Beratung) übernimmt die Gesellschaft bis zur Höhe von 2000.– EUR.

§ 11 Teilnichtigkeit

Sollten einzelne Bestimmungen dieses Gesellschaftsvertrages nichtig oder unwirksam sein oder werden, so wird die Gültigkeit des Vertrages im Übrigen hiervon nicht berührt. Die ungültige Bestimmung soll durch eine solche ersetzt werden, die dieser in ihrem wirtschaftlichen Sinngehalt entspricht.

D.3.3. Ausgliederungsvertrag mit Gesellschafterbeschlüssen[79]

Verhandelt am ...... in ......

Vor mir, dem unterzeichnenden Notar ...... mit Amtssitz in ......, erschien heute:

Herr A, ... [*erforderliche Angaben wie Beruf, Geburtsdatum, Anschrift (geschäftlich/privat), ausgewiesen durch Personalausweis Nr./von Person bekannt*], handelnd nicht für sich selbst, sondern

1. als alleinvertretungsberechtigter und von den Beschränkungen des § 181 BGB befreiter Geschäftsführer der im Handelsregister des Amtsgerichts ...... unter HRB ...... eingetragenen A-GmbH mit Sitz in ....,

diese wiederum handelnd

a. für sich selbst,

b. als von den Beschränkungen des § 181 BGB befreite persönlich haftende Gesellschafterin der C-GmbH & Co. KG;

2. als alleinvertretungsberechtigter und von den Beschränkungen des § 181 BGB befreiter Geschäftsführer der im Handelsregister des Amtsgerichts ...... unter HRB ...... eingetragenen B-Treuhand-GmbH mit Sitz in ....

Der Erschienene erklärt, dass weder der Notar noch einer seiner Sozien in der Sache, die im Nachfolgenden beurkundet wird, vorbefasst iSv. § 3 Abs. 1 Nr. 7 BeurkG sind.

Der Erschienene erklärt weiter mit dem Ersuchen um Beurkundung:

Mit der nachstehenden Ausgliederung soll aus dem Vermögen der A-GmbH die funktionale Einheit ...... mit allen Aktiva und Passiva (im Folgenden „Geschäftsbereich“) auf die C-GmbH & Co. KG ausgegliedert werden.

Dies vorausgeschickt, vereinbaren die A-GmbH und die C-GmbH & Co. KG, was folgt:

§ 1 Vermögensübertragung, Ausgliederungsstichtag und Ausgliederungsbilanz

(1) Die A-GmbH mit dem Sitz in ......, eingetragen im Handelsregister des Amtsgerichts ...... unter HRB ...... (im Folgenden „A-GmbH“) als übertragender Rechtsträger überträgt gem. § 123 Abs. 3 Nr. 1 UmwG aus ihrem Vermögen auf die C-GmbH & Co. KG mit dem Sitz in ......, eingetragen im Handelsregister des Amtsgerichts ......, unter HRA ......, als übernehmenden Rechtsträger gegen Gewährung von Anteilen dieses Rechtsträgers an den übertragenden Rechtsträger als Gesamtheit die nachfolgend bezeichneten Vermögensgegenstände und Vertragsverhältnisse (Ausgliederung zur Aufnahme):

a) die in Anlage ...... näher bezeichneten die immateriellen Vermögensgegenstände, die wirtschaftlich zum Geschäftsbereich gehören;

b) alle sonstigen wirtschaftlich zum Geschäftsbereich gehörenden Sachanlagen gem. Anlage ...... ;
c) die zum Geschäftsbereich gehörenden Gegenstände des Finanzanlagevermögens gem. Anlage ...... ;
d) die zum Geschäftsbereich gehörenden Gegenstände des Umlaufvermögens gem. Anlage ...... ;
e) die dem Geschäftsbereich zuzuordnenden Verträge, insbesondere Anstellungs-, Pacht-, Miet- und Leasingverträge, Lieferverträge und sonstigen Vermögensgegenstände gem. Anlage ...... ;
f) von der C-GmbH & Co. KG werden die dem Geschäftsbereich wirtschaftlich zuzuordnenden Verbindlichkeiten gem. Anlage ...... übernommen;
g) alle Gegenstände, die an die Stelle von solchen Gegenständen getreten sind, die seit dem Ausgliederungsstichtag gem. Abs. 2 durch die A-GmbH im regelmäßigen Geschäftsverkehr veräußert worden sind und die gem. Buchst. a)-d) auf die C-GmbH & Co. KG übertragen werden sollen;

(2) Die Übernahme der gem. Abs. 1 bezeichneten Vermögensgegenstände erfolgt im Innenverhältnis mit Wirkung zum 1.1.01, 0:00 Uhr (Ausgliederungsstichtag). Von diesem Zeitpunkt an gelten zivilrechtlich alle Handlungen und Geschäfte der A-GmbH bezogen auf den Geschäftsbereich als für Rechnung der C-GmbH & Co. KG vorgenommen.

(3) Der Ausgliederung wird als Schlussbilanz iSd. § 17 UmwG die Bilanz aus dem mit einem uneingeschränkten Bestätigungsvermerk des Wirtschaftsprüfers ...... in ...... versehenen Jahresabschluss der A-GmbH zum 31.12.00 zugrunde gelegt.

(4) Soweit noch laufende rechtliche Auseinandersetzungen bestehen, die wirtschaftlich der C-GmbH & Co. KG zuzurechnen sind, die aber von der A-GmbH fortzuführen sind, wird die C-GmbH & Co. KG die A-GmbH von allen sich in diesem Zusammenhang ergebenden Folgen einschließlich aller entstehenden Kosten freihalten.

§ 2 Gegenleistungen

(1) Als Gegenleistung für die Vermögensübertragung gem. § 1 wird der Kapitalanteil der A-GmbH bei der C-GmbH & Co. KG von ...... EUR um ...... EUR auf ...... EUR aufschiebend bedingt auf den Zeitpunkt der Eintragung erhöht.

(2) Der Betrag der Erhöhung des Kapitalanteils ist ab dem 1.1.01 gewinnanteilsberechtigt.

§ 3 Sonderrechte

Die übernehmende C-GmbH & Co. KG gewährt einzelnen Anteilsinhabern sowie den Inhabern besonderer Rechte im Sinne von § 126 Abs. 1 Nr. 7 UmwG weder Rechte, noch sind für diese Personen Maßnahmen vorgesehen.

§ 4 Besondere Vorteile

Keinem Mitglied eines Vertretungsorgans oder eines Aufsichtsorgans der an der Ausgliederung beteiligten Rechtsträger, keinem geschäftsführenden Gesellschafter, keinem Abschlussprüfer oder Ausgliederungsprüfer werden besondere Vorteile im Sinne von § 126 Abs. 1 Nr. 8 UmwG gewährt.

§ 5 Folgen der Ausgliederung für die Arbeitnehmer und ihre Vertretungen

Auf die im Geschäftsbereich beschäftigten Arbeitnehmer und ihre Vertretungen wirkt sich die Ausgliederung wie folgt aus:

a) Die Arbeitsverhältnisse sämtlicher dem ausgegliederten Geschäftsbereich zugehörigen Arbeitnehmer, die in der Anlage ...... bezeichnet sind, gehen auf die C-GmbH & Co. KG über. Diese tritt gemäß § 613a BGB mit allen Rechten und Pflichten unter Anrechnung der bei der ausgliedernden A-GmbH verbrachten Vordienstzeiten in die Arbeitsverhältnisse ein. Die Weisungsbefugnisse des Arbeitgebers werden nach der Ausgliederung von der Geschäftsführung der A-GmbH als persönlich haftender Gesellschafterin der C-GmbH & Co. KG ausgeübt. Auf die inhaltliche Ausgestaltung der Arbeitsverhältnisse hat die Ausgliederung keine Auswirkungen.
b) Es existieren bei der A-GmbH weder Betriebsvereinbarungen noch finden Tarifverträge auf die von der Ausgliederung betroffenen Arbeitsverhältnisse Anwendung.
c) Soweit Arbeitsverhältnisse nach § 613a BGB auf die C-GmbH & Co. KG übergehen, haben die betroffenen Arbeitnehmer das Recht, dem Übergang zu widersprechen. Der Widerspruch ist innerhalb eines Monates nach Zugang der Unterrichtung des Arbeitnehmers über den bevorstehenden Betriebsübergang nach § 613a Abs. 5 BGB zu erklären. Widerspricht der Arbeitnehmer dem Übergang seines Arbeitsverhältnisses, so besteht das Arbeitsverhältnis bei der A-GmbH fort. Diese kann das Arbeitsverhältnis jedoch unter den Voraussetzungen des § 1 KSchG betriebsbedingt kündigen, wenn eine Weiterbeschäftigung des dem Übergang widersprechenden Arbeitnehmers nicht möglich ist.
d) Bei der A-GmbH existiert weder ein Betriebsrat noch eine sonstige Arbeitnehmervertretung. Die Voraussetzungen für die gesetzliche Mitbestimmung der Arbeitnehmer sind nicht gegeben. Veränderungen im betriebsverfassungsrechtlichen bzw. im mitbestimmungsrechtlichen Bereich ergeben sich somit nicht.

   Für die anderen Arbeitnehmer der A-GmbH ändert sich nichts.

§ 6 Sonstiges

Mit der Übertragung der in § 1 Abs. 1 bezeichneten Gegenstände wird kein Grundbesitz übertragen.

Gesellschafterversammlung der A-GmbH[87]

Sodann erklärt der Erschienene zu Protokoll was folgt:

I.

Ich halte den einzigen Geschäftsanteil im Nominalbetrag von insgesamt ...... EUR an der

A-GmbH

mit dem Sitz in ......,

eingetragen im Handelsregister des Amtsgerichts ......, HRB ....

Die Geschäftsanteile der A-GmbH sind in voller Höhe einbezahlt und nicht durch Rückzahlungen gemindert.

II.

Unter Verzicht auf alle gesetzlichen und satzungsmäßigen Form- und Fristvorschriften wird hiermit eine Gesellschafterversammlung der A-GmbH abgehalten.

Auf die Versendung des Entwurfs des Ausgliederungs- und Übernahmevertrages zusammen mit der Einberufung der Gesellschafterversammlung gem. §§ 47, 125 Satz 1 UmwG wurde verzichtet. Dieser Verzicht wird hiermit noch einmal ausdrücklich bestätigt.

Auf die Auslegung der Jahresabschlüsse und der Lageberichte der an der Ausgliederung beteiligten Rechtsträger A-GmbH und C-GmbH & Co. KG für die letzten drei Geschäftsjahre zur Einsicht der Gesellschafter in den Geschäftsräumen der Gesellschaften ab dem Zeitpunkt der Einberufung der Gesellschafterversammlung gem. §§ 49 Abs. 2, 125 Satz 1 UmwG wurde verzichtet. Dieser Verzicht wird hiermit noch einmal ausdrücklich bestätigt.

Für die A-GmbH wird hiermit einstimmig und ohne Enthaltungen was folgt beschlossen:

> Dem Ausgliederungs- und Übernahmevertrag der A-GmbH mit dem Sitz in ......, eingetragen im Handelsregister des Amtsgerichts ...... unter HRB ...... vom heutigen Tage (URNr.: ...... des Notars ...... in ......) und der C-GmbH & Co. KG mit dem Sitz in ......, eingetragen im Handelsregister des Amtsgerichts ...... unter HRA ...... wird zugestimmt. Der Ausgliederungsvertrag ist im ersten Teil dieser Urkunde enthalten.

Weitere Beschlüsse wurden nicht gefasst.

Damit ist die Gesellschafterversammlung beendet.

III.

Auf das Recht, den vorstehenden Beschluss anzufechten und gegen die Wirksamkeit dieses Ausgliederungsbeschlusses Klage zu erheben, wird hiermit ausdrücklich verzichtet. Auf die Erstellung eines Ausgliederungsberichts gemäß § 127 Satz 1 UmwG wird hiermit gemäß §§ 8 Abs. 3 Satz 1 Alt. 1, 127 Satz 2 UmwG verzichtet.

Gesellschaftsversammlung der C-GmbH & Co. KG[91]

Sodann erklärt der Erschienene zu Protokoll was folgt:

I.

Die von mir vertretene

A-GmbH

mit dem Sitz in ......,

eingetragen im Handelsregister des Amtsgerichts ...... unter HRB ......

ist die alleinige persönlich haftende Gesellschafterin der

C-GmbH & Co. KG

mit dem Sitz in ......,

eingetragen im Handelsregister des Amtsgerichts ...... unter HRA ...... mit einer Kapitaleinlage in Höhe von ....

Die von mir vertretene

B-Treuhand-GmbH

mit dem Sitz in ......,

eingetragen im Handelsregister des Amtsgerichts ...... unter HRB ......,

ist die alleinige Kommanditistin der vorbenannten C-GmbH & Co. KG. Die Einlage auf den einzigen Kommanditanteil der C-GmbH & Co. KG ist in voller Höhe einbezahlt und nicht durch Rückzahlungen gemindert.

II.

Unter Verzicht auf alle gesetzlichen und satzungsmäßigen Form- und Fristvorschriften wird hiermit eine Gesellschafterversammlung der C-GmbH & Co. KG abgehalten.

Für die C-GmbH & Co. KG wird hiermit einstimmig und ohne Enthaltungen was folgt beschlossen:

1. **Dem Ausgliederungs- und Übernahmevertrag zwischen der A-GmbH mit dem Sitz in ......, eingetragen im Handelsregister des Amtsgerichts ...... unter HRB ...... vom heutigen Tage (URNr.: ...... des Notars ...... in ......) und der C-GmbH & Co. KG mit dem Sitz in ......, eingetragen im Handelsregister des Amtsgerichts ...... unter HRA ...... wird zugestimmt. Der Ausgliederungsvertrag ist im ersten Teil dieser Urkunde enthalten.**
2. **Der Kapitalanteil der persönlich haftenden Gesellschafterin A-GmbH wird von ...... EUR um ...... EUR auf ...... EUR erhöht.**

Weitere Beschlüsse wurden nicht gefasst.

Damit ist die Gesellschafterversammlung beendet.

III.

Auf das Recht, den vorstehenden Beschluss anzufechten und gegen die Wirksamkeit dieses Ausgliederungsbeschlusses Klage zu erheben, wird hiermit ausdrücklich verzichtet. Auf die Erstellung eines Ausgliederungsberichts gemäß § 127 Satz 1 UmwG wird hiermit gemäß §§ 8 Abs. 3 Satz 1 Alt. 1, 127 Satz 2 UmwG verzichtet.

Kosten, Hinweise und Abschriften

Alle durch diese Urkunde und ihren Vollzug entstehenden Kosten, Gebühren und Steuern trägt die übernehmende C-GmbH & Co. KG.

Der Notar belehrte den Erschienenen über den weiteren Verfahrensablauf bis zum Wirksamwerden der Ausgliederung, weist auf den Zeitpunkt des Wirksamwerdens und die Rechtsfolgen der Ausgliederung hin, insbesondere auch darauf, dass den Gläubigern der an der Ausgliederung beteiligten Rechtsträger auf Anmeldung und Glaubhaftmachung von Forderungen nach Maßgabe der §§ 22, 125 Satz 1 und 133 UmwG Sicherheit zu leisten ist.

Der Notar belehrte den Erschienenen ferner über die Unwiderruflichkeit der Verzichtserklärungen und über deren Wirkungen sowie darüber dass durch diese Erklärungen die Ausübung von Gesellschafterrechten bei der bevorstehenden Ausgliederung beeinträchtigt werden kann.

Von dieser Urkunde erhalten die Gesellschaft und der Gesellschafter sowie das Registergericht je eine Ausfertigung, die für die Beteiligten – Ausgliedernder und Gesellschaft – zuständigen Finanzämter (§ 54 Abs. 1 EStDV) je eine beglaubigte Abschrift.

Samt Anlagen vom Notar vorgelesen, von dem Erschienenen genehmigt und wie folgt unterschrieben:

...

[Unterschriften]

Verträge[92]

D.3.4. Treuhandvereinbarung[92]

Zwischen der

A-GmbH, [*Adresse*], eingetragen im Handelsregister des Amtsgerichts ...... unter HRB ......, vertreten durch den alleinvertretungsberechtigten und von den Beschränkungen des § 181 BGB befreiten Geschäftsführer Herrn A,

und

B-Treuhand-GmbH, [*Adresse*], eingetragen im Handelsregister des Amtsgerichts ...... unter HRB ......, vertreten durch den alleinvertretungsberechtigten und von den Beschränkungen des § 181 BGB befreiten Geschäftsführer Herrn A,

[*alternativ:* B-Treuhand-GmbH, [*Adresse*], neu gegründet gem. Urkunde Nr. ...... des beurkundenden Notars, noch einzutragen im Handelsregister des Amtsgerichts ......, vertreten durch den alleinvertretungsberechtigten und von den Beschränkungen des § 181 BGB befreiten Geschäftsführer Herrn A,]

wird die folgende fiduziarische Treuhandvereinbarung geschlossen:

§ 1 Begründung des Treuhandverhältnisses

(1) Die Parteien werden gemeinsam eine Kommanditgesellschaft, die C-GmbH & Co. KG, errichten, an der sich die A-GmbH mit einem Kapitalanteil von 99,9 % als persönlich haftende Gesellschafterin und die B-Treuhand-GmbH mit einem zivilrechtlich eigenen Kapitalanteil von 0,1 % als Kommanditistin beteiligen wird.

(2) Die Parteien sind sich darüber einig, dass die B-Treuhand-GmbH den Kommanditanteil mit Wirkung ab dessen Entstehung durch Abschluss des Gesellschaftsvertrages der C-GmbH & Co. KG als Treuhänderin für die A-GmbH als Treugeberin auf deren Gefahr und für deren Rechnung halten wird.

§ 2 Vergütung, Aufwendungsersatz, Vorschuss

(1) Der Treuhänder erhält für seine Tätigkeit eine jährliche Vergütung, die seine laufenden Kosten, soweit diese nicht durch den Ersatz nach Absatz 2 abgegolten sind, deckt sowie einen Aufschlag von 10 % auf das nach diesem Absatz zu zahlende Entgelt zzgl. gesetzlicher MwSt. Die Vergütung ist jeweils am 31.12. für das zu Ende gehende Kalenderjahr fällig. Endet der Treuhandvertrag unterjährig, so ist die Vergütung am Ende des Treuhandvertrages fällig.

(2) Der Treuhänder hat Anspruch auf Ersatz der Aufwendungen, die er in ordnungsgemäßer Erfüllung dieses Vertrages macht, zzgl. etwaiger gesetzlicher MwSt.

(3) Der Treugeber hat dem Treuhänder auf Verlangen Vorschuss zu leisten.

§ 3 Pflichten des Treuhänders

Der Treuhänder ist verpflichtet,

a) die ihm als Gesellschafter zustehenden Rechte, insbesondere das Stimmrecht als Kommanditist, ausschließlich nach vorheriger Weisung des Treugebers auszuüben;

b) alle ihm als Gesellschafter zugehenden Unterlagen unverzüglich in Kopie an den Treugeber weiterzuleiten und diesem jederzeit auf Verlangen schriftlich über die Angelegenheiten der Gesellschaft zu berichten;

c) alle Leistungen, die er als Gesellschafter erhält, unverzüglich an den Treugeber weiterzuleiten;

d) über seine Kommanditbeteiligung nur aufgrund vorheriger Weisung des Treugebers zu verfügen.

§ 4 Freistellung des Treuhänders

Der Treugeber stellt den Treuhänder unverzüglich von allen Verpflichtungen, insbesondere auch hinsichtlich der Leistung der Kapitaleinlage, frei, die für diesen im Rahmen dieses Treuhandverhältnisses entstehen.

§ 5 Bevollmächtigung des Treugebers

Der Treuhänder erteilt dem Treugeber hiermit ausdrücklich Vollmacht, das Stimmrecht als Kommanditist auszuüben. Übt der Treugeber das Stimmrecht aus, ist der

Treuhänder von einer Stimmabgabe ausgeschlossen. Der Treugeber ist zur Erteilung einer Untervollmacht berechtigt.

§ 6 Beendigung des Treuhandverhältnisses

(1) Der Treugeber kann das Treuhandverhältnis jederzeit ohne Einhaltung einer Frist kündigen, der Treuhänder nur mit einer Frist von drei Monaten zum Ende eines Wirtschaftsjahres.

(2) Der Treuhänder tritt hiermit dem Treugeber aufschiebend bedingt auf den Zeitpunkt, an dem dieser Vertrag endet, den Kommanditanteil ab. Der Treugeber nimmt die aufschiebend bedingte Abtretung an.

§ 7 Vertraulichkeit

Der Treuhänder wird das Treuhandverhältnis geheim halten, soweit er nicht kraft Gesetzes zur Offenlegung verpflichtet ist. Beide Parteien werden das Treuhandverhältnis jeweils dem für sie zuständigen Finanzamt gegenüber offenlegen.

....

[Ort, Datum]

....

[Herr A für die A-GmbH]   ***[Herr A für die B-Treuhand-GmbH]***

D.3.5. Gesellschaftsvertrag der C-GmbH & Co. KG (Treuhand-KG)[100]

§ 1 Firma, Sitz, Geschäftsjahr

(1) Die Firma der Gesellschaft lautet: C-GmbH & Co. KG.

(2) Der Sitz der Gesellschaft ist ......

(3) Das Geschäftsjahr ist das Kalenderjahr.

§ 2 Gegenstand des Unternehmens

(1) Der Gegenstand des Unternehmens ist ......

(2) Die Gesellschaft ist zu allen nicht erlaubnispflichtigen Geschäften und Maßnahmen berechtigt, die unmittelbar oder mittelbar dem Gegenstand des Unternehmens zu dienen geeignet sind. Sie ist insbesondere berechtigt, im In- und Ausland Zweigniederlassungen zu errichten, sich an anderen Unternehmen gleicher oder verwandter Art im In- und Ausland zu beteiligen sowie solche Unternehmen zu erwerben, zu gründen und für eigene oder fremde Rechnung zu führen.

§ 3 Gesellschafter und Kapitalbeteiligungen; Konten

(1) Das Festkapital der Gesellschaft beträgt ...... EUR.

(2) Persönlich haftende Gesellschafterin ist die A-GmbH mit einem Kapitalanteil von ...... EUR [99,9 %].

(3) Kommanditist mit einer festen Kapitaleinlagen von ...... EUR [0,1 %] ist die B-Treuhand-GmbH, die ihre Einlage voll erbracht hat. Die Kommanditeinlage ist zugleich die Hafteinlage.

(4) Für jeden Gesellschafter werden bei der Gesellschaft folgende Konten geführt:[92]

a) Kapitalkonto
Auf dem Kapitalkonto werden die von den Gesellschaftern geleisteten festen Kapitaleinlagen gutgeschrieben.

b) Verrechnungskonto
Auf dem Verrechnungskonto sind Einlagen, soweit sie nicht auf dem Kapitalkonten gutzuschreiben sind, Entnahmen, Kontenverzinsung und Gewinnanteile zu verbuchen. Guthaben auf dem Verrechnungskonto können jederzeit durch den Gesellschafter abgerufen oder durch die Gesellschaft ausgezahlt werden. Das Verrechnungskonto ist im Soll und Haben nach der Staffelmethode mit 2 Prozentpunkten über dem Basiszinssatz (§ 247 BGB) p. a. zu verzinsen. Die Zinsen gelten im Verhältnis der Gesellschafter zueinander als Aufwand bzw. Ertrag unbeschadet einer davon abweichenden steuerlichen Behandlung.

c) Verlustsonderkonto
Dem Verlustsonderkonto sind ausschließlich die Verlustanteile der Gesellschafter zu belasten. Gewinnanteile späterer Jahre sind so lange dem Verlustsonderkonto gutzuschreiben, bis das Konto ausgeglichen ist. Im Übrigen haben weder Gesellschafter noch Gläubiger der Gesellschaft Ansprüche gegen den Kommanditisten auf Ausgleichung dieses Kontos.

§ 4 Vertretung, Geschäftsführung

(1) Die persönlich haftende Gesellschafterin vertritt die Gesellschaft und führt deren Geschäfte allein. Sie handelt durch ihre satzungsmäßigen, in das Handelsregister eingetragenen Organe. Sie hat die Sorgfalt eines ordentlichen Kaufmanns walten zu lassen.

Sie und ihre Organe sind für die Änderung des Gesellschaftsvertrages sowie für Rechtsgeschäfte mit der Kommanditgesellschaft und deren Gesellschaftern jeweils von den Beschränkungen des § 181 BGB befreit.

(2) Die persönlich haftende Gesellschafterin ist an die gesetzlichen Vorschriften, und die Bestimmungen dieses Gesellschaftsvertrages gebunden.

§ 5 Informations- und Kontrollrechte der Kommanditisten

Dem Kommanditisten steht ein Auskunfts- und Einsichtsrecht im Umfang des § 51a Abs. 1 und 2 GmbHG zu.

§ 6 Wettbewerbsverbot

Alle Gesellschafter sind von dem gesetzlichen Wettbewerbsverbot des § 112 Abs. 1 HGB befreit.

§ 7 Gesellschafterversammlung, Gesellschafterbeschlüsse

(1) Die ordentliche Gesellschafterversammlung findet in den ersten acht Monaten eines jeden Geschäftsjahres statt. Diese beschließt über den Jahresabschluss und die Entlastung der Geschäftsführung.

(2) Außerordentliche Gesellschafterversammlungen sind einzuberufen, wenn es das Interesse der Gesellschaft erfordert und ein – auch gesamtvertretungsberechtigter – Geschäftsführer der persönlich haftenden Gesellschafterin oder ein oder mehrere Gesellschafter, die allein oder zusammen mindestens mit 10 % am Festkapital der Gesellschaft beteiligt sind, eine solche Einberufung verlangen.

(3) Die Einberufung der Gesellschafterversammlung erfolgt durch die Geschäftsführung der persönlich haftenden Gesellschafterin. Jeder Geschäftsführer – auch ein gesamtvertretungsberechtigter – ist allein einberufungsberechtigt. Die Einberufung erfolgt mittels schriftlicher Einladung an alle Gesellschafter unter gleichzeitiger Bekanntgabe von Zeit, Ort und Tagesordnung. Zwischen dem Tag der Absendung der Einladung (maßgeblich ist das Datum des Poststempels) und dem Tag der Gesellschafterversammlung soll eine Frist von mindestens zwei Wochen liegen. In Eilfällen kann die Frist angemessen abgekürzt werden.

Falls die Geschäftsführung der persönlich haftenden Gesellschafterin einem Verlangen von Gesellschaftern, die gem. Abs. 2 die Einberufung einer Gesellschafterversammlung verlangen können, nicht binnen angemessener Frist Folge leistet, ist derjenige, der die Einberufung verlangt hat, berechtigt, die Einladung unter Beachtung der vorgenannten Form- und Fristvorschriften selbst zu bewirken.

(4) Jeder Gesellschafter kann verlangen, dass weitere Anträge zur Beschlussfassung auf die Tagesordnung gesetzt werden. Solche Anträge sind den übrigen Gesellschaftern und der Geschäftsführung spätestens acht Tage vor der Gesellschafterversammlung schriftlich bekannt zu machen.

(5) Die Gesellschafterversammlung ist beschlussfähig, wenn alle Gesellschafter ordnungsgemäß geladen und mindestens die Hälfte aller Gesellschafterstimmen anwesend oder vertreten sind.

Erweist sich eine Gesellschafterversammlung als nicht beschlussfähig, so ist innerhalb von zwei Wochen eine zweite Gesellschafterversammlung mit der gleichen Tagesordnung einzuberufen. Diese Gesellschafterversammlung ist sodann ohne Rücksicht auf das vertretene Kapital beschlussfähig. Auf diese Rechtsfolge ist in der zweiten Einladung hinzuweisen.

(6) Gesellschafterbeschlüsse – mit Ausnahme über Änderungen des Gesellschaftsvertrages – können, wenn alle Gesellschafter mit diesem Verfahren einverstanden sind, auch schriftlich oder fernschriftlich, zB per Telefax oder E-Mail, ohne förmliche Gesellschafterversammlung gefasst werden. Voraussetzung für die Rechtswirksamkeit solcher Beschlüsse ist, dass sie allen Gesellschaftern gegenüber schriftlich bestätigt werden.

(7) Die Gesellschafterversammlung hat insbesondere die folgenden Rechte und Aufgaben:

a) Feststellung des Jahresabschlusses der Gesellschaft und Ergebnisverwendung;
b) Beschlussfassung über die Zustimmung zur Verfügung über Gesellschaftsanteile;
c) Bestellung des Abschlussprüfers der Gesellschaft;
d) Erlass, Änderung oder Aufhebung einer Geschäftsordnung für die Geschäftsführung der persönlich haftenden Gesellschafterin sowie eines Katalogs zustimmungsbedürftiger Maßnahmen;
e) Sämtliche sonstigen Rechte und Aufgaben, die nicht der Geschäftsführung oder jemand anderem durch diesen Gesellschaftsvertrag oder kraft gesetzlicher Regelung ausdrücklich zugewiesen sind.

(8) Je …… EUR der Beteiligung am Festkapital der Gesellschaft gewähren eine Stimme.

(9) Gesellschafterbeschlüsse werden mit einfacher Mehrheit der in der Gesellschafterversammlung anwesenden oder vertretenen Stimmen gefasst, soweit das Gesetz oder dieser Vertrag nicht zwingend etwas anderes bestimmen. Änderungen des Gesellschaftsvertrages müssen mit einer Mehrheit von mindestens 75 % aller Stimmen beschlossen werden, sofern in diesem Vertrag nicht Abweichendes bestimmt ist; hiervon erfasst sind auch Umwandlungen nach dem UmwG. Die Gesellschafter stimmen in eigenen Angelegenheiten mit ab. Das gilt nicht, soweit der als entsprechend anwendbar vereinbarte § 136 Abs. 1 AktG oder dieser Vertrag zwingend etwas Anderes bestimmen.

(10) Gesellschafterbeschlüsse sind in einem Protokoll festzuhalten und von der Geschäftsführung der persönlich haftenden Gesellschafterin zu unterzeichnen und in einem Protokollbuch zu verwahren, soweit nicht durch Gesetz eine andere Form vorgeschrieben ist. Jeder Gesellschafter hat das Recht, jederzeit das Protokollbuch persönlich einzusehen.

(11) Die Gesellschafter können sich in Gesellschafterversammlungen durch einen Angehörigen der rechts-, steuerberatenden oder wirtschaftsprüfenden Berufe, der

gesetzlich zur Berufsverschwiegenheit verpflichtet ist, vertreten lassen oder sich des Beistandes einer solchen Person bedienen. Die Vertreter müssen sich durch schriftliche Vollmacht ausweisen.

(12) Die Unwirksamkeit oder Anfechtbarkeit von Gesellschafterbeschlüssen kann nur innerhalb eines Monats durch Erhebung einer Anfechtungsklage geltend gemacht werden. Die Frist beginnt am Tage nach Zugang des Beschlussprotokolls zu laufen. Sie endet auf alle Fälle spätestens sechs Monate nach Beschlussfassung.

§ 8 Jahresabschluss

(1) Die Geschäftsführung hat den Jahresabschluss innerhalb von drei Monaten nach Schluss des Geschäftsjahres unter Beachtung der handels- und steuerrechtlichen Vorschriften sowie nach den Grundsätzen ordnungsmäßiger Buchführung und Bilanzierung aufzustellen. Die Feststellung des Jahresabschlusses obliegt der ordentlichen Gesellschafterversammlung.

(2) Der Jahresabschluss ist ggf. von einem Abschlussprüfer, der Wirtschaftsprüfer zu sein hat, zu prüfen. Über die Bestellung des Abschlussprüfers beschließt die Gesellschafterversammlung.

§ 9 Gewinn- und Verlustbeteiligung

An dem Gewinn oder an einem Verlust sind die Gesellschafter im Verhältnis ihrer Beteiligung am Festkapital der Gesellschaft beteiligt.

§ 10 Dauer der Gesellschaft, Kündigung

(1) Die Gesellschaft ist auf unbestimmte Zeit eingegangen.

(2) Jeder Gesellschafter kann die Gesellschaft mit einjähriger Frist, erstmals zum ……, zum Schluss eines Geschäftsjahres kündigen. Die Kündigung ist den übrigen Gesellschaftern gegenüber durch eingeschriebenen Brief auszusprechen.

(3) Liegt ein wichtiger Grund vor, der nach § 133 HGB zur Erhebung der Auflösungsklage berechtigen würde, so kann der berechtigte Gesellschafter die Mitgliedschaft an der Gesellschaft fristlos kündigen. Eine Auflösungsklage ist ausgeschlossen.

§ 11 Schlussbestimmungen[105]

(1) Vertragsänderungen bedürfen der Schriftform. Dasselbe gilt für die Vereinbarung, von diesem Formerfordernis abzuweichen oder es aufzuheben.

(2) Die Ungültigkeit einzelner Bestimmungen des Vertrages berührt nicht seine Wirksamkeit. Anstelle der unwirksamen Bestimmung oder zur Ausfüllung einer Lücke ist eine angemessene Regelung zu vereinbaren, die dem am nächsten kommt, was die Vertragsschließenden gewollt haben oder nach dem Sinn und Zweck des Vertrages gewollt hätten, sofern sie den Punkt bedacht hätten. Beruht die Ungültigkeit auf einer Leistungs- oder Zeitbestimmung, so tritt an ihre Stelle das gesetzlich zulässige Maß.

(3) Soweit einzelne vertragliche Vereinbarungen, wie zB die Gewinnverteilung, steuerlich nicht anerkannt werden, gilt diejenige Vereinbarung als getroffen, die steuerlich nicht zu beanstanden ist und der getroffenen Vereinbarung am nächsten kommt.

…………………………………………	…………………………………………
[Ort, Datum]	***[Unterschrift A für die A-GmbH]***
…………………………………………	…………………………………………
[Ort, Datum]	***[Unterschrift A für die B-Treuhand-GmbH]***

Handelsregisteranmeldungen[117]

D.3.6. Anmeldung zum Handelsregister der B-Treuhand-GmbH[117]

An das Amtsgericht ......
Handelsregister

HRB neu
B-Treuhand-GmbH mit Sitz in ......

Ich übergebe

eine Ausfertigung des notariellen Protokolls vom ...... (UR-Nr. ...... des Notars ...... in ......) mit der Erklärung über die Neugründung einer Gesellschaft mit beschränkter Haftung (GmbH), dem Gesellschaftsvertrag der neuen GmbH und meiner Bestellung zum Geschäftsführer,
eine Liste der Gesellschafter

und melde an:

1. Die Gesellschaft in Firma B-Treuhand GmbH ist als Gesellschaft mit beschränkter Haftung (GmbH) mit Sitz in ...... errichtet worden.
2. Der Unterzeichner ist zum alleinvertretungsberechtigten und von den Beschränkungen des § 181 BGB befreiten Geschäftsführer bestellt worden.

   Die abstrakte Vertretungsbefugnis ist in dem Gesellschaftsvertrag generell wie folgt geregelt:
   „Die Gesellschaft hat einen oder mehrere Geschäftsführer. Ist nur ein Geschäftsführer bestellt, so vertritt dieser die Gesellschaft allein. Sind mehrere Geschäftsführer bestellt, so sind je zwei Geschäftsführer oder ein Geschäftsführer mit einem Prokuristen gemeinschaftlich zur Vertretung der Gesellschaft berechtigt. Einzelvertretungsbefugnis kann erteilt werden. Den Geschäftsführern kann weiter gestattet werden, bei der Vertretung der Gesellschaft zugleich in Vertretung eines Dritten und/oder in eigenem Namen zu handeln.“
3. Die aktuelle Geschäftsanschrift lautet: ....

Ich versichere:

1. dass auf sämtliche Geschäftsanteile ein Betrag von 1,– EUR je Geschäftsanteil und damit das Stammkapital vollständig eingezahlt worden ist, sich die eingezahlten Beträge endgültig zu meiner freien Verfügung befinden und das Vermögen der Gesellschaft, abgesehen vom Gründungsaufwand mit einem Betrag von höchstens 2.000, – EUR, nicht durch Verbindlichkeiten vorbelastet ist.
2. Es liegen keine Umstände vor, die meiner Eigenschaft als Geschäftsführer nach § 6 Abs. 3 Satz 3 und 4 GmbHG entgegenstehen, insbesondere unterliege ich keiner Betreuung, unterliege also bei der Besorgung meiner Vermögensangelegenheiten weder ganz noch teilweise einem Einwilligungsvorbehalt nach § 1903 BGB; weiter ist mir weder durch gerichtliches Urteil noch durch vollziehbare Entscheidung einer Verwaltungsbehörde die Ausübung eines Berufs, Berufszweiges, Gewerbes oder Gewerbezweiges untersagt worden. Ich bin auch niemals im Inland wegen einer der nachgenannten Straftaten oder im Ausland wegen einer vergleichbaren Straftat verurteilt worden:
   - nach den §§ 283 bis 283d des Strafgesetzbuches (Insolvenzstraftaten),
   - nach den §§ 263 bis 264a des Strafgesetzbuches (Betrug, Computerbetrug, Subventionsbetrug, Kapitalanlagebetrug) oder nach den §§ 265b bis 266a des Strafgesetzbuches (Kreditbetrug, Untreue, Vorenthalten und Veruntreuen von Arbeitsentgelt) zu einer Freiheitsstrafe von mindestens einem Jahr,

– wegen Unterlassens der Stellung des Antrages auf Eröffnung des Insolvenzverfahrens (Insolvenzverschleppung),
– wegen falscher Angaben nach § 82 GmbHG oder § 399 AktG, wegen unrichtiger Darstellung nach § 400 AktG, § 331 HGB, § 313 UmwG oder § 17 PublG.

Der Notar hat mich über meine unbeschränkte Auskunftspflicht gegenüber dem Gericht belehrt.

Der Notar hat mich auf die Haftung für falsche Angaben gem. § 9a GmbHG und die Strafdrohung des § 82 GmbHG hingewiesen.

....

[Ort, Datum] *[Unterschrift Herr A]*

....

[Beglaubigungsvermerk für Unterschrift und Zeichnung]

D.3.7. Anmeldung zum Handelsregister der C-GmbH & Co. KG[118]

An das Amtsgericht ......
Handelsregister

HRA neu
C-GmbH & Co. KG mit Sitz in ......

Ich melde

a) in meiner Eigenschaft als alleiniger und von den Beschränkungen des § 181 BGB befreiter Geschäftsführer der A-GmbH, eingetragen in das Handelsregister des Amtsgerichts ...... unter HRB ...... , Geschäftsanschrift ...... und

b) in meiner Eigenschaft als alleiniger und von den Beschränkungen des § 181 BGB befreiter Geschäftsführer der B-Treuhand-GmbH, eingetragen in das Handelsregister des Amtsgerichts ...... unter HRB ...... , Geschäftsanschrift ......

zur Eintragung in das Handelsregister an:

Die A-GmbH und die B-Treuhand-GmbH betreiben in der Rechtsform der Kommanditgesellschaft das folgende Geschäft: ....

An der Gesellschaft sind beteiligt:
a) die A-GmbH als persönlich haftende Gesellschafterin
b) die B-Treuhand-GmbH als Kommanditist mit einer Einlage in Höhe von ...... EUR.

Die Firma der Gesellschaft lautet

C-GmbH & Co. KG.

Sitz der Gesellschaft ist ....
Die Geschäftsräume der Gesellschaft befinden sich in ....

Zur Vertretung der Gesellschaft wird angemeldet: ....

Abstrakt gilt: Jeder persönlich haftende Gesellschafter vertritt einzeln.

Konkret gilt: Die persönlich haftende Gesellschafterin A-GmbH vertritt die Gesellschaft einzeln.

....

[Ort, Datum] *[Unterschrift Herr A]*

....

[Beglaubigungsvermerk für Unterschrift]

D.3.8. Handelsregisteranmeldung der übertragenden Gesellschaft[119]

**An das Amtsgericht ......
Handelsregister**

**A-GmbH
HRB ......**

I. Als alleiniger, einzelvertretungsberechtigter und von den Beschränkungen des § 181 BGB befreiter Geschäftsführer der A-GmbH mit dem Sitz in ......, eingetragen Handelsregister des Amtsgerichts ...... unter HRB ...... melde ich zur Eintragung in das Handelsregister an:

Unter Fortbestand der A-GmbH ist ein Teil ihres Vermögens im Wege der Ausgliederung zur Aufnahme nach Maßgabe des Ausgliederungsvertrages vom ...... (URNr. ...... des Notars ...... in ......) als Gesamtheit gemäß § 123 Abs. 3 Nr. 1 UmwG übertragen worden auf die C-GmbH & Co. KG mit dem Sitz in ......, eingetragen im Handelsregister des Amtsgerichts ...... unter HRA ...... gegen Gewährung von Anteilen dieses Rechtsträgers an den übertragenden Rechtsträger.

II. Als Anlagen überreiche ich:

1. Elektronisch beglaubigte Abschrift der URNr.: ...... des Notar ...... in ...... vom ......, darin enthalten:
   – Ausgliederungsvertrag
   – die Niederschrift über die Gesellschafterversammlung der A-GmbH
   – die Niederschrift über die Gesellschafterversammlung der C-GmbH & Co. KG, beide enthaltend die Beschlüsse der Gesellschafterversammlungen über die Zustimmung zu der Ausgliederung und die Verzichtserklärungen.

2. Schlussbilanz der A-GmbH zum 31.12.00.

III. Ich erkläre gem. § 16 Abs. 2 letzter HS UmwG:

Eine Klage gegen die Wirksamkeit des Ausgliederungsbeschlusses ist ausgeschlossen. In der unter Ziffer II 1. eingereichten Niederschrift wurden entsprechende Verzichtserklärungen abgegeben.

IV. Ich erkläre gemäß § 140 UmwG als alleiniger Geschäftsführer:

Die durch Gesetz und Gesellschaftsvertrag der Gesellschaft vorgesehenen Voraussetzungen für die Gründung der übertragenden Gesellschaft liegen unter Berücksichtigung der Ausgliederung auch im Zeitpunkt der Anmeldung vor, insbesondere ist das Stammkapital der Gesellschaft nach Wirksamwerden der Ausgliederung durch das bei der Gesellschaft verbleibende Nettovermögen gedeckt.

V. Ich weise auf Folgendes hin:

1. Weder bei der A-GmbH noch bei der C-GmbH & Co. KG besteht ein Betriebsrat. Daher entfällt die Einreichung von Empfangsbestätigungen als Nachweis über die rechtzeitige Zuleitung des Entwurfes des Ausgliederungsvertrages an die Betriebsräte der A-GmbH und der C-GmbH & Co. KG.

2. Auf einen Ausgliederungsbericht gemäß § 127 Satz 1 UmwG wurde gemäß §§ 8 Abs. 3 Satz 1 Alt. 1, 127 Satz 2 UmwG verzichtet. Daher entfällt die Einreichung eines Ausgliederungsberichts.

3. Eine Prüfung der Ausgliederung ist gem. § 125 Satz 2 UmwG nicht erforderlich. Ein Prüfungsbericht ist gem. § 125 Satz 2 UmwG nicht erforderlich. Darüber hinaus wurde die Ausgliederungsprüfung nicht gem. §§ 48 Abs. 1, 125 Satz 1 UmwG verlangt. Daher entfällt die Einreichung eines Prüfungsberichts.

VI. Hiermit bevollmächtige ich Herrn ...... jederzeit widerruflich und dem Handelsregister gegenüber unbeschränkt, alle Anmeldungen zum Handelsregister vorzunehmen, die im Zuge der Handelsregistereintragung der Tatsachen, die hier angemeldet und aus denen der Anmeldung beigefügten Unterlagen ersichtlich sind, erforderlich und zweckmäßig sind.

Nach Vollzug des Antrags der Eintragung der Ausgliederung bitte ich um Eintragungsnachricht an die Gesellschaft und an den beglaubigenden Notar sowie um Übermittlung von drei beglaubigten Handelsregisterauszügen an die Gesellschaften und eines beglaubigten Handelsregisterauszugs an den beglaubigenden Notar.

..............................., den ....

....

[Unterschrift Geschäftsführer der A-GmbH]

D.3.9. Handelsregisteranmeldung der übernehmenden Gesellschaft[126]

An das Amtsgericht ......
Handelsregister

C-GmbH & Co. KG
HRA ......

I. Als alleiniger, einzelvertretungsberechtigter und von den Beschränkungen des § 181 BGB befreiter Geschäftsführer der A-GmbH mit dem Sitz in ......, eingetragen Handelsregister des Amtsgerichts ...... unter HRB ......, hier handelnd als persönlich haftende Gesellschafterin der C-GmbH & Co. KG melde ich zur Eintragung in das Handelsregister an:

Unter Fortbestand der A-GmbH mit dem Sitz in ......, eingetragen im Handelsregister des Amtsgerichts ......, ist ein Teil ihres Vermögens im Wege der Ausgliederung zur Aufnahme als Gesamtheit nach Maßgabe des Ausgliederungsvertrages vom ...... (URNr.: ...... des Notars ...... in ......) übertragen worden auf die C-GmbH & Co. KG mit dem Sitz in ...... gegen ...... Gewährung von Anteilen dieses Rechtsträgers an den übertragenden Rechtsträger.

II. Als Anlagen überreiche ich:

Elektronisch beglaubigte Abschrift der URNr. ...... des Notar ...... in ...... vom ......, darin enthalten:
- der Ausgliederungs- und Übernahmevertrag
- die Niederschrift über die Gesellschaftsversammlung der A-GmbH
- die Niederschrift über die Gesellschafterversammlung der C-GmbH & Co. KG, beide enthaltend die Beschlüsse der Gesellschafterversammlungen über die Zustimmung zu der Ausgliederung und die Verzichtserklärungen.

III. Ich erkläre gem. § 16 Abs. 2 letzter HS UmwG:

Eine Klage gegen die Wirksamkeit des Ausgliederungs- und Übernahmebeschlusses ist ausgeschlossen. In der unter Ziffer II eingereichten Niederschrift wurden entsprechende Verzichtserklärungen abgegeben.

IV. Ich weise auf Folgendes hin:

1. Weder bei der A-GmbH noch bei der C-GmbH & Co. KG besteht ein Betriebsrat. Daher entfällt die Einreichung einer Empfangsbestätigung als Nachweis über die rechtzeitige Zuleitung des Entwurfes des Ausgliederungsvertrages an die Betriebsräte der A-GmbH und der C-GmbH & Co. KG.

2. Auf einen Ausgliederungsbericht gemäß § 127 Satz 1 UmwG wurde gemäß §§ 8 Abs. 3 Satz 1 Alt. 1, 127 Satz 2 UmwG verzichtet. Daher entfällt die Einreichung eines Ausgliederungsberichts.

3. Eine Prüfung der Ausgliederung ist gem. § 125 Satz 2 UmwG nicht erforderlich. Ein Prüfungsbericht ist gem. § 125 Satz 2 UmwG nicht erforderlich. Darüber hinaus ist die Ausgliederungsprüfung nicht gem. §§ 48 Abs. 1, 125 Satz 1 UmwG verlangt. Daher entfällt die Einreichung eines Prüfungsberichts.

V. Hiermit bevollmächtige ich Herrn ...... jederzeit widerruflich und dem Handelsregister gegenüber unbeschränkt, alle Anmeldungen zum Handelsregister vorzunehmen, die im Zuge der Handelsregistereintragung der Tatsachen, die hier angemeldet und aus denen der Anmeldung beigefügten Unterlagen ersichtlich sind, erforderlich und zweckmäßig sind.[117]

Nach Vollzug des Antrags der Eintragung der Ausgliederung bitte ich um Eintragungsnachricht an die Gesellschaft und an den beglaubigenden Notar sowie um Übermittlung von drei beglaubigten Handelsregisterauszügen an die Gesellschaften und eines beglaubigten Handelsregisterauszugs an den beglaubigenden Notar.

................................, den ....

..

[Unterschrift Geschäftsführer der A-GmbH
als persönlich haftende Gesellschafterin der C-GmbH & Co. KG]

B. Grundsätzliche Anmerkungen

I. Sachverhalt

1

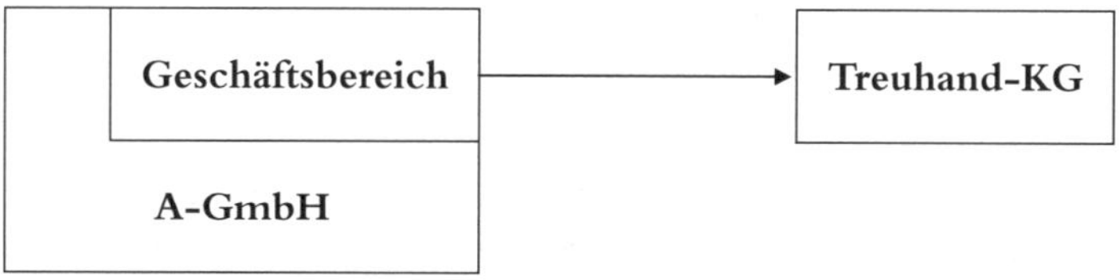

Der Sachverhalt ist einfach gelagert: Es soll ein Geschäftsbereich, der keinen steuerrechtlichen Teilbetrieb, jedoch einen arbeitsrechtlichen Betriebsteil darstellt aus der A-GmbH auf die C-GmbH & Co. KG, eine sog. **Treuhand-KG,** übertragen werden, ohne dass steuerlich stille Reserven aufgedeckt werden müssen bzw. ertragsteuerliche Haltefristen (zB §§ 6 Abs. 5, 16 Abs. 3 EStG) verletzt werden. Handelsrechtlich sollen jedoch die stillen Reserven gehoben werden. Diese Technik wird auch als „Treuhand-Modell" bezeichnet.

II. Ablaufplan

2

Maßnahme	Rechtsgrundlage	Erforderlichkeit	Zuständigkeit	Formular
Gründung der B-Treuhand-GmbH und Entwurf GmbH-Gesellschaftsvertrags	§ 2 GmbHG	Ja	A-GmbH	→ Form. D. 3.1 u. → Form. D. 3.2
Treuhandvereinbarung		Ja	A-GmbH, B-Treuhand-GmbH	→ Form. D. 3.4
Errichtung der C-GmbH & Co. KG	§§ 105, 161 HGB	Ja	A-GmbH, B-Treuhand-GmbH	→ Form. D. 3.5

Maßnahme	**Rechtsgrundlage**	**Erforderlichkeit**	**Zuständigkeit**	**Formular**
Ausgliederungsvertrag mit Gesellschafterversammlungen	§ 123 Abs. 3 Nr. 1 UmwG	Ja	Gesellschafter (= A-GmbH, B-Treuhand-GmbH)	→ Form. D. 3.3
Handelsregisteranmeldungen	§§ 7 GmbHG, 162 HGB	Ja	Gründer GmbH, Gesellschafter KG (= A-GmbH, B-Treuhand-GmbH)	→ Form. D. 3.6 bis → Form. D.3.9
Eintragung im Handelsregister	§§ 131, 130 UmwG	Ja	Gericht	

III. Wirtschaftliche Vertragsziele

3 **Motive** und **Anlass** für eine **Ausgliederung** sind in der Praxis vielfältig. Zivilrechtlich ist die Ausgliederung, wie sich aus § 123 Abs. 3 UmwG ergibt, ein Unterfall der Spaltung. Das auszugliedernde Vermögen geht auf einen anderen Rechtsträger – neu oder bereits bestehend – über. Anders jedoch als bei der Spaltung führt die Ausgliederung wirtschaftlich nicht zu einer Veränderung der Beteiligungssituation auf der Ebene der Gesellschafter des ausgliedernden Unternehmens, sondern bei diesem aus bilanzieller Sicht nur zu einem Aktivtausch von Wirtschaftsgütern gegen Beteiligung (SBB/*Sagasser* § 18 Rn. 16; SSt/*Schwanna* UmwG § 123 Rn. 16). Betriebswirtschaftlich ist es häufig sinnvoll, eine Unternehmenssparte in eine separate Gesellschaft zu überführen oder einzelne Wirtschaftsgüter in Tochtergesellschaften zu überführen, etwa um sie dort zuzuordnen, wo sie tatsächlich genutzt werden. **Wirtschaftliche Gründe** sind damit ebenso wie bei den anderen Spaltungsmöglichkeiten vor allem die Entflechtung und Dekonzentration von Unternehmen (SBB/*Sagasser* § 17 Rn. 4; Lutter/*Teichmann* UmwG § 123 Rn. 36; WM/*Schwarz* UmwG § 123 Rn. 1.2; SSt/*Schwanna* UmwG § 123 Rn. 7). Im Vordergrund stehen dabei in der Regel betriebswirtschaftliche Überlegungen, etwa die auch rechtlich nachvollzogene Einführung von sog. Profit Center, die Isolierung von Haftungsrisiken auf den sie verursachenden Betriebsteil oder wie bei der Betriebsaufspaltung die Herausnahme von Vermögensgegenständen aus der Haftung (SBB/*Sagasser* § 17 Rn. 4; Lutter/Teichmann UmwG § 123 Rn. 36; WM/*Schwarz* UmwG § 123 Rn. 1.2; SSt/*Schwanna* UmwG § 123 Rn. 7; *Kraft/Sönnichsen,* DB 2011, 1926; zu weiteren Gründen → Form. D.1 Rn. 3).

4 **Steuerrechtliche Gründe** für eine Ausgliederung können zB die Begünstigungen für Betriebsvermögen gem. §§ 13a, b ErbStG sein (vgl. hierzu die Erläuterungen → Form. D.1 Rn. 4ff.). Im Allgemeinen wird für regulär (ohne Treuhand-Modell) auf eine Grundstücksgesellschaft ausgegliederte und bei dieser isolierte vermietete Immobilien auch auf die Erlangung der erweiterten Kürzungsmöglichkeiten bei der Gewerbesteuer hingewiesen, § 9 Nr. 1 Satz 2 GewStG (SBB/*Sagasser* § 17 Rn. 4). Dies ist allerdings im sog Treuhand-Modell nicht möglich; es ist vielmehr hier die Chance, eine Trennung der Gewerbesteuerpflicht auf das ausgliedernde Unternehmen einerseits und das aufnehmende Unternehmen andererseits sogar zu vermeiden (siehe im Einzelnen → Rn. 26), indem es – ähnlich wie eine Organschaft – zur Konsolidierung des Gewerbeertrags führt. Erfüllte allerdings der übertragende Rechtsträger und erfüllt auch die Treuhand KG die Voraussetzungen für die erweiterte Kürzung, läge es nahe diese Vergünstigung auch nach Ausgliederung auf eine Treuhand-KG weiter zu gewähren (dies ist aber strittig, → Rn. 27).

Um die Aufdeckung stiller Reserven, die in den auszugliedernden Vermögenswerten enthalten sind, vermeiden zu können, also den Ansatz von Buchwerten in dem aufnehmenden Rechtsträger zu erlauben, ist nach § 20 Abs. 1, § 24 Abs. 1 UmwStG die Ausgliederung eines Teilbetriebs im umwandlungssteuerrechtlichen Sinn erforderlich (hierzu ausführlich → Form. D.1 Rn. 39ff.). Dieses Formular stellt eine Möglichkeit vor, durch eine Ausgliederung auf eine sogenannte „Treuhand-KG" das Erfordernis eines Teilbetriebs im umwandlungssteuerrechtlichen Sinn zu vermeiden und so die Möglichkeiten einer Ausgliederung mit der steuerrechtlichen Fortführung der Buchwerte erheblich zu erweitern. Handelsrechtlich besteht die Möglichkeit der Aufdeckung der stillen Reserven und damit zB die Chance zur nachhaltigen Verbesserung der Kreditwürdigkeit des Unternehmens. Das Treuhandmodell bietet die Möglichkeit, Umstrukturierungen von Teilen eines Betriebs, welche den Kriterien für einen steuerlichen Teilbetrieb nicht erfüllen, weitestgehend steuerneutral zu verwirklichen.

Ferner können mit dem Treuhand-Modell auch Schulden mit ausgegliedert werden, was nach § 6 Abs. 5 EStG schädlich für die Vermeidung der Realsierung wäre.

einstweilen frei **5, 6**

IV. Zivil-, Handels- und Gesellschaftsrecht

Das dem Formular zugrundeliegende **Treuhandmodell** ist zivil- und steuerrechtlich **anerkannt.** Es wurde bereits seit vielen Jahren diskutiert (statt vieler *Kromer* DStR 2000, 2156 mwN; *Wild/Reinfeld* DB 2005, 69). Doch erst nach einer Grundsatzentscheidung des BFH (BFH v. 2.2.2010, IV R 26/07, BStBl. II 2010, 751) zur gewerbesteuerrechtlichen Neutralität einer „Treuhand-GmbH & Co. KG“ wurde dieses Modell in der Literatur umfassend diskutiert (*Neumayer/Imschweiler* EStB 2010, 345; *Viebrock/Stegemann* DStR 2013, 2375; *Suchanek/Hesse* GmbHR 2013, 1196; *dies.* GmbHR 2014, 466; *Jochimsen/Mangold/Zinowsky* DStR 2014, 2045; *Schiffers/Feldgen* GmbH-StB 2014, 141; *Stegemann* DStR 2015, 2577; *Kraft/Hohage* FR 2016, 153; *Kraft/Sönnichsen* DB 2011, 1936; *Behrens/Renner* BB 2016, 683; *Benz/Goß* DStR 2010, 839; *Hubertus/Lüdemann* BB 2010, 2474; *Tschesche/Hofmann* BB 2010, 1453; *Wacker* NWB 2010, 2133; *Wendt* BFH/PR 2010, 303) und findet seitdem in der Praxis immer weitere Verbreitung, zumal die Finanzverwaltung die gewerbesteuerliche Neutralität anerkannt hat (Urteilsveröffentlichung in BStBl. II 2010, 751; OFD Rheinland v. 24.11.2010, BeckVerw. 253246; OFD Nds. v. 7.2.2014, GmbHR 2014, 504; anders früher OFD Magdeburg v. 4.4.2005, DStR 2005; OFD Hannover v. 22.3.2005, FR 2005, 559). **7**

Zivilrechtlich beteiligt sich beim Treuhandmodell eine **Muttergesellschaft** als **Komplementärin** mit einem fast hundertprozentigen Kapitalanteil – im Formularfall mit 99,9% – an einer GmbH & Co. KG. Kommanditistin ist eine GmbH, deren Alleingesellschafterin die Muttergesellschaft ist. Die **Kommanditistin** hält den verbleibenden **Kapitalanteil** – im Formularfall 0,1% – **treuhänderisch** für die Muttergesellschaft. Da nach § 39 Abs. 2 Nr. 1 AO bei einem Treuhandverhältnis das Wirtschaftsgut dem Treugeber zuzurechnen ist, ist die Muttergesellschaft als Alleineigentümerin der GmbH & Co. KG anzusehen (vgl. zu Treuhandverhältnissen HMB/*Haritz* UmwStG § 1 Rn. 88; RHL/*Birkemeier* UmwStG § 3 Rn. 46). **8**

Das Formular geht davon aus, dass eine GmbH & Co. KG im Rahmen des Treuhandmodells ebenso neu zu gründen ist wie die GmbH, die ihre Beteiligung treuhänderisch halten soll (vgl. zur Vorgehensweise bei bereits existierender KG *Jochimsen/Mangold/Zinowksy* DStR 2014, 2045); eine unmittelbare Ausgliederung zur Neugründung ist (mangels Ein-Personengründung) nicht möglich (→ Rn. 10 mwN). Dementsprechend ist folgende **Reihenfolge des Vorgehens** vorgesehen. Zunächst ist eine GmbH zu gründen, deren Zweck das treuhänderische Halten einer Kommanditbeteiligung ist (→ Form. D.3.1 und → Form. D.3.2). Sodann ist mit dieser GmbH eine Treuhandvereinbarung zu schließen (→ Form. D.3.4). In einem dritten Schritt ist die Treuhand-KG mit Gesellschaftsvertrag zu errichten (→ Form. D.3.5). Jeweils anschließend an die Gründung der GmbH bzw. der Treuhand-KG erfolgt die Anmeldung zum Handelsregister (→ Form. D.3.6 und → Form. D.3.7). Nun kann in einem nächsten Schritt die Ausgliederung (→ Form. D.3.3) und deren Anmeldung zu den Handelsregistern (→ Form. D.3.8 und → Form. D.3.9) erfolgen.

9 Die **Ausgliederung von Vermögensteilen** einer Gesellschaft auf eine bestehende andere Gesellschaft richtet sich nach § 123 Abs. 3 Nr. 1 UmwG. Ein bestimmter Umfang des auszugliedernden Vermögensteils oder eine bestimmte Zusammengehörigkeit der einzelnen Vermögensgegenstände ist durch das UmwG nicht vorgeschrieben (SBB/*Sagasser* § 18 Rn. 16; SHS/*Hörtnagl* UmwG § 123 Rn. 22). Gegenstand einer Ausgliederung kann grundsätzlich auch ein einzelnes Wirtschaftsgut sein. Die einzelnen Gegenstände des Aktiv- und Passivvermögens, die übertragen werden sollen, müssen nach § 126 Abs. 1 Nr. 9, Abs. 2 UmwG genau bezeichnet werden (vgl. auch SBB/*Sagasser* § 18 Rn. 26).

Die §§ 124, 125 UmwG verweisen für die Spaltung auf die entsprechende Anwendung der Vorschriften über die Verschmelzung. Dies entspricht der grundlegenden Gemeinsamkeit beider Umwandlungsformen, nämlich einer vertraglich zu vereinbarenden **(Teil-)Gesamtrechtsnachfolge** (SBB/*Sagasser* § 17 Rn. 2; SHS/*Hörtnagl* UmwG § 1 Rn. 22; Lutter/*Teichmann* UmwG § 123 Rn. 7; WM/*Schwarz* UmwG § 123 Rn. 4.1.3; *K. Schmidt* AcP 191 (1991), 495; SSt/*Seulen* UmwG § 152 Rn. 5).

Die Gesamtrechtsnachfolge gilt aber nicht für alle Bereiche. Bei der Ausgliederung bleibt der ausgliedernde Rechtsträger als solcher bestehen, während die „echte" Gesamtrechtsnachfolge in Fällen eintritt, in denen ein Rechtsträger untergeht. Auswirkungen hat dies bei **laufenden Prozessverhältnissen.** Nach Auffassung von *Vossius* kommt es entweder direkt oder in entsprechender Anwendung der §§ 239, 246 ZPO – ggf. iVm. § 155 FGO – zu einem Übergang des Prozessrechtsverhältnisses auf den übernehmenden Rechtsträger und damit einer prozessualen (partiellen) Gesamtrechtsnachfolge (WM/*Vossius* UmwG § 131 Rn. 131, 153 iVm. *ders.* UmwG § 20 Rn. 258, 275). Sowohl der BGH als auch der BFH haben in zwei Entscheidungen entgegen dieser Ansicht entschieden, dass bei der Ausgliederung die ursprüngliche Prozessposition des übertragenden Rechtsträgers erhalten bleibt, auch wenn im Innenverhältnis der übernehmende Rechtsträger die wirtschaftlichen Folgen der Prozessentscheidung zu tragen hat (BGH v. 6.12.2000, XII ZR 219/98, NJW 2001, 1217; BFH v. 7.8. 2002, I R 99/00, BFH/NV 2003, 267). Die gesetzliche Regelung der gewillkürten (partiellen) Gesamtübertragung eines Vermögensteils habe rechtlich dieselben Wirkungen wie eine Einzelrechts- und nicht wie eine Gesamtrechtsnachfolge. Ein automatischer Wechsel der Prozesspartei trete daher nicht ein (BGH v. 6.12.2000, XII ZR 219/98, NJW 2001, 1217; BFH v. 7.8.2002, I R 99/00, BFH/NV 2003, 267). Dem steht auch eine frühere Entscheidung des BFH (BFH v. 27.4.1988, II R 201/84, BStBl. II 1988, 681), auf die Bezug genommen wird, nicht entgegen. Die dortige Entscheidung betraf den Fall einer Umwandlung, die mit der Vollbeendigung des umwandelnden Rechtsträgers verbunden war, während bei der Ausgliederung der umwandelnde Rechtsträger erhalten bleibt. Die hM folgt diesen Entscheidungen und lässt den übertragenden Rechtsträger die Prozesse in Prozessstandschaft fortführen (Lutter/*Teichmann* UmwG § 131 Rn. 83ff.; SSt/*Leonard* UmwG § 131 Rn. 10). Entsprechende Regelungen bei einer Ausgliederung zur zweifelsfreien Regelung des Innenverhältnisses sind daher sinnvoll (vgl. Ausgliederungsvertrag → Form. D.3.3 § 1 Abs. 4 und ausführlich → Form. B.3.1 Rn. 75ff.).

10 Neben den genannten §§ 124, 125 UmwG sind auf die Ausgliederung zur Aufnahme die §§ 126–134 UmwG und §§ 138–140 UmwG anzuwenden. Über § 125 UmwG finden zudem die Vorschriften über eine Verschmelzung, die §§ 2–122 UmwG mit den in § 125 genannten Ausnahmen Anwendung. Eine Prüfung der Ausgliederung, wie sie die §§ 9–12 UmwG für die Verschmelzung vorsehen, findet nach § 125 Satz 2 UmwG nicht statt.

10a Die A-GmbH und die C-GmbH & Co. KG sind nach § 124 Abs. 1 UmwG iVm. § 3 Abs. 1 Nr. 2 bzw. § 3 Abs. 1 Nr. 1 UmwG **ausgliederungsfähige Rechtsträger.** An einer Ausgliederung dürfen Rechtsträger unterschiedlicher Rechtsformen nach §§ 124 Abs. 2, 3 Abs. 4 UmwG beteiligt sein. Die C-GmbH & Co. KG muss bei Abschluss des Ausgliederungsvertrages bereits existieren. Dies ergibt sich aus § 135 Abs. 2 Satz 2 UmwG, der deutlich macht, dass es sich bei Spaltungen zur Neugründung jeweils um eine Ein-Personen-Gründung handelt (Lutter/*Teichmann* UmwG § 125 Rn. 2). Zur Gründung einer Personenhandelsgesellschaft aber sind grundsätzlich mindestens zwei Personen erforderlich (Lutter/*Teichmann* UmwG § 124 Rn. 11, SHS/*Hörtnagl* UmwG § 124 Rn. 31).

Aus § 126 Abs. 1 Nr. 2 UmwG ergibt sich, dass die Ausgliederung gegen die **Gewährung von Anteilen** an dem übernehmenden Rechtsträger zu erfolgen hat. Zwar wären nach §§ 54, 68 UmwG auch Umwandlungen ohne Kapitalerhöhung denkbar, diese gelten jedoch nach § 125 Satz 1 UmwG für Ausgliederungen nicht. Die zahlreich in der Literatur vertretene Auffassung, die einen Verzicht auf eine Kapitalerhöhung zumindest bei einer Ausgliederung auf eine hundertprozentige Tochtergesellschaft zulassen will (SHS/*Hörtnagl* UmwG § 126 Rn. 47 mwN) kann angesichts des klaren Wortlauts von § 125 Satz 1 UmwG nicht überzeugen, zumal auch § 131 Abs. 1 Nr. 3 UmwG nur für Auf- und Abspaltungen anwendbar ist (vgl. WM/*Mayer* UmwG § 126 Rn. 99). Die Vereinbarung einer nicht verhältniswahrenden Anteilsgewährung ist bei der Ausgliederung allerdings zulässig (WM/*Mayer* UmwG § 126 Rn. 70, 101.1). 11

Im Regelfall muss nach §§ 135 Abs. 1, 126 Abs. 1 Nr. 5 UmwG im Ausgliederungsvertrag der **Zeitpunkt der Berechtigung** der neuen Mitgliedschaft **am Gewinn** des übernehmenden Rechtsträgers sowie Besonderheiten in Bezug auf diesen Anspruch dargelegt werden. Im Rahmen des Treuhandmodells ist dies aber unproblematisch, da der übertragenden Gesellschaft vor und nach der Ausgliederung alle Erträge aus ihrer Komplementärstellung bzw. aus der Treuhandvereinbarung mit der Kommanditistin an der übernehmenden Gesellschaft zustehen. 12

Nach §§ 135 Abs. 1, 126 Abs. 1 Nr. 6 UmwG muss im Ausgliederungsvertrag der **Ausgliederungsstichtag,** also der Zeitpunkt festgelegt werden, von dem an die Handlungen des übertragenden Rechtsträgers als für Rechnung des übernehmenden Rechtsträgers vorgenommen gelten. Der Stichtag, auf den die Schlussbilanz zu erstellen ist, geht zwingend dem im Ausgliederungsvertrag vereinbarten Ausgliederungsstichtag unmittelbar voran (UmwSt-Erl. 2011, BMF v. 11.11.2011, BStBl. I 2011, 1314 Tz. 02.02; SHS/*Hörtnagl* UmwG § 126 Rn. 58, UmwG § 17 Rn. 37). Der Stichtag kann vom Zeitpunkt der Teilhabe am Bilanzgewinn abweichen (SSt/*Schröer* UmwG § 126 Rn. 45f. mwN).

einstweilen frei **13–16**

V. Handelsbilanzrecht

Zivilrechtlich existieren mit der A-GmbH, der B-Treuhand-GmbH und der C-GmbH & Co. KG drei **zivilrechtlich eigenständige Unternehmen.** Handelsrechtlich gelten daher die allgemeinen Regeln, jede der Gesellschaften ist daher handelsbilanziell gesondert und für sich selbst zu betrachten. 17

Die **A-GmbH** bilanziert daher die von ihr gehaltenen Anteile an der B-Treuhand-GmbH und der C-GmbH & Co. KG nach § 266 Abs. 2 Buchst. A. III.1 HGB, unterstellt es handelt sich um eine große oder mittelgroße Kapitalgesellschaft, als Anteile an verbundenen Unternehmen. Sie bilanziert aber ebenso auch die von der B-Treuhand-GmbH treuhänderisch gehaltenen Anteile, da ihr das wirtschaftliche Eigentum daran zuzuordnen ist (BeBiKo/*Schmidt/Ries* HGB § 246 Rn. 10ff.; *IDW* ERS HFA 13 nF Tz. 51; *Suchanek/Hesse,* GmbHR 2014, 466). Nach § 246 Abs. 1 Satz 2 HGB sind Vermögensgegenstände, die wirtschaftlich nicht dem (rechtlichen) Eigentümer zuzurechnen sind, beim wirtschaftlichen Eigentümer in die Bilanz aufzunehmen. Bei der fiduziarischen Treuhand erwirbt der Treuhänder das Wirtschaftsgut – hier die Beteiligung als Kommanditist an der C-GmbH & Co. KG – zu vollem zivilrechtlichen Eigentum, er ist aber verpflichtet, seine Rechte ausschließlich nach vorheriger Weisung des Treugebers auszuüben, der Kosten und Gefahr der Beteiligung trägt. Der Treugeber, hier die A-GmbH, weist also in der Handelsbilanz eine 100%ige Beteiligung an der Treuhand-KG aus (*Schiffers/Feldgen* GmbH-StB 2014, 141; *Kraft/Hohage* FR 2016, 153; *Suchanek/Hesse* GmbHR 2014, 466; BFH v. 3.2.2010, IV R 26/07, BStBl. II 2010, 751).

Die **B-Treuhand-GmbH** bilanziert die von ihr gehaltene Kommanditbeteiligung nicht, sondern stellt nur das vorhandene Geldvermögen auf der Aktivseite und das Eigenkapital, gemindert um die Gründungskosten, auf der Passivseite dar.

18 Die **C-GmbH & Co. KG** ist handelsrechtlich trotz der steuerlichen Konsequenzen des Treuhandmodells bilanzierungspflichtig und muss daher einen handelsrechtlichen Jahresabschluss aufstellen (*Schiffers/Feldgen* GmbH-StB 2014, 141). Sie weist in ihrer Handelsbilanz die ihr durch den Ausgliederungsvertrag übertragenen Wirtschaftsgüter aus (*Kraft/Hohage* FR 2016, 153; *Rödder* DStR 2005, 955; *Schiffers/Feldgen* GmbH-StB 2014, 141). Dabei ist die Summe der Gegenleistungen gemäß Ausgliederungsvertrag gemäß § 255 HGB auf die einzelnen Wirtschaftsgüter anteilig angemessen aufzuteilen (BeBiKo/*Schubert/Gadek* HGB § 255 Rn. 80 ff.), sofern sie nicht das Wahlrecht des § 24 UmwG auf Buchwertansatz ausübt.

18a **Unabhängig vom Ansatz bei der Übernehmerin** kann es ggf. zu einer Hebung der in dem übertragenden Vermögen liegenden stillen Reserven in der Handelsbilanz der übertragenden Gesellschaft, hier der A-GmbH, kommen (RS HFA 43 Tz. 21; *Viebrock/Stegemann* DStR 2013, 2375; *Schiffers/Feldgen* GmbH-StB 2014, 141), vgl. → Form. D.1 Rn. 30 ff.

18b Zur sog. Schlussbilanz iSd. § 17 UmwG vgl. → Form. D.1 Rn. 26 ff.

19–22 *einstweilen frei*

VI. Ertragsteuern

23 Die ertragsteuerlichen Auswirkungen des Treuhand-Modells sind Ursache und Anlass für diese Gestaltungsvariante. Es ermöglicht eine **steuerneutrale Übertragung von Vermögen** (einschließlich der Übernahme von Schulden) ohne Aufdeckung stiller Reserven auch dann, wenn die Voraussetzungen eines Teilbetriebs und damit die Anwendung der Regelungen des UmwStG nicht gegeben sind. Auch die steuerneutrale Übertragung von Einzelwirtschaftsgütern ist damit möglich (*Kraft/Sönnichsen* DB 2011, 1936; *Kraft/Hohage* FR 2016, 153; *Wacker* NWB 2010, 2133). Die Gestaltungsvariante gewinnt seit der Grundsatzentscheidung des BFH v. 3.2.2010 (IV R 26/07, BStBl. II 2010, 751), mit der er die Gewerbesteuerpflicht einer Treuhand-KG verneinte, zunehmend an Bedeutung. Die Finanzverwaltung hat sich diese Entscheidung zu eigen gemacht.

24 Eine KG ist zwar grundsätzlich eine Mitunternehmerschaft, dies trifft aber auf die Treuhand-KG nicht zu. Der Unterschied beruht auf Folgendem:

- Wird ein Komplementäranteil treuhänderisch für einen Kommanditisten gehalten, ändert dies an der steuerlichen Mitunternehmerschaft der Komplementärin nichts, da der Komplementärin die Befugnis zur Vertretung der Gesellschaft gemäß § 170 HGB nicht entzogen werden kann (BFH v. 3.2.2010, IV R 26/07, BStBl. II 2010, 751; BGH v. 9.12.1968, II ZR 33/67, BGHZ 51, 198; BH/*Roth* HGB § 170 Rn. 1, § 127 Rn. 3; *Neumayer/Imschweiler* EStB 2010, 345). Es bleibt trotz der Treuhand auch bei der Außenhaftung und damit dem Risiko der Inanspruchnahme für Verluste der KG (BFH v. 3.2.2010, IV R 26/07, BStBl. II 2010, 751; *Wendt* BFH/PR 2010, 303).
- Anders ist dies, wenn der einzige Kommanditanteil treuhänderisch für die Komplementärin gehalten wird und der Treuhänder seine Rechte ausschließlich auf Wei-

sung des Treugebers ausüben darf, der Treugeber die Kosten und Risiken des Anteils trägt und er ein kurzfristig ausübbares Rückübertragungsrecht hat. In diesem Fall fehlt es dem Treuhänder-Kommanditisten an einer Mitunternehmerstellung gem. § 15 Abs. 1 Satz 1 Nr. 2 Satz 1 EStG, da er weder über Mitunternehmerinitiative verfügt noch ein Mitunternehmerrisiko für ihn besteht (BFH v. 3.2.2010, IV R 26/07, BStBl. II 2010, 751; *Kraft/Hohage* FR 2016, 153; *Schiffers/Feldgen* GmbH-StB 2014, 141; *Suchanek/Hesse* GmbHR 2014, 466).

Damit besteht bei der Treuhand-KG **keine Mitunternehmerschaft** (*Kraft/Sönnichsen* DB 2011, 1936; *Jochimsen/Magold/Zinowski* DStR 2014, 2045; *Suchanek/Hesse* GmbHR 2013, 1196; *Neumayer/Imschweiler* EStB 2010, 345; HMB/*Haritz* UmwStG § 1 Rn. 89). Aus diesem Grund wird die Treuhand-KG auch als **Ein-Unternehmer-Personengesellschaft** bezeichnet (*Neumayer/Imschweiler* EStB 2010, 345; *Viebrock/Stegemann* DStR 2013, 2375; *Suchanek/Hesse* GmbHR 2013, 1196; *Wendt* BFH/PR 2010, 303).

Die **Konsequenzen** sind zweifach. Zum einen sind der Komplementärin die aus **25**
dem Kommanditanteil erzielten Einkünfte gem. § 39 Abs. 2 Nr. 1 Satz 2 AO als wirtschaftlichem Eigentümer zuzuweisen, zum anderen sind ihr nach § 39 Abs. 2 Nr. 2 AO auch die Wirtschaftsgüter des Gesamtvermögens zuzurechnen und in ihrer Bilanz abzubilden (BFH v. 3.2.2010, IV R 26/07, BStBl. II 2010, 751; *Suchanek/Hesse* GmbHR 2013, 1196; *Schiffers/Feldgen* GmbH-StB 2014, 141; *Kraft/Hohage* FR 2016, 153; *Kraft/Sönnichsen* DB 2011, 1936). Überträgt die Komplementärin Wirtschaftsgüter auf die Treuhand-KG, ist dies trotz des zivilrechtlichen Übertragungsaktes steuerlich mit der Verbringung in eine andere Betriebsstätte gleichzusetzen. Die Buchwertfortführung ist daher auch ohne einen Rückgriff auf § 6 Abs. 5 EStG oder § 24 UmwStG, die auf diese Konstellation nicht anwendbar sind, zwingend (*Schiffers/Feldgen* GmbH-StB 2014, 141; *Kraft/Hohage* FR 2016, 153; *Kraft/Sönnichsen* DB 2011, 1936).

Da die Komplementärin steuerlich wie eine Einzelunternehmerin anzusehen ist, er- **26**
folgt **keine zweistufige Gewinnermittlung** nach § 15 Abs. 1 Satz 1 Nr. 2 iVm. § 15 Abs. 2 und Abs. 3 EStG und obwohl eine KG Gewerbesteuersubjekt nach § 5 Abs. 1 Satz 3 GewStG ist, ist bei einer Treuhand-KG die **Komplementärin** selbst auch **Gewerbesteuerschuldnerin** (BFH v. 3.2.2010, IV R 26/07, BStBl. II 2010, 751; *Suchanek/Hesse* GmbHR 2013, 1196; *Viebrock/Stegemann* DStR 2013, 2375; *Neumayer/Imschweiler* EStB 2010, 345; *Jochimsen/Mangold/Zinowski* DStR 2014, 2045; *Kraft/Hohage* FR 2016, 153). § 5 Abs. 1 Satz 3 GewStG („Ist die Tätigkeit einer Personengesellschaft Gewerbebetrieb“), so ausdrücklich der BFH, erfordere „eine unternehmerbezogene (gesellschafterbezogene) Auslegung“ (BFH v. 3.2.2010, IV R 26/07, BStBl. II 2010, 751). Dies hat zur Konsequenz, dass die Übertragung von Vermögen auf die Treuhand-KG auch keine Auswirkungen auf etwaige gewerbesteuerliche Verlustvorträge hat (*Kraft/Sönnichsen* DB 2011, 1936). Bei der Gewinnermittlung sind Ergebnisse aus vertraglichen Beziehungen zwischen der Komplementärin und der Treuhand-KG selbst dann herauszurechnen, wenn sie zivilrechtlich wirksam vereinbart wurden (BFH v. 3.2.2010, IV R 26/07, BStBl. II 2010, 751; *Viebrock/Stegemann* DStR 2013, 2375; *Schiffers/Feldgen* GmbH-StB 2014, 141). Die Treuhand-KG ist auch kein eigenständiger Betrieb iSd. Zinsschranke (dazu iE → Form. A.3 Rn. 101 f.) gem. § 4h EStG, § 8c KStG (*Neumayer/Imschweiler* EStB 2010, 345).

Exkurs zu reinem Immobilien-Unternehmen iSd § 9 Nr. 1 Satz 2 GewStG: Erfüllte **27**
der übertragende Rechtsträger und erfüllt auch die Treuhand KG die Voraussetzungen für die **erweiterte Kürzung,** läge es nahe diese Vergünstigung auch nach Ausgliederung auf eine Treuhand-KG weiter zu gewähren, da dem Immobilien-Unternehmen ja das Vermögen der Treuhand KG steuerlich gem. § 39 Abs. 2 Nr. 2 AO zuzurechnen ist. Dies ist aber strittig, weil der BFH (ua. v. 19.10.2010, I R 67/09, DStR 2011, 360; Blümich/*Gosch* GewStG § 9 Rn. 21) auf die Zivilrechtslage verweist und die ausge-

gliederten Immobilien bei der Obergesellschaft (als gewerbesteuerlichem Unternehmen) keinen „eigenen Grundbesitz" mehr darstellen: so insbes. Glanegger/Güroff/*Güroff* GewStG § 9 Rn. 21. mwN zur BFH-Rechtsprechung; zu vergleichbaren Konstallationen bei Zebra- bzw. gewerblich infizierten Gesellschaften sind BFH-Revisionen anhängig (IV R 24/12, IV R 26/14 und IV R 27/14; nach der nachstehenden Entscheidung des Großen Senats sind die Verfahren nunmehr unter BFH IV R 9/19, IV R 10/19 und IV R 11/19 anhängig). Instruktiv FS-Gosch/*Wendt* S. 449, 457 f. mwN zum Meinungsstand in der Literatur in Fn. 57. Der IV. Senat hat mit Beschluss BFH v. 21.7.2016 (IV R 26/14, BStBl. II 2017, 202; Az neu BFH IV R 9/19) den Großen Senat (GrS 2/16) angerufen, weil er von der bisherigen Rechtsprechung des I. und VIII. Senat abweichen und auf die wirtschaftliche und nicht mehr die zivilrechtliche Zugehörigkeit abstellen will. Der Große Senat hat mit BFH-Beschl. v. 25.9. 2018, GrS 2/16, BeckRS 2018, 40602 entschieden: Tenor in Rn. 116: *„Einer grundstücksverwaltenden, nur kraft ihrer Rechtsform der Gewerbesteuer unterliegenden Gesellschaft ist die sog. erweiterte Kürzung nach § 9 Nr. 1 Satz 2 GewStG nicht deshalb zu verwehren, weil sie an einer rein grundstücksverwaltenden, nicht gewerblich geprägten Personengesellschaft beteiligt ist"*. Dies könnte auch richtungsweisend für die Frage der Gewährung der erweiterten Kürzung im vorliegenden Sachverhalt bei einer nur grundbesitzenden Treugeber-Gesellschaft sein.

28–30 *einstweilen frei*

VII. Verkehrsteuern

31 Die Ausgestaltung einer KG als Treuhand-KG hat keine Auswirkungen hinsichtlich der **Grunderwerbsteuer,** da das GrEStG an zivilrechtliche Übertragungsvorgänge anknüpft. Trotz einer Treuhandabrede erfolgt auch keine Zurechnung über § 39 Abs. 2 Nr. 1 AO zum Treugeber. Überträgt daher die Komplementärin bei Errichtung der Treuhand-KG im Rahmen der Ausgliederung ein Grundstück auf die KG, fällt grundsätzlich GrESt an, allerdings nach § 5 Abs. 2 GrEStG gemindert um die Beteiligung der Komplementärin an der Treuhand-KG, im Formularfall also gemindert um 99,9% (vgl. zu dem Ganzen *Kraft/Hohage* FR 2016, 153; *Kraft/Sönnichsen* DB 2011, 1936; *Neumayer/Imschweiler* EStB 2010, 345; Pahlke GrEStG § 5 Rn. 10; Boruttau/*Viskorf* GrEStG § 5 Rn. 13 ff.). Allerdings ist die Haltefrist des § 5 Abs. 3 GrEStG zu beachten.

Zu Regelungen zur Nichterhebung der Grunderwerbsteuer bei Umwandlungsvorgängen im Konzern gem. § 6a GrEStG allgemein → Form. D.1 Rn. 80 ff: in dem vorliegenden speziellen Fall stellt sich die Frage, ob die Steuervergünstigung für eine Ausgliederung auf eine neu gegründete Gesellschaft im Konzern auch dann gewährt werden kann, wenn wegen der Neugründung der Gesellschaft die fünfjährige Vorbehaltensfrist nicht eingehalten wurde; diese ist Gegenstand des Revisionsverfahrens BFH II R 36/14 (Aussetzung des Verfahrens: BFH v. 18.7.2017, II R 36/14, n. v./ Fortführung unter Az. BFH II R 16/19 nach EuGH v. 19.12.2018, C-374/17, DStR 19, 49).

Vgl. iE zur GrESt→ Form. D.1 Rn. 66 ff. und → Form. E.3 Rn. 52 ff.

32 Auch bezüglich der **Umsatzsteuer** wird bislang die Auffassung vertreten, dass die Treuhandabrede zwischen der Komplementärin und der Treuhand-KG keine Auswirkungen haben soll, da Treuhand-KG zivilrechtlich existent ist und als Unternehmer nach außen tätig wird (*Kraft/Hohage* FR 2016, 153; *Kraft/Sönnichsen* DB 2011, 1936; *Neumayer/Imschweiler* EStB 2010, 345; *Viebrock/Stegemann* DStR 2013, 2375). Für Außenumsätze der Treuhand-KG mit Dritten ist dies zutreffend, für Umsätze zwischen dem Komplementär und der Treuhand-KG bestehen jedoch Zweifel. Das FG München hat in seiner Entscheidung vom 13.3.2013 (3 K 235/10, DStR 2013, 1434), der keinen Fall einer Treuhand-KG betraf, entschieden, dass der Grundsatz der Steuerneutralität, der bei der Umsetzung von Bestimmungen aus EU-Richtlinien zu beachten ist, es gebietet, das im Umsatzsteuerrecht die Rechtsform des Steuerpflichtigen grundsätzlich unerheblich sein muss und eine **umsatzsteuerliche Organschaft** entgegen dem Wortlaut des § 2 Abs. 2 Nr. 2 Satz 1 UStG auch mit einer Personengesellschaft als Organgesellschaft möglich sein muss, wenn die allgemeinen Voraussetzungen (Unternehmereigenschaft für Organträger und Organgesellschaft, finanzielle, wirtschaftliche und organisatorische Eingliederung) vorliegen. Auf die Revision des Finanzamtes hin hat der BFH zunächst das Ruhen des Verfahrens bis zu einer Entscheidung des EuGH angeordnet. EuGH v. 16.7.2015, C-108/14, C-109/14 (BFH/NV 2015, 1549) entschied, dass Art. 4 Abs. 4 Unterabs. 2 der Sechsten Richtlinie 77/388 in der geltenden Fassung einer nationalen Regelung entgegensteht, die eine umsatzsteuerliche Organschaft nur für juristische Personen als Organgesellschaften zulässt, wie dies nach dem Wortlaut des § 2 Abs. 2 Nr. 2 Satz 1 UStG der Fall ist. BFH v. 2.12.2015 (V R 25/13, BFH/NV 2016, 500) hat die Grundentscheidung des EuGH übernommen, die Aussage des FG München aber dahingehend eingeschränkt, dass die Erweiterung der umsatzsteuerlichen Organschaft auf Personengesellschaften nur in engem Umfang und nur bei solchen Personengesellschaften möglich ist, bei denen neben dem Organträger allenfalls Personen Gesellschafter sind, die in das Unternehmen des Organträgers finanziell eingegliedert sind.

Bei Nutzung einer Treuhand-KG liegen die Voraussetzungen einer finanziellen, wirtschaftlichen und organisatorischen Eingliederung in das Unternehmen der Komplementärin in aller Regel vor, so dass für das Vorliegen einer umsatzsteuerlichen Organschaft zwischen Komplementärin als Organträger und Treuhand-KG als Organgesellschaft lediglich zu prüfen ist, ob die Komplementärin nicht reine Holding, sondern auch umsatzsteuerlicher Unternehmer ist. Entgegen *Kraft/Hohage* (FR 2016, 153) ist dies nach dem Urteil des BFH auch nach der derzeitigen Rechtslage durch eine erweiterte Auslegung von § 2 Abs. 2 Nr. 2 Satz 1 UStG möglich.

Zu weiteren Einzelheiten zur USt. → Form. A.1 Rn. 118ff. **33**

einstweilen frei **34–36**

VIII. Arbeitsrecht

S. zunächst → Form. B.1 Rn. 176ff. und → Form. A.1 Rn. 150ff.

Gem. **§ 126 Abs. 1 Nr. 11 UmwG** müssen bei einer Ausgliederung zur Neugründung in der Ausgliederungserklärung zwingend die Folgen der Spaltung für die Arbeitnehmer und ihre Vertretungen sowie die insoweit vorgesehenen Maßnahmen angegeben werden. § 126 Abs. 1 Nr. 11 UmwG stellt eine Parallelvorschrift zu der für die Verschmelzung geltenden Regelung des § 5 Abs. 1 Nr. 9 UmwG dar. § 126 Abs. 3 UmwG sieht entspr. der Regelung in § 5 Abs. 3 UmwG für die Verschmelzung die Zuleitung des Entwurfs der Ausgliederungserklärung an den Betriebsrat vor. Hinsichtlich der Anforderungen an die Darstellung der Arbeitnehmerfolgen, des Verhältnisses zu sonstigen Informationsrechten, der Konsequenzen unrichtiger oder unvollständiger Darstellung, der Zuleitung an den Betriebsrat, nachträglicher Abänderungen des Vertrags oder eines Verzichts kann daher auf → Form. A.1 Rn. 150ff. verwiesen werden, in materiell-rechtlicher Hinsicht auf die „Checkliste Arbeitsrecht“ (→ Form. A.1 Rn. 231). **37**

Die Darstellung arbeitsrechtlicher Folgen nach § 126 Abs. 1 Nr. 11 UmwG erfordert im Rahmen der Spaltung zusätzliche Angaben über die **Zuordnung** von **Betrieben und Betriebsteilen** zu den übernehmenden Rechtsträgern. Dies folgt ausdrücklich aus der Regelung des § 126 Abs. 1 Nr. 9 UmwG, wonach eine genaue Bezeichnung und Aufteilung der Gegenstände des Aktiv- und Passivvermögens, die an **38** jeden der übernehmenden Rechtsträger übertragen werden, „sowie der übergehenden Betriebe und Betriebsteile unter Zuordnung zu den übernehmenden Rechtsträgern" zu erfolgen hat.

39 In diesem Zusammenhang sind auch Ausführungen darüber erforderlich, welche Einheiten als Betrieb oder als Betriebsteil betrachtet werden. Zu empfehlen ist die **Aufnahme von Personallisten** unter Zuordnung der Arbeitnehmer zu den übertragenen Betrieben oder Betriebsteilen. Vollzieht sich der Übergang der Arbeitsverhältnisse nach § 613a BGB, hat die Bezeichnung der übergehenden Arbeitsverhältnisse lediglich deklaratorische Bedeutung. Vollzieht sich der Übergang allein auf Grund der Ausgliederungserklärung, so müssen die Arbeitnehmer namentlich bezeichnet werden (vgl. BT-Drs. 12/6699, 118, Kallmeyer/*Willemsen* UmwG § 324 Rn. 57).

40 Der **Übergang der Arbeitsverhältnisse** auf den übernehmenden Rechtsträger vollzieht sich nach § 324 UmwG, § 613a BGB, soweit mit der Ausgliederung ein Betrieb oder Betriebsteil übertragen wird (zu den Voraussetzungen eines Betriebsübergangs → Form. A.1 Rn. 169). Die Zuordnung der Arbeitsverhältnisse richtet sich nach § 613a BGB, dh. die Arbeitsverhältnisse gehen automatisch mit dem Betriebsteil über, mit dem sie funktional verbunden sind (Kallmeyer/*Willemsen* UmwG § 324 Rn. 52. S. iE → Form. B.1 Rn. 180ff.; *Wlotzke* DB 1995, 40, 42f.). Die Gestaltungsfreiheit, die den an der Umwandlung beteiligten Rechtsträgern gem. § 126 Abs. 1 Nr. 9 UmwG hinsichtlich der Zuordnung von Betrieben oder Betriebsteilen zu den verschiedenen übernehmenden Rechtsträgern zukommt, bezieht sich nicht auf die Zuordnung der Arbeitnehmer zu diesen Betrieben, vielmehr wird diese durch § 613a BGB beschränkt (Kallmeyer/*Willemsen* UmwG § 324 Rn. 52; *Boecken* ZIP 1994, 1087, 1091; s. auch BT-Drs. 12/6699, 118). Eine „freie" Zuordnung von Arbeitsverhältnissen in der Ausgliederungserklärung, welche die objektive Zuordnung zu einem bestimmten Betrieb oder Betriebsteil aufhebt, ist wegen des Vorrangs von § 613a BGB unwirksam (hM vgl. Kallmeyer/*Willemsen* UmwG § 324 Rn. 53; *Boecken* ZIP 1994, 1087, 1091; *Wlotzke* DB 1995, 40, 42; *Joost* ZIP 1995, 976, 980). Im Übrigen hat die – zutreffende – Zuordnung von Arbeitsverhältnissen in der Ausgliederungserklärung lediglich deklaratorische Bedeutung.

41 Wenn die **Zuordnung** eines Arbeitsverhältnisses zu einem bestimmten Betrieb **unklar** oder nicht möglich ist, zB bei Mitarbeitern einer übergeordneten Stabsabteilung oder sog. „Springern", die in mehreren Betriebsteilen eingesetzt werden, kommt eine bindende Festlegung in der Ausgliederungserklärung unter genauer Bezeichnung der Arbeitsverhältnisse in Betracht (*Wlotzke* DB 1995, 40, 42; wohl auch Kallmeyer/*Willemsen* UmwG § 324 Rn. 54f.). Dagegen spricht der Vorrang von § 613a BGB. An der zwingenden Wirkung des § 613a BGB kann der Spaltungsvertrag nichts ändern (BAG v. 19.10.2017, 8 AZR 63/17, NZA 2018, 370, Lutter/*Priester* UmwG § 126 Rn. 69; → Form. A.1 Rn. 170).

42 Besteht im Betrieb des übergehenden Rechtsträgers ein **Betriebsrat,** gibt darüber hinaus § 323 Abs. 2 UmwG den Betriebsparteien die Möglichkeit, in Fällen zweifelhafter Zuordnung im Rahmen eines **freiwilligen Interessenausgleichs** Festlegungen zu treffen (→ Form. A.1. Rn. 170).

43 Rechtsfolge des Betriebsübergangs ist der **Übergang** der **Arbeitsverhältnisse** nach **§ 613a BGB** mit allen Rechten und Pflichten. Widerspricht ein Arbeitnehmer bei einer Ausgliederung dem Übergang des Arbeitsverhältnisses, bleibt das Arbeitsverhältnis mit dem übertragenden Rechtsträger bestehen (*Boecken* ZIP 1994, 1087, 1092). Dem übertragenden Rechtsträger steht jedoch unter den Voraussetzungen des § 1 KSchG ein Recht zur **betriebsbedingten Kündigung** zu, wenn eine Weiterbeschäftigung des Arbeitnehmers wegen des ausgliederungsbedingten Übergangs ausgeschlossen ist und eine andere Weiterbeschäftigungsmöglichkeit nicht besteht (*Boecken* ZIP 1994, 1087, 1092; iE → Form. A.1 Rn. 177). Nach neuerer Rspr. ist eine **Sozialauswahl** unabhängig von den Beweggründen des widersprechenden Arbeitnehmers für seinen

Widerspruch durchzuführen (BAG v. 31.5.2008, 2 AZR 276/06, NZA 2008, 33, ausführliche Darstellung bei ErfK/*Preis* BGB § 613a Rn. 105ff.). Im Einzelfall kann die Ausübung des Widerspruchsrechts rechtsmissbräuchlich sein (vgl. BAG v. 19.2.2009, 8 AZR 176/08, NZA 2009, 1095).

Der Übergang von Arbeitsverhältnissen im Zusammenhang mit einer Ausgliederung muss nicht zwingend nach § 613a BGB erfolgen. Während im Zusammenhang mit der Verschmelzung in aller Regel ein Betriebsübergang stattfindet, ist dies bei der Ausgliederung (analog zur Spaltung) nicht unbedingt der Fall. Die Folgen der Ausgliederung für die Arbeitnehmer hängen davon ab, wie die an der Ausgliederungserklärungserklärung beteiligten Rechtsträger die zu übertragenden Vermögensbestandteile strukturiert und zugeordnet haben. Werden hierbei keine Betriebe oder Betriebsteile im Sinne einer „wirtschaftlichen Einheit" übertragen, findet ein Betriebsübergang nach § 613a BGB nicht statt. Der Übergang der Arbeitsverhältnisse kann sich in diesem Fall nur „rein ausgliederungsbedingt" im Wege der **Gesamtrechtsnachfolge** gem. **§ 131 Abs. 1 Nr. 1 UmwG** entsprechend der Bezeichnung in der Ausgliederungserklärung vollziehen (vgl. auch *Boecken* ZIP 1994, 1087, 1091f.). Der Übergang von Arbeitsverhältnissen im Wege der (partiellen) Gesamtrechtsnachfolge bedarf der **Zustimmung der betroffenen Arbeitnehmer** (BAG v. 19.10.2017, 8 AZR 63/16, NZA 2018, 370; iE auch → Form. B.1 Rn. 186). 44

Der Übergang eines etwa bestehenden **Firmentarifvertrages** findet in allen Spaltungsfällen indes nur statt, soweit dies gem. § 131 Abs. 1 Nr. 1 UmwG in der Ausgliederungserklärung vorgesehen ist. Die Stellung als Vertragspartner des Firmentarifvertrages kann nur einem der an der Spaltung beteiligten Rechtsträger zugewiesen werden, ansonsten würde die Gesamtrechtsnachfolge nach § 131 UmwG zu einer „Vervielfältigung" des Firmentarifvertrages führen (Kallmeyer/*Willemsen* UmwG § 324 Rn. 24). 45

Bei einer Spaltung kann sich die **kündigungsrechtliche Stellung** des Arbeitnehmers verschlechtern, wenn der Arbeitnehmer einem Rechtsträger zugeordnet wird, bei dem zB die für den Kündigungsschutz nach dem Kündigungsschutzgesetz notwendige Zahl von mehr als zehn bzw. – für vor dem 1.1.2004 eingestellte Arbeitnehmer mit Bestandsschutz – mehr als fünf Arbeitnehmern (§ 23 Abs. 1 Satz 2 und 3 KSchG nF) nicht mehr erreicht wird. § 323 UmwG bestimmt daher, dass im Fall der Spaltung die „kündigungsrechtliche Stellung" (zum Begriff vgl. *Wlotzke* DB 1995, 40, 44; *Willemsen* NZA 1996, 791, 799f. mwN) des Arbeitnehmers trotz des tatsächlichen Wegfalls der Voraussetzungen für zwei Jahre erhalten bleibt. 46

Infolge der Ausgliederung kann, muss es aber nicht zu betriebsverfassungsrechtlichen Folgen auf der betrieblichen Ebene kommen: 47

Keine betriebsverfassungsrechtlichen Folgen entstehen, wenn die Ausgliederung aus dem Unternehmen den Bestand des Betriebs in organisatorischer Hinsicht unberührt lässt. **§ 1 Abs. 2 BetrVG** regelt für den Fall, dass die an der Spaltung eines Unternehmens beteiligten Rechtsträger nach der Spaltung den betroffenen Betrieb ohne wesentliche organisatorische Änderungen gemeinsam weiterführen, die Vermutung eines **gemeinsamen Betriebs** der an der Spaltung beteiligten Rechtsträger. Die Regelung findet sowohl auf Spaltungen nach dem UmwG als auch im Wege der Einzelrechtsnachfolge eigenständig Anwendung. 48

Verliert der bisherige Betrieb infolge der Ausgliederung seine Identität mit der Folge, dass ein neuer Betrieb entsteht, kommt dem Betriebsrat ein befristetes **Übergangsmandat** zu. Die Ausgliederung aus dem Rechtsträger kann insbesondere zur Spaltung von Betrieben führen. Die gespaltenen Betriebe können entweder neue eigenständige Betriebe bilden oder in bestehende Betriebe eingegliedert werden (§ 21a Abs. 1 BertrVG) oder mit anderen Betrieben oder Betriebsteilen zu neuen Organisationseinheiten zusammengelegt werden (§ 21a Abs. 2 BetrVG). Insoweit und zu der Entstehung eines Übergangsmandats → Form. A.1 Rn. 184ff. (zu § 21a BetrVG). 49

50 Eine Sonderregelung für den Fall der Spaltung eines Betriebs infolge der Spaltung des Unternehmens sieht **§ 325 Abs. 2 UmwG** vor, der die – zeitlich unbegrenzte – **Vereinbarung der Fortgeltung von betriebsverfassungsrechtlichen Rechten oder Beteiligungsrechten** durch Betriebsvereinbarung oder (Firmen-)Tarifvertrag ermöglicht. Auf diesem Weg kann die Fortgeltung von auf Grund der Spaltung entfallenen Rechten und Beteiligungsrechten in allen aus der Spaltung hervorgegangenen Betrieben erreicht werden (vgl. Kallmeyer/*Willemsen* UmwG § 325 Rn. 15; *Wlotzke* DB 1995, 40, 46). Bedeutung hat die Vorschrift unter anderem für die Beibehaltung von Beteiligungsrechten, die von einer bestimmten Arbeitnehmerzahl abhängig sind (zB § 99 BetrVG – Einstellungen, Versetzungen von Arbeitnehmern).

51 Wegen der möglichen Folgen der Ausgliederung für die Unternehmensmitbestimmung siehe zunächst → Form. A.1 Rn. 201.

52 **§ 325 Abs. 1 UmwG,** der die befristete Beibehaltung des bisherigen Mitbestimmungsstatuts beim **übertragenden Rechtsträger** regelt, ist bei einer Ausgliederung zu beachten. § 325 Abs. 1 UmwG regelt bei Abspaltung und Ausgliederung eine auf fünf Jahre befristete **Beibehaltung des Mitbestimmungsstatuts** beim übertragenden Rechtsträger, wenn die gesetzlichen Voraussetzungen der Mitbestimmung nach einem der Mitbestimmungsgesetze (MitbestG, MontanMitbestG, DrittelbG) infolge der Umwandlung entfallen. Dies gilt jedoch **nicht, wenn** die Mitbestimmung eine Mindestzahl von Arbeitnehmern voraussetzt und nach der Ausgliederung die Zahl der Arbeitnehmer des übertragenden Rechtsträgers auf **weniger als ein Viertel** dieser Mindestzahl abgesunken ist (§ 325 Abs. 1 Satz 2 UmwG).

53, 54 *einstweilen frei*

IX. Kosten

1. Errichtung der B-Treuhand-GmbH nebst Handelsregisteranmeldung

55 Die Beurkundung der Errichtung der B-Treuhand-GmbH löst als Ein-Personen-Gründung eine 1,0-Gebühr nach Nr. 21200 des Kostenverzeichnisses aus (*Diehn/Volpert,* Praxis des Notarkostenrechts, Rn. 1037). Der Geschäftswert für die Gründung orientiert sich am Stammkapital der zu gründenden GmbH und beträgt nach § 107 Abs. 1 Satz 1 GNotKG mindestens 30 000 EUR (auch bei einem Stammkapital von 25 000 EUR), höchstens jedoch 10 Millionen EUR. Die Beschlussfassung über die Bestellung des ersten Geschäftsführers lässt eine 2,0-Gebühr nach Nr. 21100 des Kostenverzeichnisses entstehen, mindestens jedoch 120 EUR.

Für die (auftragsgemäße) Erstellung der zum Handelsregister ebenfalls einzureichenden Gesellschafterliste entsteht eine weitere sog. Vollzugsgebühr beim Notar (Vorbemerkung 2.2.1.1 Abs. 1 Satz 2 Nr. 3 des Kostenverzeichnisses) in Höhe von 0,5 nach Nr. 22110 des Kostenverzeichnisses, höchstens jedoch 250 EUR nach Nr. 22113 des Kostenverzeichnisses.

Betreffend die Erstanmeldung der B-Treuhand-GmbH ist bezüglich der Notarkosten zu unterscheiden: **Erstellt** der Notar den **Entwurf** der entsprechenden Handelsregisteranmeldung, so entsteht eine 0,5-Gebühr aus Nr. 24102 des Kostenverzeichnisses, mindestens jedoch 30 EUR. **Beglaubigt** der Notar demgegenüber lediglich die Unterschrift des Geschäftsführers unter einem **Fremdentwurf,** so entsteht hierfür eine reine Beglaubigungsgebühr in Höhe von 0,2 nach Nr. 25100 des Kostenverzeichnisses, mindestens aber 20 EUR und höchstens 70 EUR. Der Geschäftswert der Anmeldung berechnet sich nach § 105 Abs. 1 Satz 1 Nr. 1 GNotKG grundsätzlich aus dem in das Handelsregister einzutragenden Stammkapital der GmbH, mindestens jedoch 30 000 EUR (vgl. § 105 Abs. 1 Satz 2 GNotKG).

2. Handelsregisteranmeldung der C-GmbH & Co. KG

Im Rahmen der Errichtung der C-GmbH & Co. KG fallen Notargebühren für die Beglaubigung der Erstanmeldung der Kommanditgesellschaft beim Handelsregister an. **Beglaubigt** der Notar lediglich die Unterschrift des Geschäftsführers unter einem **Fremdentwurf,** so entsteht hierfür eine reine Beglaubigungsgebühr in Höhe von 0,2 nach Nr. 25100 des Kostenverzeichnisses, mindestens aber 20 EUR und höchstens 70 EUR. **Erstellt** der Notar den **Entwurf** der entsprechenden Handelsregisteranmeldung, so entsteht eine 0,5-Gebühr aus Nr. 24102 des Kostenverzeichnisses, mindestens jedoch 30 EUR. Der Geschäftswert der Anmeldung berechnet sich nach § 105 Abs. 1 Satz 1 Nr. 5 GNotKG aus der Summe der in das Handelsregister einzutragenden Hafteinlagen, mindestens jedoch 30 000 EUR (vgl. § 105 Abs. 1 Satz 2 GNotKG). Ein weiterer Betrag von 30 000 EUR ist der Summe der Hafteinlagen der Kommanditisten für die Anmeldung der persönlich haftenden Gesellschafterin hinzuzurechnen. 56

Die Treuhandvereinbarung und der Gesellschaftsvertrag der C-GmbH & Co. KG sind grundsätzlich nicht beurkundungspflichtig, es sei denn, es ergibt sich in Ausnahmefällen anderes aus dem Gesamtzusammenhang der Verträge. Von einer Auflistung evtl. entstehender Notarkosten wird deshalb abgesehen.

3. Beurkundung des Ausgliederungs- und Übernahmevertrages

Die **Notargebühren** für die Beurkundung des Abschlusses des **Ausgliederungs- und Übernahmevertrages** richten sich nach §§ 97, 107 GNotKG (→ Form. A.1 Rn. 261). Zum reformierten Kostenrecht (GNotKG) → Form. A.1 Rn. 259. 57

Zur Geschäftswertberechnung ist das Aktivvermögen des auszugliedernden Betriebsteils zugrunde zu legen. Die Berechnung erfolgt ohne Abzug von Schulden (§ 38 Satz 1 GNotKG, vgl. hierzu BayObLG v. 23.4.1999, 3 Z BR 19/99, NJW-RR 1999, 1373; BayObLG v. 19.3.1997, 3 Z BR 283/96, MittBayNot 1997, 252; OLG Karlsruhe v. 30.1.2001, 11 Wx 59/00, ZNotP 2002, 121 noch zur KostO). Das Aktivvermögen wird um nicht durch Eigenkapital gedeckte Fehlbeträge vermindert; im Gegenzug erhöhen stille Reserven das auszugliedernde Aktivvermögen (§ 46 Abs. 1 GNotKG; *Diehn/Volpert,* Praxis des Notarkostenrechts, Rn. 2157 f.). Die Berechnung desselben erfolgt auf der Basis der mit zum Handelsregister einzureichenden Schlussbilanz nach § 17 Abs. 2 UmwG bzw. einer ggf. aufzustellenden gesonderten Ausgliederungsbilanz, wobei der anzusetzende Höchstwert auf 10 Mio. EUR beschränkt ist (§ 107 Abs. 1 GNotKG). Sollte der Wert des der A-GmbH gewährten Kapitalanteils in der übernehmenden C-GmbH & Co. KG als Gegenleistung höher sein als der Wert des auszugliedernden Aktivvermögens, so ist der Wert des Kapitalanteils der Kostenberechnung zugrunde zu legen (§ 97 Abs. 3 GNotKG). Zu weiteren Details der Berechnung des Gegenstandswerts → Form. A.1 Rn. 261.

4. Zustimmungsbeschlüsse zum Ausgliederungs- und Übernahmevertrag

Die Mitbeurkundung der Zustimmungsbeschlüsse nach § 13 Abs. 1 UmwG in der ausgliedernden A-GmbH sowie der übernehmenden C-GmbH & Co. KG ist nach § 110 Nr. 1 GNotKG gegenstandsverschieden zum **Ausgliederungs- und Übernahmevertrag,** so dass diese nach §§ 97, 108 Abs. 1 GNotKG für die Notarkostenberechnung gesondert zu berücksichtigen sind. Die Zustimmungsbeschlüsse in ausgliedernder A-GmbH sowie übernehmender C-GmbH & Co. KG sind untereinander allerdings gegenstandsgleich, vgl. § 109 Abs. 2 Nr. 4 Buchst. g GNotKG. Gemäß § 108 Abs. 3 Satz 2 GNotKG ist für den Geschäftswert der Zustimmungsbeschlüsse der Wert des übergehenden Vermögens maßgeblich. Wegen der Degression der Kostentabelle empfiehlt es sich, den **Ausgliederungs- und Übernahmevertrag** und die **Zustimmungsbeschlüsse** – wie vorliegend – in einer Urkunde **zusammenzufassen.** 58

Gegenstandsverschieden nach § 86 Abs. 2 GNotKG ist auch der Beschluss betreffend die Erhöhung des Kapitalanteils der A-GmbH in der aufnehmenden C-GmbH & Co. KG, so dass der Nennbetrag der Kapitalerhöhung zu dem Wert des Ausgliederungsbeschlusses hinzuzurechnen ist (§ 35 Abs. 1 GNotKG, vgl. Korintenberg/*Tiedtke* GNotKG § 108 Rn. 85 [bzgl. Verschmelzung]).

5. Verzichtserklärungen

59 Für die Mitbeurkundung von Verzichtserklärungen auf die Erstellung eines Spaltungsberichts (§ 8 Abs. 3 UmwG), auf die Spaltungsprüfung bzw. die Erstellung eines Spaltungsprüfungsberichts (§ 9 Abs. 3, § 12 Abs. 3 UmwG) (dazu ROH/*Heinze* GNotKG § 107 Rn. 72) und auf die Auslegung von Unterlagen in den Geschäftsräumen der beteiligten Gesellschaften fallen keine zusätzlichen Gebühren an, da sämtliche dieser Verzichtserklärungen gegenstandsgleich nach § 109 Abs. 1 GNotKG sind (Korintenberg/*Tiedtke* GNotKG § 107 Rn. 56, 45; OLG Hamm v. 6.12.2001, 15 W 314/01, MittBayNot 2002, 210 noch zur KostO). Nicht gegenstandsgleich und damit gesondert zu bewerten soll die ebenfalls im Formular enthaltene Verzichtserklärung auf die Anfechtung des jeweiligen Ausgliederungsbeschlusses nach § 125 Satz 1, § 16 Abs. 2 UmwG sein. Für die Bewertung dieser Verzichtserklärung soll ein Teilwert von 10% des übergehenden Aktivvermögens zugrunde zu legen sein (ROH/*Heinze* GNotKG § 107 Rn. 73).

Es können grundsätzlich Vollzugs- oder Betreuungsgebühren zusätzlich zu den Beurkundungsgebühren entstehen (→ Form. A.1 Rn. 262). Zusätzlich werden durch den Notar noch Auslagen in Rechnung gestellt (→ Form. A.1 Rn. 262).

6. Handelsregisteranmeldung Ausgliederung

60 **Beglaubigt** der Notar lediglich die Unterschriften des Geschäftsführers der ausgliedernden A-GmbH bzw. der Gesellschafter der aufnehmenden C-GmbH & Co. KG unter ihm zur Verfügung gestellten **Fremdentwürfen,** dann erhält er hierfür eine Gebühr von 0,2, mindestens jedoch 20 EUR und höchstens 70 EUR nach Nr. 25100 des Kostenverzeichnisses. Der Geschäftswert der Handelsregisteranmeldungen wird nach §§ 121, 105 GNotKG ermittelt. Bei der ausgliedernden A-GmbH handelt es sich um eine Anmeldung mit unbestimmtem Geldwert nach § 105 Abs. 4 Nr. 1 GNotKG. Entsprechend ist der Geschäftswert ein Prozent des Stammkapitals der ausgliedernden A-GmbH, mindestens jedoch 30 000 EUR; die 0,2-Gebühr aus diesem Geschäftswert beträgt 25 EUR. Bei der übernehmenden C-GmbH & Co. KG ist der Anmeldegegenstand der Ausgliederung ein solcher mit unbestimmtem Geldwert nach § 105 Abs. 4 Nr. 1 GNotKG. Die Anmeldung der Erhöhung des Kapitalanteils der A-GmbH ist jedoch ein gesonderter Gegenstand, so dass der Nennbetrag hinzuzurechnen ist (§ 105 Abs. 1 Satz 1 Nr. 3, § 35 Abs. 1 GNotKG), mindestens aber nochmals 30 000 EUR (§ 105 Abs. 1 Satz 2 GNotKG).

Zudem erhält der Notar nach Nr. 22114 des Kostenverzeichnisses (elektronischer Vollzug und Erstellung von sog. XML-Strukturdaten) noch eine zusätzliche Gebühr in Höhe von 0,3, maximal jedoch 250 EUR, für die elektronische Einreichung der Handelsregisteranmeldung nebst Anlagen zum Registergericht. Des Weiteren fällt noch eine Vollzugsgebühr nach Nr. 22124 des Kostenverzeichnisses von 20 EUR für die Einreichung der Handelsregisteranmeldung an. Hinzu kommen Auslagen nach Nr. 3200 ff. des Kostenverzeichnisses und 19% USt (Nr. 32014 des Kostenvereichnisses).

Erstellt der **Notar selbst** die **Entwürfe** der Handelsregisteranmeldungen für die ausgliedernde A-GmbH und die übernehmende C-GmbH & Co. KG so berechnen sich die Notargebühren nach Nr. 24102 des Kostenverzeichnisses. Hiernach fällt eine Rahmengebühr von 0,3 bis 0,5, bei einer (vollständigen) Entwurfserstellung eine Gebühr von 0,5, mindestens jedoch 30 EUR an. Der Geschäftswert berechnet sich wiederum aus §§ 119, 105 GNotKG (vgl. die vorstehenden Ausführungen). Zudem erhält der Notar nach Nr. 22114 des Kostenverzeichnisses (elektronischer Vollzug und Erstellung von sog. XML-Strukturdaten) noch eine zusätzliche Gebühr in Höhe von 0,3, maximal jedoch 250 EUR, für die elektronische Einreichung der Handelsregisteranmeldung nebst Anlagen zum Registergericht. Neben den beiden vorgenannten Gebühren sind wiederum Auslagen nach Nr. 32.000 ff. des Kostenverzeichnisses und 19% USt (Nr. 32014 des Kostenverzeichnisses) zu zahlen.

7. Handelsregistereintragung

Die Eintragungsgebühren richten sich nach der Handelsregistergebührenverordnung (HRegGebV v. 30.9.2004 BGBl. I 2004, 2562), die auf der Ermächtigungsgrundlage in § 58 GNotKG beruht. Bei den Gebühren handelt es sich um sog. aufwandsbezogene Gebühren, die dem sog. Gebührenverzeichnis als Anlage zu § 1 Satz 1 HRegGebV entnommen werden können. **60a**

Die **Handelsregistergebühren** für die Ersteintragung der B-Treuhand-GmbH belaufen sich auf 150 EUR (Gebührenverzeichnis Nr. 2100) und für die Ersteintragung der C-GmbH & Co. KG auf 100 EUR (Gebührenverzeichnis Nr. 1101).

Die **Handelsregistereintragung** kostet bei der ausgliedernden A-GmbH 240 EUR (Gebührenverzeichnis Nr. 2402) und bei der übernehmenden C-GmbH & Co. KG 180 EUR (Gebührenverzeichnis Nr. 1401).

C. Einzelerläuterungen

I. Notarurkunden

1. Gründung der B-Treuhand-GmbH

Die Errichtung der B-Treuhand-GmbH erfolgt als Neugründung, um jede Vorbelastung aus vorangegangenen Geschäften auszuschließen. Natürlich wäre auch der Weg des Erwerbs einer Vorratsgesellschaft möglich, bei Einführung eines Treuhand-Modells ist aber in der Regel keine Eile geboten, insbesondere weil es nicht der Einhaltung eines steuerlichen Übertragungsstichtages nach §§ 9, 20 UmwStG bedarf; allerdings bedarf es auch hier einer sog. Schlussbilanz iSd. § 17 UmwG (→ Form. D.3.3 § 1 Abs. 3; vgl dazu → Form. D.1 Rn. 26). **61**

Wichtig ist, dass der Geschäftsführer der Komplementärin von den Beschränkungen des § 181 BGB befreit ist, um auch in der B-Treuhand-GmbH die Rolle des Geschäftsführers übernehmen zu können.

2. Gesellschaftsvertrag der B-Treuhand-GmbH

Der vorgeschlagene Gesellschaftsvertrag der GmbH orientiert sich an den Mindestanforderungen des GmbHG und enthält darüber hinaus einige Regelungen, die in der Praxis sinnvoll erscheinen. Er ist allgemein gehalten, so dass die GmbH bei Bedarf auch durch Änderung des Gesellschaftszwecks ohne größeren Aufwand auch für eine andere Bestimmung verwendet werden kann. **62**

Gem. § 2 Abs. 1 GmbHG bedarf der Gesellschaftsvertrag der notariellen Beurkundung in der für Willenserklärungen vorgeschriebenen Form (§§ 8 ff. BeurkG).

Zu § 1: (Firma, Sitz, Geschäftsjahr)

Die **Abs. 1 und 2** entsprechen den Anforderungen aus § 3 Abs. 1 Nr. 1, §§ 4, 4a GmbHG. **63**

Zu § 2: (Gegenstand des Unternehmens)

64 Hier sind die Erfordernisse aus § 3 Abs. 1 Nr. 2 GmbHG zu regeln. Der Gesellschaftszweck wird beschränkt auf die ausschließliche Tätigkeit als Treuhänderin für die A-GmbH hinsichtlich des zu haltenden Kommanditanteils.

Die Berechtigung zur Errichtung von Zweigniederlassung sowie die Beteiligung bzw. Gründung von Tochtergesellschaften sollte von Anfang an in der Satzung zugelassen werden, um für den Fall einer Änderung des Gesellschaftszwecks Expansionen jeder Art nicht von dem bürokratischen Erfordernis einer Zustimmung der Gesellschafterversammlung abhängig zu machen.

Zu § 3: (Bekanntmachungen)

65 Das GmbHG schreibt seit der Neufassung des § 12 GmbHG durch das Justizkommunikationsgesetz v. 2.3.2005 (BGBl. I 2005, 837) vor, dass öffentliche Bekanntmachungen, die durch das Gesetz oder den Gesellschaftsvertrag vorgeschrieben sind, im elektronischen Bundesanzeiger zu erfolgen haben. Durch das Gesetz v. 22.12.2011 (BGBl. I 2011, 3044) ist die Printversion des Bundesanzeigers zum 31.3.2012 abgeschafft worden, so dass es seit dem 1.4.2012 den Bundesanzeiger nur noch elektronisch gibt.

Daneben kann der Gesellschaftsvertrag weitere Gesellschaftsblätter, in denen ebenfalls zu veröffentlichen ist, vorsehen.

Zu § 4: (Stammkapital)

66 Die Regelungen basieren auf § 5 GmbHG. Der Mindestbetrag des Stammkapitals und der Geschäftsanteile ergibt sich aus § 5 Abs. 1, 2 GmbHG. Nach § 7 Abs. 2 GmbHG muss auf jeden Geschäftsanteil mindestens $^1/_4$ des Nennbetrags und insgesamt auf das Mindestkapital die Hälfte eingezahlt worden sein, bevor die Anmeldung erfolgen kann.

Zu § 5: (Verfügung über Geschäftsanteile)

67 Die Übertragung von Geschäftsanteilen kann nach § 15 Abs. 5 GmbHG an weitere Voraussetzungen als sie das Gesetz vorsieht, geknüpft werden. Dies betrifft nach dem eindeutigen Wortlaut nur das Verfügungsgeschäft, die Abtretung. Schuldrechtliche Absprachen können nicht von zusätzlichen Bedingungen abhängig gemacht werden (Scholz/*Seibt* GmbHG § 15 Rn. 106; BH/*Fastrich* GmbHG § 15 Rn. 37) Das Gesetz erwähnt ausdrücklich die Möglichkeit der Zustimmungspflicht der Gesellschaft. Das Formular sieht eine noch weitergehende Verpflichtung vor, nämlich die Zustimmung aller anderen Gesellschafter. Die Notwendigkeit hierzu ergibt sich aus den steuerlichen Regelungen über den Verfall von Verlusten.

Mit dem UntStRefG 2008 v. 14.8.2007 (BGBl. I 2007, 1912) ist auch die Regelung über den sog. **Mantelkauf** geändert worden. Der neue **§ 8c KStG,** der § 8 Abs. 4 KStG aF ablöst, sah einen anteiligen oder vollständigen Verlust des Verlustvortrages einer Gesellschaft vor, wenn – vereinfacht dargestellt – innerhalb eines Zeitraumes von fünf Jahren mehr als 25% bzw. mehr als 50% übertragen werden. Seit der anteilige Wegfall des Verlustvortrags bei Übertragung von mehr als 25% der Anteile oder Stimmrechte gemäß § 8c Satz 1 KStG idF des UntStRefG 2008 und nachfolgenden Fassungen für VZ vor dem 1.1.2016 (Inkrafttreten des § 8d KStG idF des G. v. 20.12. 2016, BGBl. I 2016, 2998, (fortführungsgebundener Verlustvortrag)) vom BVerfG für mit Art. 3 Abs. 1 GG unvereinbar erklärt und sodann mit Gesetz v. 11.12.2018 (BGBl. I 2018, 2338) auch für VZ nach 2015 abgeschafft worden ist, kann jedoch nurmehr die Übertragung von mehr als 50% der Anteile oder Stimmrechte gemäß

§ 8c Abs. 1 Satz 1 KStG zum (dann aber vollständigen) Untergang der Verlustvorträge führen (→ Form. D.1 Rn. 132). Dies kann mit gravierenden Nachteilen für die Gesellschaft und die übrigen Gesellschafter verbunden sein. Nach dem Wortlaut sowohl der alten als auch der neuen Regelung werden nicht nur Verkaufsvorgänge erfasst, sondern alle Arten der Rechtsübertragung, also auch Schenkungen und Erbfälle. Das BMF hat deshalb zum alten § 8 Abs. 4 KStG in BMF v. 16.4.1999 (BStBl. I 1999, 455) klargestellt, dass sowohl entgeltliche als auch unentgeltliche Übertragungen sowie ausdrücklich auch solche im Rahmen einer vorweggenommenen Erbfolge erfasst werden. Lediglich der echte Erbfall wurde ausgenommen (vgl. BMF v. 16.4.1999, BStBl. I 1999, 455 Tz. 04).

Der Gesetzgeber des **§ 8c KStG** hat **keine Klarstellung im Wortlaut** vorgenommen, obwohl dies tunlich gewesen wäre. Die FinVerw. hat in einem Anwendungserlass nunmehr den „Erbfall einschließlich der unentgeltlichen Erbauseinandersetzung und der unentgeltlichen vorweggenommenen Erbfolge“ vom Anwendungsbereich des § 8c KStG ausgenommen (vgl. BMF v. 4.7.2008, BStBl. I 2008, 736 Tz. 4). Ein auch nur geringes Entgelt führt nach der Auffassung des BMF zur Anwendbarkeit des § 8c KStG (BMF v. 4.7.2008, BStBl. I 2008, 736 Tz. 4 letzter HS). Dies führt in der Praxis zu deutlichen Ungerechtigkeiten, weil schon die Erbauseinandersetzung unter Anwendung der Ausgleichung nach § 2055 BGB zum Verlustuntergang führen kann (*Roser* DStR 2008, 1561). Konsequenterweise müsste auch die Schenkung im Wege der vorweggenommen Erbfolge unter einer Auflage schädlich sein. Solche Einengungen, nur um einem Missbrauch vorzubeugen, sind nicht sachgerecht. Eine endgültige Klarheit besteht noch nicht.

Wegen der erheblichen Auswirkungen auf die Gesellschaft und die übrigen Gesellschafter war daher ein Verfall von Verlusten nach § 8c KStG als wichtiger Grund zur Verweigerung der Zustimmung aufzunehmen.

Entsprechendes gilt für den Verfall von Verlusten für gewerbesteuerliche Zwecke (§ 10a GewStG).

Zu § 6: (Geschäftsführung)

Die Vorschriften zur Geschäftsführung finden sich in den §§ 35 ff. GmbHG. Wegen **68**
der hier vorgeschlagenen Regelungen wird insbesondere auf § 35 Abs. 2, § 37 Abs. 1 GmbHG verwiesen.

Zu § 7: (Gesellschafterversammlung)

Das GmbHG sieht für die Gesellschaft nur zwei Organe vor, die Gesellschafter zur **69**
Willensbildung und die Geschäftsführer zur Handlung (Beck GmbH-HB/*Fischer/Schmidt* § 4 Rn. 1; Scholz/*Seibt* GmbHG § 48 Rn. 1). Die Willensbildung der Gesellschafter erfolgt in der Regel gem. § 48 Abs. 1 GmbHG in Versammlungen. Sie können aber, wenn nicht spezialgesetzliche Regelungen – wie für die Umwandlung § 193 Abs. 1 Satz 2 UmwG – entgegenstehen, auch außerhalb von Versammlungen gefasst werden, § 48 Abs. 2 GmbHG.

Das Formular orientiert sich mit einigen Ergänzungen hinsichtlich der Einberufung und des Ablaufs der Versammlung an den §§ 49 ff. GmbHG. Auf diese wird verwiesen.

Zu § 8: (Einziehung von Geschäftsanteilen)

Regelungen über die Einziehung von Geschäftsanteilen sind gem. §§ 34, 46 Nr. 4 **70**
GmbHG zulässig. Dabei ist insbesondere § 34 Abs. 2 GmbHG zu beachten, die Einziehung darf mithin nur erfolgen, wenn sie vor dem Zeitpunkt, in dem der Betroffene den Geschäftsanteil erworben hat, bereits zugelassen worden war. Die nachträgliche Einführung der Einziehungsmöglichkeit und die Regelung der Voraussetzungen ist

möglich, allerdings bei der Zwangseinziehung mit bindender Wirkung für die bereits vorhandenen Gesellschaftsanteile nur bei einstimmiger Beschlussfassung (Scholz/*H. P. Westermann* GmbHG § 34 Rn. 21, 22; Beck GmbH-HB/*Müller/Maul* § 13 Rn. 57; MünchHdb/*Kort,* GesR III § 28 Rn. 8).

Auch die freiwillige Einziehung (→ Form. D.3.2 § 8 Abs. 1 Buchst. i), also die Einziehung mit Zustimmung des Betroffenen, muss in der Satzung zugelassen sein, weil der Anteil durch die Einziehung mit allen, auch mit den Stimmrechten untergeht und daher sich die Beteiligungsverhältnisse verschieben. Es sind also nicht nur der Anteilsinhaber, sondern auch die übrigen Gesellschafter von den Konsequenzen betroffen (vgl. zu dem Ganzen Scholz/*H. P. Westermann* GmbHG § 34 Rn. 7; Beck GmbH-HB/*Müller/Maul* § 13 Rn. 57; MünchHdb/*Kort,* GesR III § 28 Rn. 5).

71 Die **Einziehung** erfolgt in der Regel gegen **Zahlung eines Entgelts,** wobei die Regeln über die Kapitalerhaltung zu beachten sind (vgl. zu Einzelheiten Scholz/*H. P. Westermann* GmbHG § 34 Rn. 23ff., 51ff.; Beck GmbH-HB/*Müller/Maul* § 13 Rn. 60ff.; MünchHdb/*Kort,* GesR III § 28 Rn. 17ff., 3f.; Roth/Altmeppen/*Altmeppen* GmbHG § 34 Rn. 18). Das Formular sieht eine Abfindung in Höhe des gemeinen Wertes iSv. § 11 Abs. 2 BewG vor. Seit der Erbschaftsteuerreform zum 1.1.2009 durch das ErbStRG v. 24.12.2008 (BGBl. I 2008, 3018) entspricht der steuerliche Wert eines Geschäftsanteils dem gemeinen Wert, § 11 Abs. 2, § 109 Abs. 2 BewG. Liegt die zu zahlende Abfindung unterhalb dieses Wertes, erfolgt in Höhe der Differenz eine Schenkung gem. § 7 Abs. 7 ErbStG an die übrigen Gesellschafter bzw. an den Erwerber. Die in der Vergangenheit häufig anzutreffenden Abfindungsklauseln zum Buchwert führen daher in einer Vielzahl von Fällen zu (unfreiwilligen) Schenkungen, die, wenn es sich nicht um nahe Angehörige als Beschenkte handelt, nach der Steuerklasse III und daher mindestens mit 30% zu versteuern sind. Soll eine unter dem gemeinen Wert liegende Abfindung vereinbart werden, empfiehlt sich daher – wie in § 8 Abs. 3 des Formulars vorgeschlagen – gesellschaftsvertraglich zusätzlich zur Einziehung auch die Möglichkeit der Zwangsabtretung des der Einziehung unterliegenden Geschäftsanteils vorzusehen; für die rechtsgeschäftliche Abtretung soll § 7 Abs. 7 ErbStG entgegen der Ansicht der FinVerw. (vgl. Gleichl. v. 20.4.2018, BStBl. I 2018, 632 Tz. 2.4.1 für den Fall der Übertragung auf die Gesellschaft) nicht gelten (FG München v. 5.4.2017, 4 K 711/16, DStRE 2018, 18–21; Rev. BFH II R 19/17 zurückgenommen).

Voraussetzung für die Einziehung ist ein entsprechender Gesellschafterbeschluss mit der in dem Gesellschaftsvertrag vorgesehenen Mehrheit. Ist dort keine Regelung getroffen, genügt die einfache Mehrheit, §§ 46 Nr. 4, 47 GmbHG (Scholz/*H. P. Westermann* GmbHG § 34 Rn. 42; Beck GmbH-HB/*Maul* § 13 Rn. 68). Ob der betroffene Gesellschafter an der Entscheidung mitwirken darf, ist streitig. Es empfiehlt sich daher eine klarstellende Regelung in der Satzung, wobei das Stimmrecht bei einer freiwilligen Einziehung nicht ausgeschlossen werden sollte (Scholz/*H. P. Westermann* GmbHG § 34 Rn. 43; Beck GmbH-HB/*Maul* § 13 Rn. 68; MünchHdb/*Kort,* GesR III § 28 Rn. 12). Der BGH hat klargestellt, dass die Einziehung bereits mit Fassung des Einziehungsbeschlusses und dessen Mitteilung an den betroffenen Gesellschafter wirksam wird und nicht etwa von der Zahlung des Einziehungsentgelts abhängt (BGH v. 24.1.2012, II ZR 109/11, BGHZ 192, 235 = DB 2012, 504).

Zu § 9: (Jahresabschluss, Gewinnverwendung)

72 Die Regelungen zum Jahresabschluss und zur Gewinnverwendung finden sich in den §§ 29, 42, 42a, 46 Nr. 1 GmbHG und den §§ 264ff. HGB. Zu Abs. 1 des Vorschlags ist auf § 264 Abs. 1 HGB zu verweisen, zu Abs. 2 auf §§ 316 HGB, 42a GmbHG.

Zu § 10: (Gründungsaufwand)

73 Der Gründungsaufwand ist in dem Gesellschaftsvertrag ausdrücklich festzuschreiben. Zwar enthält das GmbHG keine § 26 Abs. 2 AktG entsprechende Regelung. Es ergibt sich jedoch aus §§ 9a Abs. 1 und 2, 82 Abs. 1 Nr. 1 GmbHG, dass nach Ansicht des Gesetzgebers falsche Angaben zum Gründungsaufwand gemacht werden können. Dies aber setzt eine Bezifferung voraus, zumindest mit dem Zusatz „bis zu", wie in dem Formular vorgesehen. Es sollte daher in entsprechender Anwendung des § 26 Abs. 2 AktG eine konkrete Bezifferung erfolgen (BFH v. 11.10.1989, I R 12/87, BStBl. II 1990, 89; BFH v. 11.2.1997, I R 42/96, BFH/NV 1997, 711; Scholz/*Veil* GmbHG § 5 Rn. 113; MünchHdb/*Freitag,* GesR III § 5 Rn. 13). Nur wenn in dem Gesellschaftsvertrag ein Höchstbetrag angegeben ist, kann die GmbH diese Kosten als Betriebsausgaben abziehen (BFH v. 11.10.1989, I R 12/87, BStBl. II 1990, 89; BFH v. 11.2.1997, I R 42/96, BFH/NV 1997, 711; Beck GmbH-HB/*Schwaiger* § 2 Rn. 130; Scholz/*Veil* GmbHG § 5 Rn. 113). Zum Gründungsaufwand gehören auch die Kosten für das Gericht und den Notar (Beck GmbH-HB/*Schwaiger* § 2 Rn. 130; Scholz/*Veil* GmbHG § 5 Rn. 111).

einstweilen frei **74–78**

3. Ausgliederungsvertrag mit Gesellschafterversammlungen

Die Notarurkunde enthält sowohl den Ausgliederungsvertrag als auch die Gesell- **79**
schafterversammlungen der beteiligten Rechtsträger A-GmbH und C-GmbH & Co. KG mit den Zustimmungen zur Ausgliederung. Hierdurch werden sonst zusätzlich anfallende Notargebühren vermieden.

Der notwendige Mindestinhalt eines Ausgliederungsvertrages für den hier gegebenen Fall einer Ausgliederung zur Aufnahme ergibt sich aus § 126 Abs. 1 Nr. 1–11 UmwG mit Ausnahme der Nr. 3, 4 und 10 sowie den §§ 39ff., 46ff., 125 Satz 1 UmwG.

Zur Vorbemerkung:

In der Vorbemerkung sind die beteiligten Parteien genau bezeichnet. Für die A- **80**
GmbH und die B-Treuhand-GmbH sind dabei auch die Handelsregisternummern angegeben. Für die C-GmbH & Co. KG wurde hierauf verzichtet, weil diese möglicherweise zum Zeitpunkt der Beurkundung des Ausgliederungsvertrages noch nicht in das Handelsregister eingetragen ist. Die dadurch für die Kommanditistin noch nicht gegebende Haftungsbeschränkung ist wirtschaftlich ohne Belang. Sollte die C-GmbH & Co. KG bereits eingetragen sein, wäre auch für sie die Handelsregisternummer anzugeben.

Für alle vertretenen Gesellschaften besteht notwendigerweise eine Befreiung von den Beschränkungen des § 181 BGB.

Der Hinweis auf eine Vorbefassung iSv. § 3 Abs. 1 Nr. 7 BeurkG kann entfallen, wenn die Beurkundung vor einem Notar stattfindet, der nicht selbst Rechtsanwalt und auch nicht mit Rechtsanwälten in einer Sozietät verbunden ist.

Zu § 1: (Vermögensübertragung, Ausgliederungsstichtag und Ausgliederungsbilanz)

Abs. 1 entspricht den Anforderungen nach § 126 Abs. 1 Nr. 1, 2 und 9 UmwG **81**
bzgl. Firma und Sitz der beteiligten Rechtsträger, der Vereinbarung über die Übertragung von Vermögensteilen gegen Gewährung von Anteilen an dem übernehmenden Rechtsträger und eine möglichst genaue Bezeichnung der zu übertragenden Vermögensgegenstände. Mit Buchst. g) werden Fälle erfasst, bei denen einzelne Gegenstände durch ein Surrogat ersetzt wurden. Auf eine catch-all-Klausel kann in diesem Fall verzichtet werden, weil das Erfordernis eines umwandlungssteuerrechtlichen Teilbetriebs hier nicht gegeben ist.

Abs. 2 entspricht dem Erfordernis aus § 126 Abs. 1 Nr. 6 UmwG. Zwar tritt die dingliche Wirkung des Vermögensübergangs gem. § 131 Abs. 1 Nr. 1 UmwG zwingend erst mit der Eintragung in das Handelsregister des ausgliedernden Rechtsträgers ein, die Parteien können aber einen abweichenden Ausgliederungsstichtag vereinbaren. Dies ist in der Regel der auf den Stichtag der letzten Bilanz des ausgliedernden Rechtsträgers, die als Schlussbilanz verwendet wird, folgende Tag. Hierdurch werden die Kosten eines zusätzlichen Abschlusses vermieden.

Abs. 3 verweist auf die nach §§ 125 Abs. 1, 17 Abs. 2 UmwG der Anmeldung zum Register des ausgliedernden Rechtsträgers beizufügende (Schluss-)Bilanz.

Zu § 2: (Gegenleistungen)

82 Abs. 1 erfüllt die Anforderung gem. § 126 Abs. 1 Nr. 2 UmwG, Abs. 2 die des § 126 Abs. 1 Nr. 5 UmwG.

Zu § 3: (Sonderrechte)

83 § 3 gibt den Wortlaut von § 126 Abs. 1 Nr. 7 wieder. Dies ist im Hinblick auf den Nachweis der vollständigen Erfüllung der Voraussetzungen für eine ordnungsgemäße Ausgliederung sinnvoll, auch wenn es keine Inhaber besonderer Rechte gibt.

Zu § 4: (Besondere Vorteile)

84 § 4 gibt in negativer Form den Wortlaut von § 126 Abs. 1 Nr. 8 wieder. Auch insoweit gilt, dass dies ist im Hinblick auf den Nachweis der vollständigen Erfüllung der Voraussetzungen für eine ordnungsgemäße Ausgliederung sinnvoll ist.

Zu § 5: (Folgen der Ausgliederung für die Arbeitnehmer und ihre Vertretungen)

85 Die Folgen der Ausgliederung für die Arbeitnehmer müssen nach § 126 Abs. 1 Nr. 11 UmwG zwingend dargestellt werden. Hierzu ausführlich → Rn. 37 ff.

Zu § 6: (Sonstiges)

86 § 6 dient zur Klarstellung, dass mit der Ausgliederung kein Grundbesitz auf die Treuhand-KG übertragen wird und daher Grunderwerbsteuer nicht anfällt.

Gesellschafterversammlung der A-GmbH

87 Die Wirksamkeit des Ausgliederungsvertrages ist nach § 13 Abs. 1, § 125 Satz 1 UmwG abhängig von einem Zustimmungsbeschluss zur Ausgliederung der Anteilsinhaber aller beteiligten Rechtsträger.

88 In Ziffer I sind der Gesellschafter und die Gesellschaft, für die die Versammlung abgehalten wird, genau bezeichnet. Die Nennung der Anteile ist erforderlich, um klarzustellen, dass weitere Anteile oder besondere Anteile oder Anteilsinhaber besonderer Rechte nicht existieren. Der Hinweis, dass die Geschäftsanteile in voller Höhe einbezahlt sind, ist wegen des Mehrheitserfordernisses der § 51 Abs. 1, § 125 Satz 1 UmwG notwendig.

89 Ziffer II enthält die Niederschrift über die Gesellschafterversammlung an sich. Einleitend wird unter Verzicht auf die durch gesetzliche und gesellschaftsvertragliche Regelungen vorgesehene Form- und Fristvorschriften die Gesellschafterversammlung eröffnet. Der erste Absatz enthält insbesondere ausdrückliche Erklärungen über den Verzicht auf die Rechte der § 41, § 49 Abs. 2, § 125 Satz 1 UmwG. Es folgt die Feststellung, dass der nachfolgende Beschluss der Gesellschafterversammlung einstimmig erfolgt.

Anschließend wird der Ausgliederungsbeschluss nach § 13 Abs. 1 Satz 2, § 125 Satz 1 UmwG wiedergegeben. Nach § 13 Abs. 3 Satz 3, § 125 Satz 1 UmwG ist der Ausgliederungsvertrag oder sein Entwurf dem Beschluss als Anlage beizufügen. Da der Ausgliederungsvertrag bereits vor dem Beschluss in derselben Urkunde enthalten ist, ist dieses Erfordernis bereits erfüllt, so dass hier nur ein üblicher Hinweis erfolgt.

Der Zustimmungsbeschluss bedarf der notariellen Beurkundung nach § 13 Abs. 3 Satz 1, § 125 Satz 1 UmwG.

Abschließend wird festgestellt, dass weitere Beschlüsse nicht gefasst wurden und die Gesellschafterversammlung damit beendet ist.

Ziffer III enthält die Verzichterklärung des Gesellschafters auf die Anfechtung des Ausgliederungsbeschlusses in Ziffer II und auf eine etwaige Erhebung einer Klage nach § 14 UmwG gegen seine Wirksamkeit. Damit wird gleichzeitig die Möglichkeit eröffnet, nach § 16 Abs. 2 Satz 1, § 125 Satz 1 UmwG die Ausgliederung sofort zu den Registern anzumelden, ohne die Klagefrist von einem Monat abwarten zu müssen. **90**

Dieser Klageverzicht bedarf nach § 16 Abs. 2 Satz 2 UmwG der ausdrücklichen Verzichtserklärung in Form der notariellen Beurkundung (§ 128 BGB).

Schließlich wird auch noch der Verzicht auf die Erstellung des Ausgliederungsberichts gemäß § 127 Satz 1, § 8 Abs. 3 Satz 1 HS 1, § 127 Satz 2 UmwG erklärt.

Gesellschafterversammlung der C-GmbH & Co. KG

Hierzu → Form. E.2 Rn. 72 ff., wobei auf die Abhaltung einer Gesellschafterversammlung der C-GmbH & Co. KG die Vorschriften der §§ 39 ff. UmwG anzuwenden sind. Entsprechend verzichten die Gesellschafter auf die Unterrichtung nach § 42 UmwG. Nach § 43 Abs. 1 UmwG ist grds. Einstimmigkeit bei der Fassung des Ausgliederungsbeschlusses erforderlich, wobei nach § 43 Abs. 2 Satz 2 UmwG der Gesellschaftsvertrag für die Abstimmung in der Gesellschafterversammlung eine Reduzierung der Zustimmung auf mindestens drei Viertel der abgegebenen Stimmen vorsehen kann. **91**

II. Verträge

1. Treuhandvereinbarung

Da das BGB einen Vertragstyp „Treuhandvertrag“ nicht kennt, bestimmen sich die Rechtsbeziehungen zwischen Treugeber und Treuhänder nach den im jeweiligen Einzelfall getroffenen Abreden (Palandt/*Herrler* BGB § 903 Rn 36; Palandt/*Sprau* BGB § 675 Rn 27). Die Treuhandvereinbarung bei einer „Treuhand-KG“ muss die steuerliche Anerkennung sicherstellen, der Treuhänder darf seine Rechte ausschließlich auf Weisung des Treugebers ausüben, der Treugeber muss die Kosten und Risiken des Treuguts tragen und er muss ein kurzfristig ausübbares Rückübertragungsrecht haben (→ Rn. 24). **92**

Zu § 1: (Begründung des Treuhandverhältnisses)

Die Einzelheiten des Hintergrundes einschließlich der Höhe der Beteiligungen an der C-GmbH & Co. KG und die grundsätzliche Verabredung eines Treuhandverhältnisses sind hier festgehalten. Außerdem wird klargestellt, dass der Treugeber Kosten und Gefahr trägt. **93**

Zu § 2: (Vergütung, Aufwendungsersatz, Vorschuss)

Der Treuhänder erhält einen Aufwendungsersatz und ein zusätzliches Entgelt, aus dem er seine allgemeinen Kosten zu finanzieren hat. **94**

Zu § 3: (Pflichten des Treuhänders)

Die Pflichten des Treuhänders, insbesondere die Pflicht, nur auf vorherige Weisung des Treugebers zu handeln, sind hier geregelt. **95**

Zu § 4: (Freistellung des Treuhänders)

Im Außenverhältnis erfolgt die Leistung der Kapitaleinlage durch den Treuhänder, im Innenverhältnis ist dies wirtschaftlich vom Treugeber ebenso zu tragen wie die sonstigen Verpflichtungen, die aus dem Halten des Kommanditanteils entstehen. **96**

Zu § 5: (Bevollmächtigung des Treugebers)

97 Sinnvollerweise erhält der Treugeber eine ausdrückliche Vollmacht durch den Treuhänder, so dass er dessen Stimmrecht in Gesellschafterversammlungen der C-GmbH & Co. KG selbst ausüben kann. Für diesen Fall muss der Treuhänder von einer eigenen Stimmabgabe ausgeschlossen werden, die Stimmabgabe des Treugebers ist mithin vorrangig. Für Notfälle ist die Möglichkeit der Erteilung einer Untervollmacht vorzusehen.

Zu § 6: (Beendigung des Treuhandverhältnisses)

98 Für die steuerliche Anerkennung ist die kurzfristige Beendigung des Treuhandverhältnisses durch den Treugeber wichtig. Es muss nicht unbedingt eine fristlose Beendigung sein, der Zeitraum sollte aber einen Monat nicht übersteigen.

Zu § 7: (Vertraulichkeit)

99 Treuhandverhältnisse sind in der Regel geheim zu halten, wenn nicht eine gesetzliche Pflicht zur Offenlegung besteht. In jedem Fall ist das Treuhandverhältnis den zuständigen Finanzämtern gegenüber offenzulegen, damit die steuerlich gewollte Wirkung auch wirklich eintreten kann. Im vorliegenden Fall besteht schon deshalb auch gegenüber dem Transparenzregister keine Offenlegungspflicht, weil die vom Treuhandverhältnis umfassten 0,1% jedenfalls keine „wirtschaftliche Berechtigung" iSd. §§ 19 Abs. 2, 3 Abs. 1 und 2 GWG repräsentieren. Anders wäre dies, wenn der treuhänderisch gehaltene Kommanditanteil mehr als 25% des Festkapitals repräsentieren würde.

2. Gesellschaftsvertrag der C-GmbH & Co. KG (Treuhand-KG)

100 Der Gesellschaftsvertrag der KG ist so gehalten, dass er auch ohne größeren Aufwand für eine andere Nutzung der Gesellschaft als als Treuhand-KG Verwendung finden kann. Er schlägt Regelungen vor, die insbesondere hinsichtlich der Gesellschafterkonten (§ 3 Abs. 4) und der Mehrheitserfordernisse (§ 7 Abs. 9) einem praktischen Verfahrensbedürfnis entsprechen. Bei einer anderen Verwendung der KG wären noch Zustimmungserfordernisse der Kommanditisten, eine grundsätzliche Fortsetzungsregelung und Vorschriften über die Berechnung einer zu zahlenden Abfindung einzufügen.

Zusätzlich ist bei einer GmbH & Co. KG auf eine Abstimmung der Gesellschaftsverträge der KG und der GmbH sowohl bei der Gründung als auch bei späteren Vertragsänderungen zu achten, um Widersprüchlichkeiten zu vermeiden (MünchKomm/*Grunewald,* HGB § 161 Rn. 93). Das Formular hat daher auch in den Formalien sich den entsprechenden gesetzlichen Regelungen des GmbHG angenähert.

Zu § 1: (Firma, Sitz, Geschäftsjahr)

101 Die **Abs. 1 und 2** entsprechen den Anforderungen aus § 19 Abs. 2, § 162, § 106 Abs. 2 Nr. 2 HGB für die Angaben bei der Anmeldung, zu **Abs. 3** ist auf § 242 HGB hinzuweisen.

Zu § 2: (Gegenstand des Unternehmens)

102 Die Regelung entspricht den Erfordernissen aus § 3 Abs. 1 Nr. 2 GmbHG. Bei dieser sollte in deren Gesellschaftsvertrag ohnehin nicht nur der Zweck als persönlich haftende Gesellschafterin der GmbH angegeben werden, sondern das konkrete Betätigungsfeld der GmbH & Co. KG (OLG Hamburg v. 18.9.1967, 2 W 125/67, BB 1968, 267; BayObLG v. 15.12.1975, 2 Z 53/75, NJW 1976, 1694; vgl. BH/*Roth* HGB Anh. nach § 177a Rn. 13; MünchKomm/*Grunewald,* HGB § 161 Rn. 56). Es

dient daher nicht nur der klaren Festlegung der Gesellschafter im Innenverhältnis, sondern auch der Verzahnung der beiden Gesellschaften (vgl. hierzu MünchKomm/*Grunewald,* HGB § 161 Rn. 93), den Unternehmenszweck auch bei der KG im Gesellschaftsvertrag festzulegen. Bei Produktions- und Handelsgesellschaften sind die Art der Erzeugnisse und Waren, die hergestellt oder vertrieben werden sollen, näher anzugeben.

Die Berechtigung zur Errichtung von Zweigniederlassung sowie die Beteiligung bzw. Gründung von Tochtergesellschaften sollte von Anfang an in der Satzung zugelassen werden, um Expansionen jeder Art zu ermöglichen und ggf. einen unwilligen Gesellschafter über seine Treuepflicht zur Zustimmung „zwingen“ zu können (zur Treuepflicht vgl. BH/*Roth,* HGB Anh. nach § 177a Rn. 22, § 109 Rn. 23ff.; MünchKomm/*Grunewald,* HGB § 161 Rn. 65).

Zu § 3: (Gesellschafter und Kapitalbeteiligungen; Konten)

Die Regelung der **Abs. 1 bis 3** entspricht zunächst den Anforderungen der §§ 106 **103** Abs. 2 Nr. 1 und 4, 162 Abs. 1 HGB für die Angaben bei der Anmeldung. Bezüglich der Einlage und der Beteiligung der persönlich haftenden Gesellschafterin vgl. Rn. 8ff., 79.

Die Kommanditeinlagen müssen nicht zwingend auch den Hafteinlagen im Verhältnis zu Dritten entsprechen. Im Innenverhältnis können höhere Beteiligungen vereinbart werden (*BH/Roth,* HGB § 171 Rn. 1; MünchKomm/*K. Schmidt,* HGB §§ 171, 172 Rn. 5ff.). Der Hinweis in **Abs. 3 Satz 2** dient daher einer entsprechenden Klarstellung.

Die Regelungen über die Gesellschafterkonten sind in allgemeiner Form gehalten. **104** Zu den Gründen → Form. E.3 Rn. 92.

Zu § 4: (Vertretung, Geschäftsführung)

Die Befreiung von § 181 BGB ist erforderlich, weil der Geschäftsführer der B- **105** Treuhand-GmbH zugleich Geschäftsführer der A-GmbH ist.

Zu § 5: (Informations- und Kontrollrechte der Kommanditisten)

Der Annäherung der GmbH & Co. KG an die Rechtsform der Kapitalgesellschaft **106** in Bezug auf die Rechte der Gesellschafter wird auch dadurch Rechnung getragen, dass anders als in § 166 HGB vorgesehen die Rechte der Kommanditisten sich aus dem weiterreichenden § 51a GmbHG ableiten (vgl. MünchKomm/*Grunewald,* HGB § 166 Rn. 43ff.).

Zu § 6: (Wettbewerbsverbot)

Die Regelung ist wiederum allgemeiner Natur. Zu den Gründen → Form. E.3 **107** Rn. 95.

Zu § 7: (Gesellschafterversammlung, Gesellschafterbeschlüsse)

Das Gesetz sieht bei Personengesellschaften die Beschlussfassung in einer Versamm- **108** lung nicht ausdrücklich vor. Es ist daher sinnvoll, im Gesellschaftsvertrag ausführliche Regelungen vorzusehen, insbesondere die Beschlussfassung durch Mehrheitsbeschlüsse, da andernfalls das im Gesetz vorgesehene Einstimmigkeitsprinzip gelten würde (Röhricht/Graf v. Westfalen/Haas/*Mock* HGB § 163 Rn. 5; MünchKomm/*Grunewald,* HGB § 161 Rn. 34; BH/*Roth* HGB § 163 Rn. 4). Grenzen für Mehrheitsbeschlüsse bestehen durch die Rechtsprechung des BGH zum Kernbereich (BGH v. 5.11.1984, II ZR 111/84, NJW 1985, 974; BH/*Roth* HGB § 119 Rn. 36).

Zu § 8: (Jahresabschluss)

109 Die Regelungen zum Jahresabschluss finden sich in den §§ 264ff. HGB. Zu **Abs. 1** des Vorschlags ist auf §§ 264a, 264 Abs. 1 HGB zu verweisen, zu **Abs. 2** auf §§ 264a, 316 HGB.

Zu § 9: (Gewinn- und Verlustbeteiligung)

110 Im Rahmen der KG sind die Gesellschafter im Verhältnis ihrer Beteiligung am Festkapital der Gesellschaft beteiligt. Die interne Zuweisung der auf die Kommanditistin entfallenden Ergebnisse (Gewinn oder Verlust) ergibt sich aus dem Treuhandvertrag.

Die grundsätzlichen Regelungen des (dispositiven) § 167 HGB sind ergänzend zu beachten (Röhricht/Graf v. Westfalen/Haas/*Mock* HGB § 167 Rn. 13ff.; MünchKomm/*Grunewald* HGB § 167 Rn. 11; BH/*Roth* HGB § 167 Rn. 6).

Zu § 10: (Dauer der Gesellschaft, Kündigung)

111 Es wird lediglich die Regelung des § 132 HGB näher ausgestaltet und die Kündigungsfrist verlängert.

Zu § 11: (Schlussbestimmungen)

112 Vom Vorschlag einer Schiedsgerichtsvereinbarung wurde abgesehen. Diese ist vorsorglich entsprechend § 1031 Abs. 5 ZPO in einer separaten Urkunde zu treffen, zumindest aber gesondert zu unterschreiben (BH/*Hopt* HGB Einl. v. § 1 Rn. 89f.; Beck PersGes-HB/*W. Müller* § 4 Rn. 11).

113–116 *einstweilen frei*

III. Handelsregisteranmeldungen

1. Anmeldung zum Handelsregister der B-Treuhand-GmbH

117 Die neugegründete B-Treuhand-GmbH ist gem. § 7 Abs. 1 GmbHG bei dem Gericht, in dessen Bezirk sie ihren Sitz hat, zum Handelsregister anzumelden. Der Anmeldung sind die in § 8 GmbHG genannten Unterlagen beizufügen. Die Liste der Gesellschafter muss die in § 8 Abs. 1 Nr. 3 GmbHG genannten Angaben enthalten. Die Anmeldung darf nach § 7 Abs. 2 GmbHG erst erfolgen, wenn mindestens ein Viertel des Nennbetrags auf die Geschäftsanteile eingezahlt worden ist.

Ziff. 2 der Anmeldung entspricht § 8 Abs. 4 Nr. 2 GmbHG, Ziff. 3 § 8 Abs. 4 Nr. 1 GmbHG.

Ziff. 1 der Versicherung entspricht § 7 Abs. 2 GmbHG, Ziff. 2 enthält die zu versichernden Angaben gem. § 8 Abs. 3 GmbHG.

Die Anmeldung hat in elektronischer Form zu erfolgen, §§ 8 Abs. 5 GmbHG, 12 Abs. 2 HGB.

2. Anmeldung zum Handelsregister der C-GmbH & Co. KG

118 Die Pflicht zur Anmeldung der C-GmbH & Co. KG und die zu machenden Angaben ergeben sich aus den § 162 Abs. 2, § 106, § 162 Abs. 2 HGB. Gem. § 162 Abs. 1 Satz 1 HGB sind wegen dessen beschränkter Haftung nur Angaben zur Hafteinlage des Kommanditisten zu machen. Die vor der Eintragung nach § 176 Abs. 1 HGB bestehende weitergehende Haftung des Kommanditisten ist im vorliegenden Fall auch bei Verzögerungen bei der Anmeldung aufgrund der Treuhandvereinbarung ohne wirtschaftliche Bedeutung.

3. Handelsregisteranmeldung der übertragenden Gesellschaft

Die Ausgliederung zur Aufnahme gem. § 123 Abs. 3 Nr. 1 UmwG wird gem. § 16 Abs. 1 Satz 1, § 125 Satz 1 UmwG von ihrem alleinigen, einzelvertretungsberechtigten und von den Beschränkungen des § 181 BGB befreiten Geschäftsführer als Vertretungsorgan beim Handelsregister am Sitz der A-GmbH angemeldet. Eine Anmeldung durch das Vertretungsorgan der C-GmbH & Co. KG wäre nach § 129 UmwG auch möglich, dies wäre hier aber wiederum die A-GmbH. **119**

Als Anlagen zur Anmeldung sind, wie in dem Formular wiedergegeben, gemäß § 17 Abs. 1, § 125 Satz 1 UmwG Ausfertigungen des Ausgliederungs- und Übernahmevertrags, Niederschriften der Ausgliederungsbeschlüsse und ein Nachweis über die rechtzeitige Zuleitung des Ausgliederungsvertrags oder seines Entwurfs an die zuständigen Betriebsräte beizufügen. Zusätzlich wird die nach § 17 Abs. 2, § 125 Satz 1 UmwG erforderliche Schlussbilanz der übertragenden A-GmbH als Anlage eingereicht. **120**

Die Ausgliederung darf bei einem notariell beurkundeten Verzicht der klageberechtigten Anteilsinhaber auf die Klage gegen die Wirksamkeit des Ausgliederungsbeschlusses nach § 16 Abs. 2 Satz 2 HS 2 UmwG eingetragen werden. Andernfalls bedarf es bei der Anmeldung der Erklärung der Vertretungsorgane nach § 16 Abs. 2 Satz 2 HS 1 UmwG. **121**

Nach § 140 UmwG haben alle Geschäftsführer der übertragenden A-GmbH zu erklären, dass die durch Gesetz und Gesellschaftsvertrag vorgesehenen Voraussetzungen für die Gründung dieser Gesellschaft unter Berücksichtigung der Ausgliederung auch im Zeitpunkt der Anmeldung noch vorliegen. Da es im Kern darum geht, dass auch nach dem Übergang des ausgegliederten Vermögens das Stammkapital der übertragenden GmbH noch gedeckt ist, ist strittig, wie individualisiert diese Erklärung sein muss. Das Formular schlägt eine Fassung vor, die sich am Gesetzestext orientiert, aber auch einen Hinweis auf die weiter vorhandene Deckung des Stammkapitals enthält (vgl. SHS/*Hörtnagl* UmwG § 140 Rn. 11). **122**

Nach § 17 Abs. 1 UmwG sind üblicherweise weitere Anlagen einzureichen. Ziffer V enthält die notwendigen Hinweise, warum dies hier nicht erfolgen muss. Eine Empfangsbestätigung eines Betriebsrates der C-GmbH & Co. KG ist entbehrlich, weil ein solcher nicht besteht. Auf einen Ausgliederungsbericht ist verzichtet worden. Eine Prüfung der Ausgliederung ist gesetzlich nicht erforderlich und ein Ausgliederungsprüfungsbericht deshalb nicht einzureichen. **123**

Die Erteilung einer Handelsregistervollmacht ist üblich, die Bitte um Eintragungsnachricht mit Überlassung der entsprechenden Unterlagen sinnvoll. Die Anmeldung muss gemäß § 12 Abs. 1 HGB öffentlich beglaubigt werden und ist elektronisch einzureichen. **124**

einstweilen frei **125**

4. Handelsregisteranmeldung der übernehmenden Gesellschaft

Die Anmeldung zum Handelsregister der C-GmbH & Co. KG wird gem. § 16 Abs. 1 Satz 1 UmwG vom alleinigen, einzelvertretungsberechtigten und von den Beschränkungen des § 181 BGB befreiten Geschäftsführer der A-GmbH als alleiniger persönlich haftender Gesellschafterin zum Handelsregister am Sitz der C-GmbH & Co. angemeldet. Auch hier gäbe es die im Ergebnis identische Möglichkeit aus § 129 UmwG. **126**

Die Trennung zwischen „abstrakter" und „konkreter" Vertretungsberechtigung ist lediglich vorsorglich aufgenommen worden, weil es schon Zwischenverfügungen des Registergerichts in München gegeben haben soll, wenn diese Trennung fehlt.

Die Anmeldung enthält im Vergleich zur Anmeldung der übertragenden Gesellschaft iÜ nur kleine Abweichungen, so dass auf die dortigen Ausführungen (→ Rn. 119ff.) verwiesen werden kann.

D. 4 Einbringung von Einzelunternehmen in GmbH

Gliederung

A. Vertragsformulare

Notarurkunden

D.4.1. Gründungsprotokoll einer GmbH mit Sacheinlage (Sachgründung)

Heute, am ...... *[Datum]* – erschien vor mir, ... *[Name],* Notar mit dem Amtssitz in ...... *[Ort],* in der Geschäftsstelle in ...... *[Adresse]:*

Herr A *[Name, Beruf],* wohnhaft in: ...... *[Adresse].* Herr A *[Name]* ist mir, dem Notar, persönlich bekannt *[bzw. Herr ...... [Name] hat sich durch amtlichen Personalausweis ...... ausgewiesen.]*

Auf Ansuchen des Erschienenen beurkunde ich den Erklärungen gemäß was folgt:

1. Ich errichte hiermit eine Gesellschaft mit beschränkter Haftung und stelle den dieser Niederschrift als Anlage beigefügten Gesellschaftsvertrag fest.[150]

2. Ich bestelle mich zum einzelvertretungsberechtigten Geschäftsführer. Von den Beschränkungen des § 181 BGB bin ich befreit.[152]

Der Notar wies den Erschienenen darauf hin, dass

...... [Belehrungen über

(1) die Haftung des Gesellschafters oder der Personen, für deren Rechnung Geschäftsanteile übernommen wurden, sofern zum Zwecke der Errichtung falsche Angaben gemacht oder die Gesellschaft durch Einlagen oder Gründungsaufwand vorsätzlich oder grob fahrlässig geschädigt wurde (vgl. § 9a GmbHG);

(2) die strafrechtlichen Konsequenzen bei falschen Angaben, hier insb. (a) als Gesellschafter und Geschäftsführer über die Übernahme der Stammeinlagen, die Leistung der Einlagen, über Gründungsaufwand, Geschäftsanteile und Sicherungen für nicht voll eingezahlte Geldeinlagen, (b) als Gesellschafter im Sachgründungsbericht und (c) als Geschäftsführer in der Versicherung gemäß § 8 Abs. 3 Satz 1 GmbHG (vgl. § 82 Abs. 1 Nr. 1 und 2 GmbHG);

(3) die Haftung jedes Gesellschafters für eine evtl. im Zeitpunkt der Eintragung der Gesellschaft im Handelsregister eingetretene Schmälerung des Gesellschaftsvermögens unterhalb des Betrags des Stammkapitals abzgl. zulässigem Gründungsaufwand für diesen Fehlbetrag (= allgemeine Differenzhaftung; auch als Vorbelastungs- oder Unterbilanzhaftung bezeichnet);

(4) die Haftung jedes Gesellschafters für eine evtl. im Zeitpunkt der Anmeldung zum Handelsregister nicht mehr gegebene Vollwertigkeit einer Sacheinlage für den Nennbetrag des dafür übernommenen Geschäftsanteils (Haftung für den Fehlbetrag; vgl. § 9 GmbHG);

(5) den Umstand, dass die GmbH erst mit Eintragung ins Handelsregister entsteht (vgl. § 11 Abs. 1 GmbHG) und dass die Geschäftsführer die vor der Eintragung im Namen der Gesellschaft handeln, möglicherweise persönlich haften (vgl. § 11 Abs. 2 GmbHG);

(6) die Haftung jedes Gesellschafters für die Leistung der von den anderen Gesellschaftern übernommenen, aber nicht geleisteten Stammeinlagen (§ 24 GmbHG)

– vorstehende Belehrungen sind z. T. nur bei Mehrpersonengründungen sinnvoll]

Vorgelesen vor dem Notar, von dem Erschienenen genehmigt und von ihm und dem Notar eigenhändig wie folgt unterschrieben:

...

[Unterschrift]

Anlage zur UR-Nr. ....../......
des Notars ...... *[Name],* ...... *[Ort]*

D.4.2. Gesellschaftsvertrag (Errichtungserklärung)

§ 1 Firma und Sitz

(1) Die Firma der Gesellschaft lautet: A GmbH.

(2) Die Gesellschaft hat ihren Sitz in ...... *[Ort]*.

§ 2 Gegenstand des Unternehmens

Gegenstand des Unternehmens ist der Handel mit Drogerieprodukten aller Art sowie ...... *[Umschreibung der bisherigen und/oder geplanten Tätigkeit der Gesellschaft]* sowie alle hiermit in unmittelbarem oder mittelbarem Zusammenhang stehenden Geschäfte. Die Gesellschaft kann weitere einschlägige Geschäfte betreiben und sich insbesondere an gleichartigen Unternehmungen im In- und Ausland beteiligen und bestehende Unternehmungen erwerben.

§ 3 Stammkapital und Nennbetrag der übernommenen Geschäftsanteile

(1) Das Stammkapital der Gesellschaft beträgt 25 000.– EUR (fünfundzwanzigtausend Euro).

(2) Herr A übernimmt einen Geschäftsanteil mit einem Nennbetrag in gleicher Höhe.[156a]

§ 4 Erbringung der Stammeinlage[153, 156]

Die von Herrn A übernommene Stammeinlage in Höhe von 25 000.– EUR (fünfundzwanzigtausend Euro) wird in voller Höhe erbracht durch Übertragung des von ihm als Einzelkaufmann unter der Firma „A ......" *[Firma]* in ...... *[Ort]* betriebenen und im Handelsregister des Amtsgerichts ...... *[Ort]* unter HRA ...... *[Handelsregisternummer]* eingetragenen Unternehmens. Die Übertragung erfolgt nach Maßgabe eines gesonderten Einbringungsvertrages. Der Wert der Einlage erreicht mindestens 25 000.– EUR; der diesen Nominalbetrag der neuen Stammeinlage übersteigende Buchwert des einzubringenden A-Einzelhandelsunternehmens wird der Gesellschaft in Höhe von[72–72b] ...... EUR als Darlehen zur Verfügung gestellt, im Übrigen als Agio der Kapitalrücklage gemäß § 272 Abs. 2 Nr. 1 HGB zugeführt.

§ 5 Geschäftsführung und Vertretung

(1) Die Gesellschaft hat einen oder mehrere Geschäftsführer.

(2) Ist nur ein Geschäftsführer bestellt, so vertritt er die Gesellschaft allein. Sind mehrere Geschäftsführer bestellt, so wird die Gesellschaft durch zwei Geschäftsführer gemeinsam oder durch einen Geschäftsführer zusammen mit einem Prokuristen vertreten. Die Gesellschafterversammlung kann – auch bei mehreren Geschäftsführern – einzelnen, mehreren oder allen Einzelvertretungsbefugnis erteilen.

(3) Die Gesellschafterversammlung kann einzelne oder alle Geschäftsführer von den Beschränkungen des § 181 BGB befreien. Der Geschäftsführer A ist stets von den Beschränkungen des § 181 BGB befreit.

§ 6 Bekanntmachungen; Gründungsaufwand

(1) Die Bekanntmachungen der Gesellschaft erfolgen im Bundesanzeiger.[157]

(2) Die Gesellschaft trägt den Gründungsaufwand in Höhe von ca. ...... EUR (Notar ...... EUR; Registergebühren und Bekanntmachung ...... EUR).[158]

[§ ...... ggf. sonstige Satzungsregelungen, wie zB Gesellschafterversammlungen; Verfügung über Geschäftsanteile; Geschäftsjahr; Bekanntmachungen; Befreiung vom Wettbewerbsverbot]

D.4.3. Einbringungsvertrag[165 ff.]

Zwischen

1. Herrn A *[Name, Beruf]*, wohnhaft in: ...... *[Adresse]*

(nachfolgend auch „Einbringender“)

und

2. A-GmbH, mit dem Sitz in ...... *[Ort]*, vertreten durch deren ...... allein-/gesamtvertretungsberechtigten Geschäftsführer A ...... *[Name]*

(nachfolgend auch „Erwerberin“)

wird folgender Einbringungsvertrag geschlossen:

Vorbemerkung

A betreibt als Einzelkaufmann unter der Firma „A ......“ *[Firma]* in ...... *[Ort]* ein Einzelhandelsunternehmen, das ...... *[Beschreibung der Tätigkeit]*. Der Einbringende beabsichtigt zur Erfüllung seiner Sacheinlageverpflichtung aus der Gründung der A-GmbH sein vorbezeichnetes Unternehmen auf die A-GmbH zu übertragen. Hierzu vereinbaren die Parteien was folgt:

§ 1 Gegenstand des Vertrages

Der Einbringende überträgt auf die Erwerberin als Sacheinlage sein von ihm als Einzelkaufmann unter der Firma „A ......“ *[Firma]* in ...... *[Ort]*, eingetragen im Handelsregister des Amtsgerichts ...... *[Ort]* unter HRA ...... *[Handelsregisternummer]*, betriebenes Unternehmen (nachfolgend „A-Einzelhandelsunternehmen“) mit allen Aktiva und Passiva im Wege der Einzelrechtsnachfolge.

§ 2 Einbringungsgegenstand A-Einzelhandelsunternehmen

(1) Zur Erfüllung der in § 1 dieses Vertrages bezeichneten Sacheinlageverpflichtung überträgt hiermit der Einbringende das in § 1 dieses Vertrages bezeichnete A-Einzelhandelsunternehmen nach weiterer Maßgabe der Regelungen in den folgenden Absätzen an die Erwerberin. Die Erwerberin nimmt diese Übertragung an.

(2) Die Einbringung umfasst sämtliche durch die Bilanz des A-Einzelhandelsunternehmens zum 31.12.01 (nachfolgend „Einbringungsbilanz“) erfassten Aktiva und Passiva, abzüglich der Abgänge und zuzüglich der Zugänge, die nach dem Stichtag gemäß § 3 dieses Vertrages erfolgen und in den Büchern des A-Einzelhandelsunternehmens vermerkt sind. Von der Übertragung erfasst sind auch solche Vermögensgegenstände und Schulden, die dem A-Einzelhandelsunternehmen zugehören oder sich auf dieses beziehen, auch wenn sie in der Einbringungsbilanz oder in diesem Vertrag *[ggf.: oder in den Anlagen ...... bis ......]* nicht gesondert aufgeführt sind.

(3) Übertragen werden insbesondere die in der als Anlage 2.3 beigefügten Einbringungsbilanz des A-Einzelhandelsunternehmens zum 31.12.01 *[Datum]* sowie in den Anlagen ...... *[ggf. Aufstellungen zu Vermögenspositionen, wie zB: Umlaufvermögen; Auftragsbestand; Forderungen; usw.]* erfassten Vermögensgegenstände.[167] Der Einbringende und die Erwerberin sind sich über den Übergang des Eigentums an diesen Vermögensgegenständen einig.

(4) Die Erwerberin übernimmt ausdrücklich auch die in der Einbringungsbilanz ausgewiesenen Verbindlichkeiten und Schulden *[ggf.: und tritt in die in den Anlagen ...... aufgeführten ...... (Aufzählung der zu übernehmenden Dauerschuldverhältnisse, insb. Mietvertrag sowie Versicherungsverträge) an die Stelle des A-Einzelhandelsunternehmens bzw. des Einbringenden ein]*. Mit Wirkung zum Stichtag gemäß § 3 dieses Vertrages tritt die Erwerberin anstelle des Einbringenden in alle

Verträge, Vertragsangebote und sonstige Rechtsstellungen („laufende Verträge") des eingebrachten A-Einzelhandelsunternehmen ein. Unabhängig von der Wirksamkeit des Übergangs der laufenden Verträge auf die Erwerberin, stellen sich die Erwerberin und der Einbringende so, als wäre die Übernahme der laufenden Verträge im Innenverhältnis mit Wirkung zum Stichtag gemäß § 3 dieses Vertrages erfolgt. Die Erwerberin und der Einbringende werden sich unverzüglich um Zustimmung der jeweiligen Vertragsparteien der laufenden Verträge zur Übernahme durch die Erwerberin mit Wirkung zum Stichtag gemäß § 3 dieses Vertrages bemühen. Soweit und solange die Übernahme der Rechtsstellung des Einbringenden ab diesem Zeitpunkt nach übereinstimmender Auffassung des Einbringenden und der Erwerberin nicht oder nur mit unverhältnismäßig hohem Aufwand möglich sein sollte, stellt die Erwerberin im Innenverhältnis den Einbringenden von sämtlichen Ansprüchen und Pflichten aus den laufenden Verträgen frei; der Einbringende wird im Außenverhältnis den betreffenden laufenden Vertrag treuhänderisch für die Erwerberin fortführen.

(5) Die Einbringung des A-Einzelhandelsunternehmens erfolgt zum Buchwert, der aus dem Jahresabschluss des A-Einzelhandelsunternehmens zum 31.12.01 *[Datum]* abgeleitet und in der Einbringungsbilanz gemäß Anlage 2.3 übernommen ist. Die Einbringung des A-Einzelhandelsunternehmens erfolgt unter Anwendung von § 20 UmwStG in Vollzug der in § 1 dieses Vertrages näher bezeichneten Sachkapitalerhöhung gegen Ausgabe eines Geschäftsanteils an der Erwerberin mit einem Nominalbetrag von 25000.– EUR. Der diesen Nominalbetrag der neuen Stammeinlage übersteigende Buchwert des einzubringenden A-Einzelhandelsunternehmens wird der Gesellschaft als Darlehen bis zur Höhe von[72–72b] ...... EUR zur Verfügung gestellt; ein darüber hinausgehender Wert wird als Agio der Kapitalrücklage der Gesellschaft gemäß § 272 Abs. 2 Nr. 1 HGB zugeführt.[159]

§ 3 Einbringungs-/Übertragungsstichtag[170]

Die Einbringung des A-Einzelhandelsunternehmens erfolgt mit wirtschaftlicher und steuerlicher Wirkung zum 31.12.01 *[Datum]*, ... Uhr, („Einbringungsstichtag" oder „Stichtag"). Mit Wirkung ab diesem Zeitpunkt bis zum zivilrechtlichen Übergang wird das A-Einzelhandelsunternehmen im Innenverhältnis von dem Einbringenden für Rechnung der Erwerberin nach den Regeln des Auftragsrechts geführt.

§ 4 Selbständige Garantieversprechen des Einbringenden[168 f.]

Der Einbringende sichert im Sinne eines selbständigen Garantieversprechens zu, dass die Einbringungsbilanz zum 31.12.01 *[Datum]* (Anlage 2.3) mit der Sorgfalt eines ordentlichen Kaufmanns errichtet worden ist und die Vermögenslage des A-Einzelhandelsunternehmens nach den Grundsätzen ordnungsmäßiger Buchführung zum Abschlusszeitpunkt vollständig und richtig wiedergibt, und dass seit dem Einbringungsstichtag hinsichtlich der wirtschaftlichen Lage, des Vermögens und der Verbindlichkeiten des A-Einzelhandelsunternehmens keine wesentlichen nachteiligen Veränderungen eingetreten sind. Dieses Garantieversprechen beziehen sich auf den Einbringungsstichtag gemäß § 3 dieses Vertrages. Ansprüche hieraus verjähren mit Ablauf des ...... *[Datum]*.

[Ggf. weitere Regelungen, wie zB Abtretung des Vorsteuerguthabens; Kostentragungsregel]

.... *[Ort]*, den .... *[Datum]* .... *[Ort]*, den .... *[Datum]*

.. ....

[Unterschrift A]* *[Unterschrift A-GmbH]

Handelsregisteranmeldung

D.4.4. Anmeldung zum Handelsregister[176 ff.]

An das
Amtsgericht
– Handelsregister –

HRB ...... *[HRB-Nummer]* neu

In der neu anzulegenden Handelsregistersache A-GmbH überreiche ich, der unterzeichnete Geschäftsführer der A-GmbH,[183]

1. beglaubigte Abschrift der notariellen Urkunde vom ...... *[Datum]* (URNr. ....../...... des Notars ...... *[Name]* mit dem Amtssitz in ...... *[Adresse]*), die den Gesellschaftsvertrag und meine Bestellung zum Geschäftsführer enthält,
2. von mir unterzeichnete Liste der Gesellschafter,[156a]
3. den Einbringungsvertrag vom ...... *[Datum],* welcher der Festsetzung der Sacheinlage zugrunde liegt und der zur Ausführung der Sachgründung erforderlichen Übertragung aller Aktiva und Passiva des A-Unternehmens enthält,
4. den Sachgründungsbericht,[28, 136, 183, 185]
5. Bestätigung des ...... *[Name des Wirtschaftsprüfers/Steuerberaters bzw. der Wirtschaftsprüfungs-/Steuerberatungsgesellschaft]* vom ...... *[Datum]* über die Werthaltigkeit des eingebrachten A-Einzelhandelsunternehmens, insbesondere des Erreichens des Betrags der dafür übernommenen Stammeinlage sowohl zum Stichtag als auch bis heute. [182, 186]

Ich melde die Gesellschaft und mich als deren Geschäftsführer zur Eintragung in das Handelsregister an.

Zur Vertretungsberechtigung melde ich an:

Ich bin berechtigt, die Gesellschaft allein zu vertreten und von den Beschränkungen des § 181 BGB befreit. Im Übrigen gilt: Die Gesellschaft wird durch einen Geschäftsführer allein vertreten, wenn er einziger Geschäftsführer ist oder durch Gesellschafterbeschluss zur Einzelvertretung ermächtigt ist. Im Übrigen wird die Gesellschaft gemeinsam durch zwei Geschäftsführer oder durch einen Geschäftsführer gemeinsam mit einem Prokuristen vertreten.

Als Geschäftsführer zeichne ich meine Unterschrift wie folgt:

....
[Unterschrift A]

Ich versichere, dass

a) die Sacheinlagen auf die Gesellschaft übertragen sind,[176, 182]
b) der Gesamtbetrag der eingezahlten Geldeinlagen zuzüglich des Gesamtbetrages der Stammeinlagen, für die Sacheinlagen zu leisten sind, mindestens 25 000.– EUR erreicht,
c) der Gegenstand der vorstehenden Leistungen sich endgültig in meiner freien Verfügung befindet,
d) das Nettovermögen der Gesellschaft, zuzüglich Eintragungskosten und Bekanntmachungskosten (Gründungsaufwand), nicht geringer ist als die Ziffer des Stammkapitals,
e) ich nicht wegen einer Insolvenzstraftat nach §§ 283–283d StGB (Insolvenz, Verletzung der Buchführungspflicht, Gläubiger- oder Schuldnerbegünstigung) verurteilt worden bin und mir die Ausübung eines Berufs, Berufszweiges, Gewerbes oder Gewerbezweiges weder durch gerichtliches Urteil noch durch vollziehbare Ent-

scheidung einer Verwaltungsbehörde untersagt ist, und dass ich über meine unbeschränkte Auskunftspflicht gegenüber dem Gericht durch den beglaubigenden Notar belehrt worden bin.

Der Gegenstand des Unternehmens bedarf nicht der staatlichen Genehmigung.

Die Geschäftsräume befinden sich in ...... *[Ort, Straße].*

............................., den ....

...

[Unterschriften des Geschäftsführers der A-GmbH]

[Beglaubigungsvermerk][182a]

B. Grundsätzliche Anmerkungen

I. Sachverhalt

1 Das Formular geht von folgendem Sachverhalt aus: Das bisher von A als Einzelkaufmann betriebene Einzelhandelsunternehmen soll künftig in der Rechtsform der GmbH geführt werden. Die Übertragung des Einzelhandelsunternehmens auf die neue Inhaberin A-GmbH erfolgt im Wege der **Sachgründung** der A-GmbH. Nachdem an der Gründung nur A beteiligt ist, handelt es sich um eine sog. Einmann-Gründung, für die einige Besonderheiten gelten (→ Rn. 15 ff.).

2 **Graphische Darstellung des Sachverhalts und Einbringungsvorgangs:**

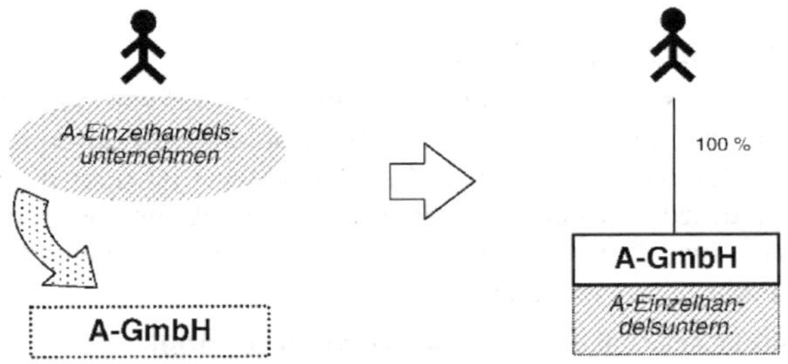

3 **Wahl des Formulars – Einzelrechtsübertragung als Alternative zur Ausgliederung nach UmwG.** Für die Umwandlung eines als Einzelkaufmann geführten Unternehmens in eine Kapitalgesellschaft (GmbH; AG) hält das UmwG das Instrument der Ausgliederung (als Unterfall der Spaltung) gemäß § 123 Abs. 3 UmwG bereit (hierzu → Form. D.1; siehe die besonderen Vorschriften für die Ausgliederung eines Einzelkaufmanns in §§ 152 ff. UmwG). Für eine **Ausgliederung nach dem UmwG** können eine Reihe von Gründen sprechen; insbesondere führt die Ausgliederung gemäß § 131 Abs. 1 Nr. 1 UmwG zu einer **partiellen Gesamtrechtsnachfolge** (dazu iE → Form. D.1 Rn. 61; WM/*Vossius* UmwG § 131 Rn. 21 ff.; s. aber BGH v. 6.12.2000, XII ZR 219/98, NJW 2001, 1217: keine Gesamtrechtsnachfolge – jedenfalls – bezogen auf die prozessuale Stellung, vgl. dazu iE → Form. B.3 Rn. 333 ff.), die vor allem bei Übertragung einer Vielzahl oder bestimmter für den übernehmenden Rechtsträger günstiger Vertragsverhältnisse vorteilhaft sein kann. Die Vorteilhaftigkeit der Ausgliederung nach dem UmwG hat sich durch die Streichung des – häufig als „Spaltungsbremse" wirkenden – § 132 UmwG durch das Zweite Gesetz zur Änderung des UmwG v. 19.4.2007 (BGBl. I 2007, 542) insoweit noch erhöht: Nunmehr

gehen grundsätzlich sämtliche Vertragsverhältnisse (zur Ausnahme höchstpersönlicher Verhältnisse → Form. D.1 Rn. 7) im Rahmen einer Ausgliederung nach dem UmwG auf den übernehmenden Rechtsträger über (vgl. *Perwein* GmbHR 2007, 1214ff., 1217 zur Rechtslage vor Abschaffung des § 132 UmwG).

Die Umwandlung eines Einzelkaufmanns in eine Kapitalgesellschaft bleibt daneben 4
– unbeschadet des in § 1 Abs. 2 UmwG bestimmten *Numerus Clausus* für Umwandlungsvorgänge – auch in Wege der **Einzelrechtsnachfolge** in Form der Sachgründung (mit Einbringung des Betriebs des Einzelkaufmanns zur Bedienung der Sacheinlage) möglich (vgl. schon Begründung in BT-Drs. 12/6699, 80; SBB/*Sagasser/Bultmann* § 18 Rn. 188ff.; SBB/*Abele* § 31 Rn. 5ff.; HM/*Stengel* Einf. A Rn. 54ff., 66ff.). Die **Kriterien,** nach denen die Wahl zwischen den beiden vorgenannten Umwandlungstechniken getroffen werden sollte, sind vielfältig (iE → Form. D.6 Rn. 5ff. sowie vgl. *Feddersen/Kiem* ZIP 1994, 1078 mit ausführlichem Vergleich der Techniken und Rechtswirkungen der Einzelrechtsübertragung und der Ausgliederung; s. aus der neueren Literatur: *Perwein* GmbHR 2007, 1214ff., 1217) und deren Bedeutung naturgemäß abhängig vom Einzelfall.

Für die Übertragung im Wege der Einzelrechtsnachfolge (bzw. gegen die Ausgliede- 5
rung nach UmwG) sprechen die regelmäßig **geringeren Formerfordernisse,** die damit **einfachere** und mit einem **geringeren Zeitaufwand** verbundene Handhabung der Einzelrechtsübertragung, schließlich auch (und vor allem bei kleinen und mittleren Unternehmen nicht zu vernachlässigende) **Kostengründe.**

In bestimmten Fällen ist darüber hinaus eine Ausgliederung nach § 123 UmwG aus 6
rechtlichen Gründen nicht möglich: So ist beispielsweise eine Ausgliederung des von einem Einzelkaufmann betriebenen Unternehmens nur möglich, wenn die **Firma** des von ihm betriebenen Unternehmens im Handelsregister **eingetragen** ist (SHS/*Hörtnagl* UmwG § 152 Rn. 8 mwN; vgl. auch zu der dem Wortlaut des § 152 Satz 1 UmwG nach scheinbar relevanten Beschränkung der bloßen Übertragbarkeit von **unternehmenszugehörigem** Vermögens die pragmatische Handhabung durch SHS/*Hörtnagl* UmwG § 152 Rn. 22 mwN: Zuordnung durch Aufführung im Spaltungsplan). Während das Hindernis der fehlenden Eintragung der Firma nach der Reform durch das Handelsrechtsreformgesetz (HRefG) v. 22.6.1998 (BGBl. I 1998, 1474) und der dadurch stark ausgeweiteten Eintragungsmöglichkeiten (vgl. etwa BH/*Hueck* HGB § 1 Rn. 3 mwN sowie WM/*Mayer* UmwG § 152 Rn. 25; Lutter/*Karollus* UmwG § 152 Rn. 25; SHS/*Hörtnagl* UmwG § 152 Rn. 8f.) idR mit verhältnismäßig geringem Aufwand auszuräumen sein dürfte (→ Form. D.1 Rn. 6), sofern dies nicht aus Zeitgründen – etwa wegen der angestrebten steuerlichen Rückbeziehung des Vorgangs ins vorangegangene Kalenderjahr – nicht möglich ist, bleibt der Weg über die Ausgliederung nach UmwG auch in den Fällen versperrt, in denen die **Verbindlichkeiten des Einzelkaufmanns** dessen **Vermögen übersteigen,** dh. der Kaufmann überschuldet ist (§ 152 Satz 2 UmwG; s. hierzu SHS/*Hörtnagl* UmwG § 152 Rn. 22ff.; → Form. D.1 Rn. 8 mwN).

II. Ablaufplan

Das Formular sieht eine Sachgründung einer sog. Einmann-GmbH mit Einbrin- 7
gung des Unternehmens (A-Einzelunternehmen) des Einzelkaufmanns (A) vor. Hierfür sind nachfolgend überblicksartig aufgeführte Maßnahmen und Schritte erforderlich und durchzuführen:

1. Entwurf des Einbringungsvertrages, insb. Zusammenstellung der zu übertragenden Wirtschaftsgüter des Anlage- und Umlaufvermögens (zB gewerbliche Schutzrechte; Auftragsbestand; Forderungen) sowie Arbeits- und sonstige Vertragsverhältnisse (zB Miet- und Versicherungsverträge)

2. Vorbereitung/Erstellung der Einbringungsbilanz; ggf. Bewertung der einzubringenden Sachgesamtheit bzw. der Vermögensgegenstände
3. Vorbereitung und notarielle Beurkundung des Errichtungsbeschlusses, einschließlich des Gesellschaftsvertrages (richtiger: Errichtungserklärung des Gründers)
4. Abschluss des Einbringungsvertrages
5. Sachgründungsbericht sowie Gutachten zum Nachweis der Werthaltigkeit der Sacheinlage (mind. Wert übernommener Geschäfstanteile)
6. Anmeldung der Errichtung der GmbH zum Handelsregister
7. Eintragung der Gründung im Handelsregister (und damit Entstehen der GmbH)

8, 9 *einstweilen frei*

III. Wirtschaftliches Vertragsziel

10 Die Umwandlung eines bisher als Einzelkaufmann und damit als Personenunternehmen geführten Betriebes in eine Kapitalgesellschaft kann eine Vielzahl von Anlässen haben, sich aus der Veränderung unterschiedlichster Rahmenbedingungen ergeben und dementsprechend auch verschiedene Ziele verfolgen: Aufgrund der rechtlichen Selbstständigkeit der Kapitalgesellschaft und der damit verbundenen Haftungsbeschränkung kann zunächst die **Isolierung von Haftungsrisiken** (etwa auf Grund veränderter rechtlicher Rahmenbedingungen, wie zB das Produkthaftungsgesetz; SBB/*Sagasser* § 17 Rn. 4 mwN) ein maßgebendes Kriterium für eine solche Entscheidung sein. Auch können veränderte Umstände auf der Ebene des Unternehmers eine maßgebende Rolle spielen, wie beispielsweise die Vorbereitung eines **Eignerwechsels,** sei es durch **Rechtsgeschäft,** zB im Rahmen eines vollständigen Unternehmens(ver)kaufs (sog. Exit-Planung) oder einer Übertragung von Teilen des Unternehmens, sei es im Rahmen einer (vorweggenommenen) **Erbfolgeregelung** (vgl. WM/*Schwarz* UmwG § 123 Rn. 1.2 mwN; → Form. D.1 Rn. 4 mwN) oder lediglich zur Aufnahme eines Geschäftsführers, der nicht auch am Unternehmen beteiligt werden soll (Ermöglichung der **Fremdorganschaft** und Etablierung eines **Weisungsrechts** gegenüber der Leitung des Unternehmens – beides Aspekte, die bei Personenunternehmen nicht bzw. nur mit einem gewissen Aufwand realisiert werden können). Auch die Eingehung von **Kooperationen** mit anderen Unternehmen kann auslösendes Moment eines solchen Rechtsformwechsels sein.

11 Schließlich können auch **ertragsteuerliche** Aspekte einen Anreiz für die Umwandlung geben: So kann im Einzelfall beispielsweise steuerlich die **Thesaurierung** bei Kapitalgesellschaften (KSt-Satz: 15% zzgl. 5,5% SolZ ab VZ 2008) gegenüber dem Einzelunternehmen (ESt-Satz 2016: bis zu 45,0%) – trotz der Begünstigung der nicht entnommenen Gewinne gemäß § 34a EStG **(Thesaurierungsbegünstigung)** mit einem Steuersatz von 28,25% (vgl. zur Thesaurierungsbegünstigung die ausführliche Darstellung von *Ley/Brandenberg* FR 2007, 1085; siehe auch *Ley* KÖSDI 2007, 15737; *Taetzner/Hölzerkopf* BB 2007, 2769; *Bäumer* DStR 2007, 2089; *Hey* DStR 2007, 925; *Günther* GStB 2007, 326) und der pauschalierten Anrechnung der Gewerbesteuer gemäß § 35 EStG beim Einzelunternehmen – vorteilhafter sein – dies kann im Einzelfall letztlich nur aufgrund der jeweiligen individuellen Verhältnisse bestimmt werden (s. hierzu zB *Dörfler/Graf/Reichl* DStR 2007, 645; *Blaufus/Hechtner/Hundsdoerfer* BB 2008, 80; *Streck* NJW 2007, 3176, 3182f.; umfassend: *Ortmann-Babel/Zipfel* BB 2007, 1869, 2205; *dies.* GStB 2007, 18; *Pflüger* GStB 2008, 83). Insgesamt sind durch die Unternehmenssteuerreform 2008 die für die steuerlichen Aspekte der Rechtsformwahl maßgeblichen Parameter neu gesetzt worden; aus diesem Grund ist die in der Vergangenheit zugunsten einer Rechtsform getroffene Wahl anhand der neu gefassten Bestimmungen des Ertragsteuerrechts zu überdenken und gegebenenfalls anzupassen. Ebenso können **gewerbesteuerliche** Überlegungen, wie etwa die Erreichung der sog. **erweiterten Kürzung** gemäß § 9 Nr. 1 Satz 2 GewStG bei grundstücksverwaltenden Unternehmen ausschlaggebend sein. Auch mindern Leistungsvergütungen der GmbH an die Gesellschafter (insb. **Geschäftsführergehälter, Darlehens- und Mietzinsen**) – anders als bei Personenunternehmen – das gewerbesteuer- und körperschaftsteuerpflichtige Einkommen (soweit keine vGA vorliegen); Entsprechendes gilt für Zuführungen zu **Pensionsrückstellungen** für Gesellschafter-Geschäftsführer, wenn auch nur innerhalb bestimmter, von Rspr. und FinVerw. gesetzter Grenzen (vgl. Beck GmbH-HB/ *Berberich/Haaf* § 1 Rn. 52). Auch weist die Kapitalgesellschaft gegenüber einem Personenunternehmen ertragsteuerrechtliche Vorteile mit Bezug auf das Halten von **Beteiligungen an in- und ausländischen Kapitalgesellschaften** auf: grds. Steuerfreiheit der Ausschüttungen (§ 8b Abs. 1 KStG), wenn die Beteiligung zu Beginn des Kalenderjahres 10% (oder mehr) des Grund- oder Stammkapitals betragen hat (§ 8b Abs. 4 KStG); beachte auch die Fiktion nichtabziehbarer Betriebsausgaben iHv. 5% gemäß § 8b Abs. 5 KStG, die gleichermaßen für Ausschüttungen inländischer und ausländischer Tochterkapitalgesellschaften gilt) und evtl. Veräußerungsgewinne (§ 8b Abs. 2 KStG; beachte aber Ausnahmen gemäß § 8b Abs. 4 KStG a. F. iVm. § 34 Abs. 7a KStG sowie das pauschalierte Betriebsausgabenabzugsverbot iHv. 5% gemäß § 8b Abs. 3 KStG). S. zu den Auswirkungen der Änderungen des UntStRefG 2008 v. 14.8.2007 (BGBl. I 2007, 1912), auf die Besteuerung von Kapital- und Personengesellschaften sowie deren Anteilseigner mit Vergleichsrechnungen: *Kußmaul/Meyering/Schwarz* GmbHR 2016, 385; *Ortmann-Babel/Zipfel* BB 2007, 1869, 2205; allgemeinen zur Besteuerung von Personen- und Kapitalgesellschaften sowie deren Gesellschafter nach der Unternehmenssteuerreform 2008: *Schmitt* StbG 2007, 573 – Personengesellschaften – und *Förster* StbG 2007, 559 – Kapitalgesellschaften; *Pflüger* GStB 2008, 83).

Letztlich liegt der, im Formular bereits vorausgesetzten Entscheidung über eine **12** Umwandlung eines Personenunternehmens in eine Kapitalgesellschaft eine (erneute) Entscheidung über die – geeignete – **Rechtsformwahl** zugrunde. Eine Auseinandersetzung mit diesem Themenkreis würde den Rahmen eines Formularbuchs sprengen, so dass hierzu auf die zahlreiche Literatur zu diesem Thema verwiesen wird (s. zunächst *Ortmann-Babel/Zipfel* BB 2007, 1869, 2205; *Rauenbusch* DB 2008, 656; sowie die in → Rn. 11 genannten Fundstellen.

einstweilen frei **13, 14**

IV. Zivil-, Handels- und Gesellschaftsrecht

1. Besonderheiten der sog. Einmann-GmbH

Die seit der GmbH-Novelle 1980 gesetzlich legitimierte (vgl. § 1 GmbHG) Grün- **15** dung einer sog. **„Einmann"-GmbH** (richtiger: Einpersonen-GmbH), dh. die Gründung einer GmbH durch eine Person, wies bis zum Inkrafttreten des MoMiG v. 23.10.2008 (BGBl. I 2008, 2026) am 1.11.2008 einige (wenn auch wenige) Besonderheiten auf, vor allem mit Bezug auf die zusätzliche **Sicherung der Kapitalaufbringung.** Dabei handelte es sich zum einen um die Bestimmungen der § 7 Abs. 2 Satz 3 iVm. § 56a GmbHG (§ 19 Abs. 4 GmbHG aF), die bei Einzahlung nur der Hälfte des Kapitals für den Rest eine Sicherheitsleistung verlangten. Damit konnte auch die Vorschrift über die entsprechende Versicherung gegenüber dem Registergericht, § 8 Abs. 2 Satz 2 GmbHG aF, entfallen, ebenso die an § 19 Abs. 4 GmbHG aF anknüpfenden Sanktionsvorschriften des § 60 Abs. 1 Nr. 6, 2. Alt. GmbHG aF und § 144b FGG.

Diese besonderen Regelungen für die Einpersonen-GmbH sind durch das MoMiG **16** v. 23.10.2008 (→ Rn. 15) ersatzlos aufgehoben worden, so dass für die Gründung der Einpersonen-GmbH nunmehr die allgemeinen Regeln zur Anwendung kommen. S. zu den durch das MoMiG eingeführten Änderungen *Wälzholz* MittBayNot 2008,

425; *Tebben* RNotZ 2008, 441; *Hirte* NZG 2008, 761; *Heckschen* DStR 2007, 1442; *Miras* BWNotZ 2007, 101; *Thiessen* DStR 2007, 202; 260; zur Kritik am MoMiG vgl. *Priester* ZIP 2008, 55; *Drygala* NZG 2007, 561; *Schäfer* DStR 2006, 2085.

17 Lediglich noch rechtstheoretischen Wert hat vor dem Hintergrund der Änderungen durch das MoMiG v. 23.10.2008 (→ Rn. 15) die Feststellung, dass der „Gesellschaftsvertrag" der Einpersonen-GmbH richtigerweise als einseitige, nicht empfangsbedürftige **Errichtungserklärung** bezeichnet werden sollte (BH/ *Fastrich* GmbHG § 2 Rn. 7; Beck GmbH-HB/*Schwaiger* § 2 Rn. 148 mwN), diese aber den gleichen Formerfordernissen wie der Gesellschaftsvertrag unterliegt. Zu den **kostenrechtlichen** Aspekten der Beurkundung der Errichtungserklärung → Rn. 136. Bei Gründung einer Gesellschaft gemäß § 2 Abs. 1a GmbHG sieht § 105 Abs. 6 Nr. 1 GNotKG eine kostenrechtliche Privilegierung vor. Entsprechendes gilt für Änderungen des Gesellschaftsvertrags, wenn von den Regelungen des Musterprotokolls nicht abgewichen wird.

18 Im übrigen „Rechtsalltag" unterscheidet sich die Einpersonen-GmbH dagegen grds. nicht von der Mehrpersonen-GmbH, abgesehen von dem Erfordernis der **unverzüglichen Protokollierung von Rechtsgeschäften** zwischen dem Alleingesellschafter-Geschäftsführer und der Gesellschaft (vgl. die – gesetzlich nicht sanktionierte – Verpflichtung in § 35 Abs. 3 Satz 2 GmbHG), der **Pflicht zur unverzüglichen Protokollierung und Unterzeichnung der Beschlüsse** (richtiger: Entschlüsse) **der Gesellschafterversammlung** (vgl. die – ebenfalls sanktionslose – Verpflichtung in § 48 Abs. 3 GmbHG; s. dazu *Roth/Altmeppen* GmbHG § 48 Rn. 56f.) sowie der besonderen Regelung zur Anwendbarkeit des **§ 181 BGB (Verbot von Insichgeschäften)** in den Fällen, in denen der Alleingesellschafter, der zugleich deren alleiniger Geschäftsführer ist, Rechtsgeschäfte zwischen der Gesellschaft und sich abschließt (§ 35 Abs. 3 Satz 1 GmbHG). Zur Möglichkeit und den Voraussetzung einer Befreiung von dieser Beschränkung → Rn. 152.

19 Zu **beachten** ist in diesem Zusammenhang die mit dem MoMiG v. 23.10.2008 (→ Rn. 15) eingeführte Sonderform der **Unternehmergesellschaft (haftungsbeschränkt)** oder UG (haftungsbeschränkt), vgl. § 5a GmbHG, die insb. in Kombination mit den ebenfalls vorgesehenen Erleichterungen bei Verwendung des Musterprotokolls (vgl. § 2 Abs. 1a GmbHG) vor allem für Existenzgründer – und damit insb. für Alleingründer – attraktiv ist. Die Gründung einer solchen Unternehmergesellschaft erfolgt mit einem geringeren als dem gemäß § 5 Abs. 1 GmbHG vorgesehenen Stammkapital (§ 5a Abs. 1 GmbHG), im Extremfall somit auch mit 1.– EUR (kritisch wegen der in Fällen geringer Kapitalisierung häufig sehr frühzeitig eintretenden Überschuldung: *Drygala* NZG 2007, 561; s. auch *Veil* GmbHR 2007, 1080). Allerdings besteht bei der Unternehmergesellschaft (haftungsbeschränkt) – abweichend von § 7 Abs. 2 GmbHG – mit Bezug auf das Stammkapital ein Volleinzahlungsgebot (§ 5a Abs. 2 GmbHG).

20 *einstweilen frei*

21 Darüber hinaus sind mit Bezug auf die Unternehmergesellschaft (haftungsbeschränkt) weitere Sonderregeln zu beachten, wie insb.: Verbot von Sacheinlagen; Pflicht zur Bildung einer besonderen Rücklage in Höhe eines Viertels des um den Verlustvortrag aus dem Vorjahr geminderten Jahresüberschusses; modifizierte Pflicht zur Einberufung der Gesellschafterversammlung bei drohender Zahlungsunfähigkeit.

22 An dieser Stelle nicht weiter erörtert, sei allerdings noch auf eine Reihe, zT ungelöster Problemfelder der Einmann-GmbH hingewiesen, wie:

23 – die Bestimmung der Grenze **der rechtlichen Selbstständigkeit** der Einmann-GmbH und die Festlegung der Konstellationen und Voraussetzungen, bei denen ein **Haftungsdurchgriff** auf den dahinter stehenden Alleingesellschafter möglich ist bzw. sein muss (vgl. *Roth/Altmeppen* GmbHG § 13 Rn. 138ff.; 141 mwN);

– die Frage nach der **Abgrenzbarkeit der Interessenssphären** des Alleingesellschafters und der Einmann-GmbH und daraus resultierend die mögliche Problematik daraus entstehender Einstandspflichten im Konzernverhältnis (vgl. *Emmerich/Habersack* Anh. § 318 Rn. 5, 33 ff. mwN; *Roth/Altmeppen* GmbHG Anh. § 13 Rn. 27, 157 ff.; § 13 Rn. 73 ff. mwN); **24**
– das **Bestehen** und die **Rechtsnatur der Gründungsphasen bei der Einmann-GmbH,** insb. Fragen nach der Übertragbarkeit der für die Gründung mehrgliedriger GmbH entwickelten Rechtsinstitute bis zum Entstehen der GmbH, wie die *Vorgründungsgesellschaft* für den Zeitraum bis zur Errichtung (eine Vorgründungsgesellschaft existiert nach hM bei Einmann-Gründungen nicht) sowie die *Vorgesellschaft* für den Zeitraum zwischen Errichtung und Eintragung im Handelsregister (Bestehen und Umfang der Vorgesellschaft bei Einmann-Gründungen ist strittig; vgl. Beck GmbH-HB/*Schwaiger* § 2 Rn. 149 mwN; *Roth/Altmeppen* GmbHG § 11 Rn. 4 ff., 6, 101 ff.). **25**

einstweilen frei **26, 27**

2. Einzelheiten der Sachgründung

a) Überblick

Für eine **Sachgründung bei einer GmbH** sind im Wesentlichen erforderlich (vgl. insb. §§ 5, 7, 8, 9c, 10, 11 und 19 Abs. 5 GmbHG): **28**
– **notarielles Gründungsprotokoll,** einschließlich
– **Gesellschaftsvertrag** bzw. – bei Gründung einer Einmann-GmbH – der Errichtungserklärung,
– schuldrechtliche Vereinbarung **(Einbringungsvertrag)** zur Übertragung und Abtretung der für die Leistung der Sacheinlagen bedungenen Wirtschaftsgüter oder Sachgesamtheiten (Betrieb, Betriebsteil) zwischen Übertragendem und der neu errichteten GmbH; dieser Einbringungsvertrag kann auch in das Gründungsprotokoll integriert werden,
– **Handelsregisteranmeldung** der Sachgründung, einschließlich
– **Sachgründungsbericht** gemäß § 5 Abs. 4 Satz 2 GmbHG (§ 8 Abs. 1 Nr. 4 GmbHG); ein Muster dazu findet sich in → Form. E.4.6, sowie
– Unterlagen, aus denen sich ergibt, dass der Wert der eingebrachten Vermögensgegenstände bzw. der eingebrachten Sachgesamtheit (Betrieb, Betriebsteil) mindestens dem **Nennbetrag der übernommenen Geschäftsanteile** entspricht (§ 8 Abs. 1 Nr. 5 GmbHG).

Alternativ wird in der Praxis häufig von bereits bestehenden (von spezialisierten Dienstleistern gegründeten) sog. „Vorrats"-GmbHs Gebrauch gemacht. Diese können sehr kurzfristig erworben werden und unmittelbar als Rechtsträger auftreten. In einem solchen Fall würde im Anschluss an den Erwerb der Vorrats-GmbH eine Übertragung der Sachgesamtheit gegen eine – auch geringfügige – Kapitalerhöhung erfolgen (können). **29**

einstweilen frei **30**

b) Tauglicher Gegenstand einer Sacheinlage

Gegenstand einer Sacheinlage kann – abstrakt formuliert – grds. jeder Gegenstand sein, der (1) Objekt des Rechtsverkehrs sein und auf die Gesellschaft übertragen werden kann **(Verkehrsfähigkeit),** (2) einen selbstständigen Vermögenswert hat **(Selbstständigkeit),** (3) dessen Wert gegenwärtig mit ausreichender Sicherheit erfasst und bestimmt werden kann **(Bewertbarkeit und Wertgewissheit),** und (4) der – in Abgrenzung zur Bareinlage – **nicht** in Geld zu bewirken ist (vgl. Hachenburg/*Ulmer* GmbHG § 5 Rn. 38; Beck GmbH-HB/*Schwaiger* § 2 Rn. 92, 105 ff.; *Roth/Altmeppen* GmbHG § 5 Rn. 22 ff.). Hierunter fallen beispielsweise (s. die Beispiele in den vorge- **31**

nannten Nachweisen; Scholz/*Winter* GmbHG § 5 Rn. 42ff. sowie → Form. D.6 Rn. 35 und → D.6 Rn. 253):

32 – **Sachen:** bewegliche und unbewegliche körperliche Gegenstände, die zu Eigentum übertragen oder im Rahmen dauerhafter Nutzung (zB Grunddienstbarkeit, Nießbrauch) überlassen werden (zu diesen **obligatorischen Nutzungsrechten** *Roth/Altmeppen* GmbHG § 5 Rn. 23ff. mwN);

33 – **Rechte:** immaterielle Wirtschaftsgüter (Patente; Urheberrechte; Know-how; Firmenwert, sofern zusammen mit Unternehmen übertragen) und sonstige gewerbliche Schutzrechte, öffentlichrechtliche Konzessionen, sowie Mitgliedschaftsrechte (Aktien; Geschäftsanteile);

34 – **Forderungen:** aller Art, sei es gegenüber Dritten, als auch gegenüber der Gesellschaft selbst (**nicht** dagegen: *künftige* und *bedingte* Forderungen sowie *Ansprüche auf Dienst- und Werkleistungen* sowie grds. **Ansprüche gegen den Gesellschafter selbst;** § 27 Abs. 2 AktG analog; vgl. *Roth/Altmeppen* GmbHG § 5 Rn. 27ff. mwN; an dieser hM wegen § 19 Abs. 5 GmbHG zweifelnd: MünchKomm/*Wicke* GmbHG § 19 Rn. 33 mwN);

35 – **Sach- und Rechtsgesamtheiten:** wie ein Unternehmen im Ganzen (ausdrücklich erwähnt in § 5 Abs. 4 Satz 2 GmbHG), Handelsgeschäfte, Betriebe und/oder Betriebsteile eines Unternehmens (zur Einlage einer Firma mit einem Betriebsteil s. BGH v. 18.9.2000, II ZR 365/98, NJW 2001, 67), sowie der Auftragsbestand und Kundenstamm.

36, 37 *einstweilen frei*

c) Festsetzung des Gegenstands der Sacheinlage im Gesellschaftsvertrag

38 Der Gegenstand der Sacheinlage und der Nennbetrag der dafür übernommenen Geschäftsanteile, auf die sich die Sacheinlage bezieht, ist im **Gesellschaftsvertrag** klar und eindeutig **festzusetzen** (§ 5 Abs. 4 Satz 1 GmbHG; vgl. Hachenburg/*Ulmer* GmbHG § 5 Rn. 113); auch muss der Gesellschaftsvertrag (hier die Errichtungserklärung) die (auch nur obligatorische) Verpflichtung zur Erbringung der Einlage **(Sacheinlagevereinbarung)** enthalten (Scholz/*Winter* GmbHG § 5 Rn. 40 mwN). Zu weiteren Einzelheiten → Rn. 153).

39, 40 *einstweilen frei*

d) Erfüllung der Sacheinlageverpflichtung

41 Zur **Erfüllung** der Sacheinlageverpflichtung ist – auch bei Einbringung eines Betriebs oder Betriebsteils sowie anderer Sach- und Rechtsgesamtheiten – zivilrechtlich eine **Einzelübertragung** sämtlicher übergehender Vermögenswerte, erforderlich.

42 Dies bedeutet zunächst, dass die für den einzelnen Vermögensgegenstand maßgeblichen **Übertragungsmodalitäten** (vgl. §§ 929ff. BGB für *bewegliche Sachen;* §§ 398ff., 413 BGB für *Forderungen und ähnliche Rechte,* §§ 873ff., 925ff. BGB bei *Grundstücken und grundstücksgleichen Rechten,* und **Formvorschriften** (zB § 15 Abs. 3 und Abs. 4 Satz 1 GmbHG – bei GmbH-Geschäftanteilen; § 311b Abs. 1 Satz 1 BGB – bei Grundstücken) zu beachten sind (hierzu auch → Form. D.6 Rn. 37 und 39).

43 Insbesondere bei der Übertragung von Betrieben und Betriebsteilen ist darüber hinaus auf die vollständige Erfassung und genaue Bezeichnung **(Bestimmtheitsgrundsatz)** aller zu übertragenden Vermögensgegenstände sowie auch auf die ausdrückliche Übernahme der zugehörigen Schulden und der laufenden Vertragsverhältnisse durch Zustimmung/Genehmigung des jeweiligen Vertragspartners zu achten (vgl. §§ 414, 415 Abs. 1 Satz 1 BGB); ersatzweise kann eine Übernahme im Innenverhältnis vereinbart werden. In der Praxis hat sich bei Einbringung von Betrieben und Betriebsteilen zur Erfassung der zu übertragenden Sachgesamtheit die **Bezugnahme auf die** in der **Einbringungsbilanz** ausgewiesenen Aktiva und Passiva und – sofern erforderlich – auf gesonderte Listen und auf entsprechende Anlagen bewährt (hierzu auch → Form. D.6 Rn. 38).

Die Einzelübertragung erfolgt idR durch Abschluss eines **Einbringungs- und Übertragungsvertrages** zwischen dem Einbringenden (im Formular: A) und der aufnehmenden Gesellschaft (im Formular: A-GmbH). Der Einbringungsvertrag kann entweder als Bestandteil des Gründungsprotokolls (als Anlage) oder (wie im Formular) in einer gesonderten Vertragsurkunde abgeschlossen werden (insb. bei Fehlen besonderer Formvorschriften für die Übertragung des Gegenstands der Sacheinlage; → Rn. 42; beachte die Nichtigkeitsfolge gemäß § 125 Satz 1 BGB bei Bestehen unterschiedlicher Formerfordernisse und Trennung der Vereinbarungen). **44**

Zur **vollständigen Erbringung der Sacheinlagen** vor der Anmeldung zum Handelsregister gemäß § 7 Abs. 3 GmbHG, zum erforderlichen **Sachgründungsbericht** (§ 5 Abs. 4 Satz 2, § 8 Abs. 1 Nr. 4 GmbHG) und der **Bescheinigung über die Werthaltigkeit der Sacheinlage** (§ 8 Abs. 1 Nr. 5 GmbHG) → Rn. 176ff. und → Rn. 183ff. **45**

einstweilen frei **46, 47**

e) Handelndenhaftung bis zur Eintragung der Einmann-GmbH

Hinsichtlich der **Haftung aus Geschäften namens der GmbH in Gründung** sowie einer Haftungsbeschränkung gelten auch für die Einmann-Gründung grds. keine Besonderheiten, jedenfalls mit Bezug auf die persönliche **Handelndenhaftung nach § 11 Abs. 2 GmbHG** und die Rechtslage **nach der Eintragung** der GmbH im Handelsregister (BH/*Fastrich* GmbHG § 11 Rn. 44; *Roth/Altmeppen* GmbHG § 11 Rn. 106, 109 mwN). Dies bedeutet im Wesentlichen, dass auch bei der Einmann-Gründung (zunächst) eine unmittelbare, persönliche Haftung des im Namen der (zu diesem Zeitpunkt noch nicht existierenden) Gesellschaft handelnden Geschäftsführer entsteht (BH/*Fastrich* GmbHG § 11 Rn. 40 mwN); diese erlischt allerdings, wenn die GmbH nach ihrem Entstehen in die Schuldnerposition einrückt (Scholz/*Schmidt* GmbHG § 11 Rn. 118; vgl. zu problematischeren Fällen *Roth/Altmeppen* GmbHG § 11 Rn. 110ff. mwN). **48**

einstweilen frei **49, 50**

f) Sonstiges

Bei der Einbringung von Handelsgeschäften (auch Betriebe; Betriebsteile) ist die Zugrundelegung einer Einbringungsbilanz idR üblich. Hinsichtlich der **Festlegung des Bilanzstichtages** und damit der Bestimmung des **handelsrechtlichen Zeitpunktes der Sacheinlage** bestehen zwei alternative Vorgehensweisen: (1) Einbringung des Unternehmens, des Betriebs oder Betriebsteils auf der Grundlage einer *auf den Tag der Einbringung* zu errichtenden Bilanz, dh. Errichtung der Bilanz nach dem Zeitpunkt der Einbringung (**Nachteil/Problem:** Bewertung der Sacheinlage zunächst nur im Schätzwege, endgültig erst nachträglich möglich), und (2) Einbringung des Betriebs auf der Grundlage eines – möglichst zeitnahen – *zurückliegenden Abschlusszeitpunktes,* dh. Einbringung auf der Grundlage eines in der Vergangenheit liegenden Bilanzstichtags, und Vereinbarung der zwischenzeitlichen Fortführung des übertragenen Vermögens für Rechnung des Übernehmers (**Nachteil/Problem:** wesentliche und nachhaltige Wertveränderungen zwischen Bilanzstichtag und Anmeldung zum Handelsregister); vgl. hierzu Hachenburg/*Ulmer* GmbHG § 5 Rn. 71; s. auch → Form. D.6 Rn. 41ff. **51**

Zum Zeitpunkt der **Leistung der Sacheinlagen** (gemäß § 7 Abs. 3 GmbHG vor Anmeldung der GmbH zum Handelsregister) → Rn. 176. **52**

Im Zeitpunkt der Anmeldung der GmbH muss das Stammkapital der Gesellschaft unversehrt sein. Zur sog. **Differenzhaftung** (§ 9 Abs. 1 GmbHG) kommt es im Rahmen von **Sacheinlageverpflichtungen** dann, wenn der **tatsächliche Wert** (Zeitwert; Wiederbeschaffungswert; vgl. *Roth/Altmeppen* GmbHG § 9 Rn. 4 mwN) der erbrachten Sacheinlage (maßgeblicher Zeitpunkt ist der Tag des Eingangs der Anmeldung beim Registergericht) betragsmäßig niedriger ist als der Nennbetrag der dafür **53** übernommenen Geschäftsanteile; in Höhe der sich ergebenden Wertdifferenz ist der zur Sacheinlage verpflichtete Gesellschafter zu einem Ausgleich in Geld verpflichtet. Anzumerken ist, das diese Differenzhaftung unmittelbar zwar lediglich den bestimmten Gründer trifft; für den von diesem gemäß § 9 Abs. 1 GmbHG geschuldeten Ausgleich in Geld haften allerdings alle übrigen Gesellschafter im Rahmen der (naturgemäß nur bei mehrgliedrigen GmbH-Gründungen relevanten) subsidiären **Ausfallhaftung** nach § 24 GmbHG (BGH v. 9.3.1981, II ZR 54/80, BGHZ 80, 129ff., 141; *Roth/Altmeppen* GmbHG § 9 Rn. 6 mwN).

54 Sofern der **Wert des Sacheinlage** im Zeitpunkt der Gründung **nicht** mit ausreichender Sicherheit feststeht, wäre zu überlegen, im Gesellschaftervertrag (bzw. der Errichtungserklärung) ergänzend vorzusehen, dass anstelle der Sacheinlage eine Geldeinlage zu erbringen ist, wenn und soweit die Sacheinlage den Nennbetrag der dafür übernommenen Geschäftsanteile nicht erreichen sollte (s. hierzu auch die Formulierung in → Form. D.6, D.6.1 Ziffer 2c) letzter Satz, sowie → Form. D.6 Rn. 44 mwN). Nach der Streichung des § 7 Abs. 2 Satz 3 GmbHG aF kommt die Stellung einer Sicherheit als mögliche Lösung nicht mehr in Betracht.

55 **Verschleierte Sachgründung:** Die Rechtsfolgen einer verschleierten oder verdeckten Sachgründung waren bis zum Inkrafttreten des MoMiG v. 23.10.2008 (BGBl. I 2008, 2026) am 1.11.2008 „katastrophal" (*Heidenhain* GmbHR 2006, 455; *Brandner* FS Boujong 1996, 37): Denn bei Vorliegen einer verschleierten Sachgründung galt die Bareinlagepflicht als nicht erfüllt und der Inferent war zur nochmaligen Zahlung der versprochenen Bareinlage verpflichtet. Ferner war nach hM das schuldrechtliche Geschäft, das Grundlage der Übertragung des Sachwerts auf die Gesellschaft war, nichtig. Diesbezügliche wechselseitige Ansprüche der Gesellschaft und des Inferenten waren nach Bereicherungsrecht (§§ 812ff. BGB) unter Anwendung der Saldotheorie rückabzuwickeln. Zur Milderung dieser strikten Rechtsfolgen entwickelte die Rspr. ein Konzept zur Heilung verdeckter Sacheinlagen (dazu → Rn. 57). Zur verschleierten Sachgründung vor Geltung des MoMiG s. *BeckGmbH*-HB/*Schwaiger* GmbHG § 2 Rn. 110ff.; Hachenburg/*Ulmer* GmbHG § 5 Rn. 143ff.; Scholz/*Winter* GmbHG § 5 Rn. 76ff.; Scholz/*Schneider* GmbHG § 19 Rn. 139ff.; Hüffer/*Koch* AktG § 27 Rn. 9ff.; ausführlich WM/*Mayer* Anh. 5: Einbringung Rn. 225ff.; 568ff.

56 Durch das MoMiG v. 23.10.2008 (BGBl. I 2008, 2026) wurde die „verdeckte Sacheinlage" neu geregelt. Diese wurde in § 19 Abs. 4 Satz 1 GmbHG nach Maßgabe der Kriterien der bisherigen Rspr. (dh. wirtschaftliche Entsprechung und vorherige Abrede) legaldefiniert und darüberhinaus in ihren Rechtsfolgen etwas entschärft: Die verdeckte Sacheinlage führt zwar weiterhin nicht zum Erlöschen der Einlagepflicht (§ 19 Abs. 4 Satz 1 GmbHG); allerdings bleiben mit dieser in Zusammenhang stehenden Rechtsgeschäfte wirksam (§ 19 Abs. 4 Satz 2 GmbHG) und es findet eine Anrechnung des Werts des Gegenstands der verdeckten Sacheinlage (Beweislast trägt der Inferent) auf die Bareinlagepflicht statt, wenn die Gesellschaft bzw. die Kapitalerhöhung in das Handelsregister eingetragen wurde (§ 19 Abs. 4 Satz 2 GmbHG).

Die im Entwurf des MoMiG (BT-Drs. 16/6140) zunächst vorgesehene Regelung der verdeckten Sacheinlage qualifizierte die Sachleistung als wirksame Erfüllung der Bareinlageschuld. Diese sog. Erfüllungslösung ist in der verkündeten Fassung des § 19 Abs. 4 GmbHG zugunsten einer, auch vom Handelsrechtsausschuss des Deutschen Anwaltsvereins vorgeschlagenen sog. Anrechnungslösung aufgegeben worden (vgl. BT-Drs. 16/9737, S. 97f.; hierzu auch *Handelsrechtsausschuss des DAV* NZG 2007, 735ff., 739f.). Dementsprechend wird der Wert einer verdeckten Sacheinlage auf die – trotz Sacheinlage weiterbestehende – Geldeinlagepflicht des Gesellschafters angerechnet. Dabei erfolgt die Anrechnung kraft Gesetzes automatisch, ohne dass es einer Willenserklärung einer Partei bedürfte. Die Anrechnung kann nicht vor der Eintragung der Gesellschaft in das Handelsregister erfolgen (s. § 19 Abs. 4 Satz 3 GmbHG); dies entbindet zum einen den/die Geschäftsführer nicht von der Pflicht die Erbringung der Geldeinlage gemäß § 8 Abs. 2 GmbHG zu versichern. Zum anderen kann der Richter – zumindestens theoretisch – bei Erkennen einer verdeckten Sacheinlage die Eintragung nach § 9c GmbHG ablehnen. Zu beachten ist in diesem Zusammenhang, dass die Neuregelung grundsätzlich auch auf **„Altfälle"**, dh. für bereits vor Inkrafttreten des MoMiG (am 1.11.2008) geleistete Einlageleistungen anwendbar sein soll, soweit deren Unwirksamkeit nach derzeit geltender Rechtslage nicht bereits durch rechtskräftiges Urteil festgestellt oder hierüber eine wirksame Vereinbarung zwischen Gesellschaft und Inferenten abgeschlossen wurde (vgl. § 3 Abs. 4 EGGmbHG).

57 Zur **Vermeidung bzw. Heilung einer verschleierten (verdeckten) Sacheinlage bei der GmbH** nach früherem Recht s. BGH v. 4. 3. 1996, II ZB 8/95, NJW 1996, 1473; *Schiessl/Rosengarten* GmbHR 1997, 772; *Mayer* MittBayNot 1996, 164; *Krieger* ZGR 1996, 674; *Priester* ZIP 1996, 1025; Beck GmbH-HB/*Schwaiger* § 2 Rn. 111 mwN; WM/*Mayer* Anh. 5: Einbringung Rn. 279 ff.; 576.

58 Zur **Sicherstellung der (realen) Kapitalaufbringung** und den **Rechtsfolgen bei nicht bewirkten** bzw. **nicht rechtzeitig bewirkten Bareinlagen auf Stammeinlagen** gemäß §§ 20–24 GmbHG vgl. *Beck GmbH-HB/Schwaiger* § 2 Rn. 116 ff.; 122 ff.

59 **Übernahme von Schulden und Verbindlichkeiten aus dem übertragenen Einzelunternehmen:** Die aufnehmende GmbH **übernimmt** regelmäßig (wie auch hier im Formular zugrunde gelegt) sämtliche **Schulden** aus dem eingebrachten Betrieb bzw. Betriebsteil (soweit diese nicht ausdrücklich bei der Einbringung ausgenommen sind). Der Einbringende haftet im (Außen-)Verhältnis zum Gläubiger zunächst so lange weiter, bis dieser seine Genehmigung zum Schuldnerwechsel erteilt (§§ 414, 415 Abs. 1 Satz 1 BGB). Bis zur Genehmigung oder mit ihrer endgültigen Verweigerung gilt im Zweifel im Innenverhältnis zwischen ursprünglichem Schuldner (Einbringender) und dem neuem Schuldner (aufnehmende GmbH) eine **Freistellung des Einbringenden** durch die aufnehmende GmbH als vereinbart (§ 415 Abs. 3 Satz 1 und 2 BGB; sofern nicht ohnehin im Einbringungsvertrag entsprechend geregelt). Darüber hinaus stellt die Übernahme eines Handelsgeschäfts *unter Fortführung der Firma* (ausreichend: Fortführung des Handelsgeschäfts und/oder der ursprünglichen Firma in ihrem jeweiligen „Kern"; vgl. BH/*Fastrich* HGB § 25 Rn. 7) einen **Anwendungsfall des § 25 HGB** dar (WM/*Mayer* Anh. 5: Einbringung Rn. 188 mwN); bei Vorliegen dieser Voraussetzungen haftet die aufnehmende GmbH für alle im Betriebe des übertragenen Handelsgeschäfts begründeten Verbindlichkeiten, gleich aus welchem Rechtsgrund. *Auch ohne Fortführung der Firma* haftet die aufnehmende GmbH nach den Bestimmungen des **§ 75 AO** für Betriebsteuern, für Abzugsteuern und für Erstattung von Steuervergütungen des eingebrachten Unternehmens (vgl. FormB RS/*Krämer/Friedl* A. 3.02 Rn. 13).

60 Zur strittigen – mE grds. zu verneinenden – Frage der **analogen Anwendung der Vorschriften des UmwG** auch auf Einzelübertragungsvorgänge (vgl. SBB/*Sagasser/Bultmann* § 18 Rn. 188 ff. mwN; Lutter/*Teichmann* UmwG § 123 Rn. 25; *Beck GmbH-HB/Axhausen/Rieser* § 14 Rn. 698 mwN; sowie Einzelheiten unter → Form. D.6 Rn. 47 ff.; s. dort (→ Form. D.6 Rn. 52 ff.) auch zu der in diesem Formular nicht relevanten Frage der **Anwendbarkeit der Grundsätze der sog. „Holzmüller"- sowie „Gelatine"-Rechtsprechung.**

61–64 *einstweilen frei*

V. Ertragsteuerrecht

65 Das Formular sieht die Übertragung eines bisher als Einzelkaufmann geführten Unternehmens (Betriebs) auf die neu zu gründende GmbH gegen Ausgabe eines einzi-

gen, neu geschaffenen Geschäftsanteils vor. Diese Übertragung einer ertragsteuerlich als (Teil-)Betrieb zu qualifizierenden Rechts- und Sachgesamtheit (hier das A-Einzelhandelsunternehmen) auf eine Kapitalgesellschaft (hier A-GmbH) **im Austausch für** dadurch **neu geschaffene Anteile** an der neu gegründeten Kapitalgesellschaft (Sachgründung) lässt sich unter Anwendung des § 20 UmwStG ertragsteuerlich grds. steuerneutral durchführen.

1. Tatbestandsvoraussetzungen für eine steuerneutrale Einbringung nach § 20 UmwStG 2006 (idF Brexit-StBG)

66 Mit dem SEStEG v. 7.12.2006 (BGBl. I 2006, 2782) ist das UmwStG in weiten Teilen „europäisiert" worden; neben der Umsetzung der Regelungen für die SE hat das Gesetz insb. die Vorgaben der sog. Fusionsrichtline (FRL 2009/133/EG v. 19.10.2009 [ABl. EG Nr. L 310 S. 34]) umgesetzt. Das SEStEG hat dementsprechend zu zahlreichen Änderungen im UmwStG geführt; auch im Bereich der Vorschriften über die Einbringung nach §§ 20ff. UmwStG ergaben sich wesentliche Änderungen. Zu den Neuregelungen der §§ 20ff. UmwStG allgemein vgl. *Förster/Wendland* BB 2007, 631; *Ott* StuB 2007, 1; *ders.* Chancen und Risiken bei der Umwandlung einer inländischen GmbH, Köln 2007, 65; *Schwetlik* NZG 2008, 41; *Patt* Der Konzern 2006, 730; DPPM/*Patt* UmwStG Vor §§ 20–23 Rn. 1; *ders.* UmwStG § 20 Rn. 1; *ders.* UmwStG § 21 Rn. 1; RHL/*Rödder* Einführung Rn. 68ff. Zur Beschränkung der sonstigen Gegenleistungen im StÄndG 2015 v. 2.11.2015, BGBl. I 2015, 1834 → Rn. 72aff.

66a Jüngst wurde das UmwStG 2006 durch das **Brexit-StBG** v. 25.3.2019 (BGBl. I 2019, 357) im Hinblick auf den – möglichen – Austritt des Vereinigten Königsreichs Großbritannien und Nordirlands aus der EU geändert. Aufgenommen wurden insbesondere die (steuerschonende) Regelung, wonach ein solcher Austritt für sich genommen, nicht dazu führt, dass es – sofern der Austritt innerhalb der siebenjährigen Sperrfrist (→ Rn. 67b, 78ff.) stattfindet – zu einem Wegfall der Voraussetzungen für eine Buchwerteinbringung und somit zu einer nachträglichen Versteuerung des Einbringungsvorgangs nach § 22 Abs. 1 Satz 6 Nr. 6 bzw. Abs. 2 Satz 6 UmwStG kommt.

67 Die Einbringung eines Betriebs in eine unbeschränkt steuerpflichtige Kapitalgesellschaft (insb.: GmbH; AG) gegen Gewährung von neuen Gesellschaftsrechten ist (weiterhin) in §§ 20, 22, 23 UmwStG näher geregelt. Wie schon bisher ermöglichen diese Vorschriften eine steuerneutrale Übertragung von Betrieben, Teilbetrieben und Mitunternemeranteilen **(Aufschub der Gewinnrealisierung durch Einbringung zu Buchwerten).**

67a Durch das SEStEG v. 7.12.2006 (→ Rn. 66) haben allerdings die Regelungen der §§ 20ff. UmwStG eine entscheidende konzeptionelle Änderung erfahren; insb. wurde das bisher bei Einbringungsvorgängen unter Ansatz des Buchwerts (bzw. eines Zwischenwerts) geltende Konzept der sog. **einbringungsgeborenen Anteile iSd. § 21 UmwStG 1995** grundsätzlich aufgegeben (UmwSt-Erl. 2011, BMF v. 11.11.2011, BStBl. I 2011, 1314 Tz. E 20.01); allerdings sieht § 27 Abs. 3 Nr. 3 UmwStG vor, dass sich – für bis zum 12.12.2006 entstandene einbringungsgeborene Anteile **(„Alt-Einbringungsfälle")** – die Besteuerung bei Veräußerung solcher Anteile sowie in den einer Veräußerung gleichgestellten Fällen (vgl. § 21 Abs. 2 UmwStG 1995) zeitlich unbefristet weiterhin nach § 21 UmwStG 1995 richtet, vgl dazu iE → Rn. 78c.

67b An Stelle des Konzepts der einbringungsgeborenen Anteile ist – für die Fälle, in denen die Einbringung zu einem Wert unter dem sog. gemeinen Wert erfolgt – eine **rückwirkende Besteuerung des zugrunde liegenden Einbringungsvorgangs** bei Veräußerung der erhaltenen Anteile (oder Vorliegen eines gleichgestelltem Sachverhalts) innerhalb von sieben Jahren getreten; dabei mindert sich der (nachzuversteuernde) Einbringungsgewinn um jeweils ein Siebtel für jedes seit dem Einbringungszeitpunkt abgelaufene Zeitjahr (vgl. § 22 Abs. 1 UmwStG). Darüber hinaus differenziert das UmwStG 2006 nunmehr zwischen Sacheinlagen (§ 20 UmwStG – s. UmwSt-Erl. 2011, BMF v. 11.11.2011, BStBl. I 2011, 1314 Tz. E 20.02 u. Tz. E 20.03ff.) und dem **(quali-**

fizierten) Anteilstausch (§ 21 UmwStG – siehe UmwSt-Erl. 2011, BMF v. 11.11. 2011, BStBl. I 2011, 1314 Tz. E 20.02 u. Tz. E 20.06 ff.); auch für den qualifizierten Anteilstausch findet grundsätzlich eine nachträgliche Besteuerung des Einbringungsgewinns statt, wenn die im Rahmen des Anteilstausches übertragenen Anteile innerhalb von sieben Jahren nach dem Zeitpunkt des Tausches von der übernehmenden Gesellschaft veräußert werden und der Einbringende keine durch § 8b Abs. 2 KStG begünstigte Person ist (vgl. § 22 Abs. 2 UmwStG). Trotz des Konzeptwechsels kommt es nach einer Einbringung (zunächst) noch zu einer **Verdoppelung der stillen Reserven** (durch den Ansatz der erhaltenen Anteile zu Buchwerten auf der Ebene des Einbringenden und den Ansatz der übertragenen Vermögensgegenstände zu Buchwerten auf der Ebene der übernehmenden Kapitalgesellschaft); diese kann gegebenenfalls (im Ergebnis) durch die beschriebene, jährliche Abschmelzung des Einbringungsgewinns um ein Siebtel im weiteren zeitlichen Verlauf wieder aufgelöst werden.

Weitere wesentliche Änderung ist die **Aufgabe der Maßgeblichkeit** der Handels- **67c**
bilanz für den Wertansatz des eingebrachten Vermögens in der Steuerbilanz (s. Gesetzesbegründung zum SEStEG, BT-Drs. 16/2710 S. 43 linke Spalte; RHL/*Herlinghaus* UmwStG § 20 Rn. 147; DPM/*Patt* UmwStG § 20 Rn. 210; Blümich/*Nitzschke* UmwStG 2006 § 20 Rn. 90; zu den sich hieraus ergebenden Gestaltungsspielräumen: *Honert/Geimer* EStB 2007, 421).

Schließlich statuieren die neuen Bestimmungen den sog. **gemeinen Wert** (iSd. § 9 **67d**
Abs. 2 BewG) als Regelansatz für das übertragene Vermögen; der bisher vom UmwStG verwendete Begriff des Teilwerts ist dagegen (für Zwecke des UmwStG) aufgegeben worden (s. hierzu RHL/*Rödder* UmwStG § 11 Rn. 70 ff. mwN; *ders.* UmwStG § 20 Rn. 141 ff.; WM/*Widmann* UmwStG § 20 Rn. R 642 ff.; DPM/*Patt* UmwStG § 20 Rn. 199 ff.; auch unten → Rn. 73 und 89).

Die **Tatbestandsvoraussetzungen** und die **steuerlichen Rechtsfolgen** einer **68**
Einbringung nach §§ 20 ff. UmwStG (in Form einer Sacheinlage; zum qualifizierten Anteilstausch → Form. D.8 Rn. 47 ff.) lassen sich **schematisch** wie folgt zusammenfassen:

Schema Einbringung gem. § 20 UmwStG	**68a**
• **Sachlicher Anwendungsbereich (→ Rn. 69):** Nur die in § 1 Abs. 3 UmwStG aufgeführten Fälle eröffnen den Anwendungsbereich des § 20 UmwStG; das sind insbes. Ausgliederung (iSd. UmwG) auf eine Kapitalgesellschaft, der Formwechsel einer Personengesellschaft in eine Kapitalgesellschaft sowie die Übertragung von Betriebsvermögen im Wege der Einzelrechtsnachfolge auf eine Kapitalgesellschaft.	
• **Persönlicher Anwendungsbereich (→ Rn. 69a, 69b):** Der übernehmende Rechtsträger muss eine Gesellschaft iSd. § 1 Abs. 2 Satz 1 Nr. 1 UmwStG sein, dh. eine nach den Rechtsvorschriften eines Staates der EU oder des EWR gegründete Gesellschaft mit Sitz und Ort der Geschäftsleitung in einem dieser Staaten (§ 1 Abs. 4 Nr. 1 UmwStG). Ferner muss der übertragende Rechtsträger grds. ebenfalls eine solche Gesellschaft sein (§ 1 Abs. 4 Nr. 2 Buchst. a Doppelbuchst. aa UmwStG); bei natürlichen Personen als Übertragende müssen diese ihren Wohnsitz oder gewöhnlichen Aufenthalt innerhalb eines EU- oder EWR-Staates haben und nicht aufgrund eines DBA mit einem dritten Staat als außerhalb des Hoheitsgebietes dieser EU-/EWR-Staaten ansässig gelten (§ 1 Abs. 4 Nr. 2 Buchst. a Doppelbuchst. bb UmwStG). Die vorstehenden Anforderungen an den Übertragenden bestehen dann nicht, wenn das Recht der Bundesrepublik hinsichtlich der Besteuerung des Gewinns aus der Veräußerung der für die Übertragung erhaltenen Anteile weder beschränkt noch ausgeschlossen ist (§ 1 Abs. 4 Nr. 2 Buchst. b UmwStG).	

Schema Einbringung gem. § 20 UmwStG
• **Begünstigter Einbringungsgegenstand (→ Rn. 70, 71):** Betrieb, Teilbetrieb und Mitunternehmeranteil.
• **Gegenleistung in Form der Gewährung von neuen Gesellschaftsrechten (→ Rn. 72 ff.):** der Einbringende muss für die Übertragung zumindest teilweise neue Anteile an der aufnehmenden Kapitalgesellschaft erhalten. Dabei schließt die (zusätzliche) Gewährung anderer Wirtschaftsgüter die Anwendung des § 20 UmwStG grds. nicht aus. Allerdings ist mit dem StÄndG 2015 v. 2.11.2015 (BGBl. I 2015, 1834) das Bewertungswahlrecht in diesen Fällen eingeschränkt worden: Danach können die Buchwerte bei Erbringung sonstiger Gegenleistungen nur noch fortgeführt werden, soweit der gemeine Wert der sonstigen Gegenleistungen **nicht** die Grenze von a) 25% des Buchwerts des eingebrachten Betriebsvermögens (in den Fällen des qualifizierten Anteilstauschs: der eingebrachten Anteile) oder b) 500 000.– EUR, höchstens jedoch den Buchwert des eingebrachten Betriebsvermögens (bzw. der eingebrachten Anteile), übersteigt (§ 20 Abs. 2 Satz 2 Nr. 4 UmwStG); hierzu → Rn. 72a, 72b und 73c).
• **Bewertungswahlrecht (→ Rn. 73):** die aufnehmende Kapitalgesellschaft kann das eingebrachte Vermögen mit dem Buchwert, dem gemeinen Wert oder einem Zwischenwert ansetzen (beachte: soweit nicht die og. Einschränkung nach § 20 Abs. 2 Satz 2 Nr. 4 UmwStG greift). Dieser Wertansatz beeinflusst unmittelbar die Besteuerung des Einbringenden.
• **Rechtsfolgen beim Einbringenden (→ Rn. 79):** – *Buchwertansatz:* Es entsteht für den Einbringenden kein Einbringungsgewinn; Anlauf der siebenjährigen Sperrfrist gemäß § 22 Abs. 1 UmwStG mit Abschmelzung des sog. Einbringungsgewinns I um jeweils ein Siebtel pro abgelaufenem Zeitjahr seit dem Zeitpunkt der Einbringung; – *Ansatz zum gemeinen Wert:* Realisierung eines Einbringungsgewinns beim Einbringenden; bei natürlichen Personen als Einbringende Steuerbegünstigung des Veräußerungsgewinns gemäß § 16 Abs. 4 bzw. § 17 Abs. 3 EStG iVm. § 34 Abs. 1 und 3 EStG, soweit der Gewinn nicht schon nach § 3 Nr. 40 EStG dem Teileinkünfteverfahren unterliegt (vgl. § 20 Abs. 4 Satz 2 UmwStG; es gelten weitere Ausnahmen); – *Ansatz zum Zwischenwert:* Entstehen eines Einbringungsgewinns beim Einbringenden, der (auch) bei natürlichen Personen als Einbringende allerdings nicht tarifbegünstigt ist.
• **Rückbeziehung (→ Rn. 91 ff.):** Die Übertragung kann sowohl bei Übertragungen im Wege einer Gesamtrechtsnachfolge als auch bei Einzelrechtsübertragungen – vereinfacht zusammengefasst – um bis zu acht Monate zurückbezogen werden (vgl. § 20 Abs. 6 UmwStG).

Im Wesentlichen und bezogen auf den im Formular zugrunde gelegten Sachverhalt bedeutet dies:

69 a) Anders als nach dem UmwStG 1995, das keine besondere Regelung für den Anwendungsbereich des § 20 UmwStG vorsah – dieser ergab sich aus dem nicht definierten Begriff der Einbringung und war damit entsprechend weit –, gilt nunmehr gemäß § 1 Abs. 3 UmwStG für die Bestimmungen des Sechsten Teils des UmwStG (§§ 20 bis 23 UmwStG) ein spezieller **sachlicher Anwendungsbereich** mit der dort vorgesehenen, abschließenden Zahl an erfassten Einbringungssachverhalten. Die Anwendung der §§ 20 ff. UmwStG auf eine Sacheinlage ist insbesondere dann

möglich, wenn diese (1) durch Gesamtrechtsnachfolge im Rahmen einer Verschmelzung, Aufspaltung und Abspaltung iSd. §§ 2 ff. UmwG von Personenhandelsgesellschaften und Partnerschaftsgesellschaften (§ 1 Abs. 3 Nr. 1 UmwStG), (2) durch (partielle) Gesamtrechtsnachfolge im Rahmen einer Ausgliederung von Vermögensteilen nach § 123 Abs. 3 UmwG (§ 1 Abs. 3 Nr. 2 UmwStG) oder (3) durch Einzelrechtsnachfolge als Einbringung von Sachgesamtheiten des Betriebsvermögens (Betrieb, Teilbetrieb, Mitunternehmer(teil)anteil) in eine Kapitalgesellschaft, Genossenschaft oder Personengesellschaft (§ 1 Abs. 3 Nr. 4 UmwStG) erfolgt. Von § 1 Abs. 3 Nr. 4 UmwStG erfasste **Fälle der Einzelrechtsnachfolge** sind insb. die *Sacheinlage bei Gründung* einer inländischen oder ausländischen Kapitalgesellschaft sowie die *Sachkapitalerhöhung* durch Gesellschaftereinlagen einer inländischen oder ausländischen Kapitalgesellschaft (zu der umstrittenen Frage, ob die Fälle der sog. erweiterten Anwachsung – wie bisher – in den Anwendungsbereich des § 20 UmwStG fallen, → Form. D.5 Rn. 50 ff.; DPM/*Patt* UmwStG § 20 Rn. 6 und 160; RHL/*Herlinghaus* UmwStG § 20 Rn. 39 mwN; zur verschleierten Sachgründung → Form. D.6 Rn. 153 ff.). Für die im Formular beschriebene Sachgründung ist der sachliche Anwendungsbereich der §§ 20 ff. UmwStG gemäß § 1 Abs. 3 Nr. 4 UmwStG eröffnet.

b) Neben dem sachlichen Anwendungsbereich hat das SEStEG erstmals **einen persönlichen Anwendungsbereich** für § 20 UmwStG eingeführt (s. hierzu UmwSt-Erl. 2011, BMF v. 11.11.2011, BStBl. I 2011, 1314 Tz. E 01.53 ff.): Während nach altem Recht als Einbringende sämtliche natürliche Personen sowie sämtliche in § 1 Abs. 1 KStG aufgeführten Körperschaften, Personenvereinigungen und Vermögensmassen in Betracht kamen (vgl. UmwSt-Erl. 1998, BMF v. 25.3.1998, BStBl. I 1998, 268 Tz. 20.05; RHL/*Herlinghaus* UmwStG § 20 Rn. 120 mwN), muss der **Einbringende** nach den durch das SEStEG geänderten Regelungen zwingend die Voraussetzungen des § 1 Abs. 4 Satz 1 Nr. 2 UmwStG erfüllen; hierbei handelt es sich im Wesentlichen um das **Erfordernis der Ansässigkeit** des Einbringenden in einem Mitgliedsstaat des EU-/EWR-Gebietes. Im Einzelnen kommen im Rahmen des § 20 UmwStG (nur) folgende Personen als Einbringende in Betracht: **69a**

(1) *Gesellschaften* iSd. Art. 54 AEUV (früher: Art. 48 EGV bzw. Art. 34 EWR-Abkommen), dh. Kapitalgesellschaften, Genossenschaften und sonstige juristische Personen des privaten und öffentlichen Rechts (mit Ausnahme derjenigen, die keinen Erwerbszweck verfolgen), die nach dem Recht eines Mitgliedsstaates der EU/EWR gegründet sind und deren Sitz **und** Ort der Geschäftsleitung sich innerhalb des EU-/EWR-Gebietes befinden (vgl. § 1 Abs. 4 Satz 1 Nr. 2 Buchst. a Doppelbuchst. aa iVm Abs. 2 Satz 1 Nr. 1 UmwStG);

(2) *natürliche Personen,* die ihren Wohnsitz **oder** gewöhnlichen Aufenthalt in der EU/EWR haben und nicht aufgrund eines DBA mit einem dritten Staat als außerhalb des EU-/EWR-Gebietes ansässig gelten (vgl. § 1 Abs. 4 Satz 1 Nr. 2 Buchst. a Doppelbuchst. aa iVm Abs. 2 Satz 1 Nr. 2 UmwStG);

(3) *Personengesellschaften,* die nach dem Recht eines Mitgliedsstaates der EU/EWR gegründet sind und deren Sitz und Ort der Geschäftsleitung sich innerhalb des EU-/EWR-Gebietes befinden, **und** (soweit!) die an der Personengesellschaft – unmittelbar oder mittelbar über weitere Personengesellschaften – beteiligten Körperschaften, Personenvereinigungen, Vermögensmassen oder natürliche Personen ebenfalls zu dem oben zu (1) oder (2) genannten Personenkreis gehören (vgl. § 1 Abs. 4 Satz 1 Nr. 2 Buchst. a Doppelbuchst. aa iVm. Abs. 2 Satz 1 Nr. 1 UmwStG). Somit kommt es für die Eröffnung des Anwendungsbereichs des § 20 UmwStG sowohl auf die Personengesellschaft selbst als auch auf die dahinterstehenden Gesellschafter an. Eine andere Frage ist, ob die Personengesellschaft selbst oder lediglich deren Gesellschafter als Einbringende iSd. § 20 UmwStG anzusehen sind (str.! vgl. hierzu *WM/Widmann* § 20 UmwStG

Rn. 45ff.; Frotscher/Drüen/*Mutscher* UmwStG § 20 Rn. 63ff.; s. iE auch → Form. D.5 Rn. 81ff.).

(4) Einbringende, welche die vorstehenden *Voraussetzungen nicht erfüllen* – das sind insb. natürliche Personen mit Wohnsitz **und** gewöhnlichem Aufenthalt sowie Kapital- und Personengesellschaften mit Sitz **oder** Geschäftsleitung im Drittland (außerhalb des EU-/EWR-Gebietes) – können dennoch in den Anwendungsbereich des § 20 UmwStG fallen, wenn im Zeitpunkt der Einbringung (dh. zum Zeitpunkt des Übergangs des wirtschaftlichen Eigentums bzw., bei Rückbeziehung, zum steuerlichen Übertragungsstichtag) das Besteuerungsrecht der Bundesrepublik Deutschland hinsichtlich des Gewinns aus der Veräußerung der erhaltenen Anteile weder ausgeschlossen noch beschränkt ist (§ 1 Abs. 4 Satz 1 Nr. 2 Buchst. b UmwStG). Einzelheiten zu den Drittstaatenfällen bei: DPM/*Patt* UmwStG § 20 Rn. 14f.; RHL/*Trossen* UmwStG § 1 Rn. 280; RHL/*Herlinghaus* UmwStG § 20 Rn. 123; Frotscher/Drüen/*Mutscher* UmwStG § 20 Rn. 35ff.).

69b c) Als **übernehmende Gesellschaft** kommen gemäß § 1 Abs. 4 Satz 1 Nr. 1 iVm. § 1 Abs. 2 Satz 1 Nr. 1 UmwStG iVm. § 20 Abs. 1 UmwStG in Betracht: Kapitalgesellschaften sowie Genossenschaften, welche die Ansässigkeitsvoraussetzungen des § 1 Abs. 2 Satz 1 Nr. 1 UmwStG erfüllen (dh. Gründung nach den Vorschriften eines Mitgliedsstaates des EU-/EWR-Gebietes; Sitz und Ort der Geschäftsleitung im EU-/EWR-Gebiet). Dies ist für inländische Kapitalgesellschaften wie GmbH, AG sowie KGaA und die Europäische Gesellschaft (SE) sowie inländische und Europäische Genossenschaften (iSd. Verordnung (EG) Nr. 1435/2003 v. 22.7.2003, ABl. EG Nr. L 207, 1ff.) unproblematisch. Ausländische Gesellschaften sind zunächst anhand eines Typenvergleichs als Kapitalgesellschaft iSd. § 1 Abs. 1 Nr. 1 KStG oder als Genossenschaft iSd. § 1 Abs. 1 Nr. 2 KStG zu qualifizieren (vgl. hierzu grundsätzlich RFH v. 12.2.1930 VI A 899/27, RStBl. 1930, 444; RHL/*Trossen* UmwStG § 1 Rn. 35 mwN; DPM/*Möhlenbrock* UmwStG § 1 Rn. 78; DPM/*Patt* UmwStG § 20 Rn. 9; zu der Anwendung der Kriterien im konkreten Fall s. etwa BMF v. 19.3.2004, BStBl. I 2004, 411 zur Einordnung einer LLC nach US-amerikanischem Recht sowie die Tabellen 1 und 2 im Anhang zu BMF v. 24.12.1999, BStBl. I 1999, 1076).

70 d) Gegenstand der Sacheinlage ist im Fall des Formulars ein **Betrieb** (im Ganzen). Das UmwStG kennt (weiterhin) keine Definition des Begriffs „Betrieb"; nach allg. Auffassung kann grds. auf die im Rahmen des § 16 EStG (sowie § 14 und § 18 Abs. 3 EStG) entwickelte Begriffsbestimmung des Gewerbebetriebs zurückgegriffen werden (s. *Schumacher/Naumann* DStR 2008, 325; RHL/*Herlinghaus* UmwStG § 20 Rn. 25; vgl. DPM/*Patt* UmwStG § 20 Rn. 22; HMB/*Menner* UmwStG § 20 Rn. 121 mwN; Blümich/*Nitzschke* UmwStG 2006 § 20 Rn. 39 mwN). Anders als bei der Einbringung von Teilbetrieben (siehe unten) ist es für die vollständige Übertragung eines Betriebes nicht erforderlich, dass solche WG mitübertragen werden, die dem übertragenen Betrieb (lediglich) funktional zugeordnet werden können (*Stangl* GmbHR 2012, 253, 258 mwN; *Rasche* GmbHR 2012, 149, 152).

70a Begünstigte Einbringungsobjekte sind nach § 20 Abs. 1 UmwStG neben **Mitunternehmeranteilen** und dem Betrieb im Ganzen auch **Teilbetriebe** (nach UmwSt-Erl. 2011, BMF v. 11.11.2011, BStBl. I 2011, 1314 Tz. 20.14 Satz 4 HS 2 iVm. Tz. 15.03 Satz 2 nur noch solche, die zum steuerlichen Übertragungsstichtag bereits vorhanden waren – nicht mehr von § 20 Abs. 1 UmwStG begünstigt sein, soll nach Auffassung der FinVerw – in Abkehr von der bisherigen Rechtslage und Handhabung somit ein sog. Teilbetrieb **im Aufbau**). Hinsichtlich des im UmwStG (wie auch in anderen ertragsteuerlichen Vorschriften) nicht definierten **Begriffs des Teilbetriebs** verweist der UmwSt-Erl. 2011, BMF v. 11.11.2011, BStBl. I 2011, 1314 in Tz. 20.06 auf die Ausführungen zur Spaltung (UmwSt-Erl. 2011,

BMF v. 11.11.2011, BStBl. I 2011, 1314 Tz. 15.02 f.). Dies stellt die praktisch bedeutsamste Änderung des UmwSt-Erl. 2011 im Bereich des § 20 UmwStG dar: Zum einen wird über den Verweis auf die Vorschriften zur Spaltung für die Definition des Begriffs des Teilbetriebs der „europäische" Teilbetriebsbegriff des Art. 2 Buchst. j FRL 2009/133/EG herangezogen (zum Unterschied zwischen „nationalem" und „europäischem" Teilbetriebsbegriff s. *Schneider/Ruoff/Sistermann* FR 2012, 1, 5; *Rasche* GmbHR 2012, 149, 153; *Claß/Weggenmann* BB 2012, 552, 553 f. mwN). Zum anderen sollen nach Auffassung der FinVerw. – anders als im Falle der Einbringung eines Betriebes, aber wie im Fall der Spaltung (denn der UmwSt-Erl. 2011 verweist für die Übertragung des Teilbetriebs auf die für die Spaltung geltenden Regelungen der Tz. 15.07 bis 15.10; vgl. UmwSt-Erl. 2011, BMF v. 11.11.2011, BStBl. I 2011, 1314 Tz. 20.06 Satz 1) – auch solche sonstigen (sog. **neutralen**) Wirtschaftsgüter zwingend zu einem Teilbetrieb gehören (und damit mit diesem zu übertragen sein), die nach **wirtschaftlichen Zusammenhängen** dem betreffenden Teilbetrieb **zuordenbar** sind. Dies bedeutet, dass eine Einbringung zu Buchwerten nur bei Übertragung sämtlicher für den Teilbetrieb funktional wesentlicher Betriebsgrundlagen, sowie aller dem Teilbetrieb nach wirtschaftlichen Zusammenhängen zuordenbaren, sonstigen (aktiven und passiven) WG möglich ist. Gegenüber der bisherigen Regelung stellt dies eine erhebliche Verschärfung dar, die in der Praxis zu nicht unerheblichen Schwierigkeiten und Problemen führen dürfte (in der Literatur wird die Konsequenz dieser Auffassung anhand der Nichtanwendung des § 20 UmwStG allein aufgrund der versehentlichen Nichtübertragung von Kugelschreibern, Büroklammern oder Schrauben überspitzt, aber in der Sache zutreffend dargestellt; vgl. *Schneider/Ruoff/Sistermann* FR 2012, 1, 7; kritisch FGS/*Hötzel/Kaeser,* Der Umwandlungssteuer-Erlass 2011 S. 325; vgl. bzgl. weiterer Einzelheiten hierzu, insb. zur Definition des Teilbetriebs unter → Form. D.6 Rn. 68 ff.).

Die in § 20 Abs. 1 Satz 2 UmwStG 1995 geregelte Einbringung mehrheitsvermit- **70b**
telnder bzw. mehrheitsverstärkender **Anteile an einer Kapitalgesellschaft** ist nunmehr als selbständige Form der Einbringung – qualifizierter Anteilstausch – in § 21 UmwStG geregelt (hierzu → Form. D.8 Rn. 47 ff.).

e) Voraussetzung für das Vorliegen der Einbringung eines Betriebes ist allerdings, dass **71**
dieser im Ganzen, dh. mitsamt aller **wesentlichen Betriebsgrundlagen** übertragen wird (DPM/*Patt* UmwStG § 20 Rn. 40 ff.; UmwSt-Erl. 2011, BMF v. 11.11.2011, BStBl. I 2011, 1314 Tz. 20.06 iVm. Tz. 15.02; vgl. hierzu BMF v. 16. 8. 2000, BStBl. I 2000, 1253; BFH v. 2.10.1997, IV R 84/96, BStBl. II 1998, 104; v. 9.8.1989, X R 62/87, BStBl. II 1989, 973; SHS/*Schmitt* UmwStG § 20 Rn. 65 mwN; WM/*Widmann* UmwStG § 20 Rn. 5, 12 ff. mwN; HMB/*Menner* UmwStG § 20 Rn. 131 ff. mwN). Für die Frage, wann eine wesentliche Betriebsgrundlage iSd. § 20 UmwStG vorliegt, folgt der Umwandlungssteuererlass 2011 der auch in der Literatur vertretenen **rein funktionale Betrachtungsweise** (vgl. UmwSt-Erl. 2011, BMF v. 11.11.2011, BStBl. I 2011, 1314 Tz. 20.06 Satz 2), dh. es ist maßgebend die Funktion des einzelnen Wirtschaftsgutes im Rahmen der speziellen Art des betreffenden Betriebs (*Rasche* GmbHR 2012, 149, 151 f. mwN; RHL/*Herlinghaus* UmwStG § 20 Rn. 26 mwN; DPM/*Patt* UmwStG § 20 Rn. 43 mwN; SHS/*Schmitt* UmwStG § 20 Rn. 65 mwN; HMB/*Menner* UmwStG § 20 Rn. 122, 133, 135 mwN; *Hörger/Schulz* DStR 1998, 233; *Rödder/Beckmann* DStR 1999, 751); auf die in einem Wirtschaftsgut evtl. enthaltenen erheblichen stillen Reserven kommt es im Rahmen des § 20 UmwStG dagegen grds. nicht an (die insoweit entgegenstehenden Aussagen in BMF v. 16.8.2000, BStBl. I 2000, 1253, dürften überholt sein; vgl. *Rasche* GmbHR 2012, 149, 152). Wie sich aus der Gesetzesbegründung des SEStEG (BT-Drs. 16/2710 S. 42) zu § 20 UmwStG 2006 ergibt, hat sich der Gesetzgeber – jedenfalls für § 20 UmwStG 2006 – dieser herr-

schenden Auffassung angeschlossen: „Für die Beurteilung der Frage, ob ein Wirtschaftsgut eine wesentliche Betriebsgrundlage eines Teilbetriebes darstellt, ist die funktionale Betrachtungsweises maßgeblich." Siehe zur **normspezifischen Auslegung** des Begriffs der wesentlichen Betriebsgrundlage BFH v. 2. 10. 1997 (IV R 84/96, BStBl. II 1998, 104) sowie zu der **kombinierten funktional-quantitativen Betrachtungsweise** Schmidt/*Wacker* (EStG § 16 Rn. 101 mwN) und *Rasche* GmbHR 2012, 149, 152. S. hierzu → Form. D.6 Rn. 72 mwN sowie zu den Folgen der Zurückbehaltung wesentlicher Betriebsgrundlagen → Form D.6 Rn. 87 ff. Sofern **Anteile an einer Kapitalgesellschaft** als wesentliche Grundlagen eines Betriebs einzustufen sind, stellen diese einen (unselbständigen) Bestandteil des einzubringenden Betriebs dar (UmwSt-Erl. 2011, BMF v. 11.11.2011, BStBl. I 2011, 1314 Tz. 20.06 Satz 5; vgl. ausführlich BFH v. 10.4.2019, X R 28/16, BStBl. II 2019, 474; Anm. *Glasenapp* BB 2019, 2032 und BFH v. 12.6.2019, X R 38/17, DStR 2019, 1619; Anm. *Bünning* BB 2019, 2033, zur **Beteiligung an einer Kapitalgesellschaft als notwendiges Betriebsvermögen** eines Einzelunternehmers). Die Übertragung der Anteile ist nicht als gesonderte Einbringung nach § 21 UmwStG (Anteilstausch) zu erfassen (ausdrücklich: UmwSt-Erl. 2011, BMF v. 11.11.2011, BStBl. I 2011, 1314 Tz. 21.01 Satz 2); dies gilt auch für eine 100%ige Beteiligung (*Patt/Rupp/Aßmann,* Der neue Umwandlungssteuererlass, 117 mwN; DPPM/*Patt* UmwStG § 20 Rn. 31 mwN. Für die Spaltung ist dies ausdrücklich geregelt in UmwSt-Erl. 2011, BMF v. 11.11.2011, BStBl. I 2011, 1314 Tz. 15.06 Satz 1). Umfasst der einzubringende Betrieb auch einen (oder mehrere) **Mitunternehmeranteile,** so stellen die Einbringung des Betriebs und die Einbringung des Mitunternehmeranteils (bzw. der Mitunternehmeranteile) jeweils gesonderte Einbringungsvorgänge dar (UmwSt-Erl. 2011, BMF v. 11.11.2011, BStBl. I 2011, 1314 Tz. 20.12 Satz 3).

72 f) Wie bereits unter Geltung des UmwStG 1995 muss auch die Einbringung gemäß § 20 Abs. 1 UmwStG 2006 – zumindest teilweise – **gegen Gewährung neuer Anteile** an der aufnehmenden Kapitalgesellschaft erfolgen, also gegen Ausgabe von Gesellschaftsanteilen, die erst im Rahmen der Sachgründung (oder der Kapitalerhöhung), bei welcher der Betrieb (oder andere begünstigte Einbringungsobjekte) auf die Kapitalgesellschaft übertragen wurde, neu entstanden sind (RHL/*Herlinghaus* UmwStG § 20 Rn. 130; DPM/*Patt* UmwStG § 20 Rn. 170; Frotscher/Drüen/*Mutscher* UmwStG § 20 Rn. 166 ff.). Qualifizierende zivil-gesellschaftsrechtliche Vorgänge sind insb. die Gründung einer Kapitalgesellschaft durch Sacheinlage (§ 5 Abs. 4 GmbHG; § 27 AktG) und die Kapitalerhöhung durch Sacheinlagen (§ 56 GmbHG; § 183 AktG). S. hierzu Einzelheiten unter → Form. D.6 Rn. 73 mwN. Wie sich aus § 20 Abs. 2 Satz 4 und Abs. 3 Satz 3 UmwStG ergibt, ist es dabei grundsätzlich **unschädlich,** wenn die Gegenleistung **nicht ausschließlich** in neuen Anteilen besteht, sofern (zumindest) auch neue Anteile gewährt werden (s. Frotscher/Drüen/*Mutscher* UmwStG § 20 Rn. 172; RHL/*Herlinghaus* UmwStG § 20 Rn. 134; DPM/*Patt* UmwStG § 20 Rn. 187; WM/*Widmann* UmwStG § 20 Rn. R 580 ff.; vgl. auch UmwSt-Erl. 1998, BMF v. 25.3.1998, BStBl. I 1998, 267 Tz. 20.04 Satz 2).

72a Allerdings ist durch das am 5.11.2015 in Kraft getretene StÄndG 2015 v. 2.11.2015 (BGBl. I 2015, 1834) die Möglichkeit der Gewährung **sonstiger Gegenleistungen** deutlich eingeschränkt worden: Gemäß dem neu eingefügten § 20 Abs. 2 Satz 2 Nr. 4 UmwStG gelten – mit Wirkung für Einbringungsvorgänge nach dem 31.12.2014 (vgl. § 27 Abs. 14 UmwStG; zu verfassungsrechtlichen Bedenken der Rückwirkung des Inkrafttretens: *Ettinger/Mörz* GmbHR 2016, 154, 158 mwN) – eine **relative** und eine **absolute Grenze** für die (unschädliche) Gewährung von sonstigen Gegenleistungen: (s. auch → Form D.6 Rn. 84 ff.; → Form. D.5 Rn. 98 ff. mit Beispiel). Somit ergeben sich in Abhängigkeit vom **Buchwert des einge-**

brachten Betriebsvermögens (bzw. beim qualifizierten Anteilstausch: der eingebrachten Anteile) folgende drei Konstellationen hinsichtlich der Gewährung von sonstigen Gegenleistungen bei Einbringungen:

- **Buchwert nicht über 500 000.– EUR:** keine Änderungen zur bisher geltenden Gesetzeslage, so dass für sonstige Gegenleistungen bis zur Höhe des Buchwerts des eingebrachten Betriebsvermögens keine stillen Reserven aufgedeckt werden müssen;
- **Buchwert zwischen 500 000.– EUR und 2 000 000.– EUR:** es können sonstige Gegenleistungen bis zu 500 000.– EUR ohne Aufdeckung von stillen Reserven eingeräumt werden (auf die relative Schwelle kommt es nicht an);
- **Buchwert über 2 000 000.– EUR:** in diesen Fällen greift (nur noch) die relative Grenze von 25%, sofern nicht die Beschränkung der sonstigen Gegenleistungen auf den Buchwert des eingebrachten Betriebsvermögens Anwendung findet.

Werden sowohl die relative als auch die absolute Wertgrenze überschritten, ist **insoweit** eine Buchwertfortführung beim übernehmenden Rechtsträger ausgeschlossen. Der „schädliche" Anteil der sonstigen Gegenleistung (dh. den Betrag, um den die relative bzw. absolute Höchstgrenze überschritten wird) führt beim Einbringenden zu einem Veräußerungsgewinn.

Zur Verdeutlichung der Neuregelung sollen folgende Beispiele, vgl. insbes. BT-Drs. 18/4902 S. 49f.; s. auch *Ott* StuB 2015, 909; *Ettinger/Mörz* GmbHR 2016, 154ff.; *Ettinger/Schmitz* Umstrukturierungen im Bereich mittelständischer Unternehmen, 3. Aufl. 2016, Rn. 395 und 479) dienen: **72b**

Beispiel 1: A bringt sein Einzelunternehmen mit einem steuerlichen Eigenkapital (Buchwert) von 3 000 000.– EUR und einem gemeinen Wert von 5 000 000.– EUR in die dadurch neu gegründete A-GmbH gegen Gewährung eines Geschäftsanteils (Stammkapital) in Höhe von 500 000.– EUR sowie eine bare Zuzahlung in Höhe von 2 500 000.– EUR ein.

Nach **§ 20 UmwStG aF** konnte die Einbringung des Einzelunternehmens steuerneutral gestaltet werden, da der Wert der baren Zuzahlung (= „andere Wirtschaftsgüter" iSd. § 20 Abs. 2 Satz 4 und Abs. 3 Satz 3 UmwStG aF) den steuerlichen Buchwert des eingebrachten Vermögens nicht übersteigt; die steuerlichen Anschaffungskosten der erhaltenen Anteile an A-GmbH wären gemäß § 20 Abs. 3 Satz 3 UmwStG aF um den gemeinen Wert der Gegenleistung zu kürzen gewesen und hätten 500 000.– EUR betragen.

Nach der **Neuregelung** durch das StÄndG 2015 v. 2.11.2015 (→ Rn. 72a) ist dagegen eine steuerneutrale Übertragung nicht mehr möglich: Der gemeine Wert der „sonstigen Gegenleistung" übersteigt die unschädliche relative Schwelle (25% des Buchwerts = 750 000.– EUR) um 1 750 000.– EUR); insoweit ist eine Buchwertfortführung somit nicht möglich. Dies hat nach der Gesetzesbegründung (vgl. BT-Drs. 18/4902 S. 49f.) zur Folge, dass das Betriebsvermögen (nur) in dem Verhältnis zu Buchwerten fortgeführt werden kann, in dem (a) der Gesamtwert des eingebrachten Betriebsvermögens abzüglich der übersteigenden Gegenleistung zu (b) dem Gesamtwert des eingebrachten Betriebsvermögens steht.

Im Beispiel 1 kann somit das eingebrachte Betriebsvermögen zu [(5 000 000.– EUR ./. 1 750 000.– EUR)/5 000 000.– EUR) =] 65% zu Buchwerten fortgeführt werden, dh. iHv. 1 300 000.– EUR. Zu 35% bzw. in Höhe der übersteigenden Gegenleistung (1 750 000.– EUR) geht es zum gemeinen Wert über. Die A-GmbH hat daher das übergehende Betriebsvermögen grundsätzlich mit 3 050 000.– EUR anzusetzen (sofern nicht gemäß § 20 Abs. 2 Satz 4 UmwStG der gemeine Wert der sonstigen Gegenleistung als Mindestansatz anzusetzen ist). Wie auch schon nach bisheriger Regelung gilt gemäß § 20 Abs. 3 Satz 1 UmwStG der von der aufnehmenden Gesellschaft (A-GmbH) angesetzte Betrag als Veräußerungspreis des Einbringenden (A), so dass sich im Beispiel 1 ein Übertragungsgewinn von (3 050 000.– EUR ./. 3 000 000.– EUR =) 50 000.– EUR ergibt. Die Anschaffungskosten der erhaltenen Anteile an der A-GmbH ermitteln sich schließlich aus dem Ansatz bei der A-GmbH (= 3 050 000.– EUR; § 20 Abs. 3 Satz 1 UmwStG) abzüglich des Werts der sonstigen Gegenleistungen (2 500 000.– EUR; § 20 Abs. 3 Satz 3 UmwStG), betragen also 550 000.– EUR.

Beispiel 2: Wie Beispiel 1, mit der Abweichung, dass das eingebrachte Einzelunternehmen ein steuerliches Eigenkapital (Buchwert) iHv. 100 000.– EUR und einen gemeinen Wert iHv.

500 000.– EUR hat und A zusätzlich zu neu geschaffenen Anteilen an der A-GmbH ein Gesellschafterdarlehen iHv. 75 000.– EUR erhält.

Nach der Neuregelung des § 20 UmwStG durch das StÄndG 2015 v. 2.11.2015 (→ Rn. 72a) ist eine Buchwertfortführung in vollem Umfang möglich. A erhält zwar eine Gegenleistung; diese übersteigt auch die relative Schwelle (25 % von 100 000.– EUR) liegt aber unterhalb der absoluten Schwelle iHv. 100 000.– EUR (sowie des Buchwerts des eingebrachten Betriebsvermögens).

Beispiel 3: Wie Beispiel 1, aber das eingebrachte Einzelunternehmen hat ein steuerliches Eigenkapital (Buchwert) iHv. 10 000 000.– EUR und einen gemeinen Wert iHv. 50 000 000.– EUR. Die bare Zuzahlung an A beträgt 2 000 000.– EUR.

Auch in Beispiel 3 ist eine Buchwertfortführung in vollem Umfang möglich: Die Gegenleistung übersteigt auch die absolute Schwelle (iHv. 500 000.– EUR), liegt aber mit 2 000 000.– EUR unterhalb der relativen Schwelle (25 % von 50 000 000.– EUR = 12 500 000.– EUR).

73 g) Anders als die Regelung in § 20 UmwStG 1995, die als Regelfall von der Zulässigkeit des Ansatzes zum Buchwert ausging, sieht § 20 UmwStG 2006 vor, dass die aufnehmende Gesellschaft das übernommene Vermögen grundsätzlich zum sog. **gemeinen Wert** anzusetzen hat. Nur bei kumulativem Vorliegen der nachfolgend aufgeführten, materiellen Voraussetzungen ist der Anwendungsbereich des Ansatzwahlrechts gemäß § 20 Abs. 2 Satz 2 UmwStG eröffnet. Eine steuerneutrale Übertragung von Betriebsvermögen unter Anwendung des Bewertungswahlrechts zum **Buchwert** (legaldefiniert in § 1 Abs. 5 Nr. 4 UmwStG) nach § 20 Abs. 2 Satz 2 UmwStG setzt voraus, dass

73a – sichergestellt ist, dass das übernommene Betriebsvermögen „später bei der übernehmenden Körperschaft der **Besteuerung mit Körperschaftsteuer unterliegt**" (§ 20 Abs. 2 Satz 2 Nr. 1 UmwStG – eigene Hervorhebung). Wie sich aus der Verwendung des Begriffs „später" ergibt, ist dabei auf eine zeitraumbezogene Betrachtung bis zur Realisierung der stillen Reserven und nicht lediglich auf den Einbringungszeitpunkt abzustellen (DPM/*Patt* UmwStG § 20 Rn. 225; RHL/*Herlinghaus* UmwStG § 20 Rn. 160; s. *Orth* DB 2007, 419, 421 f. zu einer teleologischen Reduktion im Fall einer späteren Erlangung der Steuerbefreiung aufgrund Strukturwandels). Mit der Regelung sollte die Übertragung auf steuerbefreite Gesellschaften (insb. auf REIT-AG) von der Begünstigung ausgenommen werden. (Anzumerken ist, dass jedenfalls im Rahmen der Einbringung von Betrieben und Teilbetrieben auch bei einem steuerbefreiten übernehmenden Rechtsträger durch die Einbringung regelmäßig ein steuerpflichtiger, wirtschaftlicher Geschäftsbetrieb entstehen dürfte; DPM/*Patt* UmwStG § 20 Rn. 225);

73b – die **Passivposten** des eingebrachten Betriebsvermögens die **Aktivposten nicht übersteigen,** wobei das Eigenkapital nicht zu berücksichtigen ist (§ 20 Abs. 2 Satz 2 Nr. 2 UmwStG). Das eingebrachte Betriebsvermögen (dh. der Betrieb) darf somit **kein negatives Kapitalkonto** ausweisen (dies entspricht der Rechtslage nach dem UmwStG 1995; vgl. § 20 Abs. 2 Satz 4 UmwStG 1995). Übersteigen die Passivposten die Aktivposten, kommt es allerdings nicht (zwingend) zu einer vollständigen Aufdeckung der stillen Reserven und einem Ansatz des gemeinen Wertes; vielmehr muss die übernehmende Gesellschaft die in dem eingebrachten Betriebsvermögen enthaltenen stillen Reserven – einheitlich bzgl. sämtlicher Wirtschaftsgüter (vgl. Einleitungsteil des § 20 Abs. 2 Satz 2 UmwStG) – soweit aufdecken, dass das (bei Ansatz der Buchwerte vorhandene) negative Kapitalkonto ausgeglichen wird, dh. das eingebrachte Vermögen muss per Saldo mindestens mit 0.– EUR angesetzt werden (*Strahl* KÖSDI 2007, 15 445; *Förster/Wendland* BB 2007, 631, 633; DPPM/*Patt* UmwStG § 20 Rn. 216; RHL/*Herlinghaus* UmwStG § 20 Rn. 162 mwN). Im Ergebnis führt dies zu einem Zwischenwertansatz. In diesen Fällen realisiert somit der Einbringende einen **Einbringungsgewinn** (mindestens) **in Höhe des negativen Kapitals.** Zur Möglichkeit des Ausgleichs eines negativen Kapitalkontos vor der Einbringung durch Einlage → Form. D.6 Rn. 82f.; zur Buchwertfortführung bei **stillen Lasten** der übertragenen Sachgesamtheit siehe UmwSt-Erl. 2011, BMF v. 11.11. 2011, BStBl. I 2011, 1314 Tz. 03.12 iVm. Tz. 20.18; ausführlich zu diesem Thema: *Holle/Weiss* FR 2019, 833.

– der Wert der **sonstigen Gegenleistungen** (hier eingeräumte Darlehensforderung) den Buchwert nicht übersteigt, vgl. § 20 Abs. 2 Satz 4 UmwStG. Wie vorstehend festgestellt (→ Rn. 72a), schließt die Gewährung von sonstigen Gegenleistungen (neben den neuen Anteilen) die Möglichkeit der Übertragung zu Buchwerten nicht grundsätzlich aus (zu den zivilrechtlichen Voraussetzungen WM/*Widmann* UmwStG § 20 Rn. 1233). Vielmehr sieht § 20 Abs. 2 Satz 4 UmwStG idF des StÄndG 2015 v. 2.11.2015 (→ Rn. 72a) vor, dass es bei Gewährung anderer Gegenleistungen an den Einbringenden nur **insoweit** zu einer **Gewinnrealisation** kommt, als der gemeine Wert der sonstigen Gegenleistung den höheren Betrag aus (1) 25% des Buchwerts des eingebrachten Betriebsvermögens bzw. (in den Fällen des qualifizierten Anteilstauschs) der eingebrachten Anteile oder (2) 500 000.– EUR, höchstens jedoch den Buchwert des eingebrachten Betriebsvermögens bzw. der eingebrachten Anteile, übersteigt. S. die möglichen Fallkonstellationen zu dem Greifen der relativen und absoluten Wertgrenze und Beispiele hierzu oben → Rn. 72a und 72b. **73c**

Der Begriff der sonstigen Gegenleistung iSd. § 20 Abs. 2 Satz 2 UmwStG ist weder gesetzlich noch im UmwSt-Erl. 2011, BMF v. 11.11.2011 (BStBl. I 2011, 1314) definiert. Fraglich ist bereits, ob durch die Änderung der bisherigen Formulierung in § 20 Abs. 2 Satz 2 UmwStG aF („andere Wirtschaftsgüter") in „sonstige Gegenleistung" eine inhaltliche Änderung herbeigeführt werden sollte. Insbesondere könnte der Begriff „Gegenleistung" künftig auch solche Gegenleistungen umfassen, die nicht als Wirtschaftsgut im engeren Sinne zu qualifizieren sind, wie beispielsweise nicht bilanzierungsfähige, schuldrechtliche Absprachen (vgl. *Ettinger/Mörz* GmbHR 2016, 154, 158; *Ritzer/Stangl* DStR 2015, 849; *Schaaf/Hannweber* DStZ 2016, 155, 158 mwN). ME sind mit der sprachlichen Neuregelung keine inhaltlichen Änderungen verbunden, wie auch der Blick auf den unverändert gebliebenen § 20 Abs. 3 Satz 3 UmwStG zeigt (in dem weiterhin von „andere Wirtschaftsgüter" die Rede ist). Als sonstige Gegenleistung kommen (nach dem bisherigen Verständnis von „andere Wirtschaftsgüter") beispielsweise in Betracht die Zahlung von Geldbeträgen (bare Zuzahlungen), die Einräumung von Forderungen, die Einräumung von Guthaben auf Verrechnungskonten, die Gewährung stiller Beteiligungen sowie allgemein die Übertragung von sonstigen Wirtschaftsgütern, wie Grundstücke (vgl. CKSS/*Strahl* Umwandlungen, Rn. 178; WM/*Widmann* UmwStG § 20 Rn. 580, 593 mwN). Dagegen zählt die **Übernahme einer Pensionsverpflichtung** nicht zu den „anderen Wirtschaftsgütern" (str., so aber UmwSt-Erl. 2011, BMF v. 11.11.2011, BStBl. I 2011, 1314 Tz. 20.29 Satz 1 und die hM: DPM/*Patt* UmwStG § 20 Rn. 222 mwN; RHL/*Herlinghaus* UmwStG § 20 Rn. 184 mwN; aA noch UmwSt-Erl. 1998, BMF v. 25.3.1998, BStBl. I 1998, 268 Tz. 20.42ff.). Keine zusätzliche Gegenleistung ist auch die Bildung einer Kapitalrücklage iSd. § 272 Abs. 2 Nr. 1 oder – wie im Formular vorgesehen – Nr. 4 HGB (DPM/*Patt* UmwStG § 20 Rn. 219; WM/*Widmann* UmwStG § 20 Rn. 588 mwN).

Die Gewährung von anderen Wirtschaftsgütern hat daneben auch Bedeutung für die Bemessung der **Anschaffungskosten der** dem Einbringenden gewährten **neuen Gesellschaftsanteile:** Gemäß § 20 Abs. 3 Satz 3 UmwStG ist der gemeine Wert der erhaltenen Wirtschaftsgüter von den Anschaffungskosten der gewährten Anteile abzusetzen (s. oben Beispiel 1 in → Rn. 72b).

– das **Besteuerungsrecht der Bundesrepublik Deutschland** hinsichtlich der **73d**
Besteuerung des **Gewinns aus der Veräußerung** des eingebrachten Vermögens

bei der übernehmenden Gesellschaft **nicht ausgeschlossen oder beschränkt** wird (§ 20 Abs. 2 Satz 2 Nr. 3 UmwStG – sog. „Steuerverhaftungsbedingung"; vgl. *Förster/Wendland* BB 2007, 631). Zu einem solchen Ausschluss bzw. einer Beschränkung des Besteuerungsrechts kann es insb. in Fällen grenzüberschreitender Einbringungen kommen, wie beispielsweise Einbringung eines inländischen Betriebes in eine ausländische Kapitalgesellschaft; soweit die Wirtschaftsgüter im Anschluss an die Einbringung nicht der deutschen Betriebsstätte der ausländischen Kapitalgesellschaft, sondern dem ausländischen Stammhaus zuzurechnen sind, wäre das Besteuerungsrecht der Bundesrepublik Deutschland grds. ausgeschlossen (dies ist regelmäßig der Fall bei Beteiligungen, Patenten, Rechten, Know-how sowie allgemein bei den Wirtschaftsgütern, die nicht vorrangig einer in der Betriebsstätte ausgeübten Tätigkeit dienen – zur Zuordnung von Wirtschaftsgütern zwischen Betriebsstätte und Stammhaus s. BMF v. 24.12.1999, BStBl. I 1999, 1076 Tz. 2.4 – sog. „Betriebsstätten-Verwaltungsgrundsätze"). Zu den teilweise noch unklaren Einzelheiten siehe Frotscher/Drüen/*Mutscher* UmwStG § 20 Rn. 218; RHL/*Herlinghaus* UmwStG § 20 Rn. 165; s. auch → Form. D.6 Rn. 76 ff. Sofern hinsichtlich einzelner oder mehrerer Wirtschaftsgüter des übertragenen Betriebsvermögens das Besteuerungsrecht Deutschlands solchermaßen ausgeschlossen oder beschränkt ist, kommt es bezogen auf das jeweilige Wirtschaftsgut zu einem Ansatz mit dem gemeinen Wert. Insoweit ist der Grundsatz des einheitlichen Wertansatzes (→ Rn. 74) durchbrochen (Frotscher/Drüen/*Mutscher* UmwStG § 20 Rn. 234).

74 h) Ein Ansatz zu Buchwerten setzt schließlich voraus, dass die übernehmende Gesellschaft (dies stellt nunmehr UmwSt-Erl. 2011, BMF v. 11.11.2011, BStBl. I 2011, 1314 Tz. 20.21 in Übereinstimmung mit der wohl überwiegenden Auffassung in der Literatur klar: vgl. WM/*Widmann* UmwStG § 20 Rn. R 417; RHL/*Herlinghaus* UmwStG § 20 Rn. 149 mwN) einen entsprechenden, **unwiderruflichen** (UmwSt-Erl. 2011, BMF v. 11.11.2011, BStBl. I 2011, 1314 Tz. 20.24 Satz 1) **Antrag** stellt. Dies gilt nach UmwSt-Erl. 2011, BMF v. 11.11.2011, BStBl. I 2011, 1314 Tz. 20.22 Satz 1 auch in den Fällen der Einbringung von Mitunternehmeranteilen (entgegen der Rspr. des BFH zur Rechtslage vor dem SEStEG; vgl. BFH v. 30.4.2003, I R 102/01, BStBl. II 2004, S. 804).

Hinweis: Zu beachten ist im Zusammenhang mit der Einbringung einzelner Mitunternehmeranteile (vor allem bei Fortbestehen der Mitunternehmerschaft) folgende Besonderheit: Nach früherer Rechtslage war bei Einbringung von Mitunternehmeranteilen nach BFH v. 30.4.2003 (I R 102/01, BStBl. II 2004, 804; s. Anm. *Haritz/Herrmann* GmbHR 2003, 1220) – trotz des Wortlauts des § 20 Abs. 2 UmwStG 1995 – nicht die Bilanzierung auf der Ebene der aufnehmenden Kapitalgesellschaft, sondern der Wertansatz bei der Mitunternehmerschaft, deren Anteile übertragen werden, einschließlich der Ergänzungsbilanzen für den Einbringungsgewinn (und die weitere Besteuerung) maßgeblich; in diesen Fällen wurde § 20 Abs. 2 UmwStG 1995 im Ergebnis verdrängt. Nach der Neuregelung des § 20 UmwStG durch das SEStEG hängt die Ausübung des Wahlrechts ausdrücklich von einem Antrag der übernehmenden Gesellschaft ab. Die Auffassung der FinVerw. ist nicht eindeutig: Zwar spricht UmwSt-Erl. 2011, BMF v. 11.11.2011, BStBl. I 2011, 1314 Tz. 20.22 davon, dass „auch bei der Einbringung von Mitunternehmeranteilen … der Antrag durch die übernehmende Kapitalgesellschaft" zu stellen ist. Dabei wird allerdings nicht differenziert, ob die Mitunternehmerschaft nach der Einbringung fortbesteht oder infolge der Einbringung untergeht. ME dürfte nur in den Fällen, in denen die Mitunternehmerschaft untergeht ein Antrag durch die übernehmende Kapitalgesellschaft sinnvoll sein. In den übrigen Fällen (dh. bei Fortbestehen der Mitunternehmerschaft) ist die vorgenannte Rspr. des BFH auch für das UmwStG 2006 zu beachten (so auch DPM/*Patt* UmwStG § 20 Rn. 212; *Lademann/Jäschke* UmwStG § 20 Rn. 21 und 72 mwN; *Schießl* Der neue Umwandlungssteuer-Erlass, 2012 S. 332; aA: *Schmitt/Schloßmacher* UmwSt.-Erl. 2011 S. 257; SRS/*Rode/Teufel* § 20 Tz. 20.34 mwN; im Ergebnis (wenn auch kritisch): FGS/*Hötzel/Kaeser* Der Umwandlungssteuer-Erlass 2011 S. 348ff., 349), so dass es bei Einbringung von Mitunternehmeranteilen und Fortbestehen der Mitunternehmerschaft allein auf den Wertansatz bei der Mitunternehmerschaft ankommt. In der Praxis dürften sich solche Fälle nur im Wege der verbindlichen Auskunft rechtssicher gestalten lassen (*Kroener/Momen* DB 2012, 71, 77).

An die in der Handelsbilanz angesetzten Werte ist die übernehmende Gesellschaft für Zwecke der Steuerbilanz nicht gebunden; der Maßgeblichkeitsgrundsatz gilt nach Inkrafttreten des SEStEG v. 7.12.2006 (BGBl. I 2006, 2782) am 13.12.2006 nicht mehr (s. Gesetzesbegründung BT-Drs. 16/2710 S. 43; *RHL/Herlinghaus* § 20 UmwStG Rn. 147; DPM/*Patt* UmwStG § 20 Rn. 210; Blümich/*Nitzschke* UmwStG 2006 § 20 Rn. 90; auch → Rn. 89). Das Wahlrecht kann **nur einheitlich** (aber → Rn. 73c) ausgeübt werden (UmwSt-Erl. 2011, BMF v. 11.11.2011, BStBl. I 2011, 1314 Tz. 20.18 Satz 1 zum Buchwertansatz und Satz 4 zum Zwischenwertansatz: „einheitlich"; ebenso DPM/*Patt* UmwStG § 20 Rn. 190; RHL/*Herlinghaus* UmwStG § 20 Rn. 153). Der Antrag ist **spätestens** mit Abgabe der steuerlichen Schlussbilanz bei dem für Besteuerung der übernehmenden Gesellschaft zuständigen Finanzamt zu stellen (§ 20 Abs. 2 Satz 4 UmwStG). Zu weiteren Einzelheiten der Antragstellung, wie Form und Inhalt, spätester Zeitpunkt, Adressat sowie **nachträgliche Änderungen des Antrags** siehe UmwSt-Erl. 2011, BMF v. 11.11.2011, BStBl. I 2011, 1314 Tz. 20.24 und Tz. 03.29f.; WM/*Widmann* UmwStG § 20 Rn. 420; RHL/*Herlinghaus* UmwStG § 20 Rn. 150; Frotscher/Drüen/*Mutscher* UmwStG § 20 Rn. 238; kritisch über die Vielzahl von Unklarheiten WM/*Widmann* UmwStG § 20 Rn. 417: „negative Meisterleistung."

einstweilen frei 75

2. Ertragsteuerliche Folgen des Ansatzes zu Buchwerten

Sind die vorstehenden Voraussetzungen unter → Rn. 69–74 (Buchst. a bis h) gegeben (bzw. liegen die dort aufgeführten einschränkenden bzw. ausschließenden Tatbestände nicht vor), so kann das Betriebsvermögen wie im Formular zugrunde gelegt zu Buchwerten auf die aufnehmende Kapitalgesellschaft übertragen werden. Die unmittelbaren ertragsteuerlichen Konsequenzen des Buchwertansatzes auf **Ebene des Einbringenden** sowie auf **Ebene der Kapitalgesellschaft** sind nachfolgend im Überblick dargestellt: 76

a) Durch den Ansatz des übertragenen Betriebes zum Buchwert **bei der aufnehmenden Kapitalgesellschaft** (nur auf dieser Ebene kann das Wahlrecht gemäß § 20 Abs. 2 Satz 2 UmwStG ausgeübt werden; die nach früherem Recht bei Einbringung von Mitunternehmeranteilen hiervon abweichende Rechtslage – maßgeblich war der Ansatz bei der Mitunternehmerschaft, deren Anteile übertragen werden; vgl. BFH v. 30.4.2003, I R 102/01, BStBl. II 2004, 804; Anm. *Haritz/Herrmann* GmbHR 2006, 1220 – scheint zunächst nicht mehr fortzugelten, da es nunmehr allein auf den Antrag der übernehmenden Gesellschaft ankommt (→ Rn. 74). Dennoch ist nach der überwiegenden Auffassung in der Literatur das og. Urteil des BFH v. 30.4.2003, I R 102/01, aaO, auch für das UmwStG 2006 anzuwenden, so dass es bei Einbringung von Mitunternehmeranteilen auf den Wertansatz bei der Mitunternehmerschaft ankommt; vgl. auch → Form. D.6 Rn. 96 und → Form. D.6 Rn. 115d) führt die Einbringung beim einbringenden Gesellschafter nicht zur Gewinnrealisierung. Der bei der Kapitalgesellschaft ange- 77 setzte Wert (hier Buchwert) gilt gemäß § 20 Abs. 3 Satz 1 UmwStG als Veräußerungspreis und als Anschaffungskosten der erhaltenen (neuen) Geschäftsanteile.

78 b) Folge der Übertragung zu Buchwerten im Rahmen des § 20 UmwStG ist grundsätzlich – wie schon nach dem UmwStG 1995 – eine **„doppelte Steuerverstrickung":** Zum einen sind die im übertragenen Betriebsvermögen enthaltenen stillen Reserven auf die Kapitalgesellschaft übergegangen, wo sie künftig bei Veräußerung der Gegenstände mit GewSt und KSt nachversteuert werden. Zum anderen sind die Anschaffungskosten der vom Einbringenden erhaltenen Anteile mit dem Buchwert des übertragenen Betriebsvermögens anzusetzen (hiervon ist ggf. der gemeine Wert der anderen, neben den Anteilen gewährten Wirtschaftsgütern abzusetzen, § 20 Abs. 3 Satz 3 UmwStG – → Rn. 73c; *RHL/Herlinghaus* § 20 UmwStG Rn. 196); bei einer künftigen Veräußerung der Anteile käme es grundsätzlich ebenfalls zu einer Versteuerung der stillen Reserven. Allerdings wird dieser Grundsatz im UmwStG 2006 in zweierlei Hinsicht eingeschränkt bzw. modifiziert:

78a (1) Zunächst ist zu beachten, dass ab dem steuerlichen Übertragungsstichtag eine **siebenjährige Sperrfrist** zu laufen beginnt (vgl. § 22 Abs. 1 UmwStG): Veräußert der Einbringende innerhalb dieser Sperrfrist die erhaltenen Anteile oder erfüllt er einen der Ersatztatbestände gemäß § 22 Abs. 1 Satz 6 UmwStG, so ist – rückwirkend im Wirtschaftsjahr der Einbringung (dh. zum steuerlichen Übertragungsstichtag) – der Gewinn aus der Einbringung als Gewinn iSd. § 16 EStG zu versteuern (sog. **Einbringungsgewinn I**). Der Einbringungsgewinn I ermittelt sich aus dem gemeinen Wert des übertragenen Betriebsvermögens abzüglich des von der übernehmenden Gesellschaft angesetzten (Buch- oder Zwischen-)Werts sowie abzüglich der Kosten der Einbringung; der so ermittelte Einbringungsgewinn I ermäßigt sich um jeweils ein Siebtel für jedes seit dem Einbringungszeitpunkt abgelaufene Zeitjahr. Ein derart nachträglich versteuerter Einbringungsgewinn I gilt als nachträgliche AK der erhaltenen Anteile. Darüber hinaus kann die übernehmende Gesellschaft den versteuerten Einbringungsgewinn I gemäß § 23 Abs. 2 Satz 1 UmwStG auf Antrag als Erhöhungsbetrag dem übernommenen Betriebsvermögen zuschreiben (vgl. hierzu und zu weiteren Voraussetzungen des Antrags § 23 Abs 2 UmwStG). Durch die Berücksichtigung als nachträgliche Anschaffungskosten der Anteile beim Einbringenden sowie als Erhöhungsbetrag bei der übernehmenden Gesellschaft entfällt (insoweit) die doppelte Steuerverstrickung.

Beispiel: Einzelunternehmer X bringt seinen Betrieb mit einem gemeinen Wert von 3 200 000.– EUR und einem Buchwert von 1 000 000.– EUR am 30.6.01 zum Buchwert in die X-GmbH ein (Kosten der Einbringung: 100 000.– EUR) gegen Einräumung einer 100%-igen Beteiligung an der X-GmbH (die er im Privatvermögen hält). Zunächst stellt sich eine doppelte Steuerverstrickung dahingehend ein, dass sowohl das Betriebsvermögen bei der X-GmbH als auch die Anschaffungskosten der Anteile an der X mit 1 000 000.– EUR angesetzt werden (die stillen Reserven iHv. 2 200 000.– EUR also doppelt erfasst sind). Veräußert X die Anteile insgesamt am 30.6.04 zu einem Preis von 3 200 000.– EUR hat dies zur Folge: (a) *nachträgliche Versteuerung des Einbringungsgewinns I* in Höhe von 1 200 000.– EUR der sich wie folgt ermittelt: gemeiner Wert des Betriebsvermögens abzgl. Buchwert Betriebsvermögen abzüglich Kosten, vermindert um drei Siebtel dieses Betrages, dh. 2 100 000.– EUR (3 200 000.– EUR ./. 100 000.– EUR ./. 1 000 000.– EUR) vermindert um 900 000.– EUR (= $^{3}/_{7}$ von 2 100 000.– EUR) durch den Einbringenden X; (b) *nachträgliche Erhöhung der Anschaffungskosten* der Anteile an X-GmbH um 1 200 000.– EUR, wodurch sich der Veräußerungsgewinn gemäß § 17 EStG zum 30.6.04 um den gleichen Betrag mindert (also nur noch 1 000 000.– EUR beträgt); (c) auf Antrag erfolgsneutrale Erhöhung des Ansatzes des Betriebsvermögens bei X-GmbH um 1 200 000.– EUR auf insgesamt 2 200 000.– EUR (zwischenzeitliche Abschreibungen und Abgänge nicht berücksichtigt). **Im Ergebnis** führt die nachträgliche Versteuerung des Einbringungsgewinns I zur (teilweisen) Auflösung der zunächst eingetretenen doppelten Steuerverstrickung.

Zu beachten ist in diesem Zusammenhang auch § 22 Abs. 3 UmwStG. Hiernach hat der Einbringende in den dem Einbringungszeitpunkt folgenden sieben Jahren **jährlich** (bis spätestens zum 31. 5. eines Jahres) den **Nachweis zu erbringen,** wem jeweils am Ablauf des Tages des maßgeblichen Einbringungszeitpunktes (= steuerlicher Übertragungsstichtag) die erhaltenen Anteile zuzurechnen sind (vgl. zu Zuständigkeit, Art des Nachweises, Frist und deren Versäumnis die Regelungen im UmwSt-Erl. 2011, BMF v. 11.11.2011, BStBl. I 2011, 1314 Tz. 22.28 bis 22.33, welche die Regelungen in BMF v. 4. 9. 2007, BStBl. I 2007, 698, im Wesentlichen übernehmen und gemäß UmwSt-Erl. 2011, BMF v. 11.11.2011, BStBl. I 2011, 1314 Tz. 5.08 aufheben; ergänzend zum Zeitpunkt des Nachweises OFD Frankfurt v. 9.1.2008, BB 2008, 375 f., sowie zu den Fällen, in denen die Nachweispflicht ausgelöst wird OFD Koblenz v. 5.11.2007, DStR 2008, 408; s. auch: *Förster/Wendland* BB 2007, 631, 638; *Söffing/Lange* DStR 2007, 1607; RHL/*Stangl* UmwStG § 22 Rn. 181 ff.). Wird der Nachweis nicht erbracht, fingiert das Gesetz eine Veräußerung zum jeweiligen Jahrestag der Einbringung. 78b

(2) Sofern die Veräußerung nach Ablauf der siebenjährigen Sperrfrist erfolgt, wird die Doppelverstrickung dadurch gemildert, dass die Veräußerung von Anteilen privilegiert ist: für natürliche Personen unterliegt der Veräußerungsgewinn ab VZ 2009 dem sog. Teileinkünfteverfahren (40%ige Befreiung) bzw. der Abgeltungssteuer iHv. 25% (vgl. § 3 Nr. 40 Buchst. c iVm. § 52a Abs. 3 EStG), bei Kapitalgesellschaften unterliegt ein Veräußerungsgewinn grundsätzlich der 95%igen Steuerbefreiung gemäß § 8b Abs. 2 iVm. Abs. 3 KStG. Aufgegeben wurde dagegen grundsätzlich das Konzept der sog. **einbringungsgeborenen Anteile.** Beachte allerdings: § 27 Abs. 3 Nr. 3 UmwStG sieht vor, dass sich – für bis zum 12.12.2006 entstandene einbringungsgeborene Anteile (**„Alt-Einbringungsfälle")** – die Besteuerung bei Veräußerung solcher Anteile sowie in den einer Veräußerung gleichgestellten Fällen (vgl. § 21 Abs. 2 UmwStG 1995) zeitlich unbefristet weiterhin nach § 21 UmwStG 1995 richtet; Konsequenz der **Weitergeltung der alten Regelung** ist insbesondere, dass im Fall der Veräußerung dieser Anteile § 3 Nr. 40 Sätze 3 und 4 EStG sowie § 8b Abs. 4 KStG weiter anzuwenden sind und es dadurch zu einer vollen Versteuerung des Veräußerungsgewinns kommt. Darüber hinaus können auch unter Geltung des UmwStG 2006 neue einbringungsgeborene Anteile entstehen, namentlich dann, wenn und soweit im Rahmen einer Einbringung einbringungsgeborene Anteile (als Teil des eingebrachten Betriebsvermögens) übertragen werden (§ 20 Abs. 3 Satz 4 UmwStG); für die so entstehenden, neuen einbringungsgeborenen Anteile gelten ebenfalls die Bestimmungen des § 21 UmwStG 1995 (zu der in diesem Zusammenhang drohenden Doppelbesteuerung und anderen Ungereimtheiten der Regelung vgl. RHL/*Herlinghaus* UmwStG § 20 Rn. 197 ff.; DPM/*Patt* UmwStG § 20 Rn. 145 ff.; s. hierzu auch RHL/*Rabback* UmwStG § 27 Rn. 31 ff.; DPM/*Pung* UmwStG § 27 Rn. 14 ff.). 78c

c) Zusammenfassend hat die Buchwertfortführung **aus Sicht des Einbringenden** folgende Effekte (zu den Folgen eine Ansatzes zum gemeinen Wert und zu Zwischenwerten s. Einzelheiten unter → Form. D.6 Rn. 99 f.): 79

– **Vermeidung der sofortigen Gewinnrealisierung** (und somit einer sofortigen Steuerbelastung); 80

– Ansatz von AK für die erhaltenen Anteile in Höhe des für das eingebrachte Betriebsvermögen angesetzten Buchwerts (ggf. unter Abzug des gemeinen Werts zusätzlich erhaltener WG; vgl. → Rn. 73c); 81

– Anlauf der siebenjährigen Sperrfrist gemäß § 22 Abs. 1 UmwStG mit Abschmelzung des Einbringungsgewinns I um jeweils ein Siebtel pro abgelaufenem Zeitjahr seit dem Zeitpunkt der Einbringung; zu den Auswirkungen einer Veräuße- 82 rung innerhalb der siebenjährigen Sperrfrist → Rn. 78a und zu der jährlichen Nachweispflicht → Rn. 78c.

83 d) Aus Sicht der **aufnehmenden Kapitalgesellschaft** sind folgende ertragsteuerliche Konsequenzen aufzuzeigen:

84 – Eintritt in die Rechtsposition des Einbringenden, insb. bzgl. **AfA, erhöhte Absetzungen** und **Sonderabschreibungen** sowie **Besitzzeitanrechnung** (§ 23 Abs. 1 iVm. § 12 Abs. 3 HS 1 UmwStG; siehe hierzu RHL/*Ritzer* UmwStG § 23 Rn. 31; umfassend DPM/*Patt* UmwStG § 23 Rn. 30; Blümich/*Nitzschke* UmwStG 2006 § 23 Rn. 24ff.); ein Zinsvortrag gemäß § 4h Abs. 1 Satz 2 EStG geht – obschon dieser grundsätzlich an den jeweiligen Betrieb gebunden ist – aufgrund der ausdrücklichen Regelung in § 20 Abs. 9 UmwStG nicht über (die Vorschrift ist für Einbringungen anzuwenden, bei denen die Anmeldung zum Handelsregister nach dem 31.12.2007 erfolgt; § 27 Abs. 5 Satz 1 UmwStG);

85 – dies bedingt eine **Fortführung der bisherigen AfA-Bemessungsgrundlagen** und der bisher verwendeten AfA-Methode (*Folgen:* geringeres AfA-Volumen gegenüber einer Einbringung zu Teilwerten oder Zwischenwerten);

86 – höhere **Veräußerungsgewinne** bei späterer Veräußerung des eingebrachten Betriebsvermögens; gemeinsam mit niedrigen Anschaffungskosten der Anteile stellt dies eine *Verdoppelung der stillen Reserven* dar. Beachte allerdings den nachträglichen, erfolgsneutralen Ansatz eines Erhöhungsbetrages bei Veräußerung der vom Einbringenden erhaltenen Anteile innerhalb der siebenjährigen Sperrfrist in Höhe des von diesem versteuerten Einbringungsgewinns I gemäß § 23 Abs. 2 Satz 1 UmwStG; → Rn. 78 bis 78c.

87, 88 *einstweilen frei*

3. Weitere Einzelheiten

a) Wahlrecht

89 Der nach der hM im UmwStG 1995 für die **Ausübung des Ansatzwahlrechts** gemäß § 20 Abs. 2 UmwStG geltende **Maßgeblichkeitsgrundsatz** (§ 5 Abs. 1 Satz 2 EStG; vgl. UmwSt-Erl. 1998, BMF v. 25.3.1998, BStBl. I 1998, 268 Tz. 20.26; HMB/*Menner* UmwStG § 20 Rn. 298 mwN; **aA:** RHL/*Herlinghaus* UmwStG § 20 Rn. 148 mwN; SHS/*Schmitt* UmwStG § 20 Rn. 240) ist im UmwStG 2006 aufgegeben worden (s. Gesetzesbegründung BT-Drs. 16/2710 S. 43; RHL/*Herlinghaus* UmwStG § 20 Rn. 147; DPM/*Patt* UmwStG § 20 Rn. 210; Blümich/*Nitzschke* UmwStG 2006 § 20 Rn. 90; HMB/*Menner* UmwStG § 20 Rn. 298 mwN). Dementsprechend kann das steuerliche Wahlrecht nach § 20 Abs. 2 Satz 2 UmwStG völlig unabhängig von dem handelsrechtlichen Jahresabschluss ausgeübt werden. Folglich entscheidet die aufnehmende Kapitalgesellschaft durch Abgabe des Antrags gemäß § 20 Abs. 2 Satz 3 UmwStG über den Ansatz zum Buchwert, gemeinen Wert oder Zwischenwert in der Steuerbilanz.

b) Wirksamwerden der Einbringung

90 Die Einbringung durch Einzelrechtsnachfolge wird grds. in dem Zeitpunkt wirksam, in dem nach den zugrunde liegenden zivilrechtlichen Vereinbarungen (insb. Einbringungsvertrag) die Sacheinlage aus **steuerrechtlicher** Sicht wirksam erbracht ist. Dies ist nach UmwSt-Erl. 2011, BMF v. 11.11.2011, BStBl. I 2011, 1314 Tz. 20.13 und der hM im Zeitpunkt des **Übergangs des wirtschaftlichen Eigentums** gegeben (RHL/*Herlinghaus* UmwStG § 20 Rn. 223; DPPM/*Patt* UmwStG § 20 Rn. 301; Blümich/*Nitzschke* UmwStG 2006 § 20 Rn. 107; so schon UmwSt-Erl. 1998, BMF v. 25.3.1998, BStBl. I 1998, 268 Tz. 20.18 Satz 1; SHS/*Schmitt* UmwStG § 20 Rn. 218 mwN); auf den (hiervon ggf. abweichenden) zivilrechtlichen Übergang des Eigentums

kommt es nicht an. Das wirtschaftliche Eigentum geht regelmäßig schon zu einem früheren Zeitpunkt über: bei beweglichen Wirtschaftsgüter und Grundstücken mit **Übergang von Besitz, Gefahr, Nutzungen und Lasten** (UmwSt-Erl. 2011, BMF v. 11.11.2011, BStBl. I 2011, 1314 Tz. 20.13 Satz 2; HM/*Menner* UmwStG § 20 Rn. 543f. mwN; Schmidt/*Glanegger* EStG § 6 Rn. 82 mwN); dies ist regelmäßig der Zeitpunkt des Abschlusses des Einbringungsvertrages (SHS/*Schmitt* UmwStG § 20 Rn. 219; BMF v. 16.6.1978, BStBl. I 1978, 235 Tz. 1 S. 3 und 4 zum UmwStG 1977) bzw. der in dem Einbringungsvertrag für den Übergang von Besitz, Gefahr, Nutzungen und Lasten vorgesehene Zeitpunkt (UmwSt-Erl. 2011, BMF v. 11.11.2011, BStBl. I 2011, 1314 Tz. 20.13 Satz 2; differenzierend HMB/*Menner* UmwStG § 20 Rn. 544). Beachte die jüngste Rechtsprechung zum (Übergang des) **wirtschaftlichen Eigentum(s) an Mitunternehmeranteilen:** BFH v. 20.9.2018, IV R 39/11, BStBl. II 2019, 131; v. 1.3.2018, IV R 15/15, BStBl. II 2018, 539; v. 22.6.2018, IV R 42/13, DB 2017, 2907; ergänzend zum Fall „unechter Realteilung" bei vorangegangener Einbringung: BFH v. 30.3.2019, IV R 11/15, BStBl. II 2019, 29.

c) Steuerliche Rückbeziehung

Für die Fälle der Einbringung durch Einzelrechtsübertragung (sowie der erweiterten Anwachsung; hierzu → Form. D.5 Rn. 50ff.) gewährt § 20 Abs. 6 Satz 3 UmwStG – abweichend von den dargestellten Grundsätzen – die Möglichkeit, den Übergang des eingebrachten Vermögens für Zwecke des Einkommens und des Vermögens auf Antrag auf einen Tag **zurück zu beziehen,** der (a) höchstens **acht Monate** vor dem Tag des Abschlusses des Einbringungsvertrags, **und** (b) höchstens **acht Monate** vor dem Tag des Übergangs des eingebrachten Betriebsvermögens liegt. **91**

Diese Rückwirkungsmöglichkeit ist **antragsbezogen;** erforderlich ist ein **formloser,** auch konkludenter (BFH v. 19.12.2018, I R 1/17, DStR 2019, 1259, Tz. 15: „… etwa durch rückwirkenden Ertrags- und/oder Vermögensansatz in der Steuererklärung …"; DPM/*Patt* UmwStG § 20 Rn. 304; zum insoweit inhaltsgleichen § 20 Abs. 8 UmwStG 1995: SHS/*Schmitt* UmwStG § 20 Rn. 235; ebenso BFH v. 17.9.2003, I R 55/02, BFH/NV 2004, 139) **Antrag** durch die **aufnehmende Kapitalgesellschaft** (UmwSt-Erl. 2011, BMF v. 11.11.2011, BStBl. I 2011, 1314 Tz. 20.14 Satz 1; so auch die hM: DPM/*Patt* UmwStG § 20 Rn. 304 mwN). Eine **Frist** für den Antrag sieht das Gesetz in § 20 Abs. 6 UmwStG **nicht** vor; nach BFH v. 19.12.2018, I R 1/17, DStR 2019, 1259, Tz. 15) und der hA kann daher der Antrag bis zur Beendigung der (letzten) Tatsacheninstanz gestellt werden, in der über die Besteuerung des Vermögensübergangs der übernehmenden Kapitalgesellschaft entschieden wird, dh. bis zum Abschluss der Verhandlung vor dem FG (RHL/*Herlinghaus* UmwStG § 20 Rn. 225; SHS/*Schmitt* UmwStG § 20 Rn. 234 mwN). Dagegen muss nach Auffassung der FinVerw. die aufnehmende Kapitalgesellschaft den Einbringungsstichtag bereits in der Steuererklärung oder in der Bilanz für das Wirtschaftsjahr, in dem die Einbringung stattgefunden hat, gewählt haben (vgl. UmwSt-Erl. 1998, BMF v. 25.3.1998, BStBl. I 1998, 268 Tz. 20.31 Satz 2); für eine solche Einschränkung ist mangels gesetzlicher Normierung mE allerdings kein Raum (ausdrücklich BFH v. 19.12.2018, I R 1/17, DStR 2019, 1259 Tz. 15; „… mangels einer entsprechenden gesetzlichen Anordnung scheidet die Annahme einer Ausschlussfrist aus"). Allerdings ist die **nachträgliche Änderung** eines nach § 20 Abs. 5 Satz 1 UmwStG 2006 gestellten Antrags **unzulässig** (BFH v. 19.12.2018, I R 1/17, DStR 2019, 1259, Tz. 17ff. mit ausführlicher Begründung). **92**

Wie bereits in → Rn. 70 ausgeführt, enthält der UmwSt-Erl. 2011 mit Bezug auf die Rückbeziehung eine erhebliche Verschärfung mit Blick auf den **Zeitpunkt des Vorliegens** eines Betriebs, Teilbetriebs oder Mitunternehmeranteils: Nach Auffassung der FinVerw. sollen nunmehr diese bereits am steuerlichen Übertragungsstichtag vor- **92a** liegen müssen (UmwSt-Erl. 2011, BMF v. 11.11.2011, BStBl. I 2011, 1314 Tz. 20.14 Abs. 2). Faktisch führt diese Auffassung dazu, dass eine Rückbeziehung in den Fällen, in denen die Voraussetzungen für Betrieb, Teilbetrieb bzw. Mitunternehmeranteil (erst) im Rückwirkungszeitraum begründet werden soll, nicht möglich wäre. Es erscheint mehr als fraglich, ob diese Auffassung vor den Finanzgerichten Bestand haben kann (so auch SRS UmwSt-Erlass 2011 § 20 Rn. 20.26 mwN; FGS/*Hötzel/Kaeser* Der Umwandlungssteuer-Erlass 2011, S. 338 mwN).

93 **Von der Rückwirkung betroffene Steuern:** Die Festlegung des Einbringungsstichtages nach § 20 Abs. 6 Satz 3 UmwStG hat Bedeutung für die Ermittlung des *Einkommens* und des *Vermögens* des Einbringenden und der aufnehmenden Kapitalgesellschaft (§ 20 Abs. 5 Satz 1 UmwStG). Die Rückbeziehung erfasst also grds. die **ESt,** die **KSt** und die **Gewerbeertragsteuer;** von der Rückbeziehung **nicht** betroffen sind dagegen die **USt,** die **Grunderwerbsteuer** (vgl. DPM/*Patt* § 20 UmwStG Rn. 312 mwN; RHL/*Herlinghaus* UmwStG § 20 Rn. 227) sowie – nach (umstrittener) Auffassung des BFH – die **Erbschaftsteuer** (BFH v. 4.7.1984, II R 83/81, BStBl. II 1984, 772; aA WM/*Widmann* UmwStG § 20 Rn. R 266 und R 327; *v. Rechenberg* GmbHR 1998, 979; *Lüdicke* ZEV 1995, 135 mwN). Die Rückbeziehung auf einen Einbringungsstichtag gemäß § 20 Abs. 6 UmwStG ist auch für die **bewertungsrechtliche** Zurechnungsfeststellung maßgebend, weil § 20 Abs. 6 UmwStG eine gesetzliche Durchbrechung des bewertungsrechtlichen Stichtagsprinzips (§ 22 Abs. 4 Satz 3 BewG) enthält; diese Rückbeziehung der Zurechnungsfeststellung gilt uneingeschränkt auch für die **Grundsteuer** (OFD Magdeburg v. 25.11.1998, GmbHR 1999, 311 mit Verweis auf ein Urteil des FG Nürnberg v. 12.2.1998, IV 218/96, EFG 1998, 922, rkr.). **Beachte die Rückwirkungssperre** des § 20 Abs. 6 Satz 4 iVm. § 2 Abs. 3 UmwStG bei grenzüberschreitenden Sachverhalten, soweit hierdurch „weiße Einkünfte" entstehen würden (*Schaflitzl/Widmayer* BB 2006, Special Nr. 8 S. 36, 39 zu § 2 Abs. 3 UmwStG; vgl. DPPM/*Patt* UmwStG § 20 Rn. 337 mwN); bei reinen Inlandssachverhalten kommt diese Sperre nicht zum Tragen.

94 Im Formular ist die Einbringung auf den **Stichtag 31.12.** (des Jahres 01) zurück bezogen worden. Konsequenz der Wahl dieses Stichtags ist, dass

95 – für Zwecke der Besteuerung das **Einkommen** (insb. ESt, KSt, GewSt) und das **Vermögen des übertragenen Betriebs/Teilbetriebs** (hier des A-Einzelhandelsunternehmens) rückwirkend zum 31.12. (des Jahres 01) bereits der aufnehmenden Kapitalgesellschaft (hier A-GmbH) zugerechnet wird. Unschädlich ist dabei, dass die aufnehmende Kapitalgesellschaft zu diesem Zeitpunkt zivilrechtlich noch nicht entstanden war, beispielsweise, wenn diese im Rückwirkungszeitraum erst wirksam gegründet worden ist; in diesen Fällen ist kraft der Fiktion des § 20 Abs. 5 Satz 1 UmwStG der erste Buchungsvorfall die Übernahme des eingebrachten Betriebsvermögens zum Ablauf des steuerlichen Übertragungsstichtags),

96 – der **laufende Gewinn bzw. Verlust des übertragenen Betriebs** bzw. Teilbetriebs (hier A-Einzelhandelsunternehmen) ab dem Ablauf des dem Einbringungsstichtags folgenden Tages (hier ab 1.1.02) der übernehmenden Kapitalgesellschaft (hier A-GmbH) zugerechnet wird,

97 – die steuerliche Rückbeziehung auch zu einer (rückwirkenden) Zurechnung der erhaltenen Anteile an der aufnehmenden Kapitalgesellschaft **beim Einbringenden** und zwar „mit Ablauf des steuerlichen Übertragungsstichtages", dh. ab dem 1.1. (des Jahres 02) führt,

98 – ein eventueller **Einbringungsgewinn** (im Formular auf Grund des Buchwertansatzes nicht gegeben) noch in dem Veranlagungsjahr erfasst wird, in den der Einbringungsstichtag fällt (hier wäre dies VZ 01; ***Gestaltungshinweis:*** Sofern eine Realisierung eines Einbringungsgewinns erst im nächsten VZ gewünscht wird, als Einbringungsstichtag den 1.1. des jeweiligen VZ vereinbaren).

99, 100 *einstweilen frei*

d) Ausnahmen/Einschränkungen der steuerlichen Rückbeziehung

Die steuerliche Rückbeziehung für die ESt und den Gewerbeertrag erfährt gemäß § 20 Abs. 5 Satz 2 UmwStG eine Ausnahme: Sie gilt namentlich **nicht für Entnahmen und Einlagen,** die nach dem steuerlichen Übertragungsstichtag erfolgen (vgl. *Brühl/Herkens* Ubg 2019, 516); diese sind (noch) bei der Ermittlung des Einkommens des Einbringenden zu berücksichtigen. Dementsprechend sind die Anschaffungskosten der Geschäftsanteile an der übernehmenden GmbH iSv. § 20 Abs. 3 UmwStG um den Buchwert der Entnahmen zu vermindern und um den sich nach § 6 Abs. 1 Nr. 5 EStG ergebenden Wert der Einlagen gem. § 20 Abs. 5 Satz 3 UmwStG zu erhöhen. **101**

Die Rückbeziehung erfährt eine weitere Einschränkung mit Bezug auf **Vertragsverhältnisse zwischen Einbringenden und aufnehmender Kapitalgesellschaft:** Verträge, zB Anstellungsverträge, Mietverträge, Darlehensverträge, die erst **nach** dem steuerlichen Einbringungsstichtag abgeschlossen werden, entfalten steuerlich trotz der Rückbeziehung keine Wirkung (vgl. UmwSt-Erl. 2011, BMF v. 11.11.2011, BStBl. I 2011, 1314 Tz. 20.16 Satz 1). **102**

einstweilen frei **103–109**

VI. Verkehrsteuern

1. Umsatzsteuer

Die Einbringung eines Betriebs eines Einzelkaufmanns (hier A) auf eine Kapitalgesellschaft (hier A-GmbH) ist regelmäßig als nicht der USt unterliegende **Geschäftsveräußerung im Ganzen** iSd. § 1 Abs. 1a UStG zu qualifizieren (→ Form. D.6 Rn. 196 f.; RHL/*Rasche* Anh. 9 Rn. 49; vgl. allgemein zur USt → Form. A.1 Rn. 118 ff. *Haase* UStB 2002, 297, 298). **110**

Sofern das eingebrachte Vermögen **kein** Betrieb oder Teilbetrieb iSd. § 1 Abs. 1a UStG darstellt oder die übrigen Voraussetzungen des iSd. § 1 Abs. 1a UStG (insb.: Einbringung durch einen Unternehmer) nicht vorliegen, ist die Vermögensübertragung nach Auffassung der Rspr. und FinVerw. und Teilen der Literatur als **steuerbarer Leistungsaustausch** gemäß § 1 Abs. 1 Nr. 1 UStG zu qualifizieren (BFH v. 15.5.1997, V R 67/94, BStBl. II 1997, 705; v. 8.11.1995, XI R 63/94, BStBl. II 1996, 114; *Rau/Dürrwächter* § 1 UStG Rn. 146, 153; aA: *Sölch/Ringleb* UStG § 1 Rn. 129 f.). Sofern keine Befreiungsvorschrift des § 4 UStG greift oder auf diese nicht gemäß § 9 UStG verzichtet wird, stellen die einzelnen Übertragungen steuerpflichtige Lieferungen oder sonstige Leistungen dar (beachte den für Grundstücksgeschäfte gemäß § 4 Nr. 9 Buchst. a UStG mit HBeglG 2004 v. 29.12.2003 (BGBl. I 2003, 3076) eingeführtem Formzwang – Aufnahme des Verzichts in der notariellen Urkunde – gemäß § 9 Abs. 3 Satz 2 UStG). **111**

Bei Vorliegen einer Geschäftsveräußerung im Ganzen tritt die übernehmende Kapitalgesellschaft (hier A-GmbH) gemäß § 1 Abs. 1a Satz 3 UStG an die Stelle des Einbringenden (hier A). Dies ist vor allem für die **Berichtigung des Vorsteuerabzugs** nach § 15a UStG bedeutsam: Nach § 15a Abs. 6a UStG (der Regelung in § 1 Abs. 1a UStG entsprechend) wird der für ein Wirtschaftsgut maßgebliche Berichtigungszeitraum durch eine Geschäftsveräußerung bzw. Geschäftseinbringung **nicht** unterbrochen. Die übernehmende Kapitalgesellschaft tritt in die Verpflichtung des Einbringenden bzgl. einer Vorsteuerberichtigung wegen geänderter Verwendungsverhältnisse ein (hierzu hat der A der A-GmbH die für die Durchführung der Berichtigung erforderlichen Angaben zu machen, § 15a Abs. 6a Satz 2 UStG; ferner ist gemäß § 14c Abs. 1 UStG die Zustimmung des Finanzamtes erforderlich). Weist der Einbringende – trotz des Vorliegens der Voraussetzungen des § 1 Abs. 1a UStG – in einer Rechnung USt gesondert aus, schuldet er die USt gemäß § 14c Abs. 1; der Erwerber ist (gleichwohl) **nicht zum Vorsteuerabzug** berechtigt (vgl. zur Abzugsfähigkeit un- **112**

richtig oder zu Unrecht in Rechnung gestellter Umsatzsteuer BMF v. 29.1.2004, DStR 2004, 268; BFH v. 11.4.2002, V R 26/01, BFH/NV 2002, 1006; v. 2.4.1998, V R 34/97, BStBl. II 1998, 695; Beck GmbH-HB/*Orth* GmbHG § 14 Rn. 47). Zur **Berichtigungsmöglichkeit** des Übertragenden nach § 14c Abs. 1 Satz 3 UStG s. BMF v. 29.1.2004, DStR 2004, 268, Tz. 78ff., 82ff.; zur früheren Rechtslage vgl. OFD Berlin v. 17.5.1999, DStZ 2000, 106 sowie BFH v. 11.4.2002, V R 26/01, BFH/NV 2002, 1006; v. 22.3.2001, V R 11/98, BFH/NV 2001, 1088. Zu Grenzen und Umfang des grds. zulässigen **Vorsteuerabzugs für Umwandlungskosten** des Übertragenden und des Erwerbers).

113–117 *einstweilen frei*

2. Grunderwerbsteuer

118 Geht im Rahmen einer **Einbringung eines Betriebs/Teilbetriebs** auch ein inländisches Grundstück auf die aufnehmende Kapitalgesellschaft über, so löst diese Übertragung – vorbehaltlich des § 6a GrEStG – Grunderwerbsteuer aus (§ 1 Abs. 1 Nr. 1 oder Nr. 2 GrEStG). Ausführlich zu GrESt → Form. D.1 Rn. 66ff.

119 **Bemessungsgrundlage** war bis 2008 der sog. Bedarfswert iSd. § 138 Abs. 2 oder 3 BewG (§ 8 Abs. 2 Nr. 2 GrEStG). Durch StÄndG 2015 v. 2.11.2015 (BGBl. I 2015, 1834) gilt rückwirkend ab 2009 für offene Fälle als geänderte Bemessungsgrundlage § 152 Abs. 1 iVm. § 157 Abs. 1 und 2 BewG (nach Umsetzung BVerfG v. 23.6.2015, 1 BvL 13/11, 1 BvL 14/11, BStBl. II 2015, 871). Dazu iE → Form. D.1 Rn. 73.

Beachte zur (Mindest-)Bemessungsgrundlage bei einer Veräußerung zwischen den an einer Umwandlung beteiligten Rechtsträgern innerhalb des Rückwirkungszeitraumes im Rückwirkungszeitraum allerdings die geplante Sonderregelung im Rahmen der **GrESt-Reform** (vgl. Entwurf eines Gesetzes zur Änderung des Grunderwerbsteuergesetzes, BR-Drs. 355/19 S. 2): Nach § 8 Abs. 2 Satz 1 Nr. 4 GrEStG-E soll nicht der vereinbarte Kaufpreis, sondern der nach den erbschaftsteuerlichen Grundstücksbewertungsverfahren ermittelten **Grundstückswert als Bemessungsgrundlage** für die GrESt Anwendung finden.

120 Der **Steuersatz** für Grunderwerbsteuer beträgt, je nach Belegenheit des betroffenen Grundstücks, zwischen 3,5% und 6,5% (Stand: 1.7.2019: Baden-Württemberg: 5,0%; Bayern: 3,5%; Berlin: 6,0%; Brandenburg: 6,5%; Bremen: 5,0%; Hamburg: 4,5%; Hessen: 6,0%, Mecklenburg-Vorpommern: 6,0%; Niedersachsen: 5,0%; Nordrhein-Westfalen: 6,5%; Rheinland-Pfalz: 5,0%; Saarland: 6,5%; Sachsen: 3,5%; Sachsen-Anhalt: 5,0%; Schleswig-Holstein: 6,5%; Thüringen: 6,5%.

121–124 *einstweilen frei*

VII. Arbeitsrecht

125 Soweit im Zuge der Einbringung von Unternehmen, Betrieben und Betriebsteilen Arbeitsverhältnisse (zum Begriff s. Palandt/*Weidenkaff* Einf. v. § 611 Rn. 5ff.; § 613a Rn. 5 mwN) auf die übernehmende Gesellschaft übergehen (insb. bei Betriebs- und Teilbetriebsübertragungen), sind – wie allgemein bei Umstrukturierungsvorgängen – die Voraussetzungen eines **Betriebsübergangs nach § 613a BGB** mit seinen Folgewirkungen für das einzelne Arbeitsverhältnis wie auch für die Weitergeltung bzw. Ablösung von Kollektivvereinbarungen (Betriebsvereinbarungen, Tarifverträge) zu beachten. Zu den **Tatbestandsvoraussetzungen des § 613a BGB** → Form. A.1 Rn. 167ff.; → Form. D.6 Rn. 216f.; vgl. *Schiefer/Worzalla,* DB 2008, 1566ff.

126 Folge der Anwendbarkeit des § 613a BGB ist der **Übergang der Arbeitsverhältnisse** der in dem übergehenden Betrieb oder Betriebsteil beschäftigten Arbeitnehmer mit sämtlichen Rechten und Pflichten auf das Unternehmen, das den betreffenden Betrieb oder Betriebsteil übernimmt (§ 613a Abs. 1 Satz 1 BGB). Nicht auf § 613a

BGB berufen kann sich ein Arbeitnehmer, der dem übertragenen Betriebsteil nicht zugeordnet ist, zB weil er in übergeordneter Funktion tätig und daher keinem speziellen Betrieb zugeordnet ist (vgl. WM/*Schwarz* UmwG Einf. Rn. 21.11).

Zur **Unterrichtungsverpflichtung des Arbeitgebers** gegenüber den von einem Betriebsübergang betroffenen Arbeitnehmern **gemäß § 613a Abs. 5 BGB** sowie zur Möglichkeit des **Widerspruchs** gemäß § 613a Abs. 6 BGB → Form. A.1 Rn. 152ff.; → Form. D.6 Rn. 219ff. **127**

Nach einem Betriebsübergang gemäß § 613a BGB besteht das Arbeitsverhältnis der zu dem übergehenden Betrieb zugehörigen Arbeitnehmer mit allen Rechten und Pflichten unter Anerkennung der Vordienstzeiten fort. Wegen der Rechtsfolgen des § 613a BGB wird iE auf → Form. A.1 Rn. 170ff., für weitere Einzelheiten und Voraussetzungen des § 613a BGB im Übrigen auf die einschlägige Kommentarliteratur verwiesen (vgl. nur Palandt/*Weidenkaff* BGB § 613a Rn. 5ff.). **128**

Ferner sind **Informations- und Beteiligungsrechte** der Arbeitnehmervertretungen zu prüfen: Auf betriebsverfassungsrechtlicher Ebene stellt sich die Frage des **Bestandes** und der Zusammensetzung von **Betriebsräten** und eines etwaigen **Übergangsmandats** nach § 21a BetrVG. Die Teilung von Unternehmen durch Ausgliederung einzelner Aktivitäten *kann* schließlich eine **sozialplanpflichtige Betriebsänderung** iSd. §§ 111ff. BetrVG darstellen. Im Einzelnen wird auf die Ausführungen unter → Form. A.1 Rn. 150ff., 158 und → Form. B.1 Rn. 180ff. verwiesen. **129**

einstweilen frei **130–135**

VIII. Kosten und Gebühren

1. Sachgründung

Notargebühren für die Beurkundung der Errichtungsurkunde: Die Errichtung einer Einmann-GmbH erfolgt durch einseitige Erklärung des gründenden Gesellschafters, hier des Einzelunternehmers A. Es entsteht eine 1,0-Gebühr nach Nr. 21200 des Kostenverzeichnisses. Sollte der Einbringungsvertrag zwischen dem Einzelunternehmer A und der neu zu gründenden GmbH mitbeurkundet werden (etwa weil zum einzubringenden Vermögen auch Grundstücke oder Geschäftsanteile einer GmbH gehören), fällt eine 2,0-Gebühr nach Nr. 21100 des Kostenverzeichnisses an. Die Bestellung des Geschäftsführers kann eine (weitere) 2,0-Gebühr nach Nr. 21100 des Kostenverzeichnisses verursachen. Erfolgt die Bestellung – anders als im Formular – jedoch nicht durch Beschluss, sondern im Gesellschaftsvertrag der zu gründenden Gesellschaft, so liegt Gegenstandsgleichheit iSd. § 109 Abs. 1 GNotKG vor (*Diehn/Volpert* Praxis des Notarkostenrechts, Rn. 1081; BDS/*Bormann* GNotKG § 109 Rn. 34). Soweit danach besondere Beurkundungsgegenstände vorliegen, ist gemäß § 94 Abs. 1 GNotKG eine Vergleichsberechnung anzustellen, um die Höchstsumme der Gebühren zu ermitteln (Vergleichsmaßstab ist die Einheitsgebühr, dh die Anwendung des höchsten möglichen Gebührensatzes auf die Summe aller Geschäftswerte, Korintenberg/*Diehn* GNotKG § 94 Rn. 3). **136**

Der Geschäftswert des Gesellschaftsvertrages bestimmt sich nach dem Aktivvermögen des in die GmbH einzubringenden Handelsgeschäfts (Details zur Berechnung des Aktivvermögens sind in Formular A.1 enthalten; → Form. A.1 Rn. 261). Mangels anderer Anhaltspunkte ist der Mindestwert iHv. 30000 EUR nach § 107 Abs. 1 Satz 1 GNotKG als Geschäftswert anzusetzen.

Wird die (beschlussweise) Bestellung des Geschäftsführers mit in der Errichtungsurkunde beurkundet, so ist der Geschäftswert hierfür nach § 108 Abs. 1 Satz 1, § 105 Abs. 4 Nr. 1 GNotKG zu bestimmen und beträgt 1% des einzutragenden Stammkapitals der GmbH, mindestens jedoch 30000 EUR.

Wird der nach § 5 Abs. 4 GmbHG durch den Einzelkaufmann und künftigen Gesellschafter-Geschäftsführer zu erstellende Sachgründungsbericht auftragsgemäß vom

Notar vorbereitet, entsteht hierfür eine weitere 1,0-Gebühr als sog. Entwurfsgebühr nach Nr. 24101 des Kostenverzeichnisses, die mindestens 60 EUR beträgt.

Vollzugstätigkeiten: Im Rahmen der Einbringung/Sachgründung sind diverse Vollzugstätigkeiten des Notars denkbar, die kostenerhöhend wirken können. Erstellt der Notar auftragsgemäß die Gesellschafterliste der neu gegründeten GmbH, wird hierdurch eine sog. Vollzugsgebühr in Höhe von 0,5 nach Nr. 22110 des Kostenverzeichnisses verwirkt, höchstens jedoch 250 EUR. Eine Vollzugsgebühr kann zB auch durch die Einholung einer Stellungnahme der IHK zur Firmierung der GmbH vor der Beurkundung entstehen, wobei bei mehreren Vollzugstätigkeiten die Gebühr nur einmal erhoben werden darf (§ 93 Abs. 1 Satz 1 GNotKG).

137, 138 *einstweilen frei*

2. Anmeldung und Eintragung der Einmann-GmbH

139 Bei einer Unterschriftsbeglaubigung **ohne Entwurfserstellung** durch den Notar fällt eine 0,2-Gebühr nach Nr. 25100 des Kostenverzeichnisses an, mindestens jedoch 20 EUR und höchstens 70 EUR.

Der Gegenstandswert für die Anmeldung der Sachgründung folgt aus § 105 Abs. 1 Satz 1 Nr. 1 GNotKG und richtet sich nach dem in das Handelsregister einzutragenden Stammkapital. Allerdings beträgt der Mindestgeschäftswert für die Anmeldung 30 000 EUR (§ 105 Abs. 1 Satz 2 GNotKG), der Höchstwert 1 Mio. EUR (§ 106 Satz 1 GNotKG). Nach Nr. 21201 Nr. 5 des Kostenverzeichnisses fällt aus diesem Gegenstandswert eine Gebühr von 0,5 an.

140 **Registerkosten.** Die Eintragungsgebühren richten sich nach der Handelsregistergebührenverordnung (HRegGebV v. 30.9.2004, BGBl. I 2004, 2562), die auf der Ermächtigungsgrundlage in § 58 GNotKG beruht. Bei den Gebühren handelt es sich um sog. aufwandsbezogene Gebühren, die dem sog. Gebührenverzeichnis als Anlage zu § 1 Satz 1 HRegGebV entnommen werden können.

Es entsteht eine Gebühr nach Nr. 2101 des Gebührenverzeichnisses iHv. 240 EUR für die Ersteintragung der GmbH.

141–149 *einstweilen frei*

C. Einzelerläuterungen

I. Gründungsprotokoll einer GmbH mit Sacheinlage (Sachgründung)

150 Das Gründungsprotokoll (mitsamt der Errichtungserklärung als Anlage) erfolgt durch **notarielle Beurkundung des Gesellschaftsvertrages (Errichtungserklärung)** (§ 2 Abs. 1 Satz 1 GmbHG). Der Gesellschaftsvertrag (Errichtungserklärung) kann in das Gründungsprotokoll mit aufgenommen werden (§ 9 Abs. 1 Satz 1 BeurkG) oder (wie im Formular vorgeschlagen) als Anlage beigefügt werden (§ 9 Abs. 1 Satz 1 BeurkG). Erforderlich ist jedenfalls, dass der Gesellschaftsvertrag (Errichtungserklärung) in einem in sich geschlossenen Schriftstück enthalten ist.

151 Die Sachgründung einer GmbH durch einen einzigen Gründer (ausdrücklich in § 1 GmbHG legitimiert) unterscheidet sich nicht wesentlich von der Sachgründung durch mehrere Gründer. Allerdings ist bei Einmann-Gründungen eine Gründung durch einen **„Vertreter ohne Vertretungsmacht“** (mit nachträglicher Genehmigung) **nicht** möglich (§ 180 Satz 1 BGB).

152 Der Gründer muss festlegen, ob er **einzelvertretungsberechtigter Geschäftsführer** ist und ob er von den **Beschränkungen des § 181 BGB** befreit ist. Letzteres kann nach hM nur **im Gesellschaftsvertrag** selbst (wie im Formular vorgeschlagen) oder auf Grund im Gesellschaftsvertrag enthaltenen entsprechenden Ermächtigung erfolgen (§ 35 Abs. 4 GmbHG; vgl. *Roth/Altmeppen* § 35 GmbHG Rn. 74f. mwN). Die bloße Festlegung im Gründungsprotokoll reicht nach hM für eine wirksame Befreiung von § 181 BGB nicht aus.

Festsetzung des Gegenstandes der Sacheinlage (§ 5 Abs. 4 GmbHG): Sowohl der Gegenstand der Sacheinlage (im Formular: die Einbringung des A-Einzelhandelsunternehmens) als auch der Nennbetrag der dafür übernommenen Geschäftsanteile, auf die sich die Sacheinlage bezieht (im Formular: der Betrag in Höhe von 25 000.– EUR), müssen **im Gesellschaftsvertrag** festgesetzt werden (§ 5 Abs. 4 Satz 1 GmbHG). Dabei sollte die Person des Sacheinlegers ausdrücklich genannt und der Gegenstand der Sacheinlage klar und eindeutig umschrieben werden. Zu unterscheiden sind dabei die **Verpflichtung zur Sacheinlage** sowie das hierfür erforderlich **Vollzugsgeschäft;** nur auf erstere erstreckt sich die Pflicht zur Aufnahme in den Gesellschaftsvertrag (Beck GmbH-HB/*Schwaiger* GmbHG § 2 Rn. 106 mwN; vgl. *Roth/Altmeppen* § 5 GmbHG Rn. 14, 15). Bei der Einbringung eines *Unternehmens im Ganzen* ist es grds. ausreichend, das Unternehmen mit seiner Firma oder mit der von diesem im Geschäftsverkehr verwandten Bezeichnung zu benennen. Ebenso genügt bei der Einbringung eines Betriebs, eines Betriebsteils oder sonstigen Sachgesamtheiten deren verkehrsübliche Bezeichnung (Scholz/*Winter* GmbHG § 5 Rn. 88; s. Nachweise bei *Roth/Altmeppen* GmbHG § 5 Rn. 32). 153

Gegenstand einer Sacheinlage kann grds. jeder übertragbare vermögenswerte Gegenstand sein, also jegliche Gegenstände, die einen fassbaren, zur Verfügung der aufnehmenden GmbH stehenden Vermögenswert haben und hinsichtlich dieses Wertes aus dem Vermögen des Einbringenden ausgeschieden werden können (Hachenburg/*Ulmer* GmbHG § 5 Rn. 39). S. die Beispiele zu → Rn. 31 ff. mwN. 154

II. Gesellschaftsvertrag (Errichtungserklärung)

Der vorgeschlagene Gesellschaftsvertrag enthält nur einige wenige, über die Mindestanforderungen des § 3 Abs. 1 GmbHG hinausgehende Regelungen: 155

- Die in § 4 enthaltene Festsetzung der Sacheinlage ist – wie oben unter → Rn. 153 erörtert – nach § 5 Abs. 4 Satz 1 GmbHG zwingend. Diese Festsetzung ist in analoger Anwendung des § 26 Abs. 5 AktG – für mindestens **fünf Jahre** beizubehalten (Hachenburg/*Ulmer* GmbHG § 5 Rn. 114; BH/*Fastrich* GmbHG § 5 Rn. 49 mwN; *Roth/Altmeppen* GmbHG § 3 Rn. 18). 156
- Der Gesellschaftsvertrag muss nach § 3 Abs. 1 Nr. 4 GmbHG die **Zahl** und die Nennbeträge der Geschäftsanteile, die jeder Gesellschafter auf das Stammkapital übernimmt, enthalten. Bei – nach § 5 Abs. 2 Satz 2 GmbHG bereits bei Gründung zulässiger – Übernahme mehrerer Geschäftanteile durch denselben Gesellschafter wäre beispielsweise zu formulieren „A übernimmt drei Geschäftsanteile im Nennbetrag von 10 000.– EUR, 10 000.– EUR und 5 000.– EUR“. In der Anmeldung zum Handelsregister wären in diesem Fall die Geschäftsanteile fortlaufend zu nummerieren und in der einzureichenden Gesellschafterliste den Gesellschaftern jeweils zuzuordnen (§ 8 Abs. 1 Nr. 3 GmbHG). Dagegen ist eine Nummerierung der Geschäftanteile im Gesellschaftsvertrag nicht zwingend notwendig (MünchKomm/*Wicke,* GmbHG § 3 Rn. 52), aber zulässig. 156a
- Die Aufnahme der Regelung zu den **Bekanntmachungen der Gesellschaft** im elektronischen Bundesanzeiger, der den gedruckten Bundesanzeiger zum 1.4.2012 vollständig abgelöst hat, entspricht der Regelung in § 12 Satz 1 GmbHG. Die Angabe zusätzlicher Blätter oder anderer elektronischer Informationsmedien ist zwar möglich (§ 12 Satz 2 GmbHG), dürfte allerdings von geringer praktischer Bedeutung sein, insbes. wegen damit verbundener Mehrkosten (so auch BH/*Fastrich* § 12 GmbHG Rn. 7). 157

158 – Die Bestimmung des **Gründungsaufwands** im Gesellschaftsvertrag ermöglicht erst eine Tragung dieser Kosten durch die Gesellschaft (analog § 26 Abs. 2 AktG; *Roth/Altmeppen* GmbHG § 5 Rn. 44, 46ff.). Wird hiergegen verstoßen, sind die Gesellschafter schadensersatzpflichtig, wenn sie nicht nachweisen können weder vorsätzlich noch grob fahrlässig gehandelt zu haben (§ 9a Abs. 2 und 3 GmbHG). Darüber hinaus liegt in diesen Fällen auch eine **verdeckte Gewinnausschüttung** vor (BFH v. 11.10. 1989, I R 12/87, BStBl. II 1990, 89; v. 11.2.1997, I R 42/96, BFH/NV 1997, 711).

159 – Die Bestimmung, wonach die Höhe der hier eingeräumte Darlehensforderung, die als sonstige Gegenleistungen gewährt wird, auf das Stammkapital (als mutmaßlicher steuerlicher Buchwert) begrenzt wird (vgl. § 20 Abs. 2 Satz 4 UmwStG; hierzu → Rn. 73c, 78 mwN); der darüber hinausgehende Betrag wird als Einlage in die Kapitalrücklage behandelt.

160–164 *einstweilen frei*

III. Einbringungsvertrag

1. Allgemeines

165 Die Trennung des Einbringungsvertrages vom Gründungsprotokoll erfolgt hier aus Praktikabilitätsgründen, insb. da für die Übertragung des eingebrachten A-Einzelhandelsunternehmen keine besonderen Formvorschriften gelten (→ Rn. 42 u. 150). Es besteht ebenfalls die Möglichkeit, den Einbringungsvertrag in die Urkunde über die Kapitalerhöhung zu integrieren.

2. Übertragung des A-Einzelhandelsunternehmens

166 Für die Ausgestaltung der vertraglichen Bestimmungen zur Übertragung des Geschäftsbetriebs sind – wie oben zu → Rn. 42 dargestellt – zum einen die für den einzelnen Vermögensgegenstand maßgeblichen **Übertragungsmodalitäten** zu beachten, dh. Besitzeinräumung und Übereignung (§§ 929ff. BGB) für *bewegliche Sachen;* Abtretung (§§ 398ff., 413 BGB) für *Forderungen und ähnliche Rechte* (insb.: Prüfung der Übertragbarkeit); Auflassung und Einigung (§§ 873ff., 925ff. BGB) bei *Grundstücken.*

167 Zum anderen wird in § 2 Abs. 3ff. zur **vollständigen Erfassung** der zum A-Einzelhandelsunternehmen gehörenden Vermögensgegenstände auf die Einbringungsbilanz und die weiteren Anlagen verwiesen. Die Bezugnahme auf ausführliche Listen mit der genauen Bezeichnung der zu übertragenden Vermögensgegenstände ist neben der Wahrung des sachenrechtlichen Bestimmtheitsgrundsatzes auch zur Vermeidung späterer Zweifel (und ggf. hieraus sich ergebender Streitigkeiten) zu empfehlen. Zu beachten ist insbesondere auch die ausdrückliche Übernahme der zum A-Einzelhandelsunternehmen zugehörigen Schulden und der laufenden Vertragsverhältnisse durch Zustimmung/Genehmigung des jeweiligen Vertragspartners, insbesondere des Gläubigers für eine schuldbefreiende Übernahme von Verbindlichkeiten (vgl. §§ 414, 415 Abs. 1 Satz 1 BGB).

168 Die Ausgestaltung der – in den § 4 vorgesehenen – **Gewährleistungen des Einbringenden A** und der **Rechtsfolgen bei Nichterfüllung** erfolgt grds. wie bei Unternehmenskäufen in Form von Sachgesamtheiten (Asset Deal). Im Formular wurden allerdings – auf Grund der Konstellation – lediglich minimale Gewährleistungen vorgesehen; vgl. hierzu auch → Form. D.6.2. (Einbringungsvertrag): s. auch zB *Beisel/Klumpp* Der Unternehmenskauf, 7. Aufl. 2016; *Rödder/Hötzel/Mueller-Thuns* Unternehmenskauf und Unternehmensverkauf 2003; *Picot* Unternehmenskauf und Restrukturierung, 4. Aufl. 2013).

169 Hinsichtlich der Problematik der Abgabe von **„Garantien für die Beschaffenheit"** einer Sache iSd. § 444 BGB bzw. von Gewährleistungen/Zusicherungen, die als

solche „Garantien" zu qualifizieren sind, → Form. D.6 Rn. 268; *Strelow/Hein* DB 2003, 1155; *Grönstedt/Jörgens* ZIP 2002, 53). Das Formular verwendet daher – wie in der Praxis üblich – den Begriff „selbständige Garantieversprechen", um insoweit (spätere) Unklarheiten über die Rechtsqualität der zugesicherten Umstände zu vermeiden.

Zur **Wahl des Einbringungs- und Übertragungsstichtags** (§ 3) und deren Folgen, insbesondere ertragsteuerlicher Art, → Rn. 91 ff. **170**

einstweilen frei **171–175**

IV. Handelsregisteranmeldung

Zeitpunkt der Leistung der Sacheinlage. Die Anmeldung der Kapitalerhöhung zum Handelsregister kann erst erfolgen, nachdem die bedungenen Sacheinlagen in vollem Umfang erbracht wurden und endgültig zur freien Verfügung der Geschäftsführung stehen (§ 7 Abs. 3 GmbHG); dies ist bei der Anmeldung zu versichern (§ 8 Abs. 2 GmbHG). **176**

Soweit **Einbringungsgegenstand** ein Betrieb oder ein Betriebsteil (hier das auf die A-GmbH übertragene A-Einzelhandelsunternehmen) ist, kommt es auf die erfolgte Übertragung der einzelnen Vermögensgegenstände an. Somit sind erforderlich bei: **177**

- *beweglichen Sachen* eine dingliche Übereignung (§§ 929 ff. BGB), **178**
- *Forderungen und Rechten* eine Abtretung (§§ 398 ff., 413 BGB – beachte: Beschränkungen bzgl. Übertragbarkeit!), **179**
- *Grundstücken* (als eigenständiger Einbringungsgegenstand oder als Teil des eingebrachten Betriebes oder Betriebsteils) neben der Auflassung und Einigung in notariell beurkundeter Form (§§ 873, 925 BGB) auch die Eigentumsumschreibung im Grundbuch (wohl – noch – hM: Scholz/*Winter* GmbHG § 7 Rn. 40); die Eintragung einer Vormerkung allein ist nicht ausreichend (vgl. *Priester* DNotZ 1980, 515 ff., 522 f.; *Roth/Altmeppen* GmbHG § 7 Rn. 41 mwN; BH/*Fastrich* GmbHG § 7 Rn. 11). **180**

Eine andere Meinung im Schrifttum sieht die Sacheinlage eines Grundstücks schon dann als erbracht an, wenn bindende Einigung und rangwahrender Antrag beim Grundbuchamt oder Eintragung einer Auflassungsvormerkung erfolgt sind (*Roth/Altmeppen* GmbHG § 7 Rn. 41 mwN; Hachenburg/*Ulmer* GmbHG § 7 Rn. 45; BH/*Fastrich* GmbHG § 7 Rn. 11 mwN), so dass die Eintragung der Gesellschaft als Grundstückseigentümerin sicher gewährleistet ist. Unabhängig von diesem (eher rechtstheoretischen) Streit und – vor allem – zur Vermeidung von Verzögerungen sollte **in der Praxis** im Vorfeld der Sachkapitalerhöhung die Handhabung des jeweiligen Registergerichts in Erfahrung gebracht werden. **181**

Die Anmeldung kann erst erfolgen, **nachdem** das eingebrachte Vermögen rechtswirksam auf die GmbH übergegangen ist (hierzu → Rn. 176 ff.). **182**

Auch nach dem Inkrafttreten des Gesetzes über elektronische Handelsregister und Genossenschaftsregister sowie das Unternehmensregister (EHUG) v. 10.11.2006 (BGBl. I 2006, 2553) bedürfen Anmeldungen zur Eintragung in das (elektronische) Handelsregister einer **öffentlichen Beglaubigung** durch einen Notar (§ 12 Abs. 1 HGB); die Anmeldung erfolgt durch Einreichung einer elektronischen Fassung des öffentlich beglaubigten Dokuments. Hierzu ist der Notar verpflichtet, das regelmäßig in Schriftform gehaltene Ausgangsdokument in ein elektronisches Format umzuwandeln, einen Beglaubigungsvermerk hinzuzufügen und mit seiner elektronischen Signatur nach dem SignaturG (ein einfaches elektronisches Zeugnis iSd § 39a BeurkG genügt) zu versehen (zum Ganzen: KKRD/*Roth* HGB § 12 Rn. 8; *Liebscher/Scharff* NJW 2006, 3745, 3747). Gemäß § 12 Abs. 2 Satz 1 HGB sind für das Handelsregister relevante Dokumente ebenfalls in elektronischer Form einzureichen. Die „elektronische Form" muss eine Ablage der Aufzeichnung im Registergericht in unveränderter Form ermöglichen (§ 47 Abs. 1 Satz 2 HRV), so dass sich praktisch eine „elektronische Fo- **182a** tokopie" durch eine Übertragung im PDF- oder TIF-Format empfiehlt (*Sikora/Schwab* MittBayNot 2007, 1).

183 Der Anmeldung sind – wie im Formular vorgesehen – die in § 8 Abs. 1 Nr. 1, 3 bis 5 GmbHG aufgeführten **Anlagen** beizufügen. Dies sind zunächst (1) der *Gesellschaftsvertrag* (oder eine beglaubigte Abschrift desselben) einschließlich der in dem Gründungsprotokoll enthaltenen *Bestellung zum Geschäftsführer,* (2) die vom anmeldenden Geschäftsführer zu unterzeichnende *Liste der Gesellschafter,* (zu der Angabe von nummerierten Geschäftanteilen bei mehreren Geschäfsanteilen oben → Rn. 156a (3) der *Einbringungsvertrag* sowie (4) der *Sachgründungsbericht* (Beispiel → Form. E.4.6) und (5) eine *Werthaltigkeitsbescheinigung zum Nachweis* der Vollwertigkeit der Sacheinlage.

184 Es empfiehlt sich, die **Wertnachweisunterlagen** durch einen Angehörigen der steuerberatenden oder wirtschaftsprüfenden Berufe erstellen zu lassen und einzureichen und die **Einbringungsbilanz** mit einem Bestätigungsvermerk eines Angehörigen der steuerberatenden oder wirtschaftsprüfenden Berufe versehen zu lassen. Hieraus sollte sich die Werthaltigkeit der Sacheinlage (zumindest bis zur Höhe der übernommenen Sacheinlage) ergeben und bestätigt werden, dass die Aktiva nicht überbewertet und die Passiva nicht unterbewertet sind. Für die **Einbringung von Unternehmen (Betrieben)** sieht § 5 Abs. 4 Satz 2 HS 2 GmbHG die Angabe der Jahresergebnisse (iSd. § 29 GmbHG) der beiden letzten Geschäftsjahre vor; daneben ist es idR sinnvoll und üblich Angaben zu wesentlichen Merkmalen des zu übertragenden Unternehmens bzw. Betriebs zu machen, wie zB: Anzahl Beschäftigte, Umsatzerlöse (letzte zwei Jahre), evtl. Gewinnerwartung.

185 Zu den Einzelheiten eines **Sachgründungsberichts** vgl. *Roth/Altmeppen* § 5 GmbHG Rn. 59ff; ein Muster dazu findet sich in → Form. E.4.6.

186 Ein **Formulierungsbeispiel einer Werthaltigkeitsbescheinigung** ist in → Form. B.1.7 enthalten; zu Einzelheiten vgl. → Form. B.1 Rn. 511 ff.

187 Die GmbH **entsteht** erst mit der Eintragung in das Handelsregister (§ 11 GmbHG).

D. 5 Einbringung Mitunternehmeranteile in GmbH

Gliederung

A. Vertragsformulare
Notarurkunden

D.5.1. Beschluss über (Sach-)Kapitalerhöhung[169 ff.]

Heute, am ...... *[Datum]* – erschienen vor mir, ... *[Name]*, Notar mit dem Amtssitz in ...... *[Ort]*, in der Geschäftsstelle in ...... *[Adresse]:*

1. Herr A *[Name, Beruf]*, wohnhaft in: ...... *[Adresse]*. Herr A *[Name]* ist mir, dem Notar, persönlich bekannt *[bzw. Herr A [Name]* hat sich durch amtlichen Personalausweis ...... ausgewiesen.]
2. Frau ...... *[Name, Beruf]*, wohnhaft in: ...... *[Adresse]*. Frau ...... *[Name]* ist mir, dem Notar, persönlich bekannt *[bzw. Frau ...... hat sich durch amtlichen Personalausweis ...... ausgewiesen.]* Frau ...... *[Name]* handelt nicht im eigenen Namen, sondern als ...... alleinvertretungsberechtigte Geschäftsführerin der B-GmbH mit dem Sitz in ...... *[Ort]*, eingetragen im Handelsregister des Amtsgerichts ...... *[Ort]* unter HRB ......
3. Herr ...... *[Name, Beruf]*, wohnhaft in: ...... *[Adresse]*. Herr ...... *[Name]* ist mir, dem Notar, persönlich bekannt *[bzw. Herr ...... hat sich durch amtlichen Personalausweis ...... ausgewiesen.]* Herr ...... *[Name]* handelt nicht im eigenen Namen, sondern als ...... alleinvertretungsberechtigter Geschäftsführer der C-Verwaltungsgesellschaft mbH mit dem Sitz in ...... *[Ort]*, eingetragen im Handelsregister des Amtsgerichts ...... *[Ort]* unter HRB ......, diese wiederum handelnd als einzige persönlich haftende Gesellschafterin der im Handelsregister des Amtsgerichts ...... *[Ort]* unter HRA ...... eingetragenen Kommanditgesellschaft unter der Firma C-GmbH & Co. KG mit dem Sitz in ...... *[Ort]*.

Auf Ansuchen der Erschienenen beurkunde ich den Erklärungen gemäß was folgt:

I. Sachstand

1. Am Stammkapital der ABC-Verwaltungs-GmbH mit dem Sitz in ...... *[Ort]*, eingetragen im Handelsregister des Amtsgerichts ...... *[Ort]* unter HRB ......, (nachfolgend auch „Gesellschaft") in Höhe von 60000.– EUR sind beteiligt:
   - Herr A mit – einem Geschäftsanteil in Höhe von 25000.– EUR (Geschäftsanteil Nr. 1),
   - die B-GmbH mit einem Geschäftsanteil in Höhe von 20000.– EUR (Geschäftsanteil Nr. 2), sowie
   - die C-GmbH & Co. KG mit einem Geschäftsanteil in Höhe von 15000.– EUR (Geschäftsanteil Nr. 3).

   Die diesen Geschäftsanteilen zugrunde liegenden Stammeinlagen sind, wie die Erschienenen versichern, in voller Höhe eingezahlt. Die Gesellschaft hat keinen Grundbesitz.
2. Die ABC-Verwaltungs-GmbH ist die einzige persönlich haftende Gesellschafterin der im Handelsregister des Amtsgerichts ...... *[Ort]* unter HRA ...... eingetragenen Kommanditgesellschaft unter der Firma ABC-GmbH & Co. KG mit dem Sitz in ...... *[Ort]*. Kommanditisten der ABC-GmbH & Co. KG sind:
   - Herr A mit einer Kommanditeinlage in Höhe von 25000.– EUR,
   - die B-GmbH mit einer Kommanditeinlage in Höhe von 20000.– EUR, sowie
   - die C-GmbH & Co. KG mit einer Kommanditeinlage in Höhe von 15000.– EUR.

   Die ABC-Verwaltungs-GmbH hat keine Einlage geleistet und ist am Vermögen der ABC-GmbH & Co KG nicht beteiligt.

II. Kapitalerhöhung und Zulassung zu den neuen Geschäftsanteilen; Satzungsänderung

Unter Verzicht auf alle Formen und Fristen der Einberufung und Ankündigung halten die Erschienenen eine außerordentliche Gesellschaftsversammlung der Gesellschaft ab und beschließen:

1. Das Stammkapital der Gesellschaft wird von 60000.– EUR um 3000.– EUR auf 63000.– EUR (in Worten: dreiundsechzigtausend Euro) erhöht. [170, 172]

2. Zur Übernahme der neuen Geschäftsanteile werden zugelassen:

a) Herr A mit einem neuen Geschäftsanteil Nr. 4 mit einem Nennbetrag von 1250.– EUR (in Worten: tausendzweihundertfünfzig Euro). Der Nennbetrag des neuen Geschäftsanteils Nr. 4 ist durch Sacheinlage zu leisten, indem Herr A seinen in Abschnitt I.2. bezeichneten Kommanditanteil an der ABC-GmbH & Co KG im Nennbetrag von 25000.– EUR, einschließlich seiner Gesellschafterkonten (Kapitalkonten), im Wege der Sonderrechtsnachfolge auf die Gesellschaft überträgt.

b) die B-GmbH mit einem neuen Geschäftsanteil Nr. 5 mit einem Nennbetrag von 1000.– EUR (in Worten: tausend Euro). Der Nennbetrag des neuen Geschäftsanteils Nr. 5 ist durch Sacheinlage zu leisten, indem die B-GmbH ihren in Abschnitt I.2. bezeichneten Kommanditanteil an der ABC-GmbH & Co. KG im Nennbetrag von 20000.– EUR, einschließlich ihrer Gesellschafterkonten (Kapitalkonten), im Wege der Sonderrechtsnachfolge auf die Gesellschaft überträgt.

c) die C-GmbH & Co. KG mit einem neuen Geschäftsanteil Nr. 6 mit einem Nennbetrag von 750.– EUR (in Worten: siebenhundertfünfzig Euro). Der Nennbetrag des neuen Geschäftsanteils Nr. 6 ist durch Sacheinlage zu leisten, indem die C-GmbH & Co. KG ihren in Abschnitt I.2. bezeichneten Kommanditanteil an der ABC-GmbH & Co KG im Nennbetrag von 15000.– EUR, einschließlich ihrer Kapitalkonten, im Wege der Sonderrechtsnachfolge auf die Gesellschaft überträgt.

3. Die Sacheinlagen erfolgen nach Maßgabe der folgenden Bestimmungen: [171]

- **Die im Wege der Sacheinlage an die ABC-Verwaltungs-GmbH abzutretenden Kommanditgesellschaftsanteile stellen die gesamte Beteiligung am Vermögen sowie am Gewinn und Verlust der ABC-GmbH & Co. KG dar. Durch die Abtretung geht deren gesamtes Vermögen im Wege der Anwachsung auf die ABC-Verwaltungs-GmbH über.**
- **Die Einbringung erfolgt mit schuldrechtlicher Wirkung zum 31.12.01 *[Datum].* Der Einbringung werden die in der als Anlage beigefügten Bilanz der ABC-GmbH & Co. KG zum 31.12.01 *[Datum]* angesetzten Werte zugrunde gelegt (Einbringungsbilanz), deren Buchwerte die aufnehmende ABC-Verwaltungs-GmbH steuerlich fortführen wird.**
- **Die in der Einbringungsbilanz zum 31.12.01 *[Datum]* der ABC-GmbH & Co. KG für die Kommanditisten ausgewiesenen Kapitalkonten in Höhe von ...... EUR für Herrn A, in Höhe von ...... EUR für die B-GmbH und in Höhe von ...... EUR für die C-GmbH & Co. KG werden im Rahmen der Einbringung jeweils in Höhe des Nennwerts auf die von den Gesellschaftern übernommenen neuen Stammeinlagen an der ABC-Verwaltungs-GmbH angerechnet. Darüber hinaus gehende Beträge stellen ein Agio des jeweiligen Gesellschafters dar und werden der Kapitalrücklage (§ 272 Abs. 2 Nr. 1 HGB) der ABC-Verwaltungs-GmbH zugeführt.**
- **Unterschreitet der tatsächliche Wert der eingebrachten Kommanditgesellschaftsanteile einschließlich der Kapitalkonten eines Gesellschafters an der ABC-GmbH & Co. KG im Zeitpunkt der Eintragung in das Handelsregister den Betrag der jeweiligen Stammeinlage, ist der sich ergebende Differenzbetrag gegenüber der übernommenen Stammeinlage durch Barzuzahlung des betreffenden Gesellschafters auszugleichen; ein Zuschuss in die Rücklage entfällt in diesen Fällen.**

4. Die neuen Geschäftsanteile sind jeweils vom Beginn des bei der Eintragung der Kapitalerhöhung im Handelsregister laufenden Geschäftsjahres am Gewinn der Gesellschaft beteiligt.

5. Die Satzung der Gesellschaft wird in den §§ ...... wie folgt neu gefasst:

   „§ ...... *[Satzungsregelung zur Firma]* [174]
   ...... Die Firma der Gesellschaft lautet ABC-GmbH.
   § ...... *[Satzungsregelung zum Gegenstand der Gesellschaft]*
   Gegenstands des Unternehmens ist ...... *[ggf. Anpassung des Unternehmensgegenstand der bisher lediglich geschäftsführend tätigen Komplementärin an den von der Kommanditgesellschaft übernommenen, tatsächlichen Geschäftsbetrieb]*
   § ...... Stammkapital
   Das Stammkapital der Gesellschaft beträgt 63 000.– EUR (in Worten: dreiundsechzigtausend Euro)."

6. Weitere Beschlüsse wurden nicht gefasst; die Erschienenen erklärten die Gesellschafterversammlung sodann für beendet.

III. Die Kosten dieser Urkunde, ihres Vollzugs und die daraus anfallenden Steuern trägt die ABC-Verwaltungs-GmbH (künftig: ABC-GmbH).

IV. Der Notar wies den Erschienenen darauf hin, dass
- jeder Gesellschafter für die Leistung der von den anderen Gesellschaftern übernommenen, aber nicht einbezahlten Nennbeträge der jeweiligen Geschäftsanteile, sowie für die Vollwertigkeit der von den anderen Gesellschaftern geleisteten Sacheinlagen haftet und
- die Kapitalerhöhung erst mit der Eintragung im Handelsregister wirksam wird.

Vorgelesen vor dem Notar, von den Erschienenen genehmigt und von diesen und dem Notar eigenhändig wie folgt unterschrieben:

....
[Unterschriften]

D.5.2. Einbringungsvertrag (Vertrag über die Abtretung der Kommanditgesellschaftsanteile an der ABC-GmbH & Co. KG an die Komplementärin ABC-Verwaltungs-GmbH) [181 ff.]

Zwischen

1. A *[Name],*
2. B-GmbH, mit dem Sitz in ...... *[Ort],* vertreten durch deren ...... alleinvertretungsberechtigte Geschäftsführerin Frau ...... *[Namen],*
3. C-GmbH & Co. KG, mit dem Sitz in ...... *[Ort],* vertreten durch deren einzige persönlich haftende Gesellschafterin C-Verwaltungsgesellschaft mbH mit dem Sitz in ...... *[Ort],* diese wiederum vertreten durch Herrn ...... *[Name]* als deren alleinvertretungsberechtigter Geschäftsführer,

und

4. ABC-Verwaltungs-GmbH (künftig: ABC-GmbH), mit dem Sitz in ...... *[Ort],* vertreten durch deren alleinvertretungsberechtigten, von den Beschränkungen des § 181 BGB befreiten Geschäftsführer A *[Name],*

als alleinige Gesellschafter der ABC-GmbH & Co. KG wird folgender Einbringungsvertrag geschlossen:

§ 1 Gegenstand des Vertrages

(1) Das Stammkapital der ABC-Verwaltungs-GmbH (künftig: ABC-GmbH) wurde durch einstimmig gefassten Beschluss der Gesellschafterversammlung vom ...... *[Datum]* von 60 000.– EUR um 3 000.– EUR auf 63 000.– EUR (in Worten dreiundsechzigtausend) erhöht (UR-Nr. ....../...... des Notars ...... *[Name]* mit Amtssitz in ...... *[Ort]*). Zur Übernahme der neuen Geschäftsanteile in Höhe von insgesamt 3 000.– EUR wurden in Höhe von 1 250.– EUR Herr A (Geschäftsanteil Nr. 4), in Höhe von 1 000.– EUR die B-GmbH (Geschäftsanteil Nr. 5) und in Höhe von 750.– EUR die C-GmbH & Co. KG (Geschäftsanteil Nr. 6) zugelassen; die Vorgenannten haben diese neuen Geschäftsanteile durch notariell beglaubigte Übernahmeerklärung vom ...... *[Datum]* (UR-Nr. ....../...... des Notars ...... *[Name]* mit Amtssitz in ...... *[Ort]*) übernommen.

(2) Zum Zwecke der Leistung der übernommenen Geschäftsanteile treten Herr A, die B-GmbH und die C-GmbH & Co. KG ihre Kommanditgesellschaftsanteile einschließlich ihrer Gesellschafterkonten (Kapitalkonten) an der Kommanditgesellschaft unter der Firma ABC-GmbH & Co. KG im Wege der Sonderrechtsnachfolge an die ABC-Verwaltungs-GmbH (künftig: ABC-GmbH) ab. Diese nimmt die Abtretungen an.

(3) Die Abtretungen erfolgen mit schuldrechtlicher Wirkung zum 31.12.01 *[Datum]* [182], unter Zugrundelegung der zu diesem Stichtag aufgestellten Einbringungsbilanz[175 f.] der ABC-GmbH & Co. KG, wonach die Kapitalkonten für Herrn A ...... EUR, für die B-GmbH ...... EUR und für die C-GmbH & Co. KG ...... EUR betragen.

(4) Herr A, die B-GmbH sowie die C-GmbH & Co. KG versichern, dass die Kommanditeinlagen voll einbezahlt sind.

§ 2 Zustimmungen[183]

Die Gesellschafter der ABC-GmbH & Co. KG erteilen hiermit ihre Zustimmung zur Abtretung der Kommanditgesellschaftsanteile an die ABC-GmbH. Soweit der Gesellschaftsvertrag der ABC-GmbH & Co. KG die Abtretung von Gesellschaftsanteilen nicht zulässt oder an weitergehende Voraussetzungen knüpft, wird der Gesellschaftsvertrag durch diesen Einbringungsvertrag geändert bzw. hiermit auf entsprechende Rechte und Ansprüche verzichtet.

§ 3 Firmenfortführung[184]

Die Parteien dieser Vereinbarung als alleinige Gesellschafter der ABC-GmbH & Co. KG erklären ihr Einverständnis damit, dass die ABC-Verwaltungs-GmbH die Firma der ABC-GmbH & Co. KG fortführt.

§ 4 Verkauf und Übereignung Produktionsmaschine

(1) A verkauft hiermit die bisher an die ABC-GmbH & Co. KG zur Nutzung überlassene Maschine zur ...... *[nähere Umschreibung der Maschine, ggf. Angabe des Aufstellungsortes, der Seriennummer, ggf. der Inventar-Nr.]* („Produktionsmaschine“) zum Kaufpreis von 10 000.– EUR zzgl. MwSt an die ABC-Verwaltungs-GmbH nach Maßgabe der Bestimmungen dieses § 4.

(2) A und die ABC-Verwaltungs-GmbH sind sich über den Übergang des Eigentums an der Produktionsmaschine einig. A tritt der ABC-Verwaltungs-GmbH den Anspruch auf Herausgabe der Produktionsmaschine gegenüber der ABC-GmbH & Co. KG aus dem Nutzungsüberlassungsvertrag vom ...... *[Datum]* ab; ABC-Verwaltungs-GmbH nimmt diese Abtretung ab.

(3) Der Verkauf der Produktionsmaschine erfolgt unter Ausschluss von Gewährleistungsansprüchen in dem Zustand, in dem diese sich am heutigen Tage befindet.

(4) Der Kaufpreis ist binnen zehn Bankarbeitstagen auf ein von A zu bestimmendes Bankkonto zu zahlen.

§ 5 Sonstiges/Schlussbestimmungen

(1) Die Kosten dieses Vertrages und seiner Durchführung sowie etwa anfallende Verkehrssteuern tragen die Parteien zu gleichen Teilen.

(2) Sollte eine Bestimmung dieses Vertrages oder seiner künftigen Änderungen oder Ergänzungen ganz oder teilweise unwirksam oder undurchführbar sein oder werden oder sollte sich in dem Vertrag eine Lücke herausstellen, so wird hierdurch die Gültigkeit der übrigen Bestimmungen nicht berührt. Anstelle der unwirksamen oder undurchführbaren Bestimmung oder zur Ausfüllung der Lücke soll eine angemessene Regelung gelten, die, soweit rechtlich möglich, dem an nächstem kommt, was die Vertragsschließenden gewollt haben oder nach dem Sinn und Zweck des Vertrages gewollt haben würden, sofern sie bei Abschluss dieses Vertrages oder bei der späteren Aufnahme einer Bestimmung den Punkt bedacht hätten.

(3) Änderungen oder Ergänzungen dieses Vertrages bedürfen der Schriftform, soweit nicht eine strengere Form vorgeschrieben ist.

............................, den	**............................, den ....**
..	**..**
[Unterschrift A]	***[Unterschrift B-GmbH]***
............................, den	**............................, den ....**
..	**..**
[C-GmbH & Co. KG]	***[ABC-Verwaltungs-GmbH (künftig: ABC-GmbH)]***

D.5.3. Übernahmeerklärung gemäß § 55 Abs. 1 GmbHG[188 f.]

1. Das Stammkapital der ABC-Verwaltungs-GmbH (künftig: ABC-GmbH) mit Sitz in ...... *[Ort]* ist durch notariell beurkundeten Gesellschafterbeschluss vom ...... *[Datum]* (URNr. ....../...... des Notars ...... *[Name]* in ...... *[Ort]*) von 60 000.– EUR um 3 000.– EUR auf 63 000.– EUR (in Worten dreiundsechzigtausend Euro) erhöht worden.

2. Zur Übernahme der neuen Geschäftsanteile wurden zugelassen:
   a) Herr A mit einem Geschäftsanteil im Nennbetrag von 1 250.– EUR (Geschäftsanteil Nr. 4),
   b) die B-GmbH mit einem Geschäftsanteil im Nennbetrag von 1 000.– EUR (Geschäftsanteil Nr. 5),
   c) die C-GmbH & Co. KG mit einem Geschäftsanteil im Nennbetrag von 750.– EUR (Geschäftsanteil Nr. 6) .

   Die Nennbeträge der vorstehend bezeichneten Geschäftanteile sind nicht in Geld, sondern jeweils dadurch zu erbringen, dass[189] Herr A, die B-GmbH sowie die C-GmbH & Co. KG die von ihnen gehaltenen Kommanditgesellschaftsanteile an der Kommanditgesellschaft unter der Firma ABC-GmbH & Co. KG im Nennbetrag von 25 000.– EUR (Herr A), von 20 000.– EUR (B-GmbH) sowie von 15 000.– EUR (C-GmbH & Co. KG), einschließlich der jeweiligen Gesellschafterkonten (nachfolgend: Kapitalkonten) im Wege der Sonderrechtsnachfolge auf die ABC-Verwaltungs-GmbH (künftig: ABC-GmbH) übertragen. Diese Übertragung erfolgt unter Zugrundelegung der Einbringungsbilanz zum 31.12.01 *[Datum]*. Die Kapitalkonten der Gesellschafter in der Einbringungsbilanz werden jeweils mit dem Nennwert auf die von den Gesellschaften übernommenen neuen Geschäftsanteile angerechnet, eventuell überschießende Beträge werden der Kapitalrücklage der ABC-Verwaltungs-GmbH (künftig: ABC-GmbH) gemäß § 272 Abs. 2 Nr. 1 HGB gutgeschrieben, Fehlbeträge sind durch Bareinzahlungen auszugleichen. Die Einbringung der

Kommanditgesellschaftsanteile erfolgt mit schuldrechtlicher Wirkung zum 31.12.01; die neuen Geschäftsanteile nehmen jeweils vom Beginn des bei der Eintragung der Kapitalerhöhung im Handelsregister laufenden Geschäftsjahres an am Gewinn der Gesellschaft teil.

3. **Hiermit übernehmen auf das erhöhte Stammkapital der ABC-Verwaltungs-GmbH (künftig: ABC-GmbH) entsprechend den im oben genannten Kapitalerhöhungsbeschluss und zu den oben wiedergegebenen Bedingungen**
   a) **Herr A den neuen Geschäftsanteil Nr. 4 im Nennbetrag von 1 250.– EUR,**
   b) **die B-GmbH den neuen Geschäftsanteil Nr. 5 im Nennbetrag von 1 000.– EUR,**
   c) **die C-GmbH & Co. KG den neuen Geschäftsanteil Nr. 6 im Nennbetrag von 750.– EUR.**

.... , den ....

..

[Unterschriften]

[Beglaubigungsvermerk]

Handelsregisteranmeldungen

D.5.4. Anmeldung Kapitalerhöhung zum Handelsregister[193 ff.]

An das
Amtsgericht
– Handelsregister –

HRB ...... *[HRB-Nummer];* ABC-Verwaltungs-GmbH

Kapitalerhöhung

Zum Handelsregister der ABC-Verwaltungs-GmbH, HRB ...... *[HRB-Nummer],* überreiche ich, der unterzeichnete alleinige Geschäftsführer der ABC-Verwaltungs-GmbH,[197, 198]

1. **beglaubigte Abschrift der notariellen Urkunde vom ...... *[Datum]* (URNr. ....../...... des Notars ...... *[Name]* mit dem Amtssitz in ...... *[Adresse]*) über die außerordentliche Gesellschafterversammlung mit dem Beschluss über die Kapitalerhöhung der ABC-Verwaltungs-GmbH mit Anlage (Bilanz der ABC-GmbH & Co. KG zum 31.12.01);**
2. **beglaubigte Abschrift der Übernahmeerklärungen des Herrn A, der B-GmbH sowie der C-GmbH & Co. KG vom ...... *[Datum];***
3. **den Einbringungsvertrag[195] vom ...... *[Datum],* der die zur Ausführung der Sachkapitalerhöhung erforderliche Abtretung der Kommanditgesellschaftsanteile an der ABC-GmbH & Co. KG an die Gesellschaft im Wege der Sonderrechtsnachfolge enthält;**
4. **Liste der Übernehmer der übernommenen Geldeinlagen der neuen Geschäftsanteile Nr. 4, Nr. 5 und Nr. 6;**
5. **Neufassung der Satzung der Gesellschaft mit Bescheinigung nach § 54 Abs. 1 GmbHG;**
6. **Sachkapitalerhöhungsbericht;**
7. **Bestätigung des ...... *[Name des Wirtschaftsprüfers/Steuerberaters bzw. der Wirtschaftsprüfungs-/Steuerberatungsgesellschaft]* vom ...... *[Datum]* über die Werthaltigkeit der eingebrachten Kommanditgesellschaftsanteile an der ABC-GmbH & Co. KG**

und melden zur Eintragung an:

a) Das Stammkapital der Gesellschaft wurde von 60000.– EUR um 3000.– EUR auf 63000.– EUR (in Worten: dreiundsechzigtausend) erhöht;

b) die Firma der Gesellschaft ist in „ABC-GmbH" geändert;

[sofern Anpassung des Unternehmensgegenstand erfolgt ist (s. Formular D.5.1 Abschnitt II.5.), auch:]

c) der Gegenstand des Unternehmens ist in „......" ***[Wiedergabe des geänderten/ergänzten Unternehmensgegenstands]*** **geändert/erweitert worden],**

§ ...... (Firma) ***[ggf.: § ...... (Gegenstand des Unternehmens)]*** **und § ...... (Stammkapital) des Gesellschaftsvertrages wurden entsprechend geändert.** ***[sofern Unternehmensgegenstand geändert:]*** **Der geänderte/erweiterte Gegenstand des Unternehmens bedarf nicht der staatlichen Genehmigung.**

Ich versichere, dass die auf die neuen Geschäftsanteile zu bewirkende Abtretung der Kommanditgesellschaftsanteile an der ABC-GmbH & Co. KG, von Herrn A in Höhe von nominal 25000.– EUR, von der B-GmbH in Höhe von nominal 20000.– EUR sowie von der C-GmbH & Co. KG in Höhe von nominal 15000.– EUR, entsprechend dem Kapitalerhöhungsbeschluss und der Übernahmeerklärungen erfolgt sind. Durch diese Abtretungen und der dadurch eingetretenen Anwachsung befindet sich das gesamte Vermögen der ABC-GmbH & Co. KG endgültig in der freien Verfügung der Geschäftsführung der ABC-Verwaltungs-GmbH.[196]

Wir, die Gesellschafter der ABC-GmbH & Co. KG – namentlich: Herr A, die B-GmbH, die C-GmbH & Co. KG sowie die ABC-Verwaltungs-GmbH – erklären die Einwilligung zur Fortführung der Firma ABC-GmbH & Co. KG in der ABC-Verwaltungs-GmbH, künftig: ABC-GmbH.

................................, den ....

...

[Unterschriften sämtlicher Geschäftsführer der **ABC-Verwaltungs-GmbH**
sowie sämtlicher Gesellschafter der ABC-GmbH & Co. KG]

[Beglaubigungsvermerk][198a]

[Hinweis: Zur Liste der Übernehmer der neuen Geschäftsanteile → Form. A.8.7 und zur (vom Notar gem § 40 Abs. 2 GmbH zu erstellenden und einzureichenden) Gesellschafterliste → Form. A. 8, A.8.8 und → Form A.8 Rn. 263]

D.5.5. Anmeldung des Ausscheidens der Kommanditisten und des Erlöschens der KG zum Handelsregister[199 ff.]

An das
Amtsgericht
– Handelsregister –

HRA ...... ***[HRA-Nummer];*** **ABC-GmbH & Co. KG**

Zur Eintragung in das Handelsregister melden wir an: [199]

1. Sämtliche Kommanditisten der Gesellschaft – namentlich: Herr A, die B-GmbH und die C-GmbH & Co. KG – haben ihre jeweilige Kommanditeinlage – Herr A in Höhe von 25000.– EUR, die B-GmbH in Höhe von 20000.– EUR und die C-GmbH & Co. KG in Höhe von 15000.– EUR – im Wege der Sonderrechtsnachfolge auf die persönlich haftende Gesellschafterin ABC-Verwaltungs-GmbH (künftig: ABC-GmbH) mit dem Sitz in ...... ***[Ort],*** **eingetragen im Handelsregister des Amtsge-**

richts ...... *[Name]* unter HRB ...... *[HRB-Nr.]* übertragen und sind dadurch aus der Gesellschaft ausgeschieden.

2. Die Kommanditgesellschaft unter der Firma „ABC-GmbH & Co. KG" ist damit aufgelöst. Das Geschäft mit sämtlichen Aktiven und Passiven wird von der persönlich haftenden Gesellschafterin ABC-Verwaltungs-GmbH (künftig: ABC-GmbH) mit allen Aktiva und Passiva ohne Abwicklung/Liquidation übernommen. Die Geschäftsräume befinden sich noch in ...... *[Adresse; Ort]*

3. Die Firma ist mit dem Recht der Fortführung auf die ABC-Verwaltungs-GmbH (künftig: ABC-GmbH) übergegangen.

................................, den ....

...

***[Unterschriften sämtlicher Gesellschafter der ABC-GmbH & Co. KG]*[200]**

***[Beglaubigungsvermerk]*[201]**

B. Grundsätzliche Anmerkungen

I. Sachverhalt

Dem Formular liegt folgender Sachverhalt zugrunde: Einzig persönlich haftender Gesellschafter (Komplementär) der ABC-GmbH & Co. KG ist die nicht am Vermögen der Kommanditgesellschaft beteiligte ABC-Verwaltungs-GmbH. Gesellschafter der ABC-Verwaltungs-GmbH mit einem Stammkapital von 60 000.– EUR sind: A mit einem Geschäftsanteil iHv. 25 000.– EUR ($41^2/_3$%), die B-GmbH mit einem Geschäftsanteil iHv. 20 000.– EUR ($33^1/_3$%) sowie die C-GmbH & Co. KG mit einem Geschäftsanteil iHv. 15 000.– EUR (25 %). Die Gesellschafter der Komplementär-GmbH sind gleichzeitig (und mit einer derjenigen bei der Komplementär-GmbH entsprechenden Quote) Kommanditisten der ABC-GmbH & Co. KG. Das steuerliche Kapital (Buchwert) der ABC-GmbH & Co. KG beträgt insgesamt 100 000.– EUR und verteilt sich entsprechend der Beteiligungsquote auf die drei Gesellschafter; der gemeine Wert des Vermögens der ABC-GmbH & Co. KG beträgt 500 000.– EUR. 1

Es ist beabsichtigt, das bisher in der ABC-GmbH & Co. KG betriebene Geschäft künftig in der Rechtsform der GmbH zu führen. Die Überführung des Vermögens auf die GmbH soll durch **Abtretung sämtlicher Kommanditgesellschaftsanteile** auf die bisherige Komplementär-GmbH, die ABC-Verwaltungs-GmbH, und der dadurch ausgelösten Anwachsung des Vermögens der ABC-GmbH & Co. KG bei der bisherigen Komplementär-GmbH erreicht werden.

Neben seinem Kommanditgesellschaftsanteil überträgt A auch eine in seinem Eigentum stehende, bisher an die ABC-GmbH & Co. KG lediglich zur Nutzung überlassene, für den Betrieb wesentliche Produktionsmaschine.

Die Übertragung der Kommanditgesellschaftsanteile erfolgt im Wege der **Sacheinlage** (zu weiteren Einzelheiten und alternativen Gestaltungen → Rn. 6 ff.); für die Übertragung der Produktionsmaschine erhält A ein (angemessenes) Entgelt iHv. 10 000.– EUR.

2 **Graphische Darstellung des Sachverhalts und Einbringungsvorgangs:**

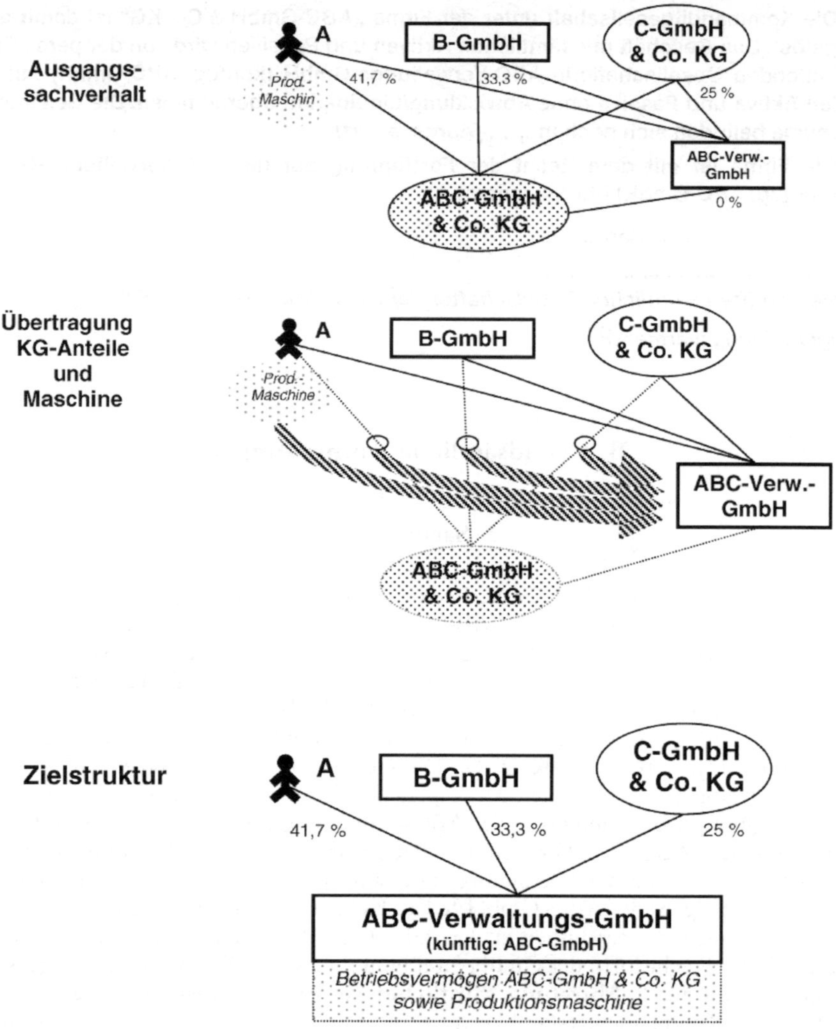

II. Ablaufplan

3 Die im Formular vorgesehenen Übertragungsakte erfolgen – mit Ausnahme der entgeltlichen Übertragung der Produktionsmaschine durch A – im Rahmen einer Sachkapitalerhöhung (Sacheinlage) von Kommanditgesellschaftsanteilen in eine bestehende GmbH. Es sind daher die für eine Kapitalerhöhung gegen Sacheinlage geltenden, allgemeinen Grundsätze heranzuziehen (vgl. §§ 55, 53f., 56, 56a GmbHG). Als Besonderheit tritt im vorliegenden Fall lediglich hinzu, dass durch die Leistung der Sacheinlagen (Abtretung der Kommanditgesellschaftsanteile an die ABC-Verwaltungs-GmbH) die ABC-GmbH & Co. KG auf Grund der Vereinigung sämtlicher Anteile in der Hand der ABC-Verwaltungs-GmbH ohne Abwicklung aufgelöst wird (→ Rn. 12ff.; → Rn. 36). In einer typischen zeitlichen Abfolge sind nachstehende Schritte und Maßnahmen erforderlich:

1. Entwurf des Übertragungsvertrages (Einbringungsvertrages) über die im Rahmen der Sacheinlage zu übertragenden Wirtschaftsgüter (hier: Kommanditanteile sowie Produktionsmaschine)
2. Vorbereitung/Erstellung der Einbringungsbilanz
3. Vorbereitung und notarielle Beurkundung des Kapitalerhöhungsbeschlusses, einschließlich (zumindest notariell beglaubigte) Übernahmeerklärung der Übernehmer der neuen Geschäftsanteile sowie Erstellung der Wertgutachten
4. Abschluss des Einbringungsvertrages
5. Entwurf des Sachkapitalerhöhungsberichts (→ Rn. 29; → Rn. 198; Beispiel in → Form. E.4.4)
6. Anmeldung der Kapitalerhöhung zum Handelsregister der Ziel-GmbH
7. Anmeldung des Ausscheidens sämtlicher Kommanditisten und der damit verbundenen Auflösung der Kommanditgesellschaft (als Besonderheit in Fällen der Anwachsung im Rahmen der Sachkapitalerhöhung)
8. Eintragung (Wirksamwerden) der Kapitalerhöhung im Handelsregister

einstweilen frei **4, 5**

III. Wirtschaftliches Vertragsziel und alternative Gestaltungen

Der dem Formular zugrunde liegende Vorgang bezweckt die Überführung des Vermögens der Kommanditgesellschaft auf ihre Komplementär-GmbH, somit die **Umwandlung** einer Kommanditgesellschaft in eine GmbH, ohne Heranziehung der Vorschriften des Umwandlungsgesetzes, aber mit der Möglichkeit der Übertragung des Vermögens zu steuerlichen **Buchwerten** (dh. ohne Realisierung der stillen Reserven) gemäß §§ 20ff. UmwStG. **6**

Die möglichen **Gründe für einen Wechsel der Rechtsform** (von Personengesellschaft in Kapitalgesellschaft) sind vielfältig. Die Umwandlung von der GmbH & Co.KG in eine GmbH kann zunächst aus Gründen der **Vereinfachung** der Handhabung erfolgen (nur noch eine statt zwei rechtlich selbstständige Einheiten). Die **Beschränkung der Haftung** der Gesellschafter für Verbindlichkeiten der Gesellschaft kann ein weiteres Motiv für einen Rechtsformwechsel darstellen; allerdings dürfte dieser Aspekt bei der GmbH & Co. KG sowie anderen Personengesellschaften mit einer Kapitalgesellschaft als einzigen unbeschränkt haftenden Gesellschafter („KapGes & Co.") idR nicht relevant sein. Ausschlaggebend können dagegen Umstände auf der Ebene der Gesellschafter sein, wie zB Vorbereitung eines rechtsgeschäftlichen **Eignerwechsels, Erbfolgeregelung,** Ermöglichung der **Fremdorganschaft** (nicht relevant bei GmbH & Co. KG und anderen KapGes & Co.) sowie Eingehung von **Kooperationen** (zu den rechtlichen Erwägungen für die Errichtung eines Gemeinschaftsunternehmens s. etwa *Wilde* DB 2007, 269; zur Europäischen Aktiengesellschaft (SE) als Joint Venture-Gesellschaft s. *Waclawik* DB 2006, 1827). Nicht zuletzt können **ertragsteuerliche** Aspekte den Ausschlag für eine Umwandlung in eine Kapitalgesellschaft geben. Als Unterscheidungskriterien können eine Rolle spielen: (1) **Thesaurierungsbelastung** – Kapitalgesellschaften mit einem KSt-Satz iHv. 15% zzgl. 5,5% SolZ gegenüber Personengesellschaften (bei natürlichen Personen als Gesellschafter) mit einem ESt-Satz 2016 von bis zu 45,0% – trotz der Begünstigung der nicht entnommenen Gewinne gemäß § 34a EStG **(Thesaurierungsbegünstigung)** mit einem Steuersatz von 28,25% (vgl. zur Thesaurierungsbegünstigung die ausführliche Darstellung von *Ley/Brandenberg* FR 2007, 1085; siehe auch *Ley* KÖSDI 2007, 15737; *Taetzner/Hölzerkopf* BB 2007, 2769; *Bäumer* DStR 2007, 2089; *Hey* DStR 2007, 925; *Günther* GStB 2007, 326) und der pauschalierten Anrechnung der Gewerbesteuer gemäß § 35 EStG beim Einzelunternehmen – vorteilhafter sein; dies kann im Einzelfall letztlich nur aufgrund der jeweiligen individuellen Verhältnisse bestimmt werden (s. hierzu bei- **7** spielsweise *Dörfler/Graf/Reichl* DStR 2007, 645; *Blaufus/Hechtner/Hundsdoerfer* BB 2008, 80; *Streck* NJW 2007, 3176, 3182; umfassend: *Ortmann-Babel/Zipfel* BB 2007, 1869, 2205; *dies.* GStB 2007, 18; *Pflüger* GStB 2008, 83). Insgesamt sind durch die Unternehmenssteuerreform 2008 die für die steuerlichen Aspekte der Rechtsformwahl maßgeblichen Parameter neu gesetzt worden; aus diesem Grund ist die in der Vergangenheit zugunsten einer Rechtsform getroffene Wahl anhand der neu gefassten Bestimmungen des Ertragsteuerrechts zu überdenken und gegebenenfalls anzupassen; (2) Erreichung des **Betriebsausgabenabzugs für Leistungsvergütungen** der GmbH an die Gesellschafter (insbes. **Geschäftsführergehälter, Darlehens- und Mietzinsen**) sowie für Zuführungen zu **Pensionsrückstellungen** für Gesellschafter-Geschäftsführer (vgl. Beck GmbH-HB/*Berberich/Haaf* § 1 Rn. 52 mwN); (3) ertragsteuerlich günstigere Besteuerung von Ausschüttungen sowie Gewinnen aus der Veräußerung von **Beteiligungen an in- und ausländischen Kapitalgesellschaften** (vgl. § 8b Abs. 1 und Abs. 2 KStG), wenn die Beteiligung zu Beginn des Kalenderjahres 10% (oder mehr) des Grund- oder Stammkapitals betragen hat (§ 8b Abs. 4 KStG); beachte auch das pauschalierte Betriebsausgabenabzugsverbot für Dividenden sowie für Veräußerungsgewinne iHv. jeweils 5% gemäß § 8b Abs. 5 bzw. Abs. 3 KStG). S. zu den Auswirkungen der Änderungen des UntStRefG 2008 v. 14.8.2007 (BGBl. I 1912) auf die Besteuerung von Kapitalgesellschaften und Personengesellschaften sowie deren Anteilseigner mit Vergleichsrechnungen: *Kußmaul/Meyering/Schwarz* GmbHR 2016, 385; *Ortmann-Babel/Zipfel* BB 2007, 1869, 2205; *Rauenbusch* DB 2008, 656; allgemeinen zur Besteuerung von Personen- und Kapitalgesellschaften sowie deren Gesellschafter nach der Unternehmenssteuerreform 2008: *Schmitt* StbG 2007, 573 – Personengesellschaften – und *Förster* StbG 2007, 559 – Kapitalgesellschaften; *Pflüger* GStB 2008, 83; *Jorde/Götz* BB 2008, 1032 ff.). S. zu der grundsätzlichen Entscheidung über die im jeweiligen Einzelfall geeignete **Rechtsformwahl** und die hierfür relevanten Kriterien die Nachweise bei → Form. D.4 Rn. 12.

8 Für die Umwandlung einer GmbH & Co. KG in eine GmbH stehen grds. die nachfolgend aufgeführten zivil- und handelsrechtlichen **Gestaltungsalternativen** zur Verfügung:

Anmerkung: Diese Umwandlungsmöglichkeiten gelten (naturgemäß) nicht nur für die GmbH & Co. KG, sondern stehen grds. auch **anderen Personengesellschaften,** wie zB oHG und GbR, mit einer GmbH oder einer Kapitalgesellschaft anderer Rechtsform (insb. AG und KGaA) als geschäftsführendem Gesellschafter, zur Verfügung. Mit Bezug auf die Anwachsung können iÜ auch „einfache" Personengesellschaften (dh. solche **ohne Komplementär-Kapitalgesellschaft**) auf die (einfache oder erweiterte) Anwachsung als Umwandlungsinstrument zurückgreifen: Hierzu gründen oder erwerben die Personengesellschafter in einem Vorbereitungsschritt (dh. vor Durchführung der geplanten Anwachsung) die zur Aufnahme des Geschäftsbetriebs der Personengesellschaft designierte Kapitalgesellschaft und nehmen diese als Gesellschafter der Personengesellschaft (ohne Vermögensbeteiligung) auf. Das vorliegende Formular kann daher – nach entsprechenden Vorbereitungshandlungen – allgemein für die Umwandlung von Personengesellschaften herangezogen werden.

9 a) **Formwechsel** einer Personen(handels)gesellschaft in eine Kapitalgesellschaft **nach §§ 190 ff. UmwG** (dazu → Form. E.2 – Formwechsel einer KG in eine KGaA und → Form. E.4 – Formwechsel einer GmbH & Co. KG in eine GmbH);

10 b) **Verschmelzung** einer Personen(handels)gesellschaft auf eine Kapitalgesellschaft **nach §§ 2 ff. UmwG** (dazu → Form. A.8 – Verschmelzung einer KG auf eine GmbH);

11 c) **Einbringung des Betriebs** der Personengesellschaft in eine Kapitalgesellschaft im Wege der **Sachkapitalerhöhung oder Sachgründung** und anschließender Auflösung und Liquidation der Personengesellschaft (und ggf. deren Komplementärin);

12 d) **Ausscheiden aller Gesellschafter** der Personengesellschaft mit Ausnahme von einem Gesellschafter (idR Komplementär-Kapitalgesellschaft) und **Anwachsung** des Gesellschaftsvermögens bei dieser verbleibenden Kapitalgesellschaft; für das

Ausscheiden aller Gesellschafter außer einem mit anschließender Anwachsung des Vermögens der Personengesellschaft bei der verbleibenden Kapitalgesellschaft hat die Praxis zwei Varianten entwickelt, (1) das sog. **einfache (klassische) Anwachsungsmodell,** auch Austrittsmodell genannt (→ Rn. 13) und (2) das – dem Formular zugrunde gelegte – sog. **erweiterte Anwachsungsmodell,** auch Übertragungsmodell genannt (→ Rn. 14):

aa) **Einfaches Anwachsungsmodell** (auch Austrittsmodell genannt; *Ege/Klett* DStR 2010, 2463): Für die in der Praxis häufig anzutreffende Konstellation der (hinsichtlich der Komplementär-GmbH und der Kommanditgesellschaft) beteiligungsidentischen GmbH & Co. KG besteht das sog. **einfache (oder klassische) Anwachsungsmodell** (zurückgehend auf *Böttcher* StBJb 1963/1964, 175 ff., 189 ff.; s. umfassend *v. Proff* DStR 2016, 2227, 2231; *Orth* DStR 1999, 1011; *Orth* DStR 1999, 1053; *Binz/Sorg* § 28 Rn. 27 ff.; zur ertragsteuerlichen Rückwirkung bei einfacher Anwachsung von Personengesellschaften (etwa durch Verschmelzung des vorletzten Gesellschafters auf den letzten) s. *Schmid/Dietel* DStR 2008, 529) darin, dass sämtliche Kommanditisten mit Ausnahme der übernehmenden Komplementär-GmbH **mit** oder (idR aber:) **ohne Abfindung** aus der Personengesellschaft ausscheiden. Das Ausscheiden erfolgt mit der Maßgabe, dass das Vermögen der Personengesellschaft mit allen Aktiven und Passiven auf den verbleibenden Gesellschafter (Komplementär-GmbH) übergehen soll, soweit dies nicht ohnehin bereits im Gesellschaftsvertrag in Form einer sog. **Fortsetzungsklausel** geregelt ist (s. hierzu *v. Proff* DStR 2016, 2227; Beck PersGes-HB/*Sauter* § 7 Rn. 6 ff.; MünchHdb/*Klein* GesR II § 44 Rn. 4 ff.; MünchHdb/*Piehler* GesR II § 36 Rn. 3). 13

Vor Inkrafttreten der Neuregelung des § 131 Abs. 3 HGB durch das HRefG v. 22.6.1998 (BGBl. I 1998, 1474) wurde durch gesellschaftsvertragliche **Fortsetzungsklauseln** die gesetzlich angeordnete Auflösung der Gesellschaft bei Ausscheiden eine Gesellschafters, insb. durch Tod, Kündigung und Insolvenz, zugunsten einer Fortsetzung der Gesellschaft mit den verbleibenden Gesellschaftern abbedungen (hierzu und zur Bedeutung solcher Fortsetzungsklauseln nach dem HRefG: BH/*Roth* HGB § 131 Rn. 78 ff., 79).

Durch dieses Ausscheiden wird die Personengesellschaft unter Ausschluss der Liquidation mit der Folge beendet, dass dem verbleibenden Gesellschafter, der Komplementär-GmbH, die Anteile der ausscheidenden Gesellschafter am Gesellschaftsvermögen **kraft Gesetzes** anwachsen (§ 738 Abs. 1 Satz 1 BGB, § 105 Abs. 3, § 161 Abs. 2 HGB). Hierfür bedarf es keiner Übertragungsakte (auch nicht bei Grundstücken, lediglich einer Grundbuchberichtigung nach § 894 BGB), das Vermögen der Personengesellschaft geht vielmehr im Wege der **Gesamtrechtsnachfolge** auf die Komplementär-GmbH über (BGH v. 19.5.1960, BGHZ 32, 307, 314 ff.; *Binz/Sorg* § 28 Rn. 27 mwN; vgl. zu entsprechenden gesellschaftsvertraglichen Klauseln BGH v. 13.12.1965, II ZR 10/64, NJW 1966, 827; MünchKomm/*Ulmer,* BGB § 738 Rn. 7; zu den Folgen der Anwachsung auch *Demuth* BB 2007, 1569; vgl. zur – umstr. – Rechtsnatur der Anwachsung *Orth* DStR 1999, 1012 f. mwN; SBB/*Sagasser/Bula/Abele* § 29 Rn. 7 ff. mwN; zur ertragsteuerlichen Bedeutung der zivil-/handelsrechtlichen Qualifikation → Rn. 20; allgemein zur ertragsteuerlichen Behandlung des einfachen Anwachsungsmodells → Rn. 52 ff.).

bb) **Erweitertes Anwachsungsmodell** (auch Übertragungsmodell genannt; vgl. *Ege/Klett* DStR 2010, 2463): Das – auch dem Formular zugrunde gelegte – sog. **erweiterte Anwachsungsmodell** stellt eine Kombination von Anwachsung und Kapitalerhöhung durch Sacheinlage dar. Im Unterschied zum einfachen Anwachsungsmodell scheiden hierbei die Personengesellschafter (bei GmbH & Co KG: die Kommanditisten) durch rechtsgeschäftliche Übertragung 14 ihrer Personengesellschaftsanteile auf den verbleibenden Gesellschafter (bei GmbH & Co KG: die Komplementär-GmbH) aus der Personengesellschaft aus; diese Übertragung erfolgt im Rahmen einer Sacheinlage (Sachkapitalerhöhung) und führt – durch die Anteilsvereinigung in einer Hand – zum Erlöschen der Personengesellschaft und zum Übergang des Gesamthandvermögens auf den verbleibenden Gesellschafter (Komplementär-GmbH). Auch bei der erweiterten Anwachsung erfolgt der Vermögensübergang **kraft Gesetzes** ohne Liquidation im Wege der **Gesamtrechtsnachfolge** (§ 738 Abs. 1 Satz 1 BGB, § 105 Abs. 3, § 161 Abs. 2 HGB; vgl. BGH v. 19.5.1960, BGHZ 32, 307, 314ff.; SBB/*Sagasser/Bula/Abele* § 29 Rn. 5f.; *Demuth* BB 2007, 1569).

15 **Vor- und Nachteile der erweiterten Anwachsung gegenüber Verschmelzung und Formwechsel:** Gegenüber der erweiterten Anwachsung haben insb. Verschmelzung sowie Formwechsel den – Umwandlungsvorgängen auf Grund des Umwandlungsgesetzes idR innewohnenden – Nachteil, dass hierfür nicht unerhebliche **Formerfordernisse und Beschränkungen** bestehen, die selbst in Fällen einvernehmlichen Handelns aller Beteiligten zu beachten sind (vgl. auch HMB/*Stengel* UmwStG Einf. A Rn. 57ff.).

16 – Bei der **Verschmelzung** zB: notarieller Verschmelzungsvertrag; Verschmelzungsbericht (uU verzichtbar bzw. nicht erforderlich); Verschmelzungsprüfung und Prüfungsbericht (uU verzichtbar); Zuleitung des (Entwurfs des) Verschmelzungsvertrages an den Betriebsrat; notariell beurkundete Verschmelzungsbeschlüsse der Gesellschafterversammlungen der übertragenden und der übernehmenden Gesellschaft; Barabfindungsangebot; Beschränkung der Barzuzahlungen gem. § 54 Abs. 4 UmwG (s. Überblick zu den Erfordernissen der und einem Ablaufplan für die Verschmelzung einer GmbHG & Co. KG auf eine GmbH bei → Form. A.8 Rn. 5);

17 – beim **Formwechsel:** neben den auch für die Verschmelzung erforderlichen Vereinbarungen und Beschlüsse, insb. Umwandlungsbeschluss, Umwandlungsbericht; (uU verzichtbar bzw. nicht erforderlich); Umwandlungsprüfung und Prüfungsbericht (uU verzichtbar); Information des Betriebsrats, ist bei einem Formwechsel einer GmbH & Co. KG auch auf die gesetzlich nicht vorgesehene „Behandlung" der Komplementär-GmbH zu achten:

Seit Einführung des UmwG ist streitig, ob im Rahmen eines Formwechsels, insb. des Formwechsels in und aus einer GmbH & Co. KG, Gesellschafter neu aufgenommen werden oder aus der Gesellschaft ausscheiden können. Die Praxis hat diese Unsicherheit bislang durch Verwendung einer Treuhandkonstruktion (sog. Treuhandmodell) überwunden; hierbei hält der ein- bzw. austretende Komplementär während des Formwechsels eine Beteiligung treuhänderisch (vgl. Lutter/*Decher* UmwG § 202 Rn. 16; *Binz/Sorg* § 28 Rn. 18 mwN; Beck PersGes-HB/*Bärwaldt/Wisniewski* § 9 Rn. 161, 67ff.). **Beachtenswert** ist in diesem Zusammenhang die Entscheidung des BGH v. 9.5.2005 (II ZR 29/03, NZG 2005, 722ff.): Zwar betrifft die Entscheidung die formwechselnde Umwandlung einer Aktiengesellschaft in eine (Publikums-)GmbH & Co. KG; der BGH stellt allerdings in dem Urteil ausdrücklich fest, dass es zulässig ist, „sogar einen im Zuge des Formwechsels neu hinzutretenden Gesellschafter […] mit dessen Zustimmung zum Komplementär" zu wählen. Dies wird in der Literatur als Bestätigung dafür gesehen, dass der Beitritt neuer Gesellschafter durch Formwechsel möglich ist und es eines Treuhandmodells nicht bedarf (so schon *Priester* DB 1997, 560; vgl. *Baßler* GmbHR 2007, 1252; siehe zu den gesellschaftsrechtlichen und steuerrechtlichen Aspekten *Heckschen/Gassen* GWR 2010, 101). In der Praxis empfiehlt es sich allerdings, diese Möglichkeit vorab mit dem jeweiligen Registergericht abzustimmen. Praxis-Hinweis für Registergericht München → Form. E.3 Rn. 8 und → Form. E.4 Rn. 20.

18 Auch kann **nicht jede Personengesellschaft** durch Formwechsel gemäß §§ 190ff. UmwG in eine Kapitalgesellschaft umgewandelt werden, zB ist eine unmittelbare Umwandlung einer GbR in eine Kapitalgesellschaft nach UmwG nicht möglich – allerdings ist dies nach den durch das HRefG v. 22.6.1998 (BGBl. I 1998, 1474) eingeführten Änderungen je nach Einzelfall über einen „Umweg" doch möglich: hierzu

muss vor dem geplanten Formwechsel die kleingewerbetreibende bzw. eigenes Vermögen verwaltende GbR durch Anmeldung zum und Eintragung in das Handelsregister zum Personenhandelsunternehmen „umgewandelt" werden, vgl. § 105 Abs. 2, § 161 Abs. 2 iVm. § 2 HGB. Mit den durch das SEStEG v. 7.12.2006 (BGBl. I 2006, 2782) eingeführten Änderungen des UmwStG entfallen ist dagegen der weitere – vor dem 12.12.2006 bestehende – Vorteil der Anwachsung gegenüber dem Formwechsel, dass nur erstere eine handelsbilanzielle Aufstockung der Buchwerte ermöglichte (beispielsweise kann eine Aufstockung im Rahmen von sog. sanierenden Umwandlungen, aber auch generell im Rahmen von Sanierungen relevant werden, bei denen stille Reserven offen gelegt werden sollen); die zum UmwStG 1995 umstrittene, aber von der Finanzverwaltung vertretene Auffassung, wonach auf Grund der Identität der Rechtsträger im Rahmen eines Formwechsels eine Aufstockung der steuerlichen Buchwerte nicht zulässig sei, ist mit dem SEStEG hinfällig geworden (s. RHL/*Rabback* UmwStG § 25 Rn. 66; DPPM/*Patt* UmwStG § 25 Rn. 33 mwN; s. allgemein Gesetzesbegründung BT-Drs. 16/2710 S. 43; RHL/*Herlinghaus* UmwStG § 20 Rn. 147).

Umgekehrt können die Umwandlungen nach Vorschriften des UmwG auch **Vorteile** gegenüber dem erweiterten Anwachsungsmodell aufweisen: So fällt beispielsweise bei Vorhandensein von **Grundstücken und grundstücksgleichen Rechten** beim Formwechsel auf Grund der Wahrung der rechtlichen Identität **keine GrESt** an (anders dagegen bei der erweiterten Anwachsung; s. Beispiele bei *Breiteneicher* DStR 2004, 1405, 1408). Auch lassen sich Verschmelzung und Formwechsel erforderlichenfalls auch **gegen den Widerstand** eines Minderheits- Gesellschafters beschließen (→ Form. A.8 Rn. 11; → Form. E.4 Rn. 13). Nicht zuletzt kann der Formwechsel gegenüber der erweiterten Anwachsung auch **ertragsteuerliche Vorteile** haben: Stellen die Anteile an der Komplementär-GmbH funktional wesentliches Sonderbetriebsvermögen dar, so setzt die Steuerneutralität der erweiterten Anwachsung grds. voraus, dass diese Anteile mitübertragen werden. Zwar kann nach der Billigkeitsregelung in UmwSt-Erl. 2011, BMF v. 11.11.2011, BStBl. I 2011, 1314, Tz. 20.09, auf diese Übertragung verzichtet werden; diese Regelung knüpft allerdings daran an, dass sich die Einbringenden hinsichtlich der Anteile an der Komplementär-GmbH den Beschränkungen des § 22 Abs. 1 UmwStG unterwerfen (→ Rn. 90, 90a). Dagegen gehören bei einem Formwechsel einer GmbH & Co. KG die Anteile an der Komplementär-GmbH nach Auffassung der FinVerw. nicht zu den wesentlichen Betriebsgrundlagen (OFD Frankfurt v. 13.2.2014, DStR 2014, 746, Tz. 1.1.4); eines Billigkeitsantrags bedarf es beim Formwechsel daher nicht. 19

Unterschiede zwischen dem einfachen und dem erweiterten Anwachsungsmodell: Während sich die *zivil-/handelsrechtlichen Folgen* des einfachen und des erweiterten Anwachsungsmodell entsprechen (liquidationslose Anwachsung des Gesamthandsvermögen bei der Komplementär-GmbH ohne Notwendigkeit weiterer Übertragungsakte), besteht ertragsteuerrechtlich ein erheblicher Unterschied zwischen den beiden Gestaltungsalternativen: Das einfache (klassische) Anwachsungsmodell, bei dem die Kommanditisten keine oder keine angemessene Entschädigung für deren Ausscheiden erhalten, stellt nach hM *ertragsteuerlich* eine **verdeckte Einlage** der Ausscheidenden in die verbleibende Komplementär-GmbH dar, mit der Folge der ESt- bzw. KSt-pflichtigen **Realisation** der in den übertragenen oder untergehenden Mitunternehmeranteilen enthaltenen stillen Reserven einschließlich eines Geschäfts- oder Firmenwerts (BFH v. 14.1.1993, IV R 121/91, BFH/NV 1993, 525 mwN; Schmidt/*Wacker* EStG § 16 Rn. 513; DPM/*Patt* UmwStG § 20 Rn. 168; SBB/*Sagasser/Bula/Abele* § 29 Rn. 21; WM/*Mayer* Anh. 5 Rn. 467 mwN; WM/*Widmann* Anh. 8 Rn. 36 mwN; *Binz/Sorg* § 28 Rn. 33 mwN; *v. Proff* DStR 2016, 2227, 2231 f. mwN; *Orth* DStR 1999, 1056 mwN; vgl. auch BFH v. 24.3.1987, I R 202/83, BStBl. II 1987, 705 zum Ansatz eines Firmenwerts bei verdeckter Einlage). Insbesondere ist die Möglichkeit einer steuerneutralen Übertragung unter Anwendung des **§ 20 UmwStG** 20

nicht gegeben (UmwSt-Erl. 2011, BMF v. 11.11.2011, BStBl. I 2011, 1314 Tz. E 20.10 1. Spiegelstrich; s. hierzu und zu weiteren Einzelheiten der ertragsteuerlichen Behandlung des einfachen Anwachsungsmodells → Rn. 52 ff.).

21 Entscheidender **Vorteil des klassischen Anwachsungsmodells,** insbesondere gegenüber Verschmelzung und Formwechsel, ist die sehr einfache Handhabung, die keine Übertragungshandlungen erfordert und bei der keine besonderen Formerfordernisse zu beachten sind. Dies kann vor allem dann eine Rolle spielen, wenn sich im Gesamthandsvermögen Vermögensgegenstände befinden, deren Übertragung an besondere Formvorschriften gebunden ist (zB notarielle Übertragung und Auflassung bei Grundstücken; notarielle Übertragungs- und Abtretungsvertrag bei GmbH-Anteilen). Dagegen kann die Ausscheidensvereinbarung – notfalls – auch mündlich getroffen werden (dies kommt – mit Blick auf die spätere Nachweisbarkeit des Zeitpunktes und der Modalitäten des Austritts – freilich nur in Ausnahmefällen in Betracht). Das einfache Anwachsungsmodell kann dadurch einen nicht unerheblichen **Zeit- und Kostenvorteil** (insb. hinsichtlich Notar- und Registerkosten) aufweisen. Sofern sich Grundstücke (oder grundstücksgleiche Rechte) im Gesamthandsvermögen befinden, ist allerdings zu bedenken, dass der Kostenvorteil (eingesparte Notar- und Registergebühren) mit dem Nachteil der durch die Anwachsung anfallenden Grunderwerbsteuer (siehe aber Befreiungsvorschrift des § 6 Abs. 2 GrEStG sowie Ausnahme hiervon, § 6 Abs. 4 GrEStG) „bezahlt" wird (dies ist im Einzelfall gegeneinander abzuwägen). Ein weiterer Vorteil des einfachen Anwachsungsmodells gegenüber den übrigen, oben dargestellten Gestaltungsalternativen kann sich dadurch ergeben, dass – mangels gesellschaftsrechtlicher Sacheinlage – die bei **Sachgründung** bzw. **Sachkapitalerhöhung** anwendbaren Vorschriften über die Prüfung der **Werthaltigkeit der Sacheinlage** (vgl. insb. §§ 9c, 56 GmbHG) **nicht** zum Zuge kommen. Dies kann insbesondere bei Umwandlung von überschuldeten Personengesellschaften relevant werden.

22–25 *einstweilen frei*

IV. Zivil-, Handels- und Gesellschaftsrecht

1. Überblick

26 Das im Formular abgebildete, sog. erweiterte Anwachsungsmodell stellt handelsrechtlich eine (gewöhnliche) **Kapitalerhöhung gegen Sacheinlage** dar, mit der Besonderheit des Untergangs der übertragenen Personengesellschaft und Anwachsung des Gesamthandvermögens **kraft Gesetzes** als Folge der Anteilsvereinigung in einer Hand.

27 Dementsprechend sind **verfahrenstechnisch** im Wesentlichen die für die (Sach-) Kapitalerhöhung bei einer GmbH erforderlichen Schritte durchzuführen (vgl. §§ 56, 53 ff. GmbHG):

a) Kapitalerhöhungsbeschluss,
b) Übertragungsvertrag **(Einbringungsvertrag)** zwischen den Kommanditisten und der aufnehmenden Komplementär-GmbH über die im Rahmen der Sacheinlage zu übertragenden Wirtschaftsgüter (→ Rn. 33),
c) Übernahmeerklärung nach § 55 GmbHG (→ Rn. 32),
d) **Handelsregisteranmeldung** des Kapitalerhöhungsbeschlusses einschließlich
e) Bescheinigung über Werthaltigkeit des eingebrachten Vermögens,
f) Kapitalerhöhungsbericht (→ Rn. 29)
g) **neuer Gesellschaftsvertrag** (§ 54 Abs. 1 GmbHG),
h) **Handelsregisteranmeldung** bezüglich des Ausscheidens sämtlicher Kommanditisten und der damit verbundenen, **liquidationslosen Auflösung** der Kommanditgesellschaft.

2. Einzelheiten der Sachkapitalerhöhung im Rahmen des erweiterten Anwachsungsmodells

a) Allgemeines

Nachdem die erweiterte Anwachsung im Wesentlichen eine **Sachkapitalerhöhung** darstellt, kann iE zunächst auf die ausführliche Darstellung der hierfür geltenden, allgemeinen Voraussetzungen unter → Form. D.6 Rn. 29ff. verwiesen werden (vgl. auch → Form. D.4 Rn. 28ff. zur **Sachgründung**), insbesondere 28

- zur **Erforderlichkeit eines Sachgründungsberichts** sowie eines **Nachweises über den Wert der Sacheinlage:** die Anwendbarkeit des § 5 Abs. 4 GmbHG, der im Rahmen der Gründung einer GmbH einen Sachgründungsbericht voraussetzt, ist bei Sachkapitalerhöhung mangels gesetzlicher Regelung umstritten; Gleiches gilt für die Erbringung eines Wertnachweises hinsichtlich des übertragenen Vermögens entsprechend § 8 Abs. 1 Nr. 5 GmbHG; unabhängig von der Richtigkeit einer der beiden Auffassungen, ist zur Vermeidung von unnötigen Verzögerungen die Erstellung des Sachgründungsberichts und die Beifügung eines Wertnachweises in der Praxis idR zu empfehlen; hierzu → Form. D.6 Rn. 34, → Form. D.6 Rn. 286ff.; Beispiel für Sachkapitalerhöhungbericht → Form. E.4.4). 29
- der Notwendigkeit der **genauen Bezeichnung des Gegenstands der Sacheinlage und der Nennbetrag des Geschäftsanteils,** auf den sich die Sacheinlage bezieht, **im Kapitalerhöhungsbeschluss** (§ 56 Abs. 1 Satz 1 GmbHG) sowie **in der Übernahmeerklärung** (§ 56 Abs. 1 Satz 2 GmbHG); dagegen ist eine Festsetzung im Gesellschaftsvertrag – anders als in den Fällen der Sachgründung (vgl. § 5 Abs. 4 Satz 1 GmbHG; auch → Form. D.4 Rn. 38, Rn. 153 und Rn. 156 mwN) – nicht erforderlich (→ Form. D.6 Rn. 252 und Rn. 279), sowie 30
- der Voraussetzung der **tatsächlichen Erbringung der Sacheinlage vor der Anmeldung** der Kapitalerhöhung im Handelsregister gemäß § 7 Abs. 3 GmbHG (→ Form. D.6 Rn. 257f.). 31

Es gelten iÜ die **allgemeinen Vorschriften für eine Kapitalerhöhung** durch Bareinlagen (§§ 55, 53f. GmbHG) und einige Bestimmungen über die Sachgründung entsprechend (§ 56 iVm. §§ 9 und 19 Abs. 5 GmbHG; § 56a iVm. § 7 Abs. 2 Sätze 1 und 3, Abs. 3 GmbHG), so dass insb. erforderlich sind: der **notariell zu beurkundende Kapitalerhöhungsbeschluss** (§ 53 Abs. 2 GmbHG) sowie die **Übernahmeerklärung gemäß § 55 Abs. 1 GmbHG** (wahlweise notariell zu beurkunden oder notariell zu beglaubigen). Letztere kann zwar in die notarielle Urkunde über die Kapitalerhöhung aufgenommen werden; aus Kostengründen wird es idR aber angezeigt sein, die Übernahmeerklärung von dem Kapitalerhöhungsbeschluss zu trennen und lediglich notariell beglaubigen zu lassen (→ Rn. 153f.). 32

Die Übertragung und Abtretung der Kommanditgesellschaftsanteile (sowie der Produktionsmaschine) erfolgt durch Abschluss eines gesonderten **Einbringungs- und Übertragungsvertrages** zwischen sämtlichen Kommanditisten der ABC-GmbH & Co. KG und der aufnehmenden Komplementär-GmbH (ABC-Verwaltungs-GmbH). Die Trennung von Einbringungsvertrag und Kapitalerhöhung erfolgt hier allerdings nicht aus Gründen der Kostenersparnis (→ Rn. 150c), sondern zur einfacheren Handhabung der Einbringungsvereinbarung. 33

Zur Festlegung des handelsrechtlichen **Zeitpunkts der Sacheinlage** und der üblichen, wenn auch nicht erforderlichen Zugrundelegung einer **Einbringungsbilanz,** wird zunächst auf die Ausführungen unter → Form. D.6 Rn. 41ff. verwiesen. Eine zeitliche Grenze für den **Stichtag der Einbringungsbilanz** gibt es grds. nicht; ebenso wenig besteht überhaupt ein rechtliches Erfordernis zur Aufstellung einer Einbringungsbilanz. Nachdem die Einbringungsbilanz u.a. der Bestimmung der Kapitalkonten und dem Nachweis der Werthaltigkeit der übertragenen Kommanditgesellschaftsanteile dient, erscheint es aus rein praktischen Erwägungen aber sinnvoll, die Einbringung auf 34 der Grundlage einer solchen Bilanz durchzuführen und einen möglichst zeitnahen Stichtag zu wählen.

35 Zur entsprechenden Anwendbarkeit der Vorschriften über die **Differenzhaftung** (§ 9 Abs. 1 GmbHG) sowie zur **verdeckten** (oder verschleierten) **Sachgründung** (§ 19 Abs. 5 GmbHG) gemäß § 56 Abs. 2 GmbHG → Form. D.4 Rn. 55 und 56; → Form. D.6 Rn. 44.

Das Formular sieht neben der Übertragung der Kommanditgesellschaftsanteile auch die entgeltliche Übertragung der Produktionsmaschine von A auf die ABC-Verwaltungs-GmbH vor; dies fällt allerdings nicht in den Bereich der verdeckten Sachgründung bzw. Sachkapitalerhöhung: Denn es handelt sich bei der Kapitalerhöhung (von vorneherein) um eine Sacheinlage, deren Werthaltigkeit iÜ im Verfahrensablauf geprüft wird.

b) Anwachsung

36 Durch die Übertragung sämtlicher Kommanditgesellschaftsanteile an der ABC-GmbH & Co. KG auf die verbleibende Komplementär-GmbH (hier: ABC-Verwaltungs-GmbH) vereinigen sich sämtliche Anteile an der ABC-GmbH & Co. KG in einer Hand. Dadurch wird die ABC-GmbH & Co. KG unter Ausschluss der Liquidation in der Weise beendet, dass das Vermögen der Personengesellschaft im Wege der **Gesamtrechtsnachfolge kraft Gesetzes** (§ 738 Abs. 1 Satz 1 BGB, § 105 Abs. 3, § 161 Abs. 2 HGB) auf die Komplementär-GmbH übergeht (BGH v. 19.5.1960, BGHZ 32, 307, 314 ff.; v. 9.7.1968, V ZR 80/66, BGHZ 50, 307; v. 22.9.1993, IV ZR 183/92, NJW-RR 1993, 1443; vgl. BFH v. 10.3.1998, VIII R 76/96, BStBl. II 1999, 269 unter II. 2. b) aa) mwN; *Binz/Sorg* § 28 Rn. 27 mwN; *v. Proff* DStR 2016, 2227 f. mwN; oben → Rn. 14 mwN). Besondere Übertragungshandlungen hinsichtlich der einzelnen Gegenstände des Gesamthandvermögens sind weder nötig noch möglich. Dementsprechend ist auch bei Vorhandensein von Grundstücken im Betriebsvermögen der Personengesellschaft keine Auflassung erforderlich, sondern lediglich eine Grundbuchberichtigung nach § 894 BGB.

37–49 *einstweilen frei*

V. Ertragsteuerrecht

1. Anwendbarkeit des § 20 UmwStG auf die erweiterte Anwachsung; ertragsteuerliche Behandlung des einfachen Anwachsungsmodells

50 Die sog. **erweiterte Anwachsung** fiel nach hM während der Geltung des **UmwStG 1995** als Fall der Übertragung von Mitunternehmeranteilen gegen Gewährung neu geschaffener Anteile an der aufnehmenden Kapitalgesellschaft grds. in den **Anwendungsbereich der §§ 20 ff. UmwStG** sofern wie im Formular im Gegenzug zur Übertragung der Kommanditgesellschaftsanteile neue Anteile an der übernehmenden Komplementär-GmbH ausgegeben werden (BFH v. 24.10.2000, VIII R 25/98, BStBl. II 2001, 321 mwN; UmwSt-Erl. 1998, BMF v. 25.3.1998, BStBl. I 1998, 268 Tz. 20.02 Buchst. c Doppelbuchst. bb; *Orth* DStR 1999, 1057 mwN; *v. Proff* DStR 2016, 2227, 2234 f.; DPM/*Patt* UmwStG § 20 Rn. 146 mwN; SHS/*Schmitt* UmwStG § 20 Rn. 199). Mit Blick auf die durch das SEStEG eingeführten sachlichen Anwendungsvoraussetzungen für die Anwendung der §§ 20 ff. UmwStG (vgl. für die Einbringung § 1 Abs. 3 Nr. 4 und Abs. 4 UmwStG) scheinen einige Autoren Zweifel daran zu haben, dass dies auch nach Inkrafttreten des SEStEG v. 7.12.2006 (BGBl. I 2006, 2782) am 13.12.2006 weiterhin Geltung hat (vgl. DPM/*Patt* UmwStG § 20 Rn. 6 und 160; *ders.* Der Konzern 2006, 730, 732; *Winkeljohann/Fuhrmann* Handbuch Umwandlungssteuerrecht, 829 f.; 889; zweifelnd auch Blümich/*Nitzschke* UmwStG 2006 § 20 Rn. 37). Diese Zweifel werden damit begründet, dass nunmehr § 1 Abs. 3

Nr. 4 UmwStG (die übrigen Alternativen des § 1 Abs. 3 UmwStG scheiden bei einer Anwachsung aus) für die Anwendbarkeit des § 20 UmwStG eine Einbringung von Betriebsvermögen „durch Einzelrechtsnachfolge" verlange, wohingegen sich der Übergang des Betriebsvermögens im Rahmen der (erweiterten) Anwachsung im Wege der Gesamtrechtsnachfolge vollziehe (DPM/*Patt* UmwStG § 20 Rn. 6). Eine solche Auffassung verkennt allerdings, dass bei der erweiterten Anwachsung – wie auch schon bisher (→ Rn. 51) – zwischen der Übertragung der Anteile an der Personengesellschaft einerseits und der sich daraus ergebenden Anwachsung andererseits zu unterscheiden ist: Denn dem sich durch die Anwachsung kraft Gesamtrechtsnachfolge ergebenden Vermögensübergang geht zwingend die Einzelrechtsübertragung des Mitunternehmeranteils des bzw. der anderen Gesellschafter voraus; nur auf diese Einzelrechtsübertragung kommt es für die Anwendung des § 20 Abs. 1 UmwStG an (UmwSt-Erl. 2011, BMF v. 11.11.2011, BStBl. I 2011, 1314 Tz. 01.44 letzer Absatz sowie Tz. E 20.10, 3. Spiegelstrich; ebenso *Haase/Hruschka* (Hrsg.) UmwStG § 1 Rn. 118 und § 20 Rn. 40, 42; Schmidt/*Wacker* EStG § 16 Rn. 513 mwN; *Kowallik/Merklein/Scheipers* DStR 2008, 173, 177; *Schumacher/Neumann* DStR 2008, 325; 331; RHL/*Herlinghaus* UmwStG § 20 Rn. 39; Frotscher/Drüen/*Mutscher* UmwStG § 20 Rn. 159f.; im Ergebnis auch WM/*Widmann* UmwStG (SEStEG) § 20 Rn. R 107: „Man wird von der Einbringung von Mitunternehmeranteilen ausgehen müssen"). Dies gilt jedenfalls dann, wenn als Gegenstand der Sachkapitalerhöhung der Anteil an der Personengesellschaft bestimmt ist (zu der Frage, wer bei Mitunternehmerschaften als Einbringender gilt, → Form. D.7 Rn. 79ff.).

Es war und – wie unter → Rn. 50 ausgeführt – ist für Zwecke der Anwendung des § 20 UmwStG unerheblich, dass durch die Anteilsvereinigung in einer Hand die Personengesellschaft und die übertragenen Personengesellschaftsanteile untergehen und das Vermögen der Personengesellschaft nicht durch Rechtsgeschäft, sondern **kraft Gesetzes** auf die übernehmende Kapitalgesellschaft übergeht. Denn dieser Vermögensübergang im Wege der Anwachsung ist lediglich die **Folge der Abtretung** des Mitunternehmeranteils (DPPM/*Patt* (5. Aufl.) UmwStG § 20 Rn. 146 mwN; ohne weitere Ausführungen hierzu nunmehr: DPM/*Patt* UmwStG § 20 Rn. 6; missverständlich, wenn auch mit gleichem Ergebnis: WM/*Widmann* UmwStG (SEStEG) § 20 Rn. R 107, wonach die eigentliche Leistung der Gesellschafter in dem **Verzicht auf eine Gegenleistung** bestehe. Dies ist mE unzutreffend, da im Rahmen des erweiterten Anwachsungsmodells die wesentliche Leistung des ausscheidenden Gesellschafters in der **Übertragung der Personengesellschaftsanteile gegen Einräumung einer Beteiligung** besteht. Die ausscheidenden Gesellschafter verzichten gerade **nicht** auf eine Abfindung: sie erhalten Anteile an der verbleibenden Kapitalgesellschaft. Besonders ist dieser Vorgang allenfalls mit Bezug auf die Art der Abfindung (Ausgabe neuer Anteile durch die verbleibende Kapitalgesellschaft): Dies weicht insofern von dem typischen Ausscheidensfall ab, als die Abfindung eines ausscheidenden Gesellschafters einer Personengesellschaft grds. von der Personengesellschaft (bzw. den verbleibenden Gesellschaftern in ihrer gesamthänderischen Verbundenheit) geschuldet wird (BGH v. 15.5.1972, II ZR 144/69, WM 1972, 1399 mwN; BFH v. 11.4.1990, I R 45/89, BStBl. II 1990, 791 zu II.B.3. mwN; BH/*Roth* HGB § 131 Rn. 48 mwN; vgl. auch den – insofern missverständlichen – § 738 Abs. 1 Satz 2 BGB; siehe zu Folgen des Ausscheidens eines Gesellschafters und Anwachsung bei Kommanditgesellschaften: *Demuth* BB 2007, 1569). Die Einschätzung, dass die erhaltenen Anteile an der verbleibenden Kapitalgesellschaft die Abfindung der ausscheidenden Gesellschafter darstellt bzw. ersetzt, lag wohl auch UmwSt-Erl. 1998, BMF v. 25.3.1998, BStBl. I 1998, 268 Tz. 20.04 Satz 2 zugrunde: „… Ausgleich in Form neuer Gesellschaftsrechte …"). **51**

Der sich eine logische Sekunde nach Übertragung des vorletzten Mitunternehmeranteils durch die Anwachsung auf den verbleibenden Gesellschafter als natürliche Person oder PersGes (zu KapGes aber → Rn. 54f) vollziehende Vermögensübergang findet – als bloße Folge des vorangehenden Übertragungsvorganges – dagegen außerhalb des UmwStG statt; er ist gemäß § 6 Abs. 3 EStG – wie auch schon bisher – erfolgsneutral (so ausdrücklich: HMB/*Stengel* UmwStG Einf. A Rn. 246 mwN; *Schumacher/Neumann* DStR 2008, 325, 332; DPM/*Patt* UmwStG § 20 Rn. 177 mwN; s. aber **51a**

Frotscher/Drüen/*Mutscher* UmwStG § 20 Rn. 161; vgl. OFD Berlin v. 19.7.2002, DStR 2002, 1811, zur steuerlichen Behandlung der Anwachsung beim übernehmenden Rechtsträger; vgl. *Haase/Hruschka* (Hrsg.) UmwStG § 1 Rn. 118).

52 **Ertragsteuerliche Behandlung des einfachen (klassischen) Anwachsungsmodells *(Exkurs):*** Die Vollbeendigung einer Personengesellschaft durch Ausscheiden aller Gesellschafter bis auf einen und Fortführung des Unternehmens der Gesellschaft durch den verbleibenden Gesellschafter stellt – je nachdem, ob eine angemessene Abfindung für das Ausscheiden vereinbart ist – ertragsteuerlich entweder eine **entgeltliche** (§ 16 Abs. 1 Nr. 2 EStG) oder eine **unentgeltliche Übertragung** des Gesellschaftsanteils auf den übernehmenden Gesellschafter in Verbindung mit einer zivilrechtlichen Gesamtrechtsnachfolge in das Gesellschaftsvermögen dar (vgl. BFH v. 30.3.1989, I R 130/85, BFH/NV 1989, 780; v. 31.8.1995, VIII B 21/93, BStBl. II 1995, 890 mwN; v. 13.11.1997, IV R 18/97, BStBl. II 1998, 290; v. 10.3.1998, VIII 76/96, BStBl. II 1999, 269):

53 – Erhalten die Kommanditisten für ihr Ausscheiden aus der GmbH & Co. KG eine **angemessene Barabfindung oder eine andere Sachabfindung** liegt eine ESt- bzw. KSt-pflichtige, gewinnrealisierende Veräußerung (bzw. Tausch) iSd. § 16 Abs. 1 Nr. 2 EStG vor (*v. Proff* DStR 2016, 2227, 2231 mwN);

54 – erhalten die Kommanditisten **keine oder keine angemessene Entschädigung** für ihr Ausscheiden aus der GmbH & Co. KG, so stellt der Verzicht eines Gesellschafters der GmbH & Co. KG, der auch an der Komplementär-GmbH beteiligt ist, auf eine angemessene Entschädigung nach hM eine **verdeckte Einlage** der Ausscheidenden in die verbleibende Komplementär-GmbH dar, mit der Folge der **Realisation** der in den übertragenen Mitunternehmeranteilen enthaltenen stillen Reserven einschließlich eines Geschäfts- oder Firmenwerts (BFH v. 14.1.1993, IV R 121/91, BFH/NV 1993, 525 mwN; WM/*Widmann* UmwStG (SEStEG) § 20 Rn. R 211; Schmidt/*Wacker* EStG § 16 Rn. 513; SBB/*Sagasser/Bula/Abele* UmwStG § 29 Rn. 21; WM/*Mayer* Anh. 5: Einbringung Rn. 467; WM/*Widmann* Anh. 8 Rn. 36 mwN (Stand Juni 1986); *Binz/Sorg* UmwStG § 28 Rn. 33 mwN; DPM/*Patt* (5. Aufl.) UmwStG § 20 Rn. 146; *v. Proff* DStR 2016, 2227, 2231 f.; *Orth* DStR 1999, 1056 mwN; vgl. auch BFH v. 24.3.1987, I R 202/83, BStBl. II 1987, 705 zum Ansatz eines Firmenwerts bei verdeckter Einlage). Dies gilt unabhängig davon, ob die Anteile an der durch die verdeckte Einlage begünstigte Kapitalgesellschaft im Betriebsvermögen oder im Privatvermögen gehalten werden (WM/*Widmann* UmwStG (SEStEG) § 20 Rn. R 211).

54a Nach überwiegender Auffassung hat die aufnehmende Komplementär-GmbH die angewachsenen Wirtschaftgüter zum *Teilwert* anzusetzen (BFH v. 22.2.2009, X R 56/06, BFH/NV 2009, 1411; *Binz/Sorg* UmwStG § 28 Rn. 44; *v. Proff* DStR 2016, 2227, 2232 mwN): Nach der Rspr. des BFH führt die **verdeckte Einlage** von Wirtschaftsgütern aus dem Betriebsvermögen des Gesellschafters in das Vermögen der KapGes dazu, dass „die Einlagegüter nunmehr einem anderen Rechtsträger (Steuerrechtssubjekt) zuzurechnen sind. Da sich dieser Vermögenstransfer … unentgeltlich vollzieht, hat die empfangende Kapitalgesellschaft die eingelegten Wirtschaftsgüter gemäß § 8 Abs. 1 des Körperschaftsteuergesetzes (KStG) i. V. m. § 4 Abs. 1 Sätze 1 und 5, § 6 Abs. 1 Nr. 5 EStG grundsätzlich mit dem Teilwert zu bilanzieren. Damit korrespondierend hat der einlegende Gesellschafter grundsätzlich einen Entnahmegewinn (§ 4 Abs. 1 Satz 2 i. V. m. § 6 Abs. 1 Nr. 4 EStG) zu versteuern. Denn der verdeckten Einlage von einzelnen Wirtschaftsgütern aus dem Betriebsvermögen des einlegenden Gesellschafters geht grundsätzlich die vorherige Entnahme der nämlichen Wirtschaftsgüter aus dem Betriebsvermögen des Einlegenden voraus *(Nachweise)* … Diese Grundsätze gelten sinngemäß auch dann, wenn Gegenstand der verdeckten Einlage nicht nur einzelne Wirtschaftsgüter, sondern (ganze) Betriebe, Teilbetriebe oder Mitunternehmeranteile sind. Allerdings tritt in diesen Fällen an die Stelle der der verdeckten Einlage vorausgehenden Entnahme i. S. von § 4 Abs. 1 Satz 2 EStG der beim einlegenden Gesellschafter nach Maßgabe der § 16 Abs. 4, § 34 Abs. 1 und 2 Nr. 1 EStG begünstigt zu versteuernde Tatbestand der Betriebsaufgabe, Teilbetriebsaufgabe oder Aufgabe eines Mitunternehmeranteils *(Nachweise)*“ (BFH v. 20.7.2005, X R 22/02, BStBl. II 2006, 457; v. 11.2.2009, X R 56/06, BFH/NV 2009, 1411).

Anzusetzen sind in diesen Fällen grds. auch die stillen Reserven in den – idR als *Sonderbetriebsvermögen II* zu qualifizierenden (vgl. BFH v. 16.5.1995, VIII R 18/93, BStBl. II 1995, 714 unter 1. a); v. 30.3. 1993, VIII R 63/91, BStBl. II 1993, 706 unter II. 1. c) bb); v. 31.10.1989, VIII R 374/83, BStBl. II 1990, 677 mwN; zuletzt BFH v. 4.7.2007, X R 49/06, BStBl. II 2007, 772 zum Anteil an der Betriebskapitalgesellschaft bei Betriebsaufspaltung; Schmidt/*Wacker* EStG § 15 Rn. 517 mwN; s. hierzu *Schulze zur Wiesche* GmbHR 2008, 238) – **Anteilen an der Komplementär-GmbH** sowie in den evtl. vorhandenen, weiteren **Vermögensgegenständen des Sonderbetriebsvermögens** (SBB/*Sagasser*/*Bula*/*Abele* UmwStG § 29 Rn. 21; Schmidt/*Wacker* § 16 EStG Rn. 513 mwN; DPM/*Patt* (5. Aufl.) UmwStG § 20 Rn. 146 mwN). Eine **Ausnahme** von der Realisation der im Sonderbetriebsvermögen enthaltenen stillen Reserven gilt gemäß § 6 Abs. 5 Satz 2 Alt. 2 EStG dann, wenn die Vermögensgegenstände des Sonderbetriebsvermögens **in ein eigenes Betriebsvermögen** des ausscheidenden Mitunternehmers **übergehen** (also nicht Privatvermögen werden). Unterstellt im Ausgangssachverhalt würde eine einfache Anwachsung durchgeführt, fände diese Ausnahme somit für die von B-GmbH und C-GmbH & Co. KG gehaltenen Anteile an der ABC-Verwaltungs-GmbH Anwendung, nicht dagegen für die von A gehaltenen Anteile an der Komplementär-GmbH sowie die im Sonderbetriebsvermögen befindliche Produktionsmaschine. 55

Zum Fall des Ausscheidens der **nicht am Vermögen beteiligten Komplementär-GmbH** vgl. OFD Berlin v. 19.7.2002, DStR 2002, 1811. Hiernach findet kein Anschaffungsvorgang bei den verbleibenden Gesellschaftern statt; diese haben daher die bisherigen Buchwerte fortzuführen, ohne dass es der Regelung des § 6 Abs. 3 EStG bedarf. Anders DPPM/*Patt* (UmwStG § 20 Rn. 160, § 24 Rn. 77), wonach im Falle des Ausscheidens des nicht am Vermögen beteiligten Komplementärs aus einer GmbH & Co. KG und der darauffolgenden Anwachsung beim verbliebenen Kommanditisten zwingend die Buchwerte gemäß § 6 Abs. 3 EStG (analog) anzusetzen seien. 56

Eine **Vermeidung der Gewinnrealisierung** ist in den Fällen des einfachen Anwachsungsmodells auf eine KapGes **nicht** möglich (soweit die Ausscheidenden am Vermögen der Personengesellschaft beteiligt sind): 57

Die **Vorschrift des § 20 UmwStG** ist mangels der gesetzlich vorausgesetzten Ausgabe neuer Geschäftsanteile durch die aufnehmende Kapitalgesellschaft nicht anwendbar, mangels planwidriger Gesetzeslücke auch nicht im Wege der **Analogie** (hM; ausdrücklich: BFH v. 14.1.1993, IV R 121/91, BFH/NV 1993, 525 unter 4.; v. 18.12.1990, VIII R 17/85, BStBl. II 1991, 512; UmwSt-Erl., BMF v. 25.3.1998, BStBl. I 1998, 268 Tz. 20.04; HMB/*Stengel* UmwStG Einf. A Rn. 243, 244; *v. Proff* DStR 2016, 2227, 2232 mwN; *Orth* DStR 1999, 1056 mwN; Schmidt/*Wacker* EStG § 16 Rn. 513; *Haase/Hruschka* (Hrsg.) UmwStG § 20 Rn. 41; für eine Anwendung des § 20 UmwStG *de lege ferenda* sprechen sich ua. aus: *Binz/Sorg* UmwStG § 28 Rn. 35 mwN). Auch die Anwendung des **§ 6 Abs. 3 Satz 1 und 3 EStG** (= § 7 Abs. 1 EStDV aF) scheidet jedenfalls dann aus, wenn die verdeckte Einlage in eine Kapitalgesellschaft erfolgt, deren Anteile im Privatvermögen gehalten werden (BFH v. 18.12.1990, VIII R 17/85, BStBl. II 1991, 512 unter 4.a) zu § 7 Abs. 1 EStDV aF; Schmidt/*Kulosa* EStG § 6 Rn. 440 „Verdeckte Einlagen"; Schmidt/*Wacker* EStG § 16 Rn. 15, 23, 201, 513 mwN); unklar ist, ob dies auch gilt, wenn die Anteile an der Kapitalgesellschaft zum Betriebsvermögen gehören (bejahend: Schmidt/*Wacker* EStG § 16 Rn. 201 mwN; offen gelassen in BFH v. 20.7.2005, X R 2/02 BStBl. II 2006, 457 ff., da es im Entscheidungsfall um die verdeckte Einlage einer – nicht in § 7 Abs. 1 EStDV aF (jetzt § 6 Abs. 3 EStG) genannten – 100%igen Beteiligung an einer Kapitalgesellschaft ging).

Das einfache Anwachsungsmodell (mit Verzicht auf Abfindung) führt – soweit es sich bei den ausscheidenden Gesellschaftern um natürliche Personen handelt, welche die Anteile an der durch die verdeckte Einlage begünstigten Kapitalgesellschaft in ihrem Privatvermögen halten – zur Entstehung eines **Aufgabegewinns** gemäß § 16 Abs. 3 Satz 1 EStG (BFH v. 14.1.1993, IV R 121/91, BFH/NV 1993, 525 unter 1.; v. 18.12.1990, VIII R 17/85, BStBl. II 1991, 512 unter 2.; bestätigt durch BFH v. 20.7.2005, X R 2/02, BStBl. II 2006, 457 unter II.3.b, und BFH v. 22.2.2009, X R 56/06, BFH/NV 2009, 1411 unter II.2.b), welcher der Einkommen- bzw. Körperschaftsteuer, ggf. auch der Gewerbesteuer unterliegt. In den übrigen Fällen geht die Rspr. von einer der verdeckten Einlage vorangehenden **Entnahme** aus (vgl. BFH v. 20.7.2005, X R 2/02 aaO unter II. 3. a); s. iE WM/*Widmann* UmwStG (SEStEG) § 20 Rn. R 211, der u. a. für Kapitalgesellschaften sowie bei natürlichen Personen, 58 welche die Anteile an der begünstigten Kapitalgesellschaft im Betriebsvermögen halten, grundsätzlich von der Anwendung des § 6 Abs. 6 Satz 2 EStG ausgeht; zur Frage, ob auf die verdeckte Einlage eines Mitunternehmeranteils die Bestimmung des § 6 Abs. 3 Satz 1 EStG anwendbar ist, → Rn. 57). Soweit der Aufgabegewinn auf Anteile an Kapitalgesellschaften entfällt, ist – bis einschließlich VZ 2008 – grds. das Halbeinkünfteverfahren (§ 3 Nr. 40 Buchst. b Satz 2 iVm. Satz 1 EStG) bzw. – bei Kapitalgesellschaften als scheidende Gesellschafter – die Befreiung gem. § 8b Abs. 2 KStG (beachte das pauschalierte Betriebsausgabenverbot iHv. 5% gemäß § 8b Abs. 3 KStG) anwendbar; ab VZ 2009 findet das sog. Teileinkünfteverfahren Anwendung (40%ige Steuerbefreiung des auf die Kapitalgesellschaftsanteile entfallenden Aufgabegewinns). Korrespondierend zur Realisation der stillen Reserven auf Grund der Annahme einer verdeckten Einlage erhöhen sich die **Anschaffungskosten** der Anteile an der aufnehmenden Kapitalgesellschaft (Komplementär-GmbH), § 6 Abs. 6 Satz 2 EStG.

58a **Zu beachten** ist im Zusammenhang mit verdeckten Einlagen auch die Neuregelung des **§ 7 Abs. 8 ErbStG** durch das BeitrRLUmsG v. 7.12.2011 (BGBl. I 2012, 2592). Führt ein Gesellschafter einer Kapitalgesellschaft im Wege einer offenen oder verdeckten Einlage einen Vermögenswert zu und erhöht sich infolge dieses Vermögenszugangs der gemeine Wert sämtlicher Anteile an der Kapitalgesellschaft, stellte die Werterhöhung der Beteiligungsrechte der anderen Gesellschafter nach bisheriger Rspr. des BFH grundsätzlich keine nach § 7 Abs. 1 Nr. 1 ErbStG steuerbare Zuwendung dar (ausdrücklich: BFH v. 9.12.2009, II R 28/08, BStBl. II 2010, 566; v. 25.10.1995, II R 67/93, BStBl. II 1996, 160). Durch das BeitrRLUmsG sind in § 7 Abs. 8 und § 15 Abs. 4 ErbStG Regelungen eingefügt worden, welche die bisherige Rechtslage für Erwerbe, für welche die Steuer nach dem 13.12.2011 entsteht, entscheidend verändern. Für betroffene Erwerbe fingiert § 7 Abs. 8 Satz 1 ErbStG eine Schenkung zwischen dem an eine Kapitalgesellschaft Leistenden und der natürlichen Person oder Stiftung, die an der Kapitalgesellschaft unmittelbar oder mittelbar beteiligt ist, und deren Anteile an der Gesellschaft durch die Leistung im gemeinen Wert steigen. Siehe iE und zur Anwendung der Neuregelung Gleichl. Ländererlasse v. 14.3.2012, BStBl. I 2012, 331; Oberste FinBeh der Länder v. 20.4.2018, DStR 2018, 1178. u. *Viskorf/ Haag* DStR 2012, 1166).

Grds. zur handelsrechtlichen und ertragsteuerrechtlichen Behandlung der **verdeckten Einlage** → Form. D.6 Rn. 153 ff., 163 ff.

2. Anwendung der §§ 20, 22 und 23 UmwStG

59 Für die Anwendung der §§ 20, 22 und 23 UmwStG auf die Einbringung der Kommanditgesellschaftsanteile im Rahmen der erweiterten Anwachsung gelten die unter → Form. D.6 Rn. 63 ff. näher dargestellten Grundsätze und Einschränkungen (siehe insbesondere das **Prüfungsschema** in → Form. D.6 Rn. 68a), dh. insbesondere die nachfolgend im Überblick dargestellten **Voraussetzungen für eine Buchwertfortführung** (→ Rn. 60 bis 62). Zusätzlich setzt die Anwendbarkeit der Bestimmungen des Umwandlungssteuerrechts insbesondere im Bereich der Übertragung von Mitunternehmeranteilen das Nichtvorliegen des **§ 50i Abs. 2 EStG** (→ Rn. 62a und 62b) voraus:

60 – Eröffnung des **sachlichen Anwendungsbereichs** des Sechsten Teils des UmwStG (hierzu allgemein → Form. D.4 Rn. 69): Anders als nach früherem Recht setzt die Anwendung der Bestimmungen des Sechsten Teils des UmwStG 2006 (§§ 20 bis 23 UmwStG) auf Einbringungssachverhalte gemäß § 1 Abs. 3 Nr. 4 UmwStG voraus, dass die Einbringung im Wege der Einzelrechtsnachfolge erfolgt. Davon erfasst sind insb. (a) die *Sacheinlage bei Gründung* einer inländischen oder ausländischen Kapitalgesellschaft, (b) die *Sachkapitalerhöhung* durch Gesellschaftereinlagen einer inländischen oder ausländischen Kapitalgesellschaft, sowie (c) nach Auffassung der FinVerw

(UmwSt-Erl. 2011, BMF v. 11.11.2011; BStBl. I 2011, 1314 Tz. E 01.44 Buchst. cc) sowie der hA in der Literatur (→ Rn. 50ff.) auch die Fälle der sog. erweiterten Anwachsung (zur verschleierten Sachgründung → Form. D.6 Rn. 153ff.);

- neben dem sachlichen Anwendungsbereich hat das SEStEG v. 7.12.2006 (BGBl. I 2006, 2782) erstmals **einen persönlichen Anwendungsbereich** für die Anwendung des § 20 UmwStG eingeführt (s. hierzu UmwSt-Erl. 2011, BMF v. 11.11. 2011, BStBl. I 2011, 1314 Tz. 01.53ff.): Während nach altem Recht als Einbringende sämtliche natürliche Personen sowie sämtliche in § 1 Abs. 1 KStG aufgeführten Körperschaften, Personenvereinigungen und Vermögensmassen in Betracht kamen (vgl. UmwSt-Erl. 1998, BMF v. 25.3.1998, BStBl. I 1998, 268 Tz. 20.05; RHL/*Herlinghaus* UmwStG § 20 Rn. 120 mwN), muss der **Einbringende** nach den durch das SEStEG v. 7.12.2006 (BGBl. I 2006, 2782) geänderten Regelungen zwingend die Voraussetzungen des § 1 Abs. 4 Satz 1 Nr. 2 UmwStG erfüllen; hierbei handelt es sich im Wesentlichen um das **Erfordernis der Ansässigkeit** des Einbringenden in einem Mitgliedsstaat des EU-/EWR-Gebietes (zu Einzelheiten → Form. D.4 Rn. 69a). Auch die **übernehmende Gesellschaft** hat gemäß § 1 Abs. 4 UmwStG bestimmte Ansässigkeitserfordernisse zu erfüllen: Gemäß § 1 Abs. 4 Satz 1 Nr. 1 iVm. § 1 Abs. 2 Satz 1 Nr. 1 UmwStG iVm. § 20 Abs. 1 UmwStG kommen als übernehmende Rechtsträger in Betracht: Kapitalgesellschaften sowie Genossenschaften, welche die Ansässigkeitsvoraussetzungen des § 1 Abs. 2 Satz 1 Nr. 1 UmwStG erfüllen (dh. Gründung nach den Vorschriften eines Mitgliedsstaates des EU-/EWR-Gebietes; Sitz und Ort der Geschäftsleitung im EU-/EWR-Gebiet). Dies ist für inländische Kapitalgesellschaften wie GmbH, AG sowie KGaA und die Europäische Gesellschaft (SE) sowie inländische und Europäische Genossenschaften (iSd. VO 1435/2003/EG v. 22.7.2003, ABl. EG Nr. L 207, 1ff.) unproblematisch (zu ausländischen Gesellschaften → Form. D.4 Rn. 69b und die dortigen Nachweise); **60a**
- Übertragung des Mitunternehmeranteils **einschließlich aller** zugehörigen **wesentlichen Betriebsgrundlagen** (→ Form. D.6 Rn. 71f.; zur erforderlichen Übertragung von **wesentlichem Sonderbetriebsvermögen,** insb. dem Schicksal der Beteiligung an der Komplementär-GmbH → Rn. 86ff.); **60b**
- Sicherstellung, dass das übernommene Betriebsvermögen später bei der übernehmenden Körperschaft der **Besteuerung mit Körperschaftsteuer unterliegt** vgl. (§ 20 Abs. 2 Satz 2 Nr. 1 UmwStG; hierzu → Form. D.4 Rn. 73a); **60c**
- **Nichtvorhandensein eines negativen Kapitals:** die Passivposten des eingebrachten Betriebsvermögens dürfen die Aktivposten nicht übersteigen, wobei das Eigenkapital nicht zu berücksichtigen ist (§ 20 Abs. 2 Satz 2 Nr. 2 UmwStG; hierzu → Form. D.4 Rn. 73b und zur Möglichkeit des Ausgleichs eines negativen Kapitalkontos vor der Einbringung durch Einlage → Form. D.6 Rn. 75d). Wie schon bisher wird eine Wertaufstockung des steuerlichen Eigenkapitals „auf Null" erzwungen (*Strahl* KÖSDI 2007, 15445; *Ott* StuB 2007, 10, 13); **61**
- Einhaltung der für Einbringungen ab 1.1.2015 hinsichtlich **sonstiger Gegenleistungen** eingeführten relativen und absoluten Schranken gemäß § 20 Abs. 2 Satz 2 Nr. 4 UmwStG, → Form. D.4 Rn. 72a und 72b mit Beispielen zu Wirkungsweise der Neuregelung, sowie → Form. D.4 Rn. 73c auch zum Begriff der sonstigen Gegenleistungen; siehe zum **Zurückbehalt einer Forderung** des Sonderbetriebsvermögens als (schädliche) sonstige Gegenleistung ausführlich *Schaaf/Hannweber* DStZ 2016, 155 mwN; **61a**
- **kein Ausschluss des Besteuerungsrecht der Bundesrepublik Deutschland** hinsichtlich der Besteuerung des **Gewinns aus der Veräußerung** des eingebrachten Vermögens bei der übernehmenden Gesellschaft (§ 20 Abs. 2 Satz 2 Nr. 3 UmwStG; → Form. D.4 Rn. 73d mwN und → Form. D.6 Rn. 76ff. mwN); **62**

62a – **keine Anwendbarkeit des § 50i Abs. 2 EStG:** Gemäß § 50i Abs. 2 EStG sind bei Umwandlung oder Einbringung bestimmter Sachgesamtheiten, abweichend von den Privilegierungen des UmwStG, stets die gemeinen Werte anzusetzen.
Nach der deutlichen Einschränkung des **§ 50i EStG** durch das sog. Anti-BEPS-Gesetz v. 20.12.2016 (BGBl. I 2016, 3000) fallen in den Anwendungsbereich des § 30i Abs. 1 EStG nur noch solche Sachgesamtheiten, die **(a)** Wirtschaftsgüter oder Anteile iSd. § 17 EStG enthalten, welche **(b)** vor dem 29.6.2013 in das Betriebsvermögen einer gewerblich geprägten Personengesellschaft (iSd. § 15 Abs. 3) EStG übertragen oder überführt worden (§ 50i Abs. 1 Satz 2 Nr. 1 EStG), bei denen **(c)** eine Besteuerung der stillen Reserven im Zeitpunkt der Übertragung oder Überführung unterblieben ist (§ 50i Abs. 1 Satz 2 Nr. 2 EStG), und **(d)** das Besteuerungsrecht Deutschlands an der Entnahme oder Veräußerung ungeachtet des in § 50i Abs. 1 EStG enthaltenen Treaty Override vor dem 1.1.2017 ausgeschlossen oder beschränkt wurde (§ 50i Abs. 1 Satz 2 Nr. 3 EStG). Nach der geänderten Fassung des § 50i EStG steht damit (zweifelsfrei) fest, dass reine Inlandsfälle nicht von dem Anwendungsbereich des § 50i Abs. 1 EStG – und damit auch nicht von dem des § 50i Abs. 2 EStG – erfasst sind (*Liekenbrock* DStR 2017, 177, 178). Der Billigkeitsregelung des BMF-Schreibens v. 21.12.2015 (DStR 2016, 65) bedarf es insoweit nicht mehr (weshalb dieses auch aufgehoben wurde durch BMF v. 5.1.2017, BStBl. I 2017, 32).

62b Zu den Einzelheiten und möglichen Gestaltungen siehe *Klein/Rippert* iStR 2019, 439; *Haag* ZErb 2018, 262; *Koch* BB 2017, 2413, 2414; *Liekenbrok* DStR 2017, 177 mit Beispielen; *Ditz/Quilitzsch* DStR 2017, 281, 291 f. und → Form. A.8 Rn. 132.

63 Maßgeblich für die **Ausübung des Wahlrechts** nach § 20 UmwStG und damit für

64 – die **Besteuerung des Einbringenden** (zu den ertragsteuerlichen Folgen eines Ansatzes zum Buchwert, Zwischenwert oder gemeinen Wert → Rn. 103 ff. und → Form. D.6 Rn. 96 ff.; zur unterschiedlichen Ausübung des Wahlrechts bei mehreren Einbringenden → Rn. 81 ff.),

65 – die Bestimmung der **Anschaffungskosten der** vom Einbringenden erhaltenen **neuen Anteile** (angesetzter Wert = Anschaffungskosten der Gesellschaftsanteile; § 20 Abs. 3 Satz 1 UmwStG), sowie

66 – die **Höhe der AfA-Bemessungsgrundlage** bei der aufnehmenden Kapitalgesellschaft (bei Buchwertansatz: Eintritt in die steuerliche Rechtsstellung des Rechtsvorgängers, unter Anrechnung der Vorbesitzzeiten; § 23 Abs. 1 UmwStG iVm. § 4 Abs. 2 Satz 3, § 12 Abs. 3 HS 1 UmwStG; zur Auswirkung der ertragsteuerlichen Qualifikation der Anwachsung – Einzelrechtsnachfolge oder Gesamtrechtsnachfolge – für die Anwendung des § 23 Abs. 4 UmwStG → Rn. 108),

67 ist auch im Fall der erweiterten Anwachsung zum einen der **Ansatz** der eingebrachten Mitunternehmeranteile (bzw. des durch die Anwachsung übergehenden Vermögens) **in der Steuerbilanz** der aufnehmenden Kapitalgesellschaft (hier: der Komplementärin ABC-Verwaltungs-GmbH); allerdings gelten mit Bezug auf den Einbringungsgegenstand „Mitunternehmeranteil" und die Anwachsung **einige Besonderheiten** (nachfolgend → Rn. 68 bis 72). Darüber hinaus hat – nach überwiegender Auffassung im Schrifttum – die übernehmende Gesellschaft (vgl. WM/*Widmann* UmwStG (SEStEG) § 20 Rn. R 417; RHL/*Herlinghaus* UmwStG § 20 Rn. 149 mwN) einen entsprechenden, unwiderruflichen **Antrag** mit Blick auf einen Ansatz zu Buchwertem zu stellen. Das (= Antrag durch die übernehmende Gesellschaft) gilt nach UmwSt-Erl. 2011, BMF v. 11.11.2011, BStBl. I 2011, 1314 Tz. 20.22 Satz 1 auch in den Fällen der Einbringung von Mitunternehmeranteilen – entgegen der Rspr. des BFH zur Rechtslage vor dem SEStEG (vgl. BFH v. 30.4.2003, I R 102/01, BStBl. II 2004, 804 – → Rn. 68). An die in der Handelsbilanz angesetzten Werte ist die übernehmende Ge-

sellschaft für Zwecke der Steuerbilanz nicht gebunden; der Maßgeblichkeitsgrundsatz gilt nach Inkrafttreten des SEStEG am 13.12.2006 nicht mehr (s. Gesetzesbegründung BT-Drs. 16/2710 S. 43; RHL/*Herlinghaus* UmwStG § 20 Rn. 147; DPM/*Patt* UmwStG (SEStEG) § 20 Rn. 210; Blümich/*Nitzschke* UmwStG 2006 § 20 Rn. 90; auch → Form. D.4 Rn. 89). Das Wahlrecht kann **nur einheitlich** (aber → Form. D.4 Rn. 74) ausgeübt werden (DPM/*Patt* UmwStG § 20 Rn. 190; RHL/*Herlinghaus* UmwStG § 20 Rn. 153). Der Antrag ist **spätestens** mit Abgabe der steuerlichen Schlussbilanz bei dem für Besteuerung der übernehmenden Gesellschaft zuständigen Finanzamt zu stellen (§ 20 Abs. 2 Satz 3 UmwStG). Zu weiteren Einzelheiten der Antragstellung, wie Form und Inhalt, spätester Zeitpunkt, Adressat sowie **nachträgliche Änderungen des Antrags** s. UmwSt-Erl. 2011, BMF v. 11.11.2011, BStBl. I 2011, 1314 Tz. 20.24 und Tz. 03.29f.; auch → Form. D.4 Rn. 74 mwN; WM/*Widmann* UmwStG (SEStEG) § 20 Rn. R 420ff.; RHL/*Herlinghaus* UmwStG § 20 Rn. 150ff.; Frotscher/Drüen/*Mutscher* UmwStG § 20 Rn. 238ff.; kritisch über die Vielzahl von Unklarheiten WM/*Widmann* UmwStG (SEStEG) § 20 Rn. R 417: „negative Meisterleistung“.

Vor dem Hintergrund des Entfalls der Maßgeblichkeit des Handelsbilanzansatzes für die Steuerbilanz sei nur am Rande angemerkt, dass die bilanzielle Erfassung von Mitunternehmeranteilen in der Handelsbilanz und in der Steuerbilanz sich insoweit **unterscheidet,** als für Handelsbilanzzwecke die Beteiligung ein selbstständiges Wirtschaftsgut darstellt, das grds. nach allgemeinen Grundsätzen mit seinen Anschaffungskosten (§ 255 Abs. 1 HGB) anzusetzen ist (vgl. BeBiKo/*Ellrott/Gutike* § 255 HGB Rn. 141, 158). Demgegenüber stellt der Mitunternehmeranteil ertragsteuerrechtlich **kein** eigenständiges Wirtschaftsgut dar und wird somit in der Steuerbilanz nicht als eigenständiges Wirtschaftsgut angesetzt; der handelsbilanzielle Wertansatz einer Beteiligung an einer Personengesellschaft (Mitunternehmerschaft) ist daher ertragsteuerlich (ohnehin) **ohne Bedeutung** (unstr.: BFH v. 24.3.1999, I R 114/97, BStBl. II 2000, 399 zu B. IV. 1. b); v. 23.7.1975, I R 165/73, BStBl. II 1976, 73f.; v. 6.11.1985, I R 242/81, BStBl. II 1986, 333; *Bürkle/Knebel* DStR 1998, 1067ff. mwN). Zur **Bilanzierung der Anwachsung** nach Handelsrecht und nach IFRS siehe → Rn. 75 mwN, sowie SBB/*Sagasser/Bula/Abele* § 29 Rn. 11ff.; 17ff.; allgemein zu Bilanzierungsfragen beim Formwechsel einer GmbH & Co. KG in eine GmbH siehe *Kubik/Münch* BB 2019, 1194. 68

Wie ausgeführt gelten die vorstehenden Grundsätze (→ Rn. 67) zur Ausübung des Wahlrechts nach UmwSt-Erl. 2011, BMF v. 11.11.2011, BStBl. I 2011, 1314 Tz. 20.22 Satz 1 auch in den Fällen der Einbringung von Mitunternehmeranteilen, so dass auch bei Einbringung von Mitunternehmeranteilen das Wahlrecht durch die übernehmende Gesellschaft ausgeübt werden soll. Allerdings erscheint diese Auffassung der FinVerw. für die Fälle, in denen nach der Einbringung die Mitunternehmerschaft **fortbesteht,** nicht sachgerecht: Nach früherer Rechtslage war bei Einbringung von Mitunternehmeranteilen nach BFH v. 30.4.2003 (I R 102/01, BStBl. II 2004, 804; Anm. *Haritz/Herrmann* GmbHR 2003, 1220) – trotz des Wortlauts des § 20 Abs. 2 UmwStG 1995 – nicht die Bilanzierung auf der Ebene der aufnehmenden Kapitalgesellschaft, sondern der Wertansatz bei der Mitunternehmerschaft, deren Anteile übertragen werden, einschließlich der Ergänzungsbilanzen für den Einbringungsgewinn (und die weitere Besteuerung) maßgeblich; in diesen Fällen wurde die Regelung des § 20 Abs. 2 UmwStG 1995 im Ergebnis verdrängt. Nach der Änderung des § 20 UmwStG durch das SEStEG v. 7.12.2006 (BGBl. I 2006, 2782) hängt die Ausübung des Wahlrechts nun ausdrücklich von einem **Antrag** der übernehmenden Gesellschaft ab. Die Auffassung der FinVerw. ist mE nicht eindeutig: Zwar spricht UmwSt-Erl. 2011, BMF v. 11.11.2011, BStBl. I 2011, 1314 Tz. 20.22 davon, dass „auch bei der Einbringung von Mitunternehmeranteilen … der Antrag durch die übernehmende Kapitalgesellschaft“ zu stellen ist. Dabei wird allerdings nicht differenziert, ob die Mitunternehmerschaft nach der Einbringung fortbesteht oder infolge der Einbringung untergeht. ME dürfte nur in den Fällen, in denen die Mitunternehmerschaft untergeht (wie in dem im Formular zugrunde gelegten Fall durch Anwachsung) ein Antrag 69 durch die übernehmende Kapitalgesellschaft sinnvoll sein. In den übrigen Fällen (dh bei Fortbestehen der Mitunternehmerschaft) ist die vorgenannte Rspr. des BFH auch für das UmwStG 2006 zu beachten (so auch DPM/*Patt* UmwStG § 20 Rn. 212; *Lademann/Jäschke* UmwStG § 20 Rn. 21 und 72 mwN; *Schießl,* Der neue Umwandlungssteuer-Erlass, S. 332. **AA:** *Schmitt/Schloßmacher* UmwStE 2011, S. 257; SRS UmwSt-Erlass 2011 § 20 Tz. 20.34 mwN; im Ergebnis (wenn auch kritisch): FGS/*Hötzel/Kaeser,* Der Umwandlungssteuer-Erlass 2011, S. 348ff., 349.), so dass es bei Einbringung von Mitunternehmeranteilen und Fortbestehen der Mitunternehmerschaft das Bewertungswahlrecht **nicht** in der Steuerbilanz der Kapitalgesellschaft, sondern in der **Steuerbilanz der Personengesellschaft,** deren Anteile übertragen werden, ausgeübt wird. In der Praxis dürften sich solche Fälle nur im Wege der verbindlichen Auskunft rechtssicher gestalten lassen (*Kroener/Momen* DB 2012, 71, 77). Über den Ansatz entscheidet allerdings nicht die Personengesellschaft, sondern die aufnehmende Kapitalgesellschaft im Rahmen der Erstellung ihrer steuerlichen Ergänzungsbilanz (UmwSt-Erl. 2011, BMF v. 11.11.2011, BStBl. I 2011, 1314 Tz. 20.22 Satz 2; WM/*Widmann* UmwStG (SEStEG) § 20 Rn. R 452).

70 Denn nach allgemeinen Grundsätzen stellt der Mitunternehmeranteil aus steuerlicher Sicht kein Wirtschaftsgut dar (vgl. BFH v. 6.11.1985, I R 242/81, BStBl. II 1986, 333 und die weiteren Nachweise oben) und ist in der Steuerbilanz der aufnehmenden Kapitalgesellschaft zwar **auszuweisen,** jedoch **nicht zu bewerten.**

Nach Ansicht des BFH obliegt die Bewertung vielmehr der Personengesellschaft. In deren Steuerbilanz sei das Bewertungswahlrecht für das Wirtschaftsjahr auszuüben, in welches die Einbringung fällt. Sofern anlässlich der Einbringung stille Reserven aufgedeckt würden, sei für die aufnehmende Kapitalgesellschaft (als neue Kommanditistin) eine Ergänzungsbilanz aufzustellen, in der der Betrag, um den der von der Kapitalgesellschaft gewählte Ansatz den Buchwert des Mitunternehmeranteils übersteige, auf die Wirtschaftsgüter der Mitunternehmerschaft zu verteilen seien (BFH v. 30.4.2003, I R 102/01, BStBl. II 2004, 804 zu II. 2. a) mit Hinweis auf WM/*Widmann* UmwStG § 20 Rn. 686; *ders.* UmwStG § 24 Rn. 141.3; HMB/ *Menner* UmwStG § 20 Rn. 189).

71 BFH v. 30.4.2003, I R 102/01 (BStBl. II 2004, 804) bezieht sich allerdings auf Fälle, in denen die Mitunternehmerschaft, deren Anteile übertragen werden, nach der Einbringung fortbesteht. In den (wie im Formularfall gelagerten) Fällen, in denen durch die Übertragung der Mitunternehmeranteile die Personengesellschaft durch Anwachsung erlischt, entfällt die bilanzielle Erfassung des Übertragungsvorgangs auf der Ebene der Mitunternehmerschaft. Dementsprechend dürfte es mE in den Fällen der Anwachsung – auch für das UmwStG 2006 – bei der vor diesem Urteil geltenden Rechtslage bleiben: Danach erfolgt die Ausübung des Wahlrecht nach § 20 Abs. 2 Satz 2 UmwStG in den Fällen der Einbringung von Mitunternehmeranteilen allein in der **Steuerbilanz** der *aufnehmenden Kapitalgesellschaft* (für das UmwStG 1995 vgl. DPM/*Patt* (5. Aufl.) UmwStG § 20 Rn. 169).

72 Wird der erhaltene Mitunternehmeranteil zum Wert des steuerlichen Kapitalkontos (einschließlich Ergänzungsbilanzen und Sonderbetriebsvermögen) angesetzt (bzw. fortgeführt), bleiben die Einbringung und die nachfolgende Anwachsung **steuerneutral.** Zum **Zeitpunkt** (und zur Art und Weise) der Ausübung des Bewertungswahlrechts nach § 20 Abs. 2 UmwStG → Form. D.6 Rn. 114 bis 117 mwN.

73 Die erweiterte Anwachsung ist **handelsbilanziell** in zwei Teilakte zu unterteilen und buchhalterisch in zwei Schritten (als laufende Geschäftsvorfälle **ab dem Zeitpunkt** ihrer Durchführung) zu erfassen: die Sacheinlage und die (auf erstere unmittelbar folgende) Anwachsung:

74 – Bei **Sacheinlagen** besteht für die aufnehmende Kapitalgesellschaft handelsbilanzrechtlich grds. ein **Wahlrecht** (s. Einzelheiten bei *ADS* § 255 HGB Rn. 97 mwN; BeBiKo/*Ellrott/Gutike* HGB § 255 Rn. 146; RS HFA 18) hinsichtlich des Ansatzes der für die ausgegebenen Anteile erhaltenen Wirtschaftsgüter (hier: der Kommanditgesellschaftsanteile an der ABC-GmbH & Co. KG): (1) Ansatz mit den Anschaffungskosten (§ 255 Abs. 1 HGB), konkret mit dem Betrag, der dem *Nennbetrag* (oder *dem festgesetzten höheren Ausgabebetrag*) der gewährten Anteile entspricht (hier: insgesamt 3000.– EUR), oder (2) Ansatz mit dem *höheren Zeitwert*.

Im **ersten** Fall setzt der Ansatz voraus, dass der Zeitwert (mindestens) so hoch ist wie der festgelegte Ausgabebetrag der Anteile (vgl. zu den Folgen bei Unterschreiten: *ADS* HGB § 255 Rn. 96 mwN); soweit der Zeitwert den Ausgabebetrag übersteigt, können im ersten Fall zulässigerweise stille Reserven gebildet werden. Ein Ansatz nach der **zweiten** Alternative setzt allerdings voraus, dass dies nicht den Vereinbarungen der Parteien widerspricht. Der über den Nennbetrag der ausgegebenen Anteile hinausgehende Betrag ist – sofern andere Anweisungen der Gesellschafter fehlen – nach § 272 Abs. 2 Nr. 1 HGB in die Kapitalrücklage einzustellen (*ADS* HGB § 255 Rn. 97 mwN). Sofern die Beteiligten ausdrücklich eine Einbringung zu Buchwerten vereinbart haben, dürfte mE nur dann Raum für eine Höherbewertung bestehen, wenn die Buchwerte die Nennbeträge der neuen Stammeinlagen übersteigen, anderenfalls bilden die Nennbeträge den Höchstansatz *(Anmerkung: im Formular offen gelassen)*.

– Durch die **Anwachsung** treten die Werte der einzelnen übergehenden Vermögensgegenstände und Schulden – erfolgsneutral – an die Stelle des nach vorstehenden Grundsätzen zum Ansatz der Sacheinlage ermittelten Beteiligungsbuchwerts (*ADS* HGB § 255 Rn. 101). Zur Anpassung (in der Praxis regelmäßig) bestehender Differenzen zwischen diesem Beteiligungsbuchwert und dem Saldo der Aktiva und Passiva der untergehenden Personengesellschaft bestehen zwei Möglichkeiten: **(1)** Auf- oder Abstockung der handelsrechtlichen Buchwerte (zu Methoden: *ADS* HGB § 255 Rn. 104ff. mwN); **(2)** Fortführung der Werte der Handelsbilanz der Personengesellschaft (in entspr. Anwendung von § 24 UmwG) und Ausweis eines Anwachsungsgewinns oder -verlustes. Vgl. *RS* HFA 42 Verschmelzungen Tz. 41ff zur handelsbilanziellen Behandlung von Verschmelzungsvorgängen mit Kapitalerhöhung beim aufnehmenden Rechtsträger sowie in Abgrenzung zum Formwechsel RS HFA 41 Tz. 8ff. **75**

In den Fällen der erweiterten Anwachsung ist – ebenfalls **auf Antrag** (eine besondere Form ist hierfür nicht vorgesehen, so dass der Antrag auch konkludent gestellt werden kann, zB durch einen rückwirkenden Ertrags- und/oder Vermögensansatz in der Steuererklärung (ausdrücklich BFH v. 19.12.2018, I R 1/17, BB 2019, 2224, Tz. 15); hierzu und zur Frist → Form. D.6 Rn. 121) – eine **Rückbeziehung der Einbringung** für Zwecke der ESt, KSt und GewSt (vgl. → Form. D.6 Rn. 123) gemäß § 20 Abs. 6 Satz 3 UmwStG um bis zu **acht Monate** möglich; die Bestimmung sieht hierfür zwei voneinander grds. unabhängige Fristen vor, die **beide** eingehalten werden müssen: Ausgangspunkt für die Ermittlung des größtmöglichen Rückbeziehungszeitraums ist der spätere der beiden folgenden Zeitpunkte: (a) Tag des Abschlusses des Einbringungsvertrages (zu dessen Rechtsnatur: HMB/*Menner* UmwStG § 20 Rn. 306), (b) Zeitpunkt, an dem „das eingebrachte Betriebsvermögen auf die übernehmende Gesellschaft übergeht". Als Zeitpunkt des Übergangs des eingebrachten Vermögens ist – wie auch schon bisher – der Übergang des wirtschaftlichen Eigentums zu verstehen (RHL/*Herlinghaus* UmwStG § 20 Rn. 235; DPM/*Patt* UmwStG § 20 Rn. 310; vgl. UmwSt-Erl. 2011, BMF v. 11.11.2011, BStBl. I 2011, 1314 Tz. 20.13); dementsprechend ist dieser Zeitpunkt bei beweglichen Wirtschaftsgüter und Grundstücken (erst) mit Übergang von Besitz, Gefahr, Nutzungen und Lasten gemäß den Bestimmungen des Einbringungsvertrages gegeben. **76**

Ist **beispielsweise** der Einbringungsvertrag über ein Teilbetrieb am 31.5.01 abgeschlossen worden **77**
und sieht dieser den Übergang von Nutzen und Lasten zum 31.8.01 vor, kann eine Rückbeziehung maximal bis zum 31.12.00 gewählt werden. Würde dagegen der Einbringungsvertrag den Übergang von Nutzen und Lasten erst zum 30.9.01 vorsehen, könnte eine Rückbeziehung nur bis zum 31.1.01 zurückreichen. Sofern die steuerlichen Auswirkungen der Einbringung in den der Einbringung vorangehenden Veranlagungszeitraum verlagert werden sollen, ist bei Gestaltung des Einbringungsvor-

ganges (auch) auf den Zeitpunkt des Übergangs des wirtschaftlichen Eigentums auf den Übernehmer zu achten (zur Rückbeziehung: → Form. D.6 Rn. 119 ff.) Im Formular ist der Zeitpunkt des Wirksamwerdens der Einbringung auf den 31.12.01 festgesetzt. Soweit der Einbringungsvertrag und/oder der Übergang des wirtschaftlichen Eigentums **nach** diesem Zeitpunkt abgeschlossen werden bzw. übergehen, ist darauf zu achten, beide Bedingungen bis spätestens zum 31.8.02 erfüllt zu haben.

78, 79 *einstweilen frei*

3. Besonderheiten des erweiterten Anwachsungsmodells

80 Bei der erweiterten Anwachsung sind neben den allgemeinen Grundsätzen einige **Besonderheiten** zu beachten, die sich insbesondere aus der Kombination von Sacheinlage und Anwachsung sowie aus dem Einbringungsgegenstand „Mitunternehmeranteil" ergeben:

a) Einbringender

81 Fraglich ist im Rahmen der erweiterten Anwachsung zunächst, wer als **Einbringender iSd. § 20 Abs. 1 Satz 1 UmwStG** anzusehen ist, die Mitunternehmerschaft insgesamt oder jeder einzelne Mitunternehmer. Die **Person des Einbringenden** bestimmt etwa [sprachlich holprig](a) welcher Person die Geschäftsanteile zu gewähren sind, (b) auf welcher Ebene die Gewinnrealisation stattfindet und (c) wem diese gegebenenfalls steuerlich zuzurechnen ist. Zudem ist die Person des Einbringenden auch für die Frage der Ausübung des Wahlrechts von Bedeutung (→ Rn. 82); und schließlich trifft den Einbringenden insb. die Nachweispflicht gemäß § 22 Abs. 3 UmwStG. Auch wenn im wirtschaftlichen Ergebnis der Betrieb der Mitunternehmerschaft in die Komplementär-GmbH eingebracht wird, handelt es sich nach – zutreffender – Ansicht des BFH bei der Übertragung sämtlicher Anteile an einer Mitunternehmerschaft um den Fall der Einbringung mehrerer Mitunternehmeranteile, wobei als Einbringende die **jeweiligen Mitunternehmer** anzusehen sind, und **nicht** etwa um die Einbringung eines „Betriebs" iSv. § 20 Abs. 1 UmwStG durch die Mitunternehmerschaft (BFH v. 16.2.1996, I R 183/94, BStBl. II 1996, 342 zu II. 1. c) mwN; ebenso: WM/*Widmann* UmwStG § 20 Rn. 6, 92, 93 mwN; *Binz/Sorg* UmwStG § 28 Rn. 7 mwN; vgl. DPM/*Patt* UmwStG § 20 Rn. 169; s. auch DPM/*Patt* (5. Aufl.) UmwStG § 20 Rn. 21 ff. mwN und Rn. 136 f.; differenzierend: HMB/*Menner* UmwStG § 20 Rn. 14, 80 mwN; SHS/*Schmitt* UmwStG § 20 Rn. 190 ff., 192 mwN). Diesbezüglich enthält der UmwSt-Erl. 2011, BMF v. 11.11.2011, BStBl. I 2011, 1314 eine Änderung gegenüber dem UmwSt-Erl. 1998, BMF v. 25.3.1998, BStBl. I 1998, 268: Bei einer Einbringung durch eine Mitunternehmerschaft waren nach bisheriger Auffassung der FinVerw. **stets** die Mitunternehmer (nicht die Personengesellschaft) als Einbringende anzusehen (UmwSt-Erl. 1998, BMF v. 25.3.1998, BStBl. I 1998, 268 Tz. 20.05). Dagegen ist nun grundsätzlich danach zu **differenzieren,** ob die „einbringende Personengesellschaft infolge der Einbringung fortbesteht" (UmwSt-Erl. 2011, BMF v. 11.11.2011, BStBl. I 2011, 1314 Tz. 20.03 Abs. 1 Satz 1 – siehe hierzu: *Schneider/Ruoff/Sistermann* FR 2012, 1, 8 mwN; *Kotyrba/Scheunermann* BB 2012, 223, 226 f.; *Benz/Rosenberg* DB 2012, Beilage 1 S. 38, 39):

- Geht die Personengesellschaft anlässlich der Einbringung unter und werden die als Gegenleistung ausgegebenen Anteile den Gesellschaftern der Personengesellschaft zugerechnet, so sollen Letztere die Einbringenden sein (UmwSt-Erl. 2011, BMF v. 11.11.2011, BStBl. I 2011, 1314 Tz. 20.03 Abs. 1 Satz 2);
- bleibt die Personengesellschaft hingegen bestehen und erhält sie (abweichend vom Fall des Formulars z. B. bei Ausgliederung oder in mehrstöckigen Personengesellschaften) die als Gegenleistung gewährten Anteile, so soll sie als Einbringende zu qualifizieren sein (UmwSt-Erl. 2011, BMF v. 11.11.2011, BStBl. I 2011, 1314 Tz. 20.03 Abs. 2 Satz 3);

Im **Ausgangsfall** geht mit der Übertragung sämtlicher Mitunternehmeranteile auf die Komplementärin ABC-Verwaltungs-GmbH die ABC-GmbH & Co. KG unter; die als Gegenleistung für die Übertragung der Mitunternehmeranteile von der ABC-Verwaltungs-GmbH ausgegebenen Anteile erhalten A, B-GmbH sowie die C-GmbH & Co. KG. Dementsprechend sind nicht nur A und die B-GmbH, sondern auch die C-GmbH & Co. KG als Einbringende iSd. § 20 Abs. 1 Satz 1 UmwStG anzusehen.

Die Qualifikation spielt im Hinblick auf das **Bewertungswahlrecht** nach § 20 **82** UmwStG eine entscheidende Rolle: Wird als Einbringender jeder einzelne Mitunternehmer angesehen, so sind die Voraussetzungen des Abs. 2 (Ausschluss der Buchwertfortführung), Abs. 2 Satz 4 (Erhöhung des Ansatzes um den Wert „anderer Wirtschaftsgüter") und Abs. 4 Satz 1 (Anwendung von Tarifbegünstigungen) des § 20 UmwStG **für jeden einzelnen Gesellschafter** (Mitunternehmer) zu prüfen (RHL/*Herlinghaus* UmwStG § 20 Rn. 153 mwN; DPM/*Patt* UmwStG § 20 Rn. 192; *Binz/Sorg* UmwStG § 28 Rn. 7 mwN). Die aufnehmende Kapitalgesellschaft kann ferner das Wahlrecht nach § 20 Abs. 2 Satz 1 UmwStG hinsichtlich jedes einzelnen übertragenen Mitunternehmeranteils unterschiedlich ausüben. Liegen somit die Voraussetzungen für eine ertragsteuerneutrale Übertragung bei einem der Gesellschafter (oder mehreren) nicht vor oder ist eine Aufdeckung der stillen Reserven gewünscht, bleibt davon die Möglichkeit der Buchwertfortführung/-übertragung für die übrigen Mitunternehmer unberührt (*Lademann/Jäschke* UmwStG § 20 Rn. 72; RHL/*Herlinghaus* UmwStG § 20 Rn. 153 mwN; DPM/*Patt* UmwStG § 20 Rn. 192; Blümich/*Nitzschke* UmwStG 2006 § 20 Rn. 88; SHS/*Schmitt* UmwStG § 20 Rn. 298; WM/*Widmann* UmwStG § 20 Rn. 92, 427 und 671 mwN; *Binz/Sorg* UmwStG § 28 Rn. 7). S. aber zur unterschiedlichen Behandlung im Rahmen der **Besteuerung bei der aufnehmenden Kapitalgesellschaft** gemäß § 23 UmwStG unten → Rn. 107.

Bei mehreren Einbringenden ist mithin eine **unterschiedliche Ausübung** des **83** Wahlrechts zulässig, auch wenn die Einbringungen gleichzeitig oder in zeitlichem und sachlichem Zusammenhang zueinander erfolgten (*Lademann/Jäschke* UmwStG § 20 Rn. 72; RHL/*Herlinghaus* UmwStG § 20 Rn. 153 mwN; DPM/*Patt* UmwStG (SEStEG) § 20 Rn. 192; SHS/*Schmitt* UmwStG § 20 Rn. 303; WM/*Widmann* UmwStG § 20 Rn. 671; → Form. D.6 Rn. 117); wird im Fall der Einbringung mehrerer oder aller Mitunternehmeranteile das Bewertungswahlrecht (anders als im Formular) unterschiedlich ausgeübt, kann ggf. ein **Ausgleich unter den Einbringenden** in Betracht kommen (vgl. die unterschiedlichen Lösungsmöglichkeiten bei SHS/*Schmitt* UmwStG § 20 Rn. 322).

Zur **verfahrensrechtlichen Erfassung etwaiger Gewinne** aus Einbringungen **84** einschließlich einer etwaigen Versteuerung des Einbringungsgewinns I, im Feststellungsbescheid der Mitunternehmerschaft vgl. BFH v. 25.8.2010, I R 22/10, BFH/NV 2011, 258 Tz. 20 mwN; zuletzt auch FG Münster v. 21.10.2015, 11 K 3555/13 E – GmbHR 2016, 612, rkr., zu § 22 UmwStG.

einstweilen frei **85**

b) Einbringung des Mitunternehmeranteils im Ganzen

Allgemeine Voraussetzung der Einbringungstatbestände des § 20 Abs. 1 Satz 1 **86** UmwStG ist, dass mit dem begünstigten Einbringungsgegenstand (Betrieb, Teilbetrieb, Mitunternehmeranteil) **alle wesentlichen Betriebsgrundlagen** auf die übernehmende Kapitalgesellschaft übertragen werden (vgl. BFH v. 16.2.1996, I R 183/94, BStBl. II 1996, 342; v. 6.12.2000, VIII R 21/00, BStBl. II 2003, 194; SHS/*Schmitt* UmwStG § 20 Rn. 116, 117f. mwN; UmwSt-Erl. 2011, BMF v. 11.11.2011, BStBl. I 2011, 1314 Tz. 20.06 u. 15.02). Zu einem Mitunternehmeranteil iSd. § 20 UmwStG gehört nicht nur der **Anteil am Vermögen** der Gesellschaft, sondern auch das zugehörige **Sonderbetriebsvermögen des Gesellschafters** (vgl. BFH v. 6.12. 2000, VIII R 21/00, BStBl. II 2003, 194 zu II. 1. b) mwN; v. 7.12.2000, III R 35/98, BStBl. II 2001, 316; v. 2.10.1997, IV R 84/96, BStBl. II 1998, 104; RHL/*Herlinghaus* UmwStG § 20 Rn. 110 mwN; DPM/*Patt* UmwStG § 20 Rn. 124 mwN; HMB/*Menner* UmwStG § 20 Rn. 163, 166ff.; SHS/*Schmitt* UmwStG § 20 Rn. 118 mwN), sofern es sich dabei – auch bei den Vermögensgegenständen des Sonderbetriebsvermögens – um **wesentliche** Betriebsgrundlagen handelt (BFH v. 16.2.1996, I R 183/94, BStBl. II 1996, 342 zu II. 1. c) und d) mwN; SHS/*Schmitt* UmwStG § 20 Rn. 116 mwN; DPM/*Patt* UmwStG § 20 Rn. 85). Die Bestimmung der Wesentlichkeit erfolgt nach einer **funktionalen Betrachtungsweise,** also danach welche Funktion das einzelne Wirtschaftsgut im Rahmen der speziellen Art des betreffenden Betriebs hat (*RHL/Herlinghaus* UmwStG § 20 Rn. 109; SHS/*Schmitt* UmwStG § 20 Rn. 65 mwN und Rn. 118; HMB/*Menner* UmwStG § 20 Rn. 121, 133, 135 mwN; *Hörger/Schulz* DStR 1998, 233; *Rödder/Beckmann* DStR 1999, 75; DPM/*Patt* UmwStG § 20 Rn. 93; zT auch BMF v. 16.8.2000, BStBl. I 2000, 1253; auch → Form. D.6 Rn. 71f. mwN).

87 Dementsprechend setzt die Anwendung des § 20 UmwStG bei Einbringung von Mitunternehmeranteilen voraus, dass neben dem Anteil an der Gesellschaft auch die Vermögensgegenstände des **Sonderbetriebsvermögens übertragen** werden, die als **wesentliche Betriebsgrundlagen** zu qualifizieren sind (Blümich/*Nitzschke* UmwStG 2006 § 20 Rn. 51; RHL/*Herlinghaus* UmwStG § 20 Rn. 110; DPM/*Patt* UmwStG § 20 Rn. 124 mwN; SHS/*Schmitt* UmwStG § 20 Rn. 118 mwN). Dies entspricht auch der Auffassung der FinVerw. (UmwSt-Erl. 2011, BMF v. 11.11.2011, BStBl. I 2011, 1314 Tz. 20.10 verweist ua. auf Tz. 20.06 Satz 4). In Betracht kommen hierfür Vermögensgegenstände des **Sonderbetriebsvermögens I** sowie des **Sonderbetriebsvermögens II** (DPM/*Patt* UmwStG § 20 Rn. 124, 128ff., 130ff.; Blümich/*Nitzschke* UmwStG 2006 § 20 Rn. 51; BMF v. 16.8.2000, BStBl. I 2000, 1253; evtl. noch anders UmwSt-Erl. 1998, BMF v. 25.3.1998, BStBl. I 1998, 268 Tz. 20.08 Satz 2; HMB/*Menner* UmwStG § 20 Rn. 167 – zu SoBV I – und Rn. 168 zu SoBV II, die praktische Relevanz von wesentlichem SoBV II allerdings bezweifelnd; **beachte** aber BFH v. 16.2.1996, I R 183/94, BStBl. II 1996, 342 zu II. 1. d) wonach Sonderbetriebsvermögen II nicht als wesentliche Betriebsgrundlage anzusehen ist; **aA:** DPM/*Patt* UmwStG § 20 Rn. 136 mwN). Siehe zur Qualifikation einer **Beteiligung an einer Kapitalgesellschaft als notwendiges Betriebsvermögen** BFH v. 10.4.2019, X R 28/16, BStBl. II 2019, 474; Anm. *Glasenapp* BB 2019, 2032 und BFH v. 12.6.2019, X R 38/17, DStR 2019, 1619; Anm. *Bünning* BB 2019, 2033, zur Beteiligung an der Komplementär-GmbH siehe → Rn. 90, Dem UmwSt-Erl. 2011 (BMF v. 11.11.2011, BStBl. I 2011, 1314) nicht eindeutig zu entnehmen ist, ob nur diejenigen Vermögensgegenstände des Sonderbetriebsvermögens zu übertragen sind, die (nach funktionaler Betrachtungsweise) als wesentliche Betriebsgrundlage einzustufen sind, oder ob – wie für die Einbringung eines Teilbetriebs – auch diejenigen WG zu übertragen sind, die dem Mitunternehmeranteil **nach wirtschaftlichen Zusammenhängen zuordenbar** sind. Nachdem die Einbeziehung von lediglich nach wirtschaftlichen Zusammenhängen zuordenbaren WG bei Teilbetrieben mit der Definition des Teilbetriebs gemäß Art. 2 Buchst. j FRL 2009/133/EG v. 19.10.2009 (ABl. EU L 310 S. 34) begründet wird und die FRL 2009/133/EG den Begriff des Mitunternehmeranteils nicht kennt, gehören auch nach dem UmwSt-Erl. 2011 (BMF v. 11.11.2011, BStBl. I 2011, 1314) zu einem Mitunternehmeranteil **lediglich** diejenigen Vermögensgegenstände, die als funktional wesentliche Betriebsgrundlagen zu qualifizieren sind (so auch RHL/*Herlinghaus* UmwStG § 20 Rn. 109 mwN; *Stangl* GmbHR 2012, 253, 259; FGS/*Hötzel*/*Kaeser* in: Der Umwandlungssteuer-Erlass 2011, S. 331).

88 Werden wesentliche Vermögensgegenstände des Sonderbetriebsvermögens **zurückbehalten,** entfällt **für den betreffenden Mitunternehmer** (nicht etwa insgesamt;

→ Rn. 81f. mwN) zum einen die Möglichkeit der steuerneutralen Übertragung (kein Fall des § 20 Abs. 1 Satz 1 UmwStG, dh. Ansatz des übertragenen Mitunternehmeranteils zum gemeinen Wert mit Besteuerungsfolgen nach allgemeinen Grundsätzen); zum anderen sind die zurückbehaltenen Wirtschaftsgüter unter Aufdeckung der stillen Reserven grds. als entnommen zu behandeln (es sei denn, sie bleiben weiterhin Betriebsvermögen; vgl. UmwSt-Erl. 2011, BMF v. 11.11.2011, BStBl. I 2011, 1314 Tz. 20.10 iVm. Tz. 20.08 Satz 1; Blümich/*Nitzschke* UmwStG 2006 § 20 Rn. 47). In der Praxis birgt das Erfordernis, sämtliche in funktionaler Hinsicht wesentlichen WG des Sonderbetriebsvermögens auf die übernehmende Kapitalgesellschaft zu übertragen, nicht unerhebliche Gefahren. Häufig übersehen (weil in der Sonderbilanz des betreffenden Gesellschafters nicht aufgeführt) werden selbstgeschaffene immaterielle WG des Anlagevermögens (wie beispielsweise Namens- und Markenrechte, Patente, sonstige gewerbliche Schutzrechte). Hier kann gegebenenfalls durch eine Auffangklausel („Catch All"-Klausel) im Einbringungsvertrag Vorsorge getroffen werden (zur Zulässigkeit solcher „All-Klauseln" vgl. BGH v. 8.10.2003, XII ZR 50/02, NJW-RR 2004, 123 zur Ausgliederung nach § 126 Abs. 3 UmwG). Zum **Zurückbehalt einer Forderung** des Sonderbetriebsvermögens eines Mitunternehmers siehe die umfangreichen Ausführungen und Fallgestaltungen bei *Schaaf/Hannweber* DStZ 2016, 155, insbesondere auch dazu, ob der Zurückbehalt als „sonstige Gegenleistung" iSd. § 20 Abs. 2 Satz 2 Nr. 4 UmwStG qualifiziert werden kann.

Hinweis: Sind wesentliche Betriebsgrundlagen vorhanden, die im Rahmen einer geplanten Einbringung oder erweiterten Anwachsung **nicht** mit eingebracht werden sollen (etwa weil diese noch anderen Betrieben dienen, eine entgeltliche Übertragung nicht durchführbar oder eine unentgeltliche nicht zumutbar ist), ist zu überlegen, diese Wirtschaftsgüter aus dem Sonderbetriebsvermögen bei der Mitunternehmerschaft im Vorfeld der Einbringung bzw. erweiterten Anwachsung zu entnehmen (zB unter Verwendung der ertragsteuerneutralen Übertragungsmöglichkeiten nach § 6 Abs. 5 EStG). **Zu beachten** ist dabei allerdings, dass die Entnahme wesentlicher Betriebsgrundlagen aus dem Sonderbetriebsvermögen eines Mitunternehmers als schädliche Zurückbehaltung wesentlicher Betriebsgrundlage im o. g. Sinne qualifiziert wird, wenn diese im **zeitlichen und sachlichen Zusammenhang** mit der Einbringung bzw. erweiterten Anwachsung erfolgt (BFH v. 19.3.1991, VIII 76/87, BStBl. II 1991, 635 – zu einer Veräußerung eines MU-Anteils gem. §§ 16, 34 EStG; hierauf Bezug nehmend die FinVerw. in UmwSt-Erl. 1998, BMF v. 25.3.1998, BStBl. I 1998, 268 Tz. 20.12 iVm. Tz. 20.09 Satz 2, die zudem auf die Prüfung solcher Sachverhalte nach **§ 42 AO** hinweist; s. auch DPM/*Patt* UmwStG § 20 Rn. 64ff., 126; mE zu Recht kritisch: *Behrens/Schmitt* FR 2002, 549). Vgl. zu der in diesen Fällen anzustellenden „zeitraumbezogenen Betrachtung" BFH v. 6.9.2000, IV R 18/99, BStBl. II 2001, 229 zu 3. c) mwN; vgl. auch → Rn. 95 mwN). So statuiert auch UmwSt-Erl. 2011, BMF v. 11.11.2011, BStBl. I 2011, 1314 Tz. 20.10 iVm. Tz. 20.07 Satz 2, dass bei Übertragungen und Überführungen von funktional wesentliche Betriebsgrundlagen (hier: WG des Sonderbetriebsvermögens) in ein anderes Betriebsvermögen, die im zeitlichen und wirtschaftlichen Zusammenhang mit einer Einbringung erfolgen, die Anwendung dieser sog. **Gesamtplanrechtsprechung** zu prüfen sei. Der BFH hat allerdings anerkannt, dass 89

> „die „Auslagerung" einer wesentlichen Betriebsgrundlage aus dem einzubringenden Mitunternehmeranteil (…) steuerlich anzuerkennen [ist], sofern sie **auf Dauer** erfolgt und deshalb andere wirtschaftliche Folgen auslöst als die Einbeziehung des betreffenden Wirtschaftsguts in den Einbringungsvorgang" (BFH v. 25.11.2009, I R 72/08, BStBl. II 2010, 471; *eigene Hervorhebung*); ähnlich zu § 24 UmwStG BFH v. 9.11.2011, X R 60/09, DStR 2012, 648; Anm. *Fox* GWR 2012, 263.

Eine **Ausnahme** von dem vorstehend dargestellten Erfordernis der Einbringung sämtlicher, zum Mitunternehmeranteil zugehöriger Vermögensgegenstände galt im Rahmen des erweiterten Anwachsungsmodells (und vergleichbarer Gestaltungen) vor dem Inkrafttreten des SEStEG v. 7.12.2006 (BGBl. I 2006, 2782) am 13.12.2006 hinsichtlich der **Anteile an der Komplementär-GmbH:** Die Nichteinbringung, dh. Zurückbehaltung der Anteile an der Komplementär-GmbH war, obwohl diese idR als (notwendiges) Sonderbetriebsvermögen II zu qualifizieren sind, sofern sich die Tätig- 90 keit der Komplementär-GmbH im Wesentlichen auf die Geschäftsführung bei der Personengesellschaft beschränkt, s. aber BFH v. 16.4.2015, IV R 1/12, BStBl. II 2015, 705, wonach bei einer Beteiligung von unter 10% aufgrund fehlender Einflussmöglichkeit auf die Geschäftsführung der GmbH idR nicht von notwendigem Sonderbetriebvermögen II auszugehen ist. Bei einer Beteiligung von 25% und mehr scheint der BFH eine solche Qualifikation allerdings regelmäßig anzunehmen. Fraglich bleibt die Qualifikation bei einer Beteiligungshöhe zwischen 10% und 25% (jeweils einschließlich); s. auch *Neumayer* EStB 2007, 383, 384 mwN; DPM/*Patt* UmwStG § 20 Rn. 131 mwN; Einzelheiten bei Schmidt/*Wacker* EStG § 15 Rn. 714 mwN), für Zwecke der Anwendung des § 20 UmwStG **unschädlich** (*Orth* DStR 1999, 1057; DPM/*Patt* UmwStG § 20 Rn. 97 und 133; SHS/*Schmitt* UmwStG § 20 Rn. 63; *Binz/Sorg* UmwStG § 28 Rn. 9 mwN; UmwSt-Erl. 1998, BMF v. 25.3.1998, BStBl. I 1998, 268 Tz. 20.11 iVm. Tz. 20.12). Diese Anteile an der Komplementär-GmbH wurden in der Folge als einbringungsgeborene Anteile iSd. § 21 UmwStG 1995 behandelt (UmwSt-Erl. 1998, BMF v. 25.3.1998, BStBl. I 1998, 268 Tz. 20.11 iVm. Tz. 20.12; *Binz/Sorg* UmwStG § 28 Rn. 9; DPM/*Patt* UmwStG § 20 Rn. 97; kritisch *Orth* DStR 1999, 1057). Zwar entstehen nach dem UmwStG 2006 bei Einbringung von Betrieben, Betriebsteilen und Mitunternehmeranteilen grundsätzlich keine einbringungsgeborenen Anteile (mehr); an deren Stelle getreten ist die Verstrickung des Einbringungsgewinns I und II. Trotz dieser Unterschiede ist es mE auch für das UmwStG 2006 geboten, im Rahmen der Einbringung eines Mitunternehmeranteils (bei einer GmbH & Co. KG) die **Nichteinbringung** der Anteile an der Komplementär-GmbH für die Anwendung des § 20 UmwStG **weiterhin als unschädlich** anzusehen (ebenso: *Schumacher/Neumann* DStR 2008, 325, 331f.; DPM/*Patt* UmwStG § 20 Rn. 141 und Rn. 71ff. zur Betriebsaufspaltung; RHL/*Stangl* UmwStG § 22 Rn. 65 mwN; im Ergebnis auch: *Neumayer* EStB 2007, 383; 384; OFD-Rheinland v. 23.3.2011, FR 2011, 489 unter III.4 für vergleichbaren Fall des Formwechsels). Auch nach Auffassung der FinVerw. ist es generell unschädlich, wenn Anteile an einer Kapitalgesellschaft, die zu einem Mitunternehmeranteil (oder zu einem Betrieb oder Teilbetrieb) gehören, zurückbehalten werden (vgl. UmwSt-Erl. 2011, BMF v. 11.11.2011, BStBl. I 2011, 1314 Tz. 20.10 iVm. Tz. 20.09 Satz 4); sie gelten in diesem Fall **nicht** als entnommen. Allerdings muss sich nach UmwSt-Erl. 2011, BMF v. 11.11.2011, BStBl. I 2011, 1314 Tz. 20.09 Sätze 5 und 6 der Einbringende durch einen unwiderruflichen Antrag (der nach UmwSt-Erl. 2011, BMF v. 11.11.2011, BStBl. I 2011, 1314 Tz. 20.09 Satz 8 bei dem Finanzamt zu stellen ist, bei dem der Antrag nach § 20 Abs. 2 Satz 2 UmwStG zu stellen ist – das ist gemäß § 20 Abs. 2 Satz 3 UmwStG das Finanzamt, das örtlich für die Besteuerung der **übernehmenden Gesellschaft** zuständig ist, UmwSt-Erl. 2011, BMF v. 11.11.2011, BStBl. I 2011, 1314 Tz. 20.22 Satz 1) „damit einverstanden erklären, dass die zurückbehaltenen Anteile an der übernehmenden Gesellschaft künftig in vollem Umfang als Anteile zu behandeln sind, die durch eine Sacheinlage erworben worden sind (erhaltene Anteile). Es ist dementsprechend auch für diese Anteile § 22 Abs. 1 UmwStG anzuwenden."

Im **Ausgangsfall** müssten somit – neben den Mitunternehmeranteilen an der ABC GmbH & Co. KG – die Anteile an der ABC-Verwaltungs-GmbH nicht mit übertragen werden. Sofern es sich bei den Anteilen an der Komplementär-GmbH um funktional wesentliches Sonderbetriebsvermögen handelt, erfordert diese Erleichterung nach Auffassung der FinVerw. – wie ausgeführt – die Stellung eines entsprechenden, unwiderruflichen Antrags die erhaltenen Anteile als solche iSd. § 22 Abs. 1 UmwStG anzusehen. Auf welcher gesetzlichen Grundlage sich diese von der FinVerw. postulierten Regelungen, insb. die antragsbezogenen Rechtsfolgen stützen, ist indes mehr als fraglich. ME ist eine Unterwerfung der Anteile an der Komplementär-GmbH unter die Regelung des § 22 UmwStG nur unter den Voraussetzungen des § 22 Abs. 7

UmwStG, dh. bei „Überspringen" von stillen Reserven auf die Anteile der Komplementär-GmbH zulässig.

Fraglich ist allerdings (weiterhin), welche Rechtsfolgen iE im Hinblick auf die zurückbehaltenen Anteile eintreten, insb. im Hinblick auf eine spätere Veräußerung dieser „alten" Anteile (oder einem veräußerungsgleichen Vorgang gemäß § 22 Abs. 1 Satz 6 UmwStG). ME ist wie folgt zu differenzieren: (1) Sofern im Rahmen der Einbringung aufgrund einer nicht wertkongruenten Kapitalerhöhung bei der aufnehmenden GmbH (dh. Einlage und Aufgeld liegen unter dem tatsächlichen Wert der erhaltenen Anteile) **stille Reserven** auf die zurückbehaltenen Anteile **überspringen,** gelten die zurückbehaltenen Anteile gemäß § 22 Abs. 7 UmwStG insoweit auch als „erhaltene oder eingebrachte Anteile ... im Sinne des [§ 22 UmwStG] Absatzes 1 ... (Mitverstrickung von Anteilen)." Dementsprechend führt eine spätere Veräußerung der zurückbehaltenen Anteile nach einer Einbringung unter dem gemeinen Wert zu einer anteiligen Versteuerung des Einbringungsgewinns I. (2) Sofern es dagegen **nicht** zu einem Übergang stiller Reserven im Rahmen der Einbringung kommt, fehlt es bereits an den Anwendungsvoraussetzungen des § 22 Abs. 7 UmwStG. Dementsprechend kommt es mit Bezug auf eine spätere Veräußerung der zurückbehaltenen Anteile nicht zu einer Entstehung eines Einbringungsgewinns I iSd. § 22 Abs. 1 UmwStG (arg e § 22 Abs. 1 Satz 5 UmwStG). Ebensowenig kann ein Einbringungsgewinn II gemäß § 22 Abs. 2 UmwStG entstehen, da die aufnehmende Gesellschaft die zurückbehaltenen Anteile nicht veräußern kann (vgl. hierzu *Schumacher/Neumann* DStR 2008, 325, 331 f. – *Neumann* geht davon aus, dass es auch in den Fällen, in denen es nicht zu einem Übergang stiller Reserven kommt, eine Mitverstrickung gemäß § 22 Abs. 7 UmwStG eintritt (ebenso DPM/*Patt* UmwStG § 20 Rn. 71 für den Fall der Betriebsaufspaltung); dagegen spricht sich *Schumacher* in diesen Fällen zu Recht für eine Nichtanwendbarkeit der Verstrickungsregel aus; in diesem Sinne auch: RHL/*Stangl* UmwStG § 22 Rn. 65 f.). 90a

Die Zurückbehaltung von **nicht wesentlichem** Sonderbetriebsvermögen lässt die Anwendbarkeit der §§ 20 ff. UmwStG hinsichtlich des eingebrachten Mitunternehmeranteils (einschließlich wesentlichen Sonderbetriebsvermögens) unberührt (DPM/*Patt* UmwStG § 20 Rn. 40 und 255; Blümich/*Nitzschke* UmwStG 2006 § 20 Rn. 48 mwN; HMB/*Menner* UmwStG § 20 Rn. 152); hinsichtlich des zurück behaltenen Sonderbetriebsvermögens kommt es dagegen zu einer **Realisation** (Überführung ins Privatvermögen), sofern das betreffende Wirtschaftsgut nicht – was bei Kapitalgesellschaften als Einbringende stets der Fall ist – Betriebsvermögen bleibt (UmwSt-Erl. 2011, BMF v. 11.11.2011, BStBl. I 2011, 1314 Tz. 20.08 Satz 1; Blümich/*Nitzschke* UmwStG 2006 § 20 Rn. 47 f. mwN; SHS/*Schmitt* UmwStG § 20 Rn. 58; HMB/*Menner* UmwStG § 20 Rn. 152) bzw. im Rahmen des Umwandlungsvorgangs in ein anderes (Sonder-)Betriebsvermögen des Mitunternehmers überführt wird. 91

Auf den im Rahmen der **Einbringung entstehenden Einbringungsgewinn** (zur Ermittlung siehe RHL/*Herlinghaus* UmwStG § 20 Rn. 202; DPM/*Patt* UmwStG § 20 Rn. 249) ist – neben dem Freibetrag nach § 16 Abs. 4 EStG – grundsätzlich die **Tarifvergünstigung nach § 34 Abs. 1 und 3 EStG** gemäß § 20 Abs. 4 Sätze 1 und 2 UmwStG anwendbar; dies allerdings **nur,** wenn (vgl. HMB/*Menner* UmwStG § 20 Rn. 460 ff.; 479 ff.; DPM/*Patt* UmwStG § 20 Rn. 273 ff.; *Förster/Wendland* BB 2007, 631, 634; *Damas* DStZ 2007, 129, 137) 91a

(a) der Einbringende eine natürliche Person ist,
(b) es sich um die Einbringung von gesamten Mitunternehmeranteilen handelt (dh. die Einbringung von Teilen von Mitunternehmeranteilen ist daher nicht begünstigt),
(c) die Einbringung iÜ zum **gemeinen Wert** erfolgt und
(d) soweit der Gewinn nicht nach § 3 Nr. 40 Satz 1 Buchst. b und c EStG iVm. § 3c Abs. 2 EStG teilweise steuerbefreit ist.

Zu dem begünstigten Teil des so ermittelten Einbringungsgewinns gehört auch der durch Überführung von (nicht wesentlichem) Sonderbetriebsvermögen ins Privatvermögen entstehenden Realisationsgewinn (Differenz zwischen gemeinem Wert und Buchwert; so ausdrücklich Frotscher/Drüen/*Mutscher* UmwStG § 20 Rn. 341). Denn die Vorschrift des § 20 Abs. 4 Satz 1 UmwStG stellt ihrem Wortlaut nach nicht nur auf den Gewinn ab, der durch die Sacheinlage an sich entsteht, sondern „auf den bei, dh. anlässlich der Sacheinlage entstehenden Gewinn" (BFH v. 25.9.1991, I R 184/87, BStBl. II 1992, 406 zum insoweit gleichen § 20 Abs. 5 Satz 1 UmwStG 1995). Hierzu zählt nach der Rspr. des BFH auch der Gewinn, der durch eine im **zeitlichen und sachlichen Zusammenhang** (zur hierfür anzustellenden **zeitraumbezogenen Betrachtung** vgl. BFH v. 25.9.1991, I R 184/87, BStBl. II 1992, 406; v. 6.9.2000, IV R 18/99, BStBl. II 2001, 115, jeweils mit weiteren Nachweisen, sowie → Rn. 89) stehende Entnahmehandlung anfällt.

92, 93 *einstweilen frei*

94 Für eine Übertragung des Mitunternehmeranteils im Ganzen im og. Sinne **nicht ausreichend** ist die **bloße Nutzungsüberlassung** der (wesentlichen) Vermögensgegenstände des Sonderbetriebsvermögens, auch wenn diese über einen längeren Zeitraum (etwa durch langfristige Verpachtung) erfolgt (BFH v. 16.2.1996, I R 183/94, BStBl. II 1996, 342 zu II. 1. b) mwN; DPM/*Patt* UmwStG § 20 Rn. 7; WM/*Widmann* UmwStG § 20 Rn. 98 mwN; UmwSt-Erl. 2011, BMF v. 11.11.2011, BStBl. I 2011, 1314 Tz. 20.10 iVm. 20.06 Satz 3; **aA** RHL/*Herlinghaus* UmwStG § 20 Rn. 38 mwN, wonach ein hinreichend gesichertes und dauerhaftes Nutzungsrecht (jedenfalls dann) ausreichend sein müsse, wenn das wirtschaftliche Eigentum übergehe; ebenso HMB/*Menner* UmwStG § 20 Rn. 74ff., Rn. 136, Rn. 167 am Ende mwN).

Anders entscheidet auch die Rspr. im Bereich der **Umsatzsteuer,** namentlich im Rahmen der Annahme einer Geschäftsveräußerung im Ganzen iSd. § 1 Abs. 1a UStG: vgl. EuGH v. 10.11.2011 – C-444/10, DStR 2011, 2196; siehe hierzu den Vorlagebeschluss des BFH v. 14.7.2010 – XI R 27/08, BStBl. II 2010, 1117, und die Folgeentscheidung des BFH v. 18.1.2012 – XI R 27/08, DStR 2012, 516; zur ursprünglich engeren Auffassung: BFH v. 4.7.2002, V R 10/01, BFH/NV 2002, 1684; v. 15.10.1998, V R 69/97, BStBl. II 1999, 41; zuletzt: BFH v. 23.8.2007, V R 14/05, BFH/NV 2008, 316 zu II. 2. c). Nach der Rechtsprechung des BFH kann eine Geschäftsveräußerung im Ganzen i. S. des § 1 Abs. 1a UStG auch dann vorliegen, wenn einzelne wesentliche Betriebsgrundlagen nicht mit übereignet worden sind. Voraussetzung ist aber, dass sie dem Unternehmer langfristig zur Nutzung überlassen werden und eine dauerhafte Fortführung des Unternehmens durch den Übernehmer gewährleistet ist. Der BFH hat insoweit für eine langfristige Nutzungsüberlassung eines Betriebsgrundstücks durch Vermietung eine fest vereinbarte Mietdauer von zehn Jahren (vgl. BFH v. 28.11.2002 – V R 3/01, BStBl. II 2004, 665) und von acht Jahren (vgl. BFH v. 23.8.2007 – V R 14/05, BStBl. II 2008, 165) ausreichen lassen. Demgegenüber lässt der EuGH in EuGH v. 10.11.2011 (aaO) auch kurzfristig kündbare Mietverträge zu, es sei denn, diese lassen – im Rahmen einer Gesamtbetrachtung – darauf schließen, dass der Erwerber das Unternehmen nicht fortführen will.

Für eine ertragsteuerliche Einbringung im vorgenannten Sinn muss daher der Mitunternehmeranteil (einschließlich wesentlichem Sonderbetriebsvermögen) **zivilrechtlich** auf die übernehmende Kapitalgesellschaft **übergehen;** ob es nach der Einführung der sachlichen Anwendungsvorschrift des § 1 UmwStG noch ausreicht, dass auf die aufnehmende Kapitalgesellschaft nach dem Einbringungsvorgang das **wirtschaftliche Eigentum** an dem Mitunternehmeranteil übertragen wird, ist umstritten: Dies wird aber von der wohl hM und der FinVerw. als ausreichend erachtet (UmwSt-Erl. 2011, BMF v. 11.11.2011, BStBl. I 2011, 1314 Tz. 01.43 letzter Satz sowie für die Spaltung: Tz. 15.07 Satz 3; RHL/*Herlinghaus* UmwStG § 20 Rn. 39; CKSS/*Strahl* Umwandlungen Rn. 145; HMB/*Menner* § 20 Tz. 73 mwN; aA: DPM/*Patt* (UmwStG § 20 Rn. 7) geht unter Hinweis auf den *numerus clausus* der in § 1 Abs. 3 UmwStG enthaltenen Formen der Vermögensübertragung davon aus, dass die §§ 20, 21 und 24 UmwStG stets eine Übertragung des rechtlichen Eigentums voraussetzen (anders noch DPM/*Patt* UmwStG § 20 Rn. 127 mwN zum UmwStG 1995)). Gegen eine solche, zu sehr an den Wortlaut des § 1 Abs. 3 UmwStG angelehnte Auffassung spricht sich mit guten Gründen RHL/*Herlinghaus* (UmwStG § 20 Rn. 39) aus; insb. sei der Gesetzesbegründung (BT-Drs. 16/2710, 36) eine Einschränkung des Anwendungsbereich des § 20 UmwStG in diesem Sinne nicht zu entnehmen noch entspreche eine solche Auslegung dem Förderungszweck des § 20 UmwStG (siehe auch HMB/*Menner* UmwStG § 20 Tz. 73). Zu den Erfordernissen hinsichtlich der Übertragung/Erlangung von **wirtschaftlichem Eigentum an Mitunternehmeranteilen** siehe ausführlich die jüngere höchstrichterliche Rspr.: BFH v. 20.9.2018, IV R 39/11, BStBl. II 2019, 131; v. 1.3.2018, IV R 15/15, BStBl. II 2018, 539; v. 22.6.2018, IV R 42/13, DB 2017, 2907; ergänzend zum Fall **„unechter Realteilung"** bei vorangegangener Einbringung: BFH v. 30.3.2019, IV R 11/15, BStBl. II 2019, 29.

Anzumerken ist, dass die Einbringung aller wesentlichen Betriebsgrundlagen **nicht zwingend** in einem Rechtsakt erfolgen muss, sondern auch in unterschiedlichen Rechtsakten erfolgen kann (zum UmwStG 1995: DPM/*Patt* UmwStG § 20 Rn. 132). Denn unterschiedliche Rechtsakte sind als (unselbstständige) Teile eines **einheitlichen (Einbringungs-)Vorgangs** zu qualifizieren, wenn sie auf einem einheitlichen (dokumentierten) Willensentschluss beruhen **und** zwischen den einzelnen Rechtsakten ein einheitlicher zeitlicher und sachlicher Zusammenhang besteht (sog. **„zeitraumbezogene Betrachtung";** BFH v. 6.9.2000, IV R 18/99, BStBl. II 2001, 115 mwN; v. 24.8.1989, IV R 67/86, BStBl. II 1990, 132; vgl. u. a. zur Betriebsaufgabe: BFH v. 21.10.1993, IV R 42/93, BStBl. II 1994, 385; v. 26.5.1993, X R 101/90, BStBl. II 1993, 710; Schmidt/*Wacker* EStG § 16 Rn. 193 ff. mwN; KSM/*Reiß* EStG § 16 Rn. F 11). Die Qualifikation mehrerer Teilakte als einheitlichen Vorgang setzt voraus, dass die Teilakte innerhalb eines **kurzen Zeitraums** erfolgen. Nach der Rspr. des BFH können auch Teilakte als einheitlicher Vorgang zusammengefasst werden, die zeitlich **mehrere Monate** auseinander liegen (vgl. BFH v. 21.10.1993, IV R 42/93, BStBl. II 1994, 385: 18 Monate; v. 26.10.1989, IV R 25/88, BStBl. II 1990, 373: 9 Monate; v. 6.9.2000, IV R 18/99, aaO: mehrere Wochen). Unerheblich ist in diesem Zusammenhang die **zivilrechtliche Ausgestaltung der Übertragungsakte,** sofern (zumindest) ein Teil des Betriebsvermögens gegen Gewährung von Gesellschaftsrechten übertragen wird und das rechtliche Eigentum (ob der auch Übergang des wirtschaftlichen Eigentums ausreicht, ist strittig; → Rn. 94; dagegen: DPM/*Patt* UmwStG § 20 Rn. 7) an sämtlichen wesentlichen Betriebsgrundlagen übergeht (vgl. BFH v. 8.4.1992, I R 164/90, BFH/NV 1992, 778 zu 3. aE; WM/*Widmann* UmwStG § 20 Rn. 471; DPM/*Patt* UmwStG § 20 Rn. 148). Sofern – wie im Formular hinsichtlich der Produktionsmaschine – die Übertragung gegen Entgelt erfolgt (Kauf, Darlehensgewährung oÄ) liegt eine sonstige Gegenleistung iSd. § 20 Abs. 2 Satz 4 UmwStG vor (zu den Rechtsfolgen → Rn. 98 ff.). **95**

einstweilen frei **96, 97**

c) Buchwertansatz und Auswirkung von sonstigen Gegenleistungen (§ 20 Abs. 2 Satz 2 Nr. 4 und Abs. 3 Satz 3 UmwStG)

Werden neben den neuen Anteilen an der aufnehmenden Kapitalgesellschaft dem Einbringenden **„sonstige Gegenleistungen"** gewährt (im Formular: Geldzahlung für die übertragene Produktionsmaschine), so wird gemäß § 20 Abs. 2 Satz 2 Nr. 4 UmwStG dadurch die grds. Anwendbarkeit des § 20 UmwStG nicht berührt, soweit diese die **relative und absolute Grenze** nicht überschreiten (im Formular ist auf Grund des einheitlichen und zeitlichen Zusammenhangs der Verkauf der Produktionsmaschine als Teil des einheitlichen Einbringungsvorgangs und nicht isoliert von diesem zu qualifizieren, → Rn. 95). **98**

Das am 5.11.2015 in Kraft getretene StÄndG 2015 v. 2.11.2015 (BGBl. I 2015, 1834) (auch als „Lex Porsche" bezeichnet) schränkt die Möglichkeit der Gewährung **sonstiger Gegenleistungen** deutlich ein: Gemäß dem neu eingefügten § 20 Abs. 2 Satz 2 Nr. 4 UmwStG gelten – mit Wirkung für Einbringungsvorgänge nach dem 31.12.2014 (vgl. § 27 Abs. 14 UmwStG eine relative und eine absolute Grenze für **98a** die (unschädliche) Gewährung von sonstigen Gegenleistungen: So bleibt das Wahlrecht für eine Bewertung zum Buchwert (oder zu einem Zwischenwert) nach § 20 Abs. 2 Satz 2 Nr. 4 UmwStG unberührt, soweit der gemeine Wert der sonstigen Gegenleistung den **höheren Betrag** aus (1) 25% des Buchwerts des eingebrachten Betriebsvermögens oder (2) 500000.– EUR, höchstens jedoch den Buchwert des eingebrachten Betriebsvermögens, nicht überschreitet (auch → Form. D.4 Rn. 72a und 72b mit Beispielen). Somit ergeben sich in Abhängigkeit vom **Buchwert des eingebrachten Betriebsvermögens** (hier: Mitunternehmeranteil) folgende drei Konstellationen hinsichtlich der Gewährung von sonstigen Gegenleistungen bei Einbringungen:

– **Buchwert nicht über 500000.– EUR:** keine Änderungen zur bisher geltenden Gesetzeslage, so dass für sonstige Gegenleistungen bis zur Höhe des Buchwerts des eingebrachten Betriebsvermögens (hier: Mitunternehmeranteils) keine stillen Reserven aufgedeckt werden müssen;
– **Buchwert zwischen 500000.– EUR und 2000000.– EUR:** es können sonstige Gegenleistungen bis zu 500000.– EUR ohne Aufdeckung von stillen Reserven eingeräumt werden (auf die relative Schwelle kommt es nicht an);
– **Buchwert über 2000000.– EUR:** in diesen Fällen greift (nur noch) die relative Grenze von 25%, sofern nicht die Beschränkung der sonstigen Gegenleistungen auf den Buchwert des eingebrachten Betriebsvermögens (hier: Mitunternehmeranteils) Anwendung findet.

Werden sowohl die relative als auch die absolute Wertgrenze überschritten, ist **insoweit** eine Buchwertfortführung beim übernehmenden Rechtsträger ausgeschlossen. Der „schädliche" Anteil der sonstigen Gegenleistung (dh. der Betrag, um den die relative bzw. absolute Höchstgrenze überschritten wird) führt beim Einbringenden zu einem Veräußerungsgewinn.

Im zugrundeliegenden Formular stellt die Geldzahlung für die übertragene Produktionsmaschine keine schädliche sonstige Gegenleistung dar, da diese unterhalb der maßgeblichen absoluten (und der relativen) Grenze bleibt, so dass eine Buchwerteinbringung durch den A möglich bleibt. → Rn. 100 mit einem Zahlenbeispiel zur Wirkungsweise der Neuregelung des § 20 Abs. 2 Satz 2 Nr. 4 UmwStG.

98b Der Begriff der **sonstigen Gegenleistung** iSd. § 20 Abs. 2 Saz 2 UmwStG ist weder gesetzlich noch im UmwSt-Erl. 2011 BMF v. 11.11.2011 (BStBl. I 2011, 1314) definiert. Fraglich ist bereits, ob durch die Änderung der bisherigen Formulierung in § 20 Abs. 2 Satz 2 UmwStG aF („andere Wirtschaftsgüter") in „sonstige Gegenleistung" eine inhaltliche Änderung herbeigeführt werden sollte. Insbesondere könnte der Begriff „Gegenleistung" künftig auch solche Gegenleistungen umfassen, die nicht als Wirtschaftsgut im engeren Sinne zu qualifizieren sind, wie beispielsweise nicht bilanzierungsfähige, schuldrechtliche Absprachen (vgl. *Ettinger/Mörz* GmbHR 2016, 154, 158; *Ritzer/Stangl* DStR 2015, 849; *Schaaf/Hannweber* DStZ 2016, 155, 158 mwN). ME ist mit der sprachlichen Neuregelung keine inhaltliche Änderung verbunden, wie auch der Blick auf den unverändert gebliebenen § 20 Abs. 3 Satz 3 UmwStG zeigt (in dem weiterhin von „andere Wirtschaftsgüter" die Rede ist). Als sonstige Gegenleistungen kommen (nach dem bisherigen Verständnis von „andere Wirtschaftsgüter") beispielsweise in Betracht die Zahlung von Geldbeträgen, die Einräumung von Forderungen, die Einräumung von Guthaben auf Verrechnungskonten, die Gewährung stiller Beteiligungen sowie allgemein die Übertragung von sonstigen Wirtschaftsgütern, wie Grundstücken (vgl. CKSS/*Strahl* Umwandlungen, Rn. 156; WM/*Widmann* UmwStG (SEStEG) § 20 Rn. 580ff., 593ff. mwN). Dagegen zählt die Übernahme einer Pensionsverpflichtung nicht zu den „anderen Wirtschaftsgütern" (str., so aber die hM und die FinVerw.: FG Köln v. 12.11.2008, 11 K 3184/06, EFG 2009, 572; DPM/*Patt* UmwStG § 20 Rn. 222 mwN; RHL/*Herlinghaus* UmwStG § 20 Rn. 184 mwN; UmwSt-Erl. 2011, BMF v. 11.11.2011, BStBl. I 2011, 1314 Tz. 20.29; aA noch UmwSt-Erl. 1998, BMF v. 25.3.1998, BStBl. I 1998, 268 Tz. 20.42ff.). Keine zusätzliche Gegenleistung ist auch die **Bildung einer Kapitalrücklage** iSd. § 272 Abs. 2 Nr. 1 (wie im Formular vorgesehen) oder Nr. 4 HGB (*Ettinger/Mörz* GmbHR 2016, 154, 159f; *Harle/Geiger* BB 2016, 2283, 2285f.; DPPM/*Patt* UmwStG § 20 Rn. 219; WM/*Widmann* UmwStG (SEStEG) § 20 Rn. 588 mwN; CKSS/*Strahl* Umwandlungen, Rn. 156). Siehe hierzu auch → Form. D.4 Rn. 73c. Beachte allerdings die mögliche Anwendung des § 7 Abs. 8

ErbStG und etwaige schenkungsteuerlichen Folgen (hierzu → Rn. 58a). Zur **gesellschaftsrechtlichen Zulässigkeit** der rein schuldrechtlichen Verpflichtung zur Einzahlung in die Kapitalrücklage nach § 272 Abs. 2 Nr. 4 HGB: BGH v. 15.10.2007, II ZR 249/06, NZG 2008, 73; zu schuldrechtlichen Abreden und deren korporationsrechtlichen Folgen siehe *Noack* NZG 2010, 1017).

Wie zu → Rn. 98a ausgeführt, hat das **Bewertungswahlrecht** der aufnehmenden Kapitalgesellschaft mit der Neufassung des § 20 Abs. 2 Satz 2 Nr. 4 UmwStG eine gravierende Einschränkung erfahren.

Die Regelung des § 20 Abs. 2 Satz 2 Nr. 4 UmwStG wird flankiert durch § 20 **99**
Abs. 3 Satz 3 UmwStG, der die Sicherstellung der (späteren) steuerlichen Erfassung der gewährten anderen Wirtschaftsgüter bezweckt. Dies wird dadurch erreicht, dass bei Gewährung anderer Wirtschaftsgüter deren gemeiner Wert von den **Anschaffungskosten** der (auch) erhaltenen Anteile an der aufnehmenden Kapitalgesellschaft **abzuziehen** ist. Veräußerungspreis des eingebrachten Vermögens (dh. der gemäß § 20 Abs. 3 Satz 1 iVm. Abs. 2 Satz 1 und Satz 4 Nr. 4 UmwStG angesetzte Wert) und Anschaffungskosten der Anteile (gemäß § 20 Abs. 3 Satz 1 iVm. Satz 3 UmwStG) weichen um den gemeinen Wert der gewährten Zusatzleistung voneinander ab. Zur Verdeutlichung der Mechanik der neuen Regelung folgender Beispielsfall:

Beispielsfall: Der im Rahmen der Sacheinlage von dem Einbringenden auf die Kapitalgesellschaft **100**
übertragene Mitunternehmeranteil hat einen steuerlichen Buchwert von 2 000 000 EUR und einen gemeinen Wert von 5 000 000 EUR; der Einbringende erhält zusätzlich zu den neuen Gesellschaftsanteilen an der aufnehmenden GmbH eine Geldzahlung (bzw. Darlehensgewährung) iHv.

a) 500 000.– EUR,
b) 1 250 000.– EUR.

In **Fallvariante a)** kann die aufnehmende Kapitalgesellschaft das übertragene Vermögen (= Mitunternehmeranteil) mit seinem **Buchwert** iHv. 2 000 000 EUR **ansetzen;** die (allein maßgebliche) relative Grenze des § 20 Abs. 2 Satz 2 Nr. 4 UmwStG ist nicht überschritten, da der gemeine Wert der Geldzahlung 25 % des Buchwerts des eingebrachten Vermögens nicht überschreitet. Die Einbringung führt daher **nicht** zu einer Gewinnrealisierung. Die **Anschaffungskosten** für die erhaltenen neuen Anteile sind wie folgt zu ermitteln: 2 000 000.– EUR (= Buchwert des gemäß § 20 Abs. 2 Satz 2 Nr. 4 UmwStG angesetzten Vermögens) abzüglich 500 000.– EUR (= gemeiner Wert der erhaltenen anderen Wirtschaftsgüter) ergibt 1 500 000.– EUR (= Anschaffungskosten der erhaltenen Anteile). Bei einer späteren Veräußerung der Anteile (oder einem der in § 22 Abs. 1 Satz 6 UmwStG angeführten veräußerungsgleichen Vorgänge) wird dadurch der gemeine Wert der erhaltenen Zusatzleistung (= 500 000.– EUR) **nachträglich** versteuert.

In **Fallvariante b)** wird die relative Grenze von (25 % von 2 000 000 EUR =) 500 000.– EUR durch die Zahlung von 1 250 000.– EUR überschritten; eine Einbringung zu Buchwerten ist insoweit nicht möglich. Im Einzelnen ermitteln sich der **Wertansatz bei der übernehmenden Kapitalgesellschaft** sowie **die Folgen für den Einbringenden** in mehreren Schritten wie folgt (vgl. BT-Drs. 18/4902, S. 49 und 50; siehe zu Einbringung von MU-Anteilen auch *Harle/Geiger* BB 2016, 2283):

	(Beträge in EUR)
1. Prüfung der Grenze des § 20 Abs. 2 Satz 2 Nr. 4 UmwStG und Ermittlung des übersteugenden Betrages	
Gemeiner Wert der Gegenleistung	1 250 000
./. höchstens 25 % des Buchwerts des eingebrachten MU-Anteils	– 500 000
= übersteigender Betrag	**750 000**

2. Ermittlung des Verhältnisses des Werts des Betriebsvermögens, für das gemäß § 20 Abs. 2 Satz 1 UmwStG die Buchwerte fortgeführt werden können:

$$\frac{\text{(Gesamtwert des eingebrachten BV ./. übersteigende Gegenleistung)}}{\text{(Gesamtwert des eingebrachten BV)}}$$

$$\frac{(5\,000\,000\ ./.\ 750\,000 = 4\,250\,000)}{5\,000\,000} = 85\,\%$$

= 85 %

3. Ermittlung des Wertansatzes des eingebrachten MU-Anteils bei der Übernehmerin	
Buchwertfortführung: 85 % von 2 000 000	1 700 000
+ sonstige Gegenleistung (soweit § 20 Abs. 2 Satz 2 Nr. 4 UmwStG überschritten)	+ 750 000
= Ansatz des eingebrachten MU-Anteils bei der Übernehmerin	**2 450 000**

4. Ermittlung des Übertragungsgewinns des Einbringenden	
Veräußerungspreis (§ 20 Abs. 3 Satz 1 UmwStG)	2 450 000
./. Buchwert des eingebrachten MU-Anteils	– 2 000 000
= Einbringungsgewinn	**450 000**

5. Ermittlung der Anschaffungskosten der erhaltenen Anteile	
Anschaffungskosten der erhaltenen Anteile (§ 20 Abs. 3 Satz 1 UmwStG)	2 450 000
./. Wert der (gesamten) sonstigen Gegenleistung (§ 20 Abs. 3 Satz 3 UmwStG)	– 1 250 000
= Anschaffungskosten der erhaltenen Anteile	**1 200 000**

101, 102 *einstweilen frei*

d) Ertragsteuerliche Auswirkungen des Ansatzes zum Buchwert, zum gemeinen Wert und zu Zwischenwerten

103 Die Übertragung sämtlicher Mitunternehmeranteile einer GmbH & Co. KG auf deren Komplementär-GmbH im Rahmen der erweiterten Anwachsung führt – unter Berücksichtigung der unter → Rn. 80 ff. aufgeführten Besonderheiten (insbesondere: **unterschiedliche Ausübung** und **Prüfung der Voraussetzungen** für jeden Einbringenden, → Rn. 81 ff.) – zu dem Ansatzwahlrecht der aufnehmenden Komplementär-GmbH gemäß § 20 Abs. 2 UmwStG. Hinsichtlich der **ertragsteuerlichen Konsequenzen eines Ansatzes zu Buchwerten, zum gemeinen Wert und zu Zwischenwerten** bei Einbringenden und aufnehmender Kapitalgesellschaft kann im Wesentlichen auf → Form. D.6 Rn. 98 – Buchwert, → Form. D.6 Rn. 99 – gemeiner Wert und → Form. D.6 Rn. 100 – Zwischenwert verwiesen werden.

104 Entsprechendes gilt für die **antragsbezogene** Möglichkeit der Rückbeziehung der Einbringung gemäß § 20 Abs. 5 iVm. Abs. 6 Satz 3 UmwStG (→ Form. D.6 Rn. 121 ff.). Von der Rückbeziehung ausdrücklich **ausgenommen** sind **Einlagen und Entnahmen** (*Brühl/Herkens* Ubg 2019, 516; RHL/*Herlinghaus* UmwStG § 20 Rn. 239: maßgeblich ist die Definition gemäß § 4 Abs. 1 Satz 2 und Satz 5 EStG), die nach dem steuerlichen Übertragungsstichtag erfolgen (§ 20 Abs. 5 Satz 2 UmwStG). Sofern im Rückbeziehungszeitraum Einlagen und Entnahmen getätigt wurden, gelten diese bei der Ermittlung von Einkommen und Ertrag für Zwecke der ESt/KSt und GewSt als vor dem Stichtag erfolgt und sind somit noch bei der Ermittlung des Einkommens des Einbringenden (nicht schon bei der aufnehmenden Kapitalgesellschaft) zu berücksichtigen. In diesen Fällen sind gemäß § 20 Abs. 5 Satz 3 UmwStG die **An-**

schaffungskosten der erhaltenen neuen Anteile an der Kapitalgesellschaft (§ 20 Abs. 3 UmwStG) um den **Buchwert der Entnahmen** zu **vermindern** und um den **Wert der Einlagen** (§ 6 Abs. 1 Nr. 5 EStG, dh. idR Teilwert, sofern nicht die Ausnahmetatbestände des § 6 Abs. 1 Nr. 5 Buchst. a und b EStG greifen und der Buchwert anzusetzen ist) **zu erhöhen** (Einzelheiten hierzu s. DPM/*Patt* UmwStG § 20 Rn. 319ff.; RHL/*Herlinghaus* UmwStG § 20 Rn. 238f.; WM/*Widmann* UmwStG (SEStEG) § 20 Rn. R 312ff.; SHS/*Schmitt* UmwStG § 20 Rn. 226ff.; HMB/*Menner* UmwStG § 20 Rn. 695, 705).

Zu berücksichtigen sind im Rahmen der erweiterten Anwachsung ferner folgende **105**
Besonderheiten:

– Ein **Ansatz zum gemeinen Wert** (Aufstockung der Buchwerte) ist insoweit **nicht** **106** möglich, soweit die **Komplementär-GmbH** (abweichend von der „typischen" GmbH & Co. KG) vor der Einbringung am Vermögen der GmbH & Co. KG **beteiligt** war (vgl. zum UmwStG 1995: *Orth* DStR 1999, 1059 mwN; *Binz/Sorg* UmwStG § 28 Rn. 42 mwN; DPM/*Patt* UmwStG § 20 Rn. 146; WM/*Widmann* UmwStG § 20 Rn. 421 und Beispiel in Rn. 422; SHS/*Schmitt* UmwStG § 20 Rn. 184 mwN; vgl. BFH v. 10.3.1998, VIII R 76/96, BStBl. II 1999, 269, zur Fortführung der Buchwerte in analoger Anwendung von § 7 Abs. 1 EStDV aF (= § 6 Abs. 3 EStG) bei Anwachsung einer zweigliedrigen KG auf den verbleibenden Gesellschafter); hinsichtlich dieses Anteils bleibt es vielmehr bei den bisherigen Buchwerten. Zu möglichen Auswirkungen für die Besteuerung der aufnehmenden Kapitalgesellschaft iSd. § 23 UmwStG s. auch → Rn. 107.
– Ungeachtet der unter → Rn. 81ff. dargelegten, gesellschafterbezogenen Qualifika- **107** tion und Behandlung des Einbringungsvorgangs auf der Ebene der einbringenden Mitunternehmer ist in den Fällen der Übertragung sämtlicher Anteile an einer Mitunternehmerschaft hinsichtlich der **Auswirkungen der Einbringung nach § 23 UmwStG** (AfA; Anrechnung Vorbesitzzeiten) eine Betrachtung aus **Sicht der Kapitalgesellschaft** anzustellen: Ein **Buchwertansatz iSd. § 23 Abs. 1 UmwStG,** mit der Konsequenz des vollständigen Eintritts in die Rechtsstellung der untergegangenen Mitunternehmerschaft (im Formular: der GmbH & Co. KG), ist nur möglich, wenn hinsichtlich **aller** übertragener Mitunternehmeranteile ausnahmslos die Buchwertfortführung gewählt wurde (RHL/*Ritzer* UmwStG § 23 Rn. 19: maßgeblich ist die Bewertung des eingebrachten Betriebsvermögens als Ganzes; DPM/*Patt* UmwStG § 23 Rn. 27; aA: SHS/*Schmitt* UmwStG § 22 Rn. 49 und 72). Dementsprechend kann von einem **Ansatz zum gemeinen Wert iSd. § 23 Abs. 4 UmwStG** nur ausgegangen werden, wenn **sämtliche** Mitunternehmeranteile mit dem gemeinen Wert angesetzt werden. In den Fällen, in denen die Mitunternehmeranteile „gemischt", dh. teils zu Buchwerten, teils zum gemeinen Wert angesetzt werden, liegt für Zwecke des § 23 UmwStG dagegen ein Ansatz zu Zwischenwerten iSd. § 23 Abs. 3 UmwStG vor (RHL/*Ritzer* UmwStG § 23 Rn. 19).
– Werden im Rahmen der erweiterten Anwachsung sämtliche (→ Rn. 107) über- **108** gehenden Mitunternehmeranteile bei der aufnehmenden Kapitalgesellschaft mit dem **gemeinen Wert angesetzt,** so gelten die eingebrachten (bzw. übergehenden) Vermögensgegenstände gemäß § 23 Abs. 4 HS 1 UmwStG als **im Zeitpunkt der Einbringung** von der Kapitalgesellschaft **angeschafft;** eine Anwendung des § 23 Abs. 3 iVm. Abs. 4 HS 2 UmwStG kommt nicht in Betracht. Denn nach Auffassung von Teilen der Literatur und der FinVerw. ist der Vermögensübergang kraft Anwachsung im Rahmen der erweiterten Anwachsung wie eine **„Einbringung im Wege der Einzelrechtsnachfolge"** iSd. § 23 Abs. 4 HS 1 UmwStG zu behandeln (RHL/*Ritzer* UmwStG § 23 Rn. 247 mwN; HMB/*Bilitewski* UmwStG § 23 Rn. 70 mwN; zur insoweit gleichen Regelung des § 22 Abs. 3 UmwStG 1995: SHS/*Schmitt* UmwStG § 22 Rn. 70; DPM/*Patt* UmwStG § 22 Rn. 65

mwN; UmwSt-Erl. 1998, BMF v. 25.3.1998, BStBl. I 1998, 268 Tz. 22.14; **aA** WM/*Widmann* UmwStG § 22 Rn. 228), unabhängig davon, dass der Übergangs des Vermögens im Wege der Anwachsung eine Gesamtrechtsnachfolge darstellt (→ Rn. 13 und 14 mwN). Denn nach dem insoweit eindeutigen Wortlaut des § 23 Abs. 4 HS 2 UmwStG ist die Qualifikation als Gesamtrechtsnachfolge nicht ausreichend; es muss sich vielmehr um eine „Gesamtrechtsnachfolge nach den Vorschriften des Umwandlungsgesetzes" handeln. Diese aber liegt eindeutig in den Fällen der erweiterten Anwachsung **nicht** vor; eine analoge Anwendung des § 23 Abs. 4 HS 2 UmwStG auf die Fälle der erweiterten Anwachsung kommt mangels planwidriger Gesetzeslücke nicht in Betracht (ebenso: RHL/*Ritzer* UmwStG § 23 Rn. 247; vgl. zur insoweit gleichen Regelung des § 22 Abs. 3 UmwStG 1995: DPM/*Patt* UmwStG § 22 Rn. 65 mit Hinweisen zur Gesetzesentwicklung).

109 – Zur **Einschränkung des Bewertungswahlrechts** gemäß § 20 Abs. 2 Satz 2 Nr. 2 UmwStG bei **negativem Kapitalkonto** eines Mitunternehmers vgl. → Form. D.6 Rn. 75a ff. (vgl. auch DPM/*Patt* UmwStG § 20 Rn. 216 ff.; RHL/*Herlinghaus* UmwStG § 20 Rn. 162 ff.; HMB/*Menner* UmwStG § 20 Rn. 246; vgl. zur insoweit gleich wirkenden Vorgängervorschrift des § 20 Abs. 2 Satz 4 UmwStG 1995: SHS/*Schmitt* UmwStG § 20 Rn. 262 ff., 265 ff. mit Beispielen, Beck GmbH-HB/*Orth* (2. Aufl.) § 14 Rn. 135 mwN, 185 mwN). Siehe zur Buchwertfortführung bei **stillen Lasten** der übertragenen Sachgesamtheit UmwSt-Erl. 2011, BMF v. 11.11.2011, BStBl. I 2011, 1314 Tz. 03.12 iVm. Tz. 20.18; ausführlich zu diesem Thema: *Holle/Weiss* FR 2019, 833. Zur Beurteilung des Stands des Kapitalkontos eines Mitunternehmers sind auch das **Sonderbetriebsvermögen** sowie evtl. **Ergänzungsbilanzen** zu berücksichtigen (UmwSt-Erl. 2011, BMF v. 11.11.2011, BStBl. I 2011, 1314 Tz. 20.18 iVm. Tz. 03.10; SHS/*Schmitt* UmwStG § 20 Rn. 265 mwN; HMB/*Menner* UmwStG § 20 Rn. 194).

110 – Zur **siebenjährigen Sperrfrist** bzgl. der **Anteile iSd. § 22 Abs. 1 UmwStG und** bei Einbringung **unter dem gemeinen Wert** und zum Entstehen eines rückwirkenden **Einbringungsgewinns I** bei Veräußerung innerhalb der Sperrfrist → Form. D.4 Rn. 78 ff. Im Zusammenhang mit einer möglichen Verletzung der Sperrfrist ist auf die jüngste Änderung des UmwStG 2006 durch das **Brexit-StBG** v. 25.3.2019 (BGBl. I 2019, 357) hinzuweisen: Hiernach führt ein etwaiger Austritt des Vereinigten Königsreichs Großbritannien und Nordirlands aus der EU innerhalb der siebenjährigen Sperrfrist nicht dazu, dass es zu einem Wegfall der Voraussetzungen für eine Buchwerteinbringung und somit zu einer nachträglichen Versteuerung des Einbringungsvorgangs nach § 22 Abs. 1 Satz 6 Nr. 6 bzw. Abs. 2 Satz 6 UmwStG kommt.

111 – Ein bei der untergehenden Personengesellschaft bestehender **gewerbesteuerlicher Verlustvortrag gem. § 10a GewStG** geht – aufgrund des Wegfalls der Unternehmeridentität – nicht auf die aufnehmende Kapitalgesellschaft über (vgl. § 23 Abs. 5 UmwStG; UmwSt-Erl. 2011, BMF v. 11.11.2011, BStBl. I 2011, 1314 Tz. 23.02 Satz 3; zum wortgleichen § 22 Abs. 4 UmwStG 1995: *Orth* DStR 1999, 1057 mwN; Beck GmbH-HB/*Orth* § 14 (2. Aufl.) Rn. 213 mwN). Lediglich in den (Ausnahme-)Fällen, in denen die aufnehmende Komplementär-GmbH am Vermögen der Mitunternehmerschaft beteiligt war, bleibt der Verlustvortrag **anteilig** – dh. in Höhe der bisherigen Beteiligung der aufnehmenden Kapitalgesellschaft – erhalten (vgl. BFH v. 3.5.1993, GrS 3/92, BStBl. II 1993, 616 zu III. 9. c); *Orth* DStR 1999, 1057 mwN; s. Blümich/*Drüen* GewStG § 10a Rn. 81 ff., 84). Sofern beim Einbringenden ein Gewerbebetrieb verbleibt, geht der gewerbesteuerliche Verlustvortrag allerdings nicht unter, sondern verbleibt grundsätzlich beim Einbringenden (vgl. RHL/*Ritzer* § 23 UmwStG Rn. 278 mwN); es gelten auf Seiten des Einbringenden (allerdings) die allgemeinen Grundsätze des § 10a GewStG, insb. das

(Fort-)Bestehen von Unternehmensidentität und Unternehmeridentität (beachte auch § 8c KStG; vgl. auch *Damas* DStZ 2007, 129, 140).

einstweilen frei **112–118**

VI. Verkehrsteuern

1. Umsatzsteuer

Praxis-Hinweise: **119**

(1) Nach Verwaltungsauffassung fällt beim Sachverhalt des Formulars nur für Herrn A eine steuerbare und steuerpflichtige Lieferung (Verkauf der Produktionsmaschine) an; A hat den Kaufpreis bereits zzgl. MwSt vereinbart. Da er bereits bisher die Maschine vermietet hatte, ist er auch umsatzsteuerlich Unternehmer, und der Käufer kann den Abzug der USt als Vorsteuer geltend machen.

(2) Die drei Übertragungen der Kommandit-Beteiligungen (von Herrn A, der B-GmbH und der C … GmbH & Co KG) an die ABC … GmbH gegen Ausgabe neuer GmbH-Anteile aus Kapitalerhöhung stellt dagegen im Ergebnis gar keinen umsatzsteuerbaren Akt dar. Hierbei kann für den Praktiker dahingestellt bleiben welcher Qualifizierung und Begründung man in Rechtsprechung und Literatur zu folgen wäre; siehe dazu im Folgenden ausführlich.

a) Einbringung Mitunternehmeranteile

Die **umsatzsteuerrechtliche Qualifikation** der Einbringung der Mitunterneh- **120** meranteile in die Komplementär-GmbH im Rahmen der **erweiterten Anwachsung** ist höchstrichterlich bislang nicht entschieden (vgl. WM/*Knoll* Anh. 11 Rn. 137ff.; 156; 160ff.; 275ff.; SHS/*Schmitt* Anh. Rn. 25ff., 29; *Orth* DStR 1999, 1017f.).

Höchstrichterlich entschieden ist dagegen der Fall der sog. **einfachen (klassischen) Anwachsung** **121** (dh. des Ausscheidens aller Gesellschafter bis auf einen und damit verbundener Anwachsung beim verbleibenden Gesellschafter). In diesen Fällen wird – unabhängig von einer Abfindungszahlung an den ausscheidenden Gesellschafter – mangels Leistungsaustausch eine Umsatzsteuerbarkeit verneint (BFH v. 5.3.1986, VII B 147/85, BFH/NV 1987, 338; v. 12.3.1964, V R 249/61, BStBl. III 1964, 290; vgl. *v. Proff* DStR 2016, 2227, 2233f.; *Orth* DStR 1999, 1017f. mwN; WM/*Knoll* Anh. 11 Rn. 275 mwN).

Die umsatzsteuerlichen Konsequenzen der erweiterten Anwachsung hängen davon **122** ab, ob die erweiterte Anwachsung als **einheitlicher Vorgang** oder als **Vielzahl unterschiedlicher Einbringungsvorgänge** anzusehen ist (→ Rn. 81ff. zur ertragsteuerlichen Fragestellung zur Bestimmung der Person des Einbringenden iSd. § 20 UmwStG):

- Ist die erweiterte Anwachsung wegen des von vorneherein von allen Beteiligten **123** intendierten Zwecks der einzelnen Einbringungshandlungen insgesamt als Übertragung des gesamten Geschäftsbetriebes der Personengesellschaft auf die Komplementär-Kapitalgesellschaft zu qualifizieren, liegt eine nicht steuerbare **Geschäftsveräußerung im Ganzen gemäß § 1 Abs. 1a UStG** (zumindest in analoger Anwendung der Vorschrift) vor. Nach UStAE 15a.10 Satz 1 Nr. 3 ist – jedenfalls – die Anwachsung nach Ausscheidens eines Gesellschafters aus einer zweigliedrigen Gesellschaft als Geschäftsveräußerung im Ganzen iSd. § 1 Abs. 1a UStG zu qualifizieren. Das dürfte auch für die Fälle gelten, in denen – außer einem – sämtliche Gesellschafter austreten. Die erweiterte Anwachsung würde in diesem Fall unter § 1 Abs. 1a UStG fallen.
- Sofern dagegen – mE zutreffenderweise – auf die zivilrechtlich selbstständigen **124** Übertragungsakte, dh. jeweils auf die Übertragung eines Mitunternehmeranteils ab-

zustellen ist, bestimmt sich die umsatzsteuerliche Behandlung nach **allgemeinen Grundsätzen** (vgl. WM/*Knoll* Anh. 11 Rn. 137 ff., 277; UStAE 1.5 Abs. 1 u. 1.6 Abs. 2):

125 • Ist der Einbringende umsatzsteuerlicher Unternehmer (richtiger: sind die Mitunternehmeranteile einem anderen, von dem Einbringenden betriebenen Unternehmen zugeordnet – **beachte:** das bloße Halten des Anteils an einer KG begründet als solches keine Unternehmereigenschaft des Kommanditisten; vgl. EuGH v. 26.5.2005, Rs. C-465/03, DStR 2005, 965, Tz. 19 – *„Kretztechnik AG/FALinz"*, mit weiteren Hinweisen zur insoweit gefestigten Rspr. des EuGH; EuGH v. 26.6.2003, Rs. C-442/01, DStRE 2003, 936, 939, Tz. 39 – *„KapHag Renditefonds …"*; RHL/*Rasche* Anh. 9 Rn. 14 und 56 mwN; s. auch BFH v. 20.1.1988, X R 48/81, BStBl. II 1988, 557), stellt die Einbringung gegen Ausgabe neuer Gesellschaftsanteile eine steuerbare, sonstige Leistung (§ 3 Abs. 9 UStG) des Einbringenden dar (UStAE 1.5 Abs. 3, 3.5 Abs. 8 mwN), die nach **§ 4 Nr. 8 Buchst. f UStG steuerfrei** wäre (vgl. UStAE 4.8 Abs. 1). Um den ansonsten mit der Steuerfreiheit einhergehenden Ausschluss vom Vorsteuerabzug gemäß § 15 Abs. 2 Nr. 1 UStG (zB für Beratungsleistungen im Zusammenhang mit der Einbringung) zu vermeiden (die Ausnahmen von dem Ausschluss nach § 15 Abs. 3 Nr. 1 UStG dürften regelmäßig nicht in Betracht kommen), kann gemäß **§ 9 UStG** auf die Steuerfreiheit **verzichtet** werden (siehe aber WM/*Knoll* Anh. 11 Rn. 162, der unter Hinweis auf die Rspr. des EuGH und des BFH davon ausgeht, dass es sich bei den Beratungskosten um allgemeine Kosten des Unternehmens handelt, die einen direkten und unmittelbaren Zusammenhang mit der gesamten – umsatzsteuerpflichtigen – unternehmerischen Tätigkeit aufweisen und dementsprechend nicht unter § 15 Abs. 2 UStG fallen; vgl. hierzu EuGH v. 26.5.2005, Rs. C-465/03, DStR 2005, 965, Tz. 30 ff. mwN – *„Kretztechnik AG/FALinz"*; EuGH v. 22.2.2001, Rs. C-408/98, DStRE 2001, 318, Tz. 24 ff., 29 ff. – *„Abbey National plc/Commissioners of Customs & Excise"*).

126 • Sofern der Einbringende dagegen **kein** Unternehmer iSd. § 2 Abs. 1 UStG ist, stellt die Einbringung umsatzsteuerlich einen **nicht steuerbaren** Vorgang dar (RHL/*Rasche* Anh. 9 Rn. 58 scheint davon auszugehen, dass die Übertragung des Mitunternehmeranteils stets in den nicht steuerbaren Bereich fällt, dh. es auch bei umsatzsteuerlichen Unternehmern mit Bezug auf den Mitunternehmeranteil an der Unternehmereigenschaft fehle; s. auch HMB/*Schlößer* UmwStG § 24 Rn. 99).

127 Sofern der Einbringende im Rahmen der erweiterten Anwachsung neben der Übertragung des Mitunternehmeranteils **weitere Vermögensgegenstände,** beispielsweise solche des Sonderbetriebsvermögens auf die Komplementär-Kapitalgesellschaft überträgt (im Formular: die Produktionsmaschine), gelten keine Besonderheiten: Sind diese Vermögensgegenstände einem anderen, von dem Einbringenden betriebenen Unternehmen zugeordnet, ist deren Übertragung mE aufgrund der Einheitlichkeit der Leistung Teil der steuerbaren, gemäß § 4 Nr. 8 Buchst. f UStG steuerfreien Leistung dar (Verzicht auf Steuerfreiheit gemäß § 9 UStG möglich); ist der Einbringende dagegen kein Unternehmer, stellt die Übertragung schon keine steuerbare Leistung dar.

b) Ausgabe neuer Anteile durch die aufnehmende Kapitalgesellschaft

128 Nach früherer Auffassung erbrachte die aufnehmende Kapitalgesellschaft durch die Ausgabe der neuen Anteile regelmäßig eine steuerbare sonstige Leistung, die gemäß **§ 4 Nr. 8 Buchst. f UStG steuerfrei** war (**Verzicht** gemäß **§ 9 UStG** möglich).

129 Der EuGH hat mit Urteil v. 26.6.2003 (Rs. C-442/01, DStRE 2003, 936 – *„KapHag Renditefonds …"*) auf einen Vorlagebeschluss des BFH v. 27.9.2001 (V R 32/00, BFH/

NV 2002, 143) zur **Kapitalerhöhung bei einer Personengesellschaft** allerdings Gegenteiliges entschieden (bestätigt durch EuGH v. 26.5.2005, Rs. C-465/03, DStR 2005, 965 – *„Kretztechnik AG/FA Linz"* mwN; so jetzt auch UStAE 1.6 Abs. 2 mwN).

Danach erbringt eine Personengesellschaft bei der Aufnahme eines Gesellschafters gegen Zahlung einer Bareinlage an diesen keine Dienstleistung gegen Entgelt iSd. Art. 2 Nr. 1 6. USt-Richtlinie 77/388/EWG (jetzt: Art. 2 Abs. 1 Buchst. a und c MwStSystRL); vgl. UStAE 1.6 Abs. 2 mwN.

Ob das EuGH-Urteil v. 26.6.2003, Rs. C-442/01, aaO auch für die Ausgabe von Anteilen an Kapitalgesellschaften Geltung hat, war auf Grund der unterschiedlichen organisationsrechtlichen Struktur von Personengesellschaften zunächst fraglich; auch der BFH bezieht sich in seinem Vorlagebeschluss BFH v. 27.9.2001, V R 32/00, aaO, zu III. 2. allein auf die Ausgabe von Personengesellschaftsanteilen. Diese Frage ist zwischenzeitlich durch EuGH v. 26.5.2005 (Rs. C-465/03, DStR 2005, 965 – *„Kretztechnik AG/FA Linz";* ebenfalls: BFH v. 18.11.2004, V R 16/03, BStBl. II 2005, 503 zu II. 2.b)) im Sinne einer Anwendbarkeit auch für Kapitalgesellschaften beantwortet (jetzt auch UStAE 1.6 Abs. 2 mwN; RHL/*Rasche* Anh. 9 Rn. 14f., 51 mwN).

einstweilen frei **130, 131**

2. Grunderwerbsteuer

Gehört zum Betriebsvermögen der im Wege der erweiterten Anwachsung zu übertragenden Mitunternehmerschaft ein Grundstück (oder ein grundstücksgleiches Recht), so löst die Übertragung der Mitunternehmeranteile (bzw. bereits der Abschluss der schuldrechtlichen Vereinbarung) **Grunderwerbsteuer gemäß § 1 Abs. 1 Nr. 3 GrEStG** aus (BFH v. 13.9.1995, II R 80/92, BStBl. II 1995, 903 mwN; v. 16.2.1977, II R 89/74, BStBl. II 1977, 671 mwN; RHL/*Rasche* Anh. 8 Rn. 25 mwN; *Orth* DStR 1999, 1017 mwN; Pahlke/*Franz* GrEStG § 1 Rn. 22; WM/*Pahlke* Anh. 12 Rn. 274 iVm. 102ff. mwN). Siehe allgemein → Form. D.1 Rn. 69ff. zur Grunderwerbsteuer bei Umwandlungsvorgängen: **132**

Der Übergang des Eigentums an einem Grundstück, das sich im Gesellschaftsvermögen der Personengesellschaft befindet, auf den verbleibenden Gesellschafter (idR Komplementär-Kapitalgesellschaft) erfolgt durch Anwachsung, ohne dass ein den Anspruch auf Übereignung (des Grundstücks) begründendes Rechtsgeschäft vorausgegangen ist, und ohne dass es besonderer Übertragungsakte in Bezug auf die Grundstücke, insbesondere einer Auflassung bedarf; damit sind die **Tatbestandsvoraussetzungen des § 1 Abs. 1 Nr. 3 GrEStG** erfüllt (vgl. BFH v. 13.9.1995, II R 80/92, BStBl. II 1995, 903 zu II.2.; v. 30.8.1978, II R 28/73, BStBl. II 1979, 81; vgl. zu den zivilrechtlichen Grundlagen der Anwachsung → Rn. 13f., 21 und 36). **133**

Dagegen stellen die Fälle der (erweiterten) Anwachsung **keinen** Vorgang iSd. **§ 1 Abs. 3 Nr. 3 GrEStG (Anteilsvereinigung in einer Hand)** dar: Der Ersatztatbestand des § 1 Abs. 3 Nr. 3 GrEStG fingiert einen – zivilrechtlich nicht vorhandenen – (grundstücksbezogenen) Erwerbsvorgang und trägt damit der dadurch gegebenen, dem (Voll-)Eigentum an einem Grundstück vergleichbaren Rechtszuständigkeit an dem Gesellschaftsgrundstück Rechnung. Erforderlich ist somit ein in dem „Innehaben aller Gesellschaftsanteile" liegende Änderung der Rechtszuständigkeit in Bezug auf ein Grundstück. Da beim Erwerb aller Anteile an einer grundstücksbesitzenden Personengesellschaft durch eine einzige Person die Anteile mit der Übertragung auf den Anteilserwerber untergehen, kommt es nicht zu einem Innehaben aller Anteile in einer Hand, so dass § 1 Abs. 3 Nr. 3 GrEStG – im Wege teleologischer Reduktion – einschränkend auszulegen und auf den Erwerb aller Anteile an einer grundstücksbesitzenden Personengesellschaft durch eine einzige Person nicht anwendbar ist (nahezu wortgleich BFH v. 13.9.1995, II R 80/92, BStBl. II 1995, 903 zu II. 2. mwN; WM/*Pahlke* Anh. 12 Rn. 103). **134**

Auch dürfte die Übertragung aller Anteile an einer grundstücksbesitzenden Personengesellschaft mit anschließender Anwachsung **keinen Fall des § 1 Abs. 2a GrEStG** darstellen. Die Vorschrift hat gegenüber den Tatbeständen des § 1 Abs. 1 GrEStG lediglich ergänzende Funktion (Fiktion des rechtsgeschäftlichen Grundstücksübergangs) und setzt – ähnlich § 1 Abs. 3 GrEStG – das (Fort-)Bestehen der grundstücksbesitzenden Personengesellschaft nach der Anteilsübertragung voraus (allerdings **135** können § 1 Abs. 2a GrEStG sowie § 1 Abs. 3 GrEStG dann Bedeutung haben, sofern es – beispielsweise aufgrund der Beteiligung eines weiteren, nicht einbringenden Gesellschafters – nicht zur Auflösung der Personengesellschaft kommt (WM/*Pahlke* Anh. 12 Rn. 104 mwN).

136 Soweit der bei der erweiterten Anwachsung verbleibende Personengesellschafter am Vermögen der Personengesellschaft beteiligt ist, kommt die Anwendung der (anteiligen) Steuerbefreiung nach **§ 6 Abs. 2 GrEStG** in Betracht (WM/*Pahlke* Anh. 12 Rn. 105; *Orth* DStR 1999, 1017 mwN; RHL/*Rasche* Anh. 8 Rn. 25), es sei denn, der verbleibende Personengesellschafter hat seinen Anteil innerhalb der letzten fünf Jahre erworben (**Vorbehaltensfrist gemäß § 6 Abs. 4 GrEStG;** vgl. *Orth* DStR 1999, 1017 mwN; WM/*Pahlke* Anh. 12 Rn. 106ff.; zur einschränkenden Auslegung in den Fällen, in denen die Gesellschaft das Grundstück weniger als fünf Jahre innehat: BFH v. 25. 2. 1969, II 142/63, BStBl. II 1969, 400; v. 14. 6. 1973, II R 37/72, BStBl. II 1973, 802). **Beachte:** Im Rahmen der geplanten **GrESt-Reform** (Gesetz zur Änderung des Grunderwerbsteuergesetzes, BR-Drs. 355/19 S. 2) ist u.a. die Ausweitung der Vorbehaltensfrist auf 15 Jahre vorgesehen (§ 6 Abs. 4 Nr. 3 GrEStG-E). Übersicht zu den geplanten Änderungen siehe → Form. D.1 Rn. 70 und *Zapf* FR 2019, 804, 813.

137 **Bemessungsgrundlage** war bis 2008 der sog. Bedarfswert iSd. § 138 Abs. 2 oder 3 BewG (§ 8 Abs. 2 Nr. 2 GrEStG). Durch StÄndG 2015 v. 2.11.2015 (BGBl. I 2015, 1834) gilt rückwirkend ab 2009 für offene Fälle als geänderte Bemessungsgrundlage § 152 Abs. 1 iVm. § 157 Abs. 1 und 2 BewG (nach Umsetzung BVerfG v. 23.6.2015 (1 BvL 13/11, 1 BvL 14/11, BStBl. II 2015, 871 dazu iE → Form. D.1 Rn. 73. **Beachte** zur (Mindest-)Bemessungsgrundlage bei einer Veräußerung zwischen den an einer Umwandlung beteiligten Rechtsträgern innerhalb des Rückwirkungszeitraumes im Rückwirkungszeitraum allerdings die geplante Sonderregelung im Rahmen der **GrESt-Reform** (Gesetz zur Änderung des Grunderwerbsteuergesetzes, BR-Drs. 355/19 S. 2): Nach § 8 Abs. 2 Satz 1 Nr. 4 GrEStG-E soll nicht der vereinbarte Kaufpreis, sondern der nach den erbschaftsteuerlichen Grundstücksbewertungsverfahren ermittelten **Grundstückswert als Bemessungsgrundlage** für die GrESt Anwendung finden.

138 Der **Steuersatz** für Grunderwerbsteuer beträgt, je nach Belegenheit des betroffenen Grundstücks, zwischen 3,5% und 6,5% (Stand: 1.7.2019: Baden-Württemberg: 5,0%; Bayern: 3,5%; Berlin: 6,0%; Brandenburg: 6,5%; Bremen: 5,0%; Hamburg: 4,5%; Hessen: 6,0%, Mecklenburg-Vorpommern: 6,0%; Niedersachsen: 5,0%; Nordrhein-Westfalen: 6,5%; Rheinland-Pfalz: 5,0%; Saarland: 6,5%; Sachsen: 3,5%; Sachsen-Anhalt: 5,0%; Schleswig-Holstein: 6,5%; Thüringen: 6,5%.

139 **Steuerschuldner** ist abweichend von der grundsätzlichen Regelung in § 13 Abs. 1 Nr. 2 GrEStG (auf Grund Wegfalls der Personengesellschaft) allein der durch die Anwachsung erwerbende Gesellschafter (WM/*Pahlke* Anh. 12 Rn. 82 und 113; SHS/*Schmitt* Anh. Rn. 63).

140 Zu möglichen **erbschaft- und schenkungsteuerlichen** Aspekten der Anwachsung siehe *Orth* DStR 1999, 1016f., 1019.

141–145 *einstweilen frei*

VII. Arbeitsrecht

146 Mit Bezug auf **arbeitsrechtliche Konsequenzen** des Übergangs des Betriebsvermögens der Personengesellschaft (im Formular: GmbH & Co. KG) auf den verbleibenden Gesellschafter (im Formular: Komplementär-GmbH), insbesondere die Voraussetzungen eines **Betriebsübergangs nach § 613a BGB** mit seinen Folgewirkungen für das einzelne Arbeitsverhältnis wie auch für die Weitergeltung bzw. Ablösung von Kollektivvereinbarungen (Betriebsvereinbarungen, Tarifverträge), kann im

Wesentlichen auf → Form. A. 1 Rn. 167 ff.; → Form. D.6 Rn. 215 ff. verwiesen werden. Allerdings ist **§ 613a Abs. 2 BGB** (Haftung des bisherigen Arbeitgebers) in den Fällen der erweiterten Anwachsung auf Grund des Erlöschens der Personengesellschaft **nicht anwendbar** (§ 613a Abs. 3 BGB).

einstweilen frei **147–149**

VIII. Kosten und Gebühren

1. Kapitalerhöhungsbeschluss

Für die Beurkundung des Kapitalerhöhungsbeschlusses fällt eine 2,0-Gebühr nach Nr. 21100 des Kostenverzeichnisses zum GNotKG an, mindestens jedoch 120 EUR. Der Kapitalerhöhungsbeschluss ist ein Beschluss mit bestimmtem Geldwert, so dass sich der **Geschäftswert** des Beschlusses hiernach bemisst, mindestens jedoch 30 000 EUR (§ 108 Abs. 1 Satz 2 GNotKG). Der Geschäftswert der Sachkapitalerhöhung ist der Wert der zu erbringenden Sacheinlage, hier der einzubringenden Kommanditanteile. Der Nennbetrag der Kapitalerhöhung ist für die Kostenberechnung unerheblich. **150**

Die **Bewertung** der Kommanditanteile erfolgt nach § 54 Satz 1 GNotKG, sofern keine Anhaltspunkte für einen höheren Wert gegeben sind, grundsätzlich nach dem Wert des Eigenkapitals der Kommanditgesellschaft iSv. § 266 Abs. 3 HGB und zwar ohne Schuldenabzug (§ 54 Satz 1, § 38 Satz 2 GNotKG). Lediglich für den Fall, dass die Kommanditgesellschaft überwiegend vermögensverwaltend tätig wäre, wäre der Wert des Vermögens der Kommanditgesellschaft maßgeblich (§ 54 Satz 3 GNotKG). Im vorliegenden Formular ist dies jedoch nicht gegeben. **150a**

Die Änderung des Gesellschaftsvertrages der GmbH im Zuge der **Sachkapitalerhöhung** ist hinsichtlich der Stammkapitalziffer gegenstandsgleich nach § 109 Abs. 2 Satz 1 Nr. 4 Buchst. a und b GNotKG; weitere Änderungen des Gesellschaftsvertrages aus Anlass der Sachkapitalerhöhung (zB die Änderung des Unternehmensgegenstands der Gesellschaft zur operativen Tätigkeit) sind allerdings gegenstandsverschieden und damit gesondert zu bewerten (nochmals 30 000 EUR nach § 108 Abs. 4 GNotKG als Beschluss ohne bestimmten Geldwert). **150b**

Da der **Einbringungsvertrag** in Bezug auf Kommanditanteile formfrei geschlossen werden kann, fallen hierfür keinerlei Notargebühren an. Würden im Rahmen der Sachkapitalerhöhung jedoch Geschäftsanteile an der GmbH eingebracht, so bestünde insoweit eine Beurkundungspflicht (§ 15 Abs. 3 GmbHG). Einbringungsvertrag und Kapitalerhöhungsbeschluss sind gegenstandsverschieden iSd. § 110 Nr. 1 GNotKG (*Diehn/Volpert,* Praxis des Notarkostenrechts, Rn. 1182; Streifzug durch das GNotKG Rn 1349 f.). Dessen ungeachtet gebietet die Degression der Kostentabelle eine Zusammenbeurkundung und kann eine getrennte Beurkundung eine unrichtige Sachbehandlung darstellen (*Felix* RNotZ 2018, 378, 379; Korintenberg/*Tiedtke* GNotKG § 21 Rn. 85). Da die getrennte Beurkundung des Einbringungsvertrages somit Mehrkosten nach sich ziehen kann, ist ein Hinweis des Notars nach § 21 GNotKG angezeigt. **150c**

2. Übernahmeerklärung

Die im Formular vorgeschlagene Trennung der Übernahmeerklärung von dem Kapitalerhöhungsbeschluss erfolgt nicht vor dem Hintergrund der Kostenersparnis (→ Rn. 150c), sondern zur einfacheren Handhabung der Einbringungsvereinbarung. Diese Trennung ist nach § 55 GmbHG auch zulässig, da die Norm von „notariell aufgenommener oder beglaubigter" Übernahmeerklärung spricht. Im Überblick: **151**

– **Übernahmeerklärung (sofern Bestandteil des Kapitalerhöhungsbeschlusses):** Die Beurkundung der Übernahmeerklärung löst eine 1,0-Gebühr nach **152**

Nr. 21200 des Kostenverzeichnisses aus, mindestens 60 EUR. Die Übernahmeerklärung ist zum Kapitalerhöhungsbeschluss gegenstandsverschieden nach § 110 Nr. 1 GNotKG. Da für den Beschluss eine 2,0-Gebühr nach Nr. 21100 des Kostenverzeichnisses erhoben wird, ist eine Vergleichsrechnung nach § 94 Abs. 1 GNotKG durchzuführen. Es entstehen grundsätzlich gesondert zu berechnende Gebühren, jedoch beschränkt auf die aus dem höheren Gebührensatz (hier 2,0) berechnete Gebühr für den Gesamtbetrag der Werte. Geschäftswert der Übernahmeerklärung ist der Wert der Sacheinlage ohne Schuldenabzug.

153 – **separate Beglaubigung der Übernahmeerklärung *mit* Entwurfserstellung durch Notar:** Erstellt der Notar den Entwurf der Übernahmeerklärung (vgl. § 92 Abs. 2 GNotKG), dann entsteht hierfür eine 0,5-Gebühr nach Nr. 24101 des Kostenverzeichnisses, mindestens 60 EUR. Der Geschäftswert der Übernahmeerklärung ist wiederum der Wert der Sacheinlage ohne Schuldenabzug.

153a – **separate Beglaubigung der Übernahmeerklärung *ohne* Entwurfserstellung durch Notar:** Bei der reinen Beglaubigung der Unterschrift unter der Übernahmeerklärung ohne Entwurfserstellung durch den Notar wird eine 0,2-Gebühr nach Nr. 25100 des Kostenverzeichnisses verwirkt. Der Geschäftswert der Übernahmeerklärung ist wiederum der Wert der Sacheinlage ohne Schuldenabzug. Der Mindestwert der Beglaubigungskosten beträgt 20 EUR, der Höchstwert 70 EUR.

3. Übernehmer- und Gesellschafterliste

154 Erstellt der Notar die Liste der Übernehmer (§ 57 Abs. 3 Nr. 2 GmbHG) im Auftrag der Beteiligten, so fällt hierfür nach Vorbemerkung 2.2.1.1 Abs. 1 Satz 2 Nr. 3 des Kostenverzeichnisses eine sog. Vollzugsgebühr in Höhe einer 0,5-Gebühr nach Nr. 22110 des Kostenverzeichnisses, jedoch beschränkt auf 250 EUR (Nr. 22113 des Kostenverzeichnisses) an, wenn der Notar den entsprechenden Gesellschafterbeschluss über die Sachkapitalerhöhung beurkundet hat. Auch die Erstellung der Gesellschafterliste (§ 8 Abs. 1 Nr. 3, § 40 GmbHG) löst ebenfalls die vorgenannte Vollzugsgebühr aus. Die Vollzugsgebühr fällt aber für jedes Beurkundungsverfahren nur einmal an (vgl. § 93 Abs. 1 GNotKG). Die Vollzugsgebühr für Übernehmer- und Gesellschafterliste darf deshalb 500 EUR nicht übersteigen. Evtl. weitere Vollzugsgebühren nach Vorbemerkung 2.2.1.1 Abs. 1 Satz 2 Nr. 1 oder 2 des Kostenverzeichnisses wären jeweils noch mit höchstens 50 EUR in Ansatz zu bringen. Der Geschäftswert sowohl für die Übernehmer- als auch die Gesellschafterliste bestimmt sich wiederum nach dem Wert des Kapitalerhöhungsbeschlusses.

155 Zusätzlich zur vorgenannten Vollzugsgebühr fällt nach Nr. 22200 Ziffer 6 des Kostenverzeichnisses noch eine sog. Betreuungsgebühr in Höhe von 0,5 für die Erteilung der Bescheinigung über die Veränderungen der Beteiligungshöhen der Gesellschafter durch den Notar nach § 40 Abs. 2 GmbHG an.

156 Die Entgegennahme der Gesellschafterliste durch das Registergericht löst gemäß dem Gebührenverzeichnis als Anlage zur Handelsregistergebührenverordnung (HRegGebV v. 30.9.2004, BGBl. I 2004, 2562) Nr. 5002 eine Gebühr iHv. 30 EUR aus, auch wenn diese nach Wirksamwerden der Kapitalerhöhung zwingend durch den Notar einzureichen ist (BeckOK KostR/*Meier* HRegGebV GV 5002 Rn. 8).

4. Anmeldung und Eintragung des Kapitalerhöhungsbeschlusses

157 **Notargebühren.** Für die bloße Beglaubigung der Handelsregisteranmeldung ohne Entwurfserstellung durch den Notar fällt eine 0,2-Gebühr nach Nr. 25100 des Kostenverzeichnisses an, höchstens jedoch 70 EUR.

158 Für die **Fertigung und Beglaubigung des Entwurfs der Handelsregisteranmeldung** fällt dagegen eine 0,5-Gebühr nach Nr. 24102 des Kostenverzeichnisses an; die Mindestgebühr beträgt 30 EUR. Der Geschäftswert der Anmeldung bestimmt sich nach § 105 Abs. 1 Satz 1 Nr. 3 GNotKG und entspricht dem Stammkapitalerhöhungsbetrag, mindestens jedoch 30 000 EUR. Die Anmeldung der hiermit zwingend einhergehenden Änderung des Gesellschaftsvertrages ist dieselbe Tatsache und nicht gesondert in Ansatz zu bringen. Demgegenüber sind weitere Änderungen des Gesellschaftsvertrages, die lediglich aus Anlass der Kapitalerhöhung mit angemeldet werden (Firmenänderung, Änderungen des Unternehmensgegenstandes) separate Anmeldetatbestände und deshalb gesondert zu bewerten (BDS/*Bormann* GNotkG § 111 Rn. 14 aE).

Registerkosten. Die Eintragungsgebühren richten sich nach der Handelsregistergebührenverordnung (HRegGebV). Bei den Gebühren handelt es sich um sog. aufwandsbezogene Gebühren, die dem sog. Gebührenverzeichnis als Anlage zu § 1 Satz 1 HRegGebV entnommen werden können. Hier fällt eine Gebühr nach Nr. 2401 des Gebührenverzeichnisses iHv. 210 EUR an. **159**

einstweilen frei **160–162**

5. Anmeldung und Eintragung des Ausscheidens der Kommanditisten und des Erlöschens der Kommanditgesellschaft

Notargebühren. Für die bloße *Beglaubigung der Handelsregisteranmeldung* ohne Entwurfserstellung durch den Notar fällt eine 0,2-Gebühr nach Nr. 25100 des Kostenverzeichnisses an, höchstens jedoch 70 EUR. **163**

Für die *Fertigung **und** Beglaubigung des Entwurfs der Handelsregisteranmeldung* fällt dagegen eine 0,5-Gebühr nach Nr. 24102 des Kostenverzeichnisses an; die Mindestgebühr beträgt 30 EUR. Der Geschäftswert der Anmeldung bestimmt sich nach § 105 Abs. 1 Satz 1 Nr. 6 GNotKG (Ausscheiden der Kommanditisten = Summe der Hafteinlagen = 60 000 EUR) bzw. § 105 Abs. 4 Nr. 4 GNotKG (Erlöschen = 30 000 EUR) und beträgt hiernach insgesamt 90 000 EUR.

Registerkosten. Gebühr nach § 1 HRegGebV iVm. Nr. 1501, 1503 des Gebührenverzeichnisses: 150 EUR, nachdem insgesamt vier Tatsachen angemeldet werden. **164**

einstweilen frei **165–168**

C. Einzelerläuterungen

I. Kapitalerhöhungsbeschluss

Die Kapitalerhöhung erfordert – als Satzungsänderung (Stammkapital ist wesentlicher Satzungsbestandteil) – einen **notariell zu beurkundenden** (§ 53 Abs. 2 Satz 1 GmbHG) **Gesellschafterbeschluss** (§ 53 Abs. 1 GmbHG), der mit mindestens $^3/_4$ der abgegebenen Stimmen zu fassen ist, sofern die Satzung für Satzungsänderungen im Allgemeinen oder für Kapitalerhöhungen im Besonderen nicht weitere (strengere) Abstimmungserfordernisse vorsieht (§ 53 Abs. 2 GmbHG). **169**

Der **Betrag** jeder durch die Kapitalerhöhung geschaffenen **neuen Stammeinlage** muss nach der Änderung des § 5 GmbHG durch das MoMiG v. 23.10.2008 (BGBl. I 2008, 2026) ein auf volle Euro lautender Nennbetrag sein. Dadurch beträgt die Mindesthöhe für ein Geschäftsanteil 1.– EUR). Für Zwecke der Anwendbarkeit des § 20 UmwStG ist die Höhe der ausgegebenen Anteile irrelevant. Vgl. iÜ zur **Haftung** neu eintretender Gesellschafter gemäß § 24 GmbHG für noch ausstehende Stammeinlagen bisheriger Gesellschafter sowie für ausstehende Stammeinlagen weiterer Übernehmer → Form. D.6 Rn. 251 mwN. **170**

171 Die **Festsetzung des Gegenstandes der Sacheinlage** (§ 56 Abs. 1 GmbHG, im Formular: die Einbringung der Mitunternehmeranteile) als auch des Nennbetrags des Geschäftanteils, auf die sich die Sacheinlage bezieht (im Formular: die Beträge in Höhe von 1250.– EUR für A, 1000.– EUR für B-GmbH und 750.– EUR für C-GmbH & Co. KG), müssen im Kapitalerhöhungsbeschluss (§ 56 Abs. 1 Satz 1 GmbHG) sowie in der separaten Übernahmeerklärung (§ 56 Abs. 1 Satz 2 GmbHG) erfolgen. Die Angabe des Werts, mit dem die Kommanditanteile angesetzt werden, ist auch wegen der Überprüfung der Überbewertung der Sacheinlage durch das Registergericht gemäß § 9c Abs. 1 Satz 2 GmbHG anzugeben. Eine Festsetzung im Gesellschaftsvertrag ist **nicht** erforderlich (hierzu → Form. D.6 Rn. 252 mwN).

172 Das Formular sieht eine (geringe) Erhöhung des Stammkapitals um insgesamt 3000.– EUR vor, nachdem für Zwecke der Anwendung des § 20 UmwStG auch eine geringe Kapitalerhöhung ausreicht. Als Folge hiervon wird für jeden Einbringenden nur ein Betrag in Höhe der übernommenen neuen Stammeinlage (dh. 1250.– EUR für A, 1000.– EUR für B-GmbH und 750.– EUR für C-GmbH & Co. KG) mit dem übertragenen Kapitalkonto verrechnet. Der darüber hinausgehende Betrag wird als Einlage in die Kapitalrücklage iSd. § 272 Abs. 2 Nr. 1 HGB behandelt (zu dem ertragsteuerlichen Hintergrund → Rn. 98; zur gesellschaftsrechtlichen Zulässigkeit der schuldrechtlichen Vereinbarung einer solchen Verpflichtung: BGH v. 15.10.2007, II ZR 249/06, NZG 2008, 73; → Rn. 98); evtl. Fehlbeträge sind dagegen vom betreffenden Gesellschafter auszugleichen. Diese Vorgehensweise kann insofern vorteilhaft sein, als es die Darstellung und den Nachweis des Werts des eingebrachten Kommanditgesellschaftsanteil erleichtert (bzw. überhaupt ermöglicht). Sofern dies im Einzelfall möglich bzw. gewünscht ist, können statt der im Formular gewählten Vorgehensweise zwei alternative Vorgehensweisen empfehlenswert sein:

a) die Beträge der neuen Stammeinlagen werden mindestens in Höhe der bisherigen Hafteinlagen festgesetzt; in diesen Fällen dürfte die darüber hinausgehende Gutschrift nicht als Einlagenrückgewähr zu qualifizieren sein;
b) der Betrag wird als Darlehen den einzelnen Einbringenden gutgeschrieben. Allerdings birgt diese Vorgehensweise zum einen die **Gefahr des Wiederauflebens** der **Kommanditistenhaftung nach § 172 Abs. 4 HGB** wegen Rückzahlung der Kommanditeinlagen (vgl. MünchHdb/*Piehler,* GesR II § 33 Rn. 48f. mwN; BH/*Roth* HGB § 172 Rn. 6). Zum anderen handelt es sich bei den Darlehen um die Gewährung zusätzlicher Wirtschaftsgüter, die das Bewertungswahlrecht des § 20 UmwStG einschränken können (hierzu → Rn. 98).

173 Zu **tauglichen Gegenständen einer Sacheinlage** → Form. D.6 Rn. 253 mwN; zum – ungeschriebenen, aber anerkannten – **Bezugsrecht** der Gesellschafter der GmbH und zur **Zulassung zur Übernahme der neuen Stammeinlage** → Form. D.6 Rn. 254f.

174 Regelmäßig dürfte die Firma der bisherigen Komplementär-GmbH zur Fortführung des übergegangenen Betriebs der GmbH & Co. KG nicht geeignet oder erwünscht sein. Um – wie im Formular vorgesehen – die **Firma der aufgelösten GmbH & Co. KG** (ohne Nachfolgezusatz) durch die Komplementär-GmbH (unter Beachtung des richtigen Rechtsformzusatzes, § 4 GmbHG) **fortzuführen,** bedarf es (1) der ausdrücklichen Einwilligung aller bisherigen Gesellschafter (§ 22 Abs. 1 HGB; § 24 Abs. 2 HGB ist nicht anwendbar; BH/*Hopt* HGB § 24 Rn. 12 mwN), sowie (2) der im wesentlichen Kern identitätswahrenden Fortführung des Unternehmens der aufgelösten GmbH & Co. KG (vgl. BH/*Hopt* HGB § 22 Rn. 21 mwN). Neben den vorstehenden Erfordernissen bedarf es einer formellen Änderung der Firma (Satzungsänderung) der Komplementär-GmbH einschließlich deren Anmeldung zum Handelsregister (wie im Formular vorgesehen).

175 Eine **Einbringungsbilanz** ist im Rahmen der Sacheinlage bzw. der erweiterten Anwachsung nicht erforderlich: die Sachkapitalvorschriften der §§ 56, 56a GmbHG

sehen weder eine Einbringungsbilanz noch allgemein die Anwendung der Sachgründungsvorschriften, insb. Sachgründungbericht iSd. § 5 Abs. 4 GmbHG, Werthaltigkeitsnachweis iSd. § 8 Abs. 1 Nr. 5 GmbHG (→ Rn. 29 und → Form. D.6 Rn. 34, → Form. D.6 Rn. 286 und → Form. D.6 Rn. 287 ff.). Dennoch empfiehlt sich – allein schon wegen § 57a iVm. § 9c GmbHG – die Zugrundelegung einer Einbringungsbilanz (sowie einer Bestätigung eines Wirtschaftsprüfers oder Steuerberaters darüber, dass der Wert des übertragenen Kommanditgesellschaftsanteils mindestens der übernommenen Stammeinlage entspricht), um dem Registerrichter die Prüfung der Werthaltigkeit der eingebrachten Kommanditgesellschaftsanteile gemäß § 9c GmbHG zu ermöglichen.

Ein **Stichtag der Einbringungsbilanz** ist gesetzlich nicht vorgesehen; mit Bezug auf die beabsichtigte Erleichterung der Prüfung gemäß § 9c GmbHG ist ein möglichst zeitnaher Stichtag sinnvoll. Zur ertragsteuerlichen Möglichkeit der **Rückbeziehung der Einbringung** um bis zu **acht Monate** gemäß § 20 Abs. 6 Satz 3 iVm. Abs. 5 UmwStG → Rn. 76 ff. Im Formular ist eine Rückbeziehung mit schuldrechtlicher und ertragsteuerlicher Wirkung auf den 31.12.01 vorgesehen. **176**

Zu möglichen **Handelsregistersperren,** die im Zusammenhang mit der Euro-Einführung zu beachten sind, → Form. D.6 Rn. 259 ff. **177**

einstweilen frei **178–180**

II. Einbringungsvertrag

Die **Trennung des Einbringungsvertrages** von dem Kapitalerhöhungsbeschluss erfolgt hier aus Praktikabilitätsgründen, insb. da für die Übertragung der Kommanditgesellschaftsanteile keine besonderen Formvorschriften gelten (auch sofern sich Grundstücke im Gesellschaftsvermögen befinden würden). Der Einbringungsvertrag kann auch in die Urkunde über die Kapitalerhöhung aufgenommen werden. **181**

Zur **Wahl des Einbringungs- und Übertragungsstichtags (§ 1 Abs. 3)** und deren Folgen, insb. ertragsteuerlicher Art, → Rn. 74 ff., 176. **182**

Die in **§ 2** vorgesehene **Zustimmung zur Übertragung** der Kommanditgesellschaftsanteile an der GmbH & Co. KG sieht – vorsichtshalber – auch eine Änderung des Gesellschaftsvertrages bzw. einen Verzicht auf etwaige Rechte und Ansprüche hinsichtlich der Übertragbarkeit der Kommanditgesellschaftsanteile vor. Nachdem alle Gesellschafter der ABC-GmbH & Co. KG an dem Einbringungsvertrag beteiligt sind, ist diese Änderung bzw. dieser Verzicht problemlos möglich. **183**

Zu der in **§ 3** vorgesehenen **Einwilligung in die Firmenfortführung** → Rn. 174. **184**

einstweilen frei **185–187**

III. Übernahmeerklärung

Die **Trennung** der Übernahmeerklärung von dem Kapitalerhöhungsbeschluss erfolgt vor dem Hintergrund der Kostenersparnis (→ Rn. 151 ff.); das Bestehen dieses (theoretischen) Kostenvorteils sollte im Einzelfall nachvollzogen werden. **188**

Zur Qualifikation der Übernahme einer neuen Stammeinlage als Vertrag **(Übernahmevereinbarung)** zwischen dem jeweiligen Übernehmer (hier: A, B-GmbH und C-GmbH & Co. KG) und der aufnehmenden GmbH (hier: ABC-Verwaltungs-GmbH) vgl. *Roth/Altmeppen* § 55 GmbHG Rn. 12 sowie weitere Einzelheiten zur **Rechtsnatur der Erklärung** und deren **inhaltlicher Ausgestaltung** (genaue Bezeichnung des Gegenstands und des Betrages der Stammeinlage) unter → Form. D.6 Rn. 277 ff. **189**

einstweilen frei **190–192**

IV. Handelsregisteranmeldung der Kapitalerhöhung

193 Zur Anmeldung einer Kapitalerhöhung durch Sacheinlagen s. zunächst → Form. D.6 Rn. 283 ff.

194 Zu beachten sind insbesondere die Regelungen des § 57 GmbHG:

195 – Der Anmeldung ist gemäß § 57 Abs. 3 Nr. 3 GmbHG der **Einbringungsvertrag** beizufügen;

196 – die Anmeldung setzt voraus, dass die Sacheinlage **vollständig bewirkt** ist und endgültig in der freien Verfügung der Gesellschaft steht (§ 7 Abs. 3 iVm. § 56a GmbHG). Dies ist von den Geschäftsführern im Rahmen der Handelsregisteranmeldung – strafbewehrt, § 82 GmbHG – zu versichern (§ 57 Abs. 2 Satz 1 GmbHG);

197 – der Anmeldung sind ferner – wie im Formular vorgesehen – die weiteren in § 57 Abs. 3 GmbHG aufgeführten **Anlagen** beizufügen. Dies sind zunächst der **Kapitalerhöhungsbeschluss** (oder eine beglaubigte Abschrift desselben), die **Übernahmeerklärung(en)** (oder eine beglaubigte Abschrift derselben), die von den anmeldenden Geschäftsführern zu unterzeichnende **Liste der Übernehmer** der neuen Sacheinlagen, der bereits erwähnte **Einbringungsvertrag** sowie der vollständige **Wortlaut des Gesellschaftsvertrages** mit der Bescheinigung nach § 54 Abs. 1 Satz 2 GmbHG;

198 – schließlich empfiehlt es sich, zum **Nachweis der Vollwertigkeit der Einlage** dem zur allgemeinen Amtsermittlung (§ 57a GmbHG iVm. § 9c Abs. 1 GmbHG und § 12 FGG) verpflichteten Registerrichter sowohl einen **Sachkapitalerhöhungsbericht der Gesellschafter** (→ Rn. 29; Beispiel → Form. E.4.4) als auch eine **Bescheinigung** eines Wirtschaftsprüfers/Steuerberaters **über die Werthaltigkeit der Einlage** vorzulegen (→ Rn. 29 und 175 und → Form. D.6 Rn. 34, 286 und 287 ff.; s. Formulierungsbeispiel für Werthaltigkeitsbescheinigung in → Form. B., B.1.7; zu Einzelheiten vgl. → Form. B.1 Rn. 511 ff.).

198a Die Anmeldung zur Eintragung in das (elektronische) Handelsregister bedarf der **öffentlichen Beglaubigung** durch einen Notar (§ 12 Abs. 1 HGB) und erfolgt durch Einreichung einer elektronischen Fassung des öffentlich beglaubigten Dokuments. Hierzu wandelt der Notar das regelmäßig in Schriftform gehaltene Ausgangsdokument in ein elektronisches Format um, fügt einen Beglaubigungsvermerk hinzu und versieht dieses mit seiner elektronischen Signatur nach dem SignaturG (ein einfaches elektronisches Zeugnis iSd. § 39a BeurkG genügt; zum Ganzen: KKRD/*Roth* HGB § 12 Rn. 8; *Liebscher/Scharff* NJW 2006, 3745, 3747). Gemäß § 12 Abs. 2 Satz 1 HGB sind für das Handelsregister relevante Dokumente ebenfalls in elektronischer Form einzureichen. Die „elektronische Form" muss eine Ablage der Aufzeichnung im Registergericht in unveränderter Form ermöglichen (§ 47 Abs. 1 Satz 2 HRV), so dass sich praktisch eine „elektronische Fotokopie" durch eine Übertragung im PDF- oder TIF-Format empfiehlt (*Sikora/Schwab* MittBayNot 2007, 1).

V. Handelsregisteranmeldung des Ausscheidens der Kommanditisten und des Erlöschens der Kommanditgesellschaft

199 Die Übertragung aller Kommanditgesellschaftsanteile auf die Komplementär-GmbH im Rahmen der erweiterten Anwachsung beinhaltet eine Reihe anmeldepflichtiger Tatsachen: (1) **Ausscheiden der einzelnen Kommanditisten** und Übertragung des jeweiligen Kommanditgesellschaftsanteils **durch Sonderrechtsnachfolge** auf den persönlich haftenden Gesellschafter, (2) **Auflösung der Kommanditgesellschaft,** (3) **liquidationslose** Vollbeendigung der Gesellschaft, (4) **Fortführung (oder Erlöschen) der Firma** der Kommanditgesellschaft.

Die Anmeldung hat durch **sämtliche** Gesellschafter der GmbH & Co. KG zu erfolgen. Der Hinweis auf das Fortbestehen der **Geschäftsräume** erfolgt vor dem Hintergrund der ab 1.1.1999 bestehenden Verpflichtung zur Mitteilung der aktuellen Lage der Geschäftsräume und jeder Änderung derselben (§ 24 Abs. 2 Satz 1 und 2 HRV). **200**

Die Handelsregisteranmeldung ist elektronisch in öffentlich beglaubigter Form einzureichen (§ 12 Abs. 1 Satz 1 HGB). IE → Rn. 198a und *Jeep/Wiedemann* NJW 2007, 2439 ff.). **201**

D.6 Einbringung von Teilbetrieb und Aktien in GmbH

Gliederung

A. Vertragsformulare

Notarurkunden

D.6.1. Beschluss über (Sach-)Kapitalerhöhung[250 ff.]

Heute, am …… *[Datum]* erschien vor mir, …… *[Name],* Notar mit dem Amtssitz in …… *[Ort],* in der Geschäftsstelle in …… *[Adresse]:*

Herr …… *[Name, Beruf],* wohnhaft in: …… *[Adresse].* Herr …… *[Name]* ist mir, dem Notar, persönlich bekannt *[bzw. Herr …… hat sich durch amtlichen Personalausweis …… ausgewiesen.]* Herr …… *[Name]* handelt nicht im eigenen Namen, sondern als …… allein-/gesamtvertretungsberechtigter Vorstand der B-AG mit dem Sitz in …… *[Ort],* eingetragen im Handelsregister des Amtsgerichts …… *[Ort]* unter HRB ……

Auf Ansuchen des Erschienenen beurkunde ich den Erklärungen gemäß was folgt:

1. Sachstand

Am Stammkapital der C-GmbH mit dem Sitz in …… *[Ort],* eingetragen im Handelsregister des Amtsgerichts …… *[Ort]* unter HRB …… (nachfolgend „Gesellschaft"), in Höhe von 25 000.– EUR ist die B-AG als alleinige Gesellschafterin mit einem Geschäftsanteil in Höhe von 25 000.– EUR beteiligt. Der diesem Geschäftsanteil zugrunde liegende Nennbetrag des Geschäftsanteils, auf den sich die Sacheinlage bezieht, ist, wie der Erschienene versichert, in voller Höhe eingezahlt. Die Gesellschaft hat keinen Grundbesitz.

2. Kapitalerhöhung und Zulassung zu den neuen Geschäftsanteilen; Satzungsänderung

Unter Verzicht auf alle Formen und Fristen der Einberufung und Ankündigung hält die B-AG eine außerordentliche Gesellschaftsversammlung der Gesellschaft ab und beschließt:

a) Das Stammkapital der Gesellschaft wird von 25 000.– EUR um 25 000.– EUR auf 50 000.– EUR (in Worten: Euro fünfzigtausend) erhöht.[251, 256]

b) Die A-GmbH mit dem Sitz in …… *[Ort],* eingetragen im Handelsregister des Amtsgerichts …… *[Ort]* unter HRB …… wird zur Übernahme des neuen Geschäftsanteils mit einem Nennbetrag in Höhe von 25 000.– EUR zugelassen.[255] Das Bezugsrecht der bisherigen Gesellschafterin B-AG wird ausgeschlossen.[254]

c) Der neue Geschäfstanteil ist nicht in bar, sondern dadurch zu erbringen, dass[252, 253] die A-GmbH ihren in …… *[Ort]* angesiedelten Geschäftsbereich XYZ, in dem Pro-

dukte für ...... *[Beschreibung der Aktivitäten des Geschäftsbetriebs]* hergestellt und vertrieben werden (nachfolgend „Geschäftsbereich XYZ"), mit allen dazugehörigen Aktiva und Passiva auf die C-GmbH nach näherer Maßgabe eines gesondert abzuschließenden Einbringungsvertrages und unter Zugrundelegung einer Einbringungsbilanz zum 31.12.01 *[Datum]* überträgt. Das zu Buchwerten eingebrachte Nettovermögen gemäß der Einbringungsbilanz wird mit dem dort ausgewiesenen Wert des Nettobetriebsvermögens auf den Nennbetrag des Geschäftsanteils angerechnet. Der den Ausgabebetrag des Geschäftsanteils (25 000.– EUR) buchmäßig übersteigende Teil wird als Agio in die Kapitalrücklage der C-GmbH gemäß § 272 Abs. 2 Nr. 1 HGB eingestellt; die Geschäftsführung der Gesellschaft wird hiermit angewiesen, den Vorgang buchhalterisch entsprechend zu erfassen. Ein etwaiger Fehlbetrag ist durch die A-GmbH in bar auszugleichen.

d) Der neue Geschäftsanteil ist vom Beginn des bei der Eintragung der Kapitalerhöhung im Handelsregister laufenden Geschäftsjahres am Gewinn der Gesellschaft beteiligt.

e) Der bisherige Geschäftsanteil der B-AG in Höhe von 25 000.– EUR trägt die Nr. 1, der neue Geschäftsanteil der A-GmbH die Nr. 2.

f) § ...... der Satzung der Gesellschaft wird wie folgt neu gefasst:
„§ ...... Stammkapital
Das Stammkapital der Gesellschaft beträgt 50 000.– EUR (in Worten: Euro fünfzigtausend)."

Weitere Beschlüsse wurden nicht gefasst; der Erschienene erklärte die Gesellschafterversammlung sodann für beendet.

3. Hinweise

Der Notar wies den Erschienenen darauf hin, dass

- **jeder Gesellschafter für die Leistung der von den anderen Gesellschaftern übernommenen, aber nicht einbezahlten Geschäftsanteile, sowie für die Vollwertigkeit der von den anderen Gesellschaftern geleisteten Sacheinlagen haftet und**
- **die Kapitalerhöhung erst mit der Eintragung im Handelsregister wirksam wird.**

Vorgelesen vor dem Notar, von dem Erschienenen genehmigt und von ihm und dem Notar eigenhändig wie folgt unterschrieben:

..
[Unterschriften]

D.6.2. Einbringungsvertrag[265 ff.]

Zwischen

1. A-GmbH, mit dem Sitz in ...... *[Ort],* vertreten durch deren ...... *[allein-/gesamtvertretungsberechtigten]* Geschäftsführer ...... *[Namen]*

2. B-AG, mit dem Sitz in ...... *[Ort],* vertreten durch deren ...... *[allein-/gesamtvertretungsberechtigten]* Vorstand ...... *[Namen]*

(A-GmbH und B-AG gemeinschaftlich auch „Einbringende")

und

3. C-GmbH, mit dem Sitz in ...... *[Ort],* vertreten durch deren ...... *[allein-/gesamtvertretungsberechtigten]* Geschäftsführer ...... *[Namen]*

(nachfolgend auch „Erwerbende")

wird folgender Einbringungsvertrag geschlossen:

Vorbemerkung

A-GmbH betreibt unter anderem in ...... *[Ort]* die Herstellung und den Vertrieb von Produkten für ...... *[Beschreibung des Teilbetriebs]* (nachfolgend „Geschäftsbereich XYZ"). B-AG hält sämtliche Anteile an der X-AG mit Sitz in ...... *[Ort]*, die Produkte für ...... *[Beschreibung des Geschäftsgegenstandes]* vertreibt. Die Einbringenden beabsichtigen den Geschäftsbereich XYZ und die Beteiligung an der X-AG in der C-GmbH zusammenzuführen. Zu diesem Zweck soll zum einen die A-GmbH den Geschäftsbereich XYZ im Rahmen einer Kapitalerhöhung auf die C-GmbH übertragen, durch welche die A-GmbH zu 50% an der C-GmbH beteiligt wird; zum anderen soll die B-AG ihre Beteiligung an der X-AG ohne besondere Gegenleistung auf die C-GmbH übertragen. Hierzu vereinbaren die Parteien was folgt:

§ 1 Gegenstand des Vertrages

(1) Das Stammkapital der C-GmbH wurde durch einstimmig gefassten Beschluss der Gesellschafterversammlung vom ...... *[Datum]* von 25000.– EUR um 25000.– EUR auf 50000.– EUR (in Worten Euro fünfzigtausend) erhöht (URNr. ....../...... des Notars ...... *[Name]* mit Amtssitz in ...... *[Ort]*). Zur Übernahme des neuen Geschäftsanteils in Höhe von insgesamt 25000.– EUR wurde in Höhe von 25000.– EUR die A-GmbH zugelassen, welche mit notariell beglaubigter Erklärung vom ...... *[Datum]* den neuen Geschäftsanteil übernommen hat. Der Nennbetrag des neuen Geschäftsanteils ist nicht in bar, sondern dadurch zu leisten, dass die A-GmbH im Hinblick auf den von ihr übernommenen Geschäftsanteil in Höhe von 25000.– EUR den in ...... *[Ort]* betriebenen Geschäftsbereich XYZ mit allen Aktiva und Passiva auf die C-GmbH im Wege der Einzelrechtsnachfolge auf der Basis einer Einbringungsbilanz zum 31.12.01 *[Datum]* überträgt.

(2) Die B-AG ist alleinige Aktionärin der im Handelsregister des Amtsgerichts ...... *[Ort]* unter HRB ...... eingetragenen X-AG, mit einem Grundkapital von insgesamt ...... EUR *[Grundkapitalbetrag]*, das in ...... *[Anzahl Aktien]* nennwertlose, auf den Namen lautende Stückaktien eingeteilt ist.

§ 2 Einbringung Geschäftsbereich XYZ

(1) Zur Erfüllung der in § 1 Abs. 1 dieses Vertrages bezeichneten Sacheinlageverpflichtung überträgt hiermit A-GmbH den in der Vorbemerkung bezeichneten Geschäftsbereich XYZ nach weiterer Maßgabe der Regelungen in den folgenden Absätzen an die C-GmbH. Die C-GmbH nimmt diese Übertragung an.

(2) Die Einbringung umfasst sämtliche Aktiva und Passiva, die zu dem vorbezeichneten Geschäftsbereich gehören, abzüglich der Abgänge und zuzüglich der Zugänge, die nach dem Stichtag gemäß § 4 Abs. 1 dieses Vertrages erfolgen und dem Geschäftsbereich XYZ zuzurechnen sind. Von der Übertragung erfasst sind auch solche Vermögensgegenstände und Schulden, die zum Stichtag (§ 4 Abs. 1) eine funktional wesentliche Betriebsgrundlage des Geschäftsbereichs XYZ darstellen oder diesem Geschäftsbereich nach wirtschaftlichen Zusammenhängen zuordenbar sind, auch wenn sie nicht bilanzierbar sind oder in der Einbringungsbilanz bzw. in diesem Vertrag *[ggf.: oder in den Anlagen ......]* nicht gesondert aufgeführt sind. Entsprechendes gilt für Vertragsverhältnisse und sonstige Rechtsverhältnisse, soweit diese für den Geschäftsbereich XYZ wesentlich oder diesem nach wirtschaftlichen Zusammenhängen zuordenbar sind.

(3) Übertragen werden[267] insbesondere die in der als Anlage 2.3 beigefügten Einbringungsbilanz des Geschäftsbereichs XYZ zum 31.12.01 *[Datum]* sowie in den Anlagen ...... *[ggf. Aufstellungen zu Vermögenspositionen, wie zB: Maschinen, maschinelle Anlagen; Umlaufvermögen; gewerbliche Schutzrechte, Auftragsbestand;*

***Forderungen; usw.]* erfassten Vermögensgegenstände. A-GmbH und C-GmbH sind sich über den Übergang des Eigentums an diesen Vermögensgegenständen einig.**

(4) C-GmbH übernimmt ausdrücklich auch die in der Einbringungsbilanz ausgewiesenen Verbindlichkeiten und Schulden *[ggf.: und tritt in die in den Anlagen ...... aufgeführten ...... (Aufzählung der zu übernehmenden Dauerschuldverhältnisse, Vertriebsverträge, Versicherungsverträge, Arbeitsverhältnisse usw.) an der Stelle der A-GmbH ein].* Mit Wirkung zum Stichtag gemäß § 4 Abs. 1 dieses Vertrages tritt C-GmbH anstelle der A-GmbH in alle Verträge, Vertragsangebote und sonstige Rechtsstellungen („laufende Verträge") des eingebrachten Geschäftsbereichs XYZ ein. Unabhängig von der Wirksamkeit des Übergangs der laufenden Verträge auf die C-GmbH, stellen sich C-GmbH und A-GmbH so, als wäre die Übernahme der laufenden Verträge im Innenverhältnis mit Wirkung zum Stichtag gemäß § 4 Abs. 1 dieses Vertrages erfolgt. C-GmbH und A-GmbH werden sich unverzüglich um Zustimmung der jeweiligen Vertragsparteien der laufenden Verträge zur Übernahme durch C-GmbH mit Wirkung zum Stichtag gemäß § 4 Abs. 1 dieses Vertrages bemühen. Soweit und solange die Übernahme der Rechtsstellung der A-GmbH ab diesem Zeitpunkt nach übereinstimmender Auffassung der A-GmbH und der C-GmbH nicht oder nur mit unverhältnismäßig hohem Aufwand möglich sein sollte, stellt C-GmbH im Innenverhältnis die A-GmbH von sämtlichen Ansprüchen und Pflichten aus den laufenden Verträgen frei; A-GmbH wird im Außenverhältnis den betreffenden laufenden Vertrag treuhänderisch für C-GmbH fortführen.

(5) Im Verhältnis zwischen A-GmbH und C-GmbH sollen mit Wirkung zum Stichtag gemäß § 4 Abs. 1 dieses Vertrages die in Anlage 2.5 genannten, im Geschäftsbereich XYZ beschäftigten Arbeitnehmer der A-GmbH gemäß § 613a BGB auf die C-GmbH als neuen Arbeitgeber übergehen. C-GmbH tritt in die bestehenden Arbeitsverträge der in Anlage 2.5 genannten Arbeitnehmer ein und stellt A-GmbH mit Wirkung ab dem Stichtag gemäß § 4 Abs. 1 dieses Vertrages von allen Verpflichtungen aus diesen Arbeitsverhältnissen frei. Sollten Anstellungs- oder Arbeitsverhältnisse von Arbeitnehmern der A-GmbH, die nicht in Anlage 2.5 aufgeführt sind, gemäß § 613a BGB auf C-GmbH übergehen, so stellt A-GmbH die C-GmbH von allen Verpflichtungen frei, die sich aus diesen Vertragsverhältnissen und ihren Beendigungen ergeben. C-GmbH wird diese Vertragsverhältnisse in Abstimmung mit und auf Kosten der A-GmbH abwickeln.

(6) Die Einbringung des Geschäftsbereichs XYZ erfolgt zum Buchwert, der aus dem Jahresabschluss der A-GmbH zum 31.12.01 *[Datum]* abgeleitet und in der Einbringungsbilanz gemäß Anlage 2.3 übernommen ist. Die Bilanzposten und Werte der vorläufigen Einbringungsbilanz wurden auf der Basis des mit einem uneingeschränkten Bestätigungsvermerk des Abschlussprüfers versehenen Bilanz der A-GmbH zum 31.12.01 *[Datum]* abgeleitet. Die Einbringung des Geschäftsbereichs XYZ erfolgt unter Anwendung von § 20 UmwStG in Vollzug der in § 1 Abs. 1 dieses Vertrages näher bezeichneten Sachkapitalerhöhung gegen Ausgabe eines neuen Geschäftsanteils Nr. 2 an der C-GmbH mit einem Nominalbetrag von 25 000.– EUR. Der diesen Nominalbetrag des neuen Geschäftsanteils übersteigende Buchwert des einzubringenden Geschäftsbereichs XYZ wird als Agio in die Kapitalrücklage der C-GmbH gemäß § 272 Abs. 2 Nr. 1 HGB eingestellt; die Geschäftsführung der C-GmbH wird entsprechend angewiesen.

§ 3 Übertragung Beteiligung an der X-AG[273 ff.]

(1) B-AG verpflichtet sich, sämtliche, in § 1 Abs. 2 dieses Vertrages näher bezeichneten Aktien an der X-AG an die C-GmbH zu übertragen.

(2) Die Übertragung erfolgt ohne Gegenleistung seitens der C-GmbH. Die Parteien sind sich jedoch einig, dass der Verkehrswert der Aktien an der X-AG von der

C-GmbH aktiviert und der Gegenwert gemäß § 272 Abs. 2 Nr. 4 HGB in die Kapitalrücklage der C-GmbH eingestellt wird; die Geschäftsführung der C-GmbH wird entsprechend angewiesen.

(3) B-AG tritt hiermit sämtliche, in § 1 Abs. 2 dieses Vertrages näher bezeichneten Aktien an die dies annehmende C-GmbH mit sofortiger dinglicher Wirkung ab. Die Parteien sind sich über den Übergang des Eigentums an diesen Aktien einig. Ferner tritt B-AG hiermit alle ggf. bestehenden Ansprüche auf Herausgabe der Aktien gegen Dritte an die diese Abtretung annehmende C-GmbH ab. Mit abgetreten werden alle an den Aktien bestehenden oder damit verbundenen Rechte und Nebenrechte einschließlich der Gewinnbezugsrechte für das laufende Geschäftsjahr und alle bisher nicht ausgeschütteten Gewinne.

§ 4 Einbringungs-/Übertragungsstichtag[269]

(1) Die Einbringung des Geschäftsbetriebs XYZ erfolgt mit wirtschaftlicher und steuerlicher Wirkung zum 31.12.01 *[Datum],* ...... Uhr, („Einbringungsstichtag" oder „Stichtag"). Mit Wirkung ab diesem Zeitpunkt bis zum zivilrechtlichen Übergang wird der Geschäftsbetrieb XYZ im Innenverhältnis von der A-GmbH für Rechnung der C-GmbH nach den Regeln des Auftragsrechts geführt.

(2) Die Übertragung der Beteiligung an der X-AG erfolgt mit Wirkung vom heutigen Tage.

§ 5 Selbständiges Garantieversprechen der A-GmbH[268]

Die A-GmbH sichert die folgenden Tatsachen im Sinne eines selbständigen Garantieversprechens zu. Alle Zusicherungen beziehen sich auf den Einbringungsstichtag gemäß § 4 Abs. 1 dieses Vertrages, soweit nicht ausdrücklich anders angegeben:

(1) Die A-GmbH ist zur Übertragung aller nach diesem Vertrag übertragenen Vermögensgegenstände (Wirtschaftsgüter und Rechte) berechtigt.

(2) Die im Rahmen der Einbringung des Geschäftsbereiches XYZ übertragenen Vermögensgegenstände sind geeignet und ausreichend, um die Geschäftstätigkeit des Geschäftsbereiches XYZ wie bisher weiterzuführen.

(3) Die Einbringungsbilanz zum 31.12.01 *[Datum]* (Anlage 2.3) gibt die Vermögenslage des Geschäftsbereiches XYZ nach den Grundsätzen ordnungsmäßiger Buchführung zum Abschlusszeitpunkt vollständig und richtig wieder. Für alle erkennbaren Risiken, Wertminderungen und Verluste sind im gesetzlich zulässigen Rahmen ausreichende Abschreibungen, Wertberichtigungen und Rückstellungen vorgenommen bzw. gebildet worden. Die Angaben in den Anlagen zu diesem Vertrag sind richtig und unter Berücksichtigung des Gegenstands dieses Vertrages vollständig.

(4) Es bestehen keine Rechtsstreitigkeiten, Schiedsverfahren oder Verwaltungsverfahren in Bezug auf den Geschäftsbereich XYZ und nach Kenntnis der A-GmbH stehen solche auch nicht bevor.

(5) Seit dem 1.1.02 *[Datum]* ist der Geschäftsbereich XYZ ordnungsgemäß entsprechend der Sorgfalt eines ordentlichen und gewissenhaften Geschäftsleiters weitergeführt worden. Insbesondere gilt:

- **Es wurden keinerlei Verpflichtungen begründet, denen nicht angemessene Gegenleistungen gegenüberstehen.**
- **Es wurden keine Vermögensgegenstände ohne angemessenes Entgelt veräußert.**
- **Außerhalb des ordentlichen Geschäftsbetriebes wurden keine Verbindlichkeiten begründet.**
- **Es wurden keine wesentlichen Verträge außerhalb des gewöhnlichen Geschäftsverkehrs neu abgeschlossen, geändert oder beendet *[mit Ausnahme der in Anlage ...... aufgeführten].***

– Es sind keine Schäden oder Verluste eingetreten, die einzeln oder kumulativ wesentliche Auswirkungen auf den Geschäftsbereich XYZ haben könnten.

(6) Alle eingebrachten materiellen und immateriellen Vermögensgegenstände gehen zu vollem Eigentum und frei von Rechten Dritter zum Zeitpunkt des Vollzugs auf die C-GmbH über *[ggf.:, soweit in Anlage 5.6 nicht anders angegeben].* Ausgenommen sind geschäftsübliche Eigentumsvorbehalte.

(7) Abs. 6 gilt entsprechend für alle in der A-GmbH genutzten und nach Maßgabe dieser Vereinbarung übertragenen bilanzierten und nicht bilanzierten materiellen und immateriellen Vermögensgegenstände *[ggf.:, soweit nicht in Anlage 5.7 anders angegeben].*

(8) Der Geschäftsbereich XYZ hat alle zur Fortsetzung des Betriebs durch die C-GmbH erforderlichen Betriebsgenehmigungen und hat seit seinem Bestehen nicht gegen öffentlich-rechtliche, insbesondere umweltrechtliche Vorschriften verstoßen. Umweltrechtliche Altlasten bestehen nicht und gehen daher nicht auf die C-GmbH über.

(9) Alle übertragenen Einzelwirtschaftsgüter befinden sich in betriebsfähigem Zustand und haben keine wesentlichen Mängel. Die übertragenen Forderungen bestehen, sind werthaltig und frei von Einwendungen und Einreden.

(10) A-GmbH hat alle den Geschäftsbereich XYZ betreffenden gesetzlichen Vorschriften und behördlichen Anordnungen und Auflagen erfüllt.

(11) Aufgrund dieses Vertrages oder der Durchführung dieses Vertrages gehen keine Steuerverbindlichkeiten der A-GmbH auf die C-GmbH über, noch haftet die C-GmbH für solche Steuerverbindlichkeiten.

§ 6 Rechtsfolgen bei Verletzung des selbständigen Garantieversprechens[268]

(1) Im Fall der Verletzung des in § 5 dieses Vertrages aufgeführten selbständigen Garantieversprechens ist die A-GmbH der C-GmbH gegenüber zur Herstellung des garantierten Zustandes verpflichtet *[ggf.: weitere besondere Regelungen für die Verletzung bestimmter Zu-sicherungen/Gewährleistungen].*

(2) Kommt die A-GmbH der Verpflichtung nach Abs. 1 nicht innerhalb eines Monats nach entsprechender Aufforderung der C-GmbH nach oder ist eine Herstellung des garantierten Zustands nicht möglich, so ist die A-GmbH der C-GmbH gegenüber zum Ersatz des entsprechenden Schadens auch insoweit verpflichtet, als dieser nur die Gesellschaft alleine betrifft. Schaden ist die Vermögensdifferenz zwischen dem garantierten und dem tatsächlichen Zustand bzw., falls sich eine solche Differenz nicht ermitteln lässt, die geschätzte Höhe der Kosten zur Herbeiführung des zugesicherten Zustands *[ggf.: Regelungen für den Fall der Verletzung bestimmter Gewährleistungen, zB Freistellung von der Inanspruchnahme durch Dritte für nicht übernommene Verbindlichkeiten].*

(3) Ansprüche aus den Abs. 1 und 2 verjähren mit Ablauf des ...... *[Datum].* Zur Fristwahrung ist es ausreichend, wenn die Ansprüche unter Angabe der Vertragsverletzung durch schriftliche Mitteilung vor Ablauf der Frist (Datum des Poststempels) geltend gemacht werden; rechtzeitig mitgeteilte Ansprüche können bis zu einem Jahr nach Ablauf des in Satz 1 genannten Datums geltend gemacht werden. *[Ggf. besondere Regelung für Ansprüche auf Grund bestimmter Schäden, zB Ansprüche auf Grund von Steuer- und/oder Sozialversicherungsansprüchen]*

§ 7 Selbständiges Garantieversprechen der B-AG

B-AG garantiert im Sinne eines selbständigen Garantieversprechens für den rechtlichen Bestand der in § 1 Abs. 2 dieses Vertrages näher bezeichneten Aktien an der X-AG, für deren Freiheit von Rechten Dritter, dafür, dass die Einlage auf die übertra-

genen Aktien voll geleistet ist und dass der Übertragung der Aktien an der X-AG gemäß § 3 dieses Vertrages keine Rechte Dritter entgegenstehen. Darüber hinaus besteht keine Gewährleistung oder Haftung, gleich aus welchem tatsächlichen oder rechtlichen Grund.

§ 8 Abtretung des Vorsteuerguthabens

(1) Die Parteien gehen davon aus, dass die Einbringung des Geschäftsbereiches XYZ in die C-GmbH gegen Gewährung von Gesellschaftsanteilen gemäß § 1 Abs. 1a UStG nicht der Umsatzsteuer unterliegt.

(2) Für den Fall, dass die Einbringung dennoch der Umsatzsteuer unterliegen sollte, erhöht sich der Wert der auf der Grundlage dieses Vertrages gemachten Übertragung von der A-GmbH auf die C-GmbH um die gesetzliche Umsatzsteuer. Die A-GmbH ist in diesem Fall verpflichtet, der C-GmbH eine Rechnung mit Ausweis der gesetzlichen Umsatzsteuer, die bei der Einbringung des Geschäftsbereiches XYZ anfiel, zu erteilen.

(3) Die C-GmbH wird die gesondert ausgewiesene Umsatzsteuer am zehnten Kalendertag des auf die Vorlage der berichtigten Rechnung mit Ausweis der gesetzlichen Umsatzsteuer folgenden Monats an die A-GmbH bezahlen. Die C-GmbH kann der A-GmbH anstelle der Zahlung auch einen ihr aus der Einbringung zustehenden Steuererstattungsanspruch, insbesondere aus der Umsatzsteuervoranmeldung, in der in § 46 AO vorgeschriebenen Form abtreten.

§ 9 Sonstiges/Schlussbestimmungen

(1) Die Kosten dieses Vertrages und seiner Durchführung sowie etwa anfallende Verkehrssteuern tragen die Parteien zu gleichen Teilen.

(2) Sollte eine Bestimmung dieses Vertrages oder seiner künftigen Änderungen oder Ergänzungen ganz oder teilweise unwirksam oder undurchführbar sein oder werden oder sollte sich in dem Vertrag eine Lücke herausstellen, so wird hierdurch die Gültigkeit der übrigen Bestimmungen nicht berührt. Anstelle der unwirksamen oder undurchführbaren Bestimmung oder zur Ausfüllung der Lücke soll eine angemessene Regelung gelten, die, soweit rechtlich möglich, dem an nächstem kommt, was die Vertragsschließenden gewollt haben oder nach dem Sinn und Zweck des Vertrages gewollt haben würden, sofern sie bei Abschluss dieses Vertrages oder bei der späteren Aufnahme einer Bestimmung den Punkt bedacht hätten.

(3) Änderungen oder Ergänzungen dieses Vertrages bedürfen der Schriftform, soweit nicht eine strengere Form vorgeschrieben ist.

................................, den	**................................, den ....**
..	**..**
[Unterschrift A-GmbH]	***[Unterschrift B-AG]***

................................, den ....

..

[Unterschrift C-GmbH]

D.6.3. Übernahmeerklärung gemäß § 55 Abs. 1 GmbHG[276 ff.]

Das Stammkapital der C-GmbH mit Sitz in ...... *[Ort]* ist durch notariell beurkundeten Gesellschafterbeschluss vom ...... *[Datum]* (URNr. ....../...... des Notars ...... *[Name]* in ...... *[Ort]*) von 25000.– EUR um 25000.– EUR auf 50000.– EUR (in Worten Euro

fünfzigtausend) erhöht worden. Zur Übernahme des neuen Geschäftsamteils ist die A-GmbH, eingetragen im Handelsregister des Amtsgericht ...... *[Ort]* unter HRB ......, zugelassen worden.

Der Nennbetrag des neuen Geschäftsanteils ist nicht in Geld, sondern dadurch zu erbringen, dass die A-GmbH ihren in ...... *[Ort]* angesiedelten Geschäftsbereich XYZ, in dem Produkte für ...... *[Beschreibung der Aktivitäten des Geschäftsbetriebs]* hergestellt und vertrieben werden – nachfolgend „Geschäftsbereich XYZ" – mit allen dazugehörigen Aktiven und Passiven auf die C-GmbH nach näherer Maßgabe eines gesondert abzuschließenden Einbringungsvertrages und unter Zugrundelegung einer Einbringungsbilanz zum ...... *[Datum]* überträgt. Das zu Buchwerten eingebrachte Nettovermögen gemäß der Einbringungsbilanz wird mit dem dort ausgewiesenen Wert des Nettobetriebsvermögens auf den Nennbetrag des neuen Geschäftsanteils angerechnet. Der den Ausgabebetrag des übernommenen neuen Geschäftsanteils (25 000.– EUR) buchmäßig übersteigende Teil wird als Agio in die Kapitalrücklage der C-GmbH gemäß § 272 Abs. 2 Nr. 1 HGB eingestellt, ein etwaiger Fehlbetrag ist durch die A-GmbH in bar auszugleichen.

Die A-GmbH übernimmt hiermit auf das erhöhte Stammkapital der C-GmbH entsprechend den im oben genannten Kapitalerhöhungsbeschluss und zu den oben wiedergegebenen Bedingungen einen neuen Geschäftsanteil im Nennbetrag von 25 000.– EUR (in Worten: fünfundzwanzigtausend Euro).

................................, den ....

...

[Unterschriften]

[Beglaubigungsvermerk]

Handelsregisteranmeldung

D.6.4. Anmeldung Kapitalerhöhung zum Handelsregister[283 ff.]

An das
Amtsgericht
– Handelsregister –

HRB ...... *[HRB-Nummer];* C-GmbH

Kapitalerhöhung

Zum Handelsregister der C-GmbH, HRB ...... *[HRB-Nummer],* überreichen wir, die unterzeichneten sämtlichen[283] Geschäftsführer der C-GmbH,[285]

1. **beglaubigte Abschrift der notariellen Urkunde vom ...... *[Datum]* (URNr. ....../...... des Notars ...... *[Name]* mit dem Amtssitz in ...... *[Adresse]*) über die außerordentliche Gesellschafterversammlung mit dem Beschluss über die Kapitalerhöhung der C-GmbH**
2. **notariell beglaubigte Übernahmeerklärung der A-GmbH**
3. **den Einbringungsvertrag vom ...... *[Datum],* der die zur Ausführung der Sachkapitalerhöhung erforderliche Übertragung aller Aktiva und Passiva des Geschäftsbereichs XYZ enthält**
4. **Liste der Gesellschafter und des Übernehmers des neuen Geschäftsanteils**
5. **Neufassung der Satzung mit Bescheinigung nach § 54 Abs. 1 GmbHG**
6. **Sachkapitalerhöhungsbericht[34]**

7. **Bestätigung des ...... *[Name des Wirtschaftsprüfers/Steuerberaters bzw. der Wirtschaftsprüfungs-/Steuerberatungsgesellschaft]* vom ...... *[Datum]* über die Werthaltigkeit des eingebrachten Geschäftsbereichs XYZ**[286 ff., 34]

und melden zur Eintragung an:

a) **Das Stammkapital der Gesellschaft wurde von 25000.– EUR um 25000.– EUR auf 50000.– EUR (in Worten: fünfzigtausend Euro) erhöht. Wir versichern, dass die auf den neuen Geschäftsanteil zu bewirkende Leistung (Einbringung des Geschäftsbereichs XYZ) entsprechend dem Kapitalerhöhungsbeschluss und der Übernahmeerklärung erbracht worden ist und sich der Gegenstand der Leistung endgültig in der freien Verfügung der Geschäftsführung der C-GmbH befindet.**[284]

b) **Entsprechend Ziff. 2f) des Kapitalerhöhungsbeschlusses wurde § ...... der Satzung (Stammkapital) geändert.**

.............................., den ....

..

[Unterschriften sämtlicher Geschäftsführer der C-GmbH]

[Beglaubigungsvermerk][283]

B. Grundsätzliche Anmerkungen

I. Sachverhalt und Wahl des Formulars

Das Formular geht von folgendem Sachverhalt aus: Die Tätigkeiten des Geschäftsbereichs XYZ der A-GmbH (Produktionsaktivitäten ohne Grund und Boden) und die der X-AG (Vertrieb) als 100%ige Tochtergesellschaft der B-AG sollen in der ebenfalls zu 100% von der B-AG gehaltenen C-GmbH zusammengeführt werden. Künftig soll der Geschäftsbereich XYZ in der C-GmbH geführt werden, während der Vertrieb durch die X-AG wahrgenommen wird. Die Übertragung des Geschäftsbereichs XYZ erfolgt im Wege der **(Sach-)Kapitalerhöhung** bei der C-GmbH, die Übertragung der Anteile an der A-AG dagegen ohne Gegenleistung im Rahmen einer sog. **verdeckten Einlage.** In dem zugrunde liegenden Beispiel entspricht die Summe des Wertes des bestehenden Betriebs der C-GmbH und der Beteiligung an der X-AG dem Wert des Geschäftsbereichs XYZ. Dementsprechend sind nach den Übertragungen die A-GmbH und die B-AG jeweils zu 50% an der C-GmbH beteiligt (zu möglichen handels- und ertragsteuerlichen Überlegungen für eine Übertragung der Anteile an der X-AG ohne Gegenleistung → Rn. 22). 1

2 **Graphische Darstellung des Sachverhalts und Einbringungsvorgangs:**

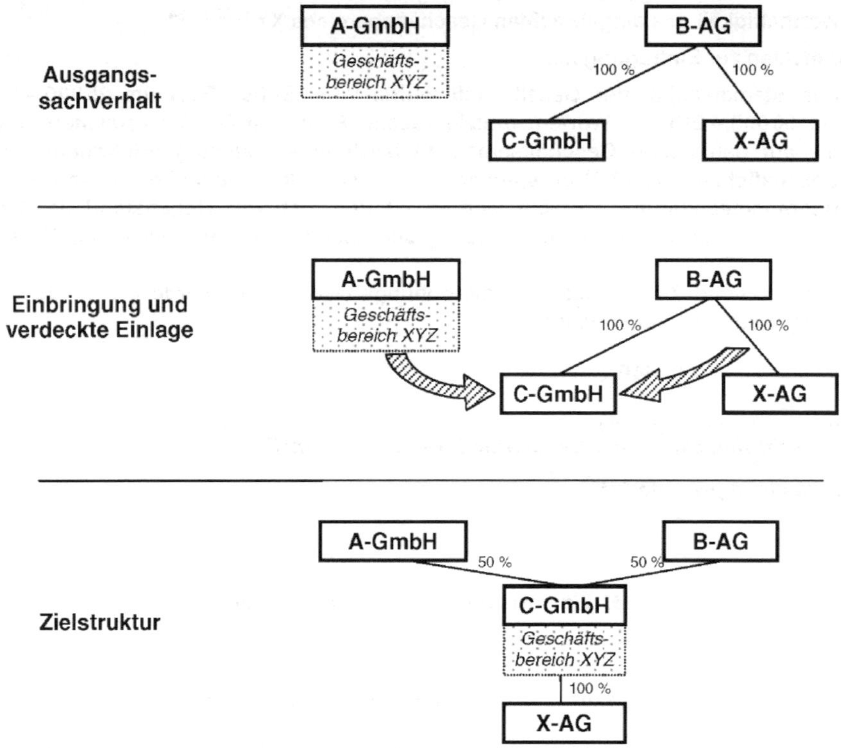

3 **Wahl des Formulars, insbesondere: Ausgliederung (§ 123 Abs. 3 Nr. 1 UmwG)** oder **Einbringung durch Einzelrechtsübertragung.** Auch nach Inkrafttreten des Umwandlungsgesetzes und des in § 1 Abs. 2 UmwG bestimmten *Numerus Clausus* für Umwandlungsvorgänge besteht Wahlfreiheit zwischen einer Ausgliederung mit partieller Gesamtrechtsnachfolge nach dem UmwG und der (im Formular dargestellten) „wirtschaftlichen" Ausgliederung mit Einzelrechtsnachfolge im Wege der Einbringung gegen Gewährung neuer Anteile, unabhängig von Art und Umfang des zu übertragenden Vermögens wie Betriebe, Teilbetriebe, Mitunternehmeranteile (vgl. Begründung in BT-Drs. 12/6699 S. 80; glA SBB/*Sagasser/Bullmann* § 18 Rn. 188ff.; HMB/*Stengel* Einf. A Rn. 55f.; *Feddersen/Kiem* ZIP 1994, 1078 mit ausführlichem Vergleich der Techniken und Rechtswirkungen der Einzelrechtsübertragung und der Ausgliederung; s. aus der Literatur: *Perwein* GmbHR 2007, 1214, 1217). Auch mit Bezug auf die – mit der Neufassung des UmwStG durch das SEStEG für die Anwendung des Sechsten Teils des UmwStG und damit insbesondere der Möglichkeit der Übertragung zum Buchwert eingeführten – sachlichen und persönlichen Anwendungsvoraussetzungen (s. § 1 Abs. 3 Nr. 2 bzw. Nr. 4 und § 1 Abs. 4 UmwStG 2006) bestehen hinsichtlich Ausgliederung und Einbringung durch Einzelrechtsnachfolge idR keine entscheidungsrelevanten Unterschiede.

4 Auch wenn erfahrungsgemäß die Einbringung im Wege der Einzelrechtsnachfolge aus Gründen der Praktikabilität und Zeiteffizienz, nicht zuletzt auch wegen der Vermeidung der mit einer Ausgliederung verbundenen gesamtschuldnerischen Haftung sowie der erforderlichen Form- und Verfahrensanforderungen vorzuziehen sein wird, sollte die **Wahl zwischen den beiden Möglichkeiten** unter Abwägung der folgenden Aspekte getroffen werden (vgl. hierzu auch HMB/*Stengel* Einf. A Rn. 66ff.):

– Eine Ausgliederung gemäß § 123 Abs. 3 Nr. 1 UmwG führt zur **gesamtschuldnerischen Haftung** aller an der Spaltung beteiligten Rechtsträger (§ 133 Abs. 1 Satz 1 UmwG), also auch des übernehmenden Rechtsträgers (im vorliegenden Fall wäre dies die C-GmbH), für sämtliche vor dem Wirksamwerden der Spaltung (dh. Eintragung im Handelsregister des übertragenden Rechtsträgers, vgl. § 131 Abs. 1 UmwG) begründeten Verbindlichkeiten des übertragenden Rechtsträgers (hier: die A-GmbH). Dies gilt **unabhängig** (1) vom rechtsgeschäftlichen oder gesetzlichen Rechtsgrund der Verbindlichkeit, (2) von deren Fälligkeit (aber → Rn. 7 zur Verjährung), und, im Außenverhältnis, (3) vom Wert des übertragenen Vermögens. 5

Zu beachten ist ferner die – gemäß § 133 Abs. 2 Satz 2 UmwG beschränkbare – Ausdehnung der gesamtschuldnerischen Haftung gemäß § 133 Abs. 2 Satz 1 UmwG auf **Verbindlichkeiten des übertragenden Rechtsträgers iSd. § 23 UmwG,** wie zB solche aus Wandelschuldverschreibungen, Gewinnschuldverschreibungen und Genussrechten sowie aus Anteilen ohne Stimmrecht, zB Vorzugsaktien. 6

Die gesamtschuldnerische Haftung nach § 133 Abs. 1 UmwG erstreckt sich auch auf solche Verbindlichkeiten, die im Rahmen der Ausgliederung nicht dem übernehmenden Rechtsträger zugewiesen worden sind; in diesen Fällen endet die Haftung gem. § 133 Abs. 3 UmwG (erst) innerhalb von fünf Jahren ab dem Wirksamwerden der Ausgliederung (Voraussetzung: Fälligkeit des Anspruchs und deren gerichtliche Geltendmachung bzw. Erlass eines Verwaltungsakts). Diese verhältnismäßig lange Nachhaftung des aufnehmenden Rechtsträgers und die Unüberschaubarkeit für eventuell vorhandene, weitere Gesellschafter des aufnehmenden Rechtsträgers wird in vielen Fällen nicht akzeptabel sein. 7

Die Ausgliederung führt gemäß § 131 Abs. 1 Nr. 1 UmwG zu einer **partiellen Gesamtrechtsnachfolge** (s. dazu iE → Form. D.1 Rn. 61; WM/*Vossius* UmwG § 131 Rn. 21 ff.; SBB/*Sagasser/Bultmann* § 18 Rn. 26, 49 ff.), die vor allem bei Übertragung einer Vielzahl oder bestimmter für den übernehmenden Rechtsträger günstiger Verträge vorteilhaft sein kann. Dieser Vorteil der Ausgliederung nach dem UmwG dürfte sich durch die Streichung des – häufig als „Spaltungsbremse" wirkenden – § 132 UmwG durch das Zweite Gesetz zur Änderung des UmwG v. 19.4.2007 (BGBl. I 2007, 542) insoweit noch erhöht haben: Nunmehr gehen grundsätzlich sämtliche Vertragsverhältnisse im Rahmen einer Ausgliederung nach dem UmwG auf den übernehmenden Rechtsträger über (vgl. *Perwein* GmbHR 2007, 1214, 1217 zur Rechtslage vor Abschaffung des § 132 UmwG). 8

Vor seiner Streichung führte die Vorschrift des § 132 UmwG in einer Vielzahl von Fällen zur Relativierung des Vorteils der partiellen Gesamtrechtsnachfolge, da im Ergebnis die gleichen Beschränkungen wie im Falle der Einzelrechtsübertragung zu beachten waren. Die vor diesem Hintergrund in der (Kommentar-)Literatur unternommenen Versuche, die Reichweite des § 132 UmwG durch teleologische Reduktion sowie auf andere Weise einzuschränken, trugen darüber hinaus zu einer Verunsicherung in diesem Bereich bei (vgl. SBB/*Sagasser/Bultmann* § 18 Rn. 55 ff. mwN; WM/*Mayer* UmwG § 132 Rn. 9 ff. mwN).

– Die **Vorlagepflicht des Entwurfs des Ausgliederungs- und Übertragungsvertrages** mindestens einen Monat vor Beschlussfassung der Gesellschafterversammlung sowohl an die Betriebsräte des übertragenden Rechtsträgers (hier A-GmbH) als auch des übernehmenden Rechtsträgers (hier C-GmbH) gem. § 126 Abs. 3 UmwG kann im Einzelfall zu zeitlichen Problemen führen, insbesondere im Hinblick auf die maximal achtmonatige Rückwirkung. Zur Verzichtbarkeit der Einhaltung dieser Fristen durch entsprechende Erklärung des Adressaten → Form. D.1 Rn. 15 u. → Form. D.1 Rn. 75 sowie → Form. A.1 Rn. 252–254. 9

– Auch die übrigen **Form- und Verfahrensvoraussetzungen** der Ausgliederung sind verhältnismäßig umständlich und langwierig: Ausgliederungsplan/-vertrag; Be- 10 schlüsse der Anteilsinhaber aller beteiligter Rechtsträger; Anmeldungen und Eintragungen in die Handelsregister aller beteiligter Rechtsträger; notarielle Beurkundungen.

11 – Die mit der Ausgliederung verbundenen **Kosten** (Notargebühren, Registergebühren, Kosten der Bekanntmachung) können zum Teil höher sein als bei einer Einbringung durch Einzelrechtsnachfolge; dies gilt auf Grund der Vielzahl der zu erstellenden Dokumente und der einzuhaltenden Formen und Fristen nicht zuletzt auch mit Bezug auf das anfallende Honorar des die Transaktion begleitenden Rechtsanwalts, Steuerberaters oder Wirtschaftsprüfers. Insbesondere kann auch die notarielle Beurkundung des Ausgliederungs- und Übernahmevertrages höhere **Notarkosten** zur Folge haben als die Beurkundung des Kapitalerhöhungsbeschlusses (evtl. zusammen mit der Übertragung beurkundungspflichtiger Wirtschaftsgüter) und der nur zu beglaubigenden Übernahmeerklärung, sowie der ebenfalls nur zu beglaubigenden Unterschriften sämtlicher Geschäftsführer bei der Anmeldung der Kapitalerhöhung zum Handelsregister (vgl. *Aha* AG 1997, 345, 356).

12 In der Praxis wird die Wahl zwischen der Ausgliederung und der Einbringung regelmäßig auf die letztere als die einfachere und kostengünstigere Möglichkeit fallen (beachte aber zur Frage der *analogen Anwendung der Vorschriften des UmwG* auf die Einbringung im Wege der Einzelrechtsübertragung die Anmerkungen zu → Rn. 47 ff. und SBB/*Sagasser/Bultmann* § 18 Rn. 188 ff.). Ein Rückgriff auf das Instrumentarium des UmwG, insb. auf die Ausgliederung nach § 123 Abs. 3 UmwG, ist dann vorteilhaft, wenn die Übertragung (einer Vielzahl) wesentlicher Verträge nur durch partielle Gesamtrechtsnachfolge gewährleistet werden kann.

II. Ablaufplan

13 Bei den im Formular zugrunde gelegten Einbringungsakten handelt es sich um zwei Vorgänge, zum einen eine (Sach-)Kapitalerhöhung mit Einbringung eines Betriebsteils in eine bestehende GmbH, zum anderen um eine verdeckte Einlage durch Abtretung einer Beteiligung an einer AG an eine Tochtergesellschaft, die aus Darstellungsgründen zu einem Vorgang zusammen gefasst sind. Rechtlich handelt es sich um zwei unabhängige Vorgänge, deren Ablauf dementsprechend getrennt voneinander betrachtet werden kann:

Während für die verdeckte Einlage im Wesentlichen lediglich die Vereinbarung über die Übertragung der Anteile erforderlich ist, sind für die Einbringung im Wege der Sachkapitalerhöhung eine Reihe von Maßnahmen und Schritten vorzubereiten und durchzuführen, die im Folgenden kurz – auch als kleine **Checkliste** – aufgeführt sind:

a) Entwurf des Einbringungsvertrages, insbesondere Zusammenstellung der zu übertragenden Wirtschaftsgüter des Anlage- und Umlaufvermögens (zB gewerbliche Schutzrechte; Auftragsbestand; Forderungen) sowie Arbeits- und sonstige Vertragsverhältnisse (zB Miet- und Versicherungsverträge)
b) Vorbereitung/Erstellung der Einbringungsbilanz; Bewertung der einzubringenden Sachgesamtheit bzw. der Vermögensgegenstände
c) Vorbereitung und notarielle Beurkundung des Kapitalerhöhungsbeschlusses, einschließlich Beglaubigung der Übernahmeerklärung des Übernehmers des neuen Geschäftsanteils
d) Abschluss des Einbringungsvertrages
e) Entwurf des Sachkapitalerhöhungsberichts (→ Rn. 34; Beispiel in → Form. E.4.4)
f) Anmeldung der Kapitalerhöhung zum Handelsregister
g) Eintragung (Wirksamwerden) der Kapitalerhöhung im Handelsregister.

14, 15 *einstweilen frei*

III. Wirtschaftliches Vertragsziel

Mit der Einbringung eines Betriebs oder Teilbetriebs in eine bestehende GmbH gegen Gewährung neuer Geschäftsanteile im Rahmen einer (Sach-)Kapitalerhöhung wird regelmäßig das Ziel verfolgt, die Tätigkeiten des bisherigen Betriebs der aufnehmenden Gesellschaft und die des übertragenen Betriebs oder Teilbetriebs zu vereinen und künftig unter einer **einheitlichen Führung zu betreiben.** Wird durch die Einbringung (wie im Formular unterstellt) ein bisher nicht beteiligter Gesellschafter aufgenommen, kann die Einbringung auch als Alternative zur Verschmelzung (hier etwa der A-GmbH mit der C-GmbH, oder umgekehrt) herangezogen werden, da im Anschluss an die Einbringung die bisher getrennten Aktivitäten in einer gemeinsamen Kapitalgesellschaft fortgeführt werden. **16**

Die Einbringung einer 100%igen Beteiligung an einer Kapitalgesellschaft in eine GmbH kommt – soweit die Beteiligung nicht ohnehin zu einem übertragenen Betrieb oder Betriebsteil gehört – insbesondere dann in Betracht, wenn die jeweilige Beteiligung (im vorliegenden Beispiel: die Vertriebsgesellschaft) nach dem Willen der Gesellschafter künftig in die unternehmerischen Abläufe des aufnehmenden Rechtsträgers (im vorliegenden Beispiel: die Produktionsgesellschaft) integriert und von diesem geführt und verwaltet werden soll. Ähnliche Überlegungen gelten im Fall von Holding-Gesellschaften, bei denen die Bündelung von Beteiligungen eine einheitliche Beteiligungsverwaltung und -kontrolle ermöglicht. **17**

Die Übertragung von Wirtschaftsgütern (hier Beteiligung an der X-AG) in eine GmbH **ohne Gegenleistung** – weder in Form einer Stammkapitalerhöhung noch in Form einer Kaufpreiszahlung bzw. eines Tausches – kommt in der Praxis regelmäßig nur bei Einbringungen in 100%ige Tochtergesellschaften vor: Sind weitere Gesellschafter an der aufnehmenden Gesellschaft beteiligt, hätte eine solche Übertragung anderenfalls zur Folge, dass die übrigen Gesellschafter in Höhe ihrer jeweiligen Beteiligungsquote (unentgeltlich!) an dem eingebrachten Vermögenswert partizipieren. **Zu beachten** ist für Übertragungen **ab dem 13.12.2011,** dass solche disquotalen (verdeckten) Einlagen gemäß § 7 Abs. 8 ErbStG schenkungsteuerlich relevant sind (bzw. sein können); s. hierzu Gleichl. Ländererlasse v. 14.3.2012, BStBl. I 2012, 331; Oberste FinBeh der Länder v. 20.4.2018, DStR 2018, 1178, sowie aus der zahlreichen Literatur: *Fuhrmann/Potsch* NZG 2012, 681; s. auch → Form. D.5 Rn. 59a). Bei Vorliegen entsprechender Beiträge der übrigen Gesellschafter, die eine entgeltlose Übertragung eines Gesellschafters ausgleichen, bleibt eine solche Übertragung aber weiterhin denkbar. **18**

Anmerkung: In dem hier zugrunde gelegten Fall ist die Höhe des von A-GmbH übernommenen Geschäftsanteils an dem Gesamtwert der wirtschaftlichen Beiträge seitens der B-AG ausgerichtet, dh. am Wert des bestehenden Betriebs der C-GmbH und am Wert der übertragenen Anteile X-AG (Annahme: Wert C-GmbH + Wert Aktien X-AG = Wert Geschäftsbetrieb XYZ). Würde B-AG die Beteiligung an der X-AG ebenfalls gegen Kapitalerhöhung einbringen wollen (etwa zur Vermeidung einer Aufdeckung stiller Reserven gemäß § 21 UmwStG), müsste die Kapitalerhöhung in der C-GmbH angepasst werden, beispielsweise: Kapitalerhöhung: 35 000.– EUR, davon übernimmt A-GmbH 30 000.– EUR gegen Einbringung Geschäftsbereich XYZ und B-AG 5 000.– EUR gegen Einbringung Anteile an der X-AG. **19**

Ertragsteuerrechtlich wird für Übertragungen von Vermögensgegenständen ohne eine Gegenleistung in Form von Anteilsrechten (aus gesellschaftsrechtlichen Gründen) der Begriff **verdeckte Einlage** verwendet (im Gegensatz zur offenen Einlage, die auf der Grundlage eines formalen Kapitalerhöhungsbeschlusses erfolgt; vgl. *Groh* BB 1997, 2523; *ders.* DB 1997, 1683; allgemein *Döllerer,* Verdeckte Gewinnausschüttungen und verdeckte Einlagen bei Kapitalgesellschaften, 2. Aufl., S. 173 ff., 183 ff.). **20**

Das **Handelsrecht** dagegen kennt den Begriff der verdeckten Einlage nicht (auch wenn dieser Begriff zunehmend in der handelsrechtlichen Literatur verwendet wird); **21** zu unterscheiden sind verdeckte Einlagen von den **offenen (gesellschaftsrechtlichen) Einlagen,** wie insbesondere die *übernommenen Geschäftsanteile* bei Gründung oder Kapitalerhöhungen, aber auch das *Aufgeld (Agio)* iSd. § 272 Abs. 2 Nr. 1 HGB und *Zuzahlungen* iSd. § 272 Abs. 2 Nr. 3 HGB (vgl. allg. Beck GmbH-HB/*Schwaiger* § 7 Rn. 131 mwN). Die Übertragung von Vermögensgegenständen außerhalb einer offenen Einlage (insb. Kapitalerhöhung) wird handelsbilanziell in Abhängigkeit von der (dokumentierten) Intention des Übertragenden erfasst: Sofern und soweit der Übertragende im zugrunde liegenden Einbringungs- bzw. Übertragungsvertrag oder sonst durch geeignete Maßnahmen (zB entsprechender Schriftwechsel mit der Geschäftsführung der aufnehmenden Gesellschaft im sachlichen und zeitlichen Zusammenhang mit der Übertragung) eindeutig seinen **Willen dokumentiert,** die Zuführung der Vermögensgegenstände bewirken und auch wertmäßig der aufnehmenden Gesellschaft zugute kommen lassen zu wollen, kann die aufnehmende Gesellschaft die übertragenen Vermögensgegenstände **aktivieren** und die hierdurch entstehende Vermögensmehrung in die Kapitalrücklagen iSd. § 272 Abs. 2 Nr. 4 HGB gegenbuchen (BeBiKo/*Winkeljohann/K. Hoffmann* HGB § 272 Rn. 206 mwN; Beck GmbH-HB/*Schwaiger* § 7 Rn. 132 mwN; dazu auch unten → Rn. 185, 187). Ohne bzw. bei mangelhafter Dokumentation des Willens des Gesellschafters ist handelsrechtlich eine Aktivierung nicht bzw. nur eingeschränkt möglich. Das Formular sieht hinsichtlich der handelsrechtlichen Erfassung der Übertragung der Anteile an der X-AG – zur Vermeidung solcher Probleme – eine ausdrückliche Anweisung an die Geschäftsführung der C-GmbH vor.

22 Die Gestaltung einer Übertragung von Vermögensteilen als verdeckte Einlage bietet sich vor allem an, wenn zwar das Eigenkapital der aufnehmenden Gesellschaft erhöht und gestärkt, die **formalen Erfordernisse** einer Kapitalerhöhung aber **vermieden** werden sollen oder aber für eine formale Kapitalerhöhung bis zu dem gewünschten Stichtag **nicht ausreichend Zeit** zur Verfügung steht. Eine Übertragung von Vermögensgegenständen im Rahmen einer verdeckten Einlage kann beispielsweise in Betracht kommen, um eine sog. verschleierte Sachgründung/-kapitalerhöhung bzw. bei Aktiengesellschaften den Anwendungsbereich der (inzwischen etwas „entschärften") Vorschrift des § 52 AktG (Nachgründung) zu vermeiden (s. zur Neuregelung der „verdeckten/verschleierten Sachgründung/-kapitalerhöhung" durch das MoMiG v. 23.10.2008 [BGBl. I 2008, 2026] → Rn. 44 sowie → Form. D.4 Rn. 55f.). Außerdem bietet die Zuführung von Eigenkapital in Form der Dotierung der Kapitalrücklage gegenüber einer formalen Kapitalerhöhung den Vorteil einer größeren Flexibilität im Hinblick auf eine erneute Verminderung (idR durch Ausschüttung nach vorheriger Auflösung zugunsten des Bilanzgewinns) des gebildeten Eigenkapitals in künftigen Jahren.

Anmerkung: Die Freiwilligkeit einer Leistung in die Rücklage nach § 272 Abs. 2 Nr. 4 HGB sowie die „verbale und tatsächliche Trennung von den ‚echten' Einlagen" zur Belegung des übernommenen Geschäftsanteils sind im Übrigen nach einer Entscheidung des BGH maßgeblich dafür, dass auf solche Leistungen die Kapitalschutzvorschriften auch dann nicht anwendbar sind, wenn sie im Rahmen von Kapitalerhöhungen erfolgen (vgl. BGH v. 15.10.2007, II ZR 249/06, NZG 2008, 76). Damit führen Rückzahlungen an Gesellschafter aus solchen freien Kapitalrücklagen nicht zu einer verschleierten Sachgründung/-kapitalerhöhung, auch wenn diese im zeitlichen und sachlichem Zusammenhang mit der, der Bildung einer freien Rücklagen zugrundeliegenden Gründung bzw. Kapitalerhöhung erfolgen (s. hierzu auch *Haberstock* NZG 2008, 220; zu den steuerrechtlichen Folgen bei Bestehen einbringungsgeborener Anteile iSd. § 21 UmwStG 1995 s. aber *Förster/Wendland* BB 2007, 631ff., 637).

23 **Gegenstand einer verdeckten Einlage** können handelsrechtlich grds. sämtliche Vermögensgegenstände sein, die auch Gegenstand einer gesellschaftsrechtlichen (offenen) Sacheinlage sein können, also insbesondere bewegliche und unbewegliche Sachen, Rechte, immaterielle Wirtschaftsgüter, zB Patente, Know-how, Firmenwert sowie obligatorische Nutzungsrechte (BH/*Fastrich* GmbHG § 5 Rn. 25; Hachenburg/*Ulmer* GmbHG § 5 Rn. 40). Nicht tauglich sind dagegen Dienstleistungen des Gesellschafters oder eines Dritten, Bürgschaften des Gesellschafters oder sonstige Forderungen der Gesellschaft gegenüber dem einbringenden Gesellschafter oder Mitgesellschafter (BH/*Fastrich* § 5 GmbHG Rn. 24; vgl. für Einlagen in Aktiengesellschaft: § 27 Abs. 2 AktG; auch → Rn. 35 und Rn. 253). Allerdings ist dieser strenge Grundsatz mit der Änderung des § 19 Abs. 5 GmbHG durch das MoMiG v. 23.10.2008, BGBl. I 2008, 2026 (und unter den dort geregelten engen Voraussetzungen) dahingehend aufgeweicht worden, dass die Einlage von Forderungen gegen Gesellschafter im Ergebnis als zulässig angesehen wird (*Wicke* GmbHG § 5 Rn. 33; *Heinze* GmbHR 2008, 1065, 1072; *Bormann* GmbHR 2007, 897, 903; aA: BH/*Fastrich* GmbHG § 5 Rn. 24 mwN).

einstweilen frei **24, 25**

IV. Zivil-, Handels- und Gesellschaftsrecht

1. Ablauf der Sachkapitalerhöhung (Überblick)

Die Übertragung von Betrieben, Betriebsteilen oder einzelnen Vermögensgegenständen (im Formular: die Einbringung des Geschäftsbereiches XYZ) auf eine Kapitalgesellschaft gegen Ausgabe neuer Anteile erfolgt im Wege einer (Sach-)Kapitalerhöhung. **26**

Verfahrenstechnisch sind für eine **Kapitalerhöhung bei einer GmbH** im Wesentlichen erforderlich (vgl. §§ 56, 53ff. GmbHG; s. auch Beck GmbH-HB/*Schwaiger* § 7 Rn. 20ff., 27ff. und 31ff.): **27**

a) Kapitalerhöhungsbeschluss (→ Rn. 30),
b) Einbringungsvertrag zwischen Übertragendem und der aufnehmenden GmbH, der auch in die Urkunde zum Kapitalerhöhungsbeschluss integriert werden kann (→ Rn. 265),
c) Übernahmeerklärung nach § 55 GmbHG (→ Rn. 31),
d) Handelsregisteranmeldung des Kapitalerhöhungsbeschlusses einschließlich
e) Sachkapitalerhöhungsbericht (→ Rn. 34, 287ff.; Beispiel für Sachkapitalerhöhungbericht → Form. E.4.4)
f) Bescheinigung über Werthaltigkeit des eingebrachten Vermögens (die Beifügung dient zumindest der Vermeidung von Verzögerungen bei der Eintragung im Handelsregister; hierzu → Rn. 34 und → Rn. 286, 287ff.),
g) geänderter Gesellschaftsvertrag (§ 54 Abs. 1 GmbHG).

Der **Verfahrensablauf bei einer AG** stellt sich im Überblick wie folgt dar (vgl. §§ 183, 179ff. AktG): **28**

a) Kapitalerhöhungsbeschluss (mit einer Mehrheit von mind. $^3/_4$ des bei der Beschlussfassung vertretenen Grundkapitals, sofern die Satzung keine größeren Mehrheiten vorsieht),
b) formale Prüfung der Sacheinlage entsprechend den Bestimmungen zur Gründungsprüfung,
c) Handelsregisteranmeldung des Kapitalerhöhungsbeschlusses,
d) Einbringungsvertrag,
e) Zeichnung der neuen Aktien,
f) Handelsregisteranmeldung der Durchführung der Kapitalerhöhung (sofern diese nicht gleichzeitig mit Anmeldung des Kapitalerhöhungsbeschlusses erfolgt).

2. Einzelheiten und Voraussetzungen der Sachkapitalerhöhung

a) Überblick

Die im Formular beschriebene **Kapitalerhöhung durch Sacheinlagen** bei einer GmbH (durch Einbringung Geschäftsbereich XYZ in die C-GmbH) unterliegt zunächst den Vorschriften für eine Kapitalerhöhung durch Bareinlagen (§§ 55, 53f. **29**

GmbHG); darüber hinaus sind einige Bestimmungen über die Sachgründung entsprechend anwendbar (§ 56 iVm. §§ 9 und 19 Abs. 5 GmbHG; § 56a iVm. § 7 Abs. 2 Satz 1 und 3, Abs. 3 GmbHG) (iE → Rn. 34):

30 – Erforderlich sind somit ein **notariell zu beurkundender Kapitalerhöhungsbeschluss,** der mit einer Mehrheit von (mindestens) $^3/_4$ der abgegebenen Stimmen gefasst werden muss (sofern der Gesellschaftsvertrag keine strengeren Erfordernisse vorsieht), § 53 Abs. 2 GmbHG.

31 – Die **Übernahmeerklärung** ist wahlweise notariell zu beurkunden oder notariell zu beglaubigen (§ 55 Abs. 1 GmbHG); sie kann in die notarielle Urkunde über die Kapitalerhöhung aufgenommen werden. Aus Kostengründen ist es regelmäßig allerdings günstiger die Übernahmeerklärung vom Kapitalerhöhungsbeschluss zu trennen und lediglich notariell beglaubigen zu lassen (→ Rn. 233ff. und 278).

32 – **Gegenstand und der Nennbetrag des Geschäftsanteils, auf den sich die Sacheinlage bezieht,** sind sowohl im Kapitalerhöhungsbeschluss (§ 56 Abs. 1 Satz 1 GmbHG) als auch in der Übernahmeerklärung (§ 56 Abs. 1 Satz 2 GmbHG) genau zu bezeichnen (→ Rn. 252 und Rn. 279; zu den einlagefähigen Gegenständen → Rn. 35 und 253).

33 – Vor der Anmeldung der Kapitalerhöhung zum Handelsregister sind die **Sacheinlagen** in vollem Umfang zu **erbringen,** § 7 Abs. 3 GmbHG iVm. § 56a GmbHG (→ Rn. 257f.).

34 Die Vorschriften über die Gründung der GmbH finden im Rahmen einer Sachkapitalerhöhung keine allgemeine Anwendung, da entsprechende Verweise in §§ 56, 56a GmbHG fehlen: So ist nach dem Wortlaut des Gesetzes die Vorlage eines dem **Sachgründungsbericht** (§ 5 Abs. 4 Satz 2, § 8 Abs. 1 Nr. 4 GmbHG) entsprechenden Berichts („Sacheinlagebericht" oder „Sachkapitalerhöhungsbericht") der Gesellschafter nicht vorgesehen und auch nicht erforderlich (hM; s. BH/*Zöllner/Fastrich* GmbHG § 56 Rn. 17; Hachenburg/*Ulmer* GmbHG § 56 Rn. 82; Beck GmbH-HB/ *Schwaiger* § 7 Rn. 23; aA OLG Stuttgart v. 19.1.1981, 8 W 295/81 GmbHR 1982, 109ff., 111f.; offengelassen: BGH v. 14.6.2004, II ZR 121/02, NZG 2004, 910 zu III. 1. der Gründe; BayObLG v. 2.11.1994, 3 ZBR 276/94, NJW 1995, 1971 mwN); ebenso wenig sieht das GmbHG bei einer Sachkapitalerhöhung die Beibringung von Unterlagen **(Wertbescheinigungen)** darüber vor, dass der Wert der Sacheinlagen (mindestens) den Nennbetrag des Geschäftsanteils, auf den sich die übernommene Sacheinlage bezieht, erreicht. Dennoch hat es sich in der Praxis zur Vermeidung von Verzögerungen im Eintragungsverfahren – bei dem das Registergericht regelmäßig zur Prüfung der eingereichten Unterlagen, die örtliche IHK mit einbezieht und diese bei Sachkapitalerhöhungen erfahrungsgemäß eine Werthaltigkeitsbescheinigung verlangt (beachte die ausdrückliche Ablehnungsmöglichkeit nach § 57a iVm. § 9c GmbHG) – bewährt, der Anmeldung zum Handelsregister sowohl einen Sachkapitalerhöhungsbericht (in Form und Inhalt entsprechend dem Sachgründungsbericht nach § 5 Abs. 4 Satz 2 GmbHG) als auch eine Bescheinigung einer Wirtschaftsprüfungs-/Steuerberatungsgesellschaft über die Werthaltigkeit der auf den Geschäftsanteil erbrachten Einlage beizufügen (vgl. zum Meinungsstand WM/*Mayer* Anh. 5 Rn. 363 mwN; Münchener Vertragshandbuch/*Heidenhain/Hasselmann,* GesR Form. IV. 88 Rn. 6 mwN; Lutter/ *Hommelhoff/Lutter* § 56 GmbHG Rn. 7 und § 57a GmbHG Rn. 2 mwN; Einzelheiten unten → Rn. 286 zu Wertbescheinigung; → Rn. 287ff. zum Sachkapitalerhöhungsbericht).

b) Einzelheiten

35 Als **Gegenstand einer Sacheinlage** kommen grundsätzlich alle vermögenswerten Gegenstände in Betracht, deren wirtschaftlicher Wert feststellbar ist und die Gegenstand des Rechtsverkehrs sein können (vgl. BGH v. 14.6.2004, NZG 2004, 910, wonach § 27 Abs. 2 AktG als allgemeiner Grundsatz auch im GmbH-Recht Anwendung findet; nach BH/*Fastrich* GmbHG § 5 Rn. 23 ist einlagefähig „jeder Gegenstand mit gegenwärtig erfassbarem Vermögenswert, der so auf die Gesellschaft übertragen werden kann, dass er ihr zur freien Verfügung steht"; s. allgemein Hachenburg/*Ulmer* GmbHG § 5 Rn. 30ff. mwN; WM/*Mayer* Anh. 5 Rn. 30, 31ff. mwN; zu besonderen Fällen bei Sachkapitalerhöhungen: BH/*Zöllner* GmbHG § 56 Rn. 7). Darunter fallen beispielsweise bewegliche und unbewegliche Sachen, Rechte, Forderungen (gegen Dritte, Gesellschafter oder die GmbH selbst), Anteile an Unternehmen (Aktien, Geschäftsanteile), der Auftragsbestand, immaterielle Wirtschaftsgüter (Patente, Know-how, Firmenwert), aber auch Sach- und Rechtsgesamtheiten wie ein Handelsgeschäft im Ganzen, ein Betrieb und Betriebsteile eines Unternehmens (iE → Rn. 253).

Zur **Durchführung** der Einbringung eines Betriebs oder Betriebsteils sowie anderer Sach- und Rechtsgesamtheiten ist zivilrechtlich eine **Einzelübertragung** sämtlicher übergehender Vermögenswerte erforderlich. 36

– Dies bedeutet zunächst, dass die für den einzelnen Vermögensgegenstand maßgeblichen **Übertragungsmodalitäten** zu beachten sind: Besitzeinräumung und Übereignung (§§ 929ff. BGB) für *bewegliche Sachen* (einschl. des gutgläubigen Erwerbs gemäß §§ 932, 934 BGB – vgl. BGH v. 21.10.2002, II ZR 118/02, NZG 2003, 85, zu 1. a); Abtretung (§§ 398ff., 413 BGB) für *Forderungen und ähnliche Rechte* (insbesondere: Prüfung der Übertragbarkeit); Auflassung und Einigung (§§ 873ff., 925ff. BGB) bei *Grundstücken.* 37

– Darüber hinaus ist – insbesondere bei der *Übertragung von Betrieben und Betriebsteilen* – neben der vollständigen Erfassung und genauen Bezeichnung **(Bestimmtheitsgrundsatz)** aller zu übertragenden Vermögensgegenstände auch auf die ausdrückliche Übernahme der zugehörigen Schulden und der laufenden Vertragsverhältnissen durch Zustimmung/Genehmigung des jeweiligen Vertragspartners, insbesondere des Gläubigers für eine *schuldbefreiende Übernahme von Verbindlichkeiten* (vgl. §§ 414, 415 Abs. 1 Satz 1 BGB) zu achten; soweit derartige Zustimmungen nicht erreicht werden (können), sollte ersatzweise die Übernahme im Innenverhältnis vereinbart werden (vgl. die gesetzliche Auslegungsregel des § 415 Abs. 3 BGB). In der Praxis hat sich bei Einbringung von Betrieben und Betriebsteilen zur Erfassung der zu übertragenden Sachgesamtheit die **Bezugnahme auf die** in der **Einbringungsbilanz** ausgewiesenen Aktiva und Passiva bewährt. Zusätzlich zur Einbringungsbilanz empfiehlt es sich, die einzubringenden Aktiva, Passiva und Vertragsverhältnisse in gesonderten Listen und Aufstellungen einzeln zu erfassen und dem Einbringungsvertrag als Anlage(n) beizufügen. 38

– Schließlich sind die für den einzelnen Vermögensgegenstand maßgeblichen **Formvorschriften** zu beachten. Gehören zu dem zu übertragenden Vermögen beispielsweise *Anteile an einer GmbH* oder ein *Grundstück,* so hat die Übertragung in notarieller Form zu erfolgen (§ 15 Abs. 4 Satz 1 GmbHG – für die (bloße) Verpflichtung zur Abtretung eines Geschäftanteils an einer GmbH; § 15 Abs. 3 GmbHG – für die dingliche Abtretung eines Geschäftanteils an einer GmbH; § 311b Abs. 1 Satz 1 BGB – für die Verpflichtung zur Übertragung eines Grundstücks). **Beachte** § 125 Satz 1 BGB! → Rn. 40 aE. 39

Die Einzelübertragung erfolgt durch Abschluss eines **Einbringungs- und Übertragungsvertrages** zwischen dem Einbringenden (im Formular: der A-GmbH) und der aufnehmenden Gesellschaft (im Formular: der C-GmbH). Dabei kann der Einbringungsvertrag sowohl in die Urkunde über die Kapitalerhöhung integriert sein oder (wie im Formular) außerhalb des Kapitalerhöhungsbeschlusses abgeschlossen werden; letzteres bietet sich aus Vereinfachungsgründen an, insbesondere in den Fällen, in denen für Übertragung des Eingebrachten keine besonderen Formvorschriften gelten (→ Rn. 39). Erfordert die Übertragung (zumindest) eines Gegenstands die notarielle Form, zB bei Einbringung von Grundstücken, so ist auch der Einbringungsvertrag in 40 notarieller Form abzuschließen oder bereits in den notariell beurkundeten Kapitalerhöhungsbeschluss aufzunehmen (beachte die Nichtigkeitsfolge gemäß § 125 Satz 1 BGB; ggf. bestehen Heilungsmöglichkeiten, zB § 311b Abs. 1 Satz 2 BGB, § 15 Abs. 4 Satz 2 GmbHG).

41 In der Praxis haben sich mit Bezug auf die Festlegung des **handelsrechtlichen Zeitpunkts der Sacheinlage** im Wesentlichen zwei unterschiedliche Vorgehensweisen herausgebildet:

- Einbringung des Unternehmens, des Betriebs oder Betriebsteils auf der Grundlage einer *auf den Tag der Einbringung* zu errichtenden Bilanz (dh. Errichtung der Bilanz nach dem Zeitpunkt der Einbringung);
- Einbringung des Betriebs auf der Grundlage eines – möglichst zeitnahen – *zurückliegenden Abschlusszeitpunktes* (dh. Einbringung auf der Grundlage eines in der Vergangenheit liegenden Bilanzstichtags) und Vereinbarung der zwischenzeitlichen Fortführung des übertragenen Vermögens für Rechnung des Übernehmers.

42 Bei der ersten Alternative ist eine abschließende **Bewertung des übertragenen Vermögens** im Zeitpunkt der Einbringung (noch) nicht möglich, allenfalls im Wege der Schätzung; dementsprechend sind Regelungen zum Ausgleich zwischen den Beteiligten erforderlich – zugunsten des Einbringenden bei Feststellung eines Mehrwerts, zugunsten der aufnehmenden GmbH im Falle eines Minderwerts. In der zweiten Alternative besteht dagegen die **Gefahr einer Unterpariemission** im Falle von nachhaltigen (und unvorhersehbaren) Wertminderungen zwischen Bilanzstichtag und Einbringung (vgl. *Priester* BB 1980, 19; *ders.* GmbHR 1982, 112); der Gefahr der Unterpariemission kann in der Regel dadurch begegnet werden, dass (wertmäßig) nur ein kleinerer Teil des eingebrachten Vermögens für die Übernahme des Geschäftsanteils verwendet wird und der verbleibende Betrag in die Kapitalrücklage (§ 272 Abs. 2 Nr. 1 HGB) eingestellt wird (so wie im Kapitalerhöhungsbeschluss des Formulars vorgesehen).

43 Für den Stichtag der Einbringungsbilanz ist in jedem Fall ein Zeitpunkt zu wählen, der nicht allzu weit vom Zeitpunkt der Handelsregisteranmeldung entfernt ist (vgl. auch WM/*Mayer* Anh. 5 Rn. 112f. mwN und Rn. 470). Zwar fehlen gesetzliche Vorschriften über eine **handelsrechtliche Rückwirkung** (zur bis zu achtmonatigen Rückwirkung für die Ermittlung des steuerlichen Einkommens → Rn. 119ff.). Dennoch wird in der Praxis die Zugrundelegung einer Einbringungsbilanz auf einen bis zu sechs Monate vor der Anmeldung zum Handelsregister zurückliegenden Zeitpunkt regelmäßig anerkannt (vgl. WM/*Mayer* Anh. 5 Rn. 106f. mwN); eine Ausdehnung auf acht Monate in entsprechender Anwendung von § 17 Abs. 2 UmwG dürfte nicht möglich sein (WM/*Mayer* Anh. 5 Rn. 109: nicht länger als 8 Monate). Der gewählte Zeitpunkt der Sacheinlage ist im Kapitalerhöhungsbeschluss festzulegen; Gewinne und Verluste ab dem Einbringungsstichtag sind bereits bei der GmbH, nicht mehr beim Einbringenden zu erfassen.

44 Die Vorschriften über die **Differenzhaftung** (§ 9 Abs. 1 GmbHG) sind bei der Kapitalerhöhung durch Sacheinlagen gemäß § 56 Abs. 2 GmbHG entsprechend anwendbar. Zu der durch das MoMiG v. 23.10.2008 (BGBl. I 2008, 2026) erfolgten Neuregelung der „verdeckten Sacheinlage" in § 19 Abs. 4 GmbHG → Rn. 44a und ausführlich → Form. D.4 Rn. 55f. Mit Bezug auf eine mögliche Differenzhaftung sieht das Formular im Kapitalerhöhungsbeschluss (klarstellend) bereits vor, dass anstelle der Sacheinlage eine Geldeinlage zu erbringen ist, wenn und soweit die Sacheinlage den Nennbetrag des Geschäftsanteils, auf den sich die Sacheinlage bezieht, nicht erreichen sollte (vgl. zur Differenzhaftung BGH v. 14.3.1977, II ZR 156/75, NJW 1977, 1196; BGH v. 9.3.1981, II ZR 54/80, NJW 1981, 1373, 1375f.; BH/*Fastrich* GmbHG § 11 Rn. 56ff. mwN; s. auch *Schließer/Pfeiffer* NZG 2012, 1047 zur Möglichkeit der Nacherfüllung). Dies dient vor allem auch der Vermeidung von Verzögerungen bei der Handelsregistereintragung. Zur verschleierten Sachgründung vor Gel-

tung des MoMiG v. 23.10.2008 (BGBl. I 2008, 2026) s. Beck GmbH-HB/*Schwaiger* GmbHG § 2 Rn. 110ff.; Hachenburg/*Ulmer* GmbHG § 5 Rn. 143ff.; Scholz/*Winter* GmbHG § 5 Rn. 76ff.; Scholz/*Schneider* GmbHG § 19 Rn. 139ff.; Hüffer/*Koch* AktG § 27 Rn. 9ff.; WM/*Mayer* Anh. 5: Einbringung Rn. 225ff., 568ff.

Zu der durch das MoMiG v. 23.10.2008 (BGBl. I 2008, 2026) eingeführten Neuregelung der „verdeckten Sacheinlage", deren Legaldefinition in § 19 Abs. 4 Satz 1 GmbHG und der Regel und deren Rechtsfolgen in § 19 Abs. 4 GmbHG ausführlich → Form. D.4 Rn. 56. **44a**

Zur **Vermeidung bzw. Heilung einer verschleierten (verdeckten) Sacheinlage bei der GmbH** nach früherem Recht → Form. D.4 Rn. 56. **45**

Haftungsrechtliche Aspekte: Die aufnehmende GmbH **übernimmt** regelmäßig (wie auch hier im Formular zugrunde gelegt) sämtliche **Schulden** aus dem eingebrachten Betrieb bzw. Betriebsteil (soweit diese nicht ausdrücklich bei der Einbringung ausgenommen sind). Der Einbringende haftet im (Außen-)Verhältnis zum Gläubiger zunächst so lange weiter, bis dieser seine Genehmigung zum Schuldnerwechsel erteilt (§§ 414, 415 Abs. 1 Satz 1 BGB). Bis zur Genehmigung oder mit ihrer endgültigen Verweigerung gilt im Zweifel im Innenverhältnis zwischen ursprünglichem Schuldner (Einbringender) und dem neuem Schuldner (aufnehmende GmbH) eine **Freistellung des Einbringenden** durch die aufnehmende GmbH vereinbart (§ 415 Abs. 3 Satz 1 und 2 BGB; sofern nicht ohnehin im Einbringungsvertrag entsprechend geregelt). Darüber hinaus stellt die Übernahme eines Handelsgeschäfts *unter Fortführung der Firma* (ausreichend: Fortführung des Handelsgeschäfts und/oder der ursprünglichen Firma in ihrem jeweiligen „Kern"; vgl. BH/*Fastrich* HGB § 25 Rn. 7) einen **Anwendungsfall des § 25 HGB** dar (WM/*Mayer* Anh. 5 Rn. 188 mwN); bei Vorliegen dieser Voraussetzungen haftet die aufnehmende GmbH für alle im Betriebe des übertragenen Handelsgeschäfts begründeten Verbindlichkeiten, gleich aus welchem Rechtsgrund. *Auch ohne Fortführung der Firma* haftet die aufnehmende GmbH nach den Bestimmungen des **§ 75 AO** für Betriebsteuern, für Abzugsteuern und für Erstattung von Steuervergütungen des eingebrachten Unternehmens (hierzu → Form. D.7 Rn. 33). **46**

Weiterhin streitig ist, inwieweit auch bei einer „wirtschaftlichen" Ausgliederung durch Einzelrechtsnachfolge (Einbringung) eine – wenigstens teilweise – **analoge Anwendung der Vorschriften des UmwG** angezeigt ist (vgl. WM/*Mayer* Anh. 5 Rn. 896ff., 901ff.; SBB/*Sagasser/Bultmann* § 18 Rn. 88ff. mwN; Lutter/*Teichmann* UmwG § 123 Rn. 25; zur Frage der Anwendbarkeit der Grundsätze der sog. „Holzmüller"- und „Gelatine"-Rechtsprechung → Rn. 52ff.; siehe zur Übertragung des ganzen Gesellschaftsvermögens in GmbH und Personengesellschaften ausführlich: *Meyer* GmbHR 2019, 973): **47**

- Nach der bislang (wohl) herrschenden und zutreffenden Auffassung sind die Vorschriften des UmwG zur Ausgliederung auf die „wirtschaftliche" Ausgliederung im Wege der Einzelrechtsübertragung von Vermögensteilen **nicht** entsprechend anwendbar (vgl. LG München I v. 8.6.2006, 5 HK O 5025/06, BB 2006, 1928; LG Hamburg v. 21.1.1997, 402 O 122/96, DB 1997, 516; SBB/*Sagasser/Bultmann* § 18 Rn. 193; *Aha* AG 1997, 345, 356; SHS/*Hörtnagl* UmwG § 1 Rn. 68ff.; SHS/*Hörtnagl* UmwG § 123 Rn. 24 mwN; WM/*Mayer* Anh. 5 Rn. 907ff.: grundsätzlich keine analoge Anwendung, Ausnahme: Vorliegen einer planwidrigen Regelungslücke; einschränkend: WM/*Schwarz* UmwG § 1 Rn. 36ff.; vgl. auch BGH v. 15.1. 2001, II ZR 124/99, NJW 2001, 1277, 1279 zu II.3.c). **48**
- Demgegenüber sind nach einem Urteil des LG Karlsruhe v. 6.11.1997, DB 1998, 120 die **Schutzvorschriften des UmwG zugunsten der Anteilsinhaber,** die für Ausgliederungen im Wege der Gesamtrechtsnachfolge bzw. partiellen Gesamtrechtsnachfolge gelten, auch auf Ausgliederungen durch Einzelrechtsübertragungen anwendbar. Dies würde insbesondere bedeuten, dass bei jeder Ausgliederung in **49**

Form einer Einbringung die Zustimmung der Gesellschafterversammlung der beteiligten Rechtsträger (im Formular: der A-GmbH, der B-AG sowie der C-GmbH) einzuholen wären. Ferner müsste den umfangreichen Informationspflichten bei einer Ausgliederung nach § 123 Abs. 3 UmwG Genüge getan werden, was insbesondere eine Bekanntmachung des Einbringungsvertrages gegenüber den Anteilseignern der beteiligten Rechtsträger erforderlich machen würde (vgl. §§ 47, 61 UmwG). Schließlich würde eine entsprechende Anwendung der Vorschriften des UmwG auch zur Geltung des Erfordernisses einer $^{3}/_{4}$-Mehrheit (der abgegebenen Stimmen) für die entsprechenden Gesellschafterbeschlüsse führen (vgl. § 50 Abs. 1, § 65 Abs. 1 UmwG).

50 ME ist für eine allgemeine (analoge) Anwendung der Vorschriften des UmwG auf die Fälle der Einbringung durch Einzelrechtsnachfolge bereits mangels planwidriger Regelungslücke **kein Raum** (ebenso SHS/*Hörtnagl* UmwG § 1 Rn. 69f.; Lutter/*Teichmann* UmwG § 123 Rn. 25; *Aha* AG 1997, 345, 356; SHS/*Hörtnagl* UmwG § 123 Rn. 24). Darüber hinaus entspricht es dem erklärten Willen des Gesetzgebers, die vor der Einführung des UmwG bestehenden Umstrukturierungsmöglichkeiten nicht zu beschränken, sondern um die Möglichkeiten des UmwG zu erweitern.

51 Wörtlich heißt es in der Gesetzesbegründung: „Die zwingenden Vorschriften des Umwandlungsgesetzes müssen demnach nur dann beachtet werden, wenn sich die beteiligten Rechtsträger der Vorteile bedienen wollen, die das Gesetz und die mit ihm verbundenen steuerrechtlichen Regelungen mit sich bringen" (BR-Drs. 75/94, zu § 1 Abs. 2 UmwG). Und: „Die bisher schon möglichen Methoden, eine Ausgliederung von Unternehmensteilen im Wege der Übertragung der einzelnen Gegenstände und der Überleitung einzelner Verbindlichkeiten herbeizuführen, bleiben erhalten. Dies ist insbesondere für Sacheinlage und Sachgründung und ihr Verhältnis zu dem neuen Institut der Ausgliederung wichtig." (BR-Drs. 75/94, zu § 1 Abs. 2 UmwG).

52 Von der analogen Anwendung der Vorschriften des UmwG auf die Fälle der Einbringung zu unterscheiden ist dagegen die Frage nach der Anwendung **allgemeiner Schutzbestimmungen,** insbesondere der Grundsätze der sog. „Holzmüller"- und „Gelatine"-Rechtsprechung (BGH v. 25.2.1982, II ZR 174/80, NJW 1982, 1703 – Holzmüller, BGH v. 26.4.2004, II ZR 155/02, NZG 2004, 571 – Gelatine I und BGH v. 26.4.2004, II ZR 154/02, NZG 2004, 575 – Gelatine II) **bei Ausgliederung wesentlicher Vermögensteile** aus dem Vermögen einer Aktiengesellschaft (zur Anwendbarkeit der Grundsätze auch für die GmbH s. *Meyer* GmbHR 2019, 973; *Orth* JbFStR 1995/96, 345, 366 mwN; zur Geltung für die SE: MünchKomm/*Reichert/Brandes,* AktG, SE-VO Art. 43 Rn. 11 mwN):

53 Nach der „Holzmüller"-Rspr. und den beiden diese Rspr. konkretisierenden (und einschränkenden) „Gelatine"-Urteilen besteht neben den satzungsmäßigen und gesetzlich ausdrücklich geregelten Kompetenzen der Hauptversammlung einer AG – wie insbesondere Satzungsänderungen, Maßnahmen der Kapitalbeschaffung, Umwandlungsmaßnahmen sowie der Abschluss von Unternehmensverträgen – grundsätzlich auch eine (ungeschriebene) Kompetenz der Hauptversammlung für solche Entscheidungen, die „so tief in die Mitgliedsrechte der Aktionäre und deren im Anteilseigentum verkörpertes Vermögensinteresse eingreifen, dass der Vorstand vernünftigerweise nicht annehmen kann, er dürfe sie in ausschließlich eigener Verantwortung treffen, ohne die Hauptversammlung zu beteiligen." (BGH v. 25.2.1982, II ZR 174/80, BGHZ 83, 122, 131 – *„Holzmüller"*).

54 Die Holzmüller-Entscheidung ist in der Literatur zwar umstritten, hat im Wesentlichen aber Zustimmung der instanzgerichtlichen Rechtsprechung sowie des Schrifttums gefunden (s. zunächst die Nachweise bei Emmerich/Habersack/*Habersack* Vor § 311 Rn. 33 Fn. 162 und 163; s.a. Hüffer/*Koch* AktG § 119 Rn. 17f.; *Altmeppen* DB 1998, 49, 50 mwN; *Feddersen/Kiem* ZIP 1994, 1078): Insbesondere ist das Bestehen einer – nur das Innenverhältnis zwischen Vorstand und Gesellschaft betreffenden – ungeschriebenen Hauptversammlungszuständigkeit von der hM im Schrifttum anerkannt (s. die zahlreichen Nachweise bei *Emmerich/Habersack* Vor § 311 Rn. 33 Fn. 163). Keine Einigkeit bestand indessen über den Anwendungsbereich dieser Grundsätze im Einzelnen, wie etwa (a) über das Erfordernis und die Festlegung einer „Wesentlichkeits-" bzw. „Bagatellgrenze" **(Relevanzschwelle)** und (b) das **Quorum,** mit dem die Hauptversammlung für den Fall ihrer ungeschriebenen Zuständigkeit Beschluss zu fassen hat.

Insbesondere bestand Unklarheit hinsichtlich der Frage, ab welcher **quantitativen** Relevanzschwelle eine Maßnahme eines Hauptversammlungsbeschlusses bedürfe. In der Literatur wurden hierfür unterschiedlichste relative Größen vorgeschlagen, von 10% bis 25% und 50% und darüber, wobei auch die Bezugsgröße (Aktivvermögen, Umsatz, Eigenkapital oder Gesamtwert des Unternehmens) umstritten war (vgl. *Altmeppen* DB 1998, 50; *Grunewald* AG 1990, 133 ff., 133 mwN). In dieser Beziehung haben die beiden Gelatine-Urteile zu einer deutlichen Präzisierung und Eingrenzung des (ausufernden) Anwendungsbereichs der Holzmüller-Grundsätze geführt: Der BGH hat in den Gelatine-Urteilen den in der Literatur diskutierten Schwellenwerten zwischen 10% und 50% eine Absage erteilt und für den Regelfall jedenfalls ein Erreichen der in dem Holzmüller-Urteil zugrunde liegende Relevanzschwelle von rund 80% des Aktivvermögens gefordert (vgl. BGH v. 26.4.2004, II ZR 155/02, NZG 2004, 571 unter III.2.a) cc) aE; Emmerich/Habersack/*Habersack* Vor § 311 Rn. 46 mwN; Hüffer/*Koch* AktG § 119 Rn. 18b mwN). In Einzelfällen können auch Maßnahmen, welche diese 80%-Schwelle nicht erreichen, ebenfalls der Zustimmung der Hauptversammlung bedürfen; diese Fälle dürften aber die Ausnahme sein. 55

Für die GmbH wurde mit BGH v. 8.1.2019 (II ZR 364/18, GmbHR 2019, 528) entschieden, dass bei der GmbH kein Erfordernis der Zustimmung der Gesellschafterversammlung in analoger Anwendung des § 179a AktG besteht; vielmehr ist § 179a AktG auf die GmbH nicht analog anwendbar (vgl. die ausführliche Begründung: BGH v. 8.1.2019, II ZR 364/18, aaO, Rn. 14 ff.). Unabhängig davon konstatiert der BGH, dass die Verpflichtung zur Übertragung des ganzen Gesellschaftsvermögens einer GmbH ein besonders bedeutsames Geschäft sei, zu dessen Vornahme der Geschäftsführer im Innenverhältnis stets einen zustimmenden Beschluss der Gesellschafterversammlung herbeiführen muss, selbst wenn der Gesellschaftsvertrag einen entsprechenden Zustimmungsvorbehalt nicht enthält (BGH v. 8.1.2019, II ZR 364/18, aaO; siehe auch *Meyer* GmbHR 2019, 973, 974). 55a

In dem im Formular zugrunde gelegten Beispiel kommen diese Grundsätze (jedenfalls dann) zur Anwendung, wenn die von der B-AG übertragene Beteiligung an der X-AG über 80% des Gesellschaftsvermögen der B-AG darstellt (für die Frage, ob neben den quantitativen Kriterien noch **qualitative Kriterien** hinzutreten müssen, wie insbes. dass der betroffene Vermögensteil dem Kernbereich des Unternehmens zuzuordnen sein muss, vgl. Emmerich/Habersack/*Habersack* Vor § 311 Rn. 47 mwN). 56

Zu beachten ist allerdings: Eine Mitwirkungspflicht der Hauptversammlung setzt nach der Gelatine-Rspr. voraus, dass die jeweilige Maßnahme zu einem sog. **Mediatisierungseffekt** (dh. zu einer Verwässerung der Einflussmöglichkeiten der Aktionäre) führt. In einem Nichtannahmebeschluss v. 20.11.2006 entschied der BGH, dass die bloße Beteiligungsveräußerung kein Fall sei, in dem es zu einem Mediatisierungseffekt komme und dementsprechend die Hauptversammlung auch nicht nach den Gelatine-Grundsätzen zur Mitwirkung berufen sei (s. BGH v. 20.11.2006, II ZR 226/05, NZG 2007, 234; vgl. auch die Begründung der Vorinstanz: OLG Stuttgart v. 13.7.2005, 20 U 1/05, ZIP 2005, 1415 ff.). Eine Mitwirkungserfordernis könnte sich in diesen Fällen allenfalls dann ergeben, wenn die Grenze des § 179a AktG überschritten werden würde (die zu veräußernde Beteiligung stellt das gesamte Gesellschaftsvermögen der AG dar). 56a

Anders als bei der Veräußerung der Beteiligung kann es bei einem „Umhängen" einer Beteiligung zu einem Mediatisierungseffekt kommen (so ausdrücklich BGH v. 26.4.2004, II ZR 154/02, NZG 2004, 575, zu II. 2. a) aa); s. aber OLG Hamm v. 19.11.2007, 8 V 216/07, NZG 2008, 155 ff.); insoweit bleibt es für den Fall der Übertragung einer Beteiligung auf eine andere Tochter- oder Enkelgesellschaft der übertragenden AG (hier: Einbringung der Beteiligung an der X-AG in die C-GmbH) bei den dargestellten Grundsätzen.

Die für einen solchen Beschluss **erforderliche Mehrheit** war bis zu den Gelatine-Urteilen streitig: Während die hM in der Literatur sich für eine qualifizierte Dreiviertel-Mehrheit ausgesprochen hat (s. die Nachweise bei BGH v. 26.4.2004, II ZR 155/02, NZG 2004, 571 unter III.2.b), vertrat eine Reihe von Autoren, dass eine einfache Mehrheit der abgegebenen Stimmen ausreichend sei, soweit die Satzung keine strengeren Anforderungen bestimme (*Lutter* FS Fleck S. 169 ff., 174, 181 f.; Kölner Komm./*Koppensteiner* vor § 291 Rn. 21 aE; OLG Karlsruhe v. 12.3.2002, 8 U 295/00, DB 2002, 1094, n. rkr. mwN). Der BGH hat nunmehr ausdrücklich entschieden, dass 57 eine Entscheidung der Hauptversammlung einer **Dreiviertel-Mehrheit des vertretenen Grundkapitals** bedarf (BGH v. 26.4.2004, II ZR 155/02, NZG 2004, 571 unter III.2.b)). Für das Erfordernis einer qualifizierten Dreiviertel-Mehrheit spricht, dass die Ausgliederung wesentlicher Teile des Gesellschaftsvermögen einer Änderung des Gegenstands der Gesellschaft entspricht und damit einer Satzungsänderung gleichkommt (vgl. Emmerich/Habersack/*Habersack* Vor § 311 Rn. 50f. mwN; Hüffer/*Koch* AktG § 119 Rn. 20 mwN; WM/*Mayer* Anh. 5 Rn. 928).

58, 59 *einstweilen frei*

V. Ertragsteuerrecht

60 Das Formular sieht zwei unterschiedliche Durchführungsarten für die Übertragung von Vermögensgegenständen auf eine Kapitalgesellschaft (hier: GmbH) vor: Die Übertragung des Geschäftsbereiches XYZ von der A-GmbH auf die C-GmbH gegen Ausgabe neu geschaffener Geschäftsanteile, also für eine Gegenleistung einerseits, sowie die Abtretung der Beteiligung an der X-AG durch die B-AG auf die C-GmbH ohne Gegenleistung andererseits.

61 Die Übertragung von Vermögen auf eine Kapitalgesellschaft **im** (zumindest teilweisen) **Austausch für** dadurch **neu geschaffene Anteile** an der aufnehmenden Kapitalgesellschaft (Sacheinlage) fällt ertragsteuerlich grds. in den Anwendungsbereich der besonderen Bestimmungen der §§ 20ff. UmwStG (→ Rn. 63ff.).

62 Dagegen bestehen für Übertragungen von Vermögensgegenständen auf Kapitalgesellschaften **ohne** Gegenleistung (verdeckte Einlage) keine speziellen Bestimmungen; die ertragsteuerlichen Folgen bestimmen sich in diesen Fällen nach allgemeinen Grundsätzen (→ Rn. 153ff.); eine steuerneutrale Übertragung gem. §§ 20ff. UmwStG kommt nicht in Betracht (vgl. UmwSt-Erl. 2011, BMF v. 11.11.2011, BStBl. I 2011, 1314 Tz. E 20.10, 1. Spiegelstrich).

1. Vermögensübertragung auf Kapitalgesellschaft gegen Gewährung von Gesellschaftsrechten (Einbringung, §§ 20, 22, 23 UmwStG)

63 Die Einbringung von Vermögen oder Vermögensteilen als Sacheinlage in eine Kapitalgesellschaft gegen Gewährung von Gesellschaftsrechten stellt einen **veräußerungs- bzw. tauschähnlichen Vorgang** dar (vgl. § 6 Abs. 6 Satz 1 EStG für Einbringungen aus einem Betriebsvermögen – beachte allerdings den Vorrang (§ 6 Abs. 6 Satz 4 EStG) von § 6 Abs. 5 Satz 3 EStG bei Einbringungen von Wirtschaftsgütern aus einem Betriebsvermögen in die Gesamthand einer Mitunternehmerschaft (vgl. Schmidt/*Kulosa* EStG § 6 Rn. 735; → Form. D.7), der grundsätzlich zu einer Realisierung (dh. Aufdeckung stiller Reserven) beim übertragenden Rechtsträger führt).

Dies entspricht der im UmwSt-Erl. 2011, BMF v. 11.11.2011, BStBl. I 2011, 1314 Tz. 00.02 und Tz. 20.01 von der FinVerw. allgemein vertretenen **Grundthese,** wonach sämtliche Formen von Umwandlungen und Einbringungen auf der Ebene des übertragenden Rechtsträgers **Veräußerungs- und Anschaffungsvorgänge** hinsichtlich des übertragenen Vermögens darstellen sollen (kritisch zur Allgemeinheit der Aussage: SRS/*Brinkmann* Umwandlungssteuer-Erlass 2011 Rn. H 0.4ff. mwN; *Schießl* Der neue Umwandlungssteuer-Erlass, S. 108; FGS/BDI/*Hageböke/Schmidt-Fehrenbacher* S. 30ff. mwN). Für die Fälle der Einbringung iSd. §§ 20, 21 UmwStG ist diese Aussage grds. zutreffend, wie sich auch aus § 20 Abs. 3 Satz 1 UmwStG („...... gilt für den Einbringenden als Veräußerungspreis und als Anschaffungskosten der Gesellschaftsanteile ......"), § 20 Abs. 4 Satz 1 UmwStG („...... bei einer Sacheinlage entstehenden Veräußerungsgewinn ......"), § 21 Abs. 2 Satz 1 UmwStG („...... gilt für den Einbringenden als Veräußerungspreis der eingebrachten Anteile und als Anschaffungskosten der erhaltenen Anteile ......") und § 21 Abs. 3 Satz 1 UmwStG („...... beim Anteilstausch entstehenden Veräußerungsgewinn ......") ableiten lässt. Allerdings ist dabei zu differenzieren, hinsichtlich welcher Rechtsfolgen ein Veräußerungsvorgang anzunehmen ist. Diese Unterscheidung spielt insb.

für die **rückwirkende Einbringungsgewinnbesteuerung** nach § 22 Abs. 1 und 2 UmwStG eine entscheidende Rolle (s. hierzu *Schell/Krohn* DB 2012, 1172 ff.; *Hageböke* Ubg 2011, 689 ff.).

Diese Fallgruppen werden in den §§ 20, 22, 23 UmwStG bei Vorliegen bestimmter Voraussetzungen (insbesondere) dadurch privilegiert, dass den beteiligten Rechtsträgern ein Wahlrecht hinsichtlich der Besteuerung des zugrunde liegenden Einbringungsvorgangs eingeräumt wird.

Nachfolgend werden die allgemeinen Voraussetzungen für das Bestehen des Wahlrechts nach § 20 Abs. 2 UmwStG und dessen Einschränkungen (→ Rn. 66 ff.) sowie Einzelheiten, insbesondere mit Bezug auf Einbringungen in inländische Kapitalgesellschaften (→ Rn. 96 ff.) dargestellt. Der besseren Übersichtlichkeit halber wird der Darstellung ein allgemeines Prüfungsschema vorangestellt: **64**

Schema Einbringung gem. § 20 UmwStG
• **Sachlicher Anwendungsbereich (→ Rn. 67a):** Nur die in § 1 Abs. 3 UmwStG aufgeführten Fälle eröffnen den Anwendungsbereich des § 20 UmwStG; das sind insbes. die Ausgliederung (iSd. UmwG) auf eine Kapitalgesellschaft, der Formwechsel einer Personengesellschaft in eine Kapitalgesellschaft sowie die Übertragung von Sachgesamtheiten des Betriebsvermögens im Wege der Einzelrechtsnachfolge auf eine Kapitalgesellschaft.
• **Persönlicher Anwendungsbereich (→ Rn. 67b, 67c):** Der übernehmende Rechtsträger muss eine Gesellschaft iSd. § 1 Abs. 2 Satz 1 Nr. 1 UmwStG sein, dh. eine nach den Rechtsvorschriften eines Staates der EU oder des EWR gegründete Gesellschaft mit Sitz und Ort der Geschäftsleitung in einem dieser Staaten (§ 1 Abs. 4 Nr. 1 UmwStG). Ferner muss der übertragende Rechtsträger grds. ebenfalls eine solche Gesellschaft sein (§ 1 Abs. 4 Nr. 2 Buchst. a Doppelbuchst. aa UmwStG); bei natürlichen Personen als Übertragende müssen diese ihren Wohnsitz oder gewöhnlichen Aufenthalt innerhalb eines EU- oder EWR-Staates haben und nicht aufgrund eines DBA mit einem dritten Staat als außerhalb des Hoheitsgebietes dieser EU-/EWR-Staaten ansässig gelten (§ 1 Abs. 4 Nr. 2 Buchst. a Doppelbuchst. bb UmwStG). Die vorstehenden Anforderungen an den Übertragenden bestehen dann nicht, wenn das Recht der Bundesrepublik hinsichtlich der Besteuerung des Gewinns aus der Veräußerung der für die Übertragung erhaltenen Anteile weder beschränkt noch ausgeschlossen ist (§ 1 Abs. 4 Nr. 2 Buchst. b UmwStG).
• **Begünstigter Einbringungsgegenstand (→ Rn. 68 bis 70):** Betrieb, Teilbetrieb und Mitunternehmeranteil. (Sachgesamtheiten des Betriebsvermögens)
• **Umfang der Einbringung (→ Rn. 71, 72 sowie 87–89a):** Übertragung aller wesentlichen Betriebsgrundlagen.
• **Gegenleistung in Form der Gewährung von neuen Gesellschaftsrechten (→ Rn. 73, 74):** der Einbringende muss für die Übertragung zumindest teilweise neue Anteile an der aufnehmenden Kapitalgesellschaft erhalten. Dabei schließt die (zusätzliche) Gewährung anderer Wirtschaftsgüter die Anwendung des § 20 UmwStG grds. nicht aus. Allerdings ist mit dem StÄndG 2015 v. 2.11.2015 (BGBl. I 2015, 1834) das Bewertungswahlrecht in diesen Fällen eingeschränkt worden: Danach können die Buchwerte bei Gewährung sonstiger Gegenleistungen nur noch fortgeführt werden, soweit der gemeine Wert der sonstigen Gegenleistungen **nicht** die Grenze von a) 25% des Buchwerts des eingebrachten Betriebsvermögens (in den Fällen des qualifizierten Anteilstauschs: der eingebrachten Anteile) oder b) 500 000.– EUR, höchstens jedoch den Buchwert des eingebrachten Betriebsvermögens (bzw. der eingebrachten Anteile), übersteigt (§ 20 Abs. 2 Satz 2 Nr. 4 UmwStG).

Schema Einbringung gem. § 20 UmwStG
• **Bewertungswahlrecht (→ Rn. 75):** die aufnehmende Kapitalgesellschaft kann das eingebrachte Vermögen mit dem Buchwert, dem gemeinen Wert oder einem Zwischenwert ansetzen (beachte: soweit nicht die og. Einschränkung nach § 20 Abs. 2 Satz 2 Nr. 4 UmwStG greift). Dieser Wertansatz beeinflusst unmittelbar die Besteuerung des Einbringenden.
• **Nichtvorliegen bestimmter Ausschlusstatbestände (→ Rn. 75a–80),** wie insbes. kein negatives Kapital des eingebrachten Betriebsvermögens (→ Rn. 75a–75d), kein Ausschluss des deutschen Besteuerungsrechts (→ Rn. 76–80) und Einhaltung der absoluten und relativen Grenzen für die Gewährung sonstiger Gegenleistungen (→ Rn. 84–86)
• **Rechtsfolgen beim Einbringenden (→ Rn. 90):** – *Buchwertansatz:* Es entsteht für den Einbringenden kein Einbringungsgewinn; Anlauf der siebenjährigen Sperrfrist gemäß § 22 Abs. 1 UmwStG mit Abschmelzung des sog. Einbringungsgewinns I um jeweils ein Siebtel pro abgelaufenem Zeitjahr seit dem Zeitpunkt der Einbringung; – *Ansatz zum gemeinen Wert:* Realisierung eines Einbringungsgewinns beim Einbringenden; bei natürlichen Personen als Einbringende Steuerbegünstigung des Veräußerungsgewinns gemäß § 16 Abs. 4 bzw. § 17 Abs. 3 EStG iVm. § 34 Abs. 1 und 3 EStG, soweit der Gewinn nicht schon nach § 3 Nr. 40 EStG dem Teileinkünfteverfahren unterliegt (vgl. § 20 Abs. 4 Satz 2 UmwStG; es gelten weitere Ausnahmen); – *Ansatz zum Zwischenwert:* Entstehen eines Einbringungsgewinns beim Einbringenden, der (auch) bei natürlichen Personen als Einbringende allerdings nicht tarifbegünstigt ist.
• **Rückbeziehung (→ Rn. 119):** Die Übertragung kann sowohl bei Übertragungen im Wege einer Gesamtrechtsnachfolge als auch bei Einzelrechtsübertragungen – vereinfacht zusammengefasst – um bis zu acht Monate zurückbezogen werden (vgl. § 20 Abs. 6 UmwStG).

65 *einstweilen frei*

a) Überblick – Voraussetzungen des Wahlrechts nach § 20 Abs. 2 UmwStG

66 Mit dem SEStEG v. 7.12.2006 (BGBl. I 2006, 2782) ist das UmwStG in weiten Teilen „europäisiert“ worden; neben der Umsetzung der Regelungen für die SE hat das Gesetz insbesondere die Vorgaben der sog. Fusionsrichtline – FRL 2009/133/EG v. 19.10.2009 (ABl. EG Nr. L 310 S. 34) umgesetzt. Das SEStEG hat dementsprechend zu zahlreichen Änderungen im UmwStG geführt; insb. im Bereich der Vorschriften über die Einbringung nach §§ 20ff. UmwStG ergaben sich wesentliche Änderungen. Zu den Neuregelungen der §§ 20ff. UmwStG allgemein vgl. *Förster/Wendland* BB 2007, 631; *Ott* StuB 2007, 1; *ders.,* Chancen und Risiken bei der Umwandlung einer inländischen GmbH, Köln 2007, 65ff.; *Schwetlik* NZG 2008, 41; *Patt* Der Konzern 2006, 730; DPM/*Patt* Vor §§ 20–23 Rn. 1ff., UmwStG § 20 Rn. 1, UmwStG § 21 Rn. 1; RHL/*Rödder* Einführung Rn. 68ff.; s. auch *Hans* BB 2008, 26ff.

66a Die Einbringung eines Betriebs oder Teilbetriebs oder eines Mitunternehmeranteils in eine unbeschränkt steuerpflichtige Kapitalgesellschaft iSd. § 1 Abs. 1 Nr. 1 KStG (dh. GmbH, AG, KGaA mit Sitz oder Geschäftsleitung im Inland) gegen Gewährung von Gesellschaftsrechten an den Einbringenden ist (weiterhin) in § 20 UmwStG geregelt. Für die im Formular vorgesehene Einbringung eines Teilbetriebs (Geschäftsbereich XYZ der A-GmbH) eröffnet § 20 UmwStG ein Wahlrecht (vgl. § 20 Abs. 2

Satz 2 UmwStG), entweder auf die **sofortige Realisierung stiller Reserven zu verzichten** (durch Einbringung des Teilbetriebs zu Buchwerten) oder die Übertragung unter (auch teilweiser) **Gewinnrealisierung** durchzuführen (durch Einbringung zum gemeinen Wert oder zu einem Zwischenwert).

Zur Aufgabe des Konzepts der sog. **einbringungsgeborenen Anteile** (§ 21 UmwStG 1995) durch das SEStEG v. 7.12.2006 (→ Rn. 66) und dessen Fortgeltung nur für **(„Alt-Einbringungsfälle")** → Rn. 138 ff. **66b**

An Stelle des Konzepts der einbringungsgeborenen (und damit „auf ewig" steuerverhafteten) Anteile ist – für die Fälle, in denen die Einbringung zu einem Wert unter dem sog. gemeinen Wert erfolgt – eine **rückwirkende Besteuerung des zugrunde liegenden Einbringungsvorgangs** bei Veräußerung der erhaltenen Anteile (oder Vorliegen eines gleichgestelltem Sachverhalts) innerhalb von sieben Jahren getreten; dabei mindert sich der (nachzuversteuernde) Einbringungsgewinn um jeweils $^1/_7$ für jedes seit dem Einbringungszeitpunkt abgelaufene Zeitjahr (vgl. § 22 Abs. 1 UmwStG).

Mit Bezug auf einen möglichen Austritt des Vereinigten Königsreichs Großbritannien und Nordirlands aus der EU ist durch das **Brexit-StBG** v. 25.3.2019 (BGBl. I 2019, 357) eine (steuerschonende) Regelung in das UmwStG aufgenommen worden, wonach ein solcher Austritt innerhalb der siebenjährigen Sperrfrist (→ Rn. 134 f., 137) für sich genommen, nicht dazu führt, dass es zu einem Wegfall der Voraussetzungen für eine Buchwerteinbringung und somit zu einer nachträglichen Versteuerung des Einbringungsvorgangs nach § 22 Abs. 1 Satz 6 Nr. 6 bzw. Abs. 2 Satz 6 UmwStG kommt.

Neu ist auch, dass die Übertragung von Anteilen an einer Kapitalgesellschaft auf **66c** eine andere Kapitalgesellschaft gegen Gewährung von Gesellschaftsrechten nunmehr in § 21 UmwStG eine eigenständige Regelung erfahren hat: Das UmwStG 2006 differenziert zwischen Sacheinlagen (§ 20 UmwStG – s. UmwSt-Erl. 2011, BMF v. 11.11.2011, BStBl. I 2011, 1314 Tz. E 20.02, E 20.03 ff.) und dem **(qualifizierten) Anteilstausch** (§ 21 UmwStG – s. UmwSt-Erl. 2011, BMF v. 11.11.2011, BStBl. I 2011, 1314 Tz. E 20.02, E 20.06 ff.); auch für den qualifizierten Anteilstausch findet grundsätzlich eine nachträgliche Besteuerung des Einbringungsgewinns (sog. Einbringungsgewinn II) statt, wenn die im Rahmen des Anteilstausches übertragenen Anteile innerhalb von sieben Jahren nach dem Zeitpunkt des Tausches von der übernehmenden Gesellschaft veräußert werden und der Einbringende keine durch § 8b Abs. 2 KStG begünstigte Person ist; vgl. § 22 Abs. 2 UmwStG idF JStG 2009 v. 19.12.2008 (BGBl. I 2008, 2794) mit Änderung des zweiten Tatbestandsmerkmals des § 22 Abs. 2 Satz 1 UmwStG („keine durch § 8b Abs. 2 KStG begünstigte Person"): Eine Besteuerung des Einbringungsgewinns II aufgrund einer Veräußerung der Anteile innerhalb des siebenjährigen Zeitraums soll nur erfolgen, „soweit die Anteile zu diesem Zeitpunkt beim Einbringenden nicht nach § 8b Abs. 2 des Körperschaftsteuergesetzes steuerfrei sind". Im Einzelnen zum qualifizierten Anteilstausch → Form. D.8 Rn. 47 ff.).

Trotz des Konzeptwechsels kommt es nach einer Einbringung (zunächst) noch zu einer **Verdoppelung der stillen Reserven** (durch den Ansatz der erhaltenen Anteile zu Buchwerten auf der Ebene des Einbringenden und den Ansatz der übertragenen Vermögensgegenstände zu Buchwerten auf der Ebene der übernehmenden Kapitalgesellschaft); diese kann gegebenenfalls (im Ergebnis) durch die beschriebene, jährliche Abschmelzung des Einbringungsgewinns um $^1/_7$ im weiteren zeitlichen Verlauf wieder aufgelöst werden.

Weitere wesentliche Änderung ist die ausdrückliche **Aufgabe der Maßgeblichkeit** **66d** der Handelsbilanz für den Wertansatz des eingebrachten Vermögens in der Steuerbilanz (→ Rn. 163 ff.; s. Gesetzesbegründung zum SEStEG, BT-Drs. 16/2710 S. 43 linke Spalte; RHL/*Herlinghaus* UmwStG § 20 Rn. 147; DPM/*Patt* UmwStG § 20 Rn. 210; Blümich/*Nitzschke* UmwStG 2006 § 20 Rn. 90; zu den sich hieraus ergebenden Gestaltungsspielräumen: *Honert/Geimer* EStB 2007, 421 ff.). Dies wird nunmehr auch im UmwSt-Erl. 2011, BMF v. 11.11.2011, BStBl. I 2011, 1314 (Tz. 20.20 Satz 1) festgestellt.

Die FinVerw. hatte in Tz. 03.01, 11.01 und 20.30 des UmwSt-Erl. 1998 (BMF v. 25.3.1998, BStBl. I 1998, 268) zunächst vertreten, dass der in § 5 Abs. 1 Satz 2 EStG enthaltene Grundsatz der Maßgeblichkeit der Handelsbilanz für die Steuerbilanz auch im Rahmen des UmwStG und der Ausübung der darin enthaltenen Wahlrechte zu beachten sei; dadurch beschränkte sich der Anwendungsbereich der durch das UmwStG eingeräumten Wahlrechte im Wesentlichen auf die handelsrechtlich zulässige Wertaufholung bereits bilanzierter Vermögenswerte und das Ansatzwahlrecht nach dem UmwStG lief faktisch leer. Dieser Auffassung hat der BFH im Einklang mit der (wohl) hM im Schrifttum (vgl. RHL/*Herlinghaus* UmwStG § 20 Rn. 148 mwN; SHS/*Schmitt* UmwStG § 20 Rn. 240) durch zwei Urteile widersprochen (vgl. BFH v. 19.10.2005, I R 38/07, DStR 2006, 271 – Formwechsel Personengesellschaft in Kapitalgesellschaft – zu § 25 Satz 1 iVm. § 20 Abs. 2 Satz 1 UmwStG 1995; v. 5.6.2007, I R 97/06, DStR 2007, 1767 – Verschmelzung zweier Kapitalgesellschaften – zu § 11 Abs. 1 Satz 2 UmwStG 1995). Die FinVerw. war – nach anfänglichem Zögern – dieser Auffassung des BFH gefolgt und wendete Tz. 03.01, 11.01 und 20.30 des UmwSt-Erl. 1998 (BMF v. 25.3.1998, BStBl. I 1998, 268) auch in Umwandlungsfällen, für die noch das UmwStG 1995 gilt, nicht mehr an (s. BMF v. 4.7.1996, DB 2006, 1765; OFD Rheinland v. 25.2.2008, DB 2008, 496, auch zu der – von der OFD verneinten – Frage nach der Zulässigkeit der Aktivierung selbst geschaffener immaterieller Wirtschaftsgüter in diesen Altfällen).

66e Schließlich statuieren die neuen Bestimmungen den sog. **gemeinen Wert** (iSd. § 9 Abs. 2 BewG) als Regelansatz für das übertragene Vermögen; der bisher vom UmwStG 1995 verwendete Begriff des Teilwerts ist dagegen (für Zwecke des UmwStG) aufgegeben worden (s. hierzu RHL/*Rödder* UmwStG § 11 Rn. 70 ff. mwN; *ders.* § 20 Rn. 141 ff.; WM/*Widmann* UmwStG (SEStEG) § 20 Rn. R 642 ff.; DPM/*Patt* UmwStG § 20 Rn. 199 ff.). Anders als unter der Geltung des § 20 UmwStG 1995 ist auch das Regel-Ausnahme-Verhältnis gestaltet: Während § 20 UmwStG 1995 als Regelfall von der Zulässigkeit des Ansatzes zum Buchwert ausging, sieht § 20 UmwStG 2006 vor, dass die aufnehmende Gesellschaft das übernommene Vermögen grundsätzlich zum gemeinen Wert anzusetzen hat. Nur bei kumulativem Vorliegen der nachfolgend in → Rn. 67a bis 91 aufgeführten, materiellen Voraussetzungen ist der Anwendungsbereich des Wahlrechts gemäß § 20 Abs. 2 Satz 2 UmwStG eröffnet und eine steuerneutrale Übertragung von Betriebsvermögen unter Anwendung des Bewertungswahlrechts zum **Buchwert** (legaldefiniert in § 1 Abs. 5 Nr. 4 UmwStG) nach § 20 Abs. 2 Satz 2 UmwStG uneingeschränkt möglich.

67 Das Wahlrecht nach § 20 Abs. 2 Satz 2 UmwStG setzt neben dem Vorliegen bestimmter Tatbestandsvoraussetzungen (→ Rn. 67a–74) insbesondere das Nichtvorliegen besonderer, das Wahlrecht ausschließenden bzw. einschränkenden (negativen) Tatbestandsmerkmalen (→ Rn. 75–91) voraus. Die **allgemeinen Tatbestandsvoraussetzungen** für die Gewährung dieses Wahlrechts sind – mit besonderem Bezug auf die im Formular vorgesehene Einbringung des Geschäftsbereichs XYZ auf die C-GmbH – im Wesentlichen:

aa) Sachlicher Anwendungsbereich

67a Anders als nach dem UmwStG 1995, das keine besondere Regelung für den Anwendungsbereich des § 20 UmwStG vorsah – dieser ergab sich aus dem nicht definierten Begriff der Einbringung und war damit entsprechend weit –, gilt nunmehr gemäß § 1 Abs. 3 UmwStG für die Bestimmungen des Sechsten Teils des UmwStG (§§ 20 bis 23 UmwStG) ein spezieller **sachlicher Anwendungsbereich** mit der dort vorgesehenen, abschließenden Zahl an erfassten Einbringungssachverhalten. Die Anwendung der §§ 20 ff. UmwStG auf eine Sacheinlage ist insbesondere dann möglich, wenn diese (1) durch Gesamtrechtsnachfolge im Rahmen einer Verschmelzung, Aufspaltung und Abspaltung iSd. §§ 2 ff. UmwG von Personenhandelsgesellschaften und Partnerschaftsgesellschaften (§ 1 Abs. 3 Nr. 1 UmwStG), (2) durch (partielle) Gesamtrechtsnachfolge im Rahmen einer Ausgliederung von Vermögensteilen nach § 123 Abs. 3 UmwG (§ 1 Abs. 3 Nr. 2 UmwStG) oder (3) durch Einzelrechtsnachfolge als Einbringung von Sachgesamtheiten des Betriebsvermögens (Betrieb, Teilbetrieb, Mitunternehmeranteil) in eine Kapitalgesellschaft, Genossenschaft oder Personengesellschaft (§ 1 Abs. 3 Nr. 4 UmwStG) erfolgt. Von § 1 Abs. 3 Nr. 4 UmwStG erfasste **Fälle der Einzelrechtsnachfolge** sind insbesondere die *Sacheinlage bei Gründung* einer inländischen oder ausländischen Kapitalgesellschaft sowie die *Sachkapitalerhöhung* durch Gesellschaftereinlagen einer inländischen oder ausländischen Kapitalgesellschaft (zu der umstrittenen Frage, ob die Fälle der sog. erweiterten Anwachsung – wie bisher – in den Anwendungsbereich des § 20 UmwStG fallen, → Form. D.5 Rn. 50ff.; DPM/*Patt* UmwStG § 20 Rn. 6 und 160; RHL/*Herlinghaus* UmwStG § 20 Rn. 39 mwN; zur verschleierten Sachgründung → Rn. 153ff.). Für die im Formular beschriebene Sachkapitalerhöhung ist der sachliche Anwendungsbereich der §§ 20ff. UmwStG gemäß § 1 Abs. 3 Nr. 4 UmwStG eröffnet.

Zum Ausschluss der **Anwendbarkeit des § 50i Abs. 2 EStG** als weitere Voraussetzung für die sachliche Anwendbarkeit der §§ 20ff. UmwStG → Form. D.5 Rn. 62a und 62b; vgl. auch BMF v. 21.12.2015 (DStR 2016, 65); *Heinlein/Euchner* BB 2016, 795; *Liekenbrock* Ubg 2016, 120; *Stein* ZEV 2016, 138).

bb) Persönlicher Anwendungsbereich

Neben dem sachlichen Anwendungsbereich hat das SEStEG erstmals **einen persönlichen Anwendungsbereich** für § 20 UmwStG eingeführt (s. hierzu UmwSt-Erl. 2011, BMF v. 11.11.2011, BStBl. I 2011, 1314 Tz. E 01.53ff.): Während nach altem Recht als Einbringende sämtliche natürliche Personen sowie sämtliche in § 1 Abs. 1 KStG aufgeführten Körperschaften, Personenvereinigungen und Vermögensmassen in Betracht kamen (vgl. UmwSt-Erl. 1998, BMF v. 25.3.1998, BStBl. I 1998, 268 Tz. 20.05; RHL/*Herlinghaus* UmwStG § 20 Rn. 120 mwN), muss der **Einbringende** nach den durch das SEStEG v. 7.12.2006 (→ Rn. 66) geänderten Regelungen zwingend die Voraussetzungen des § 1 Abs. 4 Satz 1 Nr. 2 UmwStG erfüllen; hierbei handelt es sich im Wesentlichen um das **Erfordernis der Ansässigkeit** des Einbringenden in einem Mitgliedsstaat des EU-/EWR-Gebietes (siehe zum nachträglichen Wegfall bei einem etwaigen Austritt des Vereinigten Königsreichs Großbritannien und Nordirlands aus der EU → Rn. 66b). Im Einzelnen kommen im Rahmen des § 20 UmwStG (nur) folgende Personen als Einbringende in Betracht: 67b

(1) *Gesellschaften* iSd. Art. 54 AEUV (früher: Art. 48 EGV bzw. Art. 34 EWR-Abkommen), dh. Kapitalgesellschaften, Genossenschaften und sonstige juristische Personen des privaten und öffentlichen Rechts (mit Ausnahme derjenigen, die keinen Erwerbszweck verfolgen), die nach dem Recht eines Mitgliedsstaates der EU/EWR gegründet sind **und** deren Sitz **und** Ort der Geschäftsleitung sich innerhalb des EU-/EWR-Gebietes befinden (vgl. § 1 Abs. 4 Satz 1 Nr. 2 Buchst. a) aa) iVm. Abs. 2 Satz 1 Nr. 1 UmwStG);

(2) *natürliche Personen,* die ihren Wohnsitz **oder** gewöhnlichem Aufenthalt in der EU/im EWR haben **und** nicht aufgrund eines DBA mit einem dritten Staat als außerhalb des EU-/EWR-Gebietes ansässig gelten (vgl. § 1 Abs. 4 Satz 1 Nr. 2 Buchst. a) bb) iVm. Abs. 2 Satz 1 Nr. 2 UmwStG);

(3) *Personengesellschaften,* die nach dem Recht eines Mitgliedsstaates der EU/EWR gegründet sind **und** deren Sitz und Ort der Geschäftsleitung sich innerhalb des EU-/EWR-Gebietes befinden, **und** (soweit!) die an der Personengesellschaft – unmittelbar oder mittelbar über weitere Personengesellschaften – beteiligten Körperschaften, Personenvereinigungen, Vermögensmassen oder natürliche Personen ebenfalls zu dem oben bei (1) oder (2) genannten Personenkreis gehören (vgl. § 1 Abs. 4 Satz 1 Nr. 2 Buchst. a Doppelbuchst. aa iVm. Abs. 2 Satz 1 Nr. 1 UmwStG). Somit kommt es für die Eröffnung des Anwendungsbereichs des § 20 UmwStG sowohl auf die Personengesellschaft selbst als auch auf die dahinterstehenden Gesellschafter an. Eine andere Frage ist, ob die Personengesellschaft selbst oder lediglich deren Gesellschafter als Einbringende iSd. § 20 UmwStG anzusehen sind (str! vgl. hierzu WM/*Widmann*

UmwStG (SEStEG) § 20 Rn. 45ff.; Frotscher/Drüen/*Mutscher* UmwStG § 20 Rn. 63ff.; im Einzelnen auch → Form. D.5 Rn. 81ff.).

(4) Einbringende, welche die vorstehenden *Voraussetzungen nicht erfüllen* – das sind insbesondere natürliche Personen mit Wohnsitz **und** gewöhnlichem Aufenthalt sowie Kapital- und Personengesellschaften mit Sitz **oder** Geschäftsleitung im Drittland (außerhalb des EU-/EWR-Gebietes) – können dennoch in den Anwendungsbereich des § 20 UmwStG fallen, wenn im Zeitpunkt der Einbringung (dh. zum Zeitpunkt des Übergangs des wirtschaftlichen Eigentums bzw., bei Rückbeziehung, zum steuerlichen Übertragungsstichtag) das Besteuerungsrecht der Bundesrepublik Deutschland hinsichtlich des Gewinns aus der Veräußerung der erhaltenen Anteile weder ausgeschlossen noch beschränkt ist (§ 1 Abs. 4 Satz 1 Nr. 2 Buchst. b UmwStG). Einzelheiten zu den Drittstaatenfällen bei: DPM/*Patt* UmwStG § 20 Rn. 14f.; RHL/*Trossen* UmwStG § 1 Rn. 280ff.; RHL/*Herlinghaus* UmwStG § 20 Rn. 123; Frotscher/Drüen/*Frotscher* UmwStG § 1 Rn. 59ff.; Frotscher/Drüen/*Mutscher* UmwStG § 20 Rn. 35ff.).

cc) Übernehmende Gesellschaft

67c **Übernehmende Gesellschaft** können gemäß § 1 Abs. 4 Satz 1 Nr. 1 iVm. § 1 Abs. 2 Satz 1 Nr. 1 UmwStG iVm. § 20 Abs. 1 UmwStG sein: Kapitalgesellschaften sowie Genossenschaften, welche die Ansässigkeitsvoraussetzungen des § 1 Abs. 2 Satz 1 Nr. 1 UmwStG erfüllen (dh. Gründung nach den Vorschriften eines Mitgliedsstaates des EU-/EWR-Gebietes; Sitz und Ort der Geschäftsleitung im EU-/EWR-Gebiet). Dies ist für inländische Kapitalgesellschaften wie GmbH, AG sowie KGaA und die Europäische Gesellschaft (SE) sowie inländische und Europäische Genossenschaften (iSd. Verordnung (EG) Nr. 1435/2003) unproblematisch. Ausländische Gesellschaften sind zunächst anhand eines Typenvergleichs als Kapitalgesellschaft iSd. § 1 Abs. 1 Nr. 1 KStG oder als Genossenschaft iSd. § 1 Abs. 1 Nr. 2 KStG zu qualifizieren (vgl. hierzu grundsäzlich RFH v. 12.2.1930, VI A 899/27, RStBl. 1930, 444; RHL/*Trossen* UmwStG § 1 Rn. 35 mwN; DPM/*Möhlenbrock* UmwStG § 1 Rn. 78ff.; DPM/*Patt* UmwStG § 20 Rn. 9; zu der Anwendung der Kriterien im konkreten Fall s. etwa BMF v. 19.3.2004, BStBl. I 2004, 411 zur Einordnung einer LLC nach US-amerikanischem Recht sowie die Tabellen 1 und 2 im Anhang zu BMF v. 24.12.1999, BStBl. I 1999, 1076).

dd) Vorliegen eines Teilbetriebs und/oder eines anderen iSd. § 20 UmwStG privilegierten Vermögensgegenstandes

68 Das übertragene Vermögen (hier der Geschäftsbereich XYZ) muss mindestens einen sog. **Teilbetrieb** darstellen (zu Betrieb → Rn. 69; zu Mitunternehmeranteil → Form. D.5 Rn. 67ff.). Hinsichtlich des im UmwStG (wie auch in anderen ertragsteuerlichen Vorschriften) nicht definierten **Begriffs des Teilbetriebs** verweist UmwSt-Erl. 2011, BMF v. 11.11.2011, BStBl. I 2011, 1314 Tz. 20.06 auf die Ausführungen zur Spaltung (UmwSt-Erl. 2011, BMF v. 11.11.2011, BStBl. I 2011, 1314 Tz. 15.02f.). Dies stellt die praktisch bedeutsamste Änderung des UmwSt-Erl. 2011 im Bereich des § 20 UmwStG dar: Zum einen wird über den Verweis auf die Vorschriften zur Spaltung für die Definition des Begriffs des Teilbetriebs der „europäische" Teilbetriebsbegriff des Art. 2 Buchst. j FRL 2009/133/EG v. 19.10.2009 (ABl. EG Nr. L 310 S. 34) herangezogen (zum Unterschied zwischen **„nationalem"** und **„europäischem" Teilbetriebsbegriff** s. *Schneider/Ruoff/Sistermann* FR 2012, 1, 5; *Rasche* GmbHR 2012, 149, 153; *Claß/Weggenmann* BB 2012, 552, 553f. mwN). Zum anderen sollen nach Auffassung der FinVerw. – anders als im Falle der Einbringung eines Betriebes, aber wie im Fall der Spaltung (denn der UmwSt-Erl. 2011, BMF v. 11.11.2011, BStBl. I 2011, 1314 verweist für die Übertragung des Teilbetriebs auf die für die Spaltung geltenden Regelungen der Tz. 15.07 bis 15.10; vgl. UmwSt-Erl. 2011, BMF v. 11.11.2011, BStBl. I 2011, 1314 Tz. 20.06 Satz 1) – auch solche sonstigen (sog. **neutralen**) WG zwingend zu einem Teil-

betrieb gehören (und damit mit diesem zu übertragen sein), die nach **wirtschaftlichen Zusammenhängen** dem betreffenden Teilbetrieb **zuordenbar** sind (dies ergibt sich auch aus UmwSt-Erl. 2011, BMF v. 11.11.2011, BStBl. I 2011, 1314 Tz. 20.06 Satz 5 HS 2 und Tz. 20.07 Satz 2). Dies bedeutet, dass eine Einbringung zu Buchwerten nur bei Übertragung sämtlicher für den Teilbetrieb funktional wesentlicher Betriebsgrundlagen sowie **aller** dem Teilbetrieb nach wirtschaftlichen Zusammenhängen zuordenbaren, sonstigen (aktiven und passiven) WG möglich ist. Gegenüber der bisherigen Regelung stellt dies eine erhebliche Verschärfung dar, die in der Praxis zu nicht unerheblichen Schwierigkeiten und Problemen (in der Literatur wird die Konsequenz dieser Auffassung anhand der Nichtanwendung des § 20 UmwStG allein aufgrund der versehentlichen Nichtübertragung von Kugelschreibern, Büroklammern oder Schrauben überspitzt, aber in der Sache zutreffend dargestellt; vgl. *Schneider/Ruoff/Sistermann* FR 2012, 1, 7; kritisch *Schneider/Ruoff/Sistermann* Umwandlungssteuer-Erlass 2011 Rn. 20.11 ff.; FGS/BDI/*Hötzel/Kaeser* S. 325) führen dürfte.

Eine weitere Verschärfung gegenüber der bisherigen Auffassung der Finanzverwaltung (und entgegen der hM in der Literatur) bei der Einbringung von Teilbetrieben besteht in einer neuen Sichtweise der Finanzverwaltung zum **Zeitpunkt des Vorliegens** eines Teilbetriebs: War es bislang ausreichend im Zeitpunkt des Abschlusses des Einbringungsvertrages einen sog. **„Teilbetrieb im Aufbau"** zu übertragen, soll dies nach dem UmwSt-Erl. 2011, BMF v. 11.11.2011, BStBl. I 2011, 1314 nicht mehr möglich sein (s. den Verweis in UmwSt-Erl. 2011, BMF v. 11.11.2011, BStBl. I 2011, 1314 Tz. 20.14 Satz 4 HS 2 auf die ausdrückliche Regelung zur Spaltung in UmwSt-Erl. 2011, BMF v. 11.11.2011, BStBl. I 2011, 1314 Tz. 15.03 Satz 2; vgl. *Schießl* Der neue Umwandlungssteuer-Erlass, S. 315). Dies ergibt sich auch daraus, dass maßgeblicher Beurteilungszeitpunkt für das Vorliegen der Teilbetriebseigenschaft (spätestens) der steuerliche Übertragungsstichtag sein soll (UmwSt-Erl. 2011, BMF v. 11.11.2011, BStBl. I 2011, 1314 Tz. 20.14 Satz 4 HS 1; für Einbringungen ist steuerlicher Übertragungsstichtag bzw. Einbringungszeitpunkt grds. der Zeitpunkt, zu dem das wirtschaftliche Eigentum an dem eingebrachten Vermögen auf die übernehmende Gesellschaft übergeht, regelmäßig der im Einbringungsvertrag vorgesehene Zeitpunkt des Übergangs von Nutzungen und Lasten; UmwSt-Erl. 2011, BMF v. 11.11.2011, BStBl. I 2011, 1314 Tz. 20.13 Sätze 1 und 2). Kritisch zu sehen ist diese erhebliche Verschärfung der bisherigen Handhabung auch im Hinblick auf die gesetzlich eingeräumte Möglichkeit der steuerlichen Rückbeziehung des Einbringungsvorgangs um bis zu acht Monate (§ 20 Abs. 5 und 6 UmwStG; → Rn. 119 ff.): Die Schaffung eines Teilbetriebs im Zeitraum zwischen Abschluss des Einbringungsvertrages und steuerlichem Übertragungsstichtag kommt daher nicht (mehr) in Betracht; dies dürfte in der Praxis zu einer erheblichen Einschränkung des Wahlrechts der Rückbeziehung führen. **68a**

Zur Ausfüllung des **im UmwStG** (wie auch in anderen ertragsteuerlichen Vorschriften) **nicht definierten Begriffs** kann dementsprechend die Rechtsprechung, Verwaltungsauffassung und Literatur zu § 16 EStG grundsätzlich nicht mehr (jedenfalls nicht ohne weiteres) herangezogen werden, wonach ein Teilbetrieb ein mit einer gewissen Selbstständigkeit ausgestatteter, organisch geschlossener Teil des Gesamtbetriebs ist, der für sich lebensfähig ist und damit grds. wesentliche Merkmale eines Betriebs iSd Einkommensteuerrechts erfüllt (so schon BFH v. 24.4.1969, IV R 202/68, BStBl. II 1969, 397; vgl. zuletzt BFH v. 18.10.1999, GrS 2/98, BStBl. II 2000, 123; v. 13.2.1996, VIII R 39/92, BStBl. II 1996, 409; v. 27.10.1994, I R 107/93, BStBl. II 1995, 403; v. 9.8.1989, X R 62/87, BStBl. II 1989, 973; R 139 Abs. 3 Satz 1 EStR 1999; *Blumers* DB 2001, 722 mwN; WM/*Widmann* UmwStG § 20 Rn. 20 ff. mit zahlreichen Einzelfällen; SHS/*Schmitt* UmwStG § 20 Rn. 64 mwN; HMB/*Asmus* UmwStG § 15 Rn. 57 ff. und HMB/*Menner* UmwStG § 20 Rn. 91 ff. mwN; Schmidt/*Wacker* EStG § 16 Rn. 143 ff.). Maßgeblich ist im Rahmen des § 20 UmwStG idF des SEStEG vielmehr die in der FRL 2009/133/EG verwendete Defini- **68b** tion. Danach ist ein Teilbetrieb die Gesamtheit der in einem Unternehmensteil einer Gesellschaft vorhandenen aktiven und passiven Wirtschaftsgüter, die in organisatorischer Hinsicht einen selbstständigen Betrieb, dh. eine aus eigenen Mitteln funktionsfähige Einheit, darstellen (Art. 2 Buchstabe j FRL 2009/133/EG). Auf den ersten Blick scheinen sich die beiden Teilbetriebs-Definitionen nicht maßgeblich zu unterscheiden. Im Einzelnen bestehen allerdings einige Unterschiede, die in der praktischen Anwendung deutlich werden können. Die Literatur leitet aus der abweichenden Definition und dem unterschiedlichen Regelungskontext eine Reihe von Unterschieden zwischen dem „europäischen" Teilbetrieb und dem zu § 16 EStG entwickelten Begriff ab (s. *Schneider/Ruoff/Sistermann* FR 2012, 1, 5; *Rasche* GmbHR 2012, 149, 153; *Claß/Weggenmann* BB 2012, 552, 553f. mwN; DPM/*Patt* UmwStG § 20 Rn. 89ff.; HMB/*Menner* UmwStG § 20 Rn. 90ff.), u.a. folgende:

(1) Der europäische Teilbetriebsbegriff stellt geringere Anforderungen an die Selbständigkeit der Tätigkeit im Teilbetrieb: eine eigenständige, selbständige Tätigkeit ist nicht erforderlich, eine **bloß organisatorische Selbständigkeit** reicht aus (DPM/*Patt* UmwStG § 20 Rn. 90 mwN; HMB/*Menner* UmwStG § 20 Rn. 93 mwN);

(2) es reicht nach Auffassung der Literatur aus, dass die einzubringenden Wirtschaftsgüter im konkreten Fall der übernehmenden Gesellschaft **dauerhaft zur Nutzung** überlassen werden und dieses Nutzungsrecht durch entsprechende Miet-/Pachtverträge gesichert wird; eine Übertragung des Eigentums ist nicht erforderlich (SHS/*Schmitt* UmwStG § 20 Rn. 95; HMB/*Menner* § 20 Rn. 96 mit zahlreichen Nachweisen; **aA:** UmwSt-Erl. 2011, BMF v. 11.11.2011, BStBl. I 2011, 1314 Tz. 20.06 Satz 3; DPPM/*Patt* UmwStG § 20 Rn. 91 mit Hinweis auf den in § 1 Abs. 3 Nr. 4 UmwStG umschriebenen sachlichen Anwendungsbereich für § 20 UmwStG (hierzu → Form. D.4 Rn. 69), der eine bloße Nutzungsüberlassung nicht vorsieht („Einbringung ... durch Einzelrechtsnachfolge"));

(3) sog. **neutrale** Wirtschaftsgüter brauchen nicht mit übertragen werden, da diese dem Teilbetrieb nicht funktional zugeordnet werden können und die funktionale Betrachtung für den europäischen Teilbetriebsbegriff allein maßgeblich ist (HMB/*Menner* UmwStG § 20 Rn. 97);

(4) wie eingangs ausgeführt, soll allerdings auch eine der wesentlichen Verschärfungen des UmwSt-Erl. 2011, BMF v. 11.11.2011, BStBl. I 2011, 1314 gegenüber der früheren Auffassung der Finanzverwaltung auf die Verwendung des europäischen Teilbetriebs begründet sein: Nach der Regelung in UmwSt-Erl. 2011, BMF v. 11.11.2011, BStBl. I 2011, 1314 Tz. 15.02, die gemäß dem Verweis in Tz. 20.06 auch im Rahmen der Einbringung gilt, sollen zu einem Teilbetrieb – anders als bei Übertragung eines Betriebs – nicht nur alle funktional wesentlichen Betriebsgrundlagen, sondern auch alle **nach wirtschaftlichen Zusammenhängen** diesem Teilbetrieb zuordenbaren Wirtschaftsgüter gehören (→ Rn. 68 und → Form. D.4 Rn. 70).

Streitig ist in der Literatur allerdings, ob der europäische Teilbetriebsbegriff auch auf reine Inlandssachverhalte anzuwenden oder in diesen Fällen (stattdessen) auf den nationalen Teilbetriebsbegriff abzustellen und nur bei grenzüberschreitenden Sachverhalten auf den europäischen Teilbetriebsbegriff zu rekurrieren sei (**gespaltener Teilbetriebsbegriff;** vgl. HMB/*Menner* UmwStG § 20 Rn. 94 mwN). Nach der mE zutreffenden Gegenauffassung ist dagegen der Teilbetriebsbegriff in § 20 UmwStG stets einheitlich nach europäischen Kriterien auszufüllen (**einheitliche Auslegung;** HMB/*Menner* UmwStG § 20 Rn. 95 mwN)

68c Für die **Praxis** bedeutet das unter Rn. 68, 68a beschriebene Verständnis der FinVerw. zum Teilbetriebsbegriff, dass eine steuerneutrale Einbringung von Teilbetrieben ohne vorherige Einholung einer verbindlichen Auskunft kaum mehr rechtssicher gestaltet werden kann; die Rechtsunsicherheit betrifft zum einen die Möglichkeit der Rückbeziehung (da ein Teilbetrieb „im Aufbau" nicht mehr ausreichen soll), zum anderen und vor allem die **„richtige" und vollständige Zuordnung** der lediglich nach wirtschaftlichen Zusammenhängen einem bestimmten Teilbetrieb zuordenbaren Wirtschaftsgüter. Zu den Gegenständen einer solchen Anfrage → Rn. 87a.

Darüber hinaus können iSd. § 20 UmwStG privilegierte Gegenstände einer Einbringung auch **Betriebe** (s. hierzu *Schumacher/Naumann* DStR 2008, 325; RHL/*Herlinghaus* UmwStG § 20 Rn. 25; vgl. DPPM/*Patt* UmwStG § 20 Rn. 22ff.) und **Mitunternehmeranteile sein** (vgl. UmwSt-Erl. 2011 BMF v. 11.11.2011, BStBl. I 2011, 1314 Tz. 20.06 und 20.10; zu den Besonderheiten bei Einbringung eines Mitunternehmeranteils auch → Form. D.5 Rn. 67ff.). **69**

Wie ausgeführt ist die bislang in § 20 Abs. 1 Satz 2 UmwStG 1995 geregelte Einbringung mehrheitsvermittelnder bzw. mehrheitsverstärkender **Anteile an einer Kapitalgesellschaft** nunmehr als selbständige Form der Einbringung – qualifizierter Anteilstausch – in § 21 UmwStG geregelt (hierzu → Form. D.8 Rn. 47ff.). **70**

ee) Übertragung der funktional wesentlichen Betriebsgrundlagen

Der Teilbetrieb muss als Ganzes übertragen werden, dh. einschließlich aller für den Teilbetrieb **funktional wesentlichen Betriebsgrundlagen,** einschließlich der **nach wirtschaftlichen Zusammenhängen** diesem Teilbetrieb zuordenbaren Wirtschaftsgüter (UmwSt-Erl. 2011, BMF v. 11.11.2011, BStBl. I 2011, 1314 Tz. 20.06 Satz 2; BFH v. 2.10.1997, IV R 84/96, BStBl. II 1998, 104; v. 9.8.1989, X R 62/87, BStBl. II 1989, 973; DPM/*Patt* UmwStG (SEStEG) § 20 Rn. 40ff.; SHS/*Schmitt* UmwStG § 20 Rn. 65 mwN; WM/*Widmann* UmwStG § 20 Rn. 5, 12ff. mwN; HMB/*Menner* UmwStG § 20 Rn. 106 mwN; DPM/*Patt* UmwStG § 20 Rn. 40 mwN; → Rn. 68 und → Form. D.4 Rn. 70). Im Falle der Übertragung eines Betriebs stellt ein Wirtschaftsgut eine wesentliche Betriebsgrundlage dar, wenn es für die Fortführung dieses Betriebs funktional erforderlich ist und ein besonderes Gewicht für die Betriebsführung besitzt oder ihm sein besonderes Gepräge gibt. **71**

Bislang wurde zur **Definition** des Begriffs der **„wesentlichen Betriebsgrundlage"** ebenso wie zum **Begriff des Teilbetriebs** die zu § 16 EStG ergangene Rechtsprechung herangezogen; darin wird zur Beurteilung der einzelnen Fälle eine **kombinierte funktional-quantitative Betrachtungsweise** zugrunde gelegt (vgl. statt vieler Schmidt/*Wacker* EStG § 16 Rn. 101 mwN). Nachdem der BFH mit Urteil v. 2.10.1997 (IV R 84/96, BStBl. II 1998, 104) ausdrücklich die Notwendigkeit einer normspezifischen Auslegung des Begriffs der wesentlichen Betriebsgrundlage entsprechend dem jeweiligen Gesetzeszweck der verschiedenen ertragsteuerlichen Vorschriften statuierte, hatte die FinVerw. (vgl. BMF v. 16.8.2000, BStBl. I 2000, 1253 unter Hinweis auf BFH v. 2.10.1997, IV R 84/96, BStBl. II 1998, 104, und ausdrücklicher Aufhebung – insoweit – von UmwSt-Erl. 1998, BMF v. 25.3.1998, BStBl. I 1998, 268 Tz. 20.08 Satz 3) für die Frage, wann eine wesentliche Betriebsgrundlage iSd. § 20 UmwStG vorliegt, eine **rein funktionale Betrachtungsweise,** dh. die Funktion des einzelnen Wirtschaftsgutes im Rahmen der speziellen Art des betreffenden Betriebs, als maßgebend anerkannt. Diese Auffassung ist von der FinVerw. beibehalten worden (vgl. UmwSt-Erl. 2011, BMF v. 11.11.2011, BStBl. I 2011, 1314 Tz. 20.06 Satz 2), dh. es ist maßgebend die Funktion des einzelnen Wirtschaftsgutes im Rahmen der speziellen Art des betreffenden Betriebs (*Rasche* GmbHR 2012, 149, 151f. mwN; RHL/*Herlinghaus* UmwStG § 20 Rn. 26 mwN; DPM/*Patt* UmwStG § 20 Rn. 43 mwN; SHS/*Schmitt* UmwStG § 20 Rn. 65 mwN; HMB/*Menner* UmwStG § 20 Rn. 106ff. mwN; *Hörger/Schulz* DStR 1998, 233; *Rödder/Beckmann* DStR 1999, 751); auf die in einem Wirtschaftsgut evtl. enthaltenen erheblichen stillen Reserven kommt es im Rahmen des § 20 UmwStG dagegen grundsätzlich nicht an (die insoweit entgegenstehenden Aussagen in BMF v. 16.8.2000, BStBl. I 2000, S. 1253, dürften überholt sein; vgl. *Rasche* GmbHR 2012, 149, 152). **72**

Wie sich aus der Gesetzesbegründung des SEStEG zu § 20 UmwStG ergibt, hat sich der Gesetzgeber – jedenfalls für § 20 UmwStG 2006 – dieser herrschenden Auffassung angeschlossen: „Für die Beurteilung der Frage, ob ein Wirtschaftsgut eine wesentliche Betriebsgrundlage eines Teilbetriebes darstellt, ist die funktionale Betrachtungsweise maßgeblich." (BT-Drs. 16/2710 S. 42 rechte Spalte).

ff) Neu geschaffene Anteile als Gegenleistung für Übertragung

Die Einbringung (hier Übertragung des Geschäftsbereichs XYZ) muss – zumindest zum Teil – wie auch schon vor Inkrafttreten des SEStG v. 7.12.2006 (BGBl. I 2006, **73**

2782) am 13.12.2006 gegen Ausgabe im Rahmen einer (Sach-)Kapitalerhöhung (§ 56 GmbHG; § 183 AktG) oder einer (Sach-)Gründung (§ 5 Abs. 4 GmbHG; § 27 AktG) **neu geschaffener Gesellschaftsanteile** an der aufnehmenden Kapitalgesellschaft erfolgen (UmwSt-Erl. 2011, BMF v. 11.11.2011, BStBl. I 2011, 1314 Tz. E 20.09; RHL/*Herlinghaus* UmwStG § 20 Rn. 130; DPM/*Patt* UmwStG § 20 Rn. 170; Frotscher/Drüen/*Mutscher* UmwStG § 20 Rn. 166ff.). In Betracht kommen insb. die Gründung einer Kapitalgesellschaft durch Sacheinlage (§ 5 Abs. 4 GmbHG; § 27 AktG) und die Kapitalerhöhung durch Sacheinlagen (§ 56 GmbHG; § 183 AktG). Wie sich aus § 20 Abs. 2 Satz 4 und Abs. 3 Satz 3 UmwStG ergibt, ist es dabei grds. **unschädlich,** wenn die Gegenleistung **nicht ausschließlich** in neuen Anteilen besteht, sofern (zumindest) auch neue Anteile gewährt werden (s. Frotscher/Drüen/*Mutscher* UmwStG § 20 Rn. 172; RHL/*Herlinghaus* UmwStG § 20 Rn. 134; DPM/*Patt* UmwStG § 20 Rn. 187; WM/*Widmann* UmwStG (SEStEG) § 20 Rn. R 580ff.; so ausdrücklich auch UmwSt-Erl. 2011, BMF v. 11.11.2011, BStBl. I 2011, 1314 Tz. E 20.09 und Tz. E 20.11 Satz 1). Allerdings ist das Bewertungswahlrecht für Einbringungen nach dem 31.12.2014 (vgl. § 27 Abs. 14 UmwStG) durch das am 5.11.2015 in Kraft getretene StÄndG 2015 v. 2.11.2015 (BGBl. I 2015, 1834) (auch als „Lex Porsche" bezeichnet) hinsichtlich der Gewährung **sonstiger Gegenleistungen** deutlich eingeschränkt worden: Gemäß dem neu eingefügten § 20 Abs. 2 Satz 2 Nr. 4 UmwStG gelten eine relative und eine absolute Grenze für die (unschädliche) Gewährung von sonstigen Gegenleistungen: So bleibt das Wahlrecht für eine Bewertung zum Buchwert (oder zu einem Zwischenwert) nach § 20 Abs. 2 Satz 2 Nr. 4 UmwStG unberührt, soweit der gemeine Wert der sonstigen Gegenleistung den höheren Betrag aus (1) 25% des Buchwerts des eingebrachten Betriebsvermögens bzw. (in den Fällen des qualifizierten Anteilstauschs) der eingebrachten Anteile oder (2) 500000.– EUR, höchstens jedoch den Buchwert des eingebrachten Betriebsvermögens bzw. der eingebrachten Anteile, nicht übersteigt (→ Rn. 84ff; s. auch → Form. D.4 Rn. 72a und 72b und → Form. D.5 Rn. 100, jeweils mit Beispielen). Somit ergeben sich in Abhängigkeit vom **Buchwert des eingebrachten Betriebsvermögens** (hier: Mitunternehmeranteil) folgende drei Konstellationen hinsichtlich der Gewährung von sonstigen Gegenleistungen bei Einbringungen:

- **Buchwert nicht über 500000.– EUR:** keine Änderungen zur bisher geltenden Gesetzeslage, so dass für sonstige Gegenleistungen bis zur Höhe des Buchwerts des eingebrachten Betriebsvermögens keine stillen Reserven aufgedeckt werden müssen;
- **Buchwert zwischen 500000.– EUR und 2000000.– EUR:** es können sonstige Gegenleistungen bis zu 500000.– EUR ohne Aufdeckung von stillen Reserven eingeräumt werden (auf die relative Schwelle kommt es nicht an);
- **Buchwert über 2000000.– EUR:** in diesen Fällen greift (nur noch) die relative Grenze von 25%, sofern nicht die Beschränkung der sonstigen Gegenleistungen auf den Buchwert des eingebrachten Betriebsvermögens Anwendung findet.

Werden sowohl die relative als auch die absolute Wertgrenze überschritten, ist **insoweit** eine Buchwertfortführung beim übernehmenden Rechtsträger ausgeschlossen (s. Zahlenbeispiele zur Anwendung der Neuregelung in → Form. D.4 Rn. 72b und → Form. D.5 Rn. 100; s. auch BT-Drs. 18/4902 S. 49 und 50). Der „schädliche" Anteil der sonstigen Gegenleistung (zur Ermittlung s. Beispiel in → Form. D.5, Rn. 100) führt beim Einbringenden zu einem Veräußerungsgewinn. Einzelheiten zur schädlichen Gewährung anderer Wirtschaftsgüter → Rn. 84ff.

74 Anders als die Regelung in § 20 UmwStG 1995, die als Regelfall von der Zulässigkeit des Ansatzes zum Buchwert ausging, sieht § 20 UmwStG 2006 vor, dass die aufnehmende Gesellschaft das übernommene Vermögen grundsätzlich zum sog. **gemeinen Wert** anzusetzen hat. Nur bei kumulativem Vorliegen der nachfolgend in → Rn. 75ff. aufgeführten, materiellen Voraussetzungen ist der Anwendungsbereich des Wahlrechts gemäß § 20 Abs. 2 Satz 2 UmwStG eröffnet und eine steuerneutrale

Übertragung von Betriebsvermögen unter Anwendung des Bewertungswahlrechts zum **Buchwert** (legaldefiniert in § 1 Abs. 5 Nr. 4 UmwStG) nach § 20 Abs. 2 Satz 2 UmwStG uneingeschränkt möglich.

gg) Sicherstellung der Besteuerung bei der übernehmenden Körperschaft

Gemäß § 20 Abs. 2 Satz 2 Nr. 1 UmwStG muss für die Inanspruchnahme des Wahlrechts sichergestellt sein, dass das übernommene Betriebsvermögen „später bei der übernehmenden Körperschaft der **Besteuerung mit Körperschaftsteuer unterliegt**" (§ 20 Abs. 2 Satz 2 Nr. 1 UmwStG – eigene Hervorhebung). Die Besteuerung mit Körperschaftsteuer ist sichergestellt, wenn das übertragene Vermögen hinsichtlich der Wertsteigerungen bei der übernehmenden Gesellschaft weiterhin einer Besteuerung mit Körperschaftsteuer unterliegt; eine Besteuerung mit Gewerbesteuer ist hingegen nicht erforderlich (ausdrücklich: UmwSt-Erl. 2011, BMF v. 11.11.2011, BStBl. I 2011, 1314 Tz. 20.19 iVm. 03.17). Dabei ist nach hM nicht nur die inländische, sondern auch ausländische Körperschaftsteuer angesprochen (*Schmitt/Schloßmacher* UmwStE 2011 S. 253; DPM/*Patt* UmwStG § 20 Rn. 225 mwN; UmwSt-Erl. 2011, BMF v. 11.11.2011, BStBl. I 2011, 1314 Tz. 20.19 Satz 3 iVm. Tz. 03.17 Satz 4); allerdings kann sich in diesen Fällen eine Einschränkung des Wahlrechts nach § 20 Abs. 2 Satz 2 Nr. 3 UmwStG ergeben (hierzu → Rn. 77). Wie sich aus der Verwendung des Begriffs „später" ergibt, scheint das Gesetz dabei auf eine zeitraumbezogene Betrachtung bis zur Realisierung der stillen Reserven und nicht lediglich auf den Einbringungszeitpunkt abzustellen (DPM/*Patt* UmwStG § 20 Rn. 225; RHL/*Herlinghaus* UmwStG § 20 Rn. 160; s. *Orth* DB 2007, 419, 421 f. zu einer teleologischen Reduktion im Fall einer späteren Erlangung der Steuerbefreiung aufgrund Strukturwandels); dies erscheint wenig praktikabel: Sollen zur Sicherung dieser Lesart sämtliche Bescheide unter dem Vorbehalt der Nachprüfung (§ 164 AO) ergehen, um bei einem späteren Wegfall der Besteuerung eine nachträgliche Realisation des Einbringungsvorgangs zu ermöglichen? Dies spricht mE dafür, dass die Körperschaftsteuerpflicht (nur) im Zeitpunkt der Einbringung gegeben sein muss (ebenso: FGS/BDI/*Hötzel/Kaeser* S. 341 mwN). Mit der Regelung sollte die Übertragung auf steuerbefreite Gesellschaften (insbes. auf REIT-AG) von der Begünstigung ausgenommen werden. Anzumerken ist, dass jedenfalls im Rahmen der Einbringung von Betrieben und Teilbetrieben auch bei einem steuerbefreiten übernehmenden Rechtsträger durch die Einbringung regelmäßig ein steuerpflichtiger, wirtschaftlicher Geschäftsbetrieb entstehen dürfte (DPM/*Patt* UmwStG § 20 Rn. 225). Besonderheiten gelten bei Einbringungen in **Organgesellschaften:** Nach UmwSt-Erl. 2011, BMF v. 11.11.2011, BStBl. I 2011, 1314 Tz. 20.19 Satz 4 soll eine Besteuerung mit Körperschaftsteuer bei der übernehmenden Körperschaft (= Organgesellschaft) nur insoweit gegeben sein, als das Organeinkommen beim Organträger der Körperschaft unterliegt (kritisch: FGS/BDI/*Hötzel/Kaeser* S. 342). Soweit das Organeinkommen der Einkommensteuer unterliegt (dh. in den Fällen, in denen Organträger eine natürliche Person oder eine Personengesellschaft mit natürlichen Personen als Gesellschafter ist), soll diese Voraussetzung dagegen nicht erfüllt sein. Allerdings gestattet die Finanzverwaltung aus Billigkeitsgründen den Ansatz der übergehenden Sachgesamtheit mit dem Buch- oder Zwischenwert, „wenn sich alle an der Einbringung Beteiligten übereinstimmend schriftlich damit einverstanden erklären, dass auf die aus der Einbringung resultierenden Mehrabführungen § 14 Abs. 3 Satz 1 KStG anzuwenden ist" (kritisch hierzu: *Schießl* Der neue Umwandlungssteuer-Erlass, S. 330; *Frotscher* Umwandlungssteuererlass – Ein Praxishandbuch 2011 Rn. 20.19, 11.08). 75

hh) Kein negatives Kapital des eingebrachten Betriebsvermögens

Weitere Voraussetzung für das Wahlrecht ist gemäß § 20 Abs. 2 Satz 2 Nr. 2 75a
UmwStG, dass die **Passivposten** des eingebrachten Betriebsvermögens (Betrieb, Teil-

betrieb, Mitunternehmeranteil) die **Aktivposten nicht übersteigen** dürfen, wobei das Eigenkapital nicht zu berücksichtigen ist. Das eingebrachte Betriebsvermögen (dh. im Fall des Formulars der Geschäftsbereich XYZ) darf somit **kein negatives Kapitalkonto** ausweisen (dies entspricht der Rechtslage nach dem UmwStG 1995; vgl. § 20 Abs. 2 Satz 4 UmwStG 1995). Übersteigen die Passivposten die Aktivposten, kommt es allerdings nicht (zwingend) zu einer vollständigen Aufdeckung der stillen Reserven und einem Ansatz des gemeinen Wertes; vielmehr muss die übernehmende Gesellschaft die in dem eingebrachten Betriebsvermögen enthaltenen stillen Reserven – einheitlich bezüglich sämtlicher Wirtschaftsgüter (vgl. Einleitungsteil des § 20 Abs. 2 Satz 2 UmwStG) – soweit aufdecken, dass das (bei Ansatz der Buchwerte vorhandene) negative Kapitalkonto ausgeglichen wird, dh. das eingebrachte Vermögen muss per Saldo mindestens mit 0.– EUR angesetzt werden (*Strahl* KÖSDI 2007, 15445; *Förster/Wendland* BB 2007, 631, 633; DPM/*Patt* UmwStG § 20 Rn. 216; RHL/*Herlinghaus* UmwStG § 20 Rn. 162 mwN); im Ergebnis führt dies zu einem Zwischenwertansatz. Allerdings darf im Rahmen dieser Aufdeckung der gemeine Wert der zu dem eingebrachten Betriebsvermögen gehörenden Wirtschaftsgüter nicht überschritten werden. Siehe zur Buchwertfortführung bei **stillen Lasten** der übertragenen Sachgesamtheit UmwSt-Erl. 2011, BMF v. 11.11.2011, BStBl. I 2011, 1314 Tz. 03.12 iVm. Tz. 20.18; ausführlich zu diesem Thema: *Holle/Weiss* FR 2019, 833.

75b In den Fällen des § 20 Abs. 2 Satz 2 Nr. 2 UmwStG realisiert der Einbringende einen **Einbringungsgewinn** (mindestens) **in Höhe des negativen Kapitals,** da der Wert, mit dem die aufnehmende Kapitalgesellschaft das eingebrachte Betriebsvermögen ansetzt (Mindestansatz mit 0.– EUR), für den Einbringenden gem. § 20 Abs. 3 Satz 1 UmwStG als Veräußerungspreis gilt. Zur Möglichkeit des Ausgleichs eines negativen Kapitalkontos vor der Einbringung durch Einlage oder Zurückbehaltung betrieblicher Schulden → Rn. 75d und DPM/*Patt* UmwStG § 20 Rn. 216.

75c Anzumerken ist, dass im Rahmen einer Kapitalerhöhung oder Sachgründung **handelsrechtlich** das eingebrachte Betriebsvermögen über den Mindestansatz mit 0.– EUR hinaus noch um den Betrag der neu auszugebenden Anteile erhöht werden muss. Nach der Aufgabe des Maßgeblichkeitsgrundsatzes (→ Rn. 66d) ist dieser Ansatz allerdings ohne Auswirkung für die Steuerbilanz (RHL/*Herlinghaus* UmwStG § 20 Rn. 147). Weiterhin von Bedeutung dürfte allerdings der in Fällen einer Abweichung zwischen Handels- und Steuerbilanz auch schon bisher zu bildende **aktive Ausgleichsposten** bleiben (DPM/*Patt* UmwStG § 20 Rn. 210; in diesem Sinne auch WM/*Widmann* UmwStG (SEStEG) § 20 Rn. R 171 ff.; RHL/*Herlinghaus* UmwStG § 20 Rn. 147 mwN; Blümich/*Nitzschke* UmwStG 2006 § 20 Rn. 90: Bildung nicht erforderlich, aber möglich/zulässig; s. zum Ausgleichsposten nach UmwStG 1995 und seine Behandlung: UmwSt-Erl. 1998, BMF v. 25.3.1998, BStBl. I 1998, 268 Tz. 20.27); die Finanzverwaltung sieht im UmwSt-Erl. 2011, BMF v. 11.11.2011, BStBl. I 2011, 1314 Tz. 20.20 (mit Beispiel) die Bildung eines Ausgleichspostens weiterhin vor, wenn der für den eingebrachten Betrieb, Teilbetrieb oder Mitunterneheranteil in der Steuerbilanz angesetzte Buchwert niederiger ist als das in der Handelsbilanz ausgewiesene gezeichnete Stamm- bzw. Grundkapital. Aufgrund der Aufgabe des Maßgeblichkeitsgrundsatzes dürfte die Bildung eines solchen steuerlichen Ausgleichsposten zur Erfassung der Abweichung zwischen Handels- und Steuerbilanz sogar zur Regel werden. Bei dem Ausgleichsposten handelt es sich um einen bloßen „Luftposten", der weder am Betriebsvermögensvergleich teilnimmt, noch Einfluss auf die Versteuerung stiller Reserven im eingebrachten Vermögen hat, noch erfolgswirksam aufzulösen oder abzuschreiben ist, noch ein Wirtschaftsgut darstellt (UmwSt-Erl. 2011, BMF v. 11.11.2011, BStBl. I 2011, 1314 Tz. 20.20). Ein aktiver Ausgleichsposten vermindert das steuerliche Einlagekonto iSd. § 27 KStG (vor Inkrafttreten des StSenkG, dh. nach „altem" Körperschaftsteuerrecht minderte der Ausgleichsposten die Teilbeträge nach § 30 Abs. 2 Nr. 4 KStG aF – sog. EK 04 –, auch soweit dies dadurch negativ wurde) bei der übernehmenden Kapitalgesellschaft (SHS/*Schmitt* UmwStG § 20 Rn. 257 mwN; *Müller/Maiterth* BB 2001, 1768; *Voß* BB 2003, 880, 885; DPM/*Dötsch* KStG § 27 Rn. 11a; WM/*Widmann* UmwStG § 20 Rn. 498).

75d **Gestaltungshinweis:** Eine Aufdeckung stiller Reserven nach § 20 Abs. 2 Satz 2 Nr. 2 UmwStG lässt sich dadurch vermeiden, dass dem zu übertragenden Betriebsvermögen entsprechende Aktiva, insbesondere liquide Mittel, zugeführt werden und/oder bei der Übertragung in ausreichendem Umfang Schulden vom Einbringenden zurückbehalten werden (so auch DPM/*Patt* UmwStG § 20 Rn. 216; RHL/

Herlinghaus UmwStG § 20 Rn. 163 mwN; *Haase/Hruschka* UmwStG § 20 Rn. 117; *Lademann/Jäschke* UmwStG § 20 Rn. 59). Dies kann zum einen durch (Mit-)Übertragung von (für den übertragenen Teilbetrieb an sich) unwesentlichem oder neutralem Vermögen (zum Begriff vgl. *Blumers/Siegel* DB 1996, 9; HMB/*Asmus* UmwStG § 15 Rn. 74, 88, 91) im Rahmen der Einbringung erfolgen, sofern und soweit solche Vermögensteile beim Einbringenden vorhanden sind. Beachte allerdings bei Teilbetriebseinbringungen das Erfordernis der Übertragung aller nach wirtschaftlichen Zusammenhängen zuordenbaren Wirtschaftsgüter (→ Rn. 68 u. 68b). Zum anderen kann zum Ausgleich des negativen Kapitals der Gesellschafter des Einbringenden eine Einlage in das Vermögen des Einbringenden leisten (bei Einzelunternehmen oder Mitunternehmerschaften) oder eine Eigenkapitalerhöhung bei dem Einbringenden durchführen (in Form eines Zuschusses in die Kapitalrücklage oder einer Kapitalerhöhung bei Kapitalgesellschaften). Solche Gestaltungen sind unbedenklich, und zwar auch unter dem Gesichtspunkt der im Rahmen des § 20 UmwStG erforderlichen Übertragung **aller** wesentlichen Betriebsgrundlagen (→ Rn. 87 ff.), denn Finanzmittel und Verbindlichkeiten sind regelmäßig nicht als wesentliche Betriebsgrundlagen zu qualifizieren (vgl. WM/*Widmann* UmwStG § 20 Rn. 56 mwN; HMB/*Menner* UmwStG § 20 Rn. 155 ff.; SHS/*Schmitt* UmwStG § 20 Rn. 61 mwN); Ausnahme: wenn die Vergabe bzw. Aufnahme von Finanzmittel/Verbindlichkeiten eigenständiger unternehmerischer Zweck ist, wie zB bei Banken (HMB/*Menner* UmwStG § 20 Rn. 75).

ii) Kein Ausschluss oder Beschränkung des Besteuerungsrechts der Bundesrepublik Deutschland

Voraussetzung für das Wahlrecht nach § 20 Abs. 2 UmwStG ist weiter, dass das **Besteuerungsrecht der Bundesrepublik Deutschland** hinsichtlich des **Gewinns aus einer Veräußerung** des eingebrachten Vermögens bei der übernehmenden Gesellschaft **nicht ausgeschlossen oder beschränkt** wird (§ 20 Abs. 2 Satz 2 Nr. 3 UmwStG – sog. „Steuerverhaftungsbedingung"; vgl. *Förster/Wendland* BB 2007, 631). Kommt es dagegen zu einem solchen Ausschluss oder einer solchen Beschränkung, ist für den Einbringenden eine Gewinnrealisierung insoweit nach § 20 Abs. 2 Satz 2 Nr. 3 UmwStG durch Ansatz des gemeinen Wertes zwingend vorzunehmen. Dabei umfasst der gemeine Wert laut Gesetzesbegründung – trotz Fehlen einer ausdrücklichen Einbeziehung im Wortlaut des § 20 Abs. 2 Satz 1 UmwStG (im Unterschied zu § 11 Abs. 1 Satz 2 UmwStG) – auch einen originär geschaffenen **Geschäftswert** (vgl. BT-Drs. 16/2710 S. 43; so auch: DPM/*Patt* UmwStG § 20 Rn. 201 und 202 mwN; Frotscher/Drüen/*Mutscher* UmwStG § 20 Rn. 185 und 186; differenzierend RHL/*Herlinghaus* UmwStG § 20 Rn. 142; vgl. auch BFH v. 24.3.1983, IV R 138/80, BStBl. II 1984, 233; v. 24.4.1980 IV R 61/77, BStBl. II 1980, 690). Dies entspricht auch der Auffassung der FinVerw., wonach „beim Ansatz des gemeinen Werts [...] alle stillen Reserven aufzudecken, insbesondere auch steuerfreie Rücklagen aufzulösen und selbst geschaffene immaterielle Wirtschaftsgüter, einschließlich des Firmen- oder Geschäftswerts, anzusetzen [sind]" (UmwSt-Erl. 2011, BMF v. 11.11.2011, BStBl. I 2011, 1314 Tz. 23.17). Dabei hat die Bewertung zum gemeinen Wert „bezogen auf die Gesamtheit der aktiven und passiven Wirtschaftsgüter zu erfolgen **(Bewertung als Sachgesamtheit)**" (UmwSt-Erl. 2011, BMF v. 11.11.2011, BStBl. I 2011, 1314 Tz. 20.17 iVm. Tz. 03.07 Satz 2); folglich ergibt sich – sofern vorhanden – ein originär geschaffener Geschäftswert aus der Differenz zwischen der gemeinen Werte der Passiva und Aktiva (mE: Verteilung des ermittelten gemeinen Werts für die Sachgesamtheit entsprechend der für § 6 Abs. 1 Nr. 7 EStG geltenden Grundsätze, so dass Wertansatz für jedes Einzel-WG auf dessen Teilwert begrenzt ist und ein evtl. verbleibender Differenzbetrag als Geschäftswert zu erfassen ist; vgl. hierzu Schmidt/*Kulosa* § 6 Rn. 576). 76

76a Hinsichtlich **der Ermittlung des gemeinen Wertes** der übergehenden Sachgesamtheit (Betrieb, Teilbetrieb, Mitunternehmeranteil) verweist die FinVerw. – sofern der gemeine Wert nicht aus Verkäufen abgeleitet werden kann – auf allgemein anerkannte ertragswert- oder zahlungsstromorientierte Verfahren, die ein gedachter Erwerber bei der Bemessung des Kaufpreises zugrunde legen würde. Mit Bezug auf die Bewertung von Anteilen an Kapitalgesellschaften (sofern solche Teil des übertragenen Betriebs, Teilbetriebs oder Mitunternehmeranteils sind) erlaubt sie (UmwSt-Erl. 2011, BMF v. 11.11.2011, BStBl. I 2011, 1314 Tz. 20.17 iVm. Tz. 03.07) die Heranziehung des – eigentlich für Zwecke der Erbschaft- und Schenkungsteuer eingeführten – sog. vereinfachten Ertragswertverfahrens (§§ 199 ff. BewG) gemäß den Gleichl. Ländererlassen v. 17.5.2011 (BStBl. I 2011, 606). Lediglich hinsichtlich der Bewertung von Pensionsrückstellungen gilt ein Vorbehalt: Bewertung mit dem Teilwert nach § 6a EStG.

Die weiteren Einzelheiten zu § 20 Abs. 2 Satz 2 Nr. 3 UmwStG sind auch nach Veröffentlichung des UmwSt-Erl. 2011, BMF v. 11.11.2011, BStBl. I 2011, 1314 nicht ganz klar (s. die Beispiele bei Frotscher/Drüen/*Mutscher* UmwStG § 20 Rn. 218 ff.; RHL/*Herlinghaus* UmwStG § 20 Rn. 165 ff.).

77 Zu einem **Ausschluss des Besteuerungsrechts** kann es insbesondere in Fällen grenzüberschreitender Einbringungen kommen, wie beispielsweise Einbringung eines Betriebes in eine ausländische Kapitalgesellschaft: Soweit die Wirtschaftsgüter im Anschluss an die Einbringung nicht der deutschen Betriebsstätte der ausländischen Kapitalgesellschaft, sondern dem ausländischen Stammhaus zuzurechnen sind, wäre das Besteuerungsrecht der Bundesrepublik Deutschland grds. ausgeschlossen (dies ist regelmäßig der Fall bei Beteiligungen, Patente, Rechte, Know-How sowie allgemein bei den Wirtschaftsgütern, die nicht vorrangig einer in der Betriebsstätte ausgeübten Tätikeit dienen – zur Zuordnung von Wirtschaftsgütern zwischen Betriebsstätte und Stammhaus s. Tz. 2.4 der sog. „Betriebsstätten-Verwaltungsgrundsätze", BMF v. 24.12.1999, BStBl. I 1999, 1076, geändert durch BMF v. 25.8. 2009, BStBl. I 2009, 888; **beachte** zur Zuordnung von Vermögenswerten auch die im Rahmen des § 1 Abs. 5 AStG anwendbaren Zuordnungsregeln der § 1 Abs. 2 Nr. 2, §§ 5–8 BsGaV iVm. § 1 Abs. 5 Satz 3 Nr. 2 AStG und Rn. 76 ff. (materielle WG), Rn. 75 ff. (immaterielle WG), Rn. 102 ff. (Beteiligungen) und Rn. 108 ff. (sonstige WG) das BMF-Schreiben vom 22.12.2016, BStBl. I 2017, 182 – „Verwaltungsgrundsätze Betriebsstättengewinnaufteilung – VWG BsGa". Dies entspricht auch der Auffassung der Finanzverwaltung, wonach für die Beurteilung der Frage, ob eine Änderung der abkommensrechtlichen Zuordnung von Wirtschaftsgütern zu einer in- oder ausländischen Betriebsstätte die Grundsätze der vorgenannten Betriebsstätten-Verwaltungsgrundsätze heranzuziehen sind (UmwSt-Erl. 2011, BStBl. I 2011, BMF v. 11.11.2011, 1314 Tz. 20.19 iVm. Tz. 03.20) Ein Ausschluss des Besteuerungsrechts iSd. § 20 Abs. 2 Satz 2 Nr. 3 UmwStG liegt auch dann vor, wenn vor der Übertragung ein inländisches Besteuerungsrecht mit Anrechnungsverpflichtung bestand und dieses Besteuerungsrecht nach der Einbringung insgesamt entfällt (vgl. RHL/*Herlinghaus* UmwStG § 20 Rn. 166 mwN). Auch die (bloße) **Beschränkung des inländischen Besteuerungsrechts** führt zu einem Ausschluss des Wahlrechts; solche Beschränkungen liegen beispielsweise vor, wenn und soweit vor der Einbringung ein Besteuerungsrecht ohne Anrechnungsverpflichtung bestand und dieses Besteuerungsrecht nach der Einbringung (nur noch) mit Anrechnungsverpflichtung besteht (DPPM/*Patt* UmwStG § 20 Rn. 227 mwN; RHL/*Herlinghaus* UmwStG § 20 Rn. 166). Sofern hinsichtlich einzelner oder mehrerer Wirtschaftsgüter des übertragenen Betriebsvermögens das Besteuerungsrecht Deutschlands solchermaßen ausgeschlossen oder beschränkt ist, kommt es nur bezogen auf das jeweilige Wirtschaftsgut zu einem Ansatz mit dem gemeinen Wert. Insoweit ist der Grundsatz des einheitlichen Wertansatzes (→ Rn. 117) durchbrochen (Frotscher/Drüen/*Mutscher* UmwStG § 20 Rn. 234).

77a Anzumerken ist, dass – anders als nach früherem Recht (vgl. § 20 Abs. 3 UmwStG 1995) – ein fehlendes inländisches Besteuerungsrecht für die vom Einbringenden erhaltenen Anteile **unerheblich** ist. Dementsprechend ist auch für einen EU-/EWR-Ansässigen (s. persönlichen Anwendungsbereich gemäß § 1 Abs. 4 Nr. 2 Buchst. a Doppelbuchst. bb iVm. § 1 Abs. 2 Satz Nr. 2 UmwStG; → Rn. 67b) eine steuerneutrale Einbringung grundsätzlich möglich (DPPM/*Patt* UmwStG § 20 Rn. 229). Erfasst werden die in den erhaltenen Anteilen enthaltenen stillen Reserven lediglich im Rahmen der nachträglichen Besteuerung des Einbringungsgewinns I nach § 22 Abs. 1 UmwStG (→ Rn. 66b und → Rn. 134 ff.).

78 Bestand vor der Übertragung kein inländisches Besteuerungsrecht, dh. wird durch die Einbringung ein **Besteuerungsrecht** der Bundesrepublik Deutschland **erstmals begründet,** so soll nach der Gesetzesbegründung (BT-Drs. 16/2710, 43) und der nahezu einhelligen Auffassung im Schrifttum (so etwa DPM/*Patt* UmwStG § 20 Rn. 228; *Förster/Wendland* BB 2007, 631, 634; *Ley* FR 2007, 112 Fn. 17; s. auch die Nachweise bei RHL/*Herlinghaus* UmwStG § 20 Rn. 167 Fn. 6) ein Wahlrecht nach § 20 Abs. 2 UmwStG nicht gegeben sein; die übernehmende Gesellschaft hat vielmehr das übernommene Betriebsvermögen nach allgemeinen Vorschriften (§ 8 Abs. 1 KStG iVm. § 4 Abs. 1 Satz 7 und § 6 Abs. 1 Nr. 5a EStG) mit dem gemeinen Wert zum Zeitpunkt der Einbringung anzusetzen (DPM/*Patt* UmwStG § 20 Rn. 228 mwN; aA: RHL/*Herlinghaus* UmwStG § 20 Rn. 167, wonach § 20 Abs. 2 Satz 2 UmwStG als *lex specialis* auch in diesen Fällen vorgehe).

Die Regelung des **§ 20 Abs. 2 Satz 2 Nr. 3 UmwStG** ist insbesondere relevant bei **79** den im Folgenden aufgeführten Sachverhaltskonstellationen (s. zu den Fällen im Einzelnen RHL/*Herlinghaus* UmwStG § 20 Rn. 168 mwN) – ein Ausschluss oder eine Beschränkung des inländischen Besteuerungsrechts wird vielfach dennoch nicht vorliegen; im Einzelfall bedarf dies einer besonderen Prüfung der Fragen, **(1)** welche Wirtschaftsgüter einer inländischen Betriebsstätte vor und nach der Einbringung zuzurechnen sind (vgl. hierzu insbes. Tz. 2.4 der sog. „Betriebsstätten-Verwaltungsgrundsätze", BMF v. 24.12.1999, BStBl. I 1999, 1076, geändert durch BMF v. 25.8.2009, BStBl. I 2009, 888; **beachte** zur Zuordnung von Vermögenswerten auch die im Rahmen des § 1 Abs. 5 AStG anwendbaren Zuordnungsregeln der § 1 Abs. 2 Nr. 2, §§ 5–8 BsGaV iVm. § 1 Abs. 5 Satz 3 Nr. 2 AStG und Rn. 76 ff. (materielle WG), Rn. 75 ff. (immaterielle WG), Rn. 102 ff. (Beteiligungen) und Rn. 108 ff. (sonstige WG) das BMF-Schreiben vom 22.12.2016 BStBl. I 2017, 182 – „Verwaltungsgrundsätze Betriebsstättengewinnaufteilung – VWG BsGa" → Rn. 77), und **(2)** wie sich die Übertragung auf das inländische Besteuerungsrecht auswirkt. Sachverhaltskonstellationen:

- Einbringung von **inländischem Betriebsvermögen in eine ausländische EU-/EWR-Kapitalgesellschaft** durch eine im Inland ansässige Person: grds. kein Ausschluss/Beschränkung, wenn und soweit übertragenes Betriebsvermögen bei einer inländischen Betriebsstätte verbleibt (inländisches Besteuerungsrecht gemäß § 49 Abs. 1 Nr. 2 Buchst. a EStG) und das maßgebliche Doppelbesteuerungsabkommen eine dem Art. 13 OECD-MA entsprechende Regelung enthält; **beachte** allerdings Besonderheiten bei der Zurechnung von Beteiligungen, Patenten, Rechten, Know-How und Firmenwert – Stichwort: Zentralfunktion des Stammhauses, vgl. Tz. 2.4 der sog. „Betriebsstätten-Verwaltungsgrundsätze", BMF v. 24.12.1999, BStBl. I 1999, 1076, geändert durch BMF v. 25.8.2009, BStBl. I 2009, 888; RHL/*Herlinghaus* UmwStG § 20 Rn. 168 mwN;
- Einbringung **von ausländischem Betriebsvermögen in eine ausländische EU-/EWR-Kapitalgesellschaft** durch eine im Inland ansässige Person: sofern und soweit vor der Einbringung überhaupt ein inländisches Besteuerungsrecht an ausländischem Betriebsvermögen (Betriebsstätte) bestand (zB nicht gegeben für Betriebsvermögen, das vor der Übertragung eine ausländische Betriebsstätte nach einem Doppelbesteuerungsabkommen mit Freistellungsmethode darstellt), kann Ausschluss/Beschränkung durch Wechsel von DBA mit Anrechnungsmethode auf DBA mit Freistellungsmethode ausgelöst werden (RHL/*Herlinghaus* UmwStG § 20 Rn. 168 mwN);
- Einbringung **von inländischem Betriebsvermögen in eine inländische Kapitalgesellschaft** durch eine im Ausland ansässige Person: eine Beschränkung oder ein Ausschluss des inländischen Besteuerungsrecht kann sich nicht ergeben;
- Einbringung **von ausländischem Betriebsvermögen in eine inländische Kapitalgesellschaft** durch eine im Ausland ansässige Person: eine Beschränkung oder ein Ausschluss des inländischen Besteuerungsrecht kann sich nicht ergeben;
- Einbringung von inländischem Betriebsvermögen in eine ausländische EU-/EWR-Kapitalgesellschaft **durch eine im Ausland ansässige Person:** entscheidend ist der Umfang der Zurechnung des übertragenen Betriebsvermögens zur inländischen Betriebsstätte und der nach der Einbringung sich ergebenden Umfang der beschränkten Steuerpflicht.

Keine Privilegierung bei Zwangsrealisierung. Anders als bisher (vgl. § 20 Abs. 6 **80** iVm. § 21 Abs. 2 Sätze 3 bis 6 UmwStG 1995: zinslose Stundung der auf den Einbringungsgewinn anfallenden Einkommensteuer oder Körperschaftsteuer und Möglichkeit der Entrichtung in jährlichen Teilbeträgen von mindestens je einem Fünftel bei entsprechender Sicherheitsleistung) sieht die Neufassung der §§ 20 ff. UmwStG in den Fällen des zwangsweisen Ansatzes zum gemeinen Wert keine Sonderregelung vor.

einstweilen frei **81–83**

jj) Schranken bezüglich der Gewährung sonstiger Gegenleistungen durch die Kapitalgesellschaft (neben den Gesellschaftsanteilen)

84 Das Bewertungswahlrecht gemäß § 20 Abs. 2 UmwStG wird – auch nach Einführung des § 20 Abs. 2 Satz 2 Nr. 4 UmwStG – grds. nicht dadurch in Frage gestellt, dass der Einbringende neben den neuen Anteilen auch andere Wirtschaftsgüter erhält (dies ergibt sich aus § 20 Abs. 2 Satz 2 Nr. 4 und Abs. 3 Satz 3 UmwStG; vgl. zur Rechtslage vor Einführung des § 20 Abs. 2 Satz 2 Nr. 4 UmwStG, der das Grundkonzept insoweit aber nicht geändert hat, Blümich/*Nitzschke* UmwStG 2006 § 20 Rn. 75; UmwSt-Erl. 2011, BMF v. 11.11.2011, BStBl. I 2011, 1314 Tz. E 20.11 Satz 1; so schon zum UmwStG 1995: UmwSt-Erl. 1998, BStBl. I 1998, 268 Tz. 20.03 Satz 2; vgl. im Einzelnen auch → Form. D.5 Rn. 98 ff. mit Beispiel dort in → Form. D.5 Rn. 100).

84a Der Begriff der **sonstigen Gegenleistung** iSd. § 20 Abs. 2 Satz 2 UmwStG ist weder gesetzlich noch im UmwSt-Erl. 2011 (BMF v. 11.11.2011, BStBl. I 2011, 1314) definiert. Fraglich ist bereits, ob durch die Änderung der bisherigen Formulierung in § 20 Abs. 2 Satz 2 UmwStG aF („andere Wirtschaftsgüter") in „sonstige Gegenleistung" eine inhaltliche Änderung herbeigeführt werden sollte. Insbesondere könnte der Begriff „Gegenleistung" künftig auch solche Gegenleistungen umfassen, die nicht als Wirtschaftsgut im engeren Sinne zu qualifizieren sind, wie beispielsweise nicht bilanzierungsfähige, schuldrechtlich Absprachen (vgl. *Ettinger/Mörz* GmbHR 2016, 154, 158; *Ritzer/Stangl* DStR 2015, 849; *Schaaf/Hannweber* DStZ 2016, 155, 158 mwN). ME ist mit der sprachlichen Neuregelung keine inhaltliche Änderung verbunden, wie auch der Blick auf den unverändert gebliebenen § 20 Abs. 3 Satz 3 UmwStG zeigt (in dem weiterhin von „andere Wirtschaftsgüter" die Rede ist). Als sonstige Gegenleistungen kommen (nach dem bisherigen Verständnis von „andere Wirtschaftsgüter") beispielsweise in Betracht die Zahlung von Geldbeträgen, die Einräumung von Forderungen, die Einräumung von Guthaben auf Verrechnungskonten, die Gewährung stiller Beteiligungen sowie allgemein die Übertragung von sonstigen Wirtschaftsgütern, wie Grundstücke (vgl. CKSS/*Strahl,* Umwandlungen – Der neue Umwandlungssteuer-Erlass, Rn. 156; WM/*Widmann* UmwStG (SEStEG) § 20 Rn. 580 ff., 593 ff. mwN). Dagegen zählt die Übernahme einer Pensionsverpflichtung nicht zu den „anderen Wirtschaftsgütern" (str., so aber die hM: FG Köln v. 12.11.2008 – 11 K 3184/06, EFG 2009, 572; DPM/*Patt* UmwStG § 20 Rn. 222 mwN; RHL/*Herlinghaus* UmwStG § 20 Rn. 184 mwN; nunmehr auch UmwSt-Erl. 2011, BMF v. 11.11.2011, BStBl. I 2011, 1314 Tz. 20.29; **aA** noch Tz. 20.42 ff. UmwSt-Erl. 1998, BMF v. 25.3.1998, BStBl. I 1998, 268). Keine zusätzliche Gegenleistung ist auch die – im Formular vorgesehene – **Bildung einer Kapitalrücklage** iSd. § 272 Abs. 2 Nr. 1 HGB (DPM/*Patt* UmwStG § 20 Rn. 219; WM/*Widmann* § 20 UmwStG (SEStEG) Rn. 588 mwN; CKSS/*Strahl* Umwandlungen – Der neue Umwandlungssteuer-Erlass, Rn. 156; s. die ausdrückliche Regelung in UmwSt-Erl. 2011, BMF v. 11.11.2011, BStBl. I 2011, 1314 Tz. E 20.09 und Tz. 01.44 am Ende mwN). S. hierzu auch → Form. D.4 Rn. 72 und → Form. D.5 Rn. 98. Beachte allerdings die mögliche Anwendung des § 7 Abs. 8 ErbStG und etwaige schenkungsteuerliche Folgen (hierzu oben → Rn. 18 und → Form. D.5 Rn. 58a). Zur **gesellschaftsrechtlichen Zulässigkeit** der rein schuldrechtlichen Verpflichtung zur Einzahlung in die Kapitalrücklage nach § 272 Abs. 2 Nr. 4 HGB: BGH v. 15.10.2007, II ZR 249/06, NZG 2008, 73; zu schuldrechtlichen Abreden und deren korporationsrechtlichen Folgen s. BGH v. 15.3.2010, II ZR 4/09, NZG 2010, 988; Anm. *Noack* NZG 2010, 1017; s. auch → Rn. 22 mwN).

84b Wie oben zu → Rn. 73 ausgeführt, hat mit der Neufassung des § 20 Abs. 2 Satz 2 Nr. 4 UmwStG das Wertansatz-Wahlrecht eine gravierende Einschränkung erfahren: Das Wahlrecht für eine Bewertung zum Buchwert (oder zu einem Zwischenwert) nach § 20 Abs. 2 Satz 2 Nr. 4 UmwStG bleibt nur unberührt, soweit der gemeine Wert der sonstigen Gegenleistung den höheren Betrag aus (1) 25% des Buchwerts des eingebrachten Betriebsvermögens oder (2) 500 000.– EUR, höchstens jedoch den Buchwert des eingebrachten Betriebsvermögens, nicht überschreitet. Soweit es es aufgrund der Gewährung anderer Wirtschaftsgüter zur Anwendung des § 20 Abs. 2 Satz 2 Nr. 4 UmwStG kommt, sind sämtliche Wirtschaftsgüter des eingebrachten Betriebsvermögens – einschließlich eines selbst geschaffenen Geschäfts- oder Firmenwerts (so schon unter Geltung des UmwStG 1995, vgl. Haritz/Benkert/*Friedrichs* 2. Aufl. UmwStG § 20 Rn. 201) und zwar auch in den Fällen der Einbringung eines **Teilbetriebs** (vgl. BFH v. 7.10.1970, I R 1/68, BStBl. II 1971, 69; v. 24.4.1980, IV R

61/77, BStBl. II 1980, 690 mwN; WM/*Widmann* UmwStG § 20 Rn. 967 mwN) – gleichmäßig aufzustocken. Nach früherer Auffassung der FinVerw. war ein Geschäftswert allerdings erst nach (gleichmäßiger) Aufstockung aller anderen Wirtschaftsgüter und (nur) zur Ausschöpfung eines verbleibenden Differenzbetrages aufzustocken (UmwSt-Erl. 1998, BStBl. I 1998, 268 Tz. 22.08 Satz 5; vgl. RHL/*Herlinghaus* UmwStG § 20 Rn. 183 mwN; SHS/*Schmitt* UmwStG § 20 Rn. 275 und 278 mwN). Dies gilt mE unter der Geltung des UmwStG 2006 nicht mehr; vielmehr bezieht sich das Aufstockungsgebot insgesamt auf „das eingebrachte Betriebsvermögen" (vgl. Wortlaut des § 20 Abs. 2 Satz 2 Nr. 4 UmwStG), welches im UmwStG 2006 auch selbst geschaffene immaterielle Wirtschaftsgüter wie den Geschäftswert umfasst (vgl. BT-Drs. 16/2710, 43; DPM/*Patt* UmwStG § 20 Rn. 201 f.; s. auch → Rn. 76 mwN). Wie allgemein im Anwendungsbereich des § 20 UmwStG darf eine Aufstockung der einzelnen Wirtschaftsgüter nur bis zur Höhe des jeweiligen gemeinen Werts erfolgen.

Die Regelung des § 20 Abs. 2 Satz 2 Nr. 4 UmwStG wird flankiert durch § 20 **84c** Abs. 3 Satz 3 UmwStG, der die Sicherstellung der (späteren) steuerlichen Erfassung eines Betrages in Höhe des gemeinen Werts der gewährten anderen Wirtschaftsgüter bezweckt. Dies wird dadurch erreicht, dass bei Gewährung anderer Wirtschaftsgüter deren gemeiner Wert von den **Anschaffungskosten** der (auch) erhaltenen Anteile an der aufnehmenden Kapitalgesellschaft **abzuziehen** ist. Veräußerungspreis des eingebrachten Vermögens (dh. der gemäß § 20 Abs. 3 Satz 1 iVm. Abs. 2 Satz 1 und Satz 4 Nr. 4 UmwStG angesetzte Wert) und Anschaffungskosten der Anteile (gemäß § 20 Abs. 3 Satz 1 iVm. Satz 3 UmwStG) weichen um den gemeinen Wert der gewährten Zusatzleistung voneinander ab. Hierzu auch → Form. D.5 Rn. 98 ff. und das Beispiel dort in → Form.D.5 Rn. 100. Durch den Ansatz des gemeinen Werts bei der übernehmenden Gesellschaft wird im Übrigen verhindert, dass die Anschaffungskosten iSv. § 20 Abs. 3 Satz 3 UmwStG für die erhaltenen Anteile negativ werden (RHL/*Herlinghaus* UmwStG § 20 Rn. 181 und 183; DPPM/*Patt* UmwStG § 20 Rn. 220).

einstweilen frei **85**

Evtl. **Ausgleichszahlungen** zwischen dem Einbringenden und anderen Einbrin- **86** genden/Gesellschaftern der aufnehmenden Kapitalgesellschaft sowie Ausgleichszahlungen durch die aufnehmende Kapitalgesellschaft an den Einbringenden zur Herbeiführung eines wirtschaftlichen Ausgleichs für die Schaffung eines (erhöhten) steuerlichen Abschreibungspotenzials bei der aufnehmenden Kapitalgesellschaft können „sonstige Gegenleistungen" iSd. § 20 Abs. 2 Satz 2 Nr. 4 bzw. „andere Wirtschaftsgüter" iSd. § 20 Abs. 3 Satz 3 UmwStG darstellen (DPM/*Patt* UmwStG § 20 Rn. 168; vgl. zu der mit § 20 Abs. 2 Satz 2 Nr. 4 UmwStG 2006 identischen Regelung des § 20 Abs. 2 Satz 5 UmwStG 1995 WM/*Widmann* UmwStG § 20 Rn. 1295, 1296; Haritz/Benkert/*Friedrichs,* 2. Aufl., UmwStG § 20 Rn. 201). Vgl. hierzu iE → Form. D.5 Rn. 98 ff. und oben → Rn. 84 a.

kk) Einbringung aller wesentlichen Betriebsgrundlagen des Teilbetriebs

Weitere Voraussetzung für die Möglichkeit der Buchwertfortführung bei der über- **87** nehmenden Kapitalgesellschaft (hier C-GmbH) ist, dass **sämtliche** wesentlichen Betriebsgrundlagen des eingebrachten Betriebs, Teilbetriebs (hier Geschäftsbereich XYZ) oder Mitunternehmeranteils sowie – bei Einbringung eines Teilbetriebs – alle nach wirtschaftlichen Zusammenhängen diesem Teilbetrieb zuordenbaren Wirtschaftsgüter (→ Rn. 68) in die Kapitalgesellschaft (hier C-GmbH) mit eingebracht werden (→ Rn. 71 mwN). Werden einzelne oder mehrere Vermögensgegenstände zurückbehalten, so ist zu unterscheiden: Sofern es sich hierbei um die **Zurückbehaltung wesentlicher Betriebsgrundlagen** (→ Rn. 72) oder – bei Übertragung von Teilbetrieben – um **nach wirtschaftlichen Zusammenhängen diesem Teilbetrieb zuordenbaren Wirtschaftsgüter** handelt, liegen die Voraussetzungen für eine Anwendung des § 20 UmwStG nicht vor und das Wahlrecht nach § 20 Abs. 2 UmwStG kann nicht in Anspruch genommen werden; es kommt zu einer **Gewinnrealisierung** der in den übertragenen Vermögensteilen vorhandenen stillen Reserven. Darüber hinaus sind die im Rahmen der Einbringung zurückbehaltenen Wirtschaftsgüter grundsätzlich als entnommen zu behandeln (mit der Folge der Versteuerung der in ihnen enthaltenen stillen Reserven), es sei denn, dass die Wirtschaftsgüter weiterhin Betriebsvermögen sind (UmwSt-Erl. 2011, BMF v. 11.11.2011, BStBl. I 2011, 1314 Tz. 20.08 Satz 1).

87a Angesichts der Auffassung der Finanzverwaltung zum notwendigen Umfang der Einbringung bei Teilbetrieben, wonach neben den wesentlichen Betriebsgrundlagen auch die (lediglich) nach wirtschaftlichen Zusammenhängen zuordenbaren Wirtschaftsgüter zu übertragen sind, dürfte in der Praxis die größte **Gefahr für die Steuerneutralität** von Teilbetriebseinbringungen in der vollständigen Erfassung dieser nach wirtschaftlichen Zusammenhängen zuordenbaren Wirtschaftsgüter bestehen (vgl. *Schell/Krohn* DB 2012, 1119ff., 1120, 1122; *Schneider/Ruoff/Sistermann* FR 2012, 1, 7; kritisch FGS/BDI/*Hötzel/Kaeser* S. 325). In der Praxis dürfte sich daher zum einen in der Regel die **Einholung einer verbindlichen Auskunft** empfehlen. Zum anderen sollte – wie in § 2 Abs. 2 des Einbringungsvertrages im → Form. D.6.2 vorgesehen – durch eine entsprechende Auffangklausel Vorsorge getroffen werden, dass die Übertragung sämtlicher wesentlicher Betriebsgrundlagen als auch der nach wirtschaftlichen Zusammenhängen zuordenbaren Wirtschaftsgüter auch **zivilrechtlich** (insbes. auch sachenrechtlich) vereinbart ist (so auch *Schell/Krohn* DB 2012, 1120).

Dabei können erfahrungsgemäß folgende Aspekte mit einem Antrag auf Erteilung einer verbindlichen Auskunft abgesichert werden:
- Qualifikation von Wirtschaftsgütern als funktional wesentliche Betriebsgrundlagen;
- Wahl eines zutreffenden/sachgerechten Zuordnungsmaßstabs/-rasters;
- Notwendigkeit der Zuordnung einzelner Wirtschaftsgüter zu dem Teilbetrieb (aufgrund bestimmter Zuordnungskriterien) oder Möglichkeit des Zurückbehalts;
- Notwendigkeit der Zuordnung von „unwesentlichen" Wirschaftsgütern (wie zB Büroeinrichtung) oder Möglichkeit der freien Zuordnung;
- organisatorische Geschlossenheit einer betrieblichen Einheit;
- Möglichkeit/Zulässigkeit einer sog. „Nachübertragungsklausel", die bei offensichtlichen Fehlzuordnungen oder versehentlich falscher Festlegung nachträglich eine richtige Zuordnung ermöglicht.

88 Eine Gewinnrealisierung kann für Einbringungsvorgänge nach dem 31.12.1998 auch **nicht mehr nach den Grundsätzen der Betriebsaufspaltung vermieden werden** (vgl. Schmidt/*Wacker* EStG § 15 Rn. 877 mwN; WM/*Widmann* UmwStG (StSenkG) § 20 –, Grüne Blätter, Rn. 1; kritisch zur Versagung dieser Möglichkeit Haritz/Benkert /*Friedrichs*, 2. Aufl., UmwStG § 20 Rn. 79; vgl. zum Recht vor 1999: UmwSt-Erl. 1998, BMF v. 25.3.1998, BStBl. I 1998, 268 Tz. 20.09 Satz 1 HS 2; WM/*Widmann* UmwStG § 20 Rn. 114ff.).

89 Werden Wirtschaftsgüter, die **unwesentliche Betriebsgrundlagen** oder **neutrales Vermögen** (= Vermögen das in keiner Funktion zu vorhandenen Teilbetrieben steht) darstellen, im Rahmen der Einbringung **zurückbehalten,** bleiben somit die Regelungen der §§ 20ff. UmwStG im Übrigen anwendbar. Soweit die zurückbehaltenen Wirtschaftsgüter nicht weiterhin in einem Betriebsvermögen (beim Einbringenden) verbleiben (bei Kapitalgesellschaften als Einbringende bleibt betriebliche Verhaftung mangels außerbetrieblicher (Privat)Sphäre von Kapitalgesellschaften – vgl. grundlegend: BFH 4.12.1996 – I R 54/95, DStR 1997, 492 – erhalten), sind die stillen Reserven in den zurückbehaltenen nicht wesentlichen Wirtschaftsgütern als Entnahmegewinn zu versteuern (s. UmwSt-Erl. 2011, BMF v. 11.11.2011, BStBl. I 2011, 1314 Tz. 20.08 Satz 1; RHL/*Herlinghaus* UmwStG § 20 Rn. 40 mwN; Blümich/*Nitzschke* UmwStG 2006 § 20 Rn. 47); der entstehende Gewinn kann grds. nach § 16 Abs. 4, § 17 Abs. 3, § 34 EStG begünstigt sein wenn insges. gemeiner Wert angesetzt wird (vgl. § 20 Abs. 4 UmwStG; HMB/*Menner* UmwStG § 20 Rn. 528, 534ff.; RHL/*Herlinghaus* UmwStG § 20 Rn. 40).

Sollen oder können (insbesondere bei Nutzung in mehreren Teilbetrieben) einzelne, in funktionaler Hinsicht wesentliche Betriebsgrundlage **nicht** in die Kapitalgesellschaft **eingebracht** werden, müssten diese noch vor der geplanten Einbringung von dem einzubringenden Betrieb oder Teilbetrieb beispielsweise auf eine Personengesellschaft ausgegliedert werden. Eine solche Ausgliederung kann gemäß § 6 Abs. 5 Satz 3 Nr. 1 (oder Nr. 2) EStG grds. steuerneutral erfolgen (beachte: § 6 Abs. 5 Satz 5 EStG); bei Grundstücken ist eine steuerneutrale Übertragung auch nach § 6b EStG denkbar. Allerdings ist zu beachten, dass nach Auffassung der Finanzverwaltung bei Überführung wesentlicher Betriebsgrundlagen in ein anderes Betriebsvermögen **im zeitlichen und wirtschaftlichen Zusammenhang** mit der Einbringung, eine begünstigte Einbringung nicht vorliegt. So statuiert auch UmwSt-Erl. 2011, BMF v. 11.11.2011, BStBl. I 2011, 1314 Tz. 20.10 iVm. Tz. 20.07 Satz 2, dass bei Übertragungen und Überführungen von funktional wesentliche Betriebsgrundlagen in ein anderes Betriebsvermögen, die im zeitlichen und wirtschaftlichen Zusammenhang mit einer Einbringung erfolgen, die Anwendung dieser sog. **Gesamtplanrechtsprechung** zu prüfen sei (ebenso DPPM/*Patt* UmwStG § 20 Rn. 65f. mwN). Der BFH hat allerdings anerkannt, dass **89a**

„die „Auslagerung" einer wesentlichen Betriebsgrundlage aus dem einzubringenden Mitunternehmeranteil (...) steuerlich anzuerkennen [ist], sofern sie **auf Dauer** erfolgt und deshalb andere wirtschaftliche Folgen auslöst als die Einbeziehung des betreffenden Wirtschaftsguts in den Einbringungsvorgang" (BFH v. 25.11.2009 – I R 72/08, BStBl. II 2010, 471; *eigene Hervorhebung*); ähnlich zu § 24 UmwStG: BFH v. 9.11.2011, X R 60/09, DStR 2012, 648, GWR 2012, 263 (mit Anm. *Fox*); ebenso: CKSS/*Strahl,* Umwandlungen – Der neue Umwandlungssteuer-Erlass Rn. 150 mwN sowie mit Analyse jüngster Judikatur insbes. BFH v. 16.12.2015, IV R 8/12, DStR 2016, 385; *Förster/Förster* FR 2016, 596; *Wacker* Ubg 2016, 245 jeweils mwN; die Anwendung durch die FinVerw bleibt aber abzuwarten).

ll) Form der Ausübung des Wahlrechts

Ein Ansatz zu Buchwerten setzt schließlich voraus, dass die übernehmende Gesellschaft (vgl. UmwSt-Erl. 2011, BMF v. 11.11.2011, BStBl. I 2011, 1314 Tz. 20.21 Satz 1; dies entspricht auch der wohl überwiegenden Auffassung in der Lit.; vgl. DPPM/*Patt* UmwStG § 20 Rn. 209 mwN; WM/*Widmann* UmwStG (SEStEG) § 20 Rn. R 417; RHL/*Herlinghaus* UmwStG § 20 Rn. 149 mwN) einen entsprechenden **Antrag** stellt, → Rn. 114ff. An die in der Handelsbilanz angesetzten Werte ist die übernehmende Gesellschaft für Zwecke der Steuerbilanz nicht gebunden; der Maßgeblichkeitsgrundsatz gilt unter dem UmwStG 2006 nicht mehr (s. Gesetzesbegründung zum SEStEG, BT-Drs. 16/2710 S. 43 linke Spalte; UmwSt-Erl. 2011, BMF v. 11.11.2011, BStBl. I 2011, 1314 Tz. 20.20; RHL/*Herlinghaus* UmwStG § 20 Rn. 147; DPM/*Patt* UmwStG § 20 Rn. 210; Blümich/*Nitzschke* UmwStG 2006 § 20 Rn. 90; auch → Rn. 66d, 103). Das Wahlrecht kann **nur einheitlich** (aber → Rn. 77, 117) ausgeübt werden (DPM/*Patt* UmwStG § 20 Rn. 190; RHL/*Herlinghaus* UmwStG § 20 Rn. 153). Der Antrag ist **spätestens** mit Abgabe der steuerlichen Schlussbilanz bei dem für Besteuerung der übernehmenden Gesellschaft zuständigen Finanzamt zu stellen (§ 20 Abs. 2 Satz 3 UmwStG; UmwSt-Erl. 2011, BMF v. 11.11.2011, BStBl. I 2011, 1314 Tz. 20.21 Satz 1: „spätestens bis zur erstmaligen Abgabe ihrer steuerlichen Schlussbilanz, in der das übernommene Betriebsvermögen erstmals anzusetzen ist". „Schlussbilanz" meint hier die Steuerbilanz, welche auf den Einbringungstichtag nächstfolgende Jahresabschluss zu erstellen ist (BFH v. 15.6.2016, I R 69/15, BStBl. II 2017, 75 in Satz 2 des 1. Leitsatzes)). Zu weiteren Einzelheiten der Antragstellung, wie Form und Inhalt, spätester Zeitpunkt, Adressat sowie **nachträgliche Änderungen des Antrags** s. UmwSt-Erl. 2011, BMF v. 11.11.2011, BStBl. I 2011, 1314 Tz. 20.21ff. und Tz. 03.29f.; WM/*Widmann* UmwStG (SEStEG) § 20 Rn. R 420ff.; RHL/*Herlinghaus* UmwStG § 20 Rn. 150ff.; Frotscher/Drüen/*Mutscher* UmwStG § 20 Rn. 238ff.; kritisch über die Vielzahl von Unklarheiten WM/*Widmann* UmwStG (SEStEG) § 20 Rn. R 417: „negative Meisterleistung"; Einzelheiten zum Antrag → Rn. 114ff. **90**

Sind die vorstehenden Voraussetzungen aa) bis ll) gegeben, so kann das Betriebsvermögen (hier der Geschäftsbereich XYZ) wie im Formular zugrunde gelegt zu **91**

Buchwerten auf die aufnehmende Kapitalgesellschaft (hier C-GmbH) übertragen werden.

92–95 *einstweilen frei*

b) Ausübung des Wahlrechts: Bedeutung und ertragsteuerliche Konsequenzen

96 Die Ausübung des Wahlrechts nach § 20 Abs. 2 Satz 2 UmwStG ist maßgebend für:
- den Veräußerungspreis des Einbringenden und den sich hieraus ergebenden **Einbringungsgewinn bzw. -verlust des Einbringenden** (§ 20 Abs. 3 Satz 1, Abs. 4 UmwStG);

Nach früherer Rechtslage war bei **Einbringung von Mitunternehmeranteilen** nach BFH v. 30.4.2003 (I R 102/01, GmbHR 2003, 1220ff., mit Anmerkung *Haritz/Herrmann*) – trotz des Wortlauts des § 20 Abs. 2 UmwStG 1995 – nicht die Bilanzierung auf der Ebene der aufnehmenden Kapitalgesellschaft, sondern der Wertansatz bei der Mitunternehmerschaft, deren Anteile übertragen werden, einschließlich der Ergänzungsbilanzen für den Einbringungsgewinn (und die weitere Besteuerung) maßgeblich; in diesen Fällen wurde die Regelung des § 20 Abs. 2 UmwStG 1995 im Ergebnis verdrängt. Nach der Neuregelung des § 20 UmwStG durch das SEStEG hängt die Ausübung des Wahlrechts ausdrücklich von einem Antrag der übernehmenden Gesellschaft ab (→ Rn. 115). Das (= Antrag durch die übernehmende Gesellschaft) soll nach UmwSt-Erl. 2011, BMF v. 11.11.2011, BStBl. I 2011, 1314 Tz. 20.22 Satz 1 auch in den Fällen der Einbringung von Mitunternehmeranteilen gelten (→ Form. D.5 Rn. 67 und 68). Zu den Zweifeln an dieser Auffassung der Finanzverwaltung für die Fälle, in denen nach der Einbringung die Mitunternehmerschaft fortbesteht, → Form. D.5 Rn. 68. ME ist in den Fällen, in denen nach der Einbringung die Mitunternehmerschaft fortbesteht, die vorgenannte Rechtsprechung des BFH auch für das UmwStG 2006 zu beachten (so auch DPM/*Patt* UmwStG § 20 Rn. 212; Lademann/*Jäschke* UmwStG § 20 Rn. 21 und 72 mwN; *Schießl* Der neue Umwandlungssteuer-Erlass, S. 332. AA: *Schmitt/Schloßmacher,* UmwSt-Erl. 2011, S. 257; SRS/*Rode/Teufel* UmwStG § 20 Tz. 20.34 mwN; im Ergebnis (wenn auch kritisch): FGS/BDI/*Hötzel/Kaeser* S. 348ff., 349), so dass es bei Einbringung von Mitunternehmeranteilen und Fortbestehen der Mitunternehmerschaft das Bewertungswahlrecht **nicht** in der Steuerbilanz der Kapitalgesellschaft, sondern in der **Steuerbilanz der Personengesellschaft,** deren Anteile übertragen werden, ausgeübt wird.

- die **Anschaffungskosten des Einbringenden für die erhaltenen neuen Anteile** (§ 20 Abs. 3 Satz 1 UmwStG);
- die Höhe der **AfA-Bemessungsgrundlage** bei der übernehmenden Kapitalgesellschaft (§ 23 UmwStG);
- (nicht zuletzt für) die **Besteuerung künftiger Veräußerungen** der erhaltenen Anteile (§ 22 UmwStG).

97 Überblicksartig lassen sich die **steuerlichen Konsequenzen** der unterschiedlichen Ausübung des Wahlrechts bei Einbringungen *im Rahmen von Einzelrechtsübertragungen* wie folgt zusammenfassen:

Ansatz zu Buchwerten

98 *Beim Einbringenden:*
- Vermeidung der sofortigen Gewinnrealisierung (und somit Steuerbelastung);
- Ansatz von Anschaffungskosten für die erhaltenen Anteile in Höhe des für das eingebrachte Betriebsvermögen angesetzten Buchwerts;
- Anlauf der siebenjährigen Sperrfrist gemäß § 22 Abs. 1 UmwStG mit Abschmelzung des Einbringungsgewinns I um jeweils ein Siebtel pro abgelaufenem Zeitjahr seit dem Zeitpunkt der Einbringung; zu den Auswirkungen einer Veräußerung innerhalb der siebenjährigen Sperrfrist → Rn. 134f., 137, zu der jährlichen Nachweispflicht → Rn. 136;
- bei natürlichen Personen als Einbringende hat der Ansatz zu Buchwerten auch Bedeutung für die Anwendung des sog. Teileinkünfteverfahrens für künftige Veräußerungsgewinne;

Bei der aufnehmenden Kapitalgesellschaft:
- Eintritt in die Rechtsposition des Einbringenden, insbesondere bzgl. AfA, erhöhte Absetzungen, Sonderabschreibungen, Rücklagen, Verbleibens- und Verwendungsvoraussetzungen sowie Besitzzeitanrechnung (§ 23 Abs. 1 iVm. § 12 Abs. 3 HS 1 UmwStG; s. hierzu RHL/*Ritzer* UmwStG § 23 Rn. 31 ff.; UmwSt-Erl. 2011, BMF v. 11.11.2011, BStBl. I 2011, 1314 Tz. 23.06; umfassend DPM/*Patt* UmwStG § 23 Rn. 30 ff.; Blümich/*Nitzschke* UmwStG 2006 § 23 Rn. 24 ff.); ein Zinsvortrag gemäß § 4h Abs. 1 Satz 2 EStG geht – obschon dieser grundsätzlich an den jeweiligen Betrieb gebunden ist – aufgrund der ausdrücklichen Regelung in § 20 Abs. 9 UmwStG idF des UntStRefG 2008 nicht über (die Vorschrift ist für Einbringungen anzuwenden, bei denen die Anmeldung zum Handelsregister nach dem 31.12.2007 erfolgt; § 27 Abs. 5 Satz 1 UmwStG); ebensowenig geht ein vortragsfähiger Gewerbeverlust (Fehlbetrag iSd. § 10a GewStG) auf die übernehmende Gesellschaft über (§ 23 Abs. 5 UmwStG);
- dies bedingt eine Fortführung der bisherigen AfA-Bemessungsgrundlagen und der bisher verwandten AfA-Methode (UmwSt-Erl. 2011, BMF v. 11.11.2011, BStBl. I 2011, 1314 Tz. 23.06 Satz 3; *Folgen:* geringeres AfA-Volumen gegenüber einer Einbringung zum gemeinen Wert oder zu Zwischenwerten);
- höhere Veräußerungsgewinne bei späterer Veräußerung des eingebrachten Betriebsvermögens; gemeinsam mit niedrigen Anschaffungskosten der Anteile – s. oben – stellt dies eine *Verdoppelung der stillen Reserven* dar. Beachte allerdings den nachträglichen, erfolgsneutralen Ansatz eines Erhöhungsbetrages bei Veräußerung der vom Einbringenden erhaltenen Anteile innerhalb der siebenjährigen Sperrfrist in Höhe des von diesem versteuerten Einbringungsgewinns I gemäß § 23 Abs. 2 Satz 1 UmwStG.

Ansatz zum gemeinen Wert

Beim Einbringenden: 99
- Sofortige Realisierung der in dem übertragenen Betriebsvermögen liegenden stillen Reserven, dh. in Höhe der Differenz zwischen dem gemeinen Wert der Sacheinlage und dessen Buchwert abzüglich Einbringungskosten (mit entsprechender Steuerzahllast);
- bei **natürlichen Personen** als Einbringende **Steuerbegünstigung** des Veräußerungsgewinns gemäß § 16 Abs. 4 bzw. § 17 Abs. 3 EStG iVm. § 34 Abs. 1 und 3 EStG, soweit der Gewinn nicht schon nach § 3 Nr. 40 EStG dem Teileinkünfteverfahren unterliegt, vgl. § 20 Abs. 4 Satz 2 UmwStG (*weitere Ausnahmen:* keine Geltung der Vergünstigungen nach §§ 16, 34 EStG für Einbringung von *Teilen eines Mitunternehmeranteils;* vgl. § 20 Abs. 4 Satz 1 UmwStG);
- erhaltene Anteile unterliegen nicht der siebenjährigen Sperrfrist (beachte: ggf. Steuerverhaftung nach allg. Grundsätzen, etwa Zugehörigkeit zu Sonderbetriebsvermögen);
- höhere Anschaffungskosten der erhaltenen Anteile führen künftig zu geringerem Veräußerungsgewinn;
- Gewährung zusätzlicher Wirtschaftsgüter löst keine Gewinnrealisation aus (lediglich Kürzung der Anschaffungskosten der erhaltenen Anteile);

Bei der aufnehmenden Kapitalgesellschaft:
- Die Rechtsfolgen für die übernehmende Gesellschaft unterscheiden sich bei Ansatz des gemeinen Werts danach, ob die Einbringung im Wege der Einzelrechtsnachfolge oder der Gesamtrechtsnachfolge erfolgt. Sofern die Einbringung im Wege der Einzelrechtsnachfolge erfolgt: Anschaffung des eingebrachten Betriebsvermögens mit den höheren Anschaffungskosten (= neue AfA-Bemessungsgrundlage) gemäß § 23 Abs. 4 HS 1 UmwStG, entsprechend höhere AfA mit eigener AfA-Methode und neuer (Rest-)Nutzungsdauer. Erfolgt die Einbringung im Wege der „Gesamtrechtsnachfolge nach den Vorschriften des Umwandlungsgesetz" (zB Ausgliederung nach

§ 123 Abs. 3 UmwG oder Verschmelzung nach § 2 UmwG), so entsprechen die Rechtsfolgen für die aufnehmende Kapitalgesellschaft gemäß § 23 Abs. 4 HS 2 UmwStG denen eines Ansatzes zu Zwischenwerten (→ Rn. 100);
- geringere Veräußerungsgewinne bei künftiger Veräußerung des eingebrachten Betriebsvermögens.

Ansatz zu Zwischenwerten

100 *Beim Einbringenden:*
- Anteilige Realisierung der in dem übertragenen Betriebsvermögen liegenden stillen Reserven, dh. in Höhe der Differenz zwischen dem Zwischenwert der Sacheinlage und dessen Buchwert abzüglich Einbringungskosten (mit entsprechender Steuerzahllast);
- bei natürlichen Personen als Einbringende keine Steuerbegünstigung des Veräußerungsgewinns gemäß § 16 Abs. 4 bzw. § 17 Abs. 3 EStG iVm. § 34 Abs. 1 und 3 EStG (vgl. § 20 Abs. 4 Satz 1 UmwStG);
- Ansatz von Anschaffungskosten für die erhaltenen Anteile in Höhe des Zwischenwertansatzes (§ 20 Abs. 3 Satz 1 UmwStG);

Bei der aufnehmenden Kapitalgesellschaft (vgl. UmwSt-Erl. 2011, BMF v. 11.11.2011, BStBl. I 2011, 1314 Tz. 23.15f.):
- Eintritt in die Rechtsposition des Einbringenden bzgl. der Bewertung der übernommenen Wirtschaftsgüter für Zwecke der AfA sowie der den steuerlichen Gewinn mindernden Rücklagen, einschließlich einer Besitzzeitanrechnung *(modifizierte Steuerrechtsnachfolge);*
- die steuerlichen Abschreibungen für die „normale" AfA bemessen sich nach der um den Aufstockungsbetrag erhöhten Bemessungsgrundlage (s. § 23 Abs. 3 Nr. 1 und Nr. 2 UmwStG).

101, 102 *einstweilen frei*

c) Wegfall der Maßgeblichkeit der Handelsbilanz; Buchwertfortführung, Ansatz zum gemeinen Wert; Ausübung des Wahlrechts

103 Mit dem SEStEG v. 7.12.2006 (BGBl. I 2006, 2782) ist die im Rahmen von Umwandlungsvorgängen nach dem UmwStG – ohnehin umstrittene und vom BFH bereits davor aufgeweichte (hierzu → Rn. 66d) – **Maßgeblichkeit der Handelsbilanz** für den Wertansatz des eingebrachten Vermögens in der Steuerbilanz **aufgegeben** worden (s. Gesetzesbegründung zum SEStEG, BT-Drs. 16/2710 S. 43 linke Spalte; UmwSt-Erl. 2011, BMF v. 11.11.2011, BStBl. I 2011, 1314 Tz. 20.20; RHL/*Herlinghaus* § 20 Rn. 147; DPM/*Patt* UmwStG § 20 Rn. 210; Blümich/*Nitzschke* UmwStG 2006 § 20 Rn. 90; zu den sich hieraus ergebenden Gestaltungsspielräumen: *Honert/Geimer* EStB 2007, 421). Dementsprechend ist – anders als unter Geltung des UmwStG 1995 – für die Ausübung des Wahlrechts gemäß § 20 Abs. 2 Satz 2 UmwStG durch die aufnehmende Kapitalgesellschaft der Maßgeblichkeitsgrundsatz (§ 5 Abs. 1 Satz 2 EStG) nicht mehr zu beachten; dies dürfte trotz Fehlens einer ausdrücklichen Regelung im UmwStG 2006 unstreitig sein (vgl. *Ley* FR 2007, 109, 112; *Prinz* StuB 2007, 125; DPM/*Patt* UmwStG § 20 Rn. 210 mwN; ausdrücklich: UmwSt-Erl. 2011, BMF v. 11.11.2011, BStBl. I 2011, 1314 Tz. 20.20). Folglich kann künftig die Entscheidung über den Ansatz des eingebrachten Betriebsvermögens **in der Handelsbilanz** ausschließlich anhand handels- und gesellschaftsrechtlicher Kriterien getroffen werden. So kann es beispielsweise erwünscht sein, durch entsprechende Aufdeckung stiller Reserven in der Handelsbilanz eine höhere Eigenkapitalquote darzustellen (insbes. vor dem Hintergrund von „Basel III"-Anforderungen; vgl. http://www.bis.org/publ/bcbs188.htm). → Rn. 105ff. zu weiteren Fällen, in denen eine Abweichung der Handels- von der Steuerbilanz erforderlich bzw. sinnvoll ist.

Der **Umfang des handelsrechtlichen Wahlrechts** ist bei Sacheinlagen gegen Gesellschaftsrechte umstritten; in Betracht kommt das gesamte Spektrum von zwingendem Ansatz mit dem Zeitwert der eingebrachten Gegenstände (so etwa: SHS/*Schmitt* UmwStG § 20 Rn. 266f.) über den Ansatz zumindest mit dem Nennbetrag oder dem höheren Ausgabebetrag (Nennbetrag einschließlich Agio) der ausgegebenen Anteile bis hin zur völligen Ansatzfreiheit zwischen Buchwerten und Zeitwerten (s. Einzelheiten hierzu: SHS/*Schmitt* UmwStG § 20 Rn. 265ff. mwN). **104**

Ein Auseinanderfallen von handels- und steuerbilanziellem Ansatz kann insbes. in folgenden – schon unter Geltung des UmwStG 1995 für die Wahlrechtsausübung unschädlichen – Fällen (→ Rn. 106 bis 110) in Betracht kommen (s. nunmehr UmwSt-Erl. 2011, BMF v. 11.11.2011, BStBl. I 2011, 1314 Tz. 20.20 mit Beispiel zur Bildung des Ausgleichspostens): **105**

Handelsrechtlicher Zwang zur Höherbewertung: Ein höherer Ansatz in der Handelsbilanz kann zum einen dann erforderlich sein, wenn und soweit das eingebrachte Betriebsvermögen in der Handelsbilanz nach handelsrechtlichen Vorschriften mit einem höheren Wert als dem Buchwert angesetzt werden muss. Dies ist beispielsweise dann der Fall, wenn der *gesetzlich vorgeschriebene Nennwert* der neu ausgegebenen Anteile (vgl. § 5 Abs. 1 GmbHG, § 7 AktG) höher als der (steuerrechtliche) Buchwert (§ 1 Abs. 5 Nr. 4 UmwStG) des eingebrachten Vermögens ist (s. das entsprechende Beispiel in UmwSt-Erl. 2011, BMF v. 11.11.2011, BStBl. I 2011, 1314 Tz. 20.20; vgl. zum alten Recht: UmwSt-Erl. 1998, BStBl. I 1998, 268 Tz. 20.27 mit Beispiel zur Sachgründung; SHS/*Schmitt,* 4. Aufl., UmwStG § 20 Rn. 244, 249 und 251f.). **106**

Beispiel 1: Statt der im Formular zugrunde gelegten Einbringung in eine bestehende GmbH soll der Geschäftsbereich XYZ auf eine dadurch neu gegründete 100%ige Tochter-GmbH im Wege der Sachgründung übertragen werden. Würde der steuerliche Buchwert (Saldo von Aktiv- und Passivposten) des Geschäftsbetrieb XYZ 0.– EUR betragen (gemeiner Wert: 100 000.– EUR), wäre gemäß § 5 Abs. 1 GmbHG handelsrechtlich zwingend ein Wert von 25 000.– EUR darzustellen. Dementsprechend ist in der Handelsbilanz der Tochter-GmbH das eingebrachte Betriebsvermögen unter entsprechender Auflösung stiller Reserven mit 25 000.– EUR anzusetzen. Ungeachtet dieser handelsrechtlichen Aufstockung könnte in der Steuerbilanz der Tochter-GmbH der Buchwert von 0.– EUR fortgeführt werden. Zum Ausgleich zwischen Handels- und Steuerbilanz ist ein sog. Ausgleichsposten zu bilden (dazu → Rn. 111 und → Rn. 75c). **107**

Beispiel 2: Wie Beispiel 1, nur ist der Buchwert des Geschäftsbereichs XYZ um 20 000.– EUR negativ (gemeiner Wert: 100 000.– EUR). Die aufnehmende Tochter-GmbH hat das übertragene Betriebsvermögen unter Auflösung stiller Reserven zum Ausgleich des negativen Kapitals (mindestens) mit 0.– EUR anzusetzen (§ 20 Abs. 2 Satz 2 Nr. 2 UmwStG; → Rn. 75a ff.); dies führt ertragsteuerlich zu einem Einbringungsgewinn der A-GmbH in Höhe von 20 000.– EUR. Darüber hinaus greift erneut das Gebot der handelsrechtlichen Aufstockung des eingebrachten Betriebsvermögen zur Darstellung des Mindeststammkapitalziffer in Höhe von 25 000.– EUR gemäß § 5 Abs. 1 GmbHG; insoweit unterbleibt eine Auflösung stiller Reserven in der Steuerbilanz unter gleichzeitiger Bildung eines Ausgleichspostens in Höhe von 25 000.– EUR (s. Beispiel 1). **108**

Zutreffende Darstellung der Beteiligungsverhältnisse (vgl. zum UmwStG 1995 UmwSt-Erl. 1998, BStBl. I 1998, 268 Tz. 20.28 mit Beispiel; SHS/*Schmitt* UmwStG § 20 Rn. 250 mit Beispiel). **109**

Fortführung einer bereits bestehenden Steuerbilanzabweichung: Eine Abweichung der Ansätze in der Handelsbilanz von denen der Steuerbilanz kommt auch dann vor, soweit das eingebrachte Betriebsvermögen im Zeitpunkt der Einbringung in der Steuerbilanz (zulässigerweise) bereits mit einem niedrigeren Wert als in der Handelsbilanz ausgewiesen ist (zum UmwStG 1995 s. UmwSt-Erl. 1998, BMF v. 25.3. 1998, BStBl. I 1998, 268 Tz. 20.29 mit Anwendungsbeispielen; vgl. SHS/*Schmitt,* 4. Aufl., UmwStG § 20 Rn. 254 mwN). **110**

In den vorgenannten Fällen (→ Rn. 106 bis 110) sowie allgemein in Fällen, in denen der Ansatz in der Handelsbilanz nicht mit dem Ansatz in der Steuerbilanz übereinstimmt, ist – wie auch schon unter Geltung des § 20 Abs. 2 Satz 2 UmwStG 1995 (s. UmwSt-Erl. 1998, BMF v. 25.3.1998, BStBl. I 1998, 268 Tz. 20.27; vgl. hierzu **111**

WM/*Widmann* UmwStG § 20 Rn. 485ff.) – in der Steuerbilanz der übernehmenden Gesellschaft ein **aktiver Ausgleichsposten** zu bilden. Für die Darstellung der Diskrepanz zwischen Handels- und Steuerbilanz erscheint dies weiterhin sinnvoll und erforderlich (in diesem Sinne auch WM/*Widmann* UmwStG (SEStEG) § 20 Rn. R 171ff.; RHL/*Herlinghaus* UmwStG § 20 Rn. 147 mwN; Blümich/*Nitzschke* UmwStG 2006 § 20 Rn. 90: Bildung nicht erforderlich, aber möglich/zulässig; s. auch oben → Rn. 75c mwN). Zur Bildung und der bilanziellen Fortentwicklung des aktiven Ausgleichspostens s. WM/*Widmann* UmwStG (SEStEG) § 20 Rn. R 171ff. sowie UmwSt-Erl. 2011, BMF v. 11.11.2011, BStBl. I 2011, 1314 Tz. 20.20).

112 **Hinweis:** Der steuerliche Ausgleichsposten kann – in den aufgezeigten Grenzen – somit ein Instrument sein, unterschiedliche Bilanzinteressen zu berücksichtigen: Aufstockung in der Handelsbilanz (zB aus Kreditgesichtspunkten oder zur Erhöhung des Eigenkapitals), unter gleichzeitiger Vermeidung einer Gewinnrealisierung durch Beibehaltung der niedrigeren steuerlichen Buchwerte in der Steuerbilanz.

113 *einstweilen frei*

114 Die **Ausübung des Wahlrechts** gemäß § 20 Abs. 2 Satz 2 UmwStG setzt gemäß § 20 Abs. 2 Satz 3 UmwStG einen **formalen Antrag** voraus. Die Einzelheiten des Antrags iSd. § 20 Abs. 2 Satz 2 UmwStG lassen sich nur zum Teil der gesetzlichen Regelung entnehmen; dies ist angesichts der Gestaltung des Antrags als formale Voraussetzung für die Steuerneutralität des Einbringungsvorgangs misslich (kritisch über die Vielzahl von Unklarheiten auch WM/*Widmann* UmwStG (SEStEG) § 20 Rn. R 416: „negative Meisterleistung"). Der UmwSt-Erl. 2011 (BMF v. 11.11.2011, BGBl. I 2011, 1314) enthält in Tz. 20.21 bis Tz. 20.24 sowie Tz. 03.29f. (auf die Tz. 20.21 Satz 4 verweist) eine Reihe von Einzelregelungen hierzu. Nachfolgend (→ Rn. 115 bis 115d) sind die wesentlichen Aspekte zum Antrag dargestellt:

115 **Antragsteller:** der Antrag ist von der übernehmenden Gesellschaft zu stellen. Dies ergibt sich zwar nicht eindeutig aus dem Gesetz, dürfte sich aber aus dem systematischen Zusammenhang der Norm (§ 20 Abs. 2 Satz 1 und Abs. 3 Satz 1 UmwStG beziehen sich jeweils auf die übernehmende Gesellschaft) ergeben (vgl. Blümich/*Nitzschke* UmwStG 2006 § 20 Rn. 91; WM/*Widmann* UmwStG (SEStEG) § 20 Rn. R 417; RHL/*Herlinghaus* UmwStG § 20 Rn. 149 mwN; Frotscher/Drüen/*Mutscher* UmwStG § 20 Rn. 237; DPM/*Patt* UmwStG § 20 Rn. 209). Zur Antragsberechtigung bei Einbringung von Mitunternehmeranteilen → Rn. 96.

115a **Form:** Nachdem § 20 Abs. 2 Satz 2 und 3 UmwStG hierzu keine Aussage treffen, kann der Antrag sowohl durch Einreichung eines ausdrücklich als solchen bezeichneten Antrags (zB „Antrag gemäß § 20 Abs. 2 Satz 2 UmwStG") als auch – konkludent – durch Einreichung der Steuerbilanz (Körperschaftsteuererklärung) der übernehmenden Gesellschaft für das Wirtschaftsjahr der Einbringung gestellt werden (RHL/*Herlinghaus* UmwStG § 20 Rn. 150 mwN; *Hagemann/Jakob/Ropohl/Viebrock* NWB Sonderheft 1/2007, 1, 36). Nach Auffassung der Finanzverwaltung bedarf der Antrag keiner besonderen Form (UmwSt-Erl. 2011, BMF v. 11.11.2011, BStBl. I 2011, 1314 Tz. 03.29 Satz 1 iVm. Tz. 20.21 Satz 4). Nach DPM/*Patt* (UmwStG § 20 Rn. 211) wird das Bewertungswahlrecht durch Abgabe der Körperschaftsteuererklärung der übernehmenden Gesellschaft für den Veranlagungszeitraum der Einbringung unter Beifügung der steuerlichen (Jahres-)Schlussbilanz (§ 31 KStG, § 60 Abs. 2 Satz 2 EStDV) ausgeübt. Vorsichtshalber sollte der Antrag ausdrücklich als solcher bezeichnet werden, ggf. gemeinsam mit der Abgabe des Körperschaftsteuererklärung für den VZ der Einbringung (vgl. Frotscher/Drüen/*Mutscher* UmwStG § 20 Rn. 247). Wenn die ausdrückliche Erklärung abgegeben wird, dass die Steuerbilanz gleichzeitig die steuerliche Schlussbilanz sein soll, ist nach UmwSt-Erl. 2011, BMF v. 11.11.2011, BStBl. I 2011, 1314 Tz. 03.29 Satz 5 in dieser Erklärung gleichzeitig ein konkludenter Antrag auf Ansatz der Buchwerte zu sehen, sofern kein ausdrücklicher gesonderter anderweitiger Antrag gestellt wurde.

Inhalt: Der Antrag sollte deutlich machen, dass und in welchem Umfang von der Regelbewertung (Ansatz der Einbringung zum gemeinen Wert gemäß § 20 Abs. 2 Satz 1 UmwStG) abgewichen werden soll (RHL/*Herlinghaus* UmwStG § 20 Rn. 150). **115b**

Zeitpunkt: Gemäß § 20 Abs. 2 Satz 3 UmwStG ist der Antrag „spätestens bis zur erstmaligen Abgabe der steuerlichen Schlussbilanz" zu stellen. Aus der Formulierung lässt sich entnehmen, dass die Ausübung des Wahlrechts nach Einreichung der steuerlichen Schlussbilanz nicht mehr möglich ist (RHL/*Herlinghaus* UmwStG § 20 Rn. 154 mwN; DPM/*Patt* (UmwStG § 20 Rn. 211; so auch UmwSt-Erl. 2011, BMF v. 11.11.2011, BStBl. I 2011, 1314 Tz. 20.21 Satz 1 und Satz 3). Trotz des Wortlauts („spätestens bis …") dürfte eine zeitgleiche Einreichung von Antrag und steuerlicher Schlussbilanz ausreichen (Frotscher/Drüen/*Mutscher* UmwStG § 20 Rn. 244; aA *Blumenberg/Schäfer* S. 158 und dort Fn. 42: Stellung des Antrags mindestens eine logische Sekunde vor Abgabe der steuerlichen Schlussbilanz). **115c**

Adressat (zuständiges Finanzamt): Der Antrag ist bei „dem für die Besteuerung der übernehmenden Gesellschaft zuständigen Finanzamt" abzugeben (§ 20 Abs. 2 Satz 3 UmwStG). **115d**

Diese vermeintlich klare Regelung wirft aber bereits für die Fälle der **Einbringung eines Mitunternehmeranteils** Fragen auf: Wie oben zu → Rn. 96 ausgeführt, hat der BFH mit Urteil v. 30.4.2003 (I R 102/01, BStBl. II 2004, 804 = GmbHR 2003, 1220, mit Anm. *Haritz/Herrmann*) zu § 20 Abs. 2 UmwStG 1995 festgestellt, dass bei Einbringung einzelner Mitunternehmeranteile in eine Kapitalgesellschaft und Eintritt der aufnehmenden Kapitalgesellschaft in die Mitunternehmerstellung das Bewertungswahlrecht nicht in der Steuerbilanz der Kapitalgesellschaft, sondern in der **Steuerbilanz der Personengesellschaft,** deren Anteile übertragen werden, ausgeübt wird. Denn aus steuerlicher Sicht stelle der Mitunternehmeranteil kein Wirtschaftsgut dar (vgl. BFH v. 6.11.1985, I R 242/81, BStBl. II 1986, 333) und sei in der Steuerbilanz der aufnehmenden Kapitalgesellschaft zwar **auszuweisen** (Ausweis nur als „Merkposten"; vgl. DPM/*Patt* (UmwStG § 20 Rn. 212; RHL/*Herlinghaus* UmwStG § 20 Rn. 151), jedoch **nicht zu bewerten.** „Die Bewertung obliegt vielmehr der Personengesellschaft. In deren Steuerbilanz ist das Bewertungswahlrecht für das Wirtschaftsjahr auszuüben, in welches die Einbringung fällt. Sofern anlässlich der Einbringung stille Reserven aufgedeckt werden, ist für die aufnehmende Kapitalgesellschaft (als neue Kommanditistin) eine Ergänzungsbilanz aufzustellen, in der der Betrag, um den der von der Kapitalgesellschaft gewählte Ansatz den Buchwert des Mitunternehmeranteils übersteigt, auf die Wirtschaftsgüter der Mitunternehmerschaft zu verteilen ist" (BFH v. 30.4.2003, I R 102/01, BStBl. II 2004, 804 zu II. 2. a) mit Hinweis auf WM/*Widmann* UmwStG § 20 Rn. 686, § 24 UmwStG Rn. 141.3). Die Vorinstanz FG München v. 18.9.2001, 12 K 4528/98 (EFG 2002, 151) hatte für Einbringungen von Betrieben, Teilbetrieben bzw. Mitunternehmeranteilen **anlässlich der Neugründung** einer Kapitalgesellschaft noch festgestellt, dass das Bewertungswahlrecht nach § 20 Abs. 2 UmwStG mit der Errichtung der handelsrechtlichen (mit Bindungswirkung auch für die steuerliche, vgl. § 5 Abs. 1 Satz 2 EStG) **Eröffnungsbilanz** und ihrer Unterzeichnung verbindlich ausgeübt sei (so auch WM/*Widmann* UmwStG § 20 Rn. 679, 1194ff.). Nach Auffassung der FinVerw. (UmwSt-Erl. 2011, BMF v. 11.11.2011, BStBl. I 2011, 1314 Tz. 20.22) sind diese Grundsätze unter Geltung des UmwStG 2006 nicht zu beachten; vielmehr soll nach UmwSt-Erl. 2011, BMF v. 11.11.2011, BStBl. I 2011, 1314 Tz. 20.22 Satz 1 auch in den Fällen der Einbringung von Mitunternehmeranteilen die übernehmende Gesellschaft den Antrag stellen (→ Rn. 96 und → Form. D.5 Rn. 67 und 68). Es ist aus Vorsichtsgründen zu überlegen, den Antrag sowohl bei dem für die übernehmende Kapitalgesellschaft als auch dem für die Mitunternehmerschaft zuständigen Finanzamt zu stellen.

Vielfältige Fragen ergeben sich auch für die Fälle, in denen die übernehmende Kapitalgesellschaft **im Ausland** ansässig ist (dh. weder Sitz noch Geschäftsleitung in Deutschland innehat). Wird beispielsweise eine inländische Betriebsstätte in eine solche Gesellschaft eingebracht, ist fraglich, ob der Antrag beim ausländischen Finanzamt oder stattdessen bei dem für die deutsche Betriebsstätte zuständigen Finanzamt maßgeblich ist (s. hierzu und anderen Auslandssachverhalten: Frotscher/Drüen/*Mutscher* § 20 UmwStG Rn. 240f.; WM/*Widmann* § 20 UmwStG (SEStEG) Rn. R 424f.).

Zu weiteren Einzelheiten der Antragstellung, wie Form und Inhalt, spätester Zeitpunkt, Adressat sowie **nachträgliche Änderungen des Antrags** s. WM/*Widmann* UmwStG (SEStEG) § 20 Rn. R 420ff.; RHL/*Herlinghaus* UmwStG § 20 Rn. 150ff.; **116**

Frotscher/Drüen/*Mutscher* UmwStG § 20 Rn. 238ff.; DPM/*Patt* (UmwStG § 20 Rn. 213f.

117 Das Wahlrecht nach § 20 Abs. 2 Satz 2 UmwStG kann hinsichtlich eines Einbringungsvorgangs nach hM nur **einheitlich ausgeübt** werden, dh. für den jeweiligen Einbringungsgegenstand Betrieb, Teilbetrieb oder Mitunternehmeranteil insgesamt, nicht dagegen für jedes einzelne zu einem solchen Einbringungsgegenstand gehörigen Wirtschaftsgut (UmwSt-Erl. 2011, BMF v. 11.11.2011, BStBl. I 2011, 1314 Tz. 20.18 Satz 1; DPM/*Patt* UmwStG § 20 Rn. 190; RHL/*Herlinghaus* UmwStG § 20 Rn. 153; Frotscher/Drüen/*Mutscher* UmwStG § 20 Rn. 269). Zulässig ist dagegen die **unterschiedliche** Ausübung des Wahlrechts **bei mehreren Einbringenden** und/oder Einbringungsvorgängen (insb. sog. „Ketteneinbringungen“), auch wenn die Einbringungen gleichzeitig (BFH v. 13.9.2018, I R 19/16, BStBl. II 2019, 385: keine Saldierung) oder in zeitlichem und sachlichem Zusammenhang zueinander erfolgten (BB/*Merkert* UmwStG § 20 Rn. 87; WM/*Widmann* UmwStG (SEStEG) § 20 Rn. 413, UmwStG § 20 Rn. 671).

118 *einstweilen frei*

d) Steuerlicher Übertragungsstichtag – Rückbeziehung (§ 20 Abs. 6 UmwStG)

119 Die Einbringung durch Einzelrechtsnachfolge wird grds. in dem Zeitpunkt wirksam, in dem nach den zugrunde liegenden zivilrechtlichen Vereinbarungen (insbesondere Einbringungsvertrag) die Sacheinlage aus **steuerrechtlicher** Sicht wirksam erbracht ist. Dies ist nach hM im Zeitpunkt des **Übergangs des wirtschaftlichen Eigentums** gegeben (Blümich/*Nitzschke* UmwStG 2006 § 20 Rn. 107; RHL/*Herlinghaus* UmwStG § 20 Rn. 235; DPM/*Patt* UmwStG § 20 Rn. 301; so auch UmwSt-Erl. 2011, BMF v. 11.11.2011, BStBl. I 2011, 1314 Tz. 20.13 Satz 1 und 2; SHS/*Schmitt* UmwStG § 20 Rn. 235 mwN); auf den zivilrechtlichen Übergang des Eigentums (dazu → Rn. 41ff. und → Rn. 257f.) kommt es nicht an. Das wirtschaftliche Eigentum geht regelmäßig schon zu einem früheren Zeitpunkt über: bei beweglichen Wirtschaftsgüter und Grundstücken mit **Übergang von Besitz, Gefahr, Nutzungen und Lasten** (Blümich/*Nitzschke* UmwStG 2006 § 20 Rn. 107; UmwSt-Erl. 2011, BMF v. 11.11.2011, BStBl. I 2011, 1314 Tz. 20.13 Satz 2; HMB/*Menner* UmwStG § 20 Rn. 576 mwN; Schmidt/*Kulosa* EStG § 6 Rn. 82 mwN); dies ist regelmäßig der Zeitpunkt des Abschlusses des Einbringungsvertrages (SHS/*Schmitt* UmwStG § 20 Rn. 235; vgl. zum UmwStG 1977 BMF v. 16.6.1978, BStBl. I 1978, 235 Tz. 1 Sätze 3 und 4) bzw. der in dem Einbringungsvertrag für den Übergang von Besitz, Gefahr, Nutzungen und Lasten vorgesehene Zeitpunkt (Blümich/*Nitzschke* UmwStG 2006 § 20 Rn. 107; DPM/*Patt* UmwStG § 20 Rn. 301; UmwSt-Erl. 2011, BMF v. 11.11.2011, BStBl. I 2011, 1314 Tz. 20.13 Satz 2; differenzierend HMB/*Menner* UmwStG § 20 Rn. 576). Bei **Fehlen einer vertraglichen Vereinbarung** über den Zeitpunkt des Übergangs von Besitz, Gefahr, Nutzungen und Lasten (bzw. sofern eine entsprechende Auslegung der getroffenen Vereinbarung nicht weiterführt) soll nach Auffassung der Literatur grds. von einem Übergang des wirtschaftlichen Eigentums spätestens zu dem Zeitpunkt der Anmeldung der Kapitalerhöhung (bzw. der Gründung der Kapitalgesellschaft) zum Handelsregister ausgegangen werden können (Bordewin/Brandt/*Merkert* UmwStG § 20 Rn. 66; SHS/*Schmitt* UmwStG § 20 Rn. 235); mE ist dies schon deshalb fraglich, weil die Übertragung des wirtschaftlichen – wie des rechtlichen – Eigentums nicht allein durch einseitige Rechtshandlungen (hier des aufnehmenden Rechtsträgers) ausgelöst werden kann.

120 Für die Fälle der Einbringung durch Einzelrechtsübertragung (sowie der erweiterten Anwachsung) gewährt § 20 Abs. 6 Satz 3 UmwStG – abweichend von den dargestellten Grundsätzen – die Möglichkeit, den Übergang des eingebrachten Vermögens für

Zwecke des Einkommens und des Vermögens auf Antrag auf einen Tag **zurück zu beziehen,** der (a) höchstens **acht Monate** vor dem Tag des Abschlusses des Einbringungsvertrags, **und** (b) höchstens **acht Monate** vor dem Tag des Übergangs des eingebrachten Betriebsvermögens liegt.

Diese Rückwirkungsmöglichkeit ist **antragsbezogen;** erforderlich ist ein **formloser,** auch konkludenter (BFH v. 19.12.2018, I R 1/17, DStR 2019, 1259, Tz. 15: „… etwa durch rückwirkenden Ertrags- und/oder Vermögensansatz in der Steuererklärung …") Antrag (DPM/*Patt* UmwStG § 20 Rn. 304; Blümich/*Nitzschke* UmwStG 2006 § 20 Rn. 107; SHS/*Schmitt* UmwStG § 20 Rn. 235; ebenso FG Hamburg v. 30.5.2002, VI 55/01, EFG 2002, 1318; bestätigt durch BFH v. 17.9.2003, I R 55/02, BFH/NV 2004, 139) durch die **aufnehmende Kapitalgesellschaft** (hM: DPM/*Patt* UmwStG § 20 Rn. 304 mit Nachweisen zum Meinungsstand; Frotscher/Drüen/*Mutscher* UmwStG § 20 Rn. 399; so auch zum wortgleichen § 20 Abs. 8 UmwStG 1995: Haritz/Benkert/*Friedrichs 2. Aufl.* UmwStG § 20 Rn. 271 mwN; UmwSt-Erl. 1998, BMF v. 25.3.1998, BStBl. I 1998, 268 Tz. 20.19), der **keiner Zustimmung des Finanzamtes** bedarf (Blümich/*Nitzschke* UmwStG 2006 § 20 Rn. 107; WM/*Widmann* UmwStG § 20 Rn. 608). Eine **Frist** für den Antrag sieht das Gesetz in § 20 Abs. 6 UmwStG **nicht** vor; nach BFH v. 19.12.2018, I R 1/17, DStR 2019, 1259, Tz. 15) und der hA kann daher der Antrag bis zur Beendigung der (letzten) Tatsacheninstanz gestellt werden, in der über die Besteuerung des Vermögensübergangs der übernehmenden Kapitalgesellschaft entschieden wird, dh. bis zum Abschluss der Verhandlung vor dem FG (RHL/*Herlinghaus* UmwStG § 20 Rn. 225; SHS/*Schmitt* UmwStG § 20 Rn. 234 mwN). Dagegen muss nach Auffassung der FinVerw. die aufnehmende Kapitalgesellschaft den Einbringungsstichtag bereits in der Steuererklärung oder in der Bilanz für das Wirtschaftsjahr, in dem die Einbringung stattgefunden hat, gewählt haben (vgl. UmwSt-Erl. 2011, BMF v. 11.11.2011, BStBl. I 2011, 1314 Tz. 20.14 Satz 3); für eine solche Einschränkung ist mangels gesetzlicher Normierung mE allerdings kein Raum (ausdrücklich BFH v. 19.12.2018, I R 1/17, DStR 2019, 1259, Tz. 15; „… mangels einer entsprechenden gesetzlichen Anordnung scheidet die Annahme einer Ausschlussfrist aus"). Allerdings ist die **nachträgliche Änderung** eines nach § 20 Abs. 5 Satz 1 UmwStG 2006 gestellten Antrags **unzulässig** (BFH v. 19.12.2018, I R 1/17, BB 2019, 2224, Tz. 17 ff. mit ausführlicher Begründung). 121

Fraglich erscheint in diesem Zusammenhang auch die **Reichweite der UmwSt-Erl. 2011,** BMF v. 11.11.2011, BStBl. I 2011, 1314 Tz. 20.23 Satz 1 und 2, wonach für die Besteuerung des Einbringenden und der aufnehmenden Kapitalgesellschaft „ausschließlich der sich aus § 20 Absatz 2 UmwStG ergebende Wertansatz bei der übernehmenden Gesellschaft maßgebend" und offenbar eventuell hiervon abweichende Vereinbarungen mit dem Einbringenden steuerlich ohne Bedeutung sein sollen (so noch ausdrücklich UmwSt-Erl. 1998, BMF v. 25.3.1998, BStBl. I 1998, 268 Tz. 20.32 Satz 1 und 2). Die Maßgeblichkeit der tatsächlichen Bilanzierung auch für den Zeitpunkt der Rückbeziehung kann sich mE nach dem UmwStG 2006 allein auf die Fälle beziehen, in denen der Einbringungsvertrag weder ausdrücklich noch im Rahmen einer Vertragsauslegung einen Einbringungsstichtag vorsieht. Ist dagegen ein Einbringungsstichtag vereinbart, kann er nicht einseitig (vertragswidrig oder unbeabsichtigt) durch die aufnehmende Kapitalgesellschaft geändert werden; denn der Ansatz der Höhe nach unter dem gemeinen Wert wird nach dem UmwStG 2006 ausschließlich durch den Antrag bestimmt (→ Rn. 114, 115b). 122

Die Festlegung des Einbringungsstichtages nach § 20 Abs. 6 Satz 3 UmwStG hat Bedeutung für die Ermittlung des *Einkommens* und des *Vermögens* des Einbringenden und der aufnehmenden Kapitalgesellschaft (§ 20 Abs. 5 Satz 1 UmwStG). Die Rückbeziehung erfasst also grds. die **ESt,** die **KSt** und die **Gewerbeertragsteuer;** von der Rückbeziehung **nicht** betroffen sind dagegen die **USt,** die **Grunderwerbsteuer** (vgl. DPM/*Patt* UmwStG § 20 Rn. 312 mwN; RHL/*Herlinghaus* UmwStG § 20 Rn. 227) sowie – nach (umstrittener) Auffassung des BFH – die **ErbSt** (BFH v. 4.7.1984, II R 83/81, BStBl. II 1984, 772; **aA** WM/*Widmann* UmwStG § 20 Rn. 633; HHR/*Hübl* UmwStG 123

1977 § 2 Rn. 34; *v. Rechenberg* GmbHR 1998, 979; *Lüdicke* ZEV 1995, 135 mwN; zum Ganzen: DPM/*Patt* UmwStG § 20 Rn. 312 mwN; RHL/*Herlinghaus* UmwStG § 20 Rn. 227 mwN). Die Rückbeziehung auf einen Einbringungsstichtag gemäß § 20 Abs. 6 UmwStG ist auch für die **bewertungsrechtliche** Zurechnungsfeststellung maßgebend, weil § 20 Abs. 5 UmwStG eine gesetzliche Durchbrechung des bewertungsrechtlichen Stichtagsprinzips (§ 22 Abs. 4 Satz 3 BewG) enthält; diese Rückbeziehung der Zurechnungsfeststellung gilt uneingeschränkt auch für die **Grundsteuer** (OFD Magdeburg v. 25.11.1998, GmbHR 1999, 311 mit Verweis auf ein rechtskräftiges Urteil des FG Nürnberg v. 12.2.1998, EFG 1998, 922). **Beachte die Rückwirkungssperre** des § 20 Abs. 6 Satz 4 iVm. § 2 Abs. 3 UmwStG bei grenzüberschreitenden Sachverhalten, soweit hierdurch „weiße Einkünfte" entstehen würden (*Schaflitzl/Widmayer* BB 2006, Special Nr. 8 S. 36 ff., 39 zu § 2 Abs. 3 UmwStG; vgl. DPM/*Patt* UmwStG § 20 Rn. 337 mwN); bei reinen Inlandssachverhalten kommt diese Sperre nicht zum Tragen.

124 Im Formular ist die Einbringung auf den **Stichtag 31.12.** (des Jahres 01) zurück bezogen worden. Konsequenz der Wahl dieses Stichtags ist, dass

125 – für Zwecke der Besteuerung das **Einkommen** (insb. ESt, KSt, GewSt) und das **Vermögen des übertragenen Betriebs/Teilbetriebs** (hier des Geschäftsbereichs XYZ) rückwirkend bis zum 31.12. (des Jahres 01) noch der übertragenden Kapitalgesellschaft (hier A-GmbH) zugerechnet wird (anzumerken ist, dass es unschädlich wäre, wenn die aufnehmende Kapitalgesellschaft zu diesem Zeitpunkt zivilrechtlich noch nicht entstanden war, beispielsweise, wenn diese im Rückwirkungszeitraum erst wirksam gegründet worden ist; in diesen Fällen ist kraft der Fiktion des § 20 Abs. 5 Satz 1 UmwStG der erste Buchungsvorfall die Übernahme des eingebrachten Betriebsvermögens zum Ablauf des steuerlichen Übertragungsstichtags),

126 – der **laufende Gewinn bzw. Verlust des übertragenen Betriebs** bzw. Teilbetriebs (hier Geschäftsbereich XYZ) ab dem Ablauf des dem Einbringungsstichtags folgenden Tages (hier ab 1.1.02) der übernehmenden Kapitalgesellschaft (hier C-GmbH) zugerechnet wird,

127 – die steuerliche Rückbeziehung auch zu einer (rückwirkenden) Zurechnung der erhaltenen Anteile an der aufnehmenden Kapitalgesellschaft **beim Einbringenden** und zwar „mit Ablauf des steuerlichen Übertragungsstichtages", dh. ab dem 1.1. (des Jahres 02) führt,

128 – ein eventueller **Einbringungsgewinn** (im Formular auf Grund des Buchwertansatzes nicht gegeben) noch in dem Veranlagungsjahr erfasst wird, in den der Einbringungsstichtag fällt (hier wäre dies VZ 01; **Gestaltungshinweis:** Sofern eine Realisierung eines Einbringungsgewinns erst im nächsten VZ gewünscht wird, als Einbringungsstichtag den 1.1. des jeweiligen VZ vereinbaren).

129 Die steuerliche Rückbeziehung für die ESt und den Gewerbeertrag erfährt gemäß § 20 Abs. 5 Satz 2 UmwStG eine Ausnahme: Sie gilt **nicht für Entnahmen und Einlagen** (iSd. § 4 Abs. 1 Satz 2 und Satz 5 EStG, vgl. RHL/*Herlinghaus* UmwStG § 20 Rn. 239; *Brühl/Herkens* Ubg 2019, 516), die nach dem steuerlichen Übertragungsstichtag erfolgen; diese sind (noch) bei der Ermittlung des Einkommens des Einbringenden zu berücksichtigen. Dementsprechend sind die Anschaffungskosten der Geschäftsanteile an der übernehmenden GmbH iSv. § 20 Abs. 3 UmwStG um den Buchwert der Entnahmen zu vermindern und um den sich nach § 6 Abs. 1 Nr. 5 EStG ergebenden Wert der Einlagen gem. § 20 Abs. 5 Satz 3 UmwStG zu erhöhen.

130 Die Rückbeziehung erfährt eine weitere Einschränkung mit Bezug auf **Vertragsverhältnisse zwischen Einbringendem und aufnehmender Kapitalgesellschaft:** Verträge, zB Anstellungsverträge, Mietverträge, Darlehensverträge, die erst **nach** dem steuerlichen Einbringungsstichtag abgeschlossen werden, entfalten steuerlich trotz der Rückbeziehung keine Wirkung (vgl. UmwSt-Erl. 2011, BMF v. 11.11.2011, BStBl. I 2011, 1314 Tz. 20.16).

131, 132 *einstweilen frei*

e) Folgen des Buchwertansatzes beim Einbringenden – rückwirkende Besteuerung des zugrunde liegenden Einbringungsvorgangs (§ 22 UmwStG)

Die unmittelbare Folge der Einbringung zu Buchwerten gemäß § 20 UmwStG ist grundsätzlich – wie schon nach dem UmwStG 1995 – eine **„doppelte Steuerverstrickung“:** Zum einen sind die im übertragenen Betriebsvermögen enthaltenen stillen Reserven auf die Kapitalgesellschaft übergegangen, wo sie künftig bei Veräußerung der Gegenstände mit GewSt und KSt nachversteuert werden. Zum anderen sind die Anschaffungskosten der vom Einbringenden erhaltenen Anteile mit dem Buchwert des übertragenen Betriebsvermögens anzusetzen; bei einer künftigen Veräußerung der Anteile käme es grundsätzlich ebenfalls zu einer Versteuerung der stillen Reserven. Allerdings wird dieser Grundsatz im UmwStG 2006 in zweierlei Hinsicht eingeschränkt bzw. modifiziert: 133

(1) Zunächst ist zu beachten, dass ab dem steuerlichen Übertragungsstichtag eine **siebenjährige Sperrfrist** zu laufen beginnt (vgl. § 22 Abs. 1 UmwStG): Veräußert der Einbringende innerhalb dieser Sperrfrist die erhaltenen Anteile oder erfüllt er einen der einer Veräußerung gleichgestellten Ersatztatbestände gemäß § 22 Abs. 1 Satz 6 UmwStG, so ist – rückwirkend im Wirtschaftsjahr der Einbringung (dh. zum steuerlichen Übertragungsstichtag) – der Gewinn aus der Einbringung als Gewinn iSd. § 16 EStG zu versteuern (sog. **Einbringungsgewinn I**). Der Einbringungsgewinn I ermittelt sich aus dem gemeinen Wert des übertragenen Betriebsvermögens abzüglich des von der übernehmenden Gesellschaft angesetzten (Buch- oder Zwischen-)Werts sowie abzüglich der Kosten der Einbringung; der so ermittelte Einbringungsgewinn I ermäßigt sich um jeweils ein Siebtel für jedes seit dem Einbringungszeitpunkt abgelaufene Zeitjahr (vgl. auch *Förster/Wendland* BB 2007, 637, 635). Ein derart nachträglich versteuerter Einbringungsgewinn I gilt als nachträgliche Anschaffungskosten der erhaltenen Anteile. Darüber hinaus kann die übernehmende Gesellschaft den versteuerten Einbringungsgewinn I gemäß § 23 Abs. 2 Satz 1 UmwStG auf Antrag als Erhöhungsbetrag dem übernommenen Betriebsvermögen zuschreiben (vgl. hierzu und zu weiteren Voraussetzungen des Antrags § 23 Abs 2 UmwStG). Durch die Berücksichtigung als nachträgliche Anschaffungskosten der Anteile beim Einbringenden sowie als Erhöhungsbetrag bei der übernehmenden Gesellschaft entfällt (insoweit) die doppelte Steuerverstrickung. 134

Beispiel: Einzelunternehmer X bringt seinen Betrieb mit einem gemeinen Wert von 3 200 000.– EUR und einem Buchwert von 1 000 000.– EUR am 30.6.01 zum Buchwert in die X-GmbH ein (Kosten der Einbringung: 100 000.– EUR) gegen Einräumung einer 100%igen Beteiligung an der X-GmbH (die er im Privatvermögen hält). Zunächst stellt sich eine doppelte Steuerverstrickung dahingehend ein, dass sowohl das Betriebsvermögen bei der X-GmbH als auch die Anschaffungskosten der Anteile an der X mit 1 000 000.– EUR angesetzt werden (die stillen Reserven iHv. 2 200 000.– EUR also doppelt erfasst sind). Veräußert X die Anteile insgesamt am 30.6.04 zu einem Preis von 3 200 000.– EUR hat dies zur Folge: (a) *nachträgliche Versteuerung des Einbringungsgewinns I* in Höhe von 1 200 000.– EUR der sich wie folgt ermittelt: gemeiner Wert des Betriebsvermögens abzgl. Buchwert Betriebsvermögen abzüglich Kosten, vermindert um drei Siebtel dieses Betrages, dh. 2 100 000.– EUR (= 3 200 000.– EUR ./. 100 000.– EUR ./. 1 000 000.– EUR) vermindert um 900 000.– EUR (= 3/7 von 2 100 000.– EUR) durch den Einbringenden X; (b) *nachträgliche Erhöhung der Anschaffungskosten* der Anteile an X-GmbH um 1 200 000.– EUR, wodurch sich der Veräußerungsgewinn gemäß § 17 EStG zum 30.6.04 um den gleichen Betrag mindert (also nur noch 1 000 000.– EUR beträgt); (c) auf Antrag erfolgsneutrale Erhöhung des Ansatzes des Betriebsvermögens bei X-GmbH um 1 200 000.– EUR auf insgesamt 2 200 000.– EUR (zwischenzeitliche Abschreibungen und Abgänge nicht berücksichtigt). **Im Ergebnis** führt die nachträgliche Versteuerung des Einbringungsgewinns I zur (teilweisen) Auflösung der zunächst eingetretenen doppelten Steuerverstrickung. 135

Zu beachten ist in diesem Zusammenhang auch die Regelung des § 22 Abs. 3 UmwStG. Hiernach hat der Einbringende in den dem Einbringungszeitpunkt 136 folgenden sieben Jahren **jährlich** (bis spätestens zum 31.5. eines Jahres) den **Nachweis zu erbringen,** wem mit Ablauf des Tages des maßgeblichen Einbringungszeitpunktes (= steuerlicher Übertragungsstichtag) die erhaltenen Anteile zuzurechnen sind (vgl. zu Zuständigkeit, Art des Nachweises, Frist und deren Versäumnis UmwSt-Erl. 2011, BMF v. 11.11.2011, BStBl. I 2011, 1314 Tz. 22.28ff.; s. auch: *Förster/Wendland* BB 2007, 631, 638; *Söffing/Lange* DStR 2007, 1607; RHL/*Stangl* UmwStG § 22 Rn. 181ff.). Wird der Nachweis nicht erbracht, fingiert das Gesetz eine Veräußerung zum jeweiligen Jahrestag der Einbringung.

137 (2) Sofern die Veräußerung nach Ablauf der siebenjährigen Sperrfrist erfolgt, wird die Doppelverstrickung dadurch gemildert, dass die Veräußerung von Anteilen **privilegiert** ist: für natürliche Personen unterliegt der Veräußerungsgewinn bis einschließlich VZ 2008 dem Halbeinkünfteverfahren (50%ige Befreiung), ab VZ 2009 dem sog. Teileinkünfteverfahren (40%ige Befreiung) bzw. der Abgeltungssteuer iHv. 25% (vgl. § 3 Nr. 40 Buchst. c) iVm. § 52a Abs. 3 EStG), bei Kapitalgesellschaften unterliegt ein Veräußerungsgewinn grundsätzlich der 95%igen Steuerbefreiung gemäß § 8b Abs. 2 iVm. Abs. 3 KStG.

138 **Aufgegeben** wurde dagegen grundsätzlich das Konzept der sog. **einbringungsgeborenen Anteile.** Beachte allerdings: § 27 Abs. 3 Nr. 3 UmwStG sieht vor, dass sich – für bis zum 12.12.2006 entstandene einbringungsgeborene Anteile („Alt-Einbringungsfälle") – die Besteuerung bei Veräußerung solcher Anteile sowie in den einer Veräußerung gleichgestellten Fällen (vgl. § 21 Abs. 2 UmwStG 1995) zeitlich unbefristet weiterhin nach § 21 UmwStG 1995 richtet (s. zu den Sonderregelungen: UmwSt-Erl. 2011, BMF v. 11.11.2011, BStBl. I 2011, 1314 Tz. 20.38ff. sowie Tz. 27.02ff.; Konsequenz der Weitergeltung der alten Regelung ist insbesondere, dass im Fall der Veräußerung dieser Anteile die § 3 Nr. 40 Sätze 3 und 4 EStG aF sowie § 8b Abs. 4 KStG aF anzuwenden sind und es dadurch zu einer vollen Versteuerung des Veräußerungsgewinns kommen kann. Darüber hinaus können auch unter Geltung des UmwStG 2006 **neue einbringungsgeborene Anteile entstehen,** namentlich dann, wenn und soweit im Rahmen einer Einbringung einbringungsgeborene Anteile (als Teil des eingebrachten Betriebsvermögens) übertragen werden (§ 20 Abs. 3 Satz 4 UmwStG); für die so entstehenden, neuen einbringungsgeborenen Anteile gelten ebenfalls die Bestimmungen des § 21 UmwStG 1995 gelten (UmwSt-Erl. 2011, BMF v. 11.11.2011, BStBl. I 2011, 1314 Tz. 20.39; zu der in diesem Zusammenhang drohenden Doppelbesteuerung und anderen Ungereimtheiten der Regelung vgl. RHL/*Herlinghaus* § 20 Rn. 197; DPM/*Patt* UmwStG § 20 Rn. 145ff.; oben → Rn. 66b; s. hierzu auch RHL/*Rabback* UmwStG § 27 Rn. 31ff.; DPM/*Pung* UmwStG § 27 Rn. 14ff.).

139 Soweit einbringungsgeborene Anteile bestehen, kann es somit auch unter Geltung des UmwStG 2006 zur Entstehung von (weiteren) einbringungsgeborenen Anteilen kommen, s. zu durch Kapitalmaßnahmen (insb. Kapitalerhöhungen), bei denen – beispielsweise mangels Zahlung eines ausreichenden Aufgelds (Agio) für die neu geschaffenen Anteile – **stille Reserven** auf diese neuen Anteile **verlagert werden,** insbesondere zur **„Wertabspaltungstheorie",** s. BFH v. 8.4.1992, I R 128/88, BStBl. II 1992, 761; v. 8.4.1992, I R 162/90, BStBl. II 1992, 764; Haritz/Benkert/*Haritz,* 2. Aufl., UmwStG § 21 Rn. 20ff.; SHS/*Schmitt* UmwStG § 20 Rn. 76ff.; WM/*Widmann* UmwStG § 21 Rn. 25ff.; UmwSt-Erl. 1998, BMF v. 25.3.1998, BStBl. I 1998, 268 Tz. 21.14).

140 Die in den einbringungsgeborenen Anteilen iSd. § 21 UmwStG 1995 verhafteten stillen Reserven sind – auch wenn und soweit diese erst nach der Sacheinlage entstehen – **später steuerpflichtig zu realisieren** (zur Rechtsfolge dieser Entstrickungstatbestände vgl. UmwSt-Erl. 1998, BMF v. 25.3.1998, BStBl. I 1998, 268 Tz. 21.07; Haritz/Benkert/*Haritz,* 2. Aufl., § 21 Rn. 190), wenn
- die einbringungsgeborenen Anteile veräußert werden, § 21 Abs. 1 UmwStG 1995,
- der Steuerpflichtige die Realisierung beantragt (§ 21 Abs. 2 Nr. 1 UmwStG 1995; auch Teilantrag zulässig; zur Rücknahme des Entstrickungsantrags vgl. OFD Kob-

lenz v. 13.1.2003, GmbHR 2003, 311, wonach eine Rücknahme nach Eingang des Antrags beim Finanzamt nicht zulässig sei),
- das deutsche Besteuerungsrecht hinsichtlich des Gewinns aus der Veräußerung dieser Anteile später ausgeschlossen wird (§ 21 Abs. 2 Nr. 2 UmwStG 1995, zB durch Abschluss eines Doppelbesteuerungsabkommens, nach dem der Veräußerungsgewinn im Rahmen der beschränkten Steuerpflicht nicht mehr erfasst werden kann, oder durch Wohnsitzwechsel mit Eintritt in die beschränkte Steuerpflicht, wenn dadurch das Besteuerungsrecht Deutschlands entfällt: Vorrang der Regelung in § 21 Abs. 2 UmwStG 1995 vor der Wegzugsbesteuerung gem. § 6 AStG, vgl. BFH v. 28.2.1990, I R 43/86, BStBl. II 1990, 615),
- die Kapitalgesellschaft liquidiert (aufgelöst und abgewickelt), ihr Kapital herabgesetzt und an die Anteilseigner zurückgezahlt wird oder Beträge aus dem steuerlichen Einlagekonto iSd. § 27 KStG ausgeschüttet oder zurückgezahlt werden, soweit die Bezüge nicht die Voraussetzungen des § 20 Abs. 1 Nr. 1 oder 2 EStG erfüllen (§ 21 Abs. 2 Satz 1 Nr. 3 UmwStG idF JStG 1997; vgl. hierzu *Hans* BB 2008, 26; zur Auflösung und Abwicklung von Körperschaften und Personenvereinigungen auch: BMF v. 26.8.2003, BStBl. I 2003, 434) oder
- die Anteile verdeckt in eine (andere) Kapitalgesellschaft eingelegt werden (§ 21 Abs. 2 Satz 1 Nr. 4 UmwStG 1995). Vgl. zur Besteuerung offener und verdeckter Einlagen einbringungsgeborener Anteile aus dem Privatvermögen in Kapitalgesellschaften und in Personengesellschaften *Stegemann* BB 2003, 79 mwN.

Der sog. **Upstream Merger** der eingebrachten Kapitalgesellschaft auf die aufnehmende Kapitelgesellschaft stellt nach BFH v. 24.1.2018 (I R 48/15, BStBl. II 2019, 45 – anders noch die Vorinstanz FG Hamburg v. 21.5.2014, 2 K 12/13, DStR 2015, 2377) eine schädliche Veräußerung iSd. § 22 Abs. 2 Satz 1 UmwStG dar (s. BFH v. 24.1.2018, I R 48/15, BStBl. II 2019, 45, aaO, Rz. 20ff.).

einstweilen frei **141–152**

2. Vermögensübertragung auf Kapitalgesellschaft ohne Gegenleistung (verdeckte Einlage)

a) Verdeckte Einlage – Begriff

Nach der stRspr. des BFH liegt aus ertragsteuerlicher Sicht eine **verdeckte Einlage** **153**
vor, wenn ein Gesellschafter (oder eine ihm nahe stehende Person) der Kapitalgesellschaft einen *einlagefähigen* (→ Rn. 156) Vermögensvorteil ohne (angemessene) Gegenleistung zuwendet und diese Zuwendung durch das Gesellschaftsverhältnis veranlasst ist (vgl. BFH v. 26.10.1987, GrS 2/86, BStBl. II 1988, 348; v. 24.3.1987, I R 202/83, BStBl. II 1987, 705; v. 14.11.1984, I R 50/80, BStBl. II 1985, 227; v. 9.3.1983, I R 182/78, BStBl. II 1983, 744f. mwN; zuletzt: BFH v. 20.7.2005 X R 22/02, BStBl. II 2006, 457; ebenso R 40 Abs. 1 KStR 2004 mwN). Eine Veranlassung durch das Gesellschaftsverhältnis ist dann gegeben, wenn die Zuwendung (verdeckte Einlage) von einem Nichtgesellschafter bei Anwendung der Sorgfalt eines ordentlichen Kaufmanns (§ 347 HGB) nicht gewährt worden wäre (BFH v. 19.2.1970, I R 24/67, BStBl. II 1970, 442; v. 9.3.1983, I R 182/78, BStBl. II 1983, 744; vgl. ausführlich *Thiel* DStR 1992, 1; *Streck* § 8 Rn. 40ff.; s. auch *Kußmaul/Klein* DStR 2001, 189ff.).

Dies ist insbesondere dann der Fall, wenn der einlegende Gesellschafter von der Gesellschaft **keine** **154**
Gegenleistung erhält, insbesondere für seine Einlage keine Gesellschaftsrechte erhält, vgl. BFH v. 27.7.1988, I R 147/83, BStBl. II 1989, 271, unter II. 5. a) und b), wonach das Fehlen einer Gegenleistung durch die Gesellschaft wesentliches Merkmal einer verdeckten Einlage sei (*Anmerkung:* Diese Definition ist allerdings nur als Vereinfachung zu verstehen, da ertragsteuerlich auch dann von einer sog. gemischten verdeckten Einlage auszugehen ist, wenn der Gesellschafter von der Gesellschaft eine Bar- oder Sachvergütung erhält, diese aber hinter dem Wert der Anteile zurückbleibt; vgl. auch Schmidt/*Weber-Grellet* EStG § 17 Rn. 110).

155 Das **Handelsrecht** kennt den Begriff der verdeckten Einlage nicht; solche Zuwendungen des Gesellschafters außerhalb von gesellschaftsrechtlichen Einlagen (auch als Zuschüsse bezeichnet) werden als „[andere] Zuzahlungen, die Gesellschafter in das Eigenkapital leisten" gemäß § 272 Abs. 2 Nr. 4 HGB erfasst (→ Rn. 21 und vgl. hierzu *Döllerer* Verdeckte Gewinnausschüttungen und verdeckte Einlagen bei Kapitalgesellschaften, 2. Aufl. S. 183 ff.; *Groh* DB 1997, 1683).

156 Die Frage, was **steuerrechtlich** als **einlagefähig** betrachtet wird, ist durch den Beschluss des Großen Senats des BFH v. 26.10.1987 (GrS 2/86, BStBl. II 1988, 348) geklärt: Danach kann „Gegenstand einer Einlage … grundsätzlich nur sein, was auch Bestandteil des Vermögensvergleichs nach § 4 Abs. 1 Satz 1 EStG sein kann. Hierzu zählen nur Wirtschaftsgüter, die in eine Bilanz aufgenommen werden können".

Mit dieser Entscheidung des Großen Senats wurde die frühere BFH-Rspr. bestätigt, wonach als Voraussetzung einer verdeckten Einlage der Ansatz oder die Erhöhung eines Aktivpostens bzw. der Fortfall oder die Verminderung eines Passivpostens verlangt wurde (vgl. BFH v. 3.2.1971, I R 51/66, BStBl. II 1971, 408).

157 Ist eine Kapitalgesellschaft Empfänger der verdeckten Einlage, sind somit sämtliche Vermögensgegenstände einlagefähig, die das Vermögen der Kapitalgesellschaft mehren, unabhängig davon, ob sie beim Einlegenden bereits aktiviert waren. So ist beispielsweise auch der **Forderungsverzicht** bzw. der **Schulderlass** eines Gesellschafters tauglicher Gegenstand einer verdeckten Einlage, auch sofern diese als mittelbare verdeckte Einlagen erfolgen (vgl. BFH v. 9.6.1997, GrS 1/94, BStBl. II 1998, 307; beachte zum Forderungsverzicht gegen Besserungsschein BMF v. 2.12.2003, BStBl. I 2003, 648; hierzu: *Hoffmann* DStR 2004, 293 ff.).

158 Mit vorgenanntem Urteil BFH v. 9.6.1997 GrS 1/94 (BStBl. II 1998, 307) hat der Große Senat des BFH auch eine langjährige Diskussion über die **ertragsteuerrechtliche Behandlung** des Verzichts eines Gesellschafters auf eine (nicht mehr oder nicht mehr voll) werthaltige Forderung gegenüber „seiner" Kapitalgesellschaft entschieden (vgl. die umfangreichen Nachweise zu C. I. 2. der Entscheidungsgründe). Danach führt der Verzicht auf der **Ebene der Kapitalgesellschaft** zu einer (gemäß § 4 Abs. 1 Satz 1 EStG steuerfreien) Einlage in Höhe des Teilwerts der Forderung (dh. bei völliger Wertlosigkeit also in Höhe von 0.– EUR); die Differenz zwischen dem Teilwert der Forderung und deren Nennwert ist dagegen von der Gesellschaft als (steuerpflichtiger) außerordentlicher Ertrag zu erfassen. Nachdem ab 1997 die Steuerbefreiung von Sanierungsgewinnen (§ 3 Nr. 66 EStG aF) weggefallen ist, kann diese ertragsteuerliche Konsequenz – insbesondere bei Fehlen ausreichender Verlustvorträge – zu einem Sanierungshindernis werden; zur Vermeidung von sachlichen Härten hat BMF v. 27.3.2003 (DB 2003, 796), sog. **Sanierungserlass,** die Voraussetzung für die Gewährung einer Steuerstundung bzw. eines Steuererlasses aus sachlichen Billigkeitsgründen geregelt. Die ertragsteuerliche Behandlung von Sanierungsgewinnen, insbes. der Sanierungserlass werden seit Jahren kontrovers diskutiert (*Blumenberg/Neumann* Ubg 2016, 181 ff., 256 ff., 182 mwN). Beachte Beschluss des Großen Senat des BFH v. 28.11.2016, GrS 1/15, BStBl. II 2017, 393 wonach der Sanierungserlass gegen den Grundsatz der Gesetzmäßigkeit der Verwaltung verstößt und den Erfordernissen des unionsrechtlichen Beihilfeverbots genügt (hierzu: *Blumenberg/Neumann* Ubg 2016, 187; *Glatz* IStR 2016, 447; BMF v. 27.4.2017, BSBl. I 2017, 741 mit Übergangsregelung; ferner LfSt Bayern v. 11.2.2019, DStR 2019, 627 zu GewSt).

158a Zum **(qualifizierten) Rangrücktritt** und dessen ertragsteuerlichen Folgen s. aus der jüngeren Rechtsprechung BFH v. 15.4.2015, I R 44/14, BStBl. II 2015, 769; *Tauser* FR 2015, 976; zu dessen Bilanzierung: *W. Müller* BB 2016, 491, mit Erwiderung von *Kahlert* BB 2016, 878, und Replik von *W. Müller* BB 2016, 880.

159 Auf der **Ebene des Gesellschafters** führt der Verzicht auf eine Forderung gegenüber seiner Kapitalgesellschaft im Wege der verdeckten Einlage bei ihm zum Abfluss (neg. Zufluss iSd. § 11 Abs. 1 Satz 1 EStG) des noch werthaltigen Teils der Forderung, unabhängig von der Art und Weise, mit der der Verzicht bewirkt wird, etwa durch Erlassvertrag (§ 397 BGB), durch Abtretung eines Anspruchs, durch Schuldaufhebungsvertrag oder im Wege eines Abänderungsvertrags; dies gilt auch für den *Verzicht* auf Darlehensforderungen, die **eigenkapitalersetzenden** Charakter haben (BFH v. 28.11.2001, I R 30/01, BFH/NV 2002, 677 mwN; **beachte** in diesem Zusammenhang die neuere Rechtsprechung des BFH, die ausdrücklich festgestellt hat, dass mit der Aufhebung des Eigenkapitalersatzrechts durch das MoMiG die gesetzliche Grundlage für die bisherige Rechtsprechung zur Berücksichtigung von Aufwendungen des Gesellschafters aus **eigenkapitalersetzenden** Finanzierungshilfen als nachträgliche Anschaffungskosten im Rahmen des § 17 EStG entfallen ist. Für die Bestimmung der Anschaffungskosten ist vielmehr § 255 HGB maßgeblich (siehe BFH v. 11.7.2017, IX R 36/15, BStBl. II 2019, 208; v. 6.12.2017, IX R 7/17, BStBl. II 2019, 213; v. 20.7.2018, IX R 5/15, BStBl. II 2019. 194, sowie hierzu BMF v. 5.4.2019, BStBl. I 2019, 257: „Nachträgliche Anschaffungskosten stellen damit nur noch solche Aufwendungen dar, die nach handels- und bilanzsteuerrechtlichen Grundsätzen zu einer offenen und verdeckten Einlage in das Kapital der Gesellschaft führen. Hierzu zählen insbesondere **Nachschüsse** (§§ 26 ff. GmbHG) und sonstige Zuzahlungen (§ 272 Abs. 2 Nr. 4 HGB) wie Einzahlungen in die Kapitalrücklage, Barzuschüsse oder der Verzicht auf eine werthaltige Forderung. Aufwendungen aus Fremdkapitalhilfen wie der Ausfall eines Darlehens oder der Ausfall mit einer Bürgschaftsregressforderung führen hingegen grundsätzlich nicht mehr zu Anschaffungskosten der Beteiligung."

Darüber hinaus hat der BFH unter Aufgabe früherer Rspr. die Einbringung **originär erworbener** und von der aufnehmenden Kapitalgesellschaft im Wege der verdeckten Einlage unentgeltlich angeschaffter **immaterieller Wirtschaftsgüter,** wie zB eines Firmenwerts, als einlagefähig anerkannt (BFH v. 20.8.1986, I R 150/82, BStBl. II 1987, 455; v. 24.3.1987, I R 202/83, BStBl. II 1987, 705 und v. 22.1.1980, VIII R 74/77, BStBl. II 1980, 244). Dagegen wurde die Auffassung des I. Senats des BFH in dem der Entscheidung des Großen Senats zugrunde liegenden Vorlagebeschluss (BFH v. 20.8.1986, I R 41/82, BStBl. II 1987, 65), eine verdeckte Einlage auch bei **Nutzungsüberlassungen** anzuerkennen, **abgelehnt** (aA für Einlage von Nutzungsrecht *Thiel* DStJG Bd. 14, 179; *Meilicke* BB 1991, 579). **160**

Zu Einzelheiten und weiteren Beispielen einlagefähiger Vermögensgegenstände vgl. Blümich/*Rengers* KStG § 8 Rn. 177 ff. mwN. Zur Qualifikation der Einlage als tauschähnliches Geschäft (handelsrechtlich streitig) vgl. *Groh* FR 1990, 528; *Döllerer* Verdeckte Gewinnausschüttungen und verdeckte Einlagen bei Kapitalgesellschaften, 2. Aufl., S. 218; BeBiKo/*Grottel/Gadek* § 255 Rn. 162 mwN.

einstweilen frei **161, 162**

b) Rechtsfolgen der verdeckten Einlage

Zu unterscheiden ist die steuerliche Behandlung beim Einbringenden einerseits, und zwar in Abhängigkeit davon, ob der verdeckt eingelegte Vermögensgegenstand steuerliches Betriebsvermögen beim übertragenden Gesellschafter war (→ Rn. 164 ff.) oder bei diesem steuerliches Privatvermögen darstellte (→ Rn. 176 ff.), und bei der aufnehmenden Kapitalgesellschaft andererseits (→ Rn. 182 ff.). **163**

aa) Gegenstand der verdeckten Einlage war beim einlegenden Gesellschafter steuerliches Betriebsvermögen

Gewinnrealisierung beim einlegenden Gesellschafter: War der eingelegte Vermögensgegenstand beim einbringenden Gesellschafter steuerliches Betriebsvermögen (hier: der B-AG), führt die verdeckte Einlage bei diesem zu einer Gewinnrealisierung, dh. zur Versteuerung der stillen Reserven in Höhe der **Differenz zwischen Teilwert und Buchwert;** vgl. § 6 Abs. 6 Satz 2 EStG; s. Schmidt/*Kulosa* EStG § 6 Rn. 440 „Verdeckte Einlagen"; Blümich/*Ehmcke* EStG § 6 Rn. 1392 mwN; s. auch *Kußmaul/Klein* DStR 2001, 189, 190 f. zu den handels- und steuerrechtlichen Rechtsfolgen der verdeckten Einlage; s. auch BFH v. 20.7.2005, X R 22/02, BStBl. II 2006, 457). **164**

Handelt es sich bei den im Rahmen der verdeckten Einlage übertragenen Anteilen um **einbringungsgeborene Anteile iSd. § 21 UmwStG** (aus Alt-Einbringungsfällen, § 27 Abs. 3 Nr. 1 UmwStG – → Rn. 66b und 138), so ist – in Abweichung von dem Ansatz des Teilwerts – bei der Ermittlung des realisierten Gewinns des verdeckt Einlegenden gemäß § 21 Abs. 2 Satz 1 Nr. 4 UmwStG 1995 auf die Differenz zwischen dem **gemeinen Wert** und den **Anschaffungskosten iSd. § 20 Abs. 4 UmwStG 1995** (abzüglich der Veräußerungskosten) abzustellen. Die Vorschrift des § 21 Abs. 2 Satz 1 Nr. 4 UmwStG 1995 findet auch für einbringungsgeborene Anteile Anwen- **165** dung, die im Betriebsvermögen gehalten werden (SHS/*Schmitt* UmwStG § 21 Rn. 13 und 75); § 21 UmwStG 1995 ist insoweit ein eigener Besteuerungstatbestand. Nach Auffassung der FinVerw. ist für die Ermittlung des gemeinen Werts nicht § 11 BewG, sondern § 9 Abs. 2 BewG heranzuziehen (UmwSt-Erl. 1998, BMF v. 25.3.1998, BStBl. I 1998, 268 Tz. 21.06; aA die hM in der Literatur, wonach § 11 BewG als speziellere Norm heranzuziehen ist, vgl. Haritz/Benkert/*Haritz,* 2. Aufl., UmwStG 1995 § 21 Rn. 227 ff., 229 mwN; SHS/*Schmitt,* 4. Aufl., UmwStG § 21 Rn. 50; vgl. auch Blümich/*Klingberg* UmwStG 1995 § 21 Rn. 45, und die Darstellung des Bewertungsverfahrens der FinVerw. in KÖSDI 1999, 11955 f.). Bei **Kapitalgesellschaften** als Einlegende unterliegt der so ermittelte Realisationsgewinn iSd. § 21 UmwStG 1995 grds. in vollem Umfang der KSt, sofern nicht bei Vorliegen bestimmter Voraussetzungen, insbesondere Ablauf der siebenjährigen Sperrfrist des § 8b Abs. 4 Satz 2 Nr. 1 KStG aF, die Steuerbefreiung nach § 8b Abs. 2 KStG anwendbar ist. Bei **Einzelunternehmen oder Mitunternehmerschaften** als Einlegende unterliegt der Realisationsgewinn iSd. § 21 UmwStG 1995 in vollem Umfang der ESt, nur bei Vorliegen der Ausnahmetatbestände des § 3 Nr. 40 Satz 4 Buchst. a und b EStG dem Teileinkünfteverfahren.

166 Allerdings bleibt zu prüfen, ob diese Gewinnrealisierung nicht durch eine sog. **Teilwertabschreibung** auf die Beteiligung an der aufnehmenden Kapitalgesellschaft (teilweise) neutralisiert werden kann (→ Rn. 172). Dagegen kann mangels Gewährung neuer Anteile an der empfangenden Kapitalgesellschaft bei einer verdeckten Einlage die Gewinnrealisierung beim einbringenden Gesellschafter nicht durch Anwendung von § 21 UmwStG 2006 vermieden werden (BFH v. 24.3.1987, I R 202/83, BStBl. II 1987, 705 zu § 20 UmwStG vor 2006).

167 Ob der entstehende Gewinn nach **§ 6b EStG neutralisiert** werden kann, ist umstritten (ablehnend: HHR/*Patt* EStG § 6 Anm. R 162 aE: die verdeckte Einlage stelle mangels Entgeltlichkeit keine Veräußerung iSd. § 6b Abs. 1 Satz 1 EStG dar; aA Schmidt/*Loschelder* EStG § 6b Rn. 26 und 28 aufgrund Argumentation mit Telos unter Verweis auf Schmidt/*Kulosa* EStG § 6 Rn. 731 ff., mwN auch für gesetziche Ersatzrealisierungstatbestände). Aufgrund der Rspr. des BFH, die den Begriff der „Veräußerung" iSd. § 6b EStG als Übertragung des (wirtschaftlichen) Eigentums an einem Wirtschaftsgut **gegen Entgelt** auf einen anderen Rechtsträger definiert (vgl. BFH v. 21.10.1976, IV R 210/72, BStBl. II 1977, 145; v. 25.10.2001, IV R 47, 48/00, BFH/NV 2002, 266 mwN; v. 29.6.1995, VIII R 2/94, BStBl. II 1996, 60), ließe sich an der Anwendbarkeit des § 6b EStG auf die Gewinnrealisierungen auf Grund verdeckter Einlagen zweifeln, da eine Gegenleistung nicht gegeben ist (→ Rn. 171). Ob aus den Sondervorschriften des § 17 Abs. 1 Satz 2 EStG, § 6 Abs. 6 Satz 2 EStG und des § 8b Abs. 2 Satz 3 KStG, welche die verdeckte Einlage jeweils einer Veräußerung gleichstellen, ein allgemein gültige Aussage abgeleitet werden kann, ist fraglich.

Vgl. auch die Rspr. des BFH zur Nichtanwendbarkeit des § 6b EStG auf Gewinnrealisierungen, die durch Entnahmen anfallen, zB BFH v. 27.8.1992, IV R 89/90, BStBl. II 1993, 225 mwN; v. 6.12.1972, I R 182/70, BStBl. II 1973, 291; v. 10.7.1980, IV R 136/77, BStBl. II 1981, 84; v. 23.6.1981, VIII R 41/79, BStBl. II 1982, 18.

168 **Nachträgliche Anschaffungskosten beim einlegenden Gesellschafter:** Allerdings entstehen beim einbringenden Gesellschafter in Höhe des **Teilwerts** der verdeckt eingelegten Vermögensgegenstände aus ertragsteuerlicher Sicht nachträgliche Anschaffungskosten für die Anteile an der aufnehmenden Kapitalgesellschaft (§ 6 Abs. 6 Satz 2 EStG).

169 Eine Ausnahme hierzu sieht die Regelung in § 6 Abs. 6 Satz 3 EStG für Einlagen nach dem 31.12.1998 vor, wonach „in den Fällen des [§ 6] Abs. 1 Nr. 5 Satz 1 Buchst. a" EStG nicht der Teilwert, sondern der **Einlagewert** maßgeblich sein soll. Die Bedeutung der Regelung, insbesondere des Verweises, ist unklar.

170 Nach einer Auffassung greift die Ausnahmeregelung dann, wenn das verdeckt eingelegte Wirtschaftsgut vom Einlegenden **innerhalb der letzten drei Jahre** vor dem Zeitpunkt der verdeckten Einlage angeschafft oder hergestellt wurde; der Einlagewert entspricht danach den – ggf. nach § 6 Abs. 1 Nr. 5 Satz 2 EStG fortentwickelten – Anschaffungs-/Herstellungskosten, sofern der Teilwert nicht niedriger ist (Schmidt/*Kulosa* EStG § 6 Rn. 568). Nach anderer Auffassung ist der Verweis auf die Fälle des § 6 Abs. 1

Nr. 5 Satz 1 Buchst. a EStG dahingehend zu verstehen, dass der verdeckten Einlage wiederum eine **Einlage iSd. § 6 Abs. 1 Nr. 5 Satz 1 Buchst. a EStG vorangegangen** sein muss. Die Dreijahresfrist des § 6 Abs. 6 Satz 3 EStG beziehe sich somit auf den Zeitraum zwischen Anschaffung/Herstellung und der (vorangegangenen ersten) Einlage; unerheblich ist danach der Zeitraum des Verbleibs des Wirtschaftgutes im Betriebsvermögen des (später) verdeckt Einlegenden (vgl. *Korn* KÖSDI 2000, 12352, 12353). Vgl. auch *Füger/Rieger* DStR 2003, 628ff. mwN, sowie die von HHR/*Patt* EStG § 6 Rn. R 162 vertretene Beschränkung der Regelung auf Fälle, in denen ein WG des PV verdeckt in eine Kapitalgesellschaft eingelegt wird, deren Beteiligung im Betriebsvermögen gehalten wird.

Ergänzend sei angemerkt, dass die **Regelung in § 6 Abs. 6 Satz 1 EStG,** wonach (nachträgliche) Anschaffungskosten in Höhe des gemeinen Werts des eingelegten Wirtschaftsguts entstehen, in den Fällen der verdeckten Einlage **nicht anzuwenden** ist. Insbesondere stellt die durch die verdeckte Einlage bewirkte Stärkung der Gesellschaftsrechte keine Gegenleistung durch die Gesellschaft dar, sondern ist lediglich Folge *(Reflexwirkung)* der Einlage (vgl. BFH v. 27.7.1988, I R 147/83, BStBl. II 1989, 271, 273; v. 28.2.1990, I R 43/86, BStBl. II 1990, 615, 616); die verdeckte Einlage ist somit **nicht als Tausch** oder tauschähnliches Geschäft zu qualifizieren (HHR/*Patt* EStG § 6 Anm. R 100 mwN und Rn. R 157 sowie Rn. R 158ff. zur Einlage von Sachgesamtheiten, die nach § 16 EStG zu beurteilen sind, und weiteren Einzelheiten; s. auch Blümich/*Ehmcke* EStG § 6 Rn. 1381 und Rn. 1390ff.). 171

Die **ertragsteuerliche Qualifikation als nachträgliche Anschaffungskosten** (und damit die Gewinnrealisation) wird in einigen Fällen neutralisiert bzw. erfolgt erst gar nicht: So bleibt ungeachtet der Erfassung der verdeckten Einlage als nachträgliche Anschaffungskosten der Beteiligung nach der Zuschreibung eine sog. **Teilwertabschreibung** gemäß 6 Abs. 1 Nr. 2 Satz 2 EStG (dh. der Ansatz der Beteiligung mit dem niedrigeren Teilwert) bei Vorliegen einer „voraussichtlich dauernden Wertminderung" (zum Begriff s. BMF v. 28.2.2000, BStBl. I 2000, 372, Rz. 4ff.; v. 10.9.2012, DStR 2012, 1967 zu festverzinslichen Wertpapieren im Umlaufvermögen) möglich (so ausdrücklich: BFH v. 9.3.1977, I R 203/74, BStBl. II 1977, 515; v. 9.9.1986, VIII R 159/85, BStBl. II 1986, 257 zu 5; v. 8.6.2011, I R 98/10, DStR 2011, 1556 zu festverzinslichen Wertpapieren) bzw. geboten (das handelsrechtliche Niederstwertprinzip – vgl. für WG des Anlagevermögens § 253 Abs. 2 Satz 3 HS 2 HGB sowie für WG des Umlaufvermögens § 253 Abs. 3 Satz 1 HGB – schlägt bei (voraussichtlich) dauernder Wertminderung auf die steuerbilanzielle Behandlung dahingehend durch, dass auch in der Steuerbilanz eine Verpflichtung zum Ansatz mit dem (niedrigeren) Teilwert besteht; zu Handels- und Steuerrecht s. auch HHR/*Wendt u. a.* EStG § 6 Rn. R 41 und R 44; Schmidt/*Kulosa* EStG § 6 Rn. 281ff mwN; BeBiKo/*Kozikowski/Roscher* § 253 Rn. 506ff; zu weiteren Einzelheiten s. *Fox* in *Oppenhoff/Rädler* (Hrsg.), Steuerentlastungsgesetz 1999/2000/2002, 2. Aufl., S. 62ff. mwN). Ferner kann – wenn fest steht, dass der Wert der Beteiligung durch die verdeckte Einlage nicht erhöht wird (zB bei Sanierungszuschüssen) – auf die Aktivierung verzichtet werden (*Döllerer* Verdeckte Gewinnausschüttungen und verdeckte Einlagen bei Kapitalgesellschaften, 2. Aufl., 214 mwN). 172

Die **handelsrechtliche Behandlung** der verdeckten Einlage auf der Ebene des bilanzierenden Gesellschafters als **nachträgliche Anschaffungskosten** (§ 255 Abs. 1 Satz 2 HGB) entspricht zwar der überwiegenden Auffassung im Schrifttum, ist aber umstritten. 173

Nach *Döllerer* Verdeckte Gewinnausschüttungen und verdeckte Einlagen bei Kapitalgesellschaften, 2. Aufl., 218 mwN) ist die verdeckte Einlage wertmäßig als nachträgliche Anschaffungskosten der Beteiligung iSd. § 255 Abs. 1 Satz 2 HGB zu behandeln, deren Ansatz allerdings dann unterbleiben kann, sofern im Zeitpunkt der Zuwendung feststeht, dass sich der Wert der Beteiligung durch die verdeckte Einlage nicht erhöht. Zu einem ähnlichen Ergebnis gelangt eine andere Auffassung, wonach verdeckte Einlagen nach den Kriterien für die Herstellung bzw. Erhaltung eines Wirtschaftsgut zu bewerten sind, so dass eine Aktivierung nur bei nachhaltiger Wertsteigerung der Beteiligung erfolgen kann (vgl. BeBiKo/*Grottel/Godek* § 255 Rn. 162 mwN und die Differenzierungen je nach Gegenstand der verdeckten Einlage in Rn. 164, 169, 170 jeweils mwN). 174

einstweilen frei 175

bb) Verdeckt eingelegter Vermögensgegenstand war beim einlegenden Gesellschafter Privatvermögen

176 **Gewinnrealisierung beim einlegenden Gesellschafter:** Stellt der eingelegte Vermögensgegenstand beim einlegenden Gesellschafter steuerlich verstricktes Privatvermögen dar, führt dies im Fall der Einlage von **Beteiligungen iSd. § 17 EStG** (gemäß § 17 Abs. 1 Satz 2 EStG) sowie von **einbringungsgeborenen Anteilen iSd. § 21 UmwStG** (gemäß § 21 Abs. 2 Satz 1 Nr. 4 UmwStG) zu einer steuerpflichtigen Gewinnrealisierung unter Zugrundelegung des *gemeinen Werts* der Anteile (vgl. § 17 Abs. 2 Satz 2 EStG; § 21 Abs. 2 Satz 2 UmwStG; s. zu § 21 UmwStG auch → Rn. 141; vgl. *Stegemann* BB 2003, 79, 80 mwN). Zu einer steuerpflichtigen Gewinnrealisierung – ebenfalls unter Heranziehung des *gemeinen Werts* im Zeitpunkt der Einlage (vgl. § 23 Abs. 3 Satz 2 HS 2 EStG) – kommt es auch bei Einlage von **Grundstücken und grundstücksgleichen Rechten** iSd. § 23 Abs. 1 Satz 1 Nr. 1 EStG, die innerhalb der Spekulationsfrist erfolgen (§ 23 Abs. 1 Satz 5 Nr. 2 EStG). Dagegen kommt es bei verdeckter Einlage **anderer Wirtschaftsgüter** zu keiner Gewinnrealisierung beim Einlegenden, auch nicht bei Übertragung von Wirtschaftsgütern iSd. § 23 Abs. 1 Satz 1 Nr. 2 EStG innerhalb der Spekulationsfrist; dies umfasst insbesondere die verdeckte Einlage von Anteilen an Kapitalgesellschaften, die nicht unter § 17 EStG und § 21 UmwStG fallen (vgl. Schmidt/*Weber-Grellet* EStG § 23 Rn. 52 mwN).

177 Die im Entwurf des StVergAbG noch vorgesehene Ausdehnung des Realisierungstatbestands des § 23 Abs. 1 Satz 5 EStG auf die Einlage sämtlicher unter § 23 EStG fallender Wirtschaftsgüter (also auch für Anteile an Kapitalgesellschaften), ist in der verabschiedeten Fassung des StVergAbG entfallen. Diese Regelung hat auch keinen Eingang in das sog. Korb II-Gesetz v. 22.12.2003 gefunden, so dass bei anderen Wirtschaftsgütern als Grundstücken und grundstücksgleichen Rechten auch künftig die Möglichkeit der steuerfreien Realisierung von Wertsteigerungen durch (verdeckte) Einlagen gegeben ist (vgl. BFH v. 18.12.2000, VIII R 5/00, BFH/NV 2002, 640 zu II. 1. b) bb)).

178 **Nachträgliche Anschaffungskosten beim einlegenden Gesellschafter:** Beim verdeckt aus dem Privatvermögen einlegenden Gesellschafter entstehen durch die verdeckte Einlage grundsätzlich nachträgliche Anschaffungskosten für die Anteile an der aufnehmenden Kapitalgesellschaft in Höhe des **gemeinen Werts** des eingelegten Vermögensgegenstands im Zeitpunkt der Einlage (BFH v. 16.4.1991, VIII R 100/87, BStBl. II 1992, 234; v. 24.4.1997, VIII R 16/94, BStBl. II 1999, 339; v. 26.10.1987, GrS 2/86, BStBl. II 1988, 348; s. auch BFH v. 25.1.1984, I R 183/81, BStBl. II 1984, 422 und v. 26.7.1967, I 138/65, BStBl. III 1967, 733, letztere beide zu Anteilen im Betriebsvermögen; *Döllerer* Verdeckte Gewinnausschüttungen und verdeckte Einlagen bei Kapitalgesellschaften, 2. Aufl., 215; *Wassermeyer* DB 1990, 2288; evtl. aA – Ansatz des Teilwerts – Schmidt/*Weber-Grellet* EStG § 17 Rn. 163).

179 Für die verdeckte Einlage von **wesentlichen Beteiligungen** iSd. § 17 EStG ergibt sich dies seit 1992 aus der durch das StÄndG 1992 eingefügten Regelung in § 17 Abs. 1 Satz 2 EStG (vgl. BMF v. 12.10.1998, DStR 1998, 1754). Gleiches gilt, dh. Ansatz des gemeinen Wertes als nachträgliche Anschaffungskosten der Anteile an der aufnehmenden Kapitalgesellschaft, in den Fällen der verdeckten Einlage von **einbringungsgeborenen Anteilen** iSd. § 21 UmwStG 1995 (vgl. § 21 Abs. 2 Satz 2 UmwStG 1995) sowie von **Grundstücken und grundstücksgleichen Rechten** iSd. § 23 Abs. 1 Satz 1 Nr. 1 EStG.

180 Für **andere Einlagegegenstände,** wie zB für Wertpapiere und nicht wesentliche Anteile an Kapitalgesellschaften, bestehen keine ausdrücklichen gesetzlichen Vorgaben. Sofern die Anteile an der aufnehmenden Kapitalgesellschaft in den Anwendungsbereich des § 17 EStG fallen, sind die Anschaffungskosten dieser Beteiligung an der aufnehmenden Gesellschaft ebenfalls um den gemeinen Wert der eingelegten Beteiligung im Einlagezeitpunkt zu erhöhen (vgl. BFH v. 18.12.2001, VIII R 10/01, BStBl. II 2002, 463 mwN; v. 18.12.2001, VIII R 5/00, BFH/NV 2002, 640). Beide vorgenannten Urteile sind für den Fall der verdeckten Einlage einer wesentlichen Beteiligung in eine Kapitalgesellschaft, an welcher der Einlegende ebenfalls wesentlich beteiligt ist, und vor Einführung des § 17

Abs. 1 Satz 2 EStG ab VZ 1992 ergangen; mit Bezug auf den Ansatz nachträglicher Anschaffungskosten für die Anteile an der aufnehmenden Gesellschaft gelten diese Ausführungen mE unverändert. Dagegen scheidet die Anwendung von § 6 Abs. 6 Sätze 2 und 3 EStG – Ansatz des Teilwerts – in der hier behandelten Fallgruppe mangels Betriebsvermögen des Einlegenden aus (evtl. aA: Schmidt/*Weber-Grellet* EStG § 17 Rn. 163). Sofern die Anteile an der aufnehmenden Kapitalgesellschaft ertragsteuerlich in der steuerlich nicht relevanten Privatsphäre gehalten werden (also nicht unter § 17 EStG, § 21 UmwStG 1995 oder § 23 EStG fallen), ist die Erhöhung der Anschaffungskosten (zunächst) ohne Bedeutung; auch in diesem Fall lässt sich mE unter Heranziehung der o. g. Rspr. des BFH eine Erhöhung der (wenn auch zunächst nicht relevanten) Anschaffungskosten um den gemeinen Wert des eingelegten Wirtschaftsguts annehmen.

einstweilen frei **181**

cc) Behandlung bei der aufnehmenden Kapitalgesellschaft

Die aufnehmende Kapitalgesellschaft (hier C-GmbH) hat den verdeckt eingelegten Vermögensgegenstand grds. mit dem **Teilwert** im Zeitpunkt der Zuführung zu aktivieren (§ 6 Abs. 1 Nr. 5 EStG iVm. § 8 Abs. 1 KStG; BFH v. 9.6.1997, GrS 1/94, BStBl. II 1998, 307 zu C. I. 3.; vgl. Blümich/*Rengers* KStG § 8 Rn. 181 mwN; Blümich/*Krumm* EStG § 5 Rn. 936 mwN; ergänzend ist anzumerken, dass die Regelung des § 6 Abs. 6 Satz 2 EStG lediglich den Ansatz der verdeckten Einlage auf Ebene des Gesellschafters regelt, nicht dagegen den Ansatz bei der empfangenden Gesellschaft; vgl. *Korn* KÖSDI 2000, 12352). Dabei finden die **Wertgrenzen** gemäß § 6 Abs. 1 Nr. 5 Satz 1 HS 2 Buchst. a und b EStG **(Höchstansatz mit Anschaffungskosten)** grds. ebenfalls Anwendung (vgl. BFH v. 11.2.1998, I R 89/97, BStBl. II 1998, 691 zu II. 1. mit umfangreichen Nachweisen zur Auffassung in der Literatur; BFH v. 18.12. 2001, VIII R 10/01, BFH/NV 2002, 583 zu II. 1. b). **182**

Beide vorgenannten Urteile betreffen den Ansatz einer verdeckten Einlage einer wesentlichen Beteiligung iSd. § 17 Abs. 1 EStG (vor Einführung des § 17 Abs. 1 Satz 2 idF des StÄndG 1992) und betreffen somit die Begrenzung gemäß **§ 6 Abs. 1 Nr. 5 Satz 1 HS 2 Buchst. b EStG;** den Entscheidungsgründen ist nicht zu entnehmen, dass die Einschränkung des Ansatz des Teilwerts nach HS 1 des § 6 Abs. 1 Nr. 5 Satz 1 EStG nur in diesen Fällen zur Anwendung gelangt. Dementsprechend ist bei Ansatz der verdeckten Einlage mE auch die Einschränkung des **§ 6 Abs. 1 Nr. 5 Satz 1 HS 2 Buchst. a EStG** zu beachten (ebenso Blümich/*Rengers* KStG § 8 Rn. 181; Schmidt/*Kulosa* EStG § 6 Rn. 748 f.). **183**

Eine Anwendung des § 6 Abs. 1 Nr. 5 Satz 1 HS 2 Buchst. a EStG ist allerdings in den Fällen, in denen eine **wesentliche Beteiligung** iSd. § 17 Abs. 1 EStG (aus einem Privatvermögen) in eine Kapitalgesellschaft verdeckt eingelegt wird, auf Grund der auf der Ebene des Einlegenden gemäß § 17 Abs. 2 Satz 2 EStG mit dem gemeinen Wert zu versteuernden Einlage **nicht gerechtfertigt** (*Thiel* DStR 1992, 1 ff., 6; Schmidt/*Kulosa* EStG § 6 Rn. 749; WM/*Widmann* UmwStG § 20 Rn. 70; offen gelassen in BFH v. 11.2.1998, I R 89/97, BStBl. II 1998, 691 zu II. 2. b). **184**

Handelsrechtlich wäre die verdeckte Einlage bei der aufnehmenden Kapitalgesellschaft (hier der C-GmbH) mangels Anschaffungsvorgang nach allgemeinen Grundsätzen mit den effektiven Anschaffungskosten, bei verdeckten Einlagen somit regelmäßig mit Null anzusetzen. Nach hM wird es aber für zulässig erachtet, dass die Kapitalgesellschaft das erworbene Wirtschaftsgut (hier die Aktien der X-AG) mit dem Wert aktiviert, den die Kapitalgesellschaft bei entgeltlichem Erwerb für dieses aufgewendet hätte (dh. **Verkehrswert**), sog. „fiktive Anschaffungskosten" (BH/*Schulze-Osterloh* GmbHG § 42 Rn. 281; Beck GmbH-HB/*Schwaiger* § 7 Rn. 135 mwN; BeBiKo/*Förschle/Hoffmann* § 272 Rn. 405 mwN; *ADS* HGB § 255 Rn. 97 mwN). Dabei stellt der Verkehrswert die zulässige Obergrenze dar; dem Gesellschafter steht es (im Rahmen der Bestimmung der Wertzuführung auf der Passivseite, → Rn. 187) frei, für den verdeckt eingelegten Vermögensgegenstand einen beliebigen Wert zwischen Null und dem Verkehrswert zu wählen (Beck GmbH-HB/*Schwaiger* § 7 Rn. 135 mwN). **185**

Die auf Grund der verdeckten Einlage entstehende **Vermögensmehrung** bei der aufnehmenden Kapitalgesellschaft ist **steuerfrei** (vgl. § 8 Abs. 3 Satz 3 KStG; BFH v. **186**

3.2.1971, I R 51/66, BStBl. II 1971, 408 und v. 26.10.1987, GrS 2/86, aaO; Schmidt/*Kulosa* EStG § 6 Rn. 755).

187 **Handelsrechtlich** ist die verdeckte Einlage grds. ergebniswirksam in der GuV-Rechnung als **sonstiger betrieblicher Ertrag** iSd. § 275 Abs. 2 Nr. 4 und 15 bzw. Abs. 3 Nr. 6 und 15 HGB mit dem auf der Aktivseite angesetzten Wert (→ Rn. 185) auszuweisen (BFH v. 27.7.1988, I R 147/83, BStBl. II 1989, 271, zu II. 5. c) mwN; v. 1.2.1989, I R 215/84, BFH/NV 1989, 807, zu B. 2. c) aa) mwN; v. 12.1.1977, I R 157/74, BStBl. II 1977, 439; *Döllerer* Verdeckte Gewinnausschüttungen und verdeckte Einlagen bei Kapitalgesellschaften, 2. Aufl., 211 mwN; BeBiKo/*Förschle* HGB § 275 Rn. 91 und 222; *Kußmaul/Klein* DStR 2001, 189 ff., 190 f.). Eine andere Behandlung ergibt sich dann, wenn der Gesellschafter eine bleibende Stärkung des Eigenkapitals bezweckt, diesen Willen auch kund tut und den Wert der Zuführung beziffert; in diesem Fall erfolgt eine Aktivierung des zugeführten Gegenstands zu dem vom Gesellschafter bestimmten Wert (Obergrenze: Verkehrswert), der auf der Passivseite eine **ergebnisneutrale** (dh. ohne GuV-Ausweis) **Dotierung der Rücklagen** nach § 272 Abs. 2 Nr. 4 HGB gegenübersteht (*ADS* HGB § 272 Rn. 137 mwN; Beck GmbH-HB/*Schwaiger* § 7 Rn. 135 mwN; *Kußmaul/Klein* DStR 2001, 191 mwN; *IDW* HFA 2/1996 Abschn. 22 zur „Bilanzierung privater Zuschüsse"; nach *ADS* HGB § 272 Rn. 137 aE, ist – entgegen *IDW* HFA 2/1996 Abschn. 22 – auch bei Unterbleiben einer ausdrücklichen Zwecksetzung von einer Zuführung zum Eigenkapital auszugehen).

188 In der Gliederung des verwendbaren Eigenkapitals war die Vermögensmehrung unter der Geltung des Anrechnungsverfahrens beim sog. EK 04 auszuweisen (§ 30 Abs. 2 Nr. 4 KStG 1999). Durch Einführung des Halbeinkünfteverfahrens durch das StSenkG 2001 ist der Schlussbestand des sog. vEK 04 als Anfangsbestand des steuerlichen **Einlagekontos iSv. § 27 KStG** zu erfassen (§ 39 KStG). Entsprechend sind Vermögensmehrungen auf Grund Einlagen ab Geltung des Halbeinkünfteverfahrens dem steuerlichen Einlagekonto iSv. § 27 KStG nF zuzuordnen (vgl. BMF v. 4.6.2003, BStBl. I 2003, 366 Tz. 26 „Steuerliches Einlagekonto").

189 Sind **einbringungsgeborene Anteile** iSd § 21 UmwStG 1995 Gegenstand einer verdeckten Einlage, verlieren sie bei der aufnehmenden Gesellschaft diese Eigenschaft und unterliegen danach den allgemeinen Besteuerungsregeln (WM/*Widmann* UmwStG § 21 Rn. 500; *Stegemann* BB 2003, 80; UmwSt-Erl., BStBl. I 1998, 268 Tz. 21.07); bei dem Einlegenden führt die verdeckte Einlage zur Realisierung stiller Reserven (§ 21 Abs. 2 Nr. 4 UmwStG; → Rn. 164 f. und 176).

190–195 *einstweilen frei*

VI. Verkehrsteuern

1. Umsatzsteuer

a) Einbringung Betrieb/Teilbetrieb

196 Die Einbringung eines Betriebs oder Teilbetriebs von einer Kapitalgesellschaft (hier A-GmbH) auf eine andere Kapitalgesellschaft (hier C-GmbH) ist regelmäßig als nicht der Umsatzsteuer unterliegende **Geschäftsveräußerung im Ganzen** iSd. § 1 Abs. 1a UStG zu qualifizieren: Denn eine solche Geschäftsveräußerung im Ganzen liegt vor, wenn die wesentlichen Grundlagen eines Unternehmens oder eines gesondert geführten Betriebs an einen Unternehmer für dessen Unternehmen übertragen werden (§ 1 Abs. 1a Satz 1 und 2 UStG; vgl. UStAE 1.5 Abs. 1). Kann das übertragene Vermögen ertragsteuerlich als Betrieb oder Teilbetrieb qualifiziert werden, liegt auch für Zwecke der USt eine Geschäftsveräußerung im Ganzen vor (RHL/*Rasche* Anh. 9 Rn. 49; WM/*Knoll* Anh. 11 Umsatzsteuer Rn. 112: vgl. allgemein UStAE 1.5; *Haase* UStB 2002, 297, 298). Werden (wie im zugrunde gelegten Fall) alle wesentlichen Grundla-

gen des Betriebs/Teilbetriebs (hier Geschäftsbereich XYZ) in die aufnehmende Kapitalgesellschaft (hier C-GmbH) eingebracht werden, liegt somit eine nicht umsatzsteuerbare Geschäftsveräußerung im Ganzen vor. Einzelheiten auch bei → Form. D.5 Rn. 120 ff. – Einbringung Mitunternehmeranteil – und → Form. D.5 Rn. 128 f. – Ausgabe der Anteile an Einbringenden.

Zur Frage, ob es für die Einbringung eines Betriebs/Teilbetriebs ausreicht, wenn einzelne, wesentliche Vermögensgegenstände nicht mit dinglicher Wirkung, sondern **nur** auf Grund **obligatorischer Nutzungsüberlassung** „übertragen" werden, vgl. *Haase* UStB 2002, 298 f. Nach Auffassung der FinVerw. liegt bei einer Einbringung eines Betriebes in eine Gesellschaft eine nicht steuerbare Geschäftsveräußerung im Ganzen auch dann vor, wenn einzelne wesentliche Wirtschaftsgüter nicht mit dinglicher Wirkung übertragen, sondern an die Gesellschaft vermietet oder verpachtet werden (UStAE 1.5 Abs. 3 Satz 2 und 3 mwN; zweifelnd *Haase* UStB 2002, 299). **197**

Dies entspricht auch der **Auffassung des BFH,** der in zwei Urteilen BFH v. 28.11.2002 (V R 3/01, BFH/NV 2003, 436) und BFH v. 4.7.2002 (V R 10/01, BStBl. II 2004, 662) Gelegenheit zur Stellungnahme hatte: Eine Geschäftsveräußerung im Ganzen kann nach der Rspr. des BFH auch dann vorliegen, wenn zwar einzelne wesentliche Betriebsgrundlagen nicht mitübereignet worden sind, diese dem Übernehmer aber **langfristig zur Nutzung** überlassen werden **und** eine **dauerhafte Fortführung** des Unternehmens oder des gesondert geführten Betriebes durch den Übernehmer **gewährleistet** sei (vgl. BFH v. 28.11.2002, V R 3/01, BFH/NV 2003, 436 zu II. 1. a). Der BFH hat insoweit für eine langfristige Nutzungsüberlassung eines Betriebsgrundstücks durch Vermietung eine fest vereinbarte Mietdauer von zehn Jahren (vgl. BFH v. 28.11.2002 – V R 3/01, BStBl. II 2004, 665) und von acht Jahren (vgl. BFH v. 23.8.2007 – V R 14/05, BStBl. II 2008, 165) ausreichen lassen. Demgegenüber lässt der EuGH (vgl. EuGH v. 10.11.2011 – C-444/10, DStR 2011, 2196; s. hierzu den Vorlagebeschluss des BFH v. 14.7.2010 – XI R 27/08, BStBl. II 2010, 1117, und die Folgeentscheidung des BFH v. 18.1.2012 – XI R 27/08, DStR 2012, 516; zur ursprünglich engeren Auffassung: BFH v. 4.7.2002, V R 10/01, BFH/NV 2002, 1684; v. 15.10.1998, V R 69/97, BStBl. II 1999, 41; zuletzt: BFH v. 23.8.2007, V R 14/05, BFH/NV 2008, 316 zu II. 2. c)) **auch kurzfristig kündbare Mietverträge** zu, es sei denn, diese lassen – im Rahmen einer Gesamtbetrachtung – darauf schließen, dass der Erwerber das Unternehmen nicht fortführen will. **198**

Sofern das eingebrachte Vermögen **keinen** Betrieb oder Teilbetrieb iSd. § 1 Abs. 1a UStG darstellt oder die übrigen Voraussetzungen des iSd. § 1 Abs. 1a UStG (insbesondere: Einbringung durch einen Unternehmer) nicht vorliegen, ist die Vermögensübertragung nach Auffassung der Rspr. und FinVerw. und Teilen der Literatur als **steuerbarer Leistungsaustausch** gemäß § 1 Abs. 1 Nr. 1 UStG zu qualifizieren (BFH v. 15.5.1997, V R 67/94, BStBl. II 1997, 705; v. 8.11.1995, XI R 63/94, BStBl. II 1996, 114; v. 13.3.1986, V R 155/75, BFH/NV 1986, 500; UStAE 1.6 Abs. 2 Satz 4). Sofern keine Befreiungsvorschrift des § 4 UStG greift oder auf diese nicht gemäß § 9 UStG verzichtet wird, stellen die einzelnen Übertragungen steuerpflichtige Lieferungen oder sonstige Leistungen dar (vgl. WM/*Knoll* Anh. 11 Umsatzsteuer Rn. 89 mwN). **199**

Bei Vorliegen einer Geschäftsveräußerung im Ganzen tritt die übernehmende Kapitalgesellschaft (hier C-GmbH) gemäß § 1 Abs. 1a Satz 3 UStG an die Stelle des Einbringenden (hier A-GmbH). Dies ist vor allem für die **Berichtigung des Vorsteuerabzugs** nach § 15a UStG bedeutsam: Nach § 15a Abs. 6a UStG (der Regelung in § 1 Abs. 1a UStG entsprechend) wird der für ein Wirtschaftsgut maßgebliche Berichtigungszeitraum durch eine Geschäftsveräußerung bzw. Geschäftseinbringung **nicht** unterbrochen. Die übernehmende Kapitalgesellschaft (hier C-GmbH) tritt in die Verpflichtung des Einbringenden (hier A-GmbH) bzgl. einer Vorsteuerberichtigung wegen geänderter Verwendungsverhältnisse ein (hierzu hat die A-GmbH der C-GmbH die für die Durchführung der Berichtigung erforderlichen Angaben zu machen, § 15a Abs. 6a Satz 2 UStG; ferner ist gemäß § 14c Abs. 1 UStG die Zustimmung des Finanzamtes erforderlich). Weist der Einbringende – trotz des Vorliegens der Voraussetzungen des § 1 Abs. 1a UStG – in einer Rechnung USt gesondert aus, schuldet er die USt gemäß § 14c Abs. 1 UStG; der Erwerber ist (gleichwohl) **nicht zum Vorsteuerabzug** berechtigt (vgl. zur Abzugsfähigkeit unrichtig oder zu Unrecht **200**

in Rechnung gestellter Umsatzsteuer BMF v. 29.1.2004, DStR 2004, 268; BFH v. 11.4.2002, V R 26/01, BFH/NV 2002, 1006; v. 2.4.1998, V R 34/97, BStBl. II 1998, 695). Zur **Berichtigungsmöglichkeit** des Übertragenden nach § 14c Abs. 1 Satz 3 UStG idF des StÄndG 2003 s. BMF v. 29.1.2004, DStR 2004, 268, Tz. 78ff., 81, 82ff.; zur früheren Rechtslage vgl. Abschn. 189 UStR 2000; OFD Berlin v. 17.5.1999, DStZ 2000, 106 sowie BFH v. 11.4.2002, aaO; v. 22.3.2001, V R 11/98, BFH/NV 2001, 1088. Zu Grenzen und Umfang des grds. zulässigen **Vorsteuerabzugs für Umwandlungskosten** des Übertragenden und des Erwerbers).

201 Vgl. iÜ die Übersicht über die Rechtsfolgen der Geschäftsveräußerung, im Ganzen insbesondere mit Bezug auf die **Verpflichtung zu Abrechnung** (Erwerber oder Veräußerer?), die Folgen einer **irrtümlichen Annahme** über das Vorliegen bzw. des Nichtvorliegens einer Geschäftsveräußerung für die Rechnungserteilung bzw. -korrektur sowie die Bestimmung der **Bemessungsgrundlage bei Nichtvorliegen** einer Geschäftsveräußerung im Ganzen *Haase* UStB 2002, 299f.

b) Verdeckte Einlage von Anteilen an Kapitalgesellschaft

202 Die verdeckte Einlage stellt umsatzsteuerlich keinen Leistungsaustausch (Fehlen einer Gegenleistung) dar und dürfte aus diesem Grund bereits nicht steuerbar iSd. § 1 Abs. 1 UStG sein (so *Döllerer* Verdeckte Gewinnausschüttungen und verdeckte Einlagen bei Kapitalgesellschaften, 2. Aufl., 217f.). Nach hM führt die verdeckte Einlage allerdings zu einer unentgeltlichen Wertabgabe nach § 3 Abs. 1b Satz 1 Nr 1 UStG (Bemessungsgrundlage: § 10 Abs. 4 Nr. 1 UStG). Eine Rechnungsstellung ist nach § 14 UStG nicht möglich, damit auch kein Vorsteuerabzug nach § 15 UStG. Eine Lösung könnte beispielsweise die Ausgestaltung der verdeckten Einlage als teilunentgeltliche Übertragung nach § 3 Abs. 1, § 1 Abs. 1 Nr. 1 UStG sein; dadurch ergibt sich auch die Möglichkeit zur Rechnungsstellung nach § 14 Abs. 4 Satz 2 UStG und zu einem korrespondierenden Vorsteuerabzug.

203 Sofern eine Steuerbarkeit angenommen wird, wäre der zugrundeliegende Umsatz gemäß § 4 Nr. 8 Buchst. e bzw. f UStG umsatzsteuerfrei; auf diese Steuerfreiheit kann gemäß § 9 Abs. 1 UStG verzichtet werden.

204–207 *einstweilen frei*

2. Grunderwerbsteuer

208 Geht im Rahmen einer **Einbringung eines Betriebs/Teilbetriebs** auch ein inländisches Grundstück auf die aufnehmende Kapitalgesellschaft über, so löst diese Übertragung Grunderwerbsteuer aus (§ 1 Abs. 1 Nr. 1 oder Nr. 2 GrEStG; RHL/*Rasche* Anh. 8 Rn. 22). Allgemein zur Grunderwerbsteuer bei Umwandlungsvorgängen: → Form. D.1 Rn. 69ff. **Bemessungsgrundlage** war bis 2008 der sog. Bedarfswert iSd. § 138 Abs. 2 oder 3 BewG (§ 8 Abs. 2 Nr. 2 GrEStG). Durch StÄndG 2015 v. 2.11.2015 (BGBl. I 2015, 1834) gilt rückwirkend ab 2009 für offene Fälle als geänderte Bemessungsgrundlage § 152 Abs. 1 iVm. § 157 Abs. 1 und 2 BewG (nach Umsetzung BVerfG v. 23.6.2015, 1 BvL 13/11, 1 BvL 14/11, BStBl. II 2015, 871). Dazu i.E. → Form. D.1 Rn. 73. **Beachte** zur (Mindest-)Bemessungsgrundlage bei einer Veräußerung zwischen den an einer Umwandlung beteiligten Rechtsträgern innerhalb des Rückwirkungszeitraumes im Rückwirkungszeitraum allerdings die geplante Sonderregelung im Rahmen der **GrESt-Reform** (Gesetz zur Änderung des GrEStG, BR-Drs. 355/19 Seite 2): Nach § 8 Abs. 2 Satz 1 Nr. 4 GrEStG-E soll nicht der vereinbarte Kaufpreis, sondern der nach den erbschaftsteuerlichen Grundstücksbewertungsverfahren ermittelten Grundstückswert als Bemessungsgrundlage für die GrESt Anwendung finden.

208a Der **Steuersatz** für Grunderwerbsteuer beträgt, je nach Belegenheit des betroffenen Grundstücks, zwischen 3,5% und 6,5% (Stand: 1.7.2019: Baden-Württemberg: 5,0%; Bayern: 3,5%; Berlin: 6,0%; Brandenburg: 6,5%; Bremen: 5,0%; Hamburg:

4,5%; Hessen: 6,0%, Mecklenburg-Vorpommern: 6,0%; Niedersachsen: 5,0%; Nordrhein-Westfalen: 6,5%; Rheinland-Pfalz: 5,0%; Saarland: 6,5%; Sachsen: 3,5%; Sachsen-Anhalt: 5,0%; Schleswig-Holstein: 6,5%; Thüringen: 6,5%.

Werden **Anteile an einer grundbesitzenden Kapitalgesellschaft** im Rahmen einer verdeckten Einlage übertragen, so kann hierin eine gemäß § 1 Abs. 3 GrEStG steuerpflichtige Anteilsvereinigung oder -übertragung vorliegen (vgl. für die Fälle der Einbringung: WM/*Pahlke* Anhang 12 Rn. 210 iVm. Rn. 124ff.; Gleichl. Ländererlasse v. 26.2.2003, DStR 2003, 980; SHS/*Schmitt* Anh. Verkehrsteuern Rn. 61 mwN). **209**

einstweilen frei **210–214**

VII. Arbeitsrecht

S. zunächst → Form. B.1 Rn. 176ff. und → Form. A.1 Rn. 150ff. **215**

Gehen im Zuge der Einbringung Arbeitsverhältnisse (zum Begriff s. Palandt/*Weidenkaff* BGB Einf. vor § 611 Rn. 5ff.; § 613a Rn. 5 mwN) auf die übernehmende Gesellschaft über (insbesondere bei Betriebs- und Teilbetriebsübertragungen), sind – wie allgemein bei Umstrukturierungsvorgängen – die Voraussetzungen eines **Betriebsübergangs nach § 613a BGB** mit seinen Folgewirkungen für das einzelne Arbeitsverhältnis wie auch für die Weitergeltung bzw. Ablösung von Kollektivvereinbarungen (Betriebsvereinbarungen, Tarifverträge) zu beachten.

Die Voraussetzungen der Anwendbarkeit des § 613a BGB sind im Wesentlichen: (1) ein *Betrieb* oder *Betriebsteil* geht auf einen neuen Inhaber über, (2) der Arbeitnehmer, der sich auf § 613a BGB beruft, war *ausschließlich* bei dem *übergehenden* Betrieb oder Betriebsteil beschäftigt, und (3) der übertragene Betrieb oder Betriebsteil wird beim neuen Inhaber fortgeführt. Zu Vermeidungsstrategien und Gestaltungsmöglichkeiten bei Betriebsübergängen gemäß § 613a BGB s. *Fuhlrott/Salamon* BB 2012, 1793ff. **216**

In diesem Zusammenhang ist darauf hinzuweisen, dass § 613a BGB **keine eigenständige Definition des Betriebsbegriffs** enthält. Da die Regelung der Umsetzung der europäischen Betriebsübergangsrichtlinie (RL 2001/23/EG v. 12.3.2001, ABl. EG Nr. L 082 S. 16) dient, muss ihre Auslegung den Anforderungen der Richtlinie entsprechen **(„richtlinienkonforme Auslegung“).** Nach Art. 1 Abs. 1 Buchst. b der o. g. Richtlinie gilt als Betriebsübergang: „... der Übergang einer ihre Identität bewahrenden wirtschaftlichen Einheit im Sinne einer organisierten Zusammenfassung von Ressourcen zur Verfolgung einer wirtschaftlichen Haupt- oder Nebentätigkeit.“ Nicht ausreichend ist hierfür nach der Rspr. des EuGH und des BAG die bloße Fortführung einer Tätigkeit (Funktionsnachfolge) ohne Übernahme einer „organisatorischen Einheit“ im o. g. Sinn (EuGH v. 11.3.1997, Rs. C-13/95, DB 1997, 628 „Ayse Süzen“; BAG v. 22.1.1998, 8 AZR 243/95, NJW 1998, 2994 zu B. II. 1. mwN). Erforderlich ist die **tatsächliche** Fortführung der wirtschaftlichen Einheit; die bloße Möglichkeit hierzu genügt nicht (BAG v. 18.3.1999, 8 AZR 159/98, NZA 1999, 704). So ist § 613a BGB beispielsweise **nicht** anwendbar bei *Stilllegung des Betriebs/Teilbetriebs* (Palandt/*Weidenkaff* BGB § 613a Rn. 12 mwN; s. zu § 613a BGB *Schiefer/Werzella* DB 2008, 1566ff.); s. iE zu den Voraussetzungen des Betriebsübergangs → Form. A.1 Rn. 169. **217**

Unmittelbare Folge der Anwendbarkeit des § 613a BGB ist der **Übergang der Arbeitsverhältnisse** der in dem *übergehenden* Betrieb oder Betriebsteil beschäftigten Arbeitnehmer mit sämtlichen Rechten und Pflichten auf das Unternehmen, das den betreffenden Betrieb oder Betriebsteil übernimmt (§ 613a Abs. 1 Satz 1 BGB). Besteht im Betrieb des übergehenden Rechtsträgers ein Betriebsrat, gibt **§ 323 Abs. 2 UmwG** den Betriebsparteien die Möglichkeit, in Fällen **zweifelhafter Zuordnung** (z. B. Springer, die in mehreren Betriebsabteilungen eingesetzt sind) im Rahmen eines freiwilligen Interessenausgleichs Festlegungen zu treffen. Die Betriebsparteien haben aber nicht die Rechtsmacht, Arbeitnehmer in einem Interessenausgleich einer nicht übergangsfähigen wirtschaftlichen Einheit zuzuordnen; findet kein Betriebsübergang statt, ist die Zuordnung im Interessenausgleich grob fehlerhaft und damit unverbindlich (BAG v. 19.10.2017, 8 AZR 63/16, NZA 2018, 370) → Form. A.1 Rn. 170. **218**

219 **Gemäß § 613a Abs. 5 BGB** sind die von einem Betriebsübergang betroffenen Arbeitnehmer zwingend zu unterrichten (unabhängig von dem Bestehen einer Arbeitnehmervertretung).

220 Inhaltlich hat der bisherige Arbeitgeber oder der neue Inhaber vor dem Übergang den Arbeitnehmer zu unterrichten über (1) **Zeitpunkt** bzw. geplanter Zeitpunkt des Übergangs, (2) **Grund** für den Übergang, (3) **rechtliche, wirtschaftliche und soziale Folgen** des Übergangs für den Arbeitnehmer, und (4) hinsichtlich der Arbeitnehmer **in Aussicht genommene Maßnahmen** (vgl. iE *Gaul/Otto* DB 2002, 634 f. und 638 ff.). Diese Unterrichtung kann in Form eines gedruckten Textes ohne Unterschriftserfordernis erfolgen, zB durch Kopien, Telefax oder E-Mail) erfolgen. IE → Form. A.1 Rn. 152 ff.

221 Der betroffene Arbeitnehmer kann dem Übergang des Arbeitsverhältnisses gemäß § 613a Abs. 6 BGB **widersprechen.**

222 Anforderungen hinsichtlich **Form, Inhalt** und **Frist** für den Widerspruch ergeben sich aus § 613a Abs. 6 BGB: Der Widerspruch ist in eigenhändig unterzeichneter, **schriftlicher** Form zu erklären (bloß konkludentes Handeln oder Schweigen reicht insoweit nicht mehr) und hat den Willen zum Ausdruck zu bringen, einen Übergang des Arbeitsverhältnisses zu verhindern. Die Erklärung ist **innerhalb eines Monats** nach Zugang der Unterrichtung abzugeben.

223 Zu beachten sind in diesem Zusammenhang die Folgen einer **fehlenden bzw. fehlerhaften Unterrichtung:** Diese führt zunächst dazu, dass die einmonatige Frist nicht in Lauf gesetzt wird. Zu weiteren Einzelheiten, insbesondere sich hieraus möglicherweise ergebenden Schadenersatzansprüche des Arbeitnehmers vgl. *Gaul/Otto* DB 2002, 638 ff.; BAG v. 13.7.2006, 8 AZR 382/05, NZA 2006, 1406; BAG v. 24.5.2005, 8 AZR 398/04, NZA 2005, 1302. IE → Form. A.1 Rn. 177 f.

224 Der ordnungsgemäß und fristgerecht erklärte Widerspruch führt grds. dazu, dass der betroffene Arbeitnehmer bei dem übertragenden Rechtsträger beschäftigt bleibt.

225 Nach einem Betriebsübergang gemäß § 613a BGB besteht das Arbeitsverhältnis der zu dem übergehenden Betrieb zugehörigen Arbeitnehmer mit allen Rechten und Pflichten unter Anerkennung der Vordienstzeiten fort. Wegen der Rechtsfolgen des § 613a BGB sei iE auf → Form. A.1 Rn. 170 ff., für weitere Einzelheiten und Voraussetzungen des § 613a BGB iÜ auf die einschlägige Kommentarliteratur verwiesen (vgl. nur Palandt/*Weidenkaff* BGB § 613a Rn. 5 ff.).

226 Ferner sind **Informations- und Beteiligungsrechte** der Arbeitnehmervertretungen zu prüfen: Auf betriebsverfassungsrechtlicher Ebene stellt sich die Frage des **Bestandes** und der Zusammensetzung von **Betriebsräten** und eines etwaigen **Übergangsmandats** nach § 21a BetrVG. Die Teilung von Unternehmen durch Ausgliederung einzelner Aktivitäten *kann* schließlich eine **sozialplanpflichtige Betriebsänderung** iSd. §§ 111 ff. BetrVG darstellen. Im Einzelnen wird auf → Form. A.1 Rn. 150 ff., Rn. 158 und → Form. B.1 Rn. 180 ff. verwiesen.

227 Dagegen finden die arbeitsrechtlichen Sondervorschriften des Umwandlungsrechts keine Anwendung, da sich die Einbringung durch Einzelrechtsübertragung **außerhalb** des Anwendungsbereichs des UmwG 1995 vollzieht. Zur Frage der analogen Anwendung der Vorschriften des UmwG → Rn. 47 ff.

228–231 *einstweilen frei*

VIII. Kosten und Gebühren

1. Kapitalerhöhungsbeschluss

232 Für die Beurkundung des Kapitalerhöhungsbeschlusses fällt eine 2,0-Gebühr nach Nr. 21100 des Kostenverzeichnisses zum GNotKG an, mindestens jedoch 120 EUR. Der Kapitalerhöhungsbeschluss ist ein Beschluss mit bestimmtem Geldwert, so dass sich der Geschäftswert des Beschlusses hiernach bemisst, mindestens jedoch 30 000 EUR (§ 108 Abs. 1 Satz 2 GNotKG). Der Geschäftswert der Sachkapitalerhö-

hung ist der Wert der zu erbringenden Sacheinlage, hier des einzubringenden Teilbetriebs bzw. der Aktien. Der Nennbetrag der Kapitalerhöhung ist für die Kostenberechnung unerheblich.

Die Änderung des Gesellschaftsvertrages der GmbH im Zuge der Sachkapitalerhöhung ist hinsichtlich der Stammkapitalziffer gegenstandsgleich nach § 109 Abs. 2 Satz 1 Nr. 4 Buchst. a und b GNotKG.

Da der Einbringungsvertrag in Bezug auf den Teilbetrieb sowie die Aktien formfrei geschlossen werden kann, fallen hierfür keinerlei Notargebühren an. Würden im Rahmen der Sachkapitalerhöhung jedoch Geschäftsanteile an einer GmbH eingebracht, so bestünde insoweit eine Beurkundungspflicht (§ 15 Abs. 3 GmbHG). Einbringungsvertrag und Kapitalerhöhungsbeschluss sind gegenstandsverschieden iSd. § 110 Nr. 1 GNotKG (*Diehn/Volpert,* Praxis des Notarkostenrechts, Rn. 1182; Streifzug durch das GNotKG, Rn. 1349 f.). Dessen ungeachtet gebietet die Degression der Kostentabelle eine Zusammenbeurkundung und kann eine getrennte Beurkundung eine unrichtige Sachbehandlung darstellen (*Felix* RNotZ 2018, 378, 379; Korintenberg/*Tiedtke* GNotKG § 21 Rn. 85). Da die getrennte Beurkundung des Einbringungsvertrages somit Mehrkosten nach sich ziehen kann, ist ein Hinweis des Notars nach § 21 GNotKG angezeigt.

2. Übernahmeerklärung

Die im Formular vorgeschlagene Trennung der Übernahmeerklärung von dem Kapitalerhöhungsbeschluss erfolgt vor dem Hintergrund der Kostenersparnis. Diese Trennung ist nach § 55 GmbHG auch zulässig, da die Norm von „notariell aufgenommener oder beglaubigter" Übernahmeerklärung spricht. Im Überblick: 233

- **Übernahmeerklärung (als Bestandteil des Kapitalerhöhungsbeschlusses):** 234
 Die Beurkundung der Übernahmeerklärung löst eine 1,0-Gebühr nach Nr. 21200 des Kostenverzeichnisses aus, mindestens 60 EUR. Die Übernahmeerklärung ist zum Kapitalerhöhungsbeschluss gegenstandsverschieden nach § 110 Nr. 1 GNotKG. Da für den Beschluss eine 2,0-Gebühr nach Nr. 21100 des Kostenverzeichnisses erhoben wird, ist eine Vergleichsrechnung nach § 94 Abs. 1 GNotKG durchzuführen. Es entstehen grundsätzlich gesondert zu berechnende Gebühren, jedoch beschränkt auf die aus dem höheren Gebührensatz (hier 2,0) berechnete Gebühr für den Gesamtbetrag der Werte. Geschäftswert der Übernahmeerklärung ist der Wert der Sacheinlage ohne Schuldenabzug.
- **Separate Beglaubigung der Übernahmeerklärung *mit* Entwurfserstellung** 235
 durch Notar: Erstellt der Notar den Entwurf der Übernahmeerklärung (vgl. § 92 Abs. 2 GNotKG), dann entsteht hierfür eine 0,5-Gebühr nach Nr. 24101 des Kostenverzeichnisses, mindestens 60 EUR. Der Geschäftswert der Übernahmeerklärung ist wiederum der Wert der Sacheinlage ohne Schuldenabzug.
- **Separate Beglaubigung der Übernahmeerklärung *ohne* Entwurfserstellung** 236
 durch Notar: Bei der reinen Beglaubigung der Unterschrift unter der Übernahmeerklärung ohne Entwurfserstellung durch den Notar wird eine 0,2-Gebühr nach Nr. 25100 des Kostenverzeichnisses verwirkt. Der Geschäftswert der Übernahmeerklärung ist wiederum der Wert der Sacheinlage ohne Schuldenabzug. Der Mindestwert der Beglaubigungskosten beträgt 20 EUR, der Höchstwert 70 EUR.

einstweilen frei **237, 238**

3. Übernehmer- und Gesellschafterliste

Hinsichtlich der Kosten für die Erstellung und Einreichung von Übernehmer- und Gesellschafterliste wird auf → Form. D.5 Rn. 154 f. verwiesen. 239

einstweilen frei **240, 241**

4. Anmeldung und Eintragung des Kapitalerhöhungsbeschlusses

242 **Notargebühren.** Für die bloße **Beglaubigung der Handelsregisteranmeldung** ohne Entwurfserstellung durch den Notar fällt eine 0,2-Gebühr nach Nr. 25100 des Kostenverzeichnisses an, höchstens jedoch 70 EUR.

243 Für die **Fertigung und Beglaubigung des Entwurfs der Handelsregisteranmeldung** fällt dagegen eine 0,5-Gebühr nach Nr. 24102 des Kostenverzeichnisses an; die Mindestgebühr beträgt 30 EUR. Der Geschäftswert der Anmeldung bestimmt sich nach § 105 Abs. 1 Satz 1 Nr. 3 GNotKG und entspricht dem Stammkapitalerhöhungsbetrag, mindestens jedoch 30 000 EUR. Die Anmeldung der hiermit zwingend einhergehenden Änderung des Gesellschaftsvertrages ist dieselbe Tatsache und nicht gesondert in Ansatz zu bringen. Demgegenüber wären weitere Änderungen des Gesellschaftsvertrages, die lediglich aus Anlass der Kapitalerhöhung mit angemeldet werden (Firmenänderung, Änderungen des Unternehmensgegenstandes) separate Anmeldetatbestände und deshalb gesondert zu bewerten (BDS/*Bormann* GNotkG § 111 Rn. 14 aE).

244 **Registerkosten.** Die Eintragungsgebühren richten sich nach der Handelsregistergebührenverordnung (HRegGebV v. 30.9.2004 BGBl. I 2004, 2562). Bei den Gebühren handelt es sich um sog. aufwandsbezogene Gebühren, die dem sog. Gebührenverzeichnis als Anlage zu § 1 Satz 1 HRegGebV entnommen werden können. Hier fällt eine Gebühr nach Nr. 2401 des Gebührenverzeichnisses iHv. 210 EUR an.

245–249 *einstweilen frei*

C. Einzelerläuterungen

I. Kapitalerhöhungsbeschluss

250 Die Kapitalerhöhung stellt eine Änderung des Gesellschaftsvertrags dar (das Stammkapital ist wesentlicher Bestandteil des Gesellschaftsvertrags) und erfordert einen **notariell zu beurkundenden** (§ 53 Abs. 2 Satz 1 GmbHG) **Gesellschafterbeschluss** (§ 53 Abs. 1 GmbHG). Der Gesellschafterbeschluss ist mit mindestens $^3/_4$ der abgegebenen Stimmen zu fassen, sofern die Satzung für Satzungsänderungen im Allgemeinen oder für Kapitalerhöhungen im Besonderen nicht weitere (strengere) Abstimmungserfordernisse vorsieht (§ 53 Abs. 2 GmbHG).

251 Der **Betrag** jedes durch die Kapitalerhöhung geschaffenen **neuen Geschäftsanteils** muss seit Inkrafttreten des MoMiG v. 23.10.2008 (BGBl. I 2008, 2026) am 1.11.2008 nicht mehr mindestens 100.– EUR betragen und in Euro durch 50 teilbar sein: vielmehr reicht es nun aus, wenn der neue Geschäftsanteil einen auf volle Euro lautenden Nennbetrag aufweist, so dass die Mindesthöhe für einen Geschäftsanteil 1.– EUR betragen kann (§ 55 Abs. 4 GmbHG iVm. § 5 Abs. 2 GmbH). Anders als bei der AG (§ 182 Abs. 4 AktG) ist es für Kapitalerhöhungen in der GmbH nicht Voraussetzung, dass das bisherige **Stammkapital** bereits **voll eingezahlt** ist. Allerdings haften neu eintretende Gesellschafter gemäß § 24 GmbHG für noch ausstehende Nennbeträge der Geschäftsanteile bisheriger Gesellschafter sowie für ausstehende Geschäftsanteile weiterer Übernehmer (Scholz/*Emmerich* GmbHG § 24 Rn. 16 f.; Hachenburg/*Müller* GmbHG § 24 Rn. 15 ff.); insoweit sollte klargestellt werden, ob die früheren Geschäftsanteile voll eingezahlt bzw. erbracht sind. Zur **Differenzhaftung** → Rn. 44.

251a Allerdings hat der Gesellschaftsvertrag nach § 3 Abs. 1 Nr. 4 GmbHG neben den **Nennbeträgen** auch die **Zahl** der Geschäftsanteile zu bezeichnen, die jeder Gesellschafter auf das Stammkapital übernimmt. Bei – nach § 5 Abs. 2 Satz 2 GmbHG bereits bei Gründung zulässiger – Übernahme mehrerer Geschäftanteile durch den selben Gesellschafter wäre beispielsweise zu formulieren „Die A-GmbH übernimmt drei Geschäftsanteile im Nennbetrag von 10 000.– EUR, 10 000.– EUR und 5 000.– EUR“.

In der **Anmeldung** zum Handelsregister wären in diesem Fall die Geschäftsanteile fortlaufend zu nummerieren und in der einzureichenden Gesellschafterliste den Gesellschaftern jeweils zuzuordnen (§ 8 Abs. 1 Nr. 3 GmbHG). Dagegen ist eine Nummerierung der Geschäftanteile im Gesellschaftsvertrag nicht zwingend notwendig (MünchKomm/*Wicke* GmbHG § 3 Rn. 52), aber zulässig.

Festsetzung des Gegenstandes der Sacheinlage (§ 56 Abs. 1 GmbHG): Sowohl der Gegenstand der Sacheinlage (im Formular: die Einbringung des Geschäftsbereiches XYZ) als auch der Nennbetrag des Geschäftsanteils, auf den sich die Sacheinlage bezieht (im Formular: der Betrag iHv. 25 000.– EUR) müssen im Kapitalerhöhungsbeschluss (§ 56 Abs. 1 Satz 1 GmbHG) sowie in der Übernahmeerklärung (§ 56 Abs. 1 Satz 2 GmbHG; dazu → Rn. 279) festgesetzt werden. Eine Festsetzung im Gesellschaftsvertrag ist – anders als bei Sachgründung (dort § 5 Abs. 4 Satz 1 GmbHG) – dagegen nicht erforderlich (Scholz/*Priester* GmbHG § 56 Rn. 72; Münchener Vertragshandbuch/*Heidenhain/Meister,* GesR, Formular IV.85 Rn. 3 mwN). Dabei ist der Gegenstand der Sacheinlage klar und eindeutig zu umschreiben (Hachenburg/*Ulmer* GmbHG § 56 Rn. 19f.). Bei der Einbringung eines *Unternehmens im Ganzen* ist es grds. ausreichend, das Unternehmen mit seiner Firma oder mit der von diesem im Geschäftsverkehr verwandten Bezeichnung zu benennen (Münchener Vertragshandbuch/*Heidenhain/Meister,* GesR, Formular IV. 7 Rn. 4). Ebenso genügt bei der Einbringung eines Betriebs, eines Betriebsteils oder sonstigen Sachgesamtheiten deren verkehrsübliche Bezeichnung (Münchener Vertragshandbuch/*Heidenhain/Meister,* GesR, Formular IV. 7 Rn. 4 mwN). Eine Bezugnahme auf die Einbringungsbilanz ist nicht erforderlich (*Priester* DB 1980, 19, 20; Scholz/*Winter* GmbHG § 5 Rn. 88). 252

Gegenstand einer Sacheinlage kann grds. jeder übertragbare vermögenswerte Gegenstand sein, also jegliche Gegenstände, die einen fassbaren, zur Verfügung der aufnehmenden GmbH stehenden Vermögenswert haben und hinsichtlich dieses Wertes aus dem Vermögen des Einbringenden ausgeschieden werden können (Hachenburg/*Ulmer* GmbHG § 5 Rn. 39). Hierunter fallen beispielsweise bewegliche Sachen, Grundstücke, Forderungen, Auftragsbestand, sonstige Rechte, immaterielle Wirtschaftsgüter (Patente uÄ) und **Rechts- und Sachgesamtheiten** wie insbesondere Betriebe oder Betriebsteile, die sich aus solchen Einzelwirtschaftsgütern zusammensetzen (im Formular: Geschäftsbereich XYZ). Im Zusammenhang mit der Einbringung eines Betriebes oder Betriebsteils können im Rahmen einer Kapitalerhöhung auch ansonsten unselbstständige immaterielle Wirtschaftsgüter wie Firmenwert, Kundenstamm, Know-how und Goodwill in eine Kapitalgesellschaft (hier GmbH) eingebracht werden. **Nicht** (oder nur sehr eingeschränkt) **einlagefähig** sind etwa Dienstleistungen eines Gesellschafters oder eines Dritten, Bürgschaften des Gesellschafters sowie sonstige obligatorische Ansprüche der Gesellschaft gegen den Einbringenden oder einen Mitgesellschafter (Scholz/*Winter* GmbHG § 5 Rn. 52; WM/*Mayer* Anh. 5 Rn. 30 mwN, 31; → Rn. 23 und 35). Ebenfalls nur eingeschränkt einlagefähig sind obligatorische Nutzungsrechte: Eine Einlagefähigkeit wird bejaht bei obligatorischen Nutzungsrechten *gegenüber Dritten;* obligatorische Nutzungsrechte *gegenüber dem einbringenden Gesellschafter* sind nur einlagefähig, wenn sie dinglicher Natur (wie zB Nießbrauch, Erbbaurecht) und auf Dauer bestellt sind (WM/*Mayer* Anh. 5 Rn. 31; vgl. zu tauglichen Vermögensgegenständen bei verdeckten Einlagen auch Beck GmbH-HB/*Schwaiger* § 7 Rn. 133 mwN). 253

Den Gesellschaftern einer GmbH steht – trotz Fehlen einer ausdrücklichen Regelung wie sie beispielsweise das Aktienrecht (vgl. § 186 AktG) kennt – nach neuer, an erkannter Ansicht ein ungeschriebenes **Bezugsrecht** auf die neuen Geschäftsanteile im Verhältnis ihrer bisherigen Beteiligung am Stammkapital zu (*Priester* DB 1980, 1925; Scholz/*Priester* GmbHG § 55 Rn. 39ff., 41; BH/*Zöllner/Fastrich* GmbHG § 55 Rn. 13 mwN; Hachenburg/*Ulmer* GmbHG § 55 Rn. 39ff.; vgl. *Roth/Altmeppen* GmbHG § 55 Rn. 23 mwN). Soweit die Kapitalerhöhung nicht durch alle Gesell- 254 schafter entsprechend ihrer bisherigen Geschäftsanteile getragen werden soll oder (wie im Formular) die Kapitalerhöhung zur Aufnahme eines weiteren Gesellschafters dient, ist ein (teilweiser) **Bezugsrechtsausschluss** grds. zulässig, aber auch zwingend in den Kapitalerhöhungsbeschluss mit aufzunehmen (BH/*Zöllner/Fastrich* GmbHG § 55 Rn. 13; Beck GmbH-HB/*Schwaiger* § 7 Rn. 29 mwN; zu den weiteren Voraussetzungen, insbesondere des Vorliegens eines sachlichen Grundes s. *Roth/Altmeppen* GmbHG § 55 Rn. 24ff. und Rn. 29 zur Anfechtbarkeit des Beschlusses).

255 In dem Beschluss zur Kapitalerhöhung wird regelmäßig bereits bestimmt sein, wer zur **Übernahme der neuen Geschäftsanteile zugelassen** wird. Dies kann grds. auch zu einem späteren Zeitpunkt durch gesonderte Entscheidung der Gesellschafter oder durch die von den Gesellschaftern beauftragten Geschäftsführer erfolgen (vgl. zum Zulassungsbeschluss und dessen Erfordernis Beck GmbH-HB/*Schwaiger* § 7 Rn. 29 mwN; MünchHdb/*Wegmann* GesR III § 54 Rn. 15). Zur Übernahme zugelassen werden können gemäß § 55 Abs. 2 Satz 1 GmbHG sowohl die bisherigen Gesellschafter als auch „andere Personen, welche durch die Übernahme ihren Beitritt zur Gesellschaft erklären". Zur Übernahmeerklärung → Rn. 276ff.

256 Der **Betrag der Kapitalerhöhung** selbst ist im Formular mit 25000.– EUR vorgesehen, obwohl der Verkehrswert des eingebrachten Geschäftsbereichs XYZ 100000.– EUR beträgt. Dies ist dann (bzw. deshalb) zutreffend, wenn (bzw. weil) der von C-GmbH bisher selbst geführte Betrieb zusammen mit der von B-AG eingebrachten Beteiligung an der X-AG (ebenfalls) einen Wert von 100000.– EUR hat. Der Betrag der vorzunehmenden Kapitalerhöhung berechnet sich nach dem Verhältnis des Werts des eingebrachten Geschäftsbereich XYZ zum Wert der bereits bestehenden GmbH einschließlich der Beteiligung an der X-AG (zu Zeit- bzw. gemeinen Werten) zuzüglich des eingebrachten Betriebs (hier also 100 : 100 = 25 : 25).

257 **Zeitpunkt der Leistung der Sacheinlage.** Die Anmeldung der Kapitalerhöhung zum Handelsregister kann erst erfolgen, nachdem die bedungenen Sacheinlagen in vollem Umfang erbracht wurden und endgültig zur freien Verfügung der Geschäftsführung stehen (§ 7 Abs. 3 iVm. § 56a GmbHG); dies ist bei der Anmeldung zu versichern (§ 8 Abs. 2 GmbHG).

258 Soweit **Einbringungsgegenstand** ein Betrieb oder ein Betriebsteil (hier der auf die C-GmbH übertragene Betriebsteil XYZ) ist, kommt es auf die Übertragung der einzelnen Vermögensgegenstände an: Somit sind erforderlich bei:

- *beweglichen Sachen* eine dingliche Übereignung (§§ 929ff. BGB),
- *Forderungen und Rechten* eine Abtretung (§§ 398ff., 413 BGB – beachte: Beschränkungen bzgl. Übertragbarkeit!),
- *Grundstücken* (als eigenständiger Einbringungsgegenstand oder als Teil des eingebrachten Betriebes oder Betriebsteils) neben der Auflassung und Einigung in notariell beurkundeter Form (§§ 873, 925 BGB) auch die Eigentumsumschreibung im Grundbuch (wohl – noch – hM: Scholz/*Winter* GmbHG § 7 Rn. 40); die Eintragung einer Vormerkung allein ist nicht ausreichend (vgl. *Priester* DNotZ 1980, 515ff., 522f.; *Roth/Altmeppen* GmbHG § 7 Rn. 41; BH/*Fastrich* GmbHG § 7 Rn. 11).

Eine andere Meinung im Schrifttum sieht die Sacheinlage eines Grundstücks schon dann als erbracht an, wenn bindende Einigung und rangwahrender Antrag beim Grundbuchamt oder Eintragung einer Auflassungsvormerkung erfolgt sind (Roth/Altmeppen/*Roth* GmbHG § 7 Rn. 41; Hachenburg/*Ulmer* GmbHG § 7 Rn. 45; BH/*Fastrich* GmbHG § 7 Rn. 11 mwN), so dass die Eintragung der Gesellschaft als Grundstückseigentümerin sicher gewährleistet ist. Unabhängig von diesem (eher rechtstheoretischen) Streit und – vor allem – zur Vermeidung von Verzögerungen sollte **in der Praxis** im Vorfeld der Sachkapitalerhöhung die Handhabung des jeweiligen Registergerichts in Erfahrung gebracht werden.

259 **Änderung des Kapitals von Altgesellschaften – Handelsregistersperre.** Im Zusammenhang mit der Euro-Einführung sind einige Besonderheiten zu beachten:

a) Änderungen des Stammkapitals von Gesellschaften, die **vor dem 1.1.1999** im Handelsregister **eingetragen** worden sind, oder **vor dem 1.1.1999** zum Handelsregister **angemeldet,** aber erst später, bis zum 31.12.2001, eingetragen worden sind („Altgesellschaften"), und ein auf DM lautendes Stammkapital hatten, konnten bis zum 31.12.2001 noch in DM erfolgen. Seit dem 1.1.2002 dürfen Änderungen des Stammkapitals von Altgesellschaften, deren Stammkapital noch auf DM lautet, nur eingetragen werden, wenn (zuvor oder gleichzeitig) „das Kapital auf Euro umgestellt wird und die in Euro berechneten Nennbeträge der Geschäftsanteile auf einen durch zehn teilbaren Betrag, mindestens jedoch auf fünfzig Euro gestellt werden." (§ 86 Abs. 1 Satz 4 GmbHG). Vor einer solchen Umstellung besteht für Kapitalmaßnahmen eine Registersperre; weiterhin können aber Änderungen des Gesellschaftsvertrages, die keine Änderungen des Stammkapitals beinhalten, auch nach dem 31.12.2001 unabhängig von einer vorherigen Umstellung des Stammkapitals auf Euro vorgenommen werden. **260**

b) Bei Gesellschaften, die **zwischen dem 1.1.1999 und dem 31.12.2001** zum Handelsregister **angemeldet und eingetragen** worden sind, kann das Stammkapital auf „krumme" (dem Umrechnungskurs entsprechende) DM-Beträge lauten. Diese Gesellschaften unterliegen keiner Handelsregistersperre bzgl. Kapitalmaßnahmen; allerdings ist bei Änderungen nach dem 1.1.2002 die formale Umstellung auf Euro vorzunehmen. **261**

einstweilen frei **262–264**

II. Einbringungsvertrag

1. Allgemeines

Die Trennung des Einbringungsvertrages von dem Kapitalerhöhungsbeschluss erfolgt hier aus Praktikabilitätsgründen, insb. da für die Übertragung der eingebrachten Geschäftsbetrieb XYZ und Aktien an der X-AG keine besonderen Formvorschriften gelten (→ Rn. 40). Es besteht ebenfalls die Möglichkeit den Einbringungsvertrag in die Urkunde über die Kapitalerhöhung zu integrieren. **265**

2. Übertragung der Vermögensteile

a) Übertragung Geschäftsbetrieb XYZ (insb. §§ 2, 4, 5 und 6)

Für die Ausgestaltung der vertraglichen Bestimmungen zur Übertragung des Geschäftsbetriebs sind – wie oben zu → Rn. 36 ff. dargestellt – zum einen die für den einzelnen Vermögensgegenstand maßgeblichen **Übertragungsmodalitäten** zu beachten, dh. Besitzeinräumung und Übereignung (§§ 929 ff. BGB) für *bewegliche Sachen;* Abtretung (§§ 398 ff., 413 BGB) für *Forderungen und ähnliche Rechte* (insbesondere: Prüfung der Übertragbarkeit); Auflassung und Einigung (§§ 873 ff., 925 ff. BGB) bei *Grundstücken.* **266**

Zum anderen wird in **§ 2 Abs. 3 ff.** zur **vollständigen Erfassung** der zum Geschäftsbetrieb XYZ gehörenden Vermögensgegenstände auf die Einbringungsbilanz und die weiteren Anlagen verwiesen. Die Bezugnahme auf ausführliche Listen mit der genauen Bezeichnung der zu übertragenden Vermögensgegenstände ist neben der Wahrung des sachenrechtlichen Bestimmtheitsgrundsatzes auch zur Vermeidung späterer Zweifel (und ggf. hieraus sich ergebender Streitigkeiten) zu empfehlen. Zu beachten ist insbesondere auch die ausdrückliche Übernahme der zum Geschäftsbetrieb XYZ zugehörigen Schulden und der laufenden Vertragsverhältnissen durch Zustimmung/Genehmigung des jeweiligen Vertragspartners, insbesondere des Gläubigers für eine schuldbefreiende Übernahme von Verbindlichkeiten (vgl. §§ 414, 415 Abs. 1 Satz 1 BGB). **267**

Die Ausgestaltung der – in den **§§ 5 und 6** vorgesehenen – **Gewährleistungen des Einbringenden** (A-GmbH) und der **Rechtsfolgen bei Nichterfüllung** erfolgt grundsätzlich wie bei Unternehmenskäufen in Form von Sachgesamtheiten (Asset Deal). Nachdem die Einbringung durch einen Dritten (A-GmbH) erfolgt, sieht der **268**

Einbringungsvertrag – exemplarisch und ohne Anspruch auf Vollständigkeit – in **§ 5** einige Gewährleistungsklauseln vor. Der Umfang von Zusicherungen und Garantien ist allerdings stets abhängig vom Einzelfall und nicht zuletzt auch Verhandlungssache; auf die zu solchen Gewährleistungsklauseln bei Unternehmenskäufen bestehende Literatur sei verwiesen (zB *Beisel/Klumpp* Der Unternehmenskauf 7. Aufl. 2016; *Rödder/Hötzel/Mueller-Thuns* Unternehmenskauf und Unternehmensverkauf 2003; *Picot* Unternehmenskauf und Restrukturierung 4. Aufl. 2013). Bei der Abgabe von **„Garantien für die Beschaffenheit"** einer Sache iSd. § 444 BGB bzw. von Gewährleistungen/Zusicherungen, die als solche „Garantien" zu qualifizieren sind, ist seit dem Gesetz zur Modernisierung des Schuldrechts vom 26.11.2001 auf die fehlende Möglichkeit des Ausschlusses oder der Beschränkung der Haftung zu achten (vgl. zur Gestaltung von Haftungsklauseln *Strelow/Hein* DB 2003, 1155; *Grönstedt/Jörgens* ZIP 2002, 53; zur Reichweite dieser Beschränkung auch Palandt/*Putzo* Ergänzungsband 61. Aufl. § 443 Rn. 6; § 444 Rn. 12; zur Beseitigung der in der Vertragspraxis aufgekommenen Unsicherheit hinsichtlich der Reichweite des § 444 BGB s. „Entwurf eines Gesetzes zur Änderung des Bürgerlichen Gesetzbuchs (Gesetz zur Beseitigung der Rechtsunsicherheit beim Unternehmenskauf)", BT-Drs. 15/1096; vgl. hierzu auch *Seibt/Reiche* DB 2003, 1560ff.). Zur Vermeidung dieser Unsicherheiten sind in dem Formular daher – wie in der Praxis üblich – die Zusicherung als „selbständiges Garantieversprechen" ausgestaltet.

269 Zur **Wahl des Einbringungs- und Übertragungsstichtags (§ 4)** und deren Folgen, insbesondere ertragsteuerlicher Art, → Rn. 119ff., 124ff.

270, 271 *einstweilen frei*

b) Übertragung Anteile an der X-AG (§ 3)

272 Die verdeckte Einlage der Anteile an der X-AG bedarf der rechtsgeschäftlichen Übertragung; diese erfolgt **bei unverbriefter Mitgliedschaft** (dh. in den Fällen, in denen keine Aktienurkunden ausgegeben wurden) durch Abtretung gemäß § 413 iVm. § 398 BGB. Diese bedarf keiner besonderen Form; eine schriftliche Vereinbarung ist allerdings (zB wegen § 410 BGB) zu empfehlen. Bei **verbrieften Aktien** kann die Übertragung neben der Abtretung nach § 413 iVm. § 398 BGB auch durch alternative Übertragungsformen erfolgen: *Namensaktien* können gemäß § 68 Abs. 1 AktG auch durch Indossament (für die Form des Indossaments, den Rechtsausweis des Inhabers und seine Verpflichtung zur Herausgabe gelten sinngemäß Art. 12, 13 und 16 des Wechselgesetzes; § 68 Abs. 1 Satz 1 AktG), während *Inhaberaktien* auch wie bewegliche Sachen durch Übereignung der Aktienurkunde gemäß §§ 929ff. BGB übertragen werden können. Zur Übertragung nach DepG vgl. Hüffer/*Koch* AktG § 68 Rn. 3; MünchHdb/*Wiesner* GesR IV § 14 Rn. 5 und 15.

273 Obwohl die Übertragung ohne Gegenleistung erfolgt (**§ 3 Abs. 2**), empfiehlt sich die Angabe des für die Aktien an der X-AG anzusetzenden Wertes (hier: Verkehrswert). Dadurch wird der **handelsbilanzielle Ausweis** der eingebrachten Beteiligung in der Bilanz der aufnehmenden C-GmbH bestimmt (→ Rn. 21 mwN sowie → Rn. 185 und 187); würde kein Wert angegeben, wäre die Einlage mangels Anschaffungskosten mit Null anzusetzen und ein Ausweis als Kapitalrücklage iSd. § 272 Abs. 2 Nr. 4 HGB nicht möglich (*Helmrich* BT-Drs. 10/4268 S. 107; *Schulze zur Wiesche* GmbHR 1988, 36; iE → Rn. 185 und 187). Die Festlegung des Ansatzes zum Verkehrswert und die Bestimmung der Zuführung des Gegenwerts zur Kapitalrücklage in **§ 3 Abs. 2** führt somit dazu, dass die Beteiligung an der X-AG mit dem Verkehrswert angesetzt und die daraus resultierende Vermögensmehrung erfolgsneutral in die Kapitalrücklage iSv. § 272 Abs. 2 Nr. 4 HGB eingestellt wird.

274, 275 *einstweilen frei*

III. Übernahmeerklärung

Die im Formular vorgeschlagene **Trennung** der Übernahmeerklärung von dem Kapitalerhöhungsbeschluss erfolgt vor dem Hintergrund der Kostenersparnis (→ Rn. 233); ob im jeweiligen Einzelfall dieser (theoretische) Kostenvorteil besteht, sollte in der Praxis jeweils nachvollzogen werden. 276

Die Übernahme eines neuen Geschäftsanteils stellt einen Vertrag **(Übernahmevereinbarung)** zwischen dem Übernehmer (hier A-GmbH) und der GmbH (hier: C-GmbH) dar (hM; BGH v. 30.11.1967, II ZR 68/55, NJW 1968, 398; vgl. *Roth/Altmeppen* GmbHG § 55 Rn. 12). Bei diesem mitgliedschaftsrechtlichem Geschäft wird die Gesellschaft grds. durch die Gesellschafter vertreten; letztere können allerdings (auch stillschweigend und bereits in dem Erhöhungsbeschluss) die Geschäftsführer der Gesellschaft zur Abgabe der Vertragserklärung ermächtigen (*Roth/Altmeppen* GmbHG § 55 Rn. 12, auch zu der für die Ermächtigung erforderlichen Beschlussmehrheit). In der Übernahmevereinbarung können – sofern das nicht in dem Kapitalerhöhungsbeschluss erfolgt ist – insbesondere die Person des Übernehmers sowie die Einteilung der neuen Geschäftsanteile vereinbart werden. IdR werden aber diese Fragen – wie auch im Formular – bereits im Kapitalerhöhungsbeschluss abschließend geregelt. 277

Die **Erklärung des Übernehmers** nach § 55 Abs. 1 GmbHG ist eine rechtsgeschäftliche Willenserklärung, die entweder in notariell beurkundeter oder in notariell beglaubigten Form abzugeben ist (§ 55 Abs. 1 GmbHG). **Zeitlich** kann die Übernahmeerklärung sowohl vor als auch nach dem Kapitalerhöhungsbeschluss abgegeben werden. 278

Inhaltliche Ausgestaltung: Die Übernahmeerklärung muss zum einen den *Gegenstand* und den *Nennbetrag des Geschäftsanteils,* auf den sich die Sacheinlage bezieht, genau bezeichnen (§ 56 Abs. 1 Satz 2 GmbHG; entsprechend der Festsetzung im Kapitalerhöhungsbeschluss, vgl. oben → Rn. 252). Bei Aufnahme eines Dritten (also eines bisher nicht an der Gesellschaft Beteiligten) muss die Übernahmeerklärung ferner auch die *sonstigen Leistungen* aufführen, zu welchen der Beitretende nach dem Gesellschaftsvertrage verpflichtet sein soll (§ 55 Abs. 2 Satz 2 GmbHG). 279

einstweilen frei 280–282

IV. Handelsregisteranmeldung

Der Beschluss über die Kapitalerhöhung ist von **sämtlichen Geschäftsführern** zur Eintragung in das Handelsregister anzumelden (§ 78 iVm. § 57 Abs. 1 GmbHG). Mehrere Geschäftsführer können die Anmeldung in mehreren Urkunden vornehmen. Die Anmeldung zur Eintragung in das (elektronische) Handelsregister bedarf der **öffentlichen Beglaubigung** durch einen Notar (§ 12 Abs. 1 HGB) und erfolgt durch Einreichung einer elektronischen Fassung des öffentlich beglaubigten Dokuments (hierzu → Form. D.5 Rn. 198a; *Jeep/Wiedemann* NJW 2007, 2439 ff.; KMR/*Roth* § 12 HGB Rn. 8; *Liebscher/Scharff* NJW 2006, 3745, 3747). Gemäß § 12 Abs. 2 Satz 1 HGB sind für das Handelsregister relevante Dokumente ebenfalls in elektronischer Form einzureichen. Die „elektronische Form" muss eine Ablage der Aufzeichnung im Registergericht in unveränderter Form ermöglichen (§ 47 Abs. 1 Satz 2 HRV), so dass sich praktisch eine „elektronische Fotokopie" durch eine Übertragung im PDF- oder TIF-Format empfiehlt (*Sikora/Schwab* MittBayNot 2007, 1). Die Anmeldung setzt voraus, dass die Sacheinlage vollständig bewirkt ist und endgültig in der freien Verfügung der Gesellschaft steht (§ 7 Abs. 3 iVm. § 56a GmbHG). Dies ist von den Geschäftsführern im Rahmen der Handelsregisteranmeldung zu versichern (§ 57 Abs. 2 Satz 1 GmbHG). Diese Versicherung ist strafbewehrt (§ 82 GmbHG) und hat höchst- 283 persönlichen Charakter; dementsprechend kann die Anmeldung **nicht** durch **Bevollmächtigte** erfolgen (hM: BayObLG v. 12.6.1986, 3 Z 29/86, NJW 1987, 136; *Lutter/Hommelhoff* GmbHG § 57 Rn. 1; **aA** OLG Köln v. 1.10.1986, 2 Wx 53/88, NJW 1987, 135; vgl. auch Scholz/*Priester* GmbHG § 57 Rn. 23).

284 Die Anmeldung kann erst erfolgen, **nachdem** das eingebrachte Vermögen rechtswirksam auf die GmbH übergegangen ist (s. Einzelheiten hierzu → Rn. 257 f.).

285 Der Anmeldung sind – wie im Formular vorgesehen – die in § 57 Abs. 3 GmbHG aufgeführten **Anlagen** beizufügen. Dies sind zunächst der *Kapitalerhöhungsbeschluss* (oder eine beglaubigte Abschrift desselben), die *Übernahmeerklärung(en)* (oder eine beglaubigte Abschrift derselben), die von den anmeldenden Geschäftsführern zu unterzeichnende *Liste der Übernehmer* der neuen Sacheinlagen, der *Einbringungsvertrag* sowie der vollständige *Wortlaut des Gesellschaftsvertrages* mit der Bescheinigung nach § 54 Abs. 1 Satz 2 GmbHG (Erfordernis der Vorlage des vollständigen Gesellschaftsvertrages entspricht der hM, vgl. BH/*Zöllner* GmbHG § 57 Rn. 12; Scholz/*Priester* GmbHG § 57 Rn. 13; aA *Roth/Altmeppen* GmbHG § 57 Rn. 5, für den Fall der bloßen Änderung der Stammkapitalziffer, dh. bei Fehlen sonstiger Änderungen des Gesellschaftsvertrages); zur Angabe von nummerierten Geschäftanteilen bei mehreren Geschäftsanteilen → Rn. 251a.

286 Darüber hinaus empfiehlt es sich, zum **Nachweis der Vollwertigkeit der Einlage** dem zur allgemeinen Amtsermittlung (§ 57a GmbHG iVm. § 9c Abs. 1 GmbHG und § 12 FGG) verpflichteten Registerrichter (→ Rn. 287 f.) sowohl einen Sachkapitalerhöhungsbericht der Gesellschafter als auch eine Bescheinigung eines Wirtschaftsprüfers/ Steuerberaters über die Werthaltigkeit der Einlage vorzulegen. Soll der hierfür erforderliche Zeit- und Kostenaufwand vermieden werden, ist dringend zu empfehlen, dies vorab mit dem zuständigen Registergericht und evtl. mit der örtlichen IHK abzustimmen.

287 Ein dem **Sachgründungsbericht** (vgl. § 5 Abs. 4 Satz 2, § 8 Abs. 1 Nr. 4 GmbHG) entsprechender „Sachkapitalerhöhungsbericht" ist bei Kapitalerhöhungen durch Sacheinlage gesetzlich nicht vorgesehen, wird im Schrifttum aber überwiegend empfohlen bzw. verlangt (vgl. Rowedder/Schmidt-Leithoff/*Zimmermann,* 4. Aufl., GmbHG § 57a Rn. 6 f.; *Roth/Altmeppen* GmbHG § 57a Rn. 1; § 56 Rn. 7 mwN; vgl. auch BayObLG v. 27.2.2002, 3 Z BR 35/02, ZIP 2002, 1484 zur AG; → Rn. 34):

288 Nach einer in Rspr. und Literatur verbreiteten Auffassung steht dem Registerrichter – trotz des Fehlens entsprechender Verweisungen für den Bereich der Kapitalerhöhung im Wege der Sacheinlage (vgl. insb. §§ 56, 57a GmbHG) auf die für die Sachgründung geltenden Regelungen für Sachgründungsbericht, § 5 Abs. 4 Satz 2 GmbHG, und für die Unterlagen zum Wertnachweis, § 8 Nr. 5 GmbHG – als Ausfluss seiner allgemeinen Prüfungspflicht gemäß § 57a iVm. § 9c Abs. 1 GmbHG bei der Anmeldung des Kapitalerhöhungsbeschlusses eine Prüfungsbefugnis dahingehend zu, ob der Wert der Sacheinlage mindestens dem Nennbetrag des Geschäftsanteils, auf den sich die Sacheinlage bezieht, entspricht (vgl. OLG Stuttgart GmbHR 1982, 109, 112 mit zust. Anm. *Priester* sowie OLG Thüringen v. 2.11.1993, GmbHR 1994, 710, 712).

289 Es empfiehlt sich daher, entsprechende Unterlagen (Sachkapitalerhöhungsbericht und Wertnachweisunterlagen) zu erstellen und einzureichen und die Einbringungsbilanz mit einem Bestätigungsvermerk eines Angehörigen der steuerberatenden oder wirtschaftsprüfenden Berufe versehen zu lassen. Hieraus sollte sich die Werthaltigkeit der Sacheinlage (zumindest bis zur Höhe der übernommenen Sacheinlage) ergeben und bestätigt werden, dass die Aktiva nicht überbewertet und die Passiva nicht unterbewertet sind. Für der **Einbringung von Unternehmen (Betrieben)** sieht § 5 Abs. 4 Satz 2 HS 2 GmbHG die Angabe der Jahresergebnisse (iSd. § 29 GmbHG) der beiden letzten Geschäftsjahre vor; daneben ist es idR sinnvoll und üblich Angaben zu wesentlichen Merkmalen des zu übertragenden Unternehmens bzw. Betriebs zu machen, wie zB: Anzahl Beschäftigte, Umsatzerlöse (letzte zwei Jahre), evtl. Gewinnerwartung. Zu den Einzelheiten eines Sachkapitalerhöhungsberichts vgl. *Roth/Altmeppen* GmbHG § 5 Rn. 39 ff.; § 56 Rn. 7. Zur Vorlageverpflichtung einer geprüften und testierten Bilanz erst nach Einzelfallüberprüfung durch den Registerrichter vgl. OLG Düsseldorf v. 29.3.1995, NJW 1995, 2927 f. im Fall der Eintragung einer „kleinen" GmbH.

Zur Vermeidung von Verzögerungen bei der Eintragung der Handelsregisteranmeldung sollten daher ein Sachkapitalerhöhungsbericht (Formulierungsbeispiel: → Form. E.4.6) sowie Unterlagen beigefügt werden, mit denen der Wert der Sacheinlage nachgewiesen wird, insbesondere Werthaltigkeitsbescheinigungen eines Wirtschaftsprüfers/Steuerberaters (s. hierzu schon → Rn. 34; ein Formulierungsbeispiel einer solchen Werthaltigkeitsbescheinigung ist in → Form. B.1.7. und in → Form. E.4.6 enthalten; zu Einzelheiten → Form. B.1 Rn. 511 ff.). **290**

Die Kapitalerhöhung wird – wie jede Satzungsänderung – (erst) mit der Eintragung in das Handelsregister **wirksam** (§ 54 Abs. 3 GmbHG). Die Gesellschafter untereinander sind allerdings, soweit nichts anderes vereinbart ist, an die gefassten Beschlüsse unmittelbar gebunden. **291**

Zu beachten ist eine mögliche **Handelsregistersperre** für Gesellschaften, die (1) vor dem 1.1.1999 im Handelsregister eingetragen worden sind (oder vor diesem Zeitpunkt zur Eintragung angemeldet, aber erst später, bis zum 31.12.2001 eingetragen worden sind) **und** (2) ihr Stammkapital noch in DM-Beträgen führen. Zur Eintragung eines Kapitalerhöhungsbeschlusses nach dem 31.12.2001 ist (zunächst) die Umstellung des Stammkapitals auf Euro erforderlich (vgl. § 86 Abs. 1 Satz 4 GmbHG und → Rn. 259 ff.). **292**

D. 7 Einbringung von Einzelunternehmen und Einzelwirtschaftsgütern in GmbH & Co. KG

Gliederung

A. Vertragsformulare

Notarurkunde

D.7.1. Vereinbarung über die Aufnahme neuer Kommanditisten (Beschlussfassung über Kommanditkapitalerhöhung) einschließlich Abtretung der Geschäftsanteile an der Komplementär-GmbH[233 ff.]

Heute, am ...... *[Datum]* – erschien vor mir, ... *[Name],* Notar mit dem Amtssitz in ...... *[Ort],* in der Geschäftsstelle in ...... *[Adresse]:*

1. **Herr A *[Name, Beruf],* wohnhaft in: ...... *[Adresse].* Herr A *[Name]* ist mir, dem Notar, persönlich bekannt *[bzw. Herr A hat sich durch amtlichen Personalausweis ...... ausgewiesen].* Herr A handelt**
   a) **im eigenen Namen, sowie**
   b) **als alleinvertretungsberechtigter, von den Beschränkungen des § 181 BGB befreiter Geschäftsführer der A-Verwaltungs-GmbH mit dem Sitz in ...... *[Ort],* eingetragen im Handelsregister des Amtsgerichts ...... *[Ort]* unter HRB ...... *[Handelsregisternummer],* diese wiederum handelnd**
      aa) **im eigenen Namen, sowie**
      bb) **als alleinige persönlich haftende Gesellschafterin der im Handelsregister des Amtsgerichts ...... *[Ort]* unter HRA ...... *[Handelsregisternummer]* eingetragenen Kommanditgesellschaft unter der Firma A-GmbH & Co. KG mit dem Sitz in ...... *[Ort],***
2. **Herr B *[Name, Beruf],* wohnhaft in: ...... *[Adresse].* Herr B *[Name]* ist mir, dem Notar, persönlich bekannt *[bzw. Herr B hat sich durch amtlichen Personalausweis ...... ausgewiesen].***
3. **Herr C *[Name, Beruf],* wohnhaft in: ...... *[Adresse].* Herr C *[Name]* ist mir, dem Notar, persönlich bekannt *[bzw. Herr C hat sich durch amtlichen Personalausweis ...... ausgewiesen].***

Auf Ansuchen der Erschienenen beurkunde ich den Erklärungen gemäß was folgt:

I. Sachstand

1. **Am Stammkapital der A-Verwaltungs-GmbH mit dem Sitz in ...... *[Ort],* eingetragen im Handelsregister des Amtsgerichts ...... *[Ort]* unter HRB ...... *[Handelsregisternummer],* in Höhe von 50 000.– EUR ist A als alleiniger Gesellschafter mit einem Geschäftsanteil in Höhe von 50 000.– EUR beteiligt. Der diesem Geschäftsanteil zugrunde liegende Nennbetrag des Geschäftsanteils ist, wie Herr A versichert, in voller Höhe eingezahlt. Die Gesellschaft hat keinen Grundbesitz.**
2. **Die A-Verwaltungs-GmbH ist die einzige persönlich haftende Gesellschafterin der im Handelsregister des Amtsgerichts ...... *[Ort]* unter HRA ...... *[Handelsregister-***

nummer] eingetragenen Kommanditgesellschaft unter der Firma A-GmbH & Co. KG mit dem Sitz in ...... *[Ort].* Alleiniger Kommanditist der A-GmbH & Co. KG ist Herr A mit einer Kommanditeinlage (Pflichteinlage und Haftsumme) in Höhe von 50000.– EUR. Die A-Verwaltungs-GmbH hat keine Einlage geleistet und ist am Vermögen der A-GmbH & Co KG nicht beteiligt.

II. Vereinbarung über die Aufnahme neuer Kommanditisten

1. Herr A und die A-Verwaltungs-GmbH als Gesellschafter der A-GmbH & Co. KG nehmen Herrn B und Herrn C als weitere Kommanditisten
– Herrn B mit einer, ins Handelsregister einzutragenden Hafteinlage (Haftsumme) in Höhe von 30000.– EUR,
– Herrn C mit einer, ins Handelsregister einzutragenden Hafteinlage (Haftsumme) in Höhe von 20000.– EUR,
jeweils mit Wirkung ab der Eintragung des Eintritts ins Handelsregister[236], nach folgender Maßgabe in die A-GmbH & Co. KG auf. Die Pflichteinlage eines Gesellschafters entspricht jeweils seiner im Handelsregister einzutragenden Hafteinlage (Haftsumme).

2. Herr B erbringt seine Hafteinlage durch Übertragung des von ihm bisher als Einzelkaufmann unter der Firma „B ......“ *[Firma]* in ...... *[Ort]* betriebenen und im Handelsregister des Amtsgerichts ...... *[Ort]* unter HRA ...... *[Handelsregisternummer]* eingetragenen Handelsgeschäfts, mit allen dazugehörigen Aktiva und Passiva auf die A-GmbH & Co. KG. Die Übertragung erfolgt nach näherer Maßgabe eines gesondert abzuschließenden Einbringungsvertrages. Der Einlage ist eine Einbringungsbilanz zum 31.12.01 *[Datum]* zugrunde zu legen, in der sämtliche dem Einzelunternehmen B ...... zugehörigen Wirtschaftsgüter zu erfassen sind. Die Einbringung erfolgt unter Ansatz des gemeinen Werts (der Vermögensgegenstände des übertragenen Einzelunternehmens); soweit der gemeine Wert des eingebrachten Vermögens die Hafteinlage des Herrn B nach Ziffer 1 übersteigt, wird der Mehrbetrag einer gesamthänderisch gebundenen Rücklage gutgeschrieben.

3. Herr C erbringt seine Hafteinlage durch Übertragung (1) des in seinem Eigentum stehenden, im Grundbuch des Amtsgerichts ...... *[Ort],* Band ...... *[Nr.]* Blatt ...... *[Nr.],* lfd. Nr. ...... eingetragenen Grundstücks, sowie (2) des von ihm gehaltenen Geschäftsanteils Nr. 1 im Nennbetrag von 5000.– EUR an der X-GmbH, eingetragen im Handelsregister des Amtsgerichts ...... *[Ort]* unter HRB ...... *[Handelsregisternummer].* Hierfür
a) überträgt Herr C der A-GmbH & Co. KG zum Alleineigentum den vorbeschriebenen Grundbesitz mit allen Rechten, Pflichten, wesentlichen Bestandteilen und Zubehör (nachfolgend „Grundbesitz“ genannt). [*Vorsehen weiterer Regelungen, wie insbesondere zur*
– Regelung zum Übergang Besitz, Nutzungen und Lasten, die Gefahr eines zufälligen Untergangs und einer zufälligen Verschlechterung, sowie Übergang der Verkehrssicherungspflichten mit dem Stichtag C;
– Sicherung des Anspruchs auf Eigentumsübertragung, d.h. Bewilligung und Beantragung der Eintragung einer Vormerkung gem. § 883 BGB im Grundbuch;
– Bewilligung und Beantragung der Löschung der Vormerkung gleichzeitig mit der Eintragung des Eigentumsübergangs;
– Einigkeit darüber, dass das Eigentum an dem Grundbesitz vom Herrn C auf die A-GmbH & Co. KG übergeht sowie Bewilligung und Beantragung der Eintragung dieses Eigentumsübergangs in das Grundbuch;
– Anweisung an den Notar, die Eintragung des Eigentumsübergangs im Grundbuch erst dann zu veranlassen, wenn dem Notar die Eintragung des Herrn C

als Kommanditist der A GmbH & Co. KG im Handelsregister schriftlich bestätigt oder auf andere Weise nachgewiesen ist;
- **Zustimmung zu etwaigen Erklärungen zur Lastenfreistellung und Beantragung des Vollzugs im Grundbuch;**
- **Vollzugsauftrag an den Notar, sämtliche zur Wirksamkeit und zum Vollzug der Urkunde erforderlichen Erklärungen und Genehmigungen einzuholen und entgegenzunehmen;**
- **Ermächtigung des Notars, die Beteiligten im Grundbuchverfahren uneingeschränkt zu vertreten, insbesondere Anträge zu stellen, zurückzunehmen, abzuändern, einzuschränken und zu ergänzen sowie Rangbestimmungen zu treffen.]**

b) tritt Herr C den vorstehend bezeichneten Geschäftsanteil Nr. 1 im Nennbetrag von 5000.– EUR an den diese Abtretung annehmende A-GmbH & Co. KG ab. Die Abtretung erfolgt mit dinglicher Wirkung zum Tag der Eintragung des Eintritts von Herrn C als Kommanditist der A-GmbH & Co. KG im Handelsregister („Stichtag C").

Die Einbringung erfolgt unter Ansatz der gemeinen Werte; soweit der gemeine Wert des eingebrachten Vermögens die Hafteinlage des Herrn C nach Ziffer 1 übersteigt, wird der Mehrbetrag einer gesamthänderisch gebundenen Rücklage gutgeschrieben.

4. Der Betrag der Hafteinlage eines Kommanditisten bezeichnet jeweils zugleich seinen festen Kapitalanteil iSd. Gesellschaftsvertrages („Kapitalkonto I").

5. Die neuen Kommanditisten nehmen ab dem ...... *[Datum]*, frühestens aber ab dem Zeitpunkt ihrer jeweiligen Eintragung als Kommanditisten im Handelsregister am Gewinn und Verlust der A-GmbH & Co. KG teil.[236]

6. Sofern und soweit sich auf Grund der vorstehend bezeichneten Einlagen Mehr- oder Minderabschreibungen ergeben, soll die sich hierdurch ergebende Gewerbesteuerminderbelastung bzw. -mehrbelastung – abweichend von dem im Gesellschaftsvertrag im Übrigen geltenden Gewinnverteilungsschlüssel – ausschließlich dem jeweils einlegenden Gesellschafter als Vorabgewinn bzw. -verlust zugewiesen werden.

7. Der Gesellschaftsvertrag der A-GmbH & Co. KG wird wie aus der Anlage ...... zu dieser Urkunde ersichtlich neu festgestellt.

III. Abtretung Geschäftsanteile an A-Verwaltungs-GmbH[246]

1. Der in Ziffer I.1. genannte Geschäftsanteil an der A-Verwaltungs-GmbH wird in drei Geschäftsanteile geteilt, nämlich Nr. 1 im Nennbetrag von 25000.– EUR (in Worten: fünfundzwanzigtausend Euro), Nr. 2 im Nennbetrag von 15000.– EUR (in Worten: fünfzehntausend Euro) und Nr. 3 im Nennbetrag von 10000.– EUR (in Worten: zehntausend Euro).

2. Herr A verkauft und tritt den Teilgeschäftsanteil Nr. 2 im Nennbetrag von 15000.– EUR an den diesen Verkauf und diese Abtretung annehmenden Herrn B ab. Die Abtretung erfolgt mit dinglicher Wirkung zum Tag der Eintragung des Eintritts von Herrn B als Kommanditist der A GmbH & Co. KG im Handelsregister („Stichtag B"). Der Kaufpreis für den Verkauf und die Abtretung beträgt 15000.– EUR und ist binnen fünf Bankarbeitstagen nach dem Stichtag B an Herrn B zu bezahlen.

3. Herr A verkauft und tritt den Teilgeschäftsanteil Nr. 3 im Nennbetrag von 10000.– EUR an den diesen Verkauf und diese Abtretung annehmenden Herrn C ab. Die Abtretung erfolgt mit dinglicher Wirkung zum Tag der Eintragung des Eintritts von Herrn C als Kommanditist der A GmbH & Co. KG im Handelsregister („Stichtag C"). Der Kaufpreis für den Verkauf und die Abtretung beträgt 10000.– EUR und ist binnen fünf Bankarbeitstagen nach dem Stichtag C an Herrn C zu bezahlen.

4. Herr A sichert Herrn B und Herrn C jeweils zu, dass ihm der abgetretene Teilgeschäftsanteil uneingeschränkt zusteht, er nicht mit Rechten Dritter belastet ist und er hierüber frei verfügen kann, sowie dass der Teilgeschäftsanteil in voller Höhe eingezahlt ist und dass Rückzahlungen nicht erfolgt sind. Darüber hinausgehende Garantien oder Gewährleistungen, etwa zum Unternehmen der A-Verwaltungs-GmbH selbst oder zu seiner Ertragskraft, werden nicht übernommen.
5. Der guten Ordnung halber erteilt hiermit die A-Verwaltungs-GmbH ihre unwiderrufliche Zustimmung zur Veräußerung des Geschäftsanteils gemäß vorstehenden Ziffern. Der Erwerb der Teilgeschäftsanteile durch Herrn B und Herrn C gilt hiermit als der Gesellschaft gemeldet. Weitere satzungsmäßige Erfordernisse bestehen nicht. Sämtliche Beteiligte verzichten für die heutigen Übertragungen auf etwaige Vorerwerbsrechte.

IV.

Die Kosten dieser Urkunde, ihres Vollzugs und die daraus anfallende Grunderwerbsteuer trägt die A-GmbH & Co. KG. Die sich aus den in vorstehenden Ziffern II.2. und II.3. näher bezeichneten Übertragungsvorgängen evtl. ergebenden Steuern auf das Einkommen (Einkommen-, Gewerbesteuer) werden von dem jeweils Einbringenden getragen.

V.

Der Notar wies die Erschienenen darauf hin, dass …… *[Hinweise des Notars, zB zur Grunderwerbsteuer bei Einbringung des Grundstücks sowie zur unbeschränkten Haftung des Erwerbers der Teilgeschäftsanteile für die nicht erbrachten Geldeinlagen des Verkäufers]*[239]

VI.

Von dieser Urkunde erhalten
- Ausfertigungen: ……,
- beglaubigte Abschriften: ……

Vorgelesen vor dem Notar, von den Erschienenen genehmigt und von diesen und dem Notar eigenhändig wie folgt unterschrieben:

……………………………………………
[Unterschrift]

Handelsregisteranmeldung

D.7.2. Anmeldung der Aufnahme weiterer Kommanditisten zum Handelsregister[256 ff.]

An das
Amtsgericht
Handelsregister

HRA …… *[HRA-Nummer];* A-GmbH & Co. KG

Zur Eintragung in das Handelsregister melden wir an:

Herr B *[Vorname, Nachname],* geboren am …… *[Geburtsdatum],* wohnhaft in …… *[Wohnort],* und Herr C *[Vorname, Nachname],* geboren am …… *[Geburtsdatum],* wohnhaft in …… *[Wohnort],* sind als weitere Kommanditisten in die Gesellschaft eingetreten[256], Herr B mit einer Hafteinlage von 30 000.– EUR, Herr C mit einer Hafteinlage von 20 000.– EUR.

Die Geschäftsräume befinden sich noch in ...... *[Adresse; Ort]*

................................, den ....

..

[Unterschriften sämtlicher[257] Gesellschafter der A-GmbH & Co. KG]

[Beglaubigungsvermerk][256]

B. Grundsätzliche Anmerkungen

I. Sachverhalt

1 Dem Formular liegt folgender Sachverhalt zugrunde: Einzig persönlich haftender Gesellschafter (Komplementär) der A-GmbH & Co. KG ist die nicht am Vermögen der Kommanditgesellschaft beteiligte A-Verwaltungs-GmbH. Alleiniger Gesellschafter der A-Verwaltungs-GmbH mit einem Stammkapital von 50 000.– EUR ist A mit einem Geschäftsanteil iHv. 50 000.– EUR; gleichzeitig ist A alleiniger Kommanditist der A-GmbH & Co. KG mit einer Kommanditeinlage von 50 000.– EUR. Es ist beabsichtigt, B mit einer Kommanditeinlage von 30 000.– EUR und C mit einer Kommanditeinlage von 20 000.– EUR als weitere Kommanditisten in die A-GmbH & Co. KG aufzunehmen, während A mit 50% an der so erweiterten Personengesellschaft beteiligt bleibt. Die Einlagen werden dadurch erbracht, dass B sein bisheriges (im HR eingetragenes) Einzelunternehmen, C ein Grundstück sowie eine 5%ige Beteiligung an der X-GmbH (beides Privatvermögen) jeweils in die A-GmbH & Co. KG einbringen. Um einen Gleichlauf der Beteiligung in der Komplementär-GmbH herzustellen, erwerben B und C ihrem Kommanditanteil entsprechende Quoten an der A-Verwaltungs-GmbH. Die auf die A-GmbH & Co. KG übertragenen Vermögensgegenstände sollen bei dieser mit dem gemeinen Wert angesetzt werden; für den A soll der Vorgang ertragsteuerneutral gestaltet werden.

Graphische Darstellung des Sachverhalts und der Einbringungsvorgänge: 2

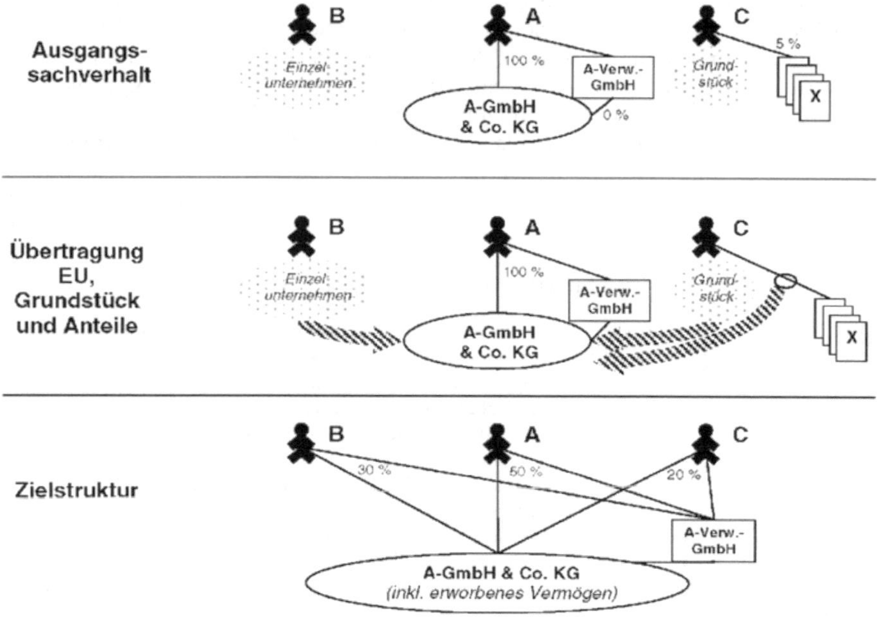

II. Ablaufplan

3 Die zur Erreichung der Zielstruktur erforderlichen Übertragungsakte (Übertragung Einzelunternehmen durch B sowie Übertragung Grundstück und Geschäftsanteile durch C) erfolgen im Rahmen der Aufnahme von B und C als neue Kommanditisten und die Leistung der vereinbarten Hafteinlage durch Sacheinlage. Anders als für Sachkapitalerhöhungen bei Kapitalgesellschaften bestehen bei der Erhöhung des (Kommandit-)Kapitals von Personenhandelsgesellschaften (hier: KG) durch Sacheinlage keine besonderen Regelungen gegenüber Barkapitalerhöhungen (wegen der Haf-tungsregel des § 171 Abs. 1 HGB sind solche Regelungen auch nicht erforderlich; → Rn. 28f.). In zeitlicher Abfolge sind typischerweise folgende Schritte erforderlich:

a) Entwurf des Aufnahmevertrages zwischen den bestehenden Gesellschaftern und den Beitretenden (= Überarbeitung/Neuverhandlung Gesellschaftsvertrag der Personengesellschaft);
b) Entwurf der Übertragungsvereinbarungen zur Belegung der Hafteinlagen der neu eintretenden Gesellschafter (hier: B und C);
c) ggf. Vorbereitung/Erstellung der Einbringungsbilanz;
d) Abschluss der Vereinbarungen a) und b);
e) Anmeldung des Eintritts der neuen Kommanditisten zum Handelsregister;
f) Eintragung des Eintritts im Handelsregister (Wirkung grds. nur deklaratorisch; anders im Formular (→ Form. D.7.1, II.1.) – und idR –, weil für Zwecke der Beschränkung der Außenhaftung gemäß § 176 Abs. 2 HGB hieran angeknüpft wird; → Rn. 15, 23).

4, 5 *einstweilen frei*

III. Wirtschaftliches Vertragsziel und alternative Gestaltungen

6 Mit dem Formular ist zum einen die Zusammenführung der wirtschaftlichen Aktivitäten der A-GmbH & Co. KG mit dem bisher als Einzelunternehmen geführten Betrieb des B und Fortführung in der Form einer Kommanditgesellschaft (erweiterte A-GmbH & Co. KG) beabsichtigt. Zum anderen soll in die A-GmbH & Co. KG der C als Kommanditist aufgenommen werden, der seine Kommanditeinlage durch Einbringung von Vermögensgegenständen aus seinem Privatvermögen (Grundstück; Beteiligung an X-GmbH) erwerben soll. Die Einbringung des Einzelunternehmens sowie die Übertragung der Einzelwirtschaftsgüter erfolgen im Wege einer **Einzelrechtsnachfolge** (und ohne Heranziehung von Vorschriften des Umwandlungsgesetzes). Diese Einbringung soll bzgl. B gemäß **§ 24 UmwStG** jeweils zum gemeinen Wert, dh. **unter Aufdeckung** der in den übertragenen Vermögensgegenständen enthaltenen **stillen Reserven** erfolgen; für C ist der Ansatz mit dem gemeinen Wert ohnehin zwingend (zB nach § 17 EStG für die GmbH-Anteile, bzw. für das Grundstück, vgl. dazu → Rn. 152b).

7 Das Formular beschränkt sich dabei auf die wesentlichen Regelungen des **Aufnahmevertrages** zwischen den bisherigen Gesellschaftern der Kommanditgesellschaft und den neu hinzutretenden Kommanditisten sowie auf die Anmeldung des Beitritts zum Handelsregister.

Nicht erörtert ist der vollständige **Gesellschaftsvertrag der Kommanditgesellschaft** (nach Beitritt der neuen Kommanditisten). Für das **Muster eines Gesellschaftsvertrages einer GmbH & Co. KG** → Form. A.6.3., → Form. A.7.2. und → Form. E.3.2.; vgl. → Form. E.3 Rn. 88 ff.; Muster eines Gesellschaftsvertrages einer **Partnerschaftsgesellschaft** → Form. C.22.2.

Nicht erörtert ist weiter die Vereinbarung zur Durchführung des Beitritts, dh. der **Einbringungsvertrag** zur Überführung des Einzelunternehmens des B auf die A-GmbH & Co. KG. Hinsichtlich der Ausgestaltung des Einbringungsvertrages kann auf die im Teil D.4 (Übertragung Einzelunternehmen enthaltenen Muster (→ Form. D.4.3,) und die Anmerkungen hierzu (→ Form. D.4 Rn. 165 ff.) verwiesen werden.

Die Übertragung der Einzelwirtschaftsgüter des C (Grundstück und Geschäftsanteil an der X-GmbH) auf die A-GmbH & Co. KG bedarf der üblichen notariellen Form (→ Rn. 19 ff.).

Die Übertragung des Einzelunternehmens des B auf die A-GmbH & Co. KG kann alternativ auch durch **Ausgliederung gem. §§ 123, 152 ff. UmwG** erreicht werden (analog → Form. D.1 zur Ausgliederung des Vermögens eines Einzelkaufmanns auf eine GmbH). Die Ausgliederung nach dem UmwG steht allerdings für die Ausgliederung aus dem Vermögen eines Einzelkaufmanns auf eine Personenhandelsgesellschaft nur unter der Voraussetzung zur Verfügung, dass (1) die **Firma** des Einzelkaufmanns **im Handelsregister eingetragen** ist (vgl. § 152 UmwG sowie → Form. D.1 Rn. 6 und → Form. D.4 Rn. 6) und (2) die Ausgliederung auf eine **bereits bestehende** Personenhandelsgesellschaft (oHG, KG) erfolgt. **Nicht zulässig** sind dagegen Ausgliederungen zur **Neugründung** einer Personenhandelsgesellschaft (s. § 152 Satz 1 HS 2 UmwG; zulässig dagegen ist die Ausgliederung auf eine Kapitalgesellschaft zur Neugründung) sowie allgemein Ausgliederungen auf eine Gesellschaft bürgerlichen Rechts (nicht beteiligungsfähiger Rechtsträger). Für den Eintritt der Privatperson C in die A-GmbH & Co. KG ist wegen des vorstehenden Erfordernisses zu (1) die Einzelrechtsnachfolge zwingend (sofern diese Vermögensgegenstände nicht zuvor einem im Handelsregister eingetragenen Einzelunternehmen des C zugeordnet werden können). 8

Sofern die Ausgliederung nach dem UmwG in Betracht kommt, bestehen hinsichtlich der Überführung des Einzelunternehmens – gegenüber der Übertragung im Wege der Einzelrechtsnachfolge – **Vorteile.** Diese bestehen insbesondere hinsichtlich der Erfassung des zu übertragenden Vermögens (Bezugnahme auf Bilanzen und Inventare, soweit hinreichend bestimmt (sachenrechtlicher Bestimmtheitsgrundsatz); vgl. § 126 Abs. 2 Satz 3 UmwG). Vorteile bestehen auch in der uU einfacheren Überleitung von Dauerschuldverhältnissen durch partielle Gesamtrechtsnachfolge (vgl. § 131 Abs. 1 Nr. 1 UmwG), Schließlich eröffnet die Ausgliederung die Möglichkeit der Rückbeziehung der Einbringung für Zwecke der Ertragsteuern um bis zu acht Monate (→ Rn. 97), welche im Anwendungsbereich des § 24 UmwStG nur für die Fälle der Gesamtrechtsnachfolge (idR aufgrund UmwG, → Rn. 94) gegebenen ist. S. zu **Vor- und Nachteilen** der Einzelrechtsnachfolge gegenüber den Übertragungsmöglichkeiten nach dem UmwG auch → Form. D.4 Rn. 3 ff. und → Form. D.6 Rn. 3 ff. jeweils mwN. 9

Die Überlegungen und **Gründe** für einen Eintritt in eine Kommanditgesellschaft allgemein und für die Überführung eines bisher als Einzelunternehmen geführten Betriebes in eine Kommanditgesellschaft können – jenseits der gesamthänderischen Betriebsführung – unterschiedlichster Natur sein. Mit Blick auf die Haftungsstrukturen der GmbH & Co. KG kann aus Sicht des mit seinem Vermögen unbegrenzt haftenden Einzelunternehmers die **Beschränkung der Haftung** für Verbindlichkeiten aus dem Betrieb des Unternehmens von Interesse sein. Auch können Umstände wie **Erbfolgeregelung,** Ermöglichung der **Fremdorganschaft** sowie Eingehung von **Kooperationen** eine Rolle spielen (→ Form. D.4 Rn. 10). Allgemein zu den Kriterien der Rechtsformwahl: *Ortmann-Babel/Zipfel* BB 2007, 1869 und 2205; *Rauenbusch* DB 2008, 656; zu Anlässen, Kriterien und Methodenwahl der Rechtsformwahl; s. auch → Form. D.4 Rn. 11 f.; → Form. D.5 Rn. 7. 10

einstweilen frei 11–14

IV. Zivil-, Handels- und Gesellschaftsrecht

1. Überblick

Die Aufnahme weiterer Gesellschafter (hier: B und C als Kommanditisten) in eine Personen(handels)gesellschaft (hier: A. GmbH & Co. KG) erfolgt durch Abschluss eines **Aufnahmevertrages** zwischen den eintretenden und den bisherigen Gesellschaf- 15 tern (nicht mit der Gesellschaft). Der Aufnahmevertrag stellt eine Änderung des bisherigen Gesellschaftsvertrages dar und bedarf grds. der Mitwirkung sämtlicher Altgesellschafter der Personengesellschaft (BGH v. 29.6.1981, II ZR 142/80, NJW 1981, 2747; BB 1976, 154; BH/*Roth* HGB § 105 Rn. 67 mwN). Mit dem Beitritt der neuen Kommanditisten wird auch das (Haft-)Kapital der Kommanditgesellschaft erhöht (hier um insgesamt 50 000.– EUR). Anders als bei Kapitalgesellschaften wird der Beitritt eines neuen Gesellschafters einer Personengesellschaft (vorbehaltlich anderweitiger Vereinbarungen) mit Abschluss des Aufnahmevertrages wirksam und der Beitretende vollumfänglich Gesellschafter der Personengesellschaft (MünchHdb/*Schulte/Hushahn,* GesR II § 34 Rn. 2); die **Eintragung** des Beitritts der neuen Gesellschafters (hier: Kommanditisten B und C) **im Handelregister** (→ Rn. 256 ff.) hat in diesen Fällen nur deklaratorische Bedeutung. Vor dem Hintergrund der Haftungsbeschränkung beitretender Kommanditisten gemäß § 176 Abs. 2 HGB (hierzu → Rn. 23) ist im Formular – wie in der Praxis üblich – die Aufnahme an den Eintrag des Beitritts des Kommanditisten im Handelsregister geknüpft worden (→ Form. D.7.1., II.1.); bei dieser Gestaltung führt erst die Eintragung in das Handelsregister zu einem Wirksamwerden des Beitritts (→ Rn. 236).

16, 17 *einstweilen frei*

2. Einzelheiten des Aufnahmevertrages

a) Form

18 Der Aufnahmevertrag bedarf – ebenso wie der Gesellschaftsvertrag einer Personengesellschaft – grds. **keiner besonderen Form** (Ausnahmen: → Rn. 19 f.), auch wenn in der Praxis aus Beweisgründen zumindest die Schriftform zu empfehlen ist. Dies gilt auch, soweit der bisherige Gesellschaftsvertrag eine besondere Form vorsieht, da – auf Grund der Mitwirkung aller Gesellschafter – von diesen Regelungen einvernehmlich abgesehen werden kann (vgl. BH/*Roth* HGB § 105 Rn. 63 mwN; Schlegelberger/*Martens* HGB § 161 Rn. 137).

19 Etwas anderes, dh. **besondere Formanforderungen** für den Aufnahmevertrag gelten dann, wenn dieser Vereinbarungen vorsieht, für die eine besondere Form gesetzlich vorgesehen ist. Dies ist insbesondere der Fall (Form: notarielle Beurkundung) für die Verpflichtung des eintretenden Gesellschafters zur Übertragung eines **Grundstücks** (§ 311b Abs. 1 BGB) oder die Verpflichtung zu Übertragung von **Geschäftsanteilen an einer GmbH** (§ 15 Abs. 4 Satz 1 GmbHG); wegen der Einlageverpflichtungen des C ist im Formular die notarielle Beurkundung des Aufnahmevertrages vorgesehen. Keiner besonderen Form bedarf dagegen die Aufnahme eines Gesellschafters in eine Personengesellschaft, in deren Gesellschaftsvermögen sich ein Grundstück befindet (BH/*Roth* HGB § 105 Rn. 55; MünchHdb/*Schulte/Hushahn* GesR II § 34 Rn. 8 mwN); denn in diesem Fall erfolgt der (Mit-)Erwerb des Grundstücks durch den eintretenden Gesellschafter kraft Anwachsung (§ 738 Abs. 1 BGB) und nicht auf Grund rechtsgeschäftlicher Übertragung (vgl. hierzu auch BGH v. 10.3.2008, II ZR 312/06, NZG 2008, 377 zur Übertragung eines GbR-Gesellschaftsanteils bei GmbH-Anteilen als GbR-Gesellschaftsvermögen: grds. keine Beurkundungspflicht nach § 15 Abs. 4 GmbHG, sofern nicht Schutzzweck der Formvorschrift umgangen werden soll; s. *Hohaus/Weber* BB 2010, 2771; *Podewils/Kleinert* DStR 2008, 1148; *Krause* BB 2008, 1251).

20 Bei Eintritt in eine Kommanditgesellschaft in der Form einer **GmbH & Co. KG,** bei der die Kommanditisten in gleicher Höhe auch einen Anteil an der Komplementär-GmbH übernehmen (sog. personen- und beteiligungsgleiche GmbH & Co. KG), ergibt sich ein **Erfordernis zur Beurkundung** bereits auf Grund der Vorschriften zur „Verzahnung" von Komplementär-GmbH und KG, die zur Sicherstellung gleich(bleibend)er Beteiligungsverhältnisse regelmäßig auch Abtretungs- und Erwerbspflichten der Kommanditisten hinsichtlich der Anteile an der Komplementär-GmbH vorse-

hen (es sei denn, es handelt sich um eine sog. Einheitsgesellschaft). Dies gilt in diesen Fällen auch dann, wenn der Aufnahmevertrag selbst keine unmittelbaren Verpflichtungen zum Erwerb der Anteile an der Komplementär-GmbH enthält. Auch ohne solche Regelungen in den Gesellschaftsverträgen der KG und/oder GmbH ist mE bei Aufnahme von Kommanditisten in eine beteiligungsidentische GmbH & Co. KG aus kautelarjuristischer Sicht eine notarielle Beurkundung auch des Aufnahmevertrages grds. zu empfehlen: Denn idR erfolgt der Beitritt in die Kommanditgesellschaft mit der Vorstellung und Intention, in gleicher Beteiligungshöhe auch Anteile an der Komplementär-GmbH zu erwerben; es liegt insofern ein Gesamtgeschäft (bestehend aus dem Erwerb der Kommanditistenstellung und der Anteile an der Komplementär-GmbH) vor. Mit Blick auf die Gefahr einer Nichtigkeit des Aufnahmevertrages gemäß § 125 Satz 1, § 139 BGB bzw. deren späterer Geltendmachung durch einen der Beteiligten sollte daher eine notarielle Beurkundung erwogen werden (vgl. zum Fall der Veräußerung *Binz/Sorg* § 6 Rn. 6ff. mwN; *Roth/Altmeppen* GmbHG § 15 Rn. 96 mwN; s. allg. *Binz/Mayer* NJW 2002, 3054; *Müller* NZG 2011, 201; *Heckschen* NZG 2006, 772; *Fortun/Neveling* BB 2011, 2568).

b) Inhalt

Der Aufnahmevertrag wird zwischen den eintretenden und sämtlichen bisherigen Gesellschaftern geschlossen und stellt eine Änderung des bisherigen Gesellschaftsvertrages dar (→ Rn. 15), ohne dass es eines gesonderten Abschlusses eines neuen Gesellschaftsvertrages bedürfte. Der Aufnahmevertrag sollte daher insbesondere Regelungen enthalten über **(1)** die **Leistung der Einlage** (Zeitpunkt, Art der Leistung und deren Durchführung), **(2)** den **Zeitpunkt** (des Wirksamwerdens) **des Eintritts, (3)** die **Beteiligung** der neu eintretenden Gesellschafter **am Gewinn und Verlust** der Personengesellschaft **(Zeitpunkt und Höhe), (4)** das **Stimmrecht** in Gesellschafterversammlungen, sowie **(5)** eine **Kosten- und Steuerregelung** zu den durch die Aufnahme verursachten Kosten und ausgelösten Steuern (insb. gewerbesteuerliche Effekte, die im Zusammenhang mit der Aufnahme entstehen, wie beispielsweise durch erhöhte AfA-Bemessungsgrundlage oder Wegfall/Beschränkung bestehender gewerbesteuerlicher Verlustvorträge, GrESt bei Einbringung eines Grundstücks, ErbSt bei schenkweiser Einräumung der Gesellschafterstellung sowie USt beim Beitritt von Unternehmern iSd. UStG). Diese Regelungen können entweder insgesamt im Aufnahmevertrag verankert werden oder auf den Aufnahmevertrag und auf den entsprechend neu abgefassten Gesellschaftsvertrag verteilt werden (wie im Formular unterstellt). **21**

Bei der Aufnahme eines Kommanditisten sind noch zwei Besonderheiten zu beachten. Zum einen ist – trotz oder gerade wegen der gesetzlich nicht konsequenten terminologischen Differenzierung – begrifflich zu unterscheiden zwischen der **Pflichteinlage** und der **Haftsumme** des Kommanditisten: Erstere bezeichnet die Leistung, zu der sich der eintretende Kommanditist gegenüber seinen Mitgesellschaftern, also *im Innenverhältnis,* verpflichtet hat; letztere dagegen bezeichnet den Betrag, der im Handelsregister eingetragen und auf dessen Höhe die persönliche Haftung des Kommanditisten gegenüber den Gesellschaftsgläubigern, also *im Außenverhältnis,* gemäß § 172 Abs. 1 HGB beschränkt wird (vgl. hierzu BH/*Hopt* HGB § 171 Rn. 1; *Binz/Sorg* § 5 Rn. 5; *K. Schmidt* GesR § 54 I 2). Pflichteinlage und Haftsumme können auch voneinander **abweichen** (*Binz/Sorg* § 5 Rn. 5 mit Beispiel; BH/*Hopt* HGB § 171 Rn. 1; vgl. auch § 172 Abs. 3 HGB); im Zweifel, dh. bei Fehlen einer ausdrücklichen Vereinbarung, entspricht die Haftsumme der Pflichteinlage (BGH v. 28.3.1977, II ZR 230/75, NJW 1977, 1820f.; *Binz/Sorg* § 5 Rn. 8 mwN; BH/*Hopt* HGB § 171 Rn. 1). Es empfiehlt sich dennoch im Aufnahmevertrag und/oder dem Gesellschaftsvertrag klarzustellen, ob bzw. dass die Pflichteinlagen den im Handelsregister einzutragenden Hafteinlagen entsprechen. **22**

23 Zum anderen ist die **Haftungsvorschrift des § 176 Abs. 2 HGB** (iVm. § 176 Abs. 1 Satz 1 HGB) zu beachten: Hiernach haftet ein neu in die Gesellschaft eintretender Kommanditist grds. für Schulden der Gesellschaft, die zwischen seinem Beitritt zur Gesellschaft und der Eintragung seines Beitritts in Handelsregister entstanden sind, wie ein persönlich haftender Gesellschafter, also unbeschränkt. Um diese Haftung zu vermeiden, wird regelmäßig vereinbart (so auch im Formular), dass der Eintritt erst im Zeitpunkt der Eintragung im Handelsregister wirksam werden soll; es handelt sich dabei um die Vereinbarung einer **aufschiebenden Bedingung,** wonach die rechtliche Wirksamkeit des Beitritts zur Gesellschaft von der **Eintragung im Handelsregister** abhängig sein soll (zur Zulässigkeit dieser Möglichkeit ausdrücklich: BGH v. 28.10.1981, II ZR 129/80, BGHZ 82, 209ff., 212 unter I.1. der Urteilsgründe; sa. Anm. *K. Schmidt* NJW 1982, 886f.; BH/*Hopt* HGB § 176 Rn. 9; *Binz/Sorg* § 5 Rn. 26 mwN; zu § 176 Abs. 2 HGB und dessen Grenzen s. auch *K. Schmidt* ZHR 144 (1980), 192ff.; allgemein zu § 176 HGB: *Binz/Sorg* § 5 Rn. 17ff.). Nach überwiegender Auffassung in der Literatur ist für die Fälle des Beitritts in eine **GmbH & Co. KG** eine Haftung gemäß § 176 Abs. 2 HGB **nicht** gegeben, da davon auszugehen sei, dass ein Gläubiger auf Grund der Firmenführung („GmbH & Co. KG") Kenntnis von der Kommanditisteneigenschaft des Beitretenden habe; dadurch wird der Haftungsausschluss gemäß § 176 Abs. 1 Satz 1 HS 2 HGB begründet (ausführlich *Binz/Sorg* § 5 Rn. 34ff. mwN; so auch: OLG Frankfurt v. 9.5.2007, 13 U 195/06, NZG 2007, 625 mwN zum Meinungsstand; offen gelassen in BGH v. 21.3.1983, II ZR 113/82, NJW 1983, 2259; eine Haftung gemäß § 176 Abs. 2 HGB noch bejahend: BGH v. 18.6.1979, NJW 1980, 54; vgl. zur Haftung des Kommanditisten einer GmbH & Co. KG vor seiner Eintragung im Handelsregister auch *Specks* RNotZ 2008, 143; *Heinze* NZG 2011, 647). Ergänzend sei schließlich angemerkt, dass die Vorschrift des § 176 Abs. 2 HGB nach Ansicht des BGH auch auf den Beitritt eines Gesellschafters durch **derivativen Anteilserwerb** anwendbar ist, sowohl durch rechtsgeschäftliche Abtretung als auch auf Grund erbrechtlicher Rechtsnachfolge (BGH v. 4.3.1976, II ZR 145/75, BGHZ 66, 98ff., 100; BGH v. 21.3.1983, II ZR 113/82, NJW 1983, 2259; s. MünchHdb/*Herchen* GesR II § 30 Rn. 94ff. mwN; **aA:** BH/*Roth* HGB § 176 Rn. 11 mwN zur Gegenansicht; zur „Schonfrist" bei erbrechtlichem Erwerb s. BGH v. 21.3.1983, II ZR 113/82, NJW 1983, 2259).

24 In diesem Zusammenhang stellt sich die Frage, welche Rechte der eintretende Kommanditist in der Schwebezeit wahrnehmen können soll. Insbesondere ist mit Bezug auf die **Teilnahme am Gewinn und Verlust** schon aus praktischen Gründen die Vereinbarung eines bestimmten **Stichtages** sinnvoll. Hierzu ist im Innenverhältnis im Rahmen der Gewinnverteilung eine entsprechende Regelung zu treffen, wonach – unabhängig vom tatsächlichen Zeitpunkt der Eintragung des Beitritts im Handelsregister – ab dem gewählten Zeitpunkt die Gesellschafter sich für Zwecke der Gewinnverteilung so stellen, wie wenn der Beitritt bereits zu diesem Stichtag im Handelsregister eingetragen worden wäre (schuldrechtliche Rückbeziehung gemäß § 159 BGB).

25 **Ertragsteuerrechtlich** ist eine solche schuldrechtliche Rückbeziehung allerdings grds. **unbeachtlich** (→ Rn. 95).

26 Zu beachten sind im Zusammenhang mit der Aufnahme neuer Gesellschafter ferner mögliche **Genehmigungserfordernisse,** insb. bei **Aufnahme Minderjähriger** für die eine Genehmigung durch das Vormundschaftsgericht gemäß § 1822 Nr. 3 BGB erforderlich wird, in den Fällen der Beteiligung der gesetzlichen Vertreter an der Gesellschaft (vgl. § 1629 Abs. 2, § 1795 Abs. 1 Nr. 1 und Abs. 2, § 181 BGB) auch die Bestellung eines Pflegers gemäß § 1909 BGB (vgl. MünchHdb/*Schulte/Hushahn* GesR II § 34 Rn. 4f. mwN), aber auch solche **ehegüterrechtlicher Natur** (vgl. bei gesetzlichem Güterstand das Genehmigungserfordernis des **§ 1365 Abs. 1 BGB;** vgl. BH/*Roth* HGB § 105 Rn. 24; MünchHdb/*Schulte/Hushahn* GesR II § 34 Rn. 6 mwN).

Wie ausgeführt, ist der Aufnahmevertrag unter Mitwirkung sämtlicher Altgesellschafter abzuschließen (→ Rn. 15); diese können sich hierbei auch **vertreten** lassen. Dies kann zunächst durch entsprechende Erteilung einer Vollmacht für den jeweiligen Einzelfall erfolgen; bei Vollmachtserteilung an einen Mitgesellschafter ist § 181 BGB zu beachten (BH/*Roth* HGB § 105 Rn. 50). Zulässig (und insbesondere bei sog. Publikums-GmbH & Co. KG gebräuchlich) ist aber auch die Gestaltung, wonach bereits im Gesellschaftsvertrag der Kommanditgesellschaft entweder die Gesellschaft selbst, die Komplementär-GmbH oder deren Geschäftsführer zur Aufnahme weiterer Kommanditisten „ermächtigt" werden (MünchHdb/*Jaletzke* GesR II § 62 Rn. 7f., 9 und 10 jeweils mwN; *Binz/Sorg* § 13 Rn. 11ff. mwN; Beck PersGes-HB/*Sauter* § 2 Rn. 203 mwN). In den letzten beiden Fällen liegt eine **rechtsgeschäftliche Vollmacht** zum Abschluss eines Aufnahmevertrages im Namen aller (übrigen) Gesellschafter der Personengesellschaft vor, während es sich im ersten Fall um eine echte Ermächtigung (nicht bloß um eine Vollmacht) handelt (BGH v. 14.11.1977, II ZR 95/76 (KG), NJW 1978, 1000; *Binz/Sorg* § 13 Rn. 13 mwN). 27

c) Leistung der Einlage; Sacheinlagen

Durch Leistung der (Haft-)Einlage wird der Kommanditist gemäß § 171 Abs. 1 HS 2 HGB von seiner unmittelbaren Haftung gegenüber den Gläubigern der Gesellschaft frei, die allerdings auch auf den Betrag der Hafteinlage beschränkt ist. Die Einlage ist iSd. § 171 Abs. 1 HGB geleistet, wenn der Gesellschaft ein Vermögenswert in Höhe der Einlage zugeflossen ist; entscheidend ist allein die **tatsächliche Wertzuführung** (**Kapitalaufbringungsprinzip;** BGH v. 8.7.1985, II ZR 269/84, BGHZ 95, 188ff., 197f.; BGH v. 11.12.1989, II ZR 78/89, BGHZ 109, 334ff., 337f.; vgl. BH/*Roth* HGB § 171 Rn. 6 mwN; *Binz/Sorg* § 5 Rn. 9ff. mwN; *Peters* RNotZ 2002, 425ff., 430ff.). Die tatsächliche und wertmäßig vollwertige Leistung der im Handelsregister eingetragenen Hafteinlage ist daher Voraussetzung für eine Enthaftung des betreffenden Kommanditisten. 28

Dementsprechend tritt bei **Sacheinlagen** – deren Werthaltigkeit vom Handelsgericht nicht geprüft wird – ein Haftungsausschluss gemäß § 171 Abs. 1 HS 2 HGB ebenfalls nur ein, soweit die Sacheinlage wertmäßig den Betrag der Hafteinlage deckt. Exkurs zur regelmäßigen Prüfung der Werthaltigkeit bei Kapitalgesellschaften: s. § 33a AktG (Sachgründung) und § 183a AktG (Sachkapitalerhöhung) idF des Gesetzes zur Umsetzung der Aktionärsrichtlinie (ARUG v. 30.7.2009 [BGBl. I 2009, 2479]), wonach von einer Überprüfung durch das Handelsgericht in bestimmten Fällen abgesehen werden kann; vgl. auch die Wesentlichkeitsgrenze in § 9c GmbHG für Sachgründungen bei der GmbH, eingeführt durch das MoMiG v. 23.10.2008 (BGBl. I 2008, 2026); s. hierzu BH/*Fastrich* GmbHG § 9c Rn. 7a. Eine (bewusste oder unbewusste) **Überbewertung der Sacheinlage** durch die Gesellschafter der Kommanditgesellschaft ist insofern für Zwecke der Enthaftung unerheblich, als es allein auf den tatsächlichen Wert der Sacheinlage, also auf den **objektiven Zeitwert,** im Zeitpunkt ihrer Erbringung ankommt (BGH v. 8.7.1985, II ZR 269/84, BGHZ 95, 188ff., 195; *Binz/Sorg* § 5 Rn. 13 mwN; BH/*Roth* HGB § 171 Rn. 6 mwN; MünchHdb/*Herchen* GesR II § 30 Rn. 37 mwN). Dem Kommanditisten, der sich gegenüber Gesellschaftsgläubigern auf die Enthaftungsvorschrift des § 171 Abs. 1 HS 2 HGB beruft, obliegt die volle **Darlegungs- und Beweislast** für die Werthaltigkeit der Sacheinlage im Zeitpunkt ihrer Erbringung (BH/ *Roth* HGB § 171 Rn. 10 mwN; *Binz/Sorg* § 5 Rn. 13 mwN). Im **Ergebnis** ist die Wirkung der Haftungsvorschrift des § 171 Abs. 1 HGB derjenigen der **Differenzhaftung** gemäß § 9 Abs. 1 GmbHG ähnlich (s. hierzu → Form. D.6 Rn. 44). 29

Vgl. zur Möglichkeit der Erbringung der Hafteinlage durch **Aufrechnung** MünchHdb/*Herchen* GesR II § 30 Rn. 39ff. mwN; BH/ *Roth* HGB § 171 Rn. 7; EBJS/*Strohn* HGB § 171 Rn. 48ff. 30

mwN; aus der Rspr.: BGH v. 20.11.1995, II ZR 96/95, DStR 1996, 29 mit Anm. *Goette;* OLG Dresden v. 24.6.2004, 7 W 554/04, NZG 2004, 1155.

d) Sonstige Rechtsfolgen des Eintritts

31 Die Aufnahme eines neuen Gesellschafters lässt die **Identität der Gesellschaft** unberührt (Beck PersGes-HB/*Sauter* § 2 Rn. 204; *K. Schmidt* GesR § 45 II.4. mwN); die **Firma** der Kommanditgesellschaft wird gemäß § 24 Abs. 1 HGB unverändert fortgeführt.

32 Mit Wirksamwerden des Aufnahmevertrages (im Formular: mit Eintragung des Beitritts im Handelsregister) **wächst** das Gesellschaftsvermögen im Verhältnis der Beteiligung des neuen Gesellschafters den Altgesellschaftern **ab** und dem neuen Gesellschafter **an** (*K. Schmidt* GesR § 45 II 5 mwN; vgl. § 738 Abs. 1 Satz 1 BGB, § 105 Abs. 3, § 161 Abs. 2 HGB). Besondere Übertragungshandlungen hinsichtlich der einzelnen Gegenstände des Gesamthandvermögens sind weder nötig noch möglich. Dementsprechend ist auch bei Vorhandensein von Grundstücken im Betriebsvermögen der Personengesellschaft keine Auflassung und Eintragung erforderlich oder möglich (anders lediglich für den Fall des Beitritts zu einer grundbesitzenden GbR, in dem eine Grundbuchberichtigung nach § 894 BGB erforderlich wird; vgl. BGH v. 10.3.2008, II ZR 312/06, NZG 2008, 377 zur Übertragung eines GbR-Gesellschaftsanteils bei GmbH-Anteilen als GbR-Gesellschaftsvermögen; *Podewils/Kleinert* DStR 2008, 1148; *Krause* BB 2008, 1251).

33 Die aufnehmende Personenhandelsgesellschaft **haftet** gem. § 75 AO für betriebliche Steuerschulden des eingebrachten Einzelunternehmens, dh. für **Betriebsteuern,** für Ansprüche auf Erstattung von Steuervergütungen und Steuerabzugsbeträge des eingebrachten Einzelunternehmens (hier des B), die seit dem Beginn des letzten vor dieser Einbringung liegenden Kalenderjahres entstanden sind und die bis zum Ablauf von einem Jahr nach Anmeldung des Betriebes für die Personengesellschaft festgesetzt oder durch die Personengesellschaft angemeldet werden (im Formular: Haftung für Steueransprüche, die im Jahr 01 entstanden sind und deren Anmeldung bzw. Festsetzung bis Dezember 02 erfolgt). Zu den **Betriebssteuern iSd. § 75 AO** zählen im Wesentlichen: Umsatzsteuer (auch USt auf Eigenverbrauch), Gewerbesteuer sowie Zölle und Abschöpfungen, ferner Abzugssteuern wie Lohnsteuer, Kapitalertragsteuer (§ 43 EStG) und Abzugssteuern bei beschränkt steuerpflichtigen Empfängern (§ 50a EStG). Die Haftung ist **beschränkt** auf den **Bestand** des übernommenen Vermögens. Die Haftung nach § 75 AO erfasst dagegen **nicht** persönliche Steuern des Einbringenden (zB Einkommensteuer bei natürlichen Personen, Körperschaftsteuer bei juristischen Personen, Erbschaftsteuer uÄ). Zu Voraussetzungen, Umfang und weiteren Einzelheiten der Haftung nach § 75 AO siehe ausführlich *Bruschke* BB 2019, 2074, 2139.

34–37 *einstweilen frei*

V. Ertragsteuerrecht

1. Überblick; Konkurrenzfragen

38 Die im Formular vorgesehene Aufnahme eines Gesellschafters (hier des B) in eine gewerblich tätige Personengesellschaft (hier der A-GmbH & Co. KG) durch Übertragung eines Betriebes (das Einzelunternehmen des B) auf die Personengesellschaft ist ein Fall des **§ 24 UmwStG** (s. hierzu → Rn. 41, → Rn. 59ff.). Abzugrenzen ist der Anwendungsbereich dieser Vorschrift von dem des **§ 6 Abs. 3 EStG,** welcher – wie § 24 UmwStG – ebenfalls die **Übertragung von Betrieben, Teilbetrieben und Mitunternehmeranteilen** zum Gegenstand hat (→ Rn. 43).

39 Die **Übertragung der Vermögensgegenstände aus dem Privatvermögen** des C (Grundstück; Geschäftsanteil an X-GmbH) auf die A-GmbH & Co. KG ist dagegen nach **allgemeinen ertragsteuerlichen Grundsätzen** (hier insbesondere: § 17 EStG

und ggf. § 23 EStG) zu beurteilen (→ Rn. 52 und → Rn. 150 ff.). Der Vollständigkeit halber wird nachfolgend (→ Rn. 48 ff., 54) auch auf die ertragsteuerliche Beurteilung der **Übertragung einzelner Wirtschaftsgütern aus einem Betriebsvermögen** auf eine Mitunternehmerschaft eingegangen, für welche die (mehrfach geänderte) Vorschrift des **§ 6 Abs. 5 EStG** heranzuziehen ist.

Siehe die **zusammenfassende Übersicht** zu den Anwendungsbereichen der § 24 UmwStG, § 6 Abs. 3 EStG und § 6 Abs. 5 Satz 3 EStG in → Rn. 54. **40**

a) Grundstruktur des § 24 UmwStG

Die Neufassung des § 24 UmwStG durch das SEStEG v. 7.12.2006 (BGBl. I 2006, 2782) hat den Aufbau der Vorschrift und dessen Tatbestandsvoraussetzungen nicht wesentlich verändert: Neu ist insbesondere die Einführung eines **sachlichen Anwendungsbereichs** (→ Rn. 58 ff.), die Umstellung auf die **Regelbewertung mit dem gemeinen Wert** (→ Rn. 110 ff.) und die Einführung einer **Missbrauchsvorschrift** für unter dem gemeinen Wert eingebrachten Anteile an einer Kapitalgesellschaft, → Rn. 107c). Eine Einbringung iSd. § 24 Abs. 1 UmwStG setzt weiterhin voraus, dass ein **Einbringender** (→ Rn. 78 ff.) einen **betrieblichen Einbringungsgegenstand** (sog. „qualifizierte Sachgesamtheit“: Betrieb, Teilbetrieb, oder Mitunternehmeranteil mitsamt wesentlichen Betriebsgrundlagen und zugehörigem Sonderbetriebsvermögen → Rn. 88 ff.) in einem einheitlichen Vorgang auf eine inländische oder ausländische (RHL/*Rasche* § 24 Rn. 50 f.) gewerblich tätige oder gewerblich geprägte Personengesellschaft **(Mitunternehmerschaft) überträgt** (→ Rn. 91) und dem Einbringenden als **Gegenleistung** zumindest (→ Rn. 98 ff.) eine **Mitunternehmerstellung** (hierzu → Rn. 70 u. Rn. 83 ff.) an der aufnehmenden Personengesellschaft gewährt wird (bzw. eine bereits bestehende mitunternehmerische Beteiligung des Einbringenden erhöht wird; → Rn. 84). Wie für Einbringungen nach § 20 UmwStG (→ Form. D. 4 Rn. 72a, 72b, → Form. D.5 Rn. 98a und → Form. D.6 Rn. 73) ist mit dem StÄndG 2015 v. 2.11.2015 (BGBl. I 2015, 1834) das Bewertungswahlrecht in gleicher Weise für Einbringungen nach § 24 UmwStG eingeschränkt worden: Dementsprechend kann bei Einbringung einer qualifizierten Sachgesamtheit (Betrieb oder Teilbetrieb oder ein Mitunternehmeranteil) in eine Mitunternehmerschaft ein Ansatz zu Buchwerten nur noch erfolgen, soweit der gemeine Wert der sonstigen Gegenleistungen nicht die Grenze von **41**

a) 25 % des Buchwerts des eingebrachten Betriebsvermögens oder
b) 500 000.– EUR, höchstens jedoch den Buchwert des eingebrachten Betriebsvermögens,

übersteigt (§ 24 Abs. 2 Satz 2 Nr. 2 UmwStG). Anders als § 20 Abs. 2 Satz 4 und § 21 Abs. 1 Satz 3 UmwStG aF enthielt § 24 UmwStG aF keine ausdrückliche Regelung, wonach im Zuge einer Einbringung eine zusätzliche Gegenleistung erbracht werden kann, ohne dass die stillen Reserven des eingebrachten Vermögens aufzudecken waren. BFH v. 18.9.2013 (X R 42/10, BStBl. II 2016, 639) hat allerdings entschieden, dass finanzielle Gegenleistungen auch im Rahmen des § 24 UmwStG aF bis zur Höhe des Buchwerts des eingebrachten Betriebsvermögens zulässig sind, ohne dass es zu einer Aufdeckung stiller Reserven kommt.

Liegen die vorgenannten Voraussetzungen vor, so ergeben sich die ertragsteuerlichen **Rechtsfolgen** der Einbringung aus Absätzen 2 bis 4 der Vorschrift, die zum Teil denen des § 20 UmwStG (hierzu insb. → Form. D.6 Rn. 63 ff.) entsprechen; diese sind im Wesentlichen:

- **Ansatzwahlrecht** der aufnehmenden Gesellschaft (Buchwert, gemeiner Wert, Zwischenwert) hinsichtlich des eingebrachten Betriebsvermögens, § 24 Abs. 2 UmwStG (→ Rn. 110 ff.);
- **Besteuerung** des tauschähnlichen Einbringungsvorgangs **beim Einbringenden** auf Grund der von der Personengesellschaft angesetzten Werte (uU mit Tarifbegünstigung gemäß § 34 Abs. 1 und 3 EStG), § 24 Abs. 3 UmwStG (→ Rn. 150 ff.);

- **Eintritt in** die ertragsteuerliche **Rechtsstellung des Einbringenden,** insb. hinsichtlich AfA und Vorbesitzzeiten, § 24 Abs. 4 iVm. § 23 Abs. 1, 3 und 4 UmwStG (→ Rn. 174ff.);
- **Rückbeziehung der Einbringung** in den Fällen der Gesamtrechtsnachfolge, § 24 Abs. 4 HS 2 UmwStG (→ Rn. 94ff.).

41a Grob schematisch lassen sich die tatbestandlichen Voraussetzungen der Einbringung iSd. § 24 UmwStG wie folgt darstellen:

Schema Einbringung gem. § 24 UmwStG
• **Sachlicher Anwendungsbereich:** Nur die in § 1 Abs. 3 UmwStG aufgeführten Fälle eröffnen den Anwendungsbereich des § 24 UmwStG; das sind insbes. Verschmelzung, Aufspaltung, Abspaltung und Ausgliederung (iSd. UmwG) auf eine Personenhandelsgesellschaft sowie die Übertragung von qualifizierten Sachgesamtheiten des Betriebsvermögens im Wege der Einzelrechtsnachfolge auf eine Personengesellschaft. Einzelheiten: → Rn. 58–77.
• **Persönlicher Anwendungsbereich:** keinerlei Beschränkung hinsichtlich der Person des Einbringenden (§ 1 Abs. 4 Satz 2 UmwStG).
• **Begünstigter Einbringungsgegenstand:** Betrieb, Teilbetrieb und Mitunternehmeranteil sowie 100%igen Anteil an Kapitalgesellschaft (sog. qualifizierte Sachgesamtheiten) ; → Rn. 58–77 und 88ff.
• **Gegenleistung in Form der Gewährung von Gesellschaftsrechten:** der Einbringende muss die Rechtsstellung eines Mitunternehmers erlangen oder verstärken; → Rn. 83–86.
• Die **(zusätzliche) Gewährung sonstiger Gegenleistungen** ist nicht schädlich, soweit der gemeine Wert der sonstigen Gegenleistungen nicht die Grenze von a) 25% des Buchwerts des eingebrachten Betriebsvermögens oder b) 500000.– EUR, höchstens jedoch den Buchwert des eingebrachten Betriebsvermögens, übersteigt (§ 24 Abs. 2 Satz 2 Nr. 2 UmwStG). Vgl. → Rn. 87 und → Rn. 98–106.
• **Bewertungswahlrecht:** die aufnehmende Personengesellschaft kann das eingebrachte Vermögen mit dem Buchwert, dem gemeinen Wert oder einem Zwischenwert ansetzen; → Rn. 110, 126ff. (Buchwert), → Rn. 139f. (gemeiner Wert) und → Rn. 146f. (Zwischenwert). Dieser Wertansatz beeinflusst unmittelbar die Besteuerung des Einbringenden.
• **Rechtsfolgen beim Einbringenden (§ 24 Abs. 3 UmwStG)** – Einzelheiten: → Rn. 150ff.: – *Buchwertansatz:* es entsteht für den Einbringenden kein Einbringungsgewinn; – *Ansatz zum gemeinen Wert:* Realisierung eines Einbringungsgewinns beim Einbringenden; dieser Gewinn ist bei natürlichen Personen als Einbringende grundsätzlich gem. §§ 16, 34 EStG tarifbegünstigt; – *Ansatz zum Zwischenwert:* Entstehen eines Einbringungsgewinns beim Einbringenden, der allerdings nicht tarifbegünstigt ist.
• **Rückbeziehung:** Erfolgt die Übertragung im Wege einer Gesamtrechtsnachfolge, kann die Einbringung um bis zu acht Monate zurückbezogen werden (§ 24 Abs. 4 UmwStG); → Rn. 93–97.

41b Einen guten Überblick über das Grundprinzip der Einbringungsfälle nach § 24 UmwStG mitsamt zweier schematischer **Checklisten für den Einbringenden** sowie **für die übernehmende Gesellschaft** gibt auch OFD Karlsruhe v. 8.10.2007 (DStR 2007, 2326); die Verfügung ist zwar zu § 24 UmwStG 1995 (= UmwStG aF) ergangen und berücksichtigen naturgemäß **nicht die neu hinzugekommenen Beschränkungen** hinsichtlich erhaltener sonstiger Gegenleistungen, die nachfolgend hieraus abgedruckten Checklisten sind aber darüber hinaus noch anwendbar und gelten auch für Einbringungsfälle ohne Auslandsbezug, auf die § 24 UmwStG 2006 Anwendung findet:

Checkliste für den/die Einbringenden:

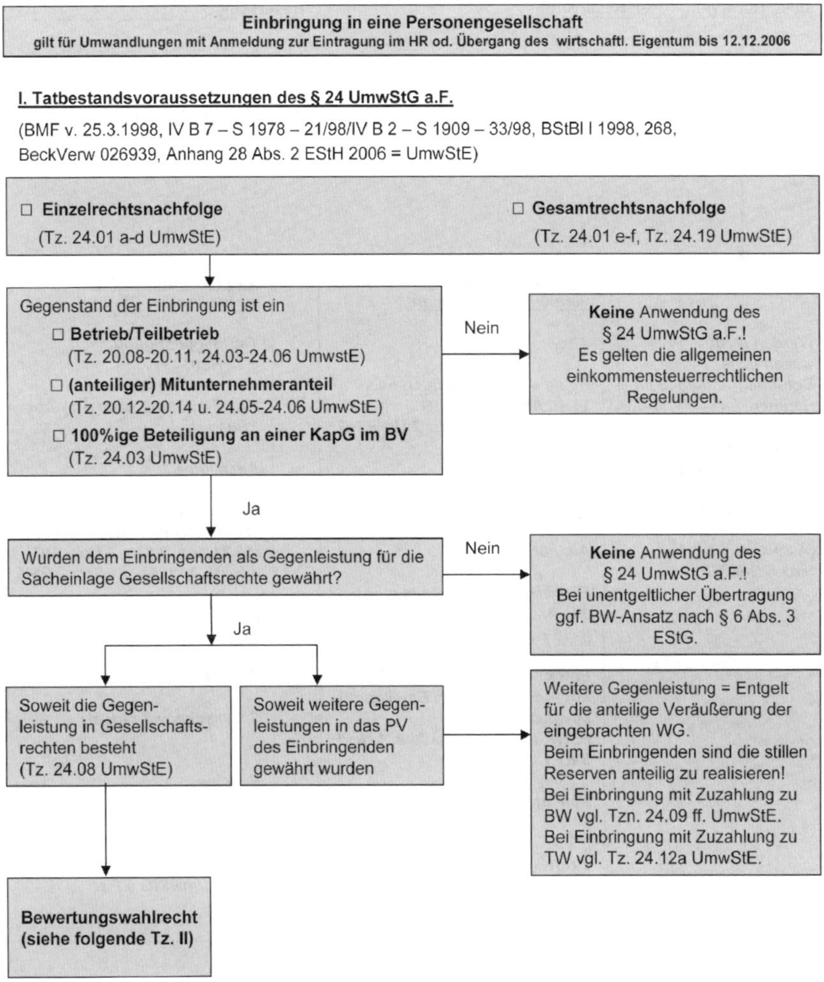

II. Bewertungswahlrecht (§ 24 Abs. 2 UmwStG a.F.)

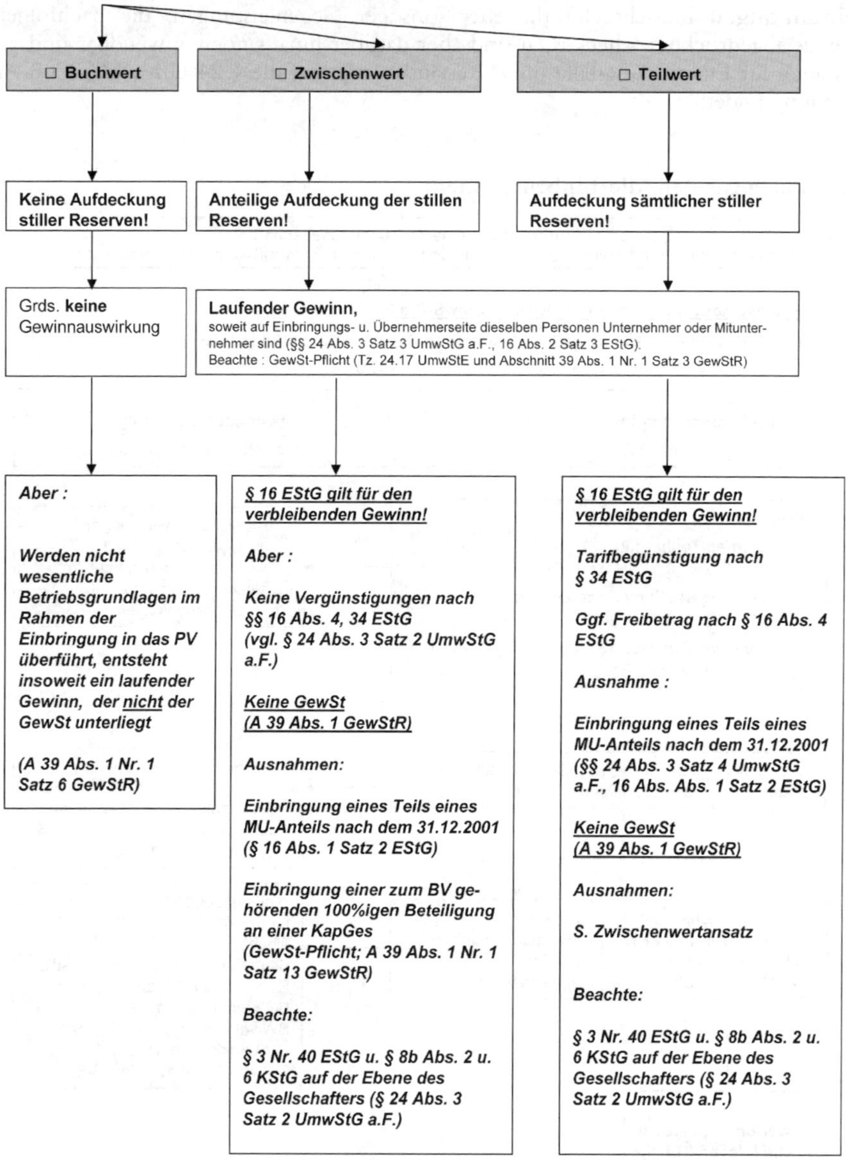

(Quelle: OFD Karlsruhe v. 8.10.2007, DStR 2007, 2326)

Checkliste für die übernehmende Personengesellschaft:

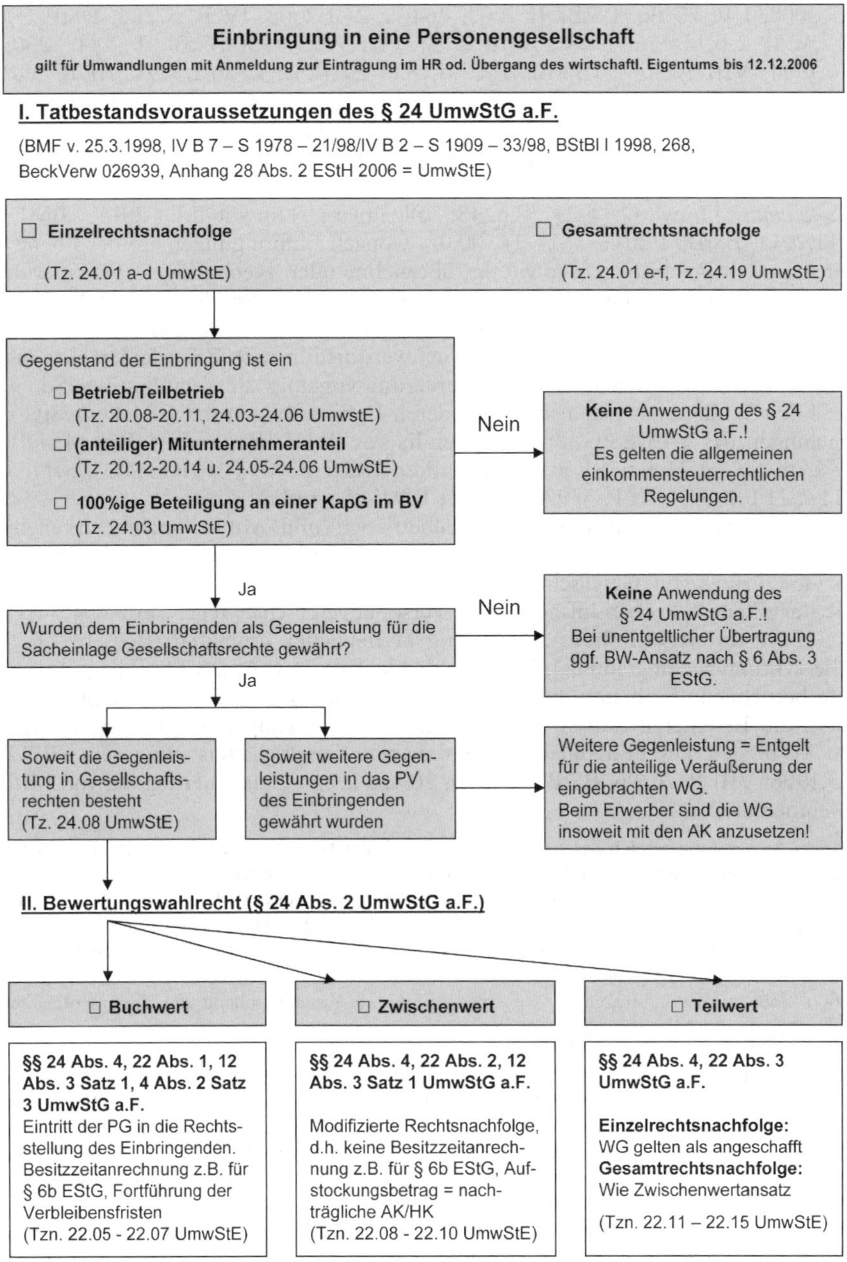

(Quelle: OFD Karlsruhe v. 8.10.2007, DStR 2007, 2326)

b) Verhältnis zu § 16 Abs. 1, § 6 Abs. 3 sowie § 6 Abs. 5 Satz 3 EStG

Bei der Einbringung nach § 24 UmwStG handelt es sich nach (nicht unbestrittener, **42**
aber herrschender) Auffassung um einen **„tauschähnlichen Vorgang“**, der für den

Einbringenden einen (Unter-)Fall der Veräußerung nach **§ 16 EStG** und für die aufnehmende Personengesellschaft einen Anschaffungsvorgang darstellt (BFH v. 17.7.2008, I R 77/06, BStBl. II 2009, 464; v. 24.1.2008, IV R 37/06, DStR 2008, 761 zu II. 2. b) bb) mwN; v. 19.10.1998, VIII R 69/95, BStBl. II 2000, 230; v. 21.6.1994, VIII R 5/92, BStBl. II 1994, 856 zu II. 1.; v. 26.1.1994, III R 39/91, BStBl. II 1994, 458; v. 29.10.1987, IV R 93/85, BStBl. II 1988, 374 zu 1.; v. 26.2.1981, IV R 98/79, BStBl. II 1981, 568; v. 25.11.1980, VIII R 32/77, BStBl. II 1981, 419; DPM/*Patt* UmwStG § 24 Rn. 5 mwN; RHL/*Herlinghaus* § 20 Rn. 14; Blümich/*Nitzschke* UmwStG 2006 § 20 Rn. 8; HMB/*Bär/Märkle* § 24 Rn. 14; SHS/*Schmitt* UmwStG § 24 Rn. 45; allgemein: UmwSt-Erl. 2011, BMF v. 11.11.2011, BStBl. I 2011, 1314 Tz. 00.02, wonach Einbringungen auf der Ebene des übertragenden Rechtsträgers sowie des übernehmenden Rechtsträgers Veräußerungs- und Anschaffungsvorgänge hinsichtlich des übertragenen Vermögens darstellen). Dieser tauschähnliche Vorgang unterliegt den besonderen Rechtsfolgen des § 24 Abs. 2 bis 4 UmwStG (insb. Möglichkeit der Buchwertfortführung). Zwar ändert dies nichts am grundsätzlichen Charakter des Einbringungsvorgangs als Veräußerung iSd. § 16 Abs. 1 EStG; allerdings gehen die besonderen Bestimmungen des § 24 UmwStG den Regelungen des § 16 EStG als **lex specialis** vor (RHL/*Rasche* § 24 Rn. 14; DPM/*Patt* UmwStG § 24 Rn. 81 mwN; Schmidt/*Wacker* EStG § 16 Rn. 203 mwN; vgl. BFH v. 21.6.1994, VIII R 5/92, BStBl. II 1994, 856 zu II.).

43 Die Übertragung von Betrieben, Teilbetrieben und Mitunternehmeranteilen ist auch Gegenstand des **§ 6 Abs. 3 EStG.** Während § 24 UmwStG die Einbringung gegen Gewährung von Gesellschaftsrechten (bzw. Mitunternehmerstellung) und damit Fälle der offenen (Sach-)Einlage in eine Personengesellschaft regelt, erfasst § 6 Abs. 3 EStG Fälle **unentgeltlicher** Übertragung betrieblicher Einheiten (Betriebe, Teilbetriebe, Mitunternehmeranteile). Unentgeltlichkeit iSv. § 6 Abs. 3 EStG liegt insb. vor, wenn betriebliche Einheiten durch Erbfall oder Schenkung (§ 516 Abs. 1 BGB) übergehen; die Beteiligten müssen sich hinsichtlich der unentgeltlichen Zuwendung aus dem Vermögen des bisherigen Betriebsinhabers/Gesellschafters einig sein (BFH v. 10.3.1998, VIII R 76/96, BStBl. II 1999, 269 zu 2. c) cc) zur Übertragung von Mitunternehmeranteilen).

In den Anwendungsbereich des § 6 Abs. 3 EStG (mit der Folge der zwingenden Buchwertfortführung) fallen beispielsweise (s. auch HHR/*Patt* § 6 Rn. R 94 mit weiteren Beispielen):

44 – (als Hauptanwendungsfall) die **schenkweise Übertragung** von betrieblichen Einheiten im Rahmen (vorweggenommener) Erbfolgeregelungen (s. Schmidt/*Kulosa* EStG § 6 Rn. 652 mwN; vgl. BFH v. 26.6.2002, IV R 3/01, BStBl. II 2003, 112; v. 10.3.1998, VIII R 76/96, BStBl. II 1999, 269; s. auch BMF v. 3.3.2005, BStBl. I 2005, 458, geändert durch BMF v. 7.12.2006, BStBl. I 2006, 766, zu Zweifelsfragen zu § 6 Abs. 3 EStG im Zusammenhang mit der unentgeltlichen Übertragung von Mitunternehmeranteilen),

45 – bestimmte Fallkonstellationen der **Anwachsung** bei Personengesellschaften, sofern sie unentgeltlich (also ohne Ausgleichsleistung) erfolgen (s. *Brandenberg* DStZ 2002, 512 ff., 514 f.; Schmidt/*Kulosa* § 6 Rn. 654; *Orth* DStR 1999, 1053 ff., 1059; vgl. BFH v. 10.3.1998, VIII R 76/96, BStBl. II 1999, 269; s. aber → Form. D.5 Rn. 52 ff., 57 zur Anwachsung auf die Komplementär-GmbH: keine Anwendung des § 6 Abs. 3 EStG; aA: DPM/*Patt* UmwStG § 24 Rn. 77 mwN: (analoge) Anwendung § 6 Abs. 3 EStG; (wohl auch) Schmidt/*Kulosa* § 6 Rn. 654 mwN; vgl. OFD Berlin v. 19.7.2002, DStR 2002, 1811),

46 – die **verdeckte Einlage** eines (Teil-)Betriebs oder Mitunternehmeranteils **in eine Personengesellschaft** (RHL/*Rasche* § 24 Rn. 16; Blümich/*Ehmcke* EStG § 6 Rn. 1225; DPM/*Patt* UmwStG § 24 Rn. 40 ff., 41 mwN: analoge Anwendung des § 6 Abs. 3 Satz 1 EStG; → Rn. 69 ff. u. 71).

47 **§ 24 UmwStG geht** – soweit die Anwendungsbereiche beider Vorschriften wegen des Tatbestandsmerkmals der Unentgeltlichkeit für § 6 Abs. 3 EStG überhaupt gleichzeitig vorliegen können (zweifelnd auch RHL/*Rasche* § 24 Rn. 14; DPM/*Patt* UmwStG § 24 Rn. 82 mit Nachweisen zur Gegenmeinung) – ebenso wie die übrigen Vorschriften des UmwStG der Regelung in **§ 6 Abs. 3 EStG** vor (Schmidt/*Kulosa*

§ 6 Rn. 658; Blümich/*Ehmcke* EStG § 6 Rn. 1216 mwN). Zur Konkurrenz zwischen § 6 Abs. 3 EStG und § 6 Abs. 5 Satz 3 EStG → Rn. 53 und Übersicht in → Rn. 54 (s. auch Tz. 12 BMF v. 8.12.2011, DStR 2011, 2401 zu „Zweifelsfragen zur Übertragung und Überführung von einzelnen Wirtschaftsgütern nach § 6 Abs. 5 EStG": Vorrang von § 6 Abs. 3 EStG vor § 6 Abs. 5 Satz 3 EStG).

Vor der Einführung des § 6 Abs. 5 EStG idF des StEntlG 1999/2000/2002 (dh. bis zum 31.12.1998) fand § 24 Abs. 1 UmwStG nach überwiegender Auffassung auch bei Übertragung von Einzelwirtschaftsgütern analoge Anwendung (ausgehend vom sog. „Einbringungsurteil" des BFH v. 15.7.1976, I R 17/74, BStBl. II 1976, 748; auch BFH v. 6.11.1985, I R 242/81, BStBl. II 1986, 333; dem folgend die FinVerw. im sog. Mitunternehmer-Erlass BMF v. 20.12.1977, BStBl. I 1978, 8, bestand auch in diesen Fällen ein Wahlrecht zum Ansatz des übertragenen Einzelwirtschaftsgut zu Buch-, Teil- oder Zwischenwerten). 48

Mit Inkrafttreten des § 6 Abs. 5 Sätze 3 ff. EStG idF des UntStFG (= für Übertragungsvorgänge nach dem 31.12.2000; vgl. § 52 Abs. 16a Satz 1 EStG aF) sind bei der **Übertragung von Einzelwirtschaftsgütern aus dem Betriebsvermögen** des Übertragenden in eine Personengesellschaft, sei es unentgeltlich **(verdeckte Einlage)** oder gegen Gewährung/Minderung von Gesellschaftsrechten **(offene Einlage),** gemäß **§ 6 Abs. 5 Satz 3 Nr. 1 EStG** grds. **zwingend die Buchwerte fortzuführen.** Etwas anderes, dh. (rückwirkender) Ansatz zum Teilwert, gilt bei Verwirklichung bestimmter **Ausnahmetatbestände** (vgl. hierzu WM/*Widmann* UmwStG (StSenkG/UntStFG) § 24, Grüne Blätter, Rn. 8 ff.), wie Entnahme/Veräußerung des jeweiligen Einzelwirtschaftsguts innerhalb der dreijährigen Sperrfrist, § 6 Abs. 5 Satz 4 EStG, und Begründung oder Erhöhung des Anteils einer Körperschaft an der Personengesellschaft, § 6 Abs. 5 Sätze 5 und 6 EStG. 49

Zu der „wechselhaften" **Entwicklung der Regelung des § 6 Abs. 5 Satz 3 ff. EStG** für Übertragungen zwischen Mitunternehmer und seiner Personengesellschaft nach erstmaliger Einführung durch das StEntlG 1999/2000/2002 und nachfolgenden Änderungen durch das StSenkG sowie das UntStFG s. *Engl* FB Umwandlungen 4. Aufl. D.7 Rn. 49.

Für eine **analoge Anwendung des § 24 UmwStG** ist im Anwendungsbereich des § 6 Abs. 5 Satz 3 EStG – mangels planwidriger Gesetzeslücke (vgl. DPM/*Patt* UmwStG § 24 Rn. 83 mwN; SHS/*Schmitt* UmwStG § 24 Rn. 79 ff.; RHL/*Rasche* § 24 Rn. 11 und Rn. 16) – grds. kein Raum (mehr). Eine Überschneidung der Anwendungsbereiche besteht nur für den Fall der Übertragung einer **100%igen Beteiligung an einer Kapitalgesellschaft** aus einem Betriebsvermögen. In diesem Fall ist nach Auffassung des Schrifttums die Vorschrift des § 24 Abs. 1 UmwStG vorrangig anwendbar, da eine solche Beteiligung einen (fiktiven) Teilbetrieb iSd. § 24 Abs. 1 UmwStG darstellt (WM/*Widmann* UmwStG § 24 Rn. 12; differenzierend: DPM/*Patt* UmwStG § 24 Rn. 82: Vorrang des § 24 UmwStG jedenfalls für die Fälle, in denen die 100%ige Beteiligung aus einem eigenen Betrieb des Einbringenden oder dessen Sonderbetriebsvermögen bei einer anderen Personengesellschaft als der Übernehmerin stammt; bei Übertragung aus dem Sonderbetriebsvermögen in das Gesamthandsvermögen der selben Personengesellschaft soll dagegen ausschließlich § 6 Abs. 5 Satz 3 Nr. 2 EStG zur Anwendung kommen; s. auch HMB/*Bär/Märkle* UmwStG § 24 Rn. 36 ff. mwN und 115; ebenso – gegenüber der Regelung im UmwSt-Erl. 1998, BMF v. 25.3.1998, BStBl. I 1998, 268 unverändert – fällt nach Auffassung der FinVerw. (UmwSt-Erl. 2011, BMF v. 11.11.2011, BStBl. I 2011, 1314 Tz. 24.02) die Einbringung einer 100%igen Beteiligung als fiktive Teilbetriebseinbringung unter den Anwendungsbereich des § 24 UmwStG; damit stellt sich die FinVerw. gegen die Auffassung in BFH v. 17.7.2008, I R 77/06, BStBl. II 2009, 464). 50

Der BFH hatte zur Rechtslage vor Inkrafttreten des § 6 Abs. 5 Satz 3 EStG eine **analoge Anwendung des § 24 UmwStG** auf die Einbringung einer 100%igen Beteiligung an einer Kapitalgesellschaft **abgelehnt,** sofern die Beteiligung **im Privatvermögen** gehalten wird (BFH v. 19.10.1998, 51

VIII R 69/95, BStBl. II 2000, 230 zu 1. d) aE – zur Einbringung einer wesentlichen Beteiligung iSd. § 17 EStG; ebenso HMB/*Bär/Märkle* UmwStG § 24 Rn. 21, 41; SHS/*Schmitt* UmwStG § 24 Rn. 48 f. mwN; s. BMF v. 29.3.2000, BStBl. I 2000, 462, mit dem das Urteil anerkannt und weiterentwickelt wird). Für Einbringungen aus **dem Betriebsvermögen** wurde in dem genannten Urteil – unter Hinweis auf das sog. Einbringungsurteil des BFH v. 15.7.1976, I R 17/74, BStBl. II 1976, 748 – die analoge Anwendung des § 24 UmwStG iÜ aber – zunächst – nicht angezweifelt. **Allerdings** hat der BFH später in BFH v. 17.7.2008, I R 77/06, BStBl. II 2009, 464, die analoge Anwendung des § 24 UmwStG auf eine 100%ige Beteiligung an einer Kapitalgesellschaft auch für den Fall der Einbringung aus dem Betriebsvermögen abgelehnt (so lag der Sachverhalt im Entscheidungsfall). Insbesondere weist der BFH darauf hin, dass für eine solche analoge Anwendung mangels planwidriger Regelungslücke **kein Raum** sei. Auch sei es unerheblich, dass in der Begründung des Regierungsentwurfs des SEStEG ausgeführt wird, dass die zu einem Betriebsvermögen gehörende Alleinbeteiligung an einer Kapitalgesellschaft als Teilbetrieb iSv. § 24 UmwStG gelte (BT-Drs. 16/2710, S. 50). Es handele sich dabei lediglich um die Interpretation einer bereits bestehenden Regelung „durch ein an einer späteren Gesetzgebung beteiligtes Organ und nicht um eine für die historische Auslegung maßgebliche Äußerung des ursprünglichen Gesetzgebers". Die FinVerw. hat auf diese Aussage des Urteils des BFH mit einem Nichtanwendungserlass reagiert (BMF v. 20.5.2009, BStBl. I 2009, 671) und die analoge Anwendung des § 24 UmwStG auf die Einbringung einer 100%igen Beteiligung an einer Kapitalgesellschaft durch Tz. 24.02 Satz 1 des UmwSt-Erl. 2011 (BMF v. 11.11.2011, BStBl. I 2011, 1314) bestätigt. Dabei unterscheidet der UmwSt-Erl. 2011 nicht danach, ob diese Beteiligung im Betriebsvermögen oder im Privatvermögen gehalten wird.

In Übereinstimmung mit der (wohl) herrschenden Auffassung in der Literatur dürfte eine analoge Anwendung des § 24 Abs. 1 UmwStG nur im Falle einer Einbringung einer 100%igen Kapitalgesellschaftsbeteiligung **aus dem Betriebsvermögen** geboten und zulässig sein (vgl. SHS/*Schmitt* UmwStG § 24 Rn. 75; HMB/*Bär/Märkle* UmwStG § 24 Rn. 21 und 36 mwN; DPM/*Patt* UmwStG § 24 Rn. 82, 95 mwN; *Kai* GmbHR 2012, 165, 167 mwN). Hierfür spricht die zutreffende ertragsteuerliche Qualifikation als fiktiver Teilbetrieb, an dessen sachlicher Richtigkeit die Einführung des § 6 Abs. 5 Satz 3 EStG nichts geändert hat.

52 Für die im Formular vorgesehene Übertragung der 5%igen, im Privatvermögen gehaltenen Beteiligung des C an der X-GmbH gilt: Der Vorgang fällt **nicht** in den Anwendungsbereich des § 24 UmwStG, weder unmittelbar noch entsprechend (vgl. BFH v. 19.10.1998, VIII R 69/95, BStBl. II 2000, 230 zu 1d) aE; zur Besteuerung der Übertragungsvorgänge des C iE → Rn. 151 f.).

53 Die Vorschrift des **§ 6 Abs. 3 EStG geht** der Regelung in **§ 6 Abs. 5 Satz 3 EStG vor,** sofern insgesamt eine Übertragung eines Betriebes, Teilbetriebes oder Mitunternehmeranteil vorliegt; nicht § 6 Abs. 5 Satz 3 EStG, sondern § 6 Abs. 3 EStG ist daher anwendbar bei Übertragung von Einzelwirtschaftsgütern des Sonderbetriebsvermögens, wenn diese im Rahmen der Übertragung eines Mitunternehmeranteils (als Bestandteil desselben) erfolgt (HHR/*Patt* EStG § 6 Rn. R 95; Schmidt/*Kulosa* EStG § 6 Rn. 658). Siehe allgemein auch Tz. 12 BMF v. 8.12.2011, BStBl. I 2011, 1279, zu „Zweifelsfragen zur Übertragung und Überführung von einzelnen Wirtschaftsgütern nach § 6 Abs. 5 EStG": Vorrang von § 6 Abs. 3 EStG vor § 6 Abs. 5 Satz 3 EStG.

54 **Zusammenfassung:** Für Übertragungen von qualifizierten betrieblichen Sachgesamtheiten (Betrieb, Teilbetrieb, MU-Anteil) und Einzelwirtschaftsgütern des Betriebsvermögens auf Personengesellschaften (Mitunternehmerschaften) lassen sich die Anwendungsbereiche der § 24 UmwStG, § 6 Abs. 3 EStG und § 6 Abs. 5 Satz 3 EStG anhand der beiden Kriterien „Einbringungsgegenstand" und „Entgeltlichkeit/Gegenleistung" voneinander abgrenzen. **Schematisch** (und vereinfacht) stellen sich die Anwendungsbereiche dieser Vorschriften und der Ansatz des übergehenden Betriebsvermögens wie folgt dar:

Übertragung auf Personengesellschaften (Mitunternehmerschaften)		**Einbringungsgegenstand**	
		Betrieb, Teilbetrieb, MU-Anteil (inkl. SoBV)	*Einzel-WG (aus BV)*
Gegenleistung	*gegen Gewährung/ Minderung von Gesellschaftsrechten*	§ 24 UmwStG: Ansatzwahlrecht Buchwert, gemeiner Wert o. Zwischenwert	§ 6 Abs. 5 Satz 3 EStG: Buchwert
	Unentgeltlich	§ 6 Abs. 3 EStG: Buchwert (zwingend*)	(grds.**)

* **Beachte:** Behaltensfrist von fünf Jahren (bezogen auf Anteil an Personengesellschaft) bei Zurückbehaltung von Wirtschaftsgüter, die weiterhin im Betrieb der Personengesellschaft genutzt werden.
** **Voraussetzung:** Sofern Besteuerung der stillen Reserven sichergestellt ist und nachträglich keine Veräußerungsvorgänge innerhalb dreijähriger Sperrfrist stattfinden und/oder Beteiligung einer Kapitalgesellschaft innerhalb siebenjähriger Frist erhöht/begründet wird.

einstweilen frei **55–57**

2. Einzelheiten zu § 24 UmwStG

a) Erfasste Einbringungsvorgänge

Anders als das UmwStG 1995 definiert das UmwStG 2006 in § 1 Abs. 3 UmwStG 2006 zwingend und abschließend den **sachlichen Anwendungsbereich** für die von § 24 UmwStG erfassten Umstrukturierungen (vgl. auch zu § 20 UmwStG → Form. D.4 Rn. 69 und → Form. D.6 Rn. 67a). Das sind zum einen die in § 1 Abs. 3 UmwStG aufgeführten Fälle, in denen die Übertragung von Unternehmensteilen im Wege der **Gesamtrechtsnachfolge** erfolgt (s. auch UmwSt-Erl. 2011, BMF v. 11.11.2011, BStBl. I 2011, 1314 Tz. 01.47 zu bb)): die Verschmelzung, Aufspaltung und Abspaltung iSd. § 2 und § 123 Abs. 1 und 2 UmwG von Personenhandelsgesellschaften (oHG, KG) und Partnerschaftsgesellschaften oder vergleichbare ausländische Fälle (§ 1 Abs. 3 Nr. 1 UmwStG) sowie die Ausgliederung von Vermögensteilen iSd. § 123 Abs. 3 UmwStG oder vergleichbare Vorgänge (§ 1 Abs. 3 Nr. 2 UmwStG). **58**

Zum anderen erfasst ist die Einbringung von Betriebsvermögen durch **Einzelrechtsnachfolge** in eine Personengesellschaft (§ 1 Abs. 3 Nr. 4 UmwStG), vgl. UmwSt-Erl. 2011, BMF v. 11.11.2011, BStBl. I 2011, 1314 Tz. 01.47 zu aa).

Gemäß § 1 Abs. 4 Satz 2 UmwStG gelten für Einbringungen von Betrieben, Teilbetrieben und Mitunternehmeranteilen in eine Personengesellschaft nach § 24 UmwStG die Einschränkungen des § 1 Abs. 4 Satz 1 UmwStG nicht. Dementsprechend ist – anders als für Einbringungen in eine Kapitalgesellschaft nach § 20 UmwStG und für den Anteilstausch nach § 21 UmwStG (hierzu → Form. D.4 Rn. 69a, 69b und → Form. D.6 Rn. 67b, 67c) – der **(persönliche) Anwendungsbereich** des § 24 UmwStG unabhängig davon eröffnet, ob der Einbringende bzw. die aufnehmende Personengesellschaft in einem EU- oder EWR-Staat oder in einem Drittstaat ansässig ist (DPM/*Patt* UmwStG § 24 Rn. 17; RHL/*Rasche* UmwStG § 24 Rn. 54; UmwSt-Erl. 2011, BMF v. 11.11.2011, BStBl. I 2011, 1314 Tz. 01.54 letzter Satz). **58a**

In den Anwendungsbereich des § 24 Abs. 1 UmwStG fallen unter Berücksichtigung der vorstehenden Voraussetzungen sämtliche **Einbringungsvorgänge,** bei denen eine qualifizierte Sachgesamtheit (Betrieb oder Teilbetrieb oder ein Mitunternehmeranteil) in das mitunternehmerische Betriebsvermögen einer gewerblich tätigen oder geprägten Personengesellschaft gegen Einräumung oder Erweiterung einer Mitunternehmerstellung an der übernehmenden Personengesellschaft eingebracht wird. Die handels- und **58b** zivilrechtlichen Gestaltungen, welche steuerlich als Einbringungsfälle iSd. § 24 UmwStG zu qualifizieren sind, sind vielfältig: In den Anwendungsbereich von § 24 UmwStG (vgl. die umfassenden Beispiele in DPM/*Patt* UmwStG § 24 Rn. 18 bis 39; RHL/*Rasche* UmwStG § 24 Rn. 9ff.; CKSS/*Strahl* Rn. 267; UmwSt-Erl. 2011, BMF v. 11.11.2011, BStBl. I 2011, 1314 Tz. 01.47; zum UmwStG 1995: UmwSt-Erl. 1998, BMF v. 25.3.1998, BStBl. I 1998, 268 Tz. 24.01 Buchst. a bis f); WM/*Widmann* UmwStG § 24 Rn. 104 bis 117.6; SHS/*Schmitt* UmwStG § 24 Rn. 9 bis 24) fallen ua. folgende zivil-/gesellschaftsrechtliche Vorgänge:

59 • Ein **Einzelunternehmer bringt** seinen **Betrieb** in eine (dadurch) neu gegründete oder **in eine bereits bestehende Personengesellschaft** im Wege der Sacheinlage **(Einzelrechtsnachfolge)** ein (DPM/*Patt* UmwStG § 24 Rn. 19; vgl. auch UmwSt-Erl. 2011, BMF v. 11.11.2011, BStBl. I 2011, 1314 Tz. 01.47; die zweite Variante entspricht der im Formular abgebildeten Einbringung des Betriebs des B in die A-GmbH & Co. KG);

60 • **Aufnahme** eines weiteren Gesellschafters **in eine bestehende Personengesellschaft** gegen Geld- und/oder Sacheinlage: Dieser Vorgang stellt **aus Sicht der aufnehmenden Altgesellschafter** wirtschaftlich eine Einbringung ihrer Mitunternehmeranteile in die „neue", durch die Aufnahme des weiteren Gesellschafters erweiterte Personengesellschaft dar (BFH v. 6.7.1999, VIII R 17/95, BFH/NV 2000, 34 zu II.1. mwN; v. 18.3.1999, IV R 26/98, BStBl. II 1999, 604; v. 8.12.1994, IV R 82/92, BStBl. II 1995, 599; v. 23.5.1985, IV R 210/83, BStBl. II 1985, 695 zu 2b; UmwSt-Erl. 2011, BMF v. 11.11.2011, BStBl. I 2011, 1314 Tz. 01.47; Schmidt/*Wacker* EStG § 16 Rn. 562 mwN; SHS/*Schmitt* UmwStG § 24 Rn. 14; RHL/*Rasche* UmwStG § 24 Rn. 9; *Winkeljohann/Fuhrmann* Handbuch Umwandlungssteuerrecht S. 889; siehe ausführlich DPM/*Patt* UmwStG § 24 Rn. 24). Konsequenz dieser Betrachtung ist, dass so viele (unterschiedliche) Einbringungen nach § 24 UmwStG vorliegen, wie Altgesellschafter beteiligt sind.

61 Leistet der neu hinzutretende Gesellschafter seine Einlage (zumindest auch) durch Einbringung eines Betriebes, Teilbetriebes oder Mitunternehmeranteils, so ist dies somit sowohl **für den neuen Gesellschafter** als auch **für die Altgesellschafter jeweils** als **Einbringung iSd. § 24 UmwStG** zu behandeln. In dem im Formular zugrunde liegenden Fall fallen daher in den Anwendungsbereich des § 24 UmwStG die Einbringung des Einzelunternehmens des B sowie die „Einbringung" des Mitunternehmeranteils des A in die neue, erweiterte Personengesellschaft (wirtschaftliche Betrachtungsweise).

62 In den Fällen, in denen der neu hinzutretende Gesellschafter ein **Einzelwirtschaftsgut aus dem Betriebsvermögen** einbringt (etwa wenn – anders als im Formular zugrunde gelegt – das Grundstück und/oder die 5%ige Beteiligung an der X-GmbH Betriebsvermögen des C wären), fallen dagegen eine **Einbringung nach § 6 Abs. 5 Satz 3 EStG** (auf der Seite des neuen Gesellschafters) und **Einbringungen nach § 24 UmwStG** (auf der Seite der Altgesellschafter) zusammen. Vgl. hierzu und den hierbei aufzustellenden Ergänzungsbilanzen *Mayer* DStR 2003, 1592; *Schaflitzl* DB 2002, Beilage 1, 30f.

63 • **Aufnahme** eines (oder mehrerer) Gesellschafter gegen Einlage von Geld (oder anderen Einzelwirtschaftsgütern) **in den Betrieb eines Einzelunternehmers** (und damit verbundene Gründung einer Personengesellschaft): Wie die oben zu bb) beschriebenen Fälle, stellt auch die Aufnahme von Gesellschaftern in ein bestehendes Einzelunternehmen nach wirtschaftlicher Betrachtung eine Einbringung des Betriebes des Einzelunternehmers in die Personengesellschaft dar (DPM/*Patt* UmwStG § 24 Rn. 20; RHL/*Rasche* UmwStG § 24 Rn. 9 mwN; CKSS/*Strahl* Rn. 267; vgl. UmwSt-Erl. 2011, BMF v. 11.11.2011, BStBl. I 2011, 1314 Tz. 01.47).

• Die im Umwandlungsgesetz geregelten Fälle der

64 – **Ausgliederung nach § 123 Abs. 3 UmwG** (§ 1 Abs. 3 Nr. 1 UmwStG; vgl. UmwSt-Erl. 2011, BMF v. 11.11.2011, BStBl. I 2011, 1314 Tz. 01.47 zu bb)), namentlich die Ausgliederung von (Teil-)Betrieben, beispielsweise (a) eines Ein-

zelunternehmers auf eine bestehende Personengesellschaft (nicht möglich zur Neugründung, → Rn. 8), (b) einer Kapitalgesellschaft auf eine bestehende oder dadurch neu gegründete Personengesellschaft, sowie auch (c) einer Personenhandelsgesellschaft auf eine andere Personenhandelsgesellschaft (s. zu letzterem DPM/*Patt* UmwStG § 24 Rn. 30; allgemein zu doppelstöckigen Personengesellschaften s. *Ley* KÖSDI 1996, 10923; *Ley* KÖSDI 1997, 11079 ff.; *Ley* KÖSDI 2003, 13573 ff.);

- **Auf- und Abspaltung nach § 123 Abs. 1 und 3 UmwG** (§ 1 Abs. 3 Nr. 2 UmwStG; vgl. DPPM/*Patt* UmwStG § 24 Rn. 31 und 32 mwN);
- **Verschmelzung von Personenhandelsgesellschaften nach §§ 2, 39 ff. UmwG** (§ 1 Abs. 3 Nr. 1 UmwStG), 65

stellen ertragsteuerlich ebenfalls Anwendungsfälle des § 24 UmwStG dar (weitere Fälle bei DPM/*Patt* UmwStG § 24 Rn. 18 ff.).

Diese im UmwG geregelten Gestaltungen unterscheiden sich von den anderen, in den Anwendungsbereich des § 24 UmwStG fallenden Vorgängen, bei denen die Übertragung der Vermögensgegenstände durch **Einzelrechtsübertragung** erfolgt, im Wesentlichen im Hinblick auf die gesetzlich angeordnete (partielle) **Gesamtrechtsnachfolge;** diese Unterscheidung hat im Rahmen der Anwendung des § 24 UmwStG Bedeutung für die **Rückbeziehung** nach § 24 Abs. 4 HS 2 UmwStG (→ Rn. 94 ff.) sowie für den Eintritt in die **Rechtsstellung des Einbringenden,** insb. hinsichtlich AfA und Vorbesitzzeiten gemäß § 24 Abs. 4 HS 1 iVm. § 23 Abs. 4 UmwStG (→ Rn. 177 ff. sowie → Form. D.5 Rn. 108). 66

- Weitere Vorgänge, die in den Anwendungsbereich des § 24 UmwStG fallen: 67
(a) Eine **Personengesellschaft bringt** ihren (Teil-)Betrieb, einen Mitunternehmeranteil oder eine 100%ige Beteiligung an einer Kapitalgesellschaft **in eine andere Personengesellschaft** im Wege der Einzelrechtsnachfolge ein (DPM/*Patt* UmwStG § 24 Rn. 30; zur Anwendbarkeit des § 24 UmwStG auf eine im Betriebsvermögen gehaltene 100%ige Beteiligung an einer Kapitalgesellschaft → Rn. 50 f.); **(b) sämtliche Gesellschafter einer Personengesellschaft** bringen ihre **Mitunternehmeranteile in eine andere Personengesellschaft** gegen Gewährung von Gesellschaftsrechten ein, wodurch das Gesellschaftsvermögen der einen Personengesellschaft **im Wege der Anwachsung** (§ 738 Abs. 1 Satz 1 BGB, § 105 Abs. 3, § 161 Abs. 2 HGB) auf die übernehmende Personengesellschaft übergeht (vgl. BGH v. 24.11.1978, V ZB 24/78, BB 1979, 397; v. 19.2.1990, II ZR 42/89, NJW-RR 1990, 798; v. 10.5.1978, VIII ZR 32/77, BGHZ 71, 296; DPM/*Patt* UmwStG § 24 Rn. 29; SHS/*Schmitt* UmwStG § 24 Rn. 59; HMB/*Bär/Märkle* UmwStG § 24 Rn. 90 mwN; UmwSt-Erl. 2011, BMF v. 11.11.2011, BStBl. I 2011, 1314 Tz. 01.47 zu aa) – sog. erweitertes Anwachsungsmodell; zur Anwachsung → Form. D.5 Rn. 12 ff., 36 mwN). Zwar wird zT. noch in Frage gestellt, ob die Anwachsung unter die abschließende Aufzählung des § 1 Abs. 3 UmwStG fällt (verneinend: DPPM/*Patt* UmwStG § 24 Rn. 14 mwN; hierzu ausführlich → Form. D.5 Rn. 50 f. mwN). Sofern die Anwachsung lediglich die rechtliche Folge einer vorangegangenen Einbringung sämtlicher Anteile an einer Personengesellschaft in eine andere Personengesellschaft gegen Gewährung von Gesellschaftsrechten ist, bleibt es mE wie bisher bei der Anwendung des § 24 UmwStG. Denn in diesen Fällen liegt eine unter § 1 Abs. 3 Nr. 4 UmwStG fallende Einbringung von Mitunternehmeranteilen im Wege der Einzelrechtsübertragung vor. Die durch Anteilsvereinigung in der Hand der aufnehmenden Personengesellschaft ausgelöste Anwachsung ist lediglich eine Folgewirkung dieser vorangegangenen Einbringung (ausführlich → D.5 Rn. 50 f. mwN; so auch DPM/*Patt* UmwStG § 24 Rn. 29; RHL/*Rasche* UmwStG § 24 Rn. 9; CKSS/*Strahl* Rn. 267; dagegen fällt die einfache Anwachsung nicht in den Anwendungsbereich des § 24 UmwStG, vgl. HMB/*Bär/Märkle* UmwStG § 24 Rn. 90). Zur entgeltlichen Änderung der Vermögens- oder Gewinnverteilung → Rn. 77.

68 **Nicht** (bzw. nicht mehr) in den Anwendungsbereich des § 24 UmwStG fallen folgende Übertragungsvorgänge, auch sofern eine qualifizierte Sachgesamtheit (Betrieb, Teilbetrieb, Mitunternehmeranteil) auf eine gewerblich tätige oder gewerblich geprägte Personengesellschaft übertragen wird:

69 • die **(verdeckte) Einlage** eines Betriebs, Teilbetriebs oder Mitunternehmeranteil in eine Personengesellschaft, dh. die Übertragung einer qualifizierten (betrieblichen) Sachgesamtheit **ohne Gegenleistung,** weder in Form der erstmaligen Einräumung eines Gesellschaftsanteils oder – im Fall einer bereits bestehenden Mitunternehmerstellung – in Form der Erhöhung seines Gesellschaftsanteils (insbes. durch – wenn auch nur teilweise – Gutschrift auf dem sog. Kapitalkonto I; hierzu → Rn. 70, 75a und 85).

70 Anders als § 20 Abs. 1 Satz 1 UmwStG für Einbringungen in Kapitalgesellschaften (zur verdeckten Einlage bei Kapitalgesellschaften → Form. D.6 Rn. 20 ff., Rn. 153 ff.) sieht der Wortlaut des § 24 Abs. 1 UmwStG nicht vor, dass der Einbringende (neue) Anteile an der aufnehmenden Personengesellschaft erhält („... und wird der Einbringende Mitunternehmer der Gesellschaft ..."). Dennoch setzt die Anwendung des § 24 UmwStG nach allgemeiner Auffassung voraus, dass der Einbringende im Gegenzug für die Vermögensübertragung **Gesellschaftsanteile erhält** bzw. seine bisherige **Beteiligung erhöht** wird (SHS/*Schmitt* UmwStG § 24 Rn. 114 mwN; RHL/*Rasche* UmwStG § 24 Rn. 60, 61; DPM/*Patt* UmwStG § 24 Rn. 108 und 109; Blümich/*Nitzschke* UmwStG 2006 § 24 Rn. 33 f.; UmwSt-Erl. 2011, BMF v. 11.11.2011, BStBl. I 2011, 1314 Tz. 24.07 Sätze 1 und 2; OFD Karlsruhe v. 8.10.2007, DStR 2007, 2327; vgl. WM/*Widmann* UmwStG § 24 Rn. 101 ff.; HMB/*Bär/Märkle* UmwStG § 24 Rn. 64 ff., 77). Dieses Erfordernis ergibt sich daraus, dass die von § 24 UmwStG geforderte Erlangung der Stellung als Mitunternehmer in Folge der Einbringung **grundsätzlich** (BFH v. 25.2.1991, GrS 7/89, BStBl. II 1991, 691 zu C. III. 3. a) mwN; zu **Ausnahmen** bei wirtschaftlich vergleichbaren Gemeinschaftsverhältnissen Schmidt/*Wacker* EStG § 15 Rn. 275; SHS/*Schmitt* UmwStG § 24 Rn. 114 ff., 118 ff.) eine zivilrechtliche Gesellschafterstellung voraussetzt (zu den Voraussetzungen für die Qualifikation als Mitunternehmer, dh. für das Vorliegen von **Mitunternehmerrisiko** und **Mitunternehmerinitiative:** BFH v. 3.5.1993, GrS 3/92, BStBl. II 1993, 621 zu III. 6. a) aa); v. 25.6.1984, GrS 4/82, BStBl. II 1984, 769 zu C. V. 3. c) mwN; Schmidt/*Wacker* EStG § 15 Rn. 257 ff., 262 ff. mwN). Siehe insbesondere auch die jüngste Rspr. des BFH mit eingehender Behandlung der Voraussetzungen zur Begründung/Erlangung des **wirtschaftlichen Eigentums an Mitunternehmeranteilen:** BFH v. 20.9.2018, IV R 39/11, BStBl. II 2019, 131; v. 1.3.2018, IV R 15/15, BStBl. II 2018, 539; v. 22.6.2018, IV R 42/13, DB 2017, 2907; ergänzend zum Fall „unechter Realteilung" bei vorangegangener Einbringung: BFH v. 30.3.2019, IV R 11/15, BStBl. II 2019, 29; hierzu: *Prinz* DB 2019, 1345.

71 Die **(verdeckte) Einlage** von betrieblichen Einheiten **(Betrieb, Teilbetrieb, Mitunternehmeranteile)** in eine gewerblich tätige oder gewerblich geprägte Personengesellschaft fällt vielmehr in den **Anwendungsbereich des § 6 Abs. 3 EStG** (Blümich/*Ehmcke* EStG § 6 Rn. 1225; für analoge Anwendung des § 6 Abs. 3 EStG: DPM/*Patt* UmwStG § 24 Rn. 41 mwN; HHR/*Gratz* EStG § 6 Rn. 1376; → Rn. 43 ff., 46 zum Anwendungsbereich des § 6 Abs. 3 EStG).

72 Die verdeckte Einlage von **Einzelwirtschaftsgütern aus einem Betriebsvermögen** in das Gesamthandsvermögen einer Mitunternehmerschaft fällt dagegen in den Anwendungsbereich des § 6 Abs. 5 Satz 3 EStG (→ Rn. 49 mwN). Die verdeckte Einlage von Einzelwirtschaftsgütern **aus einem Privatvermögen** fällt unter § 6 Abs. 1 Nr. 5 EStG (BMF v. 29.3.2000, BStBl. I 2000, 462 zu II. 1. b); DPPM/*Patt* UmwStG § 24 Rn. 57; zur Behandlung **offener Einlagen** aus einem Privatvermögen → Rn. 75 f.).

73 • die ausschließliche **Einbringung** (Überführung ohne Rechtsträgerwechsel, dh. lediglich stl. Zuordnung) einer qualifizierten Sachgesamtheit (Betrieb oder Teilbetrieb oder ein Mitunternehmeranteil) **ins Sonderbetriebsvermögen** einer Mitunternehmerschaft: Der Beitritt zu einer Personengesellschaft ohne Einräumung einer vermögensmäßigen Beteiligung reicht für die Anwendung des § 24 UmwStG – auch bei Erlangung einer Mitunternehmerstellung – nicht aus (UmwSt-Erl. 2011, BMF v. 11.11.2011, BStBl. I 2011, 1314 Tz. 01.47; DPM/*Patt* UmwStG § 24 Rn. 44; SHS/*Schmitt* UmwStG § 24 Rn. 44 mwN, Rn. 108 f.).

Siehe aber WM/*Widmann* (§ 24 UmwStG Rn. 108 mwN), wonach der **Beitritt einer GmbH zu einer Kommanditgesellschaft** als nicht am Vermögen beteiligte Komplementärin für die Anwendung des § 24 UmwStG ausreichend sein soll; aA ausdrücklich: UmwSt-Erl. 2011, BMF v. 11.11.2011, BStBl. I 2011, 1314 Tz. 01.47; so schon: UmwSt-Erl. 1998, BMF v. 25.3.1998, BStBl. I 1998, 268 Tz. 24.02 Satz 3 HS 2 (unter Hinweis auf das Urteil des BFH v. 21.6.1994, VIII R 5/92, BStBl. II 1994, 856, das allerdings den Fall einer – vermeintlichen – formwechselnden Umwandlung betrifft): mangels Übertragungsvorgangs fehle es an einem Übertragungsgewinn nach § 16 EStG, so dass eine Wertaufstockung nicht möglich sei. ME ist hier zwischen dem Beitretenden und den Altgesellschaftern zu **unterscheiden:** Sofern der beitretende Komplementär (idR GmbH) keinen Betrieb, Teilbetrieb oder Mitunternehmeranteil einbringt – was angesichts einer fehlenden Beteiligung am Vermögen der aufnehmenden Kommanditgesellschaft stets der Fall sein wird – scheitert die Anwendung des § 24 UmwStG bereits hieran (vgl. Wortlaut des § 24 Abs. 1 HS 1 UmwStG); mangels einer die Realisation stiller Reserven auslösenden Einbringung von Vermögensgegenständen durch den so Beitretenden dürfte ohnehin kein Bedarf an der Anwendung des § 24 UmwStG bestehen. Die Nichtanwendbarkeit des § 24 UmwStG kann mE aber nur für den Eintritt des neuen Gesellschafters als solchen gelten; bezogen auf die Altgesellschafter ist es dagegen unerheblich, ob der Beitretende einen Vermögensanteil an der „neuen" Gesellschaft erhält und/oder sein Einbringungsvorgang von § 24 UmwStG erfasst wird. Dies ergibt sich aus der – konsequenten – Zugrundelegung der Fiktion eines Einbringungsvorgangs der Altgesellschafter auch für den Fall des Eintritts eines neuen Gesellschafters gegen Geldeinlage oder Einlage anderer Wirtschaftsgüter. Dieser ist nach allgemeiner Auffassung in Rechtsprechung, Finanzverwaltung und Literatur für die Altgesellschafter als fiktive Einbringung ihres Mitunternehmeranteils in die „neue", erweiterte Personengesellschaft nach § 24 UmwStG zu beurteilen (→ Rn. 60), während der gleichzeitig stattfindende Beitritt des neuen Gesellschafters gegen Geldeinlage oder gegen Sacheinlage von Einzelwirtschaftsgüter (unstreitig) nicht unter § 24 UmwStG fällt. Im **Ergebnis** ist daher für die Altgesellschafter bezogen auf die (fiktiv) eingebrachten Mitunternehmeranteile auch bei bloßem Eintritt eines nicht am Vermögen der Personengesellschaft beteiligten Gesellschafters der Anwendungsbereich des § 24 UmwStG eröffnet. 74

- die **Einbringung von Einzelwirtschaftsgüter:** Nach Einführung des § 6 Abs. 5 Sätze 3 ff. EStG ist für die zuvor anerkannte, analoge Anwendung der Vorschrift für die Einbringung von Einzelwirtschaftsgütern **aus dem Betriebsvermögen** kein Raum mehr (→ Rn. 48 ff.). Für die Übertragung von Einzelwirtschaftsgütern **aus dem Privatvermögen** ist § 24 UmwStG ohnehin nicht anwendbar (BFH v. 19.10.1998, VIII R 69/95, BStBl. II 2000, 230 zu 1. d) aE; bestätigt durch BFH v. 4.2.2016, IV R 46/12, BStBl. II 2016, 607, zu B. I. 2. a), Rn. 31: Anwendung des § 6 Abs. 1 Nr. 5 Satz 1 Halbsatz 1 EStG und grds. Ansatz mit dem Teilwert; HMB/*Bär/Märkle* UmwStG § 24 Rn. 20 mwN; DPM/*Patt* UmwStG § 24 Rn. 45 ff., 56; vgl. BMF v. 29.3.2000, BStBl. I 2000, 462): Der durch die Einbringung von Einzelwirtschaftsgütern aus dem Privatvermögen realisierte, „tauschähnliche Vorgang" (BFH v. 19.10.1998, VIII R 69/95 aaO; v. 24.1.2008, IV R 37/06, DStR 2008, 761 zu II. 2. b) aa) und bb), wonach – in Abkehr von der bisherigen „Trennungstheorie" – stets von einem vollumfänglichen tauschähnlichen Geschäft auszugehen ist, unabhängig davon, inwieweit **neben** dem Kapitalkonto I auch andere Kapitalkonten angesprochen werden und welchen Rechtscharakter – Darlehen oder Eigenkapital – diese Konten haben; **beachte** aber: → Rn. 75a); siehe hierzu *Prinz* StuB 2008, 388), dh. die **offene Einlage aus dem Privatvermögen** führt zu einem **voll entgeltlichen** Erwerbsgeschäft (Anschaffungsvorgang) bei der Personengesellschaft und – sofern es sich um steuerverhaftete (iSd. § 17 EStG, § 23 EStG, „alte" einbringungsgeborene Anteile iSd. § 21 UmwStG 1995) Vermögensgegenstände handelt – zu einem steuerpflichtigen Veräußerungsgeschäft für den Einbringenden, das den jeweiligen Veräußerungsvorschriften (§ 17 Abs. 1 Satz 1; § 20 Abs. 2 Nr. 1; § 23 Abs. 1 Nr. 1 und Nr. 2 EStG; § 21 Abs. 1 Satz 1 UmwStG) unterliegt (BFH v. 24.1.2008, IV R 37/06, DStR 2008, 761 zu II. 2. b) aa) und bb); vgl. Schmidt/*Weber-Grellet* EStG § 17 Rn. 109; *ders.* § 23 Rn. 51 mwN; SHS/*Schmitt* UmwStG § 21 Rn. 25 mwN; DPM/*Patt* UmwStG § 24 Rn. 56 mwN). 75

75a Im Zusammenhang mit der Frage der **vollen Entgeltlichkeit der Einbringung** ist auf zwei neuere Entscheidungen des BFH hinzuweisen: BFH v. 29.7.2015 (IV R 15/14, BStBl. II 2016, 593) und v. 4.2.2016 (IV R 46/12, BStBl. II 2016, 607), beide Urteile zur Übertragung von Vermögensgegenständen des Privatvermögens auf eine gewerbliche Mitunternehmerschaft. Darin hat der BFH entschieden, dass keine Einbringung gegen Gewährung von Gesellschaftsrechten und damit **kein** voll entgeltlicher Vorgang vorliegt, wenn der Wert des in das Gesamthandsvermögen übertragenen Einzelwirtschaftsguts allein dem Kapitalkonto II gutgeschrieben wird (BFH v. 29.7. 2015, IV R 15/14, aaO, Rz. 26; v. 4.2.2016, aaO, Rz. 27). Dabei hat der BFH seine bisherige Rechtsprechung zu **gemischten Gegenbuchungen** zunächst bestätigt, wonach auch dann ein in **vollem Umfang entgeltliches** Geschäft angenommen wird, wenn der Wert des zur Erlangung bzw. zur Erweiterung einer Mitunternehmerstellung eingebrachten Wirtschaftsguts nicht nur dem Kapitalkonto I, sondern zum Teil auch einem anderen Kapitalunterkonto (zB dem Kapitalkonto II) gutgeschrieben oder in eine gesamthänderisch gebundene Rücklage eingestellt wird (BFH v. 29.7.2015, IV R 15/14 aaO, Rz. 25; v. 4.2.2016, IV R 46/12 aaO, Rz. 26). Er hat dabei allerdings ausdrücklich offen gelassen, ob er bei derartigen „gemischten" Gegenbuchungen künftig an seiner Rechtsprechung festhalten will. Die FinVerw. hat sich in BMF v. 26.7.2016, BStBl. I 2016, 684, dieser Rechtsprechung vollumfänglich angeschlossen und die insoweit entgegenstehenden Bestimmungen in BMF v. 11.7.2011 (BStBl. I 2011, 713) sowie Tz. 24.07 des UmwSt-Erl. 2011, BMF v. 11.11.2011, BStBl. I 2011, 1314 für überholt und daher als nicht mehr anwendbar erklärt (beachte: auf gemeinsamen Antrag des Übertragenden oder des Einbringenden und der übernehmenden Personengesellschaft ist für Einbringungen bis zum 31.12.2016 in noch offenen Fällen die bisherige Verwaltungsauffassung anzuwenden). Zum Erfordernis der Erlangung einer Mitunternehmerstellung (in Form der Einräumung eines Gesellschaftsanteils oder – im Fall einer bereits bestehenden Mitunternehmerstellung – durch Erhöhung des Gesellschaftsanteils) → Rn. 85.

76 Eine Behandlung der Übertragung steuerverstrickter Vermögensgegenstände gegen Gewährung von Gesellschaftsrechten an der aufnehmenden Personengesellschaft als **Einlage iSd. § 6 Abs. 1 Nr. 5 EStG** ist daher **nicht möglich.** Streitig ist in diesem Zusammenhang, ob zumindest bei Übertragung von **nicht steuerverstrickten** Einzelwirtschaftsgütern aus dem Privatvermögen gegen Gewährung von Gesellschaftsrechten eine Einlage iSd. § 6 Abs. 1 Nr. 5 EStG angenommen werden kann, maW, ob das og. Urteil des BFH v. 19.10.1998, VIII R 69/95, BStBl. II 2000, 230 allgemein oder nur für steuerverstrickte Vermögensgegenstände des Privatvermögens Geltung hat (für eine allgemeine Geltung: BMF v. 29.3.2000, BStBl. I 2000, 462 zu I.; dieser Streit dürfte mE durch BFH v. 24.1.2008, IV R 37/06, BStBl. II 2011, 617, dahingehend entschieden sein, dass § 6 Abs. 1 Nr. 5 EStG allgemein ausgeschlossen ist; in diesem Sinne sind mE die Ausführungen des BFH – aaO zu II. 2. a) am Ende und II.2. b) cc) am Ende – der Urteilsgründe zu verstehen: „sowohl Einbringungsvorgänge als auch die Übertragung von Einzelwirtschaftsgütern in ein betriebliches Gesamthandsvermögen gegen sonstige Gegenleistungen (...) [sind] nicht dem Merkmal der Einlage zuzuordnen"; anders wohl *Bünning/Fuchs* BB 2008, 944).

Zur Besteuerung des C hinsichtlich der Einbringung des 5%igen Geschäftsanteils an der X-GmbH sowie des Grundstücks aus seinem Privatvermögen → Rn. 151 f.

77 • der **bloße Gesellschafterwechsel** bei einer bestehenden Personengesellschaft, dh. der rechtsgeschäftliche Erwerb des Anteils eines Gesellschafters durch einen Dritten (oder einen anderen Gesellschafter) und dem Ausscheiden des veräußernden Gesellschafters, sofern der Erlös **nicht** in das Vermögen der Gesellschaft fließt (WM/*Widmann* UmwStG § 24 Rn. 108 mwN); dagegen ist nach hM die **entgeltliche Änderung der Vermögens- und Gewinnverteilung** ein Fall des § 24 UmwStG (WM/*Widmann* UmwStG § 24 Rn. 113 mwN; SHS/*Schmitt* UmwStG § 24 Rn. 23; Schmidt/*Wacker* EStG § 16 Rn. 567; aA DPM/*Patt* UmwStG § 24 Rn. 26 und 80 mwN); die Anwendung des § 24 UmwStG hat der BFH für den Fall bestätigt, dass die Änderung aufgrund einer entgeltlichen Änderung der Beteiligungsverhältnisse erfolgt, wobei das Entgelt der Gesellschaft zugeführt werden muss – so wie im Entscheidungsfall durch einseitige Aufstockung des Anteils eines Mitunternehmers durch Bar- oder Sacheinlagen; denn wirtschaftlich betrachtet sei in diesen Fällen von einem Veräußerungs- und Anschaffungsvorgang auszugehen (BFH v. 25.4.2006, VIII R 52/04, BStBl. II 2006, 847; bestätigt in BFH v. 7.11.2006, VIII R 13/04, BStBl. II 2008, 545; aA: DPM/*Patt* UmwStG § 24 Rn. 26 und 80;

s. auch BFH v. 20.9.2007, IV R 70/05, BStBl. II 2008, 265 zu III. 2. und 3. – keine Anwendung des § 24 UmwStG bei Beitritt zu einer Kommanditgesellschaft ohne Verpflichtung zur Leistung einer Einlage).

b) Einbringender; Erlangung einer Mitunternehmerstellung

Als Einbringende iSd. § 24 Abs. 1 UmwStG kommen grundsätzlich alle (beschränkt **78**
oder unbeschränkt steuerpflichtigen) **natürlichen Personen** sowie **Körperschaften,** Personenvereinigungen und Vermögensmassen **iSd. § 1 Abs. 1 KStG** in Betracht, sofern sie Betriebsvermögen innehaben, das eingebracht werden kann (SHS/*Schmitt* UmwStG § 24 Rn. 90; DPM/*Patt* UmwStG § 24 Rn. 17 und 111; RHL/*Rasche* UmwStG § 24 Rn. 54; WM/*Widmann* UmwStG § 24 Rn. 92 mwN; UmwSt-Erl. 2011, BMF v. 11.11.2011, BStBl. I 2011, 1314 Tz. 01.53; → Rn. 58a); auch **inländische Betriebsstätten** ausländischer Kapitalgesellschaften können somit Einbringender iSd. § 24 UmwStG sein (HMB/*Bär/Märkle* UmwStG § 24 Rn. 50f. mit weiteren Beispielen).

Schließlich kann nach zutreffender Auffassung auch eine **Mitunternehmerschaft** **79**
Einbringender sein (RHL/*Rasche* UmwStG § 24 Rn. 55; HMB/*Bär/Märkle* UmwStG § 24 Rn. 51; SHS/*Schmitt* UmwStG § 24 Rn. 96; WM/*Widmann* UmwStG § 24 Rn. 92; *Kai* GmbHR 2012, 165, 167f.). Der UmwSt-Erl. 2011 verweist betreffend die Person des Einbringenden auf die für die Einbringung nach § 20 UmwStG geltende Regelung (UmwSt-Erl. 2011, BMF v. 11.11.2011, BStBl. I 2011, 1314 Tz. 24.03 iVm. Tz. 20.03). Diese sieht gegenüber dem UmwSt-Erl. 1998 eine Änderung vor: Während nach vormaliger Auffassung der FinVerw. im UmwSt-Erl. 1998 bei einer Einbringung durch eine Mitunternehmerschaft **stets** die Mitunternehmer (nicht die Personengesellschaft) als Einbringende anzusehen waren (UmwSt-Erl. 1998, BMF v. 25.3.1998, BStBl. I 1998, 268 Tz. 20.05), ist nach dem UmwSt-Erl. 2011, grundsätzlich danach zu **differenzieren,** ob die „einbringende Personengesellschaft infolge der Einbringung fortbesteht" (UmwSt-Erl. 2011, BMF v. 11.11.2011, BStBl. I 2011, 1314 Tz. 20.03 Abs. 1 Satz 1; s. *Kai* GmbHR 2012, 165, 168; *Schneider/Ruoff/Sistermann* FR 2012, 1, 8 mwN; *Kotyrba/Scheunermann* BB 2012, 223, 226f.; *Benz/Rosenberg* DB Beilage 1 2/2012, 38, 39): **Geht die Personengesellschaft** anlässlich der Einbringung **unter** und werden die als Gegenleistung ausgegebenen Anteile den Gesellschaftern der Personengesellschaft zugerechnet, so sollen Letztere die Einbringenden sein (UmwSt-Erl. 2011, BMF v. 11.11.2011, BStBl. I 2011, 1314 Tz. 20.03 Abs. 1 Satz 2 iVm. Tz. 24.03). Bleibt die Personengesellschaft hingegen bestehen und erhält sie die als Gegenleistung gewährten Anteile, so soll sie als Einbringende zu qualifizieren sein (UmwSt-Erl. 2011, BMF v. 11.11.2011, BStBl. I 2011, 1314 Tz. 20.03 Abs. 2 Satz 3 iVm. Tz. 24.03); insoweit kann auf → Form. D.5 Rn. 81f. verwiesen werden.

Diese, auch im Bereich des § 20 UmwStG relevante Frage (hierzu → Form. D. 5 Rn. 81 mwN) ist **80**
mE **abhängig von der zivilrechtlichen Gestaltung** des Einbringungsvorgangs zu beurteilen:

- Wird danach die betriebliche Einheit (Betrieb, Teilbetrieb, Mitunternehmeranteil) **von der über-** **81**
tragenden Personengesellschaft gegen Gewährung von Anteilen der aufnehmenden Personengesellschaft an die übertragende Personengesellschaft **eingebracht,** so ist die übertragende Personengesellschaft (Mitunternehmerschaft) als solche Einbringende, nicht etwa die dahinter stehenden Gesellschafter (RHL/*Rasche* UmwStG § 24 Rn. 55 am Ende; HMB/*Bär/Märkle* UmwStG § 24 Rn. 53 mwN und SHS/*Schmitt* UmwStG § 24 Rn. 93ff., 96 aE, jeweils mit eingehenden Ausführungen; WM/*Widmann* UmwStG § 24 Rn. 92, allerdings mit anderer Bewertung in Rn. 93 für den Fall der **Einbringung sämtlicher Betriebe** bzw. Teilbetriebe durch die Personengesellschaft). Für die Relevanz der vertraglichen Vereinbarungen spricht auch das Urteil des BFH v. 21.6.1994 (VIII R 5/92, BStBl. II 1994, 856), wonach die übertragende Personengesellschaft (im entschiedenen Fall eine GbR) nur deshalb nicht als Einbringende iSd. § 24 UmwStG angesehen werden konnte, weil sie nach den Regelungen des Gesellschaftsvertrags „nicht selbst Mitunternehmerin der (aufnehmenden; *eigene Anmerkung*) KG geworden" war (BFH v. 21.6.1994, VIII R 5/92, BStBl. II 1994, 856 zu II. 1. a).

82 – Erfolgt dagegen die Übertragung gegen Gewährung von Gesellschaftsrechten **an die Gesellschafter** der übertragenden Personengesellschaft, so sind die Gesellschafter als Einbringende iSd. § 24 UmwStG anzusehen (vgl. WM/*Widmann* UmwStG § 24 Rn. 92 aE; DPM/*Patt* UmwStG § 24 Rn. 112 mit Hinweis auf UmwStG § 20 Rn. 169; RHL/*Rasche* UmwStG § 24 Rn. 55).

82a Etwas anderes ergibt sich auch nicht aus § 1 Abs. 3 UmwStG. Vielmehr unterscheiden sich die dort aufgeführten Fälle danach, wem die Anteile an der übernehmenden Personengesellschaft gewährt werden: So erfolgt nur in den in § 1 Abs. 3 Nr. 1 UmwStG genannten Fälle der Auf- und Abspaltung die Übertragung gegen Gewährung von Anteilen der übernehmenden Gesellschaft an die Gesellschafter der übertragenden Personengesellschaft (vgl. § 123 Abs. 1 und Abs. 2 UmwG); in diesen Fällen sind die Gesellschafter der betroffenen Personengesellschaft und nicht diese als Einbringende anzusehen. Demgegenüber bleibt es bei den in § 1 Abs. 3 Nr. 2 UmwStG sowie in § 1 Abs. 3 Nr. 4 UmwStG erfassten Fälle grundsätzlich dabei, dass zivilrechtlich die Personengesellschaft die Gegenleistung aus der Einbringung erhält (zwingend in den Fällen der Ausgliederung nach § 123 Abs. 3 UmwG); konsequenterweise ist in diesen Fällen die Personengesellschaft als Einbringender anzusehen.

83 Voraussetzung des § 24 Abs. 1 UmwStG ist ferner, dass der Einbringende durch die Einbringung eine **Mitunternehmerstellung** an der aufnehmenden Personengesellschaft erlangt (erforderlich sind hierfür die Möglichkeit der Entfaltung von **Mitunternehmerinitiative** und das Tragen von **Mitunternehmerrisiko;** → Rn. 70 mit Nachweisen insbesondere zur jüngsten Rspr. des BFH zu den Voraussetzungen der Begründung/Erlangung des **wirtschaftlichen Eigentums an Mitunternehmeranteilen;** hierzu: *Prinz* DB 2019, 1345). Dies setzt regelmäßig voraus, dass der Einbringende im Gegenzug für die Vermögensübertragung **Gesellschaftsanteile erhält** (SHS/*Schmitt* UmwStG § 24 Rn. 114 mwN; CKSS/*Strahl;* DPM/*Patt* UmwStG § 24 Rn. 106 ff. mwN; RHL/*Rasche* UmwStG § 24 Rn. 60; vgl. WM/*Widmann* UmwStG § 24 Rn. 101 ff.; HMB/*Bär/Märkle* UmwStG § 24 Rn. 53, 77). **Beachte:** Die FinVerw. verlangt eine Erhöhung des Kapitalkontos des Einbringenden auch in den Fällen, in denen ein Mitunternehmer bereits zu 100% an einer Personengesellschaft beteiligt ist (UmwSt-Erl. 2011, BMF v. 11.11.2011, BStBl. I 2011, 1314 Tz. 24.07 Satz 3).

84 Über den Wortlaut des § 24 Abs. 1 UmwStG hinaus ist die Regelung nach allgemeiner Auffassung auch anwendbar, wenn der Einbringende bereits Mitunternehmer der Gesellschaft ist und durch die Einbringung sein **Mitunternehmeranteil weiter aufgestockt** wird (BFH v. 29.10.1987, IV R 93/85, BStBl. II 1987, 374 zu 1. aE; SHS/*Schmitt* UmwStG § 24 Rn. 125 mwN; HMB/*Bär/Märkle* UmwStG § 24 Rn. 77; DPM/*Patt* UmwStG § 24 Rn. 109 mwN; RHL/*Rasche* UmwStG § 24 Rn. 61; UmwSt-Erl. 2011, BMF v. 11.11.2011, BStBl. I 2011, 1314 Tz. 24.07 Satz 1: erforderlich ist die Erweiterung der bisherigen Mitunternehmerstellung).

85 Die Gewährung einer Mitunternehmerstellung kann gesellschaftsvertraglich (und bilanziell) dadurch erfolgen, dass der (Buch-, gemeine oder Zwischen-)Wert des eingebrachten Betriebsvermögens dem **Kapitalkonto** des Einbringenden bei der aufnehmenden Personengesellschaft **gutgeschrieben** wird, das – nach der Ausgestaltung des Gesellschaftsvertrages – die **Beteiligung des Einbringenden am Gewinn und Verlust, dem Vermögen und den Stimmrechten** darstellt (SHS/*Schmitt* UmwStG § 24 Rn. 127; DPM/*Patt* UmwStG § 24 Rn. 108 mwN; RHL/*Rasche* UmwStG § 24 Rn. 60; CKSS/*Strahl* Rn. 291; HMB/*Bär/Märkle* UmwStG § 24 Rn. 77 mwN; vgl. schon Tz. 26, 33, 57 und 77 des sog. Mitunternehmer-Erlasses, BMF v. 20.12.1977, BStBl. I 1978, 8: Kapitalkonto des Gesellschafters, „das für seine Beteiligung am Gesamthandsvermögen maßgeblich ist"). Auch reicht eine Veränderung der Gewinnverteilung oder der Stimmrechte aus (WM/*Widmann* UmwStG § 24 Rn. 101.4; s. auch UmwSt-Erl. 2011, BMF v. 11.11.2011, BStBl. I 2011, 1314 Tz. 24.07 Satz 1 HS 1: „§ 24 UmwStG ist nur anwendbar, soweit der Einbringende als Gegenleistung für die Einbringung **Gesellschaftsrechte** erwirbt"; *eigene Hervorhebung*). Eine (ausschließliche) Verbuchung auf dem sog. **Kapitalkonto II** (das idR nicht für die Beteiligung des Kommanditisten am Gesamthandsvermögen maßgeblich ist) oder dem **Darlehens-**

konto ist jedenfalls nicht ausreichend (→ ausführlich Rn. 75a; bei ausschließlicher Verbuchung auf dem Kapitalkonto II ausdrücklich: BFH v. 29.7.2015, IV R 15/14, BStBl. II 2016, 593; v. 4.2.2016, IV R 46/12, BStBl. II 2016, 607; s. hierzu BMF v. 26.7.2016, BStBl. I 2016, 684 mit Anm. *Kleinmanns* BB 2016, 1906; zum Darlehenskonto: SHS/*Schmitt* UmwStG § 24 Rn. 127 mwN; DPM/*Patt* UmwStG § 24 Rn. 99; UmwSt-Erl. 2011, BMF v. 11.11.2011, BStBl. I 2011, 1314 Tz. 24.07 Satz 5. Zur Abgrenzung der Fälle von § 24 UmwStG von allgemeinen Veräußerungsvorgängen → Rn. 98).

Was als maßgebliches „Kapitalkonto" in diesem Sinn zu verstehen ist, hängt von den **konkreten Regelungen im Gesellschaftsvertrag** ab, weniger von der bloßen Bezeichnung des Kapitalkontos. In der Praxis werden bei oHG und KG gegenüber der gesetzlichen Regelung im HGB (vgl. § 120 Abs. 2, § 167 Abs. 2 HGB) regelmäßig abweichende Vereinbarungen zu der Ausgestaltung der Gesellschafterkonten getroffen; Erscheinungsformen solcher Vereinbarungen über Gesellschafterkonten sind das Zweikontenmodell (Kapitalkonto I und II), das Dreikontenmodell (Kapitalkonto I, II und Darlehenskonto) sowie das Vierkontenmodell (Kapitalkonto I, II, Darlehenskonto und Verlustvortragskonto) sowie Abwandlungen hiervon (s. hierzu *Ley* KÖSDI 1994, 9972). Zu unterscheiden ist für Zwecke des § 24 UmwStG jeweils zwischen Konten mit Eigenkapital- und solchen mit Fremdkapitalcharakter (Darlehen). IdR sind das Kapitalkonto I und das Verlustsonderkonto als (Eigen-)Kapitalkonten im vorgenannten Sinne zu qualifizieren; dagegen ist die Beurteilung des Kapitalkonto II und des Darlehenskontos in der Praxis nicht immer einfach. Nach der Rechtsprechung des BFH richtet sich die **Abgrenzung** „nicht nach der Kontenbezeichnung, sondern im Grundsatz danach, ob Zu- und Abgänge gesellschafts- oder schuldrechtlicher Natur sind. Danach ist vor allem dann von einem Kapitalkonto auszugehen, wenn auf diesem Verlustanteile des Gesellschafters verbucht werden. Denn mit dem Begriff des Darlehens ist eine Verlustbeteiligung nicht vereinbar" (BFH v. 5.6.2002, I R 81/00, BFH/NV 2002, 1383 zu II. 1. c) aa); v. 26.6.2006 IV R 29/06, BStBl. II 2008, 103). 86

Für die Qualifizierung als (Eigen-)Kapitalkonto spricht nach dieser Rechtsprechung außerdem, wenn auf dem Konto Entnahmen und Einlagen zu verbuchen sind. Von Bedeutung kann schließlich sein, ob für die Kapitalüberlassung Höchstbeträge festgelegt, Sicherheiten gestellt und Tilgungsvereinbarungen getroffen worden sind (vgl. BFH v. 27.6.1996, IV R 80/95, BStBl. II 1997, 36; v. 4.5.2000, IV R 16/99, BStBl. II 2001, 171; v. 23.1.2001, VIII R 30/99, BStBl. II 2001, 621; v. 5.6.2002, I R 81/00, BFH/NV 2002, 1383; zur **Abgrenzung zwischen Kapitalkonto und Darlehenskonto** siehe BFH v. 26.6.2007, IV R 29/06, BStBl. II 2008, 103; v. 24.1.2008, IV R 37/06, BStBl. II 2011, 617; auch *Ley* KÖSDI 2002, 13459, 13461 ff. mwN; CKSS/*Strahl* Rn. 292 mwN; DPM/*Patt* UmwStG § 24 Rn. 61 mwN; UmwSt-Erl. 2011, BMF v. 11.11.2011, BStBl. I 2011, 1314 Tz. 24.07 mit Hinweis auf die in BMF v. 30.5.1997, BStBl. I 1997, 627, aufgeführten Abgrenzungskriterien).

einstweilen frei 87

c) Einbringungsgegenstand; Umfang der Einbringung; negatives Kapital

Taugliche Einbringungsgegenstände iSd. § 24 Abs. 1 UmwStG können qualifizierte betriebliche Sachgesamtheiten sein, nämlich: **Betriebe** (zum Begriff → Form. D.4 Rn. 70 mwN), **Teilbetriebe** (zum Begriff s. grundsätzlich → Form. D.6 Rn. 68, 69 mwN) und **Mitunternehmeranteile** (→ Form. D.5 Rn. 86 ff. mwN sein (s. auch DPM/*Patt* UmwStG § 24 Rn. 87 ff., Rn. 89 f.; Rn. 91 ff., Rn. 94; HMB/*Bär/Märkle* UmwStG § 24 Rn. 25 ff., 32 ff.; SHS/*Schmitt* UmwStG § 24 Rn. 61 f., 63 ff.). Der UmwSt-Erl. 2011, BMF v. 11.11.2011, BStBl. I 2011, 1314 verweist in Tz. 24.03 auf die entsprechende Anwendung der zur Einbringung nach § 20 UmwStG getroffenen Regelungen (UmwSt-Erl. 2011, BMF v. 11.11.2011, BStBl. I 2011, 1314 Tz. 20.05 bis 20.08 und Tz. 20.10 ff.). 88

Für die **Übertragung von Betrieben** setzt die Anwendung des § 24 UmwStG somit voraus, dass alle **wesentlichen Grundlagen** des Betriebs übertragen werden (BFH v. 29.10.1987, IV R 93/85, BStBl. II 1988, 374, 376; v. 25.9.1991, I R 184/87, BStBl. II 1992, 406, 407; s. auch → Form. D. 4 Rn. 71 mwN). Für die **Übertragung von Teilbetrieben** bedeutet dies, dass sämtliche für den betroffenen Teilbetrieb funktional wesentlichen Betriebsgrundlagen sowie – nach Auffassung der FinVerw. – **alle** dem Teilbetrieb **nach wirtschaftlichen Zusammenhängen** zuordenbaren, sonstigen (aktiven und passiven) Wirtschaftsgüter zwingend mit zu übertragen sind (s. ausführlich → Form. D.5 Rn. 68 mwN; → Form. D.6 Rn. 71 f. mwN).

Ob allerdings der europäische Teilbetriebsbegriff (hierzu ausführlich → Form. D.5 Rn. 68 und 68b mwN) im Rahmen des § 24 UmwStG Anwendung finden kann, ist fraglich. Denn Personengesellschaften zählen nicht zu den in Art. 3 FRL 2009/133/EG v. 19.10.2009 (ABl. EG Nr. L 310 S. 34) genannten Gesellschaften eines EU-Mitgliedsstaates (siehe *Patt/Rupp/Aßmann* Der neue Umwandlungssteuererlass, S. 173 mwN; SHS/*Schmitt* UmwStG § 24 Rn. 60; *Schneider/Ruoff/Sistermann* FR 2012, 1 ff., 8).

88a Dennoch: Bei der **Einbringung von Teilbetrieben** besteht angesichts des von der FinVerw. aufgestellten Erfordernis der Übertragung aller nach wirtschaftlichen Zusammenhängen zuordenbaren Wirtschaftsgüter, die große praktische Schwierigkeit (und entsprechende Gefahr für die Steuerneutralität) in der vollständigen Erfassung der nach wirtschaftlichen Zusammenhängen zuordenbaren Wirtschaftsgüter (→ Form. D.5 Rn. 68a). Es dürfte sich daher in der Regel empfehlen, hinsichtlich der Zugehörigkeit der Wirtschaftsgüter zu dem zu übertragenden Teilbetrieb einen Antrag auf Erteilung **einer verbindlichen Auskunft** zu stellen. Folgende Aspekte lassen sich typischerweise mit einem solchen Antrag absichern:
- Qualifikation von Wirtschaftsgütern als funktional wesentliche Betriebsgrundlagen;
- Wahl eines zutreffenden/sachgerechten Zuordnungsmaßstabs/-rasters;
- Notwendigkeit der Zuordnung einzelner Wirtschaftsgüter zu dem Teilbetrieb (aufgrund bestimmter Zuordnungskriterien) oder Möglichkeit des Zurückbehalts;
- Notwendigkeit der Zuordnung von „unwesentlichen" Wirschaftsgütern (wie zB Büroeinrichtung) oder Unschädlichkeit der freien Zuordnung;
- organisatorische Geschlossenheit einer betrieblichen Einheit;
- Möglichkeit/Zulässigkeit einer sog. „Nachübertragungsklausel", die bei offensichtlichen Fehlzuordnungen oder versehentlich falscher Festlegung nachträglich eine richtige Zuordnung ermöglicht.

88b **Gestaltungshinweis:** Bei der Zuordnung von funktional wesentlichen Wirtschaftsgütern stellt sich nicht selten heraus, dass diese für mehr als einen Teilbetrieb „wesentlich" sind und somit bereits aus praktischen bzw. operativen Überlegungen einem einzigen Teilbetrieb allein nicht zugeordnet werden können (das ist typischerweise bei Grundstücken und Gebäuden der Fall; Tz. 15.08 UmwSt-Erl. 2011 BMF v. 11.11. 2011, BStBl. I 2011, 1314 spricht bei Aufspaltungen von einem „Spaltungshindernis"). In solchen Fällen bestehen grundsätzlich mehrere Möglichkeiten, um das Hindernis zu beseitigen (es ist allerdings zu empfehlen, diese ebenfalls im Vorfeld im Rahmen eines Antrags auf Erteilung einer verbindlichen Auskunft mit der FinVerw. abzustimmen):
- Verkauf des Wirtschaftsguts an Dritte;
- Ausgliederung des Wirtschaftsguts in eine Tochtermitunternehmergesellschaft (Grenze: Gesamtplan iSd. § 42 AO; allerdings hat der BFH entschieden, dass „auf Dauer" angelegte Gestaltungen – wie die Einbringung in eine Tochtergesellschaft – grds. kein Fall des § 42 AO sind; vgl. BFH v. 9.11.2011, X R 60/09, BStBl. II 2012, 638; v. 2.8.2012, IV R 41/11, BFH/NV 2012, 2053; beachte: „Nichtanwendungserlass" hierzu: BMF v. 12.9.2013, BStBl. I 2013, 1164; s. ausführlich hierzu *Wacker* Ubg 2016, 245 mwN);
- bei Grundstücken: Realteilung vor Einbringung/Ausgliederung (sofern bauordnungs- und planungsrechtliche Vorgaben nicht verletzt werden);
- bei Gebäuden: Begründung von Teileigentum nach WEG (beachte: Abgeschlossenheitserfordernis);
- ideelle Teilung durch Schaffung von Bruchteilseigentum.

88c Sollten die vorstehenden Möglichkeiten nicht in Betracht kommen (Zeitgründe; Komplexität) ergibt sich im Bereich der Einbringung in Personengesellschaften eine weitere Möglichkeit, die Beschränkungen des § 24 UmwStG zu vermeiden und trotzdem auf die Übertragung auf eine separate Tochterpersonengesellschaft nicht zu verzichten: Die Übertragung auf eine sog. **„Treuhand-KG".** Dabei handelt es sich bei dem **Treuhandmodell** idR um eine KG, bei der ein „Allein-Beteiligter" als Komplementär mit (beispielsweise) 99,99% der Anteile und als Kommanditistin eine GmbH mit (beispielsweise) 0,01% der Anteile beteiligt ist und diese GmbH die Kommanditanteile treuhänderisch für die Komplementärin hält. Hierzu iE → Form. D.3. Nach inzwischen gefestigter Rechtsprechung des BFH (v. 1.10.1992, IV R 130/90, BStBl. II 1993, 574, zur ESt/KSt; v. 3.2.2010, IV R 26/07, BStBl. II 2010, 751, zur GewSt) sowie der Auffassung der FinVerw. (s. GewStR 2.1 Abs. 2 und GewStR 5.1 Fußnote 1; OFD Magdeburg v. 18.2.2011, BeckVerw 247408; OFD Niedersachsen v. 7.2.2014, DStR 2014, 533) ist bei einer solchen Gestaltung die Personengesellschaft zwar zivilrechtlich existent, ertragsteuerrechtlich aber keine Mitunternehmerschaft (da es nur einen unternehmerisch Beteiligten gibt). Dementsprechend findet in einem solchen Fall keine gesonderte und einheitliche Gewinnfeststellung statt; der Gewinn wird dem Allein-Beteiligten unmittelbar zugerechnet. Das gilt auch im Hinblick auf die Gewerbesteuer, für die der Gewerbeertrag der Treuhand-KG dem Allein-Beteiligten zugerechnet wird. Siehe hierzu auch *Behrens/Reimer* BB 2016, 689.

Beachte: Das Treuhandmodell setzt voraus, dass der Komplementär zugleich Treugeber des Kommanditisten ist; im umgekehrten Fall (Kommanditist ist Treugeber des Komplementärs) ist die KG noch eine Mitunternehmerschaft. Denn der Komplementär ist wegen seiner Außenhaftung stets als Mitunternehmer anzusehen; daran ändert auch nichts, dass er die Beteiligung im Innenverhältnis nur treuhänderisch hält.

Zu den ertragsteuerlichen Folgen der **Beendigung des Treuhandmodells:** *Stegemann* DStR 2015, 2577; zu der **Umwandlung von Kapitalgesellschaften in Treuhand-KG:** *Behrens/Renner* BB 2016, 683. **88d**

Über den Wortlaut der Vorschrift hinaus zählt nach hM auch die Einbringung eines **100%igen Anteils an einer Kapitalgesellschaft** als fiktiver Teilbetrieb zu den nach § 24 Abs. 1 UmwStG begünstigten Einbringungsgegenständen (DPM/*Patt* UmwStG § 24 Rn. 95; UmwSt-Erl. 2011, BMF v. 11.11.2011, BStBl. I 2011, 1314 Tz. 24.02 Satz 1; hierzu → Rn. 50 mwN). **88e**

Für die Qualifikation als „wesentliche Betriebsgrundlage" ist nach hM in der Literatur eine **rein funktionale Betrachtungsweise** zugrunde zu legen, dh. es ist maßgebend die Funktion des einzelnen Wirtschaftsgutes im Rahmen der speziellen Art des betreffenden Betriebs (DPM/*Patt* UmwStG § 24 Rn. 90 mwN; RHL/*Rasche* UmwStG § 24 Rn. 36 mwN; SHS/*Schmitt* UmwStG § 24 Rn. 61 mwN; HMB/*Bär/Märkle* UmwStG § 24 Rn. 29 mwN; *Ley* KÖSDI 1999, 12159; *Hörger/Schulz* DStR 1998, 233); auf die in einem Wirtschaftsgut evtl. enthaltenen erheblichen stillen Reserven kommt es bei § 24 UmwStG – wie auch im Rahmen des § 20 UmwStG – dagegen grundsätzlich nicht an (vgl. iE → Form. D. 4 Rn. 71 und → Form. D.6 Rn. 71, 72 zu § 20 UmwStG, die für § 24 UmwStG herangezogen werden können; ebenso: UmwSt-Erl. 2011, BMF v. 11.11.2011, BStBl. I 2011, 1314 Tz. 24.03 iVm. Tz. 20.06 iVm. Tz. 15.02; DPM/*Patt* UmwStG § 24 Rn. 90; SHS/*Schmitt* UmwStG § 24 Rn. 61). **89**

Sofern ein **Mitunternehmeranteil** Einbringungsgegenstand ist, muss – wie auch im Bereich des § 20 UmwStG – neben dem Anteil am Vermögen der Gesellschaft, auch das zugehörige notwendige **Sonderbetriebsvermögen I des Gesellschafters** eingebracht werden (es kann auf die Rechtsprechung und Kommentierung zu § 20 UmwStG verwiesen werden; vgl. BFH v. 6.12.2000, VIII R 21/00, BStBl. II 2003, 194 zu II. 1. b) mwN; v. 7.12.2000, III R 35/98, BStBl. II 2001, 316; v. 19.3.1991, VIII R 76/87, BStBl. II 1991, 635; v. 24.8.2000, IV R 51/98, BFH/NV 2000, 1554; v. 2.10.1997, IV R 84/96, BStBl. II 1998, 104; RHL/*Rasche* UmwStG § 24 Rn. 44; DPPM/*Patt* UmwStG § 24 Rn. 94; *SHS/Schmitt* UmwStG § 20 Rn. 118 mwN), sofern es sich dabei – auch bei den Vermögensgegenständen des Sonderbetriebsvermögens – um **wesentliche** Betriebsgrundlagen handelt (iE → Form. D.5 Rn. 86 ff. mwN und → Form. D.6 Rn. 71 f.). **90**

Anders als für die Einbringungsvorgänge nach § 20 UmwStG (→ Form. D.5 Rn. 94 mwN zur bloßen Nutzungsüberlassung) war es im Rahmen einer Einbringung gemäß § 24 UmwStG 1995 **nicht notwendig,** dass die zu übertragenden betrieblichen Einhei- **91** ten **in vollem Umfang** (im Ganzen) auch **zivilrechtlich** auf die übernehmende Personengesellschaft übertragen wurden. Eine Einbringung iSd. § 24 Abs. 1 UmwStG setzte lediglich die **Überführung in das steuerliche Betriebsvermögen der aufnehmenden Personengesellschaft** voraus (vgl. Dötsch/Eversberg/Jost/Witt/*Patt,* 5. Aufl., UmwStG § 24 Rn. 90); Sonderbetriebsvermögen qualifiziert hierfür also. Diese Auffassung vertritt die FinVerw. auch unter Geltung des UmwSt-Erl. 2011, BMF v. 11.11.2011, BStBl. I 2011, 1314 (Tz. 01.43), wonach die Übertragung des wirtschaftlichen Eigentums der Einzelrechtsnachfolge iSd. § 1 Abs. 3 Nr. 4 UmwStG gleichgestellt wird.

91a Allerdings wird dies unter Geltung des § 24 UmwStG 2006 von einigen Autoren angezweifelt: Die Anwendung des § 24 UmwStG setze nunmehr gemäß § 1 Abs. 3 Nr. 4 UmwStG eine Einzelrechtsübertragung voraus, die durch bloße Übertragung des wirtschaftlichen Eigentums nicht vorliege (DPM/*Patt* UmwStG § 24 Rn. 13 und 104). Dies überzeugt mE nicht, da zum einen nicht erkennbar ist, dass der Gesetzgeber von der bisherigen Handhabung abweichen wollte, und zum anderen die Gegenauffassung der Auslegung des § 1 Abs. 3 Nr. 4 UmwStG ein rein zivilrechtliches Verständnis zugrunde legt (für eine Erfassung der Übertragung wirtschaftlichen Eigentums in § 1 Abs. 3 Nr. 4 UmwStG: WM/*Widmann* UmwStG § 1 Rn. 69; RHL/*Rasche* UmwStG § 24 Rn. 59 mit ausführlicher Begründung).

91b Zum mitunternehmerischen Betriebsvermögen einer Personengesellschaft (Mitunternehmerschaft iSd. § 15 Abs. 1 Nr. 2 EStG) gehören neben dem gesamthänderisch gebundenen Vermögen der Gesellschaft **auch** Wirtschaftsgüter im Eigentum der Mitunternehmer, **die als Sonderbetriebsvermögen** bei der Gesellschaft zu qualifizieren sind (vgl. nur Schmidt/*Wacker* § 15 Rn. 480 mwN, Rn. 506ff. mwN). Dementsprechend kann für Zwecke des § 24 Abs. 1 UmwStG eine Einbringung auch bewirkt werden, wenn die betriebliche Sachgesamtheit (Betrieb, Teilbetrieb, Mitunternehmeranteil) **nur zum Teil** in das Gesamthandsvermögen rechtlich (oder zumindest wirtschaftlich iSd. § 39 Abs. 2 Nr. 1 AO) übertragen wird (idR durch entsprechenden zivilrechtlichen Übertragungsakt), während der **verbleibende „Teil“ in das Sonderbetriebsvermögen** des Einbringenden bei der aufnehmenden Gesellschaft überführt (dh. steuerlich diesem **zugeordnet**) wird (BFH v. 26.1.1994, III R 39/91, BStBl. II 1994, 458; v. 25.11.1980, VIII R 32/77, BStBl. II 1981, 419 zu 1.; SHS/*Schmitt* UmwStG § 24 Rn. 42 mwN; WM/*Widmann* UmwStG § 24 Rn. 98.1; RHL/*Rasche* UmwStG § 24 Rn. 58; ebenso UmwSt-Erl. 2011, BMF v. 11.11.2011, BStBl. I 2011, 1314 Tz. 24.05, wonach es ausreichend ist, wenn das eingebrachte Betriebsvermögen (lediglich) teilweise Sonderbetriebsvermögen des Einbringenden bei der übernehmenden Mitunternehmerschaft wird). Denn im Alleineigentum eines Gesellschafters verbleibende Wirtschaftsgüter, die der Gesellschaft zur Nutzung überlassen werden, stellen Betriebsvermögen der Gesellschaft dar, regelmäßig Sonderbetriebsvermögen I (BFH v. 31.10.1989, VIII R 374/83, BStBl. II 1990, 677). Daraus folgt, dass auch diese Wirtschaftsgüter iSd. § 24 UmwStG in die Gesellschaft eingebracht werden (BFH v. 26.1.1994, III R 39/91, BStBl. II 1994, 458; v. 25.11.1980, VIII R 32/77, BStBl. II 1981, 419).

92 Als weitere Abweichung gegenüber den Einbringungsvorgängen nach § 20 UmwStG sind Einbringungen nach § 24 UmwStG auch begünstigt, wenn das **eingebrachte Betriebsvermögen negativ** ist (UmwSt-Erl. 2011, BMF v. 11.11.2011, BStBl. I 2011, 1314 Tz. 24.04 Satz 1; DPM/*Patt* UmwStG § 24 Rn. 129 mwN; RHL/*Rasche* UmwStG § 24 Rn. 68; SHS/*Schmitt* UmwStG § 24 Rn. 142); dies ergibt sich daraus, dass § 24 UmwStG ein über dem Buchwert liegenden Mindestansatz – wie ihn § 20 Abs. 2 Satz 2 Nr. 2 UmwStG für Einbringungen in Kapitalgesellschaften bei negativem Kapital vorsieht (hierzu → Form. D.4 Rz. 73b und → Form. D.6 Rn. 75aff.) – nicht kennt. Eine Einschränkung des Wahlrechts nach § 24 Abs. 2 UmwStG ergibt sich somit nicht (unstr.; vgl. nur WM/*Widmann* UmwStG § 24 Rn. 159 mwN; DPM/*Patt* UmwStG § 24 Rn. 129 mwN).

d) Zeitpunkt der Einbringung; Rückbeziehung

Die Einbringung durch Einzelrechtsnachfolge nach § 24 UmwStG wird – wie in den Fällen des § 20 UmwStG – grundsätzlich zu dem **Zeitpunkt** wirksam, an dem aus steuerlicher Sicht die Übertragung der betrieblichen Einheit Betrieb, Teilbetrieb oder Mitunternehmeranteil wirksam wird **(steuerlicher Übertragungsstichtag);** maßgebend sind hierfür die zugrunde liegenden zivilrechtlichen Vereinbarungen (insbesondere der Einbringungsvertrag) bzw. die tatsächliche Handhabung. Dieser Zeitpunkt ist regelmäßig der Zeitpunkt der **Verschaffung des wirtschaftlichen Eigentums,** bei beweglichen Wirtschaftsgüter und Grundstücken somit der Übergang von Besitz, Gefahr, Nutzungen und Lasten gemäß den Bestimmungen des Einbringungsvertrages (hierzu → Form. D.4 Rn. 90 mwN und → Form. D.6 Rn. 119 mwN). 93

Die Möglichkeiten der Vorverlegung des vorgenannten Zeitpunktes, dh. einer (ertrag-)steuerlichen **Rückbeziehung** des Einbringungsvorgangs sind gemäß § 24 Abs. 4 HS 2 UmwStG **beschränkt** auf die Fälle der „Einbringung in eine Personengesellschaft im Wege der Gesamtrechtsnachfolge" (DPM/*Patt* UmwStG § 24 Rn. 160 mwN: keine analoge Anwendung auf Einzelrechtsnachfolge möglich). Darunter sind nach Auffassung der Finanzverwaltung nur Fälle der Gesamtrechtsnachfolge **nach den Vorschriften des Umwandlungsgesetzes oder vergleichbarer ausländischer Vorgänge** zu verstehen (UmwSt-Erl. 2011, BMF v. 11.11.2011, BStBl. I 2011, 1314 Tz. 24.04 Satz 1; wohl auch SHS/*Schmitt* UmwStG § 24 Rn. 277), also insb. Verschmelzung und Ausgliederung. In Zusammenschau mit dem sachlichen Anwendungsbereich des § 1 Abs. 3 UmwStG sind das zunächst die Fälle der Verschmelzung, Auf- und Abspaltung iSd. §§ 2, 123 Abs. 1 und 3 UmwG sowie der Ausgliederung iSd. § 123 Abs. 3 UmwG. Anders als unter dem UmwStG 1995 dürften allerdings die Fälle der **Anwachsung** nicht mehr (so noch: WM/*Widmann* UmwStG § 24 Rn. 120.2 mwN) unter die Regelung des § 24 Abs. 4 HS 2 UmwStG fallen (ausdrücklich UmwSt-Erl. 2011, BMF v. 11.11.2011, BStBl. I 2011, 1314 Tz. 24.04 Satz 1; ebenso DPM/*Patt* UmwStG § 24 Rn. 159, 163; aA: HMB/*Bär/Märkle* UmwStG § 24 Rn. 96; differenzierend: SRS/*Schiessl* Rn. H 24.56; s. zur Eröffnung des Anwendungsbereichs des § 24 UmwStG → Rn. 67 mwN); denn die (erweiterte) Anwachsung ist nach umstrittener, aber zutreffender Auffassung ein Fall von § 1 Abs. 3 Nr. 4 UmwStG, der – anders als die in § 1 Abs. 3 Nr. 1 und Nr. 2 UmwStG – ausschließlich Fälle der Einzelrechtsübertragung erfasst. Dass die Anwachsung *per se* als Form der Gesamtrechtsnachfolge qualifiziert werden kann (→ Form. D.5 Rn. 13 und 14 mwN), ändert nichts daran, dass dieser Gesamtrechtsnachfolge eine Einzelrechtsübertragung vorangeht (hierzu → Rn. 67 und → Form. D.5 Rn. 50, 51). 94

Die **schuldrechtliche Vereinbarung** eines Stichtages **vor** dem Zeitpunkt des Übergangs des wirtschaftlichen Eigentums hat für Ertragsteuerzwecke nur ganz eingeschränkte Bedeutung: Zwar ist für die Ermittlung des Anteils eines Gesellschafters am Gewinn oder Verlust einer Mitunternehmerschaft grundsätzlich der handelsrechtliche Gewinn- und Verlustverteilungsschlüssel maßgebend, so wie er sich aus den Bestimmungen des Gesellschaftsvertrags und den Vorschriften des Handelsgesetzbuches ergibt (vgl. BFH v. 10.11.1980, GrS 1/79, BStBl. II 1981, 164). Allerdings ist eine Änderung des Gewinn- und Verlustverteilungsschlüssels während eines Wirtschaftsjahres mit Rückbeziehung auf ein vorangegangenes Wirtschaftsjahr oder auf den Beginn des Wirtschaftsjahres steuerrechtlich grundsätzlich **nicht anzuerkennen** (BFH v. 12.6.1980, IV R 40/77, BStBl. II 1980, 723; v. 7.7.1983, IV R 209/80, BStBl. II 1984, 53; v. 17.3.1987, VIII R 293/82, BStBl. II 1987, 558; vgl. FG Hessen v. 7.7.2005, 13 K 4288/04, BeckRS 2005, 26022238; Schmidt/*Wacker* EStG § 15 Rn. 452 mwN und Rn. 453, auch zu Ausnahmen für Sonderabschreibungen und degressive AfA), da die Höhe des Jahresgewinnes oder -verlustes in erster Linie durch die einzelnen Geschäftsvorfälle bestimmt wird, „die nicht rückwirkend herbeigeführt oder ungeschehen gemacht oder in ihrem Inhalt verändert werden können" (BFH v. 12.6.1980, IV R 40/77, BStBl. II 1980, 723; v. 7.7.1983, IV R 209/80, BStBl. II 1984, 53). Dementsprechend ist es beim „Eintritt eines Gesellschafters in eine Personengesellschaft während eines Wirtschaftsjahres nicht zulässig, den bis zum Eintrittszeitpunkt entstandenen (dh. durch die Geschäftsvorfälle bis zu diesem Zeitpunkt verwirklichten) Gewinn oder Verlust durch eine schuld- 95 rechtliche Rückbeziehung der Eintrittsvereinbarung als laufenden Gewinn oder Verlust einkommensteuerrechtlich von den bisherigen Gesellschaftern ganz oder teilweise auf den neu eingetretenen Gesellschafter zu verlagern." (BFH v. 17.3.1987, VIII R 293/82, BStBl. II 1987, 558 zu 3.)

96 Bei Betriebsveräußerungen gemäß § 16 EStG hat die Rechtsprechung allerdings stets **Ausnahmen von dem Rückwirkungsverbot** gemacht, wenn die Rückwirkung sich **nur über eine kurze Zeit** erstreckt und den Umständen des Falles nach vertretbar erscheint (BFH v. 18.9.1984, VIII R 119/81, BStBl. II 1985, 55 zu 3. b); v. 1.10.1969, I R 120/67, BStBl. II 1969, 742), insbesondere wenn mit der Rückwirkung kein steuerlicher Vorteil erstrebt wird oder allgemein auf steuerlichen Erwägungen beruht – etwa derart, dass laufende Gewinne als steuerbegünstigte Veräußerungsgewinne erscheinen sollen (BFH v. 21.3.2002, IV R 1/01, BStBl. II 2002, 519 zu II. 3. mwN; v. 24.1.1979, I R 202/75, BStBl. II 1979, 581). Im Schrifttum wird in diesem Zusammenhang eine Rückbeziehung um **bis zu drei Monate** für unschädlich gehalten (vgl. *Prinz* DB 2019, 1345, 1347 mwN; DPM/*Patt* UmwStG § 24 Rn. 160 mwN); diese Zeitspanne ist vom BFH nicht beanstandet worden; so hat der BFH beispielsweise im Urteil v. 21.3.2002 (IV R 1/01, BStBl. II 2002, 519) eine schuldrechtlich vom 12. 3. eines Jahres auf den 31.12. des Vorjahres vereinbarte Rückbeziehung auch steuerlich anerkannt und ausdrücklich festgestellt, eine Rückbeziehung um bis zu drei Monaten für nicht zu lang zu halten (vgl. auch BFH v. 14.6.2006, VIII B 196/05, BFH/NV 2006, 1829: Eine Ausnahme vom steuerrechtlichen Rückwirkungsverbot sei anzuerkennen, wenn „die Rückwirkung sich nur über eine kurze Zeit erstrecke und mit ihr kein steuerlicher Vorteil erstrebt werde, sie mit anderen Worten lediglich der technischen Vereinfachung der Besteuerung diene und sich in der Zwischenzeit (dh. im Rückwirkungszeitraum) nichts ereignet habe, was möglicherweise für die Besteuerung noch erheblich sein könne"). Nachdem die Einbringung nach § 24 UmwStG einen Unterfall des § 16 EStG darstellt, ist nach hM eine steuerliche Rückbeziehung für eine kurze Zeitspanne **auch im Anwendungsbereich des § 24 UmwStG** zulässig; die zulässige Zeitspanne wird zwischen **einem und drei Monaten** angenommen (DPM/*Patt* UmwStG § 24 Rn. 160 – deutlich unterhalb der achtmonatigen Rückbeziehung des § 20 Abs. 5 und 6, § 24 Abs. 4 HS 2 UmwStG; WM/*Widmann* UmwStG § 24 Rn. 118 – ein Monat; HMB/*Bär/Märkle* UmwStG § 24 Rn. 93 – drei Monate; SHS/*Schmitt* UmwStG § 24 – 4 bis 6 Wochen). Voraussetzung für eine steuerliche Rückbeziehung dürfte auch in den Fällen des § 24 UmwStG sein, dass mit der Rückbeziehung **kein steuerlicher Vorteil erstrebt,** sondern lediglich eine **Vereinfachung der Besteuerung** bezweckt wird (vgl. insb. BFH v. 24.1.1979, I R 202/75, BStBl. II 1979, 581 zu 4. – Rückwirkung bei Umwandlungen, die nicht unter das UmwStG fallen; v. 18.9.1984, VIII R 119/81, BStBl. II 1985, 55 zu 3. b) – Rückwirkung bei Veräußerung von Anteilen iSd. § 17 EStG; v. 23.4.1975, I R 234/74, BStBl. II 1975, 603 zur rückwirkenden Klarstellung der gesellschaftsvertraglichen Gewinnverteilung durch Vergleich; s. auch DPM/*Patt* § 24 UmwStG Rn. 160 mwN).

97 Für die Fälle, in denen eine Rückbeziehung in Betracht kommt, verweist § 24 Abs. 4 HS 2 UmwStG auf § 20 Abs. 5 und 6 UmwStG. Danach ist **auf Antrag** (zu Form und Frist → Form. D.6 Rn. 121) eine **Rückbeziehung der Einbringung** für Zwecke der ESt, KSt und GewSt (→ Form. D.6 Rn. 123) um bis zu **acht Monate** möglich; die Bestimmung sieht hierfür zwei voneinander grds. unabhängige Fristen vor, die **beide** eingehalten werden müssen: Ausgangspunkt für die Ermittlung des größtmöglichen Rückbeziehungszeitraums ist der spätere der beiden folgenden Zeitpunkte: **(a)** Tag des Abschlusses des Einbringungsvertrages, und **(b)** Zeitpunkt, „an dem das eingebrachte Betriebsvermögen auf die Personengesellschaft übergeht". Als Zeitpunkt des Übergangs des eingebrachten Vermögens ist der Übergang des wirtschaftlichen Eigentums, spätestens der Zeitpunkt der Eintragung im Handelsregister zu verstehen (→ Rn. 93; vgl. UmwSt-Erl. 2011, BMF v. 11.11.2011, BStBl. I 2011, 1314 Tz. 24.06 Satz 4 iVm. Tz. 20.13 Sätze 1 und 3): Übergang von Besitz, Gefahr, Nutzungen und Lasten gemäß den Bestimmungen des Einbringungsvertrages. IÜ → Form. D.6 Rn. 119 ff.

e) Gegenleistung – Zuzahlungen in das Vermögen des Einbringenden

98 Im „Grundfall" des Anwendungsbereichs des § 24 UmwStG wird dem Einbringenden als Gegenleistung ausschließlich die Position als Mitunternehmer eingeräumt bzw., bei bereits bestehendem Status als Mitunternehmer, diese Position verstärkt (→ Rn. 83 ff.).

Eindeutig nicht in den Anwendungsbereich des § 24 UmwStG fallen die Gestaltungen, in denen der Einbringende als ausschließliche Gegenleistung von der Gesellschaft und/oder den Gesellschaftern eine Zahlung (insb. in Form von Geld, Forderungen oder Befreiung von Verbindlichkeiten) erhält; diese sind als Veräußerungsvorgänge gemäß § 16 EStG zu erfassen. Dennoch setzt die grundsätzliche Anwendung des § 24 UmwStG auf einen Einbringungsvorgang **nicht voraus,** dass die Gegenleistung für den Einbringenden **ausschließlich** in der Gewährung von Gesellschaftsrechten besteht. Allerdings hat die Unterscheidung nicht nur Bedeutung für die grundsätzliche Anwendung des § 24 UmwStG, sondern auch für die Einschränkung der Buchwertübertragung gemäß dem neu gefassten § 24 Abs. 2 Satz 2 Nr. 2 UmwStG sowie für die Gewährung der Tarifvergünstigung nach § 24 Abs. 3 Satz 2 UmwStG iVm. § 34 Abs. 3 EStG.

In den Fällen, in denen im Rahmen einer Einbringung die aufnehmende Mitunter- **98a** nehmerschaft im Gegenzug zu der Übertragung des Betriebsvermögens, Teilbetriebs etc., neben der Einräumung von Gesellschaftsrechten auch **sonstige Gegenleistungen** gewährt, gilt für Übertragungen ab 31.12.2014 (vgl. § 27 Abs. 14 UmwStG) § 24 Abs. 2 UmwStG idF des StÄndG 2015 v. 2.11.2015, BGBl. I 2015, 1834 (auch als „Lex Porsche" bezeichnet). Danach wird die Möglichkeit der Gewährung **sonstiger Gegenleistungen** deutlich eingeschränkt. Gemäß § 20 Abs. 2 Satz 2 Nr. 4 UmwStG gelten eine relative und eine absolute Grenze für die (unschädliche) Gewährung von sonstigen Gegenleistungen: So bleibt das Wahlrecht für eine Bewertung zum Buchwert (oder zu einem Zwischenwert) nach § 24 Abs. 2 Satz 2 Nr. 2 UmwStG unberührt, soweit der gemeine Wert der sonstigen Gegenleistung den **höheren Betrag** aus (1) 25% des Buchwerts des eingebrachten Betriebsvermögens oder (2) 500 000.– EUR, höchstens jedoch den Buchwert des eingebrachten Betriebsvermögens, nicht überschreitet. Somit ergeben sich in Abhängigkeit vom **Buchwert des eingebrachten Betriebsvermögens** folgende Konstellationen hinsichtlich der Gewährung von sonstigen Gegenleistungen bei Einbringungen nach § 24 UmwStG:

- **Buchwert nicht über 500 000.– EUR:** keine Änderungen zur bisher geltenden Gesetzeslage (bzw. Auffassung des BFH), so dass für sonstige Gegenleistungen bis zur Höhe des Buchwerts des eingebrachten Betriebsvermögens keine stillen Reserven aufgedeckt werden müssen;
- **Buchwert zwischen 500 000.– EUR und 2 000 000.– EUR:** es können sonstige Gegenleistungen bis zu 500 000.– EUR ohne Aufdeckung von stillen Reserven eingeräumt werden (auf die relative Schwelle kommt es nicht an);
- **Buchwert über 2 000 000.– EUR:** in diesen Fällen greift (nur noch) die relative Grenze von 25%, sofern nicht die Beschränkung der sonstigen Gegenleistungen auf den Buchwert des eingebrachten Betriebsvermögens Anwendung findet.

Werden sowohl die relative als auch die absolute Wertgrenze überschritten, ist **insoweit** eine Buchwertfortführung beim übernehmenden Rechtsträger ausgeschlossen. Der „schädliche" Anteil der sonstigen Gegenleistung (dh. der Betrag, um den die relative bzw. absolute Höchstgrenze überschritten wird) führt beim Einbringenden zu einem Veräußerungsgewinn.

Siehe **Zahlenbeispiele** zur Anwendung der Neuregelung in → Form. D.4 Rn. 72b **98b** und → Form. D.5 Rn. 100; s. auch BT-Drs. 18/4902 S. 49 und 50. Zur **Ermittlung des „schädlichen" Anteils** der sonstigen Gegenleistung s. Beispiel in → Form. D.5 Rn. 100.

Dagegen bereitet die **Abgrenzung** zwischen **Veräußerungsvorgängen** von Be- **98c** triebsvermögen an eine Personengesellschaft **und Einbringungen nach § 24 UmwStG** in der Praxis häufig dann Schwierigkeiten, wenn Einbringungs- und Veräußerungsvorgang zusammenfallen.

Diese Problematik zeigt sich insbesondere in dem Fall, dass neben der Gewährung **99** von Gesellschaftsrechten auch eine **Zuzahlung in das Vermögen des Einbringenden** erfolgt.

Beispiel: A, der ein Einzelunternehmen betreibt, und B beabsichtigen künftig das Einzelunternehmen gemeinsam (je 50%) in Form einer GbR zu führen. Das Einzelunternehmen hat einen gemeinen Wert von 100 000.– EUR (Buchwert: 20 000.– EUR). Für die Zusammenführung der Aktivitäten wählen A und B folgende Gestaltung: A nimmt B als 50%igen Gesellschafter in sein Einzelunternehmen auf (Gründung der GbR) und erhält dafür von B eine Geldzahlung iHv. 50 000.– EUR in sein Privatvermögen.

Anmerkung: Das Beispiel entspricht im Wesentlichen dem auch den Urteilen des BFH v. 18.10. 1999 (GrS 2/98, BStBl. II 2000, 123) sowie v. 21.9.2000 (IV R 54/99, BStBl. II 2001, 178) zugrunde liegenden Sachverhalt.

100 Die ertragsteuerliche Behandlung dieser „Mischfälle" in Rechtsprechung, Finanzverwaltung und Literatur ist nicht immer eindeutig. Weitgehend unstreitig ist, dass die Anwendung des § 24 UmwStG in diesen Fällen **nicht insgesamt** ausgeschlossen ist; vielmehr werden nach der Rechtsprechung des BFH zwei Vorgänge, namentlich Veräußerung und Einbringung von Betriebsvermögen, miteinander verbunden, die ertragsteuerlich weiter getrennt zu beurteilen sind: Der Betrieb wird in die Personengesellschaft durch den bisherigen Inhaber „teilweise für eigene Rechnung, und teilweise für Rechnung eines Dritten", des künftigen Mitgesellschafters, eingebracht, der dafür dem Einbringenden ein Entgelt zahlt (Zuzahlung); (nur) die **Einbringung für eigene Rechnung** fällt in den Anwendungsbereich des § 24 UmwStG, während die **„Einbringung" für Rechnung eines Dritten** als Veräußerungsvorgang (iSd. § 16 EStG) zu qualifizieren ist (vgl. BFH v. 18.10.1999, GrS 2/98, BStBl. II 2000, 123 zu C. II.; v. 8.12.1994, IV R 82/92, BStBl. II 1995, 599 zu 2.; v. 23.6.1981, VIII R 138/80, BStBl. II 1982, 622; v. 24.6.2009, VIII R 13/07, BStBl. II 2009, 993 zu II. 2. b) bb); siehe auch BFH v. 6.12.2004, III R 38/00, BStBl. II 2005, 554; dies entspricht auch der Auffassung der Finanzverwaltung in UmwSt-Erl. 2011, BMF v. 11.11.2011, BStBl. I 2011, 1314 Tz. 24.07 Satz 1: „§ 24 UmwStG ist nur anwendbar, **soweit** der Einbringende als Gegenleistung für die Einbringung Gesellschafterrechte erwirbt" *(eigene Hervorhebung),* s. auch HMB/*Bär/Märkle* UmwStG § 24 Rn. 154 ff. mwN; SHS/*Schmitt* UmwStG § 24 Rn. 242 mwN; DPM/*Patt* UmwStG § 24 Rn. 58 – Grundfall 3).

101 Bei der Beurteilung der beiden Vorgänge ist weiter zu **unterscheiden,** ob die Aufnahme eines Gesellschafters in eine Personengesellschaft gegen Gewährung von Gesellschaftsrechten und Zuzahlung in das Privatvermögen des Einbringenden zum – bezogen auf das für eigene Rechnung eingebrachte Betriebsvermögen – **gemeinen Wert oder** zum **Buchwert** (bzw. Zwischenwert) erfolgt (vgl. UmwSt-Erl. 2011, BMF v. 11.11.2011, BStBl. I 2011, 1314 Tz. 24.08 ff. – Einbringung mit Zuzahlung zu Buchwerten; Tz. 24.12 – Einbringung mit Zuzahlung zu gemeinen Werten; SHS/*Schmitt* UmwStG § 24 Rn. 242 ff.; Schmidt/*Wacker* § 16 Rn. 562 ff. mwN):

102 – Bei einer **Übertragung zum gemeinen Wert** nimmt der BFH an, dass der Veräußerungsvorgang „eine logische Sekunde nach der Einbringung" stattfindet (BFH v. 21.9.2000, IV R 54/99, BStBl. II 2001, 178 zu 1. a) bb)). Aufgrund des Ansatzes der gemeinen Werte in der zeitlich vorangehenden Einbringung, geht der Veräußerungsgewinn „im Einbringungsgewinn auf" (BFH v. 21. 9. 2000, IV R 54/99, aaO mwN; HMB/*Bär/Märkle* UmwStG § 24 Rn. 154; SHS/*Schmitt* UmwStG § 24 Rn. 243, 244 mwN); rein praktisch hat dadurch die Qualifikation des einen Teils des Vorgangs (die Übertragung gegen Zuzahlung) als Veräußerungsgeschäft keine Auswirkung.

103 Nachdem der Ansatz der gemeinen Werte in vollem Umfang (noch) im Rahmen der Einbringung erfolgt, kann der Einbringende – vorbehaltlich des § 24 Abs. 3 Satz 3 iVm. § 16 Abs. 2 Satz 3 EStG (Einbringungsgewinn nicht begünstigt, soweit auf der Seite des Veräußerers und auf der Seite des Erwerbers die selben Personen beteiligt sind) – die **Tarifbegünstigung** gemäß § 24 Abs. 3 Satz 2 iVm. § 16 Abs. 4, § 34 EStG für das gesamte eingebrachte Vermögen in Anspruch nehmen (BFH v. 21.9.2000, IV R 54/99, BStBl. II 2001, 178; UmwSt-Erl. 2011, BMF v. 11.11.2011, BStBl. I 2011, 1314 Tz. 24.12; SHS/*Schmitt* UmwStG § 24 Rn. 243 f.; zur grundsätzlichen An-

wendung der §§ 16, 34 EStG bei Einbringung zum gemeinen Wert s. UmwSt-Erl. 2011, BMF v. 11.11.2011, BStBl. I 2011, 1314 Tz. 24.15 ff.).

„Die Tarifbegünstigung des § 24 Abs. 3 UmwStG setzt – ebenso wie die Vorgängervorschrift des § 22 UmwStG 1969 – **nicht** voraus, dass für die Einbringung des Betriebs ausschließlich Gesellschaftsrechte gewährt werden *(Hinweise zur Rspr.)*. Vielmehr ist diese Tarifbegünstigung nach dem Zweck der Vorschrift immer dann zu gewähren, wenn alle stillen Reserven des eingebrachten Betriebs aufgelöst werden, unabhängig davon, ob und ggf. inwieweit die Gegenleistung des Erwerbers in das Betriebsvermögen der neu gegründeten Gesellschaft fließt." (BFH v. 21.9.2000, IV R 54/99, aaO, zu 1. a) bb)).

Dieses Ergebnis gilt mE über den entschiedenen Fall hinaus auch für **Einbringungsvorgänge,** die **nach dem 31.12.2001** erfolgen und für welche die geänderte Fassung des § 16 Abs. 1 Nr. 2 EStG und die entsprechende Bestimmung des § 24 Abs. 3 Satz 4 UmwStG zur Anwendung kommen: Zwar ist nach der Neuregelung dieser Vorschriften der Gewinn aus der Veräußerung bzw. Einbringung von **Teilen von Mitunternehmeranteilen** nicht mehr tarifbegünstigt gemäß §§ 16, 34 EStG; bei Einbringungsvorgängen zum gemeinen Wert ist aber von der Einbringung/Veräußerung des gesamten Einzelunternehmens bzw. des gesamten Mitunternehmeranteils in die (mit dem Eintretenden) neu gegründete Personengesellschaft zum gemeinen Wert, und damit einer vollständigen Aufdeckung aller stillen Reserven auszugehen (ebenso Schmidt/*Wacker* EStG § 16 Rn. 565 mwN).

Anmerkung: Nicht ganz eindeutig ist mE das Verhältnis von BFH v. 21.9.2000, IV R 54/99, BStBl. I 2001, 178, zum Beschluss des Großen Senats des BFH v. 18.10.1999, GrS 2/98, BStBl. II 2000, 123: Obwohl beiden Urteilen – soweit ersichtlich – der gleiche Sachverhalt zugrunde lag – die Aufnahme eines Gesellschafters in eine freiberufliche Einzelpraxis gegen Zahlung eines Geldbetrages des eintretenden an den aufnehmenden Gesellschafter – versagte der Große Senat die Tarifbegünstigung, während der IV. Senat in og. Entscheidung unter Zuhilfenahme des Konstrukts „Einbringung eine juristische Sekunde vor der Veräußerung" im Ergebnis zu einer Tarifbegünstigung kommt. ME ist – ungeachtet des (scheinbaren) Widerspruchs zum og. Beschluss des Großen Senats (hierzu auch *Paus* FR 2001, 342; WM/*Widmann* UmwStG § 24 Rn. 211.1) – das Urteil des IV. Senats im Ergebnis zutreffend. Die Finanzverwaltung folgt der Auffassung des IV. Senats ausdrücklich in UmwSt-Erl. 2011, BMF v. 11.11.2011, BStBl. I 2011, 1314 Tz. 24.12, so dass in der Praxis von einer Tarifvergünstigung auszugehen ist, wie oben ausgeführt, mE auch für Einbringungen nach dem 31.12.2001 (dh. ab Geltung der Rechtsänderung zu § 16 Abs. 1 Nr. 2 EStG und § 24 Abs. 3 Satz 4 UmwStG).

– Dagegen hat bei einer **Einbringung mit Zuzahlung zum Buchwert** (bzw. zu Zwischenwerten) die Zuzahlung eine eigenständige Bedeutung: Die Zuzahlung kann **nicht** den Rechtsfolgen des **§ 24 Abs. 2 Satz 1, Abs. 3 Satz 1 UmwStG** (Wahlrecht zur gewinnneutralen Einbringung) unterworfen werden, da insoweit ein Veräußerungsgewinn erzielt wird, der nach allgemeinen Grundsätzen **im Zeitpunkt seiner Realisierung** zu versteuern ist (BFH v. 18.10.1999, GrS 2/98, BStBl. II 2000, 123 zu C. II. mwN; UmwSt-Erl. 2011, BMF v. 11.11.2011, BStBl. I 2011, 1314 Tz. 24.09 mwN); soweit er auf den Veräußerungsvorgang entfällt, ist der Veräußerungsgewinn nach der Änderung des § 16 Abs. 1 EStG **ab 1.1.2002,** als laufender, nicht tarifbegünstigter Gewinn zu qualifizieren. **104**

So bereits zur **Rechtslage bis zum 31.12.2001** für den Fall der Einbringung einer freiberuflichen Praxis durch den Alleininhaber in eine Sozietät gegen Ausgleichszahlung des neu aufgenommenen Mitgesellschafters in das Privatvermögen des Einbringenden, BFH v. 18.10.1999, GrS 2/98, BStBl. II 2000, 123 zu C. II.; UmwSt-Erl. 1998, BMF v. 25.3.1998, BStBl. I 1998, 268 Tz. 24.11; DPM/*Patt* UmwStG § 24 Rn. 68; Schmidt/*Wacker* EStG § 16 Rn. 565; HMB/*Bär/Märkle* UmwStG § 24 Rn. 156; SHS/*Schmitt* UmwStG § 24 Rn. 131 mwN; vgl. zum **Zwei-Stufen-Modell** zur Erlangung der Tarifbegünstigung: BFH v. 18.10.1999, GrS 2/98, BStBl. II 2000, 123 zu C. V. 2. d); Schmidt/*Wacker* EStG § 16 Rn. 562 ff., Rn. 565 mwN; zum Zwei-Stufen-Modell auch: HMB/*Bär/Märkle* UmwStG § 24 Rn. 157 mwN.

Insbesondere kann eine Gewinnrealisierung **nicht** durch Bildung einer **negativen Ergänzungsbilanz** gemäß § 24 Abs. 2 Satz 1 UmwStG vermieden werden (BFH v. 21.9.2000, IV R 54/99, BStBl. II 2001, 178; v. 18.10.1999, GrS 2/98, BStBl. II

2000, 123 zu C.II.; v. 8.12.1994, IV R 82/92, BStBl. II 1995, 599 zu 2.; UmwSt-Erl. 2011, BMF v. 11.11.2011, BStBl. I 2011, 1314 Tz. 24.09 Satz 1).

105 Zur Ermittlung des **Umfangs der Anwendbarkeit des § 24 UmwStG** ist in den Fällen der Einbringung gegen ein gemischtes Entgelt der Einbringungsvorgang entsprechend dem Verhältnis der jeweiligen Teilleistungen (Wert der erlangten Gesellschaftsrechte einerseits und Wert der sonstigen Entgelte andererseits) in einen gemäß § 24 UmwStG erfolgsneutral gestaltbaren und einen gemäß § 16 EStG zwingend erfolgswirksamen Teil aufzuspalten (BFH v. 8.12.1994, IV R 82/92, BStBl. II 1995, 599 zu 2.; s. auch BFH v. 11.12.2001, VIII R 59/98, BStBl. II 2002, 420 zu B.I.3.b)cc) mwN).

106 Zuzahlungen in das Vermögen des Einbringenden – und damit insoweit Veräußerungsvorgänge – liegen zum einen vor bei unmittelbarer Zahlung eines entsprechenden **Geldbetrages an den Einbringenden.** Eine Zuzahlung im o.g. Sinn kann aber auch in anderer Form erfolgen, etwa durch **Einräumung einer Darlehensforderung** an den Einbringenden (vgl. BFH v. 11. 12. 2001, VIII R 59/98, BStBl. II 2002, 420 zu B.I.3.b)bb); DPM/*Patt* UmwStG § 24 Rn. 59f.; Schmidt/*Wacker* EStG § 16 Rn. 563) oder dadurch, dass eine dem außerbetrieblichen Bereich zugeordnete **Verbindlichkeit des Einbringenden getilgt** wird (BFH v. 8.12.1994, IV R 82/92, BStBl. II 1995, 599 zu 4.; HMB/*Bär/Märkle* UmwStG § 24 Rn. 154b mwN; SHS/*Schmitt* UmwStG § 24 Rn. 131; UmwSt-Erl. 2011, BMF v. 11 11. 2011, BStBl. I 2011, 1314 Tz. 24.09 Satz 2; Schmidt/*Wacker* EStG § 16 Rn. 563; s. auch BFH v. 11.12.2001, VIII R 59/98, BStBl. II 2002, 420 zu B.I.3.b)bb)). Entscheidend für das Vorliegen einer Zuzahlung in das Privatvermögen ist, ob die Zahlung letztlich in das Privatvermögen des Einbringenden gelangt, weniger die formale Gestaltung oder Formulierung der Beteiligten (HMB/*Bär/Märkle* UmwStG § 24 Rn. 154b mwN). Dementsprechend wird die **Bareinlage** eines in eine Personengesellschaft oder in ein Einzelunternehmen eintretenden Gesellschafters unabhängig von ihrer Bezeichnung als Veräußerungsentgelt im vorstehenden Sinne qualifiziert, wenn sie dem Vermögen der Personengesellschaft zB durch Entnahme zeitnah („alsbald“) wieder entzogen wird (BFH v. 8.12.1994, IV R 82/92, BStBl. II 1995, 599 zu 2. aE; UmwSt-Erl. 2011, BMF v. 11.11.2011, BStBl. I 2011, 1314 Tz. 24.11).

f) Kein Ausschluss oder Beschränkung des deutschen Besteuerungsrechts

107 Das Wahlrecht, statt des grundsätzlich vorgegebenen Ansatzes zum gemeinen Wert (§ 24 Abs. 1 Satz 1 UmwStG) den Ansatz zum Buchwert oder einem Zwischenwert zu beantragen, ist gemäß § 24 Abs. 3 Satz 2 HS 2 UmwStG insoweit eingeschränkt, als das **inländische Besteuerungsrecht** hinsichtlich des eingebrachten Betriebsvermögens **ausgeschlossen oder beschränkt** wird.

Die Gesetzesbegründung führt hierfür folgendes Beispiel an: Die inländische A-oHG hält eine 100%ige Beteiligung an einer US-amerikanischen Kapitalgesellschaft. Sie will diese Beteiligung steuerneutral zu Buchwerten in eine österreichische Personengesellschaft einbringen (BT-Drs. 16/2710 S. 51).

Im Einzelnen:

107a – die **Einschränkung** des Bewertungswahlrechts gilt **nur** für diejenigen Wirtschaftsgüter, für die der Verlust oder die Beschränkung des Besteuerungsrechts eintritt. Mit Bezug auf die übrigen Wirtschaftsgüter bleibt das Wahlrecht vollumfänglich erhalten (DPM/*Patt* UmwStG § 24 Rn. 128);

107b – eine Bewertung mit dem gemeinen Wert ist auch dann zwingend, soweit das inländische Besteuerungsrecht für das eingebrachte Betriebsvermögen beschränkt wird. Dies ist beispielsweise der Fall, wenn vor der Einbringung ein Besteuerungsrecht ohne Anrechnungsverpflichtung bestand und nach der Einbringung ein Besteuerungsrecht mit Anrechnungsverpflichtung besteht oder wenn vor der Einbringung ein Besteuerungsrecht mit Anrechnungsverpflichtung bestand und nach der Einbringung das Besteuerungsrecht entfällt (s. hierzu DPM/*Patt* UmwStG § 24 Rn. 128 mwN; RHL/*Rasche* UmwStG § 24 Rn. 83ff.).

g) Missbrauchsklausel (§ 24 Abs. 5 UmwStG)

§ 24 Abs. 5 UmwStG (idF SEStEG v. 7.12.2006, BGBl. I 2006, 2782) enthält eine Missbrauchsklausel für die **Veräußerung von Anteilen an Körperschaften innerhalb von sieben Jahren** nach deren Einbringung in die Personengesellschaft. Die Regelung ist nach dem Wegfall des Systems der einbringungsgeborenen Anteile (iSd. § 21 UmwStG 1995) und dem für diese geltenden Ausschluss der Steuerbefreiung nach § 8b KStG (gemäß § 8b Abs. 4 Satz 1 Nr. 2 KStG aF) nach Auffassung des Gesetzgebers erforderlich: Sie soll ausweislich der Gesetzesbegründung (BT-Drs. 16/3369 S. 14 zu § 24 Abs 5) insbesondere folgenden Fall verhindern: **107c**

„Die natürliche Person A bringt eine 100%-Beteiligung an der Y-GmbH nach § 24 UmwStG zum Buchwert in die AB-OHG (Gesellschafter zu je 50% sind A und die B-GmbH) ein. Danach wird bei der OHG eine Realteilung durchgeführt, bei der die 100%-Beteiligung an der Y-GmbH auf die B-GmbH übertragen wird.

Die Einbringung der Beteiligung zum Buchwert in die OHG ist nach § 24 Abs. 2 UmwStG möglich. Die Realteilung stellt ein schädliches Ereignis im Sinne von § 22 Abs. 2 iVm. Abs. 1 Satz 6 Nr. 1 UmwStG dar, was in Höhe der Beteiligung der B-GmbH an der OHG im Zeitpunkt der Realteilung (50%) zu einer nachträglichen Besteuerung des Einbringungsgewinns führt. Die Siebtelregelung ist anzuwenden."

Generell soll die Bestimmung verhindern, dass eine natürliche Person durch steuerneutrale Einbringung einer 100%igen Beteiligung an einer Kapitalgesellschaft die Voraussetzungen für eine Veräußerungsgewinnbefreiung nach § 8b Abs. 2 KStG schaffen kann (kritisch RHL/*Rasche* UmwStG § 24 Rn. 128 mwN; zweifelnd über das tatsächliche Bestehen dieser Steuerlücke DPM/*Patt* UmwStG § 24 Rn. 224 mwN; kritisch auch das Beispiel in Rn. 240 mwN; s. auch *Rödder/Schumacher* DStR 2007, 369, 376). Dies wird im Ergebnis dadurch erreicht, dass in den Anwendungsfällen der Norm (unten → Rn. 107d) **rückwirkend** auf das Wirtschaftsjahr der Einbringung ein anteiliger Gewinn (sog. **Einbringungsgewinn II**) aus der Veräußerung von Anteile zu versteuern ist (§ 24 Abs. 5 iVm. § 22 Abs. 2 UmwStG).

Die Anwendungsvoraussetzungen des § 24 Abs. 5 UmwStG sind im Überblick (s. Einzelheiten bei DPM/*Patt* UmwStG § 24 Rn. 226 bis 237; RHL/*Rasche* UmwStG § 24 Rn. 129; UmwSt-Erl. 2011, BMF v. 11.11.2011, BStBl. I 2011, 1314 Tz. 24.18ff.): **(1)** eine Einbringung iSd. § 24 UmwStG zum **Buchwert** oder zu **Zwischenwerten,** bei der **(2)** das eingebrachte Vermögen ganz oder teilweise aus einer Beteiligung an einer Körperschaft bestand (aA: RHL/*Rasche* UmwStG § 24 Rn. 129 Fn. 5, wonach die Übertragung einer Beteiligung immer nur zusammen mit einem Betrieb, Teilbetrieb oder Mitunternehmeranteil erfolgen kann, um unter § 24 Abs. 1 UmwStG zu fallen; → Rn. 51), und **(3)** der Einbringende eine **natürliche Person** ist, und **(4)** die eingebrachten Anteile **innerhalb einer Frist von sieben Jahren** nach der Einbringung veräußert werden und **(5)** ein Teil des **Veräußerungsgewinns auf** eine an der Personengesellschaft beteiligte **Körperschaft entfällt** (§ 24 Abs. 5 UmwStG spricht von „(einem) von § 8b Abs. 2 des Körperschaftsteuergesetzes begünstigten Mitunternehmer"). **107d**

Rechtsfolge des § 24 Abs. 5 UmwStG ist die nachträgliche und rückwirkende Versteuerung des (anteiligen, → Rn. 107f.) sog. Einbringungsgewinns II. Dieser entspricht nach § 22 Abs. 2 Satz 3 UmwStG dem Unterschiedsbetrag zwischen dem gemeinen Wert der eingebrachten Anteile im Zeitpunkt der Einbringung und dem Wert, mit dem der Einbringende die erhaltenen Anteile angesetzt hat; im Ergebnis entspricht letzterer Wert dem von der übernehmenden Personengesellschaft für die **107e**

Anteile angesetzten (Buch- oder Zwischen-)Wert. Von diesem Betrag werden noch abgezogen die Kosten für den Vermögensübergang. Der sich so ergebende Betrag wird jeweils um **ein Siebtel** für jedes seit dem Einbringungszeitpunkt abgelaufene Zeitjahr vermindert (s. im Einzelnen zur Ermittlung DPM/*Patt* UmwStG § 22 Rn. 78ff.; RHL/*Stangl* UmwStG § 22 Rn. 152ff.; UmwSt-Erl. 2011, BMF v. 11.11.2011, BStBl. I 2011, 1314 Tz. 24.28 iVm. Tz. 22.09f., Tz. 22.13).

107f Der Ansatz eines nachträglichen Einbringungsgewinns erfolgt **nur anteilig,** dh. in dem Umfang, in dem der Veräußerungsgewinn dem von § 8b Abs. 2 KStG begünstigten Mitunternehmer steuerlich zugerechnet wird (DPM/*Patt* UmwStG § 24 Rn. 240 mit Beispiel); maßgeblich für diese Zurechnung ist grundsätzlich die gesellschaftsvertragliche Regelung (siehe Schmidt/*Wacker* EStG § 15 Rn. 443), so dass gegebenenfalls die Rechtsfolge des § 24 Abs. 5 UmwStG durch eine entsprechende gesellschaftsvertragliche Sonderregelung im Hinblick auf solche eingebrachten Anteile an einer Kapitalgesellschaft die nachträgliche Versteuerung vermieden werden kann (Grenze: missbräuchliche Gestaltung iSd. § 42 AO; vgl. Schmidt/*Wacker* EStG § 15 Rn. 443).

107g Anzumerken ist schließlich, dass durch den Verweis auf § 22 Abs. 3 UmwStG auch für den Bereich des § 24 Abs. 5 UmwStG dem Einbringenden eine Nachweispflicht über einen Zeitraum von sieben Jahren auferlegt wird. Hiernach hat der Einbringende in den dem Einbringungszeitpunkt folgenden sieben Jahren **jährlich** (bis spätestens zum 31.5. eines Jahres) den **Nachweis zu erbringen,** wem jeweils am Ablauf des Jahrestages des maßgeblichen Einbringungszeitpunktes (= steuerlicher Übertragungsstichtag) die erhaltenen Anteile zuzurechnen sind (vgl. zu Zuständigkeit, Art des Nachweises, Frist und deren Versäumnis UmwSt-Erl. 2011, BMF v. 11.11.2011, BStBl. I 2011, 1314 Tz. 24.29 und Tz. 22.28ff.; s. auch → Form. D.3 Rn. 78b und → Form. D.5 Rn. 136; s. auch: *Förster/Wendland* BB 2007, 631, 638; *Söffing/Lange* DStR 2007, 1607; RHL/*Stangl* UmwStG § 22 Rn. 181ff.). Wird der Nachweis nicht erbracht, fingiert das Gesetz eine Veräußerung zum jeweiligen Jahrestag der Einbringung. Zu den weiteren Regelungen, auf die § 24 Abs. 5 UmwStG verweist, s. kritisch RHL/*Rasche* UmwStG § 24 Rn. 134 und 135.

108, 109 *einstweilen frei*

3. Ansatzwahlrecht: Handels- und steuerbilanzielle Darstellung

a) Ausübung des Wahlrechts

110 Liegen die Voraussetzungen des § 24 Abs. 1 UmwStG vor, so besteht ein steuerliches Wahlrecht das **eingebrachte Betriebsvermögen** (Betrieb, Teilbetrieb, Mitunternehmeranteil) nach § 24 Abs. 2 UmwStG zu Buchwerten, zum gemeinen Wert oder mit Zwischenwerten anzusetzen. Dieses steuerliche Wahlrecht wird unabhängig von der Handelsbilanz iSd. § 242 HBG (vgl. dazu zB RS HFA 7) in der Steuerbilanz (quasi konsolidiert: Gesamthandsbilanz, Sonder- und Ergänzungsbilanzen) ausgeübt; im Wesentlichen ist hierbei zu beachten:

111 • Das **Wahlrecht** steht – wie sich aus dem Wortlaut des § 24 Abs. 2 Sätze 1 und 2 UmwStG ergibt – allein der **aufnehmenden Personengesellschaft,** nicht dem Einbringenden zu (UmwSt-Erl. 2011, BMF v. 11.11.2011, BStBl. I 2011, 1314 Tz. 24.13 Satz 1; DPM/*Patt* UmwStG § 24 Rn. 116; RHL/*Rasche* UmwStG § 24 Rn. 67 mwN; HMB/*Bär/Märkle* UmwStG § 24 Rn. 103; SHS/*Schmitt* UmwStG § 24 Rn. 141; BFH v. 25.4.2006 VIII R 52/04, BStBl. II 2006, 847, zum wortgleichen § 24 Abs. 1 UmwStG 1977: „Das Wahlrecht wird gemäß § 24 Abs. 2 Satz 1 UmwStG 1977 ausschließlich durch die (aufnehmende) Personengesellschaft ausgeübt … Nach der Gesetzeslage besteht weder ein Veto- noch ein Mitspracherecht der Einbringenden, obwohl der Ansatz durch die Personengesellschaft unmittelbar ihren steuerlichen Gewinn (vgl. § 24 Abs. 3 UmwStG 1977) beeinflussen kann"; vgl. auch die entsprechende Regelung im Bereich der Einbringung in Kapitalgesellschaften,

§ 20 Abs. 2 Satz 1 UmwStG); dies gilt nicht nur für die Wertansätze in der **Gesamt(hands)bilanz,** sondern auch für die Wertansätze in evtl. **Sonderbilanzen** oder **Ergänzungsbilanzen** (BFH v. 26.1.1994, III R 39/91, BStBl. II 1994, 458 mwN).

- Das Wahlrecht ist für jeden Einbringungsvorgang **einheitlich** auszuüben (BFH v. 25.4.2006 VIII R 52/04, BStBl. II 2006, 847; v. 26.1.1994, III R 39/91, BStBl. II 1994, 458 mwN; DPM/*Patt* UmwStG § 24 Rn. 117 mwN; RHL/*Rasche* UmwStG § 24 Rn. 71; HMB/*Bär/Märkle* UmwStG § 24 Rn. 105 mwN; SHS/*Schmitt* UmwStG § 24 Rn. 171 mwN). Der gewählte Bewertungsmaßstab (Buchwert, gemeiner Wert, Zwischenwert) ist dann **auf jedes einzelne Wirtschaftsgut,** das der übertragenen betrieblichen Sachgesamtheit zugehört, anzuwenden (zur Verteilung stiller Reserven bei Ansatz zu gemeinen Werten oder Zwischenwerten → Rn. 135 mwN). 112
- Von der vorstehend einheitlichen Ausübung des Wahlrechts zu unterscheiden ist der Fall, dass **mehrere betriebliche Sachgesamtheiten** iSd. § 24 Abs. 1 UmwStG durch einen Einbringenden oder durch mehrere Einbringende in eine Personengesellschaft eingebracht werden: Die aufnehmende Personengesellschaft kann dann das Bewertungswahlrecht **für jeden einzelnen Einbringungsvorgang unterschiedlich ausüben,** auch wenn die Vorgänge gleichzeitig oder durch den selben Einbringenden erfolgen (HMB/*Bär/Märkle* UmwStG § 24 Rn. 106; WM/*Widmann* UmwStG § 24 Rn. 128 mwN; SHS/*Schmitt* UmwStG § 24 Rn. 174 mwN; DPM/*Patt* UmwStG § 24 Rn. 117 mwN). 113
- **Ausgeübt** wird das Wahlrecht mittels entsprechendem Ansatz/Ausweis des eingebrachten Betriebsvermögens **in der Steuerbilanz.** Dabei ergibt sich der gewählte Ansatz aus der Zusammenschau der (Haupt-)Bilanz der Personengesellschaft sowie etwaigen Ergänzungsbilanzen für ihre Gesellschafter. Dabei ist die Personengesellschaft (bzw. deren Geschäftsführer) nicht nur für die eigene (Haupt-)Bilanz, sondern auch für die Erstellung etwaiger **Sonderbilanzen sowie Ergänzungsbilanzen allein zuständig** (BFH v. 23.10.1990, VIII R 142/85, BStBl. II 1991, 401 zu III. 2. b) bb) mwN zu Sonderbilanzen; v. 21.6.1994, III R 39/91, BStBl. II 1994, 458; vgl. auch BFH v. 30.4.2003, I R 102/01, BFH/NV 2003, 1515, zu II. 2. b) mwN) zur Erstellung einer Ergänzungsbilanz; DPM/*Patt* UmwStG § 24 Rn. 116; RHL/*Rasche* UmwStG § 24 Rn. 67; WM/*Widmann* UmwStG § 24 Rn. 141.3 mwN; s. das umfassende Beispiel mit Bildung von positiven und negativen Ergänzungsbilanzen in UmwSt-Erl. 2011, BMF v. 11.11.2011, BStBl. I 2011, 1314 Tz. 24.14). Nachdem somit eine Verpflichtung der aufnehmenden Personengesellschaft zur Buchführung und Bilanzaufstellung (gemäß §§ 140, 141 AO) auch hinsichtlich Sonderbilanzen und Ergänzungsbilanzen besteht, hat auch die **Ausübung des Ansatz- und Bewertungswahlrechts** in den **Sonderbilanzen** und in den **Ergänzungsbilanzen** der Gesellschafter **von der Gesellschaft** zu erfolgen (BFH v. 26.1.1994, III R 39/91, BStBl. II 1994, 458 mwN; SHS/*Schmitt* UmwStG § 24 Rn. 160, 161; DPM/*Patt* UmwStG § 24 Rn. 116; RHL/*Rasche* UmwStG § 24 Rn. 72; HMB/*Bär/Märkle* UmwStG § 24 Rn. 135 ff.; s. auch BFH v. 30.4.2003, I R 102/01, BFH/NV 2003, 1515, zu II. 2. b) mwN). Für die Ausübung des Wahlrechts kommt es allein auf die **tatsächliche Handhabung** durch die Personengesellschaft an; dies gilt auch, soweit die tatsächliche Bilanzierung von anders lautenden Vereinbarungen abweichen sollte (BFH v. 26.1.1994, III R 39/91, BStBl. II 1994, 458 mwN; UmwSt-Erl. 2011, BMF v. 11.11.2011, BStBl. I 2011, 1314 Tz. 24.03 iVm. Tz. 20.23 Satz 1; DPM/*Patt* UmwStG § 24 Rn. 118 mwN). Dies bedeutet im **Ergebnis:** Der Bewertungsansatz erfolgt in einer **Eröffnungsbilanz** der aufnehmenden Personengesellschaft (zur Pflicht zur Aufstellung im Rahmen des § 24 UmwStG → Rn. 116 ff.) **zum Einbringungsstichtag** durch entsprechende Aktivierung bzw. Passivierung der Wirtschaftsgüter (1) in der **Gesamthandsbilanz einschließlich der positiven und negativen Ergänzungsbilanzen** der Gesell- 114

schafter für die in das Gesamthandsvermögen der Personengesellschaft übertragenen Wirtschaftsgüter der betrieblichen Sachgesamtheit, sowie (2) in der **Sonderbilanz des Einbringenden** für die in das Sonderbetriebsvermögen eingebrachten (bzw. diesem zugeordneten) Wirtschaftsgüter (DPM/*Patt* UmwStG § 24 Rn. 125; RHL/*Rasche* UmwStG § 24 Rn. 77 und 78; UmwSt-Erl. 2011, BMF v. 11.11.2011, BStBl. I 2011, 1314 Tz. 24.13 Satz 3).

115 • Zu **Form** und **Zeitpunkt** sowie zu sonstigen Voraussetzungen der Ausübung des Wahlrechts verweist § 24 Abs. 2 Satz 3 UmwStG auf § 20 Abs. 2 Satz 3 UmwStG (→ Form. D.6 Rn. 114 ff.; vgl. DPM/*Patt* UmwStG § 24 Rn. 118 ff.; RHL/*Rasche* UmwStG § 24 Rn. 72). Wie bisher ist das Bewertungswahlrecht ausgeübt und nicht mehr änderbar, sobald die übernehmende Personengesellschaft die **Gewinnfeststellungserklärung** (Steuererklärung in Form der einheitlichen und gesonderten Gewinnfeststellung) für das Wirtschaftsjahr der Einbringung (Einbringungsstichtag) mit der entsprechenden Bilanz (Hauptbilanz, Ergänzungsbilanz, Sonderbilanz) beim Finanzamt einreicht (RHL/*Rasche* § 24 Rn. 76 mwN; UmwSt-Erl. 2011, BMF v. 11.11.2011, BStBl. I 2011, 1314 Tz. 24.03 iVm. Tz. 20.24, auch unter Hinweis auf Tz. 03.29 f.; vgl. hierzu und im Allgemeinen zur Ausübung des Wahlrechts: LfSt Bayern v. 11.11.2014, DStR 2015, 429); s. auch SHS/*Schmitt* UmwStG § 24 Rn. 159).

116 • Für die Ausübung des Wahlrechts nach § 24 Abs. 2 und 3 UmwStG ist uU die **Aufstellung einer Einbringungsbilanz** (im Sinne einer Übertragungs-/Schlussbilanz) durch den Einbringenden sowie die **Aufstellung einer Eröffnungs- bzw. Aufnahmebilanz** durch die aufnehmende Personengesellschaft **erforderlich:**

117 – **Einbringungsbilanz:** Hat der **Einbringende** seinen Gewinn nach § 4 Abs. 3 EStG ermittelt, so ist zur Ausübung des Wahlrechts nach § 24 Abs. 2 und 3 UmwStG grundsätzlich die Erstellung einer **Einbringungsbilanz** erforderlich, in der die Buchwerte des eingebrachten Betriebsvermögens auf den Einbringungszeitpunkt festgehalten werden; dies setzt seitens des Einbringenden einen Übergang zur Gewinnermittlung nach § 4 Abs. 1 EStG voraus (s. BFH v. 9.11.2000, IV R 18/00, BStBl. II 2001, 102 zu 2. c) bb) aE; v. 5.4.1984, IV R 88/80, BStBl. II 1984, 518 zu 2. b); v. 21.9.2000, IV R 54/99, BStBl. II 2001, 178 zu 1. a) aa); v. 18.10.1999, GrS 2/98, BStBl. II 2000, 123 zu C. II. 1. mwN); beachte **aber:** BFH v. 11.4.2013, III R 32/12, BStBl. II 2014, 242: **Kein Übergang** von § 4 Abs. 3 EStG zu § 4 Abs. 1 EStG erforderlich, wenn wenn die **Buchwerte fortgeführt werden** und die aufnehmende Mitunternehmerschaft ihren Gewinn ebenfalls nach § 4 Abs. 3 EStG ermittelt; die insoweit noch abweichende Auffassung in UmwSt-Erl. 2011, BMF v. 11.11.2011, BStBl. I 2011, 1314 Tz. 24.03, hat die FinVerw. aufgegeben (OFD Niedersachsen v. 3.3.2017, BeckVerw 339618). Danach besteht eine **Bilanzierungspflicht** (also Pflicht zum Übergang auf Gewinnermittlung) nur noch, wenn **(a)** bei der Einbringung ein **Zwischenwert oder der gemeine Wert** nach § 24 Abs. 2 UmwStG angesetzt wird, oder **(b)** die aufnehmende Personengesellschaft den Gewinn bereits durch Betriebsvermögensvergleich gemäß § 4 Abs. 1 EStG ermittelt bzw. ermitteln muss.

118 *einstweilen frei*

119 – **Eröffnungs-/Aufnahmebilanz:** Auf der Seite der aufnehmenden Personengesellschaft besteht ein **Zwang zur Aufstellung** einer Eröffnungs-/Aufnahmebilanz auf den steuerlichen Übertragungsstichtag (SHS/*Schmitt* UmwStG § 24 Rn. 164 mwN; DPM/*Patt* UmwStG § 24 Rn. 121; RHL/*Rasche* UmwStG § 24 Rn. 72); dies gilt auch bei Einbringung zum Buchwert (BFH v. 26.5.1994, IV R 34/92, BStBl. II 1994, 891 zu 3. aE; SHS/*Schmitt* UmwStG § 24 Rn. 164 mwN). Sofern die aufnehmende Personengesellschaft ihren Gewinn durch **Einnahmen-Überschuss-Rechnung** nach **§ 4 Abs. 3 EStG** ermittelt, kann das Wahlrecht nach § 24 Abs. 2 und 3 UmwStG unter der Voraussetzung in Anspruch genommen werden, dass die Personengesellschaft zuvor von der Einnahmen-Überschussrechnung zum Bestandsvergleich übergeht. In einer juristischen Sekunde nach dem Einbringungsvorgang kann die Personengesellschaft sodann wieder zu einer Gewinnermittlung nach § 4 Abs. 3 EStG übergehen (BFH v. 9.11.2000, IV R 18/00, BStBl. II 2001, 102 zu 2. c) cc) aE; v. 5.4.1984, IV R 88/80, BStBl. II 1984, 518), anders als in sonstigen Fällen des Wechsels der Gewinnermittlungsart, bei denen der Steuerpflichtige grundsätzlich für drei Wirtschaftsjahre an die Wahl gebunden ist (BFH v. 9.11.2000, IV R 18/00, BStBl. II 2001, 102 zu 2. c) bb)).

einstweilen frei **120–125**

b) Buchwertübertragung

Die Einbringung zum Buchwert erfolgt zur **Vermeidung einer Gewinnrealisierung** beim Einbringenden; dabei bedeutet Einbringung zum Buchwert, dass die steuerlichen Wertansätze der steuerlichen Schlussbilanz/Einbringungsbilanz des Einbringenden einschließlich eventuell bestehender Ergänzungsbilanzen und Sonderbilanzen in der Eröffnungsbilanz der aufnehmenden Personengesellschaft (ebenfalls einschließlich Ergänzungsbilanzen und Sonderbilanzen) fortgeführt werden. **126**

Für die **bilanztechnische Darstellung** der Buchwerteinbringung sind in der Praxis zwei Vorgehensweisen gebräuchlich: **127**

– Ansatz der **gemeinen Werte in der Gesamthandsbilanz** der aufnehmenden Personengesellschaft; zur „rechnerischen Wiederherstellung" der Buchwerte wird für den Einbringenden eine **negative Ergänzungsbilanz** aufgestellt. **128**

Anmerkung: Ein Ansatz zum gemeinen Wert in der Gesamthandsbilanz der aufnehmenden Personengesellschaft kann aus bilanzpolitischen Gründen – zB: Ausweis von Wirtschaftsgütern mit hohen stillen Reserven; Ausweis von bislang nicht aktivierbaren, selbst erstellten immateriellen Wirtschaftsgütern; Ansatz eines originären Firmenwerts – erwünscht sein.

– Ansatz **(Fortführung) der Wirtschaftsgüter mit den Buchwerten** aus der Schlussbilanz des Einbringenden **in der Gesamthandsbilanz.** Soweit der neu hinzutretende Gesellschafter wertmäßig mehr aufgewendet hat, als ihm in der Gesamthandsbilanz an Kapital zugewiesen wird, erstellt er in Höhe der Differenz eine **positive Ergänzungsbilanz,** während die aufnehmenden Altgesellschafter entsprechend Ihrer Quote zueinander eine (spiegelbildliche) **negative Ergänzungsbilanz** erstellen (die Summe der Bilanzsummen der negativen Ergänzungsbilanzen entspricht dabei dem Betrag der Bilanzsumme der positiven Ergänzungsbilanz). **129**

Beispiel 1: F tritt der aus D und E (je 50%) bestehenden D & E oHG gegen Leistung einer Bareinlage von 40 000.– EUR in die Gesellschaft bei; anschließend sollen D, E und F je mit 1/3 beteiligt sein. Die Bilanz der D & E oHG sieht vereinfacht wie folgt aus: **130**

Einbringungsbilanz (Schlussbilanz) D & E oHG

Aktiva			Passiva
Grund und Boden	20 000.–	Kapital D	25 000.–
Maschinen und Einrichtung	15 000.–	Kapital E	25 000.–
Waren	10 000.–		
Forderungen	5 000.–		
	50 000.–		50 000.–

Im Grund und Boden sind stille Reserven iHv. 24 000.– EUR, im originär geschaffenen (bisher daher nicht bilanzierten) Firmenwert iHv. 6 000.– EUR enthalten. Der Beitritt des F soll für D und E ohne Gewinnrealisation erfolgen und ohne Aufdeckung der stillen Reserven in der Gesamthandsbilanz. Die Aufnahmebilanz der „neuen" D, E & F oHG würde sich nach Beitritt des F wie folgt darstellen:

Eröffnungsbilanz D, E & F oHG

Aktiva		Passiva	
Grund und Boden	20 000.–	Kapital D	30 000.–
Maschinen und Einrichtung	15 000.–	Kapital E	30 000.–
Waren	10 000.–	Kapital F	30 000.–
Forderungen	5 000.–		
Bankguthaben	40 000.–		
	90 000.–		90 000.–

Um die tatsächlichen Anschaffungskosten des F iHv. 40 000.– EUR zutreffend zu erfassen, ist es erforderlich für F eine (positive) Ergänzungsbilanz aufzustellen, in der die Differenz zwischen seiner Einlage iHv. 40 000.– EUR und dem zugewiesenen Kapitalkonto iHv. 30 000.– EUR erfasst wird:

(positive) Ergänzungsbilanz F

Aktiva		Passiva	
Grund u. Boden (Mehrwert)	8 000.–	Mehr-Kapital F	10 000.–
Firmenwert	2 000.–		
	10 000.–		10 000.–

Gleichzeitig ist für die aufnehmenden D und E zur Vermeidung einer Gewinnrealisierung gemäß § 24 Abs. 2 UmwStG jeweils eine negative Ergänzungsbilanz aufzustellen, in denen quotal die Erhöhung des bisherigen Kapitalkontos iHv. jeweils 5 000.– EUR neutralisiert wird:

(negative) Ergänzungsbilanz D

Aktiva		Passiva	
Minder-Kapital D	5 000.–	Minderwert GruBo	4 000.–
		Firmenwert	1 000.–
	5 000.–		5 000.–

(negative) Ergänzungsbilanz E

Aktiva		Passiva	
Minder-Kapital E	5 000.–	Minderwert GruBo	4 000.–
		Firmenwert	1 000.–
	5 000.–		5 000.–

Die Summe der Positionen aus der Aufnahmebilanz sowie der positiven Ergänzungsbilanz des F und der negativen Ergänzungsbilanzen für E und F ergibt (1) für den Grund und Boden sowie den Firmenwert den bisherigen Buchwert, (2) für F die zutreffende Erfassung seiner Anschaffungskosten, und (3) für D und E das „Einfrieren" der realisierten stillen Reserven (beide haben wirtschaftlich jeweils 4 000.– EUR am Grund und Boden und 1 000.– EUR am Firmenwert an F veräußert) in der negativen Ergänzungsbilanz unter Vermeidung sofortiger Versteuerung.

Die Funktion und Wirkungsweise von Ergänzungsbilanzen wird anschaulich auch in einem Beispiel in UmwSt-Erl. 2011, BMF v. 11.11.2011, BStBl. I 2011, 1314 Tz. 24.14 (Aufnahme eines Gesellschafters in ein Einzelunternehmen) dargestellt, auf das verwiesen wird.

131 Die anlässlich der Einbringung gebildeten **Ergänzungsbilanzen** sind künftig als Teil der Gewinnermittlung der Personengesellschaft fortzuführen (die Einzelheiten hierzu sind zum Teil umstritten und unklar; s. BFH v. 28.9.1995, IV R 57/94, BStBl. II 1996, 68; *Ley* KÖSDI 2001, 12982ff.; Schmidt/*Wacker* EStG § 15 Rn. 464ff. mwN; SHS/*Schmitt* UmwStG § 24 Rn. 217ff.; WM/*Widmann* UmwStG § 24 Rn. 324–357.3).

Die in den **negativen Ergänzungsbilanzen** ausgewiesenen Passivposten sind entsprechend dem Verbrauch, der Abnutzung oder der Veräußerung der ihnen entsprechenden Wirtschaftsgüter des Gesellschaftsvermögens aufzulösen. Die Auflösung der in der Ergänzungsbilanz ausgewiesenen Bilanzposten erfolgt **korrespondierend** zur Veränderung der Buchwerte der entsprechenden Bilanzposten in der Gesellschaftsbilanz. Die Ergänzungsbilanz weist Wertkorrekturen zu den Ansätzen in der Gesellschaftsbilanz aus. Dementsprechend sind Auf- und Abstockungen in der Ergänzungsbilanz zeit- und betragsgleich zur Aufwands- und Ertragsrealisierung in der Gesellschaftsbilanz aufzulösen (vgl. BFH v. 6.7.1999, VIII R 17/95, BFH/NV 2000, 34 zu 3.; v. 28.9.1995, IV R 57/94, BStBl. II 1996, 68). **132**

Zur **Qualifikation einer negativen Ergänzungsbilanz** vgl. BFH v. 16.5.2002, IV R 11/01, BStBl. II 2002, 854 zu 2.b): „Eine solche negative Ergänzungsbilanz gibt jedoch keine Verbindlichkeit des Gesellschafters gegenüber anderen Gesellschaftern oder Gläubigern der Gesellschaft wieder. Sie dient vielmehr ausschließlich dazu, den in der Gesellschaftsbilanz vorgenommenen Ansatz des eingebrachten Betriebsvermögens mit dem gemeinen Wert für einen oder mehrere Gesellschafter zu neutralisieren. Es handelt sich um einen rein steuerlichen Korrekturposten.“ **133**

Mit dem Ergebnis der Steuerbilanz (Gesamt- oder Hauptbilanz) und den Ergebnissen etwaiger Sonderbilanzen bildet die Ergänzungsbilanz die Grundlage der bilanziellen Ermittlung des **Gewinns der Mitunternehmerschaft,** der sich nach hM durch Addition der Ergebnisse der Steuerbilanz der Gesellschaft sowie der Ergänzungs- und Sonderbilanzen der Gesellschafter ermittelt und auf die Mitunternehmer zu verteilen ist (Steuerbilanzergebnis nach dem Gewinnverteilungsschlüssel auf die Gesellschafter, Ergebnisse der Ergänzungs- und Sonderbilanzen dem jeweiligen Gesellschafter). Das in den Ergänzungsbilanzen ausgewiesene Mehr- oder Minder-Kapital ist im Rahmen der Ermittlung des **Kapitalkontos iSd. § 15a EStG** zu berücksichtigen (BFH v. 30.3.1993, VIII R 63/91, BStBl. II 1993, 706 zu II.2.), **anders** als etwaige **Sonderbilanzen** der Gesellschafter (vgl. Schmidt/*Wacker* EStG § 15a Rn. 83 mwN). **134**

Die in der Ergänzungsbilanz aktivierten Mehrwerte stellen zusätzliche Anschaffungskosten für Wirtschaftsgüter der Personengesellschaft dar; dementsprechend müssen diese **Mehrwerte** (anteilig erworbene stille Reserven) auf alle **materiellen oder immateriellen Wirtschaftsgüter** einschließlich des Firmenwertes der Personengesellschaft verteilt werden (*Ley* KÖSDI 2001, 12985 mwN). Nicht ganz geklärt ist die Frage nach der Methode zur Verteilung des Mehrwerts (s. hierzu Schmidt/*Wacker* EStG § 15 Rn. 462 mwN: **gleichmäßige Verteilung** auf sämtliche Wirtschaftsgüter des Anlage- und Umlaufvermögen einschließlich Firmenwert; *Ley* KÖSDI 2001, 12986ff. mwN: Anwendung der sog. **modifizierten Stufentheorie,** wonach im ersten Schritt die Mehrwerte auf alle materiellen und immateriellen, bilanzierten und nicht bilanzierten Einzelwirtschaftsgüter verteilt werden und anschließend der verbleibende Mehrwert als Firmenwert ausgewiesen wird). **135**

einstweilen frei **136–138**

c) Ansatz zum gemeinen Wert

Der Ansatz der gemeinen Werte lässt sich bilanziell dadurch darstellen, dass in der Gesamtbilanz der Personengesellschaft sämtliche Wirtschaftsgüter mit Ihrem gemeinen Wert angesetzt werden; in diesem Fall bedarf es regelmäßig keiner (korrigierenden) Ergänzungsbilanzen für die aufnehmenden bzw. eintretenden Gesellschafter: **139**

Beispiel 2: Ausgangssituation wie in Beispiel 1 (→ Rn. 130), dh. Bargeldeinlage iHv. 40000.– EUR durch F in die oHG, anschließend sind D, E und F je zu $^1/_3$ beteiligt. Der Beitritt des F soll nunmehr unter vollständiger Aufdeckung der in der D & E oHG vorhandenen stillen Reserven in der Gesamthandsbilanz erfolgen. Die Aufnahmebilanz der „neuen“ D, E & F oHG stellt sich in diesem Fall nach Beitritt des F wie folgt dar: **140**

Eröffnungsbilanz D, E & F oHG

Aktiva		Passiva	
Grund und Boden	44 000.–	Kapital D	40 000.–
Maschinen und Einrichtung	15 000.–	Kapital E	40 000.–
Waren	10 000.–	Kapital F	40 000.–
Forderungen	5 000.–		
Bankguthaben	40 000.–		
Firmenwert	6 000.–		
	120 000.–		120 000.–

Einer (positiven) Ergänzungsbilanz für F bedarf es nicht, da die tatsächlichen Anschaffungskosten des F iHv. 40 000.– EUR seinem Kapitalkonto entsprechen.

141 **Tarifvergünstigung (insb. § 24 Abs. 3 Satz 3 UmwStG):** Sofern es bei der vorstehenden Bilanz bleibt, realisieren D und E jeweils in Höhe des Unterschiedsbetrages zwischen ihrem jeweiligen Kapitalkonto bei der neuen D, E & F oHG (= Veräußerungspreis iSd. § 24 Abs. 3 Satz 1 UmwStG) und ihrem bisherigen Kapitalkonto bei der D & E oHG (= Buchwert der eingebrachten Mitunternehmeranteile gemäß § 16 Abs. 2 EStG), also jeweils in Höhe von 15 000.– EUR. Dieser Einbringungsgewinn ist grundsätzlich **tarifbegünstigt** gemäß § 34 EStG, soweit der Einbringende (D bzw. E) nicht auch an der neuen oHG beteiligt ist (§ 24 Abs. 3 Satz 3 UmwStG iVm. § 16 Abs. 2 Satz 3 EStG).

Die **Auslegung des § 24 Abs. 3 Satz 3 UmwStG** ist **umstritten** (s. HMB/*Bär/Märkle* UmwStG § 24 Rn. 176 ff. mwN; vgl. auch DPM/*Patt* UmwStG § 24 Rn. 145 ff.; RHL/*Rasche* UmwStG § 24 Rn. 91): Nach Auffassung der Finanzverwaltung ist eine Tarifbegünstigung im Beispielsfall nur zu (jeweils) $^1/_3$ möglich, da bei der Betrachtung, ob eine Veräußerung an sich selbst vorliegt, nicht auf den einzelnen Gesellschafter, sondern auf die einbringenden Gesellschafter in ihrer gesamthänderischen Verbundenheit abzustellen sei (UmwSt-Erl. 2011, BMF v. 11.11.2011, BStBl. I 2011, 1314. Tz. 24.16; so auch DPM/*Patt* UmwStG § 24 Rn. 148 mit Beispielen in Rn. 149). ME ist dagegen auf den einzelnen Mitunternehmer abzustellen, sofern dieser nach den zivilrechtlichen Vereinbarungen Einbringender ist (s. schon → Rn. 80 ff. sowie → Form. D.5 Rn. 81 mwN), so dass im Beispielsfall die Tarifbegünstigung jeweils auf $^2/_3$ des bei dem Einbringenden entstehenden Gewinns zu gewähren ist.

Eine Tarifvergünstigung ist ferner für den steuerpflichtigen Teil des Einbringungsgewinns ausgeschlossen, der gemäß § 3 Nr. 40 Satz 1 Buchst. b) iVm. § 3c EStG teilweise steuerbefreit ist (§ 24 Abs. 3 Satz 2 UmwStG). IE → Rn. 150 ff.

Der Vollständigkeit halber sei ergänzt, dass D und E wie im Beispiel 1 auch bei Ansatz der gemeinen Werte in der Hauptbilanz der Personengesellschaft den auf sie entfallenden Einbringungsgewinn jeweils durch Aufstellung einer (negativen) Ergänzungsbilanz neutralisieren können:

(negative) Ergänzungsbilanz D

Aktiva		Passiva	
Minder-Kapital D	15 000.–	Minderwert GruBo	12 000.–
		Firmenwert	3 000.–
	15 000.–		15 000.–

(negative) Ergänzungsbilanz E

Aktiva		Passiva	
Minder-Kapital E	15 000.–	Minderwert GruBo	12 000.–
		Firmenwert	3 000.–
	15 000.–		15 000.–

Die Summe der Positionen aus der Aufnahmebilanz sowie der negativen Ergänzungsbilanzen für D und E ergibt auch hier für den Grund und Boden und den Firmenwert den bisherigen, anteilig auf D bzw. E entfallenden Buchwert und damit eine Vermeidung der sofortigen Versteuerung.

142 In Fortentwicklung des vorstehenden Beispiels 2 lässt sich der im Formular zugrunde gelegte Fall unter Berücksichtigung der Sacheinlagen des B und des C (sowie Ergänzung des Sachverhalts) bilanziell wie folgt darstellen:

Sachverhalt im Formular (Ergänzung): Die (Schluss-)Bilanz der A-GmbH & Co. KG sieht zum steuerlichen Übertragungsstichtag unter Aufführung der Buchwerte (BW) und sowie der gemeinen Werte (gW) wie folgt aus:

Einbringungsbilanz (Schlussbilanz) A-GmbH & Co. KG

Aktiva (in T EUR)	BW	*gW*	Passiva (in T EUR)	BW	*gW*
Grund und Boden	35 000.–	*45 000.–*	Haftkapital A	50 000.–	*100 000.–*
Maschinen und Einrichtung	15 000.–	*15 000.–*	Verbindlichkeiten	20 000.–	*20 000.–*
Waren	15 000.–	*15 000.–*			
Forderungen	5 000.–	*5000.–*			
Firmenwert	---	*40 000.–*			
	70 000.–	*120 000.–*		70 000.–	*120 000.–*

Der gemeine Wert der A-GmbH & Co. KG beläuft sich hiernach auf 100 000.– EUR. Demgegenüber hat das Einzelunternehmen des B einen gemeinen Wert iHv. 60 000.– EUR; die (Schluss-)Bilanz des Einzelunternehmers B zum steuerlichen Übertragungsstichtag weist folgendes Bild aus:

Einbringungsbilanz (Schlussbilanz) Einzelunternehmen B

Aktiva (in T EUR)	BW	*gW*	Passiva (in T EUR)	BW	*gW*
Patente	15 000.–	*30 000.–*	Kapital B	20 000.–	*60 000.–*
Waren	10 000.–	*10 000.–*	Verbindlichkeiten	10 000.–	*10 000.–*
Bankguthaben	5 000.–	*5 000.–*			
Firmenwert	---	*25 000.–*			
	30 000.–	*70 000.–*		30 000.–	*70 000.–*

Schließlich haben die von C einzubringenden Vermögensgegenstände, das Grundstück und die 5%ige Beteiligung an der X-GmbH, einen Wert von insgesamt 40 000.– EUR, die iHv. 35 000.– EUR auf das Grundstück entfallen. Unter Zugrundelegung der Vereinbarungen im Formular und der vereinbarten Kapitalkonten ergibt sich bei Ansatz der gemeinen Werte (auch bezogen auf die Ansätze bei der A-GmbH & Co. KG) folgende Eröffnungsbilanz der A-GmbH & Co. KG:

Eröffnungsbilanz A-GmbH & Co. KG*

Aktiva (in T EUR)	BW = gW	Passiva (in T EUR)	BW = gW
Grund und Boden	80 000.–	Haftkapital A	50 000.–
Maschinen und Einrichtung	15 000.–	Haftkapital B	30 000.–
Patente	30 000.–	Haftkapital C	20 000.–
Waren	25 000.–	Rücklage	100 000.–
Beteiligung X-GmbH (5 %)	5 000.–	Verbindlichkeiten	30 000.–
Forderungen	5 000.–		
Bankguthaben	5 000.–		
Firmenwert(e)	65 000.–		
	230 000.–		230 000.–

* **Anmerkung:** Aus Vereinfachungsgründen ohne Berücksichtigung der Einbringungskosten, insbesondere der Grunderwerbsteuer auf den Erwerb des Grundstücks des C.

Die Höhe der Rücklage ergibt sich aus dem die Hafteinlage des B und des C wertmäßig jeweils übersteigenden Teil ihrer Einlage (für B 30 000.– EUR, für C 20 000.– EUR) sowie dem Aufstockungsbetrag aus dem Ansatz der gemeinen Werte auch bei den bisherigen WG der A-GmbH & Co. KG; für die Handelsbilanz vgl. BFW/*Förschle/Kropp/Siemers* Sonderbilanzen, 4. Aufl., Abschn. C Rn. 63, auch zur Möglichkeit der Aufstellung einer handelsrechtlichen Ergänzungsbilanz; s. auch

BFH v. 6.7.1999, VIII R 17/95, BFH/NV 2000, 34 zu II. 1.; s. auch die weiteren Nachweise bei BFW/*Förschle/Kropp/Siemers* aaO Abschn. C Rn. 60 aE und 64). Das steuerliche Kapitalkonto von B und C ergibt sich somit aus der Zusammenrechnung des jeweiligen Haftkapitals zuzüglich der anteiligen Rücklage, dh. für B (30 000.– EUR + 30 % von 100 000.– EUR =) 60 000.– EUR, für C (20 000.– EUR + 20 % von 100 000.– EUR =) 40 000.– EUR. Dies entspricht wertmäßig dem, was B und C jeweils wertmäßig eingebracht haben, so dass (positive) Ergänzungsbilanzen nicht zur Anwendung kommen.

Der gesamte Vorgang stellt nach wirtschaftlicher Betrachtungsweise (→ Rn. 60 f.) auch für A eine – von den anderen beiden Übertragungsvorgängen unabhängige – Einbringung nach § 24 UmwStG dar; dementsprechend ist für die Einbringung des A ebenfalls das Wertansatzwahlrecht gemäß § 24 Abs. 2 UmwStG anwendbar (bezogen auf die bisherigen WG der A-GmbH & Co. KG). Will A die Entstehung eines Einbringungsgewinns in Höhe der an B und C „veräußerten" stillen Reserven vermeiden, kann er dies durch Aufstellen einer entsprechenden (negativen) Ergänzungsbilanz. Die Höhe des darin ausgewiesenen Minder-Kapitals entspricht der Höhe des Anteils der veräußerten stillen Reserven und teilt sich auf die Wirtschaftsgüter auf, an denen stillen Reserven bestanden, hier Grund und Boden und Firmenwert:

(negative) Ergänzungsbilanz A

Aktiva (in T EUR)	BW = gW	Passiva (in T EUR)	BW = gW
Minder-Kapital A	25 000.–	Grund und Boden	5 000.–
		Firmenwert	20 000.–
	25 000.–		25 000.–

Die Fortführung und Auflösung der in der Ergänzungsbilanz ausgewiesenen Bilanzposten erfolgt grundsätzlich korrespondierend zur Veränderung der Buchwerte der entsprechenden Bilanzposten in der Gesellschaftsbilanz (→ Rn. 131 ff.).

143–145 *einstweilen frei*

d) Zwischenwertansatz

146 Beim Ansatz zu Zwischenwerten ergeben sich bilanziell keine Besonderheiten: die Zwischenwerte können auch zum einen dadurch dargestellt werden, dass in der **Hauptbilanz** der Personengesellschaft die **Buchwerte** angesetzt werden, während der Einbringende eine positive Ergänzungsbilanz zur vollständigen Darstellung seiner Anschaffungskosten erstellt. Zur Erreichung des gewünschten Zwischenwerts werden in den **(negativen) Ergänzungsbilanzen** der aufnehmenden Gesellschafter entsprechende Minderwerte angesetzt; die Summe aller negativen Ergänzungsbilanzen bleibt (notwendigerweise) niedriger als der Ansatz in der positiven Ergänzungsbilanz des neuen Gesellschafters.

147 Beim Ansatz zu Zwischenwerten sind die übertragenen Vermögensgegenstände – entsprechend der Situation im Rahmen des § 20 UmwStG – **gleichmäßig für jedes Wirtschaftsgut** und **im Verhältnis der stillen Reserven** aufzustocken (BFH v. 10.7.2002, I R 79/01, BStBl. II 2002, 784 zu II. 1. a); SHS/*Schmitt* UmwStG § 20 Rz. 328 ff. mwN, UmwStG § 24 Rn. 171; DPM/*Patt* UmwStG § 24 Rn. 115 iVm. UmwStG § 20 Rn. 205 ff.; HMB/*Bär/Märkle* UmwStG § 24 Rn. 123 mwN; WM/*Widmann* UmwStG § 20 Rn. 953 mwN; so zu § 17 UmwStG 1969 schon BFH v. 24.5.1984, I R 166/78, BStBl. II 1984, 747 zu 3.1.2. und 3.1.3.). Nach **Auffassung der Finanzverwaltung** sind dabei „die in den Wirtschaftsgütern, Schulden und steuerfreien Rücklagen ruhenden stillen Reserven um einen **einheitlichen Prozentsatz** aufzulösen" (UmwSt-Erl. 2011, BMF v. 11.11.2011, BStBl. I 2011, 1314 Tz. 24.03 iVm. Tz. 23.14). Nach UmwSt-Erl. 1998, BMF v. 25.3.1998, BStBl. I 1998, 268 Tz. 24.04 iVm. Tz. 22.08 (unter Bezugnahme auf BFH v. 24.5.1984, I R 166/78, aaO), der insoweit noch gelten dürfte, „muss zunächst festgestellt werden, in welchen

Buchwerten stille Reserven enthalten sind und wieviel sie insgesamt betragen. Diese stillen Reserven sind dann gleichmäßig um den Vomhundertsatz aufzulösen, der dem Verhältnis des aufzustockenden Betrags (Unterschied zwischen dem Buchwert des eingebrachten Betriebsvermögens und dem Wert, mit dem es von der Kapitalgesellschaft angesetzt wird) zum Gesamtbetrag der vorhandenen stillen Reserven des eingebrachten Betriebsvermögens entspricht").

Bei der Aufstockung ist grundsätzlich sowohl das **Anlagevermögen** (einschließlich der vom Einbringenden hergestellten immateriellen Anlagegüter) als auch das **Umlaufvermögen** zu berücksichtigen. Bei der Aufstockung zum Zwischenwert ist nach Auffassung der Finanzverwaltung ein bestehender **selbst geschaffener Geschäfts-/ Firmenwert** nur zu berücksichtigen, wenn die übrigen Wirtschaftsgüter und Schulden mit den gemeinen Werten angesetzt sind, aber gegenüber dem Wert, mit dem das eingebrachte Betriebsvermögen von der Kapitalgesellschaft angesetzt werden soll, noch eine Differenz verbleibt; diese Differenz ist dann durch den Ansatz des Geschäftswerts auszufüllen (UmwSt-Erl. 2011, BMF v. 11.11.2011, BStBl. I 2011, 1314 Tz. 24.03 iVm. Tz. 23.17; aA: DPM/*Patt* UmwStG § 24 Rn. 115 iVm. UmwStG § 20 Rn. 207 (mit Beispiel): originärer Geschäftswert nicht erst dann zu berücksichtigen, wenn die stillen Reserven der übrigen Wirtschaftsgüter aufgedeckt sind; vielmehr ist der Geschäftswert gleichwertig mit den übrigen Wirtschaftsgüter und daher gleichmäßig und verhältnismäßig mit diesen aufzustocken – Widerspruch zu DPM/*Patt* UmwStG § 20 Rn. 201: originärer Geschäftswert als „Residualgröße"?; vgl. SHS/*Schmitt* UmwStG § 20 Rn. 326). 148

Zur Berücksichtigung (und entsprechender Aufdeckung) der in den **halbfertigen Arbeiten** (bzw. bei Bauunternehmen: halbfertigen Bauten) enthaltenen anteiligen stillen Reserven, einschließlich noch nicht realisierter, künftiger Gewinne, s. BFH v. 10.7.2002, I R 79/01, BFH/NV 2002, 1532.

einstweilen frei 149

4. Auswirkungen der Ausübung des Ansatzwahlrechts

a) Besteuerung des Einbringenden

aa) Einkommen- und Körperschaftsteuer

Die Auswirkungen der Ausübung des Ansatzwahlrechts hängen für Zwecke der **ESt** und der **KSt (1)** von der Person des Einbringenden, **(2)** von dem eingebrachten Vermögensgegenstand und **(3)** vom gewählten Ansatz ab. Vereinfachend stellt der Ansatz zu Buchwerten einen gewinnneutralen Vorgang dar, während es bei gemeinen Wert- bzw. Zwischenwertansatz zu einer entsprechenden (steuerpflichtigen) Realisation der stillen Reserven kommt. Sofern hierfür nicht die Tarifbegünstigung nach §§ 16, 34 EStG (iVm. § 24 Abs. 3 Satz 2 UmwStG) anwendbar ist, handelt es sich bei dem Einbringungsgewinn um einen **laufenden Gewinn,** den der Einbringende (noch) auf der Ebene des Ausgangsbetriebsvermögens (nach allgemeinen Grundsätzen) zu versteuern hat. 150

Nachfolgend sind die **Besteuerungsfolgen** für natürliche Personen sowie Körperschaften iSd. § 1 Abs. 1 KStG als Einbringende mit unterschiedliche Einbringungsgegenständen und – sofern für den jeweiligen Einbringungsgegenstand zulässig – unterschiedlicher Ausübung des Ansatzwahlrechts für **Zwecke der ESt** bzw. **der KSt** dargestellt: 151

Übersicht über die Besteuerung von Einbringungsvorgängen für Zwecke der ESt und KSt

Einbringender	Einbringungsgegenstand	Ansatz zum		
		gemeinen Wert	Buchwert	Zwischenwert
Natürliche Person	**Betrieb, Teilbetrieb, MU-Anteil**	Durch den Ansatz der gemeinen Werte ergibt sich für den Einbringenden ein **Einbringungsgewinn** der sich ermittelt aus: Veräußerungspreis (§ 24 Abs. 3 Satz 1 UmwStG) ./. Einbringungskosten ./. Buchwert der eingebrachten WG (§ 16 Abs. 2 Sätze 1 und 2 EStG) ./. (ggf.) Freibetrag gem. § 16 Abs. 4 EStG (ggf. iVm. § 14 Satz 2, § 18 Abs. 3 Satz 2 EStG) Dieser Einbringungsgewinn ist gemäß § 24 Abs. 3 UmwStG iVm. §§ 16, 34 EStG grundsätzlich **tarifbegünstigt:** § 34 Abs. 1 EStG („Fünftel-Regelung"), § 34 Abs. 3 EStG („ermäßigter Steuersatz" iHv. 56 % (ab 1.1.2004) des durchschnittlichen Steuersatzes, mindestens aber 15 % (ab 1.1.2005), § 16 Abs. 4 EStG (Freibetrag iHv. 45 000.–EUR (ab VZ 2004)). Die Tarifbegünstigung ist immer dann zu gewähren, wenn **alle** stillen Reserven des eingebrachten Betriebsvermögens (einschließlich selbst geschaffener immaterieller WG und Firmenwert sowie stiller Reserven in WG des SoBV) aufgelöst werden, unabhängig davon, ob und ggf. inwieweit die Gegenleistung des Erwerbers in das Betriebsvermögen der neu gegründeten Gesellschaft fließt (also **auch** in den Fällen der **Zuzahlung ins Privatvermögen** des Einbringenden; BFH v. 21. 6. 2000, IV R 54/99, BStBl. II 2001, 178; → Rn. 98 ff., 104 mwN). **Beachte:** Die Tarifbegünstigung nach § 34 Abs. 3 EStG ist nur einmal im Leben und nur zu gewähren, – **soweit** der Gewinn den Betrag von 5 Mio. EUR nicht übersteigt, – **wenn** der Steuerpflichtige das 55. Lebensjahr vollendet hat oder dauernd berufsunfähig ist, **und** – **soweit** der Einbringende nicht „an sich selbst veräußert", dh. auf der Seite des Einbringenden und des Erwerbers dieselben Personen betei-	Aufgrund des Buchwertansatzes entsteht anlässlich der Einbringung **kein** Einbringungsgewinn (vgl. § 24 Abs. 3 Satz 1, Abs. 2 Satz 1 UmwStG). Sofern **unwesentliche WG** zurückbehalten werden (unschädlich für Zwecke der Anwendung des § 24 UmwStG; SHS/*Schmitt* UmwStG § 24 Rn. 84; vgl. → Rn. 89 ff.), die **nicht** in ein anderes Betriebsvermögen des Einbringenden überführt werden (zB zu Buchwerten gemäß § 6 Abs. 5 Satz 1 oder 2 EStG), kommt es zu einer Entnahme (UmwSt-Erl. 2011, BMF v. 11.11.2011, BStBl. I 2011, 1314 Tz. 20.08 iVm. 24.03 Satz 2, 2. Spiegelstrich) mit der Folge einer Realisierung der stillen Reserven (Differenz zwischen gemeinem Wert und Buchwert). Die Besteuerung der auf die Personengesellschaft übertragenen stillen Reserven ist auf Grund des § 16 EStG (ggf. iVm. §§ 14, 18 EStG) sichergestellt; eine besondere (etwa der des § 22 UmwStG vergleichbaren) Regelung zur Sicherstellung der Erfassung der stillen Reserven besteht im Anwendungsbereich des § 24 UmwStG nicht (**Ausnahme:** Anteile an Kapitalgesellschaften, die zum eingebrachten Betrieb, Teilbetrieb oder MU-Anteil zugehörig sind, § 24 Abs. 5 UmwStG).	Der durch den Ansatz zum Zwischenwert entstehende **Einbringungsgewinn** (Ermittlung siehe zu gemeiner Wert) erfährt **keine** Tarifbegünstigung (vgl. § 24 Abs. 3 Satz 2 UmwStG: nur bei Ansatz mit dem gemeinen Wert) und ist daher vom Einbringenden als **laufender Gewinn** nach allgemeinen Grundsätzen zu versteuern. Zu **§§ 6b, 6c EStG** s. bei gemeiner Wert.

<table>
<tr><th rowspan="2">Einbringender</th><th rowspan="2">Einbringungsgegenstand</th><th colspan="3">Ansatz zum</th></tr>
<tr><th>gemeinen Wert</th><th>Buchwert</th><th>Zwischenwert</th></tr>
<tr><td></td><td></td><td>ligt sind (zur umstrittenen Auslegung der Vorschrift s. Ausführungen in Beispiel 2, → Rn. 141; HMB/Bär/Märkle UmwStG § 24 Rn. 176 f. mwN; UmwSt-Erl. 2011, BMF v. 11.11.2011, BStBl. I 2011, 1314 Tz. 24.16; vgl. hierzu BFH v. 26.4.2012, IV R 44/09, DStR 2012, 1497.
Zur grundsätzlich zulässigen Bildung einer Rücklage nach § 6 b EStG oder § 6 c EStG s. DPPM/Patt UmwStG § 24 Rn. 135 ff.</td><td></td><td></td></tr>
<tr><td></td><td>Einzel-WG des BV</td><td colspan="3">Die Einbringung von Einzel-WG des Betriebsvermögens stellt keinen Fall des § 24 UmwStG dar, sondern ist nach dem (insoweit vorrangigen, vgl. → Rn. 48 ff., 54) § 6 Abs. 5 Satz 3 EStG zu erfassen; Folge ist grundsätzlicher Zwang zur Buchwertübertragung (→ Rn. 49).
Zu einem (nachträglichen) Ansatz der Teilwerte kommt es in folgenden Fällen:
a) Das übertragene WG wird innerhalb einer Sperrfrist von drei Jahren (Fristbeginn: Abgabe der Steuererklärung durch Übertragenden für VZ der Übertragung) entnommen oder veräußert und es ist keine negative Ergänzungsbilanz für den Übertragenden in der aufnehmenden Personengesellschaft gebildet worden, in der die übergegangenen stillen Reserven festgehalten wurden, § 6 Abs. 5 Satz 4 EStG;
b) An der übernehmenden Personengesellschaft ist eine Körperschaft, Personenvereinigung oder Vermögensmasse (wohl KSt-Subjekt iSd. § 1 KStG) beteiligt und durch die Übertragung wird deren Anteil an dem übertragenen WG mittelbar oder unmittelbar begründet oder dieser sich erhöht, § 6 Abs. 5 Satz 5 EStG;
c) Innerhalb von sieben Jahren nach der Übertragung (Übergang wirtschaftliches Eigentum) wird der Anteil einer Körperschaft, Personenvereinigung oder Vermögensmasse an dem WG mittelbar oder unmittelbar begründet oder erhöht sich dieser, § 6 Abs. 5 Satz 5 EStG. S. Einzelheiten bei: DPM/Patt UmwStG § 24 Rn. 53 ff.</td></tr>
<tr><td></td><td>Anteile iSd. § 17 EStG, 100%iger Anteil an KapGes</td><td colspan="3">Die Einbringung „qualifizierter“ Anteile iSd. § 17 EStG aus dem Privatvermögen in eine Mitunternehmerschaft fällt nicht unter § 24 UmwStG, auch nicht sofern es sich um einen 100%igen Anteil handelt (→ Rn. 51), so auch UmwSt-Erl. 2011 BMF v. 11.11.2011, 1314 Tz. 24.02 Satz 1: „… zu einem Betriebsvermögen gehörende …“).
Eine solche Einbringung stellt vielmehr einen tauschähnlichen Vorgang dar, der zu einem Veräußerungsgewinn im Rahmen des § 17 EStG führt (BFH v. 19.10.1998, VIII R 69/95, BStBl. II 2000, 230 zu 1. d); auch → Rn. 42); als Veräußerungspreis ist der „angemessene“ (gemeine) Wert anzusetzen (BFH v. 19.10.1998, VIII R 69/95, aaO; Schmidt/Weber-Grellet § 17 Rn. 109 mwN; BMF v. 29.3.2000, BStBl. I 2000, 462).
Der gemäß § 17 Abs. 2 EStG ermittelte Veräußerungsgewinn unterliegt dem Halbeinkünfteverfahren (§ 3 Nr. 40 Buchst. c Satz 1 EStG), ab VZ 2009: dem Teileinkünfteverfahren (40 % des Gewinns freigestellt).</td></tr>
<tr><td></td><td></td><td></td><td colspan="2">Beachte: Nachträgliche Besteuerung des Einbringungsgewinns II bei Veräußerung der zum Buchwert oder Zwischenwert eingebrachten Anteile an einer Kapitalgesellschaft; → Rn. 107 c ff.</td></tr>
<tr><td></td><td>„alte“ einbringungsgeborene Anteile iSd. § 21 UmwStG 1995 (vgl. § 27 Abs. 3 Nr. 3 UmwStG)</td><td colspan="3">Wie die Einbringung wesentlicher Anteile aus dem Privatvermögen fällt auch die Einbringung „alter“ einbringungsgeborener Anteile iSd. § 21 UmwStG 1995 aus dem Privatvermögen in eine Mitunternehmerschaft nicht in den Anwendungsbereich von § 24 UmwStG (anders wohl nach UmwSt-Erl. 2011, BMF v. 11.11.2011, BStBl. I 2011, 1314 Tz. 24.02, sofern es sich um eine das gesamte Nennkapital umfassende Beteiligung handelt); es liegt nach der Rspr. des BFH vielmehr ein entgeltliches Veräußerungsgeschäft in Form eines tauschähnlichen Vorgangs vor (stRspr.: BFH v. 29.10.1987, IV R 93/85, BStBl. II 1988, 374 zu 1. mwN; v. 15.7.1976, I R 17/74, BStBl. II 1976, 748 zu I. 2. b) s. auch → Rn. 42), das den Tatbestand der Veräußerung iSd. § 21 Abs. 1 Satz 1 UmwStG erfüllt (Stegemann BB 2003, 79, 80 mwN; SHS/Schmitt UmwStG § 21 Rn. 176). Die Einlage in das Betriebsvermögen einer Personengesellschaft stellt keinen Fall des § 21 Abs. 4 UmwStG 1995 dar (SHS/Schmitt UmwStG § 21 Rn. 176; DEJW/Patt, 5. Aufl., UmwStG § 21 Rn. 60, 237).
Die offene Einlage „alter“ einbringungsgeborener Anteile in eine Personengesellschaft führt somit zu einer steuerpflichtigen Veräußerung gemäß § 21 Abs. 1 UmwStG 1995; auf den Veräußerungsgewinn ist ggf. das Teileinkünfteverfahren mit Freistellung von 40 % anzuwenden, sofern (vereinfacht gesagt) die Einbringung außerhalb der siebenjährigen Sperrfrist (vgl. § 3 Nr. 40 Satz 4 EStG aF iVm. 52 Abs. 4 b Satz 2 EStG aF) stattfindet.
Die Anteile verlieren durch die Einbringung und die dadurch ausgelöste Realisation ihre Qualifikation als einbringungsgeborene Anteile (SHS/Schmitt UmwStG § 21 Rn. 184; Stegemann BB 2003, 80).</td></tr>
</table>

Einbringender	Einbringungsgegenstand	Ansatz zum gemeinen Wert	Buchwert	Zwischenwert
	WG iSd. § 23 EStG	Die Einbringung von „spekulationsfristbehafteten" WG des Privatvermögens in eine Personengesellschaft gegen Gewährung von Gesellschaftsrechten stellt nach der Rspr. des BFH (als tauschähnlicher Vorgang; s. BFH v. 24.1.2008 IV R 37/06, DStR 2008, 761: keine Anwendung von § 7 Abs. 1 Satz 4 (heute: Satz 5) EStG; vgl. auch → Rn. 42) eine **Veräußerung iSd. § 23 Abs. 1 EStG** (insb. Satz 1 Nr. 1 und Nr. 2) dar (vgl. BFH v. 29.10.1987, IV R 93/85 aaO; v. 15.7.1976, I R 17/74 aaO; Schmidt/*Heinicke* EStG § 23 Rn. 50); § 24 UmwStG findet keine Anwendung. Sofern es sich bei den WG um Anteile an einer Kapitalgesellschaft handelt, ist auf den sich ergebenden Veräußerungsgewinn iSd. § 23 Abs. 3 EStG das **Teileinkünfteverfahren** anzuwenden (§ 3 Nr. 40 Satz 1 Buchst. j EStG) bzw. die Bestimmungen über die Abgeltungssteuer maßgeblich; beachte aber: § 52 a Abs. 3 EStG aF iVm. § 52 a Abs. 11 Satz 4 EStG aF für vor dem 1.1.2009 angeschaffte Wirtschaftsgüter (insbes. Wertpapiere): Fortgeltung der alten Rechtslage). **Beachte:** Vorrang des § 23 Abs. 1 Satz 1 Nr. 2 EStG gegenüber den Fällen des § 17 Abs. 1 Nr. 2 EStG.		
	Sonstige WG des Privatvermögens	Keine Anwendung des § 24 UmwStG; Einbringung ist ein Vorgang in der **steuerlich irrelevanten,** privaten Vermögenssphäre.		
Körperschaft (iSd. § 1 Abs. 1 KStG)	**Betrieb, Teilbetrieb, MU-Anteil sowie 100 %iger Anteil an KapitalGes**	Der bei Einbringung eines Betriebs, Teilbetriebs, eines MU-Anteils oder (nach zutreffender Auffassung, → Rn. 50 mwN) einer 100%igen Beteiligung an einer Kapitalgesellschaft (UmwSt-Erl. 2011, BMF v. 11.11.2011, BStBl. I 2011, 1314 Tz. 24.02; beachte aber: **(1)** nicht, wenn einem Teilbetrieb funktional zugehörig, UmwSt-Erl. 2011, BMF v. 11.11.2011, BStBl. I 2011, 1314 Tz. 15.06 iVm. Tz. 24.02 Satz 2; **(2)** Zugehörigkeit zum Betrieb muss zum steuerlichen Übertragungszeitpunkt vorliegen, UmwSt-Erl. 2011, BMF v. 11.11.2011, BStBl. I 2011, 1314 Tz. 15.05 Satz 2 iVm. Tz. 24.02 Satz 2) durch eine Körperschaft zum gemeinen Wert entstehende Einbringungsgewinn (Ermittlung wie bei natürl. Person als Einbringender, s. oben) unterliegt bei dieser als **laufender Gewinn** der KSt nach allgemeinen Grundsätzen (Tarifermäßigung und Freibetrag nicht anwendbar). Soweit im übertragenen Betriebsvermögen Anteile an in- und/oder ausländischen Kapitalgesellschaften enthalten sind, findet auf den darauf entfallenden Teil des Einbringungsgewinns grundsätzlich die **Steuerbefreiung nach § 8 b Abs. 2 KStG** Anwendung (hierzu → Form. D.6 Rn. 142 ff., 144). Es handelt sich bei der offenen Einlage um einen tauschähnlichen, veräußerungsgleichen Vorgang (s. oben zu natürl. Person als Einbringender), der als Veräußerung iSd. § 8 b Abs. 2 Satz 1 KStG qualifiziert (vgl. DPPM/*Patt* UmwStG § 24 Rn. 151; Blümich/*Rengers* KStG § 8 b Rn. 113).	Es entsteht auf Grund des Buchwertansatzes **kein** Einbringungsgewinn (vgl. § 24 Abs. 3 Satz 1, Abs. 2 Satz 1 UmwStG). Zur Zurückbehaltung **unwesentlicher WG:** es kann auf die entsprechenden Ausführungen zu natürl. Personen als Einbringende verwiesen werden (s. oben).	Besteuerung wie bei Ansatz mit dem gemeinen Wert; s. dort.

Einbringender	Einbringungsgegenstand	Ansatz zum gemeinen Wert	Ansatz zum Buchwert	Ansatz zum Zwischenwert
	Einzel-WG des BV	Kein Fall des § 24 UmwStG, sondern nach dem vorrangigen § 6 Abs. 5 Satz 3 EStG (iVm. § 8 Abs. 1 Satz 1 KStG) zu erfassen; Folge ist grundsätzlicher **Zwang zur Buchwertübertragung** (→ Rn. 49). Siehe zu (nachträglichem) **Ansatz der Teilwerte** in den Fällen des § 6 Abs. 5 Satz 4 ff. EStG, die Ausführungen oben zu natürlichen Personen als Einbringende.		
	Anteile an Kapital-Ges (< 100 %)	Wie Einzel-WG: Grundsätzlicher **Zwang zur Buchwertübertragung** gemäß § 6 Abs. 5 Satz 3 EStG (iVm. § 8 Abs. 1 Satz 1 KStG); keine (analoge) Anwendung des § 24 UmwStG (UmwSt-Erl. 2011, BMF v. 11.11.2011, BStBl. I 2011, 1314 Tz. 24.02 Satz 1 „... eine das **gesamte** Nennkapital umfassende Beteiligung ..." – *eigene Hervorhebung*). Soweit es auf Grund der Bestimmungen der § 6 Abs. 5 Satz 4 ff. EStG zu einem nachträglichen Ansatz der Teilwerte kommt, ist mE Steuerbefreiung nach § 8 b Abs. 2 KStG grds. anwendbar (**beachte:** § 8 b Abs. 2 Satz 2, Abs. 3 KStG). Darauf hinzuweisen ist auf die Reformvorschläge des Bundesrates im Rahmen des Gesetzgebungsverfahrens zum JStG 2013, wonach für Portfoliobeteiligungen unter 10 % die Anwendung des Schachtelprivilegs des § 8 b Abs. 2 KStG abgeschafft werden soll (vgl. Beschlussempfehlung des Bundesrates in BR-Drs. 302/1/12, S. 76).		
	„alte" einbringungsgeborene Anteile iSd. § 21 UmwStG 1995 (vgl. § 27 Abs. 3 Nr. 3 UmwStG) (< 100 %)	Die Einbringung „alter" einbringungsgeborener Anteile in eine Personengesellschaft fällt – sofern es sich nicht um eine 100%ige Beteiligung handelt (s. schon oben) – nicht in den Anwendungsbereich des § 24 UmwStG, sondern ist wie die Einbringung von Einzel-WG zu behandeln (auf die obigen Ausführungen wird verwiesen) und erfolgt damit grundsätzlich zum **Buchwert.** Sofern es zu einem nachträglichen Ansatz der Teilwerte kommt (§ 6 Abs. 5 Satz 4 ff. EStG; s. oben), ist der auf die Übertragung einbringungsgeborener Anteile entfallende Gewinn grundsätzlich gemäß § 8 b Abs. 2 KStG steuerbefreit. Die Befreiung ist allerdings durch § 8 b Abs. 4 KStG stark eingeschränkt; vereinfacht gesagt, ist die Steuerbefreiung bei Veräußerungen (hier Übertragungen) innerhalb einer siebenjährigen „Sperrfrist" nicht zu gewähren (Einzelheiten: → Form. D.6 Rn. 138 ff., 140).		

In dem im Formular zugrunde gelegten Fall gilt daher hinsichtlich der **Besteuerung** des B und des C für Zwecke der ESt: **152**

Die Einbringung des Einzelunternehmens **des B** zum gemeinen Wert führt bei B zu einem – grundsätzlich – gemäß §§ 16, 34 EStG tarifbegünstigten Einbringungsgewinn; sofern eine Tarifbegünstigung zur Anwendung kommt, ist sie gemäß § 24 Abs. 3 Satz 3 UmwStG auf 70 % des Einbringungsgewinns zu gewähren (**Anmerkung:** in dieser Fallkonstellation ist der Streit zur Auslegung des § 24 Abs. 3 Satz 3 UmwStG – → Rn. 141 – nicht relevant). **152a**

Die Übertragung der Einzelwirtschaftsgüter **durch C** sind dagegen jeweils als Veräußerungen (in Form eines tauschähnlichen Vorgangs) zu erfassen: Sofern die Übertragung des Grundstücks in den Anwendungsbereich des § 23 Abs. 1 Nr. 1 EStG fällt, löst sie einen entsprechenden Veräußerungsgewinn aus. Die Übertragung der 5%igen Beteiligung an der X-GmbH fällt in den Anwendungsbereich des § 17 Abs. 1 Satz 1 EStG; auf den Veräußerungsgewinn iSd. § 17 Abs. 2 EStG, ggf. gekürzt um den Freibetrag nach § 17 Abs. 3 EStG, ist das Teileinkünfteverfahren (bis 2008: Halbeinkünfteverfahren) anwendbar (§ 3 Nr. 40 Satz 1 Buchst. c EStG); **beachte:** bei Ermittlung des Veräußerungsgewinns sind Anschaffungskosten und Kosten der Veräußerung nur hälftig ansetzbar, § 3c Abs. 2 EStG. **152b**

bb) Gewerbesteuer

Die **gewerbesteuerlichen Folgen der Einbringung** nach § 24 UmwStG lassen sich wie folgt zusammenfassen: **153**

– Ist Einbringender eine **natürliche Person oder Personengesellschaft,** gehört der im Zuge der Einbringung entstehende Gewinn grundsätzlich (s. aber → Rn. 156 ff.) **nicht** zum Gewerbeertrag iSd. § 7 GewStG, da es sich dem Grunde nach um einen, nach allgemeinen Grundsätzen nicht der GewSt unterliegenden Gewinn aus Betriebsveräußerung iSd. § 16 Abs. 1 Satz 1 EStG handelt (vgl. SHS/*Schmitt* UmwStG § 24 Rn. 267 mwN; RHL/*Rasche* UmwStG § 24 Rn. 93; DPM/*Patt* UmwStG § 24 Rn. 152 mwN). Dies gilt – entgegen der Auffassung der FinVerw. (UmwSt-Erl. 2011, BMF v. 11.11.2011, BStBl. I 2011, 1314 Tz. 24.17 Satz 2) – **auch für den Teil** des Einbringungsgewinns, der bei der ESt kraft gesetzlicher Anordnung (vgl. § 16 Abs. 2 Satz 3 EStG, § 24 Abs. 3 Satz 3 UmwStG) als **laufender Gewinn** zu behandeln ist (Schmidt/*Wacker* EStG § 16 Rn. 562 mwN; SHS/*Schmitt* UmwStG § 24 Rn. 267 mwN, DPM/*Patt* UmwStG § 24 Rn. 183 mwN; HMB/*Bär/Märkle* UmwStG § 24 Rn. 183 mwN; so ausdrücklich FG Berlin v. 16.2.2000, EFG 2000, 640, allerdings aufgehoben durch BFH v. 15.6.2004, VIII R 7/01, BStBl. II 2004, 754; **aA:** WM/*Widmann* UmwStG § 24 Rn. 272.1 mwN). Denn „Rechtsgrund für **154** die Freistellung von Veräußerungsgewinnen iSd. § 16 EStG von der Gewerbeertragsteuer ist der Objektcharakter der Gewerbesteuer, die an das Ergebnis des lebenden Betriebs anknüpft, nicht hingegen, wie es der Reichsfinanzhof (RFH) zum Ausdruck gebracht hat, an das Entstehen und an das Verschwinden des Betriebs" (BFH v. 29.10.1987, IV R 93/85, BStBl. II 1988, 374 zu 2.).

Hieran hat sich durch die Einführung des § 24 Abs. 3 Satz 3 UmwStG nichts geändert. Die Versagung der ertragsteuerlichen Tarifbegünstigung für bestimmte Fälle der Einbringung kann – für sich allein (insbesondere ohne ausdrückliche gesetzliche Anordnung) – keine Auswirkung auf die gewerbesteuerliche Behandlung haben.

155 Diese Ausführungen gelten auch bei Ansatz der Einbringung zu einem Zwischenwert, so dass auch in diesen Fällen der entstehende Einbringungsgewinn **nicht** der GewSt unterliegt (BFH v. 29.10.1987, IV R 93/85, BStBl. II 1988, 374 zu 4. mwN; WM/*Widmann* UmwStG § 24 Rn. 272.1).

156 Sofern Gegenstand der Einbringung eine **100%ige Beteiligung an einer Kapitalgesellschaft aus dem Betriebsvermögen** ist, gehört der Einbringungsgewinn (sofern die Anteile isoliert eingebracht werden) nach hM zum Gewerbeertrag (GewStR 7.1 Abs. 3 Satz 1 Nr. 1; WM/*Widmann* UmwStG § 24 Rn. 272.6; SHS/*Schmitt* UmwStG § 24 Rn. 268 mwN; DPM/*Patt* UmwStG § 24 Rn. 154 mwN; aA HMB/*Bär/Märkle* UmwStG § 24 Rn. 184). Etwas anderes gilt in den Fällen, in denen die Anteile zusammen mit dem Betrieb, Teilbetrieb oder Mitunternehmeranteil, dem sie zugehören, eingebracht werden (GewStR 7.1 Abs. 3 Satz 1 Nr. 1; WM/*Widmann* UmwStG § 24 Rn. 272.6). Soweit die 40%ige Steuerbefreiung nach § 3 Nr. 40 Satz 1 Buchst. b EStG greift (s. Übersicht → Rn. 151), ist der auf die Veräußerung/Einbringung von Beteiligungen an der Kapitalgesellschaften entfallende Teil des Einbringungsgewinns von der Bemessungsgrundlage der GewSt entsprechend ausgenommen).

157–159 *einstweilen frei*

160 – Bei **Körperschaften,** Personenvereinigungen und Vermögensmassen **iSd. § 1 Abs. 1 KStG** als Einbringende unterliegt der Einbringungsgewinn grundsätzlich der GewSt; denn kraft der Fiktion des § 2 Abs. 2 Satz 1 GewStG gehört bei diesen Steuerpflichtigen nach bisheriger Rechtsprechung auch die Betriebsveräußerung zum Gewerbeertrag (vgl. nur BFH v. 28.2.1990, I R 92/86, BStBl. II 1990, 699 mwN; ebenso GewStR 40 Abs. 2 Satz 1; ausdrücklich offen gelassen aber in BFH v. 27.3.1996, I R 89/95, BStBl. II 1997, 224, zu II. 1. d) mwN: kritisch Glanegger/Güroff/*Güroff* § 2 Rn. 187; Glanegger/Güroff/*Selder* GewStG § 7 GewStG Rn. 15).

161 Soweit die Steuerbefreiung gemäß **§ 8b Abs. 2 KStG** für die KSt greift (s. Übersicht → Rn. 151), ist der auf die Veräußerung/Einbringung von Beteiligungen an der Kapitalgesellschaften entfallende Teil des Einbringungsgewinns von der Bemessungsgrundlage der GewSt ausgenommen, da die Einkommensermittlungsvorschrift des § 8b KStG auch für Zwecke der Ermittlung des Gewinns aus Gewerbebetrieb Anwendung findet (DPM/*Patt* UmwStG § 24 Rn. 156: arg e § 8 Nr. 5 GewStG).

162 Mit Bezug auf die GewSt auf Gewinne von Körperschaften iSd. § 1 Abs. 1 KStG aus der Einbringung „alter" **einbringungsgeborener Anteile iSd. § 21 UmwStG 1995** ist zu unterscheiden:

163 (a) Soweit die Voraussetzungen für die Befreiung nach § 8b Abs. 2 KStG gegeben sind, ist der Veräußerungsgewinn bereits von der Bemessungsgrundlage ausgenommen (beachte das pauschalierte Betriebsausgabenabzugsverbot iHv. 5% gemäß § 8b Abs. 3 KStG). Eine Befreiung ist grds. dann gegeben, wenn die Anteile außerhalb der siebenjährigen Sperrfrist veräußert werden (vgl. § 8b Abs. 4 KStG; iE → Form. D.6 Rn. 140; vgl. zur – bejahten – Verfassungsmäßigkeit des § 8b Abs. 4 KStG aF wegen Verstoßes gegen das Gebot der Normenklarheit auch BFH v. 18.3.2009, I R 37/08, BStBl. II 2011, 894).

164 (b) Liegen die Voraussetzungen für eine Steuerbefreiung nach § 8b Abs. 2 KStG nicht vor, so wäre – in Anwendung der Rechtsgrundsätze des BFH v. 29.4.1982 (IV R 51/79, BStBl. II 1982, 738) – die GewSt-Pflicht des Einbringungsgewinns davon abhängig, ob der Einbringungsvorgang, aus dem die Anteile stammen („vorangegangene Einbringung"), bei Ansatz zum gemeinen Wert oder Zwischenwerten Gewerbesteuer ausgelöst hätte. Vor der Einführung des § 7 Satz 2 GewStG war dies – nur – dann der Fall, wenn die Körperschaft einen **Mitunternehmeranteil** in die Kapitalgesellschaft eingebracht hat (BFH v. 27.3.1996, I R 89/95, BStBl. II 1997, 224 zu II. 1. d); UmwSt-Erl. 1998, BMF v. 25.3.1998, BStBl. I 1998, 268 Tz. 21.13 Nr. 2 aE; SHS/*Schmitt* UmwStG § 21 Rn. 169 mwN; WM/*Widmann* UmwStG § 21 Rn. 461). Nach Einführung des **§ 7 Satz 2 GewStG idF UntStFG** (anwendbar auf Gewinne, die nach dem 31.12.2001 anfallen; vgl. § 36 Abs. 1 GewStG idF UntStFG), unterliegen dagegen Gewinne aus der Veräußerung und Entnahme von Mitunternehmeranteilen gemäß § 7 Abs. 2 Nr. 2 GewStG der GewSt, soweit diese nicht auf natürliche Personen als unmittelbare Mitunternehmer entfallen (DPM/*Patt,* 5. Aufl., UmwStG § 20 Rn. 242). Dementsprechend dürften – in konsequenter Anwendung des o. g. BFH-Urteils v. 27.3.1996, I R 89/95, aaO – ab dem EZ 2002 auch Gewinne aus der Einbringung einbringungsgeborener Anteile **der GewSt unterliegen** (vgl. auch → Form. D.6 Rn. 140).

– Ein auf der Ebene des übertragenen Betriebsvermögens bestehender **gewerbesteuerlicher Verlustvortrag** iSd. § 10a GewStG geht – mangels entsprechender gesetzlicher Regelung (§ 24 Abs. 4 UmwStG verweist nicht auf § 23 Abs. 5 UmwStG) – nicht automatisch auf die aufnehmende Personengesellschaft über. Es gelten vielmehr die allgemeinen Grundsätze: Die aufnehmende Personengesellschaft kann einen vortragsfähigen Fehlbetrag nur dann und insoweit von künftigem positiven Gewerbeertrag abziehen, als **Unternehmer-** und **Unternehmensidentität** (vgl. hierzu zB: BFH v. 16.4.2002, VIII R 16/01, BFH/NV 2003, 81 zu II. a) und b) mwN) vorliegen (Einzelheiten s. BFH v. 27.1.1994, IV R 137/91, BStBl. II 1994, 477; v. 14.9.1993, VIII R 84/90, BStBl. II 1994, 764; insb. auch BFH v. 3.5.1993, GrS 3/92, BStBl. II 1993, 616; HMB/*Bär/Märkle* UmwStG § 24 Rn. 187. mwN; DPM/*Patt* UmwStG § 24 Rn. 195 ff. mwN), im Fall des Formulars also zu 30%. **Beachte:** Abweichend von den bis einschließlich zum Erhebungszeitraum 2008 gültigen GewSt-Richtlinien 1998, wonach im Fall der Einbringung eines Betriebs durch eine Kapitalgesellschaft in eine Personengesellschaft der vortragsfähige Gewerbeverlust auf die Personengesellschaft überging (Abschn. 68 Abs. 4 Satz 6 iVm. Abs. 2 GewStR 1998), sehen die GewStR 2009 dies nicht mehr vor. Der BFH hat für den Fall einer **Ausgliederung des Betriebs einer Kapitalgesellschaft auf eine Personengesellschaft gemäß § 123 Abs. 3 Nr. 1 UmwG** – auf welche § 18 Abs. 1 Satz 2 UmwStG gemäß § 1 Abs. 1 Satz 2 UmwStG nicht anwendbar ist – die Frage nach einem Übergang der gewerbesteuerlichen Verluste nach den **allgemeinen Rechtsgrundsätzen** (d. h. Vorliegen der Unternehmens- und Unternehmeridentität) geprüft und entschieden (BFH v. 17.1.2019, III R 35/17, BStBl. II 2019, 407). Im Streitfall hat der BFH den Übergang der Verlustvorträger mit der Begründung versagt, dass der Rechtsträger, bei dem der Gewerbeverlust entstanden war (= Kapitalgesellschaft), auch nach der Ausgliederung noch existierte und der vor der Übertragung bestehende (operative) Betrieb aufgrund der für Kapitalgesellschaften geltenden Gewerblichkeitsfiktion des § 2 Abs. 2 Satz 1 GewStG identisch war mit dem nach der Übertragung noch vorhandenen Betrieb, obwohl sich die Kapitalgesellschaft nach der Übertragung auf eine Holding-Funktion beschränkte. Offen gelassen hat der BFH, ob ein Verlustübergang ausnahmsweise in Betracht kommt, wenn ein Gewerbebetrieb im Ganzen durch Ausgliederung von einer Kapitalgesellschaft auf eine Personengesellschaft übergeht und die Kapitalgesellschaft sich fortan auf die Verwaltung der Mitunternehmerstellung bei der Personengesellschaft beschränkt (zweifelnd: *Wendt* FR 2019, 663). **165**

einstweilen frei **166–173**

b) Steuerfolgen bei der aufnehmenden Personengesellschaft

Die Rechtsfolgen der Einbringung bei der aufnehmenden Personengesellschaft insbesondere hinsichtlich des übernommenen Betriebsvermögens hängen maßgeblich von **174** der Ausübung des Ansatzwahlrechts ab (vgl. auch HMB/*Bär/Märkle* UmwStG § 24 Rn. 191 ff.; SHS/*Schmitt* UmwStG § 24 Rn. 271 ff.; DPM/*Patt* UmwStG § 24) Rn. 177 ff. mwN; RHL/*Rasche* UmwStG § 24 Rn. 97 ff.; WM/*Widmann* UmwStG § 24 Rn. 274 ff.; sowie Kommentierung der Vorgenannten zu § 22 UmwStG; beachte: BFH v. 24.1.2008, IV R 37/06, DStR 2008, 761, zur **Einbringung von Wirtschaftsgütern des Privatvermögens** in eine gewerbliche Personengesellschaft: keine Anwendung von § 7 Abs. 1 Satz 4 (heute: Satz 5) EStG; hierzu *Röhrig* EStB 2008, 216 ff.):

175 – bei **Ansatz zu Buchwerten** tritt die Personengesellschaft in die Rechtsposition des Einbringenden, insbesondere bezüglich AfA, erhöhte Absetzungen und Sonderabschreibungen sowie Besitzzeitanrechnung ein (§ 24 Abs. 4 iVm. § 23 Abs. 1 iVm. § 4 Abs. 2 Satz 3, § 12 Abs. 3 HS 1 UmwStG). Dies bedeutet insb., dass die bisherigen AfA-Bemessungsgrundlagen und die bisher verwandten AfA-Methoden fortgeführt werden (s. DPM/*Patt* UmwStG § 24 Rn. 180 f. mwN; RHL/*Rasche* UmwStG § 24 Rn. 101 ff.; HMB/*Bär/Märkle* UmwStG § 24 Rn. 192);

176 – bei **Ansatz zu Zwischenwerten** tritt die Personengesellschaft bzgl. der Bewertung der übernommenen Wirtschaftsgüter gemäß § 24 Abs. 4 iVm. § 23 Abs. 3 Satz 1 Nr. 1, § 12 Abs. 3 HS 1 UmwStG für Zwecke der AfA sowie der den steuerlichen Gewinn mindernden Rücklagen in die Rechtsposition des Einbringenden ein sowie Besitzzeitanrechnung nach § 4 Abs. 2 Satz 3 UmwStG (DPM/*Patt* UmwStG § 24 Rn. 185 ff. mwN; RHL/*Rasche* UmwStG § 24 Rn. 111 mwN; *modifizierte Steuerrechtsnachfolge*). Die Bemessungsgrundlage für die AfA nach § 7 Abs. 2 EStG entspricht dem von der Personengesellschaft angesetzten (Zwischen-)Wert (§ 23 Abs. 3 Satz 1 Nr. 2 UmwStG);

177 – bei **Ansatz zum gemeinen Wert** ist zu unterscheiden, ob die Einbringung im Wege der Einzelrechtsnachfolge oder im Wege der Gesamtrechtsnachfolge nach den Vorschriften des UmwG erfolgt ist:

178 (a) *Einzelrechtsnachfolge:* Die eingebrachten Wirtschaftsgüter gelten als im Zeitpunkt der Einbringung angeschafft (§ 24 Abs. 4 iVm. § 23 Abs. 4 HS 1 UmwStG); die weitere steuerliche Behandlung (insb. AfA-Bemessungsgrundlage, AfA-Methode und Nutzungsdauer) richtet sich nach allgemeinen Grundsätzen (DPM/*Patt* UmwStG § 24 Rn. 188; RHL/*Rasche* UmwStG § 24 Rn. 113).

179 (b) *Gesamtrechtsnachfolge nach den Vorschriften des UmwG:* Gemäß § 24 Abs. 4 iVm. § 23 Abs. 3 HS 2 UmwStG gelten die Bestimmungen des § 23 Abs. 3 UmwStG für den Ansatz zu Zwischenwerten entsprechend; → Rn. 176.

180–199 *einstweilen frei*

VI. Verkehrsteuern

1. Umsatzsteuer

Siehe zunächst Ausführungen in → Form. A.1 Rn. 118 ff.

a) Einbringung eines Einzelunternehmens

200 Die Einbringung eines Einzelunternehmens (im Formular der Betrieb des Einzelkaufmanns B) ist regelmäßig als nicht der Umsatzsteuer unterliegende **Geschäftsveräußerung im Ganzen** iSd. § 1 Abs. 1a UStG zu qualifizieren (→ Form. D.6 Rn. 196 f.; vgl. UStAE 1.5 Abs. 3 Satz 2; RHL/*Rasche* UmwStG Anh. 9 Rn. 65; HMB/*Bär/Märkle* UmwStG § 24 Rn. 87 mwN; *Haase* UStB 2002, 297, 298; WM/*Knoll* Anh. 11: Umsatzsteuer Rn. 144, 168 ff. mwN). Siehe Einzelheiten auch bei → Form. D.5 Rn. 120 ff. – Einbringung Mitunternehmeranteil.

201 Zu der – nach der Rechtsprechung des BFH zu bejahenden – Frage, ob es für die Einbringung eines Betriebs/Teilbetriebs ausreicht, wenn einzelne, wesentliche Vermögensgegenstände nicht mit dinglicher Wirkung, sondern **nur** auf Grund **obligatorischer Nutzungsüberlassung** „übertragen" werden (BFH v. 4.7.2002, V R 10/01, BFH/NV 2002, 1684; v. 28.11.2002, V R 3/01, BFH/NV 2003, 436) s. WM/*Knoll* Anh. 11: Umsatzsteuer Rn. 119 mwN; → Form. D.6 Rn. 197f. mwN.

Bei Vorliegen einer Geschäftsveräußerung im Ganzen tritt die übernehmende Personengesellschaft (hier A-GmbH & Co. KG) gemäß § 1 Abs. 1a Satz 3 UStG an die Stelle des Einbringenden (hier B). Dies ist vor allem für die **Berichtigung des Vorsteuerabzugs** nach § 15a UStG bedeutsam: Nach § 15a Abs. 6a UStG (der Regelung in § 1 Abs. 1a UStG entsprechend) wird der für ein Wirtschaftsgut maßgebliche Berichtigungszeitraum durch eine Geschäftsveräußerung bzw. Geschäftseinbringung **nicht** unterbrochen. Die übernehmende Personengesellschaft tritt in die Verpflichtung des Einbringenden bzgl. einer Vorsteuerberichtigung wegen geänderter Verwendungsverhältnisse ein (beachte die Verpflichtung des B hinsichtlich der für die Durchführung der Berichtigung erforderlichen Angaben, § 15a Abs. 6a Satz 2 UStG). Weist der Einbringende – trotz des Vorliegens der Voraussetzungen des § 1 Abs. 1a UStG – in einer Rechnung USt gesondert aus, schuldet er die USt gemäß § 14c Abs. 1 Satz 1 UStG (§ 14 Abs. 2 UStG aF); der Erwerber ist (gleichwohl) **nicht zum Vorsteuerabzug** berechtigt (vgl. zur Abzugsfähigkeit unrichtig oder zu Unrecht in Rechnung gestellter Umsatzsteuer BFH v. 11.4.2002, V R 26/01, BFH/NV 2002, 1006; v. 2.4.1998, V R 34/97, BStBl. II 1998, 695). Zur **Berichtigungsmöglichkeit** des Übertragenden nach § 14c Abs. 1 Satz 2 UStG (§ 14 Abs. 2 Satz 2 UStG aF) siehe § 31 Abs. 5 UStDV idF des StÄndG 2003; BMF v. 29.1.2004, DStR 2004, 268, Tz. 78ff., 81, 82ff.; zur früheren Rechtslage vgl. Abschn. 189 UStR 2000; OFD Berlin v. 17.5.1999, DStZ 2000, 106 sowie BFH v. 11.4.2002, V R 26/01, BFH/NV 2002, 1006; v. 22.3.2001, V R 11/98, BFH/NV 2001, 1088. Zu Grenzen und Umfang des grundsätzlich zulässigen **Vorsteuerabzug für Umwandlungskosten** des Übertragenden und des Erwerbers). 202

einstweilen frei 203–205

b) Einbringung: Einzelwirtschaftsgüter

Sofern im Rahmen der Einbringung Einzelwirtschaftsgüter übertragen werden, bestimmt sich die umsatzsteuerliche Behandlung nach **allgemeinen Grundsätzen,** dh.: 206

– Ist der Einbringende umsatzsteuerlicher Unternehmer und sind die übertragenen Wirtschaftsgüter einem anderen, von dem Einbringenden betriebenen (umsatzsteuerlichen) Unternehmen zugeordnet, stellt die Einbringung gegen Ausgabe neuer Gesellschaftsanteile nach hM eine **steuerbare Lieferung iSd. § 1 Abs. 1 Nr. 1 UStG** gegen Entgelt dar (vgl. BFH v. 8.11.1995, XI R 63/94, BStBl. II 1996, 114 zu II. 1. a) und b) mit ausführlicher Begründung zum Tatbestandsmerkmal „Leistungsaustausch" bzw. „Gegenleistung" und Auseinandersetzung mit den verschiedenen Auffassungen; BFH v. 15.5.1997, V R 67/94, BStBl. II 1997, 705 zu II. 1. b) mwN; v. 23.5.1996, V R 54/95, BFH/NV 1996, 860; s. UStAE 1.6 Abs. 2 Satz 4; vgl. HMB/*Bär/Märkle* UmwStG § 24 Rn. 97 mwN; SHS/*Schmitt* Anh. Rn. 37: tauschähnlicher Umsatz iSd. § 3 Abs. 12 Satz 2 UStG; s. aber **EuGH v. 26.6.2003,** Rs. C-442/01, DStRE 2003, 936; → Rn. 213). 207

Sofern eine Steuerbarkeit der Sacheinlagen gegeben ist, kommen ggf. die **Steuerbefreiungen nach § 4 UStG** in Betracht, für die Übertragung von **Gesellschaftsanteilen** gemäß § 4 Nr. 8 Buchst. e bzw. f UStG, für die Übereignung von **Grundstücken** gemäß § 4 Nr. 9 Buchst. a UStG. Um den – anderenfalls – mit einer Steuerfreiheit einhergehenden Ausschluss vom Vorsteuerabzug gemäß § 15 Abs. 2 Nr. 1 UStG (zB für Beratungsleistungen im Zusammenhang mit der Einbringung) zu vermeiden, kann gemäß **§ 9 UStG** auf die Steuerfreiheit **verzichtet** werden. Beachte: Bei einem Verzicht auf die Steuerbefreiung für Grundstücksumsätze gemäß § 4 Nr. 9 Buchst. a UStG ist durch das HBeglG 2004 v. 29.12.2003 (BGBl. I 208

2003, 3076) mit Wirkung zum 1.1.2004 das Erfordernis eingeführt worden, den Verzicht in dem notariell zu beurkundenden Übertragungsvertrag zu erklären (§ 9 Abs. 3 Satz 2 UStG). Zu der mit Wirkung zum 1.4.2004 erfolgten Ausdehnung der Steuerschuldnerschaft nach § 13b UStG auf Umsätze, die unter das GrEStG fallen, vgl. § 13b Abs. 1 Nr. 3, Abs. 2 UStG). Bei Grundstückslieferungen an einen Unternehmer (oder an eine juristische Person des öffentlichen Rechts) ist daher der Leistungsempfänger – nicht wie bisher der leistende Unternehmer – Steuerschuldner (§ 13b Abs. 2 Satz 1 UStG). Siehe hierzu auch BMF v. 31.3.2004 (DStR 2004, 682) zur „Erweiterung der Steuerschuldnerschaft des Leistungsempfängers (§ 13b UStG) auf alle Umsätze, die unter das Grunderwerbsteuergesetz fallen, und auf bestimmte Bauleistungen".

209 – Sofern der Einbringende – wie im Formular für den C angenommen – dagegen **kein** Unternehmer iSd. § 2 Abs. 1 UStG ist, stellt die Einbringung umsatzsteuerlich einen **nicht steuerbaren** Vorgang dar.

210, 211 *einstweilen frei*

c) Ausgabe neuer Kommanditanteile

212 Nach früherer Rechtsprechung des BFH, der Auffassung der FinVerw. und Teilen der Literatur erbrachte die aufnehmende Personengesellschaft durch die Ausgabe der neuen Anteile – auch für den Fall der Einbringung im Rahmen einer Neugründung – regelmäßig eine **steuerbare sonstige Leistung** (vgl. nur WM/*Knoll* Anh. 11 Rn. 138 mwN).

213 Der **EuGH** hatte mit **Urteil v. 26.6.2003** (Rs. C-442/01, DStRE 2003, 936 – *KapHag Renditefonds 35 Spreecenter Berlin-Hellersdorf 3. Tranche GbR/FA Charlottenburg*) auf den Vorlagebeschluss des BFH v. 27.9.2001 (V R 32/00, BFH/NV 2002, 143) Gelegenheit zur Stellungnahme: Der BFH hatte für den Beitritt zu einer Personengesellschaft **gegen Bareinlage** ua. die Frage vorgelegt, ob eine Personengesellschaft bei der Aufnahme eines Gesellschafters gegen Zahlung einer Bareinlage an diesen eine Leistung gegen Entgelt iSd. Art. 2 Nr. 1 der Richtlinie 77/388/EWG (entspricht § 1 Abs. 1 Nr. 1 UStG) erbringt. Der EuGH hat die Frage (jedenfalls für den Beitritt durch Bareinlage) **verneint:** „Eine Personengesellschaft erbringt bei der Aufnahme eines Gesellschafters gegen Zahlung einer Bareinlage an diesen keine Dienstleistung gegen Entgelt im Sinne des Art. 2 Nr. 1 der Sechsten Richtlinie 77/388/EWG des Rates vom 17. Mai 1977" (jetzt Art. 2 Abs. 1 Nr. 1 Buchst. c MwStSystRL) (Urteilstenor). So auch BFH v. 1.7.2004 (V R 32/00, BStBl. II 2004, 1022 – Folgeentscheidung auf das og. EuGH-Urteil v. 26.3.2003, aaO): „Dementsprechend hat die Klägerin durch die Aufnahme des C an diesen keinen (steuerbaren) Umsatz (und insbesondere keinen nach § 4 Nr. 8 Buchst. f UStG steuerfreien Umsatz) ausgeführt. Noch weniger kann in der Gründung der Klägerin durch die ursprünglichen Gesellschafter ein (nach § 4 Nr. 8 Buchst. f UStG steuerfreier) Umsatz der Klägerin von Gesellschaftsanteilen gesehen werden." Zustimmend RHL/*Rasche* Anh. 9 Rn. 68 mwN. In einem weiteren Urteil hat der EuGH diese Grundsätze auch auf die **Ausgabe neuer Anteile** zur Aufbringung von Kapital **bei Kapitalgesellschaften** angewendet (EuGH v. 26.5.2005, Rs. C-465/03, DStR 2005, 965 – *Kretztechnik AG;* im Sinne einer Anwendbarkeit auch für Kapitalgesellschaften ebenfalls: BFH v. 18.11.2004, V R 16/03, BStBl II 2005, 503 zu II.2.b); s. auch UStAE 1.6 Abs. 2 Satz 2; RHL/*Rasche* Anh. 9 Rn. 14f., 51 mwN; siehe auch → Form. D.5 Rn. 125, 129).

Die FinVerw. hat in der Folge dieser Rechtsprechung eine Reihe von BMF-Schreiben erlassen (vgl. insbes. BMF v. 4.10.2006, BStBl. I 2006, 614 und v. 26.1.2007, DStR 2007, 257; s.a. BMF v. 30.11.2006, DStR 2006, 2258 zur Übertragung von Wertpapieren und Anteilen). Dem o.g. Urteil des EuGH v. 26.6.2003, Rs. C-465/03 war nicht klar zu entnehmen, ob die Entscheidung lediglich für Bareinlagen oder **auch für Sacheinlagen** gelten sollte (in den Urteilsgründen wird zum Teil nicht unterschieden); die FinVerw. wendet die Grundsätze des EuGH-Urteils auch auf Sacheinlagen an (vgl. BMF v. 4.10.2006, DStR 2006, 1841 letzter Absatz). Die vorstehenden Grundsätze gelten auch für die Errichtung einer **atypisch stillen Gesellschaft** durch Bareinlage (s. EuGH v. 13.3.2008, Rs. C-437/06, DStR 2008, 615 – *Securenta;* s. auch BFH v. 8.4.2003, V S 13/02, BeckRS 2003, 25001937).

Sofern eine Steuerbarkeit der Ausgabe der neuen Anteile nach Vorstehendem noch vorliegt, ist diese Anteilsgewährung allerdings gemäß **§ 4 Nr. 8 Buchst. f UStG steuerfrei.** Auf die Steuerfreiheit kann gemäß **§ 9 Abs. 1 UStG verzichtet** werden. **214**

Zum **Vorsteuerabzug beim Halten von Beteiligungen** insbesondere im Zusammenhang mit der Kapitalbeschaffung durch Ausgabe von Beteiligungen s. EuGH v. 13.3.2008 (Rs. C-437/06, DStR 2008, 615 – *Securenta,* zur Frage der Aufteilung der abzugsfähigen Vorsteuer und zum anwendbaren Aufteilungsmaßstab); hierzu und den – möglichen – Auswirkungen auf das deutsche Umsatzsteuerrecht *Nattkämper* EU-UStB 2008, 41; *Eggers/Korf* DB 2008, 719; sa. BMF v. 26.1.2007, DStR 2007, 257.

einstweilen frei **215, 216**

2. Grunderwerbsteuer

Gehört zum Betriebsvermögen des eingebrachten Einzelunternehmens ein Grundstück (oder ein grundstücksgleiches Recht) oder ist – wie im Formular zugrunde gelegt – eines der eingebrachten Einzelwirtschaftsgüter ein Grundstück (oder ein grundstücksgleiches Recht), so löst die Einbringung **Grunderwerbsteuer** aus, idR bei Abschluss der schuldrechtlichen Vereinbarung über die Übereignung des Grundstücks an die Personengesellschaft gemäß § 1 Abs. 1 Nr. 1 GrEStG, bzw. – bei unmittelbarer Auflassung – gemäß § 1 Abs. 1 Nr. 3 GrEStG. **217**

Soweit der Einbringende (hier C) am Vermögen der aufnehmenden Personengesellschaft (hier A-GmbH & Co. KG) beteiligt ist (im Formular mit 20%), wird gemäß **§ 5 Abs. 2 GrEStG** die Steuer nicht erhoben. Zu beachten ist der nachträgliche Wegfall der Steuerbefreiung nach § 5 Abs. 2 GrEStG, wenn und soweit sich der Anteil des Einbringenden am Vermögen der aufnehmenden Personengesellschaft innerhalb von fünf Jahren nach dem Übergang des Grundstücks auf die Personengesellschaft vermindert (§ 5 Abs. 3 GrEStG); gegebenenfalls sind in den Einbringungs- bzw. Gesellschaftsvertrag Vereinbarungen über die Tragung der Grunderwerbsteuer bei Veränderungen im Gesellschafterbestand innerhalb dieses Fünf-Jahres-Zeitraum aufzunehmen. **218**

Bemessungsgrundlage war bis 2008 der sog. Bedarfswert iSd. § 138 Abs. 2 oder 3 BewG (§ 8 Abs. 2 Nr. 2 GrEStG). Durch StÄndG 2015 v. 2.11.2015 (BGBl. I 2015, 1834) gilt rückwirkend ab 2009 für offene Fälle als geänderte Bemessungsgrundlage § 152 Abs. 1 iVm § 157 Abs. 1 und 2 BewG (nach Umsetzung BVerfG v. 23.6.2015, 1 BvL 13/11, 1 BvL 14/11, BStBl. II 2015, 871), dazu iE → Form. D.1 Rn. 73. Zu der geplanten **Reform der GrESt** (BR-Drs. 355/19) siehe die Übersicht bei → Form. D.1 Rn. 70. **219**

Der **Steuersatz** für Grunderwerbsteuer beträgt, je nach Belegenheit des betroffenen Grundstücks, zwischen 3,5% und 6,5% (Stand: 1.9.2019: Baden-Württemberg: 5,0%; Bayern: 3,5%; Berlin: 6,0%; Brandenburg: 6,5%; Bremen: 5,0%; Hamburg: 4,5%; Hessen: 6,0%, Mecklenburg-Vorpommern: 6,0%; Niedersachsen: 5,0%; Nordrhein-Westfalen: 6,5%; Rheinland-Pfalz: 5,0%; Saarland: 6,5%; Sachsen: 3,5%; Sachsen-Anhalt: 5,0%; Schleswig-Holstein: 6,5%; Thüringen: 6,5%. **Steuerschuldner** sind gemäß § 13 Nr. 1 GrEStG die an der Einbringung beteiligten Vertragsparteien. **220**

einstweilen frei **221, 222**

VII. Arbeitsrecht

Mit Bezug auf **arbeitsrechtliche Konsequenzen** des Übergangs des Einzelunternehmens des B auf die A-GmbH & Co. KG, insbesondere die Voraussetzungen eines **Betriebsübergangs nach § 613a BGB** mit seinen Folgewirkungen für das ein- **223** zelne Arbeitsverhältnis wie auch für die Weitergeltung bzw. Ablösung von Kollektivvereinbarungen (Betriebsvereinbarungen, Tarifverträgen), kann im Wesentlichen auf → Form. D. 4 Rn. 125 ff. sowie → Form. D.6 Rn. 215 ff. verwiesen werden.

224, 225 *einstweilen frei*

VIII. Kosten und Gebühren

1. Notargebühren für die Beurkundung des Gesellschafts-/Einbringungsvertrages

226 Für die **Beurkundung** der Vereinbarung(en) zur Aufnahme der beiden neuen Kommanditisten fällt jeweils eine 2,0-Gebühr nach Nr. 21100 des Kostenverzeichnisses zum GNotKG an, mindestens jedoch 120 EUR. Der Geschäftswert ist der kumulierte Wert des einzubringenden Einzelunternehmens des B, des einzubringenden Grundstücks des C sowie des einzubringenden Geschäftsanteils des C an der X-GmbH (§ 35 Abs. 1 GNotKG). Für die Bewertung gelten die folgenden Grundsätze: Das Einzelunternehmen des B ist mit der Summe der in der Bilanz ausgewiesenen Aktiva zu bewerten (OLG Düsseldorf v. 15.11.1979, 10 W 82/79, DNotZ 1980, 189). Das einzubringende Grundstück ist mit seinem Verkehrswert einzubringen (§ 46 GNotKG, vgl. BDS/*Diehn* GNotkG § 46 Rn. 9 ff.). Die Bewertung des Geschäftsanteils des C an der X-GmbH erfolgt nach § 54 Satz 1 GNotKG, sofern keine Anhaltspunkte für einen höheren Wert gegeben sind, grundsätzlich nach dem Wert des Eigenkapitals der KG iSv. § 266 Abs. 3 HGB und zwar ohne Schuldenabzug (§§ 54 Satz 1, 38 Satz 2 GNotKG). Die sich aus dem Beitritt (unmittelbar) ergebende Änderung/Neufassung des Gesellschaftsvertrages der A-GmbH & Co. KG, die die neue Beteiligungskonstellation berücksichtigt, ist gegenstandsgleich nach § 109 Abs. 1 GNotKG (vgl. dazu Streifzug durch das GNotKG, Rn. 1679 f.).

Die **getrennte Beurkundung** des Einbringungsvertrages hinsichtlich des Grundstücks des C sowie des Geschäftsanteils an der X-GmbH ist kostenrechtlich gesondert zu berücksichtigen. Hierfür wäre eine 0,5-Gebühr nach Nr. 21101 des Kostenverzeichnisses aus einem Geschäftswert anzusetzen, der dem Wert von Grundstück und Geschäftsanteil im Zeitpunkt der Einbringung entspricht. Ggfs. kann auch hier die Degression der Kostentabelle für eine Zusammenbeurkundung sprechen (vgl. → Form D.5 VIII.1 Rn. 150c). Da die getrennte Beurkundung des Einbringungsvertrages somit Mehrkosten nach sich ziehen kann, ist ein Hinweis des Notars nach § 21 GNotKG wohl angezeigt.

2. Gesellschafterliste

226a Die Erstellung der Gesellschafterliste (§ 8 Abs. 1 Nr. 3, § 40 GmbHG) für die A-Verwaltungs GmbH sowie für die X-GmbH durch den die jeweilige Einbringung beurkundenden Notar löst jeweils eine sog. Vollzugsgebühr aus (max. 250 EUR nach Nr. 22113 des Kostenverzeichnisses). Die Vollzugsgebühr fällt aber für jedes Beurkundungsverfahren nur einmal an (vgl. § 93 Abs. 1 GNotKG). Der Geschäftswert für die Gesellschafterliste bestimmt sich wiederum nach dem Wert des jeweiligen Einbringungsvertrages. Zusätzlich zur vorgenannten Vollzugsgebühr fällt nach Nr. 22200 Ziffer 6 des Kostenverzeichnisses noch eine sog. Betreuungsgebühr in Höhe von 0,5 für die Erteilung der Bescheinigung über die Veränderungen der Beteiligungshöhen der Gesellschafter durch den Notar nach § 40 Abs. 2 GmbHG an.

3. Kosten für die Anmeldung zum Handelsregister

227 – **Notargebühren.** Für die bloße **Beglaubigung der Handelsregisteranmeldung** ohne Entwurfserstellung durch den Notar fällt eine 0,2-Gebühr nach Nr. 25100 des

Kostenverzeichnisses an, höchstens jedoch 70 EUR. Für die **Fertigung und Beglaubigung des Entwurfs der Handelsregisteranmeldung** fällt dagegen eine 0,5-Gebühr nach Nr. 24102 des Kostenverzeichnisses an; die Mindestgebühr beträgt 30 EUR. Der Geschäftswert der Anmeldung bestimmt sich nach § 105 Abs. 1 Nr. 6 GNotKG und beträgt hiernach 50 000 EUR (Summe der neuen Hafteinlagen).

– **Registerkosten.** Gebühr nach § 1 HRegGebV iVm. Nr. 1501, 1502 des Gebüh- 228
renverzeichnisses: 90 EUR.

einstweilen frei 229–232

C. Einzelerläuterungen

I. Vereinbarung über die Aufnahme neuer Kommanditisten einschließlich Abtretung der Geschäftsanteile an der Komplementär-GmbH

1. Aufnahmevertrag

S. iE zunächst: **Rechtsnatur** (→ Rn. 15), **Formerfordernisse** (→ Rn. 18 ff.), **In- 233
halt und Stellvertretung** (→ Rn. 21 ff.), **Leistung der Einlagen** (→ Rn. 28 ff.) sowie **Rechtsfolgen des Eintritts** (→ Rn. 31 ff.).

Der Aufnahmevertrag der neuen Kommanditisten kann grds. auch **separat** von der 234
Abtretung der Anteile an der Komplementär-GmbH abgeschlossen werden; auf Grund der für den Formularfall angenommenen Erstreckung des Formerfordernisses auf den Beitrittsvertrag (→ Rn. 20) und der eine notarielle Beurkundung ohnehin erforderlich machenden Verpflichtungen zur Übertragung eines Grundstücks (§ 311b BGB) und des Geschäftsanteils an der X-GmbH (§ 15 Abs. 4 GmbHG) ist der gesamte Vorgang in einer Urkunde aufgenommen.

Zu den für die **Durchführung** der Aufnahme des B und des C darüber hinaus noch abzuschließenden **Einbringungsverträgen** zur Einzelrechtsübertragung des Einzelunternehmens des B sowie des Grundstücks und des Geschäftsanteils an der X-GmbH des C, → Rn. 7.

Das Formular geht davon aus, dass nach dem Gesellschaftsvertrag der A-GmbH & 235
Co. KG (jedenfalls) für jeden Gesellschafter ein **Kapitalkonto I** geführt wird; nach den in der Praxis gebräuchlichen Modellen kann hierzu noch ein Kapitalkonto II (Zweikontenmodell), ein Kapitalkonto II und ein Darlehenskonto (Dreikontenmodell) oder ein Kapitalkonto II, ein Darlehenskonto und ein Verlustsonderkonto hinzukommen (Vierkontenmodell, vgl. *Ley* KÖSDI 1994, 9972; → Rn. 86 mwN; s. auch die instruktive Darstellung praxisrelevanter Kontenmodelle der OFD Hannover v. 7.2. 2008 (BeckVerw 117190).

Die aufschiebende Bedingung, den Beitritt erst mit der Eintragung im Handelsregis- 236
ter wirksam werden zu lassen, entspricht üblicher Vertragsgestaltung und erfolgt (sei es auch nur vorsichtshalber) vor dem Hintergrund des § 176 Abs. 2 HGB (→ Rn. 23). An diesen Zeitpunkt ist jeweils auch der Beginn der **Teilnahme am Gewinn und Verlust** geknüpft (→ Form. D.7.1. Ziff. II. 5.); alternativ kann ein anderer Zeitpunkt vereinbart werden (ertragsteuerlich ist dabei insbesondere das von der Rechtsprechung aufgestellte Rückwirkungsverbot zu beachten; vgl. BFH v. 17.3.1987, VIII R 293/82, BStBl. II 1987, 558 zu 3.; iE → Rn. 24 f. und → Rn. 95 mwN).

Eine **Einbringungsbilanz** (Übertragungsbilanz) ist handelsrechtlich (bei identitäts- 237
wahrender Umgründung) nicht erforderlich (hM; vgl. BeBiKo/*Winkeljohann/Philipps* § 242 Rn. 4; kritisch BFW/*Förschle/Kropp/Siemers* Sonderbilanzen, 4. Aufl., Abschn. C Rn. 57, 60 und 64), zumal eine Prüfung der Werthaltigkeit der Sacheinlage nicht erfolgt. In den Fällen der Einbringung zu Buchwerten ist die Aufstellung einer Einbringungsbilanz aber allein schon zur Vermeidung von Ansatzunterschieden zwi-

schen den (letzten) Buchwerten bei dem übertragenen Betriebsvermögen und den (ersten) Buchwerten bei dem aufnehmenden Betriebsvermögen sinnvoll (BFW/*Förschle/Kropp/Siemers* aaO Abschn. C Rn. 64). Zur Aufstellung einer Einbringungsbilanz als **Voraussetzung für das Wahlrecht** nach § 24 Abs. 2 UmwStG für Betriebe, die ihren Gewinn zuvor durch Einnahmen-Überschussrechnung (§ 4 Abs. 3 EStG) ermittelt haben, → Rn. 116ff.

238 Zur ertragsteuerlichen Möglichkeit der **Rückbeziehung der Einbringung** um bis zu **acht Monate** gemäß § 24 Abs. 4 HS 2 UmwStG vgl. → Rn. 97. Nachdem die im Formular zugrunde gelegten Einbringungen im Wege der Einzelrechtsübertragung (und nicht im Rahmen einer Gesamtrechtsnachfolge) erfolgen, ist eine Rückbeziehung mit ertragsteuerlicher Wirkung nicht möglich (§ 24 Abs. 4 HS 2 UmwStG; → Rn. 94).

239 Hinsichtlich der Einbringung des Grundstücks s. **Belehrungen** nach §§ 17, 18 BeurkG.

240–245 *einstweilen frei*

2. Abtretung der Geschäftsanteile an der Komplementär-GmbH

246 Die Erteilung der Zustimmung der A-Verwaltungs-GmbH zur Veräußerung des Geschäftsanteils sowie der Verzicht auf etwaige Vorerwerbsrechte kann vorsichtshalber in den Vertrag aufgenommen werden. Nachdem die A-Verwaltungs-GmbH ohnehin Partei des Aufnahmevertrages ist, erscheint zumindest ersteres nicht unbedingt erforderlich.

247–255 *einstweilen frei*

II. Handelsregisteranmeldung des Eintritts neuer Kommanditisten

256 Der Eintritt neuer Kommanditisten in eine bestehende Kommanditgesellschaft ist gemäß § 161 Abs. 2 iVm. § 106 Abs. 2 Nr. 1, §§ 107, 108 Abs. 1, § 163 Abs. 3 iVm. Abs. 1 Satz 1 HGB anmeldepflichtig. Die Anmeldung zur Eintragung in das (elektronische) Handelsregister bedarf der **öffentlichen Beglaubigung** durch einen Notar (§ 12 Abs. 1 HGB) und erfolgt durch Einreichung einer elektronischen Fassung des öffentlich beglaubigten Dokuments (hierzu → Form. D.5 Rn. 198a; *Jeep/Wiedemann* NJW 2007, 2439ff.; KKRM/*Roth* HGB § 12 Rn. 8; *Liebscher/Scharff* NJW 2006, 3745, 3747). Gemäß § 12 Abs. 2 Satz 1 HGB sind für das Handelsregister relevante Dokumente ebenfalls in elektronsicher Form einzureichen. Die „elektronische Form" muss eine Ablage der Aufzeichnung im Registergericht in unveränderter Form ermöglichen (§ 47 Abs. 1 Satz 2 HRV), so dass sich praktisch eine „elektronische Fotokopie" durch eine Übertragung im PDF- oder TIF-Format empfiehlt (*Sikora/Schwab* MittBayNot 2007, 1). Anzumelden (und in das Handelsregister einzutragen) sind der **Eintritt des neuen Kommanditisten** (§ 162 Abs. 3 HGB) und dessen **Namen, Geburtsdatum** (ersetzt seit dem 1.1.1999 nach Änderung durch das HRefG die frühere Angabe des Berufs) und **Wohnort** sowie die **Höhe der Hafteinlage** des eintretenden Kommanditisten (§ 162 Abs. 3 iVm. Abs. 1 und § 106 Abs. 2 Nr. 1 HGB).

257 Die Anmeldung des Eintritts neuer Kommanditisten hat durch **sämtliche Gesellschafter** der Kommanditgesellschaft zu erfolgen (§ 162 Abs. 3, § 161 Abs. 2 iVm. § 108 Abs. 1 HGB). Der Hinweis auf das Fortbestehen der **Geschäftsräume** erfolgt vor dem Hintergrund der ab 1.1.1999 bestehenden Verpflichtung zur Mitteilung der aktuellen Lage der Geschäftsräume und jeder Änderung derselben (§ 24 Abs. 2 Satz 1 und 2 HRV).

258 In der **Bekanntmachung** (im HR in dem von der Landesjustizverwaltung bestimmten elektronischen Informations- und Kommunikationssystem wird – anders als in § 10 Satz 1 HGB für den Regelfall vorgesehen – nicht der volle Inhalt der Eintragung, sondern nur die **Zahl der Kommanditisten** veröffentlicht (§ 162 Abs. 2, § 10 Satz 2 HGB).

D. 8 Tausch von GmbH-Anteilen gegen Aktien

Gliederung

A. Vertragsformular

D.8. Vereinbarung über den Tausch von GmbH-Anteilen gegen Aktien

Heute, am ...... *[Datum]* – erschienen vor mir, ... *[Name],* Notar mit dem Amtssitz in ...... *[Ort],* in der Geschäftsstelle in ...... *[Adresse]:*

1. **Herr A *[Name, Beruf],* wohnhaft in: ...... *[Adresse].* Herr A *[Name]* ist mir, dem Notar, persönlich bekannt *[bzw. Herr A hat sich durch amtlichen Personalausweis ...... ausgewiesen.].* Herr A ...... *[Name]* handelt sowohl im eigenen Namen, als auch als ...... alleinvertretungsberechtigter Geschäftsführer der X-GmbH mit dem Sitz in ...... *[Ort],* eingetragen im Handelsregister des Amtsgerichts ...... *[Ort]* unter HRB ......**
2. **Herr B ...... *[Name, Beruf],* wohnhaft in: ...... *[Adresse].* Herr B ...... *[Name]* ist mir, dem Notar, persönlich bekannt *[bzw. Herr B ...... hat sich durch amtlichen Personalausweis ...... ausgewiesen.]* Herr B ...... *[Name]* handelt nicht im eigenen Namen, sondern als ...... alleinvertretungsberechtigter Geschäftsführer der B-GmbH**

mit dem Sitz in ...... *[Ort],* eingetragen im Handelsregister des Amtsgerichts ...... *[Ort]* unter HRB ......

Auf Ansuchen der Erschienenen beurkunde ich den Erklärungen gemäß was folgt:

I. Sachstand

1. **Herr A ist am Stammkapital der X-GmbH mit dem Sitz in ...... *[Ort],* eingetragen im Handelsregister des Amtsgerichts ...... *[Ort]* unter HRB ......, in Höhe von insgesamt 100000.– EUR mit einem Geschäftsanteil in Höhe von 100000.– EUR beteiligt. Der diesem Geschäftsanteil zugrunde liegende Nennbetrag des Geschäftsanteils ist, wie Herr A versichert, in voller Höhe eingezahlt. Die X-GmbH hat keinen Grundbesitz.**
2. **Die B-GmbH ist alleinige Aktionärin der im Handelsregister des Amtsgerichts ...... *[Ort]* unter HRB ...... eingetragenen U-AG, mit einem Grundkapital von insgesamt 500000.– EUR *[Grundkapitalbetrag],* das in 500000 [Anzahl Aktien] nennwertlose, auf den Namen lautende Stückaktien eingeteilt ist.**

II. Tausch

Herr A und die B-GmbH schließen hiermit einen Vertrag über den Tausch eines (noch zu bildenden) Geschäftsanteils an der X-GmbH mit einem Nennwert iHv. 25000.– EUR gegen 100000 Aktien an der U-AG nach Maßgabe der folgenden Bestimmungen:

1. Teilung und Abtretung Geschäftsanteile an X-GmbH[115 f.]

a) **Der in Ziffer I.1. genannte Geschäftsanteil an der X-GmbH wird in zwei Geschäftsanteile geteilt, und zwar in Geschäftsanteil Nr. 1 im Nennbetrag von 75000.– EUR (in Worten: fünfundsiebzigtausend Euro) und in Geschäftsanteil Nr. 2 im Nennbetrag von 25000.– EUR (in Worten: fünfundzwanzigtausend Euro).**

b) **Herr A tauscht und tritt den Teilgeschäftsanteil Nr. 2 im Nennbetrag von 25000.– EUR an die diesen Tausch und diese Abtretung annehmende B-GmbH ab. Die Abtretung erfolgt mit sofortiger dinglicher Wirkung. Die Übereignung erfolgt im Tausch gegen die in nachfolgender Ziffer 2 geregelte Übertragung von Aktien an der U-AG.**

c) **Herr A sichert der B-GmbH zu, dass ihm der abgetretene Teilgeschäftsanteil uneingeschränkt zusteht, er nicht mit Rechten Dritter belastet ist und er hierüber frei verfügen kann, sowie dass der Teilgeschäftsanteil in voller Höhe eingezahlt ist und dass Rückzahlungen nicht erfolgt sind. Darüber hinausgehende Garantien oder Gewährleistungen, etwa zum Unternehmen der X-GmbH selbst oder zu seiner Ertragskraft, werden nicht übernommen.[124, 125]**

d) **Der guten Ordnung halber erteilt hiermit die X-GmbH ihre unwiderrufliche Zustimmung[116] zur Veräußerung des Geschäftsanteils gemäß vorstehenden Bestimmungen. Der Erwerb der Teilgeschäftsanteile durch B-GmbH gilt hiermit als der X-GmbH gemeldet. Weitere satzungsmäßige Erfordernisse bestehen nicht. Sämtliche Beteiligte verzichten für die heutigen Übertragungen auf etwaige Vorerwerbsrechte.**

2. Übertragung Beteiligung an der U-AG[120]

a) **Die B-GmbH tauscht und tritt hiermit 100000 von den in Ziffer I.2. dieses Vertrages näher bezeichneten Aktien an der U-AG an den diesen Tausch und diese Abtretung annehmenden A ab. Die Parteien sind sich über den Übergang des Eigentums an diesen Aktien einig. Ferner tritt die B-GmbH hiermit alle ggf. bestehenden Ansprüche auf Herausgabe der Aktien gegen Dritte an den diese Abtretung annehmenden A ab. Mit abgetreten werden alle an den Aktien bestehenden oder damit verbundenen Rechte und Nebenrechte einschließlich der Gewinnbezugsrechte für das laufende Geschäftsjahr und alle bisher nicht ausgeschütteten Gewinne.**

b) Die Abtretung erfolgt mit sofortiger dinglicher Wirkung und im Tausch gegen die in vorstehender Ziffer 1 geregelte Abtretung eines Teilgeschäftsanteils an der X-GmbH.

c) Die B-GmbH haftet für den rechtlichen Bestand der übertragenen Aktien an der U-AG, für deren Freiheit von Rechten Dritter, dafür, dass die Einlage auf die übertragenen Aktien voll geleistet ist, dass Rückzahlungen nicht erfolgt sind und dass der Übertragung der Aktien an der U-AG gemäß dieser Ziffer II.2. keine Rechte Dritter entgegenstehen. Darüber hinausgehende Garantien oder Gewährleistungen, etwa zum Unternehmen der U-AG selbst oder zu seiner Ertragskraft, werden nicht übernommen.[124, 125]

3. Ausschluss von Minderungen[124, 125]

Die Parteien gehen davon aus, dass die gemäß Ziffern II.1. und II.2. getauschten Anteile zum Zeitpunkt dieser Vereinbarung objektiv den gleichen Wert iHv. jeweils 150 000.– EUR haben. Ein evtl. künftig festgestellter Wertunterschied ist nicht auszugleichen; Ansprüche auf Minderung (§ 441 BGB) werden hiermit ausgeschlossen.

4. Umsatzsteuer[129]

Über die in Ziffer II.2. geregelte Übertragung von Aktien an der U-AG an Herrn A im Tausch für den Teilgeschäftsanteil an der X-GmbH wird die B-GmbH Herrn A eine Rechnung mit Ausweis der gesetzlichen Umsatzsteuer erteilen. Als Entgelt wird der in vorstehender Ziffer 3. übereinstimmend angesetzte Wert zugrunde gelegt.

5. Sonstiges/Schlussbestimmungen

a) Die Kosten dieser Urkunde und ihres Vollzugs sowie etwa anfallende Verkehrssteuern tragen Herr A und die B-GmbH zu gleichen Teilen. Die sich aus den in vorstehenden Ziffern II.1. und II.2. näher bezeichneten Übertragungsvorgängen evtl. ergebenden Steuern auf das Einkommen (Einkommen-, Körperschaft-, Gewerbesteuer) werden von der jeweiligen Vertragspartei getragen.

b) Sollte eine Bestimmung dieses Vertrages oder seiner künftigen Änderungen oder Ergänzungen ganz oder teilweise unwirksam oder undurchführbar sein oder werden oder sollte sich in dem Vertrag eine Lücke herausstellen, so wird hierdurch die Gültigkeit der übrigen Bestimmungen nicht berührt. Anstelle der unwirksamen oder undurchführbaren Bestimmung oder zur Ausfüllung der Lücke soll eine angemessene Regelung gelten, die, soweit rechtlich möglich, dem an nächstem kommt, was die Vertragsschließenden gewollt haben oder nach dem Sinn und Zweck des Vertrages gewollt haben würden, sofern sie bei Abschluss dieses Vertrages oder bei der späteren Aufnahme einer Bestimmung den Punkt bedacht hätten.

c) Änderungen oder Ergänzungen dieses Vertrages bedürfen der Schriftform, soweit nicht eine strengere Form vorgeschrieben ist.

III.

Der Notar wies die Erschienenen darauf hin, dass ...... *[Hinweise des Notars, zB zur unbeschränkten Haftung des Erwerbers der Teilgeschäftsanteile für die nicht erbrachten Geldeinlagen des Verkäufers].*

IV.

Von dieser Urkunde erhalten

– Ausfertigungen: die Gesellschaft,

– beglaubigte Abschriften: die Beteiligten sowie das Finanzamt für Körperschaften.

Vorgelesen vor dem Notar, von den Erschienenen genehmigt und von diesen und dem Notar eigenhändig wie folgt unterschrieben:

....

[Unterschriften]

B. Grundsätzliche Anmerkungen

I. Sachverhalt

1 Das Formular geht von einer Zusammenführung der wirtschaftlichen Aktivitäten des A und der B-GmbH im Wege eines (echten) Tausches (Begriff → Rn. 5) aus: Hierzu tauschen die A und B-GmbH einen Teil ihrer jeweiligen Beteiligung an der X-GmbH (Geschäftsanteil iHv. 25 000.– EUR – 25%) bzw. an der U-AG (100 000 Aktien – 20%); es wird unterstellt, dass die getauschten Beteiligungen gleichwertig sind. A hält die Beteiligung an der X-GmbH in seinem Privatvermögen.

2 **Graphische Darstellung des Sachverhalts und des Tauschvorgangs:**

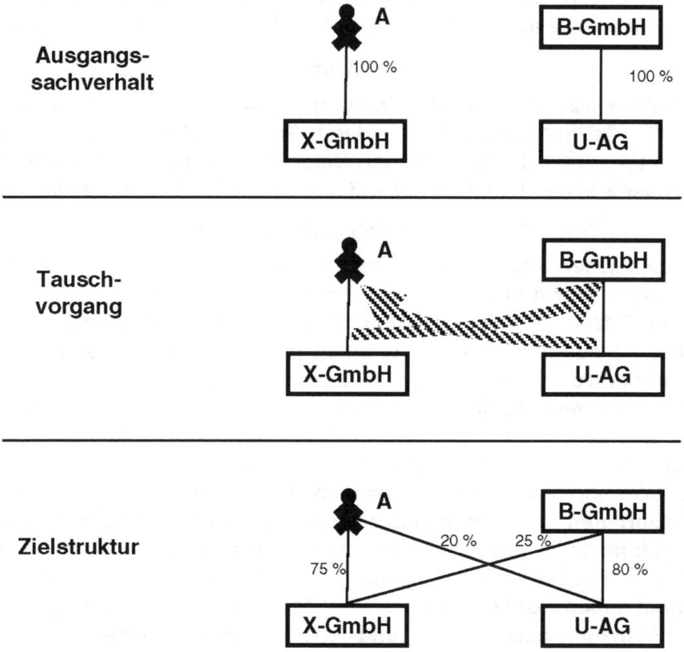

II. Ablaufplan

3 Ein Ablaufplan ist – über die bloße Vorbereitung bzw. Verhandlung der Vereinbarung über den Tausch hinaus – im Regelfall (wie auch für den Formularfall) überflüssig. Anmeldungen im Handelsregister sind – mit Ausnahme der vom beurkundenden Notar einzureichenden Liste der Gesellschafter mit Nummerierung der Geschäftsanteile (§ 40 Abs. 2 GmbHG, → Form. A.8.8) – ebenfalls nicht notwendig.

4 *einstweilen frei*

III. Wirtschaftliches Vertragsziel

5 **Abgrenzung:** Im Zusammenhang mit dem Tausch von Anteilen an Kapitalgesellschaften ist zwischen echtem und unechtem Tausch zu unterscheiden: als **unechter** Tausch werden die offene Sacheinlage oder Sachgründung bezeichnet; diesen liegt ein **gesellschaftsrechtlicher Vorgang** zugrunde, bei dem die aufnehmende Kapitalge-

sellschaft als Gegenleistung für die Übertragung von Betriebsvermögen Anteile ausgibt. Die Einbringungstatbestände der §§ 21, 24 UmwStG stellen Formen des unechten Tausches dar. Der **echte** Tausch (von Anteilen) ist dagegen ein Tauschvorgang auf **schuldrechtlicher Grundlage** (§ 480 iVm. §§ 433 ff., 320 ff. BGB), bei dem die gegenseitigen Leistungen im Rahmen eines (schuldrechtlichen) Leistungsaustausches erbracht werden. Gegenstand dieses Formulars sind im Wesentlichen die Fälle des echten Tausches; sofern im Folgenden begrifflich nicht besonders unterschieden wird, ist von einem echten Tausch auszugehen.

Wahl des Formulars – Alternative zur Einbringung: In entsprechend gelagerten Fällen lässt sich durch den Anteilstausch das gleiche oder zumindest ein vergleichbares Ergebnis wie durch Einbringung nach § 21 UmwStG erreichen; dies ist insbesondere dann der Fall, wenn einer der Tauschpartner eine Kapitalgesellschaft ist, die als Tauschgegenstand eigene Anteile verwendet. Durch den Wegfall des sog. Tauschgutachtens ab VZ 1999, das einen **ertragsteuerneutralen Tausch** unter bestimmten Voraussetzungen ermöglichte (→ Rn. 34 f.), dürfte die Bedeutung des Tausches als Instrument der Umstrukturierung zunächst etwas zurückgegangen sein. Mit der Einführung der Steuerbefreiung im Bereich der KSt (§ 8b Abs. 2 KStG) und der 40%igen Steuerbefreiung im Bereich der ESt (§ 3 Nr. 40 EStG) für **Gewinne aus der Veräußerung (und dem Tausch) von Kapitalgesellschaftsanteilen** (→ Rn. 50 ff.) ist die Abschaffung des Tauschgutachtens, jedenfalls für den betrieblichen Bereich (mehr als) kompensiert worden (beachte aber § 8b Abs. 3 KStG und das pauschalierte Betriebsausgabenabzugsverbot iHv. 5 %). Der Tausch dürfte damit künftig – auch unter steuerlichen Gesichtspunkten – eine valide Gestaltungsmöglichkeit bleiben. Insbesondere kann der Anteilstausch weiterhin als „finanzierungsschonendes" Mittel zum Erwerb von Unternehmensanteilen und zur Zusammenführung von Unternehmen eine interessante Alternative sein. 6

Die gegenseitige Übertragung der Anteile kann durch eine (ggf. notarielle) Vereinbarung zwischen den Tauschparteien erfolgen und abgeschlossen sein. Insofern bedarf der Anteilstausch eines verhältnismäßig sehr **geringen Form- und Zeitaufwandes** gegenüber anderen Umwandlungsformen (wie Einbringung und Ausgliederung). Auch die – regelmäßig – **nicht erforderlichen Kapitalmaßnahmen** zur Durchführung eines Anteilstausches können gegenüber den „klassischen" Umwandlungsformen ein Vorteil sein. Die fehlende Ertragsteuerneutralität im betrieblichen Bereich kann uU (vor allem, wenn die Steuerbefreiung gemäß § 8b Abs. 2 KStG nicht in Betracht kommt) einen nicht unerheblichen Nachteil darstellen. Insgesamt lässt sich feststellen, dass der Tausch – zumindest – als ergänzendes Mittel im Umwandlungsinstrumentarium nicht zu vernachlässigen ist, beispielsweise als Mittel zur Trennung von Gesellschafterstämmen nach einer vorangegangener Spaltung der betrieblichen Einheiten. 7

Der Anteilstausch führt – wie im Formularfall – idR zu einer **„Überkreuzbeteiligung"** an den getauschten Gesellschaften; eine solche Struktur kann insbesondere vor dem Hintergrund sinnvoll sein, zuvor unabhängig voneinander agierenden Unternehmen durch eine gemeinsame Gesellschafterstruktur künftig als eine wirtschaftliche Einheit zu führen. Auch kann diese Struktur einer Überkreuzbeteiligung lediglich übergangsweise bestehen, etwa als „Zwischenschritt" vor der Weiterübertragung der im Tausch erhaltenen Anteile auf eine weitere natürliche Person, Personen- oder Kapitalgesellschaft. 8

einstweilen frei 9–14

IV. Zivil-, Handels- und Gesellschaftsrecht

1. Anwendbare Vorschriften

Der Tausch (§ 480 BGB) ist ein **schuldrechtliches Leistungsaustauschverhältnis,** bei dem die Vertragsparteien einander Vermögensgegenstände übertragen 15

(MünchKomm/*H. P. Westermann* BGB § 480 Rn. 1; Palandt/*Weidenkaff* BGB § 480 Rn. 1 mwN: ein gegenseitiger Vertrag über den Umsatz eines individuellen Werts gegen einen anderen individuellen Wert oder gegen eine Gattungssache); **charakteristisches Merkmal** des Tausches ist das Fehlen eines Kaufpreises (vgl. § 433 Abs. 2 BGB) in Geld, wobei eine Nebenleistung in Geld nicht schadet.

16 Auf den Tausch finden gemäß – dem etwas pauschalen Verweis in § 480 BGB – die Vorschriften über den **Kauf** (**§§ 433 ff. BGB**) entsprechende Anwendung: Beide Vertragsparteien sind hinsichtlich des hingegebenen Vermögensgegenstands **„Verkäufer"** (im Formular A für den Geschäftanteil an der X-GmbH einerseits, die B-GmbH für die Aktien an der U-AG andererseits), hinsichtlich des empfangenen Vermögensgegenstand **„Käufer"** (A für Anteile an U-AG, die B-GmbH für den Geschäftsanteil an der X-GmbH). Anwendbar sind ferner sämtliche Bestimmungen über Sach- (§ 434 BGB) und Rechtsmängel (§ 435 BGB); aus praktischen Gründen werden diese – insbesondere Minderung (§ 441 BGB vgl. zur Berechnung MünchKomm/*H. P. Westermann* BGB § 480 Rn. 6 mwN; Palandt/*Weidenkaff* BGB § 480 Rn. 8) – häufig allerdings ausgeschlossen.

17 **Keine Anwendung** finden die Vorschriften des **Handelskaufs, §§ 373 ff. HGB:** Diese setzen das Vorliegen eines (echten) Kaufvertrages voraus (BH/*Hopt* HGB Einleitung vor § 373 Rn. 1). Ebenfalls **nicht** anwendbar sind – auch bei Vorliegen der übrigen Voraussetzungen iÜ (ua.: Vertragsparteien mit Niederlassungen in unterschiedlichen Staaten, Art. 1 Abs. 1 CISG; Vertragsgegenstand ist Lieferung von beweglichen Sachen (Waren), nicht Konsumentenkäufe, Art. 2, 30 CISG und insb. auch nicht **Wertpapiere,** Art. 2 Buchst. d CISG) – die Vorschriften des Übereinkommens der Vereinten Nationen über Verträge über den **internationalen Warenkauf (CISG):** Sofern ein echter Tausch vorliegt, also der Kaufpreis aus Sachleistungen besteht (sog. „barter contract" bzw. „counter-trade contract"; vgl. zur rechtlichen Qualifikation von „barter"-Verträgen: BGH v. 5.11.1998 III ZR 95/97, NJW 1999, 635), wird dieser nicht vom CISG erfasst (*Schlechtriem/Ferrari* Kommentar zum Einheitlichen UN-Kaufrecht, 5. Aufl., Art. 1 Rn. 30 mwN; *Piltz* NJW 2007, 2159, 2160 mwN). Das CISG findet wiederum Anwendung bei sog. Gegenkaufgeschäften („counter-purchase-contracts"; „Doppelkauf"), bei denen zwei rechtlich unterscheidbare Verträge, die jeweils die Lieferung von Waren gegen – anerkannte – Zahlungsmittel zum Inhalt haben, derart miteinander verknüpft werden, dass im wirtschaftlichen (und praktischen) Ergebnis lediglich ein Warenaustausch stattfindet. In diesen Fällen liegen rechtlich aber weiterhin zwei Kaufverträge vor (*Schlechtriem/Ferrari* Kommentar zum Einheitlichen UN-Kaufrecht Art. 1 Rn. 30 mwN; *Piltz* NJW 2007, 2159, 2160 mwN), die auch nach BGB nicht als Tausch zu qualifizieren sind (vgl. Palandt/*Weidenkaff* BGB § 480 Rn. 4 mwN).

18 Für den Tauschvertrag sind – wie für den Kaufvertrag – grds. keine besonderen **Formvorschriften** zu beachten. Nur sofern Gegenstand des Tausches Vermögensgegenstände sind, deren Übertragung an bestimmte Formerfordernisse geknüpft ist, bedarf auch der Tauschvertrag dieser Form: Dies ist insbesondere der Fall sofern Tauschgegenstand ein *Grundstück* oder – wie im Formular – ein *Geschäftsanteil an einer GmbH* ist; in diesen Fällen hat die Übertragung in notarieller Form zu erfolgen (vgl. § 311b Abs. 1 Satz 1 BGB – für die Verpflichtung zur Übertragung eines Grundstücks; § 15 Abs. 4 Satz 1 GmbHG – für die (bloße) Verpflichtung zur Abtretung eines Geschäftanteils an einer GmbH; § 15 Abs. 3 GmbHG – für die dingliche Abtretung eines Geschäftanteils an einer GmbH).

19 Für den einzelnen Vermögensgegenstand sind hinsichtlich der dinglichen Erfüllung des schuldrechtlichen Tauschvertrages die maßgeblichen **Übertragungsmodalitäten** zu beachten (vgl. §§ 929 ff. BGB für *bewegliche Sachen;* §§ 398 ff., 413 BGB für *Forderungen und ähnliche Rechte,* §§ 873 ff., 925 ff. BGB bei *Grundstücken und grundstücksgleichen Rechten*).

20–22 *einstweilen frei*

2. Handelsbilanzielle Erfassung des Tausches

23 Aus **bilanzrechtlicher** Sicht liegt – entsprechend der zivilrechtlichen Qualifikation – ein Tausch vor, wenn die Aufwendungen für die Anschaffung (= Gegenleistung) nicht in einem Kaufpreis, sondern in der Hingabe eines anderen, bewertbaren Vermögensgegenstandes besteht (BeBiKo/*Schubert/Gadek* § 255 Rn. 39).

Der Tausch führt nach hM zu einem **handelsbilanziellen Wahlrecht** (vgl. *ADS* HGB § 255 Rn. 89 ff.; BeBiKo/*Schubert/Gadek* § 255 Rn. 39 ff.; BH/*Merkt* HGB § 255 Rn. 5 „Tausch"; aA: BH/*Schulze-Osterloh* GmbHG § 42 Rn. 357 mwN: kein Wahlrecht, Tausch führt zu Anschaffung der erhaltene WG in Höhe des vorsichtig geschätzten Verkaufspreises des hingegebenen Gegenstandes): Die im Tauschwege angeschafften Vermögensgegenstände können 24

- **erfolgsneutral** mit dem **Buchwert des hingegebenen Wirtschaftsgut** (vgl. *ADS* HGB § 255 Rn. 92; MünchKomm/*Ballwieser* HGB § 255 Rn. 42 mwN; BeBiKo/*Schubert/Gadek* § 255 Rn. 40),
- **ergebnisneutral** mit dem **Buchwert zuzüglich** der durch den Tausch ausgelösten **Ertragsteuerbelastung,**
- **gewinnrealisierend** mit dem (höheren) **Zeitwert** des hingegebenen Wirtschaftsguts, höchstens aber mit dem vorsichtig geschätzten Zeitwert des erhaltenen Vermögensgegenstandes (*ADS* HGB § 255 Rn. 91; *Groh* in FS Döllerer S. 157 ff.)

angesetzt werden. Ein Ansatz unter Gewinnrealisierung soll handelsrechtlich dann nicht zulässig sein, wenn er hauptsächlich aus bilanzpolitischen Gründen erfolgt (*ADS* HGB § 255 Rn. 91; BeBiKo/*Schubert/Gadek* § 255 Rn. 40).

Ein **Zwang zur Realisierung** besteht trotz der ertragsteuerlich grds. erforderlichen Gewinnrealisierung (→ Rn. 38) nicht (BeBiKo/*Schubert/Gadek* § 255 Rn. 41: idR mangels Umsatzabsicht des Tauschenden; vgl. *Groh* FS Döllerer S. 157 ff.). 25

einstweilen frei 26–29

V. Ertragsteuerrecht

1. Allgemeine ertragsteuerliche Grundsätze

a) Rechtslage vor Inkrafttreten des § 6 Abs. 6 Satz 1 EStG idF des StEntlG 1999/2000/2002

Vor der Einführung des § 6 Abs. 6 Satz 1 EStG idF des StEntlG 1999/2000/2002 führte der Tausch als ein dem Kauf (auch) ertragsteuerrechtlich gleichgestellter **entgeltlicher Anschaffungsvorgang** (Umsatzakt) nach allgemeinen ertragsteuerlichen Grundsätzen für Wirtschaftsgüter des Betriebsvermögens und für steuerverhaftete Vermögensgegenstände des Privatvermögens grundsätzlich (zu Ausnahmen → Rn. 34) zu einer **Gewinnrealisierung** (stRspr.; so schon BFH v. 16.12.1958, I D 1/57 S, BStBl. III 1959, 30 – sog. Tauschgutachten, zu Allgemeine Grundsätze, IV.; v. 14.12.1982, VIII R 53/81, BStBl. II 1983, 303 zu 1a) mwN; v. 13.7.1971, VIII R 15/65, BStBl. II 1971, 731; *Scholten/Griemla/Theunissen* Ubg 2009, 628; Schmidt/*Weber-Grellet* EStG § 6 Rn. 634 mwN; Blümich/*Ehmcke* EStG § 6 Rn. 108 mwN u. Rn. 1380 ff.): 30

- Bei **Wirtschaftsgütern des Betriebsvermögens** ermittelte sich die Gewinnverwirklichung nach dem gemeinen Wert des **hingegebenen Wirtschaftsguts;** der gemeine Wert (§ 9 Abs. 2 BewG) des hingegebenen Wirtschaftsguts war auch Maßstab für die **Anschaffungskosten** des erlangten Wirtschaftsguts (vgl. BFH v. 17.10.1974, IV R 223/72, BStBl. II 1975, 58; v. 13.7.1971, VIII 15/65, BStBl. II 1971, 731; v. 27.5.1970, IV R 222/69, BStBl. II 1970, 743; v. 14.6.1967, VI 318/65 BStBl. III 1967, 574; v. 16.12.1958, I D 1/57 S, BStBl. III 1959, 30; so auch BMF v. 9.2.1998, BStBl. I 1998, 163 Tz. 1). 31
- Im Unterschied dazu ermittelte sich bei (steuerverhafteten) **Vermögensgegenständen des Privatvermögens** (§ 17 EStG; § 23 EStG; § 21 UmwStG 1995) die Gewinnverwirklichung durch Gegenüberstellung des Werts der **erhaltenen Wirt-** 32

schaftsgüter mit den Anschaffungskosten der hingegebenen Vermögensgegenstände (vgl. BFH v. 22.1.2003, VIII B 61/02, BFH/NV 2003, 755 – Leitsatz; v. 7.7.1992, VIII R 54/88, BStBl. II 1993, 331 zu 3.; v. 28.3.1979, I R 194/78, BStBl. II 1979, 774 zu 1. a) mwN; v. 17.10.1974, IV R 223/72, BStBl. II 1975, 58 zu II.; so auch BMF v. 9.2.1998, BStBl. I 1998, 163 Tz. 1).

33 Nach den gleichen Grundsätzen wie den echten Tausch hat die Rechtsprechung und die Finanzverwaltung die Fälle der **Einbringung** von Sachgesamtheiten (Betrieb; Teilbetrieb; Mitunternehmeranteil) und Einzelwirtschaftsgüter des Betriebsvermögens in Kapitalgesellschaften und Personengesellschaften **gegen Gewährung von Gesellschaftsrechten** beurteilt (vgl. etwa BFH v. 7.7.1992, VIII R 54/88, BStBl. II 1993, 331 zu 3.: Sacheinlage von Anteilen an einer GmbH in eine andere GmbH gegen den Gewährung von Anteilen als Tausch; vgl. BMF v. 9.2.1998, BStBl. I 1998, 163 Tz. 3).

34 Eine Gewinnrealisierung hatte der BFH und ihm folgend die Finanzverwaltung und die hM nur in den **Ausnahmefällen** des Tausches von wirtschaftlich **nämlichen** (dh. wert-, art- und funktionsgleichen) **Anteilen an Kapitalgesellschaften** (vgl. sog. Tauschgutachten des BFH v. 16.12.1958, I D 1/57 S, BStBl. III 1959, 30) sowie bei Umarbeitungsgeschäften von Halbzeugwerken (vgl. BFH v. 26.8.1960, I D 1/59 U, BStBl. III 1961, 31) **verneint,** im Übrigen aber stets die Unanwendbarkeit dieser Ausnahmen auf andere Fälle betont (vgl. BFH v. 8.7.1992, XI R 51/89, BStBl. II 1992, 946 zu II. 1., für den Tausch von Mitunternehmeranteilen; v. 18.12.1970, VI R 99/67, BStBl. II 1971, 237; v. 27.5.1970, IV R 222/69, BStBl. II 1970, 743, für den Tausch von Güterfernverkehrsgenehmigungen; vgl. auch das Tauschgutachten BFH v. 16.12.1958, aaO, für den eine Gewinnrealisation auslösenden Fall des Austausches zweier Geschäftsgrundstücke).

35 Der **Anwendungsbereich des Tauschgutachtens** umfasste nicht nur den echten Tausch (iS eines schuldrechtlichen Leistungsaustausches), sondern auch die (Sach-)Einlage von Kapitalgesellschaftsanteilen gegen Gewährung von Anteilen an der aufnehmenden Kapitalgesellschaft (vgl. BMF v. 9.2.1998, BStBl. I 1998, 163 Tz. 3; Dötsch/Ebersberg/Jost/Witt/*Dötsch,* 5. Aufl., Anh. 3 zum UmwStG Rn. 7). Sofern eine wirtschaftliche Nämlichkeit, dh. Art-, Wert- und Funktionsgleichheit zwischen den (im vorstehenden Sinn) getauschten Kapitalgesellschaftsanteilen bestand, lag nach Auffassung des BFH von vorneherein **kein** Anschaffungsgeschäft (und damit auch kein Realisationsvorgang) vor (vgl. Tauschgutachten des BFH v. 16.12.1958, I D 1/57 S, BStBl. III 1959, 30 zu Allgemeine Ausführungen IV.). Der Tausch war in diesen Fällen **erfolgsneutral.** Zu Einzelheiten (und weiteren Voraussetzungen für die Fälle der Einbringung) für die Anwendung des Tauschgutachtens s. BMF v. 9.2.1998 (BStBl. I 1998, 163) sowie Dötsch/Ebersberg/Jost/Witt/*Dötsch,* 5. Aufl., Anh. 3 zum UmwStG Rn. 4 ff.; WM/*Widmann* UmwStG § 20 Rn. 374 ff.; SHS/*Schmitt* UmwStG § 20 Rn. 157 ff.; Blümich/*Ehmcke* EStG § 6 Rn. 113.

36, 37 *einstweilen frei*

b) Tauschvorgänge ab dem 1.1.1999

38 Mit dem Inkrafttreten des § 6 Abs. 6 Satz 1 EStG idF des StEntlG 1999/2000/2002, dh. für **Tauschvorgänge nach dem 31.12.1998** (maßgeblich: rechtswirksam abgeschlossener obligatorischer Vertrag oder gleichstehender Rechtsakt) (§ 52 Abs. 16 Satz 11 idF des StEntlG 1999/2000/2002) wurde für den betrieblichen Bereich eine einheitliche Regelung geschaffen: Nach der Neuregelung des § 6 Abs. 6 Satz 1 EStG führt der Tausch von **Einzelwirtschaftsgütern des Betriebsvermögens** stets zu einer **Gewinnrealisierung;** die nach dem Tauschgutachten und den Anwendungsregeln in BMF v. 9.2.1998 (BStBl. I 1998, 163) bestehende Ausnahme von der Gewinnrealisierung für nämliche (dh. art-, wert- und funktionsgleiche) Kapitalgesellschaftsanteile ist dadurch **abgeschafft** (so ausdrücklich Gesetzesbegründung, BT-Drs. 14/23 S. 242, mit Hinweis auf die erheblichen Schwierigkeiten der Praxis auf Grund der fehlenden Konkretisierung und Überprüfbarkeit des Merkmals der Funktionsgleichheit). Für eine **Fortgeltung** der Grundsätze des Tauschgutachtens in den Fällen des Tausches von **steuerverstrickten Anteilen des Privatvermögens** iSd. § 17 EStG oder § 23 Abs. 1 Satz 1 N. 2 EStG: *Scholten/Griemla/Theunissen* Ubg 2009, 628; HHR/*Patt* § 6 EStG Rn. 1483; DPM/*Patt* UmwStG Vor §§ 20–23 Rn. 61 – arg: **(1)** der Anwendungsbereich des § 6 Abs. 6 EStG ist auf Anteile im Betriebsvermögen beschränkt, vgl. Schmidt/*Kulosa* EStG § 6 Rn. 733, und **(2)** die FinVerw. habe BMF v. 9.2.1998, BStBl. I 1998, 163 zum Tauschgutachten, formal nicht aufgehoben; → Rn. 44 f.).

Zu den – trotz der Neuregelung – fortbestehenden Ausnahmen zum Tausch im Rahmen von **Zwangstäuschen** im Rahmen von Umlageverfahren gemäß §§ 45 ff. BauGB oder nach FlurbG, s. *Jäschke* DStR 2006, 1349 ff., 1351 f.; Schmidt/*Weber-Grellet* EStG § 5 Rn. 635 mwN; Schmidt/*Kulosa* EStG § 6 Rn. 735; Blümich/*Ehmcke* EStG § 6 Rn. 115 und Rn. 1385.

Wie schon vor der Neuregelung (→ Rn. 31) bestimmt sich der Umfang der Ge- **39**
winnrealisierung durch Gegenüberstellung des Buchwerts mit dem **gemeinen Wert** (§ 9 Abs. 2 BewG) des **hingegebenen** Wirtschaftsguts (Schmidt/*Kulosa* EStG § 6 Rn. 731). Bilanztechnisch kommt der Ertragsausweis dadurch zustande, dass der Buchwert des hingegebenen Wirtschaftsguts ausgebucht und sein gemeiner Wert als **Anschaffungskosten** des erhaltenen Wirtschaftsguts eingebucht wird; die Differenz zwischen Buchwert und gemeiner Wert ist gleichzeitig erfolgswirksam zu verbuchen.

Beispiel: Der Buchwert der Beteiligung an Kapitalgesellschaft A beträgt 100, der gemeine Wert **40**
der im Tausch hingegebenen Beteiligung an Kapitalgesellschaft A beträgt 150. Steuerbilanziell wäre der Tausch durch folgenden Buchungssatz zu erfassen: „Beteiligung Kapitalgesellschaft B 150 an Beteiligung Kapitalgesellschaft A 100 und an a. o. Ertrag 50“. Irrelevant ist der Wert der Beteiligung an der Kapitalgesellschaft B. Sofern zusätzlich zur Beteiligung an Kapitalgesellschaft B weitere Leistungen erbracht werden, erhöhen diese die Anschaffungskosten der Beteiligung an Kapitalgesellschaft B (und dementsprechend den a. o. Ertrag).

In den Anwendungsbereich des § 6 Abs. 6 Satz 1 EStG fällt nicht nur der echte **41**
Tausch, sondern auch der **tauschähnliche Sacheinlagevorgang,** dh. die offene Einlage von Einzelwirtschaftsgütern **in Kapitalgesellschaften** gegen Gewährung von Gesellschaftsrechten (HHR/*Patt* EStG § 6 Rn. R 150; Schmidt/*Kulosa* EStG § 6 Rn. 735 und Rn. 546). **Nicht erfasst** ist dagegen der Tausch von betrieblichen **Sachgesamtheiten (Betrieb, Teilbetrieb, Mitunternehmeranteil);** der Tausch solcher Einheiten stellt vielmehr einen Fall des § 16 Abs. 1 EStG dar (Blümich/*Ehmcke* EStG § 6 Rn. 1385; HHR/*Patt* EStG § 6 Rn. R 151; Schmidt/*Kulosa* EStG § 6 Rn. 546). Zur Gewinnrealisierung beim Tausch von Mitunternehmeranteilen vgl. BFH v. 8.7.1992, XI R 51/89, BStBl. II 1992, 946 (Veräußerung iSd. § 16 Abs. 1 Nr. 2 EStG).

Zum **Konkurrenzverhältnis** des § 6 Abs. 6 Satz 1 EStG zu anderen Vorschriften wie zB: § 21 Abs. 1 UmwStG, § 16 EStG s. HHR/*Patt* EStG § 6 Rn. R 153 ff.; Schmidt/*Kulosa* EStG § 6 Rn. 441 „Gesellschaftsrechtl Einlage (offene Einlage)“ und Rn. 546; DPM/*Patt* UmwStG (SEStEG) Vor §§ 20–23 Rn. 48.

Mangels ausdrücklicher Regelung in § 6 Abs. 6 Satz 1 EStG bestimmt sich der **42**
Zeitpunkt der Gewinnrealisierung nach den gleichen Grundsätzen wie für den Kauf (vgl. BFH v. 14.12.1982, VIII R 53/81, BStBl. II 1983, 303 zu 1.a); danach ist maßgeblich der Zeitpunkt der wirtschaftlichen Vertragserfüllung durch die Lieferung des hingegebenen Wirtschaftsguts (wirtschaftliche Erfüllung).

Dies ist regelmäßig der Fall mit der Übergabe der **Sache,** § 446 Satz 1 BGB (vgl. BFH v. **43**
29.10.1973, IV R 181/71, BStBl. II 1974, 202), bei **Grundstücken** mit der Eintragung des Eigentumswechsels im Grundbuch (vgl. BFH v. 3.5.1979, I R 49/78, BStBl. II 1979, 738). Wirtschaftliche Vertragserfüllung liegt jedoch so lange nicht vor, als der Veräußerer noch wirtschaftlicher Eigentümer des hingegebenen Wirtschaftsguts ist (zum **wirtschaftlichen Eigentum** iSd. § 39 Abs. 2 Nr. 1 AO und zu dessen **Übergang bei Anteilen an Kapitalgesellschaften** vgl. BFH v. 24.1.2012, IX R 51/10, BFH/NV 2012, 827 Tz. 15; v. 26.1.2011, IX R 7/09, BStBl. II 2011, 540; v. 20.7.2010 IX R 38/09, BFH/NV 2011, 41, jeweils mwN; v. 8.11.2005, VIII R 11/02, BStBl. II 2006, 253; v.

18.12.2001, VIII R 5/00, BFH/NV 2002, 640 zu II. 2. a) und b) bb) mwN; v. 10.3.1988, IV R 226/85, BStBl. II 1988, 832; s. auch FG Berlin v. 19.2.2002, DStRE 2002, 223, Rev. VIII R 28/02). Der so bestimmte Zeitpunkt der Gewinnverwirklichung bleibt idR auch dann maßgeblich, wenn die Lieferung des hingegebenen Wirtschaftsguts und der Erwerb des eingetauschten Wirtschaftsguts in verschiedenen Gewinnermittlungszeiträumen erfolgen. Buchhalterisch geschieht dies dadurch, dass – bis zur Erfüllung – der Buchwert des veräußerten Wirtschaftsguts auszubuchen und mit seinem gemeinen Wert eine Forderung auf Lieferung des eingetauschten Wirtschaftsguts einzubuchen ist (vgl. BFH v. 14.12.1982, VIII R 53/81, BStBl. II 1983, 303 zu 1. a) aa) und bb); diese unterliegt ggf. Wertminderungen und Abzinsungen, sofern die Verzögerung nicht von Anfang an einkalkuliert ist.

44 Der Anwendungsbereich des § 6 Abs. 6 Satz 1 EStG beschränkt sich auf Tauschvorgänge **im Betriebsvermögen** (Schmidt/*Kulosa* EStG § 6 Rn. 733; DPM/*Patt* UmwStG Vor §§ 20–23 Rn. 61). Für den Tausch steuerverhafteter Wirtschaftsgüter des **Privatvermögens** bleibt es bei den bisherigen, allgemeinen Grundsätzen (→ Rn. 32). Fraglich ist daher, ob für den Bereich steuerverstrickter Anteile an Kapitalgesellschaften im Privatvermögen (§ 17 EStG, § 23 Abs. 1 Nr. 2 EStG, § 21 UmwStG aF) die Grundsätze des Tauschgutachtens und in BMF v. 9.2.1998 (BStBl. I 1998, 163) weiter zur Anwendung kommen (bejahend HHR/*Patt* EStG § 6 Rn. R 156; *Thömmes/Scheipers* DStR 1999, 609; 614; weitere Nachweise bei DPPM/*Patt* UmwStG Vor §§ 20–23 Rn. 61; ablehnend OFD Düsseldorf v. 11.5.2004, DStR 2004, 1042; Schmidt/*Weber-Grellet* EStG § 17 Rn. 98; Blümich/*Vogt* EStG § 17 Rn. 368 mwN).

45 Der BFH hatte die Anwendbarkeit der Grundsätze des Tauschgutachtens für Tauschvorgänge im **Privatvermögen** ausdrücklich offen gelassen (vgl. BFH v. 17.10.1974, IV R 223/72, BStBl. II 1975, 58); die überwiegende Auffassung hatte dagegen eine Anwendbarkeit anerkannt (vgl. Blümich/*Vogt* EStG § 17 Rn. 368 mwN). ME lassen sich – ungeachtet der Gesetzesbegründung zum StEntlG 1999/2002/2003 – aus der Einführung des § 6 Abs. 6 Satz 1 EStG für den betrieblichen Bereich **keine Rückschlüsse** auf die steuerliche Behandlung des Tausches von Kapitalgesellschaftsanteilen im Privatvermögen ziehen. Angesichts der hierzu noch unsicheren Rechtslage, empfiehlt es sich in entsprechenden Fällen vor Umsetzung des Tausches einen Antrag auf Erteilung einer verbindlichen Auskunft beim zuständigen Finanzamt zu stellen.

46 **Im Ergebnis** ist somit für den Tausch von Anteilen an Kapitalgesellschaften festzuhalten, dass diese im betrieblichen Bereich zu einer Gewinnrealisierung in Höhe der Differenz zwischen Buchwert und gemeinem Wert des hingegebenen Wirtschaftsgutes führen. Bei Tauschvorgängen über Kapitalgesellschaftsanteile im steuerverhafteten Privatvermögen kommt es aber zu einer Gewinnrealisierung in Höhe der Differenz zwischen Anschaffungskosten der hingegebenen Anteile und dem gemeinen Wert der erhaltenen Anteile, soweit die Anteile nicht solche iSd. § 17 EStG sind (Schmidt/*Kulosa* EStG § 6 Rn. 733) und sofern der Tausch nicht nach § 20 Abs. 4a EStG zu erfassen ist (→ Rn. 48).

c) Abgrenzung zum (qualifizierten) Anteilstausch iSd. § 21 UmwStG und zu den Fällen des § 20 Abs. 4a EStG

47 Der im Formular dargestellte Tausch stellt keinen Fall des **Anteilstausches iSd. § 21 UmwStG** dar. Voraussetzung für die Anwendung des § 21 UmwStG ist, dass Anteile an einer Kapitalgesellschaft (oder Genossenschaft) in eine andere Kapitalgesellschaft (oder Genossenschaft) gegen Ausgabe neuer Anteile an der übernehmenden Gesellschaft erfolgt (§ 21 Abs. 1 Satz 1 UmwStG). Anders als nach früherem UmwStG (vgl. § 20 Abs. 1 Satz 2 UmwStG 1995) ist es für die Anwendung des § 21 UmwStG somit unerheblich, ob es sich bei den übertragenen Anteilen um eine mehrheitsvermittelnde bzw. -verstärkende oder lediglich um eine Minderheitsbeteiligung handelt. Jede Einbringung von Kapitalgesellschaftsanteilen gegen Gewährung von Anteilen an der übernehmenden Gesellschaft stellt einen Anteilstausch dar.

Darüber hinaus müssen die **sachlichen** und **persönlichen** Anwendungsvoraussetzungen des § 1 Abs. 3 und Abs. 4 UmwStG erfüllt sein (vgl. hierzu die Ausführungen zu § 20 UmwStG bei → Form. D.4 Rn. 69, 69a und 69b sowie → Form. D.6 Rn. 67a, 67b und 67c). **47a**

Liegt ein Anteilstausch iSd. § 21 UmwStG vor, so sind die Anteile an der erworbenen Gesellschaft bei der übernehmenden Gesellschaft grundsätzlich mit dem **gemeinen Wert** anzusetzen (§ 21 Abs. 1 Satz 1 UmwStG); dieser Wert gilt für den Einbringenden als Veräußerungspreis der eingebrachten Anteile und als Anschaffungskosten der erhaltenen Anteile. Soweit die eingebrachten Anteile aus einem Betriebsvermögen oder dem steuerlich verhafteten Privatvermögen stammten, kommt es daher zu einer Gewinnrealisation. Allerdings gewährt § 21 Abs. 1 Satz 2 UmwStG ein **Wahlrecht** die erhaltenen Anteile mit dem Buchwert, dem gemeinen Wert oder einem Zwischenwert anzusetzen, wenn ein sog. **qualifizierter Anteilstausch** vorliegt. Dies ist der Fall, wenn die übernehmende Gesellschaft nach der Einbringung auf Grund ihrer Beteiligung einschließlich der eingebrachten Anteile nachweisbar unmittelbar die Mehrheit der Stimmrechte an der erworbenen Gesellschaft hat. Hinsichtlich der Ausübung des Wahlrechts, das mittels eines Antrags spätestens bis zur erstmaligen Abgabe der steuerlichen Schlussbilanz bei dem für die Besteuerung der übernehmenden Gesellschaft zuständigen Finanzamt zu stellen ist, → Form. D.4 Rn. 74; → Form. D.6 Rn. 90 und 114; RHL/*Rabback* UmwStG § 21 Rn. 73ff., 77ff.; DPM/*Patt* UmwStG § 21 Rn. 63 und 64. **47b**

Wie auch in den Fällen der Einbringung nach § 20 UmwStG sieht § 21 UmwStG an Stelle des Konzepts der einbringungsgeborenen (und damit „auf ewig" steuerverhafteten) Anteile in den Fällen, in denen ein qualifizierter Anteilstausch zu einem Wert unter dem gemeinen Wert erfolgt eine **rückwirkende Besteuerung des zugrunde liegenden Einbringungsgewinns** (sog. Einbringungsgewinn II) vor, wenn die im Rahmen des Anteilstausches übertragenen Anteile innerhalb von sieben Jahren nach dem Zeitpunkt des Tausches von der übernehmenden Gesellschaft veräußert werden und der Einbringende keine durch § 8b Abs. 2 KStG begünstigte Person ist (vgl. § 22 Abs. 2 UmwStG). Bei Veräußerung der erhaltenen Anteile (oder Vorliegen eines gleichgestellten Sachverhalts) mindert sich der (nachzuversteuernde) Einbringungsgewinn II um jeweils ein Siebtel für jedes seit dem Einbringungszeitpunkt abgelaufene Zeitjahr (vgl. § 22 Abs. 2 Satz 3 UmwStG). **47c**

Weitere Einzelheiten zum qualifizierten Anteilstausch, insbes. **Einschränkungen des Wahlrechts für den Einbringenden** und Ausnahmen hiervon gemäß § 21 Abs. 2 Satz 2 und 3 UmwStG siehe RHL/*Rabback* UmwStG § 21 Rn. 113ff.; DPM/*Patt* UmwStG § 21 Rn. 57ff.; zur **Nachweispflicht** gemäß § 22 Abs. 3 Satz 1 Nr. 2 UmwStG → Form. D.4 Rn. 78b; → Form. D.6 Rn. 136; zur **Ausnahme von der nachträglichen Versteuerung des Einbringungsgewinns II** gemäß § 22 Abs. 2 Satz 5 HS. 1 UmwStG, soweit der Einbringende die erhaltenen Anteile veräußert siehe RHL/*Stangl* UmwStG § 22 Rn. 159ff.; zur **Anwendung von § 17 Abs. 3 EStG,** § 16 Abs. 4 EStG dem Ausschluss der Tarifbegünstigung des § 34 EStG gemäß § 21 Abs. 3 UmwStG siehe RHL/*Rabback* UmwStG § 21 Rn. 128ff.; DPM/*Patt* UmwStG § 21 Rn. 76 und 77.

Verhältnis zu § 20 Abs. 4a EStG: Abzugrenzen sind die unter § 6 Abs. 6 EStG fallenden Formen des Tausches auch von denen, die in den Anwendungsbereich des § 20 Abs. 4a Satz 1 EStG fallen. Diese Vorschrift erfasst grundsätzlich den Tausch von Anteilen an einer Körperschaft gegen Anteile an einer anderen Körperschaft (vgl. § 20 Abs. 4a Satz 1 HS 1 EStG). Dennoch ist eine Überschneidung oder Konkurrenz der beiden Normen mE nicht denkbar: § 20 Abs. 4a Satz 1 EStG findet gemäß § 20 Abs. 8 Satz 2 EStG im Anwendungsbereich des § 6 Abs. 6 Satz 1 EStG keine Anwendung. Denn die zuletzt genannte Norm ist auf den Tausch von Beteiligungen **im Betriebsvermögen** anwendbar (Schmidt/*Kulosa* EStG § 6 Rn. 733); demgegenüber be- **48**

schränkt sich der Anwendungsbereich des § 20 Abs. 4a EStG auf **im Privatvermögen** gehaltene Anteile, die **nicht** gemäß § 17 EStG **steuerverhaftet** sind (DPM/*Dötsch/Werner* EStG § 20 Rn. 295). Damit ist eine gleichzeitige Anwendbarkeit der beiden Normen nicht gegeben.

48a Der Vollständigkeit halber sei erwähnt, dass der Tatbestand des § 20 Abs. 4a Satz 1 EStG weiterhin erfordert, dass „der Tausch **auf Grund gesellschaftsrechtlicher Maßnahmen** vollzogen [wird], die von den beteiligten Unternehmen ausgehen" (§ 20 Abs. 4a Satz 1 HS 1 EStG – *eigene Hervorhebung*). Damit sind Tauschvorgänge, die ausschließlich von den Gesellschaftern ausgehen, nicht erfasst (DPM/*Dötsch/Werner* EStG § 20 Rn. 297a).

48b Schließlich setzt mE die Anwendung des § 20 Abs. 4a EStG – denknotwendig – voraus, dass eine Veräußerung der Anteile der Abgeltungsteuer unterliegen würde; dies ergibt sich daraus, dass § 52a Abs. 10 Satz 10 EStG aF für die Anwendbarkeit auf „nach dem 31. Dezember 2008 **zufließende Kapitalerträge**" abstellt. Damit sind Kapitalerträge iSd. § 20 EStG gemeint. Diese können (als solche iSd. § 20 Abs. 2 Nr. 1 EStG) hinsichtlich der Veräußerung von Anteilen nur vorliegen, sofern es sich um die (Gewinne aus der) Veräußerung von Anteilen handelt, die **nach dem 31.12.2008 erworben** wurden (§ 52a Abs. 10 Satz 1 EStG aF). Relevant wird diese Auslegung im Hinblick auf sog. **Alt-Anteile,** die keine Anteile iSd. § 17 EStG (und auch sonst nicht steuerverstrickt) sind und die vor dem 1.1.2009 erworben wurden. Während die Veräußerung dieser Alt-Anteile im Rahmen eines „normalen" entgeltlichen Verkaufs (unstreitig) auch nach Inkrafttreten der Regelungen zur Abgeltungsteuer nicht steuerbar sind, will die FinVerw. und Teile der Literatur auch für solche Alt-Anteile § 20 Abs. 4a EStG anwenden (ausdrücklich: Tz. 100 in BMF v. 22.12.2009, BStBl. I 2010, 94, geändert durch BMF v. 16.11.2010, BStBl. I 2010, 1305; ebenso im UmwSt-Erl. 2011, BMF v. 11.11. 2011, BStBl. I 2011, 1314 Tz. 21.02 Satz 2: „Für alle übrigen Anteile gilt § 20 Absatz 4a Satz 1 und 2 EStG").

48c Die **Rechtsfolgen** der Anwendung des § 20 Abs. 4a EStG lassen sich wie folgt zusammenfassen: Die erhaltenen Anteile treten in die steuerliche Rechtsstellung der hingegebenen Anteile ein **(„Fußstapfentheorie").** Die Anschaffungskosten der übertragenen Anteile setzen sich als Anschaffungskosten der erhaltenen Anteile fort; dementsprechend entsteht auf Ebene des Einbringenden grds. auch kein (abgeltungs-)-steuerpflichtiger Ertrag. Im Rahmen des Anteilstausches erhaltene bare Zuzahlungen gelten gemäß § 20 Abs. 4a Satz 2 EStG allerdings als Ertrag iSd. § 20 Abs. 1 Nr. 1 EStG. Auch diesbezüglich zeigt sich, dass die Einbeziehung der sog. Alt-Anteile (dh. von Beteiligungen an Kapitalgesellschaften unterhalb von 1%, die vor dem 1.1.2009 erworben wurden) in den Anwendungsbereich des § 20 Abs. 4a EStG, sachlich unzutreffend ist: Es ist nicht einzusehen, dass ein veräußerungsgleicher Anteilstausch steuerliche Folgen (wie insbes. Versteuerung barer Zuzahlungen gemäß § 20 Abs. 4a Satz 2 EStG) haben soll, während die Veräußerung von Alt-Anteilen für den Veräußerer keine steuerlichen Auswirkungen hat. IE Schmidt/*Weber-Grellet* EStG § 20 Rn. 163 mwN.

49 *einstweilen frei*

2. Besteuerung des Tausches von Kapitalgesellschaftsanteilen bei Gewinnrealisation (Einkommen- und Körperschaftsteuer)

a) Teilweise Steuerbefreiung (Teileinkünfteverfahren, § 3 Nr. 40 EStG); keine Tarifbegünstigung

50 Sofern eine Gewinnrealisierung auf Grund eines Anteilstausches eingetreten ist, unterliegt der Gewinn hieraus grds. der 40%igen Steuerfreistellung nach dem Teileinkünfteverfahren:

51 Für Gewinnrealisierung im **Betriebsvermögen** gemäß § 3 Nr. 40 Satz 1 Buchst. a EStG (**beachte:** Einschränkungen bei vorangegangenen „Teilwertabschreibungen", die noch nicht wieder aufgeholt wurden; § 3 Nr. 40 Satz 1 Buchst. a Satz 2 EStG); ab VZ 2009 Geltung des Teileinkünfteverfahrens, dh. Steuerfreiheit iHv. 40%;

Für Gewinnrealisierung im steuerverhafteten **Privatvermögen:** 52

- bei *qualifizierten Anteilen iSd. § 17 EStG* – gemäß § 3 Nr. 40 Satz 1 Buchst. c, § 3c Abs. 2 EStG steuerfrei iHv. 40%, Abzug von Werbungskosten iHv. 60%; (§ 3 Nr. 40 Satz 1 Buchst c iVm. § 3c Abs. 2 Satz 1 HS. 2 EStG);
- bei *Anteilen iSd. § 23 Abs. 1 Nr. 2 EStG* – gemäß § 3 Nr. 40 Satz 1 Buchst. j, § 3c Abs. 2 EStG (ab VZ 2009 unterliegt die Veräußerung von Anteilen, die ab dem 1.1.2009 erworben wurden und nicht schon solche iSd. § 17 EStG sind, der Besteuerung nach § 20 Abs. 2 Nr. 1 EStG und damit der Abgeltungssteuer iHv. 25% (§ 32d EStG); vor dem 1.1.2009 erworbene Anteile unterliegen dagegen weiterhin § 23 Abs. 1 Nr. 2 EStG). Für einen, von den beteiligten Unternehmen ausgehenden („erzwungenen") Tausch wird allerdings § 23 Abs. 1 Nr. 2 EStG von der Regelung des § 20 Abs. 4a EStG (dazu → Rn. 48) verdrängt (vgl. § 23 Abs. 2 EStG). In diesen Fällen treten die erhaltenen Anteile in die steuerliche Rechtsstellung der hingegebenen Anteile, so dass es zu keiner steuerpflichtigen Aufdeckung stiller Reserven kommt (im Einzelnen → Rn. 48c);
- bei *einbringungsgeborenen Anteilen iSd. § 21 UmwStG* aF – gemäß § 3 Nr. 40 Satz 1 Buchst. b), § 3c Abs. 2 EStG (vgl. die Nachweise zur anwendbaren Bestimmung bei Anteilen iSd. § 21 UmwStG aF: WM/*Widmann* UmwStG (StSenkG/UntStFG) § 21 –, Grüne Blätter, Rn. 11.1, Fn. 1 mit zahlreichen Nachweisen; mE ist auf Grund der gesetzlichen Fiktion des § 21 Abs. 1 UmwStG aF, wonach der Gewinn aus der Veräußerung einbringungsgeborener Anteile: „als Veräußerungsgewinn im Sinne des § 16 des Einkommensteuergesetzes" gilt, auch für die Veräußerung einbringungsgeborener Anteile im Privatvermögen § 3 Nr. 40 Satz 1 Buchst. b EStG einschlägig. Unstreitig ist – soweit ersichtlich –, dass das Teileinkünfteverfahren auch in diesen Fällen Anwendung findet, wie sich im Umkehrschluss aus § 3 Nr. 40 Satz 3 und 4 EStG ergibt).

Bei Tausch **erhaltener Anteile** iSd § 21 UmwStG ab 2006 ist der grundsätzliche Ausschluss vom Teileinkünfteverfahren zu beachten (§ 3 Nr. 40 Sätze 3 und 4 EStG). Zur Anwendung gelangt dieses hierfür grds. erst dann, wenn seit dem Einbringungsvorgang mehr als sieben Jahre vergangen sind (hierzu auch → Form. D.6 Rn. 140). 53

Der verbleibende Gewinn ist für den Tausch von Anteilen iSd. § 17 EStG ab dem VZ 2001 **nicht** mehr **tarifbegünstigt** (vgl. § 34 Abs. 2 Nr. 1 EStG, aus dessen Anwendungsbereich Veräußerungsgewinne nach § 17 EStG mit dem StSenkG zur Vermeidung einer Doppelbegünstigung – zusätzlich zur Anwendung des Teileinkünfteverfahren – herausgenommen wurden; s. auch Schmidt/*Wacker* EStG § 34 Rn. 25). Gleiches (dh. **keine** Tarifbegünstigung) gilt für den Gewinn aus dem Tausch einbringungsgeborener Anteile iSd. § 21 UmwStG aF ab VZ 2001 (nach der entsprechenden Änderung des § 21 UmwStG aF durch das StSenkG). 54

einstweilen frei 55–59

b) Steuerfreiheit nach § 8b KStG

Ein aus dem Anteilstausch entstehender Gewinn qualifiziert grds. für die **Steuerbefreiung nach § 8b Abs. 2 KStG;** die Vorschrift ist auch auf Gewinne anwendbar, die aus Tauschvorgängen resultieren (Gosch/*Gosch* KStG § 8b Rn. 183 mwN; Blümich/*Rengers* KStG § 8b Rn. 220). Beachte aber § 8b Abs. 3 KStG und das pauschalierte Betriebsausgabenabzugsverbot iHv. 5%. Für Portfoliobeteiligungen unter 10% ist die Anwendung des Schachtelprivilegs in § 8b Abs. 4 KStG durch das „JStG 2018" ab 2018 abgeschafft worden. 60

Gewinne aus dem Tausch **einbringungsgeborener Anteile** iSd. § 21 UmwStG 1995 sind grds. von der Steuerbefreiung ausgenommen (§ 8b Abs. 4 Satz 1 Nr. 1 KStG aF; zur Anwendung § 34 Abs. 7a KStG). Abweichend von diesem Grundsatz kommt die Steuerbefreiung nach § 8b Abs. 2 KStG bei Vorliegen bestimmter Aus- 61 nahmetatbestände (§ 8b Abs. 4 Satz 2 KStG aF) in Betracht, insbesondere dann, wenn und soweit eine siebenjährige Besitzzeit seit der Einbringung abgelaufen ist, § 8b Abs. 4 Satz 2 Nr. 1 KStG (→ Form. D.6 Rn. 140 mwN).

62–79 *einstweilen frei*

3. Gewerbesteuer

80 Fällt der Gewinn aus dem Tausch in einem Betriebsvermögen an, unterliegt der Gewinn aus dem Tausch von Anteilen an Kapitalgesellschaften nur **insoweit** der Gewerbesteuer, als dieser nicht auf Grund der Einkommensermittlungsvorschriften des § 3 Nr. 40 EStG bzw. des § 8b Abs. 2 KStG vom Einkommen für ESt- bzw. KSt-Zwecke befreit ist; dh. diese Befreiungen schlagen auf die GewSt durch.

81 Bei Tauschvorgängen im Privatvermögen (§ 17 EStG, § 23 EStG, § 21 UmwStG 1995) unterliegt der Gewinn ohnehin **nicht** der Gewerbesteuer.

82–89 *einstweilen frei*

VI. Verkehrssteuern

1. Umsatzsteuer

90 Für den Tausch von Anteilen an Kapitalgesellschaften gelten die **allgemeinen Grundsätze:**

91 – Ist der Tauschende umsatzsteuerlicher Unternehmer (iSd. § 2 UStG) und die übertragenen Wirtschaftsgüter einem, von dem Tauschenden betriebenen (umsatzsteuerlichen) Unternehmen zugeordnet, stellt der Tausch gegen Erhalt anderer Anteile eine **steuerbare Lieferung iSd. § 1 Abs. 1 Nr. 1 UStG** in Form eines Tausches iSd. § 3 Abs. 12 Satz 1 UStG dar.

92 – Ist der Tauschende dagegen **kein** Unternehmer iSd. § 2 Abs. 1 UStG, stellt der Tausch umsatzsteuerlich einen **nicht steuerbaren** Vorgang dar.

93 Sofern nach Vorstehendem eine steuerbare Lieferung vorliegt, ist die Übertragung von Gesellschaftsanteilen gemäß § 4 Nr. 8 Buchst. e bzw. f UStG grds. **steuerfrei.** Um den – anderenfalls – mit einer Steuerfreiheit einhergehenden Ausschluss vom Vorsteuerabzug gemäß § 15 Abs. 2 Nr. 1 UStG (zB für Beratungsleistungen im Zusammenhang mit dem Tausch) zu vermeiden, kann gemäß **§ 9 UStG** auf die Steuerfreiheit **verzichtet** werden.

94 Liegt danach eine umsatzsteuerbare und -steuerpflichtige Leistung vor, bemisst sich das als Besteuerungsgrundlage maßgebliche **Entgelt** nach dem (gemeinen) Wert des erhaltenen Tauschgegenstandes (vgl. § 10 Abs. 2 Satz 2 UStG; vgl. BFH v. 8.11.1995, XI R 63/94, BStBl. II 1996, 114 zu II. 4. b)); v. 6.6.1984, V R 33/83, BStBl. II 1984, 686 zu 2. b). Dabei sind die wechselseitigen Umsätze nach Gegenstand von Leistung und Entgelt jeweils für sich zu beurteilen und **nicht zu saldieren** (BFH v. 15.5.1997, V R 67/94, BStBl. II 1997, 705; v. 29.2.1996, V R 28/91, BFH/NV 1996, 857 zu 2. a); v. 28.2.1991, V R 12/85, BStBl. II 1991, 649 zu II. 1. aE). Allgemein zur **Steuerbemessungsgrundlage bei Tauschvorgängen,** auch unter Berücksichtigung europarechtlicher Vorgaben s. *Reiß* UR 2019, 281.

95–99 *einstweilen frei*

2. Grunderwerbsteuer

100 Der Tausch von **Anteilen an Kapitalgesellschaften** kann GrESt-Pflicht auslösen, sofern zum Vermögen der Gesellschaft, deren Anteile im Tausch übertragen werden, ein inländisches Grundstück gehört: Eine GrESt-Pflicht ergibt sich gemäß § 1 Abs. 3 GrEStG dann, wenn durch den Tausch 95% oder mehr der Anteile an der grundstücksbesitzenden Gesellschaft sich unmittelbar oder mittelbaren in der Hand eines

Erwerbers vereinigen. Bei Tausch von **Anteilen an grundstücksbesitzenden Personengesellschaften** gilt Entsprechendes, wobei vorrangig eine GrESt-Pflicht nach § 1 Abs. 2a GrEStG zu prüfen ist (Wechsel im Gesellschafterbestand einer Personengesellschaft, der innerhalb von fünf Jahren zu einem Übergang von mindestens 95% der Anteile führt).

Vor allem mit Blick auf die Übertragung von Anteilen an grundbesitzenden Personen- und Kapitalgesellschaften plant der Gesetzgeber eine **Reform der Grunderwerbsteuer,** mit der die steuerbaren Erwerbsvorgänge erweitert und verschärft werden sollen. Der Entwurf eines Gesetzes zur Änderung des GrEStG, BR-Drs. 355/19) enthält u. a. Regelungen bzw. Änderungen zu: (a) **Absenkung der 95 %-Grenze auf 90 %** für sämtliche Ergänzungstatbestände; (b) **Verlängerung der Fristen von 5 auf 10 Jahre** (siehe zu den geplanten Regelungen iE *Zapf* FR 2019, 804, 813 mit Beispielen, zur Kritik *J. Lüdicke* DB 2019, 1864 sowie den Überblick bei → Form. D.1 Rn. 70 ff. **100a**

Bemessungsgrundlage war bis 2008 der sog. Bedarfswert iSd. § 138 Abs. 2 oder 3 BewG (§ 8 Abs. 2 Nr. 2 GrEStG). Durch StÄndG 2015 v. 2.11.2015 (BGBl. I 2015, 1834) gilt rückwirkend ab 2009 für offene Fälle als geänderte Bemessungsgrundlage § 152 Abs. 1 iVm. § 157 Abs. 1 und 2 BewG (nach gesetzlicher Umsetzung von BVerfG v. 23.6.2015 (1 BvL 13/11, 1 BvL 14/11, BStBl. II 2015, 871), dazu iE → Form. D.1 Rn. 73. Bei unmittelbarem Tausch von Grundstücken wäre dagegen der Wert der für das Grundstück erhaltenen Gegenleistung einschließlich einer eventuell vereinbarten zusätzlichen Leistung (§ 9 Abs. 1 Nr. 2 GrEStG) sowie der in § 9 Abs. 2 GrEStG bezeichneten Zusatzleistungen des Erwerbers (insb. kraft Gesetzes auf den Erwerber übergehende Belastungen, § 9 Abs. 2 Nr. 2 GrEStG) maßgeblich. **101**

Der **Steuersatz** für Grunderwerbsteuer beträgt, je nach Belegenheit des betroffenen Grundstücks, zwischen 3,5% und 6,5% (Stand: 1.9.2019: Baden-Württemberg: 5,0%; Bayern: 3,5%; Berlin: 6,0%; Brandenburg: 6,5%; Bremen: 5,0%; Hamburg: 4,5%; Hessen: 6,0%, Mecklenburg-Vorpommern: 6,0%; Niedersachsen: 5,0%; Nordrhein-Westfalen: 6,5%; Rheinland-Pfalz: 5,0%; Saarland: 6,5%; Sachsen: 3,5%; Sachsen-Anhalt: 5,0%; Schleswig-Holstein: 6,5%; Thüringen: 6,5%. **102**

einstweilen frei **103–105**

VII. Arbeitsrecht

Der Tausch von Anteilen an Kapitalgesellschaften wirkt sich regelmäßig nicht auf den Bestand der Arbeitsverhältnisse zwischen Arbeitnehmern und der Gesellschaften aus, deren Anteile Gegenstand des Tausches sind. **106**

einstweilen frei **107–109**

VIII. Kosten und Gebühren

1. Notargebühren

Sofern – wie im Formular – Anteile an einer GmbH Gegenstand des Tauschvertrages sind, fallen neben den allgemeinen Kosten für die Erstellung und Durchführung (insb. Beratungs- und Bankgebühren) des Tauschvertrages **Notargebühren für die Beurkundung des Tauschvertrages** an: 2,0-Gebühr nach Nr. 21100 des Kostenverzeichnisses zum GNotKG, mindestens jedoch 120 EUR. **110**

Geschäftswert ist grds. der Wert eines der Tauschgegenstände; wenn die Tauschgegenstände unterschiedliche Werte haben, ist der höhere der beiden Werte maßgeblich (§ 97 Abs. 3 GNotKG). Da im Formular unterstellt wird, dass die getauschten Aktien und Geschäftsanteile gleichwertig sind, ist als Geschäftswert nur der Wert einer der getauschten Beteiligungen zu berücksichtigen. Die Bewertung der Beteiligungen erfolgt nach § 54 Satz 1 GNotKG, sofern keine Anhaltspunkte für einen höheren Wert gegeben sind, grundsätzlich nach dem Wert des Eigenkapitals der X-GmbH bzw. U-AG iSv. § 266 Abs. 3 HGB und zwar ohne Schuldenabzug (§§ 54 Satz 1, 38 Satz 2 GNotKG).

Der **Gesellschafterbeschluss zur Teilung** des Geschäftsanteils an der X-GmbH ist gegenstandsverschieden zum vorgenannten Tauschvertrag und damit gebührenrechtlich gesondert in Ansatz zu bringen (§ 110 Nr. 1 GNotKG). Es handelt sich um einen Beschluss mit unbestimmtem Geldwert, weshalb der Beschluss nach § 108 Abs. 4 GNotKG mit 30 000 EUR in Ansatz zu bringen ist.

2. Gesellschafterliste

111 Die Erstellung der Gesellschafterliste (§ 8 Abs. 1 Nr. 3, § 40 GmbHG) für die X-GmbH nach Wirksamwerden der Abtretung durch den den Tauschvertrag beurkundenden Notar löst eine sog. Vollzugsgebühr aus (max. 250 EUR nach Nr. 22113 des Kostenverzeichnisses). Der Geschäftswert für die Gesellschafterliste bestimmt sich wiederum nach dem Wert des Tauschvertrages. Zusätzlich zur vorgenannten Vollzugsgebühr fällt nach Nr. 22200 Ziffer 6 des Kostenverzeichnisses noch eine sog. Betreuungsgebühr iHv. 0,5 für die Erteilung der Bescheinigung über die Veränderungen der Beteiligungshöhen der Gesellschafter durch den Notar nach § 40 Abs. 2 GmbHG an.

112–114 *einstweilen frei*

C. Einzelerläuterungen

Zu Ziff. II.1.: (Übertragung der Geschäftsanteile an der X-GmbH)

115 Die **Erteilung der Zustimmung** der Gesellschaft (hier der X-GmbH) zur Veräußerung des Geschäftsanteils (grds. erforderlich gemäß § 17 Abs. 1 GmbHG) sowie der Verzicht auf etwaige Vorerwerbsrechte sind lediglich vorsichtshalber in den Vertrag aufgenommen worden: Nachdem A als alleiniger Gesellschafter und Geschäftsführer den Tauschvertrag abschließt, bedarf die Abtretung durch einen Alleingesellschafter keiner Zustimmung.

116–119 *einstweilen frei*

Zu Ziff. II.2.: (Übertragung der Aktien an der U-AG)

120 Die rechtsgeschäftliche Übertragung der **Aktien** erfolgt **bei unverbriefter Mitgliedschaft** (dh. in den Fällen, in denen keine Aktienurkunden ausgegeben wurden) durch Abtretung gemäß § 413 iVm. § 398 BGB. Diese bedarf grds. keiner besonderen Form; hier ist notarielle Form durch die Verpflichtung zur und Übertragung der Geschäftanteile an der X-GmbH bedingt. Bei **verbrieften Aktien** kann die Übertragung neben der Abtretung nach § 413 iVm. § 398 BGB auch durch alternative Übertragungsformen erfolgen: *Namensaktien* können gemäß § 68 Abs. 1 AktG auch durch Indossament (für die Form des Indossaments, den Rechtsausweis des Inhabers und seine Verpflichtung zur Herausgabe gelten sinngemäß Art. 12, 13 und 16 des Wechselgesetzes; § 68 Abs. 1 Satz 1 AktG), während *Inhaberaktien* wie bewegliche Sachen durch Übereignung der Aktienurkunde gemäß §§ 929 ff. BGB übertragen werden können. Zur Übertragung nach DepG vgl. Hüffer/*Koch* AktG § 68 Rn. 3; MünchHdb GesR IV/*Wiesner,* § 14 Rn. 5 und 15.

Zur Einschränkung von Inhaberaktien durch die Aktienrechtsnovelle 2016 (Gesetz v. 22.12.2015, BGBl. I 2015, 2565) auf Börsennotierung bzw. Ausschluss der Einzelverbriefung und Hinterlegung der Sammelurkunde, vgl. zB *Ihrig/Wandt* Ubg 2016, 6.

121–123 *einstweilen frei*

Zu Ziff. II.1.c, 2.c und 3.: (Gewährleistungen)

124 Die Ausgestaltung der in Ziffern II. 1. c, 2. c und 3. des Tauschvertrages vorgesehenen gegenseitigen **Gewährleistungen** und der **Rechtsfolgen bei Nichterfüllung**

erfolgt bei Tausch von Anteilen an Kapitalgesellschaften grds. wie bei Unternehmenskäufen in Form von Sachgesamtheiten (Asset Deal). Im Formular wurden lediglich die minimalen Gewährleistungen vorgesehen; vgl. hierzu auch → Form. D.6.2, Einbringungsvertrag, dort §§ 5–7. Ausgeschlossen wurde ferner die Möglichkeit der **Minderung** des Tauschvertrages; die Durchführung der Minderung kann beim Tausch zu aufwändigen und streitigen Bewertungsfragen führen (vgl. Palandt/*Weidenkaff* BGB § 480 Rn. 8) und dürfte idR auch nicht den Interessen der Beteiligten entsprechen. Sofern die Möglichkeit der Minderung beibehalten werden soll, ist es gegebenenfalls sinnvoll eine Bewertungsmethode und einen Bewertungsstichtag festzuschreiben und eine eventuelle Ausgleichszahlung nach einer bestimmten Berechnungsmethode festzuschreiben (zB Leistung einer Ausgleichszahlung innerhalb festgesetzter Bandbreiten der Abweichung).

Hinsichtlich der Problematik der Abgabe von **Garantien für die Beschaffenheit** **125**
einer Sache iSd. § 444 BGB bzw. von Gewährleistungen/Zusicherungen, die als solche „Garantien" zu qualifizieren sind, → Form. D.6 Rn. 268; *Strelow/Hein* DB 2003, 1155 ff.; *Grönstedt/Jörgens* ZIP 2002, 53.

einstweilen frei **126–128**

Zu Ziff. II.4.: (Umsatzsteuer)

Zur grds. Umsatzsteuerfreiheit der Leistung von Anteilen an Kapitalgesellschaften **129**
→ Rn. 93. Die Aufnahme einer Regelung über die Ausstellung einer Rechnung mit Umsatzsteuer erfolgt nicht zuletzt auch zur **Klarstellung** zwischen den Parteien und Vermeidung von nachträglichen Unstimmigkeiten. Dies erscheint dann erforderlich, wenn der Empfänger der Rechnung nicht zum Vorsteuerabzug berechtigt ist, *insbesondere* wenn der Empfänger nicht Unternehmer iSd. § 2 Abs. 1 UStG ist oder die Leistung (Erwerb der Anteile) nicht für sein Unternehmen erfolgt.

Teil E. Formwechsel

Übersicht

E. 1 Formwechsel einer GmbH in eine AG

Gliederung

A. Vertragsformulare

Notarurkunden

E.1.1. Umwandlungsbeschluss[9, 41]

Verhandelt am ...... in ......

Vor mir, dem unterzeichnenden Notar ...... mit Amtssitz in ......, erschienen heute:

1. Herr B, ... *[erforderliche Angaben wie Beruf, Geburtsdatum, Anschrift (geschäftlich/privat), ausgewiesen durch Personalausweis Nr./von Person bekannt]*, handelnd nicht nur für sich selbst, sondern auch als alleinvertretungsberechtigter Geschäftsführer der A-GmbH mit Sitz in ......;
2. Herr C, ... *[erforderliche Angaben – wie oben]*.

Die Erschienenen erklärten, dass weder der Notar noch einer seiner Sozien in der Sache, die im Nachfolgenden beurkundet wird, vorbefasst iSv. § 3 Abs. 1 Nr. 7 BeurkG sind.

Die Erschienenen erklärten weiter mit dem Ersuchen um Beurkundung:

Vorbemerkung[43]

Im Handelsregister des Amtsgerichts ...... ist unter HRB ...... seit dem ...... *[Datum nicht mehr als zwei Jahre vor Wirksamwerden des Formwechsels]* die A-GmbH eingetragen. Das Stammkapital dieser Gesellschaft beträgt ...... EUR. Gesellschafter sind

– B, der die Geschäftsanteile Nr. .... bis Nr. ...... hält (*mind. 90 %*)[13,] und
– C, der die Geschäftsanteile Nr. .... bis Nr. .... hält.

Das Stammkapital der Gesellschaft ist voll eingezahlt. Die Abtretung von Geschäftsanteilen dieser Gesellschaft ist nicht von der Genehmigung einzelner Anteilsinhaber abhängig. Nebenleistungsverpflichtungen gem. § 3 Abs. 2 GmbHG sind im Gesellschaftsvertrag der Gesellschaft nicht ausbedungen.

Gesellschafterversammlung[44]

Wir halten nunmehr (unter Verzicht auf alle gesetzlichen oder satzungsmäßigen Form- und Fristvorschriften) eine Gesellschafterversammlung der vorgenannten Gesellschaft ab.

1. Sämtliche Gesellschafter sind anwesend. Das Stammkapital ist daher vollständig vertreten. Einstimmig wird Herr B zum Vorsitzenden der Versammlung gewählt.
2. Herr B stellt fest, dass die heutige Gesellschafterversammlung mit Einschreiben vom ...... einberufen wurde. Mit diesem Schreiben wurde der Formwechsel als Gegenstand der heutigen Beschlussfassung allen Gesellschaftern schriftlich angekündigt und der Umwandlungsbericht sowie ein Abfindungsangebot übersandt. Diese Versammlung ist daher, da auf Wahrung der Form- und Fristvorschriften nach Gesetz und Gesellschaftsvertrag im Übrigen verzichtet wurde, beschlussfähig. Herr B weist darauf hin, dass der Umwandlungsbericht in der Gesellschafterversammlung ausliegt.[45]
3. Herr B stellt folgenden Antrag zur Beschlussfassung:[46]
   a) Die A-GmbH wird formwechselnd gem. §§ 190 ff., 238 ff. UmwG in eine Aktiengesellschaft umgewandelt.

b) Die Aktiengesellschaft führt die Firma A-AG und hat ihren Sitz in ......
c) Das bisherige Stammkapital der formwechselnden GmbH von ...... EUR wird zum Grundkapital der A-AG in Höhe von ...... €. An diesem sind beteiligt
   aa) Herr B mit ...... auf den Namen ausgestellten Aktien.
   bb) Herr C mit ...... auf den Namen ausgestellten Aktien.
   Auf jede Aktie entfällt ein anteiliger Betrag des Grundkapitals von ...... EUR.
   An die Stelle der bisherigen Geschäftsanteile der Gesellschafter der A-GmbH treten die Aktien am Grundkapital der A-AG.
d) Art und Umfang der Beteiligung an der A-AG sowie die Rechte der Gesellschafter im Einzelnen ergeben sich aus der hiermit festgestellten Satzung der A-AG, die Bestandteil dieses Umwandlungsbeschlusses ist und mit der Beschlussfassung festgestellt wird.
e) Einzelnen Gesellschaftern werden keine stimmrechtslosen Aktien, Vorzugsaktien, Mehrstimmrechtsaktien, Schuldverschreibungen, Genussrechte oder sonstige besonderen Rechte oder Vorzüge gewährt. Derartige Sonderrechte, Vorzüge oder besondere Geschäftsanteile bestehen bei der A-GmbH nicht.[48]
f) Für den Fall, dass ein Gesellschafter gegen diesen Beschluss Widerspruch zur Niederschrift erklärt, bietet die A-GmbH hiermit an, die im Zuge des Formwechsels neu geschaffenen Aktien des widersprechenden Gesellschafters an der A-AG gegen eine Barabfindung in Höhe von ...... EUR pro Stückaktie zu erwerben.[11] Falls auf Antrag eines widersprechenden Gesellschafters das Gericht eine abweichende Barabfindung bestimmt, gilt diese als angeboten. Die Barabfindung ist zahlbar gegen Übertragung der Aktien des widersprechenden Gesellschafters auf die A-AG. Der Abfindungsbetrag ist nach Ablauf des Tages, an dem das Registergericht den Formwechsel gem. § 10 HGB bekannt gemacht hat, mit zwei Prozentpunkten über dem jeweiligen Basiszinssatz (§ 247 BGB) p.a. zu verzinsen. Das Angebot kann nur binnen zwei Monaten nach dem Tag angenommen werden, an dem die Eintragung der neuen Rechtsform Aktiengesellschaft in das Register bekannt gemacht worden ist. Ist nach § 212 UmwG ein Antrag auf Bestimmung der Barabfindung durch das Gericht gestellt worden, so kann das Angebot binnen zwei Monaten nach dem Tage angenommen werden, an dem die Entscheidung im Bundesanzeiger bekannt gemacht worden ist. Im Falle der Annahme dieses Angebots trägt die AG die für die Übertragung der Aktien entstehenden Kosten.[48]
g) Auf die Arbeitnehmer und ihre Vertretungen wirkt sich der Formwechsel wie folgt aus:[35]
   aa) Die arbeitsvertraglichen Rechte und Pflichten der Arbeitnehmer werden durch den Formwechsel nicht berührt. Ein Betriebsübergang gem. § 613a BGB findet nicht statt. Die Weisungsbefugnisse des Arbeitgebers werden nach dem Formwechsel von dem Vorstand der A-AG ausgeübt.
   bb) Die bestehenden Betriebsvereinbarungen und Tarifverträge bleiben nach Maßgabe der jeweiligen Vereinbarungen bestehen.
   cc) Die Betriebsverfassung nach dem BetrVG und die übrigen Organe, Ausschüsse und sonstigen Institutionen des BetrVG bleiben unberührt, der Betriebsrat bleibt im Amt.
   dd) Bei der A-AG ist ein Aufsichtsrat zu bilden, der nach Ansicht des Geschäftsführers der A-GmbH nur aus Anteilseignervertretern besteht und drei Mitglieder haben wird. Die Voraussetzungen einer Mitbestimmung nach dem DrittelbG, dem MitbestErgG oder dem MitbestG 1976 sind nicht gegeben.
h) Zu Mitgliedern des Aufsichtsrates bestellen wir ......, ... und .... Ihre Amtszeit endet mit Beendigung der Hauptversammlung, die über die Entlastung für das erste Voll- oder Rumpfgeschäftsjahr beschließt.[48]

i) Zum Abschlussprüfer für das erste (am ...... endende) Voll- oder Rumpfgeschäftsjahr bestellen wir die ...... Wirtschaftsprüfungs- und Steuerberatungsgesellschaft in ....

j) Die Kosten des Formwechsels trägt die Gesellschaft bis zum Betrag von ...... EUR.[66]

4. Für diesen Antrag stimmt Herr B, der damit Gründer der AG ist; gegen diesen Antrag stimmt Herr C. Herr B stellt fest, dass der vorstehende Antrag mit einer Mehrheit von mindestens 75 % der Stimmen der Gesellschafter gefasst wurde.[49]

5. Herr C erklärt gegen den Umwandlungsbeschluss Widerspruch zur Niederschrift.[12, 50]

6. Die Gesellschafterversammlung wird geschlossen.

Hinweise[51]

Der Notar weist die Erschienenen auf Folgendes hin:

1. Herr B hat für den Formwechsel gestimmt und gilt deshalb als Gründer der AG (§§ 244, 245 Abs. 1 UmwG). Für ihn gelten deshalb über § 197 UmwG die Vorschriften des AktG über die Verantwortlichkeit der Gründer entsprechend, insbesondere §§ 26, 27, 32 bis 35, 38, 46 bis 53 AktG.
2. Der Geschäftsführer der GmbH hat bei Verletzung seiner Sorgfaltspflicht der GmbH, ihren Gesellschaftern und Gläubigern allen Schaden zu ersetzen, den diese durch den Formwechsel erleiden, § 205 UmwG.
3. Der Formwechsel wird erst wirksam, wenn die neue Rechtsform AG in dem für sie zuständigen Register eingetragen ist.
4. Rechte Dritter an den Geschäftsanteilen an der GmbH bestehen an den künftigen Aktien fort.
5. Der neuen Rechtsform AG steht ein Eintragungshindernis entgegen, wenn der Wert des Gesellschaftsvermögens der GmbH nach Abzug der Schulden niedriger ist als das Grundkapital der AG, §§ 245 Abs. 1, 220 Abs. 1 UmwG. Sollte die neue Rechtsform AG dennoch in das Handelsregister eingetragen werden, ist der Formwechsel wirksam. In diesem Fall ist jeder Gründer verpflichtet, den Fehlbetrag zum vereinbarten Grundkapital in Geld zu leisten.
6. Das Registergericht wird die Eintragung des Formwechsels bekannt machen. Darin werden die Gläubiger der GmbH auf folgendes Recht hingewiesen werden: Wenn sie binnen sechs Monaten nach Bekanntmachung ihren Anspruch nach Grund und Höhe schriftlich anmelden und glaubhaft machen, dass die Erfüllung ihrer Forderung durch den Formwechsel gefährdet wird, können sie Sicherheitsleistung verlangen, sofern sie nicht schon die Befriedigung ihrer Forderung beanspruchen können.
7. Sollte die umgewandelte AG in den ersten zwei Jahren nach Eintragung des Formwechsels im Handelsregister Anlagen oder andere Vermögensgegenstände gegen eine Vergütung von mehr als 10 % des Grundkapitals von den Gründern oder Gesellschaftern, die mit mehr als 10 % des Grundkapitals an der Gesellschaft beteiligt sind, erwerben, ohne dass dieser Erwerb im Rahmen des laufenden Geschäfts der AG, in der Zwangsvollstreckung oder an der Börse erfolgt, so ist die Vorschrift des § 52 AktG über die Nachgründung zu beachten.

Von dieser Urkunde erhalten die Gesellschaft und die Gesellschafter sowie das Registergericht je eine Ausfertigung, das für die beteiligte Gesellschaft zuständigen Finanzamt (§ 54 Abs. 1 EStDV) eine beglaubigte Abschrift.

Samt Anlage vom Notar vorgelesen, von den Beteiligten genehmigt und wie folgt unterschrieben:

..
[Unterschriften]

E.1.2. Satzung der A-AG[56]

§ 1 Firma, Sitz, Geschäftsjahr[57]

(1) Die Firma der Gesellschaft lautet: A-AG.

(2) Der Sitz der Gesellschaft ist ......

(3) Das Geschäftsjahr ist das Kalenderjahr.

§ 2 Gegenstand des Unternehmens[58]

(1) Der Gegenstand des Unternehmens ist ......

(2) Die Gesellschaft ist zu allen nicht erlaubnispflichtigen Geschäften und Maßnahmen berechtigt, die unmittelbar oder mittelbar dem Gegenstand des Unternehmens zu dienen geeignet sind. Sie ist insbesondere berechtigt, im In- und Ausland Zweigniederlassungen zu errichten, sich an anderen Unternehmen gleicher oder verwandter Art im In- und Ausland zu beteiligen sowie solche Unternehmen zu erwerben, zu gründen und für eigene oder fremde Rechnung zu führen.

§ 3 Bekanntmachungen[59]

Bekanntmachungen der Gesellschaft erfolgen ausschließlich im Bundesanzeiger.

§ 4 Grundkapital[60]

(1) Das Grundkapital der Gesellschaft beträgt ...... EUR (in Worten: ...... Euro) und ist eingeteilt in ...... Stückaktien.

(2) Die Aktien sind auf den Namen ausgestellt.

(3) Das Grundkapital wurde durch Sacheinlagen erbracht, indem die Gesellschafter des bisherigen Rechtsträgers, der A-GmbH mit Sitz in ......, diese Gesellschaft formwechselnd nach den §§ 190 ff. UmwG in die Rechtsform der Aktiengesellschaft umgewandelt haben. Das nach Abzug der Schulden verbleibende (freie) Vermögen der vorgenannten GmbH hat mindestens den Betrag des Grundkapitals der AG erreicht. Die von den Gesellschaftern jeweils übernommenen Aktien entsprechen in ihrer Summe der jeweiligen Beteiligung an der GmbH.[16]

(4) Die Ausgabe von stimmrechtslosen Vorzugsaktien ist zulässig.

(5) Die Form der Aktienurkunden bestimmt der Vorstand. Über mehrere Aktien eines Aktionärs kann eine einheitliche Urkunde ausgestellt werden. Das Gleiche gilt für etwaige durch die Gesellschaft auszugebende stimmrechtslose Vorzugsaktien. Der Anspruch des Aktionärs auf Verbriefung seines Anteils ist ausgeschlossen.

(6) Der Vorstand ist ermächtigt, das Grundkapital in der Zeit bis zum ...... mit Zustimmung des Aufsichtsrats einmalig oder mehrmals um bis zu ...... EUR insgesamt durch Ausgabe neuer Stammaktien gegen Bar- oder Sacheinlagen zu erhöhen (genehmigtes Kapital).[61] Der Vorstand kann mit Zustimmung des Aufsichtsrats dabei das Bezugsrecht der Aktionäre ganz oder teilweise ausschließen.

(7) Die Namensaktien können nur mit Zustimmung der Gesellschaft übertragen werden. Der Aufsichtsrat beschließt über die Zustimmung der Gesellschaft.

§ 5 Vorstand[62]

(1) Der Vorstand der Gesellschaft besteht aus einem oder mehreren Mitgliedern. Die Zahl der Mitglieder wird vom Aufsichtsrat festgelegt.

(2) Die Gesellschaft wird durch zwei Vorstandsmitglieder oder durch ein Vorstandsmitglied in Gemeinschaft mit einem Prokuristen vertreten. Ist nur ein Vorstandsmitglied bestellt, vertritt dieses die Gesellschaft allein.

Der Aufsichtsrat kann Mitglieder des Vorstands von dem Verbot der Mehrfachvertretung (§ 181 BGB 2. Alt.) befreien sowie Alleinvertretungsbefugnis erteilen. § 112 AktG bleibt unberührt.

(3) Der Vorstand fasst seine Beschlüsse mit Stimmenmehrheit.

(4) Der Erlass einer Geschäftsordnung für den Vorstand ist Sache des Aufsichtsrates.

§ 6 Aufsichtsrat[63]

(1) Der Aufsichtsrat besteht aus drei Mitgliedern.

(2) Die Aufsichtsratsmitglieder werden für die Zeit bis zur Beendigung der Hauptversammlung gewählt, die über ihre Entlastung für das vierte Geschäftsjahr nach dem Beginn der Amtszeit beschließt. Das Geschäftsjahr, in dem die Amtszeit beginnt, wird nicht mitgerechnet. Die Wahl des Nachfolgers eines vor Ablauf der Amtszeit ausgeschiedenen Mitgliedes erfolgt für den Rest der Amtszeit des ausgeschiedenen Mitgliedes.

(3) Die Mitglieder des Aufsichtsrates können ihr Amt durch eine an den Vorsitzenden des Aufsichtsrates oder an den Vorstand zu richtende schriftliche Erklärung unter Einhaltung einer Frist von vier Wochen niederlegen.

(4) Der Aufsichtsrat wählt im Anschluss an die Hauptversammlung, in der die Aufsichtsratsmitglieder durch die Aktionäre gewählt worden sind, in einer ohne besondere Einberufung stattfindenden Sitzung aus seiner Mitte einen Vorsitzenden und einen Stellvertreter für die in Abs. 2 Satz 1 bestimmte Amtszeit.

(5) Der Aufsichtsrat soll in der Regel einmal im Kalendervierteljahr, er muss einmal im Kalenderhalbjahr einberufen werden. Die Sitzungen des Aufsichtsrates werden durch den Vorsitzenden mit einer Frist von 14 Tagen schriftlich einberufen. In dringenden Fällen kann der Vorsitzende die Frist abkürzen und mündlich, telefonisch, fernschriftlich, telegrafisch oder durch Telefax einberufen.

(6) Außerhalb von Sitzungen sind schriftliche, telegrafische oder fernschriftliche Beschlussfassungen zulässig, wenn kein Mitglied diesem Verfahren innerhalb einer vom Vorsitzenden bestimmten angemessenen Frist widerspricht. Satz 1 gilt entsprechend für Beschlussfassungen per Telefax.

(7) Der Aufsichtsrat ist nur beschlussfähig, wenn alle drei Mitglieder an der Beschlussfassung teilnehmen. Die Beschlüsse bedürfen der Mehrheit der abgegebenen Stimmen.

(8) Der Vorsitzende ist ermächtigt, im Namen des Aufsichtsrates die zur Durchführung der Beschlüsse des Aufsichtsrates und seiner Ausschüsse erforderlichen Willenserklärungen abzugeben.

(9) Der Aufsichtsrat ist zu Satzungsänderungen ermächtigt, die nur die Fassung betreffen (§ 179 Abs. 1 Satz 2 AktG). Einer Beschlussfassung der Hauptversammlung bedarf es insoweit nicht.

(10) Der Aufsichtsrat kann in der Geschäftsordnung für den Vorstand oder durch Beschluss anordnen, dass bestimmte Arten von Geschäften seiner Zustimmung bedürfen. Der Aufsichtsrat kann den Katalog der zustimmungspflichtigen Geschäfte jederzeit ändern. Er kann seine Zustimmung allgemein oder im Einzelfall erteilen.

(11) Die Vergütung des Aufsichtsrates wird von der Hauptversammlung festgelegt.

§ 7 Hauptversammlung[64]

(1) Die Hauptversammlung findet am Sitz der Gesellschaft oder an einem deutschen Börsenplatz statt.

(2) Sie wird vom Vorstand unter Einhaltung der gesetzlichen Vorschriften einberufen.

(3) Zur Teilnahme an der Hauptversammlung ist jeder Aktionär berechtigt.

(4) Den Vorsitz in der Hauptversammlung führt der Vorsitzende des Aufsichtsrates, im Falle seiner Verhinderung sein Stellvertreter. Sind beide verhindert, wird der Vorsitzende durch die Hauptversammlung gewählt.

(5) Der Vorsitzende leitet die Versammlung. Er bestimmt die Reihenfolge, in der die Gegenstände der Tagesordnung verhandelt werden, sowie Art und Reihenfolge der Abstimmungen.

(6) Jede Aktie gewährt in der Hauptversammlung eine Stimme. Den Vorzugsaktionären steht kein Stimmrecht zu. Soweit jedoch den Vorzugsaktionären nach dem Gesetz ein Stimmrecht zwingend zusteht, gewährt jede Vorzugsaktie eine Stimme.

(7) Die Beschlüsse der Hauptversammlung werden, soweit nicht zwingende gesetzliche Vorschriften entgegenstehen, mit einfacher Mehrheit der abgegebenen Stimmen und, sofern das Gesetz außer Stimmenmehrheit eine Kapitalmehrheit vorschreibt, mit der einfachen Mehrheit des bei der Beschlussfassung vertretenen Grundkapitals gefasst.

§ 8 Jahresabschluss, Gewinnverwendung[65]

(1) Der Vorstand hat in den ersten drei Monaten des Geschäftsjahres den Jahresabschluss sowie den Lagebericht für das vergangene Geschäftsjahr aufzustellen und dem Aufsichtsrat sowie dem Abschlussprüfer vorzulegen. Gleichzeitig hat er dem Aufsichtsrat einen Vorschlag über die Verwendung des Bilanzgewinns zu unterbreiten. Nach Eingang des Prüfungsberichtes beim Aufsichtsrat sind der Jahresabschluss, der Lagebericht, der Prüfungsbericht und der Vorschlag für die Verwendung des Bilanzgewinns unverzüglich den Aufsichtsratsmitgliedern zur Prüfung vorzulegen.

(2) Nach Eingang des Berichtes des Aufsichtsrates über das Ergebnis seiner Prüfung hat der Vorstand unverzüglich die ordentliche Hauptversammlung einzuberufen, die innerhalb der ersten acht Monate eines jeden Geschäftsjahres stattzufinden hat. Sie beschließt über die Entlastung des Vorstandes und des Aufsichtsrates sowie über die Verwendung des Bilanzgewinns und wählt – soweit erforderlich – den Abschlussprüfer.

§ 9 Gründungsaufwand[66]

Die durch die Errichtung der Gesellschaft entstehenden Kosten (Notar, Gericht, Beratung) übernimmt die Gesellschaft bis zur Höhe von 5 000.– EUR.

§ 10 Teilnichtigkeit

Sollten einzelne Bestimmungen dieser Satzung nichtig oder unwirksam sein oder werden, so wird die Gültigkeit der Satzung im Übrigen hiervon nicht berührt. Die ungültige Bestimmung soll durch eine solche ersetzt werden, die dieser in ihrem wirtschaftlichen Sinngehalt entspricht.

Berichte und Schreiben

E.1.3. Umwandlungsbericht[71]

A-GmbH

An alle Gesellschafter der A-GmbH

Ich berichte Ihnen gem. § 192 UmwG über die beabsichtigte formwechselnde Umwandlung der A-GmbH in eine Aktiengesellschaft:

1. Als Anlagen sind diesem Bericht beigefügt
   a) die Einladung zu der Gesellschafterversammlung am ......, in der über den Formwechsel beschlossen werden soll;
   b) das Abfindungsangebot für jeden Gesellschafter, der in der Gesellschafterversammlung gegen den Formwechsel Widerspruch zur Niederschrift erklärt;
   c) der Entwurf des Umwandlungsbeschlusses.[72]

2. In der Gesellschafterversammlung vom ...... wird über den Umwandlungsbeschluss abgestimmt werden. Der Gesellschaftsvertrag sieht für den Beschluss keine vom Gesetz abweichenden oder darüber hinausgehenden Regelungen vor. Eine Umwandlung durch Mehrheitsentscheidung ist daher gem. § 240 Abs. 1 Satz 1 UmwG mit einer Mehrheit von mindestens $^3/_4$ der abgegebenen Stimmen möglich. Alle Gesellschafter, die für den Umwandlungsbeschluss stimmen, gelten gem. § 245 Abs. 1 UmwG als Gründer der AG. Wird der Formwechsel beschlossen, werde ich dies als Geschäftsführer der GmbH zur Eintragung in das Handelsregister anmelden, § 246 Abs. 1 UmwG. Das Handelsregister macht den Formwechsel öffentlich bekannt. In der Bekanntmachung werden die Gläubiger der Gesellschaft darauf hingewiesen, dass sie für ihre Forderungen ggf. Sicherheitsleistung verlangen können (§§ 204, 22 Abs. 1 UmwG). Mit der Eintragung der neuen Rechtsform (AG) wird der Formwechsel wirksam.[73]

3. Der Formwechsel soll durchgeführt werden, weil hierdurch ...... *[Auflistung der wesentlichen Gründe, zum Beispiel Vorbereitung eines beabsichtigten Börsengangs].*[74]

4. Bei einem Formwechsel bleibt die rechtliche Identität der Gesellschaft unter grundsätzlicher Beibehaltung des bisherigen Kreises der Anteilseigner erhalten, nicht jedoch der Organe. Es wird lediglich die bisherige Rechtsform der GmbH in die der AG umgewandelt.
   Die Firma unserer Gesellschaft bleibt bis auf den Rechtsformzusatz unverändert – § 200 Abs. 1 UmwG.

5. Der Formwechsel ändert das bisherige Beteiligungsverhältnis der Gesellschafter an der Gesellschaft nicht. Die bisherige Beteiligungsform „Geschäftsanteile" wandelt sich um in die Beteiligung in Form von Inhaberaktien. Der Gesamtnennbetrag der Inhaberaktien jedes zukünftigen Aktionärs entspricht jeweils der Summe der Nennbeträge der bisher von ihm als Gesellschafter gehaltenen Geschäftsanteile. Ich verweise hierzu auf § 4 der Satzung der künftigen AG.[75]

6. Durch den Formwechsel wird das bisherige Stammkapital der GmbH zum Grundkapital der AG, § 247 Abs. 1 UmwG. Gem. §§ 245 Abs. 1, 220 Abs. 1 UmwG gilt das Verbot der materiellen Unterpari-Emission, dh. das Vermögen der AG muss nach Abzug der Verbindlichkeiten zumindest den Betrag des Grundkapitals erreichen. Sämtliche Geschäftsanteile der GmbH sind voll eingezahlt. Das Stammkapital ist nicht durch Verluste einschließlich eines Verlustvortrags vermindert. Dies ergibt sich schon aus den in der letzten Jahresbilanz der GmbH zum ...... neben dem voll eingezahlten Stammkapital ausgewiesenen Kapitalrücklagen von ...... EUR

und Gewinnrücklagen von ...... EUR. Darüber hinaus ist der wirkliche Wert des Anlage- und Umlaufvermögens der Gesellschaft höher als die Summe ihrer Buchwerte (vgl. Prüfungsberichte). Sämtliche Forderungen und Verbindlichkeiten sind in der Bilanz vollständig erfasst und wirtschaftlich zutreffend bewertet. Seit dem letzten Bilanzstichtag hatte die Gesellschaft eine positive Geschäftsentwicklung. Seit dem Stichtag der letzten Jahresbilanz ist keine Vermögensminderung eingetreten, die der Umwandlung nach §§ 245 Abs. 1, 220 UmwG entgegenstünde, wenn sie heute beschlossen würde. Das Grundkapital der AG ist daher durch den wirklichen Wert des Vermögens der GmbH voll gedeckt.[76]

7. **Die Gründer der AG (§ 245 Abs. 1 UmwG) können daher in dem Gründungsbericht (§§ 197 UmwG, 32 AktG) darlegen, dass die in der Satzung festgesetzten Einlagen durch das Reinvermögen der GmbH gedeckt sind, ohne dass ein Eintragungshindernis gem. § 38 Abs. 2 AktG besteht bzw. die Gründer bei einer gleichwohl erfolgten Eintragung verpflichtet wären, den zur Deckung des Grundkapitals erforderlichen Betrag in Geld zu leisten – § 46 Abs. 1 AktG.**
8. **Die Gesellschafter unterliegen in dieser Eigenschaft bei der AG keiner weitergehenden Haftung als bisher bei der GmbH.**
9. **Soweit an dem Gesellschaftsanteil eines Gesellschafters Rechte Dritter wie zum Beispiel Pfand- oder Nießbrauchsrechte bestehen, setzen sich diese Rechte an seinen Aktien der neuen AG fort – § 202 Abs. 1 Nr. 2 Satz 2 UmwG.**
10. **Allen Gesellschaftern, die in der Gesellschafterversammlung, in der der Formwechsel beschlossen wird, Widerspruch zur Niederschrift erklären, wird das Angebot unterbreitet, dass die umgewandelte AG ihre im Zuge des Formwechsels neu geschaffenen Aktien gegen eine angemessene Barabfindung erwirbt. Das Abfindungsangebot liegt als Anlage bei. Die darin enthaltene Barabfindung berücksichtigt die Verhältnisse der Gesellschaft, wie sie sich im Zeitpunkt der Fassung des Umwandlungsbeschlusses voraussichtlich ergeben werden – §§ 208, 30 Abs. 1 UmwG. Bei der Bemessung der Höhe der Barabfindung bin ich bei der Unternehmensbewertung von Folgendem ausgegangen: ...... *[nähere Erläuterungen].*[50]**
    Der Erwerb eigener Aktien im Rahmen eines Formwechsels durch die AG ist gem. §§ 71 Abs. 1 Nr. 3 AktG, 207 Abs. 1 Satz 1 UmwG zulässig. Dabei ist allerdings die 10 %-Grenze des § 71 Abs. 2 Satz 1 zu beachten. Da die Gesellschaft bislang keine eigenen Anteile besitzt, der Gesellschafter B über einen Geschäftsanteil von [mindestens] 90 % verfügt und bereits erklärt hat, für den Formwechsel stimmen zu wollen, ist die Einhaltung der Grenze sichergestellt. Die Gesellschaft verfügt über ausreichende frei verwendbare Gewinnrücklagen, so dass sie in der Lage wäre, in Höhe der Aufwendungen für den Erwerb von maximal 10 % eigener Aktien fiktiv eine Rücklage zu bilden, ohne das Grundkapital oder eine nach Gesetz oder Satzung zu bildende Rücklage zu mindern, §§ 71 Abs. 2 Satz 2 AktG, 272 Abs. 1a HGB idF des Bilanzrechtsmodernisierungsgesetzes.
    Die Angemessenheit des Barabfindungsangebotes ist gem. §§ 208, 30 Abs. 2 UmwG durch einen Umwandlungsprüfer zu prüfen, wenn nicht die Berechtigten auf die Prüfung oder den Prüfungsbericht verzichten. Der Prüfer ist gem. §§ 208, 30 Abs. 2 Satz 2, 10 Abs. 1 UmwG auf meinen Antrag durch das zuständige Gericht zu bestellen. Die Kosten der Prüfung gehen zu Lasten unserer Gesellschaft.
    Auf Antrag eines Anteilsinhabers, der die Abfindung für zu niedrig hält, unterliegt diese der gerichtlichen Nachprüfung – § 212 UmwG. Eine Klage gegen den Formwechselbeschluss ist daher mit der Begründung, das Barabfindungsangebot sei zu niedrig, nicht möglich – § 210 UmwG.
    Hinsichtlich der Frist zur Annahme verweise ich auf das Barabfindungsangebot.
11. **Dem Betriebsrat unserer Gesellschaft wurde gem. Anlage am ...... ein Entwurf des Umwandlungsbeschlusses zugeleitet, die Frist des § 194 Abs. 2 UmwG ist gewahrt.**

Der Formwechsel hat wegen des Fortbestehens der Rechtsidentität der Gesellschaft für die Arbeitnehmer und ihre Vertretungen keine Auswirkungen. Auch Mitbestimmungsrechte ändern sich für die Arbeitnehmer nicht.[35, 48]

12. Steuerliche Änderungen ergeben sich weder für die Gesellschaft noch für die Gesellschafter, da durch den Formwechsel die Rechtsidentität der Gesellschaft nicht betroffen ist und diese eine Kapitalgesellschaft bleibt.
    In der Steuerbilanz der AG werden sämtliche Aktiva und Passiva der GmbH zu Buchwerten übernommen.[77]
13. Die Aufsichtsratsmitglieder werden in der Gesellschafterversammlung, die über den Formwechsels beschließt, gewählt. Gleichzeitig werden die Abschlussprüfer bestellt. Der Aufsichtsrat wird sodann die Mitglieder des Vorstands bestellen.[78]
14. Gem. § 195 Abs. 1 UmwG muss eine Klage gegen die Wirksamkeit des Umwandlungsbeschlusses binnen eines Monats nach der Beschlussfassung erhoben werden.
    Die Klage kann nicht darauf gestützt werden, dass die in dem Beschluss für einen Gesellschafter bestimmten Aktien an der AG zu niedrig bemessen seien oder dass die Aktien keinen ausreichenden Gegenwert für den GmbH-Anteil darstellten – § 195 Abs. 2 UmwG. Gem. § 196 UmwG kann allerdings in diesem Fall jeder Anteilsinhaber von der AG einen Ausgleich durch bare Zuzahlung zzgl. einer Verzinsung von jährlich 2 Prozentpunkten über dem Basiszinssatz (§ 247 BGB) ab Bekanntmachung des Formwechsels durch das Registergericht verlangen.[79]
15. Die gesamten Kosten der Umwandlung werden sich auf voraussichtlich ...... EUR belaufen und in dieser Höhe im Umwandlungsbeschluss festgehalten. Sie werden von der Gesellschaft getragen.[38]

....	....
[Ort, Datum]	*[Unterschrift Geschäftsführung]*

E.1.4. Abfindungsangebot[83]

A-GmbH

An alle Gesellschafter der A-GmbH

Es ist beabsichtigt, die A-GmbH formwechselnd in eine AG umzuwandeln. Ich verweise hierzu auf den Umwandlungsbericht, dem dieses Angebot als Anlage beigefügt ist. Die A-GmbH unterbreitet hiermit allen Gesellschaftern, die in der Gesellschafterversammlung, in der der Formwechsel beschlossen wird, gegen den Umwandlungsbeschluss Widerspruch zur Niederschrift erklären, gem. § 207 UmwG das nachfolgende Angebot:

1. Die umgewandelte AG erwirbt die im Zuge des Formwechsels neu geschaffenen Aktien des widersprechenden Gesellschafters gegen Zahlung einer Barabfindung in Höhe von ...... EUR pro Stückaktie. Falls ein Antrag nach § 212 UmwG auf Bestimmung der Barabfindung durch das Gericht gestellt wird und dieses eine von dem vorstehenden Angebot abweichende Barabfindung bestimmt, gilt diese als angeboten.
2. Die Barabfindung ist zahlbar gegen Übertragung der Aktien des widersprechenden Gesellschafters auf die AG. Nach Ablauf des Tages, an dem das Registergericht den Formwechsel gem. § 10 HGB bekannt gemacht hat, ist die Barabfindung mit 2 Prozentpunkten über dem jeweiligen Basiszinssatz (§ 247 BGB) p.a. zu verzinsen. Die Zinsen sind mit der Barabfindung zu bezahlen.
3. Das vorstehende Angebot kann angenommen werden binnen zwei Monaten nach dem Tage, an dem die Eintragung der neuen Rechtsform in das Register bekannt

gemacht worden ist, § 209 Satz 1 UmwG. Hat ein widersprechender Gesellschafter nach § 212 UmwG Antrag auf Bestimmung der Barabfindung durch das Gericht gestellt, so kann das Angebot binnen zwei Monaten nach dem Tage angenommen werden, an dem die Entscheidung im Bundesanzeiger bekannt gemacht worden ist, § 209 Satz 2 UmwG.

4. Im Falle der Annahme dieses Angebots trägt die AG die für die Übertragung der Aktien entstehenden Kosten.

....	....
[Ort, Datum]	*[Unterschrift Geschäftsführung]*

E.1.5. Gründungsbericht[17, 86]

Als Gesellschafter der A-GmbH habe ich, Herr B, für den Wechsel der Rechtsform dieser GmbH in die Form der AG gestimmt. Über den Ablauf des Formwechsels in eine Aktiengesellschaft in Firma A-AG berichte ich daher gemäß §§ 245 Abs. 1 Satz 1, 197 UmwG, § 32 AktG wie folgt:

1. Mit notarieller Urkunde vom ...... (UR-Nr. ...... des Notars ...... in ......) wurde der Formwechsel beschlossen und als Bestandteil des Umwandlungsbeschlusses die Satzung der A-AG festgestellt.
2. Da ich für den Formwechsel gestimmt habe, gelte ich nach § 245 Abs. 1 UmwG als Gründer der A-AG.[86]
3. Das Grundkapital der Gesellschaft beträgt ...... EUR. Es ist eingeteilt in ...... Stückaktien. Die Aktien lauten auf den Inhaber. Es haben übernommen:
   a) Herr B ...... Stückaktien,
   b) Herr C ...... Stückaktien,
   jeweils durch Sacheinlagen gem. den Festsetzungen in der Satzung (§ 4 Abs. 3). Danach werden die Sacheinlagen erbracht, indem die Gesellschafter des bisherigen Rechtsträgers, der A-GmbH mit Sitz in ......, diese Gesellschaft formwechselnd nach den §§ 190 ff. UmwG in die Rechtsform der Aktiengesellschaft umgewandelt haben und das nach Abzug der Schulden verbleibende (freie) Vermögen der vorgenannten GmbH mindestens dem Grundkapital der AG sowie die von den Gesellschaftern jeweils übernommenen Aktien ihren Kapitalanteilen am Vermögen der GmbH entsprechen.
4. Zur Angemessenheit der Wertansätze für die vorstehend bezeichneten Sacheinlagen sowie als Bericht über den bisherigen Geschäftsverlauf und die Lage der formwechselnden GmbH weise ich auf Folgendes hin:
   a) In dem letzten Jahresabschluss (Bilanz und Gewinn- und Verlustrechnung) der GmbH zum ......, der als Anlage 1 diesem Sachgründungsbericht beigefügt ist, sind folgende Kapitalanteile der Gesellschafter ausgewiesen:
      aa) B mit Geschäftsanteilen im Nennbetrag von ...... EUR,
      bb) C mit Geschäftsanteilen im Nennbetrag von ...... EUR.
   Ferner sind Kapitalrücklagen von ...... EUR und Gewinnrücklagen von ...... EUR ausgewiesen. Hierbei handelt es sich um die ordentliche nach den maßgeblichen handelsrechtlichen Vorschriften erstellte Jahresbilanz der GmbH. Die darin ausgewiesenen Buchwerte werden von der umgewandelten AG unverändert fortgeführt.
   b) Die für die Erbringung des Grundkapitals zugrunde gelegten Buchwerte für die Aktiva der umgewandelten Gesellschaft liegen auf Grund vorhandener stiller Reserven deutlich unter dem wirklichen Wert, so dass nach Abzug der Verbindlichkeiten der wirkliche Wert des Reinvermögens der GmbH höher ist als das angenommene Grundkapital. Dies ergibt sich aus folgenden Umständen:

aa) Die immateriellen Vermögensgegenstände (Konzessionen, gewerbliche Schutzrechte, Geschäfts- und Firmenwerte usw.) der Gesellschaft ...... *[nähere Angaben zu stillen Reserven, zB aus den Bewertungsgrenzen des § 253 HGB].*

bb) Die Sachanlagen (Grundstücke, grundstücksgleiche Rechte, Bauten, technische Anlagen und Maschinen sowie maschinellen Anlagen usw.) der Gesellschaft ...... *[nähere Angaben zu stillen Reserven].*

cc) Das Umlaufvermögen (Vorräte, Forderungen, Wertpapiere usw.) der Gesellschaft ...... *[nähere Angaben zu stillen Reserven].*

c) Die bilanzierten Passivposten sind vollständig und ausreichend. Für die von der Gesellschaft eingegangenen Rentenverpflichtungen wurden Rückstellungen in Höhe des versicherungsmathematischen Wertes der Zusagen gebildet, wie sich aus dem diesem Bericht als Anlage 2 beigefügten Gutachten vom ...... ergibt. Nicht bilanzierte Risiken sind mir nicht bekannt.

d) Dem Formwechsel sind keine Rechtsgeschäfte vorangegangen, deren Zweck darauf gerichtet war, den Leistungsgegenstand zur Deckung der Sacheinlage bei der AG zu verwenden. Die Vermögensgegenstände, die die Sacheinlageleistung bei der AG darstellen, wurden im Rahmen des laufenden Geschäftsbetriebs der GmbH geschaffen oder erworben.

e) Als Anlage 3 übergebe ich eine Aufstellung, aus der sich die Anschaffungs- und Herstellungskosten aller von der GmbH in den beiden letzten Jahren vor der Fassung des Umwandlungsbeschlusses angeschafften oder hergestellten Vermögensgegenstände ergeben.

f) Zum Nachweis der Betriebserträge der GmbH in den letzten beiden Geschäftsjahren übergebe ich als Anlagen 4 und 5 die Jahresabschlüsse (Bilanz, Gewinn- und Verlustrechnung und Anhang) der GmbH für die Jahre...... und ...... Daraus ergibt sich, dass in dem Rumpf-Geschäftsjahr ...... nach Steuern ein Jahresüberschuss von ...... EUR und in dem Geschäftsjahr ...... nach Steuern ein Jahresüberschuss von ...... EUR erzielt wurde. Ein Verlustvortrag existiert nicht. Rückstellungen sind in dem erforderlichen Umfang gebildet worden.

g) Der in den vorgelegten Unterlagen dokumentierte positive Geschäftsverlauf kann auch für die Zukunft nachhaltig erwartet werden ...... *[nähere Angaben zu Umsatzentwicklung, Auftragsbestand, Investitionsvolumen usw.].* Aus der Relation zwischen den in der Vergangenheit erzielten Erträgen zum bilanzierten Eigenkapital, das zum ...... anzusetzen ist, lässt sich ein erheblicher good-will der GmbH ableiten.

h) Die Geschäftsentwicklung in der Zeit seit dem Stichtag des Jahresabschlusses zum ...... bis zur Erstellung dieses Gründungsberichtes ist positiv. Hierzu übergebe ich als Anlage 6 die kurzfristige Erfolgsrechnung zum ......, aus der sich ...... *[nähere Angaben]* ergeben.

i) Herr Wirtschaftsprüfer ...... hat in den als Anlage 7 beigefügten Erläuterungen zum Jahresabschluss zum ...... und zur kurzfristigen Erfolgsrechnung zum ...... zu einzelnen den Vermögenswert bestimmenden Bilanzansätzen und zur Geschäftsentwicklung des laufenden Geschäftsjahres Stellung genommen. Ich nehme hierauf Bezug.

k) Aufgrund dieser Tatsachen stelle ich fest, dass der Wert des Reinvermögens (Überschuss der Aktiva über die Passiva) der GmbH dem Grundkapital der künftigen AG, das durch diesen Wert gedeckt werden soll, mindestens voll entspricht.[87]

5. Beim Formwechsel wurden keine Aktien für Rechnung von Mitgliedern des Vorstands oder des Aufsichtsrates übernommen. Kein Mitglied des Vorstands oder des Aufsichtsrats hat sich einen besonderen Vorteil oder für den Formwechsel oder seine Vorbereitung eine Entschädigung oder Belohnung ausbedungen.[88]

6. Die Gründer haben zu Mitgliedern des Aufsichtsrates die ……, …… sowie …… und zum Abschlussprüfer für den ersten Jahresabschluss der umgewandelten AG die …… Wirtschaftsprüfungs- und Steuerberatungsgesellschaft in …… bestellt.[88]
7. Der Aufsichtsrat hat mit dem als Anlage 8 in Kopie beigefügten Beschluss vom …… Herrn B zum Mitglied des ersten Vorstandes bestellt.

……………………………………………… ………………………………………………

[Ort, Datum] *[B als Gründungsgesellschafter]*

Anlage (Sitzung des Aufsichtsrates)[89]

Die laut Umwandlungsbeschluss vom …… (UR-Nr. …… des Notars …… in ……) bestellten Mitglieder des Aufsichtsrates treten nach Annahme ihrer Bestellung zu ihrer ersten Sitzung zusammen und fassen folgende Beschlüsse:

1. Zum Vorsitzenden des Aufsichtsrates wird Herr ……, zu seinem Stellvertreter Herr …… gewählt. Beide erklären die Annahme ihrer Wahl.
2. Zum Vorstandsmitglied der Gesellschaft wird für die Dauer von fünf Jahren Herr B bestellt. Er vertritt die Gesellschaft allein. Er wird von den Beschränkungen des § 181 BGB nicht befreit.

Der Vorsitzende des Aufsichtsrates wird ermächtigt, die vom Aufsichtsrat beschlossenen Anstellungsverträge mit dem Vorstandsmitglied zu schließen.

Herr B erklärt, dass der die Bestellung zum Vorstandsmitglied annimmt.

……………………………………………… ………………………………………………

[Ort, Datum] *[…… als Aufsichtsratsvorsitzender]*

E.1.6. Gründungsprüfungsbericht[17, 96]

Als Mitglied des ersten Vorstandes habe ich, Herr B, und als Mitglieder des ersten Aufsichtsrates der Firma A-AG haben wir, die ……, …… und ……, den Hergang des Formwechsels der A-GmbH in die Rechtsform der Aktiengesellschaft in Firma A-AG geprüft und berichten darüber wie folgt:

1. Mit notarieller Urkunde vom …… (UR-Nr. …… des Notars …… in ……) wurde der Formwechsel gem. den §§ 190 ff. UmwG beschlossen und als Bestandteil des Umwandlungsbeschlusses die Satzung der AG festgestellt. Die Übernahme der Aktien erfolgte durch die Gesellschafter der GmbH. Die Mitglieder des Aufsichtsrates und der Abschlussprüfer für das erste Rumpfgeschäftsjahr wurden bestellt.
2. Mit Bericht vom …… haben die Gesellschafter der GmbH, die für den Formwechsel gestimmt haben und damit als Gründer der AG gelten, über den Hergang des Formwechsels berichtet.
3. Mit Beschluss vom …… haben die Mitglieder des Aufsichtsrates das Mitglied des Vorstandes bestellt.
4. Uns lagen ferner folgende Unterlagen vor:
   a) Jahresabschlüsse (Bilanz, Gewinn- und Verlustrechnung und Anhang) der GmbH zum …… und …… jeweils mit Erläuterungen des Wirtschaftsprüfers ……;
   b) kurzfristige Erfolgsrechnung der GmbH zum ……;
   c) Aufstellung der Anschaffungs- und Herstellungskosten aller von der GmbH in den beiden letzten Jahren vor der Fassung des Umwandlungsbeschlusses angeschafften oder hergestellten Vermögensgegenstände;
   d) Umwandlungsbericht der Geschäftsführer der GmbH;
   e) Abfindungsangebot gem. § 207 UmwG.

5. Der sich aus den vorgenannten Urkunden ergebende Hergang des Formwechsels entspricht nach unserer Prüfung den gesetzlichen Vorschriften. Insbesondere haben wir festgestellt, dass
   a) die Angaben der Gründer über die Übernahme der Aktien, über die Einlagen auf das Grundkapital und über die Festsetzungen nach den §§ 26 und 27 AktG richtig und vollständig sind.
   b) der Wert der Sacheinlagen den geringsten Ausgabebetrag der dafür zu gewährenden Aktien erreicht.
   Dies ergibt sich insbesondere daraus, dass die Bewertung des Vermögens der GmbH, mit dem der Nennbetrag der Aktien gedeckt werden soll, zu Buchwerten erfolgte, dass die in dem letzten ordentlichen Jahresabschluss der GmbH enthaltenen Buchwerte den Grundsätzen ordnungsgemäßer Buchführung entsprechen, im Eigenkapital Kapitalrücklagen von ...... EUR und Gewinnrücklagen von ...... EUR enthalten sind und darüber hinaus beweiskräftige Anhaltspunkte dafür bestehen, dass in diesen Wertansätzen stille Reserven vorhanden sind.
   Die Angaben der Gründer zum Geschäftsverlauf und zur Lage der umgewandelten GmbH halten wir für zutreffend.

....

[Ort, Datum] *[Unterschriften]*

E.1.7. Bericht der Gründungsprüfer[101]

A. Grundlagen der Prüfung

1. Vom Amtsgericht ...... wurden wir mit Beschluss vom ...... (Az.: ......) zum Gründungsprüfer für die A-AG bestellt.
   Dem Auftrag liegen die diesem Bericht als Anlage beigefügten Allgemeinen Auftragsbedingungen für Wirtschaftsprüfer und Wirtschaftsprüfungsgesellschaften vom ...... zugrunde. Dritte dürfen diesen Bericht nur auswerten, soweit sie diese Bedingungen auch gegen sich gelten lassen.
2. Für die Prüfung lagen uns folgende Unterlagen vor:
   a) Notarielle Urkunde vom ...... (UR-Nr. ...... des Notars ...... in ......) über den Formwechsel der A-GmbH in die Rechtsform der Aktiengesellschaft in Firma A-AG nach den §§ 190 ff. UmwG;
   b) Umwandlungsbericht der Geschäftsführung der GmbH;
   c) Abfindungsangebot gem. § 207 UmwG;
   d) Niederschrift über den Beschluss des ersten Aufsichtsrates der AG über die Bestellung des Mitglieds des ersten Vorstandes vom ......;
   e) Gründungsbericht des Gesellschafters der GmbH, der für den Formwechsel gestimmt hat, vom ......;
   f) Gründungsprüfungsbericht des Vorstandes und des Aufsichtsrates vom ......;
   g) Jahresabschlüsse (Bilanz, Gewinn- und Verlustrechnung, Anhang) der GmbH zum ...... und ......, jeweils mit Erläuterungen des Wirtschaftsprüfers ......;
   h) kurzfristige Erfolgsrechnung der GmbH zum ......
3. Herr B erteilte uns auf Fragen umfassende Auskunft.
4. Die Prüfung wurde in der Zeit vom ...... bis ...... durchgeführt.
5. Der Umfang unserer Prüfung ergibt sich aus § 34 AktG.

B. Ergebnisse der Prüfung

1. Der Formwechsel wurde mit notarieller Urkunde vom ...... beschlossen. In diesem Zusammenhang wurde die Satzung der AG festgestellt. Das Grundkapital beträgt

...... EUR und ist in ...... Stückaktien eingeteilt. Die Gesellschafter der GmbH haben alle Aktien gegen Sacheinlage gem. den Regelungen in der Satzung übernommen. Die Sacheinlagen waren zu leisten, indem

a) die Gesellschafter des bisherigen Rechtsträgers, der GmbH, diese formwechselnd nach den §§ 190 ff. UmwG in die Rechtsform der AG umgewandelt haben;
b) das nach Abzug der Schulden verbleibende (freie) Vermögen der GmbH mindestens dem Nennbetrag des Grundkapitals der AG entspricht;
c) die Anteile der Gesellschafter an der GmbH dem Verhältnis der Nennbeträge der von ihnen gem. Satzung übernommenen Aktien entsprechen.

2. Zu Mitgliedern des Aufsichtsrates wurden ......, ... und ...... bestellt. Diese haben Herrn B zum Mitglied des ersten Vorstandes bestellt.
3. Die Angaben der Gesellschafter, die für den Formwechsel gestimmt haben und damit als Gründer der AG gelten, der Mitglieder des Vorstandes und des Aufsichtsrates über die Übernahme der Aktien, über die Einlagen auf das Grundkapital und über die Festsetzungen nach §§ 26, 27 AktG sind richtig und vollständig.
4. Der Wert der Sacheinlagen erreicht den geringsten Ausgabebetrag der dafür zu gewährenden Aktien. Zu dieser Feststellung sind wir auf Grund folgender Umstände gekommen:
   a) Der Bewertung der Sacheinlagen wurde die ordentliche Jahresbilanz der GmbH zum ...... zugrunde gelegt. Der Wertansatz des Vermögens der GmbH erfolgte somit zu Buchwerten.
   b) Aufgrund der uns vorliegenden Unterlagen und der von uns vorgenommenen Nachfragen und Überprüfungen sind wir der Überzeugung, dass der Jahresabschluss den Grundsätzen ordnungsgemäßer Buchführung entspricht.
   c) Angesichts der andauernd guten Ertragslage der GmbH in den letzten Jahren, die auch im laufenden Geschäftsjahr anhielt, kann ein beträchtlicher good-will des umgewandelten Unternehmens angenommen werden.
5. Wir sind deshalb der Überzeugung, dass der Gesamtwert des umgewandelten Unternehmens auf keinen Fall unter dem zugrunde gelegten Buchwert liegt. Diese Aussage gilt auch für den Zeitpunkt, in dem wir diesen Bericht erstellen.

C. Bestätigungsvermerk

Nach pflichtgemäßer Prüfung gem. §§ 33 ff. AktG bestätigen wir,

1. dass die Angaben der Gründer über die Übernahme der Aktien, über die Einlagen auf das Grundkapital richtig und vollständig sind;
2. dass die Gesellschaft nach § 9 der Satzung die Kosten der Umwandlung bis zu einem Betrag von 5000.– EUR übernimmt und dass sie im Übrigen keinen Aufwand im Sinne von § 26 Abs. 2 AktG übernommen und keine Vorteile im Sinne von § 27 AktG gewährt hat;
3. dass der Wert der Sacheinlagen den Nennbetrag der dafür zu gewährenden Aktien erreicht.

....	....
[Ort, Datum]	*[Unterschriften]*

E.1.8. Schreiben an Betriebsrat[105]

A-GmbH

An den Betriebsrat der A-GmbH

Betreff: Beabsichtige Umwandlung zum Wechsel der Rechtsform der A-GmbH in eine Aktiengesellschaft gem. §§ 190 ff., 226 f., 238 ff. UmwG

Sehr geehrte Damen und Herren,

es ist beabsichtigt, in der voraussichtlich am ...... stattfindenden Gesellschafterversammlung der A-GmbH den beiliegenden Umwandlungsbeschluss in notariell beurkundeter Form zu fassen.

Ich übermittle Ihnen hiermit entsprechend § 194 Abs. 2 UmwG unter Wahrung der dort vorgeschriebenen Monatsfrist den Entwurf des Umwandlungsbeschlusses.

Wie Sie dem Entwurf entnehmen können, sind Auswirkungen auf die Arbeitnehmer und ihre Vertretungen nicht zu erwarten.

Ich bitte Sie, mir zum ordnungsgemäßen Nachweis des Empfangs dieses Schreibens bei der Anmeldung des Umwandlungsbeschlusses zum Handelsregister entsprechend § 199 UmwG die beigefügte Kopie datiert und unterschrieben zurückzureichen.

....	....
[Ort, Datum]	***[Unterschrift Geschäftsführung]***

Hiermit bestätige ich als Vorsitzende(r) des Betriebsrates der A-GmbH den Erhalt dieses Schreibens einschließlich des als Anlage beigefügten Entwurfs des Umwandlungsbeschlusses.

....	....
[Ort, Datum]	***[Unterschrift Betriebsrat]***

Handelsregisteranmeldung

E.1.9. Anmeldung zum Handelsregister der GmbH[110]

An das Amtsgericht ......
Handelsregister

HRB ......, A-GmbH

Als Geschäftsführer der A-GmbH übergebe ich:

1. **Ausfertigung des notariellen Protokolls vom ...... (UR-Nr. ...... des Notars ...... in ......) mit dem Beschluss über den Formwechsel der A-GmbH in die Rechtsform der AG und der Neufassung der Satzung der umgewandelten Gesellschaft;**
2. **Umwandlungsbericht gem. § 192 UmwG;**
3. **Nachweis über die Zuleitung des Entwurfs des Umwandlungsbeschlusses an den Betriebsrat der A-GmbH gem. § 194 Abs. 2 UmwG;**
4. **Liste mit Namen, Beruf und Wohnort der Mitglieder des Aufsichtsrates;**
5. **Urschrift des Beschlusses des Aufsichtsrats über die Bestellung von Herrn B zum Mitglied des Vorstands;**
6. **Bericht der Gesellschafter, die der Umwandlung zugestimmt haben, über den Hergang des Formwechsels (Gründungsbericht);**
7. **Prüfungsbericht der Mitglieder des Vorstandes und des Aufsichtsrates über den Hergang des Formwechsels;**
8. **Prüfungsbericht des vom Gericht bestellten Prüfers, der ...... Wirtschaftsprüfungs- und Steuerberatungsgesellschaft in ...... über den Hergang des Formwechsels;**
9. **Berechnung des Gründungsaufwandes.**

Wir, der Geschäftsführer der formwechselnden GmbH gem. § 246 Abs. 1 UmwG und die unterzeichneten Gründer, Mitglieder des Vorstandes und des Aufsichtsrates der AG gem. §§ 198, 197 UmwG, 36 Abs. 1 AktG, melden zur Eintragung an:

1. für die Gesellschaft mit beschränkter Haftung in Firma A-GmbH mit Sitz in ...... die formwechselnde Umwandlung in die neue Rechtsform Aktiengesellschaft unter der Firma A-AG mit Sitz in ...... Der Aktiengesellschaft liegt die beigefügte Satzung zugrunde. Das Grundkapital der Gesellschaft beträgt ...... EUR und ist eingeteilt in ...... Stückaktien.
2. Gründer der Gesellschaft ist Herr B.
3. Als Mitglied des Vorstandes wurde Herr B bestellt. Er vertritt die Gesellschaft allein.
4. Als Mitglieder des Aufsichtsrates wurden bestellt ......, ... und ......
5. Die abstrakte Vertretungsbefugnis der Vorstandsmitglieder ist wie folgt geregelt: Die Gesellschaft wird durch zwei Vorstandsmitglieder oder durch ein Vorstandsmitglied in Gemeinschaft mit einem Prokuristen vertreten. Ist nur ein Vorstandsmitglied bestellt, vertritt dieses die Gesellschaft allein.
   Der Aufsichtsrat kann Mitglieder des Vorstands – außer im Rahmen des § 112 AktG – von den Bestimmungen des § 181 BGB befreien sowie Alleinvertretungsbefugnis erteilen.

Herr B versichert:

Es liegen keine Umstände vor, die meiner Bestellung zum Vorstand nach § 76 Abs. 3 Satz 2 und 3 AktG entgegenstehen, insbesondere unterliege ich keiner Betreuung, unterliege also bei der Besorgung meiner Vermögensangelegenheiten weder ganz noch teilweise einem Einwilligungsvorbehalt nach § 1903 BGB, weiter ist mir weder durch gerichtliches Urteil noch durch vollziehbare Entscheidung einer Verwaltungsbehörde die Ausübung eines Berufs, Berufszweiges, Gewerbes oder Gewerbezweiges untersagt worden. Ich bin auch niemals im Inland wegen einer der nachgenannten Straftaten oder im Ausland wegen einer vergleichbaren Straftat verurteilt worden:

- nach den §§ 283 bis 283d des Strafgesetzbuches (Insolvenzstraftaten),
- nach den §§ 263 bis 264a des Strafgesetzbuches (Betrug, Computerbetrug, Subventionsbetrug, Kapitalanlagebetrug) oder nach den §§ 265b bis 266a des Strafgesetzbuches (Kreditbetrug, Untreue, Vorenthalten und Veruntreuen von Arbeitsentgelt) zu einer Freiheitsstrafe von mindestens einem Jahr,
- wegen Unterlassens der Stellung des Antrages auf Eröffnung des Insolvenzverfahrens (Insolvenzverschleppung),
- wegen falscher Angaben nach § 82 GmbHG oder § 399 AktG, wegen unrichtiger Darstellung nach § 400 AktG, § 331 HGB, § 313 UmwG oder § 17 Publizitätsgesetz.

Der Notar hat mich über meine unbeschränkte Auskunftspflicht gegenüber dem Gericht belehrt.

Der Notar hat mich auf die Haftung für falsche Angaben gem. §§ 46, 48 AktG und die Strafdrohung des § 399 AktG hingewiesen.

Wir erklären, dass eine Klage gegen die Wirksamkeit eines Umwandlungsbeschlusses nicht erhoben worden ist.

Die Geschäftsräume der umgewandelten Gesellschaft befinden sich nach wie vor in ......

....	....
[Ort, Datum]	*[Unterschrift aller Anmeldenden]*

....
[Beglaubigungsvermerk für Unterschrift und Zeichnung]

B. Grundsätzliche Anmerkungen

I. Sachverhalt

1 A-GmbH → A-AG

Der Sachverhalt ist einfach gelagert: die A-GmbH soll mittels eines Formwechsels in die A-AG umgewandelt werden, wobei ein Minderheitsgesellschafter dem Formwechsel widerspricht und die A-AG daher eigene Aktien erwerben muss.

II. Ablaufplan

2

Maßnahme	Rechtsgrundlage	Erforderlichkeit	Zuständigkeit	Formular
Entwurf Umwandlungsbeschluss und AG-Satzung	§§ 192 Abs. 1 UmwG, 23 AktG	Ja	Geschäftsführung GmbH	→ Form. E.1.1 u. → Form. E.1.2
Erstellung Umwandlungsbericht	§ 192 Abs. 1 UmwG	Ja, wenn nicht Alleingesellschafter oder Verzicht aller Gesellschafter	Geschäftsführung GmbH	→ Form. E.1.3
Schreiben an Betriebsrat	§ 194 Abs. 2 UmwG	Ja, wenn vorhanden	Geschäftsführung GmbH	→ Form. E.1.8
Einladung zur Gesellschafterversammlung	§§ 49 GmbHG, 193 Abs. 1 UmwG	Ja	Geschäftsführung GmbH	
Barabfindungsangebot	§ 207 UmwG	Ja, wenn kein Verzicht	Geschäftsführung GmbH	→ Form. E.1.4
Bestellung Prüfer des Barabfindungsangebotes	§§ 208, 30, 10 UmwG	Ja, wenn kein Verzicht	Geschäftsführung GmbH oder Gericht	
Prüfung der Angemessenheit des Barabfindungsangebotes	§§ 208, 30 UmwG	Ja, wenn kein Verzicht	bestellte Prüfer	
Umwandlungsbeschluss	§ 193 Abs. 1 UmwG	Ja	Gesellschafter	→ Form. E.1.1
Feststellung der Satzung	§ 23 AktG	Ja	Gesellschafter	→ Form. E.1.2
Bestellung Aufsichtsrat	§ 101 AktG	Ja	Gesellschafter	
Bestellung Gründungsprüfer	§ 33 Abs. 3 AktG	Ja	Gericht	
Bestellung Vorstand	§ 84 AktG	Ja	Aufsichtsrat	Anl. zu → Form. E.1.5
Erstellung Gründungsbericht	§ 32 AktG	Ja	Gründer	→ Form. E.1.5
Erstellung Gründungsprüfungsbericht	§§ 33 Abs. 1, 34 Abs. 2 AktG	Ja	Vorstand und Aufsichtsrat	→ Form. E.1.6
Erstellung Bericht der Gründungsprüfer	§§ 33 Abs. 2, 34 Abs. 2 AktG	Ja	Gründungsprüfer	→ Form. E.1.7
Handelsregisteranmeldung	§§ 198, 246, 197 UmwG, 36 Abs. 1 AktG	Ja	Geschäftsführung GmbH, Gründer, Vorstand und Aufsichtsrat	→ Form. E.1.9
Eintragung Handelsregister	§§ 201, 202 UmwG, 10 HGB	Ja	Gericht	

III. Wirtschaftliche Vertragsziele

3 **Motive** und **Anlass** für einen **Formwechsel** sind in der Praxis so zahlreich, dass sie nicht abschließend aufgezählt oder auch nur klassifiziert werden können. War früher der Formwechsel von einer GmbH in eine AG eher selten, gehört er heute, insbesondere bei Internet- und EDV-Unternehmen, zu den am häufigsten vorkommenden Umwandlungen.

In erster Linie dient er der Vorbereitung auf einen geplanten Börsengang (HMB/*Stengel* UmwStG Einf. A Rn. 259; SSt/*Schwanna* UmwG § 190 Rn. 7; Lutter/*Decher* UmwG Vor § 190 Rn. 18). Aber auch weitere Motive sind denkbar, so etwa bei der Strukturierung der Unternehmensnachfolge die gewollte Abkoppelung der Geschäftsführung von dem unmittelbaren Weisungsrecht der Gesellschafter oder die Gewinnung eines unabhängigen Fremdmanagements (Lutter/*Decher* UmwG Vor § 190 Rn. 18; SSt/*Schwanna* UmwG § 190 Rn. 5, 7).

Die Sicherstellung des Kapitalbedarfs, die Beschaffung von venture capital oder andere Formen der privaten Unternehmensfinanzierung können ebenso Anlass für einen solchen Formwechsel sein (Lutter/*Lutter* UmwG Einl. I Rn. 2; Lutter/*Decher* UmwG Vor § 190 Rn. 18; SSt/*Schwanna* UmwG § 190 Rn. 7) wie auch die besseren Möglichkeiten einer Mitarbeiterbeteiligung über so genannte Stock-Options-Programme.

einstweilen frei **4, 5**

IV. Zivil-, Handels- und Gesellschaftsrecht

Die **Möglichkeiten** des **Formwechsels** einer Kapitalgesellschaft nach dem UmwG **6** ergeben sich aus § 226 UmwG. Danach stehen für die Kapitalgesellschaft alle Möglichkeiten des § 191 Abs. 2 UmwG offen, also die Umwandlung in eine Gesellschaft bürgerlichen Rechts, in eine Personenhandels- oder Partnerschaftsgesellschaft, in eine andere Kapitalgesellschaft oder in eine eingetragene Genossenschaft (SHS/*Westerburg* UmwG § 226 Rn. 1; WM/*Vossius* UmwG § 226 Rn. 7; SBB/*Sagasser/Luke* § 26 Rn. 19; SSt/*Ihrig* UmwG § 226 Rn. 2; UmwSt-Erl. 2011, BMF v. 11.11.2011, BStBl. I 2011, 1314 Tz. 01.12). Dies bedeutet jedoch nicht, dass eine Umwandlung einer Kapitalgesellschaft auf eine andere Weise nicht möglich wäre. Diese Umwandlung richtet sich jedoch nicht nach dem UmwG, sondern ist zB auf dem Weg der Anwachsung, Einbringung oder Totalausgliederung vorstellbar (WM/*Vossius* UmwG § 226 Rn. 13ff.; Lutter/*Decher* UmwG § 190 Rn. 15; HMB/*Stengel* UmwStG Einf. A Rn. 57ff.).

Auf den **Formwechsel** einer **GmbH** in eine **AG** sind die §§ 190–213, 226 und **7** 238–250 UmwG anzuwenden (SHS/*Winter* UmwG Einf. Rn. 20; WM/*Rieger* UmwG Vor §§ 238–250 Rn. 2; SBB/*Sagasser/Luke* § 26 Rn. 3; SSt/*Schwanna* UmwG § 191 Rn. 15). Gesellschaftsrechtlich erweist sich diese Umwandlung deshalb als anspruchsvoll, weil die aktienrechtlichen Gründungsvorschriften zu beachten sind (HMB/*Stengel* UmwStG Einf. A Rn. 259a). Dies sind unter anderem die Form der notariellen Beurkundung für die Feststellung der Satzung und das Errichtungsprotokoll, die Festlegung der Form und des Ausgabebetrages der Aktien, die Bestellung des Aufsichtsrates und – unter den Voraussetzungen des § 33 Abs. 2 AktG – der Gründungsprüfer sowie schließlich die Bestellung des Vorstandes durch den Aufsichtsrat. Über die Verweisung des § 197 UmwG ist auch § 36 Abs. 1 AktG hinsichtlich der anmeldepflichtigen Personen (Gründer, Mitglieder des Vorstands und des Aufsichtsrates) zu beachten; nur § 37 Abs. 1 AktG ist kraft ausdrücklicher Regelung in § 246 Abs. 3 UmwG ausgenommen. Schließlich sind bei einer Sachgründung, wie dies eine Umwandlung ist, die speziellen Regelungen über die Sacheinlagen und den zu erstellenden Gründungsbericht einzuhalten.

Die entsprechenden Regelungen über den Formwechsel von Kapitalgesellschaft in Kapitalgesellschaft fanden sich daher früher auch in §§ 362ff. AktG und wurden erst im Zuge der Vereinheitlichung in das neue UmwG von 1994 übernommen (SSt/*Stengel* UmwG Einl. A Rn. 11ff; WM/*Rieger* UmwG Vor §§ 238–250 Rn. 6).

Voraussetzung für die Durchführung eines Formwechsels von einer GmbH in eine **8** AG ist die **Erstellung eines Umwandlungsberichtes,** der eine ausführliche rechtliche und wirtschaftliche Erläuterung sowie Begründung der beabsichtigten Umwandlung enthält – § 192 Abs. 1 UmwG. Hierzu zählt auch das künftige Beteiligungsverhältnis der Gesellschafter. Sich aus der Umwandlung ergebende qualitative Änderungen der Beteiligungsrechte, wie etwa der Wegfall des Weisungsrechtes gegenüber der Geschäftsführung – dem Vorstand – beim Formwechsel von der GmbH in die AG, müssen dagegen im Umwandlungsbericht nicht ausdrücklich erläutert werden (SBB/*Sagasser/Luke* § 26 Rn. 61; SSt/*Bärwaldt* UmwG § 192 Rn. 10).

Notwendiger Bestandteil des Umwandlungsberichtes ist der Entwurf des zu fassenden Umwandlungsbeschlusses – § 192 Abs. 1 Satz 3 UmwG – einschließlich des Entwurfs der festzustellenden Satzung der zukünftigen AG – §§ 243 Abs. 1, 218 Abs. 1 UmwG.

9 Der **Umwandlungsbeschluss** kann nur in einer Versammlung der Anteilsinhaber gefasst werden – § 193 Abs. 1 Satz 2 UmwG. Diese Vorschrift ist, da es sich um eine Grundentscheidung handelt, zwingend. Von ihr kann nicht durch eine anders lautende Satzungsregelung abgewichen werden (WM/*Vollrath* UmwG § 193 Rn. 20; SSt/*Bärwaldt* UmwG § 193 Rn. 8). Beschlüsse außerhalb einer Versammlung, etwa in einem anderweitig häufig zugelassenen Umlaufverfahren, sind unbeachtlich, ebenso außerhalb einer Versammlung abgegebene Zustimmungserklärungen (Lutter/*Decher* UmwG § 193 Rn. 3; SHS/*Winter* UmwG § 193 Rn. 3; SBB/*Sagasser/Luke* § 26 Rn. 36). Zulässig ist jedoch die Stellvertretung in der Gesellschafterversammlung bei der Beschlussfassung, soweit Gesetz oder Gesellschaftsvertrag dies erlauben (Lutter/*Decher* UmwG § 193 Rn. 4; SHS/*Winter* UmwG § 193 Rn. 8; WM/*Vollrath* UmwG § 193 Rn. 23; SSt/*Bärwaldt* UmwG § 193 Rn. 8).

Der Umwandlungsbeschluss bedarf nach § 193 Abs. 3 Satz 1 UmwG der **notariellen Beurkundung** ebenso wie etwaige nach dem UmwG erforderliche Zustimmungserklärungen einzelner Anteilsinhaber. Derartige Zustimmungserfordernisse ergeben sich bei der Umwandlung einer GmbH insbesondere aus § 193 Abs. 2 UmwG iVm. den häufig anzutreffenden Vinkulierungsklauseln in dem Gesellschaftsvertrag (Lutter/*Decher* UmwG § 193 Rn. 12; SBB/*Sagasser/Luke* § 26 Rn. 63) sowie aus gesetzlichen Spezialregelungen, beim Formwechsel einer GmbH in eine AG vor allem aus § 241 UmwG (SSt/*Bärwaldt* UmwG § 193 Rn. 26). Die notarielle Beurkundung der Zustimmungserklärungen erfordert die für die Beurkundung von Willenserklärungen vorgeschriebene Form (§§ 8 ff. BeurkG); das nur vom Notar unterschriebene Wahrnehmungs-(Tatsachen-)Protokoll nach §§ 36 ff. BeurkG wahrt die Form nicht. Der Umwandlungsbeschluss selbst kann dagegen auch im Wege der Wahrnehmungsbeurkundung nach §§ 36 ff. BeurkG beurkundet werden (Kallmeyer/*Zimmermann* UmwG § 193 Rn. 28).h. w.

10 Ob bei einer **Stellvertretung** bei der Beschlussfassung oder der Zustimmungserklärung die Vollmacht der notariellen Beurkundung oder wenigstens der notariellen Beglaubigung bedarf, ist streitig. Die einen lehnen dies für beide Alternativen unter Hinweis auf § 167 Abs. 2 BGB ab und begnügen sich mit einer ggf. vom Gesellschaftsrecht vorgeschriebenen Spezialform, wie etwa der Textform für die AG, § 134 Abs. 3 Satz 3 AktG, und die GmbH, §§ 47 Abs. 3 GmbHG, jeweils iVm. § 126b BGB (Lutter/*Decher/Hoger* UmwG § 193 Rn. 4). Die Gegenmeinung betont, eine notarielle Beglaubigung sei dann erforderlich, wenn eine Zustimmung gem. § 193 Abs. 3 UmwG durch einen Vertreter erklärt werden solle, das gesetzliche Erfordernis könne nicht über § 167 Abs. 2 BGB unterlaufen werden (SHS/*Winter* UmwG § 193 Rn. 8; WM/*Vollrath* UmwG § 193 Rn. 24 f.). Im Übrigen unterliege die Vollmacht nur etwaigen spezialgesetzlichen Formvorschriften (SHS/*Winter* UmwG § 193 Rn. 8; WM/*Vollrath* UmwG § 193 Rn. 24 u. 26). Da § 167 Abs. 2 BGB für alle Arten von Vollmachten gilt, deren Form nicht spezialgesetzlich geregelt ist, sollte der Streit nach den allgemein gefundenen Kriterien entschieden werden. Danach bedarf die Vollmacht entgegen § 167 Abs. 2 BGB dann der Form des Grundgeschäftes, wenn der Vertretene durch sie selbst in der gleichen Weise gebunden wird, wie durch das Grundgeschäft. Dies ist in der Regel nur bei unwiderruflichen Vollmachten der Fall (vgl. Palandt/*Ellenberger* BGB § 167 Rn. 2 mwN). Unwiderrufliche Vollmachten für Zustimmungs-

erklärungen nach § 193 Abs. 3 UmwG bedürfen daher der notariellen Beurkundung. Des Weiteren bedürfen wegen des Verweises von § 197 Satz 1 UmwG auf die Gründungsvorschriften und damit auf § 23 Abs. 1 Satz 2 AktG zumindest die Vollmachten solcher Personen, die für den Formwechsel stimmen und damit gemäß § 245 Abs. 1 Satz 1 UmwG als Gründer gelten, gemäß § 23 Abs. 1 Satz 2 AktG der notariellen Beglaubigung (WM/*Vollrath* UmwG § 193 Rn. 24; *Melchior* GmbHR 1999, 520). Dasselbe gilt für solche Personen, die zwar nicht für den Formwechsel gestimmt haben, aber eine notwendige Zustimmungserklärung (zB als Nebenleistungsverpflichtete gemäß § 241 Abs. 3 UmwG) erteilen: Dieser Personenkreis zählt ebenfalls zu den Gründern (so richtig und mit gewichtigen Gründen WM/*Rieger* UmwG § 245 Rn. 28f.). Im Übrigen bedürfen Vollmachten nur der Textform nach §§ 134 Abs. 3 Satz 3 AktG, 126b BGB bzw. §§ 47 Abs. 3 GmbH, 126b BGB. Gleichwohl sollte im Hinblick auf § 193 Abs. 3 UmwG derzeit zur Vermeidung von Schwierigkeiten nach Möglichkeit die notarielle Beurkundung der Vollmacht gewählt werden.

Ob auch der **Entwurf** eines **Abfindungsangebotes** nach § 207 UmwG für die 11
Gesellschafter, die dem Formwechsel widersprechen, notwendiger Inhalt bereits des Umwandlungsberichtes ist, wird als streitig bezeichnet (SHS/*Winter* UmwG § 192 Rn. 15). Eine gesetzliche Regelung fehlt. In § 192 Abs. 1 Satz 2 UmwG wird ausdrücklich nicht auf § 8 Abs. 1 Satz 1 UmwG verwiesen. Der Streit geht im Ergebnis jedoch nicht darum, ob das Barabfindungsangebot im Umwandlungsbericht vorgestellt und erläutert werden muss, sondern nur um die Frage, welche rechtlichen Auswirkungen ein fehlendes oder ungenügend erläutertes Angebot hat. Die überwiegende Auffassung in der Literatur sowie das KG Berlin (Urteil v. 27.11.1998, 14 U 2892/97, DB 1999, 86) betonen die Pflicht zur ausführlichen Berichterstattung und vertreten die Auffassung, ein ungenügend begründeter Entwurf des Barabfindungsangebotes führe zur möglichen Anfechtung des Umwandlungsbeschlusses (vgl. SHS/*Stratz* UmwG § 192 Rn. 15 mwN). Der BGH hat in zwei Entscheidungen eine andere Auffassung vertreten (BGH v. 18.12.2000, II ZR 1/99, ZIP 2001, 199; v. 29.1.2001, II ZR 368/98, GmbHR 2001, 247; vgl. auch WM/*Mayer* UmwG § 192 Rn. 44). Danach ist bei einem hinsichtlich des Barabfindungsangebotes ungenügenden Gründungsbericht der mögliche Kläger nicht zur Anfechtung berechtigt, sondern gem. § 1 Nr. 4 SpruchG auf das Spruchverfahren nach § 212 UmwG iVm. SpruchG verwiesen, er kann mithin nur die Höhe des Barabfindungsangebotes durch das Gericht überprüfen lassen. Auch der BGH betont jedoch nachdrücklich, dass in dem „zu erstattenden Umwandlungsbericht die Barabfindung, die nach § 207 UmwG … angeboten werden muss, … rechtlich und wirtschaftlich zu erläutern und zu begründen ist" (BGH v. 29.1.2001, II ZR 368/98, GmbHR 2001, 247; vgl. BGH v. 18.12.2000, II ZR 1/99, ZIP 2001, 199; vgl. auch WM/*Mayer* UmwG § 192 Rn. 44). Die Auffassung des BGH führt in der Praxis zu dem wünschenswerten Ergebnis, dass eine mögliche Rechtsunsicherheit hinsichtlich der Wirksamkeit des Formwechsels vermieden wird, gibt aber andererseits den Organen des Rechtsträgers die Möglichkeit, den Gesellschaftern ohne die Folge einer drohenden Unwirksamkeit Informationen über die geplante Maßnahme vorzuenthalten, die diese als Grundlage für ihre Entscheidung über die Annahme eines Barabfindungsangebotes oder das Einleiten eines Spruchverfahrens eigentlich bräuchten (SSt/*Bärwaldt* UmwG § 210 Rn. 5 mwN; HMB/*Greve* § 9 Rn. 24).

Der **Widerspruch** der **Gesellschafter,** die von einem Barabfindungsangebot Ge- 12
brauch machen wollen, muss zur Niederschrift des Notars über den Formwechselbeschluss erklärt werden – § 207 UmwG. Ob die Gesellschafter, die nicht Anteilsinhaber der umgewandelten Gesellschaft sein wollen, auch gegen den Umwandlungsbeschluss stimmen müssen, ist streitig (vgl. SHS/*Winter* UmwG § 207 Rn. 4; WM/*Wälzholz* UmwG § 207 Rn. 11; SSt/*Kalss* UmwG § 207 Rn. 7).

Die Befürworter der Verknüpfung berufen sich auf § 194 Abs. 1 Nr. 6 UmwG. Danach ist ein Barabfindungsangebot nicht erforderlich, wenn es nur einen Anteilsinhaber gibt oder Einstimmigkeit bei der Beschlussfassung über den Formwechsel erforderlich ist. Wenn aber der Gesetzgeber kein Barabfindungsangebot für erforderlich halte, wenn alle zwingend für die Umwandlung stimmen müssten, um sie zu ermöglichen, so heiße dies, dass derjenige, der von einer Barabfindung Gebrauch machen will, auch gegen den Formwechsel stimmen müsse (SHS/*Winter* UmwG § 207 Rn. 4; WM/*Wälzholz* UmwG § 207 Rn. 11; SSt/*Kalss* UmwG § 207 Rn. 7, Rn. 39; Lutter/*Decher/Hoger* UmwG § 207 Rn. 8; Lutter/*Bayer* UmwG § 122i Rn. 9). Ein weiteres Argument ergibt sich für die Befürworter dieser Ansicht bei der Umwandlung einer Personenhandelsgesellschaft in eine Kapitalgesellschaft insbesondere aus dem Zusammenspiel der §§ 217, 225 UmwG. Danach ist in der Regel eine Zustimmung aller Gesellschafter der Personenhandelsgesellschaft für den Formwechsel erforderlich – § 217 Abs. 1 UmwG. Der Gesellschaftsvertrag kann eine Mehrheitsentscheidung zulassen – § 217 Abs. 1 Satz 2 UmwG. Für diesen Fall aber ist die den ausscheidenden Gesellschafter schützende notwendige Prüfung des Abfindungsangebotes nur erforderlich, wenn dieser sie verlangt – § 225 UmwG. Man könnte daher die Intention des Gesetzgebers dahin verstehen, dass dieser sich ein Abfindungsangebot nur dann vorstellen konnte, wenn es auch Gesellschafter geben kann, die gegen den Formwechsel stimmen (vgl. Lutter/*Joost* UmwG § 225 Rn. 2; WM/*Vossius* UmwG § 225 Rn. 1).

Die Gegenansicht beruft sich darauf, dass es sehr wohl Fälle geben könne, in denen ein Anteilsinhaber aus Gründen des Allgemeininteresses für den Formwechsel stimme, etwa um das erforderliche Quorum erreichen zu können, selbst aber im Eigeninteresse vom Barabfindungsangebot Gebrauch zu machen wünsche (Kallmeyer/*Marsch-Barner* UmwG § 29 Rn. 13; Kallmeyer/*Meister/Klöcker* UmwG § 207 Rn. 15; SSt/*Drinhausen* UmwG § 122i Rn. 5; Lutter/*Grunewald* UmwG § 29 Rn. 11; SBB/*Sagasser/Luke* § 26 Rn. 68). Es könne sogar, wenn auch nur in absoluten Ausnahmefällen, eine Rechtspflicht zur Zustimmung zu einem Formwechsel geben (vgl. WM/*Vossius* UmwG § 217 Rn. 38 ff.).

Auch wenn den Befürwortern der Verknüpfung zuzugeben ist, dass das Argument aus § 194 Abs. 1 Nr. 6 UmwG bzw. aus §§ 217, 225 UmwG ein **Indiz** ist, ist ihnen formal entgegenzuhalten, dass der Gesetzgeber in § 207 UmwG die Voraussetzungen für ein zu machendes Barabfindungsangebot normiert hat und hier die Notwendigkeit, gegen die Umwandlung zu stimmen, eben nicht vorgeschrieben ist. Außerdem sollte den Anteilsinhabern so viel Flexibilität und Gestaltungsspielraum wie möglich gegeben werden. Auseinanderfallende Interessenlagen des einzelnen Gesellschafters und einer (Teil-)Gesamtheit sind sehr wohl vorstellbar, insbesondere in Unternehmen mit unterschiedlichen Familienstämmen. Auch die ausnahmsweise bestehende Zustimmungspflicht spricht gegen eine Verknüpfung von Ablehnung und Abfindung, damit die Eigeninteressen des verpflichteten Gesellschafters gewahrt bleiben. Es ist daher der Ansicht zuzustimmen, die einer Verknüpfung von Widerspruch und Ablehnung entgegentritt.

13 Die zukünftige AG hat nur innerhalb der **Grenze** des **§ 71 Abs. 2 Satz 1 AktG,** also bis zu maximal 10% des Grundkapitals, die Möglichkeit zum Erwerb eigener Aktien. Aus diesem Grund sieht das Formular eine Beteiligung des zustimmenden Herrn B von (zumindest) 90% vor. Grundsätzlich ist der Erwerb eigener Aktien im Rahmen eines Formwechsels zulässig. § 71 Abs. 1 Nr. 3 AktG nimmt ausdrücklich Bezug auf § 207 UmwG (vgl. Hüffer/*Koch* AktG § 71 Rn. 15; MünchKomm/*Oechsler,* AktG § 71 Rn. 168; Spindler/Stilz/*Cahn* AktG § 71 Rn. 71, 70). Ist absehbar, dass Gesellschafter mit einer Beteiligung von (zusammen) mehr als 10% gegen den Formwechsel stimmen werden, muss der Beschluss unterbleiben (MünchKomm/*Oechsler,* AktG § 71 Rn. 167 f.). Zwar ergibt sich aus der Gesetzesbegründung, dass der Gesetzgeber die Nichtigkeit eines gegen § 71 Abs. 2 Satz 1 AktG verstoßenden schuldrechtlichen Geschäfts (§ 71 Abs. 4 Satz 2 AktG) für den Umwandlungsfall angeblich außer Kraft setzen wollte (BR-Drs. 75/94, 146). Ein in Kenntnis des sich verwirklichenden Über-

schreitens der Grenze des § 71 Abs. 2 Satz 1 AktG vorgenommenes Geschäft würde jedoch den Schutz der Gläubiger der Gesellschaft bewusst gefährden und deshalb gegen § 241 Nr. 3 AktG verstoßen. Für diesen Fall muss es bei der Nichtigkeit des Beschlusses verbleiben (MünchKomm/*Oechsler,* AktG § 71 Rn. 167f.). Bei der Formulierung der Gesetzesbegründung handelt es sich mE um ein Versehen (aA *Schwedhelm* Rn. 628). Ergibt sich ein nicht absehbarer Verstoß gegen § 71 Abs. 2 Satz 1 AktG erst im Nachhinein, so bleibt es bei der Rechtswirksamkeit des Beschlusses und die Regelung des § 71 Abs. 4 Satz 1 AktG findet Anwendung (MünchKomm/*Oechsler,* AktG § 71 Rn. 167f.).

Eine weitere **Beschränkung** ergibt sich aus **§ 71 Abs. 2 Satz 2 AktG.** Danach müsste die AG theoretisch in der Lage sein, eine Rücklage in Höhe der Aufwendungen für den Erwerb eigener Anteile zu bilden (vgl. Hüffer/*Koch* AktG § 71 Rn. 21a; Spindler/Stilz/*Cahn* AktG § 71 Rn. 225; Henssler/Strohn/*Lange* AktG § 71 Rn. 16), wobei die Rücklage aus frei verfügbaren Mitteln, also in erster Linie aus freien Gewinnrücklagen zu bilden wäre (vgl. Hüffer/*Koch* AktG § 71 Rn. 21a; Spindler/Stilz/*Cahn* AktG § 71 Rn. 225; Henssler/Strohn/*Lange* AktG § 71 Rn. 16). Hierbei handelt es sich um eine fiktive Rücklage, denn die echte Bildung einer Rücklage nach § 272 Abs. 4 Satz 4 HGB aF ist durch das BilMoG v. 28.5.2009 (BGBl. I 2009, 1102) abgeschafft worden (vgl. Hüffer/*Koch* AktG § 71 Rn. 21a; Spindler/Stilz/*Cahn* AktG § 71 Rn. 222). Nunmehr ist der Erwerb eigener Anteile nach § 272 Abs. 1a HGB ausschließlich auf der Passivseite auszuweisen und zwar in Höhe der Nennbeträge der Aktien durch offenen Abzug vom Posten „gezeichnetes Kapital" und der Unterschiedsbetrag zwischen dem Nennwert und den Anschaffungskosten durch Verrechnung mit den frei verfügbaren Rücklagen (vgl. Hüffer/*Koch* AktG § 71 Rn. 21a; Spindler/Stilz/*Cahn* AktG § 71 Rn. 223). So sieht es das Formular vor. Sind keine ausreichenden Gewinnrücklagen verfügbar und ist die fiktive Rücklagenbildung auch auf andere Weise nicht möglich, so muss im Rahmen des Formwechsels das Grundkapital der AG entsprechend geringer angesetzt und die Differenz zum Kapital der GmbH dann in die freien Rücklagen eingestellt bzw. zur Verrechnung bereit gehalten werden.

Nach dem bis April 2007 geltenden Recht war bei einem Formwechsel eine **Vermögensaufstellung,** in der die Aktiva und Passiva mit ihrem wirklichen Wert anzusetzen waren, aufzustellen, § 192 Abs. 2 UmwG aF. § 238 Satz 2 UmwG aF sah bei dem Formwechsel von einer Kapitalgesellschaft in eine andere Kapitalgesellschaft hiervon eine Ausnahme vor. Beide Regelungen sind durch das Zweite Gesetz zur Änderung des UmwG v. 19.4.2007 (BGBl. I 2007, 542) aufgehoben worden. Zu Recht wird in der Begründung zum Regierungsentwurf darauf hingewiesen, dass der Nachweis der Werthaltigkeit ohnehin vorgeschrieben sei, da § 197 Abs. 1 UmwG die Anwendung der Gründungsvorschriften vorschreibe (BT-Drs. 16/2919, 19). **14**

Über §§ 208, 30 Abs. 2 UmwG ist zudem die **Prüfung** der **Angemessenheit** des **Barabfindungsangebotes** zwingend vorgeschrieben. Damit wird auch hierüber eine Prüfung der Vermögenslage des formwechselnden Rechtsträgers vorgeschrieben. Damit würde indirekt doch eine Prüfung der Vermögenslage des formwechselnden Rechtsträgers vorgeschrieben (SHS/*Winter* UmwG § 208 Rn. 1; SSt/*Zeidler* UmwG § 208 Rn. 8; BT-Drs. 16/2919, 19). Die Anteilsinhaber können allerdings, um diese aufwändigen und kostenträchtigen Maßnahmen zu vermeiden, auf die Prüfung oder den Prüfungsbericht nach § 208, § 30 Abs. 2 Satz 3 UmwG verzichten (Lutter/*Grunewald* UmwG § 30 Rn. 8, 9; WM/*Wälzholz* UmwG § 30 Rn. 45; SSt/*Zeidler* UmwG § 208 Rn. 8). Unter diesen Umständen ist es folgerichtig, den Gesellschaftern insbesondere dann, wenn alle vollständig in der Gesellschaft verbleiben wollen, über den Wortlaut von § 30 Abs. 2 Satz 3 UmwG hinaus auch den Verzicht auf das Barabfindungsangebot nach § 207 UmwG als solches zu ermöglichen (Lutter/*Decher/Hoger* UmwG § 207 Rn. 22; WM/*Wälzholz* UmwG § 207 Rn. 34). Der Verzicht ist gem. **15**

§ 30 Abs. 2 Satz 3 UmwG notariell zu beurkunden (Lutter/*Decher/Hoger* UmwG § 207 Rn. 22; SSt/*Kalss* UmwG § 207 Rn. 17, nunmehr auch WM/*Wälzholz* UmwG § 207 Rn. 34) in der für Willenserklärungen vorgeschriebenen Form (§§ 8ff. BeurkG, → Rn. 9). Bei einem Hinausgehen über den engen Wortlaut des § 30 UmwG ist die Sicherungsfunktion einer notariellen Beurkundung besonders wichtig und muss daher auch für den weitergehenden Verzicht Anwendung finden.

Die Bestellung der Prüfer erfolgt nach § 10 Abs. 1 UmwG auf Antrag des Geschäftsführers der formwechselnden GmbH zwingend durch das Gericht (vgl. SSt/*Zeidler* UmwG § 10 Rn. 4). Die Kosten der Prüfung, insbesondere die Vergütung der Prüfer werden gem. § 10 Abs. 1 UmwG auf Antrag vom Gericht festgesetzt, wenn sich die Prüfer nicht, wie in der Regel, zuvor mit der formwechselnden Gesellschaft auf ein Honorar verständigt haben (Lutter/*Drygala* UmwG § 10 Rn. 24; SSt/*Zeidler* UmwG § 10 Rn. 16).

16 Das Formular geht davon aus, dass das neue **Beteiligungsverhältnis in der AG** dem an der GmbH entspricht. Hiervon kann nach den Regelungen des § 243 Abs. 2 und 3 UmwG abgewichen werden. Hierbei sind allerdings die entsprechenden allgemeinen Vorschriften – im vorliegenden Fall die des AktG – zu beachten. Soll der Gesamtnennbetrag verändert werden, ist eine Kapitalherabsetzung bzw. Kapitalerhöhung nach §§ 222ff. AktG bzw. §§ 182ff. AktG durchzuführen (vgl. SHS/*Westerburg* UmwG § 243 Rn. 6; WM/*Rieger* UmwG § 243 Rn. 57ff.). Sollen die Beteiligungsverhältnisse verändert werden, kann dies nur mit Zustimmung aller benachteiligten Gesellschafter entsprechend § 241 Abs. 1 UmwG erfolgen (SHS/*Westerburg* UmwG § 243 Rn. 8). Bei der Umwandlung in eine AG kann sich das Zustimmungserfordernis nach § 241 Abs. 1 UmwG auch aus der Stückelung der Aktien bzw. deren Nennbetrag ergeben, wenn diese möglicherweise nicht den Mindestsummen des § 8 Abs. 2 bzw. 3 AktG entsprechen (SHS/*Westerburg* UmwG § 241 Rn. 2ff.; WM/*Rieger* UmwG § 243 Rn. 46). Zu beachten ist aber, dass eine Veränderung der Beteiligungsverhältnisse schenkungsteuerrechtliche Konsequenzen haben kann (vgl. *Viskorf* ZEV 2014, 633).

17 Schließlich bedarf es eines **Berichtes der Gründer** über den Gang der Gründung der AG, eines Berichtes von Vorstand und Aufsichtsrat über die Prüfung der Ordnungsmäßigkeit der Gründung und des Berichtes eines vom zuständigen Amtsgericht eingesetzten Gründungsprüfers. Da es sich bei einem Formwechsel um eine Sachgründung iSd. § 33 Abs. 2 Nr. 4 AktG handelt, kommt eine Prüfung durch den beurkundenden Notar nach § 33 Abs. 3 AktG nicht in Betracht. Ein Verzicht auf eine externe Prüfung gem. § 33a Abs. 1 Nr. 2 AktG dürfte eine absolute Ausnahme sein.

Im Anschluss an die Gründungsprüfung kann unter Vorlage der erforderlichen Dokumente in Ausfertigung bzw. im Original die Handelsregisteranmeldung erfolgen.

18 Mit der **Eintragung im HR** ist die AG entstanden (SBB/*Sagasser/Luke* § 26 Rn. 109). Die Eintragung wirkt unabhängig von etwaigen Mängeln des Formwechsels konstitutiv, § 202 UmwG. Benachteiligte sind auf eventuelle Schadenersatzansprüche verwiesen. Verantwortlich sind die jeweils handelnden Personen, in erster Linie also die Geschäftsführung der GmbH (Lutter/*Decher/Hoger* UmwG § 205 Rn. 2; Lutter/*Grunewald* UmwG § 25 Rn. 3; SHS/*Winter* UmwG § 205 Rn. 4f). Daneben besteht die gesetzlich geregelte Verantwortlichkeit der Gründer aus § 46 AktG. In Betracht kommt zum Beispiel aber auch eine Haftung von Vorstand und Aufsichtsrat der AG sowie der Gründungsprüfer für die von ihnen zu verantwortenden Prüfungsberichte, §§ 48, 49 AktG.

19 **Nach Gründung der AG** gelten die allgemeinen Regelungen für Aktiengesellschaften. Für die Anfangsphase ist dabei besonders auf die Vorschrift über die Nachgründung, § 52 AktG, hinzuweisen, die allerdings gemäß § 245 Abs. 1 Satz 3 UmwG idF des Zweiten Gesetzes zur Änderung des UmwG v. 19.4.2007 (BGBl. I 2007, 542) nur dann anzuwenden ist, wenn die GmbH im Zeitpunkt des Wirksamwerdens des Formwechsels erst kürzer als zwei Jahre im Handelsregister eingetragen war (s. *Mayer/Weiler* DB 2007, 1291; *SSt/Scheel* § 245 Rn. 65ff.). Der Vorschlag im Formular geht von einer kürzer als zwei Jahre bestehenden Eintragung der GmbH aus und entspricht der seit 2000 geltenden Regelung des § 52 AktG: Diese erfolgte als eine der wesentlichen Änderungen durch das Namensaktiengesetz v. 18.1.2001 (BGBl. I 2001, 123) rückwirkend zum 1.1.2000. Die Norm, die vor allem jungen Gesellschaften in der Vergangenheit erhebliche Probleme bereitete, wurde in ihren Voraussetzungen entschärft.

Nach der Gesetzesfassung seit 2000 müssen solche Verträge der Gesellschaft nur noch dann durch die Hauptversammlung genehmigt und in das Handelsregister eingetragen werden, wenn sie mit Gründern oder mit mehr als 10% am Grundkapital der Gesellschaft beteiligten Aktionären abgeschlossen werden und seit 2007 ferner die GmbH im Zeitpunkt des Wirksamwerdens des Formwechsels erst kürzer als zwei Jahre im Handelsregister eingetragen war.

einstweilen frei **20–24**

V. Handelsbilanzrecht

Sowohl handelsbilanz- wie auch steuerbilanzrechtlich (→ Rn. 28) ist der Formwechsel von der GmbH in die AG **problemlos.** Da lediglich ein Wechsel der Rechtsform erfolgt, die wirtschaftliche Identität des Rechtsträgers aber erhalten bleibt, ist weder ein Bilanzstichtag für die Umwandlung zu bestimmen, noch sind handelsrechtlich eine Schluss- oder eine Eröffnungsbilanz aufzustellen (WM/*Widmann* UmwG § 24 Rn. 196ff.; WM/*Rieger* UmwG § 245 Rn. 96; SBB/*Bula/Thees* § 27 Rn. 4; DPM/*Patt* UmwStG § 25 Rn. 11). Es beginnt deshalb auch für die Gesellschaft in ihrer neuen Organisationsform auch kein neues (Rumpf-)Geschäftsjahr (WM/*Widmann* UmwStG § 1 Rn. 243f.). Bei der ersten (Jahres-)Schlussbilanz in der neuen Rechtsform ist daher nach dem Grundsatz der Bilanzkontinuität von den Ansätzen in der (Jahres-)Eröffnungsbilanz unter alter Rechtsform auszugehen (DPM/*Patt* UmwStG § 25 Rn. 11). In → Form. E.1.1 (Gesellschafterversammlung) wird unter Ziff. 3 Buchst. h und i gleichwohl von einem Rumpfgeschäftsjahr gesprochen, weil ein Formwechsel auch im ersten Jahr der Existenz einer Kapitalgesellschaft möglich ist, also während des eventuellen Laufes eines ersten Rumpfgeschäftsjahres. **25**

Verlustvorträge sowie Kapital- und Gewinnrücklagen bleiben erhalten (RS HFA 41 Tz. 9; vgl. auch WM/*Rieger* UmwG § 245 Rn. 96f.; WM/*Widmann* UmwStG § 1 Rn. 245). Die Kapitalrücklagen nach § 272 Abs. 2 Nr. 1–3 HGB der GmbH sind Teil des gesetzlichen Reservekapitals nach § 150 Abs. 1 iVm. Abs. 2 HS 1 AktG der AG (RS HFA 41 Tz. 9). Das Stammkapital wird gemäß § 247 Abs. 1 UmwG zum Grundkapital der AG. Erreicht das Stammkapital nicht den Mindestbetrag von 50000,– EUR, § 7 AktG, muss vor Wirksamwerden des Formwechsels eine Kapitalerhöhung erfolgen (RS HFA 41 Tz. 10). Ist die Kapitalerhöhung nicht aus Gesellschaftsmitteln gem. § 57c GmbHG möglich, muss sie gegen Einlagen erfolgen (RS HFA 41 Tz. 10).

einstweilen frei **26, 27**

VI. Ertragsteuern

Steuerrechtlich ist der Formwechsel einer GmbH in eine AG **ohne Bedeutung.** Es findet weder ein Wechsel der Besteuerungsform (Personen-/Kapitalgesellschaft) statt, noch werden Rechtsgüter übertragen, da sich lediglich die Rechtsform des Rechtsträgers innerhalb des Systems der Kapitalgesellschaften ändert (BFH v. 4.12.1996, II B 116/96, BStBl. II 1997, 661; SBB/*Abele* § 28 Rn. 3; SSt/*Moszka* UmwStG Anh. **28**

Rn. 639). Die neue AG ist in jeder Hinsicht dasselbe Steuersubjekt wie die alte GmbH (SBB/*Abele* § 28 Rn. 3; SSt/*Moszka* UmwStG Anh. Rn. 639; HMB/*Werneburg* UmwStG § 1 Rn. 31). Auch Verlustvorträge und Kapitalrücklagen bleiben erhalten (RS HFA 41 Tz. 9; vgl. auch WM/*Rieger* UmwG § 245 Rn. 96f.). Im Hinblick auf mögliche Ertragsteuern ist daher diese Art Formwechsel steuerneutral (*Schwedhelm* Rn. 648; HMB/*Werneburg* UmwStG § 1 Rn. 31).

29 Bei C als dem Gesellschafter, der gegen die Umwandlung gestimmt und Widerspruch zur Niederschrift erklärt hat, kann ein steuerpflichtiger **Veräußerungsgewinn** entstehen, wenn er das Barabfindungsangebot (§ 207 UmwG) annimmt und seine Aktien auf die AG überträgt (WM/*Widmann* UmwStG § 1 Rn. 256; SBB/*Abele* § 28 Rn. 22; *Schwedhelm* Rn. 1163). Steuerpflichtig ist ein Veräußerungsgewinn bei nach dem 31.12.2008 angeschafften Anteilen (§ 52 Abs. 28 EStG) stets, bei davor angeschafften Anteilen hingegen nur, wenn sie im Betriebsvermögen gehalten werden oder in den Anwendungsbereich der §§ 17 Abs. 1, 23 Abs. 1 Satz 1 Nr. 2 EStG bzw. § 21 Abs. 1 UmwStG 1995 (einbringungsgeborene Anteile behalten diese Eigenschaft gemäß § 27 Abs. 3 Nr. 3 UmwStG ohne zeitliche Begrenzung weiter) fallen.

Für **Körperschaften** als Anteilsinhaber gilt die 95%-Steuerbefreiung gemäß § 8b Abs. 2, 3 Satz 1 KStG, bei **einbringungsgeborenen Anteilen** iSv. § 21 Abs. 1 UmwStG 1995 allerdings nur unter den einschränkenden Voraussetzungen des § 8b Abs. 4 KStG in der am 12.12.2006 geltenden Fassung, § 34 Abs. 5 KStG. Die 95%-Steuerbefreiung gilt gemäß § 8b Abs. 4 Satz 1 KStG jedoch nicht, wenn die mit eingebrachten Anteile weniger als 10% des Grund- oder Stammkapitals ausmachen; der Gewinn aus der Veräußerung solcher sog. „Streubesitzbeteiligungen" ist voll steuerpflichtig (zur Entstehungsgeschichte und mwN Streck/*Binnewies* KStG § 8b Rn. 92).

Für **natürliche Personen** als Anteilsinhaber gilt bei Halten im Betriebsvermögen sowie bei Anteilen iSv. § 17 EStG das Teileinkünfteverfahren (bis VZ 2009: Halbeinkünfteverfahren), bei einbringungsgeborenen Anteilen iSv. § 21 Abs. 1 UmwStG 1995 nur unter den einschränkenden Voraussetzungen des § 3 Nr. 40 Sätze 3 und 4 EStG in der am 12.12.2006 geltenden Fassung, § 52 Abs. 4 Satz 9 EStG. Bei sonstigen Anteilen im Privatvermögen ist die Veräußerung, wenn die Anteile vor dem 1.1.2009 angeschafft wurden, nach Ablauf der Jahresfrist des § 23 Abs. 1 Satz 1 Nr. 2 EStG steuerfrei (vgl. § 52a Abs. 3 Satz 2 EStG aF). Bei nach dem 31.12.2008 angeschafften Anteilen gilt die Abgeltungsteuer von 25%, §§ 20 Abs. 2 Nr. 1 Satz 1, 32d Abs. 1, 52 Abs. 28 EStG.

30, 31 *einstweilen frei*

VII. Verkehrsteuern

32 Auch verkehrsteuerrechtlich ist der Formwechsel von der GmbH in die AG ohne Bedeutung. Die Umwandlung beschränkt sich auf die Änderung der Rechtsform unter Wahrung der rechtlichen Identität und grds. auch unter Beibehaltung des Kreises der Gesellschafter (BFH v. 4.12.1996, II B 116/96, BStBl. II 1997, 661; SBB/*Sagasser*/*Luke* § 26 Rn. 4; SSt/*Moszka* UmwStG Anh. Rn. 661). Eine zivilrechtliche Übertragung von Grundstücken oder anderen Rechtsgütern auf einen neuen Eigentümer findet nicht statt, so dass weder Umsatzsteuer noch Grunderwerbsteuer bei dieser Umwandlung anfällt (HMB/*Biliteuski* UmwStG § 25 Rn. 10; SSt/*Moszka* UmwStG Anh. Rn. 661).

Anders könnte dies für die Grunderwerbsteuer nur sein, wenn im Rahmen des Formwechsels zusätzliche Rechtshandlungen vorgenommen werden. Sollte C seine Aktien an die AG verkaufen, würde es bei B zu einer steuerpflichtigen Anteilsvereinigung gem. § 1 Abs. 3 GrEStG kommen, falls seine Beteiligung bisher unter 95% (bzw. zukünftig 90%, s. zur vorgesehenen Verschärfung → Form. D.1 Rn. 70ff.) lag; eine Befreiung nach § 6a GrEStG (→ Form. D.1 Rn. 80ff.)dürfte schon wegen der fehlenden fünfjährigen Vorbesitzzeit nicht möglich sein.

Zu Einzelheiten bei der GrESt → Form. D.1 Rn. 66 ff. und → Form. E.3 Rn. 52 ff. sowie zur USt → Form. A.1 Rn. 118 ff.

einstweilen frei 33, 34

VIII. Arbeitsrecht

Der Wechsel in eine andere Rechtsform wirft beim Formwechsel im Vergleich zu allen anderen Umwandlungen die **geringsten arbeitsrechtlichen Probleme** auf, da ein Arbeitgeberwechsel nicht stattfindet. 35

Die Folgen des Formwechsels für die Arbeitnehmer und ihre Vertretungen sind dennoch nach **§ 194 Abs. 1 Nr. 7 UmwG** im Umwandlungsbeschluss darzustellen. Der Entwurf des Umwandlungsbeschlusses ist nach § 194 Abs. 2 UmwG spätestens einen Monat vor dem Tag der Gesellschafterversammlung, die über den Formwechsel beschließen soll, dem zuständigen **Betriebsrat** bzw. den zuständigen Betriebsräten des formwechselnden Rechtsträgers **zuzuleiten.** Es handelt sich um Parallelvorschriften zu den § 5 Abs. 1 Nr. 9, Abs. 3, § 126 Abs. 1 Nr. 11, Abs. 3 UmwG, so dass im Wesentlichen auf → Form. A.1 Rn. 150 ff. und → Form. B.1 Rn. 176 ff. verwiesen werden kann.

Der Umfang der Darstellung der Arbeitnehmerfolgen wird beim Formwechsel regelmäßig deutlich geringer sein, denn wegen der Erhaltung der Rechtsidentität sind weder Auswirkungen auf den individuellen Arbeitsvertrag noch auf tarifrechtliche Bindungen oder betriebsverfassungsrechtliche Regelungen zu erwarten (SHS/*Stratz* UmwG § 194 Rn. 9; Lutter/*Decher* UmwG § 194 Rn. 25 ff.). Weder § 613a BGB noch die besonderen arbeitsrechtlichen Schutzvorschriften der §§ 322 bis 325 UmwG kommen zur Anwendung. Im Gegensatz zu den Umwandlungsmöglichkeiten Verschmelzung und Spaltung spielen Fragen der Tarifbindung beim Formwechsel keine Rolle. Betriebsverfassungsrechtliche Auswirkungen entstehen nicht, da der gesellschaftsrechtliche Formwechsel keine Auswirkungen auf Betriebsebene hat.

In Betracht kommen lediglich **Auswirkungen** im Bereich der **Unternehmensmitbestimmung.** So kann eine Änderung der Rechtsform grds. den Wegfall bzw. Hinzutritt der Arbeitnehmervertretung im Aufsichtsrat nach sich ziehen. Der Formwechsel einer GmbH in eine AG ist mitbestimmungsneutral, dh. es ändert sich das Mitbestimmungsstatut durch den Formwechsel nicht, zumal der Rechtscharakter einer Kapitalgesellschaft beibehalten wird.

Da der Umwandlungsbeschluss gem. § 194 Abs. 1 Nr. 7 UmwG auch die Folgen des Formwechsels für die Arbeitnehmer bestimmen muss, müssen die entsprechenden Erläuterungen erfolgen, auch wenn dies gerade beim Formwechsel von einer Kapitalgesellschaft in eine andere kaum nachvollziehbar ist.

Die Anforderungen an die Darlegung der Folgen für die Arbeitnehmer sind erfüllt, wenn im Umwandlungsbeschluss auf eventuelle Änderungen des Mitbestimmungsstatuts, ggf. durch Negativerklärung (→ Form. A.1 Rn. 223) eingegangen und im Übrigen klargestellt wird, dass sich aus dem Formwechsel keine Folgen für die Arbeitnehmer und ihre Vertretungen ergeben und auch insoweit keine Maßnahmen vorgesehen sind (Lutter/*Decher* UmwG § 194 Rn. 27 f.).

IX. Kosten

Die **Beurkundung** des **Formwechselbeschlusses** löst eine 2,0-Gebühr nach Nr. 21100 des Kostenverzeichnisses aus. Der zur Gebührenberechnung zugrunde zu legende Geschäftswert bestimmt sich nach dem **Aktivvermögen des formwechselnden Rechtsträgers** ohne Schuldenabzug (vgl. § 38 GNotKG) nach der letzten dem Beschlussstichtag vorausgehenden Bilanz. Beteiligungen an anderen Gesellschaf- 36 ten sind nach § 54 GNotKG mit dem auf den Gesellschaftsanteil entfallenden bilanziellen Eigenkapital nach § 266 Abs. 3 HGB zu bewerten. Grundstücke sind mit ihrem Verkehrswert anzusetzen, so dass der Buchwert aus der Aktivseite herauszurechnen und der Verkehrswert anschließend zu addieren ist. Das Aktivvermögen wird um nicht durch Eigenkapital gedeckte Fehlbeträge vermindert; im Gegenzug erhöhen stille Reserven das Aktivvermögen (§ 46 Abs. 1 GNotKG). Es gilt eine Mindestgebühr von 120 EUR und ein Höchstwert von 5 Mio. EUR nach § 108 Abs. 5 GNotKG, da der Formwechselbeschluss ein solcher mit bestimmtem Geldwert ist.

Regelmäßig werden neben dem Formwechselbeschluss noch **Verzichts- und/oder Zustimmungserklärungen** beurkundet, zB Verzichte auf die Klageerhebung gegen den Formwechselbeschluss (§ 195 UmwG), Verzichte auf die Erstattung eines Umwandlungsberichts (vgl. § 192 Abs. 3 UmwG) oder Zustimmung von Gesellschaftern hinsichtlich der Abtretung von Anteilen des formwechselnden Rechtsträgers nach § 193 Abs. 2 UmwG. Für die Beurkundung fällt eine 1,0-Gebühr (einseitige Erklärung, kein Vertrag) nach Nr. 21200 des Kostenverzeichnisses an, mindestens jedoch 60 EUR. Da es sich bei den Verzichts- bzw. Zustimmungserklärungen nicht um einen Beschluss der Gesellschaftergesamtheit sondern rechtsgeschäftliche Erklärungen der einzelnen Gesellschafter handelt, gilt der für den Formwechselbeschluss anwendbare Höchstwert von 5 Mio. EUR nach § 108 Abs. 5 GNotKG nicht für diese Erklärungen.

37 Der Geschäftswert für **Verzichtserklärungen** gemäß § 195 UmwG (Verzicht auf Klageerhebung) bzw. gemäß § 192 Abs. 3 UmwG (Verzicht auf Erstellung eines Umwandlungsberichts) ist nach § 36 GNotKG zu bestimmen. Ein Teilwert von 10–20% des Wertes des Anteils des jeweils Verzichtenden soll hier anzusetzen sein (*Diehn/Volpert,* Praxis des Notarkostenrechts, Rn. 695).

Der **Formwechselbeschluss** einerseits und die **Zustimmungs- bzw. Verzichtserklärungen** andererseits sind bei **gemeinsamer Beurkundung** gegenstandsverschieden nach § 110 Nr. 1 GNotKG, weshalb der Beschluss und die Erklärungen gebührenrechtlich getrennt in Ansatz zu bringen sind. Die Zustimmungs- und Verzichtserklärungen untereinander sind wiederum gegenstandsgleich nach § 109 Abs. 1 GNotKG, so dass für die Berechnung nur der höhere Wert beider Erklärungen zugrunde gelegt werden kann, regelmäßig der Wert der Zustimmungserklärungen (§ 109 Abs. 1 Satz 5 GNotKG, vgl. *Diehn/Volpert,* Praxis des Notarkostenrechts, Rn. 708).

38 Die Feststellung der Satzung der A-AG ist zum Formwechselbeschluss gegenstandsgleich (BDS/*Bormann* GNotKG § 109 Rn. 68). Ob damit auch der Entwurf der Satzung durch den Notar abgegolten ist, wird unterschiedlich beurteilt (vgl. *Diehn/Volpert,* Praxis des Notarkostenrechts, 710; BDS/*Bormann* GNotKG § 109 Rn. 68). Gibt der Notar lediglich **Hinweise zur Gestaltung** der Satzung, so kann hierfür – je nach Umfang seiner Tätigkeit – eine sog. Beratungsgebühr nach Nr. 24203 des Kostenverzeichnisses erhoben werden.

Die im Umwandlungsbeschluss enthaltene Bestellung der ersten Mitglieder des Aufsichtsrats sowie des Abschlussprüfers ist gegenstandsverschieden und löst eine weitere 2,0-Gebühr aus dem Gegenstandswert von jeweils 30 000 EUR aus (§ 108 Abs. 1 Satz 1, § 105 Abs. 1 GNotKG).

Ist im Rahmen eines Formwechsels eine **Berichtigung des Grundbuchs** erforderlich, so ist dieser Berichtigungsantrag gegenstandsverschieden nach § 110 Nr. 1 GNotKG und es entsteht eine 0,5-Gebühr nach Nr. 21201 Ziffer 4 des Kostenverzeichnisses. Der Gegenstandswert ist wegen der bestehenden Rechtsträgeridentität nur mit 10 bis 30% des Grundbesitzwertes anzusetzen.

Für die Unterschriftsbeglaubigung unter der Handelsregisteranmeldung **ohne** Entwurfsfertigung durch den Notar fällt eine 0,2-Gebühr nach Nr. 25100 des Kostenverzeichnisses, jedoch mindestens 20 EUR und höchstens 70 EUR an.

39 **Fertigt** der Notar den Entwurf der **Handelsregisteranmeldung selbst** an, so entsteht hierfür eine 0,5-Gebühr nach Nr. 24102 des Kostenverzeichnisses. Der Ge-

schäftswert der Handelsregisteranmeldung beträgt mindestens 30000 EUR (§ 105 Abs. 1 Satz 2, Abs. 4 GNotKG), höchstens 1 Mio. EUR (§ 106 GNotKG).

Die **Eintragung** des Formwechsels im **Handelsregister** kostet 240 EUR, § 1 HRegGebVO iVm. Gebührenverzeichnis Nr. 2402. Eine gesonderte Gebühr für die (Erst-)Eintragung der A-AG nach Gebührenverzeichnis Nr. 2105 entsteht vorliegend schon deshalb nicht, weil beide Gesellschaften in Abteilung B des Handelsregisters (HRB) eingetragen werden. Diese fällt nur an, wenn sich im Rahmen des Formwechselsdas maßgebende Register ändert (zB Handels- zu Genossenschaftsregister), aber dann nicht, wenn sich lediglich die Abteilung des Registers (HRA oder HRB) ändert (BeckOK KostR/*Meier,* HRegGebV GV 2104–2106 Rn. 2–6). 40

C. Einzelerläuterungen

I. Notarurkunden

1. Umwandlungsbeschluss

Es wäre auch denkbar gewesen, das Formular des Umwandlungsbeschlusses als eine notarielle Urkunde auszugestalten, in der der Notar nur seine Wahrnehmung iSd. §§ 36, 37 BeurkG wiedergibt. Die positive Mitwirkung des der Umwandlung ablehnend gegenüberstehenden Gesellschafters C an der Beurkundung kann nicht in jedem Fall als gegeben vorausgesetzt werden; für den Negativfall empfiehlt sich dann das **Wahrnehmungsprotokoll.** Im Hinblick darauf, dass § 197 UmwG nicht auf die Formalvorschriften einer Gesellschaftsgründung nach AktG verweist und die Beurkundung der Satzung durch die Beurkundung des Umwandlungsbeschlusses ersetzt wird, braucht der Gesellschaftsvertrag bei einem Formwechsel entgegen § 23 Abs. 1 AktG nicht von allen Gesellschaftern unterschrieben zu werden, so dass ggf. eine alle Gründer iSv. § 245 UmwG nennende Wahrnehmungsurkunde iVm. mit einer nach §§ 8 ff. BeurkG beurkundeten Satzung ausreichen würde (so ausdrücklich WM/*Mayer* UmwG § 197 Rn. 153; im Ergebnis zustimmend SSt/*Bärwaldt* UmwG § 197 Rn. 38; SHS/*Westerburg* UmwG § 244 Rn. 2; Lutter/*Göthel* UmwG § 244 Rn. 4). 41

Der Umwandlungsbeschluss ist das „Herzstück" eines Formwechsels. Anders als bei den übrigen Umwandlungen – Verschmelzung, Spaltung und Vermögensübertragung – gibt es keinen Vertrag (HMB/*Stengel* UmwStG Einf. A Rn. 82; SSt/*Bärwaldt* UmwG § 193 Rn. 2). Dies schließt aber formal die für Willenserklärungen vorgeschriebene Beurkundungsform (§§ 8 ff. BeurkG) nicht aus. Der formwechselnde Rechtsträger erhält nur eine neue rechtliche Identität (WM/*Vollrath* UmwG § 193 Rn. 1; SHS/*Winter* UmwG § 193 Rn. 2; SSt/*Stengel* UmwG § 190 Rn. 1). Der notwendige Mindestinhalt des Umwandlungsbeschlusses ergibt sich aus § 194 Abs. 1 UmwG. 42

Der Entwurf eines Umwandlungsbeschlusses muss bereits Gegenstand des Umwandlungsberichtes sein (→ Rn. 72). Eine Identität zwischen dem Entwurf und dem endgültig gefassten Beschluss ist jedoch nicht erforderlich, Änderungen sind zulässig (WM/*Vollrath* UmwG § 193 Rn. 7; SHS/*Winter* UmwG § 193 Rn. 4).

Zur Vorbemerkung:

Die Beteiligung der Gesellschafter entspricht der Rechtslage seit dem MoMiG v. 23.10.2008 (BGBl. I 2008, 2026), wonach schon bei Gründung jeder einzelne Gesellschafter mehrere Anteile übernehmen darf, § 3 Abs. 1 Nr. 4 GmbHG, und diese zu nummerieren sind, §§ 8 Abs. 1 Nr. 3, 40 Abs. 1 GmbHG. 43

Der Hinweis über die Höhe der Beteiligung des B erklärt sich aus Ziff. 4 der Gesellschafterversammlung iVm. § 240 Abs. 1 UmwG und der Grenze des § 71 Abs. 2 Satz 1 AktG (→ Rn. 13). Danach ist beim Formwechsel einer GmbH ein Quorum von mindestens 75% der in der Gesellschafterversammlung abgegebenen Stimmen erforderlich. Die Satzung kann größere Mehrheiten bis hin zur Einstimmigkeit vorsehen (SHS/*Westerburg* UmwG § 240 Rn. 2; SBB/*Sagasser/Luke* § 26 Rn. 88). Ausschlaggebend ist die Stimmenmehrheit, nicht die Kapitalmehrheit (WM/*Rieger* UmwG § 240 Rn. 17). Außerdem kann die Gesellschaft maximal 10% eigene Aktien erwerben.

Spezielle Zustimmungserfordernisse ergeben sich aus § 241 UmwG, insbesondere bei einer Änderung des Beteiligungsverhältnisses der Anteilsinhaber.

Zur Gesellschafterversammlung:

44 Zu der Gesellschafterversammlung ist laut Umwandlungsbericht fristgerecht eingeladen worden. Sollte dies nicht der Fall sein oder sollte es hieran Zweifel geben, kann in der Gesellschafterversammlung nur dann wirksam der Umwandlungsbeschluss gefasst werden, wenn alle Anteilsinhaber auf die Einhaltung der Form- und Fristvorschriften verzichten. Dieser Verzicht muss protokolliert werden; ausreichend ist ein Wahrnehmungsprotokoll nach §§ 36, 37 BeurkG.

Zu Gesellschafterversammlung Ziff. 2.:

45 Die Formalien, deren Einhaltung festgestellt wird, ergeben sich aus §§ 238, 230 Abs. 1 UmwG, §§ 238, 231 UmwG und §§ 238, 230 Abs. 2 UmwG.

Zu Gesellschafterversammlung Ziff. 3.:

46 Der zur Beschlussfassung gestellte Antrag regelt in den Punkten a) bis g) die Mindestbestimmungen aus § 194 Abs. 1 Nr. 1–7 UmwG und in den Buchst. h) und i) die sich aus der Gründung einer AG ergebenden Erfordernisse aus § 30 AktG.

47 Ein **Umwandlungsstichtag** ist beim Formwechsel einer GmbH in eine AG entbehrlich, weil dieser steuerneutral und weder eine handelsrechtliche Schluss- und Eröffnungsbilanz noch eine steuerrechtliche Übertragungsbilanz aufzustellen ist (WM/*Widmann* UmwStG § 1 Rn. 243). Beim Formwechsel einer Kapitalgesellschaft in eine Kapitalgesellschaft anderer Form während eines laufenden Geschäftsjahres entsteht kein Rumpfgeschäftsjahr (WM/*Widmann* UmwStG § 1 Rn. 258). Spätestens der am Ende des Geschäftsjahres, während dessen die Eintragung des Formwechsels erfolgte, aufzustellende Jahresabschluss ist einer der neuen Gesellschaftsform, der nach dem Grundsatz der Bilanzkontinuität von den Ansätzen in der (Jahres-)Eröffnungsbilanz unter alter Rechtsform auszugehen hat (DPM/*Patt* UmwStG § 25 Rn. 11). Um diese Frage von der Arbeitsgeschwindigkeit der Registergerichte abzukoppeln, wird aber auch darauf abgestellt, ob zum Beginn eines Geschäftsjahres der Umwandlungsbeschluss wirksam gefasst war (WM/*Widmann* UmwStG § 1 Rn. 257). Entsprechend beurteilt sich, ob die Rechnungslegungsvorschriften für den Rechtsträger vor oder nach dem Formwechsel anzuwenden sind. Wer den Abschluss aufzustellen und festzustellen hat und ob es einer Abschlussprüfung bedarf, bestimmt sich danach, ob diese Handlungen vor oder nach der Eintragung des Formwechsels bzw. der wirksamen Fassung des Umwandlungsbeschlusses vor Beginn des Geschäftsjahres liegen. Der sichere Weg ist beim Formwechsel der GmbH in die AG die Anwendung der strengeren Vorschriften des Aktienrechts.

Zur Erforderlichkeit eines (steuerlichen) Übertragungsstichtages bei anderen Formwechseln vgl. §§ 9 und 25 UmwStG.

48 Die Firma der Gesellschaft kann gem. §§ 200 Abs. 2 UmwG, 4 AktG mit Ausnahme des Rechtsformzusatzes beibehalten werden.

Das neue Beteiligungsverhältnis in der AG entspricht dem alten an der GmbH.

Punkt e) enthält die Erklärung über Vorzugsaktien im Stadium der Gründung. Für zukünftige Fälle sieht § 4 Abs. 4 der vorgeschlagenen Satzung eine Abweichung vor.

Zu Punkt f) wird auf die allgemeinen Ausführungen (→ Rn. 11, 12) und die Erläuterungen zum Formular des Abfindungsangebotes (→ Rn. 83) verwiesen.

Da der Umwandlungsbeschluss gem. § 194 Abs. 1 Nr. 7 UmwG auch die Folgen des Formwechsels für die Arbeitnehmer bestimmen muss, müssen die entsprechenden Erläuterungen erfolgen (Punkt g), auch wenn dies gerade beim Formwechsel von einer Kapitalgesellschaft in eine andere kaum nachvollziehbar ist (→ Rn. 35).

Punkt h) ist unproblematisch, weil das Formular nicht von einem nach den Mitbestimmungsgesetzen zu besetzenden Aufsichtsrat ausgeht. Sonst würden nach § 197 Satz 2 UmwG nicht die Gründungsvorschriften des AktG über die Zusammensetzung des ersten Aufsichtsrates – § 30 AktG – anzuwenden sein, sondern es wären sofort auch Arbeitnehmervertreter in den Aufsichtsrat zu entsenden (SBB/*Sagasser/Luke* § 26 Rn. 93; SSt/*Bärwaldt* UmwG § 197 Rn. 44ff). Neu in § 197 UmwG aufgenommen wurde 2007 Satz 3, mit dem nun auch § 31 AktG – Bestellung des Aufsichtsrates bei Sachgründung – für anwendbar erklärt wird. Das Formular geht von der Mindestgröße des Aufsichtsrates aus, vgl. § 31 Abs. 1 Satz 2 AktG. Da § 30 Abs. 1–3 AktG gemäß § 197 Satz 2 UmwG nicht gilt, ist bei der Amtszeit des Aufsichtrats grundsätzlich nur die Zeitgrenze des § 102 Abs. 1 AktG zu beachten; der Aufsichtsrat hätte somit abweichend vom Formular längstens bis zur Beendigung der Hauptversammlung bestellt werden können, die über die Entlastung für das vierte (Voll- oder Rumpf-)Geschäftsjahr nach Beginn der Amtszeit beschließt (§ 102 Abs. 1 Satz 1 AktG), wobei das Geschäftsjahr der Bestellung nicht mitgezählt wird (§ 102 Abs. 1 Satz 2 AktG).

In Punkt j) wird – anders als in § 9 der Satzung der Gesellschaft (→ Form. E.1.2) – kein konkreter Betrag vorgeschlagen. Dies dient lediglich der Hervorhebung der Notwendigkeit der konkreten Bezifferung des Betrages in der Satzung (→ Rn. 66).

Zu Gesellschafterversammlung Ziff. 4.:

Gem. § 244 Abs. 1 UmwG sind in der Niederschrift über den Umwandlungsbeschluss die Gesellschafter, die für den Formwechsel gestimmt haben und daher nach § 245 Abs. 1 UmwG den Gründer der AG gleichstehen, namentlich aufzuführen. **49**

Zu den Mehrheitserfordernissen vgl. §§ 240 Abs. 1, 241 UmwG.

Zu Gesellschafterversammlung Ziff. 5.:

Der formwechselnde Rechtsträger muss jedem Anteilsinhaber, der in der Gesellschafterversammlung, in der über den Formwechsel abgestimmt wird, seinen Widerspruch zur Niederschrift des Notars erklärt, nach § 207 UmwG ein Barabfindungsangebot unterbreiten. Die Protokollierung der Widerspruchserklärung ist notwendige Voraussetzung für eine Barabfindung nach § 207 UmwG, ein nachträglicher Widerspruch reicht nicht aus (Lutter/*Decher* UmwG § 207 Rn. 7; SSt/*Kalss* UmwG § 207 Rn. 7). Aus Gründen der Gleichbehandlung steht es gem. §§ 207 Abs. 2, 29 Abs. 2 UmwG einem Widerspruch gleich, wenn ein nicht erschienener Anteilsinhaber zu der Versammlung zu Unrecht nicht zugelassen oder die Versammlung nicht ordnungsgemäß einberufen oder der Gegenstand der Beschlussfassung nicht ordnungsgemäß bekannt gemacht worden war. In diesen Fällen war der Anteilsinhaber unverschuldet an der Erhebung des Widerspruchs gehindert (SHS/*Winter* UmwG § 207 Rn. 5; SSt/*Kalss* UmwG § 207 Rn. 7). **50**

Der Antrag auf gerichtliche Nachprüfung muss innerhalb von drei Monaten nach Eintragung der neuen Rechtsform in das Register gestellt werden – §§ 212, 201 UmwG iVm. §§ 1 Nr. 4, 4 Abs. 1 Nr. 4 SpruchG.

Zu den Hinweisen:

Ziff. 3 entspricht § 202 Abs. 1 UmwG, **Ziff. 4** entspricht § 202 Abs. 1 Nr. 2 Satz 2 UmwG. **51**

Die Haftung der Gründer und ihre eventuelle Nachschusspflicht ergibt sich aus §§ 245 Abs. 1, 220, 202 Abs. 3, Abs. 1 UmwG, § 46 Abs. 1 AktG, dort insb. Satz 3.

Die in **Ziff. 6** angesprochene Bekanntmachungspflicht durch das Registergericht ergibt sich aus §§ 204, 22 UmwG. Die Anmeldung eines Anspruches durch Gläubiger der Gesellschaft sollte gegenüber der Aktiengesellschaft erfolgen, dies ist jedoch nicht zwingend vorgeschrieben (vgl. SHS/*Winter* UmwG § 22 Rn. 8; Lutter/*Grunewald* UmwG § 22 Rn. 17).

In **Ziff. 7,** die auf die Nachgründungsvorschrift des § 52 AktG abstellt, entspricht die Formulierung der seit 2000 geltenden Regelung (→ Rn. 19). Ziff. 7 ist seit 2007 entbehrlich, wenn die GmbH im Zeitpunkt des Wirksamwerdens des Formwechsels bereits länger als zwei Jahre im HR eingetragen war, § 245 Abs. 1 Satz 3 UmwG (→ Rn. 19).

52–55 *einstweilen frei*

2. Satzung der AG

56 Die vorgeschlagene Satzung orientiert sich im Wesentlichen an den Mindestanforderungen des AktG und bringt allgemein übliche Formulierungen. Insoweit wird im Folgenden an vielen Stellen lediglich auf die einschlägige Vorschrift des AktG verwiesen.

Gem. § 23 Abs. 1 AktG bedarf die Feststellung der Satzung der notariellen Beurkundung in der für Willenserklärungen vorgeschriebenen Form (§§ 8ff. BeurkG).

Zu § 1: (Firma, Sitz, Geschäftsjahr)

57 Die Abs. 1 und 2 entsprechen den Anforderungen aus § 23 Abs. 3 Nr. 1 AktG.

Zu § 2: (Gegenstand des Unternehmens)

58 Hier sind die Erfordernisse aus § 23 Abs. 3 Nr. 2 AktG geregelt. Bei Produktions- und Handelsgesellschaften sind die Art der Erzeugnisse und Waren näher anzugeben, die hergestellt oder vertrieben werden sollen.

Die Berechtigung zur Errichtung von Zweigniederlassung sowie die Beteiligung bzw. Gründung von Tochtergesellschaften sollte von Anfang an in der Satzung zugelassen werden, um Expansionen jeder Art nicht von dem bürokratischen Erfordernis einer Zustimmung der Hauptversammlung abhängig zu machen.

Zu § 3: (Bekanntmachungen)

59 Die Regelung entspricht § 25 AktG. Sie hat daher lediglich deklaratorische Bedeutung.

Zu § 4: (Grundkapital)

60 Die Regelungen basieren auf den Erfordernissen aus § 23 Abs. 3 Nr. 3–5 AktG. Der Mindestbetrag des Grundkapitals ergibt sich aus § 7 AktG, Form und Mindestbeträge der Aktien aus §§ 8, 10 AktG. Die Festsetzungen über Sacheinlagen und Sachübernahmen können erst dann geändert werden, wenn die Gesellschaft fünf Jahre im Handelsregister eingetragen war und erst dann beseitigt werden, wenn die Gesellschaft 30 Jahre im Handelsregister eingetragen war und die betreffenden Rechtsverhältnisse seit mindesten fünf Jahren abgewickelt sind, § 243 Abs. 1 Satz 3 UmwG, § 26 Abs. 4 und 5 AktG).

60a In *Engl FB Umwandlungen* 1.–3. Aufl. war die Ausgabe von Stückaktien vorgesehen gewesen. Mit der zum 1.1.2016 in Kraft getretenen **Aktienrechtsnovelle 2016** (v. 22.12.2015, BGBl. I 2015, 2565) ist die Grundregel des § 10 AktG über die Aktienformen umgestaltet worden. Die bislang gegebene Gleichwertigkeit von Namens-

und Inhaberaktien ist zugunsten der Namensaktie, die zukünftig Vorrang genießt, geändert worden. Nicht börsennotierte Gesellschaften dürfen Inhaberaktien nur dann noch ausgeben, wenn das Recht der Aktionäre auf Einzelverbriefung ausgeschlossen wird und die Inhaberaktien in einer Sammelurkunde verbrieft sind. Die Sammelurkunden müssen bei einer Wertpapiersammelbank oder einem Zentralverwalter hinterlegt werden, § 10 Abs. 1 Nr. 2 AktG. Der deutlich gestiegene Mehraufwand bei nicht börsennotierten Gesellschaften sollte durch die Verwendung von Namensaktien vermieden werden. Die Neuregelung ist auf Gesellschaften, deren Satzung vor dem Inkrafttreten der Neuregelung beurkundet wurden, nicht anzuwenden.

Der **Vorteil** der **Stückaktien** liegt insbesondere in der geringeren Problematik bei **60b** Kapitalumstellungen, wie sie im Zusammenhang mit der Umstellung von Deutscher Mark auf Euro erforderlich waren und in restlichen Teilen noch sind (Hüffer/*Koch* AktG § 8 Rn. 3; Spindler/Stilz/*Vatter* AktG § 8 Rn. 4). Die Inhaberaktie war ursprünglich wesentlich weiter verbreitet als die Namensaktie (MünchKomm/*Heider,* AktG § 10 Rn. 19). Dies liegt an ihrer leichteren Handelbarkeit analog §§ 793ff. BGB. Auf § 10 Abs. 2 AktG ist hinzuweisen. Vorteil der **Namensaktien** ist, dass der Gesellschaft die Aktionäre namentlich bekannt sind, da die Aktionäre nach § 67 Abs. 1 AktG in ein Aktienregister einzutragen sind und ihre Übertragung bei der Gesellschaft nach § 67 Abs. 3 AktG anzumelden ist. Es ist ein Trend zur Namensaktie zu beobachten, einerseits, um besseren Kontakt zu den Aktionären unterhalten zu können, andererseits aber auch, um bei einem beabsichtigten Squeeze-out (§§ 327aff. AktG), einer Eingliederung (§ 319 AktG) oder feindlichen Übernahmen besser reagieren zu können (vgl. MünchKomm/*Heider,* AktG § 10 Rn. 19).

Abs. 4 soll als Hinweis auf unterschiedliche Aktienformen und deren Regelungen, hier §§ 139 bis 141 AktG, verstanden werden. Vorzugsaktien haben in den letzten Jahren immer mehr an Bedeutung gewonnen, insbesondere bei Familienunternehmen, die an die Börse gegangen sind. Hintergrund ist die für die Familienaktionäre erleichterte Eigenfinanzierung durch Aufnahme von Aktionären, die in erster Linie an Erträgen und weniger an Stimmrechten interessiert sind, und damit die Vermeidung einer Zinsbelastung durch Aufnahme von Fremdkapital (vgl. Hüffer/*Koch* AktG § 139 Rn. 3).

Auch **Abs. 6** und das geregelte genehmigte Kapital ist als Hinweis auf Möglichkei- **61** ten der **Erweiterung der Eigenkapitalbasis** zu verstehen (vgl. Hüffer/*Koch* AktG § 202 Rn. 1; Henssler/Strohn/*Hermanns* AktG § 202 Rn. 1). Die Dauer der Berechtigung des Vorstandes, dem durch diese Vorratsregelung Kompetenzen übertragen werden, die eigentlich den Gesellschaftern zustehen, beträgt maximal fünf Jahre nach Eintragung, § 202 Abs. 1, 2 AktG, die Zustimmungspflicht des Aufsichtsrates ergibt sich aus § 202 Abs. 3 Satz 2 AktG und das Bezugsrecht der Altaktionäre ist in den §§ 203, 186 AktG geregelt. Der Nennbetrag des genehmigten Kapitals ist auf 50% des Grundkapitals zurzeit der Ermächtigung beschränkt, § 202 Abs. 3 AktG.

Die Ermächtigung des Vorstandes sollte auf eine ein- oder mehrmalige Erhöhung lauten sowie mit einem (Mindest- und einem) Höchstbetrag („bis zu") versehen werden, wenn keine vorweg erteilten Zeichnungszusagen durch die Altaktionäre bzw. von Emissionsbanken vorliegen, um ein Scheitern der Kapitalerhöhung bei nicht vollständiger Zeichnung zu vermeiden (vgl. zu dieser durch die Vielzahl nicht börsennotierter AG immer aktuelleren Problematik RG v. 30.5.1903, I 21/03, RGZ 55, 65; Spindler/Stilz/*Servatius* AktG § 182 Rn. 41, 42; MünchKomm/*Peifer,* AktG § 182 Rn. 36).

Zu § 5: (Vorstand)

Die Vorschriften zum Vorstand finden sich in den §§ 76ff. AktG. Wegen der hier **62** vorgeschlagenen Regelungen wird insbesondere auf § 78 Abs. 3 Sätze 1, 2 AktG sowie § 77 Abs. 2 AktG verwiesen. **Abs. 1** entspricht den Anforderungen des § 23 Abs. 3

Nr. 6 AktG. Eine konkrete Benennung der Anzahl der Mitglieder ist nicht erforderlich (MünchKomm/*Pentz,* AktG § 23 Rn. 143).

62a Nach § 112 AktG wird die AG gerichtlich und außergerichtlich ihren Vorstandsmitgliedern gegenüber vom Aufsichtsrat vertreten. Von § 112 AktG kann auch durch Satzung nicht abgewichen werden. Sie ist lex specialis zu § 181 BGB, so dass eine Befreiung hinsichtlich eines Insichgeschäftes (§ 181 BGB 1. Alt.) nicht erfolgen kann. Anders ist dies bzgl. der Mehrfachvertretung (§ 181 BGB 2. Alt.). Hier ist die Befreiung eines Vorstandsmitgliedes einer AG möglich (Hüffer/*Koch* AktG § 78 Rn. 6, 7, § 112 Rn. 1).

Zu § 6: (Aufsichtsrat)

63 Die Regelungen über den Aufsichtsrat finden sich in den §§ 95ff. AktG. **Abs. 1** dient nur der Klarstellung. Inhaltlich entspricht er § 95 Abs. 1 AktG und wäre deshalb nicht unbedingt erforderlich gewesen (MünchKomm/*Habersack,* AktG § 95 Rn. 9). Auch der über den neuen § 197 Satz 3 UmwG nunmehr anwendbare § 31 AktG sieht in Abs. 1 Satz 2 eine Mindestzahl von drei Mitgliedern vor. Im Übrigen wird wegen der einzelnen Vorschläge auf die Einzelvorschriften aus § 102 Abs. 1, 2 AktG – **Abs. 2** des Vorschlags –, § 107 Abs. 1 AktG – **Abs. 4** –, § 110 Abs. 1 Satz 2 AktG – **Abs. 5** –, § 107 Abs. 3 AktG – **Abs. 8** – und § 113 AktG – **Abs. 11** – verwiesen. Die Regelung des **Abs. 9** soll Satzungsänderungen, die rein redaktioneller Natur sind und daher nur der Klarstellung dienen, erleichtern; sie ist in § 179 Abs. 1 Satz 2 AktG zugelassen. Solche erleichterten Änderungen des Satzungswortlauts sind insbesondere bei Ausnutzung genehmigter oder bedingter Kapitalien zur Vermeidung einer Hauptversammlung in der Praxis unerlässlich. Bei inhaltlichen Änderungen ist ausschließlich die Hauptversammlung der Aktionäre zuständig – § 119 Abs. 1 Nr. 5 AktG.

Zu § 7: (Hauptversammlung)

64 Die Normen zur Hauptversammlung finden sich in den §§ 118ff. AktG. Es wird wegen der einzelnen Vorschläge auf die Regelungen in § 121 Abs. 5 Satz 1 AktG – **Abs. 1** des Vorschlags –, §§ 121 bis 128 AktG – **Abs. 2** –, § 134 Abs. 1 AktG – **Abs. 6** Satz 1 –, §§ 140 Abs. 2, 141 AktG – **Abs. 6** Satz 2 – und § 133 AktG – **Abs. 7** – verwiesen.

Zu § 8: (Jahresabschluss, Gewinnverwendung)

65 Die Regelungen zum Jahresabschluss und zur Gewinnverwendung finden sich in den §§ 150ff. AktG und den §§ 264ff. HGB. Zu Abs. 1 des Vorschlags ist auf die §§ 264 Abs. 1, 316 HGB sowie § 170 Abs. 1 und 2 AktG zu verweisen, zu Abs. 2 auf die §§ 171, 175 Abs. 1 AktG sowie auf die §§ 119 Abs. 1 Nr. 2, 174 AktG.

Zu § 9: (Gründungsaufwand)

66 Der Gründungsaufwand ist in der Satzung gem. § 26 Abs. 2 AktG ausdrücklich festzuschreiben. Zum Gründungsaufwand gehören auch die Kosten für das Gericht und den Notar (Hüffer/*Koch* AktG § 26 Rn. 5). Es ist in der Satzung ein Gesamtbetrag konkret zu bezeichnen (Hüffer/*Koch* AktG § 26 Rn. 6; MünchKomm/*Pentz,* AktG § 26 Rn. 34). Hat der formwechselnde Rechtsträger bei der Umwandlung noch nicht fünf Jahre bestanden, ist die Änderungssperre aus § 26 Abs. 4 AktG zu beachten, dh. die neue Regelung über die Behandlung des Gründungsaufwandes muss der alten aus dem ursprünglichen Gesellschaftsvertrag entsprechen (MünchKomm/*Pentz,* AktG § 26 Rn. 56; Hüffer/*Koch* AktG § 26 Rn. 9).

67–70 *einstweilen frei*

II. Berichte und Schreiben

1. Umwandlungsbericht

Das Vertretungsorgan des formwechselnden Rechtsträgers, hier also die Geschäftsführung der GmbH, hat einen ausführlichen schriftlichen Bericht über den beabsichtigten Formwechsel zu erstatten – § 192 Abs. 1 UmwG. In diesem Bericht muss insbesondere die zukünftige Beteiligung der bisherigen GmbH-Gesellschafter als Aktionäre sowohl rechtlich als auch wirtschaftlich erläutert werden. Der Bericht muss alle relevanten Tatsachen mitteilen und mögliche Risiken der Umwandlung so genau erkennen lassen, dass für die Gesellschafter eine realistische Abwägung möglich ist (SHS/*Winter* UmwG § 192 Rn. 7; SSt/*Bärwaldt* UmwG § 192 Rn. 7). **71**

Der Umwandlungsbericht ist insgesamt nicht erforderlich, wenn an dem formwechselnden Rechtsträger nur ein Gesellschafter beteiligt ist oder wenn alle Anteilsinhaber auf den Bericht verzichten – § 192 Abs. 3 UmwG.

Zu Ziff. 1.:

Dem Bericht ist der Entwurf des Umwandlungsbeschlusses beizufügen – § 192 Abs. 1 Satz 3 UmwG. Aus den oben genannten Erwägungen (→ Rn. 11) sieht das Formular auch die Beifügung des Entwurfes eines Barabfindungsangebotes vor. **72**

Zu Ziff. 2.:

Das **Mehrheitserfordernis** aus § 240 Abs. 1 Satz 1 UmwG ist nur dann beachtlich, wenn nicht der Gesellschaftsvertrag eine größere Mehrheit oder sogar Einstimmigkeit vorschreibt – § 240 Abs. 1 Satz 2 UmwG (Lutter/*Göthel* UmwG § 240 Rn. 2, 3; SHS/*Westerburg* UmwG § 240 Rn. 2). **73**

Die Wirkungen der Eintragung des Formwechsels ergeben sich aus § 202 UmwG. Mit der Eintragung soll hinsichtlich der Rechtsform der Gesellschaft Rechtssicherheit geschaffen werden. Mängel des Formwechsels sollen dies nicht hindern – § 202 Abs. 3 UmwG. Allerdings werden die Mängel nicht geheilt; Betroffene sind auf Schadenersatzansprüche, insbesondere gegen die handelnden Verwaltungsträger, hier die Geschäftsführer, verwiesen (SHS/*Winter* UmwG § 205 Rn. 4f; SSt/*Leonard* UmwG § 205 Rn. 3ff.). Ausgenommen hiervon sind eine fehlende notariellen Beurkundung oder fehlende Zustimmungs- oder Verzichtserklärungen gem. § 202 Abs. 1 Nr. 3 UmwG. Diese Mängel werden durch die Eintragung geheilt (SHS/*Winter* UmwG § 202 Rn. 11; Lutter/*Decher* UmwG § 202 Rn. 57).

Die Bestandsschutzregelung des § 202 Abs. 3 UmwG erfasst nicht etwaige Mängel, die außerhalb des eigentlichen Formwechsels liegen, beispielsweise Mängel bei der ursprünglichen Gründung des formwechselnden Rechtsträgers – hier der GmbH –, etwa durch verdeckte Sacheinlagen (SHS/*Winter* UmwG § 202 Rn. 11; Lutter/*Decher* UmwG § 202 Rn. 61).

Zu Ziff. 3.:

Welchen **Umfang** und welche inhaltliche **Detailtiefe** die Erläuterung haben muss, ist Sache des Einzelfalles. Die Gesellschafter müssen nicht in die Lage versetzt werden, die Umstrukturierungsmaßnahme selbst abschließend zu beurteilen. Erforderlich ist jedoch, dass sie die Plausibilität des Formwechsels und dessen erkennbare Sinnhaftigkeit nachvollziehen können (SHS/*Winter* UmwG § 192 Rn. 8). **74**

Zu Ziff. 5.:

Das Formular sieht die Beibehaltung des Gesamtnennbetrages des Kapitals und der Beteiligungsverhältnisse vor. Andernfalls sind Sonderregelungen zu beachten (→ Rn. 16). **75**

Zu Ziff. 6.:

76 Es besteht das Verbot der Unterpari-Emission, es muss also das reale Vermögen der GmbH zum Zeitpunkt des Formwechsels das Grundkapital der AG mindestens erreichen (vgl. SHS/*Westerburg* UmwG § 245 Rn. 6; RS HFA 41, Tz. 15).

Zu Ziff. 10.:

Es wird auf die Erläuterungen unter → Rn. 50 verwiesen.

Zu Ziff. 11.:

Es wird auf die Erläuterungen unter → Rn. 35, 48 verwiesen.

Zu Ziff. 12.:

77 Handelsbilanziell ist wegen der rechtlichen Identität weder eine Schlussbilanz der GmbH noch eine Eröffnungsbilanz der AG aufzustellen (SBB/*Bula/Thees* § 27 Rn. 4; SSt/*Moszka* UmwStG Anh. Rn. 649). Es sind vielmehr nach den Grundsätzen von Bilanzkontinuität und Bewertungsstetigkeit – § 252 Abs. 1 Nr. 1, 6 HGB – die bisherigen Buchwerte fortzuführen (DPM/*Patt* UmwStG § 25 Rn. 11; SBB/*Bula/Thees* § 27 Rn. 6). Eine Veränderung der Buchwerte im Zuge des Formwechsels ist, da die §§ 14, 3 UmwStG für diese Form des Formwechsels nicht anwendbar sind, nicht möglich (SSt/*Moszka* UmwStG Anh. Rn. 653; SBB/*Bula/Thees* § 27 Rn. 6). Auch steuerlich ist daher bei dem Formwechsel von Kapitalgesellschaft in Kapitalgesellschaft eine Übertragungsbilanz nicht erforderlich.

Zu Ziff. 13.:

78 Die Gründer haben zwar nicht nach § 30 AktG die Aufsichtsratsmitglieder zu bestellen – § 197 Satz 2 UmwG, im Ergebnis spielt dies hier aber keine Rolle, weil nur Vertreter der Anteilseigner im Aufsichtsrat sitzen, so dass die Ernennung entsprechend erfolgt (s. aber → Rn. 48 zur Anwendung von § 31 AktG durch § 197 Satz 3 UmwG ab 2007).

Die Abschlussprüfer für das erste Geschäftsjahr sind von den Gründern nach § 31 AktG zu bestimmen. Für die Prüfer von Kapitalgesellschaften, die nicht kleine im Sinne von § 267 HGB sind, ist zusätzlich auf §§ 318, 316 HGB hinzuweisen.

Der Aufsichtsrat bestellt nach § 30 Abs. 4 AktG den Vorstand.

Zu Ziff. 14.:

79 Die bare Zuzahlung ist gem. §§ 196, 15 Abs. 2 UmwG nach Ablauf des Tages der Bekanntmachung mit „jährlich zwei vom Hundert über dem jeweiligen Diskontsatz der Deutschen Bundesbank" zu verzinsen. Der Diskontsatz der Deutschen Bundesbank ist seit dem 1.1.2002 gem. § 7 EGBGB idF des Gesetzes zur Modernisierung des Schuldrechts v. 26.11.2001, BGBl. I 2001, 3138 ff., 3171, durch den Basiszinssatz nach § 247 Abs. 1 BGB in der seit dem 1.1.2002 geltenden Fassung zu ersetzen.

80–82 *einstweilen frei*

2. Abfindungsangebot

83 Hinsichtlich des Abfindungsangebotes wird zunächst auf die ausführlichen Erläuterungen unter → Rn. 11 f. und → Rn. 50 verwiesen.

Zu Ziff. 2.:

Für das Barabfindungsangebot gilt nach den § 208, § 30 Abs. 1, § 15 Abs. 2, § 19 Abs. 3 UmwG das zur „baren Zuzahlung" Gesagte (→ Rn. 79) entsprechend. Die in dem Formular vorgeschlagene Verzinsung setzt dies um.

Zu Ziff. 3.:

Die Fristen zur Annahme des Barabfindungsangebotes ergeben sich aus den § 209 Satz 1, § 201 Satz 2 UmwG bzw. im Fall der gerichtlichen Bestimmung über das Angebot aus § 209 Satz 2 UmwG.

Zu Ziff. 4.:

Die Kosten der Übertragung der Aktien, die nach dem Formwechsel erfolgt, sind von dem „neuen“ Rechtsträger, der AG, gem. § 207 Abs. 1 Satz 3 UmwG zu tragen.

einstweilen frei **84, 85**

3. Gründungsbericht

Nach den § 197 UmwG, § 32 AktG ist beim Formwechsel ein Gründungsbericht zu erstatten. **86**

Zu Ziff. 2.:

Dieser ist von den Gründern zu erstellen. Hierzu zählen gem. § 245 Abs. 1 UmwG diejenigen Anteilsinhaber, die für den Formwechsel gestimmt haben. Im Formular ist nur Herr B auf Grund seiner Zustimmung Gründer und daher gem. § 32 Abs. 1 AktG zur Abgabe des schriftlichen Berichtes über den Hergang der Gründung verpflichtet.

Zu Ziff. 4.:

Im Gründungsbericht sind nach § 32 Abs. 2 Satz 1 AktG die wesentlichen Umstände darzulegen, von denen die Angemessenheit der Leistungen für die Sacheinlagen abhängt. Gleichzeitig ist über den bisherigen Geschäftsverlauf und die Lage der formwechselnden GmbH nach den § 245 Abs. 1, § 220 Abs. 2 UmwG zu berichten. **87**

Die in Punkt b vorgeschlagene Untergliederung orientiert sich an der Bilanzgliederung der Aktiva gem. § 266 Abs. 2 HGB, weil der Wert der Aktiva wesentlicher Faktor für die Angemessenheit der Sacheinlagen ist.

Auch die Verbindlichkeiten der Gesellschaft sind vollständig zu erfassen – § 246 Abs. 1 HGB – und korrekt zu bewerten – § 252 Abs. 1 HGB. Zur Bewertung der Rückstellungen für Rentenverpflichtungen empfiehlt sich zum Nachweis der „vernünftigen kaufmännischen Beurteilung“ iSv. § 253 Abs. 1 Satz 2 HGB ein versicherungsmathematisches Gutachten (vgl. MünchKomm/*Ballwieser,* HGB § 253 Rn. 74ff.).

Die Erklärungen zu den Punkten d, e und f ergeben sich aus § 32 Abs. 2 Nr. 1–3 AktG. Die Hinweise in den übrigen Ziffern sind Beispiele für wertbildende Faktoren zum tatsächlichen Vermögen der GmbH, das durch die Anteile repräsentiert wird.

Zu Ziff. 5.:

Zweck der nach § 32 Abs. 3 AktG abzugebenden Erklärung ist es, sowohl mögliche Interessenkollisionen bei der Gründungsprüfung durch Vorstand und Aufsichtsrat als auch eine eventuelle Beherrschung der Gesellschaft durch die Organmitglieder aufzudecken. Die Angaben sind in jedem Fall zu machen, ggf. auch – wie hier – als Negativmeldung (vgl. MünchKomm/*Pentz,* AktG § 32 Rn. 27; Hüffer/*Koch* AktG § 32 Rn. 6). **88**

Zu Ziff. 6.:

Zum Hergang der Gründung, über den zu berichten ist, gehört auch die Bestellung der Organe und der Abschlussprüfer gem. §§ 31, 30 AktG.

Zur Anlage:

89 Über die Sitzungen des Aufsichtsrates ist nach § 107 Abs. 2 AktG eine Niederschrift anzufertigen, die vom Vorsitzenden zu unterzeichnen ist. In der Niederschrift sind der Ort und der Tag der Sitzung, die Teilnehmer, die Gegenstände der Tagesordnung, der wesentliche Inhalt der Besprechung und die Beschlüsse des Aufsichtsrats anzugeben. Ein Verstoß gegen die Protokollpflichten macht einen Beschluss nicht unwirksam.

In der ersten Sitzung eines Aufsichtsrates nach seiner Wahl ist gem. § 107 Abs. 1 AktG ein Vorsitzender und dessen Stellvertreter zu wählen.

Die maximale Amtsdauer eines Vorstands während einer Wahlperiode beträgt nach § 84 Abs. 1 AktG fünf Jahre. Eine wiederholte Bestellung ist zulässig.

90–95 *einstweilen frei*

4. Gründungsprüfungsbericht

96 Nach § 197 UmwG sind auf den Formwechsel die für die neue Rechtsform geltenden Gründungsvorschriften, hier also die Regelungen des AktG, anzuwenden. Gem. § 33 Abs. 1 AktG hat in jedem Fall eine Prüfung durch Vorstand und Aufsichtsrat stattzufinden. Der Umfang der Prüfung ergibt sich aus § 34 AktG. Danach ist zunächst insb. zu prüfen, ob die Angaben der Gründer über die Übernahme der Aktien, über die Einlagen auf das Grundkapital und über die Festsetzungen nach §§ 26 und 27 AktG (Sondervorteile und Gründungsaufwand bzw. Sacheinlagen und Sachübernahmen) richtig und vollständig sind. Weiter ist zu prüfen, ob der Wert der Sacheinlagen oder Sachübernahmen wenigstens den Nennwert der dafür zu gewährenden Aktien erreicht.

Der Bericht ist gem. § 34 Abs. 2 AktG in schriftlicher Form zu erstatten.

97 Vorstand und Aufsichtsrat sind für durch **Verletzungen** ihrer **Prüfungs- und Berichtspflicht** entstehende Schäden nach § 48 AktG haftbar (vgl. Hüffer/*Koch* AktG § 48 Rn. 3; MünchKomm/*Pentz,* AktG § 48 Rn. 15). Die Haftung ist, wie sich aus dem Hinweis auf §§ 93, 116 AktG ergibt, verschuldensunabhängig, es genügt der Verstoß gegen die Pflichten eines ordentlichen und gewissenhaften Geschäftsleiters (vgl. MünchKomm/*Pentz,* AktG § 48 Rn. 23; Hüffer/*Koch* AktG § 48 Rn. 4). Anspruchsberechtigt ist in erster Linie die Gesellschaft. Die Gläubiger der Gesellschaft können jedoch die Ansprüche, wenn sie von der AG keine Befriedigung erlangen können, bei grob fahrlässiger Pflichtverletzung auch direkt geltend machen, § 48 Satz 2, § 93 Abs. 5 AktG (vgl. MünchKomm/*Pentz,* AktG § 48 Rn. 27).

98–100 *einstweilen frei*

5. Bericht der Gründungsprüfer

101 Nach § 197 UmwG sind auf den Formwechsel die für die neue Rechtsform geltenden Gründungsvorschriften, hier also die Regelungen des AktG, anzuwenden. Gem. § 33 Abs. 2 Nr. 4 AktG hat hier eine Prüfung durch einen oder mehrere Gründungsprüfer stattzufinden, da eine Gründung mit Sacheinlagen vorliegt. Eine Prüfung durch den beurkundenden Notar scheidet aus.

Ein Verzicht auf ein Gründungsprüfung nach § 33a Abs. 1 Nr. 2 AktG dürfte allenfalls in Ausnahmefällen möglich sein.

Zum Umfang der Prüfung wird auf die Ausführungen unter Rn. 96 verwiesen, da sich § 34 Abs. 1 AktG sowohl an Vorstand und Aufsichtsrat als auch an die Gründungsprüfer richtet.

Die Gründungsprüfer werden gem. § 33 Abs. 3 AktG durch das Gericht bestellt. Die Bestellung ist schon vor Fassung des Umwandlungsbeschlusses zulässig. Zuständig ist das Amtsgericht des Gesellschaftssitzes – § 145 Abs. 1 FGG, § 14 AktG. Obwohl der Wortlaut von § 33 Abs. 4 AktG einen größeren Personenkreis umfasst, werden in der Regel Wirtschaftprüfer oder Wirtschaftsprüfungsgesellschaften bestellt, da diese nach §§ 2, 129 WPO in der Regel über das erforderliche Know-how verfügen. Vorschläge der Gesellschaft werden idR berücksichtigt. Um eine unparteiische Prüfung sicherzustellen, enthält § 33 Abs. 5 AktG zwingende Bestellungsverbote, die sich aus dem Verweis über § 143 Abs. 2 AktG auf die detaillierten Regelungen in § 319 Abs. 2 und 3 HGB ergeben.

Die Gründungsprüfer haben nach § 34 Abs. 2 AktG einen schriftlichen Bericht zu erstellen, in dem sie insbesondere die Gegenstände der Sacheinlagen beschreiben und die Bewertungsmethoden darstellen, die bei der Wertermittlung angewandt wurden.

Der Inhalt der vom Gründungsprüfer abgegeben Bestätigung entspricht den Vorschriften des § 34 Abs. 1 Nr. 1, 2, Abs. 2 AktG.

Die Gründungsprüfer sind für ihre Tätigkeit der Gesellschaft und mit ihr verbundenen Unternehmen – § 15 AktG – aus § 49 AktG verantwortlich. Danach sind sie über den Verweis auf § 323 HGB, der die Verantwortlichkeit der Abschlussprüfer regelt, zur gewissenhaften und unparteiischen Prüfung und zur Verschwiegenheit verpflichtet. Die Haftung besteht nur bei Verschulden. Beweispflichtig hierfür ist die Gesellschaft (vgl. Hüffer/*Koch* AktG § 49 Rn. 3f.; MünchKomm/*Pentz,* AktG § 49 Rn. 4f., 14).

einstweilen frei **102–104**

6. Schreiben an den Betriebsrat

Der Entwurf des Umwandlungsbeschlusses ist dem Betriebsrat des formwechselnden Unternehmens nach § 194 Abs. 2 UmwG spätestens einen Monat vor dem Tag der Gesellschafterversammlung, in der über den Formwechsel abgestimmt werden soll, zuzuleiten. Dies ist bei der Anmeldung des Formwechsels nach § 199 UmwG nachzuweisen. Eine schriftliche Bestätigung durch den Betriebsrat ist daher empfehlenswert. **105**

einstweilen frei **106–109**

III. Handelsregisteranmeldung

Die Pflicht zur Anmeldung des Formwechsels richtet sich nach § 198 Abs. 1 UmwG, anzumelden ist also grds. bei dem Register, in das die GmbH eingetragen ist. Eine doppelte Anmeldung nach § 198 Abs. 2 Satz 2 und 3 UmwG ist nur erforderlich, wenn sich durch den Formwechsel das zuständige Register ändert, etwa durch Übergang vom Genossenschafts- zum Handelsregister oder durch einen mit dem Formwechsel verbundenen Wechsel des Gesellschaftssitzes. Keine doppelte Anmeldung ist erforderlich, wenn nur eine andere Abteilung desselben Registers (B statt A) zuständig wird (SBB/*Sagasser/Luke* § 26 Rn. 104; SHS/*Winter* UmwG § 198 Rn. 6; SSt/*Schwanna* UmwG § 198 Rn. 2) oder, wie hier, sogar dieselbe Abteilung für die alte und die neue Gesellschaftsform zuständig ist (SSt/*Schwanna* UmwG § 198 Rn. 2). **110**

Die Anmeldung erfolgt nach §§ 198, 246 UmwG durch das Vertretungsorgan der formwechselnden Gesellschaft, hier also gem. §§ 7, 78 GmbHG durch den Geschäftsführer der GmbH und nach § 197 UmwG, § 36 Abs. 1 AktG durch Gründer, Vorstand und Aufsichtsrat der AG. Nur § 37 Abs. 1 AktG ist nach § 246 Abs. 3 UmwG beim Formwechsel nicht anzuwenden.

Einzelheiten zu Art und Umfang der einzureichenden Unterlagen ergeben sich hinsichtlich der speziellen Dokumente zum Formwechsel aus § 199 UmwG mit den dortigen Verweisen, zum anderen für die Dokumente speziell zur Gründung der AG aus den § 197 UmwG, § 37 AktG. Zusätzlich ist speziell für den Formwechsel von einer Kapitalgesellschaft in eine Kapitalgesellschaft anderer Rechtsform § 246 UmwG zu beachten.

Zugleich mit der Anmeldung ist vom Geschäftsführer der GmbH gem. § 198 Abs. 3, § 16 Abs. 2, 3 UmwG zu erklären, dass Klage gegen die Wirksamkeit des Umwandlungsbeschlusses nicht erhoben oder auf das Klagerecht verzichtet wurde.

Der Anmeldung sind nach § 199 UmwG die notariell zu beurkundenden Vorgänge in Ausfertigung oder in beglaubigter Abschrift, sonst in Urschrift oder Abschrift beizufügen.

Die Handelsregisteranmeldung ist elektronisch in öffentlich beglaubigter Form einzureichen, § 12 Abs. 1 Satz 1 HGB (s. iE → Form. A.1 Rn. 56 sowie *Jeep/Wiedemann* NJW 2007, 2439).

E. 2 Formwechsel einer KG in eine KGaA

Gliederung

A. Vertragsformulare

Notarurkunden

E.2.1. Umwandlungsbeschluss[9, 66]

Verhandelt am …… in ……

Vor mir, dem unterzeichnenden Notar …… mit Amtssitz in ……, erschienen heute:

1. **Herr B, …… *[erforderliche Angaben wie Beruf, Geburtsdatum, Anschrift (geschäftlich/privat), ausgewiesen durch Personalausweis Nr./von Person bekannt],***
2. **Frau C, …… *[erforderliche Angaben – wie oben],***
3. **Frau D, …… *[erforderliche Angaben – wie oben],***

4. Herr E, ... *[erforderliche Angaben – wie oben],*

5. Herr F, ... *[erforderliche Angaben – wie oben].*

Die Erschienenen erklärten, dass weder der Notar noch einer seiner Sozien in der Sache, die im Nachfolgenden beurkundet wird, vorbefasst iSv. § 3 Abs. 1 Nr. 7 BeurkG sind.

Die Erschienenen erklärten weiter mit dem Ersuchen um Beurkundung:

Vorbemerkung[67]

Im Handelsregister des Amtsgerichts ...... ist unter HRA ...... die A-KG eingetragen. Gesellschafter sind

- B als persönlich haftender Gesellschafter (Komplementär) mit einer der Beteiligung entsprechenden, nicht im Handelsregister eingetragenen Einlage in Höhe von ...... EUR;
- C als persönlich haftende Gesellschafterin (Komplementärin) mit einer der Beteiligung entsprechenden, nicht im Handelsregister eingetragenen Einlage in Höhe von ...... EUR;
- D als Kommanditistin mit einer Hafteinlage in Höhe von ...... EUR,
- E als Kommanditist mit einer Hafteinlage in Höhe von ...... EUR,
- F als Kommanditist mit einer Hafteinlage in Höhe von ...... EUR.

Die Summe der Einlagen der Komplementäre beträgt insgesamt ...... EUR.

Die Summe der Hafteinlagen der Kommanditisten beträgt insgesamt ...... EUR.

Das Haftkapital ist voll eingezahlt.

Die Gesellschaft soll nach den Regelungen der §§ 190 ff., §§ 214 ff. UmwG durch Formwechsel in eine Kommanditgesellschaft auf Aktien (KGaA) umgewandelt werden.

Verzicht auf vorbereitende Formalien[68]

Dieses vorausgeschickt, verzichteten die Beteiligten vorsorglich und unwiderruflich

a) gem. § 192 Abs. 2 UmwG auf die Erstattung eines Umwandlungsberichtes nebst Entwurf des Umwandlungsbeschlusses gem. § 192 Abs. 1 UmwG sowie
b) auf ein Abfindungsangebot nach § 207 Abs. 1 UmwG und dessen Prüfung nach § 208 UmwG

sowie im Hinblick auf die nachfolgend abzuhaltende Gesellschafterversammlung auf alle hierfür im UmwG vorgesehenen Formalien, insbesondere auf

a) die Übersendung des Umwandlungsberichtes spätestens zusammen mit der Einberufung der Gesellschafterversammlung gem. § 216 UmwG,
b) die Ankündigung des Formwechsels als Gegenstand der Gesellschafterversammlung durch die persönlich haftenden Gesellschafter nach § 216 UmwG,
c) die Übersendung des Abfindungsangebotes spätestens zusammen mit der Einberufung der Gesellschafterversammlung gem. § 216 UmwG.

Gesellschafterversammlung[9, 73]

Wir halten nunmehr unter Verzicht auf alle Form- und Fristvorschriften eine Gesellschafterversammlung der A-KG ab.

Mit den Stimmen aller Gesellschafter fassen wir folgenden Umwandlungsbeschluss:

1. Beteiligte Rechtsträger – § 194 Abs. 1 Nr. 1, 2 UmwG

(1) Die im Handelsregister des Amtsgerichts ...... unter HRA ...... eingetragene Kommanditgesellschaft in Firma A-KG mit Sitz in ...... wird hiermit formwechselnd nach §§ 190 ff., 214 ff. UmwG in eine KGaA umgewandelt.

(2) Die KGaA führt die Firma der KG unter entsprechender Änderung des Rechtsformzusatzes fort.[75]

2. Steuerlicher Übertragungsstichtag – §§ 25, 9 Sätze 2 und 3 UmwStG[76]

(1) Die Umwandlung erfolgt steuerlich auf Basis der Bilanz der KG zum ......, 24:00 Uhr, als Übertragungsbilanz bzw. Eröffnungsbilanz der KGaA gem. §§ 25, 9 Satz 2 UmwStG.

(2) Der in Abs. 1 genannte Zeitpunkt ist gem. §§ 25, 9 Satz 3 UmwStG der steuerliche Übertragungsstichtag iSv. § 20 Abs. 5 Satz 1 UmwStG. Das Einkommen und Vermögen gelten als mit Ablauf dieses Tages auf die Gesellschaft neuer Rechtsform übergegangen, § 20 Abs. 5 Satz 1 UmwStG.

(3) Die Gesellschaft neuer Rechtsform wird das übergehende Vermögen gem. §§ 25 Satz 1, 20 Abs. 2 Satz 2 UmwStG mit dem Buchwert ansetzen.

(4) Die Gesellschaft wird die gem. §§ 25, 9 Satz 3, 20 Abs. 2 Satz 3, Abs. 5 Satz 1 UmwStG erforderlichen Anträge ordnungs-, insbesondere fristgemäß stellen.

3. Beteiligung an der neuen Gesellschaft – § 194 Abs. 1 Nr. 3, 4 UmwG[77]

(1) Das Grundkapital der umgewandelten KGaA beträgt ...... EUR. Es ist eingeteilt in ...... auf den Namen lautende nennwertlose Stückaktien, die zum Betrag von ...... EUR je Aktie ausgegeben werden. Neben dem Grundkapital wird ein Kapitalanteil von ...... EUR gebildet, der nicht auf das Grundkapital geleistet wird, sondern durch Vermögenseinlage der persönlich haftenden Gesellschafter erbracht wird. Die Gründer erbringen ihre Einlagen durch Sacheinlage, und zwar durch den hier beschlossenen Formwechsel.

(2) Alle Gesellschafter der KG werden im Zeitpunkt des Wirksamwerdens des Formwechsels wie folgt Gesellschafter der KGaA und gelten gem. § 219 UmwG als deren Gründer:

- **B als persönlich haftender Gesellschafter (Komplementär) mit einer der Beteiligung entsprechenden Vermögenseinlage, die nicht auf das Grundkapital geleistet wird (Kapitalanteil) in Höhe von ...... EUR;**
- **C als persönlich haftende Gesellschafterin (Komplementärin) mit einer der Beteiligung entsprechenden Vermögenseinlage, die nicht auf das Grundkapital geleistet wird (Kapitalanteil) in Höhe von ...... EUR;**
- **D als Kommanditaktionärin mit ...... Stückaktien zum Ausgabebetrag von ...... EUR je Aktie;**
- **E als Kommanditaktionär mit ...... Stückaktien zum Ausgabebetrag von ...... EUR je Aktie;**
- **F als Kommanditaktionär mit ...... Stückaktien zum Ausgabebetrag von ...... EUR je Aktie.**

(3) Art und Umfang der Beteiligung an der KGaA sowie die Rechte der Gesellschafter im Einzelnen ergeben sich aus der nachstehend festgestellten Satzung der KGaA, die Bestandteil dieses Umwandlungsbeschlusses ist. Die Beteiligung an der KGaA entspricht grundsätzlich dem Verhältnis der bisherigen Beteiligung der Gesellschafter am Vermögen der KG.[17] Für die Ausgabe und Form der Aktienurkunden gelten die Bestimmungen der Satzung der KGaA.

(4) Die bisherigen festen Kapitalkonten (Hafteinlagekonten) der Kommanditisten werden in Höhe von ...... EUR zu Grundkapital der KGaA. Soweit der Buchwert der –

ggf. durch Rückzahlungen, Entnahmen und Verluste nach § 172 Abs. 4 HGB geminderten – Kapitalkonten den Betrag des Grundkapitals übersteigt, ist der überschießende Betrag gem. § 272 Abs. 2 Nr. 1 HGB in die Kapitalrücklage einzustellen. Die Guthaben der Kommanditisten auf ihren sonstigen Kapital- und Darlehenskonten sind als Verbindlichkeit der KGaA gegenüber dem betreffenden Kommanditaktionär auszuweisen. Die bisherigen Festkapital- und Privatkonten der persönlich haftenden Gesellschafter werden mit einem Kapitalanteil in Höhe von ...... EUR zu einer nicht auf das Grundkapital der KGaA geleisteten Vermögenseinlage (Festkapitalanteil).[36]

Für die Berechnung der auf den Festkapitalanteil eines persönlich haftenden Gesellschafters ggf. noch zu erbringenden Einlagen wird auf § 8 Abs. 3 der nachfolgend festgestellten Satzung der KGaA verwiesen. Soweit der Buchwert seiner Einlage unter Berücksichtigung von § 8 Abs. 3 der Satzung den Betrag der jeweils zu erbringenden Einlage übersteigt, ist der übersteigende Betrag auf dem Privatkonto des persönlich haftenden Gesellschafter zu verbuchen.[35]

4. Satzung der neuen KGaA – § 218 Abs. 1 UmwG[79]

Für die umgewandelte KGaA gilt mit dem Wirksamwerden des Formwechsels die als Anlage beigefügte Satzung, die hiermit festgestellt wird.

5. Besondere Rechte – § 194 Abs. 1 Nr. 5 UmwG

Besondere Rechte oder Maßnahmen nach § 194 Abs. 1 Nr. 5 UmwG werden nicht eingeräumt bzw. sind nicht vorgesehen. Die persönlich haftenden Gesellschafter erhalten jedoch bei der KGaA die Vergütungen, wie sie im Einzelnen in der Satzung geregelt sind.

6. Abfindungsangebot – § 194 Abs. 1 Nr. 6 UmwG

Die Aufnahme eines Abfindungsangebots entfällt auf Grund der Zustimmung aller Gesellschafter und des vorsorglich erklärten Verzichtes.

7. Arbeitnehmer, Arbeitnehmervertretung – § 194 Abs. 1 Nr. 7, Abs. 2 UmwG[59, 80]

(1) Die KG beschäftigt derzeit ...... Arbeitnehmer. Besondere Folgen ergeben sich für die Arbeitnehmer durch die Umwandlung nicht, insoweit sind auch keine Maßnahmen vorgesehen. Die Arbeitnehmer der KG bleiben auch nach dem Wirksamwerden der Umwandlung Arbeitnehmer der Gesellschaft, künftig in der Rechtsform der KGaA. Die tariflichen, durch Betriebsvereinbarungen, Individualverträge oder betriebliche Übungen begründeten Rechte und Pflichten der Arbeitnehmer bleiben von der Umwandlung unberührt.

(2) Die KG verfügt weder über einen Betriebsrat noch über eine sonstige Arbeitnehmervertretung. Betriebsverfassungsrechtliche Folgen und Maßnahmen treten dementsprechend nicht ein bzw. sind nicht vorgesehen.

8. Kosten[81, 126]

Die Kosten des Formwechsels (Gerichtsgebühren, Veröffentlichungskosten, Notarkosten, Prüfungskosten sowie Vergütung für vorbereitende Beratungstätigkeit) trägt die KGaA als Gründungskosten bis zum Betrag von ...... EUR.[62] Dies ist in die Satzung der Gesellschaft aufzunehmen.

9. Zustimmungen

Im Hinblick auf §§ 193 Abs. 2, 217 UmwG erklären hiermit zudem alle Gesellschafter vorsorglich ihre ausdrückliche Zustimmung zum Formwechsel.

Ferner erklären Herr B und Frau C als künftige persönlich haftende Gesellschafter der KGaA hiermit vorsorglich nach § 217 Abs. 3 UmwG ausdrücklich ihre Zustimmung zum Formwechsel.

Beschluss der Kommanditaktionäre[82]

Sodann wird hiermit unter Verzicht auf alle durch Gesetz oder Satzung vorgeschriebene Formen und Fristen der Einberufung und Ladung folgender Beschluss der künftigen Kommanditaktionäre der neuen A-KGaA mit dem Sitz in ...... gefasst, und zwar mit den Stimmen aller Kommanditaktionäre:

1. **Herr ......, Beruf: ......, geboren am ......, wohnhaft in ......**
   Frau ......, Beruf: ......, geboren am ......, wohnhaft in ......
   Frau ......, Beruf: ......, geboren am ......, wohnhaft in ......
   werden zu Mitgliedern des Aufsichtsrates bestellt. Die Aufsichtsratsmitglieder werden für die Zeit bis zur Beendigung der Hauptversammlung gewählt, die über ihre Entlastung für das zweite Voll- oder Rumpfgeschäftsjahr nach dem Beginn der Amtszeit beschließt.
2. **Als Abschlussprüfer für das am ...... endende erste Geschäftsjahr wird die ...... Wirtschaftsprüfungsgesellschaft in ...... bestellt.**
3. **Die persönlich haftenden Gesellschafter B und C vertreten die Gesellschaft satzungsgemäß jeweils allein. Sie haben satzungsgemäß das Recht, die Gesellschaft auch bei solchen Rechtsgeschäften zu vertreten, die sie mit einem von ihnen vertretenen Dritten abschließen.**

Verzicht auf Klagemöglichkeiten und auf einen Ausgleich[83]

Sämtliche Gesellschafter der Kommanditgesellschaft verzichten hiermit unwiderruflich

a) **auf die Erhebung einer Klage (Nichtigkeits-, Anfechtungs- und/oder Unwirksamkeitsklage) gegen die Wirksamkeit des vorstehend gefassten Umwandlungsbeschlusses nach § 195 Abs. 1 UmwG,**
b) **auf die Erhebung einer Klage (Nichtigkeits-, Anfechtungs- und/oder Unwirksamkeitsklage) gegen die Wirksamkeit sämtlicher übriger vorstehend abgegebenen Erklärungen und Beschlüsse**
c) **sowie vorsorglich auf ein Verlangen eines Ausgleichs durch bare Zuzahlung nach § 196 UmwG.**

Belehrungen und Hinweise[84]

Die Beteiligten sind durch den Notar zu den möglichen rechtlichen Folgen der Verzichtserklärungen belehrt und auf folgendes hingewiesen worden:

a) **Schutz- und Schadensersatzansprüche von Gläubigern regeln sich nach den Bestimmungen der §§ 204 ff. UmwG und ggf. nach weitergehenden Vorschriften, insbesondere den §§ 25 HGB, 75 AO;**
b) **Gläubigern muss auf deren Verlangen hin Sicherheit geleistet werden, §§ 204, 22 UmwG;**
c) **der Formwechsel lässt etwaige Ansprüche von Gläubigern gegen die persönlich haftenden Gesellschafter der formwechselnden Gesellschaft unberührt. Die Fünf-Jahres-Frist zum Ausschluss der Haftung beginnt mit dem Tage der Bekanntmachung des Formwechsels, § 224 UmwG;**
d) **die Mitglieder der Verwaltungsorgane haften nach § 205 UmwG für Schäden, die Dritte durch den hier beschlossenen Formwechsel erleiden; die Ansprüche verjähren in fünf Jahren;**
e) **die Eintragung der Umwandlung in das Handelsregister des Sitzes der Gesellschaft in neuer Rechtsform hat insbesondere folgende Wirkungen, vgl. § 202 UmwG:**

- die formwechselnde Gesellschaft besteht in der in dem Umwandlungsbeschluss bestimmten Rechtsform weiter;
- die Gesellschafter der formwechselnden Gesellschaft sind an der Gesellschaft neuer Rechtsform nach den für diese geltenden Vorschriften und nach Maßgabe der Satzung und des Umwandlungsbeschlusses beteiligt. Rechte Dritter an den Mitgliedschaften der formwechselnden Gesellschaft bestehen an den an ihre Stelle tretenden Anteilen der Gesellschaft neuer Rechtsform fort;

f) geschäftsführende Gesellschafter der KG werden nicht automatisch Geschäftsführer der KGaA; das Recht zur Geschäftsführung ist in der KGaA anders geregelt als in der KG und muss ggf. durch entsprechende Satzungsregelungen angepasst werden;

g) die bei der KG erteilten Prokuren erlöschen mit dem Wirksamwerden des Formwechsels und müssten bei der formwechselnden Gesellschaft neu erteilt werden;

h) die Gesellschafter der formwechselnden Gesellschaft stehen nach § 219 UmwG den Gründern einer KGaA gleich; der Formwechsel entspricht der Sachgründung einer KGaA; hierzu hat der Notar darauf hingewiesen, dass

- jeder Gründer für die Richtigkeit und Vollständigkeit der nach dem Gesetz erforderlichen Angaben haftet, die zum Zwecke der Gründung der Gesellschaft gemacht werden, und hierfür auch strafrechtlich verantwortlich sein kann;
- jeder Gründer für vorsätzlich oder grob fahrlässig verursachte Schäden haftet, die durch Einlagen, Sachübernahmen oder Gründungsaufwand entstehen, und hierfür auch strafrechtlich verantwortlich sein kann;
- jeder Gründer für die Leistungsfähigkeit jedes einzelnen Gründers haftet;
- jeder Gründer unbeschränkt und persönlich für Fehlbeträge haftet, wenn der Wert des Gesellschaftsvermögens (zuzüglich Gründungsaufwand) bei Eintragung der Gesellschaft in das Handelsregister niedriger ist als das Grundkapital (Verpflichtung zum Ausgleich einer Unterbilanz);
- neben den Gründern in gleicher Weise auch die Personen verantwortlich sind, für deren Rechnung die Gründer ggf. Aktien übernommen haben;
- jeder persönlich haftender Gesellschafter und jedes Mitglied des Aufsichtsrats bei falschen Angaben oder einer Schädigung der Gesellschaft durch Einlagen oder Gründungsaufwand unter Umständen ersatzpflichtig und strafrechtlich verantwortlich ist;
- die Gesellschaft keine Verpflichtungen übernehmen kann aus Verträgen über Sondervorteile, Gründungsaufwand, Sacheinlagen oder Sachübernahmen, die nicht in der Satzung festgesetzt sind;
- vor der Eintragung der Gesellschaft Anteilsrechte nicht übertragen und Aktien oder Zwischenscheine nicht ausgegeben werden können;
- dem Handelsregister unverzüglich eine Mitteilung einzureichen ist, aus der sich Name, Vorname, Geburtsdatum und Wohnort des Aktionärs ergeben, wenn alle Aktien allein oder neben der Gesellschaft einem Aktionär gehören;
- innerhalb von zwei Jahren nach der Eintragung der Gesellschaft ein Vertrag nur mit Zustimmung der Hauptversammlung und Eintragung in das Handelsregister wirksam wird, wenn die Gesellschaft mit diesem Vertrag Anlagen oder Vermögensgegenstände von den Gründern oder von Gesellschaftern, die mit mehr als 10 % des Grundkapitals an der Gesellschaft beteiligt sind, erwerben soll und die Vergütung 10 % des Grundkapitals übersteigt (Nachgründung gem. § 52 AktG). Die Frist beginnt (erst) mit dem Wirksamwerden des Formwechsels, § 220 Abs. 3 Satz 2 UmwG;

i) der Nennbetrag des Grundkapitals der KGaA darf das nach Abzug der Schulden verbleibende Vermögen der formwechselnden Gesellschaft nicht übersteigen, § 220 Abs. 1 UmwG;

j) in dem dem Registergericht vorzulegenden schriftlichen Sachgründungsbericht sämtlicher Gründer sind auch der bisherige Geschäftsverlauf und die Lage der formwechselnden Gesellschaft darzulegen, § 220 Abs. 2 UmwG;
k) die in § 33 Abs. 2 AktG vorgesehene Gründungsprüfung durch einen oder mehrere Gründer hat in jedem Fall stattzufinden, § 220 Abs. 3 UmwG;
l) die Werthaltigkeit des Vermögens der KG ist dem Registergericht in geeigneter Form nachzuweisen, etwa durch die Vorlage einer testierten Bilanz oder eines Werthaltigkeitsgutachtens eines Wirtschaftsprüfers;
m) die Handelsregisteranmeldung hat nach §§ 222 Abs. 1 und 2, 198 Abs. 1 UmwG durch alle persönlich haftenden Gesellschafter, alle Kommanditaktionäre und alle Aufsichtsratsmitglieder zu erfolgen;
n) der Notar hat keine steuerliche Beratung vorgenommen.

Kosten[62], Grundbesitz

1. Die Kosten der vorliegenden notariellen Beurkundung sowie etwaige Gebühren und Verkehrsteuern sowie die Kosten der weiteren Durchführung des Umwandlungsbeschlusses trägt nach den Regelungen der Satzung die KGaA.
2. Zum Vermögen der KG gehört kein Grundbesitz.

Von dieser Urkunde erhalten die Gesellschaft und die Gesellschafter sowie das Registergericht je eine Ausfertigung, das für die KGaA zuständige Finanzamt (§ 54 Abs. 1 EStDV) eine beglaubigte Abschrift.

Samt Anlagen vom Notar vorgelesen, von den Beteiligten genehmigt und wie folgt unterschrieben:

....

[Unterschriften]

E.2.2. Satzung der KGaA[88]

§ 1 Firma, Sitz, Geschäftsjahr[89]

(1) Die Firma der Gesellschaft lautet A-KGaA.

(2) Der Sitz der Gesellschaft ist ......

(3) Das Geschäftsjahr ist das Kalenderjahr.

§ 2 Gegenstand des Unternehmens[90]

(1) Der Gegenstand des Unternehmens ist ......

(2) Die Gesellschaft ist zu allen nicht erlaubnispflichtigen Geschäften und Maßnahmen berechtigt, die unmittelbar oder mittelbar dem Gegenstand des Unternehmens zu dienen geeignet sind. Sie ist insbesondere berechtigt, im In- und Ausland Zweigniederlassungen zu errichten, sich an anderen Unternehmen gleicher oder verwandter Art im In- und Ausland zu beteiligen sowie solche Unternehmen zu erwerben, zu gründen und für eigene oder fremde Rechnung zu führen.

§ 3 Bekanntmachungen[91]

Bekanntmachungen der Gesellschaft erfolgen ausschließlich im Bundesanzeiger sowie bei Bedarf in einem Pflichtblatt der Wertpapierbörse.

§ 4 Grundkapital[92]

(1) Das Grundkapital der Gesellschaft beträgt ...... EUR (in Worten: ...... Euro) und ist eingeteilt in ...... Stückaktien, auf die je ein anteiliger Betrag des Grundkapitals von ...... EUR entfällt.

(2) Vom Grundkapital übernehmen
a) Frau D ...... Stückaktien durch Sacheinlage gem. Abs. 3,
b) Herr E ...... Stückaktien durch Sacheinlage gem. Abs. 3,
c) Herr F ...... Stückaktien durch Sacheinlage gem. Abs. 3.

(3) Die Sacheinlagen werden erbracht, indem die Gesellschafter des bisherigen Rechtsträgers, der A-KG mit Sitz in ......, diese Gesellschaft formwechselnd nach den §§ 190 ff., 214 ff. UmwG in die Rechtsform der Kommanditgesellschaft auf Aktien umgewandelt haben und die von den Kommanditisten jeweils übernommenen Aktien ihren Beteiligungen am Vermögen der KG entsprechen.

§ 5 Namensaktien, Übertragung der Aktien[93]

(1) Die Aktien lauten auf den Namen. Dies gilt auch bei Kapitalerhöhungen, falls nichts Anderes beschlossen wird.

(2) Die Form der Aktienurkunden sowie der Gewinnanteils- und Erneuerungsscheine sowie von Schuldverschreibungen und Zinsanleihen bestimmen die persönlich haftenden Gesellschafter. Über mehrere Aktien eines Aktionärs kann eine einheitliche Urkunde ausgestellt werden. Der Anspruch des Aktionärs auf Verbriefung seines Anteils ist ausgeschlossen.

(3) Über die Aktien und die Bezugsrechte daraus kann nur mit schriftlicher Zustimmung der Gesellschaft verfügt werden. Dies gilt auch im Rahmen der Auseinandersetzung einer Erbengemeinschaft oder bei der Erfüllung eines Vermächtnisses. Die Zustimmung erteilen die persönlich haftenden Gesellschafter. Über die Erteilung der Zustimmung beschließt der Aufsichtsrat. Der Beschluss des Aufsichtsrats bedarf einer Mehrheit von drei Vierteln der vorhandenen Stimmen.

(4) Die Zustimmung nach Abs. 3 kann nur aus wichtigem Grund verweigert werden. Als wichtiger Grund gilt auch eine durch die Übertragung eintretende Nichtabziehbarkeit von steuerlich berücksichtigungsfähigen Verlusten, Verlustvorträgen oder Fehlbeträgen (§§ 8c KStG,[94a] 10a GewStG). Die Zustimmung ist insbesondere zu verweigern, wenn dem Aufsichtsrat bekannte Vorerwerbs- oder Mitveräußerungsrechte nicht beachtet wurden.

§ 6 Einziehung von Aktien, Zwangsabtretung[95]

(1) Die Aktien eines Kommanditaktionärs können mit dessen Zustimmung eingezogen werden.

(2) Eine Einziehung der Aktien eines Kommanditaktionärs seitens der Gesellschaft ist darüber hinaus gestattet, wenn
a) in die Aktien des betreffenden Kommanditaktionärs die Zwangsvollstreckung betrieben und diese nicht innerhalb von zwei Monaten seit deren Wirksamwerden aufgehoben wird;
b) über das Vermögen des betreffenden Kommanditaktionärs das Insolvenzverfahren eröffnet oder die Eröffnung eines solchen Verfahrens mangels Masse abgelehnt wird; maßgebender Zeitpunkt für die Einziehung ist die Rechtskraft des jeweiligen Beschlusses;
c) der Kommanditaktionär eine ihm obliegende Pflicht zur Wahrung der Vertraulichkeit von Betriebs- und Geschäftsgeheimnissen der Gesellschaft verletzt und hierdurch der Gesellschaft erheblicher Schaden entstanden ist oder zu entstehen droht.

(3) Stehen Aktien mehreren Mitberechtigten ungeteilt zu, so ist die Einziehung gem. Abs. 2 auch dann zulässig, wenn deren Voraussetzung nur in der Person eines Mitberechtigten vorliegt.

(4) Die Einziehung wird von der Hauptversammlung innerhalb von zwei Monaten nach Kenntniserlangung des Einziehungsgrundes durch mindestens einen persön-

lich haftenden Gesellschafter beschlossen. Der betroffene Kommanditaktionär ist dabei nicht stimmberechtigt.

(5) Vom Zeitpunkt des Zugangs der Mitteilung über den Einziehungsbeschluss beim betroffenen Kommanditaktionär ruht sein Stimmrecht.

(6) Die Einziehung von Aktien erfolgt gegen Zahlung einer Vergütung. Diese richtet sich nach § 7.

(7) Soweit die Einziehung von Aktien zulässig ist, kann die Gesellschaft statt dessen verlangen, dass die Aktien an die Gesellschaft oder eine von ihr bezeichnete Person, bei der es sich auch um einen Kommanditaktionär handeln kann, abgetreten wird, und zwar auch dergestalt, dass die Aktien teilweise eingezogen werden und im Übrigen an die Gesellschaft oder die von ihr bezeichnete Person abzutreten sind. Soweit die Gesellschaft statt der Einziehung der Aktien deren Abtretung an sich oder eine von der Gesellschaft bezeichnete Person verlangt, gelten die Regelungen in Abs. 4, Abs. 5 und Abs. 6 entsprechend mit der Maßgabe, dass die Vergütung für die abzutretenden Aktien von dem Erwerber der Aktien sowie von der Gesellschaft als Gesamtschuldner geschuldet und sofort in voller Höhe fällig wird.

(8) Insoweit und solange Zahlungen gegen § 57 AktG verstoßen würden, gelten Zahlungen auf den Hauptbetrag als zum vereinbarten Satz verzinslich gestundet, Zinszahlungen als unverzinslich gestundet.

(9) §§ 237 bis 239 AktG bleiben unberührt.

§ 7 Abfindung[96]

(1) Im Falle der Einziehung von Aktien berechnet sich die an den ausscheidenden Kommanditaktionär zu zahlende Abfindung wie folgt:

a) Maßgebend für die Ermittlung des Abfindungsguthabens sind die in der Handelsbilanz nachfolgend aufgeführten Bilanzpositionen: Grundkapital zuzüglich Rücklagen (ohne Rücklagenkonten der persönlich haftenden Gesellschafter), Jahresüberschuss und Gewinnvortrag sowie abzüglich Jahresfehlbetrag und Verlustvortrag (ohne Verlustvortragskonten der persönlich haftenden Gesellschafter). Maßgebend ist die gem. § 36 aufgestellte und festgestellte Bilanz der Gesellschaft zum Ende des Geschäftsjahres, das dem Tag des Ausscheidens vorangeht oder mit diesem zusammenfällt. Stille Reserven jeder Art und ein Firmenwert bleiben außer Ansatz.

b) Der ausscheidende Kommanditaktionär erhält von dem nach Buchst. a) ermittelten Betrag einen Teilbetrag, der seiner prozentualen Beteiligung am Grundkapital entspricht, abzüglich seiner etwaig ganz oder teilweise nicht erbrachten Einlage auf das Grundkapital.

(2) Sollten der in Abs. 1 getroffenen Abfindungsregelung zwingende gesetzliche Bestimmungen entgegenstehen oder zur Entstehung von ungewollter Schenkungsteuer führen, entspricht die Gegenleistung dem gemeinen Wert der Aktien, der sich nach allgemein anerkannten betriebswirtschaftlichen Grundsätzen der Unternehmensbewertung (IDW S 1 (2005) oder Nachfolgeregelung) zum Stichtag des Ausscheidens ergibt. Scheidet der Kommanditaktionär im Laufe eines Geschäftsjahres aus, wird der Wert zum 31. 12. des Vorjahres ermittelt. Entstehen über die Richtigkeit des festgesetzten oder festzusetzenden Wertes zwischen dem ausscheidenden Kommanditaktionär und dem/den verbleibenden Gesellschafter(n) Meinungsverschiedenheiten, so wird der gemeine Wert durch den Abschlussprüfer, der für die Prüfung des der Ermittlung des Abfindungsbetrages gem. Abs. 1 zugrunde liegenden Jahresabschlusses zuständig ist, als Schiedsgutachter bestimmt. Im Übrigen finden die Regelungen des Abs. 1 Buchst. b) Anwendung.

(3) Sollte auch die in Abs. 2 getroffene Regelung rechtsunwirksam sein, so ist die Gegenleistung gleichwohl nicht der Verkehrswert der Aktien des ausscheidenden Kommanditaktionärs. In diesem Fall entspricht die Gegenleistung vielmehr einem

angemessenen Betrag, den ein von beiden Parteien gemeinsam benannter Schiedsgutachter, der Wirtschaftsprüfer oder eine Wirtschaftsprüfungsgesellschaft sein muss, unter Berücksichtigung der Belange der verbleibenden Gesellschafter und des ausscheidenden Kommanditaktionärs nach billigem Ermessen gem. § 315 BGB festsetzt. Kommt eine Einigung über die Benennung des Schiedsgutachters nicht binnen vier Wochen nach dem Zugang der Mitteilung über den Einziehungsbeschluss zustande, ist er durch die Wirtschaftsprüferkammer, Geschäftsstelle in ......, zu bestimmen. Im Übrigen finden die Regelungen des Abs. 1 Buchst. b Anwendung.

(4) Etwaige spätere Änderungen von für die Bemessung der Abfindung maßgeblichen Jahresabschlüssen der Gesellschaft in Folge von Maßnahmen der Finanzverwaltung, insbesondere im Rahmen einer Außenprüfung, sind ohne Auswirkung auf die ermittelte Abfindung.

(5) Die Abfindung ist in drei gleichen Jahresraten zu bezahlen. Die erste Rate ist fällig drei Monate nach Aufstellung der für die Abfindung gem. Abs. 1 Buchst. a) maßgebenden Bilanz, im Hinblick auf §§ 237 Abs. 2, 225 Abs. 2 AktG jedoch frühestens jedoch sechs Monate nach Bekanntmachung der Eintragung des Beschlusses über die Einziehung und Befriedigung der Gläubiger, die sich rechtzeitig gemeldet haben bzw. Gewährung von Sicherheit an diese. Ggf. ist nach Festsetzung der Abfindung gem. Abs. 2 bzw. Abs. 3 entsprechend zu verfahren. Die folgenden Raten sind jeweils zum Ende des ersten Kalenderquartals der Folgejahre fällig. Das jeweilige Abfindungs-(Rest-)Guthaben ist mit 2 Prozentpunkten über dem jeweiligen Basiszinssatz (§ 247 BGB) p.a. zu verzinsen. Die Zinsen sind jeweils mit den Hauptraten zur Zahlung fällig. Die Gesellschaft ist berechtigt, die Abfindung ganz oder teilweise früher zu bezahlen. Zur Sicherheitsleistung ist sie nicht verpflichtet.

§ 8 Persönlich haftende Gesellschafter mit Kapitalanteil[97]

(1) Persönlich haftende Gesellschafter mit Vermögenseinlagen, die nicht auf das Grundkapital geleistet wurden (Kapitalanteile), sind
- Herr B mit einem festen Kapitalanteil von ...... EUR (in Worten: ...... Euro).
- Frau C mit einem festen Kapitalanteil von ...... EUR (in Worten: ...... Euro).

(2) Die in Abs. 1 genannten Kapitalanteile sind fest; sie können nur durch Änderung der Satzung geändert werden.

(3) Die Kapitalanteile werden erbracht durch die formwechselnde Umwandlung der A-KG in eine KGaA zum ...... Sollte der Buchwert des Gesellschaftsanteils des jeweiligen persönlich haftenden Gesellschafters an der KG zum ...... (Saldo aus Kapital- und Privatkonto) den von diesem Gesellschafter übernommenen Kapitalanteil nicht erreichen, ist der Gesellschafter verpflichtet, den Differenzbetrag durch Bareinzahlung auszugleichen. Soweit der Buchwert des Gesellschaftsanteils des jeweiligen persönlich haftenden Gesellschafters an der KG zum ...... den von diesem Gesellschafter übernommenen Kapitalanteil übersteigt, wird der übersteigende Betrag auf dem Privatkonto des Gesellschafters verbucht.

(4) Wird das Grundkapital erhöht, so sind die persönlich haftenden Gesellschafter mit Kapitalanteil berechtigt, ihre Kapitalanteile im gleichen Verhältnis und zu den gleichen Bedingungen zu erhöhen, sofern sämtliche Kommanditaktionäre zum Bezug neuer Aktien zugelassen werden, ohne dass es dazu eines Beschlusses der Hauptversammlung bedürfte. Sie können dieses Recht ganz oder teilweise ausüben.

§ 9 Gesellschafterkonten[98]

(1) Für jeden persönlich haftenden Gesellschafter mit Kapitalanteil wird ein Kapitalkonto, ein Privatkonto und ein Verlustvortragskonto (als Unterkonto zum Kapitalkonto) geführt. Außerdem führt die Gesellschaft für alle persönlich haftenden Gesellschafter gemeinsam ein Rücklagenkonto.

(2) Auf dem Kapitalkonto wird der feste Kapitalanteil des persönlich haftenden Gesellschafters gem. § 8 Abs. 1 gebucht.

(3) Auf dem Privatkonto werden die entnahmefähigen Gewinnanteile, Entnahmen, Einlagen, Zinsen sowie der sonstige Zahlungsverkehr zwischen der Gesellschaft und dem persönlich haftenden Gesellschafter gebucht.

(4) Auf dem Verlustvortragskonto werden die einen persönlich haftenden Gesellschafter treffenden Verlustanteile gebucht.

(5) Auf dem gemeinsamen Rücklagenkonto werden die nicht entnahmefähigen Teile des Gewinns gebucht. An dem Konto sind die persönlich haftenden Gesellschafter stets im Verhältnis ihrer festen Kapitalkonten gem. § 8 Abs. 1 beteiligt. Die Kapital-, Privat- und Verlustvortragskonten sowie das Rücklagenkonto sind unverzinslich.

§ 10 Aufnahme neuer persönlich haftender Gesellschafter[99]

Weitere persönlich haftende Gesellschafter mit und ohne Kapitalanteil können durch Beschluss der Hauptversammlung, der einer Mehrheit von drei Vierteln der bei der Beschlussfassung vorhandenen Stimmen bedarf, und der Zustimmung aller persönlich haftenden Gesellschafter in die Gesellschaft aufgenommen werden.

§ 11 Rechtsverhältnisse der persönlich haftenden Gesellschafter[100]

(1) Die Rechtsbeziehungen zwischen der Gesellschaft und den persönlich haftenden Gesellschaftern werden, soweit sie sich nicht aus der Satzung oder dem Gesetz zwingend ergeben, durch Vereinbarungen zwischen dem einzelnen persönlich haftenden Gesellschafter und der Gesellschaft, vertreten durch den Aufsichtsrat, geregelt. Der Beschluss des Aufsichtsrats bedarf einer Mehrheit von drei Vierteln der vorhandenen Stimmen.

(2) Die persönlich haftenden Gesellschafter erhalten für ihre Geschäftsführungstätigkeit nach Maßgabe der gem. Abs. 1 getroffenen Vereinbarungen eine angemessene feste Vergütung. Die Festsetzung der festen Vergütung erfolgt zu Beginn eines jeden Geschäftsjahres unter Berücksichtigung der bisherigen Vergütung, der Entwicklung der Lebenshaltungskosten und der Ertragslage der Gesellschaft.

(3) Die persönlich haftenden Gesellschafter erhalten außerdem eine Haftungsvergütung in Höhe von je ...... EUR, sofern der Jahresüberschuss unter Berücksichtigung der Modifizierungen gem. § 37 Abs. 1, jedoch ohne Berücksichtigung der Haftungsvergütung gem. diesem Abs. 3 einen Betrag von ...... EUR übersteigt. Ist der Jahresüberschuss geringer, erhalten die persönlich haftenden Gesellschafter keine Haftungsvergütung.

(4) Alle Bezüge, welche die persönlich haftenden Gesellschafter für ihre Geschäftsführungstätigkeit erhalten, gelten – ungeachtet etwa abweichender steuerlicher Vorschriften – im Verhältnis zu den Kommanditaktionären als Aufwand der Gesellschaft.

§ 12 Verfügungen über Gesellschaftsanteile[101]

(1) Die persönlich haftenden Gesellschafter können über ihre Gesellschaftsanteile nur mit schriftlicher Zustimmung der Gesellschaft verfügen. Dies gilt auch im Rahmen der Auseinandersetzung einer Erbengemeinschaft oder bei der Erfüllung eines Vermächtnisses. Die Zustimmung erteilt der Aufsichtsrat durch Beschluss mit einer Mehrheit von drei Vierteln der vorhandenen Stimmen.

(2) Die Zustimmung gem. Abs. 1 ist – vorbehaltlich Satz 4 – zu erteilen, wenn die Übertragung der Gesellschaftsanteile auf Abkömmlinge oder den Ehegatten des verfügenden persönlich haftenden Gesellschafters erfolgt. Im Übrigen kann die Zustimmung nach Abs. 1 nur aus wichtigem Grund verweigert werden. Als wichtiger Grund gilt auch eine durch die Übertragung gem. § 8c KStG eintretende Nichtabziehbarkeit

von Verlusten, Verlustvorträgen oder Fehlbeträgen (§ 8c KStG, § 10a GewStG). Sie ist zu verweigern, wenn dem Aufsichtsrat bekannte Vorerwerbs- oder Mitveräußerungsrechte nicht beachtet wurden.

(3) Der Erwerber eines Gesellschafts- oder Teilgesellschaftsanteils eines persönlich haftenden Gesellschafters kann, sofern er nicht schon vor dem Erwerb persönlich haftender Gesellschafter war, innerhalb von drei Monaten seit dem Erwerb von der Hauptversammlung die Umwandlung des erworbenen Kapitalanteils in Grundkapital durch eine Kapitalerhöhung unter Ausschluss des Bezugsrechts der Kommanditaktionäre verlangen. Der Nennbetrag der Kapitalerhöhung entspricht dem Nennbetrag des erworbenen Festkapitalanteils gem. § 8 Abs. 1; die neuen Aktien werden zum Nennbetrag ohne Aufgeld ausgegeben. Etwaige Schuldsalden auf den Gesellschafterkonten gem. § 9 sind vor Durchführung der Kapitalerhöhung auszugleichen. Eine Umwandlung ist auch möglich, wenn ein Schuldsaldo auf dem Verlustvortragskonto nicht ausgeglichen wird; in diesem Fall entspricht der Nennbetrag der Kapitalerhöhung dem um den Schuldsaldo auf dem Verlustvortragskonto geminderten Nennbetrag des erworbenen Festkapitalanteils gem. § 8 Abs. 1. Die Gewinnberechtigung aus dem Kapitalanteil endet mit dem Beginn der Gewinnberechtigung der neuen Kommanditaktien.

§ 13 Entnahmen[102]

(1) Die persönlich haftenden Gesellschafter dürfen Guthaben auf ihren Privatkonten jederzeit entnehmen.

(2) Ein persönlich haftender Gesellschafter kann auch ohne ein entsprechendes Guthaben Auszahlungen zu Lasten seines Privatkontos verlangen, soweit die Beträge nach Abs. 1 nicht ausreichen, um die auf sämtliche Einkünfte des Gesellschafters aus der Gesellschaft entfallenden fälligen Steuervorauszahlungen zu bezahlen, und ein entsprechendes anteiliges Guthaben des persönlich haftenden Gesellschafters auf dem Rücklagenkonto (§ 9 Abs. 5) besteht. Besteht ein solches Guthaben nicht, bedarf es für die Entnahme der vorherigen Zustimmung des Aufsichtsrates. Für die Berechnung der auf die Einkünfte aus der Gesellschaft entfallenden Steuervorauszahlungen ist der persönliche Durchschnittssteuersatz des jeweiligen persönlich haftenden Gesellschafters für sämtliche Einkünfte maßgebend.

(3) Entnahmen sind unzulässig, wenn diese gegen § 288 Abs. 1 Satz 1 oder 2 AktG verstoßen würden.

§ 14 Ausscheiden von persönlich haftenden Gesellschaftern[103]

(1) Ein persönlich haftender Gesellschafter scheidet vorbehaltlich § 17 durch Erklärung gegenüber dem Aufsichtsrat und den anderen persönlich haftenden Gesellschaftern in eingeschriebenen Briefen mit Rückschein unter Wahrung einer Frist von drei Monaten mit Wirkung zum Ende eines Geschäftsjahres aus der Gesellschaft aus.

(2) Die Gesellschaft wird zwischen den verbleibenden persönlich haftenden Gesellschaftern und den Kommanditaktionären fortgesetzt.

(3) Scheidet der letzte persönlich haftende Gesellschafter aus der Gesellschaft aus, so ist zuvor eine außerordentliche Aufsichtsratssitzung einzuberufen, in der ein neuer persönlich haftender Gesellschafter zu wählen ist. Kommt bei der Wahl eine Einigung nicht zustande, so ist die Gesellschaft durch Beschluss der Hauptversammlung umzuwandeln und als Aktiengesellschaft fortzuführen, wenn nicht von der Hauptversammlung mit einer Mehrheit von drei Vierteln der vorhandenen Stimmen die Liquidation beschlossen wird.

§ 15 Ausschließung eines persönlich haftenden Gesellschafters, Zwangsabtretung[104]

(1) Die Hauptversammlung kann mit Dreiviertelmehrheit der abgegebenen Stimmen den Ausschluss eines persönlich haftenden Gesellschafters aus der Gesellschaft beschließen, wenn hierfür ein wichtiger Grund im Sinne von §§ 133, 140 HGB vorliegt. Der Beschluss bedarf der Zustimmung der übrigen persönlich haftenden Gesellschafter.

(2) Ein wichtiger Grund liegt insbesondere vor, wenn
a) ein persönlich haftender Gesellschafter nachhaltig gegen die Geschäftsführungsbeschränkungen (§ 20 Abs. 3) oder gegen das Wettbewerbsverbot (§ 21) verstößt;
b) ein persönlich haftender Gesellschafter nicht seinen Verpflichtungen zum ehelichen Güterstand (§ 19) nachkommt;
c) in seinen Gesellschaftsanteil die Zwangsvollstreckung betrieben und diese nicht innerhalb von zwei Monaten seit deren Wirksamwerden aufgehoben wird;
d) das Insolvenzverfahren über sein Vermögen eröffnet oder die Eröffnung des Verfahrens mangels Masse abgelehnt wird; maßgebender Zeitpunkt ist die Rechtskraft des jeweiligen Beschlusses.

(3) Anstelle der Ausschließung kann die Hauptversammlung mit Zustimmung der persönlich haftenden Gesellschafter auch die Übertragung des Gesellschaftsanteils auf einen oder mehrere Gesellschafter oder einen oder mehrere Dritte(n) beschließen. In diesem Fall kann der jeweilige Erwerber, sofern er nicht schon vor dem Erwerb persönlich haftender Gesellschafter war, die Rechte entsprechend § 12 Abs. 3 geltend machen.

(4) Für den Gesellschaftsanteil ist eine Abfindung gem. § 16 zahlen, im Falle der Ausschließung von der Gesellschaft, bei Übertragung von dem/den Erwerber(n). Im Falle der Übertragung des Gesellschaftsanteils ist die Vergütung für den Gesellschaftsanteil sofort und in voller Höhe fällig; die Gesellschaft haftet neben dem Erwerber für die Vergütung als Gesamtschuldnerin.

(5) Die Wirksamkeit von Ausschluss oder Übertragung ist nicht von einer Zug um Zug zu erbringenden Gegenleistung abhängig. Eine Sicherheitsleistung kann nicht beansprucht werden.

(6) Bei Beschlüssen über den Ausschluss oder die Übertragung hat der betroffene persönlich haftende Gesellschafter kein Stimmrecht.

§ 16 Abfindung, Freistellung von Verbindlichkeiten[105]

(1) Ein persönlich haftender Gesellschafter ohne Kapitalanteil erhält bei Ausscheiden keine Abfindung.

(2) Scheidet ein persönlich haftender Gesellschafter mit Kapitalanteil, gleich aus welchem Rechtsgrund, aus der Gesellschaft aus, so erhält er eine Abfindung. Die Höhe der Abfindung richtet sich nach den nachfolgenden Abs. 3 bis 9.

(3) Das Abfindungsguthaben ermittelt sich aus dem Saldo folgender Konten des ausscheidenden persönlich haftenden Gesellschafters: Kapitalkonto (einschließlich Verlustvortragskonto) abzüglich ausstehender Einlage zuzüglich positivem Privatkonto und anteiligem Rücklagenkonto (§ 9 Abs. 5) abzüglich negativem Privatkonto. Maßgebend ist die aufgestellte und festgestellte Bilanz der Gesellschaft zum Ende des Geschäftsjahres, das dem Tag des Ausscheidens vorangeht oder mit diesem zusammenfällt. Stille Reserven jeder Art oder ein Firmenwert bleiben außer Ansatz.

(4) Auf das Abfindungsguthaben gem. Abs. 3 sind seit dem maßgebenden letzten Bilanzstichtag vorgenommene Entnahmen anzurechnen; zwischenzeitlich geleistete Einlagen erhöhen das Abfindungsguthaben.

(5) Sollten der in Abs. 3 getroffenen Abfindungsregelung zwingende gesetzliche Bestimmungen entgegenstehen oder zur Entstehung von ungewollter Schenkungsteuer führen, ist die Gegenleistung entsprechend § 7 Abs. 2 mit Ausnahme des dortigen letzten Satzes zu ermitteln.

(6) Sollte auch die in Abs. 5 getroffene Regelung rechtsunwirksam sein, so gilt § 7 Abs. 3 mit Ausnahme des dortigen letzten Satzes entsprechend.

(7) Etwaige spätere Änderungen von für die Bemessung der Abfindung maßgeblichen Jahresabschlüssen der Gesellschaft in Folge von Maßnahmen der Finanzverwaltung, insbesondere im Rahmen einer Außenprüfung, sind ohne Auswirkung auf die ermittelte Abfindung.

(8) Im Rahmen der Ermittlung der Abfindung zu berücksichtigende Guthaben des ausscheidenden persönlich haftenden Gesellschafters auf seinem Privatkonto werden im Zeitpunkt seines Ausscheidens mit dem Anspruch auf das Auseinandersetzungsguthaben zu einer einheitlichen Forderung zusammengefasst, die gem. Abs. 9 ausgezahlt wird. Ein etwaiger Schuldsaldo auf dem Privatkonto und dem Verlustvortragskonto wird mit dem Abfindungsanspruch verrechnet; soweit dies nicht möglich ist, hat der persönlich haftende Gesellschafter den Schuldsaldo zum Zeitpunkt seines Ausscheidens auszugleichen.

(9) Die Abfindung ist in drei gleichen Jahresraten zu zahlen, die erste Rate drei Monate nach Aufstellung der für die Abfindung gem. Abs. 3 maßgebenden Bilanz, frühestens jedoch drei Monate nach dem Beschluss über die Einziehung, ggf. nach Festsetzung der Abfindung gem. Abs. 5 bzw. Abs. 6, die folgenden Raten jeweils zum Ende des ersten Kalenderquartals der Folgejahre. Das jeweilige Abfindungs-(Rest-) Guthaben ist mit 2 Prozentpunkten über dem jeweiligen Basiszinssatz (§ 247 BGB) p. a. zu verzinsen. Die Zinsen sind jeweils mit den Hauptraten zur Zahlung fällig. Die Gesellschaft ist berechtigt, die Abfindung ganz oder teilweise früher zu bezahlen. Der ausgeschiedene persönlich haftende Gesellschafter kann keine Sicherheitsleistung für das Auseinandersetzungsguthaben verlangen.

(10) Der ausgeschiedene persönlich haftende Gesellschafter kann von der Gesellschaft Freistellung von den Verbindlichkeiten der Gesellschaft verlangen. Auch insoweit kann der ausgeschiedene Gesellschafter keine Sicherheitsleistung verlangen.

§ 17 Umwandlung in Stellung eines Kommanditaktionärs[106]

(1) Scheidet ein persönlich haftender Gesellschafter mit Kapitalanteil gem. § 14 Abs. 1 aus der Gesellschaft aus, so kann die Auseinandersetzung abweichend von § 16 so erfolgen, dass der ausgeschiedene persönlich haftende Gesellschafter von der Hauptversammlung die Umwandlung des (anteiligen) Kapitalanteils in Grundkapital durch eine Kapitalerhöhung unter Ausschluss des Bezugsrechts der Kommanditaktionäre verlangen kann. § 12 Abs. 3 Satz 2 bis 5 gilt entsprechend. Wenn der ausgeschiedene persönlich haftende Gesellschafter nicht innerhalb von drei Monaten nach dem Eintritt des Ereignisses gem. § 14 Abs. 1 die Umwandlung des (anteiligen) Kapitalanteils verlangt, richtet sich die Auseinandersetzung nach § 16.

(2) Im Falle der Umwandlung des Kapitalanteils in Grundkapital gem. Abs. 1 gilt § 16 Abs. 10 entsprechend.

(3) Abs. 1 gilt nicht, wenn zugleich ein die Ausschließung des persönlich haftenden Gesellschafters rechtfertigender wichtiger Grund gem. § 15 vorliegt.

§ 18 Tod eines persönlich haftenden Gesellschafters[107]

(1) Bei Tod eines persönlich haftenden Gesellschafters wird die Gesellschaft mit dem/den gem. Abs. 3 in Ansehung des Gesellschaftsanteils nachfolgeberechtigten Erben oder Vermächtnisnehmer(n) fortgesetzt.

(2) Ist/Sind kein(e) gem. Abs. 3 in Ansehung des Gesellschaftsanteils berechtigter(n) Erbe(n) oder Vermächtnisnehmer vorhanden, scheidet der Gesellschafter mit seinem Tod aus der Gesellschaft aus. Seine Erben werden gem. § 16 abgefunden. Durch Beschluss der übrigen persönlich haftenden Gesellschafter kann bestimmt werden, dass Erben oder Vermächtnisnehmer, die gem. Abs. 3 in Ansehung des Gesellschaftsanteils nicht nachfolgeberechtigt sind, gleichwohl das Recht zusteht, als Rechtsnachfolger des verstorbenen persönlich haftenden Gesellschafters in die Gesellschaft einzutreten. Der Beschluss bedarf der Zustimmung des Aufsichtsrats mit einer Mehrheit von drei Vierteln der vorhandenen Stimmen.

(3) Nachfolgeberechtigt sind nur Abkömmlinge und der Ehegatte des verstorbenen persönlich haftenden Gesellschafters.

(4) Die Anordnung einer Testamentsvollstreckung für den Gesellschaftsanteil eines persönlich haftenden Gesellschafters ist zulässig. Der oder die Testamentsvollstrecker können auch berechtigt werden, als Bevollmächtigte oder als Treuhänder der Erben oder Vermächtnisnehmer sämtliche Rechte aus dem Gesellschaftsanteil auszuüben. Für die treuhänderische Übertragung von Gesellschaftsanteilen auf Testamentsvollstrecker und die Rückübertragung auf die Erben oder Vermächtnisnehmer ist die Zustimmung der Gesellschaft nach § 12 nicht erforderlich.

(5) Der/die Erbe(n) oder Vermächtnisnehmer sind verpflichtet, ihren erworbenen Kapitalanteil in Grundkapital umzuwandeln. Zu diesem Zweck kann/können der/die Erbe(n) oder Vermächtnisnehmer von der Hauptversammlung die Umwandlung des erworbenen Kapitalanteils in Grundkapital durch eine Kapitalerhöhung unter Ausschluss des Bezugsrechts der Kommanditaktionäre verlangen. § 12 Abs. 3 Satz 2 bis 5 gilt entsprechend.

(6) Abweichend von Abs. 5 kann/können der/die Erbe(n) oder Vermächtnisnehmer persönlich haftender Gesellschafter bleiben, wenn die übrigen persönlich haftenden Gesellschafter, soweit sie bereits vor dem Erbfall persönlich haftende Gesellschafter waren, dies innerhalb eines Monats seit dem Erbfall mit einfacher Mehrheit nach Köpfen beschließen und der Aufsichtsrat dem mit einer Mehrheit von drei Vierteln der vorhandenen Stimmen zustimmt.

(7) Das Stimmrecht des/der Erben oder Vermächtnisnehmer(s) ruht so lange, bis die übrigen persönlich haftenden Gesellschafter und der Aufsichtsrat einen Beschluss gem. Abs. 6 gefasst haben oder, sofern kein Beschluss gem. Abs. 6 abgefasst wird, der (anteilige) Kapitalanteil gem. Abs. 5 in Grundkapital umgewandelt ist.

(8) Scheidet der letzte persönlich haftende Gesellschafter durch Tod entsprechend Abs. 2 aus der Gesellschaft aus, so ist durch den Aufsichtsrat unverzüglich eine außerordentliche Hauptversammlung einzuberufen, in der über den Eintritt eines neuen persönlich haftenden Gesellschafters oder die Umwandlung der Gesellschaft zu entscheiden ist. Kommt ein entsprechender Beschluss nicht zustande, sind die Liquidatoren zu bestimmen.

§ 19 Ehelicher Güterstand[108]

(1) Verheiratete persönlich haftende Gesellschafter sind verpflichtet, entweder durch Ehevertrag Gütertrennung zu vereinbaren oder, falls der gesetzliche Güterstand der Zugewinngemeinschaft beibehalten werden soll, durch Ehevertrag zu vereinbaren, dass der persönlich haftende Gesellschafter den Beschränkungen des § 1365 BGB nicht unterliegt und sein Gesellschaftsanteil dann, wenn dieser Güterstand auf andere Weise als durch den Tod eines Ehegatten beendet wird, bei der Berechnung seines Zugewinns außer Betracht bleibt (modifizierte Zugewinngemeinschaft).

(2) Auf schriftliche Aufforderung des Aufsichtsrats oder eines anderen persönlich haftenden Gesellschafters hin hat jeder persönlich haftende Gesellschafter unverzüg-

lich, spätestens aber binnen sechs Monaten seit Eingang der Aufforderung nachzuweisen, dass er die ihm in Abs. 1 obliegenden Verpflichtungen erfüllt hat.

§ 20 Geschäftsführung und Vertretung[109]

(1) Zur Geschäftsführung und Vertretung ist jeder persönlich haftende Gesellschafter einzeln berechtigt. Die persönlich haftenden Gesellschafter sind berechtigt, die Gesellschaft auch bei solchen Rechtsgeschäften zu vertreten, die sie mit einem von ihnen Vertretenen Dritten abschließen. Der Aufsichtsrat vertritt die Gesellschaft gegenüber den persönlich haftenden Gesellschaftern, insbesondere bei Abschluss, Änderung oder Beendigung der Vereinbarungen gem. § 11 Abs. 1.

(2) Widerspricht ein persönlich haftender Gesellschafter der Vornahme einer Handlung des anderen, so muss sie unterbleiben. Der Widerspruch bedarf zu seiner Wirksamkeit der Schriftform und einer Begründung. Auf Antrag eines persönlich haftenden Gesellschafters ist ein Beschluss des Aufsichtsrats über die Vornahme der Handlung herbeizuführen.

(3) Die persönlich haftenden Gesellschafter können sich durch einstimmigen Beschluss eine Geschäftsordnung geben, wenn nicht der Aufsichtsrat eine Geschäftsordnung erlässt. In der Geschäftsordnung kann bestimmt werden, dass bestimmte Arten von Geschäften nur mit Zustimmung des Aufsichtsrats vorgenommen werden dürfen. Das Widerspruchsrecht der Kommanditaktionäre bei außergewöhnlichen Geschäften gem. § 164 Satz 1 Halbsatz 2 HGB iVm. § 278 Abs. 2 AktG ist ausgeschlossen.

(4) Einem persönlich haftenden Gesellschafter kann die Befugnis zur Geschäftsführung und Vertretung der Gesellschaft bei Vorliegen eines wichtigen Grundes mit sofortiger Wirkung durch Beschluss des Aufsichtsrats, der der Zustimmung der übrigen persönlich haftenden Gesellschafter bedarf, entzogen werden. Mit der Entziehung der Geschäftsführungsbefugnis kann der betroffene persönlich haftende Gesellschafter von der Hauptversammlung die Umwandlung des Kapitalanteils in Grundkapital durch eine Kapitalerhöhung unter Ausschluss des Bezugsrechts der Kommanditaktionäre verlangen. § 12 Abs. 3 Satz 2 bis 5 gilt entsprechend.

§ 21 Wettbewerbsverbot, Geheimhaltungspflicht[110]

(1) Kein persönlich haftender Gesellschafter darf während seiner Zugehörigkeit zur Gesellschaft und zwei Jahre nach seinem Ausscheiden aus der Gesellschaft oder nach der Umwandlung des Kapitalanteils in Grundkapital mit der Gesellschaft unmittelbar oder mittelbar in Wettbewerb treten. Wettbewerb ist:

a) jede entgeltliche oder unentgeltliche Betätigung im derzeitigen und künftigen örtlichen und sachlichen Geschäftszweig der Gesellschaft auf eigene oder fremde Rechnung;

b) die Beteiligung an einem Unternehmen, das in einem Geschäftszweig der Gesellschaft tätig ist oder wird; ausgenommen sind Beteiligungen von bis zu 3 % des Kapitals in- oder ausländischer börsennotierter Unternehmen;

c) die Beratung eines Unternehmens gem. Buchst. b, auch zB als Aufsichtsrat, Beirat usw.;

d) jede sonstige entgeltliche oder unentgeltliche Tätigkeit für ein Unternehmen gem. Buchst. b für eigene oder fremde Rechnung.

(2) Verletzt ein persönlich haftender Gesellschafter das Wettbewerbsverbot, so hat er für jeden Fall der Zuwiderhandlung eine im Einzelfall vom Aufsichtsrat festzusetzende Vertragsstrafe zwischen ...... und ...... EUR an die Gesellschaft zu zahlen. Bei fortgesetzter Zuwiderhandlung gilt jeweils nach Ablauf von zwei Wochen eine neue Zuwiderhandlung als verwirklicht. Das Recht der Gesellschaft, Unterlassung und Schadensersatz zu verlangen, wird hierdurch nicht berührt, es wird jedoch die Vertragsstrafe auf den Schadensersatz angerechnet.

(3) Jedem persönlich haftenden Gesellschafter kann durch die übrigen persönlich haftenden Gesellschafter mit Zustimmung des Aufsichtsrats Befreiung vom Wettbewerbsverbot erteilt werden.

(4) Jeder persönlich haftende Gesellschafter ist verpflichtet, über vertrauliche Angelegenheiten, die ihm in seiner Eigenschaft als Gesellschafter im Rahmen seiner Tätigkeit für die Gesellschaft zur Kenntnis gelangen, insbesondere über die Jahresabschlüsse sowie die Verhandlungen und Beschlüsse der Gesellschafter Dritten gegenüber Stillschweigen zu bewahren. Diese Verpflichtung besteht auch nach seinem Ausscheiden fort. Die Schweigepflicht gilt nicht für die Vorlage von Jahresabschlüssen der Gesellschaft bei Banken. Außerdem darf jeder persönlich haftende Gesellschafter vertrauliche Angelegenheiten Angehörigen eines zur Berufsverschwiegenheit verpflichteten rechts-, wirtschafts- oder steuerberatenden Berufs anvertrauen, wenn und soweit dies zur Wahrung seiner eigenen berechtigten Interessen erforderlich ist. Weitere Ausnahmen von der Schweigepflicht können im Einzelfall durch den Aufsichtsrat zugelassen werden.

§ 22 Aufsichtsrat, Zusammensetzung und Amtsdauer[111]

(1) Der Aufsichtsrat besteht aus drei Mitgliedern.

(2) Soweit die Hauptversammlung nicht bei der Wahl für einzelne der von ihr zu wählenden Mitglieder oder für den Gesamtaufsichtsrat einen kürzeren Zeitraum beschließt, werden die Aufsichtsratsmitglieder bis zur Beendigung der Hauptversammlung bestellt, die über die Entlastung für das vierte Geschäftsjahr nach dem Beginn der Amtszeit beschließt. Dabei wird das Geschäftsjahr, in dem die Amtszeit beginnt, nicht mitgerechnet.

(3) Für jedes Aufsichtsratsmitglied kann gleichzeitig ein Ersatzmitglied gewählt werden. Tritt ein Ersatzmitglied an die Stelle des ausgeschiedenen Mitglieds, so erlischt sein Amt mit Ende der Hauptversammlung, in der eine Ergänzungswahl nach Abs. 4 stattfindet, spätestens jedoch mit Ablauf der Amtszeit des ausgeschiedenen Aufsichtsratsmitglieds.

(4) Ergänzungswahlen erfolgen für die restliche Amtsdauer des ausgeschiedenen Mitglieds.

(5) Jedes Mitglied und jedes Ersatzmitglied des Aufsichtsrats kann sein Amt durch eine an den Aufsichtsrat oder den Vorstand zu richtende schriftliche Erklärung jederzeit mit Monatsfrist zum Monatsende niederlegen.

§ 23 Willenserklärungen des Aufsichtsrats[112]

(1) Willenserklärungen des Aufsichtsrats werden namens des Aufsichtsrats durch den Vorsitzenden oder im Falle seiner Verhinderung durch dessen Stellvertreter abgegeben.

(2) Ständiger Vertreter des Aufsichtsrats gegenüber Dritten, insbesondere gegenüber Gerichten und Behörden sowie gegenüber den persönlich haftenden Gesellschaftern, ist der Vorsitzende oder im Falle seiner Verhinderung dessen Stellvertreter.

§ 24 Aufsichtsrat, Vorsitzender und Stellvertreter[113]

(1) Der Aufsichtsrat wählt im Anschluss an die Hauptversammlung, in der die Aufsichtsratsmitglieder neu gewählt worden sind, in einer ohne besondere Einberufung stattfindenden Sitzung aus seiner Mitte einen Vorsitzenden und einen Stellvertreter. Die Sitzung wird von dem an Lebensjahren ältesten Aufsichtsratsmitglied geleitet. Die Amtszeit des Vorsitzenden und des Stellvertreters entspricht, soweit bei der Wahl nicht eine kürzere Amtszeit bestimmt wird, ihrer Amtszeit als Mitglied des Aufsichtsrats.

(2) Scheidet der Vorsitzende oder der Stellvertreter vor Ablauf der Amtszeit aus seinem Amt aus, so hat der Aufsichtsrat eine Neuwahl für die restliche Amtszeit des Ausgeschiedenen vorzunehmen.

§ 25 Aufsichtsrat, Einberufung und Beschlussfassung[114]

(1) Für Einberufung, Beschlussfähigkeit und Beschlussfassung des Aufsichtsrats und seiner Ausschüsse gelten die nachfolgenden Bestimmungen; in der Geschäftsordnung (§ 26) können ergänzende Bestimmungen getroffen werden.

(2) Die Sitzungen des Aufsichtsrats werden durch dessen Vorsitzenden, im Falle seiner Verhinderung durch seinen Stellvertreter, mit einer Frist von zwei Wochen schriftlich einberufen. Bei der Berechnung der Frist werden der Tag der Absendung der Einladung an die letzte dem Vorsitzenden mitgeteilte Anschrift und der Tag der Sitzung nicht mitgerechnet. In dringenden Fällen kann der Vorsitzende die Frist abkürzen und die Sitzung mündlich, fernmündlich oder per Telefax einberufen.

(3) Außerhalb von Sitzungen sind schriftliche, telegrafische oder fernschriftliche Beschlussfassungen zulässig, wenn kein Mitglied diesem Verfahren innerhalb einer vom Vorsitzenden bestimmten angemessenen Frist widerspricht. Satz 1 gilt entsprechend für Beschlussfassungen per Telefax.

(4) Der Aufsichtsrat soll einmal im Kalendervierteljahr, er muss einmal im Kalenderhalbjahr zusammentreffen.

(5) Die Sitzungen des Aufsichtsrats werden vom Aufsichtsratsvorsitzenden, im Falle seiner Verhinderung von seinem Stellvertreter, geleitet. An den Sitzungen des Aufsichtsrats sollen die persönlich haftenden Gesellschafter auf Einladung des Aufsichtsratsvorsitzenden teilnehmen.

(6) Der Aufsichtsrat ist beschlussfähig, wenn sämtliche Mitglieder ordnungsgemäß eingeladen sind und mindestens drei Mitglieder des Aufsichtsrats an der Sitzung teilnehmen.

(7) Die Beschlüsse bedürfen der Mehrheit von drei Vierteln der vorhandenen Stimmen, soweit es sich nicht um Maßnahmen handelt, die das Aktiengesetz dem Aufsichtsrat zwingend zur Beschlussfassung zuweist; für solche Maßnahmen ist die einfache Mehrheit der abgegebenen Stimmen ausreichend. Stimmenthaltungen gelten als nicht abgegebene Stimmen. Bei Stimmengleichheit entscheidet auch bei Wahlen die Stimme des Vorsitzenden oder, falls der Vorsitzende nicht an der Beschlussfassung teilnimmt, die Stimme des Stellvertreters. Im Fall einer Abstimmung gem. Abs. 3 gelten die vorgenannten Bestimmungen entsprechend.

(8) Über die Sitzungen des Aufsichtsrats ist eine Niederschrift anzufertigen, die vom Sitzungsvorsitzenden zu unterzeichnen ist. Die Niederschrift über schriftlich, fernmündlich oder per Telefax gefasste Beschlüsse hat der Vorsitzende des Aufsichtsrats zu unterzeichnen.

§ 26 Aufsichtsrat, Geschäftsordnung und Änderungen der Satzungsfassung[115]

(1) Im Rahmen der zwingenden gesetzlichen Vorschriften und der Bestimmungen dieser Satzung kann sich der Aufsichtsrat eine Geschäftsordnung geben.

(2) Der Aufsichtsrat ist ermächtigt, Änderungen der Satzung zu beschließen, die nur deren Fassung betreffen, insbesondere auch Änderungen der Angaben über das Grundkapital entsprechend dem jeweiligen Umfang der Kapitalerhöhungen aus bedingtem und genehmigtem Kapital bzw. der Kapitalherabsetzungen auf Grund der Einziehung von Aktien.

§ 27 Aufsichtsrat, Vergütung[116]

(1) Die Gesellschaft kann den Aufsichtsratsmitgliedern eine angemessene Vergütung gewähren. Über deren Höhe entscheidet die Hauptversammlung von Jahr zu Jahr.

(2) Die Gesellschaft erstattet den Aufsichtsratsmitgliedern die baren Auslagen im Rahmen ihrer Aufsichtsratstätigkeit. Die Umsatzsteuer wird von der Gesellschaft erstattet, soweit die Mitglieder des Aufsichtsrats berechtigt sind, die Umsatzsteuer der Gesellschaft gesondert in Rechnung zu stellen, und dieses Recht ausüben.

§ 28 Aufsichtsrat, Verschwiegenheitspflicht[117]

Über vertrauliche Angaben und Geheimnisse der Gesellschaft, namentlich Betriebs- oder Geschäftsgeheimnisse, die ihnen durch ihre Tätigkeit bekannt geworden sind, haben die Aufsichtsratsmitglieder Stillschweigen zu bewahren. Bei Sitzungen des Aufsichtsrats anwesende Personen, die nicht Aufsichtsratsmitglieder sind, sind zur Verschwiegenheit ausdrücklich zu verpflichten.

§ 29 Ordentliche und außerordentliche Hauptversammlung[118]

(1) Die ordentliche Hauptversammlung findet innerhalb der ersten acht Monate eines jeden Geschäftsjahres statt.

(2) Die ordentliche Hauptversammlung beschließt insbesondere über die
- Entlastung der persönlich haftenden Gesellschafter,
- Entlastung des Aufsichtsrats,
- Feststellung des Jahresabschlusses,
- Verwendung des Bilanzgewinns,
- Bestellung des Abschlussprüfers.

(3) Außerordentliche Hauptversammlungen sind einzuberufen, wenn das Wohl der Gesellschaft es erfordert.

§ 30 Hauptversammlung, Ort und Einberufung[119]

(1) Die Hauptversammlung wird von den persönlich haftenden Gesellschaftern oder in den gesetzlich vorgeschriebenen Fällen durch den Aufsichtsrat einberufen. Sie findet nach Wahl des einberufenden Organs am Sitz der Gesellschaft oder in ...... statt.

(2) Die Einberufung der Hauptversammlung erfolgt im Bundesanzeiger oder, falls alle Kommanditaktionäre der Gesellschaft namentlich bekannt sind, durch eingeschriebenen Brief mindestens einen Monat vor dem Tag der Versammlung. Dabei werden der Tag der Veröffentlichung bzw. der Tag der Absendung und der Tag der Versammlung nicht mitgerechnet.

(3) Sind alle Kommanditaktionäre erschienen oder vertreten, kann die Hauptversammlung Beschlüsse auch ohne Wahrung der gesetzlichen und satzungsmäßigen Einberufungsförmlichkeiten fassen, soweit kein Kommanditaktionär der Beschlussfassung widerspricht.

§ 31 Recht zur Teilnahme an der Hauptversammlung

(1) Zur Teilnahme an der Hauptversammlung sind alle am Tag der Hauptversammlung im Aktienbuch eingetragenen Kommanditaktionäre der Gesellschaft berechtigt.

(2) In der Hauptversammlung kann ein Kommanditaktionär sich nur durch einen anderen Kommanditaktionär, ein Aufsichtsratsmitglied und, soweit der Kommanditaktionär keine natürliche Person ist, auch durch ein Mitglied seiner Geschäftsführung oder einen seiner leitenden Angestellten vertreten lassen. Die Vollmacht bedarf der Schriftform und ist vor Beginn der Hauptversammlung dem Versammlungsleiter vorzulegen. Jeder Kommanditaktionär ist berechtigt, zur Hauptversammlung einen gesetzlich zur Berufsverschwiegenheit verpflichteten Berater zuzuziehen.

§ 32 Leitung der Hauptversammlung

(1) Die Leitung der Hauptversammlung obliegt dem Vorsitzenden des Aufsichtsrats, im Falle seiner Verhinderung seinem Stellvertreter. Sind beide verhindert, wird der

Vorsitzende aus der Mitte der Kommanditaktionäre durch die Hauptversammlung gewählt.

(2) Der Versammlungsleiter kann eine von der Ankündigung in der Tagesordnung abweichende Reihenfolge der Verhandlungsgegenstände bestimmen. Er bestimmt ferner die Art und Form der Abstimmung.

§ 33 Hauptversammlung, Stimmrecht, Beschlussfassung[120]

(1) Jede voll eingezahlte bzw. erbrachte Stammaktie gewährt eine Stimme.

(2) Vorzugsaktien gewähren nur in den gesetzlich zwingend vorgeschriebenen Fällen ein Stimmrecht; in diesem Fall gilt Abs. 1 entsprechend.

(3) Die Hauptversammlung fasst ihre Beschlüsse mit einfacher Mehrheit der abgegebenen Stimmen, soweit nicht das Gesetz oder die Satzung zwingend eine größere Mehrheit erfordert. Stimmenthaltungen gelten als nicht abgegebene Stimmen. Bei Stimmengleichheit gilt ein Antrag als abgelehnt.

(4) Bei Wahlen gilt derjenige als gewählt, der die meisten Stimmen auf sich vereinigt. Bei Stimmengleichheit entscheidet das Los.

§ 34 Hauptversammlung, Zustimmung der persönlich haftenden Gesellschafter[121]

(1) Soweit Beschlüsse der Hauptversammlung der Zustimmung der persönlich haftenden Gesellschafter bedürfen, wird die Zustimmung oder Ablehnung für alle persönlich haftenden Gesellschafter einheitlich durch ihren jeweiligen Sprecher erklärt. Zu diesem Zweck stimmen die persönlich haftenden Gesellschafter außerhalb der Hauptversammlung nach Köpfen über den Gegenstand der Beschlussfassung mit einfacher Mehrheit ab.

(2) Persönlich haftende Gesellschafter können sich im Falle ihrer Verhinderung bei der Beschlussfassung gem. Abs. 1 Satz 2 durch einen anderen persönlich haftenden Gesellschafter auf Grund einer schriftlichen Vollmacht vertreten lassen, die vor Beginn der Hauptversammlung dem Versammlungsleiter vorzulegen ist.

§ 35 Hauptversammlung, Niederschrift[122]

(1) Über die Verhandlungen in der Hauptversammlung wird eine von dem Versammlungsleiter zu unterzeichnende Niederschrift aufgenommen, solange die Gesellschaft nicht börsennotiert ist; ist sie börsennotiert oder werden Beschlüsse gefasst, für die das Gesetz eine Dreiviertel- oder größere Mehrheit bestimmt, sind diese Beschlüsse durch eine über die Verhandlung notariell aufzunehmende Niederschrift zu beurkunden.

(2) Die Niederschrift, der ein vom Versammlungsleiter zu unterzeichnendes Verzeichnis der erschienenen oder vertretenen Kommanditaktionäre und der Vertreter von Kommanditaktionären beizufügen ist, hat für die Kommanditaktionäre sowohl untereinander als auch in Beziehung auf ihre Vertretung volle Beweiskraft.

(3) Vollmachten müssen der Niederschrift beigefügt werden, soweit nicht durch §§ 130 AktG, 36, 37 BeurkG ein anderes bestimmt oder zugelassen ist.

§ 36 Jahresabschluss, Gewinnverwendung[123]

(1) Die persönlich haftenden Gesellschafter haben den Jahresabschluss der Gesellschaft und, sofern gesetzlich vorgeschrieben, den Lagebericht in den ersten drei Monaten des Geschäftsjahres für das vorangegangene Geschäftsjahr aufzustellen und dem Aufsichtsrat sowie dem Abschlussprüfer vorzulegen. Gleichzeitig haben sie dem Aufsichtsrat einen Vorschlag über die Verwendung des Bilanzgewinns zu unterbreiten. Nach Eingang des Prüfungsberichtes beim Aufsichtsrat sind der Jahresabschluss, der Lagebericht (sofern ein solcher aufzustellen ist), der Prüfungsbericht

und der Vorschlag über die Verwendung des Bilanzgewinns unverzüglich den Aufsichtsratsmitgliedern zur Prüfung vorzulegen. Der Jahresabschluss ist unter Beachtung der handels- und steuerrechtlichen Vorschriften für Kapitalgesellschaften aufzustellen.

(2) Der Aufsichtsrat hat den Jahresabschluss, den Lagebericht (sofern ein solcher aufzustellen ist) und den Vorschlag über die Verwendung des Bilanzgewinns innerhalb eines Monats nach Zugang der Vorlagen zu prüfen und den Bericht über das Ergebnis seiner Prüfung der Hauptversammlung zuzuleiten.

(3) Die Hauptversammlung stellt den Jahresabschluss fest und beschließt über die Verwendung des sich aus dem festgestellten Jahresabschluss ergebenden Bilanzgewinns. Die Beschlüsse über die Feststellung des Jahresabschlusses und über die Gewinnverwendung bedürfen der Zustimmung der persönlich haftenden Gesellschafter.

(4) Weicht die steuerliche Veranlagung von der Steuerbilanz der Gesellschaft ab oder wird die Veranlagung nachträglich geändert, so ist die Handelsbilanz nach Bestandskraft des Bescheides unter Berücksichtigung von Abs. 1 anzupassen.

(5) Bei einer Kapitalerhöhung kann die Gewinnbeteiligung neuer Aktien abweichend von § 60 AktG bestimmt werden.

§ 37 Verteilung des Jahresergebnisses zwischen den persönlich haftenden Gesellschaftern mit Kapitalanteil und den Kommanditaktionären[124]

(1) Grundlage für die Verteilung des Ergebnisses zwischen den persönlich haftenden Gesellschaftern mit Kapitalanteil und den Kommanditaktionären ist der sich aus dem festgestellten Jahresabschluss ergebende Jahresüberschuss oder Jahresfehlbetrag, wie er sich ergeben würde
a) ohne Berücksichtigung des auf die persönlich haftenden Gesellschafter mit Kapitalanteil entfallenden Gewinns oder Verlusts als Aufwand oder Ertrag,
b) nach Berücksichtigung von Tätigkeitsvergütungen und Haftungsvergütungen der persönlich haftenden Gesellschafter gem. § 11 Abs. 2 und 3 als Aufwand der Gesellschaft.

(2) An dem so ermittelten Ergebnis ist ein persönlich haftender Gesellschafter mit Kapitalanteil mit dem Prozentsatz beteiligt, der seinem Festkapitalanteil gem. § 8 Abs. 1 im Verhältnis zum gesamten Gesellschaftskapital (Grundkapital zuzüglich Festkapitalanteile der persönlich haftenden Gesellschafter) entspricht.

(3) Der auf einen persönlich haftenden Gesellschafter mit Kapitalanteil nach Abs. 1 entfallende Gewinn oder Verlust wird wie folgt verbucht:
a) Verluste werden auf dem Verlustvortragskonto gem. § 9 Abs. 4 gebucht;
b) soweit die Hauptversammlung Teile des Bilanzgewinns der Gewinnrücklage zuführt oder den Bilanzgewinn vorträgt, ist ein entsprechender Teil des auf die persönlich haftenden Gesellschafter entfallenden Gewinns auf das Rücklagekonto gem. § 9 Abs. 5 zu buchen;
c) nach Buchst. b verbleibende Gewinnanteile werden zunächst zum Ausgleich eines etwaigen Verlustvortragskontos verwendet. Ein danach verbleibender Gewinn wird auf das Privatkonto gebucht.

§ 38 Auflösung[125]

(1) Im Falle der Auflösung der Gesellschaft erfolgt die Abwicklung durch die persönlich haftenden Gesellschafter, wenn die Hauptversammlung mit 75 % der vorhandenen Stimmen nicht andere Personen als Abwickler bestellt.

(2) Das nach Berichtigung der Verbindlichkeiten verbleibende Vermögen der Gesellschaft wird zwischen den persönlich haftenden Gesellschaftern mit Kapitalanteil

und den Kommanditaktionären im Verhältnis der Nennbeträge der Festkapitalanteile und der Anteile am Grundkapital verteilt.

§ 39 Kosten[62, 126]

Die Kosten des Formwechsels (Gerichtsgebühren, Veröffentlichungskosten, Notarkosten, Prüfungskosten sowie Vergütung für vorbereitende Beratungstätigkeit) trägt die Gesellschaft als Gründungskosten bis zum Betrag von 5000.– EUR.

§ 40 Teilnichtigkeit[127]

Sollten einzelne Bestimmungen dieser Satzung ganz oder teilweise unwirksam sein oder werden oder sollte sich in dieser Satzung eine Lücke befinden. so soll hierdurch die Gültigkeit der übrigen Bestimmungen nicht berührt werden. Anstelle der unwirksamen Bestimmung oder zur Ausfüllung der Lücke soll eine angemessene Regelung treten, die – soweit rechtlich möglich – dem am nächsten kommt, was die Gesellschafter gewollt haben oder nach dem Sinn und Zweck dieser Satzung gewollt haben würden, wenn sie den Punkt bedacht hätten.

Berichte und Schreiben

E.2.3. Umwandlungsbericht

[Ein Umwandlungsbericht ist entbehrlich, weil alle Gesellschafter hierauf ausdrücklich verzichtet haben.]

E.2.4. Abfindungsangebot

[Ein Abfindungsangebot ist entbehrlich, weil alle Gesellschafter hierauf ausdrücklich verzichtet haben.]

E.2.5. Gründungsbericht[18, 135]

Als Gesellschafter der A-KG haben wir, Frau C und D sowie die Herren B, E und F, für den Wechsel der Rechtsform dieser KG in die Form der KGaA gestimmt. Über den Ablauf des Formwechsels in eine Kommanditgesellschaft auf Aktien in Firma A-KGaA berichten wir wie folgt:

1. **Mit notarieller Urkunde vom ...... (UR-Nr. ...... des Notars ...... in ......) wurde der Formwechsel beschlossen und als Bestandteil des Umwandlungsbeschlusses die Satzung der A-KGaA festgestellt.**
2. **Da wir für den Formwechsel gestimmt habe, gelten wir nach § 219 UmwG als Gründer der A-KGaA.[136]**
3. **Das Grundkapital der Gesellschaft beträgt ...... EUR. Es ist eingeteilt in ...... Stückaktien, auf die je ein anteiliger Betrag des Grundkapitals von ...... EUR entfällt. Die Aktien lauten auf den Namen. Es haben übernommen:**
   a) Frau D ...... Stückaktien,
   b) Herr E ...... Stückaktien,
   c) Herr F ...... Stückaktien,
   auf die die Einlagen jeweils durch Sacheinlagen gem. den Festsetzungen in der Satzung (§ 4 Abs. 3) erbracht wurden. Danach werden die Sacheinlagen geleistet, indem die Gesellschafter der A-KG mit Sitz in ...... diese Gesellschaft formwech-

selnd nach den §§ 190ff. UmwG in die Rechtsform der Kommanditgesellschaft auf Aktien umgewandelt haben und das nach Abzug der Schulden verbleibende auf die Kommanditisten anteilig entfallende (freie) Vermögen der vorgenannten KG mindestens dem Grundkapital der AG sowie die von den Gesellschaftern übernommenen Aktien jeweils ihren Beteiligungen am Vermögen der KG entsprechen.

4. Zur Angemessenheit der Wertansätze für die vorstehend bezeichneten Sacheinlagen sowie als Bericht über den bisherigen Geschäftsverlauf und die Lage der formwechselnden KG weisen wir auf Folgendes hin:[137]

a) In dem letzten Jahresabschluss (Bilanz und Gewinn- und Verlustrechnung) der KG zum ......, der als Anlage 1 diesem Sachgründungsbericht beigefügt ist, sind folgende Anteile der Gesellschafter am Eigenkapital iSd. § 272 HGB ausgewiesen:

aa) B mit einem Betrag von ...... EUR,
bb) C mit einem Betrag von ...... EUR,
cc) D mit einem Betrag von ...... EUR,
dd) E mit einem Betrag von ...... EUR,
ee) F mit einem Betrag von ...... EUR.

Hierbei handelt es sich um die ordentliche nach den maßgeblichen handelsrechtlichen Vorschriften erstellte Jahresbilanz der KG. Die darin ausgewiesenen Buchwerte werden von der umgewandelten KGaA unverändert fortgeführt.

b) Die für die Erbringung des Grundkapitals zugrunde gelegten Buchwerte für die Aktiva der umgewandelten Gesellschaft liegen auf Grund vorhandener stiller Reserven deutlich unter dem wirklichen Wert, so dass nach Abzug der Verbindlichkeiten der wirkliche Wert des Reinvermögens der KG höher ist als das angenommene Grundkapital zzgl. der Kapitalanteile der persönlich haftenden Gesellschafter. Dies ergibt sich aus folgenden Umständen:

aa) Die immateriellen Vermögensgegenstände (Konzessionen, gewerbliche Schutzrechte, Geschäfts- und Firmenwerte usw.) der Gesellschaft ...... *[nähere Angaben zu stillen Reserven, zB aus den Bewertungsgrenzen des § 253 HGB].*

bb) Die Sachanlagen (Grundstücke, grundstücksgleiche Rechte, Bauten, technische Anlagen und Maschinen sowie maschinellen Anlagen usw.) der Gesellschaft ...... *[nähere Angaben zu stillen Reserven].*

cc) Das Umlaufvermögen (Vorräte, Forderungen, Wertpapiere usw.) der Gesellschaft ...... *[nähere Angaben zu stillen Reserven].*

c) Die bilanzierten Passivposten sind vollständig und ausreichend. Für die von der Gesellschaft eingegangenen Rentenverpflichtungen wurden Rückstellungen in Höhe des versicherungsmathematischen Wertes der Zusagen gebildet, wie sich aus dem diesem Bericht als Anlage 2 beigefügten Gutachten vom ...... ergibt. Nicht bilanzierte Risiken sind uns nicht bekannt. Nicht ausgewiesene Eventualverbindlichkeiten sind nicht vorhanden.

d) Dem Formwechsel sind keine Rechtsgeschäfte vorangegangen, deren Zweck darauf gerichtet war, den Leistungsgegenstand zur Deckung der Sacheinlage bei der KGaA zu verwenden. Die Vermögensgegenstände, die die Sacheinlageleistung bei der KGaA darstellen, wurden im Rahmen des laufenden Geschäftsbetriebs der KG geschaffen oder erworben.

e) Als Anlage 3 übergeben wir eine Aufstellung, aus der sich die Anschaffungs- und Herstellungskosten aller von der KG in den beiden letzten Jahren vor der Fassung des Umwandlungsbeschlusses angeschafften oder hergestellten Vermögensgegenstände ergeben.

f) Zum Nachweis der Betriebserträge der KG in den letzten beiden Geschäftsjahren übergeben wir als Anlagen 4 und 5 die Jahresabschlüsse (Bilanz, Gewinn- und Verlustrechnung und Anhang) der KG für die Jahre ...... und ...... Daraus

ergibt sich, dass in dem Geschäftsjahr ...... nach Steuern ein Jahresüberschuss von ...... EUR und in dem Geschäftsjahr ...... nach Steuern ein Jahresüberschuss von ...... EUR erzielt wurde. Ein Verlustvortrag existiert nicht. Rückstellungen sind in dem erforderlichen Umfang gebildet worden.

g) Der in den vorgelegten Unterlagen dokumentierte positive Geschäftsverlauf kann auch für die Zukunft nachhaltig erwartet werden ...... *[nähere Angaben zu Umsatzentwicklung, Auftragsbestand, Investitionsvolumen usw.]*. Aus der Relation zwischen den in der Vergangenheit erzielten Erträgen zum bilanzierten Eigenkapital, das zum ...... anzusetzen ist, lässt sich ein erheblicher good-will der KG ableiten.

h) Die Geschäftsentwicklung in der Zeit seit dem Stichtag des Jahresabschlusses zum ...... bis zur Erstellung dieses Gründungsberichtes ist positiv. Hierzu übergeben wir als Anlage 6 die kurzfristige Erfolgsrechnung zum ......, aus der sich ...... *[nähere Angaben]* ergeben.

i) Herr Wirtschaftsprüfer ...... hat in den als Anlage 7 beigefügten Erläuterungen zum Jahresabschluss zum ...... und zur kurzfristigen Erfolgsrechnung zum ...... zu einzelnen den Vermögenswert bestimmenden Bilanzansätzen und zur Geschäftsentwicklung des laufenden Geschäftsjahres Stellung genommen. Wir nehmen hierauf Bezug.

k) Aufgrund dieser Tatsachen stellen wir fest, dass der Wert des Reinvermögens (Überschuss des Vermögens über die Schulden) der KG dem Grundkapital zzgl. der Kapitalanteile der persönlich haftenden Gesellschafter der künftigen KGaA, das durch diesen Wert gedeckt werden soll, mindestens voll entspricht.

5. Beim Formwechsel wurden keine Aktien für Rechnung von persönlich haftenden Gesellschaftern oder Mitgliedern des Aufsichtsrates übernommen. Kein persönlich haftender Gesellschafter oder Mitglied des Aufsichtsrats hat sich einen besonderen Vorteil oder für den Formwechsel oder seine Vorbereitung eine Entschädigung oder Belohnung ausbedungen.[138]

6. Die Kommanditaktionäre haben zu Mitgliedern des ersten Aufsichtsrates die ......, ... sowie ...... und zum Abschlussprüfer für den ersten Jahresabschluss der umgewandelten KGaA die ...... Wirtschaftsprüfungsgesellschaft in ...... bestellt.[139]

.. ....

[Ort, Datum] ***[alle Gründungsgesellschafter]***

E.2.6. Gründungsprüfungsbericht[144]

Als persönlich haftende Gesellschafter haben wir, Herr B und Frau C, und als Mitglieder des ersten Aufsichtsrates der Firma A-KGaA haben wir, die ......, ... und ......, den Hergang des Formwechsels der A-KG in die Rechtsform der Kommanditgesellschaft auf Aktien in Firma A-KGaA geprüft und berichten darüber wie folgt:

1. Mit notarieller Urkunde vom ...... (UR-Nr. ...... des Notars ...... in ......) wurde der Formwechsel gem. den §§ 190 ff. UmwG beschlossen und als Bestandteil des Umwandlungsbeschlusses die Satzung der KGaA festgestellt. Die Übernahme der Aktien erfolgte durch die Kommanditisten der KG. Die Mitglieder des ersten Aufsichtsrates und der Abschlussprüfer für das erste Rumpfgeschäftsjahr wurden bestellt.

2. Mit Bericht vom ...... haben die Gesellschafter der KG, die für den Formwechsel gestimmt haben und damit als Gründer der KGaA gelten, über den Hergang des Formwechsels berichtet.

3. Alle Gesellschafter der KG haben auf die Erstattung eines Umwandlungsberichtes und auf ein Abfindungsangebot ausdrücklich verzichtet.

4. Uns lagen ferner folgende Unterlagen vor:
   a) Jahresabschlüsse (Bilanz, Gewinn- und Verlustrechnung und Anhang) der KG zum …… und …… jeweils mit Erläuterungen des Wirtschaftsprüfers ……;
   b) kurzfristige Erfolgsrechnung der KG zum ……;
   c) Aufstellung der Anschaffungs- und Herstellungskosten aller von der KG in den beiden letzten Jahren vor der Fassung des Umwandlungsbeschlusses angeschafften oder hergestellten Vermögensgegenstände.
5. Der sich aus den vorgenannten Urkunden ergebende Hergang des Formwechsels entspricht nach unserer Prüfung den gesetzlichen Vorschriften. Insbesondere haben wir festgestellt, dass
   a) die Angaben der Gründer über die Übernahme der Aktien, über die Einlagen auf das Grundkapital und über die Festsetzungen nach den §§ 26 und 27 AktG richtig und vollständig sind.
   b) der Wert der Sacheinlagen den geringsten Ausgabebetrag der dafür zu gewährenden Aktien erreicht.
   Dies ergibt sich insbesondere daraus, dass die Bewertung des (anteiligen) Vermögens der KG, mit dem der Nennbetrag der Aktien gedeckt werden soll, zu Buchwerten erfolgte, dass die in dem letzten ordentlichen Jahresabschluss der KG enthaltenen Buchwerte den Grundsätzen ordnungsgemäßer Buchführung entsprechen und darüber hinaus beweiskräftige Anhaltspunkte dafür bestehen, dass in diesen Wertansätzen stille Reserven vorhanden sind.

Die Angaben der Gründer zum Geschäftsverlauf und zur Lage der umgewandelten KG halten wir für zutreffend.

…………………………………………… ……………………………………………

[Ort, Datum] *[Unterschriften]*

E.2.7. Bericht der Gründungsprüfer[149]

A. Grundlagen der Prüfung

1. Vom Amtsgericht …… wurden wir mit Beschluss vom …… (Az.: ……) zum Gründungsprüfer für die A-KGaA bestellt.
   Dem Auftrag liegen die diesem Bericht als Anlage beigefügten Allgemeinen Auftragsbedingungen für Wirtschaftsprüfer und Wirtschaftsprüfungsgesellschaften vom …… zugrunde. Dritte dürfen diesen Bericht nur auswerten, soweit sie diese Bedingungen auch gegen sich gelten lassen.
2. Für die Prüfung lagen uns folgende Unterlagen vor:
   a) Notarielle Urkunde vom …… (UR-Nr. …… des Notars …… in ……) über den Formwechsel der A-KG in die Rechtsform der Kommanditgesellschaft auf Aktien in Firma A-KGaA nach den §§ 190 ff. UmwG;
   b) Verzicht aller Gesellschafter auf einen Umwandlungsbericht und ein Abfindungsangebot;
   c) Gründungsbericht der Gesellschafter der KG, die für den Formwechsel gestimmt haben, vom ……;
   d) Gründungsprüfungsbericht der persönlich haftenden Gesellschafter und des Aufsichtsrates vom ……;
   e) Jahresabschlüsse (Bilanz, Gewinn- und Verlustrechnung und Anhang) der KG zum …… und ……, jeweils mit Erläuterungen des Wirtschaftsprüfers ……;
   f) kurzfristige Erfolgsrechnung der KG zum ……

3. Die persönlich haftenden Gesellschafter Herr B und Frau C erteilten uns auf Fragen umfassende Auskunft.
4. Die Prüfung wurde in der Zeit vom ...... bis ...... durchgeführt.
5. Der Umfang unserer Prüfung ergibt sich aus § 34 AktG.

B. Ergebnisse der Prüfung

1. Der Formwechsel wurde mit notarieller Urkunde vom ...... beschlossen. In diesem Zusammenhang wurde die Satzung der KGaA festgestellt. Das Grundkapital beträgt ...... EUR und ist in ...... Stückaktien eingeteilt. Die Kommanditisten der KG haben alle Aktien gegen Sacheinlage gem. den Regelungen in der Satzung übernommen. Die Sacheinlagen waren zu leisten, indem
   a) die Gesellschafter der KG diese formwechselnd nach den §§ 190 ff. UmwG in die Rechtsform der KGaA umgewandelt haben;
   b) das nach Abzug der Schulden verbleibende (freie) auf die Kommanditanteile entfallende anteilige Vermögen der KG mindestens dem Nennbetrag des Grundkapitals der KGaA entspricht;
   c) die Anteile der Kommanditisten an der KG dem Verhältnis der Nennbeträge der von ihnen gem. Satzung übernommenen Aktien entsprechen.
2. Zu Mitgliedern des Aufsichtsrates wurden die ......, ... und ...... bestellt.
3. Die Angaben der Gesellschafter, die für den Formwechsel gestimmt haben und damit als Gründer der KGaA gelten, der persönlich haftenden Gesellschafter und des Aufsichtsrates über die Übernahme der Aktien, über die Einlagen auf das Grundkapital und über die Festsetzungen nach §§ 26, 27 AktG sind richtig und vollständig.
4. Der Wert der Sacheinlagen erreicht den geringsten Ausgabebetrag der dafür zu gewährenden Aktien. Zu dieser Feststellung sind wir auf Grund folgender Umstände gekommen:
   a) Der Bewertung der Sacheinlagen wurde die ordentliche Jahresbilanz der KG zum ...... zugrunde gelegt. Der Wertansatz des Vermögens der KG erfolgte somit zu Buchwerten.
   b) Aufgrund der uns vorliegenden Unterlagen und der von uns vorgenommenen Nachfragen und Überprüfungen sind wir der Überzeugung, dass der Jahresabschluss den Grundsätzen ordnungsgemäßer Buchführung entspricht.
   c) Die von der Gesellschaft überlassenen sonstigen Unterlagen (insbesondere die freiwillig erstellte Vermögensaufstellung) ergeben beweiskräftige Anhaltspunkte für erhebliche stille Reserven.
   d) Angesichts der andauernd guten Ertragslage der KG in den letzten Jahren, die auch im laufenden Geschäftsjahr anhielt, kann ein beträchtlicher good-will des umgewandelten Unternehmens angenommen werden.
5. Wir sind deshalb der Überzeugung, dass der Gesamtwert des umgewandelten Unternehmens auf keinen Fall unter dem zugrunde gelegten Buchwert liegt. Diese Aussage gilt auch für den Zeitpunkt, in dem wir diesen Bericht erstellen.

C. Bestätigungsvermerk

Nach pflichtgemäßer Prüfung gem. §§ 33 ff. AktG bestätigen wir,

1. dass die Angaben der Gründer über die Übernahme der Aktien, über die Einlagen auf das Grundkapital richtig und vollständig sind;
2. dass die Gesellschaft nach § 39 der Satzung die Kosten der Umwandlung bis zu einem Betrag von 5000.– EUR übernimmt und dass sie im Übrigen keinen Auf-

wand im Sinne von § 26 Abs. 2 AktG übernommen und keine Vorteile im Sinne von § 27 AktG gewährt hat;

3. dass der Wert der Sacheinlagen den Nennbetrag der dafür zu gewährenden Aktien erreicht.

....

[Ort, Datum] ***[Unterschriften]***

E.2.8. Schreiben an den Betriebsrat

[Ein Schreiben an den Betriebsrat ist entbehrlich, weil es weder einen Betriebsrat noch eine sonstige Arbeitnehmervertretung bei der umzuwandelnden Gesellschaft gibt.]

Handelsregisteranmeldung

E.2.9. Anmeldung zum Handelsregister der KG[19, 158]

An das Amtsgericht ......
Handelsregister

HRA ......, A-KG

Neugründung durch Formwechsel einer Kommanditgesellschaft in eine KGaA

Wir, die unterzeichnenden sämtlichen Gründer, sämtlichen persönlich haftenden Gesellschafter und sämtlichen Mitglieder des Aufsichtsrates, übergeben

1. **eine Ausfertigung des notariellen Protokolls vom ...... (UR-Nr. ...... des Notars ...... in ......) mit dem Beschluss über den Formwechsel der KG in die Rechtsform einer Kommanditgesellschaft auf Aktien (KGaA) mit**
   - **dem Umwandlungsbeschluss,**
   - **der Satzung der neuen KGaA,**
   - **der Übernahme der Aktien durch die Gründer,**
   - **der Bestellung des Aufsichtsrates,**
   - **den Zustimmungserklärungen,**
   - **den Verzichtserklärungen sämtlicher Gesellschafter auf einen Umwandlungsbericht und sämtliche sonstigen Formalien des Formwechsels,**
   - **den Verzichtserklärungen sämtlicher Gesellschafter auf die Erhebung einer Klage (Nichtigkeits-, Anfechtungs- und/oder Unwirksamkeitsklage) gegen die Wirksamkeit des Umwandlungsbeschlusses nach § 195 Abs. 1 UmwG;**
2. **den Beschluss des Aufsichtsrats über die Wahl des Vorsitzenden und seines Stellvertreters im Original;**
3. **den Gründungsbericht der Gründer im Original;**
4. **den Gründungsprüfungsbericht der persönlich haftenden Gesellschafter und der Mitglieder des Aufsichtsrats im Original;**
5. **den Bericht des mit der Gründungsprüfung vom Gericht beauftragten Wirtschaftsprüfers im Original;**
6. **die Berechnung des der Gesellschaft zur Last fallenden Gründungsaufwands im Original, und zwar unter einzelner Aufführung der Vergütungen nach Art und Höhe und der Empfänger.**

Wir melden zur Eintragung an:

1. **Die Gesellschaft in Firma A-KGaA ist errichtet worden, indem die im Handelsregister des Amtsgerichts ...... unter HRA ...... eingetragene A-KG mit Sitz in ...... in die dadurch neu errichtete Gesellschaft im Wege des Formwechsels nach §§ 190ff., 214ff. UmwG umgewandelt wurde.**
   Persönlich haftende Gesellschafter sind:
   1. **Herr B, geb. am ......, wohnhaft in ......,**
   2. **Frau C, geb. am ......, wohnhaft in ......,**

   Jeder von ihnen vertritt die Gesellschaft einzeln. Jeder von ihnen hat das Recht, die Gesellschaft auch bei solchen Rechtsgeschäften zu vertreten, die er mit einem von ihm vertretenen Dritten abschließt.
   Die abstrakte Vertretungsbefugnis ist in der Satzung generell wie folgt geregelt: Zur Geschäftsführung und Vertretung ist jeder persönlich haftende Gesellschafter einzeln berechtigt. Die persönlich haftenden Gesellschafter haben das Recht, die Gesellschaft auch bei solchen Rechtsgeschäften zu vertreten, die sie mit einem von ihnen vertretenen Dritten abschließen.
2. **Wir erklären, dass die Voraussetzungen der § 36 Abs. 2 und des § 36a AktG erfüllt sind, insbesondere**
   - **entspricht der Ausgabebetrag für jede Stückaktie dem auf die einzelne Aktie entfallenden anteiligen Betrag des Grundkapitals, mithin ...... EUR;**
   - **sind mit dem Wirksamwerden des Formwechsels auf diesen Ausgabebetrag jeweils ...... EUR, also insgesamt ...... EUR erbracht;**
   - **ist auf jede Aktie die Leistung mit dem Wirksamwerden des Formwechsels ordnungsgemäß erbracht;**
   - **steht das Grundkapital mit dem Wirksamwerden des Formwechsels, soweit es nicht bereits zur Bezahlung der bei der Gründung angefallenen Steuern und Gebühren verwandt wurde, endgültig zur freien Verfügung der persönlich haftenden Geschäftsführer;**
   - **umfasst der geleistete Betrag den vollen Ausgabebetrag.**

   Zum Nachweis der bezahlten Steuern und Gebühren nach Art und Höhe der Beträge verweisen wir auf die Anlage.
   Ferner versichern wir, dass der Nennbetrag des Grundkapitals der Gesellschaft das verbleibende Vermögen der Gesellschaft nach Abzug der Schulden nicht übersteigt (§ 220 Abs. 1 UmwG). Das Vermögen der KG ist zum Umwandlungsstichtag nicht durch andere Verbindlichkeiten der Gesellschaft belastet, als die, die in der Bilanz der KG zum Umwandlungsstichtag aufgeführt sind. Den seit dem Umwandlungsstichtag eingegangenen Verbindlichkeiten stehen seit diesem Zeitpunkt erworbene Aktiva von höherem Wert gegenüber.
   Jeder der persönlich haftenden Gesellschafter versichert außerdem:
   Es liegen keine Umstände vor, die meiner Eigenschaft als persönlich haftender Gesellschafter nach §§ 283, 76 Abs. 3 Satz 2 und 3 AktG entgegenstehen, insbesondere unterliege ich keiner Betreuung, unterliege also bei der Besorgung meiner Vermögensangelegenheiten weder ganz noch teilweise einem Einwilligungsvorbehalt nach § 1903 BGB, weiter ist mir weder durch gerichtliches Urteil noch durch vollziehbare Entscheidung einer Verwaltungsbehörde die Ausübung eines Berufs, Berufszweiges, Gewerbes oder Gewerbezweiges untersagt worden. Ich bin auch niemals im Inland wegen einer der nachgenannten Straftaten oder im Ausland wegen einer vergleichbaren Straftat verurteilt worden:
   - **nach den §§ 283 bis 283d des Strafgesetzbuches (Insolvenzstraftaten),**
   - **nach den §§ 263 bis 264a des Strafgesetzbuches (Betrug, Computerbetrug, Subventionsbetrug, Kapitalanlagebetrug) oder nach den §§ 265b bis 266a des Strafgesetzbuches (Kreditbetrug, Untreue, Vorenthalten und Veruntreuen von Arbeitsentgelt) zu einer Freiheitsstrafe von mindestens einem Jahr,**

- **wegen Unterlassens der Stellung des Antrages auf Eröffnung des Insolvenzverfahrens (Insolvenzverschleppung),**
- **wegen falscher Angaben nach § 82 GmbHG oder § 399 AktG, wegen unrichtiger Darstellung nach § 400 AktG, § 331 HGB, § 313 UmwG oder § 17 Publizitätsgesetz.**

Der Notar hat mich über meine unbeschränkte Auskunftspflicht gegenüber dem Gericht belehrt.

Der Notar hat uns auf die Haftung für falsche Angaben gem. §§ 46, 48 AktG und die Strafdrohung des § 399 AktG hingewiesen.

3. Es wird versichert, dass eine Klage gegen die Wirksamkeit des Umwandlungsbeschlusses nicht erhoben worden ist und auf Grund der notariell beurkundeten Verzichtserklärungen aller Gesellschafter auch nicht erhoben werden kann (§§ 16 Abs. 2, 195 UmwG).

Da die Gesellschaft weder über einen Betriebsrat noch eine sonstige Arbeitnehmervertretung verfügt, bedarf es keines Nachweises einer Zuleitung des Entwurfs eines Umwandlungsbeschlusses nach § 194 Abs. 2 iVm. § 199 UmwG.

Auf die Erstellung eines Umwandlungsberichtes wurde von allen Gesellschaftern in notarieller Form verzichtet.

Hinsichtlich der weiteren Einzelheiten der Umwandlung wird Bezug genommen auf die in der überreichten Urkunde gefassten Beschlüsse und die dort enthaltenen Erklärungen, insbesondere die einzelnen Zustimmungs- und Verzichtserklärungen.

4. Die aktuelle Geschäftsanschrift lautet: ......

....	....
[Ort, Datum]	***[Unterschriften aller Gesellschafter]***
....	....
[Ort, Datum]	***[Unterschriften der Mitglieder des Aufsichtsrates]***

....

[Beglaubigungsvermerk für Unterschriften und Zeichnung]

B. Grundsätzliche Anmerkungen

I. Sachverhalt

1

Der Sachverhalt ist einfach gelagert: die A-KG soll mittels eines Formwechsels in die A-KGaA umgewandelt werden.

II. Ablaufplan

2

Maßnahme	Rechtsgrundlage	Erforderlichkeit	Zuständigkeit	Formular
Entwurf Umwandlungsbeschluss und KGaA-Satzung	§§ 192 UmwG, 280 AktG	Ja	persönlich haftender Gesellschafter KG	→ Form. E.2.1 u. → Form. E.2.2
Erstellung Umwandlungsbericht	§ 192 Abs. 1 UmwG	Ja, wenn nicht Verzicht aller Gesellschafter	persönlich haftender Gesellschafter KG	
Schreiben an Betriebsrat	§ 194 Abs. 2 UmwG	Ja, wenn vorhanden	persönlich haftender Gesellschafter KG	

Maßnahme	Rechtsgrundlage	Erforderlichkeit	Zuständigkeit	Formular
Einladung zur Gesellschafterversammlung	§§ 161, 119 HGB, 193 UmwG	Ja	persönlich haftender Gesellschafter KG	
Barabfindungsangebot	§ 207 UmwG	Ja, wenn kein Verzicht	persönlich haftender Gesellschafter KG	
Bestellung Prüfer des Barabfindungsangebotes	§§ 208, 30, 10 UmwG	Ja, wenn kein Verzicht	persönlich haftender Gesellschafter KG oder Gericht	
Prüfung der Angemessenheit des Barabfindungsangebotes	§§ 208, 30 UmwG	Ja, wenn kein Verzicht	bestellte Prüfer	
Umwandlungsbeschluss	§ 193 Abs. 1 UmwG	Ja	Gesellschafter	→ Form. E.2.1
Feststellung der Satzung	§ 280 AktG	Ja	Gesellschafter	→ Form. E.2.2
Bestellung Aufsichtsrat	§§ 278, 101 AktG	Ja	Gesellschafter	→ Form. E.2.1
Bestellung Gründungsprüfer	§§ 278 Abs. 3, 33 Abs. 3 AktG	Ja	Gericht	
Erstellung Gründungsbericht	§§ 278, 32 AktG	Ja	Gründer	→ Form. E.2.5
Erstellung Gründungsprüfungsbericht	§§ 278 Abs. 3, 283 Nr. 2, 33 Abs. 1, 34 Abs. 2 AktG	Ja	persönlich haftender Gesellschafter KGaA und Aufsichtsrat	→ Form. E.2.6
Erstellung Bericht der Gründungsprüfer	§§ 278, 33 Abs. 2, 34 Abs. 2 AktG	Ja	Gründungsprüfer	→ Form. E.2.7
Handelsregisteranmeldung	§§ 198, 222 UmwG	Ja	Gründer, persönlich haftender Gesellschafter KGaA, Aufsichtsrat	→ Form. E.2.9
Eintragung Handelsregister	§§ 201, 202 UmwG	Ja	Gericht	

III. Wirtschaftliche Vertragsziele

3 **Motive** und **Anlass** für einen **Formwechsel** sind in der Praxis so zahlreich, dass sie nicht abschließend aufgezählt oder auch nur klassifiziert werden können. Sowohl früher als auch heute ist der Formwechsel von einer KG in eine KGaA eher selten, da die Entscheidung für die Rechtsform der KGaA selbst spezieller Natur ist. Die geringe Zahl der in Deutschland existierenden KGaA – sie schwankte in der Vergangenheit über Jahre zwischen 25 und 30 (*Hüffer/Koch* AktG § 278 Rn. 2; MünchHdb/*Herfs,* GesR IV § 76 Rn. 3; MünchKomm/*Perlitt,* AktG Vor § 278 Rn. 1) – erklärt sich vor dem Hintergrund der komplizierten Rechtstruktur in Verbindung mit der persönlichen Unternehmerhaftung, die eigentlich nicht zu dem Charakter eines Großunternehmens – und diesem war in der Vergangenheit die Rechtsform der AG und damit auch der KGaA vorbehalten – passt (*Hüffer/Koch* AktG § 278 Rn. 2). In der Vergangenheit waren als KGaA allenfalls Banken und Unternehmen aus dem Bereich der Getränke- und Lebensmittelbranche organisiert (MünchHdb/*Herfs,* GesR IV § 76 Rn. 3).

Heute dagegen rückt die KGaA aus zwei Gründen wieder stärker in den Blickpunkt. Zum einen ist sie für die besonders im Mittelstand vertretenen als KG organisierten Unternehmen eine Möglichkeit, sich Zugang zum Kapitalmarkt zu verschaffen, in erster Linie, um sich auf einen geplanten Börsengang vorzubereiten (umfassend vgl. *Bürgers/Fett,* Die KGaA, 2. Aufl. 2015; ferner MünchHdb/*Herfs,* GesR IV § 76 Rn. 3; SSt/*Schwanna* UmwG § 190 Rn. 7; WM/*Vossius* UmwG § 214 Rn. 11; BGH v. 24.2.1997, II ZB 11/96, BGHZ 134, 392). Andererseits gestattet die KGaA als Zwitterform zwischen der Kapitalgesellschaft und Personengesellschaft, die immer noch erheblichen Unterschiede zwischen der Besteuerung einer Kapitalgesellschaft – bei der KGaA für die Kommanditaktionäre – und der einer Personengesellschaft über die Mitunternehmer – bei der KGaA für die persönlich haftenden Gesellschafter – nutzbar zu machen (*Bock/Meissner* Handelsblatt 24.4.2002 S. R2). Schließlich gestattet die KGaA als Zwischenform den möglichst komplikationslosen Übergang von der Personenhandelsgesellschaft in der Form der KG, wie sie im Mittelstand als Gesellschaftsform häufig anzutreffen ist, in die letztendlich gewollte Rechtsform der Kapitalgesellschaft als (börsennotierte) AG (MünchKomm/*Perlitt,* AktG Vor § 278 Rn. 3). Wegen der Macht der Komplementäre gilt die KGaA zudem als übernahmeresistent, weshalb sie für Familienunternehmen interessant ist, die über die Börse Kapital aufnehmen wollen.

Weitere Motive sind denkbar, so etwa bei der Strukturierung der Unternehmensnachfolge die gewollte Unterscheidung zwischen einerseits denjenigen Erben, die als persönlich haftende Gesellschafter für die Geschäftsführung vorgesehen sind, und anderseits solchen, die lediglich passiv als Kommanditaktionäre beteiligt sein sollen. Schließlich ist auch die Beschaffung von venture capital über diese Rechtsform denkbar, insbesondere, wenn der Kapitalgeber ein Interesse daran hat, die bisherigen persönlich haftenden Gesellschafter in der unmittelbaren Verantwortung für das Unternehmen zu halten, andererseits aber selbst nach einem Börsengang eine vereinfachte Form der Beteiligungsveräußerung haben will.

Insbesondere seit der BGH mit seiner Entscheidung BGH v. 24.2.1997 (II ZB 11/96, BGHZ 134, 392) klargestellt hat, dass auch eine GmbH einzige persönlich haftende Gesellschafterin einer KGaA sein kann und damit die Rechtsform der GmbH & Co. KGaA bzw. SE & Co. KGaA ausdrücklich zugelassen hat, wird die KGaA auch in der Literatur wieder stärker empfohlen (HMB/*Werneburg* UmwStG § 1 Rn. 91, *Niedner/Kusterer* DB 1997, 2405; *Fischer* DStR 1997, 1519; SHS/*Hörtnagl* UmwStG § 1 Rn. 140). Häufig wird die Rechtsform der KGaA für Lizenzspielerabteilungen von Fußballclubs verwendet, vielfach als GmbH & Co. KGaA. Heute schwanken die Angaben über die Anzahl bestehender KGaA zwischen 100 und 400 (vgl. Spindler/Stilz/*Bachmann* AktG § 278 Rn. 11; MünchKomm/*Perlitt,* AktG Vor § 278 Rn. 1; *Hüffer/Koch* AktG § 278 Rn. 2). Mindestens drei Gesellschaften (Fresenius Medical Care, Henckel und Merck) gehören zu den 30 DAX-Unternehmen.

einstweilen frei **4, 5**

IV. Zivil-, Handels- und Gesellschaftsrecht

Die **Möglichkeiten** des **Formwechsels** einer Personenhandelsgesellschaft nach **6**
dem UmwG ergeben sich aus § 214 UmwG. Danach stehen für die Personenhandelsgesellschaft von den Möglichkeiten des § 191 Abs. 2 UmwG nur die Ziff. 3 und 4 offen, also die Umwandlung in eine Kapitalgesellschaft oder in eine eingetragene Genossenschaft (SHS/*Westerburg* UmwG § 214 Rn. 1; WM/*Vossius* UmwG § 214 Rn. 17; Lutter/*Joost* UmwG § 214 Rn. 12; SSt/*Schlitt* UmwG § 214 Rn. 17; UmwSt-Erl. 2011, BMF v. 11.11.2011, BStBl. I 2011, 1314 Tz. 01.12). Dies bedeutet jedoch nicht, dass eine Umwandlung einer Personenhandelsgesellschaft in eine andere Personenhandelsgesellschaft oder eine GbR ausgeschlossen wäre. Diese Umwandlung richtet sich jedoch nicht nach dem UmwG, sondern nach den allgemeinen Vorschriften des HGB bzw. des BGB (SHS/*Westerburg* UmwG § 214 Rn. 1; WM/*Vossius* UmwG § 214 Rn. 18ff.; Lutter/*Joost* UmwG § 214 Rn. 14).

Auf den **Formwechsel** einer **KG** in eine **KGaA** sind die §§ 190–213 und 214–225 **7**
UmwG anzuwenden (SHS/*Winter* UmwG Einf. Rn. 20; WM/*Mayer* UmwG Einf. Rn. 177; SBB/*Sagasser/Luke* § 26 Rn. 3; SSt/*Schwanna* UmwG § 191 Rn. 15). Gesellschaftsrechtlich erweist sich diese Umwandlung deshalb als besonders anspruchsvoll, weil die KGaA als Mischform zwischen KG und AG (MünchKomm/*Perlitt,* AktG Vor § 278 Rn. 29; MünchHdb/*Herfs,* GesR IV § 76 Rn. 11) einer besonders ausgefeilten Satzung bedarf. Die Spezialregelungen für die KGaA finden sich in den §§ 278ff. AktG. Daneben sind für den aktienrechtlichen Teil der Gesellschaft die allgemeinen Regelungen des AktG – § 278 Abs. 3 AktG – und bezogen auf die persönlich haften-

den Gesellschafter die Regelungen des HGB – § 278 Abs. 2 AktG – zu beachten (MünchHdb/*Herfs,* GesR IV § 76 Rn. 11; *Hüffer/Koch* AktG § 278 Rn. 1). Da in der KGaA die Führungsaufgaben nicht von einem Vorstand, sondern von den persönlich haftenden Gesellschaftern wahrgenommen werden – § 282 AktG –, ergibt sich aus der weitgehenden Abdingbarkeit der Normen des HGB, dass hinsichtlich der Regelungen der Führungsstruktur einer KGaA eine erhebliche Satzungsautonomie besteht, während hinsichtlich der Regelungen über das Kapital der Gesellschaft die Formstrenge und weitestgehende Unabdingbarkeit der Normen des AktG zu beachten sind (MünchKomm/*Perlitt,* AktG Vor § 278 Rn. 29; MünchHdb/*Herfs,* GesR IV § 76 Rn. 14).

Bei der Umwandlung in eine KGaA sind die **aktienrechtlichen Gründungsvorschriften** zu beachten (WM/*Vossius* UmwG § 214 Rn. 40). Diese sind unter anderem die Form der notariellen Beurkundung für die Feststellung der Satzung und das Errichtungsprotokoll, die Festlegung der Form und des Ausgabebetrages der Aktien, die Bestellung des Aufsichtsrates und – unter den Voraussetzungen des § 33 Abs. 2 AktG – der Gründungsprüfer. Über die Verweisung des § 197 UmwG sind im Prinzip auch §§ 36 Abs. 1, 278 Abs. 3, 283 Nr. 1 AktG hinsichtlich der anmeldepflichtigen Personen (Gründer, persönlich haftende Gesellschafter, Mitglieder des Aufsichtsrates) zu beachten. Sie sind im Ergebnis identisch mit den spezielleren Vorschriften der §§ 198, 222 Abs. 1 und 2 UmwG. Der Gesetzgeber hat zwischenzeitlich durch die Aufnahme des Verweises auf § 31 AktG in § 197 Satz 3 UmwG versucht, ein ehemaliges Redaktionsversehen bzgl. der Zusammensetzung des Aufsichtsrates zu beseitigen (vgl. hierzu WM/*Mayer* UmwG § 197 Rn. 14, SHS/*Westerburg* UmwG § 222 Rn. 4). Gänzlich ist es ihm jedoch nicht gelungen, da § 197 Satz 3 UmwG ausdrücklich nur von einem Formwechsel in eine Aktiengesellschaft spricht. Die Lücke bleibt mithin für die KGaA dem Grunde nach bestehen. Es ist jedoch wegen der Gesamtverweisung auf die AG in § 278 Abs. 3 AktG davon auszugehen, dass auch die KGaA erfasst ist (so ohne weiteres Kallmeyer/*Meister/Klöcker* UmwG § 197 Rn. 47).

Schließlich sind bei einer Sachgründung, wie dies eine Umwandlung ist, die speziellen Regelungen über die Sacheinlagen und den zu erstellenden Gründungsbericht zu beachten.

Die früher erforderliche **Mindestzahl** von fünf Gründern in § 280 Abs. 1 AktG, die im Fall einer Umwandlung nach § 197 Satz 2 UmwG ohnehin nicht galt (MünchKomm/*Perlitt,* AktG § 280 Rn. 4), ist durch Art. 1 Nr. 34 des UMAG v. 22.9.2005 (BGBl. I 2005, 2802) gestrichen worden. Daher muss nunmehr auch die Einmanngründung einer KGaA durch einen persönlich haftenden Gesellschafter, der gleichzeitig alle Aktien übernimmt, zulässig sein (*Hüffer/Koch* AktG § 280 Rn. 2; MünchKomm/*Perlitt,* AktG § 280 Rn. 30).

Die Regelungen über den Formwechsel fanden sich früher in §§ 362ff. AktG, wobei damals nur ein Formwechsel zwischen Kapitalgesellschaften möglich war, und wurden erst im Zuge der Vereinheitlichung und Erweiterung in das neue UmwG von 1994 übernommen (SSt/*Stengel* Einl. A Rn. 13, 20).

8 Voraussetzung für die Durchführung eines Formwechsels von einer KG in eine KGaA ist die **Erstellung eines Umwandlungsberichtes,** der eine ausführliche rechtliche und wirtschaftliche Erläuterung sowie Begründung der beabsichtigten Umwandlung enthält – §§ 216, 192 Abs. 1 UmwG. Hierzu zählt auch das künftige Beteiligungsverhältnis der Gesellschafter. Notwendiger Bestandteil des Umwandlungsberichtes ist der Entwurf des zu fassenden Umwandlungsbeschlusses – § 192 Abs. 1 Satz 3 UmwG – einschließlich des Entwurfs der festzustellenden Satzung der zukünftigen KGaA – § 218 Abs. 1 UmwG. Ein Umwandlungsbericht kann nur dann entfallen, wenn alle Gesellschafter, im Hinblick auf § 215 UmwG jedenfalls alle nicht zur Geschäftsführung berechtigten, der umzuwandelnden KG hierauf verzichten – § 192 Abs. 2 UmwG (SHS/*Winter* UmwG § 192 Rn. 22; SSt/*Bärwaldt* UmwG § 192 Rn. 23).

Der **Umwandlungsbeschluss** kann nur in einer Versammlung der Anteilsinhaber gefasst werden – § 193 Abs. 1 Satz 2 UmwG. Diese Vorschrift ist, da es sich um eine Grundentscheidung handelt, zwingend. Von ihr kann nicht durch eine anders lautende Satzungsregelung abgewichen werden (WM/*Weiler* UmwG § 193 Rn. 15; SSt/*Bärwaldt* UmwG § 193 Rn. 8). Beschlüsse außerhalb einer Versammlung, etwa in einem anderweitig häufig zugelassenen Umlaufverfahren, sind unbeachtlich, ebenso außerhalb einer Versammlung abgegebene Zustimmungserklärungen (Lutter/*Decher*/*Hoger* UmwG § 193 Rn. 3; SHS/*Winter* UmwG § 193 Rn. 3; SBB/*Sagasser*/*Luke* § 26 Rn. 36). Zulässig ist jedoch die Stellvertretung in der Gesellschafterversammlung bei der Beschlussfassung, soweit Gesetz oder Gesellschaftsvertrag dies erlauben (Lutter/*Decher*/*Hoger* UmwG § 193 Rn. 4; SHS/*Winter* UmwG § 193 Rn. 8; WM/*Weiler* § 193 UmwG Rn. 19; SSt/*Bärwaldt* UmwG § 193 Rn. 8). 9

Der Umwandlungsbeschluss bedarf nach § 193 Abs. 3 Satz 1 UmwG der notariellen Beurkundung ebenso wie etwaige nach dem UmwG erforderliche Zustimmungserklärungen einzelner Anteilsinhaber. Derartige Zustimmungserfordernisse ergeben sich bei der Umwandlung einer KG in eine KGaA insbesondere aus § 217 Abs. 3 UmwG bzw. § 221 Satz 2 UmwG, wonach alle Gesellschafter zustimmen müssen, die in der KGaA persönlich haftende Gesellschafter werden sollen. Die notarielle Beurkundung erforderlicher Zustimmungen erfordert die für die Beurkundung von Willenserklärungen vorgeschriebene Form (§§ 8 ff. BeurkG; das nur vom Notar unterschriebene Wahrnehmungs-(Tatsachen-)Protokoll nach §§ 36 ff. BeurkG wahrt die Form nicht. Der Umwandlungsbeschluss selbst kann hingegen auch im Wege der Wahrnehmungsbeurkundung nach §§ 36 ff. BeurkG beurkundet werden (Kallmeyer/*Zimmermann* UmwG § 193 Rn. 28).

Ob bei einer **Stellvertretung** bei der Beschlussfassung oder der Zustimmungserklärung die Vollmacht der notariellen Beurkundung oder wenigstens der notariellen Beglaubigung bedarf, ist streitig (→ Form. E.1 Rn. 10). Nach der hier vertretenen Ansicht bedürfen unwiderrufliche Vollmachten für Zustimmungserklärungen nach § 193 Abs. 3 UmwG und die Vollmachten der Gründer bzw. solcher Personen, die als Gründer gelten – gem. § 219 UmwG also regelmäßig alle Personengesellschafter (bzw. bei Zulässigkeit einer Mehrheitsentscheidung die für den Formwechsel stimmenden Gesellschafter) sowie die beitretenden persönlich haftenden Gesellschafter – gem. § 23 Abs. 1 Satz 2 AktG der notariellen Beurkundung (WM/*Weiler* UmwG § 193 Rn. 23; *Melchior* GmbHR 1999, 520). Im Übrigen bedürften Vollmachten bei der KG keiner speziellen Form (weil eine spezialgesetzliche Regel fehlt). Gleichwohl sollte im Hinblick auf § 193 Abs. 3 UmwG derzeit zur Vermeidung von Schwierigkeiten nach Möglichkeit die notarielle Beurkundung der Vollmacht gewählt werden. 10

Zu der Frage, ob auch der **Entwurf** eines **Abfindungsangebotes** nach § 207 UmwG für die Gesellschafter, die dem Formwechsel widersprechen, notwendiger Inhalt bereits des Umwandlungsberichtes ist, → Form. E.1 Rn. 11. 11

Der **Widerspruch** der **Gesellschafter,** die von einem Barabfindungsangebot Gebrauch machen wollen, muss zur Niederschrift des Notars über den Formwechselbeschluss erklärt werden – § 207 UmwG. Zum Streitstand, ob die Gesellschafter, die nicht Anteilsinhaber der umgewandelten Gesellschaft sein wollen, auch gegen den Umwandlungsbeschluss stimmen müssen, → Form. E.1 Rn. 12. Zuzustimmen ist der Ansicht, die einer Verknüpfung von Widerspruch und Ablehnung entgegentritt. 12

Zu der Frage, ob eine **Vermögensaufstellung** erforderlich ist → Form. E.1 Rn. 14. 13

einstweilen frei 14

Der Umwandlungsbericht kann nach § 192 Abs. 2 UmwG entfallen, wenn alle Gesellschafter der umzuwandelnden Gesellschaft auf den Bericht verzichten. Hierauf wird die Gesellschaft, schon um den Aufwand der Erstellung und die damit verbundenen Kosten zu vermeiden, in der Regel hinwirken (vgl. SHS/*Winter* UmwG § 192 15

Rn. 22; SSt/*Bärwaldt* UmwG § 192 Rn. 23). Das Formular geht von einem entsprechenden Verzicht aus. Der Verzicht ist nach § 192 Abs. 2 Satz 2 UmwG zwingend notariell zu beurkunden, in der für Willenserklärungen vorgeschriebenen Form, §§ 8 ff. BeurkG (SSt/*Bärwaldt* UmwG § 192 Rn. 24).

16 Trotz eines Verzichtes auf einen Umwandlungsbericht und die Streichung der Regelung über die Vermögensaufstellung wäre über § 208, § 30 Abs. 2 UmwG jedoch die **Prüfung** der **Angemessenheit** des **Barabfindungsangebotes** zwingend vorgeschrieben (→ Form. E.1 Rn. 15).

Sieht der Gesellschaftsvertrag der umwandelnden KG die Möglichkeit eines Formwechsels durch Mehrheitsentscheidung vor – § 217 Abs. 1 Satz 2 UmwG, so muss die Angemessenheit des Barabfindungsangebotes geprüft werden, allerdings nur auf Verlangen eines Gesellschafters – § 225 UmwG. Ist Einstimmigkeit erforderlich, so entfällt der Zwang eines Barabfindungsangebotes (§ 194 Abs. 1 Nr. 6 UmwG) und damit eine Pflichtprüfung ohnehin.

Zur Bestellung der Prüfer → Form. E.1 Rn. 15.

17 Das Formular geht davon aus, dass das neue **Beteiligungsverhältnis in der KGaA** dem an der KG entspricht. Hiervon kann zB nach §§ 218 Abs. 2, 219 UmwG abgewichen werden, sogar durch den Beitritt neuer Gesellschafter im Rahmen des Formwechsels, §§ 218 Abs. 2, 221 UmwG. Grundsätzlich jedoch entspricht das Verhältnis der Beteiligungen an dem neuen Rechtsträger exakt dem an dem alten Rechtsträger, auch wenn die wertmäßige Identität nicht zwingend ist (WM/*Weiler* UmwG § 194 Rn. 17, 21 ff.; Lutter/*Decher/Hoger* UmwG § 202 Rn. 13 ff.; SHS/*Winter* UmwG § 202 Rn. 7; SBB/*Sagasser/Luke* § 26 Rn. 126; DPM/*Patt* UmwStG § 25 Rn. 8; weitergehend SSt/*Bärwaldt* UmwG § 194 Rn. 7 ff.).

18 Über den Formwechsel bedarf es eines **Berichtes der Gründer** über den Gang der Gründung der KGaA. § 219 UmwG legt zunächst nur fest, wer Gründer ist. Bei einem Formwechsel in eine KGaA sind dies alle zustimmenden Gesellschafter sowie zwingend alle persönlich haftenden Gesellschafter, nicht nur die, die bereits Gesellschafter waren und daher gem. § 217 Abs. 3 UmwG ohnehin zustimmen mussten, sondern auch nach § 221 UmwG eventuell neu beitretende (vgl. zu dieser Ausnahme vom Identitätskonzept des UmwG SSt/*Bärwaldt* UmwG § 194 Rn. 9; Lutter/*Decher/Hoger* UmwG § 202 Rn. 13).

Über § 197 UmwG, § 32 AktG, der nach § 278 Abs. 3 AktG auch für die KGaA gilt, ergibt sich sodann die Pflicht zur Erstellung eines Gründungsberichtes. Außerdem haben die persönlich haftenden Gesellschafter sowie der Aufsichtsrat die Ordnungsmäßigkeit der Gründung zu prüfen und hierüber Bericht zu erstatten – § 197 UmwG, § 33 Abs. 1, § 34 Abs. 2, § 283 Nr. 2 AktG. Schließlich bedarf es einer Prüfung sowie eines entsprechenden Berichtes hierüber durch einen vom zuständigen Amtsgericht eingesetzten Gründungsprüfer – § 197 UmwG, § 33 Abs. 2, § 34 Abs. 2 AktG (vgl. zu dem Ganzen SHS/*Westerburg* UmwG § 219 Rn. 2; Lutter/*Decher/Hoger* UmwG § 197 Rn. 27; WM/*Mayer* UmwG § 197 Rn. 181–184). Diese hat gem. § 220 Abs. 3 UmwG, der insoweit lediglich eine Klarstellung der ohnehin bestehenden Rechtslage enthält, in jedem Fall stattzufinden (Lutter/*Joost* UmwG § 220 Rn. 24; WM/*Vossius* UmwG § 220 Rn. 51; SSt/*Schlitt* UmwG § 220 Rn. 30).

Danach kann unter Vorlage der erforderlichen Dokumente in Ausfertigung bzw. im Original die Handelsregisteranmeldung erfolgen – §§ 222, 223 UmwG.

19 Mit der **Eintragung im Handelsregister** ist die KGaA entstanden (SBB/*Sagasser/Luke* § 26 Rn. 150; SSt/*Leonard* UmwG § 202 Rn. 5). Die Eintragung wirkt unabhängig von etwaigen Mängeln des Formwechsels konstitutiv – § 202 UmwG. Benachteiligte sind auf eventuelle Schadenersatzansprüche verwiesen – § 205 UmwG. Verantwortlich sind die Mitglieder des jeweiligen Vertretungsorgans, also die persönlich haftenden Gesellschafter der KG (Lutter/*Decher/Hoger* UmwG § 205 Rn. 2; Lutter/*Grunewald* UmwG § 25 Rn. 3; SHS/*Winter* § 205 UmwG Rn. 5; SSt/*Leonard* UmwG

§ 205 Rn. 3). Es handelt sich nach dem Wortlaut des § 205 UmwG um eine Organ- und nicht um eine Handelndenhaftung. Geschäftsführende Kommanditisten haften daher nicht aus § 205 UmwG, sondern allenfalls nach den allgemeinen Regeln (Lutter/*Decher/Hoger* UmwG § 205 Rn. 2; SHS/*Winter* UmwG § 205 Rn. 5; für Haftung direkt aus § 205: SSt/*Leonard* UmwG § 205 Rn. 4). Daneben besteht die gesetzlich geregelte Verantwortlichkeit der Gründer aus §§ 278 Abs. 3, 46 AktG. In Betracht kommt daneben zum Beispiel aber auch eine Haftung der persönlich haftenden Gesellschafter und des Aufsichtsrates der neu entstandenen KGaA sowie der Gründungsprüfer für die von ihnen zu verantwortenden Prüfungsberichte, §§ 48, 49 AktG.

Nach Gründung der KGaA gelten die allgemeinen Regelungen für Aktiengesell- **20** schaften. Für die Anfangsphase ist dabei besonders auf die Vorschrift über die Nachgründung, § 52 AktG, hinzuweisen. § 220 Abs. 3 Satz 2 UmwG enthält eine Klarstellung hinsichtlich des Beginns der Nachgründungsfrist (Lutter/*Joost* UmwG § 220 Rn. 26; WM/*Vossius* UmwG § 220 Rn. 54).

Der Vorschlag im Formular entspricht der seit 2000 geltenden Regelung. Die Neufassung des § 52 AktG erfolgte als eine der wesentlichen Änderungen durch das Namensaktiengesetz v. 18.1.2001 (BGBl. I 2001, 123). Die Norm, die vor allem jungen Gesellschaften in der Vergangenheit erhebliche Probleme bereitete, wurde in ihren Voraussetzungen entschärft.

Nach der Gesetzesfassung ab 2000 müssen solche Verträge der Gesellschaft nur noch dann durch die Hauptversammlung genehmigt und in das Handelsregister eingetragen werden, wenn sie mit Gründern oder mit mehr als 10% am Grundkapital der Gesellschaft beteiligten Aktionären abgeschlossen werden.

einstweilen frei **21–25**

V. Handelsbilanzrecht

Handelsrechtlich besteht eine Identität des Rechtsträgers, es findet keine Übertra- **26** gung statt und es werden keine neuen Gesellschaftsrechte begründet (HMB/*Bilitewski* UmwStG § 25 Rn. 41; SHS/*Schmitt* UmwStG § 25 Rn. 2; SSt/*Moszka* UmwStG Anh. Rn. 626, 627; SBB/*Bula/Thees* § 27 Rn. 1). Aus diesem Grund ist handelsbilanziell die **Buchwertfortführung zwingend** vorgeschrieben (HMB/*Bilitewski* UmwStG § 25 Rn. 41; SBB/*Bula/Thees* § 27 Rn. 7; SHS/*Schmitt* UmwStG § 25 Rn. 6). Das Wahlrecht des § 24 UmwG besteht nicht. Eine Veränderung der Werte der Handelsbilanz darf nicht erfolgen. Die Aufdeckung stiller Reserven ist handelsbilanziell nicht möglich. Handelsrechtlich ist daher weder eine besondere Schlussbilanz bei der formwechselnden Gesellschaft noch eine besondere Eröffnungsbilanz bei der neuen Gesellschaft aufzustellen (SBB/*Bula/Thees* § 27 Rn. 7; WM/*Widmann* UmwG § 24 Rn. 196; SSt/*Moszka* UmwStG Anh. Rn. 653; DPM/*Patt* UmwStG § 25 Rn. 11; Blümich/*Nitzschke* UmwStG 2006 § 25 Rn. 22). Die Bilanzansätze der formwechselnden Gesellschaft sind vielmehr unter Beachtung des Prinzips der Bilanzkontinuität zu übernehmen (SBB/*Bula/Thees* § 27 Rn. 7; DPM/*Patt* UmwStG § 25 Rn. 11; HMB/*Bilitewski* UmwStG § 25 Rn. 41). Eine Vermögensaufstellung ist allerdings nicht mehr erforderlich; § 192 Abs. 2 UmwG aF ist durch das Zweite Gesetz zur Änderung des UmwG v. 19.4.2007 (BGBl. I 2007, 542) gestrichen worden. Soweit das auf die künftigen Kommanditaktionäre entfallende Eigenkapital der übertragenden Personengesellschaft das Grundkapital der übernehmenden Kapitalgesellschaft übersteigt, ist es auf den Rücklagenkonten iSv. § 272 Abs. 2, 3 HGB zu verbuchen (RS HFA 41 Tz. 7; SBB/*Bula/Thees* § 27 Rn. 29). Die Einstellung darf in die Kapitalrücklage nach § 272 Abs. 2 Nr. 4 HGB erfolgen, da für die Kapitalkonten bisher keine Bindung zugunsten der Gesellschaftsgläubiger bestand (RS HFA 41 Tz. 7). Wahlweise ist aber auch eine (teilweise) Einstellung in die Kapitalrücklage nach § 272 Abs. 2 Nr. 1 HGB möglich, um bspw. das gesetzliche Reservekapital (§ 150 Abs. 1 und 2 AktG) darzustellen (RS HFA 41 Tz. 7). Soweit in dem Betrag, der das festgesetzte gezeichnete Kapital übersteigt, nachweislich thesaurierte Gewinne enthalten sind, dürfen diese auch in die anderen Gewinnrücklagen nach § 272 Abs. 3 HGB eingestellt werden. Gleiches gilt für erwirtschaftete positive Jahresergebnisse, die einer sog. gesamthänderisch gebundenen Rücklage zugewiesen worden sind (RS HFA 41 Tz. 7).

27 **Handelsbilanziell** gibt es wegen der zwingenden Buchwertfortführung und der fehlenden Bilanzerstellung **keinen Stichtag,** auf den eine Rückbeziehung erfolgen könnte (SBB/*Bula/Thees* § 27 Rn. 10; WM/*Widmann* UmwG § 24 Rn. 482; *IDW* HFA 1/1996 Tz. 1; SSt/*Moszka* UmwStG Anh. Rn. 630). Zum steuerlichen Stichtag → Rn. 38 und → Rn. 42ff.

28 Gleichwohl kann sich **aus anderen Gründen** die Notwendigkeit der Festlegung eines **Stichtages** für die Umwandlung ergeben, etwa wenn es im Rahmen des Formwechsels zu einer Verschiebung der Beteiligungsverhältnisse kommt (zur Zulässigkeit einer solchen Verschiebung vgl. LG Bonn v. 22.7.1997, 11 T 5/97, MittRhNotK 1998, 288; Lutter/*Decher/Hoger* UmwG § 202 Rn. 14f.; SHS/*Winter* UmwG § 202 Rn. 7; DPM/*Patt* UmwStG § 25 Rn. 8; SBB/*Sagasser/Luke* § 26 Rn. 126; weitergehend SSt/*Bärwaldt* UmwG § 194 Rn. 7ff.).

29 Nach den **Grundsätzen der Kapitalaufbringung** bei Sachgründungen darf aber der Betrag des Grundkapitals der KGaA den Zeitwert des eingelegten Sachvermögens nicht übersteigen, das Vermögen muss mithin das Nennkapital mindestens decken, § 220 Abs. 1 UmwG (SBB/*Bula/Thees* § 27 Rn. 30f.; RS HFA 41 Tz. 14). Gegebenenfalls muss, um einen Formwechsel zu erreichen, von den Gesellschaftern ggf. entsprechendes Kapital zugeführt werden, um die Buchwerte zu erreichen (SBB/*Sagasser/Luke* § 26 Rn. 142).

30–34 *einstweilen frei*

VI. Ertragsteuern

Das Formular geht von einem auch auf der Ebene der Gesellschafter **rein inländischen Sachverhalt** aus. Sollte bei einem Gesellschafter das Besteuerungsrecht der Bundesrepublik Deutschland eingeschränkt sein, müsste geprüft werden, ob durch die Regelung des § 1 Abs. 4 UmwStG die Anwendbarkeit des UmwStG auf diesen Formwechsel eingeschränkt oder ausgeschlossen ist (zu Einzelheiten vgl. DPM/*Möhlenbrock* UmwStG § 1 Rn. 166ff.; RHL/*Graw* UmwStG § 1 Rn. 171ff.; UmwSt-Erl. 2011, BMF v. 11.11.2011, BStBl. I 2011, 1314 Tz. 01.53).

35 Für die ertragsteuerliche Behandlung ist zwischen den persönlich haftenden Gesellschaftern der KGaA und den Kommanditaktionären zu differenzieren. Die **persönlich haftenden Gesellschafter** der KGaA werden entsprechend §§ 278 Abs. 2 AktG, 15 Abs. 1 Satz 1 Nr. 3 EStG weiterhin **wie Mitunternehmer** behandelt, es findet also eine direkte Zurechnung ihres Gewinnanteils in ihrer Person als Steuersubjekt statt (BFH v. 21.6.1989, X R 14/88, BStBl. II 1989, 881; EStH 15.8 (4); HMB/*Werneburg* UmwStG § 1 Rn. 91; DPM/*Patt* UmwStG § 25 Rn. 43; SBB/*Abele* § 28 Rn. 27). Soweit ihre Anteile an der alten Personengesellschaft auf ihre Vermögenseinlage als persönlich haftende Gesellschafter der KGaA angerechnet werden, ist der Vorgang erfolgsneutral und damit steuerlich unbeachtlich (WM/*Widmann* UmwStG § 25 Rn. 39; DPM/*Patt* UmwStG § 25 Rn. 43). Dies gilt auch für etwaige in der umgewandelten Gesellschaft bereits gehaltenes Sonderbetriebsvermögen (DPM/*Patt* UmwStG § 25 Rn. 43).

36 Anders bei den **Kommanditaktionären.** Für sie gilt der Formwechsel steuerlich als Einbringung in eine Kapitalgesellschaft. Insoweit wechselt, jedenfalls soweit es sich bei den Gesellschaftern – wie im Formular – um natürliche Personen handelt und diese

die ihnen gewährten Aktien im Privatvermögen halten, hinsichtlich der Besteuerung der laufenden Einkünfte die Einkunftsart des § 2 Abs. 1 EStG von den Einkünften aus Gewerbebetrieb – § 15 Abs. 1 Nr. 2 EStG – in Einkünfte aus Kapitalvermögen – § 20 Abs. 1 Nr. 1 EStG (vgl. SBB/*Abele* § 28 Rn. 27). Bezüglich eines Gewinns aus einer Veräußerung ist § 17 EStG und damit eine Beteiligungsgrenze von mindestens 1% am Grundkapital der KGaA relevant; falls die Einbringung gem. § 20 Abs. 2 Satz 2 UmwStG unter dem gemeinen Wert erfolgt (wie hier), findet § 17 EStG unabhängig vom Erreichen der 1%-Schwelle stets Anwendung, § 17 Abs. 6 EStG. Die Einlage der persönlich haftenden Gesellschafter bleibt bei der Bemessung der Beteiligungsgrenze außer Betracht, wie sich aus der Wortwahl der § 278 Abs. 1, § 6 AktG iVm. § 17 Abs. 1 EStG ergibt (vgl. EStR 17 (2); Schmidt/*Weber-Grellet* EStG § 17 Rn. 38).

Steuerlich richtet sich der Formwechsel von der KG in die KGaA nach **§ 25** 37 **UmwStG,** soweit die Gesellschafter der Personengesellschaft Anteile am Grundkapital der KGaA erwerben, also Kommanditaktionäre werden (WM/*Widmann* UmwStG § 25 Rn. 39; SSt/*Moszka* UmwStG Anh. Rn. 645; DPM/*Patt* UmwStG § 25 Rn. 13f.). Da lediglich ein Wechsel der Rechtsform erfolgt, die wirtschaftliche Identität des Rechtsträgers aber erhalten bleibt (HMB/*Biliteiwski* UmwStG § 25 Rn. 6; SHS/*Schmitt* UmwStG § 25 Rn. 2; BFH v. 4.12.1996, II B 116/96, BStBl. II 1997, 661; SBB/*Bula/Thees* § 27 Rn. 1; SSt/*Moszka* UmwStG Anh. Rn. 630; RHL/*Rabback* UmwStG § 25 Rn. 24), sollte der Formwechsel eigentlich steuerlich problemlos sein. Die Umwandlung hat wegen des Wechsels der Gesellschaftsform von einer Personen(handels)gesellschaft in eine Kapitalgesellschaft jedoch einen Wechsel des Steuersubjekts zur Folge (SSt/*Moszka* UmwStG Anh. Rn. 633ff.; DPM/*Patt* UmwStG § 25 Rn. 23ff.). Die Besteuerung der Kommanditaktionäre erfolgt nicht mehr wie bisher anteilig direkt bei den Gesellschaftern als Mitunternehmer, sondern bei der Gesellschaft (HMB/*Biliteiwski* UmwStG § 25 Rn. 7; SHS/*Schmitt* UmwStG § 25 Rn. 3; SSt/*Moszka* UmwStG Anh. Rn. 635ff.; DPM/*Patt* UmwStG § 25 Rn. 21). Steuerlich ist daher von einem Rechtsträgerwechsel auszugehen (HMB/*Biliteiwski* UmwStG § 25 Rn. 7; SHS/*Schmitt* UmwStG § 25 Rn. 3; SSt/*Moszka* UmwStG Anh. Rn. 634; DPM/*Patt* UmwStG § 25 Rn. 23ff.).

Während handelsbilanziell keine Schlussbilanz zu erstellen und die Buchwerte zwin- 38 gend fortzuführen sind (→ Rn. 26) schreibt § 25 Satz 2 UmwStG über den Verweis auf die entsprechende Anwendung des § 9 Satz 2 UmwStG die **Aufstellung** einer **Steuerbilanz,** bei der Personengesellschaft als Übertragungsbilanz, bei der Kapitalgesellschaft als Eröffnungsbilanz, zwingend vor.

Mögliche steuerbilanzielle Konsequenzen ergeben sich aus den §§ 20 bis 23 UmwStG, deren Anwendung auf den Formwechsel einer Personen- in eine Kapitalgesellschaft einerseits § 1 Abs. 3 Nr. 3 UmwStG vorschreibt, auf die andererseits aber auch § 25 Satz 1 UmwStG verweist. Das Verhältnis dieser beiden Vorschriften ist unklar (DPM/*Patt* UmwStG § 25 Rn. 4f.). § 1 Abs. 3 Nr. 3 UmwStG könnte eine unmittelbare Geltung der §§ 20 bis 23 UmwStG normieren, § 25 UmwStG bestimmt eine entsprechende Anwendung. Gegen eine unmittelbare Geltung spricht insbesondere § 20 Abs. 6 UmwStG, der den Einbringungszeitpunkt betrifft und nur zwischen Vorgängen der Verschmelzung, der Auf- und Abspaltung, der Ausgliederung und sonstiger Einbringungen durch Einbringungsvertrag unterscheidet. Auf einen Formwechsel passen diese Alternativen nicht direkt, weil bei einem Formwechsel kein Vertrag geschlossen wird (HMB/*Stengel* UmwStG Einf. A Rn. 82; SSt/*Bärwaldt* UmwG § 193 Rn. 2). Es kommt daher nur eine entsprechende Anwendung über § 25 UmwStG in Betracht, § 1 Abs. 3 UmwStG ist hinsichtlich des Einleitungssatzes lediglich redaktionell unscharf (im Ergebnis ebenso DPM/*Möhlenbrock* UmwStG § 1 Rn. 62; unentschieden DPM/*Patt* UmwStG § 25 Rn. 4f.; einen eigenen Regelungsgehalt für § 25 Satz 1 UmwStG verneint HMB/*Biliteiwski* UmwStG § 25 Rn. 4).

Relevant ist hier insbesondere § 20 Abs. 2 Satz 2 UmwStG. Nach dessen Wortlaut hat die Gesellschaft trotz der zwingenden Buchwertfortführung in der Handelsbilanz auf Antrag ein **Wahlrecht.** Sie kann das „übernommene Betriebsvermögen … einheitlich mit seinem Buchwert oder einem höheren Wert", höchstens jedoch dem gemeinen Wert ansetzen (→ Rn. 40). Es besteht keine Bindung an die Handelsbilanz, BMF v. 11.11.2011, BStBl. I 2011, 1314 Tz. 20.20 (zum Maßgeblichkeitsgrundsatz iRd. UmwStG 1995 s. 3. Auflage → Form. E.2 Rn. 39).

39 *einstweilen frei*

40 Der **Ansatz des gemeinen Werts** ist der **Regelfall** (DPM/*Patt* UmwStG § 25 Rn. 45 ff.; RHL/*Herlinghaus* UmwStG § 20 Rn. 237, 240; BMF v. 11.11.2011, BStBl. I 2011, 1314 Tz. 20.17; *FGS/BDI* zu 20.17). § 20 Abs. 2 Satz 1 HS 1 UmwStG lautet entsprechend: „Die übernehmende Gesellschaft hat das eingebrachte Betriebsvermögen mit dem gemeinen Wert anzusetzen". Nur auf Antrag, der gemäß § 20 Abs. 2 Satz 3 UmwStG spätestens bis zur erstmaligen Abgabe der **steuerlichen Schlussbilanz** bei dem für die Besteuerung der übernehmenden Gesellschaft zuständigen Finanzamt, beim hiesigen Formwechsel also das für die Kapitalgesellschaft KGaA zuständige Finanzamt, zu stellen ist, kann ein anderer Wertansatz gewählt werden, wobei erst im Rahmen des Gesetzgebungsverfahrens neben dem Buchwert auch ein Zwischenwert (zwischen Buch- und Teilwert) zugelassen wurde. Die Wahl des Wertansatzes erfolgt in der neuen Gesellschaftsform der Kapitalgesellschaft. § 20 Abs. 2 UmwStG richtet sich nur an die „übernehmende Gesellschaft". Unter dem in § 20 Abs. 2 Satz 3 UmwStG verwendeten Begriff **„steuerliche Schlussbilanz"** ist, anders als gemäß Tz. 03.01 und Tz. 11.02 des UmwSt-Erl. 2011 (BMF v. 11.11.2011, BStBl. I 2011, 1314) bei der Verschmelzung von Kapitalgesellschaften (→ Form. A.3 Rn. 100h; → Form. A.5 Rn. 89c; → Form. A.6 Rn. 90i; → Form. A.7 Rn. 138j), keine von der Steuerbilanz zu unterscheidende gesonderte Schlussbilanz zu verstehen; vielmehr handelt es sich um die nächste auf den Einbringungszeitpunkt folgende steuerliche **Jahresschlussbilanz** der übernehmenden Gesellschaft (im Formularfall also der KGaA), in welcher der Einbringungsgegenstand erstmals anzusetzen ist (BFH v. 15.6.2016, I R 69/15, BStBl II 2017, 75; LfSt Bayern v. 11.11.2014, DStR 2015, 429; anders noch LfSt Bayern v. 7.7.2014, DStR 2014, 1971).

§ 20 Abs. 3 UmwStG schreibt vor, dass der von der Übernehmerin für das eingebrachte Betriebsvermögen gemäß § 20 Abs. 2 UmwStG angesetzte Wert als Veräußerungspreis des „Einbringenden" gilt (DPM/*Patt* UmwStG § 25 Rn. 45 ff.; RHL/*Herlinghaus* UmwStG § 20 Rn. 380; UmwSt-Erl. 2011, BMF v. 11.11.2011, BStBl. I 2011, 1314 Tz. 20.18; *FGS/BDI* zu 20.18).

41 Dieses **Wahlrecht** wird jedoch unter bestimmten Voraussetzungen **eingeschränkt** und ein Ansatz mit dem Teilwert oder einem Zwischenwert zwingend vorgeschrieben. § 20 Abs. 2 Satz 2 UmwStG gewährt die Abweichung vom gemeinen Wert für das übernommene Betriebsvermögen nur „einheitlich" und nur „soweit" bestimmte Voraussetzungen vorliegen. Die FinVerw. versteht den anzusetzenden Wert ausdrücklich als einen der für die Gesamtheit aller Wirtschaftsgüter gilt, es ist also ein Gesamtwert zu bilden und dann „einheitlich" auf die einzelnen Wirtschaftsgüter zu verteilen (UmwSt-Erl. 2011, BMF v. 11.11.2011, BStBl. I 2011, 1314 Tz. 20.18; *FGS/BDI* zu 20.18; DPM/*Patt* UmwStG § 20 Rn. 190).

Zwingend mindestens Zwischenwerte sind anzusetzen, wenn die Buchwerte der **Passivposten** des eingebrachten Betriebsvermögens den Buchwert der **Aktivposten** abzüglich einer neben den Gesellschaftsanteilen gewährten sonstigen Gegenleistung (§ 20 Abs. 2 Satz 4 UmwStG) bzw. die Höchstwerte iRd. StAnpG 2015 v. 2.11.2015, BGBl. I 2015, 1834 (500 000 EUR oder 25 % der sonstigen Gegenleistung, → Form. D.1 Rn. 47a) **übersteigen.** Hier sind, um die Entstehung negativer Anschaffungskosten für die gewährten Kapitalgesellschaftsanteile zu vermeiden (DPM/*Patt* UmwStG § 25 Rn. 52 ff.; Blümich/*Nitzschke* UmwStG 2006 § 20 Rn. 82; HMB/*Menner* UmwStG § 20 Rn. 328; UmwSt-Erl. 2011, BMF v. 11.11.2011, BStBl. I 2011, 1314 Tz. 20.19), die Werte der übergehenden Wirtschaftsgüter mindestens so anzusetzen, dass Aktiva und Passiva ausgeglichen sind – § 20 Abs. 2 Satz 2 Nr. 2 UmwStG. Die Buchwerte der Aktivposten stellen dabei die Mindestwerte, die gemeinen Werte die Höchstwerte dar. Bei den Buchwerten der Passiva ist der gemeine Wert die Mindestgrenze (WM/*Widmann* UmwStG § 20 Rn. R 683). Die Regelung entspricht § 20 Abs. 2 Satz 4 UmwStG 1995, da es in § 20 Abs. 2 Satz 2 UmwStG 2006 ausdrücklich „soweit" heißt.

Ein zwangsweiser Ansatz des gemeinen Wertes hat nach **§ 20 Abs. 2 Satz 2 Nr. 3 UmwStG** zu erfolgen, wenn die Besteuerung der stillen Reserven, die in den Buchwerten des eingebrachten Betriebsvermögens stecken, im Fall der Veräußerung dieses Betriebsvermögens nicht sichergestellt ist. Anwendungsfälle sind vorstellbar, wenn ein ursprünglich bestehendes inländisches Besteuerungsrecht ausgeschlossen oder eingeschränkt wird, etwa durch ein nach dem Formwechsel bestehende Verpflichtung ausländische Steuern anzurechnen (HMB/*Menner* UmwStG § 20 Rn. 344). Nach Auffassung der FinVerw. ist § 20 Abs. 2 Satz 2 Nr. 3 UmwStG aber auch in Fällen der Organschaft denkbar (UmwSt-Erl. 2011, BMF v. 11.11.2011, BStBl. I 2011, 1314 Tz. 20.19; kritisch hierzu *FGS/BDI* zu 20.19). Während § 20 Abs. 3 UmwStG 1995 auf das Besteuerungsrecht an den gewährten Gesellschaftsanteilen abstellte, ist nunmehr das Besteuerungsrecht an dem eingebrachten Betriebsvermögen maßgeblich. In der Literatur wird die Einschränkung aus § 20 Abs. 2 Satz 2 Nr. 3 UmwStG im Hinblick auf das „soweit" als auf die einzelnen betroffenen Wirtschaftsgüter bezogen betrachtet und im Übrigen eine Minderbewertung zugelassen (DPM/*Patt* UmwStG § 20 Rn. 226; HMB/*Menner* UmwStG § 20 Rn. 311). Dies steht jedoch im Widerspruch zum Wortlaut von § 20 Abs. 2 Satz 2 UmwStG, wonach das Minderbewertungsrecht für „das übernommene Betriebsvermögen … einheitlich" ausgeübt werden muss (so ausdrücklich auch UmwSt-Erl. 2011, BMF v. 11.11.2011, BStBl. I 2011, 1314 Tz. 20.19). Im Fall des Formwechsels erfolgt die steuerliche Einbringung des Betriebsvermögens als Ganzes und damit als eine Einheit. Im Ergebnis führt daher bereits die Einschränkung des Besteuerungsrechts für ein einzelnes Wirtschaftsgut dazu, dass das Bewertungswahlrecht insgesamt entfällt und der Ansatz insgesamt mit dem gemeinen Wert erfolgen muss. Hiervon zu unterscheiden ist die Frage, ob bei einem bestehenden Wahlrecht dieses für die einzelnen Mitunternehmeranteile unterschiedlich ausgeübt werden kann, also, wie es in der Gesetzesbegründung zum SEStEG heißt, eine gesellschafterbezogene Betrachtungsweise erfolgen soll (BT-Drs. 16/2710 S. 43; HMB/*Menner* UmwStG § 20 Rn. 308; DPM/*Patt* UmwStG § 25 Rn. 28ff.; UmwSt-Erl. 2011, BMF v. 11.11.2011, BStBl. I 2011, 1314 Tz. 22.02).

Die Regelung des § 20 Abs. 2 Satz 6 UmwStG 1995, wonach die Teilwerte der einzelnen Wirtschaftsgüter nicht überschritten werden durften, findet sich nunmehr in der Einschränkung des § 20 Abs. 2 Satz 2 UmwStG, wonach höchstens der Wert „im Sinne des Satzes 1" angesetzt werden darf. Wenn der Buchwert wegen des Vorhandenseins sog. **„stiller Lasten"** höher ist als der gemeine Wert, ist letzterer anzusetzen. Der gemeine Wert bildet die absolute Höchstgrenze (WM/*Widmann* UmwStG § 20 Rn. R 683; HMB/*Menner* UmwStG § 20 Rn. 329; SHS/*Schmitt* UmwStG § 20 Rn. 287; umfangreich hierzu *Widmann* in FS Haarmann, 2015, S. 1013). Dieser Ansicht schien die Formulierung in Tz. 20.23 des UmwSt-Erl. 1998 (BStBl. I 1998, 268) entgegenzustehen, wonach die Buchwerte in keinem Fall unterschritten werden dürfen. Tatsächlich ist jedoch eine ggf. vorzunehmende Teilwertabschreibung wegen voraussichtlich dauernder Wertminderung (vgl. § 6 Abs. 1 Nr. 1, 2 EStG) hier zwingend, damit die entstehende Kapitalgesellschaft in ihrer Eröffnungsbilanz nicht einen zu hohen Unternehmenswert ausweist. Insoweit ist der gemeine Wert der einzelnen Wirtschaftsgüter tatsächlich als ggf. die untere Buchwertgrenze durchbrechender Maximalwert zu verstehen (eindeutig jetzt UmwSt-Erl. 2011, BMF v. 11.11.2011, BStBl. I 2011, 1314 Tz. 20.18, 03.12, 01.57; kritisch unter Hinweis auf die Gesetzesbegründung *Schumacher/Neitz-Hackstein* Ubg 2011, 411: die Einschränkung beziehe sich nur auf den unmittelbar vorangehenden „höheren Wert").

42 **§ 9 Satz 2 UmwStG** schreibt vor, dass die „Kapitalgesellschaft", gemeint ist die übertragende Gesellschaft, bei entsprechender Anwendung von § 9 UmwStG über § 25 Satz 2 UmwStG also die Personengesellschaft, eine **Übertragungsbilanz,** die neue Gesellschaft eine **Eröffnungsbilanz** aufzustellen hat. Hintergrund ist die wegen des Wechsels des Steuersubjekts notwendige Fingierung eines Vermögensübergangs auf die aus steuerlicher Sicht neu gegründete Kapitalgesellschaft (FG München v. 23.3.2004, 7 K 4036/01, EFG 2004, 1334; SHS/*Schmitt* UmwStG § 25 Rn. 3; HMB/*Greve* UmwStG § 9 Rn. 35; RHL/*Rabback* § 25 Rn. 1; HMB/*Bilitewski* UmwStG § 25 Rn. 8; DPM/*Patt* UmwStG § 25 Rn. 23ff.). Für das ursprüngliche Steuersubjekt, die Gesellschafter der Personengesellschaft, müssen die abschließenden Werte, für die neu errichtete Kapitalgesellschaft deren steuerliche Anfangswerte ermittelt werden. Wird die Übertragungsbilanz noch von dem alten Rechtsträger erstellt, so sind für die Erstellung die geschäftsführenden Gesellschafter der Personengesellschaft zuständig. Nach Eintragung geht die Pflicht auf die neue Kapitalgesellschaft bzw. deren Organe über, im vorliegenden Fall also die persönlich haftenden Gesellschafter der KGaA (WM/*Widmann* UmwStG § 25 Rn. 16).

Die persönlich haftenden Gesellschafter entweder der alten KG oder aber der neuen KGaA haben die Schlussbilanz zu unterzeichnen (WM/*Widmann* UmwStG § 25 Rn. 33).

43 **Stichtag** für die Übertragungs- und die Eröffnungsbilanz ist nach § 9 Satz 2 UmwStG der **Tag des Wirksamwerdens** des Formwechsels, also der Tag der Eintragung der Kapitalgesellschaft in das Handelsregister (§ 202 Abs. 1 Nr. 1 UmwG; UmwSt-Erl. 2011 BMF v. 11.11.2011, BStBl. I 2011, 1314 Tz. 09.01).

Als Stichtag für die Übertragungs- und die Eröffnungsbilanz und damit gleichzeitig **„steuerlicher Übertragungsstichtag"** (DPM/*Patt* UmwStG § 25 Rn. 60; HMB/*Bilitewski* UmwStG § 25 Rn. 50) darf jedoch nach § 9 Satz 3 UmwStG, der gemäß § 25 Satz 2 UmwStG ebenfalls entsprechend anwendbar ist, auch – der Rechtslage nach § 20 Abs. 8 Satz 1 UmwStG 1995 entsprechend – ein maximal acht Monate vor Anmeldung des Formwechsels beim Handelsregister liegender Stichtag gewählt werden (UmwSt-Erl. 2011, BMF v. 11.11.2011, BStBl. I 2011, 1314 Tz. 02.06). Wie das Rückbeziehungswahlrecht gemäß § 20 Abs. 6 UmwStG und anders als das antragsgebundene Wahlrecht des § 20 Abs. 2 Satz 2 UmwStG, anstelle des gemeinen Werts Buch- oder Zwischenwerte anzusetzen (→ Rn. 40ff.), ist das Wahlrecht auf Rückbeziehung gemäß § 25 Satz 2, § 9 S. 3 UmwStG nicht fristgebunden, kann also grundsätzlich bis zum Ende der letzten Tatsacheninstanz ausgeübt werden, was auch konkludent (z.B. durch rückwirkenden Ertrags- oder Vermögensansatz in der Steuererklärung) geschehen kann (so für § 20 Abs. 6 UmwStG BFH v. 19.12.2018, I R 1/17, DStR 2019, 1259 Rn. 15f., insoweit der Vorinstanz FG Berlin-Brandenburg v. 13.12.2016, 6 K 6243/14, DStRE 2017, 1376 folgend; unklar insoweit UmwSt-Erl. 2011 BMF v. 11.11.2011, BStBl. I 2011, 1314 Tz. 20.14). Ein einmal (ggf. auch konkludent) gestellter Antrag kann jedoch nicht mehr geändert werden (BFH v. 19.12.2018, I R 1/17, DStR 2019, 1259 Rn. 17 gegen die Vorinstanz FG Berlin-Brandenburg v. 13.12.2016, 6 K 6243/14, DStRE 2017, 1376, jeweils für § 20 Abs. 6 UmwStG).

Damit ist für den Formwechsel weiterhin die Möglichkeit gegeben, wie dies auch häufig praktiziert wird, aus Kostengründen den letzten regulären Jahresabschluss der Personengesellschaft gleichzeitig als Übertragungsbilanz für den Formwechsel zu verwenden (WM/*Widmann* UmwStG § 25 Rn. 18, 35; SBB/*Abele* § 28 Rn. 7ff.; HMB/*Bilitewski* UmwStG § 25 Rn. 50). Der Rückwirkungszeitraum muss für alle Mitunternehmer einheitlich festgelegt werden (HMB/*Bilitewski* UmwStG § 25 Rn. 51; DPM/*Patt* UmwStG § 25 Rn. 62). Die Rückwirkungsfiktion kann allerdings nicht dazu genutzt werden, durch entsprechende Wahl des Übertragungsstichtages zur Realisierung eines Übertragungsgewinns auf einen Zeitpunkt „zurückzuspringen", der vor einem für Kapitalgesellschaften als einbringende Mitunternehmer der Übertrgerin gemäß

§ 8c KStG für die Verlustnutzung **schädlichen Beteiligungserwerb** liegt: Gemäß § 25, § 20 Abs. 6 Satz 4, § 2 Abs. 4 UmwStG ist nämlich der Ausgleich oder die Verrechnung des Übertragungsgewinns nur möglich, wenn dies auch ohne steuerliche Rückwirkung auf den steuerlichen Übertragungsstichtag möglich wäre (zu den Verschärfungen in § 2 Abs. 4 UmwStG durch das AmtshilfeRLUmsG v. 26.6.2013 (BGBl. I 2013, 1809) vgl. *Viebrock/Loose* DStR 2013, 1364; *Neumann-Tomm* DB 2014, 2617). Die Bedeutung dieser Regelung wird allerdings durch die mit dem **Wachstumsbeschleunigungsgesetz** v. 22.12.2009, BGBl. I 2009, 3950, aufgenommene Verschonungsregelung in Höhe der im Inland steuerpflichtigen stillen Reserven in § 8c Abs. 1 Satz 5 KStG (nunmehr idF JStG 2018; → Form. A.3 Rn. 101a) wieder relativiert.

Wird ein von dem üblichen Tag des Jahresabschlusses abweichender Stichtag gewählt, so entsteht handelsrechtlich kein Rumpfgeschäftsjahr, da nur die Rechtsform gewechselt wird, die Identität aber erhalten bleibt. In der steuerlichen Gewinnermittlung ist allerdings von einem Rumpfwirtschaftsjahr auszugehen (WM/*Widmann* UmwStG § 25 Rn. 35).

Zweifel an der zeitlichen Begrenzung könnten dadurch entstehen, dass über die Verweisung des § 25 Satz 1 UmwStG auf die §§ 20 bis 23 UmwStG auch § 20 Abs. 6 UmwStG auf den Formwechsel anzuwenden ist. Nach dessen Satz 3 wäre der Zeitrahmen höchstens acht Monate vor dem Übergang des Betriebsvermögens auf die übernehmende (Kapital-)Gesellschaft. Steuerrechtlich wäre über § 202 UmwG auf den Tag der Eintragung im Handelsregister abzustellen. Die ausdrückliche Verweisung des § 25 Satz 2 UmwStG auf § 9 Satz 3 UmwStG geht jedoch der allgemeinen Verweisung auf die §§ 20 bis 23 UmwStG insoweit vor, so dass die Antragstellung maßgeblich ist, die den Zeitrahmen bestimmt (HMB/*Bilitewski* UmwStG § 25 Rn. 50; DPM/*Patt* UmwStG § 25 Rn. 61; SBB/*Abele* § 28 Rn. 8).

Die **letzten laufenden Ergebnisse** der umgewandelten Personengesellschaft sind **44** noch deren Gesellschaftern direkt zuzurechnen – § 15 Abs. 1 Nr. 2 EStG. Der sich aus der Schlussbilanz ergebende Gewinn ist bei diesen laufender Gewinn und nach der bis dahin üblichen Weise zu versteuern (DPM/*Patt* UmwStG § 25 Rn. 68f.). Zukünftig findet eine Besteuerung des auf das Aktienkapital entfallenden Gewinns nach den Regeln des KStG statt. Es fallen also zunächst nur bei der KGaA Ertragsteuern an, eine Besteuerung der Kommanditaktionäre erfolgt erst nach und bei einer entsprechenden Ausschüttung und zwar nach dem Teileinkünfteverfahren, § 20 Abs. 8, § 3 Nr. 40 EStG, oder, falls die Anteile im Privatvermögen gehalten werden, nach den Regeln der Abgeltungssteuer iHv. 25%, § 20 Abs. 1, § 32d EStG.

Neben den Einkünften aus laufendem Gewinn der Gesellschaft kann im Rahmen **45** des Formwechsels auch ein **„Veräußerungsgewinn"** iSd. § 16 EStG entstehen. Dies ergibt sich aus dem uneingeschränkten Verweis von § 25 UmwStG und der sich daraus ergebenden Anwendung des § 20 Abs. 3 und 4 UmwStG (SSt/*Moszka* UmwStG Anh. Rn. 728). Veräußerungspreis ist danach der Wert, mit dem die entstehende Kapitalgesellschaft die Aktiva und Passiva in ihrer Vermögensaufstellung ansetzt. Ein Veräußerungsgewinn liegt dann vor, wenn der sich hieraus ergebende Saldo von Aktiva und Passiva abzüglich der Kosten des Formwechsels den in der Schlussbilanz der Personengesellschaft ermittelten Wert des Betriebsvermögens übersteigt (HMB/*Bilitewski* UmwStG § 25 Rn. 52; SBB/*Abele* § 28 Rn. 47; DPM/*Patt* UmwStG § 25 Rn. 57). Ein zu versteuernder Veräußerungsgewinn ist danach nur denkbar, wenn das Betriebsvermögen nicht zu Buchwerten, sondern zu einem darüber liegenden Zwischen- oder dem gemeinen Wert bei der Kapitalgesellschaft angesetzt wird oder die mit dem StÄndG 2015 v. 2.11.2015 (BGBl. I 2015, 1834) eingeführten Grenzen von 500 000 EUR bzw. 25% der sonstigen Gegenleistung (→ Form. D.1 Rn. 47) überschritten werden.

Aus dem sich aus dem Ansatz des Betriebsvermögen in der Eröffnungsbilanz erge- **46** benden Wert des Aktienkapitals ist der **Anschaffungspreis** der einzelnen Beteiligungen der Kommanditaktionäre zu ermitteln – § 20 Abs. 3 UmwStG.

46a Bei **natürlichen Personen** kommen in den Fällen der § 25 Satz 1, § 20 Abs. 4 Satz 1 UmwStG, dh im Falle des Ansatzes des gemeinen Werts im Zuge der Ausgliederung eines Betriebs oder Teilbetriebs oder eines ganzen Mitunternehmeranteils (wie für die einbringenden Kommanditisten der Fall) und soweit nicht bei zum eingebrachten Betriebsvermögen gehörenden Anteilen an Kapitalgesellschaften das Teileinkünfteverfahren Anwendung findet (§ 20 Abs. 4 Satz 2 UmwStG), auch § 34 Abs. 1 EStG (sog. **Fünftelregelung**) sowie unter weiteren Voraussetzungen (Vollendung des 55. Lebensjahres oder dauernde Berufsunfähigkeit im sozialversicherungsrechtlichen Sinne) auf gesonderten Antrag **einmal im Leben** § 34 Abs. 3 EStG (ermäßigter Steuersatz) und ggf. § 16 Abs. 4 EStG (abschmelzender Freibetrag) zur Anwendung (UmwSt-Erl. 2011, BMF v. 11.11.2011, BStBl. I 2011, 1314 Tz. 20.27). **Gewerbesteuer** fällt bei Einbringung eines Betriebs, Teilbetriebs oder ganzen Mitunternehmeranteils keine an (§ 7 Satz 2 Nr. 2 GewStG und GewStR 7.1 Abs. 3 Nr. 1)

Bei **Kapitalgesellschaften als Einbringenden** unterliegt der Einbringungsgewinn auch der Gewerbesteuer (§ 7 S. 2 Nr. 2 GewStG). Soweit der Einbringungsgewinn auf zum eingebrachten Betriebsvermögen gehörende Anteile an einer anderen Kapitalgesellschaft entfällt, ist er im Anwendungsbereich von § 8b Abs. 2 KStG im Ergebnis nur zu 5% zu versteuern, § 8b Abs. 3 Satz 1 KStG (Rückausnahme § 8b Abs. 7 und 8 KStG).

47 Das nach altem Recht geltende System der **einbringungsgeborenen Anteile** (§ 21 UmwStG 1995) ist mit dem UmwStG 2006 aufgegeben worden (HMB/*Werneburg* UmwStG § 27 Rn. 28f.). Einbringungsgeborene Anteile entstanden beim Formwechsel, wenn das Betriebsvermögen in der Eröffnungsbilanz nicht mit seinem Teilwert, sondern mit einem darunter liegenden Buch- oder Zwischenwert angesetzt wurde. Noch nach dem UmwStG 1995 entstandene einbringungsgeborene Anteile behalten diese Eigenschaft aber weiter, § 27 Abs. 3 Nr. 3 UmwStG. Für diese gilt nicht das neue System des § 22 UmwStG, sondern weiterhin das alte Recht (DPM/*Patt* UmwStG § 22 Rn. 24).

48 Die Sicherstellung der Besteuerungsmöglichkeit über einbringungsgeborene Anteile ist durch das System des **§ 22 UmwStG** ersetzt worden. Die Regelungen der §§ 3 Nr. 40 Satz 3 und 4 EStG, 8b Abs. 4 KStG wurden aufgehoben.

Danach wird bei einem Wertansatz des Betriebsvermögens in der Kapitalgesellschaft unter dem gemeinen Wert aufgrund eines entsprechenden Antrags der Veräußerungsgewinn nachträglich durch Ansatz des höheren gemeinen Wertes erfasst, soweit die Kapitalgesellschaftsanteile innerhalb von sieben Jahren veräußert werden oder innerhalb dieser Frist ein Veräußerungsersatztatbestand iSv. § 22 Abs. 1 Satz 6 UmwStG verwirklicht wird (→ Rn. 50). Der so ermittelte höhere Veräußerungsgewinn ist als **„Einbringungsgewinn I"** im Jahr des Formwechsels nachträglich und rückwirkend nach § 22 Abs. 1 Satz 1 UmwStG zu versteuern (HMB/*Bilitewski* UmwStG § 23 Rn. 79ff.; DPM/*Patt* UmwStG § 22 Rn. 1, 54; SHS/*Schmitt* UmwStG § 23 Rn. 37; UmwSt-Erl. 2011, BMF v. 11.11.2011, BStBl. I 2011, 1314 Tz. 22.07). Der Gewinn ist jedoch für jedes seit dem Formwechsel verstrichene Zeitjahr um ein Siebtel der Wertdifferenz zwischen dem Gewinn nach Ansatz mit dem gemeinen Wert und dem ursprünglich gewählten Ansatz zu vermindern (HMB/*Bilitewski* § 23 Rn. 82; DPM/*Patt* UmwStG § 22 Rn. 57; UmwSt-Erl. 2011, BMF v. 11.11.2011, BStBl. I 2011, 1314 Tz. 22.08). Das alte System der Vollversteuerung bei Veräußerung innerhalb von sieben Jahren ist somit durch ein Abschmelzungsmodell ersetzt worden.

49 Neu in das UmwStG aufgenommen wurde die Nachweispflicht nach **§ 22 Abs. 3 UmwStG.** Sie ist auf die Tatsache zurückzuführen, dass nunmehr auch ausländische Umwandlungen erfasst werden und damit eine Information über steuerrelevante Anteilsübertragungen innerhalb der Sieben-Jahres-Frist nicht mehr sichergestellt ist. Danach hat jeder „Einbringende", hier also die ursprünglichen Kommanditisten und jetzigen Kommanditaktionäre, jährlich spätestens zum 31. Mai dem Finanzamt zu melden, wem die durch den Formwechsel entstandenen Anteile aktuell gehören. Wird

die Nachweispflicht versäumt, gilt dies als fiktive Veräußerung, die rückwirkende Besteuerung nach § 22 Abs. 1 UmwStG findet statt (HMB/*Biliteweski* UmwStG § 22 Rn. 276; DPM/*Patt* UmwStG § 22 Rn. 84; UmwSt-Erl. 2011, BMF v. 11.11.2011, BStBl. I 2011, 1314 Tz. 22.28). Bei der Frist 31. Mai handelt es sich nicht um eine Ausschlussfrist dergestalt, dass der Nachweis nach diesem Tag nicht mehr geführt werden kann. § 22 Abs. 3 Satz 2 UmwStG definiert nur den fehlenden Nachweis, nicht aber den fehlenden Nachweis zum 31. Mai als Auslöser der Veräußerungsfiktion. Diese Auslegung wird durch die Gesetzesbegründung (BT-Drs. 16/2710 S. 49) bestätigt. Die FinVerw. hebt hervor, dass diese Frist nicht verlängerbar ist (UmwSt-Erl. 2011, BMF v. 11.11.2011, BStBl. I 2011, 1314 Tz. 22.33), betont aber zugleich, dass ein verspäteter Nachweis noch berücksichtigt werden könne und hält sich damit einen gewissen Ermessenspielraum offen (UmwSt-Erl. 2011, BMF v. 11.11.2011, BStBl. I 2011, 1314 Tz. 22.33; HMB/*Bilitewski* UmwStG § 22 Rn. 293; RHL/*Stangl* UmwStG § 22 Rn. 520; aA ausdrücklich gegen die Gesetzesbegründung DPM/*Patt* UmwStG § 22 Rn. 91; vgl. auch *Rödder/Schumacher* DStR 2007, 375; WM/*Widmann* UmwStG § 22 Rn. 377). Der früher mögliche spätere Nachweis, zB im Einspruchs- oder Klageverfahren (s. hierzu BMF v. 4.9.2007, BStBl. I 2007, 698, Tz. 5) dürfte jedoch nicht mehr möglich sein.

Eine Besteuerung der stillen Reserven ohne Veräußerung nach § 22 Abs. 1 UmwStG **50**
(Veräußerungsersatztatbestände) erfolgt bei unentgeltlicher Übertragung der erhaltenen Anteile auf eine Kapitalgesellschaft oder Genossenschaft (§ 22 Abs. 1 Satz 6 Nr. 1 UmwStG), bei einer Einbringung über dem Buchwert (§ 22 Abs. 1 Satz 6 Nr. 2 UmwStG) bei Auflösung oder Kapitalrückzahlung (§ 22 Abs. 1 Satz 6 Nr. 3 UmwStG), bei Buchwerteinbringung mit anschließender Anteilsveräußerung (§ 22 Abs. 1 Satz 6 Nr. 4 und Nr. 5 UmwStG) und bei Verlust der Ansässigkeitsvoraussetzungen (§ 22 Abs. 1 Satz 6 Nr. 6 UmwStG).

Erfolgt eine Besteuerung nach § 22 Abs. 1 UmwStG, so gelten für den Gesellschaf- **51**
ter die für die Besteuerung maßgeblichen höheren Wertansätze als **nachträgliche Anschaffungskosten,** § 22 Abs. 1 Satz 4 UmwStG.

Die Gesellschaft kann auf Antrag die **höheren Wertansätze als Buchwertansätze** für ihr (noch vorhandenes) Betriebsvermögen übernehmen, wenn die Steuer bezahlt und dies durch eine entsprechende Bescheinigung des für den Gesellschafter zuständigen Finanzamtes nachgewiesen wurde, § 23 Abs. 2 UmwStG.

Bei der KG bestehende **Verlustvorträge** können zu einem **Umwandlungshinder-** **52**
nis werden. Denn bei einem kreuzenden Formwechsel wie hier von einer Personengesellschaft in eine Kapitalgesellschaft können etwaige gewerbesteuerliche Verluste nach § 10a GewStG, die in der Personengesellschaft entstanden sind, von der Kapitalgesellschaft nicht mehr genutzt werden (GewStR 10a.3 Abs. 3 Nr. 5; UmwSt-Erl. 2011, BMF v. 11.11.2011, BStBl. I 2011, 1314 Tz. 23.02). Einkommensteuerliche Verlustvorträge der Kommanditisten gehen ebenfalls nicht auf die KGaA über, sondern verbleiben bei den Gesellschaftern persönlich (UmwSt-Erl. 2011, BMF v. 11.11.2011, BStBl. I 2011, 1314 Tz. 23.02; HMB/*Bilitewski* UmwStG § 23 Rn. 50; WM/*Widmann* UmwStG § 23 Rn. 564). Der Verlust einer Personengesellschaft wird gesondert und einheitlich zusammen mit den auf die einzelnen Gesellschafter entfallenden Verlustanteilen festgestellt. Die Gesellschafter können diese dann in Anwendung der Regelungen des § 10d EStG individuell steuerlich geltend machen. Die Verlustverrechnung nach § 10d EStG ist einkünfteartübergreifend möglich (Schmidt/*Heinicke* EStG § 10d Rn. 4).

einstweilen frei **53–55**

VII. Verkehrsteuern

Verkehrsteuerrechtlich ist der Formwechsel von der KG in die KGaA ohne Bedeu- **56**
tung. Die Umwandlung beschränkt sich auf die Änderung der Rechtsform unter

Wahrung der rechtlichen Identität und grds. auch unter Beibehaltung des Kreises der Gesellschafter (vgl. UmwSt-Erl. 2011, BMF v. 11.11.2011, BStBl. I 2011, 1314 Tz. 01.11; BFH v. 4.12.1996, II B 116/96, BStBl. II 1997, 661; BFH v. 29.8.2007, II B 108/06, BFH/NV 2007, 2350; HMB/*Bilitewski* UmwStG § 25 Rn. 10; SBB/*Abele* § 28 Rn. 75, 78; SSt/*Moszka* UmwStG Anh. Rn. 661; DPM/*Patt* UmwStG § 25 Rn. 87). Eine zivilrechtliche Übertragung von Grundstücken oder anderen Rechtsgütern auf einen neuen Eigentümer findet nicht statt, so dass weder Umsatzsteuer noch Grunderwerbsteuer bei dieser Umwandlung anfällt (HMB/*Bilitewski* UmwStG § 25 Rn. 10; SSt/*Moszka* UmwStG Anh. Rn. 710f.; DPM/*Patt* UmwStG § 25 Rn. 84; SHS/*Schmitt* UmwStG § 25 Rn. 45). Hieran ändert auch der Verweis des § 25 UmwStG auf die §§ 20 bis 23 UmwStG nichts.

Anders könnte dies nur sein, wenn im Rahmen des Formwechsels zusätzliche Rechtshandlungen vorgenommen werden oder Wartefristen noch nicht verstrichen sind.

Zu Einzelheiten bzgl. Grunderwerbsteuer→ Form. D.1 Rn. 66ff. und → Form. E.3 Rn. 52ff., bzgl. Umsatzsteuer → Form. A.1 Rn. 118ff.

57, 58 *einstweilen frei*

VIII. Arbeitsrecht

59 Die Folgen des Formwechsels für die Arbeitnehmer und ihre Vertretungen sind nach **§ 194 Abs. 1 Nr. 7 UmwG** im Umwandlungsbeschluss darzustellen. Soweit ein Betriebsrat existiert, ist der Entwurf des Umwandlungsbeschlusses nach § 194 Abs. 2 UmwG spätestens einen Monat vor dem Tag der Gesellschafterversammlung, die über den Formwechsel beschließen soll, dem zuständigen **Betriebsrat** bzw. den zuständigen Betriebsräten des formwechselnden Rechtsträgers **zuzuleiten.** Es handelt sich um Parallelvorschriften zu den § 5 Abs. 1 Nr. 9, Abs. 3, § 126 Abs. 1 Nr. 11, Abs. 3 UmwG, so dass im Wesentlichen auf die Darstellungen bei → Form. A.1 Rn. 150ff. und → Form. B.1 Rn. 176ff. verwiesen werden kann.

Arbeitsrechtliche Spezialprobleme ergeben sich beim Formwechsel von der KG in die KGaA nicht. Wegen der Erhaltung der Rechtsidentität sind weder Auswirkungen auf den individuellen Arbeitsvertrag noch auf tarifrechtliche Bindungen oder betriebsverfassungsrechtliche Regelungen zu erwarten (SHS/*Stratz* UmwG § 194 Rn. 9; Lutter/*Decher* UmwG § 194 Rn. 25ff.).

Durch den Wechsel von der Personenhandels- in die Kapitalgesellschaft sind auch **mitbestimmungsrechtliche Probleme** nicht zu erwarten, zumal, wenn wie hier, eine traditionell mitbestimmungsintensive Rechtsform angestrebt wird (Lutter/*Decher* UmwG § 194 Rn. 26). Im Bereich der Unternehmensmitbestimmung kann der Formwechsel einer KG in eine KGaA dazu führen, dass bei Erfüllung der zahlenmäßigen Voraussetzungen die Voraussetzungen der Unternehmensmitbestimmung nach einem der Mitbestimmungsgesetze (MitbestG, MontanMitbestG, DrittelbG, vgl. hierzu → Form. A.1 Rn. 201ff.) nunmehr erfüllt sind, es mithin zu einem Mitbestimmungszuwachs kommt.

60, 61 *einstweilen frei*

IX. Kosten

62 Die **Beurkundung** des **Formwechselbeschlusses** löst eine 2,0-Gebühr nach Nr. 21100 des Kostenverzeichnisses aus. Der zur Gebührenberechnung zugrunde zu legende Geschäftswert bestimmt sich nach dem **Aktivvermögen des formwechselnden Rechtsträgers** ohne Schuldenabzug (vgl. § 38 GNotKG) nach der letzten dem Beschlussstichtag vorausgehenden Bilanz. Beteiligungen an anderen Gesellschaften sind nach § 54 GNotKG mit dem auf den Gesellschaftsanteil entfallenden bilanziellen Eigenkapital nach § 266 Abs. 3 HGB zu bewerten. Grundstücke sind mit ihrem Verkehrswert anzusetzen, so dass der Buchwert aus der Aktivseite herauszurechnen und der Verkehrswert anschließend zu addieren ist. Das Aktivvermögen wird durch nicht durch Eigenkapital gedeckte Fehlbeträge vermindert; im Gegenzug erhöhen stille Reserven das Aktivvermögen (§ 46 Abs. 1 GNotKG). Es gilt eine Mindestgebühr von 120 EUR und ein Höchstwert von 5 Mio. EUR nach § 108 Abs. 5 GNotKG, da der Formwechselbeschluss ein solcher mit bestimmtem Geldwert ist.

Regelmäßig werden neben dem Formwechselbeschluss noch **Verzichts- und/oder Zustimmungserklärungen** beurkundet, zB Verzichte auf die Klageerhebung gegen den Formwechselbeschluss (§ 195 UmwG), Verzichte auf die Erstattung eines Umwandlungsberichts (vgl. § 192 Abs. 3 UmwG) oder Zustimmung von Gesellschaftern hinsichtlich der Abtretung von Anteilen des formwechselnden Rechtsträgers nach § 193 Abs. 2 UmwG. Für die Beurkundung fällt eine 1,0-Gebühr (einseitige Erklärung, kein Vertrag) nach Nr. 21200 des Kostenverzeichnisses an, mindestens jedoch 60 EUR. Da es sich bei den Verzichts- bzw. Zustimmungserklärungen nicht um einen Beschluss der Gesellschaftergesamtheit sondern rechtsgeschäftliche Erklärungen der einzelnen Gesellschafter handelt, gilt der für den Formwechselbeschluss anwendbare Höchstwert von 5 Mio. EUR nach § 108 Abs. 5 GNotKG nicht für diese Erklärungen.

Der Geschäftswert für **Verzichtserklärungen** gemäß § 195 UmwG (Verzicht auf Klageerhebung) bzw. gemäß § 192 Abs. 3 UmwG (Verzicht auf Erstellung eines Umwandlungsberichts) ist nach § 36 GNotKG zu bestimmen. Ein Teilwert von 10–20% des Wertes des Anteils des jeweils Verzichtenden soll hier anzusetzen sein (*Diehn/Volpert,* Praxis des Notarkostenrechts, Rn. 695).

Der **Formwechselbeschluss** einerseits und die **Zustimmungs- bzw. Verzichtserklärungen** andererseits sind bei **gemeinsamer Beurkundung** gegenstandsverschieden nach § 110 Nr. 1 GNotKG, weshalb der Beschluss und die Erklärungen gebührenrechtlich getrennt in Ansatz zu bringen sind. Die Zustimmungs- und Verzichtserklärungen untereinander sind wiederum gegenstandsgleich nach § 109 Abs. 1 GNotKG, so dass für die Berechnung nur der höhere Wert beider Erklärungen zugrunde gelegt werden kann, regelmäßig der Wert der Zustimmungserklärungen (§ 109 Abs. 1 Satz 5 GNotKG, vgl. *Diehn/Volpert,* Praxis des Notarkostenrechts, Rn. 708). 63

Die Feststellung der Satzung der A-KGaA ist zum Formwechselbeschluss gegenstandsgleich (BDS/*Bormann* GNotKG § 109 Rn. 68). Ob damit auch der Entwurf der Satzung durch den Notar abgegolten ist, wird unterschiedlich beurteilt (vgl. *Diehn/Volpert,* Praxis des Notarkostenrecht, 710; BDS/*Bormann* GNotKG § 109 Rn. 68). Gibt der Notar lediglich **Hinweise zur Gestaltung** der Satzung, so kann hierfür – je nach Umfang seiner Tätigkeit – eine sog. Beratungsgebühr nach Nr. 24203 des Kostenverzeichnisses erhoben werden.

Die im Umwandlungsbeschluss enthaltene Bestellung der ersten Mitglieder des Aufsichtsrats sowie des Abschlussprüfers ist gegenstandsverschieden und löst eine weitere 2,0-Gebühr aus dem Gegenstandswert von jeweils 30 000 EUR aus (§ 108 Abs. 1 Satz 1, § 105 Abs. 1 GNotKG).

Ist im Rahmen eines Formwechsels eine **Berichtigung des Grundbuchs** erforderlich, so ist dieser Berichtigungsantrag gegenstandsverschieden nach § 110 Nr. 1 GNotKG und es entsteht eine 0,5-Gebühr nach Nr. 21201 Ziffer 4 des Kostenverzeichnisses. Der Gegenstandswert ist wegen der bestehenden Rechtsträgeridentität nur mit 10 bis 30% des Grundbesitzwertes anzusetzen.

Für die Unterschriftsbeglaubigung unter der Handelsregisteranmeldung **ohne** Entwurfsfertigung durch den Notar fällt eine 0,2-Gebühr nach Nr. 25100 des Kostenverzeichnisses, jedoch mindestens 20 EUR und höchstens 70 EUR an.

Fertigt der Notar den Entwurf der **Handelsregisteranmeldung selbst** an, so entsteht hierfür eine 0,5-Gebühr nach Nr. 24102 des Kostenverzeichnisses. Der Ge- 64 schäftswert der Handelsregisteranmeldung beträgt mindestens 30000 EUR (§ 105 Abs. 1 Satz 2, Abs. 4 GNotKG), höchstens 1 Mio. EUR (§ 106 GNotKG).

65 Die **Eintragung** des Formwechsels im **Handelsregister** der KG kostet 180 EUR, § 1 HRegGebVO iVm. Gebührenverzeichnis Nr. 1400. Eine gesonderte Gebühr für die (Erst-)Eintragung der A-KGaA nach Gebührenverzeichnis Nr. 2105 fällt nicht an. Diese fiele nur an, wenn sich im Rahmen des Formwechsels das maßgebende Register ändert (zB Handels- zu Genossenschaftsregister), aber dann nicht, wenn sich lediglich die Abteilung des Registers (HRA oder HRB) ändert (BeckOK KostR/*Meier,* HRegGebV GV 2104–2106 Rn. 2–6.

C. Einzelerläuterungen

I. Notarurkunden

1. Umwandlungsbeschluss

66 Der Umwandlungsbeschluss ist das „Herzstück" eines Formwechsels. Anders als bei den übrigen Umwandlungen – Verschmelzung, Spaltung und Vermögensübertragung – gibt es **keinen Vertrag** (HMB/*Stengel* UmwStG Einf. A Rn. 82; SSt/*Bärwaldt* UmwG § 193 Rn. 2). Dies schließt aber formal die für Willenserklärungen vorgeschriebene Beurkundungsform (§§ 8 ff. BeurkG) nicht aus. Der formwechselnde Rechtsträger erhält nur eine neue rechtliche Identität (WM/*Weiler* UmwG § 193 Rn. 1; SHS/*Winter* UmwG § 190 Rn. 5 ff.; SSt/*Schwanna* UmwG § 190 Rn. 1). Der notwendige Mindestinhalt des Umwandlungsbeschlusses ergibt sich aus § 194 Abs. 1 UmwG.

Der Entwurf eines Umwandlungsbeschlusses muss bereits Gegenstand eines Umwandlungsberichtes sein, auf den die Gesellschafter aber hier verzichtet haben (→ Rn. 68). Eine Identität zwischen dem Entwurf und dem endgültig gefassten Beschluss ist jedoch nicht erforderlich, Änderungen wären zulässig (WM/*Weiler* UmwG § 193 Rn. 13; SHS/*Winter* UmwG § 193 Rn. 4).

Zur Vorbemerkung:

67 Das Formular sieht für die umzuwandelnde Personengesellschaft fünf Gesellschafter vor. Die früher erforderliche Mindestzahl von fünf Gründern in § 280 Abs. 1 AktG ist durch Art. 1 Nr. 34 des UMAG v. 22.9.2005 (BGBl I 2005, 2802) gestrichen worden. Daher muss nunmehr auch die Einmanngründung einer KGaA durch einen persönlich haftenden Gesellschafter, der gleichzeitig alle Aktien übernimmt, zulässig sein (*Hüffer/Koch* AktG § 280 Rn. 2; MünchKomm/*Perlitt,* AktG § 280 Rn. 30).

Schon vor der Änderung des § 280 AktG konnte der Formwechsel in eine KGaA, da § 280 AktG auf Grund der Regelung des § 197 Satz 2 UmwG nicht anwendbar ist, auch bei einer Gesellschaft mit einer geringeren Zahl von Gesellschaftern erfolgen (MünchKomm/*Perlitt,* AktG Vor § 278 Rn. 96; WM/*Mayer* UmwG § 197 Rn. 222).

Zum Verzicht auf vorbereitende Formalien:

68 Wegen der im Fall des Formulars gegebenen Einvernehmlichkeit verzichten die Gesellschafter der umzuwandelnden KG auf alle Formalien der Umwandlung, soweit dies rechtlich zulässig ist. Diese Formalien sind, soweit sie dort relevant sind, bei dem Formular des Formwechsels einer GmbH in die AG (→ Form. E.1 Rn. 6 ff.) abgehandelt. Auf die dortigen Erläuterungen wird verwiesen.

69 Die Erstattung eines Umwandlungsberichtes ist erforderlich, wenn an dem formwechselnden Rechtsträger mehr als ein Gesellschafter beteiligt ist und nicht alle Anteilsinhaber auf ihn verzichten – § 192 Abs. 3 UmwG. Der Verzicht ist notariell zu

beurkunden. Die Beurkundung dient dabei sowohl der Warnpflicht für die Gesellschafter als auch dem Interesse einer ordnungsgemäßen Registereintragung (WM/*Mayer* UmwG § 192 Rn. 15; Lutter/*Decher/Hoger* UmwG § 192 Rn. 46; SHS/*Winter* UmwG § 192 Rn. 22). § 199 UmwG sieht dabei auch einen entsprechenden Nachweis des Verzichtes vor. Der Verzicht kann auch noch nach Fassung des Umwandlungsbeschlusses erfolgen. Maßgeblicher Zeitpunkt, zu dem der Verzicht vorliegen muss, ist die Anmeldung des Formwechsels zum Handelsregister (WM/*Mayer* UmwG § 192 Rn. 17; Lutter/*Decher/Hoger* UmwG § 192 Rn. 46; SHS/*Winter* UmwG § 192 Rn. 22).

Die nach altem Recht noch erforderliche Vermögensaufstellung nach § 192 Abs. 2 **70**
UmwG aF ist entfallen.

Obwohl weder § 207 UmwG noch § 194 Abs. 1 UmwG, der in Nr. 6 das Abfin- **71**
dungsangebot als zum Mindestbestandteil des Umwandlungsbeschlusses gehörend festschreibt, einen Verzicht ausdrücklich erlauben, ist anerkannt, dass ein Verzicht auf das Abfindungsangebot durch alle Gesellschafter möglich und zulässig ist (WM/*Wälzholz* UmwG § 207 Rn. 33; Lutter/*Decher/Hoger* UmwG § 194 Rn. 23; SHS/*Winter* UmwG § 194 Rn. 8; SSt/*Bärwaldt* UmwG § 194 Rn. 29).

Da der Umwandlungsbeschluss einschließlich aller noch notwendigen Zustimmungserklärungen nach § 193 Abs. 3 UmwG der notariellen Beurkundung bedarf und nach § 194 Abs. 1 Nr. 6 hierzu auch das Abfindungsangebot gehört, ist auch der Verzicht auf das Abfindungsangebot notariell zu beurkunden (Lutter/*Decher/Hoger* UmwG § 194 Rn. 23; SSt/*Bärwaldt* UmwG § 194 Rn. 29; WM/*Wälzholz* UmwG § 207 Rn. 34).

An einer formwechselnden KG sind in der Regel auch Gesellschafter beteiligt, die **72**
von der Geschäftsführung ausgeschlossen sind, zumeist die Kommanditisten gem. § 164 HGB (vgl. zu Abweichungsmöglichkeiten BH/*Roth* HGB § 164 Rn. 6 ff.). Diesen wäre nach § 216 UmwG spätestens mit der Einberufung der Gesellschafterversammlung, in der über den Formwechsel beschlossen werden soll, diese Beschlussfassung durch das Vertretungsorgan – idR die persönlich haftenden Gesellschafter – anzukündigen sowie der Umwandlungsbericht einschließlich Entwurf des Umwandlungsbeschlusses und das Abfindungsangebot zu übersenden.

Diese Regelung dient dem Schutz der Gesellschafter und soll sie vor Überraschung schützen. Ein Verzicht ist deshalb zulässig und er bedarf, anders als der Verzicht auf Umwandlungsbericht und Abfindungsangebot auch nicht zwingend der notariellen Beurkundung, sollte aber, um erforderlichenfalls einen Nachweis führen zu können, zumindest schriftlich festgehalten werden (Lutter/*Joost* UmwG § 216 Rn. 9; WM/*Vossius* UmwG § 216 Rn. 21; SSt/*Schlitt* UmwG § 216 Rn. 25, 27).

Zur Gesellschafterversammlung:

Auch auf die Einhaltung aller Form- und Fristvorschriften, die sich aus dem Gesell- **73**
schaftsvertrag der KG für die Abhaltung der Gesellschafterversammlung ergeben könnten, kann bei Einvernehmlichkeit ausdrücklich verzichtet werden. Dieser Verzicht muss protokolliert werden, ausreichend ist ein Wahrnehmungsprotokoll nach §§ 36, 37 BeurkG.

Die Gesellschafterversammlung orientiert sich sodann an dem notwendigen Mindestinhalt des Umwandlungsbeschlusses gem. § 194 Abs. 1 UmwG. Die entsprechenden Ziffern sind in den jeweiligen Überschriften aufgeführt.

An der Gesellschafterversammlung nehmen alle Gesellschafter der KG teil, der **74**
Umwandlungsbeschluss wird einstimmig gefasst. Die Notwendigkeit ergibt sich, wenn keine eindeutigen anders lautenden Regelungen im Gesellschaftsvertrag festgelegt sind, aus dem Recht der Personengesellschaften, §§ 163, 161, 119, 131 Nr. 2 HGB, und der hierzu ergangenen Kernbereichsrechtsprechung des BGH (Urteile v. 5.11.1984, II

ZR 111/84, NJW 1985, 974; v. 19.11.1984, II ZR 102/84, NJW 1985, 972; v. 10.10.1994, II ZR 18/94, NJW 1995, 194; BH/*Roth* HGB § 163 Rn. 4, § 119 Rn. 36). Die Verpflichtung zur Zustimmung kann bereits im Gesellschaftsvertrag im Vorwege festgeschrieben werden (BH/*Roth* HGB § 119 Rn. 36).

Das Umwandlungsrecht und das Recht der KGaA schreiben eine Einstimmigkeit nicht vor. Nach §§ 280 Abs. 3 AktG, 219 Satz 2 UmwG würden gegen den Umwandlungsbeschluss Stimmende nicht als Gründer gelten. § 217 Abs. 1 Satz 2 UmwG gestattet ausdrücklich eine Mehrheitsentscheidung, wenn der Gesellschaftsvertrag der formwechselnden Gesellschaft dies entsprechend regelt. Ansonsten ist nach § 217 Abs. 1 Satz 1 UmwG Einstimmigkeit erforderlich.

Ob der nach § 207 UmwG gegen den Umwandlungsbeschluss Widerspruch zur Niederschrift Erklärende auch gegen den Formwechsel stimmen muss, ist streitig. Würde man der abzulehnenden (→ Form. E.1 Rn. 12) Auffassung folgen, dass Widerspruch und Ablehnung miteinander verknüpft sind, so wäre bei der Umwandlung einer KG ein mögliches Ausscheiden gegen Barabfindung nicht möglich, es sei denn, der Gesellschaftsvertrag erlaubt eine Mehrheitsentscheidung.

Zu Ziff. 1.:

75 Die Firma der Gesellschaft wird gem. § 200 Abs. 2 UmwG, § 279 Abs. 1 AktG mit Ausnahme des Rechtsformzusatzes beibehalten.

Zu Ziff. 2.:

76 Der steuerliche Übertragungsstichtag kann nach §§ 25 Satz 2, 9 Satz 3 UmwStG der Tag der Eintragung des Formwechsels in das Handelsregister (§ 202 UmwG) oder der Stichtag der Übertragungs- bzw. Eröffnungsbilanzen sein, der seinerseits ein beliebiger Tag innerhalb eines Zeitraums von acht Monaten vor Einreichung des Eintragungsantrages sein darf (→ Rn. 43). Die Wahl ist formlos möglich, die Aufnahme in den Beschluss also nicht erforderlich. Bei Aufnahme in den Beschluss ist die Wahl dann allerdings gegenüber der FinVerw. nicht mehr revidierbar (vgl. zu Einzelheiten der weiter anwendbaren Grundsätze WM/*Widmann* UmwStG § 2 Rn. 7 ff. mwN).

Zu Ziff. 3.:

77 Das neue Beteiligungsverhältnis in der KGaA entspricht dem alten in der KG. Die Einlagen der persönlich haftenden Gesellschafter der KG sind zu solchen in der KGaA geworden, die Beteiligungen der Kommanditisten sind in Aktienbeteiligungen umgewandelt worden. Das Eigenkapital der Kapitalkonten der Kommanditisten ist zum Grundkapital der neuen AG geworden (SBB/*Bula/Thees* § 27 Rn. 27). Die Summe der Aktienbeteiligungen bildet das Grundkapital der KGaA – § 278 Abs. 1 AktG.

Da der Umwandlungsbeschluss einstimmig erfolgt, ist das Zustimmungserfordernis der persönlich haftenden Gesellschafter nach § 217 Abs. 3 UmwG beachtet.

Nach § 217 Abs. 2 UmwG sind bei einer Mehrheitsentscheidung die Zustimmenden in der Niederschrift über die Umwandlung namentlich aufzuführen. Hiermit sollen über §§ 219 UmwG, 280 AktG die Namen der Gründer sicher feststellbar sein.

78 Die Umwandlung erfolgt zu Buchwerten. Ein entsprechender Antrag ist von der KGaA bis zur erstmaligen Abgabe der nächsten steuerlichen Schlussbilanz bei dem für sie zuständigen Finanzamt zu stellen, § 20 Abs. 2 Satz 3 UmwStG. Zu den Einzelheiten und Konsequenzen → Rn. 38 ff., 45 ff.

Zu Ziff. 4.:

79 Wenn, wie hier, der neue Gesellschaftsvertrag Gegenstand der Beschlussfassung über die Umwandlung ist, gilt dieser automatisch mit dem Wirksamwerden der Umwandlung – Eintragung im Handelsregister, § 202 UmwG – für alle Gesellschafter der neuen Gesellschaft (WM/*Weiler* UmwG § 194 Rn. 149).

Zu Ziff. 7.:

Da der Umwandlungsbeschluss gem. § 194 Abs. 1 Nr. 7 UmwG auch die Folgen des Formwechsels für die Arbeitnehmer bestimmen muss, müssen die entsprechenden Erläuterungen erfolgen, auch wenn wie hier keinerlei Besonderheiten vorliegen. **80**

Die Anforderungen an die Darlegung der Folgen für die Arbeitnehmer sind erfüllt, wenn im Umwandlungsbeschluss auf eventuelle Änderungen des Mitbestimmungsstatuts, ggf. durch Negativerklärung (→ Form. A.1 Rn. 223) eingegangen und im Übrigen klargestellt wird, dass sich aus dem Formwechsel keine Folgen für die Arbeitnehmer und ihre Vertretungen ergeben und auch insoweit keine Maßnahmen vorgesehen sind (Lutter/*Decher/Hoger* UmwG § 194 Rn. 30). Im Übrigen → Rn. 59.

Da ein Betriebsrat nicht existiert, ist eine Zuleitung des Entwurfs des Umwandlungsbeschlusses an diesen nicht möglich. Die Arbeitnehmer sollten gleichwohl über den beabsichtigten Formwechsel und seine Folgen informiert werden.

Zu Ziff. 8.:

In dieser Regelung wird – anders als in § 39 der Satzung der Gesellschaft (→ Form. E.2.2 § 39) – kein konkreter Betrag vorgeschlagen. Dies dient lediglich der Hervorhebung der Notwendigkeit der konkreten Bezifferung des Betrages in der Satzung (→ Rn. 126). **81**

Zum Beschluss der Kommanditaktionäre:

In der Hauptversammlung einer KGaA werden nach § 285 AktG Beschlüsse nur durch die Kommanditaktionäre gefasst. Persönlich haftende Gesellschafter haben Stimmrecht nur „für ihre Aktien", also soweit sie neben ihrer Eigenschaft als persönlich haftende Gesellschafter zugleich Kommanditaktionär sind. Sie sind allerdings auch ohne eigenen Aktienbesitz teilnahmeberechtigt, jedenfalls bei Beschlussfassungen zB über den Jahresabschluss sogar zur Teilnahme verpflichtet, weil für sie nach § 283 AktG die Vorschriften über den Vorstand entsprechend gelten und dieser nach § 118 Abs. 2 AktG zumindest an Hauptversammlungen teilnehmen soll und den Jahresabschluss nach § 176 Abs. 1 AktG in der Hauptversammlung zu erläutern hat (MünchKomm/*Perlitt,* AktG § 285 Rn. 5 f.). **82**

Die Notwendigkeit der im Formular gefassten Beschlüsse ergibt sich aus § 285 Abs. 1 Nr. 1 AktG bzgl. des Aufsichtsrates, § 285 Abs. 1 Nr. 6 AktG bzgl. des Abschlussprüfers und § 278 Abs. 2 AktG, §§ 161, 114, 115 HGB für die Alleinvertretungsberechtigung (MünchKomm/*Perlitt,* AktG § 278 Rn. 173 ff.).

Zum Verzicht auf Klagemöglichkeiten und auf einen Ausgleich:

Da sich sämtliche Gesellschafter in dem Formular über die Umwandlung, Art und Höhe ihrer Beteiligung an der neuen KGaA und auch in den übrigen Punkten einig sind, dient der Verzicht auf die Rechte aus § 195 Abs. 1, § 196 UmwG sowie die Nichtigkeits-, Anfechtungs- und Unwirksamkeitsklage der Beschleunigung der Eintragung und damit des Wirksamwerdens (§ 202 UmwG) der Umwandlung. **83**

Zu den Hinweisen:

Die in **Buchst. b)** angesprochene Anmeldung eines Anspruches durch Gläubiger der Gesellschaft sollte gegenüber der KGaA erfolgen, dies ist jedoch nicht zwingend vorgeschrieben (vgl. SHS/*Winter* UmwG § 22 Rn. 8; Lutter/*Grunewald* UmwG § 22 Rn. 17). **84**

Buchst. e) entspricht § 202 Abs. 1 Nr. 1, Abs. 1 Nr. 2 Satz 2 UmwG.

Die Haftung der Gründer und ihre eventuelle Nachschusspflicht **(Buchst. h)** ergibt sich aus §§ 219, 220, 202 Abs. 3, Abs. 1 UmwG, §§ 280 Abs. 3, 278 Abs. 3, 46 Abs. 1 AktG, dort insb. Satz 3.

Buchst. h) letzter Spiegelstrich, der auf die Nachgründungsvorschrift des § 52 AktG abstellt, entspricht die Formulierung der seit dem 1.1.2000 geltenden Neuregelung (Rn. 20).

85–87 *einstweilen frei*

2. Satzung der KGaA

88 Die vorgeschlagene Satzung trägt der Besonderheit der KGaA als Mischform von AG und KG Rechnung, die zum einen Kapitalgesellschaft ist, bzgl. der persönlich haftenden Gesellschafter aber die Regelungen des HGB für Personengesellschaften für anwendbar erklärt – § 278 Abs. 2 AktG (*Hüffer/Koch* AktG § 278 Rn. 1; MünchKomm/*Perlitt,* AktG Vor § 278 Rn. 29; Spindler/Stilz/*Bachmann* AktG § 278 Rn. 1).

Wo nähere Erläuterungen nicht erforderlich sind, wird lediglich auf die einschlägige Vorschrift des AktG bzw. des HGB verwiesen, wobei die Verweisung des § 278 Abs. 2 AktG nicht jedes Mal benannt wird.

Gem. § 23 Abs. 1 AktG bedarf die Feststellung der Satzung der notariellen Beurkundung in der für Willenserklärungen vorgeschriebenen Form (§§ 8ff. BeurkG).

Zu § 1: (Firma, Sitz, Geschäftsjahr)

89 Die Abs. 1 und 2 entsprechen den Anforderungen aus § 23 Abs. 3 Nr. 1 AktG.

Zu § 2: (Gegenstand des Unternehmens)

90 Hier sind die Erfordernisse aus § 23 Abs. 3 Nr. 2 AktG geregelt. Bei Produktions- und Handelsgesellschaften sind die Art der Erzeugnisse und Waren, die hergestellt oder vertrieben werden sollen, näher anzugeben.

Die Berechtigung zur Errichtung von Zweigniederlassung sowie die Beteiligung bzw. Gründung von Tochtergesellschaften sollte von Anfang an in der Satzung zugelassen werden, um Expansionen jeder Art nicht von dem bürokratischen Erfordernis einer Zustimmung der Hauptversammlung abhängig zu machen.

Zu § 3: (Bekanntmachungen)

91 Die Regelung entspricht § 25 AktG. Von der Möglichkeit, neben dem Bundesanzeiger weitere Gesellschaftsblätter (Veröffentlichungsblätter oder andere elektronische Informationsmedien) zu benennen, wurde kein Gebrauch gemacht. Durch das Gesetz v. 22.12.2011 (BGBl. I 2011, 3044) ist die Printversion des Bundesanzeigers zum 31.3.2012 abgeschafft worden, so dass es seit dem 1.4.2012 den Bundesanzeiger nur noch elektronisch gibt. Zur **Aktienrechtsnovelle 2016** (v. 22.12.2015, BGBl. I 2015, 2565) → Form. E.1 Rn. 60.

Veröffentlichungen in Pflichtblättern einer Wertpapierbörse müssen beispielsweise durch börsennotierte Gesellschaften nach § 15 WpHG – Ad-Hoc-Mitteilungen – erfolgen.

Zu § 4: (Grundkapital)

92 Die Regelungen basieren auf den Erfordernissen aus § 23 Abs. 3 Nr. 3–5 AktG. Der Mindestbetrag des Grundkapitals ergibt sich aus § 7 AktG, Form und Mindestbeträge der Aktien aus § 8, 10 AktG. Die Festsetzungen über Sacheinlagen und Sachübernahmen können erst dann geändert werden, wenn die Gesellschaft fünf Jahre im Handelsregister eingetragen war und erst dann beseitigt werden, wenn die Gesellschaft 30 Jahre im

Handelsregister eingetragen war und die betreffenden Rechtsverhältnisse seit mindesten fünf Jahren abgewickelt sind, § 243 Abs. 1 Satz 3 UmwG, § 26 Abs. 4 und 5 AktG.

Der Vorteil der Stückaktien liegt insbesondere in der geringeren Problematik bei Kapitalumstellungen, wie sie im Zusammenhang mit der Umstellung von Deutscher Mark auf Euro erforderlich waren und in restlichen Teilen noch sind (*Hüffer/Koch* AktG § 8 Rn. 3; Spindler/Stilz/*Vatter* AktG § 8 Rn. 4).

Zu § 5: (Namensaktien, Übertragung der Aktien)

Die Regelung ist gem. § 23 Abs. 3 Nr. 5 AktG erforderlich. Die Alternativen Inhaber- oder Namensaktie ergeben sich aus § 10 AktG idF der Aktienrechtsnovelle 2016 (→ Form. E.1 Rn. 60). Die Inhaberaktie ist wesentlich weiter verbreitet als die Namensaktie (Spindler/Stilz/*Vatter* AktG § 10 Rn. 11). Dies liegt an ihrer leichteren Handelbarkeit analog §§ 793 ff. BGB. Vorteil der Namensaktien ist jedoch, dass der Gesellschaft die Aktionäre namentlich bekannt sind, da die Aktionäre nach § 67 Abs. 1 AktG in ein Aktienregister einzutragen sind und ihre Übertragung bei der Gesellschaft nach § 67 Abs. 3 anzumelden ist. Es ist ein Trend zur Namensaktie zu beobachten, einerseits, um besseren Kontakt zu den Aktionären unterhalten zu können, andererseits aber auch, um bei einem beabsichtigten Squeeze-out (§§ 327a ff. AktG), einer Eingliederung (§ 319 AktG) oder feindlichen Übernahmen besser reagieren zu können (vgl. Spindler/Stilz/*Vatter* AktG § 10 Rn. 11). Sie liegt bei der Umwandlung einer KG in eine KGaA ohnehin näher, da auch bei der KG alle Gesellschafter bekannt sind. **93**

Dem Formular liegt die Idee einer eher familiär strukturierten mittelständischen KG als formwechselnde Gesellschaft zugrunde. Neben der Festlegung auf die Namensaktie liegt es daher nahe, von der sich aus § 68 Abs. 2 AktG ergebenden Möglichkeit Gebrauch zu machen, die Übertragung der Aktien von der Zustimmung der Gesellschaft abhängig zu machen, um die Struktur des Gesellschafterkreises möglichst zu erhalten. Es darf aber, dies sichert Abs. 4, nicht in zu hohem Maß in das Eigentumsrecht des Aktionärs eingegriffen werden. **94**

Der Vorstand (§ 68 Abs. 2 Satz 2 AktG) ist durch die persönlich haftenden Gesellschafter zu ersetzen.

Mit dem UntStRefG 2008 v. 14.8.2007 (BGBl. I 2007, 1912) ist auch die Regelung über den sog. **Mantelkauf** geändert worden. Der neue **§ 8c KStG,** der § 8 Abs. 4 KStG aF ablöst, sah einen anteiligen oder vollständigen Verlust des Verlustvortrages einer Gesellschaft vor, wenn – vereinfacht dargestellt – innerhalb eines Zeitraumes von fünf Jahren mehr als 25% bzw. mehr als 50% übertragen werden. Seit der anteilige Wegfall des Verlustvortrags bei Übertragung von mehr als 25% der Anteile oder Stimmrechte gemäß § 8c Satz 1 KStG idF. des UntStReformG 2008 v. 14.8.2007 (BGBl. I S. 1912) und nachfolgenden Fassungen für VZ vor dem 1.1.2016 (Inkrafttreten des § 8d KStG idF des Gesetzes v. 20.12.2016, BGBl. I S. 2998, (fortführungsgebundener Verlustvortrag)) vom BVerfG für mit Art. 3 Abs. 1 GG unvereinbar erklärt und sodann mit Gesetz v. 11.12.2018 (BGBl. I 2018, 2338) auch für VZ nach 2015 abgeschafft worden ist, kann jedoch nurmehr die Übertragung von mehr als 50% der Anteile oder Stimmrechte gemäß § 8c Abs. 1 Satz 1 KStG zum (dann aber vollständigen) Untergang der Verlustvorträge führen. Dies kann mit gravierenden Nachteilen für die Gesellschaft und die übrigen Gesellschafter verbunden sein. Nach dem Wortlaut sowohl der alten als auch der neuen Regelung werden nicht nur Verkaufsvorgänge erfasst, sondern alle Arten der Rechtsübertragung, also auch Schenkungen und Erbfälle. Das BMF hat deshalb zum alten § 8 Abs. 4 KStG in BMF v. 16.4.1999 (BStBl. I 1999, 455) klargestellt, dass sowohl entgeltliche als auch unentgeltliche Übertragungen sowie ausdrücklich auch solche im Rahmen einer vorweggenommenen Erbfolge erfasst werden. Lediglich der echte Erbfall wurde ausgenommen (vgl. BMF v. 16.4.1999 aaO Tz. 04). **94a**

Der Gesetzgeber des § 8c KStG hat keine Klarstellung im **Wortlaut** vorgenommen, obwohl dies tunlich gewesen wäre. Im neuen Anwendungserlass BMF v. 4.7.2008 (BStBl. I 2008, 736) ist nunmehr der „Erbfall einschließlich der unentgeltlichen Erbauseinandersetzung und der unentgeltlichen vorweggenommenen Erbfolge" vom Anwendungsbereich des § 8c KStG ausgenommen (Tz. 4). Ein auch nur geringes Entgelt führt nach der Auffassung des BMF zur Anwendbarkeit des § 8c KStG (Tz. 4 letzter HS). In der Praxis ergeben sich dadurch deutliche Ungerechtigkeiten, weil schon die Erbauseinandersetzung unter Anwendung der Ausgleichung nach § 2055 BGB zum Verlustuntergang führen kann (*Roser* DStR 2008, 1561). Konsequenterweise müsste auch die Schenkung im Wege der vorweggenommen Erbfolge unter einer Auflage schädlich sein. Solche Einengungen, nur um einem Missbrauch vorzubeugen, sind nicht sachgerecht. Eine endgültige Klarheit besteht jedoch noch nicht.

Wegen der erheblichen Auswirkungen auf die Gesellschaft und die übrigen Gesellschafter war daher ein Verfall von Verlusten nach § 8c KStG als wichtiger Grund zur Verweigerung der Zustimmung aufzunehmen.

Entsprechendes gilt für den Verfall von Verlusten für gewerbesteuerliche Zwecke (§ 10a GewStG).

Zu § 6: (Einziehung von Aktien, Zwangsabtretung)

95 Der Hintergrund einer familiären Gesellschaft legt es außerdem nahe, die in solchen Gesellschaften üblichen Regelungen über die Einziehung von Anteilen auch in der KGaA vorzusehen. Dies ist nach den §§ 237 ff. AktG zulässig.

Nach § 237 Abs. 2 AktG sind die Vorschriften über eine ordentliche Kapitalherabsetzung gem. §§ 222 ff. AktG bei der Einziehung zu beachten.

Eine Einziehungsregelung muss gem. § 237 Abs. 1 Satz 2 AktG bereits in der Gründungssatzung bestehen, bei Satzungsänderungen vor Übernahme bzw. Zeichnung der einzuziehenden Aktien (MünchKomm/*Oechsler,* AktG § 237 Rn. 18 ff.; Spindler/Stilz/*Marsch-Barner/Maul* AktG § 237 Rn. 8). Das Formular sieht dabei keine ausdrückliche Anordnung der Einziehung vor, die nur in engen Grenzen zulässig ist (MünchKomm/*Oechsler,* AktG § 237 Rn. 28 ff.), sondern nur die Einziehungsgestattung, die zudem an genau festgelegte Voraussetzungen gebunden ist (MünchKomm/*Oechsler,* AktG § 237 Rn. 42 ff.).

Der Anspruch des Aktionärs, dessen Aktien eingezogen werden, auf Zahlung einer Abfindung, kann nicht ausgeschlossen werden (MünchKomm/*Oechsler,* AktG § 237 Rn. 65 mwN).

Die Zahlungssperre des § 57 AktG ist zu beachten.

Zu § 7: (Abfindung)

96 Bei den Regelungen über die Höhe der Abfindung ist der Buchwert ohne Berücksichtigung der stillen Reserven bzw. des Firmenwertes maßgeblich. Diese Beschränkung ist zumindest bei familiären, also personalistisch geprägten Gesellschaften zulässig (MünchKomm/*Oechsler,* AktG § 237 Rn. 67). Seit der Erbschaftsteuerreform zum 1.1.2009 (ErbStReformG v. 24.12.2008, BGBl. I 2008, 3018) entspricht allerdings der steuerliche Wert eines Kapitalgesellschaftsanteils dem gemeinen Wert, §§ 11 Abs 2, 109 Abs, 2 BewG. Liegt die zu zahlende Abfindung unterhalb dieses Wertes, erfolgt in Höhe der Differenz eine Schenkung gem. § 7 Abs. 7 ErbStG an die übrigen Gesellschafter bzw. an den Erwerber. Abfindungsklauseln zum Buchwert führen daher in einer Vielzahl von Fällen zu (unfreiwilligen) Schenkungen, die, wenn es sich nicht um nahe Angehörige als Beschenkte handelt, nach der Steuerklasse III und daher mit mindestens 30% zu versteuern sind. Soll eine unter dem gemeinen Wert liegende Abfindung vereinbart werden, empfiehlt sich daher – wie in § 6 Abs. 7 des Formulars vorgeschlagen – gesellschaftsvertraglich zusätzlich zur Einziehung auch die Möglichkeit der Zwangsabtretung der einziehbaren Aktien vorzusehen; für die rechtsgeschäftliche Abtretung soll § 7 Abs. 7 ErbStG entgegen der Ansicht der FinVerw. (vgl. Gleichl. Ländererlasse v. 20.4.2018, BStBl I 2018, 632, Tz. 2.4.1 für den Fall der Übertragung auf die Gesellschaft) nicht gelten (FG München v. 5.4.2017, 4 K 711/16, DStRE 2018, 18; Rev. BFH II R 19/17 zurückgenommen).

In Abs. 5 ist die Frist des § 225 Abs. 2 Satz 1 AktG, der über § 237 Abs. 2 Satz 1 AktG Anwendung findet, zu beachten. Denn die allgemeine Ausschüttungssperre des § 57 AktG wird von diesem in Höhe des Buchgewinns außer Kraft gesetzt (MünchKomm/*Oechsler,* AktG § 237 Rn. 70).

Zu § 8: (Persönlich haftende Gesellschafter mit Kapitalanteil)

Es werden zunächst die den Regelungen für Kommanditaktionäre in § 4 des Formulars entsprechenden Regelungen für die persönlich haftenden Gesellschafter getroffen. 97

Bei der Gründung einer KGaA, also auch bei einem Entstehen durch Formwechsel, sind die persönlich haftenden Gesellschafter nach § 281 AktG ausdrücklich mit Namen, Vornamen und Wohnort in der Satzung zu benennen (MünchKomm/*Perlitt,* AktG § 281 Rn. 10).

Die Regelungen der §§ 120ff. HGB gehen von variablen Kapitalkonten und sich daraus ergebenden ständig variierenden Gewinnverteilungsquoten aus. Diese Handhabung hat sich in der Praxis nicht durchgesetzt, sondern es wird festen Kapitalkonten und einer sich daraus ergebenden festen Gewinnverteilungsquote der Vorzug gegeben (vgl. Beck PersGes-HB/*Hoffmann* § 5 Rn. 101; MünchHdb/*v. Falkenhausen/Schneider,* GesR II § 22 Rn. 34). In einer KGaA ist dies von besonderer Bedeutung, weil andernfalls das Verhältnis der Gewinnverteilung zwischen persönlich haftenden Gesellschaftern und Kommanditaktionären, das sich primär nach Kommanditrecht richtet und daher der Satzungsautonomie unterliegt (MünchKomm/*Perlitt,* AktG § 288 Rn. 6) kaum zufrieden stellend geregelt werden könnte. Das Formular enthält in § 37 Abs. 2 eine entsprechende Regelung, in der auf den festen Kapitalanteil der persönlich haftenden Gesellschafter Bezug genommen wird.

Der Sicherung der Beteiligungsquote dient auch Abs. 4, der verhindert, dass durch Anhebung des Grundkapitals die Beteiligungsquote und damit die Gewinnquote der persönlich haftenden Gesellschafter gegen deren Willen verwässert wird. Zwar kann eine Kapitalerhöhung gem. § 285 Abs. 2 AktG iVm. § 4 Abs. 1 der Formularsatzung nicht ohne die Zustimmung der persönlich haftenden Gesellschafter erfolgen, gleichwohl bedarf deren Recht zur Erhöhung der Beteiligung einer eigenen Regelung.

Zu § 9: (Gesellschafterkonten)

Da für die persönlich haftenden Gesellschafter ein fester Kapitalanteil vorgesehen ist und entnahmefähige Gewinnanteile nicht mit Kapitalrücklagen, die die persönlich haftenden Gesellschafter analog zu den Kommanditaktionären gem. § 37 Abs. 3 Buchst. b der Formularsatzung zu erbringen haben, vermengt werden sollen, empfiehlt es sich, die in der Praxis übliche Dreiteilung der Konten (vgl. Beck PersGes-HB/*Hoffmann* § 5 Rn. 100ff.) in einer KGaA in eine Vierteilung um ein Rücklagenkonto zu erweitern, dieses Rücklagenkonto aber für alle persönlich haftenden Gesellschafter gemeinsam zu führen. 98

Zu § 10: (Aufnahme neuer persönlich haftender Gesellschafter)

Die Regelung über die Aufnahme neuer persönlich haftender Gesellschafter entspricht, obwohl § 281 AktG nur für die persönlich haftenden Gesellschafter bei Gründung gilt (MünchKomm/*Perlitt,* AktG § 281 Rn. 10), dem Mehrheitserfordernis des § 179 Abs. 2 AktG für die Kommanditaktionäre. Für das Zustimmungserfordernis der 99 persönlich haftenden Gesellschafter gilt § 285 Abs. 2 AktG. Auf die sich aus § 285 Abs. 3 AktG ergebende Beurkundungspflicht der Zustimmung, die über die Verpflichtung zur notariellen Niederschrift von Hauptversammlungsbeschlüssen aus § 130 Abs. 1 Satz 1 AktG hinausgeht, wird hingewiesen.

Zu § 11: (Rechtsverhältnisse der persönlich haftenden Gesellschafter)

100 Dem Aufsichtsrat können über § 287 AktG hinaus weitergehende Rechte, wie hier in Abs. 1, übertragen werden (MünchKomm/*Perlitt,* AktG § 287 Rn. 5).

Die Komplementäre einer KGaA haben keinen gesetzlichen Anspruch auf Zahlung einer Vergütung für ihre Geschäftsführung (MünchKomm/*Perlitt,* AktG § 281 Rn. 47). Da die Gewinnverteilung nach § 278 Abs. 2 AktG Teil des Verhältnisses zwischen der Gesamtgruppe der Kommanditaktionäre einerseits und den persönlich haftenden Gesellschaftern andererseits sowie zwischen den letzteren untereinander ist und daher das Recht der Kommanditgesellschaft gilt, kann dies satzungsautonom und unter Abweichung von gesetzlichen Bestimmungen geregelt werden (MünchKomm/*Perlitt,* AktG § 288 Rn. 20).

Vorliegend erhalten die Komplementäre zunächst eine ergebnisunabhängige feste Vergütung für ihre Geschäftsführungstätigkeit (Abs. 2) und sodann eine Haftungsvergütung, die allerdings von dem Erreichen eines bestimmten Ergebnisses abhängig ist (Abs. 3). Die eigentliche Gewinnbeteiligung ergibt sich sodann aus § 37 Abs. 2 der Formularsatzung. Eine Verzinsung des Kapitals ist nicht vorgesehen.

Die Bestimmung des Abs. 4 ist erforderlich, weil die KGaA einerseits körperschaftsteuerpflichtig ist, andererseits aber die persönlich haftenden Gesellschafter Einkünfte aus Gewerbebetrieb erzielen. In der Gewinn- und Verlustrechnung der KGaA sind daher die Vergütungen der persönlich haftenden Gesellschafter als Betriebsausgabe, die auf sie entfallenden Gewinnanteile handels- wie steuerrechtlich (§ 9 Abs. 1 Nr. 1 KStG) als gewinnmindernder Aufwand zu erfassen (MünchKomm/*Perlitt,* AktG Vor § 278 Rn. 82).

Zu § 12: (Verfügungen über Geschäftsanteile)

101 Die Regelungen tragen der Tatsache Rechnung, dass die persönlich haftenden Gesellschafter einerseits nicht in ihrer Dispositionsfreiheit behindert werden sollen, andererseits aber alle Mitgesellschafter ihr Vertrauen in die Geschäftsführung wesentlich mit der Person der Komplementäre verknüpft haben.

Zu der Möglichkeit, bei einem Verlustabzug nach § 8c KStG bzw. § 10a GewStG die Zustimmung verweigern zu können vgl. Rn. 94a. § 8c KStG greift auch bei einem Wechsel der persönlich haftenden Gesellschafter, weil die KGaA nach § 1 Abs. 1 Nr. 1 KStG insgesamt unbeschränkt körperschaftsteuerpflichtig ist (Blümich/*Rengers* KStG § 1 Rn. 68).

Abs. 3 ist die korrespondierende Regelung zu § 17 der Formularsatzung.

Zu § 13: (Entnahmen)

102 Ohne Regelung der Entnahmen dürften die persönlich haftenden Gesellschafter grundsätzlich den gesamten ihnen zustehenden Gewinnanteil entnehmen – §§ 169 Abs. 1, 122 HGB. Andererseits ist der Verpflichtung der Gesellschafter, Steuern zu zahlen, Rechnung zu tragen. Dies ist jedoch auf den Anteil an der Steuerpflicht zu beschränken, der aus der Beteiligung an der KGaA entsteht. Hierbei ist zur Vermeidung von Streitigkeiten der durchschnittliche Steuersatz des einzelnen Gesellschafters zugrunde zu legen.

Zu § 14: (Ausscheiden von persönlich haftenden Gesellschaftern)

103 Aufgrund der Satzungsautonomie im Recht der Kommanditgesellschaft, das auf die persönlich haftenden Gesellschafter nach § 278 Abs. 2 AktG Anwendung findet und trotz des inzwischen geltenden Prinzips des Ausscheidens eines Gesellschafters statt Auflösung (vgl. BH/*Roth* HGB § 131 Rn. 1) ist Form und Frist für die Kündigung durch einen persönlich haftenden Gesellschafter zu regeln.

Außerdem bedarf es einer Sonderregelung für den Fall, dass nur noch ein persönlich haftender Gesellschafter existiert und dieser kündigt.

Zu § 15: (Ausschließung eines persönlich haftenden Gesellschafters, Zwangsabtretung)

Ebenso wie bei den Kommanditaktionären ist bei den persönlich haftenden Gesellschaftern die Möglichkeit vorzusehen, diese bei Vorliegen wichtiger Gründe gegen ihren Willen aus der Gesellschaft auszuschließen. **104**

Zu § 16: (Abfindung, Freistellung von Verbindlichkeiten)

Die Regelung wurde in der Folge zu § 15 erforderlich und korrespondiert mit§ 7 (→ Rn. 96). **105**

Zu § 17: (Umwandlung in Stellung eines Kommanditaktionärs)

Um zu verhindern, dass persönlich haftende Gesellschafter nur die Alternative des Ausscheidens durch Kündigung oder aber des Verbleibs in der Rolle eines Komplementärs haben, wird ihnen die Möglichkeit eingeräumt, ihre Beteiligung am Unternehmen in die eines Kommanditaktionärs umzuwandeln. Die Regelungsmöglichkeit ergibt sich aus der über § 278 Abs. 2 AktG geltende Satzungsautonomie. **106**

Zu § 18: (Tod eines persönlich haftenden Gesellschafters)

Entgegen § 131 Abs. 3 Nr. 1 HGB soll der Tod eines persönlich haftenden Gesellschafters nicht zum Ausscheiden, sondern zur Fortführung mit dem Erben führen. Dementsprechend werden zur Umsetzung Regelungen vorgeschlagen. **107**

Grundsätzlich sollen die Erben ihre Beteiligung in eine Kommanditaktionärsbeteiligung umwandeln, es sei denn, sie wollen Komplementär werden und die übrigen persönlich haftenden Gesellschafter sowie der Aufsichtsrat stimmen dem zu.

Schließlich bedarf es einer Sonderregelung für den Fall, dass nur noch ein persönlich haftender Gesellschafter existiert und dieser stirbt.

Zu § 8c KStG → Rn. 94a.

Zu § 19: (Ehelicher Güterstand)

In familiär dominierten mittelständischen Unternehmen sind solche Regelungen üblich, da die Interessengegensätze zwischen dem Schutz des Unternehmens und dem nicht beteiligten Ehegatten erheblich sind. Um im Falle von Tod und Scheidung nachteilige Auswirkungen auf das Unternehmen zu vermeiden, sind entsprechende Regelungen in der Satzung erforderlich (vgl. Beck PersGes-HB/*Landsittel* § 9 Rn. 342ff.). **108**

Zu § 20: (Geschäftsführung und Vertretung)

Die KGaA hat keinen Vorstand. Zur Geschäftsführung sind daher die persönlich haftenden Gesellschafter gem. § 278 Abs. 2 AktG iVm. §§ 114ff., 161 Abs. 2 HGB berufen. Entsprechende Regelungen sind daher in der Satzung vorzusehen. Andernfalls hätten die persönlich haftenden Gesellschafter nur jeweils gemeinsam für die KGaA handeln können. **109**

In diesem Zusammenhang war auch der Tatsache Rechnung zu tragen, dass zwischen den persönlich haftenden Gesellschaftern Geschäftsführungsentscheidungen streitig sein können. Es war daher auch die Regelung eines Stichentscheides durch den Aufsichtsrat erforderlich, um eine Blockade zu vermeiden.

Zu § 21: (Wettbewerbsverbot)

110 Das Formular gestaltet die Regelung des § 284 AktG, die disponibel ist (*Hüffer/Koch* AktG § 284 Rn. 2; MünchKomm/*Perlitt,* AktG § 284 Rn. 26), den heutigen Gepflogenheiten entsprechend aus. Von einem Wettbewerbsverbot sollten insbesondere ausgenommen werden reine Kapitalanlagen an börsennotierten Unternehmen, aus denen sich keine Einflussmöglichkeit auf die Geschäftsführung dieses Unternehmens ergibt (vgl. Abs. 1 Buchst. b).

Zu § 22: (Aufsichtsrat)

111 Das Formular enthält in den §§ 22ff. ausführliche Regelungen für den Aufsichtsrat, die die gesetzlichen Regelungen über den Aufsichtsrat in den §§ 95ff. AktG ergänzen und – soweit zulässig – teilweise auch abändern.

§ 22 **Abs. 1** dient nur der Klarstellung. Inhaltlich entspricht er § 95 Abs. 1 AktG und wäre deshalb nicht unbedingt erforderlich gewesen (MünchKomm/*Habersack,* AktG § 95 Rn. 7). **Abs. 2** entspricht den durch § 102 Abs. 1 AktG gegebenen Möglichkeiten. Zu **Abs. 3** ist auf §§ 101 Abs. 3, 102 Abs. 2 AktG zu verweisen. **Abs. 4** ist nur dann von Bedeutung, wenn nicht ein bereits gewähltes Ersatzmitglied zur Verfügung steht (vgl. Hüffer/Koch AktG § 101 Rn. 13). Die in **Abs. 5** geregelte Amtsniederlegung ist auch ohne Vorliegen eines wichtigen Grundes zulässig, soweit sie nicht zur Unzeit erfolgt (*Hüffer/Koch* AktG § 103 Rn. 17 mwN). Der Unzeit wirkt die normierte Frist von einem Monat entgegen.

Zu § 23: (Willenserklärungen des Aufsichtsrats)

112 Der Aufsichtsrat hat nach § 112 AktG Vertretungsmacht. Wie und durch wen diese allerdings nach außen hin ausgeübt wird, steht nicht im Gesetz. Grundsätzlich ist daher nur der Gesamtaufsichtsrat handlungsfähig (*Hüffer/Koch* AktG § 112 Rn. 7). Die Satzung kann jedoch – wie hier – vorsehen, dass einzelne Aufsichtsratsmitglieder zu Erklärungsvertretern bestimmt werden, also die Beschlüsse des Aufsichtsrates umzusetzen berechtigt sind (*Hüffer/Koch* AktG § 112 Rn. 7).

Zu § 24: (Aufsichtsrat, Vorsitzender und Stellvertreter)

113 Die Regelung gestaltet § 107 Abs. 1 AktG näher aus.

Zu § 25: (Aufsichtsrat, Einberufung und Beschlussfassung)

114 Maßgebliche Rechtsnormen sind die §§ 108 bis 110 AktG. Von besonderer Bedeutung ist dabei § 108 Abs. 2 Satz 3 AktG, der sich in **Abs. 6** wiederfindet und der bei einem Aufsichtsrat mit drei Mitgliedern faktisch darauf hinausläuft, dass der Aufsichtsrat nur dann beschlussfähig ist, wenn alle Mitglieder anwesend sind. Die gesetzliche Vorschrift ist zwingend (*Hüffer/Koch* AktG § 108 Rn. 16).

Abs. 4 entspricht § 110 Abs. 3 AktG in der Variante für nicht börsennotierte Unternehmen. Andernfalls wäre ein zweimaliges Zusammentreffen pro Kalenderhalbjahr erforderlich.

Abs. 8 entspricht § 107 Abs. 2 Satz 1 AktG. Das Protokoll einer Versammlung ist von dem Sitzungsleiter zu unterzeichnen, in Ausnahmefällen also nicht von dem Aufsichtsratsvorsitzenden (MünchHdb/*Hoffmann-Becking,* GesR IV § 31 Rn. 108).

Zu § 26: (Aufsichtsrat, Geschäftsordnung und Satzungsänderung)

115 Der Erlass einer Geschäftsordnung ist, wie sich aus § 82 Abs. 2 AktG ergibt, zulässig. Nähere gesetzliche Regelungen gibt es nicht (*Hüffer/Koch* AktG § 107 Rn. 34).

Die Regelung des **Abs. 2** soll Satzungsänderungen erleichtern, die rein redaktioneller Natur sind und daher nur der Klarstellung dienen. Bei inhaltlichen Änderungen ist ausschließlich die Hauptversammlung der Aktionäre zuständig – § 119 Abs. 1 Nr. 5 AktG.

Zu § 27: (Aufsichtsrat, Vergütung)

Die Regelung entspricht § 113 Abs. 1 AktG in der Alternative der Festlegung der **116** Vergütung durch die Hauptversammlung.

Zu § 28: (Aufsichtsrat, Verschwiegenheit)

Die Pflicht zu Verschwiegenheit ergibt sich aus §§ 116, 93 Abs. 1 Satz 2 AktG **117** (*Hüffer/Koch* AktG § 116 Rn. 9). Die eingeschränkte Teilnahmemöglichkeit Dritter ergibt sich aus § 109 Abs. 1 AktG. Die Möglichkeit erstarkt zu einer Teilnahmepflicht im Fall des § 171 Abs. 1 Satz 2 AktG für die Abschlussprüfer bei der Bilanzprüfungssitzung.

Zu § 29: (Ordentliche und außerordentliche Hauptversammlung)

Die Frist gem. Abs. 1 ergibt sich aus §§ 120 Abs. 1, 175 Abs. 1 AktG. Die Zuwei- **118** sung der Entlastung der persönlich haftenden Gesellschafter zur Hauptversammlung folgt aus § 285 Abs. 1 Nr. 2 AktG, die der Entlastung des Aufsichtsrates aus § 285 Abs. 1 Nr. 1 AktG, die der Bestellung der Abschlussprüfer aus § 285 Abs. 1 Nr. 6 AktG, jeweils iVm. den allgemeinen Regeln des § 119 Abs. 1 Nr. 3 und 4 AktG. Die Verwendung des Bilanzgewinns – § 119 Abs. 1 Nr. 2 AktG wird in § 285 AktG nicht erwähnt, weil bei der KGaA insoweit eigene Regeln gelten müssen. Die Zuweisung der Feststellung des Jahresabschlusses ergibt sich zwingend aus § 286 Abs. 1 AktG, der insoweit die Regelungen der §§ 172, 173 AktG außer Kraft setzt.

Zu § 30: (Hauptversammlung, Ort und Einberufung)

Die Einberufungspflicht der persönlich haftenden Gesellschafter ergibt sich aus **119** § 283 Nr. 6 AktG iVm. §§ 121, 122, 175 Abs. 1, 92 Abs. 1 AktG, die des Aufsichtsrates aus § 111 Abs. 3 AktG.

Wegen des Versammlungsortes macht die Satzung von der Möglichkeit des § 121 Abs. 5 AktG Gebrauch.

Zu § 33: (Hauptversammlung, Stimmrecht, Beschlussfassung)

Zu den Stimmrechten für Stamm- und Vorzugsaktien wird auf die §§ 134 Abs. 1, **120** 140 Abs. 2 und 141 AktG verwiesen.

Zu § 34: (Hauptversammlung, Zustimmung der persönlich haftenden Gesellschafter)

Die Notwendigkeit einer Zustimmung ergibt sich aus § 285 Abs. 2 AktG iVm. **121** §§ 116 Abs. 2, 164 HGB (vgl. zu Einzelheiten MünchKomm/*Perlitt,* AktG § 285 Rn. 38 ff.; *Hüffer/Koch* AktG § 285 Rn. 2). Die Regelung soll der Vereinheitlichung der Stimmabgabe unter Zugrundelegung des Mehrheitsprinzips dienen (*Hüffer/Koch* AktG § 285 Rn. 2).

Zu § 35: (Hauptversammlung, Niederschrift)

Die Notwendigkeit einer Niederschrift ergibt sich aus § 130 AktG. Auf die Beson- **122** derheit des § 285 Abs. 2 AktG für die Zustimmung durch die persönlich haftenden Gesellschafter wird hingewiesen.

Zu § 36: (Jahresabschluss, Gewinnverwendung)

123 Regelungen zum Jahresabschluss und zur Gewinnverwendung finden sich in den §§ 150 ff. AktG und den §§ 264 ff. HGB. Im Hinblick auf die Mischform der KGaA aus Kapital- und Personengesellschaft werden die Normen der Kapitalgesellschaft für maßgeblich erklärt.

Die Regelungen des Abs. 1 Satz 1 und 3 korrespondieren mit den §§ 264 Abs. 1, 316 HGB sowie § 170 Abs. 1 und 2 AktG.

Bzgl. der Abs. 2 und 3 wird auf § 171 AktG sowie auf §§ 174, 286 Abs. 1 AktG verwiesen.

Zu § 37: (Verteilung des Jahresergebnisses zwischen den persönlich haftenden Gesellschaftern mit Kapitalanteil und den Kommanditaktionären)

124 Nur die persönlich haftenden Gesellschafter mit Kapitalanteil sind an dem Jahresergebnis beteiligt. Soweit über § 10 auch solche ohne Kapitalanteil aufgenommen wurden, ist deren Vergütung durch § 11 Abs. 2 und 3 abgegolten.

Die Verteilung erfolgt sodann nach den notwendigen Hinzurechnungen bzw. Abzügen gem. **Abs. 1** nach der Höhe des jeweils eingesetzten Kapitals entsprechend **Abs. 2.**

Abs. 3 sieht sodann vor, dass die persönlich haftenden Gesellschafter sich bzgl. einer eventuell beschlossenen Gewinnrücklage wie die Kommanditaktionäre behandeln lassen müssen. Außerdem ist ein vorhandener vorgetragener Verlust zunächst zurückzuführen.

Zu § 38: (Auflösung)

125 Inhaltlich ergeben sich die Vorschriften über die Auflösung und Abwicklung aus §§ 289, 290 AktG sowie des Rechts der Kommanditgesellschaft. **Abs. 1** sieht lediglich ein qualifiziertes Mehrheitserfordernis vor, **Abs. 2** regelt die Verteilung eines möglichen Auflösungsüberschusses.

Zu § 39: (Kosten)

126 Der Gründungsaufwand ist in der Satzung gem. §§ 278 Abs. 3, 26 Abs. 2 AktG ausdrücklich festzuschreiben. Zum Gründungsaufwand gehören auch die Kosten für das Gericht und den Notar (*Hüffer/Koch* AktG § 26 Rn. 5). Es ist in der Satzung ein Gesamtbetrag konkret zu bezeichnen (*Hüffer/Koch* AktG § 26 Rn. 6; MünchKomm/*Pentz,* AktG § 26 Rn. 34).

Zu § 40: (Teilnichtigkeit)

127 Die Notwendigkeit einer salvatorischen Klausel ergibt sich aus dem Recht der Kommanditgesellschaft.

128–132 *einstweilen frei*

II. Berichte und Schreiben

1. Umwandlungsbericht

133 Ein Umwandlungsbericht ist entbehrlich, weil alle Gesellschafter hierauf ausdrücklich verzichtet haben.

2. Abfindungsangebot

134 Ein Abfindungsangebot ist entbehrlich, weil alle Gesellschafter hierauf ausdrücklich verzichtet haben.

3. Gründungsbericht

Nach den §§ 197 UmwG, 32 AktG ist beim Formwechsel ein Gründungsbericht zu erstatten. **135**

Zu Ziff. 2.:

Dieser ist von den Gründern zu erstellen. Hierzu zählen gem. § 219 UmwG, da keine Mehrheitsentscheidung getroffen wurde, alle Gesellschafter, die daher gem. § 32 Abs. 1 AktG zur Abgabe des schriftlichen Berichtes über den Hergang der Gründung verpflichtet sind. **136**

Zu Ziff. 4.:

Im Gründungsbericht sind nach § 32 Abs. 2 Satz 1 AktG die wesentlichen Umstände darzulegen, von denen die Angemessenheit der Leistungen für die Sacheinlagen abhängt. Gleichzeitig ist über den bisherigen Geschäftsverlauf und die Lage der formwechselnden KG nach § 220 Abs. 2 UmwG zu berichten. **137**

Die in Buchst. b vorgeschlagene Untergliederung orientiert sich an der Bilanzgliederung der Aktiva gem. § 266 Abs. 2 HGB, weil der Wert der Aktiva wesentlicher Faktor für die Angemessenheit der Sacheinlagen ist.

Auch die Verbindlichkeiten der Gesellschaft sind vollständig zu erfassen – § 246 Abs. 1 HGB – und korrekt zu bewerten – § 252 Abs. 1 HGB. Zur Bewertung der Rückstellungen für Rentenverpflichtungen empfiehlt sich zum Nachweis der „vernünftigen kaufmännischen Beurteilung" iSv. § 253 Abs. 1 Satz 2 HGB ein versicherungsmathematisches Gutachten (vgl. MünchKomm/*Ballwieser* HGB § 253 Rn. 74 ff.).

Die Erklärungen zu den Buchst. d, e und f ergeben sich aus § 32 Abs. 2 Nr. 1–3 AktG. Die Hinweise in den übrigen Ziffern sind Beispiele für wertbildende Faktoren zum tatsächlichen Vermögen der KG, das durch die Anteile repräsentiert wird.

Zu Ziff. 5.:

Zweck der nach § 32 Abs. 3 AktG abzugebenden Erklärung ist es, sowohl mögliche Interessenkollisionen bei der Gründungsprüfung durch die persönlich haftenden Gesellschafter und den Aufsichtsrat als auch eine eventuelle Beherrschung der Gesellschaft durch die Organmitglieder aufzudecken. Die Angaben sind in jedem Fall zu machen, auch – wie hier – als Negativmeldung (vgl. MünchKomm/*Pentz,* AktG § 32 Rn. 27; *Hüffer/Koch* AktG § 32 Rn. 6). **138**

Zu Ziff. 6.:

Zum Hergang der Gründung, über den zu berichten ist, gehört auch die Bestellung des Aufsichtsrates, bei dem nach § 197 Satz 2 UmwG § 30 AktG keine Anwendung findet und der daher ggf. von vornherein nach den Mitbestimmungsgesetzen zu besetzten ist (SBB/*Sagasser/Luke* § 26 Rn. 93), und der Abschlussprüfer gem. § 31 AktG durch die Kommanditaktionäre. **139**

einstweilen frei **140–143**

4. Gründungsprüfungsbericht

Nach § 197 UmwG sind auf den Formwechsel die für die neue Rechtsform geltenden Gründungsvorschriften, hier also die Regelungen des AktG, anzuwenden. Gem. § 33 Abs. 1, § 283 Nr. 2 AktG hat in jedem Fall eine Prüfung durch die persönlich haftenden Gesellschafter und den Aufsichtsrat stattzufinden (MünchKomm/*Perlitt,* AktG § 280 Rn. 22). Der Umfang der Prüfung ergibt sich aus § 34 AktG. Danach ist zunächst insb. zu prüfen, ob die Angaben der Gründer über die Übernahme der Aktien, über die Einla- **144** gen auf das Grundkapital und über die Festsetzungen nach §§ 26 und 27 AktG (Sondervorteile und Gründungsaufwand bzw. Sacheinlagen und Sachübernahmen) richtig und vollständig sind. Weiter ist zu prüfen, ob der Wert der Sacheinlagen oder Sachübernahmen wenigstens den Nennwert der dafür zu gewährenden Aktien erreicht.

Der Bericht ist gem. § 34 Abs. 2 AktG in schriftlicher Form zu erstatten.

145 Persönlich haftende Gesellschafter und Aufsichtsrat sind für durch **Verletzungen** ihrer **Prüfungs- und Berichtspflicht** entstehende Schäden nach § 48 AktG haftbar (vgl. *Hüffer/Koch* AktG § 48 Rn. 3, MünchKomm/*Pentz,* AktG § 48 Rn. 15). Die Haftung ist, wie sich aus dem Hinweis auf §§ 93, 116 AktG ergibt, verschuldensunabhängig, es genügt der Verstoß gegen die Pflichten eines ordentlichen und gewissenhaften Geschäftsleiters (vgl. MünchKomm/*Pentz,* AktG § 48 Rn. 23; *Hüffer/Koch* AktG § 48 Rn. 4). Anspruchsberechtigt ist in erster Linie die Gesellschaft. Die Gläubiger der Gesellschaft können jedoch die Ansprüche, wenn sie von der KGaA keine Befriedigung erlangen können, bei grob fahrlässiger Pflichtverletzung auch direkt geltend machen, § 48 Satz 2, § 93 Abs. 5 AktG (vgl. MünchKomm/*Pentz,* AktG § 48 Rn. 27).

146–148 *einstweilen frei*

5. Bericht der Gründungsprüfer

149 Nach § 197 UmwG sind auf den Formwechsel die für die neue Rechtsform geltenden Gründungsvorschriften, hier also die Regelungen des AktG, anzuwenden. Gem. §§ 33 Abs. 2 Nr. 4 AktG hat hier eine Prüfung durch einen oder mehrere Gründungsprüfer stattzufinden, da eine Gründung mit Sacheinlagen vorliegt. Eine Prüfung durch den beurkundenden Notar scheidet aus.

Zum Umfang der Prüfung wird auf die Ausführungen unter → Rn. 144 verwiesen, da sich § 34 Abs. 1 AktG sowohl an Vorstand bzw. persönlich haftende Gesellschafter und Aufsichtsrat als auch an die Gründungsprüfer richtet.

Die Gründungsprüfer werden gem. § 33 Abs. 3 AktG **durch das Gericht** bestellt. Die Bestellung ist schon vor Fassung des Umwandlungsbeschlusses zulässig. Zuständig ist das Amtsgericht des Gesellschaftssitzes – §§ 145 Abs. 1 FGG, 14 AktG. Obwohl der Wortlaut von § 33 Abs. 4 AktG einen größeren Personenkreis umfasst, werden in der Regel Wirtschaftprüfer oder Wirtschaftsprüfungsgesellschaften bestellt, da diese nach §§ 2, 129 WPO in der Regel über das erforderliche Know-how verfügen. Um eine unparteiische Prüfung sicherzustellen, enthält § 33 Abs. 5 AktG zwingende Bestellungsverbote, die sich aus dem Verweis über § 143 Abs. 2 AktG auf die detaillierten Regelungen in § 319 Abs. 2 und 3 HGB ergeben.

Die Gründungsprüfer haben nach § 34 Abs. 2 AktG einen schriftlichen Bericht zu erstellen, in dem sie insbesondere die Gegenstände der Sacheinlagen beschreiben und die Bewertungsmethoden darstellen, die bei der Wertermittlung angewandt wurden.

Der Inhalt der vom Gründungsprüfer abgegeben Bestätigung entspricht den Vorschriften des § 34 Abs. 1 Nr. 1, 2, Abs. 2 AktG.

Die Gründungsprüfer sind für ihre Tätigkeit der Gesellschaft und mit ihr verbundenen Unternehmen – § 15 AktG – aus § 49 AktG verantwortlich. Danach sind sie über den Verweis auf § 323 HGB, der die Verantwortlichkeit der Abschlussprüfer regelt, zur gewissenhaften und unparteiischen Prüfung und zur Verschwiegenheit verpflichtet. Die Haftung besteht nur bei Verschulden. Beweispflichtig hierfür ist die Gesellschaft (vgl. *Hüffer/Koch* AktG § 49 Rn. 3f.; MünchKomm/*Pentz,* AktG § 49 Rn. 4f., 14).

150–152 *einstweilen frei*

6. Schreiben an den Betriebsrat

153 Ein Schreiben an den Betriebsrat ist entbehrlich, weil es weder einen Betriebsrat noch eine sonstige Arbeitnehmervertretung in der umzuwandelnden Gesellschaft gibt.

154–157 *einstweilen frei*

III. Handelsregisteranmeldung

Die Pflicht zur Anmeldung des Formwechsels richtet sich nach § 198 Abs. 1 UmwG, anzumelden ist also grds. bei dem Register, in das die KG eingetragen ist. Eine doppelte Anmeldung nach § 198 Abs. 2 Satz 2 und 3 UmwG ist nur erforderlich, wenn sich durch den Formwechsel das zuständige Register ändert, etwa durch Übergang vom Genossenschafts- zum Handelsregister oder durch einen mit dem Formwechsel verbundenen Wechsel des Gesellschaftssitzes. Keine doppelte Anmeldung ist erforderlich, wenn wie hier nur eine andere Abteilung desselben Registers (B statt A) zuständig wird (SHS/*Winter* UmwG § 198 Rn. 6; SSt/*Schwanna* UmwG § 198 Rn. 2). Anzumelden ist der Formwechsel bei der bisher zuständigen Abteilung (SSt/*Schwanna* UmwG § 198 Rn. 2). **158**

Die Anmeldung erfolgt nach §§ 198, 222 UmwG durch alle persönlich haftenden Gesellschafter der KGaA sowie den Aufsichtsrat. Außerdem haben gem. § 222 Abs. 2 UmwG auch alle Gründer iSv. § 219 UmwG zu unterzeichnen, hier also nach § 219 Satz 1 UmwG alle Gesellschafter.

Einzelheiten zu Art und Umfang der einzureichenden Unterlagen ergeben sich hinsichtlich der speziellen Dokumente zum Formwechsel aus § 199 UmwG mit den dortigen Verweisen, zum anderen für die Dokumente speziell zur Gründung der KGaA aus den § 197 UmwG, § 37 AktG.

Zusätzlich ist speziell für den Formwechsel in eine KGaA bei einem Beitritt neuer persönlich haftender Gesellschafter § 223 UmwG zu beachten.

Zugleich mit der Anmeldung ist gem. §§ 198 Abs. 3, 16 Abs. 2, 3 UmwG zu erklären, dass Klage gegen die Wirksamkeit des Umwandlungsbeschlusses nicht erhoben oder auf das Klagerecht verzichtet wurde.

Die Anmeldung hat nach § 199 UmwG unter Vorlage einer Ausfertigung oder öffentlich beglaubigten Abschrift der notariellen Urkunde zu erfolgen. Die Handelsregisteranmeldung ist elektronisch in öffentlich beglaubigter Form einzureichen, § 12 Abs. 1 Satz 1 HGB (iE → Form. A.1 Rn. 56 sowie *Jeep/Wiedemann* NJW 2007, 2439).

E. 3 Formwechsel einer GmbH in eine GmbH & Co. KG

Gliederung

A. Vertragsformulare

Notarurkunden

Vorbemerkung: Bei dem Formwechsel von einer Kapitalgesellschaft in eine GmbH & Co. KG, bei der die Komplementär-GmbH als Gesellschafterin neu hinzutritt und an dem Gesellschaftsvermögen der KG nicht beteiligt sein soll, ist nicht abschließend geklärt, ob die GmbH im Zuge des Formwechsels der zukünftigen KG beitreten kann, oder ob sie bereits zuvor Gesellschafterin der formwechselnden Kapitalgesellschaft werden muss (Treuhandmodell), → Rn. 8f. wonach im Einzelfall eine vorherige Abstimmung mit dem zuständigen Registergericht empfohlen wird. Nach Kenntnis des Autors wird jedenfalls im Zuständigkeitsbereich des Registergerichts München bei formwechselnden Umwandlungen von einer GmbH & Co. KG in eine Kapitalgesellschaft und umgekehrt ein treuhänderischer Erwerb von Kapitalanteilen durch die (an der Gesellschaft neuer Rechtsform eigentlich nicht zu beteiligende) Komplementärgesellschaft von Seiten des Registergerichts nicht gefordert, da der Bei- oder Austritt von Gesellschaftern „im Zuge des Formwechsels" bei Zustimmung aller

Beteiligten grundsätzlich als zulässig angesehen wird (→ Rn. 8a). Das Formular berücksichtigt beide Alternativen. Bei der Verwendung des Treuhandmodells sind die Zusätze „[Alt. A:]" zu verwenden, bei Beitritt der Komplementär-GmbH im Zuges des Formwechsels die Zusätze „[Alt. B:]".

E.3.1. Umwandlungsbeschluss[69]

Verhandelt am ...... in ......

Vor mir, dem unterzeichnenden Notar ...... mit Amtssitz in ......, erschienen heute:

1. **Herr B, ... *[erforderliche Angaben wie Beruf, Geburtsdatum, Anschrift (geschäftlich/privat), ausgewiesen durch Personalausweis Nr./von Person bekannt]*, handelnd nicht nur für sich selbst, sondern auch als alleinvertretungsberechtigter Geschäftsführer der A-GmbH mit Sitz in ......;**
2. **Herr C, ... *[erforderliche Angaben – wie oben]*. handelnd nicht nur für sich selbst, sondern auch als alleinvertretungsberechtigter Geschäftsführer der A-Verwaltung GmbH mit Sitz in ......;**

Die Erschienenen erklärten, dass weder der Notar noch einer seiner Sozien in der Sache, die im Nachfolgenden beurkundet wird, vorbefasst iSv. § 3 Abs. 1 Nr. 7 BeurkG sind.

Die Erschienenen erklärten weiter mit dem Ersuchen um Beurkundung:

Vorbemerkung

1. **Im Handelsregister des Amtsgerichts ...... ist unter HRB ...... die A-GmbH eingetragen. Alleinige Gesellschafter sind**
   - **B, der die Geschäftsanteile Nr. .... bis Nr. ...... hält,**
   - **C, der die Geschäftsanteile Nr. .... bis Nr. ...... hält,**
   - **[Alt. A: die A-Verwaltung GmbH, die die Geschäftsanteile Nr. .... bis Nr. ...... mit einem Nennbetrag von insgesamt 10.– EUR hält].**

   Das Stammkapital ist voll eingezahlt. Die Abtretung von Geschäftsanteilen dieser Gesellschaft ist nicht von der Genehmigung einzelner Anteilsinhaber abhängig. Nebenleistungsverpflichtungen gem. § 3 Abs. 2 GmbHG sind in der Satzung der Gesellschaft nicht ausbedungen.
   Bei der Gesellschaft bestehen keine Sonderrechte iSv. §§ 23, 50 Abs. 2 UmwG.
   Die Gesellschaft hat Grundbesitz.
2. **Im Handelsregister des Amtsgerichts ...... ist unter HRB ...... die A-Verwaltung GmbH eingetragen. Alleinige Gesellschafter sind**
   - **B, der die Geschäftsanteile Nr. .... bis Nr. ...... hält,**
   - **C, der die Geschäftsanteile Nr. .... bis Nr. ...... hält.**

   Das Stammkapital ist voll eingezahlt. Die Abtretung von Geschäftsanteilen dieser Gesellschaft ist nicht von der Genehmigung einzelner Anteilsinhaber abhängig. Nebenleistungsverpflichtungen gem. § 3 Abs. 2 GmbHG sind in der Satzung der Gesellschaft nicht ausbedungen.
   Bei der Gesellschaft bestehen keine Sonderrechte iSv. §§ 23, 50 Abs. 2 UmwG.
   Die Gesellschaft hat Grundbesitz.[52]

Gesellschafterversammlung[70]

Wir halten nunmehr (unter Verzicht auf alle durch Gesetz oder Satzung gegebenen Form- und Fristvorschriften) eine Gesellschafterversammlung der A-GmbH ab.

1. Sämtliche Gesellschafter sind anwesend. Einstimmig wird Herr B zum Vorsitzenden der Versammlung gewählt.

2. Sämtliche Gesellschafter verzichteten unwiderruflich[71]
   a) auf die Erstattung eines Umwandlungsberichtes nebst Entwurf des Umwandlungsbeschlusses gem. § 192 Abs. 1 UmwG[72] und
   b) auf ein Abfindungsangebot nach § 207 Abs. 1 UmwG[74] und dessen Prüfung nach § 208 UmwG,
   c) sowie im Hinblick auf die nachfolgend abzuhaltende Gesellschafterversammlung auf alle hierfür im UmwG vorgesehenen Formalien, insbesondere auf
      aa) die Übersendung des Umwandlungsberichtes[10] spätestens zusammen mit der Einberufung der Gesellschafterversammlung gem. § 230 Abs. 1 UmwG[75],
      bb) die Ankündigung des Formwechsels als Gegenstand der Gesellschafterversammlung durch die Geschäftsführer nach § 230 Abs. 1 UmwG,
      cc) die Übersendung des Abfindungsangebotes spätestens zusammen mit der Einberufung der Gesellschafterversammlung gem. § 231 UmwG,
      dd) auf die Auslegung des Umwandlungsberichtes in der Gesellschafterversammlung gem. § 232 UmwG.

3. Mit den Stimmen aller Gesellschafter [Alt. A:[8] vorsorglich ausdrücklich auch der A-Verwaltung GmbH (§ 233 Abs. 2 Satz 3 UmwG)] wird sodann folgender Beschluss[11] gefasst:[76]
   a) Die A-GmbH wird formwechselnd gem. §§ 190 ff., 226, 228 ff. UmwG in eine GmbH & Co. KG umgewandelt.[77]
   b) Im Innenverhältnis unter den Gesellschaftern bzw. zwischen den Gesellschaftern und der Gesellschaft erfolgt die Umwandlung mit Wirkung zum ......, 24:00 Uhr. Die Umwandlung erfolgt auf Basis der Bilanz der GmbH zum ...... als steuerlicher Übertragungsbilanz[31] und der entsprechenden steuerlichen Eröffnungsbilanz der GmbH & Co. KG, § 9 Satz 2 UmwStG. Der vorgenannte Bilanzstichtag ist steuerlicher Übertragungsstichtag[38] gem. § 9 Satz 3 UmwStG.[78]
   c) Die Kommanditgesellschaft führt die Firma A-GmbH & Co. KG und hat ihren Sitz in ......[77]
   d) [Alt. B:[8] Die A-Verwaltung GmbH tritt mit Zustimmung der Herren B und C bedingt durch das Wirksamwerden des Formwechsels als persönlich haftende Gesellschafterin der A-GmbH & Co. KG bei und stimmt im Hinblick auf § 233 Abs. 2 Satz 3 UmwG dem Formwechselbeschluss ausdrücklich zu;][79]
   e) An der künftigen Kommanditgesellschaft sind beteiligt
      aa) [Alt. A:[8] die A-Verwaltung GmbH als Komplementärin mit einer Kapitaleinlage von 10.– EUR],
      [Alt. B:[8] die A-Verwaltung GmbH als Komplementärin ohne Kapitaleinlage],
      bb) Herr B als Kommanditist mit einer Hafteinlage, die zugleich die Kapitaleinlage ist von ...... EUR,
      cc) Herr C als Kommanditist mit einer Hafteinlage, die zugleich die Kapitaleinlage ist von ...... EUR.

   Die A-Verwaltung GmbH ist am Gewinn und Verlust der Gesellschaft nicht beteiligt. [Alt. A:[8] Soweit diese Beteiligung nicht den bisherigen Beteiligungsverhältnissen an der GmbH entspricht, stimmen alle Gesellschafter dem ausdrücklich zu].

   Die Kapital- und Hafteinlagen werden durch das den Gesellschaftern zuzurechnende Eigenkapital der GmbH gedeckt. Soweit das Eigenkapital der GmbH (Stammeinlagen zzgl. Kapital- und Gewinnrücklagen, Jahresüberschuss und Gewinnvortrag, abzüglich Jahresfehlbetrag und Verlustvortrag) die Summe der

Kapitaleinlage der Komplementärin und der Hafteinlagen der Kommanditisten übersteigt, wird der überschießende Teil des Eigenkapitals dem gesamthänderisch gebundenen Rücklagekonto gem. § 3 Abs. 5 des Gesellschaftsvertrages gutgeschrieben.

e) Art und Umfang der Beteiligung an der A-GmbH & Co. KG sowie die Rechte der Gesellschafter im Einzelnen ergeben sich aus dem hiermit vereinbarten Gesellschaftsvertrag der A-GmbH & Co. KG, der Bestandteil dieses Umwandlungsbeschlusses ist und mit der Beschlussfassung geschlossen wird.

f) Die Aufnahme eines Abfindungsangebots entfällt auf Grund der Zustimmung aller Gesellschafter und des erklärten Verzichtes.

g) Auf die Arbeitnehmer und ihre Vertretungen wirkt sich der Formwechsel wie folgt aus:[62, 81]

aa) Die arbeitsvertraglichen Rechte und Pflichten der Arbeitnehmer werden durch den Formwechsel nicht berührt. Ein Betriebsübergang gem. § 613a BGB findet nicht statt. Die Weisungsbefugnisse des Arbeitgebers werden nach dem Formwechsel von der Geschäftsführung der persönlich haftenden Gesellschafterin ausgeübt.

bb) Die bestehenden Betriebsvereinbarungen und Tarifverträge bleiben nach Maßgabe der jeweiligen Vereinbarungen bestehen.

cc) Die GmbH verfügt weder über einen Betriebsrat noch eine sonstige Arbeitnehmervertretung. Betriebverfassungsrechtliche Folgen und Maßnahmen treten entsprechend nicht ein bzw. sind nicht vorgesehen.

i) Zum Abschlussprüfer für das erste (am ...... endende) Geschäftsjahr bestellen wir die ...... Wirtschaftsprüfungs- und Steuerberatungsgesellschaft in ...... [82]

j) Die Kosten des Formwechsels trägt die Kommanditgesellschaft.[65]

4. Die Erschienenen und die von ihnen Vertretenen verzichten hiermit unwiderruflich[83]

a) auf die Erhebung einer Klage (Nichtigkeits-, Anfechtungs- und/oder Unwirksamkeitsklage) gegen die Wirksamkeit des vorstehend gefassten Umwandlungsbeschlusses nach § 195 Abs. 1 UmwG,

b) auf die Erhebung einer Klage (Nichtigkeits-, Anfechtungs- und/oder Unwirksamkeitsklage) gegen die Wirksamkeit sämtlicher übriger vorstehend abgegebenen Erklärungen und Beschlüsse sowie

c) sowie vorsorglich auf ein Verlangen eines Ausgleichs durch bare Zuzahlung nach § 196 UmwG.

5. Die Gesellschafterversammlung wird geschlossen.

Hinweise[84]

Der Notar weist die Erschienenen auf Folgendes hin:

1. Die Geschäftsführer der A-GmbH haben bei Verletzung ihrer Sorgfaltspflicht der GmbH, ihren Gesellschaftern und Gläubigern gesamtschuldnerisch allen Schaden zu ersetzen, den diese durch den Formwechsel erleiden, § 205 UmwG.
2. Der Formwechsel wird erst wirksam, wenn die neue Rechtsform Kommanditgesellschaft in dem für sie zuständigen Register eingetragen ist.
3. Rechte Dritter an den Geschäftsanteilen an der GmbH bestehen an den künftigen Gesellschaftsanteilen an der Kommanditgesellschaft fort.
4. Das Registergericht wird die Eintragung des Formwechsels bekannt machen. Darin werden die Gläubiger der GmbH auf folgendes Recht hingewiesen werden: Wenn sie binnen sechs Monaten nach Bekanntmachung ihren Anspruch nach Grund und Höhe schriftlich anmelden und glaubhaft machen, dass die Erfüllung ihrer Forderung durch den Formwechsel gefährdet wird, können sie Sicherheitsleistung verlangen, sofern sie nicht schon die Befriedigung ihrer Forderung beanspruchen können.

5. Soweit in der GmbH Sonderrechte zugunsten Dritter bestehen, sind diesen Dritten vergleichbare Rechte in der Kommanditgesellschaft einzuräumen.

Von dieser Urkunde erhalten die Gesellschaft und die Gesellschafter sowie das Registergericht je eine Ausfertigung, die für die beteiligten Gesellschaften zuständigen Finanzämter (§ 54 Abs. 1 EStDV) je eine beglaubigte Abschrift.

Samt Anlage vom Notar vorgelesen, von den Beteiligten genehmigt und wie folgt unterschrieben:

....

[Unterschriften]

E.3.2. Gesellschaftsvertrag der A-GmbH & Co. KG[88]

§ 1 Firma, Sitz, Geschäftsjahr[89]

(1) Die Firma der Gesellschaft lautet: A-GmbH & Co. KG.

(2) Der Sitz der Gesellschaft ist ......

(3) Das Geschäftsjahr ist das Kalenderjahr.

§ 2 Gegenstand des Unternehmens[90]

(1) Der Gegenstand des Unternehmens ist ......

(2) Die Gesellschaft ist zu allen nicht erlaubnispflichtigen Geschäften und Maßnahmen berechtigt, die unmittelbar oder mittelbar dem Gegenstand des Unternehmens zu dienen geeignet sind. Sie ist insbesondere berechtigt, im In- und Ausland Zweigniederlassungen zu errichten, sich an anderen Unternehmen gleicher oder verwandter Art im In- und Ausland zu beteiligen sowie solche Unternehmen zu erwerben, zu gründen und für eigene oder fremde Rechnung zu führen.

§ 3 Gesellschafter und Kapitalbeteiligungen; Konten[91]

(1) Das Festkapital der Gesellschaft beträgt ...... EUR.

(2) Persönlich haftende Gesellschafterin ist die A-Verwaltung GmbH [Alt. A: mit einer Kapitaleinlage von 10.– EUR] [Alt. B: ohne Kapitaleinlage]. Sie ist im Innenverhältnis am Gewinn und Verlust der Gesellschaft nicht beteiligt.

(3) Kommanditisten sind mit folgenden festen Kapitaleinlagen:

a) Herr B mit einer Einlage von ...... EUR;

b) Herr C mit einer Einlage von ...... EUR.

Die Kommanditisten haben ihre Einlagen voll erbracht. Die Kommanditeinlagen sind zugleich die Hafteinlagen.

(4) Für jeden Kommanditisten werden bei der Gesellschaft folgende Konten geführt:[92]

a) Kapitalkonto
Auf dem Kapitalkonto werden die gem. Abs. 3 von den Kommanditisten geleisteten festen Kapitaleinlagen gutgeschrieben.

b) Verrechnungskonto
Auf dem Verrechnungskonto sind Einlagen, soweit sie nicht auf den Kapitalkonten bzw. dem Rücklagenkonto gem. Abs. 5 gutzuschreiben sind, Entnahmen, Kontenverzinsung und Gewinnanteile zu verbuchen. Guthaben auf dem Verrechnungskonto können jederzeit durch den Gesellschafter abgerufen oder durch die Gesellschaft ausgezahlt werden. Die Verrechnungskonten sind im Soll und Haben nach der Staffelmethode mit 2 Prozentpunkten über dem Basiszinssatz (§ 247 BGB) p. a. zu verzinsen. Die Zinsen gelten im Verhältnis der Gesellschafter zueinander als

Aufwand bzw. Ertrag unbeschadet einer davon abweichenden steuerlichen Behandlung.

c) Verlustsonderkonto
Dem Verlustsonderkonto sind ausschließlich die Verlustanteile der Kommanditisten zu belasten. Gewinnanteile späterer Jahre sind so lange dem Verlustsonderkonto gutzuschreiben, bis das Konto ausgeglichen ist. Im Übrigen haben weder Gesellschafter noch Gläubiger der Gesellschaft Ansprüche gegen die Kommanditisten auf Ausgleichung dieses Kontos.

(5) Zusätzlich wird bei der Gesellschaft ein gesamthänderisch gebundenes, globales Rücklagekonto geführt, das aus Gewinnen gespeist wird und in erster Linie die Aufgaben erfüllen soll, die den offenen Rücklagen bei Kapitalgesellschaften zukommen.

§ 4 Vertretung, Geschäftsführung[93]

(1) Die persönlich haftende Gesellschafterin vertritt die Gesellschaft und führt deren Geschäfte allein. Sie handelt durch ihre satzungsmäßigen, in das Handelsregister eingetragenen Organe. Sie hat die Sorgfalt eines ordentlichen Kaufmanns walten zu lassen.

Sie und ihre Organe sind für die Änderung des Gesellschaftsvertrages sowie für Rechtsgeschäfte mit der Kommanditgesellschaft und deren Gesellschaftern jeweils von den Beschränkungen des § 181 BGB befreit.

(2) Die persönlich haftende Gesellschafterin ist an die gesetzlichen Vorschriften, die Bestimmungen dieses Gesellschaftsvertrages, die Weisungen der Gesellschafterversammlung sowie an die Geschäftsordnung der Geschäftsführung gebunden.

(3) Die persönlich haftende Gesellschafterin bedarf für folgende Geschäfte der ausdrücklichen Zustimmung der Gesellschafterversammlung:

a) Erwerb von und alle Verfügungen über Grundstücke, Rechte an einem Grundstück oder Rechte an einem Grundstücksrecht und die Verpflichtung zur Vornahme derartiger Rechtsgeschäfte;
b) die Veräußerung oder Verpachtung des Unternehmens im Ganzen oder in Teilen, die Errichtung, der Erwerb, die Veräußerung oder Aufgabe von Betrieben, Betriebsstätten oder Beteiligungen an anderen Unternehmen sowie die Errichtung oder Aufhebung von Zweigniederlassungen;
c) Investitionen, die über den jährlich zu erstellenden Investitionsplan hinausgehen und die im Einzelfall den Betrag von ...... EUR übersteigen;
d) Handlungen, die von dem jährlich zu erstellenden und von der Gesellschafterversammlung genehmigten Geschäftsplan nicht abgedeckt sind;
e) Abschluss von Verträgen jeder Art mit den Geschäftsführern der persönlich haftenden Gesellschafterin;
f) Bewilligung von Krediten und Gewährung von Sicherheiten jeder Art für Dritte;
g) Aufnahme von Bankkrediten und Darlehen sowie die Übernahme von Bürgschaften und das Eingehen von Wechselverbindlichkeiten, soweit diese den Betrag der jährlich zu erstellenden Finanzplanung um ...... EUR übersteigen;
h) Der Abschluss von ein Dauerschuldverhältnis begründenden Verträgen, wenn der einzelne Vertrag eine feste Vertragslaufzeit von mehr als drei Jahren hat oder die Verpflichtungen der Gesellschaft aus diesem Vertrag den Betrag von ...... EUR während der Mindestlaufzeit überschreiten.
i) die Erteilung von Prokuren und Generalvollmachten;
j) die Gewährung von Versorgungszusagen und Gewinnbeteiligungen aller Art;
k) Abschluss, Änderung und Beendigung von Unternehmensverträgen, Betriebsübernahme- und Betriebsüberlassungsverträge aller Art; sowie von sonstigen Verträgen über Kooperationen, die von unternehmenswesentlicher Bedeutung sind;
l) die Eingehung stiller Beteiligungen und die Aufnahme stiller Gesellschafter;

m) alle sonstigen Geschäfte, die über den gewöhnlichen Geschäftsbetrieb des Unternehmens hinausgehen.

(4) Die Geschäftsführung hat vor Beginn eines jeden Geschäftsjahres einen Geschäftsplan (Investitions-, Maßnahmen- und Finanzplan) aufzustellen. Der Investitions- und Maßnahmenplan hat auch beabsichtigte Großreparaturen, soweit planbar, Leasingverträge und Baumaßnahmen zu erfassen. Der Investitions-, Maßnahmen- und Finanzplan bedarf der Zustimmung der Gesellschafterversammlung. Geschäftsführungsmaßnahmen zur Durchführung des Investitions-, Maßnahmen- und Finanzplans bedürfen, würden sie unter Abs. 3 fallen, sodann nicht mehr der Zustimmung nach Abs. 3.

(5) Ein Widerspruchsrecht gegen Geschäftsführungsmaßnahmen steht einzelnen Kommanditisten in Anbetracht der Regelung in Abs. 3 bis 4 nicht zu.

§ 5 Informations- und Kontrollrechte der Kommanditisten[94]

Jedem Kommanditisten steht ein Auskunfts- und Einsichtsrecht im Umfang des § 51a Abs. 1 und 2 GmbHG zu.

§ 6 Wettbewerbsverbot[95]

Für alle Gesellschafter gilt das gesetzliche Wettbewerbsverbot des § 112 Abs. 1 HGB. Durch Gesellschafterbeschluss mit einer Mehrheit von 75 % der abgegebenen Stimmen können Ausnahmen zugelassen werden. Das Wettbewerbsverbot endet mit dem Ausscheiden des Gesellschafters aus der Gesellschaft.

§ 7 Gesellschafterversammlung, Gesellschafterbeschlüsse[96]

(1) Die ordentliche Gesellschafterversammlung findet in den ersten acht Monaten eines jeden Geschäftsjahres statt. Diese beschließt über den Jahresabschluss und die Entlastung der Geschäftsführung.

(2) Außerordentliche Gesellschafterversammlungen sind einzuberufen, wenn es das Interesse der Gesellschaft erfordert und ein – auch gesamtvertretungsberechtigter – Geschäftsführer der persönlich haftenden Gesellschafterin oder ein oder mehrere Gesellschafter, die allein oder zusammen mindestens mit 10 % am Festkapital der Gesellschaft beteiligt sind, eine solche Einberufung verlangen.

(3) Die Einberufung der Gesellschafterversammlung erfolgt durch die Geschäftsführung der persönlich haftenden Gesellschafterin. Jeder Geschäftsführer – auch ein gesamtvertretungsberechtigter – ist allein einberufungsberechtigt. Die Einberufung erfolgt mittels schriftlicher Einladung an alle Gesellschafter unter gleichzeitiger Bekanntgabe von Zeit, Ort und Tagesordnung. Zwischen dem Tag der Absendung der Einladung (maßgeblich ist das Datum des Poststempels) und dem Tag der Gesellschafterversammlung soll eine Frist von mindestens zwei Wochen liegen. In Eilfällen kann die Frist angemessen abgekürzt werden.

Falls die Geschäftsführung der persönlich haftenden Gesellschafterin einem Verlangen von Gesellschaftern, die gem. Abs. 2 die Einberufung einer Gesellschafterversammlung verlangen können, nicht binnen angemessener Frist Folge leistet, ist derjenige, der die Einberufung verlangt hat, berechtigt, die Einladung unter Beachtung der vorgenannten Form- und Fristvorschriften selbst zu bewirken.

(4) Jeder Gesellschafter kann verlangen, dass weitere Anträge zur Beschlussfassung auf die Tagesordnung gesetzt werden. Solche Anträge sind den übrigen Gesellschaftern und der Geschäftsführung spätestens acht Tage vor der Gesellschafterversammlung schriftlich bekannt zu machen.

(5) Die Gesellschafterversammlung ist beschlussfähig, wenn alle Gesellschafter ordnungsgemäß geladen und mindestens die Hälfte aller Gesellschafterstimmen anwesend oder vertreten sind.

Erweist sich eine Gesellschafterversammlung als nicht beschlussfähig, so ist innerhalb von zwei Wochen eine zweite Gesellschafterversammlung mit der gleichen Tagesordnung einzuberufen. Diese Gesellschafterversammlung ist sodann ohne Rücksicht auf das vertretene Kapital beschlussfähig. Auf diese Rechtsfolge ist in der zweiten Einladung hinzuweisen.

(6) Gesellschafterbeschlüsse – mit Ausnahme über Änderungen des Gesellschaftsvertrages – können, wenn alle Gesellschafter mit diesem Verfahren einverstanden sind, auch schriftlich oder fernschriftlich, zB per Telefax oder E-Mail, ohne förmliche Gesellschafterversammlung gefasst werden. Voraussetzung für die Rechtswirksamkeit solcher Beschlüsse ist, dass sie allen Gesellschaftern gegenüber schriftlich bestätigt werden.

(7) Die Gesellschafterversammlung hat insbesondere die folgenden Rechte und Aufgaben:

a) Feststellung des Jahresabschlusses der Gesellschaft und Ergebnisverwendung;
b) Beschlussfassung über die Zustimmung zur Verfügung über Gesellschaftsanteile;
c) Beschlussfassung über die Zustimmung zum Abschluss und zur Änderung von Dienstverträgen zwischen der persönlich haftenden Gesellschafterin und ihren Geschäftsführern;
d) Bestellung des Abschlussprüfers der Gesellschaft;
e) Erlass, Änderung oder Aufhebung einer Geschäftsordnung für die Geschäftsführung der persönlich haftenden Gesellschafterin sowie eines Katalogs zustimmungsbedürftiger Maßnahmen;
f) Sämtliche sonstigen Rechte und Aufgaben, die nicht der Geschäftsführung oder jemand anderem durch diesen Gesellschaftsvertrag oder kraft gesetzlicher Regelung ausdrücklich zugewiesen sind.

(8) Je …… EUR der Beteiligung am Festkapital der Gesellschaft gewähren eine Stimme.

(9) Gesellschafterbeschlüsse werden mit einfacher Mehrheit der in der Gesellschafterversammlung anwesenden oder vertretenen Stimmen gefasst, soweit das Gesetz oder dieser Vertrag nicht zwingend etwas Anderes bestimmen. Änderungen des Gesellschaftsvertrages müssen mit einer Mehrheit von mindestens 75% aller Stimmen beschlossen werden, sofern in diesem Vertrag nicht Abweichendes bestimmt ist; hiervon erfasst sind auch Umwandlungen nach dem UmwG. Die Gesellschafter stimmen in eigenen Angelegenheiten mit ab. Das gilt nicht, soweit der als entsprechend anwendbar vereinbarte § 136 Abs. 1 AktG oder dieser Vertrag zwingend etwas Anderes bestimmen.

(10) Gesellschafterbeschlüsse sind in einem Protokoll festzuhalten und von der Geschäftsführung der persönlich haftenden Gesellschafterin zu unterzeichnen und in einem Protokollbuch zu verwahren, soweit nicht durch Gesetz eine andere Form vorgeschrieben ist. Jeder Gesellschafter hat das Recht, jederzeit das Protokollbuch persönlich einzusehen.

(11) Die Gesellschafter können sich in Gesellschafterversammlungen durch einen Angehörigen der rechts-, steuerberatenden oder wirtschaftsprüfenden Berufe, der gesetzlich zur Berufsverschwiegenheit verpflichtet ist, vertreten lassen oder sich des Beistandes einer solchen Person bedienen. Die Vertreter müssen sich durch schriftliche Vollmacht ausweisen.

(12) Die Unwirksamkeit oder Anfechtbarkeit von Gesellschafterbeschlüssen kann nur innerhalb eines Monats durch Erhebung einer Anfechtungsklage geltend gemacht werden. Die Frist beginnt am Tage nach Zugang des Beschlussprotokolls zu laufen. Sie endet auf alle Fälle spätestens sechs Monate nach Beschlussfassung.

§ 8 Jahresabschluss[97]

(1) Die Geschäftsführung hat den Jahresabschluss innerhalb von drei Monaten nach Schluss des Geschäftsjahres unter Beachtung der handels- und steuerrechtlichen Vorschriften sowie nach den Grundsätzen ordnungsmäßiger Buchführung und Bilanzierung aufzustellen. Die Feststellung des Jahresabschlusses obliegt der ordentlichen Gesellschafterversammlung.

(2) Der Jahresabschluss ist von einem Abschlussprüfer, der Wirtschaftsprüfer zu sein hat, zu prüfen. Über die Bestellung des Abschlussprüfers beschließt die Gesellschafterversammlung.

§ 9 Gewinn- und Verlustbeteiligung[98]

(1) Der persönlich haftenden Gesellschafterin wird der Geschäftsführungsaufwand ersetzt, soweit nicht die Gesellschaft diese Kosten unmittelbar trägt. Ferner erhält sie eine angemessene Tätigkeitsvergütung.

Als Haftungsvergütung steht der persönlich haftenden Gesellschafterin zudem ein Betrag von 1 Prozent des Reingewinns zu, höchstens aber 10 Prozent ihres in ihrer letzten Jahresbilanz ausgewiesenen Eigenvermögens. Eigenvermögen ist die Summe von Stammkapital abzgl. nicht eingezahlter Einlagen zzgl. Rücklagen und Gewinnvortrag abzgl. Verlustvortrag.

Maßgebend für die Berechnung der Haftungsvergütung ist der steuerliche Reingewinn der Kommanditgesellschaft nach Abzug der Zinsen, des Geschäftsführungsaufwandes sowie der Tätigkeitsvergütungen, auf die Gesellschafter Anspruch haben.

(2) Die Vergütungen gem. Abs. 1 sind im Verhältnis der Gesellschafter zueinander als Aufwand zu behandeln.

(3) An dem verbleibenden Gewinn oder an einem Verlust sind die Kommanditisten im Verhältnis ihrer Beteiligung am Festkapital der Gesellschaft beteiligt.

§ 10 Verfügung über Gesellschaftsanteile[99]

(1) Gesellschaftsanteile können ganz oder teilweise frei an Mitgesellschafter und an Personen, die gem. § 15 im Erbgang Nachfolger eines Gesellschafters in der Gesellschaft werden können, mit Wirkung auf den Beginn eines Geschäftsjahres übertragen werden. Einer Zustimmung entsprechend Abs. 2 bedarf es jedoch, wenn die Übertragung zum Untergang von gewerbesteuerlich berücksichtigungsfähigen Verlusten, Verlustvorträgen oder Fehlbeträgen führen würde. Hat ein Gesellschafter die Absicht, von diesem Übertragungsrecht Gebrauch zu machen, so hat er die übrigen Gesellschafter hiervon rechtzeitig vor der Übertragung in Kenntnis zu setzen.

(2) Übertragungen auf andere Personen bedürfen zu ihrer Wirksamkeit eines vorherigen zustimmenden Beschlusses der Gesellschafterversammlung, der einer Mehrheit von 75 % aller nach dem Gesellschaftsvertrag vorhandenen Stimmen bedarf.

(3) Die Übertragung ist außerdem nur wirksam, wenn der Übertragende gleichzeitig einen entsprechenden Teil seines Geschäftsanteils an der persönlich haftenden Gesellschafterin auf den Erwerber überträgt. Der gleichzeitigen Übertragung des Geschäftsanteils bedarf es insoweit nicht, als die Übertragung des Gesellschaftsanteils zur Herstellung der verhältnismäßig gleichen Beteiligung des Erwerbers und/oder des Veräußerers an der persönlich haftenden Gesellschafterin und der Gesellschaft geschieht.

(4) Zu Belastungen eines Gesellschaftsanteils, zur Einräumung einer Unterbeteiligung an einem Gesellschaftsanteil sowie zu Verfügungen über einzelne Rechte und Ansprüche aus dem Gesellschaftsverhältnis zugunsten anderer Personen als der in Abs. 1 genannten, bedürfen die Gesellschafter der vorherigen Zustimmung der Gesellschafterversammlung. Abs. 2 gilt entsprechend.

§ 11 Ausschließung eines Gesellschafters[100]

(1) Ein Gesellschafter kann durch Gesellschafterbeschluss, der mit einer Mehrheit von 75% aller Stimmen zu fassen ist, aus der Gesellschaft ausgeschlossen werden, wenn

a) in seiner Person ein wichtiger Grund im Sinne des § 133 Abs. 2 HGB vorliegt, insbesondere wenn er gegen das Wettbewerbsverbot oder nachhaltig gegen die Geschäftsführungsbeschränkungen verstößt;
b) über sein Vermögen ein gerichtliches Insolvenzverfahren eröffnet worden ist und nicht innerhalb von drei Monaten seit Eröffnung eingestellt oder die Eröffnung eines solchen Verfahrens mangels Masse abgelehnt wird oder der Gesellschafter die Richtigkeit seines Vermögensverzeichnisses an Eides Statt zu versichern hat;
c) in die Rechte aus seiner Beteiligung die Zwangsvollstreckung betrieben und diese nicht innerhalb von drei Monaten abgewendet wird;
d) in der Person des Gesellschafters ein wichtiger Grund vorliegt, der seine Ausschließung rechtfertigen würde, insbesondere, wenn den übrigen Gesellschaftern die Fortsetzung der Gesellschaft mit dem betreffenden Gesellschafter wegen seines Verhaltens oder wegen seiner Persönlichkeit nicht mehr zumutbar ist oder durch sein Verbleiben in der Gesellschaft der Bestand der Gesellschaft ernstlich gefährdet wäre. Die weitere Zusammenarbeit gilt insbesondere dann als unzumutbar, wenn ein Gesellschafter trotz Nachfristsetzung mit Ablehnungsandrohung Verträge zwischen ihm und der Gesellschaft nicht erfüllt.

(2) Der betroffene Gesellschafter hat bei der Beschlussfassung kein Stimmrecht. Seine Stimmen zählen bei der Berechnung des Mehrheitserfordernisses nicht mit.

(3) Statt der Ausschließung kann die Verpflichtung des betroffenen Gesellschafters beschlossen werden, seinen Gesellschaftsanteil an eine im Beschluss zu benennende zur Übernahme bereite Person zu übertragen.

§ 12 Dauer der Gesellschaft, Kündigung[101]

(1) Die Gesellschaft ist auf unbestimmte Zeit eingegangen.

(2) Jeder Gesellschafter kann die Gesellschaft mit einjähriger Frist, erstmals zum ……, zum Schluss eines Geschäftsjahres kündigen. Die Kündigung ist den übrigen Gesellschaftern gegenüber durch eingeschriebenen Brief auszusprechen.

(3) Liegt ein wichtiger Grund vor, der nach § 133 HGB zur Erhebung der Auflösungsklage berechtigen würde, so kann der berechtigte Gesellschafter die Mitgliedschaft an der Gesellschaft fristlos kündigen. Eine Auflösungsklage ist ausgeschlossen.

(4) Durch die Kündigung wird die Gesellschaft nicht aufgelöst. Der kündigende Gesellschafter scheidet aus der Gesellschaft aus. Das Gleiche gilt, wenn ein Gläubiger eines Gesellschafters die Gesellschaft kündigt.

§ 13 Ausscheiden eines Gesellschafters, Fortführung des Unternehmens[102]

(1) Scheidet ein Gesellschafter – gleich aus welchem Grunde – aus der Gesellschaft aus, so führen die übrigen Gesellschafter bzw. der verbleibende Gesellschafter das Unternehmen – gegebenenfalls als Einzelunternehmen – unter der bisherigen Firma fort. Wegen des Rechts zur Firmenfortführung wird eine Entschädigung nicht gezahlt.

(2) Mit einer Mehrheit von 75% der den verbleibenden Gesellschaftern zustehenden Stimmen, spätestens innerhalb von drei Monaten nach dem Ausscheiden, kann jedoch die Auflösung der Gesellschaft beschlossen werden. Der ausscheidende Gesellschafter nimmt dann an der Liquidation teil.

§ 14 Abfindung[103]

(1) Ein Gesellschafter, der aus der Gesellschaft ausscheidet, erhält eine Abfindung. Zum Zweck der Ermittlung des Abfindungsguthabens ist von der persönlich haften-

den Gesellschafterin eine Abfindungsbilanz auf den Zeitpunkt des Ausscheidens nach Maßgabe der nachfolgenden Bestimmungen aufzustellen.

(2) Scheidet ein Gesellschafter durch Kündigung gem. § 12 aus der Gesellschaft aus, erhält er eine Abfindung entweder in Höhe von 90% des Verkehrswertes seines Gesellschaftsanteils, oder in Höhe des aufgestockten Buchwertes gem. Abs. 4, falls der sich nach dieser Bestimmung ergebende Betrag höher ist. Der Verkehrswert des Gesellschaftsanteils ist der Teil des Unternehmenswertes, der dem Verhältnis des Kommanditanteils des ausgeschiedenen Gesellschafters zum Festkapital der Gesellschaft entspricht. Der Unternehmenswert der Gesellschaft ist auf den Zeitpunkt des Ausscheidens anhand der Abfindungsbilanz durch Gutachten eines in der Unternehmensbewertung erfahrenen Wirtschaftsprüfers oder einer Wirtschaftsprüfungsgesellschaft nach allgemein anerkannten betriebswirtschaftlichen Grundsätzen der Unternehmensbewertung (IDW S 1 (2005) oder Nachfolgeregelung) unter Berücksichtigung der Vermögens- und Ertragslage der Gesellschaft zu ermitteln. Der Wirtschaftsprüfer oder die Wirtschaftsprüfungsgesellschaft ist von der Gesellschaft zu bestimmen.

(3) Erhebt der ausscheidende oder einer der verbleibenden Gesellschafter gegen die Feststellungen des Verkehrswertgutachtens innerhalb von sechs Wochen nach Vorlage des Gutachtens an die Gesellschafter Einwendungen und können sich die Parteien nicht binnen eines weiteren Monats über die Höhe des Abfindungsguthabens einigen, so entscheidet über die Höhe des Abfindungsguthabens unter Anwendung der vorstehenden Grundsätze ein Wirtschaftsprüfer oder eine Wirtschaftsprüfungsgesellschaft als Schiedsgutachter, der/die nicht Abschlussprüfer der Gesellschaft sein darf, abschließend und mit verbindlicher Wirkung gegenüber sämtlichen Beteiligten. Die Kosten der Bewertung trägt die Gesellschaft, für die in der Abfindungsbilanz eine entsprechende Rückstellung zu bilden ist.

Können sich die Parteien über die Person des Schiedsgutachters nicht einigen, so wird dieser auf Antrag der Gesellschaft oder des ausscheidenden Gesellschafters durch das Institut der Wirtschaftsprüfer e. V., Düsseldorf, ernannt.

(4) In allen anderen Fällen entspricht das Abfindungsguthaben des ausscheidenden Gesellschafters den Buchwerten seines Kapitalkontos abzüglich eines etwaigen Verlustvortragskontos zum Ende des Geschäftsjahres, an dem der Gesellschafter ausscheidet bzw. der dem Tag des Ausscheidens vorangeht, zuzüglich eines Zuschlags. Dieser ergibt sich aus einer Aufstockung der Buchwerte des aktivierten Anlagevermögens in der Abfindungsbilanz um 10 Prozent, geringwertige Wirtschaftsgüter werden, falls die ertragssteuerliche Bewertungsfreiheit beansprucht worden ist, mit dem halben Steuerwert und Grundbesitz mit dem vollen Steuerwert angesetzt, falls letzterer höher ist als der Buchwert. Das Verrechnungskonto abzgl. zwischenzeitlicher Entnahmen und zzgl. zwischenzeitlicher Einlagen ist dem Abfindungsguthaben zuzuschlagen oder von diesem abzuziehen. Am Ergebnis des laufenden Geschäftsjahres nimmt der Abfindungsberechtigte nicht teil, wenn er nicht zum Ende eines Geschäftsjahres ausscheidet. Schwebende Geschäfte und der Firmenwert sind nicht zu berücksichtigen.

Sollte diese Bestimmung zur Berechnung des Abfindungsguthabens unwirksam sein, erhält der ausscheidende Gesellschafter 50% der Abfindung, die sich gem. Abs. 2 errechnen würde. Im Übrigen findet Abs. 3 entsprechende Anwendung.

(5) Das Abfindungsguthaben ist in fünf gleich hohen Jahresraten, beginnend ein Jahr nach dem Ausscheiden, auszuzahlen. Das Abfindungsguthaben ist sofort fällig, wenn der Schuldner mit einer Rate um mehr als drei Monate im Rückstand ist. Das jeweilige Abfindungsguthaben ist mit 2 Prozentpunkten über dem Basiszinssatz (§ 247 BGB) p. a. zu verzinsen.

Die Gesellschaft ist berechtigt, das Abfindungsguthaben ganz oder teilweise vorfällig auszuzahlen.

(6) Das Ergebnis einer Betriebsprüfung hat auf das Abfindungsguthaben nach dem Ausscheiden keinen Einfluss.

(7) Der Ausgeschiedene kann eine Freistellung von Gesellschaftsverbindlichkeiten oder Sicherheitsleistung wegen dieser erst verlangen, wenn er von Gesellschaftsgläubigern für Gesellschaftsverbindlichkeiten in Anspruch genommen wird. Das gilt auch für fällige und nicht strittige Verbindlichkeiten.

§ 15 Erbfolge[104]

(1) Verstirbt ein Gesellschafter, so wird die Gesellschaft mit seinen Erben oder Vermächtnisnehmern fortgesetzt, sofern und soweit diese in Ansehung seiner Gesellschaftsbeteiligung nachfolgeberechtigt sind. Nachfolgeberechtigt sind nur Personen, die entweder leibliche Abkömmlinge des verstorbenen Gesellschafters oder andere Gesellschafter oder deren leibliche Abkömmlinge sind. Adoptivkinder stehen leiblichen Abkömmlingen nicht gleich.

(2) Soweit andere als die in Abs. 1 genannten Personen im Erbgang Nachfolger eines Gesellschafters geworden sind, folgen sie nicht in die Gesellschaft nach. Der Geschäftsanteil des verstorbenen Gesellschafters wächst insoweit den übrigen Gesellschaftern entsprechend dem Verhältnis ihrer Festkapitalkonten an. Die Abfindung erfolgt entsprechend § 14 Abs. 2 an den Nachlass. § 14 Abs. 3 und 5 bis 7 sowie § 11 Abs. 3 gelten sinngemäß.

§ 16 Schlussbestimmungen[105]

(1) Vertragsänderungen bedürfen der Schriftform. Dasselbe gilt für die Vereinbarung, von diesem Formerfordernis abzuweichen oder es aufzuheben.

(2) Die Ungültigkeit einzelner Bestimmungen des Vertrages berührt nicht seine Wirksamkeit. Anstelle der unwirksamen Bestimmung oder zur Ausfüllung einer Lücke ist eine angemessene Regelung zu vereinbaren, die dem am nächsten kommt, was die Vertragsschließenden gewollt haben oder nach dem Sinn und Zweck des Vertrages gewollt hätten, sofern sie den Punkt bedacht hätten. Beruht die Ungültigkeit auf einer Leistungs- oder Zeitbestimmung, so tritt an ihre Stelle das gesetzlich zulässige Maß.

(3) Soweit einzelne vertragliche Vereinbarungen, wie zB die Gewinnverteilung, steuerlich nicht anerkannt werden, gilt diejenige Vereinbarung als getroffen, die steuerlich nicht zu beanstanden ist und der getroffenen Vereinbarung am nächsten kommt.

(4) Alle Streitigkeiten zwischen den Gesellschaftern untereinander oder zwischen der Gesellschaft und einem Gesellschafter sollen unter Ausschluss des ordentlichen Rechtsweges durch ein Schiedsgericht entschieden werden. Für das Schiedsgericht gelten die Bestimmungen des Schiedsvertrages, der diesem Vertrag als Anlage beigefügt ist, gesondert unterschrieben wurde und als Bestandteil dieses Vertrages gilt.

Berichte und Schreiben

E.3.3. Umwandlungsbericht

[Ein Umwandlungsbericht ist entbehrlich, weil alle Gesellschafter hierauf ausdrücklich verzichtet haben.]

E.3.4. Abfindungsangebot

[Ein Abfindungsangebot ist entbehrlich, weil alle Gesellschafter hierauf ausdrücklich verzichtet haben.]

E.3.5. Schreiben an Betriebsrat

[Ein Schreiben an den Betriebsrat ist entbehrlich, weil es weder einen Betriebsrat noch eine sonstige Arbeitnehmervertretung bei der umzuwandelnden Gesellschaft gibt.]

Handelsregisteranmeldung

E.3.6. Anmeldung zum Handelsregister der GmbH[116]

An das Amtsgericht ......
Handelsregister

HRB ......, A-GmbH

Neugründung durch Formwechsel einer Gesellschaft mit beschränkter Haftung

Wir, die unterzeichnenden alleinvertretungsberechtigten Geschäftsführer der A-GmbH und künftigen Gesellschafter der durch Formwechsel entstehenden Kommanditgesellschaft übergeben

1. **eine Ausfertigung des notariellen Protokolls vom ...... (UR-Nr. ...... des Notars ...... in ......) mit dem Beschluss über den Formwechsel der A-GmbH in die Rechtsform einer Kommanditgesellschaft (GmbH & Co. KG) mit**
   - **dem Umwandlungsbeschluss,**
   - **dem Gesellschaftsvertrag der neuen KG,**
   - **den Verzichtserklärungen sämtlicher Gesellschafter auf einen Umwandlungsbericht und sämtliche sonstigen Formalien des Formwechsels,**
   - **den Verzichtserklärungen sämtlicher Gesellschafter auf die Erhebung einer Klage (Nichtigkeits-, Anfechtungs- und/oder Unwirksamkeitsklage) gegen die Wirksamkeit des Umwandlungsbeschlusses nach § 195 Abs. 1 UmwG.**
2. **Beglaubigte Abschrift aus dem Handelsregister des Amtsgerichts ...... in ...... vom ...... betreffend die Eintragung der A-Verwaltung GmbH.**

Wir melden zur Eintragung an:

1. **Die Gesellschaft in Firma A-GmbH & Co. KG ist als Kommanditgesellschaft errichtet worden, indem die im Handelsregister des Amtsgerichts ...... unter HRB ...... eingetragene A-GmbH mit Sitz in ...... in die dadurch neu errichtete Gesellschaft im Wege des Formwechsels nach §§ 190 ff., 226, 228 ff. UmwG umgewandelt wurde. Gegenstand des Unternehmens ist ......**
   Als Kommanditgesellschaft beginnt sie mit ihrer Eintragung in das Handelsregister.
2. **An der Kommanditgesellschaft sind beteiligt:**
   a) **<u>[Alt. A und Alt. B]:</u> die A-Verwaltung GmbH mit Sitz in ......, eingetragen im Handelsregister des Amtsgerichts ...... unter HRB ...... als persönlich haftende Gesellschafterin,**
   b) **Herr B mit einer Hafteinlage von ...... EUR,**
   c) **Herr C mit einer Hafteinlage von ...... EUR.**
3. **Jeder persönlich haftende Gesellschafter vertritt stets einzeln. Kommanditisten sind von der Vertretung der Gesellschaft ausgeschlossen.**
4. **Es wird weiter versichert, dass eine Klage gegen die Wirksamkeit des Umwandlungsbeschlusses nicht erhoben worden ist und auf Grund der notariell beurkun-**

deten Verzichtserklärungen aller Gesellschafter auch nicht erhoben werden kann (§§ 16 Abs. 2, 195 UmwG).
Da die Gesellschaft weder über einen Betriebsrat noch eine sonstige Arbeitnehmervertretung verfügt, bedarf es keines Nachweises einer Zuleitung des Entwurfs eines Umwandlungsbeschlusses nach § 194 Abs. 2 iVm. § 199 UmwG.
Auf die Erstellung eines Umwandlungsberichtes wurde von allen Gesellschaftern in notarieller Form verzichtet.
Hinsichtlich der weiteren Einzelheiten der Umwandlung wird Bezug genommen auf die in der überreichten Urkunde gefassten Beschlüsse und die dort enthaltenen Erklärungen, insbesondere die Zustimmungs- und Verzichtserklärungen.

5. Die aktuelle Geschäftsanschrift lautet: ......

....
[Ort, Datum] ***[Unterschriften aller Geschäftsführer]***

....
[Ort, Datum] ***[Unterschriften aller Gesellschafter der KG]***

....
[Beglaubigungsvermerk
für Unterschriften und Zeichnung]

B. Grundsätzliche Anmerkungen

I. Sachverhalt

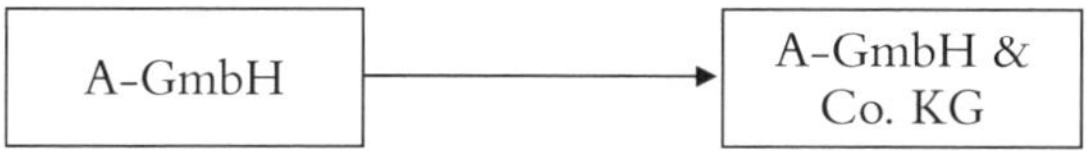

1

Der Sachverhalt ist einfach gelagert: die A-GmbH soll mittels eines Formwechsels in die A-GmbH & Co. KG umgewandelt werden.

II. Ablaufplan

2

Maßnahme	Rechtsgrundlage	Erforderlichkeit	Zuständigkeit	Formular
Errichtung und Beteiligung der A-Verwaltung GmbH an der A-GmbH		Ja	Gesellschafter der A-GmbH	
Entwurf Umwandlungsbeschluss und KG-Gesellschaftsvertrag	§§ 192 UmwG, 2 GmbHG	Ja	Geschäftsführung A-GmbH	→ Form. E.3.1 u. → Form. E.3.2
Erstellung Umwandlungsbericht	§ 192 Abs. 1 UmwG	Ja, wenn nicht Verzicht aller Gesellschafter	Geschäftsführung A-GmbH	
Schreiben an Betriebsrat	§ 194 Abs. 2 UmwG	Ja, wenn vorhanden	Geschäftsführung A-GmbH	
Einladung zur Gesellschafterversammlung	§§ 49 GmbHG, 193 UmwG	Ja	Geschäftsführung A-GmbH	
Barabfindungsangebot	§ 207 UmwG	Ja, wenn kein Verzicht	Geschäftsführung A-GmbH	
Bestellung Prüfer des Barabfindungsangebotes	§§ 208, 30, 10 UmwG	Ja, wenn kein Verzicht	Geschäftsführung A-GmbH oder Gericht	
Prüfung der Angemessenheit des Barabfindungsangebotes	§§ 208, 30 UmwG	Ja, wenn kein Verzicht	bestellte Prüfer	
Umwandlungsbeschluss	§ 193 Abs. 1 UmwG	Ja	Gesellschafter	→ Form. E.3.1

Maßnahme	Rechtsgrundlage	Erforderlichkeit	Zuständigkeit	Formular
Feststellung des Gesellschaftsvertrages	§ 163 HGB	Ja	Gesellschafter	→ Form. E.3.2
Handelsregisteranmeldung	§§ 198, 222 UmwG	Ja	Gründer, Geschäftsführung der persönlich haftenden GmbH, KG	→ Form. E.3.6
Eintragung Handelsregister	§§ 201, 202 UmwG	Ja	Gericht	

III. Wirtschaftliche Vertragsziele

3 **Motive** und **Anlass** für einen **Formwechsel** sind in der Praxis so zahlreich, dass sie nicht abschließend aufgezählt oder auch nur klassifiziert werden können. Gerade der Wechsel von einer Kapital- in eine Personengesellschaft aber wird allgemein ordnungspolitisch begrüßt, da hier die unternehmerisch tätigen Personen eine persönliche Haftung übernehmen (SBB/*Sagasser/Luke* § 3 Rn. 6). Dieser ordnungspolitische Ansatz wird allerdings bei der Rechtsform der GmbH & Co. KG wieder negiert, weil die alleinige persönlich haftende Gesellschafterin ihrerseits eine beschränkt haftende Kapitalgesellschaft ist.

Auch im Hinblick auf die $^{1}/_{3}$-paritätische Mitbestimmung kann sich bei drohender Überschreitung der 500er (bis zu 2000er) Arbeitnehmergrenze der Formwechsel anbieten (→ Rn. 62). Insbesondere die ausufernde Rspr. zur verdeckten Gewinnausschüttung bei der Kapitalgesellschaft (vgl. statt vieler: BFH v. 27.3.2001, I R 27/99, BStBl. II 2002, 111; BFH v. 30.7.1997, I R 65/96, BStBl. II 1998, 402; BFH v. 15.3.2000, I R 74/99, BStBl. II 2000, 547; KStR 36; BMF v. 12.9.2002, DStR 2002, 1716) und das dadurch bestehende Risiko für den Bestand des Unternehmens führt zu einer deutlichen Flucht aus der Kapitalgesellschaft (*Schwedhelm* S. 1). Auch Publizitätspflichten für Kapitalgesellschaften können einen solchen Formwechsel nahe legen; allerdings sind diese bei einer Personengesellschaft, in welcher keine natürliche Person persönlich haftet, gleichwohl anwendbar, § 264a HGB. Steuerlich relevantes Motiv kann schließlich sein, dass gewollt ist, Anlaufverluste bei einer Investition direkt beim Gesellschafter anfallen zu lassen (SBB/*Sagasser* § 25 Rn. 2).

Die unterschiedliche Besteuerung von Personen- und Kapitalgesellschaften, die vor den Steuerreformen von 2000 und 2001, die zu einer vollständigen Umgestaltung der Besteuerung von Kapitalgesellschaften führten, eindeutig zugunsten der Personengesellschaft ausfiel, ist je nach Ertragsstärke des Unternehmens auch heute noch Anlass für den Wechsel (zurück) in die Personengesellschaft (*Priester* DStR 2005, 1020). Daran hat auch die Unternehmensteuerreform 2008 nichts Grundsätzliches geändert, da zwar der Körperschaftsteuersatz auf 15% und die Steuermesszahl für den Gewerbeertrag auf 3,5% gesenkt, gleichzeitig aber die Steuerbemessungsgrundlage verbreitert und der Abzug der Gewerbesteuer als Betriebsausgabe abgeschafft wurde (aA offenbar SBB/*Sagasser* § 25 Rn. 4). Zumindest bei hohen Gewerbesteuerhebesätzen und niedriger Thesaurierungsquote dürfte die Personengesellschaft auch weiterhin ertragsteuerliche Vorteile gegenüber der Kapitalgesellschaft haben.

4 Vor 2009 war insbesondere bei der Unternehmensnachfolge zu berücksichtigen, dass im Rahmen der Erbschaftsteuer regelmäßig die Besteuerung von Anteilen an Personengesellschaften günstiger ausfiel und dies daher Anlass für einen entsprechenden Formwechsel sein konnte (SSt/*Ihrig* UmwG § 226 Rn. 7; *Mayer* ZEV 2005, 325). Hier lag auch ein wesentlicher Grund, warum vor allem mittelständische Familienbetriebe gern in der Rechtsform der Personengesellschaft organisiert waren.

Aufgrund des BVerfG-Urt. v. 7.11.2006 (1 BvL 10/02, BStBl II 2007, 192) hat der Gesetzgeber mit dem ErbStReformG v. 24.12.2008 (BGBl. I 2008, 3018) idF des Gesetzes v. 22.12.2009 (BGBl. I 2009, 3950) zum 1.1.2009 eine Neuregelung des Erbschaftsteuer- und Bewertungsrechts vorgenommen und in § 13a ErbStG Betriebsvermögen und Anteile an Kapitalgesellschaften grundsätzlich (siehe aber → Rn. 4a) gleich behandelt. Damit ist dieser Grund für einen Formwechsel regelmäßig entfallen (siehe aber → Rn. 4a), woran sich auch nach den Änderungen durch Gesetz zur Anpassung des ErbStG (ErbStAnpG v. 4.11.2016, BGBl. I 2016, 2464) anknüpfend an die Rechtsprechung des BVerfG (BVerfG v. 17.12.2014, 1 BvL 21/12, BStBl. II 2015, 50) nichts Grundlegendes geändert hat.

Seit dem Systemwechsel durch das ErbStReformG (Rn. 4) besteht der wesentliche **Unterschied** zwischen Anteilen an Kapitalgesellschaften und solchen an Personengesellschaften iSd. § 15 Abs. 1 S. 1 Nr. 2 und Abs. 3 oder § 18 Abs. 4 S. 2 EStG nurmehr darin, dass die **Begünstigungen für Betriebsvermögen** gemäß §§ 13a ff. ErbStG (→ Form. A.6 Rn. 8c ff.) auf Anteile an Kapitalgesellschaften nur ab einer **Mindestbeteiligung** des Schenkers oder Erblassers von mehr als 25 % in gleicher Weise wie Betriebsvermögen Anwendung finden können (§ 13b Abs. 1 Nr. 3 Satz 1 ErbStG idF ErbStAnpG). Auf diese Mindestbeteiligung angerechnet werden neben den Anteilen, die dem Erblasser oder Schenker unmittelbar zuzurechnen sind, ggf. auch Anteile weiterer Gesellschafter, wenn der Erblasser oder Schenker und die weiteren Gesellschafter untereinander verpflichtet sind, über die Anteile nur einheitlich zu verfügen oder diese ausschließlich auf andere derselben Verpflichtung unterliegende Anteilseigner zu übertragen und das Stimmrecht gegenüber nichtgebundenen Gesellschaftern einheitlich auszuüben (§ 13b Abs. 1 Nr. 3 Satz 2 ErbStG idF ErbStAnpG). Ist der Abschluss einer dafür regelmäßig erforderlichen **„Poolvereinbarung"** (siehe dazu etwa *Klein-Wiele* NZG 2018, 1401 mwN) nicht möglich oder nicht erwünscht, kann dies Anlass für die Umwandlung einer Kapitalgesellschaft in eine GmbH & Co. KG sein. **4a**

Grund für einen Wechsel in die Form der Personengesellschaft kann jedoch weiterhin die Möglichkeit der Verrechnung von Verlusten mit anderen Einkünften der Gesellschafter sein und schließlich auch der durch das UntStRefG 2008 v. 14.8.2007 (BGBl. I 2007, 1912) eingeführte § 8c KStG sein, der zu einen ganz oder teilweisen Wegfall eines Verlustvortrages führen kann, wenn Gesellschaftsanteile übertragen werden. Dies kann insbesondere die vorweggenommene Erbfolge behindern (→ Form E.2 Rn. 94a). Allerdings ist zu beachten, dass bei der formwechselnden Kapitalgesellschaft bestehende Verlustvorträge im Rahmen des Formwechsels untergehen, § 4 Abs. 2 Satz 2 UmwStG. **5**

IV. Zivil-, Handels- und Gesellschaftsrecht

Die **Möglichkeiten** des **Formwechsels** einer Kapitalgesellschaft nach dem UmwG ergeben sich aus § 226 UmwG. Danach stehen für die Kapitalgesellschaft alle Möglichkeiten des § 191 Abs. 2 UmwG offen, also die Umwandlung in eine Gesellschaft bürgerlichen Rechts, in eine Personenhandels- oder Partnerschaftsgesellschaft, in eine andere Kapitalgesellschaft oder in eine eingetragene Genossenschaft (SHS/*Westerburg* UmwG § 226 Rn. 1; WM/*Vossius* UmwG § 226 Rn. 7; SBB/*Sagasser/Luke* § 26 Rn. 19; SSt/*Ihrig* UmwG § 226 Rn. 2). Dies bedeutet jedoch nicht, dass eine Umwandlung einer Kapitalgesellschaft auf eine andere Weise nicht möglich wäre. Diese Umwandlungen richten sich jedoch nicht nach dem UmwG, sondern sind zB auf dem Weg der Einbringung oder Totalausgliederung vorstellbar (WM/*Vossius* UmwG § 226 Rn. 13 ff.; Lutter/*Göthel* UmwG § 226 Rn. 3). **6**

Auf den **Formwechsel** einer **GmbH** in eine **GmbH & Co. KG** sind die §§ 190 bis 213, 226 und 228 bis 237 UmwG anzuwenden (SHS/*Winter* UmwG Einf. Rn. 20; WM/*Mayer* UmwG Einf. Rn. 177; SBB/*Sagasser/Luke* § 26 Rn. 3; SSt/*Schwanna* UmwG § 191 Rn. 15). Besondere Vorschriften für den Formwechsel einer GmbH in eine GmbH & Co. KG existieren nicht (SBB/*Sagasser/Luke* § 26 Rn. 161). **7**

Bei der Umwandlung in eine GmbH & Co. KG sind die allgemeinen Regeln des HGB zu beachten. Insbesondere muss der Unternehmensgegenstand nach § 228

Abs. 1 UmwG den Regeln über die Errichtung einer Personenhandelsgesellschaft iSv. § 105 Abs. 1, 2 HGB genügen, es muss also ein Handelsgewerbe betrieben oder das eigene Vermögen verwaltet werden und das Unternehmen in das Handelsregister einzutragen sein (SBB/*Sagasser/Luke* § 26 Rn. 158; Lutter/*Göthel* UmwG § 228 Rn. 3; BH/*Roth,* HGB Einl. v. § 105 Rn. 26). Die an der GmbH beteiligten Gesellschafter müssen auch Gesellschafter einer Personenhandelsgesellschaft sein können (Lutter/*Göthel* UmwG § 228 Rn. 4ff.). Im Gegensatz zu der Situation bei der GmbH können nicht Gesellschafter einer Personenhandelsgesellschaft sein zB eine Erbengemeinschaft und eine eheliche Gütergemeinschaft (Lutter/*Göthel* UmwG § 228 Rn. 7; BGH v. 20.4.1972, II ZR 143/69, BGHZ 58, 316). Nach der Entscheidung des BGH zur Parteifähigkeit der (Außen-)GbR (BGH v. 29.1.2001, II ZR 331/00, NJW 2001, 1056; zur Abgrenzung der neuen GbR-Rspr. zur Erbengemeinschaft jetzt BGH v. 11.9. 2002, XII ZR 187/00, DB 2002, 2527) hat er auch die Fähigkeit der GbR, Kommanditist zu sein, bejaht (BGH v. 16.7.2001, II ZB 23/00; ZIP 2001, 1713; zustimmend Lutter/*Göthel* UmwG § 228 Rn. 5; SSt/*Ihrig* UmwG § 228 Rn. 17; *K. Schmidt* NJW 2001, 993; bejahend auch als Komplementär LG Berlin v. 8.4.2003, DStR 2003, 1585; vgl. Palandt/*Strau* BGB § 705 Rn. 24a mwN).

8 Eine weitere Komplikation entsteht aus dem Identitätskonzept des Umwandlungsrechts. Das UmwG bestimmt in §§ 20 Abs. 1 Nr. 3, 194 Abs. 1 Nr. 3, 4 UmwG die Anteilsgewährpflicht gegenüber allen bisherigen Anteilsinhabern und geht von einer **Identität der Gesellschafter beim Formwechsel** aus, es müssen also grds. alle Gesellschafter der formwechselnden Gesellschaft auch nach der Umwandlung Gesellschafter sein (*Felix* BB 1993, 1848; SBB/*Sagasser/Luke* § 26 Rn. 161; BT-Drs. 12/6699 S. 98 zu § 39 UmwG aE; **aA** SSt/*Bärwaldt* UmwG § 197 Rn. 13). Dies gilt auch für den Formwechsel einer GmbH in eine GmbH & Co. KG.

Das UmwG lässt, anders als früher, nach dem ausdrücklichen Willen des Gesetzgebers den Formwechsel einer Kapitalgesellschaft in die GmbH & Co. KG oder umgekehrt zu (BT-Drs. 12/6699 S. 98 zu § 39 UmwG aE; SSt/*Schwanna* UmwG § 191 Rn. 2; SBB/*Sagasser/Luke* § 26 Rn. 160). Es hat jedoch Spezialregelungen für den Eintritt von persönlich haftenden Gesellschaftern im Rahmen eines Formwechsels lediglich für die KGaA geschaffen, §§ 221, 240 Abs. 2 UmwG. Dies gilt auch für den Austritt, vgl. §§ 236, 247 Abs. 2, 255 Abs. 3 UmwG, sowie den Sonderfall nach § 294 Abs. 1 S. 2 UmwG beim VVaG. Entsprechende Regelungen für die GmbH & Co. KG fehlen. Einem erweiterten Verständnis des § 194 Abs. 1 Nr. 4 UmwG, der uneingeschränkt von „einem beitretenden persönlich haftenden Gesellschafter" spricht, steht eigentlich der Wille des Gesetzgebers entgegen. Dieser hatte ausdrücklich benannt, dass die Identität des Gesellschafterkreises nur für die KGaA und in einem besonderen Fall für den VVaG durchbrochen wird (BT-Drs. 12/6699 S. 136; vgl. zum Ganzen SBB/*Sagasser/Luke* § 26 Rn. 161; kritisch SSt/*Bärwaldt* UmwG § 197 Rn. 13).

Die Literatur und Praxis hat sich in der Vergangenheit mit der als **Treuhandmodell** bekannt gewordenen vorübergehenden (treuhänderischen) Beteiligung der persönlich haftenden Gesellschafterin, die, wie in vielen Fällen einer GmbH & Co. KG üblich (*Felix* BB 1993, 1848), eigentlich am Gesellschaftsvermögen nicht beteiligt ist, bzw. mit dem Eintritt der zukünftigen Komplementärin vor dem Formwechsel in die dann formwechselnde Kapitalgesellschaft geholfen (*Priester* DStR 2005, 793 mwN; *ders.* JbFSt 2007/2008, 307 mwN; Lutter/*Göthel* UmwG § 228 Rn. 24; Lutter/*Decher/Hoger* UmwG § 202 Rn. 11). OFD Niedersachsen v. 7.2.2014 (DStR 2014, 533) hat klargestellt, dass sich die steuerliche Behandlung eines solchen Formwechsels nach § 9 UmwStG und nicht nach § 11 UmwStG richtet.

8a Seit **BGH v. 9.5.2005,** II ZR 29/03 (DStR 2005, 1539), in dem der BGH in einem obiter dictum von einem „im Zuge des Formwechsels neu hinzutretenden Gesellschafter" sprach, mehren sich in der Literatur die Stimmen, die von einem **Ende des Treuhandmodells** ausgehen (Lutter/*Göthel* UmwG § 228 Rn. 25; Lutter/

Decher/Hoger UmwG § 202 Rn. 12 SSt/*Ihrig* UmwG § 228 Rn. 23 *Baßler* GmbHR 2007, 1252; *Simon/Leuering* NJW-Spezial 2005, 459; *Priester* JbFSt 2007/2008, 308; *Bärwaldt/Wisniewski* in Beck Hdb. PersGes. § 10 Rn. 67ff.). *Goette,* damals Vorsitzender des II. Zivilsenats des BGH, kennzeichnete die genannte Entscheidung als Indiz dafür, dass der BGH letztendlich jedenfalls den Eintritt der GmbH als zukünftiger Komplementärin gleichzeitig mit dem Formwechsel in die KG zulassen wolle (*Goette* JbFSt 2007/2008, 308f.). Es fehlt jedoch nicht an kritischen Stimmen, die darauf hinweisen, dass es bislang keine die Registergerichte bindende Entscheidung gäbe und es sich deshalb in der Praxis als notwendig erweisen könne, unter Berücksichtigung des gesetzgeberischen Willens auf die Treuhandlösung zurückzugreifen (SBB/*Sagasser/Luke* § 26 Rn. 165; *Priester* JbFSt 2007/2008, 308; *Baßler* GmbHR 2007, 1252; *Goette* JbFSt 2007/2008, 308f.; Lutter/*Göthel* UmwG § 228 Rn. 28; Kallmeyer/*Meister/Klöcker* UmwG § 191 Rn. 15; ausdrücklich noch die Gesellschafterstellung vor dem Formwechsel betonend DPM/*Möhlenbrock* UmwStG § 9 Rn. 4 und § 1 Rn. 33 mit Hinweis auf HMB/*Greve* UmwStG § 9 Rn. 15ff.). Rechtspfleger und Richter des Registergerichts München haben sich im Juni 2015 darauf verständigt, dass ein treuhänderischer Erwerb von Kapitalanteilen bei einer formwechselnden Umwandlung von einer GmbH & Co. KG in eine Kapitalgesellschaft bzw. umgekehrt nicht mehr erforderlich sei, da der Bei- oder Austritt von Gesellschaftern im Zuge des Formwechsels bei Zustimmung aller Beteiligter grundsätzlich als zulässig anzusehen sei. Ob sich dem alle anderen Registergerichte anschließen werden, ist derzeit offen.

Wegen der weiter bestehenden Unsicherheit schlägt das Formular beide Alternativen vor, den Beitritt mit aufschiebender Bedingung auf das Wirksamwerden des Formwechsels und den Weg über das Treuhandmodell. Richtigerweise sollte vorab eine Anfrage bei dem zuständigen Registergericht, auch in München, erfolgen und, wenn nicht das Registergericht vorab ausdrücklich bestätigt, dass ein Eintritt aufschiebend bedingt auf das Wirksamwerden des Formwechsels zulässig ist, das Treuhandmodell gewählt werden (vgl. den nahezu identischen Vorschlag bei Lutter/*Göthel* UmwG § 228 Rn. 28).

Wählt man den **Weg des Treuhandmodells,** muss, wenn die zukünftige Komple- **9**
mentär-GmbH noch nicht Gesellschafterin der umzuwandelnden GmbH sein sollte, noch vor dem Formwechsel die neue persönlich haftende Gesellschafterin (hier die A-Verwaltungs GmbH) als Gesellschafterin aufgenommen werden (vgl. *Priester* DStR 2005, 1020; SSt/*Ihrig* UmwG § 228 Rn. 23; Beck PersGes-HB/*Bärwaldt/Wisniewski* § 10 Rn. 68f.; Lutter/*Göthel* UmwG § 228 Rn. 24). Ausreichend ist jedoch auch beim Treuhandmodell ein Beitritt noch nach der Fassung des Formwechselbeschlusses aber noch vor dem Wirksamwerden der Umwandlung durch Eintragung in das Register (BayObLG v. 4.11.1999, 3 ZBR 333/99, NZG 2000, 166).

Die Aufnahme der als Komplementärin vorgesehenen GmbH kann, da diese bei einer GmbH & Co. KG grundsätzlich keinen Kapitalanteil halten soll, mit einem von einem der Gesellschafter abgetretenen minimalen Anteil – im Formular 10.– EUR, nachdem die bisherige Mindesteinlage nach § 5 Abs. 1 GmbHG aF durch das MoMiG v. 23.10.2008 (BGBl. I 2008, 2026) entfallen ist – erfolgen, der von der Komplementärin nur treuhänderisch gehalten wird (*Priester* DStR 2005, 1020; WM/*Widmann* UmwStG § 14 aF Rn. 80). Wegen der Abwicklung der Treuhand wird auf die Vorschläge in → Form. E.4.1 Ziff. 3d und → Form. E.4.3 – und die dortigen Erläuterungen (→ Form. E.4 Rn. 19ff., und → Form. E.4 Rn. 105) verwiesen.

Wählt man hingegen den **aufschiebend bedingten Beitritt,** so ist lediglich ein entsprechender Beschluss zu fassen (SSt/*Ihrig* UmwG § 228 Rn. 23; SBB/*Sagasser/Luke* § 26 Rn. 163; SBB/*Gageik* § 26 Rn. 254A; SSt/*Leonard* UmwG § 202 Rn. 22).

Voraussetzung für die Durchführung eines Formwechsels von einer GmbH in eine **10**
GmbH & Co. KG ist die **Erstellung eines Umwandlungsberichtes,** der eine ausführliche rechtliche und wirtschaftliche Erläuterung sowie Begründung der beabsich-

tigten Umwandlung enthält – §§ 230 Abs. 1, 192 Abs. 1 UmwG. Hierzu zählt auch das künftige Beteiligungsverhältnis der Gesellschafter. Notwendiger Bestandteil des Umwandlungsberichtes ist der Entwurf des zu fassenden Umwandlungsbeschlusses – § 192 Abs. 1 Satz 3 UmwG – einschließlich der notwendigen allgemeinen Angaben nach § 194 Abs. 1 UmwG (Lutter/*Göthel* UmwG § 234 Rn. 3; Kallmeyer/*Blasche* UmwG § 234 Rn. 1 ff.).

Im Gegensatz zu anderen Formwechseln, bei denen das Recht der neu entstehenden Gesellschaft einen formellen Gesellschaftsvertrag vorschreibt – § 2 Abs. 1 GmbHG, §§ 23 Abs. 1, 280 Abs. 1 AktG, § 3 PartGG, war beim Formwechsel in eine Personengesellschaft die ausdrückliche (schriftliche) Feststellung eines Gesellschaftsvertrages bislang nicht erforderlich (Kallmeyer/*Blasche* UmwG § 234 Rn. 8 ff.; Lutter/*Göthel* UmwG § 234 Rn. 39). Durch die Änderung des § 234 Nr. 3 UmwG durch das Zweite Gesetz zur Änderung des UmwG v. 19.4.2007 (BGBl. I 2007, 542) ist nunmehr auch für Personengesellschaften die Aufnahme des Gesellschaftsvertrages in den Umwandlungsbeschluss vorgeschrieben. Bei den Personenhandelsgesellschaften bzw. der GbR gelten in Ermangelung von speziellen Regelungen eines Gesellschaftsvertrages, der im Allgemeinen auch mündlich bzw. stillschweigend geschlossen werden kann (BH/*Roth* HGB § 105 Rn. 54; Palandt/*Sprau* BGB § 705 Rn. 12), die §§ 105 ff. HGB bzw. (ergänzend) die §§ 705 ff. BGB (BH/*Roth* HGB § 105 Rn. 15; Lutter/*Göthel* UmwG § 234 Rn. 40; SSt/*Ihrig* UmwG § 234 Rn. 14). Nunmehr schreibt § 234 Nr. 3 UmwG für den Fall des Formwechsels die notarielle Beurkundung des Gesellschaftsvertrages vor (vgl. SSt/*Ihrig* UmwG § 234 Rn. 14; *Mayer/Weiler* MittBayNot 2007, 368; *Heckschen* DNotZ 2007, 444). Inhaltlich kann allerdings weiterhin zB für eine oHG nur die Geltung der gesetzlichen Regelungen vereinbart werden, auch wenn diese den Erfordernissen der Praxis nur selten gerecht werden dürften (Lutter/*Göthel* UmwG § 234 Rn. 41); jedenfalls zur Einschränkung der Register-Publizität kann ein möglichst einfacher Gesellschaftsvertrag zunächst mit beurkundet, parallel aber ein ausführlicher privatschriftlich aufschiebend bedingt auf die Eintragung abgeschlossen werden. Gleichwohl ist es in jedem Fall sinnvoll, einen ausführlichen Gesellschaftsvertrag schriftlich zu vereinbaren (Lutter/*Göthel* UmwG § 234 Rn. 41; SSt/*Ihrig* UmwG § 234 Rn. 17; vgl. auch → Rn. 88), schon um zB die steuerlich und haftungsrechtlich notwendigen Regelungen über die verschiedenen Gesellschafterkonten der Kommanditisten eindeutig festzulegen (→ Form. E.3.2 § 3 Abs. 4).

Ein Umwandlungsbericht kann nur dann entfallen, wenn alle Gesellschafter der umzuwandelnden GmbH hierauf verzichten – § 192 Abs. 3 UmwG (SHS/*Winter* UmwG § 192 Rn. 22; SSt/*Bärwaldt* UmwG § 192 Rn. 24).

11 Der **Umwandlungsbeschluss** kann nur in einer Versammlung der Anteilsinhaber gefasst werden – § 193 Abs. 1 Satz 2 UmwG. Diese Vorschrift ist, da es sich um eine Grundentscheidung handelt, zwingend. Von ihr kann nicht durch eine anders lautende Satzungsregelung abgewichen werden (WM/*Weiler* UmwG § 193 Rn. 15; SSt/*Bärwaldt* UmwG § 193 Rn. 8). Beschlüsse außerhalb einer Versammlung, etwa in einem anderweitig häufig zugelassenen Umlaufverfahren, sind unbeachtlich, ebenso außerhalb einer Versammlung abgegebene Zustimmungserklärungen (Lutter/*Decher/Hoger* UmwG § 193 Rn. 3; SHS/*Winter* UmwG § 193 Rn. 3; SBB/*Sagasser/Luke* § 26 Rn. 36). Zulässig ist jedoch die Stellvertretung in der Gesellschafterversammlung bei der Beschlussfassung, soweit der Gesellschaftsvertrag dies erlaubt oder ein entsprechender zustimmender Beschluss gefasst wurde (Lutter/*Decher/Hoger* UmwG § 193 Rn. 4; SHS/*Winter* UmwG § 193 Rn. 8; WM/*Weiler* UmwG § 193 Rn. 19; SSt/*Bärwaldt* UmwG § 193 Rn. 8).

Beim Formwechsel in eine KG genügt für den Umwandlungsbeschluss nach § 233 Abs. 2 UmwG eine Mehrheit von 75% der in der Gesellschafterversammlung abgegebenen Stimmen. Mit diesem Mehrheitserfordernis ist, was nunmehr durch die Neufassung von § 234 Nr. 3 UmwG klargestellt ist, auch der Gesellschaftsvertrag der KG zu fassen (Lutter/*Göthel* UmwG § 234 Rn. 40; SSt/*Ihrig* UmwG § 234 Rn. 19f.; *Mayer/Weiler* MittBayNot 2007, 368). In der Satzung der umwandelnden GmbH können eine größere Mehrheit sowie weitere Erfordernisse vorgesehen sein, § 234 Abs. 2 Satz 2 UmwG.

Der Umwandlungsbeschluss bedarf nach § 193 Abs. 3 Satz 1 UmwG der notariellen Beurkundung ebenso wie etwaige nach dem UmwG erforderliche Zustimmungserklärungen einzelner Anteilsinhaber. Derartige Zustimmungserfordernisse ergeben sich bei der Umwandlung einer GmbH insbesondere aus § 193 Abs. 2 UmwG iVm. den häufig anzutreffenden Vinkulierungsklauseln in der Gesellschaftssatzung (Lutter/*Decher/Hoger* UmwG § 193 Rn. 12; SBB/*Sagasser/Luke* § 26 Rn. 63) sowie aus gesetzlichen Spezialregelungen, beim Formwechsel einer GmbH in eine KG vor allem aus § 233 Abs. 2 Satz 3 UmwG bzgl. des Komplementärs. Die notarielle Beurkundung der Zustimmungserklärungen erfordert die für die Beurkundung von Willenserklärungen vorgeschriebene Form (§§ 8ff. BeurkG); das nur vom Notar unterschriebene Wahrnehmungs-(Tatsachen-)Protokoll nach §§ 36ff. BeurkG wahrt die Form nicht. Der Umwandlungsbeschluss selbst kann hingegen auch im Wege der Wahrnehmungsbeurkundung nach §§ 36ff. BeurkG beurkundet werden (Kallmeyer/*Zimmermann* UmwG § 193 Rn. 28).

Der Mindestinhalt des Umwandlungsbeschlusses ergibt sich für die KG aus § 234 Nr. 1, 2 UmwG. Danach muss der Beschluss enthalten Angaben über den Sitz der Gesellschaft – § 234 Nr. 1 UmwG – sowie über die Kommanditisten und den jeweiligen Betrag der Einlage – § 234 Nr. 2 UmwG, sowie seit April 2007 nunmehr auch den Gesellschaftsvertrag – § 234 Nr. 3 UmwG (Lutter/*Göthel* UmwG § 234 Rn. 39; SSt/*Ihrig* UmwG § 234 Rn. 14; *Mayer/Weiler* MittBayNot 2007, 368; *Heckschen* DNotZ 2007, 444).

Ob bei einer **Stellvertretung** bei der Beschlussfassung oder der Zustimmungserklärung die Vollmacht der notariellen Beurkundung oder wenigstens der notariellen Beglaubigung bedarf, ist streitig (→ Form. E.1 Rn. 10). Nach der hier vertretenen Ansicht bedürfen unwiderrufliche Vollmachten für Zustimmungserklärungen nach § 193 Abs. 3 UmwG der notariellen Beurkundung, im Übrigen bedürfen Vollmachten nur zB der Textform nach § 47 Abs. 3 GmbHG, § 126b BGB. Gleichwohl sollte im Hinblick auf § 193 Abs. 3 UmwG derzeit zur Vermeidung von Schwierigkeiten nach Möglichkeit die notarielle Beurkundung der Vollmacht gewählt werden. 12

Zu der Frage, ob auch der **Entwurf** eines **Abfindungsangebotes** nach § 207 UmwG für die Gesellschafter, die dem Formwechsel widersprechen, notwendiger Inhalt bereits des Umwandlungsberichtes ist, → Form. E.1 Rn. 11. 13

Der **Widerspruch** der **Gesellschafter,** die von einem Barabfindungsangebot Gebrauch machen wollen, muss zur Niederschrift des Notars über den Formwechselbeschluss erklärt werden – § 207 UmwG. Zum Streitstand, ob die Gesellschafter, die nicht Anteilsinhaber der umgewandelten Gesellschaft sein wollen, auch gegen den Umwandlungsbeschluss stimmen müssen, → Form. E.1 Rn. 12. Zuzustimnmen ist der Ansicht, die einer Verknüpfung von Widerspruch und Ablehnung entgegentritt. 14

Eine **Vermögensaufstellung** ist nicht mehr erforderlich , → Form. E.1 Rn. 14. 15

einstweilen frei 16

Der Umwandlungsbericht kann nach § 192 Abs. 2 UmwG entfallen, wenn alle Gesellschafter der umzuwandelnden Gesellschaft auf den Bericht verzichten. Hierauf wird die Gesellschaft, schon um den Aufwand der Erstellung und die damit verbundenen Kosten zu vermeiden, in der Regel hinwirken (vgl. SHS/*Winter* UmwG § 192 Rn. 22; SSt/*Bärwaldt* UmwG § 192 Rn. 23ff.). Das Formular geht von einem entsprechenden Verzicht aus. Der Verzicht ist nach § 192 Abs. 2 Satz 2 UmwG zwingend notariell zu beurkunden in der für Willenserklärungen vorgeschriebenen Form, §§ 8ff. BeurkG (SSt/*Bärwaldt* UmwG § 192 Rn. 24). 17

Trotz eines Verzichtes auf einen Umwandlungsbericht und die Streichung der Regelung über die Vermögensaufstellung wäre über §§ 208, 30 Abs. 2 UmwG jedoch die 18

Prüfung der **Angemessenheit** des **Barabfindungsangebotes** zwingend vorgeschrieben. Hierzu → Form. E.1 Rn. 15.

Zur Bestellung der Prüfer → Form. E.1 Rn. 15.

19 Das Formular geht davon aus, dass das neue **Beteiligungsverhältnis in der KG** dem an der GmbH entspricht. Nach dem Grundsatz der Gesellschafteridentität gilt dies zwingend für den Kreis der Gesellschafter (→ Rn. 8). Grundsätzlich entspricht auch das Verhältnis der Beteiligungen an dem neuen Rechtsträger exakt dem an dem alten Rechtsträger, auch wenn eine wertmäßige Identität nicht zwingend ist (WM/*Weiler* UmwG § 194 Rn. 17, 21 ff.; Lutter/*Decher/Hoger* UmwG § 202 Rn. 13 ff.; SHS/*Winter* UmwG § 202 Rn. 7; SBB/*Sagasser/Luke* § 26 Rn. 126; DPM/*Patt* UmwStG § 25 Rn. 8; weitergehend SSt/*Bärwaldt* UmwG § 194 Rn. 7 ff.). Die nach § 234 Nr. 2 UmwG zu benennenden Hafteinlagen betreffen nur die Haftung der Kommanditisten im Außenverhältnis und müssen nicht mit dem internen Beteiligungsverhältnis bzw. etwaiger im Innenverhältnis weiter zu leistenden Pflichteinlagen übereinstimmen, auch wenn dies in der Praxis die Regel ist (Lutter/*Göthel* UmwG § 234 Rn. 32; SSt/*Ihrig* UmwG § 234 Rn. 8).

20 Mit der **Eintragung im Handelsregister** ist die GmbH & Co. KG entstanden (SBB/*Sagasser/Luke* § 26 Rn. 150; SSt/*Leonard* UmwG § 202 Rn. 5). Die Eintragung wirkt unabhängig von etwaigen Mängeln des Formwechsels konstitutiv – § 202 UmwG. Benachteiligte sind auf eventuelle Schadenersatzansprüche verwiesen – § 205 UmwG. Verantwortlich sind die Mitglieder des jeweiligen Vertretungsorgans, hier also die Geschäftsführer der persönlich haftenden Gesellschafterin der KG (Lutter/*Decher/Hoger* UmwG § 205 Rn. 2; Lutter/*Grunewald* UmwG § 25 Rn. 3; SHS/*Winter* UmwG § 205 Rn. 5; SSt/*Leonard* UmwG § 205 Rn. 3). Es handelt sich nach dem Wortlaut des § 205 UmwG um eine Organ- und nicht um eine Handelndenhaftung. Daneben besteht die gesetzliche Haftung der persönlich haftenden Gesellschafterin, nicht dagegen die Gründerhaftung aus §§ 9, 9a GmbHG, weil diese nur in Bezug auf eine etwaige Neugründung der als persönlich haftende Gesellschafterin vorgesehenen GmbH greifen würde, nicht aber für die Umwandlung, denn durch diese entsteht die KG.

21–24 *einstweilen frei*

V. Handelsbilanzrecht

25 Handelsrechtlich besteht eine Identität des Rechtsträgers, es findet keine Übertragung statt und es werden keine neuen Gesellschaftsrechte begründet (HMB/*Bilitewski* UmwStG § 25 Rn. 41; SHS/*Schmitt* UmwStG § 25 Rn. 2; SSt/*Moszka* UmwStG Anh. Rn. 626, 627; SBB/*Bula/Thees* § 27 Rn. 1). Aus diesem Grund ist handelsbilanziell die **Buchwertfortführung zwingend** vorgeschrieben (HMB/*Greve* UmwStG § 9 Rn. 36; SBB/*Bula/Thees* § 27 Rn. 7; SHS/*Schmitt* UmwStG § 9 Rn. 2; DPM/*Möhlenbrock* UmwStG § 9 Rn. 13). Das Wahlrecht des § 24 UmwG besteht nicht. Eine Veränderung der Werte der Handelsbilanz darf nicht erfolgen. Die Aufdeckung stiller Reserven ist handelsbilanziell nicht möglich. Handelsrechtlich ist daher weder eine besondere Schlussbilanz bei der formwechselnden Gesellschaft noch eine besondere Eröffnungsbilanz bei der neuen Gesellschaft aufzustellen (SBB/*Bula/Thees* § 27 Rn. 7; WM/*Widmann* UmwG § 24 Rn. 196; SSt/*Moszka* UmwStG Anh. Rn. 653; DPM/*Patt* UmwStG § 25 Rn. 11). Die Bilanzansätze der formwechselnden Gesellschaft sind vielmehr unter Beachtung des Prinzips der Bilanzkontinuität zu übernehmen (SBB/*Bula/Thees* § 27 Rn. 7; DPM/*Möhlenbrock* UmwStG § 9 Rn. 13; HMB/*Greve* UmwStG § 9 Rn. 36). Eine Vermögensaufstellung ist nicht mehr erfordelich; § 192 Abs. 2 UmwG aF ist durch das Zweite Gesetz zur Änderung des UmwG v. 19.4.2007 (BGBl. I 2007, 542) gestrichen worden (→ Rn. 15). Zur steurlichen Bilanzierung s. → Rn. 31.

Handelsbilanziell gibt es wegen der zwingenden Buchwertfortführung und der fehlenden Bilanzerstellung **keinen Stichtag,** auf den eine Rückbeziehung erfolgen könnte (SBB/*Bula/Thees* § 27 Rn. 10; WM/*Widmann* UmwG § 24 Rn. 482; RS HFA 41 Tz. 3; SSt/*Moszka* UmwStG Anh. Rn. 630). Zum steuerlichen Stichtag wahlweise s. → Rn. 38. **26**

Gleichwohl kann sich **aus anderen Gründen** die Notwendigkeit der Festlegung eines **Stichtages** für die Umwandlung ergeben, etwa wenn es im Rahmen des Formwechsels zu einer Verschiebung der Beteiligungsverhältnisse kommt (zur Zulässigkeit einer solchen Verschiebung vgl. LG Bonn v. 22.7.1997, 11 T 5/97, MittRhNotK 1998, 288; Lutter/*Decher/Hoger* UmwG § 202 Rn. 14; SHS/*Winter* UmwG § 202 Rn. 7; DPM/*Patt* UmwStG § 25 Rn. 8; SBB/*Sagasser/Luke* § 26 Rn. 126; weitergehend SSt/*Bärwaldt* UmwG § 194 Rn. 7 ff.). **27**

einstweilen frei **28, 29**

VI. Ertragsteuern

Das Formular geht von einem auch auf der Ebene der Gesellschafter **rein inländischen Sachverhalt** aus. Sollte bei einem Gesellschafter das Besteuerungsrecht der Bundesrepublik Deutschland eingeschränkt sein, müsste geprüft werden, ob durch die Regelung des § 1 Abs. 4 UmwStG die Anwendbarkeit des UmwStG auf diesen Formwechsel eingeschränkt oder ausgeschlossen ist (zu Einzelheiten vgl. DPM/*Möhlenbrock* UmwStG § 1 Rn. 166 ff.; RHL/*Graw* UmwStG § 1 Rn. 171 ff.; UmwSt-Erl. 2011, BMF v. 11.11.2011, BStBl. I 2011, 1314 Tz. 01.53).

Steuerlich richtet sich der Formwechsel von der GmbH in die GmbH & Co. KG über § 1 Abs. 1 Nr. 2 UmwStG nach **§§ 9, 18 UmwStG,** wobei § 9 eine entsprechende Anwendung der §§ 3 bis 8 und 10 UmwStG normiert. Da lediglich ein Wechsel der Rechtsform erfolgt, die wirtschaftliche Identität des Rechtsträgers aber erhalten bleibt (HMB/*Biliteuski* UmwStG § 25 Rn. 6; SHS/*Schmitt* UmwStG § 25 Rn. 2; BFH v. 4.12.1996, II B 116/96, BStBl. II 1997, 661; SBB/*Bula/Thees* § 27 Rn. 1; SSt/*Moszka* Anh. UmwStG Rn. 630; RHL/*Birkemeier* UmwStG § 9 Rn. 2), sollte der Formwechsel eigentlich steuerlich problemlos sein. Die Umwandlung hat wegen des Wechsels der Gesellschaftsform von einer Kapitalgesellschaft in eine Personen-(handels-)gesellschaft jedoch einen Wechsel des Steuersubjekts zur Folge (SSt/*Moszka* UmwStG Anh. Rn. 633 ff.; DPM/*Möhlenbrock* UmwStG § 9 Rn. 14; RHL/*Birkemeier* UmwStG § 9 Rn. 2). Die Besteuerung erfolgt nicht mehr wie bisher bei der Gesellschaft, sondern anteilig direkt bei den Gesellschaftern als Mitunternehmer (DPM/*Möhlenbrock* UmwStG § 9 Rn. 11; SHS/*Schmitt* UmwStG § 9 Rn. 3; SSt/*Moszka* UmwStG Anh. Rn. 636 f.; RHL/*Birkemeier* UmwStG § 9 Rn. 2). Steuerlich ist daher von einem Rechtsträgerwechsel auszugehen (DPM/*Möhlenbrock* UmwStG § 9 Rn. 11; SHS/*Schmitt* UmwStG § 9 Rn. 8; SSt/*Moszka* UmwStG Anh. Rn. 634; RHL/*Birkemeier* UmwStG § 9 Rn. 2). Durch das SEStEG v. 7.12.2006, BGBl. I 2006, 2782 wurde der frühere § 14 UmwStG 1995 materiell im Wesentlichen unverändert in den § 9 UmwStG 2006 überführt (*Lemaitre/Schönherr* GmbHR 2007, 173; DPM/*Möhlenbrock* UmwStG § 9 Rn. 1; RHL/*Birkemeier* UmwStG § 9 Rn. 1). Neben den steuerbilanziellen Auswirkungen bei der formwechselnden GmbH (s. sogleich Rn. 31 ff.) ist insbes. die erweiterte Zurechnung der offen Rücklagen gem. § 7 UmwStG als Einkünfte aus Kapitalvermögen an die bisherigen GmbH Gesellschafter, und zwar seit dem SEStEG v. 7.12.2006, aaO, auch für Gesellschafter mit Anteilen iSd. § 17 EStG oder im Betriebsvermögen mittels Eliminierung aus dem Übernahmeergebnis (§ 4 Abs. 5 Satz 2 UmwStG) zu beachten (hierzu ausführlich → Form. A.6 Rn. 104 ff.). **30**

Während handelsrechtlich keine Schlussbilanz aufzustellen ist (→ Rn. 25), schreibt § 9 Satz 2 UmwStG die **Aufstellung** einer **Übertragungsbilanz** durch die Kapital- **31** gesellschaft und einer **Eröffnungsbilanz** durch die Personengesellschaft zwingend vor (SSt/*Moszka* UmwStG Anh. Rn. 659; DPM/*Möhlenbrock* UmwStG § 9 Rn. 14; RHL/*Birkemeier* UmwStG § 9 Rn. 48f.; UmwSt-Erl. 2011, BMF v. 11.11.2011, BStBl. I 2011, 1314 Tz. 03.01). Mögliche steuerbilanzielle Konsequenzen könnten sich aus dem Verweis von § 9 S. 1 UmwStG auf §§ 3 Abs. 1 und Abs. 2, 4 Abs. 1 UmwStG ergeben. Relevant ist hier insbesondere § 3 Abs. 2 Satz 1 UmwStG. Nach dessen Wortlaut hat die Gesellschaft auf Antrag ein **Wahlrecht.** Sie kann die „übergehenden Wirtschaftsgüter ... einheitlich mit dem Buchwert oder einem höheren Wert", höchstens jedoch dem gemeinen Wert ansetzen. Da es sich um ein eigenständiges steuerrechtliches Wahlrecht handelt (UmwSt-Erl. 2011, BMF v. 11.11.2011, BStBl. I 2011, 1314 Tz. 03.04), besteht keine Bindung an die Handelsbilanz, auch nicht an die der Übernehmerin (keine sog. „Diagonale Maßgeblichkeit").

32 Zum UmwStG 1995 war dies streitig. Die FinVerw. berief sich auf den Maßgeblichkeitsgrundsatz aus § 5 Abs. 1 Satz 2 EStG (UmwSt-Erl. 1998, BMF v. 25.3.1998, BStBl. I 1998, 268 Tz. 03.01). Die ganz herrschende Ansicht war, ebenso wie in der 2. Auflage hier vertreten, anders und verwies auf die entsprechenden spezialgesetzlichen Regelungen. Der BFH hat im Urt. v. 19.10.2005, I R 38/04, BStBl. II 2006, 568, ausdrücklich entgegen der Auffassung der FinVerw. bestätigt, dass trotz handelsrechtlich zwingend vorgeschriebener Fortführung der Buchwerte steuerlich ein anderer Wertansatz gewählt werden kann (auch für die Verschmelzung bestätigt durch BFH v. 5.6.2007, I R 97/06, DStR 2007, 1767). Dieser Standpunkt ist von der FinVerw. ausdrücklich anerkannt worden (BMF v. 4.7.2006, BStBl. I 2006, 445). Damit ist der Streit beendet. Zudem ergibt sich aus der Gesetzesbegründung zu § 3 UmwStG („Die Wertansätze erfolgen unabhängig von den Ansätzen in der Handelsbilanz – der Grundsatz der Maßgeblichkeit der Handelsbilanz für die Steuerbilanz gilt insoweit nicht mehr", BT-Drs. 16/2710 S. 37), dass der Maßgeblichkeitsgrundsatz – zumindest im neuen UmwStG – nicht gelten soll (*Lemaitre/Schönherr* GmbHR 2007, 173).

33 Der **Ansatz des gemeinen Werts** ist der **Regelfall** (DPM/*Möhlenbrock/Pung* UmwStG § 3 Rn. 12ff.; HMB/*Mertgen* UmwStG § 3 Rn. 8; SBB/*Schlösser/Reichl/Rapp* § 11 Rn. 59ff.; *Lemaitre/Schönherr* GmbHR 2007, 173; UmwSt-Erl. 2011, BMF v. 11.11.2011, BStBl. I 2011, 1314 Tz. 03.07). § 3 Abs. 1 Satz 1 UmwStG lautet entsprechend: „... sind die übergehenden Wirtschaftsgüter ... in der steuerlichen Schlussbilanz ... mit dem gemeinen Wert anzusetzen". Nur auf Antrag, der gemäß § 3 Abs. 2 UmwStG spätestens bis zur erstmaligen Abgabe der steuerlichen Schlussbilanz bei dem für die Besteuerung der übertragenden Körperschaft zuständigen Finanzamt, beim hiesigen Formwechsel also das für die Kapitalgesellschaft GmbH zuständige Finanzamt, zu stellen ist, kann ein anderer Wertansatz gewählt werden, wobei erst im Rahmen des Gesetzgebungsverfahrens neben dem Buchwert auch ein Zwischenwert (zwischen Buch- und Teilwert) zugelassen wurde (HMB/*Mertgen* UmwStG § 3 Rn. 8; DPM/*Möhlenbrock/Pung* § 3 Rn. 21ff.; SBB/*Schlösser/Reichl/Rapp* § 11 Rn. 77; UmwSt-Erl. 2011, BMF v. 11.11.2011, BStBl. I 2011, 1314 Tz. 03.10).

Die Wahl des Wertansatzes erfolgt in der alten Gesellschaftsform der Kapitalgesellschaft. § 3 UmwStG richtet sich nur an die „übertragende Körperschaft", § 4 Abs. 1 UmwStG schreibt vor, dass dieser Wert von dem „übernehmenden Rechtsträger" zu übernehmen ist (HMB/*Bohnhardt* UmwStG § 4 Rn. 35; DPM/*Pung/Werner* UmwStG § 4 Rn. 8; *Lemaitre/Schönherr* GmbHR 2007, 173; UmwSt-Erl. 2011, BMF v. 11.11. 2011, BStBl. I 2011, 1314 Tz. 04.01).

34 Das **steuerliche Wahlrecht** kann nach § 3 Abs. 2 Satz 1 Nr. 1 UmwStG nur dann ausgeübt werden, **wenn** das Vermögen **bei der übernehmenden Personengesellschaft Betriebsvermögen** wird (UmwSt-Erl. 2011, BMF v. 11.11.2011, BStBl. I 2011, 1314 Tz. 03.10). Dieser Fall liegt dem Formular zugrunde.

Handelt es sich bei der aus dem Formwechsel hervorgehenden Personengesellschaft um eine sog. Einunternehmer-Personengesellschaft, in der die Kommanditistin ihren Anteil treuhänderisch für eine Komplementärkapitalgesellschaft hält (sog. Treuhandmodell), so sind die Voraussetzungen einer Buchwertfortführung gemäß § 3 Abs. 2

Satz 1 Nr. 1 UmwStG nicht erfüllt, weil die übergehenden Wirtschaftsgüter nicht Betriebsvermögen der übernehmenden Personengesellschaft werden (OFD Niedersachsen v. 7.2.2014, GmbHR 2014, 504). Deren Betriebsvermögen ist steuerlich allein der Komplementärin zuzurechnen, weil die Treuhänder-Kommanditistin kein Mitunternehmer ist (BFH v. 3.2.2010, IV R 26/07, BStBl. II 2010, 751; zustimmend HMB/*Werneburg* UmwStG § 1 Rn. 89; vgl. auch → Form. D.3 Rn. 25).

Erfolgt ein Formwechsel in eine (nicht gewerblich geprägte bzw. tätige) Personengesellschaft, deren Anteile von den Gesellschaftern im Privatvermögen gehalten werden, so sind zwingend die stillen Reserven zu realisieren, das Betriebsvermögen also in der Schlussbilanz mit dem gemeinen Wert – § 3 Abs. 1 UmwStG, § 9 Abs. 2 BewG – anzusetzen (UmwSt-Erl. 2011, BMF v. 11.11.2011, BStBl. I 2011, 1314 Tz. 03.14). Andernfalls wäre die Besteuerung der stillen Reserven nicht sichergestellt (SHS/*Schmitt* UmwStG § 3 Rn. 1; HMB/*Mertgen* UmwStG § 3 Rn. 112; WM/*Martini* UmwStG § 3 Rn. 16; zur Abgrenzung gemeiner Wert und Teilwert vgl. BFH v. 15.2.2001, III R 20/99, DStR 2001, 782). Selbst wenn Anteile einer nicht Einkünfte iSv. § 15 EStG erzielenden Gesellschaft bei einem der Gesellschafter im Betriebsvermögen gehalten werden (Zebragesellschaft), ist ein Ansatz unterhalb des gemeinen Wertes unzulässig, das steuerliche Wahlrecht nicht gegeben (UmwSt-Erl. 2011, BMF v. 11.11.2011, BStBl. I 2011, 1314 Tz. 03.16, 08.03; aA *FGS/BDI* zu 03.16). Hier ist ggf. eine gewerbliche Prägung nach § 15 Abs. 3 Nr. 2 EStG herbeizuführen.

Der Ansatz mit dem gemeinen Wert gilt zur Realisierung der vollständigen Besteuerung auch für die selbst geschaffenen immateriellen Wirtschaftsgüter (UmwSt-Erl. 2011, BMF v. 11.11.2011, BStBl. I 2011, 1314 Tz. 03.04).

Es war zur alten Rechtslage streitig, ob die formwechselnde GmbH, die den Buchwert ihres Betriebsvermögens auf einen **Zwischenwert** anheben will, dieses Wahlrecht **einheitlich für alle Wirtschaftsgüter** ausüben muss, oder ob das gezielte selektive Aufstocken des Wertes nur einzelner Wirtschaftsgüter zulässig ist, etwa um ein hohes Abschreibungspotenzial für kurzfristig abschreibbare Wirtschaftsgüter zu erreichen (für ein einheitliches Ausüben SHS/*Schmitt* UmwStG § 3 Rn. 61; HMB/*Mertgen* UmwStG § 3 Rn. 147; für eine selektive Anhebungsmöglichkeit früher HB/*Brinkhaus,* 2. Aufl., § 3 Rn. 64ff.). Die FinVerw. hatte hierzu im UmwSt-Erl. 1998, BMF v. 25.3.1998, BStBl. I 1998, 268 nicht eindeutig Stellung genommen, allerdings ein im Entwurf vorgesehenes Verbot der selektiven Anhebung dann nicht festgeschrieben (Tz. 03.06). **35**

Der Gesetzgeber des SEStEG hat nunmehr das Wort „einheitlich" ausdrücklich in § 3 Abs. 2 Satz 1 UmwStG 2006 aufgenommen und damit die bereits zum UmwStG 1969 bestehende Unsicherheit (vgl. BFH v. 24.5.1984, I R 166/78, BStBl. II 1984, 747; BFH v. 26.1.1994, III R 39/91, BStBl. II 1994, 458; Blümich/*Klingberg* UmwStG 2006 § 3 Rn. 35) beseitigt (vgl. UmwSt-Erl. 2011, BMF v. 11.11.2011, BStBl. I 2011, 1314 Tz. 03.25). Beim Zwischenwertansatz sind die in den einzelnen Wirtschaftsgütern – einschließlich der nicht entgeltlich erworbenen und selbstgeschaffenen immateriellen Wirtschaftsgüter sowie des Firmenwerts – ruhenden stillen Reserven um einen einheitlichen Prozentsatz aufzulösen (UmwSt-Erl. 2011, BMF v. 11.11.2011, BStBl. I 2011, 1314 Tz. 03.23 und Tz. 03.25). Von der zum UmwStG 1995 vertretenen Ansicht, wonach beim Zwischenwertansatz ein Firmenwert nur dann anzusetzen sein sollte, wenn die übrigen Wirtschaftsgüter bereits bis zu den gemeinen Werten aufgestockt sind, aber noch eine Differenz zum gewählten Zwischenwertansatz verbleibt (sog. „Stufentheorie", vgl. UmwSt-Erl. 1998, BMF v. 25.3.1998, BStBl. I 1998, 268 Tz. 22.08), hat sich die FinVerw. verabschiedet (UmwSt-Erl. 2011, BMF v. 11.11.2011, BStBl. I 2011, 1314 Tz. 03.25).

Die **Bewertung** mit einem Ansatz **oberhalb** der **Buchwerte** kann insbesondere dann empfehlenswert sein, wenn die formwechselnde Gesellschaft über noch nicht genutzte Verluste, Verlustvorträge oder noch nicht ausgeglichene negative Einkünfte ver- **36** fügt (HMB/*Mertgen* UmwStG § 3 Rn. 146; Blümich/*Klingberg* UmwStG 2006 § 3 Rn. 34). Zur Ausnutzung von Verlustvorträgen empfiehlt sich regelmäßig ein Ansatz von **Zwischenwerten,** da diese zwar durch einen Prozentsatz bestimmbar wären, aber nach Auffassung der FinVerw. unter Angabe absoluter Beträge konkretisiert werden müssen (UmwSt-Erl. 2011, BMF v. 11.11.2011, BStBl. I 2011, 1314 Tz. 03.29), was die Steuerplanung erleichtert (*Bogenschütz* Ubg 2011, 401; *Schumacher/Neitz-Hackstein* Ubg 2011, 412). Die Grenzen der Mindestbesteuerung gem. § 10d Abs. 2 EStG sind zu beachten (HMB/*Mertgen* UmwStG § 3 Rn. 146). Die in § 4 Abs. 2 Satz 2 UmwStG 1995 enthaltene Auflistung der §§ 2a, 10d, 15 Abs. 4 bzw. 15a wurde in der entsprechenden Neuregelung des § 4 Abs 2 Satz 2 UmwStG nicht übernommen. Damit ist klargestellt, dass angefallene Verluste aller Art nicht auf die Rechtsnachfolgerin übergehen, auch wenn diese gem. § 4 Abs. 2 Satz 1 UmwStG in die steuerliche Rechtsstellung eintritt (HMB/*Bohnhardt* UmwStG § 4 Rn. 200 ff.; HMB/*Mertgen* UmwStG § 3 Rn. 146; DPM/*Pung/Werner* UmwStG § 4 Rn. 22 ff.; *Lemaitre/Schönherr* GmbHR 2007, 173) Durch höhere Wertansätze können die ansonsten verfallenden Verlustvorträge verrechnet werden (HMB/*Mertgen* UmwStG § 3 Rn. 146; Blümich/*Klingberg* UmwStG 2006 § 3 Rn. 34). Gleichzeitig entsteht bei der übernehmenden Gesellschaft ein erhöhtes Abschreibungspotenzial.

37 **§ 9 Satz 2 UmwStG** schreibt vor, dass die übertragende Gesellschaft, also die Kapitalgesellschaft, eine **Übertragungsbilanz,** die Personengesellschaft eine Eröffnungsbilanz aufzustellen hat. Hintergrund ist die wegen des Wechsels des Steuersubjekts notwendige Fingierung eines Vermögensübergangs auf die aus steuerlicher Sicht neu errichtete Personengesellschaft (DPM/*Möhlenbrock* UmwStG § 9 Rn. 14; RHL/*Birkemeier* UmwStG § 9 Rn. 49; SHS/*Schmitt* UmwStG § 9 Rn. 8; SSt/*Moszka* UmwStG Anh. Rn. 650). Für das ursprüngliche Steuersubjekt, die Kapitalgesellschaft, müssen die abschließenden Werte, für die Gesellschafter der neu errichteten Personen(handels)gesellschaft deren steuerliche Anfangswerte ermittelt werden. Sind in der Schlussbilanz der GmbH selbst geschaffene immaterielle Wirtschaftsgüter, etwa der Firmenwert oder der Auftragsbestand erstmals aktiviert worden, dürfen diese nach dem Formwechsel auch in der entstandenen Personengesellschaft aktiviert werden (BFH v. 10.9.2015, IV R 49/14, BFH/NV 2016, 521; Vorinstanz FG Münster v. 17.11.2014, 5 K 2396/13 G, F, EFG 2015, 1079). Es ergeben sich damit Gestaltungsmöglichkeiten bei vorhandenen Verlustvorträgen in der GmbH, die durch Formwechsel umgewandelt werden soll.

Für die Erstellung der Schlussbilanz ist die Geschäftsführung der formwechselnden Gesellschaft zuständig (HMB/*Mertgen* UmwStG § 3 Rn. 80). Wenn der Formwechsel im Zeitpunkt der Aufstellung der Schlussbilanz bereits wirksam geworden ist, geht die Verpflichtung auf die Personengesellschaft und damit auf die sie vertretende Komplementärin über.

38 **Stichtag** für die Übertragungs- und die Eröffnungsbilanz ist nach § 9 Satz 2 UmwStG der **Tag des Wirksamwerdens** des Formwechsels, also der Tag der Eintragung der Kapitalgesellschaft in das Handelsregister (§ 202 Abs. 1 Nr. 1 UmwG; UmwSt-Erl. 2011, BMF v. 11.11.2011, BStBl. I 2011, 1314 Tz. 09.01).

Als Stichtag für die Übertragungs- und die Eröffnungsbilanz und damit gleichzeitig **„steuerlicher Übertragungsstichtag"** (DPM/*Möhlenbrock* UmwStG § 9 Rn. 14; SBB/*Abele* § 28 Rn. 51; HMB/*Bilitewski* UmwStG § 25 Rn. 50) darf jedoch nach § 9 Satz 3 UmwStG ein maximal acht Monate vor Anmeldung des Formwechsels beim Handelsregister liegender Stichtag gewählt werden (UmwSt-Erl. 2011, BMF v. 11.11.2011, BStBl. I 2011, 1314 Tz. 09.01, 02.06; DPM/*Möhlenbrock* UmwStG § 9 Rn. 14; RHL/*Birkemeier* UmwStG § 9 Rn. 53 ff.). Damit ist für den Formwechsel weiterhin die Möglichkeit gegeben, wie dies auch häufig aus Kostengründen praktiziert wird, den letzten regulären Jahresabschluss der Kapitalgesellschaft gleichzeitig als Übertragungsbilanz für den Formwechsel zu verwenden (WM/*Widmann* UmwStG

§ 9 Rn. 49, 71; HMB/*Biliteuwski* UmwStG § 25 Rn. 50). Die Rückwirkungsfiktion kann allerdings nicht dazu genutzt werden, durch entsprechende Wahl des Übertragungsstichtages zur Realisierung eines Übertragungsgewinns auf einen Zeitpunkt „zurückzuspringen", der vor einem gemäß § 8c KStG für die Verlustnutzung schädlichen Beteiligungserwerb liegt: Gemäß § 2 Abs. 4 UmwStG ist nämlich der Ausgleich oder die Verrechnung des Übertragungsgewinns nur möglich, wenn dies auch **ohne steuerliche Rückwirkung** auf den steuerlichen Übertragungsstichtag möglich wäre. Die Bedeutung dieser Regelung wird allerdings durch die mit dem WachstBeschlG v. 22.12.2009, BGBl. I 2009, 3950, aufgenommene Verschonungsregelung in Höhe der im Inland steuerpflichtigen stillen Reserven in § 8c Abs. 1 Satz 5 KStG (idF „JStG 2018") wieder relativiert.

Wird ein von dem üblichen Tag des Jahresabschlusses abweichender Stichtag gewählt, so entsteht handelsrechtlich kein Rumpfgeschäftsjahr, da nur die Rechtsform gewechselt, die gesellschaftliche Identität aber erhalten bleibt (DPM/*Möhlenbrock* UmwStG § 9 Rn. 16). In der steuerlichen Gewinnermittlung ist allerdings von einem Rumpfwirtschaftsjahr auszugehen (DPM/*Möhlenbrock* UmwStG § 9 Rn. 16; WM/*Widmann* UmwStG § 9 Rn. 73; UmwSt-Erl. 2011, BMF v. 11.11.2011, BStBl. I 2011, 1314 Tz. 03.01).

Die übernehmende Gesellschaft hat gem. § 4 Abs. 1 Satz 1 UmwStG die Bilanzansät- **39**
ze der übertragenden Gesellschaft zwingend in ihre Eröffnungsbilanz zu übernehmen, so dass eine direkte Wertverknüpfung sichergestellt ist (HMB/*Bohnhardt* UmwStG § 4 Rn. 35; DPM/*Pung/Werner* UmwStG § 4 Rn. 8; Blümich/*Klingberg* UmwStG 2006 § 3 Rn. 16; *Lemaitre/Schönherr* GmbHR 2007, 173; UmwSt-Erl. 2011, BMF v. 11.11.2011, BStBl. I 2011, 1314 Tz. 04.01).

einstweilen frei **40, 41**

Die ertragsteuerlichen Konsequenzen auf der Ebene der **übertragenden Kapital-** **42**
gesellschaft sind einfach. Wenn der Formwechsel unter Ansatz der Buchwerte erfolgt, entstehen bei der Überträgerin selbst keine Steuern; zur Besteuerung der offenen Rücklagen auf Ebene der Gesellschafter gem. § 7 UmwStG als fiktive Dividende → Rn. 48. Werden Zwischen- oder die gemeinen Werte angesetzt, so entsteht ein Übertragungsgewinn, der, soweit er nicht durch Verlustvorträge kompensiert wird (→ Rn. 36), sowohl der Körperschaftsteuer als auch über § 18 UmwStG der Gewerbesteuer unterliegt (HMB/*Mertgen* UmwStG § 3 Rn. 230; Blümich/*Klingberg* UmwStG 2006 § 3 Rn. 43; SHS/*Schmitt* UmwStG § 9 Rn. 14; zu § 18 UmwStG vgl. BFH v. 20.11.2006, VIII R 45/05, BFH/NV 2007, 793; BFH v. 26.6.2007, IV R 58/06, DStRE 2007, 1261).

Für die **übernehmende Personengesellschaft** ergeben sich die steuerlichen Kon- **43**
sequenzen aus den §§ 4, 5 UmwStG, auf die § 9 UmwStG bzw. für den Gewerbeertrag § 18 UmwStG verweist (zu § 18 UmwStG vgl. BFH v. 20.11.2006, VIII R 45/05, BFH/NV 2007, 793). Diese muss die Wertansätze der Schlussbilanz in die von ihr nach § 9 UmwStG zu erstellende Eröffnungsbilanz übernehmen, ist also an die Wahlbewertung der Kapitalgesellschaft gebunden – § 4 Abs. 1 Satz 1 UmwStG. Die Vorschriften in § 4 Abs. 1 Satz 2 und 3 UmwStG sind für den Formwechsel ohne Bedeutung, sie betreffen nur den up-stream-merger (HMB/*Bohnhardt* UmwStG § 4 Rn. 100; DPM/*Pung/Werner* UmwStG § 4 Rn. 16; UmwSt-Erl. 2011, BMF v. 11.11.2011, BStBl. I 2011, 1314 Tz. 04.06; *FGS/BDI* zu 04.06). Die Personengesellschaft ist unmittelbare Nachfolgerin der Kapitalgesellschaft und muss deshalb die Bewertung der Wirtschaftsgüter und die dazu bislang gewählte AfA nach den allgemeinen Regeln fortsetzen – § 4 Abs. 2 Satz 1 UmwStG (HMB/*Bohnhardt* UmwStG § 4 Rn. 140f.; DPM/*Pung/Werner* UmwStG § 4 Rn. 18; SHS/*Schmitt* UmwStG § 4 Rn. 58; UmwSt-Erl. 2011, BMF v. 11.11.2011, BStBl. I 2011, 1314 Tz. 04.10). Dies gilt unabhängig davon, ob die Kapitalgesellschaft in ihrer Schlussbilanz die Wirtschaftsgüter mir ihrem Buch-, dem Teil- oder einem Zwischenwert angesetzt hat

(HMB/*Bohnhardt* UmwStG § 4 Rn. 141; DPM/*Pung/Werner* UmwStG § 4 Rn. 20; SHS/*Schmitt* UmwStG § 4 Rn. 79; UmwSt-Erl. 2011, BMF v. 11.11.2011, BStBl. I 2011, 1314 Tz. 04.10). Lediglich etwaige Verluste gehen nach § 4 Abs. 2 Satz 2 UmwStG nicht über (hierzu → Rn. 36).

44 Bei der Personengesellschaft ist sodann nach den Vorschriften des § 4 Abs. 4 bis 7 UmwStG ein möglicher **Übernahmegewinn bzw. -verlust** zu ermitteln (zur Vorgehensweise beim Formwechsel instruktiv WM/*Widmann* UmwStG § 9 Rn. 15 ff.). Dies kann nur auf der Ebene der Gesellschaft erfolgen, auch wenn die Ermittlung sich nach den jeweiligen individuellen Gegebenheiten der einzelnen Gesellschafter richtet, also gesellschafterbezogen zu ermitteln ist, und daher letztlich diesen als den Steuersubjekten auch wieder individuell und unabhängig von der Quote ihrer Beteiligung zugewiesen wird (DPM/*Pung/Werner* UmwStG § 4 Rn. 78; HMB/*Bohnhardt* UmwStG § 4 Rn. 228; SHS/*Schmitt* UmwStG § 4 Rn. 93 ff.; UmwSt-Erl. 2011, BMF v. 11.11. 2011, BStBl. I 2011, 1314 Tz. 04.19). § 4 Abs. 4 Satz 1 UmwStG als die Grundnorm der Ergebnisermittlung geht dabei von einer Verschmelzung einer Tochterkapitalgesellschaft auf ihre alleinige Mutterpersonengesellschaft aus. Es wird daher der sich aus der Schlussbilanz der GmbH ergebende Wert mit dem Wert der Beteiligung in der Bilanz der Muttergesellschaft verglichen. Dieser Fall kann bei einem Formwechsel nicht zur Anwendung kommen, weil die neu entstehende Personengesellschaft „Nachfolgerin" der Kapitalgesellschaft ist und daher Anteile an ihrer „Vorgängerin" nie in ihrem Betriebsvermögen gehalten haben kann (DPM/*Pung* UmwStG § 5 Rn. 1; HMB/*Bohnhardt* UmwStG § 4 Rn. 235 ff.). Im Rahmen des Formwechsels richtet sich die Gewinn-/Verlustermittlung daher immer nach der Einlagefiktion des § 5 UmwStG.

45 Für die **Bewertung der Anteile** und damit die **Ermittlung eines Übernahmegewinns/-verlusts** ist sodann zu unterscheiden danach, ob es sich bei den Anteilen der Gesellschafter an der übertragenden Kapitalgesellschaft um

- Anteile iSv. § 17 EStG im Privatvermögen eines unbeschränkt steuerpflichtigen Gesellschafters,
- Anteile im Betriebsvermögen eines Gesellschafters,
- einbringungsgeborene Anteile iSd. § 21 UmwStG im Privatvermögen eines Gesellschafters,
- sonstige Anteile im Privatvermögen

handelt. Mit diesen Alternativen werden alle steuerlich relevanten Unterschiede des Haltens einer Beteiligung berücksichtigt, wobei die Beteiligung jeweils durch den Formwechsel erworben worden sein muss (DPM/*Pung* UmwStG § 5 Rn. 3; HR/*Lüdemann* § 5 Rn. 5 f.; SBB/*Schlösser/Reichl/Rapp* § 11 Rn. 426 ff.).

Handelt es sich um **Anteile iSv. § 17 Abs. 1 EStG,** also Beteiligungen von 1% und mehr, die im Privatvermögen eines unbeschränkt Steuerpflichtigen gehalten werden, so gelten diese nach § 5 Abs. 2 UmwStG als zum steuerlichen Übertragungsstichtag in das Betriebsvermögen der (neuen) Personengesellschaft zu den (historischen) Anschaffungskosten eingelegt (DPM/*Pung* UmwStG § 5 Rn. 24 ff.; HMB/*Werneburg* UmwStG § 5 Rn. 48; WM/*Widmann* UmwStG § 9 Rn. 28; SBB/*Schlösser/Reichl/Rapp* § 11 Rn. 431; SHS/*Schmitt* UmwStG § 9 Rn. 28; RHL/*van Lishaut* UmwStG § 5 Rn. 25 ff.; UmwSt-Erl. 2011, BMF v. 11.11.2011, BStBl. I 2011, 1314 Tz. 05.05). Die Höhe der Anschaffungskosten richtet sich dabei nach § 255 Abs. 1 HGB (ausführlich WM/*Widmann* UmwStG § 5 Rn. 296 ff.). Von der Einlagefiktion zu den historischen Anschaffungskosten muss es jedoch eine Ausnahme geben. Das BVerfG hat in seinem Beschluss v. 7.7.2010 (2 BvR 748/05, 2 BvR 753/05 und 2 BvR 1738/05, BStBl. II 2011, 86) entschieden, dass die unechte Rückwirkung, die in der Absenkung der Beteiligungsschwelle des § 17 Abs. 1 EStG durch das StSenkG 1999/2000/2002 v. 24.3.1999 (BStBl. I 1999, 402), lag, insoweit verfassungswidrig ist, als auch Wertsteigerungen bei Beteiligungen von nicht mehr als 25%, der zuvor geltenden Beteiligungsschwelle des § 17 Abs. 1 EStG, erfasst werden, die bis zur Verkündung des Steuerentlastungsgesetzes 1999/2000/2002 am 31.3.1999 entstanden waren. Für Beteiligungen zwischen 10% und 25% sind mithin unter Durchbrechung des § 5 Abs. 2 UmwStG – und von Tz. 05.05 des UmwSt-Erl. 2011 (BMF v. 11.11.2011, BStBl. I 2011, 1314) – nicht die historischen Anschaffungskosten, sondern der Wert zum 31.3.1999 zugrunde zu legen (so auch SBB/*Schlösser/Reichl/Rapp* § 11 Rn. 431; RHL/*van Lishaut* UmwStG § 5 Rn. 19; DPM/*Pung* UmwStG § 5 Rn. 31). Entsprechendes gilt für die Beteiligungen von 1% bis 9,99% im Hinblick auf die weitere Absenkung der Beteiligungsschwelle des § 17 Abs. 1 EStG durch das StSenkG v. 23.10.2000 (BGBl. I 2000, 1433).

Anteile im Betriebsvermögen eines Gesellschafters gelten nach § 5 Abs. 3 UmwStG als mit dem Buchwert zum steuerlichen Übertragungsstichtag, erhöht um noch vorhandene frühere steuerwirksame Abschreibungen und um steuerwirksame Übertragungen nach § 6b EStG, höchstens jedoch dem gemeinen Wert, in das Betriebsvermögen der Personengesellschaft überführt. Die frühere Missbrauchsklausel der Sätze 2 und 3 des § 5 Abs. 3 UmwStG 1995 sind aufgehoben (DPM/*Pung* UmwStG § 5 Rn. 36ff.; RHL/*van Lishaut* UmwStG § 5 Rn. 55ff.; HMB/*Werneburg* UmwStG § 5 Rn. 52; WM/*Widmann* UmwStG § 9 Rn. 29; SHS/*Schmitt* UmwStG § 9 Rn. 29; SBB/*Schlösser/Reichl/Rapp* § 11 Rn. 431; UmwSt-Erl. 2011, BMF v. 11.11.2011, BStBl. I 2011, 1314 Tz. 05.08).

Handelt es sich um **einbringungsgeborene Anteile iSv. § 21 Abs. 1 UmwStG aF,** also um solche, die durch eine Sacheinlage unter dem Teilwert erworben wurden, waren diese schon vor dem Formwechsel vorhanden und werden diese zum Umwandlungsstichtag im Privatvermögen gehalten, so gelten diese nach § 5 Abs. 4 UmwStG 1995, der über § 27 Abs. 3 Nr. 1 UmwStG für diese Fälle weiter anzuwenden ist, als mit den Anschaffungskosten eingelegt (DPM/*Pung* UmwStG § 5 Rn. 51ff.; HMB/*Werneburg* UmwStG § 5 Rn. 64; WM/*Widmann* UmwStG § 9 Rn. 30; SHS/*Schmitt* UmwStG § 9 Rn. 31; RHL/*van Lishaut* UmwStG § 5 Rn. 68ff.; UmwSt-Erl. 2011, BMF v. 11.11.2011, BStBl. I 2011, 1314 Tz. 05.12). Hierbei müssen die Anteile noch zum Zeitpunkt der Eintragung gehalten werden, andernfalls wäre die Bewertung nach § 5 Abs. 1 bis 3 vorzunehmen (SHS/*Schmitt* § 5 Rn. 42).

Eine Bewertung der **sonstigen Anteile,** also solcher, die zum steuerlichen Übertragungsstichtag zum Privatvermögen des Gesellschafters gehören und weder solche iSv. § 17 EStG noch einbringungsgeboren iSv. § 21 UmwStG, also Anteile iSd. § 20 Abs. 2 Satz 1 Nr. 1 EStG iVm. § 23 EStG aF sind, erfolgt nicht, obwohl diese nach heutiger Gesetzeslage ebenfalls steuerverstrickt sind (DPM/*Pung* UmwStG § 5 Rn. 5). Für diese wird ein Übernahmeergebnis nicht ermittelt. Für diese besteht keine Einlagefiktion, sie bleiben bei der Ermittlung eines steuerlichen Übernahmegewinns/-verlusts außer Ansatz (DPM/*Pung* UmwStG § 5 Rn. 5). Diese Gesellschafter müssen daher die auf sie entfallenden Anteile an den Gewinnrücklagen der Kapitalgesellschaft gem. § 7 UmwStG direkt als Einkünfte iSv. § 20 Abs. 1 Nr. 1 EStG versteuern (→ Rn. 48), ohne dass ihnen im Gegenzug zumindest ein erhöhtes Abschreibungspotenzial zuwächst (DPM/*Pung* UmwStG § 5 Rn. 5; SHS/*Schmitt* UmwStG § 9 Rn. 24; RHL/*van Lishaut* UmwStG § 5 Rn. 1; SSt/*Moszka* UmwStG Anh. Rn. 696ff.).

Die **Nichtberücksichtigung der ursprünglichen Anschaffungskosten** – im Fall der Veräußerung der Kommanditbeteiligung wird bei der Ermittlung des Veräußerungsgewinns nur das Kapitalkonto des Veräußerers berücksichtigt – ist **nicht verfassungswidrig** (BFH v. 12.7.2012, IV R 12/11, BFH/NV 2013, 200; BFH v. 12.7.2012 IV R 39/09, BStBl. II 2012, 728).

Insbesondere liegt nach der Entscheidung des BFH **kein Verstoß gegen den allgemeinen Gleichheitssatz** (Art. 3 Abs. 1 GG) vor, weil es den nicht wesentlich beteiligten Anteilsinhabern frei gestanden habe, ihre Anteile „freihändig“ zur veräußern oder von dem Abfindungsangebot Gebrauch zu machen, auf welches nur mit Zustimmung aller Gesellschafter verzichtet werden könne (dazu → Rn. 18); in beiden

Fällen hätten die nicht wesentlich beteiligten Anteilsinhaber sowohl die offenen als auch die stillen Reserven in ihren Anteilen (seinerzeit noch) steuerfrei realisieren können. Da jedoch mit Einführung der Abgeltungsteuer ab VZ 2009 jegliche Möglichkeit einer solchen steuerfreien Realisierung entfallen ist, stellt sich die Frage, ob die **Ungleichbehandlung** nicht qualifiziert iSd. §°17 EStG beteiligter Anteilsinhaber im Lichte des allgemeinen Gleichheitssatzes heute noch verfassungsrechtlich Bestand haben kann. Die Einlage in ein Betriebsvermögen als einzig verbliebene Möglichkeit, der sofortigen Zwangsbesteuerung der offenen Reserven zu entkommen, dürfte zumindest für Kleinanleger (nur für diese ist die Regelung nach der Absenkung der Beteiligungsgrenze des § 17 Abs. 1 EStG auf 1% durch StSenkG v. 23.10.2000, BGBl. I 2000, 1433, überhaupt noch relevant) in der Regel keine Alternative sein.

Hat ein Gesellschafter der Personengesellschaft, die durch den Formwechsel entsteht, seine Beteiligung zwar vor dem Wirksamwerden des Formwechsels, aber nach einem rückbezogenen steuerlichen Stichtag angeschafft, oder scheidet ein Gesellschafter aufgrund des Formwechsels aus und ist nach § 207 UmwG abzufinden, so ist für die Bewertung der Anteile § 5 Abs. 1 UmwStG entsprechend anzuwenden (WM/*Widmann* UmwStG § 9 Rn. 27; SHS/*Schmitt* UmwStG § 9 Rn. 26).

46 Die so ermittelten Werte des jeweils individuellen Anteils sind in ihrer Summe nach **§ 4 Abs. 4 UmwStG** mit dem auf sie entfallenden Anteil an dem Wert zu vergleichen, mit dem die Wirtschaftsgüter der formwechselnden Gesellschaft von der Personengesellschaft auf Grund der Übertragungsbilanz der GmbH zu übernehmen sind (§ 4 Abs. 1 UmwStG). Die sich rechnerisch ergebende Differenz ist der Übernahmegewinn bzw. -verlust, der nun wiederum den einzelnen Gesellschaftern unabhängig von ihrer Beteiligungsquote danach zuzurechnen ist, in welchem Umfang sich der Gewinn bzw. Verlust aus der Bewertung ihrer Anteile ergibt. Diese Gewinn- bzw. Verlustanteile sind sodann in der Besteuerung des einzelnen Gesellschafters entsprechend zu berücksichtigen (DPM/*Pung/Werner* UmwStG § 4 Rn. 78ff.; SSt/*Moszka* UmwStG Anh. Rn. 691; SHS/*Schmitt* UmwStG § 4 Rn. 100ff.), wobei der Übernahmeverlust nach § 4 Abs. 6 UmwStG generell und der Übernahmegewinn nach § 4 Abs. 7 UmwStG unter bestimmten Voraussetzungen außer Ansatz bleibt (vgl. SHS/*Schmitt* UmwStG § 4 Rn. 120ff., 146ff.). Neu aufgenommen ist die ausdrückliche Berücksichtigung der Umwandlungskosten (DPM/*Pung/Werner* § 4 Rn. 46; SHS/*Schmitt* UmwStG § 4 Rn. 110).

Die Regelung des **§ 4 Abs. 5 UmwStG** bezieht sich auf die alte Rechtslage zum KStG. § 50c EStG wurde zwar im Prinzip aufgehoben, blieb bis VZ 2010 aber anwendbar, wenn für die Anteile vor Ablauf des ersten Wirtschaftsjahres, in dem das neue KStG Anwendung fand (idR. VZ 2000), ein Sperrbetrag zu bilden war (DPM/*Pung* UmwStG § 4 Rn. 89; SHS/*Schmitt* UmwStG § 4 Rn. 118; vgl. zum Doppelumwandlungsmodell: BFH v. 3.2.2010, I R 21/06 BStBl. II 2010, 692).

Dagegen hat der durch das SEStEG v. 7.12.2006 (BGBl. I 2006, 2782; BGBl. I 2007, 68) neu eingefügte **§ 4 Abs. 5 Satz 2 UmwStG** erhebliche Auswirkungen, weil er im Ergebnis dazu führt, dass in der Praxis bei Gesellschaftern, die nicht Gründungsgesellschafter sind, idR ein Übernahmeverlust erzielt wird. Der errechnete **Übernahmegewinn** ist nämlich auf der **zweiten Stufe** um die Bezüge nach § 7 zu vermindern, so dass nur das übrige übergehende Vermögen, also das Nennkapital, die Kapitalrücklagen und ggf. nicht steuerverstrickte Wirtschaftsgüter iSv § 4 IV 2, hier zur Besteuerung kommt (DPM/*Pung* § 4 Rn. 90; RHL/*van Lishaut* § 4 Rn. 105; RHL/*Trossen* § 8 Rn. 32).

47 Der sog. **Übernahmefolgegewinn** gem. § 6 UmwStG kann bei Formwechseln nur in eingeschränktem Umfang entstehen. Eine Konfusion von Forderungen bzw. Verbindlichkeiten von Kapitalgesellschaft und Personengesellschaft gem. § 6 Abs. 1 UmwStG ist hier nicht denkbar, da die Gesellschaften, um die Existenz von Forderung und Verbindlichkeit zu ermöglichen, beide vor der Umwandlung schon existiert ha-

ben müssten (HMB/*Werneburg* UmwStG § 6 Rn. 5; DPM/*Pung/Werner* UmwStG § 6 Rn. 1; RHL/*Birkemeier* UmwStG § 6 Rn. 7; jetzt auch ausdrücklich WM/*Widmann* UmwStG § 9 Rn. 31, dessen Hinweis in WM/*Widmann* UmwStG § 6 Rn. 16 missverständlich ist). Anders ist dies im Fall des § 6 Abs. 2 UmwStG, der auch bei einem Formwechsel Anwendung finden kann (DPM/*Pung/Werner* UmwStG § 6 Rn. 1; RHL/*Birkemeier* UmwStG § 6 Rn. 7; WM/*Widmann* UmwStG § 9 Rn. 32). Denkbar ist dies, wenn zB einer der Gesellschafter ein betriebsnotwendiges Grundstück an die formwechselnde Gesellschaft vermietet hat und vor der Umwandlung Einkünfte aus Vermietung und Verpachtung, danach aber Einkünfte aus Gewerbebetrieb erzielt.

Anders ist dies, wenn sich die Personengesellschaft und ein bei ihrer Eintragung beteiligter Gesellschafter als Gläubiger und Schuldner gegenüberstehen. Ebenso können Übernahmefolgegewinne durch den Wegfall von Rückstellungen entstehen (SHS/*Schmitt* UmwStG § 9 Rn. 37; RHL/*Birkemeier* UmwStG § 6 Rn. 3, 49 ff.); zum Absehen von Konfusionsgewinn im Sonderfall s. aber BFH v. 9.4.2019, X R 23/16, BStBl. II 2019, 489.

In Höhe der **offenen Rücklagen** ergeben sich für alle Gesellschafter der übertragen- **48**
den Kapitalgesellschaft, also auch für diejenigen, die an der Ermittlung eines Übernahmeergebnisses gemäß § 4 Abs. 4, § 5 UmwStG teilnehmen (hierzu → Rn. 44 ff.), gemäß § 7 UmwStG Einkünfte aus Kapitalvermögen **(Dividendeneinkünfte)** iSv. § 20 Abs. 1 Nr. 1 EStG, § 7 Satz 2 UmwStG.

Diese Einkünfte werden bei natürlichen Personen im **Betriebsvermögen** gemäß § 3 Satz 1 Nr. 40 Buchst. d, Satz 2, § 3c Abs. 2, § 20 Abs. 8 EStG nach dem **Teileinkünfteverfahren** besteuert bzw. im **Privatvermögen** mit der 25%igen **Abgeltungssteuer** belegt, § 32d Abs. 1 Satz 1 EStG. Zum Betriebsvermögen gehören auch solche Anteile, deren Anteilsinhaber an der Ermittlung eines Übernahmeergebnisses teilnehmen und die daher gemäß § 5 Abs. 2 UmwStG oder gemäß § 27 Abs. 3 Nr. 1 UmwStG als zum steuerlichen Übertragungsstichtag in das Betriebsvermögen der Personengesellschaft eingelegt gelten (UmwSt-Erl. 2011, BMF v. 11.11.2011, BStBl. I 2011, 1314 Tz. 07.07; DPM/*Pung/Werner* UmwStG § 7 Rn. 22).

Bei Kapitalgesellschaften greift, wenn die Beteiligung zu Beginn des Kalenderjahres unmittelbar mindestens 10% des Grund- oder Stammkapitals betragen hat, die Steuerbefreiung gemäß § 8b Abs. 1 KStG iVm. der Fiktion nichtabziehbarer Betriebsausgaben iHv. 5% dieser Einkünfte, § 8b Abs. 5 KStG (UmwSt-Erl. 2011, BMF v. 11.11.2011, BStBl. I 2011, 1314 Tz. 07.07); anderenfalls sind die Einkünfte voll steuerpflichtig, § 8b Abs. 4 Satz 1 KStG idF des G. v. 21.3.2013 zur Umsetzung des EuGH-Urteils v. 20.10.2011, C-284/09, BGBl. I 2013, 561 = DStR 2011, 2038. Des Weiteren wird verwiesen auf → Form. A.6 Rn. 105 ff.

einstweilen frei **49–51**

VII. Verkehrsteuern

Das Formular geht davon aus, dass die formwechselnde Gesellschaft über **Grund-** **52**
vermögen verfügt. Bei einem reinen Formwechsel nach §§ 190 ff. UmwG von Personen- bzw. Kapitalgesellschaften untereinander (sog. homogener Formwechsel) oder einer Personen- in eine Kapitalgesellschaft bzw. umgekehrt (sog. heterogener Formwechsel) wechselt der Rechtsträger nicht, er erhält nur einen anderen rechtlichen Mantel, die wirtschaftliche Identität des Rechtsträgers besteht fort. Die früher von der FinVerw., einigen Instanzgerichten und Stimmen in der Literatur vertretene Auffassung, dass Grundstücksübergänge beim heterogenen Formwechsel eine Besteuerung nach dem GrEStG auslösen, ist überholt (vgl. BFH v. 14.2.2007, II R 66/05, ZEV 2007, 396; FinMin. BaWü. v. 23.1.1997, DStR 1997, 202; v. 18.3.1997, DStR 1997, 582; Nachweise bei WM/*Pahlke* GrEStG Anh. 12 Rn. 10, 12; Boruttau/*Meßbacher-Hönsch*

GrEStG § 1 Rn. 377, 379). Auch wenn § 9 UmwStG für den heterogenen Formwechsel einen Vermögensübergang fingiert (WM/*Pahlke* Anh. 12 Rn. 12), besteht heute Einigkeit darüber, dass **Grunderwerbsteuer nicht anfällt** (BFH v. 4.12.1996, II B 116/96, BStBl. II 1997, 661; dem folgend FinMin. BaWü. v. 18.9.1997, DStR 1997, 1576; v. 19.12.1997, DStR 1998, 82 mit Ergänzungen v. 15.10.1999, DStR 1999, 1773 und v. 31.1.2000, DStR 2000, 284; BFH v. 9.4.2009, II B 95/08, BFH/NV 2009, 1148; WM/*Pahlke* Anh. 12 Rn. 12; Boruttau/*Meßbacher-Hönsch* GrEStG § 1 Rn. 379). Die Begünstigung des Formwechsels gegenüber den anderen Umwandlungsarten des UmwG bzgl. der Grunderwerbsteuer ist systemimmanent und verfassungskonform (st. Rspr., vgl. nur BFH v. 9.4.2009, II B 95/08, BFH/NV 2009, 1148).

53 Zu einem anderen Ergebnis gelangt man auch nicht über **§ 42 AO – Steuerumgehung,** dessen Anwendung im Zusammenhang mit dem heterogenen Formwechsel diskutiert wird (vgl. die Nachweise bei WM/*Pahlke* Anh. 12 Rn. 13). Umwandlungen nach dem UmwG, also auch der Formwechsel, sind zivilrechtlich zulässige Gestaltungshandlungen (da spezialgesetzlich geregelt), die ggf. Grundwerbesteuer auslösen. Da sie zivilrechtlich ausdrücklich zulässig sind, können sie nicht gleichzeitig eine nach § 42 AO unzulässige Steuerumgehung darstellen. Hier muss das Steuerrecht dem Zivilrecht folgen (BFH v. 4.12.1996, II B 116/96, BStBl. II 1997, 661; BFH v. 29.10. 1986, I R 202/82, BStBl. II 1987, 308; WM/*Pahlke* Anh. 12 Rn. 13; zur Anwendbarkeit von § 42 AO im Zusammenhang mit der GrESt vgl. BFH v. 29.5.2011, II B 133/10, BFH/NV 2011, 1539). Der einzelne Formwechsel isoliert betrachtet kann daher kein Missbrauch rechtlicher Gestaltungsmöglichkeiten sein.

Dies ändert sich auch nicht durch § 42 Abs. 2 AO, den die FinVerw. in der Folge von BFH v. 19.2.2000 (I R 94/97, BStBl. II 2001, 222) und v. 19.2.2000 (I R 117/97, IStR 2000, 182) als „Klarstellung" verstanden wissen will. Die Vorschrift geht insgesamt ins Leere, weil sie nichts an der noch immer vorzunehmenden und vom BFH in der genannten Entscheidung auch vorgenommenen Prüfung der Voraussetzungen des § 42 Abs. 1 AO zu ändern vermag (*Geerling/Gorbauch* DStR 2007, 1703; Tipke/Kruse/*Drüen* AO Vorbem. zu § 42 Rn. 15, § 42 Rn. 20b; HHSp/*Fischer* AO § 42 Rn. 267).

Wie schwer der Umgang mit § 42 AO auch angesichts der restriktiven Auslegung der Norm durch den BFH ist, zeigen die Bestrebungen des Gesetzgebers, die Norm komplett neu zu fassen und die Beweislast für die Nichtexistenz einer Steuerumgehung dem Stpfl. aufzuerlegen (vgl. *Geerling/Gorbauch* DStR 2007, 1703).

54 Im **Grundbuch** ist nach einem vollzogenen Formwechsel eine **Korrektur der Eintragung** vorzunehmen. Da mit dem Formwechsel kein Eigentumsübergang verbunden ist, ist das Grundbuch lediglich unrichtig geworden, es sind lediglich rein tatsächliche Angaben zu korrigieren (WM/*Pahlke* Anh. 12 Rn. 11). Dabei erfolgt die Eintragungsänderung nicht als Grundbuchberichtigung nach § 22 GBO, sondern ist lediglich eine von Amts wegen vorzunehmende Richtigstellung der Bezeichnung (WM/*Pahlke* Anh. 12 Rn. 11). Beim Formwechsel in eine GbR – vgl. § 191 Abs. 2 Nr. 1 UmwG – ist die GbR trotz der Entscheidung des BGH zur Rechtsfähigkeit der (Außen-)GbR (BGH v. 29.1.2001, II ZR 331/00, NJW 2001, 1056) nicht allein als solche im Grundbuch einzutragen, sondern auch die Gesellschafter in ihrer gesamthänderischen Verbundenheit (WM/*Pahlke* Anh. 12 Rn. 11; Palandt/*Sprau* BGB § 705 Rn. 24a). So sieht es jetzt auch § 47 Abs. 2 GBO vor, der durch die Rechtsscheinregelung des § 899a BGB ergänzt wird (kritisch hierzu *Altmeppen* NJW 2011, 1905).

55 Neu ist die Regelung des **§ 6a GrEStG,** mit der **Umstrukturierungen im Konzern** von der Grundwerbersteuer entlastet werden sollen. Zu Einzelheiten und den aktuellen Reformansätzen zu § 1 GrErwStG vgl. → Form. D.1 Rn. 70ff.

56 *einstweilen frei*

57 Obwohl der Formwechsel keinen Übergang eines Grundstücks auf einen neuen Rechtsträger bewirkt, ist auch dieser nach § 18 GrEStG **dem** zuständigen **Finanzamt**

anzuzeigen (WM/*Pahlke* Anh. 12 Rn. 32ff.). Dies ergibt sich aus dem Wortlaut des § 18 Abs. 1 Nr. 1 GrEStG, da auch der Formwechsel ggf. ein Rechtsvorgang ist, der ein Grundstück „betrifft". Die Anzeigepflicht trifft, da der Formwechselbeschluss nach § 193 Abs. 3 UmwG der notariellen Beurkundung bedarf, den beurkundenden Notar gem. § 18 Abs. 1 GrEStG (WM/*Pahlke* Anh. 12 Rn. 32).

Auch mittelbar bewirkt der Formwechsel keine grunderwerbsteuerlichen Konsequenzen, da kein Rechtsträgerwechsel erfolgt. Beteiligungen iSd. § 1 Abs. 3 GrEStG bleiben daher bei einem Formwechsel der Muttergesellschaft ebenfalls ohne steuerliche Konsequenzen (WM/*Pahlke* Anh. 12 Rn. 17).

Zu weiteren Einzelheiten zur GrESt → Form. D.1 Rn. 66ff., → Form. E.4 Rn. 58.

Umsatzsteuerrechtlich ist der Formwechsel von der GmbH in die KG ohne Bedeutung, da lediglich die Rechtsform unter Wahrung der rechtlichen Identität geändert und grds. auch der Kreis der Gesellschafter beibehalten wird (vgl. UmwSt-Erl. 2011, BMF v. 11.11.2011, BStBl. I 2011, 1314 Tz. 01.11; BFH v. 4.12.1996, II B 116/96, BStBl. II 1997, 661; BFH v. 29.8.2007, II B 108/06, BFH/NV 2007, 2350; HMB/*Bilitewski* UmwStG § 25 Rn. 10; SBB/*Abele* § 28 Rn. 75; SSt/*Moszka* UmwStG Anh. Rn. 661; DPM/*Patt* UmwStG § 25 Rn. 87). Eine zivilrechtliche Übertragung von Rechtsgütern auf einen neuen Eigentümer findet nicht statt, so dass keine Umsatzsteuer anfällt (HMB/*Bilitewski* UmwStG § 25 Rn. 10; SSt/*Moszka* UmwStG Anh. Rn. 661; DPM/*Patt* UmwStG § 25 Rn. 84). Zu Einzelheiten vgl. → Form. A.1 Rn. 118ff. 58

einstweilen frei 59–61

VIII. Arbeitsrecht

Die Folgen des Formwechsels für die Arbeitnehmer und ihre Vertretungen sind nach **§ 194 Abs. 1 Nr. 7 UmwG** im Umwandlungsbeschluss darzustellen. Soweit ein Betriebsrat existiert, ist der Entwurf des Umwandlungsbeschlusses nach § 194 Abs. 2 UmwG spätestens einen Monat vor dem Tag der Gesellschafterversammlung, die über den Formwechsel beschließen soll, dem zuständigen **Betriebsrat** bzw. den zuständigen Betriebsräten des formwechselnden Rechtsträgers **zuzuleiten.** Es handelt sich um Parallelvorschriften zu den §§ 5 Abs. 1 Nr. 9, Abs. 3, 126 Abs. 1 Nr. 11, Abs. 3 UmwG, so dass im Wesentlichen auf die Darstellungen bei → Form A.1 Rn. 150ff. und → Form. B.1 Rn. 176ff. verwiesen werden kann. 62

Arbeitsrechtliche Spezialprobleme ergeben sich beim Formwechsel von der GmbH in die GmbH & Co. KG nicht. Wegen der Erhaltung der Rechtsidentität sind weder Auswirkungen auf den individuellen Arbeitsvertrag noch auf tarifrechtliche Bindungen oder betriebsverfassungsrechtliche Regelungen zu erwarten (SHS/*Stratz* UmwG § 194 Rn. 9; Lutter/*Decher*/*Hoger* UmwG § 194 Rn. 25ff.).

Im Bereich der Unternehmensmitbestimmung kann der Formwechsel einer Kapitalgesellschaft in eine Personenhandelsgesellschaft zum Mitbestimmungsverlust bei dem formwechselnden Rechtsträger führen, soweit dieser zuvor mitbestimmt war. Beim Formwechsel einer zuvor nach dem **MitbestG** mitbestimmten GmbH in eine GmbH & Co. KG tritt ein Verlust der Mitbestimmungsrechte auf Unternehmensebene ein, denn Voraussetzung für eine paritätische Mitbestimmung nach § 1 MitbestG ist die Rechtsform einer Kapitalgesellschaft und die Beschäftigung von in der Regel mehr als 2000 Arbeitnehmern. Die Umwandlung einer mitbestimmten GmbH in eine GmbH & Co. KG führt daher dazu, dass die Voraussetzungen der Mitbestimmung bei der KG als formgewechseltem Rechtsträger entfallen. Zu berücksichtigen ist allerdings, dass uU ein mitbestimmter Aufsichtsrat bei der regelmäßig arbeitnehmerlosen Komplementär-GmbH gebildet werden muss, wenn über eine evtl. Zurechnung der Arbeitnehmer der KG gem. §§ 4 Abs. 1, 5 Abs. 1 MitbestG die erforderliche Arbeitnehmerzahl erreicht wird (hierzu iE WHSS/*Seibt* Umstrukturierungen Kap. F Rn. 69ff.). Ist die GmbH vor dem Formwechsel nach § 1 Abs. 1 Nr. 3 **DrittelbG** mitbestimmt gewesen, führt der Formwechsel in eine Personengesellschaft zum Mitbestimmungsverlust, da die drittelparitätische Mitbestimmung nach dem DrittelbG die Rechtsform der Kapitalgesellschaft voraussetzt. Gleiches gilt für die Mitbestimmung nach dem **MontanMitbestG,** die eine Mitbestimmung nur bei Unternehmen in der Rechtsform einer AG oder einer GmbH vorsieht, in denen mehr als 1000 Arbeitnehmer beschäftigt sind, § 1 Abs. 2 MontanMitbestG.

63, 64 *einstweilen frei*

IX. Kosten

65 Die **Beurkundung** des **Formwechselbeschlusses** löst eine 2,0-Gebühr nach Nr. 21100 des Kostenverzeichnisses aus. Der zur Gebührenberechnung zugrunde zu legende Geschäftswert bestimmt sich nach dem **Aktivvermögen des formwechselnden Rechtsträgers** ohne Schuldenabzug (vgl. § 38 GNotKG) nach der letzten dem Beschlussstichtag vorausgehenden Bilanz. Beteiligungen an anderen Gesellschaften sind nach § 54 GNotKG mit dem auf den Gesellschaftsanteil entfallenden bilanziellen Eigenkapital nach § 266 Abs. 3 HGB zu bewerten. Grundstücke sind mit ihrem Verkehrswert anzusetzen, so dass der Buchwert aus der Aktivseite herauszurechnen und der Verkehrswert anschließend zu addieren ist. Das Aktivvermögen wird durch nicht durch Eigenkapital gedeckte Fehlbeträge vermindert; im Gegenzug erhöhen stille Reserven das Aktivvermögen (§ 46 Abs. 1 GNotKG). Es gilt eine Mindestgebühr von 120 EUR und ein Höchstwert von 5 Mio. EUR nach § 108 Abs. 5 GNotKG, da der Formwechselbeschluss ein solcher mit bestimmtem Geldwert ist.

66 Regelmäßig werden neben dem Formwechselbeschluss noch **Verzichts- und/oder Zustimmungserklärungen** beurkundet, zB Verzichte auf die Klageerhebung gegen den Formwechselbeschluss (§ 195 UmwG), Verzichte auf die Erstattung eines Umwandlungsberichts (vgl. § 192 Abs. 3 UmwG) oder Zustimmung von Gesellschaftern hinsichtlich der Abtretung von Anteilen des formwechselnden Rechtsträgers nach § 193 Abs. 2 UmwG. Für die Beurkundung fällt eine 1,0-Gebühr (einseitige Erklärung, kein Vertrag) nach Nr. 21200 des Kostenverzeichnisses an, mindestens jedoch 60 EUR. Da es sich bei den Verzichts- bzw. Zustimmungserklärungen nicht um einen Beschluss der Gesellschaftergesamtheit sondern rechtsgeschäftliche Erklärungen der einzelnen Gesellschafter handelt, gilt der für den Formwechselbeschluss anwendbare Höchstwert von 5 Mio. EUR nach § 108 Abs. 5 GNotKG nicht für diese Erklärungen.

Der Geschäftswert für **Verzichtserklärungen** gemäß § 195 UmwG (Verzicht auf Klageerhebung) bzw. gemäß § 192 Abs. 3 UmwG (Verzicht auf Erstellung eines Umwandlungsberichts) ist nach § 36 GNotKG zu bestimmen. Ein Teilwert von 10–20% des Wertes des Anteils des jeweils Verzichtenden soll hier anzusetzen sein (*Diehn/Volpert,* Praxis des Notarkostenrechts, Rn. 695).

Der **Formwechselbeschluss** einerseits und die **Zustimmungs- bzw. Verzichtserklärungen** andererseits sind bei **gemeinsamer Beurkundung** gegenstandsverschieden nach § 110 Nr. 1 GNotKG, weshalb der Beschluss und die Erklärungen gebührenrechtlich getrennt in Ansatz zu bringen sind. Die Zustimmungs- und Verzichtserklärungen untereinander sind wiederum gegenstandsgleich nach § 109 Abs. 1 GNotKG, so dass für die Berechnung nur der höhere Wert beider Erklärungen zugrunde gelegt werden kann, regelmäßig der Wert der Zustimmungserklärungen (§ 109 Abs. 1 Satz 5 GNotKG, vgl. *Diehn/Volpert,* Praxis des Notarkostenrechts, Rn. 708).

67 Die Feststellung des Gesellschaftsvertrages der A-GmbH & Co. KG ist zum Formwechselbeschluss gegenstandsgleich (BDS/*Bormann* GNotKG § 109 Rn. 68). Ob damit auch der Entwurf der Satzung durch den Notar abgegolten ist, wird unterschiedlich beurteilt (vgl. *Diehn/Volpert,* Praxis des Notarkostenrecht, 710; BDS/*Bormann* GNotKG § 109 Rn. 68). Gibt der Notar lediglich **Hinweise zur Gestaltung** des Gesellschaftsvertrages, so kann hierfür – je nach Umfang seiner Tätigkeit – eine sog. Beratungsgebühr nach Nr. 24203 des Kostenverzeichnisses erhoben werden.

Ist im Rahmen eines Formwechsels eine **Berichtigung des Grundbuchs** erforderlich, so ist dieser Berichtigungsantrag gegenstandsverschieden nach § 110 Nr. 1 GNotKG und es entsteht eine 0,5-Gebühr nach Nr. 21201 Ziffer 4 des Kostenverzeichnisses. Der Gegenstandswert ist wegen der bestehenden Rechtsträgeridentität nur mit 10 bis 30% des Grundbesitzwertes anzusetzen.

Für die Unterschriftsbeglaubigung unter der Handelsregisteranmeldung **ohne** Entwurfsfertigung durch den Notar fällt eine 0,2-Gebühr nach Nr. 25100 des Kostenverzeichnisses, jedoch mindestens 20 EUR und höchstens 70 EUR, an.

Fertigt der Notar den Entwurf der **Handelsregisteranmeldung selbst** an, so **68**
entsteht hierfür eine 0,5-Gebühr nach Nr. 24102 des Kostenverzeichnisses. Der Geschäftswert der Handelsregisteranmeldung beträgt mindestens 30 000 EUR (§ 105 Abs. 1 Satz 2, Abs. 4 GNotKG), höchstens 1 Mio. EUR (§ 106 GNotKG).

Die **Eintragung** des Formwechsels im **Handelsregister** der GmbH kostet 240 EUR, § 1 HRegGebVO iVm. Gebührenverzeichnis Nr. 2402. Eine gesonderte Gebühr für die (Erst-)Eintragung der GmbH & Co. KG nach Gebührenverzeichnis Nr. 1104 fällt nicht an. Diese fiele nur an, wenn sich im Rahmen des Formwechsels das maßgebende Register ändert (zB Handels- zu Genossenschaftsregister), aber dann nicht, wenn sich lediglich die Abteilung des Registers (HRA oder HRB) ändert (BeckOK KostR/*Meier* HRegGebV GV 2104–2106 Rn. 2–6).

C. Einzelerläuterungen

I. Notarurkunden

1. Umwandlungsbeschluss

Der Umwandlungsbeschluss ist das „Herzstück“ eines Formwechsels. Anders als bei **69**
den übrigen Umwandlungen – Verschmelzung, Spaltung und Vermögensübertragung – gibt es **keinen Vertrag** (HMB/*Stengel* UmwStG Einf. A Rn. 82; SSt/*Bärwaldt* UmwG § 193 Rn. 2). Dies schließt aber formal die für Willenserklärungen vorgeschriebene Beurkundungsform (§§ 8 ff. BeurkG) nicht aus. Der formwechselnde Rechträger erhält nur eine neue rechtliche Identität (WM/*Weiler* UmwG § 193 Rn. 1; SHS/*Winter* UmwG § 190 Rn. 5 ff.; SSt/*Schwanna* UmwG § 190 Rn. 1). Der notwendige Mindestinhalt des Umwandlungsbeschlusses ergibt sich aus § 194 Abs. 1 UmwG.

Der Entwurf eines Umwandlungsbeschlusses muss bereits Gegenstand eines Umwandlungsberichtes sein, auf den die Gesellschafter aber hier verzichtet haben (→ Rn. 71). Eine Identität zwischen dem Entwurf und dem endgültig gefassten Beschluss ist jedoch nicht erforderlich, Änderungen wären zulässig (WM/*Weiler* UmwG § 193 Rn. 13; SHS/*Winter* UmwG § 193 Rn. 4).

Die zukünftige persönlich haftende Gesellschafterin, die A-Verwaltung GmbH ist bei Anwendung des Treuhandmodells bereits mit einem Anteil von 10.– EUR an der formwechselnden Gesellschaft beteiligt (→ Rn. 8 f.).

Zur Gesellschafterversammlung:

Die Gesellschafterversammlung wird unter Verzicht auf alle Form- und Fristvor- **70**
schriften abgehalten. Sollte zu einer solchen Versammlung nicht unter Beachtung sämtlicher Form- und Fristvorschriften eingeladen worden sein oder sollte es hieran Zweifel geben, kann in der Gesellschafterversammlung nur dann wirksam der Um-

wandlungsbeschluss gefasst werden, wenn alle Anteilsinhaber auf die Einhaltung der Form- und Fristvorschriften verzichten. Dieser Verzicht muss protokolliert werden, ausreichend ist ein Wahrnehmungsprotokoll nach §§ 36, 37 BeurkG.

Zu Ziff. 2.:

71 Da die Gesellschafter sich über die Umwandlung laut Formular völlig einig sind, verzichten sie auf alle Formalien der Umwandlung, soweit dies rechtlich zulässig ist. Diese Formalien sind, soweit sie dort relevant sind, bei dem Formular des Formwechsels einer GmbH in die AG (→ Form. E.1 Rn. 6 ff.) abgehandelt. Auf die dortige Kommentierung wird verwiesen.

72 Die Erstattung eines Umwandlungsberichtes ist erforderlich, wenn an dem formwechselnden Rechtsträger mehr als ein Gesellschafter beteiligt ist und nicht alle Anteilsinhaber auf ihn verzichten – § 192 Abs. 3 UmwG. Der Verzicht ist notariell zu beurkunden. Die Beurkundung dient dabei sowohl der Warnpflicht für die Gesellschafter als auch dem Interesse einer ordnungsgemäßen Registereintragung (WM/*Mayer* UmwG § 192 Rn. 15; Lutter/*Decher/Hoger* UmwG § 192 Rn. 46; SHS/*Winter* UmwG § 192 Rn. 22). § 199 UmwG sieht dabei auch einen entsprechenden Nachweis des Verzichtes vor. Der Verzicht kann auch noch nach Fassung des Umwandlungsbeschlusses erfolgen. Maßgeblicher Zeitpunkt, zu dem der Verzicht vorliegen muss, ist die Anmeldung des Formwechsels zum Handelsregister (WM/*Mayer* UmwG § 192 Rn. 17; Lutter/*Decher/Hoger* UmwG § 192 Rn. 46; SHS/*Winter* UmwG § 192 Rn. 22).

73 Die nach altem Recht noch erforderliche Vermögensaufstellung nach § 192 Abs. 2 UmwStG 1995 ist entfallen, → Rn. 15.

74 Obwohl weder § 207 UmwG noch § 194 Abs. 1 UmwG, der in Nr. 6 das Abfindungsangebot als zum Mindestbestandteil des Umwandlungsbeschlusses gehörend festschreibt, einen Verzicht ausdrücklich erlauben, ist anerkannt, dass ein Verzicht auf das Abfindungsangebot durch alle Gesellschafter möglich und zulässig ist (WM/*Wälzholz* UmwG § 207 Rn. 33; Lutter/*Decher/Hoger* UmwG § 194 Rn. 23; SHS/*Winter* UmwG § 194 Rn. 8; SSt/*Bärwaldt* UmwG § 194 Rn. 29).

Da der Umwandlungsbeschluss einschließlich aller noch notwendigen Zustimmungserklärungen nach § 193 Abs. 3 UmwG der notariellen Beurkundung bedarf und nach § 194 Abs. 1 Nr. 6 hierzu auch das Abfindungsangebot gehört, ist auch der Verzicht auf das Abfindungsangebot (in der für Willenserklärungen vorgeschriebenen Form, §§ 8 ff. BeurkG) notariell zu beurkunden (Lutter/*Decher/Hoger* UmwG § 194 Rn. 23; SSt/*Bärwaldt* UmwG § 194 Rn. 29; aA wenn auch nur mit Auswirkungen auf die Notarkosten WM/*Wälzholz* UmwG § 207 Rn. 34).

75 Die Geschäftsführer der formwechselnden GmbH hätten den Gesellschaftern nach § 230 Abs. 1 UmwG spätestens mit der Einberufung der Gesellschafterversammlung, in der über den Formwechsel beschlossen werden soll, diese Beschlussfassung anzukündigen sowie der Umwandlungsbericht einschließlich Entwurf des Umwandlungsbeschlusses und das Abfindungsangebot zu übersenden.

Diese Regelung dient dem Schutz der Gesellschafter und soll sie vor Überraschung schützen. Ein Verzicht ist deshalb zulässig und er bedarf, anders als der Verzicht auf Umwandlungsbericht und Abfindungsangebot auch nicht zwingend der notariellen Beurkundung, sollte aber, um erforderlichen falls einen Nachweis führen zu können, zumindest schriftlich festgehalten werden (Lutter/*Joost* UmwG § 216 Rn. 9; WM/*Vossius* UmwG § 216 Rn. 21).

Zu Ziff. 3.:

76 An der Gesellschafterversammlung nehmen alle Gesellschafter der GmbH teil, der Umwandlungsbeschluss wird einstimmig gefasst.

Das Umwandlungsrecht schreibt diese Einstimmigkeit nicht vor. § 233 Abs. 2 Satz 1 UmwG gestattet ausdrücklich eine Mehrheitsentscheidung, bei der GmbH mit einer Mehrheit von drei Vierteln der abgegebenen Stimmen. Der Gesellschaftsvertrag kann ein höheres Mehrheitserfordernis vorsehen – § 233 Abs. 2 Satz 2 UmwG. Aufgrund der Einstimmigkeit ist in der Variante des Treuhandmodells [Alt. A] auch das Zustimmungserfordernis des persönlich haftenden Gesellschafters gem. § 233 Abs. 2 Satz 3 UmwG beachtet; für die andere Variante [Alt. B] ist das Zustimmungserfordernis über Ziff. 3 Buchst. d beachtet.

Ob bei einer Mehrheitsentscheidung der nach § 207 UmwG gegen den Umwandlungsbeschluss Widerspruch zur Niederschrift Erklärende auch gegen den Formwechsel stimmen muss ist streitig (→ Rn. 14).

In Buchst. a und c ist gem. § 194 Abs. 1 Nr. 1 und 2 UmwG geregelt, dass die Firma der Gesellschaft entsprechend §§ 200 Abs. 2 UmwG, 19 HGB mit Ausnahme des Rechtsformzusatzes beibehalten wird. **77**

Der steuerliche Übertragungsstichtag, s. Buchst. b, kann nach § 9 Satz 2 UmwStG der Tag der Eintragung des Formwechsels in das Handelsregister (§ 202 UmwG) oder gem. § 9 Satz 3 UmwStG der Stichtag der steuerlichen Übertragungs- und Eröffnungsbilanzen sein, die auf einen beliebigen Tag innerhalb eines Zeitraums von acht Monaten vor Einreichung des Eintragungsantrages erstellt werden können (→ Rn. 38). Die Wahl ist formlos möglich, die Aufnahme in den Beschluss also nicht erforderlich. Bei Aufnahme in den Beschluss ist die Wahl dann allerdings gegenüber der FinVerw. nicht mehr revidierbar (vgl. zu Einzelheiten der weiter anwendbaren Grundsätze zur alten Rechtslage WM/*Widmann* UmwStG § 2 Rn. 7ff., R 3ff., jeweils mwN). **78**

Nach Buchst. d entspricht das neue Beteiligungsverhältnis in der GmbH & Co. KG dem alten an der GmbH, sieht man von der möglicherweise nur vorübergehend treuhänderisch gehaltenen Beteiligung der Komplementärin, die wirtschaftlich einem der Gesellschafter zuzurechnen wäre, ab (→ Rn. 8ff.). Die Beteiligungen der Gesellschafter an der GmbH sind in Kommanditbeteiligungen umgewandelt worden. Das Eigenkapital der alten GmbH ist zu Eigen- und Haftkapital der Kommanditgesellschaft geworden (SBB/*Bula/Thees* § 27 Rn. 35, 36). Die Umwandlung erfolgt zu Buchwerten. Eine Aufstockung auf einen Zwischen- oder sogar den Teilwert ist ausgeschlossen (→ Rn. 25). Zu den Konsequenzen und Alternativen → Rn. 31ff., 44ff. Die Beteiligung der Gesellschafter an der neuen Gesellschaft muss jedoch nicht zwingend den alten festen Kapitalkonten entsprechen, so etwa, wenn Verschiebungen zur Abgeltung nicht fortbestehender Sonderrechte dienen sollen. Dazu kann es bei Zustimmung aller Anteilsinhaber kommen (Lutter/*Decher/Hoger* UmwG § 194 Rn. 12f.). Dann ist die Mitteilungspflicht nach § 194 Abs. 1 Nr. 5 UmwG zu beachten. **79**

Wenn, wie nunmehr durch § 234 Nr. 3 UmwG zwingend vorgeschrieben, der neue Gesellschaftsvertrag Gegenstand der Beschlussfassung über die Umwandlung ist und alle Gesellschafter zugestimmt haben, gilt dieser automatisch mit dem Wirksamwerden der Umwandlung – Eintragung im Handelsregister, § 202 UmwG – für alle Gesellschafter der neuen Gesellschaft (WM/*Weiler* UmwG § 194 Rn. 149). **80**

Da der Umwandlungsbeschluss gem. § 194 Abs. 1 Nr. 7 UmwG auch die Folgen des Formwechsels für die Arbeitnehmer bestimmen muss, müssen die entsprechenden Erläuterungen wie hier in Buchst. g erfolgen, auch wenn wie hier keinerlei Besonderheiten vorliegen. **81**

Die Anforderungen an die Darlegung der Folgen für die Arbeitnehmer sind erfüllt, wenn im Umwandlungsbeschluss auf eventuelle Änderungen des Mitbestimmungsstatuts, ggf. durch Negativerklärung (→ Form. A.1 Rn. 223) eingegangen und iÜ klargestellt wird, dass sich aus dem Formwechsel keine Folgen für die Arbeitnehmer und ihre Vertretungen ergeben und auch insoweit keine Maßnahmen vorgesehen sind (Lutter/*Decher/Hoger* UmwG § 194 Rn. 30). Im Übrigen → Rn. 62.

Da ein Betriebsrat nicht existiert, ist eine Zuleitung des Entwurfs des Umwandlungsbeschlusses an diesen nicht möglich. Die Arbeitnehmer sollten gleichwohl über den beabsichtigten Formwechsel und seine Folgen informiert werden.

82 Die Notwendigkeit des Beschlusses gem. Buchst. i ergibt sich aus § 318 Abs. 1 HGB, wenn, wie in § 318 Abs. 1 Satz 2 HGB geregelt, der Gesellschaftsvertrag nicht etwas anderes bestimmt (Scholz/*K. Schmidt* GmbHG § 46 Rn. 186; MünchKomm/*Ebke,* HGB § 318 Rn. 6; BH/*Hopt/Merkt* HGB § 318 Rn. 1). Diese Norm richtet sich über § 264a Abs. 1 HGB auch an Personenhandelsgesellschaften wie die GmbH & Co. KG, wenn nicht mindestens direkt (§ 264a Abs. 1 Nr. 1 HGB) oder indirekt (§ 264a Abs. 1 Nr. 2 HGB – doppelstöckige Gesellschaft) ein persönlich haftender Gesellschafter eine natürliche Person ist (MünchKomm/*Reiner,* HGB § 264a Rn. 3; zur doppelstöckigen GmbH & Co. KG BH/*Roth,* HGB Anh. nach § 177a Rn. 9; MünchKomm/*Grunewald,* HGB § 161 Rn. 100).

Zu Ziff. 4.:

83 Da sich sämtliche Gesellschafter in dem Formular über die Umwandlung, ihre Beteiligung an der neuen KG und auch in den übrigen Punkten einig sind, dient der Verzicht auf die Rechte aus §§ 195 Abs. 1, 196 UmwG sowie die Nichtigkeits-, Anfechtungs- und Unwirksamkeitsklage der Beschleunigung der Eintragung und damit des Wirksamwerdens (§ 202 UmwG) der Umwandlung.

Zu den Hinweisen:

84 Der Hinweis **Ziff. 2** entspricht § 202 Abs. 1 UmwG, der Hinweis **Ziff. 3** § 202 Abs. 1 Nr. 2 Satz 2 UmwG.

Die im Hinweis **Ziff. 4** angesprochene Bekanntmachungspflicht durch das Registergericht ergibt sich aus §§ 204, 22 UmwG. Die Anmeldung eines Anspruches durch Gläubiger der Gesellschaft sollte gegenüber der KG erfolgen, dies ist jedoch nicht zwingend vorgeschrieben (vgl. SHS/*Winter* UmwG § 22 Rn. 8; Lutter/*Grunewald* UmwG § 22 Rn. 17).

85–87 *einstweilen frei*

2. Gesellschaftsvertrag der KG

88 Der Gesellschaftsvertrag der KG schlägt Regelungen vor, die insbesondere hinsichtlich der Gesellschafterkonten (§ 3 Abs. 4), der Mehrheitserfordernisse (§ 7 Abs. 9), der Zustimmungserfordernisse (§ 4 Abs. 3) und der grundsätzlichen Fortsetzungsregelung (§ 12 Abs. 4) iVm. mit den Vorschriften über die Berechnung einer zu zahlenden Abfindung (§ 14) einem praktischen Verfahrensbedürfnis entsprechen. Grundsätzlich sind bei einem Formwechsel die Gesellschafter nicht gezwungen, über den Mindestinhalt der §§ 194, 234 UmwG hinaus weitergehende Regelungen zu treffen (Lutter/*Göthel* UmwG § 234 Rn. 41). Die dann für eine KG geltenden §§ 161 ff., 105 ff. HGB, 705 ff. BGB enthalten jedoch Regelungen, die nur in krassen Ausnahmefällen den Bedürfnissen der Gesellschafter entsprechen. Dies gilt insbesondere für das Einstimmigkeitsprinzip und den seit der grundlegenden Reform von 1998 auch in das Gesetz eingeflossene Fortsetzungsgedanken (BH/*Roth* HGB § 131 Rn. 1; Röhricht/Graf v. Westphalen/Haas/*Haas* HGB § 131 Rn. 1). Zudem ist nunmehr durch die Änderung des § 234 Nr. 3 UmwG durch das Zweite Gesetz zur Änderung des UmwG v. 19.4.2007 (BGBl. I 2007, 542) auch für Personengesellschaften die Aufnahme des Gesellschaftsvertrages in den Umwandlungsbeschluss vorgeschrieben, der zwar keinen über die gesetzlichen Mindestregelungen hinausgehenden Inhalt haben muss, aber der notariellen Beurkundung bedarf (vgl. Lutter/*Göthel* UmwG § 234 Rn. 41; *Mayer/Weiler* MittBayNot 2007, 368; *Heckschen* DNotZ 2007, 444).

Zusätzlich ist bei der GmbH & Co. KG auf eine Abstimmung der Gesellschaftsverträge der KG und der GmbH sowohl bei der Gründung als auch bei späteren Vertragsänderungen zu achten, um Widersprüchlichkeiten zu vermeiden (MünchKomm/*Grunewald,* HGB § 161 Rn. 93). Das Formular hat daher auch in den Formalien sich den entsprechenden gesetzlichen Regelungen des GmbHG angenähert.

Zu § 1: (Firma, Sitz, Geschäftsjahr)

Die **Abs. 1 und 2** entsprechen den Anforderungen aus §§ 19 Abs. 2, 162, 106 Abs. 2 Nr. 2 HGB für die Angaben bei der Anmeldung, zu **Abs. 3** ist auf § 242 HGB hinzuweisen. **89**

Zu § 2: (Gegenstand des Unternehmens)

Für die KG sollte in deren Gesellschaftsvertrag das konkrete Betätigungsfeld der Gesellschaft angegeben werden (OLG Hamburg v. 18.9.1967, 2 W 125/67, BB 1968, 267; BayObLG v. 15.12.1975, 2 Z 53/75, NJW 1976, 1694; vgl. BH/*Roth* HGB Anh. nach § 177a Rn. 13; MünchKomm/*Grunewald,* HGB § 161 Rn. 56). Es dient auch der klaren Festlegung der Gesellschafter im Innenverhältnis. Bei Produktions- und Handelsgesellschaften sind die Art der Erzeugnisse und Waren, die hergestellt oder vertrieben werden sollen, näher anzugeben. **90**

Die Berechtigung zur Errichtung von Zweigniederlassung sowie die Beteiligung bzw. Gründung von Tochtergesellschaften sollte von Anfang an im Gesellschaftvertrag zugelassen werden, um Expansionen jeder Art zu ermöglichen und ggf. einen unwilligen Gesellschafter über seine Treuepflicht zur Zustimmung „zwingen" zu können (zur Treuepflicht vgl. BH/*Roth* HGB Anh. nach § 177a Rn. 22, § 109 Rn. 23ff.; MünchKomm/*Grunewald,* HGB § 161 Rn. 65).

Zu § 3: (Gesellschafter und Kapitalbeteiligungen; Konten)

Die Regelung der **Abs. 1 bis 3** entspricht zunächst den Anforderungen der §§ 106 Abs. 2 Nr. 1 und 4, 162 Abs. 1 HGB für die Angaben bei der Anmeldung. Bezüglich der Einlage und der Beteiligung der persönlich haftenden Gesellschafterin → Rn. 8ff., 79. **91**

Die Kommanditeinlagen müssen nicht zwingend auch den Hafteinlagen im Verhältnis zu Dritten entsprechen. Im Innenverhältnis können höhere Beteiligungen vereinbart werden (BH/*Roth* HGB § 171 Rn. 1; MünchKomm/*K. Schmidt,* HGB §§ 171, 172 Rn. 5ff.). Der Hinweis in **Abs. 3 Satz 2** dient daher einer entsprechenden Klarstellung.

Für die Verbuchung der Beteiligung der Kommanditisten und deren sonstiger Beziehung zur KG ist unbedingt die Errichtung von mindestens **drei verschiedenen individuellen Konten** neben einem gesamthänderisch gebundenen Rücklagenkonto zu empfehlen. Die Bezeichnung der Konten variiert. Das hier als Verrechnungskonto bezeichnete Konto wird auch als Privat-, Sonder- oder Darlehenskonto bezeichnet (BH/*Roth* HGB § 120 Rn. 20; MünchKomm/*Grunewald,* HGB § 167 Rn. 17, 21), das Verlustsonderkonto auch als Kapitalkonto II (BH/*Roth* HGB § 120 Rn. 19; MünchKomm/*Grunewald,* HGB § 167 Rn. 20). Um keine Zweifel aufkommen zu lassen, inwieweit der einzelne Kommanditist seine (Haft-)Einlage geleistet hat, sollte auf einem festen **Kapitalkonto** das eingezahlte Haftkapital ähnlich wie bei einer Kapitalgesellschaft das Stammkapital buchmäßig ausgewiesen werden (BH/*Roth* HGB § 120 Rn. 19; MünchKomm/*Grunewald,* HGB § 167 Rn. 14, 19). Die Benennung der Haftsumme im Gesellschaftsvertrag ist nicht notwendig. Maßgeblich ist allein der im Handelsregister eingetragene Betrag, § 172 Abs. 1 HGB (BH/*Roth* HGB § 172 Rn. 1). Auf dem **Verrechnungskonto** werden sodann die jederzeit fälligen Ansprüche und Verbindlichkeiten zwischen der KG und den Gesellschaftern ausgewiesen, es handelt sich also um ein reines Forderungskonto (BH/*Roth* HGB § 120 Rn. 20; **92**

MünchKomm/*Grunewald,* HGB § 167 Rn. 17, 21). Wichtig ist die Einrichtung eines **Verlustsonderkontos,** um zu verhindern, dass durch die Verbuchung von Gewinnen und Verlusten aus einem Konto noch nicht abgerufene Gewinne aus Vorjahren durch Folgeverluste aufgezehrt werden und nicht mehr von den Gesellschaftern entnommen werden können. Hintergrund ist die Regelung des § 172 Abs. 4 Satz 2 HGB. Durch die Verbuchung eines Gewinnanteils auf dem Verrechnungskonto verliert dieser seinen Charakter als Gewinnanteil und wird zu einer reinen Verbindlichkeit der Gesellschaft gegenüber dem Gesellschafter. Es handelt sich dann bei der Zahlung auf diese Verbindlichkeit nicht mehr um eine Gewinnentnahme iSv. § 172 Abs. 4 Satz 2 HGB (BGH v. 23.2.1978, II ZR 145/76, BB 1978, 630; MünchKomm/*Grunewald,* HGB § 167 Rn. 17). Aus demselben Grund ist hinsichtlich des Verlustsonderkontos zu regeln, dass Gewinne aus den Folgejahren zunächst diesem Konto gutgeschrieben werden müssen, bis es wieder ausgeglichen ist. Andernfalls wären diese Auszahlungen von Gewinnen aus den Folgejahren eine unzulässige Rückzahlung von Haftkapital iSv. § 172 Abs. 4 Satz 2 HGB, die zu einem Wiederaufleben der Haftung führen würde (BH/*Roth* HGB § 172 Rn. 8; MünchKomm/*Grunewald,* HGB § 167 Rn. 14).

Zu § 4: (Vertretung, Geschäftsführung)

93 Die Befreiung von § 181 BGB ist für den Fall erforderlich, dass der Geschäftsführer der GmbH zugleich Kommanditist der KG ist (BH/*Roth* HGB Anh. nach § 177a Rn. 12, 37; MünchKomm/*Grunewald,* HGB § 161 Rn. 59).

Der in **Abs. 3** vorgesehene Zustimmungsvorbehalt für Geschäfte, die den Erfolg des Unternehmens wesentlich betreffen können, dient der Absicherung der nicht geschäftsführenden Gesellschafter. Er ist insbesondere in Familiengesellschaften wichtig und geht über das allgemeine Recht der Kommanditisten aus § 166 HGB weit hinaus. Um jedoch die Geschäftsführung auch nicht über das erforderliche Maß hinaus an schnellen Entscheidungen zu hindern, regelt **Abs. 4** eine entsprechende Öffnungsklausel. Im Hinblick auf die detaillierten Regelungen der Abs. 3 und 4 ist sodann das allgemeine Widerspruchsrecht der Kommanditisten aus § 164 HGB nicht mehr erforderlich, vgl. **Abs. 5.** Insgesamt werden die Rechte der Kommanditisten durch die **Abs. 3 bis 5** gegenüber dem HGB wesentlich gestärkt. Dies ist im Hinblick auf die Tatsache, dass der persönlich haftende Gesellschafter keine natürliche Person ist, vertretbar und richtig.

Zu § 5: (Informations- und Kontrollrechte der Kommanditisten)

94 Der Annäherung der GmbH & Co. KG an die Rechtsform der Kapitalgesellschaft in Bezug auf die Rechte der Gesellschafter wird auch dadurch Rechnung getragen, dass anders als in § 166 HGB vorgesehen die Rechte der Kommanditisten sich aus dem weiterreichenden § 51a GmbHG ableiten (vgl. MünchKomm/*Grunewald,* HGB § 166 Rn. 43 ff.).

Zu § 6: (Wettbewerbsverbot)

95 Nach § 165 HGB würde für die Kommanditisten im Regelfall kein Wettbewerbsverbot gelten. Da in der GmbH & Co. KG aber in einer Vielzahl von Fällen Kommanditisten gleichzeitig Gesellschafter und Geschäftsführer der GmbH sind und damit faktisch die Geschäfte der KG leiten, sieht das Formular ein Wettbewerbsverbot für alle Gesellschafter vor (zur Zulässigkeit MünchKomm/*Grunewald,* HGB § 165 Rn. 16; Röhricht/Graf v. Westfalen/Haas/*Mock* HGB § 165 Rn. 3). Für die persönlich haftende Gesellschafterin ergibt sich dies unmittelbar aus dem Gesetz, für die geschäftsführenden Kommanditisten müsste dies, wenn es nicht durch den Gesellschaftervertrag ausdrücklich vorgesehen wird, aus dem Treuegedanken gegenüber der Gesellschaft hergeleitet werden (BH/*Roth* HGB § 165 Rn. 3; MünchKomm/*Grunewald,* HGB § 165 Rn. 5 ff.).

Zu § 7: (Gesellschafterversammlung, Gesellschafterbeschlüsse)

Das Gesetz sieht bei Personengesellschaften die Beschlussfassung in einer Versammlung nicht ausdrücklich vor. Es ist daher sinnvoll, im Gesellschaftsvertrag ausführliche Regelungen vorzusehen, insbesondere die Beschlussfassung durch Mehrheitsbeschlüsse, da andernfalls das im Gesetz vorgesehene Einstimmigkeitsprinzip gelten würde (Röhricht/Graf v. Westfalen//Haas/*Mock* HGB § 163 Rn. 8; MünchKomm/*Grunewald,* HGB § 161 Rn. 34; BH/*Roth* HGB § 163 Rn. 4). Grenzen für Mehrheitsbeschlüsse bestehen durch die Rechtsprechung des BGH zum Kernbereich (BGH v. 5.11.1984, II ZR 111/84, NJW 1985, 974; BH/*Roth,* HGB § 119 Rn. 36). **96**

Die Zustimmungspflicht der Gesellschafterversammlung der KG gem. Abs. 7 Buchst. c ist in der Satzung der GmbH entsprechend zu regeln.

Zu § 8: (Jahresabschluss)

Die Regelungen zum Jahresabschluss finden sich in den §§ 264ff. HGB. Zu **Abs. 1** des Vorschlags ist auf §§ 264a, 264 Abs. 1 HGB zu verweisen, zu **Abs. 2** auf §§ 264a, 316 HGB. **97**

Zu § 9: (Gewinn- und Verlustbeteiligung)

Die GmbH erhält keine Gewinnbeteiligung, sondern lediglich einen Kostenersatz und eine Haftungsvergütung. Steuerlich wird als angemessene Gewinnverteilung auch eine Tätigkeitsvergütung anerkannt. Sie ist damit, wie vielfach bei der GmbH & Co. KG, an dem Gewinn und Verlust nicht beteiligt. **98**

Die Gewinnverteilung richtet sich nach dem Festkapital der Gesellschafter. Zugewiesene Verluste aus den Vorjahren, etwaige einseitig vorgenommene Verlustausgleiche und der Stand des Verrechnungskontos haben auf die Gewinnverteilung keinen Einfluss. Es kann daher nicht zu einseitig veranlassten Änderungen der Gewinnverteilung kommen.

Die grundsätzlichen Regelungen des (dispositiven) § 167 HGB sind ergänzend zu beachten (Röhricht/Graf v. Westfalen/Haas/*Mock* HGB § 167 Rn. 10ff.; MünchKomm/*Grunewald,* HGB § 167 Rn. 11; BH/*Roth,* HGB § 167 Rn. 6).

Zu § 10: (Verfügung über Gesellschaftsanteile)

Die Übertragung von Gesellschaftsanteilen ist bei der KG grds. mit Zustimmung der übrigen Gesellschafter möglich (MünchKomm/*Grunewald,* HGB § 161 Rn. 42; BH/*Roth* HGB § 161 Rn. 8, § 105 Rn. 69ff.). Diese Zustimmung wird durch den Gesellschaftsvertrag hinsichtlich ihrer Modalitäten antizipiert und damit die Anteilsübertragung für den einzelnen Gesellschafter planbar. **99**

Zu § 11: (Ausschließung eines Gesellschafters)

Die Ausschließung eines Gesellschafters ist nach § 140 HGB, der auch für die KG gilt, grds. möglich (BH/*Roth* HGB § 140 Rn. 2). Im Formular erfolgt lediglich eine detailliertere Regelung und Ausgestaltung hierzu, insbesondere die Festlegung weiterer wichtiger Gründe (Röhricht/Graf v. Westfalen/Haas/*Haas* HGB § 140 Rn. 23; BH/*Roth* HGB § 140 Rn. 30). Der Ausschluss ohne wichtigen Grund ist durch die Rspr. des BGH zum Kernbereich ausgeschlossen (BGH v. 5.11.1984, II ZR 111/84, NJW 1985, 974; BH/*Roth* HGB § 140 Rn. 31). **100**

Zu § 12: (Dauer der Gesellschaft, Kündigung)

Es wird lediglich die Regelung des § 132 HGB näher ausgestaltet und die Kündigungsfrist verlängert. **101**

Zu § 13: (Ausscheiden eines Gesellschafters, Fortführung des Unternehmens)

102 § 131 HGB ist durch das Reformgesetz vom 22.6.1998 grundlegend umgestaltet worden. Es gilt nunmehr auch im Recht der Personengesellschaften der Fortsetzungsgedanke (BH/*Roth* HGB § 131 Rn. 1; Röhricht/Graf v. Westphalen/Haas/*Haas* HGB § 131 Rn. 1). **Abs. 1** entspricht dem Rechtsgedanken des § 131 Abs. 3 HGB (BH/*Roth* HGB § 131 Rn. 1; Röhricht/Graf v. Westphalen/Haas/*Haas* § 131 HGB Rn. 1). **Abs. 2** sieht zusätzlich vor, dass die verbliebenen Gesellschafter, wenn sie sich und die Gesellschaft zB zur Zahlung der Abfindung nach § 14 nicht in der Lage sehen oder dies nicht wollen, die Auflösung durch einen entsprechenden Beschluss herbeiführen können, so dass der ausscheidende Gesellschafter dann keine Abfindung erhält, sondern an der Liquidation teilnimmt.

Zu § 14: (Abfindung)

103 Grundsätzlich hat jeder ausscheidende Gesellschafter einen Anspruch auf Abfindung in Höhe seines Anteils am Gesellschaftsvermögen, also entsprechend § 738 Abs. 1 Satz 2 BGB in Höhe des Auseinandersetzungsguthabens (BH/*Roth* HGB § 131 Rn. 48; Röhricht/Graf v. Westphalen/Haas/*Haas* HGB § 131 Rn. 41). Abweichende Vereinbarungen, zB zur Erhaltung der Liquidität und Substanz des Unternehmens, sind in den Grenzen des Willkürverbots aus § 138 BGB zulässig (BH/*Roth* HGB § 131 Rn. 58, 60; Röhricht/Graf v. Westphalen/Haas/*Haas* HGB § 131 Rn. 65). Zur Zulässigkeit solcher Klauseln im Einzelnen vgl. BH/*Roth* HGB § 131 Rn. 60 ff.; Röhricht/Graf v. Westphalen/Haas/*Haas* HGB § 131 Rn. 65 ff.). Seit der **Erbschaftsteuerreform** zum 1.1.2009 (ErbStReformG v. 24.12.2008, BGBl. I 2008, 3018) entspricht der steuerliche Wert eines Gesellschaftsanteils dem gemeinen Wert, §§ 11 Abs 2, 109 BewG. Liegt die zu zahlende Abfindung unterhalb dieses Wertes, wird in Höhe der Differenz eine Schenkung gem. § 7 Abs. 7 ErbStG an die übrigen Gesellschafter bzw. an den Erwerber fingiert („Als Schenkung gilt …"). Die in der Vergangenheit häufig anzutreffenden **Abfindungsklauseln zum Buchwert** führen daher in einer Vielzahl von Fällen zu (unfreiwilligen) Schenkungen, die, wenn es sich nicht um nahe Angehörige als Beschenkte handelt, nach der Steuerklasse III und daher mit mindestens 30% zu versteuern sind. Soll eine unter dem gemeinen Wert liegende Abfindung vereinbart werden, empfiehlt sich daher – wie in § 11 Abs. 3 des Formulars vorgeschlagen – gesellschaftsvertraglich zusätzlich zur Einziehung auch die Möglichkeit der Zwangsabtretung des der Einziehung unterliegenden Geschäftsanteils vorzusehen; für die rechtsgeschäftliche Abtretung soll § 7 Abs. 7 ErbStG entgegen der Ansicht der FinVerw. (vgl. Gleichl. Ländererlasse v. 20.4.2018, BStBl I 2018, 632, Tz. 2.4.1 für den Fall der Übertragung auf die Gesellschaft) nicht gelten (FG München v. 5.4.2017, 4 K 711/16, DStRE 2018, 18; Rev. BFH II R 19/17 zurückgenommen).

Zu § 15: (Erbfolge)

104 Da § 131 Abs. 3 Nr. 1 HGB nunmehr die Fortsetzung der Gesellschaft beim Tod eines Gesellschafters vorsieht und auch das Formular hiervon ausgeht, müssen entsprechende Nachfolgeregelungen hinsichtlich der Erben im Gesellschaftsvertrag getroffen werden (Röhricht/Graf v. Westphalen/Haas/*Haas* HGB § 131 Rn. 1).

Zu § 16: (Schlussbestimmungen)

105 Vom Vorschlag einer Schiedsgerichtsvereinbarung wurde abgesehen. Diese ist vorsorglich entsprechend § 1031 Abs. 5 ZPO in einer separaten Urkunde zu treffen, zumindest aber gesondert zu unterschreiben (BH/*Hopt* HGB Einl. v. § 1 Rn. 89 f.; Beck PersGes-HB/*W. Müller* § 4 Rn. 11).

106–109 *einstweilen frei*

II. Berichte und Schreiben

1. Umwandlungsbericht

Ein Umwandlungsbericht ist entbehrlich, weil alle Gesellschafter hierauf ausdrücklich verzichtet haben. **110**

2. Abfindungsangebot

Ein Abfindungsangebot ist entbehrlich, weil alle Gesellschafter hierauf ausdrücklich verzichtet haben. **111**

3. Schreiben an Betriebsrat

Ein Schreiben an den Betriebsrat ist entbehrlich, weil es weder einen Betriebsrat noch eine sonstige Arbeitnehmervertretung bei der umzuwandelnden Gesellschaft gibt. **112**

einstweilen frei **113–115**

III. Handelsregisteranmeldung

Die Pflicht zur Anmeldung des Formwechsels richtet sich nach § 198 Abs. 1 UmwG, anzumelden ist also grds. bei dem Register, in das die GmbH eingetragen ist. Eine doppelte Anmeldung nach § 198 Abs. 2 Satz 2 und 3 UmwG ist nur erforderlich, wenn sich durch den Formwechsel das zuständige Register ändert, etwa durch Übergang vom Genossenschafts- zum Handelsregister oder durch einen mit dem Formwechsel verbundenen Wechsel des Gesellschaftssitzes. Keine doppelte Anmeldung ist erforderlich, wenn wie hier nur eine andere Abteilung desselben Registers (B statt A) zuständig wird (SHS/*Winter* UmwG § 198 Rn. 6; SSt/*Schwanna* UmwG § 198 Rn. 2). Anzumelden ist der Formwechsel bei der bisher zuständigen Abteilung (SSt/*Schwanna* UmwG § 198 Rn. 2). **116**

Die Anmeldung erfolgt nach §§ 198, 235 Abs. 2 UmwG durch das **Vertretungsorgan der formwechselnden Gesellschaft,** hier also durch die Geschäftsführung der GmbH. Hierdurch wird vermieden, dass alle Gesellschafter der neuen Gesellschaft die Anmeldung unterschreiben müssen (Lutter/*Göthel* UmwG § 235 Rn. 6). Dies ist jedoch deshalb zweifelhaft, weil Anmeldungen für Personenhandelsgesellschaften grds. von allen Gesellschaftern zu bewirken sind (vgl. §§ 108, 143, 148, 161 Abs. 2, 162 HGB) und diese Vorschriften als Gründungsvorschriften iSd. § 197 Satz 1 UmwG anzusehen sind. Eine Alternative zur generellen Anmeldepflicht aller Gesellschafter (MünchHdb/*Wolff,* GesR II § 4 Rn. 40; Beck PersGes-HB/*Sauter* § 2 Rn. 144) ist nur die bei Publikumsgesellschaften idR gewählte schriftliche und öffentlich beglaubigte bzw. notariell beurkundete Handelsregistervollmacht (MünchHdb/*Wolff,* GesR II § 4 Rn. 43, 45; Beck PersGes-HB/*Sauter* § 2 Rn. 144). Aus Vorsichtsgründen ist daher eine Mitunterzeichnung durch die Gesellschafter der KG zu empfehlen.

Die **Anmeldung** muss gem. § 12 Abs. 1 HGB elektronisch in öffentlich beglaubigter Form, nach § 39a BeurkG also durch einen Notar, erfolgen (MünchHdb/*Wolff,* GesR II § 4 Rn. 46; Beck PersGes-HB/*Sauter* § 2 Rn. 144).

Einzelheiten zu Art und Umfang der einzureichenden Unterlagen ergeben sich hinsichtlich der speziellen Dokumente zum Formwechsel aus § 199 UmwG mit den dortigen Verweisen (Lutter/*Göthel* UmwG § 235 Rn. 20). Der Gesellschaftsvertrag der KG, der nach den Regelungen des HGB nicht zum Register eingereicht werden muss, ist nach § 234 Nr. 3 UmwG zwingend Teil des Umwandlungsbeschlusses und daher auch dem Registergericht einzureichen.

Für die persönlich haftende Gesellschafterin A-Verwaltung GmbH ist bei der Anmeldung nicht zwischen den im Formular vorgeschlagenen Alternativen A (mit Kapitaleinlage) und B (ohne Kapitaleinlage) zu unterscheiden, da die (intern vereinbarten) Kapitaleinlagen nicht zum Handelsregister anzumelden sind, sondern bzgl. der Kommanditisten nur die im Außenverhältnis maßgeblichen Hafteinlagen, §§ 162 Abs. 1, 171 HGB (BH/*Roth* HGB § 162 Rn. 2).

Auch wenn sich die **Vertretungsmacht** wie hier aus dem Gesetz ergibt, ist die Vertretungsmacht der Gesellschafter nach § 161 Abs. 2, § 106 Abs. 1 Nr. 4 HGB bei der Anmeldung anzugeben.

Zugleich mit der Anmeldung ist gem. § 198 Abs. 3, § 16 Abs. 2, 3 UmwG zu erklären, dass Klage gegen die Wirksamkeit des Umwandlungsbeschlusses nicht erhoben oder auf das Klagerecht verzichtet wurde.

Die Anmeldung hat nach § 199 UmwG unter Vorlage einer Ausfertigung oder öffentlich beglaubigten Abschrift der notariellen Urkunde zu erfolgen. Die Handelsregisteranmeldung ist elektronisch in öffentlich beglaubigter Form einzureichen, § 12 Abs. 1 Satz 1 HGB (iE → Form. A.1 Rn. 56 sowie *Jeep/Wiedemann* NJW 2007, 2439).

E. 4 Formwechsel einer GmbH & Co. KG in eine GmbH

Gliederung

A. Vertragsformulare

Notarurkunden

E.4.1. Umwandlungsbeschluss[70]

Verhandelt am ...... in ......

Vor mir, dem unterzeichnenden Notar ...... mit Amtssitz in ......, erschienen heute:

1. **Herr B, ... *[erforderliche Angaben wie Beruf, Geburtsdatum, Anschrift (geschäftlich/privat), ausgewiesen durch Personalausweis Nr./von Person bekannt]*, handelnd nicht nur für sich selbst, sondern auch als alleinvertretungsberechtigter Geschäftsführer der A-Verwaltung GmbH mit Sitz in ......;**
2. **Herr C, ... *[erforderliche Angaben – wie oben]*.**

Die Erschienenen erklärten, dass weder der Notar noch einer seiner Sozien in der Sache, die im Nachfolgenden beurkundet wird, vorbefasst iSv. § 3 Abs. 1 Nr. 7 BeurkG sind.

Die Erschienenen erklärten weiter mit dem Ersuchen um Beurkundung:

Vorbemerkung

Im Handelsregister des Amtsgerichts ...... ist unter HRA ...... die A-GmbH & Co. KG eingetragen. Gesellschafter sind

- die A-Verwaltung GmbH als einzige persönlich haftende Gesellschafterin (Komplementärin), die keine Einlage erbracht hat und am Vermögen der Gesellschaft nicht beteiligt ist,
- B als Kommanditist mit einer Hafteinlage von ...... EUR,
- C als Kommanditist mit einer Hafteinlage von ...... EUR.

Das Haftkapital ist voll eingezahlt.

Die Gesellschaft hat keinen Grundbesitz.

Gesellschafterversammlung[71]

Wir halten nunmehr (unter Verzicht auf alle Form- und Fristvorschriften) eine Gesellschafterversammlung ab.

1. Sämtliche Gesellschafter sind anwesend. Einstimmig wird Herr B zum Vorsitzenden der Versammlung gewählt.
2. Sämtliche Gesellschafter verzichteten unwiderruflich[72]
   a) gem. § 192 Abs. 2 UmwG auf die Erstattung eines Umwandlungsberichtes[9, 73] nebst Entwurf des Umwandlungsbeschlusses[10] gem. § 192 Abs. 1 UmwG und
   b) auf ein Abfindungsangebot nach § 207 Abs. 1 UmwG[12, 75] und dessen Prüfung nach § 208 UmwG,

   sowie im Hinblick auf die abgehaltene Gesellschafterversammlung auf alle hierfür im UmwG vorgesehenen Formalien, insbesondere auf
   a) die Übersendung des Umwandlungsberichtes spätestens zusammen mit der Einberufung der Gesellschafterversammlung gem. § 216 UmwG,
   b) die Ankündigung des Formwechsels als Gegenstand der Gesellschafterversammlung durch die persönlich haftende Gesellschafterin nach § 216 UmwG,
   c) die Übersendung des Abfindungsangebotes spätestens zusammen mit der Einberufung der Gesellschafterversammlung gem. § 216 UmwG.
3. Mit den Stimmen aller Gesellschafter wird sodann folgender Beschluss gefasst:[77, 79]
   a) Die A-GmbH & Co. KG wird formwechselnd gem. §§ 190ff., 214ff. UmwG in eine GmbH umgewandelt.[78]
   b) Die Gesellschaft mit beschränkter Haftung führt die Firma A-GmbH und hat ihren Sitz in ......[78]
   c) Durch den Formwechsel werden aus den bisherigen festen Beteiligungen Geschäftsanteile. Maßgeblich sind die bisherigen Hafteinlagen, wobei die bisherige persönlich haftende Gesellschafterin, die am Vermögen der KG nicht beteiligt war, zehn Geschäftsanteile zu je 1.– EUR übernimmt,[20] die sie unmittelbar nach Vollzug des Formwechsels an den dies annehmenden Gesellschafter B abtritt, der eine entsprechend geringere Anzahl von Geschäftsanteilen übernimmt.[19, 80] Die übrigen Gesellschafter stimmen dieser Abtretung schon jetzt zu. Soweit der Buchwert der – ggf. durch Rückzahlungen, Entnahmen und Verluste nach § 172 Abs. 4 HGB geminderten – Kapitalkonten der Kommanditisten den Betrag des Stammkapitals übersteigt, ist der überschießende Betrag den offenen Rücklagen iSv. § 272 Abs. 2, 3 HGB zuzuweisen.[27a] Eine Buchwertauf-

stockung erfolgt nicht. Die Guthaben der Kommanditisten auf ihren sonstigen Kapital- und Darlehenskonten sind als Verbindlichkeit der GmbH gegenüber dem betreffenden Kommanditisten auszuweisen.
Am Stammkapital der A-GmbH in Höhe von ...... EUR sind dementsprechend beteiligt
aa) die A-Verwaltung GmbH mit zehn Geschäftsanteilen zu je 1.– EUR,[20]
bb) Herr B mit ...... Geschäftsanteilen zu je 1.– EUR,
cc) Herr C mit ...... Geschäftsanteilen zu je 1.– EUR.

e) Art und Umfang der Beteiligung an der A-GmbH sowie die Rechte der Gesellschafter im Einzelnen ergeben sich aus dem hiermit vereinbarten Gesellschaftsvertrag der A-GmbH, der Bestandteil dieses Umwandlungsbeschlusses ist und mit der Beschlussfassung geschlossen wird.[81]
f) Einzelnen Gesellschaftern werden keine stimmrechtslosen Geschäftsanteile, Vorzugsgeschäftsanteile, Mehrstimmrechtsanteile, Schuldverschreibungen, Genussrechte oder sonstige besonderen Rechte oder Vorzüge gewährt. Derartige Sonderrechte, Vorzüge oder besondere Geschäftsanteile bestehen bei der A-GmbH & Co. KG nicht.[81]
g) Die Aufnahme eines Abfindungsangebots entfällt auf Grund der Zustimmung aller Gesellschafter und des erklärten Verzichtes.
h) Auf die Arbeitnehmer und ihre Vertretungen wirkt sich der Formwechsel wie folgt aus:[61, 82]
   aa) Die arbeitsvertraglichen Rechte und Pflichten der Arbeitnehmer werden durch den Formwechsel nicht berührt. Ein Betriebsübergang gem. § 613a BGB findet nicht statt. Die Weisungsbefugnisse des Arbeitgebers werden nach dem Formwechsel von der Geschäftsführung der A-GmbH ausgeübt.
   bb) Die bestehenden Betriebsvereinbarungen und Tarifverträge bleiben nach Maßgabe der jeweiligen Vereinbarungen bestehen.
   cc) Die Betriebsverfassung nach dem BetrVG und die übrigen Organe, Ausschüsse und sonstigen Institutionen des BetrVG bleiben unberührt, der Betriebsrat bleibt im Amt.
   dd) Bei der A-GmbH ist kein Aufsichtsrat zu bilden, da der Gesellschaftsvertrag dies nicht vorsieht. Die Voraussetzungen einer Mitbestimmung nach dem DrittelbG, dem MitbestErgG oder dem MitbestG 1976 sind nicht gegeben.
i) Herr B und Herr C werden zu Geschäftsführern der A-GmbH bestellt. Sie sind jeweils allein zur Vertretung der GmbH berechtigt und von den Beschränkungen des § 181 BGB befreit.[83]
j) Zum Abschlussprüfer für das erste (am ...... endende) Geschäftsjahr bestellen wir, sofern die Gesellschaft der Pflichtprüfung unterliegt, die ...... Wirtschaftsprüfungs- und Steuerberatungsgesellschaft in ......[83]
k) Die Kosten des Formwechsels trägt die Gesellschaft bis zum Betrag von ...... EUR[84]

4. Die Erschienenen verzichten hiermit unwiderruflich[86]
   a) auf die Erhebung einer Klage (Nichtigkeits-, Anfechtungs- und/oder Unwirksamkeitsklage) gegen die Wirksamkeit des vorstehend gefassten Umwandlungsbeschlusses nach § 195 Abs. 1 UmwG,
   b) auf die Erhebung einer Klage (Nichtigkeits-, Anfechtungs- und/oder Unwirksamkeitsklage) gegen die Wirksamkeit sämtlicher übriger vorstehend abgegebenen Erklärungen und Beschlüsse
   c) sowie vorsorglich auf ein Verlangen eines Ausgleichs durch bare Zuzahlung nach § 196 UmwG.

5. Die Gesellschafterversammlung wird geschlossen.

Hinweise[87]

Der Notar weist die Erschienenen auf Folgendes hin:

1. **Alle Gesellschafter haben für den Formwechsel gestimmt und gelten deshalb als Gründer der GmbH (§ 219 UmwG). Für sie gelten deshalb über § 197 UmwG die Vorschriften des GmbHG über die Verantwortlichkeit der Gründer, §§ 9ff. GmbHG, entsprechend.**
2. **Die Geschäftsführer der A-Verwaltung GmbH und diese selbst haben bei Verletzung ihrer Sorgfaltspflicht der A-GmbH & Co. KG, ihren Gesellschaftern und Gläubigern allen Schaden zu ersetzen, den diese durch den Formwechsel erleiden, § 205 UmwG.**
3. **Der Formwechsel wird erst wirksam, wenn die neue Rechtsform Gesellschaft mit beschränkter Haftung in dem für sie zuständigen Register eingetragen ist.**
4. **Rechte Dritter an den Gesellschaftsanteilen an der KG bestehen an den künftigen Geschäftsanteilen an der GmbH fort.**
5. **Der neuen Rechtsform Gesellschaft mit beschränkter Haftung steht ein Eintragungshindernis entgegen, wenn der Wert des Gesellschaftsvermögens der KG nach Abzug der Schulden niedriger ist als das Stammkapital der GmbH, § 220 Abs. 1 UmwG. Sollte die neue Rechtsform GmbH dennoch in das Handelsregister eingetragen werden, ist der Formwechsel wirksam. In diesem Fall ist jeder Gründer verpflichtet, den Fehlbetrag zum vereinbarten Stammkapital in Geld zu leisten.**
6. **Das Registergericht wird die Eintragung des Formwechsels bekannt machen. Darin werden die Gläubiger der KG auf folgendes Recht hingewiesen werden: Wenn sie binnen sechs Monaten nach Bekanntmachung ihren Anspruch nach Grund und Höhe schriftlich anmelden und glaubhaft machen, dass die Erfüllung ihrer Forderung durch den Formwechsel gefährdet wird, können sie Sicherheitsleistung verlangen, sofern sie nicht schon die Befriedigung ihrer Forderung beanspruchen können.**

Von dieser Urkunde erhalten die Gesellschaft und die Gesellschafter sowie das Registergericht je eine Ausfertigung, das für die beteiligte GmbH zuständige Finanzamt (§ 54 Abs. 1 EStDV) eine beglaubigte Abschrift.

Samt Anlage vom Notar vorgelesen, von den Erschienenen genehmigt und wie folgt unterschrieben:

....

[Unterschriften]

E.4.2. Gesellschaftsvertrag der A-GmbH[90]

§ 1 Firma, Sitz, Geschäftsjahr[91]

(1) Die Firma der Gesellschaft lautet: A-GmbH.

(2) Der Sitz der Gesellschaft ist ......

(3) Das Geschäftsjahr ist das Kalenderjahr.

§ 2 Gegenstand des Unternehmens[92]

(1) Der Gegenstand des Unternehmens ist ......

(2) Die Gesellschaft ist zu allen nicht erlaubnispflichtigen Geschäften und Maßnahmen berechtigt, die unmittelbar oder mittelbar dem Gegenstand des Unternehmens zu dienen geeignet sind. Sie ist insbesondere berechtigt, im In- und Ausland Zweigniederlassungen zu errichten, sich an anderen Unternehmen gleicher oder verwandter Art im In- und Ausland zu beteiligen sowie solche Unternehmen zu erwerben, zu gründen und für eigene oder fremde Rechnung zu führen.

§ 3 Bekanntmachungen[93]

Bekanntmachungen der Gesellschaft erfolgen ausschließlich im Bundesanzeiger.

§ 4 Stammkapital[94]

(1) Das Stammkapital der Gesellschaft beträgt ...... EUR (in Worten: ...... Euro). Es ist eingeteilt in ...... Geschäftsanteile zu je 1.– EUR.

(2) An dem Stammkapital sind beteiligt

a) die A-Verwaltung GmbH mit den Geschäftsanteilen Nr. 1 bis 10,[20]
b) Herr B mit den Geschäftsanteilen Nr. ...... bis Nr. ......,
c) Herr C mit den Geschäftsanteilen Nr. ...... bis Nr. ....

(3) Das Stammkapital wird durch Sacheinlagen erbracht, indem die Gesellschafter des bisherigen Rechtsträgers, der A-GmbH & Co. KG mit Sitz in ......, diese Gesellschaft formwechselnd nach den §§ 190 ff. UmwG in die Rechtsform der GmbH umgewandelt haben und das nach Abzug der Schulden verbleibende (freie) Vermögen der vorgenannten KG mindestens dem Stammkapital der GmbH sowie die von den Gesellschaftern jeweils übernommenen Geschäftsanteile wertmäßig ihren Haftkapitalanteilen am Vermögen der KG entsprechen, wobei die von der A-Verwaltung GmbH übernommenen Geschäftsanteile von dieser nach Vollzug des Formwechsels an Herrn B abgetreten werden und wertmäßig durch dessen Haftkapitalanteil gedeckt sind.

§ 5 Verfügung über Geschäftsanteile[95]

Die Verfügung über einen Geschäftsanteil, insbesondere die Abtretung oder Verpfändung bedarf der vorherigen Zustimmung aller anderen Gesellschafter. Die Zustimmung darf nur aus wichtigem Grund verweigert werden. Als wichtiger Grund gilt auch eine durch die Übertragung eintretende Nichtabziehbarkeit von steuerlich berücksichtigungsfähigen Verlusten, Verlustvorträgen oder Fehlbeträgen (§§ 8c KStG, 10a GewStG).

§ 6 Geschäftsführung[96]

(1) Die Gesellschaft hat einen oder mehrere Geschäftsführer. Ist nur ein Geschäftsführer bestellt, so vertritt dieser die Gesellschaft allein. Sind mehrere Geschäftsführer bestellt, so sind je zwei Geschäftsführer oder ein Geschäftsführer mit einem Prokuristen gemeinschaftlich zur Vertretung der Gesellschaft berechtigt. Einzelvertretungsbefugnis kann erteilt werden. Den Geschäftsführern kann weiter gestattet werden, bei der Vertretung der Gesellschaft zugleich in Vertretung eines Dritten und/oder in eigenem Namen zu handeln.

(2) Die Geschäftsführer führen die Geschäfte der Gesellschaft nach Maßgabe der gesetzlichen Bestimmungen, der Vorschriften dieses Gesellschaftsvertrages sowie der Beschlüsse der Gesellschafter. Sie sind gegenüber der Gesellschaft verpflichtet, die Bindungen einzuhalten, die ihnen der Anstellungsvertrag auferlegt.

§ 7 Gesellschafterversammlung[97]

(1) Beschlüsse der Gesellschafter werden in Gesellschafterversammlungen gefasst.

(2) Eine ordentliche Gesellschafterversammlung ist mindestens einmal im Jahr abzuhalten zum Zwecke der Beschlussfassung über

- **die Berichterstattung über den Verlauf des abgelaufenen Geschäftsjahres,**
- **die Feststellung des Jahresabschlusses,**
- **die Gewinnverwendung,**
- **die Entlastung der Geschäftsführer und**
- **die Wahl des Abschlussprüfers, soweit erforderlich.**

(3) Außerordentliche Gesellschafterversammlungen sind einzuberufen, wenn die Situation der Gesellschaft dies erfordert oder ein oder mehrere Gesellschafter, die zusammen über mindestens 10% des Stammkapitals verfügen, dies verlangen. Wird dem Verlangen nicht entsprochen, so sind die Gesellschafter berechtigt, die Versammlung selbst einzuberufen; Absatz 4 gilt entsprechend.

(4) Die Einberufung einer Gesellschafterversammlung erfolgt durch die Geschäftsführung durch eingeschriebenen Brief an die Gesellschafter, der mindestens zwei Wochen vor dem Tag der Gesellschafterversammlung zur Post aufzugeben ist und die Tagesordnung enthalten muss. Für außerordentliche Gesellschafterversammlungen kann in dringenden Fällen die Einberufungsfrist auf eine Woche abgekürzt werden. In diesem Fall beginnt die Frist am zweiten Tage nach der Absendung des Einschreibens und endet am Tage vor der Versammlung.

Im Ausland ansässigen Gesellschaftern werden Ladungen zusätzlich per Telefax oder E-Mail übermittelt, eingehend zwei Wochen vor dem Tag der Gesellschafterversammlung.

(5) Eine nicht ordnungsgemäß einberufene Gesellschafterversammlung kann Beschlüsse nur fassen, wenn sämtliche Gesellschafter vertreten sind und kein Widerspruch gegen die Beschlussfassung erhoben wird.

Wird diese Mehrheit nicht erreicht, so ist eine neue Gesellschafterversammlung mit der gleichen Tagesordnung einzuberufen, die aber nicht vor Ablauf von sieben Tagen, gerechnet vom Tage der Absendung der erneuten Einladung, und nicht später als einen Monat, gerechnet vom Tage der ersten Gesellschafterversammlung, stattfinden darf. Diese Gesellschafterversammlung ist unabhängig von den vertretenen Stimmen stets beschlussfähig, wenn in der Einladung auf diese Rechtsfolge ausdrücklich hingewiesen worden ist.

(6) Beschlüsse können auch – soweit gesetzlich zulässig – außerhalb einer Gesellschafterversammlung durch schriftliche Abstimmung gefasst werden, wenn alle Gesellschafter sich damit im Rahmen der Abstimmung schriftlich einverstanden erklärt haben.

(7) Über jede Gesellschafterversammlung hat die Geschäftsführung ein Protokoll zu erstellen, das die Namen aller anwesenden Personen, den Wortlaut der Anträge und der Beschlüsse sowie das Ergebnis der Abstimmung enthalten muss, soweit nicht durch das Gesetz eine andere Form vorgeschrieben ist.

(8) Die Gesellschafter fassen ihre Beschlüsse mit einfacher Mehrheit aller vorhandenen Stimmen, soweit sich aus diesem Gesellschaftsvertrag oder aus zwingenden gesetzlichen Vorschriften nichts Anderes ergibt.

Beschlüsse über die Änderung des Gesellschaftsvertrages bedürfen einer Mehrheit von 75% aller vorhandenen Stimmen; dies betrifft auch Umwandlungen nach dem UmwG.

(9) Jeder Gesellschafter kann sich bei der Gesellschafterversammlung durch einen anderen Gesellschafter oder durch eine gesetzlich zur Berufsverschwiegenheit verpflichtete Person vertreten lassen. Der Vertreter muss eine schriftliche Vollmacht vorlegen.

(10) Ein Gesellschafter, der bei der Beschlussfassung anwesend war, kann Beschlüsse der Gesellschafter nur innerhalb eines Monats seit der Beschlussfassung, sonst innerhalb eines Monats nach Zustellung des Protokolls über die Gesellschafterversammlung durch Klage anfechten.

§ 8 Einziehung von Geschäftsanteilen[98]

(1) Die Gesellschaft ist befugt, den bzw. die Geschäftsanteil(e) eines Gesellschafters durch Beschluss nach §§ 34, 46 Nr. 4 GmbHG einzuziehen, wenn:

a) der Gesellschafter seine Gesellschaftspflichten grob verletzt hat;
b) der Gesellschafter ohne Zustimmung der Gesellschaft auf eigene Rechnung auf dem Gebiet der Gesellschaft tätig wird;
c) für den Gesellschafter die Betreuung angeordnet wird, sofern der Aufgabenkreis des Betreuers die Wahrnehmung der Rechte und Pflichten als Gesellschafter in der Gesellschaft ganz oder teilweise einschließt;
d) über das Vermögen des Gesellschafters das Insolvenzverfahren eröffnet und nicht innerhalb von drei Monaten seit Eröffnung eingestellt oder die Eröffnung eines solchen Verfahrens mangels Masse abgelehnt wird oder der Gesellschafter die Richtigkeit seines Vermögensverzeichnisses an Eides Statt zu versichern hat;
e) die Zwangsvollstreckung in den Geschäftsanteil betrieben und nicht binnen drei Monaten aufgehoben wird;
f) in der Person des Gesellschafters ein wichtiger Grund vorliegt, der seine Ausschließung rechtfertigen würde, insbesondere, wenn den übrigen Gesellschaftern die Fortsetzung der Gesellschaft mit dem betreffenden Gesellschafter wegen seines Verhaltens oder wegen seiner Persönlichkeit nicht mehr zumutbar ist oder durch sein Verbleiben in der Gesellschaft der Bestand der Gesellschaft ernstlich gefährdet wäre. Die weitere Zusammenarbeit gilt insbesondere dann als unzumutbar, wenn ein Gesellschafter trotz Nachfristsetzung mit Ablehnungsandrohung Verträge zwischen ihm und der Gesellschaft nicht erfüllt;
g) der Gesellschafter Auflösungsklage erhebt oder seinen Austritt aus der Gesellschaft erklärt;
h) ein Gesellschafter, der seine Beteiligung an der Gesellschaft mit Rücksicht auf seine Tätigkeit als Geschäftsführer der Gesellschaft erworben hat, für die Gesellschaft nicht mehr tätig ist;
i) der Gesellschafter zustimmt.

(2) Die Einziehung wird durch die Geschäftsführung erklärt. Sie bedarf eines Gesellschafterbeschlusses, der mit der Mehrheit von 75% der abgegebenen Stimmen gefasst wird. Dem betroffenen Gesellschafter steht bei Beschlüssen gem. Abs. 1 Buchst. a)–h) kein Stimmrecht zu. Der Einziehungsbeschluss wird mit seiner Mitteilung an den betroffenen Gesellschafter wirksam.

(3) Anstelle der Einziehung können die übrigen Gesellschafter mit der durch diese Satzungsbestimmung – unter Befreiung von den Beschränkungen des § 181 BGB – erteilten Ermächtigung des betroffenen Gesellschafters oder seiner Rechtsnachfolger beschließen, dass der der Einziehung unterliegende Geschäftsanteil auf die Gesellschaft oder die Gesellschafter oder einen zu bestimmenden Gesellschafter oder Dritten übertragen wird.

(4) Beschlüsse im Sinne der Abs. 1 bis 3 können nur innerhalb von sechs Monaten nach Eintritt des Ereignisses gefasst werden, das die Einziehung gem. Abs. 1 rechtfertigt.

(5) Gesellschafter, deren Geschäftsanteile eingezogen oder gem. Abs. 3 an die Gesellschaft, Gesellschafter oder dritte Personen abgetreten werden, erhalten hierfür ein Entgelt, das dem gemeinen Wert der Geschäftsanteile iSv. § 11 Abs. 2 BewG entspricht.[99] Zahlungen durch die Gesellschaft dürfen nur aus der freien Rücklage erfolgen. Soweit dies bei Fälligkeit nicht vollständig erfolgen kann ist die Abfindungsforderung zinslos gestundet.

Schuldner des Entgelts ist die Gesellschaft, wenn Geschäftsanteile eingezogen oder von der Gesellschaft übernommen werden, sonst derjenige, an den die Geschäftsanteile abgetreten werden.

§ 9 Jahresabschluss, Gewinnverwendung[100]

(1) Der Jahresabschluss (Bilanz mit Gewinn- und Verlustrechnung) sowie der Lagebericht – soweit gesetzlich erforderlich – ist von der Geschäftsführung innerhalb von drei Monaten nach Ende eines jeden Geschäftsjahres aufzustellen.

(2) Der Jahresabschluss ist dem Abschlussprüfer zur Prüfung vorzulegen. Die Geschäftsführer haben den Gesellschaftern den Jahresabschluss und den Lagebericht gemeinsam mit dem schriftlichen Prüfungsbericht des Abschlussprüfers unverzüglich nach Fertigstellung mit ihren Vorschlägen zur Gewinnverwendung zur Beschlussfassung vorzulegen.

(3) Der Jahresabschluss ist entsprechend den Grundsätzen ordnungsgemäßer Buchführung so zu fertigen, dass die Handelsbilanz gleichzeitig als Steuerbilanz Verwendung finden kann. Die gesetzlichen Bestimmungen der Bilanzierung und Prüfung des Jahresabschlusses bleiben unberührt.

(4) Die Gesellschafterversammlung beschließt über die Verwendung des sich aus der Jahresbilanz ergebenden Jahresüberschusses zuzüglich eines Gewinnvortrages abzüglich eines Verlustvortrages. Sie kann Beträge in Gewinnrücklagen einstellen oder als Gewinn vortragen oder ganz oder teilweise an die Gesellschafter ausschütten.

(5) Ausgeschüttete Gewinne sind auf die Gesellschafter nach dem Verhältnis ihrer Geschäftsanteile zu verteilen.

§ 10 Gründungsaufwand[101]

Die durch die Errichtung der Gesellschaft entstehenden Kosten (Notar, Gericht, Beratung) übernimmt die Gesellschaft bis zur Höhe von 2000.– EUR.

§ 11 Teilnichtigkeit

Sollten einzelne Bestimmungen dieses Gesellschaftsvertrages nichtig oder unwirksam sein oder werden, so wird die Gültigkeit des Vertrages im Übrigen hiervon nicht berührt. Die ungültige Bestimmung soll durch eine solche ersetzt werden, die dieser in ihrem wirtschaftlichen Sinngehalt entspricht.

E.4.3. Anteilsabtretung[105]

Verhandelt am ...... in ......

Vor mir, dem unterzeichnenden Notar ...... mit Amtssitz in ......, erschienen heute:

1. Herr B, ... *[erforderliche Angaben wie Beruf, Geburtsdatum, Anschrift (geschäftlich/privat), ausgewiesen durch Personalausweis Nr./von Person bekannt];* handelnd nicht nur für sich selbst, sondern auch als alleinvertretungsberechtigter Geschäftsführer der A-Verwaltung GmbH mit Sitz in ......

2. Herr C, ... *[erforderliche Angaben – wie oben],*

Die Erschienenen erklärten mit dem Ersuchen um Beurkundung:

Vorbemerkung

Im Handelsregister des Amtsgerichts ...... ist unter HRA ...... die A-GmbH & Co. KG eingetragen. Gesellschafter sind

- **die A-Verwaltung GmbH als einzige persönlich haftende Gesellschafterin (Komplementärin), die keine Einlage erbracht hat und am Vermögen der Gesellschaft nicht beteiligt ist,**
- **B als Kommanditist mit einer Hafteinlage von ...... EUR,**
- **C als Kommanditist mit einer Hafteinlage von ...... EUR.**

Die Erschienenen haben mit notarieller Urkunde vom heutigen Tage (UR-Nr. ...... dieses Notars) den Formwechsel der A-GmbH & Co. KG in eine Gesellschaft mit beschränkter Haftung in Firma A-GmbH beschlossen. Die bisherige persönlich haftende Gesellschaf-

terin, die A-Verwaltung GmbH, hat dabei zehn Geschäftsanteile zu je 1.– EUR übernommen, wobei schon in der Umwandlungsurkunde im Hinblick auf die Tatsache, dass die A-Verwaltung GmbH an dem Vermögen der A-GmbH & Co. KG nicht beteiligt war, die Abtretung an Herrn B vorgesehen war, der eine entsprechend geringere Zahl von Geschäftsanteilen übernommen hatte. Die übrigen Gesellschafter hatten der Abtretung bereits zugestimmt.

Abtretung

1. Die A-Verwaltung GmbH tritt hiermit die von ihr an der A-GmbH gehaltenen Geschäftsanteile zu je 1.– EUR mit den Nummern 1 bis 10 mit allen damit verbundenen Rechten und Pflichten an Herrn B ab.
   Die Abtretung erfolgt aufschiebend bedingt in der Weise, dass die dingliche Wirkung eine Sekunde nach der Eintragung des Formwechsels eintritt.
2. Herr B nimmt die Abtretung an.
3. Eine Gegenleistung ist nicht zu erbringen. Die A-Verwaltung GmbH hat die Anteile nur treuhänderisch für Herrn B gehalten.
4. Die Übertragung erfolgt im Hinblick auf das bestehende Treuhandverhältnis unter Ausschluss jeglicher Gewährleistung.
5. Schuldrechtlich erfolgt der Übergang von Nutzen und Lasten einschließlich des Gewinnbezugsrechtes mit Wirkung ab dem Umwandlungsstichtag gem. §§ 25, 20 Abs. 6 UmwStG, also zum ……, 00:00 Uhr.
6. Sämtliche durch diese Urkunde anfallende Kosten trägt Herr B.
7. Herr C stimmt der Abtretung für sich selbst vorsorglich nochmals ausdrücklich zu.

Vorgelesen, genehmigt und wie folgt unterschrieben:

……………………………………………

[Unterschriften]

Berichte und Schreiben

E.4.4. Umwandlungsbericht

[Ein Umwandlungsbericht ist entbehrlich, weil alle Gesellschafter hierauf ausdrücklich verzichtet haben.]

E.4.5. Abfindungsangebot

[Ein Abfindungsangebot ist entbehrlich, weil alle Gesellschafter hierauf ausdrücklich verzichtet haben.]

E.4.6. Sachgründungsbericht[21, 113]

Als Gesellschafter der A-GmbH & Co. KG haben wir, die Herren B und C sowie die A-Verwaltung GmbH, für den Wechsel der Rechtsform dieser KG in die Form der GmbH gestimmt. Über den Ablauf des Formwechsels in eine Gesellschaft mit beschränkter Haftung in Firma A-GmbH berichten wir wie folgt:

1. Mit notarieller Urkunde vom ...... (UR-Nr. ...... des Notars ...... in ......) wurde der Formwechsel beschlossen und als Bestandteil des Umwandlungsbeschlusses der Gesellschaftsvertrag der A-GmbH festgestellt.

2. Da wir für den Formwechsel gestimmt habe, gelten wir nach § 219 UmwG als Gründer der A-GmbH.[113]

3. Das Stammkapital der Gesellschaft beträgt ...... EUR. An dem Stammkapital sind beteiligt:
a) die A-Verwaltung GmbH mit den Geschäftsanteilen Nr. 1 bis 10,
b) Herr B mit den Geschäftsanteilen Nr. ...... bis Nr. ......,
c) Herr C mit den Geschäftsanteilen Nr. ...... bis Nr. ......,
jeweils durch Sacheinlagen gem. den Festsetzungen in dem Gesellschaftsvertrag (§ 4 Abs. 3). Danach werden die Sacheinlagen erbracht, indem die Gesellschafter des bisherigen Rechtsträgers, der A-GmbH & Co. KG mit Sitz in ......, diese Gesellschaft formwechselnd nach den §§ 190ff. UmwG in die Rechtsform der Gesellschaft mit beschränkter Haftung umgewandelt haben und das nach Abzug der Schulden verbleibende (freie) Vermögen der vorgenannten KG mindestens dem Stammkapital der GmbH sowie die von den Gesellschaftern übernommenen Geschäftsanteile jeweils ihren Beteiligungen am Vermögen der KG entsprechen, wobei die von der A-Verwaltung GmbH treuhänderisch für Herrn B gehaltene Stammeinlage diesem wirtschaftlich zuzurechnen ist.

4. Zur Angemessenheit der Wertansätze für die vorstehend bezeichneten Sacheinlagen sowie als Bericht über den bisherigen Geschäftsverlauf und die Lage der formwechselnden KG weisen wir auf Folgendes hin:[114]

a) In dem letzten Jahresabschluss (Bilanz und Gewinn- und Verlustrechnung) der KG zum ......, der als Anlage 1 diesem Sachgründungsbericht beigefügt ist, sind folgende Anteile der Gesellschafter am Eigenkapital iSd. § 272 HGB ausgewiesen:
aa) die A-Verwaltung GmbH ist am Vermögen der KG nicht beteiligt,
bb) B mit einem Betrag von ...... EUR,
cc) C mit einem Betrag von ...... EUR.
Hierbei handelt es sich um die ordentliche nach den maßgeblichen handelsrechtlichen Vorschriften erstellte Jahresbilanz der KG. Die darin ausgewiesenen Buchwerte werden von der umgewandelten GmbH unverändert fortgeführt.

b) Die für die Erbringung des Stammkapitals zugrunde gelegten Buchwerte für die Aktiva der umgewandelten Gesellschaft liegen auf Grund vorhandener stiller Reserven deutlich unter dem wirklichen Wert, so dass nach Abzug der Verbindlichkeiten der wirkliche Wert des Reinvermögens der KG höher ist als das angenommene Stammkapital. Dies ergibt sich aus folgenden Umständen:
aa) Die immateriellen Vermögensgegenstände (Konzessionen, gewerbliche Schutzrechte, Geschäfts- und Firmenwerte usw.) der Gesellschaft ...... *[nähere Angaben zu stillen Reserven, zB aus den Bewertungsgrenzen des § 253 HGB].*
bb) Die Sachanlagen (Grundstücke, grundstücksgleiche Rechte, Bauten, technische Anlagen und Maschinen sowie maschinellen Anlagen usw.) der Gesellschaft ...... *[nähere Angaben zu stillen Reserven].*
cc) Das Umlaufvermögen (Vorräte, Forderungen, Wertpapiere usw.) der Gesellschaft ...... *[nähere Angaben zu stillen Reserven].*

c) Die bilanzierten Passivposten sind vollständig und ausreichend. Für die von der Gesellschaft eingegangenen Rentenverpflichtungen wurden Rückstellungen in Höhe des versicherungsmathematischen Wertes der Zusagen gebildet, wie sich aus dem diesem Bericht als Anlage 2 beigefügten Gutachten vom ...... ergibt.

Nicht bilanzierte Risiken sind uns nicht bekannt. Eventualverbindlichkeiten sind nicht vorhanden.

d) Dem Formwechsel sind keine Rechtsgeschäfte vorangegangen, deren Zweck darauf gerichtet war, den Leistungsgegenstand zur Deckung der Sacheinlage bei der GmbH zu verwenden. Die Vermögensgegenstände, die die Sacheinlageleistung bei der GmbH darstellen, wurden im Rahmen des laufenden Geschäftsbetriebs der KG geschaffen oder erworben.

e) Als Anlage 3 übergeben wir eine Aufstellung, aus der sich die Anschaffungs- und Herstellungskosten aller von der KG in den beiden letzten Jahren vor der Fassung des Umwandlungsbeschlusses angeschafften oder hergestellten Vermögensgegenstände ergeben.

f) Zum Nachweis der Betriebserträge der KG in den letzten beiden Geschäftsjahren übergeben wir als Anlagen 4 und 5 die Jahresabschlüsse (Bilanz, Gewinn- und Verlustrechnung und Anhang) der KG für die Jahre ...... und ...... Daraus ergibt sich, dass in dem Geschäftsjahr ...... nach Steuern ein Jahresüberschuss von ...... EUR und in dem Geschäftsjahr ...... nach Steuern ein Jahresüberschuss von ...... EUR erzielt wurde. Ein Verlustvortrag existiert nicht. Rückstellungen sind in dem erforderlichen Umfang gebildet worden.

g) Der in den vorgelegten Unterlagen dokumentierte positive Geschäftsverlauf kann auch für die Zukunft nachhaltig erwartet werden ...... *[nähere Angaben zu Umsatzentwicklung, Auftragsbestand, Investitionsvolumen usw.]*. Aus der Relation zwischen den in der Vergangenheit erzielten Erträgen zum bilanzierten Eigenkapital, das zum ...... anzusetzen ist, lässt sich ein erheblicher good-will der KG ableiten.

h) Die Geschäftsentwicklung in der Zeit seit dem Stichtag des Jahresabschlusses zum ...... bis zur Erstellung dieses Gründungsberichtes ist positiv. Hierzu übergeben wir als Anlage 6 die kurzfristige Erfolgsrechnung zum ......, aus der sich ...... *[nähere Angaben]* ergeben.

i) Herr Wirtschaftsprüfer ...... hat in den als Anlage 7 beigefügten Erläuterungen zum Jahresabschluss zum ...... und zur kurzfristigen Erfolgsrechnung zum ...... zu einzelnen den Vermögenswert bestimmenden Bilanzansätzen und zur Geschäftsentwicklung des laufenden Geschäftsjahres Stellung genommen. Wir nehmen hierauf Bezug.

j) Aufgrund dieser Tatsachen stellen wir fest, dass der Wert des Reinvermögens (Überschuss der Aktiva über die Schulden) der KG dem Stammkapital der künftigen GmbH, das durch diesen Wert gedeckt werden soll, mindestens voll entspricht.

5. Die Gründer haben zum Abschlussprüfer für den ersten Jahresabschluss der umgewandelten GmbH die ...... Wirtschaftsprüfungsgesellschaft in ...... bestellt.

....

[Ort, Datum] *[alle Gründungsgesellschafter]*

E.4.7. Schreiben an Betriebsrat[115]

A-GmbH & Co. KG
An den Betriebsrat der A-GmbH & Co. KG

Betreff: Beabsichtige Umwandlung zum Wechsel der Rechtsform der A-GmbH & Co. KG in eine Gesellschaft mit beschränkter Haftung gem. §§ 190ff., 214ff. UmwG

Sehr geehrte Damen und Herren,

es ist beabsichtigt, in der voraussichtlich am ...... stattfindenden Gesellschafterversammlung der A-GmbH & Co. KG den beiliegenden Umwandlungsbeschluss in notariell beurkundeter Form zu fassen.

Ich übermittle Ihnen hiermit entsprechend § 194 Abs. 2 UmwG unter Wahrung der dort vorgeschriebenen Monatsfrist den Entwurf des Umwandlungsbeschlusses.

Wie Sie dem Entwurf entnehmen können, sind Auswirkungen auf die Arbeitnehmer und ihre Vertretungen nicht zu erwarten.

Ich bitte Sie, mir zum ordnungsgemäßen Nachweis des Empfangs dieses Schreibens bei der Anmeldung des Umwandlungsbeschlusses zum Handelsregister entsprechend § 199 UmwG die beigefügte Kopie datiert und unterschrieben zurückzureichen.

....	....
[Ort, Datum]	***[Unterschrift Geschäftsführung]***

Hiermit bestätige ich als Vorsitzende(r) des Betriebsrates der A-GmbH & Co. KG den Erhalt dieses Schreibens einschließlich des als Anlage beigefügten Entwurfs des Umwandlungsbeschlusses.

....	....
[Ort, Datum]	***[Unterschrift Betriebsrat]***

Handelsregisteranmeldung

E.4.8. Anmeldung zum Handelsregister der KG[120]

An das Amtsgericht ......
Handelsregister

HRA ......, A-GmbH & Co. KG
HRB neu

Neugründung durch Formwechsel einer Kommanditgesellschaft
Wir, die unterzeichnenden sämtlichen Geschäftsführer übergeben

1. **eine Ausfertigung des notariellen Protokolls vom ...... (UR-Nr. ...... des Notars ...... in ......) mit dem Beschluss über den Formwechsel der KG in die Rechtsform einer Gesellschaft mit beschränkter Haftung (GmbH) mit**
   - **dem Umwandlungsbeschluss,**
   - **dem Gesellschaftsvertrag der neuen GmbH,**
   - **der Übernahme der Stammeinlagen durch die Gründer,**
   - **der Bestellung der Geschäftsführung,**
   - **den Zustimmungserklärungen,**
   - **den Verzichtserklärungen sämtlicher Gesellschafter auf einen Umwandlungsbericht und sämtliche sonstigen Formalien des Formwechsels,**
   - **den Verzichtserklärungen sämtlicher Gesellschafter auf die Erhebung einer Klage (Nichtigkeits-, Anfechtungs- und/oder Unwirksamkeitsklage) gegen die Wirksamkeit des Umwandlungsbeschlusses nach § 195 Abs. 1 UmwG;**
2. **den Sachgründungsbericht der Gesellschafter im Original;**
3. **die Berechnung des der Gesellschaft zur Last fallenden Gründungsaufwands im Original, und zwar unter einzelner Aufführung der Vergütungen nach Art und Höhe und der Empfänger.**

Wir melden zur Eintragung an:

1. **Die Gesellschaft in Firma A-GmbH ist errichtet worden, indem die im Handelsregister des Amtsgerichts ...... unter HRA ...... eingetragene A-GmbH & Co. KG mit Sitz in ...... in die dadurch neu errichtete Gesellschaft im Wege des Formwechsels nach §§ 190 ff., 214 ff. UmwG umgewandelt wurde.**

Geschäftsführer sind:
1. Herr B, geb. am ......, wohnhaft in ......,
2. Herr C, geb. am ......, wohnhaft in ......
Jeder von ihnen vertritt die Gesellschaft allein. Jeder von ihnen hat das Recht, die Gesellschaft auch bei solchen Rechtsgeschäften zu vertreten, die er mit einem von ihm vertretenen Dritten abschließt.
Die abstrakte Vertretungsbefugnis ist in dem Gesellschaftsvertrag generell wie folgt geregelt:

„Die Gesellschaft hat einen oder mehrere Geschäftsführer. Ist nur ein Geschäftsführer bestellt, so vertritt dieser die Gesellschaft allein. Sind mehrere Geschäftsführer bestellt, so sind je zwei Geschäftsführer oder ein Geschäftsführer mit einem Prokuristen gemeinschaftlich zur Vertretung der Gesellschaft berechtigt. Einzelvertretungsbefugnis kann erteilt werden. Den Geschäftsführern kann weiter gestattet werden, bei der Vertretung der Gesellschaft zugleich in Vertretung eines Dritten und/oder in eigenem Namen zu handeln."

2. Wir versichern, dass der Nennbetrag des Stammkapitals der Gesellschaft nach Abzug der Schulden nicht das verbleibende Vermögen der Gesellschaft übersteigt (§ 220 Abs. 1 UmwG). Das Vermögen der KG ist zum Umwandlungsstichtag nicht durch andere Verbindlichkeiten der Gesellschaft belastet, als die, die in der Bilanz der KG zum Umwandlungsstichtag aufgeführt sind. Den seit dem Umwandlungsstichtag eingegangenen Verbindlichkeiten stehen seit diesem Zeitpunkt erworbene Aktiva von höherem Wert gegenüber.

   Jeder Geschäftsführer versichert außerdem:
   Es liegen keine Umstände vor, die meiner Eigenschaft als Geschäftsführer nach § 6 Abs. 3 Satz 3 und 4 GmbHG entgegenstehen, insbesondere unterliege ich keiner Betreuung, unterliege also bei der Besorgung meiner Vermögensangelegenheiten weder ganz noch teilweise einem Einwilligungsvorbehalt nach § 1903 BGB, weiter ist mir weder durch gerichtliches Urteil noch durch vollziehbare Entscheidung einer Verwaltungsbehörde die Ausübung eines Berufs, Berufszweiges, Gewerbes oder Gewerbezweiges untersagt worden. Ich bin auch niemals im Inland wegen einer der nachgenannten Straftaten oder im Ausland wegen einer vergleichbaren Straftat verurteilt worden:
   - nach den §§ 283 bis 283d des Strafgesetzbuches (Insolvenzstraftaten),
   - nach den §§ 263 bis 264a des Strafgesetzbuches (Betrug, Computerbetrug, Subventionsbetrug, Kapitalanlagebetrug) oder nach den §§ 265b bis 266a des Strafgesetzbuches (Kreditbetrug, Untreue, Vorenthalten und Veruntreuen von Arbeitsentgelt) zu einer Freiheitsstrafe von mindestens einem Jahr,
   - wegen Unterlassens der Stellung des Antrages auf Eröffnung des Insolvenzverfahrens (Insolvenzverschleppung),
   - wegen falscher Angaben nach § 82 GmbHG oder § 399 AktG, wegen unrichtiger Darstellung nach § 400 AktG, § 331 HGB, § 313 UmwG oder § 17 Publizitätsgesetz.

   Der Notar hat mich über meine unbeschränkte Auskunftspflicht gegenüber dem Gericht belehrt.
   Der Notar hat uns auf die Haftung für falsche Angaben gem. § 9a GmbHG und die Strafdrohung des § 82 GmbHG hingewiesen.

3. Es wird versichert, dass eine Klage gegen die Wirksamkeit des Umwandlungsbeschlusses nicht erhoben worden ist und auf Grund der notariell beurkundeten Verzichtserklärungen aller Gesellschafter auch nicht erhoben werden kann (§§ 16 Abs. 2, 195 UmwG).
   Die Empfangsbestätigung des Betriebsrates der A-GmbH & Co. KG über die Zuleitung des Entwurfs des Umwandlungsbeschlusses ist als Nachweis nach § 194 Abs. 2 iVm. § 199 UmwG beigefügt.

Auf die Erstellung eines Umwandlungsberichtes wurde von allen Gesellschaftern in notarieller Form verzichtet.

Hinsichtlich der weiteren Einzelheiten der Umwandlung wird Bezug genommen auf die in der überreichten Urkunde gefassten Beschlüsse und die dort enthaltenen Erklärungen, insbesondere die Zustimmungs- und Verzichtserklärungen.

4. Die aktuelle Geschäftsanschrift lautet: ……

……………………………………………… ………………………………………………

[Ort, Datum] ***[Unterschriften aller Geschäftsführer]***

………………………………………………

[Beglaubigungsvermerk für Unterschriften und Zeichnung]

B. Grundsätzliche Anmerkungen

I. Sachverhalt

1 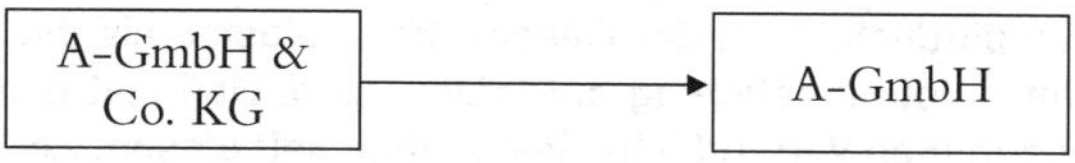

Der Sachverhalt ist einfach gelagert: die A-GmbH & Co. KG soll mittels eines Formwechsels in die A-GmbH umgewandelt werden.

II. Ablaufplan

2

Maßnahme	Rechtsgrundlage	Erforderlichkeit	Zuständigkeit	Formular
Entwurf Umwandlungsbeschluss und GmbH-Gesellschaftsvertrag	§§ 192 UmwG, 2 GmbHG	Ja	persönliche haftende Gesellschafterin der KG	→ Form. E.4.1 u. → Form. E.4.2
Erstellung Umwandlungsbericht	§ 192 Abs. 1 UmwG	Ja, wenn nicht Verzicht aller Gesellschafter	persönliche haftende Gesellschafterin der KG	
Schreiben an Betriebsrat	§ 194 Abs. 2 UmwG	Ja, wenn vorhanden	persönliche haftende Gesellschafterin der KG	→ Form. E.4.7
Einladung zur Gesellschafterversammlung	§§ 161, 119 HGB, 193 UmwG	Ja	persönliche haftende Gesellschafterin der KG	
Barabfindungsangebot	§ 207 UmwG	Ja, wenn kein Verzicht	persönliche haftende Gesellschafterin der KG	
Bestellung Prüfer des Barabfindungsangebotes	§§ 208, 30, 10 UmwG	Ja, wenn kein Verzicht	persönliche haftende Gesellschafterin der KG oder Gericht	
Prüfung der Angemessenheit des Barabfindungsangebotes	§§ 208, 30 UmwG	Ja, wenn kein Verzicht	bestellte Prüfer	
Umwandlungsbeschluss	§ 193 Abs. 1 UmwG	Ja	Gesellschafter	→ Form. E.4.1
Feststellung des Gesellschaftsvertrages	§ 2 GmbHG	Ja	Gesellschafter	→ Form. E.4.2
Abtretung des treuhänderisch von der persönlich haftenden Gesellschafterin gehaltenen Anteils an den Treugeber		zur Vervollständigung ja	Gesellschafter	→ Form. E.4.3
Erstellung Sachgründungsbericht	§ 5 Abs. 4 GmbHG	Ja	Gesellschafter	→ Form. E.4.6
Handelsregisteranmeldung	§§ 198, 222 UmwG	Ja	Gründer, Geschäftsführer GmbH	→ Form. E.4.8
Eintragung Handelsregister	§§ 201, 202 UmwG	Ja	Gericht	

III. Wirtschaftliche Vertragsziele

Motive und **Anlass** für einen **Formwechsel** sind in der Praxis so zahlreich, dass sie nicht abschließend aufgezählt oder auch nur klassifiziert werden können. Als Motiv für den Weg von der Personen- in die Kapitalgesellschaft wird häufig die gewünschte Haftungsbegrenzung genannt (*Schwedhelm* S. 1; WM/*Vossius* UmwG § 214 Rn. 7; SSt/*Stengel* UmwG § 190 Rn. 5), die jedoch bei der GmbH & Co. KG wegen der begrenzten Haftung der alleinigen persönlich haftenden Gesellschafterin nicht der Anlass sein kann. Die Möglichkeit, Pensionsrückstellungen zu bilden oder Vorteile aus Doppelbesteuerungsabkommen wie etwa Schachtelprivilegien, nutzen zu wollen, können ebenfalls Anlass für eine solche Umwandlung sein (SBB/*Sagasser* § 25 Rn. 3). Weitere Gründe aber sind zB die Vermeidung der unmittelbaren Besteuerung der Gewinne beim Gesellschafter unabhängig von der Frage der Entnahme der Gelder aus dem Unternehmen. Die Besteuerung der Gewinne bei Kapitalgesellschaften findet auf der Ebene der Gesellschafter erst statt, wenn diese an ihn ausgeschüttet werden. Auch die durch das StSenkG v. 23.10.2000 (BGBl. I 2000, 1460) eingeführte komplette Umstellung der Besteuerung von Körperschaften und deren Anpassung an die internationalen Gepflogenheiten verbunden mit einer Absenkung des Steuersatzes für Körperschaften auf 25% – § 23 KStG – und die Unternehmenssteuerreform 2001 können Anlass für eine Umwandlung sein. Der Körperschaftsteuersatz ist durch das UntStRefG 2008 v. 14.8.2007 (BGBl. I 2007, 1912) weiter auf 15% abgesenkt worden. Insbesondere die Steuerfreiheit von Dividenden und Veräußerungsgewinnen nach § 8b Abs. 1, 2 KStG spielt eine Rolle, so dass es bei der Errichtung von Tochtergesellschaften oder dem Aufbau einer Konzernstruktur angezeigt sein kann, die zukünftige Tochtergesellschaft von der Personen- in eine Kapitalgesellschaft umzuwandeln (SSt/*Stengel* UmwG § 190 Rn. 6). Schließlich ist als Motiv für den Weg von der KG in die GmbH eine mögliche Vereinfachung einer erforderlich werdenden Unternehmenssanierung denkbar. Dabei ist insbesondere auf die erleichterte Kapitalherabsetzung bei der GmbH durch die §§ 58aff. GmbHG hinzuweisen. Dies erscheint als Motiv zumindest dann ausgeschlossen, wenn die Personengesellschaft sich bereits in einer existenziellen Krise befindet, weil über § 220 Abs. 1 UmwG sichergestellt ist, dass das Vermögen der formwechselnden Gesellschaft zumindest dem Stammkapital der neuen GmbH entsprechen muss (Lutter/*Joost* UmwG § 214 Rn. 7; RS HFA 41 Tz. 14). 3

Als Alternative zum Formwechsel kommt bei der Umwandlung einer GmbH & Co. KG in eine GmbH auch die Einbringung der Kommanditanteile gegen Kapitalerhöhung in die Komplementär-GmbH in Betracht, ein Vorgang, der nach § 20 UmwStG ebenfalls steuerneutral möglich ist und deshalb in die Umwandlungsüberlegungen einbezogen werden sollte (SBB/*Sagasser* § 25 Rn. 11). Denkbar ist auch das Vorgehen nach dem Anwachsungsmodell durch Ausscheiden aller Kommanditisten (Lutter/*Decher/Hoger* UmwG § 190 Rn. 15), welches aber zur steuerlichen Gewinnrealisierung führt, wenn nicht zumindest eine Mini-Kapitalerhöhung bei der Komplementär-GmbH erfolgt (sog. erweitertes Anwachsungsmodell), oder im Wege der Verschmelzung (hierzu → Form. A.8). 4

einstweilen frei 5, 6

IV. Zivil-, Handels- und Gesellschaftsrecht

Die **Möglichkeiten** des **Formwechsels** einer Personenhandelsgesellschaft nach dem UmwG ergeben sich aus § 214 UmwG. Danach stehen für die Personenhandelsgesellschaft von den Möglichkeiten des § 191 Abs. 2 UmwG nur die Ziff. 3 und 4 offen, also die Umwandlung in eine Kapitalgesellschaft [nicht aber UG (haftungsbeschränkt) unter 25000.– EUR Kapital wegen des Verbots von Sacheinlagen] oder in 7 eine eingetragene Genossenschaft (SHS/*Westerburg* UmwG § 214 Rn. 1; WM/*Vossius* UmwG § 214 Rn. 17; Lutter/*Joost* UmwG § 214 Rn. 12; SSt/*Schlitt* UmwG § 214 Rn. 17; UmwSt-Erl. 2011, BMF v. 11.11.2011, BStBl. I 2011, 1314 Tz. 01.12). Dies bedeutet jedoch nicht, dass eine Umwandlung einer Personenhandelsgesellschaft in eine andere Personenhandelsgesellschaft oder eine GbR ausgeschlossen wäre. Diese Umwandlung richtet sich jedoch nicht nach dem UmwG, sondern nach den allgemeinen Vorschriften des HGB bzw. des BGB (SHS/*Westerburg* UmwG § 214 Rn. 1; WM/*Vossius* UmwG § 214 Rn. 18ff.; Lutter/*Joost* UmwG § 214 Rn. 14).

8 Auf den **Formwechsel** einer **GmbH & Co. KG** in eine **GmbH** sind die §§ 190 bis 213 und §§ 214 bis 225 UmwG anzuwenden (SHS/*Winter* UmwG Einf. Rn. 20; WM/*Mayer* UmwG Einf. Rn. 177; SBB/*Sagasser/Luke* § 26 Rn. 3; SSt/*Schwanna* UmwG § 191 Rn. 15). Besondere Vorschriften für den Formwechsel einer GmbH & Co. KG in eine GmbH bestehen nicht (MünchHdb/*D. Mayer/Weiler,* GesR III § 73 Rn. 314).

Bei der Umwandlung in eine GmbH sind die Gründungsvorschriften des GmbHG zu beachten (WM/*Vossius* UmwG § 214 Rn. 39f.; MünchHdb/*D. Mayer/Weiler,* GesR III § 73 Rn. 325). Dies sind unter anderem die Form der notariellen Beurkundung für den Abschluss des Gesellschaftsvertrages, § 2 Abs. 1 GmbHG, der notwendige Mindestinhalt dieses Vertrages, § 3 Abs. 1 GmbHG, und die Mindestsumme des Stammkapitals und der Geschäftsanteile, § 5 Abs. 1 und 2 GmbHG. Außerdem sind bei einer Sachgründung, wie dies eine Umwandlung ist, die speziellen Regelungen über die Sacheinlagen und den zu erstellenden Sachgründungsbericht (§§ 5 Abs. 4, 7 Abs. 2 und 3, 8 Abs. 1 Nr. 5, 9 Abs. 1, 9c Abs. 1 Satz 2 GmbHG) zu beachten.

9 Voraussetzung für die Durchführung eines Formwechsels von einer KG in eine GmbH ist die **Erstellung eines Umwandlungsberichtes,** der eine ausführliche rechtliche und wirtschaftliche Erläuterung sowie Begründung der beabsichtigten Umwandlung enthält – §§ 216, 192 Abs. 1 UmwG. Hierzu zählt auch das künftige Beteiligungsverhältnis der Gesellschafter. Notwendiger Bestandteil des Umwandlungsberichtes ist der Entwurf des zu fassenden Umwandlungsbeschlusses – § 192 Abs. 1 Satz 3 UmwG – einschließlich des Entwurfs des zu schließenden Gesellschaftsvertrages der zukünftigen GmbH – § 218 Abs. 1 UmwG. Ein Umwandlungsbericht kann nur dann entfallen, wenn alle Gesellschafter der umzuwandelnden KG hierauf verzichten – § 192 Abs. 2 UmwG (SHS/*Winter* UmwG § 192 Rn. 22; SSt/*Bärwaldt* UmwG § 192 Rn. 24).

10 Der **Umwandlungsbeschluss** kann nur in einer Versammlung der Anteilsinhaber (hier Gesellschafter der KG) gefasst werden – § 193 Abs. 1 Satz 2 UmwG. Diese Vorschrift ist, da es sich um eine Grundentscheidung handelt, zwingend. Von ihr kann nicht durch eine anders lautende Regelung im Gesellschaftsvertrag der KG abgewichen werden (WM/*Weiler* UmwG § 193 Rn. 15; SSt/*Bärwaldt* UmwG § 193 Rn. 8). Beschlüsse außerhalb einer Versammlung, etwa in einem anderweitig häufig zugelassenen Umlaufverfahren, sind unbeachtlich, ebenso außerhalb einer Versammlung abgegebene Zustimmungserklärungen (Lutter/*Decher/Hoger* UmwG § 193 Rn. 3; SHS/*Winter* UmwG § 193 Rn. 3; SBB/*Sagasser/Luke* § 26 Rn. 36). Zulässig ist jedoch die Stellvertretung in der Gesellschafterversammlung bei der Beschlussfassung, soweit der Gesellschaftsvertrag dies erlaubt oder ein entsprechender zustimmender Beschluss gefasst wurde (Lutter/*Decher/Hoger* UmwG § 193 Rn. 4; SHS/*Winter* UmwG § 193 Rn. 8; WM/*Weiler* UmwG § 193 Rn. 19; SSt/*Bärwaldt* UmwG § 193 Rn. 8).

Der Umwandlungsbeschluss bedarf nach § 193 Abs. 3 Satz 1 UmwG der notariellen Beurkundung ebenso wie etwaige nach dem UmwG erforderliche Zustimmungserklärungen einzelner Gesellschafter. Bei der Umwandlung einer KG in eine GmbH haben derartige Zustimmungserfordernisse keine besondere Bedeutung, weil, wenn nicht im Gesellschaftsvertrag ein eindeutiges Mehrheitserfordernis für einen Umwandlungsbeschluss vorgesehen ist, nach der Rechtsprechung des BGH zum Bestimmtheitsgrundsatz und zum Kernbereich die Zustimmung aller Gesellschafter erforderlich ist (BGH v. 12.11.1952, II ZR 260/51, NJW 1953, 102; BGH v. 5.11.1984, II ZR 111/84, NJW 1985, 974; Lutter/*Decher/Hoger* UmwG § 193 Rn. 20 Beck PersGes-HB/*Stengel* § 3 Rn. 457f.). Die notarielle Beurkundung der Zustimmungserklärungen erfordert die für die Beurkundung von Willenserklärungen vorgeschriebene Form (§§ 8ff. BeurkG); das nur vom Notar unterschriebene Wahrnehmungs-(Tatsachen-)Protokoll nach §§ 36ff. BeurkG wahrt die Form nicht. Der Umwandlungsbeschluss selbst kann hingegen auch im Wege der Wahrnehmungsbeurkundung nach §§ 36ff. BeurkG beurkundet werden (Kallmeyer/*Zimmermann* UmwG § 193 Rn. 28).

Ob bei einer **Stellvertretung** bei der Beschlussfassung oder der Zustimmungserklä- **11** rung die Vollmacht der notariellen Beurkundung oder wenigstens der notariellen Beglaubigung bedarf, ist streitig (vgl. → Form. E.1 Rn. 10). Nach der hier vertretenen Ansicht bedürfen unwiderrufliche Vollmachten für Zustimmungserklärungen nach § 193 Abs. 3 UmwG und die Vollmachten der Gründer bzw. solcher Personen, die als Gründer gelten – gem. § 219 UmwG also regelmäßig alle Personengesellschafter (bzw. bei Zulässigkeit einer Mehrheitsentscheidung die für den Formwechsel stimmenden Gesellschafter) – gem. § 2 Abs. 2 GmbHG der notariellen Beurkundung (WM/*Weiler* UmwG § 193 Rn. 22; *Melchior* GmbHR 1999, 520). Im Übrigen bedürfen Vollmachten nur einer bei der KG nicht bestehenden spezialgesetzlich geregelten Form. Gleichwohl sollte im Hinblick auf § 193 Abs. 3 UmwG derzeit zur Vermeidung von Schwierigkeiten nach Möglichkeit die notarielle Beurkundung der Vollmacht gewählt werden.

Zu der Frage, ob auch der **Entwurf** eines **Abfindungsangebotes** nach § 207 **12** UmwG für die Gesellschafter, die dem Formwechsel widersprechen, notwendiger Inhalt bereits des Umwandlungsberichtes ist, → Form. E.1 Rn. 11.

Der **Widerspruch** der **Gesellschafter,** die von einem Barabfindungsangebot Ge- **13** brauch machen wollen, muss zur Niederschrift des Notars über den Formwechselbeschluss erklärt werden – § 207 UmwG. Zum Streitstand, ob die Gesellschafter, die nicht Anteilsinhaber der umgewandelten Gesellschaft sein wollen, auch gegen den Umwandlungsbeschluss stimmen müssen, → Form. E.1 Rn. 12.

Zuzustimmen ist der Ansicht, die einer Verknüpfung von Widerspruch und Ablehnung entgegentritt.

Eine **Vermögensaufstellung** ist nicht mehr erforderlich, → Form. E1°Rn. 14. **14**

einstweilen frei **15**

Der Umwandlungsbericht kann nach § 192 Abs. 2 UmwG entfallen, wenn alle Ge- **16** sellschafter der umzuwandelnden Gesellschaft auf den Bericht verzichten. Hierauf wird die Gesellschaft, schon um den Aufwand der Erstellung und die damit verbundenen Kosten zu vermeiden, in der Regel hinwirken (vgl. SHS/*Winter* UmwG § 192 Rn. 22; SSt/*Bärwaldt* UmwG § 192 Rn. 23ff.). Das Formular geht von einem entsprechenden Verzicht aus. Der Verzicht ist nach § 192 Abs. 2 Satz 2 UmwG zwingend notariell zu beurkunden in der für Willenserklärungen vorgeschriebenen Form, §§ 8ff. BeurkG (SSt/*Bärwaldt* UmwG § 192 Rn. 24).

Zur **Prüfung** der **Angemessenheit** des Barabfindungsangebotes → Form. E.2 **17** Rn. 16.

Das Formular geht davon aus, dass das neue **Beteiligungsverhältnis in der** **18** **GmbH** dem an dem Vermögen der KG entspricht, jedenfalls nach Abtretung des zunächst treuhänderisch gehaltenen Anteils durch die Komplementärin an den Gesellschafter B. Hiervon kann zB nach §§ 218 Abs. 2, 219 UmwG bei der KGaA abgewichen werden. Grundsätzlich jedoch entspricht das Verhältnis der Beteiligungen an dem neuen Rechtsträger exakt dem an dem alten Rechtsträger, auch wenn die wertmäßige Identität nicht zwingend ist (WM/*Weiler* UmwG § 194 Rn. 17, 21ff.; Lutter/*Decher/Hoger* UmwG § 202 Rn. 13ff.; SHS/*Winter* UmwG § 202 Rn. 7; SBB/*Sagasser/Luke* § 26 Rn. 126; DPM/*Patt* UmwStG § 25 Rn. 8; weitergehend SSt/*Bärwaldt* UmwG § 194 Rn. 7ff., 18).

19 Das UmwG bestimmt in §§ 20 Abs. 1 Nr. 3, 194 Abs. 1 Nr. 3, 4 UmwG die Anteilsgewährpflicht gegenüber allen bisherigen Anteilsinhabern und geht von einer **Identität der Gesellschafter beim Formwechsel** aus, es müssen also grds. alle Gesellschafter der formwechselnden Gesellschaft auch nach der Umwandlung Gesellschafter sein (*Felix* BB 1993, 1848; SBB/*Sagasser/Luke* § 26 Rn. 161; BT-Drs. 12/6699 S. 98 zu § 39 UmwG aE; aA SSt/*Bärwaldt* UmwG § 197 Rn. 13).

Das UmwG lässt nach dem ausdrücklichen Willen des Gesetzgebers den Formwechsel einer Kapitalgesellschaft in die GmbH & Co. KG oder umgekehrt zu (BT-Drs. 12/6699 S. 98 zu § 39 UmwG aE; SSt/*Schwanna* UmwG § 191 Rn. 2; SBB/*Sagasser/Luke* § 26 Rn. 160). Es hat jedoch Spezialregelungen für den Eintritt von persönlich haftenden Gesellschaftern im Rahmen eines Formwechsels lediglich für die KGaA geschaffen, §§ 221, 240 Abs. 2 UmwG. Dies gilt auch für den Austritt, vgl. §§ 236, 247 Abs. 2, 255 Abs. 3 UmwG, sowie den Sonderfall nach § 294 Abs. 1 Satz 2 UmwG beim VVaG. Entsprechende Regelungen für die GmbH & Co. KG fehlen. Einem erweiterten Verständnis des § 194 Abs. 1 Nr. 4 UmwG, der uneingeschränkt von „einem beitretenden persönlich haftenden Gesellschafter" spricht, steht eigentlich der Wille des Gesetzgebers entgegen. Dieser hatte ausdrücklich benannt, dass die Identität des Gesellschafterkreises nur für die KGaA und in einem besonderen Fall für den VVaG durchbrochen wird (BT-Drs. 12/6699 S. 136; vgl. zu dem Ganzen SBB/*Sagasser/Luke* § 26 Rn. 161; kritisch SSt/*Bärwaldt* UmwG § 197 Rn. 13).

Durch die bloße Umwandlung der KG scheidet die GmbH nicht automatisch aus der Gesellschaft aus (*Schwedhelm* Rn. 1551). Es sind verschiedene Varianten denkbar, wie mit der GmbH verfahren werden kann, von der Verschmelzung über die Anwachsung anstelle des (errichtenden) Formwechsels über eine vorherige direkte Beteiligung an der KG bis hin zur Einheitsgesellschaft (*Schwedhelm* Rn. 1552ff.; *Felix* BB 1993, 1848).

19a In der Praxis wird die Treuhandlösung vielfach als sehr kompliziert empfunden und deshalb angeraten, **vor der Umwandlung** die **GmbH** als persönlich haftende Gesellschafterin aus der KG **ausscheiden** zu lassen. Dies werfe insbesondere dann keine steuerlichen Probleme auf, wenn die GmbH, wie allgemein üblich, an dem Vermögen der KG nicht beteiligt sei. Von dieser Gestaltungsvariante ist jedoch abzuraten. Grundsätzlich wird eine KG durch das Ausscheiden des einzigen persönlich haftenden Gesellschafters aufgelöst und befindet sich damit in der Liquidation (BH/*Roth* HGB § 131 Rn. 18; Röhricht/Graf v. Westphalen/Haas/*Haas* HGB § 131 Rn. 21). Dies ist wegen der ausdrücklichen Regelung des § 191 Abs. 3 UmwG kein Umwandlungshindernis, da eine KG iL ihre werbende Tätigkeit wieder aufnehmen kann (SSt/*Bärwaldt* UmwG § 191 Rn. 16). Wird jedoch die KG iL von den Kommanditisten als werbende Gesellschaft ohne einen neuen phG fortgeführt, was häufig auf Grund einer undifferenzierten Fortsetzungsklausel in dem Gesellschaftsvertrag anzunehmen sein wird, so wandelt die KG sich automatisch in eine oHG um (BGH v. 23.11.1978, II ZR 207/78, NJW 1979, 1706; BGH v. 16.12.1999, VII ZR 53/97, NJW 2000, 1119). Dies führt insbesondere vor dem Hintergrund der Entscheidung des BGH über die Mithaftung von neu eintretenden Gesellschaftern für Altverbindlichkeiten einer Personengesellschaft (BGH v. 7.4.2003, II ZR 56/02, NJW 2003, 1803) zu erheblichen Risiken und Unsicherheiten. Steuerlich träte bei einer gewerblich geprägten GmbH & Co. KG (§ 15 Abs. 3 Nr. 2 EStG) wegen der persönlichen Haftung der Nicht-mehr-Kommanditisten überdies „Entprägung" ein, mit der Folge einer Aufdeckung sämtlicher stiller Reserven durch Entnahme (§ 6 Abs. 1 Nr. 4 Satz 1 EStG).

20 Im Zusammenhang mit dem Treuhandmodell wird vielfach Bezug genommen auf ein obiter dictum in **BGH v. 9.5.2005,** II ZR 29/03 (DStR 2005, 1539) und hieraus auf ein **Ende des Treuhandmodells** geschlossen. Das obiter dictum betraf jedoch nur den Eintritt des neuen Komplementärs beim Formwechsel in die Personengesellschaft, nicht den hier besprochenen umgekehrten Fall (SBB/*Sagasser/Luke* § 26

Rn. 165; *Priester* JbFSt 2007/2008, 308; *Baßler* GmbHR 2007, 1252). Ob der BGH diesen genauso betrachten wird, kann gemutmaßt werden, ist aber aus den in → Rn. 19a dargelegten Unwägbarkeiten keineswegs sicher (in FG Münster v. 16.2. 2006, 8 K 1785/03 GrE, EFG 2006, 1034 und nachfolgend BFH v. 9.4.2008, II R 31/06, BFH/NV 2008, 1435 spielte dieser Teil des Sachverhalts keine entscheidungserhebliche Rolle, auch weil der entsprechende Formwechsel eingetragen worden war). Soweit erkennbar gibt es bislang nur die Entscheidung des KG Berlin v. 19.12.2018, 22 W 85/18 (DB 2019, 239, rkr.), wonach beim Formwechsel einer KG in eine GmbH das Ausscheiden des persönlich haftenden Gesellschafters mit Wirksamwerden des Formwechsels möglich sei. Es fehlt nicht an kritischen Stimmen, die darauf hinweisen, dass es bislang keine die Registergerichte bindende Entscheidung gäbe und es sich deshalb in der Praxis als notwendig erweisen könne, unter Berücksichtigung des gesetzgeberischen Willens auf die Treuhandlösung zurückzugreifen (SBB/*Sagasser/Luke* § 26 Rn. 165; *Priester* JbFSt 2007/2008, S. 308f.; *Baßler* GmbHR 2007, 1252; *Goette* JbFSt 2007/2008, S. 308f.; Lutter/*Göthel* UmwG § 228 Rn. 28; Kallmeyer/*Meister/Klöcker* UmwG § 191 Rn. 15; vgl. auch → Form. E.3 Rn. 8a).

Jedenfalls für den Formwechsel einer GmbH & Co. KG in eine Kapitalgesellschaft ist der Weg über die Treuhand aus den genannten Gründen auch heute noch sinnvoll, wenn nicht das Registergericht vorab ausdrücklich bestätigt, dass ein Austritt aufschiebend bedingt auf das Wirksamwerden des Formwechsels zulässig ist (vgl. den nahezu identischen Vorschlag bei Lutter/*Göthel* UmwG § 228 Rn. 28). Nach Kenntnis des Autors wird jedenfalls im Zuständigkeitsbereich des Registergerichts München bei formwechselnden Umwandlungen von einer GmbH & Co. KG in eine Kapitalgesellschaft und umgekehrt ein treuhänderischer Erwerb von Kapitalanteilen durch die (an der Gesellschaft neuer Rechtsform eigentlich nicht zu beteiligende) Komplementärgesellschaft von Seiten des Registergerichts nicht gefordert, da der Bei- oder Austritt von Gesellschaftern „im Zuge des Formwechsels" bei Zustimmung aller Beteiligter grundsätzlich als zulässig angesehen wird.

Soll aufgrund einer positiven Bestätigung des Registergerichtes der Weg des aufschiebend bedingten Ausscheidens der GmbH aus der GmbH & Co. KG gewählt werden, so sind aus dem Formular alle Passagen entbehrlich, die sich mit der Beteiligung der GmbH und ihrem Anteil von 10,– EUR befassen (vgl. in → Form. E.4.1 zur Gesellschafterversammlung Ziff. 3d) und 3e); in → Form. E.4.2 zum Gesellschaftsvertrag § 4 Abs. 2 und 3; das → Form. E.4 insgesamt; in → Form. E.4.2 zum Sachgründungsbericht soweit die GmbH betroffen ist; Beteiligung der GmbH an der Handelsregisteranmeldung in → Form. E.4.8). Stattdessen ist der bedingte Beschluss über das Ausscheiden beim Wirksamwerden des Formwechsels zu fassen.

Über den Formwechsel bedarf es eines **Berichtes der Gründer** über den Gang der 21
Gründung der GmbH. § 219 UmwG legt zunächst nur fest, wer Gründer ist. Bei einem Formwechsel in eine GmbH sind dies alle zustimmenden Gesellschafter, im vorliegenden Formular alle Gesellschafter, also auch die persönlich haftende GmbH.

Über §§ 197, 220 Abs. 2 UmwG iVm. § 5 Abs. 4 Satz 2 GmbHG ergibt sich sodann die Pflicht zur Erstellung eines Sachgründungsberichtes (vgl. SHS/*Westerburg* UmwG § 219 Rn. 2; Lutter/*Decher/Hoger* UmwG § 197 Rn. 24; SBB/*Sagasser/Luke* § 26 Rn. 145; WM/*Mayer* UmwG § 197 Rn. 45; SSt/*Bärwaldt* UmwG § 197 Rn. 28).

Danach kann unter Vorlage der erforderlichen Dokumente in Ausfertigung bzw. im Original die Handelsregisteranmeldung erfolgen – §§ 222, 223 UmwG.

Mit der **Eintragung im Handelsregister** ist die GmbH entstanden (SBB/*Sagasser/* 22
Luke § 26 Rn. 150; SSt/*Leonard* § 202 Rn. 5). Die Eintragung wirkt unabhängig von etwaigen Mängeln des Formwechsels konstitutiv – § 202 UmwG. Benachteiligte sind auf eventuelle Schadenersatzansprüche verwiesen – § 205 UmwG. Verantwortlich sind die Mitglieder des jeweiligen Vertretungsorgans, hier also die Geschäftsführer der persönlich haftenden Gesellschafterin der KG (Lutter/*Decher/Hoger* UmwG § 205 Rn. 2;

Lutter/*Grunewald* UmwG § 25 Rn. 3; SHS/*Winter* UmwG § 205 Rn. 5; SSt/*Leonard* UmwG § 205 Rn. 3). Es handelt sich nach dem Wortlaut des § 205 UmwG um eine Organ- und nicht um eine Handelndenhaftung. Geschäftsführende Kommanditisten haften daher nicht aus § 205 UmwG, sondern allenfalls nach den allgemeinen Regeln (Lutter/*Decher/Hoger* UmwG § 205 Rn. 2; SHS/*Winter* UmwG § 205 Rn. 4 f.; für Haftung direkt aus § 205: SSt/*Leonard* UmwG § 205 Rn. 4). Daneben besteht die gesetzlich geregelte Verantwortlichkeit der (Sach-)Gründer aus §§ 9, 9a GmbHG, die auch auf Umwandlungsfälle Anwendung finden (MünchKomm/*Herrler,* GmbHG § 9a Rn. 5; BH/*Fastrich,* GmbHG § 9 Rn. 1). Diese uneingeschränkte Gründerhaftung ist problematisch, weil sie auch die Kommanditisten und zwar in unbegrenzter Form trifft (MünchKomm/*Herrler,* GmbHG § 9a Rn. 53 ff.).

23–26 *einstweilen frei*

V. Handelsbilanzrecht

27 Handelsrechtlich besteht eine Identität des Rechtsträgers, es findet keine Übertragung statt und es werden keine neuen Gesellschaftsrechte begründet (HMB/*Biliteweski* UmwStG § 25 Rn. 41; SHS/*Schmitt* UmwStG § 25 Rn. 2; SSt/*Moszka* UmwStG Anh. Rn. 626, 627; SBB/*Bula/Thees* § 27 Rn. 1; Boorberg, DStR 2017, 1801). Aus diesem Grund ist handelsbilanziell die **Buchwertfortführung zwingend** vorgeschrieben (HMB/*Biliteweski* UmwStG § 25 Rn. 41; SBB/*Bula/Thees* § 27 Rn. 7; SHS/*Schmitt* UmwStG § 25 Rn. 6). Das Wahlrecht des § 24 UmwG besteht nicht. Eine Veränderung der Werte der Handelsbilanz darf nicht erfolgen. Die Aufdeckung stiller Reserven ist handelsbilanziell nicht möglich. Handelsrechtlich ist daher weder eine besondere Schlussbilanz bei der formwechselnden Gesellschaft noch eine besondere Eröffnungsbilanz bei der neuen Gesellschaft aufzustellen (SBB/*Bula/Thees* § 27 Rn.7; WM/*Widmann* UmwG § 24 Rn. 196; SSt/*Moszka* UmwStG Anh. Rn. 653; DPM/*Patt* UmwStG § 25 Rn. 11). Die Bilanzansätze der formwechselnden Gesellschaft sind vielmehr unter Beachtung des Prinzips der Bilanzkontinuität zu übernehmen (SBB/*Bula/Thees* § 27 Rn. 7; DPM/*Patt* UmwStG § 25 Rn. 11; HMB/*Biliteweski* UmwStG § 25 Rn. 41; *Boorberg* DStR 2017, 1801). Eine Vermögensaufstellung ist allerdings nicht mehr erforderlich; § 192 Abs. 2 UmwG aF ist durch das Zweite Gesetz zur Änderung des UmwG v. 19.4.2007 (BGBl. I 2007, 542) gestrichen worden.

27a Soweit das Eigenkapital der übertragenden Personengesellschaft das Stammkapital der übernehmenden GmbH übersteigt, darf der Mehrbetrag in die Kapitalrücklage nach § 272 Abs. 2 Nr. 4 HGB eingestellt werden, da für die Kapitalkonten bisher keine Bindung zugunsten der Gesellschaftsgläubiger bestand (RS HFA 41 Tz. 7). Wahlweise ist aber auch eine (teilweise) Einstellung in die Kapitalrücklage nach § 272 Abs. 2 Nr. 1 HGB möglich, um bspw. zusätzliche Kapitalrücklagen darzustellen (RS HFA 41 Tz. 7). Soweit in dem Betrag, der das festgesetzte gezeichnete Kapital übersteigt, nachweislich thesaurierte Gewinne enthalten sind, dürfen diese auch in die anderen Gewinnrücklagen nach § 272 Abs. 3 HGB eingestellt werden. Gleiches gilt für erwirtschaftete positive Jahresergebnisse, die einer sog. gesamthänderisch gebundenen Rücklage zugewiesen worden sind (RS HFA 41 Tz. 7).

28 **Handelsbilanziell** gibt es wegen der zwingenden Buchwertfortführung und der fehlenden Bilanzerstellung **keinen Stichtag,** auf den eine Rückbeziehung erfolgen könnte (SBB/*Bula/Thees* § 27 Rn. 10; WM/*Widmann* UmwG § 24 Rn. 482; RS HFA 41 Tz. 3; SSt/*Moszka* UmwStG Anh. Rn. 630). Zum steuerlichen Wahlrecht bzgl. Stichtag → Rn. 79 und insbes. → Form. A.8 Rn. 95 ff.

29 Gleichwohl kann sich **aus anderen Gründen** die Notwendigkeit der Festlegung eines **Stichtages** für die Umwandlung ergeben, etwa wenn es im Rahmen des Formwechsels zu einer Verschiebung der Beteiligungsverhältnisse kommt (zur Zulässigkeit einer solchen Verschiebung vgl. LG Bonn v. 22.7.1997, 11 T 5/97, MittRhNotK 1998, 288; Lutter/*Decher/Hoger* UmwG § 202 Rn. 14; SHS/*Winter* UmwG § 202 Rn. 7; DPM/*Patt* UmwStG § 25 Rn.8; SBB/*Sagasser/Luke* § 26 Rn. 126; weitergehend SSt/*Bärwaldt* UmwG § 194 Rn. 7 ff.); vgl. auch → Rn. 18.

Nach den **Grundsätzen der Kapitalaufbringung** bei Sachgründungen darf aber der Betrag des Stammkapitals der GmbH den Zeitwert des eingelegten Sachvermögens nicht übersteigen, das Vermögen muss mithin das Stammkapital mindestens decken, § 220 Abs. 1 UmwG (SBB/*Bula/Thees* § 27 Rn. 28; RS HFA 41 Tz. 14; OLG Frankfurt v. 19.3.2015, 20 W 160/13, GmbHR 2015, 808, 814 mit Anm. *Wachter*). Gegebenenfalls muss, um einen Formwechsel zu erreichen, von den Gesellschaftern ggf. entsprechendes Kapital zugeführt werden, um die Buchwerte zu erreichen (SBB/*Sagasser/Luke* § 26 Rn. 142). **30**

einstweilen frei **31–34**

VI. Ertragsteuern

Das Formular geht von einem auch auf der Ebene der Gesellschafter **rein inländischen Sachverhalt** aus. Sollte bei einem Gesellschafter das Besteuerungsrecht der Bundesrepublik Deutschland eingeschränkt sein, müsste geprüft werden, ob durch die Regelung des § 1 Abs. 4 UmwStG die Anwendbarkeit des UmwStG auf diesen Formwechsel eingeschränkt oder ausgeschlossen ist (zu Einzelheiten vgl. DPM/*Möhlenbrock* UmwStG § 1 Rn. 166 ff.; RHL/*Graw* UmwStG § 1 Rn. 171 ff.; UmwSt-Erl. 2011, BMF v. 11.11. 2011, BStBl. I 2011, 1314 Tz. 01.53). **35**

Steuerlich richtet sich der Formwechsel von der KG in die GmbH nach **§ 25 UmwStG.** Da lediglich ein Wechsel der Rechtsform erfolgt, die wirtschaftliche Identität des Rechtsträgers aber erhalten bleibt (HMB/*Bilitewski* UmwStG § 25 Rn. 6; SHS/*Schmitt* UmwStG § 25 Rn. 2; BFH v. 4.12.1996, II B 116/96, BStBl. II 1997, 661; *SBB/Bula/Thees* § 27 Rn. 1; SSt/*Moszka* UmwStG Anh. Rn. 630; RHL/*Rabback* UmwStG § 25 Rn. 24), sollte der Formwechsel eigentlich steuerlich problemlos sein. Die Umwandlung hat wegen des Wechsels der Gesellschaftsform von einer Personen(handels)gesellschaft in eine Kapitalgesellschaft jedoch einen Wechsel des Steuersubjekts zur Folge (SSt/*Moszka* UmwStG Anh. Rn. 633 ff.; DPM/*Patt* UmwStG § 25 Rn. 23 ff.; *Boorberg* DStR 2017, 1801); hierzu → Form. E.2 Rn. 37. **36**

Während handelsbilanziell keine Schlussbilanz zu erstellen und die Buchwerte zwingend fortzuführen sind (→ Rn. 27) schreibt § 25 Satz 2 UmwStG über den Verweis auf die entsprechende Anwendung des § 9 Satz 2 UmwStG die **Aufstellung** einer **Steuerbilanz,** bei der Personengesellschaft als Übertragungsbilanz, bei der Kapitalgesellschaft als Eröffnungsbilanz, zwingend vor. Zu Einzelheiten vgl. die ausführliche Darstellung in → Form. E.2 Rn. 38–51, zum Wahlrecht bzgl. steuerlicher Rückbeziehung s. → Form. A.8 Rn. 95 ff. **37**

einstweilen frei **38–51**

Die persönlich haftende Gesellschafterin wird nur treuhänderisch an der GmbH beteiligt. Da in Bezug auf Treuhandverhältnisse steuerlich die Vermögenswerte dem wirtschaftlichen Eigentümer zugerechnet werden, ist diese (vorübergehende) Übertragung der Anteile steuerneutral. Insbesondere muss keine Gewinnrealisierung erfolgen (*Felix* BB 1993, 1848; Schmidt/*Wacker* EStG § 15 Rn. 296). **52**

Baßler vertritt in diesem Zusammenhang die Auffassung, dass ein Formwechsel von der GmbH & Co. KG in die GmbH aus steuerlichen Gesichtspunkten bei einem Wechsel zu Buch- oder Zwischenwerten und einem Ausscheiden der GmbH nicht in Betracht käme, weil nach Auffassung der Verwaltung die GmbH-Beteiligung für die Kommanditisten eine wesentliche Betriebsgrundlage sei und der Formwechsel verlange, dass alle wesentlichen Betriebsgrundlagen in die Kapitalgesellschaft überführt werden müssten (GmbHR 2007, 1252 FN 7). Diese Auffassung dürfte zumindest in den

Fällen, in denen ein Kommanditist nicht über die GmbH seinen geschäftlichen Willen durchsetzen kann, durch BFH v. 25.11.2009, I R 72/08, BStBl. II 2010, 471, und dessen Veröffentlichung im BStBl. obsolet geworden sein.

53 Zu möglicherweise bei der KG bestehenden **Verlustvorträgen,** die zu einem **Umwandlungshindernis** werden können, → Form. E.2 Rn. 52.

54–56 *einstweilen frei*

VII. Verkehrsteuern

57 Verkehrsteuerrechtlich ist der Formwechsel von der KG in die GmbH ohne Bedeutung. Die Umwandlung beschränkt sich auf die Änderung der Rechtsform unter Wahrung der rechtlichen Identität und grds. auch unter Beibehaltung des Kreises der Gesellschafter (vgl. UmwSt-Erl. 2011, BMF v. 11.11.2011, BStBl. I 2011, 1314 Tz. 01.11; BFH v. 4.12.1996, II B 116/96, BStBl. II 1997, 661; BFH v. 29.8.2007, II B 108/06, BFH/NV 2007, 2350; HMB/*Bilitewski* UmwStG § 25 Rn. 10; SBB/*Abele* § 28 Rn. 75; SSt/*Moszka* UmwStG Anh. Rn. 661; DPM/*Patt* UmwStG § 25 Rn. 87). Eine zivilrechtliche Übertragung von Grundstücken oder anderen Rechtsgütern auf einen neuen Eigentümer findet nicht statt, so dass weder **Umsatzsteuer** noch **Grunderwerbsteuer** bei dieser Umwandlung anfällt (HMB/*Bilitewski* UmwStG § 25 Rn. 10; SSt/*Moszka* UmwStG Anh. Rn. 661; DPM/*Patt* UmwStG § 25 Rn. 84). Hieran ändert auch der Verweis des § 25 UmwStG auf die §§ 20 bis 23 UmwStG nichts (SHS/*Schmitt* UmwStG § 25 Rn. 45).

58 Grunderwerbsteuer kann jedoch anfallen, wenn im Rahmen des Formwechsels **weitere,** nicht die eigentliche Umwandlung betreffende **Veränderungen** vorgenommen werden und es aus diesem Grund zum Beispiel auch zu einem Wechsel der Gesellschafterstruktur oder der Beteiligungsverhältnisse kommt.

Ein solcher Sonderfall ist zB gegeben, wenn eine GmbH & Co. KG, bei der ein Kommanditist alleiniger Anteilseigner und, wie in der Regel, die Komplementär-GmbH am Gesellschaftsvermögen nicht beteiligt ist, formwechselnd in eine GmbH umgewandelt wird und in diesem Zug die Komplementär-GmbH aus der Gesellschaft ausscheidet. Dann findet eine **Anteilsvereinigung** iSv. § 1 Abs. 3 GrEStG statt, die ihrerseits Grunderwerbsteuer auslöst (DPM/*Patt* UmwStG § 25 Rn. 88; WM/*Pahlke* Anh. 12 Rn. 13.1; FG Münster v. 16.2.2006, 8 K 1785/03 GrE, EFG 2006, 1034; nachfolgend BFH v. 9.4.2008, II R 31/06, BFH/NV 2008, 1435). Bei Personengesellschaften ist der Begriff „Anteile der Gesellschaft" nicht als Beteiligung am Vermögen der Gesellschaft, sondern als gesellschaftsrechtliche Beteiligung zu verstehen, so dass die Komplementär-GmbH auch ohne Vermögensbeteiligung „Anteile der Gesellschaft" iSv. § 1 Abs. 3 GrEStG hielt (Boruttau/*Meßbacher-Hönsch* GrEStG § 1 Rn. 998; Pahlke/*Pahlke* GrEStG § 1 Rn. 322; BFH v. 26.7.1995, II R 68/92, BStBl. II 1995, 736; BFH v. 8.8.2001, II R 66/98, BStBl. II 2002, 156).

Auch bei einem disquotalen heterogenen Formwechsel in die Kapitalgesellschaft kann, wenn mit der Quotenverschiebung erstmals eine Anteilsvereinigung von mindestens 95% in einer Hand kommt, Grunderwerbsteuer nach § 1 Abs. 3 GrEStG ausgelöst werden (vgl. WM/*Pahlke* Anh. 12 Rn. 13.4).

Zu weiteren Einzelheiten vgl. zur Grunderwerbsteuer, insbesondere zu den anstehenden Neuerungen → Form. D.1 Rn. 70ff. und → Form. E.3 Rn. 52ff., zur Umsatzsteuer → Form. A.1 Rn. 118ff.

59, 60 *einstweilen frei*

VIII. Arbeitsrecht

61 Die Folgen des Formwechsels für die Arbeitnehmer und ihre Vertretungen sind nach **§ 194 Abs. 1 Nr. 7 UmwG** im Umwandlungsbeschluss darzustellen. Der Ent-

wurf des Umwandlungsbeschlusses ist nach § 194 Abs. 2 UmwG spätestens einen Monat vor dem Tag der Gesellschafterversammlung, die über den Formwechsel beschließen soll, dem zuständigen **Betriebsrat** bzw. den zuständigen Betriebsräten des formwechselnden Rechtsträgers **zuzuleiten.** Es handelt sich um Parallelvorschriften zu den §§ 5 Abs. 1 Nr. 9, Abs. 3, 126 Abs. 1 Nr. 11, Abs. 3 UmwG, so dass im Wesentlichen auf die Darstellungen bei → Form. A.1 Rn. 150ff. und → Form. B.1 Rn. 176ff. verwiesen werden kann.

Arbeitsrechtliche Spezialprobleme ergeben sich beim Formwechsel von der KG in die GmbH nicht. Wegen der Erhaltung der Rechtsidentität sind weder Auswirkungen auf den individuellen Arbeitsvertrag noch auf tarifrechtliche Bindungen oder betriebsverfassungsrechtliche Regelungen zu erwarten (SHS/*Stratz* UmwG § 194 Rn. 9; Lutter/*Decher/Hoger* UmwG § 194 Rn. 25ff.).

In Betracht kommen lediglich **Auswirkungen** im Bereich der **Unternehmensmitbestimmung.** So kann eine Änderung der Rechtsform grundsätzlich den Wegfall bzw. Hinzutritt der Arbeitnehmervertretung im Aufsichtsrat nach sich ziehen. Der Formwechsel einer GmbH & Co. KG in eine GmbH kann dazu führen, dass eine bislang mitbestimmungsfreie GmbH & Co. KG bei Erfüllung der zahlenmäßigen Voraussetzungen nunmehr erstmals der Mitbestimmung nach dem MitbestG, MontanMitbestG oder dem DrittelbG unterfällt, es mithin zu einem Mitbestimmungszuwachs kommt.

einstweilen frei **62–64**

IX. Kosten

Die **Beurkundung** des **Formwechselbeschlusses** löst eine 2,0-Gebühr nach Nr. 21100 des Kostenverzeichnisses aus. Der zur Gebührenberechnung zugrunde zu legende Geschäftswert bestimmt sich nach dem **Aktivvermögen des formwechselnden Rechtsträgers** ohne Schuldenabzug (vgl. § 38 GNotKG) nach der letzten dem Beschlussstichtag vorausgehenden Bilanz. Beteiligungen an anderen Gesellschaften sind nach § 54 GNotKG mit dem auf den Gesellschaftsanteil entfallenden bilanziellen Eigenkapital nach § 266 Abs. 3 HGB zu bewerten. Grundstücke sind mit ihrem Verkehrswert anzusetzen, so dass der Buchwert aus der Aktivseite herauszurechnen und der Verkehrswert anschließend zu addieren ist. Das Aktivvermögen wird durch nicht durch Eigenkapital gedeckte Fehlbeträge vermindert; im Gegenzug erhöhen stille Reserven das Aktivvermögen (§ 46 Abs. 1 GNotKG). Es gilt eine Mindestgebühr von 120 EUR und ein Höchstwert von 5 Mio. EUR nach § 108 Abs. 5 GNotKG, da der Formwechselbeschluss ein solcher mit bestimmtem Geldwert ist. **65**

Regelmäßig werden neben dem Formwechselbeschluss noch **Verzichts- und/oder Zustimmungserklärungen** beurkundet, zB Verzichte auf die Klageerhebung gegen den Formwechselbeschluss (§ 195 UmwG), Verzichte auf die Erstattung eines Umwandlungsberichts (vgl. § 192 Abs. 3 UmwG) oder Zustimmung von Gesellschaftern hinsichtlich der Abtretung von Anteilen des formwechselnden Rechtsträgers nach § 193 Abs. 2 UmwG. Für die Beurkundung fällt eine 1,0-Gebühr (einseitige Erklärung, kein Vertrag) nach Nr. 21200 des Kostenverzeichnisses an, mindestens jedoch 60 EUR. Da es sich bei den Verzichts- bzw. Zustimmungserklärungen nicht um einen Beschluss der Gesellschaftergesamtheit sondern rechtsgeschäftliche Erklärungen der einzelnen Gesellschafter handelt, gilt der für den Formwechselbeschluss anwendbare Höchstwert von 5 Mio. EUR nach § 108 Abs. 5 GNotKG nicht für diese Erklärungen.

Der Geschäftswert für **Verzichtserklärungen** gemäß § 195 UmwG (Verzicht auf Klageerhebung) bzw. gemäß § 192 Abs. 3 UmwG (Verzicht auf Erstellung eines Umwandlungsberichts) ist nach § 36 GNotKG zu bestimmen. Ein Teilwert von 10–20% des Wertes des Anteils des jeweils Verzichtenden soll hier anzusetzen sein (*Diehn/Volpert,* Praxis des Notarkostenrechts, Rn. 695). **66**

Der **Formwechselbeschluss** einerseits und die **Zustimmungs- bzw. Verzichtserklärungen** andererseits sind bei **gemeinsamer Beurkundung** gegenstandsverschieden nach § 110 Nr. 1 GNotKG, weshalb der Beschluss und die Erklärungen gebührenrechtlich getrennt in Ansatz zu bringen sind. Die Zustimmungs- und Verzichtserklärungen untereinander sind wiederum gegenstandsgleich nach § 109 Abs. 1 GNotKG, so dass für die Berechnung nur der höhere Wert beider Erklärungen zugrunde gelegt werden kann, regelmäßig der Wert der Zustimmungserklärungen (§ 109 Abs. 1 Satz 5 GNotKG, vgl. *Diehn/Volpert,* Praxis des Notarkostenrechts, Rn. 708).

Die Feststellung des Gesellschaftsvertrages der A-GmbH ist zum Formwechselbeschluss gegenstandsgleich (vgl. § 218 Abs. 1 UmwG; BDS/*Bormann* GNotKG § 109 Rn. 68). Ob damit auch der Entwurf der Satzung durch den Notar abgegolten ist, wird unterschiedlich beurteilt (vgl. *Diehn/Volpert,* Praxis des Notarkostenrecht, 710; BDS/*Bormann* GNotKG § 109 Rn. 68). Gibt der Notar lediglich **Hinweise zur Gestaltung** des Gesellschaftsvertrages, so kann hierfür – je nach Umfang seiner Tätigkeit – eine sog. Beratungsgebühr nach Nr. 24203 des Kostenverzeichnisses erhoben werden.

Ist im Rahmen eines Formwechsels eine **Berichtigung des Grundbuchs** erforderlich, so ist dieser Berichtigungsantrag gegenstandsverschieden nach § 110 Nr. 1 GNotKG und es entsteht eine 0,5-Gebühr nach Nr. 21201 Ziffer 4 des Kostenverzeichnisses. Der Gegenstandswert ist wegen der bestehenden Rechtsträgeridentität nur mit 10 bis 30% des Grundbesitzwertes anzusetzen.

Für die Unterschriftsbeglaubigung unter der Handelsregisteranmeldung **ohne** Entwurfsfertigung durch den Notar fällt eine 0,2-Gebühr nach Nr. 25100 des Kostenverzeichnisses, jedoch mindestens 20 EUR und höchstens 70 EUR an.

67 **Fertigt** der Notar den Entwurf der **Handelsregisteranmeldung selbst** an, so entsteht hierfür eine 0,5-Gebühr nach Nr. 24102 des Kostenverzeichnisses. Der Geschäftswert der Handelsregisteranmeldung beträgt mindestens 30 000 EUR (§ 105 Abs. 1 Satz 2, Abs. 4 GNotKG), höchstens 1 Mio. EUR (§ 106 GNotKG).

Die **Eintragung** des Formwechsels im **Handelsregister** der GmbH & Co. KG kostet 180 EUR, § 1 HRegGebVO iVm. Gebührenverzeichnis Nr. 1400. Eine gesonderte Gebühr für die (Erst-)Eintragung der GmbH nach Gebührenverzeichnis Nr. 2104 fällt nicht an. Diese fiele nur an, wenn sich im Rahmen des Formwechsels das maßgeben-de Register ändert (zB Handels- zu Genossenschaftsregister), aber dann nicht, wenn sich lediglich die Abteilung des Registers (HRA oder HRB) ändert (BeckOK KostR/*Meier* HRegGebV GV 2104–2106 Rn. 2–6.

68, 69 *einstweilen frei*

C. Einzelerläuterungen

I. Notarurkunden

1. Umwandlungsbeschluss

70 Der Umwandlungsbeschluss ist das „Herzstück" eines Formwechsels. Anders als bei den übrigen Umwandlungen – Verschmelzung, Spaltung und Vermögensübertragung – gibt es **keinen Vertrag** (HMB/*Stengel* Einf. A Rn. 82; SSt/*Bärwaldt* UmwG § 193 Rn. 2). Dies schließt aber formal die für Willenserklärungen vorgeschriebene Beurkundungsform (§§ 8ff. BeurkG) nicht aus. Der formwechselnde Rechtsträger erhält nur eine neue rechtliche Identität (WM/*Weiler* UmwG § 193 Rn. 1; SHS/*Winter* UmwG § 193 Rn. 2; SSt/*Schwanna* UmwG § 190 Rn. 1). Der notwendige Mindestinhalt des Umwandlungsbeschlusses ergibt sich aus § 194 Abs. 1 UmwG.

Der Entwurf eines Umwandlungsbeschlusses muss bereits Gegenstand eines Umwandlungsberichtes sein, auf den die Gesellschafter aber hier verzichtet haben (→ Rn. 68). Eine Identität zwischen dem Entwurf und dem endgültig gefassten Beschluss ist jedoch nicht erforderlich, Änderungen wären zulässig (WM/*Weiler* UmwG § 193 Rn. 13; SHS/*Winter* UmwG § 193 Rn. 4).

Zur Gesellschafterversammlung:

Die Gesellschafterversammlung wird unter Verzicht auf alle Form- und Fristvorschriften abgehalten. Sollte zu einer solchen Versammlung nicht unter Beachtung sämtlicher Form- und Fristvorschriften eingeladen worden sein oder sollte es hieran Zweifel geben, kann in der Gesellschafterversammlung nur dann wirksam der Umwandlungsbeschluss gefasst werden, wenn alle Anteilsinhaber auf die Einhaltung der Form- und Fristvorschriften verzichten. Dieser Verzicht muss protokolliert werden, ausreichend ist ein Wahrnehmungsprotokoll nach §§ 36, 37 BeurkG. **71**

Zu Ziff. 2.:

Da die Gesellschafter sich über die Umwandlung laut Formular völlig einig sind, verzichten sie auf alle Formalien der Umwandlung, soweit dies rechtlich zulässig ist. Diese Formalien sind, soweit sie dort relevant sind, bei dem Formular des Formwechsels einer GmbH in die AG (→ Form. E.1, Rn. 6ff.). abgehandelt. Auf die dortige Kommentierung wird verwiesen. **72**

Die Erstattung eines Umwandlungsberichtes ist erforderlich, wenn an dem formwechselnden Rechtsträger mehr als ein Gesellschafter beteiligt ist und nicht alle Anteilsinhaber auf ihn verzichten – § 192 Abs. 3 UmwG. Der Verzicht ist notariell zu beurkunden. Die Beurkundung dient dabei sowohl der Warnpflicht für die Gesellschafter als auch dem Interesse einer ordnungsgemäßen Registereintragung (WM/*Mayer* UmwG § 192 Rn. 15; Lutter/*Decher/Hoger* UmwG § 192 Rn. 46; SHS/*Winter* UmwG § 192 Rn. 22). § 199 UmwG sieht dabei auch einen entsprechenden Nachweis des Verzichtes vor. Der Verzicht kann auch noch nach Fassung des Umwandlungsbeschlusses erfolgen. Maßgeblicher Zeitpunkt, zu dem der Verzicht vorliegen muss, ist die Anmeldung des Formwechsels zum Handelsregister (WM/*Mayer* UmwG § 192 Rn. 17; Lutter/*Decher/Hoger* UmwG § 192 Rn. 46; SHS/*Winter* UmwG § 192 Rn. 22). **73**

Die nach altem Recht noch erforderliche Vermögensaufstellung nach § 192 Abs. 2 UmwStG 1995 ist entfallen. **74**

Obwohl weder § 207 UmwG noch § 194 Abs. 1 UmwG, der in Nr. 6 das Abfindungsangebot als zum Mindestbestandteil des Umwandlungsbeschlusses gehörend festschreibt, einen Verzicht ausdrücklich erlauben, ist anerkannt, dass ein Verzicht auf das Abfindungsangebot durch alle Gesellschafter möglich und zulässig ist (WM/*Wälzholz* UmwG § 207 Rn. 33; Lutter/*Decher/Hoger* UmwG § 194 Rn. 23; SHS/*Winter* UmwG § 194 Rn. 8; SSt/*Bärwaldt* UmwG § 194 Rn. 29). **75**

Da der Umwandlungsbeschluss einschließlich aller noch notwendigen Zustimmungserklärungen nach § 193 Abs. 3 UmwG der notariellen Beurkundung bedarf und nach § 194 Abs. 1 Nr. 6 hierzu auch das Abfindungsangebot gehört, ist auch der Verzicht auf das Abfindungsangebot (in der für Willenserklärungen vorgeschriebenen Form, §§ 8ff. BeurkG) notariell zu beurkunden (Lutter/*Decher/Hoger* UmwG § 194 Rn. 23; SSt/*Bärwaldt* UmwG § 194 Rn. 29; WM/*Wälzholz* UmwG § 207 Rn. 34).

An einer formwechselnden KG sind in der Regel auch Gesellschafter beteiligt, die von der Geschäftsführung ausgeschlossen sind, zumeist die Kommanditisten gem. § 164 HGB (vgl. zu Abweichungsmöglichkeiten BH/*Roth* HGB § 164 Rn. 6ff.). Diesen wäre nach § 216 UmwG spätestens mit der Einberufung der Gesellschafterversammlung, in der über den Formwechsel beschlossen werden soll, diese Beschlussfas- **76** sung durch das Vertretungsorgan – idR die persönlich haftenden Gesellschafter – anzukündigen sowie der Umwandlungsbericht einschließlich Entwurf des Umwandlungsbeschlusses und das Abfindungsangebot zu übersenden.

Diese Regelung dient dem Schutz der Gesellschafter und soll sie vor Überraschung schützen. Ein Verzicht ist deshalb zulässig und er bedarf, anders als der Verzicht auf Umwandlungsbericht und Abfindungsangebot auch nicht zwingend der notariellen Beurkundung, sollte aber, um erforderlichenfalls einen Nachweis führen zu können, zumindest schriftlich festgehalten werden (Lutter/*Joost* UmwG § 216 Rn. 9; WM/*Vossius* UmwG § 216 Rn. 21; SSt/*Schlitt* UmwG § 216 Rn. 25, 27).

Zu Ziff. 3.:

77 An der Gesellschafterversammlung nehmen alle Gesellschafter der KG teil, der Umwandlungsbeschluss wird einstimmig gefasst. Die Notwendigkeit ergibt sich, wenn keine eindeutigen anders lautenden Regelungen im Gesellschaftsvertrag festgelegt sind, aus dem Recht der Personengesellschaften. §§ 163, 161, 119, 131 Nr. 2 HGB und der hierzu ergangenen Kernbereichsrechtsprechung des BGH (Urteil v. 5.11.1984, II ZR 111/84, NJW 1985, 974; v. 10.10.1994, II ZR 18/94, NJW 1995, 194; BH/*Roth* HGB § 163 Rn. 4, § 119 Rn. 36). Die Verpflichtung zur Zustimmung kann bereits im Gesellschaftsvertrag im Vorwege festgeschrieben werden (BH/*Roth* HGB § 119 Rn. 36).

Das Umwandlungsrecht schreibt diese Einstimmigkeit nicht vor. § 217 Abs. 1 Satz 2 UmwG gestattet ausdrücklich eine Mehrheitsentscheidung, wenn der Gesellschaftsvertrag der formwechselnden Gesellschaft dies entsprechend regelt. Ansonsten ist nach § 217 Abs. 1 Satz 1 UmwG Einstimmigkeit erforderlich.

Ob der nach § 207 UmwG gegen den Umwandlungsbeschluss Widerspruch zur Niederschrift Erklärende auch gegen den Formwechsel stimmen muss ist streitig. Würde man der abzulehnenden (→ Rn. 13) Auffassung folgen, dass Widerspruch und Ablehnung miteinander verknüpft sind, so wäre bei der Umwandlung einer KG ein mögliches Ausscheiden gegen Barabfindung nicht möglich, es sei denn, der Gesellschaftsvertrag erlaubt eine Mehrheitsentscheidung.

78 In Buchst. a und b ist gem. § 194 Abs. 1 Nr. 1 und 2 UmwG geregelt, dass die Firma der Gesellschaft entsprechend §§ 200 Abs. 2 UmwG, 4 GmbHG mit Ausnahme des Rechtsformzusatzes beibehalten wird.

79 Der steuerliche Übertragungsstichtag kann nach §§ 25 Satz 2, 9 Satz 2 UmwStG der Tag der Eintragung des Formwechsels in das Handelsregister (§ 202 UmwG) oder gem. §§ 25 Satz 2, 9 Satz 3 UmwStG der Stichtag der Übertragungs- und Eröffnungsbilanzen sein, der seinerseits ein beliebiger Tag innerhalb eines Zeitraums von acht Monaten vor Einreichung des Eintragungsantrages sein darf (→ Form. A.8 Rn. 95 ff.). Die Wahl ist formlos möglich, die Aufnahme in den Beschluss also nicht erforderlich.

Eine Aufnahme ist nur ausnahmsweise sinnvoll, zB wenn einer der Beteiligten ein (steuerliches) Interesse an der **Festlegung eines bestimmten Stichtages** hat. In diesem Fall könnte die Formulierung wie folgt lauten:

„Die Umwandlung erfolgt steuerlich auf der Basis der Bilanz der KG zum ……, 24:00 Uhr, als Übertragungsbilanz bzw. Eröffnungsbilanz gem. §§ 25, 9 Satz 2 UmwStG. Die Umwandlung erfolgt im Innenverhältnis mit Wirkung zum ……, 24:00 Uhr. Der Zeitpunkt, von dem an die Handlungen und Geschäfte der KG steuerlich als für Rechnung der GmbH vorgenommen gelten, ist der ……, 00:00 Uhr".

Bei Aufnahme in den Beschluss ist die Wahl dann allerdings gegenüber der FinVerw. nicht mehr revidierbar (vgl. zu Einzelheiten der weiter anwendbaren Grundsätze zur alten Rechtslage WM/*Widmann* UmwStG § 2 Rn. 7 ff., R 3 ff., jeweils mwN).

80 Nach Buchst. c entspricht das neue Beteiligungsverhältnis in der GmbH, sieht man von der vorübergehenden treuhänderisch gehaltenen Beteiligung der Komplementärin, die wirtschaftlich dem Gesellschafter B zuzurechnen ist, ab, dem alten an der KG. Die Beteiligungen der Kommanditisten sind in Gesellschaftsanteile an der GmbH umgewandelt worden. Das Eigenkapital der Kapitalkonten der Kommanditisten ist zum Eigenkapital der neuen GmbH geworden (SBB/*Bula/Thees* § 27 Rn. 27). Die Umwandlung erfolgt zu Buchwerten. Ein entsprechender Antrag ist von der GmbH bis zur erstmaligen Abgabe der nächsten steuerlichen Schlussbilanz bei dem für sie zuständigen Finanzamt zu stellen, § 20 Abs. 2 Satz 3 UmwStG. Zu den Einzelheiten und Konsequenzen s. → Form. A.8 Rn. 95ff.

Die Beteiligung der Gesellschafter an der neuen Gesellschaft muss jedoch nicht zwingend den alten festen Kapitalkonten entsprechen. Es können auch zusätzlich die variablen Konten in die Festsetzung des neuen Beteiligungsverhältnisses einbezogen werden (Lutter/*Decher/Hoger* UmwG § 194 Rn. 11); → Rn. 18.

Da der neue Gesellschaftsvertrag Gegenstand der Beschlussfassung über die Umwandlung ist, gilt dieser automatisch mit dem Wirksamwerden der Umwandlung – Eintragung im Handelsregister, § 202 UmwG – für alle Gesellschafter der neuen Gesellschaft (WM/*Weiler* UmwG § 194 Rn. 149). **81**

Die Ausführungen in Buchst. f zu Sonderrechten entsprechen dem Erfordernis aus § 194 Abs. 1 Nr. 5 UmwG (SBB/*Sagasser/Luke* § 26 Rn. 129). Gerade bei der GmbH können einzelnen Gesellschaftern diverse Sonderrechte eingeräumt und Sonderpflichten auferlegt werden, etwa Gewinnbezugsrechte, Geld- oder Sachleistungspflichten, Wettbewerbsverbote, sonstige Handlungs- oder Unterlassungspflichten usw. (SBB/*Sagasser/Luke* § 26 Rn. 129).

Da der Umwandlungsbeschluss gem. § 194 Abs. 1 Nr. 7 UmwG auch die Folgen des Formwechsels für die Arbeitnehmer bestimmen muss, müssen die entsprechenden Erläuterungen wie hier in Buchst. h erfolgen, auch wenn wie hier keinerlei Besonderheiten vorliegen. **82**

Die Anforderungen an die Darlegung der Folgen für die Arbeitnehmer sind erfüllt, wenn im Umwandlungsbeschluss auf eventuelle Änderungen des Mitbestimmungsstatuts, ggf. durch Negativerklärung (vgl. → Form. A.1 Rn. 223) eingegangen und im Übrigen klargestellt wird, dass sich aus dem Formwechsel keine Folgen für die Arbeitnehmer und ihre Vertretungen ergeben und auch insoweit keine Maßnahmen vorgesehen sind (Lutter/*Decher/Hoger* UmwG § 194 Rn. 30). Im Übrigen → Rn. 61.

Die Notwendigkeit der Beschlüsse gem. Buchst. i und j ergibt sich hinsichtlich der Geschäftsführer aus § 46 Nr. 5 GmbHG, hinsichtlich der Abschlussprüfer aus § 318 Abs. 1 HGB, wenn, wie in § 318 Abs. 1 Satz 2 HGB geregelt, der Gesellschaftsvertrag nicht etwas Anderes bestimmt (Scholz/*K. Schmidt* GmbHG § 46 Rn. 186; MünchKomm/*Ebke,* HGB § 318 Rn. 6; BH/*Merkt* HGB § 318 Rn. 1). **83**

In Buchst. k wird – anders als in § 10 des Gesellschaftsvertrages der GmbH (vgl. → Form. E.4.2) – kein konkreter Betrag vorgeschlagen. Dies dient lediglich der Hervorhebung der Notwendigkeit der konkreten Bezifferung des Betrages in dem Gesellschaftsvertrag (→ Rn. 101). **84**

einstweilen frei **85**

Zu Ziff. 4.:

Da sich sämtliche Gesellschafter in dem Formular über die Umwandlung, ihre Beteiligung an der neuen GmbH und auch in den übrigen Punkten einig sind, dient der Verzicht auf die Rechte aus §§ 195 Abs. 1, 196 UmwG sowie die Nichtigkeits-, Anfechtungs- und Unwirksamkeitsklage der Beschleunigung der Eintragung und damit des Wirksamwerdens (§ 202 UmwG) der Umwandlung. **86**

Zu den Hinweisen:

Der Hinweis **Nr. 3** entspricht § 202 Abs. 1 UmwG, der Hinweis **Nr. 4** § 202 Abs. 1 Nr. 2 Satz 2 UmwG. **87**

Die Haftung der Gründer und ihre eventuelle Nachschusspflicht ergibt sich aus §§ 220, 202 Abs. 3, Abs. 1 UmwG, §§ 9 ff. GmbHG, insb. § 9 Abs. 1 GmbHG.

Die im Hinweis **Nr. 6** angesprochene Bekanntmachungspflicht durch das Registergericht ergibt sich aus §§ 204, 22 UmwG. Die Anmeldung eines Anspruches durch Gläubiger der Gesellschaft sollte gegenüber der GmbH erfolgen, dies ist jedoch nicht zwingend vorgeschrieben (vgl. SHS/*Winter* UmwG § 22 Rn. 8; Lutter/*Grunewald* UmwG § 22 Rn. 17).

88, 89 *einstweilen frei*

2. Gesellschaftsvertrag der GmbH

90 Der vorgeschlagene Gesellschaftsvertrag der GmbH orientiert sich an den Mindestanforderungen des GmbHG und enthält darüber hinaus einige Regelungen, die in der Praxis sinnvoll erscheinen.

Gem. § 2 Abs. 1 GmbHG bedarf der Gesellschaftsvertrag der notariellen Beurkundung in der für Willenserklärungen vorgeschriebenen Form (§§ 8 ff. BeurkG).

Zu § 1: (Firma, Sitz, Geschäftsjahr)

91 Die **Abs. 1 und 2** entsprechen den Anforderungen aus §§ 3 Abs. 1 Nr. 1, 4, 4a GmbHG.

Zu § 2: (Gegenstand des Unternehmens)

92 Hier sind die Erfordernisse aus § 3 Abs. 1 Nr. 2 GmbHG zu regeln. Bei Produktions- und Handelsgesellschaften sind die Art der Erzeugnisse und Waren, die hergestellt oder vertrieben werden sollen, näher anzugeben.

Die Berechtigung zur Errichtung von Zweigniederlassung sowie die Beteiligung bzw. Gründung von Tochtergesellschaften sollte von Anfang an in der Satzung zugelassen werden, um Expansionen jeder Art nicht von dem bürokratischen Erfordernis einer Zustimmung der Gesellschafterversammlung abhängig zu machen.

Zu § 3: (Bekanntmachungen)

93 Das GmbHG schreibt seit der Neufassung des § 12 GmbHG durch das Justizkommunikationsgesetz v. 2.3.2005 (BGBl. I 2005, 837) vor, dass öffentliche Bekanntmachungen, die durch das Gesetz oder den Gesellschaftsvertrag vorgeschrieben sind, im elektronischen Bundesanzeiger zu erfolgen haben. Durch das Gesetz v. 22.12.2011 (BGBl. I 2011, 3044) ist die Printversion des Bundesanzeigers zum 31.3.2012 abgeschafft worden, so dass es seit dem 1.4.2012 den Bundesanzeiger nur noch elektronisch gibt.

Daneben kann der Gesellschaftsvertrag weitere Gesellschaftsblätter, in denen ebenfalls zu veröffentlichen ist, vorsehen.

Zu § 4: (Stammkapital)

94 Die Regelungen basieren auf § 5 GmbHG. Der Mindestbetrag des Stammkapitals und der Geschäftsanteile ergibt sich aus § 5 Abs. 1, 2 GmbHG. Nach § 7 Abs. 2 GmbHG muss auf jeden Geschäftsanteil mindestens $^1/_4$ des Nennbetrags und insgesamt auf das Mindestkapital die Hälfte eingezahlt worden sein, bevor die Anmeldung erfolgen kann.

Zu § 5: (Verfügung über Geschäftsanteile)

95 Die Übertragung von Geschäftsanteilen kann nach § 15 Abs. 5 GmbHG an weitere Voraussetzungen als sie das Gesetz vorsieht, geknüpft werden. Dies betrifft nach dem eindeutigen Wortlaut nur das Verfügungsgeschäft, die Abtretung. Schuldrechtliche Absprachen können nicht von zusätzlichen Bedingungen abhängig gemacht werden (Scholz/*Seibt* GmbHG § 15 Rn. 106; BH/*Fastrich* GmbHG § 15 Rn. 37). Das Gesetz erwähnt ausdrücklich die Möglichkeit der Zustimmungspflicht der Gesellschaft. Das Formular sieht eine noch weitergehende Verpflichtung vor, nämlich die Zustimmung aller anderen Gesellschafter. Die Notwendigkeit hierzu ergibt sich aus den steuerlichen Regelungen über den Verfall von Verlusten.

Mit dem UntStRefG 2008 v. 14.8.2007 (BGBl. I 2007, 1912) ist auch die Regelung über den sog. **Mantelkauf** geändert worden. Der neue **§ 8c KStG,** der § 8 Abs. 4 KStG aF ablöst, sah einen anteiligen oder vollständigen Verlust des Verlustvortrages einer Gesellschaft vor, wenn – vereinfacht dargestellt – innerhalb eines Zeitraumes von fünf Jahren mehr als 25% bzw. mehr als 50% übertragen werden. Seit der anteilige Wegfall des Verlustvortrags bei Übertragung von mehr als 25% der Anteile oder Stimmrechte gemäß § 8c Satz 1 KStG idF. des UntStReformG 2008 v. 14.8.2007 (BGBl. I 2007, 1912) und nachfolgenden Fassungen für VZ vor dem 1.1.2016 (Inkrafttreten des § 8d KStG idF des Gesetzes v. 20.12.2016, BGBl. I 2016, 2998, (fortführungsgebundener Verlustvortrag)) vom BVerfG für mit Art. 3 Abs. 1 GG unvereinbar erklärt und sodann mit Gesetz v. 11.12.2018 (BGBl. I 2018, 2338) auch für VZ nach 2015 abgeschafft worden ist, kann jedoch nurmehr die Übertragung von mehr als 50% der Anteile oder Stimmrechte gemäß § 8c Abs. 1 Satz 1 KStG zum (dann aber vollständigen) Untergang der Verlustvorträge führen. Dies kann mit gravierenden Nachteilen für die Gesellschaft und die übrigen Gesellschafter verbunden sein. Nach dem Wortlaut sowohl der alten als auch der neuen Regelung werden nicht nur Verkaufsvorgänge erfasst, sondern alle Arten der Rechtsübertragung, also auch Schenkungen und Erbfälle. Das BMF hat deshalb zum alten § 8 Abs. 4 KStG in BMF v. 16.4.1999 (BStBl. I 1999, 455) klargestellt, dass sowohl entgeltliche als auch unentgeltliche Übertragungen sowie ausdrücklich auch solche im Rahmen einer vorweggenommenen Erbfolge erfasst werden. Lediglich der echte Erbfall wurde ausgenommen (vgl. BMF v. 16.4.1999 aaO Tz. 04).

Der Gesetzgeber des **§ 8c KStG** hat **keine Klarstellung im Wortlaut** vorgenommen, obwohl dies tunlich gewesen wäre. Die FinVerw. hat in dem neuen Anwendungserlass BMF v. 4.7.2008 (BStBl. I 2008, 736) nunmehr den „Erbfall einschließlich der unentgeltlichen Erbauseinandersetzung und der unentgeltlichen vorweggenommenen Erbfolge" vom Anwendungsbereich des § 8c KStG ausgenommen (vgl. BMF v. 4.7.2008, aaO Tz. 4). Ein auch nur geringes Entgelt führt nach der Auffassung des BMF zur Anwendbarkeit des § 8c KStG (BMF v. 4.7.2008, aaO Tz. 4 letzter HS). Dies führt in der Praxis zu deutlichen Ungerechtigkeiten, weil schon die Erbauseinandersetzung unter Anwendung der Ausgleichung nach § 2055 BGB zum Verlustuntergang führen kann (*Roser* DStR 2008, 1561). Konsequenterweise müsste auch die Schenkung im Wege der vorweggenommen Erbfolge unter einer Auflage schädlich sein. Solche Einengungen, nur um einem Missbrauch vorzubeugen, sind nicht sachgerecht. Eine endgültige Klarheit besteht noch nicht.

Wegen der erheblichen Auswirkungen auf die Gesellschaft und die übrigen Gesellschafter war daher ein Verfall von Verlusten nach § 8c KStG als wichtiger Grund zur Verweigerung der Zustimmung aufzunehmen.

Entsprechendes gilt für den Verfall von Verlusten für gewerbesteuerliche Zwecke (§ 10a GewStG).

Zu § 6: (Geschäftsführung)

Die Vorschriften zur Geschäftsführung finden sich in den §§ 35ff. GmbHG. Wegen **96**
der hier vorgeschlagenen Regelungen wird insbesondere auf §§ 35 Abs. 2, 37 Abs. 1 GmbHG verwiesen.

Zu § 7: (Gesellschafterversammlung)

97 Das GmbHG sieht für die Gesellschaft nur zwei Organe vor, die Gesellschafter zur Willensbildung und die Geschäftsführer zur Handlung (Beck GmbH-HB/*Fischer/Schmidt* § 4 Rn. 1; Scholz/*Seibt* GmbHG § 48 Rn. 1). Die Willensbildung der Gesellschafter erfolgt in der Regel gem. § 48 Abs. 1 GmbHG in Versammlungen. Sie können aber, wenn nicht spezialgesetzliche Regelungen – wie für die Umwandlung § 193 Abs. 1 Satz 2 UmwG – entgegenstehen, auch außerhalb von Versammlungen gefasst werden, § 48 Abs. 2 GmbHG.

Das Formular orientiert sich mit einigen Ergänzungen hinsichtlich der Einberufung und des Ablaufs der Versammlung an den §§ 49ff. GmbHG. Auf diese wird verwiesen.

Zu § 8: (Einziehung von Geschäftsanteilen)

98 Regelungen über die Einziehung von Geschäftsanteilen sind gem. §§ 34, 46 Nr. 4 GmbHG zulässig. Dabei ist insbesondere § 34 Abs. 2 GmbHG zu beachten, die Einziehung darf mithin nur erfolgen, wenn sie vor dem Zeitpunkt, in dem der Betroffene den Geschäftsanteil erworben hat, bereits zugelassen worden war. Die nachträgliche Einführung der Einziehungsmöglichkeit und die Regelung der Voraussetzungen ist möglich, allerdings bei der Zwangseinziehung mit bindender Wirkung für die bereits vorhandenen Gesellschaftsanteile nur bei einstimmiger Beschlussfassung (Scholz/*H. P. Westermann* GmbHG § 34 Rn. 21, 22; Beck GmbH-HB/*Müller/Maul* § 13 Rn. 57; MünchHdb/*Kort,* GesR III § 28 Rn. 8).

Auch die freiwillige Einziehung (vgl. → Form. E.4.2 § 8 Abs. 1 Buchst. i), also die Einziehung mit Zustimmung des Betroffenen, muss in der Satzung zugelassen sein, weil der Anteil durch die Einziehung mit allen, auch mit den Stimmrechten untergeht und daher sich die Beteiligungsverhältnisse verschieben. Es sind also nicht nur der Anteilsinhaber, sondern auch die übrigen Gesellschafter von den Konsequenzen betroffen (vgl. zu dem Ganzen Scholz/*H. P. Westermann* GmbHG § 34 Rn. 7; Beck GmbH-HB/*Müller/Maul* § 13 Rn. 57; MünchHdb/*Kort,* GesR III § 28 Rn. 5).

99 Die **Einziehung** erfolgt in der Regel gegen **Zahlung eines Entgelts,** wobei die Regeln über die Kapitalerhaltung zu beachten sind (vgl. zu Einzelheiten Scholz/*H. P. Westermann* GmbHG § 34 Rn. 23ff., 51ff.; Beck GmbH-HB/*Müller/Maul* § 13 Rn. 60 ff.; MünchHdb/*Kort,* GesR III § 28 Rn. 17ff., 3 f.; *Roth/Altmeppen* GmbHG § 34 Rn. 54 ff.). Das Formular sieht eine Abfindung in Höhe des gemeinen Wertes iSv. § 11 Abs. 2 BewG vor. Seit der Erbschaftsteuerreform zum 1.1.2009 durch das ErbStRG v. 24.12.2008 (BGBl. I 2008, 3018) hat der steuerliche Wert eines Geschäftsanteils dem gemeinen Wert zu entsprechen, §§ 11 Abs 2, 109 Abs, 2 BewG. Liegt die zu zahlende Abfindung unterhalb dieses Wertes, erfolgt in Höhe der Differenz eine Schenkung gem. § 7 Abs. 7 ErbStG an die übrigen Gesellschafter bzw. an den Erwerber. Die in der Vergangenheit häufig anzutreffenden Abfindungsklauseln zum Buchwert führen daher in einer Vielzahl von Fällen zu (unfreiwilligen) Schenkungen, die, wenn es sich nicht um nahe Angehörige als Beschenkte handelt, nach der Steuerklasse III und daher mindestens mit 30% zu versteuern sind. Soll eine unter dem gemeinen Wert liegende Abfindung vereinbart werden, empfiehlt sich daher – wie in § 8 Abs. 3 des Formulars vorgeschlagen – gesellschaftsvertraglich zusätzlich zur Einziehung auch die Möglichkeit der Zwangsabtretung des der Einziehung unterliegenden Geschäftsanteils vorzusehen; für die rechtsgeschäftliche Abtretung soll § 7 Abs. 7 ErbStG entgegen der Ansicht der FinVerw. (vgl. Gleichl. Ländererlasse v. 20.4.2018, BStBl I 2018, 632, Tz. 2.4.1 für den Fall der Übertragung auf die Gesellschaft) nicht gelten (FG München v. 5.4.2017, 4 K 711/16, DStRE 2018, 18; Rev. BFH II R 19/17 zurückgenommen).

Voraussetzung für die Einziehung ist ein entsprechender Gesellschafterbeschluss mit der in dem Gesellschaftsvertrag vorgesehenen Mehrheit. Ist dort keine Regelung getroffen, genügt die einfache Mehrheit, §§ 46 Nr. 4, 47 GmbHG (Scholz/*H. P. Westermann* GmbHG § 34 Rn. 42; Beck GmbH-HB/*Maul* § 13 Rn. 68). Ob der betroffene Gesellschafter an der Entscheidung mitwirken darf, ist streitig. Es empfiehlt sich daher eine klarstellende Regelung in der Satzung, wobei das Stimmrecht bei einer freiwilligen Einziehung nicht ausgeschlossen werden sollte (Scholz/*H. P. Westermann* GmbHG § 34 Rn. 43; Beck GmbH-HB/*Maul* § 13 Rn. 68; MünchHdb/*Kort,* GesR III § 28 Rn. 12). Der BGH hat klargestellt, dass die Einziehung bereits mit Fassung des Einziehungsbeschlusses und dessen Mitteilung an den betroffenen Gesellschafter wirksam wird und nicht etwa von der Zahlung des Einziehungsentgelts abhängt (BGH v. 24.1.2012, II ZR 109/11, BGHZ 192, 235).

Zu § 9: (Jahresabschluss, Gewinnverwendung)

Die Regelungen zum Jahresabschluss und zur Gewinnverwendung finden sich in den §§ 29, 42, 42a, 46 Nr. 1 GmbHG und den §§ 264 ff. HGB. Zu Abs. 1 des Vorschlags ist auf § 264 Abs. 1 HGB zu verweisen, zu Abs. 2 auf §§ 316 HGB, 42a GmbHG. **100**

Zu § 10: (Gründungsaufwand)

Der Gründungsaufwand ist in dem Gesellschaftsvertrag ausdrücklich festzuschreiben. **101** Zwar enthält das GmbHG keine § 26 Abs. 2 AktG entsprechende Regelung. Es ergibt sich jedoch aus §§ 9a Abs. 1 und 2, 82 Abs. 1 Nr. 1 GmbHG, dass nach Ansicht des Gesetzgebers falsche Angaben zum Gründungsaufwand gemacht werden können. Dies aber setzt eine Bezifferung voraus, zumindest mit dem Zusatz „bis zu“, wie in dem Formular vorgesehen. Es sollte daher in entsprechender Anwendung des § 26 Abs. 2 AktG eine konkrete Bezifferung erfolgen (BFH v. 11.10.1989, I R 12/87, BStBl. II 1990, 89; BFH v. 11.2.1997, I R 42/96, BFH/NV 1997, 711; Scholz/*Veil* GmbHG § 5 Rn. 113; MünchHdb/*Freitag,* GesR III § 5 Rn. 18). Nur wenn in dem Gesellschaftsvertrag ein Höchstbetrag angegeben ist, kann die GmbH diese Kosten als Betriebsausgaben abziehen (BFH v. 11.10.1989, I R 12/87, BStBl. II 1990, 89; BFH v. 11.2.1997, I R 42/96, BFH/NV 1997, 711; Beck GmbH-HB/*Schwaiger* § 2 Rn. 130; Scholz/*Veil* GmbHG § 5 Rn. 113). Zum Gründungsaufwand gehören auch die Kosten für das Gericht und den Notar (Beck GmbH-HB/*Schwaiger* § 2 Rn. 130; Scholz/*Veil* GmbHG § 5 Rn. 111).

einstweilen frei **102–104**

3. Anteilsabtretung

Die auf Grund der notwendigen Beteiligung der persönlich haftenden Gesellschafterin bei der Umwandlung und an der entstehenden GmbH vorgesehene treuhänderische Übernahme einer Mindestbeteiligung (§ 5 Abs. 1 GmbHG) für den Treugeber Gesellschafter B muss nach dem Entstehen der GmbH durch Eintragung (§ 202 Abs. 1 Nr. 1 UmwG) wieder aufgehoben werden. Hierfür sollte schon im Rahmen der Umwandlung eine aufschiebend bedingte Abtretung erfolgen, um die Zeitdauer der Beteiligung der Komplementärin so klein wie möglich zu halten. Eine solche aufschiebend bedingte Abtretung ist zulässig (BGH v. 21.9.1994, VIII ZR 257/93, BGHZ 127, 129; Beck GmbH-HB/*Schacht* § 12 Rn. 47; MünchHdb/*U. Jasper,* GesR III § 24 Rn. 128). **105**

Zur Regelung des Gewinnbezugsrechts in Ziff. 5 wird zusätzlich zur Treuhand auf § 20 Abs. 2a EStG verwiesen.

einstweilen frei **106–110**

II. Berichte und Schreiben

1. Umwandlungsbericht

111 Ein Umwandlungsbericht ist entbehrlich, weil alle Gesellschafter hierauf ausdrücklich verzichtet haben.

2. Abfindungsangebot

112 Ein Abfindungsangebot ist entbehrlich, weil alle Gesellschafter hierauf ausdrücklich verzichtet haben.

3. Sachgründungsbericht

113 Nach den §§ 197 UmwG, 5 Abs. 4 Satz 2 GmbHG ist beim Formwechsel ein Sachgründungsbericht zu erstatten.

Zu Ziff. 2.:

Dieser ist von den Gründern zu erstellen, die nach § 219 UmwG den Gesellschaftern gem. § 5 Abs. 4 Satz 2 GmbHG gleichstehen. Laut Formular liegt Einstimmigkeit vor, so dass § 219 Satz 2 UmwG nicht einschlägig ist.

Zu Ziff. 4.:

114 Im **Sachgründungsbericht** sind nach § 5 Abs. 4 Satz 2 GmbHG die wesentlichen Umstände darzulegen, von denen die Angemessenheit der Leistungen für die Sacheinlagen abhängt. Gleichzeitig ist über den bisherigen Geschäftsverlauf und die Lage der formwechselnden GmbH nach den § 220 Abs. 2 UmwG zu berichten und die Jahresergebnisse der beiden letzten Geschäftsjahre nach § 5 Abs. 4 Satz 2 GmbHG beizufügen. Der Bericht ist von den Gesellschaftern persönlich zu erstellen, eine Stellvertretung ist unzulässig (Scholz/*Veil* GmbHG § 5 Rn. 100 mwN).

Die in Buchst. b vorgeschlagene Untergliederung orientiert sich an der Bilanzgliederung der Aktiva gem. § 266 Abs. 2 HGB, weil der Wert der Aktiva wesentlicher Faktor für die Angemessenheit der Sacheinlagen ist.

Auch die **Verbindlichkeiten** der Gesellschaft sind vollständig zu erfassen – § 246 Abs. 1 HGB – und korrekt zu bewerten – § 252 Abs. 1 HGB. Zur Bewertung der Rückstellungen für Rentenverpflichtungen empfiehlt sich zum Nachweis der „vernünftigen kaufmännischen Beurteilung" iSv. § 253 Abs. 1 Satz 2 HGB ein versicherungsmathematisches Gutachten (vgl. MünchKomm/*Ballwieser,* HGB § 253 Rn. 74 ff.).

Die Hinweise in den Buchst. g und h sind Beispiele für wertbildende Faktoren zum tatsächlichen Vermögen der GmbH, das durch die Anteile repräsentiert wird.

4. Schreiben an Betriebsrat

115 Der Entwurf des Umwandlungsbeschlusses ist dem Betriebsrat des formwechselnden Unternehmens nach § 194 Abs. 2 UmwG spätestens einen Monat vor dem Tag der Gesellschafterversammlung, in der über den Formwechsel abgestimmt werden soll, zuzuleiten. Dies ist bei der Anmeldung des Formwechsels nach § 199 UmwG nachzuweisen. Eine schriftliche Bestätigung durch den Betriebsrat ist daher empfehlenswert.

116–119 *einstweilen frei*

III. Handelsregisteranmeldung

120 Die **Pflicht zur Anmeldung** des Formwechsels richtet sich nach § 198 Abs. 1 UmwG, anzumelden ist also grds. bei dem Register, in das die KG eingetragen ist.

Eine doppelte Anmeldung nach § 198 Abs. 2 Satz 2 und 3 UmwG ist nur erforderlich, wenn sich durch den Formwechsel das zuständige Register ändert, etwa durch Übergang vom Genossenschafts- zum Handelsregister oder durch einen mit dem Formwechsel verbundenen Wechsel des Gesellschaftssitzes. Keine doppelte Anmeldung ist erforderlich, wenn wie hier nur eine andere Abteilung desselben Registers (B statt A) zuständig wird (SSt/*Schwanna* UmwG § 198 Rn. 2). Anzumelden ist der Formwechsel bei der bisher zuständigen Abteilung (SSt/*Schwanna* UmwG § 198 Rn. 2).

Die Anmeldung erfolgt nach §§ 198, 222 UmwG durch alle Geschäftsführer der GmbH sowie bei einer mitbestimmten GmbH durch den dort erforderlichen Aufsichtsrat.

Einzelheiten zu **Art und Umfang der einzureichenden Unterlagen** ergeben sich hinsichtlich der speziellen Dokumente zum Formwechsel aus § 199 UmwG mit den dortigen Verweisen, zum anderen für die Dokumente speziell zur Gründung der GmbH aus den §§ 197 UmwG, 8 GmbHG, speziell § 8 Abs. 1 Nr. 5 GmbHG sowie § 5 Abs. 4 Satz 2 GmbHG.

Zugleich mit der Anmeldung ist gem. §§ 198 Abs. 3, 16 Abs. 2, 3 UmwG zu erklären, dass Klage gegen die Wirksamkeit des Umwandlungsbeschlusses nicht erhoben oder auf das Klagerecht verzichtet wurde.

Die Anmeldung hat nach § 199 UmwG unter Vorlage einer Ausfertigung oder öffentlich beglaubigten Abschrift der notariellen Urkunde zu erfolgen. Die Handelsregisteranmeldung ist elektronisch in öffentlich beglaubigter Form einzureichen, § 12 Abs. 1 Satz 1 HGB (s. iE → Form. A.1 Rn. 56 sowie *Jeep/Wiedemann* NJW 2007, 2439).

Sachregister

Die fetten Buchstaben und Zahlen verweisen auf die einzelnen Teile und Formulare, die mageren Zahlen auf die Randziffern.